Beratungspraxis GmbH & Co. KG

Gesellschafts- und Steuerrecht

herausgegeben von

Dr. Michael Winter
Rechtsanwalt, Steuerberater
Bonn

2017

ottoschmidt

Winter (Hrsg.)

Beratungspraxis GmbH & Co. KG

Bearbeiter

Dr. Johannes Baßler
Rechtsanwalt, Steuerberater, Hamburg

Dr. Christoph Bode
Rechtsanwalt, Fachanwalt für Steuerrecht,
Frankfurt am Main

Dr. Holger Dietrich
Rechtsanwalt, Steuerberater, Bonn

Dr. Ralf Dremel
Rechtsanwalt, Steuerberater, Bonn

Dr. Jan Giedinghagen, LL.M. (Boston)
Rechtsanwalt, Bonn

Dr. Ulrich Grünwald
Rechtsanwalt, Steuerberater, Berlin

Dr. Sebastian Hölscher
Steuerberater, Köln

Dr. Carsten Lange
Steuerberater, Hamburg

Eric Marx, LL.B. (Hamburg)
Rechtsanwalt, Bonn

Judith Mehren
Rechtsanwältin, Fachanwältin für Steuerrecht,
Steuerberaterin, Bonn

Priv.-Doz. Dr. Dirk Schmidtmann
Steuerberater, Bonn

Dr. Patricia Sirchich von Kis-Sira
Rechtsanwältin, Düsseldorf

Dr. Michael Winter
Rechtsanwalt, Steuerberater, Bonn

Zitierempfehlung:
Bearbeiter in Winter,
Beratungspraxis GmbH & Co. KG, 2017, Rz. ...

Bibliografische Information
der Deutschen Nationalbibliothek

Die Deutsche Nationalbibliothek verzeichnet diese Publikation in der Deutschen Nationalbibliografie; detaillierte bibliografische Daten sind im Internet über http://dnb.d-nb.de abrufbar.

Verlag Dr. Otto Schmidt KG
Gustav-Heinemann-Ufer 58, 50968 Köln
Tel. 0221/93738-01, Fax 0221/93738-943
info@otto-schmidt.de
www.otto-schmidt.de

ISBN 978-3-504-32602-9

Das verwendete Papier ist aus chlorfrei gebleichten Rohstoffen hergestellt, holz- und säurefrei, alterungsbeständig und umweltfreundlich.

Einbandgestaltung: Jan P. Lichtenford, Mettmann
Satz: Schäper, Bonn
Druck und Verarbeitung: Kösel, Krugzell
Printed in Germany

Vorwort

Die GmbH & Co. KG ist ein Kind der Beratungspraxis. „Erfunden“ wurde sie offenbar in Reaktion auf ein bayerisches Steuergesetz von 1910, das für die GmbH und ihre Gesellschafter die Doppelbesteuerung einführte. Dies ließ Gesellschafter nach einer Rechtsformalternative suchen, in der sie die Haftungsvorteile einer Kapitalgesellschaft mit den – insbesondere steuerlichen – Vorteilen einer Personengesellschaft verbinden konnten. Die Lösung bestand in einer Umwandlung der GmbHs in Kommanditgesellschaften, bei denen jeweils eine GmbH die Rolle des persönlich haftenden Gesellschafters übernahm. Die zügige Anerkennung dieser Rechtsformkombination durch die Rechtsprechung (RG v. 4.7.1922 – II B 2/23, RGZ 105, 101) hat den Grundstein dafür gelegt, dass sich die GmbH & Co. KG in der Praxis breit etablieren konnte und heute zu den (nach Einzelunternehmen und GmbH) beliebtesten Rechtsformen in Deutschland zählt.

Unverändert weisen die meisten Beratungsanlässe im Recht der GmbH & Co. KG jeweils eine gesellschaftsrechtliche wie auch eine steuerrechtliche Seite auf: Kann beispielsweise ein Kommanditist gegen Abfindung aus einer bestehenden GmbH & Co. KG ausscheiden – und wie ist die Abfindung ggf. zu versteuern? Ein mit diesen Fragen befasster Berater wird den Sachverhalt, nämlich das „Ausscheiden eines Gesellschafters gegen Abfindung“, entweder in Paragraphen übersetzen und in Kommentaren nachschlagen; oder er wird ihn in den „Lebenszyklus“ einer GmbH & Co. KG einordnen und in einem systematischen Handbuch eher am Schluss der Darstellung suchen.

Das vorliegende Werk gliedert sich demgegenüber in rund 80 sachverhaltsbezogene Stichwörter in ABC-Form und folgt so den heute im elektronischen Bereich vielfach üblichen Recherchegewohnheiten. Der Berater wird die Antworten auf die genannten gesellschafts- und steuerrechtlichen Fragen daher am Anfang des Werks finden, unter den Stichwörtern „Ausscheiden eines Gesellschafters“ und „Abfindung“.

Das Werk befindet sich auf dem Stand von September 2016. In der Phase der Drucklegung wurde die Erbschaftsteuerreform verabschiedet. Sie konnte daher in der gebotenen Ausführlichkeit nicht mehr eingearbeitet werden. Um die Leser dieses Werkes gleichwohl über die Details der Änderungen zu informieren, wird eine Überarbeitung des Stichworts „Erbschaft- und Schenkungsteuer“ zeitnah zum Erscheinen dieses Werkes unter www.otto-schmidt.de/wgk eingestellt werden.

Wegen der ABC-Form des Werkes wurde auf ein eigenständiges Stichwortverzeichnis am Ende des Werkes bewusst verzichtet.

Der Herausgeber und die Autoren hoffen, dass das Werk dem Praktiker bei möglichst vielen Fragen aus dem gesamten Rechtsleben der GmbH & Co. KG eine schnelle und zuverlässige Hilfe sein wird.

Für jede Anregung und Kritik sind wir dankbar. Bitte richten Sie sie an den Verlag (lektorat@otto-schmidt.de).

Bonn, im Oktober 2016 Michael Winter

Inhaltsverzeichnis

Allgemeines Literaturverzeichnis

Baumbach/Hopt	Handelsgesetzbuch, 36. Aufl. 2014
Beck'scher Bilanz-Kommentar	hrsg. von Grottel, Schmidt, Schubert, Winkeljohann, 10. Aufl. 2016
Beck'sches Formularbuch Bürgerliches, Handels- und Wirtschaftsrecht	hrsg. von Hoffmann-Becking/Gebele, 12. Aufl. 2016
Beck'sches Formularbuch GmbH-Recht	hrsg. von Lorz/Pfisterer/Gerber, 2010
Beck'sches Formularbuch Mergers & Acquisitions	hrsg. von Seibt, 2. Aufl. 2011
Beck'sches Handbuch der Personengesellschaften	hrsg. von Prinz/Hoffmann, 4. Aufl. 2014
Beermann/Gosch	Abgabenordnung Finanzgerichtsordnung, Loseblatt
Bengel/Reimann	Handbuch der Testamentsvollstreckung, 5. Aufl. 2013
Blaurock	Handbuch Stille Gesellschaft, 8. Aufl. 2017
Blümich	EStG/KStG/GewStG, Loseblatt
Boruttau	GrEStG, 18. Aufl. 2016
Braun	Insolvenzordnung, 6. Aufl. 2014
Brüggemann/Stirnberg	Erbschaftsteuer Schenkungsteuer, 9. Aufl. 2012
Bunjes	Umsatzsteuergesetz: UStG, 15. Aufl. 2016
Daragan/Halaczinsky/Riedel	Praxiskommentar ErbStG und BewG, 2. Aufl. 2012
Dötsch/Pung/Möhlenbrock	Die Körperschaftsteuer, Loseblatt
Engel	Vermögensverwaltende Personengesellschaften im Ertragsteuerrecht, 3. Aufl. 2015
Erman	BGB, 14. Aufl. 2014
Fett/Spiering	Handbuch Joint Venture, 2. Aufl. 2015
FGS/BDI	Der Umwandlungssteuer-Erlass 2011, 2012
Fischer/Jüptner/Pahlke/Wachter	ErbStG, Kommentar, 5. Aufl. 2014
Flick/Wassermeyer/Baumhoff/Schönfeld	Außensteuerrecht, Kommentar, Loseblatt
Frieser/Sarres/Stückemann/Tschichoflos	Handbuch des Fachanwalts Erbrecht, 6. Aufl. 2015
Fuhrmann/Wälzholz	Formularbuch Gesellschaftsrecht, 2. Aufl. 2015
Gehrlein/Ekkenga/Simon	GmbHG, 2. Aufl. 2015
Glanegger/Güroff	GewStG, 8. Aufl. 2014
GmbH-Handbuch	hrsg. von Centrale für GmbH, Loseblatt
Groll	Praxis-Handbuch Erbrechtsberatung, 4. Aufl. 2015
Große-Wilde/Ouart	Deutscher Erbrechtskommentar, 2. Aufl. 2010
Haase	Außensteuergesetz/Doppelbesteuerungsabkommen, 2. Aufl. 2012
Haase/Dorn	Vermögensverwaltende Personengesellschaften, 2. Aufl. 2015

Hauschild/Kallrath/Wachter	Notarhandbuch Gesellschafts- und Unternehmensrecht, 2011
Henssler/Strohn	Gesellschaftsrecht, 3. Aufl. 2016
Herrmann/Heuer/Raupach	EStG/KStG, Loseblatt
Hesselmann/Tillmann/Mueller-Thuns	Handbuch GmbH & Co. KG, 21. Aufl. 2016
Hofmann	GrEStG, 10. Aufl. 2014
Jacobs	Internationale Unternehmensbesteuerung, 8. Aufl. 2016
Just	Die Englische Limited in der Praxis, 4. Aufl. 2012
Kallmeyer	UmwG, 6. Aufl. 2017
Kapp/Ebeling	Erbschaftsteuer- und Schenkungsteuergesetz, Kommentar, Loseblatt
Kirchhof	EStG, Kommentar, 15. Aufl. 2016
Koenig	Abgabenordnung, 3. Aufl. 2014
Koller/Kindler/Roth/Morck	HGB, 8. Aufl. 2015
Krafka/Kühn	Registerrecht, 9. Aufl. 2013
Lademann	EStG, Loseblatt
Lange/Bilitewski/Götz	Personengesellschaften im Steuerrecht, 9. Aufl. 2015
Lenski/Steinberg	Gewerbesteuergesetz, Loseblatt
Littmann/Bitz/Pust	Das Einkommensteuerrecht – ESt, Loseblatt
Lutter	Umwandlungsgesetz, 5. Aufl. 2014
Lutter/Hommelhoff	GmbH-Gesetz, 19. Aufl. 2016
Lutz	Der Gesellschafterstreit, 4. Aufl. 2015
Mayer/Bonefeld	Testamentsvollstreckung, 4. Aufl. 2015
Meincke	ErbStG, 16. Aufl. 2012
Moench/Weinmann	ErbStG, Loseblatt
Mössner	Steuerrecht international tätiger Unternehmen, 4. Aufl. 2012
Münchener Anwaltshdb. GmbH-Recht	hrsg. von Römermann, 3. Aufl. 2014
Münchener Anwaltshdb. Personengesellschaftsrecht	hrsg. von Gummert, 2. Aufl. 2015
Münchener Hdb. Gesellschaftsrecht, Bd. 1	BGB-Gesellschaft, Offene Handelsgesellschaft, Partnerschaftsgesellschaft, Partenreederei, EWIV, hrsg. von Gummert/Weipert, 4. Aufl. 2014
Münchener Hdb. Gesellschaftsrecht, Bd. 2	Kommanditgesellschaft, GmbH & Co. KG, Publikums-KG, Stille Gesellschaft, hrsg. von Gummert/Weipert, 4. Aufl. 2014
Münchener Kommentar zum BGB	6. Aufl. 2012 ff.
Münchener Kommentar zum Bilanzrecht	hrsg. von Hennrichs/Kleindiek/Watrin, 2013 f.
Münchener Kommentar zum GmbH-Gesetz	hrsg. von Fleischer/Goette, 2. Aufl. 2015 f.
Münchener Kommentar zum HGB	hrsg. von Karsten Schmidt, 3. Aufl. 2010 ff., 4. Aufl. 2016 ff.
Münchener Kommentar zur InsO	hrsg. von Kirchhof/Stürner/Eidenmüller, 3. Aufl. 2013 ff.

Münchener Kommentar zur ZPO	hrsg. von Krüger/Rauscher, 4. Aufl. 2012 f.
Nieder/Kössinger	Handbuch der Testamentsgestaltung, 5. Aufl. 2015
Niehus/Wilke	Die Besteuerung der Personengesellschaft, 7. Aufl. 2015
Pahlke	GrEStG, 5. Aufl. 2014
Rau/Dürrwächter	Umsatzsteuergesetz, Kommentar, Loseblatt
Reichert	GmbH & Co. KG, 7. Aufl. 2015
Rödder/Herlinghaus/van Lishaut	UmwStG, 2. Aufl. 2013
Röhricht/Graf von Westphalen/Haas	HGB, Kommentar, 4. Aufl. 2014
Rose/Glorius-Rose	Unternehmen, Rechtsformen und Verbindungen, 3. Aufl. 2001
Roth/Altmeppen	GmbHG, 8. Aufl. 2015
Saenger/Aderhold/Lenkaitis/Speckmann	Handels- und Gesellschaftsrecht, 2. Aufl. 2011
Schaumburg	Internationales Steuerrecht, 3. Aufl. 2011
Schmidt	EStG, 35. Aufl. 2016
Schmitt/Hörtnagl/Stratz	UmwG/UmwStG, 7. Aufl. 2016
Scholz	GmbHG, Kommentar, 11. Aufl. 2012 ff.
Semler/Stengel	Umwandlungsgesetz, 3. Aufl. 2012
Sölch/Ringleb	Umsatzsteuer, Loseblatt
Staub	HGB, 5. Aufl. 2009 ff.
Staudinger	BGB
Sudhoff	Unternehmensnachfolge, 5. Aufl. 2005
Tipke/Kruse	Abgabenordnung – Finanzgerichtsordnung, Loseblatt
Troll/Gebel/Jülicher	ErbStG, Loseblatt
Uhlenbruck	InsO, 14. Aufl. 2015
Ulmer/Habersack/Henssler	Mitbestimmungsrecht, 3. Aufl. 2013
Viskorf/Knobel/Schuck/Wälzholz	ErbStG/BewG, 4. Aufl. 2012
Wassermeyer/Richter/Schnittker	Personengesellschaften im Internationalen Steuerrecht, 2. Aufl. 2015
Westermann/Wertenbruch	Handbuch Personengesellschaften, Loseblatt
Widmann/Mayer	Umwandlungsrecht, Loseblatt
Wiedemann	Gesellschaftsrecht, Bd. 2, 2004
Wilms/Jochum	Erbschaftsteuer- und Schenkungsteuergesetz, Loseblatt
Wlotzke/Wißmann/Koberski/Kleinsorge	Mitbestimmungsrecht, 4. Aufl. 2011
Zimmermann/Hottmann/Schaeberle/Scheel	Die Personengesellschaft im Steuerrecht, 11. Aufl. 2013

Abkürzungsverzeichnis

a.A.	andere(r) Ansicht
Abs.	Absatz
a.E.	am Ende
AEUV	Vertrag über die Arbeitsweise der Europäischen Union
a.F.	alte Fassung
AfA	Absetzung für Abnutzung
AG	Die Aktiengesellschaft (Zeitschrift)
AG	Aktiengesellschaft, Amtsgericht
AktG	Aktiengesetz
Alt.	Alternative
AnfG	Anfechtungsgesetz
Anh.	Anhang
Anm.	Anmerkung
AO	Abgabenordnung
ArbRB	Arbeits-Rechtsberater (Zeitschrift)
arg.	argumentum
Art.	Artikel
AStG	Außensteuergesetz
Az.	Aktenzeichen
BAG	Bundesarbeitsgericht
BayObLG	Bayerisches Oberstes Landesgericht
BB	Betriebs-Berater (Zeitschrift)
BeckBilKomm.	Beck'scher Bilanz-Kommentar
BeckOK	Beck'scher Online-Kommentar
BEEG	Bundeselterngeld- und Elternzeitgesetz
Begr.	Begründung
BetrVG	Betriebsverfassungsgesetz
BewG	Bewertungsgesetz
BFH	Bundesfinanzhof
BFHE	Sammlung der Entscheidungen des Bundesfinanzhofs
BFH/NV	Sammlung amtlich nicht veröffentlichter Entscheidungen des Bundesfinanzhofs
BFuP	Betriebswirtschaftliche Forschung und Praxis (Zeitschrift)
BGB	Bürgerliches Gesetzbuch
BGBl.	Bundesgesetzblatt
BGH	Bundesgerichtshof
BGHZ	Entscheidungssammlung des Bundesgerichtshofs in Zivilsachen
BMF	Bundesministerium der Finanzen
BNotO	Bundesnotarordnung
BRAO	Bundesrechtsanwaltsordnung
BR-Drucks.	Bundesrats-Drucksache
bspw.	beispielsweise
BStBl.	Bundessteuerblatt
BT-Drucks.	Bundestags-Drucksache
Buchst.	Buchstabe

BUrlG	Bundesurlaubsgesetz
BVerfG	Bundesverfassungsgericht
BWNotZ	Zeitschrift für das Notariat in Baden-Württemberg
DB	Der Betrieb (Zeitschrift)
DBA	Doppelbesteuerungsabkommen
DNotI-Report	Informationsdienst des Deutschen Notarinstituts (Zeitschrift)
DNotZ	Deutsche Notar-Zeitschrift
DrittelbG	Drittelbeteiligungsgesetz
DStR	Deutsches Steuerrecht (Zeitschrift)
DStRE	DStR Entscheidungsdienst
DStZ	Deutsche Steuer-Zeitung (Zeitschrift)
EBITDA	betriebswirtschaftliche Kennzahl (engl. ernings befor interest, taxes, depreciation and amortization)
E/B/J/S	Ebenroth/Boujong/Joost/Strohn
EFG	Entscheidungen der Finanzgerichte (Zeitschrift)
e.G.	eingetragene Genossenschaft
EGAktG	Einführungsgesetz zum Aktiengesetz
EGBGB	Einführungsgesetz zum Bürgerlichen Gesetzbuch
EHUG	Gesetz über elektronische Handelsregister und Genossenschaftsregister sowie das Unternehmensregister
ErbR	Zeitschrift für die gesamte erbrechtliche Praxis
ErbStB	Erbschaft-Steuerberater (Zeitschrift)
ErbStG	Erbschaftsteuer- und Schenkungsteuergesetz
EStB	Ertrag-Steuerberater (Zeitschrift)
EStG	Einkommensteuergesetz
EStH	Einkommensteuer-Hinweise
EStR	Einkommensteuer-Richtlinien
EU	Europäische Union
EUErbVO	Europäische Erbrechtsverordnung
EuGH	Europäischer Gerichtshof
evtl.	eventuell
EWiR	Entscheidungen zum Wirtschaftsrecht
EWR	Europäischer Wirtschaftsraum
f., ff.	folgende
FamFG	Gesetz über das Verfahren in Familiensachen und in den Angelegenheiten der freiwilligen Gerichtsbarkeit
FG	Finanzgericht
FR	Finanz-Rundschau Ertragsteuerrecht (Zeitschrift)
FS	Festschrift
GBO	Grundbuchordnung
GbR	Gesellschaft bürgerlichen Rechts
GenG	Genossenschaftsgesetz
GesellschaftsR	Gesellschaftsrecht
GesR	Gesellschaftsrecht
GewStG	Gewerbesteuergesetz

GewStR	Gewerbesteuer-Richtlinien
GmbH	Gesellschaft mit beschränkter Haftung
GmbHG	Gesetz betreffend die Gesellschaften mit beschränkter Haftung
GmbHR	GmbH-Rundschau (Zeitschrift)
GmbH-StB	GmbH-Steuerberater (Zeitschrift)
GrEStG	Grunderwerbsteuergesetz
GStB	Gestaltende Steuerberatung (Zeitschrift)
GVG	Gerichtsverfassungsgesetz
Halbs.	Halbsatz
Hdb.	Handbuch
HGB	Handelsgesetzbuch
h.M.	herrschende Meinung
HRefG	Handelsrechtsreformgesetz
HR-Nummer	Handelsregister-Nummer
HRV	Handelsregisterverordnung
i.d.R.	in der Regel
IDW	Institut der Wirtschaftsprüfer
i.E.	im Ergebnis
INF	Information über Steuer und Wirtschaft (Zeitschrift)
InsO	Insolvenzordnung
ISR	Internationale Steuer-Rundschau
IStR	Internationales Steuerrecht
JStG	Jahressteuergesetz
KAGB	Kapitalanlagegesetzbuch
KG	Kommanditgesellschaft, Kammergericht
KGaA	Kommanditgesellschaft auf Aktien
KÖSDI	Kölner Steuerdialog (Zeitschrift)
KStG	Körperschaftsteuergestz
KStH	Körperschaftsteuer-Hinweise
KStR	Körperschaftsteuer-Richtlinien
LES	Liechtensteinische Entscheidungssammlung
LfSt	Landesamt für Steuern
LG	Landgericht
li. Sp.	linke Spalte
LLP	Limited Liability Partnership
Ls.	Leitsatz
LSG	Landessozialgericht
Ltd.	Limited
LwAnpG	Landwirtschaftsanpassungsgesetz
MDR	Monatsschrift für Deutsches Recht (Zeitschrift)
MitbestG	Mitbestimmungsgesetz
MittBayNot	Mitteilungen des Bayerischen Notarvereins, der Notarkasse und der Landesnotarkammer Bayern

MittRhNotK	Mitteilungen der Rheinischen Notarkammer
MuSchG	Mutterschutzgesetz
m.w.N.	mit weiteren Nachweisen
MwStR	MehrwertSteuerrecht (Zeitschrift)
MwStSystRL	Richtlinie 2006/112/EG des Rates vom 28. November 2006 über das gesamte Mehrwertsteuersystem
MwStVO	Mehrwertsteuer-Verordnung
n.F.	neue Fassung
NJOZ	Neue Juristische Online-Zeitschrift
NJW	Neue Juristische Wochenschrift (Zeitschrift)
NJW-RR	NJW-Rechtsprechungs-Report
NotBZ	Notarielle Beratungs- und Beurkundungspraxis (Zeitschrift)
Nr.	Nummer(n)
NRW	Nordrhein-Westfalen
NWB	Neue Wirtschafts-Briefe
NZA	Neue Zeitschrift für Arbeitsrecht
NZG	Neue Zeitschrift für Gesellschaftsrecht
NZI	Neue Zeitschrift für Insolvenz- und Sanierungsrecht
NZKart	Neue Zeitschrift für Kartellrecht
OECD	Organisation für wirtschaftliche Zusammenarbeit und Entwicklung
OFD	Oberfinanzdirektion
OHG	Offene Handelsgesellschaft
OLG	Oberlandesgericht
PAO	Patentanwaltsordnung
PartGG	Partnerschaftsgesellschaftsgesetz
PublG	Publizitätsgesetz
RDG	Rechtsdienstleistungsgesetz
RegBegr.	Regierungsbegründung
RegE	Regierungsentwurf
re. Sp.	rechte Spalte
RG	Reichsgericht
RGZ	Entscheidungen des Reichsgerichts in Zivilsachen
rkr.	rechtskräftig
RNotZ	Rheinische Notar-Zeitschrift
Rs.	Rechtssache
Rz.	Randzahl
S.; s.	Seite; siehe
SchiedsVZ	Zeitschrift für Schiedsverfahren
SE	Societas Europaea
SE-VO	Verordnung über das Statut der Europäischen Gesellschaft
SfF	Senator für Finanzen
SG	Sozialgericht
SGB	Sozialgesetzbuch
SpruchG	Spruchverfahrensgesetz

SPV	special purpose vehicle
StBerG	Steuerberatungsgesetz
Stbg	Steuerberatung (Zeitschrift)
StBp	Die steuerliche Betriebsprüfung (Zeitschrift)
StBW	Steuerberater Woche (Zeitschrift)
Stkl.	Steuerklasse
StuB	Unternehmensteuern und Bilanzen (Zeitschrift)
TVG	Tarifvertragsgesetz
Tz.	Textziffer
TzBfG	Teilzeit- und Befristungsgesetz
u.a.	unter anderem
u.Ä.	und Ähnliche(s)
Ubg	Unternehmensteuerberatung (Zeitschrift)
u.E.	unseres Erachtens
UG	Unternehmergesellschaft (haftungsbeschränkt)
UmwG	Umwandlungsgesetz
UmwStG	Umwandlungsteuergesetz
UntStRefG	Unternehmensteuerreformgesetz
UR	Umsatzsteuer-Rundschau
UStAE	Umsatzsteuer-Anwendungserlass
UStG	Umsatzsteuergesetz
u.U.	unter Umständen
UVR	Umsatzsteuer- und Verkehrsteuer-Recht (Zeitschrift)
vgl.	vergleiche
VGR	Gesellschaftsrechtliche Vereinigung
VVaG	Versicherungsverein auf Gegenseitigkeit
VZ	Veranlagungszeitraum
WM	Wertpapier-Mitteilungen (Zeitschrift)
WPg	Die Wirtschaftsprüfung
WPO	Wirtschaftsprüferordnung
WuB	Entscheidungssammlung zum Wirtschafts- und Bankrecht
z.B.	zum Beispiel
ZErb	Zeitschrift für die Steuer- und Erbrechtspraxis
ZEV	Zeitschrift für Erbrecht und Vermögensnachfolge
zfbf	Schmalenbachs Zeitschrift für betriebswirtschaftliche Forschung
ZGR	Zeitschrift für Unternehmens- und Gesellschaftsrecht
ZHR	Zeitschrift für das gesamte Handels- und Wirtschaftsrecht
ZIP	Zeitschrift für Wirtschaftsrecht
ZPO	Zivilprozessordnung
z.T.	zum Teil
zust.	zustimmend

Abfindung

Ausgewählte Literatur: *Carlé*, Abfindungsklauseln in Gesellschaftsverträgen, KÖSDI 2013, 18327; *Casper/Altgen*, Gesellschaftsvertragliche Abfindungsklauseln – Auswirkungen der Erbschaftsteuerreform, DStR 2008, 2319; *Esskandari*, Abfindungs- und Auseinandersetzungsansprüche bei Ausscheiden aus der GmbH & Co. KG sowie deren Geltendmachung, GmbHR 2008, 138; *Foerster*, Abfindungs- und Nachfolgeregelungen im Lauf der Zeit, ZGR 2014, 396; *Herff*, Beschränkung gesellschaftsrechtlicher Abfindungsentgelte bei der gewerblich tätigen Personengesellschaft und bei der GmbH, GmbHR 2012, 621; *Hülsmann*, Abfindungsklauseln: Kontrollkriterien der Rechtsprechung, NJW 2002, 1673; *Rogall*, Steuerneutrale Bar- und Sachabfindung beim Ausscheiden aus Personengesellschaften – zum Verhältnis von § 6 Abs. 5 EStG zu § 16 EStG, DStR 2006, 731; *Schön*, Buchwertabfindung im Personengesellschaftskonzern, ZHR 166 (2002), 585; *Schulze-Osterloh*, Rechnungslegung bei Ausscheiden eines Gesellschafters aus einer fortbestehenden Personenhandelsgesellschaft gegen Abfindung aus dem Gesellschaftsvermögen, NZG 2016, 161; *Sigle*, Gedanken zur Wirksamkeit von Abfindungsklauseln in Gesellschaftsverträgen, ZGR 1999, 659; *Ulmer*, Die vertragliche Beschränkung des Austrittsrechts und der Abfindungsansprüche ausscheidenswilliger Gesellschafter in der großen, generationsübergreifenden Familien-KG, ZIP 2010, 805; *Winter*, Personengesellschaftsverträge nach der Unternehmen- und Erbschaftsteuerreform, Ubg 2009, 822; *Wolf*, Abfindungsbeschränkungen bei Familiengesellschaften, MittBayNot 2013, 9.

1. Ausscheiden gegen Abfindung

Gesetzliche Regelung | Scheidet ein Gesellschafter aus einer Personengesellschaft aus, so wächst sein Anteil am Gesellschaftsvermögen den übrigen Gesellschaftern zu (§ 738 Abs. 1 Satz 1 BGB). Im Gegenzug hat der ausgeschiedene Gesellschafter einen Anspruch auf Abfindung: Ihm ist „dasjenige zu zahlen, was er bei der Auseinandersetzung erhalten würde, wenn die Gesellschaft zur Zeit seines Ausscheidens aufgelöst worden wäre" (§ 738 Abs. 1 Satz 2 BGB). A 1

Ausscheidensgründe | Gründe für das Ausscheiden eines Gesellschafters sind, sofern nicht anders vereinbart, gemäß § 131 Abs. 3 HGB A 2

- für den Komplementär der Tod (beim Tod eines Kommanditisten wird die Gesellschaft dagegen mit dessen Erben fortgesetzt, § 177 HGB);
- die Eröffnung des Insolvenzverfahrens über das Vermögen des Gesellschafters;
- die Kündigung des Gesellschafters (vgl. zum gesetzlichen ordentlichen Kündigungsrecht § 723 BGB und § 132 HGB);
- die Kündigung durch den Privatgläubiger des Gesellschafters (nach Pfändung des Auseinandersetzungsguthabens, § 135 HGB);

- der Eintritt von weiteren im Gesellschaftsvertrag vorgesehenen Fällen (dies kann bei natürlichen Personen z.B. die Unfähigkeit zur weiteren Mitarbeit im Unternehmen sein, bei Gesellschaften z.B. eine Veränderung der Beteiligungsverhältnisse an ihnen – „mittelbare Vinkulierung“);
- ein einstimmiger Beschluss der Gesellschafter (oder alternativ der Abschluss einer Ausscheidensvereinbarung).

Näher → *Ausscheiden eines Gesellschafters.*

A3 **Ausschließungsklage** | Gemäß § 140 HGB können die übrigen Gesellschafter zudem auf Ausschließung eines Gesellschafters aus einem in seiner Person liegenden wichtigen Grund klagen. Mit Rechtskraft des der Klage stattgebenden Gestaltungsurteils scheidet der Beklagte aus der Gesellschaft aus. Auch insoweit können die Gesellschafter vertraglich ein anderes Procedere vereinbaren, namentlich eine Ausschließung durch Gesellschafterbeschluss.

A4 **Abfindung** | Das Ausscheiden hat gemäß §§ 738 bis 740 BGB (i.V.m. §§ 105 Abs. 3, 161 Abs. 2 HGB) zur Folge, dass der gegenwärtige Unternehmenswert zu ermitteln und nach dem Auseinandersetzungsschlüssel aufzuteilen ist. Das Ergebnis ist an den ausgeschiedenen Gesellschafter als Abfindung auszuzahlen, und zwar sofort.

A5 **Gesamtabrechnung** | Soweit der Ausgeschiedene daneben Forderungen oder Schulden gegenüber der Gesellschaft hat, z.B. aus Darlehenskonten, sind diese ebenfalls abzurechnen. Diese Forderungen und Schulden können grundsätzlich nicht mehr isoliert geltend gemacht werden, sie werden vielmehr zu unselbständigen Rechnungsposten im Rahmen einer Gesamtabrechnung zwischen der Gesellschaft und dem Ausgeschiedenen (BGH v. 18.3.2002 – II ZR 103/01, NZG 2002, 519; vgl. näher *Esskandari*, GmbHR 2008, 138, 141; *Heinrich* in Reichert, GmbH & Co. KG, § 32 Rz. 8f.). Von diesem Grundsatz der Gesamtabrechnung erkennt der BGH inzwischen gewisse Ausnahmen an, insbesondere für Drittgläubigerforderungen des Gesellschafters (BGH v. 3.4.2006 – II ZR 40/05, NZG 2006, 459 = MDR 2006, 1242).

Beispiel:

Kommanditist A hat auf der Grundlage eines Dienstvertrages zugleich Beratungsleistungen für die X GmbH & Co. KG erbracht. Nachdem A ein rechtskräftiges Urteil über die Bezahlung seiner Leistungen erstritten hat, befindet sich die KG in Abwicklung. Sie verweigert die Zahlung, weil A den Anspruch im Abwicklungsstadium nicht mehr isoliert geltend machen könne.

Die Auflösung einer Personengesellschaft führt dazu, dass die Gesellschafter die ihnen gegen die Gesellschaft zustehenden Ansprüche nicht mehr selbständig durchsetzen können (Durchsetzungssperre). Diese sind vielmehr als unselbständige Rechnungsposten in die Schlussrechnung (Auseinandersetzungsbilanz) aufzunehmen, deren Saldo dann ergibt, wer von wem noch etwas zu fordern hat. Hierdurch soll der Gefahr von Hin- und Herzahlungen begegnet werden. Nach BGH v. 3.4.2006 (II ZR 40/05, NZG 2006, 459 = MDR 2006, 1242, zur GbR) gilt dies jedoch nicht mehr für Drittgläubigeransprüche der Gesellschafter. Der Anspruch des A hat seine Grundlage nicht im Gesellschaftsvertrag, sondern in dem daneben geschlossenen Dienstvertrag; er kann daher weiterhin isoliert geltend gemacht werden.

A6 **Entstehung und Fälligkeit** | Der Abfindungsanspruch entsteht im Zeitpunkt des Ausscheidens (BGH v. 11.7.1988 – II ZR 281/87, NJW 1989, 453 = MDR 1989, 144). Nach zutreffender Ansicht ist er sofort fällig (§ 271 BGB; *Lorz* in E/B/J/S, § 131 HGB Rz. 67; offen gelassen von BGH v. 8.1.1990 – II ZR 115/89, NJW 1990, 1171 = MDR 1990, 700) mit der Folge, dass der Ausgeschiedene die Gesellschaft in Verzug setzen und so eine Verzinsung herbeiführen kann. Nach a.A. setzt die Fälligkeit zwar nicht die Feststellung der Ausscheidensbilanz, aber immerhin die Berechenbarkeit des Abfindungsanspruchs voraus (*K. Schmidt* in MünchKomm. HGB, § 131 HGB Rz. 129; differenzierend *Schäfer* in Großkomm. HGB, § 131 HGB Rz. 145). Näher zur Darstellung im Jahresabschluss *Schulze-Osterloh*, NZG 2016, 161.

2. Abfindung zum Verkehrswert

Ermittlung des Verkehrswerts | Sofern nicht anders vereinbart, ist für die Abfindung der A 7
wirkliche Wert des lebenden Unternehmens maßgebend. Dieser ist unter der Annahme der Fortführung des Unternehmens zu ermitteln und entspricht dem Preis, der bei einem Verkauf des Unternehmens als Einheit erzielt würde (*going concern*; BGH v. 24.9.1984 – II ZR 256/83, GmbHR 1985, 113). Die Bestimmung einer Abfindung zum Verkehrswert erfordert damit in der Regel eine Unternehmensbewertung durch Sachverständige. Nach der heute dominierenden Ertragswertmethode wird der Wert eines Unternehmens durch den Barwert der Ertragsüberschüsse bestimmt, die durch die Tätigkeit des Unternehmens in Zukunft erzielt werden können. Aus den künftigen Ertragsüberschüssen wird der Ertragswert durch Diskontierung (Abzinsung) mit einem Kapitalisierungszinssatz errechnet; diese Diskontierung gleicht den Umstand aus, dass eine sofortige Abfindungszahlung wegen der Wiederanlagemöglichkeiten einen höheren Wert hat als künftige Ertragsüberschüsse. Vermögen, welches das Unternehmen für die Leistungserstellung und damit für die Erzielung künftiger Überschüsse nicht benötigt (nicht-betriebsnotwendiges Vermögen), ist gesondert zu bewerten und mit seinem Liquidationswert zum Ertragswert hinzuzurechnen (IDW Standard: Grundsätze zur Durchführung von Unternehmensbewertungen [IDW S1 i.d.F. 2008], WPg Supplement 3/2008, 68 ff.; näher *Simon/Leverkus* in Simon, SpruchG, 2007, Anh § 11; *Hannes* in Hesselmann/Tillmann/Mueller-Thuns, Hdb. GmbH & Co. KG, 21. Aufl. 2016, Rz. 8.245 ff.). Auf den bisherigen Gesellschaftsanteil des Ausgeschiedenen entfällt sodann ein entsprechender Bruchteil des so ermittelten Unternehmenswertes.

Buch-, Substanz- und Liquidationswerte | Buchwerte (mit denen die Aktiva und Passiva der A 8
Gesellschaft in ihrer Handels- oder Steuerbilanz angesetzt sind), der Substanzwert (der sich aus einer Gegenüberstellung und Bewertung dieser Aktiva und Passiva ergibt) sowie der Liquidationswert (als Barwert der finanziellen Überschüsse bei Liquidation des gesamten Unternehmens) haben für Bewertungszwecke regelmäßig keine eigenständige Bedeutung. Dies gilt, sofern nicht anders vereinbart, auch für die Ermittlung der Abfindung. Zwar soll der Gesellschafter gemäß § 738 Abs. 1 Satz 2 BGB im Fall seines Ausscheidens dasjenige erhalten, was er bei einer fiktiven Liquidation der Gesellschaft erhalten würde. Diese Fiktion einer Liquidation bezieht sich jedoch unmittelbar nur auf die Gesellschaft, nicht auf das ihr gehörende Unternehmen. Auch bei einer Liquidation der Gesellschaft würde aber zunächst versucht, das Unternehmen insgesamt zu veräußern und so dessen Ertragswert zu realisieren (*Piehler/Schulte* in Münchener Hdb. Gesellschaftsrecht, Bd. 2, § 37 Rz. 22).

frei A 9–A 10

3. Vertragliche Abfindungsklauseln

Abdingbarkeit der gesetzlichen Regelung | Die gesetzlichen Vorgaben in §§ 738 ff. BGB sind A 11
im Grundsatz dispositiv. Gesellschaftsverträge enthalten daher regelmäßig Abfindungsklau-

durch Scheidung ausscheidendes angeheiratetes Mitglied den Status der Familien- und damit Gesellschaftszugehörigkeit entschädigungslos wieder verliert.

5. Abfindung unter Buchwert

A 18 **Grundsätzliche Sittenwidrigkeit |** Auch Abfindungsklauseln, die dem ausgeschiedenen Gesellschafter lediglich eine mehr oder weniger deutlich unter dem Buchwert seines Kapitalanteils liegende Abfindung zugestehen wollen, sind sittenwidrig (§ 138 BGB) und nicht anzuerkennen.

Beispiel:

In einem vom BGH 1989 entschiedenen Fall sah der Gesellschaftsvertrag zwar grundsätzlich eine Abfindung zum Buchwert der Beteiligung vor. In den ersten 20 Jahren des Bestehens der Gesellschaft sollte die Abfindung allerdings nur 50 % dieses Betrags betragen; ferner sollte die Abfindung in fünfzehn Jahresraten ausgezahlt werden.

Nach dem BGH verstieß die Beschränkung des Abfindungsanspruchs auf die Hälfte des Buchwerts gegen § 138 Abs. 1 BGB: „Sie stellt einen derart einschneidenden Eingriff in die Vermögensposition des ausscheidenden Gesellschafters dar und entfernt sich so erheblich vom gesetzlichen Leitbild des § 738 BGB, daß der Regelungszweck der Vorschrift, dem Gesellschafter eine angemessene Abfindung zu sichern, völlig verfehlt wird." (BGH v. 9.1.1989 – II ZR 83/88, NJW 1989, 2685, 2686 = MDR 1989, 973)

6. Abfindung zum Buchwert

A 19 **Prüfung auf grobes Missverhältnis |** Verbreitet finden sich in Gesellschaftsverträgen nach wie vor Buchwertklauseln, welche die Abfindung auf der Grundlage der (auf den Stichtag des Ausscheidens fortgeschriebenen) Handels- oder Steuerbilanz der Gesellschaft ermitteln wollen (vgl. die empirischen Daten bei *Wangler*, DStR 2009, 1501, 1504 und *Rasner*, ZHR 158 [1994], 292, 293). Auch Buchwertklauseln werden von der neueren Rechtsprechung allerdings nicht mehr uneingeschränkt akzeptiert, sondern insbesondere daraufhin überprüft, ob ein grobes Missverhältnis zwischen dem „wahren" Anteilswert und der vertraglich vereinbarten Abfindung besteht. Für die rechtliche Beurteilung kommt es entscheidend darauf an, ob das grobe Missverhältnis bereits im Zeitpunkt der vertraglichen Vereinbarung, d.h. von Anfang an, besteht oder erst im Zeitpunkt des Ausscheidens, d.h. erst nachträglich entstanden ist.

a) Bereits anfängliches Missverhältnis

A 20 **Unwirksamkeit von Anfang an |** Besteht das grobe Missverhältnis bereits im Zeitpunkt des Zustandekommens der vertraglichen Vereinbarung, ist die Buchwertklausel von Anfang an unwirksam. Zwar wird ein solches bereits anfängliches Missverhältnis nur selten vorliegen (bejaht bspw. von BGH v. 13.3.2006 – II ZR 295/04, ZIP 2006, 851 = MDR 2006, 1119); liegt es aber vor, zieht dies eine Abfindung zum vollen Verkehrswert nach sich.

A 21 **Fallgruppen |** Die bereits anfängliche Unwirksamkeit kann sich unter dem Gesichtspunkt einer sittenwidrigen „Knebelung", der Gläubigerbenachteiligung oder der unzulässigen (faktischen) Beschränkung des den Gesellschaftern zustehenden Kündigungsrechts (§ 723 Abs. 3 BGB) ergeben:

- **Sittenwidrige Knebelung:** Vereinbarungen, welche die wirtschaftliche Freiheit eines Beteiligten so einschränken, dass dieser seine freie wirtschaftliche Selbstbestimmung im Wesentlichen einbüßt, sind sittenwidrig (§ 138 Abs. 1 BGB). Da für dieses Sittenwidrigkeitsurteil auf den Zeitpunkt des Zustandekommens der Vereinbarung abzustellen ist, kann eine Buchwertklausel nur im Ausnahmefall gegen die guten Sitten verstoßen. Denn zu diesem Zeitpunkt besteht zumeist noch kein grobes Missverhältnis zwischen dem Buch- und dem Verkehrswert der Beteiligung. Das spätere starke Auseinanderdriften der beiden Werte werden die Parteien zu diesem Zeitpunkt i.d.R. nicht vorhergesehen haben.
- **Gläubigerbenachteiligung:** Vereinbarungen, die den Abfindungsanspruch eines Gesellschafters *nur* für den Fall seines durch Gläubigerkündigung oder Insolvenzeröffnung bedingten Ausscheidens weitergehend beschränken, sind wegen Gläubigerbenachteiligung nichtig. Rechtsgrundlage ist auch hier § 138 Abs. 1 BGB, nach a.A. sind die Anfechtungsvorschriften der § 133 Abs. 1 InsO, § 3 Abs. 1 AnfG heranzuziehen (zum Streitstand *Schäfer* in MünchKomm. BGB, § 738 BGB Rz. 47 f.). Ins Positive gewendet: Vertragliche Abfindungsbeschränkungen müssen nach h.M. auch Gläubiger bzw. ein Insolvenzverwalter gegen sich gelten lassen, sofern sie nicht isoliert zu deren Lasten, sondern auch für vergleichbare Fälle gelten, insbesondere bei Ausscheiden aus einem (anderen) in der Person des ausscheidenden Gesellschafters liegenden wichtigen Grund (z.B. *Fastrich* in Baumbach/Hueck, § 34 GmbHG Rz. 30; a.A. *Roth*, ZGR 2000, 187, 215 m.w.N.).
- **Unzulässige Erschwerung der Kündigung:** Eine Regelung, welche an eine Kündigung derart schwerwiegende Nachteile knüpft, dass ein Gesellschafter vernünftigerweise von dem ihm formal zustehenden Kündigungsrecht keinen Gebrauch macht, sondern an der gesellschaftlichen Bindung festhält, kann gemäß § 723 Abs. 3 BGB unzulässig sein (BGH v. 13.3.2006 – II ZR 295/04, ZIP 2006, 851 = MDR 2006, 1119). Das Verbot, die Kündigung entgegen § 723 Abs. 1 und 2 BGB zu beschränken, greift nach Umgehungsgrundsätzen auch dann ein, wenn eine Abfindungsklausel geeignet ist, den kündigungswilligen Gesellschafter wegen der wirtschaftlich nachteiligen Folgen einer Kündigung zum Verzicht auf die Kündigungserklärung zu veranlassen. Dabei kommt es nicht auf eine Umgehungsabsicht der Mitgesellschafter an (*Schäfer* in MünchKomm. BGB, § 738 BGB Rz. 49 ff.). Diese Wirksamkeitsschranke besaß solange erhebliche Bedeutung, wie die h.M. für ihr Eingreifen nicht auf die Lage bei Vertragsschluss abstellte, sondern auf die Wertverhältnisse im Zeitpunkt der Kündigung. Eine ursprünglich mit § 723 Abs. 3 BGB vereinbare Abfindungsklausel konnte so nachträglich *ex nunc* unwirksam werden (z.B. BGH v. 17.4.1989 – II ZR 258/88, NJW 1989, 3272 = MDR 1989, 886). Der BGH verneint jedoch seit seiner Entscheidung vom 20.9.1993 diese Möglichkeit einer nachträglich eintretenden Unwirksamkeit (BGH v. 20.9.1993 – II ZR 104/92, BGHZ 123, 281, 284 = GmbHR 1993, 806).

Rechtsfolge | Sofern die Buchwertklausel aus einem der genannten Gründe aber von Anfang an unwirksam ist, bestimmt sich die zu zahlende Abfindung weiterhin nach dem Gesetz: Die Abfindung geht dann auf den (anteiligen) **vollen Verkehrswert** des fortgeführten Unternehmens. A 22

b) Nachträgliches Missverhältnis

Ergänzende Vertragsauslegung | Sofern die Buchwertklausel dagegen im Zeitpunkt ihrer Vereinbarung noch unbedenklich ist, es aber später zu einem erheblichen Auseinanderdriften von Buch- und Verkehrswert kommt, nimmt die Rechtsprechung eine von den Parteien nicht bedachte Vertragslücke an, die im Wege ergänzender Vertragsauslegung zu schließen ist: Die A 23

Buchwertklausel ist zwar weiterhin wirksam, jedoch im Ergebnis dahingehend anzupassen, dass als Abfindung ein (Mittel-)Wert zwischen dem Buchwert und dem vollen Verkehrswert zu leisten ist (vgl. BGH v. 20.9.1993 – II ZR 104/92, BGHZ 123, 281, 289 = GmbHR 1993, 806).

A 24 **Grobes Missverhältnis |** Feste Grenzwerte, ab wann ein erheblichen Missverhältnis zwischen Anteilswert und Abfindung anzunehmen ist, lassen sich kaum angeben. Der BGH zieht insoweit auch den Grund der jeweiligen Abfindungsvereinbarung und die konkreten Voraussetzungen ihres Eingreifens heran. Bejaht hat der BGH ein grobes Missverhältnis etwa in folgenden Fällen (vgl. *Hülsmann*, NJW 2002, 1673):

Beispiele:

Der BGH hat 1993 ein grobes Missverhältnis angenommen, weil die Buchwertabfindung nur 35 % bzw. bei Einbeziehung des auf dem Privatkonto ausgewiesenen Guthabens 45 % der nach dem Verkehrswert ermittelten gesetzlichen Abfindung betrug (BGH v. 20.9.1993 – II ZR 104/92, BGHZ 123, 281, 289 = GmbHR 1993, 806).

Ein außergewöhnliches Missverhältnis bejahte der BGH 1994 auch in einem Fall, in dem gesellschaftsvertraglich ein Recht der verbleibenden Gesellschafter auf Übernahme der Anteile eines auf Grund eigener Kündigung ausscheidenden Gesellschafters vereinbart war; nach der gesellschaftsvertraglichen Regelung errechnete sich ein Übernahmepreis in Höhe von 289 % des Nominalkapitals, der Verkehrswert bewegte sich jedoch zwischen 600 % und 1 000 % des Nominalkapitals (BGH v. 13.6.1994 – II ZR 38/93, BGHZ 126, 226 = GmbHR 1994, 871).

A 25 **Rechtsfolge |** Die notwendige Korrektur der vertraglichen Regelung darf nach dem BGH nicht dazu führen, nunmehr die Unternehmensinteressen gänzlich zu vernachlässigen und die Abfindung nach dem vollen Verkehrswert zu bemessen. Eine angemessene Berücksichtigung der beiderseitigen Belange ist vielmehr dadurch zu erreichen, dass ein **Betrag zwischen dem Buch- und dem Verkehrswert** zu Grunde gelegt wird (BGH v. 20.9.1993 – II ZR 104/92, BGHZ 123, 281, 289 = GmbHR 1993, 806). Zu den im Einzelfall maßgeblichen Kriterien zählt der BGH insbesondere die Dauer der Mitgliedschaft des ausgeschiedenen Gesellschafters in der Gesellschaft, seinen Anteil am Aufbau und Erfolg des Unternehmens und den Anlass des Ausscheidens (a.a.O., S. 286). Das OLG München hat 2004 einen ausgeschiedenen Gesellschafter zur Hälfte am Verkehrswert seines Anteils teilhaben lassen (OLG München v. 1.9. 2004 – 7 U 6152/99, NZG 2004, 1055 = DB 2004, 2207).

A 26 **Änderung bestehender Abfindungsklauseln |** Die unterschiedlichen Rechtsfolgen der beiden vorstehend genannten Fallgruppen – voller Verkehrswert bei anfänglicher Unwirksamkeit bzw. „Mittelwert" bei nachträglichem Missverhältnis – gilt es bei späteren Änderungen bestehender Abfindungsklauseln zu beachten: Während eine ursprünglich wirksame Buchwertklausel eine Korrektur der Abfindung nur bis auf einen „Mittelwert" erlauben würde, kann die nachträgliche Festschreibung einer (immer noch) unangemessenen Abfindung ab dem Zeitpunkt der Vertragsänderung zur Unwirksamkeit der Klausel und damit zur Abfindung zum Verkehrswert führen (vgl. *Wälzholz*, DStR 2003, 1179 zu OLG Hamm v. 4.12.2002 – 8 U 40/02, DStR 2003, 1178 = GmbHR 2003, 584).

c) Personengesellschaftskonzern

A 27 **Einzel- oder Konzernbilanz |** Zu besonderen Auslegungsproblemen können Buchwertklauseln schließlich im Personengesellschaftskonzern führen. *Schön* möchte insoweit im Wege der ergänzenden Vertragsauslegung ggf. nicht auf die Einzelbilanz der Muttergesellschaft (aus welcher der Gesellschafter ausscheidet) abstellen, sondern auf die Konzernbilanz der gesamten Unternehmensgruppe (*Schön*, ZHR 166 [2002], 585). Er unterscheidet nach dem Zeitpunkt der Übernahme der Holdingfunktion:

- **Ursprüngliche Holdingfunktion:** Sofern die Personengesellschaft von vornherein als Holdinggesellschaft gegründet worden ist, die Buchwertklausel dies aber nicht berücksichtigt, sprechen Wortlaut, Systematik und Entstehung der Buchwertklausel regelmäßig für ein Abstellen auf die Einzelbilanz.
- **Nachträgliche Holdingfunktion:** Wenn die Personengesellschaft dagegen ursprünglich als operative Gesellschaft gegründet wurde und erst später Aktivitäten ausgelagert wurden, dürfte sich die Maßgeblichkeit der Konzernbilanz bereits aus einer ergänzenden Vertragsauslegung ergeben. Denn insoweit haben die Gesellschafter mit der „schleichenden" Änderung des Gesellschaftszwecks nicht zugleich einen Verzicht auf alle Wertsteigerungen erklärt, die nunmehr in den Bilanzen der Tochtergesellschaften als offene Rücklagen ausgewiesen und dort thesauriert werden.

7. Abfindung zum Verkehrswert mit Abschlag

Abschlag nach Fallgruppen | Wegen der grundsätzlichen Problematik von Buchwertklauseln geht die Vertragspraxis zunehmend dazu über, die Abfindung im Ausgangspunkt nach dem Verkehrswert zu bemessen, auf diesen jedoch einen Abschlag (zwecks Kapital- und Liquiditätssicherung der Gesellschaft) vorzunehmen. Hierbei kann nach dem Grund des Ausscheidens differenziert werden: A 28

- **„Reguläres" Ausscheiden:** Sofern der Gesellschafter „regulär" ausscheidet, namentlich durch ordentliche Kündigung, sollte die Abfindung zumindest 2/3 des Verkehrswertes der abzufindenden Beteiligung betragen (vgl. die Rechtsprechungsnachweise bei *Hülsmann*, NJW 2002, 1673; *Schöne* in Bamberger/Roth, 3. Aufl. 2012, § 738 BGB Rz. 41 mit weitergehender Differenzierung; *K. Schmidt*, Gesellschaftsrecht, 4. Aufl. 2002, S. 1490: 50 bis 60 % des anteiligen Ertragswerts).
- **Ausscheiden aus wichtigem Grund:** Sofern der Gesellschafter aus einem in seiner Person liegenden wichtigen Grund ausscheidet, ist eine weitergehende Reduzierung auf bis zu 50 % möglich (vgl. *Hannes* in Hesselmann/Tillmann/Mueller-Thuns, Hdb. GmbH & Co. KG, Rz. 8.302; *Piehler/Schulte* in Münchener Hdb. Gesellschaftsrecht, Bd. 2, § 38 Rz. 33; *Lorz* in E/B/J/S, § 131 HGB Rz. 141). Diese „50 %-Grenze" kann dann entsprechend auch den Gläubigern oder einem Insolvenzverwalter des ausgeschiedenen Gesellschafters entgegengehalten werden (Rz. A 21). In der Kommentarliteratur findet sich allerdings vielfach der Hinweis, dass „starre Prozentsätze" nicht genannt werden könnten (etwa *Strohn* in MünchKomm. GmbHG, § 34 GmbHG Rz. 227). Eine Ausnahme bilden namentlich *Lutter/Kleindiek*, die „Abschläge von 50 % des Verkehrswertes als Orientierungswert für die Anpassung gerechtfertigt" nennen (*Lutter/Kleindiek* in Lutter/Hommelhoff, § 34 GmbHG Rz. 90). Vor diesem Hintergrund kann es sich empfehlen, die Abfindung geringfügig auf z.B. 55 % des Verkehrswertes zu erhöhen, um sich etwas von der „50 %-Grenze" zu entfernen und ein „Umschlagen" (mit der Folge einer Diskussion über 100 %) zu vermeiden. Diese „Investition" von weiteren 5 % dürfte in einem etwaigen Rechtsstreit einen deutlichen Gewinn an Rechtssicherheit bringen.

Große Familiengesellschaften | Bei großen Familiengesellschaften sieht *Ulmer* zutreffend Besonderheiten in (i) der durch die Familienbindung und den generationsübergreifenden Cha- A 29 rakter geprägten, treuhandähnlichen Stellung der Gesellschafter, die (ii) ihre Mitgliedschaft meist ohne eigene Einlage erlangt haben, und (iii) der regelmäßig langfristig praktizierten Thesaurierung eines Großteils der Gewinne im Unternehmensinteresse. Insbesondere eine solche dauerhaft restriktive Ausschüttungspolitik kann es rechtfertigen, für die Abfindung nicht auf die möglichen, sondern auf die nachhaltig zu erwartenden Ausschüttungen abzustellen (*Ulmer*, ZIP 2010, 805).

8. Abfindung nach vereinfachtem Ertragswertverfahren

A 30 **Erbschaftsteuerliche Wertermittlung** | Zur Vermeidung einer umfassenden Unternehmensbewertung nach IDW S1 kann es sich anbieten, den Ertragswert vereinfacht nach (erbschaft-) steuerlichen Vorgaben zu ermitteln. Die Erbschaftsteuerreform 2009 hat die erbschaftsteuerliche Wertermittlung u.a. für Anteile an Personengesellschaften grundlegend verändert und dabei Wertansätze angestrebt, die sich statt an Steuerbilanzwerten am wirklichen Anteilswert orientieren. Schon aus diesem Grund können die früher mit Buchwertklauseln verfolgten Ziele – Verfahrensvereinfachung einerseits, Kapital- und Liquiditätssicherung andererseits (Rz. A 12) – nicht mehr vollständig erreicht werden. So widerspricht es der intendierten Verfahrensvereinfachung, dass für Erbschaftsteuerzwecke, sofern keine zeitnahen Verkäufe vorliegen, nunmehr ohnehin ein Ertragswertverfahren durchgeführt werden muss.

A 31 **„Bereicherung" der verbleibenden Gesellschafter** | Zu einem zusätzlichen Liquiditätsabfluss kann es bei den verbleibenden Gesellschaftern durch die §§ 3 Abs. 1 Nr. 2, 7 Abs. 7 ErbStG kommen. Diese Vorschriften regeln seit jeher den Fall, dass (beim Erwerb von Todes wegen bzw. bei der Schenkung unter Lebenden) die Abfindung beim Ausscheiden eines Gesellschafters hinter dem Steuerwert zurückbleibt; die verbleibenden Gesellschafter gelten dann in Höhe der Differenz steuerpflichtig als „bereichert". Früher spielten diese Sondertatbestände im Fall einer Buchwertabfindung keine große Rolle, weil der Steuerwert als Substanzwert annähernd dem Buchwert entsprach. Mit dem Übergang zu Verkehrswerten hat sich dies geändert: Früher hat z.B. der Verkehrswert 100, die vertragliche Abfindung 70 und der Steuerwert 50 betragen; Erbschaftsteuer fiel nicht an, weil die Abfindung über dem Steuerwert lag. Nach der Anhebung des Steuerwertes auf den Verkehrswert ist nunmehr auf die Differenz von 30 (bei Zugrundelegung des 85%igen Verschonungsabschlags noch auf 4,5) Erbschaftsteuer zu zahlen. Da der zu versteuernde Differenzbetrag ertragsteuerlich nicht als Anschaffungskosten auf das anteilige Gesamthandsvermögen zu erfassen ist, droht bei einer späteren Anteilsveräußerung zudem ggf. eine Doppelbesteuerung (vorbehaltlich einer Anrechnung der Erbschaftsteuer auf die Einkommensteuer nach Maßgabe des § 35b EStG im Fall des Ausscheidens eines Gesellschafters im Todesfall, § 3 Abs. 1 Nr. 2 ErbStG).

A 32 **Konsequenzen für die Gestaltung von Abfindungsklauseln** | Der nach §§ 3 Abs. 1 Nr. 2, 7 Abs. 7 ErbStG drohenden Erbschaftsteuerzahlung kann man zunächst dadurch begegnen, dass man die gesellschaftsvertragliche Abfindung auf Verkehrswertniveau erhöht. Unter Liquiditätsgesichtspunkten ist dadurch selbstverständlich nichts gewonnen; in Familiengesellschaften mit einem noch überschaubaren Gesellschafterkreis kann aber gleichwohl die Bereitschaft bestehen, lieber dem ausscheidenden Gesellschafter eine höhere Abfindung zukommen zu lassen als (im Vergleich dazu niedrigere) Erbschaftsteuer an den Fiskus zu zahlen.

A 33 **Gegenstrategien** | Andere Gegenstrategien sind demgegenüber nur eingeschränkt erfolgversprechend bzw. praktikabel: So wird vorgeschlagen, die Anwachsung bei Ausscheiden eines

Gesellschafters möglichst durch eine **Zwangsabtretung** seines Anteils zu ersetzen; dies soll die Argumentation eröffnen, dass kein „auf dem Ausscheiden eines Gesellschafters beruhender Übergang des Anteils" i.S.d. §§ 3 Abs. 1 Nr. 2, 7 Abs. 7 ErbStG, sondern umgekehrt ein Ausscheiden erst infolge des Übergangs vorliege (vgl. *Hübner/Maurer*, ZEV 2009, 361, 363 f.). Sicherer scheint es, noch einen Schritt weiter zu gehen und einem zum Ausscheiden bereiten bzw. verpflichteten Gesellschafter möglichst einen **Anteilsverkauf an die Mitgesellschafter** zu erlauben (vgl. auch dazu *Hübner/Maurer*, ZEV 2009, 428, 433). Denn die genannten Sondertatbestände lassen sich vermeiden, wenn der Gesellschafter nicht ausscheidet, sondern seinen Anteil gegen Zahlung eines Kaufpreises veräußert und somit schon kein Abfindungsanspruch entsteht. Ein derartiger Anteilsverkauf unterliegt nur dann der Schenkungsteuer, wenn er teil- oder unentgeltlich erfolgt (§ 7 Abs. 1 Nr. 1 ErbStG). Wenn der vereinbarte Kaufpreis zwar unterhalb des Verkehrswertes, aber doch über dem sonst zur Anwendung gelangenden vertraglichen Abfindungsbetrag liegt, lässt sich hingegen argumentieren, dass der Anteilsverkauf vollentgeltlich erfolgt ist. In den Gesellschaftsvertrag müssten **flankierende Bestimmungen** aufgenommen werden, um – etwa durch geeignete Ankündigungs- und Fristenregelungen – überhaupt erst Raum für ein solches Verhandlungsszenario zu schaffen und günstige Rahmenbedingungen hierfür zu setzen. So kann der ausscheidenswillige Gesellschafter an einem Fehlschlag wirtschaftlich dadurch beteiligt werden, dass seine Abfindung in der Höhe entsprechend beschränkt und die nachteiligen Folgen der Sondertatbestände auf ihn abgewälzt werden.

Klauselvorschlag | Eine auf der erbschaftsteuerlichen Wertermittlung aufsetzende Abfindungsklausel kann etwa lauten: A 34

§ … Abfindung

(1) Ein Gesellschafter, der aus der Gesellschaft ausscheidet, erhält eine Abfindung in Höhe von zwei Dritteln des auf seinen Festkapitalanteil entfallenden anteiligen Unternehmenswertes. Bewertungsstichtag ist, wenn der Gesellschafter zum Ende eines Geschäftsjahres ausscheidet, dieses Ende des Geschäftsjahres, sonst das Ende des vorherigen Geschäftsjahres. Am Gewinn oder Verlust zwischen Bewertungsstichtag und dem Tag des Ausscheidens nimmt der ausscheidende Gesellschafter nicht teil.

(2) Der anteilige Unternehmenswert wird nach den Grundsätzen der §§ 200 bis 203 BewG in ihrer jeweiligen Fassung bemessen, jedoch mit folgenden Maßgaben:

a) In § 201 Abs. 2 BewG treten 5 Wirtschaftsjahre an die Stelle von 3;

b) zur Ermittlung des Betriebsergebnisses einer Gesellschaft ist abweichend von § 202 Abs. 1 Satz 1 BewG von ihrem handelsrechtlichen Ergebnis vor Steuern auszugehen, das zum Zwecke der Konzernrechnungslegung der Unternehmensgruppe ermittelt wird.

Der sich danach ergebende anteilige Unternehmenswert wird durch den steuerlichen Berater der Gesellschaft zeitnah berechnet und allen Gesellschaftern durch Einschreiben mitgeteilt.

(3) Der ausscheidende Gesellschafter, die verbleibenden Gesellschafter und die Gesellschaft selbst können jeweils binnen zwei Monaten nach dem Poststempel des Einschreibens beantragen, dass – abweichend von Abs. 2 – der anteilige Unternehmenswert von einem einvernehmlich, ersatzweise vom Vorstand des IDW zu benennenden Wirtschaftsprüfer unter Anwendung der jeweils gültigen Bewertungsstandards des IDW zur Durchführung von Unternehmensbewertungen (derzeit IDW S1) verbindlich festgestellt wird. Hierbei ist eine konservative Unternehmens-

planung zugrunde zu legen. Die Kosten dieses Verfahrens sind durch den bzw. die Antragsteller zu tragen.

(4) *Scheidet ein Gesellschafter wegen eines in seiner Person liegenden wichtigen Grundes aus, reduziert sich die Abfindung auf 50 % des anteiligen Unternehmenswertes.*

(5) *Die Abfindung ist in acht gleichen Jahresraten zu zahlen. Die erste Rate ist sechs Monate nach dem Zeitpunkt des Ausscheidens zu zahlen; falls der anteilige Unternehmenswert bei Fälligkeit noch nicht feststeht, ist eine angemessene Abschlagszahlung zu leisten. Die Abfindung ist ab dem Bewertungsstichtag (Abs. 1) mit 2 % über dem jeweiligen Basiszinssatz (§ 247 BGB) zu verzinsen. Die aufgelaufenen Zinsen sind mit jeder Rate zu bezahlen. Die Gesellschaft ist berechtigt, die Abfindung ganz oder teilweise früher zu bezahlen. Zur Sicherstellung der Abfindung ist sie nicht verpflichtet.*

(6) *Guthaben und Schulden auf den Gesellschafterdarlehenskonten bleiben bei der Abfindung außer Betracht und sind sechs Monate nach dem Zeitpunkt des Ausscheidens gesondert auszugleichen. Nachträgliche Änderungen der zugrunde gelegten Bilanz, insbesondere aufgrund einer steuerlichen Außenprüfung, beeinflussen die Abfindung nicht.*

(7) *Für den Fall, dass die zu zahlende Abfindung nach Höhe oder Auszahlungsmodalitäten gegen zwingendes Recht verstoßen sollte, soll eine gerade noch zulässige, möglichst niedrige Abfindung bzw. Auszahlungsmodalität als vereinbart gelten.*

A 35 **Erläuterung** | Der Klauselvorschlag zielt darauf ab, sich eine ohnehin für Erbschaftsteuerzwecke vorzunehmende Bewertung (die bei größeren Unternehmen z.B. auch durch die Steuerabteilung durchgeführt werden könnte) zu Nutze machen. Das vereinfachte Ertragswertverfahren nach dem Bewertungsgesetz stellt – mit möglichen auf das Unternehmen zugeschnittenen Modifikationen (Abs. 2) – die Ausgangsbasis dar. Diese ist für den ausscheidenden Gesellschafter, die verbleibenden Gesellschafter und die Gesellschaft selbst jedoch nicht verpflichtend, sondern kann durch eine Bewertung nach IDW S 1 ersetzt werden (Abs. 3). Um die IDW S 1-Bewertung und den damit verbundenen Aufwand nicht zum Regelfall werden zu lassen, sollten die Kosten einer solchen Unternehmensbewertung – unabhängig davon, ob sie zu einem höheren oder niedrigeren Anteilswert führt – stets der Partei auferlegt werden, die eine solche Unternehmensbewertung beantragt hat.

9. Auszahlungsmodalitäten

A 36 **Angemessener Auszahlungszeitraum** | Neben der Abfindungshöhe müssen auch die Auszahlungsmodalitäten angemessen sein. Während ein Auszahlungszeitraum von **fünf Jahren** regelmäßig nicht zu beanstanden ist (BGH v. 20.9.1993 – II ZR 104/92, BGHZ 123, 281, 288 = GmbHR 1993, 806; *Wiedemann*, Gesellschaftsrecht, Bd. 2, 2004, S. 251; *Schöne* in Bamberger/Roth, 3. Aufl. 2012, § 738 BGB Rz. 33), wird eine Spanne von mehr als acht Jahren verbreitet bereits für unzulässig gehalten (vgl. etwa *Fastrich* in Baumbach/Hueck, 20. Aufl. 2013, § 34 GmbHG Rz. 38: „kaum noch zumutbar"). So hat das OLG Dresden eine Klausel beanstandet, nach der die Abfindung in drei gleichen Raten nach fünf, acht und zehn Jahren auszuzahlen war (OLG Dresden v. 18.5.2000 – 21 U 3559/99, NZG 2000, 1042 = GmbHR 2000, 718 zur GmbH). Gleichwohl ist in Formularbüchern häufig noch eine Auszahlung über zehn Jahre vorgesehen. Aus Vorsichtsgründen sollte der vorgesehene Auszahlungszeitraum **acht Jahre** i.d.R. nicht übersteigen und eine **angemessene Verzinsung** vorgesehen werden.

Beispiel:

Die Parteien hatten ergänzend zu einer Buchwertklausel eine Ratenzahlungsvereinbarung getroffen, die eine Laufzeit von acht Jahren und keinerlei Verzinsung vorsah. Das OLG Frankfurt hat in der Kumulation von Stundung und fehlender Verzinsung eine unzulässige Abfindungsbeschränkung gesehen und im Wege der ergänzenden Vertragsauslegung durch eine angemessene Verzinsung (6%) korrigiert (OLG Frankfurt a.M. v. 20.1.2011 – 22 U 3/09, juris; Nichtannahmebeschluss des BGH v. 9.10.2012 – II ZR 31/11, juris).

Korrelation von Zeitraum und Höhe | Auszahlungszeitraum und Abfindungshöhe müssen im Übrigen korrelieren: Wenn etwa eine Abfindung zu 2/3 des Verkehrswertes über acht Jahre gestreckt werden darf, muss eine Abfindung zu 100 % des Verkehrswertes über zehn Jahre ebenfalls zulässig sein (vgl. *Heinrich* in Reichert, GmbH & Co. KG, § 32 Rz. 34). Das Risiko dürfte insoweit v. a. in einer gerichtlichen Verkürzung des Auszahlungszeitraums bestehen, im *worst case* in einer dem Gesetz entsprechenden sofortigen Fälligkeit (§ 271 Abs. 1 BGB), aber wohl nicht in einer Unwirksamkeit der gesamten Abfindungsregelung (mit der Folge einer sofortigen Abfindung zum Verkehrswert). A 37

10. Absicherung durch salvatorische Klausel

Angesichts dieser Unsicherheiten empfiehlt sich schließlich die Aufnahme einer salvatorischen Klausel, wonach eine etwa zu geringe Abfindung auf eine gerade noch zulässige angehoben wird. Zwar ist für den Anwendungsbereich von § 138 BGB ganz überwiegend anerkannt, dass es dem Zweck dieser Vorschrift widersprechen würde, dem gegen die guten Sitten Handelnden einen Teilerfolg zu belassen. Eine salvatorische Klausel stellt daher keinen Freibrief dar, bei den Abfindungskonditionen bewusst „den Bogen zu überspannen". Im Grenzbereich sollte eine salvatorische Klausel dagegen sehr wohl zielführend sein, nämlich einen denkbaren, aber eben nicht offenkundigen Verstoß gegen die guten Sitten ausschließen. In der Kommentarliteratur finden sich hierzu kaum Ausführungen (vgl. aber *Schäfer* in MünchKomm. BGB, § 738 BGB Rz. 74 f.). A 38

11. Abfindung in das Privatvermögen

Steuerlich stellt das Ausscheiden eines Mitunternehmers gegen **Barentgelt** in das Privatvermögen aufgrund eines gesellschaftsvertraglichen oder gesetzlichen Abfindungsanspruchs eine Veräußerung eines Mitunternehmeranteils gemäß § 16 Abs. 1 Satz 1 Nr. 2 EStG dar (vgl. *Rogall*, DStR 2006, 731; *Wacker* in Schmidt, 35. Aufl. 2016, § 16 EStG Rz. 450, 510). An die Stelle des Verkaufspreises tritt das Abfindungsguthaben und die verbleibenden Gesellschafter sind die anteiligen Erwerber (vgl. *Rogall*, DStR 2006, 732 f.; *Binz/Sorg*, Die GmbH & Co. KG, 11. Aufl. 2010, S. 474). Insoweit kann auf die Ausführungen unter → *Übertragung von Gesellschaftsanteilen* und → *Verkauf und Vorkauf von Gesellschaftsanteilen* verwiesen werden. A 39

Bei einer **Sachwertabfindung** (Rz. A 13) in das Privatvermögen ergeben sich für den ausscheidenden Mitunternehmer im Vergleich zu einer Barabfindung keine Änderungen. Die verbleibenden Mitunternehmer erwerben wie im Fall der Barabfindung die Anteile des Ausscheidenden an den Wirtschaftsgütern des Gesamthandsvermögens. Zusätzlich erzielen sie hinsichtlich der Wirtschaftsgüter, die an den Ausscheidenden gehen, einen Gewinn aus der A 40

Differenz zwischen dem gemeinen Wert und aufgestockten Buchwert der übertragenen Wirtschaftsgüter, der ggf. § 6b EStG-fähig ist (vgl. *Rogall*, DStR 2006, 733).

12. Abfindung in das Betriebsvermögen

A 41 Werden Wirtschaftsgüter aus dem Gesamthandsvermögen einer Mitunternehmerschaft unentgeltlich oder gegen Minderung von Gesellschaftsrechten in das (Sonder-)Betriebsvermögen des Mitunternehmers übertragen, ist nach § 6 Abs. 5 Satz 3 Nr. 1 oder 2 EStG der Buchwert hinsichtlich der übertragenen Wirtschaftsgüter anzusetzen. Für den ausscheidenden Mitunternehmer liegt mangels Aufdeckung sämtlicher stiller Reserven eine nicht nach §§ 16 Abs. 4, 34 EStG begünstigte Veräußerung eines Mitunternehmeranteils vor (vgl. BFH v. 6.9. 2000 – IV R 18/99, BStBl. II 2001, 229 = FR 2001, 75 = GmbHR 2001, 35 = GmbH-StB 2001, 6; *Rogall*, DStR 2006, 733 f.). Fraglich ist, ob eine steuerneutrale Barabfindung in das Betriebsvermögen des ausscheidenden Mitunternehmers nach § 6 Abs. 5 Satz 3 EStG möglich ist (vgl. hierzu *Rogall*, DStR 2006, 734 f.).

A 42–A 50 frei

Vertiefende Recherche

Wichtige Urteile und Erlasse

BFH v. 6.9.2000 – IV R 18/99, BStBl. II 2001, 229: Keine tarifbegünstigte Anteilsveräußerung bei vorheriger Buchwertübertragung wesentlicher Betriebsgrundlagen.

BGH v. 29.4.2014 – II ZR 216/13, BGHZ 201, 65 = GmbHR 2014, 811 mit Anm. *Wachter*: Ein vollständiger Abfindungsausschluss für den Fall, dass der Gesellschafter wegen einer groben Verletzung der Interessen der Gesellschaft oder der Gesellschafterpflichten ausgeschlossen wird, ist sittenwidrig und auch nicht als Vertragsstrafe zulässig.

BGH v. 3.4.2006 – II ZR 40/05, NZG 2006, 459 = MDR 2006, 1242: Drittgläubigerforderungen können beim Ausscheiden weiterhin isoliert geltend gemacht werden.

BGH v. 13.3.2006 – II ZR 295/04, ZIP 2006, 851 = MDR 2006, 1119: Eine Abfindung auf Grundlage des Ertragswerts kann gemäß § 723 Abs. 3 BGB unwirksam sein, wenn der Liquidationswert diesen erheblich übersteigt und ein vernünftiger Gesellschafter deshalb nicht kündigen würde.

BGH v. 19.9.2005 – II ZR 173/04, BGHZ 164, 98 = GmbHR 2005, 1558: Im Rahmen eines „Managermodells" ist es sachlich gerechtfertigt, dass der Manager bei seinem Ausscheiden aus der Gesellschaft lediglich sein „Eintrittsgeld" zurückerhält.

BGH v. 19.9.2005 – II ZR 342/03, BGHZ 164, 107 = GmbHR 2005, 1558: Im Rahmen eines Mitarbeiterbeteiligungsmodells ist es sachlich gerechtfertigt, dass der Mitarbeiter bei seinem Ausscheiden aus der Gesellschaft lediglich sein „Eintrittsgeld" zurückerhält.

BGH v. 18.3.2002 – II ZR 103/01, NZG 2002, 519: Beim Ausscheiden werden Forderungen und Schulden zu unselbständigen Rechnungsposten im Rahmen einer Gesamtabrechnung.

BGH v. 2.6.1997 – II ZR 81/96, BGHZ 135, 387 = GmbHR 1997, 939: Bei einer Gesellschaft mit ideellem Zweck (Wohngemeinschafts-GbR) kann die Abfindung ausgeschlossen werden.

BGH v. 6.3.1995 – II ZR 97/94, MDR 1995, 485: Sachabfindung bei Ausscheiden aus Sozietät.

BGH v. 20.9.1993 – II ZR 104/92, BGHZ 123, 281 = GmbHR 1993, 806: Ergänzende Vertragsauslegung der Abfindungsklausel bei nachträglichem Missverhältnis von Buch- und Verkehrswert.

BGH v. 17.4.1989 – II ZR 258/88, NJW 1989, 3272 = MDR 1989, 886: Nachträgliche Unwirksamkeit einer Abfindungsklausel gemäß § 723 Abs. 3 BGB.

BGH v. 9.1.1989 – II ZR 83/88, NJW 1989, 2685 = MDR 1989, 973: Gesellschafter sind nicht deshalb Gesellschafter minderen Rechts, weil sie ihre Beteiligung geschenkt bekommen haben. Eine Abfindungsbeschränkung auf den hälftigen Buchwert ist sittenwidrig.

BGH v. 24.9.1984 – II ZR 256/83, GmbHR 1985, 113: Der Wert einer Beteiligung ist auf der Grundlage des wirklichen Wertes des lebenden Unternehmens zu errechnen; dieser entspricht dem Preis, der bei einem Verkauf des Unternehmens als Einheit erzielt würde.

BGH v. 22.11.1956 – II ZR 222/55, BGHZ 22, 186: Für den Fall, dass ein Gesellschafter durch Tod ausscheidet, kann die Abfindung grundsätzlich ausgeschlossen werden.

OLG Bremen v. 13.3.2013 – 4 UF 7/12, RNotZ 2013, 441: Familiengerichtliche Genehmigung eines Abfindungsvertrages mit einem minderjährigen Erben.

OLG Frankfurt a.M. v. 20.1.2011 – 22 U 3/09, juris: Eine Kumulation von Stundung und fehlender Verzinsung kann eine unzulässige Abfindungsbeschränkung und durch eine angemessene Verzinsung zu korrigieren sein.

OLG München v. 1.9.2004 – 7 U 6152/99, NZG 2004, 1055: Bei Ausscheiden muss die Abfindung jedenfalls die Hälfte des Verkehrswerts des Anteils betragen.

Musterformulierungen

Blaum/Scholz in BeckFormB BHW, VIII.D.1 § 15 und VIII.D.7 § 18

Masuch in Sudhoff, Personengesellschaften, § 20

Mueller-Thuns in Hesselmann/Tillmann/Mueller-Thuns, Handbuch GmbH & Co. KG, Anhang B § 24

Weitere Stichwörter

→ *Ausscheiden eines Gesellschafters*; → *Insolvenz*; → *Übertragung von Gesellschaftsanteilen*; → *Verkauf und Vorkauf von Gesellschaftsanteilen*; → *Zwangsvollstreckung*

Actio pro socio

Ausgewählte Literatur: *Westermann*, Die Verteidigung von Mitgliedschaftsrechten in der Personengesellschaft (einschließlich GmbH & Co. KG), NZG 2012, 1121.

1. Durchsetzung von Sozialansprüchen

A 51 Die actio pro socio ist das Klagerecht des einzelnen Gesellschafters zur Durchsetzung von Sozialansprüchen. Sozialansprüche sind Ansprüche der Gesellschaft gegen einen Gesellschafter, die ihren Rechtsgrund im Gesellschaftsverhältnis haben, nicht hingegen in Drittbeziehungen zum Gesellschafter. Sozialansprüche können unter anderem gerichtet sein auf Leistung der Einlage, Unterlassung von Wettbewerbshandlungen, Einhaltung der gesellschaftsrechtlichen Treuepflicht oder Schadensersatz wegen der Verletzung gesellschaftsvertraglicher Pflichten einschließlich Geschäftsführungspflichten (*Haas* in Röhricht/Graf von Westphalen/Haas, § 105 HGB Rz. 77; *Scheel* in Münchener Hdb. Gesellschaftsrecht, Bd. 2, § 7 Rz. 95; *Wertenbruch* in Westermann/Wertenbruch, Hdb. Personengesellschaften, Rz. I 425). Bei der GmbH & Co. KG ist zu unterscheiden, ob es sich um einen Sozialanspruch der GmbH & Co. KG oder der Komplementär-GmbH handelt.

2. GmbH & Co. KG

A 52 **Geltendmachung von Sozialansprüchen in der GmbH & Co. KG |** Die Durchsetzung von Sozialansprüchen obliegt grundsätzlich dem Geschäftsführungs- und Vertretungsorgan der Gesellschaft, bei der GmbH & Co. KG also der Geschäftsführung der Komplementär-GmbH. Unterlässt die Geschäftsführung die Durchsetzung eines Sozialanspruchs, kann jeder Kommanditist den Anspruch der Gesellschaft gegen einen anderen Kommanditisten oder gegen die Komplementär-GmbH klageweise im eigenen Namen geltend machen (ständige Rechtsprechung seit BGH v. 27.6.1957 – II ZR 15/56, BGHZ 25, 47; BGH v. 2.7.1973 – II ZR 94/71, DB 1973, 2236; BGH v. 13.5.1985 – II ZR 170/84, ZIP 1985, 1137; BGH v. 26.4.2010 – II ZR 69/09, ZIP 2010, 1400; *Haas* in Röhricht/Graf von Westphalen/Haas, § 105 HGB Rz. 77; *Haas/Mock* in Röhricht/Graf von Westphalen/Haas, § 161 HGB Rz. 89).

A 53 **Leistung an die Gesellschaft |** Diese – actio pro socio genannte – Gesellschafterklage muss auf Leistung an die Gesellschaft gerichtet sein. Da der Kommanditist im eigenen Namen klagt, trägt er auch das Prozess- und Kostenrisiko. Die Rechtskraft der in dem Rechtsstreit ergehenden Entscheidung erstreckt sich nach h.M. jedenfalls nicht zu Lasten der Gesellschaft (*Haas* in Röhricht/Graf von Westphalen/Haas, § 105 HGB Rz. 78 m.w.N.). Aus dogmatischer Sicht ist umstritten, ob es sich bei der actio pro socio um einen Fall der gesetzlichen Prozessstandschaft oder um einen eigenen materiellen Anspruch des klagenden Gesellschafters handelt (offen gelassen auch in BGH v. 26.4.2010 – II ZR 69/09, ZIP 2010, 1232; Nachweise bei *Haas* in Röhricht/Graf von Westphalen/Haas, § 105 HGB Rz. 78; *Wertenbruch* in Westermann/Wertenbruch, Hdb. Personengesellschaften, Rz. I 426; *Scheel* in Münchener Hdb. Gesellschaftsrecht, Bd. 2, § 7 Rz. 96). Für die Praxis hat dieser Streit keine Bedeutung, da die Existenz des Klagerechts unstreitig ist.

Unentziehbarkeit | Das Klagerecht der actio pro socio findet seine Grundlage im Gesellschaftsverhältnis. Es ist eine eigene mitgliedschaftsrechtliche Befugnis, die jedem Gesellschafter – auch dem Kommanditisten – zusteht und nicht an die Zustimmung der übrigen Gesellschafter gebunden ist (BGH v. 26.4.2010 – II ZR 69/09, ZIP 2010, 1232; BGH v. 27.6.1957 – II ZR 15/56, BGHZ 25, 47). Das Klagerecht kommt damit vor allem dem nicht geschäftsführenden (Minderheits-)Gesellschafter zugute. Es kann dem Gesellschafter im Grundsatz nicht genommen werden (*Haas* in Röhricht/Graf von Westphalen/Haas, § 105 HGB Rz. 79). A 54

Verfügung über den Sozialanspruch | Andererseits kann der Klage des Gesellschafters materiell-rechtlich der Boden entzogen werden, indem die Gesellschaft über den Sozialanspruch verfügt, etwa durch Verzicht oder Stundung (BGH v. 27.6.1957 – II ZR 15/56, BGHZ 25, 47). Hierbei ist allerdings zu beachten, dass eine Verfügung über einen Sozialanspruch kein Akt der Geschäftsführung, sondern in der Sache eine Änderung des Gesellschaftsvertrags ist, die in die Zuständigkeit der Gesellschafterversammlung fällt, weshalb die dafür geltenden Beschlusserfordernisse beachtet werden müssen (BGH v. 2.7.1973 – II ZR 94/71, DB 1973, 2236; BGH v. 13.5.1985 – II ZR 170/84, ZIP 1985, 1137). A 55

Bindung durch Treupflicht | Die Ausübung der Klagebefugnis unterliegt außerdem der gesellschaftsrechtlichen Treuepflicht und kann sich im Einzelfall als rechtsmissbräuchlich darstellen (BGH v. 26.4.2010 – II ZR 69/09, ZIP 2010, 1232; BGH v. 27.6.1957 – II ZR 15/56, BGHZ 25, 47). A 56

Subsidiarität | Die actio pro socio ist ein Hilfsrecht und soll nur zum Einsatz kommen, wenn das eigentlich zuständige Gesellschaftsorgan, bei der GmbH & Co. KG also die Geschäftsführung der Komplementär-GmbH, untätig bleibt. Es besteht ein grundsätzlicher Vorrang der inneren Zuständigkeitsordnung der Gesellschaft (OLG Naumburg v. 8.1.2013 – 1 U 52/12, GmbHR 2013, 932 = GmbH-StB 2013, 306). Wann die besondere Klagebefugnis des Gesellschafters entsteht, ist nicht abschließend geklärt (Nachweise bei *Haas* in Röhricht/Graf von Westphalen/Haas, § 105 HGB Rz. 80; *Wertenbruch* in Westermann/Wertenbruch, Hdb. Personengesellschaften, Rz. I 427) und hängt von den Umständen des Einzelfalls ab. A 57

Actio pro socio gegen Geschäftsführer der Komplementär-GmbH | Die actio pro socio richtet sich grundsätzlich gegen die Mitgesellschafter, da nur diese aus dem Gesellschaftsverhältnis verpflichtet sein können. Ob und unter welchen Voraussetzungen ein Kommanditist im Wege der actio pro socio auch den Geschäftsführer der Komplementär-GmbH in Anspruch nehmen kann, ist umstritten und höchstrichterlich noch nicht geklärt (dafür *Grunewald* in MünchKomm. HGB, § 161 HGB Rz. 69; *Haas* in Röhricht/Graf von Westphalen/Haas, § 105 HGB Rz. 77; *Haas/Mock* in Röhricht/Graf von Westphalen/Haas, § 161 HGB Rz. 89 jeweils m.w.N.). Für die Zulassung eines eigenen Klagerechts könnte sprechen, dass nach neuerer Rechtsprechung des BGH die organschaftliche Sonderrechtsbeziehung zwischen dem Geschäftsführer und der Komplementär-GmbH drittschützende Wirkung zugunsten der KG entfaltet (BGH v. 18.6.2013 – II ZR 86/11, GmbHR 2013, 1044 = GmbH-StB 2013, 341). Soweit es sich um einen Ersatzanspruch der KG handelt, bedarf dessen gerichtliche Geltendmachung keines vorhergehenden Gesellschafterbeschlusses auf Ebene der GmbH & Co. KG; die Vorschrift des § 46 Nr. 8 Halbs. 1 GmbHG ist im Verhältnis zwischen GmbH & Co. KG und dem Geschäftsführer der Komplementär-GmbH nicht anwendbar (BGH v. 18.6.2013 – II ZR 86/11, GmbHR 2013, 1044 = GmbH-StB 2013, 341, Rz. 20; BGH v. 24.3.1980 – II ZR 213/77, A 58

GmbHR 1980, 178). Ohne eigenes Klagerecht des Gesellschafters muss, wenn die Verfolgung der Schadensersatzansprüche durch einen anderen oder neuen Geschäftsführer der Komplementär-GmbH ausscheidet, entweder ein anderer persönlich haftender Gesellschafter aufgenommen oder in entsprechender Anwendung von § 46 Nr. 8 Halbs. 2 GmbHG ein besonderer Prozessvertreter bestellt werden (BGH v. 7.6.2010 – II ZR 210/09, AG 2011, 26; LG Karlsruhe v. 19.1.2001 – O 123/00 KfH I, GmbHR 2001, 392; *Wertenbruch* in Westermann/Wertenbruch, Hdb. Personengesellschaften, Rz. I 248 f.). Der Besondere Vertreter kann auch ein Dritter sein; der Grundsatz der Selbstorganschaft steht dem nicht entgegen (BGH v. 7.6.2010 – II ZR 210/09, AG 2011, 26). Allerdings muss sowohl für die Aufnahme eines neuen persönlich haftenden Gesellschafters als auch für die Bestellung eines besonderen Vertreters zunächst ein entsprechender Gesellschafterbeschluss herbeigeführt werden.

3. Komplementär-GmbH

A59 **Sozialansprüche der GmbH** | Handelt es sich um Sozialansprüche der GmbH gegen einen ihrer Gesellschafter, obliegt die Geltendmachung grundsätzlich der Geschäftsführung. Macht diese die Ansprüche unberechtigterweise nicht geltend, steht auch dem GmbH-Gesellschafter die Möglichkeit einer actio pro socio offen, also einer Gesellschafterklage auf Leistung an die GmbH (BGH v. 14.5.2013 – II ZR 176/10, GmbHR 2013, 931 = GmbH-StB 2013, 305; BGH v. 29.11.2004 – II ZR 14/03, GmbHR 2005, 301 = GmbH-StB 2005, 74; OLG Braunschweig v. 9.9.2009 – 3 U 41/09, GmbHR 2009, 1276 mit Anm. *M. Winter*; Einzelheiten bei *Bayer* in Lutter/Hommelhoff, § 13 GmbHG Rz. 51 ff.; *K. Schmidt* in Scholz, § 46 GmbHG Rz. 161).

A60 **Actio pro socio gegen Geschäftsführer** | Ob auch Ansprüche gegen Geschäftsführer, die nicht zugleich Gesellschafter sind, geltend gemacht werden können, ist hingegen umstritten. Hierbei geht es um die Frage, ob mit der Gesellschafterklage die Beschlusskompetenz der Gesellschafterversammlung nach § 46 Nr. 8 Alt. 1 GmbHG umgangen werden kann (OLG Jena v. 8.1.2014 – 2 U 627/13, GmbHR 2014, 706 mit Anm. *Heinze*; Nachweise bei *Bayer* in Lutter/Hommelhoff, § 13 GmbHG Rz. 53; *K. Schmidt* in Scholz, § 46 GmbHG Rz. 161).

A61–A70 frei

Vertiefende Recherche

Wichtige Urteile und Erlasse

BGH v. 26.4.2010 – II ZR 69/09, ZIP 2010, 1232: Zulässigkeit der actio pro socio.

Weitere Stichwörter

→ *Gründung*

AG/SE & Co. KG

Ausgewählte Literatur: *Altmeppen*, Zum Vorstandsdoppelmandat in einer beherrschten AG & Co. KG, ZIP 2008, 437; *Beckmann*, Die AG & Co. KG – eine attraktive Unternehmensform?, DStR 1995, 296; *Gruhmann/Gruschynske*, Kein Wettbewerbsverbot des Vorstands einer AG & Co. KG zugunsten der KG, GmbHR 2009, 846; *Schindhelm/Wilde*, Die AG & Co. KG, GmbHR 1993, 411; *Werner*, Zulässigkeit von Vorstandsdoppelmandaten in einer AG & Co. KG, GmbHR 2009, R117; *Winter/Marx/De Decker*, Mitbestimmungsrechtliche Aspekte der SE & Co. KG, NZA 2016, 334.

1. Zulässigkeit

Aktiengesellschaft als Komplementärin | Die Zulässigkeit der Beteiligung einer Aktiengesell- A 71
schaft (AG) als persönlich haftende Gesellschafterin an einer Kommanditgesellschaft ist allgemein anerkannt (vgl. § 279 Abs. 2 AktG, § 19 Abs. 2 HGB; BGH v. 9.3.2009 – II ZR 170/07, GmbHR 2009, 881; OLG Saarbrücken v. 21.4.1989 – 5 W 60/88, NJW 1990, 647 = GmbHR 1990, 348). Eine Vielzahl von Unternehmen operiert heutzutage in der personengesellschaftsrechtlichen Sonderform der AG & Co. KG.

Unternehmensgegenstand | Ebenso wie bei einer Komplementär-GmbH hat auch der Un- A 72
ternehmensgegenstand der Komplementär-AG ihre Beteiligung als persönlich haftende Gesellschafterin an einer Kommanditgesellschaft abzudecken (→ *Unternehmensgegenstand*). Auch im Übrigen weisen AG & Co. KG und GmbH & Co. KG viele Gemeinsamkeiten auf. Die nachfolgenden Ausführungen konzentrieren sich daher auf ausgewählte Charakteristika der AG & Co. KG.

2. Vor- und Nachteile der AG & Co. KG

Vorteile der AG & Co. KG | Ebenso wie die GmbH & Co. KG ermöglicht im Grundsatz auch A 73
die AG & Co. KG, die Vorteile einer Kapitalgesellschaft mit den Vorteilen einer Personengesellschaft zu kombinieren. Auch hier steht die Übernahme der persönlichen Haftung des Komplementärs von einer mit ihrem Gesellschaftsvermögen beschränkt haftenden Kapitalgesellschaft (AG) im Vordergrund. Darüber hinaus weist die AG & Co. KG aber noch weitere Vorteile auf:

- **Anteilsübertragung:** Die AG & Co. KG ermöglicht im Vergleich zur GmbH & Co. KG einen flexibleren Umgang mit der Übertragung der Gesellschaftsbeteiligungen: Ebenso wie die Kommanditanteile an der Kommanditgesellschaft sind in der Regel auch die Aktien an der Komplementär-AG ohne besonderes Formerfordernis frei und damit auch kostengünstig übertragbar. Ungeachtet dessen besteht aber auch hier die Möglichkeit, bei Ausgabe von Namensaktien und einer entsprechenden Satzungsregelung die Übertragung der

Aktien an die Zustimmung der Komplementär-AG, ihres Aufsichtsrats oder ihrer Hauptversammlung zu binden (vgl. § 68 Abs. 2 Satz 2 und 3 AktG). Damit kann auch bei der AG & Co. KG durch entsprechende Vertragsgestaltung die Anteilsübertragung nicht nur auf Ebene der Kommanditgesellschaft, sondern auch auf Ebene der Komplementär-AG durch Vinkulierung beschränkt werden.

- **Kapitalmarktzugang:** Aufgrund der grundsätzlich nicht formbedürftigen Übertragbarkeit der Aktien an der Komplementär-AG besteht für die AG & Co. KG die Möglichkeit, über die Komplementär-AG später einmal einen vereinfachten Zugang zum Kapitalmarkt zu erlangen (vgl. *Mutter/Angsten* in Gummert, Münchener Anwaltshdb. Personengesellschaftsrecht, § 1 Rz. 143).

- **Weisungsunabhängigkeit:** Vorbehaltlich einer Zustimmungsregelung im Gesellschaftsvertrag der Kommanditgesellschaft wird der Vorstand der Komplementär-AG im Rahmen seiner Leitungsmacht eigenverantwortlich und weisungsunabhängig tätig (§ 76 Abs. 1 AktG). Weder die Aktionäre noch der Aufsichtsrat der Komplementär-AG sind befugt, dem Vorstand Weisungen zu erteilen. Im Vergleich zur GmbH & Co. KG führt dies bei einer AG & Co. KG zu einer stärkeren Trennung von Gesellschafts- und Gesellschafterebene (vgl. *Lüke* in Hesselmann/Tillmann/Mueller-Thuns, Hdb. GmbH & Co. KG, Rz. 2.547). Je nach Gesellschafts- bzw. Gesellschafterverhältnissen kann dies ein Vorteil sein, um etwa eine ständige Einflussnahme zerstrittener Gesellschaftergruppen auf die operative Führung der Kommanditgesellschaft zugunsten eines kontinuierlichen Geschäftsbetriebs zu unterbinden.

- **Höhere Marktakzeptanz:** Für ein größeres Ansehen der AG & Co. KG im Vergleich zur GmbH & Co. KG im Markt wird angeführt, dass die Komplementär-AG dem strengen Regime des Aktiengesetzes unterliegt und mit einem Mindestgrundkapital von 50 000 Euro auszustatten ist (vgl. *Beckmann*, DStR 1995, 296, 302 f.).

- **Internationalität:** Eine Komplementär-AG kann – anders als eine Komplementär-GmbH – im Wege der Verschmelzung oder durch Rechtsformwechsel unmittelbar die Rechtsform einer sog. Societas Europaea (Europäische Aktiengesellschaft, SE) annehmen und die Personenhandelsgesellschaft dadurch zur (international ggf. noch besser angesehenen) SE & Co. KG werden (vgl. Art. 2 Abs. 1 SE-VO bzw. Art. 2 Abs. 4 SE-VO).

A 74 **Nachteile der AG & Co. KG |** Wie die GmbH & Co. KG unterliegt auch die AG & Co. KG dem Trennungsprinzip, d.h. Komplementärin und Kommanditgesellschaft unterliegen den jeweiligen Vorschriften für ihre Rechtsform (BGH v. 9.3.2009 – II ZR 170/07, GmbHR 2009, 881). Aufgrund der für die Komplementär-AG geltenden strengen Vorschriften des Aktiengesetzes führt dies bei einer AG & Co. KG aber zu einer noch schärferen Trennung zwischen Komplementär-AG und Kommanditgesellschaft:

- **Höheres Mindestkapital:** Aus Sicht der Aktionäre ist für die Errichtung einer Komplementär-AG mit 50 000 Euro ein höheres Mindestgrundkapital aufzubringen als bei einer Komplementär-GmbH (25 000 Euro).

- **Grundsatz der Satzungsstrenge:** Infolge der zwingenden Vorgaben und Formalien des Aktiengesetzes ist die Möglichkeit zur inhaltlichen Ausgestaltung sowie Verzahnung von Komplementär-AG und Kommanditgesellschaft weitaus beschränkter als bei der GmbH & Co. KG. Die Satzung einer Komplementär-AG unterliegt einem strengen Regelungsregime. Satzungsregelungen sind nur zulässig, soweit das Gesetz keine abschließende Regelung bereithält (vgl. § 23 Abs. 5 AktG). Die Satzung einer Komplementär-AG ist damit weitaus weniger anpassungsfähig und flexibel als die einer Komplementär-GmbH.

- **Dreigliedrige Organisationsstruktur:** Neben dem unabhängigen und eigenverantwortlich tätigen Vorstand und der Hauptversammlung als Aktionärsvertretung hat eine Komplementär-AG mit dem Aufsichtsrat als Überwachungsorgan zwingend über ein weiteres Organ zu verfügen. Insofern unterliegt die Komplementär-AG einer detaillierten gesetzlichen Kompetenzverteilung auf insgesamt drei Organe. Dies gilt insbesondere für die Kompetenz zur Bestellung und Abberufung sowie zur Kontrolle ihres Vorstands; diese obliegt nicht der Hauptversammlung, sondern allein dem Aufsichtsrat. Damit verbunden ist ein Mehr an Organisations- und Verwaltungsaufwand im Rahmen der Entscheidungsfindung.
- **Strenge Kapitalerhaltungsvorschriften:** Im Gegensatz zur GmbH unterliegt die AG noch strengeren Kapitalerhaltungsvorschriften. Den Aktionären dürfen in der Regel keinerlei Einlagen zurückgewährt werden (vgl. §§ 57, 62 AktG). Dies kann insbesondere auch dann zu beachten sein, wenn das Grundkapital oder ein Teil davon darlehensweise an die Kommanditgesellschaft überlassen werden soll und der Aktionär der Komplementär-AG zugleich (mehrheitlich) als Kommanditist an der Kommanditgesellschaft beteiligt ist. In diesem Fall kann ebenfalls eine unzulässige Einlagenrückgewähr vorliegen. Im Übrigen sind auch Ausschüttungen an die Aktionäre nur in beschränktem Maße zulässig (vgl. § 150 AktG).
- **Eingeschränktes Informationsrecht:** Im Gegensatz zum Auskunfts- und Informationsrecht der Gesellschafter einer Komplementär-GmbH (vgl. § 51a GmbHG) ist das Auskunftsrecht der Aktionäre einer Komplementär-AG eingeschränkt. Gemäß § 131 AktG können Aktionäre lediglich in Hauptversammlungen Auskunft über die Belange der Gesellschaft verlangen.

frei A 75–A 84

3. Geschäftsführung

Geschäftsführung durch den Vorstand der Komplementär-AG | Die Geschäftsführung der AG & Co. KG erfolgt in der Regel durch die Komplementär-AG als deren persönlich haftende Gesellschafterin, die dabei wiederum durch ihren Vorstand vertreten wird. Vorbehaltlich einer (z.B. aus steuerlichen Gründen) gesellschaftsvertraglich angeordneten Übertragung der Geschäftsführungsbefugnis (auch) auf einzelne Kommanditisten sind auch die Kommanditisten einer AG & Co. KG in der Regel von der Geschäftsführung ausgeschlossen (§ 164 Satz 1 HGB). A 85

Bestellung und Abberufung | Die Befugnis zur organschaftlichen Bestellung und Abberufung des Vorstands der Komplementär-AG obliegt allein ihrem Aufsichtsrat (§ 84 Abs. 1 AktG). Ein (Minderheits-)Kommanditist der AG & Co. KG hat insoweit kein Zustimmungs- oder Vetorecht (BGH v. 9.3.2009 – II ZR 170/07, GmbHR 2009, 881, 881 f.). Insofern haben die Kommanditisten der AG & Co. KG, selbst wenn sie Aktionäre der Komplementär-AG sind, in der Regel keinen unmittelbaren Einfluss auf die Vorstandsbesetzung bei der Komplementärin (zu einer möglichen Ausnahme vgl. *Altmeppen*, ZIP 2008, 437, 441). A 86

Anstellung | Ebenso wie die Befugnis zur Bestellung obliegt dem Aufsichtsrat der Komplementär-AG als Annexkompetenz auch die Befugnis, für die Komplementär-AG den schuld- A 87 rechtlichen Anstellungsvertrag mit dem Vorstandsmitglied abzuschließen. Ebenso wie bei der GmbH & Co. KG sollte es auch bei der AG & Co. KG zulässig sein, dass der Anstellungsvertrag zwischen dem Vorstandsmitglied der Komplementär-AG und der Kommanditgesellschaft, vertreten durch die Komplementär-AG und diese wiederum vertreten durch den Aufsichtsrat, abgeschlossen wird (ebenso *Blaum* in Westermann/Wertenbruch, Hdb. Personengesellschaften, Rz. I 3389a; a.A. *Schindhelm/Wilde*, GmbHR 1993, 411, 414; *Lüke* in Hesselmann/Tillmann/Mueller-Thuns, Hdb. GmbH & Co. KG, Rz. 2.550; zur sog. Drittanstellung eines AG-Vorstandsmitglieds vgl. auch KG Berlin v. 28.6.2011 – 19 U 11/11, ZIP 2011, 2059). Im Gegensatz zum GmbH-(Fremd-)Geschäftsführer besteht für das angestellte Vorstandsmitglied grundsätzlich keine Beitragspflicht zur Arbeitslosen-, Renten- und Krankenversicherung (vgl. *Lüke* in Hesselmann/Tillmann/Mueller-Thuns, Hdb. GmbH & Co. KG, Rz. 2.549).

A88 **Vergütung** | Die Sonderzuständigkeit des Aufsichtsrats gilt es im Übrigen auch bei der Festsetzung der Vorstandsvergütung zu beachten. Anders als bei der Komplementär-GmbH sind bei der Festsetzung der Vergütung für den Vorstand einer Komplementär-AG die gesetzlichen Vorgaben gemäß § 87 Abs. 1 AktG zu beachten. Insoweit besteht auch in diesem Punkt weniger Flexibilität als bei einer Komplementär-GmbH.

A89 **Eingeschränkte Kontrolle der Geschäftsführung** | Alleiniges Kontrollorgan bei der geschäftsführenden Komplementär-AG ist der Aufsichtsrat (§ 111 AktG). Insofern besteht für den Aufsichtsrat auch die Möglichkeit, bestimmte Arten von Geschäften an seine Zustimmung zu binden (§ 111 Abs. 4 AktG). Eine weitergehende, unmittelbare Kontrolle und Einflussnahme durch die Aktionäre, die ggf. zugleich auch Kommanditisten der AG & Co. KG sind, ist auf Ebene der Komplementär-AG grundsätzlich ausgeschlossen. Vorbehaltlich einer Geschäftsordnung für die Geschäftsführung auf Ebene der Kommanditgesellschaft besteht für einzelne Aktionäre daher grundsätzlich nur die Möglichkeit, über die Implementierung eines Beherrschungsvertrages die Geschäfte des Vorstands der Komplementär-AG an ihre Zustimmung zu binden (§ 291 Abs. 1 Satz 1 Alt. 2 AktG). Das (gesellschaftsvertraglich abdingbare) Widerspruchsrecht für die Kommanditisten auf Ebene der Kommanditgesellschaft bei außergewöhnlichen Geschäften bleibt von den vorgenannten Beschränkungen auf der Ebene der Komplementär-AG aber unberührt (§ 164 Satz 1 Halbs. 2 HGB).

A90 **Haftung** | Ebenso wie für die Geschäftsführer der Komplementär-GmbH bei der GmbH & Co. KG ist auch für den Vorstand der Komplementär-AG bei der AG & Co. KG grundsätzlich davon auszugehen, dass ihr Organverhältnis unabhängig von einem etwaigen Anstellungsverhältnis Schutzwirkung auch gegenüber der Kommanditgesellschaft entfaltet (vgl. hierzu und zu möglichen Haftungsbeschränkungen *Blaum* in Westermann/Wertenbruch, Hdb. Personengesellschaften, Rz. I 3391).

4. Vertretung

A91 Die gesetzliche Vertretung der Kommanditgesellschaft erfolgt durch die Komplementär-AG, die wiederum durch ihren Vorstand vertreten wird (§§ 161 Abs. 2, 125 HGB, § 78 Abs. 1 AktG). Auch bei einer AG & Co. KG sind die Kommanditisten von der gesetzlichen Vertretung der Kommanditgesellschaft ausgeschlossen (§ 170 HGB).

A92 **Befreiung vom Verbot der Mehrfachvertretung** | Ebenso wie bei einer GmbH & Co. KG besteht auch bei der AG & Co. KG die Möglichkeit, das Vorstandsmitglied der Komplementär-

AG für Geschäfte zwischen der Komplementär-AG und der Kommanditgesellschaft von den Beschränkungen des § 181 Alt. 2 BGB (Verbot der Mehrfachvertretung) zu befreien. Zuständig für die Befreiung vom Verbot der Mehrfachvertretung ist der Aufsichtsrat als zuständiges Bestellungsorgan (§ 84 AktG). Eine weitergehende Befreiung von der Beschränkung des § 181 BGB für **eigene Geschäfte des Vorstandsmitglieds mit der Komplementär-AG** ist aufgrund der zwingenden Vertretungskompetenz des Aufsichtsrats für Geschäfte einer Aktiengesellschaft mit ihren Vorstandsmitgliedern gemäß § 112 AktG ausgeschlossen.

Hiervon zu unterscheiden gilt es aber die grundsätzlich mögliche Befreiung des Vorstandsmitglieds von den Beschränkungen des § 181 BGB **für eigene Geschäfte des Vorstandsmitglieds mit der Kommanditgesellschaft**. Anders als im Zusammenhang mit Geschäften zwischen dem Vorstandsmitglied und der Komplementär-AG findet § 112 AktG auf Geschäfte zwischen einem Vorstandsmitglied und der Kommanditgesellschaft in der Regel keine Anwendung. Insofern kann einem Vorstandsmitglied der Komplementär-AG im Gesellschaftsvertrag der Kommanditgesellschaft eine umfassende Befreiung von den Beschränkungen des § 181 BGB erteilt werden (vgl. *Krafka/Kühn*, Registerrecht, Rz. 809a). In der Praxis sollte zusätzlich aber auch der Aufsichtsrat der Komplementär-AG einer solchen Befreiung zustimmen, da bislang gerichtlich nicht geklärt ist, ob bzw. inwieweit der Aufsichtsrat der Komplementär-AG an einer solchen Befreiung mitzuwirken hat. A 93

5. Beteiligungsidentität

An einer AG & Co. KG sind einerseits eine Aktiengesellschaft als persönlich haftende Gesellschafterin (Komplementär-AG) und andererseits mindestens eine andere natürliche oder juristische Person als Kommanditist beteiligt. Oftmals besteht jedoch wie bei einer GmbH & Co. KG, sei es zur Ausgestaltung als Familienunternehmen oder als Konzernunternehmen, das Bestreben, die Beteiligungsverhältnisse an der Komplementärin und an der Kommanditgesellschaft möglichst einheitlich auszugestalten. Eine entsprechende Beteiligungsidentität kann grundsätzlich auf zwei Wegen geschaffen werden: Zum einen können sämtliche Kommanditisten zugleich Aktionäre der Komplementär-AG sein (AG & Co. KG als **beteiligungsidentische Gesellschaft**; vgl. → *Beteiligungsidentische GmbH & Co. KG*). Zum anderen besteht auch hier die Möglichkeit, dass die Kommanditgesellschaft sämtliche Aktien an der Komplementär-AG hält und die Kommanditisten wiederum neben der Komplementär-AG lediglich als Gesellschafter an der Kommanditgesellschaft beteiligt sind (AG & Co. KG als → *Einheitsgesellschaft*). A 94

AG & Co. KG als beteiligungsidentische Gesellschaft | Die beteiligungsidentische AG & Co. KG zeichnet sich dadurch aus, dass die Aktionäre der Komplementär-AG in gleichem Verhältnis auch als Kommanditisten an der AG & Co. KG beteiligt sind. Die Komplementär-AG als persönlich haftende Gesellschafterin ist in diesem Fall i.d.R. vermögens- und kapitalmäßig nicht an der Kommanditgesellschaft beteiligt und auch nicht stimmberechtigt. Die Einhaltung der Beteiligungsidentität bei späteren Anteilsübertragungen kann insbesondere durch die Implementierung von sog. Vinkulierungs- und Gleichlaufklauseln auf Ebene der Komplementär-AG und der Kommanditgesellschaft erreicht werden. Anders als bei einer beteiligungsidentischen GmbH & Co. KG ist mangels einer gesetzlichen Formvorschrift für die Aktienübertragung eine notarielle Beurkundung des Anteilsübertragungsvertrages in der Regel nicht erforderlich. A 95

A 96 **AG & Co. KG als Einheitsgesellschaft |** Grundsätzlich kann eine AG & Co. KG auch als Einheitsgesellschaft ausgestaltet werden, d.h. Inhaberin aller Aktien an der Komplementär-AG ist allein die Kommanditgesellschaft selbst. Im Unterschied zur beteiligungsidentischen AG & Co. KG sind die Kommanditisten in dieser Konstellation damit nicht auch unmittelbare Aktionäre der Komplementär-AG, sondern nur mittelbar als Gesellschafter der Kommanditgesellschaft über diese als Aktionärin an der Komplementär-AG beteiligt.

A 97 Ein wesentlicher Unterschied zur GmbH & Co. KG als Einheitsgesellschaft besteht jedoch darin, dass bei dieser Struktur die Voraussetzungen der §§ 71, 71d AktG einzuhalten sind. Insofern ist insbesondere darauf zu achten, dass die Komplementär-AG weder durch eine entsprechende Beteiligungshöhe noch durch vertraglich zugestandene Sonderrechte auf die Kommanditgesellschaft beherrschenden Einfluss ausüben kann. Andernfalls besteht die Gefahr, dass die wechselseitige Verzahnung von Komplementär-AG und Kommanditgesellschaft als (mittelbarer) Erwerb eigener Aktien durch die Komplementär-AG qualifiziert werden könnte, der nach geltendem Aktienrecht nur in begrenztem Maße zulässig ist.

6. Wettbewerbsverbote

A 98 Im Zusammenhang mit der Errichtung einer AG & Co. KG gilt es im jeweiligen Einzelfall zu prüfen, inwieweit die Notwendigkeit besteht, die Komplementär-AG und ihre Vorstandsmitglieder von den gesetzlichen Wettbewerbsverboten gemäß §§ 161 Abs. 2, 112 Abs. 1 HGB (Wettbewerbsverbot für die Komplementär-AG als persönlich haftende Gesellschafterin) bzw. gemäß § 88 Abs. 1 AktG (Wettbewerbsverbot für deren Vorstandsmitglieder) zu befreien.

A 99 **Wettbewerbsverbot gemäß §§ 161 Abs. 2, 112 Abs. 1 HGB |** Bei der AG & Co. KG findet das gesetzliche Wettbewerbsverbot gemäß §§ 161 Abs. 2, 112 Abs. 1 HGB nur auf die Komplementär-AG als persönlich haftende Gesellschafterin (und auf eine diese beherrschende, ggf. auch als Aktiengesellschaft organisierte Mehrheitskommanditistin), nicht aber auch auf die Vorstandsmitglieder als deren gesetzliche Vertreter Anwendung (BGH v. 9.3.2009 – II ZR 170/07, GmbHR 2009, 881, 882). Für eine Aktiengesellschaft, die lediglich als Mehrheitskommanditistin an der Kommanditgesellschaft beteiligt ist, ohne auch die Komplementär-AG zu beherrschen, dürfte dies in der Regel daher nur dann der Fall sein, wenn diese auf die Geschäftsführung der Kommanditgesellschaft maßgeblichen Einfluss ausüben kann oder über maßgebliche Sonderrechte verfügt, also z.B. (etwa aus steuerlichen Gründen) auch als Kommanditistin zu deren Geschäftsführung befugt ist.

Es besteht aber auch hier die Möglichkeit, die Komplementär-AG und/oder eine diese beherrschende, als Mehrheitskommanditistin beteiligte Aktiengesellschaft durch entsprechende Regelung im Gesellschaftsvertrag der Kommanditgesellschaft oder durch Gesellschafterbeschluss ganz oder teilweise von den Beschränkungen des §§ 161 Abs. 2, 112 Abs. 1 HGB zu befreien (→ *Wettbewerbsverbot*).

A 100 **Vorstandsdoppelmandat |** Soll ein Vorstandsmitglied sowohl zum Vorstand der Komplementär-AG als auch zum Vorstand einer weiteren, als Mehrheitskommanditistin an der Kommanditgesellschaft beteiligten AG bestellt werden (sog. Vorstandsdoppelmandat), hängt die Zulässigkeit des beabsichtigten Vorstandsdoppelmandats ausschließlich von den Zustimmungen der Aufsichtsräte beider Aktiengesellschaften zur Doppeltätigkeit ab. Die Kommanditisten der Kommanditgesellschaft haben insoweit grundsätzlich kein aus §§ 161 Abs. 2, 112 Abs. 1 HGB ableitbares Mitwirkungs- oder Vetorecht (BGH v. 9.3.2009 – II ZR 170/07, GmbHR 2009, 881, 881 f.).

Mehrfachtätigkeit der Komplementär-AG | Ist das Vorstandsmitglied einer Komplementär-AG nicht zugleich Mitglied des Vorstands, der Geschäftsführung oder persönlich haftender Gesellschafter einer anderen Handelsgesellschaft (§ 88 Abs. 1 Satz 2 AktG), ist eine Befreiung vom Wettbewerbsverbot gemäß § 88 AktG auf Ebene der Komplementär-AG nicht erforderlich. Das Vorstandsmitglied nimmt insoweit nur seine Aufgaben als Vorstandsmitglied der Komplementär-AG wahr, ohne zugleich auch noch für das Geschäftsführungsorgan einer anderen Handelsgesellschaft, z.B. einer als Kommanditistin an der Kommanditgesellschaft beteiligten Gesellschaft, tätig zu sein. Dies gilt unabhängig davon, ob die Komplementär-AG neben der Geschäftsführung als persönlich haftende Gesellschafterin der Kommanditgesellschaft auch noch andere Tätigkeiten ausübt. Allein eine Mehrfachtätigkeit der Komplementär-AG hat noch kein Doppelmandat ihrer gesetzlichen Vertreter i.S.d. § 88 Abs. 1 AktG zur Folge. A 101

Vorstand und Kommanditist | Gleichermaßen kann ein Vorstandsmitglied einer Komplementär-AG zugleich auch selbst als Kommanditist an der Kommanditgesellschaft beteiligt sein, ohne dass es hierzu einer Befreiung vom Wettbewerbsverbot gemäß § 88 Abs. 1 AktG bedarf. Dies dürfte jedenfalls solange gelten, wie das Vorstandsmitglied aufgrund des Gesellschaftsvertrages nicht auch noch in seiner Eigenschaft als Kommanditist zur Geschäftsführung befugt ist oder anderweitig hierauf maßgeblichen Einfluss ausüben kann. A 102

7. Unternehmerische Mitbestimmung

Die (AG & Co.) KG selbst ist keine Kapitalgesellschaft und unterliegt daher nicht der unternehmerischen Mitbestimmung. Zu einer Mitbestimmungspflicht kann es – ebenso wie bei einer GmbH & Co. KG – lediglich auf Ebene der Komplementär-AG kommen. Eine Mitbestimmung nach dem DrittelbG kommt bei der Komplementär-AG nur in Frage, wenn die Komplementär-AG unmittelbar mehr als 500 und weniger als 2001 Arbeitnehmer beschäftigt. Gleiches gilt für eine Mitbestimmung nach dem MitbestG, wenn die Komplementär-AG unmittelbar mehr als 2000 Arbeitnehmer beschäftigt. Eine Zurechnung von Arbeitnehmern der Kommanditgesellschaft oder ihrer Tochtergesellschaften auf die Komplementär-AG findet mangels entsprechender Zurechnungsvorschrift im DrittelbG nicht statt (vgl. § 2 Abs. 2 DrittelbG). Etwas anderes kann jedoch dann gelten, wenn die Kommanditgesellschaft selbst oder von ihr abhängige Gesellschaften insgesamt mehr als 2000 Arbeitnehmer beschäftigen. In diesem Fall kommt über die Sondervorschrift des § 4 Abs. 1 MitbestG auch eine Zurechnung auf die Komplementär-AG in Betracht. Für weitere Einzelheiten und Zurechnungsmöglichkeiten sei auf die entsprechenden Ausführungen zur GmbH & Co. KG Bezug genommen (→ *Mitbestimmung*). A 103

8. Rechnungslegung

Die Vorschriften zur Bilanzierung und Rechnungslegung richten sich nach denen für Personengesellschaften, soweit die AG & Co. KG betroffen ist, und nach denen für Kapitalgesellschaften, soweit die Komplementär-AG betroffen ist. Insofern gelten dieselben Grundsätze wie bei einer GmbH & Co. KG (→ *Jahresabschluss*). A 104

9. Konzerngesellschaft

A 105 Ebenso wie die GmbH & Co. KG kann grundsätzlich auch die AG & Co. KG Konzerngesellschaft sein. Davon zu unterscheiden ist die Frage, ob auch zwischen der Komplementär-AG als herrschender und der Kommanditgesellschaft als abhängiger Gesellschaft ein Konzernverhältnis begründet werden kann. Diese Frage ist ebenso wie bei der GmbH & Co. KG jedenfalls dann zu bejahen, wenn die Kommanditgesellschaft von der Komplementär-AG i.S.d. § 17 AktG abhängig ist, sei es aufgrund einer ausnahmsweise hohen Kapitalbeteiligung der Komplementär-AG oder der Ausgestaltung der AG & Co. KG als Einheitsgesellschaft mit maßgeblichem Einfluss der Komplementär-AG auf die Kommanditgesellschaft (→ *Konzernbaustein GmbH & Co. KG*).

10. SE & Co. KG

A 106 **SE als Komplementärin** | Eine zulässige Sonderform der „AG" & Co. KG stellt die SE & Co. KG dar. In dieser Konstellation übernimmt eine Europäische Aktiengesellschaft (Societas Europaea, SE) i.S.d. Art. 1 SE-VO die Stellung der persönlich haftenden Gesellschafterin (vgl. auch *Lüke* in Hesselmann/Tillmann/Mueller-Thuns, Hdb. GmbH & Co. KG, Rz. 2.555). Sofern die SE ihren satzungsgemäßen Sitz in Deutschland hat, wird sie – vorbehaltlich der Sonderregelungen in der SE-VO und im nationalen SEAG – wie eine deutsche Aktiengesellschaft behandelt (vgl. Art. 3 Abs. 1 und Art. 9, 10 SE-VO; zur Notwendigkeit der Sitzverlegung einer ausländischen SE nach Deutschland für den Fall der Gründung einer SE & Co. KG mit Hilfe einer ausländischen SE s. *Lüke* in Hesselmann/Tillmann/Mueller-Thuns, Hdb. GmbH & Co. KG, Rz. 2.556). Im Vergleich zur AG & Co. KG verkörpert die SE & Co. KG ein **internationales Image** und hat durch ihre **höhere Mindestkapitalausstattung** (120 000 Euro) ein noch höheres Ansehen bei Geschäftspartnern und Kreditgebern, insbesondere auch im internationalen Geschäftsverkehr (vgl. *Blaum* in Westermann/Wertenbruch, Hdb. Personengesellschaften, Rz. I 3377).

A 107 **Unternehmerische Mitbestimmung** | Zudem unterliegt die SE & Co. KG im Grundsatz einem flexibleren Regelungsregime bei Fragen der unternehmerischen Mitbestimmung als die AG & Co. KG (vgl. *Winter/Marx/De Decker*, NZA 2016, 334 ff.; *Blaum* in Westermann/Wertenbruch, Hdb. Personengesellschaften, Rz. I 3394a ff.). Zudem kann bei einer monistisch verfassten SE als Komplementärin ihre Geschäftsführung in Person von sog. geschäftsführenden Direktoren an die Position von GmbH-Geschäftsführern angenähert und einem Weisungsrecht unterstellt werden (vgl. *Blaum* in Westermann/Wertenbruch, Hdb. Personengesellschaften, Rz. I 3392a; zu Vor- und Nachteilen im Zusammenhang mit der Errichtung einer Europäischen Aktiengesellschaft insgesamt siehe auch *Giedinghagen* in Beck'sches Hdb. AG, § 19 Rz. 7 ff.).

A 108–A 120 frei

Vertiefende Recherche

Wichtige Urteile und Erlasse

BGH v. 9.3.2009 – II ZR 170/07, GmbHR 2009, 881: Kein Wettbewerbsverbot der Vorstandsmitglieder zugunsten der KG – kein Verbot sog. Vorstandsdoppelmandate.

KG Berlin v. 28.6.2011 – 19 U 11/11, ZIP 2011, 2059: Zulässigkeit von vergütungspflichtiger Überlassung von Vorstandsmitgliedern an eine AG.

Weitere Stichwörter

→ *Beteiligungsidentische GmbH & Co. KG*; → *Jahresabschluss*; → *Konzernbaustein GmbH & Co. KG*; → *Mitbestimmung*; → *Unternehmensgegenstand*; → *Wettbewerbsverbot*

Anwachsung

Ausgewählte Literatur: *Centrale für GmbH*, Einbringung: Übertragung von Anteilen an einer GmbH & Co. KG auf Schwester-GmbH & Co. KG im Wege des Anwachsungsmodells, GmbHR 2004, 1525; *Ege/Klett*, Aktuelle gesellschaftsrechtliche und steuerliche Aspekte von Anwachsungsmodellen, DStR 2010, 2463; *Halasz/Kloster/Kloster*, Umwandlungen von GmbH und GmbH & Co. KG in eine GmbH & Co. KGaA, GmbHR 2002, 310; *Orth*, Umwandlung durch Anwachsung, DStR 1999, 1011 und 1053; *Ropohl/Freck*, Die Anwachsung als rechtliches und steuerliches Gestaltungsinstrument, GmbHR 2009, 1076; *Schnitker/Grau*, Arbeitsrechtliche Aspekte von Unternehmensumstrukturierungen durch Anwachsung von Gesellschaftsanteilen, ZIP 2008, 394; *Seibt*, Gesamtrechtsnachfolge beim gestalteten Ausscheiden von Gesellschaftern aus Personengesellschaften: Grundfragen des Gesellschafter-, Gläubiger- und Arbeitnehmerschutzes, FS Röhricht, 2005, S. 603; *Werner*, Der Wechsel von der GmbH & Co. KG in die GmbH, NWB 2010, 2717; *Wilhelm*, Das Rechtsinstitut der Anwachsung und seine Auswirkungen in der arbeitsrechtlichen Praxis, FS 25 Jahre Arbeitsgemeinschaft Arbeitsrecht, 2006, S. 721.

1. Grundprinzipien des Personengesellschaftsrechts

A 121 Anwachsungsmodelle ermöglichen die einfache Umwandlung von Personengesellschaften außerhalb des Umwandlungsgesetzes. Sie nutzen hierfür die folgenden Grundprinzipien des deutschen Personengesellschaftsrechts:

A 122 **Anwachsungsprinzip |** Wenn ein Gesellschafter aus einer Personengesellschaft ausscheidet, wächst sein Anteil am Gesellschaftsvermögen den übrigen Gesellschaftern zu (§ 738 Abs. 1 Satz 1 BGB) – ohne dass es weiterer Übertragungsakte hinsichtlich der Einzelgegenstände des Gesellschaftsvermögens oder der Zustimmung von Gläubigern und Vertragspartnern bedürfte. Dieses Anwachsungsprinzip gilt nicht nur für die GbR, sondern über §§ 105 Abs. 3, 161 Abs. 2 HGB auch für die (GmbH & Co.) KG. Es gilt auch beim Ausscheiden des *vorletzten* Gesellschafters, so dass in diesem Fall das Gesellschaftsvermögen insgesamt auf den letzten verbliebenen Gesellschafter übergeht (vgl. BGH v. 16.12.1999 – VII ZR 53/97, GmbHR 2000, 188; BAG v. 21.2.2008 – 8 AZR 157/07, NZA 2008, 815, 816).

A 123 **Einheitlichkeit der Mitgliedschaft |** Die Personengesellschaft kennt nur eine einheitliche Mitgliedschaft. Erwirbt ein Gesellschafter einen Anteil hinzu, vereinigen sich beide zu einem einheitlichen, vergrößerten Anteil (BGH v. 10.6.1963 – II ZR 88/61, WM 1963, 989 – Erwerb eines Kommanditanteils durch Komplementär).

A 124 **Keine Einmann-Personengesellschaft |** Während das Kapitalgesellschaftsrecht heute auch die Errichtung einer Einmann-GmbH bzw. -AG durch einseitigen Organisationsakt erlaubt, basieren Personengesellschaften unverändert auf dem vertraglichen Zusammenschluss von mindestens zwei Gesellschaftern zur Erreichung eines gemeinsamen Zwecks (§ 705 BGB). Gründung und Fortbestand einer Personengesellschaft erfordern daher mindestens zwei Gesellschafter (Ausnahmen sind namentlich bei Testamentsvollstreckung über einen von zwei Anteilen denkbar, vgl. BGH v. 10.1.1996 – IV ZB 21/94, GmbHR 1996, 362, 363; a.A. OLG Düsseldorf v. 14.9.1998 – 3 Wx 209/98, DNotZ 1999, 440 mit abl. Anm. *Kanzleiter* bei Nießbrauch). Vereinigen sich nachträglich alle Gesellschaftsanteile in der Hand eines Gesellschafters, erlischt die Gesellschaft ohne Liquidation (vgl. BGH v. 10.5.1978 – VIII ZR 32/77, BGHZ 71, 296, 300 = GmbHR 1978, 253).

2. Anwachsung als Alternative zur Umwandlung

Anwachsung bei einem Gesellschafter | Die genannten Grundprinzipien erlauben es, das Gesellschaftsvermögen einer GmbH & Co. KG auf einen Gesellschafter zu übertragen, d.h. bei diesem „anwachsen" zu lassen. Hierzu genügt es, dass alle übrigen Gesellschafter A 125

- entweder aus der KG austreten oder
- ihre Gesellschaftsanteile an denselben Übernehmer abtreten (§§ 413, 398 BGB).

Ferner kommt es auch dann zur Anwachsung, wenn die beiden einzigen Gesellschafter miteinander verschmolzen werden (vgl. schon RG v. 1.4.1940 – V 174/39, RGZ 163, 142, 149).

Beispiel:

Die A-GmbH ist die einzige Komplementärin, die B-AG die einzige Kommanditistin einer GmbH & Co. KG. Das Vermögen der KG wächst bei B an, wenn A aus der KG austritt oder ihre Komplementärbeteiligung an B abtritt oder A auf B verschmolzen wird.

In den genannten Fällen erlischt die KG und geht das Gesellschaftsvermögen als Ganzes auf den Übernehmer über. Dadurch lässt sich eine GmbH & Co. KG insbesondere auf einen ihrer Gesellschafter „**hochverschmelzen**" bzw. in eine GmbH „**formwechseln**" (durch Anwachsung auf ihre Komplementär-GmbH).

Anwachsung auf einen Dritten | Abtretungsempfänger kann auch ein Nichtgesellschafter sein; es ist also nicht erforderlich, den vorgesehenen Erwerber zunächst zum Gesellschafter zu machen und ihn erst danach die übrigen Anteile erwerben zu lassen (vgl. BGH v. 19.2. 1990 – II ZR 42/89, NJW-RR 1990, 798 799 – „Verschmelzung" einer KG auf eine GbR; BGH v. 3.11.2015 – II ZR 446/13, NZG 2016, 221 = ZIP 2016, 211 zur identitätswahrenden Auswechslung aller Gesellschafter einer GbR; OLG München v. 16.6.2010 – 31 Wx 94/10, ZIP 2010, 2147). A 126

Beispiel:

Im Beispiel oben können A und B ihre Gesellschaftsanteile auch jeweils an den Nichtgesellschafter C abtreten und das Vermögen der KG so auf C übertragen.

Vorteil gegenüber Umwandlungen | Die Anwachsung hat gegenüber Umwandlungsmaßnahmen den Vorteil, dass ggf. mit Aufwand und Kosten verbundene Vorschriften des UmwG auf sie keine (analoge) Anwendung finden. Dies gilt sowohl für das Verfahren (Beurkundungs-, Versammlungs-, Berichts-, Prüfungs- und Zuleitungserfordernisse) als auch für den Schutz von Gläubigern und Arbeitnehmern (vgl. *Seibt* in FS Röhricht, 2005, S. 603, 608; allgemein zum Analogieverbot (§ 1 Abs. 2 UmwG) *J. Semler* in Semler/Stengel, § 1 UmwG Rz. 61 ff.; dagegen jedoch *Drygala* in Lutter, § 1 UmwG Rz. 60). Außerdem kann die **grenzüberschreitende Anwachsung** einer GmbH & Co. KG auf ihren ausländischen Gesellschafter eine Alternative zur grenzüberschreitenden Verschmelzung sein, die im Umwandlungsgesetz derzeit nur für Kapitalgesellschaften geregelt ist (§§ 122a ff. UmwG; vgl. zur Anwachsung ei- A 127 ner deutschen KG auf ihre niederländische Komplementär-B.V. BGH v. 1.12.2011 – IX ZB 232/10, GmbHR 2012, 216 = GmbH-StB 2012, 142).

3. Einfache vs. erweiterte Anwachsung

A 128 **Einfache Anwachsung |** Für die sog. einfache Anwachsung genügt der Austritt aller übrigen Gesellschafter bis auf denjenigen, bei dem das Gesellschaftsvermögen anwachsen soll. Die einfache Anwachsung einer GmbH & Co. KG z.B. auf die bisherige Komplementär-GmbH ist schnell und kostengünstig durchzuführen, da bei der das Gesellschaftsvermögen übernehmenden GmbH keine Sachkapitalerhöhung und damit auch keine registergerichtliche Prüfung erfolgt. Sie ist allerdings nicht steuerneutral möglich, sondern als verdeckte Einlage/Aufgabe eines Mitunternehmeranteils anzusehen; für eine Anwendung der §§ 20 ff. UmwStG fehlt es an der erforderlichen Gewährung neuer Anteile.

A 129 **Erweiterte Anwachsung |** Die größere Rolle spielt daher in der Praxis die sog. erweiterte Anwachsung. Bei dieser treten die übrigen Gesellschafter nicht einfach (mit oder ohne Abfindung) aus der Gesellschaft aus, sondern bringen ihre Anteile jeweils gegen Gewährung neuer Anteile in die übernehmende Gesellschaft ein. Im Ergebnis ist die erweiterte Anwachsung ein Spezialfall der Sachkapitalerhöhung.

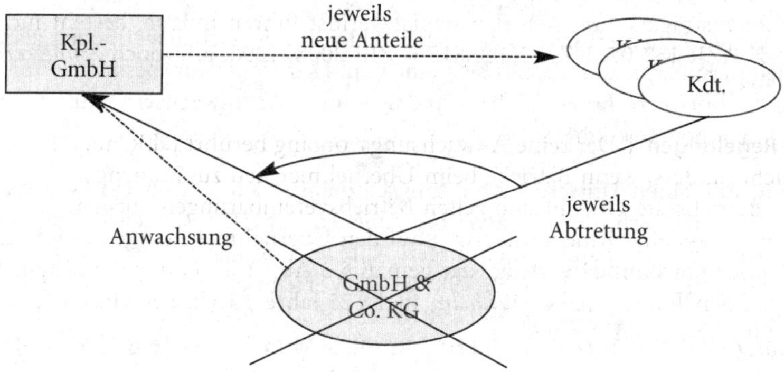

Beispiel:

Die Gesellschafter einer beteiligungsidentischen GmbH & Co. KG wollen diese in die Rechtsform einer GmbH wechseln bzw. auf die Komplementär-GmbH „verschmelzen". Hierzu können sie bei der Komplementär-GmbH in notariell beurkundeter Form eine Kapitalerhöhung gegen Sacheinlagen beschließen. Die Sacheinlagen bestehen in den jeweiligen Kommanditanteilen, die im Rahmen eines Einbringungsvertrages an die Komplementär-GmbH abzutreten sind. Letzteres kann formfrei erfolgen, wegen § 57 Abs. 3 Nr. 3 GmbHG empfiehlt sich gleichwohl zumindest privatschriftliche Form.

4. Rechtsfolgen

A 130 **Vermögensübergang |** Durch die Anwachsung geht das Gesellschaftsvermögen insgesamt auf den letzten verbliebenen Gesellschafter über; die Personengesellschaft erlischt ohne Liquidation. Der Übernehmer tritt in Verträge ein, ohne dass hierfür eine Vertragsänderung und damit die Mitwirkung des anderen Vertragsteils erforderlich wäre. Jedoch kann ein außerordentliches Kündigungsrecht des anderen Vertragsteils bestehen, sei es aufgrund einer Change-of-Control-Klausel, sei es aufgrund Gesetzes (vgl. z.B. § 314 BGB für Dauerschuldverhältnisse). Zum Gesellschaftsvermögen gehörende GmbH-Geschäftsanteile gehen ohne Rücksicht auf eine etwaige Vinkulierung über. Auch etwaige Grundstücke gehen ohne Auflassung und Beurkundungspflicht (§ 311b BGB) über; das Grundbuch ist lediglich gemäß § 894 BGB zu berichtigen. Zur bilanziellen Abbildung der Anwachsung vgl. IDW RS HFA 42, FN-IDW 2012, 701, Rz. 92 ff.

Anmeldung zum Handelsregister | Sämtliche Gesellschafter der KG haben zu deren Register das Ausscheiden der anderen Gesellschafter, die Übernahme des Geschäfts mit allen Aktiven und Passiven durch den Übernehmer, die Auflösung der Gesellschaft ohne Liquidation und ggf. das Erlöschen der Firma anzumelden (vgl. OLG München v. 16.6.2010 – 31 Wx 94/10, ZIP 2010, 2147). A 131

5. Arbeitsrecht

Übergang der Arbeitsverhältnisse | Das BAG hat 2008 offen gelassen, ob **§ 613a BGB** auf die Anwachsung Anwendung findet: Die mit der Gesellschaft bestehenden Arbeitsverhältnisse gehen jedenfalls aufgrund der gesellschaftsrechtlichen Gesamtrechtsnachfolge auf den Übernehmer über; ein Widerspruchsrecht gemäß § 613a Abs. 6 BGB, das wegen des Erlöschens des bisherigen Rechtsträgers zum Arbeitsplatzplatzverlust führen müsste, besteht nicht (BAG v. 21.2.2008 – 8 AZR 157/07, NZA 2008, 815 = ZIP 2008, 1296; a.A. noch *Schnitker/Grau*, ZIP 2008, 394, 398 f.). A 132

Kollektive Regelungen | Der reine Anwachsungsvorgang berührt i.d.R. auch die Identität der Betriebe nicht (anders, wenn Betriebe beim Übernehmer neu zusammengefasst werden). Damit bleiben Betriebsräte im Amt und gelten Betriebsvereinbarungen normativ weiter. Für Tarifverträge gilt, dass ein Firmentarifvertrag auf den Übernehmer übergeht, nicht dagegen ein **Verbands- oder Flächentarifvertrag** (der gemäß § 3 Abs. 1 TVG nur die Mitglieder der Tarifvertragsparteien bindet (näher *Wilhelm* in FS 25 Jahre Arbeitsgemeinschaft Arbeitsrecht, 2006, S. 721 ff.). A 133

Mitbestimmung | In den Beispielen oben (Rz. A 125 und A 129) kann die Anwachsung dazu führen, dass auf Ebene der übernehmenden Kapitalgesellschaft ein **Aufsichtsrat** neu einzurichten ist, sofern diese anschließend mehr als 500 Arbeitnehmer hat. A 134

frei A 135–A 150

Vertiefende Recherche

Wichtige Urteile und Erlasse

BGH v. 1.12.2011 – IX ZB 232/10, GmbHR 2012, 216: Grenzüberschreitende Anwachsung einer deutschen KG auf ihre niederländische Komplementär-B.V.

BGH v. 7.7.2008 – II ZR 37/07, NJW 2008, 2992: Ausscheiden des vorletzten Gesellschafters einer GbR führt zur Anwachsung beim letzten verbliebenen Gesellschafter.

BGH v. 16.12.1999 - VII ZR 53/97, GmbHR 2000, 188: Gesamtrechtsnachfolge bei Ausscheiden eines Gesellschafters aus einer zweigliedrigen Personengesellschaft.

BGH v. 10.1.1996 - IV ZB 21/94, GmbHR 1996, 362: Fortbestand der Gesellschaft bei Testamentsvollstreckung trotz Vereinigung der Anteile in einer Hand.

BGH v. 19.2.1990 - II ZR 42/89, NJW-RR 1990, 798: Anwachsung auch bei Abtretung aller Anteile an einen Nicht-Gesellschafter.

BGH v. 10.5.1978 - VIII ZR 32/77, BGHZ 71, 296 = GmbHR 1978, 253: Erlöschen der Gesellschaft ohne Liquidation bei Übernahme aller Geschäftsanteile durch einen einzigen Erwerber.

BGH v. 10.6.1963 - II ZR 88/61, WM 1963, 989: Erwerb eines Gesellschaftsanteils eines Kommanditisten durch einen Komplementär.

RG v. 1.4.1940 - V 174/39, RGZ 163, 142: Anwachsung bei Verschmelzung der zwei einzigen Gesellschafter.

BAG v. 21.2.2008 - 8 AZR 157/07, NZA 2008, 815: Übergang eines Arbeitsverhältnisses bei Ausscheiden eines von zwei verbliebenen Gesellschaftern.

OLG Hamm v. 24.6.2010 - 15 Wx 369/09, GmbHR 2010, 985: Keine Verschmelzung der Komplementär-GmbH auf die Kommanditgesellschaft.

OLG München v. 16.6.2010 - 31 Wx 94/10, ZIP 2010, 2147: Anmeldepflichtige Auflösung der Gesellschaft bei Übertragung aller Anteile auf außenstehenden Erwerber.

OLG Frankfurt a.M. v. 25.8.2003 - 20 W 354/02, GmbHR 2003, 1358: Anmeldung zum Handelsregister bei Vereinigung zweier GmbH & Co. KG.

Musterformulierungen

Fuhrmann/Wälzholz, Formularbuch Gesellschaftsrecht, M 31.34 ff. (GmbH & Co. KG → Komplementär-GmbH)

Heckschen in Westermann/Wertenbruch, Hdb. Personengesellschaften, M 180 ff. (GmbH & Co. KG → Komplementär-GmbH)

Krämer/Friedl in Formularbuch Recht und Steuern, A. 3.04 (GmbH & Co. KG → Komplementär-GmbH)

Münchener Vertragshandbuch, Band 1 Gesellschaftsrecht, II.23 (KG → Einzelkaufmann)

Widmann/Mayer, Umwandlungsrecht, Anhang 4, M 209 - M 211a (GmbH & Co. KG → Komplementär-GmbH)

Weitere Stichwörter

→ *Einbringung;* → *Umwandlung*

Auflösung und Liquidation

Ausgewählte Literatur: *Karl*, Die Rechtsanwaltsgesellschaft mbH & Co. KG, NJW 2010, 967; *Krings/Otte*, Die Insolvenz der Komplementär-GmbH, NZG 2012, 761; *Kröller/Fischer/Dürr*, Steht die vorweggenommene Erbfolge bei Mitunternehmeranteilen an Personengesellschaften vor dem Ende?, BB 2001, 1707; *Märkle*, Die Übertragung eines Bruchteils eines Gesellschaftsanteils bei vorhandenem Sonderbetriebsvermögen, DStR 2001, 685; *Freiherr v. Proff*, Die Anwachsung als Gestaltungsmodell bei Personengesellschaften, DStR 2016, 2227; *Rehm/Schmidt-Naschke*, Die Liquidation einer GmbH & Co. KG mit in Rang zurückgetretenen Darlehensverbindlichkeiten – Eine gesellschafts- und steuerrechtliche Bestandsaufnahme, DStR 2015, 2085; *Schmidt, K.*, Vermeidung des Sperrjahrs bei der Auskehrung von Gesellschaftsvermögen aus der Kapitalgesellschaft & Co., BB 2011, 707; *Schmidt-Naschke/Rehm*, Die Liquidation einer GmbH & Co. KG mit im Rang zurückgetretenen Darlehensverbindlichkeiten – Eine gesellschafts- und steuerrechtliche Bestandsaufnahme, DStR 2013, 2085; *Werner*, Die simultane Insolvenz einer GmbH & Co. KG und ihrer Gesellschafter, NZI 2014, 895.

1. Allgemeines

A 151 Aufgrund der Kombination aus Kapitalgesellschaft und Personenhandelsgesellschaft gilt es bei der Auflösung und Liquidation einer GmbH & Co. KG zwischen (i) der Auflösung (§§ 60 ff. GmbHG) und Abwicklung (§§ 66 ff. GmbHG) der **Komplementär-GmbH** einerseits und (ii) der Auflösung (§§ 161 Abs. 2, 131 ff. HGB) und Abwicklung (§§ 161 Abs. 2, 145 ff. HGB) der **Kommanditgesellschaft** andererseits zu unterscheiden (vgl. auch *Lüke* in Hesselmann/Tillmann/Mueller-Thuns, Hdb. GmbH & Co. KG, Rz. 9.3).

A 152 Im Folgenden soll maßgeblich der Auflösung und Liquidation der Kommanditgesellschaft unter Berücksichtigung ihrer Besonderheiten in der Rechtsform der GmbH & Co. KG nachgegangen werden (zur isolierten Auflösung und Abwicklung einer GmbH siehe *Hamacher* in Gosch/Schwedhelm/Spiegelberger, GmbH-Beratung, Beendigung der GmbH).

2. Auflösung

A 153 **Änderung des Gesellschaftszwecks** | Vorbehaltlich einer abweichenden Regelung im Gesellschaftsvertrag hat das Vorliegen eines der in §§ 161 Abs. 2, 131 Abs. 1 und Abs. 2 HGB gesetzlich angeordneten Auflösungsgründe zur Folge, dass eine GmbH & Co. KG aufgelöst und in das Abwicklungsstadium gemäß §§ 161 Abs. 2, 145 ff. HGB überführt wird. Mit dem damit ausgelösten Wechsel von einer werbenden zu einer abzuwickelnden Gesellschaft ist jedoch kein Wechsel ihrer rechtlichen Identität, sondern lediglich eine **Änderung ihres Gesellschaftszwecks** mit dem alleinigen Ziel ihrer Abwicklung, Auseinandersetzung und Vollbeendigung verbunden (vgl. auch *Lüke* in Hesselmann/Tillmann/Mueller-Thuns, Hdb. GmbH &

Co. KG, Rz. 9.4). Die Gesellschaft bleibt weiterhin rechtsfähig und die mit ihr begründeten Rechtsverhältnisse bestehen weiter fort (vgl. auch OLG München v. 21.10.2015 – 7 U 1115/15, ZIP 2015, 2222, 2223). Lediglich der zulässige Handlungsspielraum für die Geschäftsführung bzw. Liquidatoren der GmbH & Co. KG wird eingeschränkt (zur Auflösung einer KG im Allgemeinen vgl. auch *Haas* in Röhricht/Graf von Westphalen/Haas, § 131 HGB Rz. 1 ff.). Zur entsprechenden Kennzeichnung ist die GmbH & Co. KG ab dem Zeitpunkt ihrer Auflösung gemäß §§ 161 Abs. 2, 153 HGB von den Liquidatoren im Rechtsverkehr daher auch als „GmbH & Co. KG i.L." zu bezeichnen.

A 154 **Auflösungsgründe |** Eine Kommanditgesellschaft wird aufgelöst (i) durch den Ablauf der Zeit, für welche sie eingegangen ist, (ii) durch Beschluss der Gesellschafter, der ggf. auch konkludent zustande kommen kann (z.B. durch Anmeldung der Auflösung der Gesellschaft zum Handelsregister), (iii) durch die Eröffnung des Insolvenzverfahrens über ihr Vermögen oder (iv) durch gerichtliche Entscheidung (vgl. §§ 161 Abs. 2, 131 Abs. 1 Nr. 1–4 HGB). Aufgrund ihrer beschränkten Haftung kommen bei der GmbH & Co. KG gemäß §§ 161 Abs. 2, 131 Abs. 2 Satz 1 Nr. 1 und 2 HGB zusätzlich noch (v) die rechtskräftige Beschlussfassung über die Ablehnung des Insolvenzverfahrens über ihr Vermögen mangels Masse und (vi) die Löschung wegen Vermögenslosigkeit nach § 394 FamFG als weitere gesetzliche Auflösungsgründe hinzu. Vorbehaltlich einer vertraglichen Erweiterung der Auflösungsgründe im Gesellschaftsvertrag (vgl. *K. Schmidt* in MünchKomm. HGB, § 131 HGB Rz. 9; *Lüke* in Hesselmann/Tillmann/Mueller-Thuns, Hdb. GmbH & Co. KG, Rz. 9.25) sind die gesetzlichen Auflösungsgründe nach h.M. abschließend (vgl. BGH v. 25.11.1981 – VIII ZR 299/80, NJW 1982, 875, 876; *Lüke* in Hesselmann/Tillmann/Mueller-Thuns, Hdb. GmbH & Co. KG, Rz. 9.5). Ferner kann eine gesetzliche Auflösung der Kommanditgesellschaft aber auch dann noch in Betracht kommen, wenn es zu einer unzulässigen Sitzverlegung ins Ausland kommt (vgl. *Haas* in Röhricht/Graf von Westphalen/Haas, § 131 HGB Rz. 21b und weitere Nachweise bei → *Sitz/Ort der Geschäftsleitung*).

A 155 Von besonderer Bedeutung ist in diesem Zusammenhang die Frage, ob bzw. inwieweit (i) die Auflösung der Komplementär-GmbH, (ii) deren Vollbeendigung oder (iii) deren Vermögenslosigkeit zugleich zur Auflösung der Kommanditgesellschaft führt:

A 156 **Auflösung der Komplementär-GmbH |** Die Auflösung der Komplementär-GmbH gemäß §§ 60 ff. GmbHG führt – vorbehaltlich der gesetzlichen Sonderregelungen in §§ 161 Abs. 2, 131 Abs. 2 HGB – nicht zugleich auch zur Auflösung der Kommanditgesellschaft. Eine aufgelöste, aber noch nicht liquidierte Komplementär-GmbH bleibt in der Regel zunächst noch persönlich haftende Gesellschafterin der Kommanditgesellschaft und als solche auch weiterhin zur Geschäftsführung und Vertretung der Kommanditgesellschaft befugt (vgl. BGH v. 8.10.1979 – II ZR 257/78, NJW 1980, 233, 234 = GmbHR 1980, 83; OLG Hamburg v. 13.3.1987 – 11 U 184/86, GmbHR 1987, 481, 482; *Blaum* in Westermann/Wertenbruch, Hdb. Personengesellschaften, Rz. I 3258; a.A. *Binz/Sorg*, Die GmbH & Co. KG, § 7 Rz. 10, jedoch ohne Begründung; *K. Schmidt*, BB 1980, 1497). Im Unterschied zu ihrer werbenden Zeit wird sie während des Liquidationszeitraums lediglich nicht von den Geschäftsführern, sondern von den – oftmals personengleichen – Liquidatoren vertreten und ist als Liquidationsgesellschaft zu bezeichnen. Das Ziel der Abwicklung erstreckt sich ausschließlich auf die Komplementär-GmbH selbst, nicht aber auch auf die Kommanditgesellschaft. Das ist Folge des Trennungsprinzips.

A 157 **Vollbeendigung der Komplementär-GmbH |** Im Unterschied zur Auflösung führt die Vollbeendigung der Komplementär-GmbH mit der Vermögenslosigkeit nach Abschluss ihrer Liquidation zu ihrem Ausscheiden aus der Kommanditgesellschaft (§§ 161 Abs. 2, 131 Abs. 3 Satz 1 Nr. 1 HGB). Gleichermaßen gilt dies gemäß §§ 161 Abs. 2, 131 Abs. 3 Satz 1 Nr. 2 HGB für den Fall der Eröffnung des Insolvenzverfahrens über ihr Vermögen (vgl. hierzu auch *Krings/Otte*, NZG 2012, 761, 761 f.) und gemäß §§ 161 Abs. 2, 131 Abs. 3 Satz 1 Nr. 6 HGB für den Fall eines Beschlusses der Gesellschafter der Kommanditgesellschaft über den Ausschluss der Komplementär-GmbH.

Vermögenslosigkeit der Komplementär-GmbH | Die Komplementär-GmbH ist vermögenslos, wenn (i) ihr Vermögen im Rahmen der Liquidation verteilt worden ist, (ii) sie kapitalmäßig nicht an der Kommanditgesellschaft beteiligt ist oder (iii) wenn auch die Kommanditgesellschaft vermögenslos ist und deshalb ihre Beteiligung und mögliche Ansprüche der Komplementär-GmbH gegen die Kommanditgesellschaft keinen Vermögenswert haben (*Nerlich* in Michalski, § 60 GmbHG Rz. 384). A 158

- Eine **Löschung der Komplementär-GmbH wegen Vermögenslosigkeit** von Amts wegen (§ 394 Abs. 1 FamFG) allein hat jedoch noch nicht zwingend auch die Auflösung der Kommanditgesellschaft zur Folge; entgegen einer früher vertretenen Ansicht muss dazu gemäß §§ 161 Abs. 2, 131 Abs. 2 Satz 1 Nr. 2 HGB auch auf Seiten der Kommanditgesellschaft Vermögenslosigkeit vorliegen (vgl. *Nerlich* in Michalski, § 60 GmbHG Rz. 383 m.w.N. auch zur Gegenansicht). Auch wenn die Komplementär-GmbH mit ihrer Löschung grundsätzlich untergeht, ist sie hiernach nicht auch immer zugleich zwingend vollbeendet (vgl. Fallkonstellationen für Nachtragsliquidation). Verliert die Kommanditgesellschaft jedoch ihre Komplementärin endgültig, haben die Kommanditisten dafür zu sorgen, dass umgehend ein neuer Komplementär bestellt wird, andernfalls entsteht mit Fortsetzung der Gesellschaft eine OHG (vgl. BGH v. 23.11.1978 - II ZR 20/78, NJW 1979, 1705, 1706; *Strohn* in E/B/J/S, § 177 HGB Rz. 2). Dies gilt jedenfalls dann, wenn an der Kommanditgesellschaft mehr als ein Kommanditist beteiligt ist. Andernfalls droht die Anwachsung des Gesellschaftsvermögens beim verbliebenen Kommanditisten (s. Rz. A 167).
- Ebenso wenig führt auch der rechtskräftige Beschluss über die **Ablehnung der Eröffnung des Insolvenzverfahrens** über das Vermögen der Komplementär-GmbH mangels Masse (vgl. § 26 InsO) zur Auflösung der Kommanditgesellschaft (vgl. BGH v. 8.10.1979 - II ZR 257/78, NJW 1980, 233 = GmbHR 1980, 83; *Krings/Otte*, NZG 2012, 761, 762; a.A. *K. Schmidt*, BB 1980, 1497).

Der **Status der Kommanditgesellschaft ist in den Fällen der Vollbeendigung der Komplementär-GmbH** maßgeblich davon abhängig, ob in diesem Zeitpunkt noch mehrere Kommanditisten oder nur ein Kommanditist an ihr beteiligt ist: A 159

- **Beteiligung mehrerer Kommanditisten:** Handelt es sich bei der Komplementär-GmbH um die einzige persönlich haftende Gesellschafterin, sind an der Kommanditgesellschaft aber noch mehrere Kommanditisten beteiligt, führt die Vollbeendigung der Komplementär-GmbH – vorbehaltlich einer abweichenden Regelung im Gesellschaftsvertrag oder eines Gesellschafterbeschlusses der Kommanditgesellschaft – zugleich zur Auflösung der Kommanditgesellschaft (h.M., vgl. OLG Köln v. 3.4.2001 - 25 W 2/00, NZG 2002, 87, 88; *Binz/Sorg*, Die GmbH & Co. KG, § 7 Rz. 5 ff.; *Roth* in Baumbach/Hopt, § 131 HGB Rz. 20 und 36). Die verbleibenden Kommanditisten werden zu Liquidatoren, sofern nicht durch Gesellschafterbeschluss oder Gesellschaftsvertrag etwas Abweichendes geregelt ist (§§ 161 Abs. 2, 146 Abs. 1 HGB). Die Bestellung einer neuen persönlich haftenden Gesellschafterin ist für Zwecke der Liquidation der Kommanditgesellschaft nicht mehr erforderlich (vgl.

Blaum in Westermann/Wertenbruch, Hdb. Personengesellschaften, Rz. I 3258). Dies gilt jedenfalls dann, wenn sichergestellt ist, dass die Kommanditgesellschaft i.L. keine werbende Tätigkeit mehr aufnimmt. Andernfalls besteht nach Ablauf einer bestimmten Übergangsfrist die Gefahr, dass die Kommanditgesellschaft i.L. zur OHG wird und die bisherigen Kommanditisten ab diesem Zeitpunkt unbeschränkt persönlich haften (vgl. *Binz/Sorg*, Die GmbH & Co. KG, § 7 Rz. 9, die eine Dreimonatsfrist als angemessene Übergangsfrist ansehen; *Blaum* in Westermann/Wertenbruch, Hdb. Personengesellschaften, Rz. I 3258).

- **Beteiligung nur eines Kommanditisten:** Ist bei Vollbeendigung der einzigen Komplementär-GmbH an der Kommanditgesellschaft lediglich noch ein Kommanditist beteiligt und sieht weder der Gesellschaftsvertrag noch ein Beschluss des verbliebenen Kommanditisten für diesen Fall die unverzügliche Aufnahme eines neuen persönlich haftenden Gesellschafters vor, hat die Vollbeendigung der einzigen Komplementär-GmbH nicht nur die Auflösung, sondern automatisch auch die liquidationslose Vollbeendigung der Kommanditgesellschaft zur Folge und das gesamte Vermögen der Kommanditgesellschaft geht kraft Gesetzes im Wege der Anwachsung, also im Wege der Gesamtrechtsnachfolge, auf den verbleibenden Kommanditisten über (vgl. auch *Haas/Mock* in Röhricht/Graf von Westphalen/Haas, § 177 HGB Rz. 23; *Lüke* in Hesselmann/Tillmann/Mueller-Thuns, Hdb. GmbH & Co. KG, Rz. 9.30 und weitere Nachweise bei → *Anwachsung*). Der Kommanditist hat innerhalb von drei Monaten die Möglichkeit, analog § 27 Abs. 2 HGB die ansonsten eintretende Haftungsübernahme gemäß § 25 HGB dadurch zu vermeiden, dass er entweder die Geschäfte beendet oder aber das Unternehmen in eine andere Gesellschaft überführt (vgl. BGH v. 15.3.2004 – II ZR 247/01, ZIP 2004, 1047, 1048 = GmbHR 2004, 952 = GmbH-StB 2004, 200; *Blaum* in Westermann/Wertenbruch, Hdb. Personengesellschaften, Rz. I 3259; *Krings/Otte*, NZG 2012, 761, 764 f.). Aus diesem Grund empfiehlt es sich gerade bei derartigen Beteiligungskonstellationen, rechtzeitig zuvor in den Gesellschaftsvertrag der Kommanditgesellschaft eine Regelung aufzunehmen, die die Nachfolge bei Ausscheiden der einzigen Komplementär-GmbH regelt (zu verschiedenen Regelungsmöglichkeiten vgl. BGH v. 10.12.2001 – II ZR 140/00, DStR 2002, 1187, 1188; OLG Rostock v. 3.9.2009 – 3 U 271/08, BB 2010, 258). Vorbehaltlich der §§ 171 f. HGB haftet der verbliebene Kommanditist bis zu diesem Zeitpunkt nur mit dem ihm angewachsenen Gesellschaftsvermögen (*Krings/Otte*, NZG 2012, 761, 765).

A 160 **Handelsregisteranmeldung** | Die Auflösung der Kommanditgesellschaft ist gemäß §§ 161 Abs. 2, 143 Abs. 1 Satz 1 HGB von sämtlichen Gesellschaftern (einschl. aller Kommanditisten) zur (deklaratorischen) Eintragung im Handelsregister anzumelden (vgl. auch *Lüke* in Hesselmann/Tillmann/Mueller-Thuns, Hdb. GmbH & Co. KG, Rz. 9.38). Lediglich ihre Auflösung durch Eröffnung des Insolvenzverfahrens gemäß §§ 161 Abs. 2, 131 Abs. 1 Nr. 3 HGB ist nicht durch sämtliche Gesellschafter, sondern durch den Insolvenzverwalter zur Eintragung in das Handelsregister anzumelden (vgl. *Krafka/Kühn*, Registerrecht, Rz. 779).

3. Liquidation

A 161 Eine aufgelöste GmbH & Co. KG ist grundsätzlich gemäß §§ 161 Abs. 2, 145 Abs. 1 HGB im Wege der Liquidation (Auseinandersetzung) zu beenden. Etwas anderes gilt dann, wenn (i) die Gesellschafter eine abweichende Vereinbarung getroffen haben, sei es durch Regelung im Gesellschaftsvertrag oder durch einen ad-hoc-Beschluss aller Gesellschafter (z.B. durch freiwillige Übernahme des Handelsgeschäfts durch einen der Gesellschafter oder die Veräußerung des gesamten Unternehmens an einen Dritten, vgl. *Salger* in Reichert, GmbH & Co. KG, § 47 Rz. 95 f.), oder aber (ii) die Eröffnung des Insolvenzverfahrens über das Vermögen der Kommanditgesellschaft angeordnet ist.

Liquidatoren | Gemäß §§ 161 Abs. 2, 146 Abs. 1 HGB werden hierzu im Grundsatz sämtliche Gesellschafter (einschließlich aller Kommanditisten) als Liquidatoren eingesetzt (vgl. BGH v. 27.9.1982 – II ZR 241/81, DB 1982, 2562; OLG Dresden v. 15.2.2012 – 17 W 1163/11, 17 W 1164/11, RNotZ 2012, 290, 291). Die Liquidatoren haben gemäß §§ 161 Abs. 2, 149 HGB die laufenden Geschäfte zu beendigen, die Forderungen einzuziehen, das übrige Vermögen in Geld umzusetzen und die Gläubiger zu befriedigen, wobei sie zur Beendigung schwebender Geschäfte auch neue Geschäfte eingehen können. Es steht auch in ihrem pflichtgemäß auszuübenden Ermessen, darüber zu entscheiden, ob und in welchem Umfang sie von welchem Kommanditisten noch ausstehende Einlagen einfordern (vgl. OLG München v. 21.10.2015 – 7 U 1115/15, ZIP 2015, 2222, 2223). Sowohl bei Beginn als auch bei Beendigung der Liquidation haben sie gemäß §§ 161 Abs. 2, 154 HGB eine Bilanz aufzustellen (zur Bilanzierung im Liquidationsstadium vgl. *Haas* in Röhricht/Graf von Westphalen/Haas, § 155 HGB Rz. 1 ff.; *Salger* in Reichert, GmbH & Co. KG, § 47 Rz. 75 ff.) und – vorbehaltlich einer abweichenden Regelung unter den Gesellschaftern – nach Berichtigung der Schulden gemäß §§ 161 Abs. 2, 155 Abs. 1 HGB das verbliebene Vermögen der Kommanditgesellschaft nach dem Verhältnis der Kapitalanteile der Gesellschafter, wie sie sich aus der Schlussbilanz ergeben, unter den Gesellschaftern zu verteilen. A 162

Im Übrigen **vertreten die Liquidatoren** die GmbH & Co. KG nach außen hin gerichtlich und außergerichtlich (§§ 161 Abs. 2, 149 Satz 2 HGB). In Abweichung von den gesetzlichen Vorgaben wird oftmals jedoch die Komplementär-GmbH aufgrund gesellschaftsvertraglicher Regelung von vornherein zur alleinigen und einzelvertretungsberechtigten Liquidatorin bestimmt. Für die Komplementär-GmbH wiederum sind dann ihre Geschäftsführer als gesetzliche Liquidatoren berufen, soweit nicht etwas anderes in ihrem Gesellschaftsvertrag bestimmt ist (vgl. *Blaum* in Westermann/Wertenbruch, Hdb. Personengesellschaften, Rz. I 3264). A 163

Kein Sperrjahr | Soweit teilweise vertreten wird, dass bei einer zu liquidierenden GmbH & Co. KG analog § 73 GmbHG Ausschüttungen für ein Jahr gesperrt seien (so etwa *K. Schmidt*, BB 2011, 707), ist dies de lege lata abzulehnen. Insoweit fehlt es an einer planwidrigen Regelunglücke. Der Gesetzgeber hat sich in Kenntnis dieser Thematik bewusst nicht dazu entschieden, diese Regelung auch auf die GmbH & Co. KG zu erstrecken. Nach hier vertretener Ansicht genießen die §§ 161 Abs. 2, 145 ff. HGB insoweit daher spezialgesetzlichen Vorrang. A 164

4. Vollbeendigung

Schließlich erfolgt die **Vollbeendigung**, d.h. das ersatzlose Erlöschen der Kommanditgesellschaft, mit Abschluss ihrer Liquidation wegen Vermögenslosigkeit, sofern sie nicht liquidationslos im Wege der Anwachsung oder mit Vollzug einer Umwandlungsmaßnahme (Aufspaltung, Verschmelzung) nach dem UmwG erlischt. A 165

Vermögenslosigkeit | Allgemein anerkannt ist, dass eine Kommanditgesellschaft vermögenslos und damit vollbeendet ist, wenn sie nicht mehr über (liquides oder liquidierbares) Aktivvermögen verfügt, namentlich mit dem vorhandenen Vermögen die Gläubiger befriedigt wurden und ein etwaiger Überschuss an die Gesellschafter verteilt worden ist (vgl. OLG Düsseldorf v. 27.3.2014 – I-3 Wx 48/14, NZG 2014, 583, 584). A 166

- **Verbindlichkeiten:** Fraglich jedoch ist, ob eine Kommanditgesellschaft auch bereits dann vermögenslos ist, wenn sich herausstellt, dass die Kommanditgesellschaft nach der Verteilung des liquiden Vermögens noch über **offene Verbindlichkeiten** verfügt. Dies ist jedenfalls dann zu verneinen, wenn der Kommanditgesellschaft gemäß § 735 BGB noch Sozialansprüche gegen ihre Gesellschafter, insbes. gegen ihre Komplementär-GmbH, zustehen und etwaige Nachschusspflichten im Gesellschaftsvertrag nicht abbedungen sind. In diesem Fall verfügt die Kommanditgesellschaft noch über Ansprüche gegenüber ihren Gesellschaftern und ist damit noch **nicht vermögenslos** (ebenso *Habersack* in Staub, § 157 HGB Rz. 6 sowie § 155 HGB Rz. 34; *K. Schmidt* in MünchKomm. HGB, § 157 HGB Rz. 10 sowie § 155 HGB Rz. 53; *Salger* in Reichert, GmbH & Co. KG, § 47 Rz. 5; a.A. die wohl h.M., vgl. *Roth* in Baumbach/Hopt, § 157 HGB Rz. 1 m.w.N.; offen gelassen von OLG Düsseldorf v. 27.3.2014 – I-3 Wx 48/14, NZG 2014, 583, 584).
- **Verwertbares Vermögen:** Schließlich gilt es zu beachten, dass eine GmbH & Co. KG trotz ihrer Löschung wegen Vermögenslosigkeit sowohl rechts- als auch beteiligtenfähig bleibt, wenn Anhaltspunkte dafür bestehen, dass noch verwertbares Vermögen vorhanden ist (vgl. OVG Greifswald v. 14.6.2012 – 1 L 91/11, NJW-RR 2013, 46, 47). Ungeachtet ihrer Löschung im Handelsregister ist die GmbH & Co. KG realiter dann noch nicht erloschen und es ist bei ihr sodann – ohne Neubestellung – durch die bisherigen Liquidatoren eine sog. **Nachtragsliquidation** durchzuführen (§§ 161 Abs. 2, 145 Abs. 3 HGB, vgl. BGH v. 21.6.1979 – IX ZR 69/75, NJW 1979, 1987; OLG Düsseldorf v. 27.3.2014 – I-3 Wx 48/14, NZG 2014, 583, 584; *Haas* in Röhricht/Graf von Westphalen/Haas, § 157 HGB Rz. 6).
- **Handelsregisteranmeldung:** Nach der Beendigung der Liquidation ist das Erlöschen der Firma gemäß §§ 161 Abs. 2, 157 Abs. 1 HGB von den Liquidatoren zur Eintragung in das Handelsregister anzumelden. Ebenso wie die Eintragung der Auflösung der Kommanditgesellschaft hat auch die Eintragung ihres Erlöschens in das Handelsregister aber nur **deklaratorischen Charakter** (vgl. OLG Düsseldorf v. 27.3.2014 – I-3 Wx 48/14, NZG 2014, 583, 584; *Haas* in Röhricht/Graf von Westphalen/Haas, § 131 HGB Rz. 1). Des Weiteren sind die Bücher und Papiere der Kommanditgesellschaft sodann einem der Gesellschafter oder einem Dritten zur Verwahrung auszuhändigen, der – vorbehaltlich einer abweichenden Regelung der Gesellschafter und deren Ausweis in der Handelsregisteranmeldung – gemäß §§ 161 Abs. 2, 157 Abs. 2 HGB durch das Gericht am Sitz der Gesellschaft bestimmt wird.

A 167 **Anwachsung** | Ungeachtet der in den §§ 161 Abs. 2, 131 Abs. 1 und Abs. 2 HGB aufgeführten gesetzlichen Auflösungsgründe mit anschließender Liquidation kann es durch eine sog. Anwachsung zu einer sofortigen, liquidationslosen Vollbeendigung einer GmbH & Co. KG kommen (vgl. *Freiherr v. Proff*, DStR 2016, 2227, 2230 ff. und weitere Nachweise bei → *Anwachsung*).

A 168 **Umwandlung** | Schließlich besteht auch die Möglichkeit, eine GmbH & Co. KG durch Vollzug eines Umwandlungsvorgangs (z.B. Verschmelzung) nach den Vorschriften des UmwG liquidationslos zu beenden (→ *Umwandlung*).

5. Haftung der Gesellschafter

A 169 Die Gesellschafter haften bei Vollbeendigung der GmbH & Co. KG für bestehende Verbindlichkeiten der Kommanditgesellschaft wie beim Ausscheiden aus der Gesellschaft. Weder die Komplementär-GmbH noch die Kommanditisten können sich von einer einmal begründeten

Haftung durch Aufgabe ihrer Gesellschafterstellung befreien (vgl. *Ihrig* in Reichert, GmbH & Co. KG, § 43 Rz. 21):

Haftung der Komplementär-GmbH | Gemäß §§ 161 Abs. 2, 159 HGB kann die persönliche Haftung der Komplementär-GmbH gegenüber Dritten zeitweise bestehen bleiben, wenn die Kommanditgesellschaft nicht über ausreichend Vermögen verfügt, um die Gesellschaftsgläubiger zu befriedigen. Des Weiteren haftet die Komplementär-GmbH für alle Verbindlichkeiten persönlich, die in der Liquidationsphase begründet werden (vgl. *Salger* in Reichert, GmbH & Co. KG, § 47 Rz. 86). A 170

Haftung der Kommanditisten | Die Haftung der Kommanditisten ist auch in der Liquidationsphase **beschränkt**. Sie haften für bestehende Verbindlichkeiten, sei es auch für solche, die in der Liquidationsphase neu begründet worden sind, nur, soweit sie ihre Einlage nicht erbracht haben oder ihnen diese ganz oder teilweise zurückgewährt worden ist (vgl. §§ 171 Abs. 1, 172 Abs. 4 HGB), was insbesondere auch durch Auszahlung eines Auseinandersetzungsguthabens erfolgen kann (vgl. *Salger* in Reichert, GmbH & Co. KG, § 47 Rz. 87). Die Leistung ausstehender Beträge ist in der Liquidationsphase aber nur noch insoweit geschuldet, als sie zur Verwirklichung des geänderten Gesellschaftszwecks, also zur Liquidation erforderlich sind (vgl. OLG München v. 21.10.2015 – 7 U 1115/15, ZIP 2015, 2222, 2223). Eine weitergehende Haftung kann für die Kommanditisten ausnahmsweise dann bestehen, wenn sie über die gesetzliche Einlagepflicht hinaus Dritten gegenüber Sicherheiten gewährt haben. Aus diesen Rechtsverhältnissen haften die Gesellschafter auch über den Zeitpunkt der Beendigung der GmbH & Co. KG hinaus fort (BGH v. 25.11.1981 – VIII ZR 299/80, NJW 1982, 875, 876). A 171

Bei Vollbeendigung der Kommanditgesellschaft durch **Anwachsung** gilt für den ausgeschiedenen Gesellschafter grundsätzlich die Regelung des § 738 Abs. 1 Satz 2 Halbs. 2 BGB. Demnach hat der ausgeschiedene Gesellschafter einen Anspruch auf Schuldbefreiung gegen die Gesellschaft bzw. den in deren Vermögen eintretenden (Gesamt-)Rechtsnachfolger. Im Außenverhältnis haftet der ausgeschiedene Gesellschafter jedoch nach den oben aufgeführten Regeln den Gesellschaftsgläubigern gegenüber weiter (vgl. *Schäfer* in MünchKomm. BGB, § 738 BGB Rz. 77). Erfolgt die Anwachsung als Folge eines freiwilligen Austritts eines von zwei Gesellschaftern, ist aus Sicht des ausscheidenden Gesellschafters im Rahmen der Austrittsvereinbarung möglichst zu regeln, dass ihn der andere Gesellschafter nach seinem Ausscheiden von jeglichen Haftungsansprüchen Dritter freistellt. A 172

frei A 173–A 175

6. Betriebsveräußerung, Betriebsaufgabe und allmähliche Abwicklung des Gewerbebetriebs der GmbH & Co. KG

Verwertungsmöglichkeiten des Gesellschaftsvermögens | Die Auflösung einer GmbH & Co. KG führt nach h.M. zu einer Änderung ihres Gesellschaftszwecks, der fortan auf die Abwicklung und Vermögensauseinandersetzung gerichtet ist. Zivilrechtlich und steuerrechtlich ist zwischen der Liquidation der KG und der Liquidation der Komplementär-GmbH zu unterscheiden. Die Auflösung selbst löst keine steuerliche Folgen aus. Diese werden erst durch die Art der Abwicklung bestimmt. Im Rahmen der Abwicklung (§ 161 Abs. 2 i.V.m. §§ 145 ff. HGB) wird das Gesellschaftsvermögen der KG versilbert, die Gläubiger befriedigt und ein verbleibender Liquidationsgewinn unter den Gesellschaftern verteilt (vgl. *Eberhard* in Beck'sches A 176

Hdb. der Personengesellschaften, § 12 Rz. 52). Die Liquidation der Kommanditgesellschaft ist von der Aufgabe eines Mitunternehmeranteils zu unterscheiden (vgl. *Kulosa* in Herrmann/Heuer/Raupach, EStG, KStG, § 16 EStG Rz. 510 [Stand: März 2015]). Im Fall der Liquidation der Kommanditgesellschaft ist steuerlich die Art der Verwertung des Gesellschaftsvermögens bedeutsam. Folgende Verwertungsmöglichkeiten lassen sich regelmäßig steuerlich unterscheiden (vgl. *Eberhard* in Beck'sches Hdb. der Personengesellschaften, § 12 Rz. 100):

- Veräußerung des ganzen Gewerbebetriebs, § 16 Abs. 1 Satz 1 Nr. 1 EStG,
- Aufgabe des Gewerbebetriebs i.S.v. § 16 Abs. 3 Satz 1 EStG,
- Realteilung, § 16 Abs. 3 Satz 2 ff. EStG,
- die allmähliche Abwicklung des Gewerbebetriebs.

A 177 **Betriebsveräußerung** | Die Veräußerung des Betriebs einer GmbH & Co. KG liegt vor, wenn der Betrieb mit seinen wesentlichen Betriebsgrundlagen als Ganzes in einem einheitlichen Vorgang gegen Entgelt in der Weise auf einen Erwerber übertragen wird, dass der Betrieb als geschäftlicher Organismus fortgeführt werden kann. Außerdem muss die in diesem Betrieb entfaltete gewerbliche Betätigung enden (vgl. BFH v. 16.12.1992 – X R 52/90, BStBl. II 1994, 838 = FR 1993, 517; BFH v. 12.6.1996 – XI R 56, 57/95, BStBl. II 1996, 527 = FR 1996, 676 m. Anm. *Kanzler*; R 16 Abs. 1 EStR). Im Anwendungsbereich des § 16 EStG gilt hinsichtlich der Wesentlichkeit von Betriebsgrundlagen die funktional-quantitative Betrachtungsweise, d.h. wesentlich sind einerseits Wirtschaftsgüter, die zur Erreichung des Betriebszwecks erforderlich sind und ein besonderes wirtschaftliches Gewicht für die Betriebsführung besitzen, und andererseits Wirtschaftsgüter, die funktional gesehen für den Betrieb nicht erforderlich sind, in denen aber erhebliche stille Reserven ruhen (vgl. BFH v. 13.2.1996 – VIII R 39/92, BStBl. II 1996, 409 = FR 1996, 529 = GmbHR 1996, 634; BFH v. 12.6.1996 – XI R 56 57/95, BStBl. II 1996, 527 = FR 1996, 676 m. Anm. *Kanzler*).

A 178 **Anteile an der Komplementär-GmbH als wesentliche Betriebsgrundlage** | Bei einer GmbH & Co. KG ist strittig, ob die zum Sonderbetriebsvermögen II gehörenden Anteile des Kommanditisten an der Komplementär-GmbH eine wesentliche Betriebsgrundlagen bilden (bejahend *Märkle*, DStR 2001, 685; *Kröller/Fischer/Dürr*, BB 2001, 1707; BFH v. 2.10.1997 – IV R 84/96, BStBl. II 1998, 104 (wenn die Komplementär-Beteiligung erhebliche stille Reserven enthält) = FR 1998, 319 = GmbHR 1998, 202 = GmbH-StB 1998, 32; verneinend BFH v. 16.2.1996 – I R 183/94, BStBl. II 1996, 342; zu § 20 UmwStG: verneinend BFH v. 25.11.2009 –I R 72/08, BStBl. II 2010, 471; FG Münster v. 14.8.2013 – 2 K 4721/10 G, F, EFG 2014, 81, wenn der Kommanditist in der Komplementär-GmbH nicht seinen geschäftlichen Willen durchsetzen kann; offen lassend BFH v. 25.7.2012 – I R 88/10, BStBl. II 2013, 94; zu § 6 Abs. 3 EStG, §§ 20, 24 UmwStG: bejahend OFD Frankfurt a.M. v. 13.2.2014 – S 2134 A-14-St 213, DStR 2014, 746, wenn der Kommanditanteil nicht größer 50 % ist und der Kommanditist die Mehrheit der Stimmrechte an der Komplementär-GmbH besitzt oder wenn der Kommanditanteil 100 % beträgt oder die Komplementär-GmbH einen eigenen Geschäftsbetrieb im Zusammenhang mit dem Betrieb der KG führt).

A 179 **Betriebsaufgabe** | Die Aufgabe des ganzen Gewerbetriebs einer GmbH & Co. KG ist anzunehmen, wenn alle wesentlichen Betriebsgrundlagen innerhalb kurzer Zeit und damit in einem einheitlichen Vorgang – nicht nach und nach – entweder in das Privatvermögen der Mitunternehmer überführt oder einzeln an verschiedene Erwerber veräußert oder teilweise veräußert und teilweise in das Privatvermögen der Mitunternehmer überführt werden und damit der Betrieb als selbständiger Organismus des Wirtschaftslebens zu bestehen aufhört (vgl. z.B. BFH v. 24.6.1976 – IV R 199/72, BStBl. II 1976, 670; BFH v. 18.12.1990 – VIII R 17/85, BStBl. II 1991, 512 = FR 1991, 143 = GmbHR 1991, 219; H 16 [2] „Allgemeines" EStH). Bei dem Begriff der Betriebsaufgabe handelt sich um einen Typusbegriff (vgl. *Kulosa* in Herrmann/Heuer/Raupach, EStG, KStG, § 16 EStG Rz. 505 [Stand: März 2015]).

Die Betriebsaufgabe beginnt mit vom Aufgabeentschluss getragenen Handlungen, die objektiv A 180
auf die Auflösung des Betriebs als selbständiger Organismus des Wirtschaftslebens gerichtet sind (vgl. BFH v. 5.7.1984 – IV R 36/81, BStBl. II 1984, 711 = FR 1984, 649). Der Zeitraum für die Betriebsaufgabe endet mit der Veräußerung der letzten wesentlichen Betriebsgrundlage bzw. mit ihrer Überführung in das Privatvermögen. Es ist nicht auf den Zeitpunkt abzustellen, in dem die stillen Reserven des Betriebs im Wesentlichen oder nahezu vollständig aufgedeckt worden sind (vgl. BFH v. 26.5.1993 – X R 101/90, BStBl. II 1993, 710 = FR 1993, 637). Was noch als kurzer Zeitraum und damit als wirtschaftlich einheitlicher Vorgang gilt, hängt von den Umständen des Einzelfalls ab (z.B. Art und Größe des Betriebs) und wurde in der Rechtsprechung des BFH unterschiedlich beurteilt (vgl. *Wacker* in Schmidt, § 16 EStG Rz. 193 m.w.N.). In der Regel liegt keine Betriebsaufgabe, sondern eine allmähliche Abwicklung vor, wenn die Gewinnrealisierung in mehr als zwei Veranlagungszeiträumen eintritt (vgl. BFH v. 17.10.1991 – IV R 97/89, BStBl. II 1992, 392 = FR 1992, 160; BFH v. 26.5.1993 – X R 101/90, BStBl. II 1993, 710 = FR 1993, 637). Jedenfalls kann bei einem Zeitraum von mehr als 36 Monaten nicht mehr von einem wirtschaftlich einheitlichen Vorgang ausgegangen werden (vgl. BFH v. 26.4.2001 – IV R 14/00, BStBl. II 2001, 798 = FR 2001, 893 = GmbHR 2001, 831 = GmbH-StB 2001, 275; H 16 [2] „Zeitraum für die Betriebsaufgabe" EStH). Bei einer Abwicklung über zwei Veranlagungszeiträume sind die Aufgabegewinne grundsätzlich in dem Veranlagungszeitraum zu versteuern, in denen sie angefallen sind und nicht erst bei Beendigung der Betriebsaufgabe. Der Freibetrag des § 16 Abs. 4 EStG und die Tarifermäßigung des § 34 Abs. 3 EStG sind in diesem Fall aufzuteilen (vgl. BMF v. 20.12.2005 – IV B 2-S 2242-18/05, BStBl. I 2006, 7).

Eine Betriebsaufgabe liegt nicht vor, wenn die Wirtschaftsgüter nach und nach im Laufe meh- A 181
rerer Wirtschaftsjahre an Dritte veräußert werden oder in das Privatvermögen der Mitunternehmer überführt werden (vgl. BFH v. 10.9.1957 – I 294/56 U, BStBl. III 1957, 414; H 16 [2] „Allgemeines" EStH) oder wenn die Mitunternehmer den Entschluss zur Betriebsaufgabe lediglich dokumentiert hat. Erforderlich ist darüber hinaus die Umsetzung dieses Entschlusses durch Veräußerung oder Entnahme von wesentlichen Betriebsgrundlagen (vgl. BFH v. 30.8. 2007 – IV R 5/06, BStBl. II 2008, 113 = FR 2008, 181 m. Anm. *Kanzler*). Eine Betriebsaufgabe liegt steuerlich auch nicht vor, wenn die Mitunternehmer alle wesentlichen Betriebsgrundlagen in ein anderes Betriebsvermögen zu Buchwerten gemäß § 6 Abs. 5 EStG überführen, obwohl zivilrechtlich eine Liquidation gegeben sein kann (vgl. *Eberhard* in Beck'sches Hdb. der Personengesellschaften, § 12 Rz. 106).

Ebenso hat der BFH eine begünstigte Betriebsaufgabe einer Mitunternehmerschaft verneint, A 182
wenn eine im Betriebsvermögen der Mitunternehmerschaft bilanzierte 100%-ige Beteiligung an einer anderen Kapitalgesellschaft zu Buchwerten in ein anderes Sonderbetriebsvermögen überführt wurde, die aufgrund erheblicher stiller Reserven zu den wesentlichen Betriebsgrundlagen der aufgegebenen Mitunternehmerschaft gehörte (vgl. BFH v. 2.10.1997 – IV R 84/96, BStBl. II 1998, 104 = FR 1998, 319 = GmbHR 1998, 202 = GmbH-StB 1998, 32). Nach der Entscheidung des IV. Senats des BFH v. 25.2.2010 ist die Buchwertausgliederung einer 100%-igen Beteiligung an einer Kapitalgesellschaft nunmehr möglicherweise für eine be-

günstigte Betriebsaufgabe unschädlich, weil ein fiktiver Teilbetrieb i.S.d. § 16 Abs. 1 Satz 1 Nr. 1 Satz 2 EStG grundsätzlich selbst eine von § 16 EStG begünstigte Sachgesamtheit ist (vgl. BFH v. 25.2.2010 – IV R 49/08, BStBl. II 2010, 726 = FR 2010, 701 m. Anm. *Wendt* = GmbHR 2010, 776 = GmbH-StB 2010, 187). Im vorstehenden Urteil wurde die Unschädlichkeit einer Buchwertausgliederung von Unterpersonengesellschaftsanteilen festgestellt, die Übertragung dieser Grundsätze auf einen fiktiven Teilbetrieb aber offengelassen.

A 183 Die Verwertung des Gesellschaftsvermögens der GmbH & Co. KG in der Abwicklungsphase führt sowohl im Fall der Betriebsveräußerung als auch im Fall der Betriebsaufgabe zur Aufdeckung der stillen Reserven des Gesellschaftsvermögens. Der Gewinn aus der Veräußerung bzw. Aufgabe des Gewerbebetriebs einer Mitunternehmerschaft ist den Einkünften aus Gewerbetrieb zuzuordnen, § 16 Abs. 1 Satz 1 Nr. 1, Abs. 3 Satz 1 EStG. Bei Überführung von Betriebsgrundlagen in das Privatvermögen der Mitunternehmer ist der gemeine Wert im Zeitpunkt der Aufgabe anzusetzen, § 16 Abs. 3 Satz 7 EStG. Die Anteile eines Kommanditisten an der Komplementär-GmbH sind Sonderbetriebsvermögen II und werden regelmäßig mit der Betriebsaufgabe ins Privatvermögen überführt. Wird eine Personengesellschaft aufgelöst und abweichend von den §§ 145 ff. HGB durch Teilung des Gesellschaftsvermögens auseinandergesetzt, ist gemäß § 16 Abs. 3 Satz 8 EStG für jeden Gesellschafter der gemeine Wert der Wirtschaftsgüter anzusetzen, die er bei der Auseinandersetzung erhalten hat. Der Aufgabegewinnanteil des Gesellschafters ist danach der Unterschied zwischen dem gemeinen Wert der ihm zugeteilten Wirtschaftsgüter zzgl. Ausgleichszahlungen von und abzüglich Ausgleichszahlungen an andere Gesellschafter und dem Buchwert seines Gesellschaftsanteils (vgl. BFH v. 19.1.1982 – VIII R 21/77, BStBl. II 1982, 456 = FR 1982, 279; *Wacker* in Schmidt, § 16 EStG Rz. 392). Der Veräußerungs- bzw. Aufgabegewinn ist nach §§ 16 Abs. 4, 34 EStG steuerbegünstigt und wird deshalb gemäß § 16 Abs. 2 EStG gesondert vom laufenden Gewinn ermittelt und den Mitunternehmern im Rahmen der gesonderten und einheitlichen Gewinnfeststellung nach dem allgemeinen Gewinnverteilungsschlüssel zugewiesen, wenn für den Fall der Liquidation keine anderen Absprachen getroffen wurden (vgl. BFH v. 19.1.1982 – VIII R 21/77, BStBl. II 1982, 456 = FR 1982, 279). Der auf veräußertes oder in das Privatvermögen überführte Sonderbetriebsvermögen entfallende Veräußerungs- bzw. Aufgabegewinn wird allein dem jeweiligen Mitunternehmer zugewiesen. Über den Veräußerungsfreibetrag gemäß § 16 Abs. 4 EStG, der jedem einzelnen Mitunternehmer für ihren Anteil am Veräußerungsgewinn nach Maßgabe ihrer persönlichen Verhältnisse in voller Höhe zusteht, wird im Veranlagungsverfahren zur Einkommensteuer des jeweiligen Mitunternehmers entschieden (vgl. R 16 Abs. 13 Satz 1–3 EStR). Auch die Tarifbegünstigung des § 34 EStG ist auf die Mitunternehmer entsprechend ihrer Anteile am Veräußerungs- bzw. Aufgabegewinn anzuwenden.

A 184 **Realteilung |** Die Gesellschafter einer Personengesellschaft können statt der Liquidation eine andere Art der Auseinandersetzung vereinbaren, § 161 Abs. 2 i.V.m. §§ 145 ff. HGB. Eine solche andere Art der Auseinandersetzung bildet die Realteilung, bei der eine Naturalteilung des Gesellschaftsvermögens vorgenommen wird. Steuerlich gelten für die Realteilung besondere Regelungen, § 16 Abs. 3 Satz 2 ff. EStG.

A 185 **Allmähliche Abwicklung des Gewerbebetriebs |** Werden die wesentlichen Betriebsgrundlagen nicht innerhalb kurzer Zeit und damit in einem einheitlichen Vorgang übertragen bzw. überführt, liegt eine nur allmähliche Einstellung des Betriebs vor. Ein erzielter Gewinn ist als laufender Gewinn zu qualifizieren, der nicht durch §§ 16 Abs. 4, 34 EStG begünstigt ist und der Gewerbesteuer unterliegt.

7. Liquidation der Komplementär-GmbH

Wird die Komplementär-GmbH liquidiert, erfolgt ihre Schlussbesteuerung nach § 11 KStG. A 186

8. Begünstigung des Veräußerungs- und Aufgabegewinns

Veräußerungsfreibetrag | Sinn und Zweck der steuerlichen Begünstigungen des Gewinns aus der Veräußerung bzw. Aufgabe eines ganzen Gewerbebetriebs einer Mitunternehmerschaft ist die Abmilderung von Härten, die aus der Abschnittsbesteuerung und dem progressiv ausgestalteten Einkommensteuertarif bei einer geballten Aufdeckung stiller Reserven in einem Veranlagungszeitraum entstehen könnten. Der Veräußerungs- bzw. Aufgabegewinn wird auf zweifache Weise begünstigt. Zunächst wird nach § 16 Abs. 4 EStG auf Antrag und nur einmal im Leben ein Veräußerungsfreibetrag i.H.v. 45 000 Euro gewährt, wenn der Steuerpflichtige das 55. Lebensjahr vollendet hat oder im sozialversicherungsrechtlichen Sinne dauernd berufsunfähig ist. Der Veräußerungsfreibetrag schmilzt jedoch ab, soweit der Veräußerungsgewinn den Betrag von 136 000 Euro übersteigt. Ab einem Veräußerungsgewinn i.H.v. 181 000 Euro ist kein Veräußerungsfreibetrag mehr anzusetzen. A 187

Tarifbegünstigungen | Der Gewinn aus der Veräußerung bzw. Aufgabe des ganzen Gewerbebetriebs einer Mitunternehmerschaft zählt zu den außerordentlichen Einkünften i.S.d. § 34 Abs. 2 Nr. 1 EStG, so dass der Gewinn aus der Veräußerung bzw. Aufgabe zusätzlich durch die Tarifbegünstigungen des § 34 EStG in der Form der Fünftelregelung (§ 34 Abs. 1 EStG) bzw. des 56%-igen durchschnittlichen Steuersatzes (§ 34 Abs. 3 EStG) begünstigt wird. Die Tarifvergünstigungen des § 34 EStG sind jedoch auf den Teil des Veräußerungs- bzw. Aufgabegewinns nicht anwendbar, der auf die Anteile der Kommanditisten an der Komplementär-GmbH entfällt, weil der Veräußerungs- bzw. Aufgabegewinn insoweit dem Teileinkünfteverfahren unterliegt, §§ 3 Nr. 40 lit. b, 3c Abs. 2 EStG. Die Tarifvergünstigung des § 34 Abs. 3 EStG wird nur einmal im Leben gewährt. Der Voraussetzung für die Gewährung des 56%-igen Durchschnittssteuersatzes ist neben einem Antrag, dass der Steuerpflichtige das 55. Lebensjahr vollendet hat oder im sozialversicherungsrechtlichen Sinne dauernd berufsunfähig ist. Begünstigt sind Veräußerungs- und Aufgabegewinne in Höhe von bis zu 5 Mio. Euro, und es gilt ein Mindeststeuersatz i.H.v. 14 %. Die Fünftelregelung ist regelmäßig bei niedrigeren Veräußerungs- bzw. Aufgabegewinnen und möglichst geringen laufenden Einkünften vorteilhaft, während der 56%-ige Durchschnittssteuersatz eine stärkere Entlastungswirkung bei höheren Veräußerungs- bzw. Aufgabegewinnen entfaltet. A 188

Versagung der steuerlichen Begünstigungen | Im Rahmen der Liquidation erzielte Gewinne sind insbesondere in den folgenden Fällen nicht von §§ 16, 34 EStG begünstigt: A 189

- **unmittelbarer Zusammenhang zur Veräußerung bzw. Aufgabe:** Begünstigt sind nur Gewinne, die in unmittelbarem Zusammenhang zur Veräußerung bzw. Aufgabe stehen. Vor oder nach dem Veräußerungs- bzw. Aufgabezeitraum anfallende Gewinne sind laufende Gewinne, die auch der Gewerbesteuer unterliegen. Dies gilt auch für während der Betriebsveräußerung oder -aufgabe anfallende Gewinne (z.B. Räumungsverkauf) und für Zinsen aus der Anlage im Rahmen der Liquidation eingenommener flüssiger Mittel (vgl. *Eberhard* in Beck'sches Hdb. der Personengesellschaften, § 12 Rz. 124, 129).
- **Personenidentität:** Soweit auf der Seite des Veräußerers und auf der Seite des Erwerbers dieselben Personen Unternehmer oder Mitunternehmer sind, gilt der Gewinn insoweit als

laufender Gewinn, § 16 Abs. 2 Satz 3; Abs. 3 Satz 5 EStG (z.B. Veräußerung an einen der Mitunternehmer; Veräußerung an eine ganz oder teilweise gesellschafteridentische Schwester-Personengesellschaft).

- **allmähliche Abwicklung:** Die Vorteile der §§ 16, 34 EStG erlangen die Mitunternehmer nur, wenn die wesentlichen Betriebsgrundlagen innerhalb kurzer Zeit und damit in einem einheitlichen Vorgang veräußert bzw. in das Privatvermögen überführt werden. Bei schrittweiser Übertragung ist ein enger zeitlicher und sachlicher Zusammenhang zwischen den einzelnen Veräußerungs- bzw. Überführungsvorgängen erforderlich.
- **Überführung/Übertragung wesentlicher Betriebsgrundlagen zum Buchwert nach § 6 Abs. 5 EStG:** Werden in zeitlichem und sachlichen Zusammenhang zur Betriebsveräußerung oder -aufgabe wesentliche Betriebsgrundlagen in ein anderes (Sonder-)Betriebsvermögen überführt bzw. übertragen, entfällt mangels Aufdeckung sämtlicher stiller Reserven die Tarifbegünstigung des § 34 EStG (sog. Gesamtplanrechtsprechung, vgl. BFH v. 19.3.1991 - VIII R 76/87, BStBl. II 1991, 635 = FR 1991, 424 = GmbHR 1991, 593; BFH v. 6.9.2000 - IV R 18/99, BStBl. II 2001, 229 = FR 2001, 75 = GmbHR 2001, 35 = GmbH-StB 2001, 6; BFH v. 30.8.2012 - IV R 44/10, BFH/NV 2013, 376 = GmbHR 2013, 220 = GmbH-StB 2013, 101; BFH v. 9.12.2014 - IV R 36/13, GmbHR 2015, 382 = FR 2015, 710 m. Anm. *Wendt*; BFH v. 17.12.2014 - IV R 57/11, GmbHR 2015, 384 = FR 2015, 522 m. Anm. *Wendt*). Etwas anderes gilt nur, wenn Sachgesamtheiten, die selbst nach §§ 16, 34 EStG begünstigt sind zum Buchwert ausgegliedert werden (sog. segmentierte Betrachtung). So wurde die Buchwertausgliederung von Unterpersonengesellschaftsanteilen als unschädlich für die Gewährung der §§ 16, 34 EStG beurteilt (vgl. BFH v. 25.2.2010 - IV R 49/08, BStBl. II 2010, 726 = FR 2010, 701 m. Anm. *Wendt* = GmbHR 2010, 776 = GmbH-StB 2010, 187). In diesem Urteil wurde noch offen gelassen, ob dies möglicherweise auch für die Ausgliederung von 100%-igen Kapitalgesellschaftsanteilen (sog. fiktiver Teilbetrieb, § 16 Abs. 1 Satz 1 Nr. 1 Satz 2 EStG) gilt. Mittlerweile hat sich der IV. Senat des BFH mit Urteil v. 28.2.2015 - IV R 26/12, BStBl. II 2015, 797, dafür ausgesprochen, so dass die Tarifbegünstigung des Betriebsaufgabegewinns gewährt wird, trotz vorheriger Buchwertausgliederung einer 100 %-Beteiligung an einer Kapitalgesellschaft.

9. Gewerbesteuer

A 190 **Grundsätzliche Gewerbesteuerfreiheit des Veräußerungs- und Aufgabegewinns |** Veräußerungs- und Aufgabegewinne einer Personengesellschaft unterliegen grundsätzlich nicht der Gewerbesteuer. Seit dem Veranlagungszeitraum 2002 gilt dies gemäß § 7 Satz 2 GewStG allerdings nicht mehr, soweit der Gewinn aus der Veräußerung oder Aufgabe des Betriebs einer Mitunternehmerschaft nicht auf eine natürliche Person als unmittelbar beteiligter Mitunternehmer entfällt. Sofern die Komplementär-GmbH vermögensmäßig an der KG beteiligt ist, unterläge der auf sie entfallende Teil des Veräußerungs- bzw. Aufgabegewinns der Gewerbesteuer.

A 191 **Identität der Person des Veräußerers und des Erwerbers |** Der Gewerbesteuer unterliegen außerdem Veräußerungs- und Aufgabegewinne, die gemäß § 16 Abs. 2 Satz 3 EStG als laufender Gewinn qualifiziert werden, weil auf der Seite des Veräußerers und auf der Seite des Erwerbers dieselben Personen Unternehmer oder Mitunternehmer sind (z.B. bei beteiligungsidentischen Schwesterpersonengesellschaften).

Gewerbesteuer im Anschluss an eine Umwandlung | Der Gewinn aus der Auflösung oder Veräußerung des Betriebs der GmbH & Co. KG ist gewerbesteuerpflichtig, wenn die Auflösung oder Veräußerung innerhalb von fünf Jahren nach der Umwandlung einer Kapitalgesellschaft auf eine Personengesellschaft erfolgt, § 18 Abs. 3 UmwStG. A 192

10. Besonderheiten

Verluste bei beschränkter Haftung (§ 15a EStG) | Ein Gewinn aus der Veräußerung- bzw. Aufgabe des Betriebs einer GmbH & Co. KG ist um etwaige verrechenbare Verluste im Sinne von § 15a Abs. 2, Abs. 3 S. 4 EStG zu mindern (vgl. z.B. BFH v. 30.3.1999 – VIII R 86/96, BFH/NV 2000, 15; FG Münster v. 4.9.2012 – 1 K 998/09 F, EFG 2013, 30), der im Jahr der Betriebsveräußerung bzw. -aufgabe angefallene laufende Verlust ist als ausgleichsfähig festzustellen (vgl. FG Münster v. 4.9.2012 – 1 K 998/09 F, EFG 2013, 30). Problematisch sind Fälle, in denen ein negatives Kapitalkonto auch nach Abschluss der Liquidation nicht ausgeglichen ist (vgl. näher *Eberhard* in Beck'sches Hdb. der Personengesellschaften, § 12 Rz. 133; *Wacker* in Schmidt, § 15a EStG Rz. 241–244). A 193

Nachversteuerung gemäß § 34a EStG | Weitere steuerliche Konsequenz der Veräußerung bzw. Aufgabe des ganzen Gewerbebetriebs einer GmbH & Co. KG ist die Durchführung einer Nachversteuerung des nachversteuerungspflichtigen Betrags, wenn die Thesaurierungsbegünstigung für nicht entnommene Gewinne in Anspruch genommen wurde, § 34a Abs. 6 Satz 1 Nr. 1 EStG. A 194

Untergang von EBITDA- und Zinsvorträgen i.S.d. § 4h EStG | Zudem gehen ein möglicherweise vorhandener EBITDA-Vortrag und Zinsvortrag i.S.d. § 4h Abs. 1 EStG infolge der Veräußerung bzw. Aufgabe des Betriebs der GmbH & Co. KG unter, § 4h Abs. 5 Satz 1 EStG. A 195

frei A 196–A 220

Vertiefende Recherche

Wichtige Urteile und Erlasse

BGH v. 15.3.2004 – II ZR 247/01, ZIP 2004, 1047: Gesamtrechtsnachfolge des einzigen Kommanditisten bei Eröffnung des Insolvenzverfahrens über das Vermögen der Komplementär-GmbH.

BGH v. 10.12.2001 – II ZR 140/00, DStR 2002, 1187: Zur Auslegung einer Vereinbarung der Gesellschafter einer Kommanditgesellschaft, mit welcher der Eintritt einer GmbH als persönlich haftende Gesellschafterin in die Gesellschaft unter bestimmten Voraussetzungen vorgesehen wird.

BGH v. 27.9.1982 – II ZR 241/81, DB 1982, 2562: Verlustausgleich in der Personengesellschaft.

BGH v. 25.11.1981 – VIII ZR 299/80, NJW 1982, 875: Auswirkungen der Beendigung der Handelsgesellschaft auf Bürgschaften für das Handelsgeschäft.

BGH v. 8.10.1979 – II ZR 257/78, NJW 1980, 233: Keine Auflösung der Kommanditgesellschaft bei Ablehnung der Konkurseröffnung mangels Masse.

BGH v. 21.6.1979 – IX ZR 69/75, NJW 1979, 1987: Liquidation der OHG – Vertretungsbefugnis des Liquidators nach Löschung im Handelsregister.

BGH v. 23.11.1978 – II ZR 20/78, NJW 1979, 1705: Anwendbarkeit des Gesellschaftsvertrages auch bei Tode des Komplementärs.

OLG Düsseldorf v. 27.3.2014 – I-3 Wx 48/14, NZG 2014, 583: Vollzugsreife der Eintragung einer Liquidation einer GmbH & Co. KG in Ansehung von Einwendungen des Finanzamtes.

OVG Greifswald v. 14.6.2012 – 1 L 91/11, NJW-RR 2013, 46: Zur Beteiligten- und Prozessfähigkeit einer vermeintlich vermögenslosen GmbH & Co. KG.

OLG Dresden v. 15.2.2012 – 17 W 1163/11, 17 W 1164/11, RNotZ 2012, 290: Gemeinschaftliche Vertretung einer infolge der Eröffnung eines Insolvenzverfahrens aufgelösten GmbH & Co. KG bei Veräußerung eines Grundstücks durch sämtliche Gesellschafter als Liquidatoren.

OLG Rostock v. 3.9.2009 – 3 U 271/08, BB 2010, 258: Fortführung einer Kommanditgesellschaft als OHG bei Wegfall des Komplementärs.

OLG Frankfurt v. 16.6.2005 – 20 W 408/04, FGPrax 2005, 269: Amtslöschung der Komplementär-GmbH vor Abwicklung der KG.

OLG Köln v. 3.4.2001 – 25 W 2/00, NZG 2002, 87: Verfahren gegen eine Kommanditgesellschaft und den einzigen Komplementär bei Insolvenz des Komplementärs.

OLG Hamburg v. 13.3.1987 – 11 U 184/86, GmbHR 1987, 481: Auswirkung der Zwangsauflösung einer GmbH wegen Unterkapitalisierung auf die GmbH & Co KG.

BFH v. 28.5.2015 – IV R 26/12, BStBl. II 2015, 797: Tarifbegünstigung des Betriebsaufgabegewinns trotz vorheriger Ausgliederung einer 100 %-Beteiligung an einer Kapitalgesellschaft zum Buchwert.

BFH v. 17.12.2014 – IV R 57/11, GmbHR 2015, 384: Keine tarifbegünstigte Anteilsveräußerung bei nur teilweiser Aufdeckung der in der Person des Veräußerers vorhandenen stillen Reserven (Gesamtplanrechtsprechung).

BFH v. 9.12.2014 – IV R 36/13, GmbHR 2015, 382: Buchwertausgliederung wesentlicher Betriebsgrundlagen aufgrund einheitlicher Planung und im zeitlichen Zusammenhang mit der Veräußerung eines Mitunternehmeranteils und Tarifbegünstigung des § 34 EStG (Gesamtplanrechtsprechung).

BFH v. 30.8.2012 – IV R 44/10, BFH/NV 2013, 376: Buchwertausgliederung wesentlicher Betriebsgrundlagen in zeitlichem und sachlichem Zusammenhang zur Veräußerung eines Mitunternehmeranteils und Tarifbegünstigung des § 34 EStG (Gesamtplanrechtsprechung).

BFH v. 25.7.2012 – I R 88/10, BStBl. II 2013, 94: Zum Sonderbetriebsvermögen II gehörenden Anteile des Kommanditisten an der Komplementär-GmbH als funktional wesentliche Betriebsgrundlage eines Mitunternehmeranteils.

BFH v. 25.2.2010 – IV R 49/08, BStBl. II 2010, 726: Unschädlichkeit der Buchwertausgliederung von Anteilen an Unterpersonengesellschaften für die Tarifbegünstigung des § 34 EStG, Buchwertausgliederung von 100 %-igen Kapitalgesellschaftsanteilen.

BFH v. 25.11.2009 – I R 72/08, BStBl. II 2010, 471: Zum Sonderbetriebsvermögen II gehörenden Anteile des Kommanditisten an der Komplementär-GmbH als funktional wesentliche Betriebsgrundlage eines Mitunternehmeranteils.

BFH v. 30.8.2007 – IV R 5/06, BStBl. II 2008, 113: Voraussetzungen einer Betriebsaufgabe, insbesondere Umsetzung des Entschlusses zur Betriebsaufgabe durch Veräußerung und/oder Entnahme der wesentlichen Betriebsgrundlagen.

BFH v. 6.9.2000 – IV R 18/99, BStBl. II 2001, 229: Keine tarifbegünstigte Anteilsveräußerung bei vorheriger Buchwertübertragung wesentlicher Betriebsgrundlagen (Gesamtplanrechtsprechung).

BFH v. 30.3.1999 – VIII R 86/96, BFH/NV 2000, 15: Negatives Kapitalkonto des Kommanditisten bei Betriebsaufgabe der KG.

BFH v. 2.10.1997 – IV R 84/96, BStBl. II 1998, 104: Wesentliche Betriebsgrundlagen i.S.d. §§ 16, 34 EStG, Sonderbetriebsvermögen II.

BFH v. 12.6.1996 – XI R 56, 57/95, BStBl. II 1996, 527: Voraussetzungen einer Betriebsveräußerung, insbesondere Beendigung der mit dem Betrieb verbundenen Tätigkeit und Definition der wesentlichen Betriebsgrundlagen, strukturelle Umstellung eines Betriebs.

BFH v. 16.2.1996 – I R 183/94, BStBl. II 1996, 342: Zum Sonderbetriebsvermögen II gehörenden Anteile des Kommanditisten an der Komplementär-GmbH als funktional wesentliche Betriebsgrundlage eines Mitunternehmeranteils.

BFH v. 13.2.1996 – VIII R 39/92, BStBl. II 1996, 409: Definition der wesentlichen Betriebsgrundlage i.R.d. § 16 EStG, Erläuterung des Zwecks der §§ 16, 34 EStG, Voraussetzungen für eine (Teil-)Betriebsveräußerung.

BFH v. 26.5.1993 – X R 101/90, BStBl. II 1993, 710: Beendigung des Betriebsaufgabezeitraums.

BFH v. 16.12.1992 – X R 52/90, BStBl. II 1994, 838: Voraussetzungen einer Veräußerung bzw. Aufgabe des ganzen Gewerbebetriebs, insbesondere Merkmale „Tätigkeitsbeendigung" und „Übertragung der wesentlichen Betriebsgrundlagen".

BFH v. 17.10.1991 – IV R 97/89, BStBl. II 1992, 392: Abgrenzung der Betriebsaufgabe von der Betriebsunterbrechung, Zeitpunkt der Entstehung eines Betriebsaufgabegewinns.

BFH v. 19.3.1991 – VIII R 76/87, BStBl. II 1991, 635: Keine Tarifvergünstigung der §§ 16, 34 EStG bei Veräußerung eines Mitunternehmeranteils und gleichzeitiger Buchwertüberführung von Wirtschaftsgüter des Sonderbetriebsvermögens (Gesamtplanrechtsprechung).

BFH v. 18.12.1990 – VIII R 17/85, BStBl. II 1991, 512: Voraussetzungen einer Betriebsaufgabe.

BFH v. 5.7.1984 –IV R 36/81, BStBl. II 1984, 711: Zur Unterscheidung zwischen der Vorbereitung einer künftigen Betriebsaufgabe und dem Beginn dieser Betriebsaufgabe.

BFH v. 19.1.1982 –VIII R 21/77, BStBl. II 1982, 456: Realteilung, Bestimmung des Aufgabegewinnanteils, Zuweisung des Veräußerungs- bzw. Aufgabegewinns nach dem allgemeinen Gewinnverteilungsschlüssel bei Abwesenheit einer anderweitigen Abrede.

BFH v. 24.6.1976 – IV R 199/72, BStBl. II 1976, 670: Voraussetzungen einer tarifbegünstigten Betriebsaufgabe.

BFH v. 10.9.1957 – I 294/56 U, BStBl. III 1957, 414: Voraussetzungen einer nach §§ 16, 34 EStG begünstigten Betriebsaufgabe, Abgrenzung zur allmählichen Abwicklung.

FG Münster v. 14.8.2013 – 2 K 4721/10 G, F, EFG 2014, 81: Zum Sonderbetriebsvermögen II gehörenden Anteile des Kommanditisten an der Komplementär-GmbH als funktional wesentliche Betriebsgrundlage eines Mitunternehmeranteils.

FG Münster v. 4.9.2012 – 1 K 998/09 F, EFG 2013, 30: Saldierung eines negativen Kapitalkontos des Kommanditisten iSd. § 15a EStG mit einem Veräußerungsgewinn.

BMF v. 20.12.2005 – IV B 2-S 2242-18/05, BStBl. I 2006, 7: Gewährung des Freibetrages nach § 16 Abs. 4 EStG und der Tarifermäßigung nach § 34 Abs. 3 EStG.

OFD Frankfurt a.M. v. 13.2.2014 – S 2134 A-14-St 213, DStR 2014, 746: Mitunternehmern gehörende Anteile an Kapitalgesellschaften, Zugehörigkeit zum Sonderbetriebsvermögen und Eigenschaft als funktional wesentliche Betriebsgrundlage.

Musterformulierungen

Blaum/Scholz in Beck'sches Formularbuch Bürgerliches, Handels- und Wirtschaftsrecht, 12. Aufl. 2016, VIII., D., 25 – 26 (Beschluss über Auflösung einer Kommanditgesellschaft, Handelsregisteranmeldung)

Wachter in Kersten/Bühling, Formularbuch und Praxis der Freiwilligen Gerichtsbarkeit, 24. Aufl. 2014, § 139 Rz. 56M (Gesellschaftsvertrag einer Kommanditgesellschaft mit Klausel zu Auflösung und Liquidatoren)

Weitere Stichwörter

→ *Anwachsung*; → *Sitz/Ort der Geschäftsleitung*; → *Übertragung von Gesellschaftsanteilen*; → *Umwandlung*; → *Verkauf und Vorkauf von Gesellschaftsanteilen*

Auslandsgesellschaft & Co. KG

Ausgewählte Literatur: *Binz/Mayer*, Die ausländische Kapitalgesellschaft & Co. KG im Aufwind?, GmbHR 2003, 249; *Bokelmann*, Kann eine ausländische Kapitalgesellschaft Komplementärin einer deutschen Kommanditgesellschaft sein?, BB 1972, 1426; *Kowalski/Bormann*, Beteiligung einer ausländischen juristischen Person als Komplementärin einer deutschen KG, GmbHR 2005, 1045; *Merkt*, Unternehmensmitbestimmung für ausländische Gesellschaften?, ZIP 2011, 1237; *Roth*, Internationalprivatrechtliche Aspekte der Personengesellschaften, ZGR 2014, 168; *Schlichte*, Die Zulässigkeit der Ltd. & Co. KG, DB 2006, 87; *Schnittker/Benecke*, Wegzug und Zuzug von Personengesellschaften, FR 2010, 565; *Sick*, Der deutschen Mitbestimmung entzogen: Unternehmen mit ausländischer Rechtsform nehmen zu, in Hans-Böckler-Stiftung, Mitbestimmungsreport Nr. 8/2015; *Sick/Pütz*, Inkonsistenz im Mitbestimmungssystem, AG 2011, R195; *Süß*, Muß die Limited sich vor Gründung einer Ltd. & Co. KG in das deutsche Handelsregister eintragen lassen?, GmbHR 2005, 673; *Süß/Wachter*, Handbuch des internationalen GmbH-Rechts, 2. Aufl. 2011; *Teichmann*, Die Auslandsgesellschaft & Co., ZGR 2014, 220; *Wachter*, Errichtung, Publizität, Haftung und Insolvenz von Zweigniederlassungen ausländischer Kapitalgesellschaften nach Inspire Art, GmbHR 2003, 1254; *Wachter*, Aktuelle Probleme bei der Ltd. & Co. KG, GmbHR 2006, 79; *Watermeyer*, GmbH & Co. KG mit ausländischem Gesellschafter, GmbH-StB 2000, 277; *Werner*, Die Ltd. & Co. KG – eine Alternative zur GmbH & Co. KG?, GmbHR 2005, 288.

1. Zulässigkeit und Verbreitung

Zulässigkeit | Bei der Auslandsgesellschaft & Co. KG tritt an die Stelle der deutschen Komplementär-GmbH eine Gesellschaft ausländischer Rechtsform mit deutschem Verwaltungssitz, zumeist eine britische Ltd. oder niederländische B.V. („**Ltd. & Co. KG**", „**B.V. & Co. KG**"). Die grundsätzliche Zulässigkeit einer solchen Typenverbindung von deutscher KG und ausländischer Komplementärin ist heute allgemein anerkannt: Wenn die Auslandsgesellschaft allgemein rechtsfähig ist und auch nach beiden Rechtsordnungen die besondere Rechtsfähigkeit hat, persönlich haftende Gesellschafterin einer Personengesellschaft zu sein, spricht grundsätzlich nichts gegen die **Komplementärfähigkeit von Auslandsgesellschaften** bei deutschen KGs (vgl. für die britische Ltd. BayObLG v. 21.3.1986 – BReg 3 Z 148/85, GmbHR 1986, 305; OLG Frankfurt a.M. v. 24.4.2008 – 20 W 425/07, GmbHR 2008, 707 = GmbH-StB 2008, 201; *Binz/Sorg*, GmbH & Co. KG, § 25 Rz. 103 ff.; *Grunewald* in MünchKomm. HGB, § 161 HGB Rz. 105; *Kowalski/Bormann*, GmbHR 2005, 1045). A 221

Verbreitung | Anfang 2016 waren allein im Handelsregister Berlin Charlottenburg bereits mehr als 250 Ltd. & Co. KG und etwa 20 B.V. & Co. KG eingetragen. Eine von der Hans-Böckler-Stiftung in Auftrag gegebene Studie von *Sick/Pütz* (vgl. WSI Mitteilungen 1/2011, S. 34, AG 2011, R195) hat ergeben, dass bis Oktober 2010 insgesamt 27 Personengesellschaften im „mitbestimmungsrelevanten" Bereich (der insoweit mit über 500 Arbeitnehmern in Deutschland angenommen wurde) eine ausländische Komplementärgesellschaft hatten. Unter A 222 diesen waren fünf Gesellschaften US-amerikanischer Rechtsform und 22 europäischer Rechtsform.

Prominente **Beispiele** sind die Müller Ltd. & Co. KG und die Air Berlin PLC & Co. Luftverkehrs KG.

2. Motive

A 223 **Auslandsbezug der Gesellschafter |** Die Auslandsgesellschaft & Co. KG kann sich zunächst für ausländische Unternehmensgruppen und Investoren anbieten, die in Deutschland eine Personengesellschaft gründen wollen. Sie können die Komplementärstelle mit einer ihnen bereits vertrauten ausländischen Rechtsform besetzen oder diese Aufgabe einer bereits existenten ausländischen Gesellschaft übertragen.

A 224 **Mitbestimmungsfreiheit |** Bei deutschen Großunternehmen kann die Freiheit von unternehmerischer Mitbestimmung ein wesentliches Motiv für die Wahl einer ausländischen Komplementärin sein:

- Für Unternehmen, die selbst bzw. im Konzern in der Regel mehr als 2000 Arbeitnehmer im Inland beschäftigen, gilt das **Mitbestimmungsgesetz** von 1976. Mitbestimmungsfähig sind danach zwar nur deutsche Kapitalgesellschaften und Genossenschaften (§ 1 Abs. 1 Nr. 1 MitbestG), nicht auch Personengesellschaften wie die KG. § 4 Abs. 1 MitbestG erlaubt es jedoch insbesondere bei der beteiligungsidentischen GmbH & Co. KG, die Arbeitnehmer der KG (und nachgeordneter Konzernunternehmen) der deutschen Komplementär-Kapitalgesellschaft zuzurechnen. In der Folge kann zwar nicht bei der KG selbst, aber bei ihrer Komplementärin ein paritätisch mitbestimmter Aufsichtsrat einzurichten sein. Nach zutreffender, ganz h.M. besteht diese Zurechnungsmöglichkeit bei einer ausländischen Komplementärgesellschaft nicht. Die Auslandsgesellschaft unterliegt auch dann nicht der deutschen unternehmerischen Mitbestimmung, wenn sie ihren tatsächlichen Verwaltungssitz im Inland hat (vgl. *Merkt*, ZIP 2011, 1237).
- Solange eine GmbH & Co. KG (selbst und im Konzern) in der Regel weniger als 2000 Arbeitnehmer im Inland beschäftigt, stellt sich die Frage der unternehmerischen Mitbestimmung (noch) nicht: Das **Drittelbeteiligungsgesetz**, das deutsche Kapitalgesellschaften mit 500 bis 2000 Arbeitnehmern der Drittelmitbestimmung unterstellt, kennt keine entsprechende Zurechnungsvorschrift für die GmbH & Co. KG (näher zum Ganzen → *Mitbestimmung Rz. M 62ff.*; zu mitbestimmungsrechtlichen Aspekten der SE & Co. KG als Rechtsformalternative *Winter/Marx/De Decker*, NZA 2016, 334).

A 225 **Alternative zur UG (haftungsbeschränkt) & Co. KG |** Vor einigen Jahren haben Anbieter von Vorratsgesellschaften die Ltd. & Co. KG zudem als preisgünstige Alternative zur GmbH & Co. KG beworben. Mit der 2008 erfolgten Einführung der Unternehmergesellschaft (haftungsbeschränkt) als deutscher Variante einer „1 Euro-GmbH" dürfte dieser Vorteil jedoch entfallen sein. Im Hinblick auf höhere Beratungskosten, die sich in der Folge aus dem dauerhaften Kontakt mit einer fremden Rechtsordnung ergeben können, wird man unter Kostenaspekten der „UG (haftungsbeschränkt) & Co. KG" den Vorzug geben (ebenso *Liebscher* in Reichert, GmbH & Co. KG, § 3 Rz. 45; näher → *UG [haftungsbeschränkt] & Co. KG*). *Blaum* (in Westermann/Wertenbruch, Hdb. Personengesellschaften, Rz. I 3454) nennt als ein weiteres mögliches Motiv für die Gründung einer Auslandsgesellschaft & Co. KG schließlich noch den

Wunsch der hinter der Kapitalgesellschaft stehenden Gesellschafter, nach Maßgabe des ausländischen Registerrechts anonym zu bleiben.

3. Sitz der Auslandsgesellschaft & Co. KG

Ort der Geschäftsleitung | Deutsche Personenhandelsgesellschaften können ihren Sitz nicht frei wählen und grundsätzlich auch keinen Doppelsitz haben. Angaben im Gesellschaftsvertrag oder im Handelsregister sind insoweit nicht maßgeblich (vgl. BGH v. 27.5.1957 – II ZR 317/55, WM 1957, 999). Die KG hat ihren Sitz vielmehr am Ort der tatsächlichen Geschäftsleitung und dem Schwerpunkt ihrer unternehmerischen Tätigkeit (vgl. *Born* in E/B/J/S, § 106 HGB Rz. 14; *Langhein* in MünchKomm. HGB, § 106 HGB Rz. 26 ff.). Dies ist der Tätigkeitsort der Geschäftsführung und der dazu berufenen Vertretungsorgane, also der Ort, wo die grundlegenden Entscheidungen der Unternehmensleitung effektiv in laufende Geschäftsführungsakte umgesetzt werden (vgl. BGH v. 21.3.1986 – V ZR 10/85, BGHZ 97, 269 = GmbHR 1986, 351). A 226

Weitere Kriterien | Das Vorhandensein von Betriebs- und Produktionsstätten oder die Ausführung untergeordneter Verwaltungstätigkeiten (Buchhaltung, Steuerangelegenheiten) sind für den Ort der tatsächlichen Geschäftsleitung dagegen nicht entscheidend (vgl. *Langhein* in MünchKomm. HGB, § 106 HGB Rz. 26). Als Kriterien zur Bestimmung des Verwaltungssitzes werden aber durchaus auch genannt: Standort mit dem größten wirtschaftlichen Gewicht für die Personengesellschaft; Wohnsitz des Gesellschafters, der das größte wirtschaftliche Risiko trägt; Wohnsitz der meisten Gesellschafter; Ort des Eingangs der Gesellschaftseinkünfte und Lohnzahlungen oder Ort des überwiegenden Teils der Liegenschaften der Gesellschaft (vgl. *Schnittker/Benecke*, FR 2010, 565, 566). A 227

Verhältnis zum Sitz der Komplementärin | Der Sitz einer KG wird in der Regel dem Verwaltungssitz ihrer Komplementärgesellschaft entsprechen (vgl. *Preuß* in Oetker, § 8 HGB Rz. 67 f. m.w.N.; *Teichmann*, ZGR 2014, 220, 229). Gleichwohl sind Fälle denkbar, in denen der Ort der tatsächlichen Geschäftsleitung nicht am Verwaltungssitz der Komplementärin liegt: A 228

Beispiel:

Bei einer Sàrl & Co. KG unterhält die KG in Deutschland ein Werk mit 1 500 Arbeitnehmern. Die Komplementär-Sàrl beschäftigt ausschließlich in Luxemburg 20 Bürokräfte mit Verwaltungsangelegenheiten. Bei unbefangener Betrachtung sollte damit jedenfalls für die KG der Schwerpunkt ihrer unternehmerischen Tätigkeit in Deutschland liegen.

Auch nach dem OLG Saarbrücken kann eine Schweizer AG, die ihren Verwaltungssitz in der Schweiz hat, Komplementärin einer deutschen KG sein (OLG Saarbrücken v. 21.4.1989 – 5 W 60/88, GmbHR 1990, 348).

Beratungshinweis | Für gestalterische Zwecke empfiehlt es sich, dass die ausländische Komplementärin ihren Verwaltungssitz in Deutschland am gewünschten Sitz der KG nimmt. Dies stellt sicher, dass die KG als deutsche Personengesellschaft anzuerkennen ist.

4. Zuzug der ausländischen Komplementärin

Identitätswahrender Zuzug | Im Regelfall wird die Auslandsgesellschaft durch die Übernahme der Komplementärstellung ihre Haupttätigkeit in Deutschland entfalten. Es kommt A 229 zu einer Verlegung des Verwaltungssitzes ins Inland. Ob ein solcher Zuzug unter Wahrung der Identität als ausländische Kapitalgesellschaft möglich ist, ist in mehreren Schritten zu prüfen:

- **Schritt 1:** Lässt das **ausländische Sachrecht** eine Verlegung des Verwaltungssitzes über die Grenze zu?
- **Schritt 2:** Lässt auch das **ausländische Kollisionsrecht** die Verlegung zu?
- **Schritt 3:** Ist die Gesellschaft auch nach **deutschem Kollisionsrecht** als Auslandsgesellschaft anzuerkennen?

a) Ausländisches Sachrecht

A 230 **Formwahrender Wegzug | Erstens** ist somit zu fragen, ob das Sachrecht des Wegzugsstaates (unabhängig vom Kollisionsrecht) eine Verlegung des Verwaltungssitzes über die Grenze zulässt oder aber die Gesellschaft an der Grenze „erschlägt". Für EU/EWR-Gesellschaften ergibt sich die Zulässigkeit eines solchen Wegzugs nicht bereits aus dem Europarecht: Die europäische Niederlassungsfreiheit verpflichtet die Mitgliedsstaaten nicht dazu, ihren Gesellschaften den formwahrenden Wegzug (unter Beibehaltung der bisherigen Rechtsform) zu ermöglichen (EuGH v. 27.9.1988 – Rs. C-81/87 – Daily Mail and General Trust PLC, NJW 1989, 2186; EuGH v. 16.12.2008 – Rs. C-210/06 – Cartesio, GmbHR 2009, 86). Ein formwechselnder Wegzug, bei dem eine ausländische GmbH die Rechtsform einer deutschen GmbH annimmt (vgl. EuGH v. 12.7.2012 – Rs. C-378/10 – VALE Építési kft, NJW 2012, 2715), wäre für die Herstellung gerade einer Auslandsgesellschaft & Co. KG nicht zielführend.

Beispiel:

Seit der GmbH-Reform (MoMiG) lässt es das deutsche Sachrecht zu, dass bei Kapitalgesellschaften der Satzungssitz und der Verwaltungssitz auseinanderfallen. Während der Satzungssitz weiterhin ein Ort im Inland sein muss (§ 4a GmbHG, § 5 AktG), kann der hiervon entkoppelte Verwaltungssitz durchaus auch im Ausland liegen. Nach zutreffender Ansicht sind § 4a GmbHG, § 5 AktG nicht nur Sachnormen, sondern zugleich auch als versteckte Kollisionsnormen (im Sinne von nachstehend b) auszulegen (vgl. *Roth*, ZGR 2014, 168, 186 ff.).

b) Ausländisches Kollisionsrecht

A 231 **Sitz- vs. Gründungstheorie | Zweitens** ist zu fragen, ob die Gesellschaft auch nach dem im Wegzugsstaat geltenden Kollisionsrecht weiter in der Rechtsform des Wegzugsstaates existieren kann. Das Kollisionsrecht (IPR) bestimmt, nach welchem Sachrecht die Gesellschaft zu behandeln ist (Gesellschaftsstatut). Die Anknüpfung kann nach der Sitztheorie oder nach der Gründungstheorie erfolgen:

- **Sitztheorie**: Maßgeblich ist das Recht des Staates, in dem die Gesellschaft ihren Verwaltungssitz hat.
- **Gründungstheorie**: Maßgeblich ist das Recht des Staates, in dem die Gesellschaft gegründet wurde.

Da es sich bei diesen Verweisungen um Gesamtverweisungen handelt (vgl. Art. 4 Abs. 1 Satz 1 EGBGB), kann es auch zu einer Rückverweisung oder einer Weiterverweisung auf das Recht eines Drittstaates kommen (näher zum gesellschaftsrechtlichen Kollisionsrecht insgesamt *Spahlinger/Wegen*, Internationales Gesellschaftsrecht).

Zusammenspiel mit deutschem Kollisionsrecht | Damit die Gesellschaft durch den Wegzug ihre Identität als Kapitalgesellschaft des Wegzugsstaats nicht verliert, muss weiterhin das Sachrecht des Wegzugsstaats anwendbar bleiben. Folgt der Wegzugsstaat der **Gründungstheorie**, so verweist er auf sein eigenes Sachrecht. Die Gesellschaft kann als solche des Wegzugsstaates bestehen bleiben. Folgt der Wegzugsstaat der **Sitztheorie**, kommt es darauf an, wie sich das Gesellschaftsstatut nach dem Recht des Zuzugsstaates bestimmt: Folgt der Zuzugsstaat der Gründungstheorie, so liegt eine Rückverweisung auf das Sachrecht des Wegzugsstaates vor. Die Gesellschaft kann wiederum als solche des Wegzugsstaates bestehen bleiben. Folgt der Zuzugsstaat der Sitztheorie, erklärt er sein eigenes Sachrecht für anwendbar. Es käme zu einem sog. „Statutenwechsel" und die Gesellschaft wäre nicht mehr als solche des Wegzugsstaates zu qualifizieren. A 232

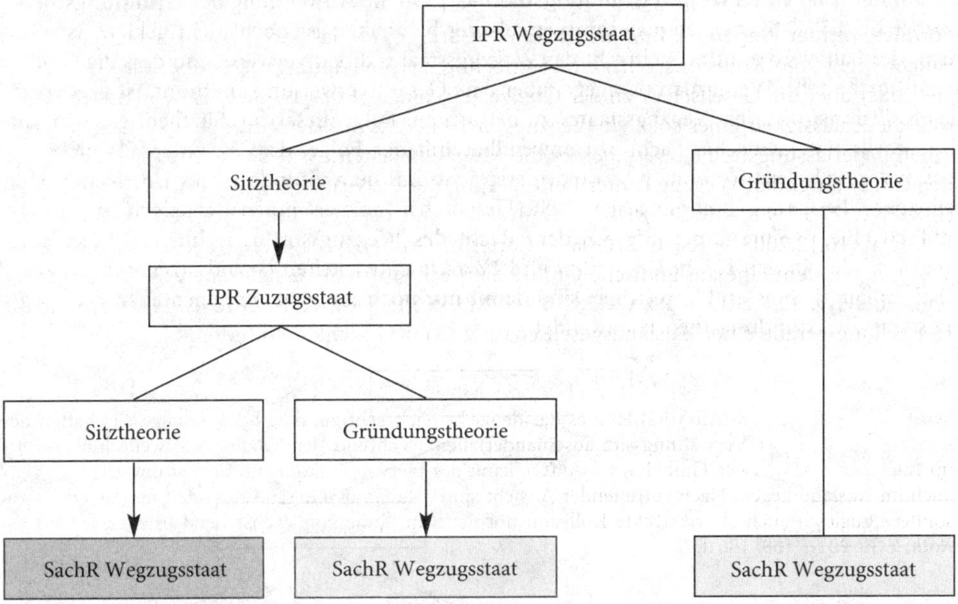

c) Deutsches Kollisionsrecht

Differenzierung zwischen EU/EWR- und Drittstaaten | **Drittens** ist zu prüfen, ob die Gesellschaft auch aus deutscher Sicht als Gesellschaft ausländischen Rechts anzuerkennen ist. Das gesellschaftsrechtliche Kollisionsrecht ist in Deutschland nicht gesetzlich geregelt, sondern wird durch die Rechtsprechung festgelegt. Dabei kommt es seit den Entscheidungen des EuGH in Sachen *Überseering, Centros* und *Inspire Art* (vgl. EuGH v. 9.3.1999 – Rs. C-212/97 – Centros, GmbHR 1999, 474 = FR 1999, 449 m. Anm. *Dautzenberg* = GmbH-StB 1999, 124; EuGH v. 5.11.2002 – Rs. C-208/00 – Überseering, GmbHR 2002, 1137; EuGH v. 30.9.2003 – Rs. C-167/01 – Inspire Art, GmbHR 2003, 1260 = GmbH-StB 2003, 315) darauf an, ob Gesellschaften aus EU/EWR-Staaten betroffen sind oder solche aus Drittstaaten: A 233

- Für **EU/EWR-Gesellschaften** gilt aufgrund der Niederlassungsfreiheit die Gründungstheorie (vgl. für eine liechtensteinische GmbH BGH v. 19.9.2005 – II ZR 372/03, GmbHR 2005, 1483 = GmbH-StB 2006, 7). Entsprechendes gilt wegen des Deutsch-Amerikanischen Freundschafts-, Handels-, und Schifffahrtsvertrag von 1954 für Gesellschaften aus den USA.

– Für Gesellschaften aus **Drittstaaten** gilt nach der Rechtsprechung des BGH weiterhin die Sitztheorie (vgl. für eine schweizerische AG BGH v. 27.10.2008 – II ZR 158/06 – Trabrennbahn, NJW 2009, 289 = GmbHR 2009, 138 m. Anm. *Wachter* = GmbH-StB 2009, 10). In der Folge ist die ausländische Gesellschaft nach deutschem Recht zu behandeln, so dass es zu einem so genannten „Statutenwechsel" kommt. Sie verliert ihre Identität als ausländische Kapitalgesellschaft und kann, sofern sie den Gründungsvorschriften des deutschen Rechts nicht genügt, auch nicht ohne Neugründung als deutsche Gesellschaft fortbestehen (zu möglichen Konsequenzen *Binz/Sorg*, GmbH & Co. KG, § 25 Rz. 122 ff.).

Für die Übernahme der Komplementärstellung kommen daher v.a. EU/EWR-Gesellschaften in Betracht.

A 234 **Zusammenspiel von Sitz- und Gründungstheorie** | Ob die Anwendung der **Gründungstheorie** bei EU/EWR-Staaten eine **Gesamtverweisung** beinhaltet, ist noch nicht geklärt. Ist dies nicht der Fall, wird auf das Sachrecht des Wegzugsstaates direkt verwiesen, so dass die Gesellschaft fortbesteht. Wenn man demgegenüber eine Gesamtverweisung annimmt, ist wiederum das Kollisionsrecht des Wegzugsstaates zu betrachten: Folgt dieser der Sitztheorie, so ist auf die Gesellschaft deutsches Sachrecht anwendbar mit der Folge, dass sie jedenfalls nicht als Auslandsgesellschaft fortbesteht. Zwar widerspricht dies dem Grundsatz des *Überseering*-Urteils, dass die Gesellschaft als ausländische Gesellschaft anzuerkennen ist, jedoch ist dies eigentlich eine Beschränkung, die aus dem Recht des Wegzugsstaates resultiert. Dieser darf aber nach den in den Fällen *Daily Mail* und *Cartesio* entwickelten Grundsätzen den Wegzug beschränken. Umfassend abgesichert sind damit nur noch die Fälle, in denen auch der Wegzugsstaat die Gründungstheorie anwendet.

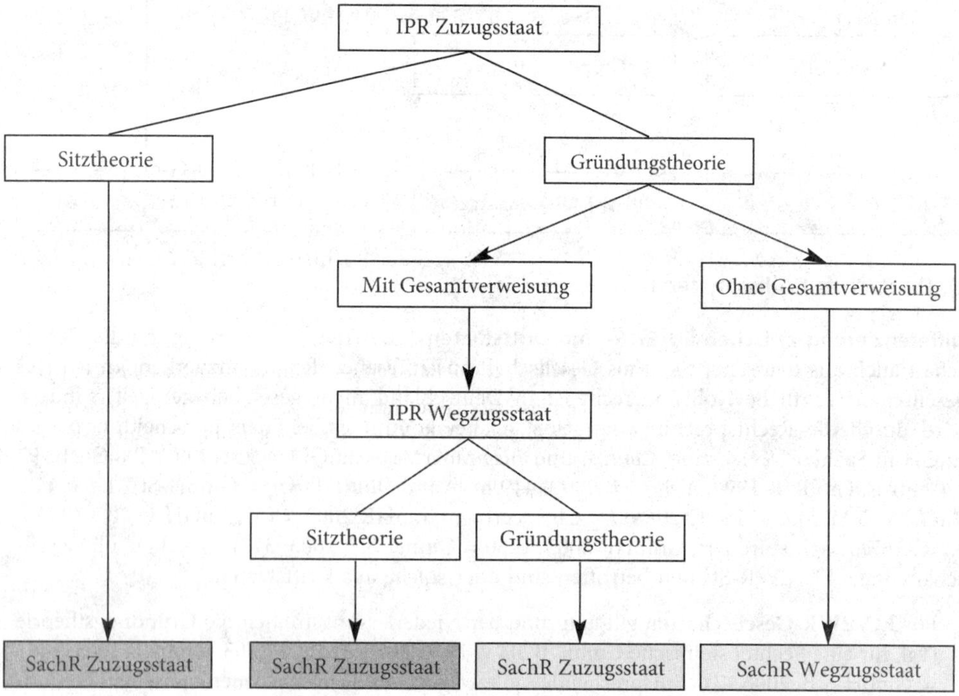

Fazit | Rechtssicher möglich ist damit jedenfalls die Bildung einer Auslandsgesellschaft & Co. KG mit einer ausländischen Kapitalgesellschaft, wenn insoweit A 235

- der **Gründungsstaat** der **Gründungstheorie** folgt und einen identitätswahrenden Wegzug erlaubt,
- auch **Deutschland** die **Gründungstheorie** anwendet (damit insbesondere EU/EWR-Staaten) und
- beide Rechtsordnungen die **besondere Rechtsfähigkeit** bejahen, persönlich haftende Gesellschafterin einer Personengesellschaft zu sein.

Diese Kriterien treffen insbesondere auf Kapitalgesellschaften aus England (vorbehaltlich etwaiger Änderungen im Rahmen des BREXIT; s. Rz. A 241 ff.), den Niederlanden (s. Rz. A 248 ff.) und Liechtenstein (s. Rz. A 255 ff.) zu.

d) Eintragung einer deutschen Zweigniederlassung

Ob eine ausländische Komplementärgesellschaft, die in Deutschland ausschließlich als Komplementärin der KG tätig wird, nach §§ 13d und e HGB eine Zweigniederlassung im deutschen Handelsregister eintragen lassen muss, ist streitig (vgl. dafür: *Wachter*, GmbHR 2006, 79; *Werner*, GmbHR 2005, 288; dagegen: OLG Frankfurt a.M. v. 24.4.2008 – 20 W 425/07, GmbHR 2008, 707 = GmbH-StB 2008, 201; *Süß*, GmbHR 2005, 673; *Blaum* in Westermann/Wertenbruch, Hdb. Personengesellschaften, Rz. I 3465). Jedenfalls ist die Eintragung einer Zweigniederlassung der Komplementärin nicht Voraussetzung für die Eintragung der Auslandsgesellschaft & Co. KG. Zur Frage, ob für die Geschäftsführer der Zweigniederlassung auch eine Befreiung von den Beschränkungen des § 181 BGB eingetragen werden kann, vgl. OLG München v. 17.8.2005 – 31 Wx 049/05, NZG 2005, 850 und *Teichmann*, ZGR 2014, 220, 232 ff. A 236

5. Firmierung

Ausländischer Rechtsformzusatz | Auch bei der Auslandsgesellschaft & Co. KG muss aus der Firmierung die Haftungsbeschränkung entsprechend § 19 Abs. 2 HGB deutlich werden. Ausreichend ist die Firmenbildung durch Kombination der ausländischen Rechtsformbezeichnung in Verbindung mit dem Zusatz „& Co. KG", weil der Rechtsverkehr hierdurch (in aller Regel) hinreichend gewarnt ist: A 237

Beispiele:

Prinovis Ltd. & Co. KG, ORACLE Deutschland B.V. & Co. KG, Terra – Heimbau Köln S.a.r.l. & Co. KG.

Zweifelhaft ist die Signalwirkung hinsichtlich der Haftungsbeschränkung dagegen bei wenig bekannten ausländischen Rechtsformen, etwa den von *Teichmann* (ZGR 2014, 220, 237) genannten Firmen Märkische Blumen Werkstatt Stichting & Co. KG, Café Moin Moin Verwaltungs-EOOD & CO. KG und Other Stories AB & Co. KG. Hierbei ist *Stichting* eine niederländische Stiftung, *EOOD* eine Einpersonen-GmbH bulgarischen Rechts und *AB* eine schwedische Aktiengesellschaft.

Namensgleiche ausländische Rechtsformen | Gesellschaften aus dem (deutschsprachigen) Ausland firmieren zum Teil ebenfalls als „GmbH" oder „AG". Früher wurde in solchen Fällen ein Länderzusatz verlangt, da sich Kapitalausstattung und Vermögensstruktur erheblich voneinander unterscheiden können (vgl. LG Hagen v. 22.8.1973 – 11 HT 1/73, NJW 1973, 2162; OLG Saarbrücken v. 21.4.1989 – 5 W 60/88, GmbHR 1990, 348 für eine AG schweizerischen Rechts & Co. KG). Dies ist nach neuem Recht nicht mehr zu fordern (vgl. *Heidinger* in Münch- A 238

Komm. HGB, § 19 HGB Rz. 33). Nach Sinn und Zweck des § 19 Abs. 2 HGB ist nicht mehr über die Identität der Komplementärin zu informieren, sondern lediglich die Haftungsbeschränkung deutlich zu machen. Bei EU/EWR-Gesellschaften wäre eine Pflicht zur Offenlegung der ausländischen Rechtsform zudem diskriminierend und daher europarechtswidrig (vgl. *Heidinger* in MünchKomm. HGB, § 19 HGB Rz. 33; *Reuschle* in E/B/J/S, Anh. § 17 HGB Rz. 25, der für Gesellschaften aus Drittstaaten aber eine Offenlegungspflicht befürwortet). Allgemeine Grenze bleibt § 18 Abs. 2 HGB, der eine Irreführung über verkehrswesentliche Eigenschaften verbietet.

Beispiel:

Eine liechtensteinische GmbH – für die das Mindestkapital 30 000 CHF bzw. 30 000 Euro beträgt – beteiligt sich als einzige Komplementärin an einer deutschen KG. Diese darf aus den genannten Gründen als „GmbH & Co. KG“ firmieren.

6. Angaben auf Geschäftsbriefen

A 239 **Auslands-GmbH** | Jede GmbH muss auf ihren Geschäftsbriefen ihre Rechtsform und ihren Satzungssitz, ihr Registergericht und ihre HRB-Nummer, alle Geschäftsführer und, sofern sie einen Aufsichtsrat hat, den Aufsichtsratsvorsitzenden angeben (§ 35a Abs. 1 GmbHG). Wenn eine ausländische GmbH eine inländische **Zweigniederlassung** hat, sind auf den Geschäftsbriefen dieser Zweigniederlassung zum einen die Angaben zu machen, die den vorstehenden nach ausländischem Recht entsprechen; zusätzlich sind zum anderen auch das deutsche Registergericht und die HRB-Nummer der Zweigniederlassung anzugeben („doppelte Angabepflicht“, § 35a Abs. 4 GmbHG).

A 240 **KG** | Jede KG muss auf ihren Geschäftsbriefen ihre Rechtsform und ihren Sitz sowie ihr Registergericht und ihre HRA-Nummer angeben (§ 125a Abs. 1 Satz 1 HGB). Zusätzlich sind auch sämtliche in § 35a GmbHG genannten Angaben zur Komplementär-GmbH erforderlich, sofern in der KG nicht (auch) eine natürliche Person unbeschränkt haftet (§§ 125a Abs. 1, 177a HGB).

Beispiel:

Die Angaben auf dem Briefbogen einer Ltd. & Co. KG, bei der die Komplementär-Limited ihren tatsächlichen Verwaltungssitz („Zweigniederlassung“ i.S.d. § 13g HGB) in Bonn hat, können z.B. wie folgt lauten:

Müller Bau Limited & Co KG Sitz Bonn Amtsgericht Bonn, HRA 3355 USt-IdNr. DE 111 111 111	Johanna-Kinkel-Str. 2–4 53175 Bonn Tel. 0228/9594-0	Persönlich haftende Gesellschafterin: Müller Bau Verwaltungs Limited Sitz London Companies House, Cardiff Company No. 01234567 Directors: Hans Müller, Peter Schmitz Zweigniederlassung Bonn: Amtsgericht Bonn, HRB 10112

7. Ltd. & Co. KG

A 241 **Rechtsgrundlagen** | Die englische *private company limited by shares* (Limited, Ltd.) ist im Companies Act 2006 (CA 2006) umfassend geregelt. Dieser ist – wie auch andere englische Gesetze – im Internet unter www.opsi.gov.uk einsehbar. Funktional handelt es sich um eine Zusammenfassung von Regelungen, wie sie in Deutschland in AktG, GmbHG, UmwG, einzelnen Teilen des HGB (Handelsregister, Bilanzen etc.) und InsO enthalten sind (*Süß* in Münchener Hdb. Internationales GesR, § 47 Rz. 185).

Gründung | Die Limited entsteht mit ihrer Eintragung beim *Registrar of Companies*, welcher sich für England und Wales in Cardiff befindet. Dem *registrar* muss hierzu ein Antragsformular vorgelegt werden, in dem auch ein in Großbritannien zu unterhaltendes *registered office* anzugeben ist, an das Post und behördliche Mitteilungen gesandt werden können (ein Geschäftsbetrieb ist hierfür nicht erforderlich). Dem Antrag sind als wesentliche Anlagen u.a. die Gründungsurkunde (*memorandum of association*) und die Satzung der Gesellschaft (*articles of association*) sowie Namen und Anschriften der ersten Organmitglieder beizufügen (näher *Süß* in Münchener Hdb. Internationales GesR, § 47 Rz. 191). Da das englische Recht keine der „Vor-GmbH" entsprechende Vorstufe kennt, kann die Limited erst nach abgeschlossener Gründung Komplementärin einer deutschen KG werden (*Blaum* in Westermann/Wertenbruch, Hdb. Personengesellschaften, Rz. I 3463). Ein Vertrag, der vor Eintragung im Namen der späteren Gesellschaft geschlossen wurde, entfaltet für diese keine rechtliche Bindung. A 242

Mindestkapital | Die Limited muss keinerlei Mindestkapital haben. Ein solches ist lediglich für die der deutschen AG entsprechende *public limited company* (PLC) vorgeschrieben (in Höhe von 50 000 GBP oder 65 000 Euro; zu weiteren Besonderheiten der PLC *Süß* in Münchener Hdb. Internationales GesR, § 47 Rz. 262 ff.). A 243

Gesellschafter | Die Limited kann auch als Ein-Personen-Gesellschaft gegründet werden, auch durch Ausländer. Die Gesellschafter sind von der Gesellschaft in einem *registar of members* mit Anschrift, Anzahl und Art der Anteile und gezahlter Einlage aufzuführen. Gesellschafterversammlungen können auch im Ausland abgehalten werden; auch Beschlüsse im Umlaufverfahren sind möglich, selbst bei Satzungsänderungen (*Süß* in Münchener Hdb. Internationales GesR, § 47 Rz. 212 ff.). Die Gesellschafterversammlung besitzt im Zuständigkeitsbereich der *directors* kein Weisungsrecht gegenüber den *directors*. Weisungsrechte sind daher erforderlichenfalls nicht auf Ebene der Limited, sondern gesellschaftsvertraglich auf Ebene der KG zu verankern (*Blaum* in Westermann/Wertenbruch, Hdb. Personengesellschaften, Rz. I 3480). A 244

Geschäftsführer | Geschäftsführungsorgan einer Limited ist das *board of directors*. Es genügt die Bestellung eines einzigen *director*. Zwar können auch juristische Personen *director* werden; mindestens ein *director* muss jedoch eine natürliche Person sein. Für *directors* bestehen keine Nationalitätserfordernisse oder Residenzpflichten (*Blaum* in Westermann/Wertenbruch, Hdb. Personengesellschaften, Rz. I 3469). Zur Haftung der *directors* im Insolvenzfall EuGH v. 10.12.2015 – Rs. C-594/14 – Kornhaas, NJW 2016, 223 mit Anm. *Weller/Hübner*. A 245

Aufsichtsrat | Das englische Recht folgt dem monistischen System und fasst Leitung und Aufsicht daher in einem einheitlichen Organ, dem *board of directors*, zusammen. Bei Bedarf kann das *board of directors* daher außer mit geschäftsführenden (*executive directors*) auch mit aufsichtsführenden Mitgliedern (*non-executive directors*) besetzt werden. A 246

Unternehmerische Mitbestimmung | Das englische Recht kennt keine dem deutschen Recht entsprechende unternehmerische Mitbestimmung. Da auch das deutsche Mitbestimmungsrecht ausländische Gesellschaften nicht erfasst, bleibt eine in Deutschland ansässige Limited somit mitbestimmungsfrei. A 247

8. B.V. & Co. KG

Rechtsgrundlagen | Die Rechtsgrundlagen für die niederländische B.V. (*besloten vennootschap met beperkte aansprakelijkheid*) finden sich in den Art. 175 ff. des *Burgerlijk Wetboek* A 248

Boek 2, welche durch das am 1.10.2012 in Kraft getretene Flex-B.V.-Gesetz grundlegend geändert wurden.

A 249 **Gründung** | Die B.V. wird durch die notarielle Beurkundung des Gesellschaftsvertrages (*statuten*) errichtet. Dieser muss in niederländischer Sprache verfasst sein. Die Beurkundung muss vor einem Notar mit Amtssitz in den Niederlanden stattfinden; jedoch ist eine Vertretung möglich, so dass die B.V. auch vom Ausland aus gegründet werden kann. Die Beurkundung ist für die Entstehung der B.V. konstitutiv; die anschließende Eintragung der B.V. im Handelsregister (*kamer van koophandel*) wirkt lediglich deklaratorisch (*Süß* in Münchener Hdb. Internationales GesR, § 47 Rz. 401).

A 250 **Mindestkapital** | Das Mindestkapital der B.V. betrug früher 18 000 Euro. Seit dem Flex-B.V.-Gesetz kann eine B.V. jedoch auch mit einem Stammkapital von 0,01 Euro gegründet werden.

A 251 **Gesellschafter** | Die B.V. kann auch als Ein-Personen-Gesellschaft gegründet werden, auch durch Ausländer. Seit dem Flex-B.V.-Gesetz können Gesellschafterversammlungen auch im Ausland abgehalten werden. Die Gesellschafterversammlung ist kein der Geschäftsführung übergeordnetes Organ; etwaige Weisungsrechte hinsichtlich der Geschäftsführung sollten daher nicht auf Ebene der B.V., sondern gesellschaftsvertraglich auf Ebene der KG vorgesehen werden.

A 252 **Geschäftsführer** | Für die B.V. können ein oder mehrere Geschäftsführer (*bestuurder*) bestellt werden. Es kann sich dabei um natürliche oder juristische Personen handeln, die, sofern nicht der Gesellschaftsvertrag etwas anderes bestimmt, keine besonderen Anforderungen erfüllen müssen. In Bezug auf die Vertretungsmacht der Geschäftsführer gilt die *Ultra-vires*-Lehre, d.h. ihre Vertretungsmacht ist nicht notwendig unbeschränkt (*Süß* in Münchener Hdb. Internationales GesR, § 47 Rz. 419). Satzungen niederländischer B.V.'s beschreiben daher den Unternehmensgegenstand regelmäßig sehr umfassend, um Überschreitungen des Geschäftszwecks auszuschließen.

A 253 **Aufsichtsrat** | Die B.V. kann fakultativ mit einem Aufsichtsrat ausgestattet werden. Bei einer sogenannten „großen geschlossenen Gesellschaft mit beschränkter Haftung" (Art. 262 ff. Burgerlijk Wetboek Boek 2) ist die Bildung eines Aufsichtsrats zwingend (dualistisches System). Seit dem Flex-B.V-Gesetz kann die B.V. alternativ auch monistisch ausgestattet werden: In diesem Fall gehören dem einheitlichen Geschäftsleitungsorgan neben den geschäftsführenden auch weitere, aufsichtsführende Mitglieder an.

A 254 **Unternehmerische Mitbestimmung** | Eine unternehmerische Mitbestimmung ist nur für große Kapitalgesellschaften in Form einer Drittelbeteiligung von Arbeitnehmervertretern im Aufsichtsrat der Gesellschaft vorgesehen. Diese Sonderregeln (*structuurregime*) setzen u.a. voraus, dass das Kapital der Gesellschaft (gezeichnetes Kapital zzgl. Kapitalrücklagen) einen Betrag von 16 Mio. Euro übersteigt (*Süß* in Münchener Hdb. Internationales GesR, § 47 Rz. 389 ff.). Bei einer bloße Komplementär-B.V. sind diese Voraussetzungen regelmäßig nicht erfüllt.

9. GmbH (Liechtenstein) & Co. KG

A 255 **Rechtsgrundlagen** | Die Regelungen zur liechtensteinischen GmbH finden sich in den Art. 289 ff. des liechtensteinischen Personen- und Gesellschaftsrechts (PGR).

A 256 **Gründung** | Folgender Ablauf ist einzuhalten (vgl. Merkblatt zur Neueintragung einer GmbH des Amts für Justiz, Stand 2/2013, abrufbar unter www.llv.li):

- Abfassung der Statuten (wesentliche Bestimmungen vgl. Art. 390 Abs. 2 PGR);
- Beurkundung (kann auch im Ausland in notarieller Form erfolgen, Anforderungen des Art. 74 HRV sind einzuhalten);
- Anmeldung zum Handelsregister beim Amt für Justiz (erforderliche Belege nach Art. 71 HRV sind einzureichen).

Eine Vertretung ist möglich, so dass die GmbH auch vom Ausland aus gegründet werden kann.

Mindestkapital | Das Mindestkapital beträgt 30000 Schweizer Franken oder 30000 Euro, bei Gründung müssen mindestens 20 % eingezahlt sein. A 257

Gesellschafter | Die Stammeinlage eines jeden Gesellschafters beträgt mindestens 50 Franken, muss immer ein Vielfaches von 50 sein, kann aber auch als Quote festgelegt werden. Gesellschaftsanteile sind grundsätzlich frei übertragbar, soweit sie öffentlich beurkundet werden. Lauten sie auf den Namen, kann ein Indossament erforderlich sein. Über die Gesellschafter wird ein sogenanntes Anteilbuch geführt, in dem Namen und Wohnort/Firma und Sitz und die Höhe der Einlage und der geleisteten Einzahlungen vermerkt sind (Art. 402 Abs. 1 PGR). A 258

Geschäftsführer | Für die Geschäftsführung gilt Art. 180a PGR, wonach mindestens ein Mitglied über eine entsprechende liechtensteinische Berufsqualifikation verfügen muss (z.B. Rechtsanwalt oder Treuhänder). In bestimmten Fällen muss ein Geschäftsführer auch Qualifikationen nach Spezialgesetzen (z.B. Bankengesetz oder Vermögensverwaltungsgesetz) nachweisen. A 259

frei A 260–A 280

Vertiefende Recherche

Wichtige Urteile und Erlasse

EuGH v. 10.12.2015 – Rs. C-594/14 – Kornhaas, NJW 2016, 223 mit Anm. *Weller/Hübner*: Geschäftsführer einer insolventen Limited haftet für Zahlungen nach Insolvenzreife nach § 64 GmbHG.

EuGH v. 12.7.2012 – Rs. C-378/10 – VALE Építési kft, NJW 2012, 2715: Grenzüberschreitender Formwechsel muss möglich sein.

EuGH v. 16.12.2008 – Rs. C-210/06 – Cartesio, GmbHR 2009, 86: Formwahrender Wegzug einer Gesellschaft ist nicht zwingend zu ermöglichen, anders als formwechselnde Sitzverlegung.

EuGH v. 30.9.2003 – Rs. C-167/01 – Inspire Art, GmbHR 2003, 1260 m. Anm. *W. Meilicke*: Unterwerfung ausländischer Gesellschaften unter mitgliedsstaatliche Regelungen, wie zum Beispiel das Erfordernis eines Mindestkapitals, verstößt gegen die Niederlassungsfreiheit.

EuGH v. 5.11.2002 – Rs. C-208/00 – Überseering, GmbHR 2002, 1137: Anerkennung der Rechts- und Parteifähigkeit einer nach dem Recht eines Mitgliedsstaates gegründeten GmbH auch nach Sitzverlegung in einen anderen Mitgliedsstaat.

EuGH v. 9.3.1999 – Rs. C-212/97 – Centros, GmbHR 1999, 474: Anerkennung einer Zweigniederlassung einer ausländischen Gesellschaft ohne tatsächliche Geschäftstätigkeit im Ausland.

EuGH v. 27.9.1988 – Rs. C-81/87 – Daily Mail and General Trust PLC, NJW 1989, 2186: Identitätswahrender Wegzug einer Gesellschaft ist nicht zwingend zu ermöglichen.

BGH v. 25.5.2009 – II ZR 60/08, DStR 2009, 2017: Rechtsfähigkeit einer Personengesellschaft nach Sitzverlegung ins Ausland.

BGH v. 27.10.2008 – II ZR 158/06 – Trabrennbahn, NJW 2009, 289: Rechts- und Parteifähigkeit einer schweizerischen AG mit Verwaltungssitz in Inland.

BGH v. 19.9.2005 – II ZR 372/03, GmbHR 2005, 1483 m. Anm. *Wachter*: Rechts- und Parteifähigkeit einer liechtensteinischen GmbH mit Verwaltungssitz in Inland.

BGH v. 21.3.1986 – V ZR 10/85, BGHZ 97, 269: Bestimmung des Verwaltungssitzes einer Personengesellschaft ausländischen Rechts.

BGH v. 27.5.1957 – II ZR 317/55, WM 1957, 999: Sitz der Personengesellschaft ist am Ort der tatsächlichen Verwaltung.

OLG Frankfurt v. 24.4.2008 – 20 W 425/07, GmbHR 2008, 707: Eine nach englischen Recht wirksam gegründete Limited muss sich bei Übernahme der Komplementärstellung nicht nach §§ 13d und e HGB ins Handelsregister eintragen lassen.

OLG Frankfurt v. 28.7.2006 – 20 W 191/06, GmbHR 2006, 1156 mit Anm. *Werner*: Für eine KG kann die Befreiung der Komplementärin und ihrer Organe vom Verbot des Selbstkontrahierens auch dann in das Handelsregister eingetragen werden, wenn Komplementärin eine englische Limited ist.

OLG München v. 17.8.2005 – 31 Wx 049/05, NZG 2005, 850: Befreiung von Beschränkungen des § 181 BGB für Zweigniederlassung einer englischen Private Limited Company unzulässig.

OLG Stuttgart v. 30.3.1995 – 8 W 355/93, ZIP 1995, 1004 = GmbHR 1995, 530 (Ls.): Eine schweizerische GmbH kann Komplementärin einer deutschen KG sein. „Herrschendes Unternehmen" i.S.d. § 5 Abs. 3 MitbestG kann auch eine der ausländischen Konzernmutter nahe stehende inländische GmbH sein.

OLG Saarbrücken v. 21.4.1989 – 5 W 60/88, GmbHR 1990, 348: Eine schweizerische AG kann Komplementärin einer deutschen KG sein.

BayObLG v. 21.3.1986 – BReg 3 Z 148/85, GmbHR 1986, 305: Möglichkeit der Beteiligung einer britischen Limited als Komplementärin einer deutschen KG.

LG Chemnitz v. 3.8.2006 – 2 HK T 722/06, GmbHR 2007, 263 m. Anm. *Wachter*: Nachweis der Gründung und der ordnungsgemäßen Vertretung einer Ltd. & Co. KG im Registerverfahren.

LG Bielefeld v. 11.8.2005 – 24 T 19/05, GmbHR 2006, 89: Eine in England wirksam gegründete Limited kann Komplementärin einer deutschen KG sein.

Musterformulierungen

Just, Die englische Limited in der Praxis, 4. Aufl. 2012, Formularanhang

Weitere Stichwörter

→ *Firma*; → *Mitbestimmung*; → *Publizität*

Ausscheiden eines Gesellschafters

Ausgewählte Literatur: *Becker*, Die Zulässigkeit von Hinauskündigungsklauseln nach freiem Ermessen im Gesellschaftsvertrag, 2010; *Gundlach/Frenzel/N. Schmidt*, Die Simultaninsolvenz einer GmbH & Co. KG und ihrer Komplementär-GmbH, DStR 2004, 1658; *Stodolkowitz*, Die außerordentliche Gesellschafterkündigung in der Personengesellschaft, NZG 2011, 1327.

1. Rechtsgrundlagen

KG | Für die KG ist insbesondere die über § 161 Abs. 2 HGB grundsätzlich anwendbare Regelung des § 131 Abs. 3 HGB maßgeblich, die in verschiedenen Fällen ausdrücklich das Ausscheiden eines Gesellschafters vorsieht (anders noch die alte Rechtslage, nach der insofern die Auflösung der Gesellschaft eintrat, vgl. *Schlitt/Maier-Reinhardt* in Reichert, GmbH & Co. KG, § 30 Rz. 2). A 281

GmbH | Bei der GmbH sind keine gesetzlichen Ausscheidensgründe normiert und nur in begrenztem Umfang „übergesetzliche" Austritts- bzw. Ausschlussmöglichkeiten (über die Anteilsveräußerung hinaus) anerkannt. Insofern ist bei Bedarf durch eine Verzahnung der Gesellschaftsverträge von GmbH und KG sicherzustellen, dass der Gesellschafterbestand in beiden Gesellschaften gleichläuft. Dazu steht zum einen das in § 34 GmbHG (teilweise) normierte Institut der Einziehung zur Verfügung, zum anderen sind gesellschaftsvertragliche Regelungen bspw. zur Zwangsabtretung oder zum Ausschluss von Gesellschaftern in gewissem Rahmen zulässig. A 282

2. Tod eines KG-Gesellschafters (§ 131 Abs. 3 Nr. 1 HGB)

Gesetzliche Folge | Nach § 131 Abs. 3 Nr. 1 HGB scheidet ein Gesellschafter mit seinem Tod aus der Gesellschaft aus. Da anders als nach hergebrachter Rechtslage keine Auflösung der Gesellschaft mehr vorgesehen ist, erübrigt sich das kautelarjuristische Erfordernis einer Nachfolgeklausel zur Gewährleistung ihres Fortbestands (vgl. hierzu *Lorz* in E/B/J/S, § 131 HGB Rz. 9); selbstverständliche kann eine Nachfolgeklausel dennoch bspw. zur Begrenzung des Kreises der nachfolgeberechtigten Personen sinnvoll sein. A 283

A 284 **Geltung nur für Komplementär** | § 131 Abs. 3 Nr. 1 HGB gilt bei der KG nur für den Tod eines Komplementärs. Stirbt ein Kommanditist, wird die Gesellschaft stattdessen nach § 177 HGB mit dessen Erben fortgesetzt. Dabei treten mehrere Erben nicht in Erbengemeinschaft, sondern einzeln und anteilig im Wege der sog. „Sondererbfolge" in den Anteil ein (→ *Nachfolge von Todes wegen Rz. N 10*).

A 285 **Geltung für Komplementär-GmbH?** | Umstritten ist, inwieweit die Ausscheidensregelung des § 131 Abs. 3 Nr. 1 HGB auf eine Komplementär-GmbH als juristische Person entsprechend anzuwenden ist, deren Tod nicht in Betracht kommt:

A 286 **Vollbeendigung** | Weitgehende Einigkeit herrscht dahingehend, dass die Komplementär-GmbH mit ihrer Vollbeendigung (Abschluss der Liquidation und Vermögensverteilung) ausscheidet (*Roth* in Baumbach/Hopt, § 131 HGB Rz. 20; *Schlitt/Maier-Reinhardt* in Reichert, GmbH & Co. KG, § 30 Rz. 13; *Lorz* in E/B/J/S, § 131 HGB Rz. 44; vgl. auch BGH v. 8.10. 1979 – II ZR 257/78, BGHZ 75, 178, 181, 182 = GmbHR 1980, 83). Sofern hiergegen eingewendet wird, eine Vollbeendigung sei nicht möglich, solange die Komplementärstellung fortbesteht (*Piehler/Schulte* in Münchener Hdb. Gesellschaftrecht, Bd. 2, § 36 Rz. 6; dahingehend auch *Haas* in Röhricht/Graf von Westphalen/Haas, § 131 HGB Rz. 26), überzeugt dies nicht; das rein formale Fortbestehen der Komplementärstellung kann die Vollbeendigung m.E. dann nicht hindern, wenn bereits sämtliche damit verbundenen Vermögensansprüche abgewickelt sind, so dass das Ausscheiden und die Vollbeendigung faktisch zusammenfallen. Allerdings ist für die Vollbeendigung die Löschung im Handelsregister dann nicht ausreichend, wenn sich nachträglich das Vorhandensein weiteren verteilungsfähigen Vermögens oder zu begleichender Schulden herausstellt (OLG Düsseldorf v. 17.10.1994 – 3 Wx 354/94, GmbHR 1995, 233 f.), so dass eine sog. „Nachtragsliquidation" erforderlich wird (Gleiches gilt im Übrigen bei der unmittelbaren Löschung wegen Vermögenslosigkeit, vgl. *Schlitt/Maier-Reinhardt* in Reichert, GmbH & Co. KG, § 30 Rz. 16).

A 287 **Umwandlung** | Die Vollbeendigung als Folge einer Umwandlung nach dem UmwG führt demgegenüber nach überzeugender Ansicht nicht zum Ausscheiden, sondern zur Fortsetzung der KG mit dem Gesamtrechtsnachfolger der umgewandelten Gesellschaft; die Mitgesellschafter sind durch ein Ausschlussrecht hinreichend geschützt, das bei Bestehen eines wichtigen Grundes in der Person des Gesamtrechtsnachfolgers anzuerkennen ist (im Einzelnen *Winter* in Rödder/Herlinghaus/van Lishaut, UmwStG, Anhang 1 Rz. 96; so auch *Lorz* in E/B/J/S, § 131 HGB Rz. 44; differenzierend *Haas* in Röhricht/Graf von Westphalen/Haas, § 131 HGB Rz. 27, der im Auslegungswege klären will, ob eine Fortsetzung der Gesellschaft mit dem Gesamtrechtsnachfolger in Betracht kommt; a.A. – stets Ausscheiden – *Roth* in Baumbach/Hopt, § 131 HGB Rz. 21).

A 288 **Auflösung** | Umstritten und von der h.M. abgelehnt wird demgegenüber das Ausscheiden der Komplementär-GmbH, sofern sie lediglich aufgelöst ist (vgl. *Haas* in Röhricht/Graf von Westphalen/Haas, § 131 HGB Rz. 25 m.w.N.). Die h.M. überzeugt, da auch die GmbH in Liquidation noch Geschäftstätigkeit entwickeln, zudem ein gefasster Auflösungsbeschluss grundsätzlich wieder zurückgenommen werden kann. Hinzu kommt, dass die Kommanditisten der Situation nicht „schutzlos" gegenüberstehen, sondern die klageweise Ausschließung der Komplementär-GmbH gemäß § 140 HGB (Rz. A 323) oder die klageweise Auflösung der KG insgesamt gemäß § 133 HGB betreiben können (so auch *Schlitt/Maier-Reinhardt* in Reichert, GmbH & Co. KG, § 30 Rz. 15).

Abweichende Regelungen | Der Gesellschaftsvertrag kann abweichende Regelungen vorsehen (*Schlitt/Maier-Reinhardt* in Reichert, GmbH & Co. KG, § 30 Rz. 18). So kann bspw. der vorstehende Meinungsstreit dadurch umgangen werden, dass bereits an die Auflösung der Komplementär-GmbH ausdrücklich deren Ausscheiden geknüpft wird. Sind (ausnahmsweise) natürliche Komplementäre vorhanden, können insofern (wie auch beim Tod eines Kommanditisten) verschiedene Nachfolgeklauseln in Betracht kommen (→ *Nachfolge von Todes wegen Rz. N 21ff.*). A 289

frei A 290–A 299

3. Eröffnung des Insolvenzverfahrens über das Vermögen eines KG-Gesellschafters (§ 131 Abs. 3 Nr. 2 HGB)

Maßgeblichkeit der Verfahrenseröffnung | Die Eröffnung (nicht schon die Beantragung, vgl. *Piehler/Schulte* in Münchener Hdb. Gesellschaftsrecht, Bd. 2, § 36 Rz. 7) des Insolvenzverfahrens über das Vermögen eines Gesellschafters führt zu dessen Ausscheiden, gleich ob es sich bei ihm um einen Komplementär oder Kommanditisten handelt (*K. Schmidt* in MünchKomm. HGB, § 131 HGB Rz. 71; *Roth* in Baumbach/Hopt, § 131 HGB Rz. 22). Zweck der Regelung ist der Schutz der Gesellschaft vor der gesellschaftsfremden Einflussnahme eines Insolvenzverwalters. A 300

Nachlassinsolvenzverfahren | Daher führt nach überzeugender Ansicht auch die Eröffnung eines Nachlassinsolvenzverfahrens zum Ausscheiden des betreffenden Gesellschafters, sofern der Gesellschaftsanteil zum Nachlass gehört (*K. Schmidt* in MünchKomm. HGB, § 131 HGB Rz. 73; *Schlitt/Maier-Reinhardt* in Reichert, GmbH & Co. KG, § 30 Rz. 22; *Roth* in Baumbach/Hopt, § 131 HGB Rz. 22; *Haas* in Röhricht/Graf von Westphalen/Haas, § 131 HGB Rz. 32; wohl auch *Westermann* in Westermann/Wertenbruch, Hdb. Personengesellschaften, Rz. I 1099c; a.A. *Lorz* in E/B/J/S, § 131 HGB Rz. 47; auch noch a.A. BGH v. 30.4.1984 – II ZR 293/83, BGHZ 91, 132, 135, jedoch unter der inzwischen überholten Prämisse, der Gesellschaftsanteil falle nicht unter den Nachlass). Denn auch in diesem Fall käme es ansonsten zur Beeinflussung der Gesellschaftsangelegenheiten durch den Insolvenzverwalter. A 301

Simultaninsolvenz | Umstritten ist die Behandlung der sog. „Simultaninsolvenz", bei der das Insolvenzverfahren zugleich über das Vermögen der KG und der Komplementär-GmbH eröffnet wird. Die Konstellation ist insofern nicht außergewöhnlich, als in der typischen GmbH & Co. KG die Insolvenz der unternehmenstragenden KG wegen der persönlichen Haftung der – regelmäßig kaum mit Haftungsmasse ausgestatteten – Komplementär-GmbH häufig zugleich zu deren Insolvenz führen wird. Nach einer Ansicht soll es hier – im Interesse eines geordneten Insolvenzverfahrens – nicht zum Ausscheiden der insolventen Komplementär-GmbH aus der KG nach § 131 Abs. 3 Nr. 2 HGB kommen (*K. Schmidt* in MünchKomm. HGB, § 131 HGB Rz. 75ff.; i.E. auch *Gundlach/Frenzel/N. Schmidt*, DStR 2004, 1658, 1662). Dies soll zumindest dann gelten, wenn bei der zweigliedrigen GmbH & Co. KG die KG ansonsten durch das Ausscheiden der GmbH liquidationslos (und damit ohne geordnete Insolvenzabwicklung) erlöschen würde. Eine andere – und in der Sache überzeugende – Ansicht geht hingegen davon aus, dass im Grundsatz auch im Fall der Simultaninsolvenz am Ausscheiden der insolventen Komplementär-GmbH gemäß § 131 Abs. 3 Nr. 2 HGB festzuhalten ist, da das Insolvenzverfahren mit dem oder den verbleienden Gesellschafter(n), dem/denen das Gesellschaftsvermögen anwächst, fortgesetzt werden kann (*Lorz* in E/B/J/S, § 131 HGB A 302

Rz. 46; vgl. ferner OLG Hamm v. 30.3.2007 – 30 U 13/06, NZI 2007, 584, 587 f.). Jedenfalls für einen Fall, in dem nach Ausscheiden der Komplementärin noch zwei Kommanditisten verblieben, hat sich auch der BGH dieser Ansicht angeschlossen (BGH v. 8.5.2014 – I ZR 217/12, GmbHR 2014, 871, 872).

A 303 **Ablehnung mangels Masse |** Wird ein Insolvenzverfahren mangels Masse abgelehnt, folglich auch kein Insolvenzverwalter eingesetzt, ist § 131 Abs. 3 Nr. 2 HGB nicht anwendbar (BGH v. 8.10.1979 – II ZR 257/78, BGHZ 75, 178, 181 = GmbHR 1980, 83; *Schlitt/Maier-Reinhardt* in Reichert, GmbH & Co. KG, § 30 Rz. 21; *Roth* in Baumbach/Hopt, § 131 HGB Rz. 22; *Lorz* in E/B/J/S, § 131 HGB Rz. 48; a.A. *K. Schmidt* in MünchKomm. HGB, § 131 HGB Rz. 74; zweifelnd auch *Piehler/Schulte* in Münchener Hdb. Gesellschaftsrecht, Bd. 2, § 36 Rz. 9). Die Mitgesellschafter haben allerdings die Möglichkeit, den betroffenen Gesellschafter gemäß § 140 HGB klageweise auszuschließen (Rz. A 323 ff.).

A 304 **Verfahren |** Das Ausscheiden infolge von § 131 Abs. 3 Nr. 2 HGB vollzieht sich automatisch. Sofern die übrigen Gesellschafter nicht die Auflösung der Gesellschaft beschließen, fällt der Abfindungsanspruch des ausgeschiedenen Gesellschafters in die Insolvenzmasse und wird vom Insolvenzverwalter geltend gemacht (*Piehler/Schulte* in Münchener Hdb. Gesellschaftsrecht, Bd. 2, § 36 Rz. 7; zu Möglichkeiten der Abfindungsbeschränkung im Insolvenzfall → *Abfindung Rz. A 21*).

4. Kündigung eines KG-Gesellschafters (§ 131 Abs. 3 Nr. 3 HGB)

A 305 **Kündigungsrecht |** Jedem Gesellschafter einer KG steht im Grundsatz das Recht zu, seine Mitgliedschaft durch Kündigung zu beenden. Insofern ist zwischen der (gesetzlich teilweise geregelten, vgl. §§ 132, 134 HGB) ordentlichen Kündigung und der ggf. zusätzlich bestehenden Möglichkeit der außerordentlichen Kündigung aus wichtigem Grund zu unterscheiden.

A 306 **Ordentliche Kündigung |** Gemäß § 131 Abs. 3 Nr. 3 HGB scheidet ein Gesellschafter aus, wenn er kündigt. Die Kündigung muss gemäß § 132 HGB bei einer auf unbestimmte Zeit eingegangenen Gesellschaft mit einer Frist von sechs Monaten zum Jahresende erklärt werden. Auch wenn § 132 HGB dem Wortlaut nach lediglich eine Fristregelung enthält, wird man im Umkehrschluss folgern müssen, dass die Mitgliedschaft in einer auf bestimmte Zeit eingegangenen Gesellschaft während dieser Zeit nicht ordentlich kündbar ist. Auf unbestimmte Zeit ist eine Gesellschaft jedenfalls dann eingegangen, wenn der Gesellschaftsvertrag dies ausdrücklich bestimmt, zudem dann, wenn die Dauer der Gesellschaft überhaupt nicht geregelt ist. Ist die KG für die Dauer ihrer Komplementär-GmbH eingegangen, ist dieselbe Abgrenzung mit Blick auf den Gesellschaftsvertrag der Komplementärin maßgeblich (*Schlitt/Maier-Reinhardt* in Reichert, GmbH & Co. KG, § 30 Rz. 29). Nach § 134 HGB steht weiterhin eine auf Lebenszeit eines Gesellschafters eingegangene Gesellschaft oder eine solche, die nach Ablauf der für sie bestimmten Dauer stillschweigend fortgesetzt wird, einer Gesellschaft auf unbestimmte Zeit gleich. Ist im Gesellschaftsvertrag eine Mindestdauer vorgesehen, wird man dies regelmäßig als zeitlich begrenzten Kündigungsausschluss werten müssen, wobei die Gesellschaft anschließend auf unbestimmte Zeit weiterläuft und die Mitgliedschaft somit ordentlich kündbar wird (*Westermann* in Westermann/Wertenbruch, Hdb. Personengesellschaften, Rz. I 1073). Eine Höchstdauer hingegen bewirkt zwar, dass die Gesellschaft auf bestimmte Zeit eingegangen ist (und danach automatisch aufgelöst wird, vgl. § 131 Abs. 1 Nr. 1 HGB); trotzdem wird regelmäßig zugleich intendiert sein, dass die Gesellschaft bereits vor Ablauf der Höchstdauer ordentlich kündbar sein soll (*Schlitt/Maier-Reinhardt* in Reichert, GmbH & Co. KG, § 30 Rz. 30; *Piehler/Schulte* in Münchener Hdb. Gesellschaftsrecht, Bd. 2, § 36 Rz. 11). Lediglich bei konkreter Benennung eines Enddatums liegt daher eine auf bestimmte Zeit eingegangene Gesellschaft vor, die bis zum Erreichen dieses Datums nicht ordentlich kündbar ist und danach automatisch nach § 131 Abs. 1 Nr. 1 HGB endet.

Kündigungserklärung | Die Kündigung ist empfangsbedürftige Willenserklärung und kann explizit oder auch konkludent erfolgen. Im letzteren Fall muss der Kündigungswille eindeutig hervortreten (*Westermann* in Westermann/Wertenbruch, Hdb. Personengesellschaften, Rz. I 1080). Die Bevollmächtigung eines Mitgesellschafters zur Anmeldung des Ausscheidens zum Handelsregister genügt hierfür nicht, wenn sie in der irrigen Annahme erfolgt, der vollmachtgebende Gesellschafter sei bereits aus anderen Gründen ausgeschieden (OLG Schleswig v. 7.12.2000 – 5 U 124/96, NZG 2001, 404 f.). Die Kündigung ist mangels abweichender gesellschaftsvertraglicher Regelung formlos möglich (*Piehler/Schulte* in Münchener Hdb. Gesellschaftsrecht, Bd. 2, § 36 Rz. 13). Wird sie (was zulässig ist) durch einen Vertreter erklärt, kann mangels Vorlage einer Vollmachturkunde eine unverzügliche Zurückweisung nach § 174 BGB erfolgen (*Schlitt/Maier-Reinhardt* in Reichert, GmbH & Co. KG, § 30 Rz. 32). Die Kündigung muss grundsätzlich sämtlichen Mitgesellschaftern innerhalb der Kündigungsfrist zugehen (*Piehler/Schulte* in Münchener Hdb. Gesellschaftsrecht, Bd. 2, § 36 Rz. 13), wobei abweichende gesellschaftsvertragliche Regelungen (bspw. Zugangserfordernis nur bei der Komplementär-GmbH, welche die Kommanditisten informiert) zweckmäßig und üblich sind. Bei der Publikums-KG wird man auch ohne ausdrückliche Regelung die Komplementärin als zur Entgegennahme von Kündigungen ermächtigt ansehen können, jedenfalls sofern diese durch die übrigen Gesellschafter – gleichsam als Kehrseite – zum Abschluss von Beitrittsverträgen ermächtigt ist (BGH v. 19.12.1974 – II ZR 27/73, BGHZ 63, 338, 346; *Westermann* in Westermann/Wertenbruch, Hdb. Personengesellschaften, Rz. I 1079). A 307

Abweichende Regelungen | Der Gesellschaftsvertrag kann auch im Übrigen abweichende Regelungen enthalten, bspw. bestimmte Formerfordernisse oder abweichende Fristen für die Kündigung vorsehen. Auch sind grundsätzlich sowohl Erleichterungen als auch Erschwerungen der Kündigung möglich (*Roth* in Baumbach/Hopt, § 132 HGB Rz. 8 f.). Allerdings kann die ordentliche Kündigung nicht dauerhaft gänzlich ausgeschlossen werden (BGH v. 14.11. 1953 – II ZR 232/52, NJW 1954, 106; *Westermann* in Westermann/Wertenbruch, Hdb. Personengesellschaften, Rz. I 1075; *Roth* in Baumbach/Hopt, § 132 HGB Rz. 12), sofern der Gesellschafter nicht ausnahmsweise bei einer Publikums-KG seinen Anteil jederzeit und ohne Zustimmung der übrigen Gesellschafter frei veräußern kann (*Schlitt/Maier-Reinhardt* in Reichert, GmbH & Co. KG, § 30 Rz. 41). Eine unzumutbare Erschwerung der ordentlichen Kündigung ist (als faktischer Kündigungsausschluss) grundsätzlich ebenfalls unzulässig. Eine solche Erschwerung liegt bspw. bei überlangen Kündigungsfristen oder Mindestdauern der Gesellschaft vor, wobei der BGH in der Vergangenheit eine Bindungsdauer von 30 Jahren noch als zulässig angesehen hat (BGH v. 19.1.1967 – II ZR 27/65, Rz. 18, juris). Auch die Vereinbarung einer Vertragsstrafe oder die Abhängigkeit der Kündigungsmöglichkeit von der Zustimmung von Mitgesellschaftern stellt grundsätzlich eine unzulässige Erschwerung dar (*Schlitt/Maier-Reinhardt* in Reichert, GmbH & Co. KG, § 30 Rz. 41). Schließlich kann auch eine Abfindungsbeschränkung das Kündigungsrecht mittelbar unzulässig einschränken (→ *Abfindung Rz. A 14 ff.*). Im Übrigen sind die Grenzen fließend und es ist im Einzelfall aufgrund einer Abwägung der Interessen des ausscheidenswilligen Gesellschafters mit denen der Gesellschaft zu entscheiden. A 308

A 309 **Außerordentliche Kündigung |** Bei der KG als Personenhandelsgesellschaft sieht das Gesetz kein außerordentliches Kündigungsrecht vor. Stattdessen ist der Gesellschafter grundsätzlich bei Vorliegen eines wichtigen Grundes auf die Auflösungsklage gemäß § 133 HGB verwiesen, die zur Liquidation der Gesellschaft führt. Ob darüber hinaus ein übergesetzliches außerordentliches Kündigungsrecht anzuerkennen ist, ist umstritten, wird jedoch (vor allem bei Publikumspersonengesellschaften, aber auch im Übrigen) weitgehend bejaht, sofern aus Sicht des kündigenden Gesellschafters ein wichtiger Grund vorliegt, der für ihn den weiteren Verbleib in der Gesellschaft auch in Abwägung mit eventuellen gegenläufigen Interessen seiner Mitgesellschafter unzumutbar erscheinen lässt (vgl. OLG Celle v. 10.11.2010 – 9 U 65/10, NZG 2011, 261 f.; *Schlitt/Maier-Reinhardt* in Reichert, GmbH & Co. KG, § 30 Rz. 37; *Heinrich* in Reichert, GmbH & Co. KG, § 31 Rz. 15; *Westermann* in Westermann/Wertenbruch, Hdb. Personengesellschaften, Rz. I 1121; *Stodolkowitz*, NZG 2011, 1327, 1331; vgl. ferner *Piehler/Schulte* in Münchener Hdb. Gesellschaftsrecht, Bd. 2, § 36 Rz. 25; zu den Abwägungskriterien bei Feststellung des wichtigen Grundes s. Rz. A 326 f.).

A 310 **Regelung im Gesellschaftsvertrag |** Der Gesellschaftsvertrag kann – und sollte bei Fehlen eines ordentlichen Kündigungsrechts wegen der ansonsten bestehenden Rechtsunsicherheit – den Gesellschaften ein außerordentliches Kündigungsrecht einräumen. Dabei kann er grundsätzlich auch die zur außerordentlichen Kündigung berechtigenden Gründe näher definieren (*Schlitt/Maier-Reinhardt* in Reichert, GmbH & Co. KG, § 30 Rz. 44).

5. Kündigung durch den Privatgläubiger eines KG-Gesellschafters (§ 131 Abs. 3 Nr. 4 HGB)

A 311 **Privatgläubiger |** Nach § 135 HGB steht einem Privatgläubiger unter bestimmten Voraussetzungen die Möglichkeit zu, die Gesellschafterstellung seines Schuldner zu kündigen. Als Privatgläubiger sind dabei nur Personen anzusehen, denen unabhängig vom Gesellschaftsverhältnis (also auch nicht über § 128 HGB) Forderungen gegen den Gesellschafter zustehen (*Westermann* in Westermann/Wertenbruch, Hdb. Personengesellschaften, Rz. I 1098a).

A 312 **Voraussetzungen |** Als Kündigungsvoraussetzung muss der Privatgläubiger (i) einen nicht nur vorläufig vollstreckbaren Schuldtitel gegen den Gesellschafter besitzen, (ii) aufgrund dessen die Pfändung des Auseinandersetzungsguthabens erwirkt haben und (iii) muss – nicht notwendigerweise durch den nämlichen Privatgläubiger selbst (*Piehler/Schulte* in Münchener Hdb. Gesellschaftsrecht, Bd. 2, § 36 Rz. 28) – innerhalb der letzten sechs Monate erfolglos die Zwangsvollstreckung in das bewegliche (!) Gesellschaftervermögen versucht worden sein. Soweit in der Norm von der Pfändung des Auseinandersetzungsguthabens die Rede ist, ist der Wortlaut veraltet; gemeint ist nach aktueller Rechtslage die Pfändung des Gesellschaftsanteils, die sich automatisch auch auf den Abfindungsanspruch erstreckt (*Lorz* in E/B/J/S, § 135 HGB Rz. 12).

A 313 **Kündigungserklärung |** Als Rechtsfolge kann der Privatgläubiger die Gesellschaft unter Einhaltung einer Frist von sechs Monaten zum Geschäftsjahresende kündigen und zwar unabhängig von eventuell abweichenden gesellschaftsvertraglichen Kündigungsfristen und sonstigen Formalien (*Piehler/Schulte* in Münchener Hdb. Gesellschaftsrecht, Bd. 2, § 36 Rz. 28). Die Kündigung ist gegenüber sämtlichen Gesellschaftern unter Einschluss des Schuldners des Privatgläubigers zu erklären (*Lorz* in E/B/J/S, § 132 HGB Rz. 18).

Rechtsfolge | Folge der Kündigung ist nach § 131 Abs. 3 Nr. 4 HGB zunächst das Ausscheiden des betroffenen Gesellschafters. Die Pfändung des Privatgläubigers setzt sich an dessen Abfindungsanspruch fort (*Schlitt/Maier-Reinhardt* in Reichert, GmbH & Co. KG, § 30 Rz. 48). A 314

Abweichende Regelungen | Zu Möglichkeiten der gesellschaftsvertraglichen Beschränkung des Abfindungsanspruchs allgemein → *Abfindung Rz. A 28*. Üblich sind insofern zudem gesellschaftsvertragliche Regelungen, wonach bereits die Pfändung eines Gesellschaftsanteils zum automatischen Ausscheiden eines Gesellschafters führt oder den Mitgesellschaftern zumindest die Möglichkeit eröffnet, ihn durch Beschluss auszuschließen (vgl. auch *Schlitt/Maier-Reinhardt* in Reichert, GmbH & Co. KG, § 30 Rz. 50). Zumeist wir dem betroffenen Gesellschafter insofern eine Frist eingeräumt, binnen der er die Pfändung beseitigen und so die genannten Folgen vermeiden kann. A 315

6. Im KG-Gesellschaftsvertrag vorgesehene Ausscheidensgründe (§ 131 Abs. 3 Nr. 5 HGB)

Deklaratorischer Charakter | § 131 Abs. 3 Nr. 5 HGB stellt rein deklaratorisch klar, dass der Gesellschaftsvertrag noch weitere Ausscheidensgründe normieren kann (*Schlitt/Maier-Reinhardt* in Reichert, GmbH & Co. KG, § 30 Rz. 52). Unter welchen Umständen entsprechende vertragliche Regelungen zulässig sind, wird nicht geregelt. A 316

Formelle Anforderungen | Die Zulässigkeit vertraglicher Ausscheidensgründe hat sich vielmehr nach allgemeinen Grundsätzen zu richten. Hiernach sind in formeller Hinsicht entsprechende Gründe hinreichend bestimmt zu formulieren (*K. Schmidt* in MünchKomm. HGB, § 131 HGB Rz. 86; nach *Piehler/Schulte* in Münchener Hdb. Gesellschaftsrecht, Bd. 2, § 36 Rz. 29 das Haupt-/einzige Kriterium). A 317

Materielle Anforderungen | Sie müssen materiell nach zutreffender Ansicht nicht geeignet sein, zugleich den Ausschluss eines Gesellschafters aus wichtigem Grund zu rechtfertigen (*Schlitt/Maier-Reinhardt* in Reichert, GmbH & Co. KG, § 30 Rz. 53; *Piehler/Schulte* in Münchener Hdb. Gesellschaftsrecht, Bd. 2, § 36 Rz. 29; a.A. *Lorz* in E/B/J/S, § 131 HGB Rz. 53; *Roth* in Baumbach/Hopt, § 131 HGB Rz. 25; *Haas* in Röhricht/Graf von Westphalen/Haas, § 131 HGB Rz. 35). Diese Ansicht überzeugt, da der Ausschluss automatisch eintritt und damit anders als die von einer Entscheidung der übrigen Gesellschafter abhängigen Ausschlussvarianten nicht die Gefahr einer willkürlichen Ausübung durch die Gesellschaftermehrheit („Willkürherrschaft") mit sich bringt. Insofern ist das Korrektiv eines wichtigen Grundes nicht erforderlich. Allerdings darf aus eben diesem Grund auch keine willkürliche Herbeiführung der Ausscheidensvoraussetzungen durch andere Gesellschafter möglich sein (*Piehler/Schulte* in Münchener Hdb. Gesellschaftsrecht, Bd. 2, § 36 Rz. 29), da ansonsten i.d.S. ein unzulässiges freies Hinauskündigungsrecht bestünde. A 318

Beispiele:

Denkbare Ausscheidensgründe sind das Erreichen bestimmter Altersgrenzen, Arbeitsunfähigkeit oder der Verlust beruflicher Qualifikationen, die Beendigung von Anstellungsverhältnissen oder Geschäftsführungsverhältnissen bei KG oder Komplementärin (insb. bei sog. „Mitarbeiter- bzw. Managementbeteiligungsprogrammen"), Verheiratung ohne Vereinbarung bestimmter Güterstandsklauseln, Verurteilung wegen einer Straftat, in Bezug auf die Komplementär-GmbH zudem Umwandlung und Kontrollwechsel

(*K. Schmidt* in MünchKomm. HGB, § 131 HGB Rz. 86; *Piehler/Schulte* in Münchener Hdb. Gesellschaftsrecht, Bd. 2, § 36 Rz. 29).

A 319 **Begrenzung durch § 138 BGB |** Soweit es um verhaltensbezogene Ausscheidensgründe geht, müssen diese sich allerdings an § 138 BGB messen lassen und dürfen insb. keine knebelnde Wirkung haben. So kann bspw. eine Regelung unwirksam sein, wonach ein Gesellschafter ausscheidet, der sich einer Umwandlungsmaßnahme widersetzt. Auch kommt eine Unwirksamkeit bei nicht sachlich gerechtfertigten Eingriffen in den persönlichen Lebensbereich, bspw. die Anknüpfung des Ausscheidens an bestimmte religiöse Überzeugungen, in Betracht (*Schlitt/Maier-Reinhardt* in Reichert, GmbH & Co. KG, § 30 Rz. 53).

7. Beschluss der KG-Gesellschafter (§ 131 Abs. 3 Nr. 6 HGB)

A 320 **Deklaratorischer Charakter |** Auch § 131 Abs. 3 Nr. 6 HGB hat im Endeffekt nur deklaratorische Funktion und setzt einerseits die gesellschaftsvertragliche Regelung einer Ausschlussmöglichkeit im Beschlusswege voraus, regelt andererseits nicht die Wirksamkeitsanforderungen, die an eine solche Regelung zu stellen sind (*Schlitt/Maier-Reinhardt* in Reichert, GmbH & Co. KG, § 30 Rz. 54).

A 321 **Einstimmiger Ausschluss |** Immer zulässig ist ein einstimmiger Ausschluss eines Gesellschafters im Beschlusswege, sofern auch der betroffene Gesellschafter daran mitwirkt (*Westermann* in Westermann/Wertenbruch Hdb. Personengesellschaften, Rz. I 1100; *Roth* in Baumbach/Hopt, § 131 HGB Rz. 26). Das ergibt sich schon daraus, dass dasselbe Ergebnis auch durch einen allseitigen Austrittsvertrag erreicht werden könnte (s. Rz. A 330).

A 322 **Mehrheitlicher Ausschluss |** Ein freier Ausschluss durch mehrheitlichen gefassten Gesellschafterbeschluss gegen den Willen des Betroffenen würde demgegenüber die freie Hinauskündigung der Minderheitsgesellschafter ermöglichen und ist daher nicht unbeschränkt zulässig. Vielmehr wird man hier das Vorliegen eines wichtigen Grundes i.S.d. § 140 HGB (Hinauskündigung anstelle der Ausschließungsklage s. Rz. A 323 ff.) fordern müssen, damit es insofern nicht zu einem Widerspruch kommt (*Roth* in Baumbach/Hopt, § 131 HGB Rz. 26; ggf. noch weitergehend *Piehler/Schulte* in Münchener Hdb. Gesellschaftsrecht, Bd. 2, § 36 Rz. 2, 30).

8. Weitere Ausscheidensgründe bei der KG

A 323 **Ausschließungsklage |** Nach § 140 HGB haben die übrigen Gesellschafter die Möglichkeit, bei Vorliegen eines wichtigen Grundes i.S.v. § 133 HGB die gerichtliche Ausschließung des betreffenden Gesellschafters zu beantragen (sof. Ausschließungsklage), anstatt nach § 133 HGB insgesamt Auflösungsklage zu erheben.

A 324 **Antrag |** Der Antrag bei Gericht muss grundsätzlich durch sämtliche in der Gesellschaft verbleibenden Gesellschafter gestellt werden, wobei einzelne Gesellschafter alternativ auch außergerichtlich bindend erklären können, mit dem Ausschluss einverstanden zu sein (BGH v. 15.9.1997 – II ZR 97/96, NJW 1998, 146). Die Mitwirkung der übrigen Gesellschafter kann falls notwendig durch (Leistungs-)Klage, gestützt auf die gesellschafterliche Treuepflicht, erzwungen werden (BGH v. 28.4.1975 – II ZR 16/73, BGHZ 64, 253). In einer Zweipersonengesellschaft kann der Antrag auch durch den letzten verbleibenden Gesellschafter gestellt werden.

Klageart und -ziel | Die Ausschließungsklage ist Gestaltungsklage (*Piehler/Schulte* in Münchener Hdb. Gesellschaftsrecht, Bd. 2, § 36 Rz. 49 f.; *Westermann* in Westermann/Wertenbruch, Hdb. Personengesellschaften, Rz. I 1126a), gerichtet auf die „Ausschließung des Gesellschafters". A 325

Wichtiger Grund | Als Beispiel eines wichtigen Grundes, der eine Ausschließung rechtfertigt, nennt das Gesetz in § 133 Abs. 2 HGB die vorsätzliche oder grob fahrlässige Verletzung wesentlicher Pflichten aus dem Gesellschaftsvertrag. Im Ergebnis ist (spiegelbildlich zu dem außerordentlichen Kündigungsrecht eines Gesellschafters, s. Rz. A 309) eine Abwägung der Interessen der Mitgesellschafter am Ausscheiden des Betroffenen mit seinen Interessen am Verbleib in der Gesellschaft vorzunehmen. Ergibt diese, dass den Mitgesellschaftern ein Verbleib des Betroffenen im Rahmen einer Zukunftsprognose nicht mehr zumutbar ist, ist der Ausschließungsklage stattzugeben (*Westermann* in Westermann/Wertenbruch, Hdb. Personengesellschaften, Rz. I 1105). Wesentlicher Abwägungsfaktor ist neben dem (schon im gesetzlichen Beispiel genannten) Verschulden die Höhe eines eventuell angerichteten Schadens, wobei beide Faktoren bei anderweitig bestehenden Interessenkonflikten nicht zwingend erforderlich für einen Ausschluss sind (*Heinrich* in Reichert, GmbH & Co. KG, § 31 Rz. 36 ff.). A 326

Ultima Ratio | Die Ausschließung ist „ultima ratio", so dass keine weniger einschneidenden Mittel zur „Befriedung" der Gesellschaft zur Verfügung stehen dürfen (BGH v. 31.3.2003 – II ZR 8/01, NZG 2003, 625 f. = ZIP 2003, 1037; *Roth* in Baumbach/Hopt, § 140 HGB Rz. 6). A 327

Beispiele:

Als Fallgruppen sind u.a. anerkannt: (wiederholte) Verstöße gegen Pflichten aus dem Gesellschafts- und/oder Geschäftsführungsverhältnis wie bspw. die Nichteinholung von Zustimmungen im Innenverhältnis, schädigende Äußerungen, eigene Nutzung von Geschäftschancen der Gesellschaft, Verstöße gegen ein Wettbewerbsverbot, Veruntreuung, Unterschlagung oder unberechtigte Entnahme von Gesellschaftsvermögen (vgl. im Einzelnen die Aufstellung nebst Nachweisen bei *Piehler/Schulte* in Münchener Hdb. Gesellschaftsrecht, Bd. 2, § 36 Rz. 46; *Westermann* in Westermann/Wertenbruch, Hdb. Personengesellschaften, Rz. I 1111 ff.).

Verwirkung | Wie bei grundsätzlich sämtlichen Lösungsrechten aus wichtigem Grund kann eine Verwirkung eintreten, wenn seit Kenntniserlangung von dem wichtigen Grund ein längerer Zeitraum vergangen ist, ohne dass das Lösungsrecht ausgeübt wurde (*Heinrich* in Reichert, GmbH & Co. KG, § 31 Rz. 39). Der BGH hat dies nach Ablauf von 15 Monaten bejaht, allerdings nicht unter dem Aspekt der Verwirkung sondern aufgrund einer (widerleglichen) tatsächlichen Vermutung dahingehend, der wichtige Grund sei zwischenzeitlich entfallen (BGH v. 11.7.1966 – II ZR 215/64, NJW 1966, 2160 f.). Jedoch ist den ausschließungsberechtigten Mitgesellschaftern ein hinreichender Zeitraum für die Prüfung und Aufklärung des wichtigen Grundes zuzubilligen, der ja nach Lage des Einzelfalles und Komplexität des Sachverhaltes variieren kann (BGH v. 14.6.1999 – II ZR 193/98, NJW 1999, 2820 ff. = ZIP 1999, 1355). A 328

Abweichende Regelungen | Der Gesellschaftsvertrag kann Erleichterungen, wegen der verbleibenden Möglichkeit der Auflösungsklage (§ 133 HGB) aber nach überwiegender Ansicht auch Erschwerungen oder den vollständigen Ausschluss der Ausschließungsklage vorsehen. Insbesondere ist eine Konkretisierung des zum Ausschluss berechtigenden wichtigen Grundes A 329 zulässig, unterliegt aber einer Inhaltskontrolle durch die Rechtsprechung und darf insbesondere keinen willkürlichen Ausschluss ermöglichen (im Einzelnen *Piehler/Schulte* in Münchener Hdb. Gesellschaftsrecht, Bd. 2, § 36 Rz. 61 ff.).

A 330 **Austrittsvertrag** | Schließlich ist es den Gesellschaftern wegen des Grundsatzes der Privatautonomie unbenommen, jederzeit das Ausscheiden eines Mitgesellschafters im Wege einer allseitigen vertraglichen Vereinbarung unter Mitwirkung des Betroffenen zu regeln (*K. Schmidt* in MünchKomm. HGB, § 131 HGB Rz. 93).

9. Zivilrechtliche Folgen des Ausscheidens aus der KG

A 331 **Zeitpunkt des Ausscheidens** | Der Gesellschafter verliert seine mitgliedschaftliche Stellung mit Eintritt des Ausscheidensgrundes, bei der Kündigung mit Ablauf der ggf. bestehenden Kündigungsfrist (*Hannes* in Hesselmann/Tillmann/Mueller-Thuns, Hdb. GmbH & Co. KG, Rz. 8.215; *Lorz* in E/B/J/S, § 131 HGB Rz. 51), bei gerichtlicher Entscheidung mit materieller Rechtskraft des Urteils (*Heinrich* in Reichert, GmbH & Co. KG, § 31 Rz. 34; *Piehler/Schulte* in Münchener Hdb. Gesellschaftsrecht, Bd. 2, § 36 Rz. 49; *Lorz* in E/B/J/S, § 140 HGB Rz. 34; *K. Schmidt* in MünchKomm. HGB, § 140 HGB Rz. 83; § 140 Abs. 2 HGB erklärt lediglich abweichend hiervon den Zeitpunkt der Klageerhebung als maßgeblich für die Abfindungsberechnung).

A 332 **Registereintragung** | Die Eintragung des Ausscheidens im Handelsregister hat lediglich deklaratorische Wirkung (*Schlitt/Maier-Reinhardt* in Reichert, GmbH & Co. KG, § 30 Rz. 56), ist jedoch aufgrund der Registerpublizität (§ 15 Abs. 1 HGB) für die Außenhaftung maßgeblich. Die Registeranmeldung muss durch sämtliche Gesellschafter einschließlich des Ausscheidenden vorgenommen werden.

A 333 **Beendigung mitgliedschaftlicher Rechte und Pflichten** | Mit seinem Ausscheiden verliert der Gesellschafter sämtliche (vermögens- und nicht vermögensbezogenen) Mitgliedschaftsrechte (*Schlitt/Maier-Reinhardt* in Reichert, GmbH & Co. KG, § 30 Rz. 64). Auch seine Gesellschafterpflichten entfallen grundsätzlich, wobei insbesondere Wettbewerbsverbote in bestimmten Grenzen auch mit nachlaufender Wirkung vereinbart werden können.

A 334 **Abfindung** | Dem Gesellschafter steht nach Ausscheiden ein Anspruch auf Abfindung (→ *Abfindung*) gemäß § 738 Abs. 1 Satz 2 BGB zu. Zudem kann er Auszahlung der Guthaben auf seinen als Fremdkapital zu qualifizierenden Gesellschafterkonten verlangen, außerdem solche Gegenstände von der Gesellschaft herausverlangen, die er lediglich zur Nutzung überlassen hat (§§ 738 Abs. 1, 732 BGB). Regelmäßig bestehen insofern ausdifferenzierte gesellschaftsvertragliche Regelungen (→ *Abfindung Rz. A 11 ff.*).

A 335 **Nachschusspflicht** | Übersteigen demgegenüber die Gesellschaftsschulden den Wert des Gesellschaftsvermögens, trifft den Gesellschafter anlässlich seines Ausscheidens eine Nachschusspflicht und er muss den anteilig auf ihn entfallenden Fehlbetrag ausgleichen (§ 739 BGB). Für Kommanditisten ist die Nachschusspflicht entsprechend § 167 Abs. 3 HGB auf ihren Kapitalanteil (Haftsumme, vgl. *Grunewald* in MünchKomm. HGB, § 167 HGB Rz. 14) bzw. ihre ausstehende Einlage beschränkt (OLG Düsseldorf v. 26.3.1999 – 16 U 63/98, NZG 1999, 876 f.; *Heinrich* in Reichert, GmbH & Co. KG, § 31 Rz. 9). Hieraus folgt, dass der Kommanditist, sofern er seine Einlage ordnungsgemäß geleistet hat und sie ihm nicht zurückgewährt wurde, bei Ausscheiden keiner Nachschusspflicht unterliegen kann, selbst wenn sein Kapitalanteil zwischenzeitlich durch Verlustzuschreibung teilweise aufgezehrt oder sogar insgesamt negativ geworden ist (*Grunewald* in MünchKomm. HGB, § 167 HGB Rz. 16; *Roth* in Baumbach/Hopt, § 167 HGB Rz. 4 f.).

Nachhaftung | Für Altverbindlichkeiten der KG haftet der Gesellschafter nach seinem Ausscheiden innerhalb der Fünf-Jahres-Frist des § 160 Abs. 1 HGB fort, kann jedoch von der KG und seinen ehemaligen Mitgesellschaftern Freistellung bzw. Ausgleich nach § 738 Abs. 1 Satz 2 BGB verlangen (dazu im Detail → *Haftung des Komplementärs Rz. H 76 ff.* bzw. → *Haftung des Kommanditisten Rz. H 36*). A 336

Folgen für die übrigen Gesellschafter/die KG | Im Übrigen besteht die KG unverändert fort, wahrt insbesondere ihre Identität (*Westermann* in Westermann/Wertenbruch Hdb. Personengesellschaften, Rz. I. 1068, I 1140b) und behält ihre Firma, wobei der Ausgeschiedene bei Nennung seines Namens in der Firma der Firmenfortführung nach § 24 Abs. 2 HGB zustimmen muss (*Piehler/Schulte* in Münchener Hdb. Gesellschaftsrecht, Bd. 2, § 37 Rz. 4). Der Anteil des Ausgeschiedenen Gesellschafters am Gesellschaftsvermögen wächst den übrigen Gesellschaftern beteiligungsproportional gemäß 738 Abs. 1 Satz 1 BGB an. A 337

Anwachsung | Verbleibt nach dem Ausscheiden nur ein Gesellschafter, geht das gesamte Gesellschaftsvermögen nebst Verbindlichkeiten auf ihn im Wege der Gesamtrechtsnachfolge über, ohne dass es einzelner Übertragungsakte bedürfte (*Roth* in Baumbach/Hopt, § 131 HGB Rz. 35; im Einzelnen *Piehler/Schulte* in Münchener Hdb. Gesellschaftsrecht, Bd. 2, § 37 Rz. 7 ff.; → *Anwachsung*). Ist der letzte verbleibende Gesellschafter ein Kommanditist, wird er nach der Rechtsprechung des BGH vor der mit der Gesamtrechtsnachfolge verbundenen unbeschränkten Haftung für Gesellschaftsverbindlichkeiten durch analoge Anwendung des § 27 Abs. 2 HGB geschützt (BGH v. 15.3.2004 – II ZR 247/01, GmbHR 2004, 952 = GmbH-StB 2004, 200; *Piehler/Schulte* in Münchener Hdb. KG, § 37 Rz. 14): Er haftet nur bei Fortführung des Geschäfts für mehr als drei Monate unbeschränkt mit seinem Privatvermögen, ansonsten bei Geschäftseinstellung innerhalb dieser Frist lediglich beschränkt auf das Gesellschaftsvermögen zzgl. einer eventuellen beschränkten Kommanditistenaußenhaftung. A 338

10. Steuerliche Folgen des Ausscheidens aus der KG

Entgeltlicher, unentgeltlicher oder teilentgeltlicher Vorgang | Ertragsteuerlich ist der zivilrechtliche Grund des Ausscheidens eines Mitunternehmers aus einer GmbH & Co. KG grundsätzlich nicht von Bedeutung. Für die steuerliche Qualifikation ist entscheidend, ob ein entgeltlicher, unentgeltlicher oder teilentgeltlicher Vorgang vorliegt. Und für die Anwendung steuerlicher Begünstigungen, insbesondere in Form des Veräußerungsfreibetrags und der Tarifbegünstigung gemäß §§ 16, 34 EStG, ist von besonderer Relevanz, ob sämtliche stillen Reserven des Mitunternehmeranteils des ausscheidenden Gesellschafters realisiert wurden. Deshalb gelten im Fall des Ausscheidens eines Mitunternehmers je nach Lage des Falles die unter → *Übertragung von Gesellschaftsanteilen*, → *Verkauf und Vorkauf von Gesellschaftsanteilen* und → *Abfindung* dargestellten Grundsätze. A 339

11. Ausscheiden aus der GmbH

Möglichkeiten des Ausscheidens | Ein reguläres Kündigungs- oder Austrittsrecht kennt das GmbH-Gesetz nicht. Lediglich für den Sonderfall der Einforderung eines (gesellschaftsver- A 340 traglich unbeschränkt zugelassenen) Nachschusses sieht § 27 GmbHG die Möglichkeit vor, der Gesellschaft stattdessen den Gesellschaftsanteil zur Befriedigung zu überlassen und dadurch auszuscheiden (sog. „Abandon"). Zudem steht nach § 61 GmbHG Gesellschaftern, die (einzeln oder gemeinsam) mindestens 10 % des Stammkapitals halten, das Recht zu, Auflösungsklage zu erheben, sofern das Erreichen des Gesellschaftszwecks unmöglich wird oder sonst ein wichtiger Grund vorliegt.

A 341 **Freie Veräußerbarkeit |** Im Übrigen tritt bei der GmbH grundsätzlich die (zumindest theoretisch und vorbehaltlich einer Vinkulierung bestehende) freie Veräußerbarkeit des Geschäftsanteils an die Stelle des Austritts (*Heinrich* in Reichert, GmbH & Co. KG, § 31 Rz. 20).

a) Außerordentliche Kündigung

A 342 **Grundlagen |** Dennoch steht auch hier dem Gesellschafter, zumindest bei Vorliegen eines wichtigen Grundes, ggf. ein außerordentliches Austrittsrecht nach allgemeinen Grundsätzen zu. Dies ist jedenfalls dem Grundsatz nach in Rechtsprechung und Literatur anerkannt, wenn eine Interessenabwägung zum Überwiegen seiner Lösungsinteressen kommt und damit ein wichtiger Grund für seinen Austritt besteht (BGH v. 16.12.1991 – II ZR 58/91, BGHZ 116, 359, 369 = GmbHR 1992, 257; *Heinrich* in Reichert, GmbH & Co. KG, § 31 Rz. 25; *Hannes* in Hesselmann/Tillmann/Mueller-Thuns, Hdb. GmbH & Co. KG, Rz. 8.225; *Strohn* in MünchKomm. GmbHG, § 34 GmbHG Rz. 102; *Lutter/Kleindiek* in Lutter/Hommelhoff, § 34 GmbHG Rz. 70). Wichtiges Kriterium (bzw. nach einer Ansicht zwingende Voraussetzung) ist insofern, ob die Veräußerlichkeit des Geschäftsanteils ausgeschlossen ist. Im Übrigen sind in erster Linie die wirtschaftlichen Interessen des betroffenen Gesellschafters am Ausscheiden mit denen der Mitgesellschafter und der Gesellschaft an seinem Verbleib abzuwägen. Dabei ist auch maßgeblich, wessen Risikosphäre (Gesellschaft oder Gesellschafter) der Ausscheidensgrund zuzuordnen ist sowie der Gedanke des Minderheitenschutzes dahingehend zu berücksichtigen, dass gegen den Willen des Minderheitsgesellschafters beschlossene strukturelle Änderungen diesen ggf. bei nachteiligen Auswirkungen zum Austritt berechtigen können (zum Ganzen *Heinrich* in Reichert, GmbH & Co. KG, § 31 Rz. 26).

A 343 **Abweichende Regelungen |** Wegen der bisher nicht abschließenden Klärung der Grenzen des außerordentlichen Austrittsrechts empfiehlt sich insofern eine klare gesellschaftsvertraglich Regelung (*Hannes* in Hesselmann/Tillmann/Mueller-Thuns, Hdb. GmbH & Co. KG, Rz. 8.228), die in diesem Bereich grundsätzlich zulässig ist.

A 344 **Schicksal des Geschäftsanteils |** Dabei sollte auch geregelt werden, wie mit dem zunächst bestehen bleibenden Geschäftsanteil des ausscheidenden Gesellschafters verfahren wird. Dieser kann wahlweise veräußert oder eingezogen werden, eine Anwachsung wie beim Ausscheiden aus der KG kommt hingegen nicht in Betracht (*Heinrich* in Reichert, GmbH & Co. KG, § 31 Rz. 23).

b) Einziehung

A 345 **Gesetzliche Regelung |** Die Einziehung eines Geschäftsanteils ist nur teilweise in § 34 GmbHG geregelt und bedarf nach Abs. 1 der Norm stets der Zulassung im Gesellschaftsvertrag (*Hannes* in Hesselmann/Tillmann/Mueller-Thuns, Hdb. GmbH & Co. KG, Rz. 8.238). Zudem setzt sie voraus, dass der Geschäftsanteil voll eingezahlt ist, da sonst (mittelbar) gegen das Verbot der Befreiung von der Einlageverpflichtung (§ 19 Abs. 2 Satz 1 GmbHG) verstoßen würde. Bei nicht vollständiger Einzahlung steht als Alternative die Kaduzierung des Geschäftsanteils gemäß § 21 GmbHG zur Verfügung.

Freiwillige Einziehung | Ohne besonderen Grund ist die Einziehung im Übrigen nur mit Zustimmung des betroffenen Gesellschafters zulässig. Sie erfordert darüber hinaus einen mit einfacher Mehrheit zu fassenden Gesellschafterbeschluss, bei dem der ausscheidenswillige Gesellschafter stimmberechtigt ist. In seinem positiven Abstimmen kann zugleich konkludent seine Zustimmung zur Einziehung erblickt werden. A 346

Zwangseinziehung | Soll die Einziehung gegen den Willen des Betroffenen erfolgen, muss sie darüber hinaus durch einen sachlichen Grund gerechtfertigt sein, der bereits vor der Einziehung im Gesellschaftsvertrag geregelt ist (*Heinrich* in Reichert, GmbH & Co. KG, § 31 Rz. 52). Tauglich ist jedenfalls ein „wichtiger Grund" ähnlich demjenigen des § 133 HGB, für dessen vorliegen i.E. wiederum eine Interessenabwägung maßgeblich ist (*Strohn* in MünchKomm. GmbHG, § 34 GmbHG Rz. 47 f.; zu den Abwägungskriterien s. Rz. A 318 f.). Ob die Rechtsprechung daneben noch eine weitere Gruppe von in ihrer Intensität weniger gewichtigen „sachlichen Gründen" als Voraussetzung für die Zwangseinziehung genügen lassen wollte, scheint zumindest fragwürdig, wird aber teilweise so vertreten (bspw. *Fastrich* in Baumbach/Hueck, § 34 GmbHG Rz. 9a). Rechtssicher dürfte es demgegenüber sein, sich auch bezüglich des Vorliegens eines hinreichenden „sachlichen Grundes" an denselben Abwägungsmaßstäben zu orientieren, die für den wichtigen Grund entwickelt wurden. A 347

Gesellschafterbeschluss | Zusätzlich ist ein Gesellschafterbeschluss mit einfacher Mehrheit erforderlich (*Sandhaus* in Gehrlein/Ekkenga/Simon, § 34 GmbHG Rz. 32), bei dem der von der Einziehung betroffene Gesellschafter nicht stimmberechtigt ist (BGH v. 13.1.2003 – II ZR 227/00, BGHZ 153, 285, 290 = GmbHR 2003, 351 m. Anm. *Schmidt* = GmbH-StB 2003, 66; *Lutter/Kleindiek* in Lutter/Hommelhoff, § 34 GmbHG Rz. 43; *Hannes* in Hesselmann/Tillmann/Mueller-Thuns, Hdb. GmbH & Co. KG, § 9 Rz. 216). Nach erfolgter Beschlussfassung ist die Zwangseinziehung zu ihrer Wirksamkeit dem Betroffenen gegenüber zu erklären (*Heinrich* in Reichert, GmbH & Co. KG, § 31 Rz. 53), regelmäßig entweder durch den Geschäftsführer oder einen hierzu durch die Gesellschafterversammlung ermächtigten Mitgesellschafter. A 348

Rechtsfolgen | Folge der Einziehung ist der Wegfall des eingezogenen Geschäftsanteils (*Lutter/Kleindiek* in Lutter/Hommelhoff, § 34 GmbHG Rz. 2). An dessen Stelle tritt regelmäßig der Anspruch auf Zahlung einer Abfindung (vgl. *Heinrich* in Reichert, GmbH & Co. KG, § 31 Rz. 48). A 349

Kapitalerhaltung | Insofern bestimmt § 34 Abs. 3 GmbHG, dass die Kapitalerhaltungsvorschrift des § 30 Abs. 1 GmbHG unberührt bleibt. Daraus wird gemeinhin gefolgert, dass der Einziehungsbeschluss nur wirksam ist, wenn die Abfindung – jedenfalls zum Beschlusszeitpunkt – ohne Eingriff in das für den bilanziellen Erhalt des Stammkapitals erforderliche Vermögen gezahlt werden könnte (BGH v. 19.6.2000 – II ZR 73/99, BGHZ 144, 365, 369 f. = GmbHR 2000, 822 = GmbH-StB 2000, 238; *Strohn* in MünchKomm. GmbHG, § 34 GmbHG Rz. 72). Stellt sich erst nachträglich heraus, dass die Abfindung nicht aus freiem Gesellschaftsvermögen gezahlt werden kann, hat sich die bisher h.M. damit beholfen, die Einziehung als aufschiebend bedingt auf die vollständige Abfindungszahlung zu qualifizieren (vgl. die Nachweise bei *Strohn* in MünchKomm. GmbHG, § 34 GmbHG Rz. 73). Diese Lösung hat den Nachteil, dass es bei der (zulässigerweise) oft über einen längeren Zeitraum gestreckten Zahlung der Abfindung zu einem ggf. lang andauernden Schwebezustand und zu nicht unerheb- A 350 lichen Unsicherheiten bezüglich der endgültigen Wirksamkeit der Einziehung kommt. Insofern scheint eine im Vordringen befindliche Auffassung überzeugender (oder zumindest praktikabler, wenn auch dogmatisch schwerer begründbar), wonach die Einziehung sofort wirksam wird, der ausscheidende Gesellschafter hingegen durch eine Ausfallhaftung der verbleibenden Gesellschafter für seine Abfindung abgesichert wird; dieser Ansicht hat sich auch der BGH zwischenzeitlich i.W. angeschlossen (BGH v. 24.1.2012 – II ZR 109/11, GmbHR 2012, 387, 388 ff. = GmbH-StB 2012, 109; *Lutter/Kleindiek* in Lutter/Hommelhoff, § 34 GmbHG Rz. 7; *Sandhaus* in Gehrlein/Ekkenga/Simon, § 34 GmbHG Rz. 28; *Strohn* in MünchKomm. GmbHG, § 34 GmbHG Rz. 76).

A 351 **„Berichtigung" des Stammkapitals |** Ist die Einziehung wirksam, käme es an sich zum (gemäß § 5 Abs. 3 Satz 2 GmbHG unzulässigen) Auseinanderfallen von Stammkapitalziffer und Summe der Nennbeträge der Geschäftsanteile. Zur Lösung wurden und werden verschiedene Ansätze diskutiert, die von der Ausnahmsweisen (ggf. vorübergehenden) Zulässigkeit des Auseinanderfallens (*Strohn* in MünchKomm. GmbHG, § 34 GmbHG Rz. 65 f.) über die Möglichkeit der Bildung eines eigenen Geschäftsanteils oder die anteilige Aufstockung der übrigen Anteile (*Lutter/Kleindiek* in Lutter/Hommelhoff, § 34 GmbHG Rz. 3) bis hin zur Pflicht zur Herabsetzung des Stammkapitals reichen (zum Ganzen *Heinrich* in Reichert, GmbH & Co. KG, § 31 Rz. 49; *Strohn* in MünchKomm. GmbHG, § 34 GmbHG Rz. 67 ff.). Die „Bildung" eines eigenen Anteils der GmbH lässt sich dabei (jedenfalls bei wirtschaftlicher Betrachtung) als Zwangsabtretung (dazu sogleich) und damit als *aliud* zur Einziehung einordnen. Überzeugend erscheint es hingegen, entweder eine Aufstockung der Werte der bestehenden Anteile (= Kapitalerhöhung) oder eine Kapitalherabsetzung vorzunehmen. Beides sind reguläre und allgemein zulässige Kapitalmaßnahmen, die als „Umsetzungsmaßnahmen" zusammen mit der Einziehung vorgenommen werden können. Nach jüngster Rechtsprechung des BGH führt es allerdings nicht zur Unwirksamkeit einer (ansonsten ordnungsgemäß) beschlossenen Einziehung, wenn in ihrem Rahmen nicht zugleich Maßnahmen gegen das Auseinanderfallen von Stammkapitalziffer und Summe der Nennbeträge der Geschäftsanteile ergriffen werden (BGH v. 2.12.2014 – II ZR 322/13, GmbHR 2015, 416, 417 f. = GmbH-StB 2015, 131).

A 352 **Alternative: Zwangsabtretung |** Alternativ zur Einziehung kann bei Vorliegen eines wichtigen Grundes auch die Pflicht des betroffenen Gesellschafters zur zwangsweisen Abtretung seines Geschäftsanteils (an einen Mitgesellschafter, die Gesellschaft oder einen zu benennenden Dritten) geregelt werden (*Lutter/Kleindiek* in Lutter/Hommelhoff, § 34 GmbHG Rz. 67). Auch hierüber ist durch die übrigen Gesellschafter zu beschließen. Vorteil dieser Variante ist, dass das Schicksal des betreffenden Geschäftsanteils nicht mehr durch eine weitere (Kapital-)Maßnahme geregelt werden muss.

c) Ausschließung

A 353 **Ausschließung aus wichtigem Grund |** Auch wenn eine ausdrückliche Regelung fehlt, ist die Möglichkeit einer Ausschließung aus wichtigem Grund bei der GmbH ebenfalls anerkannt, sofern die Einziehung mangels Regelung im Gesellschaftsvertrag nicht in Betracht kommt (BGH v. 17.2.1955 – II ZR 316/53, BGHZ 16, 317, 322; *Strohn* in MünchKomm. GmbHG, § 34 GmbHG Rz. 103; *Sandhaus* in Gehrlein/Ekkenga/Simon, § 34 GmbHG Rz. 77). Dies wird teils aus § 737 BGB, § 140 HGB, teils aus der gesellschafterlichen Treuepflicht hergeleitet. Die Anforderungen an den durch Interessenabwägung festzustellenden wichtigen Grund sind mit denen im Recht der KG vergleichbar (Rz. A 326 f.).

Gesellschafterbeschluss | Formal sind für die Ausschließung ein mit ¾-Mehrheit zu fassender Gesellschafterbeschluss, bei dem dem Auszuschließenden kein Stimmrecht zusteht (BGH v. 13.1.2003 – II ZR 227/00, BGHZ 153, 285, 288 f. = GmbHR 2003, 351 m. Anm. *Schmidt* = GmbH-StB 2003, 66; *Strohn* in MünchKomm. GmbHG, § 34 GmbHG Rz. 144 ff.; *Sandhaus* in Gehrlein/Ekkenga/Simon, § 34 GmbHG Rz. 82), sowie eine anschließende Ausschließungsklage (sofern der Gesellschaftsvertrag nicht das automatische Ausscheiden mit Beschlussfassung vorsieht, *Strohn* in MünchKomm. GmbHG, § 34 GmbHG Rz. 157) erforderlich. Letztere ist grundsätzlich durch die GmbH selbst, vertreten durch die Geschäftsführer, zu erheben, in der Zweipersonengesellschaft wird man darüber hinaus die Klagebefugnis des Mitgesellschafters des Auszuschließenden annehmen können (*Strohn* in MünchKomm. GmbHG, § 34 GmbHG Rz. 159, 163). A 354

Zeitpunkt des Ausscheidens | Während die Gerichte die Ausschließung bisher i.d.R. aufschiebend bedingt auf die Zahlung einer angemessenen Abfindung ausgesprochen haben, sprechen angesichts der für die Zwangseinziehung nunmehr durch den BGH anerkannten sofortigen Wirksamkeit (Rz. A 351) die besseren Gründe dafür, eine solche künftig auch bei der artverwandten Ausschließungsklage zu judizieren (*Heinrich* in Reichert, GmbH & Co. KG, § 31 Rz. 69 ff.). Zwar hat sich der auszuschließende Gesellschafter – anders als bei der Zwangseinziehung – nicht bewusst auf eine Satzungsregelung eingelassen, die seinen Ausschluss ermöglicht. Allerdings trägt die Haupterwägung des BGH, einen nicht hinnehmbaren Schwebezustand zu verhindern, während dessen die Wirksamkeit des Ausschlusses ungeklärt ist, auch im Fall der Ausschließung. A 355

Rechtsfolgen | Das Ausscheiden führt (anders als bei der Einziehung) nicht zum Wegfall des betroffenen Geschäftsanteils (*Strohn* in MünchKomm. GmbHG, § 34 GmbHG Rz. 117). Vielmehr erhält die Gesellschaft die Verfügungsbefugnis über ihn und kann ihn wahlweise an sich selbst, einen Mitgesellschafter oder einen Dritten (ggf. entgeltlich) übertragen (BGH v. 1.4. 1953 – II ZR 235/52, BGHZ 9, 157, 178; *Heinrich* in Reichert, GmbH & Co. KG, § 31 Rz. 77; *Sandhaus* in Gehrlein/Ekkenga/Simon, § 34 GmbHG Rz. 85). A 356

d) Austrittsvereinbarung

Austrittsvereinbarung | Schließlich ist eine allseitige Austrittsvereinbarung nach dem Grundsatz der Privatautonomie möglich. Da es – anders als bei der KG – allerdings nicht zur Anwachsung des Gesellschaftsvermögens bei den übrigen Gesellschaftern unter Wegfall der Beteiligung kommt, bleibt der Geschäftsanteil des Austretenden zunächst erhalten. Auch über dessen Schicksal muss die Austrittsvereinbarung eine Regelung treffen, die entweder in der (einvernehmlichen) Einziehung oder in der Abtretung an Mitgesellschafter oder einen Dritten liegen kann (zum Ganzen *Heinrich* in Reichert, GmbH & Co. KG, § 31 Rz. 31). A 357

12. Verzahnung von KG und GmbH

Regelungsziel | Besonders in der beteiligungsidentischen GmbH & Co. KG besteht aus Gründen der einheitlichen Willensbildung das Bedürfnis, einen Gleichlauf der Mitgliedschaft in GmbH und KG (personell und ggf. sogar bezogen auf die Beteiligungsquoten) sicherzustellen. Auch bei nicht vollständiger Deckungsgleichheit der Gesellschafterkreise von GmbH und KG wird dieses Bedürfnis, ggf. in abgeschwächter Form, häufig gegeben sein. A 358

A 359 **Kündigungsrechte |** Insofern sollten zunächst ordentliche Kündigungsrechte, sofern solche gewünscht sind, in beiden Gesellschaften unter gleichen Voraussetzungen eingeräumt werden (*Heinrich* in Reichert, GmbH & Co. KG, § 31 Rz. 79). Darüber hinaus sollte die Wirksamkeit der Kündigung in der einen Gesellschaft unter die Bedingung der gleichzeitigen Kündigungserklärung in der anderen Gesellschaft gestellt werden.

A 360 **Ausschließungsgründe |** Weiter ist es in der Praxis üblich, im Falle des (freiwilligen oder unfreiwilligen) Ausscheidens aus einer der Gesellschaften zugleich einen Ausschlussgrund in der anderen Gesellschaft vorzusehen, um sich dort von dem betreffenden Gesellschafter notwendigenfalls auch gegen dessen Willen trennen zu können. So kann bspw. die Kündigung in (aber auch der Ausschluss aus) der KG zugleich zur Zwangseinziehung des „zugehörigen" Geschäftsanteils an der Komplementär-GmbH berechtigen. Umgekehrt kann bspw. die Einziehung oder die Veräußerung des GmbH-Anteils ein Ausschlussrecht oder ein automatisches Ausscheiden auf Ebene der KG begründen (vgl. auch *Heinrich* in Reichert, GmbH & Co. KG, § 31 Rz. 83).

A 361 **Regelung „über Kreuz" |** Im Ergebnis können so sämtliche der o.g. Ausscheidens-/Ausschlussmöglichkeiten genutzt werden, um das (zwangsweise oder bei der KG ggf. auch automatische) Ausscheiden des Gesellschafters bei Verlassen der jeweils anderen Gesellschaft zu ermöglichen. Die Ausschlussrechte sollten „über Kreuz" sowohl bei der GmbH als auch der KG vorgesehen sein, da nicht absehbar ist, aus welcher Gesellschaft der betreffende Gesellschafter (aus welchem Grund) zuerst ausscheidet.

Formulierungsbeispiel:

Regelung in der KG: *Ein Gesellschafter scheidet aus der Gesellschaft aus, wenn er, gleich aus welchem Grund, aus der Komplementär-GmbH ausscheidet.* (Alternativ: *…kann durch Mehrheitsbeschluss aus der Gesellschaft ausgeschlossen werden…*)

Regelung in der Komplementär-GmbH: *Scheidet ein Gesellschafter, gleich aus welchem Grund, aus der Kommanditgesellschaft unter der Fa. … mit Sitz in … aus, so kann sein Geschäftsanteil durch Mehrheitsbeschluss auch gegen seinen Willen eingezogen werden.*

A 362 **Quotaler Gleichlauf |** Da die Ausschlussmechanismen regelmäßig dem „Alles-oder-nichts-Prinzip" folgen, können sie nur einen personellen, nicht jedoch einen quotalen Gleichlauf der Beteiligungen gewährleisten. Letzterer kann durch eine meist generalklauselartig formulierte anteilige Veräußerungspflicht erreicht werden, *„soweit dies zur Herstellung gleicher Beteiligungsquoten bei KG und GmbH erforderlich ist"*. Da es hier ansonsten zufällig wäre, welche Beteiligungsquote maßgeblich für die Veräußerungspflicht ist, sollte eine „führende" Beteiligungsquote definiert werden, meist wohl diejenige an der unternehmenstragenden KG. Sodann muss im anderen Gesellschaftsvertrag (meist also demjenigen der GmbH) eine Verpflichtung zur dortigen Herstellung des Beteiligungsgleichlaufs geregelt werden.

Muster: Gleichlaufklausel

Regelung in der GmbH: *Weicht die Beteiligungsquote eines Gesellschafters – gleich aus welchem Grund – von seiner Beteiligungsquote an der Kommanditgesellschaft unter der Fa. … mit Sitz in … ab, so ist er verpflichtet, durch anteilige Veräußerung seiner Beteiligung an der Gesellschaft den Gleichlauf soweit möglich wieder herzustellen.*

A 363–A 380 frei

Vertiefende Recherche

Wichtige Urteile und Erlasse

BGH v. 2.12.2014 – II ZR 322/13, GmbHR 2015, 416: Ein Einziehungsbeschluss ist nicht schon dann nichtig, wenn aus seinem Anlass keine Maßnahmen gegen das Auseinanderfallen von Stammkapitalziffer und Summe der Nennbeträge der Geschäftsanteile getroffen werden.

BGH v. 24.1.2012 – II ZR 109/11, GmbHR 2012, 387: Ist ein Einziehungsbeschluss nicht nichtig, wird die Einziehung in jedem Fall sofort wirksam; stellt sich später heraus, dass die Abfindung nicht aus ungebundenem Gesellschaftsvermögen gezahlt werden kann, trifft die übrigen Gesellschafter eine anteilige Ausfallhaftung.

BGH v. 15.3.2004 – II ZR 247/01, GmbHR 2004, 952: Gehen Vermögen und Verbindlichkeiten einer KG nach Ausscheiden des Komplementärs im Wege der Gesamtrechtsnachfolge auf den Kommanditisten über, haftet er für die übergegangenen Verbindlichkeiten nur beschränkt auf das Gesellschaftsvermögen, sofern er das Unternehmen nicht fortführt (§ 27 HGB analog).

BGH v. 31.3.2003 – II ZR 8/01, NZG 2003, 625 = ZIP 2003, 1037: Ausschließung eines Gesellschafters ist als ultima ratio nur zulässig, wenn keine milderen Mittel zur Beseitigung des die Ausschließung veranlassenden Konflikts zur Verfügung stehen.

BGH v. 13.1.2003 – II ZR 227/00, BGHZ 153, 285 = GmbHR 2003, 351: Über die Zwangseinziehung beschließt die Gesellschafterversammlung der GmbH mangels abweichender Satzungsregelung mit einfacher Mehrheit, über den Ausschluss aus wichtigem Grund mit *-Mehrheit (unter Stimmrechtsausschluss für den Betroffenen).

BGH v. 19.6.2000 – II ZR 73/99, BGHZ 144, 365 = GmbHR 2000, 822: Einziehungsbeschluss über GmbH-Geschäftsanteil ist nichtig, sofern bereits bei Beschlussfassung feststeht, dass die zu zahlende Abfindung (teilweise) nur aus gebundenem Vermögen gezahlt werden kann.

BGH v. 8.10.1979 – II ZR 257/78, BGHZ 75, 178: Keine automatische Auflösung der KG (*nach heutiger Rechtslage: Ausscheiden des betroffenen Gesellschafters*) bei Eröffnung des Insolvenzverfahrens über das Vermögen eines Gesellschafters, der seinerseits eine Gesellschaft ist; Auflösung der KG kommt erst bei Vollbeendigung des Gesellschafters in Betracht.

BGH v. 14.6.1999 – II ZR 193/98, NJW 1999, 2820 = ZIP 1999, 1355: Den Mitgesellschaftern steht im Hinblick auf das Vorliegen eines wichtigen Grundes zum Ausschluss eines Gesellschafters ein von der Lage des Einzelfalles abhängiger Prüfungszeitraum zu, innerhalb dessen sie ohne Verwirkung/Verlust des Ausschlussrechts erkannten Unregelmäßigkeiten nachgehen können.

BGH v. 15.9.1997 – II ZR 97/96, NJW 1998, 146 = ZIP 1997, 1919: Gesellschafter, die außergerichtlich bindend erklärt haben, die Auflösung der Gesellschaft zu billigen, müssen nicht an einer Auflösungsklage beteiligt sein.

BGH v. 16.12.1991 – II ZR 58/91, BGHZ 116, 359: Dem GmbH-Gesellschafter steht ein unverzichtbares Austrittsrecht bei Vorliegen eines wichtigen Grundes zu.

BGH v. 19.12.1974 – II ZR 27/73, BGHZ 63, 338: Sofern sie zum Abschluss von Beitrittsverträgen ermächtigt ist, ist die Komplementärin bei der Publikums-KG auch zur Entgegennahme von Kündigungserklärungen mit Wirkung gegenüber den übrigen Gesellschaftern befugt.

BGH v. 19.1.1967 – II ZR 27/65: Ausschluss der ordentlichen Kündigung für 30 Jahre noch zulässig.

BGH v. 11.7.1966 – II ZR 215/64, NJW 1966, 2160: Nach Ablauf von 15 Monaten streitet eine (widerlegliche) tatsächliche Vermutung dafür, dass ein wichtiger Grund zum Ausschluss eines Gesellschafters entfallen ist.

BGH v. 14.11.1953 – II ZR 232/52, NJW 1954, 106: Dauerhafter Ausschluss des ordentlichen Kündigungsrechts ist unzulässig.

Weitere Stichwörter

→ *Abfindung;* → *Anwachsung;* → *Auflösung und Liquidation;* → *Nachfolge von Todes wegen*

Außensteuerrecht

Ausgewählte Literatur: *Mössner*, Steuerrecht international tätiger Unternehmen, 4. Aufl. 2012; *Schaumburg*, Internationales Steuerrecht, 3. Aufl. 2012; *Wassermeyer/Richter/Schnittker*, Personengesellschaften im Internationalen Steuerrecht, 2. Aufl. 2015.

1. Überblick über wichtige steuerliche Themen

Internationalisierung auch für GmbH & Co. KG | Infolge der zunehmenden Internationalisierung der Wirtschaft ist die Besteuerungspraxis immer häufiger mit Fragen zur Behandlung der GmbH & Co. KG im internationalen Steuerrecht (Außensteuerrecht) konfrontiert. Derartige Fragestellungen ergeben sich, wenn eine GmbH & Co. KG Berührungspunkte zum Ausland aufweist. Berührungspunkte zum Ausland können insbesondere darin bestehen, dass die Gesellschaft einen internationalen Gesellschafterkreis hat und mithin sämtliche oder einzelne Gesellschafter für steuerliche Zwecke im Ausland „ansässig" sind (vgl. ausführlich Rz. A 383 ff.). Daneben kann die GmbH & Co. KG aber auch grenzüberschreitende Geschäftstätigkeiten entfalten und daraus Einkünfte aus ausländischen Quellen erzielen (vgl. ausführlich nachfolgend Rz. A 398 ff.). A 381

Wegzug von Mitunternehmern | Gerade bei großen Familienunternehmen in der Rechtsform einer GmbH & Co. KG kommt es in der Praxis häufig vor, dass Gesellschafter aus dem Inland ins Ausland verziehen („Wegzug"). Der Wegzug von Gesellschaftern kann aus steuerlichen oder auch aus anderen (etwa beruflichen oder privaten) Gründen erfolgen. Beim Wegzug von Gesellschaftern besteht aus Sicht des Fiskus regelmäßig die Gefahr, dass im Inland entstandene stille Reserven durch den Wegzug der deutschen Besteuerung entzogen werden (sog. „Entstrickung"). Um eine steuerfreie Entstrickung zu vermeiden, hat der Gesetzgeber mehrere sog. „Entstrickungsvorschriften" eingeführt. Damit sollen die bis zum Entstrickungszeitpunkt gebildeten stillen Reserven realisiert und noch in Deutschland besteuert werden (vgl. ausführlich Rz. A 404 ff.). A 382

2. Die GmbH & Co. KG mit beschränkt steuerpflichtigen Gesellschaftern

Beschränkte Steuerpflicht | Infolge der zunehmenden internationalen Mobilität der Bevölkerung weisen Personengesellschaften immer häufiger einen internationalen Gesellschafterkreis auf. Von zunehmender Bedeutung ist daher die GmbH & Co. KG mit im Inland nur beschränkt steuerpflichtigen Mitunternehmern. Beschränkt steuerpflichtig sind A 383

- natürliche Personen, die im Inland weder einen Wohnsitz (§ 8 AO) noch ihren gewöhnlichen Aufenthalt (§ 9 AO) haben (§ 1 Abs. 4 EStG);
- Körperschaften, die weder ihren Ort der Geschäftsleitung (§ 10 AO) noch ihren Satzungssitz (§ 11 AO) im Inland haben (§ 2 Nr. 1 KStG).

A 384 **Nationales Recht** | Für die steuerliche **Gewinnermittlung** auf Ebene der GmbH & Co. KG ist es unerheblich, ob an der Gesellschaft unbeschränkt oder (auch) beschränkt steuerpflichtige Mitunternehmer beteiligt sind (vgl. *Mick/Dyckmans* in Mössner, Steuerrecht international tätiger Unternehmen, S. 1014). Mithin gelten für die GmbH & Co. KG mit beschränkt steuerpflichtigen Mitunternehmern die allgemeinen Prinzipien der Gewinnermittlung bei Personengesellschaften. Auch wird der im Inland nur beschränkt steuerpflichtige Mitunternehmer im Grundsatz in die einheitliche und gesonderte Gewinnermittlung einbezogen (vgl. *Prinz*, DB 2011, 1415, 1416).

A 385 **Transparenzprinzip** | Die GmbH & Co. KG ist als solche weder einkommen- noch körperschaftsteuerpflichtig. Vielmehr rechnet § 15 Abs. 1 Satz 1 Nr. 2 EStG die von der GmbH & Co. KG erzielten Einkünfte den Mitunternehmern zu, so dass die Einkünfte aus der GmbH & Co. KG bei den jeweiligen Mitunternehmern der Einkommensteuer oder der Körperschaftsteuer unterworfen werden. Dieses sog. Transparenzprinzip gilt auch insoweit, als an der GmbH & Co. KG beschränkt steuerpflichtige Mitunternehmer beteiligt sind (vgl. BFH v. 26.2.1992 – I R 85/91, BStBl. II 1992, 937 = GmbHR 1993, 58). Damit gelten für beschränkt steuerpflichtige Mitunternehmer einer GmbH & Co. KG auch die allgemeinen Prinzipien der Einkünftezuordnung.

A 386 **Gewerblich geprägte GmbH & Co. KG** | Es war lange umstritten, ob auch eine ausländische Kapitalgesellschaft als persönlich haftende Gesellschafterin geeignet ist, eine Personengesellschaft nach § 15 Abs. 3 Nr. 2 Satz 1 EStG als gewerblich zu prägen (→ *Gewerbliche Prägung*). Dies hat der BFH in inzwischen ständiger Rechtsprechung bejaht (vgl. BFH v. 14.3.2007 – XI R 15/05, BStBl. II 2007, 924 = GmbHR 2007, 669 = FR 2007, 885 m. Anm. *Wachter* = GmbH-StB 2007, 199; BFH v. 28.4.2010 – I R 81/09, BFH/NV 2010, 1550 = FR 2010, 903 m. Anm. *Buciek*). Voraussetzung für die gewerbliche Prägung ist jedoch, dass die ausländische Gesellschaft nach dem sog. steuerlichen „Rechtstypenvergleich“ als Kapitalgesellschaft einzuordnen ist. Nach dem steuerlichen Rechtstypenvergleich ist eine ausländische Gesellschaft als Kapitalgesellschaft einzuordnen, wenn sich bei einer Gesamtbetrachtung der einschlägigen ausländischen Bestimmungen und der getroffenen Vereinbarungen über die Organisation und die Struktur der Gesellschaft ergibt, dass diese rechtlich und wirtschaftlich einer Kapitalgesellschaft gleicht; die steuerliche Behandlung durch den jeweiligen ausländischen Staat ist dabei unerheblich (vgl. ausführlich BMF v. 19.3.2004, BStBl. I 2004, 411). Die Finanzverwaltung hat im sog. „Betriebsstättenerlass“ (vgl. BMF v. 24.12.1999, BStBl. I 1999, 1076, Tabelle 1 und 2) ausgeführt, welche ausländischen Rechtsformen nach Verwaltungsauffassung als Kapitalgesellschaften einzuordnen sind.

A 387 **Inländischer Anknüpfungspunkt** | Die dem beschränkt steuerpflichtigen Mitunternehmer nach dem Transparenzprinzip zugeordneten Einkünfte aus der GmbH & Co. KG unterliegen im Inland nur insoweit der Einkommen- oder Körperschaftsteuer, als diese Einkünfte ein Anknüpfungsmerkmal zum Inland i.S.d. § 49 EStG aufweisen. Ein Anknüpfungsmerkmal zum Inland liegt insbesondere dann vor, wenn für den Betrieb der GmbH & Co. KG eine inländische Betriebsstätte unterhalten wird (§ 49 Abs. 1 Nr. 2 Buchst. a EStG). Der Begriff der Betriebsstätte ist in § 12 AO legaldefiniert. Danach ist eine **Betriebsstätte** eine feste Geschäftseinrichtung oder Anlage, die der Tätigkeit eines Unternehmens dient. § 12 Satz 2 AO enthält einen Beispielkatalog für das Vorliegen einer Betriebsstätte. Danach stellt etwa der Ort der Geschäftsleitung, eine Zweigniederlassung oder eine Fabrikations- und Werkstätte eine Betriebsstätte dar. Liegt eine inländische Betriebsstätte vor, umfasst die beschränkte Steuerpflicht sämtliche Einkünfte, die der inländischen Betriebsstätte zuzurechnen sind. Der inländischen

Betriebsstätte sind solche Einkünfte zuzurechnen, die in einem wirtschaftlichen Zusammenhang („**Veranlassungszusammenhang**") mit der Tätigkeit der Betriebsstätte stehen (vgl. ausführlich BMF v. 24.12.1999, BStBl. I 1999, 1076, Tz. 2; *Jacobs*, Internationale Unternehmensbesteuerung, S. 335 f.).

Inländischer Grundbesitz | Neben der inländischen Betriebsstätte nennt § 49 Abs. 1 Nr. 2 EStG weitere inländische Anknüpfungsmerkmale, die auch ohne Vorliegen einer inländischen Betriebsstätte eine beschränkte Steuerpflicht begründen. Von besonderer praktischer Bedeutung sind dabei Einkünfte aus der Vermietung und Verpachtung oder aus der Veräußerung von inländischem unbeweglichen Vermögen (§ 49 Abs. 1 Nr. 2 Buchst. f EStG). Damit wollte der Gesetzgeber insbesondere Einkünfte aus inländischen Immobilien-Personengesellschaften erfassen (vgl. ausführlich BMF v. 16.5.2011, BStBl. I 2011, 530). A 388

Gewinnabgrenzung | Bei der Gewinnermittlung im Rahmen der beschränkten Steuerpflicht sind **Betriebsausgaben** nur insoweit abzugsfähig, als sie in einem wirtschaftlichen Zusammenhang mit inländischen Einkünften i.S.d. § 49 EStG stehen (§ 50 Abs. 1 EStG). Dabei ist unerheblich, wo die Betriebsausgaben anfallen. Entscheidend ist allein, ob ein wirtschaftlicher Zusammenhang mit inländischen Einkünften besteht. Damit gilt auch für die Zuordnung von Betriebsausgaben das Veranlassungsprinzip (vgl. ausführlich zur Gewinnabgrenzung bei Betriebsstätten *Jacobs*, Internationale Unternehmensbesteuerung, S. 667 ff.). A 389

Doppelbesteuerungsabkommen | Das nach § 49 EStG bestehende beschränkte Besteuerungsrecht kann zusätzlich durch Doppelbesteuerungsabkommen eingeschränkt werden. Die deutschen Doppelbesteuerungsabkommen orientieren sich im Wesentlichen an dem Musterabkommen der OECD (OECD-Musterabkommen, OECD-MA). A 390

Abkommensberechtigung | Die GmbH & Co. KG ist danach zwar selbst nicht berechtigt, Doppelbesteuerungsabkommen in Anspruch zu nehmen (Art. 1 i.V.m. Art. 4 OECD-MA). Als abkommensberechtigte Personen sind allerdings die Gesellschafter der GmbH & Co. KG anzusehen (sofern diese in einem ausländischen DBA-Staat ansässig und nicht selbst Personengesellschaften sind). Mithin unterliegen die Gesellschafter der GmbH & Co. KG mit ihren Mitunternehmereinkünften dem Schutz der Doppelbesteuerungsabkommen. A 391

Einkünfteartikel | Vergleichbar dem nationalen Recht unterscheiden auch die Doppelbesteuerungsabkommen zwischen unterschiedlichen Einkunftsarten (vgl. Art. 7–21 OECD-MA). Die nach § 15 Abs. 2 EStG originär gewerblichen Einkünfte einer GmbH & Co. KG stellen dabei abkommmensrechtlich **Unternehmensgewinne** i.S.d. Art. 7 OECD-MA dar (vgl. BMF v. 26.9.2014, BStBl. I 2014, 1258, Rz. 2.2.1.). Für Unternehmensgewinne gilt das sog. „Betriebsstättenprinzip". Danach hat Deutschland ein Besteuerungsrecht, soweit die Unternehmensgewinne der GmbH & Co. KG einer inländischen Betriebsstätte zuzuordnen sind. A 392

Doppelbesteuerungsabkommen und nur gewerbliche Infektion bzw. Prägung | Umstritten war lange Zeit die Qualifizierung von Einkünften einer GmbH & Co. KG, die nach nationalem Recht keine originär gewerblichen Einkünfte i.S.d. § 15 Abs. 2 EStG darstellen, gleichwohl aber nach nationalem Recht aufgrund gewerblicher Infektion (§ 15 Abs. 3 Nr. 1 EStG) oder aufgrund gewerblicher Prägung (§ 15 Abs. 3 Nr. 2 EStG) als gewerbliche Einkünfte qualifiziert werden. Nachdem die Finanzverwaltung lange Zeit die Auffassung vertreten hat, dass Einkünfte, die aufgrund gewerblicher Infektion oder gewerblicher Prägung nach nationalem Recht als gewerblich anzusehen sind, zu den Unternehmensgewinnen i.S.d. Art. 7 OECD- A 393

MA gehören, hat sie diese Auffassung zwischenzeitlich aufgegeben (vgl. BMF v. 26.9.2014, BStBl. I 2014, 1258, Rz. 2.2.1.).

A 394 **Auffassung des BFH |** Auslöser für die Änderung der Verwaltungsauffassung war die Rechtsprechung des BFH, wonach die gewerbliche Infektion und die gewerbliche Prägung für die abkommensrechtliche Einkünftequalifizierung keine Bedeutung hat (vgl. etwa BFH v. 28.4. 2010 – I R 81/09, BFH/NV 2010, 1550 = FR 2010, 903 m. Anm. *Buciek*). Vielmehr sind nach BFH-Rechtsprechung diese Einkünfte nach Art. 7 Abs. 7 OECD-MA den jeweils spezielleren abkommensrechtlichen Einkunftsarten zuzuordnen (sog. „**Spezialitätsgrundsatz**"). Bei Einkünften aus einer GmbH & Co. KG kommen als speziellere Einkunftsarten Einkünfte aus unbeweglichem Vermögen (Art. 6 OECD-MA), Dividenden (Art. 10 OECD-MA), Zinsen (Art. 11 OECD-MA), Lizenzen (Art. 12 OECD-MA), Veräußerungsgewinne (Art. 13 OECD-MA) sowie sonstige Einkünfte (Art. 21 OECD-MA) in Betracht.

Beispiel:

An der gewerblich geprägten A-GmbH & Co. KG ist der beschränkt steuerpflichtige und im Ausland ansässige A beteiligt. Zwischen dem Ansässigkeitsstaat des A und Deutschland besteht ein Doppelbesteuerungsabkommen, das dem OECD-MA entspricht. Die A-GmbH & Co. KG erzielt neben originär gewerblichen Einkünften Dividenden und Zinsen, die funktional nicht der originär gewerblichen Tätigkeit zuzurechnen sind.

Nach Auffassung des BFH sind die Dividenden und Zinsen nach Art. 7 Abs. 7 OECD-MA jeweils den spezielleren Einkunftsarten zuzuordnen. Daher sind die Einkünfte nach der Rechtsprechung des BFH und der Auffassung der Finanzverwaltung als Dividenden i.S.d. Art. 10 OECD-MA bzw. als Zinsen i.S.d. Art. 11 OECD-MA zu qualifizieren.

A 395 **Konsequenzen für das deutsche Besteuerungsrecht |** Inwieweit Deutschland für diese spezielleren Einkunftsarten ein Besteuerungsrecht zusteht, ergibt sich nach den folgenden Grundsätzen:

- Für Einkünfte aus **unbeweglichem Vermögen** (Art. 6 OECD-MA) hat Deutschland ein Besteuerungsrecht, sofern das unbewegliche Vermögen im Inland belegen ist („Belegenheitsprinzip").
- Für **Dividenden** (Art. 10 OECD-MA), **Zinsen** (Art. 11 OECD-MA), **Lizenzen** (Art. 12 OECD-MA), **Veräußerungsgewinne** (Art. 13 OECD-MA) und **sonstige Einkünfte** (Art. 21 OECD-MA) hat Deutschland im Grundsatz kein oder nur ein der Höhe nach eingeschränktes Besteuerungsrecht. Gehören allerdings die Dividenden, Zinsen, Lizenzen oder sonstigen Einkünfte „tatsächlich" zu einer inländischen Betriebsstätte, hat Deutschland auch für diese Einkünfte ein unbeschränktes Besteuerungsrecht (Art. 10 Abs. 4, Art. 11 Abs. 4, Art. 12 Abs. 3, Art. 21 Abs. 2 OECD-MA). Eine derartige tatsächliche Zugehörigkeit liegt nach der Rechtsprechung des BFH vor, wenn zwischen den in der Betriebsstätte ausgeübten Tätigkeit und den jeweiligen Einkünften ein funktionaler Zusammenhang besteht (vgl. etwa BFH v. 30.8.1995 – I R 112/94, BStBl. II 1996, 563 = FR 1996, 151; vgl. hierzu ausführlich etwa *Bilitewski/Schifferdecker*, Ubg 2013, 559). Ähnlich hat Deutschland ein Besteuerungsrecht für Veräußerungsgewinne, die in einem Veranlassungszusammenhang zur inländischen Betriebsstätte stehen (vgl. hierzu BFH v. 12.6.2013 – I R 47/12, BStBl. II 2014, 770 = FR 2014, 57 m. Anm. *Kempermann* = GmbHR 2013, 1285 = GmbH-StB 2014, 6).

A 396 **Auffassung der Finanzverwaltung |** Die Finanzverwaltung hat die Rechtsprechung des BFH zwischenzeitlich akzeptiert und geht davon aus, dass die Einkünfte gewerblich geprägter oder infizierter GmbH & Co. KG dann und insoweit Unternehmensgewinne eher i.S.d. Art. 7 OECD-MA sind, wie sie aus einer originär gewerblichen Tätigkeit stammen. Ansonsten gelten – wie bei vermögensverwaltend tätigen GmbH & Co. KG – die sonstigen Einkünfteartikel der DBA (vgl. insgesamt BMF v. 26.9.2014, BStBl. I 2014, 1258, Tz. 2.2.1). Damit entfällt für nicht gewerblich tätige GmbH & Co. KG grundsätzlich in vielen Fällen das deutsche Besteuerungsrecht für die laufenden Einkünfte sowie für Veräußerungsgewinne. Der Gesetzgeber hat hierauf mit der Einführung des § 50i EStG reagiert, um das deutsche Besteuerungsrecht insoweit zu sichern. Vgl. hierzu im Detail unter 4. (Rz. A 408).

Sondervergütungen | Die Mehrzahl der deutschen Doppelbesteuerungsabkommen enthält keine ausdrückliche Regelung zur Behandlung von **Sondervergütungen**. Der BFH hat entschieden, dass Sondervergütungen in Form von Zinsen keine Unternehmensgewinne i.S.d. Art. 7 OECD-MA darstellen, sondern unter den spezielleren Zinsartikel des Art. 11 OECD-MA fallen (vgl. BFH v. 17.10.2007 – I R 5/06, BStBl. II 2009, 356 = GmbHR 2008, 447 = FR 2008, 729). Dies hat zur Folge, dass Deutschland für derartige Sondervergütungen allenfalls ein eingeschränktes Besteuerungsrecht zusteht, da ein funktionaler Zusammenhang zu einer inländischen Betriebsstätte regelmäßig nicht vorliegt. Hierauf hat der Gesetzgeber mit der Einführung des § 50d Abs. 10 EStG reagiert. Danach soll Deutschland ungeachtet der deutschen Doppelbesteuerungsabkommen für Sondervergütungen, die an einen ausländischen Mitunternehmer gezahlt werden, ein Besteuerungsrecht zustehen. A 397

3. Die GmbH & Co. KG mit Einkünften aus ausländischen Quellen

Problem der Doppelbesteuerung | Große und mittelständische Personengesellschaften entfalten ihre wirtschaftlichen Aktivitäten regelmäßig auch in ausländischen Staaten und erzielen hieraus Einkünfte aus ausländischen Quellen. Da jeder Staat in seiner Steuerrechtsordnung die Reichweite seiner Steueransprüche prinzipiell „unkoordiniert" festlegt, ist es denkbar, dass dieselben Einkünfte aus ausländischen Quellen doppelt besteuert werden. Erzielt eine GmbH & Co. KG mit inländischen Gesellschaftern Einkünfte aus ausländischen Quellen, bspw. Gewinnausschüttungen aus einer ausländischen Kapitalgesellschaft, können die Einkünfte im betreffenden ausländischen Staat (Quellenstaat) der dortigen (beschränkten) Steuerpflicht unterworfen werden; zugleich unterliegen die Einkünfte auf Ebene der Gesellschafter der GmbH & Co. KG der unbeschränkten Steuerpflicht im Inland. Damit droht eine „Doppelbesteuerung". A 398

Unilaterale Regelungen zur Vermeidung der Doppelbesteuerung/Anrechnung | Besteht mit dem Quellenstaat kein Doppelbesteuerungsabkommen, kann die Doppelbesteuerung unilateral nach § 34c Abs. 1 EStG, § 26 Abs. 1 KStG durch Anrechnung der festgesetzten und gezahlten und um einen entstandenen Ermäßigungsanspruch gekürzten ausländischen Steuern auf die deutsche Einkommen- oder Körperschaftsteuer beseitigt werden. Mithin mindert sich die deutsche Einkommen- oder Körperschaftsteuer um die vom ausländischen Quellenstaat erhobenen Steuern. Besonderheiten bestehen bei Einkünften, die der Abgeltungsteuer unterliegen. Die Steueranrechnung i.S.d. § 34c Abs. 1 EStG, § 26 Abs. 1 KStG ist an folgende Voraussetzungen geknüpft: A 399

- **Unbeschränkte Steuerpflicht:** § 34c Abs. 1 EStG und § 26 Abs. 1 KStG sehen eine Steueranrechnung nur für unbeschränkt steuerpflichtige natürliche Personen und Körperschaften voraus. Erzielt eine GmbH & Co. KG ausländische Einkünfte, können die Mitunternehmer der GmbH & Co. KG die ausländischen Quellensteuern nur dann auf ihre Einkommen-

oder Körperschaftsteuer anrechnen, wenn sie im Inland unbeschränkt steuerpflichtig sind. Für beschränkt steuerpflichtige Mitunternehmer kommt jedoch ggf. eine Anrechnung nach § 50 Abs. 3 EStG in Betracht.

- **Vergleichbarkeit:** Die ausländische Steuer, die auf die deutsche Einkommen- bzw. Körperschaftsteuer angerechnet werden soll, muss der deutschen Einkommen- bzw. Körperschaftsteuer entsprechen. Nicht anrechenbar sind damit insbesondere solche Steuern, die nicht vom Einkommen erhoben werden (z.B. Verbrauchsteuer, Verkehrsteuer).
- **Ausländische Einkünfte:** Die ausländische Steuer muss auf ausländische Einkünfte aus dem betreffenden Staat erhoben werden. Welche Einkünfte „ausländische Einkünfte" sind, wird in § 34d EStG legaldefiniert. Danach umfassen ausländische Einkünfte insbesondere Einkünfte aus ausländischen Betriebsstätten (§ 34d Nr. 2 Buchst. a EStG), Einkünfte aus Kapitalvermögen, sofern der Schuldner Wohnsitz, Geschäftsleitung oder Sitz in einem ausländischen Staat hat (§ 34d Nr. 6 EStG) und Einkünfte aus der Vermietung von im Ausland belegenem Grundbesitz (§ 34d Nr. 7 EStG).

A 400 **Anrechnungshöchstbetrag |** Die Anrechnung ausländischer Quellensteuern ist der Höhe nach beschränkt (sog. Anrechnungshöchstbetrag). Der Anrechnungshöchstbetrag ermittelt sich nach folgender Formel (vgl. § 34c Abs. 1 Satz 2 EStG):

$$\frac{\text{Deutsche Einkommen- bzw. Körperschaftsteuer} \times \text{ausländische Einkünfte}}{\text{zu versteuerndes Einkommen}}$$

Dabei sind sowohl das zu versteuernde Einkommen als auch die ausländischen Einkünfte ausschließlich nach deutschem Steuerrecht zu ermitteln. Werden Einkünfte aus mehreren ausländischen Staaten erzielt, erfolgt die Berechnung des Anrechnungshöchstbetrags gesondert für jeden Staat und dessen Steuern (sog. **per-country-limitation**, § 68a Satz 2 EStDV).

A 401 **Unilaterale Regelungen zur Vermeidung der Doppelbesteuerung/Abzug |** Neben der Anrechnung ausländischer Steuern kann die ausländische Steuer auch nach § 34c Abs. 2 EStG, § 26 Abs. 1, 6 KStG bei der Ermittlung des zu versteuernden Einkommens **abgezogen** werden. Der Steuerabzug kommt in Betracht:

- auf Antrag statt der Anrechnung (§ 34c Abs. 2 EStG);
- von Amts wegen, wenn die Voraussetzungen der Anrechnung nicht vorliegen, weil beispielsweise die ausländische Steuer nicht der deutschen Einkommensteuer entspricht, die Steuer nicht von dem Staat erhoben wird, aus dem die Einkünfte stammen oder aus deutscher Sicht keine ausländischen Einkünfte vorliegen (§ 34c Abs. 3 EStG).

A 402 **Bilaterale Regelungen zur Vermeidung der Doppelbesteuerung |** Besteht dagegen mit dem Quellenstaat ein Doppelbesteuerungsabkommen, ist § 34c Abs. 1 EStG, § 26 Abs. 1, 6 KStG nicht anzuwenden (§ 34c Abs. 6 Satz 1 EStG). Bei Vorliegen eines Doppelbesteuerungsabkommens wird die Doppelbesteuerung vielmehr bilateral durch die sog. „Methodenartikel" der Doppelbesteuerungsabkommen (Art. 23A und Art. 23B OECD-MA) vermieden. Danach erfolgt die Vermeidung der Doppelbesteuerung in Abhängigkeit von den erzielten Einkünften und der Ausgestaltung des jeweiligen Doppelbesteuerungsabkommens nach der sog. Freistellungsmethode oder nach der sog. Anrechnungsmethode:

- **Freistellungsmethode:** Die Einkünfte werden von der deutschen Steuer ausgenommen. Mithin werden die Einkünfte nicht in die Ermittlung der im Inland steuerpflichtigen Einkünfte einbezogen.

- **Anrechnungsmethode:** Die ausländischen Steuern werden auf die inländische Steuer angerechnet.

Die tatsächliche Umsetzung der Anrechnung erfolgt dann allerdings wiederum nach den Normen des nationalen Rechts (§ 34c Abs. 6 Satz 2 EStG). Die Anrechnung erfolgt aber auch bei Anwendung von Doppelbesteuerungsabkommen bei den Mitunternehmern. A 403

4. Wegzug von Mitunternehmern

Entstrickung | Im Regelfall treten Mitunternehmer mit ihrem Wegzug ins Ausland aus der unbeschränkten Steuerpflicht im Inland (§ 1 Abs. 1 EStG) aus und unterliegen fortan nach § 1 Abs. 4 EStG der beschränkten Steuerpflicht. Die unbeschränkte Steuerpflicht umfasst nach § 2 EStG sämtliche weltweit erzielten Einkünfte (sog. „Welteinkommensprinzip", § 2 EStG). Beschränkt steuerpflichtig sind dagegen nach § 1 Abs. 4 EStG nur inländische Einkünfte i.S.d. § 49 EStG (sog. „Territorialitätsprinzip"). Mit dem Wegzug wird damit das inländische Besteuerungsrecht eingeschränkt. Daneben kann auch abkommensrechtlich das inländische Besteuerungsrecht durch den Wegzug beschränkt werden. A 404

Aufgrund dieser Einschränkung des inländischen Besteuerungsrechts ist es denkbar, dass vor dem Wegzug im Inland gebildete stille Reserven durch den Wegzug der inländischen Besteuerung entzogen werden und damit bei einer Realisierung nach dem Wegzug nicht mehr im Inland besteuert werden können (sog. „**Entstrickung**"). A 405

Entstrickungsregelungen | Um eine steuerfreie Entstrickung von im Inland gebildeten stillen Reserven zu vermeiden, hat der Gesetzgeber einen sog. **allgemeinen Entstrickungsgrundsatz** in das Einkommensteuergesetz aufgenommen. Nach § 4 Abs. 1 Satz 3 EStG liegt eine (gewinnrealisierende) Entnahme vor, wenn das inländische Besteuerungsrecht hinsichtlich des Gewinns aus der Veräußerung eines Wirtschaftsguts ausgeschlossen oder beschränkt wird. Bezogen auf den Wegzug werden damit sämtliche stillen Reserven realisiert, die nach dem Wegzug im Inland nicht mehr oder nur noch eingeschränkt besteuert werden können. Ein Ausschluss oder eine Beschränkung des deutschen Besteuerungsrechts liegt nach § 4 Abs. 1 Satz 4 EStG insbesondere dann vor, wenn ein bisher einer inländischen Betriebsstätte zuzuordnendes Wirtschaftsgut einer ausländischen Betriebsstätte zuzuordnen ist. Wird mit dem Wegzug das Besteuerungsrecht für die stillen Reserven sämtlicher Wirtschaftsgüter des Betriebs der GmbH & Co. KG ausgeschlossen oder beschränkt, liegt nach § 16 Abs. 3a EStG eine (ebenfalls gewinnrealisierende) Betriebsaufgabe i.S.d. § 16 EStG vor (sog. „**fiktive Betriebsaufgabe**"). A 406

Gewerblich tätige bzw. geprägte GmbH & Co. KG | Bei ausschließlich gewerblich tätigen GmbH & Co. KG wird es in aller Regel zu einer solchen Entstrickung nicht kommen, da die Gesellschaft originär gewerbliche Einkünfte erzielt, die als Unternehmensgewinne im Inland der Besteuerung unterliegen (Art. 7 OECD-MA). Der ins Ausland verzogene Mitunternehmer bleibt somit mit den Einkünften aus der GmbH & Co. KG beschränkt steuerpflichtig. Dies gilt auch für Veräußerungsgewinne. Bei gewerblich geprägten oder gewerblich infizierten GmbH & Co. KG kommt es jedoch für solche Wirtschaftsgüter, die nicht einer originären gewerblichen Tätigkeit zuzuordnen sind, durch den Wegzug des Mitunternehmers regelmäßig (Ausnahme: inländische Grundstücke) zu einer Entstrickung und somit zur Gewinnrealisierung. A 407

A408 **§ 50i EStG** | Für Altfälle, in denen Wirtschaftsgüter des Betriebsvermögens oder Anteile i.S.d. § 17 EStG steuerneutral in das Betriebsvermögen einer gewerblich geprägten oder infizierten GmbH & Co. KG übertragen oder überführt werden, hat der Gesetzgeber in § 50i EStG einen sehr weitgehenden „treaty override" aufgenommen, der das deutsche Besteuerungsrecht in solchen Fällen festschreibt. Die Regelung des § 50i Abs. 2 EStG lässt in solchen Fällen auch Umwandlungen nur zum gemeinen Wert zu. Diese nach dem Gesetzeswortlaut zu weitgehende Regelung wird durch die Finanzverwaltung im Wege einer Billigkeitsregelung (sachliche Billigkeit) eingeschränkt (vgl. BMF v. 21.12.2015, BStBl. I 2016, 7).

A409 **Stundungsregelungen** | Da sowohl § 4 Abs. 1 Satz 3 EStG als auch § 16 Abs. 3a EStG nur in grenzüberschreitenden Sachverhalten zur Anwendung kommen, sind die Regelungen erheblichen europarechtlichen Bedenken ausgesetzt. Der Gesetzgeber hat mit § 4g EStG und § 36 Abs. 5 EStG Stundungsregelungen aufgenommen, mit denen die Steuerfolgen aus der Gewinnrealisierung nach § 4 Abs. 1 Satz 3 EStG und § 16 Abs. 3a EStG zeitlich gestreckt werden.

Vertiefende Recherche

Wichtige Urteile und Erlasse

BFH v. 12.6.2013 – I R 47/12, BStBl. II 2014, 770: Abkommensrechtliche Behandlung von Veräußerungsgewinnen einer Personengesellschaft.

BFH v. 28.4.2010 – I R 81/09, BFH/NV 2010, 1550: Gewerbliche Prägung durch eine ausländische Kapitalgesellschaft und abkommensrechtliche Behandlung von Einkünften einer gewerblich geprägten Personengesellschaft.

BFH v. 14.3.2007 – XI R 15/05, BStBl. II 2007, 924: Gewerbliche Prägung durch eine ausländische Kapitalgesellschaft.

BFH v. 30.8.1995 – I R 112/94, BStBl. II 1996, 563: Abkommensrechtliche Behandlung von Dividenden, Zinsen, Lizenzen und sonstigen Einkünften einer Personengesellschaft.

BFH v. 26.2.1992 – I R 85/91, BStBl. II 1992, 937: GmbH & Co. KG mit ausländischen (hier: schweizerischen) Gesellschaftern.

BMF v. 21.12.2015, BStBl. I 2016, 7: Billigkeitsmaßnahmen bei § 50i EStG.

BMF v. 26.9.2014, BStBl. I 2014, 1258: Personengesellschaft im Abkommensrecht.

Weitere Stichwörter

→ *Gewerbliche Prägung*

Beirat

Ausgewählte Literatur: *Buth/Hermanns*, Unternehmenspolitische Erwägungen zum Beirat in der GmbH und KG, DStR 1996, 597; *Gaugler/Heimburger*, Beiräte mittelständischer Unternehmen, 1985; *Grunewald*, Grenzen der Gestaltungsfreiheit bei der Einrichtung von Beiräten und der Schaffung von Vertreterklauseln im Recht der Kommanditgesellschaft, ZEV 2011, 283; *Huber*, Der Beirat, 2004; *Lange*, Der Beirat als Element der Corporate Governance in Familienunternehmen, GmbHR 2006, 897; *Müller/Wolff*, Verlagerung von Zuständigkeiten auf den Beirat der GmbH, GmbHR 2003, 810; *Sigle*, Beiräte, NZG 1998, 619; *Spindler/Kepper*, Funktionen, rechtliche Rahmenbedingungen und Gestaltungsmöglichkeiten des GmbH-Beirats, DStR 2005, 1738 und 1775; *Turner*, Beiräte in Familiengesellschaften, FS Sigle, 2000, S. 111; *Uffmann*, Überwachung der Geschäftsführung durch einen schuldrechtlichen GmbH-Beirat?, NZG 2015, 169; *Weipert/Oepen*, Der Beirat in Organersatzfunktion bei der Kommanditgesellschaft, ZGR 2012, 585; *Werner*, Der Beirat als Instrument der Unternehmensnachfolge, ZEV 2010, 619; *Westermann*, Die grundsätzliche Bedeutung des Grundsatzes der Selbstorganschaft im Personengesellschaftsrecht, FS Lutter, 2000, S. 955.

1. Motive für die Bildung eines Beirats

B 1 **Freiwilliges Gremium** | Beiräte sind heute in vielen mittelständischen bis großen GmbH & Co. KGs ein wesentliches Element der Corporate Governance. Sofern nicht ausnahmsweise eine Rechtspflicht zur Bildung eines Aufsichtsrates bei der Komplementärgesellschaft besteht (s. Rz. B 48), ist der Beirat (Verwaltungsrat, Gesellschafterausschuss, „Aufsichtsrat") ein freiwilliges Gremium, das bei der KG oder ihrer Komplementär-GmbH neben die Geschäftsführung und die Gesellschafterversammlung tritt.

B 2 **Mögliche Funktionen** | Wesentliche Motive für die Bildung eines Beirats sind:
- die Beratung von Geschäftsführung und Gesellschaftern (Rz. B 4);
- die Überwachung und Kontrolle der Geschäftsführung (Rz. B 5);
- die Kontinuitätssicherung im Nachfolgeprozess (Rz. B 6);
- die Vermittlung zwischen Gesellschaftern sowie zwischen Gesellschaftern und Geschäftsführung (Rz. B 7);
- die Repräsentation der Gesellschaft (Rz. B 8).

B 3 Nicht alle genannten Motive müssen gleichzeitig verfolgt und verwirklicht werden. Wesentlich ist insbesondere die Weichenstellung zwischen einem lediglich **beratenden Beirat** einerseits und einem **überwachenden Beirat** andererseits, der (auch) Kontrollfunktionen gegenüber der Geschäftsführung wahrnimmt. Die Bandbreite ist in der Praxis jedoch noch erheblich größer; hier finden sich einflusslose Honoratiorengremien ebenso wie machtbewusste

Aufsichtsorgane, die in ihrem Zuständigkeitsbereich grundsätzlich sogar die Gesellschafter verdrängen.

B4 **Beratung von Geschäftsführung und Gesellschaftern** | Ein Hauptmotiv für die Schaffung eines Beirats ist jedenfalls in mittelständischen Unternehmen, die nicht über ausgeprägte Stabsabteilungen verfügen, die Beratung von Geschäftsführung und Gesellschaftern durch den Beirat. Der Beirat wird hierfür vor allem mit Persönlichkeiten besetzt, die über branchenspezifisches Know-how oder über besondere kaufmännische oder wirtschaftsjuristische Fachkunde verfügen. Der Geschäftsführung und den Gesellschaftern wird damit ein dauerhafter Zugriff auf externes Wissen ermöglicht, das im Unternehmen so nicht vorhanden ist. Der Austausch mit sachkundigen Beiratsmitgliedern mindert das Risiko unternehmerischer Fehlentscheidungen.

B5 **Überwachung/Kontrolle der Geschäftsführung** | Dem Beirat kann weitergehend auch die Überwachung und Kontrolle der Geschäftsführung übertragen werden. Hierfür besteht insbesondere dann ein Bedürfnis, wenn die Gesellschafterversammlung diese Aufgabe selbst nicht mehr effizient und zeitnah leisten kann. Gründe hierfür können ein Übergang zur Fremdgeschäftsführung oder eine deutliche Ausweitung/Zersplitterung des Gesellschafterkreises sein. Ggf. fehlt es bei Gesellschaftern auch an Zeit oder Interesse, um sich über ihre unmittelbaren Kapitalinteressen hinaus intensiver mit dem Unternehmen zu befassen. Diejenigen Gesellschafter, die z.B. wegen ihrer eigenen maßgeblichen Beteiligung am Unternehmen oder als Repräsentant eines Familienstamms intensiver mitarbeiten möchten, finden dann im Beirat einen geeigneten organisatorischen Rahmen. Der Beirat kann sich in Ausübung seiner Kontrollbefugnisse regelmäßig von der Geschäftsführung berichten lassen, in Unterlagen umfassend Einsicht nehmen und näher bestimmte Geschäftsführungsmaßnahmen von seiner Zustimmung abhängig machen. Weitergehend kann der Beirat ggf. auch (einzelne) Weisungsrechte gegenüber der Geschäftsführung erhalten und so eine teilweise **geschäftsleitende Funktion** ausüben. Schließlich kann dem Beirat die Personalkompetenz hinsichtlich der Geschäftsführung zugewiesen werden, so dass er anstelle der Gesellschafter über die Bestellung und Abberufung sowie die vertraglichen Konditionen der Geschäftsführer entscheidet.

B6 **Kontinuitätssicherung im Nachfolgeprozess** | Dem Beirat kann auch eine wichtige Rolle bei der Begleitung des Nachfolgeprozesses im Unternehmen zukommen. So mag ein Beirat zunächst nur beratende Funktion haben, solange ein Unternehmen noch inhabergeführt ist und der Seniorgesellschafter „das Heft in der Hand behalten“ möchte. Sobald sich der Seniorgesellschafter jedoch aus Altersgründen aus der Unternehmensführung zurückzieht, kann er in den Beirat wechseln, der zur Erleichterung des Übergangs nunmehr auch mit Kontrollfunktionen ausgestattet werden kann. Falls der Seniorgesellschafter vorzeitig versterben sollte, kann es auch Aufgabe des Beirats sein, dauerhaft oder vorübergehend eine Fremdgeschäftsführung zu installieren und zu überwachen. Ein aus dem vollständigen Rückzug oder Tod des Seniorgesellschafters resultierende Verlust an Know-how kann durch den fortbestehenden, bereits eingearbeiteten Beirat zumindest teilweise aufgefangen und die Kontinuität des Unternehmens gesichert werden (zur Absicherung des Beirats gegenüber Erben *Werner*, ZEV 2010, 619, 621 f.). Sobald geeignete Gesellschafter der Nachfolgegeneration gefunden und in die Unternehmensführung eingetreten sind, kann sich der Beirat ggf. wieder auf eine beratende Funktion zurückziehen.

B7 **Vermittlung zwischen Gesellschaftern bzw. Gesellschaftern und Geschäftsführung** | Der Beirat kann in vielerlei Hinsicht ausgleichend und vermittelnd wirken. So kann er sich zum einen um den Ausgleich divergierender Gesellschafterinteressen bemühen, indem etwa unterschiedliche Vorstellungen nicht im Plenum der Gesellschafterversammlung, sondern im kleineren Kreis mit fachkundigen Dritten erörtert und möglichst einer einvernehmlichen Lösung zugeführt werden. Ein im Beirat bereits erzielter Konsens oder Kompromiss wird in der Regel auch in einer nachfolgenden Gesellschafterversammlung Bestand haben und somit befriedend wirken. Zum anderen kann der Beirat auch eine Mittlerfunktion zwischen Gesellschaftern und Geschäftsführung wahrnehmen, indem er z.B. Entscheidungsvorlagen der Geschäftsführung an die Gesellschafterversammlung prüft und mit seinem Votum versieht.

Beispiel:

Sigle (NZG 1998, 619) schildert den Fall, dass zwei Brüder ein Unternehmen erben und in dessen Geschäftsführung eintreten. Während sich der eine stark in der Geschäftsführung engagiert, entwickelt der andere „einen starken Hang zum Elefanten- und Löwenschießen in Afrika". Der sich anbahnende Konflikt zwischen beiden Brüdern wird schließlich dadurch gelöst, dass der eine in der Geschäftsführung weitgehend freie Hand erhält, während der andere als Vorsitzender in einen neu geschaffenen, beratenden Beirat wechselt. Dies bedeutet für den weichenden Bruder zwar einen gewissen Machtverlust (der ggf. anderweitig, z.B. durch die Vereinbarung eines Mindestentnahmerechts, kompensiert werden kann), vermeidet aber einen sonst aufgrund des Ausscheidens aus der Geschäftsführung drohenden Ansehensverlust.

Repräsentation | Schließlich kann ein mit externen Unternehmerpersönlichkeiten besetzter Beirat auch der Pflege von Geschäftsbeziehungen und Kontakten zu Politik und Wissenschaft sowie ganz allgemein der Repräsentation der Gesellschaft dienen. B 8

2. Errichtung des Beirats bei KG und/oder Komplementär-GmbH

Ansiedlung des Beirats | Der Beirat kann als freiwilliges Organ in der KG, in der Komplementär-GmbH oder auch parallel in beiden Gesellschaften (d.h. „doppelt") errichtet werden; im letzten Fall sollten beide Beiräte sinnvollerweise personenidentisch besetzt werden. Für die Ansiedlung des Beirats bei der einen, der anderen oder beiden Gesellschaften spielen die nachgenannten Gesichtspunkte eine Rolle. B 9

Beirat bei KG | Sofern der Beirat insbesondere **beratende Funktion** haben und neben der Geschäftsführung auch die Gesellschafter beraten soll, sollte er bei der KG als dem eigentlichen Unternehmensträger gebildet werden: Wesentliche Investitionen, zu denen ggf. die Meinung des Beirats eingeholt werden soll, wird die KG tätigen, nicht die GmbH; auch über eine Ausschüttung oder Thesaurierung der im Unternehmen erzielten Gewinne entscheidet, ggf. nach entsprechender Empfehlung des Beirats, die Gesellschafterversammlung der KG, nicht die der GmbH. Selbst in einer beteiligungsidentischen GmbH & Co. KG werden sich die Gesellschafter in erster Linie immer als Kommanditisten, erst danach als Gesellschafter auch der Komplementär-GmbH verstehen. Der Beirat ist daher in der KG richtig angesiedelt, wenn er Gesellschafter beraten oder auch zwischen ihnen vermitteln soll. Gleiches gilt, wenn der Beirat das Unternehmen auch nach außen **repräsentieren** soll. Anders wird dies z.T. gesehen, wenn der Beirat auch **überwachende Funktion oder ggf. sogar geschäftsleitende Funktion** haben und zugleich überwiegend mit externen Dritten besetzt werden soll. Einer Übertragung von umfassenden Weisungs- oder Entscheidungsbefugnissen in Geschäftsführungsfragen soll bei der KG der personengesellschaftsrechtliche Grundsatz der Selbstorganschaft entgegenstehen können (*Mutter* in Münchener Hdb. Gesellschaftsrecht, Bd. 2, § 8 Rz. 5; s. Rz. B 26 ff.). B 10

B 11 **Beirat bei GmbH** | Sofern der Beirat über die Bestellung und Abberufung der GmbH-Geschäftsführer nicht nur Beschluss fassen, sondern diese auch unmittelbar selbst vornehmen können soll, muss der Beirat unmittelbar bei der Komplementär-GmbH errichtet werden. Denn diese nach § 46 Nr. 5 GmbHG den Gesellschaftern vorbehaltenen Aufgaben können zwar innerhalb der GmbH auf einen Beirat, nicht aber auf einen außenstehenden Dritten übertragen werden (*Liebscher* in MünchKomm. GmbHG, § 46 GmbHG Rz. 180, 183; allgemein auch *K. Schmidt* in Scholz, § 46 GmbHG Rz. 72, der die GmbH & Co. KG jedoch als Sonderfall sieht, Rz. 84). Zugleich sollte dem Beirat dann auch die Regelung der Dienstverhältnisse obliegen.

B 12 **Einheitsgesellschaft** | Im Sonderfall der Einheitsgesellschaft, bei der die KG selbst die Geschäftsanteile an ihrer Komplementär-GmbH hält, empfiehlt es sich, unmittelbar bei der GmbH einen Beirat zu errichten und mit Kommanditisten der KG zu besetzen. Denn in der Gesellschafterversammlung der GmbH wird die KG grundsätzlich durch die GmbH-Geschäftsführer vertreten, so dass sich die Geschäftsführer – ohne anderweitige Vorkehrungen – letztlich selbst kontrollieren würden. Dem Beirat sollten dann im größtmöglichen Umfang die Kompetenzen der Gesellschafterversammlung übertragen werden, insbesondere was die Bestellung und Abberufung der Geschäftsführer angehört (→ *Einheitsgesellschaft*). Zwar müssen der Gesellschafterversammlung insbesondere Satzungsänderungen vorbehalten bleiben; diese Einschränkung fällt aber bei einer Einmann-GmbH kaum ins Gewicht.

B 13 **Beirat bei KG und GmbH** | Sofern sämtliche vorgenannten Aspekte (Beratung und Repräsentation einerseits, unmittelbare Befugnisse gegenüber der Geschäftsführung andererseits) als wichtig angesehen werden, kann und sollte der Beirat bei KG und GmbH parallel errichtet werden. Der damit verbundene Formalaufwand hält sich in Grenzen, wenn die Personenidentität in beiden Gremien dauerhaft sichergestellt wird und beide Gremien auch im Übrigen einheitlich ausgestaltet werden; die Sitzungen beider Gremien können dann in einem einzigen Termin stattfinden und gemeinsam protokolliert werden.

Beispiel:

Die unterschiedlichen Aufgaben von KG und Komplementär-GmbH bedingen Abweichungen etwa bei der Geschäftsordnung für die jeweilige Geschäftsführung. Eine Bestimmung, wonach z.B. Grundstücksgeschäfte mit einem Wert von mehr als 100 000 Euro der Zustimmung des Beirats bedürfen, ist sinnvollerweise in einer Geschäftsordnung der KG für die Geschäftsführung auf KG-Ebene zu verorten. Die Funktion der Komplementär-GmbH beschränkt sich auf diese Geschäftsführung für die KG und die Übernahme der persönlichen Haftung. Die Geschäftsführer der Komplementär-GmbH sollten daher *für die Komplementär-GmbH* überhaupt keine außerordentlichen Geschäfte vornehmen, also insbesondere auch kein Grundstück *für die GmbH* erwerben. Soweit die Komplementär-GmbH für die KG handelt, haben ihre Geschäftsführer selbstverständlich auch die auf KG-Ebene geltenden Zustimmungserfordernisse zu beachten.

3. Errichtung auf gesellschaftsvertraglicher oder schuldrechtlicher Grundlage

B 14 **Abgrenzung** | Der Beirat kann auf gesellschaftsvertraglicher oder auf schuldrechtlicher Grundlage errichtet werden.

- Im ersten Fall wird der Beirat im Gesellschaftsvertrag als **weiteres Organ** vorgesehen und so im Organisationsgefüge der Gesellschaft verankert. Erst dies legitimiert „Machtverschiebungen", die aus einer Zuweisung von Überwachungs- oder Entscheidungskompetenzen zum Beirat resultieren und zulasten der Geschäftsführung, ggf. aber auch der Gesellschafter gehen: Die Geschäftsführung muss dem Beirat Rede und Antwort stehen, auch die Gesellschafter übertragen einen Teil ihrer Befugnisse auf den Beirat.

- Im zweiten Fall beruht der Beirat lediglich auf vertraglichen Abreden zwischen der Gesellschaft und den Beiratsmitgliedern. Hierbei wird es sich zumeist um **Geschäftsbesorgungsverträge** mit Dienstvertragscharakter handeln (§§ 675, 611 BGB), wonach die Beiratsmitglieder der Gesellschaft gegen Vergütung ihr externes Wissen zur Verfügung stellen. Da die Beiratsmitglieder nur auf schuldrechtlicher Basis für die Gesellschaft tätig werden, steht ein solcher Beirat außerhalb des Organisationsgefüges der Gesellschaft und kann daher grundsätzlich nur beratende Funktion haben (*Huber*, Der Beirat, Rz. 62 f.; *Mutter* in Münchener Hdb. Gesellschaftsrecht, Bd. 2, § 8 Rz. 3 ff.; zur ausnahmsweisen Beauftragung auch mit Überwachungsfunktionen *Uffmann*, NZG 2015, 169).

In der Praxis haben Beiräte in aller Regel eine gesellschaftsvertragliche, nicht nur eine schuldrechtliche Grundlage.

Gesellschaftsvertraglicher Beirat bei KG | Bei der KG als Personengesellschaft wird dies auch dadurch befördert, dass ihr Gesellschaftsvertrag formfrei abgeschlossen und geändert werden kann und deshalb auch (anfängliche oder nachträgliche) Abreden über die Errichtung und die Kompetenzen eines Beirats grundsätzlich formfrei getroffen werden können. B 15

Beispiele:

Bei einer GmbH & Co. KG beschließen die Gesellschafter nachträglich einvernehmlich die Errichtung eines Beirats, ohne zugleich auch den in die Jahre gekommenen Gesellschaftsvertrag der KG formal um eine Beiratsklausel zu ergänzen. Der Beschluss zur Errichtung des Beirats stellt materiell eine Änderung des Gesellschaftsvertrages dar. Deshalb ist auch ein solcher Beirat, der im geschriebenen Gesellschaftsvertrag keine Erwähnung findet, gleichwohl ein Beirat auf gesellschaftsvertraglicher Grundlage, dem folglich auch Überwachungskompetenzen zustehen können.

Gesellschaftsvertraglicher Beirat bei GmbH | Für die GmbH wird demgegenüber verbreitet angenommen, dass die notarielle **Satzung** nicht nur die Errichtung des Beirats vorzusehen habe, sondern auch die **grundlegenden Regelungen** insbesondere zu seiner Besetzung und seinen Kompetenzen enthalten müsse. Insbesondere soll es – jedenfalls wenn der Beirat nicht nur rein beratende Funktion haben soll – nicht genügen, in die Satzung eine einfache Errichtungsermächtigung aufzunehmen und die restlichen Regelungen in einer von der Gesellschafterversammlung beschlossenen Geschäftsordnung zu treffen (KG Berlin v. 23.7.2015 – 23 U 18/15, GmbHR 2016, 29; *Huber*, Der Beirat, Rz. 49 ff.; allgemein auch *Mutter* in Münchener Hdb. Gesellschaftsrecht, Bd. 2, § 8 Rz. 10). Die Gegenansicht hält eine satzungsmäßige Ermächtigung für ausreichend, um sodann auf dieser Grundlage durch Gesellschafterbeschluss über die Errichtung, die nähere Ausgestaltung und die Befugnisse des Beirats zu entscheiden, und zwar im Grundsatz auch mit einfacher Mehrheit (*Nießen* in Gehrlein/Ekkenga/Simon, § 52 GmbHG Rz. 17 und 134; *Giedinghagen* in Michalski, § 52 GmbHG Rz. 404). B 16

Ergänzende Regelung per Geschäftsordnung | Vor dem Hintergrund dieses Meinungsstreits sollten im Gesellschaftsvertrag jedenfalls die wesentlichen Grundzüge der Errichtung, der Besetzung und der Kompetenzen des Beirats festgeschrieben werden. Details können sodann in einer von den Gesellschaftern zu erlassenden Geschäftsordnung oder auch vom Beirat selbst geregelt werden. Eine möglichst weitgehende Regelung per Geschäftsordnung empfiehlt sich insbesondere dann, wenn der Beirat bei der Komplementär-GmbH angesiedelt werden soll. Denn die Satzung der GmbH erweist sich nicht nur als deutlich schwerfälliger, wenn einmal B 17 aufgenommene Regelungen später im Wege notarieller Beurkundung an geänderte Verhältnisse angepasst werden müssen (§§ 53 f. GmbHG), sie ist auch registeröffentlich, d.h. für interessierte Dritte problemlos über das elektronische Handelsregister abrufbar.

Beispiel:

In der Satzung der Komplementär-GmbH sollte kein detaillierter Katalog aufgenommen werden, wonach die Geschäftsführung in den Fällen a) bis z) vor einer Maßnahme die Zustimmung des Beirats einzuholen hat. Flexibler und ausreichend ist eine Bestimmung, dass die Gesellschafterversammlung per Geschäftsordnung bestimmte Arten von Geschäften von der vorherigen Zustimmung des Beirats abhängig machen kann (vgl. *Stephan/Tieves* in MünchKomm. GmbHG, § 37 GmbHG Rz. 113).

4. Aufschiebend bedingte Errichtung des Beirats

B 18 Wenn der Beirat der Nachfolgesicherung dienen soll (s. Rz. B 6), ist es manchmal der Wunsch des Seniorgesellschafters, das Gremium oder jedenfalls einzelne seiner Kompetenzen (z.B. Übergang vom beratenden zum überwachenden Beirat) erst zu einem späteren Zeitpunkt „scharfzuschalten". In diesem Fall kann die Errichtung des in seinen Grundzügen bereits im Gesellschaftsvertrag vereinbarten Beirats z.B. davon abhängig gemacht werden, dass der Seniorgesellschafter aus der Unternehmensführung ausscheidet, dass eine Gesellschafterversammlung mit einfacher Mehrheit einen entsprechenden Beschluss fasst oder dass ein nicht in die Unternehmensführung eintretender Minderheitsgesellschafter der Nachfolgegeneration die Errichtung verlangt. Allerdings ist es ggf. nicht die beste Lösung, einen Beirat planmäßig erst mit dem Tod des Seniorgesellschafters zu errichten, weil der Beirat dann möglicherweise in einer für das Unternehmen kritischen Übergangsphase noch nicht eingearbeitet und nicht unmittelbar handlungsfähig ist.

Beispielsformulierung:

Die Gesellschafterversammlung der KG kann jederzeit mit einfacher Mehrheit die Bildung eines Beirats beschließen. Ein nicht in der Geschäftsführung tätiger Gesellschafter kann, wenn der Seniorgesellschafter X nicht mehr der Geschäftsführung der Komplementärin angehört, die Einsetzung eines Beirats verlangen. Außerdem ist ein Beirat zu bilden, wenn Herr X vor der Einsetzung eines Beirats versterben sollte. (Es folgen Vorgaben zur Besetzung und den Kompetenzen des Beirats, vgl. Rz. B 19ff.).

5. Besetzung des Beirats

B 19 **Mitglieder** | Der Beirat hat häufig eine ungerade Mitgliederzahl (**drei oder fünf**), um bei Entscheidungen Pattsituationen zu vermeiden; zwingend ist dies nicht, da dem Vorsitzenden für solche Fälle z.B. auch ein Stichentscheid eingeräumt werden kann. Im Gesellschaftsvertrag sollte ggf. nicht nur eine Spannweite („drei bis fünf Mitglieder"), sondern eine bestimmte Mitgliederzahl festgesetzt werden, um den Wert von Entsendungsrechten und die Durchführbarkeit von Kooptations- und Ergänzungsregelungen abzusichern. Die Festsetzung kann und sollte jedoch mit einer Öffnungsklausel verbunden werden, wonach durch (qualifizierten) Gesellschafterbeschluss jederzeit eine abweichende Mitgliederzahl bestimmt werden kann.

B 20 **Personelle Zusammensetzung** | Bei der personellen Zusammensetzung des Beirats sind dessen angestrebte Funktionen zu berücksichtigen: In einen beratenden oder repräsentativen Beirat wird man überwiegend externe Persönlichkeiten aus Wirtschaft und Wissenschaft berufen, in einen vornehmlich auf den Ausgleich unterschiedlicher Gesellschafterinteressen gerichteten Beirat dagegen (auch) die maßgeblich beteiligten Gesellschafter bzw. Vertreter der relevanten Gesellschafterstämme. Diese Gesellschafter werden erst recht auch einem Beirat mit überwachender Funktion angehören wollen.

Persönliche Voraussetzungen nach Gesetz | Das **Aktiengesetz** enthält für Aufsichtsratsmitglieder einige persönliche Voraussetzungen und Einschränkungen, die für den Beirat einer GmbH & Co. KG nicht unmittelbar gelten, an denen man sich aber, sofern der Beirat (auch) überwachende Funktionen haben soll, im Interesse einer guten Corporate Governance orientieren kann. So kann nach § 100 Abs. 1 AktG nur eine natürliche, unbeschränkt geschäftsfähige Person Aufsichtsratsmitglied werden; entsprechend wird auch für den Beirat vertreten, dass ihm keine juristische Person angehören könne, da auch dieses Amt höchstpersönlich wahrzunehmen sei (*Huber*, Der Beirat, Rz. 116). Praktisch bedeutsamer ist § 105 Abs. 1 AktG, wonach ein Aufsichtsratsmitglied nicht zugleich Vorstandsmitglied etc. der Gesellschaft sein kann. Für den Beirat einer GmbH & Co. KG wird deshalb zum Teil angenommen, dass auch kein **Geschäftsführer** der Komplementär-GmbH dem Beirat angehören dürfe, unabhängig davon, ob dieser bei der GmbH oder der KG errichtet sei (*Mutter* in Münchener Hdb. Gesellschaftsrecht, Bd. 2, § 8 Rz. 48; *Huber*, Der Beirat, Rz. 122; OLG Frankfurt a.M. v. 21.11. 1986 – 20 W 247/86, GmbHR 1987, 232 für den Aufsichtsrat einer GmbH; a.A. aber etwa *Uwe H. Schneider* in Scholz, § 52 GmbHG Rz. 256). Dem ist für die KG jedenfalls dann zu widersprechen, wenn der GmbH-Geschäftsführer zugleich Kommanditist ist. In der Praxis besteht nur in diesem Fall ein – aus der Gesellschafterstellung des Betreffenden abgeleitetes – Bedürfnis, dem Gesellschafter-Geschäftsführer ggf. einen Sitz im Beirat einzuräumen. Dieses Bedürfnis kann auch befriedigt werden, da die Überwachungsaufgabe bei der KG anderenfalls der Gesellschafterversammlung zufiele, in der der Betreffende ebenfalls vertreten ist. B 21

Persönliche Voraussetzungen nach Gesellschaftsvertrag | Auch der Gesellschaftsvertrag kann die Mitgliedschaft im Beirat an besondere persönliche Voraussetzungen knüpfen, z.B. – jeweils bezogen auf alle oder einen Teil der Mandate – an die (Nicht-)Zugehörigkeit zum Gesellschafterkreis bzw. zur Unternehmerfamilie oder bestimmte berufliche Qualifikationen. Soll der Beirat bei KG und GmbH bestehen, sollte die Doppelmitgliedschaft in beiden Beiräten verankert werden. B 22

Beispielsformulierung:

Der Beirat besteht aus fünf Mitgliedern, die jeweils durch die Gesellschafterversammlung mit einfacher Mehrheit gewählt werden. Die Zahl der Beiratsmitglieder kann durch einstimmigen Gesellschafterbeschluss geändert werden. Zum Mitglied des Beirats können Gesellschafter, Testamentsvollstrecker von verstorbenen Gesellschaftern sowie Personen, die aufgrund ihrer Sachkenntnis und wirtschaftlichen Erfahrung besonders geeignet sind, gewählt werden. Die Beiratsmitglieder sollen möglichst personengleich sein mit den Mitgliedern des Beirats der persönlich haftenden Gesellschafterin.

Bestellung | Der Gesellschaftsvertrag kann insbesondere vorsehen, dass Beiratsmitglieder B 23

- von der Gesellschafterversammlung mit einfacher oder qualifizierter Mehrheit **gewählt** werden, und zwar einzeln oder in Form einer Blockwahl,
- von Gesellschaftern bzw. Gesellschaftergruppen (z.B. Familienstämmen) **entsandt** werden,

- dem Beirat **kraft Amtes** angehören (z.B. die jeweiligen Stammesvertreter, ein Seniorgesellschafter bzw. nach seinem Tod sein Testamentsvollstrecker),
- von den bereits bestellten Beiratsmitgliedern **kooptiert**, d.h. hinzugewählt, werden oder
- bei fortdauernder Uneinigkeit schließlich durch eine **neutrale Instanz** (z.B. die IHK am Sitz der Gesellschaft) bestimmt werden.

Beispiel:

In einer KG mit zwei Familienstämmen kann der Beirat aus einem Vertreter jedes Stammes und einem „neutralen" dritten Mitglied gebildet werden, auf das sich die Stämme entweder mit qualifizierter Mehrheit verständigen oder das sonst durch die IHK als neutrale Instanz bestellt wird:

Der Beirat besteht aus drei Mitgliedern. Dem Beirat gehören die jeweiligen Stammesvertreter der Stämme I und II an. Die Gesellschafterversammlung wählt mit einer Mehrheit von 75 % aller Stimmen das dritte Mitglied. Dieses dritte Mitglied kann auch ein Nichtgesellschafter sein, der über die erforderliche Sachkenntnis und wirtschaftliche Erfahrung verfügt. Kommt die Wahl des dritten Mitglieds auch in einer weiteren Gesellschafterversammlung nicht zustande, bestimmt auf Verlangen eines Stammesvertreters die für den Sitz der Gesellschaft zuständige Industrie- und Handelskammer das dritte Mitglied.

B 24 **Entsendungsrechte |** Entsendungsrechte sind nicht auf ein Drittel der Beiratsmitglieder begrenzt (so § 101 Abs. 2 Satz 4 AktG für den Aufsichtsrat), sondern dürfen auch mehr oder sogar alle Beiratsmitglieder betreffen. Inwieweit auch gesellschaftsfremden Dritten ein Entsendungsrecht eingeräumt werden kann, ist vor dem Hintergrund der Verbandssouveränität streitig (dafür die h.M., z.B. *Hölters*, Der Beirat der GmbH und GmbH & Co. KG, 1979, S. 30; dagegen *Huber*, Der Beirat, Rz. 153 ff.). Unbedenklich sind jedenfalls Entsenderechte für mittelbare Gesellschafter in Konzernverhältnissen.

Beispiel:

Wenn im Fall einer **Einheitsgesellschaft** der Beirat bei der Komplementär-GmbH besteht, kann deren Satzung vorsehen, dass die Beiratsmitglieder unmittelbar von den Kommanditisten entsandt werden. Sie sind zwar nicht unmittelbar, aber doch wirtschaftlich Gesellschafter auch der GmbH.

Nach zutreffender Ansicht können auch sonst Entsendungsrechte für Dritte vorgesehen werden, solange es den Gesellschaftern unbenommen bleibt, diese durch Änderung des Gesellschaftsvertrages auch wieder abzuschaffen.

Beispiel:

Die Mitglieder eines bei der Komplementär-GmbH angesiedelten Beirats können von den Kommanditisten selbst dann bestellt werden, wenn sie nicht gleichzeitig Gesellschafter der Komplementär-GmbH sind (*Mutter* in Münchener Hdb. Gesellschaftsrecht, Bd. 2, § 8 Rz. 49).

B 25 **Beendigung der Amtszeit |** Die Bestellung kann auf bestimmte oder unbestimmte Zeit erfolgen. Die Amtszeit eines Beiratsmitglieds endet durch Zeitablauf, den Wegfall persönlicher Voraussetzungen (s. Rz. B 21 f.), Tod, Abberufung oder Amtsniederlegung. Eine Abberufung ist grundsätzlich auf dieselbe Weise möglich, in der das Mitglied auch gewählt oder entsandt wurde; zur Abberufung eines von den Gesellschaftern mit qualifizierter Mehrheit zu wählenden Mitglieds bedarf es also ebenfalls eines Gesellschafterbeschlusses mit qualifizierter Mehrheit. Ein entsandtes Beiratsmitglied kann durch den bzw. die Entsendungsberechtigten jederzeit abberufen werden (vgl. § 103 Abs. 2 Satz 1 AktG).

6. Kompetenzen des Beirats

Gestaltungsfreiheit | Die Kompetenzen des Beirats können im Gesellschaftsvertrag relativ frei ausgestaltet werden. Sofern der Beirat nicht nur eine beratende oder repräsentative Funktion haben, sondern auch die Geschäftsführung überwachen oder sogar selbst (v.a. durch die Erteilung von Weisungen) geschäftsleitend tätig werden soll, ist die Übertragung entsprechender Kompetenzen an den Grundsätzen der Verbandssouveränität und der Selbstorganschaft zu messen. B 26

Verbandssouveränität | Der Grundsatz der Verbandssouveränität verbietet es den Gesellschaftern, das Schicksal der Gesellschaft Dritten zu überlassen. Dieser Grundsatz ist nicht bereits dann verletzt, wenn dem mit Überwachungs- oder Geschäftsführungsaufgaben betrauten Beirat überwiegend oder ausschließlich gesellschaftsfremde Dritte angehören. Unzulässig wären vielmehr erst Regelungen, die zur Folge hätten, dass die Gesellschafter nicht mehr „Herr im eigenen Haus" wären: Den Gesellschaftern muss, zumindest bei Erreichen der hierfür gesellschaftsvertraglich vereinbarten Mehrheiten, stets die Rechtsmacht verbleiben, den Beirat wieder abzuschaffen, seine Kompetenzen zu beschneiden oder auch Entscheidungen des Beirats aufzuheben (*Grunewald*, ZEV 2011, 283, 284; *Huber*, Der Beirat, Rz. 80 ff.). Daher können die Gesellschafter den Beirat zwar bspw. ermächtigen, den Gesellschaftsvertrag zu ändern. Diese Ermächtigung kann aber nicht verdrängend wirken, die Gesellschafterversammlung muss vielmehr auch neben dem Beirat für Vertragsänderungen zuständig bleiben (*Mutter* in Münchener Hdb. Gesellschaftsrecht, Bd. 2, § 8 Rz. 13). Ebenso wäre ein Zustimmungsvorbehalt des Beirats zu seiner eigenen Abschaffung unwirksam. B 27

Selbstorganschaft | Das spezifisch personengesellschaftsrechtliche Prinzip der Selbstorganschaft bedeutet zunächst, dass die Gesellschaft durch ihre Gesellschafter unmittelbar handlungsfähig ist, ohne dass es der Bestellung von (Fremd-)Organen bedarf. Die Selbstorganschaft soll aber auch dem Schutz der persönlich haftenden Gesellschafter dienen, indem Leitungsbefugnisse zwingend mit deren unbeschränkter Haftung korrelieren. Anerkannt ist daher jedenfalls ein **„Organmonopol der unbeschränkt haftenden Gesellschafter als Vertretungsorgane"** (*K. Schmidt*, Gesellschaftsrecht, § 14 II 2b, S. 409 ff.). Geschäftsführungsaufgaben können dagegen auch Kommanditisten zugewiesen werden und – nach dem BGH – sogar Nichtgesellschaftern: „Der Grundsatz der Selbstorganschaft verbietet nur, dass sämtliche Gesellschafter von der Geschäftsführung und Vertretung ausgeschlossen und diese auf Dritte übertragen werden. Damit vereinbar ist es jedoch, dass ein Dritter in weitem Umfange mit Geschäftsführungsaufgaben betraut und mit einer umfassenden Vollmacht ausgestattet wird." (BGH v. 5.10.1981 – II ZR 203/80, NJW 1982, 1817 = MDR 1982, 645 „Holiday Inn" zur Betriebsführung durch einen externen Dritten; dazu *Wertenbruch* in Westermann/Wertenbruch, Hdb. Personengesellschaften, Rz. I 240b f.). Im Schrifttum wird der Grundsatz der Selbstorganschaft dagegen verbreitet auch auf die Geschäftsführung erstreckt: Das HGB enthalte keine Vorschriften zur Auswahl, Kontrolle oder Schadensersatzpflicht etwaiger Fremdorgane; erst die Kopplung der Unternehmensleitung an die Gesellschaftsbeteiligung mache eine anderweitige Überwachung durch Abberufung und Organhaftung überflüssig (so *Wiedemann*, Gesellschaftsrecht, Band 2, 2004, S. 333 ff.; gleichsinnig *K. Schmidt*, Gesellschaftsrecht, § 14 II 2b, S. 409 ff.; *Westermann* in FS Lutter, S. 955, 963 f.). B 28

Besetzung mit Gesellschaftsfremden | Wenn man den Grundsatz der Selbstorganschaft auch auf die Geschäftsführung bezieht, darf ein Beirat, sofern ihm z.B. auch Weisungsrechte gegenüber den geschäftsführenden Gesellschaftern zustehen sollen, nach verbreiteter Ansicht nicht B 29 ausschließlich oder überwiegend mit Gesellschaftsfremden besetzt werden (*Mutter* in Münchener Hdb. Gesellschaftsrecht, Bd. 2, § 8 Rz. 14; *Weipert/Oepen*, ZGR 2012, 585, 592). Nach a.A. ist dagegen auch insoweit entscheidend, ob die Gesellschafter sich jeder Möglichkeit begeben, den Beirat zu überstimmen bzw. ihn wieder abzuschaffen (*Huber*, Der Beirat, Rz. 69 ff.; *Mayen* in E/B/J/S, § 114 HGB Rz. 23; *Wertenbruch* in Westermann/Wertenbruch, Hdb. Personengesellschaften, Rz. I 249a). Denn solange die Gesellschafter Geschäftsführungsfragen wieder an sich ziehen können, bleibt jedenfalls aus diesem Grund die Letztverantwortung bei ihnen, auch unabhängig von der personellen Besetzung des Beirats. Dies genügt nach den Maßstäben der „Holiday Inn"-Entscheidung des BGH (BGH v. 5.10.1981 - II ZR 203/80, NJW 1982, 1817 = MDR 1982, 645): Danach ist das Prinzip der Selbstorganschaft nicht durchbrochen, solange sich die Gesellschafter der eigenverantwortlichen Leitung des Gesellschaftsunternehmens nicht (völlig) begeben, sondern aufgrund vertraglicher Vorgaben, fortbestehender Informations- und Mitwirkungsrechte sowie Kündigungsmöglichkeiten weiterhin die grundsätzlichen Fragen der Geschäftsführung bestimmen können.

B 30 **Kapitalgesellschaften |** Kapitalgesellschaften kennen dieses Prinzip der Selbstorganschaft nicht: Hier ist es völlig üblich, dass Fremdgeschäftsführer eingesetzt werden und ein Aufsichtsrat mit externen Dritten besetzt wird. Zur Vermeidung eines Konflikts mit dem Prinzip der Selbstorganschaft wird deshalb speziell für die GmbH & Co. KG empfohlen, einen Beirat bei der GmbH statt bei der KG einzurichten, wenn er Überwachungs- oder Weisungsbefugnisse haben, zugleich aber überwiegend mit Gesellschaftsfremden besetzt werden soll (so bspw. *Reichert/Ullrich* in Reichert, GmbH & Co. KG, § 19 Rz. 55).

B 31 **Informations- und Kontrollrechte |** Nach dem Vorbild des aktienrechtlichen Aufsichtsrats können dem Beirat unstreitig Informations- und Kontrollrechte eingeräumt werden. So hat gemäß § 90 Abs. 1 AktG ein Vorstand dem Aufsichtsrat regelmäßig unaufgefordert über die beabsichtigte Geschäftspolitik und andere grundsätzliche Fragen der Unternehmensplanung (insbesondere die Finanz-, Investitions- und Personalplanung), die Rentabilität der Gesellschaft, den Gang der Geschäfte und Geschäfte von erheblicher Bedeutung zu berichten. Der Aufsichtsrat kann seinerseits jederzeit einen Bericht über Angelegenheiten der Gesellschaft verlangen (Abs. 3). Dieser Informationsfluss wird durch ein Einsichtsrecht in die Bücher und Schriften der Gesellschaft flankiert (§ 111 Abs. 2 AktG) und ermöglicht so dem Aufsichtsrat eine wirkungsvolle Überwachung der Geschäftsführung. Für den fakultativen Aufsichtsrat einer GmbH gelten diese §§ 90 Abs. 3, 111 Abs. 2 AktG im Zweifel entsprechend (§ 52 Abs. 1 GmbHG). Die Überwachung der Geschäftsführung kann damit vollständig dem Beirat übertragen werden (§ 46 Nr. 6 GmbHG ist dispositiv; *Lange*, GmbHR 2006, 897, 901). Auch dem Beirat einer KG können Informations- und Kontrollrechte jedenfalls *neben* der Gesellschafterversammlung und den Gesellschaftern, d.h. nicht-verdrängend, eingeräumt werden (*Weipert/Oepen*, ZGR 2012, 585, 590; zur Frage, ob das Einsichtsrecht von Kommanditisten nach § 166 Abs. 1 HGB beschnitten werden kann, vgl. BGH v. 11.7.1988 - II ZR 346/87, GmbHR 1988, 434 = MDR 1989, 42).

B 32 **Zustimmungsvorbehalte |** Der Gesellschaftsvertrag kann bestimmte Geschäftsführungsmaßnahmen in GmbH und KG von der Zustimmung der jeweiligen Gesellschafterversammlung und/oder des Beirats abhängig machen (nach dem Vorbild des § 111 Abs. 4 Satz 2 AktG bzw. bei der KG des § 164 HGB). Der konkrete Zustimmungskatalog sollte den unterschiedlichen Zielsetzungen von KG und Komplementär-GmbH Rechnung tragen (s. Rz. B 13; kritisch zu enumerativen Aufzählungen *Lange*, GmbHR 2006, 897, 900). Zumindest im Fall der Komplementär-GmbH empfiehlt es sich, im Gesellschaftsvertrag selbst lediglich die Möglichkeit zum Erlass solcher Zustimmungsvorbehalte vorzusehen und die einzelnen zustimmungsbedürftigen Maßnahmen in einer Geschäftsordnung zu bestimmen (s. Rz. B 17). Sofern der Beirat die Gesellschafterversammlung entlasten soll, ist der richtige Ort für die Diskussion und Entscheidung über zustimmungsbedürftige Maßnahmen regelmäßig der Beirat. Der Zustimmungsvorbehalt zugunsten des Beirats einer KG kann in diesem Fall ausdrücklich oder konkludent auch das Widerspruchsrecht des einzelnen Kommanditisten nach § 164 Satz 1 HGB ersetzen (*Weipert* in E/B/J/S, § 164 HGB Rz. 18). Eine Befassung (auch) der Gesellschafterversammlung mit entsprechenden Maßnahmen ist hingegen angezeigt, wenn der Beirat lediglich beratende oder repräsentative Funktion haben soll.

Weisungsbefugnisse (Initiativrechte) | Der Gesellschaftsvertrag der KG kann weitergehend vorsehen, dass ein bei der KG bestehender Beirat der Komplementär-GmbH Weisungen hinsichtlich der Geschäftsführung der KG erteilen darf. Umzusetzen sind die Weisungen durch die Geschäftsführer der GmbH, die somit mittelbar ebenfalls gebunden werden. Ein bei der Komplementär-GmbH errichteter Beirat kann deren Geschäftsführer dagegen auf der Grundlage einer entsprechenden Satzungsbestimmung unmittelbar anweisen (zur weiteren Möglichkeit der Delegation von Weisungsbefugnissen an Dritte – dies wäre hier ein nur bei der KG bestehender Beirat – *Stephan/Tieves* in MünchKomm. GmbHG, § 37 GmbHG Rz. 113). Einem (auch) mit Nichtgesellschaftern besetzten Beirat sollten Weisungsbefugnisse nur unter dem Vorbehalt übertragen werden, dass die Gesellschafter jedenfalls durch (ggf. qualifizierten) Gesellschafterbeschluss Kompetenzen wieder unmittelbar selbst ausüben bzw. Einzelentscheidungen überstimmen können; hierdurch sollten sich Probleme mit dem Grundsatz der Verbandssouveränität sowie im Fall der KG auch demjenigen der Selbstorganschaft vermeiden lassen (näher Rz. B 27 ff.). B 33

Personalkompetenzen | Die Kompetenz zur Bestellung und Abberufung der Geschäftsführer und zur Regelung ihrer Dienstverhältnisse kann von der Gesellschafterversammlung der Komplementär-GmbH auf einen bei ihr bestehenden errichteten Beirat verlagert werden. § 46 Nr. 5 GmbHG ist dispositiv. Umstritten ist, ob den Gesellschaftern insoweit eine Restkompetenz zur Abberufung von Geschäftsführern aus wichtigem Grund verbleiben muss (dafür *Spindler/Kepper*, DStR 2005, 1738, 1742; dagegen *Müller/Wolff*, GmbHR 2003, 810). Grundsätzlich ist dies zu bejahen, damit den GmbH-Gesellschaftern in Krisensituationen eine Möglichkeit zur schnellen Reaktion verbleibt. B 34

Beispiel:

Anders ist die Interessenlage ggf. bei der Einheitsgesellschaft, wenn die Kommanditisten ihre Interessen in der Komplementär-GmbH gerade über einen dort errichteten Beirat wahrnehmen. Personalangelegenheiten sollten dann abschließend im Beirat, nicht in der Gesellschafterversammlung der GmbH behandelt werden. Denn in dieser hätten sonst Geschäftsführer in eigener Sache bzw. in der Sache ihrer betroffenen Kollegen zu entscheiden (vgl. BGH v. 16.7.2007 – II ZR 109/06, GmbHR 2007, 1034 mit Anm. *Werner* = GmbH-StB 2007, 304).

Ein bei der KG errichteter Beirat kann dagegen nicht unmittelbar in die Geschäftsführung der Komplementär-GmbH eingreifen. Sofern entsprechende Beiratskompetenzen gewünscht sind – etwa zur Kontinuitätssicherung im Nachfolgeprozess (s. Rz. B 6) –, sollte der Beirat daher (auch) bei der GmbH errichtet werden (s. Rz. B 13). B 35

Schlichtung | Dem Beirat kann schließlich die Rolle eines Schiedsrichters oder Mediators zugewiesen werden (näher → *Konfliktlösung*; → *Schiedsvereinbarung*). B 36

B 37 **Konkurrierende oder verdrängende Kompetenz |** Der Gesellschaftsvertrag sollte klarstellen, ob dem Beirat Kompetenzen jeweils nur konkurrierend zur Gesellschafterversammlung oder aber verdrängend übertragen werden. Eine verdrängende Kompetenz ist im Zweifel nicht gewollt, da sich die Gesellschafter regelmäßig weder selbst entmachten wollen noch in letzter Konsequenz können: Verdrängende Kompetenzen des Beirats sind insbesondere bei Grundlagenentscheidungen wie z.B. Änderungen des Gesellschaftsvertrages schon nicht möglich (*Spindler/Kepper*, DStR 2005, 1738, 1742; s. Rz. B 27, zur Abberufung von Geschäftsführern aus wichtigem Grund s. Rz. B 34). In der Praxis bedeutsamer ist daher die anhand des konkreten Gesellschaftsvertrages zu beantwortende Frage, ob die Gesellschafter eine Entscheidung des Beirats nur mit qualifizierter oder auch mit einfacher Mehrheit aufheben und ersetzen dürfen.

Beispiel:

Nachdem der gesellschaftsvertraglich mit entsprechenden Rechten versehene Beirat einer KG die Durchführung einer Sonderprüfung durch einen bestimmten Wirtschaftsprüfer beschlossen hat, beschließen die Gesellschafter mit lediglich einfacher Mehrheit, den betreffenden Wirtschaftsprüfer nicht zu der Prüfung zuzulassen.

Laut BGH ist eine solche einfache Mehrheit nicht ausreichend, um – bei Fehlen eines entsprechenden Vorbehalts im Gesellschaftsvertrag – den Beschluss des Beirats abzuändern: „Die Gründer der Kommanditgesellschaft haben mit dem Beirat einen mit besonderen Funktionen ausgestatteten Ausschuss eingegliedert. Sie haben hierbei nicht nur seine Errichtung und personelle Zusammensetzung, sondern auch seine Befugnisse zum Bestandteil der besonderen gesellschaftsvertraglichen Ausgestaltung der Kommanditgesellschaft gemacht. Ein Eingriff in diese Befugnisse stellt sich deshalb als eine Änderung des Gesellschaftsvertrages dar, die nach § 6 des KG-Vertrages der 4/5-Mehrheit bedarf. Diese Mehrheit ist unstreitig nicht erreicht worden." (BGH v. 1.12.1969 – II ZR 224/67, MDR 1970, 398)

7. Innere Ordnung des Beirats

B 38 **Vorsitzender |** In der Regel bestimmen die Gesellschafter, sonst die Beiratsmitglieder selbst aus ihrer Mitte einen Vorsitzenden des Beirats. Diesem obliegt die Einberufung, Vorbereitung und Leitung der Beiratssitzungen sowie die Durchführung von Beschlüssen des Beirats. Oftmals hält der Vorsitzende auch intensiveren Kontakt zur Geschäftsführung. Bei Beschlussfassungen kann der Gesellschaftsvertrag dem Vorsitzenden z.B. ein Stichentscheidsrecht zubilligen, um Pattsituationen aufzulösen. Ferner sorgt der Vorsitzende für die Protokollierung der Sitzungen und gefassten Beschlüsse.

B 39 **Beschlussfassung |** Der Beirat entscheidet durch ausdrücklichen Beschluss, regelmäßig im Rahmen von Sitzungen. Daneben ist auch eine telefonische oder schriftliche Beschlussfassung (im Umlaufverfahren) zulässig, sofern dies im Gesellschaftsvertrag oder der Geschäftsordnung des Beirats vorgesehen ist oder kein Mitglied dem gewählten Verfahren widerspricht. Die im Beirat erforderliche Beschlussmehrheit wird im Gesellschaftsvertrag entweder ausdrücklich geregelt sein oder ihm jedenfalls durch Auslegung zu entnehmen sein: Wenn die Gesellschafter z.B. selbst mit einfacher Mehrheit entscheiden, wird dies im Zweifel auch für einen Beirat zu gelten haben. Für den Fall, dass ausnahmsweise jede Regelung fehlen sollte, ist streitig, ob Beschlüsse des Beirats personengesellschaftsspezifisch einstimmig (so *Mutter* in Münchener Hdb. Gesellschaftsrecht, Bd. 2, § 8 Rz. 62) oder mit Mehrheit zu fassen sind (so *Wenzel* in Hesselmann/Tillmann/Mueller-Thuns, Hdb. GmbH & Co. KG, Rz. 4.209).

B 40 **Protokoll |** Die Sitzungen des Beirats und von ihm gefassten Beschlüsse sind zu protokollieren. Der Vorsitzende trägt dafür Sorge, dass das Protokoll an die Beiratsmitglieder verteilt und erforderlichenfalls, insbesondere bei Beschlüssen mit Wirkung gegenüber anderen Gesellschaftsorganen, auch Gesellschaftern und/oder Geschäftsführung kommuniziert wird.

8. Rechte und Pflichten der Beiratsmitglieder

Rechte | Beiratsmitglieder haben zunächst das Recht auf Teilhabe am „Beiratsleben" durch die Teilnahme an dessen Sitzungen und – bei einem beschließenden Beirat – an dessen Abstimmungen (*Huber*, Der Beirat, Rz. 322). Das Beiratsmitglied hat Anspruch auf die hierfür erforderlichen Informationen, üblich ist auch die Übersendung eines Protokolls im Anschluss an die Sitzung (vgl. für den Aufsichtsrat einer AG § 107 Abs. 2 AktG). B 41

Beispielsformulierung:

Der Beirat kann von der Geschäftsführung jederzeit Bericht über die Angelegenheiten der Gesellschaft sowie ihre Tochter- und Beteiligungsgesellschaften verlangen sowie über geschäftliche Vorgänge bei diesen Unternehmen verlangen. Jedes Beiratsmitglied hat das Recht, von diesen Berichten Kenntnis zu nehmen.

Insbesondere Vergütung und Aufwendungsersatz | Daneben hat das Beiratsmitglied regelmäßig Anspruch auf eine angemessene Vergütung und Aufwendungsersatz. Die Beiratstätigkeit wird in aller Regel vergütet, jedenfalls soweit dem Beirat auch Nichtgesellschafter angehören. Die Vergütung kann im Gesellschaftsvertrag oder durch Gesellschafterbeschluss festgesetzt werden und auch nach der Position der Mitglieder (Vorsitzender, stellvertretender Vorsitzender, einfaches Mitglied) oder der Sitzungshäufigkeit differenzieren. Neben den Vergütungsanspruch tritt regelmäßig ein Anspruch auf Ersatz angemessener, nachgewiesener Kosten (z.B. Reisekosten). Rechtsgrundlage hierfür ist § 670 BGB (ggf. i.V.m. § 675 BGB) bzw. bei Beiratsmitgliedern, die zugleich Gesellschafter der KG sind, § 110 HGB (*Huber*, Der Beirat, Rz. 180). B 42

Beispielsformulierung:

Die Beiratsmitglieder erhalten für ihre Tätigkeit neben dem Ersatz angemessener, nachgewiesener Auslagen eine angemessene, von der Gesellschafterversammlung festzusetzende Vergütung. Eine etwa anfallende Umsatzsteuer wird gegen zum Vorsteuerabzug berechtigende Rechnungsstellung zusätzlich vergütet.

Pflichten | Die Pflichten der Beiratsmitglieder richten sich nach den dem Beirat konkret zugewiesenen Kompetenzen: Hat der Beirat eine beratende Funktion, hat das Beiratsmitglied die Geschäftsführung und/oder die Gesellschafter zu beraten und die Entscheidungsprozesse zu begleiten, etwa durch die Abgabe von Empfehlungen (allein oder gemeinsam mit den weiteren Beiratsmitgliedern). Im Fall eines überwachenden Beirats hat das Beiratsmitglied die Ordnungsmäßigkeit der Geschäftsführung zu überwachen und sich die hierfür erforderlichen Informationen zu verschaffen (s. Rz. B 31). Hat der Beirat die Nachfolge in der Unternehmensführung zu regeln, haben die Beiratsmitglieder für eine zügige und bestmögliche Neubesetzung der vakanten Position Sorge zu tragen. Das Beiratsmitglied hat diese Aufgaben **persönlich** wahrzunehmen; es kann daher z.B. nicht im Fall seiner vorübergehenden Verhinderung einen Stellvertreter bestimmen und diesen statt seiner in die Beiratssitzung „entsenden" (*Huber*, Der Beirat, Rz. 332). B 43

B 44 **Insbesondere Sorgfaltspflicht und Haftung** | Das Beiratsmitglied hat die ihm übertragenen Aufgaben mit der Sorgfalt eines ordentlichen und gewissenhaften Beiratsmitglieds zu erledigen. Anderenfalls begeht es eine Pflichtverletzung, für die es ggf. auch in Haftung genommen werden kann. Besteht der Beirat bei der GmbH, so kommen als Anspruchsgrundlage hierfür die §§ 116, 93 AktG in Betracht (jeweils in analoger Anwendung, ggf. i.V.m. § 52 Abs. 1 GmbHG). Danach hätten die Beiratsmitglieder sowohl für Vorsatz als auch für jeden Grad der Fahrlässigkeit einzustehen (§ 276 BGB). Allerdings entspricht zum einen die Intensität der Tätigkeit eines fakultativen Beirats oftmals nicht der eines aktiengesetzlich vorgeschriebenen Aufsichtsrats; zum anderen kann es auch schwer fallen, für eine entsprechend haftungsbewehrte Beiratstätigkeit entsprechend qualifizierte Beiratsmitglieder zu gewinnen. Gesellschaftsvertraglich wird daher die Haftung der Beiratsmitglieder i.d.R. ausdrücklich auf Vorsatz und grobe Fahrlässigkeit beschränkt. Für die KG als Personengesellschaft bestehen keine entsprechenden gesetzlichen Regelungen. Jedenfalls an den **Beirat einer Publikums-KG** legt der BGH aber ebenfalls die Maßstäbe der §§ 116, 93 AktG an:

Beispiel:

Hierzu heißt es in BGH v. 7.3.1983 – II ZR 11/82, BGHZ 87, 84 = MDR 1983, 560: „Wird der Beirat als Organ einer Publikums-KG eingerichtet, so ergibt sich eine Interessenlage, die derjenigen ähnlich ist, die den Gesetzgeber veranlassten, im Rahmen der AG die Vorschriften über den Aufsichtsrat aufzunehmen. Bei Publikumsgesellschaften besteht demgemäß das Bedürfnis, die Überwachung und Kontrolle der Geschäftsführung in ähnlicher Weise auszugestalten und an die Gesellschaftsorgane, die dem Aufsichtsrat der AG entsprechen, ähnliche Anforderungen zu stellen und für diese ähnliche Rechte und Pflichten zu begründen (vgl. BGH v. 4.7.1977 – II ZR 150/75, BGHZ 69, 207, 220 = MDR 1978, 33). Dementsprechend hat der Senat ausgesprochen, dass sich ein Gesellschafter, der die Stellung eines Beiratsmitglieds in einer Publikums-KG erlangt hat, nicht auf die Haftungsbeschränkungen des § 708 BGB berufen kann, vielmehr bei der Erfüllung seiner Verpflichtungen die im Verkehr erforderliche Sorgfalt zu beachten hat und in entsprechender Anwendung der §§ 116, 93 AktG haftet. In gleicher Weise hat er diese Vorschriften herangezogen, um die Kompetenzen des Beirates und die daraus folgenden Pflichten näher zu bestimmen (BGH v. 4.7.1977 – II ZR 150/75, BGHZ 69, 207, 213, 220 f. = MDR 1978, 33). Aus der Vergleichbarkeit der Funktionen des Beirats der Publikums-KG mit denen des Aufsichtsrats einer AG hat er schließlich hergeleitet (MDR 1980, 206 = WM 1979, 1425), dass auch die Beweisregeln des § 93 Abs. 2 Satz 2 AktG i.V.m. § 116 AktG entsprechend anzuwenden sind."

B 45 **Schadensersatz** | Besteht der Beirat bei der GmbH, wird ein aus einer Pflichtverletzung resultierender Schaden gleichwohl regelmäßig bei der KG als dem Träger des eigentlichen Unternehmens eintreten. Die Komplementär-GmbH kann in diesem Fall Schadensersatz nur in das Vermögen der KG fordern. Daneben wird man der KG auch in diesem Fall einen eigenen Schadensersatzanspruch zugestehen müssen (*Mutter* in Münchener Hdb. Gesellschaftsrecht, Bd. 2, § 8 Rz. 92; vgl. BGH v. 18.6.2013 – II ZR 86/11, BGHZ 197, 304 = GmbHR 2013, 1044 = GmbH-StB 2013, 341, wonach die KG jedenfalls in den Schutzbereich der durch die Bestellung begründeten organschaftlichen Sonderrechtsbeziehung zwischen der Komplementär-GmbH und ihrem Geschäftsführer einbezogen ist).

9. „Konzern-Beirat"

B 46 **Beirat bei Obergesellschaft** | Ist die GmbH & Co. KG die Obergesellschaft einer Unternehmensgruppe, hat sich ein bei ihr bestehender Beirat regelmäßig auch mit Angelegenheiten bei **Tochtergesellschaften** zu befassen. Berichtspflichten der Geschäftsführung der Holding-KG werden sich daher auch auf solche Angelegenheiten bei Tochtergesellschaften erstrecken.

Die Geschäftsführung der Tochtergesellschaft ist hingegen nicht direkt an den Gesellschaftsvertrag oder die Geschäftsordnung der Holding-KG gebunden. Jedoch kann und sollte bei der Tochtergesellschaft vorgesehen werden, dass deren Geschäftsführung zu bedeutsamen Maßnahmen die Zustimmung ihrer jeweiligen Gesellschafter, letztlich also der Holding-KG, einzuholen hat. Die Geschäftsführer der Holding-KG wiederum dürfen diese nur nach interner Zustimmung ihres Beirats erteilen. Dies ermöglicht eine **„Durchsetzung von oben nach unten"** über entsprechende Gesellschafterbeschlüsse.

Beispiel:

Der Beirat einer Holding-KG ist mit fünf Mitgliedern besetzt. Eine wichtige Tochter-GmbH soll in eine AG umgewandelt und deshalb erstmals mit einem (nur mit Anteilseignervertretern besetzten) Aufsichtsrat ausgestattet werden. Da ein Vorstand die AG unter eigener Verantwortung leitet (§ 76 Abs. 1 AktG) und die Aufsichtsfunktionen hier nicht durch die Gesellschafterversammlung, sondern durch den Aufsichtsrat wahrgenommen werden, liegt es nahe, den Aufsichtsrat ebenfalls mit Beiratsmitgliedern der Holding-KG zu besetzen. Auch ein völliger personeller Gleichlauf lässt sich hierbei heute erreichen, weil die Zahl der Aufsichtsratsmitglieder nicht mehr durch drei teilbar sein muss (§ 95 AktG).

Beirat bei Schwestergesellschaft | Das Modell einer Steuerung über die jeweilige Gesellschafterversammlung stößt an seine Grenzen, wenn eine zur Unternehmensgruppe gehörende Gesellschaft nicht Tochtergesellschaft, sondern Schwestergesellschaft der mit dem Beirat ausgestatteten GmbH & Co. KG ist. B 47

Beispiel:

Eine Großfamilie bündelt ihren umfangreichen Beteiligungs- und Immobilienbesitz in der mit einem Beirat ausgestatteten A-KG, ihren land- und forstwirtschaftlichen Besitz dagegen in der weitgehend personengleichen Schwestergesellschaft B-KG. Land- und forstwirtschaftliche Themen werden im Beirat der A-KG seit jeher mitbehandelt und mitentschieden.

Eine „Durchsetzung von oben nach unten" ist auch bei Schwestergesellschaften möglich, wenn sich die Gesellschafter der B-KG vertraglich, ggf. auch nur im Rahmen des Gesellschaftsvertrages der A-KG, verpflichten, bei der B-KG die Entscheidungen des Beirats durchzusetzen. Alternativ kann man die Geschäftsführung der B-KG gesellschaftsvertraglich (und sodann im Einzelnen konkretisiert durch eine Geschäftsordnung) unmittelbar an Entscheidungen des Beirats der A-KG binden. Durch eine gesellschaftsvertragliche Bestimmung, Weisungen oder Zustimmungsvorbehalte des Beirats der A-KG zu beachten, wird der Beirat zugleich auch Organ der B-KG (vgl. *Stephan/Tieves* in MünchKomm. GmbHG, § 37 GmbHG Rz. 113; zur Frage der Selbstorganschaft vgl. Rz. B 28).

Sofern die Beteiligungsverhältnisse in beiden Gesellschaften mittelfristig allerdings deutlicher auseinanderfallen sollten, ist eine fortdauernde Zuständigkeit des Beirats der A-KG auch für die B-KG regelmäßig nicht mehr sachgerecht. Das spricht dafür, den Beirat auch formal zu „verdoppeln", d.h. zunächst personengleich und mit identischen Kompetenzen unmittelbar auch bei der B-KG zu errichten.

10. Aufsichtsrat bei Komplementärgesellschaft

Pflicht-Aufsichtsrat | Handelt es sich bei der Komplementärgesellschaft um eine AG oder um eine dualistisch ausgestaltete SE, ist sie schon **kraft Rechtsform** zur Bildung eines Aufsichtsrats verpflichtet (§§ 95 ff. AktG; → *AG/SE & Co. KG*). Im Übrigen kann sich eine entsprechende Verpflichtung aus dem **Mitbestimmungsrecht** ergeben: Sofern eine Komplementär-GmbH bzw. -AG entweder selbst mehr als 500 Arbeitnehmer in Deutschland beschäftigt (§ 1 Abs. 1 DrittelbG) oder ihr mehr als 2000 Konzernarbeitnehmer in Deutschland zuzurechnen sind (§§ 4, 5 MitbestG), ist bei ihr ein mitbestimmter Aufsichtsrat zu bilden (→ *Mitbestimmung*). Die dem mitbestimmten Aufsichtsrat kraft Gesetz zukommenden Rechte B 48 können gesellschaftsvertraglich nicht verkürzt werden; die mitbestimmte Komplementärin kann auch nicht von der Führung der Geschäfte der KG ausgeschlossen werden (§ 4 Abs. 2 MitbestG). Den Gesellschaftern bleibt es unbenommen, *neben* einem mitbestimmten Aufsichtsrat auch einen freiwilligen Beirat zu errichten (sei es in der KG, sei es in der GmbH); dessen Zuständigkeiten dürfen allerdings nicht diejenigen des Pflicht-Aufsichtsrats schmälern. Dies bedeutet nicht per se, dass sich der Beirat auf eine lediglich beratende Funktion beschränken müsste; auch eine konkurrierende Überwachungszuständigkeit und konkurrierende Zustimmungsvorbehalte sind denkbar (näher *Müller/Wolf*, GmbHR 2003, 810, 814), wenn auch in der Praxis ggf. wenig sinnvoll. Näher zum obligatorischen Aufsichtsrat insgesamt *Reichert/Ullrich* in Reichert, GmbH & Co. KG, § 19 Rz. 1 ff.; *Wenzel* in Hesselmann/Tillmann/Mueller-Thuns, Hdb. GmbH & Co. KG, Rz. 4.227 ff.

B 49 **Fakultativer Aufsichtsrat |** § 52 GmbHG ermöglicht bei der GmbH auch die freiwillige Bildung eines fakultativen Aufsichtsrats. Wenn der Gesellschaftsvertrag die Bildung eines Aufsichtsrats vorsieht, sind auf diesen die aktienrechtlichen Bestimmungen grundsätzlich entsprechend anzuwenden, wobei der Gesellschaftsvertrag jedoch Abweichendes bestimmen kann. Wegen dieser Dispositivität der aktienrechtlichen Bestimmungen und der weitgehenden Gestaltungsfreiheit im Übrigen ist die Grenzziehung zwischen einem fakultativen Aufsichtsrat i.S.d. § 52 GmbHG und einem reinen Beirat mitunter schwierig und ggf. auch müßig: Der fakultative „Aufsichtsrat" einer GmbH muss nicht in jeder Hinsicht seinem Vorbild bei der AG entsprechen, umgekehrt kann selbstverständlich auch einem „Beirat" eine überwachende Funktion zukommen. Für Klarheit kann hier zum einen die zutreffende Bezeichnung des Gremiums entweder als Aufsichtsrat oder als Beirat sorgen, zum anderen eine entsprechende Satzungsbestimmung, welche § 52 GmbHG ausdrücklich für anwendbar oder nicht anwendbar erklärt. Schließlich wird man von einem „Aufsichtsrat" nur dann sprechen dürfen, wenn dem betreffenden Gremium zumindest ein Mindestmaß an Kontrollrechten (s. Rz. B 30) zugewiesen wird; ein rein repräsentatives oder beratendes Gremium ist kein „Aufsichtsrat" (vgl. zur Abgrenzung *Giedinghagen* in Michalski, § 52 GmbHG Rz. 11 ff., 401 f.).

11. Besteuerung von Beiratsvergütungen

B 50 **Beirat bei KG |** Wenn der Beirat bei der KG besteht, führen Beiratsvergütungen bei der KG zu Betriebsausgaben und bei den Beiratsmitgliedern grundsätzlich zu Einkünften aus selbständiger Arbeit. Soweit Mitglieder allerdings zugleich Kommanditisten bzw. Mitunternehmer der KG sind, zählen ihre Vergütungen gemäß § 15 Abs. 1 Nr. 2 EStG zu den gewerblichen Einkünften.

B 51 **Beirat bei GmbH |** Besteht der Beirat dagegen bei der Komplementär-GmbH, ist gemäß § 10 Nr. 4 KStG „die Hälfte der Vergütungen ..., die an Mitglieder des Aufsichtsrats, Verwaltungsrats ... oder andere mit der Überwachung der Geschäftsführung beauftragte Personen gewährt werden", nicht als Betriebsausgabe abziehbar. Durch dieses Teilabzugsverbot bei gleichzeitig voller Besteuerung beim Vergütungsempfänger wird die Vergütung wirtschaftlich doppelt belastet. Die Abzugsbeschränkung setzt voraus, dass der Beirat nicht nur beratend tätig wird, sondern (auch) Überwachungsfunktionen wahrnimmt. Eine Überwachungstätigkeit liegt aber etwa schon dann vor, wenn nach der Satzung für bestimmte Geschäfte die Zustimmung des Beirats erforderlich ist (näher *Paetsch* in Rödder/Herlinghaus/Neumann, § 10 KStG Rz. 71 ff.; *Binz/Sorg*, GmbH & Co. KG, § 16 Rz. 352 ff.).

B 52–B 80 frei

Vertiefende Recherche

Wichtige Urteile und Erlasse

BGH v. 7.6.2010 – II ZR 210/09, NZG 2010, 1381: Eine (Publikums-)KG kann entsprechend § 46 Nr. 8 GmbHG, § 147 Abs. 2 Satz 1 AktG einen besonderen Vertreter bestellen, um Ersatzansprüche gegen ihre Komplementärin gerichtlich durchzusetzen. Zum besonderen Vertreter kann auch der Beirat bestellt werden.

BGH v. 21.5.2007 – II ZR 96/06, DStR 2007, 1263 = MDR 2007, 1266: Keine Festsetzung von Nachschüssen durch Beirat auf der Grundlage einer ohne Zustimmung des Gesellschafters eingeführten gesellschaftsvertraglichen Klausel.

BGH v. 19.11.1984 – II ZR 102/84, NJW 1985, 972: Der Beirat einer Publikums-KG, dem (nicht-verdrängend) „die Aufgaben der Gesellschafterversammlung" übertragen sind, darf den Gesellschaftsvertrag (Verzinsung) jedenfalls dann ändern, wenn die Gesellschafter aufgrund der Treuepflicht ebenfalls verpflichtet gewesen wären, der Änderung zuzustimmen.

BGH v. 7.3.1983 – II ZR 11/82, BGHZ 87, 84 = MDR 1983, 560: Das Beiratsmitglied einer Publikums-KG haftet bei einer Pflichtverletzung in entsprechender Anwendung der §§ 116, 93 AktG.

BGH v. 5.10.1981 – II ZR 203/80, NJW 1982, 1817 = MDR 1982, 645 „Holiday Inn": Der Grundsatz der Selbstorganschaft verbietet nur, dass sämtliche Gesellschafter von der Geschäftsführung und Vertretung ausgeschlossen und diese auf Dritte übertragen werden.

BGH v. 1.12.1969 – II ZR 224/67, MDR 1970, 398: Die Gesellschafterversammlung kann, wenn der Gesellschaftsvertrag nichts anderes vorsieht, einen Beschluss des Beirats nur mit der zur Änderung des Gesellschaftsvertrages erforderlichen Mehrheit ändern.

KG Berlin v. 23.7.2015 – 23 U 18/15, GmbHR 2016, 29: Keine Einrichtung eines fakultativen GmbH-Aufsichtsrates durch einfachen Gesellschafterbeschluss aufgrund Ermächtigungsklausel.

OLG Frankfurt a.M. v. 21.11.1986 – 20 W 247/86, GmbHR 1987, 232: Ein Geschäftsführer kann nicht gleichzeitig Aufsichtsratsvorsitzender der GmbH sein, wenn er als solcher eine dominierende Stellung innehat.

Musterformulierungen

→ *Gesellschaftsverträge mit Erläuterungen Rz. G 162ff.* (Beirat in KG), *Rz. G 220ff.* (Beirat in GmbH)

Hölters, Der Beirat der GmbH und GmbH & Co. KG, 1979, S. 67ff. (beratender Beirat, überwachender Beirat, Beirat zur Sicherung der Nachfolge)

Huber, Der Beirat, 2004, S. 233ff. (Beirat in GmbH und KG, schuldrechtlicher Beirat, Beiratsprotokolle und -beschlüsse)

Reichert/Ullrich in Reichert, GmbH & Co. KG, 7. Aufl. 2015 (Formular § 60 IV (dort §§ 9ff.) für die Komplementär-GmbH, Formular § 60 II (dort § 14) für die KG)

Weitere Stichwörter

→ *AG/SE & Co. KG*

Beschlussmängelstreit

Ausgewählte Literatur: *Westermann*, Die Verteidigung von Mitgliedschaftsrechten in der Personengesellschaft (einschließlich GmbH & Co. KG), NZG 2012, 1121.

1. Einführung

B 81 In der GmbH & Co. KG können Streitigkeiten über die Wirksamkeit von Gesellschafterbeschlüssen sowohl die KG als auch die Komplementär-GmbH betreffen. Das für Gesellschafterbeschlüsse der KG geltende Beschlussmängelrecht unterscheidet sich jedoch in wichtigen Punkten vom Beschlussmängelrecht der GmbH. Dies betrifft sowohl die materiell-rechtlichen Folgen von Beschlussmängeln als auch die damit zusammenhängende Frage, wie Beschlussmängel geltend zu machen sind.

2. Der Beschlussmängelstreit in der GmbH

B 82 **Entsprechende Anwendung des aktienrechtlichen Beschlussmängelrechts |** Das GmbHG enthält keine Vorschriften für Beschlussmängel. Nach ständiger Rechtsprechung und h.L. finden jedoch die aktienrechtlichen Anfechtungs- und Nichtigkeitsvorschriften der §§ 241 ff. AktG entsprechende Anwendung, soweit nicht die Besonderheiten der GmbH eine Abweichung erfordern (*Bayer* in Lutter/Hommelhoff, Anh. zu § 47 GmbHG Rz. 1 mit Nachweisen zur Rechtsprechung). Danach sind im Wesentlichen zwei Kategorien von Beschlussmängeln zu unterscheiden, nämlich nichtige Beschlüsse und anfechtbare Beschlüsse.

B 83 **Nichtige Beschlüsse |** Gesellschafterbeschlüsse, die an bestimmten besonders schweren Mängeln leiden, sind nichtig. Die Nichtigkeitsgründe sind im Gesetz abschließend geregelt. Dies sind § 57j Satz 2 GmbHG und § 57n Abs. 2 Satz 4 GmbHG, daneben gelten die aktienrechtlichen Nichtigkeitsgründe entsprechend (§§ 241, 250, 253 und 256 AktG).

B 84 **Heilung |** Handelt es sich bei dem nichtigen Beschluss um einen eintragungspflichtigen Gesellschafterbeschluss (Satzungsänderungen, § 54 GmbHG), wird die Nichtigkeit unter den Voraussetzungen des § 242 AktG analog geheilt, wenn der Beschluss in das Handelsregister eingetragen wird. Demgegenüber sind eintragungsfreie Beschlüsse grundsätzlich unheilbar nichtig (*Bayer* in Lutter/Hommelhoff, Anh. zu § 47 GmbHG Rz. 26 ff.).

B 85 **Rechtsfolge der Nichtigkeit |** Ein nichtiger Gesellschafterbeschluss ist von Anfang an unwirksam. Die Gesellschaftsorgane dürfen einen nichtigen Beschluss nicht ausführen und somit auch nicht zum Handelsregister anmelden.

B 86 **Geltendmachung der Nichtigkeit |** Auf die Nichtigkeit kann sich jedermann und in jeder Weise innerhalb und außerhalb eines Rechtsstreits berufen. Der Nichtigkeitseinwand kann grundsätzlich unbefristet erhoben werden; nur ausnahmsweise kommt Verwirkung in Betracht (*Bayer* in Lutter/Hommelhoff, Anh. zu § 47 GmbHG Rz. 29). Ein Gesellschafter kann die Nichtigkeit aber auch durch Erhebung einer Nichtigkeitsklage gem. § 249 AktG analog geltend machen. Die Nichtigkeitsklage ist eine besondere Form der Feststellungsklage: Durch ein der Klage stattgebendes Urteil wird der Gesellschafterbeschluss rechtsgestaltend für nichtig erklärt. Die Feststellung der Nichtigkeit hat gemäß § 249 Abs. 1 Satz 1 AktG analog Wirkung für und gegen jedermann (BGH v. 13.10.2008 – II ZR 112/7, GmbHR 2009, 39, 40 = GmbH-StB 2008, 358; *Bayer* in Lutter/Hommelhoff, Anh. zu § 47 GmbHG Rz. 30). Die Nichtigkeitsklage ist stets gegen die GmbH zu richten (*Bayer* in Lutter/Hommelhoff, Anh. zu § 47 GmbHG Rz. 32).

Anfechtbare Beschlüsse | Gesellschafterbeschlüsse, die an einem Mangel leiden, der nicht zur Nichtigkeit führt (s. Rz. B 83), sind zunächst wirksam, aber anfechtbar, wenn ein Anfechtungsgrund vorliegt. Ein Anfechtungsgrund liegt vor, wenn der Gesellschafterbeschluss gegen das Gesetz oder die Satzung verstößt (§ 243 Abs. 1 AktG analog). Es wird zwischen Verstößen gegen Verfahrensvorschriften und materiellen Rechtsverstößen unterschieden. B 87

Verfahrensverstöße | Verstöße gegen Verfahrensvorschriften sind Fehler bei der Einberufung der Gesellschafterversammlung (z.B. Unterschreiten der Ladungsfrist) und bei der Durchführung der Gesellschafterversammlung (z.B. Verletzung des Teilnahmerechts oder Abweichung von der Tagesordnung) sowie die Verletzung von Informationsrechten und Fehler bei der Beschlussfeststellung (Nachweise bei *Bayer* in Lutter/Hommelhoff, Anh. zu § 47 GmbHG, Rz. 45 ff.). Verfahrensverstöße machen einen Gesellschafterbeschluss nur dann anfechtbar, wenn sie für das Zustandekommen des Gesellschafterbeschlusses relevant sind. An der Relevanz fehlt es etwa, wenn sich bei einem Verstoß gegen ein Stimmverbot gemäß § 47 Abs. 4 GmbHG die Berücksichtigung der verbotenerweise mitgezählten Stimmen auf das Beschlussergebnis nicht auswirkt (*Bayer* in Lutter/Hommelhoff, Anh. zu § 47 GmbHG Rz. 50 ff.). B 88

Materielle Rechtsverstöße | Ein zur Anfechtbarkeit führender Verstoß gegen materielles Recht liegt z.B. vor, wenn der Gesellschafterbeschluss den Gleichbehandlungsgrundsatz oder die gesellschaftsrechtliche Treuepflicht verletzt (*Bayer* in Lutter/Hommelhoff, Anh. zu § 47 GmbHG Rz. 53 ff.). B 89

Geltendmachung der Anfechtbarkeit | Ist ein Gesellschafterbeschluss anfechtbar, kann ein Gesellschafter durch Erhebung der Anfechtungsklage dessen Nichtigkeit herbeiführen. Voraussetzung hierfür ist jedoch, dass der Gesellschafterbeschluss festgestellt wurde (BGH v. 11.2.2008 – II ZR 187/06, GmbHR 2008, 426 = GmbH-StB 2008, 136). Das der Anfechtungsklage stattgebende Urteil hat kassatorisch-rechtsgestaltende Wirkung (§ 248 Abs. 1 Satz 1 AktG analog). Das heißt, es wirkt nicht nur zwischen den Parteien des Anfechtungsprozesses, sondern ihm kommt gegenüber allen Gesellschaftern und Gesellschaftsorganen sowie gegenüber Dritten materielle Rechtskraftwirkung zu (BGH v. 29.3.1996 – II ZR 124/958, GmbHR 1996, 437, 440). Die Nichtigerklärung wirkt ex tunc (BGH v. 12.7.1993 – II ZR 65/92, GmbHR 1993, 579, 580). Passivlegitimiert ist allein die GmbH (§ 246 Abs. 2 Satz 1 AktG analog). Die Klage ist innerhalb der Anfechtungsfrist zu erheben. Die Anfechtungsfrist ist eine materielle Klagevoraussetzung. Nach ihrem Ablauf ist die Anfechtbarkeit eines fehlerhaften Gesellschafterbeschlusses ausgeschlossen (*Bayer* in Lutter/Hommelhoff, Anh. zu § 47 GmbHG Rz. 62). Die Monatsfrist des § 246 Abs. 1 AktG gilt als Mindestfrist und, sofern in der Satzung nichts vereinbart ist, als genereller Maßstab (BGH v. 18.4.2005 – II ZR 151/03, GmbHR 2005, 925, 927 = GmbH-StB 2005, 229). Um Unklarheiten zu vermeiden, empfiehlt sich für die Praxis, die Anfechtungsfrist im Gesellschaftsvertrag zu bestimmen, wobei diese nicht weniger als ein Monat ab Kenntnisnahme betragen darf (OLG Düsseldorf v. 8.7.2005 – I-16 U 104/04, GmbHR 2005, 1353). B 90

frei B 91–B 93

3. Der Beschlussmängelstreit in der GmbH & Co. KG

B 94 **Nichtigkeit als einzige Rechtsfolge eines Beschlussmangels** | Auf die KG als Personengesellschaft ist das aktienrechtliche Beschlussmängelrecht nach h.M. nicht (analog) anwendbar (dazu kritisch *K. Schmidt* in Scholz, Anh. § 45 GmbHG Rz. 52 ff.). Demzufolge gibt es keine Unterscheidung zwischen nichtigen und anfechtbaren Beschlüssen. Sämtliche Beschlussmängel können nur die Nichtigkeit und Unwirksamkeit des Beschlusses zur Folge haben. Wie bei der GmbH wird zwischen formellen und materiellen Beschlussmängeln unterschieden (s. Rz. B 88 f.; *Haas* in Röhricht/Graf von Westphalen/Haas, § 119 HGB Rz. 9 ff.), wobei es bei formellen Mängeln, wie z.B. Verstößen gegen Form, Frist und Inhalt der Einberufung einer Gesellschafterversammlung, auf die Relevanz des Verstoßes für das Zustandekommen des Beschlusses ankommt (BGH v. 11.3.2014 – II ZR 24/13, GmbHR 2014, 705 = GmbH-StB 2014, 196).

B 95 **Geltendmachung** | Jeder Gesellschafter kann sich auf die Nichtigkeit berufen und, soweit der Gesellschafterbeschluss für ihn Pflichten begründet, deren Erfüllung verweigern, sofern er damit noch nicht präkludiert ist (*Haas* in Röhricht/Graf von Westphalen/Haas, § 119 HGB Rz. 8).

B 96 **Feststellungsklage** | Jeder Gesellschafter hat die Möglichkeit, die Nichtigkeit eines Gesellschafterbeschlusses gerichtlich feststellen zu lassen. Hierzu muss er eine Feststellungsklage erheben. Gesellschafterbeschlüsse einer Personengesellschaft sind feststellungsfähige Rechtsverhältnisse i.S.d. § 256 Abs. 1 ZPO. Das hierfür nötige Feststellungsinteresse ergibt sich aus der Zugehörigkeit zur Gesellschaft. Auch ein nach der Beschlussfassung ausgeschiedener Gesellschafter hat im Regelfall noch ein fortwirkendes Feststellungsinteresse (BGH v. 9.4.2013 – II ZR 3/12, ZIP 2013, 1021 m.w.N.). Die Klage ist gegen die Gesellschafter zu richten, sofern nicht der Gesellschaftsvertrag die Passivlegitimation der Gesellschaft vorschreibt (s. Rz. B 97). Dabei bilden die übrigen Gesellschafter keine notwendige Streitgenossenschaft, so dass die Klage nur gegen diejenigen Gesellschafter zu erheben ist, die eine vom Kläger abweichende Rechtsansicht einnehmen (*Haas* in Röhricht/Graf von Westphalen/Haas, § 119 HGB Rz. 12c; *K. Schmidt* in Scholz, Anh. § 45 GmbHG Rz. 49). Die Feststellungsklage ist nicht fristgebunden, es gelten aber die allgemeinen Verwirkungsgrundsätze (BGH v. 7.6.1999 – II ZR 278/98, ZIP 1999, 1391, 1392).

B 97 **Übernahme des kapitalgesellschaftsrechtlichen Systems** | Im Gesellschaftsvertrag kann aber auch bestimmt werden, dass die Feststellungsklage gegen die Gesellschaft zu richten ist (ständige Rechtsprechung seit BGH v. 30.6.1966 – II ZR 149/64, BB 1966, 1169; BGH v. 24.3.2003 – II ZR 4/01, ZIP 2003, 843; BGH v. 1.3.2011 – II ZR 83/09, GmbHR 2011, 539 = GmbH-StB 2011, 173; BGH v. 19.7.2011 – II ZR 153/09, ZIP 2011, 1906). Der Gesellschaft wird in diesem Fall materiell-rechtlich die Befugnis übertragen, anstelle der Gesellschafter über die Gesellschafterbeschlüsse zu disponieren. Damit kann zwar über die Frage der Wirksamkeit des Beschlusses nicht mit Rechtskraft gegenüber den Mitgesellschaftern entschieden werden. Die übrigen Gesellschafter sind jedoch schuldrechtlich dazu verpflichtet, eine zwischen dem klagenden Gesellschafter und der Gesellschaft ergangene Entscheidung gegen sich gelten zu lassen (BGH v. 11.12.1989 – II ZR 61/89, BB 1990, 370). Außerdem kann der Gesellschaftsvertrag vorsehen, dass die Nichtigkeit eines Gesellschafterbeschlusses innerhalb einer bestimmten Frist und nur durch Klage geltend zu machen ist (BGH v. 20.1.1977 – II ZR 217/75, NJW 1977, 1292). In diesem Fall kann sich ein Gesellschafter nach Ablauf der Frist nicht mehr auf die Nichtigkeit berufen; der Ablauf der Frist hat materiell-rechtliche Wirkung

(BGH v. 7.6.1999 - II ZR 278/98, ZIP 1999, 1391, 1392). Die Frist darf nicht kürzer als ein Monat ab Kenntnis des Beschlusses sein (arg. § 246 Abs. 1 AktG; BGH v. 13.2.1995 - II ZR 15/94, GmbHR 1995, 303). Sie gilt jedoch nicht, wenn sich ein Gesellschafter gegen einen Beschluss wendet, der nur mit seiner Zustimmung gefasst werden kann, wie etwa die Begründung einer Nachschusspflicht (§ 707 BGB). Nach der Rechtsprechung des BGH stellt die fehlende Zustimmung eine „dritte Kategorie" von Mängeln des Beschlusses dar, die im Wege der allgemeinen, nicht fristgebundenen Feststellungsklage gemäß § 256 ZPO oder durch Einwendung im Prozess geltend gemacht werden kann (BGH v. 21.10.2014 - II ZR 84/13, GmbHR 2014, 1303, Rz. 17 = GmbH-StB 2015, 7; BGH v. 12.3.2013 - II ZR 73/11, ZIP 2013, 1222, 1226; BGH v. 19.10.2009 - II ZR 240/08, GmbHR 2010, 32, 33 m.w.N. = GmbH-StB 2010, 8).

Beraterhinweis | In der GmbH & Co. KG ist eine Übernahme des kapitalgesellschaftsrechtlichen Systems unbedingt zu empfehlen, um das Beschlussmängelrecht für beide Gesellschaftsebenen weitest möglich zu vereinheitlichen. Ist nach dem Gesellschaftsvertrag die Klage gegen die Gesellschaft zu richten, wird diese im Prozess von der Geschäftsführung der Komplementär-GmbH vertreten. Probleme können sich ergeben, wenn der einzige Geschäftsführer der GmbH zugleich Kommanditist ist. Erhebt dieser als Kommanditist eine Beschlussmängelklage gegen die Gesellschaft, würde er auf beiden Seiten des Rechtsstreits stehen, was wegen des **Verbots eines In-Sich-Prozesses** ausgeschlossen ist (BGH v. 7.6.2010 - II ZR 210/09, AG 2011, 26, 26; BGH v. 9.2.2009 - II ZR 292/07, GmbHR 2009, 601, 603 = GmbH-StB 2009, 123; BGH v. 11.7.1983 - II Z-114/82, GmbHR 1984, 101). In diesem Fall muss entweder für die GmbH ein weiterer Geschäftsführer oder für die KG analog § 46 Nr. 8 Halbs. 2 GmbHG ein besonderer Prozessvertreter (BGH v. 7.6.2010 - II ZR 210/09, AG 2011, 26; LG Karlsruhe v. 19.1.2001 - O 123/00 KfH I, GmbHR 2001, 392) bestellt werden. Der Besondere Vertreter kann auch ein Dritter sein; der Grundsatz der Selbstorganschaft steht dem nicht entgegen (BGH v. 7.6.2010 - II ZR 210/09, AG 2011, 26). Bis dahin kann die Prozessvertretung, insbesondere die Zustellung der Klage, sichergestellt werden, indem der Kläger die Bestellung eines Prozesspflegers beantragt (§ 57 ZPO).

frei B98–B110

Vertiefende Recherche

Wichtige Urteile und Erlasse

BGH v. 11.12.1989 - II ZR 61/89, BB 1990, 370: Übernahme des kapitalgesellschaftsrechtlichen Systems beim Beschlussmängelstreit.

Weitere Stichwörter

→ *Gesellschafterbeschlüsse;* → *Konfliktlösung;* → *Schiedsvereinbarung*

Beteiligungsidentische GmbH & Co. KG

1. Begriff

B 111 Von einer beteiligungsidentischen GmbH & Co. KG spricht man, wenn die Beteiligungsquoten in beiden Gesellschaften übereinstimmen. Das bedeutet, dass die Kommanditisten an der Komplementär-GmbH in demselben Verhältnis beteiligt sind wie an der KG. Ein Gleichlauf der Beteiligungsverhältnisse wird erleichtert, wenn – wie in der Praxis üblich – ein System fester Kapitalkonten eingerichtet wird, das den Verteilungsschlüssel für die Gesellschafterrechte in der KG bildet (→ *Kontensystem*). In diesem Fall steht der Komplementär-GmbH, wenn diese am Kapital der KG nicht beteiligt ist, weder ein Stimmrecht noch ein Gewinnanteil zu. Sie übt nur die nach dem Gesetz notwendige Funktion des persönlich haftenden Gesellschafters aus und hat darüber hinaus kein Eigengewicht als Gesellschafter. Die verhältniswahrende Beteiligung der Kommanditisten an der Komplementär-GmbH dient dann allein dazu, eine den Beteiligungsverhältnissen entsprechende Kontrolle über die für die GmbH & Co. KG handelnden Geschäftsführer der Komplementär-GmbH zu gewährleisten. Dieser Zusammenhang macht zugleich deutlich, dass stets von den Beteiligungsverhältnissen an der KG auszugehen ist. Denn die KG ist die unternehmenstragende und somit entscheidende Gesellschaft. Das heißt, dass sich die Beteiligungsverhältnisse bei der Komplementär-GmbH nach denjenigen bei der KG richten und nicht umgekehrt.

2. Verzahnung

B 112 Die beteiligungsidentische GmbH & Co. KG wird in der Praxis von den Gesellschaftern häufig als eine einzige Gesellschaft wahrgenommen. Da jedoch im Ausgangspunkt klar zwischen zwei getrennten Gesellschaften zu unterscheiden ist (*K. Schmidt* in Scholz, Anh. § 45 Rz. 1), entspricht es regelmäßig dem Willen der Beteiligten, für beide Gesellschaften einheitliche und aufeinander abgestimmte Regelungen zu treffen, um die internen Abläufe zu vereinfachen. Zudem werden hierdurch Fehlerquellen reduziert.

3. Gesellschafterversammlung und Beschlussfassung

B 113 Eine Verzahnung beider Gesellschaften ist insbesondere im Bereich der gesellschaftsinternen Willensbildung sinnvoll, also bei den Regelungen über die Gesellschafterversammlung und Gesellschafterbeschlüsse. Insoweit besteht ein weiter Gestaltungsspielraum, da die gesetzlichen Regelungen sowohl für die GmbH (§§ 45 ff. GmbHG) als auch für die KG (§§ 119, 162 Abs. 2 HGB) weitgehend dispositiv und für die KG fragmentarisch geblieben sind. Denkbar ist, in beiden Gesellschaftsverträgen gleichlautende Regelungen über die Einberufung, das Teilnahmerecht, die Beschlussfähigkeit und den Ablauf einer Gesellschafterversammlung zu schaffen. Ebenso kann das Verfahren über eine Beschlussfassung im schriftlichen Verfahren harmonisiert werden. Das Stimmrecht ist bei der beteiligungsidentischen GmbH & Co. KG, wenn der Gesellschaftsvertrag der KG die Gesellschafterrechte an Festkapitalanteile anknüpft und die GmbH am Kapital nicht beteiligt ist, automatisch in beiden Gesellschaften gleich. Auch die Mehrheitserfordernisse für das Zustandekommen eines Gesellschafterbeschlusses können angeglichen werden (*Blaum* in Westermann/Wertenbruch, Hdb. Personengesellschaften, Rz. I 3226). Zwar gilt für die KG von Gesetzes wegen das Einstimmigkeitsprinzip (§ 119 Abs.1 HGB), wohingegen bei der GmbH Gesellschafterbeschlüsse grundsätzlich mit der einfachen Mehrheit der abgegebenen Stimmen gefasst werden (§ 47 Abs. 1 GmbHG). Aber auch für die KG kann der Gesellschaftsvertrag Mehrheitsbeschlüsse zulassen (§ 119 Abs. 2 HGB). Hierzu war nach dem früher herrschenden Bestimmtheitsgrundsatz entweder eine gezielte Verweisung auf das GmbH-Recht (so *K. Schmidt*, ZGR 2008, 1, 11 f.) oder aber ein präziser Katalog aller einer Mehrheitsentscheidung unterliegenden Beschlussgegenstände erforderlich. Nach der Otto-Entscheidung des BGH (BGH v. 15.1.2007 – II ZR 245/05, GmbHR 2007, 437 = GmbH-StB 2007, 106) ist ein Mehrheitsbeschluss bereits dann zulässig, wenn nach dem Gesellschaftsvertrag – ausdrücklich oder durch Auslegung – feststeht, dass der fragliche Beschlussgegenstand einer Mehrheitsentscheidung unterworfen sein soll und diese im konkreten Fall nicht als treuwidrig anzusehen ist (→ *Gesellschafterbeschlüsse*). Die Verzahnung kann so weit gehen, dass die Gesellschaftsverträge eine gleichzeitige Beschlussfassung in beiden Gesellschafterversammlungen vorsehen (*Blaum* in Westermann/Wertenbruch, Hdb. Personengesellschaften, Rz. I 3225). Dies führt de facto zu einem Doppelorgan, das Beschlüsse fasst, die jeweils der GmbH oder der KG zugerechnet werden (*K. Schmidt* in Scholz, Anh. § 45 Rz. 26, 57).

4. Geltendmachung von Beschlussmängeln

Eine Angleichung kann sich auch in Bezug auf die Geltendmachung von Beschlussmängeln B 114
empfehlen (*Blaum* in Westermann/Wertenbruch, Hdb. Personengesellschaften, Rz. I 3227). Denn das gesetzliche Beschlussmängelrecht ist für beide Gesellschaften grundverschieden. Dies kann zu erheblichen Schwierigkeiten führen, wenn bei der KG und der GmbH sachlich miteinander zusammenhängende Gesellschafterbeschlüsse gefasst werden. Es ist aber möglich, das für die GmbH geltende Rechtsschutzsystem in wichtigen Punkten auch für Gesellschafterbeschlüsse der KG zu übernehmen. Insbesondere kann im Gesellschaftsvertrag der KG vorgesehen werden, dass Beschlussmängelklagen gegen die Gesellschaft zu richten sind und der Ausgang des Prozesses auch die Mitgesellschafter bindet. Außerdem können in den Gesellschaftsverträgen einheitliche Klagefristen bestimmt werden (→ *Beschlussmängelstreit*). Da der BGH mittlerweile auch die Schiedsfähigkeit von Beschlussmängelstreitigkeiten bei der GmbH anerkannt hat (BGH v. 6.4.2009 – II ZR 255/08, GmbHR 2009, 705 = GmbH-StB 2009, 155), kann in beiden Gesellschaften für Beschlussmängelstreitigkeiten ein einheitliches Schiedsverfahren vorgesehen werden (→ *Schiedsvereinbarung*).

5. Wahrung der Beteiligungsidentität

Gesellschaftsvertragliche Regelungen | Die Beteiligungsidentität wird aufgehoben, wenn Ge- B 115
sellschafter ihre Beteiligungen disquotal übertragen oder vererben oder nur aus einer der Gesellschaften ausscheiden. Dem kann durch aufeinander abgestimmte Regelungen in den Gesellschaftsverträgen der KG und der GmbH begegnet werden. Da die Beteiligungsverhältnisse

bei der KG maßgeblich sind (s. Rz. B 111), ist im Gesellschaftsvertrag der GmbH für einen entsprechenden Nachvollzug zu sorgen.

Musterformulierung Wahrung der Beteiligungsidentität

§ ... Wahrung der Beteiligungsidentität

(1) Die Gesellschafter sind am Stammkapital der Gesellschaft stets in demselben Verhältnis beteiligt, wie sie am Kommanditkapital (Festkapital) der KG beteiligt sind (identische Beteiligungsquoten). Soweit die Gesellschaft eigene Geschäftsanteile hält, bleiben diese für die Berechnung der Beteiligungsquote außer Betracht.

(2) Die Gesellschafter sind stets dazu verpflichtet, in dem Umfang Geschäftsanteile zu übertragen und zu erwerben, wie es zur Herstellung identischer Beteiligungsquoten erforderlich ist. Jeder Gesellschafter und jeder Kommanditist kann aus eigenem Recht die Erfüllung dieser Verpflichtung verlangen.

(3) Liegen keine identischen Beteiligungsquoten vor, ruht das Stimmrecht eines Gesellschafters insoweit, wie seine Beteiligung am Stammkapital der Gesellschaft seine Beteiligung am Kommanditkapital (Festkapital) der KG übersteigt.

B 116 **Übertragung unter Lebenden |** Möchte ein Gesellschafter seine Kommanditbeteiligung übertragen, so ist im Gesellschaftsvertrag der KG sicherzustellen, dass die Übertragung nur wirksam ist, wenn der Übertragende auch einen entsprechenden Anteil am Stammkapital der Komplementär-GmbH überträgt.

Musterformulierung Verhältniswahrende Übertragung von Kommanditbeteiligungen

§ ... Übertragung von Kommanditbeteiligungen

(1) Jede Übertragung einer Kommanditbeteiligung oder eines Teils davon bedarf der Zustimmung der Gesellschafterversammlung.

(2) Darüber hinaus setzt jede Übertragung einer Kommanditbeteiligung oder eines Teils davon voraus, dass der übertragungswillige Gesellschafter gleichzeitig auch einen entsprechenden Anteil am Stammkapital der Komplementär-GmbH auf den Erwerber der Kommanditbeteiligung überträgt.

B 117 **Formerfordernisse |** Die Regelung in Absatz 2 der obigen Musterformulierung hat den Charakter und die Wirkung einer Übertragungsbeschränkung. Davon zu unterscheiden ist eine Regelung, wonach ein Gesellschafter verpflichtet ist, bei seinem Ausscheiden aus der KG die Geschäftsanteile der Komplementär-GmbH zu übertragen. Eine solche Regelung würde dazu führen, dass der gesamte Gesellschaftsvertrag der KG gemäß § 15 Abs. 4 GmbHG beurkundungspflichtig ist (→ *Gründung Rz. B 26ff.*). Daher ist beim Verfassen der Gesellschaftsverträge darauf zu achten, die Pflichten zur Übertragung von Geschäftsanteilen in die ohnehin beurkundungspflichtige GmbH-Satzung zu verorten (§ 2 Abs. 1 Satz 1 GmbHG).

B 118 **Zustimmungserfordernisse |** Um dem übertragungswilligen Gesellschafter die Möglichkeit zu geben, die Voraussetzungen für eine zulässige (verhältniswahrende) Übertragung seiner Kommanditbeteiligung zu erfüllen, muss der Gesellschaftsvertrag der Komplementär-GmbH die Übertragung eines entsprechenden Anteils am Stammkapital zulassen. Sinnvollerweise sollte die Übertragung der GmbH-Geschäftsanteile nicht an weitere Voraussetzungen geknüpft werden. Soweit bereits für die Übertragung der Kommanditbeteiligung die Zustimmung der Gesellschafterversammlung erforderlich ist, erübrigt es sich, auch auf Ebene der Komplementär-GmbH ein Zustimmungserfordernis vorzusehen.

Musterformulierung Verhältniswahrende Übertragung von Geschäftsanteilen

§ … Übertragung von Geschäftsanteilen

(1) Eine Übertragung von Geschäftsanteilen ist nur zulässig, wenn der übertragungswillige Gesellschafter gleichzeitig auch einen entsprechenden Anteil am Kommanditkapital (Festkapital) der KG auf den Erwerber der Geschäftsanteile überträgt oder soweit die Übertragung erfolgt, um die Gleichheit der Beteiligungsquoten zu erhalten oder herzustellen.

(2) Soweit für eine verhältniswahrende Übertragung von Geschäftsanteilen deren Teilung erforderlich ist, sind die übrigen Gesellschafter verpflichtet, der Teilung zuzustimmen.

Vererbung von Anteilen | Beim Erbfall kann es zum Auseinanderfallen der Beteiligungsquoten kommen, wenn der Gesellschaftsvertrag der KG eine qualifizierte Nachfolgeklausel enthält (→ *Nachfolge von Todes wegen*). In diesem Fall geht die Kommanditbeteiligung des Erblassers kraft Sondererbfolge unmittelbar auf die nachfolgeberechtigten Erben in Höhe ihrer Erbquote über, während die Geschäftsanteile der GmbH ungeteilt in den Nachlass fallen, an dem sämtliche Erben gesamthänderisch berechtigt sind. Der Gesellschaftsvertrag der GmbH muss für diesen Fall vorsehen, dass die Erben im Rahmen der Auseinandersetzung dazu verpflichtet sind, durch ggf. Teilung und Abtretung von Geschäftsanteilen wieder identische Beteiligungsquoten herzustellen (s. das Beispiel nach Rz. B 115). Dies kommt insbesondere zum Tragen, wenn nicht alle Erben nachfolgeberechtigt sind. Ist keiner der Erben nachfolgeberechtigt, scheidet der Erblasser mit seinem Tode aus der KG aus und sein Anteil am Gesellschaftsvermögen wächst den übrigen Gesellschaftern an (§ 738 Abs. 1 Satz 1 BGB, §§ 105 Abs. 3, 161 Abs. 2 HGB). Gleichzeitig fällt der GmbH-Geschäftsanteil des Erblassers in den Nachlass. Folge ist, dass die Erbengemeinschaft Inhaber des Geschäftsanteils ist, die Erben aber nicht an der KG beteiligt sind. Die Erben sind dann dazu verpflichtet, den (ggf. zu teilenden) Geschäftsanteil derart auf die übrigen Gesellschafter zu übertragen, dass die Beteiligungsquoten wieder identisch sind. Das heißt, sie müssen den Geschäftsanteil letztlich in dem Verhältnis übertragen, in dem den übrigen Gesellschaftern der Anteil des Erblassers am Gesellschaftsvermögen der KG angewachsen ist. B 119

Ausscheiden, Einziehung | Scheidet ein Gesellschafter aus der KG aus, sollte sichergestellt sein, dass er auch seine Stellung als Gesellschafter der GmbH verliert. Neben den oben dargestellten Fällen, dass ein Kommanditist seine gesamte Kommanditbeteiligung überträgt oder er keine nachfolgeberechtigten Erben hat, ist ein Ausscheiden aus der KG denkbar etwa infolge einer Kündigung, einer Ausschließung, einer Insolvenz des Gesellschafters oder einer gegen ihn gerichteten Zwangsvollstreckung (vgl. §§ 131 Abs. 3, 161 Abs. 2 HGB). Daher sollte der Gesellschaftsvertrag der GmbH vorsehen, dass die Geschäftsanteile eines Gesellschafters eingezogen werden können, wenn dieser aus der KG ausscheidet. Auch darüber hinaus sollte generell die Einziehung von Geschäftsanteilen möglich sein, soweit dies zur Herstellung identischer Beteiligungsquoten erforderlich ist. B 120

Formulierungsbeispiel:

§ ... Einziehung von Geschäftsanteilen

(1) Die Einziehung von Geschäftsanteilen ist zulässig.

(2) Ohne Zustimmung des betroffenen Gesellschafters ist die Einziehung eines Geschäftsanteils zulässig,

a) wenn er als Kommanditist aus der KG ausgeschieden ist;

b) soweit dies erforderlich ist, um identische Beteiligungsquoten herbeizuführen und der betroffene Gesellschafter trotz schriftlicher Mahnung seiner Verpflichtung zur Übertragung von Geschäftsanteilen zur Herstellung identischer Beteiligungsquoten gemäß § ... nicht nachgekommen ist.

B 121–B 130 frei

Vertiefende Recherche

Musterformulierungen

→ *Gesellschaftsverträge mit Erläuterungen Rz. G 230ff.*

Fuhrmann/Wälzholz, Formularbuch Gesellschaftsrecht, 2. Aufl. 2015, M 29.1, M 29.2

Hesselmann/Tillmann/Mueller-Thuns, Handbuch GmbH & Co. KG, 21. Aufl. 2016, Anhang A (§§ 4, 9, 12), Anhang B (§ 5)

Weitere Stichwörter

→ *Beschlussmängelstreit*; → *Einheitsgesellschaft*; → *Gesellschafterbeschlüsse*; → *Konfliktlösung*; → *Schiedsvereinbarung*

Betriebsaufspaltung

Ausgewählte Literatur: *Mueller-Thuns* in Hesselmann/Tillmann/Mueller-Thuns, Hdb. GmbH & Co. KG, Rz. 2.150 ff.; *Söffing*, Die Betriebsaufspaltung, 5. Aufl. 2013.

1. Grundlagen

Begriff | Eine Betriebsaufspaltung liegt vor, wenn ein Unternehmen (Besitzunternehmen) einem anderen (Betriebs-)Unternehmen eine wesentliche Betriebsgrundlage zur Nutzung überlässt und eine Person oder eine Personengruppe beide Unternehmen in dem Sinne beherrscht, dass sie in der Lage ist, in beiden Unternehmen einen einheitlichen geschäftlichen Betätigungswillen durchzusetzen (vgl. H 15.7 Abs. 4 „Allgemeines" EStH 2015). Im Kern werden damit Konstellationen beschrieben, in denen ein dem Grund nach einheitliches Unternehmen in mehrere rechtlich voneinander getrennte Einheiten aufgeteilt ist. Insoweit kann von einem „Doppelunternehmen" gesprochen werden (*Wacker* in Schmidt, § 15 EStG Rz. 800). Von steuerlicher Relevanz sind dabei insbesondere die Fälle, in denen das für den Betrieb wesentliche Anlagevermögen vollständig oder zum Teil von dem operativ tätigen Unternehmen getrennt und diesem auf schuldrechtlicher Basis überlassen wird. Für die laufende Besteuerung ist es dabei unerheblich, ob die Betriebsaufspaltung mit dem Beginn des Betriebs oder erst später durch eine Aufspaltung des schon bestehenden Unternehmens erfolgt. Dabei haben sich ausgehend von der Rechtsform der beteiligten Rechtsträger und der Art der Errichtung verschiedene Ausprägungen der Betriebsaufspaltung ausgebildet, wobei die Begrifflichkeiten allerdings nicht immer einheitlich verwendet werden (vgl. Rz. B 133 ff.). Für das Steuerrecht stellt sich hier jeweils die Frage, ob die isoliert betrachtet vermögensverwaltende Überlassung des Anlagevermögens (als Vermietung oder Verpachtung) aufgrund der Nähe zu der gewerblichen Tätigkeit des nutzenden Betriebes – konkret: der sachlichen und personellen Verflechtung dieser Unternehmen (vgl. Rz. B 139 ff.) – selbst als gewerblich einzuordnen ist. Die Folgen einer Betriebsaufspaltung können dabei für die Beteiligten sowohl vor- als auch nachteilig sein (vgl. dazu: *Mueller-Thuns* in Hesselmann/Tillmann/Mueller-Thuns, Hdb. GmbH & Co. KG, Rz. 2.158 ff.). B 131

Rechtsgrundlagen | Die Betriebsaufspaltung ist gesetzlich nicht geregelt. Die Rechtsprechung – beginnend mit dem Reichsfinanzhof (RFH v. 26.10.1938 – VI 501/38, RStBl. 1939, 282) – hat diese aus einer wertenden Betrachtung des Begriffs des Gewerbebetriebs entwickelt (*Wacker* in Schmidt, § 15 EStG Rz. 800 m.N. zur Rspr.). Gerechtfertigt wird die Einordung der Vermietung oder Verpachtung des Anlagevermögens als gewerbliche Tätigkeit mit dem einheitlichen geschäftlichen Betätigungswillen der hinter den Unternehmen stehenden Personen, die durch die Verpachtung wesentlicher Betriebsgrundlagen verwirklicht werde (BFH v. 10.4.1997 – IV R 73/94, BStBl. II 1997, 569; BFH v. 13.11.1997 – IV R 67/96, BStBl. II 1998, 254). Die Rechtsprechung zur Betriebsaufspaltung ist verfassungsgemäß (BVerfG v. 14.1.1969 – 1 BvR 136/62, BStBl. II 1969, 389; BVerfG v. 12.3.1985 – 1 BvR 571/81, 1 BvR 494/82, 1 BvR 47/83, BStBl. II 1985, 475). B 132

2. Wesentliche Ausprägungen

B 133 **Betriebsaufspaltung über die Grenze |** Eine Betriebsaufspaltung über die Grenze liegt vor, wenn die Überlassung der wesentlichen Betriebsgrundlagen über eine Grenze hinweg erfolgt. Dabei kann sich sowohl das Besitzunternehmen als das Betriebsunternehmen im Ausland befinden.

B 134 **Echte/unechte Betriebsaufspaltung |** Die echte und die unechte Betriebsaufspaltung unterscheiden sich in Weise ihrer Errichtung: Als echte Betriebsaufspaltung wird eine Betriebsaufspaltung beschrieben, die durch die Aufspaltung eines bestehenden, bis dahin einheitlichen Unternehmens in ein Betriebs- und ein Besitzunternehmen entstanden ist. In der Regel wird ein neuer Rechtsträger errichtet (in der klassischen Ausgestaltung eine Kapitalgesellschaft), auf den der operative Teil des Unternehmens übertragen wird. Der bisherige Rechtsträger wird zum Besitzunternehmen und vermietet oder verpachtet das zurückbleibende Anlagevermögen. Eine unechte Betriebsaufspaltung liegt dagegen vor, wenn der operative Betrieb und das Anlagevermögen bzw. Teile davon bereits bei Beginn der unternehmerischen Tätigkeit getrennt sind oder die Vermietung oder Verpachtung wesentlicher Betriebsgrundlage später hinzutritt, etwa weil eine wesentliche Betriebsgrundlage – z.B. ein Grundstück erst später von der Besitzgesellschaft erworben wird (vgl. etwa BFH v. 8.11.1971 – GrS 2/71, BStBl. II 1972, 63).

B 135 **Einheits-Betriebsaufspaltung |** Eine Betriebsaufspaltung ist als sog. Einheits-Betriebsaufspaltung auch dann gegeben, wenn sich die Besitzgesellschaft unmittelbar an der Betriebsgesellschaft beteiligt und dort die Mehrheit der Stimmrecht hält (BFH v. 27.6.2006 – VIII R 31/04, BStBl. II 2006, 874). Entsprechendes gilt, wenn das Betriebsunternehmen an der Besitz (Personen-)gesellschaft beteiligt ist (BFH v. 8.9.2011 – IV R 44/07, BStBl. II 2012, 136: BFH v. 8.9.2011 – IV R 43/07, BFH/NV 2012, 222) – zum Teil wird dann aber auch von einer umgekehrten Betriebsaufspaltung gesprochen (vgl. Rz. B 138).

B 136 **Kapitalistische Betriebsaufspaltung |** Der Begriff der kapitalistischen Betriebsaufspaltung wird ebenfalls nicht einheitlich verwendet. Zum Teil wird hiermit die „klassische" Betriebsaufspaltung bezeichnet, bei der das Betriebsunternehmen in der Rechtsform der Kapitalgesellschaft betrieben wird, während das Anlagevermögen im Eigentum der Anteilseigner der Kapitalgesellschaft oder einer von diesen errichteten Personengesellschaft steht (*Söffing*, Die Betriebsaufspaltung, 5. Aufl. 2013, Rz. 62). Die Bezeichnung als kapitalistische Betriebsaufspaltung findet sich aber auch für Fälle, in denen die Besitzgesellschaft die Rechtsform einer Kapitalgesellschaft hat und die Betriebsgesellschaft eine Personen- oder Kapitalgesellschaft ist (*Wacker* in Schmidt, § 15 EStG Rz. 803).

B 137 **Mitunternehmerische Betriebsaufspaltung |** Eine mitunternehmerische Betriebsaufspaltung liegt vor, wenn sowohl das Betriebs- als auch das Besitzunternehmen die Rechtsform einer Personen(handels-)gesellschaft haben. Auch in diesem Fall ist die Besitz(Personen-)gesellschaft nach Betriebsaufspaltungsgrundsätzen gewerblich tätig. Die mitunternehmerische Betriebsaufspaltung geht dann der Zuordnung der Wirtschaftsgüter zum Sonderbetriebsvermögen der Gesellschafter bei der Betriebsgesellschaft vor (BFH v. 16.6.1994 – IV R 48/93, BStBl. II 1996, 82; BFH v. 22.11.1994 – VIII R 63/93, BStBl. II 1996, 93; BFH v. 26.11.1996 – VIII R 42/94, BStBl. II 1998, 328; BFH v. 23.4.1996 – VIII R 13/95, BStBl. II 1998, 325; H 15.7 Abs. 4 „Mitunternehmerische Betriebsaufspaltung" EStH 2015; BMF v. 28.4.1998 – IV B 2-S 2241-42/98, BStBl. I 1998, 583).

B 138 **Umgekehrte Betriebsaufspaltung |** Korrespondierend zu der Verwendung des Begriffs der kapitalistischen Betriebsaufspaltung (vgl. Rz. B 136) ist auch das Verständnis der umgekehrten Betriebsaufspaltung nicht einheitlich. Von einer umgekehrten Betriebsaufspaltung wird einmal dann gesprochen, wenn das Besitzunternehmen von einer Kapitalgesellschaft und das Betriebsunternehmen von einer Personengesellschaft betrieben wird (*Söffing*, Die Betriebsaufspaltung, 5. Aufl. 2013, Rz. 65). Teilweise wird der Begriff der umgekehrte Betriebsaufspaltung aber auch für Konstellationen verwendet, in denen die Betriebsgesellschaft die Besitzgesellschaft beherrscht (vgl. *Wacker* in Schmidt, § 15 EStG Rz. 803; BFH v. 8.9.2011 - IV R 43/07, BFH/NV 2012, 222).

3. Voraussetzungen

a) Sachliche Verflechtung

Überlassung wesentlicher Betriebsgrundlagen | Um eine sachliche Verflechtung annehmen zu können, müssen dem Betriebsunternehmen materielle oder immaterielle Wirtschaftsgüter überlassen werden, die für das Betriebsunternehmen funktional eine wesentliche Betriebsgrundlage darstellen (vgl. etwa *Mueller-Thuns* in Hesselmann/Tillmann/Mueller-Thuns, Hdb. GmbH & Co. KG, Rz. 2.155). Die Überlassung einer (von ggf. mehreren) wesentlichen Betriebsgrundlagen reicht hierfür aus (BFH v. 27.9.2006 - X R 28/03, BFH/NV 2006, 2259). Funktional wesentlich in diesem Sinne ist ein Wirtschaftsgut, das nach dem Gesamtbild der Verhältnisse zur Erreichung des Betriebszwecks erforderlich ist und besonderes Gewicht für die Betriebsführung besitzt (vgl. *Wacker* in Schmidt, § 15 EStG Rz. 808; BFH v. 10.4.1997 - IV R 73/94, BStBl. II 1997, 569). Abzustellen ist lediglich auf die wirtschaftliche Bedeutung für das Betriebsunternehmen: Unerheblich ist, ob das überlassene Wirtschaftsgut für das Besitzunternehmen wesentlich ist (BFH v. 14.9.1989 - IV R 142/88, BFH/NV 1990, 522; BFH v. 26.5.1993 - X R 78/91, BStBl. II 1993, 718). Unerheblich für die Einordnung als wesentliche Betriebsgrundlage ist zudem, ob in dem überlassenen Wirtschaftsgut stille Reserven ruhen (BFH v. 24.8.1989 - IV R 135/86, BStBl. II 1989, 1014; H 15.7 Abs. 5 „Wesentliche Betriebsgrundlage" EStH 2015). B 139

Einzelfälle zu wesentlichen Betriebsgrundlagen | Eine Überlassung der wesentlichen Betriebsgrundlagen ist zunächst einmal immer dann anzunehmen, wenn die Überlassung den gesamten Gewerbebetrieb oder sämtliche für den Gewerbebetrieb erforderlichen Wirtschaftsgüter erfasst (BFH v. 17.4.2002 - X R 8/00, BStBl. II 2002, 527). Als wesentliche Betriebsgrundlagen sind i.d.R. zudem einzuordnen: **Büro- bzw. Verwaltungsgebäude**, wenn diese für die Bedürfnisse der Betriebsgesellschaft hergerichtet sind oder die räumliche und funktionale Grundlage für die Geschäftstätigkeit des Betriebsunternehmens bilden (BFH v. 23.5.2000 - VIII R 11/99, BStBl. II 2000, 621; BFH v. 1.7.2003 - VIII R 24/01, BStBl. II 2003, 757; BFH v. 14.2.2007 - XI R 30/05, BStBl. II 2007, 524; BMF v. 18.9.2001 - IV A 6-S 2240-50/01, BStBl. I 2001, 634; H 15.7 Abs. 5 „Wesentliche Betriebsgrundlage" EStH 2015); **Fabrikationsgrundstücke** (BFH v. 24.10. 2001 - X R 118/98, BFH/NV 2002, 1130; H 15.7 Abs. 5 „Wesentliche Betriebsgrundlage" EStH 2015); **unbebaute Grundstücke**, wenn diese von dem Betriebsunternehmen nach seinen Bedürfnissen bebaut oder in anderer Weise gestaltet worden sind bzw. künftig bebaut werden sollen (BFH v. 22.6.2016 - X R 54/14, DStR 2016, 2338). Eine Exklusivität ist nicht erforderlich: Insbesondere Grundstücke sind auch dann als wesentliche Betriebsgrundlagen einzuordnen, wenn das Betriebsunternehmen jederzeit am Markt ein für seine Belange gleichwertiges Grundstück mieten oder kaufen könnte (BFH v. 26.5.1993 - X R 78/91, BStBl. II 1993, 718; H 15.7 Abs. 5 „Wesentliche Betriebsgrundlage" EStH 2015). Auch **immaterielle Wirtschaftsguter**, z.B. Erfindungen, Kunden-/Mandantenstamm Markenrechte, Namens- und Zeichenrechte können we- B 140 sentliche Betriebsgrundlagen sein (*Wacker* in Schmidt, § 15 EStG Rz. 808 m.w.N.; zu immateriellen Wirtschaftsgütern vgl. zudem nur BFH v. 20.7.2005 – X R 22/02, BStBl. II 2006, 457). Gleiches gilt für **bewegliche Wirtschaftsgüter des Anlagevermögens** (Betriebsvorrichtungen, Maschinen) und des **Inventars** (z.B. BFH v. 13.12.1983 – VIII R 90/81, BStBl. II 1984, 474; *Söffing*, Die Betriebsaufspaltung, 5. Aufl. 2013, Rz. 210).

B 141 **Art der Nutzungsüberlassung** | Die Überlassung der wesentlichen Betriebsgrundlagen kann sowohl auf schuldrechtlicher Grundlage (als Gegenstand einer Vermietung oder Verpachtung) als auch auf Grundlage dinglicher Rechtspositionen (etwa Nießbrauch, Erbbaurecht, o.Ä.) erfolgen (*Wacker* in Schmidt, § 15 EStG Rz. 808; BFH v. 19.3.2002 – VIII R 57/99, BStBl. II 2002, 662). Für die sachliche Verflechtung ist darüber hinaus unerheblich, ob die Überlassung entgeltlich, unentgeltlich oder teilentgeltlich erfolgt (BFH v. 24.4.1991 – X R 84/88, BStBl. II 1991, 713; BFH v. 30.3.2006 – IV R 31/03, BStBl. II 2006, 652). Auch im Rahmen der Betriebsaufspaltung ist es allerdings erforderlich, dass das Besitzunternehmen mit Gewinnerzielungsabsicht handelt. Diese muss sich aber nicht zwingend auf die Nutzungsvergütungen beziehen. In der klassischen Betriebsaufspaltung mit einer GmbH als Betriebsgesellschaft kann die Gewinnerzielungsabsicht auch in dem Bestreben liegen, Beteiligungserträge in Form von höheren Ausschüttungen der Betriebs-Kapitalgesellschaft oder Wertsteigerungen in den Anteilen zu erzielen (BFH v. 13.11.1997 – IV R 67/96, BStBl. II 1998, 254, BFH v. 28.3. 2000 – VIII R 68/96, BFH/NV 2000, 1278). Ist die nutzende Betriebsgesellschaft eine Personengesellschaft, muss sich die Gewinnerzielungsabsicht der Besitzgesellschaft dagegen aus der Nutzungsüberlassung selbst ergeben. Das betrifft insbesondere die mitunternehmerische Betriebsaufspaltung (BMF v. 28.4.1998 – IV B 2-S 2241-42/98, BStBl. I 1998, 583). Bei einer Kapitalgesellschaft als Besitzunternehmen sind die Grundsätze der verdeckten Gewinnausschüttung nach § 8 Abs. 3 Satz 2 KStG zu beachten.

B 142 **Mittelbare Nutzungsüberlassung** | Die Nutzungsüberlassung muss nicht zwingend unmittelbar von der Besitzgesellschaft an die Personengesellschaft erfolgen. Die mittelbare Nutzungsüberlassung über einen Dritten kann ausreichen (*Wacker* in Schmidt, § 15 EStG Rz. 810; BFH v. 28.11.2001 – X R 50/97, BStBl. II 2002, 363, einschränkend: BFH v. 24.9.2015 – IV R 9/13, BStBl. II 2016, 154).

b) Personelle Verflechtung

B 143 **Beherrschungsidentität** | Eine personelle Verflechtung liegt vor, wenn die hinter beiden Unternehmen stehenden Personen einen einheitlichen geschäftlichen Betätigungswillen haben (BFH v. 8.11.1971 – GrS 2/71, BStBl. II 72, 63; H 15.7 Abs. 6 „Allgemeines“ EStH 2015) und diesen auch durchsetzen können. Das ist immer dann der Fall, wenn an dem Betriebsunternehmen und dem Besitzunternehmen dieselben Personen – ggf. auch mit jeweils unterschiedlichen Quoten – beteiligt sind (BFH v. 24.2.2000 – IV R 62/98, BStBl. II 2000, 417). In Einzelfällen kann allerdings auch bei identischem Gesellschafterkreis eine Beherrschungsidentität zu verneinen sein, wenn die Beteiligungen in beiden Gesellschaften extrem entgegengesetzt sind (vgl. etwa BFH v. 12.10.1988 – X R 5/86, BStBl. II 1989, 152). Entscheidend ist zudem, dass die an beiden Unternehmen beteiligten Personen die Stimmrechte in den jeweiligen Gesellschaften auch ausüben können. So hat der BFH entschieden, dass die Eröffnung des Konkurses (jetzt der Insolvenz) über das Vermögen der Betriebsgesellschaft regelmäßig zur Beendigung der personellen Verflechtung mit dem Besitzunternehmen und damit einer bestehenden Betriebsaufspaltung führt (BFH v. 6.3.1997 – XI R 2/96, BStBl. II 1997, 460).

Personengruppentheorie | Liegt keine Gesellschafter- und Beherrschungsidentität vor, so ist für die personelle Verflechtung ausreichend, wenn an beiden Unternehmen mehrere Personen beteiligt sind, die zusammen beide Unternehmen beherrschen (BFH v. 2.8.1972 - IV 87/65, BStBl. II 1972, 796; BFH v. 28.5.1991 - IV B 28/90, BStBl. II 1991, 801; H 15.7 Abs. 6 „Personengruppentheorie" EStH 2015). Insbesondere bei der Besitz(Personen-)gesellschaft setzt das voraus, dass in der Gesellschaft das Mehrheitsprinzip zumindest für die laufenden Geschäfte (einschließlich der Vermietung der überlassenden wesentlichen Betriebsgrundlagen) vereinbart ist (vgl. *Wacker* in Schmidt, § 15 EStG Rz. 823). Bedürfen die entsprechenden Gesellschafterbeschlüsse der Zustimmung aller Gesellschafter, so kann die Beteiligung eines auch nur gering beteiligten Nur-Besitz-Gesellschafters die personelle Verflechtung ausschließen. Entsprechendes kann gelten, wenn die Geschäftsführungsbefugnisse im Besitzunternehmen und/oder Betriebsunternehmen nicht oder nicht ausschließlich den Mehrheitsgesellschaftern zustehen (vgl. BFH v. 16.5.2013 - IV R 54/11, BFH/NV 2013, 1557). Ehegatten sind für die Frage der Bestimmung der personellen Verflechtung wie Dritte zu behandeln. Ist etwa der eine Ehegatte nur an der Betriebsgesellschaft und der andere Ehegatte nur an der Besitzgesellschaft jeweils mehrheitlich beteiligt, scheidet eine Betriebsaufspaltung in der Regel aus (vgl. H 15.7 Abs. 7 „Wiesbadener Modell"; BFH v. 30.7.1985 - VIII R 263/81, BStBl. II 1986, 359, BFH v. 9.9.1986 - VIII R 198/84, BStBl. II 1987, 28). B 144

Mittelbare Beherrschung | Sind die an beiden Unternehmen beteiligten Personen nicht unmittelbar an der Betriebs- bzw. Besitzgesellschaft beteiligt, sondern über Kapitalgesellschaften, so ist nach der Rechtsprechung zu unterscheiden: Besteht zur Betriebsgesellschaft eine mittelbare Beteiligung über eine Kapitalgesellschaft, so soll der mittelbar beteiligte Gesellschafter seinen geschäftlichen Betätigungswillen auch bei der Betriebsgesellschaft durchsetzen können (BFH v. 29.11.2007 - IV R 82/05, BStBl. II 2008, 471; BFH v. 27.8.1992 - IV R 13/91, BStBl. II 1993, 134). Für die Beherrschung der Besitzgesellschaft soll eine solche mittelbare Beteiligung dagegen nicht ausreichen (BFH v. 8.9.2011 - IV R 44/07, BStBl. II 2012, 136 m.w.N. zur Rspr.). Letzterem ist nicht zuzustimmen: Auch bei einem Besitzunternehmen können die mittelbar über eine Kapitalgesellschaft beteiligte Personen ihren geschäftlichen Betätigungswillens bei dieser durchsetzen. Für eine unterschiedliche Beurteilung zur Betriebsgesellschaft besteht insoweit kein sachlicher Grund (kritisch auch *Wacker* in Schmidt, § 15 EStG Rz. 835 m.w.N.; *Söffing*, Die Betriebsaufspaltung, 5. Aufl. 2013, Rz. 475 ff.). B 145

Faktische Beherrschung | Liegen die Voraussetzungen für eine Beherrschung der beiden Unternehmen auf Grund ihrer Stimmrechte nicht vor, so hat die Rechtsprechung in besonderen Ausnahmefällen auch eine faktische Beherrschung der Besitz- oder Betriebsgesellschaft durch einen Gesellschafter oder einen Dritten für die Beherrschung im Sinne der Betriebsaufspaltungsgrundsätze genügen lassen. Voraussetzung hierfür ist aber, dass sich die ausschließlich an der Besitzpersonengesellschaft beteiligten Gesellschafter aus wirtschaftlichen oder anderen Gründen dem Druck der beherrschenden Gesellschafter unterordnen müssen (vgl. BFH v. 15.3.2000 - VIII R 82/98, BStBl. II 2002, 774; BFH v. 21.1.1999 - IV R 96/96, BStBl. II 2002, 771; BFH v. 11.5.1999 - VIII R 72/96, BStBl. II 2002, 722). B 146

4. Rechtsfolgen

Tätigkeit der Besitzgesellschaft als Gewerbebetrieb | Wesentliche Rechtsfolge der Betriebsaufspaltung ist, dass die isoliert betrachtet vermögensverwaltende Überlassung (i.d.R. Vermietung oder Verpachtung) der wesentlichen Betriebsgrundlagen bei der Besitzgesellschaft er- B 147 tragsteuerlich zu Einkünften aus Gewerbebetrieb (§ 15 EStG) führt. Handelt es sich bei dem Besitzunternehmen um eine Personengesellschaft, wird auch eine anderweitige vermögensverwaltende Tätigkeit infiziert (§ 15 Abs. 3 Nr. 1 EStG). Die Rechtsfolgen sind dabei nicht auf die an der Betriebsgesellschaft beteiligten Gesellschafter beschränkt. Liegen die Voraussetzungen einer Betriebsaufspaltung vor, erzielen auch die Nur-Besitzpersonengesellschafter Einkünfte i.S.d. § 15 Abs. 1 Satz 1 Nr. 2 Satz 1 EStG (*Mueller-Thuns* in Hesselmann/Tillmann/Mueller-Thuns, Hdb. GmbH & Co. KG, Rz. 2.157). Bei der Besitzgesellschaft unterliegen die Gewinne der Gewerbesteuer. Eine erweiterte Kürzung nach § 9 Nr. 1 Satz 2 GewStG erfolgt auch dann nicht, wenn die nutzende Kapitalgesellschaft ihrerseits vermögensverwaltend tätig ist (BFH v. 22.6.2016 – X R 54/14, DStR 2016, 2342).

B 148 **Sonderbetriebsvermögen** | Die für die Betriebsaufspaltung vorausgesetzte sachliche und personelle Verflechtung beider Unternehmen führt dazu, dass in diesen Konstellationen häufig auch die Voraussetzungen für die Annahme von SBV vorliegen werden. Insbesondere sind die Anteile des Gesellschafters der Besitzpersonengesellschaft an der Betriebskapitalgesellschaft i.d.R. dessen SBV II bei der Besitzgesellschaft zuzuordnen. Aber auch andere Wirtschaftsgüter, die den Gesellschaftern der (Besitz- oder Betriebs-) Personengesellschaft gehören, können SBV dieser Gesellschafter darstellen (vgl. → *Sonderbetriebsvermögen Rz. S 126*).

Vertiefende Recherche

Wichtige Urteile und Erlasse

BVerfG v. 12.3.1985 – 1 BvR 571/81, 1 BvR 494/82, 1 BvR 47/83, BStBl. II 1985, 475: Die Fortentwicklung der Rechtsprechung des Bundesfinanzhofs zur Betriebsaufspaltung verstößt nicht gegen Art. 20 Abs. 3 GG. Es ist mit Art. 3 Abs. 1 GG in Verbindung mit Art. 6 Abs. 1 GG unvereinbar, wenn bei der Beurteilung der personellen Verflechtung zwischen Besitzunternehmen und Betriebsunternehmen als Voraussetzung für die Annahme einer Betriebsaufspaltung von der – wenn auch widerlegbaren – Vermutung auszugehen ist, Ehegatten verfolgten gleichgerichtete wirtschaftliche Interessen.

BFH v. 8.11.1971 – GrS 2/71, BStBl. II 1972, 63: Im Fall der echten oder so genannten unechten Betriebsaufspaltung ist es nicht Voraussetzung für die Bejahung der Gewerbesteuerpflicht des Besitzunternehmens, dass an beiden Unternehmen die gleichen Beteiligungen derselben Personen bestehen. Es genügt, dass die Person oder die Personen, die das Besitzunternehmen tatsächlich beherrschen, in der Lage sind, auch in der Betriebsgesellschaft ihren Willen durchzusetzen. Ob diese Voraussetzung vorliegt, ist nach den Verhältnissen des einzelnen Falles zu entscheiden. An diese Voraussetzung sind strenge Anforderungen zu stellen.

BMF v. 18.9.2001 – IV A 6-S 2240-50/01, BStBl. I 2001, 634.

BMF v. 28.4.1998 – IV B 2-S 2241-42/98, BStBl. I 1998, 583.

OFD Frankfurt a.M. v. 10.5.2012 – S 2240 A 28 - St 219, FR 2012, 976.

Weitere Stichwörter

→ *Gewerbesteuer*; → *Rechtsformwahl* (Steuerrecht); → *Sonderbetriebsvermögen*; → *Stimmrecht und Stimmbindung*; → *Vermögensverwaltende GmbH & Co. KG* (Steuerrecht)

Darlehen

Ausgewählte Literatur: *Altmeppen*, Das neue Recht der Gesellschafterdarlehen in der Praxis, NJW 2008, 3601; *Dubois/Schmiegel*, Liquiditätsentnahmen in der GmbH & Co. KG, NZI 2013, 913; *Haas/Vogel*, Der atypisch stille Gesellschafter als nachrangiger Insolvenzgläubiger, NZI 2012, 875; *Heckschen/Kreusslein*, Gesellschafterdarlehen und -sicherheiten in der Krise, RNotZ 2016, 351; *Korn*, Geschäftsbeziehungen zwischen „Schwestergesellschaften" im Ertragsteuerrecht, KÖSDI 2007, 15711; *Ley*, Zur steuerlichen Behandlung der Gesellschafterkonten sowie der Forderungen und Verbindlichkeiten zwischen einer gewerblichen Personengesellschaft und ihren Gesellschaftern, KÖSDI 2002, 13459; *Schmidt-Naschke/Rehm*, Die Liquidation einer GmbH & Co. KG mit im Rang zurückgetretenen Darlehensverbindlichkeiten – Eine gesellschafts- und steuerrechtliche Bestandsaufnahme, DStR 2013, 2085; *Skauradszun*, Zum ausgeuferten Anwendungsbereich des § 135 I InsO, DZWir 2014, 99; *Theiselmann*, Die Kapitalaufbringung in der GmbH & Co. KG. Das BGH-Urteil vom 10.12.2007 – II ZR 180/06: Analyse und Lösungsansätze, GmbHR 2008, 521; *Wanner-Laufer*, GmbH und Co. KG – Einlagenrückkehr durch Darlehen der GmbH an die KG, NJW 2014, 36; *Winter*, Upstream-Finanzierung nach dem MoMiG-Regierungsentwurf – Rückkehr zum bilanziellen Denken, DStR 2007, 1484.

1. Einlagenrückfluss in der GmbH & Co. KG

Darlehensgewährung | Bei der GmbH & Co. KG stellt es eine weit verbreitete Praxis dar, die Stammeinlage der Komplementär-GmbH ganz oder teilweise an die KG als **Darlehen** weiterzureichen. Fraglich ist, ob die Einlageverpflichtung damit unter dem Gesichtspunkt des **Hin- und Herzahlens** (→ *Komplementär-GmbH* [Kapitalaufbringung und -erhaltung]; im Einzelnen *Sirchich von Kis-Sira* in Gehrlein/Ekkenga/Simon, § 19 GmbHG Rz. 59 ff.) bei der Komplementär-GmbH wirksam erfüllt ist. Wäre dies zu verneinen, ergäben sich als Konsequenzen eine doppelte Verpflichtung der Gesellschafter zur Leistung der Stammeinlagen im Insolvenzfall sowie zivil- und strafrechtliche Haftungsfolgen wegen Abgabe einer falschen Versicherung des Geschäftsführers nach § 8 Abs. 2 Satz 1 GmbHG (*Wanner-Laufer*, NJW 2014, 36). D 1

Beispiel:
Im Zuge der Errichtung der X-GmbH & Co. KG übergeben die beiden Gründungsgesellschafter der Komplementärin X-Verwaltungs GmbH die von ihnen übernommenen Stammeinlagen jeweils in bar dem Geschäftsführer. Der Geschäftsführer leitet sie entsprechend einer vorher getroffenen Vereinbarung an die X-GmbH & Co. KG als Darlehen weiter. Ein eigenes Bankkonto wird für die X-Verwaltungs GmbH nicht eingerichtet. Die Darlehensforderung wird seitens der X-GmbH & Co. KG nie getilgt. Die beiden Gesellschaften geraten nach einigen Jahren in die Insolvenz. Der Insolvenzverwalter ist der Ansicht, die Stammeinlagen seien nicht wirksam geleistet, und verlangt klageweise von den Gründungsgesellschaftern erneute Zahlung.

Der BGH erstreckte in dieser Konstellation die strenge Rechtsprechung zur **Kapitalaufbringung** auch auf die Komplementär-GmbH einer GmbH & Co. KG (BGH v. 10.12.2007 – II ZR 180/06, GmbHR 2008, 203 = GmbH-StB 2008, 71). Bei wirtschaftlicher Betrachtung liege die Situation nicht anders, als wenn sich der Übernehmer des Geschäftsanteils die Einlagemittel zurückzahlen lasse und damit der KG selbst ein Darlehen gewähre. Für eine besondere Behandlung der Komplementär-GmbH wegen der wirtschaftlichen Identität mit „ihrer" KG sieht der BGH keinen Raum.

Kapitalschutzsysteme | Bei der Komplementär-GmbH und der KG treffen nach dem BGH unterschiedliche Kapitalschutzsysteme aufeinander mit der Folge, dass die Gesellschafter bei- D 2 der Gesellschaften ihre Einlageverpflichtungen den Gesellschaftern gegenüber gesondert zu erfüllen und die Vermögensmassen beider getrennt zu halten haben.

D3 Das Kapitalschutzsystem beruht auch bei der Komplementär-GmbH im Wesentlichen auf dem Grundsatz der **Kapitalaufbringung** und dem Grundsatz der **Kapitalerhaltung** (→ *Komplementär-GmbH* [Kapitalaufbringung und -erhaltung]). Beide Grundsätze zusammen bilden die Rechtfertigung für die beschränkte Haftung der Gesellschafter einer GmbH. Die Haftungsbeschränkung auf das Gesellschaftsvermögen erfordert zum Schutz der Gläubiger, dass ihnen die Haftsumme tatsächlich zur Verfügung steht und das in der Satzung festgelegte Stammkapital real aufgebracht wird (*Theiselmann*, GmbHR 2008, 521, 522). Seine normative Grundlage findet der Grundsatz der **Kapitalaufbringung** in § 19 GmbHG. Gemäß § 8 Abs. 2 Satz 1 GmbHG müssen die Geschäftsführer dann bei der Anmeldung versichern, dass die Leistungen auf die Stammeinlagen bewirkt sind und sich der Gegenstand der Leistung endgültig in der freien Verfügung der Geschäftsführer befindet. Im Fall des **Hin- und Herzahlens** (also der Konstellation, dass eine Bareinlage des Gesellschafters aufgrund einer vorher getroffenen Vereinbarung als Darlehen der Gesellschaft an ihn zurückfließt) galt nach bisherigem Recht die Einlageverpflichtung dann nicht als erfüllt, da es auch an der freien Verfügbarkeit fehlte. Der Grundsatz der **Kapitalerhaltung** ergibt sich aus §§ 30, 31 GmbHG und besagt, dass das Stammkapital der Gesellschaft einem Rückzahlungsverbot unterliegt.

D4 **Kapitalerhaltung bei der KG |** Der Grundsatz der Kapitalerhaltung ist bei der KG geringer ausgeprägt als bei der GmbH, da nach dem gesetzlichen Leitbild der Komplementär unbegrenzt in Anspruch genommen werden kann; infolgedessen sind in der KG Ausschüttungen an die Gesellschafter zulasten des Stammkapitals möglich (*Sirchich von Kis-Sira* in Gehrlein/Ekkenga/Simon, § 19 GmbHG Rz. 78; *Theiselmann*, GmbHR 2008, 521, 523). Folge der Ausschüttung ist lediglich das summenmäßig begrenzte Wiederaufleben der persönlichen Haftung des Kommanditisten gemäß § 172 Abs. 4 HGB. Anderes gilt nur bei Vorliegen eines von dieser Vorschrift nicht erfassten normalen **Umsatzgeschäfts.** Dieses liegt vor, wenn die Gesellschaft dem Kommanditisten ein Darlehen zu marktüblichen Zinsen und Konditionen gewährt und der Kommanditist kreditwürdig ist (OLG Hamm v. 7.7.2010 – I-8 U 106/09, NZG 2010, 1298; *Strohn* in E/B/J/S, § 172 HGB Rz. 26).

D5 **Änderung durch MoMiG |** Das Inkrafttreten des MoMiG brachte eine deutliche Liberalisierung des Rechts der Kapitalaufbringung und eine Rückkehr zur bilanziellen Betrachtungsweise mit sich. Dies führt dazu, dass der Beispielsfall (Rz. D 1) nach heutiger Gesetzeslage wohl anders zu entscheiden und die Klage des Insolvenzverwalters abzuweisen wäre. Die Einlageverpflichtung gilt nach neuem Recht nunmehr unter der Voraussetzung als erfüllt, dass die Leistung (hier: das Darlehen der GmbH) durch einen vollwertigen Rückgewähranspruch gedeckt ist, der jederzeit **fällig** ist oder durch **fristlose Kündigung** der Gesellschaft fällig werden kann. Die Vollwertigkeit der Darlehensforderung hängt in dieser Fallkonstellation davon ab, ob sie seitens der Komplementär-GmbH durchsetzbar ist und die KG zudem alle fälligen Verpflichtungen erfüllen kann (*Sirchich von Kis-Sira* in Gehrlein/Ekkenga/Simon, § 19 GmbHG Rz. 78; *Theiselmann*, GmbHR 2008, 521, 523). Unter den Voraussetzungen des § 19 Abs. 5 GmbHG ist bei der GmbH & Co. KG die darlehensweise Weiterreichung der Stammeinlage der Komplementär-GmbH an die KG nach Inkrafttreten des MoMiG nunmehr ein **zulässiges** Gestaltungsinstrument (*Sirchich von Kis-Sira* in Gehrlein/Ekkenga/Simon, § 19 GmbHG Rz. 78; s. auch *Herrler*, GmbHR 2010, 787, 792). Die Voraussetzungen des § 19 Abs. 5 GmbHG können insbesondere dann erfüllt werden, wenn im Vertrag ein **fristloses Kündigungsrecht** verankert wird.

2. Rückzahlung von Gesellschafterdarlehen

Sonderrecht | Mit Inkrafttreten des MoMiG ist das zuvor geltende Eigenkapitalersatzrecht (§§ 32a, 32b GmbHG a.F., §§ 12a, 172a HGB a.F., § 135 InsO a.F.) entfallen. Vorher galt für eigenkapitalersetzende Darlehen aus Gesellschafterhand ein zweistufiges Schutzsystem, bestehend aus den sog. Rechtsprechungsregeln zu §§ 30, 31 GmbHG und den Novellenregeln der §§ 32a, b GmbHG (*Fleischer* in Michalski, Syst. Darst. 5 Rz. 66). In der Krise der Gesellschaft gegebene oder stehengelassene Darlehen waren **eigenkapitalersetzend** und durften damit bis zur Beendigung der Krise nicht zurückbezahlt werden. Eine Geltendmachung in der Insolvenz war infolgedessen ausgeschlossen. Die Reform hat die Figur des eigenkapitalersetzenden Gesellschafterdarlehens abgeschafft, eine Unterscheidung zwischen eigenkapitalersetzenden und unkritischen Darlehen findet nach Streichung der §§ 32a, b GmbHG nicht mehr statt. Vielmehr gilt jetzt ein rechtsformneutrales Sonderrecht für Gesellschafterdarlehen und vergleichbare Finanzierungen. Über § 39 Abs. 4 Satz 1 InsO unterliegen auch Gesellschafterdarlehen bei der **GmbH & Co. KG** diesem Sonderrecht. D6

Betroffene Forderungen | Die insolvenzrechtlichen Sonderbestimmungen gelten gemäß § 39 Abs. 1 Nr. 5 InsO zum einen für Forderungen eines Gesellschafters gegen die Gesellschaft auf Rückgewähr eines Darlehens, zum anderen für Forderungen aus Rechtshandlungen, die einem solchen Darlehen wirtschaftlich entsprechen. In der Überlassung von Kapital zur zeitweisen Nutzung liegt die wirtschaftliche Wirkung einer Darlehensgewährung, die nicht nur durch den Abschluss eines Darlehensvertrages, sondern in vergleichbarer Weise durch andere rechtliche Gestaltungen wie beispielsweise Finanzierungsleasing, aber auch durch rein tatsächliche Handlungen oder Unterlassungen erzielt werden kann (*Fleischer* in Henssler/Strohn, § 39 InsO Rz. 14f.). Dies betrifft etwa Forderungen, die ein Gesellschafter der Gesellschaft stundet oder deren Fälligkeit in nicht marktüblicher Weise hinausgeschoben wird (*Gummert* in Münchener Hdb. Gesellschaftsrecht, Bd. 2, § 54 Rz. 48; *Altmeppen*, NJW 2008, 3601, 3604). D7

Gleichgestellte Forderungen | Der **atypisch stille Gesellschafter** einer GmbH & Co. KG steht mit seinen Ansprüchen wirtschaftlich dem Gläubiger eines Gesellschafterdarlehens insolvenzrechtlich gleich, wenn in einer Gesamtbetrachtung seine Rechtsposition nach dem Beteiligungsvertrag der eines Kommanditisten im Innenverhältnis weitgehend angenähert ist (BGH v. 28.6.2012 – IX ZR 191/11, BGHZ 193, 378 = GmbHR 2012, 1181). Die Vorschrift des § 39 Abs. 1 Nr. 5 InsO erfasst auch Rechtshandlungen von **Nichtgesellschaftern,** welche der Darlehensgewährung durch einen Gesellschafter wirtschaftlich entsprechen. Voraussetzung ist jedoch eine **gesellschaftsrechtliche** Verbindung. Die Gewährung eines ungesicherten Darlehens durch eine nahestehende Person i.S.v. § 138 InsO begründet keinen ersten Anschein für die wirtschaftliche Gleichstellung mit einem Gesellschafterdarlehen i.S.v. § 39 Abs. 1 Nr. 5 InsO (BGH v. 17.2.2011 – IX ZR 131/10, GmbHR 2011, 413 = GmbH-StB 2011, 172). Zu den gleichgestellten Forderungen gehören grundsätzlich auch Darlehensforderungen von Unternehmen, die mit dem Gesellschafter horizontal oder vertikal **verbunden** sind (BGH v. 21.2.2013 – IX ZR 32/12, GmbHR 2013, 410 = GmbH-StB 2013, 146). D8

Nachrangigkeit | Ansprüche der Gesellschafter auf Rückzahlung von Darlehen sind im Insolvenzverfahren der Gesellschaft grundsätzlich nachrangig zu berücksichtigen (§ 39 Abs. 1 Nr. 5 InsO). Der Gläubiger ist damit nicht mehr von einer Teilnahme am Insolvenzverfahren ausgeschlossen. Nachrangige Forderungen sind gemäß § 174 Abs. 3 InsO lediglich auf Aufforderung durch das Insolvenzgericht zur Tabelle anzumelden. Gemäß § 187 Abs. 2 Satz 2 InsO sind nachrangige Gläubiger bei Abschlagszahlungen nicht zu berücksichtigen. D9

D10 **Ausnahmen** | Ausgenommen vom Anwendungsbereich des § 39 Abs. 1 Nr. 5 InsO sind gemäß § 39 Abs. 4 InsO Finanzierungshilfen von Dritten, die zum Zweck der Überwindung der Krise Anteile an der Gesellschaft übernehmen (**Sanierungsprivileg**) unter der Voraussetzung, dass der Gesellschafter seine Anteile erst erworben hat, als die Gesellschaft zahlungsunfähig oder überschuldet war oder zahlungsunfähig zu werden drohte (*Fleischer* in Henssler/Strohn, § 39 InsO Rz. 27 f.). Eine weitere Ausnahme gilt gemäß § 39 Abs. 5 InsO für nicht geschäftsführende Gesellschafter mit einer Beteiligung von 10 % oder weniger. Diese üben regelmäßig keinen wesentlichen unternehmerischen Einfluss aus und tragen keine unternehmerische Verantwortung und sollen deshalb wie gesellschaftsfremde Darlehensgeber behandelt werden (*Fleischer* in Henssler/Strohn, § 39 InsO Rz. 33).

D11 **Insolvenzanfechtung** | Die Rückzahlung des Darlehens binnen einer Frist von **einem Jahr** vor Stellung des Insolvenzantrages oder danach kann vom Insolvenzverwalter gemäß § 135 Abs. 1 InsO angefochten werden. Das Erfordernis einer **Krise** der Gesellschaft besteht nach neuer Rechtslage nicht mehr. In den Anwendungsbereich der Vorschrift fallen damit auch Darlehensrückzahlungen durch ein gesundes Unternehmen, wenn dieses innerhalb der maßgeblichen Frist in Insolvenz fällt (*de Bra* in Braun, § 135 InsO Rz. 9). Maßgeblicher Zeitpunkt, in dem die Voraussetzungen einer Rechtshandlung i.S.v. § 39 Abs. 1 Nr. 5 InsO erfüllt sein müssen, ist der Zeitpunkt der **Befriedigung**; auf die Umstände im Zeitpunkt des Eröffnungsantrags kommt es nicht an (*de Bra* in Braun, § 135 InsO Rz. 9). Die Anfechtbarkeit nach § 135 Abs. 1 InsO erstreckt sich unter Bezugnahme auf § 39 Abs. 1 Nr. 5 InsO auch auf „gleichgestellte Forderungen". In den Anwendungsbereich der Vorschrift fallen in sachlicher Hinsicht beispielsweise auch kreditähnliche Geschäfte oder eine „harte" Patronatserklärung (*de Bra* in Braun, § 135 InsO Rz. 11 m.w.N.).

D12 **Forderungsabtretung** | Tritt der Gesellschafter eine gegen die Gesellschaft gerichtete Darlehensforderung binnen eines Jahres vor Antragstellung ab und tilgt die Gesellschaft anschließend die Verbindlichkeit gegenüber dem Zessionar, unterliegt nach Verfahrenseröffnung neben dem **Zessionar** auch der **Gesellschafter** der Anfechtung (BGH v. 21.2.2013 – IX ZR 32/12, GmbHR 2013, 410 = GmbH-StB 2013, 146). Eine von der Schuldnerin zur Sicherung eines Darlehens gewährte Forderungsabtretung ist anfechtbar, wenn der Gesellschafter der Schuldnerin zu 50 % an der darlehensgebenden Gesellschaft beteiligt und zugleich deren alleinvertretungsberechtigter Geschäftsführer ist (BGH v. 18.7.2013 – IX ZR 219/11, GmbHR 2013, 980 = GmbH-StB 2013, 343). Gewährt ein Gesellschafter seiner Gesellschaft fortlaufend zur Vorfinanzierung der von ihr abzuführenden Sozialversicherungsbeiträge Kredite, die in der Art eines **Kontokorrentkredits** jeweils vor Erhalt des Nachfolgedarlehens mit Hilfe öffentlicher Beihilfen abgelöst werden, ist die Anfechtung wie bei einem Kontokorrentkredit auf die Verringerung des Schuldsaldos im Anfechtungszeitraum beschränkt (BGH v. 7.3.2013 – IX ZR 7/12, GmbHR 2013, 464 = GmbH-StB 2013, 241).

3. Steuerrecht

D13 **Grundsatz** | Für die Beurteilung von Darlehensbeziehungen zwischen einer GmbH & Co. KG (Mitunternehmerschaft) und deren Gesellschaftern ist zunächst im Rahmen der Gewinnermittlung der GmbH & Co. KG zu berücksichtigen, dass derartigen Darlehen – wie auch jedwede andere Rechtsbeziehungen – steuerlich dem Grunde nach anzuerkennen sind, sofern bzw. soweit sie dem Fremdvergleich standhalten (*Eckl* in Hesselmann/Tillmann/Mueller-Thuns, Hdb. GmbH & Co. KG, Rz. 6.93). Zwar ist die GmbH & Co. KG selbst weder einkommen- noch körperschaftsteuerpflichtig und damit auch kein Steuersubjekt. Sie ist aber eigenständiges Subjekt der Gewinnermittlung (BFH v. 25.6.1984 – GrS 4/82, BStBl. II 1989, 751). Für die steuerliche Gewinnermittlung ist zweistufig vorzugehen: Zunächst ist der Gewinn auf der Stufe der GmbH & Co. KG zu ermitteln (Steuerbilanzgewinn der GmbH & Co. KG unter Berücksichtigung der Ergebnisse aus den Ergänzungsbilanzen der Mitunternehmer). Auf der zweiten Stufe ist dann das Ergebnis des Sonderbereichs der Gesellschafter zu berücksichtigen, insbesondere Vergütungen für Tätigkeiten im Dienst der Gesellschaft oder für die Hingabe von Darlehen oder für die Überlassung von Wirtschaftsgütern gemäß § 15 Abs. 1 Satz 1 Nr. 2 Satz 1 Halbs. 2 EStG (vgl. nur *Eckl* in Hesselmann/Tillmann/Mueller-Thuns, Hdb. GmbH & Co. KG, Rz. 6.85).

Darlehen des Gesellschafters an die GmbH & Co. KG | Reicht der Gesellschafter der Per- D 14
sonengesellschaft ein Darlehen aus, so stellt die hieraus resultierende Forderung in der Regel SBV I des Mitunternehmers dar (BFH v. 28.3.2000 – VIII R 28/98, BStBl. II 2000, 347 = GmbHR 2000, 570 = GmbH-StB 2000, 179). Die geschuldeten Zinsen oder anderen Vergütungen sind Sonderbetriebseinnahmen des Gesellschafters gemäß § 15 Abs. 1 Satz 1 Nr. 2 Satz 1 Halbs. 2 EStG. Die Personengesellschaft hat im Gesamthandsbereich eine entsprechende Verbindlichkeit als Fremdkapital und in Höhe der entstehenden Zinsen einen entsprechenden Aufwand auszuweisen, und zwar auch dann, wenn das Darlehen eigenkapitalersetzend ist (BFH v. 28.3.2000 – VIII R 28/98, BStBl. II 2000, 347 = GmbHR 2000, 570 = GmbH-StB 2000, 179). Diese Abgrenzung ist z.B. für die Anwendung von § 15a EStG von Bedeutung (zum Finanzplankredit vgl. *Wacker* in Schmidt, § 15a EStG Rz. 91). Auf der zweiten Stufe der Gewinnermittlung, d.h. unter Berücksichtigung der Sonderbilanzen der Gesellschafter, sind die Gesellschafter-Darlehen dagegen steuerliches Eigenkapital der Mitunternehmerschaft. Das führt dazu, dass in der Gesamtbilanz (also der Gesamthandsbilanz unter Einschluss der Ergänzungsbilanzen und der Sonderbilanzen) die Gewährung eines Darlehens eine Einlage und die Rückzahlung eine Entnahme ist (zu § 4 Abs. 4a EStG: BMF v. 17.11. 2005 – IV B 2 - S 2144 - 50/05 i.d.F. v. 18.2.2013, BStBl. I 2013, 197, Rz. 32d). Da im Rahmen dieser zweistufigen Gewinnermittlung der Zinsaufwand im Gesamthandsbereich durch den entsprechenden Ertrag im Sonderbereich bei der Ermittlung des Gesamtgewinns neutralisiert wird, mindert der Zinsaufwand das steuerliche Ergebnis nicht. Als Folge sind etwa die im Gesamthandsbereich anfallenden Schuldzinsen bei der Ermittlung des Hinzurechnungsbetrages gemäß § 4 Abs. 4a EStG nicht zu berücksichtigen (BFH v. 12.2.2014 – IV R 22/10, BStBl. II 2014, 621 = GmbHR 2014, 835 = GmbH-StB 2014, 224; BMF v. 17.11.2005 – IV B 2 - S 2144 - 50/05 i.d.F. v. 18.2.2013, BStBl. I 2013, 197, Rz. 32). Aus dem gleichen Grund scheidet eine Hinzurechnung dieser Zinsen nach § 8 GewStG bei der Ermittlung des Gewerbeertrags aus (vgl. *Köster* in Lenski/Steinberg, § 8 Nr. 1 Buchst. a GewStG Rz. 2 [Stand: 3/2013]).

Darlehen der GmbH & Co. KG an den Gesellschafter | Darlehen der GmbH & Co. KG an ih- D 15
ren Gesellschafter stellen aus Sicht der Gesellschafter eine Forderung gegen den Gesellschafter dar, die – sofern die Darlehensgewährung betrieblich veranlasst ist (vgl. dazu nachfolgend Rz. D 17) – ohne weiteres dem Betriebsvermögen zuzuordnen ist. Die Zinsen stellen dementsprechend Betriebseinnahmen dar (BFH v. 9.5.1996 – IV R 64/93, BStBl. II 1996, 642). Aus Sicht des darlehensnehmenden Gesellschafters hängt die steuerliche Einordnung der Darlehensverbindlichkeit und der hieraus anfallenden Zinsen davon ab, in welchem Veranlassungszusammenhang die Darlehensaufnahme steht. § 15 Abs. 1 Satz 1 Nr. 2 Satz 1 Halbs. 2 EStG ist auf Darlehensgewährungen der Gesellschaft an den Gesellschafter nicht anwendbar. In Betracht kommen etwa ein Abzug als Werbungskosten oder (Sonder-)Betriebsausgaben (BFH

v. 28.10.1999 – VIII R 42/98, BStBl. II 2000, 390). Hat der Darlehensnehmer die Mittel für private Zwecke verwendet, so sind die Zinsen steuerlich nicht abzugsfähig.

D 16 **Darlehen an Schwester-Personengesellschaften** | Darlehen zwischen Personengesellschaften (Mitunternehmerschaften), an denen ganz oder teilweise dieselben Gesellschafter beteiligt sind („Schwester-Personengesellschaften") sind für steuerliche Zwecke dem Grunde nach ebenfalls anzuerkennen. § 15 Abs. 1 Satz 1 Nr. 2 Satz 1 Halbs. 2 EStG findet hierauf wie auf Darlehen der Personengesellschaft an ihre Gesellschafter keine Anwendung (vgl. BFH v. 23.4.1996 – VIII R 13/95, BStBl. II 1998, 325; BFH v. 26.11.1996 – VIII R 42/94, BStBl. II 1998, 328; BFH v. 21.9.2000 – IV R 50/99, BStBl. II 2001, 299). Die Forderung der darlehensgebenden Gesellschaft stellt damit Betriebsvermögen der darlehensgebenden Gesellschaft dar. Die Zinsen sind als Betriebseinnahmen zu erfassen. Bei der darlehensnehmenden Gesellschaft ist – sofern das Darlehen aus betrieblichen Gründen aufgenommen wurde – in der Steuerbilanz eine Verbindlichkeit zu erfassen, die Zinsen stellen dann Betriebsausgaben dar.

D 17 **Fehlende betriebliche Veranlassung** | Liegt der Darlehensgewährung keine betriebliche Veranlassung zu Grunde, so gehört dieses Darlehen handelsrechtlich zwar weiter zum Gesamthandsvermögen. Die Darlehensforderung gehört in diesem Fall jedoch nicht zum steuerlichen Betriebsvermögen der Mitunternehmerschaft. Steuerlich stellt die Darlehensgewährung insoweit eine Entnahme dar, die allen Gesellschaftern anteilig unter Minderung ihrer Kapitalkonten zuzurechnen ist (BFH v. 16.10.2014 – IV R 15/11, BStBl. II 2015, 267). Nach der Rechtsprechung bedarf die Prüfung, ob die Zugehörigkeit eines Wirtschaftsguts zum Gesamthandsvermögen betrieblich veranlasst ist, einer Würdigung des Einzelfalls. Ein Darlehen gehört danach nur dann nicht zum Betriebsvermögen einer Personengesellschaft, wenn festgestellt werden kann, dass keine oder nur eine unwesentliche betriebliche Veranlassung für seine Ausreichung bestand. Den Kriterien des Fremdvergleichs kommt dabei lediglich indizielle Bedeutung zu: Die betriebliche Veranlassung ist insbesondere nicht schon deswegen ausgeschlossen, weil das Darlehen nicht oder nicht ausreichend besichert ist und/oder unverzinslich gewährt wurde, es aber dem Betrieb anderweitige Vorteile bringt, die den Nachteil der Ertragslosigkeit ausgleichen und den Verzicht auf ausreichende Sicherheiten als betrieblich veranlasst erscheinen lassen (BFH v. 16.10.2014 – IV R 15/11, BStBl. II 2015, 267; vgl. auch OFD Münster v. 18.2.1994 – S 2241 - 79 – St 11 - 31, DStR 1994, 582).

D 18 **Korrekturen** | Steuerliche Korrekturen im Zusammenhang mit den vorstehend dargestellten Darlehensbeziehungen kommen im Wesentlichen in Betracht, wenn die Konditionen der Darlehen nicht fremdüblich sind (unübliche Zahlungskonditionen, fehlende Besicherung, unangemessen hoher oder niedriger Zinssatz). Bei Darlehen des Gesellschafters an die Gesellschaft stellt sich die Frage einer steuerlichen Gewinnkorrektur in der Praxis wegen § 15 Abs. 1 Satz 1 Nr. 2 Satz 1 Halbs. 2 EStG nur sehr eingeschränkt. Ist darlehensgebender Gesellschafter allerdings eine Kapitalgesellschaft, z.B. im Fall der Darlehensgewährung durch die Komplementär-GmbH, kann bei der Vereinbarung eines zu niedrigen Zinssatzes eine verdeckte Gewinnausschüttung gemäß § 8 Abs. 3 Satz 2 KStG anzunehmen sein (vgl. etwa BFH v. 6.8. 1985 – VIII R 280/81, BStBl. II 1986, 17). Im Übrigen – insbesondere bei Darlehensgewährungen der GmbH & Co KG an einen Gesellschafter – kommt bei der Vereinbarung eines unangemessen hohen Zinssatzes die Annahme einer (verdeckte) Entnahme in Betracht (*Eckl* in Hesselmann/Tillmann/Mueller-Thuns, Hdb. GmbH & Co. KG, Rz. 6.93). Hier ist aber vorher die Frage zu klären, ob die Darlehensgewährung betrieblich veranlasst war (vgl. Rz. D 17).

D 19–D 30 frei

Vertiefende Recherche

Wichtige Urteile und Erlasse

BGH v. 18.7.2013 – IX ZR 219/11, GmbHR 2013, 980: Insolvenzanfechtung bei der Verwertung einer für ein Gesellschafterdarlehen bestellten Sicherung.

BGH v. 7.3.2013 – IX ZR 7/12, GmbHR 2013, 464: Insolvenzanfechtung der Rückzahlungen fortlaufender Vorfinanzierungen.

BGH v. 21.2.2013 – IX ZR 32/12, GmbHR 2013, 410: Anfechtung der Rückzahlung an den Zessionar durch Insolvenzschuldnerin (GmbH & Co. KG).

BGH v. 28.6.2012 – IX ZR 191/11, BGHZ 193, 378 = GmbHR 2012, 1181: Wirtschaftliche Gleichstellung des atypisch stillen Gesellschafters mit GmbH-Gesellschafter als nachrangiger Insolvenzgläubiger.

BGH v. 17.2.2011 – IX ZR 131/10, GmbHR 2011, 413: Anmeldung der Forderung aus dem ungesichertem Darlehen einer einem Gesellschafter nahestehenden Person.

BGH v. 10.12.2007 – II ZR 180/06, GmbHR 2008, 203 m. Anm. *Rohde*: Keine wirksame Leistung auf Einlageforderung einer Komplementär-GmbH bei Weiterleitung an die KG als „Darlehen".

OLG Oldenburg v. 4.8.2009 – 1 W 34/09, GmbHR 2009, 1334: Keine wirksame Leistung auf Einlageforderung einer Komplementär-GmbH bei Weiterleitung an die KG als „Darlehen".

BFH v. 16.10.2014 – IV R 15/11, BStBl. II 2015, 267: Ein Darlehen gehört nur dann nicht zum Betriebsvermögen einer Personengesellschaft, wenn festgestellt werden kann, dass keine wesentliche betriebliche Veranlassung für seine Ausreichung bestand.

BFH v. 9.5.1996 – IV R 64/93, BStBl. II 1996, 642: Gewährt eine Personengesellschaft einem Gesellschafter ein zinsloses und ungesichertes Darlehen, gehört die Darlehensforderung zum notwendigen Privatvermögen der Gesellschaft.

BFH v. 23.4.1996 – VIII R 13/95, BStBl. II 1998, 325: Die Qualifikation des Vermögens als Gesellschaftsvermögen der Besitzgesellschaft und der Einkünfte aus der Verpachtung dieses Vermögens als Einkünfte der Gesellschafter der Besitzgesellschaft hat bei einer mitunternehmerischen Betriebsaufspaltung Vorrang vor der Qualifikation des Vermögens als Sonderbetriebsvermögen.

OFD Münster v. 18.2.1994 – S 2241 - 79 - St 11 - 31, DStR 1994, 582: Darlehen an Mitunternehmer.

Musterformulierungen

Wälzholz, MittBayNot 2008, 425, 431: Offenlegung des Hin- und Herzahlens

Weitere Stichwörter

→ *Komplementär-GmbH* (Kapitalaufbringung und -erhaltung); → *Sonderbetriebsvermögen*

Doppelstöckige Personengesellschaft

1. Begriff

D 31 Unter einer doppelstöckigen GmbH & Co. KG wird eine GmbH & Co. KG (Unter-GmbH & Co. KG) verstanden, deren Komplementärin oder Kommanditistin wiederum eine GmbH & Co. KG (Ober-GmbH & Co. KG) ist (*Blaum* in Westermann/Wertenbruch, Hdb. Personengesellschaften, Rz. I 3188; *Binz/Sorg*, GmbH & Co. KG, § 2 Rz. 18). Diese Kette kann fortgesetzt werden, so dass auch drei- oder mehrstufige GmbH & Co. KG denkbar sind. Möglich ist auch, dass sämtliche Gesellschafter einer GmbH & Co. KG, also sowohl Komplementärin als auch Kommanditisten, die Rechtsform einer GmbH & Co. KG haben.

2. Erscheinungsformen

D 32 **GmbH & Co. KG als Komplementärin** | Nimmt die Ober-GmbH & Co. KG die Stellung der alleinigen Komplementärin ein, ergeben sich folgende Beteiligungsverhältnisse:

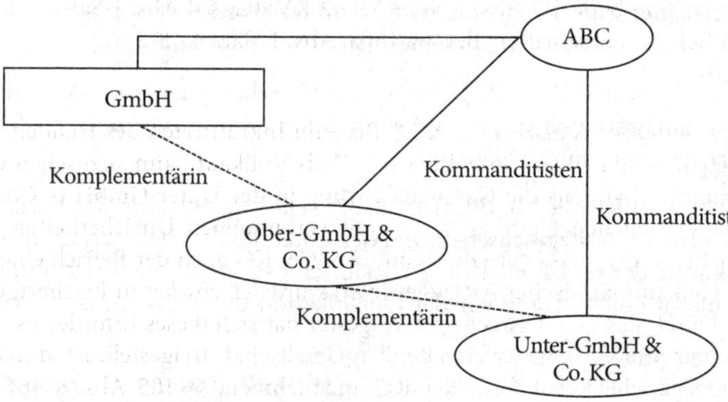

D 33 **GmbH & Co. KG als Kommanditistin** | Ist die Ober-GmbH & Co. KG hingegen als Kommanditistin an der Unter-GmbH & Co. KG beteiligt, kann dies wie folgt dargestellt werden:

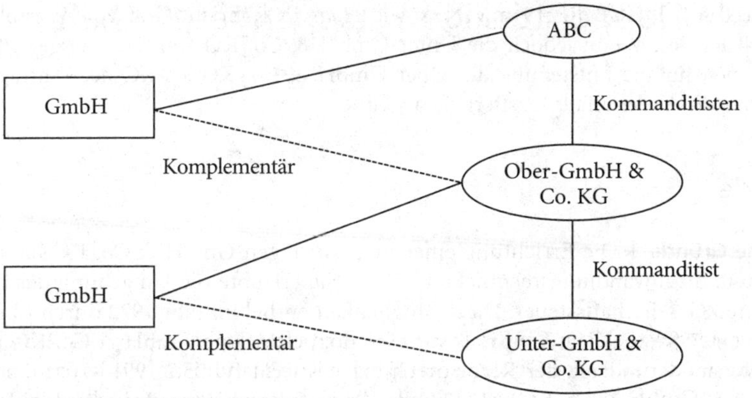

3. Zulässigkeit

Die Bildung einer doppelstöckigen GmbH & Co. KG ist ohne Weiteres zulässig (*Binz/Sorg*, GmbH & Co. KG, § 2 Rz. 22; *Gummert* in Münchener Hdb. Gesellschaftsrecht, Bd. 3, § 51 Rz. 16; *Haas/Mock* in Röhricht/Graf von Westphalen/Haas, § 161 HGB Rz. 59; *Roth* in Baumbach/Hopt, Anh § 177a HGB Rz. 9). D 34

Mittelbare Anerkennung durch den Gesetzgeber | Der Gesetzgeber hat die Existenz mehrstöckiger Personengesellschaften dadurch anerkannt, dass er sie speziellen Regelungen unterworfen hat. Zu nennen sind insbesondere § 15 Abs. 1 Satz 1 Nr. 2 Satz 2 sowie Abs. 3 Nr. 2 Satz 3 EStG, der aufgehobene § 5 Abs. 2 Nr. 3 Satz 2 KVStG, § 4 Abs. 1 Satz 2 MitbestG sowie die handelsrechtlichen Vorschriften der §§ 130a Abs. 1 Satz 4, 172 Abs. 6 Satz 2 und 264a Abs. 1 Nr. 2 HGB. D 35

Handelsgewerbe der Ober-GmbH & Co. KG | Bis zum Inkrafttreten des Handelsrechtsreformgesetzes war fraglich, ob die Ober-GmbH & Co. KG als Vollkaufmann anzusehen war, wenn sie keine andere Funktion hatte als die Geschäftsführung in der Unter-GmbH & Co. KG und die Übernahme der persönlichen Haftung. Die damit verbundenen Unsicherheiten konnten nur dadurch umgangen werden, dass der Ober-GmbH & Co. KG auch der Betrieb eines Grundhandelsgewerbes in vollkaufmännischer Art zugewiesen wurde (*Liebscher* in Reichert, GmbH & Co. KG, § 3 Rz. 23). Durch das Handelsrechtsreformgesetz hat sich dieses Erfordernis erledigt, da es nunmehr auch einer rein vermögensverwaltenden Gesellschaft freigestellt ist, durch Eintragung in das Handelsregister die Rechtsform der KG anzunehmen, §§ 105 Abs. 2, 161 Abs. 2 HGB (*Lüke* in Hesselmann/Tillmann/Mueller-Thuns, Hdb. GmbH & Co. KG, § 2 Rz. 441; *Binz/Sorg*, GmbH & Co. KG, § 2 Rz. 24 f.; weiterhin kritisch *Haas* in Röhricht/Graf von Westphalen/Haas, § 105 HGB Rz. 7, 9a; *Haas/Mock* in Röhricht/Graf von Westphalen/Haas, § 161 HGB Rz. 59). Heute kann nur noch fraglich sein, ob die Ober-GmbH & Co. KG schon wegen ihrer Eigenschaft als persönlich haftende Gesellschafterin der Unter-GmbH & Co. KG ein Handelsgewerbe betreibt und damit nach §§ 161 Abs. 2, 105 Abs. 1 HGB eine KG kraft Handelsgewerbe ist oder ob sie als KG erst entsteht, wenn sie in das Handelsregister eingetragen ist. Nach bislang h.M. begründet die Stellung als persönlich haftender Gesellschafter einer Personenhandelsgesellschaft die Eigenschaft als Kaufmann, weil der persönlich haftende Gesellschafter als der eigentliche Unternehmensträger anzusehen sei (vgl. zuletzt BGH v. 22.9.2005 – IX ZB 55/04, GmbHR 2005, 1610, 1610 = GmbH-StB 2005, 366; ablehnend *Haas/Mock* in Röhricht/Graf von West- D 36 phalen/Haas, § 161 HGB Rz. 19 m.w.N. sowie *Haas* in Röhricht/Graf von Westphalen/Haas, § 105 HGB Rz. 9a). Wenn jedoch die Unter-GmbH & Co. KG kein Handelsgewerbe betreibt, bedarf es auch für die Entstehung der Ober-GmbH & Co. KG als KG der Eintragung in das Handelsregister. Anderenfalls existiert sie als GbR.

4. Gründe

D37 **Steuerliche Gründe |** Die Errichtung einer mehrstöckigen GmbH & Co. KG hatte vor allem steuerliche und umwandlungsrechtliche Gründe. Sie erlaubte die Umgehung der mittlerweile abgeschafften Gesellschaftssteuer. Diese Möglichkeit entfiel im Jahr 1972 durch Einfügung des § 5 Abs. 2 Nr. 3 Satz 2 KVStG. Später war eine doppelstöckige GmbH & Co. KG interessant, weil mit ihr auf Grundlage der Rechtsprechung des BFH (v. 25.2.1991 – GrS 7/89, GmbHR 1991, 281 = FR 1991, 253 = FR 1991, 270 m. Anm. *Schwichtenberg*) die Abzugsfähigkeit von Geschäftsführergehältern erreicht werden konnte. Auch diese Gestaltungsmöglichkeit wurde durch den Gesetzgeber durch das StÄndG 1992 (BGBl. I 1992, 297) beseitigt.

D38 **Umwandlungsrechtliche Gründe |** Nach § 1 Abs. 2 UmwG 1969 war die unmittelbare Umwandlung einer GmbH in eine GmbH & Co. KG ausgeschlossen. Die Zielrechtsform der GmbH & Co. KG konnte aber erreicht werden, wenn die GmbH in eine doppelstöckige GmbH & Co. KG umgewandelt wurde (*Liebscher* in Reichert, GmbH & Co. KG, § 3 Rz. 21). Diese Umwandlungssperre ist durch die Neufassung des Umwandlungsgesetzes im Jahre 1994 entfallen. Seitdem kann gemäß §§ 190ff., 226 UmwG auch eine Kapitalgesellschaft direkt in die Rechtsform der GmbH & Co. KG wechseln (*Binz/Sorg*, GmbH & Co. KG, § 2 Rz. 21; *Liebscher* in Reichert, GmbH & Co. KG, § 3 Rz. 22). Heute kann die Errichtung einer mehrstöckigen GmbH & Co. KG daher nur noch aus mitbestimmungsrechtlichen Aspekten interessant sein.

5. Mitbestimmung

D39 **Die GmbH & Co. KG im System der Mitbestimmung |** Die GmbH & Co. KG als solche ist kein vom Mitbestimmungsgesetz erfasstes Unternehmen (vgl. § 1 MitbestG). Gleichwohl enthält § 4 MitbestG eine Regelung zur KG. Nach § 4 Abs. 1 Satz 1 MitbestG gelten bei einer GmbH & Co. KG, bei der die Mehrheit der Kommanditisten (berechnet nach der Mehrheit der Anteile oder der Stimmen) die Mehrheit der Anteile oder Stimmen in der Komplementär-GmbH innehat, die Arbeitnehmer der KG als Arbeitnehmer der Komplementär-GmbH, sofern diese keinen eigenen Geschäftsbetrieb mit in der Regel mehr als 500 Arbeitnehmern hat (→ *Mitbestimmung*). Die Rechtsfolgen der Norm treffen allein die Komplementär-GmbH als von § 1 Abs. 1 Nr. 1 MitbestG erfasstes Unternehmen. Zugleich wird durch § 4 Abs. 2 MitbestG angeordnet, dass die Komplementär-GmbH von der Führung der Geschäfte der GmbH & Co. KG nicht ausgeschlossen werden kann. Diese Vorschrift soll verhindern, dass die Mitbestimmung der Arbeitnehmer in einer GmbH & Co. KG durch Ausschaltung des – mitbestimmten – persönlich haftenden Gesellschafters unterlaufen wird. Denn wäre der persönlich haftende Gesellschafter von der unternehmerischen Führung der GmbH & Co. KG ausgeschlossen, ginge die Mitbestimmung ins Leere.

D40 **Sonderregelung für doppelstöckige GmbH & Co. KG |** Für eine doppelstöckige GmbH & Co. KG ordnet § 4 Abs. 1 Satz 2 MitbestG an, dass auch die Arbeitnehmer der Unter-GmbH & Co. KG als Arbeitnehmer der Komplementär-GmbH der Ober-GmbH & Co. KG gelten.

Dies gilt nach § 4 Abs. 1 Satz 3 MitbestG entsprechend, wenn sich die Verbindung von Kommanditgesellschaften in dieser Weise fortsetzt. Die Vorschriften dienen dazu, die auf Ebene der Unter-GmbH & Co. KG beschäftigten Arbeitnehmer der an der Spitze stehenden Komplementär-GmbH zuzurechnen (*Ulmer/Habersack* in Ulmer/Habersack/Henssler, § 4 MitbestG Rz. 21). Vor dem Hintergrund dieser Regelungen werden in der Literatur folgende Fragen diskutiert:

- **Voraussetzungen für Zurechnung der Arbeitnehmer der Unter-GmbH & Co. KG:** Ein Teil der Literatur verlangt, dass die Voraussetzungen des § 4 Abs. 1 Satz 1 MitbestG auch auf Ebene der Unter-GmbH & Co KG erfüllt sein müssen. Danach werden deren Arbeitnehmer der Komplementär-GmbH der Ober-GmbH & Co. KG nur zugerechnet, wenn die Kommanditisten der Unter-GmbH & Co. KG zugleich die Anteils- oder Stimmenmehrheit in der Ober-GmbH & Co. KG haben. Bestehe keine Mehrheitsidentität zwischen den beiden KGs, so erfolge eine Zurechnung selbst dann nicht, wenn die Kommanditisten der Unter-GmbH & Co. KG die Alleingesellschafter der Komplementär-GmbH sind. Eine Zurechnung scheide außerdem aus, wenn die Ober-GmbH & Co. KG einen eigenen Geschäftsbetrieb mit in der Regel mehr als 500 Arbeitnehmern hat. Daher könne durch eine entsprechende Gestaltung eine unerwünschte Mitbestimmung – unter Beachtung des § 5 Abs. 2 MitbestG – vermieden werden (*Binz/Sorg*, GmbH & Co. KG, § 14 Rz. 79 ff.; *Gummert* in Münchener Hdb. Gesellschaftsrecht, Bd. 3, § 51 Rz. 18 jeweils m.w.N.). Die Gegenansicht verlangt nur, dass die Voraussetzungen des § 4 Satz 1 MitbestG auf Ebene der Ober-GmbH & Co. KG vorliegen. Für eine Zurechnung der Arbeitnehmer der Unter-GmbH & Co. KG genüge es, dass deren persönlich haftende Gesellschafterin ihrerseits eine GmbH & Co. KG sei (*Ulmer/Habersack* in Ulmer/Habersack/Henssler, § 4 MitbestG Rz. 22; *Koberski* in Wlotzke/Wißmann/Koberski/Kleinsorge, § 4 MitbestG Rz. 38 jeweils m.w.N.).
- **Ausschluss der Ober-GmbH & Co. KG von der Geschäftsführung:** In der Literatur wird die Ansicht vertreten, die Ober-GmbH & Co. KG könne von der Führung der Geschäfte der Unter-GmbH & Co. KG ausgeschlossen werden. § 4 Abs. 2 MitbestG finde auf die Ober-GmbH & Co. KG keine Anwendung, weil diese kein in § 1 Abs. 1 MitbestG bezeichnetes „Unternehmen“ sei und infolgedessen nicht der Mitbestimmung unterworfen werden könne. Die Führung der Geschäfte könne daher unmittelbar den Kommanditisten überlassen und hierdurch die Unter-GmbH & Co. KG von der Geschäftsführung der Komplementär-GmbH und der Mitbestimmung abgenabelt werden (*Binz/Sorg*, GmbH & Co. KG, § 14 Rz. 83 f.). Dieser Ansicht, die dem Regelungszweck des § 4 Abs. 2 MitbestG erkennbar zuwider läuft, dürfte nicht zu folgen sein (*Ulmer/Habersack* in Ulmer/Habersack/Henssler, § 4 MitbestG Rz. 27; *Koberski* in Wlotzke/Wißmann/Koberski/Kleinsorge, § 4 MitbestG Rz. 41 f.). Bei einer mehrstöckigen GmbH & Co. KG wird die gesetzliche Geschäftsführungsbefugnis der an der Spitze stehenden Komplementär-GmbH durch eine Kette von zwischengeschalteten KGs vermittelt (§§ 161 Abs. 2, 114 HGB). Für diesen Fall will § 4 Abs. 2 MitbestG die mittelbare Geschäftsführungsbefugnis der Komplementär-GmbH sichern. Diese ist „Unternehmen“ i.S.d. §§ 1 Abs. 1, 4 Abs. 2 MitbestG. Sowohl der naheliegende Wortlaut als auch der Zweck der Norm verbieten es, die Ober-GmbH & Co. KG von der Führung der Geschäfte der Unter-GmbH & Co. KG auszuschließen und dadurch die Unter-GmbH & Co. KG von der Geschäftsführung der Komplementär-GmbH abzuschneiden.

frei D 41–D 50

6. Steuerrecht

D 51 **Obergesellschaft als Mitunternehmerin |** Beteiligt sich eine GmbH & Co. KG als „Obergesellschaft" an einer anderen GmbH & Co. KG (Untergesellschaft), ist nach der Rechtsprechung des BFH im Grundsatz nur die Obergesellschaft als **Mitunternehmerin** der Untergesellschaft anzusehen (BFH v. 25.2.1991 – GrS 7/89, BStBl. II 1991, 691 = GmbHR 1991, 281 = FR 1991, 270 m. Anm. *Schwichtenberg*). Die Gesellschafter der Obergesellschaft sind dagegen keine Mitunternehmer der Untergesellschaft.

D 52 **Gesetzliche Fiktion der Mitunternehmereigenschaft |** Auf die Rechtsprechung des BFH hat der Gesetzgeber mit der Einführung des § 15 Abs. 1 Satz 1 Nr. 2 Satz 2 EStG reagiert. Danach ist zugleich der Gesellschafter der Obergesellschaft als Mitunternehmer der Untergesellschaft anzusehen. Mit § 15 Abs. 1 Satz 2 Nr. 2 Satz 2 EStG soll jedoch lediglich sichergestellt werden, dass Vergütungen, die der Gesellschafter der Obergesellschaft von der Untergesellschaft erzielt, als Sondervergütungen des Gesellschafters der Obergesellschaft bei der Untergesellschaft qualifiziert werden. Daher hat § 15 Abs. 1 Satz 2 Nr. 2 Satz 2 EStG keine grundsätzliche Bedeutung, sondern ist als spezielle Regelung zur steuerlichen Behandlung von Sondervergütungen anzusehen.

D 53 **Doppelstöckige Feststellung |** Verfahrensrechtlich werden die Einkünfte der Untergesellschaft nach § 180 Abs. 1 Nr. 2 Buchst. a AO einheitlich und gesondert festgestellt und den einzelnen Mitunternehmern zugerechnet. Für die Obergesellschaft werden die Einkünfte ebenfalls nach § 180 Abs. 1 Nr. 2 Buchst. a AO einheitlich und gesondert festgestellt. In die einheitliche und gesonderte Feststellung der Obergesellschaft werden auch die anteiligen Einkünfte der Obergesellschaft aus der Untergesellschaft einbezogen (sog. „zweistufiges Feststellungsverfahren", vgl. hierzu BFH v. 18.9.2007 – I R 79/06, BFH/NV 2008, 729 = FR 2008, 960 m. Anm. *Suchanek* sowie BFH v. 4.3.2009 – I R 58/07, BFH/NV 2009,1953 jeweils m.w.N.).

D 54 **Spiegelbildmethode |** Die Beteiligung der Obergesellschaft an der Untergesellschaft ist – genauso wie die Beteiligung des Gesellschafters der Obergesellschaft an der Obergesellschaft – kein Wirtschaftsgut (BFH v. 30.4.2003 – I R 102/01, BStBl. II 2004, 804 = FR 2003, 1173 = GmbHR 2003, 1220 m. Anm. *Haritz* = GmbH-StB 2003, 311). Sie ist jedoch gleichwohl nach herrschender Lehre in der Steuerbilanz der Obergesellschaft nach der sog. „Spiegelbildmethode" auszuweisen (zur Spiegelbildmethode vgl. BFH v. 4.3.2009 – I R 58/07, BFH/NV 2009, 1953; *Wacker* in Schmidt, § 15 EStG Rz. 622).

D 55 **Getrennte Gewerbebetriebe |** Die Unter- und die Obergesellschaft unterliegen jeweils getrennt mit ihrem eigenen Gewerbeertrag der **Gewerbesteuer.** Auch die Besteuerungsgrundlagen der Gesellschaften, wie etwa der Gewerbesteuermessbetrag, werden für die jeweiligen Gesellschaften gesondert ermittelt und festgestellt.

D 56 **Steuerliches Betriebsvermögen der Untergesellschaft |** Die Einkünfte der Untergesellschaft sind getrennt von den Einkünften der Obergesellschaft zu ermitteln und werden einheitlich und gesondert festgestellt (s. Rz. D 53). In die Einkünfteermittlung der Untergesellschaft werden sämtliche Wirtschaftsgüter des Betriebsvermögens der Untergesellschaft einbezogen. Das Betriebsvermögen der Untergesellschaft setzt sich dabei aus folgenden Positionen zusammen:

- Zum steuerlichen Betriebsvermögen gehört das in der Gesamthandsbilanz der Untergesellschaft ausgewiesene **Gesamthandsvermögen.**
- Daneben gehören Wirtschaftsgüter der Obergesellschaft, die der Untergesellschaft zur Nutzung überlassen werden oder dem Betrieb der Untergesellschaft dienen (einschl Forderun-

gen der Obergesellschaft gegenüber der Untergesellschaft) als **aktives Sonderbetriebsvermögen** (→ *Sonderbetriebsvermögen*) **der Obergesellschaft** bei der Untergesellschaft zum Betriebsvermögen der Untergesellschaft. Insoweit besteht ein Vorrang des Sonderbetriebsvermögens bei der Untergesellschaft vor dem eigenen Betriebsvermögen der Obergesellschaft (vgl. BFH v. 7.12.2000 – III R 35/98, BStBl. II 2001, 316 = FR 2001, 488 = GmbHR 2001, 358 = GmbH-StB 2001, 130).

- Auch Schulden der Obergesellschaft, die mit dem aktiven Sonderbetriebsvermögen oder der Beteiligung an der Untergesellschaft im Zusammenhang stehen, gehören als **passives Sonderbetriebsvermögen der Obergesellschaft** bei der Untergesellschaft zum Betriebsvermögen der Untergesellschaft (BFH v. 24.3.1999 – I R 114/97, BStBl. II 2000, 399 = FR 1999, 753 = GmbHR 1999, 788; BFH v. 20.9.2007 – IV R 68/05, BStBl. II 2008, 483 = FR 2008, 279). Auch insoweit besteht ein Vorrang des Sonderbetriebsvermögens bei der Untergesellschaft gegenüber dem eigenen Betriebsvermögen der Obergesellschaft.
- Außerdem stellen Wirtschaftsgüter, die ein Gesellschafter der Obergesellschaft der Untergesellschaft unmittelbar zur Nutzung überlässt (einschließlich Forderungen des Gesellschafters der Obergesellschaft gegenüber der Untergesellschaft) **aktives Sonderbetriebsvermögen des Gesellschafters der Obergesellschaft** bei der Untergesellschaft dar. Dies ergibt sich aus der Sonderregelung des § 15 Abs. 1 Satz 1 Nr. 2 Satz 2 EStG (s. Rz. D 52).
- Schließlich gehören auch Schulden des Gesellschafters der Obergesellschaft, die mit seinem aktiven Sonderbetriebsvermögen bei der Untergesellschaft im Zusammenhang stehen, als **passives Sonderbetriebsvermögens des Gesellschafters der Obergesellschaft** zum Betriebsvermögen der Untergesellschaft. Nicht abschließend geklärt ist, ob Schulden des Obergesellschafters für den Erwerb der Anteile an der Obergesellschaft anteilig zum Sonderbetriebsvermögen bei der Untergesellschaft gehören (vgl. hierzu *Förster*, DB 2011, 2570; *Wacker* in Schmidt, § 15 EStG Rz. 619; *Prinz*, FR 2016, 591).

Einkünfteermittlung der Untergesellschaft | Entsprechend gehören zu den steuerlichen (Gesamt-) Einkünften der Untergesellschaft (1) der Gesamthandsgewinn oder -verlust der Untergesellschaft, (2) das Sonderbetriebsergebnis (d.h. Sondervergütungen, Sonderbetriebseinnahmen, Sonderbetriebsausgaben) der Obergesellschaft bei der Untergesellschaft sowie (3) das Sonderbetriebsergebnis des Gesellschafters der Obergesellschaft bei der Untergesellschaft (vgl. zur Behandlung des Sonderbetriebsergebnisses des Gesellschafters der Obergesellschaft bei der Untergesellschaft im internationalen Steuerrecht *Wassermeyer*, IStR 2006, 293). Auch der Gewinn aus der Veräußerung des Anteils an der Untergesellschaft durch die Obergesellschaft gehört zum Gewinn der Untergesellschaft (vgl. *Ley*, KÖSDI 2010, 17148, 17150; *Wacker* in Schmidt, § 15 EStG Rz. 619). D 57

Ergänzungsbilanzen | Bei der steuerlichen Gewinnermittlung der Untergesellschaft sind außerdem die Ergebnisse aus **Ergänzungsbilanzen** zu berücksichtigen. Ergänzungsbilanzen sind zum einen aufzustellen, um individuelle Anschaffungskosten beim Erwerb des Anteils an der Untergesellschaft durch die Obergesellschaft zu berücksichtigen. Zum anderen sind Ergänzungsbilanzen zu erstellen, um die Anschaffungskosten beim Erwerb des Anteils an der Obergesellschaft durch die Gesellschafter der Obergesellschaft zu erfassen, soweit die Anschaffungskosten auf Wirtschaftsgüter der Untergesellschaft entfallen (vgl. hierzu ausführlich *Wacker* in Schmidt, § 15 EStG Rz. 471, 619; *Ley*, KÖSDI 2010, 17148, 17153 f.; *Kahle*, DStZ 2014, 273, 281). Nicht geklärt ist, ob in diesem Fall die Ergänzungsbilanzen für den Gesellschafter der Obergesellschaft oder für die Obergesellschaft selbst zu erstellen sind (vgl. zu den unterschiedlichen Meinungen *Wacker* in Schmidt, § 15 EStG Rz. 471 m.w.N.). D 58

D 59 **Steuerliches Betriebsvermögen der Obergesellschaft |** Hinsichtlich der Zusammensetzung des eigenen steuerlichen Betriebsvermögens der Obergesellschaft bestehen keine Besonderheiten, es gelten die allgemeinen Grundsätze. Danach gehören zum Betriebsvermögen der Obergesellschaft:

- Das in der Gesamthandsbilanz der Obergesellschaft ausgewiesene **Gesamthandsvermögen.** Zum Gesamthandsvermögen der Obergesellschaft gehört jedoch nicht das aktive und passive Sonderbetriebsvermögen der Obergesellschaft bei der Untergesellschaft, da dieses Vermögen vorrangig dem Sonderbetriebsvermögen bei der Untergesellschaft zugeordnet wird (s. Rz. D 56).
- Aktives und passives **Sonderbetriebsvermögen** des Gesellschafters der Obergesellschaft bei der Obergesellschaft.

Einkünfteermittlung der Obergesellschaft | Entsprechend gelten auch bei der Ermittlung des (Gesamt-) Gewinns der Obergesellschaft die allgemeinen steuerlichen Grundsätze (zum Gewinn aus der Veräußerung eines Anteils an der Obergesellschaft s. Rz. D 64). Das Ergebnis der Untergesellschaft wird entlang der Beteiligungskette nach oben durchgestockt, in den Gewinnanteil der Obergesellschaft fließt der Gewinnanteil der Obergesellschaft an der Untergesellschaft ein (vgl. *Ley*, KÖSDI 2010, 17148, 17149).

D 60 **Besonderheiten zur Verlustnutzung |** Bei doppelstöckigen Personengesellschaften ist in Fällen der beschränkten Haftung auf jeder Personengesellschaftsebene **§ 15a EStG** anzuwenden (vgl. BFH v. 18.12.2003 – IV B 201/03, BStBl. II 2004, 231 = FR 2004, 401 = GmbHR 2004, 310 = GmbH-StB 2004, 71; vgl. hierzu auch *Ley*, DStR 2004, 1498). Nur die auf Ebene der Untergesellschaft ausgleichsfähigen Verluste i.S.d. § 15a EStG können der beteiligten Obergesellschaft als steuerlich berücksichtigungsfähige Verluste zugewiesen werden. Entsprechend können nur die auf Ebene der Obergesellschaft nach § 15a EStG ausgleichsfähigen Verluste den Mitunternehmern der Obergesellschaft zugeordnet werden. Bei Entstehung eines verrechenbaren Verlustes der Untergesellschaft ist das Kapitalkonto der Obergesellschaft um den verrechenbaren Verlust der Untergesellschaft zu korrigieren, da es ansonsten zu einer doppelten Berücksichtigung des verrechenbaren Verlustes der Untergesellschaft kommen würde (vgl. *Wacker* in Schmidt, § 15 EStG Rz. 61; *Ley*, DStR 2005, 1501 jeweils mit Rechenbeispielen).

D 61 **Gewerbeverluste |** Die gewerbesteuerlichen Verluste sind für die Ober- und Untergesellschaft jeweils getrennt nach § 10a Satz 6 GewStG gesondert festzustellen. Bei Anwachsung der Untergesellschaft auf die Obergesellschaft gehen nach Verwaltungsauffassung vortragsfähige Gewerbeverluste der Untergesellschaft auf die Obergesellschaft über, wenn die Obergesellschaft den Gewerbebetrieb der Untergesellschaft fortführt (vgl. etwa OFD Münster v. 28.5.2008, DStR 2008, 1193). Entsprechend gehen vortragsfähige Gewerbeverluste der Obergesellschaft bei Fortführung des Gewerbebetriebs auf den Mitunternehmer der Obergesellschaft über (vgl. R 10a.3 Abs. 3 Nr. 4 GewStR).

D 62 **Besonderheiten bei der Anwendung des § 35 EStG |** Besonderheiten bestehen außerdem bei der Anwendung der Steuerermäßigung bei Einkünften aus Gewerbebetrieb nach § 35 EStG. Hier gilt nach Auffassung der Finanzverwaltung das Folgende (vgl. BMF v. 24.2.2009, BStBl. I 2009, 440):

- Die anteilig auf die Obergesellschaft entfallenden Gewerbesteuer-Messbeträge der Untergesellschaft sind den Gesellschaftern der Obergesellschaft für Zwecke der Ermäßigungsregelung des § 35 Abs. 1 Satz 1 EStG nach Maßgabe des allgemeinen Gewinnverteilungsschlüssels zuzurechnen.

- In die Ermittlung des Anrechnungshöchstbetrags nach § 35 Abs. 1 Satz 2 EStG sind nach Verwaltungsauffassung die Einkünfte aus der Obergesellschaft einschließlich des Ergebnisses aus der Untergesellschaft als gewerbliche Einkünfte in die Höchstbetragsermittlung einzubeziehen.
- Im Rahmen der Begrenzung der Ermäßigung auf die tatsächlich zu zahlende Gewerbesteuer nach § 35 Abs. 1 Satz 5 EStG sind die Gewerbesteuerbeträge der Untergesellschaft den Gesellschaftern der Obergesellschaft zuzurechnen.

Besonderheiten bei der Zinsschranke | Zur Anwendung der Zinsschranke auf doppelstöckige Personengesellschaften hat sich das FG Köln in einem viel beachteten Urteil vom 19.12.2013 (10 K 1916/12, DStR 2014, 995) geäußert. Danach ist in den für die Anwendung der Zinsschranke maßgeblichen Gewinn der Obergesellschaft auch der Ergebnisanteil aus der Unterpersonengesellschaft einzubeziehen. Hieraus ergeben sich Kaskadeneffekte. Gegen das Urteil des FG Köln ist unter dem Az. IV R 4/14 ein Revisionsverfahren beim BFH anhängig. D63

Besonderheiten bei Anteilsveräußerungen nach § 16 EStG | § 16 EStG und § 34 EStG sind nicht nur dann anwendbar, wenn die Obergesellschaft ihren Betrieb oder einen Teilbetrieb veräußert oder die Anteile eines Gesellschafters der Obergesellschaft veräußert werden, sondern auch bei Betriebs- und Teilbetriebsveräußerungen durch die Untergesellschaft und bei einer Veräußerung der Anteile der Obergesellschaft an der Untergesellschaft (vgl. etwa *Wacker* in Schmidt, § 16 EStG Rz. 12 sowie BFH v. 25.2.2010 – IV R 49/08, BStBl. II 2010, 726 = FR 2010, 701 m. Anm. *Wendt* = GmbHR 2010, 776 = GmbH-StB 2010, 187). Wird die Beteiligung an der Obergesellschaft veräußert, handelt es sich um eine einheitliche Veräußerung der Anteile an der Obergesellschaft i.S.d. § 16 EStG. Der Veräußerungsgewinn wird nach allgemeinen Grundsätzen durch Gegenüberstellung des Veräußerungspreises und des steuerlichen Kapitalkontos bei der Obergesellschaft ermittelt. Da die Beteiligung der Obergesellschaft an der Untergesellschaft in der Steuerbilanz der Obergesellschaft mit dem Kapitalkonto bei der Untergesellschaft angesetzt wird, wird das Kapitalkonto bei der Untergesellschaft im Rahmen der Veräußerungsgewinnermittlung mit berücksichtigt (vgl. hierzu R 16 Abs. 13 Satz 8 EStR; OFD Frankfurt v. 16.9.2014, DStR 2014, 2180). D64

Vertiefende Recherche

Wichtige Urteile und Erlasse

BFH v. 18.9.2007 – I R 79/06, BFH/NV 2008, 729: Zum Feststellungsverfahren bei doppelstöckigen Personengesellschaften.

BFH v. 18.12.2003 – IV B 201/03, BStBl. II 2004, 231 = GmbHR 2004, 310: Zur Anwendung von § 15a EStG auf doppelstöckige Personengesellschaften.

BFH v. 30.4.2003 – I R 102/01, BStBl. II 2004, 804 = GmbHR 2003, 1220: Ein Mitunternehmeranteil stellt aus steuerlicher Sicht kein Wirtschaftsgut dar.

BFH v. 24.3.1999 – I R 114/97, BStBl. II 2000, 399 = GmbHR 1999, 788: Die von der Rechtsprechung entwickelten Grundsätze zu Sonderbetriebseinnahmen und Ausgaben sowie zum Sonderbetriebsvermögen gelten bei doppelstöckigen Personengesellschaften gleichermaßen.

BFH v. 26.1.1995 – IV R 23/93, BStBl. II 1995, 467 = GmbHR 1995, 540: Zur Gewinnzurechnung bei doppelstöckigen Personengesellschaften.

BFH v. 25.2.1991 – GrS 7/89, BStBl. II 1991, 691 = GmbHR 1991, 281: Mitunternehmerschaften können i.S.d. § 15 Abs. 1 Satz 1 Nr. 2 EStG Gesellschafter und Mitunternehmer einer Personenhandelsgesellschaft sein. Die Gesellschafter der Obergesellschaft werden dadurch nicht zu Mitunternehmern der Untergesellschaft.

OFD Frankfurt v. 16.9.2014, DStR 2014, 2180: Veräußerung des Anteils an der Obergesellschaft bei doppelstöckigen Personengesellschaften.

Weitere Stichwörter

→ *Gewinnermittlung (steuerliche)*; → *Mitbestimmung*; → *Sonderbetriebsvermögen*; → *Verluste*

Einbringung

Ausgewählte Literatur: *Kai*, Einbringung von Betriebsvermögen in Personengesellschaften nach dem UmwSt-Erlass 2011, GmbHR 2012, 165; *Levedag*, Überführungen und Übertragungen einzelner betrieblicher Wirtschaftsgüter in betriebliche Personengesellschaften – Aktuelle Entwicklungen in der Rechtsprechung –, GmbHR 2013, 673; *Mohr,* Sacheinlagen in GmbH und GmbH & Co. KG, GmbH-StB 2004, 281; *Paus*, Überführen von Wirtschaftsgütern aus dem Privatvermögen in eine Personengesellschaft – Steuerliche Streitfragen, vorteilhafte Gestaltungswege, EStB 2012, 70; *Wachter,* Sacheinlage von Unternehmen in Kapitalgesellschaften, DB 2010, 2137; *Weidmann*, Übertragung von Wertgegenständen aus dem Privatvermögen eines Gesellschafters in das betriebliche Gesamthandsvermögen einer Personengesellschaft, FR 2012, 205 (Teil I), 344 (Teil II).

1. „Einbringung“ als steuerlicher Oberbegriff

Einbringung i.S.d. UmwStG | Das UmwStG verwendet den Begriff der Einbringung in den §§ 20 ff. UmwStG als steuerlichen Oberbegriff für zivilrechtlich ganz unterschiedliche Vorgänge: E 1

- Nach der Aufzählung in § 1 Abs. 3 UmwStG kann sich eine Einbringung zivilrechtlich zunächst als **Umwandlungsmaßnahme,** nämlich als Verschmelzung, Spaltung oder Formwechsel nach dem Umwandlungsgesetz oder als vergleichbarer ausländischer Vorgang, darstellen. In diesen Fällen meint „Einbringung“ somit eine Vermögensübertragung durch Gesamtrechtsnachfolge (vgl. §§ 20 Abs. 1 Nr. 1, 131 Abs. 1 Nr. 1 UmwG) oder einen identitätswahrenden Formwechsel (ohne Vermögensübertragung, vgl. § 202 Abs. 1 Nr. 1 UmwG).
- Daneben kann eine Einbringung auch im Wege der Einzelrechtsnachfolge bzw. des Anteilstauschs erfolgen: Der Einbringende überträgt einen Betrieb, Teilbetrieb, Mitunternehmer- oder Kapitalgesellschaftsanteil im Wege der Einzelrechtsnachfolge und erhält hierfür (jedenfalls auch) neue Gesellschaftsanteile an bzw. die Mitunternehmerstellung in der aufnehmenden Gesellschaft. Zivilrechtlich betrachtet leistet der Einbringende damit regelmäßig eine **Sacheinlage** im Zuge der Gründung der Gesellschaft bzw. einer späteren Kapitalerhöhung.

Im Folgenden werden zivilrechtlich allein diese Fälle der Sacheinlage in eine neu zu gründende oder bestehende GmbH & Co. KG sowie die Sacheinlage von KG-Anteilen in eine andere Gesellschaft behandelt. Das „Umwandlungszivilrecht“ ist ausführlich unter → *Umwandlung, Gesellschaftsrecht* (Umwandlung, Formwechsel; Umwandlung, Spaltung und Umwandlung, Verschmelzung) dargestellt.

E2 **Einlagen i.S.v. § 6 Abs. 3 und 5 EStG** | Außerhalb des UmwStG werden unter den Begriff der Einbringung insbesondere auch Einlagen i.S.d. § 6 Abs. 3 und 5 EStG gefasst. „Einbringung" meint insoweit die entgeltliche, unentgeltliche oder auch teilentgeltliche Einlage von Wirtschaftsgütern aus dem Privat- oder Betriebsvermögen eines Gesellschafters in die GmbH & Co. KG. Entgeltlich ist die Einlage insbesondere, soweit sie gegen Gewährung von Gesellschaftsrechten erfolgt; unentgeltlich ist sie, soweit das gesamthänderisch gebundene Rücklagenkonto angesprochen wird. Zivilrechtlich handelt es sich jeweils um eine Sacheinlage in die GmbH & Co. KG, mit oder ohne Gegenleistung an den einbringenden Gesellschafter. Für die Verbuchung der Einlage auf Gesellschafter-, Darlehens- oder aber Rücklagenkonten der Gesellschaft sind regelmäßig steuerliche Erwägungen ausschlaggebend (Rz. E 21 ff.).

2. Sacheinlage bei Gründung einer GmbH & Co. KG

E3 **Gesellschafterbeiträge** | Zur Neugründung einer Personengesellschaft bedarf es eines Gesellschaftsvertrages, durch den sich mindestens zwei Gesellschafter verpflichten, den gemeinsamen Zweck durch Leistung von Beiträgen zu fördern (§ 705 BGB). Als „Beiträge" vereinbaren die Gesellschafter in der Regel Einlagen, die in das Gesellschaftsvermögen übergehen und dieses mehren, gelegentlich aber z.B. auch die Erbringung von Dienstleistungen (vgl. § 706 Abs. 3 BGB; näher → *Einlagen und Haftsummen*). Der Beitrag einer Komplementär-GmbH besteht, sofern sie nicht ausnahmsweise auch eine Einlage erbringt und sich am Gesellschaftsvermögen beteiligt, in der Übernahme der Geschäftsführung und der unbeschränkten persönlichen Haftung. Zwar mag die Übernahme der gesetzlich angeordneten Gesellschafterhaftung auch für Kommanditisten bereits als „Beitrag" genügen (*v. Falkenhausen/Schneider* in Münchener Hdb. Gesellschaftsrecht, Bd. 2, § 17 Rz. 9 ff.). Wenn sich die Kommanditisten jedoch von ihrer persönlichen Haftung befreien wollen, müssen sie als Einlage Geld oder andere Vermögensgegenstände leisten, deren wirtschaftlicher Wert feststellbar ist (§ 171 Abs. 1 Halbs. 2 HGB; vgl. *Wiedemann*, Gesellschaftsrecht, Bd. 2, S. 802 ff.). Zukünftige Dienstleistungen genügen hierfür nicht (vgl. § 27 Abs. 2 AktG).

E4 **Einbringung von Sachen und Rechten** | Sachen und auch Rechte werden der KG üblicherweise zu Eigentum übertragen (Einbringung „quoad dominium"). Seltener werden sie nur dem Werte nach zur Verfügung gestellt (Einbringung „quoad sortem") bzw. nur zum Gebrauch überlassen (Einbringung „quoad usum"):

- Eine **Einbringung „quoad sortem"** begründet die schuldrechtliche Verpflichtung des einbringenden Gesellschafters, eine Sache (oder ein Recht) der Gesellschaft so zur Verfügung zu stellen, als ob sie (es) Gesellschaftsvermögen wäre. Die dingliche Rechtsstellung des Gesellschafters und seine Verfügungsbefugnis im Außenverhältnis bleiben hiervon unberührt (BGH v. 15.6.2009 – II ZR 242/08, DStR 2009, 2015). Die KG kann die Sache (das Recht) jedoch wie eine Eigentümerin bilanzieren; ihr stehen auch die Erträge und ein etwaiger Veräußerungserlös zu, umgekehrt treffen sie die damit verbundenen Lasten (vgl. BFH v. 20.1.1988 – I R 395/83, BStBl. II 1988, 453 = GmbHR 1988, 370 [Ls.]). Praktische Bedeutung hat eine solche Einlage nur dem Werte nach etwa bei Grundstücken, wenn die mit der Umschreibung im Grundbuch verbundenen Kosten und/oder die damit verbundene Publizität vermieden werden sollen.

- Bei einer **Einbringung „quoad usum“** bleibt der Gesellschafter demgegenüber nicht nur formal, sondern auch materiell Eigentümer der Sache. In der Folge kann die Gesellschaft die Sache nicht bilanzieren; ihr steht insoweit lediglich ein Nutzungsrecht zu.

Einbringung von Gesellschaftsanteilen | Die Übertragung von Personengesellschaftsanteilen bedarf der Zustimmung aller Mitgesellschafter, sofern der Gesellschaftsvertrag nichts Abweichendes (wie z.B. freie Übertragbarkeit, Mehrheitsentscheidungen) vorsieht. Bei Kapitalgesellschaftsanteilen verhält es sich umgekehrt: Geschäftsanteile an einer GmbH und Aktien können grundsätzlich frei übertragen werden, jedoch kann die jeweilige Satzung Erschwerungen vorsehen (§ 15 Abs. 5 GmbHG bzw. § 68 Abs. 2 AktG); bei der AG gilt dies nur für Namensaktien. Zur Schaffung einer Einheits-GmbH & Co. KG können auch die Anteile an der Komplementärin auf die KG übertragen werden, näher Rz. E 9. E 5

Einbringung von Sach- und Rechtsgesamtheiten | Sach- und Rechtsgesamtheiten wie Unternehmen und Unternehmensteile, Warenlager und Geschäftsausstattungen können ebenfalls eingebracht werden. Hauptanwendungsfall ist die Einbringung eines Unternehmens als Ganzes, regelmäßig „mit allen Aktiven und Passiven“. E 6

Beispiel:

A, der sein Speditionsunternehmen bisher als **Einzelkaufmann** betreibt, hat B als Investor gewonnen. Zur Begrenzung ihrer persönlichen Haftung wollen A und B das Unternehmen künftig in der Form einer GmbH & Co. KG betreiben und jeweils Kommanditisten werden. A möchte sein Speditionsunternehmen in die KG einbringen, B eine Bareinlage leisten.

Das Geschäft eines Einzelkaufmanns wandelt sich durch den Eintritt eines persönlich haftenden Gesellschafters oder Kommanditisten nicht automatisch in eine KG um (auch wenn die §§ 24 Abs. 1, 28 Abs. 1 HGB dies scheinbar so voraussetzen). Zur Errichtung der GmbH & Co. KG ist es vielmehr erforderlich, dass der bisherige Einzelkaufmann A sämtliche zu seinem Unternehmen gehörenden Gegenstände durch Einzelrechtsnachfolge auf die GmbH & Co. KG überträgt und damit also eine Sacheinlage erbringt. B erbringt eine Bareinlage. Im Interesse des B sollte der Beginn der KG, jedenfalls aber sein Beitritt ggf. von der entsprechenden Eintragung in das Handelsregister abhängig gemacht werden. Denn wenn die KG die Geschäfte des Einzelunternehmens bereits fortsetzt, droht dem neuen Kommanditisten für die bis zur Eintragung rechtsgeschäftlich begründeten Verbindlichkeiten der Gesellschaft die unbeschränkte Haftung (wie ein Komplementär) gemäß § 176 Abs. 1 bzw. 2 HGB. Diese Haftung entfällt auch nicht mit Eintragung; die Eintragung markiert lediglich den Beginn einer fünfjährigen Enthaftungsfrist (analog § 160 Abs. 3 Satz 1 HGB) (vgl. *Krämer/Friedl* in Formularbuch Recht und Steuern, Form. A 3.01; *Strohn* in E/B/J/S, § 176 HGB Rz. 6, 13 ff., 20).

Einbringung von Passiven | Passiven können auch im Übrigen zusammen mit Aktiven eingebracht werden; möglich ist daher z.B. die Einbringung von Gesellschaftsanteilen zusammen mit entsprechenden Finanzverbindlichkeiten. Hierbei bedarf die befreiende Übernahme von Verbindlichkeiten der Zustimmung des jeweiligen Gläubigers (§§ 414, 415 Abs. 1 BGB). Hilfsweise kann vereinbart werden, dass die Gesellschaft die Schulden im Wege des Schuldbeitritts, d.h. kumulativ, mitübernimmt und den einbringenden Gesellschafter lediglich im Innenverhältnis freistellt. E 7

Leistung durch/an Dritte | Sacheinlagen müssen nicht zwingend durch den Kommanditisten selbst erbracht werden. Möglich ist vielmehr auch die Erbringung durch Dritte, etwa Mitkommanditisten, im Auftrag und für Rechnung des Kommanditisten (§ 267 Abs. 1 BGB). Umgekehrt kann die Einlage auch durch Leistung an Dritte (Gläubiger der Gesellschaft) erbracht werden, wenn dies zwischen den Gesellschaftern entsprechend vereinbart wurde (§ 362 Abs. 2 BGB; BGH v. 30.4.1984 – II ZR 132/83, NJW 1984, 2290). E 8

E9 **Form |** Zwar kann der Gesellschaftsvertrag der KG grundsätzlich formlos geschlossen werden. Der Inhalt der Beitragspflichten kann jedoch seine notarielle Beurkundung erforderlich machen (vgl. § 311b Abs. 1 Satz 1 BGB für einzubringende Grundstücke, § 15 Abs. 3 und 4 GmbHG für GmbH-Anteile).

Beispiel:

Eine **Einheits-KG** wird regelmäßig in der Weise gegründet, dass ein Kommanditist (A) zunächst die künftige Komplementär-GmbH gründet, Komplementär-GmbH und Kommanditisten gemeinsam die KG gründen und A die Geschäftsanteile an der Komplementär-GmbH sodann an die KG abtritt. Sofern sich A im Gesellschaftsvertrag der KG bereits zu dieser Abtretung verpflichtet, führt dies zur Formbedürftigkeit auch des Gesellschaftsvertrages (§ 15 Abs. 4 GmbHG). Dies lässt sich vermeiden, indem der Gesellschaftsvertrag A zwar nicht zur Abtretung verpflichtet, ein Unterbleiben der Abtretung aber – sofern erforderlich – auf andere Weise sanktioniert, z.B. für diesen Fall den Ausschluss des A aus der KG vorsieht. Als Leistung auf die Hafteinlage eignen sich die Geschäftsanteile an der eigenen Komplementärin ohnehin nicht (§ 172 Abs. 6 HGB).

E10 **Entstehung der KG |** Die nachfolgende Eintragung der KG im Handelsregister wirkt regelmäßig nur deklaratorisch. Bei Gesellschaften, die kein Handelsgewerbe i.S.d. § 1 Abs. 2 HGB betreiben oder die nur eigenes Vermögen verwalten, hat die Eintragung dagegen konstitutive Wirkung (§§ 105 Abs. 2, 123 HGB).

Beispiel:

A möchte eine Gewerbeimmobilie nicht selbst, sondern durch eine zu diesem Zweck neu zu gründende GmbH & Co. KG erwerben und halten. Als Immobilienverwaltungs- bzw. Objektgesellschaft wird die GmbH & Co. KG lediglich vermögensverwaltend tätig. Ihre Eintragung in das Handelsregister wirkt damit ausnahmsweise konstitutiv. A sollte die GmbH & Co. KG daher nicht erst im Zeitpunkt des Immobilienerwerbs, sondern bereits in dessen Vorfeld gründen und zur Eintragung bringen. Anderenfalls wäre die Erwerberin bei Abschluss des Kaufvertrages zunächst noch eine GbR, ggf. mit unerwünschten (und dann im Kaufvertrag besonders zu regelnden) Haftungsfolgen für den künftigen Kommanditisten.

E11–E15 frei

3. Sacheinlage in eine bestehende GmbH & Co. KG

E16 **Der Eintritt eines neuen Gesellschafters** in eine bestehende GmbH & Co. KG bedeutet als Grundlagengeschäft eine Änderung des bisherigen Gesellschaftsvertrages. Die entsprechende **Aufnahmevereinbarung** ist daher grundsätzlich mit allen bisherigen Gesellschaftern, nicht mit der KG selbst, zu schließen (vgl. *Roth* in Baumbach/Hopt, § 105 HGB Rz. 67). Allerdings hat es der BGH zugelassen, dass die Gesellschafter ihre (Publikums-)KG ermächtigen, Aufnahmeverträge im eigenen Namen und mit Wirkung für alle Gesellschafter abzuschließen (BGH v. 14.11.1977 – II ZR 95/76, NJW 1978, 1000). Von der Aufnahmevereinbarung zu unterscheiden ist ein daneben etwa erforderlicher **Einbringungsvertrag,** den der beitretende Gesellschafter mit der KG selbst zur Erbringung einer vereinbarten Sacheinlage schließt.

Beispiel:

Die A-GmbH ist die Komplementärin, B der einzige Kommanditist der A&B GmbH & Co. KG. C will der KG als weiterer Kommanditist beitreten und als Sacheinlage ein Grundstück einbringen. Die Aufnahme des C ist mit den bisherigen Gesellschaftern A und B zu vereinbaren, das Grundstück dagegen an die KG als künftige Eigentümerin aufzulassen (vgl. §§ 161 Abs. 2, 124 Abs. 1 HGB).

In der Regel wird der Beitretende in solchen Fällen einen einheitlichen Aufnahme- und Einbringungsvertrag mit allen Gesellschaftern *und* der Gesellschaft schließen; im vorstehenden Beispiel bedarf er der notariellen Beurkundung. Näher zu möglichen Sacheinlagegegenständen Rz. E 4ff.

Leistung weiterer Einlagen | Auch die vorhandenen Gesellschafter können nachträglich ggf. noch weitere Einlagen in ihre GmbH & Co. KG leisten. Zu einer **Erhöhung der vereinbarten Beiträge** sind sie allerdings weder verpflichtet (§ 707 BGB) noch einseitig auch nur berechtigt; denn auch eine freiwillige Erhöhung würde ggf. die Beteiligungsverhältnisse und damit regelmäßig die Gewinn- und Stimmrechte innerhalb der Gesellschaft verschieben. Selbstverständlich kann der Gesellschaftsvertrag etwas anderes vorsehen und können die Gesellschafter auch nachträglich Kapitalerhöhungen einvernehmlich vereinbaren bzw. mit der hierfür vertraglich vorgesehenen Mehrheit beschließen. Eine Sacheinlage ist gegenüber der Gesellschaft zu erbringen, regelmäßig auf der Grundlage eines Einbringungsvertrages. Die Gegenleistung wird häufig in einer Erhöhung des festen Kapitalkontos des einbringenden Gesellschafters bestehen (vgl. BMF v. 11.7.2011, BStBl. I 2011, 713). Bei Kommanditisten ist dieses feste Kapitalkonto von der für sie im Handelsregister eingetragenen Hafteinlage (Haftsumme) zu unterscheiden; beides muss nicht korrespondieren, so dass die Haftsumme trotz Erhöhung des festen Kapitalkontos unverändert bleiben darf. Ausführlich zur (alternativ oder zusätzlich möglichen) Ansprache anderer Konten, namentlich eines gesamthänderisch gebundenen Rücklagenkontos, → *Kontensystem*. E 17

4. Sacheinlage von KG-Anteilen in eine andere Gesellschaft

KG-Anteile als Sacheinlagegegenstand | Komplementär- und Kommanditbeteiligungen eignen sich auch ihrerseits als Sacheinlagegegenstand zur Einbringung in andere Gesellschaften. Ihre Übertragung bedarf der Zustimmung aller Mitgesellschafter, sofern der Gesellschaftsvertrag nichts Abweichendes (wie z.B. freie Übertragbarkeit, Mehrheitsentscheidungen) vorsieht. E 18

Sacheinlage in GmbH | Bei der GmbH sind Sacheinlagen vor der Anmeldung zum Handelsregister so zu bewirken, dass sie endgültig zur freien Verfügung der Geschäftsführer stehen (§ 7 Abs. 3 GmbHG). Dem steht es nicht entgegen, wenn die Einlageleistung nach dem Einbringungsvertrag nicht mit sofortiger Wirkung, sondern **aufschiebend bedingt auf** den Zeitpunkt der **Eintragung im Handelsregister der GmbH** erfolgt. Denn die Gründer haben dann bereits alles Erforderliche getan, damit die Einlageleistung jedenfalls mit Entstehung der Gesellschaft endgültig zur freien Verfügung steht und so bereits dem Zweck des § 7 Abs. 3 GmbHG genügt (*Bayer* in Lutter/Hommelhoff, § 7 GmbHG Rz. 26; *Bayer* in Lutter/Hommelhoff, § 55 GmbHG Rz. 40 [für die Sachkapitalerhöhung]; *Pfisterer* in Beck'sches Formularbuch GmbH-Recht, Form. J.IV.3 [§ 4] mit Anm. 4). Diese Gestaltung vermeidet eine ggf. aufwändige Rückabwicklung für den Fall, dass die Eintragung der Sachgründung ausnahmsweise scheitert. Werden Kommanditanteile eingebracht, sollte deren Abtretung ggf. **aufschiebend bedingt auf** den Zeitpunkt der **Eintragung der Sonderrechtsnachfolge** im Handelsregister der betreffenden KG erfolgen; hierdurch lässt sich eine sonst u.U. drohende unbeschränkte Haftung der GmbH als noch nicht eingetragene Kommanditistin nach § 176 Abs. 2 HGB (vgl. *Strohn* in E/B/J/S, § 176 HGB Rz. 25ff.; BGH v. 21.3.1983 – II ZR 113/82, GmbHR 1983, 238; OLG Frankfurt a.M. v. 9.5.2007 – 13 U 195/06, GmbHR 2007, 1326 = GmbH-StB 2007, 375) vermeiden. Nicht zu empfehlen ist die Kumulation beider aufschiebenden Bedingungen, bei E 19 der die Abtretung sogar von der Eintragung in beiden Registern abhängig gemacht wird; denn dann werden sich die beteiligten Registergerichte u.U. gegenseitig blockieren, wenn keines die erste Eintragung vornehmen will (vgl. *Kleinstück* in Beck'sches Formularbuch M & A, Form. F.I.1 Anm. 4).

E 20 **Kommanditanteile als Aufgeld |** Kommanditanteile lassen sich schließlich auch im Rahmen einer Bargründung oder Barkapitalerhöhung in eine GmbH einbringen, indem die Kommanditanteile lediglich als Aufgeld (Agio) geleistet werden (BFH v. 7.4.2010 – I R 55/09, BStBl. II 2010, 1094 = GmbHR 2010, 1104 = FR 2010, 1090 = GmbH-StB 2010, 283). Hierbei ist die korporationsrechtliche Aufgeldverpflichtung Nebenleistungspflicht i.S.v. § 3 Abs. 2 GmbHG (vgl. BGH v. 15.10.2007 – II ZR 216/06, GmbHR 2008, 147 m. Anm. *Herchen* = GmbH-StB 2008, 7).

5. Einbringung von Wirtschaftsgütern aus dem Privatvermögen eines Gesellschafters

E 21 **Unterscheidung zwischen unentgeltlicher oder entgeltlicher Einbringung |** Wird ein Wirtschaftsgut aus dem steuerlichen Privatvermögen eines Gesellschafters in das Gesellschaftsvermögen der GmbH & Co. KG eingebracht, unterscheiden sich die **Steuerrechtsfolgen** danach, ob der Vorgang unentgeltlich oder entgeltlich erfolgt (zur „Sonderform" der teilentgeltlichen Einbringung vgl. Rz. E 25).

E 22 **Unentgeltliche Einbringung |** Eine unentgeltliche Einbringung stellt steuerlich eine Einlage des Gesellschafters in die GmbH & Co. KG dar (§ 4 Abs. 1 Satz 8 EStG). Die Einlage führt auf Ebene der GmbH & Co. KG zu keiner Erhöhung des steuerlichen Gewinns (§ 4 Abs. 1 Satz 1 EStG). Die eingebrachten Wirtschaftsgüter sind in der Steuerbilanz der GmbH & Co. KG im Grundsatz mit dem Teilwert (§ 6 Abs. 1 Nr. 1 Satz 3 EStG) auszuweisen (§ 6 Abs. 1 Nr. 5 Halbs. 1 EStG). Wurde jedoch das eingebrachte Wirtschaftsgut innerhalb der letzten drei Jahre vor der Einbringung angeschafft oder hergestellt oder ist das eingebrachte Wirtschaftsgut ein Kapitalgesellschaftsanteil i.S.d. § 17 EStG oder Kapitalvermögen i.S.d. § 20 Abs. 2 EStG, erfolgt der Ansatz in der Steuerbilanz der GmbH & Co. KG höchstens mit den Anschaffungs- oder Herstellungskosten (§ 6 Abs. 1 Nr. 5 Halbs. 2 EStG). Auf Ebene des einbringenden Gesellschafters stellt die Einlage eine fiktive Veräußerung dar, wenn das eingebrachte Wirtschaftsgut ein Grundstück oder ein Grundstücksrecht i.S.d. § 23 Abs. 1 Nr. 1 EStG ist, das innerhalb von zehn Jahren nach der Anschaffung aus dem Betriebsvermögen der GmbH & Co. KG veräußert wird (§ 23 Abs. 1 Satz 5 Nr. 1 EStG). Die fiktive Veräußerung löst dabei einen steuerpflichtigen privaten Veräußerungsgewinn (oder Veräußerungsverlust) aus. Im Übrigen ergeben sich auf Ebene des Gesellschafters keine steuerlichen Auswirkungen.

E 23 **Entgeltliche Einbringung |** Erfolgt die Einbringung dagegen entgeltlich, ist das betreffende Wirtschaftsgut in der Steuerbilanz der GmbH & Co. KG mit den Anschaffungskosten anzusetzen. Beim Gesellschafter löst der entgeltliche Vorgang ggf. einen steuerpflichtigen privaten Veräußerungsgewinn (oder Veräußerungsverlust) nach §§ 17, 20 Abs. 2 oder 23 EStG aus.

E 24 **Abgrenzung |** Für die Besteuerung ist damit die Abgrenzung zwischen unentgeltlichen und entgeltlichen Einbringungen von Bedeutung. Dabei sind die folgenden „Grundkonstellationen" zu unterscheiden:

- Die Einbringung eines Wirtschaftsgutes des Privatvermögens **gegen Gewährung von Gesellschaftsrechten** stellt einen entgeltlichen Vorgang (Veräußerungsvorgang) dar (vgl. BFH v. 24.1.2008 – IV R 37/06, BStBl. II 2011, 617 = GmbHR 2008, 548 = FR 2008, 912 m. Anm. *Wendt* = GmbH-StB 2008, 129). Unter welchen Voraussetzungen dabei nach Verwaltungsauffassung Gesellschaftsrechte gewährt werden, hat die Finanzverwaltung im Erlass vom 11.7.2011, BStBl. I 2011, 713 im Einzelnen dargestellt. Danach ist für die Frage, ob eine Gegenleistung in Form von Gesellschaftsrechten gewährt wurde, grundsätzlich entscheidend, ob sich durch die Übertragung der handelsrechtliche Kapitalanteil (Kapitalkonto in der Handelsbilanz) erhöht. Wurden die handelsrechtlichen Regelungen hinsichtlich der Kapitalkonten der Gesellschafter gesellschaftsvertraglich abbedungen, liegt eine Gewährung von Gesellschaftsrechten in der Regel dann vor, wenn sich durch die Übertragung das sog. Kapitalkonto I (festes Kapitalkonto) erhöht. Ein entgeltlicher Vorgang liegt nach der Rechtsprechung des BFH auch dann vor, wenn die Einbringung gegen Gewährung von Gesellschaftsrechten in eine Ein-Mann-GmbH & Co. KG, bei der der einzige Kommanditist bereits zu 100 % am Vermögen der Gesellschaft beteiligt ist und damit bereits sämtliche Gesellschaftsrechte bei der GmbH & Co. KG hält, erfolgt (vgl. BFH v. 17.7. 2008 – I R 77/06, BStBl. II 2009, 464 = GmbHR 2009, 48 = FR 2008, 1149 = GmbH-StB 2008, 322).
- Eine entgeltliche Veräußerung liegt auch vor, wenn die GmbH & Co. KG dem Gesellschafter **im Zuge der Einbringung einen Darlehensanspruch einräumt.** Ähnlich liegt eine entgeltliche Veräußerung auch dann vor, wenn sich im Zuge der Einbringung ein Fremdkapitalkonto (Darlehenskonto) des einbringenden Gesellschafters bei der GmbH & Co. KG erhöht (vgl. BFH v. 24.1.2008 – IV R 37/06, BStBl. II 2011, 617 = GmbHR 2008, 548 = FR 2008, 912 m. Anm. *Wendt* = GmbH-StB 2008, 129).
- Die Einbringung erfolgt auch dann entgeltlich, wenn die GmbH & Co. KG neben dem eingebrachten Wirtschaftsgut eine **Verbindlichkeit des einbringenden Gesellschafters übernimmt** (vgl. BFH v. 24.1.2008 – IV R 37/06, BStBl. II 2011, 617 = GmbHR 2008, 548 = FR 2008, 912 m. Anm. *Wendt* = GmbH-StB 2008, 129).

Wird im Zuge der Einbringung ausschließlich das **gesamthänderisch gebundene Rücklagenkonto** der GmbH & Co. KG erhöht, wird die Einbringung von der Finanzverwaltung dagegen als unentgeltliche Einbringung qualifiziert. Dies gilt ausdrücklich auch in Fällen der Ein-Mann-GmbH & Co. KG (vgl. BMF v. 11.7.2011, BStBl. I 2011, 713, unter II.2.c)). Die Einbringung erfolgt auch dann unentgeltlich, wenn der Vorgang bei der GmbH & Co. KG ertragswirksam erfasst wird. Dies gilt nach neuer Rechtsprechung des BFH auch für Einbringungen gegen Erhöhung des variablen Kapitalkontos (insbesondere Kapitalkonto II; vgl. BFH v. 29.7. 2015 – IV R 15/14, BStBl. II 2016, 593 und BFH v. 4.2.2016 – IV R 46/12, BStBl. II 2016, 607). Die Finanzverwaltung hat sich dieser Rechtsprechung angeschlossen (vgl. BMF v. 26.7.2016, BStBl. I 2016, 684).

Teilentgeltliche Einbringungen | Nach Ansicht der Finanzverwaltung (vgl. BMF v. 11.7.2011, E 25
BStBl. I 2011, 713, unter II.2. Buchst. d) liegt eine teilentgeltliche Einbringung vor, wenn für die Übertragung ausdrücklich ein den gemeinen Wert unterschreitendes Entgelt gewählt wird. Dabei soll der Vorgang zumindest im Grundsatz nach der sogenannten „Trennungstheorie" in einen entgeltlichen und einen unentgeltlichen Vorgang aufgeteilt werden. Die Aufteilung soll dabei anhand des Verhältnisses des Werts der Gegenleistung zum gemeinen Wert des übertragenen Wirtschaftsguts erfolgen. Soweit die Übertragung entgeltlich erfolgt, stellt die Einbringung einen Veräußerungsvorgang dar (s. Rz. E 23), soweit die Übertragung unentgelt-

lich erfolgt, ist die Einbringung nach den Grundsätzen der Einlage zu behandeln (s. Rz. E 22). Für weitere Einzelheiten wird auf das BMF-Schreiben v. 11.7.2011, BStBl. I 2011, 713 verwiesen.

Beispiel 1:

An der A-GmbH & Co. KG ist neben der nicht am Vermögen beteiligten X-GmbH A zu 100 % als Kommanditist beteiligt. A bringt ein Wirtschaftsgut aus seinem Privatvermögen (gemeiner Wert: 200 000 Euro) in das Gesamthandsvermögen der A-GmbH & Co. KG ein. Im Gegenzug erhält er von der GmbH & Co. KG eine Zahlung 50 000 Euro.

Es liegt ein teilentgeltlicher Vorgang vor. Der Vorgang ist in einen entgeltlichen und einen unentgeltlichen Teil aufzuteilen. Die Entgeltlichkeitsquote beträgt 25 % (50 000 Euro/200 000 Euro). In Höhe des entgeltlichen Teils liegt eine Anschaffung durch die GmbH & Co. KG vor. Diese hat das Wirtschaftsgut insoweit mit den Anschaffungskosten von 50 000 Euro anzusetzen (§ 6 Abs. 1 Nr. 2 Satz 1 EStG). I.H.v. 75 % liegt entsprechend ein unentgeltlicher Vorgang vor. Insoweit ist das Wirtschaftsgut entsprechend den Regeln über die Bewertung von Einlagen anzusetzen (§ 6 Abs. 1 Nr. 5 EStG). Bei A liegt in Bezug auf den entgeltlichen Teil des Geschäftes ggf. ein steuerpflichtiges privates Veräußerungsgeschäft nach §§ 17, 20 Abs. 2 oder 23 EStG vor.

Bislang wurde die Trennungstheorie für teilentgeltliche Übertragungen steuerverstrickter Wirtschaftsgüter des Privatvermögens auch in der Rechtsprechung des BFH angewendet (vgl. BFH v. 24.4.1991 – IX R 5/83, BStBl. II 1991, 793). Insbesondere vor dem Hintergrund des BFH-Beschlusses v. 19.3.2014 (X R 2/12, BStBl. II 2016, 81) ist jedoch fraglich, ob der BFH hieran festhalten wird.

6. Einbringung von Einzelwirtschaftsgütern aus dem Betriebsvermögen eines Gesellschafters oder aus dessen Sonderbetriebsvermögen bei der GmbH & Co. KG

E 26 **Unterscheidung zwischen unentgeltlicher oder entgeltlicher Einbringung** | Auch die Einbringung von Wirtschaftsgütern aus dem eigenen Betriebsvermögen eines Mitunternehmers oder dessen Sonderbetriebsvermögen bei der GmbH & Co. KG in das Gesamthandsvermögen der GmbH & Co. KG kann unentgeltlich oder entgeltlich erfolgen. Für die steuerliche Behandlung von entgeltlichen Einbringungen aus dem (Sonder-) Betriebsvermögen ist jedoch zusätzlich von Bedeutung, ob die Einbringung gegen Gewährung von Gesellschaftsrechten oder gegen ein sonstiges Entgelt erfolgt. Bei der steuerlichen Beurteilung von Einbringungen aus dem (Sonder-) Betriebsvermögen ist damit wie folgt zu differenzieren:

<table>
<tr><td colspan="3">Einbringungen</td></tr>
<tr><td>1. unentgeltlich</td><td colspan="2">2. entgeltlich</td></tr>
<tr><td></td><td>2a. gegen Gewährung von Gesellschaftsrechten</td><td>2b. gegen ein sonstiges Entgelt</td></tr>
</table>

Ertragsteuerlich werden **unentgeltliche Einbringungen** und **gegen Gewährung von Gesellschaftsrechten** erfolgende Einbringungen aus dem (Sonder-)Betriebsvermögen eines Mitunternehmers weitestgehend gleichgestellt.

E 27 **Buchwertansatz nach § 6 Abs. 5 Satz 3 EStG** | Die zentrale Vorschrift für unentgeltliche oder gegen Gewährung von Gesellschaftsrechten erfolgende Einbringungen ist § 6 Abs. 5 Satz 3 EStG. Danach sind bei derartigen Einbringungen – vorbehaltlich § 6 Abs. 5 Sätze 4 ff. EStG – die Buchwerte anzusetzen, es besteht insoweit kein Wahlrecht. Aufgrund des Buchwertansatzes kommt es beim einbringenden Mitunternehmer zu keiner steuerpflichtigen Realisierung stiller Reserven und damit auch zu keinem Einbringungsgewinn; die aufnehmende GmbH & Co. KG hat die jeweiligen Wirtschaftsgüter in ihrer Steuerbilanz mit den bisherigen Buchwerten anzusetzen.

Persönlicher Anwendungsbereich | Unter den persönlichen Anwendungsbereich des § 6 Abs. 5 Satz 3 EStG fallen sämtliche Mitunternehmer der GmbH & Co. KG, die neben ihrer Beteiligung an der GmbH & Co. KG mindestens einen eigenen Betrieb haben, oder denen Sonderbetriebsvermögen bei der GmbH & Co. KG oder einer weiteren Mitunternehmerschaft zuzurechnen ist. In den Anwendungsbereich des § 6 Abs. 5 Satz 3 EStG fallen auch doppelstöckige Personengesellschaften. Bei einer doppelstöckigen Personengesellschaft können nach Auffassung der Finanzverwaltung neben der Oberpersonengesellschaft der GmbH & Co. KG auch die Gesellschafter der Oberpersonengesellschaft unter den persönlichen Anwendungsbereich des § 6 Abs. 5 Satz 3 EStG fallen (vgl. BMF v. 8.12.2011, BStBl. I 2011, 1279, Tz. 9). E28

Sachlicher Anwendungsbereich | Unter den sachlichen Anwendungsbereich des § 6 Abs. 5 Satz 3 EStG fallen unentgeltliche Einbringungen sowie Einbringungen gegen Gewährung von Gesellschaftsrechten. E29

- **Unentgeltlichkeit** setzt voraus, dass dem übertragenden Mitunternehmer keine Gegenleistung gewährt wird (vgl. BMF v. 8.12.2011, BStBl. I 2011, 1279, Tz. 15). Unter einer Gegenleistung sind nicht nur Zahlungsvorgänge, sondern z.B. auch die Übernahme einer Verbindlichkeit, die Einräumung einer Darlehensforderung oder die Gewährung von Gesellschaftsrechen zu verstehen.
- Die Übertragung erfolgt nach Auffassung der Finanzverwaltung **gegen Gewährung von Gesellschaftsrechten,** wenn im Zuge der Übertragung ein Eigenkapitalkonto des Gesellschafters bei der Gesellschaft erhöht wird (vgl. BMF v. 8.12.2011, BStBl. I 2011, 1279, Tz. 16). Hinsichtlich der Einordnung eines Kapitalkontos als Eigenkapitalkonto verweist die Finanzverwaltung dabei auf das BFH-Urteil vom 16.10.2008 (BFH v. 16.10.2008 - IV R 98/06, BStBl. II 2009, 272 = GmbHR 2009, 274 m. Anm. *Müller/Marchand* = FR 2009, 578 m. Anm. *Kempermann* = GmbH-StB 2009, 37) sowie auf das BMF-Schreiben vom 30.5.1997 (BStBl. I 1997, 627).

Begünstigte Übertragungsvorgänge | Welche Übertragungen im Einzelnen unter den Anwendungsbereich des § 6 Abs. 5 Satz 3 EStG fallen, wird in § 6 Abs. 5 Satz 3 Nr. 1 bis 3 EStG enumerativ aufgeführt. Dies sind: E30

- Unentgeltliche Übertragungen und Übertragungen gegen Gewährung oder Minderung von Gesellschaftsrechten **zwischen dem eigenen Betriebsvermögen des Mitunternehmers und dem Gesamthandsvermögen seiner Mitunternehmerschaft** (§ 6 Abs. 5 Satz 3 Nr. 1 EStG). Es reicht aus, wenn die Stellung als Mitunternehmer erst durch den Einbringungsvorgang begründet wird.
- Unentgeltliche Übertragungen und Übertragungen gegen Gewährung oder Minderung von Gesellschaftsrechten **zwischen dem Sonderbetriebsvermögen eines Mitunternehmers und dem Gesamthandvermögen derselben oder einer anderen Mitunternehmerschaft,** an der dieser beteiligt ist (§ 6 Abs. 5 Satz 3 Nr. 2 EStG). Vgl. zur unentgeltlichen Übertragung aus dem Sonderbetriebsvermögen ins Gesamthandsvermögen auch BFH v. 19.9.2012 - IV R 11/12, GmbHR 2012, 1193.
- Unentgeltliche Übertragungen **zwischen den Sonderbetriebsvermögen zweier Mitunternehmer derselben Mitunternehmerschaft** (§ 6 Abs. 5 Satz 3 Nr. 3 EStG).

E31 **Missbrauchsvermeidungsvorschriften** | Um eine missbräuchliche Nutzung der Übertragung zu Buchwerten zu vermeiden, hat der Gesetzgeber in § 6 Abs. 5 Sätze 4 bis 6 EStG das Buchwertprivileg des § 6 Abs. 5 Satz 3 EStG eingeschränkt. Nach § 6 Abs. 5 Satz 4 EStG führt die Entnahme oder Veräußerung des übertragenen Wirtschaftsgutes innerhalb einer **Sperrfrist** zur Realisierung der bis zur Übertragung entstandenen stillen Reserven. Die Realisierung erfolgt rückwirkend im Zeitpunkt der Einbringung. Die Sperrfrist des § 6 Abs. 5 Satz 4 EStG endet drei Jahre nach Abgabe der Steuererklärung für den Zeitraum, in dem die Übertragung erfolgt ist. Ein rückwirkender Teilwertansatz unterbleibt jedoch, wenn die bis zur Übertragung entstandenen stillen Reserven dem Übertragenden durch Erstellung einer Ergänzungsbilanz zugewiesen werden. Nach § 6 Abs. 5 Satz 5 EStG ist bei der Übertragung der Teilwert anzusetzen, sofern sich durch die Übertragung der unmittelbare oder mittelbare Anteil einer Körperschaft an dem Wirtschaftsgut erhöht („**Körperschaftsklausel**"). Hiervon betroffen sind Fälle, in denen neben dem Einbringenden Kapitalgesellschaften am Vermögen der GmbH & Co. KG beteiligt sind. Dies gilt jedoch nicht, wenn am Vermögen der GmbH & Co. KG ausschließlich eine einbringende Kapitalgesellschaft beteiligt ist, in diesem Fall bleibt es beim Buchwertansatz. Ähnlich kommt es nach § 6 Abs. 5 Satz 6 EStG zu einem rückwirkenden Teilwertansatz, wenn sich innerhalb von sieben Jahren nach der Übertragung der mittelbare oder unmittelbare Anteil einer Körperschaft an dem Wirtschaftsgut erhöht. Dies ist der Fall, wenn sich eine Körperschaft erst nach der Übertragung am Vermögen der GmbH & Co. KG beteiligt oder sich der Anteil einer Körperschaft am Vermögen der GmbH & Co. KG erhöht.

E32 **Einmann-GmbH & Co. KG** | Überträgt ein Mitunternehmer einer Einmann-GmbH & Co. KG ein Wirtschaftsgut in das Gesamthandsvermögen der GmbH & Co. KG und wird dieses Wirtschaftsgut bei unveränderten Beteiligungsverhältnissen später veräußert, unterbleibt nach der Rechtsprechung des BFH eine Anwendung des § 6 Abs. 5 Satz 4 EStG. Es kommt damit nicht zu einer rückwirkenden Realisierung stiller Reserven. Dies gilt auch dann, wenn die stillen Reserven nicht mittels Ergänzungsbilanz dem Einbringenden zugeordnet werden (vgl. BFH v. 31.7.2013 – I R 44/12, BFHE 242, 240 = GmbHR 2013, 1218 = FR 2013, 1132 m. Anm. *Kempermann* = GmbH-StB 2013, 333; BFH v. 26.6.2014, IV R 31/12, BFH/NV 2014, 1930 = GmbHR 2014, 1322 = FR 2015, 228 m. Anm. *Wendt* = GmbH-StB 2014, 334).

E33 **Anwendung auf „Schwestergesellschaften"** | Umstritten ist, ob auch unentgeltliche oder gegen Minderung bzw. Gewährung von Gesellschaftsrechten erfolgende Übertragungen zwischen (personenidentischen) Schwestergesellschaften unter den Anwendungsbereich des § 6 Abs. 5 EStG fallen. Die Finanzverwaltung lehnt eine Anwendung von § 6 Abs. 5 EStG in diesen Fällen ab (vgl. BMF v. 8.12.2011, BStBl. I 2011, 1279, Tz. 18). Die BFH-Senate sind in dieser Frage uneins. Nach Ansicht des IV. Senates ist § 6 Abs. 5 EStG aufgrund des Folgerichtigkeitsgebots verfassungskonform auszulegen. Danach sollen direkte Übertragungen zwischen Schwesterpersonengesellschaften in entsprechender Anwendung des § 6 Abs. 5 Satz 1 EStG zum Buchwert erfolgen (vgl. BFH v. 15.4.2010 – IV B 105/09, BStBl. II 2010, 971 = GmbHR 2010, 724 = FR 2010, 760 m. Anm. *Kanzler* = GmbH-StB 2010, 188). Der I. Senat sieht hingegen keine Möglichkeit einer verfassungskonformen Auslegung des § 6 Abs. 5 EStG, die Vorschrift sei vielmehr abschließend. Gleichwohl sieht er die Nichtbegünstigung dieser Übertragungsvorgänge als Verstoß gegen den Gleichheitssatz des Art. 3 Abs. 1 GG an und hat die Frage nach der Verfassungskonformität der Anwendung des § 6 Abs. 5 EStG bei Übertragungen zwischen Schwesterpersonengesellschaften dem Bundesverfassungsgericht vorgelegt (vgl. BFH v. 10.4.2013 – I R 80/12, BStBl. II 2013, 1004 = GmbHR 2013, 1210 = FR 2013, 1084 = GmbH-StB 2013, 331; Az. beim BVerfG 2 BvL 8/13).

Teilentgeltliche Einbringungen – Auffassung der Finanzverwaltung | Auf teilentgeltliche Einbringungen wendet die Finanzverwaltung, wie bei Einbringungen aus dem Privatvermögen, die Trennungstheorie an (BMF v. 8.12.2011, BStBl. I 2011, 1279, Tz. 15). Soweit das Rechtsgeschäft entgeltlich erfolgt, kommt es danach zu einer Realisierung stiller Reserven. E34

Beispiel 2:

An der A-GmbH & Co. KG ist neben der nicht am Vermögen beteiligten X-GmbH, A zu 100 % als Kommanditist beteiligt. A bringt ein unbebautes Grundstück aus seinem Sonderbetriebsvermögen (Buchwert 100 000 Euro; Verkehrswert: 200 000 Euro) in das Gesamthandsvermögen der A-GmbH & Co. KG ein. Die GmbH & Co. KG übernimmt im Gegenzug ein Darlehen aus der Anschaffung des Grundstücks (Darlehensvaluta: 50 000 Euro).

Aufgrund der Übernahme des Darlehens liegt eine teilentgeltliche Einbringung vor. Die Einbringung erfolgt zu 25 % entgeltlich (50 000 Euro/200 000 Euro). A erzielt daher einen Veräußerungsgewinn von 25 000 Euro (50 000 Euro abzgl. 25 % von 100 000 Euro). Das Grundstück ist bei der GmbH & Co. KG mit 125 000 Euro anzusetzen, dieser Betrag ergibt sich aus dem übernommenen Darlehen (50 000 Euro) und dem nach § 6 Abs. 5 Satz 3 Nr. 2 EStG fortzuführenden Buchwert des unentgeltlichen Teils der Übertragung (75 % × 100 000 Euro).

Teilentgeltliche Einbringungen – Auffassung des BFH | Der IV. Senat des BFH vertritt demgegenüber eine abweichende Auffassung (sog. modifizierte Trennungstheorie). Auch der BFH trennt bei einer teilentgeltlichen Übertragung zwischen einem unentgeltlichen und einem entgeltlichen Teil. Das Entgelt soll jedoch vorrangig mit dem Buchwert des eingebrachten Wirtschaftsgutes verrechnet werden. Dies hat zur Folge, dass in Fällen, in denen das Entgelt den Buchwert des eingebrachten Wirtschaftsgutes nicht übersteigt und das betroffene Wirtschaftsgut das Betriebsvermögen (einschließlich Sonderbetriebsvermögen) der Mitunternehmerschaft nicht verlässt, kein Gewinn entsteht (vgl. BFH v. 19.9.2012 – IV R 11/12, GmbHR 2012, 1193 = FR 2012, 1153 m. Anm. *Kempermann* = GmbH-StB 2012, 360; siehe auch *Levedag*, GmbHR 2013, 673, 677). Die Finanzverwaltung wendet die Rechtsprechung zunächst nicht an (vgl. BMF v. 12.9.2013, BStBl. I 2013, 1164). E35

Nach der modifizierten Trennungstheorie wäre das Beispiel 2 wie folgt zu lösen: Der Vorgang ist ebenfalls in einen entgeltlichen und einen unentgeltlichen Teil aufzuteilen. Für den entgeltlichen Teil ergibt sich jedoch kein Veräußerungsgewinn, denn das Entgelt i.H.v. 50 000 Euro übersteigt den Buchwert i.H.v. 100 000 Euro nicht. In Bezug auf den unentgeltlichen Teil fehlt es nach Ansicht des IV. Senates (vgl. BFH v. 19.9.2012 – IV R 11/12, FR 2012, 1153 m. Anm. *Kempermann* = GmbH-StB 2012, 360 = GmbHR 2012, 1193) schon an einem Realisationstatbestand, denn das Grundstück wird aus dem Sonderbetriebsvermögen in das Gesamthandsvermögen der KG übertragen, verlässt also das Gesamtbetriebsvermögen der KG (zu dem neben dem Gesamthandsvermögen auch das Sonderbetriebsvermögen der Gesellschafter der KG gehört) nicht. Der Vorgang führt demnach insgesamt nicht zu einer Gewinnrealisierung.

7. Einbringung eines Betriebs, Teilbetriebs oder Mitunternehmeranteils

Unterscheidung zwischen unentgeltlicher oder entgeltlicher Einbringung | Auch bei der Einbringung von Betrieben, Teilbetrieben oder Mitunternehmeranteilen ist zwischen unentgeltlichen und entgeltlichen Einbringungen zu unterscheiden; innerhalb der entgeltlichen Einbringungen ist weiter danach zu unterscheiden, ob die Übertragung gegen Gewährung von Gesellschaftsrechten oder gegen ein sonstiges Entgelt erfolgt. E36

E37 **Unentgeltliche Einbringung** | Auf die unentgeltliche Übertragung eines Betriebs, Teilbetriebs oder eines Mitunternehmeranteils (einschließlich eines Teils eines Mitunternehmeranteils) ist unseres Erachtens § 6 Abs. 3 EStG anzuwenden (vgl. etwa *Rasche* in Rödder/Herlinghaus/van Lishaut, § 24 UmwStG Rz. 14). Danach erfolgt die unentgeltliche Übertragung zu Buchwerten. Mithin werden die stillen Reserven des Betriebs, Teilbetriebs oder Mitunternehmeranteils nicht realisiert. Voraussetzung für die Anwendung des § 6 Abs. 3 EStG ist jedoch, dass sämtliche zum Betrieb oder Teilbetrieb gehörenden funktional wesentlichen Betriebsgrundlagen auf die GmbH & Co. KG übertragen werden. Wird ein Mitunternehmeranteil auf die GmbH & Co. KG übertragen, setzt die Anwendung des § 6 Abs. 3 EStG voraus, dass sämtliche funktional wesentlichen Betriebsgrundlagen des Sonderbetriebsvermögens mit auf die GmbH & Co. KG übertragen werden (vgl. hierzu *Kulosa* in Schmidt, § 6 EStG Rz. 646 ff.).

E38 **Entgeltliche Einbringung gegen Gewährung von Gesellschaftsrechten** | Die Einbringung eines Betriebs, Teilbetriebs oder Mitunternehmeranteils in eine Personengesellschaft **gegen Gewährung von Gesellschaftsrechten** ist in § 24 UmwStG geregelt. Zum Gegenstand der Einbringung ist Folgendes zu berücksichtigen:

- Die Einbringung eines **Betriebes** setzt den Übergang sämtlicher wesentlicher Betriebsgrundlagen des eingebrachten Betriebes voraus. Ob ein Wirtschaftsgut als wesentliche Betriebsgrundlage anzusehen ist, richtet sich nach der sog. funktionalen Betrachtungsweise (vgl. BMF v. 11.11.2011, BStBl. I 2011, 1314, Rz. 24.03 i.V.m. Rz. 20.06; *Schmitt* in Schmitt/Hörtnagl/Stratz, § 24 UmwStG Rz. 59; *Patt* in Dötsch/Patt/Pung/Möhlenbrock, § 24 UmwStG Rz. 90; a.A. *Rasche* in Rödder/Herlinghaus/van Lishaut, § 24 UmwStG Rz. 36). Danach sind sämtliche Wirtschaftsgüter einzubringen, die nach funktionalen Gesichtspunkten für den Betrieb wesentlich sind.
- Hinsichtlich des **Teilbetriebs** wendet die Finanzverwaltung die Definition der Fusionsrichtlinie an. Ein Teilbetrieb ist nach Art. 2 lit. j FusionsRL die Gesamtheit der in einem Unternehmensteil einer Gesellschaft vorhandenen aktiven und passiven Wirtschaftsgüter, die in organisatorischer Hinsicht einen selbständigen Betrieb, d.h. eine aus eigenen Mitteln funktionsfähige Einheit, darstellen (vgl. BMF v. 11.11.2011, BStBl. I 2011, 1314 Rz. 24.03 i.V.m. Rz. 20.06, 15.02). Auch eine 100%ige Beteiligung an einer Kapitalgesellschaft ist nach Auffassung der Finanzverwaltung für die Einbringung nach § 24 UmwStG als Teilbetrieb anzusehen (BMF v. 11.11.2011, BStBl. I 2011, 1314 Rz. 24.02; anders zu § 24 UmwStG a.F. BFH v. 17.7.2008 – I R 77/06, BStBl. II 2009, 464). Im Rahmen der Teilbetriebseinbringung sind neben den funktional wesentlichen Betriebsgrundlagen des Teilbetriebs nach Verwaltungsauffassung auch solche Wirtschaftsgüter auf die GmbH & Co. KG zu übertragen, die dem Teilbetrieb nach wirtschaftlichen Zusammenhängen zuordenbar sind (BMF v. 11.11.2011, BStBl. I 2011, 1314 Rz. 15.02).
- **Mitunternehmeranteil** ist jeder Anteil an einer land- oder forstwirtschaftlich, gewerblich oder freiberuflich tätigen Mitunternehmerschaft. Sind im Sonderbetriebsvermögen funktional wesentliche Betriebsgrundlagen vorhanden, müssen diese mit übertragen werden (vgl. BMF v. 11.11.2011, BStBl. I 2011, 1314, Rz. 24.03 i.V.m. 20.10, 20.06). Auch die Einbringung lediglich eines Teils eines Mitunternehmeranteils fällt unter § 24 UmwStG (vgl. BMF v. 11.11.2011, BStBl. I 1314 Rz. 24.03 i.V.m. Rz. 20.11).

E39 **Einbringungsvorgänge** | Unter einer Einbringung i.S.d. § 24 UmwStG sind alle rechtlichen Vorgänge der Übertragung des Eigentums an den Wirtschaftsgütern, die in ihrer Gesamtheit einen Betrieb oder Teilbetrieb ausmachen, sowie die Abtretung eines Mitunternehmeranteils zu verstehen (*Herlinghaus* in Rödder/Herlinghaus/van Lishaut, § 20 UmwStG Rz. 127; *Schmitt* in Schmitt/Hörtnagl/Stratz, § 20 UmwStG Rz. 186). Von § 24 UmwStG sind nach Auffassung der Finanzverwaltung insbesondere folgende Fälle erfasst (vgl. BMF v. 11.11.2011, BStBl. I 2011, 1314 Rz. 01.47):

- **Aufnahme eines Gesellschafters** in ein Einzelunternehmen gegen Geldeinlage oder Einlage anderer Wirtschaftsgüter.
- **Einbringung eines Einzelunternehmens** in eine bereits bestehende Personengesellschaft oder durch Zusammenschluss von mehreren Einzelunternehmen zu einer Personengesellschaft.
- **Eintritt eines weiteren Gesellschafters** in eine bestehende Personengesellschaft gegen Geldeinlage oder Einlage anderer Wirtschaftsgüter. Die bisherigen Gesellschafter der Personengesellschaft bringen in diesem Fall ihre Mitunternehmeranteile an der bisherigen Personengesellschaft in eine neue erweiterte Personengesellschaft ein.
- **Aufstockung eines bereits bestehenden Mitunternehmeranteils** (Kapitalerhöhung) durch Geldeinlage oder Einlage anderer Wirtschaftsgüter. Die nicht an der Kapitalerhöhung teilnehmenden Gesellschafter der Personengesellschaft bringen in diesem Fall ihre Mitunternehmeranteile an der bisherigen Personengesellschaft in eine neue Personengesellschaft ein.
- **Einbringung der Mitunternehmeranteile** einer Personengesellschaft I in die übernehmende Personengesellschaft II durch die bisherigen Mitunternehmer gegen Gewährung von Gesellschaftsanteilen an dieser Gesellschaft und Anwachsung (§ 738 BGB) des Gesellschaftsvermögen der Personengesellschaft I auf die übernehmenden Personengesellschaft.
- **Verschmelzung** von Personenhandelsgesellschaften nach §§ 2, 39 ff. UmwG auf Personenhandelsgesellschaften.
- **Auf- oder Abspaltung** von Personenhandelsgesellschaften nach § 123 Abs. 1 und 2 UmwG auf Personenhandelsgesellschaften.
- **Ausgliederung** aus Körperschaften, Personenhandelsgesellschaften, Partnerschaftsgesellschaften oder Einzelunternehmen auf Personenhandelsgesellschaften nach § 123 Abs. 3 UmwG.

Gewährung von Gesellschaftsrechten | § 24 UmwStG setzt die Gewährung von Gesellschaftsrechten voraus. Der Einbringende muss also durch den Vorgang erstmals eine Mitunternehmerstellung erlangen oder seine bisherige Mitunternehmerstellung erweitern. Dies setzt voraus, dass sich ein gesellschafterbezogenes Eigenkapitalkonto bei der Mitunternehmerschaft erhöht. Die Erhöhung eines variablen Kapitalkontos (insbesondere Kapitalkonto II) stellt jedoch in der Regel keine Gewährung von Gesellschaftsrechten dar. Auch bei einer Einmann-GmbH & Co. KG, bei der der einzige Mitunternehmer schon zu 100 % am Vermögen der Gesellschaft beteiligt ist, müssen Gesellschaftsrechte gewährt werden (vgl. BMF v. 11.11.2011, BStBl. I 2011, 1314 Rz. 24.07). Neben der Erhöhung des gesellschafterbezogenen Eigenkapitalkontos kann aber im Übrigen auch eine gesamthänderisch gebundene Rücklage erhöht werden. E40

Bewertungsvorschriften in § 24 UmwStG | Liegen die Voraussetzungen des § 24 Abs. 1 UmwStG vor, richtet sich die Bewertung des eingebrachten Vermögens nach § 24 Abs. 2 bis 4 UmwStG. Danach hat die übernehmende GmbH & Co. KG das eingebrachte Betriebsvermögen einschließlich der Ergänzungsbilanzen für ihre Gesellschafter zwar grundsätzlich mit dem **gemeinen Wert** anzusetzen (§ 24 Abs. 2 Satz 1 UmwStG). Nach dem Wahlrecht des § 24 Abs. 2 Satz 2 UmwStG kann sie jedoch das eingebrachte Vermögen auf Antrag auch mit dem **Buchwert** oder einem zwischen dem Buchwert und dem gemeinen Wert liegenden **Zwischenwert** ansetzen. Voraussetzung ist jedoch, dass durch den Einbringungsvorgang das Recht der Bundesrepublik hinsichtlich der Besteuerung des eingebrachten Betriebsvermögens nicht E41 ausgeschlossen oder beschränkt wird. Außerdem setzt der Buch- oder Zwischenwertansatz voraus, dass der gemeine Wert von etwaigen **sonstigen Gegenleistungen**, die neben den Gesellschaftsrechten an den Einbringenden gewährt werden, 25 % des Buchwerts des eingebrachten Betriebsvermögens oder 500 000 Euro, höchstens jedoch den Buchwert des eingebrachten Betriebsvermögens, nicht übersteigen. Der gewählte Ansatz mit dem Buchwert, einem Zwischenwert oder dem gemeinen Wert gilt einheitlich für alle eingebrachten Wirtschaftsgüter, unabhängig davon, ob sie Gesamthandsvermögen oder Sonderbetriebsvermögen darstellen.

E 42 **Auswirkungen beim Einbringenden |** Die Rechtsfolgen für den Einbringenden richten sich nach § 24 Abs. 3 UmwStG. Nach § 24 Abs. 3 Satz 1 UmwStG gilt der Wert, mit dem das eingebrachte Betriebsvermögen in der Bilanz der Personengesellschaft einschließlich der Ergänzungsbilanzen für ihre Gesellschafter angesetzt wird, für ihn als Veräußerungspreis. Der beim Einbringenden durch den Vorgang entstehende Veräußerungsgewinn ermittelt sich nach dem Wert, mit dem die GmbH & Co. KG das eingebrachte Vermögen eingesetzt hat, abzüglich dem Buchwert des eingebrachten Betriebsvermögens und der vom Einbringenden getragenen Veräußerungskosten. Führt die übernehmende Personengesellschaft also die Buchwerte fort, entsteht kein Veräußerungsgewinn, sondern aufgrund von Einbringungskosten sogar regelmäßig ein Einbringungsverlust. Der Freibetrag gemäß § 16 Abs. 4 EStG wird dem Einbringenden nur gewährt, wenn das eingebrachte Betriebsvermögen mit dem gemeinen Wert angesetzt und nicht lediglich ein Teil eines Mitunternehmeranteils eingebracht wird (§ 24 Abs. 3 Satz 2 Halbs. 1 UmwStG). Sofern der gemeine Wert angesetzt wird und der Veräußerungsgewinn nicht nach § 3 Nr. 40 Satz 1 Buchst. b i.V.m. § 3c Abs. 2 EStG steuerfrei ist, kommt es zur Anwendung der Tarifvergünstigung nach § 34 Abs. 1 und 3 EStG, sofern die entsprechenden Voraussetzungen vorliegen (§ 24 Abs. 3 Satz 2 Halbs. 2 EStG). Soweit auf Seiten des Einbringenden und auf Seiten der übernehmenden Mitunternehmerschaft dieselben Personen Unternehmer/Mitunternehmer sind, gilt der Gewinn jedoch als laufender Gewinn und ist nicht nach § 34 Abs.1 und 3 EStG begünstigt (§ 24 Abs. 3 Satz 3 i.V.m. § 16 Abs. 2 Satz 3 EStG).

E 43 **Auswirkungen bei der aufnehmenden Personengesellschaft |** Auf Seiten der übernehmenden Personengesellschaft stellt die Einbringung einen Anschaffungsvorgang dar. Die Rechtsfolgen regelt § 24 Abs. 4 UmwStG durch Verweis auf § 23 Abs. 1, 3, 4 und 6 UmwStG. Die Rechtsfolgen unterscheiden sich jeweils danach, welchen Wertansatz die übernehmende Personengesellschaft gewählt hat.

E 44 **Ansatz des Buchwertes |** Setzt die übernehmende Gesellschaft den Buchwert an, gelten nach § 23 Abs. 1 UmwStG die §§ 4 Abs. 2 Satz 3 und 12 Abs. 3 Halbs. 1 UmwStG entsprechend. Das führt dazu, dass die übernehmende Gesellschaft in die steuerliche Rechtsstellung des Einbringenden eintritt (§ 12 Abs. 3 Halbs. 1 UmwStG). Die Gesellschaft führt in Bezug auf die eingebrachten Wirtschaftsgüter die bisherige AfA fort, sowohl hinsichtlich der AfA-Bemessungsgrundlage, der Nutzungsdauer und der AfA-Methode. Ein bereits gebildeter Sammelposten i.S.d. § 6 Abs. 2a EStG wird fortgeführt. Zudem hat die übernehmende Gesellschaft das Wertaufholungsgebot des § 6 Abs. 1 Nr. 1 Satz 4 und Nr. 2 Satz 3 EStG zu beachten und die vom Einbringenden gebildeten Rücklagen und Rückstellungen fortzuführen. Der übernehmenden Gesellschaft werden Besitzzeiten des Einbringenden angerechnet, sofern dies für die Besteuerung von Bedeutung ist (§ 4 Abs. 2 Satz 3 UmwStG).

E 45 **Ansatz eines Zwischenwertes |** Bei einem Ansatz der eingebrachten Wirtschaftsgüter mit einem Zwischenwert tritt die übernehmende Personengesellschaft grundsätzlich ebenfalls in die steuerliche Rechtsnachfolge des Einbringenden ein. Jedoch gelten aufgrund der Verweisung des § 24 Abs. 4 EStG die Restriktionen des § 23 Abs. 3 EStG. Danach bemisst sich die AfA vom Zeitpunkt der Einbringung an nach der bisherigen Bemessungsgrundlage beim Einbringenden zuzüglich des Unterschiedsbetrages zwischen dem Buchwert der einzelnen Wirtschaftsgüter und dem angesetzten Zwischenwert (§ 23 Abs. 3 Satz 1 Nr. 1 EStG). Bei der degressiven AfA nach § 7 Abs. 2 EStG tritt der angesetzte Zwischenwert an die Stelle des Buchwertes (§ 23 Abs. 3 Satz 1 Nr. 2 EStG).

Ansatz des gemeinen Wertes | Wird der gemeine Wert angesetzt, richtet sich die Bewertung aufgrund des Verweises in § 24 Abs. 4 UmwStG nach § 23 Abs. 4 UmwStG. Danach gelten die eingebrachten Wirtschaftsgüter als im Zeitpunkt der Einbringung von der Gesellschaft angeschafft, sofern die Einbringung im Wege der Einzelrechtsnachfolge erfolgt. Das bedeutet, dass AfA-Bemessungsgrundlage der gemeine Wert der Wirtschaftsgüter ist. Zudem ist die Gesellschaft frei in der Wahl der AfA-Methode, sofern die entsprechenden Voraussetzungen vorliegen. Erfolgt die Einbringung im Wege der Gesamtrechtsnachfolge, gilt § 23 Abs. 3 UmwStG entsprechend, so dass insoweit auf die obigen Ausführungen zur Einbringung zum Zwischenwert verwiesen werden kann. E46

Steuerliche Rückwirkung | Soweit die Einbringung von Betrieben, Teilbetrieben oder Mitunternehmeranteilen nach § 24 UmwStG im Wege der **Gesamtrechtsnachfolge** stattfindet, kann der Stichtag der steuerlichen Schlussbilanz, die der Umwandlung zugrunde gelegt wird, bis zu acht Monate vor der Anmeldung der Umwandlung zum Handelsregister liegen. Die Regelungen in § 20 Abs. 5 und 6 UmwStG gelten insoweit nach § 24 Abs. 4 Halbs. 2 UmwStG entsprechend. Die aufnehmende Personengesellschaft und der Einbringende werden dabei auf Antrag so behandelt, als wäre das eingebrachte Betriebsvermögen bereits mit Ablauf des Stichtages der steuerlichen Schlussbilanz auf die aufnehmende Personengesellschaft übergegangen. Bei einem kalenderjahrgleichen Wirtschaftsjahr ist es somit möglich, die Umwandlung noch bis Ende August des Folgejahres auf Basis der ohnehin zu erstellenden Schlussbilanz für das abgelaufene Geschäftsjahr durchzuführen. Für spätere Umwandlungen muss eine Zwischenbilanz erstellt werden. Für Einbringungen nach § 24 UmwStG im Wege der **Einzelrechtsnachfolge** ist hingegen keine steuerliche Rückwirkung vorgesehen. E47

8. Umsatzsteuerliche Folgen der Einbringung

Umsatzsteuerliche Unternehmer | Eine Umsatzsteuerbarkeit der Einbringungsvorgänge kommt in Betracht, wenn es sich bei den Beteiligten um **Unternehmer** i.S.d. § 2 Abs. 1 UStG handelt. Ist der Gesellschafter neben der Beteiligung an der KG noch Einzelunternehmer, wird er regelmäßig die Voraussetzungen des Unternehmerbegriffs erfüllen. Auch die GmbH & Co. KG wird im Regelfall als umsatzsteuerliche Unternehmerin anzusehen sein. Das bloße Erwerben, Halten und Veräußern von Beteiligungen ist keine unternehmerische Tätigkeit (vgl. Abschn. 2.3 Abs. 2 UStAE). Ist ein Gesellschafter der KG daher nicht aufgrund anderer Betätigungen als Unternehmer anzusehen, erfüllt er die Voraussetzungen des § 2 Abs. 1 UStG nur, wenn er über das Halten der Beteiligung hinaus Leistungen gegen Sonderentgelt an die Gesellschaft erbringt, ihr z.B. ein Wirtschaftsgut entgeltlich zur Nutzung überlässt (vgl. Abschn. 1.6 Abs. 3 UStAE). E48

Umsatzsteuerliches Unternehmen | Die Einbringungsvorgänge sind des Weiteren steuerbar, wenn der Einbringungsgegenstand zum **umsatzsteuerlichen Unternehmensvermögen** des Einbringenden gehört. Zudem ist zu unterscheiden, ob die Einbringung entgeltlich oder unentgeltlich erfolgt. Erfolgt die Lieferung unentgeltlich, so kann eine **unentgeltliche Wertabgabe** nach § 3 Abs. 1b UStG vorliegen, sofern das eingebrachte Wirtschaftsgut zum vollen E49 oder teilweisen Vorsteuerabzug berechtigt hat (§ 3 Abs. 1b Satz 2 UStG). Die Bemessungsgrundlage richtet sich in diesem Fall nach § 10 Abs. 4 Nr. 1 UStG.

E50 **Geschäftsveräußerung im Ganzen |** Nicht umsatzsteuerbar ist hingegen nach § 1 Abs. 1a UStG eine Geschäftsveräußerung im Ganzen. Diese liegt vor, wenn ein Geschäftsbetrieb oder ein selbstständiger Unternehmensteil, die jeweils materielle und immaterielle Bestandteile umfassen und zusammen genommen ein Unternehmen oder einen Unternehmensteil bilden, mit dem eine selbstständige wirtschaftliche Tätigkeit fortgeführt werden kann, übertragen wird. Der Erwerber muss beabsichtigen, die selbständige wirtschaftliche Tätigkeit fortzuführen, d.h. ein Erwerb der betrieblichen Einheit zum Zwecke der Einstellung ist keine Geschäftsveräußerung im Ganzen. Begünstigt ist sowohl die Übertragung gegen Entgelt an einen Dritten als auch die Einbringung in eine Gesellschaft.

E51–E70 frei

Vertiefende Recherche

Wichtige Urteile und Erlasse

BGH v. 15.6.2009 – II ZR 242/08, DStR 2009, 2015: Die Einbringung einer Sache dem Werte nach (quoad sortem) lässt die dingliche Rechtsstellung des Gesellschafters unberührt.

BGH v. 30.4.1984 – II ZR 132/83, NJW 1984, 2290: Die Leistung des Gesellschafters an einen Gesellschaftsgläubiger kann Leistung an Erfüllungs Statt auf die Einlageverpflichtung sein.

BGH v. 21.3.1983 – II ZR 113/82, GmbHR 1983, 238: Ein Kommanditanteil kann aufschiebend bedingt auf die Eintragung der Sonderrechtsnachfolge im Handelsregister erworben werden, um eine Haftung gemäß § 176 Abs. 2 HGB zu vermeiden.

BGH v. 14.11.1977 – II ZR 95/76, NJW 1978, 1000: Die Gesellschafter einer Publikums-KG können diese ermächtigen, Aufnahmeverträge mit weiteren Kommanditisten zu schließen.

BFH v. 4.2.2016 – IV R 46/12, BStBl. II 2016, 607: Übertragung eines Wirtschaftsguts des Gesellschafters in das Gesamthandsvermögen der Personengesellschaft ist nur dann keine Einlage, wenn sich der Vorgang seinem wirtschaftlichen Gehalt nach wie eine im Geschäftsverkehr zwischen Fremden übliche Veräußerung darstellt.

BFH v. 29.7.2015 – IV R 15/14, BStBl. II 2016, 593: Keine Einbringung gegen Gewährung von Gesellschaftsrechten, wenn der Gegenwert des übertragenen Wirtschaftsguts allein dem Kapitalkonto II gutgeschrieben wird und sich die maßgeblichen Gesellschaftsrechte nach dem aus dem Kapitalkonto I folgenden festen Kapitalanteil richten.

BFH v. 31.7.2013 – I R 44/12, BFHE 242, 240 = GmbHR 2013, 1218: Buchwerteinbringung: Keine Sperrfristverletzung bei einer Einmann-GmbH & Co. KG.

BFH v. 10.4.2013 – I R 80/12, BStBl. II 2013, 1004 = GmbHR 2013, 1210: BVerfG-Vorlage: Fehlende Buchwertübertragung von Wirtschaftsgütern zwischen beteiligungsidentischen Personengesellschaften gleichheitswidrig?

BFH v. 19.9.2012 – IV R 11/12, GmbHR 2012, 1193: Keine Gewinnrealisierung bei Übertragung eines Wirtschaftsguts aus dem Sonderbetriebsvermögen in das Gesamthandsvermögen gegen ein den Buchwert nicht überschreitendes Entgelt.

BFH v. 15.4.2010 – IV B 105/09, BStBl. II 2010, 971 = GmbHR 2010, 724: Ernstliche Zweifel an Gewinnrealisierung bei Übertragung eines Wirtschaftsguts zwischen Schwesterpersonengesellschaften – Subjektsteuerprinzip – Verfassungskonforme Auslegung von § 6 Abs. 5 EStG – Keine Anfrage i.S.d. § 11 Abs. 3 FGO im AdV-Verfahren bei materieller Rechtsfrage.

BFH v. 7.4.2010 – I R 55/09, BStBl. II 2010, 1094 = GmbHR 2010, 1104: Auch eine Bargründung oder -kapitalerhöhung mit einem Aufgeld (Agio) in Form eines Mitunternehmeranteils kann umwandlungssteuerrechtlich Sacheinlage sein.

BFH v. 17.7.2008 – I R 77/06, BStBl. II 2009, 464 = GmbHR 2009, 48: Sacheinlage in KG als Veräußerungsgeschäft – Teilbetriebsfiktion im Umwandlungssteuerrecht – Realisierung stiller Reserven bei Überführung von Wirtschaftsgütern in ausländische Betriebsstätte: Aufgabe der sog. Theorie der finalen Entnahme.

BFH v. 24.1.2008 – IV R 37/06, BStBl. II 2011, 617 = GmbHR 2008, 548: Einbringung von Wirtschaftsgütern des Privatvermögens in eine gewerbliche Personengesellschaft gegen die Gewährung von Mitunternehmeranteilen begründet keine Einlage i.S. von § 7 Abs. 1 Satz 4 EStG 2000 – Zweck der Regelung des § 7 Abs. 1 Satz 4 EStG 2000 – Keine Anwendbarkeit der Regelung des § 6 Abs. 1 Nr. 3 EStG 2000 für Gesellschafterdarlehen.

OLG Frankfurt v. 9.5.2007 – 13 U 195/06, GmbHR 2007, 1326: Die Firmierung als GmbH & Co. KG ist ausreichend, um eine Haftung des Kommanditisten vor Eintragung der KG nach § 176 Abs. 1 Satz 1 HGB auszuschließen.

BMF v. 26.7.2016, BStBl. I 2016, 684: Einbringung eines Wirtschaftsguts in eine Personengesellschaft gegen Gutschrift auf dem sog. Kapitalkonto II.

BMF v. 8.12.2011, BStBl. I 2011, 1279: Zweifelsfragen zur Übertragung und Überführung von einzelnen Wirtschaftsgütern nach § 6 Abs. 5 EStG.

BMF v. 11.11.2011, BStBl. I 2011, 1314: Anwendung des Umwandlungssteuergesetzes i.d.F. des Gesetzes über steuerliche Begleitmaßnahmen zur Einführung der Europäischen Gesellschaft und zur Änderung weiterer steuerrechtlicher Vorschriften (SEStEG).

BMF v. 11.7.2011, BStBl. I 2011, 713: Behandlung der Einbringung zum Privatvermögen gehörender Wirtschaftsgüter in das betriebliche Gesamthandsvermögen einer Personengesellschaft.

Musterformulierungen

Krämer/Friedl in Formularbuch Recht und Steuern, A. 3.01 (Einbringung in Personenhandelsgesellschaft gegen Gewährung von Gesellschaftsrechten)

Krämer/Friedl in Formularbuch Recht und Steuern, A. 3.04 (Einbringung GmbH & Co. KG in Komplementär-GmbH im Wege der erweiterten Anwachsung)

Schlitt/Bortfeldt in Reichert, GmbH & Co. KG, Formular § 62 II (Übertragung von Kommandit- und GmbH-Anteilen)

Weitere Stichwörter

→ *Anwachsung*; → *Einlagen und Haftsummen*; → *Eintritt eines neuen Gesellschafters*; → *Gründung*; → *Haftung des Kommanditisten*; → *Sonderbetriebsvermögen*; → *Übertragung von Gesellschaftsanteilen*; → *Umwandlung*

Einheitsgesellschaft

Ausgewählte Literatur: *Bahnsen*, Gestaltung einer GmbH & Co. KG als „Einheitsgesellschaft", GmbHR 2001, 186; *Bülow*, Stimmrechtsausübung bei der Komplementär-GmbH im Alleinbesitz ihrer Kommanditgesellschaft, GmbHR 1982, 121; *Bülow*, Zur wechselseitigen Beteiligung bei der GmbH & Co. KG – Institutionsmissbrauch oder institutionsgerechter Gebrauch?, DB 1982, 527; *Carlé/Carlé*, Ist die Stimmrechtsausübung der Kommanditisten in der Gesellschafterversammlung der Komplementär-GmbH einer Einheits-GmbH & Co. KG geprägeschädlich i.S.d. § 15 Abs. 3 Nr. 2 EStG?, GmbHR 2001, 100; *Esch*, Die GmbH & Co. als Einheitsgesellschaft, BB 1991, 1129; *Jorde/Götz*, Gestaltung der Einheits(kommandit)gesellschaft – Praxisfragen aus steuer-, zivil- und sozialversicherungsrechtlicher Sicht, BB 2005, 2718; *Normann*, Die Einheits-GmbH & Co. KG, GmbH-StB 2014, 237; *Pauli*, Die GmbH & Co. KG als Einheitsgesellschaft in der Nachfolgeplanung, ZErb 2008, 215; *Pickhardt-Poremba/Hechler*, Ausgewählte steuerrechtliche Fragen im Zusammenhang mit einer Einheits-GmbH & Co. KG, GmbHR 2004, 1383; *Pröpper*, Die GmbH & Co. KG als Einheitsgesellschaft, GmbH-StB 2010, 49; *K. Schmidt*, Zur Einheits-GmbH & Co. KG, FS Westermann, 2008, S. 1425; *Wachter*, Anerkennung der Einheits-GmbH & Co. KG, ZNotP 2007, 410; *Wachter*, Gewerbliche Prägung der Einheitsgesellschaft, GmbHR 2015, 177; *Werner*, Die GmbH & Co. KG in der Form der Einheitsgesellschaft, DStR 2006, 706.

1. Abgrenzung zur beteiligungsidentischen GmbH & Co. KG

E 71 **Funktion der Komplementär-GmbH |** Die GmbH & Co. KG ist meist das Mittel der Wahl, wenn sich natürliche Personen (z.B. aus steuerlichen Gründen) zu einer Personengesellschaft zusammenschließen möchten, jedoch keiner von ihnen die mit der Personengesellschaft einhergehende unbeschränkte persönliche Haftung übernehmen möchte. Die Rolle des Vollhafters übernimmt daher eine Komplementär-GmbH, die in der Regel eigens zu diesem Zweck gegründet wird, keine Einlage erbringt und am Vermögen und Gewinn der KG nicht beteiligt wird. Die GmbH & Co. KG wird so zur Verbindung von Personen- und Kapitalgesellschaft.

E 72 **Gesellschafter der Komplementär-GmbH |** In der Folge stellt sich die Frage, wer die Geschäftsanteile an dem Verwaltungsvehikel Komplementär-GmbH halten soll:

- Eher selten wird die GmbH-Beteiligung nur durch **einzelne Kommanditisten oder** sogar **Dritte** gehalten. Ersteres kommt etwa bei Familienunternehmen vor, in denen der Firmengründer zwar bereits Teile seiner Kommanditbeteiligung auf die nächste Generation übertragen, die Komplementär-GmbH aber zur Sicherung seines Einflusses auf die Geschäftsführung zurückbehalten hat. Letzteres findet man (aus ähnlichen Motiven) häufig bei Publikumsgesellschaften.

- Üblicher ist die **beteiligungsidentische GmbH & Co. KG,** bei der alle Kommanditisten zugleich auch an der Komplementär-GmbH beteiligt sind, und zwar (in der Reinform) dauerhaft proportional zur Größe ihres jeweiligen Kommanditanteils. Jeder Gesellschafter hält damit neben seiner Personengesellschafts- auch noch eine Kapitalgesellschaftsbeteiligung, sein Einfluss in der GmbH entspricht auf Dauer demjenigen in der KG (näher → *Beteiligungsidentische GmbH & Co. KG*).
- Die **Einheits-GmbH & Co. KG/Einheitsgesellschaft** vermeidet diese zusätzliche Kapitalgesellschaftsbeteiligung in der Hand der Kommanditisten, indem die Beteiligung an der Komplementär-GmbH auf die KG übertragen und von dieser selbst gehalten wird. Die GmbH bleibt Komplementärin der KG; die KG wird umgekehrt zur Alleingesellschafterin der GmbH, während die Kommanditisten nur noch mittelbar über die KG an der GmbH beteiligt bleiben. Diese Entfernung der Komplementär-GmbH von den Kommanditisten vereinfacht die Rechtsbeziehungen für die Kommanditisten (sie halten nur noch die gewünschte Personengesellschaftsbeteiligung, zu den Vorteilen Rz. E 78 ff.). Erkauft wird dies mit einer **wechselseitigen Beteiligung** zwischen KG und GmbH, deren gesellschaftsrechtliche Zulässigkeit zwar heute nicht mehr streitig ist (vgl. die auf die Einheitsgesellschaft zugeschnittenen Sondervorschriften in §§ 172 Abs. 6, 264c Abs. 4 HGB), die aber zusätzlichen Regelungsbedarf in diesem Verhältnis auslöst (zu diesen Nachteilen Rz. E 87 ff.).

Steuerrecht | Steuerlich sind bei der Einheitsgesellschaft zwar einige Besonderheiten zu beachten (Rz. E 100 ff.). Sie resultieren aus dem Umstand, dass die Komplementär-GmbH nicht von den Kommanditisten, sondern zu 100 % von der Kommanditgesellschaft selbst gehalten wird. Die Einheitsgesellschaft bietet im Grundsatz jedoch keine gesonderten steuerlichen Vorteile, so dass ihre Errichtung in der Praxis im Wesentlichen gesellschaftsrechtlich getrieben ist. E 73

2. Gründung

Gründung in drei Schritten | Die Neugründung einer Einheitsgesellschaft erfolgt regelmäßig in drei Schritten (vgl. *Binz/Sorg*, Die GmbH & Co. KG, § 8 Rz. 27 ff.): E 74

- Die Komplementär-GmbH wird entweder (wie sonst auch) durch alle künftigen Kommanditisten notariell gegründet oder (einfacher) durch einen einzelnen Kommanditisten auch im Auftrag der anderen.
- Die Kommanditisten und die Komplementär-GmbH gründen (wie sonst auch) gemeinsam die GmbH & Co. KG. Hierbei sollte die GmbH keine Einlage leisten und auch nicht am Vermögen und Gewinn der KG beteiligt werden.
- Im Anschluss werden die GmbH-Geschäftsanteile in notariell beurkundeter Form (§ 15 Abs. 3 GmbHG) auf die KG übertragen.

Einlageleistung | Bei Wirksamwerden des dritten Schrittes sollten die Einlagen auf die Geschäftsanteile bereits vollständig geleistet sein. Soweit nämlich Einlagen bei Erwerb noch nicht bewirkt und auch noch nicht fällig gewesen sind, haftet hierfür gemäß § 16 Abs. 2 GmbHG nur der Erwerber, nicht auch der Veräußerer. In diesem Fall würde neben der KG auch die GmbH als persönlich haftende Gesellschafterin für die Leistung auf ihre eigenen Einlagen haften (§ 128 HGB); um dieses nicht gewünschte Ergebnis zu vermeiden, werden bei unzureichendem Vermögen der KG ggf. auch die übrigen Kommanditisten in die Haft genommen (näher zu verschiedenen Begründungsansätzen *Gummert* in Münchener Hdb. Gesellschafts- E 75 recht, Bd. 2, § 51 Rz. 7). Zur Vermeidung einer etwaigen **Einlagenrückgewähr** und der damit verbundenen Haftungsfragen (§ 172 Abs. 4 HGB, § 30 GmbHG) sollte die Übertragung entweder unentgeltlich in die gesamthänderisch gebundene Rücklage oder als zusätzliche über die Haftsumme hinausgehende Einlage erfolgen; einen Kaufpreis darf die KG lediglich aus einem ihr Haftkapital übersteigenden Vermögen zahlen. Denn im Ergebnis muss Gläubigern einer GmbH & Co. KG sowohl das Haftkapital der KG als auch das Stammkapital der Komplementär-GmbH ungeschmälert zur Verfügung stehen; die eine Haftungsmasse darf nicht durch die andere finanziert werden (vgl. §§ 172 Abs. 6, 264c Abs. 4 HGB).

Formulierungsbeispiel:

Der Kommanditist A verpflichtet sich zusätzlich zu der Geldeinlage nach Abs. … (welche die von ihm übernommene Hafteinlage abdeckt), seine gesamte Beteiligung an der Komplementär-GmbH voll einbezahlt und frei von Rechten Dritter in der gesetzlich vorgeschriebenen Form auf die KG zu übertragen.

E76 **Beurkundungspflicht |** Sofern sich Kommanditisten im Gesellschaftsvertrag der KG wie vorstehend bereits zur Einbringung ihrer Geschäftsanteile in die KG verpflichten, führt dies auch zur Beurkundungsbedürftigkeit des Gesellschaftsvertrages der KG (§ 15 Abs. 4 GmbHG). Ohnehin ist in diesem Zusammenhang § 172 Abs. 6 HGB zu beachten, wonach die Hafteinlage eines Kommanditisten im Außenverhältnis gegenüber den Gläubigern als nicht geleistet gilt, soweit sie in Anteilen an der persönlich haftenden Gesellschafterin bewirkt ist. Will man das Beurkundungserfordernis vermeiden, sollte keine entsprechende Verpflichtung aufgenommen werden; stattdessen kann der Gesellschaftsvertrag die Nichteinbringung der Geschäftsanteile (bis zu einem bestimmten Stichtag) durch einen Kommanditisten beispielsweise mit dessen Ausscheiden aus der KG sanktionieren.

E77 **Nachträglicher Übergang zur Einheitsgesellschaft |** Selbstverständlich kann durch Übertragung der GmbH-Beteiligung auf die KG wie vorstehend jederzeit auch eine bestehende (beteiligungsidentische) GmbH & Co. KG in eine Einheitsgesellschaft umgewandelt werden.

3. Vorteile der Einheitsgesellschaft

a) Wirtschaftliche Beteiligungsidentität ohne Gleichlaufklauseln

E78 **Beteiligungsidentische GmbH & Co. KG |** Bei der beteiligungsidentischen GmbH & Co. KG ist es notwendig, in den Gesellschaftsvertrag der KG und in die Satzung der GmbH jeweils Gleichlaufklauseln aufzunehmen, die sicherstellen, dass die gewünschte Beteiligungsidentität dauerhaft erhalten bleibt. Der Gesellschaftsvertrag der KG enthält daher regelmäßig eine Bestimmung, nach der die Übertragung des Kommanditanteils nur zulässig und wirksam ist, wenn gleichzeitig auch der korrespondierende GmbH-Geschäftsanteil an den gleichen Erwerber übertragen wird oder die Übertragung jedenfalls der Wiederherstellung proportionaler Beteiligungen in beiden Gesellschaften dient. Die Satzung der GmbH enthält zumeist eine entsprechende Regelung für die Übertragung von Geschäftsanteilen.

E79 **Verlust der Beteiligungsidentität |** Trotz solcher Übertragungsbeschränkungen ist es denkbar, dass die Beteiligungen in beiden Gesellschaften künftig doch einmal (gewollt oder ungewollt) auseinanderfallen.

Beispiel:

Der verstorbene Kommanditist E wird von seinen beiden Kindern A und B beerbt. Dies führt bei der KG dazu, dass nicht die aus A und B bestehende Erbengemeinschaft, sondern (vorbehaltlich abweichender Vereinbarung) A und B im Wege der „Sondererbfolge" jeweils einzeln und unmittelbar Kommanditisten werden, wobei über die Höhe ihrer jeweiligen Kommanditbeteiligung die Erbquote entscheidet. Denn eine Erbengemeinschaft kann nach h.M. nach wie vor nicht Gesellschafterin einer werbenden Personengesellschaft werden (*Klein/Lindemeier* in Münchener Hdb. Gesellschaftsrecht, Bd. 2, § 40 Rz. 44 f. m.w.N.). Die Geschäftsanteile des E an der Komplementär-GmbH fallen demgegenüber zwingend zunächst in das Gesamthandsvermögen der Erbengemeinschaft (bis zu ihrer Auseinandersetzung, vgl. § 18 GmbHG). Zum Problem wird diese unterschiedliche Vererblichkeit etwa dann, wenn der Gesellschaftsvertrag der KG eine **qualifizierte Nachfolgeklausel** enthält, der die Nachfolgeberechtigung der Kinder an eine bestimmte Qualifikation knüpft (z.B. Alter, abgeschlossene Berufsausbildung), welche die Kinder aber nicht (beide) erfüllen. Dann fallen die Beteiligungen an KG und GmbH mindestens vorübergehend, bei Fehlen geeigneter gesellschaftsvertraglicher Instrumente ggf. sogar dauerhaft, auseinander.

Wiederherstellen der Beteiligungsidentität | Flankierend sind daher in beide Gesellschaftsverträge auch Regelungen aufzunehmen, die es erlauben, eine verlorengegangene Beteiligungsidentität wiederherzustellen. Insoweit sollte dem betroffenen Gesellschafter die Möglichkeit gegeben werden, den vertragswidrigen Zustand (durch die Übertragung überschießender oder den Hinzuerwerb fehlender Anteile) ggf. binnen bestimmter Frist zu beheben; anderenfalls sollte die Zwangsabtretung, hilfsweise ein Ausschluss aus der KG bzw. die Einziehung von Geschäftsanteilen jedenfalls in dem Umfang möglich sein, in dem dies zur Wiederherstellung der Beteiligungsidentität erforderlich ist. E 80

Einheitsgesellschaft | Bei der Einheitsgesellschaft entfällt die Notwendigkeit solcher Gleichlaufklauseln, da mit der – im Gesellschaftsvertrag der KG für den konkreten Fall für zulässig erklärten – Übertragung/Vererbung eines Kommanditanteils mittelbar auch immer ein entsprechender Anteil an der Komplementär-GmbH übergeht. Die mitunter schwierige Frage der Gestaltung, Auslegung und Rechtsfolgen solcher Gleichlaufklauseln stellt sich bei der Einheitsgesellschaft nicht. E 81

Beispiel:

Der Kommanditist A möchte genau ein Drittel seiner Kommanditbeteiligung auf seinen Sohn B übertragen. Sofern der Festkapitalanteil des A 15 000 Euro beträgt und er an der Komplementärin beteiligungsproportional Geschäftsanteile im Nennbetrag von lediglich 100 Euro hält, kann er zwar von seinem Festkapitalanteil 5 000 Euro (= 33,33 %) übertragen, von seinen Geschäftsanteilen dagegen nur 33 Euro (= 33,00 %, vgl. § 5 Abs. 2 Satz 1 GmbHG). Es kommt somit zwangsläufig zu Abweichungen im Promillebereich. Diese sind insbesondere dann problematisch, wenn die Gesellschaftsverträge die Gesellschafter nicht nur schuldrechtlich zur Herstellung der Beteiligungsidentität verpflichten, sondern (wie üblich) die Wirksamkeit der Anteilsübertragung hieran knüpfen (vgl. Rz. E 78). Gleichwohl wird die Auslegung des Gesellschaftsvertrages regelmäßig ergeben, dass die Gesellschafter solche marginalen Abweichungen im Interesse besserer Handhabbarkeit hinnehmen wollten.

b) Anteilsübertragungen ohne notarielle Beurkundung

Beteiligungsidentische GmbH & Co. KG | Bei der beteiligungsidentischen GmbH & Co. KG sind im Fall einer späteren Veräußerung der Kommanditbeteiligung regelmäßig auch die korrespondierenden Geschäftsanteile an der Komplementär-GmbH mitzuveräußern und zu übertragen. Die Abtretung von GmbH-Geschäftsanteilen bedarf allerdings der notariellen Beurkundung (§ 15 Abs. 3 GmbHG), ebenso auch schon die Eingehung einer entsprechenden Verpflichtung (§ 15 Abs. 4 GmbHG). Da nach dem Willen der Beteiligten die Geschäftsanteile E 82 nur zusammen mit den Kommanditanteilen veräußert werden sollen, erstreckt sich das Beurkundungserfordernis des Abs. 4 Satz 1 nach dem sog. „**Vollständigkeitsgrundsatz**" (dazu *Winter* in Gehrlein/Ekkenga/Simon, § 15 GmbHG Rz. 41 m.w.N.) auf die gesamte schuldrechtliche Vereinbarung, damit auch auf die Verpflichtung zur Abtretung der Kommanditanteile. Würde in seinem solchen Fall – etwa zur Einsparung damit verbundener Notarkosten – nur die Übertragung der Geschäftsanteile der Komplementär-GmbH beurkundet, hätte dies die Gesamtnichtigkeit des Rechtsgeschäfts zur Folge (BGH v. 20.10.2009 – VIII ZB 13/08, BGHZ 183, 28, 34 Tz. 18; beachte aber die Heilungsmöglichkeit nach § 15 Abs. 4 Satz 2 GmbHG, dazu etwa *Witt*, ZIP 2000, 1033).

E 83 **Einheitsgesellschaft** | Bei der Einheitsgesellschaft sind demgegenüber lediglich Kommanditanteile zu übertragen, was formfrei möglich ist (vorbehaltlich § 518 BGB im Fall der Schenkung). Zwar werden auch die im KG-Vermögen befindlichen GmbH-Geschäftsanteile anteilig mittelbar mitübertragen. Der BGH hat jedoch in einem ähnlichen Fall (Abtretung eines Anteils an einer GbR, deren Gesellschaftsvermögen aus einem GmbH-Anteil bestand) entschieden, dass eine notarielle Beurkundung nur erforderlich ist, wenn im konkreten Einzelfall der Schutzzweck des § 15 Abs. 4 GmbHG berührt ist (so bei einer reinen Umgehungsgestaltung, BGH v. 10.3.2008 – II ZR 312/06, GmbHR 2008, 589 = GmbH-StB 2008, 168). Dies kann bei einer GmbH & Co. KG kaum der Fall sein, da die Komplementär-GmbH regelmäßig nur als Verwaltungsvehikel für die wirtschaftlich entscheidende Personengesellschaft fungiert (Rz. E 71 f.) und die KG gerade nicht den freien Handel mit den Anteilen an ihrer Komplementär-GmbH ermöglichen soll.

E 84 **Beurkundungspflicht** | Wie oben Rz. E 76 erläutert, kann bei der Einheitsgesellschaft der Gesellschaftsvertrag der KG ausnahmsweise beurkundungsbedürftig werden, wenn sich dort einzelne oder alle Kommanditisten zur Einbringung der GmbH-Geschäftsanteile in die KG verpflichten sollten (§ 15 Abs. 4 GmbHG).

c) Geringer Formalaufwand bei Komplementär-GmbH

E 85 **Einpersonen-GmbH** | Bei der Einheitsgesellschaft kann der Gesellschaftsvertrag der Komplementär-GmbH insgesamt schlank gehalten werden, da es sich dauerhaft um eine Einpersonen-GmbH handelt, mit der KG als einziger Gesellschafterin. Bestimmungen etwa zur Übertragung und Einziehung von Geschäftsanteilen können entfallen, ebenso damit zusammenhängende Regelungen beispielsweise zur Nachfolgeberechtigung, zu Vorkaufsrechten und zur Bemessung und Auszahlung von Abfindungen. Gleiches gilt grundsätzlich auch für Bestimmungen zur Einberufung und Durchführung von Gesellschafterversammlungen (s. aber noch Rz. E 95 f.), ferner für die Gewinnverwendung. Damit sinkt nicht nur der Aufwand für die erstmalige Erstellung der Satzung und für die laufende Handhabung der GmbH, zugleich lassen sich auch künftige (notarielle) Satzungsanpassungen und Aktualisierungen der Gesellschafterliste (§ 40 GmbHG) auf ein Minimum beschränken.

Beispiel:

Der Kommanditist A möchte im Wege der vorweggenommenen Erbfolge je ein Drittel seiner Kommandit- und GmbH-Beteiligung auf seine drei Kinder übertragen. Das Stammkapital der Komplementär-GmbH beträgt 25 000 Euro. Im Fall einer beteiligungsidentischen GmbH & Co. KG wird der Vater, wenn ihm an einer völligen Gleichbehandlung seiner Kinder gelegen ist, das Stammkapital der GmbH zunächst z.B. auf (durch drei teilbare) 27 000 Euro erhöhen müssen. Bei der Einheitsgesellschaft spielt die Höhe des Stammkapitals dagegen keine Rolle.

d) GmbH-Anteile kein Sonderbetriebsvermögen

Aus steuerlicher Sicht hat die Einheitsgesellschaft den Vorteil, dass für die Kommanditisten kein Sonderbetriebsvermögen hinsichtlich der Anteile an der Komplementär-GmbH entsteht (näher Rz. E 101). E86

4. Nachteile der Einheitsgesellschaft

Wechselseitige Beteiligung | Erkauft werden die vorstehend aufgelisteten, unstreitigen Vorteile einer Einheitsgesellschaft mit der wechselseitigen Beteiligung zwischen KG und GmbH. Allgemein werden wechselseitige Beteiligungen im Gesellschaftsrecht und im Konzernaufbau zwar für im Grundsatz zulässig gehalten (vgl. u.a. § 19 AktG), nach Möglichkeit jedoch vermieden (vgl. etwa §§ 71b, 71d AktG). Denn aus Sicht der Gesellschafter droht ein Verlust an Kontrolle, wenn sich Gesellschaften und ihre Organe wechselseitig beeinflussen oder sogar kontrollieren; aus Sicht der Gläubiger droht ein Verlust an Haftungsmasse, der deshalb für die GmbH & Co. KG in §§ 172 Abs. 6, 264c Abs. 4 HGB besonders adressiert wird. Das Austarieren der verschiedenen Interessen in einer Einheitsgesellschaft wird so zu einem **„kautelarjuristischen Akrobatenstück“** (*K. Schmidt*, ZIP 2007, 2193), das einfache Rechtsbeziehungen auf oberster Ebene, nämlich zwischen der KG und ihren Kommanditisten, nur über ein komplexes Binnenrecht auf tieferer Ebene, zwischen der KG und ihrer Komplementär-GmbH, erreicht. Dies zeigt sich v.a. bei der Frage, wer Entscheidungen trifft und umsetzt, welche die GmbH und ihre Geschäftsführer betreffen. E87

Vertretung der KG gegenüber der GmbH | Wenn bei der Komplementär-GmbH eine Entscheidung auf Gesellschafterebene getroffen werden muss, ist hierfür die KG als Alleingesellschafterin zuständig. Allerdings wird die KG nach der gesetzlichen Ausgangslage gerade durch die Komplementär-GmbH vertreten (§ 170 HGB) und diese wiederum durch ihre Geschäftsführer (§ 35 GmbHG). Diese Zuständigkeit der GmbH-Geschäftsführer in Angelegenheiten, die eigentlich den Gesellschaftern vorbehalten sind, widerspricht regelmäßig den Interessen der Kommanditisten als den wirtschaftlichen, aber eben nur mittelbaren Gesellschaftern der GmbH. E88

Beispiel:

Die **Entlastung oder Abberufung von GmbH-Geschäftsführern** gehört nach § 46 Nr. 5 GmbHG zum Aufgabenkreis der Gesellschafter. Bei der Einheitsgesellschaft würden die Geschäftsführer der GmbH als „Richter in eigener Sache“ namens der KG über die eigene Entlastung oder Abberufung abstimmen.

Ähnlich problematisch ist es angesichts der gesetzlichen Kompetenzverteilung, wonach eine Abänderung des Gesellschaftsvertrages nur durch Beschluss der Gesellschafter erfolgen kann (§ 53 Abs. 1 GmbHG), wenn Geschäftsführer **Satzungsänderungen** bei der GmbH nicht nur vorbereiten, sondern namens der KG sodann auch selbst beschließen können.

„Einheitslösung“ vs. organisationsrechtliche Trennung | Vor diesem Hintergrund wurde früher eine **„Einheitslösung“** propagiert, wonach nicht nur faktisch, sondern auch *de iure* die Kommanditisten in der Gesellschafterversammlung der GmbH entscheiden sollten bzw. es nur noch eine einzige Gesellschafterversammlung für beide Gesellschaften geben sollte. „Dazu müsse die Komplementär-GmbH gewissermaßen weggedacht und das Gesamtgebilde als eine aus den Kommanditisten bestehende und vom Geschäftsführer geleitete Gesellschaft behandelt werden, wie dies der Realität der Gestaltung entspricht.“ (*K. Schmidt* in Scholz, An- E89 hang § 45 GmbHG Rz. 58). Die **organisationsrechtliche Trennung beider Gesellschaften** wird heute jedoch ganz überwiegend akzeptiert: Rechtlich bestehen zwei Gesellschaften mit unterschiedlichen Gesellschaftern mit der Folge, dass Geschäftsführer der Komplementär-GmbH namens der KG jedenfalls über die Kündigung von Mitgeschäftsführern entscheiden können (BGH v. 16.7.2007 – II ZR 109/06, GmbHR 2007, 1034 = BB 2007, 1914 mit Anm. *Gehrlein* = GmbH-StB 2007, 304; OLG Hamburg v. 22.3.2013 – 11 U 27/12, GmbHR 2013, 580).

E 90 **„Richten in eigener Sache"** | Die Frage eines „Richtens in eigener Sache" hat sich in den zitierten Fällen jedenfalls im engeren Sinne nicht gestellt, da es jeweils noch weitere Geschäftsführer gab, die entweder zugleich auch selbst Kommanditisten waren oder dort entsprechende Positionen inne hatten und somit die Gesellschafterinteressen gegenüber dem Fremdgeschäftsführer der Komplementär-GmbH durchsetzen konnten. Im Übrigen wird ein „Richten in eigener Sache" im Schrifttum verbreitet kritisch gesehen (etwa *Lüke* in Hesselmann/Tillmann/Mueller-Thuns, Hdb. GmbH & Co. KG, Rz. 2.473; dem BGH folgend jetzt *Liebscher* in Reichert, GmbH & Co. KG, § 3 Rz. 11). Eine ähnliche Situation liegt allerdings auch sonst bei der **Einpersonen-GmbH** vor. Insoweit ist es anerkannt, dass der alleinige Gesellschafter alle Beschlüsse nach § 46 GmbHG fassen kann, und zwar auch dann, wenn nach § 47 Abs. 4 GmbHG das Stimmrecht ausgeschlossen ist (BGH v. 24.10.1988 – II ZB 7/88, BGHZ 105, 324 = GmbHR 1989, 25). Akzeptiert man dies auch für die Einheitsgesellschaft, können die Kommanditisten die Komplementär-GmbH lediglich zur Abberufung eines Geschäftsführers drängen, wenn dieser bei der Ausübung des Stimmrechts gegen die Interessen der Gesellschaft handelt. Unterbleibt die Abberufung, können die Kommanditisten der GmbH nach § 117 i.V.m. § 161 Abs. 2 HGB aus wichtigem Grund die Geschäftsführungsbefugnis entziehen (so *Binz/Sorg*, Die GmbH & Co. KG, § 8 Rz. 11 ff.).

E 91 **Interessen der Kommanditisten** | Bei der Einheitsgesellschaft widerspricht eine Stimmabgabe durch den Geschäftsführer in eigenen Angelegenheiten (oder seine Zuständigkeit auch für Satzungsänderungen) regelmäßig den Interessen der Kommanditisten. Formal mag die Komplementär-GmbH bei der Einheitsgesellschaft eine Einpersonen-GmbH sein. Während bei der typischen Einpersonen-GmbH jedoch fremde Interessen nicht betroffen sind, wenn der Alleingesellschafter z.B. über seine eigene Entlastung als Geschäftsführer entscheidet, betreffen derartige Entscheidungen bei der Einheitsgesellschaft wirtschaftlich immer die Kommanditisten als mittelbare Gesellschafter (ebenso *Lüke* in Hesselmann/Tillmann/Mueller-Thuns, Hdb. GmbH & Co. KG, Rz. 2.473).

5. Gesellschaftsvertragliche Ausgestaltung

E 92 **Vertragliche Regelung** | Mindestens aus Praktikabilitätsgründen empfiehlt sich daher eine abweichende vertragliche Regelung der Vertretung der KG gegenüber ihrer eigenen Komplementär-GmbH. Hierfür haben sich verschiedene Lösungen herausgebildet:

- Die Geschäftsführungs- und Vertretungsbefugnisse werden für die KG hinsichtlich ihrer Beteiligung an der eigenen Komplementär-GmbH nicht durch diese, sondern durch die Kommanditisten wahrgenommen. Die Kommanditisten vertreten die KG aufgrund einer besonderen **gesellschaftsvertraglichen Regelung** (bei der KG) oder **rechtsgeschäftlichen Bevollmächtigung** gegenüber der GmbH.
- Für die Kommanditisten wird innerhalb der GmbH ein **Beirat** geschaffen und mit möglichst weitgehenden Kompetenzen ausgestattet. In diesem Fall werden die Kommanditisten

nicht für die KG im Außenverhältnis, sondern als fakulatives Organ innerhalb der GmbH selbst tätig.

a) Vertretung der KG durch Kommanditisten

Gesellschaftsrechtlicher Akt | Diese Lösung sieht in einer Bestimmung des Gesellschaftsvertrages der KG, welche den Kommanditisten die Kompetenz zur Stimmrechtsausübung bei der Komplementär-GmbH einräumt, einen „gesellschaftsrechtlichen Akt *sui generis*". Die Kommanditisten haben als oberstes Gesellschaftsorgan der KG die Kompetenz, sich einzelne Vertretungshandlungen in Bezug auf die „eigene" Komplementär-GmbH selbst vorzubehalten (*Binz/Sorg*, Die GmbH & Co. KG, § 8 Rz. 24; *Lüke* in Hesselmann/Tillmann/Mueller-Thuns, Hdb. GmbH & Co. KG, Rz. 2.478; *Werner*, DStR 2006, 706, 708). Hierin soll keine Umgehung des – zwingenden – § 170 HGB liegen, wonach Kommanditisten zur Vertretung der Gesellschaft nicht ermächtigt sind; denn die Vorschrift betreffe allein die organschaftliche Vertretung im Verhältnis zu Dritten, nicht auch gegenüber der eigenen Komplementär-GmbH. Unterschiedlich wird beurteilt, ob die Regelung (u.E. zutreffend) lediglich in den Gesellschaftsvertrag der KG oder sicherheitshalber auch in die Satzung der GmbH aufgenommen werden sollte (für eine Regelung in beiden Statuten *Bahnsen*, GmbHR 2001, 186, 187). E 93

Rechtsgeschäftliche Bevollmächtigung | Nach herrschender Ansicht behalten die Kommanditisten sich die Stimmrechtsausübung bei der Komplementär-GmbH nicht durch einen besonderen gesellschaftsrechtlichen Akt vor, sondern lassen sich die Kommanditisten durch die KG rechtsgeschäftlich entsprechend bevollmächtigen (ebenfalls im Gesellschaftsvertrag der KG, *K. Schmidt* in Scholz, Anhang § 45 GmbHG Rz. 59 m.w.N.; vgl. allgemein auch *Weipert* in E/B/J/S, § 170 HGB Rz. 5 ff.). Diese Lösung akzeptiert, dass nach § 170 HGB die Kommanditisten grundsätzlich von der organschaftlichen Vertretung der Gesellschaft ausgeschlossen sind. Die Vertretungsmacht der Kommanditisten ist daher keine organschaftliche, sondern eine von der vertretungsbefugten Komplementär-GmbH abgeleitete. Damit die Vollmacht nicht von den Geschäftsführern der Komplementär-GmbH jederzeit widerrufen werden kann, sollte sie im Gesellschaftsvertrag als grundsätzlich **nicht entziehbares Sonderrecht** ausgestaltet werden. Allerdings darf die Vollmacht nicht unwiderruflich sein und die KG auf die Ausübung des Stimmrechts durch ihre Komplementär-GmbH verzichten lassen, da eine solche verdrängende Vollmacht gegen das Abspaltungsverbot verstoßen würde (vgl. *Drescher* in MünchKomm. GmbHG, § 47 GmbHG Rz. 93). Jedenfalls ein Widerruf aus wichtigem Grund muss daher möglich bleiben. Hinzu kommt, dass die Kommanditisten als Bevollmächtigte eigentlich dem Weisungsrecht der KG und damit letztlich der Geschäftsführer unterliegen. In das Handelsregister kann diese Vertretungsmacht der Kommanditisten nicht eingetragen werden (OLG Frankfurt a.M. v. 26.9.2005 – 20 W 192/05, GmbHR 2006, 265). E 94

Musterformulierung für eine Regelung im Gesellschaftsvertrag der KG

1. *Hinsichtlich der Beteiligung der Gesellschaft an ihrer Komplementärin sind statt der Komplementärin die Kommanditisten geschäftsführungsbefugt. Im Rahmen dieser Geschäftsführungsbefugnis ist jeder Kommanditist einzeln zur Vertretung der Gesellschaft bevollmächtigt. Die Vollmacht kann nur aus wichtigem Grund widerrufen werden; die Komplementärin verpflichtet sich, insoweit von ihrer Vertretungsbefugnis nur nach Weisung der Kommanditisten Gebrauch zu machen.* E 95

2. *Die Kommanditisten üben ihre Geschäftsführungsbefugnis aus, indem sie über eine Maßnahme nach Abs. 1 vorab Beschluss fassen und den oder die Kommanditisten bestimmen, die den Beschluss in der vorgesehenen Form ausführen.*

3. *Der Beschluss wird in einer Versammlung der Kommanditisten gefasst, falls nicht alle Kommanditisten mit einer Beschlussfassung in anderer Form einverstanden sind. Für die Versammlung, ihre Einberufung und Durchführung sowie für die Beschlussfassung der Kommanditisten gelten die Regelungen dieses Gesellschaftsvertrages über Gesellschafterversammlungen und -beschlüsse entsprechend.*

(Ähnliche Formulierungen finden sich bei *Götze* in Münchener Vertragshdb., Bd. 1, Formular III.9 § 7; *Bahnsen*, GmbHR 2001, 186, 187 und *Werner*, DStR 2006, 706, 708.)

E 96 **Erläuterung** | Die Klausel überträgt die Geschäftsführung hinsichtlich der Komplementär-Beteiligung auf die Kommanditisten. Dass die Geschäftsführungsbefugnis einem oder mehreren Kommanditisten unter Ausschluss des persönlich haftenden Gesellschafters übertragen werden kann, ist allgemein anerkannt (BGH v. 9.12.1968 – II ZR 33/67, BGHZ 51, 198). Die Vertretungsmacht wird ihnen dagegen mit Blick auf § 170 HGB nur rechtsgeschäftlich eingeräumt. Die interne Willensbildung der Kommanditisten erfolgt durch Beschlüsse in Versammlungen, die sich von den Gesellschafterbeschlüssen und -versammlungen der KG nur dadurch unterscheiden, dass die Komplementär-GmbH an ihnen jeweils nicht teilnimmt.

b) Vertretung durch GmbH-Beirat

E 97 **„Beiratslösung“** | Bei der sog. Beiratslösung wird innerhalb der GmbH ein Beirat als weiteres Gesellschaftsorgan geschaffen und mit Kommanditisten besetzt. Dem Beirat werden sodann möglichst weitgehende Kompetenzen übertragen (*Lüke* in Hesselmann/Tillmann/Mueller-Thuns, Hdb. GmbH & Co. KG, Rz. 2.475).

E 98 **Kompetenzen des Beirats** | Nach *Zöllner* (in Baumbach/Hueck, § 46 GmbHG Rz. 94) kann die Gesellschafterversammlung dem Beirat ihre sämtlichen in § 46 GmbHG genannten Zuständigkeiten übertragen, damit insbesondere die Prüfung und Überwachung der Geschäftsführung, die Bestellung und Abberufung der Geschäftsführer und deren Entlastung, ebenso die Entscheidung über die Geltendmachung von Ersatzansprüchen. Für einzelne Kompetenzen wird dies zum Teil dahin eingeschränkt, dass die Gesellschafterversammlung jedenfalls konkurrierend zuständig bleiben muss, die Übertragung also nicht verdrängend wirken darf; dies betrifft insbesondere das Recht zur Abberufung von Geschäftsführern aus wichtigem Grund (*Buck-Heeb* in Gehrlein/Ekkenga/Simon, § 38 GmbHG Rz. 4 m.w.N.). In gleicher Weise können dem Beirat auch Weisungsrechte gegenüber der Geschäftsführung eingeräumt werden, wobei auch hier fraglich ist, inwieweit eine die Gesellschafterversammlung dauerhaft verdrängende Übertragung möglich ist (*Kleindiek* in Lutter/Hommelhoff, § 37 GmbHG Rz. 19). Da die Beiratslösung jedoch gerade darauf zielt, den Einfluss der KG und ihrer Kommanditisten auf die GmbH zu erhalten, damit sich die Geschäftsführer nicht lediglich selbst kontrollieren, sollten grundsätzliche Bedenken im Fall der Einheitsgesellschaft wenig Gewicht haben. Unstreitig ist, dass es nicht möglich ist, die Befugnis zur Satzungsänderung auf einen Beirat zu verlagern oder Satzungsänderungen auch nur an dessen Zustimmung zu binden (vgl. § 53 Abs. 1 GmbHG). Da Satzungsfragen bei einer Einpersonen-GmbH praktisch aber ohnehin kaum eine Rolle spielen (Rz. E 85), dürfte diese Einschränkung nicht grundsätzlich gegen die Beiratslösung sprechen (a.A. *Werner*, DStR 2006, 706, 707). Dass Geschäftsführer im Alleingang die Satzung der Komplementär-GmbH ändern und den Beirat abschaffen, um so z.B. ihrer drohenden Abberufung durch den Beirat zuvorzukommen, scheint kaum realistisch.

Gewerbliche Prägung | In steuerlicher Hinsicht hat die Beiratslösung den Vorteil, dass sie nach Auffassung der Finanzverwaltung jedenfalls nicht die – ggf. wichtige – gewerbliche Prägung der Einheitsgesellschaft schädigt (R 15.8 [6] EStH 2012). E 99

6. Ertragsteuerliche Aspekte

Gewerbliche Prägung | Hält die Kommanditgesellschaft sämtliche Anteile an ihrer Komplementär-GmbH und ist daneben kein weiterer Gesellschafter zur Geschäftsführung der Kommanditgesellschaft befugt, schließt dies eine gewerbliche Prägung i.S.d. § 15 Abs. 3 Nr. 2 EStG grds. nicht aus (→ *Gewerbliche Prägung*). In diesen Fällen würde die GmbH über ihre Geschäftsführerstellung bei ihrer alleinigen Gesellschafterin die Gesellschaftsrechte an ihren eigenen Geschäftsanteilen selbst ausüben, was insbesondere bei einem Fremd-Geschäftsführer in der Komplementär-GmbH zu einem Interessenkonflikt führen würde. Zur Vermeidung solcher Interessenkonflikte werden daher häufig Beiräte errichtet, die sich aus den Kommanditisten zusammensetzen und denen soweit zulässig die Kompetenzen der Gesellschafterversammlung hinsichtlich der Ausübung der Stimmrechte der GmbH übertragen werden. Solche Beiräte haben nach Ansicht der Finanzverwaltung keine Auswirkungen auf die gewerbliche Prägung der Kommanditgesellschaft (vgl. R 15.8 [6] Satz 5 EStH). Wird die Geschäftsführung- und Vertretungsbefugnis der Komplementär-GmbH im Gesellschaftsvertrag der Kommanditgesellschaft insoweit beschränkt, wie es um die Wahrnehmung der Gesellschaftsrechte an der Komplementär-GmbH geht, und verbleiben diese Rechte bei den Kommanditisten, haben insoweit zwar ggf. natürliche Personen eine Teilgeschäftsführungsbefugnis. Dies ist jedoch hinsichtlich der gewerblichen Prägung der Einheits-GmbH & Co. KG nicht schädlich (vgl. FG Münster v. 28.8.2014 – 3 K 743/13 F, EFG 2015, 121, Rev. BFH IV R 42/14; FG Münster v. 28.8.2014 – 3 K 744/13 F, EFG 2015, 101 = GmbHR 2015, 220, Rev. BFH II R 60/14; *Wachter*, GmbHR 2015, 177 ff.). E 100

Vorteil der Einheitsgesellschaft bei Umwandlungen | Ein ertragsteuerlicher Vorteil der Einheitsgesellschaft kann sich bei Übertragungs- und Umwandlungsvorgängen ergeben. Damit diese ertragsteuerneutral durchgeführt werden können, ist grundsätzlich die Übertragung sämtlicher wesentlicher Betriebsgrundlagen des Mitunternehmeranteils, mithin auch des funktional wesentlichen Sonderbetriebsvermögens, erforderlich (§§ 15, 20, 24 UmwStG). Stellen die Anteile an der Komplementär-GmbH solches funktional wesentliches Sonderbetriebsvermögen dar (vgl. OFD Rheinland v. 6.11.2008 – S 2242-25-St 111, juris), müssen die Anteile oftmals durch zusätzliche, neben dem eigentlichen Umwandlungsvorgang stattfindende Übertragungen im Wege der Einzelrechtsnachfolge auf den übernehmenden Rechtsträger übertragen werden. Diese zusätzlichen Übertragungsvorgänge verkomplizieren Umwandlungsvorgänge in der Praxis häufig. Im Fall einer Einheitsgesellschaft sind solche zusätzlichen Übertragungen nicht notwendig, da sämtliche Anteile an der Komplementär-GmbH im Gesamthandsvermögen der Kommanditgesellschaft gehalten werden und daher kein Sonderbetriebsvermögen vorliegen kann. E 101

7. Ertragsteuerliche Organschaft

E 102 **Tatbestandsvoraussetzungen** | Da sich bei einer Einheitsgesellschaft sämtliche Anteile an der Komplementär-GmbH im Gesamthandsvermögen der Kommanditgesellschaft befinden, ist die finanzielle Eingliederung in jedem Fall gewährleistet. Mit **Abschluss eines Gewinnabführungsvertrages** gemäß §§ 14 ff. KStG, § 2 Abs. 2 Satz 2 GewStG kann somit eine ertragsteuerliche Organschaft zwischen der Komplementär-GmbH und der Kommanditgesellschaft begründet werden. Voraussetzung ist gemäß § 14 Abs. 1 Satz 1 Nr. 2 Satz 2 KStG zudem, dass die Kommanditgesellschaft einen eigenen originären Gewerbebetrieb unterhält. Unklar ist, ob die Anteile an der Einheitsgesellschaft auch dann der Betriebsstätte dieses Gewerbebetriebs funktionell zuzuordnen sein müssen (§ 14 Abs. 1 Satz 1 Nr. 2 Satz 6 f. KStG), wenn es sich um einen rein inländischen Sachverhalt handelt. Es spricht vieles dafür, dass bei einer inländischen GmbH & Co. KG mit inländischen Gesellschaftern ausreichend ist, wenn die Anteile an der Einheitsgesellschaft notwendiges Betriebsvermögen der GmbH & Co. KG sind. Sofern die Komplementär-GmbH nicht vermögensmäßig an der Kommanditgesellschaft beteiligt ist, sollten auch hinsichtlich der tatsächlichen Durchführung der Gewinnabführung keine Probleme auftreten, da in diesem Fall von dem abgeführten Gewinn kein Teil wieder zurück an die Komplementär-GmbH als Gesellschafterin der Kommanditgesellschaft fließt.

E 103 **Auflösung Haftungsabschottung** | Durch die mit dem Gewinnabführungsvertrag einhergehende Verlustübernahmeverpflichtung löst sich grds. die Haftungsabschottung der Komplementär-GmbH auf. Im Fall einer Einheits-KG tritt diese Auflösung der Haftungsabschottung jedoch wirtschaftlich nicht ein, da für die Verbindlichkeiten der die Verluste übernehmenden Kommanditgesellschaft wiederum die Komplementär-GmbH haftet, so dass im Ergebnis ein Haftungs-Rundlauf eintreten würde. Insbesondere kommt es gegenüber der Situation ohne Abschluss eines Gewinnabführungsvertrages nicht zu einer Zunahme potentieller Haftungsmasse. Die Kommanditisten haften weiterhin nur mit ihren in das Handelsregister eingetragenen Haftungseinlagen.

E 104 **Rechtsfolge** | Rechtsfolge der ertragsteuerlichen Organschaft wäre, dass das steuerliche Einkommen der Komplementär-GmbH der Kommanditgesellschaft zugerechnet werden würde. Für gewerbesteuerliche Zwecke gilt die Komplementär-GmbH als gewerbesteuerliche Betriebsstätte der Kommanditgesellschaft. Wirtschaftlich sinnvoll sollte die ertragsteuerliche Organschaft aber nur sein, wenn die Komplementär-GmbH auch über einen eigenen Geschäftsbetrieb verfügt.

8. Umsatzsteuerliche Organschaft

E 105 **Tatbestandsvoraussetzungen** | **Voraussetzung** dafür, dass sich die Komplementär-GmbH in einem umsatzsteuerlichen Organkreis mit der Kommanditgesellschaft als Organträger befindet, ist gemäß § 2 Abs. 2 Nr. 2 UStG die finanzielle, wirtschaftliche und organisatorische Eingliederung der Komplementär-GmbH in das Unternehmen der Kommanditgesellschaft.

E 106 **Finanzielle Eingliederung** | Da sich bei einer Einheitsgesellschaft sämtliche Anteile an der Komplementär-GmbH im Gesamthandsvermögen der Kommanditgesellschaft befinden, ist die finanzielle Eingliederung in jedem Fall gewährleistet, da die Kommanditgesellschaft aufgrund ihrer Gesellschafterstellung sicherstellen kann, dass ihr Wille auch in der Komplementär-GmbH durchgesetzt wird (vgl. Abschn. 2.8 Abs. 2 Satz 5 UStAE). Werden bei einer GmbH & Co. KG die Anteile an der Komplementär-GmbH hingegen durch die Kommanditisten gehalten, scheidet eine finanzielle Eingliederung und damit einer Einbindung der Komplementär-GmbH in einen Organkreis mit der Kommanditgesellschaft aus (vgl. BFH v. 19.5.2005 – V R 31/03, BStBl. II 2005, 671 = GmbHR 2005, 120 = GmbH-StB 2005, 259; BFH v. 14.12.1978 – V R 85/74, BStBl. II 1979, 288).

Organisatorische Eingliederung | Gleichwohl müssen für die Organstellung der Komplementär-GmbH auch die wirtschaftliche und organisatorische Eingliederung vorliegen (vgl. Abschn. 2.2 Abs. 6 Beispiel 2 UStAE). Bei der Einheitsgesellschaft erfolgt die Geschäftsführung der Kommanditgesellschaft regelmäßig durch die Komplementär-GmbH. Dies führt an sich zu dem Ergebnis, dass die Kommanditgesellschaft organisatorisch in das Unternehmen der Komplementär-GmbH eingegliedert wäre und nicht die Komplementär-GmbH in die Kommanditgesellschaft, wie es erforderlich wäre. Da die Finanzverwaltung die umsatzsteuerliche Organschaft im Fall einer Einheits-KG als möglich erachtet (siehe zuvor), sollte eine organisatorische Eingliederung der Komplementär-GmbH in die Kommanditgesellschaft gleichwohl vorliegen (so wohl auch OFD Nürnberg v. 31.5.2005 – S 7100 - 626/St 43, juris). Vorsorglich sollte die natürliche Person, welche die Geschäftsführung in der Komplementär-GmbH übernimmt auch in der Kommanditgesellschaft die Geschäftsführung übernehmen (Personalidentität in den Leitungsgremien). Hierdurch ließe sich die organisatorische Eingliederung in jedem Fall sicherstellen.

Wirtschaftliche Eingliederung | Fraglich ist zudem, ob eine Komplementär-GmbH, die ausschließlich die Geschäftsführung und Haftungsübernahme für die Kommanditgesellschaft, wirtschaftlich in diese eingegliedert sein kann. Um die wirtschaftliche Eingliederung sicherzustellen, sollte die Komplementär-GmbH neben der Übernahme der Geschäftsführung möglichst eine eigene unternehmerische Tätigkeit ausüben, mit der sie in mehr als nur unerhebliche wirtschaftliche Beziehungen zum Unternehmen der Kommanditgesellschaft steht. E 107

Rechtsfolge | Rechtsfolge der umsatzsteuerlichen Organschaft ist, dass sämtliche Leistungen zwischen der Komplementär-GmbH und der Kommanditgesellschaft als Innenumsätze nicht umsatzsteuerbar sind. Dies kann bei einer Einheits-KG zu konkreten Vorteilen führen, da die umsatzsteuerliche Behandlung insbesondere der Leistungsbeziehungen zwischen der Komplementär-GmbH und der Kommanditgesellschaft bei Betriebsprüfungen oftmals zu Diskussionen führen kann (→ *Umsatzsteuer*). E 108

frei E 109–E 120

Vertiefende Recherche

Wichtige Urteile und Erlasse

BGH v. 20.10.2009 – VIII ZB 13/08, BGHZ 183, 28 = MDR 2010, 236: Beurkundungspflicht der Übertragung des Kommanditanteils bei beteiligungsidentischer GmbH & Co. KG.

BGH v. 10.3.2008 – II ZR 312/06, GmbHR 2008, 589: Kein Erfordernis der notariellen Beurkundung nach § 15 Abs. 4 GmbHG bei Übertragung eines Gesellschaftsanteils an einer GbR, deren Gesellschaftsvermögen aus einem GmbH-Anteil besteht.

BGH v. 16.7.2007 – II ZR 109/06, GmbHR 2007, 1034 mit Anm. *Werner*: Kündigung des Anstellungsvertrages eines GmbH-Geschäftsführers in einer Einheitsgesellschaft durch dessen Mitgeschäftsführer.

BGH v. 6.10.1992 – KVR 24/91, BGHZ 119, 346 = AG 1993, 140: Auch bei der Einheitsgesellschaft kann die Komplementär-GmbH ihr Stimmrecht innerhalb der KG ausüben.

BGH v. 9.12.1968 – II ZR 33/67, BGHZ 51, 198: Die Geschäftsführungsbefugnis kann durch den Gesellschaftsvertrag dem persönlich haftenden Gesellschafter entzogen und einem Kommanditisten zugesprochen werden.

BFH v. 23.5.1996 – IV R 87/93, BStBl. II 96, 523 = GmbHR 1996, 947: Mit Geschäftsführung i.S. des § 15 Abs. 3 Nr. 2 EStG ist die organschaftliche Geschäftsführung gemeint.

OLG Hamburg v. 22.3.2013 – 11 U 27/12, GmbHR 2013, 580: In der Einheits-KG werden die Rechte der Gesellschafterversammlung durch die Geschäftsführer der Komplementär-GmbH wahrgenommen; das gilt auch für die Kündigung eines Mitgeschäftsführers.

OLG Frankfurt a.M. v. 26.9.2005 – 20 W 192/05, GmbHR 2006, 265: Die rechtsgeschäftlich erteilte Vertretungsmacht des Kommanditisten kann nicht in das Handelsregister eingetragen werden.

FG Münster v. 28.8.2014 – 3 K 743/13 F, EFG 2015, 101 = GmbHR 2015, 220 (Rev. BFH II R 60/14): Kein Entfall der gewerblichen Prägung, wenn Kommanditisten zur Geschäftsführung und Vertretung der Gesellschafterrechte an der Komplementär-GmbH ermächtigt sind.

FG Münster v. 28.8.2014 – 3 K 745/13 F, juris (Rev. BFH II R 61/14): Kein Entfall der gewerblichen Prägung, wenn Kommanditisten zur Geschäftsführung und Vertretung der Gesellschafterrechte an der Komplementär-GmbH ermächtigt sind.

Musterformulierungen

→ *Gesellschaftsverträge mit Erläuterungen Rz. G 208ff.* (Gesellschaftsvertrag für GmbH bei Einheitsgesellschaft)

Götze in Münchener Vertragshandbuch, Bd. 1, Formular III.9 (Gesellschaftsvertrag einer KG als Einheitsgesellschaft)

Heckschen in Westermann/Wertenbruch, Handbuch Personengesellschaften, M 60 und M 61 (Gesellschaftsverträge für KG und GmbH bei Einheitsgesellschaft)

Lichtenwimmer in Fuhrmann/Wälzholz, Formularbuch Gesellschaftsrecht, 2. Aufl. 2015, M 29.3

Schlitt/Bordtfeldt in Reichert, GmbH & Co. KG, § 61 (Gesellschaftsverträge für KG und GmbH bei Einheitsgesellschaft)

Weitere Stichwörter

→ *Beirat*; → *Beteiligungsidentische GmbH & Co. KG*

Einlagen und Haftsummen

Ausgewählte Literatur: *Helde* in Hesselmann/Tillmann/Mueller-Thuns, Hdb. GmbH & Co. KG, 21. Aufl. 2016, Rz. 6.391 ff.; *Huber*, Vermögensanteil, Kapitalanteil und Gesellschaftsanteil an Personengesellschaften des Handelsrechts, 1970; *K. Schmidt*, Kommanditisteneinlage – Kapitalaufbringung und Kapitalerhaltung in der KG, ZGR 1976, 307.

1. Abgrenzung

Begriffe | Das Gesetz benutzt einheitlich den Begriff der Einlage, wenn es um die Beitragspflicht der Gesellschafter gegenüber der KG geht (bspw. §§ 171 Abs. 1, 172 Abs. 1–4 HGB). Insofern ist jedoch für die Kommanditisten zwischen der Einlage im eigentlichen Sinne (Innenverhältnis) und der im Außenverhältnis maßgeblichen Haftsumme zu unterscheiden (*Roth* in Baumbach/Hopt, § 171 HGB Rz. 1; *Strohn* in E/B/J/S, § 171 HGB Rz. 5). Weiterhin ist zwischen der Einlage und dem Kapitalanteil eines Gesellschafters zu differenzieren (zum Ganzen auch *Ihrig* in Reichert, GmbH & Co. KG, § 20 Rz. 2). Schließlich hat generell eine Abgrenzung zu nicht auf dem Gesellschaftsverhältnis beruhenden Leistungsbeziehungen zwischen Gesellschaft und Gesellschaftern zu erfolgen. E 121

Haftsumme | Unter Haftsumme versteht man die Einlage des Kommanditisten, wie sie gemäß § 172 Abs. 1 HGB im Handelsregister eingetragen ist. Dieser Betrag kann von einer im Innenverhältnis vereinbarten Einlageverpflichtung des Kommanditisten abweichen, sprich diese übersteigen oder unterschreiten (*Wenzel* in Hesselmann/Tillmann/Mueller-Thuns, GmbH & Co. KG, Rz. 5.51; *v. Falkenhausen/H.C. Schneider* in Münchener Hdb. Gesellschaftsrecht, Bd. 2, § 17 Rz. 7). Eine Mindesthaftsumme gibt es nicht, bei reinen „Pro-forma"-Haftsummen von bspw. 1 Euro könnten die Registergerichte aber im Einzelfall die Eintragung verweigern (so *K. Schmidt* in MünchKomm. HGB, § 172 HGB Rz. 22). Sind keine differenzierenden Regelungen im Gesellschaftsvertrag vorgesehen, wird man regelmäßig einen Gleichlauf zwischen Haftsumme und Einlage i.e.S. (Rz. E 3) annehmen müssen (BGH v. 28.3.1977 – II ZR 230/75, NJW 1977, 1820, 1821 = GmbHR 1978, 244; *Herchen* in Münchener Hdb. Gesellschaftsrecht, Bd. 2, § 30 Rz. 5; *Sassenrath* in Westermann/Wertenbruch, Hdb. Personengesellschaften, Rz. I 2832). Die Haftsumme ist allein maßgeblich für die Höhe der Außenhaftung des Kommanditisten (ausführlich → *Haftung des Kommanditisten Rz. H 6 ff.*). E 122

Einlage | Die eigentliche Einlage beschreibt die Beitragspflicht im Innenverhältnis. Hierbei ist zu unterscheiden zwischen der Beitragspflicht i.w.S., die sämtliche vom Gesellschafter an die Gesellschaft zu erbringenden Leistungen umfasst, und der Einlage i.e.S. bzw. Pflichteinlage (zur Terminologie vgl. auch *Sassenrath* in Westermann/Wertenbruch, Hdb. Personengesellschaften, Rz. I 2806), die sich ausschließlich auf solche Beiträge erstreckt, die in das Gesell- E 123 schaftsvermögen zu leisten sind und dort zu einer Mehrung der dem Gläubigerzugriff unterliegenden Haftungsmasse führen. Eine Einlagepflicht kann grundsätzlich sämtlichen Gesellschaftern, somit auch der Komplementär-GmbH auferlegt werden. Jedenfalls eine Einlage i.e.S. wird jedoch typischerweise in der GmbH & Co. KG allein von den Kommanditisten, nicht aber von der Komplementär-GmbH erbracht, zumindest sofern letztere lediglich aus formalen (haftungstechnischen) Gründen beteiligt ist. Es ist anerkannt, dass eine vermögensmäßige Einlage i.e.S. nicht zwangsläufig von jedem Gesellschafter erbracht werden muss (*v. Falkenhausen/H.C. Schneider* in Münchener Hdb. Gesellschaftsrecht, Bd. 2, § 17 Rz. 9 f.). Jedenfalls einen Beitrag i.w.S. erbringt demgegenüber jeder Gesellschafter einer KG zumindest insofern, als er der Gesellschaft durch die Übernahme der beschränkten (Kommanditist) bzw. unbeschränkten (Komplementär) Haftung seine persönliche Kreditwürdigkeit zur Verfügung stellt (*v. Falkenhausen/H.C. Schneider* in Münchener Hdb. Gesellschaftsrecht, Bd. 2, § 17 Rz. 11 f.).

E 124 **Kapitalanteil |** Die Einlage i.e.S. ist typischerweise identisch mit dem Kapitalanteil des Gesellschafters. Dieser beschreibt als reine Rechenziffer (*Ihrig* in Reichert, GmbH & Co. KG, § 20 Rz. 2 a.E.) die – ebenfalls im Innenverhältnis bedungene – kapitalmäßige Beteiligung an der Gesellschaft. Er ist im gesetzlichen Grundmodell variabel ausgestaltet (§ 120 Abs. 2 HGB), wird in der Kautelarpraxis jedoch regelmäßig auf dem festen Kapitalkonto (I) gebucht (→ *Kontensystem Rz. K 117 ff.*) und ist bspw. für die Beteiligung an Gewinn und Verlust sowie Liquidationserlös maßgeblich. In der GmbH & Co. KG wird die Komplementär-GmbH – korrespondierend zur Einlageverpflichtung i.e.S. – üblicherweise nicht mit einem Kapitalanteil beteiligt, was allgemein als zulässig angesehen wird (*Ihrig* in Reichert, GmbH & Co. KG, § 20 Rz. 8; allgemein zur Beteiligung ohne Kapitalanteil *Weitemeyer* in Oetker, § 120 HGB Rz. 53).

Beispiel:

Auch ein Kommanditist kann sich ohne Vermögenseinlage und Kapitalanteil an einer KG beteiligen. Sein Beitrag besteht dann in der Übernahme der beschränkten Haftung in Höhe der für ihn im Handelsregister einzutragenden Haftsumme. Sinnvoll kann die Aufnahme eines solchen „0 %"-Kommanditisten etwa dann sein, wenn der Kommanditist zusätzlich noch Geschäftsführungsleistungen für die KG erbringt und für diese gesondert vergütet wird.

E 125 **Drittgeschäfte |** Abzugrenzen sind die gesellschafterlichen Beitragspflichten schließlich von sog. „Drittgeschäften". Hierunter sind schuldrechtliche Austauschgeschäfte zu verstehen, die ihren Rechtsgrund nicht im Gesellschaftsverhältnis haben, sondern bei denen der Kommanditist der Gesellschaft wie ein außenstehender Dritter gegenübertritt. Maßgeblich ist insofern, ob der Leistungsaustausch auch ohne Rücksicht auf das Gesellschaftsverhältnis potenziell vereinbart worden wäre (dann Drittgeschäft). Eine Regelung des Geschäfts im Gesellschaftsvertrag spricht im Zweifel – auch wenn eine Gegenleistung geregelt ist – gegen das Vorliegen eines Drittgeschäfts und für eine gesellschafterliche Beitragspflicht (*Ihrig* in Reichert, GmbH & Co. KG, § 20 Rz. 3).

2. Einlage i.e.S./Pflichteinlage

E 126 **Arten der Einlage i.e.S. |** Die Einlage i.e.S. kann wegen des Erfordernisses der Vermögensmehrung bei der KG nur Bar- oder Sachleistungen sowie ggf. Erfüllungssurrogate umfassen. Wie diese zu erbringen sind, richtet sich grundsätzlich nach den privatautonomen Regelungen im Gesellschaftsvertrag (vgl. *Sassenrath* in Westermann/Wertenbruch, Hdb. Personengesellschaften, Rz. I 2818).

Bareinlage | Sie kann in Form von Bar- oder Giralgeld geleistet werden. Bei Bargeld ist eine Übereignung der amtlichen Zahlungsmittel erforderlich; Giralgeld wird mit Kontogutschrift bei der KG wirksam geleistet. Die Bewertung der Bareinlage ist unproblematisch und erfolgt nach dem Nominalwertprinzip (*Ihrig* in Reichert, GmbH & Co. KG, § 20 Rz. 17). Dieser Wert ist zugleich maßgeblich für eine Enthaftungswirkung der Einlageleistung im Außenverhältnis gemäß § 171 Abs. 1 Halbs. 2 HGB (→ *Haftung des Kommanditisten Rz. H 12*). E 127

Beispiel:

Überweist der Kommanditist bei einer gesellschaftsvertraglichen Einlageverpflichtung (zugleich Haftsumme) von 10 000 Euro diesen Betrag auf das Bankkonto der KG, erfüllt er hierdurch seine Einlageverpflichtung im Innenverhältnis und bringt zugleich seine Außenhaftung gemäß § 171 Abs. 1 Halbs. 2 HGB zum Erlöschen.

Sacheinlage | Sachwerte (Mobilien oder Immobilien; auch Rechte) sind ebenfalls taugliche Einlagegegenstände. Die Leistung erfolgt hier regelmäßig durch Übereignung/Übertragung gemäß den einschlägigen zivilrechtlichen Vorschriften („*quoad dominum*"). Daneben ist grundsätzlich auch eine Überlassung dem Werte nach („*quoad sortem*") oder lediglich zur Nutzung („*quoad usum*") möglich (*Ihrig* in Reichert, GmbH & Co. KG, § 20 Rz. 13; *v. Falkenhausen/H.C. Schneider* in Münchener Hdb. Gesellschaftsrecht, Bd. 2, § 17 Rz. 35 ff.). Bei der Einbringung dem Werte nach wird ein zivilrechtlicher Eigentumsübergang (bspw. zur Vermeidung von Grundbuchkosten) nicht vollzogen, wohl aber über schuldrechtliche Abreden (bspw. Treuhand) das wirtschaftliche Eigentum übertragen, was auch zur bilanziellen Aktivierung des Einlagegegenstandes bei der KG führt (vgl. auch *v. Falkenhausen/H.C. Schneider* in Münchener Hdb. Gesellschaftsrecht, Bd. 2, § 17 Rz. 36 ff.). Die Nutzungsüberlassung gewährt der KG demgegenüber lediglich ein schuldrechtliches Nutzungsrecht; zivilrechtliches und wirtschaftliches Eigentum verbleiben demgegenüber bei dem Gesellschafter. E 128

Modalitäten der Einlageleistung | Die genauen Modalitäten der Einlageleistung obliegen der privatautonomen Festlegung im Gesellschaftsvertrag. Dies gilt grundsätzlich auch für die Bewertung der Sacheinlage und den dadurch begründeten Kapitalanteil des Kommanditisten an der KG; diese können im Innenverhältnis in den Grenzen des § 138 BGB ebenfalls frei durch die Gesellschafter festgelegt werden (*v. Falkenhausen/H.C. Schneider* in Münchener Hdb. Gesellschaftsrecht, Bd. 2, § 18 Rz. 2 f.). E 129

Enthaftung im Außenverhältnis | Eine Enthaftung im Außenverhältnis kann allerdings bei Erbringung einer Sacheinlage nur in Höhe ihres objektiven Wertes (Prinzip der objektiven Wertdeckung, → *Haftung des Kommanditisten Rz. H 13*; *Ihrig* in Reichert, GmbH & Co. KG, § 20 Rz. 15) und daher in der Regel nur bei Vollübertragung in das KG-Vermögen (in Abgrenzung zur Überlassung dem Werte nach) stattfinden (vgl. *Sassenrath* in Westermann/Wertenbruch, Hdb. Personengesellschaften, Rz. I 2859). Umstritten ist zudem, inwieweit es zu einer Enthaftung kommt, wenn die Sacheinlage zwar objektiv den Wert der Haftsumme erreicht, die Gesellschafter im Innenverhältnis allerdings einen niedrigeren Wert (bzw. Kapitalanteil) festgelegt haben. Überzeugend scheint es, aus dem Prinzip der objektiven Wertdeckung folgend auch in diesem Fall eine Enthaftung in Höhe des objektiven Wertes der Sacheinlage anzunehmen (so auch *Ihrig* in Reichert, GmbH & Co. KG, § 20 Rz. 21). Ein hinreichendes, den Gläubigern haftendes Gesellschaftsvermögen, welches die Regelung des § 171 Abs. 1 HGB gewährleisten soll, ist jedenfalls vorhanden. Aufgrund einer weithin vertretenen abweichenden Ansicht ist aus gestalterischer Sicht gleichwohl zu empfehlen, die Bewertung einer Sacheinlage im Innenverhältnis – einen entsprechenden objektiven Wert voraus- E 130 gesetzt – immer mindestens in Höhe der Haftsumme vorzunehmen. Ansonsten käme es ggf. zu einer faktischen „Doppelleistungspflicht“ des Kommanditisten, da er bei Unterbewertung seiner Sacheinlage zum Zweck der Enthaftung im Außenverhältnis eine weitere Einlage leisten müsste.

Beispiel:

Bei einer gesellschaftsvertraglichen Sacheinlageverpflichtung sowie einer im Außenverhältnis übernommenen Haftsumme von 10 000 Euro übereignet der Kommanditist der KG einen Pkw im Wert von 10 000 Euro. Legen die Gesellschafter

a) den Wert der Sacheinlage (Pkw) auch im Innenverhältnis mit (mindestens) 10 000 Euro fest, kommt es wegen der zugleich vorliegenden objektiven Wertdeckung zu einer vollständigen Enthaftung des Kommanditisten im Außenverhältnis gemäß § 171 Abs. 1 Halbs. 2 HGB;

b) den Wert der Sacheinlage (Pkw) im Innenverhältnis abweichend mit nur 8 000 Euro fest, kommt es nach umstrittener Ansicht trotz der objektiven Wertdeckung in Höhe von 10 000 Euro nur in Höhe von 8 000 Euro zur Enthaftung des Kommanditisten im Außenverhältnis gemäß § 171 Abs. 1 Halbs. 2 HGB; der Kommanditist müsste folglich für seine vollständige Enthaftung eine weitere Einlage von 2 000 Euro leisten („Doppelleistung“).

Beträgt hingegen im ansonsten gleichbleibenden vorstehenden Beispiel der Wert der Sacheinlage (Pkw) nur 8 000 Euro, tritt in jedem Fall (a und b) wegen der darüber hinaus fehlenden objektiven Wertdeckung auch nur eine Enthaftung des Kommanditisten im Außenverhältnis in Höhe von 8 000 Euro gemäß § 171 Abs.1 Halbs. 2 HGB ein.

E 131 **Einlageschuldner |** Einlageschuldner ist grundsätzlich nur der zivilrechtliche Gesellschafter, bei Treuhandverhältnissen also der Treuhänder. Soll der Treugeber im Innenverhältnis wie ein Kommanditist behandelt werden und ist dies im Gesellschaftsvertrag niedergelegt, kann er allerdings ausnahmsweise auch zur Einlageleistung verpflichtet sein (BGH v. 11.10.2011 – II ZR 242/09, NZG 2011, 1432, 1433 f. = ZIP 2011, 2299; zur Außenhaftung des Treugebers → *Haftung des Kommanditisten Rz. H 2*).

E 132 **Erfüllungssurrogate/Leistungen mit Drittbezug |** Vgl. → *Haftung des Kommanditisten Rz. H 14 ff.*

3. Sonstige Beiträge

E 133 **Beitragspflicht i.w.S. |** Sonstige Leistungen können jedenfalls Gegenstand der Beitragspflicht i.w.S. sein. In Betracht kommen insofern bspw.: Einbringung von Sachgesamtheiten (Unternehmen), Erbringung von Dienst- oder Werkleistungen, Übertragung von Immaterialgüterrechten (know-how) sowie die Sicherheitenbestellung zugunsten der Gesellschaft. Die Bewertung und die übrigen Modalitäten einer entsprechenden Beitragspflicht sind im Innenverhältnis den Gesellschaftern überlassen.

E 134 **Zugleich Einlage i.e.S. |** Eine Einlage i.e.S. mit haftungsbefreiender Wirkung im Außenverhältnis können solche Leistungen indessen nur sein, wenn ihnen ein objektivierbarer Wert zukommt bzw. sie (nach umstrittener Ansicht) bilanzierungsfähig sind (*Ihrig* in Reichert, GmbH & Co. KG, § 20 Rz. 17; *Strohn* in E/B/J/S, § 171 HGB Rz. 6; *K. Schmidt* in MünchKomm. HGB, § 172 HGB Rz. 9; a.A. aber bspw. *Haas/Mock* in Röhricht/Graf von Westphalen/Haas, § 171 HGB Rz. 15; *Kindler* in Koller/Kindler/Roth/Morck, § 172 HGB Rz. 4 m.w.N.). Das dürfte bei Einbringung eines gesamten Unternehmens regelmäßig der Fall sein (vgl. *Ihrig* in Reichert, GmbH & Co. KG, § 20 Rz. 14), bei isolierten Dienst- oder Werkleistungen hingegen ausscheiden. Umstritten ist die Einlagefähigkeit (i.e.S.) bspw. bei Nutzungsrechten und know-how (vgl. *K. Schmidt* in MünchKomm. HGB, § 172 HGB Rz. 9; *Sassenrath* in Westermann/Wertenbruch, Hdb. Personengesellschaften, Rz. I 2858). Soweit eine Einlage i.e.S. vorliegt, ist sie in jedem Fall als Sacheinlage zu qualifizieren (vgl. zur Einlage eines Unternehmens *v. Falkenhausen/H.C. Schneider* in Münchener Hdb. Gesellschaftsrecht, Bd. 2, § 17 Rz. 40).

„Gesplittete Einlage" | Einen Sonderfall bildet schließlich die sog. „gesplittete Einlage", bei der neben der eigentlichen Einlage noch weitere Mittelzuführungen, insb. Darlehen (insb. sog. „Finanzplankredit") geschuldet sind. Hier unterliegen – sofern sich durch Auslegung eine einheitliche Einlageleistung ergibt – auch die weiteren Mittelzuführungen den Regelungen zur Einlage (*Haas/Mock* in Röhricht/Graf von Westphalen/Haas, § 171 HGB Rz. 18). E 135

4. Leistungsmodalitäten/-störungen

Überlagerung durch Gesellschaftsverhältnis | Die Erfüllung der Beitragspflichten, insbesondere auch die Behandlung auftretender Leistungsstörungen, richtet sich grundsätzlich nach den allgemeinen Vorschriften. Teilweise werden diese allerdings durch das Gesellschaftsverhältnis überlagert: E 136

- Während in der älteren Rechtsprechung eine Anwendung der **§§ 320 ff. BGB** auf die Einlageverpflichtung grundsätzlich bejaht wurde, wird sie vom jüngeren Schrifttum (bspw. *Ihrig* in Reichert, GmbH & Co. KG, § 20 Rz. 28) zu Recht abgelehnt. Es fehlt ein für die Anwendung der Vorschriften erforderliches Synallagma, da der Beitragspflicht keine konkrete Gegenleistung gegenüber steht. Insbesondere besteht kein Gegenleistungsverhältnis zu eventuellen Beiträgen anderer Gesellschafter, so dass ein Gesellschafter seinen Beitrag nicht unter Verweis auf die Nichtleistung eines anderen Gesellschafters verweigern kann (*v. Falkenhausen/H.C. Schneider* in Münchener Hdb. Gesellschaftsrecht, Bd. 2, § 18 Rz. 53 f.). Auch ein Freiwerden der Gesellschaft von einer (potenziellen) Gegenleistungspflicht nach **§ 326 BGB** kommt daher grundsätzlich nicht in Betracht (*Ihrig* in Reichert, GmbH & Co. KG, § 20 Rz. 31; *v. Falkenhausen/H.C. Schneider* in Münchener Hdb. Gesellschaftsrecht, Bd. 2, § 18 Rz. 57). Ist die dem Schuldner obliegende Sachleistung unmöglich, wird dieser hiervon vielmehr nach **§ 275 BGB** frei; allerdings kommt nach dem Gesellschaftsvertrag ggf. eine Umdeutung in eine Bareinlagepflicht entsprechenden Wertes in Betracht (*Ihrig* in Reichert, GmbH & Co. KG, § 20 Rz. 31).
- Auch ein **Rücktritt** der Gesellschaft bei Leistungsverzug des Gesellschafters nach § 324 BGB scheidet im Regelfall aus (*Ihrig* in Reichert, GmbH & Co. KG, § 20 Rz. 33). Stattdessen ist ggf. eine Ausschließung des Gesellschafters nach §§ 133, 140 HGB möglich. Hinzu kommt die Möglichkeit der Geltendmachung eines eventuellen Verzugsschadens nach §§ 280 Abs. 1, 2, 286 BGB.
- Bei Mangelhaftigkeit des Einlagegegenstandes ist nach wohl h.M. das allgemeine **Gewährleistungsrecht** (insb. bei Sacheinlagen das Sachmängelgewährleistungsrecht gemäß §§ 433 ff. BGB) zwar nicht unmittelbar, wohl aber entsprechend anwendbar, sofern seine Regelungen mit dem Charakter der Einlageleistung zu vereinbaren sind (BGH v. 2.5.1966 – II ZR 219/63, NJW 1966, 1311, 1312 f.; *v. Falkenhausen/H.C. Schneider* in Münchener Hdb. Gesellschaftsrecht, Bd. 2, § 18 Rz. 62). Sofern erforderlich sind jedoch Modifikationen vorzunehmen, so tritt insb. auch hier eine Auflösung der Gesellschaft bzw. Ausschließung des Gesellschafters nach §§ 133, 140 HGB an die Stelle eines Rücktritts (ausführlich *Ihrig* in

Reichert, GmbH & Co. KG, § 20 Rz. 34 ff.; *v. Falkenhausen/H.C. Schneider* in Münchener Hdb. Gesellschaftsrecht, Bd. 2, § 18 Rz. 61 ff.).

E 137 **Allgemeine zivilrechtliche Grundsätze** | Im Übrigen gelten allgemeine zivilrechtliche Grundsätze, insbesondere:

- Die **Fälligkeit** einer (Beitrags- oder) Einlageleistung richtet sich nach § 271 BGB, ist also mangels (zulässiger) abweichender Vereinbarungen sofort gegeben (*v. Falkenhausen/H.C. Schneider*, in Münchener Hdb. Gesellschaftsrecht, Bd. 2, § 18 Rz. 39). Grundsätzlich ab Fälligkeit unterliegt die Einlageforderung der **Regelverjährung** (§ 195 BGB, vgl. *v. Falkenhausen/H.C. Schneider* in Münchener Hdb. Gesellschaftsrecht, Bd. 2, § 18 Rz. 42). Dabei stellt allerdings die Feststellung eines die Forderung ausweisenden Jahresabschlusses *unter Mitwirkung des Einlageschuldners* ein Anerkenntnis dar, welches gemäß § 212 Abs. 1 Nr. 1 BGB zum Neubeginn der Verjährung führt (BGH v. 1.3.2010 – II ZR 249/08, NZG 2010, 823 f. = GmbHR 2010, 814 = GmbH-StB 2010, 226).
- Ab Fälligkeit sind Geldbeträge mit 5 Prozentpunkten über dem Basiszinssatz zu **verzinsen** (§§ 111 Abs. 1, 352 Abs. 2 HGB), bei Verzug sogar mit 8 Prozentpunkten über dem Basiszinssatz (§ 288 Abs. 2 BGB) (*v. Falkenhausen/H.C. Schneider* in Münchener Hdb. Gesellschaftsrecht, Bd. 2, § 18 Rz. 40).
- Auch können die Beteiligten die Pflicht zur Einlageleistung an eine **Bedingung** knüpfen (*v. Falkenhausen/H.C. Schneider* in Münchener Hdb. Gesellschaftsrecht, Bd. 2, § 18 Rz. 41).

E 138–E 145 frei

5. Änderungen der Einlage

E 146 **Arten und Durchführung** | In Betracht kommen sowohl Kapitalerhöhungen als auch -herabsetzungen. Anders als im Kapitalgesellschaftsrecht sind diese Maßnahmen bei Personengesellschaften nicht ausdrücklich gesetzlich geregelt. Allgemeinen Grundsätzen entsprechend setzen sie im Innenverhältnis eine Änderung des Gesellschaftsvertrags voraus und bedürfen mangels abweichender Regelungen eines einstimmigen Gesellschafterbeschlusses (*Ihrig* in Reichert, GmbH & Co. KG, § 22 Rz. 3; *Sassenrath* in Westermann/Wertenbruch, Hdb. Personengesellschaften, Rz. I 2843) oder eines allseitigen Änderungsvertrags.

a) Kapitalerhöhung

E 147 **Aufstockung des bestehenden Anteils** | Folge der Kapitalerhöhung ist wegen des Grundsatzes der Einheitlichkeit der Beteiligung stets die Aufstockung des bestehenden Kommanditanteils; ein weiterer Kommanditanteil kann durch denselben Kommanditisten nicht übernommen werden.

E 148 **Mitwirkungspflicht** | Da § 707 BGB auch auf die KG Anwendung findet (*Ihrig* in Reichert, GmbH & Co. KG, § 22 Rz. 2; *v. Falkenhausen/H.C. Schneider* in Münchener Hdb. Gesellschaftsrecht, Bd. 2, § 19 Rz. 1), können Gesellschafter grundsätzlich nicht gegen ihren Willen zur Erhöhung ihrer Einlage verpflichtet werden. Etwas anderes gilt, soweit der Gesellschaftsvertrag ein Mehrheitserfordernis vorsieht (BGH v. 25.5.2009 – II ZR 259/07, NZG 2009, 862 f. = ZIP 2009, 1373). Da insoweit nach hergebrachter Auffassung die Kernbereichslehre und der Bestimmtheitsgrundsatz anwendbar sein sollten (→ *Gesellschafterbeschlüsse Rz. G 67*, auch zur jedenfalls formalen Aufgabe dieser Grundsätze; vgl. auch *Ihrig* in Reichert, GmbH & Co. KG, § 22 Rz. 3), setzt dies allerdings ggf. voraus, dass sich die Mehrheitsklausel dem Wortlaut nach ausdrücklich auf Vertragsänderungen (besser noch: Änderungen der Einlageverpflichtung, vgl. BGH v. 15.1.2007 – II ZR 245/05, NJW 2007, 1685 = GmbHR 2007, 437 = GmbH-StB 2007, 106) bezieht.

Obergrenze | Darüber hinaus soll es nach hergebrachter Rechtsprechung erforderlich sein, dass im Gesellschaftsvertrag oder den sonstigen Unterlagen (bspw. Beitrittserklärung) eine Obergrenze für den Umfang potenzieller Kapitalerhöhungen festgelegt wird (BGH v. 25.5. 2009 – II ZR 259/07, NZG 2009, 862 f. = ZIP 2009, 1373). Eine Ausnahme für die auf den Beitritt einer Vielzahl neuer Gesellschafter ausgelegte Publikums-KG dürfte nach neuerer Rechtsprechung des BGH ebenfalls nicht mehr in Betracht kommen (BGH v. 23.1.2006 – II ZR 306/ 04, NJW-RR 2006, 827, 828 = ZIP 2006, 562). E 149

Teilnahmerecht | Der Gleichbehandlungsgrundsatz gebietet es, sämtlichen Gesellschaftern andererseits zumindest die Möglichkeit der Teilnahme an Kapitalerhöhungen in einem Umfang zu ermöglichen, der eine Wahrung ihrer Beteiligungsquote gewährleistet (*Ihrig* in Reichert, GmbH & Co. KG, § 22 Rz. 5). E 150

Erhöhung durch einzelne Gesellschafter | Grundsätzlich besteht nicht das Recht eines Gesellschafters, ohne Zustimmung der Mitgesellschafter eine Kapitalerhöhung zu leisten und damit deren Beteiligungen zu verwässern (*v. Falkenhausen/H.C. Schneider* in Münchener Hdb. Gesellschaftsrecht, Bd. 2, § 19 Rz. 3). Andererseits kann sich aber in den engen Grenzen der Treuepflicht im Einzelfall die Verpflichtung ergeben, an einer Kapitalerhöhung mitzuwirken, wenn hierdurch der Gesellschaft bspw. in einer finanziellen Notlage überlebenswichtiges Kapital zur Verfügung gestellt werden soll (BGH v. 19.3.2007 – II ZR 73/06, NJW-RR 2007, 832, 834 = ZIP 2007, 812). E 151

Modalitäten der Einlageleistung | Für die Leistung der weiteren Einlage infolge einer wirksam beschlossenen Kapitalerhöhung gelten dieselben Grundsätze wie für die Leistung der Ursprungseinlage. E 152

Verhältnis zur Haftsumme | Die Kapitalerhöhung selbst betrifft nur das Innenverhältnis und ist als solche nicht in das Handelsregister einzutragen. Wird mit der Kapitalerhöhung zugleich die Haftsumme eines Kommanditisten erhöht, ist dies jedoch anmelde- und eintragungspflichtig. Zur Wirkung für die Außenhaftung → *Haftung des Kommanditisten Rz. H 10.* E 153

b) Kapitalherabsetzung

Entsprechende Geltung der Grundsätze zur Kapitalerhöhung | Auch die Kapitalherabsetzung stellt im Innenverhältnis eine Änderung des Gesellschaftsvertrags dar, für die im Grundsatz das zur Kapitalerhöhung Gesagte entsprechend gilt. E 154

Verhältnis zur Haftsumme | Wird bei einem Kommanditisten zugleich die Haftsumme herabgesetzt, erlangt dies nach § 174 Halbs. 1 HGB gegenüber Neugläubigern erst Wirksamkeit, wenn die entsprechende Handelsregistereintragung erfolgt ist. Für Forderungen, die nach diesem Zeitpunkt begründet werden, haftet der Kommanditist nur bis zur Höhe der neuen Haftsumme. Gegenüber Altgläubigern gilt hingegen nach § 174 Halbs. 2 HGB die bisherige Haftsumme zunächst fort (vgl. im Einzelnen → *Haftung des Kommanditisten Rz. H 10*). Eine Enthaftung in Höhe des Herabsetzungsbetrags tritt jedoch insofern nach überzeugender Ansicht E 155 nach Ablauf der Nachhaftungsfrist von 5 Jahren gemäß § 160 HGB ein (zur Berechnung im Einzelnen → *Haftung des Komplementärs Rz. H 79ff.*).

6. Steuerrecht

a) Erhöhung des steuerlichen Eigenkapitals

E 156 **Bedeutung |** Einlagen des Gesellschafters in die GmbH & Co. KG erhöhen aus steuerlicher Sicht das Kapitalkonto des Gesellschafters sofern die jeweilige Einlage in das Gesellschaftsvermögen geleistet wird und dort zu einer Mehrung der dem Gläubigerzugriff unterliegenden Haftungsmasse führt (zum gesellschaftsrechtlichen Begriff der Einlage s. Rz. E 123). Damit haben (steuerliche) Einlagen immer dann eine Bedeutung, wenn die entsprechenden steuerlichen Vorschriften in ihren Voraussetzungen oder Rechtsfolgen auf das Kapitalkonto des Gesellschafters bzw. das steuerliche Eigenkapital der Gesellschaft abstellen (z.B. im Anwendungsbereich von § 15a EStG, vgl. Rz. E 158ff.). Ob eine (Sach-)Einlage in die Gesellschaft vorliegt ist zudem für die Abgrenzung zu Veräußerungsvorgängen (Übertragung gegen Einräumung einer Forderung gegen die Gesellschaft) von Bedeutung. Die Sacheinlage selbst kann als gegen Gewährung von Gesellschaftsrechten oder als unentgeltlich einzuordnen sein (Rz. E 162ff.).

E 157 **Definition |** Von einem steuerlichen (Eigen-)Kapitalkonto – und somit bei entsprechender Gutschrift auf dessen Konto: von einer Einlage – ist i.d.R. auszugehen, wenn auf diesem Konto Verlustanteile des Gesellschafters verbucht werden oder wenn das Konto im Fall des Ausscheidens des Gesellschafters oder der Liquidation der Gesellschaft in die Ermittlung des Abfindungsguthabens des Gesellschafters eingeht (vgl. BMF v. 11.7.2011 – IV C 6 - S 2178/09/10001, BStBl. I 2011, 713; BMF v. 30.5.1997 – IV B 2 - S 2241a - 51/93, BStBl. I 1997, 627 = GmbHR 1997, 718; BFH v. 19.3.2014 – X R 28/12, BStBl. II 2014, 629 = GmbHR 2014, 876 m. Anm. *Keller/Sundheimer* = FR 2014, 752 m. Anm. *Strahl* = GmbH-StB 2014, 251; BFH v. 16.10.2008 – IV R 98/06, BStBl. II 2009, 272 = GmbHR 2009, 274 m. Anm. *Müller/Marchand* = FR 2009, 578 m. Anm. *Kempermann* = GmbH-StB 2009, 37; BFH v. 15.5.2008 – IV R 46/05, BStBl. II 2008, 812 = GmbHR 2008, 998 m. Anm. *Bitz* = FR 2008, 1110 m. Anm. *Kempermann;* BFH v. 26.6.2007 – IV R 29/06, BStBl. II 2008, 103 = GmbHR 2008, 162 = FR 2008, 270 = GmbH-StB 2008, 34; *Ley*, KÖSDI 2014, 18891; *Ley*, KÖSDI 2014, 18843; *Wälzholz*, DStR 2011, 1815 [Teil 1] und 1861 [Teil 2]). In den klassischen Kontensystemen ist das i.d.R. der Fall, wenn die Gutschrift auf dem Kapitalkonto I oder dem Kapitalkonto II erfolgt (→ *Kontensystem*). Die **in das Handelsregister eingetragene Haftsumme** beeinflusst dagegen weder die Höhe des Kapitalkontos des Gesellschafters noch die Höhe des Eigenkapitals der Gesellschaft, und zwar unabhängig davon ob diese höher oder niedriger als die geleistete (Pflicht-)Einlage ist.

b) Bedeutung für den Verlustausgleich (§ 15a EStG)

E 158 **Grundsatz |** Verluste der GmbH & Co. KG sind nach allgemeinen Grundsätzen ertragsteuerlich den Gesellschaftern in Höhe des auf sie entfallenden Anteils zuzurechnen und zwar auch dann, wenn und soweit diese im Außenverhältnis als Kommanditisten in der Haftung beschränkt sind. Die Folgen der Haftungsbeschränkung regelt § 15a EStG. Die Vorschrift soll insbesondere sicherstellen, dass der in der Haftung beschränkte Gesellschafter diese Verluste erst dann mit seinen positiven Einkünften aus anderen Einkunftsquellen ausgleichen kann, wenn er mit diesen Verlusten auch wirtschaftlich belastet wird. Gesetzlicher Maßstab ist insoweit das steuerliche Kapitalkonto des Mitunternehmers: Nach § 15a Abs. 1 Satz 1 EStG ist der Verlustausgleich ausgeschlossen, soweit durch den Verlust ein negatives Kapitalkonto des Kommanditisten entsteht oder sich erhöht; der Verlust darf insoweit auch nicht nach § 10d EStG abgezogen werden. Allerdings kann der nicht ausgleichs- bzw. abzugsfähige Verlust mit Gewinnen, die dem Kommanditisten in späteren Wirtschaftsjahren aus seiner Beteiligung an der Kommanditgesellschaft zuzurechnen sind, verrechnet werden (§ 15 Abs. 2 EStG). Entscheidend ist dabei die am Bilanzstichtag tatsächlich geleistete Einlage (*Helde* in Hesselmann/Tillmann/Mueller-Thuns, Hdb. GmbH & Co. KG, Rz. 6.412; BFH v. 11.12.1990 – VIII R 8/87, BStBl. II 1992, 232. Zum steuerlichen Kapitalkonto für Zwecke des § 15a EStG vgl. BMF v. 30.5.1997 – IV B 2 - S 2241a - 51/93 II, BStBl. I 1997, 627, zu Finanzplandarlehen vgl. BFH v. 7.4.2005 – IV R 24/03, BStBl. II 2008, 812; H 15a EStH 2015 „Kapitalkonto").

Nachträgliche Einlagen | Einlagen, die nach dem Wirtschaftsjahr der Verlustentstehung erbracht werden, erhöhen zwar das Kapitalkonto des jeweiligen Gesellschafters; sie führen aber dennoch nicht dazu, dass ein vorhandener verrechenbarer Verlust vorheriger Wirtschaftsjahre ausgleichs- oder abzugsfähig wird (§ 15a Abs. 1a EStG). Zudem kann durch eine nachträgliche Einlage auch nicht mehr die Abzugsfähigkeit von Verluste nachfolgender Wirtschaftsjahre erreicht werden, soweit durch den jeweiligen Verlust (trotz der Einlage) ein negatives Kapitalkonto entsteht oder sich erhöht. Nachträgliche Einlagen können damit unter dem Gesichtspunkt der Verlustentstehung „ins Leere" gehen (zur Kritik vgl. *Wacker* in Schmidt, § 15a EStG Rz. 184: Regelung ist verfassungswidrig). Droht bei der GmbH & Co. KG ein Verlust und soll dessen Ausgleichs- bzw. Abzugsfähigkeit durch eine Einlage in das Gesellschaftsvermögen gesichert werden, ist somit unter dem Gesichtspunkt der Verlustnutzung dafür Sorge zu tragen, dass die Einlage im Jahr der Verlustentstehung wirksam erbracht wird. E 159

Haftsumme | Obwohl die in das Handelsregister eingetragene Haftsumme weder die Höhe des Kapitalkontos des Gesellschafters noch die Höhe des Eigenkapitals der Gesellschaft beeinflusst, hat die Haftsumme im Rahmen von § 15a EStG Bedeutung, sofern diese höher als die tatsächlich erbrachte Einlage ist. Da der Kommanditist in diesem Fall gegenüber den Gläubigern der Gesellschaft haftet, können seine Verluste bis zur Höhe des Betrages, um den die im Handelsregister eingetragene Einlage seine geleistete Einlage übersteigt, auch abgezogen werden, soweit durch den Verlust ein negatives Kapitalkonto entsteht oder sich erhöht (§ 15a Abs. 1 Satz 2 EStG). E 160

Rückzahlung der Einlage und Herabsetzung der Haftsumme | Erhält der Kommanditist seine Einlage zurückgezahlt (z.B. im Rahmen einer Kapitalherabsetzung), so ist darin steuerrechtlich eine Entnahme aus dem Gesellschaftsvermögen zu sehen, die das Kapitalkonto des Kommanditisten mindert. Der Betrag um den das Kapitalkonto negativ wird oder sich der Negativsaldo des Kapitalkontos erhöht, ist dem Kommanditisten als Gewinn zuzurechnen (§ 15a Abs. 3 Satz 1 EStG). Entsprechendes gilt bei der Herabsetzung der Haftsumme (§ 15a Abs. 3 Satz 3 EStG). I.E. soll verhindert werden, dass ein Verlustausgleich durch eine vorübergehende Einlage in das Betriebsvermögen oder eine vorübergehende Erhöhung der Haftsumme missbräuchlich in Anspruch genommen werden kann (vgl. *Wacker* in Schmidt, § 15a EStG Rz. 150). Daher kommt es zu einer Gewinnzurechnung nur dann, wenn durch die Einlagenrückgewähr die Haftung des Kommanditisten nicht wieder auflebt (§ 15a Abs. 3 Satz 1 EStG). Die Gewinnzurechnung ist zudem auf den Anteil des Verlustes aus der GmbH & Co. KG begrenzt, der im Wirtschaftsjahr den zehn vorangegangenen Jahren ausgleichs- oder abzugsfähig gewesen ist (§ 15a Abs. 3 Satz 1 EStG). E 161

c) Besonderheiten bei Sacheinlagen

E 162 **Abgrenzung der Sacheinlage zu Veräußerungen** | Die (Sach-)Einlage von Wirtschaftsgütern in das Gesellschaftsvermögen der GmbH & Co. KG ist zunächst von der Veräußerung der Wirtschaftsgüter durch den Gesellschafter abzugrenzen. Eine solche Veräußerung liegt vor, wenn dem übertragenden Gesellschafter im Gegenzug für die Übertragung der Wirtschaftsgüter eine Forderung gegen die Gesellschaft eingeräumt wird. Das kann auch die Gutschrift auf einem Gesellschafterkonto sein, wenn der Saldo auf diesem Konto aus Sicht der Gesellschaft Fremdkapital darstellt.

E 163 **Gewährung von Gesellschaftsrechten vs. unentgeltliche Einlagen** | Bei einer echten Sacheinlage (gegen Gutschrift auf einem Eigenkapitalkonto der Gesellschaft oder der gesamthänderisch gebundenen Rücklage) ist nach der neuern Rechtsprechung wie folgt zu differenzieren: Die Übertragung von Wirtschaftsgütern oder Sachgesamtheiten in Personengesellschaften gegen Buchung auf einem Gesellschafterkonto erfolgt für ertragssteuerliche Zwecke nur dann gegen Gewährung von Gesellschaftsrechten und damit entgeltlich, wenn ein Kapitalkonto angesprochen wird, nach dem sich die maßgebenden Gesellschaftsrechte, insbesondere das Gewinnbezugsrecht, richten (BFH v. 29.7.2015 – IV R 15/14, BStBl. II 2016, 593 = GmbHR 2016, 228 mit Anm. *Levedag* und BFH v. 4.2.2016 – IV R 46/12, BStBl. II 2016, 607 gegen BMF v. 11.7.2011 – IV C 6 - S 2178/09/10001, BStBl. I 2011, 713 = GmbHR 2011, 950). Dem ist die Finanzverwaltung inzwischen beigetreten, auf Antrag der Beteiligten mit einer Übergangsregelung für Übertragungen und Einbringung bis zum 31.12.2016 (BMF v. 26.7.2016 – IV C 6 - S 2178/09/10001, BStBl. I 2016, 684 = GmbHR 2016, 1064). I.d.R. ist eine Sacheinlage daher nur dann als gegen Gewährung von Gesellschaftsrechten einzuordnen, wenn die entsprechende Gutschrift auch auf dem Kapitalkonto I des einbringenden Gesellschafters gutgeschrieben wird. Erfolgt die Gutschrift dagegen ausschließlich auf dem Kapitalkonto II und/oder auf einem gesamthänderisch gebundenen Rücklagenkonto, so ist ertragssteuerlich von einer unentgeltlichen Übertragung (Einlage) auszugehen.

E 164–E 170 frei

Vertiefende Recherche

Wichtige Urteile und Erlasse

BGH v. 11.10.2011 – II ZR 242/09, NZG 2011, 1432 = ZIP 2011, 2299: Ausnahmsweise Pflicht des Treugebers zur Einlageleistung im Innenverhältnis bei „Quasi-Gesellschafterstellung".

BGH v. 1.3.2010 – II ZR 249/08, NZG 2010, 823 = GmbHR 2010, 814: Neubeginn der Verjährung von Einlageforderungen durch Mitwirkung des Schuldners an der Billigung des Jahresabschlusses.

BGH v. 25.5.2009 – II ZR 259/07, NZG 2009, 862 = ZIP 2009, 1373: Kapitalerhöhungsbeschluss mit Mehrheit zulässig, Nennung einer Obergrenze für Kapitalerhöhung im Gesellschaftsvertrag erforderlich.

BGH v. 19. 3. 2007 – II ZR 73/06, NJW-RR 2007, 832 = ZIP 2007, 812: Pflicht zur Mitwirkung an Kapitalerhöhungen nur in den engen Grenzen der Treuepflicht.

BGH v. 15.1.2007 – II ZR 245/05, NJW 2007, 1685 = GmbHR 2007, 437: Anwendung des Bestimmtheitsgrundsatzes auf Mehrheitsklauseln betreffend die Einlageerhöhung.

BGH v. 2.5.1966 – II ZR 219/63, NJW 1966, 1311: Anwendung des allgemeinen Kaufgewährleistungsrechts auf Sacheinlagen nur, soweit die dortigen Regelungen mit dem Wesen der Einbringung als Sacheinlage zu vereinbaren sind.

BFH v. 4.2.2016 – IV R 46/12, BStBl. II 2016, 607: Die Übertragung eines Wirtschaftsguts, das dem Gesellschafter einer Personengesellschaft gehört, in das Gesamthandsvermögen der Personengesellschaft ist nur dann als Veräußerung durch den Gesellschafter und als Anschaffung durch die Gesellschaft – und nicht als Einlage – zu werten, wenn sich der Vorgang seinem wirtschaftlichen Gehalt nach wie eine im Geschäftsverkehr zwischen Fremden übliche Veräußerung von einem Rechtssubjekt an ein anderes Rechtssubjekt darstellt.

BFH v. 29.7.2015 – IV R 15/14, BStBl. II 2016, 593: Überträgt der Kommanditist einer KG dieser ein Wirtschaftsgut, dessen Gegenwert allein seinem Kapitalkonto II gutgeschrieben wird, liegt keine Einbringung gegen Gewährung von Gesellschaftsrechten, sondern eine Einlage vor, wenn sich nach den Regelungen im Gesellschaftsvertrag der KG die maßgeblichen Gesellschaftsrechte nach dem aus dem Kapitalkonto I folgenden festen Kapitalanteil richten.

BMF v. 26.7.2016 – IV C 6 - S 2178/09/10001, BStBl. I 2016, 684: Einbringung eines Wirtschaftsguts in eine Personengesellschaft gegen Gutschrift auf dem sog. Kapitalkonto II.

Musterformulierungen

→ *Gesellschaftsverträge mit Erläuterungen Rz. G 138 ff.*

Weitere Stichwörter

→ *Darlehen*; → *Einbringung*; → *Haftung des Kommanditisten*; → *Kontensystem*; → *Sonderbetriebsvermögen*; → *Umwandlung, Steuerrecht*; → *Verluste*

Einpersonen-GmbH & Co. KG

Ausgewählte Literatur: *Fröhler*, Die Insichgeschäftsbeschränkung nach § 181 BGB bei der GmbH & Co. KG, BWNotZ 2005, 129.

1. Definition

E 171 Unbeschadet des Grundsatzes, dass eine Personengesellschaft auf dem vertraglichen Zusammenschluss von mindestens zwei Gesellschaftern zur Erreichung eines gemeinsamen Zwecks (§ 705 BGB) beruht (vgl. hierzu OLG Jena v. 31.8.2011 – 6 W 188/11, GmbHR 2011, 1204, 1205), ist auch die Gründung einer sog. Einpersonen-GmbH & Co. KG möglich und heutzutage allgemein anerkannt (vgl. *Lüke* in Hesselmann/Tillmann/Mueller-Thuns, Hdb. GmbH & Co. KG, Rz. 3.57). Diese rechtstechnische Sonderform der GmbH & Co. KG liegt vor, wenn der **Alleingesellschafter der Komplementär-GmbH zugleich alleiniger Kommanditist** der GmbH & Co. KG ist. Insofern hat die GmbH & Co. KG mit der Komplementär-GmbH und dem Kommanditisten unmittelbar zwar weiterhin zwei rechtlich voneinander unabhängige Gesellschafter, mittelbar sind die beiden Gesellschafter aber durch denselben Alleingesellschafter (der im Fall einer natürlichen Person oftmals auch zugleich der Alleingeschäftsführer ist) miteinander verzahnt. Aufgrund der lediglich mittelbaren Verzahnung begründet diese Konstellation keinen Verstoß gegen den Grundsatz der Einheitlichkeit des Gesellschaftsanteils (zur Unzulässigkeit von gleichzeitiger Rechtsstellung als Komplementär und Kommanditist vgl. OLG Jena v. 31.8.2011 – 6 W 188/11, GmbHR 2011, 1204, 1205).

2. Motive

E 172 Ein Motiv für die Errichtung einer sog. Einpersonen-GmbH & Co. KG kann etwa die Einbindung der GmbH & Co. KG als Tochtergesellschaft in eine bestehende **Konzernstruktur** sein (→ *Konzernbaustein GmbH & Co. KG*). Aber auch der **Einzelkaufmann,** der künftig lediglich noch haftungsbeschränkt handeln will, kann Grund für die Errichtung einer Einpersonen-GmbH & Co. KG haben. Im Übrigen sind es oftmals auch **steuerliche Gründe,** die diese Gestaltung als Alternative zur Einmann-GmbH erscheinen lassen (z.B. Besteuerung als Personengesellschaft, Buchwertübertragung).

3. Abgrenzung

E 173 **Einheitsgesellschaft/Beteiligungsidentische GmbH & Co. KG** | Begriffstechnisch gilt es die Einpersonen-GmbH & Co. KG insbesondere zu unterscheiden von der sog. Einheits-GmbH & Co. KG, bei der die Kommanditgesellschaft selbst Alleingesellschafterin der Komplementär-GmbH ist (→ *Einheitsgesellschaft*) und von der sog. beteiligungsidentischen GmbH & Co. KG, bei der die Gesellschafter der Komplementär-GmbH und die Kommanditisten zwar ebenfalls personenidentisch und beteiligungsidentisch sind, jedoch mit dem Unterschied, dass es sich dabei nicht nur um eine, sondern um mehrere Personen (z.B. eine Familie) handelt (→ *Beteiligungsidentische GmbH & Co. KG*).

Publikums-KG | Den Gegenpol zur Einpersonen-GmbH & Co. KG bildet die Publikums-KG. Sie verfügt im Gegensatz zur Einpersonen-GmbH & Co. KG über eine Vielzahl von Kommanditisten als Kapitalgeber, die in der Regel aber weder zur Geschäftsführung befugt noch als Gesellschafter an der Komplementär-GmbH beteiligt sind (→ *Publikums-KG*). E 174

4. Gründung

Die Gründung der Einpersonen-GmbH & Co. KG erfolgt **in zwei Schritten**. Zunächst gründet eine Person als Alleingesellschafter die Komplementär-GmbH und bestellt sich (ggf.) auch zu ihrem alleinigen, von den Beschränkungen des § 181 BGB befreiten Geschäftsführer. Anschließend schließt dieselbe Person – handelnd sowohl im eigenen Namen als auch im Namen der Komplementär-GmbH – zwischen der Komplementär-GmbH und sich selbst einen Gesellschaftsvertrag ab und meldet als Geschäftsführer der Komplementär-GmbH sowie als Kommanditist gemäß §§ 161 Abs. 2, 106 HGB die GmbH & Co. KG zur Eintragung im Handelsregister an (vgl. auch *Lüke* in Hesselmann/Tillmann/Mueller-Thuns, Hdb. GmbH & Co. KG, Rz. 3.57). Erfolgt die Gründung der Kommanditgesellschaft durch eine sog. Komplementär-GmbH i.Gr. im selben Notartermin, ist jedoch zu prüfen, ob aufgrund der sog. „Stehen- und Fallen"-Rechtsprechung des Bundesgerichtshofs neben dem Gesellschaftsvertrag der Komplementär-GmbH ausnahmsweise auch der der Kommanditgesellschaft der notariellen Beurkundung bedarf (→ *Gründung*). E 175

Kapitalaufbringung | Im Rahmen der Einpersonen-Gründung gilt es darauf zu achten, dass insbesondere die Vorschriften zur Kapitalaufbringung (§§ 5, 19ff. GmbHG) bei der Komplementär-GmbH eingehalten werden. Dies gilt insbesondere dann, wenn die an die Komplementär-GmbH gezahlten Einlagemittel unmittelbar an die ebenfalls vom Gesellschafter beherrschte Kommanditgesellschaft weiterfließen (vgl. BGH v. 10.12.2007 – II ZR 180/06, GmbHR 2008, 2003 = GmbH-StB 2008, 71 und OLG Schleswig v. 9.5.2012 – 2 W 37/12, GmbHR 2012, 908, 911 = GmbH-StB 2012, 239). E 176

Befreiung von den Beschränkungen des § 181 BGB | Befinden sich alle Geschäftsanteile einer GmbH in der Hand eines Gesellschafters oder daneben in der Hand der Gesellschaft und ist er zugleich deren alleiniger Geschäftsführer, so ist gemäß § 35 Abs. 3 Satz 1 GmbHG auf seine Rechtsgeschäfte mit der Gesellschaft § 181 BGB anzuwenden. Nicht zuletzt aus diesem Grund sollte der Alleingesellschafter zur Sicherung der Funktionsfähigkeit der beiden Gesellschaften darauf achten, dass er sich selbst sowohl (durch entsprechende Regelung im Gesellschaftsvertrag) bei der Komplementär-GmbH als auch die Komplementär-GmbH und sich selbst im Gesellschaftsvertrag der GmbH & Co. KG von vornherein jeweils umfassend von den Beschränkungen des § 181 BGB befreit und diese Befreiung umgehend auch in das Handelsregister eingetragen wird (vgl. auch *Fröhler*, BWNotZ 2005, 129; *Gummert* in Münchener Hdb. Gesellschaftsrecht, Bd. 2, § 51 Rz. 2 und *Liebscher* in Reichert, GmbH & Co. KG, § 3 Rz. 8 m.w.N.). Andernfalls besteht die Gefahr, dass Rechtsgeschäfte zwischen ihm und einer der beiden Gesellschaften, aber auch zwischen den beiden Gesellschaften selbst, nicht rechtswirksam abgeschlossen werden können. E 177

Beispielsformulierung für den KG-Gesellschaftsvertrag:

Der persönlich haftenden Gesellschafterin und ihren jeweiligen Geschäftsführern ist es jeweils gestattet, im Namen der GmbH & Co. KG mit sich im eigenen Namen oder als Vertreter eines Dritten Rechts-

geschäfte vorzunehmen (Befreiung von den Beschränkungen des § 181 BGB). (vgl. auch *Herrler* in Hauschild/Kallrath/Wachter, Notarhandbuch Gesellschafts- und Unternehmensrecht, Rz. 251).

E 178 **Schriftform** | Gemäß § 35 Abs. 3 Satz 2 GmbHG sind Rechtsgeschäfte zwischen einer Person und der von ihr vertretenen GmbH, auch wenn die Person nicht ihr alleiniger Geschäftsführer ist, unverzüglich nach deren Vornahme in eine Niederschrift aufzunehmen. Daher sollte auch der Gesellschaftsvertrag der Einpersonen-GmbH & Co. KG, soweit kein strengeres Formerfordernis einzuhalten ist, schriftlich abgeschlossen werden (ähnlich wohl *Lüke* in Hesselmann/Tillmann/Mueller-Thuns, Hdb. GmbH & Co. KG, Rz. 3.57).

5. Beschlussfassungen

E 179 Aus Gründen der Transparenz und zur Vermeidung einer möglichen Nichtigkeit der Gesellschafterbeschlüsse aufgrund eines Verstoßes gegen das Trennungsprinzip ist es ratsam, trotz Personenidentität beim Gesellschafter für die Komplementär-GmbH und die Kommanditgesellschaft keine Einheitsversammlung abzuhalten, sondern die Beschlussfassungen in der Komplementär-GmbH und der Kommanditgesellschaft sowohl zeitlich voneinander zu trennen als auch getrennt zu protokollieren (vgl. OLG Jena v. 10.10.2012 – 2 U 168/12 zur Einheits-GmbH & Co. KG, unveröffentlicht; a.A. wohl *K. Schmidt* in Scholz, Anhang zu § 45 GmbHG Rz. 60).

6. Haftung

E 180 **Außenhaftung** | Die Stellung des Vertreters einer GmbH & Co. KG als Gesellschafter und Alleingeschäftsführer der Komplementär-GmbH und zugleich als Kommanditist der Kommanditgesellschaft reicht nach Auffassung des Bundesgerichtshofs allein noch nicht aus, um seine Haftung aus Verhandlungsverschulden wegen unmittelbaren wirtschaftlichen Eigeninteresses zu begründen. Eine entsprechende Wertung stünde im Widerspruch zu dem auf der rechtlichen Verselbständigung der Kommanditgesellschaft als Haftungssubjekt beruhenden Prinzip der beschränkten Kommanditistenhaftung gemäß §§ 171 Abs. 1, 172 Abs. 4 HGB (vgl. BGH v. 5.10.1988 – VIII ZR 325/87, MDR 1989, 57, 58 = GmbHR 1988, 480).

E 181 **Binnenhaftung** | Die sonstige (Binnen-)Haftung nach den gesetzlichen Vorschriften insbesondere als Gesellschafter und Geschäftsführer der Komplementär-GmbH einerseits und als Kommanditist der Kommanditgesellschaft andererseits bleibt hiervon unberührt. In diesem Zusammenhang gilt es insbesondere bei der Einpersonen-GmbH & Co. KG für den Alleingesellschafter und -geschäftsführer sorgsam die Grundsätze zur Aufbringung und Erhaltung des Kapitalschutzes bei der Komplementär-GmbH (§§ 5, 19 ff., 30 f. GmbHG) und der Kommanditgesellschaft (§§ 171 Abs. 1, 172 Abs. 4 HGB) zu beachten.

Beispiel:

Führt etwa eine Leistung aus dem Vermögen der Kommanditgesellschaft an den Alleingesellschafter zur Aushöhlung des Vermögens der Kommanditgesellschaft und zugleich zu einem Absinken der Stammkapitalziffer der Komplementär-GmbH oder gar zu ihrer bilanziellen Überschuldung, droht dem Alleingesellschafter sowohl in seiner Eigenschaft als GmbH-Geschäftsführer als auch in seiner Eigenschaft als Gesellschafter der Komplementär-GmbH die persönliche Haftung (vgl. BGH v. 9.12.2014 – II ZR 360/13, GmbHR 2015, 248, 249 f.).

7. Anteilsvereinigung

Vereinigen sich nachträglich die beiden Gesellschaftsanteile, die von der Komplementär-GmbH und dem Kommanditisten an der GmbH & Co. KG gehalten werden, in der Hand der einen Person, erlischt die Gesellschaft ohne Liquidation im Wege der Anwachsung und das Vermögen der Kommanditgesellschaft geht von Gesetzes wegen im Wege der Gesamtrechtsnachfolge auf den Alleingesellschafter als Kommanditisten über (vgl. BGH v. 10.5.1978 – VIII ZR 32/77, GmbHR 1978, 253 und *Cranshaw*, jurisPR-HaGesR 11/2011 Anm. 1 [→ *Anwachsung*]). E 182

frei E 183–E 190

Vertiefende Recherche

Wichtige Urteile und Erlasse

BFH v. 26.6.2014 – IV R 31/12, DStRE 2015, 1: Buchwertübertragung – keine Sperrfristverletzung bei Einmann-GmbH & Co. KG.

BGH v. 9.12.2014 – II ZR 460/13, GmbHR 2015, 248: Haftung des Geschäftsführers der Komplementär-GmbH und des (auch) Gesellschafters der Komplementär-GmbH bei verbotener Auszahlung.

BGH v. 10.12.2007 – II ZR 180/06, GmbHR 2008, 2003: Nichterfüllung der Einlageforderung bei Weiterleitung als „Darlehen" an die von dem oder den Inferenten beherrschten Kommanditgesellschaft.

BGH v. 5.10.1988 – VIII ZR 325/87, MDR 1989, 57: Keine Haftung aus Verhandlungsverschulden wegen unmittelbaren wirtschaftlichen Eigeninteresses allein aufgrund Einpersonen-GmbH & Co. KG.

OLG Celle v. 7.11.2012 – 7 W 26/12 (L), NJOZ 2013, 1121: Kein ausübender Landwirt nach dem Grundstücksverkehrsgesetz bei Nutzungseinbringung landwirtschaftlicher Nutzflächen allein aufgrund Einpersonen-GmbH & Co. KG.

OLG Schleswig v. 9.5.2012 – 2 W 37/12, GmbHR 2012, 908: Anwendbarkeit von § 19 Abs. 5 GmbHG bei Einpersonen-GmbH & Co. KG.

OLG Jena v. 31.8.2011 – 6 W 188/11, GmbHR 2011, 1204: Persönlich haftender Gesellschafter kann nicht zugleich Kommanditist einer Kommanditgesellschaft sein.

Musterformulierungen

Herrler in Hauschild/Kallrath/Wachter, Notarhandbuch Gesellschafts- und Unternehmensrecht, 2011, Rz. 251 (Befreiung von den Beschränkungen des § 181 BGB)

Weitere Stichwörter

→ *Anwachsung*; → *Beteiligungsidentische GmbH & Co. KG*; → *Einheitsgesellschaft*; → *Gründung*; → *Konzernbaustein GmbH & Co. KG*; → *Publikums-KG*

Eintritt eines neuen Gesellschafters

Ausgewählte Literatur: *Binz/Mayer*, Beurkundungspflichten bei der GmbH & Co. KG, NJW 2002, 3054; *Reimer/Anja Marx*, Die Vertretung Minderjähriger beim Erwerb von Gesellschaftsbeteiligungen, NJW 2005, 3025; *Wendt*, Teilanteilsübertragung und Aufnahme eines Gesellschafters in ein Einzelunternehmen nach den Änderungen des EStG durch das UntStFG, FR 2002, 127.

1. Einführung/Abgrenzung

E 191 **Beitritt zu bestehender KG** | Dieses Kapitel behandelt den Beitritt eines weiteren Gesellschafters zu einer bestehenden GmbH & Co. KG unter Lebenden. Dabei ist zu differenzieren zwischen dem Beitritt zur KG selbst und demjenigen zur Komplementär-GmbH. Beide gehen in der Regel mit einer Erhöhung des Gesellschaftskapitals einher. Für den Eintritt im Wege der Erbfolge → *Nachfolge von Todes wegen*, für die Übertragung eines Gesellschaftsanteils → *Übertragung von Gesellschaftsanteilen*.

2. Beitrittsvertrag

E 192 **Vertragsänderung** | Der Beitritt stellt (regelmäßig) eine Änderung des Gesellschaftsvertrags dar (BGH v. 3.11.1997 – II ZR 353/96, NJW 1998, 1225 f.; *Westermann* in Westermann/Wertenbruch, Hdb. Personengesellschaften, Rz. I 1008; *Roth* in Baumbach/Hopt, § 105 HGB Rz. 67; abweichende Gestaltungen sind insb. bei Publikumsgesellschaften denkbar, vgl. BGH v. 6.12.1982 – II ZR 70/82, MDR 1983, 559) und vollzieht sich durch Abschluss eines entsprechenden Beitrittsvertrags. Hiervon abzugrenzen ist die ggf. separate Beitrittsentscheidung im Innenverhältnis, die je nach Regelung bspw. durch Gesellschafterbeschluss vorgenommen werden kann (Rz. E 203 f.).

E 193 **Parteien** | Der Beitrittsvertrag ist ein schuldrechtlicher Vertrag, der zwischen dem Beitretenden und sämtlichen Bestandsgesellschaftern (Komplementär[e] + Kommanditisten) abgeschlossen wird (BGH v. 1.3.2011 – II ZR 16/10, MDR 2011, 676). Die KG selbst ist nicht beteiligt (BGH v. 11.2.1980 – II ZR 41/79, GmbHR 1981, 186 f.; *Reichert/Ullrich* in Reichert, GmbH & Co. KG, § 28 Rz. 3), da sich die Veränderung ausschließlich auf Ebene ihrer Gesellschafter vollzieht. Eine Beteiligung der KG ist allenfalls an einem – vom Beitrittsvertrag jedoch zu unterscheidenden – Einbringungsvertrag erforderlich, mit dem der Einlagegegenstand auf die KG übertragen wird.

E 194 **Inhalt** | Der Vertrag regelt die Modalitäten des Beitritts, insb. den Zeitpunkt (Rückwirkung ist allerdings nur schuldrechtlich im Innenverhältnis möglich, vgl. *Piehler/Schulte* in Münchener Hdb. Gesellschaftsrecht, Bd. 2, § 34 Rz. 2 a.E.), ggf. aufschiebende Bedingungen

(Rz. E 206), die Einlage, den Kapitalanteil und die künftige Stellung als Kommanditist oder Komplementär (ausführlich zu möglichen Regelungsgegenständen *Piehler/Schulte* in Münchener Hdb. Gesellschaftsrecht, Bd. 2, § 34 Rz. 20ff.). Im Übrigen bzw. alternativ kann weitgehend auf die für den Beitretenden künftig entsprechend geltenden Regelungen des Gesellschaftsvertrags verwiesen werden (vgl. *Westermann* in Westermann/Wertenbruch, Hdb. Personengesellschaften, Rz. I 1008). Sofern anlässlich des Beitritts inhaltliche Anpassungen des Gesellschaftsvertrags erforderlich sind, können diese ebenfalls im Beitrittsvertrag geregelt werden; zweckmäßigerweise geschieht dies durch Neufassung des Vertrags gemäß einer als Anlage beizufügenden konsolidierten Vertragsfassung.

Allgemeine Formerfordernisse | Der Beitrittsvertrag ist grundsätzlich formfrei, sollte aber aus Gründen der Nachweisbarkeit – und bei einem gesellschaftsvertraglichen Schriftformerfordernis zwingend – mindestens schriftlich abgeschlossen werden. Abweichend hiervon können sich in bestimmten Konstellationen weitergehende Formerfordernisse ergeben (vgl. auch entsprechend → *Übertragung von Gesellschaftsanteilen Rz. U 7ff.*): E 195

(Mittelbare) Übertragung von Grundbesitz | Verpflichtet sich der Beitretende zur Übertragung eines Grundstücks als Sacheinlage, ist der Beitrittsvertrag gemäß § 311b Abs. 1 Satz 1 BGB notariell zu beurkunden (*Reichert/Ullrich* in Reichert, GmbH & Co. KG, § 28 Rz. 4). Der Mangel der Beurkundung wird allerdings gemäß § 311b Abs. 1 Satz 2 BGB durch Grundbucheintragung geheilt. Demgegenüber löst es noch keine Beurkundungspflicht aus, wenn die KG, zu der der Beitritt erfolgt, ihrerseits über Grundbesitz verfügt (BGH v. 31.3.1983 – II ZR 288/81, BGHZ 86, 367, 369f.; *Westermann* in Westermann/Wertenbruch, Hdb. Personengesellschaften, Rz. I 1016). Auch ein im Unternehmensgegenstand niedergelegter Grundstückshandel bewirkt keine Beurkundungspflicht, sofern der Gesellschaftszweck allgemein auf Grundstückshandel und nicht auf den Erwerb eines bestimmten Grundstücks gerichtet ist (*Binz/Mayer*, NJW 2002, 3054, 3056). Allerdings soll die Beurkundungspflicht beim Beitritt zu einer Grundstückshandels-KG nach umstrittener Ansicht nur dann entfallen, wenn Gesamtgeschäftsführung durch sämtliche Gesellschafter vereinbart ist (vgl. *Schwanecke*, NJW 1984, 1585, 1589f.; *Reichert/Ullrich* in Reichert, GmbH & Co. KG, § 28 Rz. 5). Da dies in der GmbH & Co. KG in aller Regel nicht der Fall ist (vgl. auch § 164 HGB), sollte eine Beurkundung im Zweifel zur Sicherheit vorgenommen werden. E 196

Übertragung von GmbH-Anteilen | Enthält der Beitrittsvertrag oder der Gesellschaftsvertrag selbst eine – auch bedingte – Verpflichtung zur Übertragung bzw. zum Erwerb von GmbH-Anteilen, ergibt sich eine Beurkundungspflicht aus § 15 Abs. 4 Satz 1 GmbHG (*Reichert/Ullrich* in Reichert, GmbH & Co. KG, § 28 Rz. 8). Das ist in der beteiligungsidentischen GmbH & Co. KG häufig der Fall, sofern hier durch Gleichlaufklauseln eine quotenidentische Beteiligung sämtlicher Gesellschafter an KG und Komplementär-GmbH sichergestellt wird (→ *Beteiligungsidentische GmbH & Co. KG Rz. B 115ff.*; vgl. auch → *Übertragung von Gesellschaftsanteilen Rz. U 9*). E 197

Schenkung | Weiterhin kann der unentgeltliche Beitritt ggf. als Schenkung qualifiziert werden, was zu einer Beurkundungspflicht nach § 518 Abs. 1 Satz 1 BGB führt. Ob das auch für die Übernahme der stets mit einer vollumfänglichen persönlichen Haftung (= als „Gegenleistung") verbundenen Komplementärstellung gilt, ist fraglich und darf insbesondere in der GmbH & Co. KG bezweifelt werden, da hier die Komplementärstellung regelmäßig nicht mit einem über die Haftungsvergütung hinausgehenden Vermögenswert verbunden ist (gegen Beurkundung BGH v. 26.3.1981 – IVa ZR 154/80, NJW 1981, 1956f.; a.A. je nach Lage des E 198

Falles *Piehler/Schulte* in Münchener Hdb. Gesellschaftsrecht, Bd. 2, § 34 Rz. 14). Zumindest die unentgeltliche Einräumung der eher kapitalistisch geprägten Kommanditistenstellung lässt sich (jedenfalls bei gleichzeitiger schenkweiser Volleinzahlung der Einlage) ohne Friktionen als Schenkung einordnen, so dass insofern ein Beurkundungserfordernis anzunehmen ist (BGH v. 2.7.1990 – II ZR 243/98, BGHZ 112, 40, 44 ff.). Ein Formmangel wird jedoch durch Vollzug des Beitritts gemäß § 518 Abs. 2 BGB geheilt. Das ist entweder schon mit Abschluss des Beitrittsvertrags oder (bei aufschiebend bedingtem Beitritt s. Rz. E 206) mit Registereintragung des Kommanditisten der Fall, weshalb die Problematik wenig Praxisrelevanz besitzen dürfte (so auch *Reichert/Ullrich* in Reichert, GmbH & Co. KG, § 28 Rz. 7).

E 199 **Gesellschaftsvertragliche Formerfordernisse |** Schließlich können Formerfordernisse auch gesellschaftsvertraglich vereinbart sein (so insb. die Schriftform, um eine Nachweisbarkeit zu gewährleisten). Ob ein Verstoß hiergegen allerdings zur Unwirksamkeit des Beitritts führt oder lediglich schuldrechtliche Folgen hat, ist im Einzelfall durch Auslegung zu ermitteln.

E 200 **Folgen bei Formmangel |** Leidet der Beitrittsvertrag an einem Formmangel, ist er grundsätzlich nach § 125 BGB nichtig. Wurde der Beitritt faktisch vollzogen, findet wohl nach noch h.M. die Lehre der fehlerhaften Gesellschaft Anwendung, so dass der Beitritt für die Vergangenheit als wirksam behandelt wird, für die Zukunft jedoch ein Lösungsrecht anzunehmen ist (→ *Übertragung von Gesellschaftsanteilen Rz. U 21*).

E 201 **Sonderfall: Minderjährige, Betreute |** Weitere formelle Besonderheiten sind zu beachten, wenn Minderjährige oder unter Betreuung stehende Personen beitreten. In diesem Fall ist gemäß §§ 1822 Nr. 3, 1643 Abs. 1, 1908i BGB eine familien- bzw. betreuungsgerichtliche Genehmigung zum Beitritt erforderlich (*Reichert/Ullrich* in Reichert, GmbH & Co. KG, § 28 Rz. 9), nach hergebrachter Ansicht auch wenn lediglich eine Kommanditistenstellung angestrebt wird (BGH v. 30.4.1955 – II ZR 202/53, BGHZ 17, 160, 165; a.A. aber für Schenkung eines volleingezahlten Kommanditanteils bspw. *Maier-Reimer/Anja Marx*, NJW 2005, 3025 f.). Sind die Eltern eines Minderjährigen (oder der Betreuer eines Betreuten) selbst an der KG beteiligt, sind sie zudem gemäß §§ 181, 1629 Abs. 2, 1795 Abs. 2 BGB von der gesetzlichen Vertretung ausgeschlossen. In diesem Fall ist für den Minderjährigen (bzw. den Betreuten) ein Ergänzungspfleger gerichtlich zu bestellen (*Piehler/Schulte* in Münchener Hdb. Gesellschaftsrecht, Bd. 2, § 34 Rz. 4).

E 202 frei

3. Beitrittsentscheidung im Innenverhältnis

E 203 **Gesellschafterbeschluss, abweichende Regelungen |** Im Gesellschaftsvertrag können die Modalitäten für den künftigen Beitritt weiterer Gesellschafter bereits (ganz oder teilweise) geregelt werden. Häufigste Regelung dürfte insofern die Entscheidung durch Mehrheitsbeschluss sein. Alternativ kann die Beitrittsentscheidung aber auch einem anderen Gesellschaftsorgan (Geschäftsführung, Beirat) oder sogar einem Dritten übertragen werden. Zudem ist es möglich, die Aufnahme auf konkrete Personen oder bestimmte Personengruppen (bspw. Abkömmlinge eines Gesellschafters) zu beschränken oder für sie eine konkrete Aufnahmepflicht vorzusehen, die auch als Vertrag zugunsten Dritter (§ 328 BGB) ausgestaltet werden kann (zum Ganzen *Reichert/Ullrich* in Reichert, GmbH & Co. KG, § 28 Rz. 11 f.).

Verhältnis zum Beitrittsvertrag | Die Beitrittsentscheidung ist nicht mit dem Beitrittsvertrag gleichzusetzen. Dieser ist – gleichsam als Umsetzung der getroffenen Beitrittsentscheidung – im Grundsatz wie dargelegt (Rz. E 192 f.) zwischen sämtlichen bisherigen Gesellschaftern und dem Beitretenden abzuschließen. Allerdings kann mit der Delegation der Beitrittsentscheidung – insbesondere auf ein von den Gesellschaftern verschiedenes Organ – zugleich die Erteilung einer Abschlussvollmacht für den Beitrittsvertrag verbunden werden (BGH v. 17.11.1975 – II ZR 120/74, BB 1976, 154; *Piehler/Schulte* in Münchener Hdb. Gesellschaftsrecht, Bd. 2, § 34 Rz. 18). Dies kann ggf. konkludent geschehen, aus Gründen der Rechtssicherheit sollte aber im Zweifel eine ausdrückliche Vollmacht erteilt werden (*Reichert/Ullrich* in Reichert, GmbH & Co. KG, § 28 Rz. 12). E 204

4. Haftung des Beitretenden

Geltung der allgemeinen Grundsätze | Die Haftung des Beitretenden erstreckt sich grundsätzlich auf alle bis zu seinem Beitritt begründeten Altverbindlichkeiten sowie auf sämtliche hinzukommenden Neuverbindlichkeiten (*Reichert/Ullrich* in Reichert, GmbH & Co. KG, § 28 Rz. 15 f.). Abweichende Vereinbarungen im Innenverhältnis sind Dritten gegenüber unwirksam (§§ 130 Abs. 2, 173 Abs. 2 HGB). Der Haftungsumfang richtet sich nach allgemeinen Grundsätzen, so dass beitretende Komplementäre unbegrenzt (→ *Haftung des Komplementärs Rz. H 61*), Kommanditisten nur bis zur Höhe ihrer Haftsumme (→ *Haftung des Kommanditisten Rz. H 6*) haften. E 205

Unbeschränkte „Interimshaftung", § 176 HGB | Für Kommanditisten gilt zudem gemäß § 176 Abs. 1, 2 HGB die Besonderheit, dass sie für Verbindlichkeiten, die im Interimszeitraum zwischen Beitritt und Handelsregistereintragung als Kommanditist begründet werden, gegenüber gutgläubigen Dritten unbeschränkt haften (*Reichert/Ullrich* in Reichert, GmbH & Co. KG, § 28 Rz. 17). Dem wirkt die Kautelarpraxis regelmäßig dadurch entgegen, dass der Beitritt eines Kommanditisten aufschiebend bedingt auf seine Registereintragung erklärt wird. Dadurch wird das Entstehen des vorstehend beschriebenen Interimszeitraums faktisch ausgeschlossen und eine – auch nur vorübergehende – Vollhaftung verhindert (zum Ganzen auch → *Übertragung von Gesellschaftsanteilen Rz. U 31*). E 206

5. Registeranmeldung

Erforderliche Angaben | Der Beitritt eines neuen Gesellschafters ist gemäß § 107 HGB durch ihn und sämtliche Altgesellschafter zur Eintragung ins Handelsregister anzumelden (*Westermann* in Westermann/Wertenbruch, Hdb. Personengesellschaften, Rz. I 1021). Dabei sind Name, Vorname, Geburtsdatum und Wohnort des Beitretenden anzugeben. Zudem ist klarzustellen, ob der Beitritt als Komplementär oder Kommanditist erfolgt und bei Kommanditisten die Haftsumme – die nicht notwendig mit der Einlage im Innenverhältnis korrespondiert (→ *Einlagen und Haftsummen Rz. E 22*) – anzugeben. E 207

6. Steuerliche Folgen des unentgeltlichen Eintritts eines neuen Gesellschafters

E208 **Eintritt einer natürlichen Person |** Tritt ein Mitunternehmer unentgeltlich, d.h. ohne Leistung einer Einlage oder Erbringung einer sonstigen Gegenleistung, in eine GmbH & Co. KG ein, mindern sich die Beteiligungsrechte der bisherigen Gesellschafter. Gleichzeitig erwirbt der neu eintretende Gesellschafter im Zuge des Eintritts Beteiligungsrechte an der GmbH & Co. KG. Wirtschaftlich betrachtet stellt der unentgeltliche Eintritt eines neuen Gesellschafters eine unentgeltliche Übertragung eines Teils der Mitunternehmeranteile durch die bisherigen Gesellschafter an den neu eintretenden Gesellschafter dar. Hierauf ist § 6 Abs. 3 Satz 1 Halbsatz 2 EStG anwendbar (vgl. *Gratz* in Herrmann/Heuer/Raupach, EStG/KStG, § 6 EStG Rz. 1367).

E209 **Wertansatz |** Nach § 6 Abs. 3 Satz 1 EStG sind die Wirtschaftsgüter der Personengesellschaft weiterhin zwingend mit dem **Buchwert** anzusetzen (vgl. *Wacker* in Schmidt, § 6 EStG Rz. 662). Der unentgeltliche Eintritt einer natürlichen Person in eine GmbH & Co. KG führt damit nicht zur Realisierung eines steuerlichen Gewinns.

E210 **Behaltefrist nach § 6 Abs. 3 EStG |** Der Eintritt eines neuen Gesellschafters erfolgt auch dann zum Buchwert, wenn die bisherigen Gesellschafter wesentliche Betriebsgrundlagen des Sonderbetriebsvermögens zurückbehalten und nicht ebenfalls quotal auf den Eintretenden übertragen (§ 6 Abs. 3 Satz 2 EStG). Jedoch ist in diesen Fällen die **fünfjährige Behaltefrist** für den eintretenden Gesellschafter zu beachten (§ 6 Abs. 3 Satz 2 Halbs. 2 EStG). Innerhalb dieser Behaltefrist darf der neu eintretende Gesellschafter den erhaltenen Mitunternehmeranteil nicht aufgeben oder veräußern. Ebenso stellen nach Auffassung der Finanzverwaltung die Einbringung des Mitunternehmeranteils des neu eintretenden Mitunternehmers zu gemeinen Werten oder zu Zwischenwerten gemäß §§ 20, 24 UmwStG und ein Formwechsel nach § 25 UmwStG einen Sperrfristverstoß dar (BMF v. 3.3.2005, BStBl. I 2005, 458, Rz. 13). Die fünfjährige Behaltefrist beginnt mit dem Übergang des wirtschaftlichen Eigentums hinsichtlich des übernommenen Mitunternehmeranteils (Übergang von Nutzen und Lasten; vgl. BMF v. 3.3.2005, BStBl. I 2005, 458, Rz. 11). Ein Verstoß gegen die Behaltefrist führt zu einem rückwirkenden Ansatz der Teilwerte auf den Übertragungsstichtag.

E211 **Eintritt einer Körperschaft |** Ausdrücklich nicht von § 6 Abs. 3 EStG erfasst ist die unentgeltliche Aufnahme einer Körperschaft in die GmbH & Co. KG. Der Eintritt einer Körperschaft in eine GmbH & Co. KG wird regelmäßig zu einer steuerlichen Gewinnrealisierung führen, entweder weil eine verdeckte Einlage (§ 6 Abs. 6 Satz 2 EStG), eine Entnahme der anteiligen Wirtschaftsgüter oder eine unentgeltliche Übertragung aus betrieblichen Gründen (§ 6 Abs. 4 EStG) vorliegt (vgl. *Wendt*, FR 2002, 127, 136 f.).

7. Steuerliche Folgen des Eintritts gegen Leistung in das Gesellschaftsvermögen

E212 **Fiktive Einbringung nach § 24 UmwStG |** Tritt ein neuer Gesellschafter in eine bestehende Personengesellschaft gegen Bar- oder Sacheinlage in das Gesellschaftsvermögen ein, fällt dieser Vorgang unter § 24 UmwStG (vgl. BMF v. 11.11.2011, BStBl. I 2011, 1314 Rz. 01.47; *Wacker* in Schmidt, § 16 EStG Rz. 562). Steuerlich wird eine Einbringung der Mitunternehmeranteile durch die Altgesellschafter in eine neue, um die Einlage erweiterte Mitunternehmerschaft fingiert. Die Altgesellschafter erhalten im Gegenzug für die Einbringung Mitunternehmeranteile an der neuen Mitunternehmerschaft (vgl. BMF v. 11.11.2011, BStBl. I 2011, 1314, Rz. 01.47). Dabei kann neu eintretender Gesellschafter entweder eine natürliche oder auch eine juristische Person sein.

Keine fiktive Einbringung nach § 24 UmwStG bei Komplementären ohne Vermögensanteil | Der Eintritt in eine GmbH & Co. KG stellt jedoch nur dann einen Vorgang im Sinne des § 24 UmwStG dar, wenn der neu eintretende Gesellschafter am Vermögen der GmbH & Co. KG beteiligt wird. Tritt etwa eine GmbH als nicht am Vermögen der GmbH & Co. KG beteiligte Komplementärin in eine GmbH & Co. KG ein, liegt kein Fall von § 24 UmwStG vor, da es nicht zu einer „Verschiebung" von Vermögensanteilen kommt (vgl. BFH v. 20.9. 2007 – IV R 70/05, BStBl. II 2008, 265 = GmbHR 2008, 165 = FR 2008, 275 = GmbH-StB 2008, 3). E213

Wertansatz | Die Anwendung des § 24 UmwStG eröffnet der GmbH & Co. KG das Ansatzwahlrecht nach § 24 Abs. 2 UmwStG. Danach sind die Wirtschaftsgüter zwar grundsätzlich mit dem gemeinen Wert anzusetzen (§ 24 Abs. 2 Satz 1 UmwStG). Der GmbH & Co. KG steht jedoch grundsätzlich ein antragsgebundenes Wahlrecht zu, die Wirtschaftsgüter mit dem Buchwert oder einem Zwischenwert anzusetzen (§ 24 Abs. 2 Satz 2 UmwStG; → *Einbringung Rz. E 36 ff.*). Die Gesellschaft kann das Ansatzwahlrecht nach § 24 Abs. 2 Satz 2 UmwStG für jeden Gesellschafter anders ausüben (vgl. BMF v. 11.11.2011, BStBl. I 2011, 1314, Rz. 24.03 i.V.m. Rz. 20.12). E214

Auswirkungen für die bisherigen Mitunternehmer | Die Rechtsfolgen für die Alt-Gesellschafter, die wirtschaftlich ihren Anteil an der bisherigen Gesellschaft einbringen, richtet sich nach dem Ansatz der Wirtschaftsgüter durch die GmbH & Co. KG. Wählt die Gesellschaft den Buchwertansatz, entsteht kein Einbringungsgewinn. Bei Ansatz des gemeinen Wertes oder eines Zwischenwertes entsteht regelmäßig ein Einbringungsgewinn. Der bei Ansatz des gemeinen Wertes entstehende Einbringungsgewinn kann gemäß § 23 Abs. 3 Satz 2 UmwStG nach §§ 16, 34 EStG begünstigt sein. Es handelt sich insbesondere nicht um die Einbringung lediglich eines Teils eines Mitunternehmeranteils, vielmehr bringt jeder Altgesellschafter jeweils seinen ganzen Anteil an der bisherigen Personengesellschaft ein. Allerdings entfällt eine Begünstigung gemäß § 23 Abs. 3 Satz 3 UmwStG i.V.m. § 16 Abs. 3 Satz 2 EStG, soweit auf Seiten des Veräußerers und des Erwerbers dieselben Personen stehen und damit laufender Gewinn vorliegt. Ob eine solche Veräußerung an sich selbst vorliegt, ist nicht für jeden Gesellschafter gesondert, sondern für die Gesellschafter in ihrer gesamthänderischen Verbundenheit zu bestimmen (BMF v. 11.11.2011, BStBl. I 2011, 1314 Rz. 24.16). E215

Beispiel:

Am Vermögen der AB-GmbH & Co. KG sind die Kommanditisten A und B zu je 1/2 beteiligt. In 01 tritt C gegen Bareinlage in das Gesellschaftsvermögen in die Gesellschaft ein, danach sind A, B und C zu je 1/3 an der GmbH & Co. KG beteiligt. Die Gesellschaft setzt die gemeinen Werte an.

A und B geben wirtschaftlich gesehen jeweils 1/3 ihrer Beteiligung an C ab, zu 2/3 veräußern sie „an sich selbst", so dass in dieser Höhe nicht begünstigter laufender Gewinn vorliegt.

Auswirkungen für den neuen Mitunternehmer | Die Rechtsfolgen des Eintritts in eine GmbH & Co. KG für den neuen Gesellschafter richten sich nach der Art der Einlage. Bei einer Bareinlage ergeben sich aus dem Eintrittsvorgang keine steuerlichen Konsequenzen. Bei einer E216

Sacheinlage ist nach dem Gegenstand der Einlage sowie danach zu unterscheiden, ob dieser Gegenstand aus dem Privatvermögen oder Betriebsvermögen des Eintretenden stammt (→ *Einbringung Rz. E 21 ff.*). Soweit die Anschaffungskosten des neuen Mitunternehmers höher sind als die steuerlichen Buchwerte in der Gesamthandsbilanz, sind die Mehrwerte in einer Ergänzungsbilanz für den neuen Mitunternehmer abzubilden).

8. GmbH

E 217 **Übernahme eines Geschäftsanteils |** Insbesondere in der beteiligungsidentischen GmbH & Co. KG wird neben dem Beitritt zur KG in aller Regel zugleich ein quotenentsprechender Beitritt zur Komplementär-GmbH erfolgen. Auch ansonsten kann ein solcher gewünscht sein, um bspw. Informationsrechte in der mit der KG-Geschäftsführung betrauten Komplementär-GmbH zu erhalten. Der Beitritt richtet sich ausschließlich nach dem GmbHG.

E 218 **Kapitalerhöhung |** Zu seiner Umsetzung ist regelmäßig eine Kapitalerhöhung erforderlich (*Reichert/Ullrich* in Reichert, GmbH & Co. KG, § 28 Rz. 19), durch die der neue Geschäftsanteil des Beitretenden geschaffen wird (außer es werden im Einzelfall bereits bestehende Anteile [ggf. eigene Anteile der GmbH] übertragen). Die gegen Bar-oder Sacheinlage mögliche Kapitalerhöhung setzt im Einzelnen einen mit satzungsändernder Dreiviertelmehrheit zu fassenden, notariell beurkundeten Kapitalerhöhungsbeschluss (§ 53 GmbHG), eine mindestens notariell beglaubigte Übernahmeerklärung (§ 55 Abs. 1 GmbHG) und die Eintragung der Erhöhung in das Handelsregister (§ 54 GmbHG; Wirksamkeitserfordernis) voraus. Zudem ist eine neue Gesellschafterliste, die den Beitretenden ausweist, zum Handelsregister einzureichen, vgl. § 40 GmbHG. Bei einer Sachkapitalerhöhung sind gemäß § 56 GmbHG weitere Formalia zu beachten, zudem wird hier regelmäßig ein ausdrücklicher Einbringungsvertrag zur Übertragung des Sacheinlagegegenstandes geschlossen.

E 219–E 230 frei

Vertiefende Recherche

Wichtige Urteile und Erlasse

BGH v. 1.3.2011 – II ZR 16/10, MDR 2011, 676: Aufnahmevertrag ist mangels abweichender gesellschaftsvertraglicher Regelungen zwischen neuem Gesellschafter und sämtlichen Bestandsgesellschaftern zu schließen.

BGH v. 3.11.1997 – II ZR 353/96, NJW 1998, 1225: Aufnahme eines neuen Gesellschafters stellt eine Vertragsänderung dar.

BGH v. 2.7.1990 – II ZR 243/98, BGHZ 112, 40: Kapitalistisch geprägter Kommanditanteil kann Gegenstand einer (unentgeltlichen) Schenkung sein.

BGH v. 31.3.1983 – II ZR 288/81, BGHZ 86, 367: Keine Beurkundungspflicht bei Verfügung über Anteile an grundbesitzenden Gesellschaften.

BGH v. 26.3.1981 – IVa ZR 154/80, NJW 1981, 1956: Aufnahme einer Stellung als persönlich haftender Gesellschafter ohne Gegenleistung stellt grundsätzlich u.a. wegen der übernommenen unbeschränkten persönlichen Haftung keine Schenkung dar.

BGH v. 11.2.1980 – II ZR 41/79, GmbHR 1981, 186: Mangels abweichender gesellschaftsvertraglicher Regelung ist die KG selbst nicht am Aufnahmevertrag betreffend neuen Gesellschafter beteiligt.

BGH v. 17.11.1975 – II ZR 120/74, BB 1976, 154: Komplementärin kann zum Abschluss des Aufnahmevertrags mit neuen Gesellschaftern bevollmächtigt werden was anzunehmen ist, wenn ihr die Beitrittsentscheidung überlassen wird.

BFH v. 8.12.1994 – IV R 82/92, BStBl. II 1995, 599: Einbringung eines Betriebs, Teilbetriebs oder Mitunternehmeranteils mit Zuzahlung.

BMF v. 11.11.2011, BStBl. I 2011, 1314: Anwendung des Umwandlungssteuergesetzes i.d.F. des Gesetzes über steuerliche Begleitmaßnahmen zur Einführung der Europäischen Gesellschaft und zur Änderung weiterer steuerrechtlicher Vorschriften (SEStEG).

BMF v. 3.3.2005, BStBl. I 2005, 458: Zweifelsfragen zu § 6 Abs. 3 EStG i.d.F. des Unternehmenssteuerfortentwicklungsgesetz v. 20.12.2001 (UntStFG, BGBl. I 2001, 3858) im Zusammenhang mit der unentgeltlichen Übertragung von Mitunternehmeranteilen mit Sonderbetriebsvermögen sowie Anteilen von Mitunternehmeranteilen mit Sonderbetriebsvermögen.

Weitere Stichwörter

→ *Beteiligungsidentische GmbH & Co. KG*; → *Einbringung*; → *Haftung des Kommanditisten*; → *Haftung des Komplementärs*; → *Nachfolge von Todes wegen*; → *Schenkung von Gesellschaftsanteilen*; → *Übertragung von Gesellschaftsanteilen*; → *Verkauf und Vorkauf von Gesellschaftsanteilen*

Entnahmen und Ergebnisverwendung

Ausgewählte Literatur: *Bormann/Hellberg*, Ausgewählte Probleme der Gewinnverteilung in der Personengesellschaft, DB 1997, 2415; *Huber*, Freie Rücklagen in Kommanditgesellschaften, Gedächtnisschrift für Brigitte Knobbe-Keuk, 1997, S. 203; *Priester*, Grundsatzfragen des Rechts der Personengesellschaften im Spiegel der Otto-Entscheidung des BGH, DStR 2008, 1386; *Ulmer*, Gewinnanspruch und Thesaurierung in OHG und KG, FS Lutter, 2000, S. 935; *Wertenbruch*, Gewinnausschüttung und Entnahmepraxis in der Personengesellschaft, NZG 2005, 665.

1. Gesetzliche Regelungen

E 231 **Einführung** | Die Entnahme von Gewinnen setzt voraus, dass Gewinn vorhanden ist, der auf die Gesellschafter verteilt wurde. Die Höhe des zu verteilenden Gewinns ergibt sich aus dem Jahresabschluss (§§ 167 Abs. 1, 120 Abs. 1 HGB), der am Schluss jedes Geschäftsjahres von der Geschäftsführung aufzustellen und von den Gesellschaftern festzustellen ist (→ *Jahresabschluss*). Im Folgenden wird zunächst dargelegt, in welchem Verhältnis die Gesellschafter am Gewinn und Verlust (Ergebnis)beteiligt sind. Im Anschluss daran wird erörtert, ob und inwieweit die Gesellschafter auf ihren Anteil am Gewinn zugreifen dürfen.

E 232 **Beteiligung am Gewinn und Verlust** | Die Verteilung des Gewinns und Verlusts der GmbH & Co. KG richtet sich nach § 168 HGB. Hiernach ist zwischen einem Gewinnanteil in Form einer Vorwegdividende und der Verteilung des Restgewinns zu unterscheiden.

- **Vorwegdividende:** Nach §§ 168 Abs. 1, 121 Abs. 1 HGB ist den Gesellschaftern vom Gewinn zunächst eine Vorwegdividende von bis zu 4 % auf ihre Kapitalanteile zu zahlen. Dies gilt für den persönlich haftenden Gesellschafter wie für den Kommanditisten. Der Kapitalanteil ist im gesetzlichen Kontenmodell (→ *Kontensystem*) beweglich, so dass die Höhe der auf den einzelnen Gesellschafter entfallenden Vorwegdividende bei gleichem Gewinn Jahr für Jahr anders ausfallen kann. Unterjährigen Veränderungen des Kapitalanteils durch Einlagen oder Entnahmen wird durch die Bestimmungen der §§ 168 Abs. 1, 121 Abs. 2 HGB Rechnung getragen. Aus der Anknüpfung an den beweglichen Kapitalanteil des Gesetzes folgt, dass ein Gesellschafter mit einem negativen Kapitalanteil (→ *Kontensystem*) keinen Anspruch auf eine Vorabdividende haben kann (*Haas/Mock* in Röhricht/Graf von Westphalen/Haas, § 168 HGB Rz. 2). Die Vorwegdividende ist ein **Gewinnanteil**, also keine Verzinsung des eingesetzten Kapitals. Sie ist nur zu zahlen, wenn und soweit ein Gewinn in ausreichender Höhe für das betreffende Geschäftsjahr angefallen ist (*von Falkenhausen/Schneider* in Münchener Hdb. Gesellschaftsrecht, Bd. 2, § 23 Rz. 7).

- **Restgewinn:** Die Verteilung des über die Vorwegdividende hinausgehenden Gewinns richtet sich nach § 168 Abs. 2 HGB. Danach gilt für die Verteilung **„ein den Umständen nach angemessenes Verhältnis der Anteile als bedungen"**. Hierbei müssen alle im Einzelfall maßgeblichen tatsächlichen Umstände des jeweiligen Gesellschaftsverhältnisses berücksichtigt werden. Bei der Vielgestaltigkeit dieser Umstände ist es nicht möglich, feste, allgemein geltende Regeln aufzustellen. Insbesondere wird der Restgewinn nicht grundsätzlich unter den Gesellschaftern nach Köpfen aufgeteilt, wie es § 121 Abs. 3 HGB für die OHG vorschreibt (BGH v. 22.3.1956 – II ZR 200/54, BB 1956, 799). Nach Rechtsprechung und Literatur (Nachweise bei *Haas/Mock* in Röhricht/Graf von Westphalen/Haas, § 168 HGB Rz. 6 ff.; *von Falkenhausen/Schneider* in Münchener Hdb. Gesellschaftsrecht, Bd. 2, § 23 Rz. 10 ff.) können folgende Umstände für die Festlegung des angemessenen Verhältnisses eine Rolle spielen:
  - zugunsten des persönlich haftenden Gesellschafters das von ihm übernommene Haftungsrisiko,
  - zugunsten des persönlich haftenden Gesellschafters die ihm übertragene Geschäftsführung (Tätigkeitsvergütung),
  - die Geltung von Wettbewerbsverboten für einen Gesellschafter,
  - die Überlassung von Wirtschaftsgütern und Know-how durch einen Gesellschafter, soweit die Überlassung nicht in seinem Kapitalanteil berücksichtigt ist,
  - das Verhältnis der Kapitalanteile der Gesellschafter.

  In welchem Verhältnis diese (oder andere) Umstände zu gewichten sind, ist im Einzelfall zu entscheiden. Da sich die einzelnen Umstände oder ihre Bedeutung für die Gesellschaft im Laufe der Zeit ändern können, kann das angemessene Verhältnis für die Gewinnverteilung i.S.d. § 168 Abs. 2 HGB von Jahr zu Jahr verschieden sein (*von Falkenhausen/Schneider* in Münchener Hdb. Gesellschaftsrecht, Bd. 2, § 23 Rz. 13).
- **Verluste:** Für die Zurechnung von Verlusten gilt ebenfalls § 168 Abs. 2 HGB. Diese sind also auch **in einem angemessenen Verhältnis zu verteilen**, wobei nicht notwendigerweise dieselben Umstände wie für die Verteilung des Gewinns heranzuziehen sind. So kann es etwa unangemessen sein, den persönlich haftenden Gesellschafter, der keine feste Tätigkeitsvergütung erhält und deshalb vorrangig am Gewinn zu beteiligen ist, auch vorrangig am Verlust zu beteiligen (*Haas/Mock* in Röhricht/Graf von Westphalen/Haas, § 168 HGB Rz. 13; *von Falkenhausen/Schneider* in Münchener Hdb. Gesellschaftsrecht, Bd. 2, § 23 Rz. 17). Von solchen Fällen abgesehen wird das für die Gewinnverteilung geltende Verhältnis aber häufig auch für die Verlustbeteiligung angemessen sein. Dies entspricht auch der Wertung des § 722 Abs. 2 BGB (*Weipert* in E/B/J/S, § 168 HGB Rz. 12). Die Regelung des § 167 Abs. 3 HGB, wonach der Kommanditist nur bis zum Betrage seines Kapitalanteils und seiner noch rückständigen Einlage teilnimmt, kommt bei der Verlustverteilung nicht zu Anwendung; sie dient allein dem Ausschluss einer Nachschusspflicht in der Liquidation oder beim Ausscheiden.

Gutschrift des Gewinns und Verlusts | Nach den gesetzlichen Regelungen (→ *Kontensystem*) E 233
werden beim persönlich haftenden Gesellschafter der Gewinn und Verlust dem Kapitalanteil gutgeschrieben (§§ 161 Abs. 2, 120 Abs. 2 HGB). Der Gewinnanteil des Kommanditisten wird dem Kapitalanteil aber nur bis zur Höhe der bedungenen Einlage zugeschrieben (§ 167 Abs. 2 HGB). Darüber hinausgehende Gewinnanteile sind dem zweiten Konto (Gewinnkonto) zuzuführen. Der auf den Kommanditisten entfallende Verlust wird allein dem Kapitalkonto be-

lastet. Die Zuschreibung des Gewinns und Verlusts erfolgt automatisch mit der Feststellung des Jahresabschlusses (BGH v. 6.4.1981 – II ZR 186/80, NJW 1981, 2563). Eines eigenständigen, weitergehenden Beschlusses der Gesellschafter bedarf es mithin nicht (*Haas* in Röhricht/Graf von Westphalen/Haas, § 121 HGB Rz. 1).

E 234 **Entnahmen |** Auch hinsichtlich des Zugriffs auf den Gewinnanteil unterscheidet das Gesetz zwischen dem persönlich haftenden Gesellschafter und dem Kommanditisten.

E 235 – **Persönlich haftender Gesellschafter:** Das Entnahmerecht des persönlich haftenden Gesellschafters ist in den §§ 161 Abs. 2, 122 HGB bestimmt. Danach ist der persönlich haftende Gesellschafter zum einen berechtigt, jährlich einen Betrag i.H.v. 4 % seines zuletzt festgestellten Kapitalanteils zu entnehmen (Kapitalentnahmerecht). Diese **Vorwegentnahme** darf nicht mit der Vorwegdividende nach §§ 161 Abs. 2, 121 Abs. 1 HGB verwechselt werden. Die Vorwegdividende setzt nämlich stets einen Gewinn voraus, während das Vorwegentnahmerecht unabhängig davon besteht, ob das letzte Geschäftsjahr der Gesellschaft Gewinn oder Verlust gebracht hat. Wesentliches Merkmal des Vorwegentnahmerechts ist daher, dass es gewinnunabhängig ist (*Ehricke* in E/B/J/S, § 122 HGB Rz. 25). Es setzt aber denknotwendig einen positiven Kapitalanteil voraus (*Haas* in Röhricht/Graf von Westphalen/Haas, § 122 HGB Rz. 1). Zum anderen hat der persönlich haftende Gesellschafter gemäß § 122 Abs. 1 Halbs. 2 HGB grundsätzlich Anspruch auf **Auszahlung seines gesamten Gewinnanteils** (Gewinnentnahmerecht), soweit dieser den Vorwegentnahmebetrag übersteigt. Voraussetzung für das Gewinnentnahmerecht ist also, dass der Gewinnanteil mehr als 4 % des letzten Kapitalanteils beträgt. Der persönlich haftende Gesellschafter kann die Entnahme des Jahresgewinns unabhängig davon beanspruchen, ob er seine Einlage voll eingezahlt hat. Auch ein negativer Kapitalanteil hindert ihn nicht an der Entnahme des Gewinnanteils (*Haas* in Röhricht/Graf von Westphalen/Haas, § 122 HGB Rz. 7). Da der persönlich haftende Gesellschafter regelmäßig zur Geschäftsführung berechtigt und verpflichtet ist (§§ 161 Abs. 2, 114 Abs. 1 HGB), geht das Gesetz davon aus, dass er sich die ihm zustehenden Gewinnanteile selbst entnimmt (*von Falkenhausen/Schneider* in Münchener Hdb. Gesellschaftsrecht, Bd. 2, § 24 Rz. 2).

E 236 – **Kommanditist:** Für den nach § 164 HGB von der Geschäftsführung ausgeschlossenen Kommanditisten sieht das Gesetz dagegen einen Gewinnauszahlungsanspruch vor, § 169 HGB (*von Falkenhausen/Schneider* in Münchener Hdb. Gesellschaftsrecht, Bd. 2, § 24 Rz. 36). Der Kommanditist hat demnach kein gewinnunabhängiges Entnahmerecht wie der persönlich haftende Gesellschafter (§ 169 Abs. 1 Satz 1 HGB), sondern nur **Anspruch auf Auszahlung seines gesamten Gewinnanteils** (§ 169 Abs. 1 Satz 2 1 Halbs. 1 HGB). Dieser Anspruch ist nicht davon abhängig, dass der Kommanditist bereits seine Einlage erbracht hat; der Kommanditist unterliegt dann aber weiterhin der persönlichen Haftung nach § 171 Abs. 1 HGB. Etwas anderes gilt nur, soweit der Kommanditist noch keine Einlage erbracht hat und sein Kapitalanteil durch Verluste negativ geworden ist. In diesem Fall besteht eine Auszahlungssperre (*Haas/Mock* in Röhricht/Graf von Westphalen/Haas, § 169 HGB Rz. 7 und 9). Auch wenn der Kommanditist seine Einlage bereits vollständig erbracht hat, entfällt der Auszahlungsanspruch, wenn und soweit der Kapitalanteil des Kommanditisten durch Verlust unter den Betrag der bedungenen (Pflicht-) Einlage herabgemindert ist (§ 169 Abs. 1 Satz 2 Halbs. 2 HGB). In diesem Fall ist der dem Kommanditisten zukommende Gewinnanteil für die Auffüllung der Einlage reserviert und wird seinem Kapitalkonto zugeschrieben (§ 167 Abs. 2 HGB). Entnimmt der Kommanditist in dieser Situation Gewinnanteile, so führt dies **zum Wiederaufleben seiner persönlichen Haftung** gemäß

§§ 171 Abs. 1, 172 Abs. 4 HGB. Zweck des Auszahlungsverbots ist die Sicherung der Einlage und damit die Stärkung der Kapitalgrundlage der Gesellschaft (*von Falkenhausen/Schneider* in Münchener Hdb. Gesellschaftsrecht, Bd. 2, § 24 Rz. 39).

Keine Pflicht zur Rückzahlung bezogener Gewinne | Den einmal zu Recht bezogenen Gewinn muss der Kommanditist nicht zum Ausgleich späterer Verluste wieder an die Gesellschaft zurückzahlen (§ 169 Abs. 2 HGB). Hierdurch wird ausdrücklich klargestellt, dass den Kommanditisten entsprechend dem allgemeinen Grundsatz des § 707 BGB keine Nachschusspflicht trifft. Bezogen ist der Gewinn nicht nur, wenn er dem Kommanditisten ausgezahlt ist, sondern auch, wenn er ihm auf einem Forderungskonto gutgeschrieben wurde (*Haas/Mock* in Röhricht/Graf von Westphalen/Haas, § 169 HGB Rz. 14). E 237

Grundsatz der Vollausschüttung | Das gesetzliche Entnahme- bzw. Auszahlungsmodell verfolgt somit den Grundsatz der Vollausschüttung. Dieser wird für den persönlich haftenden Gesellschafter durch § 122 Abs. 1 HGB statuiert (*Haas* in Röhricht/Graf von Westphalen/Haas, § 122 HGB Rz. 7). Auch für den Kommanditisten gilt grundsätzlich Vollausschüttung (BGH v. 29.3.1996 – II ZR 263/94, GmbHR 1996, 456, 461). Dieser Grundsatz ist lediglich dann eingeschränkt, wenn vorrangig auszugleichende Verlustvorträge vorhanden sind (§ 169 Abs. 1 Satz 2 HGB). Weitere Entnahmebeschränkungen sieht das Gesetz nicht vor. Beschränkungen können sich allenfalls aufgrund der gesellschaftsrechtlichen Treuepflicht ergeben, wenn die Gewinnauszahlung zum offenbaren Schaden der Gesellschaft gereicht (OLG Bamberg v. 17.6.2005 – 6 U 56/04, NZG 2005, 808; kritisch dazu *Haas/Mock* in Röhricht/Graf von Westphalen/Haas, § 169 HGB Rz. 10). E 238

Entstehung und Erlöschen des Entnahme- bzw. Auszahlungsanspruchs | Das Entnahmerecht des persönlich haftenden Gesellschafters nach § 122 HGB entsteht mit Feststellung des Jahresabschlusses. Dies gilt sowohl für das gewinnunabhängige Kapitalentnahmerecht (Vorwegentnahme) als auch für das Gewinnentnahmerecht. Sämtliche Entnahmen werden auf dem Kapitalkonto erfasst (§ 120 Abs. 2 HGB). Das Entnahmerecht kann nur bis zur Feststellung des Jahresabschlusses für das darauffolgende Geschäftsjahr geltend gemacht werden. Danach verfällt es mit der Folge, dass sich der Kapitalanteil des persönlich haftenden Gesellschafters um den nicht entnommenen Gewinnanteil erhöht (§ 120 Abs. 2 HGB). Das Gewinnauszahlungsrecht des Kommanditisten entsteht ebenfalls mit Feststellung des Jahresabschlusses. Der Anspruch ist ohne entgegenstehende Vereinbarung sofort fällig (*Haas/Mock* in Röhricht/Graf von Westphalen/Haas, § 169 HGB Rz. 3). Die Erfüllung des Auszahlungsanspruchs wird dem zweiten Konto (Gewinnkonto) des Kommanditisten belastet. Anders als beim persönlich haftenden Gesellschafter verfällt das Gewinnauszahlungsrecht nicht, wenn der Kommanditist es nicht bis zur Feststellung des Jahresabschlusses für das nächste Geschäftsjahr geltend macht (*Haas/Mock* in Röhricht/Graf von Westphalen/Haas, § 169 HGB Rz. 11). Dies folgt nicht zuletzt aus dem Charakter des Gewinnkontos als Forderungskonto (→ *Kontensystem*). E 239

frei E 240–E 245

2. Gesellschaftsvertragliche Regelungen zur Ergebnisverteilung

Zweckmäßigkeit | In der Praxis empfiehlt es sich unbedingt, die gesetzlichen Regelungen abzubedingen und im Gesellschaftsvertrag genaue Bestimmungen über die Verteilung des Gewinns und Verlusts zu treffen. Der Grund hierfür ist die Unbestimmtheit der gesetzlichen Re- E 246 gelungen. Was im Einzelfall ein „angemessenes Verhältnis“ ist, kann ohne Streit zwischen den Gesellschaftern kaum entschieden werden. § 168 HGB ist bis zur Grenze der Vertragsfreiheit dispositiv (*Ihrig* in Reichert, GmbH & Co. KG, § 24 Rz. 8).

In der Praxis sind insbesondere folgende Regelungen anzutreffen, wobei diese auch miteinander kombiniert werden können:

E 247 **Verhältnis der Kapitalanteile |** Weithin üblich ist, Gewinn und Verlust entsprechend dem Verhältnis der Kapitalanteile zu verteilen (*Haas/Mock* in Röhricht/Graf von Westphalen/Haas, § 168 HGB Rz. 20; *von Falkenhausen/Schneider* in Münchener Hdb. Gesellschaftsrecht, Bd. 2, § 23 Rz. 26). Vorteilhaft ist dieser Verteilungsschlüssel insbesondere dann, wenn für die Gesellschafter feste Kapitalkonten geführt werden. Hierbei wird der nach dem Gesetz stets bewegliche Kapitalanteil des Gesellschafters in ein festes Kapitalkonto und ein oder mehrere bewegliche Kapitalkonten aufgespalten (→ *Kontensystem*). Für die Gewinn- und Verlustbeteiligung ist dann allein das Verhältnis der festen Kapitalkonten maßgeblich. Auf diese Weise können die Gesellschafter einen der Einlageleistungen entsprechenden festen Verteilungsschlüssel vereinbaren, der auch bei – rechnerisch – negativen Kapitalanteilen funktioniert.

Formulierungsbeispiel:

§ ... Gewinn und Verlust

Am Gewinn und am Verlust nehmen die Gesellschafter im Verhältnis ihrer Festkapitalanteile (Kapitalkonto I) teil.

E 248 **Tätigkeitsvergütung |** Denkbar ist, bei der Regelung der Gewinnverteilung die Geschäftsführung des persönlich haftenden Gesellschafters durch die Gewährung einer festen Tätigkeitsvergütung zu honorieren. Um eine echte Gewinnverteilung handelt es sich hierbei aber nur, wenn die Vergütung gewinnabhängig gezahlt wird. Ist die Vergütung unabhängig vom Gewinn zu zahlen, so ist der dadurch verursachte Aufwand auf die übrigen Gesellschafter entsprechend ihrer Beteiligung am Verlust umzulegen. Es kann allerdings auch vereinbart werden, dass die Zahlung als Vorauszahlung anzusehen ist und mit dem Gewinnanteil des Gesellschafters in späteren Jahren verrechnet werden soll (*von Falkenhausen/Schneider* in Münchener Hdb. Gesellschaftsrecht, Bd. 2, § 23 Rz. 34). Was im Einzelfall gewollt ist, sollte im Gesellschaftsvertrag ausdrücklich geregelt werden. Ohne besondere Regelung steht einem Gesellschafter, der die Geschäfte führt, keine besondere Tätigkeitsvergütung zu (BGH v. 20.9.1973 – VII ZR 176/71, BB 1973, 1368; ausführlich *Scholz* in Westermann/Wertenbruch, Hdb. Personengesellschaften, Rz. I 629a).

Formulierungsbeispiel:

§ ... Gewinn und Verlust

(1) Von einem Gewinn erhält der persönlich haftende Gesellschafter vorab einen Anteil von einem Zehntel.

(2) Am verbleibenden Gewinn und am Verlust nehmen die Gesellschafter im Verhältnis ihrer Festkapitalanteile (Kapitalkonto I) teil.

Ist – wie häufig – die Komplementär-GmbH am Vermögen der GmbH & Co. KG nicht beteiligt und steht ihr deshalb bei der Verteilung des Gewinns nach Kapitalanteilen kein Gewinnanteil zu, sollte ihr im Gesellschaftsvertrag für die Übernahme der Haftung ein gewinnunabhängiger Anspruch auf eine angemessene Vergütung eingeräumt werden (→ *Komplementär-GmbH Rz. K 31 ff.*). Anderenfalls besteht das Risiko einer verdeckten Gewinnausschüttung soweit die Kommanditisten zugleich Gesellschafter der Komplementär-GmbH sind (*Eckl* in Hesselmann/Tillmann/Mueller-Thuns, Hdb. GmbH & Co. KG, § 7 Rz. 282).

Verzinsung der Kapitalanteile | Ist eine Verzinsung der Kapitalanteile gewünscht, so sollte, falls für einen Gesellschafter mehrere Kapitalkonten geführt werden, klargestellt werden, ob nur die Guthaben auf dem festen Kapitalkonto oder auch diejenigen auf dem oder den beweglichen Kapitalkonten verzinslich sind. Anderenfalls ist dies durch Auslegung zu ermitteln. Ebenso sollte ausdrücklich klargestellt werden, dass die Guthaben nur verzinst werden, wenn die Gesellschaft einen entsprechenden Gewinn erzielt hat. Eine – rechtlich mögliche – gewinnunabhängige Verzinsung ist in der Sache keine Gewinnverteilung, sondern Aufwand. E 249

Ausschluss vom Gewinn und Verlust | Möglich ist auch, einen oder mehrere Gesellschafter vollständig vom Gewinn und Verlust auszuschließen. Die allseitige Gewinn- und Verlustbeteiligung stellt kein Wesensmerkmal einer Gesellschaft dar (*Scholz* in Westermann/Wertenbruch, Hdb. Personengesellschaften, Rz. I 627; *Ulmer/Schäfer* in MünchKomm. BGB, § 705 BGB Rz. 149 ff.; BGH v. 6.4.1987 – II ZR 101/86, NJW 1987, 3124, 3125). Bei der GmbH & Co. KG, in der die Komplementär-GmbH nur die Geschäfte führt, entspricht es dem Regelfall, diese von der Gewinn- und Verlustbeteiligung gänzlich auszuschließen und ihr stattdessen eine ergebnisunabhängige Haftungs- und Tätigkeitsvergütung zu gewähren. E 250

Rücklagenbildung | Schließlich kann vorgesehen werden, dass ein Teil des Gewinns in eine (gesamthänderisch gebundene) Rücklage einzustellen ist. Hierbei handelt es sich jedoch nicht um eine Frage der Gewinnverteilung, sondern der Gewinnverwendung (*Huber* in GS Knobbe-Keuk, 1997, S. 203, 208). Denn an einer Gewinnrücklage sind die Gesellschafter entsprechend dem Gewinnverteilungsschlüssel beteiligt (*Huber* in GS Knobbe-Keuk, 1997, S. 203, 212). E 251

3. Änderung der Regelungen zur Ergebnisverteilung

Änderung des Gesellschaftsvertrags | Jede Änderung der Regelungen über die Gewinn- und Verlustverteilung, seien es die gesetzlichen nach § 168 HGB oder abweichende gesellschaftsvertragliche Regelungen, ist eine Änderung des Gesellschaftsvertrags. Daher sind die für Vertragsänderungen geltenden Erfordernisse zu beachten. Demnach ist grundsätzlich ein einstimmiger Beschluss sämtlicher Gesellschafter erforderlich (§§ 119 Abs. 1, 161 Abs. 2 HGB). E 252

Mehrheitsbeschlüsse | Sofern der Gesellschaftsvertrag für Vertragsänderungen eine Mehrheitsentscheidung zulässt, ist eine Änderung der Ergebnisverteilung hiervon nur gedeckt, wenn die Mehrheitsentscheidung formell legitimiert ist und die Änderung keinen treuwidrigen Eingriff in die Gesellschafterstellung darstellt (→ *Gesellschafterbeschlüsse*). Die **formelle Legitimation** einer Mehrheitsentscheidung verlangt, dass sich aus dem Gesellschaftsvertrag – ausdrücklich oder durch Auslegung – eindeutig ergeben muss, dass die Änderung der Ergebnisverteilung einer Mehrheitsentscheidung unterworfen sein soll (BGH v. 21.10.2014 – II ZR 84/13, GmbHR 2014, 1303 = GmbH-StB 2015, 7; BGH v. 16.10.2012 – II ZR 239/11, GmbHR 2013, 194; BGH v. 16.10.2012 – II ZR 251/10, GmbHR 2013, 197). Ist eine Mehrheitsentscheidung formell legitimiert, ist auf zweiter Stufe **materiell zu prüfen,** ob sich der Mehrheitsbeschluss im konkreten Fall als treuwidrige Ausübung der Mehrheitsmacht gegen- E 253 über der Minderheit darstellt und deshalb inhaltlich unwirksam ist (BGH v. 21.10.2014 – II ZR 84/13, GmbHR 2014, 1303 = GmbH-StB 2015, 7; BGH v. 24.11.2008 – II ZR 116/08, GmbHR 2009, 306 „Schutzgemeinschaftsvertrag II"; BGH v. 15.1.2007 – II ZR 245/05, GmbHR 2007, 437 „Otto" = GmbH-StB 2007, 106). Da das Gewinnrecht und somit auch die Ergebnisverteilung zum Kernbereich der Gesellschafterstellung bzw. zu den **„relativ unentziehbaren"** Rechten eines Gesellschafters zählt (BGH v. 10.5.1976 – II ZR 180/74, BB 1976, 948, 948; BGH v. 29.3.1996 – II ZR 263/94, GmbHR 1996, 456, 458; *Enzinger* in Münch-Komm. HGB, § 119 HGB Rz. 65; *Roth* in Baumbach/Hopt, § 119 HGB Rz. 36; *Haas* in Röhricht/Graf von Westphalen/Haas, § 119 HGB Rz. 18), bedarf eine Änderung der Ergebnisverteilung immer auch der **Zustimmung des betroffenen Gesellschafters.** Diese Zustimmung kann zwar auch durch eine entsprechende (Mehrheits-)Klausel im Gesellschaftsvertrag antizipiert werden. Dies setzt jedoch voraus, dass sich die Klausel eindeutig auf eine Änderung der Ergebnisverteilung bezieht (*Haas* in Röhricht/Graf von Westphalen/Haas, § 119 HGB Rz. 29). Die antizipierte Zustimmung zu einem Eingriff in ein relativ unentziehbares Recht geht über das Erfordernis der formellen Legitimation hinaus (BGH v. 21.10.2014 – II ZR 84/13, GmbHR 2014, 1303, Rz. 17 und 19 = GmbH-StB 2015, 7). Daher empfiehlt sich in der Praxis, sofern dies gewollt ist, eine ausdrückliche Klarstellung im Gesellschaftsvertrag, dass die Mehrheitsklausel auch eine Änderung der Ergebnisverteilung umfassen soll. Ferner muss die Klausel – entsprechend den Rechtsprechungsgrundsätzen zu nachträglichen Beitragserhöhungen (Nachweise in BGH v. 21.10.2014 – II ZR 84/13, GmbHR 2014, 1303, Rz. 17 = GmbH-StB 2015, 7) – Ausmaß und Umfang des möglichen Eingriffs in den Gewinnanteil erkennen lassen (*Scholz* in Westermann/Wertenbruch, Hdb. Personengesellschaften, Rz. I 631). Auch in diesem Fall findet aber noch auf zweiter Stufe eine inhaltliche Prüfung des Mehrheitsbeschlusses statt.

E254 **Konkludente Änderungen** | Wenden die Gesellschafter einvernehmlich über einen längeren Zeitraum eine von den gesellschaftsvertraglichen Regelungen abweichende Gewinnverteilung an, kann hierin eine stillschweigende Änderung des Gesellschaftsvertrags – auch unter Verzicht auf eine Schriftformklausel – liegen. Die Gesellschafter müssen sich dann an dieser Praxis festhalten lassen. Wer sich auf die im ursprünglichen Gesellschaftsvertrag festgelegte Gewinnverteilung beruft, muss darlegen und beweisen, dass die Gesellschafter trotz der langjährigen abweichenden Handhabung den Gesellschaftsvertrag nicht ändern wollten (BGH v. 17.1.1966 – II ZR 8/64, BB 1966, 304; BGH v. 29.3.1996 – II ZR 263/94, GmbHR 1996, 456, 459; OLG Stuttgart v. 13.6.2007 – 14 U 19/06, DB 2007, 2587, 2591; vgl. auch BGH v. 18.4.2005 – II ZR 55/03, NZG 2005, 625, 625).

4. Steuerliche Aspekte der Ergebnisverteilung

E255 **Maßgeblichkeit der handelsrechtlichen Ergebnisverteilung** | Die handelsrechtliche Ergebnisverteilung ist auch für die erste Stufe der steuerlichen Gewinnermittlung (→ *Gewinnermittlung* [steuerliche]) maßgeblich, da das Einkommensteuerrecht in dieser Hinsicht keine eigenen Regeln aufstellt (BFH v. 10.11.1980 – GrS 1/79, BStBl. II 1981, 164, 168 = FR 1981, 199; BGH v. 25.2.1991 – GrS 7/98, BStBl. II 1991, 691, 698). Entsprechend ist der Gesamthandsgewinn nach dem handelsrechtlichen Gewinnverteilungsschlüssel auf die Mitunternehmer zu verteilen. Das betrifft nicht nur „übliche" Verteilungsschlüssel wie der eher selten vorkommende gesetzliche Schlüssel des § 168 HGB oder die praktisch weit überwiegende Verteilung des Ergebnisses nach dem Verhältnis der Kapitalkonten I einschließlich Vorabgewinnabreden

(s. Rz. E 247). Auch „atypische“ Verteilungsschlüssel gelten im Grundsatz für die steuerliche Gewinnverteilung, etwa eine abweichende Verteilung von Gewinn und Verlust (BFH v. 10.10.1985 – IV B 30/85, BStBl. II 1986, 68 = FR 1986, 100 = GmbHR 1986, 209), die vorrangige Verlustzuweisung zulasten der Kommanditisten bis zur Aufzehrung ihrer Kapitalkonten und anschließende Zuweisung zum Komplementär (BFH v. 8.9.1992 – IX R 335/87, BStBl. II 1993, 281 = FR 1993, 635) oder eine vorrangige Verlustzuweisung zu Kommanditisten, die ihre Einlage erhöht haben (BFH v. 7.7.1983 – IV R 209/80, BStBl. II 1984, 54 = FR 1983, 542). Der handelsrechtliche Gewinnverteilungsschlüssel gilt auch für steuerliche Mehrgewinne, z.B. aufgrund nicht abzugsfähiger Betriebsausgaben oder aufgrund von Betriebsprüfungen (BFH v. 7.5.1987 – IV R 33/85, BFH/NV 1987, 775).

Abweichende steuerrechtliche Bestimmungen | Die Bindung der steuerlichen Gewinnverteilung an den handelsrechtlichen Ergebnisverteilungsschlüssel steht allerdings unter dem Vorbehalt „besonderer einkommensteuerrechtlicher Bestimmungen“. So sind rückwirkende Gewinnverteilungsabreden wegen der Tatbestandsmäßigkeit der Besteuerung (§ 38 AO) steuerlich zu ignorieren (s. Rz. E 258). Die das Einkommensteuerrecht beherrschende wirtschaftliche Betrachtungsweise führt dazu, dass bei negativem Kapitalkonto des Kommanditisten eine Verlustzuweisung außer Betracht bleibt, wenn ein Ausgleich der Verluste mit zukünftigen Gewinnen ausgeschlossen ist (BFH v. 10.11.1980 – GrS 1/79, BStBl. II 1981, 164 = FR 1981, 199; → *Verluste*). Schließlich verlangt die das Einkommensteuerrecht prägende Trennung von Einkommenserzielung und -verwendung eine Überprüfung von Gewinnverteilungsabreden. Besteht zwischen den Gesellschaftern kein Näheverhältnis, ist allerdings davon auszugehen, dass der natürliche Interessengegensatz zwischen ihnen zu einer einkommensteuerrechtlich angemessenen Gewinnverteilungsabrede führt (BFH v. 29.5.1972 – GrS 4/71, BStBl. I 1973, 5). Entsprechend ist nach Auffassung der Rechtsprechung eine nicht dem Verhältnis der Kapitalbeiträge entsprechende Gewinnverteilung (disquotale oder disproportionale Gewinnverteilung) unter Fremden nicht zu beanstanden (BFH v. 19.8.1999 – I R 77/96, BStBl. II 2001, 43 [für GmbH] = FR 1999, 1366 = GmbHR 1999, 1258 = GmbH-StB 1999, 335; *Wacker* in Schmidt, § 15 EStG Rz. 443; *Tiede* in Herrmann/Heuer/Raupach, EStG/KStG, § 15 EStG Rz. 485 [Stand: März 2013]). Die Finanzverwaltung stimmt dem nur unter der zusätzlichen Voraussetzung zu, dass zusätzliche Leistungs- oder Haftungsbeiträge abgegolten werden (sinngemäß BMF v. 16.3.2003, BStBl. I 2004, 40, Tz. 24 zum carried interest des PE-Fondsinitiators). Besteht zwischen Gesellschaftern ein Näheverhältnis, können außerbetriebliche Erwägungen eine Gewinnverteilungsabrede beeinflussen. Diese ist dann gemäß § 12 Nr. 2 EStG bzw. aufgrund der Grundsätze der verdeckten Gewinnausschüttung/verdeckten Einlage nicht anzuerkennen und stattdessen eine angemessene Gewinnverteilung für steuerliche Zwecke zugrunde zu legen (BFH v. 29.5.2001 – VIII R 10/00, BStBl. II 2001, 747 m.w.N. = FR 2001, 1163 = GmbHR 2001, 933 m. Anm. *Hoffmann*). E 256

Prüfung der Angemessenheit der Gewinnverteilung insb. bei Familiengesellschaften | Eine besondere Ausprägung hat die Angemessenheitsprüfung der Gewinnbeteiligung in Familiengesellschaften erfahren. Dabei wird zwischen entgeltlich und unentgeltlich erworbenen Beteiligungen unterschieden: E 257

- Im Fall eines **entgeltlichen Erwerbs** soll der Fremdvergleich das Erfordernis der Angemessenheit konkretisieren. Entscheidend ist, ob einem Fremden ein entsprechender Gewinnanteil zugestanden worden wäre. Dabei sind alle üblicherweise im kaufmännischen Verkehr herangezogenen und zum Zeitpunkt des Vertragsschlusses erkennbaren Umstände zu berücksichtigen. Neben dem Kapital- und Arbeitseinsatz kommt der Beteiligung des

Gesellschafters am Verlust besondere Bedeutung zu (BFH v. 29.5.1972 – GrS 4/71, BStBl. I 1973, 5). Das Risiko einer Verlustbeteiligung rechtfertigt die Chance auf einen höheren Gewinnanteil. Lässt sich für die Gesellschaft ein konkreter Fremdvergleich nicht führen, hält die Rechtsprechung (und ihr folgend die Finanzverwaltung) bei entgeltlich erworbenen Gesellschaftsbeteiligungen eine Rendite bei fehlender Verlustbeteiligung von bis zu 25 % der Einlage (BFH v. 14.2.1973 – I R 131/70, BStBl. II 1973, 395 für typisch stille Gesellschaft; BFH v. 9.6.1994 – IV R 47–48/92, BFH/NV 1995, 103 für partiarisches Darlehen), bei Verlustbeteiligung dagegen von bis zu 35 % der Einlage (BFH v. 16.12.1981 – I R 167/78, BStBl. II 1982, 387 = FR 1982, 331; BFH v. 21.9.2000 – IV R 50/99, BStBl. II 2001, 299 = FR 2001, 186 m. Anm. *Wendt*) für angemessen (vgl. auch H 15.9 [5] EStH „Eigene Mittel").

- Bei **unentgeltlichem Erwerb** des Anteils durch einen Familienangehörigen lehnt die herrschende Meinung eine Prüfung der Angemessenheit auf der Grundlage des Fremdvergleichs ab, weil Fremde sich nicht mit Unternehmensbeteiligungen zu beschenken pflegen. Nach der Rechtsprechung soll (bei nicht im Unternehmen mitarbeitenden Empfängern) ein Gewinnanteil von maximal 15 %, bei Ausschluss der Verlustbeteiligung von maximal 12 %, jeweils bezogen auf den Wert des zugewendeten Gesellschaftsanteils angemessen sein (BFH v. 29.5.1972 – GrS 4/71, BStBl. II 1973, 5; BFH v. 19.2.2009 – IV R 83/06, BStBl. II 2009, 798). Dies gilt unabhängig davon, ob der Betreffende (regelmäßig ein Kind des Zuwendenden) unentgeltlich in eine neu errichtete Gesellschaft aufgenommen wird oder einen bereits bestehenden Anteil erwirbt. Erbringt der Empfänger eine unternehmerische Leistung, erfolgt die Angemessenheitsprüfung nach den Grundsätzen über einen entgeltlichen Erwerb (*Wacker* in Schmidt, § 15 EStG Rz. 781).

E 258 **Änderung der Gewinnverteilungsabrede** | Der Grundsatz der Tatbestandsmäßigkeit der Besteuerung (§ 38 AO) verbietet es, eine wirksame rückwirkende Änderung des handelsrechtlichen Gewinnverteilungsschlüssels auch steuerlich anzuerkennen. Dies gilt nicht nur für abgeschlossene Wirtschaftsjahre, sondern auch innerhalb des laufenden Wirtschaftsjahres (BFH v. 7.7.1983 – IV R 209/80, BStBl. II 1984, 53 = FR 1983, 542; *Tiede* in Herrmann/Heuer/Raupach, EStG/KStG, § 15 EStG Rz. 491 [Stand: März 2013] m.N. zu der in der Literatur geäußerten Kritik). Eine Ausnahme lässt die Rechtsprechung für gerichtliche und außergerichtliche Vergleiche zu (BFH v. 23.4.1975 – I R 234/74, BStBl. II 1075, 603). Die Praxis der Finanzverwaltung erkennt ferner eine Rückwirkung für kurze Zeiträume von bis zu zwei Monaten an, wenn dies vertretbar erscheint und ein steuerlicher Vorteil ersichtlich nicht angestrebt wird.

E 259 frei

5. Gesellschaftsvertragliche Regelungen zu Entnahmen

E 260 **Beschränkung des Vollausschüttungsgrundsatzes** | Wie oben (Rz. E 238) dargelegt, geht das Gesetz grundsätzlich von der Vollausschüttung der Gewinne aus. Eine Vollausschüttung steht jedoch im Wiederspruch zu dem Interesse der Gesellschaft, ihre Kapitalbasis durch Innenfinanzierung zu stärken. Daher wird in der Praxis üblicherweise von den gesetzlichen Entnahmeregelungen abgewichen, um einen angemessenen Ausgleich zwischen dem Finanzierungsinteresse der Gesellschaft und dem Entnahmeinteresse der Gesellschafter zu erreichen. Für die Komplementär-GmbH, die am Kapital und am Gewinn nicht beteiligt ist, geht die gesetzliche Entnahmeregelung der §§ 122, 161 Abs. 2 HGB ohnehin ins Leere.

Abdingbarkeit der gesetzlichen Regelungen | Die Gesellschafter sind bei der vertraglichen Gestaltung der Entnahmeregelungen bis zur Grenze der Sittenwidrigkeit (§ 138 BGB) frei, die gesetzlichen Vorschriften der §§ 169, 122 HGB sind insoweit dispositiv (*Haas/Mock* in Röhricht/Graf von Westphalen/Haas, § 169 HGB Rz. 18). Die Regelung der Entnahmen steht in engem Zusammenhang mit dem im Gesellschaftsvertrag bestimmten Kontensystem. Soll nur ein Teil des Gewinns für Entnahmen zur Verfügung stehen, empfiehlt es sich, den entnahmefähigen Gewinn und den nichtentnahmefähigen Gewinn auf verschiedenen Konten zu erfassen und die Entnahmeregelungen an die Konten anzuknüpfen (→ *Kontensystem*). E 261

Folgende Regelungen sind möglich:

Rücklagenbildung | Es kann vorgesehen werden, dass ein bestimmter Teil des auf die Gesellschafter entfallenden Gewinns zur Stärkung des Eigenkapitals bei der Gesellschaft verbleibt. In diesem Fall muss der entsprechende Gewinnanteil einem Kapitalkonto des Gesellschafters gutgeschrieben werden, also einem Konto, dem auch Verluste belastet werden. E 262

Formulierungsbeispiel:

§ … Gewinnverwendung und Entnahmen

(1) Die Gewinnanteile der Gesellschafter werden vorrangig zum Ausgleich eines Verlustvortrags verwendet.

(2) Der danach verbleibende Gewinn wird in Höhe von 20 % dem gesamthänderisch gebundenen Rücklagenkonto und in Höhe von 80 % den Privatkonten gutgeschrieben.

Gesellschafterdarlehen | Soll ein Teil des Gewinns bei der Gesellschaft verbleiben, aber keiner Verlustverrechnung unterliegen, muss der Gewinnanteil auf ein Forderungskonto gebucht werden. Zu beachten ist allerdings, dass ein Darlehen eines Kommanditisten, der mit mehr als 10 % an der Gesellschaft beteiligt ist, im Insolvenzverfahren nachrangig ist (§ 39 Abs. 4 und 5 InsO). E 263

Steuerentnahmerecht | Es empfiehlt sich, im Gesellschaftsvertrag die Steuerentnahmerechte der Gesellschafter näher zu regeln (→ *Steuerentnahmerechte*). Ohne eine Regelung im Gesellschaftsvertrag hat der Gesellschafter grundsätzlich keinen Anspruch auf Mindestentnahmen zur Begleichung der von ihm zu zahlenden Ertragssteuern (BGH v. 29.3.1996 – II ZR 263/94, GmbHR 1996, 456, 461) oder Erbschaftsteuern. E 264

Gewinnunabhängige Entnahmen | Der Gesellschaftsvertrag kann für die Kommanditisten gewinnunabhängige Entnahmen vorsehen, etwa die Ausschüttung von Liquiditätsüberschüssen. Solche Ausschüttungen erfolgen, wenn kein ausreichender Gewinn und kein Guthaben auf einem Forderungskonto vorhanden ist, entweder als Darlehen oder aus dem Kapitalanteil (*Haas/Mock* in Röhricht/Graf von Westphalen/Haas, § 172 HGB Rz. 25 ff.). Erfolgen sie aus dem Kapitalanteil und ist der Kapitalanteil durch Verlust unter den Betrag der bedungenen Einlage herabgemindert oder wird der Kapitalanteil durch die Entnahme unter den bezeichneten Betrag herabgemindert, kommt es durch die Auszahlung zum **Wiederaufleben seiner Außenhaftung** gemäß §§ 171 Abs. 1, 172 Abs. 4 HGB (BGH v. 16.2.2016 – II ZR 348/14, DB 2016, 582; *Haas/Mock* in Röhricht/Graf von Westphalen/Haas, § 169 HGB Rz. 20). Die Ausschüttung von Liquiditätsüberschüssen stellt dann in der Sache eine Rückzahlung der Einlage dar (OLG Hamburg v. 14.8.2015 – 11 U 45/15, NZG 2015, 1192). Zu einem Wiederaufleben der Außenhaftung kommt es in diesem Fall außerdem, soweit die Auszahlung zwar dar- E 265 lehensweise, aber nicht zu marktüblichen Konditionen erfolgt: Ist der Kommanditist nicht kreditwürdig, lebt die Außenhaftung in Höhe der Auszahlung auf (OLG Hamm v. 7.7.2010 – 8 U 106/09, NZG 2010, 1298; *Haas/Mock* in Röhricht/Graf von Westphalen/Haas, § 172 HGB Rz. 23). Erfolgt die darlehensweise Auszahlung zinslos oder zu einem geringeren als dem marktüblichen Zins, kann der Zinsvorteil eine haftungsauslösende Zuwendung sein (*Strohn* in E/B/J/S, § 172 HGB Rz. 26). Die in §§ 171 Abs. 1, 172 Abs. 4 HGB beschriebene Wirkung tritt jedoch nur gegenüber den Gläubigern der Gesellschaft ein. Gegenüber der Gesellschaft ist der Kommanditist zur Rückzahlung der erhaltenen Auszahlungen nur verpflichtet, wenn die Auszahlung darlehensweise erfolgte und der Gesellschaftsvertrag eine Rückzahlung vorsieht (BGH v. 16.2.2016 – II ZR 348/14, DB 2016, 582; v. 12.3.2013 – II ZR 73/11, NZG 2013, 738 = ZIP 2013, 1222; OLG Nürnberg v. 22.12.2014 – 14 U 2588/13, ZIP 2015, 273). Ohne gesellschaftsvertragliche Rückzahlungspflicht besteht für den Kommanditisten auch dann keine Ausgleichspflicht, wenn er aus der Gesellschaft ausscheidet oder die Gesellschaft aufgelöst wird. Soweit seine Haftung wiederaufgelebt ist, unterliegt der Kommanditist aber der fünfjährigen Nachhaftung der §§ 159, 160 HGB. Diese Rechtslage folgt letztlich daraus, dass es bei der KG keinen im Innenverhältnis wirkenden Kapitalerhaltungsgrundsatz gibt. Die Gesellschafter können ihre Rechtsbeziehungen im Innenverhältnis insoweit untereinander und zur Gesellschaft weitgehend frei gestalten (BGH v. 12.3.2013 – II ZR 73/11, NZG 2013, 738, Rz. 12 = ZIP 2013, 1222). Auf welchen Gesellschafterkonten die Auszahlung zu erfassen ist, ist an anderer Stelle näher dargestellt (→ *Kontensystem*).

E 266 **Gewinnverwendungsbeschluss** | Der Gesellschaftsvertrag kann die Bestimmung des entnahmefähigen Gewinnanteils auch einem Gesellschafterbeschluss oder der Entscheidung einzelner Gesellschafter, etwa dem geschäftsführenden Gesellschafter, vorbehalten. Hierdurch wird das Entnahmerecht dem für Kapitalgesellschaften geltenden Ausschüttungssystem (§§ 58, 119 Abs. 1 Nr. 2, 174 AktG, § 29 GmbHG) angenähert. Dies ermöglicht es, in flexibler Weise auf die jeweilige Finanzierungssituation der Gesellschaft Rücksicht zu nehmen (*Haas/Mock* in Röhricht/Graf von Westphalen/Haas, § 122 HGB Rz. 17). Soll die Gewinnverwendung durch **Mehrheitsbeschluss** entschieden werden, so ist fraglich, welche Anforderungen an die Mehrheitsklausel zu stellen sind. In einer früheren Entscheidung qualifizierte der BGH das Gewinnrecht als ein zum Kernbereich gehörendes Gesellschafterrecht und die Ergebnisverwendung als ein „bilanzrechtliches Grundlagengeschäft", das einer besonderen Mehrheitsermächtigung im Gesellschaftsvertrag bedürfe, die Ausmaß und Umfang eines zulässigen Eingriffs erkennen lassen müsse (BGH v. 29.3.1996 – II ZR 263/94, GmbHR 1996, 456, 458, 460). In einer neueren Entscheidung hat der BGH diese Frage nunmehr ausdrücklich offengelassen (BGH v. 15.1.2007 – II ZR 245/05, GmbHR 2007, 437, 439 – „Otto" = GmbH-StB 2007, 106). Richtigerweise ist, sofern der Gesellschaftsvertrag einen Gewinnverwendungsbeschluss vorsieht, dieser **von einer allgemeinen Mehrheitsklausel gedeckt,** so dass die Entscheidung darüber, in welchem Umfang der festgestellte Gewinn ausgeschüttet oder thesauriert wird, grundsätzlich der freien Disposition der Gesellschafter unterliegt (vgl. *Haas* in Röhricht/Graf von Westphalen/Haas, § 122 HGB Rz. 17; *Priester* in MünchKomm. HGB, § 122 HGB Rz. 55; *Ehricke* in E/B/J/S, § 122 HGB Rz. 52). Denn in diesem Fall stellt der Gewinnverwendungsbeschluss eine periodisch wiederkehrende Maßnahme dar, die wie die Feststellung des Jahresabschlusses kein ungewöhnliches Geschäft ist (BGH v. 15.1.2007 – II ZR 245/05, GmbHR 2007, 437, 438 – „Otto" = GmbH-StB 2007, 106). Nach der Rechtsprechung des BGH wäre die formelle Legitimation eines Mehrheitsbeschlusses selbst dann nicht von vornherein ausgeschlossen, wenn es sich bei dem Gewinnverwendungsbeschluss um ein ungewöhnliches Geschäfts handeln würde (BGH v. 21.10.2014 – II ZR 84/13, GmbHR 2014, 1303 = GmbH-StB

2015, 7). Beschränkungen können sich jedoch im Einzelfall auf der zweiten Stufe der Prüfung einer Mehrheitsentscheidung (→ *Gesellschafterbeschlüsse*) ergeben, etwa wenn ein andauernder Gewinneinbehalt zum „Aushungern" eines Gesellschafters führt. Soweit der Gesellschaftsvertrag die Gewinnverwendung einem Gesellschafterbeschluss vorbehält, entsteht der Auszahlungsanspruch des Gesellschafters wie im kapitalgesellschaftsrechtlichen System mit Fassung des Gewinnverwendungsbeschlusses.

Formulierungsbeispiel:

§ ... Gewinnverwendung und Entnahmen

(1) Über die Verwendung des Gewinns beschließen die Gesellschafter mit einer Mehrheit von 75 % der abgegebenen Stimmen und nach Maßgabe der folgenden Bestimmungen.

(2) Solange ein Verlustvortrag besteht, wird der Gewinn zum Ausgleich des Verlustvortrags verwendet.

(3) Der danach verbleibende Gewinn kann in Höhe von bis zu 50 % den Rücklagenkonten (Kapitalkonto II) gutgeschrieben werden. Im Übrigen ist er den Privatkonten gutzuschreiben.

Fälligkeit | In Höhe des entnahmefähigen Gewinnanteils erwirbt der Gesellschafter einen schuldrechtlichen Auszahlungsanspruch gegen die Gesellschaft. Dieser entsteht grundsätzlich mit der Feststellung des Jahresabschlusses, sofern der Gesellschaftsvertrag die Gewinnverwendung einem Gesellschafterbeschluss vorbehält mit Herbeiführung des Gewinnverwendungsbeschlusses. Der Gewinnauszahlungsanspruch wird mit seiner Entstehung zur Zahlung fällig. Der Gesellschaftsvertrag kann jedoch hiervon abweichende Regelungen vorsehen, etwa eine Auszahlung in monatlichen Raten. E 267

6. Änderung der Regelungen zur Entnahmen

Änderung des Gesellschaftsvertrags | Für eine Änderung der gesellschaftsvertraglichen Regelungen über Entnahmen und die Ergebnisverwendung gilt das unter 3. Gesagte entsprechend. Demnach ist grundsätzlich ein einstimmiger Gesellschafterbeschluss erforderlich. E 268

Mehrheitsbeschlüsse | Enthält der Gesellschaftsvertrag eine Klausel, wonach Vertragsänderungen durch Mehrheitsbeschluss herbeigeführt werden können, stellt sich die Frage, ob davon auch eine Änderung der Entnahmeregelungen, insbesondere auch eine Beschränkung des Entnahmerechts, gedeckt ist. Dies ist der Fall, wenn sich aus dem Gesellschaftsvertrag – ausdrücklich oder durch Auslegung – eindeutig ergibt, dass eine solche Maßnahme einer Mehrheitsentscheidung unterworfen sein soll (formelle Legitimation eines Mehrheitsbeschlusses, vgl. die Nachw. zur Rechtsprechung in Rz. E 253). Da eine Änderung der Regelungen über die Ergebnisverwendung ein ungewöhnliches Geschäft darstellt (BGH v. 10.5.1976 – II ZR 180/74, BB 1976, 948, 949), empfiehlt sich auch hier, sofern eine Änderung durch Mehrheitsbeschluss möglich sein soll, eine ausdrückliche Klarstellung im Gesellschaftsvertrag. Ist ein Mehrheitsbeschluss durch den Gesellschaftsvertrag formell legitimiert, ist auf zweiter Stufe zu prüfen, ob die Änderung auch in sachlicher Hinsicht rechtmäßig ist. E 269

Rückwirkende Änderungen | Bereits entstandene Gewinnauszahlungsansprüche können dem Gesellschafter durch Mehrheitsbeschluss grundsätzlich nicht mehr (rückwirkend) entzogen werden (vgl. *Haas* in Röhricht/Graf von Westphalen/Haas, § 122 HGB Rz. 17; *Priester* in MünchKomm. HGB, § 122 HGB Rz. 57). Sollen etwa für das Privatkonto, dem Guthaben E 270 frei entnommen werden können, neue Entnahmebeschränkungen eingeführt werden, so sind die schon gebuchten Guthaben aus den Gewinngutschriften früherer Jahre davon nur erfasst, wenn der Gesellschafter zustimmt, da die Beschränkung bereits entstandener Auszahlungsansprüche einer Nachschusspflicht i.S.d. § 707 BGB gleichkommt (vgl. *Haas* in Röhricht/Graf von Westphalen/Haas, § 119 HGB Rz. 29).

7. Entnahmepflicht

E 271 Fraglich ist, ob ein Gesellschafter im Einzelfall zur Entnahme von Guthaben auf einem Forderungskonto (z.B. freies Privatkonto oder Darlehenskonto) verpflichtet ist. Damit würde ein entsprechender Anspruch der Gesellschaft korrespondieren, der von der Geschäftsführung geltend zu machen wäre. Die Frage stellt sich insbesondere dann, wenn der Gesellschaftsvertrag eine hohe Verzinsung für das Konto vorsieht und die Gesellschaft überschüssige Liquidität hat. Der Gesellschaftsvertrag wird hierzu meistens keine ausdrückliche Regelung treffen, so dass die Frage nach den Grundsätzen der ergänzenden Vertragsauslegung (§§ 133, 157 BGB) zu beantworten ist. Danach wird zu differenzieren sein, ob der Gesellschaftsvertrag für das betreffende Konto Entnahmebeschränkungen vorsieht oder nicht. Ist das Entnahmerecht des Gesellschafters beschränkt, ist davon auszugehen, dass diese Bindung beidseitig ist. Ist der Gesellschafter danach verpflichtet, der Gesellschaft Gewinnanteile zur Eigenfinanzierung zu belassen und wird ihm dafür eine Verzinsung versprochen, so muss er umgekehrt das Recht haben, diese Anlagemöglichkeit zu nutzen. Derartige Beträge dürfen also von der Geschäftsführung nicht gegen den Willen des Gesellschafters ausgezahlt werden, es sei denn, der Gesellschafter ist im Einzelfall aufgrund der gesellschafterlichen Treupflicht gehalten, die Gesellschaft von einer völlig unvertretbaren Zinslast zu entbinden. Besteht hingegen keine Entnahmebeschränkung, so muss die Geschäftsführung zur Auszahlung der Guthaben berechtigt sein, um sich von einer nutzlosen Zinsverpflichtung zu befreien (*von Falkenhausen/Schneider*, Münchner Hdb. Gesellschaftsrecht, Bd. 2, § 24 Rz. 74). Schließlich ist in einer solchen Situation auf eine Gleichbehandlung der Gesellschafter zu achten.

8. Steuerliche Aspekte der Entnahme

E 272 Die Entnahme von Gewinnanteilen des Gesellschafters in bar ist steuerneutral. Das Buch- oder Bargeld ist mit dem Teilwert anzusetzen (§ 6 Abs. 1 Nr. 4 EStG), der dem Nominalbetrag entspricht; eine Gewinnerhöhung bei der GmbH & Co. KG tritt nicht ein. Etwas anderes gilt nur, wenn die Gesellschaft statt Geld Wirtschaftsgüter mit stillen Reserven als Gewinnanteil an die Gesellschafter auskehrt.

Besonderheiten sind bei der Entnahme gewinnunabhängiger Liquiditätsüberschüsse zu beachten. Übersteigen diese den Gewinnanteil, kann dies dazu führen, dass das betroffene Konto negativ („aktivisch") wird. Dies kann zu einer Veränderung des Charakters des Kontos als Eigen- oder Fremdkapitalkonto führen. Für das Kapitalkonto II im Zwei-Konten-Modell hat der BFH entschieden, dass das aktivische Konto den Charakter des passivischen Kontos teile (BFH v. 27.6.1995 – IV R 80/95, BStBl. II 1997, 36); handelt es sich bei einem Guthaben zugunsten des Gesellschafters um Eigenkapital, weise ein Schuldsaldo auf dem Konto kein Rückforderungsanspruch der Gesellschaft aus. Beim aktivischen Kapitalkonto II im Drei- und Vier-Konten-Modell („Darlehenskonto") ist die Rechtslage nicht abschließend geklärt.

Der BFH hat entschieden, dass der Negativsaldo aufgrund unzulässiger Überziehung des Darlehenskontos einen Rückforderungsanspruch ausweise, mithin auch hier der Charakter erhalten bleibt (BFH v. 16.10.2008 – IV R 98/06, BStBl. II 2009, 272). Die Rechtslage bei einer gesellschaftsvertraglich zugelassenen Überziehung des Darlehenskontos ist indessen höchstrichterlich nicht geklärt (zu den gesellschaftsrechtlichen Anforderungen einer unzweideutigen Vereinbarung im Gesellschaftsvertrag vgl. BGH v. 16.2.2016 – II ZR 348/14, NZG 2016, 424 = ZIP 2016, 518). Hier wird die Auffassung vertreten, dass durch das Überziehen des Darlehenskontos dieses zu einem Unterkonto des Kapitalkontos werde, es sei denn, es liege eine abweichende Vereinbarung vor, welche auch Regelungen zu Zins, Tilgung und Sicherheiten enthält (OFD Münster v. 18.2.1994, DStR 1994, 582; *Lüdemann* in Herrmann/Heuer/Raupach, EStG/KStG, § 15a EStG Rz. 90 [Stand: Dez. 2011]; *Ley*, DStR 2009, 613, 617f.; a.A. *Wacker* in Schmidt, § 15 EStG Rz. 632). Dies hat Auswirkung für § 15a EStG (→ *Verluste*), aber ggf. auch für die Regelungen zur Überentnahme (§ 4 Abs. 4a EStG, § 13a Abs. 5 Nr. 3 ErbStG).

frei E 273–E 276

9. Phasengleiche Gewinnvereinnahmung

Begriff | Ist der Gesellschafter der GmbH & Co. KG bilanzierungspflichtig, stellt sich die Frage, wann er die auf ihn entfallenden Gewinnanteile in seinem Jahresabschluss erfassen muss. Von einer phasengleichen Gewinnvereinnahmung spricht man, wenn der Gesellschafter (Mutterunternehmen) und die Gesellschaft das gleiche Geschäftsjahr haben und der Gesellschafter den auf ihn entfallenden Anteil am Jahresgewinn im selben Jahr, also phasengleich, bilanziert. Ob eine phasengleiche Gewinnvereinnahmung möglich ist, hängt neben dem Gleichlauf des Geschäftsjahres von den für die Gesellschaft geltenden Entnahmeregelungen ab. Aktivierbar ist der Gewinnanteil erst, sobald der Gesellschafter über diesen zum Abschlussstichtag der Gesellschaft (individuell und losgelöst von seinem Gesellschaftsanteil) verfügen kann. Aktivierbar ist daher nur der entnahmefähige Gewinnanteil, nicht hingegen der Teil des Gewinns, der den Rücklagen zugeführt wird. E 277

Gesetzliche Regelung oder abschließende Regelung im Gesellschaftsvertrag | Gelten für Entnahmen die gesetzlichen Regelungen oder ist die Entnahme von Gewinnanteilen abschließend im Gesellschaftsvertrag geregelt, so ist der entnahmefähige Gewinnanteil grundsätzlich phasengleich durch den Gesellschafter zu vereinnahmen, wenn er das gleiche Geschäftsjahr wie die Gesellschaft hat. Zwar entsteht der Anspruch des Gesellschafters auf den Gewinnanteil rechtlich erst mit der Feststellung des Jahresabschlusses (s. Rz. E 239). Im Rahmen der für die Bilanzierung gebotenen wirtschaftlichen Betrachtungsweise reicht es jedoch für die Aktivierung des künftigen Anspruchs aus, dass sein Entstehen dem Grunde und der Höhe nach tatsächlich gesichert ist. Dies ist bereits zum Abschlussstichtag der Fall (IDW RS HFA 18, WPg 2006, 1302, 1303). E 278

Gewinnverwendungsbeschluss | Sieht der Gesellschaftsvertrag hingegen vor, dass die Gesellschafter über die Verwendung des Jahresgewinns einen Beschluss fassen (s. Rz. E 266), hängt die Entstehung eines individuellen Anspruchs auf Auszahlung des Gewinnanteils von den Bestimmungen des Gewinnverwendungsbeschlusses ab. Eine aktivierungsfähige Forderung des Gesellschafters entsteht daher erst im Zeitpunkt der Beschlussfassung, sodass der Gesellschafter seinen Gewinnanteil erst im Jahresabschluss des Folgejahres zeigen kann. Verfügt ein Gesellschafter indessen über die nach dem Gesellschaftsvertrag für die Gewinnverwendung not- E 279 wendige Mehrheit der Stimmrechte, so ist sein Anteil am Gewinn unter entsprechender Anwendung der für Kapitalgesellschaften geltenden Rechtsprechung (BGH v. 12.1.1998 – II ZR 82/93, GmbHR 1998, 324) ggf. auch vor Beschlussfassung phasengleich zu vereinnahmen (IDW RS HFA 18, WPg 2006, 1302, 1304).

10. Durchsetzung und prozessuale Fragen

E 280 **Streit über die Beteiligung am Gewinn und Verlust |** Besteht Streit über die Gewinnverteilung, etwa über die Auslegung der gesellschaftsvertraglichen Regelungen oder die Konkretisierung unbestimmter Rechtsbegriffe, ist dieser unter den Gesellschaftern auszutragen. Die Gesellschaft selbst ist hierbei nicht Partei, da die Gewinnverteilung das interne Verhältnis zwischen den Gesellschaftern betrifft (*von Falkenhausen/Schneider* in Münchner Hdb. Gesellschaftsrecht, Bd. 2, § 23 Rz. 14, 16). Regelmäßig wird die Feststellungsklage, gerichtet auf die Feststellung der maßgeblichen Ergebnisverteilung, die richtige Klageart sein. Da die Entscheidung Gestaltungswirkung für die Rechtsbeziehung aller Gesellschafter untereinander entfaltet, müssen alle Gesellschafter auf der Aktiv- oder auf der Passivseite beteiligt werden, wobei die jeweils auf einer Seite stehenden Gesellschafter notwendige Streitgenossen sind (*Haas/Mock* in Röhricht/Graf von Westphalen/Haas, § 168 HGB Rz. 14; *Weipert* in E/B/J/S, § 168 HGB Rz. 28). Die (materielle) Rechtskraft des Feststellungsurteils erstreckt sich auch auf die Folgejahre, solange sich die maßgebenden Umstände nicht ändern (*Weipert* in E/B/J/S, § 168 HGB Rz. 29). Ist für die Gewinnverteilung eine Mitwirkungshandlung der Gesellschafter erforderlich, muss diese im Wege der Leistungsklage gegen die widersprechenden Gesellschafter eingeklagt werden.

E 281 **Durchsetzung des Gewinnauszahlungsanspruchs |** Verweigert die Gesellschaft die Auszahlung des Gewinnanteils, ist der Kommanditist darauf verwiesen, seinen Anspruch durch Leistungsklage geltend zu machen. Die Klage ist gegen die Gesellschaft zu richten. Daneben können die geschäftsführenden Gesellschafter, die sich der Auszahlung widersetzen, auf Zahlung aus der Gesellschaftskasse in Anspruch genommen werden (*Haas/Mock* in Röhricht/Graf von Westphalen/Haas, § 169 HGB Rz. 12). Der geschäftsführende Gesellschafter kann seinen Anspruch durch Entnahme verwirklichen (s. Rz. E 235), also im Namen der Gesellschaft selbst erfüllen (*Haas/Mock* in Röhricht/Graf von Westphalen/Haas, § 169 HGB Rz. 13).

E 282 **Anspruch auf Rückzahlung unzulässiger Entnahmen |** Ein Anspruch auf Rückzahlung unzulässiger Entnahmen ist von der Gesellschaft, vertreten durch die geschäftsführenden Gesellschafter, durch Leistungsklage geltend zu machen. Da es sich um einen Sozialanspruch handelt, kann ihn auch ein einzelner Gesellschafter im Wege der actio pro socio (→ *Actio pro socio*) verfolgen (*von Falkenhausen/Schneider* in Münchner Hdb. Gesellschaftsrecht, Bd. 2, § 24 Rz. 29).

E 283–E 300 frei

Vertiefende Recherche

Wichtige Urteile und Erlasse

BGH v. 12.3.2013 – II ZR 73/11, NZG 2013, 738: Rückforderung gewinnunabhängiger Auszahlungen an Kommanditisten.

BGH v. 15.1.2007 – II ZR 245/05, GmbHR 2007, 437 „Otto“: Voraussetzungen für das Zustandekommen eines Mehrheitsbeschlusses über die Feststellung des Jahresabschlusses und damit einhergehender Entscheidung über die Ergebnisverwendung.

BGH v. 29.3.1996 – II ZR 263/94, GmbHR 1996, 456: Recht des Gesellschafters im Zusammenhang mit der Ergebnisverwendung.

BGH v. 10.5.1976 – II ZR 180/74, BB 1976, 948: Bildung offener Rücklagen durch Mehrheitsbeschluss.

Musterformulierungen

→ *Gesellschaftsverträge mit Erläuterungen Rz. G 171 f.* (Ergebnisverteilung) und *Rz. G 175 f.* (Entnahmen)

Fuhrmann/Wälzholz, Formularbuch Gesellschaftsrecht, 2. Aufl. 2015, M 25.2 (§ 9), M 25.6 (§ 7) und M 25.9 (§ 8)

Hesselmann/Tillmann/Mueller-Thuns, Handbuch GmbH & Co. KG, 21. Aufl. 2016, Anhang B (§§ 16, 17)

Weitere Stichwörter

→ *Gesellschafterbeschlüsse*; → *Jahresabschluss*; → *Kontensystem*; → *Steuerentnahmerechte*; → *Verluste*

Erbschaft- und Schenkungsteuer

Ausgewählte Literatur: *Birnbaum/Escher*, Inkongruente Gewinnverteilung bei Kapital- und Personengesellschaften, DStR 2014, 1413; *Eisele*, Anteile an Kapitalgesellschaften und Beteiligungen an Personengesellschaften in Sonderfällen, NWB 2014, 2777; *Esskandari*, Anteile „Naked in – naked out" und dennoch Steuern zahlen nach § 7 Abs. 7 ErbStG, DStR 2016, 1251; *Geck*, Die unentgeltliche lebzeitige Übertragung von Anteilen an gewerblich geprägten Personengesellschaften nach der Erbschaftsteuerreform, ZEV 2009, 601; *Halaczinsky*, Wann entsteht die Erbschaftsteuer?, ErbStB 2007, 384 (Teil I) und ErbStB 2008, 20 (Teil II); *Herbst*, „Never ending story"? Der neue Bundestags-Entwurf zur Erbschaftsteuer und die Kritikpunkte des Bundesrats, ErbStB 2016, 250; *Neumayer/Imschweiler*, Schenkungsteuer beim Ausscheiden eines Gesellschafters auf Basis gesellschaftsvertraglicher Abfindungsklauseln, DStR 2010, 201; *Richter/John*, Die Anwachsung beim Ausscheiden eines Gesellschafters aus einer Personengesellschaft als Fall des § 7 Abs. 7 Satz 1 ErbStG, Ubg 2014, 434; *Söffing*, Das Erbschaftsteuerreformgesetz 2016, ErbStB 2016, 235; *Stalleiken*, Entscheidung des BVerfG zur ErbSt, DB 2015, 18; *Wachter*, Schenkungsteuerliche Verschonung des Erwerbs von Mitunternehmeranteilen unter Quotennießbrauch, DStR 2013, 1929.

1. Erwerb von Todes wegen, § 1 Abs. 1 Nr. 1 ErbStG

E 301 **Steuerbare Erwerbe |** Die steuerbaren Erwerbe von Todes wegen werden abschließend in § 3 ErbStG genannt: der Übergang eines (Komplementär- oder Kommandit-)Anteils an der GmbH & Co. KG durch Erbanfall (§ 1922 BGB) auf den oder die Erben unterliegt der Erbschaftsteuer nach § 3 Abs. 1 Nr. 1 Alt. 1 ErbStG, der Erwerb durch Vermächtnis nach § 3 Abs. 1 Nr. 1 Alt. 2 ErbStG und der Erwerb durch Schenkung auf den Todesfall nach § 3 Abs. 1 Nr. 2 Satz 1 ErbStG. Beim Vermächtnis und der Schenkung auf den Todesfall ist der geerbte Gesellschaftsanteil zunächst beim Erben, der zur Weiterübertragung verpflichtet ist, als Erwerb durch Erbanfall zu erfassen; die Verpflichtung zur Weiterübertragung ist als Nachlassverbindlichkeit gemäß § 10 Abs. 5 Nr. 2 ErbStG zu berücksichtigen.

E 302 **Sonderfall § 3 Abs. 1 Nr. 2 Satz 2 ErbStG |** § 3 Abs. 1 Nr. 2 Satz 2 ErbStG regelt als Sonderfall die erbschaftsteuerliche Behandlung von Gesellschaftsanteilen nach dem Todes eines Gesellschafters, wenn die Anteile aufgrund gesellschaftsvertraglicher Bestimmungen nicht auf die Erben, sondern unmittelbar auf den oder die verbleibenden Gesellschafter übergehen (→ *Nachfolge von Todes wegen*). Bei Anteilen an einer GmbH & Co. KG soll diese Regelung wohl in erster Linie auf einen Anteilsübergang im Wege der Anwachsung nach § 738 Abs. 1 BGB, §§ 105 Abs. 3, 161 Abs. 2 HGB abzielen (vgl. R E 3.4 Abs. 2 ErbStR). Zu den Bedenken der Anwendung des § 7 Abs. 7 Satz 1 ErbStG bei Ausscheiden eines Gesellschafters zu Lebzeiten auf die Anwachsung nach § 738 Abs. 1 Satz 1 BGB vgl. *Richter/John*, Ubg 2014, 434. Als Bereicherung gilt die Differenz zwischen dem Steuerwert der Beteiligung gemäß § 12 ErbStG und Abfindungsansprüchen Dritter (i.d.R. der Erben). Der Steuerwert der Beteiligung ist insbesondere dann höher als die zu zahlende Abfindung, wenn die Abfindung lediglich zu Buchwerten erfolgt, d.h. stille Reserven der Wirtschaftsgüter der Gesellschaft unberücksichtigt bleiben.

Beispiel
(vgl. auch H E 3.4 Abs. 2 „Anwachsungserwerb" ErbStH 2011):

Gesellschafter der gewerblich tätigen ABC-GmbH & Co. KG sind neben der nicht am Vermögen beteiligten Komplementär-GmbH die natürlichen Personen A, B und C je zu einem Drittel. Der Gesellschaftsvertrag sieht vor, dass die Gesellschaft beim Tod eines Gesellschafters durch die verbliebenen Gesellschafter fortgesetzt wird und die Erben eine Abfindung in Höhe des Buchwerts der Beteiligung erhalten. Der Gesellschaftsanteil des A hatte bei seinem Tod einen steuerlichen Wert von 1 Mio. Euro und einen Buchwert von 600 000 Euro.

Der Anwachsungserwerb von B und C unterliegt als Schenkung auf den Todesfall der Erbschaftsteuer:

Steuerwert des Gesellschaftsanteils des A	1 000 000 Euro
abzgl. Abfindung an die Erben zum Buchwert	./. 600 000 Euro
übersteigender Wert	400 000 Euro
davon entfallen auf B bzw. C (je ½) =	200 000 Euro

Der Erwerb von B und C ist i.H.v. je 200 000 Euro steuerbegünstigt nach §§ 13a, 19a ErbStG (vgl. H E 13b.1 „Anwachsungserwerb" ErbStH 2011).

Abtretungsklausel | § 3 Abs. 1 Nr. 2 Satz 2 ErbStG erfasst dagegen nicht den Anteilsübergang aufgrund einer Regelung im Gesellschaftsvertrag der GmbH & Co. KG, die eine Abtretung eines durch Erbfall erworbenen Anteils eines verstorbenen Gesellschafters an Mitgesellschafter gegen Abfindung vorsieht (Abtretungsklausel). Dieser derivative Anteilserwerb durch die Mitgesellschafter wird in § 7 Abs. 7 Satz 3 i.V.m. § 10 Abs. 10 ErbStG den Zuwendungen unter Lebenden zugeordnet (Rz. E 304). E 303

2. Schenkungen unter Lebenden, § 1 Abs. 1 Nr. 2 ErbStG

Steuerbare Übertragungen | Die von der Schenkungsteuer erfassten Vermögensübertragungen unter Lebenden werden in § 7 ErbStG genannt. Anders als im Zivilrecht, in dem eine Schenkung voraussetzt, dass sich Schenker und Beschenkter über die Unentgeltlichkeit der Zuwendung einig sind (§ 516 BGB), kommt es im Schenkungsteuerrecht grundsätzlich lediglich auf den Bereicherungswillen des Zuwendenden an (vgl. R E 7.1 Abs. 1 ErbStR). E 304

Gemischte Schenkung und Schenkung unter einer Auflage | Von einer gemischten Schenkung wird gesprochen, wenn ein Gegenstand teils entgeltlich und teils unentgeltlich hingegeben wird und beide Vertragspartner darüber einig sind, dass der Gegenstand teilweise unentgeltlich zugewandt sein soll (*Meincke*, § 7 ErbStG Rz. 27; → *Schenkung von Gesellschaftsanteilen Rz. S 9*). Bei einer Schenkung unter Auflage (§ 525 BGB) wird eine Zuwendung mit einer Nebenbestimmung verknüpft, nach der der Beschenkte zu einer i.d.R. aus der Zuwendung zu erbringenden Leistung (z.B. Rentenzahlung), Nutzung oder Duldung (z.B. bei Schenkung unter Nießbrauchsvorbehalt) verpflichtet wird (→ *Schenkung von Gesellschaftsanteilen Rz. S 10*). E 305

Nach früherer Handhabung wurde die Bemessungsgrundlage bei gemischten Schenkungen unter Schenkungen unter Leistungsauflage durch eine Verhältnisrechnung ermittelt (vgl. R 17 Abs. 2 ErbStR 2003 mit zahlreichen Anwendungsbeispielen):

$$\frac{\text{Verkehrswert der Bereicherung}}{\text{Verkehrswert der Leistung des Schenkers}} \times \text{Steuerwert der Leistung des Schenkers}$$

In den gleichlautenden Ländererlassen v. 20.5.2011 (BStBl. I 2011, 562) hat die Finanzverwaltung ihre Auffassung hinsichtlich gemischt-freigebiger Zuwendungen aber grundlegend geändert und geht nun einheitlich von einer Saldierung aus. Für die Bewertung des schenkungsteuerlichen Vermögens wird nicht mehr zwischen Leistungs- und Duldungs- oder Nutzungsauflage unterschieden. Entsprechend § 10 Abs. 1 Satz 1 und 2 ErbStG gilt in beiden Fällen als steuerpflichtiger Erwerb die Bereicherung des Bedachten, soweit sie der Besteuerung nach dem ErbStG unterliegt. Die Bereicherung wird ermittelt, indem von dem nach § 12 ErbStG zu ermittelnden Steuerwert der Leistung des Schenkers die Gegenleistungen des Beschenkten und die von ihm übernommenen Leistungs-, Nutzungs- und Duldungsauflagen mit ihrem nach § 12 ErbStG ermittelten Wert abgezogen werden (vgl. R E 7.4 Abs. 1 ErbStR 2011).

Beispiel (vgl. auch H E 7.4 Abs. 1 „Bemessungsgrundlage bei der gemischten Schenkung und Schenkung unter Auflage" ErbStH 2011):

A überträgt an X einen Kommanditanteil an der ABC-GmbH & Co. KG, für den ein steuerlicher Wert von 500 000 Euro festgestellt wird und dessen Verkehrswert 500 000 Euro beträgt. Im Rahmen der Anteilsübertragung übernimmt X eine Verbindlichkeit des A gegenüber L i.H.v. 50 000 Euro, die mit der Beteiligung an der ABC-GmbH & Co. KG nicht im Zusammenhang steht.

Die Bereicherung des X beträgt

Steuerwert	500 000 Euro
Gegenleistung	./. 50 000 Euro
Bereicherung	450 000 Euro

Achtung: Hätte A anlässlich des Erwerbs der Kommanditbeteiligung ein Darlehen aufgenommen, welches X im Rahmen der Anteilsübertragung übernommen hätte, hätte es sich hierbei um Sonderbetriebsvermögen gehandelt und wäre bereits im Rahmen der Ermittlung des Steuerwerts gemäß § 97 Abs. 1a Nr. 2 BewG zu berücksichtigen gewesen!

E 306 **Buchwertklausel** | Ist im Gesellschaftsvertrag der Personengesellschaft, deren Anteil schenkweise übertragen wird, vereinbart, dass der Gesellschafter bei Auflösung der Gesellschaft oder im Fall eines vorherigen Ausscheidens nur den Buchwert seines Kapitalanteils erhält (sog. Buchwertklausel), soll dies bei der Feststellung der Bereicherung nach § 7 Abs. 5 ErbStG zunächst unberücksichtigt bleiben. Die den Buchwert der Beteiligung übersteigende Bereicherung gilt vielmehr als auflösend bedingt erworben. Tritt die Bedingung ein, liegt der Steuerwert des Anteils im Zeitpunkt des Ausscheidens des Gesellschafters also über der Abfindung, kann der Erwerber nach § 5 Abs. 2 BewG eine Berichtigung der Steuerfestsetzung beantragen (vgl. H E 7.7 „Bedingte Beteiligung an den offenen und stillen Reserven einer Personengesellschaft" ErbStH 2011). Die Bestimmung des § 7 Abs. 5 ErbStG, die davon ausgeht, dass eine Buchwertklausel sowohl den wirklichen als auch den Steuerwert des Gesellschaftsanteils mindert, geht bei voll unentgeltlichen Anteilszuwendungen jedoch inzwischen im Regelfall ins Leere, da sich hier eine Buchwertklausel auf den Anteilssteuerwert nicht auswirkt, anders dagegen bei gemischt-freigebigen Anteilszuwendungen (vgl. *Gebel* in Troll/Gebel/Jülicher, § 7 ErbStG Rz. 372 f.).

Die Finanzverwaltung versteht die Vorschrift so, dass die auflösende Bedingung i.S.d. § 7 Abs. 5 Satz 2 ErbStG eintritt (mit der Folge einer Korrektur der Steuerfestsetzung nach § 5 Abs. 2 BewG), wenn im Zeitpunkt des Ausscheidens des Gesellschafters der Steuerwert seines Anteils über der (nach dem Buchkapital bemessenen) Abfindung liegt. Die Steuererstattung soll dabei zwar grundsätzlich nach der Differenz zwischen dem Steuerwert des Anteils zur Zeit der Zuwendung und dem Buchwert des Anteils zu diesem Zeitpunkt bemessen werden, aber auf den Steuerbetrag begrenzt sein, der auf den Unterschiedsbetrag zwischen der Abfindung und dem höheren Steuerwert zur Zeit des Ausscheidens entfällt (H E 7.7 „Bedingte Beteiligung an den offenen und stillen Reserven einer Personengesellschaft" ErbStH 2011). Auf die Identität der stillen Reserven zum Zeitpunkt des Anteilszuwendung mit den stillen Reserven zum Zeitpunkt des Ausscheidens soll es dabei nicht ankommen.

Beispiel (vgl. H E 7.7 „Bedingte Beteiligung an den offenen und stillen Reserven einer Personengesellschaft" ErbStH 2011):

1. Schenkung eines Anteils an einer Personengesellschaft

Buchwert des Anteils zur Zeit der Schenkung	1 000 000 Euro
Steuerwert des Anteils zur Zeit der Schenkung	1 200 000 Euro
Unterschiedsbetrag	200 000 Euro

Der Erwerber hat zunächst eine Bereicherung von 1,2 Mio. Euro zu versteuern. In Höhe von 200 000 Euro gilt die Bereicherung als auflösend bedingt erworben.

2. Ausscheiden des Gesellschafters

Buchwert des Anteils zur Zeit des Ausscheidens (Abfindung)	1 500 000 Euro
Steuerwert des Anteils zur Zeit des Ausscheidens	2 000 000 Euro
Unterschiedsbetrag	500 000 Euro

Die Steuer, die auf die 200 000 Euro entfiel, kann erstattet werden. Würde der Unterschiedsbetrag zum Zeitpunkt des Ausscheidens des Gesellschafters nur 120 000 Euro betragen, könnte auch die Steuer nur für diesen Betrag erstattet werden. Zur Berechnung des zu erstattenden Betrages ist von der veranlagten Steuer die Steuer abzuziehen, die sich ergeben würde, wenn bei der Veranlagung der Erwerb (1,2 Mio. Euro) um den jeweils ermittelten Unterschiedsbetrag zwischen Buchwert und Steuerwert des Anteils (200 000 Euro bzw. 120 000 Euro) gekürzt worden wäre. Zu erstatten ist dann der Unterschied zwischen den beiden Steuerbeträgen.

Überhöhte Gewinnbeteiligung | Ist eine Beteiligung an einer Personengesellschaft mit einem überhöhten (= nicht fremdüblichen) Gewinnanteil ausgestattet, gilt nach § 7 Abs. 6 ErbStG das Übermaß an Gewinnbeteiligung als selbständige Schenkung, die mit dem Kapitalwert anzusetzen ist. § 7 Abs. 6 ErbStG erfasst neben der Schenkung eines mit einer überhöhten Gewinnbeteiligung ausgestatteten Anteils an einer Personengesellschaft (zum Risiko der schenkungsteuerlichen Doppelerfassung der überhöhten Gewinnbeteiligung vgl. *Birnbaum/Escher*, DStR 2014, 1413, 1418) auch die nachträgliche Einräumung einer überhöhten Gewinnbeteiligung sowie die nachträgliche Erhöhung einer bereits zuvor gewährten überhöhten Gewinnbeteiligung (*Brüggemann/Stirnberg*, Erbschaftsteuer Schenkungsteuer, S. 478 f.; R E 7.8 Abs. 2 ErbStR 2011). Der Umfang der Übermaßbeteiligung soll sich nach ertragsteuerlichen Grundsätzen bestimmen, wobei die Finanzverwaltung von der Annahme ausgeht, dass der überhöhte Gewinnanteil dem Bedachten auf unbestimmte Zeit in gleicher Höhe zufließen wird, so dass sich hieraus ein Kapitalwert in Höhe des 9,3-fachen des Jahreswerts ergibt (R E 7.8 Abs. 1 ErbStR 2011; für die Annahme kürzerer Laufzeiten vgl. *Brüggemann/Stirnberg*, Erbschaftsteuer Schenkungsteuer, S. 480 m.w.N.). E 307

Beispiel:

An der AB-GmbH & Co. KG sind neben der Komplementär-GmbH die Gesellschafter A und B je zur Hälfte beteiligt (steuerlicher Wert jeweils 500 000 Euro). A verzichtet zugunsten seines Sohnes B auf einen Teil seiner Gewinnbeteiligung, so dass künftig am Gewinn der Gesellschaft A mit 30 % und B mit 70 % beteiligt sind. B arbeitet in der Gesellschaft nicht mit. Der durchschnittliche Gewinn der letzten drei Wirtschaftsjahre vor der Schenkung hat jährlich 200 000 Euro betragen. Wie hoch ist die nach § 7 Abs. 6 ErbStG anzusetzende Schenkung?

Nach R E 7.8 Abs. 1 Satz 1 ErbStR 2011 i.V.m. H 15.9 Abs. 3 „Allgemeines" EStH darf eine durchschnittliche Rendite von 15 % auf einen Zeitraum von fünf Jahren nicht überschritten werden.

Vereinbarter Gewinn: 70 % von 200 000 Euro =		140 000 Euro
abzgl. angemessener Gewinnanteil:		
15 % von 500 000 Euro =	75 000 Euro	
Steuerlich höchstmöglicher Gewinnanteil:	$\frac{75\,000 \text{ Euro} \times 100\ \%}{200\,000 \text{ Euro}} = 37{,}5\ \%$	
37,5 % von 200 000 Euro =		75 000 Euro
Gewinnübermaß (jährlich)		65 000 Euro
Kapitalisierung gemäß § 7 Abs. 6 ErbStG:		
65 000 Euro × 9,3 (gemäß R E 7.8 Abs. 1 Satz 4 ErbStR i.V.m. § 13 Abs. 2 BewG) =		604 500 Euro

E308 **Unter Wert liegender Abfindungsanspruch |** Nach § 7 Abs. 7 Satz 1 ErbStG gilt als Schenkung auch der auf dem Ausscheiden eines Gesellschafters beruhende Übergang des Anteils oder des Teils eines Anteils des Gesellschafters auf die anderen Gesellschafter, soweit der Wert, der sich für seinen Anteil zur Zeit seines Ausscheidens nach § 12 ErbStG ergibt, den Abfindungsanspruch übersteigt. § 7 Abs. 7 Satz 1 ErbStG enthält die Parallelvorschrift zu § 3 Abs. 1 Nr. 2 Satz 2 ErbStG für den Fall des Ausscheidens eines Gesellschafters noch zu seinen Lebzeiten. Auf die Absicht des ausscheidenden Gesellschafters, die verbleibenden Gesellschafter zu bereichern (Bereicherungswille), soll es hierbei nicht ankommen; die Vorschrift soll sowohl bei einem freiwilligen als auch bei einem zwangsweisen Ausscheiden des Gesellschafters anzuwenden sein (vgl. H E 7.9 „Gesellschaftsanteil beim Ausscheiden eines Gesellschafters zu Lebzeiten“ ErbStH 2011). Zu den Bedenken der Anwendung von § 7 Abs. 7 Satz 1 ErbStG auf die Anwachsung nach § 738 Abs. 1 Satz 1 BGB vgl. *Richter/John*, Ubg 2014, 434.

3. Persönliche Steuerpflicht, § 2 ErbStG

E309 **Unbeschränkte Steuerpflicht |** Ist einer der Beteiligten, also *entweder* Erblasser/Schenker *oder* Erwerber zur Zeit der Entstehung der Steuer (§ 9 ErbStG) Inländer, besteht grundsätzlich für den gesamten Vermögensanfall unbeschränkte Steuerpflicht. Nach der Legaldefinition des § 2 Abs. 1 Nr. 1 Satz 2 ErbStG gelten als Inländer in diesem Sinne u.a. natürliche Personen, die im Inland einen Wohnsitz (§ 8 AO) oder ihren gewöhnlichen Aufenthalt (§ 9 AO) haben, aber auch deutsche Staatsangehörige, die sich nicht länger als fünf Jahre dauernd im Ausland aufgehalten haben, ohne im Inland einen Wohnsitz zu haben. Erbfähig sind im Übrigen auch juristische Personen, die ihre Geschäftsleitung (§ 10 AO) oder ihren Sitz (§ 11 AO) im Inland haben (§ 2 Abs. 1 Nr. 1 Satz 2 Buchst. d ErbStG); Personenhandelsgesellschaften und Gesamthandsgemeinschaften werden vom BFH dagegen als nicht erbfähig angesehen (vgl. *Gebel* in Troll/Gebel/Jülicher, § 3 ErbStG Rz. 12). Die unbeschränkte Steuerpflicht erstreckt sich grundsätzlich auf sämtliches inländisches und ausländisches Vermögen, das zu einem Erwerbsvorgang gehört.

E310 **Beschränkte Steuerpflicht |** Liegt keine unbeschränkte Steuerpflicht vor, wird aber Inlandsvermögen i.S.d. § 121 BewG übertragen, ist eine beschränkte Steuerpflicht gegeben. Anteile an einer inländischen GmbH & Co. KG gehören zum Inlandsvermögen, wenn und soweit das Gesellschaftsvermögen in § 121 BewG angeführt wird (*Eisele* in Rössler/Troll, § 121 BewG Rz. 16). Betroffen ist hiervon vor allem inländisches Betriebsvermögen, also Vermögen, das einem im Inland betriebenen Gewerbe dient, wenn hierfür im Inland eine Betriebsstätte unterhalten wird oder ein ständiger Vertreter bestellt ist (§ 121 Nr. 3 BewG), insbesondere bei vermögensverwaltenden Gesellschaften aber auch inländisches Grundvermögen (§ 121 Nr. 2 BewG) und mindestens 10-prozentige (unmittelbare oder mittelbare) Beteiligungen an Kapitalgesellschaften mit Sitz oder Geschäftsleitung im Inland (§ 121 Nr. 4 BewG). Die beschränkte Steuerpflicht erstreckt sich auf das Vermögen der in § 121 BewG genannten Art, das auf das Inland entfällt (vgl. R E 2.2. ErbStR 2011). Für den Abzug von Schulden und Lasten ist § 10 Abs. 6 Satz 2 ErbStG zu beachten, wonach nur solche Schulden und Lasten abzugsfähig sind, die in wirtschaftlichem Zusammenhang mit dem der Besteuerung unterliegenden Vermögen stehen. Ein solcher setzt voraus, dass die Entstehung der Schuld ursächlich und unmittelbar auf Vorgängen beruht, die diesen Vermögensgegenstand betreffen und die Schuld den Vermögensgegenstand wirtschaftlich belastet (vgl. H E 10.10 „Wirtschaftlicher Zusammenhang von Schulden und Lasten mit Vermögensgegenständen" ErbStH 2011). Der Freibetrag bei beschränkter Steuerpflicht differenziert nicht nach den Steuerklassen, vielmehr wird ein einheitlicher Freibetrag von nur 2 000 Euro gewährt (§ 16 Abs. 2 ErbStG). Eine Anrechnung ausländischer Erbschaftsteuer kommt nicht in Betracht, da § 21 ErbStG nur auf § 2 Abs. 1 Nr. 1 und Abs. 3 ErbStG verweist. Allerdings hat der EuGH wiederholt (Urteile v. 22.4.2010 – C-510/08, Mattner, DStR 2010, 861 = FR 2010, 528 m. Anm. *Billig*; v. 4.9.2014 – C-211/13, ZEV 2014, 675 mit Anm. *Jülicher*) entschieden, dass die Gewährung unterschiedlicher Freibeträge bei beschränkt und unbeschränkt steuerpflichtigen Erwerbern eine Ungleichbehandlung sei, die gegen die Kapitalverkehrsfreiheit verstoße (vgl. Gleichlautende Erlasse der obersten Finanzbehörden der Länder v. 15.3.2012, BStBl. I 2012, 328). Bei beschränkter Steuerpflicht sollte daher mit Hinweis auf die EuGH-Rechtsprechung der höhere, jeweils nach dem persönlichen Näheverhältnis bestimmte Freibetrag des § 16 Abs. 1 ErbStG beantragt und alle noch nicht bestandskräftigen Fälle offen gehalten werden (vgl. *Jülicher*, ZEV 2014, 679).

Fiktive unbeschränkte Steuerpflicht | Auf die o.g. Rechtsprechung des EuGH reagierte der E 311
deutsche Gesetzgeber und fügte in das Erbschaftsteuergesetz für Schenkungen und Erbfälle nach dem 13.12.2011 ein Optionsrecht für beschränkt Steuerpflichtige ein. Dann kann ein beschränkt Steuerpflichtiger grundsätzlich beantragen, einen Vermögensanfall, zu dem Inlandsvermögen i.S.d. § 121 BewG gehört, insgesamt als unbeschränkt steuerpflichtig behandeln zu lassen gemäß § 2 Abs. 3 ErbStG. Voraussetzung des Antragsrechts ist vor allem, dass der Erblasser/Schenker oder Erbe/Beschenkter seinen Wohnsitz in einem Mitgliedstaat der Europäischen Union oder einem Staat, auf den das Abkommen über den Europäischen Wirtschaftsraum anwendbar ist, hat. Wer von dem Antragsrecht Gebrauch macht, kann den höheren Freibetrag nach § 16 Abs. 1 ErbStG in Anspruch nehmen, muss aber auch das gesamte erworbene Vermögen vollständig der unbeschränkten Steuerpflicht unterwerfen und weitere Erwerbe innerhalb von zehn Jahren bei der Ermittlung der Steuer einbeziehen. Wie der EuGH nunmehr entschieden hat, ist jedoch auch das Optionsrecht unionsrechtswidrig (EuGH v. 8.6.2016 – C-479/14, NJW 2016, 2638).

Erweiterte beschränkte Steuerpflicht | Hingewiesen werden soll ferner auf die Möglichkeit E 312
der erweiterten beschränkten Steuerpflicht nach § 4 AStG.

4. Entstehung der Erbschaft-/Schenkungsteuer

Regelungen über den Zeitpunkt der Entstehung der Erbschaft-/Schenkungsteuer enthält § 9 E 313
ErbStG. Danach entsteht die Erbschaftsteuer bei Erwerben von Todes wegen grundsätzlich mit dem Todes des Erblassers (§ 9 Abs. 1 Nr. 1 ErbStG), bei Schenkungen unter Lebenden

mit dem Zeitpunkt der Ausführung der Zuwendung (§ 9 Abs. 1 Nr. 2 ErbStG). Die Schenkung von Anteilen an einer GmbH & Co. KG ist in der Regel mit der Abtretung der Gesellschaftsanteile i.S.d. §§ 398, 413 BGB ausgeführt. Voraussetzung ist, dass zu diesem Zeitpunkt ggf. erforderliche Zustimmungen der übrigen Gesellschafter vorliegen. Erfolgt die Übertragung von Kommanditanteilen unter der Bedingung der Eintragung im Handelsregister zwecks Vermeidung der Haftung des Erwerbers gemäß § 176 Abs. 2 HGB, gilt die Zuwendung erst mit der Eintragung im Handelsregister als ausgeführt, so dass die Erbschaftsteuer auch erst zu diesem Zeitpunkt entsteht (vgl. *Halaczinsky*, ErbStB 2008, 20, 27).

5. Steuerpflichtiger Erwerb, Wertermittlung

E314 **Bereicherung |** Bemessungsgrundlage für die Berechnung der Erbschaftsteuer ist der Wert des steuerpflichtigen Erwerbs, § 19 Abs. 1 ErbStG. Wie dieser zu ermitteln ist, ergibt sich aus § 10 ErbStG. Ausgangspunkt dabei ist sowohl bei Schenkungen unter Lebenden als auch bei Erwerben von Todes wegen „die Bereicherung des Erwerbers, soweit sie nicht steuerfrei ist", § 10 Abs. 1 Satz 1 ErbStG. Ist der Erwerber mit der auf seinen Erwerb entfallenden Erbschaft- oder Schenkungsteuer nicht belastet, weil sie von dem Schenker bzw. einem Dritten übernommen wird, hat er den sich hieraus ergebenden Vermögensvorteil nach § 10 Abs. 2 ErbStG als zusätzliche Bereicherung zu versteuern (vgl. H E 10.5 „Abrundung im Fall der Steuerübernahme" ErbStH 2011). Ein beim Erwerb von Todes wegen mit fremder Erbschaftsteuer belasteter Erwerber kann diese als Nachlassverbindlichkeit gemäß § 10 Abs. 5 Nr. 2 ErbStG abziehen.

E315 **Nachlassverbindlichkeiten |** Als sog. Nachlassverbindlichkeiten sind von dem Erwerb abzugsfähig die sog. Erblasserschulden i.S.d. § 10 Abs. 5 Nr. 1 ErbStG, also Schulden, die in der Person des Erblassers begründet wurden, und Erbfallschulden (§ 10 Abs. 5 Nr. 2 und 3 ErbStG), also Schulden, die aus Anlass des Erbfalls entstehen. Zu den Erblasserschulden gehören neben den Steuerschulden, die im Zeitpunkt der Entstehung der Erbschaftsteuer entstanden sind, (vgl. R E 10.8 Abs. 2 ErbStR) auch solche Steuerverbindlichkeiten, die der Erblasser als Steuerpflichtiger durch die Verwirklichung von Steuertatbeständen begründet hat und die erst mit dem Ablauf des Todesjahres entstehen (BFH v. 4.7.2012 – II R 15/11, BStBl. II 2012, 790 = FR 2012, 1086), sowie eine Zugewinnausgleichsforderung des überlebenden Ehegatten gegenüber den Erben. Für die in § 10 Abs. 5 Nr. 3 ErbStG angeführten Nachlassverbindlichkeiten wie Bestattungskosten, Grabpflegekosten u.Ä. können insgesamt 10 300 Euro ohne Nachweis als Pauschbetrag bei der Ermittlung des Werts des Nachlasses abzogen werden (R E 10.9 ErbStR 2011; vgl. auch H E 10.7 „Behandlung von Grabpflegekosten", „Kosten der üblichen Grabpflege" ErbStH 2011).

E316 **Erwerbsnebenkosten, Steuerberatungs- und Rechtsberatungskosten |** Steuerberatungsgebühren für die von den Erben in Auftrag gegebene Erstellung der Erbschaftsteuererklärung oder der Erklärung zur gesonderten Feststellung nach § 157 i.V.m. § 151 BewG sind als Nachlassregelungskosten zum Abzug zugelassen (H E 10.7 „Steuerberatungskosten und Rechtsberatungskosten im Rahmen des Besteuerungs- und Wertfeststellungsverfahrens" ErbStH 2011 i.V.m. Gleichlautender Erlass der obersten Finanzbehörden der Länder betr. Steuerberatungs-, Rechtsberatungs- und Gutachterkosten v. 5.6.2014, BStBl. I 2014, 893). Dies gilt nicht für Steuerberatungs- und Rechtsberatungskosten, die in einem sich an die Steuerfestsetzung oder Wertfeststellung anschließenden Rechtsbehelfsverfahren oder einem finanzgerichtlichen Verfahren anfallen. Kosten für ein Gutachten zur Ermittlung des gemeinen Wertes von Betriebsvermögen sind dagegen in allen Verfahrensstadien abzugsfähig. Zur steuerlichen Behandlung von Kosten, die im Zusammenhang mit der Ausführung einer Schenkung entstehen, vgl. Gleichlautender Erlass der Obersten Finanzbehörden der Länder v. 16.3.2012, BStBl. I 2012, 338.

Abfindungsanspruch bei Weiterübertragungsverpflichtung | Der Gesellschaftsvertrag einer GmbH & Co. KG kann vorsehen, dass Erben aus bestimmten darin festgelegten Gründen (z.B. Nichtzugehörigkeit zum gesellschaftsvertraglich umschriebenen Familienzweig oder fehlende Qualifikation) ihren Anteil unverzüglich an Mitgesellschafter zu übertragen haben und die Erben dabei nur den Anspruch realisieren können, der ihnen bei ihrem Ausscheiden (Abfindungsanspruch) zustehen würde (→ *Nachfolge von Todes wegen*). Überträgt ein Erbe eine auf ihn von Todes wegen übergegangene Beteiligung an einer Personengesellschaft unverzüglich nach dessen Erwerb auf Grund einer solchen im Zeitpunkt des Todes des Erblassers bestehenden Regelung im Gesellschaftsvertrag an die Mitgesellschafter und ist der Wert, der sich für seinen Anteil zur Zeit des Todes des Erblassers nach § 12 ErbStG ergibt, höher als der gesellschaftsvertraglich festgelegte Abfindungsanspruch, so gehört nur der Abfindungsanspruch zu dem von ihm zu versteuernden Vermögensanfall, § 10 Abs. 10 Satz 1 i.V.m. Abs. 1 Satz 2 ErbStG. Die §§ 13a und 19a ErbStG sind auf den Abfindungsanspruch nicht anzuwenden (R E 10.13 Abs. 1 Satz 5 ErbStR 2011). *Unverzüglich* bedeutet dabei, dass der Vollzug der Abtretungsklausel alsbald nach dem Todestag erfolgen muss, wobei Verzögerungen, die auf sachlichen Gründen oder ungewöhnlichen Ereignissen beruhen, nicht schädlich sein können (*Gebel* in Troll/Gebel/Jülicher, § 10 ErbStG Rz. 276 [Stand: Oktober 2014]). Eine in solchen Fällen eintretende Bereicherung der Mitgesellschafter gilt als Schenkung unter Lebenden i.S.d. § 7 Abs. 7 ErbStG (R E 10.13 Abs. 3 Satz 1 ErbStR 2011). Auf die Absicht des ausscheidenden Gesellschafters, die verbleibenden Gesellschafter oder die Gesellschaft zu bereichern (Bereicherungswille), soll es hierbei nicht ankommen (R E 10.13 Abs. 3 Satz 2 ErbStR 2011). E317

Abrundung | Der steuerpflichtige Erwerb wird auf volle 100 Euro nach unten abgerundet, § 10 Abs. 1 Satz 6 ErbStG. E318

6. Bewertung

Die Bewertung der Gesellschaftsanteile erfolgt auf den Zeitpunkt der Entstehung der Steuer, § 11 i.V.m. § 9 ErbStG. Wertsteigerungen und Wertverluste nach diesem Zeitpunkt bleiben unberücksichtigt. E319

Gewerbliche GmbH & Co. KG | Die Bewertung von Anteilen einer gewerblichen GmbH & Co. KG erfolgt zunächst durch Bewertung der Gesellschaft als Ganzes nach § 12 Abs. 5 ErbStG i.V.m. § 151 und § 109 BewG unter Anwendung des Ertragswertverfahrens (§§ 199 bis 203 BewG) oder einer anderen anerkannten und im gewöhnlichen Geschäftsverkehr üblichen Methode. Aus diesem Wert ist anschließend der Wert des einzelnen Anteils nach der Regelung des § 97 Abs. 1a BewG abzuleiten. Dafür sind den Gesellschaftern zunächst ihre Kapitalkonten aus der Gesamthandsbilanz und anschließend der verbleibende Betrag nach dem allgemeinen Gewinnverteilungsschlüssel zuzurechnen. Diesem Wert des anteiligen Gesamthandsvermögens werden abschließend die gesondert ermittelten gemeinen Werte des jeweiligen Sonderbetriebsvermögens hinzugerechnet. E320

Vermögensverwaltende GmbH & Co. KG | Sind dagegen Anteile an einer vermögensverwaltenden GmbH & Co. KG Gegenstand der Übertragung und Bewertung, sind die Wirtschafts- E321 güter der Gesellschaft einzeln nach Maßgabe des § 12 ErbStG zu bewerten und anteilig anzusetzen, da die Miteigentumsanteile an den zum Gesamthandsvermögen gehörenden Wirtschaftsgütern als erworben gelten, § 10 Abs. 1 Satz 4 ErbStG (→ *Vermögensverwaltende GmbH & Co. KG Rz. V 114*). Die anteiligen Gesellschaftsschulden werden im Rahmen der Ermittlung der Bereicherung berücksichtigt, d.h. beim Erwerb von Todes wegen als Nachlassverbindlichkeiten i.S.d. § 10 Abs. 5 ErbStG und bei einer Schenkung unter Lebenden als Gegenleistung (R E 10.4 Abs. 2 ErbStR 2011).

E 322 **Komplementär-GmbH |** Zur Bewertung eines Geschäftsanteils der Komplementär-GmbH, vgl. *Hübner* in Gosch/Schwedhelm/Spiegelberger, GmbH-Beratung, S. N 2/23 (Nachfolge, Bewertung eines Geschäftsanteils).

7. Steuerbegünstigungen für Betriebsvermögen

E 323 **Überblick |** Die §§ 13a, 13b ErbStG regeln die zu gewährenden Verschonungen beim Erwerb von begünstigtem Betriebsvermögen, land- und forstwirtschaftlichem Vermögen oder Anteilen an Kapitalgesellschaften. Bei der nicht antragsgebundenen Regelverschonung wird durch den sog. Verschonungsabschlag 85 % des begünstigten Vermögens steuerfrei gestellt (§ 13b Abs. 4 i.V.m. § 13a Abs. 1 ErbStG) und zugleich ein gleitender Abzugsbetrag von höchstens 150 000 Euro gewährt (§ 13a Abs. 2 ErbStG). Die antragsgebundene Optionsverschonung (§ 13 Abs. 8 ErbStG) gewährt unter engeren Voraussetzungen (Verwaltungsvermögensquote, Lohnsummen, Behaltensfrist) eine Befreiung von 100 % des begünstigten Vermögens. Ergänzt werden diese Steuerbefreiungen durch die Regelungen der §§ 19a und 28 ErbStG: § 19a ErbStG gewährt beim Erwerb von produktivem Vermögen durch Erwerber der Steuerklasse II und III einen sog. Entlastungsbetrag auf Basis der günstigsten Steuerklasse I. Nach § 28 ErbStG besteht die Möglichkeit zur Stundung der Erbschaftsteuer, wenn dies zur Erhaltung eines Betriebs notwendig ist.

E 324 **Begünstigtes Vermögen |** Zu dem begünstigten inländischen Betriebsvermögen gehört nach § 13b Abs. 1 Nr. 2 ErbStG u.a. der Anteil an einer Gesellschaft i.S.d. § 15 Abs. 1 Satz 1 Nr. 2 oder Abs. 3 ErbStG, also ein Mitunternehmeranteil einer gewerblich tätigen oder gewerblich geprägten Personengesellschaft wie der GmbH & Co. KG. In dem Zusammenhang ist auch der (quotale oder disquotale) Erwerb von Sonderbetriebsvermögen begünstigt (R E 13b.5 Abs. 3 Satz 5, 6, 9 ErbStR 2011), nicht aber die isolierte Übertragung von Sonderbetriebsvermögen (BFH v. 15.3.2006 – II R 74/04, BFH/NV 2006, 1663; FG München v. 30.5.2012 – 4 K 2398/09, EFG 2012, 1868). Voraussetzung für die Anwendung der Verschonungsregelungen ist, dass der Schenker bzw. Erblasser Mitunternehmer der GmbH & Co. KG war und der Beschenkte bzw. Erbe mit der unentgeltlichen Übertragung Mitunternehmer (→ *Mitunternehmerinitiative und -risiko*) wird; die Mitunternehmerstellung des Erwerbers muss dabei gerade durch und aufgrund der Schenkung vermittelt werden (BFH v. 16.5.2013 – II R 5/12, DStR 2013, 1380 = FR 2013, 1012 = GmbHR 2013, 839 = GmbH-StB 2013, 302; *Wachter*, DStR 2013, 1929).

E 325 **Verwaltungsvermögen |** Voraussetzung für die Gewährung Regelverschonung ist nach § 13b Abs. 2 ErbStG, dass das sog. Verwaltungsvermögen nicht mehr als 50 % des Betriebsvermögens der Gesellschaft beträgt. Im Fall der Optionsverschonung darf das Verwaltungsvermögen der Gesellschaft nicht mehr als 10 % betragen, § 13a Abs. 8 Nr. 3 ErbStG. Das schädliche Verwaltungsvermögen ist in § 13b Abs. 2 Satz 2 ErbStG aufgeführt. Hierzu gehören u.a.

Beteiligungen an gewerblichen Personengesellschaften, wenn bei diesen das Verwaltungsvermögen mehr als 50 % beträgt (§ 13b Abs. 2 Satz 2 Nr. 3 ErbStG). Diese Grenze für Tochter- und Enkelgesellschaften gilt auch bei Inanspruchnahme der Optionsverschonung. Anteile an Kapitalgesellschaften stellen Verwaltungsvermögen dar, wenn die unmittelbare Beteiligung am Nennkapital (bzw. die Summe der über eine Poolvereinbarung gebundenen Anteile) 25 % oder weniger beträgt und sie nicht dem Hauptzweck des Gewerbebetriebs eines Kreditinstitutes oder eines Finanzdienstleistungsinstituts zuzurechnen sind (§ 13b Abs. 2 Satz 2 Nr. 2 ErbStG). Wird die Beteiligungsgrenze von 25 % überschritten, kann es sich bei den Anteilen dennoch um schädliches Verwaltungsvermögen handeln, wenn das Verwaltungsvermögen der Gesellschaft mehr als 50 % beträgt (§ 13b Abs. 2 Satz 2 Nr. 3 ErbStG).

Junges Verwaltungvermögen | Beträgt der Umfang des Verwaltungsvermögen i.S.d. § 13b Abs. 2 Satz 2 ErbStG mehr als 50 % (bzw. mehr als 10 % bei der Optionsverschonung), entfällt die Begünstigung insgesamt. Wird diese Grenze nicht überschritten, ist allerdings nach § 13b Abs. 2 Satz 3 ErbStG solches Verwaltungsvermögen von der Begünstigung ausgeschlossen, welches dem Betrieb im Besteuerungszeitpunkt erst weniger als zwei Jahre zuzurechnen war – sog. junges Verwaltungsvermögen. Nach Ansicht der Finanzverwaltung gehört hierzu nicht nur innerhalb des Zweijahreszeitraums eingelegtes Verwaltungsvermögen, sondern auch Verwaltungsvermögen, das innerhalb dieses Zeitraums aus betrieblichen Mitteln angeschafft oder hergestellt worden ist (R E 13b.19 Abs. 1 Satz 2 ErbStR 2011 mit weiteren Einzelheiten). E326

Beispiel zur Berechnung, § 13b Abs. 2 Sätze 4 bis 7 ErbStG (vgl. H E 13b.20 „Anteil des jungen Verwaltungsvermögens bei Beteiligungen an Personengesellschaften"):

Der gemeine Wert des Gesamthandsvermögens der AB-GmbH & Co. KG beträgt 1 Mio. Euro. Das zum Gesamthandsvermögen gehörende Verwaltungsvermögen beträgt 300 000 Euro, wovon 100 000 Euro zum jungen Verwaltungsvermögen gehören. Demnach wäre bezüglich des Gesamthandsvermögens der AB-GmbH & Co. KG die Grenze von 50 % nicht überschritten.

Zum Sonderbetriebsvermögen des Gesellschafters A gehört ein unbebautes Grundstück mit einem steuerlichen Wert von 50 000 Euro, das er der Gesellschaft als Lagerplatz überlassen hat.

Gemeiner Wert Gesamthandsvermögen 1 000 000 Euro

		A	B
Aufteilung Kapital	./. 1 000 000 Euro	500 000 Euro	500 000 Euro
Sonderbetriebsvermögen A		50 000 Euro	
Anteil am Betriebsvermögen		550 000 Euro	

Die zum Verwaltungsvermögen und zum jungen Verwaltungsvermögen im Gesamthandsvermögen der AB-GmbH & Co. KG gehörenden Wirtschaftsgüter sind nach dem maßgebenden Gewinnverteilungsschlüssel dem jeweiligen Gesellschafter zuzurechnen.

Der Umfang des Verwaltungsvermögens berechnet sich wie folgt:

$$\frac{300\,000 \text{ Euro} \times 0{,}5 \%}{550\,000 \text{ Euro}} = 27{,}27 \% < 50 \%$$

Hinsichtlich der Beteiligung des A ist die Grenze von 50 % nicht überschritten. Im Gesamthandsvermögen der AB-GmbH & Co. KG befindet sich jedoch junges Verwaltungsvermögen. Hiervon entfallen (100 000 Euro × 0,5 =) 50 000 Euro auf die Beteiligung des A. Damit rechnet die Beteiligung mit (550 000 Euro – 50 000 Euro =) 500 000 Euro zum begünstigten Vermögen und mit 50 000 Euro zum nicht begünstigten Vermögen.

Abzugsbetrag | Neben den Verschonungsabschlag tritt bei der Regelverschonung der Abzugsbetrag, der innerhalb von zehn Jahren für von derselben Person anfallende Erwerbe einmal berücksichtigt werden kann (vgl. R E 13a.2 ErbStR 2011): von dem Teil des auf einen Er- E327 werber übergegangenen begünstigten Vermögens, der nach Anwendung des Verschonungsabschlags verbleibt (15 %), wird ein Betrag von 150 000 Euro abgezogen. Dieser Abzugsbetrag verringert sich, wenn der Wert des verbleibenden Vermögens insgesamt die Wertgrenze von 150 000 Euro übersteigt, um 50 % des diese Wertgrenze übersteigenden Betrags. Damit bleibt – auch im Fall der Regelverschonung – begünstigtes Vermögen bis zu einem Wert von 1 Mio. Euro vollständig steuerfrei; ab einem begünstigten Vermögen von 3 Mio. Euro wirkt sich der Abzugsbetrag dagegen nicht mehr aus.

Beispiel (vgl. auch H E 13a.2 „Auswirkung des Abzugsbetrags" ErbStH 2011):

A hinterlässt seinem Sohn X einen Mitunternehmeranteil an der ABC-GmbH & Co. KG, für den ein steuerlicher Wert von 2 000 000 Euro festgestellt wird (Anteil Verwaltungsvermögen > 10 %, < 50 %).

Für X ergibt sich folgende Berechnung:

Begünstigtes Betriebsvermögen			2 000 000 Euro	
Verschonungsabschlag (85 %)			./. 1 700 000 Euro	
Verbleiben			300 000 Euro	
Abzugsbetrag:		150 000 Euro		
verbleibender Wert (15 %)	300 000 Euro			
Abzugsbetrag		./. 150 000 Euro		
Unterschiedsbetrag		150 000 Euro		
davon 50 %		./. 75 000 Euro		
Verbleibender Abzugsbetrag			./. 75 000 Euro	
Steuerpflichtiges Betriebsvermögen				225 000 Euro

E 328 **Begünstigte Erwerbsvorgänge/Weitergabeverpflichtung** | Sowohl Erwerbe von Todes wegen als auch Schenkungen unter Lebenden sind von den Verschonungsregelungen der §§ 13a, 13b ErbStG erfasst. Die Befreiungen können jedoch nicht in Anspruch genommen werden, soweit der Erwerber das begünstigte Vermögen aufgrund einer letztwilligen Verfügung des Erblassers (z.B. eines Testaments) oder einer rechtsgeschäftlichen Verfügung des Erblassers (z.B. eines Erbvertrages) oder Schenkers (z.B. Auflagen im Rahmen eines Schenkungsvertrages) auf einen Dritten übertragen muss oder im Falle einer Nachlassteilung, §§ 13a Abs. 3, 13b Abs. 3 ErbStG (vgl. R E 13a.3 ErbStR 2011).

E 329 **Lohnsummenregelung** | Nach § 13a Abs. 1 Satz 2 ErbStG entfällt der Verschonungsabschlag anteilig, wenn die Summe der maßgebenden jährlichen Lohnsummen des Betriebs der GmbH & Co. KG (§ 13a Abs. 4 ErbStG) innerhalb der fünf (bzw. sieben Jahre bei der Optionsverschonung, § 13a Abs. 8 Nr. 2 ErbStG) nach dem Erwerb die Mindestlohnsumme von 400 % (bzw. 700 % bei der Optionsverschonung, § 13a Abs. 8 Nr. 1 ErbStG) der Ausgangslohnsumme unterschreitet.

Die Lohnsummenregelung ist nicht anzuwenden, wenn die Ausgangslohnsumme 0 Euro beträgt oder der Betrieb nicht mehr als 20 Beschäftigte hat, § 13a Abs. 1 Satz 4 ErbStG. Bei der Bestimmung der Mindestanzahl der Beschäftigten ist auf die Anzahl der Arbeitnehmer, ohne Saison- und Leiharbeiter, abzustellen, die im Besteuerungszeitpunkt in der Gesellschaft beschäftigt sind, an der der zugewendete Anteil besteht. Gehören zum Betriebsvermögen dieser Gesellschaft unmittelbar oder mittelbar Beteiligungen an *Personengesellschaften*, die ihren Sitz oder ihre Geschäftsleitung im Inland, einem Mitgliedstaat der EU oder in einem Staat des EWR haben, sind die Lohnsummen und die Anzahl der Beschäftigten dieser Gesellschaften einzubeziehen zu dem Anteil, zu dem die unmittelbare und mittelbare Beteiligung besteht,

§ 13a Abs. 4 Satz 5 ErbStG (vgl. R E 13a.4 Abs. 6 ErbStR 2011, H E 13a.4 Abs. 6 ErbStH 2011). Die Lohnsummen der zum Betriebsvermögen gehörenden mittelbaren und unmittelbaren Beteiligungen an *Kapitalgesellschaften* sind in die Ermittlung der Ausgangslohnsumme nur einzubeziehen, wenn die Kapitalgesellschaft ihren Sitz oder ihre Geschäftsleitung im Inland oder in einem Mitgliedstaat der EU oder in einem Staat des EWR hat und die Beteiligung im Besteuerungszeitpunkt mehr als 25 % beträgt (vgl. R E 13a.4 Abs. 7 ErbStR 2011, H E 13a.4 Abs. 7 ErbStH 2011). Dabei sind sowohl die im Gesamthandsvermögen als auch die in den Sonderbetriebsvermögen aller Gesellschafter gehaltenen Anteile zusammenzurechnen.

Der Verschonungsabschlag entfällt in dem Verhältnis, in dem die tatsächliche Lohnsumme die Mindestlohnsumme unterschreitet. Die Nachversteuerung kann durch Änderung des Steuerbescheides nach § 175 Abs. 1 Satz 1 Nr. 2 AO erfasst werden. Auf den Abzugsbetrag nach § 13a ErbStG wirkt sich ein Verstoß gegen die Lohnsummenregelung nicht aus.

Beispiel (vgl. auch H E 13a.12 „Nachversteuerung“ ErbStH 2011):

Im Jahr 2015 vererbt A seinem Sohn S u.a. seine Beteiligung an der ABC-GmbH & Co. KG (steuerlicher Wert 1,8 Mio. Euro). Das Betriebsvermögen der Gesellschaft besteht zu weniger als 50 % aus Verwaltungsvermögen. Ein Antrag nach § 13a Abs. 8 ErbStG wurde nicht gestellt. Der Betrieb der Gesellschaft hat mehr als 20 Beschäftigte. Die tatsächliche Lohnsumme nach Ablauf von fünf Jahren beträgt 350 % der Ausgangslohnsumme.

1. Ursprüngliche Steuerfestsetzung

Begünstigtes Betriebsvermögen			1 800 000 Euro
Verschonungsabschlag (85 %)			./. 1 530 000 Euro
verbleiben			270 000 Euro
Abzugsbetrag, § 13a Abs. 2 ErbStG		150 000 Euro	
verbleibender Wert (15 %)	270 000 Euro		
Abzugsbetrag	./. 150 000 Euro		
Unterschiedsbetrag	120 000 Euro		
davon 50 %		./. 60 000 Euro	
verbleibender Abzugsbetrag			./. 90 000 Euro
steuerpflichtiges Unternehmensvermögen			180 000 Euro

2. Geänderte Steuerfestsetzung nach Ablauf der Lohnsummenfrist

Da die tatsächliche Lohnsumme die Mindestlohnsumme von 400 % der Ausgangslohnsumme unterschreitet, ist eine Nachversteuerung gemäß § 13a Abs. 1 ErbStG vorzunehmen und der Verschonungsabschlag zu kürzen.

Begünstigtes Betriebsvermögen		1 800 000 Euro
Verschonungsabschlag (85 %)	1 530 000 Euro	
tatsächliche Lohnsumme (350 %) unterschreitet Mindestlohnsumme (400 %) um 50 %, das sind 12,5 %;		
Kürzung des Verschonungsabschlags um 12,5 % von 1 530 000 Euro	./. 191 250 Euro	
verbleibender Verschonungsabschlag	1 338 750 Euro	./. 1 338 750 Euro
verbleiben		461 250 Euro
Abzugsbetrag (s.o.)		./. 90 000 Euro
steuerpflichtiges Unternehmensvermögen		371 250 Euro

Behaltensregelungen | Der Verschonungsabschlag, der Abzugsbetrag und der Entlastungs- E 330
betrag fallen mit Wirkung für die Vergangenheit weg, soweit innerhalb von fünf Jahren (Regel-

verschonung) bzw. zehn Jahren (Optionsverschonung) nach dem Zeitpunkt der Steuerentstehung (Behaltenszeit) gegen eine der Behaltensregelungen des § 13a Abs. 5 ErbStG verstößt, §§ 13a Abs. 5 und 8 Nr. 2, 19a Abs. 5 ErbStG (vgl. R E 13a.5 ff., 19a.3 ErbStR 2011). Die Gründe für den Verstoß gegen die Behaltensregelungen sind unbeachtlich. Der Steuerbescheid kann in diesen Fällen nach § 175 Abs. 1 Satz 1 Nr. 2 AO geändert werden. Ein Verstoß gegen die Behaltensregelungen liegt generell nicht vor, wenn begünstigtes Vermögen von Todes wegen übergeht oder durch Schenkung unter Lebenden weiter übertragen wird (R E 13a.5 Abs. 2 ErbStR 2011).

Gehören Mitunternehmeranteile an einer GmbH & Co. KG zum begünstigten Vermögen, liegt ein Verstoß gegen die Behaltensregelungen insbesondere dann vor, wenn der Erwerber den Mitunternehmeranteil **veräußert** (als Aufgabe gilt auch die Aufgabe des Mitunternehmeranteils sowie die Eröffnung des Insolvenzverfahrens bei der GmbH & Co. KG) oder wenn eine, mehrere oder alle im Besteuerungszeitpunkt wesentlichen Betriebsgrundlagen des Gewerbebetriebs der GmbH & Co. KG veräußert oder in das Privatvermögen überführt oder anderen betriebsfremden Zwecken zugeführt werden (§ 13a Abs. 5 Satz 1 Nr. 1 ErbStG; vgl. R E 13a.6 ErbStR 2011). Nach § 13a Abs. 5 Satz 1 Nr. 3 ErbStG gilt als Behaltensfristverstoß auch, wenn der Gesellschafter bis zum Ende des letzten in die Fünf- bzw. Siebenjahresfrist fallenden Wirtschaftsjahres **Entnahmen** tätigt, die die Summe seiner Einlagen und der ihm zuzurechnenden Gewinne oder Gewinnanteile seit dem Erwerb um mehr als 150 000 Euro übersteigen. War der Erwerber bereits vor dem begünstigten Erwerb an der Personengesellschaft beteiligt, bezieht sich die Entnahmebegrenzung nur auf den zusätzlich erworbenen Anteil. Entnahmen, soweit sie über sein am Besteuerungszeitpunkt vorhandenes Kapitalkonto hinausgehen, Einlagen und Gewinne während der Behaltenszeit sind anteilig seiner Beteiligung vor dem Erwerb und der neu erworbenen Beteiligung zuzurechnen (R E 13a.8 Abs. 3 ErbStR 2011). Zum Kapitalkonto, das nach ertragsteuerlichen Grundsätzen zu beurteilen ist, gehören neben dem Festkapital des Gesellschafters sein Anteil an einer gesamthänderischen Rücklage, die variablen Kapitalkonten, soweit es sich dabei um Eigenkapital der Gesellschaft handelt, sowie die Kapitalkonten in den Sonderbilanzen und Ergänzungsbilanzen des Gesellschafters.

Nach der **Reinvestitionsklausel** des § 13a Abs. 5 Satz 3 ErbStG ist im Fall der Veräußerung von wesentlichen Betriebsgrundlagen von einer Nachversteuerung abzusehen, wenn der Veräußerungserlös innerhalb der jeweiligen, nach § 13b Abs. 1 Nr. 1 bis 3 ErbStG begünstigungsfähigen Vermögensart (land- und forstwirtschaftliches Vermögen, Betriebsvermögen oder Anteile an Kapitalgesellschaften) verbleibt; bei dem Vermögen darf es sich nicht um Verwaltungsvermögen i.S.d. § 13b Abs. 2 ErbStG handeln. Neben der Anschaffung von Anlagegütern, Betriebsteilen oder von neuen Betrieben, die das veräußerte Vermögen im Hinblick auf den ursprünglichen oder einen neuen Betriebszweck ersetzen, fällt hierunter auch beispielsweise die Tilgung betrieblicher Schulden (R E 13a.11 Satz 3 ErbStR 2011). Die Reinvestition muss innerhalb von sechs Monaten nach der Veräußerung erfolgen. Ungeachtet der Frist von sechs Monaten nach der Veräußerung liegt eine unschädliche Reinvestition auch vor, wenn damit Liquiditätsreserven, die nicht zum Verwaltungsvermögen gehören, erhöht werden.

E 331 **Durchführung der Nachversteuerung/Anzeigepflicht** | Nach § 13a Abs. 6 ErbStG muss der Erwerber dem Finanzamt ein Unterschreiten der Mindestlohnsumme innerhalb von sechs Monaten nach Ablauf der Lohnsummenfrist und einen Verstoß gegen die Behaltensfrist innerhalb eines Monats nach Verwirklichung des jeweiligen Tatbestandes anzeigen. Zur Durchführung der Nachversteuerung R E 13a.12 ErbStR 2011, H E 13a.12 „Nachversteuerung." ErbStH 2011.

E 332 **Tarifbegrenzung für den Steuersatz** | Nach § 19a ErbStG wird bei dem Erwerb von begünstigtem Betriebsvermögen, land- und forstwirtschaftlichem Vermögen oder Anteilen an Kapitalgesellschaften durch eine natürliche Person der Steuerklasse II oder III für das nach Anwendung der Regelverschonung gemäß § 13a Abs. 1 ErbStG verbleibende steuerpflichtige Vermögen (15 %) ein Entlastungsbetrag gewährt, der dazu führt, dass das grundsätzlich begünstigte Vermögen nach der Steuerklasse I besteuert wird. Zur Ermittlung des Entlastungsbetrages wird zunächst die auf das begünstigte, aber steuerpflichtige Vermögen entfallende Erbschaftsteuer nach den tatsächlichen Verhältnissen (tatsächliches Verwandtschaftsverhältnis zwischen Erblasser/Schenker und Erwerber) ermittelt. Ist Gegenstand des Erwerbs auch nicht begünstigtes Vermögen, bemisst sich die auf das begünstigte Betriebsvermögen entfallende Erbschaftsteuer nach dem Verhältnis des Werts dieses Vermögens nach Anwendung des § 13a ErbStG und nach Abzug der mit diesem Vermögen in wirtschaftlichem Zusammenhang stehenden abzugsfähigen Schulden und Lasten zum Wert des gesamten Vermögensanfalls i.S.d. § 10 Abs. 1 Satz 1 und 2 ErbStG nach Abzug der mit diesem Vermögen in wirtschaftlichem Zusammenhang stehenden abzugsfähigen Schulden und Lasten (§ 10 Abs. 5 und 6 ErbStG). Anschließend wird die Steuer auf den Gesamtbetrag der Zuwendung nach der Steuerklasse I ermittelt und entsprechend auf das begünstigte und das nicht begünstigte Vermögen aufgeteilt. Der Entlastungsbetrag ergibt sich als Unterschiedsbetrag zwischen der auf das begünstigte, aber steuerpflichtige Vermögen entfallenden Steuer nach Steuerklasse I und der tatsächlichen Steuer.

Beispiel (vgl. auch H E 19a.2 „Berechnung des Entlastungsbetrags“ ErbStH 2011):

Erblasser E hat seinen Großneffen G (Steuerklasse III) zum Alleinerben eingesetzt. Zum Nachlass gehört die 100-prozentige Beteiligung an der E-GmbH & Co. KG mit einem Steuerwert von 1,2 Mio. Euro sowie Kapitalvermögen mit einem Wert von 750 000 Euro. Der Anteil des Verwaltungsvermögens der E-GmbH & Co. KG beträgt 30 %.

Für G ergibt sich folgende Berechnung:

Begünstigtes Betriebsvermögen				1 200 000 Euro
Verschonungsabschlag (85 %)				./. 1 020 000 Euro
Verbleiben				180 000 Euro
Abzugsbetrag:		150 000 Euro		
verbleibender Wert (15 %)	180 000 Euro			
Abzugsbetrag		./. 150 000 Euro		
Unterschiedsbetrag	30 000 Euro			
davon 50 %		./. 15 000 Euro		
Verbleibender Abzugsbetrag			./. 135 000 Euro	
Steuerpflichtiges Betriebsvermögen				45 000 Euro
Kapitalvermögen				750 000 Euro
Gesamter Vermögensanfall				795 000 Euro
Erbfallkostenpauschale				./. 10 300 Euro
Persönlicher Freibetrag				./. 20 000 Euro
Steuerpflichtiger Erwerb				764 700 Euro
Anteil des tarifbegünstigten Vermögens:				
45 000 Euro/764 700 = 5,88 %				
Steuer nach Steuerklasse III (30 %)				229 410 Euro
Auf begünstigtes Vermögen entfällt				
229 410 Euro × 5,88 % =		13 489 Euro		
Steuer nach Steuerklasse I (19 %) =	145 283 Euro			
Auf begünstigtes Vermögen entfällt				
145 283 Euro × 5,88 % =		./. 8 542 Euro		
Unterschiedsbetrag 4 947 Euro		./. 4 947 Euro		
Festzusetzende Steuer				224 463 Euro

E333 **Stundung der Erbschaftsteuer auf Betriebsvermögen |** § 28 Abs. 1 ErbStG gibt dem Erwerber von Betriebsvermögen oder land- und forstwirtschaftlichem Vermögen einen Rechtsanspruch auf Stundung der auf dieses Vermögen entfallenden Erbschaftsteuer bis zu 10 Jahren, soweit dies zur Erhaltung des Betriebs notwendig ist. Betriebsvermögen in diesem Sinne sind auch Anteile an einer Personengesellschaft i.S.d. § 15 Abs. 1 Nr. 2 und Abs. 3 oder § 18 Abs. 4 EStG, nicht jedoch Anteile an einer Kapitalgesellschaft (Aktien oder GmbH-Anteile), R E 28 Abs. 4 Satz 2 ErbStR 2011. Die Stundung der Erbschaftsteuer ist zur Erhaltung des Betriebs notwendig, wenn die Erbschaftsteuer nicht aus dem Betriebsvermögen der GmbH & Co. KG entnommen werden kann, ohne die Existenz des Unternehmens zu gefährden bzw. ohne die Möglichkeit der Vornahme dringender Investitionen einzuschränken (*Düll* in Reichert, GmbH & Co. KG, § 37 Rz. 111), und kein weiteres erworbenes oder eigenes Vermögen, aus dem die Erbschaftsteuer beglichen werden kann, vorhanden ist. Die Beweislast dafür, dass kein eigenes Vermögen vorhanden und keine Kreditaufnahme möglich ist, obliegt dem Steuerpflichtigen (vgl. R E 28 Abs. 4 ErbStR 2011 mit weiteren Einzelheiten). Bei einer Schenkung eines Mitunternehmeranteils wird die gestundete Steuer gemäß §§ 234, 238 AO verzinst; bei Erwerben von Todes wegen erfolgt die Stundung dagegen zinslos, § 28 Abs. 1 Satz 2 ErbStG.

8. Erbschaftsteuerreform 2016

E334 **Entscheidung des Bundesverfassungsgerichts v. 17.12.2014 |** Mit Urteil v. 17.12.2014 (1 BvL 21/12, BStBl. II 2015, 50 = FR 2015, 160 m. Anm. *Bareis* = GmbHR 2015, 88 = GmbH-StB 2015, 26) hat das BVerfG über die derzeit geltenden erbschaft- und schenkungsteuerlichen Begünstigungen für Unternehmensvermögen entschieden. Danach sind die derzeit geltenden Verschonungsregelungen der §§ 13a, 13b und 19 Abs. 1 ErbStG im Grundsatz verfassungsgemäß. Nach Auffassung des BVerfG liegt es im Entscheidungsspielraum des Gesetzgebers, kleine und mittlere Unternehmen, die in personaler Verantwortung geführt werden, zur Sicherung ihres Bestands und zur Erhaltung der Arbeitsplätze steuerlich zu begünstigen. Die Privilegierung betrieblichen Vermögens ist jedoch unverhältnismäßig und daher verfassungswidrig, soweit sie über den Bereich kleiner und mittlerer Unternehmen hinausgreife, ohne eine Bedürfnisprüfung vorzusehen. Zu der Frage, ab wann ein Unternehmen „groß" ist, verweist das BVerfG beispielhaft auf die Empfehlung der EU-Kommission v. 6.5.2003, wonach zu den kleinen und mittleren Unternehmen solche zählen, die weniger als 250 Arbeitnehmer beschäftigen und die entweder einen Jahresumsatz von höchstens 50 Mio. Euro erzielen oder deren Jahresbilanzsumme sich auf höchstens 43 Mio. Euro beläuft. Alternativ verweist das BVerfG auf einen früheren Gesetzesentwurf aus dem Jahr 2005, wonach die vollständige Steuerbefreiung nur bis zu einem Höchstbetrag von 100 Mio. Euro pro Erwerber gewährt wurde. Zu der Ausgestaltung einer Bedürftigkeitsprüfung macht das BVerfG keine näheren Angaben.

Die Nachsteuertatbestände und das Konzept der Lohnsummenregel sind im Prinzip verfassungsmäßig. Die Lohnsummenregelung muss aber aus verfassungsrechtlichen Gründen auch auf Betriebe mit weniger als 20 Beschäftigten ausgedehnt werden. Unverhältnismäßig ist die Verschonung betrieblichen Vermögens mit einem Verwaltungsvermögensanteil bis zu 50 %. Hier soll eine „gleitende Regelung" geschaffen werden, die die derzeit möglichen Grenzgestaltungen, in denen Unternehmen mit einer Verwaltungsvermögensquote von bis zu 50 % noch in Gänze von der Steuerbefreiung profitieren, unterbindet. Insbesondere die Ausgestaltung des Verwaltungsvermögenstests, der einen sog. positiven Kaskadeneffekt über verschiedene

Konzernebenen hinweg ermöglicht, so dass man gehebelt „unproduktives" Vermögen begünstigt mitübertragen kann, ist verfassungswidrig (vgl. *von Oertzen*, BB 2015, I). Das geltende Recht ist zunächst weiter anwendbar, der Gesetzgeber muss aber bis 30.6.2016 eine Neuregelung treffen. Gleichzeitig weist das BVerfG aber darauf hin, dass insoweit kein Vertrauensschutz besteht, als das Gestaltungen unter exzessiver Ausnutzungen der als gleichheitswidrig qualifizierten Ausgestaltungen der §§ 13a, 13b ErbStG gewählt werden. Hierbei handelt es sich nach Auffassung des BVerfG um die Cash-Gesellschaften, Gestaltungen rund um die Lohnsumme durch Aufspaltung in Besitz- und Betriebsgesellschaften und Gestaltungen des Verschiebens von Verwaltungsvermögen in mehrstöckigen Strukturen.

Gesetzgebungsverfahren | Am 8.7.2015 hat das Bundeskabinett den Entwurf eines „Gesetzes zur Anpassung des Erbschaftsteuer- und Schenkungsteuergesetzes an die Rechtsprechung des BVerfG" beschlossen (BR-Drucks. 353/15, BT-Drucks. 18/5923). Mit Beschluss vom 25.9.2015 nahm der Bundesrat ausführlich Stellung und äußerte den Wunsch nach grundlegenden Änderungen am Konzept des Entwurfs (BR-Drucks. 353/15 (B)). Aufgrund der erheblichen Bedenken gegen den Gesetzentwurf, die in der Folgezeit geäußert wurden, wurde das Gesetzgebungsverfahren zunächst ausgesetzt und auf politischer Ebene weiter verhandelt. Erst am 24.6.2016 beschloss der Bundestag ein geändertes Gesetz (BT-Drucks. 344/16), welchem der Bundesrat am 8.7.2016 jedoch seine Zustimmung verweigerte; der Vermittlungsausschuss wurde angerufen. Ein Ergebnis des Vermittlungsausschusses stand zum Redaktionsschluss noch aus. Die Obersten Finanzbehörden der Länder haben mit Schreiben vom 21.6.2016 angeordnet, dass bis zu einer Neuregelung das bisherige Recht in vollem Umfang weiter anwendbar bleibt, auch für Erwerbe, für die die Steuer nach dem 30.6.2016 entsteht (DStR 2016, 1816). Wegen weiterer Einzelheiten zum Erbschaftsteuerreformgesetz 2016 und den Kritikpunkten des Bundesrates vgl. *Söffing*, ErbStB 2016, 235, und *Herbst*, ErbStB 2016, 250. E 335

Sobald das Gesetzgebungsverfahren abgeschlossen ist, werden Sie zeitnah eine Überarbeitung des Stichworts „Erbschaft- und Schenkungsteuer" auf www.otto-schmidt.de/wgk finden.

frei E 336–E 360

9. Persönliche Steuerbefreiungen

Allgemeine persönliche Freibeträge | Die allgemeinen persönlichen Freibeträge für die Fälle unbeschränkter Steuerpflicht richten sich nach der Steuerklasse i.S.d. § 15 Abs. 1 ErbStG und sind in § 16 Abs. 1 ErbStG genannt. Während für Ehegatten und Lebenspartner ein Freibetrag i.H.v. 500 000 Euro gewährt wird, erhalten Kinder und Kinder verstorbener Kinder einen Freibetrag i.H.v. 400 000 Euro; Kinder nicht verstorbener Kinder erhalten noch einen Freibetrag i.H.v. 200 000 Euro. In den Fällen der beschränkten Steuerpflicht wird derzeit nach § 16 Abs. 2 ErbStG ein einheitlicher Freibetrag von nur 2 000 Euro gewährt (zur evtl. Europarechtswidrigkeit Rz. E 310). E 361

Versorgungsfreibetrag | Bei einem Erwerb von Todes wegen steht dem überlebenden Ehegatten/Lebenspartner neben dem allgemeinen Freibetrag ein besonderer Versorgungsfreibetrag nach § 17 ErbStG i.H.v. 256 000 Euro zu; Kinder erhalten in Abhängigkeit vom Alter bis zu 52 000 Euro. Stehen dem Ehegatten/Lebenspartner oder den Kindern aus Anlass des Todes des Erblassers nicht der Erbschaftsteuer unterliegende Versorgungsbezüge zu, wird der Freibetrag bei Ehegatten/Lebenspartnern um den nach § 14 BewG (lebenslängliche Leis- E 362 tungen) und bei Kindern um den nach § 13 BewG (zeitlich beschränkte Leistungen) zu ermittelnden Kapitalwert dieser Versorgungsbezüge gekürzt, § 17 Abs. 1 Satz 2 bzw. Abs. 2 Satz 2 ErbStG.

10. Berücksichtigung früherer Erwerbe

E 363 Hat der Erwerber innerhalb der letzten zehn Jahre von derselben Person bereits eine erbschaftsteuerbare Zuwendung erhalten, ist diese bei der Besteuerung der erneuten Zuwendung mit diesem letzten Erwerb zusammenzurechnen, § 14 ErbStG. Von der Steuer für den Gesamtbetrag wir die Steuer abgezogen, die für die früheren Erwerbe nach den persönlichen Verhältnissen des Erwerbers und auf der Grundlage der geltenden Vorschriften zur Zeit des letzten Erwerbs zu erheben gewesen wäre, mindestens aber die tatsächlich für die in die Zusammenrechnung einbezogenen früheren Erwerbe zu entrichtende Steuer. Durch die Zusammenrechnung von Erwerbsvorgängen, bei denen dieselben Personen als Schenker bzw. Erblasser und Erwerber beteiligt waren und die innerhalb von zehn Jahren stattgefunden haben, soll sichergestellt werden, dass die erbschaftsteuerlichen Freibeträge nicht beliebig oft in Anspruch genommen werden und sich aus der Aufteilung in mehrere Schenkungen ein Progressionsvorteil ergibt.

Beispiel (vgl. auch H E 14.1 „Abzugssteuer" ErbStH 2011):

Vater V hat 2013 seinem Sohn S einen Teil seines Kommanditanteils an der VW-GmbH & Co. KG geschenkt (steuerlicher Wert 500 000 Euro). Im Jahr 2015 schenkt V dem S seine restliche Beteiligung (steuerlicher Wert 900 000 Euro). Die VW-GmbH & Co. KG hatte sowohl 2013 als auch 2015 eine Verwaltungsvermögensquote von mehr als 50 %.

Jeder Erwerb bleibt rechtlich selbständig und wird für sich besteuert. § 14 ErbStG dient lediglich der zutreffenden Ermittlung der Steuer für den letzten Erwerb.

1. Erwerb 2013		
Beteiligung VW-GmbH & Co. KG 2013		500 000 Euro
abzgl. Freibetrag, § 16 Abs. 1 Nr. 2, § 15 Abs. 1 Stkl. I ErbStG	./.	400 000 Euro
steuerpflichtiger Erwerb		100 000 Euro
Steuer nach Steuerklasse I, Steuersatz gemäß § 19 ErbStG: 11 %		11 000 Euro
2. Erwerb 2015		
Beteiligung VW-GmbH & Co. KG 2015		900 000 Euro
Schenkung Beteiligung 2012		500 000 Euro
Gesamterwerb		1 400 000 Euro
abzgl. Freibetrag	./.	400 000 Euro
steuerpflichtiger Erwerb im 10-Jahres-Zeitraum		1 000 000 Euro
Steuer auf Gesamterwerb, Steuerklasse I, Steuersatz 19 %		190 000 Euro
3. Anrechnungsbetrag		
Die fiktive Steuer 2015 auf den Vorerwerb 2012 entspricht hier der tatsächlich zu entrichtenden Steuer für den Vorerwerb von	./.	11 000 Euro
4. Steuer 2015		179 000 Euro

5. Mindestens Steuer für den letzten Erwerb, § 14 Abs. 1 Satz 4 ErbStG

Beteiligung VW-GmbH & Co. KG 2015		900 000 Euro
abzgl. Freibetrag	./.	400 000 Euro
steuerpflichtiger Erwerb		500 000 Euro
Steuer nach Steuerklasse I, Steuersatz 15 %		75 000 Euro

6. Höchstbetragsgrenze, § 14 Abs. 3 EStG

Die Steuer von 179 000 Euro überschreitet nicht 50 % des weiteren Erwerbs (50 % von 900 000 Euro = 450 000 Euro) und ist somit festzusetzen.

11. Steuerfestsetzung, Erhebung, Anzeige- und Erklärungspflichten

Schuldner der Erbschaftsteuer | Schuldner der Erbschaftsteuer ist nach § 20 Abs. 1 Satz 1 ErbStG grundsätzlich der Erwerber, bei einer Schenkung auch der Schenker. Bei Schenkungen unter Lebenden sind Schenker und Erwerber damit Gesamtschuldner i.S.d. § 44 Abs. 1 Satz 1 AO und es steht im Ermessen der Finanzbehörde, wer als Schuldner in Anspruch genommen wird, unabhängig davon, welche Regelungen Schenker und Beschenkter darüber getroffen haben, wer die Erbschaftsteuer zu tragen hat. E 364

Besteuerung nach dem Jahreswert | Bei Erwerb einer **Rente oder einer anderen wiederkehrenden Nutzung oder Leistung,** wie z.B. einem Nießbrauchsrecht an einem Kommanditanteil, sieht § 23 ErbStG ein Wahlrecht vor: abweichend von dem Grundsatz, dass der nach §§ 13, 14 BewG ermittelte Kapitalwert der Rente, Nutzung oder Leistung der sofortigen Besteuerung unterworfen wird, kann sich der Erwerber bis zur Bestandskraft des Steuerbescheides für die Besteuerung nach dem Jahreswert entscheiden. Die Steuer wird in dem Fall nach dem Steuersatz erhoben, der sich nach § 19 ErbStG für den gesamten Erwerb einschließlich des Kapitalwerts der Rente oder anderen wiederkehrenden Nutzung oder Leistung ergibt. Verfügt der Erwerber nicht über ausreichend Vermögen, um die aus der Rente, Nutzung oder Leistung resultierende Erbschaftsteuer in einem Betrag zu tilgen, kann er so durch Ausübung des Wahlrechts die Steuerschuld laufend tilgen. Dabei hat der Erwerber das Recht, die Jahressteuer jeweils zum nächsten Fälligkeitszeitpunkt mit ihrem Kapitalwert abzulösen (§ 23 Abs. 2 ErbStG), was insbesondere dann in Betracht kommt, wenn die Rente, Nutzung oder Leistung deutlich länger läuft als zunächst erwartet worden war. E 365

Erlöschen der Steuer | In bestimmten, in § 29 Abs. 1 ErbStG abschließend aufgezählten Fällen erlischt die Erbschaftsteuer mit Wirkung für die Vergangenheit. Hierzu zählt insbesondere der Fall, dass ein Geschenk wegen eines Rückforderungsrechts herausgegeben werden muss, § 29 Abs. 1 Nr. 1 ErbStG. Neben vertraglich vereinbarten Rückforderungsrechten (z.B. auflösende Bedingung, § 158 Abs. 2 BGB; Widerrufsvorbehalt; Rücktrittsrecht, §§ 346 ff. BGB) kann ein gesetzliches Rücktrittsrecht bestehen, z.B. wegen Nichtvollziehung einer Auflage (§ 527 Abs. 1 BGB), wegen nachfolgender Verarmung des Schenkers (§ 528 BGB), wegen groben Undanks (§§ 530 ff. BGB) oder wegen Nichtigkeit oder Anfechtung (§§ 812, 818 BGB). Nach § 29 Abs. 2 ErbStG hat der (ursprünglich) Beschenkte die zwischenzeitliche Nutzung des zugewendeten Vermögens wie ein Nießbraucher zu versteuern. E 366

Anzeige- und Erklärungspflichten | Nach § 30 Abs. 1 ErbStG ist grundsätzlich der Erwerber verpflichtet, innerhalb von drei Monaten nach Kenntniserlangung jeden erbschaftsteuerbaren Erwerb dem zuständigen Erbschaftsteuerfinanzamt schriftlich anzuzeigen, bei Schenkungen auch der Schenker (§ 30 Abs. 2 ErbStG). Eine Steuererklärung ist erst nach Aufforderung E 367 durch das Finanzamt abzugeben (§ 31 ErbStG). Beruht der Erwerb auf einer von einem deutschen Gericht oder einem deutschen Notar eröffneten Verfügung von Todes wegen oder ist eine Schenkung unter Lebenden notariell beurkundet, kann die persönliche Anzeigepflicht nach § 30 Abs. 3 ErbStG entfallen. Dies gilt jedoch nicht, d.h. es bleibt bei der Anzeigepflicht, wenn zum Erwerb Grundbesitz, Betriebsvermögen, Anteile an Kapitalgesellschaften, die nicht der Anzeigepflicht nach § 33 ErbStG unterliegen, oder Auslandsvermögen gehört.

Vertiefende Recherche

Wichtige Urteile und Erlasse

BVerfG v. 17.12.2014 – 1 BvL 21/12, BStBl. II 2015, 50: Zur Verfassungsmäßigkeit der §§ 13a, 13b und 19 Abs. 1 ErbStG.

BFH v. 2.9.2014 – IX R 52/13, DStR 2015, 160: Zur Anwendung des § 15a EStG bei vermögensverwaltenden Kommanditgesellschaften.

Gleichlautende Ländererlasse zur erbschaft- und schenkungsteuerlichen Bewertung der (nicht notierten) Anteile an Kapitalgesellschaften sowie von Beteiligungen an Personengesellschaften in Sonderfällen v. 5.6.2014, BStBl. I 2014, 882.

Gleichlautender Erlass betr. Ermittlung der Lohnsummen in Umwandlungsfällen v. 21.11. 2013, BStBl. I 2013, 1510.

Weitere Stichwörter

→ Nachfolge von Todes wegen; → Schenkung von Gesellschaftsanteilen; → Vermögensverwaltende GmbH & Co. KG

Firma

Ausgewählte Literatur: *Altmeppen*, Irrungen und Wirrungen um den täuschenden Rechtsformzusatz und seine Haftungsfolgen, NJW 2012, 2833; *Bokelmann*, Die Neuregelungen im Firmenrecht nach dem Regierungsentwurf des Handelsrechtsreformgesetzes, GmbHR 1998, 57; *Bokelmann*, Die Rechtsprechung zum Firmenrecht der GmbH und der GmbH & Co. KG seit etwa 1980, GmbHR 1987, 177; *Heckschen*, Firmenbildung und Firmenverwertung – aktuelle Tendenzen, NotBZ 2006, 346; *Möller*, Das neue Firmenrecht in der Rechtsprechung – eine kritische Bestandsaufnahme, DNotZ 2000, 830; *Müther*, Überlegungen zum neuen Firmenbildungsrecht bei der GmbH, GmbHR 1998, 1058; *Schlitt*, Die Auswirkungen des Handelsrechtsreformgesetzes auf die Gestaltung von GmbH & Co. KG-Verträgen, NZG 1998, 580; *Schulte/Warnke*, Vier Jahre nach der HGB-Reform – Das neue Firmenrecht der GmbH im Handelsregisterverfahren, GmbHR 2002, 626; *Wachter*, Firmierung der Unternehmergesellschaft (haftungsbeschränkt) & Co. KG, NZG 2009, 1263; *Wolff*, Firmierung mit Zusätzen wie „Partner des Kunden GmbH“, GmbHR 2007, 1032.

1. GmbH & Co. KG

a) Firmenbildung

Firmenrechtliche Anforderungen | Für die Firmenbildung bei der GmbH & Co. KG gelten zunächst die allgemeinen Anforderungen. Danach darf eine Personen-, Sach- oder Phantasiefirma gewählt werden, die F 1

- zur Kennzeichnung geeignet ist und Unterscheidungskraft besitzt (§ 18 Abs. 1 HGB),
- nicht zur Irreführung geeignet ist (§ 18 Abs. 2 HGB) und
- sich von anderen Firmen an demselben Ort deutlich unterscheidet (§ 30 HGB).

Beispiel:

Eine GmbH & Co. KG kann danach z.B. als „Otto Schmidt GmbH & Co. KG“ firmieren (Personenfirma), bei hinreichender Unterscheidbarkeit zu anderen an demselben Ort bestehenden Firmen auch ohne Beifügung des Vornamens.

Namen von Gesellschaftern | § 19 HGB bestimmte früher, dass die Firma einer KG den Namen mindestens eines Komplementärs enthalten musste (Abs. 2 a.F.) und Namen von Nicht-Komplementären auch nicht zusätzlich enthalten durfte (Abs. 4 a.F.). Diese Beschränkungen sind entfallen, so dass die Personenfirma einer KG heute z.B. auch nur den Namen eines Kommanditisten enthalten darf, ohne dass darin eine Irreführung zu sehen wäre (vgl. OLG Saarbrücken v. 25.2.2006 – 5 W 42/06, DB 2006, 1002). Irreführend kann es jedoch werden, wenn zusätzlich auch noch der abweichende Rechtsformzusatz des Kommanditisten verwendet werden soll: F 2

Beispiel:

Eine GmbH & Co. KG, bei der lediglich die Kommanditistin eine AG ist, darf nicht als „Lavatec AG Wäschereimaschinen GmbH & Co. KG“ firmieren (OLG Stuttgart v. 15.8.2000 – 8 W 80/2000, DB 2001, 695).

F3 **Deutliche Unterscheidbarkeit** | Das weitere Erfordernis einer deutlichen Unterscheidbarkeit zu anderen an demselben Ort bestehenden Firmen (§ 30 HGB) gilt auch im Verhältnis der GmbH & Co. KG zu ihrer eigenen Komplementär-GmbH. Maßgeblich ist hierfür der Gesamteindruck in Sinn, Wort und Klang. Unterschiedliche Rechtsformzusätze allein („GmbH" einerseits, „GmbH & Co. KG" andererseits) genügen nach h.M. (BGH v. 14.7.1966 – II ZB 4/66, BGHZ 46, 7) nicht für eine hinreichende Unterscheidbarkeit:

Beispiel:

Soll die KG als „Otto Schmidt GmbH & Co. KG" firmieren, darf die an demselben Ort bestehende Komplementär-GmbH nicht gerade als „Otto Schmidt GmbH" firmieren. Oftmals wird daher die Firma der GmbH um einen Zusatz („Beteiligungs-", „Verwaltungs-" o.Ä.) ergänzt und dieser Zusatz bei der GmbH & Co. KG weggelassen.

F4 **Vorabstimmung mit der IHK** | Sofern ein Registergericht Zweifel an der firmenrechtlichen Zulässigkeit hat, wird es eine Stellungnahme der zuständigen Industrie- und Handelskammer einholen (§ 380 FamFG). Manche Registergerichte tun dies sogar routinemäßig und unabhängig von etwaigen Zweifeln. Es kann sich deshalb zur Beschleunigung und Vermeidung späterer Korrekturen empfehlen, die Unbedenklichkeit einer vorgesehenen Firma bei der zuständigen IHK im Vorhinein abzufragen und die entsprechende Bestätigung der Handelsregisteranmeldung beizufügen. Das Registergericht hat die Stellungnahme der IHK erwägend zu berücksichtigen, ist an sie jedoch nicht gebunden (*Krafka* in MünchKomm. ZPO, § 380 FamFG Rz. 5).

b) Rechtsformzusatz

F5 **Firmierung als „KG"** | Die Firma einer Kommanditgesellschaft hat die Bezeichnung „Kommanditgesellschaft" oder eine allgemein verständliche Abkürzung dieser Bezeichnung zu enthalten (§ 19 Abs. 1 Nr. 3 HGB). Als allgemein verständliche Abkürzung kommt im Wesentlichen nur die Buchstabenkombination „KG" in Betracht (ferner z.B. noch „Kommanditges."). Die althergebrachte Firmierung als „& Co." (d.h. ohne den eigentlichen Rechtsformzusatz „KG") ist demgegenüber heute unzulässig; auch Altgesellschaften dürfen seit dem 31.3.2003 nicht mehr in dieser Form firmieren (vgl. Art. 38 EGHGB a.F.; vgl. zu den Änderungen durch das HRefG v. 1.7.1998 *Bokelmann*, GmbHR 1998, 57). Der Rechtsformzusatz darf, obwohl er meist am Ende steht, auch an den Anfang gesetzt werden:

Beispiel:

Die Bezeichnung „Kommanditgesellschaft Union-Bau Altona GmbH & Co." ist zulässig (vgl. BGH v. 28.3.1977 – II ZB 8/76, BGHZ 68, 271 = GmbHR 1977, 201 [Ls.]; a.A. *Heidinger* in MünchKomm. HGB, § 19 HGB Rz. 24 jedenfalls für das Kürzel „KG").

F6 **Kennzeichnung der Haftungsbeschränkung** | Haftet wie bei der GmbH & Co. KG keine natürliche Person persönlich, so muss diese Haftungsbeschränkung in der Firma deutlich gemacht werden (§ 19 Abs. 2 HGB). Dies gilt ausdrücklich auch für den Fall der Firmenfortführung. Üblich ist insoweit die Kennzeichnung als **„GmbH & Co. KG"**, wobei „GmbH" auf die Haftungsbeschränkung hinweisen und der Zusatz „& Co." deutlich machen soll, welche Gesellschaft an welcher beteiligt ist.

Beispiel:

Die Bezeichnung „X KG GmbH & Co." ist irreführend, weil aufgrund der ungewöhnlichen Stellung der Rechtsformzusätze nicht erkennbar ist, in welchem Verhältnis die Gesellschaften zueinander stehen (vgl. BayObLG v. 3.11.1977 – BReg 3 Z 97/76, BB 1978, 14 = GmbHR 1978, 40 [red. Ls.]).

Andere Zusätze | Überlegungen, die Haftungsbeschränkung statt durch den Zusatz „GmbH & Co." durch die Bezeichnung als **„beschränkt haftende Kommanditgesellschaft"** (vgl. RegE zur GmbH-Novelle v. 15.12.1977, BT-Drucks. 8/1347) oder als „Kommanditgesellschaft mit beschränkter Haftung" auszudrücken, haben sich in der Praxis nicht durchgesetzt. Solche abweichenden, jedoch nicht allgemein akzeptierten Bezeichnungen sollten daher vermieden werden (differenzierend *Reuschle* in E/B/J/S, § 19 HGB Rz. 20). Vorsicht ist schließlich auch bei der Verwendung weiterer Zusätze neben „GmbH & Co." geboten, sofern darunter die Erkennbarkeit der Haftungsbeschränkung leidet. F 7

Beispiel:

Die Bezeichnungen „X & Sohn GmbH & Co. KG" oder „X & Co. GmbH & Co. KG" sind unzulässig, weil sie den Eindruck erwecken, es hafte noch eine weitere Person unbeschränkt (vgl. BGH v. 12.11.1984 – II ZB 2/84, GmbHR 1985, 153; BGH v. 13.10.1980 – II ZB 4/80, GmbHR 1981, 58).

Rechtsscheinhaftung | Wird die Haftungsbeschränkung nicht hinreichend kenntlich gemacht, kann dies eine Rechtsscheinhaftung zur Folge haben. Hierbei wird der Rechtsschein einer unbeschränkten Haftung aufgrund der Führung einer Firma ohne gebotenen Rechtsformzusatz regelmäßig durch die Geschäftsführer der Komplementär-GmbH gesetzt, die deshalb auch als Haftungsadressaten am nächsten liegen; den Kommanditisten oder den Gesellschaftern der Komplementär-GmbH kann ein von den Geschäftsführern gesetzter Rechtsschein dagegen i.d.R. nicht zugerechnet werden (näher *Liebscher* in Reichert, GmbH & Co. KG, § 14 Rz. 60ff.). F 8

2. Andere inländische Komplementäre

Rechtsformzusatz | Anstelle einer GmbH können sich auch andere inländische Rechtsformen als Komplementär und Namensgeber an einer KG beteiligen; die KG firmiert dann entsprechend als „AG & Co. KG", „Stiftung & Co. KG", „e.V. & Co. KG" oder „SE & Co. KG". F 9

Beispiele:

Rhenus AG & Co. KG, Lidl Stiftung & Co. KG, Chiemsee Tourismus e.V. & Co. KG, Zott SE & Co. KG.

Der Zusatz „GmbH & Co. KG" hat sich u.E. soweit verselbständigt, dass darin nur noch ein Hinweis auf die bei der KG bestehende Haftungsbeschränkung i.S.d. § 19 Abs. 2 HGB, nicht mehr auf die tatsächliche Rechtsform der Komplementärin zu sehen ist (vgl. OLG Stuttgart v. 15.8.2000 – 8 W 80/2000, DB 2001, 695; s. Rz. F 3). Jedenfalls eine AG & Co. KG oder eine SE & Co. KG darf daher, sofern gewünscht, auch als „GmbH & Co. KG" firmieren.

UG (haftungsbeschränkt) & Co. KG | Sofern die einzige Komplementärin eine Unternehmergesellschaft (haftungsbeschränkt) ist, darf die KG jedenfalls als „UG (haftungsbeschränkt) & Co. KG" firmieren. Eine Firmierung als „GmbH & Co. OHG" hält das Kammergericht demgegenüber für unzulässig, wenn allein Unternehmergesellschaften persönlich haften: Aus Gründen der Transparenz der Gesellschafts- und Haftungsverhältnisse sei auch die Rechtsform der Komplementärin offenzulegen; die Firmierung als „UG (haftungsbeschränkt)" solle eine Täuschung des Rechtsverkehrs über das möglicherweise sehr geringe Grundkapital der Gesellschaft ausschließen, und zwar auch im Rahmen der Firmierung der KG gemäß § 19 Abs. 2 HGB (vgl. KG Berlin v. 8.9.2009 – 1 W 244/09, GmbHR 2009, 1281 mit zustimmender Anm. *Omlor/Spies*; ebenfalls zustimmend *Wachter*, NZG 2009, 1263; kritisch *Heidinger* in F 10

MünchKomm. HGB, § 19 HGB Rz. 28). „Tiefstapeln" (AG & Co. KG firmiert als GmbH & Co. KG) ist damit erlaubt, „Hochstapeln" (UG [haftungsbeschränkt] & Co. KG firmiert als GmbH & Co. KG) nicht.

F 11 **Mehrstöckige GmbH & Co. KG |** Die Komplementärin einer KG kann auch ihrerseits wiederum eine Personengesellschaft, namentlich eine GmbH & Co. KG oder GmbH & Co. OHG sein. In diesem Fall firmiert die untere KG einfach als „GmbH & Co. KG", nicht etwa – unverständlich bis irreführend – als „GmbH & Co. KG & Co. KG" (vgl. *Binz/Sorg*, Die GmbH & Co. KG, § 11 Rz. 29).

Die allgemeine Formulierung in § 19 Abs. 2 HGB („Wenn ... keine natürliche Person persönlich haftet ...") soll nach der Gesetzesbegründung ausdrücklich auch mehrstöckige Gesellschaften erfassen. „Bei diesen muss die Haftungsbeschränkung immer nur dann zum Ausdruck gebracht werden, wenn auf keiner der Stufen letztlich einer der persönlich haftenden Gesellschafter eine natürliche Person ist" (BT-Drucks. 13/8444, S. 56).

3. Auslandsgesellschaft & Co. KG

F 12 **Ausländischer Rechtsformzusatz |** Ist die Komplementärin eine ausländische Kapitalgesellschaft, so ist ebenfalls darauf zu achten, dass aus der Firmierung die Haftungsbeschränkung entsprechend § 19 Abs. 2 HGB deutlich wird. Ausreichend ist die Firmenbildung durch Kombination der ausländischen Rechtsformbezeichnung in Verbindung mit dem Zusatz „& Co. KG", weil der Rechtsverkehr hierdurch hinreichend gewarnt ist (vgl. OLG Saarbrücken v. 21.4.1989 – 5 W 60/88, GmbHR 1990, 348 für eine AG schweizerischen Rechts & Co. KG).

Beispiele:

Prinovis Ltd. & Co. KG, ORACLE Deutschland B.V. & Co. KG, Terra – Heimbau Köln S.a.r.l. & Co. KG.

F 13 **Namensgleiche ausländische Rechtsformen |** Gesellschaften aus dem (deutschsprachigen) Ausland firmieren zum Teil ebenfalls als „GmbH" oder „AG". Früher wurde in solchen Fällen ein Länderzusatz verlangt, da sich Kapitalausstattung und Vermögensstruktur erheblich voneinander unterscheiden können (vgl. LG Hagen v. 22.8.1973 – 11 HT 1/73, NJW 1973, 2162). Dies ist nach neuem Recht nicht mehr zu fordern (vgl. *Heidinger* in MünchKomm. HGB, § 19 HGB Rz. 33). Nach Sinn und Zweck des § 19 Abs. 2 HGB ist nicht mehr über die Identität der Komplementärin zu informieren, sondern lediglich die Haftungsbeschränkung deutlich zu machen. Bei EU-Gesellschaften wäre eine Pflicht zur Offenlegung der ausländischen Rechtsform zudem diskriminierend und daher europarechtswidrig (vgl. *Heidinger* in MünchKomm. HGB, § 19 HGB Rz. 33; *Reuschle* in E/B/J/S, Anh. nach § 17 HGB Rz. 25, der für Gesellschaften aus Drittstaaten aber eine Offenlegungspflicht befürwortet). Allgemeine Grenze bleibt § 18 Abs. 2 HGB (Rz. F 1), der eine Irreführung über verkehrswesentliche Eigenschaften verbietet.

Beispiel:

Eine liechtensteinische GmbH beteiligt sich als einzige Komplementärin an einer deutschen KG. Diese darf als „GmbH & Co. KG" firmieren.

F 14–F 20 frei

Vertiefende Recherche

Wichtige Urteile und Erlasse

BGH v. 12.6.2012 – II ZR 256/11, GmbHR 2012, 953 = GmbH-StB 2012, 298: Rechtsscheinhaftung analog § 179 BGB, wenn für eine UG (haftungsbeschränkt) mit dem unrichtigen Rechtsformzusatz „GmbH“ gehandelt wird.

BGH v. 12.11.1984 – II ZB 2/84, GmbHR 1985, 153: Unzulässigkeit der Firmierung mit „X & Sohn“ in Verbindung mit „GmbH & Co. KG“, da die Haftungsbeschränkung nicht hinreichend deutlich wird.

BGH v. 13.10.1980 – II ZB 4/80, GmbHR 1981, 58: Unzulässigkeit der Firmierung als „K & Co. GmbH & Co. KG“, da die Haftungsbeschränkung nicht hinreichend deutlich wird.

BGH v. 28.3.1977 – II ZB 8/76, BGHZ 68, 271 = GmbHR 1977, 201 (Ls.): Zulässigkeit der Firmierung unter Verwendung des Namens der GmbH nach Streichung des GmbH-Zusatzes.

BGH v. 14.7.1966 – II ZB 4/66, BGHZ 46, 7: Der Zusatz „& Co. KG“ reicht nicht aus, um eine Unterscheidbarkeit der KG zur Komplementär-GmbH mit der gleichen Firma zu gewährleisten.

KG Berlin v. 8.9.2009 – 1 W 244/09, GmbHR 2009, 1281 m. Anm. *Omlor/Spies:* Unzulässige Firmierung als GmbH & Co. OHG, wenn nur Unternehmergesellschaften i.S.d. § 5a GmbHG persönlich haften.

OLG München v. 14.12.2006 – 31 Wx 89/06, GmbHR 2007, 266: Firmierung als „R GV-Partner GmbH & Co. KG“ ist zulässig.

OLG Saarbrücken v. 25.2.2006 – 5 W 42/06, DB 2006, 1002: Die Firma einer KG muss nicht den Namen des persönlich haftenden Gesellschafters enthalten.

OLG Stuttgart v. 15.8.2000 – 8 W 80/2000, DB 2001, 695: Verwendung des Rechtsformzusatzes „AG“ in einer Firma, wenn die betreffende AG nur Kommanditistin ist, ist unzulässig wegen Irreführung.

OLG Saarbrücken v. 21.4.1989 – 5 W 60/88, GmbHR 1990, 348: Zulässigkeit einer AG schweizerischen Rechts & Co. KG.

BayObLG v. 3.11.1977 – BReg 3 Z 97/76, BB 1978, 14 = GmbHR 1978, 40 (red. Ls.): Firmierung als „X KG GmbH & Co.“ ist unzulässig.

LG Hagen v. 22.8.1973 – 11 HT 1/73, NJW 1973, 2162: Ein ausländischer Rechtsformzusatz, der dem deutschen gleich ist, muss unter Hinweis auf die ausländische Gesellschaftsform geführt werden.

Musterformulierungen

Sommer, Beck'sche Musterverträge Bd. 14, Die Gesellschaftsverträge der GmbH & Co. KG, C.I.

Weitere Stichwörter

→ *AG/SE & Co. KG*; → *Auslandsgesellschaft & Co. KG*; → *Stiftung & Co. KG*; → *UG (haftungsbeschränkt) & Co. KG*

Freiberufler-GmbH & Co. KG

Ausgewählte Literatur: *Carlé*, Freiberuflerzusammenschlüsse im Gesellschaftsrecht, KÖSDI 2014, 18735; *Henssler*, Keine Organisationsfreiheit für Rechtsanwälte – Das Verbot der Rechtsanwalts-GmbH & Co. KG, NZG 2011, 1121; *Henssler/Markworth*, Anforderungen an eine Freiberufler-GmbH & Co. KG, NZG 2015, 1; *Jähne/Römermann*, Die Partnerschaftsgesellschaft mit beschränkter Berufshaftung – ein Erfolgsmodell?, BB 2015, 579; *Juretzek*, Zur Zulässigkeit der Rechtsform der GmbH & Co. KG für die gemeinsame Berufsausübung für Freiberufler, DStR 2015, 431; *Karl*, Die Rechtsanwaltsgesellschaft mbH & Co. KG, NJW 2010, 967; *Leuering*, Auf dem Weg zur Partnerschaftsgesellschaft mit beschränkter Berufshaftung, ZIP 2012, 1112; *Leuering/Rubner*, Rechtsanwaltsgesellschaften in der Rechtsform der KG, NJW-Spezial 2010, 591; *Lieder/Hoffmann*, Rechtstatsachen-Update zur PartG mbB, NZG 2016, 287; *Lieder/Hoffmann*, Die PartG mbB auf dem Vormarsch – Rechtstatsachen und Rechtsprobleme, NJW 2015, 897; *Lieder/Hoffmann*, Rechtstatsachen zur PartG mbB und zur LLP, NZG 2014, 127; *Posegga*, Die Partnerschaftsgesellschaft mit beschränkter Berufshaftung als neue Organisationsform, Überblick und erste Bewertung des Referentenentwurfs zur Einführung einer PartG mbB, DStR 2012, 611; *Potsch*, Haftungsrisiken von Steuerberatungs- und Wirtschaftsprüfungsgesellschaften in der Rechtsform der GmbH & Co. KG, NZG 2012, 329; *Römering/Praß*, Die Partnerschaftsgesellschaft mit beschränkter Berufshaftung, NZG 2012, 601; *Römermann*, Dogmatisches Chaos und unabsehbare Haftungsgefahren bei der Freiberufler-GmbH (& Co. KG), GmbHR 2012, 64; *Seebach*, Neues zur Freiberufler-GmbH & Co. KG, RNotZ 2015, 17; *Tersteegen*, Fehlende Eintragungsfähigkeit einer Freiberufler-GmbH & Co. KG ins Handelsregister am Beispiel der Steuerberatungs- bzw. Wirtschaftsprüfungs-GmbH & Co. KG, NZG 2012, 651; *Wälzholz*, Wege in die PartG mbB – Überlegungen zur Gründung und Umwandlung bereits existierender Rechtsträger in eine PartG mbB, DStR 2013, 2637.

1. GmbH & Co. KG als Berufsgesellschaft

F 21 **Bedeutung |** Die steuer- und gesellschaftsrechtlichen Besonderheiten der GmbH & Co. KG machen diese Rechtsform auch für Angehörige der freien Berufe (vgl. die Legalbeschreibungen und Katalogberufe in § 18 EStG und § 1 PartGG), insbesondere der **rechts**- und **wirtschaftsberatenden Berufe,** attraktiv, die sich zur gemeinsamen Berufsausübung zusammenschließen wollen. Die GmbH & Co. KG vereint in ihrer flexiblen Struktur die von einer Kapitalgesellschaft gewohnte rechtssichere **Haftungsbeschränkung** (etwa im Hinblick auf die Mithaftung für Fehler anderer Sozietätsangehöriger) mit der transparenten **Besteuerung** nach personengesellschaftsrechtlichen Grundsätzen. Gerade bei Rechtsanwälten besteht ein Bedürfnis für die Berufsausübung in einer nationalen Rechtsform, die nach dem Vorbild der britischen LLP entsprechende haftungs- und steuerrechtliche Vorteile verbindet (*Henssler*, NZG 2011, 1121).

2. Zulässigkeit der Freiberufler-GmbH & Co. KG

F 22 **Handelsrechtliche Zulässigkeit |** Die handelsrechtliche Zulässigkeit einer Freiberufler-GmbH & Co. KG bemisst sich nach allgemeinen Grundsätzen gemäß §§ 161 Abs. 1, 105 HGB:

Handelsgewerbe | Gemäß §§ 161 Abs. 1, 105 Abs. 1 HGB setzt die Gründung einer Personenhandelsgesellschaft regelmäßig den Betrieb eines Handelsgewerbes i.S.d. § 1 HGB voraus. Handelsgewerbe ist grundsätzlich jede erkennbar planmäßige, auf Dauer angelegte, selbstständige, auf Gewinnerzielung ausgerichtete oder jedenfalls wirtschaftliche Tätigkeit am Markt (OLG Zweibrücken v. 30.8.2012 – 3 W 99/12, juris). Ausgeklammert aus dem Gewerbebegriff bleiben die traditionell freien Berufe mit vorwiegend höchstpersönlicher Leistungserbringung. Bestimmte Berufsgruppen ordnet schon das Gesetz den **freien Berufen** zu: Dies gilt für die rechts- und wirtschaftsberatenden Berufe wie Rechtsanwälte (§ 2 BRAO), Patentanwälte (§ 2 Abs. 2 PAO), Notare (§ 2 Satz 3 BNotO), Wirtschaftsprüfer (§ 1 Abs. 2 WPO) und Steuerberater (§ 32 Abs. 2 StBerG), darüber hinaus auch für Ärzte (§ 1 Abs. 2 BundesärzteO), Zahnärzte (§ 1 Abs. 4 ZahnheilkundeG), Tierärzte (§ 1 Abs. 1 TierärzteO) und öffentlich bestellte Vermessungsingenieure (vgl. *Körber* in Oetker, § 1 HGB Rz. 38). Die Rechtsprechung ordnet auch weitere Berufsfelder der freiberuflichen Tätigkeit zu, etwa Unternehmensberater und beratende Volks- und Betriebswirte (OLG Celle v. 26.4.1996 – 2 Ss (OWi) 95/96, BB 1996, 2219, 2220). Bei gemischten Betrieben mit teils freiberuflichem, teils kommerziell-gewerblichem Charakter kommt es auf das Gesamtbild an (BayObLG v. 21.3. 2002 – 3Z BR 57/02, NZG 2002, 718). Die Gesellschaften von freiberuflich Tätigen können mangels eines mit dem gesetzlich zulässigen Zweck einer Kommanditgesellschaft vereinbaren Betätigungsfeldes nicht als solche ins Handelsregister eingetragen werden. F 23

Sonderfälle | Alternativ kann die Eintragungsfähigkeit auf einen der beiden Sonderfälle des § 105 Abs. 2 HGB (Kleingewerbetreibende oder rein vermögensverwaltende Gesellschaften) gestützt werden. Die **Kleingewerbeklausel** betrifft gewerbliche Unternehmen, die nach Art oder Umfang einen in kaufmännischer Weise eingerichteten Gewerbebetrieb nicht erfordern. Unternehmen, die überwiegend freiberufliche Tätigkeiten wie beispielsweise Steuerberatungsleistungen erbringen, fallen jedoch regelmäßig nicht unter die Kleingewerbeklausel (OLG Dresden v. 6.12.2012 – 12 W 865/12, juris). Gesellschaften, in denen sich Angehörige eines freien Berufs zusammengeschlossen haben, um der freiberuflichen Tätigkeit nachzugehen, können sich auch nicht auf den Ausnahmetatbestand der **reinen Vermögensverwaltung** berufen (OLG Dresden v. 6.12.2012 – 12 W 865/12, juris). Eine analoge Anwendung auf jede nichtgewerbliche Betätigung, insbesondere Freiberuflergesellschaften, sieht das Gesetz nicht vor (*Roth* in Baumbach/Hopt, § 105 HGB Rz. 13). F 24

Eintragungsfähigkeit | Die Eintragungsfähigkeit einer Personengesellschaft hängt nicht vom Willen der Gesellschafter ab: Es besteht wegen der Zweckbindung der Personengesellschaft als Rechtsform vielmehr **Rechtsformzwang** insoweit, als eine Personengesellschaft, die objektiv auf den Betrieb eines Handelsgewerbes gerichtet ist, zwangsläufig eine Handelsgesellschaft darstellt, und umgekehrt eine Gesellschaft, die keine der Voraussetzungen des § 105 HGB erfüllt, nicht Handelsgesellschaft, sondern nur eine nicht eintragungsfähige GbR sein kann (*Potsch*, NZG 2012, 329). F 25

Berufsrechtliche Zulässigkeit | Hinsichtlich der berufsrechtlichen Zulässigkeit differenziert der Gesetzgeber für die rechts- und wirtschaftsberatenden Berufe: F 26

- **Steuerberatern** steht die Rechtsform der GmbH & Co. KG seit 2008 zur Verfügung. § 49 Abs. 1 und Abs. 2 StBerG ermöglichen die Anerkennung von Kommanditgesellschaften, die aufgrund ihrer gewerblichen Treuhandtätigkeit in das Handelsregister eingetragen wurden, als Steuerberatungsgesellschaften. Unter den Voraussetzungen von §§ 50, 50a StBerG kann nunmehr auch eine Steuerberatungsgesellschaft die Stellung als persönlich haftender Gesellschafter übernehmen.

- **Wirtschaftsprüfer** können sich ebenfalls für den Weg in die GmbH & Co. KG entscheiden. Gemäß § 27 Abs. 1 und Abs. 2 WPO ist eine Kommanditgesellschaft, die aufgrund ihrer gewerblichen Treuhandtätigkeit in das Handelsregister eingetragen wurde, als Wirtschaftsprüfungsgesellschaft anerkennungsfähig. Persönlich haftender Gesellschafter kann nach § 28 Abs. 1 Satz 2 WPO auch eine Wirtschaftsprüfungsgesellschaft sein.
- **Rechtsanwälten** hingegen bleibt die Berufsausübung in einer GmbH & Co. KG bisher versagt (BGH v. 18.7.2011 - AnwZ [Brfg] 18/10 [AnwGH München], GmbHR 2011, 1036 = GmbH-StB 2011, 297). Insoweit fehlt es an einer gesetzlichen Grundlage im Berufsrecht, das sich weniger liberal zeigt als das Berufsrecht der Wirtschaftsprüfer und Steuerberater. Anerkannt von der Rechtsprechung sind die Rechtsformen der GmbH und der AG sowie aufgrund der Rechtsprechung des EuGH zur Niederlassungsfreiheit auch ausländische Rechtsformen wie die von Großkanzleien häufig gewählte englische LLP. Möglich ist auch der Zusammenschluss in einer Partnerschaftsgesellschaft mit Eintragung ins Partnerschaftsregister (§§ 1 ff. PartGG).

F 27 **Treuhandtätigkeit |** Für Steuerberater- und Wirtschaftsprüfergesellschaften kennt das Berufsrecht die Möglichkeit, solche Gesellschaften anzuerkennen, wenn sie wegen ihrer Treuhandtätigkeit als Handelsgesellschaft in das Handelsregister eingetragen worden sind (s. Rz. F 25). Treuhandtätigkeit umfasst als Form der **Geschäftsbesorgung** insbesondere die Verwaltung von fremdem Vermögen, die Betreuung von Kreditsicherheiten, das Halten von Gesellschaftsanteilen, die Wahrnehmung von Gesellschafterrechten, die Kontrolle der Mittelverwendung, die Tätigkeit als Testamentsvollstrecker, Nachlasspfleger, Pfleger, Betreuer, Insolvenzverwalter, Liquidator, Nachlassverwalter, Hausverwalter oder Beirats- oder Aufsichtsratsmitglied (*Potsch*, NZG 2012, 329, 330 m.w.N.). Die berufsrechtliche Zulässigkeit treuhänderischer Tätigkeit ergibt sich für Steuerberater aus § 57 Abs. 3 Nr. 3 StBerG, für Wirtschaftsprüfer aus § 2 Abs. 3 Nr. 3 WPO. Aus handels- und gesellschaftsrechtlicher Sicht stellen Treuhandtätigkeiten grundsätzlich ein Gewerbe dar (OLG Dresden v. 6.12.2012 - 12 W 865/12, juris; *Potsch*, NZG 2012, 329, 330).

F 28 **Tätigkeitsschwerpunkt |** Fraglich ist, ob die Eintragungsfähigkeit voraussetzt, dass die betreffende Gesellschaft schwerpunktmäßig Treuhandtätigkeit ausübt. Nach der Rechtsprechung des **Anwaltssenats** des BGH ist dies zu bejahen: Aus handelsrechtlicher Sicht sei es unschädlich, wenn neben einer schwerpunktmäßig gewerblichen Tätigkeit auch freiberufliche Dienstleistungen erbracht werden, weshalb eine KG, die überwiegend Treuhandtätigkeiten wahrnehme, nach Maßgabe von § 49 Abs. 2 StBerG bzw. § 27 Abs. 2 WPO als Steuerberatungs- oder Wirtschaftsprüfungsgesellschaft tätig werden könne (BGH v. 18.7.2011 - AnwZ [Brfg] 18/10 [AnwGH München], GmbHR 2011, 1036 = GmbH-StB 2011, 297). Zu Recht ist in der Literatur die Entscheidung des Anwaltssenats des BGH insoweit auf Kritik gestoßen. In der Praxis dominiert die berufstypische, nicht die treuhänderische Tätigkeit (*Potsch*, NZG 2012, 329, 330). Zusammengefasst müsste Steuerberater- oder Wirtschaftsprüfergesellschaften, die keine überwiegende Treuhandtätigkeit ausüben, konsequenterweise die Rechtsform der GmbH & Co. KG verschlossen bleiben: entweder, weil sie mangels Gewerblichkeit nicht eintragungsfähig sind, oder weil wegen der gewerblichen Aktivitäten einer Bestellung als Steuerberater oder Wirtschaftsprüfer das Berufsrecht entgegensteht (*Römermann*, GmbHR 2012, 64, 67). In seiner aktuellen Rechtsprechung weicht demgegenüber der **II. Zivilsenat** des BGH von der Auffassung des Anwaltssenats ab. Steuerberatungsgesellschaften können nach Auffassung des II. Zivilsenats des BGH bereits dann als Personenhandelsgesellschaften in das Handelsregister eingetragen werden, wenn ihr Gesellschaftszweck darauf ausgerichtet ist, neben der prägenden geschäftsmäßigen Hilfeleistung in Steuersachen auch eine untergeordnete, berufsrechtlich gestattete Treuhandtätigkeit auszuüben. Dies begründet der II. Zivilsenat des BGH damit, dass § 49 Abs. 2 StBerG im Verhältnis zu § 105 Abs. 1 HGB die speziellere Regelung darstelle (BGH v. 15.7.2014 – II ZB 2/13, GmbHR 2014, 1194). Aus der Gesetzgebungsgeschichte sei abzuleiten, dass § 49 Abs. 2 StBerG der Regelung des § 27 Abs. 2 WPO nachgebildet sei und dem Gesetzgeber jeweils bewusst gewesen sei, dass ausschließlich eine Treuhandtätigkeit ausübende Wirtschaftsprüfer- oder Steuerberatergesellschaften allenfalls in unbedeutendem Umfang existierten. Dem Gesetzgeber würde die Schaffung einer inhaltsleeren Vorschrift unterstellt, würden von § 49 Abs. 2 StBerG und § 27 Abs. 2 WPO nur überwiegend treuhänderisch tätige Gesellschaften erfasst (BGH v. 15.7.2014 – II ZB 2/13, GmbHR 2014, 1194). Die GmbH & Co. KG kann als Rechtsform für **Steuerberatungs-** und **Wirtschaftsprüfungsgesellschaften** damit wieder mit mehr Rechtssicherheit empfohlen werden (*Henssler/Markworth*, NZG 2015, 1, 7).

Verfassungsrecht | Die Verfassungsmäßigkeit des Verbots einer **Rechtsanwaltsgesellschaft** in der Rechtsform der GmbH & Co. KG ist an Art. 12 GG und Art. 3 GG zu messen. Der BGH bejaht insoweit die **Verfassungsmäßigkeit.** Zwar handele es sich bei Rechtsanwälten, Wirtschaftsprüfern und Steuerberatern um Berufe, die Ähnlichkeiten aufweisen, allerdings seien dessen ungeachtet die Berufe unterschiedlich, weshalb grundsätzlich auch verschiedene Normierungen verfassungsrechtlich möglich seien (BGH v. 18.7.2011 – AnwZ [Brfg] 18/10 [AnwGH München], GmbHR 2011, 1036, Rz. 18 = GmbH-StB 2011, 297). Die gegen die Ablehnung der Zulassung einer Rechtsanwaltsgesellschaft in der Rechtsform einer GmbH & Co. KG zur Rechtsanwaltschaft gerichtete Verfassungsbeschwerde wurde nicht zur Entscheidung angenommen (BVerfG v. 6.12.2011 – 1 BvR 2280/11, GmbHR 2012, 341 = GmbH-StB 2012, 109). Das BVerfG begründet dies im Wesentlichen damit, dass eine verfassungswidrige **Ungleichbehandlung** gegenüber den juristischen Personen der Limited, der AG und der GmbH bzw. gegenüber der berufsrechtlich eingeschränkt zulässigen Steuerberatungs- und Wirtschaftsprüfungs-GmbH & Co. KG nicht hinreichend begründet und auch nicht erkennbar sei (BVerfG v. 6.12.2011 – 1 BvR 2280/11, GmbHR 2012, 341, 342, Tz. 14 ff. = GmbH-StB 2012, 109). F 29

Umwandlung | Grundsätzlich kann ein Rechtsträger die Rechtsform einer GmbH & Co. KG auch durch **Formwechsel** nach dem UmwG annehmen (→ *Umwandlung, Gesellschaftsrecht Rz. U 301 ff.*). Anderes soll jedoch für die formwechselnde Umwandlung in eine Freiberufler-GmbH & Co. KG gelten. F 30

Beispiel:

A, B und C sind Gesellschafter der STB-GmbH Steuerberatungsgesellschaft, deren Unternehmensgegenstand in der Ausübung sämtlicher Steuerberatungsgesellschaften gesetzlich und berufsrechtlich gestatteter Tätigkeiten gemäß § 33 i.V.m. § 57 Abs. 3 StBerG besteht. Die Gesellschafter möchten künftig ihre Tätigkeit in der Rechtsform der GmbH & Co. KG ausüben. Auf der nächsten Gesellschafterversammlung soll deshalb der Formwechsel in die STB-GmbH & Co. KG Steuerberatungsgesellschaft beschlossen werden. Die drei Gesellschafter A, B und C möchten sich als Kommanditisten beteiligen, als Komplementärin soll die zu diesem Zweck neu gegründete STB-Verwaltungs-GmbH Steuerberatungsgesellschaft fungieren. Der Gesellschaftsvertrag der GmbH & Co. KG soll auch Treuhandtätigkeiten vorsehen.

Die Umwandlung einer bereits existierenden Steuerberatungs- und Wirtschaftsprüfungs-GmbH in eine GmbH & Co. KG im Wege des Formwechsels soll nicht zulässig sein. § 228 Abs. 1 UmwG verlangt für den Formwechsel, dass der Unternehmensgegenstand im Zeitpunkt des Wirksamwerdens den Vorschriften über die Gründung einer KG nach §§ 161 Abs. 2, 105 Abs. 2 HGB entspricht. Dies ist nach der Rechtsprechung jedoch nicht der Fall, wenn wie im Regelfall bei einer Steuerberatungsgesellschaft überwiegend freiberufliche Tätigkeit ausgeübt wird. Die Umwandlung einer Steuerberatungs- oder Wirtschaftsprüfungs-GmbH ist nur zulässig, wenn die Steuerberatungs- oder Wirtschaftsprüfungs-KG bereits nach § 49 Abs. 2 StBerG oder § 27 Abs. 2 WPO wegen ihrer Treuhandtätigkeit im Handelsregister eingetragen ist (KG Berlin v. 27.9.2013 – 12 W 94/12, GmbHR 2014, 38). Auch die Aufnahme von Treuhandtätigkeiten in den Gesellschaftsvertrag begründet nach dem genannten Urteil des KG Berlin die Eintragungsfähigkeit nicht. Dadurch werde zwar eine Eintragung der Gesellschaft als Steuerberatungs- oder Wirtschaftsprüfungs-GmbH & Co. KG grundsätzlich möglich, jedoch könne die Eintragung nicht im Wege der Umwandlung gegen den Wortlaut der § 49 Abs. 2 StBerG, § 27 Abs. 2 WPO erreicht werden (zu Recht kritisch wegen des Fehlens des Erfordernisses der Erfüllung berufsrechtlicher Anforderungen in § 228 UmwG *Juretzek*, DStR 2013, 2792).

3. Alternative: Partnerschaftsgesellschaft mit beschränkter Berufshaftung

F31 **Neue Rechtsform |** Das Gesetz zur Einführung einer Partnerschaftsgesellschaft mit beschränkter Berufshaftung (**PartGmbB**) wurde am 18.7.2013 im Bundesgesetzblatt verkündet (BGBl. I 2013, 2386) und trat am 19.7.2013 in Kraft. Die neue Rechtsform steht bisher für **Rechts-** und **Patentanwälte, Steuerberater** und **Wirtschaftsprüfer** offen. Grundanliegen der Reform ist es, die Haftung für Schäden aus Berufsfehlern auf das Gesellschaftsvermögen der Partnerschaft beschränkbar zu machen und so eine deutsche Alternative zur britischen LLP zu schaffen. Insbesondere soll dadurch den spezifischen Anforderungen von teamorientiert und besonders spezialisiert arbeitenden Großkanzleien Rechnung getragen werden, für die das herkömmliche Konzept der Haftungskonzentration gemäß § 8 Abs. 2 PartGG keine befriedigende Lösung liefert. Die neue PartG mbB soll hierbei als Alternative neben die herkömmliche PartG treten, ohne dass eine gänzlich neue Rechtsform geschaffen wird. Die gesetzlichen Regelungen setzen deshalb auf die für die PartG bestehenden auf. Von Neuregelungen betroffen ist darüber hinaus auch die BRAO.

F32 **Haftungsbeschränkung |** Während bei der PartG § 8 Abs. 2 PartGG die Schadensersatzpflicht für berufliche Fehler auf die Partnerschaft und die einzelnen mit der Bearbeitung eines Auftrags befassten Partner beschränkt und so die persönliche Haftung der übrigen Partner ausschließt, geht die Neuregelung in § 8 Abs. 4 PartGG noch weiter und begrenzt die Haftung für Verbindlichkeiten der Partnerschaft aus Schäden wegen fehlerhafter Berufsausübung ausschließlich auf das Gesellschaftsvermögen. Das Risiko einer persönlichen Inanspruchnahme sämtlicher Partner ist somit ausgeschlossen.

F33 **Versicherung |** Die Haftungsbeschränkung ist an das Erfordernis einer erhöhten Berufshaftpflichtversicherung geknüpft (§ 8 Abs. 4 Satz 1 PartGG). Der Versicherungsschutz muss wirksam bestehen; die Unwirksamkeit eines abgeschlossenen Versicherungsvertrages geht zu Lasten der Partnerschaft. Die Versicherung muss bei der Anmeldung zum Partnerschaftsregister nachgewiesen werden (§ 4 Abs. 3 PartGG).

F34 **Firma |** In der Firma muss die PartGmbB als weitere Voraussetzung der Haftungsbeschränkung (kritisch zur Ausgestaltung als Bedingung *Leuering*, ZIP 2012, 1112, 1115) den Namenszusatz „mit beschränkter Berufshaftung" oder die Abkürzung „mbB" oder eine andere allgemein verständliche Abkürzung dieser Bezeichnung führen (§ 8 Abs. 4 Satz 3 PartGG). Nicht ausreichend ist hingegen der Zusatz „mbH", da dieser auf eine allgemeine Haftungsbeschränkung auch für andere als auf Berufsfehlern beruhende Ansprüche hindeutet.

Rechtstatsachen | Aufgrund der bisherigen Entwicklung steht zu vermuten, dass die Zahl haftungsprivilegierter PartG kurz- und mittelfristig weiter ansteigen wird (*Lieder/Hoffmann*, NZG 2014, 127, 131). Mit Stand zum 31.12.2013 wurden bereits 361 Gesellschaften in der Rechtsform der PartG mbB gezählt, überwiegend Steuerberatungsgesellschaften (*Lieder/Hoffmann*, NZG 2014, 127). Mit Stand zum 31.12.2014 waren es bereits 1702 Gesellschaften, was einer Steigerung von ca. 400 % binnen eines Jahres entspricht (*Lieder/Hoffmann*, NJW 2015, 897). Mit Stand zum 31.12.2015 war nochmals ein Zuwachs um 74 % auf 2957 Gesellschaften zu verzeichnen (*Lieder/Hoffmann*, NZG 2016, 287). Sollte das jeweilige Berufsrecht künftig auch eine Öffnung der Rechtsformvariante für bisher nicht erfasste Berufsgruppen vorsehen, dürfte es zu einer weiteren Gründungswelle kommen (*Lieder/Hoffmann*, NZG 2014, 127, 129). F 35

Wege in die PartG mbB | Die PartG mbB kann zum einen durch Neugründung gemäß dem PartGG entstehen. Zum anderen können bestehende Rechtsträger in die Rechtsform der PartG mbB überführt werden. Die GbR, die PartG und die GmbH & Co. KG können außerhalb des UmwG durch Anmeldung zum Partnerschaftsregister bzw. zum Handelsregister umgeformt werden, die GmbH nach Maßgabe des UmwG durch Verschmelzung oder Formwechsel (für Einzelheiten s. *Wälzholz*, DStR 2013, 2637). F 36

Vertiefende Recherche

Wichtige Urteile und Erlasse

BVerfG v. 6.12.2011 – 1 BvR 2280/11, GmbHR 2012, 341: Versagung der Zulassung einer Rechtsanwalts-GmbH & Co. KG.

BGH v. 15.7.2014 – II ZB 2/13, GmbHR 2014, 1194: Eintragung einer Steuerberatungs-GmbH & Co. KG im Handelsregister.

BGH v. 18.7.2011 – AnwZ (Brfg) 18/10 (AnwGH München), GmbHR 2011, 1036: Keine Rechtsanwaltsgesellschaft in der Rechtsform der GmbH & Co. KG.

KG Berlin v. 27.9.2013 – 12 W 94/12, GmbHR 2014, 38: Keine Umwandlung einer bereits existierenden Steuerberatungs- und Wirtschaftsprüfungs-GmbH in eine KG.

OLG Dresden v. 6.12.2012 – 12 W 865/12, juris: Eintragungsfähigkeit von Steuerberatungs- und Wirtschaftsprüfungs-GmbH & Co. KG im Handelsregister.

OLG Zweibrücken v. 30.8.2012 – 3 W 99/12, juris: Eintragungsfähigkeit eines Ingenieurbüros in der Rechtsform einer GmbH und Co. KG.

BayObLG v. 21.3.2002 – 3 ZBR 57/02, NZG 2002, 718: Eintragungsfähigkeit einer Personengesellschaft, deren Zweck auf die Entwicklung und den Vertrieb von Software gerichtet ist.

BayObLG v. 27.3.2000 – 3 ZBR 331/99, NJW 2000, 1647: Eintragungsfähigkeit einer Rechtsanwalts-AG.

Weitere Stichwörter

→ *Gewerbesteuer*; → *Umwandlung*

Geschäftsführer der Komplementär-GmbH

Ausgewählte Literatur: *Forst*, Unterliegen Geschäftsführer dem Bundesurlaubsgesetz (BUrlG)?, GmbHR 2012, 821; *Graef*, Der Geschäftsführer der Komplementär-GmbH einer KG ist kein Arbeitnehmer, BB 2003, 2354; *Mühlhaus/Wenzel*, Organstellung und Haftung des GmbH-Geschäftsführers in der GmbH & Co. KG, GmbH-StB 2014, 87; *Nietsch*, Geschäftsführerhaftung bei der GmbH & Co. KG, GmbHR 2014, 348; *Oberthür*, Unionsrechtliche Impulse für den Kündigungsschutz von Organvertretern und Arbeitnehmerbegriff, NZA 2011, 253; *Ostermayer/Bauer*, GmbH & Co.-Chef, GmbH-Stpr 2009, 74; *Preis/Sagan*, Der GmbH-Geschäftsführer in der arbeits- und diskriminierungsrechtlichen Rechtsprechung des EuGH, BGH und BAG, ZGR 2013, 26; *Ristelhuber*, Die Entlastung der Geschäftsführer in der GmbH & Co. KG, GWR 2016, 247; *Schmidt, K.*, Der Geschäftsführer einer GmbH & Co KG als Nicht-Arbeitnehmer iS von § 5 Abs. 1 Satz 3 ArbGG, Gedächtnisschrift für Meinhard Heinze 2005, S. 775; *Schreiber*, Der GmbH-Geschäftsführer zwischen Arbeits- und Zivilgerichtsbarkeit, GmbHR 2012, 929; *Stagat*, Der Rechtsweg des GmbH-Geschäftsführers zum Arbeitsgericht – Änderung der Rechtsprechung und Folgen für die Praxis, NZA 2015, 195; *Zimmer/Rupp*, Kein Kündigungsschutz für bei der GmbH & Co. KG angestellten Geschäftsführer, GmbHR 2006, 572.

1. Geschäftsführer der Komplementär-GmbH

G 1 **Mittelbare Geschäftsführung** | Die Komplementär-GmbH handelt bei der Erfüllung ihrer Aufgaben durch ihre Geschäftsführer. Zu den Aufgaben der Komplementär-GmbH zählt insbesondere auch die Geschäftsführung und Vertretung bei der KG (→ *Geschäftsführung und Vertretung*). Mittelbar handeln die Geschäftsführer der Komplementär-GmbH deshalb auch für die KG.

Gemäß § 6 Abs. 1 GmbHG muss jede GmbH einen Geschäftsführer haben; dieser ist damit ein **notwendiges Organ** der Komplementär-GmbH. Das Amt des Geschäftsführers kann jede natürliche, unbeschränkt geschäftsfähige Person vorbehaltlich der Inhabilität nach § 6 Abs. 2 GmbHG übernehmen.

Anders als bei der KG gilt bei der Komplementär-GmbH nicht der Grundsatz der **Selbstorganschaft** (→ *Geschäftsführung und Vertretung*), d.h. Geschäftsführer müssen nicht zwingend Gesellschafter, sondern können auch gesellschaftsfremde Dritte sein. Auch die Kommanditisten der GmbH & Co. KG haben die Möglichkeit, das Amt des Geschäftsführers in der Komplementär-GmbH auszuüben. Auf diese Weise kann der Einfluss eines Kommanditisten auf die Geschicke der GmbH und der KG verstärkt werden. Eine besonders starke Rechtsposition kann über die Einräumung eines **Sonderrechts** auf die Geschäftsführung erreicht werden (→ *Sonderrechte*).

2. Rechtsverhältnis zwischen Komplementär-GmbH und Geschäftsführer

Trennungsprinzip | Bei der Berufung zum Leitungsorgan einer Kapitalgesellschaft muss zwischen dem körperschaftlichen Organisationsakt der **Bestellung** und der schuldrechtlich wirkenden **Anstellung** differenziert werden. Beide Rechtsverhältnisse sind in ihrem Bestand unabhängig voneinander und können unterschiedliche rechtliche Schicksale erleiden. So ist die Bestellung als Organ auch dann wirksam, wenn der Anstellungsvertrag unwirksam oder noch nicht zum Abschluss gekommen ist, und umgekehrt (*Freckmann*, DStR 2008, 52). Der Bestand des Anstellungsverhältnisses bleibt umgekehrt von Bestellung und Abberufung unberührt. Insbesondere ist die Anwendung von § 139 BGB ausgeschlossen, wenn nur die Bestellung oder nur der Anstellungsvertrag wirksam wurde (*Tebben* in Michalski, § 6 GmbHG Rz. 40). G 2

Begründung der Organstellung | Die Begründung der Organstellung des Geschäftsführers bedarf eines besonderen Bestellungsaktes, durch den der Geschäftsführer die in Satzung und Gesetz festgelegten organschaftlichen Rechte und Pflichten erwirbt. Die Organstellung wird (vorbehaltlich abweichender Satzungsbestimmungen, § 45 Abs. 2 GmbHG) durch einen Beschluss der Gesellschafterversammlung der GmbH aufgrund deren Zuständigkeit nach § 46 Nr. 5 GmbHG begründet. Die Kommanditisten können jedenfalls bei der typischen GmbH & Co. KG insoweit grundsätzlich keinen Einfluss nehmen (vgl. BGH v. 1.12.1969 - II ZR 224/67, juris). In Betracht kommt aber die gesellschaftsvertragliche Einräumung eines **Vorschlags-** oder **Auswahlrechts** sowie eines **Zustimmungsrechts** zugunsten der Kommanditisten (s. *Grunewald* in Römermann, Münchener Anwaltshdb. GmbH-Recht, § 19 Rz. 64). Aus der Bestellung zum Geschäftsführer resultiert insbesondere auch die Befugnis zur Geschäftsführung und organschaftlichen Vertretung der GmbH. G 3

Beendigung der Organstellung | Die Beendigung der Organstellung erfolgt durch Abberufung des Geschäftsführers gemäß § 38 Abs. 1 GmbHG. Die Abberufung durch die Gesellschafterversammlung der Komplementär-GmbH ist grundsätzlich jederzeit möglich (zu den ggf. bestehenden **unionsrechtlichen** Grenzen s. Rz. G 10). Auch hier können jedenfalls die Kommanditisten der typischen GmbH & Co. KG grundsätzlich keinen Einfluss nehmen (vgl. BGH v. 8.1.2007 - II ZR 267/05, GmbHR 2007, 606, 607 = GmbH-StB 2007, 172). Unbenommen bleibt den Kommanditisten aber, eine Komplementär-GmbH gemäß §§ 117, 127 HGB von der Geschäftsführung und Vertretung **auszuschließen,** wenn noch mindestens ein weiterer persönlich haftender Gesellschafter vorhanden ist (→ *Geschäftsführung und Vertretung Rz. G 43*). Gestaltungsspielraum ergibt sich hier insoweit, als das Recht, die Abberufung des Geschäftsführers aus wichtigem Grund zu verlangen, zugunsten der Kommanditisten in der Satzung der Komplementär-GmbH verankert werden kann (*Grunewald* in Römermann, Münchener Anwaltshdb. GmbH-Recht, § 19 Rz. 67). Darüber hinaus kann eine stärkere Position der Kommanditisten dadurch erreicht werden, dass der Gesellschaftsvertrag der GmbH & Co. KG die **Entziehung** der Geschäftsführungs- und Vertretungsbefugnis gemäß § 117, 127 HGB (→ *Geschäftsführung und Vertretung Rz. G 44*) durch **Mehrheitsbeschluss** ermöglicht und so auf das Erfordernis einer Gestaltungsklage verzichtet (*Grunewald* in Römermann, Münchener Anwaltshdb. GmbH-Recht, § 19 Rz. 69). G 4

Interesse der KG | Entscheidungen, die die Gesellschafter der Komplementär-GmbH in Bezug auf die Bestellung des Geschäftsführers und seine Abberufung treffen, müssen jedoch das wohlverstandene Interesse der KG berücksichtigen und unterliegen insoweit Einschränkungen: Einerseits muss im Interesse der Gesellschaft ein für die Wahrnehmung der Geschäftsführungsaufgaben geeigneter Geschäftsführer bestellt werden, andererseits dürfen Qua- G 5 lität und Kontinuität der Geschäftsführung sowie der Unternehmenserfolg nicht durch die Auswechslung eines fähigen Geschäftsführers beeinträchtigt werden (*Henze* in E/B/J/S, Anh. nach § 177a HGB Rz. 73 und 75).

G6 **Anstellungsverhältnis |** Die Bedingungen für das konkrete Tätigwerden des Geschäftsführers der Komplementär-GmbH sind normalerweise Regelungsgegenstand des Anstellungsvertrages, da der gesellschaftsrechtliche Bestellungsakt für sich genommen keine schuldrechtlichen Bindungen zwischen der Gesellschaft und dem Geschäftsführer zu bewirken vermag. Das Anstellungsverhältnis unterliegt als gegenseitiger Vertrag dem Regime des Schuldrechts. Die Kompetenz zum Abschluss des Anstellungsvertrags liegt als **Annexkompetenz** bei der Gesellschafterversammlung der GmbH (§ 46 Nr. 5 GmbHG) (BGH v. 9.10.1989 – II ZR 16/89, GmbHR 1990, 33). Die Satzung kann diese Kompetenz auch auf ein anderes Organ, etwa einen **Beirat,** übertragen.

3. Rechtsverhältnis zwischen KG und Geschäftsführer

G7 **Drittanstellung |** Organschaftliche Bestellung und schuldrechtliche Anstellung können auseinanderfallen: Das schuldrechtliche Anstellungsverhältnis muss nicht unbedingt mit der gleichen Gesellschaft begründet werden, bei der auch die organschaftliche Bestellung erfolgt. Daher kann das schuldrechtliche Anstellungsverhältnis auch als sog. Drittanstellungsverhältnis zwischen dem Geschäftsführer der GmbH und der KG begründet werden (BAG v. 13.7.1995 – 5 AZB 37/94, NJW 1995, 3338; BAG v. 15.4.1982 – 2 AZR 1101/79, GmbHR 1984, 70). Die Begründung eines Drittanstellungsverhältnisses ist regelmäßig personalpolitisch und organisatorisch motiviert. Denn ganz überwiegend ist ohnehin nur die KG der operativ tätige Rechtsträger, nicht die Komplementär-GmbH. Auch die Vergütung des Geschäftsführers wird infolgedessen häufig aus den Mitteln der KG fließen. Wegen der Vertretung der GmbH & Co. KG durch die Komplementär-GmbH bedarf es einer Befreiung von **§ 181 BGB,** damit der Geschäftsführer der Komplementär-GmbH seinen eigenen Anstellungsvertrag abschließen kann (BGH v. 16.1.1995 – II ZR 290/93, GmbHR 1995, 306; BGH v. 1.12.1969 – II ZR 224/67, juris).

4. Arbeitnehmereigenschaft des Geschäftsführers der Komplementär-GmbH

G8 **Zivilrechtliche Rechtsprechung |** Die zivilrechtliche Rechtsprechung lehnt es konsequent seit etwa 60 Jahren ab, einem Organmitglied den arbeitsrechtlichen Status eines Arbeitnehmers zu gewähren. Vielmehr liegt nach Auffassung der Rechtsprechung regelmäßig ein freies **Dienstverhältnis** zugrunde. Dieser Standpunkt beruht im Wesentlichen auf dem Verständnis der Position des Organvertreters als Prinzipal der Gesellschaft, die seinen gleichzeitigen Status als Arbeitnehmer der Gesellschaft ausschließt. So wird insbesondere die Abhängigkeit des Organmitglieds von einem Arbeitgeber als Wesensmerkmal des allgemeinen Arbeitnehmerbegriffs in Abrede gestellt; die Arbeitgeberfunktion übt vielmehr das Organmitglied selbst aus. Lediglich vereinzelte Vorschriften aus dem Recht der sozial abhängigen Arbeitnehmer wendet die zivilrechtliche Rechtsprechung entsprechend auf ein Organmitglied an, soweit dies das Anstellungsverhältnis erfordert und seine Organstellung dies nicht verbietet (BGH v. 9.11.1967 – II ZR 64/67, BGHZ 49, 33 = NJW 1968, 396). Der BGH fragt somit nach dem Schutzbereich der anzuwendenden Vorschrift im Einzelfall, lässt bei einer Kollision zwischen Organstellung und Schutzbedürfnis Letzteres jedoch regelmäßig zurücktreten.

Beispiele:

Bejaht wurde etwa die Anwendbarkeit von § 630 BGB, mit der Folge, dass der Geschäftsführer Anspruch auf Erteilung eines **Zeugnisses** hat (BGH v. 9.11.1967 – II ZR 64/67, BGHZ 49, 33 = NJW 1968, 396). Fortlaufende Dienst- und Versorgungsbezüge unterliegen grundsätzlich dem **Pfändungsschutz** nach §§ 850 ff. ZPO (BGH v. 8.12.1977 – II ZR 219/75, NJW 1978, 756). Nicht anwendbar ist der Kündigungsschutz für **Schwerbehinderte** (BGH v. 9.2.1978 – II ZR 189/76, GmbHR 1978, 85; OLG Düsseldorf v. 18.10.2012 – 6 U 47/12, GmbHR 2012, 1347). Ebenfalls keine Anwendung findet das **Arbeitnehmererfindungsrecht** (BGH v. 24.10.1989 – X ZR 58/88, NJW-RR 1990, 349 = GmbHR 1990, 160).

Arbeitsrechtliche Rechtsprechung | Das BAG lässt im Einzelfall eine Einstufung des Geschäftsführers als Arbeitnehmer zu (BAG v. 6.5.1999 – 5 AZB 22/98, GmbHR 1999, 816 = GmbH-StB 1999, 217; BAG v. 26.5.1999 – 5 AZR 664/98, GmbHR 1999, 925 = GmbH-StB 1999, 251). G 9

Das Abgrenzungskriterium bildet in der Rechtsprechung des BAG die **persönliche Abhängigkeit.** Damit kommt es weniger auf die gesellschaftsrechtliche Stellung als vielmehr auf die konkrete Ausgestaltung des zugrunde liegenden Anstellungsvertrages an. Die Gesellschaft muss eine über das gesellschaftsrechtliche Weisungsrecht hinausgehende Weisungsbefugnis auch bezüglich der Umstände haben, unter denen der Geschäftsführer seine Leistung zu erbringen hat sowie arbeitsbegleitende und verfahrensorientierte Weisungen erteilen und auf diese Weise die konkreten Modalitäten der Leistungserbringung bestimmen können. Das BAG hat des Weiteren die Eigenschaft des Fremdgeschäftsführers einer GmbH als **Verbraucher** i.S.v. § 13 BGB bejaht und über § 310 Abs. 3 Nr. 2 BGB den Anstellungsvertrag der AGB-rechtlichen Kontrolle unterworfen (BAG v. 19.5.2010 – 5 AZR 253/09, GmbHR 2010, 1142). Statusbegründend im Hinblick auf die Arbeitnehmereigenschaft wirkt die Verbrauchereigenschaft jedoch insbesondere wegen der unterschiedlichen Schutzrichtungen von Arbeitsrecht und Verbraucherschutzrecht nicht.

Das BAG verneint in ständiger Rechtsprechung seine **sachliche Zuständigkeit** (zuletzt BAG v. 4.2.2013 – 10 AZB 78/12, GmbHR 2013, 357 = GmbH-StB 2013, 173; BAG v. 26.10.2012 – 10 AZB 60/12, GmbHR 2013, 83 = GmbH-StB 2013, 74; BAG v. 23.8.2011 – 10 AZB 51/10, GmbHR 2011, 1200 = GmbH-StB 2011, 359). Aufgrund der **Negativfiktion** des § 5 Abs. 1 Satz 3 ArbGG ist im Regelfall der Rechtsweg nicht eröffnet. Während das Organverhältnis besteht, kommt es auf die Rechtsnatur des Anstellungsverhältnisses somit nicht an (BAG v. 23.8.2011 – 10 AZB 51/10, GmbHR 2011, 1200 = GmbH-StB 2011, 359). Dies gilt auch, wenn bei der **GmbH & Co. KG** ein Anstellungsverhältnis mit der KG abgeschlossen wird (BAG v. 20.8.2003 – 5 AZB 79/02, GmbHR 2003, 1208 = GmbH-StB 2003, 281). Nach Auffassung des BAG steht der Geschäftsführer ungeachtet seines Anstellungsvertrages mit der KG im Arbeitgeberlager, nicht entscheidend ist das formale Auseinanderfallen von Anstellung und Bestellung. Eine Unterscheidung zwischen mittelbaren und unmittelbaren Organvertretern einer GmbH & Co. KG findet somit nicht statt (so auch für den materiellen Kündigungsschutz nach § 14 Abs. 1 Nr. 1 KSchG *Zimmer/Rupp*, GmbHR 2006, 572, 576). Der Rechtsweg zu den Gerichten für Arbeitssachen ist nur dann eröffnet, wenn die Rechtsstreitigkeit nicht das der Organstellung zugrunde liegende Rechtsverhältnis, sondern eine weitere Rechtsbeziehung betrifft. Nach Abberufung des Geschäftsführers greift die Negativfiktion des § 5 Abs. 1 Satz 3 ArbGG nicht mehr (BAG v. 22.10.2014 – 10 AZB 46/14, GmbHR 2015, 27 mit Anm. *Pröpper*).

Unionsrecht | Der EuGH hat in der Rechtssache *Danosa* entschieden, dass die Arbeitnehmereigenschaft eines Mitglieds der Unternehmensleitung einer Kapitalgesellschaft, das dieser gegenüber Leistungen erbringt und in sie eingegliedert ist, im Sinne der Mutterschutzrichtlinie G 10 zu bejahen ist, wenn es seine Tätigkeit für eine bestimmte Zeit nach der Weisung oder unter der Aufsicht eines anderen Organs dieser Gesellschaft ausübt und als Gegenleistung für diese Tätigkeit ein Entgelt erhält (EuGH v. 11.11.2010 – Rs. C-232/09, Slg. 2010, I-11405–11464 = NZA 2011, 143). Anders als die bisherige nationale Rechtsprechung lässt der EuGH die **gesellschaftsrechtliche Weisungsabhängigkeit** genügen, um die persönliche Abhängigkeit zu begründen. Unter den unionsrechtlichen Arbeitnehmerbegriff fällt somit der Fremdgeschäftsführer einer GmbH, aber auch der Minderheitsgesellschafter-Geschäftsführer ohne Sperrminorität.

Auf den Geschäftsführer einer GmbH, der unter den unionsrechtlichen Arbeitnehmerbegriff fällt, dürften somit auf Ebene des **Anstellungsverhältnisses** im Wege richtlinienkonformer Auslegung arbeitsrechtliche Vorschriften anwendbar sein, die ihrerseits auf Unionsrecht beruhen und deren Schutzzweck eine Erstreckung gemäß der *Danosa*-Entscheidung gebietet. Dies gilt insbesondere für das **MuSchG** (*Schlachter* in ErfKomm, § 1 MuSchG Rz. 3; *Preis/Sagan*, ZGR 2013, 26, 54; *Oberthür*, NZA 2011, 253, 256) und das **BUrlG** (*Preis/Sagan*, ZGR 2013, 26, 57; *Forst*, GmbHR 2012, 821, 828). Für das **BEEG** ist aufgrund gewollter und zu respektierender gesetzgeberischer Entscheidung hingegen nach wie vor der nationale Arbeitnehmerbegriff maßgeblich (a.A. *Oberthür*, NZA 2011, 253, 258; *Reinhard/Bitsch*, ArbRB 2011, 241, 244). Gleiches gilt beispielsweise für den **allgemeinen Kündigungsschutz** gemäß § 14 Abs. 1 Nr. 1 KSchG (*Klasen*, BB 2013, 1849, 1853), den Sonderkündigungsschutz für **Schwerbehinderte,** das **TzBfG** und die Anwendbarkeit von **§ 613a BGB.**

Bemerkenswert ist, dass der EuGH in der Entscheidung *Danosa* wenig überzeugend auch die Beendigung des nach bisher nahezu einhelliger Auffassung von der schuldrechtlichen Ebene des Anstellungsverhältnisses zu trennenden **Organverhältnisses** (s. Rz. G 7) in den Schutzbereich der Mutterschutzrichtlinie einbezogen hat. Spezifische Prinzipien des Gesellschaftsrechts, die auch der lettischen Ausgangsrechtsordnung zugrunde liegen, bleiben hier unberücksichtigt. Im Lichte der *Danosa*-Entscheidung des EuGH bedarf im Wege „unionsrechtskonformer Auslegung" von § 38 Abs. 1 GmbHG nunmehr die Abberufung einer schwangeren, unter den unionsrechtlichen Arbeitnehmerbegriff fallenden Organvertreterin erstens einer Begründung und darf zweitens nur noch aus wichtigem Grund, der nicht mit der Schwangerschaft in Zusammenhang steht, erfolgen (a.A. *Altmeppen* in Roth/Altmeppen, § 38 GmbHG Rz. 31a; *Zöllner/Noack* in Baumbach/Hueck, § 38 GmbHG Rz. 6).

5. Sozialrechtliche Stellung des Geschäftsführers

G 11 **Sozialversicherungspflicht |** Materielle Unterschiede hinsichtlich der sozialrechtlichen Stellung ergeben sich nicht, gleich ob die GmbH & Co. KG oder die GmbH den Anstellungsvertrag abschließt, zu beachten sind nur abwicklungstechnische Unterschiede bei Verbuchung, Einbehalt und Abführung von Lohnsteuer und Sozialabgaben (*Blaum* in Westermann/Wertenbruch, Hdb. Personengesellschaften, Rz. I 3214). Unabhängig von einem arbeitsrechtlichen Status als Arbeitnehmer der Gesellschaft kann der Geschäftsführer einer GmbH aus sozialversicherungsrechtlicher Sicht Beschäftigter (§ 7 Abs. 1 SGB IV) und als solcher zur Zahlung von Beiträgen zur Renten-, Kranken-, Pflege-, Unfall- und Arbeitslosenversicherung verpflichtet sein.

G 12 **Statusfeststellungsverfahren |** Eine gesetzliche Regelung zur Sozialversicherungspflicht von Geschäftsführern existiert nicht. Ob ein sozialversicherungspflichtiges Beschäftigungsverhältnis vorliegt, kann – rechtlich bindend – im Wege eines Statusfeststellungsverfahrens durch Anfrage bei der Deutschen Rentenversicherung Bund nach § 7a SGB IV geklärt werden. Ein solches Verfahren müssen die Sozialversicherungsträger von Amts wegen durchführen, sobald aus einer Meldung des Arbeitgebers eine Beschäftigung von Ehegatte, Lebenspartner oder Abkömmlingen oder von GmbH-Gesellschafter-Geschäftsführern hervorgeht, § 7a Abs. 1 Satz 2 SGB IV. Auch der Gesetzgeber selbst geht damit ersichtlich von der Möglichkeit aus, dass die Tätigkeit eines Geschäftsführers ein sozialversicherungspflichtiges Beschäftigungsverhältnis darstellen kann, denn andernfalls würde das Statusfeststellungsverfahren von vornherein leerlaufen.

Beschäftigungsverhältnis | Beschäftigung ist nach § 7 Abs. 1 SGB IV die nicht selbstständige Arbeit, insbesondere in einem Arbeitsverhältnis. Anhaltspunkte für eine Beschäftigung sind eine Tätigkeit nach Weisungen und eine Eingliederung in die Arbeitsorganisation des Weisungsgebers. Die persönliche Abhängigkeit wird bei einem Geschäftsführer einer GmbH daran gemessen, in welchem Umfang der Geschäftsführer Einfluss auf die Gesellschaft nehmen kann. ergibt sich der Einflussgrad aus einer Gesamtschau von gesellschaftsrechtlicher Stellung, Anstellungsvertrag und konkreter Durchführung des Vertragsverhältnisses (*Seewald* in Kasseler Kommentar Sozialversicherungsrecht, § 7 SGB IV Rz. 90 ff.). Entscheidend kommt es insbesondere auf die **Kapitalbeteiligung** des Geschäftsführers an. Daraus leitet die Rechtsprechung ein Regel-Ausnahme-System ab, welches zwischen an der Gesellschaft beteiligten Geschäftsführern und Fremdgeschäftsführern differenziert (*Ebert*, ArbRB 2012, 24, 25). Eine Beteiligung von mindestens 50 % und eine Sperrminorität bzw. großer faktischer Einfluss schließen grundsätzlich die Sozialversicherungspflicht aus, da der Geschäftsführer dann die Rechtsmacht hat, für sein Dienstverhältnis nachteilige Beschlüsse zu verhindern, und eine Abhängigkeit von vornherein ausscheidet (Gemeinsames Rundschreiben der Sozialversicherungsträger v. 13.4.2010, Anlage 3, S. 1). G 13

Beispiel:

Großer faktischer Einfluss ist gegeben, wenn der Geschäftsführer als einziger über ein spezielles Fachwissen verfügt, von dem die GmbH wirtschaftlich abhängig ist (LSG Baden-Württemberg v. 26.6.2012 – L 11 KR 2769/11, ZIP 2013, 381). Bei schrittweiser Erhöhung der Beteiligung von 30 % auf 49 % und dann 51 % liegt eine selbstständige Tätigkeit erst bei Überschreiten der Mehrheit vor (LSG Saarland v. 15.2.2012 – L 2 KR 73/11, DStR 2012, 1038).

Ausnahmen | Eine andere Beurteilung ist nur gerechtfertigt, wenn Umstände vorliegen, die eine Weisungsgebundenheit gegenüber den Gesellschaftern im Einzelfall aufheben, etwa bei einer durch familiäre Verbundenheit, Rücksichtnahme und Verantwortungsgefühl gekennzeichneten Tätigkeit in einer **Familien-GmbH.** Insoweit kann die persönliche Abhängigkeit entfallen (Gemeinsames Rundschreiben der Sozialversicherungsträger zur Statusfeststellung von Erwerbstätigen v. 13.4.2010, Anlage 3, S. 1). G 14

Beispiel:

Quasi eine Vermutung für die abhängige Beschäftigung des Fremdgeschäftsführers einer GmbH konstruiert eine aktuelle Entscheidung des SG Neuruppin (SG Neuruppin v. 2.2.2011 – S 25 KR 197/06 m. Anm. *Gutzeit* [*juris*]). Die Klägerin war Geschäftsführerin einer GmbH, deren Stammkapital allein vom Ehemann der Klägerin gehalten wurde. Dem Umstand, dass die Klägerin bei der Unternehmensführung in sehr weitreichendem Maße freie Hand hatte, maß das Gericht gegenüber der fehlenden Rechtsmacht, Beschlüsse der Gesellschafterversammlung in ihrem Sinne herbeizuführen, um ihr nicht genehme Entscheidungen zu verhindern, eine nur untergeordnete Bedeutung bei. Auch dass der Ehemann der Klägerin als Alleingesellschafter seine Entscheidungen in Absprache mit der Klägerin traf, genügte dem Gericht, um eine selbstständige Tätigkeit der Klägerin zu bejahen. Dass die Klägerin trotz der familiären Bindung zu ihrem Ehemann größeren Einfluss auf das Unternehmen gehabt haben mag als ein familienfremder Arbeitnehmer, liege – zumindest im Fall intakter Verwandtschaftsverhältnisse – in der Natur derartiger familiärer Beschäftigungsverhältnisse, erlaube jedoch keinerlei Rückschlüsse auf eine selbstständige Tätigkeit.

G 15 **Kriterien** | Im Übrigen ergibt sich die Feststellung des sozialversicherungsrechtlichen Status des Geschäftsführers aufgrund einer wertenden Gesamtschau anhand von Kriterien wie Gewinn- und Verlustbeteiligung des Geschäftsführers, Entscheidungsbefugnis über wesentliche Ressorts, Eingliederung in den Geschäftsbetrieb, Buchung von Bezügen als Betriebsausgaben mit Abführung von Lohnsteuer oder Behandlung als Gewinn-Vorwegentnahme (*Ebert*, ArbRB 2012, 24, 26, mit ausführlicher Checkliste; siehe auch *Wartenburger* in Gosch/Schwedhelm/Spiegelberger, GmbH-Beratung, Sozialversicherung).

6. Geschäftsführerhaftung

G 16 **Keine direkte Rechtsbeziehung zwischen Geschäftsführer und KG** | Grundsätzlich bestehen vorbehaltlich eines Drittanstellungsverhältnisses (s. Rz. G 7) keine direkten Rechtsbeziehungen zwischen dem Geschäftsführer der Komplementär-GmbH und der KG. Verpflichtungen der GmbH & Co. KG können ohne deren Zustimmung im Anstellungsvertrag zwischen der GmbH und dem Geschäftsführer nicht begründet werden (*Mühlhaus/Wenzel*, GmbH-StB 2014, 87, 92). Eine organschaftliche Beziehung, aus der sich eine Organhaftung ergeben kann, besteht alleine zur Komplementär-GmbH. Hinsichtlich der Haftung ist deshalb zu differenzieren:

G 17 **Haftung gegenüber der Komplementär-GmbH** | Gegenüber der Komplementär-GmbH haftet der Geschäftsführer nach allgemeinen Organhaftungsgrundsätzen aus § 43 GmbHG, wenn er die ihm obliegenden Sorgfaltspflichten verletzt. Daneben haftet der Geschäftsführer auf Grundlage des Anstellungsvertrags, wenn ein solcher abgeschlossen wurde.

G 18 **Haftung der Komplementär-GmbH gegenüber der KG** | Gegenüber der KG haftet zunächst die Komplementär-GmbH als Geschäftsführerin im Falle einer Pflichtverletzung nach allgemeinen personengesellschaftsrechtlichen Regeln.

G 19 **Vertragliche Haftung des Geschäftsführers der Komplementär-GmbH** | Gegenüber der KG kann auch eine vertragliche Haftung des Geschäftsführers der Komplementär-GmbH begründet sein, wenn zwischen ihm und der KG direkt ein Anstellungsvertrag abgeschlossen wurde oder wenn der Anstellungsvertrag mit der GmbH als Vertrag mit Schutzwirkung für Dritte wirkt und deshalb unmittelbare Ansprüche der GmbH & Co. KG begründet sind (*Mühlhaus/Wenzel*, GmbH-StB 2014, 87, 90 m.w.N.).

G 20 **Organhaftung des Geschäftsführers der Komplementär-GmbH** | Problematisch ist, ob und unter welchen Voraussetzungen der Geschäftsführer der Komplementär-GmbH aus § 43 GmbHG auch gegenüber der KG haftet. Darauf kommt es insbesondere dann an, wenn kein Dienstvertrag abgeschlossen wird. Der BGH billigt der GmbH & Co. KG einen solchen direkten Anspruch gegen den Geschäftsführer jedenfalls dann zu, wenn die alleinige oder wesentliche Aufgabe der Komplementär-GmbH darin besteht, die Geschäfte der KG zu führen (BGH v. 18.6.2013 – II ZR 86/11, GmbHR 2013, 1044, 1045 = GmbH-StB 2013, 341). Den Grund sieht der BGH in einer **organschaftlichen Sonderrechtsbeziehung.** Diese entfalte drittschützende Wirkung zugunsten der KG. In diesem Fall geht nach Ansicht des BGH das wohlverstandene Interesse der GmbH dahin, dass ihr Geschäftsführer die Leitung der KG im Rahmen seiner Organpflichten ordnungsgemäß ausübt, weil sie auf eine günstige wirtschaftliche Entwicklung ihrer Beteiligung bedacht sein muss und als persönlich haftende Gesellschafterin selbst aus dem Gesellschaftsverhältnis der KG zu einer sorgfältigen Geschäftsführung verpflichtet ist. Die Komplementär-GmbH müsse darauf vertrauen dürfen, dass ihr Geschäftsführer den Angelegenheiten der KG die gleiche Sorgfalt widmet wie ihren eigenen. Eine haftungsbegründende Pflichtverletzung entfällt nach Auffassung des BGH dann, wenn sämtliche Gesellschafter der GmbH & Co. KG als potentiell Geschädigte nach zutreffender Information über den Sachverhalt mit dem Handeln des Geschäftsführers der Komplementär-GmbH einverstanden waren.

frei G 21–G 23

7. Steuerrechtliche Behandlung der Tätigkeitsvergütung des Geschäftsführers der Komplementär-GmbH

Geschäftsführer ist nicht Mitunternehmer der GmbH & Co. KG | Ist der Geschäftsführer der Komplementär-GmbH nicht zugleich Mitunternehmer der GmbH & Co. KG, erzielt er Einkünfte aus nichtselbstständiger Tätigkeit nach § 19 EStG. Ist der Geschäftsführer gleichzeitig Gesellschafter der Komplementär-GmbH, ist er dennoch Arbeitnehmer und damit nichtselbstständig tätig. Dies gilt selbst dann, wenn er einziger Gesellschafter der GmbH ist (vgl. *Pflüger* in Herrmann/Heuer/Raupach, EStG/KStG, § 19 EStG Rz. 60). G 24

Geschäftsführer ist Mitunternehmer der GmbH & Co. KG | Ist der Geschäftsführer dagegen auch Mitunternehmer der GmbH & Co. KG und erhält er eine Vergütung für die Führung der Geschäfte der KG, fällt diese Vergütung als Sondervergütung unter § 15 Abs. 1 Satz 1 Nr. 2 Satz 1 Halbs. 2 EStG (vgl. *Wacker* in Schmidt, § 15 EStG Rz. 717). Der Geschäftsführer erzielt insoweit Einnahmen aus der Mitunternehmerschaft, die im Ergebnis den Gesamtgewinn der Mitunternehmerschaft nicht mindern. Dies gilt unabhängig davon, ob der Geschäftsführer nur aufgrund eines Dienstvertrages mit der Komplementär-GmbH tätig wird, oder ob der Dienstvertrag direkt mit der KG besteht. Unerheblich ist auch, ob die Vergütung unmittelbar durch die KG oder durch die GmbH an den Geschäftsführer gezahlt wird (vgl. *Tiede* in Herrmann/Heuer/Raupach, EStG/KStG, § 15 EStG Rz. 533). Erfolgt die Zahlung der Geschäftsführervergütung durch die GmbH, liegen bei der GmbH in dieser Höhe Sonderbetriebsausgaben vor, während etwaige Erstattungen durch die KG bei der GmbH zu Sonderbetriebseinnahmen führen. G 25

Höhe der Sondervergütung i.S.d. § 15 Abs. 1 Satz 1 Nr. 2 Satz 1 Halbs. 2 EStG | Zu den Sondervergütungen gehören sowohl feste als auch gewinnabhängige Vergütungen, die der Geschäftsführer für seine Tätigkeit im Dienste der KG erhält (vgl. *Wacker* in Schmidt, § 15 EStG Rz. 717). Erfasst sind zudem Aufwandsentschädigungen wie z.B. Reisekostenerstattungen und zudem sowohl die Arbeitnehmer- als auch die Arbeitgeberbeiträge zur Sozialversicherung, sofern der Geschäftsführer sozialversicherungsrechtlich als Arbeitnehmer eingestuft wird (vgl. BFH v. 30.8.2007 – IV R 14/06, BStBl. II 2007, 942 = GmbHR 2007, 1227 = FR 2008, 226 = GmbH-StB 2007, 367). Übt die Komplementär-GmbH neben der Geschäftsführung der KG noch eine weitere eigene Geschäftstätigkeit aus, stellen nur die Vergütungen, die für die Übernahme der Geschäftsführung der KG gezahlt werden, Sondervergütungen i.S.v. § 15 Abs. 1 Satz 1 Nr. 2 Satz 1 Halbs. 2 EStG dar, im Übrigen liegen Einkünfte aus nichtselbständiger Tätigkeit vor. Eine Aufteilung der Vergütung hat ggf. im Wege der Schätzung zu erfolgen (vgl. *Wacker* in Schmidt EStG, § 15 EStG Rz. 717). G 26

Überhöhte Tätigkeitsvergütungen | → *Verdeckte Gewinnausschüttung Rz. V 4 ff.* G 27

8. Steuerrechtliche Behandlung von Pensionszusagen an den Geschäftsführer der Komplementär-GmbH

G28 **Geschäftsführer ist nicht Mitunternehmer der GmbH & Co. KG |** Auch die Antwort auf die Frage, wie Pensionszusagen an den Geschäftsführer der Komplementär-GmbH zu behandeln sind, hängt davon ab, ob dieser zugleich Mitunternehmer der KG ist. Ist der Geschäftsführer nicht zugleich Mitunternehmer der KG, erzielt er durch die Pensionszusage nicht bereits Einnahmen aus nichtselbstständiger Tätigkeit, da es hierfür an einem Zufluss beim Geschäftsführer mangelt (vgl. *Pflüger* in Herrmann/Heuer/Raupach, EStG/KStG, § 19 EStG Rz. 387).

G29 **Geschäftsführer ist Mitunternehmer der GmbH & Co. KG |** Die Pensionszusage an den Geschäftsführer der GmbH & Co. KG erfolgt regelmäßig durch die Komplementär-GmbH. Dies führt dazu, dass die GmbH in der Handels- und in der Steuerbilanz eine Rückstellung zu bilden hat, wobei sich die Bildung der Rückstellung in der Steuerbilanz nach § 6a EStG richtet. Für die weitere steuerliche Behandlung ist danach zu unterscheiden, ob der GmbH für die Pensionszusage ein Ausgleichsanspruch gegen die KG zusteht . Steht der GmbH kein Ausgleichsanspruch zu, führt die Bildung der Rückstellung bei der GmbH zu Sonderbetriebsausgaben, gleichzeitig hat der aus der Zusage begünstigte Gesellschafter in seiner Sonderbilanz in derselben Höhe eine Forderung zu aktivieren (korrespondierende Bilanzierung) und erzielt somit in derselben Höhe Sonderbetriebseinnahmen, so dass sich die Pensionszusage im Ergebnis nicht auf den Gesamtgewinn der KG auswirkt (vgl. hierzu auch BMF v. 29.1.2008, BStBl. I 2008, 317). Steht der GmbH ein Ausgleichsanspruch zu, hat sie in ihrer Sonderbilanz neben der Rückstellung eine Forderung in derselben Höhe zu aktivieren, so dass insoweit keine Gewinnauswirkung eintritt (*Tiede* in Herrmann/Heuer/Raupach, EStG/KStG, § 15 EStG Rz. 538). Die GmbH & Co. KG hat in derselben Höhe eine Rückstellung zu passivieren, der Geschäftsführer in dieser Höhe eine Forderung im Sonderbetriebsvermögen zu aktivieren, so dass er erneut entsprechende Sonderbetriebseinnahmen erzielt (vgl. BFH v. 7.2.2002 – IV R 62/00, BStBl. II 2005, 88). Auch hier bleibt die Pensionszusage im Ergebnis ohne Auswirkung auf das Gesamtergebnis der KG (vgl. *Tiede* in Herrmann/Heuer/Raupach, EStG/KStG, § 15 EStG Rz. 538).

G30 **Besteuerung von späteren Leistungen aufgrund einer Pensionszusage |** Erhält der Geschäftsführer, der nicht Mitunternehmer der KG ist, später Leistungen aufgrund einer Pensionszusage, stellen diese Einkünfte aus nichtselbstständiger Tätigkeit nach § 19 Abs. 1 Nr. 2 EStG dar. Ist der Geschäftsführer zugleich Mitunternehmer der KG, stellen die späteren Leistungen aufgrund der Pensionszusage Sondervergütungen i.S.d. § 15 Abs. 1 Satz 1 Nr. 2 Satz 1 Halbs. 2 EStG dar. Gleichzeitig ist die Forderung in der Sonderbilanz entsprechend der gewinnerhöhenden Auflösung der Rückstellung in der Gesellschaftsbilanz zu mindern, so dass der Geschäftsführer insoweit nur den Differenzbetrag zwischen den Pensionszahlungen und der Forderungsminderung zu versteuern hat (vgl. BMF v. 29.1.2008, BStBl. I 2008, 317).

Vertiefende Recherche

Wichtige Urteile und Erlasse

EuGH v. 9.7.2015 – C-229/14, GmbHR 2015, 979: Geschäftsführer als Arbeitnehmer im Sinne der Massenentlassungsrichtlinie.

EuGH v. 11.11.2010 – C-232/09, Slg 2010, I-11405–11464 = NZA 2011, 143: Mutterschutz für Organmitglieder einer Kapitalgesellschaft.

BGH v. 19.4.2016 – II ZR 123/15, juris: Voraussetzungen einer wirksamen Verlängerung des Anstellungsvertrags mit dem Geschäftsführer der Komplementär-GmbH.

BGH v. 18.6.2013 – II ZR 86/11, GmbHR 2013, 1044: Haftung des Geschäftsführers der Komplementär-GmbH für sorgfaltswidrige Führung der Geschäfte der Kommanditgesellschaft.

BGH v. 8.1.2007 – II ZR 267/05, GmbHR 2007, 606: Entscheidungszuständigkeit für den Ausspruch der Kündigung gegenüber dem Geschäftsführer der Komplementär-GmbH einer KG.

BAG v. 22.10.2014 – 10 AZB 46/14, GmbHR 2015, 27: Geschäftsführer: Rechtsweg zu den Arbeitsgerichten bei Abberufung vor rechtskräftiger Entscheidung.

BAG v. 5.2.2013 – 10 AZB 78/12, GmbHR 2013, 357: Geschäftsführer: Rechtsweg zu den ordentlichen Gerichten bei Kündigung, aber unterbliebener Abberufung als Organ.

BAG v. 26.10.2012 – 10 AZB 55/12, GmbHR 2013, 253: Rechtsweg zu den ordentlichen Gerichten bei Bestellung eines Arbeitnehmers zum GmbH-Geschäftsführer.

BAG v. 20.8.2003 – 5 AZB 79/02, GmbHR 2003, 1208: Rechtsweg – Geschäftsführer der Komplementär-GmbH einer KG.

OLG Hamburg v. 22.3.2013 – 11 U 27/12, GmbHR 2013, 580: Kündigung des Dienstvertrags des bei einer GmbH & Co. KG angestellten Geschäftsführers der Komplementär-GmbH.

LAG Mecklenburg-Vorpommern v. 27.11.2013 – 3 Sa 116/13, juris: Ruhendes Arbeitsverhältnis neben einem Geschäftsführerdienstleistungsvertrag.

LAG Berlin-Brandenburg v. 5.4.2013 – 10 Sa 2341/12, juris: Begründung Geschäftsführerdienstverhältnis – kein ruhendes Arbeitsverhältnis.

Hessisches LAG v. 1.2.2013 – 10 Sa 1005/12, juris: Aufhebung des Arbeitsvertrages durch Geschäftsführerbestellung.

LAG Berlin-Brandenburg v. 27.12.2012 – 10 Ta 1906/12, juris: Rechtsweg zum Arbeitsgericht.

LAG Schleswig-Holstein v. 25.9.2012 – 3 Ta 100/12, juris: Rechtsweg zu den Arbeitsgerichten, Geschäftsführer einer Komplementär-GmbH.

BFH v. 30.8.2007 – IV R 14/06, BStBl. II 2007, 942 = GmbHR 2007, 1227: Arbeitgeberanteile zur Sozialversicherung als Sondervergütung eines Mitunternehmers.

Musterformulierungen

Grunewald in Römermann, Münchener Anwaltshdb. GmbH-Recht, § 19 Rz. 51 ff. (Einflussmöglichkeiten der Kommanditisten)

Weitere Stichwörter

→ *Einheitsgesellschaft*; → *Geschäftsführung und Vertretung*; → *Sonderrechte*; → *Verdeckte Gewinnausschüttung*

Geschäftsführung und Vertretung

Ausgewählte Literatur: *Beuthien*, Darf ein Kommanditist mehr als widersprechen?, NZG 2013, 967; *Blöse*, Geschäftsführung einer GmbH & Co. KG: Rechtliche Fallstricke und Haftungsgefahren, GStB 2011, 162; *Emde*, Die Klage der Kommanditisten auf Rücknahme kompetenzwidrig vorgenommener Geschäftsführungsmaßnahmen, WM 1996, 1205; *Esch*, Weisungsrechte der Gesellschafter der GmbH & Co KG, NJW 1988, 1553; *Fröhler*, Die Insichgeschäftsbeschränkung nach § 181 BGB bei der GmbH & Co. KG, BWNotZ 2005, 129; *Sitzenfrei/Tischer*, Gesellschafterbeschluss als Voraussetzung für die Wirksamkeit der Kündigung von Arbeitsverhältnissen?, DB 2008, 1307; *Suttmann*, Insichgeschäfte im Gesellschaftsrecht, MittBayNot 2011, 1.

1. Abgrenzung von Geschäftsführung und Vertretung

G 31 **Begriffsbestimmung |** Das Gesetz differenziert zwischen der „Führung der Geschäfte der Gesellschaft" (§ 114 HGB) und der „Vertretung der Gesellschaft" (§ 125 HGB). Die Geschäftsführung betrifft das **Innenverhältnis** unter den Gesellschaftern, die Vertretung das **Außenverhältnis** zu Dritten, wobei nicht ausgeschlossen ist, dass eine Maßnahme der Geschäftsführung zugleich das Außenverhältnis der Gesellschaft betrifft (*v. Ditfurth* in Münchener Hdb. Gesellschaftsrecht, Bd. 1, § 53 Rz. 2).

- **Geschäftsführung** ist jede Tätigkeit im Innen- und Außenverhältnis, die für die Gesamthand wahrgenommen wird, zur Förderung des Gesellschaftszwecks bestimmt ist und nicht die Grundlagen der Gesellschaft berührt (*v. Ditfurth* in Münchener Hdb. Gesellschaftsrecht, Bd. 1, § 53 Rz. 2).
- **Vertretung** ist derjenige Teilbereich der Geschäftsführung, der zugleich das rechtsgeschäftliche Handeln nach außen umfasst (*v. Ditfurth* in Münchener Hdb. Gesellschaftsrecht, Bd. 1, § 53 Rz. 5).

G 32 **Rechtliche Beurteilung |** Geschäftsführung und Vertretung unterliegen unterschiedlichen Maßstäben im Hinblick auf ihre rechtliche Beurteilung. So können Vertretungsmaßnahmen im Innenverhältnis sich zwar als pflichtwidrig darstellen. Dies lässt jedoch die Wirksamkeit eines im Namen der Gesellschaft von einem Gesellschafter eingegangenen Rechtsgeschäfts nach außen regelmäßig unberührt (*Boesche* in Oetker, § 125 HGB Rz. 1).

2. Geschäftsführung

G 33 **Ausschließlichkeit |** Gemäß §§ 161 Abs. 2, 114 Abs. 1 HGB ist die Geschäftsführungsbefugnis in der typischen GmbH & Co. KG, die nur über eine GmbH als persönlich haftende Gesellschafterin verfügt, ausschließlich bei der **Komplementär-GmbH** angesiedelt. Diese Befugnis kommt der Komplementär-GmbH grundsätzlich zeitlich unbegrenzt für die Dauer der Gesellschaftszugehörigkeit alleine aufgrund ihrer Stellung als persönlich haftender Gesellschafterin zu; insoweit gilt der Grundsatz der **Selbstorganschaft.** Ein besonderer Bestellungsakt ist anders als beim Geschäftsführer der GmbH (→ *Geschäftsführer der Komplementär-GmbH*) nicht vonnöten. Die Kommanditisten sind vorbehaltlich abweichender Regelungen im Gesellschaftsvertrag von der Geschäftsführung **ausgeschlossen** (§ 164 Satz 1 HGB). Dem Leitbild der KG entspricht es, dass unbeschränkt persönlich haftende Gesellschafter ihre Arbeitskraft der Gesellschaft widmen und diese leiten, wohingegen die Kommanditisten lediglich als Kapitalgeber fungieren (*Gummert* in Henssler/Strohn, § 164 HGB Rz. 1).

Abspaltungsverbot | Die organschaftliche Geschäftsführung ist gemäß §§ 717, 664, 713 BGB höchstpersönlich und nicht übertragbar. Gesellschaftsfremden Dritten kann eine echte organschaftliche Kompetenz zur Geschäftsführung nicht eingeräumt werden (BGH v. 22.1.1962 – II ZR 11/61, BGHZ 36, 292 = NJW 1963, 738, 739; BGH v. 16.11.1981 – II ZR 213/80, NJW 1982, 877). Zulässig ist lediglich eine rechtsgeschäftliche Beauftragung. G 34

Umfang | Der Umfang der Geschäftsführungsbefugnis bemisst sich nach §§ 116, 161 Abs. 2 i.V.m. § 164 HGB. Insoweit ist wie folgt zu differenzieren: G 35

– Zunächst umfasst die Geschäftsführungsbefugnis der Komplementär-GmbH **gewöhnliche Geschäftsführungsmaßnahmen**, d.h. solche, die der gewöhnliche Betrieb des Handelsgewerbes der KG nach Maßgabe ihres konkreten Unternehmensgegenstandes mit sich bringt. Gekennzeichnet sind solche Geschäfte durch eine gewisse Regelmäßigkeit. Vorbehaltlich abweichender Regelungen im Gesellschaftsvertrag stehen den Kommanditisten keine Eingriffsrechte im Hinblick auf das Tagesgeschäft zu.

Beispiele:

Zu den gewöhnlichen Geschäften zählen **Routinegeschäfte** des laufenden Betriebs wie Anschaffung, Herstellung oder Verarbeitung des vom Unternehmensgegenstand gedeckten Warensortiments (*Finck* in Henssler/Strohn, § 116 HGB Rz. 11). Bei einer auf Bebauung, Nutzung und Verwaltung des der Gesellschaft gehörenden Grundstücks gerichteten KG gehören hierzu alle mit der Errichtung des Baus im Zusammenhang stehenden Rechtsgeschäfte und Rechtshandlungen, einschließlich der Vereinbarungen mit Architekten (BGH v. 11.2.1980 – II ZR 41/79, BGHZ 76, 160 = NJW 1980, 1463 = GmbHR 1981, 186). Zum gewöhnlichen Betrieb zählt auch die **Unternehmensorganisation** einschließlich des Abschlusses und der Beendigung von Arbeits- und Dienstverträgen (LAG Frankfurt v. 30.6.1989 – 13 Sa 129/89, DB 1990, 1466).

– **Außergewöhnliche Geschäftsführungsmaßnahmen** erfordern nach ganz h.M. die **Zustimmung** aller Gesellschafter, also auch der Kommanditisten. Entgegen dem missverständlichen Wortlaut von § 164 Abs. 2 HGB beschränkt sich die Mitwirkung der Kommanditisten nach allgemeiner Ansicht nicht nur auf ein **Widerspruchsrecht** (*Oetker* in Oetker, § 164 HGB Rz. 12; *Breitfeld* in Sudhoff, GmbH & Co. KG, § 15 Rz. 14). Regelmäßig findet sich im Gesellschaftsvertrag der KG ein Katalog von Geschäften, die an die Zustimmung der Gesellschafter geknüpft sein sollen (→ *Gesellschafterversammlung Rz. G 111 ff.*). Die Außergewöhnlichkeit einer Geschäftsführungsmaßnahme ist einzelfallbezogen zu ermitteln; als Kriterien für die Einordnung sind der Inhalt des Gesellschaftsvertrages, Art und Größe des konkreten Unternehmens, die bisherige Entscheidungspraxis sowie Art, Größe, Bedeutung und Risiko des Geschäfts für den konkreten Betrieb heranzuziehen (*Finckh* in Henssler/Strohn, § 116 HGB Rz. 7). Außergewöhnlich sind solche Geschäfte, die über den gewöhnlichen Betrieb des Handelsgewerbes der Gesellschaft hinausgehen. Kennzeichnend für außergewöhnliche Geschäfte ist, dass sie wegen ihres Inhalts und Zwecks oder ihrer Bedeutung und der mit ihnen verbundenen Gefahr für die Gesellschafter **Ausnahmecharakter** tragen (BGH v. 11.2.1980 – II ZR 41/79, BGHZ 76, 160 = NJW 1980, 1463, 1464 = GmbHR 1981, 186).

Beispiele:

Als außergewöhnliche Geschäfte sind in der Rechtsprechung anerkannt: der Abschluss eines **Unternehmensvertrages** (OLG Hamm v. 14.4.2009 – 15 Wx 241/08, GmbHR 2010, 42, 44; die Geltendmachung von **Schadenersatzansprüchen** gegen einen Komplementär (OLG Stuttgart v. 11.3.2009 – 14 U 7/08, NZG 2009, 1303 = ZIP 2010, 474); **Erweiterungsinvestitionen** (OLG Karlsruhe v. 27.1.2010 – 7 U 38/08, BeckRS 2010, 05838); der Verkauf einer **Immobilie** bei wesentlicher Abweichung vom Gesellschaftszweck (KG Berlin v. 8.3.2007 – 23 U 65/06, juris).

- Nicht zu den Geschäftsführungsmaßnahmen gehören **Grundlagengeschäfte** (zum Begriff distanzierend nunmehr BGH v. 16.10.2012 – II ZR 239/11, GmbHR 2013, 194, 195). Diese betreffen das Gesellschaftsverhältnis bzw. das Verhältnis der Gesellschafter untereinander und damit die Grundlagen der Gesellschaft. Sie sind aus der Geschäftsführung auszuklammern und bedürfen grundsätzlich der Zustimmung aller Gesellschafter (s. → *Gesellschafterversammlung Rz. G 111*).

Beispiel:

Grundlagengeschäfte sind etwa: die **Aufnahme** und **Ausschließung** eines Gesellschafters (BGH v. 11.2.1980 – II ZR 41/79, BGHZ 76, 160 = NJW 1980, 1463, 1464 = GmbHR 1981, 186); die Veräußerung des gesamten **Gesellschaftsvermögens** auf Dritte (BGH v. 9.1.1995 – II ZR 24/94, GmbHR 1995, 306); die Wahl der **Abschlussprüfer** (BGH v. 24.3.1980 – II ZR 88/79, BGHZ 76, 338 = NJW 1980, 1689 = ZIP 1990, 447).

G 36 **Prokura** | Nach dem Wortlaut des § 164 Satz 2 HGB bleiben die Vorschriften des § 116 Abs. 3 HGB unberührt. Hierdurch wird klargestellt, dass die gesetzliche Anordnung einer Gesamtgeschäftsführungsbefugnis mehrerer persönlich haftender Gesellschafter auch in der Kommanditgesellschaft gilt, sofern ein Prokurist bestellt werden soll, ohne dass eine Aussage über Mitwirkungsbefugnisse von Kommanditisten bei solchen Entscheidungen getroffen werden soll (*Weipert* in E/B/J/S, § 164 HGB Rz. 8; *Oetker* in Oetker, § 164 HGB Rz. 15; a.A. *Grunewald* in MünchKomm. HGB, § 164 HGB Rz. 19). Folglich ist gemäß § 164 Satz 1 HGB die Zustimmung der Kommanditisten zur Bestellung von Prokuristen erforderlich, wenn in dem Bestellakt im Einzelfall ein außergewöhnliches Geschäft liegt (*Weipert* in E/B/J/S, § 164 HGB Rz. 8).

G 37–G 40 frei

3. Vertretung

G 41 **Vertretungsbefugnis** | Die organschaftliche Vertretung der GmbH & Co. KG obliegt den persönlich haftenden Gesellschaftern, regelmäßig deshalb der **Komplementär-GmbH** alleine, wenn kein weiterer Komplementär existiert. Bei Vorhandensein **mehrerer persönlich haftender Gesellschafter** gilt:

- Grundsätzlich ist jeder für sich allein zur Vertretung der Gesellschaft berechtigt. Gemäß § 125 Abs. 1 HGB gilt der Grundsatz der **Einzelvertretungsbefugnis**, wenn der Gesellschaftsvertrag nichts anderes regelt. Zur Eintragung der abstrakten Vertretungsbefugnis in das Handelsregister genügt der Hinweis auf die Einzelvertretungsmacht jedes persönlich haftenden Gesellschafters, eine Verweisung auf die grundsätzlich bestehende gesetzliche Möglichkeit einer abweichenden gesellschaftsvertraglichen Regelung ist nicht erforderlich (OLG Köln v. 24.5.2004 – 2 Wx 16/04, GmbHR 2004, 1157, 1158).

- Eine von der Einzelvertretungsbefugnis abweichende gesellschaftsvertragliche Regelung der **Gesamtvertretung** kann in verschiedensten Formen getroffen werden: Beispielsweise kann das Zusammenwirken aller oder einer bestimmten Zahl von Komplementären vorgesehen werden, oder es kann geregelt werden, dass zwei Komplementäre in bestimmter oder beliebiger Zusammensetzung handeln müssen (*Wirth* in Münchener Hdb. Gesellschaftsrecht, Bd. 2, § 9 Rz. 24 mit weiteren Varianten).
- Ist nur ein Gesellschafter, namentlich die Komplementär-GmbH, vertretungsberechtigt, darf die Vertretungsbefugnis nicht an die Mitwirkung eines Prokuristen oder eines sonstigen rechtsgeschäftlichen Vertreters gebunden werden, wohl aber in Form der Gesamtvertretung an die Mitwirkung eines anderen Gesellschafters (*Wertenbruch* in Westermann/Wertenbruch, Hdb. Personengesellschaften, Rz. I 310).

Vertretung durch Dritte | Dritte können wegen des Abspaltungsverbots (s. Rz. G 34) die Gesellschaft nur außerhalb der organschaftlichen Vertretungsmacht vertreten, etwa mittels Prokura oder einer widerruflichen Generalvollmacht (*Wertenbruch* in Westermann/Wertenbruch, Hdb. Personengesellschaften, Rz. I 310). **Prokuristen** können auch **Kommanditisten** sein. Von der organschaftlichen Vertretung sind diese jedoch gemäß § 170 HGB ausgeschlossen. Die einem Kommanditisten mit Ausnahme der Prokura (§ 53 HGB) eingeräumte rechtsgeschäftliche Vertretungsmacht kann nicht ins Handelsregister eingetragen werden (OLG Frankfurt a.M. v. 26.9.2005 – 20 W 192/05, GmbHR 2006, 265). G 42

Ausschluss von der Vertretungsmacht | Ein gesellschaftsvertraglicher Ausschluss einzelner Komplementäre von der Geschäftsführung und Vertretung ist möglich (§ 125 Abs. 1 Halbs. 2 HGB), solange das Prinzip der **Selbstorganschaft** gewahrt und wenigstens ein Gesellschafter vertretungsbefugt bleibt. Denn aus dem Prinzip der Selbstorganschaft folgt, dass es nicht möglich ist, sämtliche Gesellschafter von der Vertretung auszuschließen. Mindestens ein Gesellschafter muss vertretungsbefugt sein. Die Komplementär-GmbH kann von der Vertretung der GmbH & Co. KG folglich nur ausgeschlossen werden, wenn noch mindestens ein weiterer persönlich haftender Gesellschafter vorhanden ist (BGH v. 10.12.2001 – II ZR 139/00, NJW-RR 2002, 540). G 43

Beispiel:

An der ABC-GmbH & Co. KG sind der Kommanditist A und die ABC Verwaltungs-GmbH als Komplementärin beteiligt. Um die Offenlegungspflichten gemäß §§ 264a, 325 ff. HGB zu vermeiden, tritt B, die Ehefrau des A, der ABC-GmbH & Co. KG als weitere Komplementärin bei (→ *Publizität*). Die Rolle der B kann dabei auf die der „Vollhafterin" beschränkt werden; es ist nicht erforderlich, ihr Geschäftsführungs- und Vertretungsbefugnisse in der ABC-GmbH & Co. KG zuzuweisen.

Entzug der Vertretungsmacht | Unter den Voraussetzungen der §§ 161 Abs. 2, 127 Halbs. 1 HGB kann der Komplementär-GmbH die Vertretungsbefugnis auch **entzogen** werden. Liegt ein wichtiger Grund, insbesondere eine grobe Pflichtverletzung oder die Unfähigkeit zur ordnungsgemäßen Vertretung der GmbH & Co. KG (§ 127 Halbs. 2 HGB) vor, erfolgt der Entzug der Vertretungsmacht durch **gerichtliche Entscheidung** auf Antrag aller übrigen Gesellschafter. Unter dem Gesichtspunkt der gesellschaftlichen Treuepflicht kann ein Gesellschafter bei Vorliegen eines Entziehungsgrundes zur Mitwirkung verpflichtet sein bzw. verurteilt werden, seine Zustimmung zur Entziehung der Geschäftsführungsbefugnis zu erteilen (BGH v. 28.4.1975 – II ZR 16/73, BGHZ 64, 253 = NJW 1975, 1410). Regelungen über die Entziehung der Vertretungsbefugnis einschließlich Erleichterungen und Erschwerungen können auch im **Gesellschaftsvertrag** getroffen werden. Der Entzug der Vertretungsmacht ist am **Verhältnis-** G 44

mäßigkeitsgrundsatz zu messen; insbesondere darf kein milderes Mittel zur Verfügung stehen, um den für die Mitglieder unzumutbaren Zustand zu beseitigen (*Wertenbruch* in Westermann/Wertenbruch, Hdb. Personengesellschaften, Rz. I 11). Häufig fallen in der Praxis der Entzug der Geschäftsführungsbefugnis (§§ 161 Abs. 2, 117 HGB) und die Entziehung der Vertretungsmacht zusammen (*Wertenbruch* in Westermann/Wertenbruch, Hdb. Personengesellschaften, Rz. I 13). Letztere scheidet allerdings aus, wenn nur ein Komplementär vorhanden ist, weil sonst ein rechtlich unmöglicher Zustand herbeigeführt würde (BGH v. 9.12.1968 – II ZR 33/67, BGHZ 51, 198 = WM 1969, 118).

4. Befreiung vom Verbot des Selbstkontrahierens (§ 181 BGB)

G45 **Anwendungsbereich** | Gemäß § 181 BGB kann ein Vertreter im Namen des Vertretenen mit sich im eigenen Namen (**Insichgeschäft**) oder als Vertreter eines Dritten (**Mehrvertretung**) ein Rechtsgeschäft nicht vornehmen, sofern ihm dies nicht gestattet ist. Bei der GmbH & Co. KG sind, da die Geschäftsführer die Komplementär-GmbH vertreten und diese wiederum die KG vertritt, insoweit drei Rechtsverhältnisse zu unterscheiden:

- Komplementär-GmbH und KG
- Geschäftsführer der Komplementär-GmbH und Komplementär-GmbH
- Geschäftsführer der Komplementär-GmbH und KG.

G46 **Erforderlichkeit der Befreiung** | Regelmäßig ist eine **dreifache** Befreiung von den Beschränkungen des § 181 BGB erforderlich.

Beispiel:

An der ABC-GmbH & Co. KG sind der Kommanditist A und die ABC Verwaltungs-GmbH als Komplementärin beteiligt. Zwischen der ABC Verwaltungs-GmbH und der ABC-GmbH & Co. KG soll ein Kaufvertrag über ein im Eigentum der ABC Verwaltungs-GmbH stehendes Grundstück geschlossen werden. Als Parteien des Kaufvertrags stehen sich die ABC Verwaltungs-GmbH als Verkäuferin und die durch dieselbe ABC Verwaltungs-GmbH vertretene ABC-GmbH & Co. KG gegenüber. Beide Parteien sollen durch den Geschäftsführer G der ABC Verwaltungs-GmbH vertreten werden.

- Auf Seiten der Komplementär-GmbH liegt ein Fall des **Insichgeschäfts** vor. Die Komplementär-GmbH handelt für sich selbst auf Verkäuferseite und gleichzeitig als organschaftliche Vertreterin der erwerbenden GmbH & Co. KG. Der Schutzbereich des § 181 BGB ist berührt. Die **Komplementär-GmbH** muss deshalb von der GmbH & Co. KG von den Beschränkungen des § 181 BGB befreit werden.
- Die Befreiung im Verhältnis zwischen der Komplementär-GmbH und der GmbH & Co. KG sagt aber noch nichts darüber aus, ob für beide Gesellschaften derselbe Geschäftsführer handeln kann. Aus Sicht des Geschäftsführers liegt ein Fall der **Mehrvertretung** vor. Ein solches Geschäft muss dem **Geschäftsführer** der Komplementär-GmbH sowohl von der **Komplementär-GmbH** unmittelbar als auch von der **GmbH & Co. KG** gestattet werden.

G47 **Exkurs** | Gesellschafteridentität

Beispiel:

An der ABC-GmbH & Co. KG sind der Kommanditist A und die ABC Verwaltungs-GmbH als Komplementärin beteiligt. Zusätzlich ist die ABC Verwaltungs-GmbH auch Komplementärin der DEF-GmbH & Co. KG. Zwischen der ABC-GmbH & Co. KG und der DEF-GmbH & Co. KG soll ein Kaufvertrag über ein im Eigentum der ABC-GmbH & Co. KG stehendes Grundstück geschlossen werden. Beide Parteien sollen durch den Geschäftsführer G der ABC Verwaltungs-GmbH vertreten werden. Die ABC Verwaltungs-GmbH ist von den Beschränkungen des § 181 BGB befreit.

- Für beide Seiten eines Rechtsgeschäfts handelt derselbe Vertreter, § 181 BGB findet für diesen Fall der **Mehrvertretung** Anwendung. Die von den Beschränkungen des § 181 BGB befreite persönlich haftende Gesellschafterin ist berechtigt, die beiden beteiligten GmbH & Co. KG im Rahmen der Auflassung zu vertreten.
- Einer gesonderten Befreiung des **Geschäftsführers** der persönlich haftenden Gesellschafterin bedarf es nach der Rechtsprechung daneben nicht. Ist die persönlich haftende Gesellschafterin **zweier** GmbH & Co. KG identisch, muss der Geschäftsführer der GmbH bei einem Rechtsgeschäft zwischen beiden GmbH & Co. KG durch diese **nicht** von den Beschränkungen des § 181 BGB befreit werden, wenn die Kommanditgesellschaften bereits jeweils der GmbH die Mehrvertretung gestattet haben (KG Berlin v. 4.12.2012 – 1 W 150/12, GmbHR 2013, 204 = GmbH-StB 2013, 105). Die Beteiligten haben durch die Befreiung ihrer persönlich haftenden Gesellschafterin auf den Schutz des § 181 BGB **verzichtet.** Dessen Zweck bestehe darin, der Gefahr von Interessenkonflikten und infolgedessen einer Schädigung des Vertretenen bei Mitwirkung derselben Person auf beiden Seiten eines Rechtsgeschäfts vorzubeugen. Da juristische Personen allein nicht handlungsfähig und deshalb ihrerseits auf die Vertretung durch die satzungsmäßigen Organe angewiesen seien, müsse die Befreiung der juristischen Person von den Beschränkungen des § 181 BGB auch für deren **Vertreter** gelten (KG Berlin v. 4.12.2012 – 1 W 150/12, GmbHR 2013, 204, 205 = GmbH-StB 2013, 105).

Erteilung der Befreiung | Die Befreiung durch die KG kann nur durch diese selbst auf Grundlage einer gesellschaftsvertraglichen Regelung erteilt werden (BGH v. 7.2.1972 – II ZR 169/69, BGHZ 58, 115 = NJW 1972, 623). Die Befreiung bedarf der Eintragung im **Handelsregister**, da die Befreiung zu einer Erweiterung der grundsätzlich durch § 181 BGB eingeschränkten Vertretungsbefugnis führt (OLG Stuttgart v. 18.10.2007 – 8 W 412/07, GmbHR 2007, 1270 = GmbH-StB 2007, 372). Um Divergenzen zwischen dem Handelsregister der Komplementär-GmbH und der GmbH & Co. KG zu vermeiden, ist die direkte Befreiung für die Geschäftsführer der Komplementär-GmbH im Register der GmbH & Co. KG nur eintragungsfähig, wenn die Geschäftsführer in der allgemeinen Gestattung und der entsprechenden Registeranmeldung nicht namentlich benannt sind: Das Registerblatt der Kommanditgesellschaft gibt keine verlässliche Auskunft, wer tatsächlich Geschäftsführer der Komplementär-GmbH ist; eine Registeranmeldung zum Registerblatt der Kommanditgesellschaft, die die Geschäftsführer der Komplementär-GmbH namentlich benennt, wäre insoweit nicht aus sich selbst heraus hinreichend verständlich (BayObLG v. 4.11.1999 – 3 Z BR 321/99, GmbHR 2000, 91, 92 = GmbH-StB 2000, 9; *Fröhler*, BWNotZ 2005, 129, 133). Die Befreiung sollte demnach „für die jeweiligen Geschäftsführer“ der Komplementär-GmbH erteilt werden. G 48

Umfang der Befreiung | Der Umfang der Vertretungsbefugnis muss ohne Zuhilfenahme der Anmeldeunterlagen und ohne Kenntnis sonstiger tatsächlicher Umstände aus dem Handelsregister selbst ersichtlich sein (BGH v. 28.2.1983 – II ZB 8/82, BGHZ 87, 59 = GmbHR 1983, 259). Wenn ein Geschäftsführer nur mit den jeweiligen Beteiligungsgesellschaften Geschäfte unter Befreiung von dem Verbot des § 181 BGB abschließen können soll, sind diese daher konkret zu benennen (OLG Stuttgart v. 18.10.2007 – 8 W 412/07, GmbHR 2007, 1270 = GmbH-StB 2007, 372). G 49

frei G 50–G 60

Vertiefende Recherche

Wichtige Urteile und Erlasse

OLG Düsseldorf v. 28.1.2016 – 3 Wx 21/15, 3 Wx 23/15, NZG 2016, 584 = ZIP 2016, 1582: Vertretung einer aufgelösten GmbH & Co. KG in Liquidationsphase.

OLG Hamm v. 28.8.2013 – I-30 U 68/13, BeckRS 2013, 16349: Ausspruch einer außerordentlichen Kündigung eines Mietvertrages für eine Kommanditgesellschaft als Vermieterin gegenüber einer vollständig durch einen anderen Mitgesellschafter beherrschten Gesellschaft ist keine außergewöhnliche Geschäftsführungsmaßnahme.

OLG Karlsruhe v. 31.7.2013 – 7 U 184/12, GmbHR 2013, 1051: Keine Erforderlichkeit eines Gesellschafterbeschlusses für Geltendmachung von Ersatzansprüchen gegen Geschäftsführer der Komplementär-GmbH.

KG Berlin v. 4.12.2012 – 1 W 150/12, GmbHR 2013, 204: Entbehrliche Befreiung des einzigen GmbH-Geschäftsführers zweier GmbH & Co. KG für eine Doppelvertretung von § 181 BGB.

OLG Stuttgart v. 18.10.2007 – 8 W 412/07, GmbHR 2007, 1270: Befreiung vom Selbstkontrahierungsverbot als eintragungspflichtige Tatsache.

OLG Köln v. 24.5.2004 – 2 Wx 16/04, GmbHR 2004, 1157: Eintragung abstrakter Vertretungsbefugnis bei GmbH & Co. KG.

BayObLG v. 4.11.1999 – 3 Z BR 321/99, GmbHR 2000, 91: Eintragung der Befreiung des Geschäftsführers der Komplementär-GmbH vom Selbstkontrahierungsverbot.

Musterformulierungen

Lorz in Lorz/Pfisterer/Gerber, Beck'sches Formularbuch GmbH-Recht, N.III.1. § 5 (Katalog zustimmungspflichtiger Geschäfte)

Weitere Stichwörter

→ *Geschäftsführer der Komplementär-GmbH*; → *Gesellschafterversammlung*

Gesellschafterbeschlüsse

Ausgewählte Literatur: *Altmeppen*, Kernbereichslehre, Bestimmtheitsgrundsatz und Vertragsfreiheit in der Personengesellschaft, NJW 2015, 2065; *Bachmann/Heckschen*, Mehrheitsklauseln bei Personengesellschaften, NZG 2015, 531; *Giedinghagen/Fahl*, Alles (noch) bestimmt genug?, DStR 2007, 1965; *Goette/Goette*, Mehrheitsklauseln im Personengesellschaftsrecht, DStR 2016, 74; *K. Schmidt*, Gesellschafterbeschlüsse in der typischen GmbH & Co KG, in Steuerrecht und Gesellschaftsrecht als Gestaltungsaufgabe 1996, S. 313; *Suttmann*, Insichgeschäfte im Gesellschaftsrecht, MittBayNot 2011, 1; *Ulrich*, Mehrheitsentscheidungen in der Personengesellschaft, GmbHR 2013, R37; *Wertenbruch*, Quorumsabänderung und zweistufige Beschlusskontrolle ohne Bestimmtheitsgrundsatz, NZG 2013, 641.

1. Funktion von Gesellschafterbeschlüssen

Funktion | Durch Gesellschafterbeschlüsse wird zum einen die Verfassung der Gesellschaft verändert (**Normsetzungsfunktion**), zum anderen werden Änderungen in der verbandsrechtlichen Beziehung der Gesellschaft zu ihren Mitgliedern und ihren Organen herbeigeführt (**Organisationsakt**) (*Weipert* in Münchener Hdb. Gesellschaftsrecht, Bd. 2, § 14 Rz. 1). G 61

Rechtsnatur | Seiner Rechtsnatur nach ist der Gesellschafterbeschluss ein mehrseitiges Rechtsgeschäft eigener Art, gerichtet auf kollektive, rechtsverbindliche Willensbildung (*Weitemeyer* in Oetker, § 119 HGB Rz. 23; *Weipert* in Münchener Hdb. Gesellschaftsrecht, Bd. 2, § 14 Rz. 3). Abzugrenzen ist der Gesellschafterbeschluss als Ergebnis der Ausübung mitgliedschaftlicher Rechte von **Geschäftsführungsakten,** die mit Außenwirkung für die Gesellschaft aufgrund von Organhandeln erfolgen (*Weipert* in Münchener Hdb. Gesellschaftsrecht, Bd. 2, § 14 Rz. 2). G 62

Beispiel:

Die Gesellschafterversammlung der ABC-GmbH & Co. KG beschließt den Erwerb eines neuen, bisher im Eigentum des E stehenden Grundstücks als Betriebsgelände (**Gesellschafterbeschluss**). In Umsetzung dieses Beschlusses schließt die Komplementärin der ABC-GmbH & Co. KG, die ABC Verwaltungs GmbH, diese wiederum vertreten durch ihren Geschäftsführer G, den entsprechenden Kaufvertrag über das Grundstück mit E ab (**Geschäftsführungsakt**).

2. Zustandekommen von Gesellschafterbeschlüssen

Form | Das Gesetz knüpft das Zustandekommen von Gesellschafterbeschlüssen bei der KG an keine besonderen Formerfordernisse. Ausnahmen gelten im Umwandlungsrecht (§§ 13 Abs. 3, 125, 193 Abs. 3 UmwG, → *Umwandlung, Einführung Rz. U 153*). Über gestellte Anträge kann im Rahmen der gesellschaftsinternen Willensbildung in der **Gesellschafterversammlung** durch Abstimmung entschieden werden (→ *Gesellschafterversammlung*). Möglich ist eine Beschlussfassung auch in jeder anderen denkbaren Form: **mündlich, schriftlich, fernmündlich, telegrafisch** und mittels **E-Mail** (*Enzinger* in MünchKomm. HGB, § 119 HGB Rz. 40). Sieht der Gesellschaftsvertrag Schriftform vor, hat dies nach überwiegender Ansicht G 63 nur deklaratorische Bedeutung (BGH v. 5.2.1968 – II ZR 85/67, BGHZ 49, 364 = NJW 1968, 1378; *Finckh* in Henssler/Strohn, § 119 HGB Rz. 29 m.w.N.). Da die Stimmen nicht gleichzeitig abgegeben werden müssen, ist auch eine Stimmabgabe im **Umlaufverfahren** zulässig. Auch eine **konkludente** Beschlussfassung ist nicht ausgeschlossen, etwa durch gemeinsame Anmeldung bestimmter Tatsachen zum Handelsregister (*Weitemeyer* in Oetker, § 119 HGB Rz. 24).

G64 **Zustandekommen |** Der Beschluss kommt je nach Form der Beschlussfassung zustande durch Abgabe der letzten Stimme oder durch die letzte Unterschrift auf einem Schriftstück (*Weitemeyer* in Oetker, § 119 HGB Rz. 27).

G65 **Bindungswirkung |** Insbesondere bei Beschlussfassung im Umlaufverfahren stellt sich die Frage der Bindung der Gesellschafter an ihre Stimmabgabe bzw. der Möglichkeit eines Widerrufs. Der BGH hat diese Frage offengelassen (BGH v. 19.2.1990 – II ZR 42/89, NJW-RR 1990, 798, 800). Mit der überwiegenden Ansicht ist hier von einer Bindungswirkung entsprechend §§ 145 ff. BGB und einem Widerrufsrecht aus wichtigem Grund auszugehen (*Haas* in Röhricht/Graf von Westphalen/Haas, § 119 HGB Rz. 3 zum Meinungsstand).

3. Beschlussmehrheiten

G66 **Mehrheitsklauseln |** Gemäß §§ 161 Abs. 2, 119 Abs. 1 HGB gilt für die KG der Grundsatz der **Einstimmigkeit.** Entscheidungen, die einen Gesellschafterbeschluss voraussetzen, kommen deshalb im gesetzlichen Grundfall nur mit Zustimmung sämtlicher **vorhandener** Gesellschafter zustande (OLG Celle v. 10.11.2010 – 9 U 65/10, NZG 2011, 261, 264). Allerdings wird dadurch das Risiko begründet, dass ein einzelner Gesellschafter wichtige Entscheidungen verhindert. Das Gesetz eröffnet deshalb in § 119 Abs. 2 HGB die Möglichkeit, vom Grundsatz der einstimmigen Beschlussfassung abzuweichen und das Prinzip einfacher oder qualifizierter **Mehrheit** einzuführen. So kann die Flexibilität und Handlungsfähigkeit der Gesellschaft in Streitfällen gewährleistet werden (*Giedinghagen/Fahl*, DStR 2007, 1965). Dies empfiehlt sich gerade in der GmbH & Co. KG zur Vereinfachung der internen Willensbildung und zur Vermeidung von Blockaden. Das Mehrheitsprinzip kann von vornherein im Gesellschaftsvertrag oder nachträglich für bestimmte Einzelfälle oder allgemeingültig eingeführt werden.

G67 **Schranken von Mehrheitsklauseln |** Die Verankerung des Mehrheitsprinzips im Gesellschaftsvertrag ist im Interesse des Minderheitenschutzes jedoch nicht schrankenlos möglich. Rechtssicherheit hat hier bisher insbesondere die **Otto-Entscheidung** des BGH geschaffen (BGH v. 15.1.2007 – II ZR 245/05, BGHZ 170, 283 = GmbHR 2007, 437 = GmbH-StB 2007, 106). Die Wirksamkeit von Mehrheitsbeschlüssen ist zweistufig zu prüfen.

- **Auf erster Stufe** ist zu prüfen, ob der Gesellschaftsvertrag eine hinreichende formelle Legitimation in Form einer Ermächtigungsgrundlage bereithält. Der **Bestimmtheitsgrundsatz** verlangte bisher, dass sich aus dem Wortlaut des Gesellschaftsvertrags konkret ergibt, welcher Beschlussgegenstand nach dem Willen der Gesellschafter vom Mehrheitsprinzip erfasst sein soll. Eine allgemeine Mehrheitsklausel galt demnach nur für **laufende** (Geschäftsführungs-)Angelegenheiten. Insbesondere für **Vertragsänderungen** und sonstige **Grundlagenentscheidungen** bedurfte es demgegenüber einer eindeutigen legitimierenden Anordnung des Mehrheitsprinzips im Gesellschaftsvertrag. Denn eine im Voraus außerhalb eines konkreten Anlasses erklärte Unterwerfung unter den Mehrheitswillen könne typischerweise angesichts der Unvorhersehbarkeit späterer Entwicklungen nicht in ihrer vollen Tragweite erfasst werden (BGH v. 10.10.1994 – II ZR 18/94, GmbHR 1995, 55, 56). Eine minutiöse Aufzählung aller Beschlussgegenstände ist dabei aber nicht (mehr) erforderlich; es genügt, wenn eine Auslegung ergibt, dass die Entscheidung über den betreffenden Beschlussgegenstand einer Mehrheitsentscheidung zugänglich sein soll (BGH v. 15.1.2007 – II ZR 245/05, BGHZ 170, 283 = GmbHR 2007, 437 = GmbH-StB 2007, 106 „Otto"). In jüngsten Entscheidungen des BGH wird der Begriff „Bestimmtheitsgrundsatz" gar nicht mehr gebraucht (BGH v. 16.10.2012 – II ZR 251/10, GmbHR 2013, 197; BGH v. 15.11.2011 – II ZR 266/09, BGHZ 191, 283 = NJW 2012, 1439); für die formelle Legitimation einer auf eine gesellschaftsvertragliche Mehrheitsklausel gestützten Mehrheitsentscheidung ist dieser ausdrücklich nicht mehr erforderlich, und zwar auch dann nicht, wenn es sich um ein früher sog. Grundlagengeschäft handelt (BGH v. 21.10.2014 – II ZR 84/13, BGHZ 203, 77 = GmbHR 2014, 1303, 1306; BGH v. 16.10.2012 – II ZR 239/11, GmbHR 2013, 194, 195). Die formelle Legitimation einer Mehrheitsentscheidung ist also zu bejahen, wenn sich aus der Auslegung des Gesellschaftsvertrags ergibt, dass der betreffende Beschlussgegenstand einer Mehrheitsentscheidung unterworfen ist. Auf dieser ersten Stufe muss die Gesellschaftermehrheit das Vorhandensein der Legitimationsgrundlage für ihren gegen die Stimme des Minderheitsgesellschafters gefassten Beschluss darlegen und beweisen (*Finckh* in Henssler/Strohn, § 119 HGB Rz. 45).

- Die **Inhaltskontrolle** findet sodann **auf zweiter Stufe** statt. In den unverzichtbaren **Kernbereich** von **absolut unverzichtbaren** Mitgliedschaftsrechten darf auch ein formal von der Mehrheitsklausel gedeckter Beschluss nicht eingreifen. Andernfalls ist der Beschluss unwirksam.

Beispiele:

Zum unverzichtbaren Kernbereich zählen etwa **Stimmrechte** des Kommanditisten, soweit seine Rechtsstellung als solche berührt wird (BGH v. 14.5.1956 – II ZR 229/54, BGHZ 20, 363 = NJW 1956, 1198, 1199), **Informationsrechte** (*Haas* in Röhricht/Graf von Westphalen/Haas, § 119 HGB Rz. 27) oder das **Anfechtungsrecht** gegen Beschlüsse, dessen Ausschlussfrist nicht zu knapp bemessen sein darf (BGH v. 13.2.1995 – II ZR 15/94, GmbHR 1995, 303, 304).

Relativ unentziehbare Mitgliedschaftsrechte können nur aus wichtigem Grund oder mit Zustimmung des betroffenen Gesellschafters entzogen werden. Soweit keine absolut unentziehbaren Mitgliedschaftsrechte in Rede stehen, ist auf der zweiten Stufe zu prüfen, ob die Gesellschaftermehrheit die inhaltlichen Grenzen der ihr erteilten Ermächtigung eingehalten und sie sich nicht etwa treuwidrig über beachtenswerte Belange der Minderheit hinweggesetzt hat (BGH v. 21.10.2014 – II ZR 84/13, BGHZ 203, 77 = GmbHR 2014, 1303, 1309; BGH v. 15.1.2007 – II ZR 245/05, BGHZ 170, 283 = GmbHR 2007, 437 „Otto" = GmbH-StB 2007, 106). Die Darlegungs- und Beweislast trifft den überstimmten Gesellschafter (*Finckh* in Henssler/Strohn, § 119 HGB Rz. 46).

Bestimmung der Mehrheit | Lässt der Gesellschaftsvertrag das Mehrheitsprinzip zu, ist ausgehend von § 119 Abs. 2 HGB die Mehrheit nach **Köpfen** zu bestimmen. Maßgeblich ist grundsätzlich die Mehrheit aller **stimmberechtigten** (nicht die der teilnehmenden) Gesellschafter (BGH v. 30.3.1998 – II ZR 20/97, NJW 1998, 1946, 1947). Vom Stimmrecht ausgeschlossene Gesellschafter sind dabei nicht mitzuzählen, Stimmenthaltungen als Gegenstimmen zu werten (*Haas* in Röhricht/Graf von Westphalen/Haas, § 119 HGB Rz. 15). Abweichungen durch Gesellschaftsvertrag sind möglich, so kann etwa eine Stimmenberechnung nach **Kapitalanteilen** vorgesehen oder das Stimmrecht einzelner Gesellschafter unterschied- G68 lich gewichtet werden (→ *Stimmrecht und Stimmbindung Rz. S 247ff.*). Möglich ist auch die Vereinbarung, dass eine Mindestzahl von Gesellschaftern an dem Beschluss beteiligt sein muss, damit er zustande kommt (BGH v. 19.7.2011 – II ZR 153/09, NZG 2011, 1142, 1143). Bemisst sich die Mehrheit nach den **abgegebenen** gültigen Stimmen, bleiben Enthaltungen unberücksichtigt; der Gesellschaftsvertrag kann aber regeln, dass Enthaltungen als Gegenstimmen zählen. Bemisst sich die Mehrheit nach den **anwesenden** Stimmen, so sind bei schriftlicher Beschlussfassung sämtliche teilnehmenden Gesellschafter mitzuzählen, Stimmenthaltungen sind daher mitzuzählen und gelten als Neinstimmen (BGH v. 19.7.2011 – II ZR 153/09, NZG 2011, 1142, 1143).

G 69 **Unwirksamkeit der Stimmabgabe |** Zur Unwirksamkeit des entsprechenden Beschlusses führt die Unwirksamkeit der Stimmabgabe eines Gesellschafters einer GmbH & Co. KG dann, wenn die unwirksame Stimme für die Beschlussfassung **erforderlich** war. Dies gilt etwa in Fällen, in denen der Gesellschaftsvertrag keine besonderen Regeln für die Beschlussfassung vorsieht und deshalb gemäß § 119 Abs. 1 HGB Beschlüsse nur einstimmig von allen Gesellschaftern gefasst werden können. Wenn aber der Gesellschaftsvertrag abweichende Regelungen vorsieht, ist jeweils zu fragen, ob der Beschluss auch ohne die als Enthaltung zu wertende unwirksame Stimmabgabe zu Stande gekommen ist (vgl. *Freitag* in E/B/J/S, § 119 HGB Rz. 55).

G 70–G 72 frei

4. Anwendbarkeit von § 181 BGB

G 73 **Grundsätze |** Für Gesellschafterbeschlüsse, deren Gegenstand Maßnahmen der Geschäftsführung oder Gesellschaftsangelegenheiten nach dem bestehenden Gesellschaftsvertrag sind, gilt § 181 BGB nicht (BGH v. 24.9.1990 – II ZR 167/89, BGHZ 112, 339, 341 = GmbHR 1991, 60). Gesellschafter können in der Gesellschaftsversammlung demnach bei Beschlüssen zur Willensbildung der Gesellschaft das Stimmrecht sowohl für sich als auch für einen anderen Gesellschafter als dessen Vertreter ausüben. Auch minderjährige Gesellschafter können insoweit von ihrem gesetzlichen Vertreter, der Mitgesellschafter ist, vertreten werden. Anderes gilt, wenn sich ein Gesellschafter, der von anderen Gesellschaftern zu ihrer Vertretung in Gesellschafterversammlungen bevollmächtigt ist, mit den Stimmen seiner Vollmachtgeber zum Geschäftsführer der Gesellschaft bestellt (BGH v. 24.9.1990 – II ZR 167/89, BGHZ 112, 339, 341 = GmbHR 1991, 60). § 181 BGB steht – vorbehaltlich entsprechender Gestattung – ferner der Vertretung bei Beschlüssen über Abschluss, Änderung oder Aufhebung des Gesellschaftsvertrags entgegen, da jeder Gesellschafter als Partei am Gesellschaftsvertrag beteiligt ist (*Weipert* in Münchener Hdb. Gesellschaftsrecht, Bd. 1, § 57 Rz. 15). Gleiches gilt für die Beschlussfassung über die Auflösung der Gesellschaft. In den genannten Fällen ist jeder Gesellschafter für sich aufgerufen, über die Änderung entsprechend seinen Interessen mit zu entscheiden (*Schäfer* in BeckOK BGB, § 181 BGB Rz. 13). Die Anwendung der zur GmbH entwickelten wenig trennscharfen Unterteilung in **Grundlagenbeschlüsse,** bei denen § 181 BGB Anwendung findet, und **sonstige Beschlüsse,** bei denen § 181 BGB unanwendbar ist, auch bei Personengesellschaften, wie sie der BGH vornimmt, stößt in der Literatur verbreitet auf Kritik (vgl. *Suttmann*, MittBayNot 2011, 1, 14). In der Praxis empfiehlt sich eine vorsorgliche Befreiung von den Beschränkungen des § 181 BGB (*Suttmann*, MittBayNot 2011, 1, 14).

G 74–G 90 frei

Vertiefende Recherche

Wichtige Urteile und Erlasse

BGH v. 21.10.2014 – II ZR 84/13, BGHZ 203, 77 = GmbHR 2014, 1303: Formelle Legitimation einer auf eine Mehrheitsklausel im Gesellschaftsvertrag gestützten Mehrheitsentscheidung.

BGH v. 16.10.2012 – II ZR 251/10, GmbHR 2013, 197: Aufhebung von qualifizierten Mehrheitserfordernissen nach dem Gesellschaftsvertrag bei Publikumsgesellschaften.

BGH v. 15.11.2011 – II ZR 266/09, BGHZ 191, 283 = NJW 2012, 1439: Aufstellung der Auseinandersetzungsbilanz einer Publikums-GbR.

BGH v. 15.1.2007 – II ZR 245/05, BGHZ 170, 283 = GmbHR 2007, 437 „*Otto*": Erfordernisse für Mehrheitsentscheidungen und zulässige Abweichung vom Einstimmigkeitsprinzip bei der Feststellung des Jahresabschlusses durch die Gesellschafter.

Musterformulierungen

Lorz in Lorz/Pfisterer/Gerber, Beck'sches Formularbuch GmbH-Recht, N.III.1. § 7 (Beschlussmehrheiten)

Weitere Stichwörter

→ *Beschlussmängelstreit*; → *Gesellschafterversammlung*; → *Stimmrecht und Stimmbindung*

Gesellschafterstreit

→ *Actio pro socio*; → *Beschlussmängelstreit*; → *Konfliktlösung*; → *Schiedsvereinbarung*

Gesellschafterversammlung

Ausgewählte Literatur: *Brosius/Frese*, Konflikte bei der Willensbildung in der Einheitsgesellschaft, NZG 2016, 808; *Kordes*, Die Gesellschafterversammlung der GmbH & Co. KG, GmbH-StB 2007, 349; *Schörnig*, Die gesellschaftsrechtliche Zulässigkeit einer obligatorischen Gruppenvertretung bei Personen- und Kapitalgesellschaften durch eine sog. Vertreterklausel, ZEV 2002, 343; *Werner*, Die Vertreterklausel im Gesellschaftsvertrag der GmbH und der GmbH & Co. KG, StBW 2013, 1075.

1. Willensbildung in der GmbH & Co. KG

G 91 **Keine Einheitsversammlung |** Auch wenn der Kreis der Kommanditisten der GmbH & Co. KG oft deckungsgleich mit den Gesellschaftern der Komplementär-GmbH ist, vollzieht sich die Willensbildung jeweils in zwei voneinander zu unterscheidenden Organen. Das oberste Entscheidungsgremium ist jeweils die **Gesellschafterversammlung.** Die GmbH & Co. KG setzt sich im Ergebnis aus zwei Gesellschaften zusammen, weshalb die Gesellschafterversammlungen der Komplementär-GmbH und der KG rechtlich gesehen strikt voneinander zu trennen sind. Die Unterscheidung ist bedeutsam sowohl im Rahmen des Verbandslebens, als auch im Rahmen der Vertragsgestaltung (*Liebscher* in MünchKomm. GmbHG, § 45 GmbHG Rz. 197). Insbesondere bei der **beteiligungsidentischen** GmbH & Co. KG finden beide Gesellschafterversammlungen in der Praxis regelmäßig zeitgleich statt. Dennoch handelt es sich rechtlich um zwei separate Vorgänge mit jeweils eigenen Tagesordnungen, Beschlussgegenständen und Beschlussfassungen, die zweckmäßigerweise auch gesondert protokolliert werden (*Blaum* in Westermann/Wertenbruch, Hdb. Personengesellschaften, Rz. I 3225). Gegen eine übergreifende Erörterung von Themen, die das Gesamtunternehmen betreffen, bestehen jedoch keine Bedenken (*Blaum* in Westermann/Wertenbruch, Hdb. Personengesellschaften, Rz. I 3225).

G 92 **Gesetzliches Leitbild |** Die **KG** ist eine Personengesellschaft, die nach dem gesetzlichen Leitbild auf persönlicher Verbundenheit Gleichberechtigter basiert und auch nur über einen überschaubaren Gesellschafterkreis verfügt. Daher hat der Gesetzgeber darauf verzichtet, die Willensbildung formellen Ablaufregeln zu unterstellen. Selbst die Gesellschafterversammlung als solche ist entbehrlich. Das Verfahren schriftlicher Beschlussfassung oder auch nur eine stillschweigende Übereinkunft vertrauensvoll zusammenarbeitender Gesellschafter erscheinen nach dem gesetzlichen Idealbild hinreichend. Die gesetzlichen Strukturvorgaben für die Gesellschafterversammlung der **GmbH** (§§ 45 ff. GmbHG) beanspruchen nur für die Willensbildung in der Komplementär-GmbH Geltung. In der KG herrscht im Innenverhältnis hingehend Vertragsfreiheit; die Binnenverfassung der Gesellschaft kann nach den Vorstellungen der Gesellschafter weitestgehend frei ausgestaltet werden.

G 93 **Vertragliche Regelung |** Insbesondere zur Gewährleistung klarer Beschlüsse bei einem größeren Gesellschafterkreis und zur Vermeidung von Unklarheiten und Streitpotential empfiehlt sich bei der KG die Aufnahme entsprechender Regelungen über die Gesellschafterversammlung in den Gesellschaftsvertrag. Eine **Abstimmung** und **Verzahnung** mit den Vorschriften, die diesbezüglich für die Komplementär-GmbH vorgesehen sind, ist sowohl bei der personenidentischen als auch bei der personenverschiedenen GmbH & Co. KG erforderlich. Widersprüche dürfen sich auch vor dem Hintergrund, dass die Gesellschafterversammlung der geschäftsführenden Komplementär-GmbH die Interessen beider Gesellschaften zu beachten hat (→ *Komplementär-GmbH Rz. K 8*), nicht ergeben.

Einheitsgesellschaft | Bei einer Einheitsgesellschaft sind die GmbH & Co. KG und die Komplementär-GmbH wechselseitig aneinander beteiligt. Dem **Geschäftsführer** der Komplementär-GmbH obliegt deshalb grundsätzlich auch die Ausübung von Beteiligungsrechten der KG, also die Willensbildung in der Gesellschafterversammlung der Komplementär-GmbH (BGH v. 27.3.1995 – II ZR 140/93, GmbHR 1995, 373; BGH v. 16.7.2007 – II ZR 109/06, GmbHR 2007, 1034 = GmbH-StB 2007, 304). Praktikabler (und zulässig) ist es demgegenüber, eine abweichende Regelung im Gesellschaftsvertrag der KG zu treffen und die Kompetenz für die Ausübung von Gesellschafterrechten bei der Komplementär-GmbH den **Kommanditisten** zuzuweisen (→ *Einheitsgesellschaft Rz. E 88 ff.*). G 94

2. Durchführung der Gesellschafterversammlung bei der GmbH & Co. KG

Einberufung | Eine Orientierung am Parallelregime der Komplementär-GmbH empfiehlt sich auch für die Einberufung der Gesellschafterversammlung der KG. Gerade bei der beteiligungsidentischen GmbH & Co. KG finden beide Versammlungen regelmäßig zeitgleich statt. Vorbehaltlich abweichender und in beliebigem Umfang zulässiger Regelungen im Gesellschaftsvertrag steht das Recht zur Einberufung der geschäftsführenden **Komplementär-GmbH**, vertreten durch ihre Geschäftsführung, zu. Nach a.A. steht die Einberufungsbefugnis jedem Gesellschafter zu (*Roth* in Baumbach/Hopt, § 119 HGB Rz. 29). Nach h.M. (*K. Schmidt* in Scholz, Anh. § 45 GmbHG Rz. 32) kommt das Minderheitenrecht gemäß § 50 Abs. 1 GmbHG bei der GmbH & Co. KG nicht entsprechend zur Anwendung. Das Einberufungsrecht von Kommanditisten, die 10 % des Kommanditkapitals repräsentieren, bedarf deshalb einer ausdrücklichen Verankerung im Gesellschaftsvertrag. G 95

Ladung | Das Gesetz bindet die Ladung weder an bestimmte Formen oder Fristen noch ist ein bestimmter Mindestinhalt vorgeschrieben. Die Ladungsmodalitäten richten sich deshalb nach der Übereinkunft der Gesellschafter bzw. den entsprechenden Regelungen im Gesellschaftsvertrag. Der Zweck der Ladung liegt im Dispositionsschutz der Gesellschafter. Diese sollen unabhängig vom ihrem Stimmrecht über ihre Teilnahme entscheiden und sich entsprechend vorbereiten können. Die Einladung ist deshalb an sämtliche Gesellschafter zu richten. Bei gesetzlich vertretenen, insbesondere minderjährigen Gesellschaftern, ist die Einladung an die gesetzlichen Vertreter zu richten. Bei einer Testamentsvollstreckung ist der Testamentsvollstrecker Adressat der Ladung, im Falle der Insolvenz der Insolvenzverwalter (für die GmbH: *Schindler* in BeckOK GmbHG, § 51 GmbHG Rz. 16). G 96

Auch wenn die Gesellschafterversammlungen der GmbH & Co. KG regelmäßig einheitlich durchgeführt werden, ist korrekterweise eine Ladung zu **zwei** Versammlungen erforderlich. G 97

Form | Die strenge Formvorschrift des § 51 GmbHG findet keine, auch keine analoge, Anwendung auf die GmbH & Co. KG (*K. Schmidt* in Scholz, Anh. § 45 GmbHG Rz. 33). Der Gesellschaftsvertrag kann aber nach dem Vorbild des § 51 GmbHG eine Ladung in Form eines eingeschriebenen Briefes vorsehen oder andere Formerfordernisse wie beispielsweise Brief, Telefax, E-Mail o.Ä. aufstellen. G 98

G 99 **Frist |** Auch die Mindestladungsfrist von einer Woche gemäß § 51 GmbHG gilt ohne entsprechende gesellschaftsvertragliche Regelung nicht für die GmbH & Co. KG. Gleichwohl ist die Einhaltung einer angemessenen Frist erforderlich und insoweit die Orientierung an § 51 GmbHG zweckmäßig. Die Gesellschafter müssen im Hinblick auf den Dispositionsschutz die Ladung so rechtzeitig erhalten, dass sie sich organisatorisch und inhaltlich noch ausreichend auf die Gesellschafterversammlung vorbereiten können. Regelmäßig genügt eine Ladungsfrist von einer Woche. Die Frist berechnet sich gemäß §§ 187, 188, 193 BGB.

G 100 **Mindestinhalt |** Die Ladung muss **Zeit** und **Ort** der Gesellschafterversammlung hinreichend deutlich erkennen lassen. Grundsätzlich findet die Gesellschafterversammlung am Sitz der Gesellschaft statt, sofern nicht sachliche Gründe (z.B. Raumkapazität) einen anderen Ort geeigneter erscheinen lassen. Die Teilnahme an der Versammlung darf nicht willkürlich erschwert werden, d.h. Ort und Termin dürfen für die Gesellschafter nicht unzumutbar sein. So darf die Versammlung etwa nicht ohne besonderen Grund in die Urlaubszeit eines Gesellschafters gelegt werden (OLG Saarbrücken v. 10.10.2006 – 4 U 382/05–169, GmbHR 2007, 143) oder an Feiertagen, in der Nacht oder an schwer zugänglichen Orten stattfinden. Auch die **Tagesordnung** muss mitgeteilt werden, damit für die Gesellschafter ersichtlich ist, was Verhandlungs- und Beschlussgegenstand sein soll. Beschlüsse können nur über die angekündigten Tagesordnungspunkte gefasst werden. Dies gilt grundsätzlich auch bei Vollversammlungen; auch dort sind Mehrheitsbeschlüsse über nicht angekündigte Gegenstände nur möglich, wenn alle Gesellschafter darauf verzichten, die fehlende Ankündigung zu beanstanden. Die Zulässigkeit entgegenstehender Regelungen im Gesellschaftsvertrag, die Mehrheitsentscheidungen über nicht angekündigte Tagesordnungspunkte zulassen, wird in der Literatur bestritten (*K. Schmidt* in Scholz, Anh. § 45 GmbHG Rz. 33). Die Aufnahme konkreter Beschlussvorschläge ist nicht erforderlich, kann sich jedoch bei besonders komplexen Entscheidungen anbieten.

G 101 **Umlaufverfahren |** Sämtliche Form- und Fristerfordernisse für die Einberufung der Gesellschafterversammlung sind **verzichtbar**, wenn alle Gesellschafter damit einverstanden sind. Der Gesellschaftsvertrag kann insbesondere für unkomplizierte Beschlüsse zur Vereinfachung auch eine schriftliche Beschlussfassung im Umlaufverfahren vorsehen (→ *Gesellschafterbeschlüsse Rz. G 63*).

G 102 **Teilnahmerecht |** Teilnahmeberechtigt sind alle Gesellschafter unabhängig vom Stimmrecht, d.h. auch bei Ausschluss vom Stimmrecht (→ *Stimmrecht und Stimmbindung Rz. S 266*). Das Teilnahmerecht gehört zu den **unentziehbaren** Gesellschafterrechten. Soweit der Komplementär-GmbH ein Teilnahmerecht in der Gesellschafterversammlung zusteht, übt der Geschäftsführer dieses aus. Das Teilnahmerecht der Komplementär-GmbH kann gesellschaftsvertraglich ausgeschlossen sein, wenn der Gesellschaftsvertrag eine reine Kommanditistenversammlung vorsieht (*Liebscher* in MünchKomm. GmbHG, § 48 GmbHG Rz. 203). Ein Teilnahmerecht haben ferner gesetzliche Vertreter eines Gesellschafters. Die Teilnahme rechtsgeschäftlich Bevollmächtigter setzt eine Grundlage im Gesellschaftsvertrag oder das Einverständnis aller Gesellschafter im Wege der ad-hoc-Zustimmung voraus.

G 103 **Obligatorische Gruppenvertretung |** Der Gesellschaftsvertrag kann vorschreiben, dass mehrere Kommanditisten ihre Rechte gemeinsam durch einen Vertreter ausüben lassen müssen. Eine solche Pflichtvertreterklausel ist beispielsweise für den Fall, dass eine nicht vorhersehbare potenzielle Vielzahl von Erben eines Gesellschafters in die Gesellschaft eintritt, in der Rechtsprechung als zulässig anerkannt (BGH v. 12.12.1966 – II ZR 41/65, NJW 1967, 826; BGH v. 6.10. 1992 – KVR 24/91, NJW 1993, 1265, 1266 = GmbHR 1993, 44). Ein weiterer Anwendungsfall ist ein Wohnsitz im Ausland (*Kindler* in Koller/Kindler/Roth/Morck, § 119 HGB Rz. 2 a.E.).

- Der Vertreter kann ein Mitgesellschafter oder ein außenstehender Dritter sein, wenn dies im Gesellschaftsvertrag zugelassen ist (*Roth* in Baumbach/Hopt, § 163 HGB Rz. 10). Auch bestimmte Qualifikationen wie Erfahrung in wirtschaftlichen Dingen oder Zugehörigkeit zu einem bestimmten Berufsstand können verlangt werden (*Werner*, StBW 2013, 1075, 1078). Die konkrete Auswahl einer bestimmten Person durch den Gesellschaftsvertrag ist allerdings mit Rücksicht auf die Wahrung des Kernbereichs nicht zulässig (*Kindler* in Koller/Kindler/Roth/Morck, § 119 HGB Rz. 2; *Westermann* in Westermann/Wertenbruch, Hdb. Personengesellschaften, Rz. I 542). Soweit das Erbrecht dies zulässt, kann aber der Erblasser den Gesellschafter-Erben die Wahl einer bestimmten Person zur Auflage machen (*Westermann* in Westermann/Wertenbruch, Hdb. Personengesellschaften, Rz. I 542). Die Durchsetzung zur Pflicht, einen gemeinsamen Vertreter zu bestellen, kann dadurch sichergestellt werden, dass bis zur Bestellung das Ruhen der Stimmrechte angeordnet wird (*Werner*, StBW 2013, 1075, 1076).
- Zum Schutz der Gesellschafter ist im **Kernbereich** der Mitgliedschaft (→ *Geschäftsführung und Vertretung Rz. G 35*) oder soweit höchstpersönliche Rechte betroffen sind, die obligatorische Gruppenvertretung unzulässig (*Grunewald* in MünchKomm. HGB, § 161 HGB Rz. 175 m.w.N.). Die Grenze der Befugnisse des Vertreters, für die Vertretenen tätig zu werden, richtet sich im Übrigen nach dem ggf. durch Auslegung zu ermittelnden Inhalt der **gesellschaftsvertraglichen Vertreterklausel** (*Westermann* in Westermann/Wertenbruch, Hdb. Personengesellschaften, Rz. I 540). Bei Änderungen des Gesellschaftsvertrags ist die Zulässigkeit umstritten (zum Meinungsstand s. *Grunewald* in MünchKomm. HGB, § 161 HGB Rz. 175), so dass es sich aus Gründen der Rechtssicherheit empfiehlt, hier von einer Gruppenvertretung abzusehen. Unübertragbar sind auch **Informationsrechte** und grundsätzlich die **Prozessführungsbefugnis** (*Werner*, StBW 2013, 1075, 1080). Das Teilnahme**recht** des vertretenen Gesellschafters soll im Fall der Gruppenvertretung durch entsprechende gesellschaftsvertraglicher Regelung ausgeschlossen werden können (*Plückelmann* in Münchener Anwaltshdb. Personengesellschaftsrecht, § 4 Rz. 52 m.w.N.).
- Im Gesellschaftsvertrag kann auch die **Abberufung** des Vertreters geregelt werden. Zwingend ist dies allerdings nicht, da die Abberufung das Innenverhältnis zwischen Vertretenen und Vertreter betrifft. Der Vertreter ist jederzeit abberufbar (*Roth* in Baumbach/Hopt, § 163 HGB Rz. 11). Abberufungsberechtigt sind die vertretenen Kommanditisten in ihrer Gesamtheit; ein jedem Kommanditisten einzeln zustehendes Recht (so *Weipert* in Münchener Hdb. Gesellschaftsrecht, Bd. 1, § 12 Rz. 39) würde den Zweck der Gruppenvertretung (**Bündelung** von Gesellschafterrechten) beeinträchtigen.
- Nach der Rechtsprechung bilden die von der Vertretung betroffenen Gesellschafter eine **GbR**, deren gemeinsamer Zweck in der Ausübung der Gesellschafterrechte durch den gemeinsamen Vertreter besteht (BGH v. 4.10.2004 – II ZR 356/02, DStR 2005, 33, 34).

Ablauf | Der Ablauf der Gesellschafterversammlung ist gesetzlich nicht geregelt. Regelungen G 104
können und sollten in den Gesellschaftsvertrag aufgenommen werden, was sich insbesondere bei größeren Gesellschaften zur Verminderung von Konfliktpotential empfiehlt. Zweckmäßig ist die Ernennung eines **Versammlungsleiters**, um einen reibungslosen und koordinierten Ablauf der Versammlung zu gewährleisten. Diese Aufgabe fällt in der Praxis häufig einem Seniorgesellschafter zu. Ein generelles Recht zur Versammlungsleitung für den Geschäftsführer oder Alleingesellschafter der Komplementär-GmbH besteht nicht. Zur Beweissicherung sollte ein **Versammlungsprotokoll** geführt werden. Aus diesem geht der genaue Verlauf der Gesellschafterversammlung hervor, so dass Personen, die bei der Versammlung nicht anwesend waren, sich über das Geschehene informieren können und alle Vorgänge und Beschlüsse zu

Nachweiszwecken dokumentiert sind. Anders als bei der GmbH kommt dem Protokoll bei der GmbH & Co. KG nach h.M. grundsätzlich keine Bedeutung für die verbindliche Feststellung des Beschlussinhalts zu (*K. Schmidt* in Scholz, Anh. § 45 GmbHG Rz. 38). Ob der Antrag mit der objektiv ausreichenden Stimmenzahl angenommen ist oder nicht, entscheidet darüber, was beschlossen ist (→ *Gesellschafterbeschlüsse*).

G 105 **Antragsrecht |** Jeder Gesellschafter darf in der Versammlung Anträge stellen, über die durch Beschluss entschieden wird (→ *Gesellschafterbeschlüsse*). Vom Teilnahme- und Antragsrecht umfasst ist das Recht auf Aussprache und Gehör zu jedem Antrag. Die Behandlung von Sachanträgen kann davon abhängig gemacht werden, dass ein bestimmtes Minderheitsquorum die Erörterung und Abstimmung wünscht (*K. Schmidt* in Scholz, Anh. § 45 GmbHG Rz. 33).

G 106 **Beschlussfähigkeit |** Die Gesellschafterversammlung ist beschlussfähig, wenn sie ordnungsgemäß einberufen wurde und wenn eine genügende Anzahl von Gesellschaftern anwesend oder vertreten ist, damit mit deren Stimmen nach den gesetzlichen oder den diesen vorgehenden vertraglichen Mehrheitserfordernissen wirksam Beschlüsse gefasst werden können. Der Gesellschaftsvertrag kann die Beschlussfähigkeit aber auch an ein bestimmtes Quorum von Gesellschaftern, beispielsweise 50 % aller Gesellschafter oder 75 % der Stimmen, knüpfen (*Plückelmann* in Gummert, Münchener Anwaltshdb. Personengesellschaftsrecht, § 4 Rz. 12).

G 107–G 110 frei

3. Zuständigkeit der Gesellschafterversammlung bei der GmbH & Co. KG

G 111 **Gesetzliche Ausgangslage |** Spezielle gesetzliche Zuständigkeiten der Gesellschafterversammlung einer KG finden sich nur an wenigen Stellen. Dies betrifft zwei Arten von Beschlussgegenständen: zum einen strukturelle Grundlagenentscheidungen, die auf eine Änderung des Gesellschaftsverhältnisses abzielen, zum anderen Entscheidungen über außergewöhnliche Geschäftsführungsmaßnahmen (→ *Geschäftsführung und Vertretung Rz. G 35*). Geregelt sind die folgenden Zuständigkeiten der Gesellschafterversammlung:

- die Entscheidung über außergewöhnliche Geschäfte (§ 116 Abs. 2 HGB)
- die Entscheidung über die Auflösung der Gesellschaft sowie die Bestellung und Abberufung der Liquidatoren (§§ 131 Abs. 1 Nr. 2, 146 Abs. 1, 147 HGB)
- die Entscheidung über den Fortbestand der Gesellschaft bei Gesellschaftsinsolvenz (§ 144 HGB) und die Geltendmachung von Ansprüchen wegen Verletzung des gesetzlichen Wettbewerbsverbotes (§ 113 Abs. 2 HGB)
- die Durchführung des Ausschließungsverfahrens (§ 140 HGB)
- die Entziehung der Geschäftsführung und Vertretungsmacht (§§ 117, 127 HGB)
- die Feststellung des Jahresabschlusses (BGH v. 29.3.1996 – II ZR 263/94, GmbHR 1996, 456).

G 112 **Vertragsfreiheit |** Die im Recht der Personengesellschaft herrschende Vertragsfreiheit gewährt den notwendigen Freiraum, im Gesellschaftsvertrag Zuständigkeiten abweichend zu regeln. Zuständigkeiten können dabei **erweitert** oder **eingeschränkt** werden. Begrenzt wird die Gestaltungsfreiheit durch

- das Verbot der vollständigen Entziehung der Rechte der Kommanditisten und der Komplementäre,

- die Gewährleistung des **Kernbereichs** der Gesellschafterrechte (→ *Geschäftsführung und Vertretung Rz. G 35*),
- das Belastungsverbot nach § 707 BGB (zum Ganzen: *Wenzel* in Hesselmann/Tillmann/Mueller-Thuns, Hdb. GmbH & Co. KG, Rz. 4.132).

Zuständigkeitenkatalog | Es empfiehlt sich insbesondere vor dem Hintergrund der nur rudimentären gesetzlichen Regelungen, im Gesellschaftsvertrag einen Zuständigkeitenkatalog vorzusehen und die Zuständigkeiten dabei auf die Zuständigkeiten der Gesellschafterversammlung der Komplementär-GmbH abzustimmen (*Kordes*, GmbH-StB 2007, 349, 350). Aufgrund eindeutiger gesellschaftsvertraglicher Regelungen kann auch eine Allzuständigkeit der Gesellschafterversammlung begründet werden; die Zuständigkeiten sollten dabei abschließend geregelt werden, um dem **Bestimmtheitserfordernis** zu genügen, wonach sich der Umfang der übertragenden Zuständigkeiten hinreichend bestimmt aus dem Gesellschaftsvertrag ergeben muss (*Wenzel* in Hesselmann/Tillmann/Mueller-Thuns, Hdb. GmbH & Co. KG, § 4 Rz. 4.133). G 113

Katalog zustimmungsbedürftiger Geschäfte | Flankiert werden kann dieser Katalog – entweder im Gesellschaftsvertrag oder durch Gesellschafterbeschluss – durch einen Katalog zustimmungsbedürftiger Geschäfte (→ *Geschäftsführung und Vertretung Rz. G 35*), die zwar grundsätzlich in die Zuständigkeit der Geschäftsführung fallen, deren Abschluss aber der Zustimmung der Gesellschafterversammlung bedarf (*Kordes*, GmbH-StB 2007, 349, 350).

frei G 114–G 130

Vertiefende Recherche

Wichtige Urteile und Erlasse

BGH v. 29.3.1996 – II ZR 263/94, BGHZ 132, 262 = GmbHR 1996, 456: Feststellung der Jahresbilanz einer KG nur mit Zustimmung der Kommanditisten.

OLG Stuttgart v. 25.2.2009 – 14 U 24/08, DB 2009, 1977: Beschlusskompetenz der Gesellschafterversammlung hinsichtlich der Geschäftsverteilung der Komplementäre.

OLG Saarbrücken v. 10.10.2006 – 4 U 382/05–169, GmbHR 2007, 143: Treuwidrige Verhinderung der Teilnahme eines Gesellschafters an einer ihn betreffenden Gesellschafterversammlung während der Urlaubszeit.

Musterformulierungen

Blaum/Scholz, Beck'sches Formularbuch Bürgerliches, Handels- und Wirtschaftsrecht, VIII.D.14 (Einberufung ordentlicher KG-Gesellschafterversammlung)

Blaum/Scholz, Beck'sches Formularbuch Bürgerliches, Handels- und Wirtschaftsrecht, VIII.D.15 (Niederschrift über ordentliche KG-Gesellschafterversammlung)

Weitere Stichwörter

→ *Einheitsgesellschaft*; → *Geschäftsführung und Vertretung*; → *Gesellschafterbeschlüsse*; → *Komplementär-GmbH*; → *Stimmrecht und Stimmbindung*

Gesellschaftsverträge mit Erläuterungen

Ausgewählte Literatur: *Hahn/Gansel*, Der Gesellschaftsvertrag der Kommanditgesellschaft, 3. Aufl. 2015; *Sommer*, Die Gesellschaftsverträge der GmbH & Co. KG, 4. Aufl. 2012; *Winter*, Personengesellschaftsverträge nach der Unternehmen- und Erbschaftsteuerreform, Ubg 2009, 822.

1. KG-Gesellschaftsvertrag

G 131 **Gesellschaftsvertrag der [...] GmbH & Co. KG**

§ 1 Firma, Sitz, Geschäftsjahr (Rz. G 132)
§ 2 Gegenstand des Unternehmens (Rz. G 136)
§ 3 Gesellschafter, Einlagen, Haftsummen (Rz. G 138)
§ 4 Gesellschafterkonten (Rz. G 145)
§ 5 Geschäftsführung und Vertretung (Rz. G 148)
§ 6 Gesellschafterversammlungen (Rz. G 153)
§ 7 Gesellschafterbeschlüsse (Rz. G 157)
§ 8 Beirat: Bestellung und Amtszeit (Rz. G 162)
§ 9 Beirat: Aufgaben, Beschlüsse, innere Ordnung (Rz. G 166)
§ 10 Jahresabschluss (Rz. G 169)
§ 11 Ergebnisverteilung (Rz. G 171)
§ 12 Ausgleich fremdbestimmter Steuerwirkungen (Rz. G 173)
§ 13 Entnahmen/Auszahlungen (Rz. G 175)
§ 14 Ehelicher Güterstand, Vorsorgevollmacht (Rz. G 177)
§ 15 Wettbewerbsverbot (Rz. G 180)
§ 16 Verfügungen über Gesellschaftsanteile (Rz. G 182)
§ 17 Vererbung von Gesellschaftsanteilen (Rz. G 186)
§ 18 Kündigung eines Gesellschafters (Rz. G 188)
§ 19 Ausschluss eines Gesellschafters (Rz. G 190)
§ 20 Insolvenz eines Gesellschafters, Zwangsvollstreckung (Rz. G 192)
§ 20a Übernahmerecht (Rz. G 194)
§ 21 Abfindung ausscheidender Gesellschafter (Rz. G 196)
§ 22 Liquidation (Rz. G 201)
§ 23 Schiedsvereinbarung (Rz. G 203)
§ 24 Schlussbestimmungen (Rz. G 205)

G 132 **Mindestinhalt |** Vereinzelt gibt es GmbH & Co. KGs ohne schriftlichen Gesellschaftsvertrag, z.B. manche Objekt-KGs auf unteren Konzernebenen. Bei der Anmeldung der KG zum Handelsregister ist der Vertrag nicht einzureichen. Gleichwohl empfiehlt sich selbst für Einpersonen-GmbH & Co. KGs, in denen es nicht zum Streit über den vereinbarten Vertragsinhalt kommen mag, stets ein schriftlicher Gesellschaftsvertrag, z.B. als Nachweis gegenüber den Finanzbehörden. Zur Neugründung einer Personengesellschaft bedarf es der Verpflichtung von mindestens zwei Gesellschaftern, einen gemeinsamen Zweck durch Leistung von Beiträgen zu fördern (§ 705 BGB). Bei der GmbH & Co. KG muss (1.) der gemeinsame Zweck auf ein Handelsgewerbe oder – bei Eintragung im Handelsregister – jedenfalls ein Kleingewerbe oder die Verwaltung eigenen Vermögens gerichtet sein (§ 105 Abs. 1 und 2 HGB), (2.) die GmbH zur Komplementärin und (3.) mindestens eine weitere Person zum Kommanditisten bestimmt werden (§ 161 Abs. 1 HGB) sowie (4.) die Haftsumme der Kommanditisten festgelegt werden. In der Handelsregisteranmeldung sind darüber hinaus auch Firma, Sitz und Geschäftsanschrift der Gesellschaft sowie die Vertretungsbefugnis der (persönlich haftenden) Gesellschafter anzugeben (§ 106 Abs. 2 HGB), außerdem der Unternehmensgegenstand (§ 24 Abs. 4 HRV). In den Gesellschaftsvertrag sollten diese Angaben daher ebenfalls aufgenommen werden.

§ 1 Firma, Sitz, Geschäftsjahr

(1) Die Gesellschaft führt die Firma [...] GmbH & Co. KG.

(2) Die Gesellschaft hat ihren Sitz in [...].

(3) Das Geschäftsjahr entspricht dem Kalenderjahr.

[Alternativ: *Das Geschäftsjahr beginnt jeweils am 1. Juli und endet am 30. Juni des folgenden Kalenderjahres.***]**

Firma | Die Firma (der „Name") der KG ist so zu wählen, dass sie zur Kennzeichnung geeignet ist und Unterscheidungskraft besitzt (§ 18 Abs. 1 HGB). Sie darf nicht irreführen (§ 18 Abs. 2 HGB) und muss sich von anderen Firmen – nicht zuletzt auch derjenigen der Komplementär-GmbH – an demselben Ort deutlich unterscheiden (§ 30 HGB). Zur Firma gehört auch der Rechtsformzusatz „GmbH & Co. KG" (vgl. § 19 Abs. 1 Nr. 3 und Abs. 2 HGB). Näher → *Firma*, auch zu abweichenden Rechtsformzusätzen. G 133

Sitz | Bei Personengesellschaften wird anders als bei Kapitalgesellschaften nicht zwischen einem (im Inland frei wählbaren) Satzungssitz und einem tatsächlichen Verwaltungssitz unterschieden. Der Sitz der GmbH & Co. KG ist vielmehr durch den Ort ihrer tatsächlichen Geschäftsleitung vorgegeben. Er ist auch für die Zuständigkeit des Registergerichts maßgebend (§ 106 Abs. 1 HGB). Näher → *Sitz/Ort der Geschäftsleitung.* G 134

Geschäftsjahr | Ohne gesellschaftsvertragliche Regelung entspricht das Geschäftsjahr dem Kalenderjahr. Das Geschäftsjahr kann auch abweichend gewählt werden (vgl. § 4a EStG, § 8b EStDV). Es darf jedoch nicht länger als zwölf Monate sein (§ 240 Abs. 2 Satz 2 HGB). Beim ersten Geschäftsjahr nach Gründung der KG handelt es sich ggf. um ein kürzeres Rumpfgeschäftsjahr. G 135

§ 2 Gegenstand des Unternehmens

(1) Gegenstand des Unternehmens ist die Leitung einer Unternehmensgruppe, die insbesondere auf dem Gebiet des Handels mit Kraftfahrzeugen und Kraftfahrzeugteilen sowie deren Lagerung, Auslieferung und Instandsetzung tätig ist. Sie kann in den genannten Bereichen auch selbst tätig werden. G 136

(2) Die Gesellschaft ist zu allen Handlungen berechtigt, die unmittelbar oder mittelbar diesen Zwecken zu dienen geeignet sind. Sie kann zu diesen Zwecken Zweigniederlassungen errichten sowie gleichartige oder ähnliche Unternehmen gründen, erwerben, pachten oder sich sonst an ihnen beteiligen. Sie kann Unternehmen, an denen sie mehrheitlich beteiligt ist, unter ihrer einheitlichen Leitung zusammenfassen oder sich auf die Verwaltung der Beteiligung beschränken.

[Alternativ: *Gegenstand des Unternehmens ist die Verwaltung eigenen Vermögens, insbesondere der Erwerb, das Halten und die Verwaltung von Grundstücken, Anlagen und Beteiligungen.]*

G 137 **Unternehmensgegenstand |** Der Unternehmensgegenstand beschreibt zum einen der Öffentlichkeit und dem Rechtsverkehr den Tätigkeitsbereich der GmbH & Co. KG; zum anderen begrenzt er die Geschäftsführungsbefugnis der Komplementär-GmbH und die Reichweite von Wettbewerbsverboten. Aus dem Handelsregister ist der Unternehmensgegenstand bei Personengesellschaften für Dritte nicht unmittelbar ersichtlich; ggf. wird er jedoch im (aus dem Handelsregister ersichtlichen) Unternehmensgegenstand der Komplementär-GmbH zumindest schlagwortartig wiederholt (vgl. Rz. G 214 f.). Näher → *Unternehmensgegenstand.* Der im Beispiel genannte Unternehmensgegenstand passt für eine geschäftsleitende Holding, die das operative Geschäft vornehmlich über weitere, regional tätige Tochtergesellschaften betreibt. Die Alternativformulierung passt für eine Objekt-KG, die lediglich vermögensverwaltend tätig werden soll (und in der Folge als KG nicht schon mit Unterzeichnung des Gesellschaftsvertrages, sondern erst mit Eintragung im Handelsregister entsteht, § 105 Abs. 2 HGB; → *Gründung Rz. G 511 ff.*).

§ 3 Gesellschafter, Einlagen, Haftsummen

G 138 *(1) Persönlich haftende Gesellschafterin ist die [...] Verwaltungs GmbH mit Sitz in [...]. Sie erbringt keine Einlage und ist am Festkapital der Gesellschaft nicht beteiligt.*

(2) Die Kommanditisten der Gesellschaft sind:

a) Herr/Frau [...] mit folgenden Einlagen:

- *Kapitalkonto I: Euro [...];*
- *Kapitalkonto II: Euro [...];*

b) Herr/Frau [...] mit folgenden Einlagen:

- *Kapitalkonto I: Euro [...];*
- *Kapitalkonto II: Euro [...];*

...

Der Festkapitalanteil jedes Gesellschafters entspricht seinem Kapitalkonto I. Das Festkapital der Gesellschaft beträgt damit insgesamt Euro [...].

(3) Die in das Handelsregister einzutragenden Haftsummen entsprechen jeweils den gemäß Absatz 2 auf dem Kapitalkonto I zu buchenden Einlagen.

[Alternativ: *Die in das Handelsregister einzutragenden Haftsummen betragen*

a) für Herrn/Frau [...] Euro [...];

b) für Herrn/Frau [...] Euro [...]...]

(4) Die Einlagen sind jeweils sofort in bar zu leisten.

[Bei Sacheinlage/Einheitsgesellschaft ggf. zusätzlich: *Der Kommanditist [...] ist jedoch berechtigt und verpflichtet, unter Anrechnung auf seine Einlageverpflichtung in das Kapitalkonto II seine gesamte Beteiligung an der persönlich haftenden Gesellschafterin [...] GmbH (bestehend aus einem Geschäftsanteil im Nennbetrag von 25 000 Euro) voll einbezahlt und frei von Rechten Dritter auf die Gesellschaft zu übertragen (insoweit Sacheinlage).]*

Gesellschafter | Die Rolle des persönlich haftenden Gesellschafters (Komplementärs) wird regelmäßig deshalb durch eine GmbH übernommen, weil die übrigen Gesellschafter (Kommanditisten) die unbeschränkte persönliche Haftung gegenüber Gläubigern der Gesellschaft scheuen (vgl. § 128 HGB einerseits, § 161 Abs. 1 HGB andererseits) oder in der KG eine Fremdgeschäftsführung (durch die Geschäftsführer der Komplementär-GmbH) installieren möchten. In beiden Fällen erbringt die GmbH zumeist keine Einlage und hält in der Folge auch keinen Festkapitalanteil. G 139

Festkapitalanteile | Für die Kommanditisten werden in aller Regel feste Kapitalkonten (Kapitalkonten I) geführt und so ihre Beteiligungsquoten festgeschrieben. Die Festkapitalanteile sind dann maßgebend für das Stimmrecht sowie für die Beteiligung am Gewinn und Verlust und an einem etwaigen Liquidationserlös. Darüber hinausgehende Einlagen können auf einem Kapitalkonto II oder einem gesamthänderisch gebundenen Rücklagenkonto verbucht werden. Näher Rz. G 145 ff. und → *Kontensystem.* G 140

Haftsummen | Von den im Innenverhältnis vereinbarten Festkapitalanteilen zu unterscheiden sind die Haftsummen, die für die Kommanditisten jeweils im Handelsregister eingetragen werden und auf die sich im Außenverhältnis ihre Haftung gegenüber Gläubigern beschränken soll. Die §§ 161 ff. HGB verwenden den Begriff der Haftsumme nicht, meinen mit „Einlage" aber regelmäßig diese aus dem Handelsregister ersichtliche Haftsumme. Näher → *Haftung des Kommanditisten.* Festkapitalanteil und Haftsumme können, müssen aber nicht übereinstimmen. So kann es bei hohen Festkapitalanteilen sinnvoll sein, zur Beschränkung der Kommanditistenhaftung dennoch niedrigere Haftsummen zu wählen. Sofern im Innenverhältnis geltende unterschiedliche Beteiligungsquoten (Festkapitalanteile) nicht kommuniziert werden sollen, kann für alle Kommanditisten die gleiche Haftsumme (z.B. einheitlich 100,– Euro) gewählt werden. Steuerlich ist § 15a EStG zu berücksichtigen (→ *Verluste*). G 141

Leistung der Einlagen | Weiter ist zu bestimmen, ob die Einlagen jeweils in bar oder als Sacheinlagen (z.B. in Form einer Beteiligung, eines Grundstücks oder eines Unternehmens mit allen Aktiven und Passiven) zu erbringen sind. Hierbei ist jeweils auch der Fälligkeitszeitpunkt festzulegen (*sofort, bis zum…, nur auf Anforderung der persönlich haftenden Gesellschafterin*). Sofern sich Gesellschafter zur Einlage von GmbH-Geschäftsanteilen oder Grundstücken verpflichten, hat dies die Beurkundungsbedürftigkeit auch des KG-Gesellschaftsvertrages zur Folge (§ 15 Abs. 4 GmbHG, § 311b Abs. 1 BGB). Bei Errichtung einer Einheitsgesellschaft ist deshalb abzuwägen, ob der die Komplementär-GmbH gründende Kommanditist ausdrücklich zur Übertragung der Beteiligung verpflichtet werden soll (so die beurkundungspflichtige Variante in Abs. 4) oder nicht. Näher → *Einheitsgesellschaft Rz. E 75.* G 142

[Ggf. zusätzlich:

(5) Die Kommanditisten bilden zwei Familienstämme: G 143

a) den Stamm I, zu dem die in Absatz 2 in den Buchstaben a) bis c) genannten Kommanditisten gehören, und

b) den Stamm II, zu dem die in Absatz 2 in den Buchstaben d) bis f) genannten Kommanditisten gehören.

Künftige Kommanditisten gehören dem Stamm I an, wenn sie mit Herrn/Frau [… Seniorgesellschafter I] in gerader Linie verwandt sind, bzw. dem Stamm II, wenn sie mit Herrn/Frau [… Seniorgesellschafter II] in gerader Linie verwandt sind. Ist ein Kommanditist weder mit Herrn/Frau [… Seniorgesellschafter I] noch mit Herrn/Frau [… Seniorgesellschafter II] in gerader Linie ver-

wandt, so gehört er dem Stamm an, dem der Kommanditist angehörte, von dem er seinen Kommanditanteil erhalten hat.]

G 144 **Gesellschafterstämme |** Gelegentlich setzt sich der Gesellschafterkreis aus verschiedenen Gesellschaftergruppen zusammen, zwischen denen die einmal gegebenen Beteiligungsverhältnisse möglichst aufrechterhalten bleiben sollen. Im Beispiel sind dies zwei Familienstämme (jeweils ein Seniorgesellschafter und seine Abkömmlinge), die an der Gesellschaft als Stamm jeweils hälftig beteiligt sind und dies auch künftig bleiben wollen. Zu diesem Zweck können im Vertrag Familienstämme definiert werden (mit Wirkung auch für Rechtsnachfolger) und kann für den Fall des Ausscheidens eines Kommanditisten ein Übernahmerecht nur zugunsten der Kommanditisten seines jeweiligen Familienstammes vorgesehen werden (Rz. G 194 f.). Solche Regelungen gewinnen an Bedeutung, wenn der Anteilsbesitz in Folgegenerationen weiter „zersplittern" sollte. Ein abzuwägender Nachteil solcher Stammesregelungen ist, dass sie ein „Denken in Stämmen" fördern mit der Folge, dass bei Entscheidungen (z.B. der Besetzung von Positionen in Geschäftsführung oder Beirat) im Einzelfall ggf. weniger Gesellschafts- als Stammesinteressen im Vordergrund stehen können.

§ 4 Gesellschafterkonten

G 145 *(1) Für jeden Gesellschafter führt die Gesellschaft unverzinsliche Kapitalkonten (Kapitalkonten I und II) sowie ein verzinsliches Darlehenskonto, welches Fremdkapital darstellt.*

(2) Auf dem festen Kapitalkonto I wird der Festkapitalanteil des Gesellschafters gebucht. Die Beteiligung am Gewinn und Verlust, die Beteiligung an einem Liquidationsgewinn sowie das Stimmrecht des Gesellschafters richten sich nach diesem Kapitalkonto I.

(3) Auf dem variablen Kapitalkonto II werden die über den Festkapitalanteil hinausgehenden Einlagen, diesem Konto aufgrund Gesellschafterbeschlusses oder nach Satz 2 gutzuschreibende Gewinnanteile sowie **[ggf.:** *vorbehaltlich Absatz 5] etwaige Verlustanteile des Gesellschafters gebucht. Spätere Gewinnanteile sind einem negativen Kapitalkonto II so lange gutzuschreiben, bis es wieder ausgeglichen ist.*

(4) Auf dem Darlehenskonto werden Gewinnanteile gebucht, soweit sie nicht zum Ausgleich des Kapitalkontos II benötigt werden oder aufgrund Gesellschafterbeschlusses dem Kapitalkonto II gutzuschreiben sind, sowie alle sonstigen Forderungen und Verbindlichkeiten zwischen der Gesellschaft und dem Gesellschafter. Das Konto wird im Soll und Haben mit 1 % über dem jeweiligen Basiszinssatz p.a. verzinst. Bemessungsgrundlage für die Zinsen ist der Stand des Kontos zum Ende eines Kalendermonats. Die Zinsen stellen im Verhältnis unter den Gesellschaftern Aufwand bzw. Ertrag dar.

[Ggf. zusätzlich:

(5) Außerdem führt die Gesellschaft für alle Gesellschafter gemeinsam ein gesamthänderisch gebundenes, unverzinsliches Rücklagekonto. Auf dem Rücklagekonto werden Zuzahlungen von Gesellschaftern in das Eigenkapital gebucht, soweit sie nicht das Kapitalkonto I oder II erhöhen, sowie von den Gesellschaftern beschlossene Rücklagen. Das Rücklagekonto dient der Stärkung des Eigenkapitals der Gesellschaft und weist keine Forderungen der Gesellschafter aus. Verluste werden zunächst gegen ein Guthaben auf dem Rücklagekonto gebucht und erst dann, wenn kein Guthaben mehr vorhanden ist, nach Maßgabe von Absatz 3 auf dem Kapitalkonto II.]

G 146 **Eigen-/Fremdkapital |** Bei der Ausgestaltung des Kontensystems ist darauf zu achten, die Gesellschafterkonten jeweils eindeutig als Eigen- oder Fremdkapitalkonten auszugestalten. Ein wesentliches Kriterium hierfür ist insbesondere, ob auf dem betreffenden Konto ggf. auch Verluste gebucht werden bzw. ein dort ausgewiesenes Guthaben bei Ausscheiden des Gesellschafters ausgezahlt oder aber mit etwaigen Verlusten verrechnet wird; die Verbuchung von/Verrechnung mit Verlusten spricht gegen den Fremdkapitalcharakter des betreffenden Kontos. Im Beispiel sind die Kapitalkonten I und II sowie ein etwaiges Rücklagekonto Eigenkapital.

Kontenmodelle | Absolut üblich, wenn auch nicht zwingend, ist die Einrichtung fester Kapitalkonten, auf denen die Einlagen der Gesellschafter verbucht werden (Kapitalkonten I). Daneben ist dann für jeden Gesellschafter zumindest noch ein variables Kapitalkonto II zu führen, auf dem seine Anteile an Gewinn und Verlust sowie seine Entnahmen gebucht werden (Zweikontenmodell). In Mehrkontenmodellen wird dieses variable Konto noch ein- oder mehrmals aufgespalten: Im **Dreikontenmodell** nimmt das Kapitalkonto II nur noch etwaige weitere Einlagen, nicht-entnahmefähige Gewinne und Verluste auf. Entnahmefähige Gewinne und Entnahmen werden demgegenüber auf einem Darlehenskonto separiert. Aufgrund der fehlenden Verlustverbuchung stellt dieses Darlehenskonto (auch Privat- oder Verrechnungskonto genannt) Fremdkapital dar. Sofern das Kapitalkonto II nicht mehr mit Verlusten belastet werden soll, kann ein separates Verlustvortragskonto eingerichtet werden (i.d.R. als Unterkonto zum Kapitalkonto II). Ein gesamthänderisch gebundenes Rücklagekonto wird häufig aus steuerlichen Überlegungen heraus eingerichtet, um unentgeltliche Einbringungen gegen Gutschrift auf diesem Rücklagekonto zu ermöglichen. Näher → *Kontensystem*. Für die kapitalmäßig nicht beteiligte Komplementär-GmbH genügt ggf. auch die Einrichtung lediglich eines (dem Darlehenskonto entsprechenden) Verrechnungskontos zur Auszahlung von Haftungsvergütung und Aufwendungsersatz. G 147

§ 5 Geschäftsführung und Vertretung

(1) *Die persönlich haftende Gesellschafterin ist zur Geschäftsführung und Vertretung der Gesellschaft berechtigt und verpflichtet.* G 148

(2) *Die persönlich haftende Gesellschafterin und ihre jeweiligen Geschäftsführer sind von den Beschränkungen des § 181 BGB befreit.*

(3) *Das Widerspruchsrecht der Kommanditisten nach § 164 HGB ist ausgeschlossen.*

[Alternativ: *Neben der persönlich haftenden Gesellschafterin ist auch jeder Kommanditist zur Geschäftsführung berechtigt (abweichend von § 164 Satz 1 Halbs. 1 HGB).***]**

(4) *Die persönlich haftende Gesellschafterin hat Anspruch auf Erstattung aller Aufwendungen, welche ihr durch die Ausübung der Geschäftsführung entstehen, insbesondere auf die Erstattung der Bezüge der die Geschäftsführung ausübenden Geschäftsführer. Sie erhält ferner eine jährliche, jeweils zum Ende eines jeden Geschäftsjahres zu zahlende Vergütung in Höhe von 5 % ihres Stammkapitals, das zu Beginn des Geschäftsjahres in ihrer Bilanz ausgewiesen ist, mindestens jedoch Euro […]. Der Aufwendungsersatz und die Vergütung sind im Verhältnis der Gesellschafter zueinander als Aufwand zu behandeln. Etwaige gesetzliche Umsatzsteuer ist zusätzlich zu vergüten.*

Geschäftsführung und Vertretung | Für die KG als Personengesellschaft gilt der Grundsatz der **Selbstorganschaft**, wonach die organschaftliche Vertretung nach außen und eventuell auch die interne Geschäftsführung jeweils den Gesellschaftern vorbehalten bleibt. Während die organschaftliche Vertretung gemäß § 170 HGB zwingend Sache der persönlich haftenden G 149

Gesellschafter ist, ist § 164 HGB dispositiv (vgl. § 163 HGB) mit der Folge, dass auch Kommanditisten Geschäftsführungsbefugnis erteilt werden kann. Eine gemeinschaftliche Geschäftsführungsbefugnis von Komplementär-GmbH und Kommanditist(en) kann z.B. angeordnet werden (so in der Alternative zu Abs. 3), um bei einer vermögensverwaltenden GmbH & Co. KG eine gewerbliche Prägung gemäß § 15 Abs. 3 Nr. 2 EStG zu vermeiden.

G 150 **Befreiung vom Selbstkontrahierungsverbot** | Nach § 181 BGB kann ein Vertreter, soweit ihm nicht ein anderes gestattet ist, grundsätzlich kein Rechtsgeschäft mit sich selbst oder mit sich als Vertreter eines Dritten vornehmen. Rechtsgeschäfte, die der Vertreter unter Verstoß gegen dieses Verbot vornimmt, sind unwirksam. Bei einer GmbH & Co. KG sind die Komplementär-GmbH und deren Geschäftsführer jeweils „Vertreter" in diesem Sinne. Daher empfiehlt es sich i.d.R., die Komplementär-GmbH und ihre jeweiligen Geschäftsführer insgesamt von den Beschränkungen des § 181 BGB zu befreien. Das Risiko einer Unwirksamkeit von Verträgen im Falle eines Übersehens der Vorschrift und der mit ihrer Beachtung verbundene formale Aufwand (z.B. für eine Befreiung im Einzelfall) sind u.E. grundsätzlich höher zu gewichten als das Risiko eines denkbaren Missbrauchs. Einem Missbrauch wirkt jedenfalls in Unternehmensgruppen zumeist schon das dort regelmäßig geltende **Vieraugenprinzip** (Gesamtvertretung der GmbH durch jeweils zwei Geschäftsführer oder einen Geschäftsführer und einen Prokuristen) entgegen. Näher → *Geschäftsführung und Vertretung.*

G 151 **Widerspruchsrecht der Kommanditisten** | Gemäß § 164 HGB können Kommanditisten einer Handlung des persönlich haftenden Gesellschafters widersprechen, sofern sie über den gewöhnlichen Betrieb hinausgeht. Dies wird heute allgemein so verstanden, dass zur Vornahme eines solchen außergewöhnlichen Geschäfts sogar die Zustimmung jedes Kommanditisten erforderlich ist (§ 116 Abs. 2 HGB). Bei einem größeren Gesellschafterkreis entspricht es der Interessenlage regelmäßig besser, auch über außergewöhnliche Geschäfte entweder schon abschließend die Geschäftsführung der Komplementär-GmbH entscheiden zu lassen oder sie jedenfalls nur von der (einfachen oder qualifizierten) Zustimmung der Gesellschafterversammlung oder eines Beirats abhängig zu machen. § 164 HGB sollte dann auch ausdrücklich ausgeschlossen werden (was steuerlich allerdings als ein Indiz gegen die Mitunternehmerinitiative der Kommanditisten gewertet werden könnte).

G 152 **Haftungsvergütung und Aufwendungsersatz für die Komplementärin** | Zur Vermeidung einer steuerlichen verdeckten Gewinnausschüttung ist der Komplementär-GmbH sowohl der ihr aus der Geschäftsführung entstehende Aufwand zu ersetzen (§ 110 HGB) als auch eine (i.d.R. prozentual am Stammkapital als Haftungsmasse orientierte) Haftungsvergütung zu zahlen. Die Haftungsvergütung sollte, ggf. durch die zusätzliche Festsetzung eines Mindestbetrages, jedenfalls so bemessen werden, dass die GmbH hieraus ihre sonst nicht erstattungsfähigen Rechtsformkosten, etwa die Kosten für die Erstellung ihres eigenen Jahresabschlusses, tragen kann. Näher → *Komplementär-GmbH.* Da Aufwendungsersatz und Vergütung im Beispiel als Aufwand – nicht als Gewinnvorab – behandelt werden sollen, sind sie auch im Falle eines negativen Jahresergebnisses zu zahlen.

§ 6 Gesellschafterversammlungen

G 153 *(1) Die Beschlüsse der Gesellschafter werden in Gesellschafterversammlungen gefasst. Zu den Gesellschafterversammlungen lädt die persönlich haftende Gesellschafterin schriftlich durch Brief oder per Fax unter Bekanntgabe der Tagesordnung und unter Einhaltung einer Frist von mindestens zwei Wochen ein. Die Einladung ist mit ihrer Aufgabe zur Post bewirkt; der Tag der Absendung (Poststempel) und der Tag der Versammlung sind nicht mitzurechnen.*

(2) *Kommanditisten, die (zusammen) mindestens 10 % des Festkapitals halten, können von der persönlich haftenden Gesellschafterin unter Angabe des Zwecks und der Gründe jederzeit die Einberufung einer Gesellschafterversammlung verlangen.*

(3) *Eine nicht ordnungsgemäß einberufene Gesellschafterversammlung kann Beschlüsse nur fassen, wenn sämtliche Gesellschafter anwesend oder vertreten sind und einer Beschlussfassung nicht widersprechen.*

(4) *Eine ordnungsgemäß einberufene Gesellschafterversammlung ist beschlussfähig, wenn mehr als 50 % des Festkapitals der Gesellschaft (§ 3 Absatz 2) vertreten sind. Anderenfalls hat die persönlich haftende Gesellschafterin gemäß Absatz 1 zu einer weiteren Gesellschafterversammlung mit derselben Tagesordnung einzuladen. Diese ist ohne Rücksicht auf die Höhe des vertretenen Festkapitals beschlussfähig; hierauf ist in der Einladung hinzuweisen.*

(5) *Jeder Gesellschafter kann sich aufgrund einer schriftlich, per Fax oder E-Mail erteilten Vollmacht in der Gesellschafterversammlung durch einen Mitgesellschafter, den Ehegatten oder eine nachfolgeberechtigte Person (§ 16 Absatz 1)* **[ggf.:** *oder eine zur Berufsverschwiegenheit verpflichtete Person] vertreten lassen.*

(6) *Die Gesellschafterversammlung wird durch ihren Vorsitzenden geleitet. Der Vorsitzende wird von den Gesellschaftern mit einfacher Mehrheit gewählt.*

[Alternativ zu Satz 2: *Solange der Gründungsgesellschafter […] Gesellschafter ist, hat er den Vorsitz inne; nach seinem Ausscheiden wird der Vorsitzende von den Gesellschaftern mit einfacher Mehrheit gewählt.]*

[Alternativ zu Satz 2 bei Familienstämmen (§ 3 Abs. 5): *Den Vorsitz hat im jährlichen Wechsel zwischen den Stämmen I und II der jeweilige Stammesvertreter inne.]*

(7) *Über die Gesellschafterversammlung und die gefassten Beschlüsse ist ein Protokoll anzufertigen, das von dem Vorsitzenden unterzeichnet wird. Das Protokoll ist unverzüglich allen Gesellschaftern zuzuleiten. Der Inhalt des Protokolls gilt als anerkannt, wenn nicht innerhalb einer Frist von einem Monat nach Zugang des Protokolls gegenüber dem Vorsitzenden schriftlich durch Brief oder per Fax Einwendungen erhoben werden.*

Einberufung der Gesellschafterversammlung | Für die GmbH sieht § 51 Abs. 1 GmbHG die Einladung der Gesellschafter mittels eingeschriebener Briefe vor, wobei eine Frist von mindestens einer Woche einzuhalten ist. Auch die Tagesordnung ist vorab anzukündigen (Abs. 2, 4). Für Personengesellschaften fehlen entsprechende Vorschriften, jedoch kann man sich an den (begrenzt dispositiven) Vorschriften des GmbH-Gesetzes orientieren. Im Fall der beteiligungsidentischen GmbH & Co. KG sind die Einberufungsvorschriften für GmbH und KG zu harmonisieren (Rz. G 240 f.). Das Beispiel erleichtert die Einberufung, indem es auch die Einladung per einfachem Brief oder Telefax zulässt, nicht jedoch mittels E-Mail (da der Empfänger sie ggf. leichter übersehen wird). Die Einberufungsfrist wird auf zwei Wochen verlängert, um den Gesellschaftern eine bessere Terminplanung zu ermöglichen, und die Fristberechnung klargestellt: Wird die Einladung am 1. des Monats verschickt, kann die Gesellschafterversammlung frühestens am 16. des Monats stattfinden. G 154

Beschlussfähigkeit | Die Regelung zur Beschlussfähigkeit (Abs. 4) schützt in gewissem Rahmen vor überraschenden Abstimmungsergebnissen bei geringerer Präsenz in der Gesellschafterversammlung. Sie kann entfallen, wenn Gesellschafterbeschlüsse – statt mit der Mehrheit der abgegebenen Stimmen – mit der Mehrheit der insgesamt *vorhandenen* Stimmen gefasst werden müssen (vgl. § 7 Abs. 1). G 155

G156 **Vertretung in der Gesellschafterversammlung |** Verhinderte Gesellschafter können sich unproblematisch jedenfalls durch Mitgesellschafter vertreten lassen (Abs. 5). Familiengesellschaften erlauben darüber hinaus zumeist auch eine Vertretung durch Ehegatten, Eltern oder Abkömmlinge. Eine Vertretung auch durch zur Berufsverschwiegenheit verpflichtete Dritte (Rechtsanwälte, Wirtschaftsprüfer, Steuerberater) wird dagegen z.T. kritisch gesehen. Als Nachweis der Vollmacht sollte man auch eine entsprechende E-Mail genügen lassen. Dass Gesellschafter Beschlüsse schließlich einvernehmlich auch ohne eine Gesellschafterversammlung fassen können, stellt § 7 Abs. 5 klar.

§ 7 Gesellschafterbeschlüsse

G157 *(1) Gesellschafterbeschlüsse werden mit einfacher Mehrheit der abgegebenen Stimmen gefasst, soweit nicht zwingende gesetzliche Bestimmungen oder dieser Vertrag eine höhere Mehrheit bestimmen. Satz 1 gilt auch für Beschlüsse zu besonderen Geschäftsführungsmaßnahmen und Grundlagengeschäften. Enthaltungen gelten als nicht abgegebene Stimmen.*

[Alternativ (in diesem Fall entfällt § 6 Abs. 4):

(1) Gesellschafterbeschlüsse werden mit einfacher Mehrheit der in der Gesellschaft insgesamt vorhandenen Stimmen gefasst, soweit nicht zwingende gesetzliche Bestimmungen oder dieser Vertrag eine höhere Mehrheit bestimmen. Satz 1 gilt auch für Beschlüsse zu besonderen Geschäftsführungsmaßnahmen und Grundlagengeschäften]

(2) Soweit dieser Vertrag für Gesellschafterbeschlüsse eine qualifizierte Mehrheit vorsieht, bedürfen diese einer Mehrheit von 75 % der in der Gesellschaft insgesamt vorhandenen Stimmen.

Dieser Vertrag kann durch Beschluss der Gesellschafter geändert werden. Der Beschluss bedarf einer qualifizierten Mehrheit, soweit nicht das Gesetz, insbesondere bei einem Eingriff in den Kernbereich der Mitgliedschaft, eine Vertragsänderung durch Mehrheitsbeschluss zwingend ausschließt. Wurde eine solche Änderung beschlossen, so ist jeder Gesellschafter verpflichtet, eine entsprechende Änderung oder Neufassung des Gesellschaftsvertrages zu unterzeichnen und an ggf. erforderlichen Anmeldungen zum Handelsregister mitzuwirken; die Wirksamkeit der Änderung ist von der Erfüllung dieser Mitwirkungspflicht nicht abhängig.

(3) Je 1 000 Euro eines Festkapitalanteils gewähren eine Stimme. Sofern einem Gesellschafter ohne Festkapitalanteil nach zwingenden rechtlichen Grundsätzen ein Stimmrecht zusteht, hat er eine einzige Stimme.

***[Ggf. ergänzend:** Solange der Gründungsgesellschafter […] Gesellschafter ist, stehen ihm unabhängig von der Höhe seines Festkapitalanteils jedoch stets mindestens ebenso viele Stimmen zu wie den übrigen Gesellschaftern insgesamt sowie zusätzlich eine weitere Stimme. Dieses persönliche Sonderrecht ist nicht übertragbar und nicht vererblich.]*

(4) Gesellschafter sind auch in eigenen Angelegenheiten stimmberechtigt, es sei denn, dass ihre Entlastung, ihre Befreiung von einer Verbindlichkeit oder die Einleitung oder Erledigung eines Rechtsstreits der Gesellschaft mit ihnen Gegenstand der Beschlussfassung ist. Ist ein Gesellschafter nicht stimmberechtigt, darf er auch nicht als Vertreter das Stimmrecht für andere Gesellschafter ausüben.

(5) Eines Zusammentritts der Gesellschafter zu einer Gesellschafterversammlung bedarf es nicht, wenn sämtliche Gesellschafter sich schriftlich, per Fax oder E-Mail mit einem bestimmten Beschluss einverstanden erklärt haben. Der Beschluss ist entsprechend § 6 Absatz 7 zu protokollieren.

(6) Die Unwirksamkeit eines Gesellschafterbeschlusses kann nur binnen einer Ausschlussfrist von zwei Monaten nach Zugang des Protokolls (§ 6 Absatz 7) durch Klage geltend gemacht werden. Nach Ablauf der Frist gilt ein etwaiger Mangel als geheilt.

Mehrheitserfordernisse | Nach dem Gesetz sind Gesellschafterbeschlüsse einstimmig zu fassen bzw. ist, wenn der Gesellschaftsvertrag Mehrheitsentscheidungen zulässt, diese Mehrheit nach Köpfen zu ermitteln (§ 119 Abs. 1 und 2 HGB). Gesellschaftsverträge weichen hiervon regelmäßig dahingehend ab, dass sie Mehrheitsbeschlüsse erlauben und die Stimmen der Gesellschafter nach deren Festkapitalanteilen bemessen (§ 7 Abs. 1 bis 3). Klarzustellen ist, ob nur die (von den anwesenden oder vertretenen Gesellschaftern) abgegebenen Stimmen oder aber sämtliche in der Gesellschaft vorhandenen Stimmen (auch der nicht erschienen Gesellschafter) zu berücksichtigen sind. Im ersten Fall sollte auch der Umgang mit Enthaltungen geregelt werden: Gelten sie als nicht abgegebene Stimmen, erleichtert dies den mit „Ja" stimmenden Gesellschaftern das Erreichen der notwendigen Mehrheit; anders wenn Enthaltungen als Neinstimmen gelten. Für die meisten Beschlussgegenstände wird man i.d.R. eine einfache Mehrheit (entweder der abgegebenen oder der vorhandenen Stimmen) genügen lassen, damit die Gesellschafterversammlung auch bei widerstreitenden Interessen entscheidungsfähig bleibt. Sofern an der Gesellschaft zwei Kommanditisten oder Familienstämme jeweils paritätisch beteiligt sind und deshalb **Pattsituationen** drohen, können diese ggf. durch den Stichentscheid eines Beirats aufgelöst werden. Bei paritätisch beteiligten Familienstämmen ist auch zu überlegen, das Mehrheitserfordernis ggf. auf z.B. 60 % anzuheben; sonst führt schon eine geringfügige Verschiebung der Beteiligungsverhältnisse zwischen den Stämmen dazu, dass der eine den anderen auf Dauer überstimmen kann. Für besonders bedeutsame Beschlussgegenstände, etwa Änderungen des Gesellschaftsvertrages oder Anteilsübertragungen an Außenstehende, die nicht gegen den Willen einer (qualifizierten) Minderheit erfolgen sollen, wird man ohnehin ein qualifiziertes Mehrheitserfordernis oder auch Einstimmigkeit (nicht nur der erschienenen, sondern aller Gesellschafter) vorsehen. G 158

Sonderstimmrecht | Möglich ist die Vereinbarung eines persönlichen Sonderstimmrechts bspw. zugunsten des Gründungsgesellschafters oder zugunsten der weiterhin allein vom Gründungsgesellschafter gehaltenen Komplementär-GmbH. Insoweit korreliert das Stimmrecht dann nicht mit dem Festkapitalanteil. Wenn das Sonderstimmrecht übertragbar bzw. vererblich gestellt werden soll, kann es statt an die Person des Gesellschafters auch an dessen Gesellschaftsanteil gebunden werden. G 159

Stimmrecht in eigenen Angelegenheiten | Abs. 4 orientiert sich an § 47 Abs. 4 GmbHG mit dem Ziel, das Stimmrecht von Gesellschaftern in eigenen Angelegenheiten abzugrenzen und weitgehend zu erhalten. G 160

Klagefrist | Fehlerhafte Gesellschafterbeschlüsse sind bei Personengesellschaften i.d.R. nichtig. Eine entsprechende Feststellungsklage ist grundsätzlich nicht fristgebunden. Näher → *Beschlussmängelstreit*. Es empfiehlt sich daher, hinter die Frist zur Erhebung von Einwendungen gegen das Protokoll der Gesellschafterversammlung (§ 6 Abs. 7) noch eine weitere Frist zu schalten, während der eine Klage spätestens erhoben werden muss. Bei Abschluss der in § 23 vorgesehenen Schiedsvereinbarung wäre hierfür ein Schiedsgericht zuständig. G 161

§ 8 Beirat: Bestellung und Amtszeit

G 162 *(1) Die Gesellschaft hat einen Beirat. Der Beirat besteht aus fünf Personen, sofern nicht die Gesellschafter für die betreffende Amtsperiode (Absatz 4) eine abweichende Mitgliederzahl beschließen.*

(2) Der Beirat wird von den Gesellschaftern in seiner Gesamtheit durch Beschluss mit qualifizierter Mehrheit gewählt (Blockwahl).

(3) Kommt ein Beschluss nach Absatz 2 nicht zustande, so entsenden Kommanditisten, die zusammen mindestens [… 40 %] des Festkapitals (§ 3 Absatz 2) halten, je ein Mitglied des Beirats. Die entsandten Mitglieder wählen sodann die weiteren Mitglieder. Soweit die fehlenden Mitglieder nicht innerhalb von zwei Monaten nach Entsendung des letzten Mitglieds gewählt sind, werden die fehlenden Mitglieder auf Antrag eines Gesellschafters oder eines Mitglieds des Beirats durch den Präsidenten der Industrie- und Handelskammer […] bestellt.

[Alternativ zu Abs. 2 und 3 bei Familienstämmen (§ 3 Abs. 5):

(2) Jeder Familienstamm entsendet durch Beschluss seiner stammeszugehörigen Gesellschafter ein Mitglied in den Beirat. **[Alternativ:** *Jeder Familienstamm entsendet seinen Stammesvertreter in den Beirat.] Die entsandten Mitglieder wählen sodann die weiteren Mitglieder. Soweit die fehlenden Mitglieder nicht innerhalb von zwei Monaten nach Entsendung des letzten Mitglieds gewählt sind, werden die fehlenden Mitglieder auf Antrag eines Gesellschafters oder eines Mitglieds des Beirats durch den Präsidenten der Industrie- und Handelskammer […] bestellt.]*

(4) Die Amtszeit des Beirats dauert jeweils bis zu der ordentlichen Gesellschafterversammlung, in welcher der Jahresabschluss für das dritte Geschäftsjahr nach der Wahl vorgelegt wird. Das Jahr der Wahl wird nicht mitgerechnet. Der Beirat bleibt über diesen Zeitpunkt hinaus im Amt, bis seine Neuwahl (hilfsweise die Entsendung von Mitgliedern) erfolgt ist.

(5) Jedes Mitglied hat das Recht, sein Amt ohne Angabe von Gründen jederzeit durch schriftliche Erklärung gegenüber der persönlich haftenden Gesellschafterin niederzulegen.

Jedes Mitglied kann jederzeit und ohne Angabe von Gründen vorzeitig durch Gesellschafterbeschluss mit qualifizierter Mehrheit abberufen werden.

Endet das Amt eines Mitglieds des Beirats vor Ablauf seiner ordentlichen Amtszeit, so erfolgt die Bestellung eines neuen Mitglieds für den Rest der Amtsdauer des ausgeschiedenen Mitglieds. Das neue Mitglied wird in gleicher Weise bestellt wie das ausgeschiedene, d.h. durch (in diesem Fall Einzel-)Wahl, Entsendung oder Bestellung.

(6) Der Beirat wählt seinen Vorsitzenden mit einfacher Mehrheit.

G 163 **Mitgliederzahl |** Beiräte haben häufig eine ungerade Mitgliederzahl, um Pattsituationen zu vermeiden. Bei Bedarf können Pattsituationen jedoch auch durch den Stichentscheid eines Vorsitzenden aufgelöst werden. Im Hinblick auf die in Abs. 2 geregelte Wahl durch die Gesellschafter sowie die in Abs. 3 hilfsweise vorgesehene Entsendung und Kooptation (Zuwahl fehlender Mitglieder durch den Beirat) ist im Beispiel eine konkrete Mitgliederzahl festgeschrieben (Abs. 1).

G 164 **Blockwahl |** Das Beispiel ordnet eine Blockwahl des gesamten Beirats an und legt deshalb auch für den gesamten Beirat eine einheitliche Amtszeit fest, keine individuelle Amtszeit für zu unterschiedlichen Zeitpunkten gewählte Mitglieder. Ein solches Vorgehen kann sich anbieten, wenn mehrere Gesellschaftergruppen bestehen, die nur zusammen die erforderliche (qualifizierte) Mehrheit erreichen. Die Blockwahl erfordert dann im Vorfeld der Wahl eine Verständigung dieser Gesellschaftergruppen auf geeignete Vertreter aller „Lager" und ggf. neutrale Persönlichkeiten. Jedes Beiratsmitglied ist in der Folge bestmöglich durch die Gesamtheit der Gesellschafter legitimiert, nicht nur durch die Gesellschafter einer bestimmten Gruppe.

Entsendung und Kooptation | Für den Fall, dass die Blockwahl nicht zustande kommt, sieht Abs. 3 zunächst eine Entsendung einzelner Mitglieder durch Gesellschafter vor, die einzeln oder zusammen einen bestimmten Anteil am Festkapital halten. Bei einer 40 %-Grenze, die sich z.B. bei zwei (exakt oder jedenfalls ungefähr) paritätisch beteiligten Gesellschafterstämmen anbieten kann, können insgesamt nur zwei Mitglieder entsandt werden. Eine 50 %-Grenze hätte den Nachteil, dass das Entsenderecht eines Stammes bereits bei geringfügigen Anteilsverschiebungen zwischen den Stämmen (z.B. durch Tod oder Kündigung eines Gesellschafters) dauerhaft entfallen könnte. Die übrigen Mitglieder werden im Beispiel durch die entsandten Mitglieder hinzugewählt, notfalls durch die zuständige IHK bestellt. Diese einvernehmliche Hinzuwahl bzw. Bestellung durch die IHK soll dafür sorgen, dass der Beirat nicht ausschließlich aus Vertretern der Gesellschaftergruppen zusammengesetzt ist, sondern auch über neutrale oder besonders sachkundige Dritte verfügt. G 165

§ 9 Beirat: Aufgaben, Beschlüsse, innere Ordnung

(1) Der Beirat berät **[ggf.:** *und überwacht] die Geschäftsführung der persönlich haftenden Gesellschafterin. Er wird als Bindeglied zwischen Geschäftsführung und Gesellschaftern tätig und vermittelt bei Meinungsverschiedenheiten im Gesellschafterkreis.* G 166

[Nur bei überwachendem Beirat:

(2) Der Zustimmung des Beirats bedürfen alle Geschäfte und Maßnahmen der Geschäftsführung, die über den gewöhnlichen Geschäftsbetrieb der Gesellschaft hinausgehen und deshalb in einer Geschäftsordnung für die Geschäftsführung für zustimmungspflichtig erklärt sind. Der Beirat erlässt die Geschäftsordnung durch Beschluss und kann sie jederzeit ändern. Er kann beschließen, dass für bestimmte zustimmungsbedürftige Geschäfte oder in Eilfällen die vorherige Zustimmung des Vorsitzenden ausreicht. Über Entscheidungen des Vorsitzenden ist der Beirat nachfolgend, spätestens auf seiner nächsten Sitzung, zu unterrichten.]

(3) Der Vorsitzende des Beirats oder in seinem Auftrag die Geschäftsführung lädt zu den Sitzungen des Beirats schriftlich unter Bekanntgabe der Tagesordnung ein, möglichst unter Einhaltung einer Frist von drei Wochen. Die Geschäftsführung und jedes Mitglied des Beirats kann unter Angabe der Gründe die Einberufung einer außerordentlichen Sitzung verlangen, wenn das Interesse der Gesellschaft dies erfordert.

(4) Der Beirat ist beschlussfähig, wenn mindestens drei Mitglieder an der Abstimmung teilnehmen. Er fasst seine Beschlüsse mit einfacher Mehrheit der abgegebenen Stimmen. Bei Stimmengleichheit gibt die Stimme des Vorsitzenden den Ausschlag. Die Sitzungen und Beschlüsse werden protokolliert; jedes Mitglied erhält zeitnah ein schriftliches Protokoll.

(5) Beschlüsse können auch schriftlich, per Fax oder E-Mail oder telefonisch gefasst werden, sofern keines der Mitglieder einer solchen Beschlussfassung widerspricht. In diesen Fällen bestätigt der Vorsitzende gefasste Beschlüsse den übrigen Mitgliedern schriftlich, per Fax oder E-Mail.

[Nur bei überwachendem Beirat:

(6) Der Beirat kann von der Geschäftsführung jederzeit einen Bericht über die Angelegenheiten der Gesellschaft verlangen. Er hat das Recht, die Bücher und Schriften der Gesellschaft zu prüfen.]

(7) Die Mitglieder erhalten für ihre Tätigkeit eine Vergütung, welche von der Gesellschafterversammlung festgelegt wird, Ersatz ihrer Auslagen und, soweit anfallend, der Umsatzsteuer.

(8) Der Beirat gibt sich selbst eine Geschäftsordnung zur weiteren Regelung seiner inneren Ordnung. Die Haftung der Mitglieder ist auf Vorsatz und grobe Fahrlässigkeit beschränkt.

[Nur bei überwachendem Beirat:

(9) Die Gesellschafterversammlung kann durch Beschluss mit qualifizierter Mehrheit sämtliche Zuständigkeiten des Beirats nach diesem Gesellschaftsvertrag – ganz oder zum Teil – wieder an sich ziehen und Beschlüsse des Beirats aufheben oder ersetzen.]

G 167 **Überwachender Beirat** | Im Beispiel hat der Beirat neben einer beratenden und vermittelnden auch eine überwachende Funktion. Der Beirat kann der Geschäftsführung zwar keine Weisungen erteilen, jedoch bestimmte über den gewöhnlichen Geschäftsbetrieb hinausgehende Geschäfte von seiner Zustimmung abhängig machen (Abs. 2). Diese Geschäfte sind nicht im Gesellschaftsvertrag, sondern in einer (hier vom Beirat zu erlassenden) Geschäftsordnung für die Geschäftsordnung festgelegt. Da der Beirat somit insoweit auch in Geschäftsführungsfragen tätig wird, ihm zugleich aber auch Nichtgesellschafter angehören können bzw. sollen (ggf. mehrheitlich), sieht Abs. 9 vor, dass die Gesellschafter die dem Beirat überlassenen Kompetenzen zumindest mit vertragsändernder Mehrheit jederzeit wieder an sich ziehen können. Näher hierzu → *Beirat Rz. B 29*.

G 168 **Beratender Beirat** | Im Falle eines lediglich beratenden Beirats entfallen die Abs. 2, 6 und 9. Auch die übrigen Bestimmungen zu Sitzungen und Beschlüssen können wegen der geminderten rechtlichen und gesellschaftsinternen Relevanz der Beiratstätigkeit ggf. deutlich gestrafft werden, ebenso das in § 8 detailliert geregelte Wahlverfahren.

§ 10 Jahresabschluss

G 169 *(1) Die persönlich haftende Gesellschafterin hat den Jahresabschluss (Bilanz nebst Gewinn- und Verlustrechnung samt Anhang) und, soweit gesetzlich erforderlich, den Lagebericht innerhalb von drei Monaten nach Schluss des Geschäftsjahres aufzustellen und, soweit durch Gesetz oder Gesellschafterbeschluss vorgesehen, einem Abschlussprüfer zur Prüfung vorzulegen.*

(2) Die persönlich haftende Gesellschafterin hat den Gesellschaftern den Jahresabschluss und, soweit gesetzlich erforderlich, den Lagebericht – ggf. gemeinsam mit dem Prüfungsbericht des Abschlussprüfers – unverzüglich nach Fertigstellung zur Feststellung vorzulegen.

G 170 **Jahresabschluss** | Der Jahresabschluss ist in den ersten drei Monaten nach Geschäftsjahresende aufzustellen (§ 264 Abs. 1 Satz 3 i.V.m. § 264a HGB). Kleine GmbH & Co. KGs haben hierfür i.d.R. sechs Monate Zeit und benötigen keinen Lagebericht (Satz 4). Eine gesetzliche Prüfungspflicht besteht nur für mittelgroße und große GmbH & Co. KGs (§ 316 Abs. 1 HGB). Der Gesellschaftsvertrag kann eine kürzere Aufstellungsfrist und eine freiwillige Prüfung anordnen. Näher → *Jahresabschluss*.

§ 11 Ergebnisverteilung

G 171 *(1) An einem Gewinn oder Verlust nehmen die Gesellschafter im Verhältnis ihrer Festkapitalanteile (Kapitalkonten I) teil.*

(2) Verlustanteile werden auf den Kapitalkonten II verbucht.

***[Alternativ:** Verluste werden zunächst gegen ein Guthaben auf dem Rücklagekonto gebucht und erst dann, wenn kein Guthaben mehr vorhanden ist, auf den Kapitalkonten II.]*

*(3) Von dem Jahresüberschuss, welcher nach der über Aufwand bzw. Ertrag zu verbuchenden Verzinsung der Darlehenskonten der Gesellschafter verbleibt, werden 20 % den Kapitalkonten II **[alternativ:** dem Rücklagekonto] zugeführt. Die Gesellschafter können mit qualifizierter Mehrheit beschließen, bis zu weitere 20 % des Jahresüberschusses den Kapitalkonten II **[ggf.:** und/ oder dem Rücklagekonto] zuzuführen. Die hiernach verbleibenden Gewinnanteile sind den Darlehenskonten der Gesellschafter gutzuschreiben, soweit sie nicht zum Ausgleich eines negativen Kapitalkontos II benötigt werden.*

Ergebnisverteilung | Im Gesellschaftsvertrag kann die Ergebnisverwendung bspw. in der Weise vorstrukturiert werden, dass ein Prozentsatz „X" ausgeschüttet, ein Prozentsatz „Y" thesauriert und über die Verwendung des restlichen Ergebnisses durch Mehrheitsbeschluss entschieden wird. I.d.R. möchten die Gesellschafter, dass Gewinnanteile möglichst weitgehend nicht dem gesamthänderisch gebundenen Rücklagekonto oder ihren Kapitalkonten II, sondern ihren Darlehenskonten gutgeschrieben werden. Denn in diesem Fall werden sie Fremdkapital und bis zu einer etwaigen Entnahme jedenfalls verzinst. Im Beispiel sollen zur Stärkung des Eigenkapitals jedenfalls 20 % des Jahresüberschusses den Eigenkapitalkonten zugeführt werden. Im Fall einer weitergehenden Dotierung der Darlehenskonten ist zu überlegen, ob die Darlehenskonten im Liquiditätsinteresse der Gesellschaft mit Entnahme-, d.h. Auszahlungsbeschränkungen versehen werden sollten. Näher Rz. G 175 f. und → *Entnahmen und Ergebnisverwendung.* G 172

§ 12 Ausgleich fremdbestimmter Steuerwirkungen

(1) Steuerliche Be- oder Entlastungen der Gesellschaft und ihrer Gesellschafter aufgrund der Gewerbesteuer und der Zinsschrankenregelung (§ 4h EStG) sollen bei der Ergebnisverteilung verursachungsgerecht berücksichtigt werden. G 173

(2) Hierzu sollen derartige steuerliche Be- oder Entlastungen, die insbesondere auf Umständen aus der Sphäre eines Gesellschafters beruhen (z.B. Effekte aus Ergänzungs- und Sonderbilanzen), im Rahmen der handelsrechtlichen Ergebnisverteilung in der Form Berücksichtigung finden, dass dem verursachenden Gesellschafter auch der wirtschaftliche Vor- oder Nachteil durch die steuerliche Minder- oder Mehrbelastung der anderen Gesellschafter nach dem Verursachungsprinzip derart zugerechnet wird, dass die anderen Gesellschafter einen Nachsteuergewinn erfahren, der ohne diese Umstände eingetreten wäre.

(3) Die steuerliche Minder- oder Mehrbelastung ermittelt sich typisiert auf der Basis der für den jeweiligen Erhebungszeitraum/Veranlagungszeitraum geltenden Steuersätze.

(4) Im Fall des Be- und Entstehens gewerbesteuerlicher Verlustvorträge oder Zinsvorträge findet die Berücksichtigung erst und nur insoweit für das Wirtschaftsjahr statt, in dem sich die Be- oder Entlastung tatsächlich auswirkt.

Ausgleich fremdbestimmter Steuerwirkungen | Aus Vorgängen in der Gesellschaftersphäre, z.B. dem Verkauf eines Kommanditanteils, können sich sog. „fremdbestimmte" Steuerwirkungen zulasten der KG ergeben. So ist die KG selbst Steuerschuldnerin der Gewerbesteuer (§ 5 Abs. 1 Satz 3 GewStG). Der für die Besteuerung maßgebliche Gewerbeertrag bezieht jedoch auch Sonderbetriebsausgaben, Sonderbetriebseinnahmen und Ergänzungsbilanzen der Gesellschafter ein. Die vorstehende Steuerklausel soll die Gewerbesteuer möglichst verursa- G 174 chungsgerecht verteilen. Bei Belastungen aufgrund der sog. Zinsschranke (§ 4h EStG) sollte entsprechend verfahren werden. Näher → *Gewerbesteuer Rz. G 311 ff.*

§ 13 Entnahmen/Auszahlungen

G 175 *Die Gesellschafter können jederzeit die Auszahlung eines Guthabens auf ihrem Darlehenskonto verlangen. Aus diesen Entnahmen sind auch die anfallenden Steuern zu bestreiten. Soweit die Entnahme monatlich Euro […] übersteigt, ist die Entnahme zwei Wochen vorab anzukündigen.*

*[***Alternativ:**

(1) Jeder Gesellschafter kann zu Lasten eines Guthabens auf seinem Darlehenskonto jederzeit entnehmen:

a) im Geschäftsjahr insgesamt einen Betrag in Höhe von […] % seines jeweiligen Festkapitalanteils (§ 3 Absatz 2);

b) die Verzinsung des Darlehenskontos;

c) diejenigen Beträge, die der Gesellschafter zur Zahlung der Einkommensteuer einschließlich Vorauszahlungen auf seine Beteiligung benötigt. Bei der Ermittlung der benötigten Steuerbeträge ist das steuerliche Ergebnis des jeweiligen Vorjahres sowie für alle Kommanditisten einheitlich der höchste Steuersatz zugrunde zu legen, der für in Deutschland unbeschränkt Steuerpflichtige für die Steuer vom Einkommen einschließlich gesetzlicher Zuschläge wie z.B. Solidaritätszuschlag und Kirchensteuer in der Spitze gilt, unabhängig davon, ob der einzelne Kommanditist Steuern in dieser Höhe zu zahlen hat.

*(2) Weitergehende Entnahmen sind nur auf der Grundlage eines entsprechenden Gesellschafterbeschlusses [***alternativ:** *nur mit Zustimmung des Beirats] zulässig.]*

G 176 **Entnahmen/Auszahlungen** | Idealtypisch sollten Guthaben auf Kapitalkonten nicht entnahmefähig, Guthaben auf Darlehenskonten (Forderungskonten) dagegen entnahmefähig sein. Dennoch sehen Gesellschaftsverträge häufig auch für Darlehenskonten echte Entnahmebeschränkungen vor, wie z.B. eine prozentuale Entnahmebegrenzung oder jedenfalls die Einhaltung von Ankündigungsfristen für größere Beträge. Dies erleichtert der Gesellschaft die Liquiditätsplanung. Ein Steuerentnahmerecht für den Gesellschafter persönlich treffende Steuern (Einkommensteuer, ggf. auch Schenkung- und Erbschaftsteuer) besteht nicht schon kraft Gesetzes. Es sollte daher, soweit gewünscht, besonders vereinbart werden. Näher → *Steuerentnahmerechte.*

§ 14 Ehelicher Güterstand, Vorsorgevollmacht

G 177 *(1) Jeder Gesellschafter ist verpflichtet, bei Eheschließung durch Ehevertrag entweder Gütertrennung zu vereinbaren oder die Zugewinngemeinschaft in der Weise zu modifizieren, dass für die Anteile an der Gesellschaft ein Zugewinnausgleich ausgeschlossen und festgelegt wird, dass der betreffende Gesellschafter über seinen Gesellschaftsanteil ohne Zustimmung des Ehegatten frei verfügen kann.*

Ist ein solcher Ehevertrag nicht abgeschlossen oder über den Abschluss eines solchen Ehevertrages nicht binnen einer Frist von drei Monaten nach der Eheschließung der Geschäftsführung die Bescheinigung eines Rechtsanwalts oder Notars vorgelegt oder der Güterstand der Zugewinngemeinschaft ohne Zustimmung der Gesellschafterversammlung später wieder eingeführt oder eine Modifikation aufgehoben worden, so kann der betreffende Gesellschafter durch Be-

schluss der Gesellschafterversammlung aus der Gesellschaft mit der Rechtsfolge ausgeschlossen werden, dass dieser Gesellschafter so abgefunden wird, als wenn er das Gesellschaftsverhältnis zum Ende des der Eheschließung oder der Aufhebung der Gütertrennung (bzw. der Modifikation) vorausgegangenen Kalenderjahres gekündigt hätte.

Entsprechendes gilt bei Begründung eines ausländischen Güterstandes.

(2) Jeder Gesellschafter, der eine natürliche Person ist, ist verpflichtet, eine notarielle Vorsorgevollmacht zu errichten und aufrecht zu erhalten, in der er einem Mitgesellschafter, dem Ehegatten oder einer nachfolgeberechtigten Person (§ 16 Absatz 1) Vollmacht zur Ausübung und Wahrnehmung seiner Gesellschafterrechte, einschließlich des Rechtes zu Verfügungen über seinen Kommanditanteil, einräumt. Die Vollmachtsurkunde ist bei der Gesellschaft zu hinterlegen und von der Gesellschaft an den Vollmachtgeber oder Bevollmächtigten auf Verlangen herauszugeben. Das Recht, sich nach § 6 Absatz 5 auf Gesellschafterversammlungen auch anderweitig vertreten zu lassen, bleibt unberührt.

Güterstandsklausel | Sie soll das Unternehmen vor den Zahlungslasten schützen, die mit einem etwaigen Zugewinnausgleich verbunden sind. Zu der Frage, ob die Güterstandsklausel wegen § 1410 BGB ggf. zur Beurkundungsbedürftigkeit des Gesellschaftsvertrages führt, → *Gründung Rz. G 504.* G 178

Vorsorgevollmacht | Die Gesellschafter können sich verpflichten, einer geeigneten Person eine Vorsorgevollmacht zu erteilen. Bei notarieller Beurkundung der Vorsorgevollmacht kann der Notar jeweils auch Feststellungen zur Geschäftsfähigkeit treffen, die später eine gewisse Beweiskraft haben (vgl. § 11 BeurkG); für Handelsregisteranmeldungen wäre bereits notarielle Beglaubigung ausreichend (§ 12 Abs. 1 HGB). Vgl. näher *Sommer*, Die Gesellschaftsverträge der GmbH & Co. KG, S. 170 (§ 11a). G 179

§ 15 Wettbewerbsverbot

(1) Kein Gesellschafter darf während seiner Gesellschafterstellung ***[ggf.:*** *sowie für die Dauer von zwei Jahren nach seinem Ausscheiden aus der Gesellschaft] in dem Handelszweig und dem räumlichen Tätigkeitsgebiet der Gesellschaft im eigenen oder fremden Namen, für eigene oder fremde Rechnung Geschäfte machen oder sich an Konkurrenzunternehmen unmittelbar oder mittelbar beteiligen. Ausgenommen bleiben Beteiligungen an börsennotierten Gesellschaften von weniger als 1 % des Grundkapitals.* G 180

(2) Im Fall einer Verletzung des Wettbewerbsverbots gilt § 113 Abs. 1 HGB entsprechend.

(3) Über Befreiungen vom Wettbewerbsverbot und die Geltendmachung von Ansprüchen nach Absatz 2 entscheiden die Gesellschafter durch Beschluss mit qualifizierter Mehrheit.

[Alternativ: *Die Gesellschafter sind von etwaigen Wettbewerbsverboten gegenüber der Gesellschaft befreit.]*

Wettbewerbsverbot | Das gesetzliche Wettbewerbsverbot des § 112 HGB gilt in der KG grundsätzlich nur für den Komplementär, nicht auch für die Kommanditisten (§ 165 HGB). Ein Wettbewerbsverbot kann sich für Kommanditisten jedoch als Ausprägung der Treuepflicht ergeben, wenn sie in ähnlicher Weise in die Geschäfte der Gesellschaft involviert sind wie der Komplementär – weil sie insbesondere selbst geschäftsführungsbefugt sind oder die Gesellschaft aufgrund ihrer maßgeblichen Beteiligung beherrschen. Gesellschaftsvertraglich G 181 kann man es bei dieser differenzierten Ausgangslage belassen, für sämtliche Kommanditisten ein Wettbewerbsverbot anordnen oder auch einzelne oder alle Gesellschafter vorsorglich von etwaigen Wettbewerbsverboten befreien. Im Beispiel wird die gesetzliche Regelung der §§ 112, 113 HGB im Wesentlichen auf die Kommanditisten erstreckt, ergänzt um ein nachvertragliches Wettbewerbsverbot. Näher → *Wettbewerbsverbot* und → *Treuepflicht Rz. T 51.*

§ 16 Verfügungen über Gesellschaftsanteile

G 182 *(1) Ein Gesellschafter kann zu Lebzeiten seinen Gesellschaftsanteil ohne Zustimmung der Gesellschafter nur auf die nachfolgend genannten Personen (***nachfolgeberechtigte Personen***) ganz oder teilweise übertragen:*

a) eigene leibliche Abkömmlinge, wobei als leibliche Abkömmlinge auch Adoptivkinder bei Adoption eines Kindes vor Vollendung seines zehnten Lebensjahres gelten;

b) eigene Geschwister und deren Abkömmlinge im Sinne von Buchstabe a);

c) eigene Elternteile, sofern diese bereits Kommanditist der Gesellschaft sind oder waren.

[alternativ bei Familienstämmen (§ 3 Abs. 5): *... nur auf Personen übertragen, die*

a) bei eigener Zugehörigkeit zum Stamm I mit Herrn/Frau [... Seniorgesellschafter I] bzw.

b) bei eigener Zugehörigkeit zum Stamm II mit Herrn/Frau [... Seniorgesellschafter II]

*in gerader Linie verwandt sind (*nachfolgeberechtigte Personen*).]*

(2) Die Übertragung eines Gesellschaftsanteils oder eines Teils davon auf eine nicht nachfolgeberechtigte Person bedarf zu ihrer Wirksamkeit eines zustimmenden Gesellschafterbeschlusses mit qualifizierter Mehrheit.

(3) Für jede sonstige Verfügung über und Belastung eines Gesellschaftsanteils oder eines Teils davon (insbesondere durch Verpfändung, Einräumung einer Unterbeteiligung, Bestellung eines Nießbrauchs oder Vereinbarung einer Treuhand) gilt Absatz 1 entsprechend, wenn sie zugunsten einer nachfolgeberechtigten Person erfolgt; sonst gilt Absatz 2 entsprechend.

[Zusätzlich bei beteiligungsidentischer GmbH & Co. KG:

(4) Die Übertragung eines Kommanditanteils oder eines Teils davon ist nur wirksam, wenn der übertragende Gesellschafter gleichzeitig einen entsprechenden Anteil am Stammkapital der persönlich haftenden Gesellschafterin auf denselben Erwerber überträgt oder die Übertragung sonst der Herstellung identischer Beteiligungsverhältnisse von Erwerber und/oder Veräußerer in beiden Gesellschaften dient. Geringfügige (Rundungs-)Differenzen als Folge unterschiedlich hoher Nennbeträge von Festkapital und Stammkapital in beiden Gesellschaften sind unschädlich.]

G 183 **Verfügungen über Gesellschaftsanteile |** Personengesellschaftsanteile lassen sich unter Lebenden durch Abtretung übertragen (§§ 398, 413 BGB), sofern die anderen Gesellschafter dem bereits im Gesellschaftsvertrag generell oder ad hoc im Einzelfall zustimmen. Näher → *Übertragung von Gesellschaftsanteilen.* Das Beispiel unterscheidet zwischen der Übertragung auf „nachfolgeberechtigte Personen" (Abs. 1) und einer solchen auf nicht-nachfolgeberechtigte Dritte (Abs. 2). Erstere ist zustimmungsfrei möglich, letztere bedarf eines Gesellschafterbeschlusses mit qualifizierter Mehrheit. Sonstige dinglich oder auch nur schuldrechtlich wirkende Verfügungen über Gesellschaftsanteile werden der Übertragung gleichgestellt (Abs. 3).

Nachfolgeberechtigte Personen | Der Kreis der nachfolgeberechtigten Personen ist im Beispiel (Abs. 1) so definiert, dass eine zustimmungsfreie Übertragung jeweils nur auf die eigenen (Enkel-)Kinder, Geschwister und deren (Enkel-)Kinder zulässig ist, um den Charakter als Familiengesellschaft aufrechtzuerhalten. Sofern Familienstämme definiert wurden (Rz. G 143 f.), können Übertragungen innerhalb des betreffenden Stammes zustimmungsfrei gestellt werden (so die Alternative). Angeheiratete Ehegatten sind im Beispiel nicht nachfolgeberechtigt. Bei Kindern wird heute zumeist nicht mehr nach der Ehelichkeit unterschieden; leiblichen Kindern werden außerdem auch im Kindesalter adoptierte Kinder gleichgestellt (Buchstabe a). Elternteile, die bereits Kommanditist sind oder waren, sind in Buchstabe c) aufgenommen, um zum einen auch Nießbrauchsvorbehalte zustimmungsfrei zu stellen, wenn Kommanditisten ihren Kindern Anteile unter Nießbrauchsvorbehalt schenken möchten; zum anderen sind diese Elternteile damit auch bei Vorversterben eines Kindes nachfolgeberechtigt. G 184

Gleichlaufklausel bei beteiligungsidentischer GmbH & Co. KG | Sofern die Kommanditisten dauerhaft auch quotenentsprechend an der Komplementär-GmbH beteiligt bleiben sollen, ist eine Gleichlaufklausel unerlässlich (Abs. 4). Der Vorschlag verpflichtet die Kommanditisten zwar rechtstechnisch nicht zur Übertragung von GmbH-Geschäftsanteilen, weil dies die Beurkundungsbedürftigkeit auch des KG-Gesellschaftsvertrages zur Folge hätte (§ 15 Abs. 4 GmbHG). Die Übertragung des Kommanditanteils ist aber nur wirksam, *wenn* zugleich auch ein entsprechender Stammkapitalanteil übertragen wird. In Ausnahmefällen kann es gleichwohl zu abweichenden Beteiligungsquoten kommen (z.B. im Erbfall oder weil ein Gründungsgesellschafter die Beteiligung an der Komplementär-GmbH im Rahmen der vorweggenommenen Erbfolge mit Zustimmung der übrigen Gesellschafter zunächst noch zurückbehält). Daher sollten auch der (Wieder-)Herstellung gleicher Beteiligungsverhältnisse dienende Übertragungen erlaubt werden. Rundungsdifferenzen, die bei unterschiedlich hohen Festkapital- und Stammkapitalziffern und zudem unterschiedlicher Teilbarkeit (vgl. § 5 Abs. 2 Satz 1 GmbHG) ggf. unvermeidlich sind, sollten ausdrücklich für unschädlich erklärt werden. G 185

§ 17 Vererbung von Gesellschaftsanteilen

Stirbt ein Kommanditist, wird die Gesellschaft nach Maßgabe der gesetzlichen oder testamentarischen Bestimmungen mit seinen Erben bzw. Vermächtnisnehmern fortgesetzt, soweit diese nachfolgeberechtigte Personen (§ 16 Absatz 1) sind. Sofern kein Erbe bzw. Vermächtnisnehmer eine nachfolgeberechtigte Person ist, scheidet der Kommanditist mit seinem Tod aus der Gesellschaft aus. ***[ggf.:*** *Nicht nachfolgeberechtigte Erben bzw. Vermächtnisnehmer erhalten keine Abfindung.]* G 186

Nachfolgeklausel | Beim Tod eines Kommanditisten wird die Gesellschaft grundsätzlich mit dessen Erben fortgesetzt (§ 177 HGB), wobei der Gesellschaftsvertrag diese Fortsetzung jedoch z.B. von der Nachfolgeberechtigung der Erben im Sinne des Gesellschaftsvertrages abhängig machen kann (qualifizierte Nachfolgeklausel). In diesem Fall werden Erben, die nicht zu diesem Personenkreis gehören, zu keinem Zeitpunkt Gesellschafter. Zu anderen denkbaren Nachfolgeklauseln → *Nachfolge von Todes wegen Rz. N 21 ff.* Im Beispiel kann sich eine Abfindungspflicht insbesondere dann ergeben, wenn ein Kommanditist von seinem – gemäß § 16 Abs. 1 nicht nachfolgeberechtigten – Ehegatten beerbt wird. Falls dies nicht gewünscht ist, kann entweder die Nachfolgeberechtigung entsprechend erweitert oder die Abfindung insoweit ausgeschlossen werden. Näher zum Abfindungsausschluss für den Todesfall → *Abfindung Rz. A 15.* G 187

§ 18 Kündigung eines Gesellschafters

G 188 *(1) Kündigt ein Gesellschafter rechtswirksam das Gesellschaftsverhältnis, scheidet er aus der Gesellschaft aus; sein Anteil wächst den übrigen Gesellschaftern an. Ist nur noch ein Gesellschafter vorhanden, so hat er das Recht, das Unternehmen mit Aktiven und Passiven unter Beibehaltung der bisherigen Firma fortzuführen.*

(2) Eine ordentliche Kündigung ist erstmals auf den 31.12.2030 möglich sowie danach auf den Schluss jedes fünften Geschäftsjahres. Die Kündigung muss spätestens am dritten Werktag des betreffenden Geschäftsjahres zugehen.

(3) Die Kündigung ist schriftlich gegenüber allen übrigen Gesellschaftern zu erklären. Innerhalb von zwei Monaten nach dem Zugang der Kündigung können die übrigen Gesellschafter erklären, dass sie sich der Kündigung anschließen; Satz 1 gilt hierfür entsprechend. Kündigen alle Gesellschafter auf den gleichen Zeitpunkt, gilt die Gesellschaft zu diesem Zeitpunkt als aufgelöst.

G 189 **Kündigung der Gesellschaft |** Nach § 132 HGB kann ein Gesellschafter jederzeit mit einer Frist von sechs Monaten zum Ende eines Geschäftsjahres kündigen; er scheidet dann zu diesem Zeitpunkt aus der Gesellschaft aus (§ 131 Abs. 3 Satz 1 Nr. 3 HGB). Da dem ausscheidenden Gesellschafter eine Abfindung zu zahlen ist, welche die Gesellschaft nicht unerheblich belasten kann, wird die ordentliche Kündigung gesellschaftsvertraglich zumeist deutlich erschwert; wobei der Vertragsfreiheit insoweit allerdings Grenzen gesetzt sind, weil ein völliger Ausschluss oder eine vergleichbare Beschränkung des Kündigungsrechts gemäß § 723 Abs. 3 BGB nichtig wäre. Näher → *Ausscheiden eines Gesellschafters.* Im Beispiel wird die ordentliche Kündigung für einen längeren Zeitraum (bis zu 15 Jahre) ausgeschlossen und danach nur auf das Ende jedes fünften Geschäftsjahres für zulässig erklärt.

§ 19 Ausschluss eines Gesellschafters

G 190 *(1) Ein Gesellschafter kann mit seiner Zustimmung aus der Gesellschaft ausgeschlossen werden. Er kann ohne seine Zustimmung ausgeschlossen werden, wenn in seiner Person ein wichtiger Grund vorliegt. Ein wichtiger Grund liegt insbesondere vor, wenn*

a) der Gesellschafter nachhaltig gegen wesentliche Gesellschafterpflichten verstößt;

b) gegenüber dem Gesellschafter ein Grund vorliegt, der die anderen Gesellschafter zur Erhebung der Auflösungsklage berechtigen würde;

c) der Gesellschafter seine Pflichten nach § 14 Absatz 1 (Ehelicher Güterstand) verletzt, unter den dort genannten Voraussetzungen.

[Zusätzlich bei beteiligungsidentischer GmbH & Co. KG:

d) wenn der Kommanditist nicht Gesellschafter der persönlich haftenden Gesellschafterin ist.]

(2) Der Ausschluss erfolgt durch Beschluss der Gesellschafter. Der auszuschließende Gesellschafter ist bei der Beschlussfassung über seinen Ausschluss nicht stimmberechtigt. Der Ausschluss wird mit der Mitteilung des Beschlusses an den ausgeschlossenen Gesellschafter wirksam. Der Beschluss ist solange als wirksam zu behandeln, bis seine Unwirksamkeit rechtskräftig festgestellt ist.

G 191 **Ausschluss eines Gesellschafters |** Ein Gesellschafter kann aus einem in seiner Person liegenden wichtigen Grund aus der Gesellschaft ausgeschlossen werden (*ultima ratio*). § 140 HGB sieht hierfür den Weg über eine Gestaltungsklage vor. Dieses Verfahren ist dispositiv, weshalb Gesellschaftsverträge regelmäßig eine Ausschließung durch Gesellschafterbeschluss erlauben (vgl. § 737 BGB). Im Fall der beteiligungsidentischen GmbH & Co. KG sollte auch der Verlust der Beteiligung an der Komplementär-GmbH als Ausschlussgrund vorgesehen werden (Buchstabe d); bei Ausschluss aus der KG ist auch die zugehörige GmbH-Beteiligung einzuziehen (Rz. G 248 f.). Die Insolvenz eines Gesellschafters sowie Zwangsvollstreckungsmaßnahmen sind ebenfalls als wichtiger Grund zu definieren, sofern sie nicht – wie nachstehend im Beispiel – schon automatisch zum Ausscheiden des betroffenen Gesellschafters führen. Näher → *Ausscheiden eines Gesellschafters.*

§ 20 Insolvenz eines Gesellschafters, Zwangsvollstreckung

(1) Ein Gesellschafter scheidet aus der Gesellschaft aus, ohne dass es eines Beschlusses der Gesellschafter bedarf: G 192

a) mit der Eröffnung des Insolvenzverfahrens über sein Vermögen oder mit der Ablehnung der Eröffnung des Insolvenzverfahrens über sein Vermögen mangels Masse oder mit dem von dem betreffenden Gesellschafter selbst gestellten Antrag auf Eröffnung des Insolvenzverfahrens über sein Vermögen;

b) mit der Einzelzwangsvollstreckung in seinen Gesellschaftsanteil oder eines seiner Gesellschaftsrechte oder seine Ansprüche gegen die Gesellschaft, und zwar mit Ablauf von drei Monaten ab Zustellung des Pfändungs- und Überweisungsbeschlusses, falls die Zwangsvollstreckungsmaßnahme nicht zu diesem Zeitpunkt aufgehoben ist.

(2) Die Gesellschaft wird von den verbleibenden Gesellschaftern fortgeführt.

Insolvenz, Zwangsvollstreckung | Auch ohne Gesellschafterbeschluss scheidet ein Gesellschafter automatisch aus der Gesellschaft aus, wenn über sein Vermögen das Insolvenzverfahren eröffnet wird oder ein Privatgläubiger die Gesellschaft kündigt (vgl. § 131 Abs. 3 Satz 1 Nrn. 2 und 4 HGB). Das Beispiel erweitert diese Gründe um weitere Varianten der Insolvenz und um die Einzelzwangsvollstreckung. Näher → *Insolvenz,* → *Zwangsvollstreckung.* G 193

[Ggf. zusätzlich bei Familienstämmen (§ 3 Abs. 5): G 194

§ 20a Übernahmerecht

(1) Scheidet ein Kommanditist nach den §§ 14, 17 bis 20 aus der Gesellschaft aus, so sind die übrigen Kommanditisten seines Stammes berechtigt, den freiwerdenden Anteil zu übernehmen.

(2) Die übrigen Kommanditisten des Stammes können gegenüber der persönlich haftenden Gesellschafterin jeweils schriftlich die vollständige oder teilweise Übernahme des Anteils erklären. Erklären mehrere Kommanditisten die Übernahme, gilt der Anteil, soweit der Umfang der Übernahmeerklärungen die freiwerdende Beteiligung übersteigt, nach dem Verhältnis ihrer Festkapitalanteile (§ 3 Absatz 2) als übernommen. Die übernehmenden Kommanditisten können ein anderes Verhältnis vereinbaren. Die jeweilige Erklärung muss, falls der Kommanditist durch ordentliche Kündigung ausscheidet, bis zwei Monate vor dem Zeitpunkt des Ausscheidens, in allen anderen Fällen innerhalb von zwei Monaten nach dem Zeitpunkt des Ausscheidens zugehen.

(3) Der Festkapitalanteil des übernehmenden Kommanditisten erhöht sich mit Wirkung ab dem Zeitpunkt des Ausscheidens um den übernommenen Festkapitalanteil. Zugleich gehen Gutha-

ben und Schulden auf den weiteren für den ausscheidenden Kommanditisten geführten Konten über, ggf. anteilig.

(4) Jeder übernehmende Kommanditist ist verpflichtet, die Gesellschaft von dem Anspruch des ausscheidenden Kommanditisten oder seiner Rechtsnachfolger auf Zahlung einer Abfindung nach § 21 jeweils in Höhe des Teils freizustellen, der dem von ihm übernommenen Teil des Kommanditanteils entspricht. Mehrere übernehmende Kommanditisten sind im Verhältnis untereinander Teilschuldner.]

G195 **Übernahmerecht zugunsten des Familienstamms |** Sofern an der Gesellschaft Familienstämme jeweils in einem bestimmten Verhältnis (z.B. paritätisch) beteiligt sind, sollen diese Beteiligungsverhältnisse oftmals dauerhaft aufrechterhalten werden. In diesem Fall ist Vorsorge für den Fall zu treffen, dass ein Gesellschafter bspw. durch ordentliche Kündigung, Ausschluss oder Insolvenz aus der Gesellschaft ausscheidet und deshalb sein Anteil allen verbleibenden Gesellschaftern, auch denen des anderen Stammes, anwächst. § 20a räumt den anderen Mitgliedern des betroffenen Familienstammes für diesen Fall ein Übernahmerecht ein, das sie ausüben können, um die Beteiligungsquote ihres Stammes in der Gesellschaft aufrechtzuerhalten.

§ 21 Abfindung ausscheidender Gesellschafter

G196 *(1) Ein Gesellschafter, der aus der Gesellschaft ausscheidet, erhält eine Abfindung in Höhe von zwei Dritteln des auf seinen Festkapitalanteil entfallenden anteiligen Unternehmenswertes. Bewertungsstichtag ist, wenn der Gesellschafter zum Ende eines Geschäftsjahres ausscheidet, dieses Ende des Geschäftsjahres, sonst das Ende des vorherigen Geschäftsjahres. Am Gewinn oder Verlust zwischen Bewertungsstichtag und dem Tag des Ausscheidens nimmt der ausscheidende Gesellschafter nicht teil.*

(2) Der anteilige Unternehmenswert wird nach den Grundsätzen der §§ 200 bis 203 BewG in ihrer jeweiligen Fassung bemessen, jedoch mit folgenden Maßgaben:

a) In § 201 Abs. 2 BewG treten 5 Wirtschaftsjahre an die Stelle von 3;

b) zur Ermittlung des Betriebsergebnisses einer Gesellschaft ist abweichend von § 202 Abs. 1 Satz 1 BewG von ihrem handelsrechtlichen Ergebnis vor Ertragsteuern auszugehen, das zum Zwecke der Konzernrechnungslegung der Unternehmensgruppe […] ermittelt wird.

Der sich danach ergebende anteilige Unternehmenswert wird durch den steuerlichen Berater der Gesellschaft zeitnah berechnet und allen Gesellschaftern durch Einschreiben mitgeteilt.

(3) Der ausscheidende Gesellschafter, die verbleibenden Gesellschafter und die Gesellschaft selbst können jeweils binnen zwei Monaten nach dem Poststempel des Einschreibens beantragen, dass – abweichend von Absatz 2 – der anteilige Unternehmenswert von einem einvernehmlich, ersatzweise vom Vorstand des IDW zu benennenden Wirtschaftsprüfer unter Anwendung der jeweils gültigen Bewertungsstandards des IDW zur Durchführung von Unternehmensbewertungen (derzeit IDW S1) verbindlich festgestellt wird. Hierbei ist eine konservative Unternehmensplanung zugrunde zu legen. Die Kosten dieses Verfahrens sind durch den bzw. die Antragsteller zu tragen.

(4) Scheidet ein Gesellschafter wegen eines in seiner Person liegenden wichtigen Grundes oder gemäß § 20 aus, reduziert sich die Abfindung auf 50 % des anteiligen Unternehmenswertes.

(5) Die Abfindung ist in acht gleichen Jahresraten zu zahlen. Die erste Rate ist sechs Monate nach dem Zeitpunkt des Ausscheidens zu zahlen; falls der anteilige Unternehmenswert bei Fälligkeit noch nicht feststeht, ist eine angemessene Abschlagszahlung zu leisten. Die Abfindung ist ab dem Bewertungsstichtag (Absatz 1) mit 2 %-Punkten über dem jeweiligen Basiszinssatz (§ 247 BGB) zu verzinsen. Die aufgelaufenen Zinsen sind mit jeder Rate zu bezahlen. Die Gesellschaft ist berechtigt, die Abfindung ganz oder teilweise früher zu bezahlen. Zur Sicherstellung der Abfindung ist sie nicht verpflichtet.

(6) Guthaben und Schulden auf dem Darlehenskonto des ausscheidenden Gesellschafters bleiben bei der Abfindung außer Betracht und sind sechs Monate nach dem Zeitpunkt des Ausscheidens gesondert auszugleichen. Nachträgliche Änderungen der zugrunde gelegten Bilanz, insbesondere aufgrund einer steuerlichen Außenprüfung, beeinflussen die Abfindung nicht.

(7) Für den Fall, dass die zu zahlende Abfindung nach Höhe oder Auszahlungsmodalitäten gegen zwingendes Recht verstoßen sollte, soll eine gerade noch zulässige, möglichst niedrige Abfindung bzw. Auszahlungsmodalität als vereinbart gelten.

Orientierung am Ertragswert | Wenn ein Kommanditist aus der Gesellschaft ausscheidet, ist ihm eine Abfindung zu zahlen, die i.d.R. entweder nach dem auf seine bisherige Beteiligung anteilig entfallenden Ertragswert oder nach dem anteiligen Buchwert bemessen wird. **Buchwertklauseln,** welche die Abfindung auf der Grundlage der Handels- oder Steuerbilanz der Gesellschaft ermitteln wollen, werden von der neueren Rechtsprechung nicht mehr uneingeschränkt akzeptiert. Sie werden vielmehr insbesondere daraufhin überprüft, ob ein grobes Missverhältnis zwischen dem Verkehrswert der Beteiligung und der vorgesehenen Abfindung besteht. Näher hierzu → *Abfindung Rz. A 19ff.* Das Beispiel orientiert sich daher am **Ertragswert** der Unternehmensgruppe. Dieser soll im Regelfall jedoch nicht durch eine umfassende Unternehmensbewertung nach den Bewertungsstandards des Instituts der Wirtschaftsprüfer (IDW S1), sondern auf Basis des für Erbschaftsteuerzwecke geltenden vereinfachten Ertragswertverfahrens nach dem Bewertungsgesetz ermittelt werden. Diese Berechnung kann für Erbschaftsteuerzwecke ohnehin erforderlich werden und sollte z.B. auch durch den regelmäßigen steuerlichen Berater der Gesellschaft zeitnah erfolgen können. Auf Verlangen einer Partei bleibt eine umfassende Unternehmensbewertung nach IDW S1 zwar möglich (Abs. 3). Um diese und den damit verbundenen Aufwand nicht zum Regelfall werden zu lassen, sollten die Kosten einer solchen Bewertung jedoch der Partei auferlegt werden, die sie beantragt hat – unabhängig davon, ob sie zu einem höheren oder niedrigeren Anteilswert als die Bewertung nach dem Bewertungsgesetz führt. G 197

Modifikation des vereinfachten Ertragswertverfahrens | Auch die durch das Bewertungsgesetz vorgegebenen Grundsätze lassen sich für nicht-steuerliche Zwecke bei Bedarf modifizieren und auf die Besonderheiten des Unternehmens zuschneiden (Abs. 2). G 198

Abfindungsbeschränkung | Der Vorschlag beschränkt die zu zahlende Abfindung auf 2/3 des so ermittelten anteiligen Unternehmenswertes (Abs. 1). Denn eine möglichst rechtssichere Abfindungsbeschränkung sollte die Abfindung auf zumindest 2/3 des Verkehrswertes der abzufindenden Beteiligung festsetzen. Für den Sonderfall des Ausscheidens aus einem in der Person des Ausscheidenden liegenden wichtigen Grund ist eine Reduzierung auf bis zu 50 % möglich (Abs. 4). Für ein Ausscheiden durch Tod kann u.U. auch ein Abfindungsausschluss vorgesehen werden. Der Auszahlungszeitraum kann jedenfalls auf acht, ggf. auch auf zehn Jahre gestreckt werden. Zur weiteren rechtlichen Absicherung der vorgesehenen Abfindungs- G 199 beschränkungen enthält Abs. 7 eine spezifische salvatorische Klausel. Näher → *Abfindung Rz. A 28, A 38ff.*

G 200 **Auszahlung von Darlehenskonten |** Bei Fremdkapitalkonten ist sicherzustellen, dass sie auch im Fall des Ausscheidens nicht mit etwaigen Verlusten verrechnet werden. Abs. 6 sieht daher ihren gesonderten Ausgleich, unabhängig von der Abfindung, vor.

§ 22 Liquidation

G 201 *Im Falle einer Auflösung der Gesellschaft erfolgt die Liquidation durch die persönlich haftende Gesellschafterin. Das nach Berichtigung der Schulden verbleibende Vermögen der Gesellschaft ist im Verhältnis der Kapitalkonten I zu verteilen.*

G 202 **Liquidation |** Die Liquidation nach §§ 145ff. HGB erfolgt durch sämtliche Gesellschafter, damit auch durch die Kommanditisten, sofern nicht durch den Gesellschaftsvertrag oder einen Gesellschafterbeschluss etwas anderes bestimmt wird (§ 146 Abs. 1 HGB). Satz 2 wiederholt, dass sich auch die Beteiligung am Liquidationserlös nach den Kapitalkonten I richtet (vgl. bereits § 3 Abs. 2).

§ 23 Schiedsvereinbarung

G 203 *(1) Alle Streitigkeiten zwischen Gesellschaftern oder zwischen der Gesellschaft und ihren Gesellschaftern im Zusammenhang mit diesem Gesellschaftsvertrag oder über seine Gültigkeit werden unter Ausschluss des ordentlichen Rechtswegs endgültig durch ein Schiedsgericht entschieden.*

(2) Die Schiedsvereinbarung wird in einer von den Parteien eigenhändig unterzeichneten Urkunde gesondert festgelegt.

G 204 **Schiedsvereinbarung |** Schiedsvereinbarungen, an denen ein Verbraucher beteiligt ist, müssen in einer von den Parteien eigenhändig unterzeichneten Urkunde enthalten sein, die zudem keine anderen Vereinbarungen enthalten darf (§ 1031 Abs. 5 ZPO). Da Kommanditisten durchaus Verbraucher i.S.d. § 13 BGB sein können, ist die Schiedsvereinbarung vorsorglich separat abzuschließen. In dieser Schiedsvereinbarung kann auf die Schiedsgerichtsordnung (DIS-SchO) der Deutschen Institution für Schiedsgerichtsbarkeit e.V. (DIS) Bezug genommen werden. Die daneben in Betracht kommenden Ergänzenden Regeln für gesellschaftsrechtliche Streitigkeiten (DIS-ERGeS) sind in erster Linie mit Blick auf die GmbH entwickelt worden, bei der Beschlussmängelklagen die Gesellschaft selbst zu richten sind. Bei der KG wäre eine entsprechende Feststellungsklage dagegen ohnehin gegen alle Gesellschafter zu richten (mit *Boris*, SchiedsVZ 2009, 299, 303 wäre eine Bezugnahme auch auf die DIS-ERGeS aber auch nicht nachteilig). Vgl. zur Mustervereinbarung der DIS Rz. G 252.

§ 24 Schlussbestimmungen

G 205 *(1) Änderungen und Ergänzungen dieses Vertrages bedürfen der Schriftform. § 7 Absatz 2 bleibt unberührt.*

(2) Sollten einzelne Bestimmungen dieses Vertrages ganz oder teilweise unwirksam oder undurchführbar sein oder werden, wird dadurch die Gültigkeit dieses Vertrages im Übrigen nicht berührt. Anstelle der unwirksamen oder undurchführbaren Bestimmung gilt diejenige wirksame oder durchführbare Bestimmung als vereinbart, welche dem Sinn und Zweck der unwirksamen

oder undurchführbaren Bestimmung entspricht. Im Falle von Lücken in diesem Vertrag gilt diejenige wirksame Bestimmung als vereinbart, die dem entspricht, was die Gesellschafter in Kenntnis der Lücke vernünftigerweise vereinbart hätten.

Schriftformklausel | Schriftform erfordert bei Verträgen grundsätzlich eine eigenhändige Namensunterschrift auf derselben Urkunde (§ 126 Abs. 2 Satz 1 BGB), was bei größerem Gesellschafterkreis bzw. Ortsabwesenheit einzelner Gesellschafter ggf. beschwerlich werden kann. Satz 2 verweist deshalb auf die Möglichkeit, den Gesellschaftsvertrag durch Gesellschaftsbeschluss mit qualifizierter Mehrheit (vgl. § 7 Abs. 2) zu ändern. Dieser Beschluss kann auch im Umlaufverfahren z.B. per Fax oder E-Mail getroffen werden (vgl. § 7 Abs. 5). Die spätere, der Schriftform genügende Fixierung der beschlossenen Änderung wirkt dann nur noch deklaratorisch. G 206

Salvatorische Klausel | Sofern eine einzelne Bestimmung des Vertrages nichtig ist, hat dies gemäß § 139 BGB im Zweifel die Nichtigkeit des gesamten Vertrages zur Folge. Bei Gesellschaftsverträgen ist dies i.d.R. nicht gewünscht. Satz 1 weist daher abweichend von § 139 BGB demjenigen die Beweislast zu, der sich auf die Gesamtnichtigkeit beruft. Im Übrigen fingiert die Klausel für den Fall nichtiger, undurchführbarer oder fehlender Bestimmungen, dass insoweit eine zweckentsprechende bzw. vernünftige Klausel als vereinbart gilt. G 207

2. GmbH-Gesellschaftsvertrag bei Einheitsgesellschaft

Gesellschaftsvertrag der […] Verwaltungs GmbH G 208

§ 1 Firma, Sitz, Geschäftsjahr (Rz. G 211)
§ 2 Gegenstand des Unternehmens (Rz. G 214)
§ 3 Stammkapital (Rz. G 216)
§ 4 Vertretung (Rz. G 218)
§ 5 Beirat (Rz. G 220)
§ 6 Verfügungen über Geschäftsanteile (Rz. G 225)
§ 7 Schlussbestimmungen (Rz. G 227)

Mindestinhalt | Der (beurkundungsbedürftige) Gesellschaftsvertrag einer GmbH muss enthalten (§ 3 Abs. 1 GmbHG): (1.) die Firma und den Sitz der Gesellschaft, (2.) den Gegenstand des Unternehmens, (3.) den Betrag des Stammkapitals sowie (4.) die Zahl und die Nennbeträge der Geschäftsanteile, die jeder Gesellschafter gegen Einlage auf das Stammkapital übernimmt. Üblich sind daneben Bestimmungen zur Vertretungsbefugnis der Geschäftsführung (§ 37 Abs. 1 GmbHG), zum Geschäftsjahr, zur Übernahme von Gründungskosten durch die Gesellschaft (§ 26 Abs. 2–5 AktG analog) und zu den Bekanntmachungen der Gesellschaft (§ 12 GmbHG). G 209

Im Fall der **Einheitsgesellschaft** ist die Komplementär-GmbH eine Einmann-GmbH, da die KG dauerhaft sämtliche Geschäftsanteile halten soll (näher zur Gründung → *Einheitsgesellschaft Rz. E 74ff.*). Daher kann der Gesellschaftsvertrag der GmbH in diesem Fall auf das Nötigste beschränkt werden. Sinnvoll ist allerdings die Bildung eines Beirats unmittelbar bei der Komplementär-GmbH, damit die Kommanditisten über diesen unmittelbar auf die Geschäftsführung der GmbH Einfluss nehmen, insbesondere auch deren Personalangelegenheiten regeln können (Rz. G 220ff.). G 210

§ 1 Firma, Sitz, Geschäftsjahr

G211 *(1) Die Gesellschaft führt die Firma […] Verwaltungs GmbH.*

(2) Die Gesellschaft hat ihren Sitz in […].

(3) Das Geschäftsjahr entspricht dem Kalenderjahr.

[Alternativ: *Das Geschäftsjahr beginnt jeweils am 1. Juli und endet am 30. Juni des folgenden Kalenderjahres.***]**

G212 **Firma und Sitz** | Jedenfalls wenn die Komplementär-GmbH ihren Satzungssitz am tatsächlichen Verwaltungssitz der KG haben soll, muss sich ihre Firma von der Firma der KG deutlich unterscheiden (§ 30 Abs. 1 HGB). Der unterschiedliche Rechtsformzusatz („GmbH" statt „KG") genügt hierfür nicht, weshalb eine sonst gleiche oder jedenfalls sehr ähnliche Firma in der Praxis regelmäßig um einen Zusatz „Verwaltungs", „Beteiligungs" o.Ä. ergänzt wird. Näher → *Firma.* In Abs. 2 ist der Satzungssitz der GmbH anzugeben. Zwar ist der Satzungssitz frei im Inland wählbar (§ 4a GmbHG); sinnvollerweise sollte er aber mit dem Verwaltungssitz von GmbH und KG übereinstimmen mit der Folge, dass für beide Gesellschaften dasselbe Handelsregister zuständig ist.

G213 **Geschäftsjahr** | Vgl. Rz. G 135. Bei der GmbH kann das Geschäftsjahr nur durch Änderung der notariellen Satzung geändert werden.

§ 2 Gegenstand des Unternehmens

G214 *(1) Gegenstand des Unternehmens ist die Beteiligung als persönlich haftende Gesellschafterin an der […] GmbH & Co. KG mit Sitz in […], deren Unternehmensgegenstand die Leitung einer Unternehmensgruppe auf dem Gebiet des Handels mit Kraftfahrzeugen und Kraftfahrzeugteilen sowie deren Lagerung, Auslieferung und Instandsetzung ist und die in den genannten Bereichen auch selbst tätig werden kann.*

(2) Die Gesellschaft ist auch berechtigt, sich an anderen Unternehmen zu beteiligen.

G215 **Unternehmensgegenstand** | Für den Unternehmensgegenstand einer Komplementär-GmbH genügt an sich die Angabe, dass sie sich als persönlich haftende Gesellschafterin an einer (näher bezeichneten) KG beteiligt. Da Rechtsprechung und Registergerichte darüber hinaus allerdings teilweise auch einen Hinweis auf den Unternehmensgegenstand dieser KG verlangen, sollte dieser vorsorglich (schlagwortartig) wiederholt werden. Näher → *Unternehmensgegenstand Rz. U 574f.*

§ 3 Stammkapital

G216 *(1) Das Stammkapital beträgt 25 000 Euro.*

(2) Hierauf übernimmt der Gründungsgesellschafter […] den einzigen Geschäftsanteil mit der lfd. Nr. 1 im Nennbetrag von 25 000 Euro. Die Einlage ist sofort in bar zu leisten.

G217 **Stammkapital** | Das Mindeststammkapital beträgt 25 000 Euro (§ 5 Abs. 1 GmbHG). Im Gesellschaftsvertrag ist auch anzugeben, welche Geschäftsanteile die Gründungsgesellschafter jeweils übernehmen (§ 3 Abs. 1 Nr. 4 GmbHG). Eine Einheitsgesellschaft wird zumeist in der Weise neu gegründet, dass ein künftiger Kommanditist die Komplementär-GmbH allein gründet und seine GmbH-Beteiligung sodann auf die KG überträgt (§ 15 GmbHG). Da die

Beteiligung insgesamt dauerhaft und unverändert bei der KG verbleiben soll, genügt ein einziger Geschäftsanteil zu 25 000 Euro (anstelle von z.B. 25 000 Geschäftsanteilen zu je 1 Euro). Bei späteren Satzungsänderungen kann Abs. 2 entfallen.

§ 4 Vertretung

(1) Die Gesellschaft wird, sofern nur ein Geschäftsführer bestellt ist, durch diesen und, sofern mehrere Geschäftsführer bestellt sind, durch zwei Geschäftsführer oder durch einen Geschäftsführer gemeinsam mit einem Prokuristen vertreten. Die jeweiligen Geschäftsführer sind von den Beschränkungen des § 181 BGB befreit. G 218

(2) Der Beirat kann einem oder mehreren Geschäftsführern Einzelvertretungsberechtigung erteilen.

Vertretung | Sind mehrere Geschäftsführer bestellt, sind sie alle nur gemeinschaftlich zur Vertretung der Gesellschaft befugt, solange der Gesellschaftsvertrag nichts anderes bestimmt (§ 35 Abs. 2 Satz 1 GmbHG). Üblicherweise sieht der Gesellschaftsvertrag für den alleinigen Geschäftsführer Einzelvertretung und bei mehreren Geschäftsführern (modifizierte) Gesamtvertretung durch zwei Geschäftsführer oder durch einen Geschäftsführer und einen Prokuristen vor. Zur Befreiung vom Selbstkontrahierungsverbot (§ 181 BGB) näher Rz. G 150 und → *Geschäftsführung und Vertretung Rz. G 45 ff.* G 219

§ 5 Beirat

(1) Die Gesellschaft hat einen Beirat. G 220

(2) Der Beirat besteht stets aus den Personen, die bei der […] GmbH & Co. KG mit Sitz in […] Beiratsmitglied sind.

(3) Der Beirat berät und überwacht die Geschäftsführung. Er hat die Aufgabe, die Geschäftsführer der Gesellschaft zu berufen und abzuberufen sowie deren Anstellungsverträge abzuschließen, zu ändern und zu beenden. Der Beirat bestimmt und ändert die Ressorts der Geschäftsführer. Den Geschäftsführern gegenüber vertritt der Beirat – vertreten durch seinen Vorsitzenden oder ein anderes, durch Beschluss bestimmtes Mitglied – die Gesellschaft gerichtlich und außergerichtlich.

(4) Der Zustimmung des Beirats bedürfen alle Geschäfte und Maßnahmen der Geschäftsführung, die über den gewöhnlichen Geschäftsbetrieb der Gesellschaft hinausgehen, insbesondere die Bestellung und Abberufung von leitenden Angestellten, deren Kreis abzugrenzen dem Beirat überlassen bleibt, die Regelung der Bezüge der leitenden Angestellten sowie die Erteilung und Beendigung von Prokuren. Der Beirat kann durch Beschluss weitere Geschäfte und Maßnahmen für zustimmungsbedürftig erklären.

(5) Der Beirat kann von der Geschäftsführung jederzeit einen Bericht über die Angelegenheiten der Gesellschaft verlangen. Er hat das Recht, die Bücher und Schriften der Gesellschaft zu prüfen.

(6) Der Beirat gibt sich selbst eine Geschäftsordnung zur Regelung seiner inneren Ordnung. Die Beiratsmitglieder erhalten ihre Auslagen ersetzt und, soweit anfallend, die Umsatzsteuer. Die Haftung der Beiratsmitglieder ist auf Vorsatz und grobe Fahrlässigkeit beschränkt. Die aktiengesetzlichen Vorschriften zum Aufsichtsrat sind nicht anzuwenden.

[Ggf. zusätzlich:

(7) Die Gesellschafterversammlung kann durch Beschluss sämtliche Zuständigkeiten des Beirats nach diesem Gesellschaftsvertrag – ganz oder zum Teil – wieder an sich ziehen. Zudem blei-

ben sie für die Abberufung von Geschäftsführern aus wichtigem Grund konkurrierend zuständig.]

G 221 **Bildung des Beirats** | Sofern der Beirat (wie im Beispiel) bei KG und Komplementär-GmbH zugleich errichtet wird, sollte eine personengleiche Besetzung sichergestellt werden. Die deshalb in Abs. 2 angeordnete Personenidentität entspricht in der Sache einem Entsendungsrecht zugunsten von Nichtgesellschaftern (nämlich zugunsten der Kommanditisten, die den Beirat der KG besetzen). Solche Entsendungsrechte Dritter sind nach h.M. zulässig. Die Alternative besteht in der Wahl der Beiratsmitglieder durch die Gesellschafterversammlung der GmbH. In diesem Fall werden die Beteiligungsrechte zwar formal durch die Geschäftsführer ausgeübt, der Gesellschaftsvertrag der KG kann sie hierbei jedoch an die Zustimmung der Gesellschafterversammlung oder des Beirats der KG binden.

G 222 **Regelungsumfang** | Unmittelbar in der Satzung müssen lediglich die wesentlichen organisatorischen Grundzüge des Beirats geregelt werden, insbesondere seine Kompetenzen gegenüber anderen Gesellschaftsorganen (Geschäftsführung). Darüber hinausgehende Regelungen können in eine – flexiblere und überdies nicht registeröffentliche – Geschäftsordnung des Beirats (Abs. 6 Satz 1) sowie in einen Katalog zustimmungsbedürftiger Geschäfte ausgelagert werden. In der Komplementär-GmbH selbst sind deutlich weniger Entscheidungen zu treffen als auf Ebene der operativ/geschäftsleitend tätigen KG: Beteiligungen oder Grundstücke etwa wird nur die KG erwerben, nicht auch die Komplementär-GmbH. Daher können u.E. grundsätzlich alle über den gewöhnlichen Geschäftsbetrieb, d.h. die Führung und die Vertretung der KG, hinausgehenden Geschäfte bei der GmbH für zustimmungsbedürftig erklärt werden (Abs. 4).

G 223 **Personalkompetenz** | Herzstück der Beiratszuständigkeit ist unter den Bedingungen einer Einheitsgesellschaft regelmäßig die Personalkompetenz (Abs. 3). Diese wird von der Gesellschafterversammlung, in der die Geschäftsführer bei Fehlen anderweitiger Vorkehrungen sonst ggf. in eigener Sache oder in Angelegenheiten ihrer Kollegen zu entscheiden hätten, auf den Beirat verlagert. Sofern eine solche unmittelbare Personalkompetenz nicht gewünscht ist, kann auf die Verdopplung des Beirats verzichtet und dieser allein bei der KG angesiedelt werden.

G 224 **Verhältnis zur Gesellschafterversammlung** | Die Gesellschafterversammlung kann ihre Kompetenzen auf den Beirat als anderes Gesellschaftsorgan jedenfalls unter der Voraussetzung übertragen, dass sie die Übertragung jederzeit wieder rückgängig machen kann und zumindest für die Abberufung von Geschäftsführern aus wichtigem Grund konkurrierend zuständig bleibt (Abs. 7). Näher → *Beirat Rz. B 29.* Im Fall der Einheitsgesellschaft ist ein solcher Vorbehalt allerdings u.E. dann nicht angezeigt, wenn der Beirat (überwiegend) aus Kommanditisten der KG besteht; denn dann nehmen diese mittelbaren bzw. wirtschaftlichen Gesellschafter der Komplementär-GmbH ihre Interessen gerade über den Beirat wahr.

§ 6 Verfügungen über Geschäftsanteile

G 225 *Verfügungen über Geschäftsanteile oder Teile von Geschäftsanteilen, insbesondere ihre Abtretung, bedürfen zu ihrer Wirksamkeit der Zustimmung des Beirats.*

G 226 **Vinkulierung der Geschäftsanteile** | Die Übertragung und Belastung der Geschäftsanteile an der Komplementär-GmbH kann an die Zustimmung des Beirats gebunden werden (§ 15 Abs. 5 GmbHG).

§ 7 Schlussbestimmungen

(1) Die Bekanntmachungen der Gesellschaft erfolgen im Bundesanzeiger. G 227

(2) Die Gesellschaft trägt den Gründungsaufwand (Kosten der Beurkundung des Gesellschaftsvertrags, der Bekanntmachung, der Anmeldung und Eintragung im Handelsregister sowie der Beratung durch Anwälte und Steuerberater) bis zu einem Gesamtbetrag von 1 000 Euro.

Bekanntmachungen | Das GmbHG sieht nur vereinzelt öffentliche Bekanntmachungen vor. G 228
Diese erfolgen gemäß § 12 GmbHG nur im Bundesanzeiger, sofern der Gesellschaftsvertrag nicht ausnahmsweise noch weitere Gesellschaftsblätter bestimmt.

Gründungsaufwand | Sofern die Gesellschaft ihre Gründungskosten ganz oder zum Teil G 229
übernehmen soll, ist dies in der Satzung anzugeben (§ 26 Abs. 2–5 AktG analog). Die Registergerichte akzeptieren i.d.R. Höchstbeträge von bis zu 10 % des Stammkapitals; ein Höchstbetrag von 1 000 Euro sollte stets unkritisch sein. Fehlt die Bestimmung oder gehen die Kosten über den angegebenen Höchstbetrag hinaus, ist der (Mehr-)Aufwand von den Gründungsgesellschaftern zu tragen.

3. GmbH-Gesellschaftsvertrag bei beteiligungsidentischer GmbH & Co. KG

Gesellschaftsvertrag der […] Verwaltungs GmbH G 230

§ 1 Firma, Sitz, Geschäftsjahr (Rz. G 232)
§ 2 Gegenstand des Unternehmens (Rz. G 234)
§ 3 Stammkapital (Rz. G 236)
§ 4 Vertretung (Rz. G 238)
§ 5 Gesellschafterversammlungen (Rz. G 240)
§ 6 Gesellschafterbeschlüsse (Rz. G 242)
§ 7 Vorsorgevollmacht (Rz. G 244)
§ 8 Verfügungen über Geschäftsanteile (Rz. G 246)
§ 9 Einziehung von Geschäftsanteilen (Rz. G 248)
§ 10 Abfindung (Rz. G 250)
§ 11 Schiedsvereinbarung (Rz. G 252)
§ 12 Schlussbestimmungen (Rz. G 254)

Mindestinhalt | Siehe zunächst Rz. G 209. Im Fall der beteiligungsidentischen GmbH & Co. G 231
KG sind die Kommanditisten zugleich auch jeweils quotenentsprechend Gesellschafter der Komplementär-GmbH. Die Komplementär-GmbH ist daher (bei mehreren Kommanditisten) eine Mehrpersonengesellschaft. Dies schafft einerseits zusätzlichen Regelungsbedarf, weil im Mehrpersonenverhältnis z.B. auch Regelungen zu Gesellschafterversammlungen und -beschlüssen und zur Zulässigkeit von Anteilsübertragungen erforderlich werden, wobei insbesondere auch der Gleichlauf von GmbH- und KG-Beteiligung sicherzustellen ist. Andererseits genügt es in diesem Fall regelmäßig, einen etwaigen Beirat ausschließlich bei der KG zu errichten, weil die Gesellschafter ihre (insbesondere Personal-)Kompetenzen gegenüber der Geschäftsführung der GmbH unmittelbar selbst wahrnehmen können.

§ 1 Firma, Sitz, Geschäftsjahr

G 232 *(1) Die Gesellschaft führt die Firma […] Verwaltungs GmbH.*

(2) Die Gesellschaft hat ihren Sitz in […].

(3) Das Geschäftsjahr entspricht dem Kalenderjahr.

[Alternativ: *Das Geschäftsjahr beginnt jeweils am 1. Juli und endet am 30. Juni des folgenden Kalenderjahres.]*

G 233 **Firma, Sitz, Geschäftsjahr** | Siehe die Erläuterungen Rz. G 212 f.

§ 2 Gegenstand des Unternehmens

G 234 *(1) Gegenstand des Unternehmens ist die Beteiligung als persönlich haftende Gesellschafterin an der […] GmbH & Co. KG mit Sitz in […], deren Unternehmensgegenstand die Leitung einer Unternehmensgruppe auf dem Gebiet des Handels mit Kraftfahrzeugen und Kraftfahrzeugteilen sowie deren Lagerung, Auslieferung und Instandsetzung ist und die in den genannten Bereichen auch selbst tätig werden kann.*

(2) Die Gesellschaft ist auch berechtigt, sich an anderen Unternehmen zu beteiligen.

G 235 **Unternehmensgegenstand** | Siehe die Erläuterungen Rz. G 215.

§ 3 Stammkapital

G 236 *(1) Das Stammkapital beträgt 25 000 Euro.*

(2) Hierauf übernimmt

a) Herr/Frau [… Name] [… Anzahl] Geschäftsanteile mit den lfd. Nrn. 1 bis […] im Nennbetrag von jeweils 1 Euro;

b) Herr/Frau [… Name] [… Anzahl] Geschäftsanteile mit den lfd. Nrn. […] bis […] im Nennbetrag von jeweils 1 Euro;

c) Herr/Frau [… Name] [… Anzahl] Geschäftsanteile mit den lfd. Nrn. […] bis 25 000 im Nennbetrag von jeweils 1 Euro.

Die Einlagen sind jeweils sofort in bar zu leisten.

(3) Der Anteil eines Gesellschafters am Stammkapital soll stets seinem prozentualen Anteil am Festkapital der […] GmbH & Co. KG entsprechen. Jeder Gesellschafter ist verpflichtet, allen Maßnahmen zuzustimmen und alle Handlungen vorzunehmen, die erforderlich sind, um identische Beteiligungsverhältnisse in beiden Gesellschaften aufrechtzuerhalten bzw. (wieder) herzustellen, wobei Maßstab die jeweilige Beteiligung an der […] GmbH & Co. KG ist. Geringfügige (Rundungs-) Differenzen als Folge unterschiedlich hoher Nennbeträge von Festkapital und Stammkapital in beiden Gesellschaften sind unschädlich.

G 237 **Stammkapital** | Im Fall der beteiligungsidentischen GmbH & Co. KG sollte bei der Festsetzung des Stammkapitals der Komplementär-GmbH die Zahl der Gesellschafter und das für die KG vorgesehene Festkapital berücksichtigt werden: Beteiligen sich an der KG bspw. drei Kommanditisten mit gleich hohen Einlagen zu je 50 000 Euro, sollte das Stammkapital der GmbH möglichst ebenfalls durch drei teilbar sein. Zur Vereinfachung künftiger Anteilsübertragungen empfiehlt sich eine Stückelung der Geschäftsanteile zu je 1 Euro (vgl. § 5 Abs. 2 GmbHG). Bei späteren Satzungsänderungen kann Abs. 2 entfallen. Abs. 3 soll den Gleichlauf von GmbH- und KG-Beteiligung absichern, vgl. Rz. G 185.

§ 4 Vertretung

(1) Die Gesellschaft wird, sofern nur ein Geschäftsführer bestellt ist, durch diesen und, sofern mehrere Geschäftsführer bestellt sind, durch zwei Geschäftsführer oder durch einen Geschäftsführer gemeinsam mit einem Prokuristen vertreten. Die jeweiligen Geschäftsführer sind von den Beschränkungen des § 181 BGB befreit. G 238

(2) Die Gesellschafter können einem oder mehreren Geschäftsführern durch Beschluss Einzelvertretungsberechtigung erteilen.

Vertretung | Siehe die Erläuterungen Rz. G 219. G 239

§ 5 Gesellschafterversammlungen

(1) Die Beschlüsse der Gesellschafter werden in Gesellschafterversammlungen gefasst. Zu den Gesellschafterversammlungen kann jeder Geschäftsführer schriftlich durch Brief oder per Fax unter Bekanntgabe der Tagesordnung und unter Einhaltung einer Frist von mindestens zwei Wochen einladen. Die Einladung ist mit ihrer Aufgabe zur Post bewirkt; der Tag der Absendung (Poststempel) und der Tag der Versammlung sind nicht mitzurechnen. G 240

(2) Gesellschafter, die (zusammen) mindestens 10 % des Stammkapitals halten, können von der Geschäftsführung unter Angabe des Zwecks und der Gründe jederzeit die Einberufung einer Gesellschafterversammlung verlangen.

(3) Eine nicht ordnungsgemäß einberufene Gesellschafterversammlung kann Beschlüsse nur fassen, wenn sämtliche Gesellschafter anwesend oder vertreten sind und einer Beschlussfassung nicht widersprechen.

(4) Eine ordnungsgemäß einberufene Gesellschafterversammlung ist beschlussfähig, wenn mehr als 50 % des Stammkapitals vertreten sind. Anderenfalls haben die Geschäftsführer gemäß Absatz 1 zu einer weiteren Gesellschafterversammlung mit derselben Tagesordnung einzuladen. Diese ist ohne Rücksicht auf die Höhe des vertretenen Stammkapitals beschlussfähig; hierauf ist in der Einladung hinzuweisen.

(5) Jeder Gesellschafter kann sich aufgrund einer schriftlich, per Fax oder E-Mail erteilten Vollmacht in der Gesellschafterversammlung durch einen Mitgesellschafter, den Ehegatten oder eine nachfolgeberechtigte Person (§ 8 Absatz 1) ***[ggf.:*** *oder eine zur Berufsverschwiegenheit verpflichtete Person] vertreten lassen.*

(6) Die Gesellschafterversammlung wird durch ihren Vorsitzenden geleitet. Der Vorsitzende wird von den Gesellschaftern mit einfacher Mehrheit gewählt.

[Alternativ zu Satz 2: *Solange der Gründungsgesellschafter […] Gesellschafter ist, hat er den Vorsitz inne; nach seinem Ausscheiden wird der Vorsitzende von den Gesellschaftern mit einfacher Mehrheit gewählt.]*

(7) Über die Gesellschafterversammlung und die gefassten Beschlüsse ist ein Protokoll anzufertigen, das von dem Vorsitzenden unterzeichnet wird. Das Protokoll ist unverzüglich allen Gesellschaftern zuzuleiten. Der Inhalt des Protokolls gilt als anerkannt, wenn nicht innerhalb einer

Frist von einem Monat nach Zugang des Protokolls gegenüber dem Vorsitzenden schriftlich durch Brief oder per Fax Einwendungen erhoben werden.

G 241 **Gesellschafterversammlungen** | Die Regelungen berücksichtigen die Vorgaben der §§ 48 ff. GmbHG und entsprechen inhaltlich den Bestimmungen des KG-Gesellschaftsvertrages. Siehe die Erläuterungen Rz. G 154 ff.

§ 6 Gesellschafterbeschlüsse

G 242 *(1) Gesellschafterbeschlüsse werden mit einfacher Mehrheit der abgegebenen Stimmen gefasst, soweit nicht zwingende gesetzliche Bestimmungen oder dieser Vertrag eine höhere Mehrheit bestimmen. Enthaltungen gelten als nicht abgegebene Stimmen.*

[Alternativ (in diesem Fall entfällt § 5 Abs. 4):

(1) Gesellschafterbeschlüsse werden mit einfacher Mehrheit der in der Gesellschaft insgesamt vorhandenen Stimmen gefasst, soweit nicht zwingende gesetzliche Bestimmungen oder dieser Vertrag eine höhere Mehrheit bestimmen.]

(2) Soweit dieser Vertrag für Gesellschafterbeschlüsse eine qualifizierte Mehrheit *vorsieht, bedürfen diese einer Mehrheit von 75 % der in der Gesellschaft insgesamt vorhandenen Stimmen. Änderungen dieses Gesellschaftsvertrages bedürfen der qualifizierten Mehrheit.*

(3) Jeder Euro eines Geschäftsanteils gewährt eine Stimme.

[Ggf. ergänzend: *Solange der Gründungsgesellschafter […] Gesellschafter ist, stehen ihm unabhängig von der Höhe seiner Beteiligung am Stammkapital jedoch stets mindestens ebenso viele Stimmen zu wie den übrigen Gesellschaftern insgesamt sowie zusätzlich eine weitere Stimme. Dieses persönliche Sonderrecht ist nicht übertragbar und nicht vererblich.]*

(4) Gesellschafter sind auch in eigenen Angelegenheiten stimmberechtigt, es sei denn, dass ihre Entlastung, ihre Befreiung von einer Verbindlichkeit oder die Einleitung oder Erledigung eines Rechtsstreits der Gesellschaft mit ihnen Gegenstand der Beschlussfassung ist. Ist ein Gesellschafter nicht stimmberechtigt, darf er auch nicht als Vertreter das Stimmrecht für andere Gesellschafter ausüben.

(5) Eines Zusammentritts der Gesellschafter zu einer Gesellschafterversammlung bedarf es nicht, wenn sämtliche Gesellschafter sich schriftlich, per Fax oder E-Mail mit einem bestimmten Beschluss einverstanden erklärt haben. Der Beschluss ist entsprechend § 5 Absatz 7 zu protokollieren.

(6) Gesellschafterbeschlüsse können nur binnen zwei Monaten nach Zugang des Protokolls (§ 5 Absatz 7) durch Klage gegen die Gesellschaft angefochten werden.

G 243 **Gesellschafterbeschlüsse** | Die Regelungen berücksichtigen die (gemäß § 46 Abs. 2 GmbHG weitgehend dispositiven) Vorgaben des § 47 GmbHG und entsprechen inhaltlich den Bestimmungen des KG-Gesellschaftsvertrages. Siehe zunächst die Erläuterungen Rz. G 158 ff. Auch bei der GmbH können durch eine entsprechende Satzungsbestimmung die Mehrheitserfordernisse angehoben werden, so dass z.B. die Mehrheit der insgesamt vorhandenen statt der abgegebenen Stimmen erforderlich ist (so die Alternative zu Abs. 1). Satzungsänderungen erfordern einen notariell zu beurkundenden Beschluss mit Dreiviertelmehrheit, wobei nach dem Gesetz auf die abgegebenen Stimmen abzustellen ist, nach dem Vertrag auf die insgesamt vorhandenen Stimmen (zulässig gemäß § 53 Abs. 2 Satz 2 GmbHG). Abs. 4 wiederholt zum

Stimmrecht in eigenen Angelegenheiten im Wesentlichen § 47 Abs. 4 GmbHG; ausgenommen ist der (nach h.M. dispositive) Fall der Vornahme eines Rechtsgeschäfts mit sich selbst. Für Anfechtungsklagen gegen Gesellschafterbeschlüsse hat § 246 Abs. 1 AktG, der eine Monatsfrist vorsieht, auch für das GmbH-Recht „Leitbildfunktion". Abs. 6 schreibt insoweit (zur Harmonisierung mit dem Kommanditgesellschaftsvertrag) eine Zweimonatsfrist fest.

§ 7 Vorsorgevollmacht

Jeder Gesellschafter, der eine natürliche Person ist, ist verpflichtet, eine notarielle Vorsorgevollmacht zu errichten und aufrecht zu erhalten, in der er einem Mitgesellschafter, dem Ehegatten oder einer nachfolgeberechtigten Person (§ 8 Absatz 1) Vollmacht zur Ausübung und Wahrnehmung seiner Gesellschafterrechte, einschließlich des Rechtes zu Verfügungen über seine Geschäftsanteile, einraumt. Die Vollmachtsurkunde ist bei der Gesellschaft zu hinterlegen und von der Gesellschaft an den Vollmachtgeber oder Bevollmächtigten auf Verlangen herauszugeben. Das Recht, sich nach § 5 Absatz 5 auf Gesellschafterversammlungen auch anderweitig vertreten zu lassen, bleibt unberührt. G 244

Vorsorgevollmacht | Siehe die Erläuterungen Rz. G 179. G 245

§ 8 Verfügungen über Geschäftsanteile

(1) Ein Gesellschafter kann zu Lebzeiten Geschäftsanteile ohne Zustimmung der Gesellschafter nur auf die nachfolgend genannten Personen (nachfolgeberechtigte Personen) übertragen: G 246

a) eigene leibliche Abkömmlinge, wobei als leibliche Abkömmlinge auch Adoptivkinder bei Adoption eines Kindes vor Vollendung seines zehnten Lebensjahres gelten;

b) eigene Geschwister und deren Abkömmlinge im Sinne von Buchstabe a);

c) eigene Elternteile, sofern diese bereits Kommanditist der Gesellschaft sind oder waren.

(2) Die Übertragung eines Geschäftsanteils auf eine nicht nachfolgeberechtigte Person bedarf zu ihrer Wirksamkeit eines zustimmenden Gesellschafterbeschlusses mit qualifizierter Mehrheit.

(3) Für jede sonstige Verfügung über und Belastung eines Geschäftsanteils (insbesondere durch Verpfändung, Einräumung einer Unterbeteiligung, Bestellung eines Nießbrauchs oder Vereinbarung einer Treuhand) gilt Absatz 1 entsprechend, wenn sie zugunsten einer nachfolgeberechtigten Person erfolgt; sonst gilt Absatz 2 entsprechend.

(4) Die Übertragung eines Geschäftsanteils ist nur wirksam, wenn der übertragende Gesellschafter gleichzeitig einen entsprechenden Anteil am Festkapital der […] GmbH & Co. KG auf denselben Erwerber überträgt oder die Übertragung sonst der Herstellung identischer Beteiligungsverhältnisse von Erwerber und/oder Veräußerer in beiden Gesellschaften dient. Geringfügige (Rundungs-)Differenzen als Folge unterschiedlich hoher Nennbeträge von Festkapital und Stammkapital in beiden Gesellschaften sind unschädlich.

Verfügungen über Geschäftsanteile | Siehe zunächst die Erläuterungen Rz. G 183 ff. Gegenüber § 16 des Kommanditgesellschaftsvertrages ist zunächst berücksichtigt, dass es „Teile von Geschäftsanteilen" nicht geben kann, wenn diese wie vorgeschlagen zu je 1 Euro gestückelt werden (vgl. § 5 Abs. 2 GmbHG). Abs. 4 knüpft die Abtretung der Geschäftsanteile i.S.v. § 15 Abs. 5 GmbHG an die weitere Voraussetzung, dass auf den Erwerber zugleich auch ein entsprechender Kommanditanteil übertragen wird bzw. die Abtretung sonst jedenfalls der Wiederherstellung gleicher Beteiligungsverhältnisse in beiden Gesellschaften dient. G 247

§ 9 Einziehung von Geschäftsanteilen

G 248 *(1) Die Einziehung von Geschäftsanteilen ist mit Zustimmung des betroffenen Gesellschafters jederzeit zulässig. Sie ist ohne die Zustimmung des betroffenen Gesellschafters zulässig, wenn*

a) in den Geschäftsanteil die Zwangsvollstreckung betrieben wird und die Vollstreckungsmaßnahme nicht innerhalb von drei Monaten, spätestens bis zur Verwertung des Geschäftsanteils aufgehoben wird;

b) über das Vermögen des Gesellschafters das Insolvenzverfahren eröffnet oder die Eröffnung mangels Masse abgelehnt wird oder der Gesellschafter die eidesstattliche Versicherung abgegeben hat;

c) in der Person des Gesellschafters ein wichtiger Grund vorliegt, der seine Ausschließung rechtfertigt;

d) beim Tode eines Gesellschafters dessen Geschäftsanteil auf andere als nachfolgeberechtigte Personen (§ 8 Absatz 1) übergeht und der Anteil nicht innerhalb von drei Monaten nach einer entsprechenden Aufforderung auf nachfolgeberechtigte Personen übertragen wird; dieses Einziehungsrecht besteht nur innerhalb eines Jahres nach Kenntnis der Gesellschaft vom Tode des Gesellschafters und der Person seiner Rechtsnachfolger;

e) der Gesellschafter aus wichtigem Grund rechtswirksam kündigt oder seinen Austritt aus der Gesellschaft erklärt.

(2) Steht ein Geschäftsanteil mehreren Mitberechtigten ungeteilt zu, so ist die Einziehung gemäß Absatz 1 auch zulässig, wenn ihre Voraussetzungen nur in der Person eines Mitberechtigten vorliegen.

(3) Die Einziehung wird durch die Geschäftsführung aufgrund eines Gesellschafterbeschlusses erklärt. Der betroffene Gesellschafter ist nicht stimmberechtigt. Ab dem Zeitpunkt der Beschlussfassung über die Einziehung gewährt der betroffene Geschäftsanteil bis zur Wirksamkeit der Einziehung kein Stimmrecht. Die Einziehung hat zur Folge, dass der betroffene Gesellschafter mit unmittelbarer Wirkung aus der Gesellschaft ausscheidet.

(4) Die Einziehung kann mit der Neubildung eines Geschäftsanteils und Übernahme durch die Gesellschaft, einen Gesellschafter oder einen Dritten verbunden werden.

(5) Statt der Einziehung kann die Gesellschafterversammlung den betroffenen Gesellschafter ausschließen und verlangen, dass der Geschäftsanteil an die Gesellschaft oder eine oder mehrere von der Gesellschafterversammlung bezeichnete Person bzw. Personen abgetreten wird. Die Möglichkeit des Abtretungsverlangens besteht auch dann, wenn eine Einziehung aufgrund nicht vollständiger Einzahlung des Stammkapitals ausscheidet. Die beschlossene Abtretung wird mit notarieller Beurkundung der erforderlichen Annahmeerklärung und Zahlung des Entgelts wirksam, für das die Regelungen des § 10 entsprechend gelten. Das Entgelt für den abzutretenden Geschäftsanteil wird von dem Erwerber des Geschäftsanteils geschuldet; dieser erwirbt den Anteil Zug um Zug gegen Zahlung des von der Gesellschafterversammlung in einem weiteren Beschluss festgestellten Entgelts oder Stellung einer Bankbürgschaft.

G 249 **Einziehung |** Nach der neueren BGH-Rechtsprechung (BGH v. 24.1.2012 – II ZR 109/11, BGHZ 192, 236 = GmbHR 2012, 387) wird die Einziehung bereits mit der Mitteilung des Einziehungsbeschlusses an den betroffenen Gesellschafter (und nicht erst mit Leistung der Abfindung) wirksam, sofern der Beschluss weder nichtig ist noch für nichtig erklärt wird. Die Gesellschafter, die den Einziehungsbeschluss gefasst haben, haften dem ausgeschiedenen Gesellschafter anteilig, wenn sie treuwidrig (BGH v. 10.5.2016 – II ZR 342/14, GmbHR 2016, 754) nicht dafür sorgen, dass die Abfindung aus dem ungebundenen Vermögen der Gesellschaft geleistet werden kann, oder die Gesellschaft nicht auflösen.

§ 10 Abfindung

(1) Im Fall der Einziehung von Geschäftsanteilen und in allen anderen Fällen des Ausscheidens eines Gesellschafters ist eine Abfindung zu zahlen. G 250

(2) Die Abfindung entspricht dem Buchwert der betroffenen Geschäftsanteile. Wenn die Einziehung bzw. das Ausscheiden zum Ende eines Geschäftsjahres erfolgt, ist die Handelsbilanz für das betreffende Geschäftsjahr maßgeblich, sonst die Handelsbilanz für das vorherige Geschäftsjahr. Der Buchwert entspricht den eingezahlten Stammeinlagen zuzüglich (jeweils anteiliger) offener Rücklagen, Jahresüberschuss und Gewinnvortrag abzüglich (jeweils anteiligem) Jahresfehlbetrag und Verlustvortrag. Nicht berücksichtigt werden stille Reserven, Firmenwert und Goodwill sowie bei unterjährigem Ausscheiden das Ergebnis des laufenden Geschäftsjahres.

(3) Die Abfindung ist drei Monate nach dem Wirksamwerden der Einziehung bzw. dem Zeitpunkt des Ausscheidens zu zahlen.

(4) Für den Fall, dass die Höhe der zu zahlenden Abfindung gegen zwingendes Recht verstoßen sollte, ist die niedrigste noch zulässige Abfindung zu zahlen.

Abfindung | Da die Komplementär-GmbH selbst nicht operativ tätig und deshalb kaum über stille Reserven verfügen wird, sieht das Beispiel eine Abfindung zum (vollen) Buchwert vor. Eine Differenzierung der Abfindungshöhe nach dem Grund des Ausscheidens oder eine Auszahlungsstreckung (vgl. Rz. G 196 ff. für die KG) ist auch bei der GmbH möglich, wegen der ohnehin geringen Abfindung aber regelmäßig entbehrlich. G 251

§ 11 Schiedsvereinbarung

(1) Alle Streitigkeiten zwischen Gesellschaftern oder zwischen der Gesellschaft und ihren Gesellschaftern im Zusammenhang mit diesem Gesellschaftsvertrag oder über seine Gültigkeit werden nach der Schiedsgerichtsordnung (DIS-SchO) und den Ergänzenden Regeln für gesellschaftsrechtliche Streitigkeiten (DIS-ERGeS) der Deutschen Institution für Schiedsgerichtsbarkeit e.V. (DIS) unter Ausschluss des ordentlichen Rechtswegs endgültig entschieden. G 252

(2) Die Wirkungen des Schiedsspruchs erstrecken sich auch auf die Gesellschafter, die fristgemäß als Betroffene benannt werden, unabhängig davon, ob sie von der ihnen eingeräumten Möglichkeit, dem schiedsrichterlichen Verfahren als Partei oder Nebenintervenient beizutreten, Gebrauch gemacht haben (§ 11 DIS-ERGeS). Die fristgemäß als Betroffene benannten Gesellschafter verpflichten sich, die Wirkungen eines nach Maßgabe der Bestimmungen in den DIS-ERGeS ergangenen Schiedsspruchs anzuerkennen.

(3) Ausgeschiedene Gesellschafter bleiben an diese Schiedsvereinbarung gebunden.

(4) Die Gesellschaft hat gegenüber Klagen, die gegen sie vor einem staatlichen Gericht anhängig gemacht werden und Streitigkeiten betreffen, die gemäß Absatz 1 der Schiedsvereinbarung unterfallen, stets die Einrede der Schiedsvereinbarung zu erheben.

Schiedsvereinbarung | Die Schiedsklausel entspricht der Empfehlung der Deutschen Institution für Schiedsgerichtsbarkeit e.V. (DIS) für gesellschaftsrechtliche Streitigkeiten. G 253

§ 12 Schlussbestimmungen

G 254 *(1) Die Bekanntmachungen der Gesellschaft erfolgen im Bundesanzeiger.*

(2) Die Gesellschaft trägt den Gründungsaufwand (Kosten der Beurkundung des Gesellschaftsvertrags, der Bekanntmachung, der Anmeldung und Eintragung im Handelsregister sowie der Beratung durch Anwälte und Steuerberater) bis zu einem Gesamtbetrag von 1 000 Euro.

(3) Sollten einzelne Bestimmungen dieses Gesellschaftsvertrags ganz oder teilweise unwirksam sein oder werden, wird dadurch die Gültigkeit der übrigen Bestimmungen nicht berührt. Die unwirksame Bestimmung ist so umzudeuten oder durch Satzungsänderung zu ändern bzw. zu ergänzen, dass der damit verfolgte Zweck im Rahmen der gesetzlichen Bestimmungen soweit wie möglich erreicht wird. Im Fall einer Lücke ist diejenige Bestimmung zu vereinbaren, die dem entspricht, was nach Sinn und Zweck des Vertrages vernünftigerweise vereinbart worden wäre, wenn man die Angelegenheit von vornherein bedacht hätte.

G 255 **Salvatorische Klausel |** Abs. 3 enthält eine salvatorische Klausel, wie sie jedenfalls bei Mehrpersonengesellschaften mit längeren Gesellschaftsverträgen sinnvoll ist. Die übliche Fiktion, dass anstelle der unwirksamen Bestimmung eine wirksame, zweckentsprechende Klausel als vereinbart „gilt", wird von Registergerichten bei Kapitalgesellschaftsverträgen teilweise beanstandet und sollte daher wie im Beispiel durch eine Umdeutung nebst Änderungsverpflichtung ersetzt werden. Zu Abs. 1 und 2 siehe die Erläuterungen Rz. G 228 f.

G 256–G 270 frei

Vertiefende Recherche

Musterformulierungen

Formularbuch Recht und Steuern, 8. Aufl. 2014, A.8.01

Fuhrmann/Wälzholz, Formularbuch Gesellschaftsrecht, 2. Aufl. 2015, M 25.9 (KG mit Familienstämmen), M 28.1 ff. (GmbH & Co. KG), M 29.1 f. (Beteiligungsidentische GmbH & Co. KG), M 29.3 (Einheitsgesellschaft), M 29.4 (Publikums-KG)

Hesselmann/Tillmann/Mueller-Thuns, Handbuch GmbH & Co. KG, 21. Aufl. 2016, Anhänge (auch Einheitsgesellschaft)

Reichert, GmbH & Co. KG, 7. Aufl. 2015, §§ 58 ff. (auch Einheitsgesellschaft)

Sommer, Die Gesellschaftsverträge der GmbH & Co. KG, 4. Aufl. 2012 (Gesellschaftsverträge einer typischen GmbH & Co. KG, mit zusätzlichen Bestimmungen für beteiligungsidentische und Einheitsgesellschaften, sowie einer Komplementär-GmbH)

Westermann/Wertenbruch, Handbuch Personengesellschaften, M 60 ff. (Einheitsgesellschaft), M 64 (Gleichlaufklausel)

Gewerbesteuer

Ausgewählte Literatur: *Kutt/Möllmann*, Gewerbesteuerliche Auswirkungen des Verkaufs von Mitunternehmeranteilen durch Kapital- oder Personengesellschaften, DB 2010, 1663; *Levedag*, Anpassungsbedarf von Gesellschaftsverträgen bei Personen- und Kapitalgesellschaften nach der Unternehmensteuerreform 2008 anhand ausgewählter Problemfälle, GmbHR 2009, 15; *Neu/Hamacher*, Gewerbesteuer und Gewerbesteuerermäßigung bei unterjähriger gewerbesteuerpflichtiger Anteilsveräußerung, GmbHR 2014, 844; *Neumayer/Obser*, Gewerbesteuer bei der Veräußerung von Mitunternehmeranteilen, EStB 2008, 446; *Plambeck*, Anpassungsbedarf für Gewerbesteuerklauseln bei Personengesellschaften aufgrund Nichtabzugsfähigkeit der Gewerbesteuer seit UntStRefG 2008, DStR 2010, 1553; *Roser*, Gewerbesteuerausgleich zwischen den Gesellschaftern, EStB 2003, 158; *Schaaf/Engler*, Die Steuerklausel im Gesellschaftsvertrag der Personengesellschaft, EStB 2010, 173; *Scheifele*, Veräußerung von Mitunternehmeranteilen und Gewerbesteuer: Vertragliche Gestaltungsmöglichkeiten, DStR 2006, 253; *Wollweber/Beckschäfer*, Gewerbesteuer in der Personengesellschaft, EStB 2010, 351.

1. Überblick

Gewerbesteuerpflicht | Eine GmbH & Co. KG unterliegt der Gewerbesteuer (§ 2 Abs. 1 GewStG), wenn sie G 271

- eine originäre gewerbliche Tätigkeit ausübt (§ 15 Abs. 2 EStG),
- gewerblich gefärbt oder
- gewerblich geprägt ist (§ 15 Abs. 3 Nr. 1 oder 2 EStG; hinsichtlich Nr. 2 vgl. BFH v. 20.1. 2003 – IV R 5/02, BStBl. II 2004, 464).

Praxisprobleme bei der Gewerbesteuer | Im weiten Feld der Gewerbesteuer kommt der Rechtsform der GmbH & Co. KG aber grds. keine gewerbesteuerlichen „Besonderheiten" zu. Vor diesem Hintergrund können und sollen an dieser Stelle nicht sämtliche Aspekte rund um die Gewerbesteuer einer Personengesellschaft dargestellt werden. Vielmehr sollen hier nur solche gewerbesteuerlichen Aspekte rund um die Besteuerung der Personengesellschaft bzw. G 272 der GmbH & Co. KG dargestellt werden, die in der täglichen Beratungspraxis erfahrungsgemäß Fragen aufwerfen. Diese betreffen regelmäßig

- die Gründung,
- die Aufgabe bzw. Veräußerung einer GmbH & Co. KG sowie
- die Gewerbesteuerklausel im Gesellschaftsvertrag der GmbH & Co. KG.

2. Gründung einer GmbH & Co. KG

G 273 **Beginn der Gewerbesteuerpflicht |** Der wesentliche Unterschied zwischen der Gewerbesteuer und der Einkommen- bzw. Körperschaftsteuer bei einer GmbH & Co. KG liegt in den unterschiedlichen Zeitpunkten, in denen die jeweilige Steuerpflicht bei Gründung der Gesellschaft beginnt. Die GmbH & Co. KG unterliegt nicht bereits mit ihrer Gründung bzw. des Abschlusses des KG-Vertrages (so grds. für einkommensteuerliche Zwecke) oder Eintragung in das Handelsregister der Gewerbesteuer. Die sachliche Gewerbesteuerpflicht beginnt vielmehr erst mit der Aufnahme der werbenden Tätigkeit (vgl. R 2.5 [1] GewStR; *Helde* in Hesselmann/Tillmann/Mueller-Thuns, Hdb. GmbH & Co. KG, Rz. 6.643). Somit erfolgen Vorbereitungshandlungen, wie z.B. die Anmietung eines Ladenlokals, Anschaffung oder Herstellung von Wirtschaftsgütern für den laufenden Betrieb, außerhalb der Gewerbesteuerpflicht und können daher nicht zu gewerbesteuerlich abzugsfähigen Aufwand führen. Eine Verrechnung mit späteren Gewerbeerträgen ist somit nicht möglich. Soweit die Vorbereitungshandlungen zu abzugsfähigen Betriebsausgaben führen, ist eine Verrechnung des Aufwands mit späteren Gewerbeerträgen daher ausgeschlossen. Der Gründungs- bzw. Ingangsetzungsaufwand wirkt sich im Ergebnis damit gewerbesteuerlich nicht aus.

G 274 **Steuerobjekt |** Der stehende Gewerbebetrieb der GmbH & Co. KG ist mithin das Steuerobjekt i.S.d. § 2 Abs. 1 GewStG, an das die Gewerbesteuer anknüpft. Die GmbH & Co. KG ist auch gemäß § 5 Abs. 1 Satz 3 GewStG Schuldnerin der Gewerbesteuer. Gleichwohl ist nicht die GmbH & Co. KG als Gesellschaft sachlich gewerbesteuerpflichtig, sondern die an ihr beteiligten Mitunternehmer im einkommensteuerlichen Sinne (vgl. BFH v. 11.10.2012 – IV R 3/09, BStBl. II 2013, 176). Die sachliche Gewerbesteuerpflicht der Mitunternehmer hat jedoch keine Auswirkungen auf den Beginn der sachlichen Gewerbesteuerpflicht. Auch wenn bspw. ein oder mehrere Mitunternehmer der GmbH & Co. KG Kapitalgesellschaften sind, die bereits mit Gründung gewerbesteuerpflichtig sind, beginnt die sachliche Steuerpflicht erst mit der Aufnahme der werbenden Tätigkeit (vgl. BFH v. 30.8.2012 – IV R 54/10, BStBl. II 2012, 927 = GmbHR 2012, 1312 = FR 2013, 294 m. Anm. *Wendt* = GmbH-StB 2013, 41).

G 275 **Beginn der Gewerbesteuerpflicht bei gewerblich geprägter GmbH & Co. KG |** Entsprechend beginnt die sachliche Gewerbesteuerpflicht einer gewerblich geprägten oder gewerblich gefärbten GmbH & Co. KG ebenfalls erst mit Aufnahme der werbenden Tätigkeit (vgl. für eine gewerblich geprägte GmbH & Co. KG BFH v. 20.1.2003 – IV R 5/02, BStBl. II 2004, 464; H 2.5 [1] GewStR). Was bei einer gewerblich geprägten GmbH & Co. KG als werbende Tätigkeit anzusehen ist, richtet sich nach dem verfolgten Gegenstand der Tätigkeit – bspw. bei einer Vermietungstätigkeit insoweit mit dem Beginn der Vermietung (vgl. H 2.5 [1] GewStR).

G 276 **Aufwand aus Vorbereitungshandlungen bleibt unberücksichtigt |** Sofern die Vorbereitungshandlungen nicht unerheblich sind oder sich die Vorbereitungshandlungen über mehrere

Jahre hinziehen (bspw. beim Kraftwerksbau), wäre daher zu überlegen, ob es für gewerbesteuerliche Zwecke nicht vorzugswürdig ist, als Rechtsform eine Kapitalgesellschaft zu wählen. Die Tätigkeiten einer Kapitalgesellschaft gilt gemäß § 2 Abs. 2 Satz 1 GewStG stets und in vollem Umfang als Gewerbebetrieb. Diese gesetzliche Fiktion führt dazu, dass sich anders als bei einer GmbH & Co. KG die Kapitalgesellschaft bereits mit ihrer Gründung der sachlichen Gewerbesteuerpflicht unterliegt. Entsprechend wirkt sich Aufwand aus Vorbereitungshandlungen bei einer Kapitalgesellschaft gewerbesteuerlich aus. In der Praxis wird die Rechtsform der GmbH & Co. KG allerdings oftmals wegen ihrer einkommensteuerlichen Transparenz gewählt. Sofern der Aufwand aus den Vorbereitungshandlungen nicht unerheblich ist und der Aspekt der Haftungsabschottung für die Kommanditisten nicht relevant ist (bspw. im Fall eines Joint-Ventures zweier Kapitalgesellschaften oder zweier GmbH & Co. KGs), sollte in diesen Fällen bei der Wahl der steuerlich optimalen Rechtsform auch die Kommanditgesellschaft auf Aktien berücksichtigt werden. Die persönlich haftenden Gesellschafter einer Kommanditgesellschaft auf Aktien werden gemäß § 15 Abs. 1 Nr. 3 EStG einkommensteuerlich wie Mitunternehmer behandelt. Mithin wird die Kommanditgesellschaft auf Aktien bzgl. der persönlich haftenden Gesellschafter einkommensteuerlich ebenfalls transparent behandelt (hinsichtlich der Kommanditaktionäre findet grds. eine Besteuerung wie bei einer Kapitalgesellschaft statt; Mindestgrundkapital beträgt 50 000 Euro). Gleichwohl wird die Kommanditgesellschaft auf Aktien in § 2 Abs. 2 Satz 1 GewStG ausdrücklich als Kapitalgesellschaft aufgezählt, so dass unabhängig von ihrer einkommensteuerlichen Transparenz die sachliche Gewerbesteuerpflicht bereits mit ihrer Gründung und nicht erst mit der Aufnahme der werbenden Tätigkeit beginnt.

3. Beendigung/Liquidation einer GmbH & Co. KG

Ende der Gewerbesteuerpflicht | Spiegelbildlich zum Beginn endet die Gewerbesteuerpflicht der GmbH & Co. KG bereits mit der Einstellung der werbenden Tätigkeit (vgl. BFH v. 20.9. 2012 – IV R 60/11, BFH/NV 2013, 410; BFH v. 26.6.2007 – IV R 49/04, BStBl. II 2009, 289 = FR 2007, 1075 m.w.N.; R 2.6 [1] GewStR; *Helde* in Hesselmann/Tillmann/Mueller-Thuns, Hdb. GmbH & Co. KG, Rz. 6.643). Somit unterscheidet sich auch hier das Ende der Steuerpflicht der Gewerbesteuer vom Ende der Einkommen-/Körperschaftsteuerpflicht, für das grds. auf die Abwicklung bzw. vollständige Auflösung der Gesellschaft abzustellen ist. Da sich mit dem Beginn der Liquidation einer GmbH & Co. KG (Beschlussfassung über die Auflösung der Gesellschaft) der Geschäftszweck der Gesellschaft von einer werbenden Tätigkeit hin zur Abwicklung des Gesellschaftsvermögens ändert, unterliegt auch ein Abwicklungsgewinn nicht mehr der Gewerbesteuer. Dies sollte auch gelten, wenn eine gewerblich geprägte GmbH & Co. KG ihren Betrieb aufgibt. G 277

4. Veräußerung des Betriebs oder eines Teilbetriebs einer GmbH & Co. KG

a) Gewerbesteuerfreie Veräußerungsvorgänge

Veräußerung/Aufgabe des Betriebs | Die Veräußerung oder Aufgabe des Betriebs zählt nicht zu den werbenden Tätigkeiten. Entsprechend unterliegt auch ein Gewinn aus der Veräußerung des Betriebs oder eines Teilbetriebs i.S.d. § 16 Abs. 1 Nr. 1 Satz 1 EStG grds. nicht der Gewerbesteuer (vgl. H 7.1 [3] GewStR). Da für gewerbesteuerliche Zwecke allein auf die Frage G 278 abgestellt wird, ob der Veräußerungsgewinn außerhalb der werbenden Tätigkeit erzielt wird, ist es für gewerbesteuerliche Zwecke auch unerheblich, ob der Veräußerungsgewinn für einkommensteuerliche Zwecke die Voraussetzungen für die Begünstigungen nach § 16 Abs. 4 EStG, § 34 EStG erfüllt. Dies gilt auch im Fall der Veräußerung des Betriebs oder Teilbetriebs durch eine gewerblich geprägte GmbH & Co. KG (vgl. BFH v. 11.3.1982 – IV R 25/79, BStBl. II 1982, 707 = FR 1982, 489). Voraussetzung für eine gewerbesteuerfreie Veräußerung ist in jedem Fall, dass die GmbH & Co. KG mit der Veräußerung auch ihre bisherige werbende Tätigkeit einstellt.

G 279 **Einbringung eines Betriebs in eine Kapitalgesellschaft** | Die Einbringung des Betriebs oder Teilbetriebs einer GmbH & Co. KG i.S.d. **§ 20 UmwStG** in eine Kapitalgesellschaft bzw. Personengesellschaft, gilt als Veräußerungsvorgang (vgl. Rz. 00.02 UmwSt-Erlass). Wird ein Betrieb oder Teilbetrieb gemäß § 20 UmwStG zum Zwischenwert oder zum gemeinen Wert in eine Kapitalgesellschaft eingebracht, liegt insoweit ein Veräußerungsgewinn i.S.d. § 16 EStG vor, der grds. nicht der Gewerbesteuer unterliegt.

G 280 **Besonderheit bei Einbringungen in Personengesellschaften** | Auch die Einbringung eines Betriebs oder Teilbetriebs in eine Personengesellschaften zum Zwischenwert oder gemeinen Wert gemäß **§ 24 UmwStG** gilt grds. Veräußerung, die grds. nicht der Gewerbesteuer unterliegt. Soweit allerdings auf Seiten des Einbringenden und der übernehmenden Personengesellschaft dieselben Personen Unternehmer oder Mitunternehmer sind, gilt der Einbringungsgewinn gemäß § 24 Abs. 3 Satz 3 UmwStG i.V.m. § 16 Abs. 2 Satz 3 UmwStG als laufender Gewinn. Da die einbringende Person im Fall des § 24 UmwStG zu einer bestimmten Quote auch stets an der aufnehmenden Personengesellschaft beteiligt sein wird, greift diese Ausnahmeregelung in Einbringungsfällen in eine Personengesellschaft zu einem gewissen Grad immer. Die Qualifikation aus dem Einkommensteuerrecht greift auch auf die Gewerbesteuer über, so dass ein Einbringungsgewinn insoweit stets gewerbesteuerpflichtig ist (vgl. Rz. 24.17 UmwSt-Erlass; BFH v. 15.6.2004 – VIII R 7/01, BStBl. II 2004, 754 = FR 2004, 997 = GmbHR 2004, 1096 = GmbH-StB 2004, 262). Da § 24 Abs. 3 Satz 3 UmwStG nur in den Fällen des § 24 Abs. 3 Satz 2 UmwStG Anwendung findet und Satz 2 ausschließlich eine Regelung für die Einbringung zum gemeinen Wert enthält, könnte angenommen werden, dass § 24 Abs. 3 Satz 3 UmwStG nicht auf Einbringungen zum Zwischenwert anzuwenden ist. Nach herrschender Auffassung gilt § 24 Abs. 3 Satz 3 UmwStG aber auch bei Einbringungen zum Zwischenwert (vgl. *Rasche* in Rödder/Herlinghaus/van Lishaut, § 24 UmwStG Rz. 94; *Fuhrmann* in Widmann/Mayer, § 24 UmwStG Rz. 1151).

Beispiel:

A will seinen Betrieb gemäß § 24 UmwStG zum Zwischenwertansatz in eine bereits bestehende GmbH & Co. KG einbringen, an der B zu 100 % beteiligt ist. Der Wert des einzubringenden Betriebs entspricht dem Wert der GmbH & Co. KG, so dass nach Einbringung A und B jeweils zu 50 % an der GmbH & Co. KG beteiligt sein werden. Da A zu 50 % als Mitunternehmer an der aufnehmenden GmbH & Co. KG beteiligt ist, gilt der Einbringungsgewinn zu 50 % als laufender Gewinn. Der Einbringungsgewinn unterliegt damit zu 50 % der Gewerbesteuer.

G 281 **Veräußerung einer 100 %-Beteiligung an einer Kapitalgesellschaft** | Eine 100 %-Beteiligung an einer Kapitalgesellschaft gilt als sog. fiktiver Teilbetrieb (§ 16 Abs. 1 Nr. 1 Satz 2 EStG, § 15 Abs. 1 Satz 3 UmwStG) und führt entsprechend auch zu einem Veräußerungsgewinn i.S.d. § 16 Abs. 1 Nr. 1 EStG. Gleichwohl unterliegt die Veräußerung einer solchen Beteiligung aus einem Betriebsvermögen grds. der Gewerbesteuer. Dies gilt nur dann nicht (= nicht gewerbesteuerpflichtig), wenn die Veräußerung einer solchen Beteiligung im engen Zusammenhang mit der Veräußerung oder Aufgabe des (Gewerbe)Betriebs erfolgt (vgl. nur BFH v. 14.1.2002 – VIII B 59/01, BFH/NV 2002, 811; H 7.1. [3] GewStR). Wird die 100 %-Beteiligung an einer Kapitalgesellschaft im engen Zusammenhang mit der Veräußerung oder Aufgabe eines Teilbetriebs veräußert, sollte der auf die Beteiligung entfallende Veräußerungs-/Aufgabegewinn ebenfalls nicht gewerbesteuerpflichtig sein (vgl. auch *Geissler* in Herrmann/Heuer/Raupach, § 16 EStG Rz. 40).

b) Gewerbesteuerpflichtige Veräußerungsvorgänge

Ausnahmen, bei denen Veräußerungsvorgänge der Gewerbesteuer unterliegen | Von diesem Grundsatz, dass die Veräußerung oder Aufgabe eines Betriebs oder Teilbetriebs nicht der Gewerbesteuer unterliegt, existieren verschiedene Ausnahmen, unter denen die Veräußerung dennoch der Gewerbesteuer unterliegt. G 282

Veräußerungsgewinn entfällt nicht unmittelbar auf natürliche Person | Eine wesentliche Ausnahme findet sich in § 7 Satz 2 GewStG. Hiernach unterliegt ein Gewinn aus der Veräußerung oder Aufgabe eines Betriebs oder Teilbetriebs der Gewerbesteuer, soweit der Gewinn nicht auf eine natürliche Person als unmittelbar beteiligten Mitunternehmer entfällt. Ist folglich eine Kapitalgesellschaft an einer GmbH & Co. KG beteiligt und veräußert die GmbH & Co. KG einen Teilbetrieb, gehört der Veräußerungsgewinn insoweit zum steuerpflichtigen Gewerbeertrag. Da § 7 Satz 2 Nr. 1 GewStG ausdrücklich auf eine „unmittelbar" beteiligte natürliche Person abstellt, führt auch im Fall einer doppelstöckigen GmbH & Co. KG die Veräußerung eines Betriebs oder Teilbetriebs durch die Unter-GmbH & Co. KG zu einem gewerbesteuerpflichtigen Gewinn. G 283

Beispiel:

A ist natürliche Person und zu 100 % an der mit verschiedenen Teilbetrieben gewerblich tätigen A-GmbH & Co. KG beteiligt. Die A-GmbH & Co. KG ist wiederum zu 100 % vermögensmäßig an der gewerblich tätigen B-GmbH & Co. KG beteiligt (doppelstöckige Struktur). Veräußert die A-GmbH & Co. KG nun einen Teilbetrieb, unterliegt ein Veräußerungsgewinn nicht der Gewerbesteuer. Veräußert die B-GmbH & Co. KG ihren Betrieb, gehört der Veräußerungsgewinn zum Gewerbeertrag (§ 7 Satz 2 GewStG). Vorbehaltlich der Annahme eines Gesamtplans, könnte vor Durchführung der Veräußerung die B-GmbH & Co. KG auf die A-GmbH & Co. KG steuerneutral angewachsen werden. Veräußert nun die A-GmbH & Co. KG den angewachsenen Betrieb, der bei ihr einen weiteren Teilbetrieb darstellen sollte, würde der Veräußerungsgewinn nicht der Gewerbesteuer unterliegen.

Veräußerungen an sich selbst | Weiterhin fließen – abweichend von den zuvor genannten Grundsätzen – gemäß § 16 Abs. 2 Satz 3 EStG Gewinne aus der Veräußerung von Betrieben oder Teilbetrieben in den Gewerbeertrag ein, wenn auf Seiten des Veräußerers und Erwerbers dieselbe Person Unternehmer oder Mitunternehmer ist. Hierdurch soll verhindert werden, dass eine Person gewerbesteuerfrei ihr Betriebsvermögen aufstockt und sich hierdurch eine neue Abschreibungsbasis schafft. Bein Einbringungsfällen ist zu beachten, dass faktisch stets eine quotale Veräußerung an sich selbst erfolgt, da der Einbringende neue Gesellschaftsrechte an der übernehmenden Gesellschaft (er)hält (s. Rz. G 280). G 284

Gewerblicher Grundstückshandel | Die Veräußerung eines Betriebs unterliegt ebenfalls der Gewerbesteuer, sofern es sich um einen gewerblichen Grundstückshandel handelt. Zweck eines solchen gewerblichen Grundstückshandels ist es, gerade Grundstücke zu veräußern. Vor diesem Hintergrund erscheint es auch sachgerecht die Veräußerung des Betriebs, mithin auch der im Umlaufvermögen ausgewiesenen Grundstücke, der Gewerbesteuer zu unterwer- G 285 fen (vgl. BFH 25.1.1995 – X R 76–77/92, X R 76/92, X R 77/92, BStBl. II 1995, 388 = FR 1995, 413).

G286 **Veräußerungen nach Umwandlungen einer Kapitalgesellschaft |** Eine weitere Ausnahme, die zu einem gewerbesteuerpflichtigen Veräußerungsgewinn führt und dazu weitreichende „Kollateralschäden" hat, stellt **§ 18 Abs. 3 UmwStG** dar. Hiernach unterliegt der Gewinn aus der Veräußerung eines Betriebs oder Teilbetriebs stets der Gewerbesteuer, sofern innerhalb von 5 Jahren zuvor eine Kapitalgesellschaft nach §§ 3–9 und 16 UmwStG auf die GmbH & Co. KG umgewandelt worden ist. § 18 Abs. 3 UmwStG stellt eine Missbrauchsvorschrift dar, die verhindern soll, dass eine Kapitalgesellschaft, die ihren Betrieb oder einen Teilbetrieb nur gewerbesteuerpflichtig veräußern kann, vor der geplanten Veräußerung in eine Personengesellschaft umgewandelt wird, bei der die Veräußerung – vorbehaltlich der zuvor erläuterten Ausnahmen – grds. nicht der Gewerbesteuer unterliegt. Entsprechend ist die gemäß § 18 Abs. 3 UmwStG ausgelöste Gewerbesteuer auch nicht nach § 35 EStG auf die Einkommensteuer anrechenbar (§ 18 Abs. 3 Satz 3 UmwStG). Die die Sperrfrist auslösende Umwandlung kann hierbei ein Verschmelzung einer Kapitalgesellschaft auf eine GmbH & Co. KG, eine Abspaltung eines Teilbetriebs einer Kapitalgesellschaft auf eine GmbH & Co. KG oder ein Formwechsel einer Kapitalgesellschaft in eine GmbH & Co. KG sein. Bringt eine Kapitalgesellschaft hingegen ihren Betrieb oder einen Teilbetrieb nach § 24 UmwStG in eine GmbH & Co. KG ein, findet § 18 Abs. 3 UmwStG nicht Anwendung. Dies ist auch sachgerecht, da in diesem Fall der Veräußerungsgewinn (anteilig) auf die einbringende Kapitalgesellschaft entfällt und soweit durch § 7 Satz 2 GewStG trotz der Einbringung gewerbesteuersteuerbar bleibt.

G287 **Weitreichende Folgen der Gewerbesteuerpflicht nach § 18 Abs. 3 UmwStG |** Der weitreichende Wortlaut der Missbrauchsvorschrift führt zu „Kollateralschäden", die in der Beratungspraxis stets berücksichtigt werden müssen. So stellt § 18 Abs. 3 UmwStG nicht darauf ab, ob die Umwandlung der Kapitalgesellschaft auf die Personengesellschaft zu Buch-, Zwischenwerten oder zu gemeinen Wert erfolgt. Gerade bei einer Umwandlung zum gemeinen Wert werden sämtliche stillen Reserven gewerbesteuerpflichtig aufgedeckt, so dass ein Missbrauch i.S.d. Vorschrift faktisch ausgeschlossen ist. Vor diesem Hintergrund sollte bei einer Umwandlung zum gemeinen Wert die Reichweite der Vorschrift teleologisch reduziert werden (vgl. nur *Trossen* in Rödder/Herlinghaus/van Lishaut, § 18 UmwStG Rz. 40a). Ebenfalls ist eine teleologische Reduzierung der Vorschrift notwendig, wenn eine gemäß § 3 GewStG von der Gewerbesteuer befreite Kapitalgesellschaft ihren Betrieb auf eine Personengesellschaft bspw. verschmilzt (vgl. *Trossen* in Rödder/Herlinghaus/van Lishaut, § 18 UmwStG Rz. 43). Wenn ein Veräußerungsgewinn bei der Kapitalgesellschaft nicht der Gewerbesteuer unterlegen hätte, wäre es nicht sachgerecht eine Besteuerung mit Gewerbesteuer bei einer übernehmenden Personengesellschaft vorzunehmen. Der Wortlaut des § 18 Abs. 3 UmwStG unterscheidet jedoch nicht, ob die übertragende Kapitalgesellschaft von der Gewerbesteuer befreit war. Ist die übertragende Kapitalgesellschaft hingegen gewerbesteuerpflichtig, die übernehmende Personengesellschaft nicht, soll nach Auffassung der Finanzverwaltung § 18 Abs. 3 UmwStG Anwendung finden (vgl. Rz. 18.11 UmwSt-Erlass). Dies führt dazu, dass nicht nur das übertragene Betriebsvermögen im Veräußerungsfall der Gewerbesteuer unterliegt, sondern letztlich die übernehmende Personengesellschaft im Fall einer Veräußerung in Gänze gewerbesteuerlich infiziert wird (vgl. *Möllmann/Carstens* in FGS/BDI, Der Umwandlungssteuer-Erlass 2011, zu UmwStE 18.11). Die Finanzverwaltung unterscheidet hierbei nicht, ob die Personengesellschaft bspw. aufgrund einer freiberuflichen Tätigkeit oder aufgrund einer Befreiung nach § 3 GewStG nicht der Gewerbesteuer unterliegt.

Infizierung bereits vor der Umwandlung vorhandener und später gebildeter stiller Reserven | Weiterhin ist zu beachten, dass gemäß § 18 Abs. 3 Satz 1 UmwStG der Veräußerungsgewinn zu Gänze der Gewerbesteuer unterliegt. Daher bleiben nicht nur die „umgewandelten" stillen Reserven gewerbesteuerverhaftet. Vielmehr unterliegen auch nach der Umwandlung in der GmbH & Co. KG neu entstandene stille Reserven der Gewerbesteuer. Zudem trifft § 18 Abs. 3 UmwStG nicht nur den Veräußerungsgewinn, soweit er auf das umgewandelte Betriebsvermögen entfällt, sondern erfasst den gesamten Veräußerungsgewinn, mithin auch den Teil des Veräußerungsgewinns, der auf bereits vor der Umwandlung vorhandenem Betriebsvermögen der GmbH & Co. KG entfällt (betrifft Fälle, in denen die Umwandlung nach dem 31.12.2007 in das Handelsregister eingetragen worden ist; vgl. Rz. 18.09 UmwSt-Erlass). G 288

Belastungswirkungen des § 18 Abs. 3 UmwStG | Sofern ein Gesellschafter der GmbH & Co. KG beigetreten ist und hierdurch den Anwendungsbereich des § 18 Abs. 3 UmwStG eröffnet hat, wäre vor dem Hintergrund der weitreichenden gewerbesteuerlichen Folgen, die auch die Mitgesellschafter wirtschaftlich belasten, zu prüfen, ob eine etwaige Mehrbelastung im Rahmen einer Gewerbesteuerklausel im Gesellschaftsvertrag durch den beigetretenden Mitgesellschafter auszugleichen wäre. G 289

Beispiel:

An der gewerblich tätigen A-GmbH & Co. KG ist zu 100 % die natürliche Person A beteiligt. Die natürliche Person B hält 100 % der Anteile an der B-GmbH. Es ist geplant, dass sich B an der A-GmbH & Co. KG beteiligt und hierzu den Betrieb der B-GmbH „einbringt". Vier Jahre nach dem Beitritt von B soll die A-GmbH & Co KG ihren gesamten Betrieb veräußern. Verschmilzt B die B-GmbH gemäß §§ 3 ff. UmwStG auf die A-GmbH & Co. KG, greift § 18 Abs. 3 UmwStG und der gesamte Veräußerungsgewinn, auch soweit er auf das vor dem Beitritt von B vorhandene Betriebsvermögen der A-GmbH & Co. KG entfällt, unterliegt der Gewerbesteuer.

Die Gewerbesteuer hätte (teilweise) vermieden werden können, wenn B nicht die B-GmbH auf die A-GmbH & Co. KG verschmolzen hätte, sondern die B-GmbH ihren Betrieb gemäß § 24 UmwStG in die A-GmbH & Co. KG eingebracht hätte. In diesem Fall wäre zwar B nicht unmittelbar an der A-GmbH & Co. KG beteiligt, was auch verschiedene andere Implikationen haben kann. Der Veräußerungsgewinn würde in diesem Fall aber nur, soweit er auf die B-GmbH entfällt, der Gewerbesteuer unterliegen.

c) Besteuerung eines Veräußerungsgewinns und Steuerschuldner

Auswirkungen einer Betriebsveräußerung auf gewerbesteuerliche Verlustvorträge | Wird der Betrieb einer GmbH & Co. KG im Ganzen veräußert, gilt der Betrieb gemäß § 2 Abs. 5 GewStG als durch die GmbH & Co. KG eingestellt (Satz 1) und grds. durch den Erwerber als neugegründet (Satz 2). Mithin endet die sachliche Gewerbesteuerpflicht, so dass im Fall einer unterjährigen Veräußerung ein abgekürzter Erhebungszeitraum entsteht (vgl. *Neu/Hamacher*, GmbHR 2014, 844). Ein **Veräußerungsgewinn** kann insoweit mit **laufenden Verlusten,** die bis zur Veräußerung entstanden sind, verrechnet werden. Soweit ein gewerbesteuerlicher **Verlustvortrag i.S.d. § 10a GewStG** besteht, kann dieser im Fall einer Betriebsveräußerung ebenfalls – unter Beachtung der Begrenzungen durch die Mindestbesteuerung i.S.d. § 10a Satz 2 GewStG – mit einem Veräußerungsgewinn verrechnet werden. Ein darüber hinausgehender gewerbesteuerlicher Verlustvortrag kann nicht durch den Erwerber genutzt werden und geht vollständig unter. Hintergrund hierfür ist, dass die jeweiligen Mitunternehmer der GmbH & Co. KG sachlich gewerbesteuerpflichtig sind (s. zuvor) und nur diese, die den Verlust in eigener Person erlitten haben, ihn mit zukünftigen Gewerbeerträgen verrechnen können (vgl. R 10a. 3 [1] GewStR; *Helde* in Hesselmann/Tillmann/Mueller-Thuns, Hdb. GmbH & Co. KG, Rz. 6.658). Insoweit fehlt es an der **Unternehmeridentität.** Kann der Verlustvor- G 290 trag nicht durch den Erwerber genutzt werden, führt dies allerdings nicht dazu, dass er durch die veräußernde GmbH & Co. KG weiter genutzt werden kann. Insoweit fehlt es an der **Unternehmensidentität,** die ebenfalls für die Nutzung eines gewerbesteuerlichen Verlustvortrags Voraussetzung ist. Ein gewerbesteuerlicher Verlustvortrag kann nur durch den nämlichen Gewerbebetrieb, der den Verlust erlitten hat, mit zukünftigen Gewinnen verrechnet werden (vgl. R 10a.2 GewStR).

G 291 **Steuerschuldner |** Gemäß § 5 Abs. 2 Satz 1 GewStG ist die GmbH & Co. KG bis einschließlich zur Veräußerung Schuldner der Gewerbesteuer. Ab diesem Zeitpunkt ist der Erwerber für den erworbenen Gewerbebetrieb Steuerschuldner.

G 292 **Veräußerung eines Teilbetriebs |** Wird ausschließlich ein Teilbetrieb durch eine GmbH & Co. KG veräußert, liegt kein Übergang eines Gewerbebetriebes im Ganzen i.S.d. § 2 Abs. 5 GewStG vor (vgl. *Sarrazin* in Lenski/Steinberg, § 2 GewStG Rz. 5623). Mithin endet nicht die sachliche Gewerbesteuerpflicht, sondern setzt sich mit dem verbleibenden Rest- bzw. Teilbetrieb fort. Etwaige laufende Verluste/Gewinne des zurückbleibenden Betriebs können mit einem Veräußerungsgewinn/-verlust verrechnet werden. Die Verrechnung des laufenden Ergebnisses mit dem Ergebnis aus dem Veräußerungsgeschäft ist auch bei einer unterjährigen Veräußerung des Teilbetriebs möglich. Somit kann ein erst nach der Veräußerung im zurückbleibenden Betrieb entstehender Verlust mit einem Gewinn aus der Veräußerung des Teilbetriebs verrechnet werden. Eine Verrechnung eines Gewinns aus der Veräußerung eines Teilbetriebs mit gewerbesteuerlichen Verlustvorträgen i.S.d. § 10a GewStG ist – vorbehaltlich der Reglungen zur Mindestbesteuerung – möglich. Ein Verlustvortrag geht, wie auch bei der Veräußerung eines Betriebes, nicht mit dem veräußerten Teilbetrieb auf den Erwerber über.

G 293 **Auswirkungen einer Teilbetriebsveräußerung auf gewerbesteuerliche Verlustvorträge |** Da eine GmbH & Co. KG grds. nur einen Gewerbebetrieb unterhält und dieser bei einer Teilbetriebsveräußerung auf Ebene der GmbH & Co. KG entsprechend fortbesteht, sollte grds. davon auszugehen sein, dass ein gewerbesteuerlicher Verlustvortrag durch den zurückbleibenden Betrieb uneingeschränkt genutzt werden kann, da insoweit die Voraussetzungen der Unternehmer- und Unternehmensidentität erfüllt sind. Der BFH hat in seinem Urteil v. 7.8. 2008 allerdings eine differenzierte Sichtweise eingenommen (vgl. BFH v. 7.8.2008 – IV R 86/ 05, BStBl. II 2012, 145 = GmbHR 2008, 1283 = FR 2009, 243 m. Anm. *Wendt* = GmbH-StB 2009, 6). Soweit der Verlust bzw. Verlustvortrag durch den veräußerten Teilbetrieb entstanden ist, kann dieser nach Veräußerung des Teilbetriebs nicht mit Gewerbeerträgen des Restbetriebs verrechnet werden. Nach Auffassung des Bundesfinanzhofs ist insoweit ein Verlust einer Teilunternehmensidentität eingetreten, die einer Verlustverrechnung entgegensteht. Diese Rechtsprechung ist gleichermaßen auf Aufgabetatbestände anzuwenden. Sofern eine GmbH & Co. KG einen Teilbetrieb einstellt, kommt es, insoweit der eingestellte Teilbetrieb zum Verlustvortrag beigetragen hat, ebenfalls zu einem Untergang des entsprechenden Verlustvortrags. Die Finanzverwaltung wendet das Urteil bei Mitunternehmerschaften an (vgl. OFD Rheinland v. 27.6.2012, GmbHR 2012, 928). In der Praxis kann diese Rechtsprechung zu erheblichen Mehraufwand führen. Der gewerbesteuerliche Verlustvortrag wird nur einheitlich für den gesamten Gewerbebetrieb der GmbH & Co. KG gesondert festgestellt. Unterhält eine GmbH & Co. KG zwei Teilbetriebe und veräußert einen hiervon, wäre somit der gewerbesteuerliche Verlustvortrag verursachungsgerecht aufzuteilen.

5. Veräußerung von Anteilen an einer GmbH & Co. KG

a) Gewerbesteuerfreie Veräußerungsvorgänge

Veräußerung von Anteilen an einer GmbH & Co. KG | Wie die Veräußerung eines Betriebs oder Teilbetriebs unterliegt im Grundsatz auch die Veräußerung der Anteile an einer GmbH & Co. KG nicht der Gewerbesteuer. Der veräußernde Gesellschafter gibt mit der Veräußerung der Anteile insoweit seine unternehmerische Beteiligung auf. Entsprechend unterliegt auch die Veräußerung der Anteile an einer gewerblich geprägten GmbH & Co. KG grds. nicht der Gewerbesteuer. Dies gilt grds. auch dann, wenn die Beteiligung an der GmbH & Co. KG zu einem Betriebsvermögen gehört (vgl. R 7.1 [3] Satz 3 GewStR). G 294

Einbringung von Anteilen an einer GmbH & Co. KG in eine Kapitalgesellschaft | Bringt der Gesellschafter seine Anteile an einer GmbH & Co. KG im Zuge eines Einbringungsvorgangs i.S.d. § 20 UmwStG in eine Kapital- oder Personengesellschaft ein, stellt dies einen Veräußerungsvorgang dar (vgl. Rz. 00.02 UmwSt-Erlass). Sofern bei der Einbringung der gemeine Wert oder Zwischenwerte angesetzt werden, entsteht ein Veräußerungsgewinn i.S.d. § 16 EStG, der grds. nicht der Gewerbesteuer unterliegt. G 295

Einbringung von Anteilen an einer GmbH & Co. KG in eine Personengesellschaft | Auch die Einbringung von Anteilen an einer GmbH & Co. KG in eine Personengesellschaft zum Zwischenwert oder gemeinen Wert gemäß § 24 UmwStG gilt grds. als Veräußerung, die grds. nicht der Gewerbesteuer unterliegt. Zu berücksichtigen ist jedoch, dass soweit auf Seiten des Einbringenden und der übernehmenden Personengesellschaft **dieselben Personen** Mitunternehmer sind, der Einbringungsgewinn gemäß § 24 Abs. 3 Satz 3 UmwStG i.V.m. § 16 Abs. 2 Satz 3 UmwStG als laufender Gewinn gilt (s. Rz. G 280). Da die einbringende Person im Fall des § 24 UmwStG zu einer bestimmten Quote auch stets an der aufnehmenden Personengesellschaft beteiligt sein wird, greift diese Ausnahmeregelung in Einbringungsfällen in eine Personengesellschaft zu einem gewissen Grad immer, so dass der Einbringungsgewinn insoweit auch der Gewerbesteuer unterliegt. G 296

b) Gewerbesteuerpflichtige Veräußerungsvorgänge

Ausnahmen, bei denen Veräußerungsvorgänge der Gewerbesteuer unterliegen | Auch bei der Veräußerung von Anteilen an einer GmbH & Co. KG existieren Ausnahmen, die zu einem gewerbesteuerpflichtigen Veräußerungsgewinn führen. G 297

Veräußerungsgewinn entfällt nicht unmittelbar auf natürliche Person | Ist Veräußerer des Mitunternehmeranteils keine natürliche Person unterliegt der Veräußerungsgewinn auf Ebene der GmbH & Co. KG gemäß § 7 Satz 2 GewStG der Gewerbesteuer. Ist eine Ober-GmbH & Co. KG an einer Unter-GmbH & Co. KG beteiligt (doppelstöckige Personengesellschaft) und veräußert die Ober-GmbH & Co. KG ihre Beteiligung führt dies selbst dann zu einem gewerbesteuerpflichtigen Veräußerungsgewinn, wenn an der Ober-GmbH & Co. KG ausschließlich natürliche Personen beteiligt wären. Die Gewerbesteuer fällt auf Ebene der Unter-GmbH & Co. KG an. G 298

Veräußerung eines Teilmitunternehmeranteils | Ausschließlich die Veräußerung eines gesamten Mitunternehmeranteils unterliegt nicht der Gewerbesteuer. Veräußert eine natürliche Person – bei anderen Veräußerern ist der Veräußerungsgewinn per se gewerbesteuerpflichtig G 299

(s. zuvor) – hingegen nur einen Teil an einem Mitunternehmeranteil und bleibt mithin vermögensmäßig an der GmbH & Co. KG weiterhin beteiligt, gilt der Veräußerungsgewinn gemäß § 16 Abs. 1 Satz 2 EStG als laufender Gewinn. Dieser laufende Gewinn unterliegt entsprechend auch der Gewerbesteuer, da der Veräußerer seine Unternehmerstellung nicht vollständig aufgibt, sondern mit dem verbleibenden Restanteil fortführt (vgl. R 7.1. [3] Satz 6 GewStR). Unerheblich für die Gewerbesteuerpflicht des Veräußerungsgewinns ist, ob der Veräußerer etwaiges Sonderbetriebsvermögen (quotal) mitveräußert oder zurückbehält (vgl. OFD Düsseldorf v. 18.1.2001, FR 2001, 215). Der Gewinn aus der Veräußerung der Teilanteile an der GmbH & Co. KG wird dabei im Gewerbeertrag der GmbH & Co. KG und nicht beim Gesellschafter erfasst.

G 300 **Veräußerungen an sich selbst |** Wie auch bei der Veräußerung von Betrieben oder Teilbetrieben, unterliegt ein Veräußerungsgewinn auch dann der Gewerbesteuer, wenn i.S.d. § 16 Abs. 2 Satz 3, Abs. 3 Satz 5 und § 24 Abs. 3 Satz 3 UmwStG auf Seiten des Veräußerers und Erwerbers dieselbe Person Unternehmer oder Mitunternehmer ist(vgl. BFH v. 3.12.2015 – IV R 4/13, BStBl. II 2016, 544). Bein Einbringungsfällen ist zu beachten, dass faktisch immer eine quotale Veräußerung an sich selbst erfolgt, da der Einbringende stets neue Gesellschaftsrechte an der übernehmenden Gesellschaft (er)hält (s. Rz. G 284).

G 301 **Veräußerung eines Anteils an einer einen gewerblichen Grundstückshandel betreibenden GmbH & Co. KG |** Wie auch bei der Veräußerung des Betriebs eines gewerblichen Grundstückhandels durch eine GmbH & Co. KG (s. Rz. G 285) unterliegt auch die Veräußerung eines Anteils an einer GmbH & Co. KG, die einen gewerblichen Grundstückshandel betreibt, der Gewerbesteuer (vgl. BFH v. 14.12.2006 – IV R 3/05, BStBl. II 2007, 777 = FR 2007, 550 m. Anm. *Wendt* = GmbHR 2007, 269 = GmbH-StB 2007, 69; BFH v. 10.5.2007 – IV R 69/04, BStBl. II 2010, 973 = FR 2008, 97 m. Anm. *Wendt*). Da der Steuerpflichtige, der einen gewerblichen Grundstückshandel in eine von ihm gehaltene GmbH & Co. KG verlagert, steuerlich genauso behandelt werden soll, als wenn er den gewerblichen Grundstückhandel in seiner Hand betrieben hätte, wird der Veräußerungsgewinn ausnahmsweise nicht im Gewerbeertrag der GmbH & Co. KG, sondern direkt auf Ebene des Gesellschafters erfasst (vgl. BFH v. 29.6.2011 – X R 39/07, GmbHR 2012, 101 = GmbH-StB 2012, 68; soweit die Veräußerung der Anteile an einer grundstücksverwaltenden GmbH & Co. KG an eine Erwerber-KG erfolgt, an der der Veräußerer wiederum beteiligt ist, liegt insoweit eine gewerbesteuerpflichtige Veräußerung an sich selbst vor, für die die GmbH & Co. KG Schuldnerin der Gewerbesteuer ist, vgl. BFH v. 18.12.2014 – IV R 59/11, BFH/NV 2015, 520). Hält die GmbH & Co. KG neben dem Grundbesitz im Umlaufvermögen weiteres Vermögen, unterliegt der Veräußerungsgewinn, soweit er auf das Anlagevermögen entfällt, nicht der Gewerbesteuer (vgl. *Roser* in Lenski/Steinberg, § 7 GewStG Rz. 324).

G 302 **Veräußerungen nach Umwandlungen einer Kapitalgesellschaft |** Der Gewinn aus der Veräußerung eines ganzen Mitunternehmeranteils durch eine natürliche Person unterliegt gemäß **§ 18 Abs. 3 UmwStG** auch dann der Gewerbesteuer, wenn 5 Jahre zuvor nach §§ 3–9 und 16 UmwStG eine Kapitalgesellschaft auf die GmbH & Co. KG, deren Anteil veräußert wird, umgewandelt worden ist. Die Vorschrift führt zu diversen „Kollateralschäden", die bereits hinsichtlich der Veräußerung eines Betriebs oder Teilbetriebs erläutert worden sind. Insoweit kann auf die dortigen Ausführungen verwiesen werden (s. Rz. G 286 ff.).

c) Besteuerung eines Veräußerungsgewinns und Steuerschuldner

Steuerschuldner | Veräußert ein Mitunternehmer seinen Anteil an einer GmbH & Co. KG stellen sich vielfältige Fragen, die sich im Wesentlichen dadurch stellen, dass Veräußerer und Schuldner der Gewerbesteuer auseinanderfallen. Schuldner der Gewerbesteuer ist im Fall einer gewerblich tätigen bzw. gewerblich geprägten GmbH & Co. KG gemäß § 5 Abs. 1 Satz 2 GewStG nämlich die GmbH & Co. KG selbst. G 303

Ende der sachlichen Gewerbesteuerpflicht bei Anteilsveräußerungen | Wie auch bei der Veräußerung von Betrieben ist zwischen der sachlichen und persönlichen Gewerbesteuerpflicht zu unterscheiden. An einer GmbH & Co. KG sind regelmäßig mehrere Mitunternehmer beteiligt. Dies ist auch der Fall, wenn bspw. eine Person zu 100 % vermögenmäßig an der GmbH & Co. KG beteiligt ist und auch 100 % der Anteile an der Komplementär-GmbH hält. Hier existieren zwei Gesellschafter, der Kommanditist und die Komplementär-GmbH, auch wenn letztere keine Beteiligung am Gewinn und Vermöge der Gesellschaft hat. Zu einem Ende der sachlichen Gewerbesteuerpflicht kommt es gemäß § 2 Abs. 5 GewStG bei Veräußerung von Mitunternehmeranteilen nur dann, wenn sämtliche Mitunternehmer ihre Beteiligung (vollständig) veräußern (vgl. *Keß* in Lenski/Steinberg, § 2 GewStG Rz. 5510, 5514). Bleibt die Komplementär-GmbH an der GmbH & Co. KG beteiligt, kann eine Veräußerung von Mitunternehmeranteilen nie zu einem Ende der sachlichen Gewerbesteuerpflicht führen. Dies ist – auch bei einer vollständigen Veräußerung aller Anteile an einer GmbH & Co. KG – in der Praxis häufig der Fall. In diesen Fällen veräußern regelmäßig die Kommanditisten ihre Kommanditanteile sowie ihre Beteiligungen an der Komplementär-GmbH. Damit die Veräußerung sämtlicher Anteile an einer GmbH & Co. KG auch zu einem Ende der sachlichen Gewerbesteuerpflicht führt, muss mithin auch die Komplementär-GmbH ihre Komplementärstellung „veräußern" bzw. ihre Komplementärstellung aufgeben und eine neue Komplementärin der GmbH & Co. KG beitreten. Führt die unterjährige Veräußerung sämtlicher Beteiligungen zu einem Ende der Gewerbesteuerpflicht, entsteht ein abgekürzter Erhebungszeitraum (vgl. *Neumayer/Obser*, EStB 2008, 446). Auch wenn unabhängig davon, ob mit einem vollständigen Unternehmerwechsel die sachliche Gewerbesteuerpflicht endet, die GmbH & Co. KG gemäß § 5 Abs. 1 Satz 3 GewStG unverändert Schuldnerin der Gewerbesteuer bleibt, führt die Beendigung der sachlichen Gewerbesteuerpflicht gleichwohl zu einem gewerbesteuerlich trennscharfen unterjährigen Wechsel der Gesellschafter, da zwei Gewerbesteuererklärungen abzugeben sind und zwei Gewerbesteuerbescheide erlassen werden. Gerade bei komplexen Veräußerungen von GmbH & Co. KGs lässt sich durch das gezielte Herbeiführen des Endes der sachlichen Gewerbesteuerpflicht erhebliches Konfliktpotential vermeiden, das andernfalls oftmals zu komplizierten Gewerbesteuerklauseln im Veräußerungsvertrag führt. So können Gewinne, insbesondere auch ein etwaiger gewerbesteuerpflichtiger Veräußerungsgewinn, unter Beachtung der Mindestbesteuerung mit gewerbesteuerlichen Verlustvorträgen verrechnet werden. Auch findet bis zum Ende der sachlichen Gewerbesteuerpflicht uneingeschränkt ein unterjähriger Verlustausgleich statt. Etwaige gewerbesteuerliche Sondereffekte, die durch Sonder- oder Ergänzungsbilanzen der Veräußerer entstehen, strahlen nicht auf den Zeitraum ab, in dem die Gesellschafter die Anteile an der GmbH & Co. KG erworben haben. Die Erwerber der so veräußerten GmbH & Co. KG starten hinsichtlich eines Verlustausgleichs- bzw. Verlustabzugs somit wie im Fall einer Neugründung von „null" an. G 304

Fortbestand der sachlichen Gewerbesteuerpflicht | Wird die Komplementärstellung der Komplementär-GmbH nicht mitveräußert und/oder werden nur nicht alle Kommanditbeteiligungen veräußert, bleibt die sachliche Gewerbesteuerpflicht der GmbH & Co. KG bestehen. G 305

Die GmbH & Co. KG hat zum Ende des Erhebungszeitraums eine Gewerbesteuererklärung abzugeben, die damit den Zeitraum vor wie auch nach Veräußerung der Anteile an der GmbH & Co. KG umfasst.

G 306 **Veräußerung zum Ende des Kalenderjahres bei fortbestehender sachlicher Gewerbesteuerpflicht** | Dies führt in der Praxis regelmäßig nicht zu Problemen, wenn die Veräußerung der Anteile zum Ende des Geschäftsjahres erfolgt. Hierbei ist nur zu berücksichtigen, dass sachlich gewerbesteuerpflichtig die Mitunternehmer der GmbH & Co. KG sind. Entsprechend sind sie auch die Träger des Rechts auf **Verlustabzugs i.S.d. § 10a GewStG** (vgl. R 10a.3 [3] Satz 1 GewStR). Veräußert ein Gesellschafter seine Beteiligung an einer GmbH & Co. KG mit Wirkung zum Ende des Geschäftsjahres, hat dies auf den Verlustausgleich während des Erhebungszeitraums keine Auswirkungen. Gewinn und Verluste können uneingeschränkt unterjährig verrechnet werden. Ein gewerbesteuerlicher Verlustabzug gemäß § 10a GewStG ist ebenfalls – unter Beachtung der Regelungen zur Mindestbesteuerung – ohne Einschränkung möglich. Entsprechend kann ein Gewinn aus der Veräußerung von Anteilen an einer GmbH & Co. KG mit gewerbesteuerlichen Verlustvorträgen verrechnet werden. Verbleibt nach dem Abzug ein gewerbesteuerlicher Verlustvortrag, geht dieser, insoweit wie er nach dem Gewinnverteilungsschlüssel auf den veräußernden Gesellschafter entfällt (**Wegfall der Unternehmeridentität**), unter (vgl. R 10a.3 [3] Satz 9 Nr. 1 GewStR). Dies gilt auch dann, wenn an der GmbH & Co. KG eine Mitunternehmerschaft beteiligt ist. Tritt diese Mitunternehmerschaft als Geselleschafter aus, führt dies zum Wegfall der Unternehmeridentität, und zwar auch dann, wenn die Mitunternehmerschaft bspw, auf die GmbH & Co. KG verschmolzen wird (vgl. BFH v. 12.5.2016 – IV R 29/13, juris).

G 307 **Auswirkungen auf einen gewerbesteuerlichen Verlustvortrag** | Im Ergebnis geht der gewerbesteuerliche Verlustvortrag entsprechend der sich im Gewinnverteilungsschlüssel auf den veräußerten Anteil entfallender Höhe unter. Der verbleibende gewerbesteuerliche Verlustvortrag kann grds. uneingeschränkt genutzt werden. Allerdings ist zu beachten, dass der auf den erworbenen Mitunternehmeranteil nach dem Gewinnverteilungsschlüssel entfallende Gewinn nicht zum Abzug zugelassen ist (vgl. R 10a.3 [3] Satz 9 Nr. 2, 3 GewStR). Insoweit wird die Nutzung des verbleibenden gewerbesteuerlichen Verlustvortrags nicht nur durch die Regelungen zur Mindestbesteuerung, sondern auch durch die anteilige auf die Altgesellschafter, die den gewerbesteuerlichen Verlust ursprünglich auch getragen haben, entfallende Gewinnverrechnung zeitlich gestreckt.

G 308 **Auswirkungen eines Beitritts eines neuen Gesellschafters auf einen gewerbesteuerlichen Verlustvortrag** | Zu einer solchen zeitlichen Streckung kommt es im Übrigen auch, wenn ein neuer Gesellschafter der GmbH & Co. KG beitritt. In diesem Fall bleibt der gewerbesteuerliche Verlustvortrag in voller Höhe nutzbar. Da jedoch der Gewinnanteil, der auf den neu hinzugetretenen Mitunternehmer nicht am gewerbesteuerlichen Verlustabzug teilnimmt (vgl. R 10a.3 [3] Satz 9 Nr. 1 GewStR), wird vollständige Nutzung des gewerbesteuerlichen Verlustvortrages zeitlich gestreckt.

G 309 **Unterjährige Veräußerung bei fortbestehender sachlicher Gewerbesteuerpflicht** | Veräußert ein Mitunternehmer seinen Anteil an der GmbH & Co. KG unterjährig, stellt sich die Frage, wie sich der unterjährige Wegfall der Unternehmeridentität auf die Verlustverrechnung auswirkt. Auch wenn die Träger eines Verlustabzugs der einzelnen Mitunternehmer und dieser unterjährig ausgeschieden ist, wird der Gewerbetrag für den gesamten Erhebungszeitraum einheitlich ermittelt (vgl. R 10a.3 [3] Satz 9 Nr. 9 GewStR; *Kleinheisterkamp* in Lenski/Steinberg, § 10a GewStG Rz. 369). Dies führt dazu, dass ein laufender Verlust vor Veräußerung des Mitunternehmeranteils (bzw. Austritt eines Gesellschafters) mit einem anschließenden Gewinn im Erhebungszeitraum und ein Gewinn vor Veräußerung des Mitunternehmeranteils mit einem anschließenden laufenden Verlust im Erhebungszeitraum uneingeschränkt verrechnet werden kann. Wird auf den Mitunternehmer als Träger des gewerbesteuerlichen Verlusts bzw. auf ihn als sachlich Gewerbesteuerpflichtigen abgestellt, könnte ein solcher uneingeschränkter Verlustausgleich allerdings auch hinterfragt werden. Hinsichtlich des Verlustabzugs greift nämlich auch nach Auffassung der Finanzverwaltung wieder die Sichtweise, dass nur der Mitunternehmer Träger des steuerlichen Verlustes ist. Grds. ist vorrangig ein intraperiodischer Verlustausgleich vorzunehmen, mithin eine Verrechnung der Gewinne und Verluste innerhalb des Erhebungszeitraums (siehe zuvor). Verbleibt hiernach ein Gewinn, ist dieser, soweit er bis zur Veräußerung des Mitunternehmeranteils (bzw. dem Ausscheiden eines Mitunternehmers) entstanden ist, vorbehaltlich der Regelungen zur Mindestbesteuerung mit einem gewerbesteuerlichen Verlustvortrag zu verrechnen. Ist bis zur Veräußerung des Mitunternehmeranteils hingegen ein Verlust entstanden, kann dieser, da mit dem Mitunternehmer sein Träger ausgeschieden ist, nicht mit Gewinnen der GmbH & Co. KG aus zukünftigen Erhebungszeiträumen verrechnet werden. Es ist damit bei einer unterjährigen Veräußerung bzw. einem unterjährigem Ausscheiden eines Mitunternehmers eine Aufteilung des Ergebnisses des Gesamterhebungszeitraums vorzunehmen. Nach Auffassung des Bundesfinanzhofs ist hierbei das tatsächlich bis zur Veräußerung bzw. dem Ausscheiden entstandene Ergebnis zu ermitteln (vgl. BFH v. 22.1.2009 – IV R 90/05, BFH/NV 2009, 843 = GmbHR 2009, 496 = FR 2009, 828 m. Anm. *Kempermann* = GmbH-StB 2009, 122). Dies würde somit eine gesonderte Ermittlung des Gewerbeertrags bis zum Veräußerungsstichtag erfordern. In der Praxis sollte eine solche abgegrenzte Ermittlung des Gewerbeertrags grds. realisierbar sein, da auch für einkommensteuerliche Zwecke eine sog. Abschichtungsbilanz auf den Veräußerungsstichtag zu erstellen ist. Die Finanzverwaltung akzeptiert hingegen auch nach Ergehen des Urteils des Bundesfinanzhofs eine zeitanteilige Aufteilung des für den gesamten Erhebungszeitraums einheitlich ermittelten positiven oder negativen Gewerbeertrags, sofern diese Aufteilung nicht zu offensichtlich unzutreffenden Ergebnissen führt (vgl. R 10a.3 [3] Satz 9 Nr. 9 Satz 3 GewStR). In der Praxis sollte die zeitanteilige Aufteilung des Gesamtgewerbeertrags eine Erleichterung sein. Sofern jedoch der Steuerpflichtige den Nachweis zu erbringen hat, dass die Aufteilung zu keinen offensichtlich unzutreffenden Ergebnissen führt, hat er faktisch eine stichtagsscharfe und damit doch aufwendigere Ermittlung als Schattenrechnung durchzuführen.

Gewerbesteueranrechnung gemäß § 35 EStG bei unterjährigem Gesellschafterwechsel | Grds. wird die Gewerbesteuer gemäß § 35 EStG in einem typisierten Verfahren auf die Ein- G 310
kommensteuer des Mitunternehmers (natürliche Person) angerechnet. Im Ergebnis wird der Mitunternehmer hierdurch von der anteilig auf ihn entfallenden Gewerbesteuer wirtschaftlich entlastet. Löst die unterjährige Veräußerung eines Anteils an einer GmbH & Co. KG Gewerbesteuer aus, ist bei der Anrechnung nach § 35 EStG zu beachten, dass nach Auffassung des Bundesfinanzhofs eine Anrechnung beim veräußernden Mitunternehmer ausscheidet (vgl. BFH v. 14.1.2016 – IV R 5/14, GmbHR 2016, 661; im Detail *Weiss*, EStB 2016, 203). Anrechnungsberechtigt sind demnach nur die Mitunternehmer, die am Ende des Erhebungszeitraums an der GmbH & Co. KG beteiligt sind, im unterjährigen Veräußerungsfall mithin etwaige übrige Gesellschafter sowie der Erwerber. Sofern aufgrund einer Gewerbesteuerklausel, der veräußernde Mitunternehmer die durch seine Veräußerung ausgelöste Gewerbesteuer zu tragen hat, erhält nicht er das entsprechende Anrechnungsvolumen zugerechnet, sondern die

übrigen Gesellschafter sowie der Erwerber entsprechend dem Gewinnverteilungsschlüssel, wobei der Erwerber aufgrund seines unterjährigen Beitritts (zeitanteilige Zuordnung des Gewinns) eine entsprechend geringere Zuordnung des Anrechnungsvolumens erhält. Sind die übrigen Gesellschafter oder der Erwerber bspw. eine Kapitalgesellschaft, die die Gewerbesteuer nicht auf ihre Körperschaftsteuer anrechnen können, führt dies dazu, dass das Anrechnungspotential i.S.d. § 35 EStG verloren geht. In diesem Fall wäre der veräußernde Mitunternehmer in voller Höhe mit der durch seine Veräußerung ausgelösten Gewerbesteuer auch wirtschaftlich belastet. Sofern die übrigen Gesellschafter und der Erwerber natürliche Person sind, die das gewerbesteuerliche Anrechnungspotential zugerechnet bekommen, ist zu prüfen, ob sie den veräußernden Mitunternehmer von seiner wirtschaftlichen Belastung freistellen. Hierzu werden die übrigen Gesellschafter sowie der Erwerber aber nur bereit sein, wenn ihre Einkommensteuer in entsprechender Höhe durch die Anrechnung gemäß § 35 EStG auch tatsächlich gemindert wird. Sofern Anrechnungsüberhänge entstehen, mithin eine Anrechnung auf die Einkommensteuer nicht in voller Höhe erfolgt, werden die übrigen Gesellschafter und der Erwerber regelmäßig nicht bereit sein, den veräußernden Mitunternehmer von der Gewerbesteuer freizustellen, so dass er in voller Höhe mit der Gewerbesteuer belastet bleibt. Diese Effekte werden in Zukunft bei der unterjährigen Veräußerung zu beachten sein. Die Finanzverwaltung vertritt hierzu (bislang) eine andere – für den veräußernden Mitunternehmer vorteilhafte – Sichtweise, wonach bei einer unterjährigen Veräußerung dem veräußernden Mitunternehmer der durch die Veräußerung ausgelösten Gewerbesteuermessbetrag (Anrechnungspotential) zugeordnet wird, sofern er über eine abweichende Gewinnverteilung, bspw. in Form von Gewerbesteuerklauseln, die durch ihn ausgelöste Gewerbesteuerbelastung auch zu tragen hat. (vgl. BMF v. 24.2.2009 – IV C 6-S 2296-a/08/10002, BStBl. I 2009, 440 Rz. 30). Inwieweit die Finanzverwaltung auf das Urteil des Bundesfinanzhofs reagieren wird, ist derzeit nicht absehbar.

6. Gewerbesteuerklauseln

G311 **Verursachungsgerechte Verteilung der Gewerbesteuer mittels Gewerbesteuerklauseln** | Die GmbH & Co. KG ist gemäß § 5 Abs. 1 Satz 2 GewStG Schuldnerin der Gewerbesteuer. Mithin hat die Kommanditgesellschaft selbst die Gewerbesteuer zu tragen. Bemessungsgrundlage für die Gewerbesteuer ist allerdings nicht nur das handelsbilanzielle Ergebnis der Gesamthand, sondern auch aus das Ergebnis aus Sonder- und Ergänzungsbilanzen ihrer Mitunternehmer. Diese Konstellation führt dazu, dass bspw. Sonderbetriebseinnahmen eines Mitunternehmers den Gewerbeertrag der GmbH & Co. KG und damit auch die Gewerbesteuer erhöhen, die wirtschaftlich von sämtlichen Mitunternehmern und nicht nur durch den die Erhöhung verursachenden Mitunternehmer zu tragen ist. Aber auch im Fall der Veräußerung von Anteilen an einer GmbH & Co. KG können gewerbesteuerliche Belastungen auftreten, die durch einen einzelnen Mitunternehmer verursacht sind. In der Praxis finden sich daher in den Gesellschaftsverträgen regelmäßig sog. Gewerbesteuerklauseln, die solche mitunternehmerspezifische gewerbesteuerlichen Mehr- und Minderbelastungen im Rahmen einer abweichenden Gewinnverteilung verursachungsgerecht zuordnen sollen. Solche Klauseln sind notwendig, da sich zivilrechtlich nicht die Pflicht einer verursachungsgerechten Verteilung des Gewerbesteueraufwands ergibt (vgl. *Levedag*, GmbHR 2009, 15).

Im Folgenden werden verschiedene Aspekte einer Gewerbesteuerklausel erörtert, die in der Praxis immer zu Fragen führen. Zudem wird eine Musterklausel dargestellt und erläutert.

a) Verhinderung von Iterationseffekten bei Veräußerungen von Kommanditanteilen

Iterationseffekte bei Anteilsveräußerungen | Ein sog. Iterationseffekt kann sich grundsätzlich dadurch einstellen, dass eine Gewerbesteuerbelastung aufgrund des Verkaufs eines Kommanditanteils das Kapitalkonto des veräußernden Gesellschafters mindert und so ceteris paribus den Veräußerungsgewinn und damit wiederum auch die Gewerbesteuerbelastung erhöht. Insbesondere, wenn der Veräußerer hinsichtlich solcher Gewerbesteuereffekte ausgleichspflichtig ist, wird im Schrifttum darauf hingewiesen, dass es zu einem schwierig berechenbaren Iterationseffekt kommen kann (vgl. zu verschiedenen Konstellationen und ihren Steuereffekten ausführlich *Scheifele*, DStR 2006, 253 ff.). G312

Berechnung des Iterationseffekts | Die einzelnen Iterationsschritte können im Grundsatz auch durch eine einfache Berechnungsformel in einem einzigen Schritt zusammengefasst werden. Durch Ansatz eines Gewerbesteuersatzes von [Sgewst/(1-(Sgewst × Beteiligungshöhe Veräußerer))] auf den Veräußerungsgewinn ergibt sich die exakte Gewerbesteuerbelastung in einem Berechnungsschritt. G313

Beispiel:

Beträgt der Veräußerungsgewinn beispielsweise 100 und der Gewerbesteuersatz 15,75 % (Hebesatz 450 %) muss auf die 100 ein Gewerbesteuersatz von 17,09 % (15,75 %/(1–15,75 % × 50 %)) angesetzt werden, wenn der Veräußerer mit 50 % an der Mitunternehmerschaft beteiligt ist. Kontrollrechnung: durch die Gewerbesteuer i.H.v. 17,09 mindert sich das Kapitalkonto anteilig um 8,55, so dass der Veräußerungsgewinn um diesen Betrag auf 108,55 steigt. Wendet man hierauf die tatsächliche Gewerbesteuer von 15,75 % an, ergibt sich genau der Betrag von 17,09. Das reine Berechnungsproblem aufgrund des Iterationseffekts lässt sich mithin mit der zuvor genannten Formel einfach reduzieren.

Vermeidung eines Iterationseffekts vermeidbar? | Da der Iterationseffekt im Wesentlichen dazu führen kann, dass die Höhe der auszugleichenden Gewerbesteuerbelastung nur schwierig bestimmbar ist, soll dieser, soweit überhaupt möglich, bei Abfassung einer Ausgleichspflicht im Rahmen einer Steuerklausel berücksichtigt werden. In welchen Fällen ein Interationseffekt tatsächlich eintritt und ob er durch geeignete Maßnahmen verhindert werden kann, ist allerdings zwischen den Beteiligten oftmals unklar. G314

Möglichkeiten einer verursachungsgerechten Aufteilung der Gewerbesteuer | Vorab kann festgestellt werden, dass der Ausgleich einer Gewerbesteuerbelastung im Rahmen von gesellschaftsvertraglichen Steuerklauseln entweder durch Gewinnvorabs an die anderen Gesellschafter oder durch eine Einlage- oder Freistellungsverpflichtung gegenüber der Gesellschaft erfolgen kann (vgl. *Scheifele*, DStR 2006, 254; *Plambeck*, DStR 2010, 1553; *Neumayer/Obser*, EStB 2008, 449; *Kutt/Möllmann*, DB 2010, 1663). Die Freistellungsverpflichtung könnte alternativ auch direkt gegenüber den Gesellschaftern bestehen. Schließlich kommt auch die Vereinbarung einer Kaufpreisreduzierung gegenüber dem Erwerber in Frage, welcher dann die Gewerbesteuer übernimmt (vgl. *Scheifele*, DStR 2006, 254; *Neumayer/Obser*, EStB 2008, 449; *Kutt/Möllmann*, DB 2010, 1663). G315

Entsprechende Einlageverpflichtung vor Ausscheiden des Gesellschafters | Eine Iteration, wie zuvor dargestellt, lässt sich nur vermeiden, wenn die Gewerbesteuerbelastung auf den Veräußerungsgewinn und die Ausgleichsverpflichtung durch den Veräußerer im Saldo die Höhe des Veräußerungsgewinns nicht berührt. Hierzu müsste der Ausgleich in Form einer Einlageverpflichtung des Gesellschafters vor seinem Ausscheiden aus der Gesellschaft erfol- G316 gen, und eine Gewerbesteuerrückstellung müsste bereits in der Abschichtungsbilanz zu bilden sein (vgl. *Roser*, EStB 2003, 158). In diesem Fall würde die Minderung des Kapitalkontos des Gesellschafters durch die Gewerbesteuerrückstellung der Erhöhung durch die Einlageverpflichtung entsprechen (nach *Plambeck*, DStR 2010, 1558, führt die Einlagelösung zu einer steuerpflichtigen Einnahme bei den übrigen Gesellschaftern; die Einlageverpflichtung wäre daher aufgrund einer Netto-Betrachtung zu erbringen). Hierdurch würde sichergestellt, dass der Veräußerungsgewinn stets konstant bliebe und sich folglich auch keine Iterationseffekte einstellen. Voraussetzung wäre jedoch, dass auch in der Abschichtungsbilanz bereits eine Gewerbesteuerrückstellung zu berücksichtigen wäre, deren Belastungswirkung anteilig sämtliche Gesellschafter treffen würde. Es ist davon auszugehen, dass eine solche Gewerbesteuerrückstellung zwingend bei der Ermittlung des Kapitalkontos zu berücksichtigen ist, so dass sich bei idealtypischer Betrachtung ein Iterationseffekt per se vermeiden lässt. Dies ist allerdings nicht unumstritten (vgl. *Kutt/Möllmann*, DB 2010, 1667 f.).

G 317 **Übernahme der Gewerbesteuer aus der Anteilsveräußerung durch Erwerber der Anteile |** Ein anderer Weg zur Vermeidung einer Iteration könnte darin bestehen, dass der Erwerber der Anteile die Gewerbesteuer übernimmt (zum Meinungsstreit vgl. nur *Kutt/Möllmann*, DB 2010, 1668 f.). Da dieser nicht bereit sein wird, die Gewerbesteuerbelastung tatsächlich zu tragen, wird er diese Gewerbesteuer im Rahmen der Kaufpreisverhandlungen als Kaufpreisminderungsposten von vornherein bereits berücksichtigen. In diesem Fall soll es nach verschiedener Auffassung in der Literatur nicht zu einem Iterationseffekt kommen (vgl. hierzu *Kutt/Möllmann*, DB 2010, 1668 m.w.N.). Diesen Stimmen in der Literatur kann jedoch nur dann zugestimmt werden, wenn bei der Erstellung einer „Abschichtungsbilanz" auf den Veräußerungszeitpunkt eine Gewerbesteuerrückstellung nicht anzusetzen ist (vgl. hierzu *Kutt/Möllmann*, DB 2010, 1667). Denn eine Gewerbesteuerrückstellung würde das Kapitalkonto (auch) des Veräußerers in der Abschichtungsbilanz (anteilig) mindern und hierdurch den Veräußerungsgewinn bzw. die auf ihn entfallende Gewerbesteuer erhöhen (siehe zuvor).

G 318 Im Ergebnis lässt sich eine iterative Berechnung der Gewerbesteuer nur dann vermeiden, wenn das Kapitalkonto des Veräußerers und der Veräußerungspreis durch den Ausgleichsmechanismus unberührt bleiben bzw. sich parallel mindern, so dass sich der Veräußerungsgewinn nicht ändert. Dies wäre bei einer Einlageverpflichtung des veräußernden Gesellschafters gegeben, wenn auch in der Abschichtungsbilanz eine sein Kapitalkonto mindernde Gewerbesteuerrückstellung zu berücksichtigen wäre. Letzteres ist zwar strittig, wäre aber sachgerecht. Alternativ könnte eine Iteration vermieden werden, wenn es sich beim Kaufpreis um einen Netto-Kaufpreis handelt, also der Erwerber bereits die auf den Veräußerungsgewinn lastende und erst nach der Veräußerung zu zahlende Gewerbesteuer antizipiert und vom Kaufpreis abzieht. So würde durch den Abzug wirtschaftlich der Veräußerer die Gewerbesteuer tragen. Eine Iteration bei der Berechnung der tatsächlichen Gewerbesteuer ließe sich jedoch nur dann endgültig vermeiden, wenn die Höhe des Veräußerungsgewinns nicht durch die tatsächliche Gewerbesteuer beeinflusst wird (bspw. durch anteilige Gewerbesteuerrückstellung in Abschichtungsbilanz).

G 319 **Einlageverpflichtung des veräußernden Gesellschafters zu empfehlen |** Da im Ergebnis eine vollständige und rechtssichere Vermeidung einer Iteration bei der Berechnung der durch den Veräußerer auszugleichenden Gewerbesteuerlast auf seinen Veräußerungsgewinn grundsätzlich nicht möglich ist, spricht Vieles dafür, als eine Einlageverpflichtung des Veräußernden im Gesellschaftsvertrag zu vereinbaren.

b) Fehlende tatsächliche gewerbesteuerliche Mehrbelastung

Grundfall einer fehlenden tatsächlichen Gewerbesteuermehrbelastung im gleichen Erhebungszeitraum | Sofern die GmbH & Co. KG laufende gewerbesteuerliche Verluste erwirtschaftet, würden die durch einen Gesellschafter in seiner Sphäre (bspw. Sonderbetriebsvermögen) verursachten gewerbesteuerlichen Mehrbelastungen ggf. nicht zu einer tatsächlichen Mehrbelastung führen, soweit sie mit laufenden Verlusten verrechnet werden könnten (vgl. *Kutt/Möllmann*, DB 2010, 1665). Gleiches gilt eingeschränkt auch, wenn gewerbesteuerliche Verlustvorträge existieren (vgl. *Wollweber/Beckschäfer*, EStB 2010, 351; *Kutt/Möllmann*, DB 2010, 1665). G 320

Auswirkungen über mehrere Erhebungszeiträume | Würden anschließend im Gesamthandsvermögen der GmbH & Co. KG gewerbesteuerpflichtige Gewinne entstehen, stünde ein Verlustvortrag nicht bzw. nicht in ausreichender Höhe zur Verrechnung mit Gewinnen zur Verfügung. Die übrigen Gesellschafter wären infolge der vorangegangenen Verrechnung wirtschaftlich mit den Mehrergebnissen des einen Gesellschafters belastet. G 321

Berücksichtigung in Gewerbesteuerklauseln | Diese Belastungswirkungen können ebenfalls im Rahmen einer Gewerbesteuerklausel ausgeglichen werden. Hierbei ist zu berücksichtigen, dass – bezogen auf laufende gewerbesteuerliche Verluste des Gesamthandsbereichs – dem jeweiligen Gesellschafter diese Verluste in Höhe seiner Beteiligungsquote wirtschaftlich auch zustehen. G 322

Für einen solchen Ausgleich stehen zwei Grundkonzepte zur Verfügung:

Tatsächlicher Ausgleich bei tatsächlicher Gewerbesteuermehrbelastung | Entweder findet ein Ausgleich nur und erst dann statt, wenn eine Gewerbesteuerbelastung tatsächlich entsteht. Dies stellt einen sachgerechten Ausgleich sicher, da es nur dann tatsächlich zu einer Ausgleichspflicht kommt, wenn bei der GmbH & Co. KG auch tatsächlich eine Belastung eintritt. Andererseits ist hierfür eine vollständige Nebenrechnung erforderlich, in der festgehalten wird, wieviel Verlust von einem Gesellschafter verbraucht wurde und zu welchem Zeitpunkt dieser Verbrauch zu einer gewerbesteuerlichen Mehrbelastung führt. Besondere Schwierigkeit in der Praxis ist hierbei, dass sich möglicherweise mehrere Sachverhalte überlagern und dann eine Reihenfolge für die Berechnung des Ausgleichs festzulegen ist. Diese Variante ist also die am ehesten sachgerechte, erfordert aber mehr Aufwand in der praktischen Umsetzung. G 323

Typisierter Ausgleich der Gewerbesteuermehrbelastung | Alternativ kann man die Ausgleichspflicht bereits im Zeitpunkt des Verbrauchs von Verlusten entstehen lassen und in typisierter Höhe festlegen. Dies führt dazu, dass die Gesellschaft einen Ausgleich erhält, obwohl noch kein Schaden eingetreten ist und man auch nicht mit Sicherheit weiß, ob überhaupt irgendwann ein Schaden eintritt. Zumindest wird der Schaden in Gestalt der Gewerbesteuerbelastung zu einem späteren Zeitpunkt eintreten, so dass eine Abzinsung der Ausgleichspflicht erfolgen müsste. Diese könnte allerdings auch typisiert, z.B. durch einen 10%igen Abschlag, berücksichtigt werden. G 324

Beide Alternativen sind in der Praxis häufig anzutreffen. Welcher genau der Vorzug zu geben ist, hängt maßgeblich vom Verständnis der Gesellschafter bzgl. des Verwaltungsaufwands aus einer Gewerbesteuerklausel ab. Einfacher, wenn denn auch nicht zwingend sachgerecht, ist die Vereinbarung eines typisierten Ausgleichs unabhängig vom Eintritt des tatsächlichen gewerbesteuerlichen Schadens. G 325

G 326 **Ausgleichsmöglichkeiten in handelsrechtlichen Verlustsituationen |** Wenn in Verlustsituationen ein verursachungsgerechter Ausgleich über im Rahmen der Gewinnverteilung nicht gewollt ist, käme entweder eine Zahlung der Gesellschafter untereinander oder eine Einlage in die GmbH & Co. KG in Betracht, um etwaige gewerbesteuerliche Effekte verursachungsgerecht auszugleichen. Alternativ könnte auch in einer handelsrechtlichen Verlustsituation, in der der Verlust aus dem Gewerbesteueraufwand, den einer der Gesellschafter verursacht hat, resuliter, eine Gewinnverteilung beschlossen werden, die dem die Gewerbesteuer verursachenden Gesellschafter einen höherer Verlust und den anderen Gesellschaftern einen Gewinn zuordnet. Diese Vorgehensweise wäre in jedem Fall aber mit dem Wirtschaftsprüfer der Gesellschaft abzustimmen. Ein Ausgleich des verursachenden Gesellschafters gegenüber den übrigen Gesellschaftern (Zahlung der Gesellschafter untereinander) sollte regelmäßig steuerpflichtig sein und so zu Sonderbetriebseinnahmen bzw. -ausgaben führen (vgl. *Wollweber/Beckschäfer*, EStB 2010, 353; *Roser*, EStB 2003, 158). Bei einem Ausgleich in Form einer Einlageverpflichtung in die Gesellschaft, muss diese in die gesamthänderisch gebundene Rücklage erfolgen, um auch tatsächlich einen Ausgleich für die übrigen Gesellschafter zu schaffen. Nach ganz herrschender Auffassung erfolgt die Einlage auf der Ebene der Gesellschaft grundsätzlich steuerneutral (*Schaaf/Engler*, EStB 2009, 174; *Scheifele*, DStR 2006, 255; *Kutt/Möllmann*, DB 2010, 1667; wohl auch *Roser*, EStB 2003, 158 und *Wollweber/Beckschäfer*, EStB 2010, 353).

G 327 **Ertragsteuerliche Auswirkungen der Einlagelösung |** Eine Unsicherheit hinsichtlich der Erfolgsneutralität der Einlage ergibt sich allerdings aus folgendem Umstand: Wie dargestellt führt die Einlageverpflichtung dazu, dass durch den verursachenden Gesellschafter vermögensmäßig die übrigen Gesellschafter bereichert werden. Die wirtschaftlichen Wirkungen einer Einlage in die gesamthänderisch gebundene Rücklage wären folglich einer direkten Ausgleichszahlung des verursachenden Gesellschafters an die übrigen Gesellschafter wirtschaftlich vergleichbar. Eine solche direkte Ausgleichszahlung würde zu steuerwirksamen Aufwand auf Ebene des leistenden und zu steuerwirksamen Einnahmen auf Ebene der empfangenden Gesellschafter führen (vgl. *Wollweber/Beckschäfer*, EStB 2010, 353; *Roser*, EStB 2003, 158). Vor diesem Hintergrund – Entreicherung des verursachenden Gesellschafters und Bereicherung der übrigen Gesellschafter – verbleibt eine Unsicherheit, ob auch der Ausgleich im Rahmen einer Einlagelösung zu steuerpflichtigen Einnahmen bei den übrigen Gesellschaftern führen kann (vgl. *Plambeck*, DStR 2010, 1556). Aufgrund dieser Unsicherheit sollte in einer Gewerbesteuerklausel eine Regelung aufgenommen werden, wonach sich die Einlageverpflichtung um die Einkommen- oder Körperschaftsteuer erhöht, wenn die Einlage entgegen der herrschenden Auffassung doch steuerpflichtig sein sollte. Aus Vereinfachungsgründen sollte hierbei mit einer pauschalen Einkommen- bzw. Körperschaftsteuerbelastung gerechnet werden. Wenn die Bereicherung bei den übrigen Gesellschaftern steuerpflichtig ist, müsste die korrespondierende Entreicherung beim ausgleichenden Gesellschafter auch zu steuerlich wirksamem Aufwand führen. Hierzu findet sich allerdings im Schrifttum keine explizite Stellungnahme.

c) Laufende Verluste und Verlustvorträge

G 328 **Anteiliger Fortfall gewerbesteuerliche Verlustvorträge bei Ausscheiden eines Gesellschafters |** Tritt ein Gesellschafter aus der Gesellschaft aus, geht regelmäßig in Höhe seiner Beteiligungsquote der gewerbesteuerliche Verlustvortrag der Gesellschaft unter, da insoweit keine Unternehmeridentität mehr vorliegt (s. Rz. G 306). In Verhandlungen über eine Gewerbesteuerklausel wird zwischen den Gesellschaftern oft diskutiert, ob auch dieser quotale Untergang des gewerbesteuerlichen Verlustvortrages durch den ausscheidenden Gesellschafter gegenüber den anderen Gesellschaftern ausgeglichen werden soll.

Wirtschaftliche Folgen des anteiligen Fortfalls gewerbesteuerliche Verlustvorträge | Der Untergang des gewerbesteuerlichen Verlustvortrags führt nur in dem Fall zu einer Benachteiligung der übrigen Gesellschafter, wenn der Anteil des ausscheidenden Gesellschafters auf einen neuen Gesellschafter (Veräußerung an Dritten) übergeht oder disquotal auf die anderen Gesellschafter verteilt wird. Dabei gilt: der Vorteil des neu eintretenden Gesellschafters bzw. des Gesellschafters, dessen Beteiligung sich disquotal erhöht hat, entspricht stets dem Nachteil der übrigen Gesellschafter. G 329

Beispiel:

An einer GmbH & Co. KG sind vier Kommanditisten mit jeweils 25 % beteiligt. Es existiert ein gewerbesteuerlicher Verlustvortrag i.H.v. 100. Auf jeden der Gesellschafter entfällt somit ein Anteil am Verlustvortrag i.H.v. 25. Dies entspricht dem Anteil, den der jeweilige Gesellschafter auch wirtschaftlich getragen hat. Veräußert nun einer der Gesellschafter seinen Anteil an einen Dritten, tritt in Höhe der Beteiligung des Veräußernden ein Verlust der Unternehmeridentität ein. Der gewerbesteuerliche Verlustvortrag geht folglich i.H.v. 25 unter; es verbleibt ein Verlustvortrag i.H.v. 75. Auf die drei Alt-Gesellschafter, die wirtschaftlich den Verlust getragen haben, entfällt mithin nur noch ein Anteil i.H.v. 18,75 (= 75 × 25 %). Der Nachteil i.H.v. 6,25 je Alt-Gesellschafter, entspricht dem Vorteil bzw. Anteil des Erwerbenden am Verlustvortrag i.H.v. 18,75 (= 75 × 25 % bzw. 3 × 6,25).

Wirtschaftlicher Nachteil durch Eintritt eines neuen Gesellschafters | Zudem entsteht mit dem Eintritt des neuen Gesellschafters für die übrigen Gesellschafter ein weiterer gewerbesteuerlicher Nachteil. Der Verlustvortrag kann zukünftig nur mit positiven Gewerbeerträgen entsprechend der Beteiligungsquote der übrigen Gesellschafter verrechnet werden. Dies führt zu dem Effekt, dass die Nutzung des Verlustvortrages zeitlich gestreckt wird (s. Rz. G 307). G 330

Kein wirtschaftlicher Nachteil durch bloßen Austritt eines Gesellschafters | Tritt dagegen der Gesellschafter aus und erhöhen sich quotal die Beteiligungsquoten der verbleibenden Gesellschafter, sind diese durch den Untergang des Verlustvortrages nicht benachteiligt, da ihr Anteil am Verlustvortrag unter Berücksichtigung der neuen, erhöhten Beteiligungsquote gleich geblieben ist. Aus diesem Grunde entfällt in diesem Fall auch der Nachteil durch die zeitlich gestreckte Verlustnutzung. G 331

Fortführung Beispiel:

Angenommen die GmbH & Co. KG würde in dem folgenden Jahr einen Gewerbeertrag i.H.v. 75 erwirtschaften und die Regelungen zur Mindestbesteuerung würden nicht berücksichtigt werden. Nach Veräußerung und Erwerb der Beteiligung durch einen Dritten, kann nur der auf die Alt-Gesellschafter entfallende Gewerbeertrag mit dem verbleibenden Verlustvortrag i.H.v. 75 (s. zuvor Rz. G 329) verrechnet werden (vgl. R 10a.3 [3] Satz 9 Nr. 2 GewStR). Auf die Alt-Gesellschafter entfällt jedoch nur ein Gewerbeertrag i.H.v. 56,25 (= 75 × 75 %). Der Gewerbeertrag kann somit nicht vollständig mit dem verbleibenden Verlustvortrag verrechnet werden und es würde trotz des Verlustvortrags Gewerbesteuer entstehen. Hätte der ausscheidende Gesellschafter seine Beteiligung nicht an einen Dritten, sondern an die übrigen Gesellschafter veräußert, könnte hingegen der gesamte Gewerbeertrag von 75 mit dem Verlustvortrag verrechnet werden

Das bedeutet im Ergebnis, dass nicht das Ausscheiden des Altgesellschafters zu einem Nachteil bei den übrigen Gesellschaftern führt, sondern nur der Beitritt des neuen Gesellschafters.

Ausgleichsverpflichtung durch neu eintretenden Gesellschafter | Da für eine gewerbesteuerliche Mehrbelastung der übrigen Gesellschafter nicht das Ausscheiden des Altgesellschafters, G 332

sondern vielmehr der Eintritt eines neuen Gesellschafters ursächlich ist, müsste in einer Gewerbesteuerklausel ein Ausgleich nicht durch den ausscheidenden Gesellschafter, sondern durch den neu eingetretenen Gesellschafter berücksichtigt werden. Der neue Gesellschafter würde in Höhe seiner Beteiligungsquote am vorhandenen Verlustvortrag partizipieren, obwohl er den Verlust wirtschaftlich nicht getragen hat. Aus diesem Grunde erscheint es sachgerecht, dass er in Höhe dieses Vorteils einen Ausgleich zu leisten hat. Gleichwohl ist darauf hinzuweisen, dass in der Praxis solche Regelungen in Gewerbesteuerklauseln nur selten zu finden sind.

d) Mittelbarer Untergang von gewerbesteuerlichen Verlustvorträgen gemäß § 10a Satz 10 Halbs. 2 GewStG

G 333 **Fortfall des gewerbesteuerlichen Verlustvortrags bei mittelbarem Gesellschafterwechsel |** Gewerbesteuerliche Verlustvorträge können gemäß § 10a Satz 10 Halbs. 2GewStG auch untergehen, wenn einer der Gesellschafter der GmbH & Co. KG eine Körperschaft ist und aus Sicht dieser Körperschaft ein schädlicher Beteiligungserwerb i.S.d. § 8c KStG stattfindet. Der schädliche Beteiligungserwerb führt dazu, dass grds. die körperschaft-, aber auch gewerbesteuerlichen Verlustvorträge auf Ebene der Körperschaft (anteilig) untergehen. Soweit die Körperschaft aber an einer Mitunternehmerschaft beteiligt ist, würde ein gewerbesteuerlicher Verlustvortrag auf Ebene der Mitunternehmerschaft grds. nicht infolge von Gesellschafterwechsel auf Ebene der Körperschaft berührt sein. Insoweit würde die Körperschaft „abblocken". Dieses Abblocken wurde in der Vergangenheit genutzt, um gewerbesteuerliche Verlustvorträge im Vorfeld vor einem schädlichen Beteiligungserwerb i.S.d. § 8c KStG zu retten, indem die gewerbesteuerlichen Verlustvorträge der Körperschaft durch Ausgliederung des Betriebs auf eine 100 %-Tochter-GmbH & Co. KG auf diese übertragen wurden, wo sie vor einem schädlichen Beteiligungserwerb geschützt waren. Durch § 10 Satz 10 Halbs. 2 GewStG wirkt sich ein schädlicher Beteiligungserwerb nun auch auf Ebene einer der Körperschaft nachgelagerten Mitunternehmerschaft und dort auf deren gewerbesteuerlichen Verlustvorträge aus. Diese gehen entsprechend in Höhe der Beteiligungsquote des (körperschaftlichen) Gesellschafters der GmbH & Co. KG vollständig oder anteilig unter.

Infolge des geminderten Verlustvortrags erleidet nicht nur der Gesellschafter, bei dem ein schädlicher Beteiligungserwerb stattgefunden hat, einen wirtschaftlichen Nachteil, sondern auch die übrigen Gesellschafter. Es stellt sich somit die Frage, ob der Gesellschafter, bei dessen Gesellschaftern ein schädlicher Gesellschafterwechsel i.S.d. § 8c KStG erfolgt ist, den Nachteil den übrigen Gesellschaftern der GmbH & Co. KG auszugleichen hat.

G 334 **Wirtschaftliche Folgen eines Fortfalls gewerbesteuerlicher Verlustvorträge beim mittelbaren Gesellschafterwechsel |** Wirtschaftlich steht jedem Gesellschafter der Vorteil aus der Verrechnung eines gewerbesteuerlichen Verlustvortrags entsprechend seiner Beteiligungsquote an der GmbH & Co. KG zu. Im Rahmen der gesellschaftsvertraglichen Gewerbesteuerklausel soll jeder Gesellschafter in Höhe seiner Beteiligungsquote den Verlustvortrag nutzen können, indem er ihn bspw. mit Mehrergebnissen aus seinem Sonderbetriebsvermögensbereich verrechnet. Im Ergebnis steht der Verbrauch infolge eines schädlichen Gesellschafterwechsels einer Nutzung des Verlustvortrags gleich. Somit wäre es unseres Erachtens eine wirtschaftlich sinnvolle Lösung, wenn derjenige Gesellschafter, in dessen Gesellschafterkreis der schädliche Gesellschafterwechsel i.S.d. § 8c KStG stattgefunden hat, auch die Mehrbelastung infolge des geminderten Verlustvortrages zu tragen hat.

Ausgleichsverpflichtung durch unmittelbaren Gesellschafter | Die gewerbesteuerliche Mehrbelastung sollte durch eine Einlageverpflichtung des Gesellschafters, dessen Gesellschafter ursächlich für den Untergang des Verlustvortags ist, ausgeglichen werden. G 335

e) Musterformulierung Gewerbesteuerklausel

Gewerbesteuerklauseln auf den Einzelfall abzustimmen | Im Folgenden ist eine Musterklausel dargestellt, die im Wesentlichen die zuvor dargestellten Aspekte abbildet. Ob diese Musterklausel oder Teile von ihr für einen bestimmten Sachverhalt tatsächlich verwendet werden können, ist in jedem Fall kritisch zu prüfen. Aufgrund der Komplexität der wirtschaftlichen Effekte einer Gewerbesteuerklausel kann nicht ausgeschlossen werden, dass die hier dargestellte Musterklausel im Einzelfall zu nicht sachgerechten Ergebnissen führt. G 336

Musterklausel GmbH & Co. KG, an der keine natürlichen Personen beteiligt sind

Gewerbesteuerliche Vor- oder Nachteile bei der Gesellschaft [der GmbH & Co. KG], die durch gesellschafterbezogene Umstände eintreten, sollen verursachungsgerecht ausgeglichen werden. Die nachfolgenden Bestimmungen regeln typischerweise vorkommende Sachverhalte ausdrücklich. Sollten gewerbesteuerliche Vor- oder Nachteile eintreten, die nachfolgend nicht ausdrücklich geregelt sind, soll ein Ausgleich vorgenommen werden, der sich an den Grundsätzen orientiert, die den nachfolgend ausdrücklich geregelten Sachverhalten zugrunde liegen. Im Einzelnen gilt Folgendes: G 337

a) Auszugleichen sind gewerbesteuerliche Mehr- oder Minderbelastungen der Gesellschaft, die von mittelbaren oder unmittelbaren Gesellschaftern verursacht werden, insbesondere aufgrund von Sonderbetriebsausgaben oder -einnahmen, aufgrund von Sonder- und Ergänzungsbilanzen, vorbehaltlich lit. c) aufgrund von Verfügungen von Gesellschaftern über ihren Gesellschaftsanteil sowie aufgrund vergleichbarer gesellschafterbezogener Umstände. Wird die Mehr- oder Minderbelastung durch einen mittelbaren Gesellschafter verursacht, so gilt sie als durch den unmittelbaren Gesellschafter verursacht.

b) Als gewerbesteuerliche Mehr- oder Minderbelastung im Sinne des lit. a) gilt vorbehaltlich lit. c) auch die Verringerung oder Erhöhung eines gewerbesteuerlichen Verlustvortrags oder eines laufenden Gewerbeverlustes der Gesellschaft.

[Alt. 1: *Die Höhe der gewerbesteuerlichen Mehr- oder Minderbelastung nach diesem lit. b) ermittelt sich durch Multiplikation von [90 %] des Betrages der Verringerung oder Erhöhung eines gewerbesteuerlichen Verlustvortrags oder eines laufenden Gewerbeverlustes mit dem jeweils für das betreffende Jahr anzuwendenden Gewerbesteuersatz (Produkt von Steuermesszahl und Hebesatz).]*

[Alt. 2: *Der Betrag der Verringerung oder Erhöhung des gewerbesteuerlichen Verlustvortrags oder des laufenden Gewerbeverlustes wird jährlich von der Gesellschaft festgestellt und vorgetragen („Vortrag"). Die gewerbesteuerliche Mehr- oder Minderbelastung ergibt sich durch Gegenüberstellung der tatsächlichen Gewerbesteuerbelastung mit der Gewerbesteuerbelastung, die sich ohne Berücksichtigung des Vortrags ergeben hätte („Schattenrechnung"). Die Schattenrechnung ist für jeden Gesellschafter gesondert anzustellen. Soweit sich eine gewerbesteuerliche Mehr- oder Minderbelastung ergeben hat, wird der Vortrag soweit vermindert, wie er zu der gewerbesteuerlichen Mehr- oder Minderbelastung geführt hat.]*

c) Nicht als gewerbesteuerliche Mehrbelastung gilt der vollständige oder anteilige Untergang eines gewerbesteuerlichen Verlustvortrags aufgrund des Ausscheidens eines Gesellschafters oder der Verringerung seiner Beteiligungsquote.

d) Im Fall einer gewerbesteuerlichen Mehrbelastung leistet der die gewerbesteuerliche Mehrbelastung verursachende Gesellschafter eine Einlage in die Gesellschaft in Höhe der gewerbesteuerlichen Mehrbelastung. Im Fall einer gewerbesteuerlichen Minderbelastung leisten alle Gesellschafter außer dem die gewerbesteuerliche Minderbelastung verursachenden Gesellschafter gemeinsam eine Einlage in die Gesellschaft in Höhe der gewerbesteuerlichen Minderbelastung. Die an die Gesellschaft geleisteten Beträge werden bei der Gesellschaft in einer gesamthänderisch gebundenen Rücklage erfasst. Sollte die Einlage in die Gesellschaft steuerpflichtig sein, erhöht sich die Einlageverpflichtung um den Einkommen- oder Körperschaftsteuereffekt.

e) Tritt ein Gesellschafter der Gesellschaft bei und verfügt die Gesellschaft zu diesem Zeitpunkt über einen gewerbesteuerlichen Verlustvortrag, gilt der rechnerisch auf den beigetretenen Gesellschafter nach seinem Beitritt entfallende gewerbesteuerliche Verlustvortrag als durch den beigetretenen Gesellschafter verursachte gewerbesteuerliche Mehrbelastung. Entsprechendes gilt, wenn sich die Beteiligungsquoten von Gesellschaftern erhöhen. Der Betrag der gewerbesteuerlichen Mehrbelastung ermittelt sich entsprechend lit. b) Sätze 2 ff. Der Betrag der Einlageverpflichtung nach diesem lit. e) erhöht sich um den Faktor (1/(1-Beteiligungsquote des beigetretenen Gesellschafters). Lit. d) Satz 3 und 4 gilt entsprechend.

f) Die Ausgleichspflicht entsteht zum Bilanzstichtag, zu dem die Mehr- oder Minderbelastung bei der Gesellschaft eintritt bzw. im Falle des Ausscheidens eines Gesellschafters im Zeitpunkt seines Ausscheidens. Sie wird vier Wochen nach Feststellung des betreffenden Jahresabschlusses der Gesellschaft fällig. Die Ausgleichspflicht trifft uneingeschränkt auch ehemalige Gesellschafter nach deren Ausscheiden. Der Anspruch ist in der gleichen Höhe wie die gewerbesteuerliche Mehr- oder Minderbelastung (§ 233 AO) zu verzinsen.

g) Bei Meinungsverschiedenheiten entscheidet über die Höhe der Ausgleichspflicht als sachverständiger Dritter.

G 338 **Besonderheiten bei beteiligten natürlichen Personen** | Sofern bei einer GmbH & Co. KG eine natürliche Person Gesellschafter ist, ergibt sich infolge der Gewerbesteuer auf Ebene der Gesellschaft gemäß **§ 35 EStG** bei Einkommensteuer der natürlichen Person ein Entlastungseffekt. Die aus dieser Gewerbesteueranrechnung resultierenden Effekte sollen regelmäßig beim Ausgleichsmechanismus einer Gewerbesteuerklausel mit berücksichtigt werden. In diesen Fällen ist eine reine Einlagelösung, wie sie in der zuvor dargestellten Musterklausel (Rz. G 337) enthalten ist, nicht möglich. Stattdessen muss ein individueller Ausgleich über die Gewinnverteilung vorgenommen werden, bei dem die Entlastungseffekte des § 35 EStG mit einfließen. Sofern gewerbesteuerliche Verlustvorträge ent- oder bestehen, kommt bei Beteiligung einer natürlichen Person zudem grds. nur ein späterer Ausgleich (Alt. 2) in Betracht. Im Fall einer oder mehrerer natürlicher Personen als Gesellschafter müsste der Ausgleichsmechanismus unter lit. d) entsprechend geändert werden.

G 339 **Musterklausel GmbH & Co. KG, an der natürliche Personen beteiligt sind**

d) Gewerbesteuerliche Mehr- und Minderbelastungen der Gesellschaft sollen bei der handelsrechtlichen Gewinnverteilung verursachungsgerecht berücksichtigt werden, so dass dem verursachenden Gesellschafter auch der wirtschaftliche Vor- oder Nachteil durch die steuerliche Min-

der- oder Mehrbelastung der anderen Gesellschafter nach dem Verursachungsprinzip derart zugerechnet wird, dass die anderen Gesellschafter einen Nachsteuergewinn erfahren, der ohne diese Umstände eingetreten wäre. Die steuerliche Minder- oder Mehrbelastung ermittelt sich typisiert auf Basis der für den jeweiligen Erhebungszeitraum/Veranlagungszeitraum geltenden Steuersätze für Kapitalgesellschaften oder natürliche Personen als Gesellschafter (z.B. ohne Berücksichtigung von Verlustvorträgen bei den unmittelbaren oder mittelbaren Gesellschaftern). Für natürliche Personen ist typisierend von dem Einkommensteuerspitzensatz auszugehen und die Gewerbesteueranrechnung nach § 35 EStG zu berücksichtigen (z.B. ohne Berücksichtigung von Anrechnungsüberhängen).

frei G 340–G 350

Vertiefende Recherche

Wichtige Urteile und Erlasse

BFH v. 18.12.2014 – IV R 59/11, BFH/NV 2015, 520 = Gewerbesteuerpflicht eines nach § 16 Abs. 2 Satz 3 EStG als laufender Gewinn zu erfassenden Veräußerungsgewinns.

BFH v. 11.10.2012 – IV R 3/09, BStBl. II 2013, 176 = GmbHR 2013, 205: Wegfall der Unternehmeridentität bei kurzfristigem Ausscheiden aus einer Personengesellschaft.

BFH v. 20.9.2012 – IV R 60/11, BFH/NV 2013, 410 = Sachliche Gewerbesteuerpflicht von Einzelunternehmen und Mitunternehmerschaften.

BFH v. 30.8.2012 – IV R 54/10, BStBl. II 2012, 927 = GmbHR 2012, 1312: Beginn der sachlichen Gewerbesteuerpflicht bei Mitunternehmerschaften.

BFH v. 29.6.2011 – X R 39/07, GmbHR 2012, 101: Gewerblicher Grundstückshandel bei Veräußerung von Anteilen an vermögensverwaltenden Grundstücksgesellschaften.

BFH v. 22.1.2009 – IV R 90/05, BFH/NV 2009, 843 = GmbHR 2009, 496: Aufteilung des bis zum Ausscheiden entstandenen Ergebnisses für Zwecke der Verlustverrechnung.

BFH v. 7.8.2008 – IV R 86/05, BStBl. II 2012, 145 = GmbHR 2008, 1283: Verrechenbarkeit eines Gewerbeverlusts.

BFH v. 26.6.2007 – IV R 49/04, BStBl. II 2009, 289 = EStB 2007, 361: Ende der Gewerbesteuerpflicht.

BFH v. 26.6.2007 – IV R 49/04, BStBl. II 2009, 289 = EStB 2007, 361: Ende der Gewerbesteuerpflicht.

BFH v. 10.5.2007 – IV R 69/04, BStBl. II 2010, 973 = FR 2008, 97: Gewerblicher Grundstückshandel: laufender Gewinn bei Veräußerung oder Aufgabe von Mitunternehmeranteilen.

BFH v. 14.12.2006 – IV R 3/05, BStBl. II 2007, 777 = GmbHR 2007, 269: Gewerbesteuerpflicht des Gewinns aus der Veräußerung von Anteilen an einer Grundstückshandelsgesellschaft.

BFH v. 15.6.2004 – VIII R 7/01, BStBl. II 2004, 754 = GmbHR 2004, 1096: Gewerbesteuerpflicht von Veräußerungsgewinnen bei Veräußerungen an sich selbst.

BFH v. 20.1.2003 – IV R 5/02, BStBl. II 2004, 464 = GmbHR 2004, 685: Beginn und Ende der sachlichen Gewerbesteuerpflicht einer gewerblich geprägten GmbH & Co. KG.

BFH v. 14.1.2002 – VIII B 59/01, BFH/NV 2002, 811: Gewinn aus Veräußerung einer im Betriebsvermögen befindlichen 100%igen Beteiligung an einer Kapitalgesellschaft gewerbesteuerpflichtig.

BFH v. 25.1.1995 – X R 76–77/92, X R 76/92, X R 77/92, BStBl. II 1995, 388 = FR 1995, 413: Kein nicht gewerbesteuerbarer Veräußerungsgewinn oder Aufgabegewinn bei gewerblichem Grundstückshandel, soweit der Grundstücksbestand (Umlaufvermögen) veräußert wird.

BFH v. 11.3.1982 – IV R 25/79, BStBl. II 1982, 707 = FR 1982, 489: keine Gewerbesteuer auf Veräußerungsgewinn einer gewerblich geprägten GmbH & Co. KG.

Musterformulierungen

→ *Gesellschaftsverträge mit Erläuterungen Rz. G 173f.*

Gewerbliche Prägung

Ausgewählte Literatur: *Eisgruber*, Gewerblich prägbare Tätigkeiten einer Personengesellschaft, DStR 1995, 1569; *Euhus*, Gewerbliche Prägung bei mehrstöckigen Personengesellschaftsstrukturen, DStR 2011, 1350; *Goebel/Ungemach/Liedtke*, Entprägung einer gewerblich geprägten Personengesellschaft bei ausschließlicher Beteiligung von Kapitalgesellschaften, DStZ 2011, 254; *Hennerkes/Binz*, Die „gewerblich geprägte Personengesellschaft" – Willkommensgrüße zum Inkrafttreten des sog. Gepräge-Gesetzes, BB 1985, 2161; *Jehl-Magnus*, Die gewerblich geprägte Personengesellschaft im internationalen Steuerrecht, NWB 2014, 1649; *Meining/Kruschke*, Die Besteuerung der „ausländischen Kapitalgesellschaft & Co. KG" bei ausschließlich grundstücksverwaltender Tätigkeit im Inland, GmbHR 2008, 91; *Micker*, Gewerbliche Prägung im DBA-Recht, IWB 2013, 158; *Mohr*, Gewerblich geprägte GmbH & Co. KG, GmbH-StB 2010, 333; *Pauli*, Fallstricke bei Errichtung einer gewerblich geprägten Immobilien GmbH & Co. KG, DB 2005, 1021; *Rodewald*, Geschäftsführungsregelung in der GmbH & Co. KG, GmbHR 1996, 914; *Spilker/Früchtl*, Kapitalgesellschaften als Gesellschafter einer Kommanditgesellschaft im Rahmen von § 15 Abs. 3 Nr. 2 EStG, DStR 2010, 1007; *Tölle*, Die gewerblich geprägte Personengesellschaft als steuerliches Gestaltungsinstrument der Vermögensnachfolge, NWB 2012, 1176; *Wachter*, Gewerbliche Prägung der Einheitsgesellschaft, GmbHR 2015, 177; *Werner*, Die GmbH & Co. KG in der Form der Einheitsgesellschaft, DStR 2006, 706; *Weßling/Romswinkel*, Gewerbliche Prägung des § 15 Abs. 3 Nr. 2 EStG bei besonderen in- und ausländischen Gesellschaften, Stbg 2004, 501.

1. Gewerbliche Prägung einer grundsätzlich vermögensverwaltenden Personengesellschaft

G 351 **Vermögensverwaltende vs. Gewerbliche Tätigkeit |** Im Steuerrecht ist zwischen einer vermögensverwaltenden und einer gewerblich tätigen Personengesellschaft zu unterscheiden. Nur letztere erzielt gewerbliche Einkünfte, die auf Ebene der Personengesellschaft selbst der Gewerbesteuer und bei ihren Gesellschaften bzw. Mitunternehmern (→ *Mitunternehmerinitiative und -risiko*) der Einkommen- oder Körperschaftsteuer unterliegen (§ 15 Abs. 1 Satz 1 Nr. 2 EStG). Bei einer vermögensverwaltenden Personengesellschaft wird das Gesamthandsvermögen für steuerliche Zwecke ihren Gesellschaftern anteilig als eigenes Vermögen unmittelbar zugerechnet (§ 39 Abs. 2 Nr. 2 AO). Entsprechend erzielt eine vermögensverwaltende Personengesellschaft in der Hand des Gesellschafters Einkünfte bspw. aus Kapitalvermögen (§ 20 EStG) oder Vermietung und Verpachtung (§ 21 EStG). Eine Besteuerung auf Ebene der Personengesellschaft mit Gewerbesteuer findet entsprechend auch nicht statt. Damit unterscheiden sich die Besteuerung einer vermögensverwaltenden und einer gewerblich tätigen Personengesellschaft und ihrer Gesellschafter grundlegend.

G 352 **Gewerbliche Prägung |** In Abhängigkeit von der Komplementär-Struktur und den Befugnissen zur Geschäftsführung gilt die Tätigkeit einer vermögensverwaltenden Personengesellschaft hingegen kraft gesetzlicher Fiktion in vollem Umfang als Gewerbebetrieb (sog. gewerblich geprägte Personengesellschaft i.S.d. § 15 Abs. 3 Nr. 2 EStG). Die gewerblich geprägte Personengesellschaft wird folglich für steuerliche Zwecke wie eine originär gewerblich tätige und nicht wie eine vermögensverwaltende Personengesellschaft behandelt. Dies kann für die Gesellschaft bzw. ihre Gesellschafter zu Vorteilen aber auch zu Nachteilen führen (Rz. G 355f.).

G353 **Entwicklung der gewerblichen Prägung** | Dogmatisch wird die gewerbliche Prägung damit begründet, dass die auf den Betrieb durch eine Komplementär-GmbH angelegte Personengesellschaft gewerbesteuerlich so zu behandeln sein soll wie eine Kapitalgesellschaft, mithin „prägt" die GmbH als einzige Komplementärin die Personengesellschaft (vgl. BFH v. 20.11. 2003 – IV R 5/02, BStBl. II 2004, 464 = GmbHR 2004, 685 = FR 2004, 644 = GmbH-StB 2004, 129). Diese Sichtweise entwickelte der Bundesfinanzhof im Rahmen seiner sog. Geprägerechtsprechung. 1984 wurde diese Rechtsprechung allerdings durch den Großen Senat aufgegeben (vgl. BFH v. 25.6.1984 – GrS 4/82, BStBl. II 1984, 464 = GmbHR 1984, 355 = FR 1984, 619) und in der Folge durch den Gesetzgeber in § 15 Abs. 3 Nr. 2 EStG erstmalig gesetzlich fixiert.

2. Vor- und Nachteile der gewerblichen Prägung

G354 **Gewerbliche Prägung als Gestaltungsinstrument** | Der Gesetzgeber hatte nach Aufgabe der Geprägerechtsprechung durch den Großen Senat (vgl. BFH v. 25.6.1984 – GrS 4/82, BStBl. II 1984, 464 = GmbHR 1984, 355 = FR 1984, 619) den Grundsatz dieser Rechtsprechung in § 15 Abs. 3 Nr. 2 EStG gesetzlich fixiert, da er in der gewerblich geprägten Personengesellschaft ein sinnvolles Gestaltungsinstrument sah, das dem Steuerpflichtigen weiterhin zur Verfügung stehen sollte. Indem der Steuerpflichtige es in der Hand hat, die Tatbestandsvoraussetzungen nach § 15 Abs. 3 Nr. 2 EStG bspw. durch Gestaltung der Geschäftsführungsbefugnisse zu erfüllen, stellt die gewerbliche Prägung ein faktisches Wahlrecht dar, eine vermögensverwaltende Personengesellschaft alternativ als (fiktiv gewerblich tätige) Mitunternehmerschaft zu besteuern. Die Wahl zur gewerblichen Prägung kann für eine vermögensverwaltende Personengesellschaft zu den folgenden Vor- und Nachteilen führen:

G355 **Vorteile einer gewerblichen Prägung:**

- Steuerneutrales Ausscheiden von Wirtschaftsgütern aus einem (Sonder-)Betriebsvermögen durch Übertragung/Überführung in das steuerliche Betriebsvermögen einer gewerblich geprägten Personengesellschaft (§ 6 Abs. 5 EStG; kritisch Übertragung zwischen Gesamthandsvermögen von Schwester-Personengesellschaften, vgl. BFH v. 25.11.2009 – I R 72/08, BStBl. II 2009, 471 = GmbHR 2010, 317; aber BFH v. 15.4.2010 – IV B 105/09, BStBl. II 2010, 971 = GmbHR 2010, 724 = FR 2010, 760 m. Anm. *Kanzler* = GmbH-StB 2010, 188).
- Vermeidung der Entstehung von Sonderbetriebsvermögen (zur Bilanzierungskonkurrenz vgl. BFH v. 18.8.2005 – IV R 59/04, BStBl. II 2005, 830 = GmbHR 2005, 1512 = FR 2006, 23 m. Anm. *Wendt* = GmbH-StB 2005, 364).
- Vermeidung einer (unbeabsichtigten) Betriebsaufgabe einer originär gewerblich tätigen Personengesellschaft.

Beispiel:

Eine Besitz-GmbH & Co. KG vermietet eine wesentliche Betriebsgrundlage an eine gesellschafteridentische Betriebs-GmbH. Es liegt eine Betriebsaufspaltung vor mit der Folge, dass die Besitz-GmbH & Co. KG mit ihrer Vermietungstätigkeit gewerblich wird und die Anteile an der Betriebs-GmbH zum Sonderbetriebsvermögen zuzuordnen sind. Würde die Betriebsaufspaltung beendet werden, bspw. durch Eintritt fremder Gesellschafter oder Beendigung des Mietverhältnisses über die wesentliche Betriebsgrundlage, führt dies grds. zu einer Betriebsaufgabe der Besitz-GmbH & Co. KG. Die Folge wäre die

Besteuerung der stillen Reserven in der wesentlichen Betriebsgrundlage und den Anteilen an der Betriebs-GmbH. Zur Vermeidung dieser Folgen einer unbeabsichtigten Beendigung der Betriebsaufspaltung ist regelmäßig zu empfehlen, die Besitz-GmbH & Co. KG vorsorglich „gewerblich zu prägen" (vgl. auch OFD Frankfurt v. 10.5.2012 – S 2240 A-28-St 219, FR 2012, 976). Dies hat zur Folge, dass bei einer Beendigung der Betriebsaufspaltung, die Besitz-GmbH & Co. KG gewerblich bleibt und es somit nicht zu einer Betriebsaufgabe kommt.

Vor dem Hintergrund, dass ausschließlich eine vermögensverwaltende Personengesellschaft gewerblich geprägt werden kann, könnte bei kritischer Betrachtung Zweifel an dieser Gestaltung bestehen. Kann die Besitz-GmbH & Co. KG erst dann ihre gewerbliche Prägung gemäß § 15 Abs. 3 Nr. 2 EStG erlangen, wenn sie vermögensverwaltend tätig ist, müsste zumindest für eine systematische Sekunde die Mitunternehmerschaft Besitz-GmbH & Co. KG voll beendet worden sein. Nach der Rechtsprechung des Bundesfinanzhofs kommt es zu einer solchen Betriebsaufgabe jedoch nicht (vgl. BFH v. 17.3.2010 – IV R 41/07, BStBl. II 2010, 977 = GmbHR 2010, 834 = FR 2010, 667 m. Anm. *Wendt* = GmbH-StB 2010, 161).

- Nutzung höherer AfA oder Sonder-AfA (vgl. *Stapperfend* in Herrmann/Heuer/Raupach, EStG/KStG, § 15 EStG Rz. 1455).
- Nutzung des Thesaurierungssteuersatzes gemäß § 34a EStG.
- Erlangung erbschaftsteuerlicher Vorteile (§§ 13a, 19a ErbStG).

Nachteile einer gewerblichen Prägung: G 356

- Einkünfte unterliegen (zusätzlich) der Gewerbesteuer; aber Kompensation durch gewerbesteuerliche Anrechnung gemäß § 35 EStG.
- Verstrickung stiller Reserven, die im Rahmen der vermögensverwaltenden Tätigkeit nicht unter § 22 Nr. 2 EStG i.V.m. § 23 EStG steuerpflichtig wären.
- Möglicherweise erweiterte Buchführungs- und Bilanzierungsvorschriften.
- Zusätzliche Belastungen durch Beiträge, die an die objektive Gewerbesteuerpflicht anknüpfen, wie bspw. IHK-Beiträge.

3. Voraussetzungen für die gewerbliche Prägung

Tatbestandsvoraussetzungen | Voraussetzung für die gewerbliche Prägung einer GmbH & Co. KG ist, dass (1) die nicht orginiär gewerbliche Tätigkeit der Gesellschaft mit Einkünfteerzielungsabsicht unternommen wird, (2) ausschließlich Kapitalgesellschaften die Komplementärstellung innehaben und (3) nur diese oder Personen, die nicht Gesellschafter sind, zur Geschäftsführung befugt sind. G 357

Keine Tätigkeit i.S.d. § 15 Abs. 1 Satz 1 Nr. 1 EStG | Personengesellschaften können nur dann gewerblich geprägt sein, wenn sie keine Tätigkeit i.S.d. § 15 Abs. 1 Satz 1 Nr. 1 EStG ausüben. Betreibt eine Personengesellschaft bereits ein gewerbliches Unternehmen, bspw. i.S.d. § 15 Abs. 2 EStG, kann es nicht (zusätzlich) gewerblich geprägt sein (vgl. BFH v. 20.11.2003 – IV R 5/02, BStBl. II 2004, 464 = GmbHR 2004, 685 = FR 2004, 644 = GmbH-StB 2004, 129). Damit ist die gewerbliche Prägung dem Grunde nach nicht nur für vermögensverwaltende, sondern für alle nicht gewerblich tätigen und damit auch für Land- und Forstwirtschaft sowie sonstige selbständige Tätigkeiten ausübende Personengesellschaften möglich. Eine an sich freiberuflich tätige GmbH & Co. KG kann hingegen nicht gewerblich geprägt werden, da sie bereits wegen G 358 ihrer Komplementär-GmbH keine Tätigkeit i.S.d. § 18 EStG ausüben kann. Eine Personengesellschaft kann eine Tätigkeit, die die Ausübung eines freien Berufs i.S.d. § 18 EStG darstellt, nur dann ausüben, wenn sämtliche Mitunternehmer die Merkmale eines freien Berufs erfüllen. Dies ist bei einer GmbH & Co. KG ausgeschlossen, da die Komplementär-GmbH aufgrund ihrer Rechtsform stets gewerblich tätig ist (vgl. BFH v. 10.10.2012 – VIII R 42/10, BStBl. II 2013, 79 = GmbHR 2013, 159 = FR 2013, 281 m. Anm. *Kempermann* = GmbH-StB 2013, 70).

G 359 **Gewerblich tätige Personengesellschaft** | In der Praxis ist zu beobachten, dass der Begriff der gewerblichen Prägung oftmals nicht zutreffend verwendet wird. Nur eine nicht originär gewerblich tätige Personengesellschaft kann gemäß § 15 Abs. 3 Nr. 2 EStG gewerblich geprägt sein. Allerdings wird oft auch eine originär gewerblich tätige Personengesellschaft, die an sich die weiteren Tatbestandsvoraussetzungen der gewerblichen Prägung erfüllt, als eine gewerblich geprägte Personengesellschaft bezeichnet. Auch wenn eine solche Bezeichnung dem Grunde nach falsch ist, sollte diese Unschärfe für die steuerliche Würdigung der originär gewerblich tätigen Personengesellschaft in der Praxis keine weiteren Konsequenzen haben.

G 360 **Mit Einkünfteerzielungsabsicht unternommene Tätigkeit** | Die Tätigkeit der GmbH & Co. KG muss mit Einkünfteerzielungsabsicht ausgeübt werden, damit eine gewerbliche Prägung der Gesellschaft möglich ist. Folglich muss die Tätigkeit der Gesellschaft auf die Erzielung eines Totalgewinns bzw. bei Überschusseinkünften auf die Erzielung eines Totalüberschusses ausgerichtet sein. Bei der Prognose sind sämtliche Ergebnisse von der Gründung der GmbH & Co. KG bis einschließlich etwaiger Ergebnisse aus ihrer Veräußerung oder Aufgabe einzubeziehen. Erzielt die GmbH & Co. KG in der Zeit, in der die Voraussetzungen der gewerblichen Prägung dem Grunde nach erfüllt sind, ausschließlich Verluste, ist eine gewerbliche Prägung der Gesellschaft ausgeschlossen.

G 361 **Kapitalgesellschaft übernimmt Komplementärfunktion** | Wesentliches Merkmal dafür, dass eine Kommanditgesellschaft gewerblich „geprägt" wird, ist, dass ausschließlich eine oder mehrere Kapitalgesellschaften die Position des Komplementärs (Vollhafters) einnehmen. Übernimmt daneben eine weitere Person, die nicht Kapitalgesellschaft ist (zur Ausnahme bei einer GmbH & Co. KG, die die Komplementärstellung übernimmt, s. Rz. G 364), die Stellung als Komplementär, schließt dies gemäß § 15 Abs. 3 Nr. 2 Satz 1 EStG die gewerbliche Prägung aus.

G 362 **Mögliche Rechtsformen** | Als Kapitalgesellschaft in diesem Sinne zählen insbesondere die GmbH, die AG, die KGaA sowie die Unternehmergesellschaft. Auch eine Societas Europaea (SE) gilt als Kapitalgesellschaft und kann als Komplementär eine Personengesellschaft prägen. Da auf die steuerliche Qualifikation als Kapitalgesellschaft abgestellt wird, sind auch Vorgesellschaften für Zwecke der gewerblichen Prägung zu berücksichtigen, nicht hingegen Vorgründungsgesellschaften. Nicht zu den Kapitalgesellschaften zählen gemäß § 1 Abs. 1 KStG hingegen u.A. Stiftungen, Vereine, Genossenschaften, einschließlich Europäischen Genossenschaften und Versicherungs- oder Pensionsfondsvereine auf Gegenseitigkeit.

G 363 **Auch ausländische Rechtsformen möglich** | Nach der Rechtsprechung des BFH kann auch eine ausländische Gesellschaft als Komplementär eine Kommanditgesellschaft gewerblich prägen (vgl. BFH v. 14.3.2007 – XI R 15/05, BStBl. II 2007, 924 = GmbHR 2007, 669 = FR 2007, 885 m. Anm. *Wachter* = GmbH-StB 2007, 199; BFH v. 17.12.1997 – I R 34/97, BStBl. II 1998, 296 = FR 1998, 577). Voraussetzung hierfür ist, dass die ausländische Gesellschaft nach ihrem rechtlichen Aufbau und ihrer wirtschaftlichen Gestaltung einer inländischen Kapitalgesellschaft entspricht. Sie muss jedoch nicht selbst gewerblich tätig sein oder im Ausland kraft ihrer Rechtsform gewerbliche Einkünfte erzielen.

GmbH & Co. KG übernimmt Komplementärfunktion | Nach § 15 Abs. 3 Nr. 2 Satz 2 EStG kann anstatt einer Kapitalgesellschaft auch eine gewerblich geprägte Personengesellschaft eine Kommanditgesellschaft prägen, wenn sie die Komplementär-Funktion übernimmt (sog. doppelstöckig gewerblich geprägte GmbH & Co. KG). Unerheblich sollte dabei sein, ob daneben noch eine Kapitalgesellschaft als weitere Komplementärin dient. Auch kann die Komplementär-GmbH & Co. KG wiederum aufgrund einer gewerblich geprägten Personengesellschaft gewerblich geprägt sein (sog. mehrstöckige gewerblich geprägte GmbH & Co. KG). Im Ergebnis ist damit für Zwecke des § 15 Abs. 3 Nr. 2 EStG eine bereits gewerblich geprägte Personengesellschaft einer Kapitalgesellschaft gleichzusetzen. Nach der Rechtsprechung des BFH soll auch eine originär gewerblich tätige GmbH & Co. KG, an der nur Kapitalgesellschaften die Komplementärfunktion innehaben, als Komplementärin eine Personengesellschaft gewerblich prägen können (vgl. BFH v. 8.6.2000 – IV R 37/99, BStBl. II 2001, 162 = GmbHR 2001, 157 = FR 2001, 190 = GmbH-StB 2001, 75). Dies steht zwar dem Wortlaut des § 15 Abs. 3 Nr. 2 EStG entgegen, da eine originär gewerblich tätige GmbH & Co. KG nicht gewerblich geprägt sein kann. Der BFH legt hier jedoch § 15 Abs. 3 Nr. 2 Satz 2 EStG entsprechend weit aus, da es sich erkennbar um ein Redaktionsversehen handeln soll. G 364

Geschäftsführungsbefugnis nur durch Komplementär-GmbH oder Nichtgesellschafter | Es dürfen ausschließlich die Kapitalgesellschaften, welche die Komplementärstellung innehaben, oder Personen, die nicht an der Personengesellschaft beteiligt sind, zur Geschäftsführung befugt sein. G 365

Gesellschaftsvertragliche Geschäftsführungsbefugnis | Maßgeblich ist allein die gesellschaftsvertragliche oder gesetzliche vorgesehene Geschäftsführung i.S.d. §§ 114 bis 117, 164 HGB und §§ 709 ff. BGB. Entscheidend ist damit die organschaftliche Befugnis im Innenverhältnis der Gesellschafter zueinander zu einer auf Verwirklichung des Gesellschaftszwecks gerichteten Tätigkeit (vgl. BFH v. 23.5.1996 – IV R 87/93, BStBl. II 1996, 523 = GmbHR 1996, 947 = FR 1996, 709). Eine Tätigkeit bzw. Befugnis, die sich allein aus einem Dienst- oder Arbeitsvertrag ergibt, stellt keine Geschäftsführungsbefugnis i.S.d. § 15 Abs. 3 Nr. 2 EStG dar und ist somit für die gewerbliche Prägung unerheblich (vgl. BFH v. 23.5.1996 – IV R 87/93, BStBl. II 1996, 523 = GmbHR 1996, 947 = FR 1996, 709). Ebenfalls unerheblich ist, wenn einzelne Geschäftsführungsaufgaben auf eine Person – selbst wenn dies im Gesellschaftsvertrag festgelegt ist – delegiert werden, da hierdurch keine (umfassende) organschaftliche Geschäftsführung begründet wird (vgl. BFH v. 23.2.2011 – I R 52/10, BFH/NV 2011, 1354). G 366

Befugnis zur Geschäftsführung ausreichend | Hervorzuheben ist, dass es allein auf die Befugnis zur Geschäftsführung ankommt. Ob mittels dieser Befugnis die Geschäftsführung tatsächlich ausgeübt wird, ist ohne Bedeutung. G 367

Mehrfache Komplementärinnen | Aus dem Wortlaut der Vorschrift ergibt sich, dass nicht sämtliche Komplementär-GmbHs zur Geschäftsführung befugt sein müssen. Existieren mehrere Komplementär-GmbHs ist es ausreichend, wenn die Geschäftsführung nur von einer Gesellschaft übernommen wird. Sind hingegen auch die weiteren Komplementär-GmbHs zur Geschäftsführung befugt, ist es für Zwecke der gewerblichen Prägung unerheblich, ob die Komplementär-GmbHs einzelvertretungsbefugt sind oder die Geschäftsführung nur gemeinschaftlich ausüben können. G 368

Kommanditisten-GmbH zur Geschäftsführung befugt | Für die gewerbliche Prägung einer GmbH & Co. KG ist damit entscheidend, ob ein Kommanditist ebenfalls zur Geschäftsführung befugt ist. Ist dies der Fall, tritt eine gewerbliche Prägung nicht ein. Dies soll nach der Recht- G 369 sprechung des Bundesfinanzhofs jedoch nur dann gelten, wenn der ebenfalls zu Geschäftsführung befugte Kommanditist eine natürliche Person ist (vgl. BFH v. 23.5.1996 – IV R 87/93, BStBl. II 1996, 523 = GmbHR 1996, 947 = FR 1996, 709). Nach Auffassung der Finanzverwaltung soll allerdings auch dann eine gewerbliche Prägung ausgeschlossen sein, wenn eine Kommanditisten-GmbH zusätzlich zur Geschäftsführung befugt ist (vgl. R 15.8 [6] Satz 2 EStH).

G 370 **Geschäftsführung der Komplementär-GmbH** | Da sich die für § 15 Abs. 3 Nr. 2 EStG maßgebliche Geschäftsführung allein auf die Kommanditgesellschaft bezieht, kann ein Kommanditist die Geschäftsführung bei der Komplementär-GmbH oder einer anderweitigen geschäftsführenden GmbH übernehmen, ohne dass dies für die gewerbliche Prägung der GmbH & Co. KG schädlich wäre (vgl. BFH v. 23.5.1996 – IV R 87/93, BStBl. II 1996, 523 = GmbHR 1996, 947 = FR 1996, 709).

G 371 **Einheits-KG** | Hält die Kommanditgesellschaft sämtliche Anteile an ihrer alleinigen Komplementärin (→ *Einheitsgesellschaft*) und ist neben der Komplementär-GmbH kein weiterer Gesellschafter zur Geschäftsführung der Kommanditgesellschaft befugt, schließt dies eine gewerbliche Prägung grds. nicht aus. In diesen Fällen übt die GmbH über ihre Geschäftsführerstellung bei ihrer alleinigen Gesellschafterin die Gesellschaftsrechte an ihren eigenen Geschäftsanteilen selbst aus, was insbesondere bei einem Fremd-Geschäftsführer zu einem Interessenkonflikt führen kann. Zur Vermeidung solcher Interessenkonflikte werden teilweise Beiräte errichtet, die sich aus den Kommanditisten zusammensetzen. Solche Beiräte haben keine Auswirkungen auf die gewerbliche Prägung der Kommanditgesellschaft (vgl. R 15.8 [6] Satz 5 EStH). Wird die Geschäftsführung- und Vertretungsbefugnis der Komplementär-GmbH in der Satzung der Kommanditgesellschaft insoweit beschränkt, wie es um die Wahrnehmung der Gesellschaftsrechte an der Komplementär-GmbH geht, und verbleiben diese Rechte bei den Kommanditisten, haben insoweit zwar ggf. natürliche Personen eine Teilgeschäftsführungsbefugnis. Dies ist jedoch hinsichtlich der gewerblichen Prägung der Einheits-GmbH & Co. KG nicht schädlich (vgl. FG Münster v. 28.8.2014 – 3 K 743/13 F, EFG 2015, 121, Rev. BFH IV R 42/14; FG Münster v. 28.8.2014 – 3 K 744/13 F, EFG 2015, 101 = GmbHR 2015, 220, Rev. BFH II R 60/14; *Wachter*, GmbHR 2015, 177 ff.).

G 372 **GmbH & Co. KG übernimmt Komplementärfunktion** | Ist eine gewerblich geprägte Personengesellschaft i.S.d. § 15 Abs. 3 Nr. 2 Satz 2 EStG Komplementärin der GmbH & Co. KG, kann auch diese zur Geschäftsführung befugt sein.

G 373 **Entprägung** | Im Ergebnis lässt sich durch die gezielte Vereinbarung der Geschäftsführungsbefugnisse leicht steuern, ob eine GmbH & Co. KG gewerblich geprägt ist. Es ist allein darauf zu achten, dass kein Kommanditist, der eine natürliche Person ist, zur Geschäftsführung der Kommanditgesellschaft befugt ist. Soll eine gewerbliche Prägung vermieden werden, ist einem Kommanditisten, der eine natürliche Person ist, eine Geschäftsführungsbefugnis in der Satzung der Kommanditgesellschaft zu erteilen. Diese Erteilung ist ausreichend, um die gewerbliche Prägung auszuschließen. Ob der Kommanditist die Geschäftsführung tatsächlich ausübt, ist dabei unerheblich. Wird eine GmbH als Kommanditistin zur Geschäftsführung befugt, soll dies nach Auffassung der Finanzverwaltung zwar auch eine gewerbliche Prägung ausschließen (vgl. R 15.8 [6] Satz 2 EStH). Bislang hat der Bundesfinanzhof für eine Entprägung jedoch darauf abgestellt, dass der zur Geschäftsführung befugte Kommanditist eine natürliche Person ist (vgl. BFH v. 23.5.1996 – IV R 87/93, BStBl. II 1996, 523 = GmbHR 1996, 947 = FR 1996, 709). In einem jüngeren Urteil hat der BFH zwar entschieden, dass auch dann eine gewerbliche Prägung ausgeschlossen ist, wenn eine GmbH als Kommanditistin zur Geschäftsführung befugt ist (vgl. BFH v. 11.10.2013 – IV R 32/10, BStBl. II 2013, 538 = FR 2013, 418). Eine Entprägung sollte in diesem Fall allerdings nicht durch die Geschäftsführungsbefugnis der Kommanditisten-GmbH eingetreten sein, sondern durch den Umstand, dass die Komplementär-GmbH von der Geschäftsführung gesellschaftsvertraglich ausgeschlossen war. Weitere Dritte waren nicht zur Geschäftsführung befugt. Die Geschäftsführung durch die Komplementär-GmbH bzw. eines Dritten ist das der wesentlichen Erfordernisse einer gewerblichen Prägung gemäß § 15 Abs. 3 Nr. 2 EStG. Somit ergab sich die Entprägung der Gesellschaft durch die fehlende Geschäftsführungsbefugnis der Komplementär-GmbH.

4. Rechtsfolgen der gewerblichen Prägung

Vorliegen einer Mitunternehmerschaft | Bei Vorliegen sämtlicher Voraussetzungen des § 15 G 374
Abs. 3 Nr. 2 EStG gilt die gesamte Tätigkeit als Gewerbebetrieb. Folglich sind die Gesellschafter der GmbH & Co. KG, sofern sie Mitunternehmerrisiko tragen und -initiative entfalten können (→ *Mitunternehmerinitiative und -risiko*), Mitunternehmer i.S.d. § 15 Abs. 1 Nr. 2 EStG. Die Mitunternehmer erzielen aus ihrer Beteiligung an der gewerblich geprägten GmbH & Co. KG Einkünfte aus Gewerbebetrieb. Vergütungen, die die Mitunternehmer führ ihre Tätigkeit im Dienst der Gesellschaft oder für die Hingabe von Darlehen sowie die Überlassung von Wirtschaftsgütern bezogen haben, gelten als Sondervergütungen i.S.d. § 15 Abs. 1 Nr. 2 Satz 1 EStG ebenfalls als Einkünfte aus Gewerbebetrieb.

Gewerbesteuer | Da die gewerbliche geprägte GmbH & Co. KG auch als Gewerbebetrieb G 375
i.S.d. § 2 Abs. 1 GewStG gilt, unterliegen die Einkünfte der Gesellschaft zudem der Gewerbesteuer (vgl. BFH v. 20.11.2003 – IV R 5/02, BStBl. II 2004, 464 = GmbHR 2004, 685 = FR 2004, 644 = GmbH-StB 2004, 129). Die auf Ebene der GmbH & Co. KG anfallende Gewerbesteuer kann im Rahmen von § 35 Abs. 1 Satz 1 Nr. 2 EStG auf die tarifliche Einkommensteuer der Mitunternehmer angerechnet werden. Inwieweit es infolge der Gewerbesteuer zu einer echten Zusatzbelastung kommt, ist daher im Einzelfall zu prüfen.

Betriebsvermögen | Weiterhin führt die gewerbliche Prägung dazu, dass das Gesamthands- G 376
vermögen zu steuerlichem Betriebsvermögen wird. Sich zukünftig aufbauende stille Reserven sind folglich steuerlich verstrickt. Auch wenn das Gesamthandsvermögen eines Gesellschafters der GmbH & Co. KG zuvor Sonderbetriebsvermögen I oder II bei einer anderen Mitunternehmerschaft war, wird es aufgrund der Bilanzierungskonkurrenz zu Betriebsvermögen der gewerblich geprägten GmbH & Co. KG (vgl. BFH v. 10.11.2005 – IV R 7/05, BStBl. II 2006, 176 = FR 2006, 317). Gleiches gilt sofern das Gesamthandsvermögen Betriebsvermögen eines gewerblichen Betriebs des Gesellschafters war. Ebenso kann Privatvermögen oder Betriebsvermögen der Gesellschafter durch die gewerbliche Prägung zu Sonderbetriebsvermögen I und II bei der gewerblich geprägten GmbH & Co. KG werden. Die Überführung der Wirtschaftsgüter aus einem anderen Betriebsvermögen oder Sonderbetriebsvermögen in das Gesamthands- oder Sonderbetriebsvermögen der gewerblich geprägten GmbH & Co. KG erfolgt steuerneutral zu Buchwerten (§ 6 Abs. 5 EStG).

Beginn der gewerblichen Prägung | Die gewerbliche Prägung beginnt sobald die Vorausset- G 377
zungen gemäß § 15 Abs. 3 Nr. 2 EStG sämtlich erfüllt sind. Mithin kann eine vermögensverwaltende GmbH & Co. KG auch unterjährig gewerblich geprägt werden, so dass ein Rumpfwirtschaftsjahr entsteht. Wird eine GmbH & Co. KG mit einer natürlichen Person als Kommanditist gegründet, kann die gewerbliche Prägung der Gesellschaft erst mit Eintragung der natürlichen Personen als Kommanditisten in das Handelsregister erfolgen (vgl. BFH v. 23.2.

2011 – I R 52/10, BFH/NV 2011, 1354). Bis zur Eintragung haften die natürlichen Personen unbeschränkt, womit die Voraussetzungen nach § 15 Abs. 3 Nr. 2 EStG nicht erfüllt werden können.

G 378 **Beginn der Gewerbesteuerpflicht |** Die Gewerbesteuerpflicht der gewerblich geprägten GmbH & Co. KG beginnt hingegen erst mit Aufnahme der „werbenden" Tätigkeiten. Folglich können Verluste aus Vorbereitungshandlungen – wie auch bei originär gewerblich tätigen Gesellschaften – nicht mit Gewinnen aus der werbenden Tätigkeit verrechnet werden (vgl. BFH v. 20.11.2003 – IV R 5/02, BStBl. II 2004, 464 = GmbHR 2004, 685 = FR 2004, 644 = GmbH-StB 2004, 129).

G 379 **Ende der gewerblichen Prägung |** Sobald die Voraussetzungen für die gewerbliche Prägung gemäß § 15 Abs. 3 Nr. 2 EStG nicht mehr erfüllt werden, wird die GmbH & Co. KG „entprägt" und ist damit wieder für steuerliche Zwecke vermögensverwaltend tätig. Die Entprägung kann auch während des laufenden Wirtschaftsjahrs erfolgen. Die Entprägung führt zu einer Betriebsaufgabe i.S.d. § 16 Abs. 3 EStG. Wird die gewerblich geprägte GmbH & Co. KG zu einem späteren Zeitpunkt selbst gewerblich i.S.d. § 15 Abs. 2 EStG tätig oder entsteht zu einem späteren Zeitpunkt eine Betriebsaufspaltung, unter der die GmbH & Co. KG Besitz-Gesellschaft ist, entfällt ebenfalls die gewerbliche Prägung. Der Wechsel von der gewerblichen Prägung zur gewerblichen Tätigkeit führt jedoch, wie auch der Wechsel von der gewerblichen Tätigkeit zu einer gewerblichen Prägung, nicht zu einer Betriebsaufgabe i.S.d. § 16 Abs. 3 EStG.

G 380–G 390 frei

Vertiefende Recherche

Wichtige Urteile und Erlasse

BFH v. 23.2.2011 – I R 52/10, BFH/NV 2011, 1354: Zum Beginn der gewerblichen Prägung bei Neugründung einer GmbH & Co. KG.

BFH v. 17.3.2010 – IV R 41/07, BStBl. II 2010, 977 = GmbHR 2010, 834: Zur Aufgabe einer originär gewerblichen Tätigkeit eine an sich gewerblich geprägten GmbH & Co. KG.

BFH v. 14.3.2007 – XI R 15/05, BStBl. II 2007, 924 = GmbHR 2007, 669: Zur gewerblichen Prägung durch ausländische Kapitalgesellschaft.

BFH v. 20.11.2003 – IV R 5/02, BStBl. II 2004, 464 = GmbHR 2004, 685: Zum Beginn und Ende der sachlichen Gewerbesteuerpflicht einer gewerblich tätigen GmbH & Co KG.

BFH v. 8.6.2000 – IV R 37/99, BStBl. II 2001, 162 = GmbHR 2001, 157: Zur Komplementärstellung einer originär gewerblich tätigen GmbH & Co. KG.

BFH v. 17.12.1997 – I R 34/97, BStBl. II 1998, 296 = FR 1998, 577: Zur gewerblichen Prägung durch ausländische Kapitalgesellschaft.

BFH v. 23.5.1996 – IV R 87/93, BStBl. II 1996, 523 = GmbHR 1996, 947: Zum Begriff der Geschäftsführungsbefugnis.

BFH v. 25.6.1984 – GrS 4/82, BStBl. II 1984, 464 = GmbHR 1984, 355: Aufgabe Gepräge-Rechtsprechung.

Gewinnermittlung (steuerliche)

Ausgewählte Literatur: *Grützner*, Leistungsbeziehungen zwischen Personengesellschaft und Gesellschafter, StuB 2000, 498; *Hüttemann*, Gewinnermittlung bei Personengesellschaften, in Schön/Hüttemann (Hrsg.), Die Personengesellschaft im Steuerrecht; *Kahle*, Die Steuerbilanz der Personengesellschaft, DStZ 2012, 61; *Ley*, Steuerliche Transparenz von Personengesellschaften, Ubg 2011, 274.

1. Die GmbH & Co. KG als Gewinnermittlungssubjekt

Kein Steuersubjekt, aber Gewinnerzielungs- und Gewinnermittlungssubjekt | Zivilrechtlich ist die GmbH & Co. KG keine Körperschaft, sondern eine Personengesellschaft. Steuerrechtlich ist die Gesellschaft weder Einkommen- noch Körperschaftsteuersubjekt, da körperschaftsteuerpflichtig nur Körperschaften und einkommensteuerpflichtig nur natürliche Personen sind (§ 1 Abs. 1 KStG, § 1 Abs. 1 EStG). Sofern die GmbH & Co. KG gewerblich tätig oder gewerblich geprägt ist, was im Folgenden unterstellt wird, ist sie eine Mitunternehmerschaft i.S.d. § 15 Abs. 1 Satz 1 Nr. 2 EStG. Nach dieser Vorschrift sind Gewinnanteile der Gesellschafter einer (GmbH & Co.) KG Einkünfte aus Gewerbebetrieb der Gesellschafter, unterliegen also bei diesen der Einkommen- oder Körperschaftsteuer. Zwar ist die GmbH & Co. KG nicht Subjekt der Einkommensbesteuerung, sie ist jedoch Steuerrechtssubjekt bei der Gewinnerzielung und Gewinnermittlung (BFH v. 3.7.1995 – GrS 1/93, BStBl. II 1995, 617 = FR 1995, 649; BFH v. 26.4.2012 – IV R 44/09, BStBl. II 2013, 142 = FR 2013, 68 m. Anm. *Kempermann*). Die GmbH & Co. KG hat eine eigene Bilanz zu erstellen und die steuerlichen Aufzeichnungspflichten zu erfüllen (§§ 140 ff. AO; vgl. *Kahle*, DStZ 2012, 61, 62). Da die Gesellschaft Subjekt der Gewinnermittlung ist, sind Art und Höhe der Einkünfte im Ausgangspunkt durch einen Vermögensvergleich der Gesellschaft nach § 4 Abs. 1 EStG und nicht durch Vermögensvergleiche der einzelnen Gesellschafter zu ermitteln (BFH v. 3.5.1993 – GrS 3/92, BStBl. II 1993, 616). G 391

Gesellschafterbezogene Betrachtungsweise | Zu einer Durchbrechung dieser einheitlichen Betrachtung der Personengesellschaft kommt es nach Ansicht des Großen Senats des BFH jedoch, wenn die einheitliche Betrachtung zu einer sachlich unzutreffenden Besteuerung der Gesellschafter führen würde (BFH v. 3.7.1995 – GrS 1/93, BStBl. II 1995, 617 = FR 1995, 649). In diesen Fällen ist dann eine gesellschafterbezogene Betrachtungsweise vorzunehmen. Das heißt, dass hinsichtlich des Vorliegens bestimmter Besteuerungsmerkmale auf die Ebene der einzelnen Gesellschafter zurückgegriffen wird. G 392

Beispiel:

An der A & B – GmbH & Co. KG sind neben der Komplementär-GmbH die Kommanditisten A und B zu je 50 % beteiligt. Während A bereits seit der Gründung vor 10 Jahren Gesellschafter der GmbH & Co. KG ist, hat B seine Beteiligung erst vor 3 Jahren erworben. Im Gesamthandsvermögen der Gesellschaft befindet sich seit der Gründung ein unbebautes Grundstück. Dieses Grundstück wird nun veräußert, wodurch ein Gewinn von 1 Mio. Euro realisiert wird. Insoweit soll eine Rücklage nach § 6b EStG gebildet werden.

Grundsätzlich sind die Voraussetzungen von § 6b Abs. 1, 3 EStG erfüllt, so dass der Gewinn aus der Veräußerung in eine gewinnmindernde Rücklage eingestellt werden kann. Nach § 6b Abs. 4 Satz 1 Nr. 2 EStG muss das veräußerte Grundstück jedoch im Zeitpunkt der Veräußerung mindestens seit 6 Jahren ununterbrochen zum Anlagevermögen einer inländischen Betriebsstätte gehört haben. Dabei gilt eine gesellschafterbezogene Betrachtung (vgl. etwa *Loschelder* in Schmidt, § 6b EStG Rz. 4, 76). Die gesellschafterbezogene Betrachtungsweise führt dazu, dass nur A, nicht jedoch B für seinen Anteil am Gewinn aus der Veräußerung des Grundstücks eine Rücklage nach § 6b Abs. 3 EStG bilden kann, da nur er die Besitzzeit erfüllt. Die Rücklage nach § 6b Abs. 3 EStG ist in einer Ergänzungsbilanz abzubilden.

2. Zweistufige Gewinnermittlung

G 393 **Zweistufige Gewinnermittlung |** Die Ermittlung des Gewinnanteils des Mitunternehmers aus der Mitunternehmerschaft erfolgt in zwei Stufen („zweistufige Gewinnermittlung"). Auf der ersten Stufe wird der Gesellschaftsgewinn ermittelt und auf die Gesellschafter verteilt. Der anteilige Gesellschaftsgewinn wird durch Ergebnisse aus etwaigen Ergänzungsbilanzen modifiziert. Auf einer zweiten Stufe sind dann die Ergebnisse aus den Sonderbereichen der Gesellschafter sowie die Gewinne aus der Veräußerung oder Aufgabe des Mitunternehmeranteils zu erfassen.

G 394 **Erste Stufe |** Grundlage für die Ermittlung des Anteils am Gewinn der Gesellschaft (§ 15 Abs. 1 Satz 1 Nr. 2 Satz 1 1. Var. EStG) ist die Handelsbilanz der Gesellschaft. Aus dieser wird nach Maßgabe des § 5 Abs. 1 EStG unter Berücksichtigung steuerlicher Bilanzierungs- und Bewertungsvorschriften (§ 5 Abs. 6 i.V.m. § 6 EStG) die Steuerbilanz der Gesellschaft abgeleitet. Dabei ist zu beachten, dass Ansatz- und Bewertungswahlrechte grundsätzlich nur einheitlich für die gesamte Gesellschaft und nicht einzeln für jeden Gesellschafter ausgeübt werden können (vgl. BFH v. 7.8.1986 – IV R 137/83, BStBl. II 1986, 910 = FR 1986, 594). Dieses Prinzip wird jedoch durch personenbezogene Ausnahmen durchbrochen, so dass die einheitlichen Wertansätze in der Bilanz der Gesellschaft durch positive oder negative Ergänzungsbilanzen der einzelnen Gesellschafter korrigiert werden (vgl. *Hennrichs* in Tipke/Lang, Steuerrecht, § 10 Rz. 105). Das Ergebnis aus der Ergänzungsbilanz wirkt sich dann sowohl im steuerlichen Gewinn der Gesellschaft, als auch bei den Einkünften des Gesellschafters aus, für den die Ergänzungsbilanz gebildet wurde.

G 395 **Zweite Stufe |** Die Gewinnermittlung auf der zweiten Stufe erfolgt außerhalb der Gesamthand der Gesellschaft. Erfasst werden Aufwendungen und Erträge aus den Sonderbilanzen der Gesellschafter, Sondervergütungen i.S.v. § 15 Abs. 1 Satz 1 Nr. 2 Satz 1 Var. 2 EStG, sonstige Sonderbetriebseinnahmen und Sonderbetriebsausgaben sowie Gewinne und Verluste aus der Veräußerung oder Aufgabe des Mitunternehmeranteils an der GmbH & Co. KG (vgl. *Wacker* in Schmidt, § 15 EStG Rz. 401). → *Verkauf und Vorkauf von Gesellschaftsanteilen*

G 396 **Additive Gewinnermittlung |** Schließlich werden die Ergebnisse der Steuerbilanz der Gesellschaft mit denen der Ergänzungsbilanzen und der Sonderbilanzen der Gesellschafter addiert (BFH v. 11.3.1992 – XI R 38/89, BStBl. II 1992, 797). Man spricht deshalb auch von einer „additiven Gewinnermittlung".

G 397 **Gewinnermittlungszeitraum |** Der Gewinn ist nach dem Wirtschaftsjahr zu ermitteln (§ 4a Abs. 1 Satz 1 EStG). Wirtschaftsjahr ist bei Gewerbetreibenden, deren Firma in das Handelsregister eingetragen ist, der Zeitraum, für den sie regelmäßig Abschlüsse erstellen (§ 4a Abs. 1 Satz 2 Nr. 2 EStG). Diese Gewerbetreibenden können entweder von Anfang an oder nach einer im Einvernehmen mit dem Finanzamt vorgenommenen Umstellung ein vom Kalenderjahr abweichendes Wirtschaftsjahr haben (§ 8b Satz 2 Nr. 2 EStDV). Bei Gewerbetreibenden, deren Wirtschaftsjahr vom Kalenderjahr abweicht, gilt der Gewinn des Wirtschaftsjahres als in dem Kalenderjahr bezogen, in dem das Wirtschaftsjahr endet (§ 4a Abs. 2 Nr. 2 EStG). Das Ausscheiden oder Hinzutreten eines oder mehrerer Gesellschafter führt nicht zur Bildung eines Rumpfwirtschaftsjahres, weil weder eine Aufgabe oder Veräußerung des bisherigen, noch die Gründung eines neuen Betriebs vorliegt. Voraussetzung ist dabei, dass die Identität der Gesellschaft erhalten bleibt (vgl. *Kunz* in Beermann/Gosch, AO/FGO, § 180 AO Rz. 51).

Gewinnermittlung für die Gewerbesteuer | Steuerschuldner der Gewerbesteuer ist im Gegensatz zu den Personensteuern zwar die GmbH & Co. KG selbst (§ 5 Abs. 1 Satz 3 GewStG), dennoch sind für die Ermittlung des Gewerbeertrags neben dem Gewinn aus der Gesamthandsbilanz der Gesellschaft auch die Ergebnisse aus Ergänzungs- und Sonderbilanzen der Gesellschafter zu berücksichtigen (BFH v. 3.5.1993 – GrS 3/92, BStBl. II 1993, 616). G 398

3. Ermittlung des Gesamthandsgewinns

Buchführungspflicht | Als Personenhandelsgesellschaft ist die GmbH & Co. KG nach den Vorschriften der §§ 238 ff. HGB buchführungspflichtig. Da die Befreiung für Kleinstkaufleute nach § 241a HGB nur für Einzelkaufleute gilt, besteht diese Buchführungspflicht unabhängig von Umsatz und Gewinn der Gesellschaft. Die steuerliche Buchführungspflicht für die Gesamthandsbilanz ergibt sich dann aus § 140 AO. G 399

Steuerliches Betriebsvermögen der Gesamthand | Das Betriebsvermögen der Gesellschaft leitet sich aufgrund der Maßgeblichkeit der Handelsbilanz für die Steuerbilanz (§ 5 Abs. 1 EStG) aus dem handelsbilanziellen Vermögen ab. Zu diesem zählen alle Vermögensgegenstände, die zivilrechtlich und wirtschaftlich oder lediglich wirtschaftlich zum Gesamthandsvermögen der GmbH & Co. KG gehören, unabhängig von der Art der Nutzung (Vollständigkeitsgebot, § 246 Abs. 1 HGB). Aufgrund des Maßgeblichkeitsgrundsatzes stellen diese Wirtschaftsgüter steuerrechtlich grundsätzlich notwendiges Betriebsvermögen der Gesellschaft dar (vgl. BFH v. 25.11.2004 – IV R 7/03, BStBl. II 2004, 354; *Heinicke* in Schmidt, § 4 EStG Rz. 174; *Wacker* in Schmidt, § 15 EStG Rz. 480 f.). Im Gegensatz zum Einzelunternehmer existiert bei der GmbH & Co. KG kein gewillkürtes Gesamthands-Betriebsvermögen (BFH v. 20.5. 1994 – VIII B 115/93, BFH/NV 1995, 101). G 400

Steuerliches Privatvermögen | Zu einer Abweichung von dem o.g. Grundsatz der Qualifikation als notwendiges Betriebsvermögen kommt es immer dann, wenn die Zugehörigkeit des Wirtschaftsgutes zum Gesellschaftsvermögen nicht betrieblich veranlasst ist (vgl. BFH v. 16.10.2014 – IV R 15/11, BStBl. II 2015, 267 m.w.N.). Dies gilt für aktive und für passive Wirtschaftsgüter gleichermaßen. Dogmatische Grundlage für die Durchbrechung der Maßgeblichkeit in diesen Fällen sind die steuerlichen Vorschriften über das Betriebsvermögen (§ 4 Abs. 1 EStG) und die Betriebsausgaben (§ 4 Abs. 4 EStG). In Betracht kommen hier insbesondere Fälle, in denen ein Wirtschaftsgut von der Gesellschaft erworben und dann sofort oder später einem Gesellschafter oder einer diesem nahestehenden Person dauerhaft unentgeltlich überlassen wird (weitere Beispiele bei *Wacker* in Schmidt, § 15 EStG Rz. 484 ff.; *Hottmann* in Zimmermann u.a., Die Personengesellschaft im Steuerrecht, Abschnitt B, Rz. 81 ff.). Soweit Kapi- G 401 talgesellschaften an der GmbH & Co. KG beteiligt sind, gehört jedoch auch deren Anteil am gesamthänderischen Privatvermögen der Gesellschaft zum Betriebsvermögen dieser Körperschaft.

G402 **Leistungsbeziehungen zwischen Gesellschaft und Gesellschafter** | Es gibt vielfältige Möglichkeiten rechtlicher und tatsächlicher Leistungsbeziehungen zwischen der GmbH & Co. KG und ihren Gesellschaftern. Dabei ist zu unterscheiden, ob die Gesellschaft oder die Gesellschafter Leistungsempfänger sind.

- Ist die Gesellschaft Leistungsempfängerin, ist zu prüfen, ob ihre Gegenleistung eine Sondervergütung i.S.d. § 15 Abs. 1 Satz 1 Nr. 2 EStG darstellt. Auch wenn eine von der Gesellschaft gezahlte fremdübliche Vergütung unter § 15 Abs. 1 Satz 1 Nr. 2 EStG fällt, stellt diese in der steuerlichen Gesamthandsbilanz Aufwand dar (vgl. *Kahle*, DStZ 2012, 61, 69).
- § 15 Abs. 1 Satz 1 Nr. 2 EStG findet dagegen keine Anwendung, wenn die Gesellschaft an einen oder mehrere Gesellschafter Leistungen erbringt. In diesen Fällen gelten die allgemeinen ertragsteuerlichen Grundsätze. Dabei ist insbesondere zu prüfen ob die Vereinbarungen fremdüblich sind. Liegt keine Fremdüblichkeit vor, fehlt es an einer betrieblichen Veranlassung und die entsprechenden Aufwendungen können nicht als Betriebsausgaben berücksichtigt werden (vgl. *Grützner*, StuB 2000, 498). Veräußerungsvorgänge zu fremdüblichen Bedingungen zwischen Gesellschafter und GmbH & Co. KG stellen keine Entnahme des Wirtschaftsgutes und keine Einlage des gezahlten Geldes dar, vielmehr liegt insgesamt ein einheitlicher Veräußerungsvorgang vor (vgl. *Niehus/Wilke*, Die Besteuerung der Personengesellschaft, Abschnitt E II 1.1). Finden Übertragungen unentgeltlich oder gegen Gewährung von Gesellschaftsrechten statt, ist § 6 Abs. 5 EStG zu beachten.

G403 **Einheitliche Wahlrechtsausübung** | Wie bereits oben dargelegt, können steuerrechtliche Ansatz- und Bewertungswahlrechte für Wirtschaftsgüter der Gesamthand nach der Rechtsprechung des BFH nur einheitlich ausgeübt werden (BFH v. 7.8.1986 – IV R 137/83, BStBl. II 1986, 910 = FR 1986, 594). Dies gilt z.B. für die AfA, Abschreibungen nach § 6 Abs. 2 EStG oder Teilwertabschreibungen.

G404 **Personenbezogene Regelungen** | Eine Ausnahme von diesem Grundsatz einheitlicher Bilanzierung gilt jedoch für sogenannte personenbezogene Steuervergünstigungen. Dies sind z.B. Sonderabschreibungen, die nur die in der entsprechenden Vorschrift näher bezeichneten Personengruppen für sich in Anspruch nehmen können, oder andere Vergünstigungen, bei denen nur einzelne Mitunternehmer die hierfür erforderlichen Voraussetzungen erfüllen. Denn bei diesen Vorschriften ist davon auszugehen, dass begünstigte Person bzw. „Steuerpflichtiger“ i.S.d. Vorschriften der Gesellschafter und nicht die Gesellschaft ist (vgl. *Wacker* in Schmidt, § 15 EStG Rz. 411 m.w.N.). Bilanziell werden diese Vorgänge in den Ergänzungsbilanzen der Gesellschafter abgebildet (*Wacker* in Schmidt, § 15 EStG Rz. 474).

G405–G407 frei

G408 **§ 6b EStG** | § 6b EStG wird in der ab 1.1.2002 geltenden Fassung ebenfalls als personenbezogene Vergünstigung verstanden (vgl. *Loschelder* in Schmidt, § 6b EStG Rz. 3). Steuerpflichtige i.S.d. § 6b EStG sind die Mitunternehmer, nicht die Gesellschaft (*Tiede* in Herrmann/Heuer/Raupach, EStG/KStG, § 15 EStG Rz. 468). Dadurch kann ein nach § 6b EStG begünstigter Gewinn, der durch eine Veräußerung aus der Gesamthand entstanden ist, von jedem Mitunternehmer unterschiedlich übertragen werden. Dies beinhaltet sowohl die Übertragung auf Ersatzwirtschaftsgüter der Gesellschaft als auch die Übertragung auf Ersatzwirtschaftsgüter im Betriebsvermögen der Gesellschafter.

Betriebsausgaben der GmbH & Co. KG | Aufwendungen der Gesellschaft können als Betriebsausgaben abgezogen werden, sofern sie betrieblich veranlasst sind (§ 4 Abs. 4 EStG). Fehlt es an dieser Veranlassung, liegt eine Gewinnverwendung oder Entnahme vor. Aufwendungen i.S.v. § 4 Abs. 5 bis 7 EStG sind zwar als steuerbilanzieller Aufwand zu erfassen, außerhalb der Bilanz jedoch dem Gewinn wieder hinzuzurechnen. G 409

Schuldzinsenabzug nach § 4 Abs. 4a EStG | Sind bei der Gesellschaft Zinsaufwendungen als betrieblich veranlasst bei der Gewinnermittlung berücksichtigt worden, können diese dennoch gem. § 4 Abs. 4a EStG nichtabziehbar sein, wenn die Schuldzinsen der Finanzierung sog. „Überentnahmen" dienen. Der Begriff der Überentnahme sowie die ihn bestimmenden Merkmale (Einlage, Entnahme, Gewinn und ggf. Verlust) sind dabei gesellschafterbezogen auszulegen (vgl. BFH v. 29.3.2007 – IV R 72/02, BStBl. II 2008, 420 = FR 2007, 1058 m. Anm. *Wältermann*; BMF v. 7.5.2008, BStBl. I 2008, 588, Rz. 30). Die Überentnahme bestimmt sich also nach dem Anteil des einzelnen Mitunternehmers am Gesamtgewinn der Mitunternehmerschaft (Anteil am Gewinn der Gesellschaft einschließlich Ergänzungsbilanzen zuzüglich/abzüglich seines im Sonderbetriebsvermögen erzielten Ergebnisses) und der Höhe seiner Einlagen und Entnahmen (einschließlich Sonderbetriebsvermögen; Berechnungsbeispiel s. BMF v. 7.5.2008, BStBl. I 2008, 588, Rz. 31). Der Sockelbetrag von 2050 Euro (§ 4 Abs. 4a Satz 4 EStG) steht jedem Gesellschafter nur anteilig entsprechend seinem Anteil an den betrieblichen Zinsen der Mitunternehmerschaft zu. G 410

Zinsschranke, § 4h EStG | Soweit die Ausnahmen des § 4h Abs. 2 lit. a bis c EStG nicht greifen, findet die Zinsschranke des § 4h EStG auch auf die GmbH & Co. KG Anwendung. Gegebenenfalls ist bei der Prüfung der Ausnahmevorschriften § 8a KStG zu berücksichtigen, sofern die GmbH & Co. KG einer Kapitalgesellschaft nachgeordnet ist (§ 4h Abs. 2 Satz 2 EStG). Beschränkt sich die Tätigkeit der Komplementär-GmbH auf die Übernahme von Haftung und Geschäftsführung der KG, so sind die KG und die Komplementär-GmbH als ein einheitlicher Betrieb i.S.d. Zinsschrankenregelung anzusehen, sofern weder die KG noch die Komplementär-GmbH zu einem Konzern gehören. In diesen Fällen ist die GmbH & Co. KG nicht als Konzern anzusehen (BMF v. 4.7.2008, BStBl. I 2008, 718, Rz. 66). Die KG ist dann auch nicht der Komplementär-GmbH nachgeordnet i.S.d. § 4h Abs. 2 Satz 2 EStG. Sind jedoch die KG und die Komplementär-GmbH selbständige Betriebe i.S.d. § 4h EStG, so ist die KG der Komplementär-GmbH regelmäßig nachgeordnet (vgl. *Niehus/Wilke*, Die Besteuerung der Personengesellschaft, Abschnitt K I 2.3.2). G 411

Als Mitunternehmerschaft hat die GmbH & Co. KG nur einen Betrieb im Sinne der Zinsschranke, der auch das Sonderbetriebsvermögen der Mitunternehmer bei der GmbH & Co. KG umfasst. Das führt dazu, dass auch Zinserträge, die Sonderbetriebseinnahmen sind, und Zinsaufwendungen, die Sonderbetriebsausgaben sind, bei Anwendung der Zinsschranke berücksichtigt werden. Zinsaufwendungen, die im Inland steuerpflichtige Sondervergütungen i.S.d. § 15 Abs. 1 Satz 1 Nr. 2 Satz 1 EStG darstellen, werden jedoch weder als Zinsaufwand der Gesellschaft, noch als Zinsertrag im Sonderbetriebsvermögen berücksichtigt (BMF v. 4.7. 2008, BStBl. I 2008, 718, Rz. 6 und 19). Die nichtabziehbaren Schuldzinsen und der Zinsvortrag werden für die Gesellschaft als Ganzes festgestellt. Umstritten ist jedoch, wie die nichtabziehbaren Zinsen bei der Ermittlung der Einkünfte aufzuteilen sind. Nach Auffassung der Finanzverwaltung erfolgt die Aufteilung nach dem allgemeinen Gewinnverteilungsschlüssel

(BMF v. 4.7.2008, BStBl. I 2008, 718, Rz. 51 f.). In der Literatur wird dagegen vertreten, dass die Aufteilung entsprechend der Verursachung vorzunehmen sei (vgl. *Niehus/Wilke*, Die Besteuerung der Personengesellschaft, Abschnitt C IV 2.3.3.2). Ein Unterschied ergibt sich vor allem dann, wenn einzelne Gesellschafter hohe Zinsaufwendungen als Sonderbetriebsausgaben geltend machen und es dadurch bei der Gesellschaft zur Beschränkung des Zinsabzuges kommt. Insoweit kann eine fremdbestimmte Steuerwirkung vorliegen. Der BFH hat dem Bundesverfassungsgericht die Frage vorgelegt, ob die Zinsschranke mit dem Grundgesetz vereinbar ist (Az. beim BVerfG 2 BvL 1/16; vgl. BFH v. 14.10.2015 – I R 20/15, DStR 2016, 301 = BFH/NV 2016, 475 = FR 2016, 416).

G412 **Teileinkünfteverfahren und § 8b KStG |** Sind im Gesamthandsvermögen der GmbH & Co. KG Anteile an Kapitalgesellschaften enthalten, so finden, soweit natürliche Personen Gesellschafter sind, auf die daraus resultierenden Einkünfte die §§ 3 Nr. 40 und 3c Abs. 2 EStG Anwendung. Auch für diese Einkünfte gilt insoweit das Teileinkünfteverfahren. Das führt dazu, dass z.B. Dividenden aus Beteiligungen, die von der GmbH & Co. KG gehalten werden, soweit natürliche Personen an der Gesellschaft beteiligt sind, i.H.v. 40 % steuerfrei sind. Gleichzeitig sind jedoch auch Betriebsausgaben der GmbH & Co. KG, die mit diesen Beteiligungen in Zusammenhang stehen, nur zu 60 % abziehbar. Ist eine Kapitalgesellschaft Gesellschafterin der GmbH & Co. KG, so bestimmt § 8b Abs. 6 KStG, dass § 8b Abs. 1 bis 5 KStG Anwendung finden, soweit die dort genannten Tatbestände von der Mitunternehmerschaft verwirklicht werden und die entsprechenden Bezüge, Gewinne, Gewinnminderungen auf die Kapitalgesellschaft entfallen. Die Aufteilung auf die Gesellschafter erfolgt grundsätzlich anhand des allgemeinen Gewinnverteilungsschlüssels (*Wacker* in Schmidt, § 15 EStG Rz. 439). Für die Ermittlung der Beteiligungsquote des Mitunternehmers im Sinne des § 8b Abs. 4 KStG sind Beteiligungen im Sonderbetriebsvermögen und anteilig Beteiligungen im Gesamthandsvermögen zusammenzurechnen (vgl. § 8b Abs. 4 Satz 4 KStG). Die Regelungen gelten grundsätzlich auch bei der Ermittlung des Gewerbeertrages der GmbH & Co. KG, hier sind jedoch zusätzlich die §§ 8 Nr. 5 und 9 Nr. 2a, 7 GewStG zu berücksichtigen. Da die Gesellschaft selbst Gewerbesteuersubjekt ist, kommt es dabei auf die Beteiligungsquote der Gesellschaft an.

4. Verfahrensrechtliche Aspekte der Gewinnermittlung

G413 **Allgemeines |** Die Gesellschafter der GmbH & Co. KG erzielen einkommen- und körperschaftsteuerpflichtige Einkünfte aus der Beteiligung. Diese werden gem. § 180 Abs. 1 Satz 1 Nr. 2 Buchst. a i.V.m. § 179 Abs. 2 Satz 2 AO einheitlich und gesondert festgestellt.

G414 **Zuständigkeit |** Zuständig für die gesonderte und einheitliche Feststellung ist das Betriebsfinanzamt, also das Finanzamt, in dessen Bezirk sich die Geschäftsleitung (§ 10 AO), hilfsweise die einzige, bzw. die wirtschaftlich bedeutendste Betriebsstätte (§ 12 AO) befindet (§ 18 Abs. 1 Nr. 2 AO).

G415 **Verfahrensvorschriften |** Die Pflicht zur Abgabe einer Erklärung zur gesonderten Feststellung trifft gemäß § 181 Abs. 2 Satz 2 Nr. 1 AO jeden Mitunternehmer. Hat jedoch ein Mitunternehmer die Erklärung abgegeben, sind die Übrigen insoweit von der Erklärungspflicht befreit (§ 181 Abs. 2 Satz 3 AO). Die Adressierung des Feststellungsbescheides richtet sich nach § 183 AO. Im Übrigen gelten die Vorschriften zur Durchführung der Besteuerung sinngemäß (§ 181 Abs. 1 Satz 1 AO).

Inhalt des Feststellungsbescheides | Inhalt des Feststellungsbescheides sind die Höhe der gemeinschaftlich erzielten Einkünfte, die Steuerbarkeit, Steuerpflicht bzw. Steuerfreiheit dieser Einkünfte, die Bestimmung der Einkunftsart (anders bei sog. Zebragesellschaften, vgl. *Koenig* in Pahlke/Koenig, § 180 AO Rz. 25f.), die Zurechnung zu den Mitunternehmern und der Feststellungszeitraum. Zusammen mit der Höhe der Einkünfte entscheidet die Feststellung auch über die Höhe von Sonderbetriebseinnahmen und -ausgaben sowie darüber, ob es sich um laufende Gewinne oder um Veräußerungsgewinne handelt. Das bedeutet, dass auch der Gewinn aus der Veräußerung eines Anteils an der Gesellschaft im Feststellungsbescheid enthalten ist. G416

Auswirkungen | Das Feststellungsverfahren endet mit dem Ergehen eines Feststellungsbescheides. Dieser entfaltet als Grundlagenbescheid (§ 171 Abs. 10 Satz 1 AO) Bindungswirkung für die Einkommen- und Körperschaftsteuerfestsetzung der Gesellschafter. Diese sind inhaltlich an die im Grundlagenbescheid getroffenen Feststellungen anzupassen (§ 175 Abs. 1 Satz 1 Nr. 1 AO). G417

frei G418–G430

Vertiefende Recherche

Wichtige Urteile und Erlasse

BFH v. 29.3.2007 – IV R 72/02, BStBl. II 2008, 420: Zur Anwendung des § 4 Abs. 4a EStG.

BFH v. 3.7.1995 – GrS 1/93, BStBl. II 1995, 617: Gewerblicher Grundstückshandel des Gesellschafters einer GbR – Abgrenzung zwischen Gewerbebetrieb und nichtsteuerbarer Sphäre – Drei-Objekt-Grenze.

BFH v. 20.5.1994 – VIII B 115/93, BFH/NV 1995, 101: Grundsätzliche Bedeutung – Divergenzrüge – Zum Gesamthandseigentum von Personengesellschaften.

BFH v. 3.5.1993 – GrS 3/92, BStBl. II 1993, 616: Gewerbeverlust nach § 10a GewStG beim Ausscheiden von Gesellschaftern – Mitunternehmereigenschaft gemäß § 15 Abs. 1 Nr. 2 EStG.

BFH v. 11.3.1992 – XI R 38/89, BStBl. II 1992, 797: Gewinnermittlung bei Sonderbetriebsvermögen.

BFH v. 7.8.1986 – IV R 137/83, BStBl. II 1986, 910: Zur Ermittlung der Gewinnanteile eines Gesellschafters einer Personengesellschaft.

Weitere Stichwörter

→ *Darlehen*; → *Einbringung*; → *Sonderbetriebsvermögen*; → *Verdeckte Gewinnausschüttung*

Grunderwerbsteuer

Ausgewählte Literatur: *Behrens*, Anmerkungen zu den Änderungsvorschlägen zur Grunderwerbsteuer im Gesetzentwurf der Bundesregierung eines ProtokollerklärungsUmsG vom 27.3.2015, UVR 2015, 138; *Behrens*, Anmerkungen zum gleich lautenden Länder-Erlass zu § 1 Abs. 2a GrEStG vom 18.2.2014, DStR 2014, 1526; *Behrens*, Mittelbarer Gesellschafterwechsel i.S.v. § 1 Abs. 2a GrEStG, Ubg 2013, 434; *Behrens/Halaczinsky*, Steueränderungsgesetz 2015: Änderungen bei der GrESt, der ErbSt sowie bei der Bewertung, UVR 2015, 371; *Bock/Weis*, Änderungen beim mittelbaren Gesellschafterwechsel (§ 1 Abs. 2a GrEStG) und der grunderwerbsteuerlichen Ersatzbemessungsgrundlage durch das Steueränderungsgesetz 2015, GmbHR 2016, 205; *Böing/Böing*, Mittelbare Änderungen des Gesellschafterbestandes i.R.d. § 1 Abs. 2a GrEStG, GmbH-StB 2013, 288; *Fuhrmann*, Gesellschafterwechsel und Grunderwerbsteuer, KÖSDI 2014, 18768; *Fuhrmann/Potsch*, Mittelbare Änderungen im Gesellschafterbestand einer grundbesitzenden Personengesellschaft, UVR 2013, 341; *Görgen*, Die unmittelbare Änderung des Gesellschafterbestandes im Sinne des § 1 Abs. 2a Satz 1 GrEStG, UVR 2014, 25; *Götz*, Grunderwerbsteuerliche Fragen bei der Übertragung eines Kommanditanteils an einer GmbH & Co. KG, GmbHR 2005, 615; *Götz/Heine*, Grunderwerbsteuer bei Umstrukturierung von Familiengesellschaften, DStR 2012, 2266; *Gottwald*, Grunderwerbsteuerfallen bei der GmbH & Co. KG, ZErb 2007, 255; *Halaczinsky*, StÄndG 2015: Neue Bemessungsgrundlage in Fällen des § 8 Abs. 2 und weitere Änderungen des GrEStG, ErbStB 2016, 27; *Heine*, Zweifelsfragen zu § 1 Abs. 2a GrEStG vor dem BFH, Stbg 2013, 337; *Illing*, Das Ende der Gestaltungsmodelle mit RETT-Blocker-Strukturen in der Grunderwerbsteuer durch das Gesetz zur Umsetzung der Amtshilferichtlinie sowie zur Änderung steuerlicher Vorschriften, DStZ 2013, 504; *Joisten/Vossel*, Mittelbare Änderung des Gesellschafterbestandes einer Personengesellschaft wegen Zurechnung des Anteils an Dritten aufgrund schuldrechtlicher Bindung, Der Konzern 2014, 420; *Klass*, Zur Frage der Erhebung von Grunderwerbssteuern im Falle eines Gesellschafterwechsels bei einer grundstücksbesitzenden Personengesellschaft nach der Änderung im Gesellschafterbestand, GmbHR 2014, 159; *Klass*, Zur mittelbaren Änderung des Gesellschafterbestands einer grundstücksbesitzenden Personengesellschaft, GmbHR 2013, 826; *Klass*, Zu den Folgen einer Verlängerung der Beteiligungskette einer grundbesitzenden Personengesellschaft, GmbHR 2012, 819; *Krämer*, Grunderwerbsteuer bei der Übertragung von Gesellschaftsanteilen i.R.d. Nachfolgeregelung, ErbStB 2012, 342; *Loose*, Mittelbare Änderung im Gesellschafterbestand einer grundbesitzenden Personengesellschaft i.S. von § 1 Abs. 2a GrEStG, DB 2013, 1687; *Neitz-Hackstein/Lange*, Neues zur Anwendung des § 6a GrEStG, GmbHR 2012, 998; *Rodewald*, Zur Frage des unmittelbaren Gesellschafterwechsel bei Beteiligungsübertragung an einer Personengesellschaft auf einen Treuhänder, GmbHR 2013, 333; *Salzmann*, Steuerbefreiung für Gesamthandsgemeinschaften nach § 6 Abs. 3 GrEStG in Fällen der Fiktion eines Grundstücksübergangs nach § 1 Abs. 2a GrEStG, DStR 2012, 1314; *Schanko*, Die Anteilsvereinigung nach § 1 Abs. 3 GrEStG bei Personengesellschaften zum Sonderfall der Einheitsgesellschaft, UVR 2014, 382; *Schanko*, Der Anwendungserlass zum neuen Ergänzungstatbestand § 1

Abs. 3a GrEStG, UVR 2014, 44; *Stangl/Aichberger*, Keine Erleichterungen konzerninterner Umstrukturierungen durch den Erlass zu § 1 Abs. 2a GrEStG vom 18.2.2014, DB 2014, 1509; *Tiede*, Verhältnis der Anti-RETT-Blocker-Regelung zu § 1 Abs. 3 GrEStG, StuB 2014, 842; *Tiede*, Mittelbare Änderungen im Gesellschafterbestand einer grundbesitzenden Personengesellschaft, StuB 2013, 726; *Vogel*, Die Änderungen bei der Grunderwerbsteuer durch das Steueränderungsgesetz 2015, StuB 2016, 98; *Wagner/Mayer*, Der neue § 1 Abs. 3a GrEStG als „Super-Auffangtatbestand"?, BB 2014, 279.

1. Überblick

Zunehmende Bedeutung der Grunderwerbsteuer | Die Grunderwerbsteuer gewinnt nicht nur aufgrund der zuletzt gestiegenen Steuersätze stetig an Bedeutung. Da die Grunderwerbsteuer eine sog. Ländersteuer ist, obliegt es dem jeweiligen Bundesland den Steuersatz festzulegen, der von 3,5 % bis zu 6,5 % reicht. So erheben derzeit nur noch Bayern und Sachsen den mit dem Jahressteuergesetz 1997 eingeführten, einheitlichen Gewerbesteuersatz von 3,5 %. In der Spitze erheben derzeit Schleswig-Holstein, Brandenburg, das Saarland und Nordrhein-Westfalen einen Steuersatz von 6,5 % (Stand: 1.9.2016). Ab dem 1.1.2017 wird auch Thüringen einen Gewerbesteuersatz von 6,5 % erheben. Zudem kommt der Grunderwerbsteuer auch in der Beratung der GmbH & Co. KG eine stetig wachsende Bedeutung zu, da die **GmbH & Co. KG im Grunderwerbsteuerrecht mit zu der komplexesten Materie** zählt. Aus diesem Grund können im Folgenden nur wesentlichen Aspekte und Grundzüge bei der Übertragung von Grundstücken und Gesellschaftsanteilen im Zusammenhang mit der Rechtsform der GmbH & Co. KG dargestellt werden. Die Besteuerungsfolgen jedes einzelnen Sachverhalts sind daher stets anhand der aktuellen Rechtsprechung,Verwaltungsauffassung und Literatur im Detail zu prüfen. G 431

Zivilrechtliche Betrachtungsweise des Grunderwerbsteuerrechts | Das Grunderwerbsteuerrecht unterscheidet sich maßgeblich vom Ertragsteuerrecht, da sich seine Besteuerungsfolgen grds. streng an einer zivilrechtlichen Sichtweise orientieren. Eine wirtschaftliche Betrachtungsweise findet grds. nicht statt. Zwar hat der Bundesfinanzhof in seiner jüngeren Rechtsprechung zu mittelbaren schädlichen Gesellschafterwechseln nach § 1 Abs. 2a GrEStG erstmals im Grunderwerbsteuerrecht **auch eine wirtschaftliche Betrachtungsweise** zugrunde gelegt; dies aber nur, da der Gesetzeswortlaut des § 1 Abs. 2a GrEStG a.F. bei mittelbaren Gesellschafterwechseln eine Orientierung an zivilrechtliche Vorgänge nicht zuließ (vgl. BFH v. 25.11.2015 – II R 18/14, GmbHR 2016, 255; BFH v. 9.7.2014 – II R 49/12, BStBl. II 2016, 57 = GmbH-StB 2014, 282; BFH v. 24.4.2013 – II R 17/10, BStBl. II 2013, 833 = GmbHR 2013, 822 = GmbH-StB 2013, 239). Da nach Ansicht des Gesetzgebers eine solche wirtschaftliche Betrachtungsweise bei mittelbaren (i.S. von mehrstufigen Beteiligungsketten) zu unsachgemäßen Ergebnissen führt, hat der Gesetzgeber in § 1 Abs. 2a GrEStG die Sätze 2 bis 5 ergänzt, womit insoweit eine Beurteilung nach wirtschaftlichen Maßstäben ausgeschlossen werden kann. Nach Auffassung des Bundesfinanzhofs kann allerdings auch nach dieser Ergänzung des § 1 Abs. 2a GrEStG unter Zugrundelegung der wirtschaftlichen Betrachtungsweise für die Zählquote des § 1 Abs. 2a GrEStG ein Vorgang maßgeblich sein, mit dem nur das wirtschaftliche Eigentum i.S.d. § 39 Abs. 2 AO an einem unmittelbaren Gesellschaftsanteil auf neue Gesellschafter übergeht (vgl. BFH v. 25.11.2015 – II R 18/14, GmbHR 2016, 255). Daher ist davon auszugehen, dass Gestaltungen bspw. mit sog. Doppeloptionen oder auch treuhänderische Vereinbarungen an den Anteilen der grundbesitzenden GmbH & Co. KG für Zwecke des § 1 Abs. 2a GrEStG von Bedeutung sind. Unter § 1 Abs. 3 oder Abs. 3a GrEStG spricht aber weiterhin vieles dafür, dass auch hier der Übergang des wirtschaftlichen Eigentums zu G 432 keiner Anteilsvereinigung in einer Hand führen kann. Wie die Finanzverwaltung mit der Rechtsprechung des Bundesfinanzhofs umgeht, überrascht. Zum einen lehnt die Finanzverwaltung einen Rückgriff auf das wirtschaftliche Eigentum i.S.d. § 39 Abs. 2 AO, wie ihn der Bundesfinanzhof in seiner Rechtsprechung vornimmt, strikt ab. Zum anderen stimmt die Finanzverwaltung der Rechtsprechung des Bundesfinanzhofs im Ergebnis aber zu. Nach Auffassung der Finanzverwaltung sollen demnach Anteile bereits dann auf einen neuen Gesellschafter i.S.d. § 1 Abs. 2a GrEStG übergehen, wenn sich durch eine Vereinbarung eines festen Kaufpreises für den Fall der Ausübung der Kaufoption/Verkaufsoption Wertveränderungen nach oben und unten beim neuen Gesellschafter realisieren, der neue Gesellschafter durch die Abtretung des Gewinnstammrechts die wesentlichen Gesellschafterrechte erhalten hat und er durch die Vereinbarung einer jederzeit ausübbaren Kaufoption eine rechtlich geschützte Position auf den Erwerb der Anteile erhalten hat, die ihm gegen seinen Willen nicht mehr entzogen werden kann (vgl. Gleichlautender Ländererlass v. 9.12.2015, BStBl. I 2016, 136). Überraschend ist hierbei, dass die Finanzverwaltung einen Rückgriff auf das wirtschaftliche Eigentum i.S.d. § 39 Abs. 2 AO kategorisch ausschließt, sich jedoch der Tatbestandsmerkmale bedient, nach denen der Übergang des wirtschaftlichen Eigentums i.S.d. § 39 Abs. 2 AO für Anteile an Gesellschaften beurteilt wird. Mithin scheint die Finanzverwaltung sich nicht zu trauen, das Kind mit seinem Namen zu rufen. Zusammenfassend kann festgehalten werden, dass sich das Grunderwerbsteuerrecht an zivilrechtlichen Vorgängen orientiert. Zwar hat mit der Rechtsprechung des Bundesfinanzhofs auch eine Betrachung nach wirtschaftlichen Maßstäben Einzug gehalten. Diese sollte jedoch ausschließlich auf Fälle des mittelbaren Gesellschafterwechsels i.S.d. § 1 Abs. 2a GrEStG, bspw. im Fall von Doppeloptionen oder Treuhandverträgen an Anteilen an einer grundbesitzenden GmbH & Co. KG begrenzt bleiben.

G433 **Keine Mindestbesteuerung im Grunderwerbsteuerrecht |** Die streng zivilrechtliche Orientierung führt unter anderem dazu, dass auch **teilentgeltliche Übertragungen** grunderwerbsteuerlich anerkannt werden. Dies kann erhebliches **Gestaltungspotential** eröffnen, um die Grunderwerbsteuerbelastung insbesondere bei gruppeninternen Übertragungen signifikant zu reduzieren.

Beispiel:

Eine GmbH & Co. KG ist an zwei Tochter-GmbHs beteiligt. Zwischen den Tochter-GmbHs soll ein Grundstück übertragen werden. Der Verkehrswert des Grundstücks beträgt 500 000 Euro. Als Kaufpreis werden hingegen nur 50 000 Euro festgesetzt. Der Erwerb des Grundstücks ist gemäß § 1 Abs. 1 Nr. 1 GrEStG grunderwerbsteuerbar. Bemessungsgrundlage für die Grunderwerbsteuer ist der zwischen den Parteien vereinbarte Kaufpreis, sofern er ernsthaft gewollt und nicht nur rein symbolisch ist (vgl. BFH v. 2.11.2010 – II B 61/10, BFH/NV 2011, 307 = StBW 2011, 156; *Hofmann*, § 8 GrEStG Rz. 35; *Pahlke* in Pahlke/Franz, § 8 GrEStG Rz. 8 f.; *Viskorf* in Boruttau, § 8 GrEStG Rz. 42). Da das Grunderwerbsteuerrecht keine Mindestbemessungsgrundlage kennt, bemisst sich die Grunderwerbsteuer am vereinbarten Kaufpreis i.H.v. 50 000 Euro. Als Kaufpreis sollte in der Praxis vorsorglich aber grds. mindestens ein Kaufpreis i.H.v. 5 bis 10 % des Verkehrswertes vereinbart werden. Zu berücksichtigen sind allerdings stets auch die ertragsteuerlichen Folgen. Im vorliegenden Beispiel würde eine verdeckte Gewinnausschüttung der veräußernden Tochter-GmbH in Höhe von 450 000 Euro und eine entsprechende verdeckte Einlage in die erwerbende Tochter-GmbH vorliegen, mithin würden die ertragsteuerlichen Folgen denen einer Veräußerung des Grundstücks zum Verkehrswert entsprechen.

G434 **Vom Zivilrecht abweichende Zuordnung von Grundstücken im Grunderwerbsteuerrecht |** Ungeachtet seiner streng zivilrechtlichen Orientierung kann das Grunderwerbsteuerrecht Grundstücke **nicht nur dem zivilrechtlichen Eigentümer,** sondern gemäß § 1 Abs. 3, Abs. 3a

GrEStG auch einer Person, die (mittelbar) mind. 95 % der Anteile an einer grundbesitzenden Kapitalgesellschaft hält, zurechnen (vgl. BFH v. 15.12.2010 – II R 45/08, BStBl. II 2012, 292 = GmbHR 2011, 335 = GmbH-StB 2011, 101). Dies führt bspw. dazu, dass ein Gesellschafterwechsel bei einer GmbH & Co. KG selbst dann nach § 1 Abs. 2a GrEStG steuerbar sein kann, wenn im Gesamthandsvermögen der Gesellschaft kein Grundstück gehalten wird, aber mind. 95 % der Anteile an einer grundbesitzenden Kapitalgesellschaft.

Beispiel:

Sämtliche Anteile an einer grundbesitzenden GmbH werden von einer GmbH & Co. KG gehalten. Innerhalb von 5 Jahren gehen mind. 95 % der Anteile am Gesellschaftsvermögen der GmbH & Co. KG auf verschiedene neue Gesellschafter über. Das Grundstück der GmbH wird aufgrund von § 1 Abs. 3 GrEStG für grunderwerbsteuerliche Zwecke der GmbH & Co. KG zugerechnet. Entsprechend gehört das Grundstück der GmbH allein für grunderwerbsteuerliche Zwecke zum Vermögen der GmbH & Co. KG, so dass der Gesellschafterwechsel auf Ebene der GmbH & Co. KG einen grunderwerbsteuerbaren Erwerbsvorgang nach § 1 Abs. 2a GrEStG auslöst (vgl. Gleichlautender Ländererlass v. 18.2.2014, BStBl. I 2014, 561, Rz. 1.2; *Fischer* in Boruttau, § 1 GrEStG Rz. 882).

Beispiel:

Eine natürliche Person ist sowohl zu 100 % an einer grundbesitzenden GmbH als auch an einer GmbH & Co. KG beteiligt. Der Gesellschafter überträgt seine Beteiligung an der GmbH auf die GmbH & Co. KG. Da dem Gesellschafter gemäß § 1 Abs. 3 GrEStG das Grundstück der GmbH für grunderwerbsteuerliche Zwecke zugerechnet wird (zudem erfolgt auch die grunderwerbsteuerliche Zurechnung beim zivilrechtlichen Eigentümer, mithin der GmbH), wird die Übertragung der Beteiligung grunderwerbsteuerlich so behandelt, als ob der Gesellschafter nicht eine Beteiligung, sondern direkt ein Grundstück auf die GmbH & Co. KG übertragen hätte. Entsprechend wird die Grunderwerbsteuer auf die Übertragung der Beteiligung gemäß § 5 Abs. 2 GrEStG auch nicht erhoben (vgl. *Viskorf* in Boruttau, § 5 GrEStG Rz. 17).

Beispiel:

Eine natürliche Person ist vermögensmäßig zu 50 % an einer grundbesitzenden GmbH & Co. KG beteiligt. Die Person erwirbt weitere 50 % vom anderen Gesellschafter. Es liegt eine Anteilsvereinigung in einer Hand gemäß § 1 Abs. 3 Nr. 1 GrEStG (sofern die natürliche Person auch 100 % der Anteile an der Komplementär-GmbH hält) oder § 1 Abs. 3 i.V.m. Abs. 3a GrEStG vor. Rechtsfolge der Anteilsvereinigung in einer Hand ist, dass für grunderwerbsteuerliche Zwecke der natürlichen Person das Grundstück der GmbH & Co. KG zugerechnet wird. Es wird somit grunderwerbsteuerlich angenommen, dass die natürliche Person als Folge des Anteilserwerbs das Grundstück von der GmbH & Co. KG erworben hat (zivilrechtliche Eigentümerin bleibt unverändert die GmbH & Co. KG). Entsprechend wird die Grunderwerbsteuer auf den fiktiven Grundstückserwerb gemäß § 6 Abs. 2 GrEStG in Höhe von 50 % nicht erhoben.

2. Übertragung von Grundstücken auf eine GmbH & Co. KG

a) Grunderwerbsteuerbarer Erwerbsvorgang

Grunderwerbsteuerlich eigenständiger Rechtsträger | Eine GmbH & Co. KG ist für grund- G435
erwerbsteuerliche Zwecke ein eigenständiger Rechtsträger und kann somit sämtliche grunderwerbsteuerbaren Erwerbsvorgänge i.S.d. § 1 GrEStG erfüllen.

Ein steuerbarer Erwerbsvorgang kann bspw. durch **Abschluss eines Grundstückskaufvertrag** oder eines anderen Rechtsgeschäfts, das den **Anspruch auf Übereignung** begründet, ausgelöst werden (§ 1 Abs. 1 Nr. 1 GrEStG). Andere Rechtsgeschäfte i.d.S. stellen bspw. Einbringungsverträge dar, unter denen ein Grundstück in das Gesamthandsvermögen übertragen wird. Hierbei ist zu berücksichtigen, dass bereits mit Abschluss und nicht mit der Auflassung die

Grunderwerbsteuer entsteht. Mit Auflassung (Vollzug des Rechtsgeschäfts) entsteht die Steuer nur, wenn ihr kein Rechtsgeschäft vorausgegangen ist, das den Anspruch auf Übereignung des Grundstücks begründete (§ 1 Abs. 1 Nr. 2 GrEStG), oder regelmäßig bei Umwandlungsvorgängen, bei denen im Wege der Gesamt- oder Sonderrechtsnachfolge ein Grundstück auf die GmbH & Co. KG übertragen wird (§ 1 Abs. 1 Nr. 3 Satz 1 GrEStG), wie es bspw. im Fall einer Verschmelzung einer grundstücksbesitzenden Gesellschaft auf eine GmbH & Co. KG der Fall ist.

b) Grunderwerbsteuerliche Befreiungen

G436 **Befreiung aufgrund verschiedener Vorschriften** | Bei Grundstücksübertragungen auf eine GmbH & Co. KG können gemäß §§ 3, 5, 6, 6a GrEStG verschiedene Befreiungstatbestände anwendbar sein. Teilweise bestehen die Befreiungstatbestände nebeneinander bzw. greifen ineinander, was für die Beratungspraxis die Komplexität nicht unerheblich steigert. Für die Steuerpflichtigen ist dieses Nebeneinander der Befreiungsvorschriften naturgemäß positiv zu werten.

G437 **Befreiung entsprechend der vermögenmäßigen Beteiligung des Übertragenden** | Geht ein Grundstück in das Gesamthandsvermögen einer GmbH & Co. KG über, fällt keine Grunderwerbsteuer an, soweit der Übertragende am Vermögen der Gesamthand beteiligt ist. Bei einem Alleineigentümer, der sein Grundstück auf eine GmbH & Co. KG überträgt, an der er zu 100 % am Vermögen und Gewinn beteiligt ist, fällt entsprechend keine Grunderwerbsteuer an (§ 5 Abs. 2 GrEStG). Ist der Alleineigentümer hingegen nur zu 50 % vermögensmäßig an der GmbH & Co. KG beteiligt, ist der Vorgang entsprechend zu 50 % grunderwerbsteuerfrei. Geht ein Grundstück von mehreren Miteigentümern auf eine Gesamthand über, ist der Vorgang auch hier steuerbefreit, soweit der Anteil des einzelnen Miteigentümers seinem vermögensmäßigen Anteil an der Gesamthand entspricht (§ 5 Abs. 1 GrEStG). Wird ein Grundstück **von einer GmbH & Co. KG (bzw. Gesamthand) auf eine andere GmbH & Co. KG** übertragen, wird die Grunderwerbsteuer gemäß § 6 Abs. 3 GrEStG ebenfalls nicht erhoben, soweit Gesellschafter an beiden Gesellschaften vermögensmäßig zu gleichen Teilen beteiligt sind.

G438 **Fünfjährige Nachbehaltensfrist** | Voraussetzung für die Befreiungstatbestände des § 5 GrEStG und § 6 Abs. 3 GrEStG ist aber, dass der **Übertragende innerhalb von 5 Jahren insoweit am Vermögen der GmbH & Co. KG beteiligt bleibt** (§ 5 Abs. 3 GrEStG). Veräußert der Übertragende bspw. nach 4 Jahren die Hälfte seiner Beteiligung an der GmbH & Co. KG, entfällt die ursprüngliche Steuerbefreiung rückwirkend zu 50 %. Wird die GmbH & Co. KG innerhalb der Sperrfrist in eine Kapitalgesellschaft formgewechselt, verlieren die Gesellschafter ihre gesamthänderische Mitberechtigung am Grundstück, was einen Verstoß gegen die fünfjährige Behaltensfrist darstellt (vgl. BFH v. 25.9.2013 – II R 2/12, BStBl. II 2014, 329 = GmbHR 2014, 274 = GmbH-StB 2014, 71). Gleiches gilt, wenn die GmbH & Co. KG in eine GmbH eingebracht wird. Eine Einbringung in eine weitere GmbH & Co. KG (Doppelstockstruktur) ist hingegen unschädlich (vgl. BFH v. 25.9.2013 – II R 17/12, BStBl. II 2014, 268 = GmbHR 2014, 156 m. Anm. *Klass* = GmbH-StB 2014, 40). Bei der Übertragung **von einer auf eine GmbH & Co. KG auf eine GmbH & Co. KG** dürfen die Gesellschafter **zudem auch innerhalb von 5 Jahren vor dem Erwerbsvorgang ihren Gesellschaftsanteil nicht erworben** haben (Erwerb von Todes wegen ist aber unschädlich).

G439 **Reduktion der fünfjährigen Nachbehaltensfrist** | Durch diese Sperrfrist soll verhindert werden, dass bspw. ein Eigentümer sein Grundstück grunderwerbsteuerfrei an einen Erwerber veräußert, indem er das Grundstück in eine GmbH & Co. KG einbringt und anschließend die Anteile an der GmbH & Co. KG an den Erwerber veräußert. Trotz einer Reduzierung der Beteiligung bleibt es bei der ursprünglichen Steuerbefreiung, wenn ein **Missbrauch objektiv ausgeschlossen** ist. Dies ist bspw. der Fall beim Tod des Gesellschafters (vgl. BFH v. 25.2. 1969 – II 142/63, BStBl. II 1969, 400). Der Tod des Gesellschafters führt somit nicht zu einer rückwirkenden Besteuerung. Allerdings tritt in diesem Fall der Gesamtrechtsnachfolger in die fünfjährige Sperrfrist des Erblassers ein. Ebenfalls ist ein Missbrauch bspw. objektiv ausgeschlossen, wenn zwischenzeitlich das Grundstück grunderwerbsteuerbar aus der Gesamthand wieder ausgeschieden ist. Ob das Ausscheiden des Grundstücks selbst steuerfrei ist oder tatsächlich Grunderwerbsteuer auslöst, ist insoweit unerheblich. Es ist allein darauf abzustellen, ob das Ausscheiden zu einem nach § 1 GrEStG grunderwerbsteuerbaren Erwerbsvorgang geführt hat.

Steuerbefreite Übertragung von Anteilen innerhalb der fünfjährigen Nachbehaltensfrist | Verschenkt der Übertragende innerhalb der fünfjährigen Sperrfrist seinen Anteil bspw. auf seinen Sohn, wäre gemäß § 5 Abs. 3 GrEStG die Grunderwerbsteuerbefreiung grds. aufzuheben. Da die **Schenkung auf den Sohn** wiederum gemäß § 3 Nr. 2 GrEStG steuerbefreit ist, führt die Übertragung nicht zu einem Sperrfristverstoß (vgl. BFH v. 25.9.2013 – II R 17/12, BStBl. II 2014, 268 = GmbHR 2014, 156 m. Anm. *Klass* = GmbH-StB 2014, 40; BFH v. 7.10. 2009 – II R 58/08, BStBl. II 2010, 302 = GmbHR 2010, 52 = GmbH-StB 2010, 5). Die im Zuge der Übertragung auf die GmbH & Co. KG ursprünglich gewährte Steuerbefreiung bleibt daher erhalten. Zu beachten ist aber, dass die fünfjährige Behaltensfrist auf den Sohn übergeht. Auch die **Übertragung von Gesellschaftsanteilen auf den Ehegatten** (§ 3 Nr. 4 GrEStG) oder auf einen **in gerade Linie Verwandten** (§ 3 Nr. 6 GrEStG) führt nicht zu einer Verletzung der fünfjährigen Behaltensfrist. Entsprechendes gilt im Fall der Übertragung von einer GmbH & Co. KG auf eine andere GmbH & Co. KG auch hinsichtlich der fünfjährigen Vorbehaltensfrist nach § 6 Abs. 4 GrEStG (vgl. BFH v. 25.9.2013 – II R 17/12, BStBl. II 2014, 268 = GmbHR 2014, 156 m. Anm. *Klass* = GmbH-StB 2014, 40). G 440

Steuerbefreiung bei Umstrukturierungen im Konzern | Eine weitere Vorschrift, die im Fall der Übertragung eines Grundstücks auf eine GmbH & Co. KG Anwendung finden kann, findet sich in § 6a GrEStG. Mit dieser Befreiungsvorschrift sollen **Umstrukturierungen im Konzern** grunderwerbsteuerlich erleichtert werden. Voraussetzung hierfür ist unter anderem das Vorliegen eines „Verbundes" (vgl. Gleichlautender Ländererlass v. 19.6.2012, BStBl. I 2012, 662, Rz. 2.1.). Ein Verbund besteht aus einem herrschenden Unternehmen und einer oder mehreren abhängigen Gesellschaft, an der das herrschende Unternehmen seit 5 Jahren ununterbrochen zu (mittelbar) zumindest 95 % beteiligt ist (Vorbehaltensfrist). Dieses Beteiligungsverhältnis muss auch 5 Jahre nach der Übertragung aufrecht erhalten bleiben (Nachbehaltensfrist). Begünstigt sind Übertragungen zwischen dem herrschenden Unternehmen und den abhängigen Gesellschaften oder auch zwischen den abhängigen Gesellschaften. Weitere Voraussetzung für die Steuerbefreiung ist, dass die Übertragung infolge einer Umwandlung nach § 1 Abs. 1 Nr. 1–3 UmwG, einer Einbringung oder eines anderen Erwerbsvorgangs auf gesellschaftsvertraglicher Grundlage erfolgt ist. Zu beachten ist, dass unter dieser Befreiungsvorschrift nur Erwerbsvorgänge i.S.d. § 1 Abs. 1 Nr. 3 Satz 1, Abs. 2, 2a, 3 oder 3a GrEStG befreit werden können. Dies führt dazu, dass die Einbringung eines Grundstücks gegen Gewährung von Gesellschaftsrechten nicht nach § 6a GrEStG steuerfrei ist, da eine solche Einbringung einen Erwerbsvorgang nach § 1 Abs. 1 Nr. 1 GrEStG auslöst, den § 6a Satz 1 GrEStG ausdrücklich nicht erfasst (vgl. OFD Magdeburg v. 14.11.2013 – S 4518-1-St 271, juris). Begünstigt wären demnach nur Übertragungen im Wege einer Gesamt-/Sonderrechts- G 441 nachfolge, bspw. durch Ausgliederung gemäß § 123 Abs. 3 UmwG. Zusammenfassend ist die Befreiungsvorschrift § 6a GrEStG in ihren Voraussetzungen eine sehr komplexe Vorschrift, so dass die Voraussetzungen für die Befreiung in jedem Fall sehr genau zu prüfen sind (vgl. Gleichlautender Ländererlass v. 19.6.2012, BStBl. I 2012, 662; *Neitz-Hackstein/Lange*, GmbHR 2012, 998; *Neitz-Hackstein/Lange*, GmbHR 2011, 122).

G442 **Parallele Anwendung verschiedener Befreiungsvorschriften** | Die Befreiungsvorschriften **§ 6a GrEStG und §§ 5, 6 GrEStG stehen gleichrangig nebeneinander** (vgl. Gleichlautender Ländererlass v. 19.6.2012, BStBl. I 2012, 662, Tz. 7). Fallen nachträglich die Voraussetzungen für eine der Befreiungsvorschriften weg, kann die Übertragung des Grundstücks daher weiterhin unter einer anderen Vorschrift steuerbefreit sein.

Beispiel (angelehnt an *Lieber/Wagner*, DB 2012, 1777):

Die natürliche Person M hält seit mehr als 5 Jahren sämtliche Anteile an der T-GmbH. M betreibt ein Unternehmen und hält die Anteile im Unternehmensvermögen, so dass die T-GmbH eine abhängige Gesellschaft ist. Die T-GmbH ist seit mehr als 5 Jahren zu 100 % vermögensmäßig an der E-GmbH & Co. KG beteiligt, die somit ebenfalls abhängige Gesellschaft ist. Die T-GmbH gliedert ein Grundstück auf die E-GmbH & Co. KG aus. Drei Jahre nach der Ausgliederung überträgt die T-GmbH 5 % ihrer Anteile an der E-GmbH & Co. KG auf einen Dritten. Ein Jahr später veräußert M sämtliche Anteile an der T-GmbH.

Die Ausgliederung ist gemäß § 1 Abs. 1 Nr. 3 GrEStG steuerbar, aber entweder nach § 5 Abs. 2 GrEStG oder nach § 6a GrEStG vollständig steuerbefreit. Durch die Veräußerung von 5 % an der E-GmbH & Co. KG nach drei Jahren, würde die Ausgliederung unter § 5 Abs. 2, 3 GrEStG nur noch i.H.v. 95 % steuerbefreit sein. Da aber weiterhin eine mind. 95 %-Beteiligung bestehen bleibt, wird die Nachbehaltensfrist des § 6a GrEStG nicht verletzt. Auch nach der Veräußerung der 5 %-Beteiligung bleibt die Ausgliederung damit unter § 6a GrEStG vollständig steuerbefreit. Durch die Veräußerung sämtlicher Anteile an der T-GmbH durch M im folgenden Jahr ist die E-GmbH & Co. KG nicht mehr abhängige Gesellschaft zu M, was zu einer Verletzung der fünfjährigen Nachbehaltensfrist nach § 6a GrEStG führt. Die vollständige Steuerbefreiung für die Ausgliederung nach § 6a GrEStG entfällt somit. Bleibt die T-GmbH aber weiter (bis zu 5 Jahre nach der Ausgliederung) zu 95 % an der E-GmbH & Co. KG beteiligt, bleibt auch die ursprüngliche Ausgliederung nach § 5 Abs. 2, 3 GrEStG zu 95 % steuerfrei.

3. Übertragung von Grundstücken durch eine GmbH & Co. KG

a) Grunderwerbsteuerbarer Erwerbsvorgang

G443 **Grunderwerbsteuerbare Vorgänge** | Wie die Übertragung auf eine GmbH & Co. KG unterliegt auch die Übertragung eines Grundstücks aus einer GmbH & Co. KG grds. der Grunderwerbsteuer. Grunderwerbsteuer kann unter anderem durch **Abschluss eines Grundstückskaufvertrag** oder eines anderen Rechtsgeschäfts, das den **Anspruch auf Übereignung** begründet, ausgelöst werden (§ 1 Abs. 1 Nr. 1 GrEStG). Bei **Umwandlungsvorgängen.** bei denen im Wege der Gesamt- oder Sonderrechtsnachfolge ein Grundstück aus dem Gesamthandsvermögen einer GmbH & Co. KG übertragen wird, entsteht Grunderwerbsteuer gemäß § 1 Abs. 1 Nr. 3 Satz 1 GrEStG.

G444 **Anwachsung und Formwechsel** | Entsprechend unterliegt auch die **Anwachsung** hinsichtlich der im Gesamthandsvermögen befindlichen Grundstücke der Grunderwerbsteuer nach § 1 Abs. 1 Nr. 3 GrEStG (vgl. BFH v. 29.1.1997 – II R 15/96, BStBl. II 1997, 296). Auch die **erweiterte Anwachsung** bei der sämtliche Kommanditanteile in die Komplementär-GmbH eingebracht werden, unterliegt der Grunderwerbsteuer. Eine Befreiung unter § 6 Abs. 2 GrEStG ist regelmäßig ausgeschlossen, sofern und soweit die Komplementär-GmbH keine Beteiligung am Vermögen der GmbH & Co. KG hatte. Soll eine GmbH & Co. KG in eine GmbH formgewechselt werden, bietet ein Formwechsel im Wege der erweiterten Anwachsung aus gesellschaftsrechtlicher Sicht oftmals Vorteile. Aus grunderwerbsteuerlicher Sicht bietet sich hingegen ein **„direkter“ Formwechsel** gemäß § 190 UmwG, da dieser mangels Rechtsträgerwechsel nicht grunderwerbsteuerbar ist (vgl. BFH v. 7.7.2004 – II R 3/02, BStBl. II 2004, 1006). Tritt infolge des Formwechsels einer GmbH & Co. KG in eine GmbH, die nicht am Vermögen der Kommanditgesellschaft beteiligte Komplementär-GmbH aus, ist stets zu prüfen, ob der Formwechsel gemäß § 1 Abs. 3 Nr. 2 GrEStG nicht zu einer Anteilsvereinigung in einer Hand führt (vgl. BFH v. 9.4.2008 – II R 31/06, BFH/NV 2008, 1435; FG Münster v. 16.2.2006 – 8 K 1785/03, EFG 2006, 1034).

Beispiel:

Die natürliche Person A ist als Kommanditist vermögensmäßig zu 100 % an der grundbesitzenden B-GmbH & Co. KG beteiligt. Komplementärin ohne Beteiligung am Vermögen ist die B-Verwaltungs-GmbH, an der A 40 % der Anteile hält. Die übrigen Anteile an der B-Verwaltungs-GmbH werden von einem Dritten gehalten. Die B-GmbH & Co. KG soll in eine GmbH formgewechselt werden. Die nicht am Vermögen beteiligte B-Verwaltungs-GmbH tritt infolge des Formwechsels als Gesellschafter aus.

Der Formwechsel selbst ist mangels Rechtsträgerwechsels nicht grunderwerbsteuerbar. Aufgrund seiner 100 %-Beteiligung als Kommanditist war A bereits vor dem Formwechsel der Grundbesitz gemäß § 1 Abs. 3a GrEStG zuzurechnen. Eine Zurechnung nach § 1 Abs. 3 GrEStG konnte jedoch nicht stattfinden, da für Zwecke des § 1 Abs. 3 GrEStG unter dem Anteil an einer Personengesellschaft nicht die vermögensmäßige Beteiligung, sondern die dingliche Mitberechtigung am Gesamthandsvermögen verstanden wird. Dem zufolge waren A und die B-Verwaltungs-GmbH i.S.d. § 1 Abs. 3 GrEStG jeweils zu gleichen Teilen an der B-GmbH & Co. KG beteiligt. Eine Zurechnung der Anteile, die von der B-Verwaltungs-GmbH gehalten wurden, bei A kam nicht in Betracht, da A nur eine 40 %-Beteiligung an der B-Verwaltungs-GmbH hielt. Durch den Austritt der B-Verwaltungs-GmbH kommt es nunmehr gemäß § 1 Abs. 3 GrEStG zu einer erstmaligen grunderwerbsteuerbaren Anteilsvereinigung in der Hand des A (vgl. FG Münster v. 16.2. 2006 – 8 K 1785/03, EFG 2006, 1034). Dies gilt ungeachtet des Umstands, dass A der Grundbesitz der B-GmbH & Co. KG bereits nach § 1 Abs. 3a GrEStG grunderwerbsteuerlich zuzurechnen war. Da infolge von § 1 Abs. 3 GrEStG grunderwerbsteuerlich der Grundbesitz der (formgewechselten) GmbH dem A zugerechnet wird, sollte eine Befreiung nach § 6 Abs. 2 GrEStG nicht möglich sein.

b) Grunderwerbsteuerliche Befreiungen

Befreiung entsprechend der vermögenmäßigen Beteiligung an der GmbH & Co. KG | Die Übertragung von Grundstücken von einer GmbH & Co. KG auf einen oder mehrere Gesellschafter kann gemäß §§ 6, 6a GrEStG steuerbefreit sein. Wird ein Grundstück **aus dem Gesamthandsvermögen in das Miteigentum mehrerer Gesellschafter** übertragen, ist die Übertragung gemäß § 6 Abs. 1 Satz 1 GrEStG insoweit steuerbefreit, wie der Bruchteil des einzelnen Gesellschafters am Grundstück seinem Anteil an der GmbH & Co. KG entspricht. Erfolgt die Übertragung des Grundstücks infolge der Auflösung der GmbH & Co. KG ist gemäß § 6 Abs. 1 Satz 2 GrEStG hinsichtlich der Berechnung des Umfangs der Steuerbefreiung auf die Auseinandersetzungsquote abzustellen, sofern eine von den Beteiligungsverhältnissen abweichende Auseinandersetzungsquote vereinbart worden ist. G445

Fünfjährige Vorbehaltensfrist | Um Missbräuche zu vermeiden, greift – entsprechend § 5 Abs. 3 GrEStG im Fall der Übertragungen auf eine Gesamthand – die Befreiung gemäß § 6 Abs. 4 Satz 1 GrEStG nur, soweit der Gesellschafter bereits fünf Jahre vor der Übertragung an der Gesellschaft beteiligt war. Erwerbe von Todes wegen sind hingegen unschädlich; die Beteiligung des Erblassers ist bei der Prüfung der Sperrfrist mit zu berücksichtigen. Im Fall einer Auflösung der GmbH & Co. KG sieht die Missbrauchsvorschrift nach § 6 Abs. 4 Satz 2 G446

GrEStG vor, dass innerhalb von fünf Jahren vor der Auflösung keine von den Beteiligungsverhältnissen abweichende Auseinandersetzungsquote vereinbart worden ist. Wie auch unter § 5 Abs. 3 GrEStG ist § 6 Abs. 4 GrEStG teleologisch zu reduzieren, sofern trotz einer Erhöhung der Beteiligung innerhalb der letzten fünf Jahre bzw. einer Erhöhung der Beteiligung ein **Missbrauch ausgeschlossen** ist. Dies ist bspw. der Fall, wenn die GmbH & Co. KG noch keine fünf Jahre besteht und sich seit ihrer Gründung die Beteiligungsverhältnisse nicht verändert haben. Ebenfalls ist ein Missbrauch auszuschließen, wenn die GmbH & Co. KG das Grundstück, welches sie auf ihre Gesellschafter überträgt, innerhalb der letzten fünf Jahre grunderwerbsteuerbar erworben hat und sich die Beteiligungsverhältnisse der Gesellschafter seit dem Erwerb nicht verändert haben.

G 447 **Übertragung in das Alleineigentum eines Gesellschafters** | Überträgt die GmbH & Co. KG ihr Grundstück in das Alleineigentum eines Gesellschafters, ist gemäß § 6 Abs. 2 Satz 1 GrEStG die Übertragung insoweit steuerfrei, wie der Gesellschafter an der Gesellschaft beteiligt ist. Entsprechendes gilt gemäß § 6 Abs. 2 Satz 2 GrEStG für den Fall der Auflösung der GmbH & Co. KG. Auch im Fall der Übertragung in das Alleineigentum eines Gesellschafters ist die fünfjährige Vorbehaltensfrist nach § 6 Abs. 4 GrEStG zu beachten (s. zuvor).

G 448 **Übertragung zwischen (teilweise) beteiligungsidentischen GmbH & Co. KGs** | Überträgt die GmbH & Co. KG ein Grundstück auf eines andere Gesamthand, ist die Übertragung insoweit steuerfrei, wie Gesellschafter an beiden Gesellschaften vermögensmäßig zu gleichen Teilen beteiligt sind. In diesem Fall ist neben der fünfjährigen Vorbehaltensfrist an der übertragenden GmbH & Co. KG nach § 6 Abs. 4 GrEStG auch die fünfjährige Nachbehaltensfrist an der übernehmenden GmbH & Co. KG gemäß § 6 Abs. 3 Satz 2 GrEStG zu beachten.

G 449 **Steuerbefreiung bei Umstrukturierungen im Konzern** | Ebenfalls kann die Übertragung bei **Umstrukturierungen in einem Konzernverbund** gemäß § 6a GrEStG steuerfrei sei. Dies wäre bspw. bei einer Verschmelzung einer grundbesitzenden GmbH & Co. KG auf ihre Schwester-GmbH & Co. KG oder bei der Abspaltung eines Grundstücks von einer GmbH & Co. KG auf eine Schwester-GmbH & Co. KG der Fall. Hinsichtlich der weiteren, sehr engen Voraussetzungen wird auf die Ausführungen zur Übertragung eines Grundstücks auf eine GmbH & Co. KG verwiesen (s. Rz. G 441).

4. Übertragung von Anteilen an einer GmbH & Co. KG

G 450 **Grunderwerbsteuerbare Vorgänge durch Anteilsübertragungen** | Besitzt eine GmbH & Co. KG ein Grundstück, kann Grunderwerbsteuer nicht nur ausgelöst werden, wenn die GmbH & Co. KG das Grundstück veräußert bzw. überträgt, sondern auch dann wenn die Anteile an der GmbH & Co. KG übertragen werden. Die Übertragung der Anteile an einer grundbesitzenden GmbH & Co. KG kann gemäß §§ 1 Abs. 2a, Abs. 3 und Abs. 3a GrEStG steuerbar sein.

G 451 **Subsidiarität der grunderwerbsteuerbare Erwerbsvorgänge** | Werden Anteile an einer grundbesitzenden GmbH & Co. KG übertragen, sind die Regelungen der §§ 1 Abs. 2a, Abs. 3 und Abs. 3a GrEStG nacheinander durchzuprüfen. Hierbei ist stets auf die Steuerbarkeit des Vorgangs unter einer der Normen abzustellen. Ist ein Vorgang bspw. nach § 1 Abs. 2a GrEStG steuerbar, aber (teilweise) steuerbefreit, unterbleibt die Prüfung einer Steuerbarkeit nach § 1 Abs. 3 oder Abs. 3a GrEStG. Ist der Vorgang nicht nach § 1 Abs. 2a GrEStG steuerbar, ist zu prüfen, ob ein grunderwerbsteuerbarer Erwerbsvorgang nach § 1 Abs. 3 GrEStG vorliegt. Ist die Übertragung weder nach § 1 Abs. 2a GrEStG noch nach § 1 Abs. 3 GrEStG steuerbar, ist letztlich zu prüfen, ob ein grunderwerbsteuerbarer Erwerbsvorgang nach § 1 Abs. 3a GrEStG verwirklicht worden ist.

a) Grundbesitz im Gesellschaftsvermögen der GmbH & Co. KG

Grundstück im Gesellschaftsvermögen der zu übertragenden GmbH & Co. KG | Voraussetzung für alle drei Regelungen ist, dass sich ein Grundstück im Gesellschaftsvermögen der GmbH & Co. KG zu befinden hat. Abzustellen ist hierbei auf den Zeitpunkt, in dem der grunderwerbsteuerbare Erwerbsvorgang verwirklicht wird (vgl. auch OFD Nordrhein-Westfalen v. 8.1.2015, juris): G 452

- **§ 1 Abs. 2a GrEStG:** abzustellen auf das **Erfüllungsgeschäft** (dingliche Übertragung der Anteile); wobei in den Fällen, in denen auf der Übergang des wirtschaftlichen Eigentums zu einem grunderwerbsteuerbaren Erwerbsvorgang führt (vgl. Rz. G 432), auf den Zeitpunkt des Übergangs des wirtschaftlichen Eigentums abzustellen sein sollte;
- **§ 1 Abs. 3 Nr. 1 und Nr. 3 GrEStG:** abzustellen auf das **Verpflichtungsgeschäft** (Vertragsabschluss; aber bei Umwandlungen nach dem UmwG ist die Wirksamkeit der Umwandlung maßgeblich [Eintragung der Umwandlung in das Handelsregister]);
- **§ 1 Abs. 3 Nr. 2 und Nr. 4 GrEStG:** abzustellen auf das **Erfüllungsgeschäft** (dingliche Übertragung der Anteile); auch bei Umwandlungen nach dem UmwG ist auf die dingliche Übertragung der Anteile und nicht auf den Zeitpunkt des Abschlusses bspw. des Verschmelzungsvertrages abzustellen.
- **§ 1 Abs. 3a GrEStG:** abzustellen auf das **Erfüllungs- oder Verpflichtungsgeschäft** (vgl. Gleichlautender Ländererlass v. 9.10.2013, BStBl. I 2013, 1364, Abwandlung zu Beispiel 5).

Grundstückserwerbe und -verkäufe zwischen Abschluss und Vollzug des Anteilskaufvertrages | Erwirbt eine Gesellschaft somit ein Grundstück zwischen Vertragsabschluss und Übertragung der Anteile, kann Grunderwerbsteuer zwar nicht nach § 1 Abs. 3 Nr. 1 oder Nr. 3 GrEStG, aber nach § 1 Abs. 3 Nr. 2 oder Nr. 4 GrEStG anfallen (vgl. Gleichlautender Ländererlass v. 9.10.2013, BStBl. I 2013, 1364, Abwandlung zu Beispiel 3; *Pahlke* in Pahlke/Franz, § 1 GrEStG Rz. 324). Hat eine GmbH & Co. KG im Zeitpunkt der Unterzeichnung des Anteilskaufvertrages ein Grundstück im Gesellschaftsvermögen, dieses aber vor der dinglichen Übertragung der Anteile an der Gesellschaft bereits veräußert, scheidet ein Erwerbsvorgang nach § 1 Abs. 2a GrEStG; die Veräußerung der Anteile kann somit nur nach § 1 Abs. 3 Nr. 1 oder Nr. 2 GrEStG oder § 1 Abs. 3a GrEStG grunderwerbsteuerbar sein. G 453

Zurechnung zum Gesellschaftsvermögen bestimmt sich nach grunderwerbsteuerlichen Grundsätzen | Ob ein Grundstück sich im Gesellschaftsvermögen befindet, ist dabei allein nach grunderwerbsteuerlichen Maßstäben zu beurteilen. Ist hinsichtlich der Veräußerung eines Grundstücks ein grunderwerbsteuerbarer Erwerbsvorgang verwirklicht worden, befindet sich das Grundstück nicht mehr im Gesellschaftsvermögen. Da bei einer Veräußerung eines Grundstücks gemäß § 1 Abs. 1 Nr. 1 GrEStG der Vertragsabschluss den grunderwerbsteuerbaren Erwerbsvorgang auslöst, gilt das Grundstück bereits zu diesem Zeitpunkt als aus dem Gesellschaftsvermögen ausgeschieden, auch wenn die Auflassung oder der Übergang des wirtschaftlichen Eigentums erst zu einem späteren Zeitpunkt erfolgen. Entsprechendes gilt im Fall des Erwerbs eines Grundstücks. Vor diesem Hintergrund ist daher immer dann, wenn ein G 454

Anteilskaufvertrag mit einem Erwerb oder einer Veräußerung eines Grundstücks verknüpft ist, im Detail zu prüfen, ob sich das Grundstück für Zwecke der §§ 1 Abs. 2a, 3, 3a GrEStG noch im Gesellschaftsvermögen befindet. Wird bspw. bei einem Veräußerungsvorgang von Gesellschaftsanteilen und Grundstück dieses Zusammenspiel nicht im Detail geprüft, kann es zu einer – leicht vermeidbaren – grunderwerbsteuerlichen Doppelbelastung kommen.

Beispiel:

Sämtliche Anteile an einer GmbH & Co. KG sollen an verschiedene Erwerber veräußert werden, wobei keiner der Erwerber mind. 95 % der Anteile in seiner Hand vereinigen wird. Im Gesellschaftsvermögen der GmbH & Co. KG befindet sich ein Grundstück, an dem die Erwerber nicht interessiert sind. Es wird daher vereinbart, dass die GmbH & Co. KG ihr Grundstück vor der Anteilsveräußerung an einen Dritten veräußern soll. Da unklar ist, ob es tatsächlich zur Veräußerung der Anteile an der GmbH & Co. KG kommt, wird der Kaufvertrag über das Grundstück aufschiebend bedingt (Verpflichtungsgeschäft) auf die Übertragung der Anteile abgeschlossen.

Grds. führt bereits der Abschluss eines Grundstückskaufvertrages zu einem grunderwerbsteuerbaren Erwerbsvorgang und damit für Zwecke des § 1 Abs. 2a GrEStG zu einem Ausscheiden des Grundstücks aus dem Gesellschaftsvermögen. Vorliegend wurde allerdings der Kaufvertrag aufschiebend bedingt abgeschlossen. Nach Auffassung des Bundesfinanzhofs ist der grunderwerbsteuerliche Erwerbsvorgang, der zu einer Zurechnung eines Grundstücks zu einem Gesellschaftsvermögen führen kann, erst erfüllt, wenn die aufschiebende Bedingung eingetreten ist (vgl. BFH v. 11.12.2014 – II R 26/12, BB 2015, 484). Hinsichtlich der Entstehung eines grunderwerbsteuerlichen Erwerbsvorgangs für Zwecke des § 23 GrEStG ist bei einer aufschiebenden Bedingung hingegen zu unterscheiden, ob das Eintreten der Bedingung in der Hand einer der Vertragsparteien (sog. potestative Bedingung) liegt (vgl. *Viskorf* in Boruttau, § 23 GrEStG Rz. 29; *Pahlke* in Pahlke/Franz, § 23 GrEStG Rz. 7). Liegt eine solche potestative Bedingung nicht vor, bspw. wenn der Vertrag aufschiebend bedingt auf eine kartellrechtliche Freigabe wirksam werden soll, wäre hiernach der grunderwerbsteuerliche Erwerbsvorgang unabhängig von der aufschiebenden Bedingung mit Vertragsunterzeichnung erfüllt. Diese Sichtweise soll sich nach Auffassung des Bundesfinanzhofs (vgl. BFH v. 11.12.2014 – II R 26/12, BB 2015, 484) allerdings nicht auf die Frage nach der Zugehörigkeit eines Grundstücks für Zwecke des § 1 Abs. 3 GrEStG und damit wohl auch für Zwecke des § 1 Abs. 2a GrEStG auswirken.

Werden diese Grundsätze auf den vorliegenden Beispielsfall angewendet, führt dies dazu, dass der Kaufvertrag über das Grundstück erst dann wirksam wird, wenn sämtliche Anteile an der GmbH & Co. KG übertragen worden sind. Demnach wäre bis zum Zeitpunkt der Übertragung der Anteile und damit der Verwirklichung des Erwerbsvorgangs i.S.d. § 1 Abs. 2a GrEStG der grunderwerbsteuerliche Erwerbsvorgang hinsichtlich des Grundstückkaufvertrags noch nicht erfüllt. Das Grundstück befindet sich daher im Zeitpunkt der Verwirklichung des § 1 Abs. 2a GrEStG für grunderwerbsteuerliche Zwecke noch im Gesellschaftsvermögen der GmbH & Co. KG. Es fällt mithin zweimal Grunderwerbsteuer an; einmal infolge von § 1 Abs. 2a GrEStG und ein zweites Mal durch die Veräußerung des Grundstücks (§ 1 Abs. 1 Nr. 1 GrEStG).

Wäre in diesem Beispiel nicht der Abschluss des Grundstückskaufvertrages, sondern die Übertragung des Grundstücks (Auflassung) aufschiebend bedingt auf den Vollzug des Anteilskaufvertrages abgeschlossen worden, wäre nur einmal Grunderwerbsteuer angefallen und zwar infolge des Abschlusses des Grundstückskaufvertrages (§ 1 Abs. 1 Nr. 1 GrEStG). Damit gilt das Grundstück als aus dem Gesellschaftsvermögen der GmbH & Co. KG ausgeschieden, so dass die Veräußerung der Anteile keinen weiteren grunderwerbsteuerbaren Erwerbsvorgang auslösen kann.

G455 **Grunderwerbsteuerliche Zurechnung in Fällen des § 1 Abs. 3, 3a GrEStG** | Zudem ist zu berücksichtigen, dass dem Gesellschaftsvermögen einer GmbH & Co. KG für grunderwerbsteuerliche Zwecke nach § 1 Abs. 3 oder Abs. 3a GrEStG ein Grundstück zugerechnet wird, wenn die GmbH & Co. KG mind. 95 % der Anteile an einer grundbesitzenden GmbH hält (s. Rz. G 434). Werden die Anteile an der GmbH & Co. KG veräußert, ist daher auf Ebene der

GmbH & Co. KG zu prüfen, ob ein grunderwerbsteuerbarer Erwerbsvorgang (hinsichtlich des über § 1 Abs. 3 oder Abs. 3a GrEStG zugerechneten Grundstücks) verwirklicht wird.

b) Schädlicher Gesellschafterwechsel i.S.d. § 1 Abs. 2a GrEStG

Übergang von mind. 95 % der Anteile innerhalb von 5 Jahren auf neue Gesellschafter | Gehört zum Vermögen einer GmbH & Co. KG ein Grundstück und ändern sich innerhalb von fünf Jahren der Gesellschafterbestand der Gesellschaft unmittelbar oder mittelbar, indem mind. 95 % der Anteile am Gesellschaftsvermögen auf neue Gesellschafter übergehen (schädlicher Gesellschafterwechsel), gilt dies nach § 1 Abs. 2a Satz 1 GrEStG als ein grunderwerbsteuerbarer Erwerb des Grundstücks durch eine neue Personengesellschaft. Wesentliche Voraussetzung für einen schädlichen Gesellschafterwechsel ist der Übergang der Anteile auf neue Gesellschafter. Werden Anteile zwischen sog. Alt-Gesellschaftern übertragen, fließen diese Übertragungen in die Zählquote zur Ermittlung der 95 %-Grenze nicht mit ein. Hinsichtlich der Bestimmung der Zählquote wird auf die vermögensmäßige Beteiligung abgestellt. G 456

Alt-Gesellschafter | Alt-Gesellschafter i.S.d. § 1 Abs. 2a GrEStG sind u.a. (vgl. Gleichlautender Ländererlass v. 18.2.2014, BStBl. I 2014, 561, Abschn. 2.1.; OFD Nordrhein-Westfalen v. 29.4.2014, juris): G 457

- Die unmittelbaren Gründungsgesellschafter, unabhängig von ihrer Rechtsform.
- Diejenigen Gesellschafter (unabhängig von ihrer Rechtsform), die seit mindestens fünf Jahren unmittelbar an der grundstücksbesitzenden Gesellschaft beteiligt waren.
- Diejenigen Gesellschafter (unabhängig von ihrer Rechtsform), die im Zeitpunkt des Erwerbs des jeweiligen Grundstücks durch die Personengesellschaft unmittelbar an der Gesellschaft beteiligt waren.
- Die Gesellschafter, deren Beitritt oder deren Einrücken in die Gesellschafterstellung (z.B. durch Abtretung des Mitgliedschaftsrechts/Gesellschaftsanteils) schon einmal den Tatbestand des § 1 Abs. 2a Satz 1 GrEStG erfüllt oder zu dessen Erfüllung beigetragen hat.
- Ist Gesellschafterin der grundstücksbesitzenden Personengesellschaft wiederum eine Personengesellschaft, sind Altgesellschafter diejenigen Mitglieder dieser Personengesellschaft
  - die im Zeitpunkt der Gründung der grundstücksbesitzenden Personengesellschaft oder
  - die vor Beginn des Fünfjahreszeitraums oder
  - die im Zeitpunkt des Erwerbs des jeweiligen Grundstücks durch die grundstücksbesitzende Personengesellschaft

  deren Gesellschafter waren oder

  deren Beitritt oder deren Einrücken in die Gesellschafterstellung schon einmal den Tatbestand des § 1 Abs. 2a Satz 1 GrEStG erfüllt oder zu dessen Erfüllung beigetragen hat.

Mittelbare Änderungen im Gesellschafterbestand | Gemäß § 1 Abs. 2a Satz 1 GrEStG lösen sowohl der unmittelbare als auch der mittelbare Gesellschafterwechsel einen grunderwerbsteuerbaren Erwerbsvorgang aus. Was allerdings unter einem mittelbaren schädlichen Gesellschafterwechsel i.S.d. § 1 Abs. 2a GrEStG zu verstehen ist, war bis zuletzt umstritten. Da zivilrechtlich der Anteil am Gesellschaftsvermögen einer Personengesellschaft nur unmittelbar, aber nicht mittelbar übergehen kann, griff der Bundesfinanzhof zur Bestimmung eines mittel- G 458 baren Gesellschafterwechsels i.S.d. § 1 Abs. 2a GrEStG auf eine wirtschaftliche Betrachtungsweise zurück (vgl. BFH v. 25.11.2015 – II R 18/14, GmbHR 2016, 255; BFH v. 9.7.2014 – II R 49/12, BStBl. II 2016, 57 = GmbH-StB 2014, 282; BFH v. 24.4.2013 – II R 17/10, BStBl. II 2013, 833 = GmbHR 2013, 822 = GmbH-StB 2013, 239; hierzu auch *Klass*, GmbHR 2013, 826; *Bock*, GmbHR 2013, 862; *Böing/Böing*, GmbH-StB 2013, 288; *Behrens*, Ubg 2013, 434; vgl. auch Rz. G 432). Eine mittelbare Änderung im Gesellschafterbestand soll sich hiernach nur dann ergeben, wenn die Anteile an den unmittelbar oder mittelbar an einer grundbesitzenden Personengesellschaft zu 100 % übergehen. Abgestellt wird hierbei auf den obersten mittelbar beteiligten Rechtsträger, an dem keine weiteren Beteiligungen bestehen können. Demnach muss bei mittelbaren Beteiligungen bis auf die Ebene einer natürlichen Person oder einer Stiftung durchgeschaut werden. Nur wenn bspw. die mittelbar beteiligte natürliche Person sämtliche Anteile überträgt käme somit nach Auffassung des Bundesfinanzhofs ein schädlicher mittelbarer Gesellschafterwechsel in Betracht. Bliebe die natürliche Person auch nur mit einer Mini-Beteiligung mittelbar an der (mittelbar) an der grundbesitzenden Personengesellschaft beteiligten Gesellschaft beteiligt, würde dies einen schädlichen Gesellschafterwechsel ausschließen. Der Bundesfinanzhof hat zudem klargestellt, dass für diese Vorgehensweise nicht zwischen Personen- und Kapitalgesellschaften zu unterscheiden ist, sondern unter Berücksichtigung der wirtschaftlichen Betrachtungsweise sämtliche Gesellschaften als transparent zu behandeln sind und ein 100 %iger Gesellschafterwechsel stattzufinden habe. Zudem hat der Bundesfinanzhof klargestellt, dass ein mittelbarer Gesellschafterwechsel auch dann vorliegt, wenn das wirtschaftliche Eigentum i.S.d. § 39 Abs. 2 AO an den unmittelbaren Anteilen an einer grundbesitzenden Personengesellschaft übergeht. Dies wäre bspw. der Fall bei Treuhandvereinbarungen oder wenn aufgrund von schuldrechtlichen Abreden (Doppeloptionen) das wirtschaftliche Eigentum an den Anteilen einer anderen Person zuzurechnen ist.

Gesetzliche Klarstellung eines mittelbaren Gesellschafterwechsels | Da die Rechtsprechung des Bundesfinanzhofs den Anwendungsbereich eines mittelbaren Gesellschafterwechsels i.S.d. § 1 Abs. 2a GrEStG – über das bisherige Verständnis der Finanzverwaltung – sehr stark eingeschränkt hat, sah sich der Gesetzgeber veranlasst mit den Sätzen 2 bis 5 in § 1 Abs. 2a GrEStG klarzustellen, wann ein schädlicher mittelbarer Gesellschafterwechsel stattfindet. Der Gesetzgeber hat sich hierbei an der bisherigen Auffassung der Finanzverwaltung orientiert und diese damit gesetzlich fixiert (vgl. zur Neuregelung *Bock/Weis*, GmbHR 2016, 206; *Behrens/Halaczinsky*, UVR 2015, 372). Demnach ist hinsichtlich der Zählquote bei einer unmittelbar oder mittelbar an einer grundbesitzenden Personengesellschaft beteiligten Personengesellschaft durchzurechnen. Der mittelbare Gesellschafterwechsel über eine Personengesellschaft fließt folglich anteilig in dem Umfang in die Zählquote für die Ermittlung eines schädlichen Gesellschafterwechsels i.S.d. § 1 Abs. 2a GrEStG mit ein, wie sich der der Anteil am Gesellschaftsvermögen der (mittelbar) beteiligten Personengesellschaft verändert. Bei unmittelbar oder mittelbar an einer grundstücksbesitzenden Kapitalgesellschaft gelten gemäß § 1 Abs. 2a Satz 3 GrEStG die Sätze 4 und 5. Hiernach gilt eine unmittelbar beteiligte Kapitalgesellschaft in vollem Umfang als neue Gesellschafterin, wenn an ihr mindestens 95 % der Anteile auf neue Gesellschafter übergehen. Bei mehrstufigen Beteiligungen gilt Satz 4 auf der Ebene jeder mittelbar beteiligten Kapitalgesellschaft entsprechend. Somit werden in diesen Fällen sämtliche von der Kapitalgesellschaft gehaltenen Anteile an der grundbesitzenden Personengesellschaft bzw. einer (mittelbar) an dieser beteiligten Gesellschaft fiktiv so behandelt, als wären diese auf einen neuen Gesellschafter übergegangen. Da auch Satz 4 vom Wortlaut her ausschließlich Übertragungen auf neue Gesellschafter erfasst, müssen entsprechend Übertragungen auf Alt-Gesellschafter unberücksichtigt bleiben. Wer allerdings Alt-Gesellschafter i.S.d. § 1 Abs. 2a Satz 4 GrEStG ist, ist aus dem Gesetzeswortlaut nicht klar ersichtlich. Altgesellschafter können demnach (i) die Alt-Gesellschafter im Verhältnis zur grundbesitzenden Personengesellschaft sein (vgl. Rz. G 457), (ii) die Alt-Gesellschafter im Verhältnis zur Kapitalgesellschaft, deren Anteile übertragen werden, oder (ii) die Alt-Gesellschafter im Verhältnis zur grundbesitzenden Personengesellschaft wie auch zur Kapitalgesellschaft sein. Insbesondere vor dem Hintergrund, dass es sich bei § 1 Abs. 2a GrEStG dem Grunde nach um eine Missbrauchsvermeidungsvorschrift handelt, spricht vieles für eine weite Auslegung des Begriffs Alt-Gesellschafter i.S.d. Satz 4.

Übertragung zwischen Alt-Gesellschaftern | Werden Anteile zwischen sog. Alt-Gesellschaftern übertragen, fließen diese Übertragungen in die Zählquote zur Ermittlung der 95 %-Grenze nicht mit ein. Hinsichtlich der Bestimmung der Zählquote wird auf die **vermögensmäßige Beteiligung** abgestellt. Nach Auffassung der Finanzverwaltung wird zur Bestimmung des schädlichen Gesellschafterwechsel bei **mittelbaren Anteilsübertragungen,** bei denen die Anteile einer an der grundbesitzenden Gesellschaft beteiligten Personengesellschaft übertragen werden, zur Bestimmung der Zählquote durchgerechnet. Gehen bei einer beteiligten Kapitalgesellschaft mind. 95 % ihrer Anteile auf neue Gesellschafter über, gilt gemäß § 1 Abs. 2a Satz 3 GrEStG die Kapitalgesellschaft als Neugesellschafterin, so dass im Ergebnis sämtliche von der Kapitalgesellschaft gehaltenen Anteile an der grundbesitzenden Personengesellschaft als Zählquote berücksichtigt werden. Der Bundesfinanzhof nimmt hinsichtlich der mittelbaren schädlichen Gesellschafterwechsel eine hiervon abweichende Sichtweise ein. Da § 1 Abs. 2a Satz 1 GrEStG ein Wechsel von mind. 95 % im Gesellschafterbestand der Personengesellschaft fordert und sich zivilrechtlich der Gesellschafterbestand einer Personengesellschaft wirtschaftlich nicht mittelbar ändern kann, nimmt der Bundesfinanzhof bei mittelbaren Gesellschafterwechseln i.S.d. § 1 Abs. 2a GrEStG eine wirtschaftliche Betrachtungsweise vor (vgl. BFH v. 24.4.2013 – II R 17/10, BStBl. II 2013, 833 = GmbHR 2013, 822 = GmbH-StB 2013, 239; bestätigt durch BFH v. 9.7.2014 – II R 49/12, GmbHR 2014, 1171; hierzu auch *Klass*, GmbHR 2013, 826; *Bock*, GmbHR 2013, 862; *Böing/Böing*, GmbH-StB 2013, 288; *Behrens*, Ubg 2013, 434). Nach Ansicht des BFH sind demnach sowohl Personen- als auch Kapitalgesellschaft als transparent zu behandeln. Dabei gelten die Anteile, die die vermittelnde Gesellschaft an der grundbesitzenden Personengesellschaft hält, nur dann als auf einen neuen Gesellschafter i.S.d. § 1 Abs. 2a GrEStG übergegangen, wenn sich der Gesellschafterbestand der vermittelnden Gesellschaft unmittelbar und mittelbar vollständig ändert. Hierbei ist durch sämtliche Gesellschaften hindurchzuschauen. Sofern demnach auf der „letzten" Ebene eine natürliche Person mittelbar geringfügig beteiligt bleibt, schließt dies nach Ansicht des BFH einen schädlichen mittelbaren Gesellschafterwechsel i.S.d. § 1 Abs. 2a GrEStG aus. Da hierdurch der Anwendungsbereich hinsichtlich mittelbarer Gesellschafterwechsel i.S.d. § 1 Abs. 2a GrEStG sehr stark eingeschränkt wird, beabsichtigt der Gesetzgeber die Auffassung der Finanzverwaltung (ziehe zuvor) nun auch gesetzlich klarzustellen. G 459

Übergang von Anteilen im Todesfall | Gehen Anteile an einer grundbesitzenden Personengesellschaft im Todesfall auf den Erben über, zählen diese gemäß § 1 Abs. 2a Satz 5 GrEStG nicht mit zur Zählquote. Entsprechend gilt, wenn Anteile an an der grundbesitzenden Personengesellschaften beteiligte Personengesellschaften oder Kapitalgesellschaften im Todesfall übertragen werden. G 460

G461 **Fiktiver Erwerb durch neue Personengesellschaft** | Rechtsfolge des § 1 Abs. 2a GrEStG ist ein fiktiver grunderwerbsteuerbarer Erwerbsvorgang. Das Grundstück gilt mit Vollendung des schädlichen Gesellschafterwechsels als durch eine neue Personengesellschaft erworben.

G462 **Bemessungsgrundlage** | Bemessungsgrundlage ist gemäß § 8 Abs. 2 Nr. 3 GrEStG der **Grundbesitzwert nach § 151 Abs. 1 Satz 1 Nr. 1 i.V.m. § 157 Abs. 1–3 BewG.** Zuvor wurden für die Bemessungsgrundlage die Grundstückbedarfswerte gemäß § 138 Abs. 2–4 BewG herangezogen. Da diese aber nicht die tatsächlichen Werte der Grundstücke, sondern oftmals nur 50 % des Verkehrswertes abbildeten, hat das Bundesverfassungsgericht die Nutzung der Bedarfswerte für verfassungswidrig erklärt (vgl. BVerfG v. 23.6.2015 – 1 BvL 13/11, BStBl. II 2015, 871). Der Gesetzgeber hat hierauf reagiert und stellt für sämtliche Erwerbsvorgänge, die nach dem 31.12.2008 verwirklicht sind, nunmehr auf die erbschaftsteuerlichen Grundbesitzwerte gemäß §§ 157 ff. BewG ab (vgl. zu den neuen grunderwerbsteuerlich relevanten Bewertungsmethoden *Vogel*, StuB 2016, 103 ff.; *Bock/Weis*, GmbHR 2016, 210 ff.; *Behrens/Halaczinsky*, UVR 2015, 373 ff.).

G463 **Steuerschuldner** | Da sich der grunderwerbsteuerbare Erwerbsvorgang auf Ebene der GmbH & Co. KG vollzieht, ist diese auch nach § 13 Nr. 6 GrEStG Steuerschuldnerin. Da die Gesellschaft insoweit durch eine Steuer belastet wird, die durch Handlungen (einzelner) Gesellschafter verursacht worden ist, ist es sachgerecht die Grunderwerbsteuerbelastung – wie auch im Fall der Gewerbesteuerbelastung durch Vorgänge auf Gesellschafterebene – durch eine Steuerklausel den Gesellschaftern zuzuordnen, wie sie zur Entstehung des schädlichen Gesellschafterwechsels beigetragen haben. Im Gegensatz zur Gewerbesteuerklausel wird von einer solchen Klausel in der Praxis aber selten Gebrauch gemacht.

c) Steuerbefreiungen bei einem schädlichen Gesellschafterwechsel i.S.d. § 1 Abs. 2a GrEStG

G464 **Befreiung, soweit Gesellschafter quotal 5 Jahre vor und nach dem schädlichen Gesellschafterwechsel beteiligt sind** | Da Rechtsfolge von § 1 Abs. 2a GrEStG der Übergang des Grundstücks von einer Personengesellschaft auf eine neue Personengesellschaft ist, kommt als **Steuerbefreiung § 6 Abs. 3 GrEStG** (vgl. BFH v. 29.3.2012 – II R 57/09, BStBl. II 2012, 917) in Betracht. Da Voraussetzung für die Steuerbefreiung nach § 6 Abs. 3 GrEStG ist, dass die Gesellschafter der „neuen" Personengesellschaft seit 5 Jahren ununterbrochen beteiligt sind und auch ununterbrochen für weitere 5 Jahren insoweit beteiligt bleiben, reduziert sich für Erwerbsvorgänge nach § 1 Abs. 2a GrEStG der Anwendungsbereich von § 6 Abs. 3 EStG entsprechend. Bei einem unmittelbaren Gesellschafterwechsel i.S.d. § 1 Abs. 2a GrEStG kann **allenfalls eine 5%ige Steuerbefreiung nach § 6 Abs. 3 GrEStG** greifen. Werden die Anteile an einer grundbesitzenden Personengesellschaft in eine neue Personengesellschaft eingebracht, begründet dies einen Erwerbsvorgang i.S.d. § 1 Abs. 2a GrEStG. Da für Zwecke des § 6 Abs. 3, 4 GrEStG eine Personengesellschaft als transparent behandelt wird, bleib in diesem Fall der Vorgang nach § 6 Abs. 3 GrEStG von der Grunderwerbsteuer befreit.

Beispiel:

An einer grundbesitzenden GmbH & Co. KG sind seit mehr als 5 Jahren A und B zu jeweils 50 % beteiligt. Im gleichen Jahr veräußern A und B ihre Anteile. Erwerber des A-Anteils ist ein Dritter. Erwerber des B-Anteils ist eine Personengesellschaft, an der B wiederum zu 75 % beteiligt ist.

Durch die Veräußerung von 100 % der Anteile an der GmbH & Co. KG wird ein Erwerbsvorgang i.S.d. § 1 Abs. 2a GrEStG ausgelöst. Aufgrund seiner 75 %-Beteiligung an der erwerbenden Personengesellschaft ist

B mittelbar weiterhin zu 37,5 % (= 75 % vom durch die Personengesellschaft erworbenen 50 %-Anteil an der GmbH & Co. KG) beteiligt. Die Grunderwerbsteuer wird gemäß § 6 Abs. 3 GrEStG i.H.v. 37,5 % nicht erhoben, sofern B mit seiner Quote mittelbar ununterbrochen für 5 weitere Jahre an der GmbH & Co. KG beteiligt bleibt.

Persönliche Befreiungstatbestände bei einem schädlichen Gesellschafterwechsel | Bei einem schädlichen Gesellschafterwechsel i.S.d. § 1 Abs. 2a GrEStG sind auch die persönlichen Befreiungstatbestände unter § 3 Nr. 2–7 GrEStG zu prüfen (vgl. BFH v. 25.9.2013 – II R 17/12, BStBl. II 2014, 268 = GmbHR 2014, 156 m. Anm. *Klass* = GmbH-StB 2014, 40; BFH v. 12.10.2006 – II R 79/05, BStBl. II 2007, 409 = GmbHR 2007, 557 m. Anm. *Sinewe*; *Meßbacher-Hönsch* in Boruttau, § 3 GrEStG Rz. 46 ff.; *Franz* in Pahlke/Franz, § 3 GrEStG Rz. 11; Gleichlautender Ländererlass v. 18.2.2014, BStBl. I 2014, 561, Abschn. 7). Die persönlichen Eigenschaften eines Gesellschafters sind entsprechend der Höhe seiner vermögensmäßigen Beteiligung zu berücksichtigen. Führt die Rechtsfolge des § 1 Abs. 2a GrEStG dazu, dass das Grundstück als von einer neuen – und entsprechend mit neu beteiligten Gesellschaftern – Personengesellschaft erworben wird, sind die persönlichen Steuerbefreiungen insoweit anzuwenden, wie bspw. eine Anteilsübertragung von einem Vater auf seinen Sohn als neuen Gesellschafter i.S.d. § 1 Abs. 2a GrEStG stattgefunden hat. G 465

Beispiel:

An einer grundbesitzenden GmbH & Co. KG halten der Vater und ein Dritter jeweils 50 %. Der Dritte hat seine Anteile vor nicht mehr als 5 Jahren erworben. Der Vater veräußert nun seine Anteile an seinen Sohn.

Da der Sohn neuer Gesellschafter i.S.d. § 1 Abs. 2a GrEStG ist und bereits zuvor 50 % auf den Dritten als neuen Gesellschafter übergegangen sind, liegt ein schädlicher Gesellschafterwechsel i.S.d. § 1 Abs. 2a GrEStG vor.

Der schädliche Gesellschafterwechsel ist infolge des Erwerbs durch den Sohn i.H.v. 50 % gemäß § 3 Nr. 6 GrEStG von der Grunderwerbsteuer befreit.

Umstrukturierung im Konzern | Ein schädlicher Gesellschafterwechsel i.S.d. § 1 Abs. 2a GrEStG kann nach § 6a GrEStG steuerbefreit sein. Eine Steuerbefreiung käme bspw. in Frage, wenn der eine abhängige Gesellschaft i.S.d. § 6a GrEStG, die zu 100 % an einer grundbesitzenden GmbH & Co. KG beteiligt ist, auf eine weitere abhängige Gesellschaft verschmolzen wird. Hinsichtlich der weiteren, sehr engen Voraussetzungen wird auf die Ausführungen zur Übertragung eines Grundstücks auf eine GmbH & Co. KG verwiesen (s. Rz. G 441) G 466

d) Anteilsvereinigungen in einer Hand bzw. Übertragung bereits vereinigter Anteile i.S.d. § 1 Abs. 3 GrEStG

Anteilsvereinigung in einer Hand | Erfüllt die Übertragung von Anteilen an einer grundbesitzenden GmbH & Co. KG nicht die Voraussetzungen des § 1 Abs. 2a GrEStG, ist prüfen, ob eine Erwerbsvorgang i.S.d. § 1 Abs. 3 GrEStG vorliegt. Dies ist der Fall, wenn entweder erstmalig mind. 95 % der Anteile an einer grundbesitzenden GmbH & Co. KG in einer Hand (bspw. auch in der Hand eines Alt-Gesellschafters i.S.d. § 1 Abs. 2a GrEStG) vereinigt werden (§ 1 Abs. 3 Nr. 1 und 2 GrEStG) oder eine bereits bestehende mind. 95 %-Beteiligung auf einen neuen Rechtsträger übertragen wird (§ 1 Abs. 3 Nr. 3 und 4 GrEStG). G 467

Maßgeblicher Anteil an einer Personengesellschaft für Zwecke des § 1 Abs. 3 GrEStG | Als Anteil in diesem Sinne gilt bei einer GmbH & Co. KG – anders als bei § 1 Abs. 2a und Abs. 3a GrEStG – nicht die vermögensmäßige Beteiligung des Gesellschafters. Anteil i.S.d. § 1 Abs. 3 G 468

GrEStG ist vielmehr die dingliche Mitberechtigung des Gesellschafters am Gesamthandsvermögen (vgl. BFH v. 12.3.2014 – II R 51/12, GmbHR 2014, 950 = GmbH-StB 2014, 230). Demnach hat für Zwecke des § 1 Abs. 3 GrEStG jeder Gesellschafter einen (gleich hohen) Anteil an einer GmbH & Co. KG. Hat eine Personengesellschaft bspw. drei Gesellschafter, hält jeder einen Anteil i.S.d. § 1 Abs. 3 GrEStG, auch wenn die Gesellschafter zu unterschiedlichen Quoten vermögensmäßig beteiligt sind. Auch die Komplementär-GmbH, die regelmäßig nicht am Gewinn und Vermögen der GmbH & Co. KG beteiligt ist, hält demnach einen Anteil i.S.d. § 1 Abs. 3 GrEStG (vgl. BFH v. 12.3.2014 – II R 51/12, GmbHR 2014, 950 = GmbH-StB 2014, 230). Im Ergebnis führt dies dazu, dass eine Übertragung von Anteilen an einer grundbesitzenden GmbH & Co. KG nur dann einen grunderwerbsteuerbaren Erwerbsvorgang nach § 1 Abs. 3 GrEStG auslösen kann, wenn der Erwerber sämtliche Anteile an der GmbH & Co. KG und auch mind. 95 % der Anteile an der Komplementär-GmbH erwirbt. An einer beteiligten Kapitalgesellschaft müssen mind. 95 % ihrer Anteile gehalten werden, damit der von der Kapitalgesellschaft gehaltene Anteil an der grundbesitzenden Personengesellschaft dem Gesellschafter der Kapitalgesellschaft als mittelbar gehaltener Anteil zugerechnet wird.

G469 **Mittelbare Beteiligungen** | Gleiches gilt hinsichtlich mittelbar gehaltener Anteile auch hinsichtlich einer an der grundbesitzenden GmbH & Co. KG beteiligten Personengesellschaft. Auch hier müssen für Zwecke des § 1 Abs. 3 GrEStG mind. 95 % der Anteile an der Personengesellschaft von einer Person gehalten werden, damit ihr der von der Personengesellschaft gehaltene Anteil an der grundbesitzenden GmbH & Co. KG zugerechnet werden kann. Da bei Personengesellschaft sich der maßgebliche Anteil aber an der gesamthänderischen Berechtigung bemisst (s. zuvor), kann durch Beteiligung eines Dritten – selbst ohne vermögensmäßige Beteiligung – an der Personengesellschaft eine Zurechnung zum 100 %-Gesellschafter vermieden werden.

Beispiel (ehemalige RETT-Blocker-Struktur):

Eine Person A beabsichtigt 100 % an einer grundbesitzenden GmbH zu erwerben. Würde A sämtliche Anteile unmittelbar erwerben, liegt eine Anteilsvereinigung in einer Hand vor (§ 1 Abs. 3 GrEStG). A entscheidet sich daher 94 % der Anteile an der GmbH unmittelbar zu erwerben. Die verbleibenden 6 % erwirbt eine GmbH & Co. KG, an der A vermögensmäßig zu 100 % beteiligt ist. Die Komplementär-GmbH wird von einem Dritten gehalten.

Für Zwecke des § 1 Abs. 3 GrEStG werden A 94 % unmittelbar zugerechnet. Die verbleibenden 6 % könnten ihm nur dann zugerechnet werden, wenn er mind. 95 % der Anteile an der GmbH & Co. KG hält. Da hier der Anteilsbegriff des § 1 Abs. 3 GrEStG maßgeblich ist (s. zuvor), hält A nur 50 % der Anteile an der GmbH & Co. KG (= die verbleibenden 50 % hält die Komplementär-GmbH). Die 6 %-Beteiligung der GmbH & Co. KG kann A demnach nicht nach § 1 Abs. 3 GrEStG zugerechnet werden.

Im Ergebnis hält A zwar wirtschaftlich 100 % an der grundbesitzenden GmbH, hätte aber durch Einschaltung einer GmbH & Co. KG eine Anteilsvereinigung in einer Hand gemäß § 1 Abs. 3 GrEStG vermieden. Solche sog. RETT-Blocker-Strukturen (Real Estate Transfer Tax) wurden bis Mitte 2013 bei jeder größeren Immobilien Transaktion verwendet. Mit der Einführung des § 1 Abs. 3a GrEStG sind ab dem 7.6.2013 solche RETT-Blocker-Strukturen allerdings nicht mehr möglich.

e) Wirtschaftliche Anteilsvereinigung in einer Hand i.S.d. § 1 Abs. 3a GrEStG

G470 **Wirtschaftliche Vereinigung von Anteilen in einer Hand** | Erfüllt die Übertragung von Anteilen an einer grundbesitzenden GmbH & Co. KG nicht die Voraussetzungen des § 1 Abs. 2a oder Abs. 3 GrEStG, kann letztlich auch ein grunderwerbsteuerbarer Erwerbsvorgang nach § 1 Abs. 3a GrEStG ausgelöst werden. Hiernach gilt als ein Rechtsvorgang i.S.d. § 1 Abs. 3 GrEStG auch die unmittelbare oder mittelbare wirtschaftliche Vereinigung von mind. 95 %

der Anteile an der grundbesitzenden GmbH & Co. KG in einer Hand. Im Gegensatz zu der Anteilsvereinigung in einer Hand nach § 1 Abs. 3 GrEStG, dem ein streng rechtliches Verständnis des Anteils an einer Gesellschaft zugrunde liegt, beruht Abs. 3a auf einer wirtschaftlicher Betrachtungsweise. So bestimmt sich der Anteil an einer grundbesitzenden GmbH & Co. KG nicht anhand der dinglichen Mitberechtigung der Gesellschafter (so bei § 1 Abs. 3 GrEStG s. zuvor), sondern an der Beteiligung am Vermögen der Gesellschaft. Dies führt dazu, dass bspw. eine Komplementär-GmbH ohne Beteiligung am Gewinn und Vermögen auch keinen Anteil für Zwecke des § 1 Abs. 3a GrEStG hält. Die wesentlichen Unterschiede zwischen § 1 Abs. 3 und Abs. 3a GrEStG sind damit:

- Abs. 3a: Höhe der maßgeblichen Beteiligung orientiert sich an der Vermögensbeteiligung; Abs. 3: Höhe der maßgeblichen Beteiligung bestimmt sich nach Köpfen
- Abs. 3a: Hinsichtlich der Bestimmung der mittelbaren Beteiligungshöhe wird bei vermittelnden Kapital- und Personengesellschaft „durchgerechnet“; Abs. 3: die Anteile, die die vermittelnde Gesellschaft hält, werden in voller Höhe zugerechnet, sofern mind. eine 95 % an der vermittelnden Gesellschaft besteht.

Rechtsfolge fiktiver Erwerb eines Grundstücks | Liegen die Voraussetzungen nach § 1 Abs. 3 G 471
oder Abs. 3a GrEStG vor, wird für grunderwerbsteuerliche Zwecke das Grundstück der Gesellschaft dem Gesellschafter, der die mind. 95 %-Beteiligung (mittelbar) hält, zugerechnet. Vereinigt der Gesellschafter erstmals mind. 95 % in seiner Hand (§ 1 Abs. 3 Nr. 1, 2 oder Abs. 3a GrEStG), wird für grunderwerbsteuerliche Zwecke angenommen, dass der Gesellschafter das Grundstück von der Gesellschaft erwirbt. Hält ein Gesellschafter bereits mind. 95 % der Anteile an einer grundbesitzenden Gesellschaft in seiner Hand, wird ihm das Grundstück bereits zugerechnet. Erwirbt nun eine Person diese mind. 95 %-Beteiligung, führt dies dazu, dass dem Erwerber das Grundstück der Gesellschaft zugerechnet wird. Für grunderwerbsteuerliche Zwecke wird daher angenommen, dass der Erwerbsvorgang in einer Übertragung des Grundstücks aus der Hand des veräußernden Gesellschafters in die Hand des Erwerbers besteht.

Bemessungsgrundlage und Steuerschuldner | Die Grunderwerbsteuer bemisst sich gemäß G 472
§ 8 Abs. 2 Nr. 3 GrEStG nach den **Grundbesitzwerten** i.S.d. § 151 Abs. 1 Satz 1 Nr. 1 i.V.m. § 157 Abs. 1–3 BewG (s. Rz. G 462). Vereinigen sich mind. 95 % der Anteile an einer grundbesitzenden Gesellschaft erstmalig in einer Hand (§ 1 Abs. 3 Nr. 1 und 2 bzw. Abs. 3a GrEStG) führt dies zu einem fiktiven Erwerb des Grundstücks der Gesellschaft durch den Erwerber der Anteile. In diesen Fällen ist der **Erwerber der Anteile,** die zu einer Anteilsvereinigung in einer Hand führen, gemäß § 13 Nr. 5 Buchst. a GrEStG **Steuerschuldner.** Bei einer **wirtschaftlichen Vereinigung der Anteile** (§ 1 Abs. 3a GrEStG) ist gemäß § 13 Nr. 7 GrEStG der **Rechtsträger, der die wirtschaftliche Beteiligung innehat, Steuerschuldner.** Bei der Übertragung schon in einer Hand vereinigten Anteile auf einen anderen Erwerber (§ 1 Abs. 3 Nrn. 3 und 4 bzw. Abs. 3a GrEStG) erfolgt für grunderwerbsteuerliche Zwecke ein fiktive Veräußerung des Grundstücks durch den Veräußerer an den Anteilserwerber. Entsprechend sind wie bei einer auch tatsächlichen Veräußerung eines Grundstücks zwischen Veräußerer und Erwerber auch **beide Parteien** gemäß § 13 Nr. 1 GrEStG **Steuerschuldner** (vgl. OFD Niedersachsen v. 1.12.2014, juris).

f) Steuerbefreiungen bei Erwerbsvorgängen i.S.d. § 1 Abs. 3 und Abs. 3a GrEStG

G473 **Befreiung aufgrund fiktiver Grundstücksübertragung |** Infolge dieser grunderwerbsteuerlichen Zurechnungen des Grundstücks nach § 1 Abs. 3 oder Abs. 3a GrEStG können sich verschiedene Steuerbefreiungen eröffnen. Vereinigt eine Person bspw. erstmals mind. 95 % der Anteile an einer grundbesitzenden GmbH & Co. KG in einer Hand und löst einen Erwerbsvorgang nach § 1 Abs. 3 oder Abs. 3a GrEStG aus, wird unterstellt, dass der Gesellschafter das Grundstück von der GmbH & Co. KG erworben hat. Entsprechend ist zu prüfen, ob diese fiktive Übertragung des Grundstücks nach § 6 Abs. 2 GrEStG steuerbefreit ist. Da die Befreiung nach § 6 Abs. 2 GrEStG aber nur insoweit gewährt wird, wie der Gesellschafter seit 5 Jahren ununterbrochen an der Gesellschaft beteiligt ist (§ 6 Abs. 4 GrEStG), ist die fiktive Übertragung regelmäßig nur dann steuerbefreit, wenn der Erwerber bereits seit mehr als 5 Jahren Anteile hält und durch den Erwerb nunmehr mind. 95 % der Anteile hält. Erwirbt eine Person somit eine mind. 95 %-Beteiligung an einer grundbesitzenden GmbH & Co. KG von einem einzigen Veräußerer, kommt eine Befreiung nach § 6 Abs. 2 GrEStG grundsätzlich nicht in Betracht, da in diesem Fall für grunderwerbsteuerliche Zwecke der Erwerber das Grundstück nicht von der GmbH & Co. KG, sondern vom Veräußerer erwirbt. Zudem ist zu im Einzelfall zu prüfen, ob einer Steuerbefreiung gemäß § 6a GrEStG in Betracht kommt.

G474 **Persönliche Befreiungstatbestände |** Bei Anteilsübertragungen einer grundbesitzenden GmbH & Co. KG sind auch die persönlichen Befreiungstatbestände unter § 3 Nr. 2–7 GrEStG zu prüfen (vgl. *Meßbacher-Hönsch* in Boruttau, § 3 GrEStG Rz. 51 ff.; *Franz* in Pahlke/Franz, § 3 GrEStG Rz. 12 ff.). Löst die Anteilsübertragung einen Erwerbsvorgang nach § 1 Abs. 3 Nr. 3o. 4 GrEStG aus, wird aufgrund der grunderwerbsteuerlichen Zurechnung des Grundstücks zum Gesellschafter die Anteilsübertragung als eine fiktive Übertragung des Grundstücks zwischen Veräußerer und Erwerber behandelt. Sofern auf eine tatsächliche Grundstücksübertragung zwischen Veräußerer und Erwerber eine Steuerbefreiung nach § 3 GrEStG anwendbar wäre, ist auch die fiktive Grundstücksübertragung steuerfrei. Bei einer Anteilsvereinigung in einer Hand gemäß § 1 Abs. 3 Nr. 1 oder 2 GrEStG fingert das Grunderwerbsteuerrecht hingegen, dass der Erwerber der Anteile das Grundstück von der Gesellschaft erwirbt. Eine persönliche Steuerbefreiung nach § 3 GrEStG ist in dem Umfang möglich, wie die Gesamthänder vermögensmäßig an der Gesellschaft beteiligt sind (vgl. BFH v. 11.6.2008 – II R 58/06, BStBl. II 2008, 879).

Beispiel:

An einer grundbesitzenden GmbH & Co. KG halten Vater und Sohn seit mehr als 5 Jahren jeweils 50 %. Der Vater veräußert nun 45 % seiner Anteile an seinen Sohn.

Da Vater und Sohn ihre Anteile seit mehr als 5 Jahren halten, ist ein Erwerbsvorgang nach § 1 Abs. 2a GrEStG auszuschließen. Da der Vater auch nach der Veräußerung einen Anteil von 5 % an der GmbH & Co. KG hält, sind auch nicht die Voraussetzungen einer Anteilsvereinigung nach § 1 Abs. 3 Nr. 1 GrEStG erfüllt, da für Zwecke des § 1 Abs. 3 GrEStG Vater und Sohn auch nach der Veräußerung unverändert jeweils einen gleich hohen Anteil halten (dingliche Mitberechtigung s. zuvor). Da nach der Veräußerung der Sohn erstmals zu 95 % am Vermögen der GmbH & Co. KG beteiligt ist, liegt indes eine wirtschaftliche Anteilsvereinigung in der Hand des Sohnes nach § 1 Abs. 3a i.V.m. § 1 Abs. 3 Nr. 1 GrEStG vor.

Rechtsfolge ist, dass für grunderwerbsteuerliche Zwecke das Grundstück der GmbH & Co. KG fiktiv dem Sohn zugerechnet wird. Da der Sohn bereits seit mehr als 5 Jahren zu 50 % an der GmbH & Co. KG beteiligt ist, wäre der Erwerbsvorgang gemäß § 6 Abs. 2 GrEStG zu 50 % steuerfrei. Da zudem an der Gesellschaft vermögensmäßig Vater und Sohn zu 100 % beteiligt sind, ist die Anteilsvereinigung gemäß § 3 Nr. 6 GrEStG in Gänze steuerfrei.

g) Zusammenfassende Beispiele bei Anteilsübertragungen unter § 1 Abs. 2a, Abs. 3 und Abs. 3a GrEStG

Im Folgenden sollen verschiedene Beispielsfälle das Zusammenspiel der §§ 1 Abs. 2a, 3 und 3a GrEStG verdeutlichen (angelehnt an Gleichlautender Ländererlass v. 9.10.2013, BStBl. I 2013, 1364): G 475

Beispiel:

An der grundbesitzenden GmbH & Co. KG sind A mit 94,9 % und die A-GmbH mit 5,1 % seit mehr als 5 Jahren beteiligt. An der A-GmbH hält A 94,9 %. Die übrigen Anteile an der A-GmbH werden von einem Fremden gehalten. A veräußert seine Beteiligungen an der GmbH & Co. KG und der A-GmbH an B.

Da A nur 94,9 % an der GmbH & Co. KG und 94,9 % an der A-GmbH veräußert, liegt kein schädlicher Gesellschafterwechsel i.S.d. § 1 Abs. 2a GrEStG vor. Da nicht mind. 95 % an der A-GmbH übertragen werden, bleibt die A-GmbH Altgesellschafterin i.S.d. § 1 Abs. 2a GrEStG.

Auch eine Übertragung von mind. 95 % vereinigter Anteile an der GmbH & Co. KG i.S.d. § 1 Abs. 3 Nr. 3 GrEStG liegt nicht vor. Da an der A-GmbH ein Fremder mit 5,1 % beteiligt ist, kann die A-GmbH für Zwecke des § 1 Abs. 3 GrEStG keine Beteiligung an der GmbH & Co. KG an B vermitteln. Hierzu hätte B mind. eine Beteiligung i.H.v. 95 % an der A-GmbH halten müssen.

Die Anteilsübertragung ist nach § 1 Abs. 3a GrEStG grunderwerbsteuerbar. B erwirbt unmittelbar 94,9 % der Anteile an der GmbH & Co. KG. Über seine 94,9 %-Beteiligung an der A-GmbH werden B für Zwecke des § 1 Abs. 3a GrEStG mittelbar 4,83 % (= 94,9 % × 5,1 %) an der GmbH zugerechnet. Unmittelbar und mittelbar erwirbt B damit 99,73 % der Anteile an der GmbH & Co. KG. Da über § 1 Abs. 3a GrEStG das Grundstück der GmbH & Co. KG grunderwerbsteuerlich bereits A zuzurechnen war, führt die Anteilsübertragung zu einem fiktiven Grundstückserwerb von A an B.

Beispiel:

An der grundbesitzenden GmbH & Co. KG sind die A-GmbH mit 94,9 % und die B-GmbH & Co. KG mit 5,1 % seit mehr als 5 Jahren beteiligt. An der B-GmbH & Co. KG ist die A-GmbH vermögensmäßig zu 100 % beteiligt. Ein Dritter hält ohne Beteiligung am Vermögen und Gewinn eine Beteiligung an der B-GmbH & Co. KG. An der A-GmbH ist mit 94,9 % die C-GmbH und mit 5,1 % die D-GmbH beteiligt. Die C-GmbH wird auf die D-GmbH verschmolzen, so dass anschließend ausschließlich die D-GmbH an der A-GmbH beteiligt ist.

Infolge der Verschmelzung werden ausschließlich 94,9 % an der A-GmbH übertragen. Die A-GmbH bleibt somit Alt-Gesellschafterin an der GmbH & Co. KG i.S.d. § 1 Abs. 2a GrEStG. Ein schädlicher Gesellschafterwechsel i.S.d. § 1 Abs. 2a GrEStG hat somit nicht stattgefunden.

Aufgrund der Beteiligung des Dritten an der B-GmbH & Co. KG halten sowohl der Dritte wie auch die A-GmbH für Zwecke des § 1 Abs. 3 GrEStG jeweils 50 % an der B-GmbH & Co. KG. Dass der Dritte am Vermögen der B-GmbH & Co. KG nicht beteiligt ist, ist für § 1 Abs. 3 GrEStG unerheblich. Für Zwecke des § 1 Abs. 3 GrEStG wird die Beteiligungsquote an einer Personengesellschaft anhand der Köpfe der Gesellschafter ermittelt. Da die A-GmbH nur 50 % an der B-GmbH & Co. KG hält, kann ihr Anteil an der GmbH & Co. KG nicht an die A-GmbH vermittelt werden. Es kommt daher nicht zu einer (mittelbaren) Anteilsvereinigung gemäß § 1 Abs. 3 Nr. 1 GrEStG in der Hand der D-GmbH.

Die Verschmelzung führt jedoch zu einer wirtschaftlichen Anteilsvereinigung nach § 1 Abs. 3a i.V.m. § 1 Abs. 3 Nr. 1 GrEStG, da die D-GmbH infolge der Verschmelzung mittelbar 100 % der Anteile an der GmbH & Co. KG hält.

Beispiel:

An der grundbesitzenden GmbH & Co. KG sind seit mehr als 5 Jahren A mit 10 % und B mit 90 % beteiligt. A überträgt 6 % an B.

Da A und B jeweils Alt-Gesellschafter i.S.d. § 1 Abs. 2a GrEStG sind, handelt es sich um eine nicht steuerbare Anteilsverschiebung zwischen Alt-Gesellschaftern. § 1 Abs. 2a GrEStG ist nicht erfüllt.

§ 1 Abs. 3 Nr. 1 GrEStG ist ebenfalls nicht erfüllt. B hält zwar erstmals 96 % der Anteile an der GmbH & Co. KG. Für Zwecke des § 1 Abs. 3 GrEStG bestimmt sich die Beteiligungshöhe an Personengesellschaften nach den Köpfen der Gesellschafter. Mithin halten A und B für Zwecke des § 1 Abs. 3 GrEStG vor als auch nach der Anteilsübertragung 50 % an der GmbH & Co. KG.

Die Übertragung der 6 %-Beteiligung führt indes zu einer wirtschaftlichen Anteilsvereinigung in der Hand des B nach § 1 Abs. 3a i.V.m. § 1 Abs. 3 Nr. 1 GrEStG. Die Anteilsübertragung löst somit einen grunderwerbsteuerbaren Erwerbsvorgang aus. Rechtsfolge ist ein fiktiver Erwerb des Grundstücks durch B aus dem Gesellschaftsvermögen der GmbH & Co. KG. Da B seit mehr als 5 Jahren zu 94 % an der GmbH & Co. KG beteiligt ist, ist der Erwerbsvorgang i.H.v. 94 % steuerfrei.

Beispiel:

Sollten 100 % an einer grundbesitzenden GmbH & Co. KG an einen Erwerber veräußert werden, wurde in der Vergangenheit oftmals ein zeitlich gestückelter Erwerb vorgenommen: An der grundbesitzenden GmbH & Co. KG ist A als Kommanditist zu 100 % vermögensmäßig beteiligt. Die C-GmbH ist ohne Beteiligung am Vermögen Komplementärin der GmbH & Co. KG. Die Anteile an der C-GmbH werden von einem Dritten gehalten. A beabsichtigt 100 % an der GmbH & Co. KG an B zu veräußern. Hierzu veräußert er im Jahr 1 94,9 % und im Jahr 7 die restlichen 5,1 % der Anteile an der GmbH & Co. KG an B.

Die Übertragung von 94,9 % löst im Jahr 1 keinen schädlichen Gesellschafterwechsel i.S.d. § 1 Abs. 2a GrEStG aus. Da im Jahr 7 B in die Alt-Gesellschafterstellung hineingewachsen ist, führt die Übertragung der restlichen 5,1 % zu einer Anteilsverschiebung zwischen Alt-Gesellschaftern, die bei § 1 Abs. 2a GrEStG nicht berücksichtigt wird. Der zeitlich gestreckte Veräußerungsvorgang löst mithin keinen schädlichen Gesellschafterwechsel i.S.d. § 1 Abs. 2a GrEStG aus.

Da an der GmbH & Co. KG ununterbrochen die C-GmbH beteiligt ist, werden für Zwecke des § 1 Abs. 3 GrEStG im Jahr 1 33,3 % der Anteile an der GmbH & Co. KG übertragen (Zählung nach Köpfen). Im Jahr 7 überträgt A seine verbleibenden Anteile auf B, so dass nunmehr B und die C-GmbH wiederum 50 % an der GmbH & Co. KG halten. Ein Erwerbsvorgang nach § 1 Abs. 3 GrEStG liegt nicht vor.

Der zeitlich gestreckte Erwerbsvorgang führt indes zu einer wirtschaftlichen Anteilsvereinigung gemäß § 1 Abs. 3a i.V.m. § 1 Abs. 3 Nr. 1 GrEStG in der Hand des B. Da A infolge der Übertragung im Jahr 1 nicht mehr mind. 95 % an der GmbH & Co. KG hält, wird ihm für grunderwerbsteuerliche Zwecke auch nicht das Grundstück der Gesellschaft zugerechnet. Mit der wirtschaftlichen Anteilsvereinigung in der Hand des B erwirbt B für grunderwerbsteuerliche Zwecke das Grundstück von der GmbH & Co. KG. Da B im Jahr 7 bereits seit mehr als 5 Jahren zu 94,9 % an der GmbH & Co. KG beteiligt ist, ist der Erwerbsvorgang gemäß § 6 Abs. 2 GrEStG zu 94,9 % steuerfrei.

G 476–G 480 frei

Vertiefende Recherche

Wichtige Urteile und Erlasse

BFH v. 25.11.2015 – II R 18/14, GmbHR 2016, 255: Mittelbare Änderung des Gesellschafterbestandes i.S.d. § 1 Abs. 2a GrEStG durch Abschluss von Treuhandverträgen.

BFH v. 2.9.2014 – IX R 50/13, BStBl. II 2015, 260 = GmbHR 2015, 327: Durch § 1 Abs. 2a GrEStG ausgelöste Grunderwerbsteuer führen nicht zu Anschaffungskosten.

BFH v. 9.7.2014 – II R 49/12, GmbHR 2014, 117: Übergang des wirtschaftlichen Eigentums bei § 1 Abs. 2a GrEStG.

BFH v. 12.3.2014 – II R 51/12, GmbHR 2014, 950: Anteil i.S.d. § 1 Abs. 3 GrEStG bei Personengesellschaften.

BFH v. 25.9.2013 – II R 17/12, BStBl. II 2014,268 = GmbHR 2014, 156: Persönliche Steuerbefreiungen bei § 1 Abs. 2a GrEStG.

BFH v. 16.5.2013 – II R 3/11, BStBl. II 2013, 963 = GmbHR 2013, 1171: Verlust der Alt-Gesellschafterstellung i.S.d. § 1 Abs. 2a GrEStG auch bei späterem Wiedereintritt.

BFH v. 24.4.2013 – II R 17/10, BStBl. II 2013, 833 = GmbHR 2013, 822: Schädlicher Gesellschafterwechsel i.S.d. § 1 Abs. 2a GrEStG auch bei fortgesetzter mittelbarer Beteiligung des Alt-Gesellschafters.

BFH v. 29.2.2012 – II R 57/09, BStBl. II 2012, 917 = GmbHR 2012, 816: Grunderwerbsteuerliche Zurechnung eines Grundstücks der Gesellschaft beim Gesellschafter.

BFH v. 15.12.2010 – II R 45/08, BStBl. II 2012, 292: Grunderwerbsteuerliche Zurechnung eines Grundstücks der Gesellschaft beim Gesellschafter.

BFH v. 2.11.2010 – II B 61/10, BFH/NV 2011, 307 = StBW 2011, 156: Maßgeblichkeit eines ernsthaft gewollten und nicht nur rein symbolischen Kaufpreises.

BFH v. 12.10.2006 – II R 79/05, BStBl. II 2007, 409 = GmbHR 2007, 556: Steuerbefreiung bei Anteilsschenkungen und § 1 Abs. 2a GrEStG.

BFH v. 7.7.2004 – II R 3/02, BStBl. II 2004, 1006: Formwechsel im Grunderwerbsteuerrecht.

BFH v. 29.1.1997 – II R 15/96, BStBl. II 1997, 296: Anwachsung im Grunderwerbsteuerrecht.

Gleichlautender Ländererlass v. 9.12.2015, BStBl. I 2016, 136: Mittelbare Änderung des Gesellschafterbestandes einer grundbesitzenden Personengesellschaft i.S.d. § 1 Abs. 2a GrEStG.

Gleichlautender Ländererlass v. 9.12.2015, BStBl. I 2015, 1029: Anwendung der §§ 5 und 6 GrEStG.

OFD Nordrhein-Westfalen v. 8.1.2015, juris: Zeitpunkt der Verwirklichung von grunderwerbsteuerlichen Tatbeständen.

OFD Nordrhein-Westfalen v. 29.4.2014, juris: Arbeitshilfe zur Abgrenzung von Alt- und Neugesellschaftern i.S.d. § 1 Abs. 2a GrEStG.

Gleichlautender Ländererlass v. 18.2.2014, BStBl. I 2014, 561: Anwendung von § 1 Abs. 2a GrEStG.

Gleichlautender Ländererlass v. 9.10.2013, BStBl. I 2013, 1364: Anwendung des § 1 Abs. 3a GrEStG.

Gleichlautender Ländererlass v. 9.10.2013, BStBl. I 2013, 1278: Zum mittelbaren Gesellschafterwechsel i.S.d. § 1 Abs. 2a GrEStG.

Gleichlautender Ländererlass v. 19.6.2012, BStBl. I 2012, 662: Anwendung von § 6a GrEStG.

Gleichlautender Ländererlass v. 12.10.2007, BStBl. I 2007, 761: Zu Treuhandgeschäften bei § 1 Abs. 3 GrEStG und § 1 Abs. 2a GrEStG.

Gründung

Ausgewählte Literatur: *Binz/Mayer*, Beurkundungspflichten bei der GmbH & Co. KG, NJW 2002, 3054; *Kuhn*, Beurkundungspflicht von sogenannten Drittkontrahierungsklauseln bei Abschluss eines Gesellschaftsvertrags, BWNotZ 2008, 86; *Wiesner*, Beurkundungspflicht und Heilungswirkung bei Gründung von Personengesellschaften und Unternehmensveräußerungen, NJW 1984, 95.

1. Wege in die GmbH & Co. KG

G 481 Es bestehen zahlreiche Möglichkeiten, in die Rechtsform der GmbH & Co. KG zu gelangen. Rechtstechnisch lassen sich drei Formen von Entstehungstatbeständen unterscheiden: Die Neugründung, die Umwandlung nach dem Umwandlungsgesetz und die Umwandlung außerhalb des Umwandlungsgesetzes.

G 482 **Neugründung |** Der klassische Fall der Errichtung einer GmbH & Co. KG ist die Neugründung durch Abschluss eines Gesellschaftsvertrags zwischen der Komplementär-GmbH und mindestens einer anderen Person als Kommanditisten (s. Rz. G 491 ff.).

G 483 **Umwandlung nach dem Umwandlungsgesetz |** Die GmbH & Co. KG kann auch durch Umwandlung eines anderen Rechtsträgers nach den Vorschriften des Umwandlungsgesetzes entstehen. Die GmbH & Co. KG ist eine zulässige Zielrechtsform für einen Formwechsel (§ 191 Abs. 2 Nr. 2 UmwG). Als Personenhandelsgesellschaft ist die GmbH & Co. KG außerdem ein verschmelzungsfähiger (§ 3 Abs. 1 Nr. 1 UmwG) und spaltungsfähiger (§ 124 Abs. 1 UmwG) Rechtsträger.

- **Formwechsel:** Das Wesen des Formwechsels liegt darin, dass ein Rechtsträger unter Wahrung seiner Identität in eine andere Rechtsform wechselt. Da der Rechtsträger identisch bleibt, findet ein Vermögensübergang nicht statt (→ *Umwandlung* [Gesellschaftsrecht] *Rz. U 301 ff.*). Als Zielrechtsträger eines Formwechsels nach dem Umwandlungsgesetz kann die GmbH & Co. KG nur aus einer Kapitalgesellschaft i.S.d. § 3 Abs. 1 Nr. 2 UmwG (GmbH, AG, KGaA) hervorgehen (§ 226 UmwG). Ob eine SE Ausgangsrechtsform eines Formwechsels sein kann, ist umstritten (*Marsch-Barner* in Kallmeyer, UmwG, Anh. I Rz. 131; *Decher/Hoger* in Lutter, vor § 190 UmwG Rz. 32; *Drinhausen* in Semler/Stengel, UmwG, Einl C Rz. 62 f.). Soweit die Frage nicht rechtssicher entschieden ist oder mit dem Registergericht abgestimmt werden kann, empfiehlt sich in der Praxis der Umweg, zunächst die SE nach Art. 66 SE-VO in eine AG umzuwandeln. Andere Ausgangsrechtsträger, insbesondere eingetragene Genossenschaften und rechtsfähige Vereine, können nicht auf direktem Wege in eine GmbH & Co. KG umgewandelt werden (§§ 258, 272 Abs. 1 UmwG). Personengesellschaften anderer Rechtsform können nur außerhalb des Umwandlungsgesetzes zur GmbH & Co. KG werden (s. Rz. G 484).
- **Verschmelzung:** Eine GmbH & Co. KG kann dadurch entstehen, dass zwei oder mehrere Rechtsträger (übertragende Rechtsträger) im Wege der Verschmelzung durch Neugründung zu einer GmbH & Co. KG verschmolzen werden (§ 2 Nr. 2 UmwG). Hierbei übertra-

gen die übertragenden Rechtsträger unter Auflösung ohne Abwicklung jeweils ihr Vermögen als Ganzes auf die dadurch gegründete GmbH & Co. KG als dem neuen Rechtsträger. Im Gegenzug erhalten die Anteilsinhaber der übertragenden Rechtsträger die Anteile der GmbH & Co. KG. Die sog. Kontinuität der Mitgliedschaft macht es bei der Verschmelzung durch Neugründung einer GmbH & Co. KG grundsätzlich erforderlich, dass an einem der übertragenden Rechtsträger eine GmbH beteiligt ist, der im Verschmelzungsvertrag die Stellung der Komplementär-GmbH in der neuen GmbH & Co. KG zugewiesen werden kann. Ist dies nicht der Fall oder soll die Komplementär-GmbH am Vermögen der neuen KG nicht beteiligt werden, muss die Komplementär-GmbH entweder vor der Verschmelzung – ggf. treuhänderisch – einen (Mini-)Anteil eines der übertragenden Rechtsträgers erwerben oder der KG im Zuge der Verschmelzung beitreten (→ *Umwandlung, Gesellschaftsrecht Rz. U 318f.*).

- **Spaltung:** Eine GmbH & Co. KG kann auch im Wege einer Spaltung zur Neugründung entstehen (§ 123 UmwG). Das Umwandlungsgesetz sieht drei Arten der Spaltung vor, die Aufspaltung, die Abspaltung und die Ausgliederung. Die Spaltung ist dadurch gekennzeichnet, dass aus einem Rechtsträger unter Aufteilung seines Vermögens mehrere Rechtsträger werden (→ *Umwandlung, Gesellschaftsrecht Rz. U 251ff.*). Auch für die **Ab- und Aufspaltung** gilt die Kontinuität der Mitgliedschaft. Das heißt, dass den Anteilsinhabern des übertragenden Rechtsträgers Anteile des neuen Rechtsträgers gewährt werden (§ 123 Abs. 1 und 2 UmwG). Anders als bei der Verschmelzung gibt es bei der Spaltung aber nur einen übertragenden Rechtsträger. Soll die Auf- oder Abspaltung zur Neugründung einer GmbH & Co. KG führen, muss der übertragende Rechtsträger demnach mindestens zwei Anteilsinhaber haben, von denen einer eine GmbH ist, die in der KG die Stellung der Komplementär-GmbH übernehmen kann. Bei der **Ausgliederung** zur Neugründung werden die Anteile des neuen Rechtsträgers dem übertragenden Rechtsträger selbst gewährt (§ 123 Abs. 3 GmbHG). Dies steht einer Ausgliederung zur Neugründung einer Personenhandelsgesellschaft grundsätzlich entgegen, da diese als Gesamthandsgesellschaft zwingend zwei Gesellschafter braucht. Eine Ausgliederung zur Neugründung einer GmbH & CO. KG ist aber möglich, wenn man es für zulässig erachtet, dass die Komplementär-GmbH der (zu gründenden) KG im Zuge der Ausgliederung beitritt (*Sickinger* in Kallmeyer, § 123 UmwG Rz. 14, § 135 UmwG Rz. 17 m.w.N.).

Umwandlung außerhalb des Umwandlungsgesetzes | Schließlich kann eine GmbH & Co. KG durch eine Umwandlung außerhalb des Umwandlungsgesetzes entstehen. § 1 Abs. 2 UmwG schließt Umwandlungen anderer Art nicht aus. Hierzu gehört auch der Fall, dass eine Personengesellschaft anderer Rechtsform in diejenige einer KG wechselt. Wie beim Formwechsel nach Umwandlungsgesetz bleibt hierbei die Identität der Personengesellschaft erhalten. Eine Vermögensübertragung findet nicht statt. G 484

- **Umwandlung einer OHG:** Eine OHG wird zur KG, wenn die Haftung mindestens eines Gesellschafters auf den Betrag einer bestimmten Vermögenseinlage beschränkt wird. Außerdem muss der eine GmbH & Co. KG kennzeichnende Umstand hinzukommen, dass die Stellung des persönlich haftenden Gesellschafters von einer GmbH eingenommen wird. Ein Wechsel der Gesellschafterstellung ist etwa für den Erbfall in § 139 HGB vorgesehen. Es ist aber auch denkbar, dass der OHG ein neuer Gesellschafter als Kommanditist beitritt. Beide Fälle erfordern eine Änderung des Gesellschaftsvertrags. Für die Wirksamkeit der Haftungsbeschränkung im Verhältnis zu Dritten gelten die §§ 173, 176 Abs. 2 HGB, im Erbfall § 139 Abs. 4 HGB.

- **Umwandlung einer GbR:** Die Umwandlung einer GbR in eine GmbH & Co. KG erfolgt in gleicher Weise wie die einer OHG. Weitere Voraussetzung ist jedoch, dass die Gesellschaft als KG in das Handelsregister eingetragen wird (§§ 161 Abs. 2, 105 Abs. 2 Satz 2, 123 Abs. 1 HGB). Denn die GbR betreibt kein Handelsgewerbe i.S.d. § 161 Abs. 1 Satz 1 HGB.
- **Eintritt in ein einzelkaufmännisches Unternehmen:** Eine GmbH & Co. KG kann dadurch entstehen, dass eine GmbH als persönlich haftende Gesellschafterin in das Geschäft eines Einzelkaufmanns eintritt und der bisherige Einzelkaufmann die Rolle des Kommanditisten übernimmt. Rechtstechnisch handelt es ich hierbei nicht um eine Umwandlung, sondern um eine Neugründung durch Abschluss eines Gesellschaftsvertrags und Einbringung des Unternehmens als Sacheinlage (s. Rz. G 491). Anders als bei der Umwandlung einer OHG oder GbR findet ein Rechtsträgerwechsel statt. Auf Rechtsfolgenseite regelt § 28 HGB die damit verbundenen Haftungsfragen.

G485–G490 frei

2. Neugründung einer GmbH & Co. KG

G491 **Voraussetzungen einer Neugründung |** Die Neugründung einer GmbH & Co. KG erfolgt durch Abschluss eines Gesellschaftsvertrags zwischen einer GmbH als persönlich haftender Gesellschafterin und mindestens einer weiteren Person als Gesellschafter.

G492 **Gesellschaftsvertrag |** Wie bei allen anderen Gesellschaften ist der Gesellschaftsvertrag unverzichtbare Voraussetzung für die Entstehung einer GmbH & Co. KG.

- **Rechtsnatur:** Der Gesellschaftsvertrag ist ein Dauerschuldverhältnis mit schuldrechtlichen und organisationsrechtlichen Elementen. Die **schuldrechtlichen Elemente** bestehen darin, dass er wechselseitige Verpflichtungen zwischen den Gesellschaftern begründet, die letztlich auf die Förderung des gemeinsamen Zwecks hinauslaufen. Als **Organisationsvertrag** wird der Gesellschaftsvertrag bezeichnet, weil er mit der Gesamthand einen organisierten Personenverband schafft, der sich – bis zu einem gewissen Grad – von den Gesellschaftern ablöst (*Westermann* in Westermann/Wertenbruch, Hdb. Personengesellschaften, Rz. I 46; *Haas* in Röhricht/Graf von Westphalen/Haas, § 105 HGB Rz. 17). Da der Gesamthand Vermögenswerte der Gesellschafter zugeordnet sind, schafft der Gesellschaftsvertrag auch eine **sachenrechtliche Gemeinschaft** (*Happ/Möhrle* in Münchener Hdb. Gesellschaftsrecht, Bd. 2, § 2 Rz. 70). Aufgrund dieser Eigenarten wird der Gesellschaftsvertrag überwiegend nicht als gegenseitiger Vertrag i.S.d. §§ 320 BGB angesehen. Die allgemeinen Regelungen des Leistungsstörungsrechts finden allenfalls in modifizierter Form Anwendung (vgl. dazu ausführlich *Haas* in Röhricht/Graf von Westphalen/Haas, § 105 HGB Rz. 33a, 74, *Haas/Mock* in Röhricht/Graf von Westphalen/Haas, § 161 HGB Rz. 7).
- **Abschluss:** Der Abschluss des Gesellschaftsvertrags richtet sich nach den **Vorschriften des bürgerlichen Rechts** über Willenserklärungen und Verträge. Eine Stellvertretung ist gemäß den allgemeinen Regeln der §§ 164 ff. BGB möglich. Die **Vollmacht** zum Abschluss des Gesellschaftsvertrags bedarf nach dem Gesetz keiner besonderen Form. Dies gilt im Grundsatz auch dann, wenn der Gesellschaftsvertrag selbst formbedürftig ist (§ 167 Abs. 2 BGB). Soll die Vollmacht auch zur Vornahme der Handelsregisteranmeldung berechtigten, muss sie allerdings öffentlich beglaubigt sein (§ 12 Abs. 1 Satz 2 HGB). Die Komplementär-GmbH wird beim Abschluss des Gesellschaftsvertrags durch ihre Geschäftsführung ver-

treten. Ist hierzu die Mitwirkung eines Geschäftsführers erforderlich, der auch Kommanditist werden soll, ist daran zu denken, den Geschäftsführer vom Verbot des Insichgeschäfts zu befreien (§ 181 Alt. 1 BGB). Sind beim Abschluss der Gesellschaftsvertrags **Minderjährige** beteiligt, ist stets die Notwendigkeit einer familiengerichtlichen Genehmigung (§§ 1643, 1822 Nr. 3 BGB) und der Einbeziehung eines Ergänzungspflegers (§§ 1629 Abs. 2, 1795, 181 BGB) zu prüfen (→ *Minderjährige*). Bei einer Beteiligung von **Ehegatten**, die im gesetzlichen Güterstand der Zugewinngemeinschaft leben, ist beim Abschluss des Gesellschaftsvertrags die Verfügungsbeschränkung des § 1365 BGB zu beachten (*Happ/Möhrle* in Münchener Hdb. Gesellschaftsrecht, Bd. 2, § 2 Rz. 128 ff.). Besonderheiten ergeben sich, wenn einer oder beide Ehegatten in Gütergemeinschaft gemäß §§ 1415 ff. BGB leben (*Westermann* in Erman, § 705 BGB Rz. 20). Schließlich können sich aus der Geltung der allgemeinen Regeln **Formerfordernisse** ergeben (s. Rz. G 504).

- **Mindestinhalt:** Die Gesellschafter müssen im Gesellschaftsvertrag einen **gemeinsamen Zweck** bestimmen (§ 705 BGB, §§ 161 Abs. 2, 105 Abs. 3 HGB). Nach § 161 Abs. 1 HGB muss der gemeinsame Zweck auf den Betrieb eines Handelsgewerbes unter gemeinsamer Firma gerichtet sein. Dies schließt es jedoch nicht aus, dass Gesellschaften, deren Zweck auf den Betrieb eines nichtkaufmännischen Gewerbes oder die Verwaltung eigenen Vermögens gerichtet ist, eine KG werden können. Solche Gesellschaften entstehen als KG jedoch erst mit der Eintragung ins Handelsregister (s. Rz. G 512). Die Gesellschafter müssen sich im Gesellschaftsvertrag verpflichten, den gemeinsamen Zweck auf bestimmte Weise zu **fördern** (§ 705 BGB, §§ 161 Abs. 2, 105 Abs. 3 HGB). Beim Kommanditisten besteht die Zweckförderungspflicht vor allem in der Pflicht zur Leistung der Einlage. Der Gesellschaftsvertrag einer GmbH & Co. KG muss die **GmbH als persönlich haftenden Gesellschafter** bestimmen und außerdem die **Person des oder der Kommanditisten** nennen. Schließlich muss der **Betrag der Vermögenseinlage** angegeben sein, auf den die Haftung eines Kommanditisten beschränkt ist (§ 161 Abs. 1 HGB).

- **Wirksamkeitsmängel:** Da für den Abschluss des Gesellschaftsvertrags die allgemeinen Vorschriften des BGB gelten, wäre der Gesellschaftsvertrag als von Anfang an nichtig anzusehen, wenn er etwa durch einen Gesellschafter wirksam angefochten wird (§ 142 Abs. 1 BGB). Gleiches gilt bei einem Verstoß gegen Formvorschriften (§ 125 BGB), gegen die guten Sitten (§ 138 BGB) oder bei Gesetzesverstößen (§ 134 BGB) sowie in allen anderen Fällen, in denen sich nach den allgemeinen Vorschriften die Nichtigkeit des Vertrags ergibt. Die Nichtigkeitsfolge wird jedoch als nicht sachgerecht angesehen, wenn die Gesellschaft bereits in Vollzug gesetzt wurde und eine Rückabwicklung der erbrachten Leistungen faktisch unmöglich ist. Für diese Fälle haben Rechtsprechung und Literatur die **Grundsätze der fehlerhaften Gesellschaft** entwickelt. Danach kann sich ein Gesellschafter nach Invollzugsetzung der Gesellschaft nur noch ex nunc auf die Nichtigkeit berufen, wenn nicht im Einzelfall besondere Schutzinteressen der Allgemeinheit oder bestimmter Beteiligter der Anerkennung einer fehlerhaften Gesellschaft entgegenstehen (vgl. dazu ausführlich *Haas* in Röhricht/Graf von Westphalen/Haas, § 105 HGB Rz. 38 ff., *Haas/Mock* in Röhricht/Graf von Westphalen/Haas, § 161 HGB Rz. 11). Soweit der Abschluss des Gesellschaftsvertrags an Mängeln leidet, die nach ihrem Gegenstand nicht den ganzen Vertrag erfassen (sog. **objektive Teilnichtigkeit**), stellt sich die Frage, was daraus für die Gültigkeit des Restvertrags folgt. Nach der Auslegungsregel des § 139 BGB würde die Teilnichtigkeit regelmäßig zur Nichtigkeit des ganzen Vertrages führen; bei gleichwohl erfolgtem Vollzug würden die Grundsätze über die fehlerhafte Gesellschaft eingreifen. Die h.M. hält die Auslegungsregelung des **§ 139 BGB für nicht anwendbar** bzw. aufgrund eines entgegenstehenden Parteiwillens für widerlegt (überwiegendes Bestandsinteresse). Danach lässt die Nichtigkeit einzelner Bestimmungen die Wirksamkeit des Restvertrages regelmäßig unberührt. Die bestehenden Vertragslücken sind grundsätzlich durch ergänzende Vertragsauslegung zu schließen. Nur in Ausnamefällen sind die nichtigen Vertragsbestandteile nach den Grundsätzen der fehlerhaften Gesellschaft zu behandeln (*Ulmer/Schäfer* in MünchKomm. BGB, § 705 BGB Rz. 52f.; *K. Schmidt* in MünchKomm. HGB, § 105 HGB Rz. 156; BGH v. 5.2.1968 – II ZR 85/67, NJW 1968, 1378; BGH v. 8.4.1976 – II ZR 203/74, WM 1976, 1027, 1029).

- **Auslegung:** Die Auslegung von Gesellschaftsverträgen folgt den allgemeinen Regeln; insbesondere gelten die §§ 133, 157 BGB. Es findet damit – anders als bei der Satzung einer GmbH oder AG, die objektiv auszulegen ist – eine „subjektive Auslegung" statt (*Haas* in Röhricht/Graf von Westphalen/Haas, § 105 HGB Rz. 28). Etwas anderes gilt für die Gesellschaftsverträge von Publikumsgesellschaften; diese sind, wie Satzungen, nach ihrem objektiven Erklärungsbefund auszulegen (BGH v. 16.10.2012 – II ZR 251/10, GmbHR 2013, 197, Rz. 13 m.w.N.).

G 493 **Gesellschafter |** Eine KG setzt sich aus zwei Gruppen von Gesellschaftern zusammen, den persönlich haftenden Gesellschaftern (Komplementäre) und den Kommanditisten, deren Haftung gegenüber den Gesellschaftsgläubigern auf den Betrag der im Handelsregister eingetragenen Einlage (Haftsumme) beschränkt ist. Die Außenhaftung der Kommanditisten ist ausgeschlossen, soweit die Haftsumme geleistet ist (§ 171 Abs. 1 HGB). Die Stellung des Komplementärs ist in der GmbH & Co. KG der GmbH zugewiesen. Aufgrund der Einheitlichkeit der Mitgliedschaft ist es ausgeschlossen, dass ein Gesellschafter gleichzeitig Kommanditist und Komplementär ist (*Haas* in Röhricht/Graf von Westphalen/Haas, § 105 HGB Rz. 4a).

- **Mindestzahl:** Die GmbH & Co. KG muss mindestens zwei Gesellschafter haben, nämlich einen Kommanditisten und die Komplementär-GmbH. Eine Höchstgrenze besteht nicht.

- **Kommanditist:** Kommanditist kann sein, wer rechtsfähig oder zumindest teilrechtsfähig ist. Das trifft zu auf jede natürliche Person. Für geschäftsunfähige oder beschränkt geschäftsfähige Personen bestehen lediglich Besonderheiten im Hinblick auf den Abschluss des Gesellschaftsvertrags (→ *Minderjährige*). Juristische Personen des Privatrechts (AG, KGaA, SE, GmbH, rechtsfähiger Verein und Genossenschaft) können Kommanditist sein. Ebenso eine **Vor-Gesellschaft** (BGH v. 9.3.1981 – II ZR 54/80, GmbHR 1981, 114) und eine **Gesellschaft in Liquidation** (BGH v. 8.10.1979 – II ZR 257/78, GmbHR 1980, 83). Auch **juristische Personen des öffentlichen Rechts** können Kommanditist sein. **Ausländische juristische Personen** oder Personengesellschaften können Kommanditist sein, wenn sie nach deutschem IPR anerkannt sind und das ausländische Recht die Beteiligung zulässt (*Haas* in Röhricht/Graf von Westphalen/Haas, § 105 HGB Rz. 59). Beteiligungsfähig sind schließlich auch die nach § 124 HGB rechtsfähigen Personengesellschaften, also **OHG** und **KG** (→ *Doppelstöckige Personengesellschaft*) sowie die Partnerschaftsgesellschaft, die Partenreederei und die EWIV (*Haas* in Röhricht/Graf von Westphalen/Haas, § 105 HGB Rz. 63). Nach Anerkennung der Teilrechtsfähigkeit der **GbR** durch den BGH steht außer Frage, dass auch eine GbR mit Gesamthandsvermögen Kommanditist einer KG sein kann; in einem solchen Falle sind neben der GbR als solcher auch die ihr zum Zeitpunkt ihres Beitritts zur KG angehörenden Gesellschafter mit Namen, Geburtstag und Wohnort zur Eintragung in das Handelsregister anzumelden; entsprechendes gilt für jeden späteren Wechsel in der Zusammensetzung der GbR (BGH v. 16.7.2001 – II ZB 23/00, NJW 2001, 3121). Demgegenüber kann eine reine Innen-GbR mangels Rechtsfähigkeit nicht Kommanditist sein. Ebensowenig die **Erbengemeinschaft**, die **eheliche Gütergemeinschaft** und die **Bruchteilsgemeinschaft**. Die Beteiligungsfähigkeit des **nicht rechtsfähigen Vereins** ist umstritten, wird in Folge der Anerkennung der Rechtsfähigkeit der GbR aber überwiegend bejaht (vgl. ausführlich *Haas* in Röhricht/Graf von Westphalen/Haas, § 105 HGB Rz. 65).

- **Komplementär:** Die Stellung des persönlich haftenden Gesellschafters wird von der GmbH eingenommen. Dazu ist eine GmbH ohne weiteres befähigt. An der Zulässigkeit der GmbH & Co. KG bestehen heute keine Zweifel mehr (Nachweise bei *Haas/Mock* in Röhricht/Graf von Westphalen/Haas, § 161 HGB Rz. 51). Auch eine **Vor-GmbH** ist komplementärfähig (BGH v. 9.3.1981 – II ZR 54/80, GmbHR 1981, 114); dass es sich noch um eine Vor-GmbH handelt, ist kenntlich zu machen, etwa durch den Zusatz „i.Gr." (vgl. BGH v. 12.11.1984 – II ZB 2/84, GmbHR 1985, 153). Es sind jedoch einige Besonderheiten zu beachten: Zum einen ist die Vertretungsmacht der Geschäftsführer auf den Zweck der Vor-GmbH beschränkt, der in der Regel auf die Herbeiführung der Handelsregistereintragung und die Verwaltung des schon vorhandenen Gesellschaftsvermögens gerichtet ist. Soll die Vor-GmbH Komplementär einer KG werden, bedarf es hierzu einer nachweisbaren Ermächtigung der Gründungsgesellschafter (*Haas/Mock* in Röhricht/Graf von Westphalen/Haas, § 161 HGB Rz. 64). Zum anderen ist zu beachten, dass sich die Gründungsgesellschafter der Komplementär-GmbH dem Risiko einer persönlichen Haftung unter dem Gesichtspunkt der Verlustdeckungshaftung und der Unterbilanzhaftung aussetzen. Ferner besteht sowohl für die Gründungsgesellschafter als auch für die Geschäftsführung das Risiko der Handelndenhaftung gemäß § 11 Abs. 2 GmbHG (vgl. zum Ganzen *Haas/Mock* in Röhricht/Graf von Westphalen/Haas, § 161 HGB Rz. 65 ff.). In der Praxis sollte daher, wenn möglich, die Eintragung der Komplementär-GmbH in das Handelsregister abgewartet werden, bevor diese der KG beitritt. In keinem Fall sollten vorher die Geschäfte der GmbH & Co. KG aufgenommen werden.

Handelsregistereintragung | Die Errichtung einer GmbH & Co. KG durch Neugründung wird abgeschlossen durch die Eintragung der Gesellschaft in das Handelsregister und die Bekanntmachung der Eintragung durch das Registergericht gemäß § 10 HGB. G 494

- **Zuständigkeit:** Wie bei der OHG ist die Handelsregisteranmeldung von sämtlichen Gesellschaftern, also auch von den Kommanditisten, vorzunehmen (§§ 108, 161 Abs. 2 HGB). Die Komplementär-GmbH wird dabei von ihren Geschäftsführern in vertretungsberechtigter Zahl vertreten. Die Anmeldung bedarf der öffentlichen Beglaubigung (§ 12 Abs. 1 Satz 1 HGB). Eine Stellvertretung ist zulässig; die Vollmacht bedarf jedoch ebenfalls der öffentlichen Beglaubigung (§ 12 Abs. 1 Satz 2 HGB). Die Anmeldung hat bei dem für die Gesellschaft zuständigen **Registergericht** zu erfolgen (§§ 106 Abs. 1, 161 Abs. 2 HGB). Der **Inhalt der Anmeldung** ergibt sich aus §§ 106 Abs. 2, 161 Abs. 2, 162 Abs. 1 HGB.
- **Rechtsfolgen:** Ist die Gesellschaft auf den Betrieb eines Handelsgewerbes gerichtet und hat sie ihre Geschäfte bereits aufgenommen, kommt der nachfolgenden Handelsregistereintragung nur **deklaratorische** Bedeutung zu. Hat die Gesellschaft ihre Geschäfte noch nicht aufgenommen oder ist sie auf den Betrieb eines nichtkaufmännischen Gewerbes oder die Verwaltung eigenen Vermögens ausgerichtet, hat die Eintragung **konstitutive** Wirkung für die Entstehung der Gesellschaft als KG (s. Rz. G 511). Bedeutung hat die Handelsregistereintragung auch für die **Haftung der Kommanditisten** bei vorzeitiger Geschäftsaufnahme (s. Rz. G 518).

G 495 **Zusammenfallen von GmbH-Gründung und KG-Gründung** | Soll im Zuge der Neugründung der GmbH & Co. KG auch die Komplementär-GmbH gegründet werden, muss die Gründung der Komplementär-GmbH, also zumindest die notarielle Beurkundung der Satzung, zeitlich vor dem Abschluss des Gesellschaftsvertrags erfolgen. Die nach der Beurkundung bestehende Vor-GmbH ist komplementärfähig und kann bereits Partei des Gesellschaftsvertrags der GmbH & Co. KG sein (s. Rz. G 493). Wird die Gründungsreihenfolge beachtet, können in der Praxis sämtliche zur Gründung der GmbH & Co. KG erforderlichen Erklärungen und Beurkundungen – Satzung der GmbH, Bestellung der Geschäftsführer, Gesellschafterliste, Handelsregisteranmeldung der GmbH sowie Abschluss der Gesellschaftsvertrags der KG und Handelsregisteranmeldung der KG – in einem Termin vorgenommen werden. Der Notar kann dann angewiesen werden, die Anmeldung der KG zeitgleich mit der Anmeldung der GmbH oder erst nach erfolgter Eintragung der GmbH zum Handelsregister einzureichen (*Fleischhauer* in KölnerHdbGesR, Kap. 1 Rz. 720).

G 496–G 502 frei

3. Form des Gesellschaftsvertrags

G 503 **Grundsatz – Formfreiheit** | Der Gesellschaftsvertrag unterliegt grundsätzlich keiner bestimmten Form, er kann also auch mündlich oder konkludent geschlossen werden (*Haas/Mock* in Röhricht/Graf von Westphalen/Haas, § 161 HGB Rz. 8, *Haas* in Röhricht/Graf von Westphalen/Haas, § 105 HGB Rz. 21). Aus Gründen der Rechtssicherheit empfiehlt sich in der Praxis aber immer die Schriftform.

G 504 **Besondere Formerfordernisse** | Ein gesetzliches Formbedürfnis kann sich ergeben, wenn die im Gesellschaftsvertrag enthaltenen Erklärungen formbedürftig sind. Der Gesellschaftsvertrag muss notariell beurkundet werden, wenn sich ein Gesellschafter zur **Einbringung eines Grundstücks** (§ 311b Abs. 1 BGB) oder seines gesamten **Vermögens oder eines Teils desselben** (§ 311b Abs. 3 BGB) verpflichtet. Gleiches gilt, wenn der Gesellschaftsvertrag die Verpflichtung zur Übertragung eines **Geschäftsanteils einer GmbH** enthält (§ 15 Abs. 4 GmbHG). Hierbei kann es sich um eine Einbringungsverpflichtung handeln, etwa zur Bildung einer Einheitsgesellschaft, oder – bei der **beteiligungsidentischen GmbH & Co. KG** – um die Verpflichtung, beim Ausscheiden aus der KG auch die Beteiligung an der Komplementär-GmbH zu übertragen. Demgegenüber löst eine Klausel, wonach ein Gesellschafter seine Kommanditbeteiligung nur übertragen darf, wenn er auch seinen Geschäftsanteil an der Komplementär-GmbH überträgt, keine Beurkundungspflicht aus. Denn eine solche Klausel hat lediglich die Wirkung einer Übertragungsbeschränkung (→ *Beteiligungsidentische GmbH & Co. KG*). Ein Beurkundungserfordernis kann außerdem entstehen, wenn in den Gesellschaftsvertrag eine sog. **Ehegüterklausel** aufgenommen wird. Hierunter versteht man eine Klausel, die jeden verheirateten Gesellschafter dazu verpflichtet, seinen Güterstand so zu regeln, dass die Beteiligung an der Gesellschaft bei der Berechnung von Ausgleichsansprüchen bei Scheidung oder Tod außen vor bleibt und auch keinen Verfügungsbeschränkungen (z.B. § 1365 BGB) unterliegt. Die Gesellschafter müssen dann entweder Gütertrennung oder eine modifizierte Zugewinngemeinschaft vereinbaren. Ein Gesellschafter, der in Gütergemeinschaft lebt, muss die Beteiligung zum Vorbehaltsgut erklären. Die wohl überwiegende Literaturmeinung bejaht in diesem Fall eine aus dem Schutzzweck des § 1410 BGB folgende Beurkundungspflicht (*J. Mayer* in Bamberger/Roth, § 1410 BGB Rz. 2; *Kanzleiter* in MünchKomm. BGB, § 1410

BGB Rz. 3; ablehnend *Wenckstern,* NJW 2014, 1335, 1340; *Scherer,* BB 2010, 323, 326; *Kuhn,* BWNotZ 2008, 86; *Ulmer/Schäfer* in MünchKomm. BGB, § 705 BGB Rz. 33).

Keine rechtliche Einheit mit GmbH-Satzung | Zum Teil wird vertreten, dass sich das Beurkundungserfordernis des § 2 Abs. 1 Satz 1 GmbHG auch auf den Gesellschaftsvertrag der KG beziehen kann, wenn anzunehmen ist, dass die Beteiligten das eine Gesellschaftsverhältnis (KG) nicht ohne das andere (GmbH) begründet hätten (*Ihrig* in Reichert, GmbH & Co. KG, § 10 Rz. 20; *Fleischhauer* in KölnerHdbGesR, Kap. 1 Rz. 724). Diese Ansicht überzeugt nicht. Das Beurkundungserfordernis des § 2 Abs. 1 Satz 1 GmbHG gilt nach ganz h.M. für alles, was im materiellen Sinne zum Inhalt des Gesellschaftsvertrags der GmbH gehört, nicht aber für rein schuldrechtliche Nebenvereinbarungen zwischen den Gesellschaftern (vgl. etwa *Bayer* in Lutter/Hommelhoff, § 2 GmbHG Rz. 16). Bei der GmbH & Co. KG ist klar zwischen zwei Gesellschaftsverhältnissen zu unterscheiden, wobei die im Gesellschaftsvertrag der KG enthaltenen Regelungen sich ganz regelmäßig nur auf die Rechte und Pflichten der Parteien als Gesellschafter der KG beziehen. Dies gilt auch für die beteiligungsidentische GmbH & Co. KG. Bei der beteiligungsidentischem GmbH & Co. KG sollten die Gesellschaftsverträge von KG und GmbH zwar sinnvoll miteinander verzahnt sein (→ *Beteiligungsidentische GmbH & Co. KG*). Dies führt aber nicht dazu, dass diese im materiellen Sinne zu einem einheitlichen – beurkundungspflichtigen – Gesellschaftsvertrag der GmbH & Co. KG verschmelzen. Auch der bei § 2 Abs. 1 Satz 1 GmbHG im Vordergrund stehende Zweck, Rechtssicherheit in Bezug auf den Inhalt der Satzung zu gewährleisten, macht es nicht erforderlich, das Formerfordernis auch auf den Gesellschaftsvertrag der KG zu erstrecken (*Kuhn*, BWNotZ 2008, 86, 88). G 505

Umfang der Beurkundungspflicht | Enthält der Gesellschaftsvertrag eine formbedürftige Verpflichtung, erstreckt sich das Formerfordernis auf den gesamten Gesellschaftsvertrag, also alle Abreden, aus denen sich nach dem Willen der Parteien der Vertragsinhalt zusammensetzt (allg. Meinung, vgl. etwa *Lüke* in Hesselmann/Tillmann/Mueller-Thuns, Hdb. GmbH & Co. KG, § 3 Rz. 55; BGH v. 10.4.1978 – II ZR 61/77, BB 1978, 726, 727). Dieser Grundsatz gilt entsprechend für eine Heilung des Formmangels nach § 311b Abs. 1 Satz 2 BGB, § 15 Abs. 4 Satz 2 GmbHG; auch sie erstreckt sich auf den ganzen Vertrag (*Blaum* in Westermann/Wertenbruch, Hdb. Personengesellschaften, Rz. I 3194; *Ulmer/Schäfer* in MünchKomm. BGB, § 705 BGB Rz. 34). G 506

Rechtsfolgen bei Verstoß gegen Formvorschrift | Kommt es nicht zur Heilung des Formmangels, so führt dieser zur Nichtigkeit der formbedürftigen Verpflichtung (§ 125 Satz 1 BGB). Umstritten ist, ob auch die übrigen Regelungen des Gesellschaftsvertrags als nichtig anzusehen sind. Die wohl h.M. in der **gesellschaftsrechtlichen Literatur** bejaht dies: Da das Formerfordernis für den gesamten Vertrag gilt, ist für eine Anwendung des § 139 BGB kein Raum. Denkbar ist lediglich, eine formunwirksame Verpflichtung zur Einbringung eines Grundstückes in eine formlos gültige Verpflichtung zur Einbringung zum Gebrauch oder dem Werte nach umzudeuten (vgl. etwa *Ulmer/Schäfer* in MünchKomm. BGB, § 705 BGB Rz. 35, 40; *K. Schmidt* in MünchKomm. HGB, § 105 HGB Rz. 137; *Roth* in Baumbach/Hopt, § 105 HGB Rz. 57; *Ihrig* in Reichert, GmbH & Co. KG, § 10 Rz. 21 jeweils m.w.N.). Rechtsfolge der Gesamtnichtigkeit ist das Eingreifen der Grundsätze über die fehlerhafte Gesellschaft (s. Rz. G 492). Demgegenüber geht die h.M. in der **allgemeinen zivilrechtlichen Literatur** bei einem Verstoß gegen die Formvorschrift des § 311b Abs. 1 BGB davon aus, dass der Restvertrag nach den Grundsätzen über die Teilnichtigkeit von Rechtsgeschäften (§ 139 BGB) zu behandeln ist (BGH v. 20.6.1980 – V ZR 84/79, NJW 1981, 222; BGH v. 29.6.1966 – V ZR 68/65, G 507

NJW 1966, 1747; *Grüneberg* in Palandt, § 311b BGB Rz. 45). In Bezug auf die Auslegungsregel des § 139 BGB kann auf die obigen Ausführungen verwiesen werden, wonach regelmäßig von einem überwiegenden Interesse am Bestand der Gesellschaft auszugehen sein dürfte (s. Rz. G 492).

G 508–G 509 frei

4. Entstehung der GmbH & Co. KG

G 510 **Grundsätzliches |** Wann die Gesellschaft im Falle einer Neugründung als GmbH & Co. KG entstehen kann, hängt davon ab, ob ihr Zweck auf den Betrieb eines Handelsgewerbes nach § 1 Abs. 2 HGB gerichtet ist. Der Betrieb eines Handelsgewerbes setzt voraus, dass das Unternehmen nach Art oder Umfang einen in kaufmännischer Weise eingerichteten Geschäftsbetrieb erfordert. Hinsichtlich des Zeitpunkts der Entstehung ist zwischen dem Innenverhältnis und dem Außenverhältnis zu unterscheiden.

G 511 **Innenverhältnis |** Im Verhältnis zwischen den Gesellschaftern entsteht die Gesellschaft mit Wirksamwerden des Gesellschaftsvertrags. Ab diesem Zeitpunkt kann sie auch durch die Einlagen der Gesellschafter Gesamthandsvermögen bilden. Der Zeitpunkt des Wirksamwerdens des Gesellschaftsvertrags richtet sich in erster Linie nach den darin enthaltenen Vereinbarungen. Die Gesellschafter können vereinbaren, dass der Gesellschaftsvertrag erst zu einem bestimmten Zeitpunkt oder mit Eintritt einer (aufschiebenden) Bedingung wirksam wird. Ist nichts vereinbart, wird der Gesellschaftsvertrag mit seinem Abschluss wirksam, bei Schriftform also mit Unterzeichnung aller Gesellschafter.

- **Handelsgewerbe:** Ist der Zweck der Gesellschaft auf den Betrieb eines Handelsgewerbes gerichtet, entsteht die Gesellschaft mit Wirksamwerden des Gesellschaftsvertrags sofort als GmbH & Co. KG (§§ 161 Abs. 2, 105 Abs. 1 HGB). Von diesem Zeitpunkt an ist im Verhältnis zwischen den Gesellschaftern das Recht der Kommanditgesellschaft anzuwenden. Soweit die Gesellschaft zu diesem Zeitpunkt das Handelsgewerbe nach § 1 Abs. 2 HGB noch gar nicht betreibt, steht dies der Entstehung als KG im Innenverhältnis nicht entgegen. Ausreichend ist die bloße Absicht der Gesellschafter, ein Handelsgewerbe zu betreiben.
- **Nicht kaufmännisches Gewerbe oder Vermögensverwaltung:** Ist der Zweck der Gesellschaft auf den Betrieb eines nicht kaufmännischen Gewerbes oder die Verwaltung eigenen Vermögens gerichtet, entsteht die Gesellschaft mit Wirksamwerden des Gesellschaftsvertrags zunächst als GbR. Zur KG wird die Gesellschaft erst mit ihrer Eintragung in das Handelsregister (§§ 161 Abs. 2, 105 Abs. 2 HGB). Das gleiche gilt für land- und forstwirtschaftliche Betriebe i.S.d. § 3 HGB. Es wird aber ganz regelmäßig dem Willen der Gesellschafter entsprechen, im Verhältnis zueinander bereits das im Gesellschaftsvertrag vereinbarte KG-Recht anzuwenden. Dies ist jedenfalls in Bezug auf diejenigen gesetzlichen und gesellschaftsvertraglichen Vorschriften möglich, die auch für eine GbR vereinbart werden könnten.

G 512 **Außenverhältnis |** Gegenüber Dritten entsteht die Gesellschaft als GmbH & Co. KG erst durch einen nach außen gerichteten Kundgebungsakt. Dieser kann entweder in dem Beginn der Geschäfte oder in der Handelsregistereintragung liegen. Der Begriff des Beginnens der Geschäfte ist weit zu verstehen. Darunter fallen auch vorbereitende Geschäfte, wie das Schalten von Anzeigen, die Versendung von Warenlieferungen oder die Eröffnung eines Bankkontos, wenn diese im Namen der Gesellschaft erfolgen und den Innenkreis der Gesellschafter verlassen (*Haas* in Röhricht/Graf von Westphalen/Haas, § 123 HGB Rz. 10 m.w.N.).

- **Handelsgewerbe:** Die auf den Betrieb eines Handelsgewerbes gerichtete Gesellschaft entsteht gegenüber Dritten als GmbH & Co. KG spätestens im Zeitpunkt ihrer Eintragung in das Handelsregister (§§ 161 Abs. 2, 123 Abs. 1 HGB). Hat die Gesellschaft jedoch schon vor der Handelsregistereintragung die Geschäfte begonnen, so ist sie im Außenverhältnis bereits mit dem Geschäftsbeginn als GmbH & Co. KG wirksam entstanden (§§ 161 Abs. 2, 123 Abs. 2 HGB). Die nachfolgende Handelsregistereintragung hat dann lediglich deklaratorische Wirkung.
- **Nicht kaufmännisches Gewerbe oder Vermögensverwaltung:** Ist der Zweck der Gesellschaft auf den Betrieb eines nicht kaufmännischen Gewerbes oder die Verwaltung eigenen Vermögens gerichtet, entsteht sie als GmbH & Co. KG stets erst im Zeitpunkt der Handelsregistereintragung. Für die nicht kaufmännische oder vermögensverwaltende GmbH & Co. KG ist die Handelsregistereintragung sowohl im Innenverhältnis als auch im Außenverhältnis konstitutiv. In der Zeit zwischen dem Abschluss des Gesellschaftsvertrags (Entstehung im Innenverhältnis) und der Handelsregistereintragung ist die Gesellschaft eine GbR. Mit ihrer Eintragung in das Handelsregister wandelt sich die GbR unter Wahrung ihrer Identität in eine GmbH & Co. KG um (*Haas* in Röhricht/Graf von Westphalen/Haas, § 123 HGB Rz. 3; s. auch Rz. G 494).

frei G 513–G 517

5. Haftungsrisiken

Kommanditistenhaftung | Für den Kommanditisten kann bei der Gründung einer GmbH & Co. KG ein Haftungsrisiko entstehen, wenn die Gesellschaft vor ihrer Eintragung in das Handelsregister die Geschäfte aufnimmt und Verbindlichkeiten eingeht. Das Haftungsrisiko wird dadurch bestimmt, ob die Gesellschaft in diesem Zeitpunkt bereits als KG entstanden ist oder noch die Rechtsform einer GbR hat. Dies hängt vom Zweck der Gesellschaft ab (s. Rz. G 520 ff.). G 518

Handelsgewerbe | Ist der Zweck der Gesellschaft auf den Betrieb eines Handelsgewerbes gerichtet, liegt im Zeitpunkt der Geschäftsaufnahme bereits eine KG vor. Für diesen Fall bestimmt § 176 Abs. 1 Satz 1 HGB, dass jeder Kommanditist für die bis zur Eintragung begründeten Verbindlichkeiten der Gesellschaft gleich einem persönlich haftenden Gesellschaft haftet, wenn er dem Geschäftsbeginn zugestimmt hat. Die Zustimmung ist eine einseitige empfangsbedürftige Willenserklärung, die den geschäftsführenden Gesellschaftern zugehen muss. Die Zustimmung kann auch konkludent erteilt werden. Der Widerruf der Zustimmung ist nur bis zum Geschäftsbeginn möglich (*Haas/Mock* in Röhricht/Graf von Westphalen/Haas, § 176 HGB Rz. 15). Die unbeschränkte Haftung des Kommanditisten besteht jedoch nicht gegenüber dem Gläubiger, der die Beteiligung als Kommanditist kennt. Kenntnis von der Beteiligung als Kommanditist liegt auch dann vor, wenn der Gläubiger die Zusammensetzung der Komplementäre einer KG kennt und sich daraus für ihn der Schluss ergibt, dass alle anderen Gesellschafter Kommanditisten sein müssen. Tritt die Gesellschaft unter der Firma einer GmbH & Co. KG auf, ist regelmäßig davon auszugehen, dass die Gläubiger die Stellung der Gesellschafter als Kommanditisten kennen (*Haas/Mock* in Röhricht/Graf von Westphalen/Haas, § 176 HGB Rz. 18 m.w.N.). G 519

G520 **Nicht kaufmännisches Gewerbe oder Vermögensverwaltung |** Ist der Zweck der Gesellschaft auf den Betrieb eines nicht kaufmännischen Gewerbes oder die Verwaltung eigenen Vermögens gerichtet, so ist die Gesellschaft zum Zeitpunkt der Geschäftsaufnahme noch eine GbR. Die Haftungsprivilegierung für die (künftigen) Kommanditisten nach § 176 Abs. 1 Satz 1 BGB gilt in diesem Fall nicht. Dies wird durch § 176 Abs. 1 Satz 2 BGB ausdrücklich klargestellt. Die Haftung der Gesellschafter – und somit auch der künftigen Kommanditisten – bestimmt sich in diesem Fall allein nach den für die GbR geltenden Regelungen. Das bedeutet, dass die Gesellschafter für die vor der Handelsregistereintragung begründeten Verbindlichkeiten unbeschränkt persönlich haften (§§ 128, 129 HGB analog). Dies gilt auch dann, wenn der Gesellschaftsgläubiger Kenntnis davon hat, dass der in Anspruch genommene Gesellschafter nach der Handelsregistereintragung die Stellung eines Kommanditisten einnimmt. Die Haftung der späteren Kommanditisten kann nur durch eine Individualvereinbarung mit dem Gesellschaftsgläubiger wirksam beschränkt werden. In der Literatur wird allerdings vertreten, dass die Haftungsprivilegierung des § 176 Abs. 1 Satz 1 HGB bereits ab dem Zeitpunkt der Anmeldung der Gesellschaft zur Eintragung in das Handelsregister anzuwenden sei, um eine Ungleichbehandlung der Kommanditisten einer nicht kaufmännischen oder vermögensverwaltenden KG gegenüber den Kommanditisten einer kaufmännischen KG zu vermeiden (*Wertenbruch* in Westermann/Wertenbruch, Hdb. Personengesellschaften, Rz. I 3103; *Haas/Mock* in Röhricht/Graf von Westphalen/Haas, § 176 HGB Rz. 3 m.w.N.).

G521 **Vor-GmbH |** Sind die Kommanditisten gleichzeitig Gesellschafter der Komplementär-GmbH und übernimmt diese bereits im Stadium der Vor-GmbH die Stellung des Komplementärs, so besteht das Risiko einer persönlichen Haftung unter dem Gesichtspunkt der Verlustdeckungshaftung und der Unterbilanzhaftung, wenn die GmbH vor ihrer Eintragung in das Handelsregister wegen Verbindlichkeiten der KG aus ihrer persönlichen Haftung in Anspruch genommen wird. Ist ein Kommanditist zugleich Geschäftsführer der Komplementär-GmbH, besteht außerdem das Risiko der Handelndenhaftung gemäß § 11 Abs. 2 GmbHG (s. Rz. G 493).

G522 **Gestaltungshinweis |** Das Risiko einer persönlichen Haftung kann reduziert werden, wenn im Gesellschaftsvertrag ausdrücklich vereinbart wird, dass die Geschäfte erst nach Eintragung der Gesellschaft aufgenommen werden (*Haas/Mock* in Röhricht/Graf von Westphalen/Haas, § 176 HGB Rz. 17). Eine solche Regelung empfiehlt sich insbesondere bei Gesellschaften mit einem größeren Gesellschafterkreis.

Vertiefende Recherche

Wichtige Urteile und Erlasse

BGH v. 8.7.1974 – II ZR 180/72, NJW 1974, 1905: Zur Haftung des Gründers einer nicht existent werdenden GmbH & Co. KG.

Weitere Stichwörter

→ *Handelsregisteranmeldungen*; → *Komplementär-GmbH* (Kapitalaufbringung und -erhaltung); → *Umwandlung, Gesellschaftsrecht*

Haftung des Kommanditisten

Ausgewählte Literatur: *Geißler*, Haftung und Haftungsrisiken des Kommanditisten in der GmbH & Co. KG, GmbHR 2014, 458; *Lux*, Die fehlerhafte Eintragung der Haftsumme im Handelsregister, DStR 2013, 1671.

1. Einführung/Abgrenzung

Vergleich zur Komplementärhaftung | Für die Kommanditistenhaftung gilt im Ausgangspunkt das zur Haftung der Komplementär-GmbH Gesagte entsprechend. Der wesentliche Unterschied liegt in der höhenmäßigen Beschränkung der Kommanditistenhaftung auf die im Handelsregister eingetragene Haftsumme (≠ Einlageverpflichtung im Innenverhältnis → *Einlagen und Haftsummen Rz. E 121ff.*). Auch diese beschränkte Haftung kann der Kommanditist zudem – primär durch Leistung einer seiner Haftsumme entsprechenden Einlage an die Gesellschaft – ausschließen. Bei (wertmäßiger) Rückgewähr der Einlage lebt die beschränkte Kommanditistenhaftung wieder auf. H 1

Haftungsadressat | Für die Frage, wer als Kommanditist haftet, kommt es allein auf die zivilrechtliche Inhaberschaft der Beteiligung an. Somit haftet auch der Treuhand- oder der Strohmannkommanditist nach außen (*Roth* in Baumbach/Hopt, § 171 HGB Rz. 1 a.E.), selbst wenn ihm die Kommanditbeteiligung wirtschaftlich nicht zuzurechnen ist. Daneben ist eine Außenhaftung des Treugebers mangels formeller Kommanditisteneigenschaft grundsätzlich abzulehnen (zuletzt BGH v. 22.3.2011 – II ZR 271/08, BGHZ 189, 45, 48 = MDR 2011, 674; zur möglichen Haftung auf Einlageerbringung im Innenverhältnis → *Einlagen und Haftsummen Rz. E 132*). H 2

Sonderkonstellationen | Zu Haftungsfragen beim Eintritt als Kommanditist in eine bestehende GmbH & Co. KG → *Eintritt eines neuen Gesellschafters Rz. E 205f.* und zur Haftung beim Gesellschafterwechsel → *Übertragung von Gesellschaftsanteilen Rz. U 25ff.* Für Gesellschaftsschulden, die vor Eintragung der KG ins Handelsregister begründet wurden, haftet der Kommanditist schließlich gemäß § 176 Abs. 1 HGB wie ein Komplementär, sofern (i) er der Geschäftsaufnahme zugestimmt hat und (ii) seine Kommanditistenstellung dem Gläubiger nicht bekannt war. H 3

2. Parallelen und Unterschiede zur Haftung der Komplementär-GmbH

Grundlegende Haftungsmodalitäten | Die Kommanditistenhaftung ist, wie auch diejenige der Komplementär-GmbH, persönlich, unmittelbar, primär und akzessorisch und bezieht sich auf das gesamte Privatvermögen des Kommanditisten (vgl. *Herchen* in Münchener Hdb. H 4

Gesellschaftsrecht, Bd. 2, § 30 Rz. 12; *Strohn* in E/B/J/S, § 171 HGB Rz. 9). Vorbehaltlich der Haftungsbeschränkung (dazu nachfolgend Rz. H 6ff.) gilt daher im Grundsatz für die Kommanditistenhaftung das zur Haftung der Komplementär-GmbH Gesagte entsprechend (*Roth* in Baumbach/Hopt, § 171 HGB Rz. 2), namentlich zu Haftungsvoraussetzungen, Einwendungen und Einreden, zeitlichem Anwendungsbereich und auch zum Regress im Fall der Inanspruchnahme (*Ihrig* in Reichert, GmbH & Co. KG, § 43 Rz. 2) (→ *Haftung des Komplementärs*).

H 5 **Haftungsinhalt** | Zum Inhalt der Haftung ist allerdings die folgende Besonderheit zu beachten: Auch im Bereich der Haftung des Kommanditisten ist umstritten, ob diese auf Erfüllung der Gesellschaftsschulden in Natur (soweit nicht ohnehin Geldschulden bestehen) gerichtet ist oder sich in einer reinen Pflicht zur Geldleistung erschöpft. Wie bei der Komplementärhaftung (→ *Haftung des Komplementärs Rz. H 62ff.*) ließe sich auch hier zwischen der Haftungs- und die Erfüllungstheorie differenzieren. Allerdings ist die Kommanditistenhaftung von vorneherein wertmäßig auf die Haftsumme und damit einen bestimmten Geldbetrag begrenzt (*Ihrig* in Reichert, GmbH & Co. KG, § 43 Rz. 1 a.E.). Nur auf die Verfügbarkeit eines entsprechenden „Haftungsfonds", nicht jedoch auf die Leistung einer bestimmten Sache kann der Rechtsverkehr in Ansehung eines Kommanditisten vertrauen. Das spricht jedenfalls bei der Kommanditistenhaftung entscheidend für die Haftungstheorie, der insofern der Vorzug gebührt (so auch *Herchen* in Münchener Hdb. Gesellschaftsrecht, Bd. 2, § 30 Rz. 11; *K. Schmidt* in MünchKomm. HGB, § 172 HGB Rz. 16; *Sassenrath* in Westermann/Wertenbruch, Hdb. Personengesellschaften, Rz. I 2827).

3. Höhenmäßige Beschränkung

H 6 **Maßgeblichkeit der Haftsumme** | Der wesentliche Unterschied zur Haftung der Komplementär-GmbH besteht in der höhenmäßigen Beschränkung der Kommanditistenhaftung. Die Haftungsbeschränkung greift nach der überzeugenden Rechtsprechung des BGH auch in der atypischen Kommanditgesellschaft ein, in der sich ein Kommanditist faktisch eine dem Komplementär vergleichbare Stellung einräumen lässt (BGH v. 17.3.1966 – II ZR 282/63, BGHZ 45, 204, 205f.). Maßgeblich für die Höhe der Haftung ist grundsätzlich allein die im Handelsregister eingetragene Haftsumme, nicht eine eventuell abweichende Einlageverpflichtung im Innenverhältnis (*Herchen* in Münchener Hdb. Gesellschaftsrecht, Bd. 2, § 30 Rz. 20; *K. Schmidt* in MünchKomm. HGB, § 172 HGB Rz. 27; *Sassenrath* in Westermann/Wertenbruch, Hdb. Personengesellschaften, Rz. I 2808).

Beispiel:

Die im Handelsregister ausgewiesene (und auch im Gesellschaftsvertrag vorgesehene) Haftsumme des Kommanditisten beträgt 10000 Euro. Laut Gesellschaftsvertrag ist er im Innenverhältnis hingegen zur Leistung einer Einlage von

a) 15000 Euro verpflichtet. Hat der Kommanditist seine Einlage in Höhe der vollen 15000 Euro nicht geleistet, kann er von Gläubigern der KG dennoch maximal in Höhe seiner Haftsumme von 10000 Euro für Gesellschaftsschulden in Anspruch genommen werden.

b) 5000 Euro verpflichtet. Selbst wenn er diese Einlage vollständig geleistet hat, kann er in Höhe von weiteren 5000 Euro (Differenz zur Haftsumme) von den Gläubigern in Anspruch genommen werden. Will er sich von der partiell fortbestehenden Außenhaftung befreien, ist er aber zur Leistung einer weiteren Einlage in Höhe der 5000 Euro berechtigt und die Gesellschaft zu deren Annahme verpflichtet (BGH v. 9.12.1971 – II ZR 33/68, NJW 1972, 480, 482; *Strohn* in E/B/J/S, § 171 HGB Rz. 41).

Stundung, Verzicht | Folgerichtig lässt gemäß § 172 Abs. 3 HGB auch eine (teilweise) Stundung der Pflichteinlage oder ein (teilweiser) Verzicht die Haftung im Außenverhältnis unberührt (*K. Schmidt* in MünchKomm. HGB, § 172 HGB Rz. 40). H7

Beispiel:

Im vorstehenden Beispiel a) vereinbaren KG und Kommanditist eine Stundung der Einlageverpflichtung im Umfang von 10 000 Euro, die restlichen 5 000 Euro werden vom Kommanditisten geleistet. Ein Gläubiger kann den Kommanditisten weiterhin in Höhe von 5 000 Euro (Differenz zwischen Haftsumme und geleisteter Einlage) für Schulden der KG in Anspruch nehmen, selbst wenn diese Nichtleistung im Innenverhältnis durch die Stundungsvereinbarung gedeckt ist.

Verhältnis zur Einlage | Wird im Gesellschaftsvertrag keine separate Regelung zur Haftsumme getroffen, wird man regelmäßig von einem Gleichlauf mit der Pflichteinlage ausgehen können (BGH v. 28.3.1977 – II ZR 230/75, NJW 1977, 1820, 1821; *Wenzel* in Hesselmann/Tillmann/Mueller-Thuns, Hdb. GmbH & Co. KG, Rz. 5.51; *Sassenrath* in Westermann/Wertenbruch, Hdb. Personengesellschaften, Rz. I 2832; vgl. auch → *Einlagen und Haftsummen Rz. E 122*). H8

Grundsatz: Maßgeblichkeit der Registereintragung | Ist im Gesellschaftsvertrag eine andere Haftsumme (nicht Einlage) vereinbart als im Handelsregister eingetragen, ist aus Gründen des Verkehrsschutzes grundsätzlich allein die Registereintragung maßgeblich (FG Berlin-Brandenburg v. 3.4.2012 – 6 K 6036/08, DStRE 2013, 650; *Herchen* in Münchener Hdb. Gesellschaftsrecht, Bd. 2, § 30 Rz. 9; *K. Schmidt* in MünchKomm. HGB, § 172 HGB Rz. 26 f.; ausführlich auch zum Folgenden *Lux*, DStR 2013, 1671 ff.). Etwas Anderes muss aber gelten, H9

- wenn ein Gläubiger bei Begründung seiner Forderung gegen die GmbH & Co. KG positive Kenntnis von der abweichenden Regelung im Gesellschaftsvertrag hat (*Strohn* in E/B/J/S, § 172 HGB Rz. 5); oder
- in analoger Anwendung des § 172 Abs. 2 HGB, wenn die korrekte Haftsumme in handelsüblicher Weise bekannt gemacht oder dem konkreten Gläubiger durch die Gesellschaft mitgeteilt wurde (*Strohn* in E/B/J/S, § 172 HGB Rz. 6).

In diesem Fall besteht kein Schutzbedürfnis des Gläubigers, welches der Maßgeblichkeit der tatsächlichen Haftsumme entgegenstehen würde (vgl. auch *Herchen* in Münchener Hdb. Gesellschaftsrecht, Bd. 2, § 30 Rz. 9).

Änderung der Haftsumme | Eine Änderung der Haftsumme (und zwar sowohl eine Erhöhung wie auch Herabsetzung; vgl. auch → *Einlagen und Haftsummen Rz. E 146 ff.*) entfaltet Außenwirkung grundsätzlich erst mit ihrer Eintragung ins Handelsregister (*K. Schmidt* in MünchKomm. HGB, § 172 HGB Rz. 34). Auch hier greift jedoch gemäß § 172 Abs. 2 HGB eine Ausnahme, wenn die Änderung bereits vorher in handelsüblicher Weise bekannt gemacht oder dem Gläubiger durch die Gesellschaft mitgeteilt wurde (*Herchen* in Münchener Hdb. Gesellschaftsrecht, Bd. 2, § 30 Rz. 10; *Roth* in Baumbach/Hopt, § 172 HGB Rz. 4). Für Altschulden, die vor dem maßgeblichen Zeitpunkt begründet wurden, hat die Änderung grundsätzlich keine Auswirkungen. Im Fall einer Herabsetzung der Haftsumme soll allerdings in Bezug auf Altschulden eine Enthaftung in Höhe des Herabsetzungsbetrags nach Ablauf der Fünf-Jahres-Frist des § 160 Abs. 1, 3 HGB (analog) eintreten (so bspw. *Herchen* in Münchener Hdb. Gesellschaftsrecht, Bd. 2, § 30 Rz. 10 m.w.N.). Dies überzeugt, da § 160 HGB die allgemeine gesetzgeberische Wertung zu entnehmen ist, dass das Vertrauen eines Gläubigers auf den kommanditistenbezogenen Haftungsfonds für maximal fünf Jahre nach dessen Ausschei- H10 den schützenswert ist. Im originären Anwendungsbereich des § 160 Abs. 1, 3 HGB (Austritt eines Kommanditisten) würde nach Ablauf der fünf Jahre sogar eine vollständige Enthaftung erfolgen. Dann muss für die Herabsetzung der Haftsumme, welche einem „Teilaustritt“ vergleichbar ist, dasselbe gelten.

4. Enthaftung durch Einlageleistung

H 11 **Tatsächliche Wertzuführung** | Nach § 171 Abs. 1 Halbs. 2 HGB ist die Kommanditistenhaftung ausgeschlossen, „soweit die Einlage geleistet ist“. Wann eine enthaftende Einlageleistung in diesem Sinne vorliegt, muss differenziert nach dem Einlagegegenstand beantwortet werden, wobei grundsätzlich eine tatsächliche Wertzuführung (Kapitalaufbringung) zur KG (*Roth* in Baumbach/Hopt, § 171 HGB Rz. 6) mit dem konkreten Zweck der Einlageleistung (*Strohn* in E/B/J/S, § 171 HGB Rz. 38) erforderlich ist.

H 12 **Bareinlage** | Eine Bareinlage ist grundsätzlich durch Zahlung entsprechender Geldmittel an die Gesellschaft zu erbringen. Das kann sowohl durch Übereignung von Banknoten und Münzen als auch durch Banküberweisung geschehen. Maßgeblich für die Einlageleistung ist dabei der Eintritt der Vermögensmehrung bei der Gesellschaft, bei der Banküberweisung mithin die Gutschrift auf dem Konto der Gesellschaft (*Herchen* in Münchener Hdb. Gesellschaftsrecht, Bd. 2, § 30 Rz. 26). War das Konto vor Gutschrift debitorisch, tritt eine unmittelbare Einlageleistung nur ein, wenn und soweit die Gesellschaft unter Berücksichtigung einer etwaigen Kreditlinie dennoch über den eingezahlten Betrag verfügen kann (*Herchen* in Münchener Hdb. Gesellschaftsrecht, Bd. 2, § 30 Rz. 26). Ansonsten tilgt der Kommanditist durch seine Einzahlung lediglich eine Gesellschaftsschuld, was zwar keine Bareinlageleistung darstellt, es ihm aber ermöglicht, sich von seiner Einlageschuld durch Aufrechnung mit seinem resultierenden Regressanspruch aus § 110 HGB zu befreien (Rz. H 14).

H 13 **Sacheinlage** | Eine Sacheinlage ist durch Übertragung des geschuldeten Sachwerts (bspw. Übereignung einer Maschine, eines Kfz, aber auch Abtretung einer Forderung) zu erbringen. Aufgrund des Prinzips der objektiven Wertdeckung (vgl. *Geißler*, GmbHR 2014, 458, 460) tritt dabei Enthaftungswirkung nur in Höhe des wahren Wertes (= objektiver Zeitwert) im Einbringungszeitpunkt (= Wertzufluss bei der Gesellschaft) ein (*Herchen* in Münchener Hdb. Gesellschaftsrecht, Bd. 2, § 30 Rz. 21, 32). Bei Überbewertung eines Sacheinlagegegenstandes im Innenverhältnis (zu deren Möglichkeit → *Einlagen und Haftsummen Rz. E 130*) bleibt die Außenhaftung des Kommanditisten folglich in Höhe der sich zur Haftsumme ergebenden Differenz erhalten (*Wenzel* in Hesselmann/Tillmann/Mueller-Thuns, Hdb. GmbH & Co. KG, Rz. 5.57; zum umgekehrten Fall der Unterbewertung im Innenverhältnis → *Einlagen und Haftsummen Rz. E 131*).

Beispiel:

Bei einer im Handelsregister eingetragenen Haftsumme von 10 000 Euro ist der Kommanditist im Innenverhältnis zur Einlage eines Kfz verpflichtet, dessen Wert die Parteien im Gesellschaftsvertrag ebenfalls mit 10 000 Euro veranschlagen. Tatsächlich ist das Kfz jedoch nur 8 000 Euro wert. Auch nach Einlage des Kfz kann ein Gläubiger der KG den Kommanditisten in Höhe der Wertdifferenz von 2 000 Euro unmittelbar für Gesellschaftsschulden in Anspruch nehmen.

H 14 **Erfüllungssurrogate** | Die Erfüllung der Einlagepflicht kann grundsätzlich auch durch Aufrechnung mit einer – wegen des Grundsatzes der objektiven Wertdeckung vollwertigen

(BGH v. 8.7.1985 – II ZR 269/84, BGHZ 95, 188, 194f. = GmbHR 1986, 21, 23) – Forderung bewirkt werden (*Blaum* in Westermann/Wertenbruch, Hdb. Personengesellschaften, Rz. I 3311). Wie bereits erwähnt, kann es sich dabei auch um eine Regressforderung aus § 110 HGB wegen Befriedigung eines Gesellschaftsgläubigers handeln (BGH v. 30.4.1984 – II ZR 132/83, NJW 1984, 2290, 2291; *Geißler*, GmbHR 2014, 458, 461; *Wenzel* in Hesselmann/Tillmann/Mueller-Thuns, Hdb. GmbH & Co. KG, Rz. 5.54 a.E.; *Roth* in Baumbach/Hopt, § 171 HGB Rz. 8). Insofern kommt es nicht darauf an, ob die Forderung des Gläubigers vollwertig war (*Haas/Mock* in Röhricht/Graf von Westphalen/Haas, § 171 HGB Rz. 21), da die KG in jedem Fall von einer Verbindlichkeit in entsprechender Höhe befreit wird. Weiterhin diskutiert wird das Stehenlassen von entnahmefähigen Gewinnanteilen (*Ihrig* in Reichert, GmbH & Co. KG, § 43 Rz. 10). M.E. kann hierin allerdings nur dann die Erfüllung einer Einlageschuld liegen, wenn der Gewinnanteil (ggf. durch Umbuchung) auf einem als Eigenkapitalkonto zu qualifizierenden Gesellschafterkonto stehen gelassen wird (so wohl auch *Strohn* in E/B/J/S, § 171 HGB Rz. 44; zur Qualifizierung der verschiedenen Konten → *Kontensystem Rz. K 116ff.*). Ansonsten würde der stehengelassene Gewinn nach wie vor eine Forderung des Kommanditisten gegen die Gesellschaft verkörpern und insofern Fremdkapital darstellen, was kaum Erfüllungswirkung besitzen kann. Ohne weiteres möglich – und gerade bei (Teil-) Übertragung von Kommanditanteilen häufige Praxis – ist hingegen die (anteilige) Umbuchung von Kapitalkonten (*Ihrig* in Reichert, GmbH & Co. KG, § 43 Rz. 13), durch die auch die mit der ursprünglichen Einlageleistung verbundene Enthaftung übergeht (→ *Übertragung von Gesellschaftsanteilen Rz. U 27*). Eine solche ist technisch auch gegeben, wenn ein bisheriger Komplementär in eine Kommanditistenstellung wechselt (oder umgekehrt) und sein Einlagekonto „mitnimmt" (*Strohn* in E/B/J/S, § 171 HGB Rz. 45; *K. Schmidt* in MünchKomm. HGB, § 172 HGB Rz. 45).

Leistung an Dritte | Auch Leistungen mit Drittbezug können enthaftende Wirkung besitzen. H 15
Für die Befriedigung von Gesellschaftsgläubigern wurde das bereits in vorstehender Rz. dargelegt. Es kann allerdings auch ohne den Umweg über den Regressanspruch (§ 110 HGB) unmittelbar vereinbart werden, dass eine Einlage in Form der Drittbefriedigung zu erbringen ist (BGH v. 30.4.1984 – II ZR 132/83, NJW 1984, 2290, 2291). Das stellt bei zutreffender Betrachtung eine Sacheinlage dar, in Form der Befreiung der Gesellschaft von einer Verbindlichkeit (*K. Schmidt*, ZHR 157 [1993], 304ff.; *Ihrig* in Reichert, GmbH & Co. KG, § 43 Rz. 8 a.E.). Ebenfalls möglich (und erforderlich) ist eine Leistung an Dritte schließlich, wenn die KG (zulässigerweise) ihre Einlageforderung abgetreten hat. In diesem Fall fließt ihr der Wert der Forderung allerdings bereits mit Vereinnahmung des Entgelts für die Abtretung zu, so dass auch bereits in diesem Zeitpunkt (unabhängig von seiner späteren Leistung an den Dritten) die Außenhaftung des Kommanditisten erlischt (*Sassenrath* in Westermann/Wertenbruch, Hdb. Personengesellschaften, Rz. I 2880).

Leistung durch Dritte | Umgekehrt ist auch die Leistung von Dritten auf die Kommanditein- H 16
lage grundsätzlich gemäß § 267 BGB möglich (*Strohn* in E/B/J/S, § 171 HGB Rz. 66). Soll die Komplementär-GmbH die Einlage für einen Kommanditisten erbringen, ist dies wegen des Erfordernisses eines objektiven Wertzuflusses allerdings nur zulässig, wenn sie dafür nicht auf das Gesellschaftsvermögen zurückgreifen muss (*v. Falkenhausen/H.C. Schneider* in Münchener Hdb. Gesellschaftsrecht, Bd. 2, § 18 Rz. 10). Vor diesem Hintergrund ist insbesondere auch die Aufnahme eines Darlehens durch die Komplementär-GmbH zum Zweck der Leistungserbringung unzulässig, wenn das Gesellschaftsvermögen hierfür als Sicherheit dient.

H17 **Keine Einbringung von Anteilen der Komplementär-GmbH |** Keine taugliche Einlageleistung stellt hingegen nach der ausdrücklichen Regelung des § 176 Abs. 6 Satz 1 HGB die Einbringung von Anteilen der Komplementär-GmbH dar. Hierdurch wird Verkehrsschutz dahingehend bewirkt, dass ein Gläubiger darauf vertrauen darf, als Haftungssubstrat sowohl das Stammkapital der Komplementär-GmbH als auch die Haftsummen der Kommanditisten zur Verfügung zu haben. Folge ist insbesondere für die Einheits-KG, dass eine zweimalige Einlageleistung (Erbringung des Stammkapitals bei der GmbH und der Haftsumme bei der KG) stattzufinden hat (*K. Schmidt* in MünchKomm. HGB, § 172 HGB Rz. 124ff.; *Wenzel* in Hesselmann/Tillmann/Mueller-Thuns, Hdb. GmbH & Co. KG, Rz. 5.59). Dieser Grundsatz kann auch nicht dadurch umgangen werden, dass die KG bspw. bei der Einheitsgesellschaft Anteile an der Komplementärin von den Kommanditisten kauft und dafür das nach § 172 Abs. 4 HGB gebundene Vermögen verwendet (*Strohn* in E/B/J/S, § 172 HGB Rz. 61; *Blaum* in Westermann/Wertenbruch, Hdb. Personengesellschaften, Rz. I 3313).

H18 **Beweislast |** Sowohl für die Erbringung der Einlage als auch für deren Vollwertigkeit ist im Streitfall der sich auf die Enthaftung berufende Kommanditist darlegungs- und beweisbelastet (BGH v. 18.11.1976 – II ZR 129/75, DB 1977, 394f.; *Roth* in Baumbach/Hopt, § 171 HGB Rz. 10).

5. Wiederaufleben der Haftung durch Einlagerückgewähr oder „Überentnahme"

H19 **Maßgeblichkeit der Haftsumme |** Nach § 172 Abs. 4 HGB lebt die Kommanditistenhaftung wieder auf, soweit die Einlage zurückgezahlt oder Gewinne entnommen werden und dies das Haftkapital angreift (bzw. das Haftkapital bei Entnahme schon angegriffen ist). Maßgeblich ist insofern allein die Haftsumme im Außenverhältnis (LG Hamburg v. 3.6.2004 – 326 O 209/03, NZG 2005, 76, 77). Nur wenn und soweit diese angegriffen wird, lebt die Außenhaftung wieder auf, selbst wenn der tatsächliche Rückzahlungsbetrag höher ist oder die KG von Anfang an überschuldet war (BGH v. 29.3.1973 – II ZR 25/70, BGHZ 60, 324, 327 = GmbHR 1973, 163, 164; *Herchen* in Münchener Hdb. Gesellschaftsrecht, Bd. 2, § 30 Rz. 71). Die Haftsumme bildet mithin stets die Obergrenze der Außenhaftung des Kommanditisten (*Roth* in Baumbach/Hopt, § 172 HGB Rz. 5; *K. Schmidt* in MünchKomm. HGB, § 172 HGB Rz. 65).

H20 **Abweichende Einlage im Innenverhältnis |** Ist die Einlageverpflichtung im Innenverhältnis höher und wird nur der überschießende Betrag zurückgezahlt bzw. durch Gewinnentnahme angegriffen, ist der Vorgang insgesamt haftungsunschädlich (*Herchen* in Münchener Hdb. Gesellschaftsrecht, Bd. 2, § 30 Rz. 51). Er kann ggf. aber zu Rückforderungsansprüchen der Gesellschaft im Innenverhältnis führen, was i.E. maßgeblich von der Auslegung des Gesellschaftsvertrags abhängt (vgl. BGH v. 12.3.2013 – II ZR 73/11, MDR 2013, 800f.).

Beispiel:

Die im Handelsregister ausgewiesene (und auch im Gesellschaftsvertrag vorgesehene) Haftsumme des Kommanditisten beträgt 10000 Euro, im Innenverhältnis ist er hingegen zur Einlageleistung in Höhe von 15000 Euro verpflichtet. Hat der Kommanditist seine volle Einlage von 15000 Euro zunächst geleistet, werden ihm nachträglich aber 5000 Euro zurückgewährt (oder von ihm „überentnommen"), lebt seine Haftung im Außenverhältnis dennoch nicht wieder auf. Die Haftsumme von 10000 Euro ist nach wie vor gedeckt.

Bewertung zu Buchwerten | Ob die Haftsumme angegriffen ist, berechnet sich nach der Rechtsprechung des BGH anhand der anteilig auf den Kommanditisten entfallenden Buchwerte ohne Berücksichtigung stiller Reserven (BGH v. 11.12.1989 – II ZR 78/89, BGHZ 109, 334, 339 = GmbHR 1990, 209 f.). Auch Beträge i.S.v. § 268 Abs. 8 HGB (Aktivierung selbst geschaffener immaterieller Vermögensgegenstände des Anlagevermögens) sind bei der Berechnung nicht zu berücksichtigen (*Roth* in Baumbach/Hopt, § 172 HGB Rz. 8a), also vom Eigenkapital der KG abzusetzen. H21

Arten der Einlagenrückgewähr | Hierunter ist nach der herrschenden Verrechnungstheorie (vgl. die Nachweise bei *Herchen* in Münchener Hdb. Gesellschaftsrecht, Bd. 2, § 30 Rz. 50) grundsätzlich jeder Vermögenstransfer an den Kommanditisten zu verstehen, dem keine gleichwertige Gegenleistung gegenübersteht (BGH v. 9.5.1963 – II ZR 124/61, NJW 1963, 1873, 1876; *Geißler*, GmbHR 2014, 458, 461 f.; *Strohn* in E/B/J/S, § 172 HGB Rz. 21). Die Betrachtung ist wertmäßig und nicht gegenständlich geprägt, so dass es nicht darauf ankommt, dass dem Kommanditisten gerade die von ihm geleistete Einlage (insbesondere relevant bei Sacheinlagen) zurückgewährt wird (*Ihrig* in Reichert, GmbH & Co. KG, § 43 Rz. 16). Wegen der wertmäßigen Betrachtung ist bspw. auch die Rückgewähr eines zusätzlich zur Einlage geleisteten Agios schädlich, wenn dadurch die Haftsumme rechnerisch angegriffen wird (vgl. BGH v. 5.5.2008 – II ZR 105/07, MDR 2008, 867; *Roth* in Baumbach/Hopt, § 172 HGB Rz. 4). Neben unmittelbaren Zahlungen kann auch die Übertragung von Sachwerten schädlich sein. Insbesondere erfüllen auch nicht drittübliche Austauschgeschäfte den Tatbestand, soweit die Gegenleistung des Kommanditisten nicht den Wert der Leistung der Gesellschaft erreicht. Das gilt auch für die Zahlung einer überhöhten Tätigkeitsvergütung (genauer: für die Differenz zur angemessenen Vergütung) an den Kommanditisten (*Ihrig* in Reichert, GmbH & Co. KG, § 43 Rz. 18; *K. Schmidt* in MünchKomm. HGB, § 172 HGB Rz. 68). Bei der angemessenen Tätigkeitsvergütung ist indessen die Abgrenzung zum gesellschaftsrechtlich geprägten Gewinnvoraus (der nach § 172 Abs. 4 Satz 2 HGB zu beurteilen wäre) streitig, so dass stets eine Klarstellung durch Abschluss eines Dienstvertrags erfolgen sollte. Weitere Einzelbeispiele bei *Roth* in Baumbach/Hopt, § 172 HGB Rz. 6. H22

Insb.: Umqualifizierung der Einlage in Darlehen | Wird eine Gesellschaftereinlage in ein Darlehen umgewandelt (schon durch Umbuchung zwischen Einlage- und Darlehenskonto möglich), liegt nach älterer Auffassung des BGH eine Einlagenrückgewähr wohl erst mit Begleichung der Darlehensforderung vor (BGH v. 9.5.1963 – II ZR 124/61, NJW 1963, 1873, 1876). Die Gegenansicht (Einlagerückgewähr schon mit Umwandlung, bspw. *K. Schmidt*, Gesellschaftsrecht, § 54 III 2a, aa) ist vorzugswürdig, da bereits hierdurch das Eigenkapital der Gesellschaft dadurch „geschädigt" ist, dass die (ehemalige) Einlage zu Fremdkapital umqualifiziert wird und grundsätzlich jederzeit frei entnommen werden kann. H23

Haftungsschädliche „Überentnahme" von Gewinnen | Nach § 172 Abs. 4 Satz 2 HGB lebt die beschränkte Kommanditistenhaftung wieder auf, wenn ein Kommanditist Gewinnanteile entnimmt, während sein Kapitalanteil unter den Betrag der geleisteten Einlage herabgemindert ist. Entsprechendes gilt zudem, soweit es erst durch die Entnahme zur Herabminderung des Kapitalanteils unter den Einlagebetrag kommt. Auch hier ist mit Einlage stets die Hafteinlage (Haftsumme) gemeint. Dementsprechend muss der Kommanditist Gewinne grundsätzlich zunächst zur Auffüllung seiner Hafteinlage verwenden, bevor er sie entnehmen kann (*Strohn* in E/B/J/S, § 172 HGB Rz. 43). H24

H25 **Zulässigkeit nicht maßgeblich |** Ob die Gewinnentnahme nach dem Gesellschaftsvertrag zulässig und/oder durch die Zustimmung der Mitgesellschafter gedeckt ist, spielt für das Wiederaufleben der Außenhaftung keine Rolle. Eine Zulässigkeit kann sich bspw. daraus ergeben, dass (entgegen der dispositiven Regelung des § 169 Abs. 1 Satz 2 HGB, vgl. nur *Roth* in Baumbach/Hopt, § 169 HGB Rz. 7; *Weipert* in E/B/J/S, § 169 HGB Rz. 12) ein gewinnunabhängiges Entnahmerecht im Gesellschaftsvertrag vorgesehen ist.

H26 **Gutglaubensschutz bei Entnahme von Scheingewinnen |** Aus der Regelung des § 172 Abs. 5 HGB folgt allerdings, dass die Auszahlung von Scheingewinnen nicht zum Wiederaufleben der Außenhaftung führt, wenn sie gutgläubig und aufgrund einer in gutem Glauben errichteten Bilanz erfolgt. Erforderlich ist insofern eine „doppelte Gutgläubigkeit", nämlich eine solche sämtlicher mitwirkender Gesellschafter zum Zeitpunkt der Bilanzfeststellung sowie eine solche des Kommanditisten zum Zeitpunkt des Bezugs des Scheingewinns (*Herchen* in Münchener Hdb. Gesellschaftsrecht, Bd. 2, § 30 Rz. 68, 70; *Roth* in Baumbach/Hopt, § 172 HGB Rz. 10). Der Gewinnbezug liegt dabei bereits mit Buchung auf dem frei verfügbaren Privatkonto, nicht erst mit endgültiger Auszahlung des entsprechenden Betrags vor (*Strohn* in E/B/J/S, § 172 HGB Rz. 50; str., vgl. auch die Nachweise bei *Roth* in Baumbach/Hopt, § 172 HGB Rz. 11). Die Gutgläubigkeit muss sich – dem Anknüpfen der Regelung an die Außenhaftung entsprechend – gerade darauf beziehen, dass es durch die Gewinnentnahme nicht zu einer Herabminderung des Kapitalanteils unter den Einlagebetrag kommt. Der zur Ablehnung der Gutgläubigkeit führende Verschuldensmaßstab ist in der Literatur umstritten, wobei die Meinungen vom Erfordernis bedingten Vorsatzes bis zur Schädlichkeit einfacher Fahrlässigkeit reichen (vgl. die Nachw. bei *Herchen* in Münchener Hdb. Gesellschaftsrecht, Bd. 2, § 30 Rz. 68).

H27 **Rückzahlungsanspruch im Innenverhältnis? |** Ebenfalls umstritten und noch nicht höchstrichterlich geklärt ist die Frage, ob § 172 Abs. 5 HGB lediglich das Wiederaufleben der Außenhaftung verhindert oder auch einen Rückzahlungsanspruch der Gesellschaft im **Innenverhältnis** – bezogen auf die Scheingewinne – ausschließt (so bspw. *Ihrig* in Reichert, GmbH & Co. KG, § 43 Rz. 23; *Wenzel* in Hesselmann/Tillmann/Mueller-Thuns, Hdb. GmbH & Co. KG, Rz. 5.74; *K. Schmidt* in MünchKomm. HGB, § 172 HGB Rz. 94; a.A. bspw. *Strohn* in E/B/J/S, § 172 HGB Rz. 54 m.w.N.). Aufgrund des weit gefassten Wortlauts der Norm und der parallelen Sichtweise zu § 31 Abs. 2 GmbHG, wo sich die Frage der direkten Außenhaftung ohnehin nicht stellen kann, erscheint die letztgenannte Ansicht vorzugswürdig.

H28 **Leistungen an Dritte |** Eine haftungsschädliche Einlagenrückgewähr muss nicht notwendig unmittelbar an den Kommanditisten erfolgen. Schädlich sind ebenso Leistungen an ihm nahestehende Dritte (insbesondere Ehegatten und Kinder, Treugeber oder für Rechnung des Kommanditisten handelnde) sowie Leistungsketten (Gesellschaft an Dritten, Dritter an Kommanditist; *Herchen* in Münchener Hdb. Gesellschaftsrecht, Bd. 2, § 30 Rz. 59; *Strohn* in E/B/J/S, § 172 HGB Rz. 36). Gleiches gilt für die Begleichung persönlicher Schulden des Kommanditisten durch die Gesellschaft (BGH v. 29.3.1973 – II ZR 25/70, BGHZ 60, 324, 327 = GmbHR 1973, 163, 164; *Ihrig* in Reichert, GmbH & Co. KG, § 43 Rz. 18 a.E.). Entsprechend der Sichtweise zum GmbH- bzw. Aktienrecht erscheinen schließlich Zahlungen an mit dem Kommanditisten verbundene Unternehmen zumindest kritisch (*Scholz* in Westermann/Wertenbruch, Hdb. Personengesellschaften, Rz. I 2977).

6. Haftung bei Leistungen zu Lasten der Komplementär-GmbH

Kapitalschutz bei der GmbH (§§ 30, 31 GmbHG) | Wird eine Leistung an den Kommanditisten ausschließlich aus dem Vermögen der Komplementär-GmbH bewirkt, berührt das den Vermögensbestand der KG selbst und damit die Außenhaftung des Kommanditisten im Regelfall nicht (Ausnahmen bei der Einheits-KG denkbar, dazu sogleich). Sofern der Kommanditist allerdings zugleich Gesellschafter der Komplementärin ist, sind §§ 30f. GmbHG einschlägig mit der Folge, dass die GmbH einen Rückforderungsanspruch im Innenverhältnis besitzen kann, soweit durch die Leistung an den Kommanditisten das bilanzielle Stammkapital der GmbH angegriffen wurde (*Strohn* in E/B/J/S, § 172 HGB Rz. 64). H29

Anwendung auf Kommanditisten | Darüber hinaus wendet der BGH §§ 30f. GmbHG auch auf die Kommanditisten einer GmbH & Co. KG an, soweit eine Einlagenrückgewähr der KG zugleich dazu führt, dass bei bilanzieller Betrachtung das Stammkapital der GmbH angegriffen wird (BGH v. 29.3.1973 – II ZR 25/70, BGHZ 60, 324, 328f. = GmbHR 1973, 163, 164). Das kann bspw. der Fall sein, wenn bei der (ausnahmsweise) am Kapital der KG beteiligten Komplementär-GmbH der dortige Bilanzansatz der KG-Beteiligung infolge der Einlagenrückgewähr nach unten korrigiert werden muss (*Blaum* in Westermann/Wertenbruch, Hdb. Personengesellschaften, Rz. I 3322). Oder wenn die GmbH wegen ihrer unbeschränkten persönlichen Komplementärhaftung infolge der Vermögensminderung bei der KG eine Gläubigerforderung der KG auch selbst passivieren muss, da ihr an sich bei Inanspruchnahme durch Gläubiger gegen die KG bestehender Freistellungsanspruch nicht mehr vollwertig ist (*Strohn* in E/B/J/S, § 172 HGB Rz. 65). Schließlich ist denkbar, dass die Komplementär-GmbH der KG ein Darlehen gewährt hat, dessen Werthaltigkeit durch Rückzahlungen an die Kommanditisten in Frage gestellt wird, so dass die Darlehensforderung abgeschrieben wird (*Blaum* in Westermann/Wertenbruch, Hdb. Personengesellschaften, Rz. I 3324). H30

Keine parallele Beteiligung an Komplementär-GmbH erforderlich | Die Anwendung der §§ 30f. GmbHG auf Kommanditisten soll unabhängig davon erfolgen, ob diese zugleich an der Komplementär-GmbH beteiligt sind (BGH v. 19.2.1990 – II ZR 268/88, BGHZ 110, 342, 358 = GmbHR 1990, 251, 256; *Strohn* in E/B/J/S, § 172 HGB Rz. 68; *K. Schmidt* in MünchKomm. HGB, § 172 HGB Rz. 128). Etwas anderes gilt allerdings, wenn neben der Komplementär-GmbH noch ein natürlicher Vollhafter an der KG beteiligt ist; dann greift eine Haftung nur zulasten des auch an der GmbH beteiligten Kommanditisten (BGH v. 9.12.2014 – II ZR 360/13, NZG 2015, 225f. = GmbHR 2015, 248). H31

Schuldner und Gläubiger, Anspruchsinhalt | Inhaber des Rückzahlungsanspruchs ist stets die KG selbst (*Blaum* in Westermann/Wertenbruch, Hdb. Personengesellschaften, Rz. I 3329f.; *K. Schmidt* in MünchKomm. HGB, § 172 HGB Rz. 128). Wie auch im originären Anwendungsbereich der §§ 30ff. GmbHG ist nicht nur eine Einlagerückgewähr an die Kommanditisten sondern auch an ihnen nahestehende Personen oder verbundene Unternehmen schädlich (vgl. im Einzelnen *Blaum* in Westermann/Wertenbruch, Hdb. Personengesellschaften, Rz. I 3335ff.). Die Haftung nach §§ 30f. GmbHG im Innenverhältnis kann insofern über die Haftung nach § 172 Abs. 4 HGB im Außenverhältnis hinausgehen, als nach §§ 30f. GmbHG der gesamte zur Erhaltung des Stammkapitals der GmbH erforderliche Betrag zurück zu gewähren ist. Eine Haftungsbeschränkung auf die Haftsumme, wie sie § 172 Abs. 4 HGB für die Außenhaftung vorsieht, greift bei §§ 30f. GmbHG nicht ein (*Geißler*, GmbHR 2014, 458, 462f.). H32

7. Weitere Haftungsgrundlagen

H 33 **c.i.c., Delikt, Bürgschaft, Schuldbeitritt |** Neben der beschränkten Kommanditistenhaftung kann sich eine unbeschränkte Haftung des Kommanditisten gegenüber Gesellschaftsgläubigern grundsätzlich nur aus den allgemeinen Regeln ergeben. Namentlich kommt bspw. eine Haftung aus (eigenem) Verschulden bei Vertragsschluss, Delikt (§§ 823, 826 BGB, insbesondere auch in Form der Durchgriffshaftung bei existenzvernichtendem Eingriff, vgl. zur Anwendung auf die GmbH & Co. KG *Geißler*, GmbHR 2014, 458, 463), Bürgschaft oder Schuldbeitritt in Betracht (*Roth* in Baumbach/Hopt, § 171 HGB Rz. 5; *Strohn* in E/B/J/S, § 171 HGB Rz. 20 ff.).

H 34 **Rechtsmissbrauch |** Davon zu unterscheiden ist die bei Rechtsmissbrauch mögliche unbeschränkte Haftung wie ein Komplementär aus § 128 HGB. Hierfür genügt es allerdings nicht, dass der Kommanditist im Innenverhältnis die (alleinige) Geschäftsführungs- und Entscheidungsbefugnis inne hat, da eine entsprechende Gestaltung, auch wenn sie zum Auseinanderfallen zwischen Haftung und Kontrolle führt, nicht per se unzulässig ist. Vielmehr müssen weitere missbräuchliche Elemente wie bspw. die Erweckung des Anscheins einer Komplementärstellung nach außen oder die bewusste Vorspiegelung (eigener) Zahlungsbereitschaft und -fähigkeit hinzukommen (vgl. im Einzelnen *Roth* in Baumbach/Hopt, § 171 HGB Rz. 4). Die Grenzen zur Haftung aus anderen Gründen (bspw. Rechtsschein oder vorvertraglichem Verschulden) dürften im Einzelfall fließend sein.

H 35 **Mittelbarer Zugriff auf Innenforderungen durch Pfändung |** Kein unmittelbarer Fall der Außenhaftung ist schließlich die Möglichkeit der Gläubiger, im Pfändungswege auf eventuelle Forderungen der KG gegen den Kommanditisten aus dem Innenverhältnis (insb. noch offene Einlageforderung, vgl. *K. Schmidt* in MünchKomm. HGB, § 172 HGB Rz. 12) zuzugreifen. Auch hierdurch kommt es aber nach erfolgreicher Pfändung zu einer unmittelbaren Haftung des Kommanditisten gegenüber dem Gläubiger.

8. Haftung bei Ausscheiden des Kommanditisten

H 36 **Abfindung als Einlagenrückgewähr, Freistellungsanspruch |** Scheidet der Kommanditist aus der Gesellschaft aus, unterliegt auch er der Nachhaftung für Altverbindlichkeiten gemäß § 160 HGB, so dass die dort für den Komplementär erläuterten Grundsätze entsprechend gelten (→ *Haftung des Komplementärs Rz. H 76 ff.*). Auch in dieser Phase ist die Kommanditistenhaftung allerdings auf die (ehemalige) Haftsumme beschränkt und ausgeschlossen, wenn die Einlage geleistet ist. Soweit der Kommanditist anlässlich seines Ausscheidens eine Abfindung erhält, stellt dies allerdings zugleich eine Einlagerückgewähr dar (*Roth* in Baumbach/Hopt, § 172 HGB Rz. 6), so dass seine Außenhaftung regelmäßig wieder auflebt. Wird er innerhalb der Fünf-Jahres-Frist des § 160 Abs. 1 HGB von Gesellschaftsgläubigern in Anspruch genommen, steht ihm gegen die Gesellschaft und die ehemaligen Mitgesellschafter gemäß § 738 Abs. 1 Satz 2 BGB ein Freistellungs- bzw. Ausgleichsanspruch zu (→ *Haftung des Komplementärs Rz. H 82)*. Für den Beginn der Fünf-Jahres-Frist soll stets die Registereintragung des Ausscheidens maßgeblich sein, selbst wenn die Abfindungszahlung (= Einlagenrückgewähr) an den Kommanditisten erst später erfolgt (*Strohn* in E/B/J/S, § 171 HGB Rz. 18).

H 37–H 50 frei

Vertiefende Recherche

Wichtige Urteile

BGH v. 12.3.2013 – II ZR 73/11, MDR 2013, 800: Während bei einer Einlagenrückgewähr an den Kommanditisten die Außenhaftung stets wieder in entsprechendem Umfang auflebt, hängt die Frage, ob zugleich im Innenverhältnis ein Rückforderungsanspruch der Gesellschaft besteht, primär von den gesellschaftsvertraglichen Regelungen hierzu ab.

BGH v. 22.3.2011 – II ZR 271/08, BGHZ 189, 45 = MDR 2011, 674: Keine unmittelbare Außenhaftung des Treugebers mangels formeller Kommanditisteneigenschaft.

BGH v. 5.5.2008 – II ZR 105/07, MDR 2008, 867: Wiederaufleben der Außenhaftung auch bei Rückgewähr eines Agios, sofern dadurch (rein rechnerisch) die Deckung der Haftsumme angegriffen wird.

BGH v. 19.2.1990 – II ZR 268/88, BGHZ 110, 342 = GmbHR 1990, 251: Anwendung der §§ 30 f. GmbHG auch auf Kommanditisten, die nicht zugleich an der Komplementär-GmbH beteiligt sind.

BGH v. 11.12.1989 – II ZR 78/89, BGHZ 109, 334 = GmbHR 1990, 209: Berechnung, ob Haftsumme durch verbotene Einlagenrückgewähr angegriffen wird, erfolgt auf Basis der fortgeschriebenen Buchwerte des Gesellschaftsvermögens.

BGH v. 8.7.1985 –II ZR 269/84, BGHZ 95, 188 = GmbHR 1986, 21: Vollumfängliche Haftungsbefreiung nur bei Aufrechnung mit vollwertiger Forderung.

BGH v. 30.4.1984 – II ZR 132/83, NJW 1984, 2290: Befriedigung eines Gesellschaftsgläubigers kann bei entsprechender Vereinbarung im Innenverhältnis unmittelbare Einlageleistung darstellen.

BGH v. 18.11.1976 – II ZR 129/75, DB 1977, 394: Gesellschafter ist für (vollwertige) Einlageleistung darlegungs- und beweisbelastet.

BGH v. 29.3.1973 – II ZR 25/70, BGHZ 60, 324 = GmbHR 1973, 163: Wiederaufleben der Kommanditistenhaftung bei Einlagenrückgewähr stets nur bis zum Betrag der Haftsumme, selbst wenn der tatsächlich gewährte Betrag höher und/oder die KG von Anfang an überschuldet war; zur Anwendung der §§ 30 f. GmbHG auch auf Einlagenrückgewähr der KG an Kommanditisten.

BGH v. 17.3.1966 – II ZR 282/63, BGHZ 45, 204: Beschränkte Kommanditistenhaftung auch bei atypischer KG, die faktisch durch Kommanditisten „gelenkt“ wird.

Weitere Stichwörter

→ *Einlagen und Haftsummen*; → *Haftung des Komplementärs*

Haftung des Komplementärs

Ausgewählte Literatur: *Emmerich*, Erfüllungstheorie und Haftungstheorie, FS Lukes, 1989, S. 639; *Maier-Reimer*, Nachhaftungsbegrenzung und neues Verjährungsrecht, DB 2002, 181.

1. Einführung

H 51 **Unbeschränkte Außenhaftung |** Der Komplementär einer KG haftet persönlich, primär, unmittelbar und unbeschränkt für Verbindlichkeiten der KG. Seine Haftung richtet sich aufgrund des Verweises in § 161 Abs. 2 HGB nach den allgemeinen Grundsätzen der akzessorischen Haftung gemäß § 128 HGB. Dies gilt unabhängig davon, ob es sich bei dem Komplementär um eine natürliche oder um eine juristische Person handelt.

H 52 **Haftungsbeschränkung durch GmbH |** Auch bei der GmbH & Co. KG wird die Haftungsbeschränkung erst auf Ebene der GmbH selbst realisiert. Hier ist die Haftung gemäß § 13 Abs. 2 GmbHG grundsätzlich auf das Gesellschaftsvermögen beschränkt und eine persönliche Haftung der Gesellschafter der GmbH ausgeschlossen. Die hierdurch ermöglichte Nutzung einer Personengesellschaftsform ohne die Notwendigkeit, einen natürlichen Vollhafter zu stellen, ist einer der Hauptbeweggründe für die Wahl der Rechtsform der GmbH & Co. KG (vgl. auch *Blaum* in Westermann/Wertenbruch, Hdb. Personengesellschaften, Rz. I 3248).

2. Persönlicher Anwendungsbereich

H 53 **Komplementär |** Die unbeschränkte Haftung trifft jeden Komplementär. Wer Komplementär ist, richtet sich grundsätzlich nach den Regelungen des Gesellschaftsvertrags.

H 54 **Schein-Komplementär |** Tritt jemand im Rechtsverkehr wie ein persönlich haftender Gesellschafter einer KG auf, kann er unter Rechtsscheingrundsätzen einem Komplementär – haftungstechnisch – gleichzustellen sein (*Haas* in Röhricht/Graf von Westphalen/Haas, § 128 HGB Rz. 4; *Herchen* in Münchener Hdb. Gesellschaftsrecht, Bd. 2, § 29 Rz. 66). Das kann sowohl solche Gesellschafter betreffen, die an sich (nur) Kommanditist sind, als auch Nichtgesellschafter. Voraussetzung ist, dass

- ein Rechtsscheintatbestand vorliegt (bspw. Außenvertretung der KG wie ein Komplementär);
- dieser Rechtsschein vom Schein-Komplementär veranlasst oder geduldet wurde (Verschulden ist insoweit nicht erforderlich);
- ein Dritter gutgläubig auf den Rechtsschein vertraut (ggf. schadet hier schon fahrlässige Unkenntnis);
- und der Dritte in diesem Vertrauen Dispositionen getroffen hat.

Abgrenzung zur Registerpublizität | Ist ein Nicht-Komplementär als Komplementär einer KG im Handelsregister eingetragen, folgt bereit aus § 15 HGB seine unbeschränkte Außenhaftung. Eines weiteren Rechtsscheintatbestandes im vorbezeichneten Sinne bedarf es nicht, da die Rechtsscheinhaftung gegenüber der Registerpublizität subsidiär ist (*Herchen* in Münchener Hdb. Gesellschaftsrecht, Bd. 2, § 29 Rz. 67). H 55

3. Inhalt und Umfang der Haftung

Haftungsgrundsätze | Die Komplementär-GmbH haftet gemäß § 161 Abs. 2 HGB wie ein OHG-Gesellschafter akzessorisch nach § 128 HGB. Ihre Haftung ist unmittelbar, persönlich und unbeschränkt (*Wenzel* in Hesselmann/Tillmann/Mueller-Thuns, Hdb. GmbH & Co. KG, Rz. 5.40). Sie entspricht im Grundsatz derjenigen der KG selbst, einer gegen die KG bestehenden Forderung kommt insofern „Leitfunktion" zu. Dabei ist unerheblich, auf welchem Rechtsgrund die zugrundeliegende Haftung der KG beruht. Die Komplementär-GmbH haftet sowohl für vertragliche als auch gesetzliche, deliktische oder öffentlich-rechtliche Verbindlichkeiten der KG (*Herchen* in Münchener Hdb. Gesellschaftsrecht, Bd. 2, § 29 Rz. 19). Andererseits ist die Haftung aber nicht identisch mit derjenigen der KG, es besteht daher auch kein Gesamtschuldverhältnis i.S.d. §§ 421 ff. BGB (BGH v. 20.4.1967 – II ZR 220/65, BGHZ 47, 376, 378; *Ihrig* in Reichert, GmbH & Co. KG, § 42 Rz. 9; *Roth* in Baumbach/Hopt, § 128 HGB Rz. 19). Die akzessorische Haftung wird zuweilen als „bürgenähnlich" umschrieben. H 56

Abhängigkeit von der Leitforderung | Bestand, Inhalt und Umfang der Haftung der Komplementär-GmbH richten sich nach der Forderung gegen die KG selbst. Veränderungen dieser Leitforderung treffen die Komplementär-GmbH gleichermaßen (vgl. grundlegend BGH v. 21.12.1961 – II ZR 74/59, BGHZ 36, 224, 227 f.). Beispielhaft wirken sich folgende Veränderungen der Leitforderung unmittelbar auf die Haftung der Komplementär-GmbH aus: H 57

- (Teilweises) Erlöschen bspw. durch (Teil-)Erfüllung/Erlass/Kündigung. Zwar ist ein isolierter Erlass der Forderung gegenüber der KG unter Fortbestand der Haftung der Komplementär-GmbH – jedenfalls ohne Zustimmung der Komplementär-GmbH – unwirksam (vgl. BGH v. 20.4.1967 – II ZR 220/65, BGHZ 47, 376, 379 f.; *Haas* in Röhricht/Graf von Westphalen/Haas, § 128 HGB Rz. 7); er kann jedoch ggf. in eine Zusage des Gläubigers umgedeutet werden, primär die Komplementär-GmbH in Anspruch zu nehmen (*Ihrig* in Reichert, GmbH & Co. KG, § 42 Rz. 6).
- Erweiterung auf vertraglicher Basis oder bspw. wegen anfallender Fälligkeitszinsen; ausgenommen von der vertraglichen Erweiterung ist allerdings die Nachhaftung ausgeschiedener Komplementäre (Rz. H 21 ff.).
- Umgestaltung bspw. aufgrund von Übergang in Schadenersatz wegen Unmöglichkeit, Verzug oder Schlechterfüllung (*Haas* in Röhricht/Graf von Westphalen/Haas, § 128 HGB Rz. 7).

Auch sonstige Modalitäten der Leitforderung können unmittelbar auf die Haftung der Komplementär-GmbH durchschlagen. Zu nennen sind insb. der Erfüllungsort (RGZ 32, 44) sowie nach umstrittener Ansicht die Unterstellung unter die Schiedsgerichtsbarkeit (BGH v. 12.11. 1990 – II ZR 249/89, NJW-RR 1991, 423, 424 f. m.w.N.).

Primäre Haftung | Die Gläubiger haben einen Direktanspruch gegen die Komplementär-GmbH. Sie können wahlweise gegen die KG, die Komplementär-GmbH oder beide vorgehen, H 58 eine vorrangige Inanspruchnahme der KG ist – anders als beim nicht selbstschuldnerischen Bürgen – nicht erforderlich (*Hillmann* in E/B/J/S, § 128 HGB Rz. 18; *K. Schmidt* in MünchKomm. HGB, § 128 HGB Rz. 20; so auch explizit für ausgeschiedene Gesellschafter BGH v. 9.5.1963 – II ZR 124/61, BGHZ 39, 319, 322 = MDR 1963, 741).

H 59 **Ausnahme bei Sozialansprüchen |** Bei Forderungen der Gesellschafter gegen die KG (sog. „Gesellschafter-Gläubiger") ist allerdings zu differenzieren. Handelt es sich um Sozialansprüche, die aus der Mitgliedschaft herrühren (insb. Gewinnanspruch), trifft die Komplementär-GmbH grundsätzlich keine akzessorische Haftung (BGH v. 2.7.1962 – II ZR 204/60, BGHZ 37, 299, 301 f. = MDR 1962, 884; auch zu den Kommanditisten *Sassenrath* in Westermann/Wertenbruch, Hdb. Personengesellschaften, Rz. I 2825). Ausgenommen sind jedoch Ansprüche auf das Abfindungsguthaben bei Ausscheiden sowie Erstattungsansprüche bei Inanspruchnahme durch Gesellschaftsgläubiger (bei letzteren muss sich der Komplementär/Kommanditist jedoch seine Verlustbeteiligung im Innenverhältnis anrechnen lassen, zum Ganzen *Sassenrath* in Westermann/Wertenbruch, Hdb. Personengesellschaften, Rz. I 2825, I 2924). Insgesamt Anderes gilt schließlich für Drittansprüche, die unabhängig von der Mitgliedschaft auf einer schuldrechtlichen Basis beruhen (bspw. Mietvertrag zwischen Gesellschaft und Gesellschafter). Hier kann der Gesellschafter-Gläubiger auch die Komplementär-GmbH (oder nach außen haftende Kommanditisten) in Anspruch nehmen. Früher wurde aufgrund der Treuepflicht häufig eine Subsidiarität dieser Inanspruchnahmemöglichkeit dahingehend angenommen, dass sie nur zum Tragen komme, wenn mit einer Zahlung durch die KG nicht zu rechnen sei. Der BGH hat dem inzwischen eine Absage erteilt und erkennt Ausnahmen nur noch an, wenn ausnahmsweise überwiegende Interessen der Mitgesellschafter gegen ihre Inanspruchnahme sprechen (BGH v. 8.10.2013 – II ZR 310/12, NZG 2013, 1334, 1337 f. = ZIP 2013, 2305). Sofern es sich bei dem Gesellschafter-Gläubiger ebenfalls um einen Komplementär handelt, muss er sich den Anteil anrechnen lassen, für den er im Innenverhältnis haften würde; ein Kommanditist, der aufgrund Leistung seiner Hafteinlage keiner unmittelbaren Außenhaftung obliegt (→ *Haftung des Kommanditisten Rz. H 11 ff.*), kann seine Forderung hingegen vollumfänglich geltend machen (*Herchen* in Münchener Hdb. Gesellschaftsrecht, Bd. 2, § 29 Rz. 49).

H 60 **Unbeschränkte Haftung |** Die Haftung der Komplementär-GmbH als solcher ist unbeschränkt, sie haftet mit ihrem gesamten Gesellschaftsvermögen. Gegenteilige Abreden im Gesellschaftsvertrag sind gemäß § 128 Satz 2 HGB Dritten gegenüber unwirksam. Unbenommen bleibt aber die Möglichkeit, mit dem Dritten auf individualvertraglicher Basis eine Haftungsbeschränkung zu vereinbaren (zur generellen Möglichkeit individualvertraglicher Abweichungen vom Haftungskonzept der KG s. Rz. H 83).

H 61 **Haftungsinhalt |** Bezüglich des Haftungsinhalts stehen sich grundlegend die „Erfüllungstheorie" und die „Haftungstheorie" gegenüber. Während nach ersterer grundsätzlich eine in natura inhaltsgleiche Leistung zur derjenigen der KG geschuldet sein soll, ist nach letzterer allein das Interesse in Geld zu ersetzen. Für den Fall einer Geldschuld der GmbH & Co. KG erübrigt sich eine Differenzierung. Sind – oft komplexe – Werk- oder Dienstleistungen Gegenstand der Verbindlichkeit, stellt sich hingegen die Frage, inwiefern die Komplementär-GmbH diese an Stelle der KG erbringen muss bzw. kann.

Beispiel:

Schuldet die KG die Reparatur eines Kfz, wäre nach der Erfüllungstheorie auch die Komplementär-GmbH im Fall ihrer Inanspruchnahme grundsätzlich zur Reparaturleistung verpflichtet. Erst bei Übergang zum

Schadenersatzanspruch wäre stattdessen ggf. der zur Reparatur durch einen Dritten (Deckungsgeschäft) erforderliche Geldbetrag geschuldet. Nach der Haftungstheorie wäre die Schuld der Komplementär-GmbH hingegen von vorneherein auf den entsprechenden Geldbetrag gerichtet/beschränkt.

Auch nach der Erfüllungstheorie bleibt es dem haftenden Komplementär aber grundsätzlich unbenommen, einen Dritten gegen Entgelt mit der Leistungserbringung zu beauftragen, um so seiner (Sach-)Leistungspflicht mithilfe dieses Dritten nachzukommen.

Modifizierte Erfüllungstheorie | Die für die Praxis maßgebliche Rechtsprechung des BGH tendiert zur Erfüllungstheorie (BGH v. 11.12.1978 – II ZR 235/77, BGHZ 73, 217, 222), erkennt jedoch Abweichungen an, wo erforderlich. Man kann sie insofern als „modifizierte Erfüllungstheorie" bezeichnen. Unterschieden wird grundsätzlich danach, ob eine Leistung dem Komplementär möglich und ohne unverhältnismäßigen Eingriff in seine Privatsphäre zumutbar ist (*Sassenrath* in Westermann/Wertenbruch, Hdb. Personengesellschaften, Rz. I 2826). Bei vertretbaren Handlungen kann daher grundsätzlich eine Pflicht zur inhaltsgleichen Leistungserbringung angenommen werden (*K. Schmidt* in MünchKomm. HGB, § 128 HGB Rz. 27), wohingegen eine solche bei unvertretbaren Handlungen ausscheiden muss. H62

Einzelfälle | Es werden insbesondere folgende Einzelfälle diskutiert: H63

- Vertretbare handwerkliche Leistungen wie Baumängelbeseitigungen, die gegen Entgelt auch von einem Dritten ausgeführt werden können, soll auch der Komplementär schulden (BGH v. 11.12.1978 – II ZR 235/77, BGHZ 73, 217, 222).
- Den Anspruch auf Rechnungslegung soll ebenfalls ein persönlich haftender Gesellschafter, damit auch der Komplementär einer KG, unmittelbar zu erfüllen haben (BGH v. 14.2.1957 – II ZR 190/55, BGHZ 23, 302, 306 f.).
- Willenserklärungen können grundsätzlich nur durch die KG selbst abgegeben werden, da solche des Komplementärs nicht gleichwertig sind (*Ihrig* in Reichert, GmbH & Co. KG, § 42 Rz. 14).

Beispiel:

Ist die KG als ehemalige Eigentümerin eines Grundstücks noch im Grundbuch eingetragen und wird sie vom neuen Eigentümer auf Bewilligung (§ 19 GBO) einer beantragten Grundbuchberichtigung in Anspruch genommen, kann die entsprechende Bewilligungserklärung nur durch sie selbst abgegeben werden. Die Bewilligungserklärung der Komplementär-GmbH (im eigenen Namen) wäre hingegen nutzlos, da diese nicht als Eigentümerin voreingetragen ist und das Grundbuchamt den Berichtigungsantrag daher nicht auf ihre Bewilligung hin vollziehen wird.

- Duldungspflichten richten sich dann auch unmittelbar gegen den Komplementär, wenn er selbst in der Lage wäre, die zu duldende Handlung zu vereiteln und zudem selbst von der Duldungspflicht betroffen ist (vgl. *Roth* in Baumbach/Hopt, § 128 HGB Rz. 16).
- Bei einer Unterlassungspflicht, bspw. einem vertraglichen Wettbewerbsverbot, kommt es darauf an, inwiefern ihr der Komplementär persönlich unterliegt (*Ihrig* in Reichert, GmbH & Co. KG, § 42 Rz. 15). Das ist im Einzelfall durch Auslegung zu ermitteln, erfordert allerdings stets eine Beteiligung des Komplementärs an dem Rechtsgeschäft, aus dem sich die Pflicht ergibt. Gesetzliche Wettbewerbsverbote wie bspw. § 1 UWG oder § 14 MarkenG können den Komplementär ebenfalls unmittelbar treffen, sofern er persönlich ihrem Tatbestand unterfällt (*Ihrig* in Reichert, GmbH & Co. KG, § 42 Rz. 16).

Einwendungen und Einreden | Im Hinblick auf die der Komplementär-GmbH bei ihrer Inanspruchnahme zustehenden Einwendungen und Einreden ist zu unterscheiden: H64

- In jedem Fall zulässig sind persönliche Einwendungen und Einreden der Komplementär-GmbH, vgl. § 129 Abs. 1 HGB e contrario. Solche können sich vor allem aus einer schuldrechtlichen Abrede mit dem Gläubiger (bspw. Stundung, Erlass) ergeben. Darüber hinaus ist auch eine Aufrechnung mit eigenen Forderungen der Komplementär-GmbH möglich (*Herchen* in Münchener Hdb. Gesellschaftsrecht, Bd. 2, § 29 Rz. 33).
- Weiterhin kann die Komplementär-GmbH über §§ 161 Abs. 2, 129 Abs. 1 HGB Gläubigern die Einwendungen der KG entgegenhalten (BGH v. 22.3.1988 – X ZR 64/87, BGHZ 104, 76, 77 f.). Der Begriff der Einwendung ist untechnisch zu verstehen und betrifft sämtliche rechtsverhindernden und rechtsvernichtenden Einwendungen wie auch rechtshemmende Einreden (*Herchen* in Münchener Hdb. Gesellschaftsrecht, Bd. 2, § 29 Rz. 29). Für die Komplementär-GmbH wirken insofern bspw. Erfüllung, Vergleich, Erlass, Verwirkung, Verjährung, Unmöglichkeit und Zurückbehaltungsrechte. Ausgenommen sind hingegen rein prozessuale Einwendungen wie die anderweitige Rechtshängigkeit. Verliert die KG Einwendungen oder Einreden, bspw. durch Anerkenntnis oder Vergleich, trifft dies grundsätzlich auch die Komplementär-GmbH. Etwas anderes gilt allenfalls bei sittenwidriger Kollusion von KG und Gläubiger zu Lasten der Komplementär-GmbH. Einen Sonderfall bildet zudem die Verjährungshemmung oder -unterbrechung: Hier sollen gegenüber der KG vorgenommene Handlungen auch gegenüber den Gesellschaftern wirken, wohingegen eine lediglich in Bezug auf einen Gesellschafter herbeigeführte Hemmung/Unterbrechung nur für und gegen diesen Wirkung hat (*K. Schmidt* in MünchKomm. HGB, § 129 HGB Rz. 8 f.; BGH v. 22.3.1988 – X ZR 64/87, BGHZ 104, 76, 80 f.).

Beispiel:

Erhebt ein Gläubiger ausschließlich gegen die Komplementär-GmbH Zahlungsklage wegen einer Verbindlichkeit der KG, führt dies zur Verjährungshemmung (§ 204 Abs. 1 Nr. 1 BGB) ausschließlich gegenüber dieser. Verklagt er stattdessen – ebenfalls ausschließlich – die KG selbst, ist die Verjährung auch im Verhältnis zur Komplementär-GmbH und zu sonstigen Gesellschaftern gehemmt.

- Gestaltungsrechte der KG, mit denen sie die Forderung eines Gesellschaftsgläubigers zu Fall bringen könnte, geben während ihres Bestehens der Komplementär-GmbH ein Leistungsverweigerungsrecht. Das ist in §§ 161 Abs. 2, 129 Abs. 2, 3 HGB für Anfechtung und Aufrechnung ausdrücklich normiert. Auch für sonstige Gestaltungsrechte wie Rücktritt, Kündigung oder Minderung soll nach h.M. im Wege der Analogie Entsprechendes gelten (kritisch, aber i.E. bejahend *K. Schmidt* in MünchKomm. HGB, § 129 HGB Rz. 18).

Beispiel:

Solange der KG gegen einen Anspruch die Möglichkeit der Aufrechnung oder des Rücktritts zusteht, darf die Komplementärin bei einer unmittelbaren Inanspruchnahme die Leistung verweigern (nicht aber selbst die Aufrechnung/den Rücktritt mit Wirkung für die KG erklären).

H 65–H 70 frei

4. Regress im Innenverhältnis

H 71 **Verhältnis zur KG** | Gemäß §§ 161 Abs. 2, 110 HGB hat die Komplementär-GmbH einen Regressanspruch gegen die KG, sofern sie von deren Gläubigern in Anspruch genommen wird (vgl. BGH v. 2.7.1962 – II ZR 204/60, BGHZ 37, 299, 301 f. = MDR 1962, 884; *Haas* in Röhricht/Graf von Westphalen/Haas, § 128 HGB Rz. 10). Leistungen der Komplementär-GmbH sind insofern als „erforderliche Aufwendungen in Gesellschaftsangelegenheiten" zu qualifizieren (*Herchen* in Münchener Hdb. Gesellschaftsrecht, Bd. 2, § 31 Rz. 4). Bereits vor der Zahlung kann die Komplementär-GmbH Freistellung von der KG verlangen (*Haas* in Röhricht/Graf von Westphalen/Haas, § 128 HGB Rz. 12). Hat die Komplementär-GmbH Geldleistungen erbracht, sind diese vom Leistungszeitpunkt an nach § 110 Abs. 2 HGB zu verzinsen. Umstritten ist, ob gemäß § 774 BGB analog akzessorische Sicherheiten, die für eine beglichene Schuld der KG bestanden haben, auf die Komplementär-GmbH übergehen (dafür bspw. *Habersack* in Großkomm. HGB, § 128 HGB Rz. 43; tendenziell dagegen *Haas* in Röhricht/Graf von Westphalen/Haas, § 128 HGB Rz. 10).

Verhältnis mehrerer Komplementäre untereinander | Zwischen mehreren Komplementären besteht gemäß §§ 161 Abs. 2, 128 Satz 1 HGB – anders als im Verhältnis zur KG – ein Gesamtschuldverhältnis i.S.d. §§ 421 ff. BGB. Deshalb kann ein in Anspruch genommener Komplementär vor Leistungserbringung anteilige Freistellung, nach Leistungserbringung Ausgleich aufgrund der Legalzession gemäß § 426 Abs. 2 BGB verlangen. Die Haftungsquote der einzelnen Komplementäre im Innenverhältnis richtet sich pro rata nach ihrer Verlustbeteiligung (BGH v. 17.12.2001 – II ZR 382/99, NJW-RR 2002, 455 f. = ZIP 2002, 394; *K. Schmidt* in MünchKomm. HGB, § 128 HGB Rz. 34). Insofern überlagert die gesellschaftsvertragliche Verlustzuweisung die ansonsten im Zweifel anzunehmende Pro-Kopf-Verteilung des § 426 Abs. 1 Satz 1 BGB. Die Inanspruchnahme der Mitgesellschafter setzt allerdings voraus, dass (mangels Zahlungsfähigkeit oder -willigkeit) mit einer Zahlung der KG selbst nicht zu rechnen ist (BGH v. 17.12.2001 – II ZR 382/99, NJW-RR 2002, 455, 456). Sie ist insofern subsidiär zum Regress gegen die KG. H 72

Modifikationen der Gesamtschuld | Es sind zudem folgende Besonderheiten gegenüber der regulären Gesamtschuld zu beachten: H 73

- Bei verschiedenartigem Leistungsinhalt (Gesellschaft: Sachleistung; Komplementär: Geldleistung; zur Differenzierung Rz. H 61 ff.) wirkt ein Annahmeverzug des Gläubigers, der durch Ablehnung der Geldleistung eines Komplementärs herbeigeführt wird, entgegen § 424 BGB nicht auch gegenüber den übrigen Komplementären oder der KG selbst (*Herchen* in Münchener Hdb. Gesellschaftsrecht, Bd. 2, § 29 Rz. 10).
- Will ein Gläubiger einzelne Komplementäre durch Erlass oder Vergleich aus der Haftung entlassen, hängt es nach § 423 BGB grundsätzlich vom Parteiwillen ab, ob dies Gesamtwirkung auch für die übrigen Komplementäre entfaltet (RG, JW 1933, 2829). Bei gewünschter Einzelwirkung wäre der betroffene Komplementär nach h.M. im Innenverhältnis allerdings nach wie vor dem Regress seiner Mitkomplementäre ausgesetzt. Soll dieser „Regresszirkel" vermieden werden, ist die Vereinbarung einer sog. „beschränkten Gesamtwirkung" erforderlich, wonach durch den Erlass bzw. Vergleich auch die übrigen Komplementäre in Höhe des internen Haftungsanteils des freigestellten Komplementärs aus der Haftung entlassen werden (*Herchen* in Münchener Hdb. Gesellschaftsrecht, Bd. 2, § 29 Rz. 9). Nur dann ist auch ein Binnenregress gegen den unmittelbar begünstigten Komplementär ausgeschlossen.

Verhältnis zu den Kommanditisten | Soweit die Kommanditisten aufgrund Einlageleistung gemäß § 171 Abs. 1 Halbs. 2 HGB von ihrer Außenhaftung befreit sind (→ *Haftung des Kommanditisten Rz. H 11 ff.*), kann auch die Komplementär-GmbH bei ihnen keinen Regress nehmen. Lediglich soweit die Einlageleistung noch aussteht, kommt ein auf die Haftsumme begrenzter Gesamtschuldnerregress auch gegenüber den Kommanditisten in Betracht (*Blaum* in Westermann/Wertenbruch, Hdb. Personengesellschaften, Rz. I 3274). H 74

5. Zeitlicher Anwendungsbereich

H75 **Bei Eintritt |** Mit Gründung bzw. Eintritt in die KG beginnt die persönliche Haftung der Komplementär-GmbH. Sie erstreckt sich bei einer bereits bestehenden KG auch auf sämtliche Verbindlichkeiten, die vor dem Eintritt begründet wurden (sog. „Altverbindlichkeiten", vgl. *Ihrig* in Reichert, GmbH & Co. KG, § 42 Rz. 10).

H76 **Nachhaftung nach Austritt |** Auch nach dem Austritt besteht die Haftung der Komplementär-GmbH für bis dahin begründete (Alt-)Verbindlichkeiten zunächst fort. Allerdings wird insofern keine strenge Akzessorietät zwischen Leitforderung und Haftung des Komplementärs mehr angenommen. Vielmehr soll im Einzelfall zu prüfen sein, ob sich Änderungen der Leitforderung ggf. entsprechend § 425 BGB nicht mehr auf die Haftung des ausgeschiedenen Komplementärs auswirken (BGH v. 21.12.1961 – II ZR 74/59, BGHZ 36, 224, 227f.).

H77 **Keine Haftung für Neuverbindlichkeiten |** Jedenfalls für solche Verbindlichkeiten, die erst nach ihrem Austritt begründet werden (sog. „Neuverbindlichkeiten"), haftet die Komplementär-GmbH nicht mehr. Gleiches gilt grundsätzlich auch für haftungserweiternde Abreden zu bereits bestehenden Verbindlichkeiten, die erst nach ihrem Austritt getroffen werden (*Haas* in Röhricht/Graf von Westphalen/Haas, § 128 HGB Rz. 29). Bei der vorstehenden Abgrenzung ist für den Austrittszeitpunkt mangels positiver Kenntnis des Gläubigers nach § 15 Abs. 1, 2 HGB auf die Handelsregistereintragung abzustellen. Zudem ist nach § 15 Abs. 2 Satz 2 HGB eine 15-tägige Karenzfrist nach Bekanntmachung zu beachten (*Herchen* in Münchener Hdb. Gesellschaftsrecht, Bd. 2, § 29 Rz. 21), sofern der Gläubiger nachweist, dass er keine Kenntnis (oder fahrlässige Unkenntnis) von dem Austritt hatte; an den Nachweis sind allerdings strenge Anforderungen zu stellen (vgl. *Gehrlein* in E/B/J/S, § 15 HGB Rz. 20).

Beispiel:

Die A GmbH tritt am 1.10. mit sofortiger Wirkung als Komplementärin aus der B KG aus, der Austritt wird am 10.10. im Handelsregister der B KG eingetragen und bekannt gemacht. Grundsätzlich kann der Gläubiger X die A GmbH für alle Forderungen gegen die B KG, die bis zum **10.10.** (Registereintragung) begründet wurden, in die Nachhaftung nehmen. Hat er allerdings unmittelbar Kenntnis vom Austritt der A GmbH erlangt, besteht die Haftung nur für solche Forderungen, die vor dem **1.10.** (tatsächlicher Austritt) begründet wurden. Kann der Gläubiger X umgekehrt nachweisen, dass er auch nach Registereintragung und Bekanntmachung keine Kenntnis (oder fahrlässige Unkenntnis) von dem Austritt hatte, erstreckt sich die Nachhaftung auf alle bis zum **25.10.** (Bekanntmachung am 10.10. + 15 Tage) begründeten Forderungen.

H78 **Abgrenzung zu Altverbindlichkeiten |** Maßgeblich für die Abgrenzung zwischen Alt- und Neuverbindlichkeiten ist, ob der Rechtsgrund zum Zeitpunkt des Ausscheidens bereits gelegt ist (BGH v. 21.12.1970 – II ZR 258/67, NJW 1971, 1268). Bei Verträgen kommt es auf den Abschluss an, bei gesetzlichen Ansprüchen auf die Verwirklichung des anspruchsbegründenden Tatbestandes (*Haas* in Röhricht/Graf von Westphalen/Haas, § 128 HGB Rz. 28, 30). Nicht erforderlich ist, dass die Verbindlichkeit bereits fällig und/oder durchsetzbar ist. Auch im Fall einer nachträglichen Umgestaltung oder Erweiterung einer Verbindlichkeit *von Gesetzes wegen* (bspw. Übergang zu Schadenersatz, Verzugszinsen, etc.) ist der Rechtsgrund hierfür bereits mit Begründung der Ursprungsverbindlichkeit als gelegt zu betrachten. Speziell bei Dauerschuldverhältnissen stellt sich die Frage, ob sämtliche künftigen Ansprüche „ad infinitum" bereits begründet sind. Hier hatten Rechtsprechung und Literatur Begrenzungskonzepte bis zum nächsten ordentlichen Kündigungstermin oder pauschal bis zum Ablauf von fünf

Jahren entwickelt. Durch die Neuregelung der Nachhaftungsbegrenzung in § 160 HGB (dazu Rz. H 79) ist diese Diskussion faktisch zugunsten der fünf-Jahres-Frist entscheiden.

Zeitliche Begrenzung: 5 Jahre | § 160 Abs. 1 HGB begrenzt die Nachhaftung inzwischen dahingehend, dass sie lediglich solche Ansprüche umfasst, die binnen fünf Jahren nach dem Ausscheiden fällig werden und zudem alternativ H 79

- gemäß § 197 Abs. 1 Nr. 3 bis 5 BGB festgestellt werden (rechtskräftiges Urteil, vollstreckbarer Vergleich oder Urkunde, Feststellung im Insolvenzverfahren);
- wegen denen Vollstreckungshandlungen vorgenommen oder beantragt werden (insb. auch Einleitung eines Mahnverfahrens);
- wegen denen bei öffentlich-rechtlichen Verbindlichkeiten ein entsprechender Verwaltungsakt erlassen wird; oder
- die schriftlich anerkannt werden.

Fristbeginn | Für den Beginn der Fünf-Jahres-Frist ist nach § 160 Abs. 1 Satz 2 HGB die Registereintragung des Ausscheidens maßgeblich, eine zusätzliche 15-tägige Karenzfrist nach § 15 Abs. 2 HGB kommt insofern nicht in Betracht. Bei positiver Kenntnis des Gläubigers beginnt die Frist nach inzwischen h.M. bereits vorher zu laufen (BGH v. 24.9.2007 – II ZR 284/05, NJW 2007, 3784, 3785 f.; *K. Schmidt* in MünchKomm. HGB, § 160 HGB Rz. 27). H 80

Hemmung/Neubeginn | Der Fristlauf unterliegt gemäß § 160 Abs. 1 Satz 3 HGB der Hemmung sowie dem Neubeginn entsprechend §§ 204, 206, 210, 211 und 212 Abs. 2 und 3 BGB. H 81

Freistellungsanspruch | Wird eine Komplementär-GmbH aufgrund ihrer Nachhaftung in Anspruch genommen, kann sie von der KG sowie ihren ehemaligen Mitgesellschaftern (soweit diese einer Außenhaftung unterliegen) vollumfänglich Freistellung bzw. Ausgleich verlangen, vgl. §§ 161 Abs. 2, 105 Abs. 2 HGB, § 738 Abs. 1 Satz 2 BGB. Die Mitgesellschafter haften dabei als Gesamtschuldner (str., vgl. *K. Schmidt* in MünchKomm. HGB, § 128 HGB Rz. 62). H 82

6. Abweichende vertragliche Regelungen

Außenhaftung | Wie bereits erläutert, ist die Außenhaftung der Komplementäre zwingend und kann durch einseitige – gesellschaftsvertragliche – Regelungen nicht beschränkt oder ausgeschlossen werden. Unbenommen bleibt allerdings die Möglichkeit, abweichende Vereinbarungen auf individualvertraglicher Ebene zu treffen. Das kann sowohl zwischen KG und Gläubiger (dann bzgl. der Komplementär-GmbH Vertrag zugunsten Dritter) als auch unmittelbar unter Beteiligung des Komplementärs geschehen. Eine AGB-mäßige Abbedingung der Komplementärhaftung dürfte allerdings regelmäßig überraschend i.S.v. § 305c BGB und damit unwirksam sein (*Seitz* in Henssler/Strohn, § 128 HGB Rz. 13). H 83

Inhaltlich sind sowohl Haftungserleichterungen (bspw. Freistellung, Erlass) als auch Verschärfungen (bspw. persönliche Bürgschaft der Komplementär-GmbH) möglich. Bei Haftungsverschärfungen muss die Komplementär-GmbH allerdings immer auch selbst Partei der betreffenden Abrede sein, da sonst ein unzulässiger Vertrag zu Lasten Dritter vorläge.

H 84 **Binnenregress** | Der Binnenregress kann im Gesellschaftsvertrag oder anderweitig durch schuldrechtliche Abrede nach Belieben der Beteiligten – bspw. in Form von abweichenden Haftungsquoten oder Freistellungsansprüchen – ausgestaltet werden.

H 85–H 100 frei

Vertiefende Recherche

Wichtige Urteile

BGH v. 8.10.2013 – II ZR 310/12, NZG 2013, 1334 = ZIP 2013, 2305: Im Regelfall *keine* nur subsidiäre Haftung der persönlich haftenden Gesellschafter für Drittverbindlichkeiten, die ein Mitgesellschafter gegen sie geltend macht.

BGH v. 17.12.2001 – II ZR 382/99, NJW-RR 2002, 455: Binnenregress gegen Mitgesellschafter nach Inanspruchnahme durch Gesellschaftsgläubiger ist subsidiär gegenüber Binnenregress gegenüber der Gesellschaft selbst.

BGH v. 22.3.1988 – X ZR 64/87, BGHZ 104, 76: Persönlich haftender Gesellschafter kann Einwendungen der Gesellschaft geltend machen; Verjährung kann jedoch isoliert ihm gegenüber gehemmt werden.

BGH v. 11.12.1978 – II ZR 235/77, BGHZ 73, 217: Unmittelbare Haftung des persönlich haftenden Gesellschafters auf Erbringung vertretbarer Werkleistungen.

BGH v. 20.4.1967 – II ZR 220/65, BGHZ 47, 376: Keine (echte) Gesamtschuld zwischen Gesellschaft und akzessorisch haftendem Gesellschafter; Unwirksamkeit des „Teilerlasses" einer Forderung nur gegenüber der KG.

BGH v. 9.5.1963 – II ZR 124/61, BGHZ 39, 319 = MDR 1963, 741: Kein Rangverhältnis der Inanspruchnahme von KG oder (ausgeschiedenem) Gesellschafter.

BGH v. 2.7.1962 – II ZR 204/60, BGHZ 37, 299 = MDR 1962, 884: Haftung der Mitgesellschafter nach § 128 HGB nur für Dritt-, nicht aber für Sozialansprüche eines Gesellschafters gegen die Gesellschaft.

BGH v. 21.12.1961 – II ZR 74/59, BGHZ 36, 224: Grundsatz der Abhängigkeit von Gesellschafter- und Gesellschaftshaftung, auch nach Ausscheiden eines Gesellschafters.

BGH v. 14.2.1957 – II ZR 190/55, BGHZ 23, 302: Unmittelbare Haftung des persönlich haftenden Gesellschafters auf Rechnungslegung.

Weitere Stichwörter

→ *Haftung des Kommanditisten*

Handelsregisteranmeldungen

Ausgewählte Literatur: *Krafka/Kühn*, Registerrecht, 9. Aufl. 2013.

1. Einführung

Grundlegendes | Die KG und ihre Komplementär-GmbH sind als Handelsgesellschaften in das für ihren Gesellschaftssitz zuständige (§ 106 Abs. 1 HGB) Handelsregister einzutragen. Eine Eintragungspflicht besteht sowohl anlässlich der Gesellschaftsgründung als auch für sämtliche nachträglichen Änderungen eintragungspflichtiger Tatsachen. Mittel zur Erreichung der (Erst- und Folge-)Eintragungen ist bei der KG wie der GmbH die Handelsregisteranmeldung. Nach Einführung des elektronischen Registerverkehrs können Anmeldungen nur noch über das elektronische Gerichts- und Verwaltungspostfach (EGVP) erfolgen, zu dem insb. die Notare Zugang besitzen. H 101

Eintragungswirkungen (KG) | Die Erstanmeldung der KG ist zwar nicht zwangsläufig Voraussetzung für ihre Entstehung als solche (→ *Gründung Rz. G 511 f.*), wohl aber für das Eingreifen der KG-spezifischen beschränkten Außenhaftung der Kommanditisten (*Grunewald* in MünchKomm. HGB, § 162 HGB Rz. 12; vgl. § 176 Abs. 1 HGB). Auch beim Beitritt (oder Wechsel) eines Kommanditisten ist dessen Eintragung Voraussetzung für das Eingreifen der Haftungsbeschränkung auf die im Register angegebene Haftsumme (§ 176 Abs. 2 HGB). Insofern kommt der Registereintragung eine „quasi-konstitutive" Wirkung jedenfalls in Bezug auf die haftungsrechtlichen Besonderheiten der KG zu. Und auch im Übrigen ist – wie allgemein – wegen der negativen Registerpublizität des § 15 Abs. 1 HGB die Registereintragung sämtlicher eintragungspflichtigen Tatsachen grundsätzlich Voraussetzung dafür, dass diese im Rechtsverkehr Dritten wirksam entgegengehalten werden können (vgl. *Wolff* in Münchener Hdb. Gesellschaftsrecht, Bd. 2, § 4 Rz. 82 ff.). H 102

Eintragungswirkungen (GmbH) | Unmittelbar konstitutiv ist die Anmeldung bzw. die nachfolgende Registereintragung schließlich für die Komplementär-GmbH, die gemäß § 11 Abs. 2 GmbHG „als solche" vor der Eintragung nicht besteht. H 103

2. Erstanmeldung der KG

Stets anzumeldende Tatsachen | Anlässlich der Erstanmeldung der KG sind gemäß §§ 162 Abs. 1, 106 Abs. 2 HGB immer zum Handelsregister anzumelden: H 104

- Name, Vorname, Geburtsdatum und Wohnort jedes Gesellschafters. Ist der Gesellschafter keine natürliche Person, sondern selbst eine Gesellschaft (insb. die Komplementär-GmbH), sind stattdessen zumindest Firma und Sitz anzumelden (vgl. *Born* in E/B/J/S, § 106 HGB Rz. 10), bei einer GbR auch deren Gesellschafter (vgl. *Roth* in Baumbach/Hopt, § 162 HGB Rz. 2). Bei Kommanditisten ist schließlich zusätzlich die Haftsumme anzugeben

(*Roth* in Baumbach/Hopt, § 162 HGB Rz. 2; diese kann mit der Einlage im Innenverhältnis übereinstimmen, muss es aber nicht → *Einlagen und Haftsummen Rz. E 122*).

- Firma und Sitz der KG, wobei für letzteren bei Personengesellschaften gemäß h.M. nach wie vor der tatsächliche Verwaltungssitz, nicht ein eventuell abweichender gesellschaftsvertraglicher Sitz maßgeblich ist (vgl. BGH v. 27.10.2008 – II ZR 158/06, BGHZ 178, 192 = GmbHR 2009, 138 m. Anm. *Wachter* = GmbH-StB 2009, 10; *Krafka/Kühn*, Registerrecht, Rz. 703; *Born* in E/B/J/S, § 106 HGB Rz. 14; kritisch *Roth* in Baumbach/Hopt, § 106 HGB Rz. 8). Außerdem ist die inländische Geschäftsanschrift der KG anzugeben.
- Die Vertretungsregelung, welche bei der GmbH & Co. KG zumeist in der Alleinvertretung durch die Komplementär-GmbH bestehen dürfte. Auch eine eventuelle Befreiung vom Verbot des Selbstkontrahierens (§ 181 BGB) ist anzumelden und insb. zur Ermöglichung von Geschäften zwischen der Komplementär-GmbH und der KG sinnvoll, da hier beiderseits die Geschäftsführer der Komplementärin handeln (*Wolff* in Münchener Hdb. Gesellschaftsrecht, Bd. 2, § 4 Rz. 15; eingehend *Binz/Sorg*, GmbH & Co. KG, § 4 Rz. 16ff.). Allerdings muss nicht nur bei der KG, sondern auch bei der Komplementär-GmbH eine entsprechende Befreiung für die dortigen Geschäftsführer vorliegen.

H 105 **Prokuristen |** Hinzu kommt eine Anmeldepflicht in Bezug auf eventuelle Prokuristen aus § 53 HGB, wobei der Umfang der Prokura (insb. Einzel- oder Gesamtprokura) sowie zur eindeutigen Identifizierbarkeit Name, Wohnort und Geburtsdatum jedes Prokuristen anzumelden sind.

H 106 **Zweigniederlassungen |** Eventuelle Zweigniederlassungen der Gesellschaft sind nach § 13 Abs. 1 HGB unter Angabe von Ort und inländischer Geschäftsanschrift sowie ggf. Firmenzusatz anzumelden, und zwar beim Registergericht am (Haupt-)Sitz der Gesellschaft, bei dem nach neuer Rechtslage auch die alleinige Eintragung der Zweigniederlassung erfolgt (vgl. *Krafka/Kühn*, Registerrecht, Rz. 307).

H 107 **Unternehmensgegenstand |** Auf die Angabe des Unternehmensgegenstandes soll das Registergericht „hinwirken" (§ 24 Abs. 4 HRV).

H 108 **Anlagen |** Anlagen zur Anmeldung sind grds. nicht erforderlich (*Krafka/Kühn*, Registerrecht, Rz. 707).

H 109 **Anmeldepflichtige Personen |** Die Anmeldung muss grundsätzlich gemäß §§ 161 Abs. 2, 108 HGB durch sämtliche Gesellschafter vorgenommen werden, somit auch durch die (nicht vertretungs- und regelmäßig auch nicht geschäftsführungsbefugten) Kommanditisten (BayObLG v. 3.3.1988 – BReg 3 Z 184/87, GmbHR 1988, 306f.; *Roth* in Baumbach/Hopt, § 162 HGB Rz. 3; *Weipert* in E/B/J/S, § 162 HGB Rz. 11). Für an der KG beteiligte juristische Personen, insb. die Komplementär-GmbH, handeln deren Geschäftsführer/Vorstände etc. in vertretungsberechtigter Zahl (*Krafka/Kühn*, Registerrecht, Rz. 705). Ausnahmen vom Grundsatz der Anmeldepflicht sämtlicher Gesellschafter bestehen für die Prokura (§ 53 HGB) und die Zweigniederlassung (§ 13 HGB), für die die Anmeldung durch die vertretungsberechtigte Komplementär-GmbH genügt (vgl. *Wolff* in Münchener Hdb. Gesellschaftsrecht, Bd. 2, § 4 Rz. 40; *Krebs* in MünchKomm. HGB, § 53 HGB Rz. 7).

H 110 **Form |** Die Unterschriften der Anmeldenden sind gemäß § 12 Abs. 1 Satz 1 HGB öffentlich zu beglaubigen.

H 111 **Prüfung durch das Registergericht |** Bevor es zur Eintragung kommt, prüft das Registergericht die angemeldeten Tatsachen materiell und formell auf Vollständigkeit, Schlüssigkeit und Glaubwürdigkeit (*Langhein* in MünchKomm. HGB, § 106 HGB Rz. 39ff.; vgl. zum Prüfungsumfang auch BGH v. 21.6.2011 – II ZB 15/10, GmbHR 2011, 952f.). Da im Fall der KG weder ein Gesellschaftsvertrag noch sonstige Begleitdokumente beigefügt werden, ist der Prüfungsumfang im Regelfall eher beschränkt. Üblich ist allenfalls die Einholung einer Unbedenklichkeitsbescheinigung der örtlich zuständigen Industrie- und Handelskammer (IHK) in Bezug auf die angemeldete → *Firma*. Im Übrigen wird der Registerrichter nur bei sich aufdrängenden Bedenken im Rahmen seiner gemäß § 26 FamFG bestehenden Amtsermittlungspflicht weitere Unterlagen anfordern oder sonstige Ermittlungen anstellen.

Fehlerfolgen | Stellt das Registergericht behebbare Mängel fest, fordert es im Rahmen einer Zwischenverfügung zu deren Behebung innerhalb einer bestimmten Frist auf; bei unbehebbaren Mängeln ist die beantragte Eintragung abzulehnen (*Wolff* in Münchener Hdb. Gesellschaftsrecht, Bd. 2, § 4 Rz. 64). H112

3. Folgeanmeldungen der KG

Änderung anmeldepflichtiger Tatsachen | Ändern sich die vorstehend in Rz. H 104–H 107 bezeichneten anmeldepflichtigen Tatsachen nachträglich, ist die Änderung ebenfalls zum Handelsregister anzumelden (§ 107 HGB). Das gilt insb. auch bei nachträglichem Ausscheiden, Wechsel oder Beitritt von Gesellschaftern (s. auch §§ 143 Abs. 2, 162 Abs. 3 HGB), bei Änderung, Erteilung weiterer oder Erlöschen bereits erteilter Prokuren und bei Liquidation und Auflösung (§ 143 Abs. 1 HGB) der KG. Auch der Wechsel zwischen Komplementär- und Kommanditistenstellung ist anmeldepflichtig, selbst wenn dies nicht ausdrücklich gesetzlich geregelt ist. Die Anmeldung kann entweder den Austritt in der einen und den Eintritt in der anderen Stellung darstellen (wie der Vorgang regelmäßig auch ins Register eingetragen wird) oder aber (tatsächlich zutreffend) den Wechsel der Gesellschafterstellung als solchen umschreiben (*Roth* in Baumbach/Hopt, § 162 HGB Rz. 10; *Weipert* in E/B/J/S, § 162 HGB Rz. 42; → *Wechsel zwischen Komplementär- und Kommanditistenstellung Rz. W 11*). H113

Umwandlung | Darüber hinaus sind insb. die KG betreffende Umwandlungsmaßnahmen nach dem UmwG (→ *Umwandlung, Einführung Rz. U 154*) zur Eintragung in das Handelsregister anzumelden. H114

Anlagen und Nachweise | Anlagen und Nachweise sind auch bei Folgeanmeldungen (mit Ausnahme der umwandlungsrechtlichen) grundsätzlich nicht beizufügen. Allerdings werden beim Gesellschafterwechsel im Wege der Erbfolge regelmäßig entsprechende Nachweise beigebracht (und daher auch von den Registergerichten im Rahmen ihrer Amtsermittlung verlangt), bspw. in Form eines eröffneten notariellen Testaments oder Erbscheins (*Krafka/Kühn*, Registerrecht, Rz. 128ff.). H115

Übertragung eines Kommanditanteils im Wege der Sonderrechtsnachfolge | Im Fall der Übertragung eines Kommanditanteils (oder eines Teils hiervon) im Wege der Sonderrechtsnachfolge ist durch den übertragenden Kommanditisten und die KG (vertreten durch ihre Komplementär-GmbH) zusätzlich zur Anmeldung eine sog. „negative Abfindungsversicherung" abzugeben (→ *Übertragung von Gesellschaftsanteilen Rz. U 30*), wonach dem ausscheidenden Kommanditisten keinerlei Abfindung aus dem Gesellschaftsvermögen gewährt oder versprochen wurde. Die Versicherung kann in der Registeranmeldung oder separat auch privatschriftlich abgegeben werden (*Krafka/Kühn*, Registerrecht, Rz. 750), was insbesondere bei H116 erteilter Registervollmacht (vgl. Rz. H 119) sinnvoll sein kann, um dem ausscheidenden Kommanditisten den Notartermin „zu ersparen“.

H 117 **Anmeldepflichtige Personen |** Die Folgeanmeldungen sind grundsätzlich ebenfalls durch sämtliche Gesellschafter, mithin auch durch die Kommanditisten vorzunehmen. Etwas anderes gilt wiederum für Anmeldungen, die ausschließlich Prokuren oder Zweigniederlassungen betreffen; diese können allein durch die vertretungsberechtigte Komplementär-GmbH erfolgen (Rz. H 109).

4. Registervollmacht der Kommanditisten

H 118 **Praktisches Bedürfnis |** Die Anmeldepflicht durch sämtliche Gesellschafter führt in der Praxis nicht selten zu (logistischen) Problemen. Insbesondere bei Publikumsgesellschaften mit weit gestreutem Gesellschafterkreis einerseits und häufigem Auftreten anmeldepflichtiger Vorgänge andererseits ist es kaum möglich, ständig die öffentlich beglaubigten (!) Unterschriften sämtlicher Kommanditisten einzuholen.

H 119 **Registervollmacht |** Insofern behilft sich die Praxis regelmäßig mit (zulässigen, vgl. *Roth* in Baumbach/Hopt, § 162 HGB Rz. 3; *Weipert* in E/B/J/S, § 162 HGB Rz. 12) Registervollmachten seitens der Kommanditisten. Diese können bereits bei Aufnahme der Beteiligung notariell beglaubigt (§ 12 Abs. 1 Satz 2 HGB) eingeholt werden und in der Folge für sämtliche Anmeldungen (inkl. der des Beitritts des vollmachtgebenden Kommanditisten) genutzt werden. Die Vollmacht kann auch bereits im Gesellschaftsvertrag erteilt werden (OLG Frankfurt a.M. v. 23.3.1973 – 20 W 209/73, OLGZ 1973, 270, 272; *Roth* in Baumbach/Hopt, § 162 HGB Rz. 3), sofern dieser ebenfalls (mindestens) notariell beglaubigt unterzeichnet wird. Regelmäßig wird die Vollmacht auf die Komplementär-GmbH (vorzugswürdig) oder deren Geschäftsführer (nachteilig wegen möglichem Wechsel) ausgestellt.

Registervollmacht

Hiermit bevollmächtigt der Kommanditist/die Kommanditistin … [Name], geboren am … [Datum], wohnhaft … [Anschrift], die persönlich haftende Gesellschafterin der … [Firma KG] mit Sitz in … [Ort], die … [Firma Komplementär-GmbH] mit Sitz in … [Ort], sie/ihn bei allen Anmeldungen zur Eintragung in das Handelsregister der KG zu vertreten, zu denen ihre/seine Mitwirkung als Kommanditist/in der KG erforderlich ist. Die Vollmacht erfasst auch Anmeldungen betreffend das Ausscheiden aus der oder den Eintritt in die KG sowie die Herabsetzung oder Erhöhung von Kapitaleinlagen (Haftsummen), jeweils des Vollmachtgebers/der Vollmachtgeberin selbst oder anderer Gesellschafter. Die Vollmacht gilt auch über den Tod eines einzelnen oder aller Gesellschafter der KG hinaus. Die Bevollmächtigte ist berechtigt, Untervollmacht zu erteilen.

H 120 **Negative Abfindungsversicherung |** Sofern eine negative Abfindungsversicherung erforderlich ist (Rz. H 116), sollte diese wegen ihres ggf. höchstpersönlichen Charakters nicht per Vollmacht abgegeben werden. Bei entsprechender Abstimmung mit dem Registergericht kann sie allerdings privatschriftlich durch den übertragenden Kommanditisten unterzeichnet und separat zum Register eingereicht werden.

5. Anmeldungen bei der GmbH

H121 **Grundlegendes |** Auch bei der GmbH ist zwischen Erst- und Folgeanmeldungen zu unterscheiden. Die Anmeldungen erfolgen grundsätzlich durch die Geschäftsführer in vertretungsberechtigter Zahl, in den in § 78 GmbHG genannten Ausnahmefällen durch sämtliche Geschäftsführer, und sind nach § 12 Abs. 1 HGB öffentlich zu beglaubigen.

a) Erstanmeldung

H122 **Gesetzliche Pflichtangaben |** Bei der Erstanmeldung der GmbH sind ausweislich § 8 Abs. 4 GmbHG lediglich die inländische Geschäftsanschrift sowie die Vertretungsbefugnis der Geschäftsführer anzugeben. Bei letzterer sind sowohl die abstrakte (allgemeine) Vertretungsregelung (gemäß Gesellschaftsvertrag oder ersatzweise § 35 GmbHG) darzustellen als auch eventuelle Abweichungen der konkreten Vertretungsbefugnis der bestellten Geschäftsführer (bspw. Einzelvertretungsbefugnis aufgrund des konkreten Bestellungsbeschlusses) anzumelden (*Krafka/Kühn*, Registerrecht, Rz. 949; *Link* in Gehrlein/Ekkenga/Simon, § 8 GmbHG Rz. 47 f.). Auch Befreiungen der Geschäftsführer von § 181 BGB sind anzumelden (BGH v. 28.2.1983 – II ZB 8/82, BGHZ 87, 59, 60 ff. = GmbHR 1983, 269; *Link* in Gehrlein/Ekkenga/Simon, § 8 GmbHG Rz. 49; *Krafka/Kühn*, Registerrecht, Rz. 952). Eine Befreiung ist bei der GmbH & Co. KG sinnvoll, da die Geschäftsführer nur bei beiderseitiger Befreiung auf Ebene der KG und der GmbH Geschäfte zwischen beiden Gesellschaften wirksam abschließen können.

H123 **Ergänzende Angaben |** Weiterhin praxisüblich ist die Anmeldung von Firma und Sitz der Gesellschaft sowie auch der übrigen nach § 10 GmbHG ins Handelsregister einzutragenden Tatsachen (Unternehmensgegenstand, Höhe des Stammkapitals, Tag des Abschlusses des Gesellschaftsvertrags, ggf. Gesellschaftsdauer, genehmigtes Kapital). Diese Angaben sind jedoch nicht formell von der Anmeldepflicht umfasst, da sie bereits aus den – anders als bei der KG – mit der Anmeldung einzureichenden Unterlagen (Rz. H 125) ersichtlich sind. Sie können daher in der Anmeldung wiederholt werden, müssen dies aber nicht (vgl. das Muster bei *Krafka/Kühn*, Registerrecht, Rz. 971).

H124 **Prokuristen, Zweigniederlassungen |** Für die ebenfalls bestehende Anmeldepflicht in Bezug auf Prokuristen und Zweigniederlassungen gilt das zur KG Gesagte entsprechend (Rz. H 105 f.), wobei solche bei der GmbH & Co. KG im Regelfall nur auf KG-Ebene, nicht jedoch bei der Komplementär-GmbH existieren dürften.

H125 **Anlagen |** Anlagen der Anmeldung (§ 8 Abs. 1 GmbHG) sind der Gesellschaftsvertrag, die notarielle Gründungsurkunde, ein ggf. separater (auch privatschriftlich möglicher) Beschluss zur Geschäftsführerbestellung sowie eine Gesellschafterliste. Im Fall einer Sachgründung zudem die der Sacheinlage zugrundeliegenden Verträge, der Sachgründungsbericht (§ 5 Abs. 4 GmbHG) und Unterlagen zum Beleg der Vollwertigkeit der Sacheinlage (bei eingebrachten Unternehmen regelmäßig die Werthaltigkeitsbescheinigung eines Wirtschaftsprüfers).

H126 **Versicherungen der Geschäftsführer |** Schließlich haben die Geschäftsführer anlässlich der Anmeldung die Versicherungen (§ 8 Abs. 2, 3 GmbHG) abzugeben, dass (i) die gesetzlich geforderten Mindestleistungen auf die Einlagen (§ 7 Abs. 2, 3 GmbHG) erbracht sind und endgültig zur freien Verfügung der Geschäftsführung stehen sowie (ii) keine Gründe vorliegen, die der Bestellung als Geschäftsführer entgegenstehen (§ 6 Abs. 2 GmbHG). Da insbesondere letztgenannte Versicherung durch sämtliche Geschäftsführer höchstpersönlich abzugeben ist, müssen de facto alle Geschäftsführer an der Erstanmeldung ohne die Möglichkeit einer Vertretung mitwirken (*Krafka/Kühn*, Registerrecht, Rz. 942, halten außer in Bezug auf die Versicherungen eine Vertretung für zulässig, was jedoch kaum zweckmäßig und i.Ü. umstritten ist, vgl. einerseits OLG Köln v. 1.10.1986 – 2 Wx 53/86, GmbHR 1987, 394 f. und andererseits BayObLG v. 12.6.1986 – BReg 3 Z 29/86, NJW 1987, 136). Die zuvor umstrittene Frage, inwiefern insb. die in § 6 Abs. 2 Nr. 3 GmbHG genannten Straftatbestände in der Versicherung einzeln aufgeführt werden müssen, hat der BGH in einem – aus Sicht der Praktikabilität zu begrüßenden – Urteil inzwischen verneint (BGH v. 17.5.2010 - II ZB 5/10, NZG 2010, 829, 830 f. = GmbHR 2010, 812).

b) Folgeanmeldungen

H 127 **Folgeanmeldungen |** Bei Änderung der in § 10 GmbHG genannten Tatsachen sind Folgeanmeldungen vorzunehmen. Darüber hinaus besteht eine Anmeldepflicht bspw. bei Satzungsänderungen (insb. Kapitalmaßnahmen), Umwandlungsmaßnahmen nach dem Umwandlungsgesetz und (nach h.M. entsprechend den Vorschriften zur Satzungsänderung, vgl. BGH v. 24.10.1988 – II ZB 7/88, BGHZ 105, 324, 338 ff. = GmbHR 1989, 25; *Roth* in Roth/Altmeppen, Anh. § 13 GmbHG Rz. 29 f.) bei Abschluss von Unternehmensverträgen mit der GmbH als abhängigem Unternehmen. Die beiden letztgenannten Vorgänge dürften bei der Komplementär-GmbH in der Praxis jedoch eine untergeordnete Rolle spielen.

H 128 **Anlagen |** Als Anlage ist insbesondere bei Satzungsänderungen eine konsolidierte Fassung des Gesellschaftsvertrags mit Notarbescheinigung einzureichen (§ 54 Abs. 1 Satz 2 GmbHG), bei Kapitalerhöhungen sind zudem Übernahmeerklärungen bzgl. der neu geschaffenen Geschäftsanteile und eine Übernehmerliste erforderlich (§§ 57 Abs. 3, 55 Abs. 1 GmbHG).

Bei Wechseln im Gesellschafterbestand, einer Neustückelung der Anteile oder einer Kapitalerhöhung ist zudem eine neue Gesellschafterliste einzureichen, entweder durch den Notar (sofern er an der Änderung mitgewirkt hat) oder die Geschäftsführer (§ 40 Abs. 1, 2 GmbHG).

H 129 **Versicherung der Geschäftsführer |** Schließlich ist bei der Kapitalerhöhung analog zur Gründung die Versicherung abzugeben, dass der Erhöhungsbetrag zur endgültig freien Verfügung der Geschäftsführung steht (§ 57 Abs. 2 GmbHG). Bei Bestellung neuer Geschäftsführer haben diese zudem ebenfalls entsprechend zur Erstanmeldung zu versichern, dass keine Bestellungshindernisse vorliegen.

Vertiefende Recherche

Wichtige Urteile und Erlasse

BGH v. 21.6.2011 – II ZB 15/10, GmbHR 2011, 952: Zum Prüfungsumfang des Registergerichts.

BGH v. 17.5.2010 – II ZB 5/10, NZG 2010, 829 = GmbHR 2010, 812: Die nach § 8 Abs. 3 GmbHG erforderliche Versicherung des Geschäftsführers genügt auch dann den gesetzlichen Anforderungen, wenn er lediglich pauschal erklärt, noch nie wegen einer Straftat im In- oder Ausland verurteilt worden zu sein.

BGH v. 28.2.1983 – II ZB 8/82, BGHZ 87, 59 = GmbHR 1983, 269: Befreiung des GmbH-Geschäftsführers von § 181 BGB ist ins Handelsregister einzutragen.

BayObLG v. 3.3.1988 – BReg 3 Z 184/87, GmbHR 1988, 306: Anmeldepflicht zum Handelsregister trifft auch die Kommanditisten.

OLG Frankfurt a.M. v. 23.3.1973 – 20 W 209/73, OLGZ 1973, 270: Registervollmacht kann auch im Gesellschaftsvertrag der KG erteilt werden, sofern dieser notariell beglaubigt unterzeichnet wird.

Weitere Stichwörter

→ *Einlagen und Haftsummen*; → *Gründung*; → *Haftung des Kommanditisten*; → *Übertragung von Gesellschaftsanteilen*; → *Umwandlung*; → *Wechsel zwischen Komplementär- und Kommanditistenstellung*

Informationsrechte

Ausgewählte Literatur: *Binz/Freudenberg/Sorg*, Informationsrechte in der GmbH & Co., BB 1991, 785; *Schiessl*, Abdingbarkeit der Kontrollrechte des Kommanditisten aus § 166 HGB, NJW 1989, 1597; *Veltins/Hikel*, Zur Einschränkung bzw. Erweiterung der Informationsrechte des Kommanditisten, DB 1989, 465.

1. Einführung

I 1 **Mitgliedschaftliches „Grundrecht"** | Zur effektiven Ausübung ihrer Gesellschafterrechte sind sämtliche Gesellschafter einer KG auf grundlegende Informationen über deren Tätigkeit und die Entwicklung ihrer Geschäfte angewiesen. Die Informationsrechte bilden somit Teil der mitgliedschaftlichen Grundrechte eines jeden Gesellschafters (*Schlitt/Maier-Reinhardt* in Reichert, GmbH & Co. KG, § 25 Rz. 1 f.).

I 2 **Komplementär-GmbH** | Die Komplementär-GmbH verfügt schon aufgrund ihrer Geschäftsführungsposition über sämtliche relevanten Informationen und bedarf insofern nachfolgend keiner besonderen Erläuterung (vgl. hierzu *Schlitt/Maier-Reinhardt* in Reichert, GmbH & Co. KG, § 25 Rz. 60 ff.).

I 3 **Kommanditisten** | Anders ist die Situation bei den Kommanditisten. Für diese sieht § 166 HGB nur ein eingeschränktes Auskunfts- und Informationsrecht vor (Rz. I 11 ff.; Rz. I 21 ff.), welches allerdings nach ganz überwiegender Meinung durch einen auf allgemeinen Grundsätzen beruhenden Auskunftsanspruch ergänzt wird (Rz. I 26 ff.). Neben diesen individuellen Rechten steht den Kommanditisten in ihrer Gesamtheit zudem noch ein kollektives Informationsrecht, ebenfalls auf Basis allgemeiner Grundsätze zu (Rz. I 30 ff.).

I 4 **Weitere Komplementäre** | Existieren in atypischen Gestaltungen neben der geschäftsführenden Komplementär-GmbH noch weitere, nicht geschäftsführungsbefugte Komplementäre (bspw. zwecks Publizitätsvermeidung → *Publizität Rz. P 55 ff.*), bedürfen auch diese eines Informationsrechts (Rz. I 34 ff.). Insofern stellt § 118 HGB ein relativ umfassendes Einsichts- und Prüfungsrecht zur Verfügung. Dieses wird ebenfalls durch ein individuelles Auskunftssowie ein kollektives Informationsrecht, wiederum auf Grundlage der allgemeinen Regeln, ergänzt.

I 5 **Gesellschafter der Komplementär-GmbH** | Schließlich besitzen die Gesellschafter der Komplementär-GmbH ein umfangreiches Auskunfts- und Einsichtsrecht auf Basis von § 51a GmbHG (Rz. I 38 ff.), was insbesondere bei der beteiligungsidentischen GmbH & Co. KG von Relevanz sein dürfte.

2. Allgemeine Modalitäten

Verpflichteter | Unmittelbarer Schuldner sämtlicher Informationsrechte ist nach inzwischen I 6
h.M. die Gesellschaft selbst (BGH v. 8.7.1957 – II ZR 54/56, BGHZ 25, 115, 118; *Weipert* in Münchener Hdb. Gesellschaftsrecht, Bd. 2, § 15 Rz. 39; *Wertenbruch* in Westermann/Wertenbruch, Hdb. Personengesellschaften, Rz. I 493c; *Haas/Mock* in Röhricht/Graf von Westphalen/Haas, § 166 HGB Rz. 6), nicht unmittelbar die Geschäftsführung oder die Komplementär-GmbH. Das ändert freilich nichts an der Erfüllung der Informationsrechte durch den persönlich haftenden Gesellschafter, weshalb die Rechtsprechung aus Praktikabilitätsgründen verschiedentlich eine Leistungsklage unmittelbar gegen diesen zugelassen hat (vgl. BGH v. 28.5.1962 – II ZR 156/61, DB 1962, 1139 f.).

Durchsetzung | Generell sind Informationsrechte (zur Besonderheit bei § 166 Abs. 3 HGB I 7
vgl. Rz. I 21 ff.) im Klagewege vor den ordentlichen Gerichten geltend zu machen. In Eilfällen kommt auch einstweiliger Rechtsschutz in Betracht, allerdings nur unter den engen Voraussetzungen der Leistungsverfügung, da Ziel des einstweiligen Rechtsschutzverfahrens zwangsläufig die Gewähr der begehrten Information und damit die Erfüllung des Hauptsachebegehrs sein wird (*Schlitt/Maier-Reinhardt* in Reichert, GmbH & Co. KG, § 25 Rz. 59).

Berechtigter | Grundsätzlich stehen Informationsrechte dem Gesellschafter höchstpersönlich I 8
zu, er kann jedoch bei Bedarf zur sachgerechten Ausübung einen Sachverständigen hinzuziehen (BGH v. 8.7.1957 – II ZR 54/56, BGHZ 25, 115, 123).

Einschränkungen | Allgemeine Grenze sämtlicher Informationsrechte ist das aus § 242 BGB I 9
abgeleitete Missbrauchsverbot (BGH v. 8.7.1957 – II ZR 54/56, BGHZ 25, 115, 122). Dieses verhindert insbesondere die Geltendmachung von Informationsrechten zur Unzeit, in schikanöser Weise und kann im Einzelfall auch überwiegende geheimhaltungsinteressen der Gesellschaft schützen (*Schlitt/Maier-Reinhardt* in Reichert, GmbH & Co. KG, § 25 Rz. 11).

Zeitlicher Anwendungsbereich | Das Informationsrecht eines Gesellschafters endet grund- I 10
sätzlich mit dessen Ausscheiden aus der Gesellschaft (*Weipert* in Münchener Hdb. Gesellschaftsrecht, Bd. 2, § 15 Rz. 31; *Haas/Mock* in Röhricht/Graf von Westphalen/Haas, § 166 HGB Rz. 59). An seine Stelle tritt ein allgemeiner, auf §§ 242, 810 BGB gestützter Anspruch (*Haas/Mock* in Röhricht/Graf von Westphalen/Haas, § 166 HGB Rz. 60) auf Rechnungslegung zur Überprüfung der dem ausscheidenden Gesellschafter regelmäßig zustehenden Abfindung (*Wertenbruch* in Westermann/Wertenbruch, Hdb. Personengesellschaften, Rz. I 440). Insofern wird zumindest die Vorlage einer Auseinandersetzungsbilanz sowie des letzten Jahresabschlusses erforderlich sein, in begründeten Fällen kann darüber hinaus ggf. auch die Einsichtnahme in weitere Unterlagen und eine Auskunftserteilung verlangt werden.

3. Ordentliches Informationsrecht des Kommanditisten (§ 166 Abs. 1 HGB)

Gesetzliche Regelung | Das primäre gesetzliche Informationsrecht des Kommanditisten ist I 11
in § 166 Abs. 1 HGB geregelt. Hiernach kann jeder Kommanditist eine „abschriftliche Mitteilung des Jahresabschlusses" verlangen sowie „dessen Richtigkeit unter Einsicht der Bücher und Papiere" prüfen. Nach seinem klaren Wortlaut billigt § 166 Abs. 1 HGB dem Kommanditisten nur ein eingeschränktes Informationsrecht Zwecks Überprüfung des Jahresabschlusses zu (*Schlitt/Maier-Reinhardt* in Reichert, GmbH & Co. KG, § 25 Rz. 14). § 166 Abs. 2 HGB

stellt diesen eingeschränkten Charakter nochmals klar, indem die Anwendung des (weitergehenden) Informationsrechts des nicht geschäftsführenden Gesellschafters gemäß § 118 HGB auf Kommanditisten ausdrücklich ausgeschlossen wird.

I12 **Mitteilung des Jahresabschlusses |** Der mitteilungspflichtige Jahresabschluss folgt bei der typischen GmbH & Co. KG ohne natürlichen Vollhafter den Regeln für Kapitalgesellschaften, vgl. § 264a HGB (im Detail → *Jahresabschluss Rz. J 3*). Er besteht insofern zumindest aus Bilanz und Gewinn- und Verlustrechnung (§ 242), sofern es sich nicht um eine Kleinstkapitalgesellschaft handelt zudem noch aus einem Anhang (§ 264 Abs. 1 HGB). Die Mitteilungspflicht erstreckt sich ggf. auch auf eine etwaige Steuerbilanz (vgl. OLG Stuttgart v. 18.2.1970, OLGZ 1970, 262, 264; *Weipert* in E/B/J/S, § 166 HGB Rz. 7). Umstritten ist, ob der von mittelgroßen und großen Kapitalgesellschaften zusätzlich aufzustellende Lagebericht ebenfalls von der Mitteilungspflicht umfasst ist, da er formell nicht Bestandteil des Jahresabschlusses ist, aber in engem Zusammenhang damit steht (vgl. § 264 Abs. 1 Satz 1 HGB; für eine Mitteilungspflicht bspw. *Binz/Sorg*, GmbH & Co. KG, § 5 Rz. 86). Abgelehnt wird eine Mitteilungspflicht hingegen bspw. für Zwischenbilanzen oder einen eventuellen Abschlussprüfungs- und/oder Betriebsprüfungsbericht (*Schlitt/Maier-Reinhardt* in Reichert, GmbH & Co. KG, § 25 Rz. m.w.N.). Die vorbezeichneten Einschränkungen dürften in der Praxis allerdings ohne größere Bedeutung sein, da der Kommanditist von entsprechenden Unterlagen bei Bedarf jedenfalls proaktiv über sein Einsichtsrecht (Rz. I 13 ff.) Kenntnis nehmen kann.

Die Mitteilung des Jahresabschlusses erfolgt durch unaufgeforderte Aushändigung einer Kopie an den Kommanditisten auf Kosten der Gesellschaft. Mitzuteilen ist der festgestellte, nicht lediglich der aufgestellte Jahresabschluss (*Schlitt/Maier-Reinhardt* in Reichert, GmbH & Co. KG, § 25 Rz. 15 f.).

I13 **Ergänzendes Einsichtsrecht |** Über die Mitteilung des Jahresabschlusses hinaus steht dem Kommanditisten ein Einsichtsrecht in die „Bücher und Papiere" zu. Das Einsichtsrecht dient zweckgebunden der Prüfung der Richtigkeit des Jahresabschlusses.

I14 **Einschränkungen |** Hieraus ergibt sich zunächst eine zeitliche Einschränkung dahingehend, dass die Einsichtnahme innerhalb eines angemessenen Zeitraumes nach Mitteilung des Jahresabschlusses erfolgen muss (*Schlitt/Maier-Reinhardt* in Reichert, GmbH & Co. KG, § 25 Rz. 21). Insofern werden Zeiträume von vier Wochen bis zu zwei Monaten als angemessen diskutiert (vgl. *Grunewald* in MünchKomm. HGB, § 166 HGB Rz. 4, dort auch Fn. 11).

Bei der Annahme einer inhaltlichen Einschränkung aus der Zweckbindung ist indessen Zurückhaltung geboten. Da der Jahresabschluss ein möglichst erschöpfendes Bild der Finanz- und Ertragslage der Gesellschaft vermitteln soll, dürften grundsätzlich sämtliche Geschäftsunterlagen für die Überprüfung, ob dieses Bild zutrifft, relevant sein. Jedenfalls wird der Kommanditist kaum im Vorfeld einschränkend beurteilen können, welche Unterlagen er im Einzelnen benötigt, weshalb ihm grundsätzlich Einsicht in sämtliche Geschäftsunterlagen zu gewähren ist (vgl. BGH v. 2.7.1979 – II ZR 213/78, BB 1979, 1315 f.; *Wenzel* in Hesselmann/Tillmann/Mueller-Thuns, Hdb. GmbH & Co. KG, Rz. 4.264; *Weipert* in E/B/J/S, § 166 HGB Rz. 9). Lediglich bei Unterlagen über Sachverhalte von ganz untergeordneter Bedeutung und/oder ohne finanzielle Relevanz wird man eine Einschränkung des Einsichtsrechts annehmen können. Die Darlegungs- und Beweislast für eine Einschränkung, sprich für die mangelnde Notwendigkeit der Einsichtnahme in bestimmte Unterlagen zur Überprüfung des Jahresabschlusses, trägt im Streitfall die Gesellschaft (BGH v. 2.7.1979 – II ZR 213/78, BB 1979, 1315 f.). Allein durch die Unterzeichnung oder die Mitwirkung an der Feststellung des Jahresabschlusses verliert der Kommanditist sein Einsichtsrecht nicht. Diese Maßnahmen können auch mit dem Ziel erfolgen, die Gewinnverteilung nicht zu blockieren, und stellen insofern nicht zwingend eine inhaltliche Billigung des Jahresabschlusses dar (*Grunewald* in MünchKomm. HGB, § 166 HGB Rz. 6).

Einsehbare Unterlagen | Inhaltlich bezieht sich das Einsichtsrecht auf alle Geschäftsunterlagen, unabhängig von der Form ihrer Verkörperung (bspw. Papierform, elektronische Speicherung, früher auch Mikrofilm oder Tonband). Zu den Geschäftsunterlagen zählen insbesondere (vgl. zum Nachfolgenden bspw. *Schlitt/Maier-Reinhardt* in Reichert, GmbH & Co. KG, § 25 Rz. 17 m.w.N.): I 15

- externe Verträge und Korrespondenz;
- interne Schriftwechsel, Aktenvermerke, Zwischenbilanzen (str.), Buchführungsunterlagen;
- Prüfungsberichte von Abschlussprüfern oder Finanzämtern.

Art und Weise der Einsichtnahme | In formeller Hinsicht erfolgt die Einsichtnahme durch unmittelbare Inaugenscheinnahme der Originalunterlagen in den Geschäftsräumen der Gesellschaft. Sie hat regelmäßig zu den üblichen Geschäftszeiten stattzufinden. Der Kommanditist hat keinen Anspruch darauf, dass ihm die Unterlagen herausgesucht werden. Ihm ist jedoch ausreichend Platz und Zugang zu sämtlichen für seine Recherche notwendigen Akten einzuräumen. Umstritten ist, ob er Kopien und Aufzeichnung anfertigen darf. Im Interesse einer sinnvollen Auswertung der Unterlagen wird man dies bejahen müssen (*Haas/Mock* in Röhricht/Graf von Westphalen/Haas, § 166 HGB Rz. 12). Die Kosten der Einsichtnahme und eventueller Kopien hat der Kommanditist zu tragen (zum Ganzen *Schlitt/Maier-Reinhardt* in Reichert, GmbH & Co. KG, § 25 Rz. 22). I 16

Abschlussprüfungsunterlagen | Findet eine Abschlussprüfung statt, ist im Einzelnen umstritten, ob sich das Einsichtsrecht des Kommanditisten auf die Einsichtnahme in den Prüfungsbericht beschränkt; oder ob er darüber hinaus auch unmittelbar die dem Abschluss zugrundeliegenden Geschäftsführungsunterlagen einsehen darf. Jedenfalls bei einer freiwilligen Prüfung, die primär im Interesse der Gesellschaft als Auftraggeberin erfolgt, sollte man daneben ein unmittelbares Prüfungsrecht des Kommanditisten zulassen (*Binz/Sorg*, GmbH & Co. KG, § 5 Rz. 87). Eine gesetzliche Pflichtprüfung (zu den Voraussetzungen → *Jahresabschluss Rz. J 26*) findet hingegen im Interesse aller Beteiligten statt, weshalb hierneben ein unmittelbares Einsichtsrecht des Kommanditisten nicht zwingend erscheint (*Binz/Sorg*, GmbH & Co. KG, § 5 Rz. 88; a.A. wohl *Grunewald* in MünchKomm. HGB, § 166 HGB Rz. 7). Etwas anderes muss aber jedenfalls gelten, wenn der Prüfungsbericht Anhaltspunkte für Unrichtigkeiten bietet oder wenn der Bestätigungsvermerk versagt oder eingeschränkt wurde. I 17

Unterlagen in Drittbesitz | Primär sind Unterlagen im Besitz der KG selbst vom Einsichtsrecht umfasst. Da die Komplementär-GmbH die Geschäfte führt und damit als Besitzmittler bzw. -diener fungiert, muss dies sämtliche in ihrem physischen Besitz befindlichen Unterlagen umfassen, sofern sie unmittelbar auf die KG bezogen sind. Auch im Übrigen müssen Unterlagen im (Privat-)Besitz eines Gesellschafters vom Einsichtsrecht umfasst sein, wenn diese inhaltlich der Sphäre der KG zuzuordnen sind (BGH v. 8.7.1957 – II ZR 54/56, BGHZ 25, 115, 118). Ansonsten könnte durch Entfernung aus den Geschäftsräumen leicht das Einsichtsrecht vereitelt werden. Sind hingegen (bspw. aufgrund unzureichender Akten- und/oder Buchführung) entsprechende Unterlagen nicht vorhanden oder verloren gegangen, folgt aus I 18 dem Einsichtsrecht keine Pflicht zur (Wieder-)Herstellung. In diesem Fall besteht allerdings ausnahmsweise eine Pflicht, zu relevanten Sachverhalten stattdessen – sofern möglich – mündlich Auskunft zu erteilen (*Schlitt/Maier-Reinhardt* in Reichert, GmbH & Co. KG, § 25 Rz. 23).

119 **Beschränkung auf KG-Angelegenheiten |** Unabhängig vom Besitzer bezieht sich das Einsichtsrecht grundsätzlich nur auf solche Unterlagen, die Angelegenheiten der KG selbst betreffen. Hierzu zählen auch Angelegenheiten der verbundenen Unternehmen, sofern sie gerade das Verhältnis zwischen diesen und der KG betreffen (bspw. Verträge zwischen beiden, insb. auch Unternehmensverträge; vgl. BGH v. 16.1.1984 – II ZR 36/83, GmbHR 1985, 20f.; *Weipert* in Münchener Hdb. Gesellschaftsrecht, Bd. 2, § 15 Rz. 13). Das gilt auch für die Komplementär-GmbH, sprich auch hier besteht ein Einsichtsrecht nur, sofern Unterlagen gerade die Geschäftsführung für die KG betreffen (*Schlitt/Maier-Reinhardt* in Reichert, GmbH & Co. KG, § 25 Rz. 19). Besteht kein unmittelbarer Bezug zur KG, setzt ein Einsichtsrecht voraus, dass zumindest mittelbare Auswirkungen auf die KG gegeben sind (dazu *Weipert* in Münchener Hdb. Gesellschaftsrecht, Bd. 2, § 15 Rz. 19). Das ist bei Angelegenheiten 100% iger Tochtergesellschaften regelmäßig zu bejahen, wenn diese wie eine „Betriebsabteilung" geführt werden (BGH v. 8.7.1957 – II ZR 54/56, BGHZ 25, 115, 118). Bei Unterlagen im Besitz der verbundenen Unternehmen ist erforderlich, dass der KG gegen diese Ihrerseits ein Informationsrecht zusteht (*Schlitt/Maier-Reinhardt* in Reichert, GmbH & Co. KG, § 25 Rz. 20), da nur sie Informationsschuldnerin gegenüber den Kommanditisten ist und somit als „Informationsmittler" fungieren muss. Auch das ist jedenfalls bei einer 100 %-Tochter der Fall. Ist die KG hingegen selbst abhängiges Unternehmen, besitzt sie gegenüber der Obergesellschaft regelmäßig kein Entsprechendes Informationsrecht (*Schlitt/Maier-Reinhardt* in Reichert, GmbH & Co. KG, § 25 Rz. 20).

120 **Gesellschaftsvertragliche Abweichungen |** Das Informationsrecht des Kommanditisten nach § 166 Abs. 1 HGB kann durch gesellschaftsvertragliche Regelungen erweitert werden. Einschränkungen sind grundsätzlich ebenfalls möglich, die Einzelheiten sind allerdings umstritten (vgl. die Nachweise bei *Schlitt/Maier-Reinhardt* in Reichert, GmbH & Co. KG, § 25 Rz. 24; ferner *Schiessl*, NJW 1989, 1597). Jedenfalls ein vollständiger Ausschluss dürfte unzulässig sein, da dem Kommanditisten ansonsten jegliche Grundlage zur Ausübung seiner gesellschafterlichen Mitwirkungsrechte fehlen würde. Im Übrigen wird man jedenfalls die Mitteilung des Jahresabschlusses für unabdingbar halten müssen (*Haas/Mock* in Röhricht/Graf von Westphalen/Haas, § 166 HGB Rz. 40), was bei Registerpublizität bei der GmbH & Co. KG (→ *Publizität*) aber ohnehin nicht entscheidend ist. Die Ausübung des Einsichtsrechts kann hingegen nach richtiger Ansicht eingeschränkt werden (zeitlich, örtlich und sachlich) und zumindest in der Publikums-KG auch auf ein anderes Organ (bspw. Beirat) übertragen oder insgesamt ausgeschlossen werden, da hier ansonsten die Ausübung des Einsichtsrechts durch eine Vielzahl von Kommanditisten den Geschäftsbetrieb unbillig einschränken würde (*Schlitt/Maier-Reinhardt* in Reichert, GmbH & Co. KG, § 25 Rz. 25). „Abgemildert" werden die Folgen einer Beschränkung des Einsichtsrechts zudem dadurch, dass sich die Gesellschaft hierauf bei Glaubhaftmachung von Tatsachen, die den Verdacht unredlicher Geschäftsführung begründen, nicht berufen kann (*Schlitt/Maier-Reinhardt* in Reichert, GmbH & Co. KG, § 25 Rz. 25).

4. Außerordentliches Informationsrecht des Kommanditisten (§ 166 Abs. 3 HGB)

Gesetzliche Regelung | Nach § 116 Abs. 3 HGB kann das Gericht auf Antrag des Kommanditisten die Mitteilung von Bilanz/Jahresabschluss sowie sonstige Aufklärungen und die Vorlage von Büchern und Papieren anordnen, wenn wichtige Gründe bestehen. Neben der verfahrensrechtlichen Komponente (gerichtliche Anordnung auf Antrag) hat die Vorschrift nach zutreffender h.M. auch einen eigenen materiell-rechtlichen Regelungsgehalt (*Schlitt/Maier-Reinhardt* in Reichert, GmbH & Co. KG, § 25 Rz. 27 m.w.N.), indem sie dem Kommanditisten eine über § 166 Abs. 1 HGB hinausgehende Information – insbesondere in Form allgemeiner Auskünfte – ermöglicht. Insofern ergänzt das besondere (weil an das Vorliegen eines wichtigen Grundes gebundene) Informationsrecht aus § 166 Abs. 3 HGB das dem Kommanditisten stets zustehende allgemeine Informationsrecht aus § 166 Abs. 1 HGB. 121

Wichtiger Grund | Voraussetzung des außerordentlichen Informationsrechts ist das Vorliegen eines wichtigen Grundes. Ein solcher setzt keine besondere Eilbedürftigkeit voraus (*Schlitt/Maier-Reinhardt* in Reichert, GmbH & Co. KG, § 25 Rz. 28). Er liegt regelmäßig dann vor, wenn das reguläre Informationsrecht aus § 166 Abs. 1 HGB für eine sachgemäße Ausübung der Mitgliedschaftsrechte des Kommanditisten nicht ausreicht und außerdem eine Gefährdung seiner Interessen vorliegt (*Binz/Sorg*, GmbH & Co. KG, § 5 Rz. 91 f.; *Haas/Mock* in Röhricht/Graf von Westphalen/Haas, § 166 HGB Rz. 20). 122

- Anerkannte Fälle sind bspw.: Verweigerung eines vertraglichen, nach h.M. auch des gesetzlichen Informationsrechts nach§ 166 Abs. 1 HGB; begründeter Verdacht unrechtmäßiger Geschäftsführung, bei personellen Verflechtungen auch in Tochtergesellschaften, insb. wenn dadurch der Gewinnanspruch der KG (potenziell) verringert wird (vgl. BGH v. 16.1.1984 – II ZR 36/83, GmbHR 1985, 20 f.); schlechte wirtschaftliche Lage; Änderung der vergangenen Gewinnfeststellung in Folge eines Betriebsprüfungsberichts; Gefährdung von Vermögensinteressen durch Mehrheitsgesellschafter (*Schlitt/Maier-Reinhardt* in Reichert, GmbH & Co. KG, § 25 Rz. 28 m.w.N.).
- Keinen wichtigen Grund stellen demgegenüber dar: reine Abweichung von Planungen; Stattfinden einer Betriebsprüfung; bloße Behauptung der Unrichtigkeit der Bilanz (OLG Stuttgart v. 18.2.1970, OLGZ 1970, 262, 265).

Inhalt und Reichweite | Neben der im Grundsatz schon über § 166 Abs. 1 HGB abgedeckten Einsicht in Jahresabschluss sowie Bücher und Papiere gewährt § 166 Abs. 3 HGB dem Kommanditisten vor allem die Möglichkeit, Auskünfte zu verlangen. Diese können sich auf beliebige Geschäftsvorfälle und -unterlagen (der KG und bei KG-Bezug auch der Komplementärin) beziehen. Darüber hinaus wird dem Kommanditisten das Recht zugebilligt, eine Sonderprüfung und ggf. auch die Aufstellung von Zwischenbilanzen zu verlangen (*Binz/Sorg*, GmbH & Co. KG, § 5 Rz. 91). 123

Gerichtliche Durchsetzung | Das Gericht entscheidet nach den Vorschriften des FamFG auf Antrag des Kommanditisten. Dennoch geht es in der Sache um eine Informationserteilung an den Kommanditisten selbst. Daher ist es folgerichtig, wenn auch umstritten, ein Wahlrecht bei mehreren in Betracht kommenden und geeigneten Informationsarten dem Kommanditisten zuzubilligen (*Grunewald* in MünchKomm. HGB, § 166 HGB Rz. 36; a.A. wohl *Schlitt/Maier-Reinhardt* in Reichert, GmbH & Co. KG, § 25 Rz. 30 [Gericht ist in seiner Entscheidung frei]). 124

125 **Gesellschaftsvertragliche Abweichungen** | Wegen seines außerordentlichen Charakters ist das Informationsrecht aus § 166 Abs. 3 HGB grundsätzlich zwingend und kann nicht durch gesellschaftsvertragliche Regelungen eingeschränkt oder einem anderen Organ übertragen werden (*Binz/Sorg*, GmbH & Co. KG, § 5 Rz. 124; *Haas/Mock* in Röhricht/Graf von Westphalen/Haas, § 166 HGB Rz. 41). Zulässig sind allenfalls Schiedsvereinbarungen, sofern sie allein die Verfahrensseite und nicht den Inhalt des Informationsrechts betreffen (BayObLG v. 10.10. 1978 – BReg 1 Z 14/78, DB 1978, 2405 f.). Auch auf sie kann sich die Gesellschaft bei einem Verdacht unredlicher Geschäftsführung allerdings nicht berufen (*Schlitt/Maier-Reinhardt* in Reichert, GmbH & Co. KG, § 25 Rz. 31).

5. Allgemeiner Auskunftsanspruch des Kommanditisten

126 **Rechtsgrundlage** | Auch über § 166 HGB hinaus wird von der überwiegenden Ansicht ein allgemeiner, zweckgebundener Auskunftsanspruch des einzelnen Kommanditisten angenommen (so im Grundsatz auch BGH v. 20.6.1983 – II ZR 85/82, ZIP 1983, 935 f.). Überzeugend ist es, dieses Auskunftsrecht auf die Mitverwaltungsrechte des Kommanditisten zu stützen und nicht auf eine entsprechende Anwendung der §§ 713, 666 BGB, da diese Normen lediglich ein kollektivrecht normieren (*Schlitt/Maier-Reinhardt* in Reichert, GmbH & Co. KG, § 25 Rz. 32 f.).

127 **Zweckbindung** | Die Verknüpfung des Auskunftsrechts mit den Mitverwaltungsrechten bedingt, dass Auskunft nur über solche Angelegenheiten verlangt werden kann, auf die sich die Mitverwaltung des Kommanditisten bezieht (vgl. BGH v. 23.3.1992 – II ZR 128/91, GmbHR 1992, 365 f.). Das sind in erster Linie die in einer Gesellschafterversammlung zur Abstimmung gestellten Tagesordnungspunkte. Dabei besteht das Auskunftsrecht auch bezüglich solcher Punkte, bei denen dem Kommanditisten kein Stimmrecht zusteht, damit er zumindest an der betreffenden Aussprache informiert teilnehmen kann (*Schlitt/Maier-Reinhardt* in Reichert, GmbH & Co. KG, § 25 Rz. 33a. eE.).

128 **Form der Auskunftserteilung** | Die konkrete Form der Auskunftserteilung – insb. mündlich oder schriftlich – liegt im Ermessen der Gesellschaft (*Schlitt/Maier-Reinhardt* in Reichert, GmbH & Co. KG, § 25 Rz. 37). Mit dem Auskunftsrecht geht nach zutreffender Ansicht nicht zugleich ein erweitertes Einsichtsrecht in Geschäftsunterlagen einher (*Schlitt/Maier-Reinhardt* in Reichert, GmbH & Co. KG, § 25 Rz. 37).

129 **Gesellschaftsvertragliche Einschränkungen** | Gesellschaftsvertragliche Einschränkungen des allgemeinen Auskunftsrechts oder eine Delegation auf andere Gesellschaftsorgane sind nicht zulässig (*Schlitt/Maier-Reinhardt* in Reichert, GmbH & Co. KG, § 25 Rz. 39). Das wäre nicht mit seiner Zweckbindung zur Ausübung der Mitverwaltungsrechte vereinbar: Bei Einschränkung oder Delegation des Auskunftsrechts wären auch diese in Mitleidenschaft gezogen, was ebenfalls unzulässig ist. Erweiterungen, bspw. in Form einer regelmäßigen Berichterstattung an die Kommanditisten, sind demgegenüber zulässig.

6. Kollektives Informationsrecht der Kommanditisten

130 **Rechtsgrundlage** | Schließlich steht den Kommanditisten in ihrer Gesamtheit über §§ 713, 666 BGB i.V.m. §§ 105 Abs. 2, 161 Abs. 2 HGB ein kollektives Informationsrecht zu (BGH

v. 23.3.1992 – II ZR 128/91 GmbHR 1992, 365 f.; *Weipert* in Münchener Hdb. Gesellschaftsrecht, Bd. 2, § 15 Rz. 7; *Wenzel* in Hesselmann/Tillmann/Mueller-Thuns, Hdb. GmbH & Co. KG, Rz. 4.278), welches auf Auskunftserteilung und Rechenschaftslegung gerichtet ist.

Ausübung | Mangels abweichender gesellschaftsvertraglicher Regelungen wird das Informationsrecht auf Basis eines einstimmigen Gesellschafterbeschlusses (ohne Beteiligung der Komplementär-GmbH) ausgeübt (*Schlitt/Maier-Reinhardt* in Reichert, GmbH & Co. KG, § 25 Rz. 45). Mangels Zustandekommen des Beschlusses kann der einzelne Kommanditist zur actio pro socio greifen (vgl. BGH v. 23.3.1992 – II ZR 128/91, GmbHR 1992, 365 f.), was allerdings bei anzunehmender Deckungsgleichheit mit seinem individuellen Auskunftsanspruch (dazu sogleich) praktisch kaum von Relevanz sein dürfte. I 31

Inhalt | Inhaltlich erstreckt sich das Informationsrecht auf diejenigen Auskünfte, auf die die Kommanditisten zur Ausübung ihrer Gesellschafterrechte angewiesen sind (*Wenzel* in Hesselmann/Tillmann/Mueller-Thuns, Hdb. GmbH & Co. KG, Rz. 4.279). Angelegenheiten der laufenden Geschäftsführung sind allerding nicht umfasst (BGH v. 23.3.1992 – II ZR 128/91, GmbHR 1992, 365 f.). Ansonsten würde das Informationsrecht auf einen allgemeinen Auskunftsanspruch hinauslaufen der – auch angesichts der Regelung des § 166 Abs. 2 HGB – nicht gewollt sein kann. Im Ergebnis dürfte das kollektive Informationsrecht daher mit dem allgemeinen Auskunftsanspruch des einzelnen Kommanditisten weitestgehend gleichlaufen (*Schlitt/Maier-Reinhardt* in Reichert, GmbH & Co. KG, § 25 Rz. 44). I 32

Gesellschaftsvertragliche Einschränkungen | Insofern ist ein Ausschluss des Informationsrechts nach den bereits unter Rz. I 29 dargestellten Erwägungen unzulässig. Eine Übertragung auf ein anderes Organ (bspw. Beirat) wird hingegen als zulässig erachtet (*Schlitt/Maier-Reinhardt* in Reichert, GmbH & Co. KG, § 25 Rz. 46). I 33

7. Informationsrecht des nichtgeschäftsführenden Komplementärs

Gesetzliche Regelung | Sind ausnahmsweise nichtgeschäftsführende Komplementäre vorhanden, gewährt ihnen § 118 Abs. 1 i.V.m. § 161 Abs. 2 HGB ein umfassendes Informationsrecht (*Wenzel* in Hesselmann/Tillmann/Mueller-Thuns, Hdb. GmbH & Co. KG, Rz. 4.280). Dieses erstreckt sich zunächst auf die Einsichtnahme in sämtliche Unterlagen der Gesellschaft und ist – anders als das Einsichtsrecht der Kommanditisten – nicht auf die Überprüfung des Jahresabschlusses beschränkt (*Schlitt/Maier-Reinhardt* in Reichert, GmbH & Co. KG, § 25 Rz. 61). I 34

Ergänzendes Auskunftsrecht | Darüber hinaus wird den nichtgeschäftsführenden Komplementären ein Auskunftsrecht gegen die Gesellschaft zugebilligt, sofern sie sich durch Ausübung ihres Einsichtnahmerechts nicht hinreichend informieren können (BGH v. 20.3.1972 – II ZR 160/69, BB 1972, 1245). I 35

Kollektives Informationsrecht | Aufgrund der Umfänglichkeit dieser Rechte dürfte das darüber hinaus auch für die nichtgeschäftsführenden Komplementäre bestehende kollektive Informationsrecht gemäß §§ 713, 666 BGB eine eher untergeordnete Rolle spielen. I 36

Gesellschaftsvertragliche Einschränkung | Gesellschaftsvertragliche Einschränkungen oder der vollständige Ausschluss des Informationsrechts sind grundsätzlich zulässig (*Wenzel* in Hesselmann/Tillmann/Mueller-Thuns, Hdb. GmbH & Co. KG, Rz. 4.283). Bei Verdacht un- I 37 redlicher Geschäftsführung entfalten sie allerdings aufgrund der ausdrücklichen Anordnung in § 118 Abs. 2 HGB keine Wirkung (*Wertenbruch* in Westermann/Wertenbruch, Hdb. Personengesellschaften, Rz. I 444).

8. Informationsrechte in der Komplementär-GmbH

138 **Gesetzliche Regelung** | Das Informationsrecht in der GmbH ist in § 51a GmbHG gesetzlich geregelt. Nach noch h.M. steht es ausschließlich den Gesellschaftern der GmbH, nicht jedoch zugleich einem „Nur-Kommanditisten" zu (*Schlitt/Maier-Reinhardt* in Reichert, GmbH & Co. KG, § 25 Rz. 64). Folglich kommt es in erster Linie bei der beteiligungsidentischen GmbH & Co. KG zum Tragen und stellt dort für die Kommanditisten eine Alternative zur Ausübung ihrer KG-spezifischen Informationsrechte dar.

139 **Inhalt** | Das Informationsrecht ist umfassend und berechtigt zur Einsicht in die Bücher und Schriften der GmbH sowie zur Auskunftserteilung. Ob eine Auskunft mündlich oder schriftlich erteilt wird, liegt grundsätzlich im Ermessen der Gesellschaft (*Hillmann* in MünchKomm. HGB, § 51a GmbHG Rz. 46). Das Einsichtsrecht umfasst nicht die Übergabe der entsprechenden Unterlagen, jedoch wird man dem Gesellschafter das Recht zur Erstellung von Kopien auf eigene Kosten zubilligen müssen.

140 **Reichweite** | Das Informationsrecht erstreckt sich jedenfalls auf die originären Angelegenheiten der Komplementär-GmbH selbst, also insbesondere auf die Personal- und Gehaltsstruktur. Darüber hinaus sind aufgrund der Geschäftsführungsfunktion der GmbH nach h.M. auch Angelegenheiten der KG vom Informationsrecht umfasst (BGH v. 11.7.1988 – II ZR 346/87, NJW 1989, 225f. = GmbHR 1988, 434; *Weipert* in Münchener Hdb. Gesellschaftsrecht, Bd. 2, § 15 Rz. 12; a.A. *Binz/Sorg*, GmbH & Co. KG, § 5 Rz. 100ff.), so dass über die Beteiligung an der GmbH mittelbar ein (deutlich relevanteres) Informationsrecht in Bezug auf die KG besteht. Das gilt allerdings nur, soweit die Weitergabe der Informationen nach dem Gesellschaftsvertrag der KG zulässig ist.

141 **Informationsverweigerung** | Nach § 51a Abs. 2 GmbHG besteht die Möglichkeit einer Informationsverweigerung, wenn zu befürchten steht, dass die Informationen zu gesellschaftsfremden Zwecken verwendet werden und der Gesellschaft dadurch ein nicht unerheblicher Nachteil entsteht. Das kann auch ein vermögensmäßig nur schwer bezifferbarer ideeller Nachteil oder ggf. die Schädigung eines Mitgesellschafters oder Tochterunternehmens sein (*Schlitt/Maier-Reinhardt* in Reichert, GmbH & Co. KG, § 25 Rz. 75). Die Entscheidung über die Informationsverweigerung obliegt nach § 51a Abs. 2 Satz 2 GmbHG der Gesellschafterversammlung, deren Beschluss unverzüglich herbeizuführen ist. Der betroffene Gesellschafter ist dabei nach h.M. nicht stimmberechtigt (*Zöllner* in Baumbach/Hueck, § 51a GmbHG Rz. 38 m.w.N.). Unabhängig von § 51a Abs. 2 GmbHG kommt zudem eine Informationsverweigerung aufgrund des allgemeinen Missbrauchsverbotes in Betracht, die dann allein in der Verantwortung der Geschäftsführung liegt (*Schlitt/Maier-Reinhardt* in Reichert, GmbH & Co. KG, § 25 Rz. 77).

142 **Gesellschaftsvertragliche Einschränkungen** | Gesellschaftsvertragliche Einschränkungen des Informationsrechts sind nach § 51a Abs. 3 GmbHG grundsätzlich unzulässig, wobei die Möglichkeit der Verpflichtung zur Ausübung durch einen Sachverständigen umstritten ist (vgl. *Römermann* in Michalski, § 51a GmbHG Rz. 247). Die Unterwerfung unter ein Schieds-

gerichtsverfahren soll allerdings zulässig sein (*Hillmann* in MünchKomm. HGB, § 51a GmbHG Rz. 98).

Gerichtliche Durchsetzung | Für die prozessuale Durchsetzung sieht § 51b GmbHG ein spezielles Informationserzwingungsverfahren in Anlehnung an § 132 AktG vor, welches den Regelungen des FamFG folgt. Zudem kann im Rahmen von u.a. auf Informationsmängel gestützten Anfechtungsklagen inzident auch über das Informationsrecht entschieden werden (dient die Klage ausschließlich der Durchsetzung des Informationsrechts, fehlt allerdings im Hinblick auf § 51b GmbHG das Rechtsschutzinteresse; vgl. BGH v. 7.12.1987 – II ZR 86/87, GmbHR 1988, 213 f.). 143

frei 144–150

Vertiefende Recherche

Wichtige Urteile und Erlasse

BGH v. 23.3.1992 – II ZR 128/91, GmbHR 1992, 365: Zum allgemeinen Auskunftsrecht des einzelnen Kommanditisten sowie der Gesamtheit der Kommanditisten.

BGH v. 11.7.1988 – II ZR 346/87, NJW 1989, 225 = ZIP 1988, 1175: Das Informationsrecht des GmbH-Gesellschafters bezieht sich auch auf Vorgänge der KG.

BGH v. 16.1.1984 – II ZR 36/83, GmbHR 1985, 20: Das Einsichtsrecht erstreckt sich auch auf Unterlagen, die Rechtsbeziehung der KG zu mit ihr verbundenen Unternehmen betreffen.

BGH v. 20.6.1983 – II ZR 85/82, ZIP 1983, 935: Dem Kommanditisten steht ein allgemeines Auskunftsrecht zur Wahrung seiner Mitverwaltungsrechte zu.

BGH v. 2.7.1979 – II ZR 213/78, BB 1979, 1315: Das Einsichtsrecht des Kommanditisten gemäß § 166 Abs. 1 HGB erstreckt sich grundsätzlich auf alle Geschäftsunterlagen; die Gesellschaft ist darlegungs- und beweisbelastet dafür, dass einzelne Unterlagen für die Überprüfung des Jahresabschlusses nicht relevant sind.

BGH v. 8.7.1957 – II ZR 54/56, BGHZ 25, 115: Das Informationsrecht ist gegen die Gesellschaft als Schuldnerin gerichtet; es erstreckt sich auch auf wie eine eigene Betriebsabteilung geführte Tochtergesellschaft; die Zuziehung von Sachverständigen ist zulässig, wenn dies zur sachgerechten Rechtsausübung erforderlich ist.

Weitere Stichwörter

→ *Jahresabschluss*

Insolvenz

Ausgewählte Literatur: *Krings/Otte*, Die Insolvenz der Komplementär-GmbH, NZG 2012, 761; *Liebs*, Offene Fragen der Insolvenz einer zweigliedrigen GmbH & Co. KG, ZIP 2002, 1716; *K. Schmidt*, Der Verwaltungsrechtsstreit in der Simultaninsolvenz einer Kapitalgesellschaft & Co., ZIP 2010, 1627; *K. Schmidt*, Konsolidierte Abwicklung von Personengesellschaften bei simultaner Gesellschafterinsolvenz, ZIP 2008, 2345; *K. Schmidt*, Insolvenz und Insolvenzabwicklung bei der typischen GmbH & Co. KG, GmbHR 2002, 1209.

1. Allgemeines

151 Die Durchführung des Insolvenzverfahrens richtet sich nach der Insolvenzordnung (InsO). Das Insolvenzverfahren dient dazu, die Gläubiger eines Schuldners gemeinschaftlich zu befriedigen (§ 1 Satz 1 InsO). Die gemeinschaftliche Befriedigung erfolgt aus dem gesamten Vermögen des Schuldners (§ 35 Abs. 1 InsO). Insoweit unterscheidet sich das Insolvenzverfahren als Gesamtvollstreckungsverfahren von der Einzelzwangsvollstreckung, bei der es um die Befriedigung einzelner Gläubiger aus einzelnen Vermögensgegenständen des Schuldners geht.

152 **Insolvenzfähigkeit |** Sowohl die GmbH & Co. KG als auch ihre Gesellschafter sind insolvenzfähig. Für die GmbH & Co. KG ergibt sich dies aus § 11 Abs. 2 Nr. 1 InsO. Auch die noch nicht eingetragene Gesellschaft ist insolvenzfähig. Dies gilt unabhängig davon, ob diese bereits KG oder noch GbR ist (→ *Gründung*). Denn auch die nach außen in Erscheinung getretene GbR mit eigenem Vermögen ist gemäß § 11 Abs. 2 Nr. 1 InsO insolvenzfähig. Ebenso die fehlerhafte Gesellschaft (*Ott/Vuia* in MünchKomm. InsO, § 11 InsO Rz. 47). Die Insolvenzfähigkeit der Komplementär-GmbH folgt aus § 11 Abs. 1 Satz 1 InsO, die des Kommanditisten entweder aus § 11 Abs. 1 Satz 1 InsO oder aus § 11 Abs. 2 Nr. 1 InsO. Generell gilt: Wer fähig ist, sich als Gesellschafter an einer GmbH & Co. KG zu beteiligen (→ *Gründung*), ist auch insolvenzfähig.

153 **Insolvenzgründe |** Die Eröffnung des Insolvenzverfahrens setzt voraus, dass ein Insolvenzgrund gegeben ist (§ 16 InsO).

- **Zahlungsunfähigkeit:** Allgemeiner Insolvenzgrund ist die Zahlungsunfähigkeit (§ 17 InsO). Nach der gesetzlichen Definition liegt Zahlungsunfähigkeit vor, wenn der Schuldner nicht in der Lage ist, die fälligen Zahlungspflichten zu erfüllen. Zahlungsunfähigkeit ist i.d.R. anzunehmen, wenn der Schuldner seine Zahlungen eingestellt hat (§ 17 Abs. 2 InsO). Geht es um die Eröffnung des Insolvenzverfahrens über das Vermögen der GmbH & Co. KG, so ist allein deren Zahlungsfähigkeit zu prüfen. Auf eine etwaige Zahlungsfähigkeit der Komplementär-GmbH oder der Kommanditisten kommt es nicht an, denn deren Liquidität zählt nicht zu den verfügbaren Mitteln der GmbH & Co. KG (*Lüke* in Hesselmann/Tillmann/Mueller-Thuns, Hdb. GmbH & Co. KG, Rz. 10.7). Von der Zahlungsunfähigkeit abzugrenzen ist eine nur vorübergehende Zahlungsstockung oder eine ganz geringfügige Liquiditätslücke. Wegen der Einzelheiten wird auf die weiterführende Literatur verwiesen (vgl. *Bitter* in Scholz, vor § 64 GmbHG Rz. 6 ff., 190; *Lüke* in Hesselmann/Tillmann/Mueller-Thuns, Hdb. GmbH & Co. KG, Rz. 10.7 ff. m.w.N.).

- **Drohende Zahlungsunfähigkeit:** Die drohende Zahlungsunfähigkeit ist nur dann ein Insolvenzgrund, wenn die Eröffnung des Insolvenzverfahrens vom Schuldner selbst beantragt wird (§ 18 Abs. 1 InsO). Der Schuldner droht zahlungsunfähig zu werden, wenn er voraussichtlich nicht in der Lage sein wird, die bestehenden Zahlungspflichten im Zeitpunkt der Fälligkeit zu erfüllen (§ 18 Abs. 2 InsO). Die drohende Zahlungsunfähigkeit begründet lediglich ein Recht des Schuldners, den Insolvenzantrag zu stellen, nicht jedoch eine Antragspflicht. Der Insolvenzgrund der drohenden Zahlungsunfähigkeit eröffnet dem Schuldner die Möglichkeit, sich bei einer Krise frühzeitig und zu einem selbstgewählten Zeitpunkt unter das Regelungsregime des Insolvenzrechts zu begeben. Hierdurch kann der Schuldner im Insolvenzverfahren seine Stellung gegenüber den Gläubigern und dem Insolvenzverwalter verbessern, etwa im Rahmen eines Insolvenzplanverfahrens nach §§ 218 ff. InsO oder durch einen Antrag auf Eigenverwaltung gemäß §§ 270 ff. InsO (*Drukarczyk* in MünchKomm. InsO, § 18 InsO Rz. 3).
- **Überschuldung:** Die Überschuldung ist nur dann ein Antragsgrund, wenn das Insolvenzverfahren über das Vermögen einer juristischen Person (§ 19 Abs. 1 InsO) oder einer Gesellschaft ohne Rechtspersönlichkeit, bei der kein persönlich haftender Gesellschafter eine natürliche Person ist (§ 19 Abs. 3 Satz 1 InsO), eröffnet werden soll. Die Überschuldung kann daher sowohl für die Komplementär-GmbH als auch für die (typische) GmbH & Co. KG, die keine natürliche Person als Vollhafter hat, Insolvenzgrund sein. Der insolvenzrechtliche Überschuldungsbegriff hat in der Vergangenheit mehrfach Änderungen erfahren (vgl. dazu *Bitter* in Scholz, vor § 64 GmbHG Rz. 20 ff.; *Böcker/Poertzgen*, GmbHR 2013, 17). Mit Wirkung zum 1.1.2014 ist der Gesetzgeber endgültig wieder zum **sog. zweistufigen Überschuldungsbegriff** zurückgekehrt (Art. 18 des Gesetzes zur Einführung einer Rechtsbehelfsbelehrung im Zivilprozess und zur Änderung anderer Vorschriften v. 5.12.2012, BGBl. I 2012, 2418). Danach liegt Überschuldung vor, wenn das Vermögen des Schuldners die bestehenden Verbindlichkeiten nicht mehr deckt, es sei denn, die Fortführung des Unternehmens ist nach den Umständen überwiegend wahrscheinlich (§ 19 Abs. 2 Satz 1 InsO). Es ist also zunächst zu prüfen, ob das Vermögen der Gesellschaft die bestehenden Verbindlichkeiten deckt. Hierbei sind im Überschuldungsstatus die einzelnen Vermögensgegenstände unter Aufdeckung stiller Reserven zu Liquidationswerten anzusetzen (1. Stufe: **rechnerische Überschuldung**). Die rechnerische Überschuldung führt alleine jedoch noch nicht zur insolvenzrechtlichen Überschuldung. Diese ist ausgeschlossen, wenn für das von der Gesellschaft betriebene Unternehmen eine positive Fortführungsprognose besteht (2. Stufe). Eine positive Fortführungsprognose setzt subjektiv den Willen zur Fortführung des Unternehmens und objektiv eine Fortführungsmöglichkeit voraus. Erforderlich ist die Feststellung, dass die Gesellschaft mit überwiegender Wahrscheinlichkeit mittelfristig Einnahmeüberschüsse erzielt, aus denen die gegenwärtigen und künftigen Verbindlichkeiten gedeckt werden können. Ist dies nicht der Fall (**negative Fortführungsprognose**), so ist der Insolvenztatbestand der Überschuldung erfüllt. Auf der Passivseite sind Verbindlichkeiten aus Gesellschafterdarlehen und wirtschaftlich vergleichbaren Rechtshandlungen bei der Ermittlung der rechnerischen Überschuldung grundsätzlich zu berücksichtigen, obwohl diese in der Insolvenz lediglich nachrangig befriedigt werden (§ 39 Abs. 1 Nr. 5 InsO). Nur wenn für solche Verbindlichkeiten der Nachrang im Insolvenzverfahren hinter den in § 39 Abs. 1 Nr. 1–5 InsO bezeichneten Forderungen vereinbart worden ist, bleiben diese im Überschuldungsstatus unberücksichtigt (§ 19 Abs. 2 Satz 2

InsO, vgl. zu den Anforderungen an einen qualifizierten Rangrücktritt die Grundsatzentscheidung BGH v. 5.3.2015 – IX ZR 133/14, GmbHR 2015, 472, zu den Einzelheiten des Überschuldungsstatus und der Fortführungsprognose *Bitter* in Scholz, vor § 64 GmbHG Rz. 20ff., 32ff., 42ff., 191ff.; *Lüke* in Hesselmann/Tillmann/Mueller-Thuns, Hdb. GmbH & Co. KG, Rz. 10.19ff.).

154 **Trennungsprinzip** | Insolvenzrechtlich ist zwischen der GmbH & Co. KG und der Komplementär-GmbH streng zu trennen. Das heißt: Es ist für jede Gesellschaft gesondert zu prüfen, ob ein Insolvenzgrund vorliegt; für die Eröffnung des Insolvenzverfahrens bedarf es für jede Gesellschaft eines gesonderten Insolvenzantrags, und beide Gesellschaften durchlaufen getrennte Insolvenzverfahren. In der Praxis wird jedoch häufig die Insolvenz der GmbH & Co. KG auch zur Insolvenz der Komplementär-GmbH führen, da diese für die Verbindlichkeiten der GmbH & Co. KG persönlich und unbeschränkt haftet (§§ 128, 161 Abs. 2 HGB). Zu einer solchen **Doppel- oder Simultaninsolvenz** kommt es insbesondere dann, wenn die Komplementär-GmbH – wie im Regelfall – lediglich mit dem gesetzlichen Mindeststammkapital ausgestattet ist und nicht über sonstiges Vermögen oder sonstige Aktivitäten verfügt. Muss die Komplementär-GmbH ernsthaft damit rechnen, von den Gläubigern der GmbH & Co. KG in Anspruch genommen zu werden, so hat sie die Verbindlichkeiten der KG in ihrem eigenen Überschuldungsstatus zu passivieren (*Blaum* in Westermann/Wertenbruch, Hdb. Personengesellschaften, Rz. I 3277; *Gummert* in Münchener Hdb. Gesellschaftsrecht, Bd. 2, § 55 Rz. 12). Zwar hat die Komplementär-GmbH einen korrespondierenden Freistellungsanspruch gegen die GmbH & Co. KG (§ 110 HGB). Dieser Freistellungsanspruch ist aber nicht mehr werthaltig, wenn die GmbH & Co. KG insolvenzreif ist. In diesem Fall wird bei der Komplementär-GmbH sowohl eine Überschuldung als auch eine Zahlungsunfähigkeit vorliegen (BGH v. 22.10.1990 – II ZR 237/89, BB 1991, 246; *Blaum* in Westermann/Wertenbruch, Hdb. Personengesellschaften, Rz. I 3277; *Lüke* in Hesselmann/Tillmann/Mueller-Thuns, Hdb. GmbH & Co. KG, Rz. 10.1). Eine einheitliche Abwicklung beider Verfahren kann gewährleistet werden, wenn diese, wie es sich für die Praxis empfiehlt, demselben Insolvenzverwalter übertragen werden (*Henze* in E/B/J/S, Anh. A § 177a HGB Rz. 232).

155–160 frei

2. Insolvenz der GmbH & Co. KG

161 Die für die Krise und Insolvenz einer GmbH & Co. KG, bei der keine natürliche Person als Vollhafter vorhanden ist, geltenden Regelungen entsprechen inhaltlich in wesentlichen Punkten denjenigen für juristische Personen.

162 **Insolvenzantrag** | Ein Insolvenzverfahren wird nicht von Amts wegen durch das Gericht, sondern nur auf schriftlichen Antrag eröffnet (§ 13 Abs. 1 Satz 1 InsO).

163 **Antragspflicht** | Bei einer GmbH & Co. KG, die keine natürliche Person als Vollhafter hat, besteht eine Insolvenzantragspflicht, wenn diese zahlungsunfähig oder überschuldet wird. Der Insolvenzgrund der drohenden Zahlungsunfähigkeit (§ 18 InsO) löst keine Antragspflicht aus. Antragsverpflichtet sind die Geschäftsführer der Komplementär-GmbH oder deren Liquidatoren (§ 15a Abs. 1 InsO). Hat die Komplementär-GmbH mehrere Geschäftsführer, so trifft die Antragspflicht jeden Geschäftsführer einzeln und unabhängig davon, ob dieser Einzel- oder Gesamtvertretungsmacht hat oder welche Geschäftsverteilung im Innenverhältnis

besteht (*Lüke* in Hesselmann/Tillmann/Mueller-Thuns, Hdb. GmbH & Co. KG, Rz. 10.59). Wird der Antrag nicht von allen Geschäftsführern gestellt, muss er glaubhaft gemacht werden (§ 15 Abs. 2 InsO). Ist die Komplementär-GmbH führungslos, trifft die Antragspflicht jeden einzelnen Gesellschafter derselben, es sei denn, dieser hat von dem Insolvenzgrund oder der Führungslosigkeit keine Kenntnis (§ 15a Abs. 3 InsO). Die Verpflichteten müssen den Insolvenzantrag ohne schuldhaftes Zögern, spätestens aber drei Wochen nach Eintritt der Zahlungsunfähigkeit oder Überschuldung stellen (§ 15a Abs. 1 Satz 1 InsO). Die Drei-Wochen-Frist ist eine Maximalfrist, die nur insoweit ausgeschöpft werden darf, als während dieser Zeit Sanierungsbemühungen unternommen werden, die nicht völlig aussichtslos sind. Ob die Frist schon mit dem objektiven Eintritt des Insolvenzgrunds oder erst bei Kenntnis desselben zu laufen beginnt, ist umstritten (vgl. dazu ausführlich *Lüke* in Hesselmann/Tillmann/Mueller-Thuns, Hdb. GmbH & Co. KG, Rz. 10.68 ff.). Die vorsätzliche oder fahrlässige Verletzung der Antragspflicht ist eine Straftat (§ 15a Abs. 4 und 5 InsO) und macht schadensersatzpflichtig (s. Rz. I 87 ff.).

Antragsberechtigung | Ist die GmbH & Co. KG zahlungsunfähig oder überschuldet, so ist auch jeder Gläubiger der Gesellschaft berechtigt, die Eröffnung des Insolvenzverfahrens zu beantragen. Der Gläubiger muss jedoch den Eröffnungsgrund glaubhaft machen. Durch das Erfordernis der Glaubhaftmachung sollen willkürliche oder missbräuchliche Insolvenzanträge verhindert werden. Darüber hinaus besteht ein Antragsrecht der Geschäftsführung der Komplementär-GmbH, wenn der Insolvenzgrund der drohenden Zahlungsunfähigkeit (§ 18 InsO) vorliegt. Dagegen sind Kommanditisten grundsätzlich nicht antragsberechtigt (*Klöhn* in MünchKomm. InsO, § 15 InsO Rz. 49). I64

Zahlungsverbote | Für eine GmbH & Co. KG, die keine natürliche Person als Vollhafter hat, sieht das Gesetz in der Krise Zahlungsverbote vor, die dem Schutz der Gesellschaftsgläubiger dienen. Der Verstoß gegen ein Zahlungsverbot ist haftungsrelevant (s. Rz. I 88). I65

Zahlungen nach Insolvenzreife | Ist die GmbH & Co. KG zahlungsunfähig oder überschuldet, dürfen die Geschäftsführer der Komplementär-GmbH grundsätzlich keine Zahlungen mehr aus dem Vermögen der GmbH & Co. KG leisten. Im Falle der Liquidation ist das Zahlungsverbot von den Liquidatoren der GmbH & Co. KG zu beachten (§§ 130a Abs. 1 Satz 1, 161 Abs. 2, 177a Satz 1 HGB). Das Zahlungsverbot dient der Masseerhaltung. Der Begriff der Zahlung ist weit auszulegen. Seinem Sinn nach erfasst er nicht nur Geldzahlungen, sondern alle Leistungen, die zu einer Schmälerung des Aktivvermögens führen. Erfasst werden insbesondere auch die Lieferung von Gütern, die Übertragung von Rechten und die Erbringung von Dienstleistungen, wenn dadurch das Gesellschaftsvermögen verringert wird. Hierzu gehört auch das Abbuchen von einem **kreditorischen Konto** der Gesellschaft, nicht aber Zahlungen von einem **debitorischen Konto** an einzelne Gesellschaftsgläubiger, wenn diese über keine Sicherheiten aus dem Gesellschaftsvermögen verfügen. Denn solche Zahlungen gehen allein zum Nachteil der kontoführenden Bank. Sie verringern die Masse nicht, sondern führen zu einem bloßen Gläubigertausch (BGH v. 3.6.2014 – II ZR 100/13, GmbHR 2014, 982, Rz. 15 = GmbH-StB 2014, 283; BGH v. 26.3.2007 – II ZR 310/05, GmbHR 2007, 596 = GmbH-StB 2007, 169). Vorsicht ist auch beim Einzug von Zahlungen von Gesellschaftsschuldnern geboten: Der Einzug eines Kundenschecks oder sonstiger Zahlungen auf ein debitorisches Geschäftskonto wird vom BGH grundsätzlich als verbotene Zahlung qualifiziert, weil dadurch das Aktivvermögen der Gesellschaft zu Lasten der Gläubigergesamtheit und zum Vorteil der Bank geschmälert wird (BGH v. 3.6.2014 – II ZR 100/13, GmbHR 2014, 982, Rz. 16 = GmbH-StB 2014, 283; BGH v. 26.3.2007 – II ZR 310/05, GmbHR 2007, 596 = GmbH-StB I66

2007, 169; vgl. dazu ausführlich *Lüke* in Hesselmann/Tillmann/Mueller-Thuns, Hdb. GmbH & Co. KG, Rz. 10.75; *Haas* in Röhricht/Graf von Westphalen/Haas, § 130a HGB Rz. 15). Nach der Rechtsprechung des BGH muss der Geschäftsführer einer insolvenzreifen GmbH & Co. KG aufgrund seiner Masseerhaltungspflicht generell dafür sorgen, dass Zahlungen von Gesellschaftsschuldnern nicht auf ein debitorisch geführtes Bankkonto der Gesellschaft geleistet werden. Er ist in einer solchen Situation grundsätzlich dazu verpflichtet, ein neues, ausschließlich kreditorisch geführtes Konto bei einer anderen Bank zu eröffnen und den aktuellen Gesellschaftsschuldnern die geänderte Bankverbindung unverzüglich bekannt zu geben (BGH v. 3.6.2014 – II ZR 100/13, GmbHR 2014, 982, Rz. 16 = GmbH-StB 2014, 283; v. 26.3.2007 – II ZR 310/05, GmbHR 2007, 596 = GmbH-StB 2007, 169). Etwas anderes gilt bei einer Zahlung des Gesellschaftsschuldners auf eine Forderung der Gesellschaft, die zur Sicherheit an die kontoführende Bank abgetreten ist, wenn vor Insolvenzreife die Sicherungsabtretung vereinbart und die Forderung der Gesellschaft entstanden und werthaltig geworden ist (BGH v. 23.6.2015 – II ZR 366/13, GmbHR 2015, 925 m. Anm. *Poertzgen*). Ist die sicherungshalber abgetretene und eingezogene Forderung zwar erst nach Eintritt der Insolvenzreife entstanden oder werthaltig gemacht worden, kann es an einer masseschmälernden Zahlung gleichwohl fehlen, wenn die als Gegenleistung an den Gesellschaftsschuldner gelieferte Ware im Sicherungseigentum der Bank stand und somit durch den Einzug der Forderung lediglich ein masseneutraler Sicherheitentausch bewirkt wurde (BGH v. 8.12.2015 – II 68/14, GmbHR 2016, 213 m. Anm. *Clemens*). Nach dem Gesetz ist eine Zahlung aber ausnahmsweise nicht verboten, wenn diese auch nach dem Zeitpunkt der Zahlungsunfähigkeit oder Überschuldung mit der **Sorgfalt eines ordentlichen und gewissenhaften Geschäftsleiters** vereinbar ist (§ 130a Abs. 1 Satz 2 HGB). Maßgebend ist, ob durch die Zahlung größere Nachteile für die Insolvenzmasse abgewendet werden sollten. Das kommt etwa bei Zahlungen auf Wasser-, Strom- und Heizrechnungen in Betracht, wenn ohne diese Zahlungen der Betrieb sofort eingestellt werden müsste und damit jede Chance auf Sanierung oder Fortführung im Insolvenzverfahren verloren ginge (BGH v. 5.11.2007 – II ZR 262/06, GmbHR 2008, 142 = GmbH-StB 2008, 36).

167 **Insolvenzverursachende Zahlungen** | Zum Schutz der Gesellschaftsgläubiger begründet das Gesetz außerdem ein der Insolvenzreife vorgelagertes Zahlungsverbot. Dieses betrifft jedoch nur Zahlungen an die Gesellschafter. Nach §§ 130a Abs. 1 Satz 3, 161 Abs. 2, 177a Satz 1 HGB sind Zahlungen an Gesellschafter untersagt, soweit diese zur Zahlungsunfähigkeit der Gesellschaft führen mussten, es sei denn, dies war auch bei der Beachtung der Sorgfalt eine ordentlichen und gewissenhaften Geschäftsleiters zum Zeitpunkt der Auszahlung nicht erkennbar. Bei der Ermittlung der Zahlungsunfähigkeit ist die Forderung des Gesellschafters in der Liquiditätsbilanz zu berücksichtigen (BGH v. 9.10.2012 – II ZR 298/11, GmbHR 2013, 31 = GmbH-StB 2013, 41). Ob der Begriff der Zahlung wie in § 130a Abs. 1 Satz 1 HGB auszulegen ist (jede Schmälerung des Aktivvermögens) oder wegen des notwendigen Zusammenhangs mit der Zahlungsunfähigkeit nur den Abfluss von Liquidität (einschließlich Vermögensgegenstände, die sich kurzfristig in Liquidität umwandeln lassen) erfasst, ist umstritten (*Haas* in Röhricht/Graf von Westphalen/Haas, § 130a HGB Rz. 27).

168 **Folgen des Insolvenzverfahrens** | Mit der Eröffnung des Insolvenzverfahrens geht die Verwaltungs- und Verfügungsbefugnis in Bezug auf das Gesellschaftsvermögen der GmbH & Co. KG auf den Insolvenzverwalter über (§ 80 InsO). Eine Einzelzwangsvollstreckung durch die Gesellschaftsgläubiger ist nicht mehr möglich. Die Gesellschaftsgläubiger können ihre Forderungen nur noch nach den Vorschriften über das Insolvenzverfahren verfolgen (§§ 87 ff. ZPO). Für eine bereits im letzten Monat vor dem Eröffnungsantrag oder danach erlangte Si-

cherung an einem Gegenstand der Insolvenzmasse gilt die sog. Rückschlagsperre. Die Sicherung wird mit der Eröffnung des Verfahrens unwirksam (§ 88 InsO). Für den Ablauf des Insolvenzverfahrens und die Verwertung des Gesellschaftsvermögens gelten die allgemeinen Regelungen. Aus gesellschaftsrechtlicher Sicht ist jedoch auf folgende Besonderheiten hinzuweisen:

- **Auflösung:** Mit Eröffnung des Insolvenzverfahrens (§ 27 InsO) ist die GmbH & Co. KG aufgelöst (§§ 131 Abs. 3 Satz 1 Nr. 2, 161 Abs. 2 HGB). Die Rechtsfolge der Auflösung ist zwingend und kann durch den Gesellschaftsvertrag nicht abbedungen werden (*Haas* in Röhricht/Graf von Westphalen/Haas, § 131 HGB Rz. 16a). Das Registergericht trägt die Auflösung von Amts wegen in das Handelsregister ein (§§ 143 Abs. 1 Satz 3, 161 Abs. 2 HGB, § 31 Nr. 1 InsO). Die Auflösung führt nicht zum sofortigen Untergang der GmbH & Co. KG. Vielmehr folgt die **Abwicklung nach den insolvenzrechtlichen Vorschriften**, die an die Stelle eines gesellschaftsrechtlichen Liquidationsverfahrens treten (→ *Auflösung und Liquidation*). Erst nach der Schlussverteilung (§§ 199, 200 InsO) kommt es zur amtswegigen Löschung der Gesellschaft, wenn keine Anhaltspunkte dafür vorliegen, dass die Gesellschaft noch Vermögen besitzt (§ 394 Abs. 1 Satz 2, Abs. 4 FamFG). Wird das Insolvenzverfahren ohne abschließende Verteilung des Vermögens auf Antrag der GmbH & Co. KG eingestellt oder nach Bestätigung eines Insolvenzplans, der den Fortbestand der Gesellschaft vorsieht, aufgehoben, so können die Gesellschafter die Fortsetzung der Gesellschaft beschließen (§§ 144 Abs. 1, 161 Abs. 2 HGB); anderenfalls erfolgt die weitere Abwicklung nach dem gesellschaftsrechtlichen Liquidationsverfahren. Wird der Antrag auf **Eröffnung des Insolvenzverfahrens mangels Masse abgelehnt**, kommt es bei der GmbH & Co. KG, die keine natürliche Person als Vollhafter hat, ebenfalls zwingend zur Auflösung (§§ 131 Abs. 2 Satz 1 Nr. 1, 161 Abs. 2 HGB). Die Abwicklung erfolgt dann jedoch nach den gesellschaftsrechtlichen Vorschriften der §§ 145 ff., 161 Abs. 2 HGB (zu evtl. Abweichungen vgl. *Haas* in Röhricht/Graf von Westphalen/Haas, § 131 HGB Rz. 20).

  Haftung der Gesellschafter: Soweit für die Gesellschafter der GmbH & Co. KG eine persönliche Haftung gegenüber den Gesellschaftsgläubigern besteht, kann diese für die Dauer des Insolvenzverfahrens **nur vom Insolvenzverwalter geltend gemacht** werden. Für den Kommanditisten, der seine Einlage noch nicht geleistet hat, ergibt sich dies aus § 171 Abs. 2 HGB, für die Komplementär-GmbH aus § 93 InsO. Der Insolvenzverwalter wird insoweit als gesetzlicher Prozessstandschafter der einzelnen Gläubiger tätig, er macht fremde Rechte im eigenen Namen geltend. Zweck ist, einen Wettlauf der Gläubiger um eine Inanspruchnahme der Gesellschafter zu vermeiden und den Grundsatz der gleichmäßigen Gläubigerbefriedigung zu verwirklichen (*Wertenbruch* in Westermann/Wertenbruch, Hdb. Personengesellschaften, Rz. I 3152 ff.; *Haas/Mock* in Röhricht/Graf von Westphalen/Haas, § 171 HGB Rz. 60 f.). Bereits anhängige Prozesse von Gesellschaftsgläubigern gegen Gesellschafter werden unterbrochen (BGH v. 20.11.2008 – IX ZB 199/05, ZIP 2009, 47). Für den Kommanditisten, der seine Einlage noch nicht geleistet hat, bedeutet dies, dass er nicht mehr die Möglichkeit hat, sich durch Befriedigung eines Gesellschaftsgläubigers statt durch Leistung an die Gesellschaft von der Haftung gemäß § 171 Abs. 1 HGB zu befreien. Er schuldet die Zahlung der Haftsumme zur Masse (*Haas/Mock* in Röhricht/Graf von Westphalen/Haas, § 171 HGB Rz. 71). Demgegenüber hat der Insolvenzverwalter die Wahl, ob er gemäß § 171 Abs. 2 HGB die Haftsumme geltend macht oder ob er kraft seiner Verwaltungs- und Verfügungsbefugnis die der Gesellschaft im Innenverhältnis zustehende Pflichteinlage vom Kommanditisten einfordert. Denn die noch nicht erfüllten Einlageansprüche gehören zur Insolvenzmasse (§ 35 InsO) und sind vom Insolvenzverwalter einzufordern, soweit sie zur Gläubigerbefriedigung erforderlich sind (*Wertenbruch* in Westermann/Wertenbruch, Hdb. Personengesellschaften, Rz. I 3154; *Haas/Mock* in Röhricht/Graf von Westphalen/Haas, § 171 HGB Rz. 63). Bedeutung hat dieses Wahlrecht vor allem dann, wenn der Kommanditist im Innenverhältnis eine Sacheinlage schuldet oder wenn die Pflichteinlage die Haftsumme übersteigt. In jedem Fall wirkt die Zahlung an den Insolvenzverwalter für den Kommanditisten haftungsbefreiend (§ 171 Abs. 1 HGB).

- **Ansprüche von Gesellschaftern, insbesondere Gesellschafterdarlehen:** Die Eröffnung des Insolvenzverfahrens wirkt sich auch auf die Ansprüche der Gesellschafter gegen die GmbH & Co. KG aus. Insolvenzgläubiger i.S.d. § 38 InsO ist ein Gesellschafter aber nur, soweit es sich nicht um ein Guthaben handelt, das als Einlage und somit als haftendes (Eigen-)Kapital zu qualifizieren ist (*Ehricke* in MünchKomm. InsO, § 38 InsO Rz. 54; *Sinz* in Uhlenbruck, § 38 InsO Rz. 7). **Guthaben auf Kapitalkonten** begründen daher keine Insolvenzforderung. Insoweit kommt der Abgrenzung zwischen Kapitalkonto einerseits und Forderungskonto andererseits maßgebliche Bedeutung zu (→ *Kontensystem*). Relevant ist dies insbesondere für das Gesellschafterkonto, auf dem thesaurierte Gewinne gebucht werden. Nur soweit **Guthaben auf (echten) Forderungskonten** betroffen sind, ist der Gesellschafter Insolvenzgläubiger. Handelt es sich um ein Guthaben auf einem Forderungskonto, ist sodann zu prüfen, ob es dem Nachrang des § 39 Abs. 1 Nr. 5, Abs. 4 InsO unterliegt. Der Nachrang gilt, wenn das Guthaben auf dem Gesellschafterkonto als Gesellschafterdarlehen oder als wirtschaftlich entsprechende Forderung anzusehen ist. Hierbei wird es maßgeblich darauf ankommen, inwieweit der Gesellschafter zur jederzeitigen Entnahme berechtigt ist.

169–175 frei

3. Insolvenz der Komplementär-GmbH

176 Zur Insolvenz der Komplementär-GmbH kommt es vor allem dann, wenn diese lediglich mit dem gesetzlichen Mindeststammkapital ausgestattet ist und die (drohende) Zahlungsunfähigkeit der GmbH & Co. KG auf die Komplementär-GmbH durchschlägt (s. Rz. I 54).

177 **Insolvenzantrag** | Die Ausführungen zum Insolvenzantrag der GmbH & Co. KG gelten für die Komplementär-GmbH entsprechend, da dieselben Vorschriften Anwendung finden. Liegt für die Komplementär-GmbH der Insolvenzgrund der Zahlungsunfähigkeit oder der Überschuldung vor, ist die Geschäftsführung verpflichtet, auch für diese einen Insolvenzantrag zu stellen (§ 15a InsO). Daneben besteht ein Antragsrecht der Gläubiger (§ 14 InsO). Bei drohender Zahlungsunfähigkeit ist die Geschäftsführung nicht verpflichtet, sondern nur berechtigt, Insolvenzantrag zu stellen (§ 18 InsO).

178 **Zahlungsverbote** | Der für die Komplementär-GmbH geltende § 64 GmbHG entspricht inhaltlich weitgehend der Vorschrift des § 130a Abs. 1 HGB. Insoweit wird auf die obigen Ausführungen (s. Rz. I 65 ff.) sowie die Kommentierungen zu § 64 GmbHG verwiesen. Zu beachten ist allerdings, dass § 64 GmbHG in Zusammenhang mit einer GmbH & Co. KG nur zur Anwendung kommt, wenn die Auszahlung aus dem Vermögen der Komplementär-GmbH erfolgt. In diesem Fall werden von § 64 Satz 1 GmbHG aber auch Zahlungen an die GmbH & Co. KG erfasst (OLG Celle v. 20.6.2007 – 9 U 135/06, GmbHR 2008, 101 = GmbH-StB 2008, 36).

Folgen des Insolvenzverfahrens | Bei der Insolvenz der Komplementär-GmbH sind aus gesellschaftsrechtlicher Sicht folgende Besonderheiten zu beachten: 179

- **Ausscheiden aus der GmbH & Co. KG:** Wird über das Vermögen der Komplementär-GmbH das Insolvenzverfahren eröffnet, führt dies mangels abweichender gesellschaftsvertraglicher Bestimmung dazu, dass sie aus der GmbH & Co. KG ausscheidet (§§ 131 Abs. 3 Satz 1 Nr. 2, 161 Abs. 2 HGB). Etwas anderes gilt, wenn die Eröffnung des Insolvenzverfahrens über das Vermögen der Komplementär-GmbH **mangels Masse abgelehnt** wird. Dieser Fall stellt keinen gesetzlichen Ausscheidenstatbestand dar (BGH v. 8.10.1979 - II ZR 257/78, GmbHR 1980, 83; OLG Hamm v. 30.3.2007 - 30 U 13/06, ZIP 2007, 1233; *Haas/Mock* in Röhricht/Graf von Westphalen/Haas, § 177 HGB Rz. 22; a.A. *K. Schmidt* in MünchKomm. HGB, § 131 HGB Rz. 74). In der Praxis wird die Ablehnung der Eröffnung des Insolvenzverfahrens über das Vermögen der Komplementär-GmbH jedoch häufig im Gesellschaftsvertrag als Ausscheidensgrund bestimmt. Denn die Ablehnung des Eröffnungsantrags führt zwingend zur Auflösung der Komplementär-GmbH (§ 60 Abs. 1 Nr. 5 GmbHG). Eine GmbH in Liquidation eignet sich nicht für die Übernahme der Geschäftsführung der GmbH & Co. KG. Die gesellschaftsvertragliche oder gesetzliche Ausscheidensfolge kommt nach Ansicht des BGH auch im Falle einer **Doppel- oder Simultaninsolvenz** von Komplementär-GmbH und KG uneingeschränkt zur Anwendung, wenn zumindest zwei Kommanditisten als Gesellschafter verbleiben (BGH v. 8.5.2014 - II ZR 217/12, GmbHR 2014, 871, Rz. 19). War die ausgeschiedene Komplementär-GmbH - wie typischerweise - der einzige persönlich haftende Gesellschafter, kommt es außerdem kraft Rechtsformzwangs zur **Auflösung der GmbH & Co. KG**. Die Kommanditisten haben jedoch die Möglichkeit, die Fortsetzung der Gesellschaft unter Aufnahme eines neuen Komplementärs zu beschließen (*Haas/Mock* in Röhricht/Graf von Westphalen/Haas, § 177 HGB Rz. 22).

- **Sonderproblem zweigliedrige GmbH & Co. KG:** Bei einer GmbH & Co. KG, die nur aus einem Kommanditisten und einer Komplementär-GmbH besteht, führt das insolvenzbedingte Ausscheiden der Komplementär-GmbH zur **liquidationslosen Vollbeendigung der Gesellschaft** und zur **Gesamtrechtsnachfolge des verbleibenden Kommanditisten**. Das bedeutet, dass das gesamte Gesellschaftsvermögen mit allen Aktiva und Passiva auf den Kommanditisten übergeht (→ *Anwachsung*). Damit haftet der Kommanditist grundsätzlich für die gesamten Verbindlichkeiten der GmbH & Co. KG. Der Kommanditist hat jedoch die Möglichkeit, seine **Haftung entsprechend § 27 HGB auf das übergegangene Gesellschaftsvermögen zu beschränken**, indem er das Handelsgeschäft nicht fortführt bzw. innerhalb von drei Monaten nach Kenntnis des Ausscheidens der Komplementär-GmbH einstellt (BGH v. 15.3.2004 - II ZR 247/01, GmbHR 2004, 952 = GmbH-StB 2004, 200; BGH v. 10.12.1990 - II ZR 256/89, ZIP 1991, 96). Fraglich ist, ob die geschilderten Rechtsfolgen auch dann gelten sollen, wenn zugleich über das Vermögen der GmbH & Co. KG das Insolvenzverfahren eröffnet ist (**Doppel- oder Simultaninsolvenz**, s. Rz. I 54). In einem solchen Fall würden das insolvenzbedingte Ausscheiden der Komplementär-GmbH und die damit einhergehende Gesamtrechtsnachfolge dazu führen, dass das Insolvenzverfahren über das Vermögen der GmbH & Co. KG vorzeitig endet. Um dies zu verhindern, wird vorgeschlagen, die Vorschrift des § 131 Abs. 3 Satz 1 Nr. 2 HGB bei einer Doppelinsolvenz teleologisch zu reduzieren (so insbesondere *Bitter* in Scholz, vor § 64 GmbHG Rz. 204 ff. m.w.N.; *Liebs*, ZIP 2002, 1716). Die Gegenansicht sieht für eine **teleologische Reduktion** kein Bedürfnis, da der Kommanditist durch die Möglichkeit der Haftungsbeschränkung nach § 27 GmbHG ausreichend geschützt sei und über das übergegangene Gesellschaftsvermögen entsprechend §§ 315 ff. InsO ein Partikularinsolvenzverfahren durchgeführt werden könne (OLG Hamm v. 30.3.2007 – 30 U 13/06, ZIP 2007, 1233; *Lüke* in Hesselmann/Tillmann/Mueller-Thuns, Hdb. GmbH & Co. KG, Rz. 10.4 m.w.N.). Der BGH hat die Frage, ob § 131 Abs. 3 Satz 1 Nr. 2 HGB bei einer Doppelinsolvenz auch in einer zweigliedrigen GmbH & Co. KG zur Anwendung kommt, bislang offen gelassen (BGH v. 8.5.2014 – II ZR 217/12, GmbHR 2014, 871, Rz. 19).

180–184 frei

4. Insolvenz eines Kommanditisten

185 Bei der Insolvenz eines Kommanditisten entsprechen die Rechtsfolgen in Bezug auf die GmbH & Co. KG im Wesentlichen denjenigen bei einer Insolvenz der Komplementär-GmbH (s. Rz. I 79 ff.). Mit Eröffnung des Insolvenzverfahrens über das Vermögen des Kommanditisten scheidet dieser aus der GmbH & Co. KG aus (§§ 131 Abs. 3 Satz 1 Nr. 2, 161 Abs. 2 HGB). Verbleibt danach noch mindestens ein Kommanditist in der Gesellschaft, wächst der Anteil des ausscheidenden Kommanditisten am Gesellschaftsvermögen den übrigen Gesellschaftern an und der ausscheidende Kommanditist erwirbt einen Abfindungsanspruch gegen die GmbH & Co. KG (§ 738 BGB, §§ 105 Abs. 3, 161 Abs. 2 HGB). In der zweigliedrigen GmbH & Co. KG führt das insolvenzbedingte Ausscheiden des Kommanditisten dagegen zur liquidationslosen Vollbeendigung der Gesellschaft und zur Gesamtrechtsnachfolge der Komplementär-GmbH (→ *Anwachsung*). Eine Möglichkeit zur Begrenzung ihrer Haftung auf das übergegangene Gesellschaftsvermögen entsprechend § 27 HGB besteht für die Komplementär-GmbH jedoch nicht. Denn diese haftete – anders als der Kommanditist – auch schon vorher mit ihrem gesamten Gesellschaftsvermögen für die Schulden der GmbH & Co. KG (BGH v. 10.12.1990 – II ZR 256/89, ZIP 1991, 96).

5. Haftungsrisiken und Sanktionen

186 Die insolvenz- bzw. krisenbedingten Haftungsrisiken treffen in erster Linie die Geschäftsführung der Komplementär-GmbH. Dieser obliegt die Verantwortung für die Beachtung der insolvenzrechtlichen Gebote und Verbote, und zwar sowohl in Bezug auf die GmbH & Co. KG als auch in Bezug auf die Komplementär-GmbH.

187 **Verletzung der Insolvenzantragspflicht |** Die Insolvenzantragspflicht ergibt sich für die GmbH & Co. KG und die Komplementär-GmbH aus § 15a InsO (s. Rz. I 63, I 77). Die Pflicht zur Stellung des Insolvenzantrags liegt bei der Geschäftsführung oder den Liquidatoren, bei Führungslosigkeit bei den Gesellschaftern der Komplementär-GmbH (§ 15a Abs. 3 InsO).

188 **GmbH & Co. KG |** Beantragt die Geschäftsführung entgegen § 15a InsO die Eröffnung des Insolvenzverfahrens für die GmbH & Co. KG nicht oder nicht rechtzeitig, sind die Geschäftsführer **der GmbH & Co. KG gegenüber** zum Ersatz des daraus entstehenden Schadens als Gesamtschuldner verpflichtet (§ 130a Abs. 2 Satz 1 HGB). Der zu ersetzende Schaden besteht darin, dass infolge des nicht rechtzeitig gestellten Insolvenzantrags das zur Befriedigung der Gläubiger vorhandene Gesellschaftsvermögen vermindert ist. Der Schadensersatzanspruch dient dem Schutz der Gläubigergesamtheit. Daraus wird abgeleitet, dass bei der Berechnung des Schadens nur die Ansprüche der sog. **Altgläubiger** zu berücksichtigen sind

(*Haas* in Röhricht/Graf von Westphalen/Haas, § 130a HGB Rz. 38; die Begrenzung auf die Ansprüche der Altgläubiger ablehnend *K. Schmidt* in MünchKomm. HGB, § 130a HGB Rz. 20). Altgläubiger sind diejenigen vertraglichen Gläubiger, die ihren Anspruch erworben haben, bevor bei pflichtgemäßem Verhalten der Insolvenzantrag zu stellen gewesen wäre. Es handelt sich um einen eigenen Schadensersatzanspruch der Gesellschaft, der nach Eröffnung des Insolvenzverfahrens Teil der Insolvenzmasse ist (*K. Schmidt* in MünchKomm. HGB, § 130a HGB Rz. 20). Daneben haben die **Gläubiger eigene Schadensersatzansprüche** gegen die Geschäftsführung aus § 823 Abs. 2 BGB i.V.m. § 15a InsO. Denn die Pflicht zur rechtzeitigen Stellung eines Insolvenzantrags ist nach der Rechtsprechung ein Schutzgesetz zugunsten der Gläubiger (BGH v. 6.6.1994 – II ZR 292/91, GmbHR 1994, 539; BGH v. 7.7.2003 – II ZR 241/02, GmbHR 2003, 1133 = GmbH-StB 2003, 279). Auch hier ist zwischen Alt- und Neugläubigern zu differenzieren: Die Altgläubiger haben lediglich Anspruch auf Ersatz des **Quotenschadens**. Der Quotenschaden besteht in der Differenz zwischen der Insolvenzquote, die bei rechtzeitiger Antragsstellung erreicht worden wäre, und der tatsächlichen Insolvenzquote. Die Summe der Quotenschäden entspricht dem oben dargestellten Insolvenzverschleppungsschaden der Gesellschaft. Der Quotenschaden kann in der Insolvenz gemäß § 92 InsO als einheitlicher Gesamtgläubigerschaden nur vom Insolvenzverwalter geltend gemacht werden. Demgegenüber haben die **Neugläubiger**, die ihre Forderungen erst nach Entstehung der Antragspflicht erworben haben, Anspruch auf **Ersatz des vollen Schadens**. Denn bei rechtzeitiger Stellung des Insolvenzantrags wären die Neugläubiger keine Geschäftsverbindung mit der GmbH & Co. KG eingegangen und hätten somit keinen Schaden erlitten (grundlegend BGH v. 6.6.1994 – II ZR 292/91, GmbHR 1994, 539; zur Reichweite der Haftung BGH v. 21.10.2014 – II ZR 113/13, GmbHR 2015, 244 = GmbH-StB 2015, 69; *Lüke* in Hesselmann/Tillmann/Mueller-Thuns, Hdb. GmbH & Co. KG, Rz. 10.89 ff.). Hierbei handelt es sich nach Ansicht des BGH um einen Individualschaden, den der Neugläubiger selbst liquidieren muss (BGH v. 5.2.2007 – II ZR 234/05, GmbHR 2007, 482 = GmbH-StB 2007, 137). Zu beachten ist außerdem, dass die – vorsätzliche oder fahrlässige – Verletzung der Insolvenzantragspflicht eine **Straftat** ist (§ 15 Abs. 4 und 5 InsO). Ist die Komplementär-GmbH **führungslos**, geht die Insolvenzantragspflicht auf deren Gesellschafter über (§ 15a Abs. 3 InsO). Auch wenn § 130a Abs. 2 Satz HGB dem Wortlaut nach nur auf § 15a Abs. 1 InsO verweist, liegt dann konsequenterweise auch die Schadensersatzpflicht bei den Gesellschaftern (*Haas* in Röhricht/Graf von Westphalen/Haas, § 130a HGB Rz. 35). Für die strafrechtliche Verantwortung ist dies in § 15a Abs. 4 InsO ausdrücklich bestimmt.

Komplementär-GmbH | Die Ausführungen zur Haftung wegen einer Verschleppung der Insolvenz der GmbH & Co. KG (s. Rz. I 88) gelten entsprechend für die Haftung wegen einer Insolvenzverschleppung bei der Komplementär-GmbH. Allerdings sieht das GmbH-Recht – anders als § 130a Abs. 1 Satz 1 HGB – keinen eigenen Anspruch der Komplementär-GmbH vor. Die Haftung der Geschäftsführer beruht vielmehr auf § 823 Abs. 2 BGB i.V.m. § 15a InsO und besteht gegenüber den Gläubigern der Gesellschaft, wobei der Schaden der Altgläubiger in der Insolvenz der GmbH wiederum gemäß § 92 InsO als Gesamtgläubigerschaden vom Insolvenzverwalter geltend zu machen ist (ausführlich *K. Schmidt* in Scholz, § 64 GmbHG Rz. 131 ff.). I 89

Verstoß gegen ein Zahlungsverbot | Verstößt die Geschäftsführung der Komplementär-GmbH gegen ein Zahlungsverbot des § 130a Abs. 1 HGB (s. Rz. I 65 ff.), sind die Geschäftsführer der GmbH & Co. KG gegenüber zum Ersatz des daraus entstehenden Schadens als Gesamtschuldner verpflichtet (§§ 130a Abs. 2 Satz 1, 161 Abs. 2 HGB). Nach gefestigter Rechtsprechung des BGH ist der Ersatzanspruch der Gesellschaft nicht nur auf den Ersatz eines I 90

Quotenschadens, sondern auf eine **vollständige Erstattung der verbotswidrigen Zahlung** gerichtet. Denn würde man den üblichen Schadensbegriff der Differenzhypothese zugrunde legen, würden die Zahlungsverbote leerlaufen, wenn – wie regelmäßig – den geleisteten Zahlungen das Erlöschen einer dadurch getilgten Gesellschaftsverbindlichkeit gegenübersteht. Vielmehr liegt der Schaden hier schon im Abfluss der Mittel (BGH v. 26.3.2007 – II ZR 310/05, GmbHR 2007, 596 = GmbH-StB 2007, 169; BGH v. 5.2.2007 – II ZR 51/06, GmbHR 2007, 482). Die **Ersatzpflicht entfällt** jedoch, soweit die Masseschmälerung durch einen Massezufluss ausgeglichen wird und damit der Zweck der Ersatzpflicht erreicht ist oder wegfällt. Ein solcher **Ausgleich der Masseschmälerung** ist erreicht, wenn es dem Insolvenzverwalter gelingt, durch die Insolvenzanfechtung eine Rückerstattung der Zahlung zu erreichen (BGH v. 3.6.2014 – II ZR 100/13, GmbHR 2014, 982, Rz. 14 = GmbH-StB 2014, 283), oder soweit für die Zahlung in einem unmittelbaren Zusammenhang ein Gegenwert in das Gesellschaftsvermögen gelangt und der Sache nach lediglich ein Aktiventausch vorliegt; hierbei ist es nicht erforderlich, dass der Gegenstand des Massezuflusses auch bei Eröffnung des Insolvenzverfahrens noch vorhanden ist (BGH v. 18.11.2014 – II ZR 231/13, GmbHR 2015, 137 = GmbH-StB 2015, 71). Diese Grundsätze gelten entsprechend, wenn die Geschäftsführung entgegen § 64 GmbHG Zahlungen aus dem Vermögen der Komplementär-GmbH geleistet hat.

191 **Sorgfaltspflichten der Geschäftsführung** | Die Haftung der Geschäftsführung der Komplementär-GmbH nach § 130a Abs. 2 HGB oder nach § 64 GmbHG setzt **Verschulden** voraus. Einfache Fahrlässigkeit genügt. Maßstab ist die Sorgfalt eines ordentlichen Geschäftsführers (§ 130a Abs. 1 Satz 2 HGB, § 64 Satz 2 GmbHG). Nach der Rechtsprechung des BGH wird von einem ordentlichen Geschäftsführer erwartet, dass er sich über die wirtschaftliche Lage der Gesellschaft stets vergewissert. Hierzu gehört insbesondere die **Prüfung der Insolvenzreife**. Wenn der Geschäftsführer erkennt, dass die Gesellschaft zu einem bestimmten Stichtag nicht in der Lage ist, ihre fälligen und eingeforderten Verbindlichkeiten vollständig zu bedienen, hat er die Zahlungsfähigkeit der Gesellschaft anhand einer Liquiditätsbilanz zu überprüfen. Er handelt fahrlässig, wenn er sich nicht rechtzeitig die erforderlichen Informationen und Kenntnisse verschafft, die er für die Prüfung benötigt, ob er pflichtgemäß Insolvenzantrag stellen muss. Insoweit reicht für die Annahme eines Verschuldens aus, dass die Insolvenzreife der Gesellschaft **objektiv erkennbar** war. Aus prozessualer Sicht ist beachten, dass das Verschulden des Geschäftsführers **vermutet** wird (vgl. § 130a Abs. 2 Satz HGB, für § 64 GmbHG gilt dies ebenso, vgl. BGH v. 27.3.2012 – II ZR 171/10, GmbHR 2012, 746 m.w.N. zur Rechtsprechung = GmbH-StB 2012, 236). Es ist daher Sache des Geschäftsführers, sich im Prozess zu exkulpieren (vgl. dazu BGH v. 5.11.2007 – II ZR 262/06, GmbHR 2008, 142 = GmbH-StB 2008, 36). Die Erkennbarkeit der Insolvenzreife wird als Teil des Verschuldens vermutet (BGH v. 27.3.2012 – II ZR 171/10, GmbHR 2012, 746 = GmbH-StB 2012, 236). Verfügt der Geschäftsführer nicht über ausreichende persönliche Kenntnisse, um die Insolvenzreife zu erkennen, muss er sich von einem qualifizierten Berufsträger **fachkundig beraten lassen** und dessen Prüfergebnis einer eigenen Plausibilitätskontrolle unterziehen (BGH v. 27.3.2012 – II ZR 171/10, GmbHR 2012, 746 = GmbH-StB 2012, 236; BGH v. 14.5.2007 – II ZR 48/06, GmbHR 2007, 757 = GmbH-StB 2007, 201). In diesem Zusammenhang ist darauf hinzuweisen, dass auch der zu Rate gezogene Berufsträger der Gesellschaft gegenüber haftet, wenn er die Insolvenzreife der Gesellschaft pflichtwidrig nicht erkennt (BGH v. 14.6.2012 – IX ZR 145/11, GmbHR 2012, 1009 = GmbH-StB 2012, 274). Diese Haftung kann auch den lediglich mit der Erstellung der Handels- und Steuerbilanz beauftragten **Steuerberater** treffen, wenn dieser erklärt, eine Überschuldung sei rein bilanzieller Natur, und somit zum Ausdruck bringt, dass eine insolvenzrechtliche Überschuldung gerade nicht vorliegt (BGH v. 6.6.2013

– IX ZR 204/12, GmbHR 2013, 934; 7.3.2013 – IX ZR 64/12, GmbHR 2013, 543 = GmbH-StB 2013, 212).

Vertiefende Recherche

Wichtige Urteile und Erlasse

BGH v. 23.6.2015 – II ZR 366/13, GmbHR 2015, 925: Keine masseschmälernde Zahlung durch Einzug von Forderungen auf debitorisches Bankkonto bei Vereinbarung einer Sicherungsabtretung.

BGH v. 5.3.2015 – IX ZR 133/14, GmbHR 2015, 472: Anforderungen an einen qualifizierten Rangrücktritt.

BGH v. 6.6.2013 – IX ZR 204/12, GmbHR 2013, 934: Haftung des Beraters bei verspäteter Stellung eines Insolvenzantrags.

BGH v. 27.3.2012 – II ZR 171/10, GmbHR 2012, 746: Pflicht des Geschäftsführers zur Einholung fachkundigen Rats zur Feststellung der Insolvenzreife bei Anzeichen einer Krise.

BGH v. 26.3.2007 – II ZR 310/05, GmbHR 2007, 596: Verbotene Zahlungen bei Abwicklung von Zahlungen über debitorische und kreditorische Geschäftskonten.

BGH v. 5.2.2007 – II ZR 234/05, GmbHR 2007, 482: Haftung des Geschäftsführers wegen Insolvenzverschleppung gegenüber Neugläubigern.

BGH v. 15.3.2004 – II ZR 247/01, GmbHR 2004, 952: Rechtsfolgen für die GmbH & Co. KG bei Eröffnung des Insolvenzverfahrens über das Vermögen der Komplementär-GmbH.

Weitere Stichwörter

→ *Auflösung und Liquidation*

Jahresabschluss

Ausgewählte Literatur: *DRS 19*, Pflicht zur Konzernrechnungslegung und Abgrenzung des Konsolidierungskreises; *Düll*, Rechnungslegung und Publizität, in Reichert, GmbH & Co. KG, 7. Aufl. 2015, § 23; *Hennrichs*, Zum Fehlerbegriff im Bilanzrecht, NZG 2013, 681; *IDW* Stellungnahme zur Rechnungslegung: Handelsrechtliche Rechnungslegung bei Personenhandelsgesellschaften (IDW RS HFA 7); *Oser/Orth*, Neue Vorschriften zur Rechnungslegung und Prüfung durch das Bilanzrichtlinie-Umsetzungsgesetz, DB 2015, 197; *Schiffers*, Aktuelle Aspekte zur handelsrechtlichen Rechnungslegung einer GmbH & Co. KG, GmbH-StB 2012, 208; *Theile*, Der Jahres- und Konzernabschluss der GmbH & Co. nach dem Regierungsentwurf eines Bilanzrichtlinie-Umsetzungsgesetzes (BilRUG), GmbHR 2015, 281; *Werner*, Bilanzierungsklauseln bei der GmbH & Co. KG, NWB 2012, 495; *Wulf*, Rechnungslegung nach MicroBilG und Befreiung von der Offenlegung nach § 264 Abs. 3 HGB und § 264b HGB, DStZ 2014, 22.

1. Verpflichtung zur Buchführung und Bilanzierung

J 1 **Buchführungspflicht |** Als Handelsgesellschaft ist die GmbH & Co. KG verpflichtet, über ihre Geschäfte nach den Grundsätzen ordnungsmäßiger Buchführung (**GoB**) Bücher zu führen (§ 238 Abs. 1 Satz 1 i.V.m. § 6 Abs. 1 HGB). Diese Buchführungspflicht beginnt mit der Aufnahme des Handelsgewerbes und endet mit Beendigung der Abwicklung der Gesellschaft. Die Buchführung muss so beschaffen sein, dass sie einem sachverständigen Dritten innerhalb angemessener Zeit einen Überblick über die Geschäftsvorfälle und über die Lage des Unternehmens vermitteln kann. Hierzu bedarf es einer vollständigen und chronologischen Erfassung aller Geschäftsvorfälle anhand einwandfreier Belege. Ab einer gewissen Größe des Unternehmens ist in der Regel eine EDV-gestützte doppelte Buchführung notwendig, um den gesetzlichen Anforderungen an die Dokumentation gerecht zu werden. Für die Aufbewahrung der Bücher – und der Abschlüsse – gelten die §§ 257 bis 261 HGB.

J 2 **Verpflichtete |** Verantwortlich für eine ordnungsgemäße Buchführung sind die persönlich haftenden Gesellschafter (vgl. § 245 Satz 2 HGB) bzw. in der typischen GmbH & Co. KG die Geschäftsführer der Komplementär-GmbH (*Adler/Düring/Schmaltz*, § 238 HGB Rz. 14). Sie müssen die Bücher nicht höchstpersönlich führen, sondern können Angestellte oder außenstehende Dienstleister als Hilfspersonen einschalten. Diese Hilfspersonen haben sie aber jedenfalls pflichtgemäß auszuwählen und zu überwachen.

J 3 **Bilanzierungspflicht |** § 242 HGB verpflichtet Kaufleute über die Buchführung hinaus auch zur Aufstellung eines Jahresabschlusses, bestehend aus einer Bilanz und einer Gewinn- und Verlustrechnung (GuV). Auch insoweit sind die GoB sowie außerdem die allgemeinen Vorschriften der §§ 242 bis 256a HGB maßgebend. Kapitalgesellschaften haben darüber hinaus die **ergänzenden Rechnungslegungsvorschriften** der §§ 264 ff. HGB zu beachten; insbesondere haben sie den Jahresabschluss um einen Anhang zu erweitern und zusätzlich einen Lagebericht aufzustellen (§ 264 Abs. 1 Satz 1 HGB). Diese ergänzenden Vorschriften finden gemäß § 264a Abs. 1 HGB auch auf Personengesellschaften Anwendung, bei denen weder unmittelbar noch mittelbar eine natürliche Person als Vollhafter zur Verfügung steht, damit namentlich auf die typische GmbH & Co. KG.

Vermeidung der erweiterten Rechnungslegung | Vermeiden lässt sich die Anwendung der ergänzenden Rechnungslegungsvorschriften zum einen durch die Aufnahme einer natürlichen Person als (weiteren) Komplementär. Bei großen Gesellschaften, die den Vorschriften des Publizitätsgesetzes unterliegen, gelingt dies wegen § 5 PublG allerdings nur sehr eingeschränkt (vgl. → *Publizität*). Zum anderen kann auch die Einbeziehung in einen Konzernabschluss befreiend wirken (§ 264b HGB) (s. Rz. J 38). In beiden Fällen entbindet die Befreiung von der Beachtung der §§ 264 ff. HGB jedoch nicht von der Pflicht zur Aufstellung eines Jahresabschlusses schlechthin. Aufgrund der Bedeutung des Jahresabschlusses für die Gewinnverteilung (§§ 120 bis 122, 167 bis 169 HGB) und für die Besteuerung (§ 5 Abs. 1 EStG) bleibt die Pflicht, zumindest nach den allgemeinen Vorschriften der §§ 242 bis 256a HGB einen Jahresabschluss aufzustellen, auch bei Aufnahme einer natürlichen Person als Vollhafter oder bei Einbeziehung in einen befreienden Konzernabschluss bestehen. J4

Konzernabschluss- und Publizitätspflicht | Wenn die GmbH & Co. KG nicht von der Anwendung der §§ 264 ff. HGB befreit ist, hat sie über den Einzelabschluss hinaus ggf. auch einen Konzernabschluss nach HGB zu erstellen (s. Rz. J 36 f.). Vorbehaltlich größenabhängiger Erleichterungen hat sie außerdem den Jahresabschluss und den Lagebericht **prüfen** zu lassen (§§ 316 ff. HGB; s. Rz. J 26 ff.) und offenzulegen (§§ 325 ff. HGB; → *Publizität*). J5

Verpflichtete | Verantwortlich für die Aufstellung von Jahresabschluss und Lagebericht, Konzernabschluss und Konzernlagebericht sowie für die Beauftragung des Abschlussprüfers und die Offenlegung sind gemäß § 264a Abs. 2 HGB die vertretungsberechtigten Organe der vertretungsberechtigten Gesellschaften, d.h. die Geschäftsführer der Komplementär-GmbH. Auch insoweit können sie sich der Mithilfe von pflichtgemäß ausgewählten und überwachten Hilfspersonen bedienen. J6

Größenabhängige Erleichterungen | Um kleinere Unternehmen nicht allein aufgrund ihrer Rechtsform mit ausufernden Rechnungslegungspflichten zu belasten, sehen die §§ 264 ff. HGB ein System größenabhängiger Erleichterungen vor. Die §§ 267, 267a HGB definieren hierzu in Abhängigkeit von Bilanzsumme, Umsatzerlösen und Mitarbeiterzahl vier Größenklassen: große, mittelgroße, kleine und Kleinstgesellschaften (näher zu den einzelnen Größenklassen und zur zeitlichen Abgrenzung *Winkeljohann/Lawall* in BeckBilKomm., § 267 HGB Rz. 6 ff. und § 267a HGB Rz. 3 f.). Abgestuft nach diesen Größenklassen enthalten die §§ 264 ff. HGB diverse Vereinfachungen und Befreiungen: J7

- Für **mittelgroße Gesellschaften** gelten die Erleichterungen in § 276 Satz 1 HGB und § 288 Abs. 2 HGB. Sie können gemäß § 327 HGB eine verkürzte Bilanz offenlegen.
- Für **kleine Gesellschaften** gelten neben § 276 HGB die Erleichterungen der §§ 274a, 288 Abs. 1 HGB. Sie brauchen keinen Lagebericht aufzustellen (§ 264 Abs. 1 Satz 4 Halbs. 1 HGB) und dürfen für die Bilanz ein vereinfachtes Schema verwenden (§ 266 Abs. 1 Satz 3 HGB). Sie sind auch von der Prüfungspflicht (§ 316 Abs. 1 Satz 1 HGB) und der Offenlegung der GuV (§ 326 Abs. 1 HGB) befreit.
- Für **Kleinstgesellschaften** gelten grds. alle Erleichterungen für kleine Gesellschaften (§ 267a Abs. 2 HGB). Die Bilanz können sie gemäß § 266 Abs. 1 Satz 4 HGB noch weiter vereinfachen, die GuV gemäß § 275 Abs. 5 HGB verkürzen. Unter den Voraussetzungen

des § 264 Abs. 1 Satz 5 HGB brauchen sie den Abschluss auch nicht um einen Anhang zu erweitern. Statt der Bekanntmachung im Bundesanzeiger können sie ihre Bilanz beim Betreiber des Bundesanzeigers hinterlegen (§ 326 Abs. 2 HGB). Die Publizität wird hierdurch jedoch nicht völlig ausgeschlossen, da Interessenten in diesem Fall die Übermittlung einer Kopie beantragen können (§ 9 Abs. 6 Satz 3 HGB).

2. Aufstellung des Jahresabschlusses

J8 **Aufstellung** | Die Aufstellung des Jahresabschlusses fällt in die Zuständigkeit der geschäftsführenden Gesellschafter, d.h. der Komplementär-GmbH und ihrer Geschäftsführer. Bei Anwendung der ergänzenden Vorschriften für Kapitalgesellschaften ist der Jahresabschluss spätestens drei Monate nach Ablauf des Geschäftsjahres aufzustellen (§ 264 Abs. 1 Satz 3 HGB). Für kleine und Kleinstgesellschaften verlängert sich die Frist auf bis zu sechs Monate, sofern dies noch einem ordnungsgemäßen Geschäftsgang entspricht (§ 264 Abs. 1 Satz 4 Halbs. 2 HGB).

J9 **Inhalt und Gliederung** | Der Jahresabschluss soll den Gesellschaftern und Gläubigern ein aussagekräftiges Bild über die Vermögens- und Ertragslage der KG liefern. In der Bilanz sind dabei nur diejenigen Vermögensgegenstände und Schulden aufzuführen, die zum Gesamthandsvermögen der Gesellschaft gehören. Für die Frage, ob ein Vermögensgegenstand zum Gesamthandsvermögen zu rechnen ist, kommt es nicht allein auf die zivilrechtlichen Eigentumsverhältnisse an; vielmehr gilt, etwa bei Treuhandverhältnissen und dinglichen Sicherungen, eine wirtschaftliche Betrachtungsweise (§ 246 Abs. 1 Satz 2 HGB; vgl. IDW RS HFA 7 Rz. 11). Die steuerrechtliche Figur des **Sonderbetriebsvermögens** kennt das Handelsrecht nicht. Sonderbetriebsvermögen ist gemäß § 264c Abs. 3 Satz 1 HGB als (Privat-)Vermögen der Gesellschafter zu behandeln. Die Gliederung erfolgt nach dem in § 266 HGB bezeichneten Schema, wobei sich durch die größenabhängigen Erleichterungen nach § 266 Abs. 1 Satz 3, 4 HGB mitunter erhebliche Vereinfachungen ergeben können. Diese entbinden jedoch nicht von der Pflicht, besondere Posten, die sich aufgrund der Eigenarten der Rechtsform ergeben, gesondert auszuweisen (§ 264c Abs. 5 Satz 2 HGB).

J10 **Wahlrechte** | Soweit bei der Bilanzierung Ansatz- und Bewertungswahlrechte bestehen, sind diese nach pflichtgemäßem Ermessen auszuüben (*Ehricke* in E/B/J/S, § 120 HGB Rz. 19). Solche Wahlrechte bestehen für die GmbH & Co. KG beispielsweise hinsichtlich des Ansatzes immaterieller Vermögensgegenstände nach § 248 Abs. 2 HGB, der Berechnung der Herstellungskosten nach § 255 Abs. 2 Satz 3 HGB, der Abgrenzung aktiver latenter Steuern nach § 274 Abs. 1 Satz 2 HGB und der Wahl des Umsatz- oder Gesamtkostenverfahrens für die GuV (§ 275 HGB). Gesellschaftsvertragliche **Einheitsbilanzklauseln**, wonach die Handelsbilanz unter Beachtung der Steuerbilanz aufzustellen ist, sind aufgrund der vielfältigen zwingenden Abweichungen heute zumeist nicht mehr sinnvoll (vgl. *Werner*, NWB 2012, 495, 499).

J11 **Ansprüche und Verbindlichkeiten gegenüber Gesellschaftern** | Bestimmte Rechtsverhältnisse mit Gesellschaftern müssen im Jahresabschluss gemäß § 264c Abs. 1 HGB besonders vermerkt werden (vgl. die Parallelvorschrift in § 42 Abs. 2 GmbHG). Erfasst sind drei verschiedene Arten von Rechtsverhältnissen:

- Unter **Ausleihungen** sind langfristige Darlehen der Gesellschaft an die Gesellschafter zu verstehen. Ab einer Gesamtlaufzeit von vier Jahren können solche regelmäßig angenommen werden, bei einer Laufzeit von unter einem Jahr kommt eine Ausleihung dagegen nicht in Betracht. Bei dazwischen liegenden Laufzeiten ist auf den subjektiven Willen der Parteien abzustellen, ob die Darlehenshingabe nur vorübergehend und anlassbezogen oder dauerhaft und zu Anlagezwecken erfolgen soll.

- Auch sonstige **Forderungen**, die keine Ausleihungen sind, müssen unabhängig von ihrem Rechtsgrund gesondert bilanziert werden. Bei den Forderungen kann im Vergleich zu den Ausleihungen mit einer kurzfristigen Realisation gerechnet werden. Nicht erfasst sind hier Einlageforderungen, für die besondere Regeln gelten (s. Rz. J 20).
- Ebenfalls ohne Rücksicht auf den Rechtsgrund sind **Verbindlichkeiten** gegenüber Gesellschaftern gesondert auszuweisen. Hierunter fallen insbesondere Gesellschafterdarlehen.

Form des Ausweises | Für die Form des Ausweises schlägt das Gesetz drei Varianten vor: So J 12 können die Rechtsverhältnisse jeweils als gesonderter Posten, d.h. als eigener bilanzieller Gliederungspunkt ausgewiesen werden (§ 264c Abs. 1 Satz 1 Halbs. 1 Alt. 1 HGB). Alternativ ist auch ein gesonderter Ausweis im Anhang, beispielsweise unter einem Gliederungspunkt „Rechtsverhältnisse mit Gesellschaftern", möglich (Alt. 2). Schließlich gestattet § 264c Abs. 1 Satz 2 HGB den Ausweis unter anderen Posten, wenn jeweils aus einem Davon-Vermerk die Rechtsverhältnisse mit Gesellschaftern ersichtlich werden. Aufgrund der Formulierung „in der Regel" in Satz 1 ist die letztgenannte Variante gegenüber den beiden vorgenannten nachrangig und sollte nur ausnahmsweise bei Vorhandensein eines sachlichen Grundes gewählt werden (vgl. *Böcking/Gros* in E/B/J/S, § 264c HGB Rz. 5; a.A. *Reiner* in MünchKomm. HGB, § 264c HGB Rz. 18: bilanzieller Ausweis vorrangig gegenüber Anhangangabe).

Ausscheiden von Gesellschaftern | Scheiden Gesellschafter aus der GmbH & Co. KG aus J 13 und werden ihre Anteile durch die Gesellschaft abgefunden, übersteigt die Abfindung zumeist den Nennbetrag der Einlagen, um die Anteile des Gesellschafters an den stillen Reserven zu vergüten. In diesem Fall (nicht aber bei Veräußerung der Anteile an Mitgesellschafter oder Dritte) ist es zulässig, die stillen Reserven – auch in selbst erstellten immateriellen Vermögensgegenständen oder einem Geschäfts- oder Firmenwert – anteilig zu aktivieren, um eine sachgerechte Bilanzierung zu gewährleisten (IDW RS HFA 7 Rz. 59).

Latente Steuern | Für große und mittelgroße Gesellschaften ist die Abgrenzung latenter Steu- J 14 ern gemäß §§ 274, 274a Nr. 4 HGB obligatorisch. Für die GmbH & Co. KG können latente Steuern wegen des Transparenzprinzips nur für die Gewerbesteuer entstehen. Die Abgrenzung latenter Steuern kann hier insbesondere infolge von Mehr- oder Minderwertansätzen in steuerlichen Ergänzungsbilanzen der Gesellschafter notwendig werden. Auch die Veräußerung von Anteilen an der GmbH & Co. KG durch die Gesellschafter kann über § 7 Satz 2 GewStG auf Ebene der KG zu latenten Steuerwirkungen führen (siehe IDW RS HFA 7 Rz. 18ff.).

Anhang | Vorbehaltlich der Erleichterungen der §§ 286, 288 HGB ergeben sich die wesentli- J 15 chen notwendigen Anhangangaben aus den §§ 284, 285 HGB. Für die Zwecke des § 285 Nr. 9 HGB ist bei der GmbH & Co. KG auf die Gesamtbezüge der Geschäftsführer der Komplementär-GmbH abzustellen (§ 264a Abs. 2 HGB).

Übergang zur GmbH & Co. KG | Sofern eine bisher reine Personengesellschaft, etwa durch ei- J 16 nen Wechsel des Komplementärs, zur GmbH & Co. KG wird, können für die erstmalige Anwendung der ergänzenden Rechnungslegungsvorschriften die Übergangsvorschriften in Art. 48 Abs. 4 bis 6 EGHGB entsprechend herangezogen werden (näher *Schmidt/K. Hoffmann* in BeckBilKomm, § 264c HGB Rz. 100ff.).

3. Eigenkapital und GuV

J17 **Eigen- und Fremdkapital |** Von den Gesellschaftern bereitgestellte Mittel sind in der Handelsbilanz nur dann als Eigenkapital auszuweisen, wenn künftige Verluste in voller Höhe mit diesen Mitteln zu verrechnen sind und wenn die Gesellschafterforderungen in Bezug auf die Mittel im Fall der Insolvenz nicht oder erst nach Befriedigung aller Gesellschaftsgläubiger mit dem sonstigen Eigenkapital auszugleichen sind (IDW RS HFA 7 Rz. 13). Für aufgrund des Gesellschaftsvertrags oder durch Gesellschafterbeschluss gebildete „Rücklagen" ist daher jeweils zu prüfen, ob diese tatsächlich Eigenkapitalcharakter aufweisen.

J18 **Gliederung |** Das nach § 266 HGB für die Darstellung maßgebliche Gliederungsschema erfährt für die GmbH & Co. KG gemäß § 264c Abs. 2 HGB eine Modifizierung hinsichtlich des Eigenkapitalausweises. Die Vorschrift hat die gesetzestypische GmbH & Co. KG vor Augen, bei welcher die Ergebnisverwendung und -verteilung nach den §§ 120 bis 122, 167 bis 169 HGB erfolgt. Im Einzelfall wird es für die Darstellung häufig auch auf die entsprechenden Regeln im Gesellschaftsvertrag ankommen. Die verschiedenen Gesellschafterkonten (→ *Kontensystem*) müssen in der Bilanz nicht explizit aufgeführt werden. Die Vereinbarungen über das Kontensystem sind jedoch für die Einordnung der jeweiligen Beträge als Eigen- oder Fremdkapital von Bedeutung. In der Praxis sind, anders als bei Kapitalgesellschaften, mitunter recht unterschiedliche Darstellungsweisen des Eigenkapitals zu beobachten. Ausgangspunkt ist hier jedoch stets das in § 264c Abs. 2 Satz 1 HGB bezeichnete Schema.

J19 **Kapitalanteile |** Die Kapitalanteile sind getrennt nach Komplementären und Kommanditisten auszuweisen (§ 264c Abs. 2 Satz 6 HGB). Innerhalb dieser Gruppen können die Kapitalanteile hingegen zusammengefasst werden; es bedarf keiner Gliederung nach Gesellschaftern (Satz 2). Soweit jedoch die Kapitalanteile einzelner Gesellschafter negativ sind, dürfen diese aus Gründen der Bilanzklarheit nicht mit positiven Kapitalanteilen anderer Gesellschafter derselben Gruppe verrechnet werden. Es können lediglich alle negativen Kapitalanteile einer Gesellschaftergruppe ihrerseits zusammengefasst werden (IDW RS HFA 7 Rz. 44). Für den Kapitalanteil der Kommanditisten kommt es nicht auf die im Handelsregister eingetragene Haftsumme an, sondern allein auf die nach dem Gesellschaftsvertrag zu erbringende Pflichteinlage (vgl. die Gesetzesbegründung in BT-Drucks. 14/1806, S. 20). Soweit von den Gesellschaftern über die Pflichteinlagen hinaus Einlagen mit Eigenkapitalcharakter geleistet werden, können diese je nach Vereinbarung im Gesellschaftsvertrag unter den Kapitalanteilen oder als Rücklage ausgewiesen werden (*Schmidt/K. Hoffmann* in BeckBilKomm, § 264c HGB Rz. 22 und 32; *Graf/Bisle* in MünchKomm. BilR, § 264c HGB Rz. 22 hinsichtlich eines von neu eintretenden Gesellschaftern zu leistenden Agios).

J20 **Ausstehende Einlagen |** Soweit nach dem Gesellschaftsvertrag von den Gesellschaftern zu erbringende Pflichteinlagen noch nicht geleistet wurden, ist § 272 Abs. 1 Satz 2 HGB entsprechend anzuwenden. Demnach sind von den Kapitalanteilen die noch nicht eingeforderten ausstehenden Einlagen offen abzusetzen (Teilsatz 1). Die eingeforderten, aber noch nicht eingezahlten Einlagen sind auf der Passivseite als „Eingefordertes Kapital" auszuweisen (Teilsatz 2). Nur für bereits eingefordete Einlageleistungen darf eine Forderung aktiviert werden (Teilsatz 3). Soweit die im Handelsregister eingetragenen Haftsummen i.S.d. § 172 Abs. 1 HGB von den Kommanditisten nicht als Einlagen in die KG geleistet worden sind, ist dies im Anhang anzugeben (§ 264c Abs. 2 Satz 9 HGB).

J21 **Gewinn- und Verlustanteile |** Gemäß § 264c Abs. 2 Satz 3 und 6 HGB sind Verluste von den Kapitalanteilen der Gesellschafter abzuschreiben. Die gesetzliche Regelung orientiert sich hier am Ergebnisverteilungsmodell der §§ 120 f., 167 ff. HGB. Gewinnanteile sind in diesen Fällen den Kapitalanteilen zuzuschreiben, bei den Kommanditisten jedoch nur bis zum Betrag der bedungenen Einlage (IDW RS HFA 7 Rz. 47). Im Übrigen sind Gewinnanteile der Kommanditisten als Fremdkapital auszuweisen, da sich die Gesellschaft insoweit einem Anspruch auf Auszahlung ausgesetzt sieht (vgl. § 169 Abs. 1 Satz 2 HGB). Entstehen durch die Verlustzuweisung negative Kapitalanteile, sind diese als „Nicht durch Vermögenseinlagen gedeckte Verlustanteile" jeweils gesondert für Komplementäre und Kommanditisten auf der Aktivseite auszuweisen. Eine Forderung darf nur aktiviert werden, soweit eine Zahlungsverpflichtung der Gesellschafter besteht (§ 264c Abs. 2 Satz 4, 5 HGB). Allein der Umstand, dass die Komplementäre den Gläubigern gemäß § 128 HGB persönlich haften, begründet aber keine Forderung der Gesellschaft gegen die Komplementäre (§ 707 BGB i.V.m. §§ 161 Abs. 2, 105 Abs. 3 HGB). Erfolgt die Ergebnisverteilung mangels abweichender gesellschaftsvertraglicher Regelung ausschließlich nach dem gesetzlichen Schema, wird die Bilanz mithin immer unter Berücksichtigung der Ergebnisverwendung (vgl. § 268 Abs. 1 HGB) aufgestellt.

Rücklagen | Zu einem Ausweis der in § 264c Abs. 2 Satz 1 HGB vorgesehenen Gliederungspunkte Rücklagen, Gewinnvortrag/Verlustvortrag und Jahresüberschuss/Jahresfehlbetrag kann es daher nur kommen, wenn gesellschaftsrechtlich eine abweichende Ergebnisverwendung vereinbart wird (*Schmidt/K. Hoffmann* in BeckBilKomm, § 264c HGB Rz. 50, vgl. auch § 264c Abs. 2 Satz 8 HGB). Rücklagen, die bilanzrechtlich als Eigenkapital zu qualifizieren sind, brauchen nicht wie bei Kapitalgesellschaften weiter in Kapital- und Gewinnrücklagen untergliedert werden (IDW RS HFA 7 Rz. 46). Zukünftige Verluste sind dann in der Regel vorrangig mit der gesamthänderisch gebundenen Rücklage zu verrechnen (IDW RS HFA 7 Rz. 51). Wird aufgrund einer gesellschaftsvertraglichen Bestimmung bereits bei der Aufstellung der Bilanz ein Teil des Ergebnisses in eine Rücklage eingestellt, ist § 268 Abs. 1 Satz 2 HGB zu beachten. Statt der Posten „Gewinnvortrag/Verlustvortrag" und „Jahresüberschuss/Jahresfehlbetrag" ist dann der Posten „Bilanzgewinn/Bilanzverlust" auszuweisen. J22

Entnahmen | Grundsätzlich führen zulässige Entnahmen zu einer Minderung des Kapitalanteils des entnehmenden Gesellschafters, unzulässige Entnahmen hingegen begründen lediglich eine Forderung der Gesellschaft gegenüber dem Gesellschafter (*Graf/Bisle* in MünchKomm. BilR, § 264c HGB Rz. 20). Entnahmen können sich insbesondere im Zusammenhang mit persönlichen Steuern der Gesellschafter ergeben. So ist im Fall von Beteiligungserträgen die hierauf entfallende Kapitalertragsteuer nicht als Aufwand zu verbuchen, sondern als Entnahme der Gesellschafter zu behandeln (IDW RS HFA 7 Rz. 31). Soweit zulässige Entnahmen zu einem negativen Kapitalanteil eines Gesellschafters führen, ist ein Posten für durch Entnahmen entstandenes negatives Kapital der persönlich haftenden Gesellschafter oder der Kommanditisten zu aktivieren. Bei der Abschreibung der Kapitalanteile sind Entnahmen vorrangig vor Verlusten zu berücksichtigen (IDW RS HFA 7 Rz. 52). Zum Zwecke der Bilanzklarheit sind auf der Aktivseite dann zwei gesonderte Posten für die nicht durch Vermögenseinlagen gedeckten Entnahmen einerseits und Verlustanteile andererseits zu bilden (*Graf/Bisle* in MünchKomm. BilR, § 264c HGB Rz. 21). J23

Einheitsgesellschaft | Hält die KG Anteile der Komplementär-GmbH, so müssen diese im Finanzanlagevermögen unter den Anteilen an verbundenen Unternehmen oder unter den Beteiligungen ausgewiesen werden (§ 264c Abs. 4 Satz 1 HGB). Aufgrund der Sachnähe zum Halten eigener Anteile ist auf der Kapitalseite für die Beteiligung an einer Komplementärgesellschaft nach dem Posten Eigenkapital ein Sonderposten mit der Bezeichnung „Ausgleichsposten für aktivierten eigene Anteile" auszuweisen (Satz 2). Aus der Verweisung auf § 272 J24

Abs. 4 HGB ergibt sich, dass dieser Sonderposten bereits bei der Aufstellung der Bilanz und zunächst aus freien Rücklagen zu bilden ist. Soweit diese nicht ausreichen, ist der Jahresüberschuss zu verwenden, im Übrigen sind Kapitalanteile zu kürzen. Auf wessen Kapitalanteile es hierbei ankommt, ist im Einzelnen umstritten. Anstelle einer pauschalen anteiligen Kürzung erscheint es sachgerecht, zunächst – soweit vorhanden – die Kapitalanteile der Komplementär-GmbH und derjenigen Kommanditisten zu kürzen, die zugleich Gesellschafter der Komplementär-GmbH sind (vgl. *Böcking/Gros* in E/B/J/S, § 264c HGB Rz. 27 ff.; a.A. *Reiner* in MünchKomm. HGB, § 264c HGB Rz. 31).

J 25 **Fiktiver Steueraufwand |** Persönliche Steuern auf die Erträge der GmbH & Co. KG entstehen wegen des Transparenzprinzips (§ 15 Abs. 1 Satz 1 Nr. 2 EStG) allein auf Ebene der Gesellschafter. In der handelsrechtlichen GuV der GmbH & Co. KG wird daher lediglich der Aufwand für die Gewerbesteuer der KG, nicht jedoch für Einkommen- oder Körperschaftsteuer der Gesellschafter erfasst. Um die Vergleichbarkeit des Abschlusses mit dem einer Kapitalgesellschaft zu ermöglichen, erlaubt § 264c Abs. 3 Satz 2 HGB, in der GuV nach dem Posten „Jahresüberschuss/Jahresfehlbetrag" einen dem Steuersatz der Komplementär-GmbH entsprechenden fiktiven Steueraufwand anzusetzen. Bei der Bestimmung des Steueraufwands sollte nicht nur auf den geltenden KSt-Tarif zzgl. SolZ abgestellt werden. Der Zweck der Herstellung von Vergleichbarkeit wird nämlich nur erreicht, wenn auch die wesentlichen steuerrechtlichen Vorschriften zur Nichtabziehbarkeit bestimmter Aufwendungen und Steuerfreiheit bestimmter Erträge zumindest im Wege einer sachgerechten Schätzung berücksichtigt werden (vgl. IDW RS HFA 7 Rz. 32 f.; *Reiner* in MünchKomm. HGB, § 264c HGB Rz. 29).

4. Prüfung

J 26 **Prüfungspflicht |** Große und mittelgroße GmbH & Co. KG haben ihren Jahresabschluss und ihren Lagebericht durch einen Abschlussprüfer prüfen zu lassen. Ohne vorherige Prüfung kann der Jahresabschluss nicht wirksam festgestellt werden (§ 316 Abs. 1 HGB; §§ 6, 10 PublG). Kleine und Kleinstgesellschaften können sich einer **freiwilligen Prüfung** unterziehen. Eine solche Prüfung kann allgemein im Gesellschaftsvertrag vorgesehen sein oder als Maßnahme zur Überwachung der Geschäftsführung anlassbezogen von den Gesellschaftern beschlossen werden. Bei der freiwilligen Prüfung gelten die §§ 316 ff. HGB zwar nicht zwingend. Im Gesellschaftsvertrag, im Beschluss oder in der Vereinbarung mit dem Abschlussprüfer kann jedoch (ausdrücklich oder stillschweigend) auf diese Vorschriften Bezug genommen werden. Sofern die freiwillige Prüfung nach den gesetzlichen Maßstäben erfolgt, kann auch ein Bestätigungsvermerk erteilt werden (vgl. *Böcking/Gros/Rabenhorst* in E/B/J/S, § 316 HGB Rz. 18 f.).

J 27 **Wahl der Prüfer |** Zu Abschlussprüfern können Wirtschaftsprüfer und Wirtschaftsprüfungsgesellschaften bestellt werden, bei mittelgroßen Gesellschaften auch vereidigte Buchprüfer und Buchprüfungsgesellschaften (§ 319 Abs. 1 HGB). Ausnahmsweise, nämlich in bestimmten Fällen potentieller Interessenkonflikte, können Prüfer und Gesellschaften von der Abschlussprüfung ausgeschlossen sein (§ 319 Abs. 2 bis 4 HGB). Die Prüfer werden von den Gesellschaftern gewählt (§ 318 Abs. 1 Satz 1 HGB; zum Wahlrecht auch der Kommanditisten vgl. BGH v. 24.3.1980 – II ZR 88/79, BGHZ 76, 338 = MDR 1980, 650), wobei der Kommanditgesellschaftsvertrag jedoch etwas anderes bestimmen kann (§ 318 Abs. 1 Satz 2 HGB). Zulässig ist es danach jedenfalls, die Wahlkompetenz einem Beirat oder Gesellschafterausschuss, ggf. auch einem einzelnen Gesellschafter zu übertragen. Ob dies auch die geschäftsführende

Komplementär-GmbH selbst sein kann, ist umstritten. Zwar weist auch § 6 Abs. 3 Satz 3 Halbs. 2 PublG die Wahlkompetenz in bestimmten Fällen den gesetzlichen Vertretern einer Gesellschaft zu, so dass eine Zuweisung an Gesellschafter-Geschäftsführer nicht von vornherein unzulässig sein muss (vgl. *Bormann* in MünchKomm. BilR, § 318 HGB Rz. 20ff.; *Schmidt/Heinz* in BeckBilKomm., § 318 HGB Rz. 9); wegen der naheliegenden Interessenkonflikte wäre eine derartige Kompetenzzuweisung aber dennoch kritisch zu sehen (so jedenfalls für die GmbH auch *Böcking/Gros/Rabenhorst* in E/B/J/S, § 318 HGB Rz. 7). Nach erfolgter Wahl ist der **Prüfungsauftrag** durch die Geschäftsführer der Komplementär-GmbH zu erteilen (§ 318 Abs. 1 Satz 4 HGB). Ein ggf. bei der KG oder bei der Komplementär-GmbH bestehender Beirat ist hierfür nicht zuständig; § 111 Abs. 2 Satz 3 AktG ist in Bezug auf die KG mangels Regelungslücke nicht entsprechend anzuwenden (*Schmidt/Heinz* in BeckBilKomm., § 318 HGB Rz. 14). Zu einer Beendigung des Prüfungsverhältnisses kann es danach nur noch unter besonderen Voraussetzungen kommen (§ 318 Abs. 1 Satz 5, Abs. 3 und 6 HGB).

Durchführung der Prüfung | Gegenstand und Umfang der Prüfung regelt § 317 HGB. Jahresabschluss und Lagebericht werden demnach unter Berücksichtigung der Buchführung daraufhin untersucht, ob sie mit den gesetzlichen und gesellschaftsvertraglichen Anforderungen an die Rechnungslegung in Einklang stehen. Hierfür steht dem Prüfer ein umfassendes Informationsrecht gegenüber den Geschäftsführern der Komplementär-GmbH zu (§ 320 Abs. 2 HGB). J28

Ergebnis der Prüfung | Über die Ergebnisse der Prüfung fertigt der Prüfer einen Bericht nach den Vorgaben des § 321 HGB an und legt diesen den Geschäftsführern vor (§ 321 Abs. 5 Satz 1 HGB). Außerdem fasst der Prüfer das Ergebnis in einem **Bestätigungsvermerk** zusammen (§ 322 HGB). Dabei wird ein uneingeschränkter Bestätigungsvermerk erteilt, wenn keine oder nur unwesentliche Mängel festgestellt oder festgestellte Mängel inzwischen beseitigt wurden. Bei wesentlichen Mängeln, die den Gesamtaussagewert des Jahresabschlusses sowie Lageberichts nicht beeinträchtigen, ergeht ein eingeschränkter Bestätigungsvermerk. Eine Versagung des Bestätigungsvermerks kann bei unzureichender Kooperation des Unternehmens oder schwerwiegenden Mängeln erfolgen. Die Einschränkung oder Versagung des Bestätigungsvermerks hindert aber zumindest in rechtlicher Hinsicht nicht die Feststellung des Jahresabschlusses durch die Gesellschafter. J29

Beispiel:

X ist Kommanditist einer Publikums-KG, deren Jahresabschlüsse nach dem Gesellschaftsvertrag jeweils durch einen Wirtschaftsprüfer zu prüfen sind. In der Gesellschafterversammlung 2011 werden mit Mehrheitsbeschluss die Jahresabschlüsse für 2007 bis 2010 festgestellt, obwohl diese jeweils nur einen eingeschränkten Bestätigungsvermerk erhalten haben und den Gesellschaftern zusammen mit der Einberufung nur die Entwürfe der Jahresabschlüsse, aber nicht die Prüfungsberichte übersandt wurden. X klagt auf Feststellung der Nichtigkeit der Beschlüsse über die Feststellung der Jahresabschlüsse.

Der BGH hat die Klage abgewiesen. Zwar ist die Gesellschafterversammlung vor der Beschlussfassung über den Bestätigungsvermerk zu unterrichten. Weder aus § 166 Abs. 1 HGB noch analog § 42a Abs. 1 Satz 2 GmbHG ergibt sich dagegen eine Pflicht zur Übersendung der Prüfungsberichte; insoweit besteht lediglich ein Recht auf Einsichtnahme, das auch nicht an die Einladungsfrist gebunden ist (BGH v. 3.2.2015 – II ZR 105/13, MDR 2015, 600).

5. Feststellung des Jahresabschlusses

Zuständigkeit | „Feststellung" bezeichnet die formale Billigung und Bestätigung des Jahresabschlusses durch die Gesellschafter. Mit der Feststellung wird der Jahresabschluss für die Ge- J30 sellschafter verbindlich. Anders als die Aufstellung stellt die Feststellung des Jahresabschlusses keine Maßnahme der gewöhnlichen Geschäftsführung dar. Vielmehr ist im Grundsatz eine Beschlussfassung der Gesellschafter notwendig, die vorbehaltlich anderer Regelungen Einstimmigkeit erfordert (*Grunewald* in MünchKomm. HGB, § 167 HGB Rz. 2 f.). Im Rahmen der Feststellung können die Gesellschafter den von den Geschäftsführern aufgestellten Jahresabschluss im Hinblick auf solche Bilanzentscheidungen ändern, die der Sache nach Entscheidungen bezüglich der Ergebnisverwendung sind, beispielsweise hinsichtlich der Bildung offener Rücklagen (BGH v. 29.3.1996 – II ZR 263/94, BGHZ 132, 263 = GmbHR 1996, 456). Im Gesellschaftsvertrag können andere Vereinbarungen getroffen werden. So können die Mitwirkungsrechte der Kommanditisten bei der Ergebnisfeststellung auch auf einen von ihnen gebildeten Beirat übertragen werden (BGH v. 29.3.1996 – II ZR 263/94, BGHZ 132, 263 = GmbHR 1996, 456). Hinsichtlich der Mitwirkung des Komplementärs ist davon auszugehen, dass diese jedenfalls dann abbedungen werden kann, wenn es sich um eine haftungsbeschränkte juristische Person handelt (wie im Fall einer Komplementär-GmbH, BGH v. 29.3.1996 – II ZR 263/94, BGHZ 132, 263 = GmbHR 1996, 456; *Grunewald* in MünchKomm. HGB, § 167 HGB Rz. 12).

J 31 **Ergebnisverwendung |** Im gesetzlich vorgesehenen Gewinnverteilungssystem erübrigt sich eine besondere Beschlussfassung über die Ergebnisverwendung (s. Rz. J 21). Das Gleiche gilt in allen anderen Fällen, in denen der Jahresabschluss bereits unter Berücksichtigung der vollständigen Ergebnisverwendung aufgestellt wurde (§ 268 Abs. 1 HGB). Der Beschluss über die Feststellung des Jahresabschlusses ist dann gleichsam Gewinnverwendungsbeschluss (*Priester* in MünchKomm. HGB, § 120 HGB Rz. 81). Dennoch gelten mitunter verschiedene Anforderungen an die Beschlussfassung über die Feststellung und diejenige über die Gewinnverwendung. So genügt dem BGH zufolge hinsichtlich der Feststellung eine allgemeine Mehrheitsklausel im Gesellschaftsvertrag, um für solche Beschlüsse das Mehrheitsprinzip zu etablieren (BGH v. 15.1.2007 – II ZR 245/05, BGHZ 170, 283 = GmbHR 2007, 437 = GmbH-StB 2007, 106 „Otto"). Soweit es aber um die Ergebnisverwendung geht, hat der BGH (BGH v. 15.1.2007 – II ZR 245/05, BGHZ 170, 283 = GmbHR 2007, 437, Rz. 15 = GmbH-StB 2007, 106) ausdrücklich offen gelassen, ob auch insoweit für Mehrheitsbeschlüsse eine allgemeine Mehrheitsklausel im Gesellschaftsvertrag ausreicht. Sofern für Beschlüsse über den Einbehalt von Gewinnen also – in den Grenzen der Treuepflichten – das Mehrheitsprinzip gelten soll, sollte dies im Gesellschaftsvertrag gesondert festgeschrieben werden.

J 32 **Unterzeichnung |** Der festgestellte Jahresabschluss ist gemäß § 245 HGB von allen persönlich haftenden Gesellschaftern zu unterzeichnen. Aus der gesetzlichen Formulierung geht nicht hervor, wer bei einer GmbH & Co. KG die Adressaten der Unterzeichnungspflicht sind. Bei Kapitalgesellschaften haben nach ganz h.M. ohne Rücksicht auf die Vertretungsverhältnisse alle Mitglieder des Vertretungsorgans den Abschluss zu unterzeichnen (*Kleindiek* in MünchKomm. BilR, § 245 HGB Rz. 12). Mit Rücksicht auf § 264a Abs. 2 HGB haben auch bei einer GmbH & Co. KG die Geschäftsführer der Komplementär-GmbH nicht nur in vertretungsberechtigter Zahl, sondern in ihrer Gesamtheit den Jahresabschluss zu unterzeichnen (vgl. *Kleindiek* in MünchKomm. BilR, § 245 HGB Rz. 13; *Winkeljohann/Schellhorn* in BeckBil-Komm., § 245 HGB Rz. 2 m.w.N.; a.A. *Böcking/Gros* in E/B/J/S, § 245 HGB Rz. 8).

6. Fehler

J 33 **Wirksamkeit des Jahresabschlusses |** Leidet der Beschluss über die Feststellung des Jahresabschlusses an formellen oder inhaltlichen Mängeln, so ist er unwirksam. Eine Differenzierung zwischen Anfechtbarkeit und Nichtigkeit wie im Recht der Kapitalgesellschaften erfolgt auch hinsichtlich der Jahresabschlussfeststellung nicht (vgl. *Ehricke* in E/B/J/S, § 120 HGB Rz. 51; *Finck* in Henssler/Strohn, § 120 HGB Rz. 33; a.A. *Priester* in MünchKomm. HGB, § 120 HGB Rz. 70). Dies lässt die Frage unbeantwortet, wann ein Feststellungsbeschluss wegen inhaltlicher Mängel unwirksam ist. Mit Rücksicht auf die identischen Funktionen des Jahresabschlusses wie bei einer Kapitalgesellschaft ist jedenfalls in allen Fällen, in denen § 256 AktG für die AG die Nichtigkeit anordnet, auch bei Personengesellschaften von einer Unwirksamkeit auszugehen (vgl. *Ehricke* in E/B/J/S, § 120 HGB Rz. 50; *Priester* in MünchKomm. HGB, § 120 HGB Rz. 70). Bei sonstigen inhaltlichen Fehlern wird man für die Unwirksamkeit eine gewisse Wesentlichkeitsschwelle annehmen müssen. Schließlich können etwaige im Gesamtkontext unwesentliche Fehler in der Regel auch im Abschluss der Folgeperiode korrigiert werden. Die Unwirksamkeit ist von den Gesellschaftern innerhalb einer angemessenen Frist klageweise geltend zu machen (*Ehricke* in E/B/J/S, § 120 HGB Rz. 52). Für die Bestimmung der Frist erscheint eine entsprechende Anwendung von § 256 Abs. 6 AktG sinnvoll.

Änderung von Jahresabschlüssen | Mitunter können bereits festgestellte Jahresabschlüsse einer nachträglichen Änderung unterzogen werden. In Anlehnung an das Steuerrecht kann hierbei begrifflich zwischen Bilanzberichtigungen und Bilanzänderungen unterschieden werden (vgl. § 4 Abs. 2 EStG). Bei einer **Bilanzberichtigung** werden fehlerhafte Bilanzansätze nachträglich korrigiert. Bei einer **Bilanzänderung** wird ein zulässiger Bilanzansatz durch einen anderen zulässigen Bilanzansatz ersetzt. Dies spielt dann eine Rolle, wenn Wahlrechte nachträglich anders ausgeübt werden sollen. Die Änderung eines festgestellten fehlerfreien Jahresabschlusses ist nur in Ausnahmefällen zulässig, wenn die Änderung durch gewichtige rechtliche, wirtschaftliche oder steuerrechtliche Gründe gerechtfertigt ist (IDW RS HFA 6 Rz. 9). Hinsichtlich der Fehlerhaftigkeit eines Bilanzansatzes ist zu berücksichtigen, dass ein Bilanzansatz nicht allein deswegen falsch ist, weil sich nach Aufstellung Umstände tatsächlicher Art, die dem Bilanzansatz zugrunde lagen, als falsch herausstellen (vgl. § 252 Nr. 4 HGB). Hinsichtlich bilanzieller Rechtsfragen hingegen gilt jedenfalls für steuerliche Zwecke neuerdings ein objektiver Fehlerbegriff (BFH v. 31.1.2013 – GrS 1/10, BStBl. II 2013, 317 = GmbHR 2013, 547 = FR 2013, 699 m. Anm. *Prinz* = GmbH-StB 2013, 167; zur Bedeutung für das Handelsrecht *Hennrichs*, NZG 2013, 681, 686). J34

Verfahren | Sofern die Fehlerhaftigkeit eines Jahresabschlusses zu dessen Unwirksamkeit führt und diese festgestellt wird, ist der Jahresabschluss erneut aufzustellen und festzustellen (*Priester* in MünchKomm. HGB, § 120 HGB Rz. 71). Das Gleiche gilt in allen anderen Fällen, in denen es zu einer nachträglichen Änderung festgestellter Abschlüsse im Wege der Bilanzberichtigung oder Bilanzänderung kommt. Der geänderte Jahresabschluss ist im Fall der Publizitätspflicht erneut nach § 325 Abs. 1 Satz 3 HGB offenzulegen (*Schubert* in BeckBilKomm., § 253 HGB Rz. 808). Im Fall der Prüfungspflicht kann außerdem eine Nachtragsprüfung gemäß § 316 Abs. 3 HGB nötig sein. J35

7. Konzernabschluss und befreiende Einbeziehung

Konzernrechnungslegungspflichten | Eine Pflicht zur Erstellung eines Konzernabschlusses kann aufgrund der §§ 290 ff. HGB oder der §§ 11 ff. PublG bestehen. Nach § 293 HGB kann es hier sowohl aufgrund von Verhältnissen des Mutterunternehmens als auch von Verhältnissen des Konzerns zu einer größenabhängigen Befreiung kommen. Von der Aufstellungspflicht zu unterscheiden ist die Frage nach den auf den Konzernabschluss anzuwendenden Rech- J36 nungslegungsstandards. Für den Einzelabschluss besteht lediglich für Offenlegungszwecke die Möglichkeit, anstelle des HGB-Abschlusses einen Abschluss nach **IFRS/IAS** im Bundesanzeiger bekannt zu machen (§ 325 Abs. 2a HGB). Für den Konzernabschluss eröffnet § 315a Abs. 3 HGB bereits für die Aufstellung ein Wahlrecht zur Anwendung der internationalen Standards. Obligatorisch ist die Anwendung von IFRS/IAS nur für nach nationalem Recht konzernrechnungslegungspflichtige, kapitalmarktorientierte Unternehmen (Art. 4 der Verordnung [EG] Nr. 1606/2002 v. 16.7.2002 betreffend die Anwendung internationaler Rechnungslegungsstandards). Solange die GmbH & Co. KG keine Anleihen oder andere Wertpapiere an einer inländischen Börse begeben hat, kann sie im Falle der Konzernrechnungslegungspflicht also zwischen HGB-Rechnungslegung und IFRS/IAS wählen.

J37 **Mutterunternehmen** | Fungiert die GmbH & Co. KG als Konzernspitze, stellt sich die Frage, ob die Komplementär-GmbH oder die KG zur Erstellung des Konzernabschlusses verpflichtet ist. Mutterunternehmen ist gemäß § 290 Abs. 1 HGB, wer auf ein Tochterunternehmen beherrschenden Einfluss ausüben kann. Eindeutig ist die Lage im Fall einer **Einheitsgesellschaft**. Hier sind die Herrschaftsrechte der GmbH zugleich als solche der KG anzusehen (§ 290 Abs. 3 Satz 1 HGB) mit der Folge, dass nur letztere als Mutterunternehmen in Betracht kommt (*Düll* in Reichert, GmbH & Co. KG, § 23 Rz. 89). Eine Befreiung kann sich aber aus § 291 HGB ergeben, wenn die KG wegen des beherrschenden Einflusses eines Kommanditisten ihrerseits Tochterunternehmen i.S.d. § 290 HGB ist. Im Fall der **typischen GmbH & Co. KG** ist insbesondere die unwiderlegliche Vermutung des § 290 Abs. 1 Nr. 2 HGB zu beachten. Danach ist ein beherrschender Einfluss stets anzunehmen, wenn einem Unternehmen das Recht zusteht, bei einem anderen Unternehmen die Mehrheit der Mitglieder des die Finanz- und Geschäftspolitik bestimmenden Verwaltungs-, Leitungs- oder Aufsichtsorgans zu bestellen oder abzuberufen, und es gleichzeitig Gesellschafter ist. Diese Vorschrift gilt *a minori ad maius* auch für die Komplementär-GmbH, wenn deren bereits qua Gesetz bestehende Befugnis zur Geschäftsführung nicht durch gesellschaftsvertragliche Bestimmungen zugunsten der Kommanditisten eingeschränkt wird (IDW RS HFA 7 Rz. 67). Solche Bestimmungen können beispielsweise in der Einräumung eines vertraglichen Weisungsrechts des oder der Kommanditisten an den Komplementär bestehen, dem Recht der Kommanditisten, die Mehrheit der Geschäftsführung zu bestimmen oder in sonstigen wesentlichen Einschränkungen des Geschäftsführungs- und Vertretungsrechts der Komplementärin (*Düll* in Reichert, GmbH & Co. KG, § 23 Rz. 88). Je nach Sachlage kann aber auch dann, wenn die Komplementär-GmbH als Mutterunternehmen anzusehen ist, die Anwendung des Einbeziehungswahlrechts nach § 296 Abs. 1 Nr. 1 HGB in Betracht kommen (DRS 19.30; *Senger/Hoehne* in MünchKomm. BilR, § 290 HGB Rz. 21). Insbesondere wird bei einer Kapitalbeteiligung von null Prozent und fehlender Gewinnbeteiligung der Komplementär-GmbH regelmäßig eine erhebliche und nachhaltige Beschränkung nicht nur der Ausübung der Rechte in Bezug auf das Vermögen der KG, sondern dieser Rechte schlechthin naheliegen. Siehe auch → *Publizität Rz. P 70f.*

J38 **Befreiende Einbeziehung in einen Konzernabschluss** | Die Pflicht zur Aufstellung, Prüfung und Offenlegung eines Einzelabschlusses auf Ebene der KG entfällt gemäß § 264b HGB, wenn die KG in den nach geltenden Rechnungslegungsstandards aufgestellten und geprüften Konzernabschluss eines Mutterunternehmens im EU/EWR-Raum einbezogen ist. Die Inanspruchnahme der Befreiung muss im Anhang des Konzernabschlusses angegeben werden sowie beim Bundesanzeiger unter Bezugnahme auf § 264b HGB und unter Angabe des Mutterunternehmens mitgeteilt werden.

Die Vorschrift ist auch dann anwendbar, wenn die KG selbst das **Mutterunternehmen** ist, welches den befreienden Konzernabschluss aufstellt. Denn aus § 264b HGB, der den Begriff des Tochterunternehmens gar nicht verwendet, geht nicht hervor, dass die KG gerade als Tochterunternehmen in den befreienden Konzernabschluss einbezogen sein muss (LG Bonn v. 30.9.2009 – 30 T 848/09, BB 2010, 1208; IDW RS HFA 7 Rz. 6). Hierin liegt ein wichtiger Unterschied zur für Kapitalgesellschaften geltenden Vorschrift des § 264 Abs. 3 HGB. Wenn die Komplementär-GmbH den Konzernabschluss unter Einbeziehung der KG aufstellt, bleibt sie mithin zur Aufstellung, Prüfung und Offenlegung eines Einzelabschlusses weiterhin verpflichtet. In diesem Fall tritt gemäß § 264b Nr. 1 Alt. 2 HGB aber zumindest auf Ebene der KG die Befreiung ein.

Beispiel:

Bei der X GmbH & Co. KG wird ein Konzernabschluss auf Ebene (a) der Komplementär-GmbH bzw. (b) der KG erstellt.

Im Fall (a) kann die KG unter den Voraussetzungen des § 264b Abs. 3 Nrn. 1a, 2-4 HGB befreiend in den Konzernabschluss der Komplementär-GmbH einbezogen werden. Die GmbH kann gemäß § 264 Abs. 3 HGB keine Selbstbefreiung in Anspruch nehmen und muss deshalb zusätzlich zum Konzernabschluss auch ihren Einzelabschluss offenlegen bzw. hinterlegen (s. Rz. J 39).

Im Fall (b) setzt die Selbstbefreiung der KG zusätzlich voraus, dass „in diesen Konzernabschluss eine größere Gesamtheit von Unternehmen einbezogen ist" (§ 264b Abs. 3 Nr. 1b HGB). Eine solche größere Gesamtheit kann erst angenommen werden, wenn der Konzernabschluss mindestens drei einbezogene Unternehmen umfasst. Im Fall einer Einheitsgesellschaft müsste die KG daher neben ihrer Komplementär-GmbH zumindest noch eine weitere Tochtergesellschaft halten (*Theile*, GmbHR 2015, 281, 284f.; zur Möglichkeit, auch unwesentliche Tochterunternehmen einzubeziehen, vgl. *Winkeljohann/Deubert* in BeckBilKomm., § 264b HGB Rz. 40ff.).

8. Jahresabschluss der Komplementär-GmbH

Kleinstkapitalgesellschaft | Auf die Komplementär-GmbH finden – vorbehaltlich einer möglichen Befreiung nach § 264 Abs. 3 HGB – die erweiterten Rechnungslegungsvorschriften der §§ 264ff. HGB Anwendung. Im Regelfall wird es sich bei der Komplementär-GmbH allerdings um eine Kleinstkapitalgesellschaft i.S.d. § 267a HGB handeln; die Ausnahme für bloße Finanzholdings in § 267a Abs. 3 Nr. 3 HGB ist nicht einschlägig, da die Komplementärin in der typischen GmbH & Co. KG auch die Geschäfte der KG führt (*Theile*, GmbHR 2015, 281, 284). Über die Vergünstigungen für kleine Kapitalgesellschaften hinaus können Bilanz und GuV daher noch weiter verkürzt werden (§ 266 Abs. 1 Satz 4 HGB und § 275 Abs. 5 HGB). Weiterhin besteht gemäß § 326 Abs. 2 HGB ein Wahlrecht zur Hinterlegung des Jahresabschlusses beim Betreiber des Bundesanzeigers anstelle der Bekanntmachung im Bundesanzeiger. J 39

Bilanzierung | Soweit die Komplementär-GmbH eine Beteiligung am Kapital der KG hält, ist diese im Anlagevermögen zu aktivieren. Im Übrigen werden die Aktiva der Komplementär-GmbH regelmäßig Darlehensforderungen oder liquide Mittel sein. Die Stellung als unbeschränkt haftende Gesellschafterin der KG wird im Regelfall nicht aus der Bilanz, sondern nur aus einer Angabe im Anhang gemäß § 285 Nr. 11a HGB hervorgehen, wenn nicht von der Erleichterung des § 264 Abs. 1 Satz 5 HGB Gebrauch gemacht wird. Erst wenn aufgrund konkreter Anhaltspunkte mit einer Inanspruchnahme als Vollhafter ernstlich zu rechnen ist, muss nach Maßgabe des § 249 Abs. 1 Satz 1 Alt. 1 HGB auf der Passivseite eine Rückstellung J 40 für ungewisse Verbindlichkeiten gebildet werden (*Hennrichs* in MünchKomm. BilR, § 249 HGB Rz. 72).

Vertiefende Recherche

Wichtige Urteile und Erlasse

BFH v. 5.6.2014 – IV R 26/11, DB 2014, 2020: Für die nur durch Gesellschaftsvertrag begründete Verpflichtung zur Prüfung des Jahresabschlusses einer KG darf keine Rückstellung gebildet werden, da diese Verpflichtung keine Außenverpflichtung i.S.d. § 249 HGB darstellt.

BFH v. 31.1.2013 – GrS 1/10, BStBl. II 2013, 317 = GmbHR 2013, 547 = FR 2013, 699 m. Anm. *Prinz* = GmbH-StB 2013, 167: Das Finanzamt ist im Rahmen der ertragsteuerrechtlichen Gewinnermittlung auch dann nicht an die rechtliche Beurteilung gebunden, die der vom Steuerpflichtigen aufgestellten Bilanz (und deren einzelnen Ansätzen) zugrunde liegt, wenn diese Beurteilung aus der Sicht eines ordentlichen und gewissenhaften Kaufmanns im Zeitpunkt der Bilanzaufstellung vertretbar war.

BGH v. 3.2.2015 – II ZR 105/13, MDR 2015, 600: In einer Publikums-KG besteht weder gemäß § 166 Abs. 1 HGB noch analog § 42a Abs. 1 Satz 2 GmbHG eine Pflicht zur Übersendung der Prüfungsberichte zusammen mit der Einberufung der Gesellschafterversammlung.

BGH v. 15.1.2007 – II ZR 245/05, BGHZ 170, 283 = GmbHR 2007, 437 „Otto“: Die Feststellung des Jahresabschlusses einer Personengesellschaft ist eine den Gesellschaftern obliegende Angelegenheit der laufenden Verwaltung und wird regelmäßig von einer allgemeinen Mehrheitsklausel im Gesellschaftsvertrag gedeckt.

BGH v. 29.3.1996 – II ZR 263/94, BGHZ 132, 263 = GmbHR 1996, 456: Die Aufstellung der Jahresbilanz fällt in den alleinigen Zuständigkeitsbereich der geschäftsführenden Gesellschafter. Ihre Feststellung ist ein Grundlagengeschäft, das vorbehaltlich einer anderweitigen Regelung im Gesellschaftsvertrag des Einverständnisses aller Gesellschafter – bei der KG auch der Kommanditisten – bedarf. Bilanzierungsentscheidungen, die der Sache nach Ergebnisverwendungen sind, können grundsätzlich nur durch alle Gesellschafter gemeinschaftlich getroffen werden, soweit der Gesellschaftsvertrag keine anderweitige Regelung enthält.

BGH v. 24.3.1980 – II ZR 88/79, BGHZ 76, 338 = MDR 1980, 650: Aus der Funktion der Abschlussprüfung und der Stellung des Abschlussprüfers als Gesellschaftsorgan folgt, dass seine Wahl nach dem Recht der Personenhandelsgesellschaften der Zustimmung sämtlicher Gesellschafter bedarf, sofern der Gesellschaftsvertrag nichts anderes bestimmt.

LG Bonn v. 30.9.2009 – 30 T 848/09, BB 2010, 1208: Ein Mutterunternehmen in der Rechtsform einer Personengesellschaft nach § 264a HGB kann sich von seiner nach § 325 HGB bestehenden Offenlegungspflicht durch Einbeziehung in den von ihm selbst aufgestellten Konzernabschluss nach § 264b HGB befreien.

Weitere Stichwörter

→ *Kontensystem*; → *Publizität*

Komplementär-GmbH

Ausgewählte Literatur: *Dubois/Schmiegel*, Liquiditätsentnahmen in der GmbH & Co. KG, NZI 2013, 913; *Geißler*, Haftung und Haftungsrisiken des Kommanditisten in der GmbH & Co. KG, GmbHR 2014, 458; *Schlichte*, Kapitalerhaltung in der Ltd. & Co. KG, DB 2006, 1357; *Werner*, Der Gegenstand des Unternehmens und seine Festlegung im Gesellschaftsvertrag der GmbH, StBW 2011, 522.

1. Besonderheiten

a) Unternehmensgegenstand

Gesellschaftsvertrag | Die Angabe des Unternehmensgegenstandes ist gemäß § 3 Abs. 2 GmbHG bei der Komplementär-GmbH wie bei jeder GmbH zwingender Bestandteil des Gesellschaftsvertrages. Der Unternehmensgegenstand einer Komplementär-GmbH besteht regelmäßig in dem Erwerb und der Verwaltung von Beteiligungen sowie der Übernahme der persönlichen Haftung und der Geschäftsführung bei Handelsgesellschaften, insbesondere der Beteiligung als persönlich haftende und geschäftsführende Gesellschafterin an einer bestimmten KG. K 1

Unternehmensgegenstand der KG | Die Rechtsprechung verlangt darüber hinaus für die GmbH auch die Angabe des – sonst aus dem Handelsregister weder unmittelbar noch mittelbar ersichtlichen – Unternehmensgegenstandes der KG (kritisch dazu *Bayer* in Lutter/Hommelhoff, § 3 GmbHG Rz. 7). Dem Erfordernis der Konkretisierung und Individualisierung des Unternehmensgegenstandes sei nicht Genüge getan, wenn die am Wirtschaftsverkehr Beteiligten nicht unmittelbar ersehen können, in welchem Sachbereich die GmbH tätig werde (BayObLG v. 15.12.1975 – 2 Z 53/75, NJW 1976, 1694; offengelassen hingegen in BayObLG v. 22.6.1995 – 3 Z BR 71/95, GmbHR 1995, 722). Wegen der insoweit bestehenden Rechtsunsicherheit empfiehlt sich die zusätzliche Angabe des Unternehmensgegenstandes der KG, insbesondere um Zwischenverfügungen des Registergerichts und damit verbundene zeitliche Verzögerungen bei der Eintragung der GmbH zu vermeiden. K 2

Formulierungsbeispiel:

Gegenstand des Unternehmens ist der Erwerb und die Verwaltung von Beteiligungen sowie die Übernahme der persönlichen Haftung und der Geschäftsführung bei Handelsgesellschaften, insbesondere die Beteiligung als persönlich haftende und geschäftsführende Gesellschafterin an der ABC … (Firma) Vermögensverwaltungs GmbH & Co. KG mit Sitz in … (Ort), die ihrerseits den Erwerb und die Verwaltung von Beteiligungen sowie die Verwaltung eigenen Vermögens zum Gegenstand hat.

K3 **Weitere Tätigkeit** | Unbenommen bleibt der Komplementär-GmbH die Ausübung einer eigenen operativen Tätigkeit neben der Beteiligung als persönlich haftende Gesellschafterin an einer oder mehrerer KGs. Sollte sich die Übernahme der Stellung als persönlich haftende Gesellschafterin erst nachträglich ergeben, bedarf dies einer **Satzungsänderung**.

b) Firma

K4 **Firmenrechtliche Gebote** | Die Firma der Komplementär-GmbH muss nach Maßgabe von § 4 GmbHG die Bezeichnung „Gesellschaft mit beschränkter Haftung" oder eine allgemein verständliche Abkürzung dieser Bezeichnung enthalten. Darüber hinaus unterliegt sie dem Gebot der **Kennzeichnungs- und Unterscheidungskraft** (§ 18 Abs. 1 HGB), dem **Täuschungsverbot** (§ 18 Abs. 2 HGB) sowie dem Erfordernis der **Unterscheidbarkeit** nach § 30 HGB. Insbesondere muss die Firma der Komplementär-GmbH sich von der Firma der KG unterscheiden, wenn beide Gesellschaften wie im Regelfall am selben Ort bzw. in derselben Gemeinde ansässig sind. Nicht mehr erforderlich ist, dass die Firma der GmbH Bestandteil der Firma der KG ist. Oftmals führt die Komplementär-GmbH Zusätze wie „Verwaltungs-GmbH" oder „Beteiligungs-GmbH" in ihrer Firma, um die Unterscheidbarkeit von einer ansonsten gleichlautenden Firma der KG zu gewährleisten.

Beispiel:

ABC Verwaltungs-GmbH als Komplementärin der ABC GmbH & Co. KG.

c) Sitz

K5 § 4a GmbHG verlangt, dass der **Satzungssitz** der GmbH im Inland liegt. In Bezug auf den **Verwaltungssitz**, d.h. den tatsächlichen Ort der Geschäftsleitung, brachte das MoMiG insoweit Erleichterungen, als dieser nunmehr auch im Ausland liegen kann. Sitz der KG ist demgegenüber immer der Ort der **Hauptverwaltung;** einen abweichenden Satzungssitz kennt das Recht der KG nicht (→ *Sitz/Ort der Geschäftsleitung*). Als problematisch wird es deshalb angesehen, wenn der Verwaltungssitz einer Komplementär-GmbH im **Ausland** liegen soll, da damit ggf. auch die Hauptverwaltung der KG im Ausland liegen würde, was bei einer deutschen KG jedoch nicht zulässig ist (*Lüke* in Hesselmann/Tillmann/Mueller-Thuns, Hdb. GmbH & Co. KG, Rz. 3.12 f.).

d) Vor-GmbH als Komplementärin

K6 **Neugründung** | Denkbar ist zum einen, dass neben oder anstelle einer natürlichen Person eine GmbH in eine bereits errichtete KG als Komplementärin **eintritt**. Zum anderen kann die GmbH & Co. KG auch erst durch Neugründung beider Gesellschaften entstehen. In beiden Fällen ist es nicht erforderlich, dass eine rechtlich bereits als solche bestehende GmbH als Komplementärin fungiert. Denn die bereits gegründete GmbH (**Vor-GmbH**) kann anerkanntermaßen auch schon vor ihrer Eintragung die Stellung als Komplementärin einnehmen (BGH v. 9.3.1981 – II ZR 54/80, BGHZ 80, 129 = GmbHR 1981, 114; → *Gründung*).

e) Gesellschafterversammlung der Komplementär-GmbH

K7 **Teilnahmerecht** | Abweichungen zwischen einer Komplementär-GmbH und einer operativ tätigen GmbH bestehen im Hinblick auf die **Gesellschafterversammlung** grundsätzlich nicht, insoweit gelten die Regelungen des § 48 GmbHG. Das Teilnahmerecht steht den Gesellschaftern der GmbH zu, sonstige Personen sind nur aufgrund einer entsprechenden Bestimmung in der Satzung oder aufgrund eines Gesellschafterbeschlusses teilnahmeberechtigt (*Liebscher* in MünchKomm. GmbHG, § 48 GmbHG Rz. 198). Dies führt dazu, dass bei einer GmbH & Co. KG, bei der keine Beteiligungsidentität besteht, **Nur-Kommanditisten** von der Teilnahme an der Gesellschafterversammlung der Komplementär-GmbH ausgeschlossen sind und auf die Willensbildung innerhalb der GmbH keinen Einfluss ausüben können. In der Einheits-KG wird die KG in der Gesellschafterversammlung der Komplementär-GmbH durch deren Geschäftsführer vertreten, sofern der Gesellschaftsvertrag der KG insoweit nicht die Kommanditisten entsprechend bevollmächtigt (→ *Einheitsgesellschaft*).

Belange der KG | Die Weisungsgebundenheit der Geschäftsführer der Komplementär-GmbH gegenüber deren Gesellschaftern gemäß § 37 GmbHG eröffnet diesen die Möglichkeit, über die Komplementär-GmbH erheblichen **Einfluss** auf die KG als Trägerin des Unternehmens auszuüben; der Grundsatz der Allzuständigkeit der Gesellschafter beansprucht auch für die Komplementär-GmbH Geltung (*K. Schmidt* in Scholz, Anh. § 45 GmbHG Rz. 2). Soweit die Belange der KG mittelbar oder unmittelbar von der Beschlussfassung in der Komplementär-GmbH berührt werden, gebietet es die Treuepflicht als Gesellschafterin der KG, bei der Beschlussfassung in der Komplementär-GmbH auch die Interessen der Komplementär-GmbH zu berücksichtigen (*Gregoritza* in Saenger/Aderhold/Lenkaitis/Speckmann, § 5 Rz. 646; mit Gestaltungshinweisen *Wenzel* in Hesselmann/Tillmann/Mueller-Thuns, Hdb. GmbH & Co. KG, Rz. 4.106 ff.). K8

Beschlussfassung | Jedenfalls reflexive Auswirkungen der Beschlussfassungen in der Komplementär-GmbH auf die KG ergeben sich vor allem bei der Feststellung des Jahresabschlusses und der Ergebnisverwendung (§ 46 Nr. 1 GmbHG), bei der Bestellung und Abberufung sowie Entlastung des Geschäftsführers (§ 46 Nr. 5 GmbHG), bei der Bestellung von Prokuristen und Generalhandlungsbevollmächtigten der GmbH (§ 46 Nr. 7 GmbHG), bei der Prüfung und Überwachung der Geschäftsführung (§ 46 Nr. 6 GmbHG) sowie bei der Entscheidung über die Geltendmachung von Ersatzansprüchen aus fehlerhafter Geschäftsführung (§ 46 Nr. 8 GmbHG) (im Einzelnen: *K. Schmidt* in Scholz, Anh. § 45 GmbHG Rz. 3 ff.; *Gregoritza* in Saenger/Aderhold/Lenkaitis/Speckmann, § 5 Rz. 646). Hier kann sich eine satzungsmäßige Modifikation der §§ 45 ff. GmbHG anbieten, die ausschließlich oder auch auf die Verhältnisse in der GmbH & Co. KG abstellt (im Einzelnen mit Beispielen *K. Schmidt* in Scholz, Anh. § 45 GmbHG Rz. 3 ff.). K9

Beschlussmängel | Die Fehlerhaftigkeit von Beschlüssen der Komplementär-GmbH ist nach allgemeinen Regeln geltend zu machen. Aufgrund der unterschiedlichen Regelungsregime kann es bei Beschlüssen in der GmbH & Co. KG zu einem Auseinanderfallen der rechtlichen Kontrolle bzw. der gerichtlichen Zuständigkeiten kommen. Richtiger **Klagegegner** für eine Anfechtungsklage ist die Komplementär-GmbH. K10

Gerichtliche Zuständigkeiten | Gerichtliche Zuständigkeiten können auch auseinanderfallen, wenn beispielsweise nur der Gesellschaftsvertrag der KG, nicht aber die Satzung der Komplementär-GmbH eine **Schiedsklausel** enthält (vgl. *Salger* in Reichert, GmbH & Co. KG, § 44 Rz. 50). Bei der GmbH & Co. KG können gesellschaftsrechtliche Streitigkeiten im Wege eines Schiedsverfahrens praktikabel nur gelöst werden können, wenn eine Schiedsvereinbarung sowohl auf der Ebene der KG als auch auf der Ebene der Komplementär-GmbH abgeschlossen wird (*Ebbing*, NZG 1998, 281, 282; siehe auch *Salger* in Reichert, GmbH & Co. KG, § 44 K11

Rz. 50). Beide Schiedsvereinbarungen sind inhaltlich aufeinander abzustimmen, mag auch ein Gleichlauf der Schiedsvereinbarungen in der Satzung der GmbH und dem Gesellschaftsvertrag der KG wegen § 1066 ZPO möglicherweise erschwert sein (so *Hauschild/Böttcher*, DNotZ 2012, 577, 579).

K 12–K 13 frei

2. Kapitalaufbringung

K 14 **Kein Sonderrecht** | Für die **Kommanditisten** richtet sich die Kapitalaufbringung nach §§ 171, 172 HGB, für die Gesellschafter der **Komplementär-GmbH** nach § 19 GmbHG. Das Kapitalaufbringungsrecht der GmbH ist auch nach Inkrafttreten des MoMiG wesentlich strikter als das der KG (*Gummert* in Münchener Hdb. Gesellschaftsrecht, Bd. 2, § 54 Rz. 1). Insoweit gelten auch bei der GmbH & Co. KG keine Sonderregelungen. Gerade bei der beteiligungsidentischen GmbH & Co. KG besteht das Risiko, dass Zahlungsströme nicht genau voneinander abzugrenzen sind, weshalb die Dokumentation von Zahlungen durch ein differenziertes Kontensystem geboten ist (*Servatius* in Henssler/Strohn, Anhang HGB Rz. 122).

K 15 **Kapitaleinlage** | Das Stammkapital der Komplementär-GmbH beträgt demnach gemäß § 5 Abs. 1 GmbHG mindestens **25 000 Euro** und kann im Wege der **Bareinlage** oder der **Sacheinlage** erbracht werden. Bei Eintragung in das Handelsregister müssen gemäß § 7 Abs. 2 GmbHG davon mindestens 12 500 Euro eingezahlt sein, wobei auf jeden Geschäftsanteil, soweit nicht Sacheinlagen vereinbart sind, ein Viertel des Nennbetrags eingezahlt sein muss. Der Nennbetrag jedes Geschäftsanteils muss mindestens 1 Euro betragen und auf volle Euro lauten (§ 5 Abs. 2 Satz 1 GmbHG). Ein Gesellschafter kann bei Errichtung der GmbH auch mehrere Geschäftsanteile übernehmen (§ 5 Abs. 2 Satz 2 GmbHG).

K 16 **Zahlungsempfänger** | Die Zahlung hat an die **Komplementär-GmbH** zu erfolgen. Zahlungen an die KG – etwa wenn nur ein gemeinsames Konto für beide Gesellschaften vorhanden ist, das auf die KG lautet, – sind als Leistungen an einen Dritten (§ 362 Abs. 2 BGB) in Höhe der Mindesteinlage nach §§ 7 Abs. 2, 8 Abs. 2 GmbHG unzulässig (*Grunewald* in Römermann, Münchener Anwaltshdb. GmbH-Recht, § 19 Rz. 15). **Resteinlagen**, d.h. über die Mindesteinlagen hinausgehende Einlagen können unmittelbar an die KG geleistet werden, wenn die GmbH hiermit einverstanden ist und die KG gegen die GmbH eine entsprechende Einlageforderung hat, die vollwertig, fällig und liquide ist (BGH v. 25.11.1985 – II ZR 48/85, GmbHR 1986, 115; *Servatius* in Henssler/Strohn, Anhang HGB Rz. 127).

K 17 **Grundsatz der realen Kapitalaufbringung** | Auch der Grundsatz der realen Kapitalaufbringung gilt für die Komplementär-GmbH. Die von den Gesellschaftern übernommenen Einlagen müssen demgemäß unverkürzt und in der Form erfüllt werden, wie sie von ihnen zugesagt und in der Satzung festgesetzt wurden. Jegliche Vereinbarung, die diesem Grundsatz zuwiderläuft und geeignet ist, den Einlageanspruch der Gesellschaft auszuhöhlen, ist nach § 19 GmbHG unzulässig. Dies gilt namentlich für die **Aufrechnung** mit der Einlageforderung (§ 19 Abs. 2 Satz 2 GmbHG), die **verdeckte Sacheinlage** (§ 19 Abs. 4 GmbHG) und die Konstruktion des **Hin- und Herzahlens** ohne vollwertigen und jederzeit fälligen oder durch fristlose Kündigung fällig stellbaren Rückgewähranspruch der Gesellschaft (§ 19 Abs. 5 GmbHG) (im Einzelnen *Sirchich von Kis-Sira* in Gehrlein/Ekkenga/Simon, § 19 GmbHG Rz. 2 ff.).

Darlehen an die KG | Gemäß § 8 Abs. 2 Satz 1 GmbHG sind die Mindesteinlagen zur freien Verfügung der Geschäftsführung zu leisten. Problematisch war hier früher die Gestaltung, dass die Einlage eines Gesellschafters der Komplementär-GmbH von dieser an die KG als Darlehen weitergereicht wurde. Dies ist nach **MoMiG** nunmehr unter den Voraussetzungen des § 19 Abs. 5 Satz 1 GmbHG zulässig (→ *Darlehen*). K18

frei K19–K20

3. Kapitalerhaltung

Kein Sonderrecht | Für die Kommanditisten beurteilt sich die Pflicht zur Kapitalerhaltung nach **§ 172 HGB** (→ *Haftung des Kommanditisten Rz. H 19ff.*). Die Gesellschafter der Komplementär-GmbH unterliegen den Kapitalerhaltungsregeln gemäß **§§ 30, 31 GmbHG**. Das zur Erhaltung des Stammkapitals erforderliche Vermögen unterliegt einem Auszahlungsverbot (§ 30 GmbHG). Rückzahlungen unter Verstoß gegen § 30 GmbHG müssen erstattet werden (§ 31 GmbHG). Während es bei der KG zulässig ist, im allseitigen Einverständnis der Gesellschafter in beliebigem Umfang die Einlageleistung an die Kommanditisten zurückzugewähren, und dadurch nur deren (beschränkte) Haftung nach §§ 171, 172 Abs. 4 HGB gegenüber den Gläubigern der KG im Außenverhältnis ausgelöst wird, begründet bei der Komplementär-GmbH ein Verstoß gegen § 30 GmbHG unmittelbar eine Haftung der Gesellschafter gegenüber der Gesellschaft im Innenverhältnis gemäß § 31 GmbHG (*Gummert* in Münchener Hdb. Gesellschaftsrecht, Bd. 2, § 54 Rz. 21). Sonderrecht gilt in der GmbH & Co. KG auch im Hinblick auf das Kapitalerhaltungsregime nicht; vielmehr stehen beide Haftungssysteme nebeneinander. K21

GmbH-Vermögen | Das Auszahlungsverbot betrifft ohne Weiteres Zuwendungen an **Gesellschafter** der Komplementär-GmbH aus dem Gesellschaftsvermögen der **Komplementär-GmbH**. Zu Auszahlungen aus dem Vermögen der Komplementär-GmbH kommt es bei der GmbH & Co. KG jedoch selten: Allenfalls werden gelegentlich marginale Gewinnausschüttungen aus der der Komplementär-GmbH gewährten Haftungstantieme und aus Zinsgewinnen aus der Anlage des Stammkapitals vorgenommen. Regelmäßig wird der Gewinn der Komplementär-GmbH auf neue Rechnung vorgetragen und kommt nicht zur Ausschüttung (*Blaum* in Westermann/Wertenbruch, Hdb. Personengesellschaften, Rz. I 3316). Für Gesellschafter der Komplementär-GmbH, die zugleich **Kommanditisten** sind, gilt ebenfalls das Kapitalerhaltungsgebot gemäß § 30 GmbHG bei unmittelbarer Leistung aus dem Gesellschaftsvermögen der GmbH. K22

KG-Vermögen | Das Auszahlungsverbot gemäß § 30 GmbHG kann darüber hinaus aber auch Zuwendungen aus dem Gesellschaftsvermögen der (**GmbH & Co.**) **KG** an die **Kommanditisten** erfassen. Eine Auszahlung der Kommanditeinlage ist grundsätzlich zulässig, lässt aber nach § 172 Abs. 4 HGB die **Haftung** der Kommanditisten wieder aufleben (→ *Haftung des Kommanditisten Rz. H 19*). Wird aber das Stammkapital der Komplementär-GmbH aufgrund einer solchen Zuwendung mittelbar angegriffen, führt dies zur Unzulässigkeit des Vermögensabflusses bei der GmbH & Co. KG in **erweiterter Anwendung** der §§ 30, 31 GmbHG. K23

Beispiel:

Typische Fallgruppen für Vermögensübertragungen aus dem Vermögen der GmbH & Co. KG sind etwa die Zahlung überhöhter **Vergütungen** für Leistungen der Gesellschafter, **Nutzungsüberlassung** und **Sach-**

und Dienstleistungen zugunsten der Gesellschafter sowie die Übernahme von **Leistungsverpflichtungen** oder **Zahlungsverbindlichkeiten** der Gesellschafter gegenüber Dritten (§ 267 BGB) (*Blaum* in Westermann/Wertenbruch, Hdb. Personengesellschaften, Rz. I 3319).

K24 **Unterbilanz |** Das Auszahlungsverbot greift ein, wenn die Schmälerung des Gesellschaftsvermögens unter Berücksichtigung der Komplementärhaftung der GmbH deren Vermögen unter den Stammkapitalnennwert senkt oder eine schon vorhandene Unterbilanz verstärkt (BGH v. 29.3.1973 – II ZR 25/70, BGHZ 60, 324 = NJW 1973, 1036; *K. Schmidt* in MünchKomm. HGB, § 172 HGB Rz. 128 m.w.N.). Eine solche Unterbilanz entsteht, wenn die handelsbilanzielle Folge der Leistung darin besteht, dass ein Nettoaktivvermögen von weniger als der Stammkapitalziffer auszuweisen ist, bzw. wird vertieft, wenn das Zurückbleiben des Nettoaktivvermögens hinter der Stammkapitalziffer noch vergrößert wird (*Blaum* in Westermann/Wertenbruch, Hdb. Personengesellschaften, Rz. I 3320).

K25 **Kapitalanteil der Komplementär-GmbH |** Auf eine kapitalmäßige **Beteiligung** der Komplementär-GmbH an der KG kommt es dabei nicht an (BGH v. 29.9.1977 – II ZR 157/76, BGHZ 69, 274 = NJW 1978, 160). Hält die Komplementär-GmbH einen **Kapitalanteil,** kann die Werthaltigkeit dieser Beteiligung durch eine Zuwendung an einen Kommanditisten beeinträchtigt werden, mit der Folge, dass ggf. der Ansatz des Kapitalanteils der Komplementär-GmbH bei der KG in der Bilanz der Komplementär-GmbH **wertberichtigt** oder sogar vollständig **abgeschrieben** werden muss und sich das Aktivvermögen der Komplementär-GmbH bis zu einem Absinken unter das Stammkapital vermindern kann (*Blaum* in Westermann/Wertenbruch, Hdb. Personengesellschaften, Rz. I 3322 f.). Hält die Komplementär-GmbH **keinen** Kapitalanteil, kann die Verlagerung von Vermögen aus der KG auf die Gesellschafter zu einer Aufzehrung des Vermögens der GmbH & Co. KG führen, sodass es keine ausreichend sichere Grundlage mehr bietet, um einen Aufwendungsersatzanspruch der Komplementär-GmbH gemäß § 110 Abs. 1 HGB zu befriedigen, falls diese von den Gesellschaftsgläubigern gemäß § 128 HGB in Anspruch genommen wird und Rückgriff bei der GmbH & Co. KG nehmen will (*Blaum* in Westermann/Wertenbruch, Hdb. Personengesellschaften, Rz. I 3325).

K26 **Rechtsfolgen |** Gegen § 30 GmbHG verstoßende Leistungen sind gemäß § 31 GmbHG zurückzuzahlen. Bei einer Leistung aus dem Vermögen der **Komplementär-GmbH** ist diese unmittelbar anspruchsberechtigt. Bei einer Leistung aus dem Vermögen der **KG** kann diese selbst Rückerstattung fordern (BGH v. 29.3.1973 – II ZR 25/70, BGHZ 60, 324 = NJW 1973, 1036).

K27 **Anspruchsgegner | Passivlegitimiert** sind die begünstigten **Kommanditisten**. Unabhängig von ihrem gesellschaftsrechtlichen Einfluss tragen die Kommanditisten Finanzierungsverantwortung für die GmbH & Co. KG; auf eine Beteiligung des Kommanditisten an der Komplementär-GmbH kommt es deshalb nicht an (*Hommelhoff* in Lutter/Hommelhoff, § 30 GmbHG Rz. 64). Auch der **Nur-Kommanditist** haftet deshalb nach §§ 30, 31 GmbHG (BGH v. 27.3. 1995 – II ZR 30/94, GmbHR 1995, 442; BGH v. 19.2.1990 – II ZR 268/88, BGHZ 110, 342 = GmbHR 1990, 251; OLG Celle v. 18.6.2003 – 9 U 2/03, GmbHR 2003, 900, 901 = GmbH-StB 2003, 223; *Geißler*, GmbHR 2014, 458, 463). Gleiches gilt in der **Einheits-GmbH & Co. KG** (*Hommelhoff* in Lutter/Hommelhoff, § 30 GmbHG Rz. 64). Die Literatur spricht sich schließlich teilweise auch für die Haftung des **Nur-GmbH-Gesellschafters**, der also nicht zugleich Kommanditist ist, aus (*Altmeppen* in Roth/Altmeppen, § 30 GmbHG Rz. 173 m.w.N.). Dagegen spricht jedoch, dass so dem Gesellschafter eine Finanzierungsverantwortung für eine Gesellschaft aufgebürdet würde, an der er wirtschaftlich nicht nennenswert beteiligt ist; diese

Ansicht ist daher jedenfalls bei einer Komplementär-GmbH, die keinen Anteil am Vermögen der GmbH & Co. KG hat, abzulehnen (im Ergebnis so auch *Blaum* in Westermann/Wertenbruch, Hdb. Personengesellschaften, Rz. I 3334).

Auslandsgesellschaft & Co. | Bisher ungeklärt ist, ob die Kapitalerhaltungsregeln der §§ 30, 31 GmbHG auch auf eine → *Auslandsgesellschaft & Co. KG*, namentlich die Ltd. & Co. KG Anwendung finden. Die Literatur lehnt dies überwiegend zu Recht ab (*Just*, Die Englische Limited in der Praxis, Rz. 360; *Servatius* in Henssler/Strohn, GesellschaftsR, Int. GesellschaftsR Rz. 224; *Schlichte*, DB 2006, 1357, 1360; a.A. *K. Schmidt* in MünchKomm. HGB, § 172 HGB Rz. 129). Insbesondere würden dadurch deutsche Kapitalerhaltungsvorschriften einer ausländischen Gesellschaft, deren Recht ein entsprechendes Regime nicht kennt, aufgezwungen; die englische Ltd. würde entgegen den Vorgaben des Europäischen Gerichtshofes nicht mehr als englische Gesellschaftsform behandelt (*Just*, Die Englische Limited in der Praxis, Rz. 360). K 28

frei K 29–K 30

4. Vergütung

a) Notwendigkeit einer Vergütung

Bei der typischen GmbH & Co. KG ist die Komplementär-GmbH am Vermögen und am Gewinn der KG nicht beteiligt (→ *Entnahmen und Ergebnisverwendung*). In diesem Fall erzielt sie aus dem Gewinn des Unternehmens der KG keine Einnahmen, mit denen sie ihre laufenden Ausgaben decken könnte. Ausgaben können der Komplementär-GmbH etwa für die Verwaltung, die Aufstellung des Jahresabschlusses und für Kammerbeiträge entstehen. Ist der Dienstvertrag des Geschäftsführers der Komplementär-GmbH mit der Komplementär-GmbH selbst abgeschlossen, kommen die Ausgaben für dessen Vergütung und Lohnsteuer hinzu. Daher ist die Komplementär-GmbH für die Dauer ihrer Beteiligung darauf angewiesen, ihre Auslagen ersetzt zu bekommen. Ferner besteht bei der nicht am Gewinn beteiligten Komplementär-GmbH das Erfordernis einer Haftungsvergütung (s. Rz. K 43 f.). K 31

b) Der Aufwendungsersatzanspruch nach § 110 HGB

Kein Ersatz für Laufende Ausgaben | Die Komplementär-GmbH kann von der KG die Erstattung ihrer laufenden Ausgaben nicht auf Grundlage ihres Aufwendungsersatzanspruches nach §§ 110, 161 Abs. 2 HGB verlangen. Nach § 110 HGB ist die Gesellschaft einem Gesellschafter zum Ersatz verpflichtet, wenn dieser in den Gesellschaftsangelegenheiten Aufwendungen macht, die er den Umständen nach für erforderlich halten darf, oder wenn er unmittelbar durch seine Geschäftsführung oder aus Gefahren, die mit ihr untrennbar verbunden sind, Verluste erleidet. Aufwendungen sind freiwillige Vermögensopfer, die ein Gesellschafter im Interesse der Gesellschaft erbringt. Freiwilligkeit bedeutet, dass eine Verpflichtung zur Leistung im Innenverhältnis zur Gesellschaft nicht bestehen darf (*Haas* in Röhricht/Graf von Westphalen/Haas, § 110 HGB Rz. 7 m.w.N.). Keine Aufwendungen sind daher Leistungen, die ein Gesellschafter schon aufgrund des Gesellschaftsvertrags oder des Gesetzes zu erbringen hat. K 32

Geschäftsführerdienste | Der persönlich haftende Gesellschafter kann daher über § 110 HGB keine Vergütung für die Geschäftsführertätigkeit fordern (*Roth* in Baumbach/Hopt, § 110 K 33

HGB Rz. 19; *Scheel* in Münchener Hdb. Gesellschaftsrecht, Bd. 2, § 10 Rz. 9). Denn der persönlich haftende Gesellschafter ist zur Geschäftsführung schon aufgrund des Gesellschaftsvertrags und des Gesetzes (§§ 114 Abs. 1, 161 Abs. 2, 164 HGB) verpflichtet; er erbringt seine Dienste in Erfüllung seiner Beitragspflicht (*Bergmann* in E/B/J/S, § 110 HGB Rz. 10). Nach der Rechtsprechung des BGH erhält ein Gesellschafter für die Dienste, die er der Gesellschaft leistet, grundsätzlich nur dann ein besonderes Entgelt, wenn dies vertraglich vereinbart ist. Denn der Geschäftsführer einer Personenhandelsgesellschaft findet den „Lohn" für seine Arbeit in erster Linie in seiner Gewinnbeteiligung (BGH v. 10.6.1965 - II ZR 6/63, BGHZ 44, 40, 41; BGH v. 20.9.1973 - VII ZR 176/71, BB 1973, 1368, 1369). Diese Grundsätze gelten auch für die Komplementär-GmbH einer GmbH & Co. KG (KG Berlin v. 4.5.1992 - 2 U 4536/91, GmbHR 1993, 818, 820; *Wenzel* in Hesselmann/Tillmann/Mueller-Thuns, Hdb. GmbH & Co. KG, Rz. 4.91), obwohl die typische Komplementär-GmbH am Gewinn der KG gerade nicht beteiligt ist.

K 34 **Haftungsübernahme |** Ebenso wenig kann § 110 HGB als Anspruchsgrundlage für eine Vergütung der Übernahme der persönlichen Haftung herangezogen werden, da ein persönlich haftender Gesellschafter hierzu schon nach §§ 128, 161 Abs. 2 HGB verpflichtet ist und das hiermit verbundene Risiko in erster Linie durch seine Gewinnbeteiligung vergütet wird (BGH v. 20.9.1973 - VII ZR 176/71, BB 1973, 1368).

c) Auslagenersatz

K 35 **Gesellschaftsvertragliche Regelung |** Damit die Komplementär-GmbH ihre laufenden Ausgaben für die Geschäftsführung der KG decken kann, muss ihr im Gesellschaftsvertrag der KG ein Auslagenersatzanspruch eingeräumt werden. Hat die Komplementär-GmbH, wie regelmäßig, keinen eigenen Geschäftsbetrieb, kann erwogen werden, den Auslagenersatzanspruch auch auf die allgemeinen Kosten, die der Komplementär-GmbH durch ihre bloße Existenz entstehen (z.B. Kammerbeiträge), zu erweitern. Dies ist nicht erforderlich, wenn die Komplementär-GmbH die allgemeinen Kosten durch ihre Haftungsvergütung (s. Rz. K 43) decken kann.

§ … Auslagenersatz

Der persönlich haftenden Gesellschafterin sind alle Auslagen, die ihr aus der Geschäftsführung der Kommanditgesellschaft erwachsen, insbesondere die Gehälter für die Geschäftsführer zzgl. gesetzlicher Umsatzsteuer zu erstatten. Der Auslagenersatz ist im Verhältnis der Gesellschafter untereinander als Aufwand zu behandeln.

d) Haftungsvergütung

K 36 **Gesellschaftsvertragliche Regelung |** Einen Anspruch auf Vergütung für die Übernahme des Haftungsrisikos hat die Komplementär-GmbH nur, wenn der Gesellschaftsvertrag dies vorsieht. In der Regel wird der Komplementär-GmbH im Gesellschaftsvertrag eine Vergütung für das Haftungsrisiko eingeräumt, um einem steuerlichen Drittvergleich standhalten zu können (s. Rz. K 43 f.). Hängt die Höhe der Haftungsvergütung von der Höhe des Stammkapitals der Komplementär-GmbH ab, kann einer erheblichen Erhöhung des Stammkapitals die gesellschafterliche Treuepflicht gegenüber der KG entgegenstehen (BGH v. 5.12.2005 - II ZR 13/04, GmbHR 2006, 321 = GmbH-StB 2006, 66).

§ … Haftungsvergütung

Die persönlich haftende Gesellschafterin erhält als Entgelt für die Übernahme der persönlichen Haftung eine gewinnunabhängige Vergütung in Höhe von 5 % ihres eingezahlten Stammkapitals, das zu Beginn ihres Geschäftsjahres in ihrer Bilanz ausgewiesen ist zzgl. gesetzlicher Umsatzsteuer. Die Vergütung ist am Ende eines jeden Geschäftsjahres zur Zahlung fällig. Sie ist im Verhältnis der Gesellschafter untereinander als Aufwand zu behandeln.

frei K37–K40

5. Steuerrecht

Mitunternehmerschaft der Komplementär-GmbH | Die Komplementär-GmbH ist in aller Regel Mitunternehmerin der (GmbH & Co.) KG, und zwar auch dann, wenn sie weder am Vermögen noch am Verlust der Personengesellschaft beteiligt ist. Da ihr zwar die Geschäftsführung, nicht aber die Vertretungsmacht entzogen werden kann, verfügt sie über Mitunternehmerinitiative. Aufgrund ihrer persönlichen und unbeschränkten Haftung für die Verbindlichkeiten der KG trägt sie auch Mitunternehmerrisiko (BFH v. 11.12.1986 – IV R 222/84, BStBl. II 1987, 553 = FR 1987, 258 = GmbHR 1987, 489; BFH v. 25.4.2006 – VIII R 74/03, BStBl. II 2006, 595 = FR 2006, 823 m. Anm. *Kempermann*; BFH v. 10.10.2012 – VIII R 42/10, BStBl. II 2013, 79 = FR 2013, 281 m. Anm. *Kempermann* = GmbHR 2013, 159 m. Anm. *Karl* = GmbH-StB 2013, 70). Die Vergütung, die die Komplementär-GmbH von der KG erhält, im Wesentlichen also die Vergütung für die Übernahme der Geschäftsführung bzw. den entsprechenden Auslagenersatz sowie die Haftungsvergütung, stellen damit – je nach (gesellschafts-)vertraglicher Ausgestaltung – Sonderbetriebseinnahmen der Komplementär-GmbH dar oder sind Teil der Gewinnverteilung. K41

Tätigkeitsvergütungen des GmbH-Geschäftsführers | Vergütungen, die die Komplementär-GmbH ihrerseits ihren Geschäftsführern (oder anderen leitenden Angestellten) zahlt, stellen für die **GmbH Sonderbetriebsausgaben** bei der (GmbH & Co.) KG dar, soweit diese Vergütungen im Zusammenhang mit der Übernahme der Geschäftsführung der KG stehen. Sind die Geschäftsführer Mitunternehmer (i.d.R. Kommanditisten) der KG, sind diese Vergütungen **Sonderbetriebseinnahmen der Geschäftsführer** bei der KG (*Wacker* in Schmidt, § 15 EStG Rz 717; BFH v. 2.8.1960 – R 221/59 S, BStBl. III 1960, 408; BFH v. 6.7.1999 – VIII R 46/94, BStBl. II 1999, 720 = FR 1999, 1052 m. Anm. *Kempermann* = GmbHR 1999, 1052 m. Anm. *Schiffers* = GmbH-StB 1999, 271; BFH v. 14.2.2006 – VIII R 40/03, BStBl. II 2008, 182 = FR 2006, 541 m. Anm. *Kempermann* = GmbHR 2006, 605 = GmbH-StB 2006, 125; zur Kritik *Eckl* in Hesselmann/Tillmann/Mueller-Thuns, Hdb. GmbH & Co. KG, Rz. 6.132 ff.). Die Rechtsprechung sieht die Erfassung der Tätigkeitsvergütung bei den Einkünften aus Gewerbebetrieb deshalb als gerechtfertigt an, weil der Kommanditist einer GmbH & Co. KG, der zugleich Geschäftsführer (Organ) der Komplementär-GmbH ist, in dieser Funktion auch „im Dienst der Personengesellschaft" tätig wird. Er erfüllt nicht nur eine Verpflichtung der GmbH, sondern zugleich eine Verpflichtung gegenüber der KG (BFH v. 14.2.2006 – VIII R 40/03, BStBl. II 2008, 182 m. N. = FR 2006, 541 m. Anm. *Kempermann* = GmbHR 2006, 605 = GmbH-StB 2006, 125). Unerheblich ist insoweit, ob die Komplementär-GmbH ihrerseits für die Leistungen an die (GmbH & Co.) KG eine gesonderte (feste oder gewinnabhängige) Vergütung erhält oder diese Leistungen im Rahmen der Gewinnverteilung Berücksichtigung finden (*Wacker* in Schmidt, § 15 EStG Rz. 717). Unerheblich für die Einordnung der Vergütung K42 als Sonderbetriebseinnahme ist darüber hinaus auch, ob der Geschäftsführer die Vergütung auf Grund eines Anstellungsvertrages mit der GmbH oder der KG erhält (BFH v. 6.7.1999 – VIII R 46/94, BStBl. II 1999, 720 = FR 1999, 1052 m. Anm. *Kempermann* = GmbHR 1999, 1052 m. Anm. *Schiffers* = GmbH-StB 1999, 271; BFH v. 15.12.1998 – VIII R 62/97, BFH/NV 1999, 773 = GmbHR 1999, 422 = GmbH-StB 1999, 90). Zwingende Voraussetzung für die Annahme von Sonderbetriebseinahmen des Gesellschafter-Geschäftsführers ist aber, dass der Geschäftsführer Mitunternehmer der Personengesellschaft ist. Ist dieser nur Gesellschafter einer weiteren GmbH, die ihrerseits Kommanditistin der KG ist, gehört die Vergütung des Gesellschafters zu dessen Einkünften aus nichtselbstständiger Arbeit (§ 19 EStG).

K 43 **Angemessenheit der Vergütung** | In der Ausgestaltung der Vergütung der Komplementär-GmbH sind die Beteiligten dem Grunde nach frei. Wenn die Kommanditisten der KG auch die Gesellschafter der Komplementär-GmbH sind, fehlt allerdings ein natürlicher Interessengegensatz, so dass die Vergütungsabrede dem Drittvergleich standhalten muss, um steuerlich anerkannt zu werden. Insoweit ist eine Angemessenheitsprüfung vorzunehmen (vgl. dazu im Einzelnen *Eckl* in Hesselmann/Tillmann/Mueller-Thuns, Hdb. GmbH & Co. KG, Rz. 6.173). Angemessen ist bei einer auf die Geschäftsführung der KG beschränkten GmbH ein Gewinnanteil, der ihr auf Dauer den Ersatz ihrer Auslagen sowie eine den Kapitaleinsatz und das Haftungsrisiko gebührend berücksichtigende Beteiligung am Gewinn einräumt (BFH v. 24.7.1990 – VIII R 290/84, BFH/NV 1991, 191). Hier ist wie folgt zu unterscheiden:

- Ist die **Komplementär-GmbH** nicht am Vermögen der KG beteiligt und hat sie somit auch **keine Vermögenseinlage** erbracht, so ist eine Gewinnbeteiligung der GmbH dann als angemessen anzusehen, wenn die GmbH neben dem Auslagenersatz für die Geschäftsführertätigkeit eine Vergütung für die Übernahme der Haftung bei der KG erhält, wie sie auch ein Dritter verlangen würde. Anhaltspunkt hierfür kann die Höhe von Avalprovisionen sein, die Banken für die Übernahme von Kreditrisiken verlangen (wobei das Risiko aus der Haftungsübernahme in der Regel langfristig übernommen wird und damit höher ist). Das übernommene und damit zu vergütende Haftungsrisiko entspricht dem Vermögen der GmbH (in der Regel dem Stammkapital). Unter Berücksichtigung der Umstände des Einzelfalls wird eine Haftungsvergütung zwischen 2 % bis 6 % als angemessen anzuerkennen sein (BFH v. 3.2.1977 – IV R 122/73, BStBl. II 1977: 6 % des Stammkapitals; FG Saarland v. 28.3.1990 – 1 K 199/88, EFG 1990, 586: 2 % des Stammkapitals zzgl. 10 % des Gewinns der KG, höchstens jedoch 10 % des Stammkapitals; FG Düsseldorf v. 6.12.1974 – IX 509–512/67, EFG 1975, 224: 6 % des Stammkapitals; FG BW v. 27.11.1973 – I B 129/73, BB 1974, 11008: 1 % des Stammkapitals, FG Münster v. 13.12.1974 – VII 685/74, EFG 1975, 471: 6 bis 15 % abhängig vom Gewinn der GmbH & Co. KG).
- Bei einer kapitalmäßigen **Beteiligung der Komplementär-GmbH** an der KG kommt dem Grunde nach eine besondere Haftungsvergütung nur in Betracht soweit die GmbH neben der Beteiligung an der KG noch weiteres Vermögen in einem relevanten Umfang hält, das im Haftungsfall eingesetzt werden müsste. Darüber hinaus wird das eingesetzte Kapital im Rahmen der Gewinnverteilung entgolten. Nicht zu beanstanden ist eine Gewinnverteilung nach dem Verhältnis der erbrachten Einlagen der Gesellschafter. Zumindest langfristig sollte die Gewinnbeteiligung der Komplementär-GmbH aber zu einer angemessenen Verzinsung des eingesetzten Stammkapitals führen. Die Rechtsprechung hat hier eine Kapitalverzinsung von 20 % und 49 % als angemessen angesehen (BFH v. 15.11.1967 – IV R 244/66, BStBl. II 1968,175; BFH v. 15.11.1967 – IV R 241/66, BStBl. II 1968, 307). Dies dürfte zu hoch gegriffen sein.

Steuerliche Korrekturen | Ist die Gesamtausstattung der Komplementär-GmbH (sei es als Teil der Gewinnverteilung, sei es als schuldrechtliche Vergütung) zu niedrig, liegt in der Differenz eine vGA nach § 8 Abs. 3 Satz 2 KStG vor (vgl. dazu *Eckl* in Hesselmann/Tillmann/Mueller-Thuns, Hdb. GmbH & Co. KG, Rz. 6.231). In der Folge ist der Gewinnanteil der GmbH außerbilanziell zu Lasten der Gewinnanteile der weiteren Gesellschafter zu erhöhen. Bei den Gesellschaftern der GmbH (sofern diese Mitunternehmer der KG sind) ist die vGA (§ 20 Abs. 1 Satz 1 Nr. 1 Satz 2, Abs. 8 EStG) zumindest dann als Sonderbetriebseinnahme Teil des gewerblichen Gewinns, wenn die Anteile an der Komplementär-GmbH Sonderbetriebsvermögen der Gesellschafter bei der KG sind (→ *Sonderbetriebsvermögen*). Ist der Gewinnanteil der Komplementär-GmbH zu hoch, liegt eine verdeckte Einlage der Gesellschafter der GmbH vor, soweit diese Gesellschafter auch Kommanditisten der KG sind (BFH v. 23.8. 1990 – IV R 71/89, BStBl. II 1991, 172 = FR 1991, 210 = GmbHR 1991, 177). K44

Überhöhte Vergütung des Gesellschafter-Geschäftsführers | Davon zu unterscheiden ist die Frage, ob eine vGA auch dann vorliegen kann, wenn die Vergütung des Gesellschafter-Geschäftsführers überhöht ist, die Komplementär-GmbH aber das Geschäftsführergehalt von der KG ersetzt erhält. Hier ist wie folgt zu unterscheiden: K45

- Ist der Geschäftsführer weder an der GmbH noch an der KG beteiligt und liegt auch im Übrigen **kein Näheverhältnis** zwischen diesem und den Gesellschaftern der GmbH vor, so scheidet eine vGA aus. Es handelt sich um eine Vereinbarung zwischen fremden Dritten.
- Ist der Geschäftsführer zwar **an der GmbH**, aber weder mittelbar noch unmittelbar an der KG **beteiligt**, dürfte der erste Anschein dafür sprechen, dass die Vergütung schon aufgrund der vorliegenden Interessengegensätze zwischen dem Geschäftsführer und den Gesellschaftern der KG angemessen ist. Nur dann, wenn die Vergütung ausnahmsweise dennoch als überhöht anzusehen sein sollte, liegt in Höhe des unangemessenen Teils eine vGA der GmbH an ihren Gesellschafter-Geschäftsführer vor; die KG wird in einem solchen Fall auch schon gesellschaftsvertraglich nicht verpflichtet sein, die Vergütung zu erstatten.
- Ist der Geschäftsführer auch **Gesellschafter sowohl der GmbH als auch der (GmbH & Co.) KG**, so ist zu beachten, dass die Vergütung eine Sonderbetriebseinnahme des Gesellschafter-Geschäftsführers nach § 15 Abs. 1 Satz 1 Nr. 2 Satz 1 Halbs. 2 EStG darstellt. Eine vGA kommt hier allerdings in Betracht, soweit durch die erhöhte Vergütung der Gewinnanteil der Komplementär-GmbH im Übrigen gemindert wird. Darüber hinaus liegt eine Entnahme des Geschäftsführers aus der KG vor (*Wacker* in Schmidt, § 15 EStG Rz. 718; *Wassermeyer*, GmbHR 1999, 18).

Umsatzsteuer | Leistungen, die die GmbH an die (GmbH & Co.) KG erbringt, unterliegen der Umsatzsteuer, sofern sie gegen Entgelt erbracht werden (§ 1 Abs. 1 UStG). Im Verhältnis zu seiner Gesellschaft steht es dem Gesellschafter frei, seine Leistung entweder als nicht umsatzsteuerbaren Gesellschafterbeitrag erbringen, der durch die Beteiligung am Gewinn und Verlust abgegolten ist, oder umsatzsteuerbar gegen ein Sonderentgelt (vgl. nur BFH v. 4.7. 2013 – V R 33/11, BStBl. II 2013, 937; Abschn. 1.6. Abs. 3 Satz 2 UStAE). Diese Grundsätze gelten auch für die Leistungen, die ein Gesellschafter als Organ der Gesellschaft übernimmt, z.B. durch die Übernahme der Geschäftsführung (BFH v. 6.6.2002 – V R 43/01, BStBl. II 2003, 36 = GmbHR 2002, 1039 unter Aufgabe der gegenteiligen Rechtsprechung in BFH v. 17.7. 1980 – V R 5/72, BStBl. II 1980, 622 = GmbHR 1980, 282; Abschn. 1.6. Abs. 4 UStAE). Auch die (isolierte) Haftungsübernahme kann nach nunmehr geänderter Auffassung der Finanzverwaltung eine steuerbare Leistung sein (Abschn. 1.6 Abs. 6 UStAE kritisch z.B. *Helde* in Hesselmann/Tillmann/Mueller-Thuns, Hdb. GmbH & Co. KG, Rz. 6.776). Mit Blick auf K46 die noch mit BMF Schreiben v. 23.12.2003 vertretende abweichende Auffassung (BMF v. 23.12.2003 – IV B 7 - S 7100 - 246/06, GmbHR 2004) hat die Finanzverwaltung eine Übergangsregelung für bis zum 31.12.2011 erbrachte Leistungen erlassen (BMF v. 14.11.2011 – IV D - IV A 2-S 7100/07/10028:003, BStBl. I 2011, 1158). Eine ausdrückliche höchstrichterliche Entscheidung gibt es dazu nicht, allerdings hat der BFH entschieden, dass eine pauschale jährliche Haftungsvergütung als (zusätzliches) Entgelt für eine einheitliche Leistung, die Geschäftsführung, Vertretung und Haftung umfasst, umsatzsteuerpflichtig ist, ohne dass eine Steuerbefreiung nach § 4 Nr. 8 Buchst. g UStG in Frage kommt (BFH v. 3.3.2011 – V R 24/10, BStBl. II 2011, 950 = GmbHR 2011, 610 = GmbH-StB 2011, 196).

K 47 **Unmittelbare Anstellung des Geschäftsführers durch die KG |** Hat der Geschäftsführer den Anstellungsvertrag unmittelbar mit der KG abgeschlossen und erhält er daher die Tätigkeitsvergütung unmittelbar von dieser, so kann darin im Verhältnis zwischen KG und GmbH entweder eine nicht steuerbare Personalbeistellung zu sehen sein oder es liegt die Personalgestellung als Teil eines Leistungsaustausches vor. Im Fall der Personalgestellung erbringt die KG insoweit eine umsatzsteuerpflichtige Leistung an die GmbH, die zudem die Bemessungsgrundlage für die (Geschäftsführer-)Leistung der GmbH an die KG erhöht (tauschähnlicher Umsatz, ggf. mit Baraufgabe; vgl. BFH v. 15.4.2010 – V R 10/08, BStBl. II 2010, 879). Die Abgrenzung zwischen der steuerbaren Personalgestellung und der nicht steuerbaren Personalbeistellung ist danach vorzunehmen, ob der Leistungsempfänger (die KG) mit der Überlassung des Personals selbst eine Leistung erbringen oder nur zur Erbringung der Leistung durch den Auftraggeber beitragen will (vgl. Abschn. 1.1 Abs. 6 UStAE unter Hinweis auf die Grundsätze der Materialbeistellung in Abschn. 3.8 Abs. 2 bis 4). Voraussetzung für eine Beistellung ist insbesondere, dass der Empfänger der Leistung dem Leistenden Sachmittel nur für die Leistungserbringung an ihn zur Verfügung stellt und eine anderweitige Verwendung ausgeschlossen ist (BFH v 15.4.2010 – V R 10/08, BStBl. II 2010, 879; BFH v. 6.12.2007 – V R 42/06, BStBl. II 2009, 439, zur Auffassung der Finanzverwaltung vgl.: Abschn. 1.1 Abs. 7 UStAE). Im Verhältnis zwischen der (GmbH & Co.) KG und der Komplementär GmbH liegt daher in Bezug auf den bei der KG angestellten Geschäftsführer eine nicht steuerbare Personalbeistellung vor, wenn dieser der GmbH ausschließlich für die Geschäftsführung bei der KG überlassen wird. Davon ist auszugehen, wenn der zur KG bestehende Anstellungsvertrag mit dem Geschäftsführer ausschließlich Tätigkeiten für die KG zum Gegenstand hat, weil im Rahmen dieses Vertrages die von dem Geschäftsführer im Verhältnis zur KG zu erbringenden Leistungen bestimmt werden. Ist der Tätigkeitsbereich des Geschäftsführers aus seinem Anstellungsverhältnis zur KG in dieser Weise bestimmt, liegt auch dann (nur) eine Personalbeistellung durch die KG vor, wenn der der Geschäftsführer darüber hinaus – unentgeltlich oder auf Grund eines weiteren Anstellungsvertrags mit der GmbH – für diese noch anderweitig tätig wird.

K 48–K 70 frei

Vertiefende Recherche

Wichtige Urteile und Erlasse

BGH v. 27.3.1995 – II ZR 30/94, GmbHR 1995, 442: Erstattungsansprüche der GmbH & Co KG gegen Nur-Kommanditisten wegen verbotener Auszahlung von Gesellschaftsvermögen.

BGH v. 29.9.1977 – II ZR 157/76, BGHZ 69, 274 = NJW 1978, 160: Rückzahlung der Kommanditeinlage bei einer GmbH & Co. KG.

BGH v. 20.9.1973 – VII ZR 176/71, BB 1973, 1369: Keine Vergütung für die Haftungsbereitschaft und die Geschäftsführungsdienste eines persönlich haftenden Gesellschafters, wenn dies nicht besonders vereinbart ist.

BGH v. 29.3.1973 – II ZR 25/70, BGHZ 60, 324 = NJW 1973, 1036: Erhaltung des Stammkapitals der GmbH in der GmbH & Co. KG.

OLG Karlsruhe v. 22.11.2013 – 11 Wx 86/13, GmbHR 2014, 142: Firma: Keine Irreführung durch Verwendung des Namens eines Nichtgesellschafters.

BFH v. 4.7.2013 – V R 33/11, BStBl. II 2013, 937: Erhält ein Unternehmer von einem anderen Unternehmer gewinnunabhängig Aufwendungsersatz für Leistungen, die er an den anderen Unternehmer erbringt, liegt ein steuerbarer Leistungsaustausch vor.

BFH v. 3.3.2011 – V R 24/10, BStBl. II 2011, 950: Die Festvergütung, die der geschäftsführungs- und vertretungsberechtigte Komplementär einer KG von dieser für seine Haftung nach §§ 161, 128 HGB erhält, ist als Entgelt für eine einheitliche Leistung, die Geschäftsführung, Vertretung und Haftung umfasst, umsatzsteuerpflichtig.

BFH v. 14.2.2006 – VIII R 40/03, BStBl. II 2008, 182: Zur steuerlichen Behandlung von Aufwendungen der OHG für eine Pensionszusage an den Gesellschaftergeschäftsführer durch die GmbH.

Musterformulierungen

→ *Gesellschaftsverträge mit Erläuterungen Rz. G 208ff.* (Einheitsgesellschaft), *Rz. G 230ff.* (beteiligungsidentische KG)

Blaum/Scholz in Hoffmann-Becking/Rawert, Beck'sches Formularbuch Bürgerliches, Handels- und Wirtschaftsrecht, 12. Aufl. 2016, VIII.D.6. (Gesellschaftsvertrag der Komplementär-GmbH)

Blaum/Scholz in Hoffmann-Becking/Rawert, Beck'sches Formularbuch Bürgerliches, Handels- und Wirtschaftsrecht, 12. Aufl. 2016, VIII.D.8. (Gesellschaftsvertrag der Komplementär-GmbH, beteiligungsidentische KG)

Blaum/Scholz in Hoffmann-Becking/Rawert, Beck'sches Formularbuch Bürgerliches, Handels- und Wirtschaftsrecht, 12. Aufl. 2016, VIII.D.12. (Gesellschaftsvertrag der Komplementär-GmbH, Einheitsgesellschaft)

Hesselmann/Tillmann/Mueller-Thuns, Handbuch GmbH & Co. KG, 21. Aufl. 2016, § 4 Rz. 86 sowie Anhang B (§ 7 Vergütung der Komplementärin)

Lichtenwimmer in Fuhrmann/Wälzholz, Formularbuch Gesellschaftsrecht, 2. Aufl. 2015, M 28.1 f. (Gründung der Komplementär-GmbH)

Lorz in Lorz/Pfisterer/Gerber, Beck'sches Formularbuch GmbH-Recht, N.I. (Gründungsprotokoll der Komplementär-GmbH)

Weitere Stichwörter

→ *Darlehen*; → *Entnahmen und Ergebnisverwendung*; → *Geschäftsführer der Komplementär-GmbH*; → *Geschäftsführung und Vertretung*; → *Gründung*; → *Haftung des Kommanditisten*; → *Haftung des Komplementärs*; → *Sitz/Ort der Geschäftsleitung*

Konfliktlösung

Ausgewählte Literatur: *Fleischer/Schneider*, Zulässigkeit und Grenzen von Shoot-Out-Klauseln im Personengesellschafts- und GmbH-Recht, DB 2010, 2713; *Otto*, Gesellschafterstreit und Anteilsfungibilität in der gesellschaftsrechtlichen Vertragspraxis, GmbHR 1996, 16; *Schaper*, Russian-Roulette: Möglichkeiten und Grenzen von Beendigungsklauseln in Gesellschaftsverträgen, DB 2014, 821; *Schulte/Sieger*, „Russian Roulette" und „Texan Shoot Out" – Zur Gestaltung von radikalen Ausstiegsklauseln in Gesellschaftsverträgen von Joint-Venture-Gesellschaften (GmbH und GmbH & Co. KG), NZG 2005, 24; *Wälzholz*, Alternative Regelungstypen zum Gesellschafterausschluss – Texan Shoot out, Tag along, Drag along, Russian Roulette, Bieterverfahren, GmbH-StB 2007, 84; *Weipert/Oepen*, Der Beirat in Organersatzfunktion bei der Kommanditgesellschaft, ZGR 2012, 585; *Werner*, Prävention und Lösung von Gesellschafterkonflikten in der GmbH, GmbHR 2005, 1415.

1. Allgemeines

K71 **Ursachen für Konflikte |** Konflikte zwischen Gesellschaftern können sich erheblich auf das Unternehmen der GmbH & Co. KG auswirken und existenzbedrohende Ausmaße annehmen, wenn sie zur Blockade wichtiger Entscheidungen in der Gesellschaft führen. Die Ursachen für Konflikte sind vielfältig. In Betracht kommen persönliche Differenzen zwischen den Gesellschaftern, insbesondere bei Familienunternehmen, wenn familiäre Streitigkeiten in die Gesellschaft hineingetragen werden. Konflikte können außerdem durch unterschiedliche Ausfassungen zur wirtschaftlichen Ausrichtung des Unternehmens oder generell durch ungelöste Interessengegensätze hervorgerufen werden. Schließlich kann auch ein unausgewogener oder unvollständiger Gesellschaftsvertrag zu einem Streit zwischen den Gesellschaften führen. Typische Konfliktpunkte in einer Gesellschaft sind die Ausschüttungspolitik sowie die Bilanzierung und Ausübung von Bilanzierungswahlrechten, soweit sich diese auf das Ergebnis der Gesellschaft auswirken. Auch die Mitspracherechte der Gesellschafter und die Kontrolle der Geschäftsführung bergen häufig Streitpotential. Typischerweise streitanfällig ist schließlich auch die Veräußerung von Gesellschaftsanteilen (*Werner*, GmbHR 2005, 1415) sowie die Höhe der Abfindung beim Ausscheiden aus der Gesellschaft.

K72 **Konfliktprävention |** Das wichtigste Mittel zur Vermeidung von Streitigkeiten zwischen Gesellschaftern ist ein sauber formulierter Gesellschaftsvertrag, der für typische Konfliktsituationen einen angemessenen Interessenausgleich sowie faire und transparente Verfahrensregelungen vorsieht. Ferner darf der Gesellschaftsvertrag, soweit nicht ein Rückgriff auf die gesetzlichen Regelungen möglich ist, keine wesentlichen Regelungslücken enthalten (*Lutz*, Der Gesellschafterstreit, 4. Aufl. 2015, Rz. 526 ff.). Welche Regelung sich für einen konfliktvermeidenden Interessenausgleich empfiehlt, hängt von den konkreten Verhältnissen bei der Gesellschaft ab. Für die GmbH & Co. KG eröffnet das Gesetz einen weiteren Spielraum für die Ausgestaltung der internen Rechtsbeziehungen zwischen den Gesellschaftern. Die Kautelarpraxis hat eine Vielzahl von bewährten Standardregelungen entwickelt, die jedoch stets auf den Einzelfall anzupassen sind. Ein wirksames Mittel zur Konfliktprävention kann die Schaffung eines **Beirats** sein, dem Befugnisse übertragen werden, die ansonsten in die Zuständigkeit der Gesellschafterversammlung fallen, etwa die laufende Kontrolle der Geschäftsführung und die

Entscheidung über die Bestellung und Abberufung der Geschäftsführer. Wird der Beirat mit (neutralen) Nichtgesellschaftern besetzt, kann erreicht werden, dass die Erfüllung dieser Aufgaben nicht durch Konflikte zwischen den Gesellschaftern beeinträchtigt wird. Ferner kann im Gesellschaftsvertrag vorgesehen werden, dass der Beirat bei Streitigkeiten zwischen Gesellschaftern oder innerhalb der Geschäftsführung eine vermittelnde Funktion ausüben soll (→ *Beirat*).

Konfliktlösung | Im gesetzlichen Normalfall werden Konflikte zwischen Gesellschaftern durch Anrufung der staatlichen Gerichte oder eines Schiedsgerichts (→ *Schiedsvereinbarung*) gelöst oder dadurch, dass ein Gesellschafter streitig aus der Gesellschaft ausscheidet, nachdem er diese gekündigt hat oder er von den anderen Gesellschaftern ausgeschlossen wurde, was ebenfalls häufig zu gerichtlichen oder schiedsgerichtlichen Auseinandersetzungen führt. Die Praxis hat alternative Konfliktlösungsmodelle entwickelt, von denen einige nachfolgend näher dargestellt werden. K73

frei K74–K76

2. Russian Roulette und Shoot Out

Übernahme aller Anteile als Ziel | Ein Konflikt zwischen Gesellschaftern kann dadurch gelöst werden, dass einer der Gesellschafter seine Beteiligung an den anderen Gesellschafter verkauft und überträgt. Eine solche Lösung kann insbesondere dann sinnvoll sein, wenn Differenzen zwischen Gesellschaftern aufgrund einer **Pattsituation** zu einer **Selbstblockade der Gesellschaftsorgane** führen (sog. *deadlock*). Zur Auflösung einer derartigen Selbstblockade hat die Vertragspraxis Klauseln entwickelt, die eine zügige und vollständige Übernahme aller Anteile durch einen Gesellschafter in einem geordneten und von vornherein festgelegten Verfahren ermöglichen. Ursprünglich im anglo-amerikanischen Rechtsraum beheimatet, sind solche Zwangsverkaufsverfahren mittlerweile auch in Deutschland verbreitet und als eine gängige Gestaltungsvariante in Betracht zu ziehen. Sie existieren in unterschiedlichen Spielarten und mit verschiedenen Bezeichnungen, funktionieren aber im Grundsatz nach dem gleichen Prinzip. Sie können im Gesellschaftsvertrag oder außerhalb des Gesellschaftsvertrags in einer Gesellschaftervereinbarung verankert werden. Bei der GmbH & Co. KG muss sich die entsprechende Klausel sowohl auf die Kommanditanteile als auch auf die Geschäftsanteile der Komplementär-GmbH beziehen, woraus sich das Erfordernis der notariellen Beurkundung gemäß § 15 Abs. 3 und 4 GmbHG ergibt (Ausnahme: Einheits-KG). K77

Beispiel:

Ausgangssituation soll im Folgenden jeweils eine zweigliedrige Gesellschaft sein, in der ein Gesellschafter (A) eine Trennung vom anderen Gesellschafter (B) erreichen will. K78

Russian Roulette | Russian Roulette-Klauseln sind in einer Vielzahl von Gestaltungsvarianten denkbar, die nachfolgend in zwei Grundformen dargestellt werden. K79

- **One Way Sell:** Der sog. *One Way Sell* ist die einfachste Form des Russian Roulette. Hiernach würde Gesellschafter A das Verfahren dadurch einleiten, dass er seine Beteiligung dem B zu einem bestimmten Preis zum Kauf anbietet. Hierzu hat A dem B ein bindendes Verkaufs- und Abtretungsangebot zu übermitteln. B kann das Angebot innerhalb einer festgelegten Frist annehmen und Alleingesellschafter werden oder das Angebot ablehnen. Lehnt er es ab oder lässt er die Frist verstreichen, ist er verpflichtet, seine Beteiligung zum gleichen Preis dem A zum Kauf anzubieten. In diesem Fall ist A verpflichtet, das Angebot des B anzunehmen.

- **Offer to Sell or Buy:** Die klassische Form des Russian Roulette wird häufig als *Offer to Sell or Buy* bezeichnet. Diese sieht vor, dass Gesellschafter A als einleitende Partei dem anderen Gesellschafter B zwei Angebote übermitteln muss, nämlich zum einen das Angebot, die eigene Beteiligung zu einem bestimmten Preis an B zu veräußern, und zum zweiten das Angebot, die Anteile des B zum gleichen Preis zu kaufen. Gesellschafter B muss innerhalb einer bestimmten Frist entscheiden, welches Angebot er annimmt. In dieser Variante ist zu regeln, welche Folgen es haben soll, wenn B innerhalb der Frist keine Wahl trifft. Für diesen Fall kann vorgesehen werden, dass A entscheiden kann, welches der Angebote durchgeführt wird. Zudem kann der Entscheidungsdruck für B erhöht werden, indem vorgesehen wird, dass nach Ablauf der Annahmefrist der Kaufpreis für seine Anteile herabgesetzt und der Kaufpreis für die Anteile des A heraufgesetzt wird. Für B erfolgt die Trennung – gleich welche Richtung diese nimmt – dann zu wirtschaftlich schlechteren Konditionen (*Schulte/Sieger*, NZG 2005, 24, 26).

K80 **Texan Shoot Out |** Beim sog. *Texan Shoot Out* beginnt Gesellschafter A das Verfahren, indem er Gesellschafter B anbietet, dessen Beteiligung zu einem bestimmten Preis zu erwerben. Hierzu hat A dem B ein verbindliches Kauf- und Abtretungsangebot zu übermitteln. Innerhalb einer festgesetzten Frist muss B das Angebot des A entweder annehmen und diesem seine Anteile veräußern oder ablehnen und dem A anbieten, dessen Anteile zu einen höheren Preis zu erwerben. Das gleiche Recht steht danach wieder dem A als Ausgangspartei zu, so dass sich ein Bietungsverfahren entwickelt, das sich über mehrere Runden hinziehen kann. Hierbei kann vorgesehen werden, dass jedes Angebot das vorherige um einen bestimmten Prozentsatz übersteigen muss. Um die Verfahrensdauer zu begrenzen kann aber auch bestimmt werden, dass z.B. nach einer Bietungsrunde beide Gesellschafter einer neutralen Person gegenüber (z.B. Notar) verdeckte Kaufangebote für die Beteiligung des jeweils anderen vorlegen müssen und sich das höhere Angebot durchsetzt (*Fleischer/Schneider*, DB 2010, 2713, 2714; *Schulte/Sieger*, NZG 2005, 24, 26).

K81 **Mechanismus |** Aus den obigen Beispielen wird deutlich, was für alle Varianten derartiger Zwangsverkaufsverfahren kennzeichnend ist: Es findet ein vorausschauend geregelter Bietungsprozess statt, an dessen Ende einer der Gesellschafter alle Anteile erwirbt, während der andere Gesellschafter gegen Zahlung eines Ausstiegspreises aus der Gesellschaft ausscheidet. Hierbei soll dem Gesellschafter die Übernahme aller Anteile ermöglicht werden, der das größte ökonomische Interesse an der Fortführung des Unternehmens hat. Dies ist in der Regel derjenige, der den höchsten Preis zu zahlen bereit ist (*Wälzholz*, GmbH-StB 2007, 84, 85). Wesentliches Funktionsprinzip ist die Unvorhersehbarkeit des Ausgangs. Der Gesellschafter, der das Verfahren einleitet, weiß nicht, ob er am Ende zu dem gestellten Preis seine Anteile verkaufen oder die Anteile des anderen kaufen muss.

K82 **Vor- und Nachteile |** Mit der Ungewissheit des Verfahrensausgangs sind auch die wesentlichen Vor- und Nachteile eines derartigen Zwangsverkaufsverfahrens verbunden. Die Unvorhersehbarkeit wirkt sich zunächst disziplinierend aus. Sie schafft für die Gesellschafter einen Anreiz, den Konflikt im Wege einer gütlichen Einigung zu lösen (*Fett/Spiering*, Handbuch Joint Venture, § 7 Rz. 597; *Wälzholz*, GmbH-StB 2007, 84, 85; *Schulte/Sieger*, NZG 2005, 24, 30). Für den einleitenden Gesellschafter ist die Unvorhersehbarkeit zudem ein starker Anreiz, einen fairen Preis zu bieten, weil er sonst Gefahr läuft, zu einem unangemessen hohen Preis kaufen oder zu einem unangemessen niedrigen Preis verkaufen zu müssen. Diese verspricht ein hohes Maß an Preisgerechtigkeit (*Fleischer/Schneider*, DB 2010, 2713, 2714). Die Ungewissheit kann sich aber auch nachteilig auswirken, wenn ein Gesellschafter, der definitiv aus der Gesellschaft ausscheiden möchte, durch das Verfahren dazu gezwungen wird, auch noch die Anteile des anderen Gesellschafters zu erwerben (*Fleischer/Schneider*, DB 2010, 2713, 2714; *Schaper*, DB 2014, 821, 821). Weitere Besonderheit ist, dass von vornherein Regelungen für eine Trennung der Gesellschafter festgelegt werden. Dies sollte eine weitgehend geräuschlose Auseinandersetzung in einem geordneten Verfahren ermöglichen, ohne dass hierbei das Unternehmen übermäßigen Schaden nimmt (*Schulte/Sieger*, NZG 2005, 24, 24). Andererseits besteht die Gefahr, dass sich das einmal festgelegte Verfahren im Laufe der Zeit aufgrund veränderter Umstände überlebt und nicht mehr zu einer interessengerechten Lösung führen würde. Schließlich ist zu beachten, dass das Verfahren nur dann zu einer interessengerechten Auseinandersetzung führt, wenn kein Gesellschafter durch äußeren Zwang in seiner Entscheidungsfreiheit beschränkt ist (s. Rz. K 84).

Regelungsinhalt | Ihren Zweck, eine geräuschlose und geordnete Trennung der Gesellschafter zu ermöglichen, erreicht eine *Russian Roulette-* oder *Shoot Out*-Klausel nur, wenn der Ablauf des Verfahrens bis ins Detail geregelt ist und keine streitbefördernden Regelungslücken bestehen. Zum notwendigen Inhalt einer solchen Klausel gehört zunächst die Regelung, ob das Verfahren jederzeit oder nur bei Vorliegen bestimmter Ereignisse eingeleitet werden kann (sog. *trigger events*), etwa bei Pattsituation in Bezug auf näher bezeichnete Beschlussgegenstände (*Fleischer/Schneider*, DB 2010, 2713, 2713). Ebenso muss von vornherein festgelegt werden, welchen weiteren Inhalt der schließlich zustande kommende Vertrag über die Veräußerung der Anteile haben soll (Garantien, Kaufpreiszahlung, Wettbewerbsverbote, vgl. dazu ausführlich *Fett/Spiering*, Handbuch Joint Venture, § 7 Rz. 593, 595; *Schulte/Sieger*, NZG 2005, 24, 26 f.). Es empfiehlt sich, hierzu die von den Gesellschaftern abzugebenden Angebots- und Annahmeerklärungen bereits als Entwurf dem Gesellschaftsvertrag oder der Gesellschaftervereinbarung beizufügen. K 83

Eignung | Die beschriebenen *Russian Roulette-* oder *Shoot Out*-Verfahren kommen vor allem für zweigliedrige Gesellschaften in Betracht, an denen beide Gesellschafter in gleichem Umfang beteiligt sind, z.B. Joint Ventures. Sind an der Gesellschaft mehr als zwei Gesellschafter beteiligt, ist ein derartiges Trennungsverfahren kaum zu handhaben (*Fleischer/Schneider*, DB 2010, 2713, 2713; *Fett/Spiering*, Handbuch Joint Venture, § 7 Rz. 591; *Schaper*, DB 2014, 821, 822; *Wälzholz*, GmbH-StB 2007, 84, 86). In diesem Fall kann ein Auktionsverfahren in Betracht gezogen werden (*Wälzholz*, GmbH-StB 2007, 84, 89). Ferner funktioniert das Verfahren nur, wenn beide Gesellschafter finanziell in etwa gleich stark sind (*Fett/Spiering*, Handbuch Joint Venture, § 7 Rz. 598). Ist ein Gesellschafter finanziell nicht in der Lage, die Beteiligung des anderen zu einem fairen Preis zu kaufen, kann das vom stärkeren Gesellschafter ausgenutzt werden, indem dieser das Verfahren einleitet, um den schwächeren aus der Gesellschaft zu drängen (*Fleischer/Schneider*, DB 2010, 2713, 2715). In diesem Fall ist der Ausgang des Verfahrens für den stärkeren Gesellschafter voraussehbar. Folge davon ist, dass die disziplinierende Wirkung entfällt und der Preismechanismus versagt. Aus den gleichen Gründen setzt das Verfahren voraus, dass beide Gesellschafter operativ in der Lage sind, das Unternehmen alleine fortzuführen. Ist das Unternehmen von den Dienstleistungen oder dem Knowhow des einen Gesellschafters abhängig und fielen diese Leistungen wegen der Trennung weg, wird der andere Gesellschafter kein Interesse am Kauf der Anteile haben (*Schulte/Sieger*, NZG 2005, 24, 30). Gleiches gilt, wenn für einen Gesellschafter der Kauf oder Verkauf steuerliche Nachteile hätte oder er aus kartellrechtlichen Gründen in seiner Entscheidungsfreiheit beschränkt ist (*Fleischer/Schneider*, DB 2010, 2713, 2715). K 84

K85 **Zulässigkeit** | In der Literatur werden *Russian Roulette*- oder *Shoot Out*-Verfahren einhellig grundsätzlich als zulässig angesehen (*Fleischer/Schneider*, DB 2010, 2713; *Wälzholz*, GmbH-StB 2007, 84, 88f.; *Schulte/Sieger*, NZG 2005, 24, 27ff. jeweils m.w.N.). Auch die, soweit ersichtlich, bislang einzige Entscheidung eines deutschen Gerichts hebt ausdrücklich hervor, dass keine grundsätzlichen Bedenken gegen die Wirksamkeit derartiger Verfahren bestehen (OLG Nürnberg v. 20.12.2013 – 12 U 49/13, GmbHR 2014, 310). Allerdings werden durch das Gesetz Grenzen gesetzt, die sowohl bei der Ausgestaltung als auch bei der Einleitung des Verfahrens zu beachten sind. Aus rechtlicher Sicht sind *Russian Roulette*- oder *Shoot Out*-Klauseln insbesondere unter folgenden Gesichtspunkten zu würdigen:

K86 **Unzulässige Kündigungsbeschränkung** | Wird ein *Russian Roulette*- oder *Shoot Out*-Verfahren vereinbart, darf dies nicht dazu führen, dass das Recht jedes Gesellschafters, sich durch ordentliche oder außerordentliche Kündigung von seiner Beteiligung zu trennen, entgegen § 723 Abs. 3 BGB beschränkt wird. Die Vorschrift des § 723 Abs. 3 BGB gilt auch für die GmbH & Co. KG (*Schäfer* in MünchKomm. BGB, § 723 BGB Rz. 61). Zwar kann der Ausschluss oder die Beschränkung des Kündigungsrechts durch angemessene und zumutbare alternative Möglichkeiten des Ausscheidens (z.B. Abtretungs-, Andienungs- oder Umwandlungsregelungen) kompensiert werden (*Haas* in Röhricht/Graf von Westphalen/Haas, § 132 HGB Rz. 16). Ein *Russian Roulette*- oder *Shoot Out*-Verfahren stellt jedoch keinen gleichwertigen Ersatz für den Ausstieg durch Kündigung dar. Denn will sich ein Gesellschafter von seiner Beteiligung trennen und leitet er dazu ein *Russian Roulette*- oder *Shoot Out*-Verfahren ein, muss er damit rechnen, zunächst die Anteile des anderen Gesellschafters übernehmen zu müssen. Zwar endet hierdurch das Gesellschaftsverhältnis, und der einleitende Gesellschafter könnte die GmbH & Co. KG als Alleingesellschafter durch Liquidation beenden (hierauf weisen *Fleischer/Schneider*, DB 2010, 2713, 2176 sowie *Wälzholz*, GmbH-StB 2007, 84, 88 hin). Er muss aber zunächst den Kaufpreis für die Anteile des anderen Gesellschafters aufbringen. Ob er dazu in der Lage ist, ist ungewiss. Jedenfalls stellt es eine erhebliche Hürde dar. Das bedeutet, dass neben dem *Russian Roulette*- oder *Shoot Out*-Verfahren auch noch die allgemeinen Kündigungsmöglichkeiten offen stehen müssen (so im Ergebnis auch *Fleischer/Schneider*, DB 2010, 2713, 2717; *Ulmer/Schäfer* in MünchKomm. BGB, vor § 705 BGB Rz. 69a).

K87 **Sittenwidrigkeit von Hinauskündigungsklauseln** | *Russian Roulette*- und *Shoot Out*-Klauseln sind insbesondere unter dem Gesichtspunkt der Sittenwidrigkeit von Hinauskündigungsklauseln zu prüfen (OLG Nürnberg v. 20.12.2013 – 12 U 49/13, GmbHR 2014, 310, 312; *Schaper*, DB 2014, 821, 823f.; *Fleischer/Schneider*, DB 2010, 2713, 2718). Nach ständiger Rechtsprechung des BGH sind in den Personengesellschaften und der GmbH gesellschaftsvertragliche Regelungen, die einem Gesellschafter das Recht einräumen, einen Mitgesellschafter ohne sachlichen Grund aus der Gesellschaft auszuschließen (sog. Hinauskündigungsklauseln) grundsätzlich wegen Verstoßes gegen die guten Sitten nach § 138 Abs. 1 BGB nichtig. Tragende Erwägung hierfür ist, den von der Ausschließung oder Kündigung bedrohten Gesellschafter zu schützen. Denn das freie Kündigungsrecht des anderen Teils kann von ihm als Disziplinierungsmittel empfunden werden, so dass er aus Sorge, der Willkür des ausschließungsberechtigten Gesellschafters ausgeliefert zu sein, nicht frei von seinen Mitgliedschaftsrechten Gebrauch macht, sondern sich den Vorstellungen der anderen Seite beugt, da das Kündigungsrecht immer wie ein „Damoklesschwert" über ihm schwebt. Dieser Grundsatz gilt jedoch nicht ausnahmslos. Eine an keine Voraussetzung geknüpfte Hinauskündigungsklausel oder eine vergleichbare schuldrechtliche Regelung ist wirksam, wenn sie wegen besonderer Umstände sachlich gerechtfertigt ist (vgl. etwa BGH v. 7.5.2007 – II ZR 281/05, ZIP

2007, 1309; BGH v. 19.3.2007 – II ZR 300/05, GmbHR 2007, 644 = GmbH-StB 2007, 171; BGH v. 19.9.2005 – II ZR 173/04, GmbHR 2005, 1558 = GmbH-StB 2005, 365; BGH v. 19.9. 2005 – II ZR 342/03, GmbHR 2005, 1561 = GmbH-StB 2005, 366; BGH v. 14.3.2005 – II ZR 153/03, GmbHR 2005, 620 = GmbH-StB 2005, 166. jeweils mit weiteren Nachweisen zur älteren Rechtsprechung). Eine *Russian Roulette-* oder *Shoot Out-*Klausel kann in ihrer Wirkung einer Hinauskündigungsklausel gleichkommen. Zwar kann grundsätzlich jeder Gesellschafter das Verfahren einleiten – ohne zu wissen, welcher Gesellschafter am Ende aus der Gesellschaft ausscheidet. Zu einem Ungleichgewicht kann es jedoch kommen, wenn einer der Gesellschafter durch äußeren Zwang in seiner Entscheidungsfreiheit beschränkt ist (s. Rz. K 84), insbesondere wenn er aus finanziellen, steuerlichen oder operativen Gründen nicht in der Lage ist, die Anteile des anderen Gesellschafters zu dem Preis zu erwerben, den dieser aufgerufenen hat. Ist dieses Unvermögen dem anderen Gesellschafter bekannt, hat dieser die Möglichkeit, den schwächeren Gesellschafter gegen dessen Willen zu einem strategischen Preis aus der Gesellschaft hinauszudrängen (OLG Nürnberg v. 20.12.2013 – 12 U 49/13, GmbHR 2014, 310, 312). Diese Missbrauchsmöglichkeit ist selbst dann nicht ausgeschlossen, wenn die Einleitung des Verfahrens an bestimmte Bedingungen, wie das Vorliegen einer Pattsituation, geknüpft ist. Denn eine solche Pattsituation kann von dem stärkeren Gesellschafter bewusst hervorgerufen werden (*Fleischer/Schneider*, DB 2010, 2713, 2718). Nach überzeugender Ansicht sind für Zwecke der Missbrauchskontrolle zwei Zeitpunkte zu unterscheiden: Besteht bereits bei Abschluss der Klausel ein eklatantes Ungleichgewicht zwischen den Gesellschaftern dergestalt, dass ein Gesellschafter aus finanziellen oder sonstigen Gründen zum Erwerb der Anteile des anderen Gesellschafters nicht imstande sein wird, ist zu prüfen, ob die Klausel gemäß § 138 BGB sittenwidrig und damit von Anfang nichtig ist (*Schaper*, DB 2014, 821, 823; *Fleischer/Schneider*, DB 2010, 2713, 2718; in diese Richtung auch OLG Nürnberg v. 20.12.2013 – 12 U 49/13, GmbHR 2014, 310, 313). Hierbei ist auch zu berücksichtigen, dass die Klausel wegen des mit ihr verfolgten Zwecks, die Auflösung von Selbstblockaden, sachlich gerechtfertigt sein kann (OLG Nürnberg v. 20.12.2013 – 12 U 49/13, GmbHR 2014, 310, 313). Zudem kann das Risiko, dass die Klausel wegen Sittenwidrigkeit nichtig ist, bei der Vertragsgestaltung vermindert werden, indem die Einleitung des Verfahrens nicht in das freie Belieben der Gesellschafter gestellt, sondern an das Vorliegen bestimmter Bedingungen, etwa die Auflösung nicht anders zu beseitigender Selbstblockaden, geknüpft wird (*Schaper*, DB 2014, 821, 824). Liegt bei Vertragsschluss kein eklatantes Ungleichgewicht zwischen den Gesellschaftern vor, kommt eine Unwirksamkeit nach § 138 BGB nicht in Betracht. Die Einleitung des Verfahrens unterliegt dann aber – wie jede Rechtsausübung – der Ausübungskontrolle nach den Grundsätzen von Treu und Glauben (§ 242 BGB) sowie der gesellschaftsrechtlichen Treupflicht. Danach kann im Einzelfall die Einleitung des Verfahrens unzulässig sein, wenn es dem einleitenden Gesellschafter nur darum geht, die Unterlegenheit des Mitgesellschafters zum eigenen finanziellen Vorteil auszunutzen (*Schaper*, DB 2014, 821, 824).

3. Mediationsklausel

Ein weiteres Instrument zur Konfliktlösung kann ein Mediationsverfahren sein. K 88

- **Mediationsverfahren:** Ein Mediationsverfahren ist ein vertrauliches und strukturiertes Verfahren, bei dem Parteien mithilfe eines oder mehrerer Mediatoren freiwillig und eigenverantwortlich eine einvernehmliche Beilegung ihres Konflikts anstreben (§ 1 Abs. 1 MediationsG). Ein Mediator ist eine unabhängige und neutrale Person ohne Entscheidungsbefugnis, die die Parteien durch die Mediation führt (§ 1 Abs. 2 MediationsG). Das Fehlen einer eigenen Entscheidungsbefugnis unterscheidet den Mediator von einem Richter oder Schiedsrichter. Innerhalb einer GmbH & Co. KG kann die Aufgabe eines Mediators auch einem Beirat zugeteilt werden (→ *Beirat*).

- **Obligatorische Mediation:** Denkbar ist, bereits im Gesellschaftsvertrag verbindlich festzulegen, dass bei Streitigkeiten zwischen Gesellschaftern zunächst ein Mediationsverfahren durchzuführen ist. In der Sache stellt dies eine Prozessvereinbarung dar; erhebt ein Kläger ohne vorherige Durchführung eines Mediationsverfahrens eine Klage, wird diese als „*derzeit unzulässig*" abgewiesen (BGH v. 4.7.1977 – II ZR 55/76, WM 1977, 997; BGH v. 23.11.1983 – VIII ZR 197/82, NJW 1984, 669; BGH v. 18.11.1998 – VIII ZR 344/97, NJW 1999, 647). Grundsätzlich ist es möglich, auch für Beschlussmängelstreitigkeiten ein Mediationsverfahren vorzuschalten, wobei in diesem Fall besondere Anforderungen zu beachten sind (dazu mit Formulierungsvorschlag *Caspar/Risse*, ZIP 2000, 437).
- **Eignung für gesellschaftsrechtliche Streitigkeiten:** Ob ein Mediationsverfahren zur Lösung gesellschaftsrechtlicher Streitigkeiten tatsächlich geeignet ist, erscheint jedoch zweifelhaft. Denn bei einem Gesellschafterstreit besteht häufig ein Bedürfnis nach verbindlicher Klärung bestimmter Rechtsfragen. Ferner fehlt es im Mediationsverfahren am nötigen Einigungsdruck. Schließlich ist zu bedenken, dass auch ein Gericht in jeder Lage des Verfahrens auf eine gütliche Beilegung des Rechtsstreits oder einzelner Streitpunkte bedacht sein soll (§ 278 Abs. 1 ZPO). Seit Inkrafttreten des Gesetzes zur Förderung der Mediation und anderer Verfahren der außergerichtlichen Konfliktbeilegung (BGBl. I 2012, 1577) kann das Gericht hierzu die Parteien an einen Güterichter verweisen, der u.a. ein Mediationsverfahren durchführen kann (§ 278 Abs. 5 ZPO). Daneben kann das Gericht auch eine außergerichtliche Mediation vorschlagen (§ 278a ZPO). Die gleichen Möglichkeiten hat auch ein Schiedsgericht. Somit steht auch ohne Mediationsklausel die Möglichkeit offen, ein Mediationsverfahren zu bestreiten, wenn es im konkreten Einzelfall zweckdienlich ist.

K89–K100 frei

Vertiefende Recherche

Wichtige Urteile und Erlasse

OLG Nürnberg v. 20.12.2013 – 12 U 49/13, GmbHR 2014, 310: Wirksamkeit einer Russian-Roulette-Klausel in einer zweigliedrigen Gesellschaft.

Musterformulierungen

Fett/Spiering, Handbuch Joint Venture, 2010, § 7 Rz. 603 (Russian Roulette)

Walz, Das ADR-Formularbuch, 2. Aufl. 2017, § 21 (Shoot Out)

Weitere Stichwörter

→ *Beirat*; → *Beschlussmängelstreit*; → *Schiedsvereinbarung*

Kontensystem

Ausgewählte Literatur: *Altendorf*, Aktuelle Tendenzen zu steuerlichen Behandlung von Gesellschafterkonten bei Personengesellschaften, GmbH-StB 2009, 101; *Carlé/Bauschatz*, Die durch Kapitalkonten abgebildete Beteiligung an einer Personengesellschaft im Gesellschafts- und Steuerrecht, FR 2002, 1153; *Huber*, Gesellschafterkonten in der Personengesellschaft, ZGR 1988, 1; *Huber*, Freie Rücklagen in Kommanditgesellschaften, Gedächtnisschrift für Brigitte Knobbe-Keuk, 1997, S. 203; *Ley*, Gesellschafterkonten der OHG und KG: Gesellschaftsrechtliche und steuerrechtliche Charakterisierung und Bedeutung, KÖSDI 1994, 9972; *Ley*, Zur steuerlichen Behandlung der Gesellschafterkonten sowie der Forderungen und Verbindlichkeiten zwischen einer gewerblichen Personengesellschaft und ihren Gesellschaftern, KÖSDI 2002, 13459; *Ley*, Gesellschafterkonten einer Personengesellschaft in der Handels- und Steuerbilanz – eine Fortschreibung, KÖSDI 2014, 18844; *Ley*, Gesellschafterkonten einer Personengesellschaft in der Handels- und Steuerbilanz – Spezialfragen, KÖSDI 2014, 18891; *Schäfer*, Rechtliche Einordnung ausgeschütteter Liquiditätsüberschüsse in der Publikums-KG, NZG 2016, 543; *Wälzholz*, Ausgewählte gesellschaftsrechtliche Aspekte von Gesellschafterkonten bei Personengesellschaften (Teil 1), DStR 2011, 1815; *Wälzholz*, Ausgewählte gesellschaftsrechtliche Aspekte von Gesellschafterkonten bei Personengesellschaften (Teil 2), DStR 2011, 1861; *Wüllenkemper*, Steuerliche Behandlung von Darlehen einer Personengesellschaft an ihre Gesellschafter, BB 1991, 1904; *Zimmermann* in Hesselmann/Tillmann/Mueller-Thuns, Handbuch GmbH & Co. KG, 21. Aufl. 2016, Rz. 7.74 ff.

1. Einleitung

Bedeutung des Kontenmodells | Die Gestaltung des Kontensystems hat zentrale Bedeutung für die Rechtsstellung des Gesellschafters in der Personengesellschaft. Die für jeden Gesellschafter geführten Konten dienen in erster Linie dazu, die vom Gesellschafter erbrachte Einlage und die ihm zuzurechnenden Gewinne und Verluste sowie seine Entnahmen zu erfassen. Sie können aber auch Anknüpfungspunkt für die Rechte und Pflichten des Gesellschafters in der Gesellschaft sein. Sowohl im gesetzlichen Kontenmodell als auch in den vertraglichen Kontenmodellen ist grundlegend zwischen Kapitalkonten und Forderungskonten zu unterscheiden. K 101

Kapitalkonto | Das Kapitalkonto ist das buchführungstechnische Mittel, mit dessen Hilfe der jeweilige Stand des gesetzlichen Kapitalanteils des Gesellschafters festgehalten wird (*Huber*, ZGR 1988, 1, 6; zur rechtlichen Funktion des gesetzlichen Kapitalanteils s. Rz. K 109). Es wird auch Einlagekonto oder Beteiligungskonto genannt. Das gesetzliche Kontenmodell sieht sowohl für den Komplementär als auch für den Kommanditisten nur ein einziges variables Kapitalkonto vor. Bei den vertraglichen Kontomodellen wird das Kapitalkonto hingegen in einen festen Teil und einen oder mehrere bewegliche Teile aufgespalten, wobei der feste Teil des Kapitalkontos maßgeblich ist für die Beteiligung am Gesellschaftsvermögen, die Gewinn- und Verlustverteilung und das Stimmrecht. Aus Sicht der Gesellschaft ist der positive Saldo der Kapitalkonten aller Gesellschafter das Eigenkapital. K 102

Forderungskonto | Ein Forderungskonto weist für den Gesellschafter einen unentziehbaren schuldrechtlichen Anspruch gegen die Gesellschaft aus. Auch soweit der Gesellschaftsvertrag K 103

Entnahmebeschränkungen vorsieht, ändert dies nichts an dem Forderungscharakter des Guthabens auf diesem Konto, da hierdurch nur die Fälligkeit des Anspruchs aufgehoben wird (BGH v. 23.2.1978 – II ZR 145/76, BB 1978, 630, 631; OLG Köln v. 11.1.2000 – 22 U 139/99, NZG 2000, 979, 980; OLG Stuttgart v. 31.10.2012 – 14 U 19/12, DStR 2013, 1138, 1141; *Huber*, ZGR 1988, 1, 29). Aus Sicht der Gesellschaft stellt ein positiver Saldo auf einem Forderungskonto Fremdkapital dar.

K 104 **Bedeutung des Kontencharakters** | Die Einordnung eines Gesellschafterkontos als Kapitalkonto oder Forderungskonto ist auf verschiedenen Ebenen von Bedeutung:

- **Handelsrecht:** Handelsrechtlich ist die Qualifikation der Konten insbesondere für die **Haftung des Kommanditisten** relevant, §§ 171 Abs. 1, 174 Abs. 4 HGB. Denn für die dazu erforderliche Feststellung, ob der Kommanditist die Einlage geleistet hat, ob die Einlage durch Verluste vermindert ist und ob Entnahmen haftungsschädlich sind oder nicht, sind nur die Kapitalkonten zu berücksichtigen, nicht hingegen ein Forderungskonto (→ *Haftung des Kommanditisten*). Praktische Bedeutung hat die Einordnung auch beim **Ausscheiden des Kommanditisten:** Scheidet ein Kommanditist, etwa durch Kündigung, aus der Gesellschaft aus, so sind ihm die Guthaben auf den Forderungskonten in jedem Fall neben einer (etwaigen) Abfindung auszuzahlen. Eine Saldierung mit zwischenzeitlichen Verlusten findet nicht statt (BGH v. 23.2.1978 – II ZR 145/76, BB 1978, 630, 631). Ein Guthaben auf einem Kapitalkonto wird hingegen in die Berechnung der Abfindung miteinbezogen und hierdurch auch mit aufgelaufenen Verlusten verrechnet (*Huber* in GS Knobbe-Keuk, 1997, S. 203, 213 ff.). Forderungskonten unterfallen nicht dem Abspaltungsverbot des § 719 Abs. 1 Halbs. 1 BGB und sind frei **abtretbar** (§ 717 Satz 2 BGB), soweit nicht der Gesellschaftsvertrag die Abtretung ausschließt, § 399 BGB (OLG Stuttgart v. 31.10.2012 – 14 U 19/12, DStR 2013, 1138, 1140; OLG Köln v. 11.1.2000 – 22 U 139/99, NZG 2000, 979, 981). Gesellschaftsvertragliche Entnahmebeschränkungen muss sich der Zessionar allerdings entgegenhalten lassen, § 404 BGB (*Huber*, ZGR 1988, 1, 42). Demgegenüber können Kapitalkonten nicht isoliert auf einen Dritten übertragen werden (*Huber*, ZGR 1988, 1, 63 f.; *Sassenrath* in Westermann/Wertenbruch, Hdb. Personengesellschaften, Rz. I 583g).
- **Bilanzierung:** Von der Charakterisierung eines Kontos hängt ab, ob das darauf erfasste Guthaben als **Eigen- oder Fremdkapital** der Gesellschaft anzusehen ist (s. Rz. K 102 f.). Dies ist bei der Bilanzierung zu berücksichtigen. Im Rahmen der externen Rechnungslegung ist auf der Passivseite der Bilanz Eigen- und Fremdkapital getrennt voneinander auszuweisen (§ 247 Abs. 1 BGB); zusätzliche Bestimmungen zur Eigenkapitalgliederung einer GmbH & Co. KG enthält § 264c Abs. 2 HGB (i.V.m. § 264a HGB), dessen Anwendung auch bei der gesetzestypischen Kommanditgesellschaft empfohlen wird (*Förschle/Hoffmann* in BeckBilkomm., § 247 HGB Rz. 150). Für die GmbH & Co. KG ist die Abgrenzung von Eigen- zu Fremdkapital schließlich für die **Feststellung einer Überschuldung** und damit für die Pflicht zur Stellung eines Insolvenzantrags (§ 15a Abs. 1 Satz 2 InsO) und zur Masseerhaltung (§§ 177a, 130a HGB) von Bedeutung (zur Bedeutung der Gesellschafterkonten in der Krise *Wendt*, Stbg 2010, 145).
- **Steuerrecht:** Aus steuerlicher Sicht spielt die Qualifizierung des Kontos unter sehr unterschiedlichen Blickwinkeln eine Rolle. Die einkommensteuerrechtliche Einordnung einer Zahlung der Gesellschaft an den Gesellschafter hängt davon ab, wie das als Gegenkonto angesprochene Gesellschafterkonto qualifiziert wird. Handelt es sich um das Forderungskonto, tilgt die Gesellschaft die dort ausgewiesene Verbindlichkeit gegenüber dem Gesellschafter, was prinzipiell ein betrieblich veranlasster Vorgang ist, so dass auch die zum Zwecke

der Zahlung von der Gesellschaft eingegangene Verbindlichkeit samt zugehörigem Zinsaufwand betrieblich veranlasst ist. Wird die Zahlung gegen das Kapitalkonto des Gesellschafters verbucht, handelt es sich um eine Entnahme; ein damit verbundener Zinsaufwand ist folglich außerbetrieblich veranlasst und nicht abzugsfähig (BFH v. 26.6.2007 – IV R 29/06, BStBl. II 2008, 103 = GmbHR 2008, 162 = FR 2008, 270 = GmbH-StB 2008, 34). Umbuchungen zwischen verschiedenen Kapitalkonten sind im Anwendungsbereich des § 4 Abs. 4a EStG neutral, während – jedenfalls nach Auffassung der Finanzverwaltung – Umbuchungen von Forderungs- auf Kapitalkonten Einlagen und Umbuchungen in umgekehrter Richtung Entnahmen sein sollen (BMF v. 17.11.2005, BStBl. 2005, 1019, Rz. 32d i.d.F. des Schreibens v. 7.5.2008, BStBl. I 2008, 588; a.A. BFH v. 19.9.2012 – IV R 11/12, DStR 2012, 2051 = FR 2012, 1153 m. Anm. *Kempermann* = GmbHR 2012, 1193 = GmbH-StB 2012, 360). Von großer Bedeutung ist die Qualifikation der Konten im Kontext der Übertragung von Wirtschaftsgütern des Gesellschafters auf die Gesellschaft. Im Ausgangspunkt handelt es sich dabei, unabhängig davon, ob die Gutschrift auf einem Kapital- oder Forderungskonto erfolgt, um ein (teil-) entgeltliches, d.h. gewinnrealisierendes Geschäft; eine Ausnahme besteht allerdings – und der Vorgang ist insgesamt als unentgeltlich zu beurteilen –, falls die Gutschrift ausschließlich auf einem gesamthänderisch gebundenen Rücklagekonto erfolgt (BFH v. 24.1.2008 – IV R 37/06, BStBl. II 2011, 617 = GmbHR 2008, 548 m. Anm. *Hoffmann* = FR 2008, 912 m. Anm. *Wendt* = GmbH-StB 2008, 129; BFH v. 17.7.2008 – I R 77/06, BStBl. II 2009, 464 = FR 2008, 1149 = GmbHR 2009, 48 m. Anm. *Meilicke* = GmbH-StB 2008, 322; BMF v. 11.7.2011, BStBl. I 2011, 713, Ziff. II.1, s. auch Rz. K 147 ff.). War das Wirtschaftsgut bisher bereits Betriebsvermögen des Gesellschafters, kann ein entgeltlicher Vorgang dennoch zu Buchwerten – und damit prinzipiell steuerneutral – erfolgen, wenn der Gesellschafter als Entgelt eine Gutschrift ausschließlich auf einem Kapitalkonto oder auf einem Kapitalkonto und der gesamthänderisch gebundenen Rücklage erhält (§ 6 Abs. 5 EStG, BMF v. 8.12.2011, BStBl. I 2011, 1279, Tz. 16). Unter den gleichen Bedingungen können auch bei Übertragung eines ganzen Betriebs, eines Teilbetriebs oder eines Mitunternehmeranteils durch den Gesellschafter die Buchwerte fortgeführt und der Vorgang daher prinzipiell ertragsteuerneutral gestaltet werden (§ 24 Abs. 1, Abs. 2 Satz 2 UmwStG, BMF v. 11.11.2011, BStBl. I 2011, 1314, Tz. 24.07). Das Kapitalkonto des Kommanditisten bestimmt den Umfang der Verluste, welche seine sonstigen Gewinne oder positiven Einkünfte mindern können (§ 15a Abs. 1 EStG). Verluste, die zu einem negativen Kapitalkonto führen, können nur mit späteren Gewinnen der gleichen Mitunternehmerschaft verrechnet werden (§ 15a Abs. 2 EStG).

Abgrenzungskriterien | Ob ein Gesellschafterkonto als Kapitalkonto oder als Forderungskonto zu qualifizieren ist, kann mitunter schwierig abzugrenzen sein. Die Bezeichnung im Gesellschaftsvertrag und seine Verzinslichkeit haben allenfalls indizielle Bedeutung (unstr.). Das wesentliche Kriterium ist vielmehr die **Verlustverrechnung:** Werden auf einem Gesellschafterkonto Verluste gebucht, so handelt es sich um ein Kapitalkonto. Denn in diesem Fall nimmt der Gesellschafter mit dem gutgeschriebenen Betrag an den Risiken des Unternehmens teil. Derartiges der Gesellschaft zur Verfügung gestelltes Risikokapital ist als Einlage, nicht als Darlehensforderung zu qualifizieren (OLG Stuttgart v. 31.10.2012 – 14 U 19/12, DStR 2013, 1138, 1141; OLG Köln v. 11.1.2000 – 22 U 139/99, NZG 2000, 979, 980; *Huber*, ZGR 1988, 1, 70 f.; *Huber*, Vermögensanteil, Kapitalanteil und Gesellschaftsanteil an Personengesellschaften des Handelsrechts, 1970, S. 248; *Sassenrath* in Westermann/Wertenbruch, Hdb. Personengesellschaften, Rz. I 583c ff.; *Ley*, KÖSDI 2002, 13459, 13462; BFH v. 26.7.1996 – IV R 80/95, GmbHR 1997, 43, 44; BFH v. 26.6.2007 – IV R 29/06, BStBl. II 2008, 103, 105; K 105

BGH v. 27.9.1982 – II ZR 241/81, NJW 1983, 164, 164). Dabei reicht es aus, wenn die Verlustverrechnung sich erst im Zuge **des Ausscheidens des Gesellschafters oder der Liquidation der Gesellschaft** bei der Bemessung des Abfindungsguthabens auswirkt (BFH v. 26.6.2007 – IV R 29/06, BStBl. II 2008, 103, 105 = GmbHR 2008, 162 = FR 2008, 270 = GmbH-StB 2008, 34; *Ley*, KÖSDI 2014, 18844, 18845). Unter steuerrechtlichem Blickwinkel wird die Verbuchung von Einlagen und Entnahmen als weiteres Kennzeichen eines Kapitalkontos genannt, während die Bestimmung von Höchstbeträgen, die Stellung von Sicherheiten und die Vereinbarung von Tilgungsbestimmungen Kennzeichen für Darlehenskonten sein sollen (BFH v. 26.6.2007 – IV R 29/06, BStBl. II 2008, 103, 105 = GmbHR 2008, 162 = FR 2008, 270 = GmbH-StB 2008, 34). Die Belastbarkeit dieser Kriterien darf allerdings nicht überschätzt werden, da die Rechtsprechung regelmäßig durch – auch ergänzende – Vertragsauslegung ermittelt, ob Guthaben auf dem in Rede stehenden Konto auch zur Verlustdeckung dienen sollten oder nicht (vgl. BFH v. 27.6.1996 – IV R 80/95, BStBl. II 1997, 36 = GmbHR 1997, 43 = FR 1997, 51 = GmbH-StB 1997, 3; OLG Köln v. 11.1.2000 – 22 U 139/99, NZG 2000, 979).

K 106–K 108 frei

2. Gesetzliches Kontenmodell

K 109 **Komplementär** | Nach §§ 120 Abs. 2, 161 Abs. 2 HGB ist für den Komplementär einer KG ein einziges variables Kapitalkonto zu führen, dessen jeweiliger Stand den gesetzlichen Kapitalanteil wiederspiegelt. Dieser Kapitalanteil setzt sich zusammen aus:

- der im Gesellschaftsvertrag festgesetzten Einlage,
- zzgl. der späteren Gewinnanteile,
- abzgl. der späteren Verlustanteile und Entnahmen.

Die rechtliche Funktion des Kapitalanteils besteht im gesetzlichen Kontenmodell darin, den gegenwärtigen Stand der Einlage des Gesellschafters in der Buchführung und in der Bilanz wiederzugeben. Dabei wird die Einlage als eine veränderliche Größe verstanden. Alle Kapitalanteile zusammen bilden das Eigenkapital der Gesellschaft i.S.v. § 247 Abs. 1 HGB (*Huber*, ZGR 1988, 1, 4). Der gesetzliche Kapitalanteil ist somit kein Maßstab für die Verteilung von Rechten und Pflichten der Gesellschafter, sondern eine bloße „Rechnungsziffer". Eine eng begrenzte Verteilungsfunktion kommt ihm nur insofern zu, als der Kapitalanteil aus dem Jahresgewinn mit vier Prozent zu verzinsen ist, §§ 121 Abs. 1 Satz 1, 168 Abs. 1 HGB (*Huber*, ZGR 1988, 1, 5; ausführlich *Sassenrath* in Westermann/Wertenbruch, Hdb. Personengesellschaften, Rz. I 575 ff.). Im Übrigen sind Gewinn und Verlust aber nicht nach dem Verhältnis der Kapitalanteile, sondern nach einem „den Umständen nach angemessenen Verhältnis der Anteile" zu verteilen, § 168 Abs. 2 HGB (→ *Entnahmen und Ergebnisverwendung*). Das Kapitalkonto weist während des Bestehens der Gesellschaft keine Forderung des Gesellschafters aus. Denn der Gesellschafter ist nicht berechtigt, die Rückzahlung seiner Einlage zu verlangen. Umgekehrt stellt ein negativer Kapitalanteil aber auch keine Verbindlichkeit des Gesellschafters gegenüber der Gesellschaft dar, denn der Gesellschafter ist während des Bestehens der Gesellschaft zu Nachschüssen nicht verpflichtet, § 707 BGB, §§ 105 Abs. 3, 161 Abs. 2 HGB (*Huber*, ZGR 1988, 1, 5; ausführlich *Sassenrath* in Westermann/Wertenbruch, Hdb. Personengesellschaften, Rz. I 576 ff.); eine Ausgleichspflicht trifft den Komplementär erst bei der Liquidation oder bei seinem Ausscheiden aus der Gesellschaft (§§ 735, 739 BGB, §§ 105 Abs. 3, 161 Abs. 2 HGB).

Kommanditist | Für den Kommanditisten sind nach dem Gesetz zwei Konten zu führen. K 110

- **Kapitalkonto:** Gemäß § 167 Abs. 1 HGB wird auch für den Kommanditisten ein bewegliches Kapitalkonto nach § 120 Abs. 2 HGB geführt, das den jeweiligen Stand des Kapitalanteils wiedergibt. Der dem Kommanditisten zukommende Gewinn wird seinem Kapitalanteil jedoch nur so lange zugeschrieben, als dieser den Betrag der bedungenen Einlage nicht erreicht, § 167 Abs. 2 HGB. Das bedeutet, dass der Kapitalanteil des Kommanditisten auf den Betrag der im Gesellschaftsvertrag festgesetzten Einlage (Haft- bzw. höhere Pflichteinlage) begrenzt ist. Hat der Kommanditist seine Einlage durch Einzahlung oder Stehenlassen von Gewinnen erbracht, so sind weitere Gewinnanteile einem zweiten Konto (Gewinnkonto) zuzuführen (*Ley*, KÖSDI 1994, 9972, 9973).
- **Gewinnkonto:** Die dem zweiten Konto zugeführten Gewinne können jederzeit entnommen werden. Entnahmen zu Lasten des Kapitalkontos sind hingegen unzulässig, § 169 Abs. 1 Satz 2 Halbs. 2 Alt. 2 HGB. Verlustanteile des Kommanditisten werden nicht dem zweiten Konto, sondern allein dem Kapitalkonto belastet. Dies gilt auch, wenn aus früheren Gewinnjahren noch ein Guthaben auf dem zweiten Konto vorhanden ist. Ein solches Guthaben wird wegen der fehlenden Nachschusspflicht des Kommanditisten nicht mit Verlusten späterer Jahre verrechnet, § 169 Abs. 2 HGB. Verluste führen deshalb dazu, dass das Kapitalkonto wieder angesprochen wird und der Kapitalanteil unter den Betrag der festgesetzten Einlage sinkt. Die Verbuchung von Verlusten kann auch dazu führen, dass der Kapitalanteil negativ wird und das Kapitalkonto einen Sollsaldo ausweist. Ist der Kapitalanteil reduziert oder negativ, sind künftige Gewinnanteile wieder dem Kapitalkonto gutzuschreiben, bis der Habensaldo den Stand der Einlage erreicht, §§ 167 Abs. 2, 120 Abs. 2 HGB. Bis dahin ist der Kommanditist zur Entnahme von laufenden Gewinnen nicht berechtigt, § 169 Abs. 1 Satz 2 Halbs. 2 Alt. 1 HGB. Er behält aber sein Recht zur Entnahme eines noch aus früheren Jahren bestehenden Guthabens auf dem zweiten Konto; eine derartige Entnahme führt auch nicht zum Wiederaufleben der Außenhaftung des Kommanditisten nach § 172 Abs. 4 HGB (*Huber*, ZGR 1988, 1, 35). Auch im Fall der Auflösung der Gesellschaft oder des Ausscheidens ist der Kommanditist, der seine Einlage geleistet hat, zum Ausgleich eines reduzierten oder negativen Kapitalanteils durch Nachzahlung gemäß §§ 735, 739 BGB nicht verpflichtet, § 167 Abs. 3 HGB (*Huber*, ZGR 1988, 1, 8 f.); die Auszahlung des Guthabens auf dem zweiten Konto kann er unabhängig vom Stand seines Kapitalkontos verlangen.
- **Charakter der Konten:** Aus den gesetzlichen Regelungen folgt, dass das erste Konto des Kommanditisten Kapitalkontencharakter hat und somit aus Sicht der Gesellschaft Eigenkapital ausweist, während das zweite Konto eine jederzeit fällige, unentziehbare Forderung des Kommanditisten gegenüber der Gesellschaft ausweist, aus Sicht der Gesellschaft also Fremdkapital ist. Dies gilt auch, soweit die Entnahme gesellschaftsvertraglich beschränkt ist (*Ley*, KÖSDI 1994, 9972, 9973).
- **Verzinsung:** Der auf dem Kapitalkonto gutgebrachte Kapitalanteil ist mit vier Prozent zu verzinsen (§§ 121 Abs. 1 Satz 1, 168 Abs. 1 HGB). Das Guthaben auf dem zweiten Konto ist nach dem Gesetz unverzinslich. Insgesamt entspricht das gesetzliche Leitbild einem Kommanditisten, der seinen Jahresgewinn alsbald abhebt (*Huber*, ZGR 1988, 1, 8).

Kritik | Das gesetzliche Kontenmodell wird gemeinhin als unzweckmäßig angesehen. In der Praxis überwiegt das Bedürfnis, die Rechte der Gesellschafter, insbesondere ihre Beteiligung K 111 am Gewinn und Verlust, ihr Stimmrecht und ihren Anteil an einem Liquidationserlös, nach dem Maßstab ihrer Kapitalbeteiligungen festzusetzen. Hierfür ist das vom Gesetz vorgesehene variable Kapitalkonto ungeeignet, weil sich in diesem Fall der Verteilungsschlüssel von Jahr zu Jahr verändern kann und bei einem negativen Kapitalanteil gänzlich wegfällt. Außerdem besteht häufig der Wunsch, das Eigenkapital der Gesellschaft durch Rücklagen zu stärken, die aus stehengelassenen Gewinnen der Kommanditisten aufgebaut werden. Sollen thesaurierte Gewinne nicht Fremd-, sondern Eigenkapital darstellen, muss der Anspruch der Kommanditisten auf Auszahlung des stehengelassenen Gewinns ausgeschlossen und eine Verlustverrechnung vorgesehen werden. Dies ist praktisch nur möglich, wenn entnahmefähige und nicht entnahmefähige Gewinnanteile auf unterschiedlichen Konten gebucht werden (*Huber*, ZGR 1988, 1, 42 ff.). Vor diesem Hintergrund hat die Kautelarpraxis verschiedene Kontenmodelle entwickelt, denen allen gemeinsam ist, dass der gesetzliche Kapitalanteil in einen festen und einen beweglichen Teil aufgespalten wird. Die in der Praxis anzutreffenden Kontenmodelle lassen sich in die nachfolgend dargestellten drei Grundtypen einordnen.

K 112–K 115 frei

3. Vertragliches Zwei-Konten-Modell

K 116 **Konten |** Beim vertraglichen Zwei-Konten-Modell werden für jeden Gesellschafter zwei Konten geführt: Das erste Konto ist ein festes Konto, auf dem ausschließlich die vereinbarte Einlage verbucht wird (Kapitalkonto I). Das zweite Konto ist ein bewegliches Konto, auf dem Gewinnanteile, Verlustanteile und Entnahmen gebucht werden (häufig: Kapitalkonto II). Soweit sich in Verträgen und Formularbüchern die Aussage findet, auf dem Kapitalkonto II seien „*Einlagen*“ zu verbuchen, sind damit im vertraglichen Zwei-Konten-Modell in der Regel nur solche Einlagen angesprochen, die von Anfang an im Gesellschaftsvertrag festgesetzt und bereits auf dem Kapitalkonto I gutgeschrieben, jedoch noch nicht geleistet worden sind. In diesem Fall ist die offene Einlageforderung als Debet auf dem Kapitalkonto II gegenzubuchen. Spätere Zahlungen auf die Einlage werden dann auf dem Kapitalkonto II ins Haben gebucht (*Huber*, ZGR 1988, 1, 49).

§ … Gesellschafterkonten

K 117 *(1) Für jeden Gesellschafter werden ein festes Kapitalkonto (Kapitalkonto I) und ein bewegliches Konto (Kapitalkonto II) geführt.*

(2) Auf dem Kapitalkonto I werden die in § […] bezeichneten Einlagen der Gesellschafter als Festkapitalanteile erfasst. Das Kapitalkonto I ist unverzinslich.

(3) Auf dem Kapitalkonto II werden die Gewinn- und Verlustanteile des Gesellschafters, die Entnahmen sowie der sonstige aus dem Gesellschaftsverhältnis rührende Zahlungsverkehr zwischen Gesellschaft und Gesellschafter erfasst. Das Kapitalkonto II wird im Soll und im Haben mit drei Prozent p.a. verzinst.

K 118 **Vorteil und Bedeutung fester Kapitalkonten |** Die Führung fester Kapitalkonten ermöglicht es, die Beteiligungsquote der Gesellschafter vertraglich festzuschreiben. Die Beteiligungsquote des einzelnen Gesellschafters bestimmt sich nach dem Verhältnis seines Kapitalkontos I zum Gesamtbetrag der Guthaben auf allen Kapitalkonten I. An die so ermittelte Beteiligungsquote des einzelnen Gesellschafters werden die Gesellschafterrechte angeknüpft, insbesondere die

Gewinn- und Verlustbeteiligung sowie das Stimmrecht und der Anteil am Liquidationserlös. Die festen Kapitalkonten sind der unveränderliche Schlüssel für die Verteilung der Gesellschafterrechte. Dies erfordert es, die den Gesellschaftern auf den Kapitalkonten I gutzuschreibenden Beträge im Gesellschaftsvertrag anzugeben. Jede Änderung dieser Beträge ist eine Änderung des Gesellschaftsvertrags.

Charakter der Konten und Kapitalanteil | Das feste Kapitalkonto I und das variable Kapitalkonto II sind nach einhelliger Auffassung sowohl steuerlich als auch handelsrechtlich als Eigenkapitalkonten zu qualifizieren. Der Eigenkapitalcharakter ergibt sich für das Kapitalkonto I daraus, dass dem Gesellschafter kein Anspruch auf Rückzahlung der Einlage zusteht. Für das variable Kapitalkonto II folgt dies aus der Verlustverbuchung (Nachweise bei *Huber*, ZGR 1988, 1, 51, 65 ff.; *Ley*, KÖSDI 1994, 9972, 9975; *Ley*, KÖSDI 2014, 18844, 18847; *Altendorf*, GmbH-StB 2009, 101, 102). Das bedeutet, dass im Zwei-Konten-Modell der variable Kapitalanteil des Gesetzes aus technischen Gründen in einen festen und einen beweglichen Teil aufgespalten wird. Der Saldo beider Konten ist der Kapitalanteil im Sinne des Gesetzes. Daher sind für die Feststellung der Kommanditistenhaftung gemäß §§ 171 Abs. 1, 172 Abs. 4 HGB beide Konten zusammenzurechnen (→ *Haftung des Kommanditisten*). Ebenso sind bei der Berechnung der Abfindung für einen ausscheidenden Kommanditisten beide Konten zu einzubeziehen (*Huber*, ZGR 1988, 1, 61 ff.). K 119

Verzinsung | Guthaben auf dem Kapitalkonto I sind regelmäßig unverzinslich. Demgegenüber werden Guthaben auf dem Kapitalkonto II häufig verzinslich ausgestaltet, um dem Gesellschafter einen Anreiz zum Stehenlassen gutgeschriebener Gewinne und einen Ausgleich für das damit eingegangene Verlustrisiko zu verschaffen. Die Zinsen werden dann dem Kapitalkonto II gutgeschrieben (*Huber*, ZGR 1988, 1, 56 f.). Soweit auf dem Kapitalkonto II ein Guthaben vorhanden ist, ermöglicht die Verzinsung dem Gesellschafter auch in gewinnlosen Jahren eine Ausschüttung. Da die Zinsen für die Gesellschaft Aufwand darstellen, fließen sie in den Verlustanteil des Gesellschafters ein und belasten das Guthaben auf dem Kapitalkonto II. Hierdurch vermindert sich der Zinsertrag des Gesellschafters im nächsten Jahr. Ist das Kapitalkonto II durch Verluste negativ geworden, entfällt die Verzinsung zugunsten des Gesellschafters ganz. Ein Haftungsrisiko nach § 172 Abs. 4 HGB besteht nicht. Denn solange ein der Verzinsung fähiges Guthaben auf dem Kapitalkonto II vorhanden ist, ist die Einlage des Kommanditisten durch das Guthaben auf dem Kapitalkonto I gedeckt (*Huber*, ZGR 1988, 1, 57). K 120

Nachteile | Das Zwei-Konten-Modell hat in der Praxis zwei wesentliche Nachteile: Der erste Nachteil besteht darin, dass Entnahmebeschränkungen in der Kontenführung nicht abgebildet werden können. Sieht der Gesellschaftsvertrag vor, dass der gutgeschriebene Gewinn nur zum Teil entnommen werden darf, fehlt es an einer kontenmäßigen Trennung entnahmefähiger und nicht entnahmefähiger Gewinne. Denn auf dem Kapitalkonto II werden sowohl die entnahmefähigen als auch die nicht entnahmefähigen Gewinne verbucht (*Huber*, ZGR 1988, 1, 51, 73). Der zweite Nachteil kommt zum Tragen, wenn der Kommanditist entnahmefähige Gewinnanteile auf dem Kapitalkonto II stehen lässt. Da auch Verluste auf dem Kapitalkonto II zu verbuchen sind, werden stehengelassene – entnahmefähige – Gewinnanteile mit den Verlusten späterer Jahre verrechnet. Dies führt dazu, dass die Kommanditisten entgegen §§ 167 Abs. 2, 169 Abs. 2 HGB über ihre Einlage hinaus auch mit den nicht entnommenen Gewinnen für Verluste haften (*Ley*, KÖSDI 1994, 9972, 9974). Ebenso könnten auch nicht entnommene Zinsen durch spätere Verluste aufgezehrt werden. K 121

frei K 122–K 124

4. Vertragliches Drei-Konten-Modell

K 125 **Konten |** Die Nachteile des Zwei-Konten-Modells können vermieden werden, indem ein drittes Konto eingerichtet wird. Beim Drei-Konten-Modell sind folgende Konten vorgesehen: Das erste Konto (Kapitalkonto I) nimmt weiterhin nur die Einlage auf und wird als Festkonto geführt. Auf dem zweiten Konto (Kapitalkonto II oder Rücklagenkonto) werden die nicht entnahmefähigen Gewinne sowie die Verluste erfasst. Dem dritten Konto (häufig: Privatkonto, Darlehenskonto oder Verrechnungskonto) werden die entnahmefähigen Gewinnanteile gutgeschrieben und die Entnahmen belastet. Über das dritte Konto werden außerdem alle sonstigen aus dem Gesellschaftsverhältnis rührenden Forderungen und Verbindlichkeiten, wie etwa Zinsen und Tätigkeitsvergütungen verrechnet (*Ley*, KÖSDI 1994, 9972, 9975). Soweit davon gesprochen wird, auf dem dritten Konto seien auch „*Einlagen*" zu verbuchen, sind damit in der Regel nur ausstehende Einlagen, die bereits auf dem Kapitalkonto I gutgeschrieben sind, gemeint (s. Rz. K 116).

§ … Gesellschafterkonten

K 126 *(1) Für jeden Gesellschafter werden folgende Konten geführt:*

a) Kapitalkonto I

b) Kapitalkonto II

c) Privatkonto

(2) Auf dem Kapitalkonto I werden die in § […] bezeichneten Einlagen der Gesellschafter als Festkapitalanteile erfasst. Das Kapitalkonto I ist unverzinslich.

(3) Auf dem Kapitalkonto II werden die nicht entnahmefähigen Gewinnanteile sowie die Verlustanteile des Gesellschafters erfasst. Ist das Kapitalkonto II durch Verluste negativ, wird ihm der gesamte Gewinnanteil des Gesellschafters gutgeschrieben, bis es ausgeglichen ist. Das Kapitalkonto II ist unverzinslich.

(4) Auf dem Privatkonto werden die entnahmefähigen Gewinnanteile des Gesellschafters erfasst, soweit in Abs. (3) nicht etwas anderes bestimmt ist. Außerdem werden auf dem Privatkonto die Entnahmen und der sonstige aus dem Gesellschaftsverhältnis rührende Zahlungsverkehr zwischen Gesellschaft und Gesellschafter gebucht. Das Privatkonto wird im Soll und im Haben mit drei Prozent p.a. verzinst.

K 127 **Charakter der Konten und Kapitalanteil |** Sowohl das Kapitalkonto I als auch das Kapitalkonto II sind als Eigenkapitalkonten zu qualifizieren. Ihr Saldo bildet den „Kapitalanteil" i.S.d. Gesetzes. Demgegenüber weist das dritte Konto eine unentziehbare Forderung des Kommanditisten aus (Forderungskonto). Aus Sicht der Gesellschaft sind die darauf gutgeschriebenen Beträge Fremdkapital (zur Abgrenzung OLG Stuttgart v. 31.10.2012 – 14 U 19/12, DStR 2013, 1138, 1140; vgl. auch die Beschreibung in BGH v. 12.3.2013 – II ZR 73/11, NZG 2013, 738, Rz. 20 = ZIP 2013, 1222; BGH v. 16.2.2016 – II ZR 348/14, DB 2016, 582, Rz. 20 = ZIP 2016, 518).

K 128 **Kommanditistenhaftung |** Was die Haftung des Kommanditisten anbelangt, sind Kapitalkonto I und Kapitalkonto II – wie im Zwei-Konten-Modell – stets zu einem einheitlichen Kapitalkonto zusammenzurechnen: Ist das Kapitalkonto II durch Verluste negativ geworden, wird die auf dem Kapitalkonto I verbuchte Einlage angegriffen. In der Diktion des Gesetzes bedeutet dies, dass „der Kapitalanteil durch Verlust unter den Betrag der geleisteten Einlage herabgemindert ist" (§ 172 Abs. 2 Satz 4 HGB). Wird in dieser Situation der laufende Gewinn (teilweise) auf dem Darlehenskonto gutgeschrieben und von dort entnommen, führt dies zum Aufleben der Kommanditistenhaftung (→ *Haftung des Kommanditisten*). Deshalb empfiehlt es sich unbedingt, im Gesellschaftsvertrag für diesen Fall vorzusehen, dass die Gewinne vollständig dem Kapitalkonto II gutzuschreiben sind, bis der dort vorhandene Sollsaldo ausgeglichen ist. Hingegen hindert ein Debet auf dem Kapitalkonto II den Kommanditisten nicht daran, vom Darlehenskonto ein Guthaben zu entnehmen, das aus dem Gewinn früherer Jahre stammt (*Thiessen* in Großkomm. HGB, § 172 HGB Rz. 79; *Huber*, ZGR 1988, 1, 74f.). In diesem Zusammenhang ist zu beachten, dass in Fällen, in denen ausstehende Einlagen dem Kapitalkonto I bereits gutgeschrieben und zum Ausgleich dem Darlehenskonto belastet werden (s. Rz. K 125), das Kapitalkonto I keinen Aufschluss über die Einlageleistung i.S.d. § 171 Abs. 1 HGB und die Außenhaftung des Kommanditisten gibt. Ob die Einlage tatsächlich geleistet wurde, ergibt sich dann nur aus den Buchungen auf dem dritten Konto.

Abfindung | Im Falle seines Ausscheidens kann der Kommanditist die vollständige Auszahlung seines Guthabens auf dem dritten Konto verlangen (BGH v. 23.2.1978 – II ZR 145/76, BB 1978, 630, 631), wobei der Gesellschaftsvertrag eine Zahlung in Raten vorsehen kann. Hingegen fließen die Guthaben auf den Kapitalkonten I und II in die Abfindung ein, so dass diese durch bis zum Ausscheiden angelaufene Verluste vermindert werden. K 129

Verzinsung | Üblicherweise sind die Guthaben auf dem Kapitalkonto I und dem Kapitalkonto II unverzinslich. Soweit das Kapitalkonto II verzinslich gestellt wird, ist zu beachten, dass die Kapitalkonten II in der Regel in dem gleichen Verhältnis zueinander stehen wie die Kapitalkonten I, die für die Gewinn- und Verlustverteilung maßgeblich sind. Da die Verzinsung für die Gesellschaft Aufwand darstellt, vermindert der jedem Gesellschafter gutgeschriebene Zins proportional die Gewinnanteile der Gesellschafter. In gewinnträchtigen Jahren bedeutet dies, dass der einzelne Gesellschafter wirtschaftlich nichts gewonnen hat, da der Zinsgutschrift eine Minderung des eigenen Gewinnanteils in derselben Höhe gegenübersteht (*Huber*, ZGR 1988, 1, 78). Ein Unterschied ergibt sich nur in gewinnlosen Jahren, in denen den Gesellschaftern trotz ausbleibenden Gewinns eine Ausschüttung ermöglicht wird. Die Zinsen sind dann dem Privatkonto gutzuschreiben und können von dort entnommen werden. Ein Wiederaufleben der Haftung nach § 172 Abs. 4 HGB ist nicht zu befürchten. Denn zur Verzinsung kommt es nur solange, wie die Kapitalkonten II überhaupt noch Guthaben aufweisen (s. Rz. K 120). Solange dies der Fall ist, sind die Einlagen durch die Guthaben auf den Kapitalkonten I gedeckt (*Huber*, ZGR 1988, 1, 79). Die Privatkonten werden hingegen regelmäßig verzinst, um dem Gesellschafter das Stehenlassen entnahmefähiger Gewinne zu vergüten. Ist der gesetzliche Kapitalanteil (Kapitalkonto I und Kapitalkonto II) unter den Betrag der Hafteinlage herabgemindert, so stellt die fortlaufende Verzinsung eines Guthabens auf dem Privatkonto (bzw. die Entnahme der gutgeschriebenen Zinsen) keine haftungsschädliche Rückzahlung der Einlage i.S.d. § 172 Abs. 4 HGB dar, soweit der Zins sich im Rahmen des Marktüblichen hält (*Huber*, ZGR 1988, 1, 36f., 80). K 130

Umbuchung von Guthaben | Guthaben können von einem Konto auf ein anderes übertragen werden, wenn ein entsprechender Gesellschafterbeschluss gefasst wird. Denkbar ist, ein Guthaben vom Darlehenskonto auf das Kapitalkonto II zu übertragen, um es dem Entnahmerecht des Kommanditisten zu entziehen und das Eigenkapital der Gesellschaft zu stärken. Umbuchungen vom Kapitalkonto II auf das feste Kapitalkonto I stellen eine Art „Kapitalerhöhung aus Gesellschaftsmitteln" dar. Soll hierdurch zugleich die Hafteinlage des Kommanditisten erhöht werden (§ 172 Abs. 2 HGB), sind die allgemeinen Kapitalaufbringungsgrundsätze zu beachten. Gleiches gilt, wenn Guthaben vom Darlehenskonto auf das Kapitalkonto I übertragen werden sollen (Vollwertigkeit der Forderung). Der umgekehrte Weg, also die Übertragung von K 131

Guthaben vom Kapitalkonto I auf das Kapitalkonto II und von dort auf das Darlehenskonto, stellt eine Herabsetzung der Einlage i.S.v. § 174 HGB dar und führt, spätestens wenn der Kommanditist den Betrag vom Darlehenskonto entnimmt, gegenüber Altgläubigern zum Aufleben der Haftung gemäß § 172 Abs. 4 Satz 2 HGB (*Huber*, ZGR 1988, 1, 84; *K. Schmidt* in MünchKomm. HGB, § 172 HGB Rz. 72). Solche Kapitalveränderungen, die die Beteiligungsquoten verändern, sind in steuerlicher Hinsicht als Einbringungen (§ 24 UmwStG) und damit als entgeltliche Vorgänge einzuordnen (BFH v. 25.4.2006 – VIII R 52/04, BStBl. II 2006, 847; BMF v. 11.11.2011, BStBl. I 2011, 1314, Rz. 1.47 Buchst. aa) 4. Spiegelstrich).

K 132 **Vor- und Nachteile des Drei-Konten-Modell |** Das Drei-Konten-Modell eignet sich in der Praxis, wenn nach dem Gesellschaftsvertrag der gesamte Gewinnanteil – solange er nicht zum Ausgleich eines unter den bedungenen Betrag verminderten Kapitalanteils gebraucht wird (s. Rz. K 128) – auf das Privatkonto zu buchen ist. Dies ist der Fall, wenn der Gewinnanteil grundsätzlich vollständig entnahmefähig ist oder nur den für das Privatkonto geltenden Entnahmebeschränkungen unterliegt. Soll hingegen ein Teil des Gewinns thesauriert werden und der Gesellschaft als Eigenkapital verbleiben, müsste er auf das Kapitalkonto II gebucht werden. Dort wird er mit späteren Verlusten verrechnet, was häufig als Nachteil angesehen wird. Auf der anderen Seite ermöglicht eine solche Verlustverrechnung, dass künftige Gewinne schneller für Entnahmen zur Verfügung stehen, da sie nicht erst zum Ausgleich von Verluste gebraucht werden. Soll eine Verrechnung gutgeschriebener Gewinne mit späteren Verlusten vermieden werden, ist ein viertes Konto einzurichten.

K 133–K 136 frei

5. Vertragliches Vier-Konten-Modell

K 137 **Konten |** Beim Vier-Konten-Modell wird für jeden Gesellschafter zusätzlich ein gesondertes Verlustvortragskonto eingerichtet, auf dem die Verluste zu verbuchen sind. Dadurch wird das Kapitalkonto II nicht mehr mit Verlusten belastet. Für jeden Gesellschafter werden insgesamt vier Konten geführt: Das Kapitalkonto I weist als Festkonto ausschließlich die Einlage aus. Auf dem Kapitalkonto II (häufig auch Rücklagenkonto) werden die nicht entnahmefähigen Gewinne verbucht. Als drittes Konto wird ein Verlustvortragskonto geführt, das die Verluste aufnimmt und das durch künftige Gewinne auszugleichen ist. Auf dem Darlehenskonto werden, wie im Dreikontenmodell, entnahmefähige Gewinne, Entnahmen und der sonstige Zahlungsverkehr verbucht. Um die unter Rz. K 128 beschriebenen Haftungsrisiken (§ 172 Abs. 4 Satz 2 HGB) zu vermeiden, muss im Gesellschaftsvertrag geregelt sein, dass, solange das Verlustvortragskonto negativ ist, die Gewinne vollständig dem Verlustvortragskonto gutzuschreiben sind und erst nach dessen Ausgleich wieder Zuschreibungen auf dem Kapitalkonto II und dem Darlehenskonto erfolgen.

§ … Gesellschafterkonten

(1) Für jeden Gesellschafter werden folgende Konten geführt:

a) Kapitalkonto I

b) Kapitalkonto II

c) Verlustvortragskonto

d) Privatkonto

(2) *Auf dem Kapitalkonto I werden die in § [...] bezeichneten Einlagen der Gesellschafter als Festkapitalanteile erfasst. Das Kapitalkonto I ist unverzinslich.*

(3) *Auf dem Kapitalkonto II werden die nicht entnahmefähigen Gewinnanteile des Gesellschafters erfasst, soweit in Abs. (4) nicht etwas anderes bestimmt ist. Das Kapitalkonto II ist unverzinslich.*

(4) *Auf dem Verlustvortragskonto werden die Verlustanteile des Gesellschafters erfasst. Weist das Verlustvortragskonto einen Verlustvortrag aus, wird ihm der gesamte Gewinnanteil des Gesellschafters gutgeschrieben, bis es ausgeglichen ist.*

(5) *Auf dem Privatkonto werden die entnahmefähigen Gewinnanteile des Gesellschafters erfasst, soweit in Abs. (4) nicht etwas anderes bestimmt ist. Außerdem werden auf dem Privatkonto die Entnahmen und der sonstige aus dem Gesellschaftsverhältnis rührende Zahlungsverkehr zwischen Gesellschaft und Gesellschafter gebucht. Das Privatkonto wird im Soll und im Haben mit drei Prozent p.a. verzinst.*

Keine Verlustverrechnung stehengelassener Gewinne | Vom Drei-Konten-Modell unterscheidet sich das Vier-Konten-Modell im Ergebnis allein dadurch, dass nichtentnahmefähige Gewinne und Verluste nicht auf einem, sondern auf zwei Konten verbucht werden. Damit wird vermieden, dass Verluste mit dem auf dem Kapitalkonto II stehengelassenen Gewinn früherer Jahre automatisch verrechnet werden. Der in § 169 Abs. 2 HGB enthaltene Grundsatz – keine Verrechnung gutgeschriebener Gewinne mit den Verlusten späterer Jahre – wird so auf die nichtentnahmefähigen Gewinne ausgedehnt. In der Sache stellt das vertragliche Vier-Konten-Modell daher eine Rückkehr zum gesetzlichen Kontensystem dar, wobei jedes der beiden gesetzlichen Konten aufgespalten wird: Das variable Kapitalkonto wird in einen festen Teil (Kapitalkonto I) und in einen beweglichen Teil (Verlustvortragskonto) gegliedert. Das Gewinnkonto wird in einen Teil für die nicht entnahmefähigen Gewinne (Kapitalkonto II) und in einen Teil für die entnahmefähigen Gewinne (Privatkonto) aufgeteilt (*Huber*, ZGR 1988, 1, 87). K 138

Charakter der Konten | Anders als im Drei-Konten-Modell ist das Kapitalkonto II im Vier-Konten-Modell kein echtes Kapitalkonto, sondern ein Forderungskonto. Dies folgt aus der fehlenden Verlustverrechnung. Hieran ändern auch die Entnahmebeschränkungen nichts (BGH v. 23.2.1978 – II ZR 145/76, BB 1978, 630, 631). Denn spätestens bei der Liquidation oder beim Ausscheiden kann der Kommanditist den Anspruch auf Auszahlung des Guthabens auf dem Kapitalkonto II realisieren. Etwas anderes gilt nur, wenn der Gesellschaftsvertrag ausdrücklich vorsieht, dass bei der Berechnung des Abfindungsguthabens ein vorgetragener Verlust mit dem Kapitalkonto II verrechnet wird oder aber die Gesellschafter durch Mehrheitsbeschluss entscheiden können, die Guthaben auf den Kapitalkonten II auf die Verlustvortragskonten umzubuchen (BFH v. 16.10.2008 – IV R 98/06, BStBl. II 2009, 272 = GmbHR 2009, 274 m. Anm. *Müller/Marchand*; *Huber*, ZGR 1988, 1, 89; *Wüllenkemper*, BB 1991, 1904, 1911; *Carlé/Bauschatz*, FR 2002, 1153, 1159; *Altendorf*, GmbH-StB 2009, 101, 103). In der Sache handelt es sich dabei um eine Auflösung von Rücklagen zum Ausgleich von Verlusten. Für den einzelnen Kommanditisten hat dies den Vorteil, dass er schneller mit der Gutschrift entnahmefähiger Gewinne rechnen kann. Denn sobald die Gesellschaft wieder Gewinne erzielt, sind diese nicht mehr zum Ausgleich von Verlusten gebunden, sondern können sofort wieder dem Darlehenskonto und dem Kapitalkonto II gutgeschrieben werden. Soll also das Kapitalkonto II ein echtes Kapitalkonto sein und aus Sicht der Gesell- K 139 schaft als Eigenkapital bilanziert werden, muss im Gesellschaftsvertrag eine (potentielle) Verlustverrechnung vorgesehen sein.

K 140–K 146 frei

6. Die gesamthänderisch gebundene Rücklage

K 147 **Begriff des Rücklagenkontos |** Häufig begegnet in Gesellschaftsverträgen auch ein gemeinschaftliches Rücklagenkonto, teilweise auch gesamthänderisch gebundenes Rücklagenkonto genannt. Dabei handelt es sich um eine buchhalterische Zusammenfassung von Einzelkonten der Gesellschafter zu einem einheitlichen Konto, an dem die Gesellschafter entsprechend ihrer Kapitalanteile (bzw. der festen Kapitalkonten I) beteiligt sind.

K 148 **Charakter des Rücklagenkontos |** Sieht der Gesellschaftsvertrag eine gesamthänderisch gebundene Rücklage vor, so ordnet er in aller Regel an, dass die darauf gebuchten Rücklagen zum Ausgleich künftiger Verluste bestimmt sind. Dies kann entweder dadurch geschehen, dass Verluste automatisch dem Rücklagenkonto zu belasten sind und Verlustvortragskonten erst eröffnet werden, wenn die Verluste nicht mehr durch ein Guthaben auf dem Rücklagenkonto gedeckt sind. Der Gesellschaftsvertrag kann aber auch regeln, dass keine automatische Verlustverrechnung stattfindet, sondern es hierzu eines besonderen Gesellschafterbeschlusses bedarf. In jedem Fall ist die gesamthänderisch gebundene Rücklage Teil des Eigenkapitals der Gesellschaft (vgl. § 264c Abs. 2 Satz 1 Ziffer II. HGB) und der Anteil des Gesellschafters an der Rücklage Teil seines Kapitalanteils (*Huber*, ZGR 1988, 1, 91 ff.; *Huber* in GS Knobbe-Keuk, 1997, S. 203, 216; *Sassenrath* in Westermann/Wertenbruch, Hdb. Personengesellschaften, Rz. I 589e). Für den einzelnen Kommanditisten hat die Verlustverrechnung den Vorteil, dass er schneller mit der Gutschrift entnahmefähiger Gewinne rechnen kann (s. Rz. K 139).

§ … Gesamthänderisch gebundene Rücklage

K 149 *(1) Außerdem wird für alle Gesellschafter ein gemeinschaftliches Rücklagenkonto geführt. An dem gemeinschaftlichen Rücklagenkonto sind die Gesellschafter im Verhältnis ihrer Festkapitalanteile (Kapitalkonto I) beteiligt.*

(2) Auf dem gemeinschaftlichen Rücklagenkonto werden die nicht entnahmefähigen Gewinnanteile sowie Zuzahlungen eines Gesellschafters in das Eigenkapital gebucht, die nicht zu einer Erhöhung des Festkapitalanteils führen.

(3) Die Gesellschafter können mit einer Mehrheit von 75 % der abgegebenen Stimmen beschließen, dass ein Guthaben auf dem gemeinschaftlichen Rücklagenkonto zum Ausgleich von Verlustvorträgen auf die Verlustvortragskonten umgebucht wird. Die Umbuchung erfolgt entsprechend dem Verhältnis der Festkapitalanteile.

K 150 **Steuerlicher Hintergrund |** Die Einrichtung einer gesamthänderisch gebundenen Rücklage wird häufig auch deshalb in Erwägung gezogen, um die steuerneutrale Einbringung von Wirtschaftsgütern des Privatvermögens in das betriebliche Gesamthandsvermögen der Gesellschaft zu ermöglichen. Diese ist im Wege einer verdeckten Einlage möglich, wenn der Einbringende für die Einbringung keine Gesellschaftsrechte erhält (§ 4 Abs. 1 Satz 8, § 6 Abs. 1 Satz 1 Nr. 5 EStG). Nach Ansicht des BMF liegt eine unentgeltliche Übertragung vor, wenn das übertragene Wirtschaftsgut ausschließlich auf einem gesamthänderisch gebundenen Kapitalrücklagenkonto gutgeschrieben wird, weil in diesem Fall sämtliche Gesellschafter gleichmäßig bereichert werden (BMF v. 11.7.2011 – IV C 6 – S 2178/09/10001, BStBl. I 2011, 713, unter II 2. b); BFH v. 24.1.2008 – IV R 37/06, GmbHR 2008, 548 mit Anm. *Hoffmann*; BFH v. 17.7.2008 – I R 77/06, GmbHR 2009, 48 mit Anm. *Meilicke*). Ob eine verdeckte Einlage möglich und sinnvoll ist, muss in jedem Einzelfall geprüft werden. Hat die GmbH & Co. KG mehr als einen Kommanditisten oder ist auch der Komplementär am Kapital der Gesellschaft beteiligt, ist zu beachten, dass eine verdeckte Einlage durch einen einzelnen Gesellschafter den Tatbestand einer schenkungsteuerpflichtigen Schenkung an seine Mitgesellschafter gemäß § 7 Abs. 1 Nr. 1 ErbStG erfüllt (kritisch daher *Wälzholz*, DStR 2011, 1861, 1861 f.).

7. Das negative Gesellschafterkonto

Einleitung | Besonderheiten bestehen, wenn ein Gesellschafterkonto einen Sollsaldo aufweist. K 151
Dabei ist zu unterscheiden, ob der Sollsaldo durch Verluste oder durch Entnahmen hervorgerufen wird.

Sollsaldo durch Verlust | Soweit ein Sollsaldo durch Verluste entsteht oder vertieft wird, K 152
kann er nur ein Kapitalkonto betreffen, da nur Kapitalkonten mit Verlusten belastet werden. Das durch Verluste ins Debet gedrehte Konto behält seinen Charakter als Kapitalkonto. Soweit der Gesamtsaldo aller Kapitalkonten eines Kommanditisten durch Verluste unter den Betrag der im Handelsregister eingetragenen Hafteinlage sinkt oder negativ wird, ist der Kommanditist zum Ausgleich des Fehlbetrags nicht verpflichtet, da ihn keine Nachschusspflicht trifft, § 707 BGB (BGH v. 27.9.1982 – II ZR 241/81, NJW 1983, 164, 164). Auch bei seinem Ausscheiden aus der Gesellschaft oder in der Liquidation wäre eine Verlustausgleichspflicht ausgeschlossen, soweit der Kommanditist seine Einlage geleistet hat (§ 167 Abs. 3 HGB). Etwas anderes gilt für die Komplementär-GmbH: Der unbeschränkt haftende Gesellschafter unterliegt bei Liquidation der Gesellschaft oder bei seinem Ausscheiden der Fehlbetragshaftung nach §§ 161 Abs. 2, 105 Abs. 3 HGB, §§ 735, 739 HGB.

Sollsaldo durch Entnahmen | Ein Sollsaldo kann auch durch (Über-)Entnahmen entstehen, K 153
etwa durch die Gewährung von Gewinnvorschüssen zur Bezahlung der persönlichen Steuern des Kommanditisten oder durch die **gewinnunabhängige Auskehrung von Liquiditätsüberschüssen** (→ *Entnahmen und Ergebnisverwendung*). Letzteres ist häufig der Fall bei Fondsgesellschaften, die hohe Sonderabschreibungen in Anspruch nehmen und deshalb keinen Gewinn ausweisen. Ist das Konto, auf dem solche Entnahmen zu erfassen sind, durch ein entsprechendes Guthaben nicht gedeckt, stellt sich die Frage, ob das hierdurch aktivisch gewordene Konto eine Forderung der Gesellschaft gegen den Kommanditisten ausweist. Zum Teil wird darauf verwiesen, der Charakter eines aktivischen Gesellschafterkontos bestimme sich nach dem Charakter des passivischen Kontos (*Wälzholz*, DStR 2011, 1861, 1863; *von Falkenhausen/Schneider* in Münchener Hdb. Gesellschaftsrecht, Bd. 2, § 22 Rz. 78; BFH v. 16.10.2008 – IV R 98/06, GmbHR 2009, 274 = FR 2009, 578 m. Anm. *Kempermann* = GmbH-StB 2009, 37). Danach würde sich der Charakter des Kontos nicht dadurch ändern, dass es aktivisch wird. Es käme allein auf die Rechtsnatur des Kontos an, das bei der Entnahme angesprochen wird. Sind Entnahmen, wie im vertraglichen **Drei- und Vier-Konten-Modell** vorgesehen, auf einem Privatkonto (Darlehens- oder Verrechnungskonto) zu erfassen, würde dieses eine Forderung gegen den Gesellschafter ausweisen, wenn es durch die Entnahmen aktivisch geworden ist. Demgegenüber werden im vertraglichen **Zwei-Konten-Modell** die Entnahmen auf dem Kapitalkonto II verbucht, das aufgrund der Verlustverrechnung auch im

Haben stets ein Kapitalkonto wäre (BFH v. 16.10.2008 – IV R 98/06, GmbHR 2009, 274, 276 = FR 2009, 578 m. Anm. *Kempermann* = GmbH-StB 2009, 37; BFH v. 27.6.1996 – IV R 80/95, GmbHR 1997, 43 = FR 1997, 51 = GmbH-StB 1997, 3). Nach der jüngeren Rechtsprechung des BGH kommt es für Frage, ob die Überentnahmen zu einer Verbindlichkeit des Gesellschafters führen, jedoch allein darauf an, ob der Gesellschaft nach dem Gesellschaftsvertrag ein **Rückforderungsanspruch** zusteht (BGH v. 16.2.2016 – II ZR 348/14, DB 2016, 582 = ZIP 2016, 518; BGH v. 12.3.2013 – II ZR 73/11, NZG 2013, 738; OLG Nürnberg v. 22.12. 2014 – 14 U 2588/13, ZIP 2015, 273). Dies ist insoweit überzeugend, als dass die materielle Rechtslage in den Vordergrund gerückt wird: Nicht die gesellschaftsvertraglichen Regelungen über die buchhalterische Erfassung von Entnahmen bestimmen, ob ein Rückforderungsanspruch besteht, sondern die buchhalterische Erfassung richtet sich danach, ob ein Rückforderungsanspruch besteht (so auch *Ley*, KÖSDI 2014, 18844, 18849; *Priester*, DStR 2013, 1786, 1788). Dies gilt für jedes Kontomodell. Im Ausgangspunkt ist somit danach zu differenzieren, ob der Sollsaldo durch zulässige, also vom Gesellschaftsvertrag vorgesehene Entnahmen entstehen würde:

- **Unzulässige Entnahmen:** Ist eine Entnahme nach dem Gesellschaftsvertrag nicht zulässig, steht der Gesellschaft ein **Rückforderungsanspruch nach § 812 BGB** zu (*Huber*, ZGR 1988, 1, 41, 60f., 76). Folglich ist die Entnahme im Drei- und Vier-Konten-Modell auf dem Privatkonto zu erfassen. Wird dieses hierdurch aktivisch, so weist es eine Forderung der Gesellschaft gegen den Gesellschafter aus (*Ley*, KÖSDI 2014, 18844, 18851). Im vertraglichen Zwei-Konten-Modell ist eine unzulässige Entnahme nicht dem Kapitalkonto II zu belasten, sondern als Forderung zu aktivieren (*Ley*, KÖSDI 2014, 18844, 18850). Wann eine Entnahme unzulässig ist, muss im Zweifel durch **Auslegung des Gesellschaftsvertrags** ermittelt werden. Nach einer Entscheidung des BFH ist eine Entnahme selbst dann unzulässig, wenn sie auf einem **einstimmigen Gesellschafterbeschluss** beruht, es für diesen Gesellschafterbeschluss aber keine Grundlage im Gesellschaftsvertrag gibt und dem Gesellschafterbeschluss nicht zu entnehmen ist, dass die Gesellschafter den Gesellschaftsvertrag ändern wollten (BFH v. 16.10.2008 – IV R 98/06, GmbHR 2009, 274, 276 = FR 2009, 578 m. Anm. *Kempermann* = GmbH-StB 2009, 37). Dies ist m.E. wenig überzeugend. Ein derartiger Beschluss ist in der Sache als Änderung oder wirksame Durchbrechung des Gesellschaftsvertrags anzusehen und führt zur Zulässigkeit der Entnahme. Allerdings kann die Annahme eines Rückforderungsanspruchs mit Blick auf § 15a EStG vorteilhaft sein. Unzulässig ist eine Entnahme auch dann, wenn die Gesellschaft für die Gesellschafter anrechenbare Steuern, wie z.B. Kapitalertragsteuern, abführt, der Gesellschaftsvertrag aber kein **Steuerentnahmerecht** vorsieht (BGH v. 16.4.2013 – II ZR 118/11, GmbHR 2013, 703 = GmbH-StB 2013, 276).
- **Zulässige Entnahmen:** Ist eine Entnahme nach dem Gesellschaftsvertrag zulässig, so hat die Gesellschaft nur dann einen **Rückforderungsanspruch, wenn der Gesellschaftsvertrag dies vorsieht**. Handelt es sich bei der Gesellschaft um eine Publikumspersonengesellschaft, muss sich die Rückzahlungsverpflichtung für den Gesellschafter aus dem Gesellschaftsvertrag klar ergeben. Allein die Bestimmung im Gesellschaftsvertrag, dass Ausschüttungen von Liquiditätsüberschüssen „*als unverzinsliche Darlehen gewährt werden, sofern die Ausschüttungen nicht durch Guthaben auf den Gesellschafterkonten gedeckt sind*“, oder dass eine solche Entnahme „auf Darlehenskonto gebucht wird“, ist hierfür nach Ansicht des BGH nicht ausreichend (BGH v. 16.2.2016 – II ZR 348/14, DB 2016, 582 = ZIP 2016, 518; BGH v. 12.3.2013 – II ZR 73/11, NZG 2013, 738; OLG Nürnberg v. 22.12.2014 – 14 U 2588/13, ZIP 2015, 273; OLG Hamm v. 7.7.2010 – 8 U 106/09, NZG 2010, 1298; kritisch

Schäfer, NZG 2016, 543; *Priester*, DStR 2013, 1786; zu den Kriterien für die Annahme eines Rückzahlungsanspruchs *Haas/Mock* in Röhricht/Graf von Westphalen/Haas, § 172 HGB Rz. 25 ff.). Besteht danach ein Rückzahlungsanspruch der Gesellschaft, ist dieser dem Privatkonto zu belasten, das hierdurch aktivisch wird und eine Forderung der Gesellschaft gegen den Kommanditisten ausweist, wenn die Ausschüttung nicht durch ein Guthaben gedeckt ist. Besteht kein Rückforderungsanspruch, ist die Entnahme, wenn das Privatkonto kein Guthaben mehr ausweist, auf einem Kapitalkonto zu erfassen. Hierzu kann entweder ein gesondertes Konto eröffnet werden (so *Ley*, KÖSDI 2014, 18844, 18851, „Entnahmevortragskonto") oder es kann ein bestehendes Kapitalkonto angesprochen werden (vgl. zur Verbuchung auch *Schäfer*, NZG 2016, 543).

- **Haftung:** Die gewinnunabhängige Auszahlung von Liquidität stellt, wenn nicht die Zahlung als Darlehen gewährt wird und der Gesellschaft deshalb ein vollwertiger Rückzahlungsanspruch zusteht (OLG Hamm v. 7.7.2010 – 8 U 106/09, NZG 2010, 1298; *Haas/Mock* in Röhricht/Graf von Westphalen/Haas, § 172 HGB Rz. 25 ff.), in der Sache eine **Rückzahlung der Einlage** dar (OLG Hamburg v. 14.8.2015 – 11 U 45/15, NZG 2015, 1192). Eine Entnahme aus dem Kapitalanteil kann im Innenverhältnis durch den Gesellschaftsvertrag ohne weiteres zugelassen werden. Die Entnahmebeschränkung des § 169 HGB ist insoweit abdingbar (BGH v. 12.3.2013 – II ZR 73/11, NZG 2013, 738). Etwas anderes gilt im Außenverhältnis gegenüber den Gläubigern (→ *Entnahmen und Ergebnisverwendung*). Entnahmen aus dem Kapitalanteil, die diesen unter den Betrag der bedungenen Einlage herabmindern, lassen die Haftung des Kommanditisten gemäß §§ 171 Abs. 1, 172 Abs. 4 HGB wieder aufleben (→ *Haftung des Kommanditisten*). Dies kann auch zu einer Haftung gegenüber Mitgesellschaftern führen, wenn diese Ansprüche gegen die Gesellschaft aus sog. Drittgeschäften (z.B. Darlehen) haben. Die gesellschaftsrechtliche Treuepflicht steht einer Inanspruchnahme von Mitgesellschaftern aus Drittgeschäften nicht entgegen (BGH v. 8.10.2013 – II ZR 310/12, ZIP 2013, 2305). Die Außenhaftung tritt wie im Fall der Nichtleistung der Einlage neben einen etwaigen Rückforderungsanspruch der Gesellschaft und endet, wenn der Kommanditist den Rückforderungsanspruch ggf. durch Stehenlassen von Gewinnen erfüllt und hierdurch auch sein gesetzliches Kapitalkonto bis zum Betrag der bedungen Einlage wieder ausgleicht (§ 171 Abs. 1 Halbs. 2 HGB).

frei K154–K160

Vertiefende Recherche

Wichtige Urteile und Erlasse

BFH v. 16.10.2008 – IV R 98/06, GmbHR 2009, 274: Forderungscharakter eines aktivischen „Darlehenskontos" im sog. Vier-Konten-Modell.

BFH v. 27.6.1996 – IV R 80/95, GmbHR 1996, 43: Abgrenzung zwischen Kapitalkonto II und Darlehenskonto eines Kommanditisten.

BGH v. 16.2.2016 – II ZR 348/14, DB 2016, 582 = ZIP 2016, 518: Rückforderung von Ausschüttungen an Kommanditisten im Drei-Konten-Modell.

BGH v. 12.3.2013 – II ZR 73/11, NZG 2013, 738: Rückforderung von Ausschüttungen an Kommanditisten.

BGH v. 27.9.1982 – II ZR 241/81, NJW 1983, 164: Keine Verlustausgleichspflicht bei versteckter Regelung im Gesellschaftsvertrag.

BGH v. 23.2.1978 – II ZR 145/76, BB 1978, 630: Beurteilung von bei Personengesellschaften des Handelsrechts geführten Darlehenskonten der Gesellschafter.

OLG Stuttgart v. 31.10.2012 – 14 U 19/12, DStR 2013, 1138: Abgrenzung von Gesellschafterkonten im Drei-Konten-Modell.

OLG Köln v. 11.1.2000 – 22 U 139/99, NZG 2000, 979: Abgrenzung von Gesellschafterkonten.

Musterformulierungen

→ *Gesellschaftsverträge mit Erläuterungen Rz. G 145 ff.*

Fuhrmann/Wälzholz, Formularbuch Gesellschaftsrecht, 2. Aufl. 2015, M 25.2 (§ 5), M 25.6 (§ 4) und M 25.9 (§ 4)

Hesselmann/Tillmann/Mueller-Thuns, Handbuch GmbH & Co. KG, 21. Aufl. 2016, Anhang B (§ 4)

Weitere Stichwörter |

→ *Einlagen und Haftsummen*; → *Entnahmen und Ergebnisverwendung*; → *Haftung des Kommanditisten*; → *Verluste*

Konzernbaustein GmbH & Co. KG

Ausgewählte Literatur: *Jansen*, Entwicklungen bei der umsatzsteuerlichen Organschaft, BB 2016, 2263; *Marbler/Osler*, Zur Konzernrechnungslegungspflicht der GmbH & Co. KG, DStR 2014, 2474; *Riegger/Mutter*, Wann muß der Vorstand einer beherrschten AG den Beherrschungsvertrag kündigen?, DB 1997, 1603; *Schneider*, Konzernbildung, Konzernleitung und Verlustausgleich im Konzernrecht der Personengesellschaften, ZGR 1980, 511.

1. Einleitung

Ebenso wie andere Personenhandelsgesellschaften kann auch die GmbH & Co. KG die **Funktion einer Konzerngesellschaft** übernehmen. Es ist in der Praxis keineswegs unüblich, dass Konzerngesellschaften in der Rechtsform der GmbH & Co. KG auftreten. Dies reicht von ihrer Einsetzung als oberste Konzernholding, oftmals im Familien-Konzern, bis zu ihrer Implementierung als (operative) Konzerntochtergesellschaft auf der unteren Ebene. K 161

Kein eigenes Konzernrecht | Da es ein gesetzliches Personengesellschaftsrecht für verbundene Unternehmen nicht gibt, wird insoweit auf die aktienrechtlichen Vorschriften für verbundene Unternehmen unter Berücksichtigung der Besonderheiten im Personengesellschaftsrecht Rückgriff genommen (vgl. *Plückelmann* in Gummert, Münchener Anwaltshandbuch Personengesellschaftsrecht, § 26 Rz. 1). K 162

2. Motive

Die Motive für die Einsetzung der GmbH & Co. KG als Konzerngesellschaft sind vielfältig. Zum einen können sie steuerlicher Natur sein, z.B. zur Begründung einer **ertragsteuerlichen Organschaft** durch Abschluss von Gewinnabführungsverträgen i.S.d. § 291 Abs. 1 AktG zwischen der GmbH & Co. KG als herrschender Gesellschaft und damit zugleich steuerlicher Organträgerin und Tochter-Kapitalgesellschaften als abhängigen Gesellschaften oder zur **Vermeidung von Wegzugsproblemen** im Familienkonzern (vgl. § 6 AStG). Zum anderen soll mit Hilfe einer GmbH & Co. KG oftmals auch die unternehmerische **Mitbestimmung** auf oberster Konzernebene **vermieden werden** (→ *Mitbestimmung*). Auch die Möglichkeit der **Haftungsabschottung** für die Obergesellschaft durch Zwischenschaltung einer GmbH & Co. KG als Beteiligungsgesellschaft ist nicht zu unterschätzen. Schließlich erlaubt diese Rechtsform neben der Haftungsbeschränkung für ihre Kommanditisten ein noch größeres Maß an **Regelungsflexibilität** als die Kapitalgesellschaft (→ *Rechtsformwahl*) (zu den Motiven und zur rechtstatsächlichen Bedeutung der GmbH & Co. KG als Konzerngesellschaft vgl. auch *Haas* in Röhricht/Graf von Westphalen/Haas, § 105 HGB Rz. 106; *Liebscher* in MünchKomm. GmbHG, Anh. § 13 GmbHG Rz. 1379; *Plückelmann* in Gummert, Münchener Anwaltshandbuch Personengesellschaftsrecht, § 26 Rz. 11 ff.). K 163

Nachfolgend sollen zunächst wesentliche Grundzüge des im Grundsatz auf die GmbH & Co. KG anwendbaren Konzernrechts und anschließend die Stellung der GmbH & Co. KG als herrschende und als abhängige Konzerngesellschaft näher beleuchtet werden.

3. Konzernverhältnis i.S.d. § 18 AktG

K 164 **Konzernbegriff |** Auch für Unternehmensgruppierungen unter Beteiligung einer GmbH & Co. KG leitet sich der Konzernbegriff aus dem aktienrechtlichen Konzernbegriff ab (vgl. auch *Haas* in Röhricht/Graf von Westphalen/Haas, § 105 HGB Rz. 110). Gemäß § 18 AktG ist ein Konzernverhältnis gegeben, wenn mehrere rechtlich selbständige Unternehmen unter einheitlicher Leitung zusammengefasst sind. Der Unternehmensbegriff wird dabei zweckbezogen verstanden und erfasst nach der Rechtsprechung einen Gesellschafter ohne Rücksicht auf seine Rechtsform, wenn er neben der Beteiligung an der Gesellschaft auch noch anderweitige wirtschaftliche Interessenbindungen aufweist, die nach Art und Intensität die ernsthafte Sorge begründen, er könne wegen dieser Bindungen seinen aus der Mitgliedschaft folgenden Einfluss auf die Gesellschaft nachteilig ausüben (sog. abstrakte Konzerngefahr; vgl. BGH v. 18.6. 2001 – II ZR 212/99, NJW 2001, 2973, 2974; *Koch* in Hüffer/Koch, § 15 AktG Rz. 11). **Einheitliche Leitung** wiederum liegt vor, wenn eine am Gesamtinteresse orientierte Zielsetzung und deren Durchführung besteht, wobei sich die Leitung auf das Gesamtunternehmen und nicht nur auf gewisse Unternehmensteile zu beziehen hat (vgl. *Maier* in Henssler/Strohn, § 18 AktG Rz. 3 m.w.N.). Eine solche, einheitliche Leitungsmacht lässt sich in der Regel am Vorhandensein von Weisungsbefugnissen und der rechtlichen oder faktischen Kompetenz zur einheitlichen Festlegung finanzieller und strategischer Unternehmensziele festmachen (vgl. auch *Plückelmann* in Gummert, Münchener Anwaltshandbuch Personengesellschaftsrecht, § 26 Rz. 9).

K 165 **Unterordnungskonzern |** Nach § 18 Abs. 1 Satz 1 AktG bilden ein herrschendes und ein oder mehrere abhängige Unternehmen einen sog. Unterordnungskonzern, wenn sie unter der einheitlichen Leitung des herrschenden Unternehmens zusammengefasst sind. Bei einem abhängigen Unternehmen – auch in Form einer Personenhandelsgesellschaft – wird nach § 18 Abs. 1 Satz 3 AktG vermutet, dass es mit dem herrschenden Unternehmen einen Konzern bildet (vgl. BGH v. 5.12.1983 – II ZR 242/82, BGHZ 162, 167 = GmbHR 1984, 203; BAG v. 15.12.2011 – 7 ABR 56/10, NZA 2012, 633, 634; *Haas* in Röhricht/Graf von Westphalen/Haas, § 105 HGB Rz. 110). Abhängige Unternehmen wiederum sind nach § 17 Abs. 1 AktG rechtlich selbständige Unternehmen, auf die ein anderes Unternehmen (herrschendes Unternehmen) unmittelbar oder mittelbar beherrschenden Einfluss hat. Notwendig, aber auch ausreichend ist insoweit die Möglichkeit der Einflussnahme, die „beständig, umfassend und gesellschaftsrechtlich vermittelt ist" (vgl. BGH v. 17.3.1997 – II ZB 3/96, BGHZ 135, 107, 114 = NJW 1997, 1855, 1856; BGH v. 26.3.1984 – II ZR 171/83, NJW 1984, 1893, 1896 = GmbHR 1984, 343; *Maier* in Henssler/Strohn, § 17 AktG Rz. 2). Bei einem in Mehrheitsbesitz stehenden Unternehmen wird nach § 17 Abs. 2 AktG die Abhängigkeit widerlegbar vermutet. Die übergeordnete Konzernvermutung eines abhängigen Unternehmens ist lediglich dann widerlegt, wenn Tatsachen festgestellt werden, aus denen sich ergibt, dass herrschendes und abhängiges Unternehmen nicht einheitlich geleitet werden (vgl. BAG v. 15.12.2011 – 7 ABR 56/10, NZA 2012, 633, 637).

K 166 **Gleichordnungskonzern |** Sind mehrere rechtlich selbständige Unternehmen nicht voneinander abhängig, aber dennoch unter einheitlicher Leitung zusammengefasst, so bilden sie keinen

Unterordnungskonzern i.S.d. § 18 Abs. 1 AktG, sondern einen sog. Gleichordnungskonzern i.S.d. § 18 Abs. 2 AktG (für einen vertieften Überblick über die konzernorganisationsrechtlichen Fragen des nachfolgend nicht näher betrachteten Gleichordnungskonzerns s. *J. Vetter* in K. Schmidt/Lutter, § 18 AktG Rz. 27 ff.).

frei K 167

4. GmbH & Co. KG als herrschende Gesellschaft (Konzernholding)

Eine GmbH & Co. KG wird in einer Unternehmensgruppe oftmals als herrschende Gesellschaft eingesetzt, insbesondere dann, wenn es sich um einen Familienkonzern handelt (zur Zulässigkeit der Personenhandelsgesellschaft als herrschendes Unternehmen siehe *Haas* in Röhricht/Graf von Westphalen/Haas, § 105 HGB Rz. 121; *Wertenbruch/Nagel* in E/B/J/S, Anh. § 105 HGB Rz. 79 m.w.N.). Dabei kommt ihr in der Regel die Funktion einer **Führungs- oder Managementholding** zur Ausübung von Konzernleitungsmacht auf die abhängigen Gesellschaften zu, oft gepaart mit der Begründung einer ertragsteuerlichen Organschaft i.S.d. §§ 14, 17 KStG und ggf. auch einer umsatzsteuerlichen Organschaft i.S.d. § 2 Abs. 2 Nr. 2 UStG im Verhältnis zu den von ihr abhängigen Kapitalgesellschaften. K 168

Verwaltungsholding | Nimmt die konzernleitende Personengesellschaft selbst keine operativen Tätigkeiten nach außen hin wahr und erstreckt sich ihr Gesellschaftszweck ausschließlich auf das Halten und Verwalten von Beteiligungen an anderen Gesellschaften (sog. Verwaltungsholding), so kann diese Personengesellschaft gemäß §§ 161 Abs. 2, 105 Abs. 2 HGB erst mit ihrer Eintragung im Handelsregister den Status einer GmbH & Co. KG erlangen. Bis zu diesem Zeitpunkt ist sie eine vermögensverwaltende Gesellschaft in der Rechtsform der Gesellschaft bürgerlichen Rechts (vgl. *Haas* in Röhricht/Graf von Westphalen/Haas, § 105 HGB Rz. 121 m.w.N.). Dies gilt es in der Praxis zu beachten. K 169

Wege in die Konzernholding | Der Status einer Konzernholding kann auf unterschiedliche Weise begründet werden. In der Regel bieten sich hierzu (i) die Ausgründung von eigenständigen Tochtergesellschaften im Wege der Gesamtrechtsnachfolge durch Ausgliederung nach den §§ 123 Abs. 3, 125, 43 Abs. 1 UmwG bzw. durch Einbringung von Vermögen im Wege der Einzelrechtsnachfolge gegen Kapitalerhöhung, (ii) der Erwerb von Tochtergesellschaften im Wege des Beteiligungserwerbs, (iii) der Abschluss von Beherrschungsverträgen i.S.d. § 291 Abs. 1 AktG mit bislang nicht abhängigen Gesellschaften sowie (iv) die Begründung einer rein faktischen Abhängigkeitsbeziehung mit bereits bestehenden Tochtergesellschaften an (zur Konzernbildungskontrolle vgl. auch *Liebscher* in MünchKomm. GmbHG, Anh. § 13 GmbHG Rz. 1456 ff.). K 170

Mitwirkungserfordernis für Gesellschafter bei der Konzernierung | Abhängig vom jeweiligen Rechtsakt kann die Begründung eines Abhängigkeitsverhältnisses auf Ebene der GmbH & Co. KG als Obergesellschaft die Zustimmung ihrer Gesellschafter erfordern: K 171

- **Zustimmungspflicht der Gesellschafter:** Einer Zustimmung der Gesellschafter bedürfen von Gesetzes wegen (i) gemäß §§ 125, 43 Abs. 1 UmwG die Ausgliederung von Vermögen nach dem UmwG und (ii) analog § 293 Abs. 2 Satz 1 AktG der Abschluss eines Beherrschungsvertrages mit einer bereits bestehenden Tochter- oder Beteiligungsgesellschaft aufgrund der damit verbundenen Verlustausgleichspflicht für die GmbH & Co. KG gegenüber ihren vertraglich angebundenen Tochtergesellschaften analog § 302 AktG (vgl. auch *Wertenbruch/Nagel* in E/B/J/S, Anh. § 105 HGB Rz. 83 und 86).

- **Keine Zustimmungspflicht der Gesellschafter:** Grundsätzlich stellen hingegen weder der Erwerb einer Tochtergesellschaft, die Einbringung von Vermögen in eine Tochtergesellschaft im Wege der Einzelrechtsnachfolge noch Maßnahmen, die zur Begründung einer (faktischen) Abhängigkeitslage mit einer bereits bestehenden Tochtergesellschaft führen, für die Geschäftsführung der GmbH & Co. KG als Obergesellschaft von vornherein eine außergewöhnliche und damit zustimmungspflichtige Geschäftsführungsmaßnahme i.S.d. §§ 116 Abs. 2, 164 Satz 1 HGB dar (ebenso wohl *Mülbert* in MünchKomm. HGB, KonzernR Rz. 81; *Wertenbruch/Nagel* in E/B/J/S, Anh. § 105 HGB Rz. 84 f.; a.A. wohl *Liebscher* in Reichert, GmbH & Co. KG, § 51 Rz. 132 m.w.N.: außergewöhnliche Geschäftsführungsmaßnahme).
- **Zustimmungspflicht der Gesellschafter im Einzelfall:** Abhängig vom konkreten Gesellschaftszweck und Gesellschaftsvertrag der GmbH & Co. KG als Obergesellschaft sowie von der Ausrichtung und Ausstattung ihrer Tochtergesellschaft können die vorgenannten Maßnahmen ausnahmsweise jedoch dann als außergewöhnliche und damit zustimmungspflichtige Geschäftsführungsmaßnahmen einzuordnen sein, wenn den Gesellschaftern die Gefahr einer **Mediatisierung** ihrer ihnen bislang unmittelbar zustehenden Rechte droht (sog. „Holzmüller-/Gelatine"-Rechtsprechung, vgl. hierzu auch *Liebscher* in MünchKomm. GmbHG, Anh. § 13 GmbHG Rz. 1457 ff.; *Wertenbruch/Nagel* in E/B/J/S, Anh. § 105 HGB Rz. 83 ff.). Ansonsten könnten durch die einmalige Konzernierung ohne Zustimmung der Gesellschafter der Obergesellschaft wesentliche Tätigkeiten auf Tochtergesellschaften verlagert und den Gesellschaftern der Obergesellschaft dadurch dauerhaft der Einfluss sowie die Kontrolle hierüber entzogen werden (vgl. hierzu auch *Haas* in Röhricht/Graf von Westphalen/Haas, § 105 HGB Rz. 121 ff.; *Liebscher* in Reichert, GmbH & Co. KG, § 51 Rz. 140 ff. m.w.N.).

Praxishinweis | Sofern der Gesellschaftsvertrag einer GmbH & Co. KG als Obergesellschaft keine weitreichende Konzernklausel zur Gestattung des Erwerbs von Tochter- oder Beteiligungsgesellschaften und auch keine Regelungen für die Mitwirkung ihrer Gesellschafterversammlung im Zusammenhang mit der Ausübung von Beteiligungsrechten vorsieht, sollte die Gesellschafterversammlung der Obergesellschaft im Zweifel in die grundlegende Entscheidung über eine Konzernierung miteingebunden werden, um jegliches Haftungsrisiko für die Geschäftsführung zu vermeiden (vgl. auch *Liebscher* in MünchKomm. GmbHG, Anh. § 13 GmbHG Rz. 1459; *Wertenbruch/Nagel* in E/B/J/S, Anh. § 105 HGB Rz. 84: Tendenziell wird eine unternehmerische Beteiligung innerhalb des vom Unternehmensgegenstand umfassten Tätigkeitsbereichs eher ein gewöhnliches Geschäft sein, eine Beteiligung außerhalb des Unternehmensgegenstands eher ein außergewöhnliches).

K 172 **Beteiligungsrechte für Gesellschafter der Obergesellschaft |** Im Grundsatz stellt die Ausübung von Beteiligungsrechten in bestehenden Tochter- oder Beteiligungsgesellschaften für die Geschäftsführung der GmbH & Co. KG als Konzernobergesellschaft eine **gewöhnliche Geschäftsführungsmaßnahme** dar, zu deren Ausführung sie gemäß §§ 161 Abs. 2, 126 HGB auch vertretungsberechtigt ist (vgl. *Wertenbruch/Nagel* in E/B/J/S, Anh. § 105 HGB Rz. 87). Dies gilt für eine GmbH & Co. KG als Konzernobergesellschaft jedenfalls dann, wenn ihr Unternehmensgegenstand – wie zuvor dargestellt – von vornherein auf die Tätigkeit als Holdinggesellschaft und damit schwerpunktmäßig auf die Wahrnehmung von Gesellschafterrechten ausgelegt ist. Insofern besteht für die Geschäftsführung dann nicht nur das alleinige Recht, sondern sogar auch die Pflicht zur Wahrnehmung der Gesellschafterrechte für die Gesellschaft.

Ausnahmen hiervon können sich zum einen dann ergeben, wenn der Gesellschaftsvertrag für die Ausübung der Beteiligungsrechte einen **freiwilligen Zustimmungsvorbehalt** vorsieht. Zum anderen stellt sich die Frage, bei welchen Maßnahmen auch ohne ausdrückliche Verankerung eines Zustimmungsvorbehaltes im Gesellschaftsvertrag der Obergesellschaft für diese **kraft Gesetzes** ein **Mitwirkungs- bzw. Zustimmungsrecht** anzunehmen ist. K 173

Als grobe Leitlinie für ein **Zustimmungserfordernis von Gesetzes** wegen lässt sich folgender Maßstab anlegen: K 174

- **Grundlagencharakter:** Maßnahmen auf Tochter- oder Beteiligungsebene, die jedenfalls im wirtschaftlichen Ergebnis auf Ebene der GmbH & Co. KG als Obergesellschaft für deren Gesellschafter einer Änderung ihres Gesellschaftsvertrages und damit einem Grundlagengeschäft gleichkommen würden, bedürfen ihrer Zustimmung (z.B. Einstellung oder Veräußerung des Betriebes der Tochtergesellschaft, wesentliche Änderungen des Gesellschaftsvertrages der Tochtergesellschaft, ggf. auch Maßnahmen der Gewinnverwendung oder Kapitalmaßnahmen auf Tochterebene; vgl. *Haas* in Röhricht/Graf von Westphalen/Haas, § 105 HGB Rz. 122 ff.; *Liebscher* in Reichert, GmbH & Co. KG, § 51 Rz. 140; *Wertenbruch/Nagel* in E/B/J/S, Anh. § 105 HGB Rz. 89).

  Beispiel:

  Im Jahr 2007 hatte der BGH entschieden, dass im Rahmen der Bilanzfeststellung einer GmbH & Co. KG als Obergesellschaft „in keinem Fall" über die Gewinnverwendung der abhängigen Gesellschaften zu entscheiden sei. Gesellschafterbeschlüsse einer abhängigen Gesellschaft seien im Grundsatz von der Geschäftsführung ihrer Gesellschafterin als deren Vertreter, im Fall einer Kommanditgesellschaft durch die Komplementärin, zu fassen. Ob bzw. inwieweit in einem Personengesellschaftskonzern für die *willkürliche* Bildung von Reserven bei Untergesellschaften entsprechend §§ 116 Abs. 2, 164 Satz 1 Halbs. 2 HGB hiervon eine Ausnahme zu machen ist, hatte der BGH damals nicht zu entscheiden (vgl. BGH v. 15.1.2007 – II ZR 245/05, GmbHR 2007, 437, 441 = GmbH-StB 2007, 106).

- **Kein Grundlagencharakter:** Reine Geschäftsführungsmaßnahmen auf der Ebene von Tochter- oder Beteiligungsgesellschaften dürften grundsätzlich unabhängig davon, ob sie auf Ebene der GmbH & Co. KG als Obergesellschaft als gewöhnlich oder außergewöhnlich zu qualifizieren sind, nicht die Zustimmung durch die Gesellschafter der Obergesellschaft erfordern. Selbstverständlich hängt diese Wertung maßgeblich davon ab, wie weit man den Begriff der „außergewöhnlichen Geschäfte" im Rahmen einer Beteiligungsverwaltung versteht. Eine entsprechende Aussage lässt sich erfahrungsgemäß nur im Rahmen einer Einzelfallbetrachtung anhand der konkreten Gegebenheiten bei der Obergesellschaft treffen. Insbesondere kann dafür auch entscheidend sein, ob es sich bei der Tochtergesellschaft um eine 100 %-Beteiligung oder lediglich um eine geringfügigere (Minderheits-)Beteiligung handelt (vgl. *Haas* in Röhricht/Graf von Westphalen/Haas, § 105 HGB Rz. 122). Im Falle einer 100 %-Beteiligung dürfte die Schwelle zu einem Grundlagengeschäft und damit zu einer Zustimmungspflicht grundsätzlich eher überschritten sein als bei einer Minderheitsbeteiligung.

Praxishinweis | Zur Sicherstellung eines angemessenen Einflusses der Gesellschafter der GmbH & Co. KG als Obergesellschaft kann es sich in diesen Konstellationen empfehlen, mit Hilfe ihrer Geschäftsführungen auf beiden Gesellschaftsebenen gesellschaftsvertragliche Zustimmungskaskaden zu verankern. Insbesondere in Familienunternehmen wird hiervon häufig Gebrauch gemacht, um den Einfluss des „Patriarchen" auf wesentliche Entscheidungen und Geschäfte auch in den Tochtergesellschaften sicherzustellen.

Gleichwohl ist dabei zu beachten, dass Zustimmungskaskaden nicht ausufern sollten, da eine erweiterte Zustimmungskompetenz für die Gesellschafter der Obergesellschaft zugleich eine Einschränkung der (operativen) Handlungsfähigkeit für die Geschäftsführungen der Tochtergesellschaften bedeutet. Dies wird in der Praxis oftmals verkannt, mit der Folge, dass die Geschäftsführungen der Tochtergesellschaften teilweise unwissentlich ohne die eigentlich notwendige Zustimmung der Gesellschafter der Obergesellschaft handeln und sich dadurch einer erhöhten Haftungsgefahr aussetzen.

K 175 **Vertretungsmacht gegenüber Tochtergesellschaft** | Auch wenn die Nichteinholung einer erforderlichen Zustimmung der Gesellschafterversammlung gemäß §§ 161 Abs. 2, 126 HGB grundsätzlich keine Auswirkungen auf die Vertretungsmacht im Außenverhältnis, sondern nur auf eine mögliche Schadenersatzpflicht der Geschäftsführer im Innenverhältnis hat (vgl. auch *Haas* in Röhricht/Graf von Westphalen/Haas, § 105 HGB Rz. 123a), kann sich ausnahmsweise etwas anderes ergeben, wenn es sich bei dem Tochterunternehmen um eine hundertprozentige Tochtergesellschaft der GmbH & Co. KG handelt: In diesem Fall kann eine Stimmabgabe durch die Geschäftsführung der Obergesellschaft in der Tochtergesellschaft, die ohne Einholung der erforderlichen Zustimmung der Gesellschafterversammlung der Obergesellschaft erfolgt ist, nach den Grundsätzen zum Missbrauch der Vertretungsmacht unwirksam sein (siehe BGH v. 25.2.1982 – II ZR 174/80, BGHZ 83, 122, 132 f.; OLG Koblenz v. 9.8.1990 – 6 U 888/90, NJW-RR 1991, 487, 490 = GmbHR 1991, 264; *Haas* in Röhricht/Graf von Westphalen/Haas, § 105 HGB Rz. 123a; *Wertenbruch/Nagel* in E/B/J/S, Anh. § 105 HGB Rz. 92 m.w.N.). Ob damit zugleich auch der entsprechende Beschluss auf Ebene der Tochtergesellschaft nichtig ist, ist soweit ersichtlich bislang nicht entschieden. Da die Rechtsprechung in diesem Fall aber von der Nichtigkeit der Stimmabgabe ausgeht und ein fehlerhafter Gesellschafterbeschluss im Personengesellschaftsrecht grundsätzlich nichtig ist, dürfte gerade bei einer 100 %-Beteiligung folgerichtig dann auch von der entsprechenden Unwirksamkeit des Beschlusses bei der Tochtergesellschaft auszugehen sein (mit Tendenz in diese Richtung wohl auch BGH v. 15.1.2007 – II ZR 245/05, GmbHR 2007, 437, 441 = GmbH-StB 2007, 106). Andernfalls wäre diese Sanktion unsinnig, da eine Anfechtung in dieser Beteiligungskonstellation grundsätzlich ausscheidet.

Praxishinweis | Gesellschafter der Obergesellschaft können eine mögliche Nichtigkeit eines Gesellschafterbeschlusses auf Ebene der Tochtergesellschaft wegen Verletzung ihrer Gesellschafterrechte durch Feststellungsklage klären lassen (vgl. BGH v. 15.1.2007 – II ZR 245/05, GmbHR 2007, 437, 441 = GmbH-StB 2007, 106).

K 176 **Einsichts- und Informationsrechte für Gesellschafter der Obergesellschaft** | In unmittelbarem Zusammenhang mit dem Erfordernis der Gesellschafterzustimmung auf Ebene der GmbH & Co. KG als Obergesellschaft zur Ausübung von Beteiligungsrechten stellt sich die Frage nach der **Reichweite der Einsichts- und Informationsrechte** ihrer Gesellschafter mit Bezug auf Maßnahmen in Tochter- und Beteiligungsgesellschaften. Eine vernünftige Entscheidung der Gesellschafter im Rahmen der Ausübung ihrer Mitgliedschaftsrechte setzt voraus, dass sie mit Bezug auf den Beschlussgegenstand vorher sachlich angemessen über alle damit im Zusammenhang stehenden Aspekte informiert worden sind (vgl. *Haas* in Röhricht/Graf von Westphalen/Haas, § 105 HGB Rz. 124).

Kein Informationsdurchgriff | Adressat der Informationsrechte der Gesellschafter der GmbH & Co. KG als Obergesellschaft ist in der Regel die Geschäftsführung ihrer Gesellschaft, nicht auch die Geschäftsführung der jeweiligen Tochter- bzw. Beteiligungsgesellschaft (kein Informationsdurchgriff); schließlich handelt es sich bei Ober- und Untergesellschaft um zwei verschiedene Rechtssubjekte (vgl. BGH v. 20.6.1983 – II ZR 85/82, WM 1983, 910, 911; BGH v. 16.1.1984 – II ZR 36/83, NJW 1984, 2470, 2470 = GmbHR 1985, 20; OLG Karlsruhe v. 26.7.1984 – 4 W 70/84, BB 1984, 2016; *Haas* in Röhricht/Graf von Westphalen/Haas, § 105 HGB Rz. 125). K 177

Beschaffungspflicht | Inhaltlich bleibt das Informations- und Einsichtsrecht der Gesellschafter der GmbH & Co. KG als Obergesellschaft in der Regel auf die Einsicht in eigene Unterlagen und Papiere beschränkt. Es ist jedoch denkbar und unter Umständen auch erforderlich, dass sich die Geschäftsführung der Obergesellschaft zur Erfüllung ihrer Informationspflicht auch Unterlagen der Tochter- bzw. Beteiligungsgesellschaft bedient (sog. Beschaffungspflicht), wenn ihrer Offenlegung kein schutzwürdiges Geheimhaltungsinteresse der Tochter- bzw. Beteiligungsgesellschaft entgegensteht (vgl. *Haas* in Röhricht/Graf von Westphalen/Haas, § 105 HGB Rz. 125 f.; *Mülbert* in MünchKomm. HGB, KonzernR Rz. 107). K 178

Ausnahme | Unterlagen und Papiere, die ausschließlich das Verhältnis **einer Tochter- oder Beteiligungsgesellschaft** zu einem Dritten betreffen, stellen grundsätzlich keine derartigen Informationen dar (vgl. BGH v. 8.7.1957 – II ZR 54/56, BGHZ 25, 115, 117; *Wertenbruch/Nagel* in E/B/J/S, Anh. § 105 HGB Rz. 97, dort insbesondere auch mit Ausführungen zu einer Informationsbeschaffungspflicht der geschäftsführenden Gesellschafter, wenn bestimmte Informationen für die Gesellschafter der Obergesellschaft zur Ausübung ihrer Gesellschafterrechte unabdingbar sind). Ausnahmsweise steht den Gesellschaftern der Obergesellschaft gegenüber der Geschäftsführung der Tochtergesellschaft aber ein unmittelbares Auskunfts- und Einsichtsrecht auch in deren Unterlagen und Papiere zu, wenn es sich bei dieser um eine hundertprozentige Tochtergesellschaft handelt (vgl. BGH v. 16.1.1984 – II ZR 36/83, NJW 1984, 2470 = GmbHR 1985, 20; OLG Köln v. 26.4.1985 – 24 W 54/84, ZIP 1985, 800, 804 = GmbHR 1985, 358; *Mülbert* in MünchKomm. HGB, KonzernR Rz. 107) (→ *Informationsrechte*). Gesellschafts- und Gesellschafterinteresse sind dann gleichwertig. K 179

frei K 180

5. GmbH & Co. KG als abhängige Gesellschaft

Kein grundsätzliches Verbot | Die Frage, ob eine GmbH & Co. KG auch abhängige Gesellschaft i.S.d. Konzernrechts sein kann, scheint bislang jedenfalls nicht abschließend geklärt zu sein. Die Antwort hierauf ist im Ergebnis aber uneingeschränkt zu bejahen, und zwar unabhängig davon, ob an der GmbH & Co. KG ausnahmsweise auch natürliche Personen als weitere persönlich haftende Gesellschafter beteiligt sind oder nicht. Es besteht kein grundsätzliches Verbot der Konzernierung von Personenhandelsgesellschaften (ebenso BGH v. 5.2.1979 – II ZR 210/76, NJW 1979, 2245; *Haas* in Röhricht/Graf von Westphalen/Haas, § 105 HGB Rz. 115; *Wertenbruch/Nagel* in E/B/J/S, Anh. § 105 HGB Rz. 39 m.w.N. auch zur Gegenansicht; zur Anerkennung einer GmbH & Co. KG als Organgesellschaft i.S.d. § 2 Abs. 2 Nr. 2 UStG vgl. BFH v. 19.1.2016 – XI R 38/12, GmbHR 2016, 426, 431 ff.). K 181

K 182 **Zustimmung aller Gesellschafter** | Sofern der Gesellschaftsvertrag einer GmbH & Co. KG nichts Abweichendes regelt (z.B. durch eine sog. Konzernierungs- oder Mehrheitsklausel), ist davon auszugehen, dass die Begründung der Abhängigkeit der Zustimmung aller ihrer Gesellschafter bedarf (vgl. auch *Haas* in Röhricht/Graf von Westphalen/Haas, § 105 HGB Rz. 116; *Wertenbruch/Nagel* in E/B/J/S, Anh. § 105 HGB Rz. 41).

K 183 **Konzernverhältnis zwischen Komplementär-GmbH und Kommanditgesellschaft** | In Literatur und Rechtsprechung bislang ebenfalls nicht abschließend geklärt ist die Frage, ob bzw. unter welchen Umständen bei einer GmbH & Co. KG zwischen der Komplementär-GmbH und der Kommanditgesellschaft ein Konzernverhältnis anzunehmen ist. Gerade im Zusammenhang mit der unternehmerischen Mitbestimmungspflicht auf Ebene der Komplementär-GmbH kann die Antwort hierauf von Bedeutung sein (→ *Mitbestimmung*). Im Einzelnen lässt sich wie folgt unterscheiden:

K 184 **Typische GmbH & Co. KG** | Ist die Komplementär-GmbH wie üblich lediglich als Vollhafterin ohne Kapitalanteil an der Kommanditgesellschaft beteiligt und beschränkt sich ihre Tätigkeit darauf, die Geschäftsführung für die Kommanditgesellschaft zu übernehmen, wird man zwischen der Komplementär-GmbH und der Kommanditgesellschaft kein Konzernverhältnis i.S.d. § 18 AktG annehmen können. Zwar übt die Komplementär-GmbH aufgrund der ihr zugewiesenen Geschäftsführungsaufgabe in gewisser Hinsicht Einfluss aus, indem sie die Geschicke der Kommanditgesellschaft nach näherer Maßgabe des Gesetzes und des Gesellschaftsvertrages im Innenverhältnis lenkt und die Kommanditgesellschaft im Außenverhältnis vertritt. Insofern nimmt sie aber lediglich die ihr gesetzlich zugewiesenen Grundbefugnisse als persönlich haftende Gesellschafterin wahr. Dies gilt insbesondere dann, wenn das Recht der Kommanditisten zum Widerspruch nach § 164 HGB nicht ausgeschlossen bzw. zugunsten eines gesellschaftsvertraglichen Zustimmungsvorbehaltes ausgestaltet ist. Die Ausübung eines weitergehenden, gesellschaftsrechtlich vermittelten Einflusses mit der Folge einer möglichen Interessenkollision für die Komplementär-GmbH ist damit aber noch nicht verbunden (vgl. *Binz/Sorg*, Die GmbH & Co. KG, § 14 Rz. 62; *Haas* in Röhricht/Graf von Westphalen/Haas, § 105 HGB Rz. 108 m.w.N.; *Plückelmann* in Gummert, Münchener Anwaltshandbuch Personengesellschaftsrecht, § 2 Rz. 10). Insofern ist die Komplementär-GmbH selbst noch keine Unternehmerin i.S.d. § 15 AktG (vgl. *J. Vetter* in Schmidt/Lutter, § 15 AktG Rz. 48 m.w.N.). Andernfalls würde jede gesetzestypische GmbH & Co. KG, unabhängig von der weiteren Ausgestaltung ihres Gesellschaftsvertrages, als solche bereits ein Konzernverhältnis begründen. Wirtschaftlich gesehen handelt es sich bei der typischen GmbH & Co. KG daher nicht um zwei, sondern lediglich um **ein einheitliches (gemeinsames) Unternehmen i.S.d. § 15 AktG** (ebenso *Binz/Sorg*, Die GmbH & Co. KG, § 14 Rz. 68; *Gummert* in Münchener Hdb. Gesellschaftsrecht, Bd. 2, § 50 Rz. 115; *Plückelmann* in Gummert, Münchener Anwaltshandbuch Personengesellschaftsrecht, § 2 Rz. 10 m.w.N.).

K 185 **Atypische GmbH & Co. KG** | Ist an einer GmbH & Co. KG eine Komplementär-GmbH beteiligt, die zusätzlich auch noch die Geschäfte einer anderen Kommanditgesellschaft führt und/oder daneben auch noch selbst ein eigenes Unternehmen betreibt, ist die Annahme eines Konzernsachverhalts i.S.d. § 18 AktG weniger fernliegend. Schließlich wird man in diesem Fall für die Komplementär-GmbH und die Kommanditgesellschaft nur noch schwerlich von einem einheitlichen wirtschaftlichen Unternehmen sprechen können. Der beherrschende Einfluss der Komplementär-GmbH wird hier durch ihren eigenen unternehmerischen Ansatz ergänzt, mit der Folge, dass die **Komplementär-GmbH als (beherrschendes) Unternehmen i.S.d. § 15 AktG** und damit als Konzernobergesellschaft angesehen werden könnte (a.A.

wohl *Binz/Sorg*, Die GmbH & Co. KG, § 14 Rz. 66, mit dem Argument, dass die Komplementär-GmbH aufgrund der gesellschaftsrechtlichen Treuepflicht an der Vermischung gegensätzlicher Interessen aus verschiedenen Geschäftsbetrieben gehindert sei). Ein Überschreiten der Schwelle zum Konzern wird man in dieser Konstellation jedenfalls dann annehmen müssen, wenn die Komplementär-GmbH auch über einen eigenen Geschäftsbetrieb verfügt *und* über ihre reine Geschäftsführungstätigkeit hinaus, z.B. aufgrund einer Mehrheitsbeteiligung am Festkapital der Kommanditgesellschaft oder aufgrund gesellschaftsvertraglicher Sonderrechte, maßgeblichen Einfluss auf die Geschicke der Kommanditgesellschaft ausüben kann.

Konzernverhältnis zwischen Kommanditist und Kommanditgesellschaft | Erkennt man an, dass eine GmbH & Co. KG grundsätzlich auch eine abhängige Gesellschaft i.S.d. Konzernrechts sein kann, ist weiterhin fraglich, unter welchen Voraussetzungen die GmbH & Co. KG abhängige Gesellschaft eines Kommanditisten sein kann. Wie bereits zuvor ausgeführt, liegt **Abhängigkeit** eines rechtlich selbständigen Unternehmens **gemäß § 17 Abs. 1 AktG** vor, wenn ein anderweitig wirtschaftlich tätiges Unternehmen unmittelbar oder mittelbar beherrschenden Einfluss ausüben *kann* (vgl. auch *Wertenbruch/Nagel* in E/B/J/S, Anh. § 105 HGB Rz. 21). Die insoweit ausreichende Möglichkeit zur Ausübung von beherrschendem Einfluss auf gesellschaftsrechtlich vermittelter Grundlage ist in der Regel dann anzunehmen, wenn ein Unternehmen das (alleinige) Recht hat, Mitglieder der Geschäftsleitung oder des sie bestellenden Organs (z.B. Aufsichtsrat) bei einem anderen Unternehmen zu bestellen oder es aber, z.B. aufgrund eines Beherrschungsvertrages i.S.d. § 291 Abs. 1 AktG, auch anderweitig auf die Geschäftsführung des anderen Unternehmens maßgeblich Einfluss nehmen kann (vgl. hierzu ausführlich *Maier* in Henssler/Strohn, § 17 AktG Rz. 2). K186

Argumente für die Zulässigkeit | Für die Beantwortung der Frage der **Abhängigkeit** einer GmbH & Co. KG **von einem ihrer Kommanditisten** i.S.d. § 17 Abs. 1 AktG ist in der Regel maßgeblich, wie ihr Gesellschaftsvertrag ausgestaltet ist (ähnlich *Haas* in Röhricht/Graf von Westphalen/Haas, § 105 HGB Rz. 109). Ausgehend davon, dass ein Kommanditist aufgrund der ihm zustehenden Rechte im gesetzlichen Regelfall nicht über eine Beherrschungs- oder Weisungsmöglichkeit verfügt, dürfte die Schwelle zur Abhängigkeit i.S.d. § 17 Abs. 1 AktG erst dann überschritten sein, wenn ein Kommanditist unmittelbar oder mittelbar auf die Geschäftsführung der GmbH & Co. KG beherrschenden Einfluss ausüben kann. Als Maßstab hierfür kann man dieselben Kriterien heranziehen, die die ausnahmsweise Begründung eines gesetzlichen Wettbewerbsverbots nach § 112 Abs. 1 HGB rechtfertigen (→ *Wettbewerbsverbot*). K187

6. GmbH & Co. KG im Vertragskonzern

GmbH & Co. KG als herrschendes Unternehmen | Eine GmbH & Co. KG ist berechtigt, als herrschende Gesellschaft einen Unternehmensvertrag i.S.d. §§ 291 f. AktG abzuschließen. Der Unternehmensbegriff für die Obergesellschaft i.S.d. § 291 AktG entspricht demjenigen nach § 15 AktG. Insofern können zunächst einmal alle natürlichen und juristischen Personen sowie Personenhandelsgesellschaften, die neben der reinen Beteiligung an der Untergesellschaft noch eine anderweitige wirtschaftliche Interessensbindung aufweisen, als Obergesellschaft Partei eines Unternehmensvertrags i.S.d. §§ 291 f. AktG sein (vgl. OLG Hamburg v. 29.7.2005 – 11 U 286/04, NZG 2005, 966 bzgl. GmbH & Co. KG als herrschende Gesellschaft eines Gewinnabführungsvertrages; *Paschos* in Henssler/Strohn, § 291 AktG Rz. 6; *Koch* in Hüffer/Koch, § 291 AktG Rz. 8). Dies wird man in der Regel aber auch für andere Konzerngesellschaften bejahen müssen, die nicht unmittelbar operativ anderweitige wirtschaftliche In- K188 teressensbindungen verfolgen, sofern ihr Unternehmensgegenstand jedenfalls auch noch anderweitige wirtschaftliche Interessensbindungen zulässt.

K 189 **GmbH & Co. KG als abhängiges Unternehmen** | Fraglich ist hingegen, ob eine GmbH & Co. KG auch als abhängige Gesellschaft Partei eines Unternehmensvertrages i.S.d. §§ 291 f. AktG sein kann. Insofern gilt es zu unterscheiden zwischen der Gruppe der als organisationsrechtlich zu qualifizierenden Beherrschungs- oder Gewinnabführungsverträge i.S.d. § 291 Abs. 1 AktG und der Gruppe der sonstigen, als rein schuldrechtliche Austauschverträge zu qualifizierenden Unternehmensverträge i.S.d. § 292 AktG (Teilgewinnabführungsvertrag, Betriebsführungs- und Betriebspachtverträge etc.; vgl. zu dieser Unterscheidung *Paschos* in Henssler/Strohn, § 292 AktG Rz. 1 ff.).

K 190 **GmbH & Co. KG als abhängige Partei eines Beherrschungsvertrages** | Bis heute ist die Frage der rechtlichen Anerkennung eines Beherrschungsvertrages i.S.d. § 291 Abs. 1 Satz 1 AktG mit einer Personenhandelsgesellschaft (hier: GmbH & Co. KG) als abhängiger Gesellschaft nicht abschließend geklärt. Auch wenn der BGH im Rahmen einer Sonderkonstellation bereits einmal die Zulässigkeit eines „Beherrschungsvertrages" mit einer abhängigen OHG angenommen hat (vgl. BGH v. 5.2.1979 – II ZR 210/76, NJW 1980, 231, 232), ist diese Frage bis heute sehr umstritten (zur zutreffenden Unterscheidung zwischen dem Gesellschaftsvertrag und dem Beherrschungsvertrag i.S.d. § 291 Abs. 1 AktG s. *Wertenbruch/Nagel* in E/B/J/S, Anh. § 105 HGB Rz. 45 ff.). Im Kern ist fraglich, ob das mit Abschluss des Beherrschungsvertrages vertraglich begründete Weisungsrecht des herrschenden Unternehmens nach § 308 AktG, das insbesondere auch zu nachteiligen Weisungen berechtigt, mit der Struktur der Personenhandelsgesellschaft vereinbar ist (vgl. *Emmerich* in Emmerich/Habersack, Aktien- und GmbH-Konzernrecht, Vorbem. zu § 291 AktG Rz. 10). Nach hier vertretener Auffassung spricht im Grundsatz nichts dagegen, einen Beherrschungsvertrag auch mit einer abhängigen GmbH & Co. KG abschließen zu können (ebenso OLG Düsseldorf v. 27.2.2004 – 19 W 3/00 AktE, AG 2004, 324, 326 für eine typische GmbH & Co. KG ohne natürliche Person als persönlich haftende Gesellschafterin; BayObLG v. 10.12.1992 – 3 Z BR 130/92, AG 1993, 177 für eine GmbH & Co. KG ohne natürliche Personen als Gesellschafter).

K 191 **Argumente für die Zulässigkeit** | Im Einzelnen sprechen für die Zulässigkeit folgende Argumente:

- Das Gesetz sieht in **§§ 278 und 291 Abs. 1 AktG** die Möglichkeit zum Abschluss von Beherrschungsverträgen auch mit einer abhängigen KGaA vor. Zudem kann ein Beherrschungsvertrag über die **Eintragung in das Handelsregister** der abhängigen GmbH & Co. KG auch Dritten gegenüber sichtbar gemacht werden, unabhängig davon, was ansonsten im Gesellschaftsvertrag mit Blick auf etwaige Weisungsbefugnisse geregelt ist (ebenso wohl *Emmerich* in Emmerich/Habersack, Aktien- und GmbH-Konzernrecht, Vorbem. zu § 291 AktG Rz. 11). Der **Schutz der Gläubiger** geht nicht zuletzt aufgrund der gesetzlichen Verlustausgleichsverpflichtung nach § 302 AktG und der Transparenz durch die Handelsregistereintragung in diesem Fall sogar noch weiter als bei Weisungsbefugnissen, die lediglich im nicht zum Handelsregister einzureichenden Gesellschaftsvertrag der GmbH & Co. KG vereinbart werden. Darüber hinaus unterliegt das herrschende Unternehmen gegenüber der abhängigen GmbH & Co. KG als Ausfluss einer gesteigerten Treuepflicht einem **Schädigungs- und Wettbewerbsverbot** (vgl. *Haas* in Röhricht/Graf von Westphalen/Haas, § 105 HGB Rz. 114; *Riegger/Mutter*, DB 1997, 1603, 1605). Auch die Beweislast hinsichtlich etwaiger Pflichtverletzungen obliegt dann dem herrschenden Unternehmen (vgl. BGH v. 5.2.1979 – II ZR 210/76, WM 1979, 937, 941).

- Sofern in diesem Zusammenhang von der **gegenteiligen Auffassung** vorgebracht wird, dass dem Abschluss eines Beherrschungsvertrages mit einer abhängigen Personengesellschaft aufgrund der damit verbundenen Zweckänderung von der Selbst- zur Fremdbestimmung der Grundsatz der Selbstorganschaft entgegen stehe (vgl. *Schneider*, ZGR 1980, 511, 519), kann dem nur bedingt gefolgt werden. Richtig ist, dass mit Abschluss des Beherrschungsvertrages das Gesellschaftsinteresse durch das Konzerninteresse überlagert wird (vgl. BGH v. 7.10.2014 – II ZR 361/13, Der Konzern 2015, 31, 32 bzgl. GmbH = GmbHR 2015, 24 m. Anm. *Woedtke* = GmbH-StB 2015, 9; OLG Düsseldorf v. 27.2.2004 – 19 W 3/00 AktE, AG 2004, 324, 326; BayObLG v. 10.12.1992 – 3 Z BR 130/92, AG 1993, 177; *Wertenbruch/Nagel* in E/B/J/S, Anh. § 105 HGB Rz. 49). Doch bleibt der Grundsatz der Selbstorganschaft gewahrt, wenn das herrschende Unternehmen zugleich Gesellschafter der GmbH & Co. KG ist (ebenso OLG Düsseldorf v. 27.2.2004 – 19 W 3/00 AktE, AG 2004, 324, 326 für den Fall der gesetzestypischen GmbH & Co. KG mit lediglich einer Komplementär-GmbH als Vollhafterin; OLG München v. 8.2.2011 – 31 Wx 2/11, GmbHR 2011, 376, 377). Insofern besteht kein Unterschied zu der Konstellation, dass dem Kommanditisten im Gesellschaftsvertrag der GmbH & Co. KG umfassende Weisungsrechte eingeräumt werden. Der Beherrschungsvertrag geht lediglich insoweit weiter, als dass das beherrschungsvertraglich begründete Weisungsrecht nicht schon bei der Vornahme von außergewöhnlichen Geschäftsführungsmaßnahmen, sondern erst bei der Vornahme von Grundlagengeschäften endet (vgl. *Wertenbruch/Nagel* in E/B/J/S, Anh. § 105 HGB Rz. 48).

Zwischenergebnis | Die Zulässigkeit des Abschlusses eines Beherrschungsvertrages mit einer K 192
abhängigen GmbH & Co. KG wird man daher jedenfalls dann bejahen müssen, wenn das herrschende Unternehmen zugleich Gesellschafter der GmbH & Co. KG ist und – vorbehaltlich einer abweichenden gesellschaftsvertraglichen Regelung – sämtliche Gesellschafter der abhängigen GmbH & Co. KG dem Vertragsschluss zustimmen. Die Zustimmungserklärungen der Gesellschafter der abhängigen GmbH & Co. KG bedürfen in diesem Falle der notariellen Beurkundung.

Weitere Voraussetzungen

- **Keine Einschränkung bei Beteiligung einer natürlichen Person:** Soweit teilweise geltend K 193
gemacht wird, dass als weitere Voraussetzung für die Zulässigkeit des Vertragsabschlusses keine **natürliche Person** als persönlich haftende Gesellschafterin an der GmbH & Co. KG beteiligt sein darf (vgl. OLG Düsseldorf v. 27.2.2004 – 19 W 3/00 AktE, AG 2004, 324, 326 für den Fall, dass eine natürliche Person als weitere Vollhafterin nicht zum Kreis des herrschenden Unternehmens gehört), ist dies abzulehnen. Unabhängig davon, ob bei zusätzlicher Beteiligung einer natürlichen Person als Vollhafterin überhaupt noch eine GmbH & Co. KG im engeren Sinne oder nicht vielmehr eine klassische Kommanditgesellschaft mit einer Komplementär-GmbH als zusätzlicher Vollhafterin vorliegt (zur Firmierung in dieser Konstellation s. → *Firma*), spricht nichts dagegen, auch dann einen Beherrschungsvertrag mit der GmbH & Co. KG als abhängiger Gesellschaft abschließen zu können. Ein ausreichendes Korrektiv besteht über die gesellschaftsrechtliche Treuepflicht: Gilt aufgrund vertraglich abweichender Regelung ausnahmsweise nicht das Einstimmigkeitsprinzip, wird man die Wirksamkeit des Vertragsschlusses als Ausfluss der gesellschaftsrechtlichen Treuepflicht von der **gesonderten Zustimmung der natürlichen Person als Vollhafterin** abhängig machen müssen. Die natürliche Person als Vollhafterin hat es dann selbst in der Hand, ihre eigenen Schutzinteressen durchzusetzen (vgl. auch *Wertenbruch/Nagel* in E/B/J/S, Anh. § 105 HGB Rz. 53 und 60). Die Gefahr einer wirtschaftlichen Entmündigung der Ge-

sellschafter durch Dritte, also einer unzulässigen Fremdbestimmung, besteht dann gerade nicht (vgl. hierzu OLG Düsseldorf v. 27.2.2004 – 19 W 3/00 AktE, AG 2004, 324, 326). Einer darüberhinausgehenden Einschränkung, z.B. durch eine vertragliche Verpflichtung zur Haftungsfreistellung durch das herrschende Unternehmen im Innenverhältnis, bedarf es bei der zusätzlichen Beteiligung von natürlichen Personen als Vollhaftern nach hier vertretener Auffassung nicht (a.A. wohl die h.M., vgl. *Haas* in Röhricht/Graf von Westphalen/Haas, § 105 HGB Rz. 115 m.w.N.).

- **Form:** Der Abschluss eines Beherrschungsvertrages mit einer abhängigen GmbH & Co. KG bedarf analog § 293 Abs. 3 AktG der **Schriftform** (*Emmerich* in Emmerich/Habersack, Aktien- und GmbH-Konzernrecht, Vorbem. zu § 291 AktG Rz. 11; a.A. *Mülbert* in MünchKomm. HGB, KonzernR Rz. 152; *Wertenbruch/Nagel* in E/B/J/S, Anh. § 105 HGB Rz. 51, jedoch ohne nähere Begründung). Es ist nicht ersichtlich, weshalb der Abschluss eines Beherrschungsvertrages mit einer abhängigen GmbH, nicht aber auch mit einer abhängigen GmbH & Co. KG schriftlich zu erfolgen hätte. In beiden Fällen besteht das Bedürfnis der Nachweisbarkeit gegenüber Dritten, insbesondere dann, wenn der Beherrschungsvertrag – wie nachfolgend vertreten – analog § 294 AktG auch zur (deklaratorischen) Eintragung in das Handelsregister anzumelden ist.
- **Handelsregistereintragung:** Für eine entsprechende, wenn auch nur **deklaratorische Eintragungspflicht** eines Beherrschungsvertrages analog § 294 AktG bei einer abhängigen GmbH & Co. KG spricht, dass mit dem Beherrschungsvertrag und der daraus resultierenden Überlagerung des Gesellschaftsinteresses durch das Konzerninteresse eine wesentliche Änderung des Gesellschaftszwecks der abhängigen GmbH & Co. KG verbunden ist. Zudem erfordert die Gelegenheit zur späteren Verwirklichung des Sicherungsinteresses der Gläubiger analog § 303 AktG die rechtzeitige Bekanntmachung der Beendigung des Unternehmensvertrages im Handelsregister (vgl. auch *Wertenbruch/Nagel* in E/B/J/S, Anh. § 105 HGB Rz. 51). Soweit von der Gegenansicht geltend gemacht wird, dass bereits die Eintragung des Unternehmensgegenstandes nach §§ 161 Abs. 2, 108 HGB und damit erst recht auch die eines Unternehmensvertrages nicht erforderlich sei (so OLG München v. 8.2.2011 – 31 Wx 2/11, GmbHR 2011, 376, 377; *Krafka/Kühn*, Registerrecht, Rz. 1596), wird von ihr verkannt, dass der Unternehmensgegenstand einer GmbH & Co. KG zwar nicht nach den Regelungen der §§ 161 Abs. 2, 106 Abs. 2 HGB, letztendlich aber wegen der Regelung in § 24 Abs. 4 HRV grundsätzlich dennoch mit jeder Handelsregisteranmeldung anzugeben und nach § 34 Satz 1 HRV vom Registergericht auch entsprechend mitbekannt zu machen ist (→ *Unternehmensgegenstand*). Im Übrigen ist die bei der Beendigung eines Unternehmensvertrages bestehende Interessenlage mit jener beim Ausscheiden eines Gesellschafters aus einer Personengesellschaft vergleichbar (vgl. BGH v. 7.10.2014 – II ZR 361/13, Der Konzern 2015, 31, 33 = GmbHR 2015, 24 m. Anm. *Woedtke* = GmbH-StB 2015, 9). Auch das Ausscheiden eines Gesellschafters ist – ebenso wie sein Eintritt – (deklaratorisch) in das Handelsregister einzutragen.

Praxishinweis | Die Haftung für einen Anspruch auf Sicherheitsleitung der Gläubiger einer abhängigen GmbH & Co. KG analog § 303 AktG ist entsprechend den Vorschriften der §§ 26, 160 HGB und § 327 Abs. 4 AktG auf Ansprüche, die vor Ablauf von fünf Jahren ab Eintragung der Bekanntmachung der Beendigung des Vertrages fällig werden, begrenzt (vgl. BGH v. 7.10.2014 – II ZR 361/13, Der Konzern 2015, 31, 33 bzgl. abhängiger GmbH = GmbHR 2015, 24 m. Anm. *Woedtke* = GmbH-StB 2015, 9).

GmbH & Co. KG als abhängige Partei eines Gewinnabführungsvertrages | Ebenso wie die GmbH & Co. KG nach hier vertretener Auffassung als abhängige Gesellschaft Partei eines Beherrschungsvertrages i.S.d. § 291 Abs. 1 Satz 1 AktG sein kann, ist es folgerichtig **grundsätzlich möglich**, dass sie als abhängige Gesellschaft auch Partei eines Gewinnabführungsvertrages i.S.d. § 291 Abs. 1 Satz 2 AktG sein kann (ebenso wohl OLG München v. 8.2.2011 – 31 Wx 2/11, GmbHR 2011, 376, 377, das jedoch – wie bereits zuvor ausgeführt – die Eintragungsfähigkeit eines Gewinnabführungsvertrages in das Handelsregister einer abhängigen Kommanditgesellschaft verneint; *Emmerich* in Emmerich/Habersack, Aktien- und GmbH-Konzernrecht, Vorbem. zu § 291 AktG Rz. 12). K194

Keine ertragsteuerliche Organschaft | Von der Frage der rechtlichen Zulässigkeit gilt es aber die nach der **Sinnhaftigkeit** zu unterscheiden. Der in der Regel allein steuerlich motivierte Abschluss eines Gewinnabführungsvertrages im Falle der Beteiligung einer abhängigen GmbH & Co. KG begründet mit einer abhängigen GmbH & Co. KG keine ertragsteuerliche Organschaft i.S.d. §§ 14 Abs. 1 Satz 1, 17 Satz 1 KStG. Daher dürfte der praktische Nutzen für den Abschluss eines solchen Vertrages mit einer GmbH & Co. KG als abhängiger Gesellschaft äußerst gering sein. K195

Beispiel:

Die Frage der Zulässigkeit des Abschlusses eine Gewinnabführungsvertrages mit einer abhängigen GmbH & Co. KG kann sich in der Praxis aber sehr wohl dann stellen, wenn eine bislang mit Gewinnabführungsvertrag angebundene, abhängige GmbH nach §§ 190 ff. UmwG in eine GmbH & Co. KG formgewechselt werden soll. Auch wenn mit dem Wirksamwerden des Formwechsels in die GmbH & Co. KG die steuerliche Organschaft mit Rückwirkung zum Beginn des laufenden Geschäftsjahres endet, empfiehlt es sich aus zivilrechtlicher Sicht, aufgrund der derzeit insoweit unsicheren Rechtslage den Gewinnabführungsvertrag vorsorglich durch außerordentliche Kündigung mit Wirkung zum Wirksamwerden des Formwechsels zu beenden (vgl. *Emmerich* in Emmerich/Habersack, Aktien- und GmbH-Konzernrecht, § 291 AktG Rz. 54 f.). Andernfalls besteht die Gefahr, dass der Gewinnabführungsvertrag (einschließlich der damit verbundenen Verlustausgleichspflicht analog § 302 AktG) aus zivilrechtlicher Sicht „unerkannt" fortbesteht.

GmbH & Co. KG als abhängige Gesellschaft eines sonstigen Unternehmensvertrages i.S.d. § 292 AktG | Abweichend zu den als Organisationsverträgen zu qualifizierenden Beherrschungs- und Gewinnabführungsverträgen i.S.d. § 291 Abs. 1 AktG ist es wohl einhellige Meinung, dass eine GmbH & Co. KG als abhängige Gesellschaft Partei eines Unternehmensvertrages i.S.d. § 292 AktG sein kann (vgl. BGH v. 5.10.1982 – II ZR 203/80, NJW 1982, 1817, 1818). In der Praxis kann auch ein Bedürfnis dafür bestehen (z.B. aus steuerlichen Gründen zur Begründung einer Betriebsaufspaltung), mit einer GmbH & Co. KG als betriebsgeführtem Unternehmen einen Betriebspacht- oder Betriebsführungsvertrag analog § 292 Abs. 1 Nr. 3 AktG abzuschließen. Für die Zulässigkeit des Abschlusses eines Betriebsführungsvertrages gilt dies in Anbetracht des Prinzips der Selbstorganschaft jedenfalls dann, wenn dieser im Namen und für Rechnung der betriebsgeführten GmbH & Co. KG abgeschlossen wird und der Geschäftsführung der GmbH & Co. KG umfassende Einsichts-, Informations- und Kontrollrechte gegenüber dem Betriebsführer verbleiben (sog. Managementvertrag, vgl. BGH v. 5.10.1982 – II ZR 203/80, NJW 1982, 1817, 1818, der aber offengelassen hat, ob der Managementvertrag der Zustimmung aller Gesellschafter der geführten GmbH & Co. KG bedarf). Die auch in diesem Zusammenhang in Rechtsprechung und Literatur diskutierte Frage, ob ein solcher Unternehmensvertrag in das Handelsregister der betroffenen GmbH & Co. KG (deklaratorisch) eingetragen werden kann, ist hier ebenfalls zu bejahen (a.A. jedoch OLG Mün- K196 chen v. 17.3.2011 - 31 Wx 68/11, GmbHR 2011, 487, 488 = GmbH-StB 2011, 142 für einen Teilgewinnabführungsvertrag mit einer abhängigen GmbH).

Vertiefende Recherche

Wichtige Urteile und Erlasse

BGH v. 15.1.2007 – II ZR 245/05, GmbHR 2007, 437: Bestimmtheitsgrundsatz bei Mehrheitsklauseln im Gesellschaftsvertrag.

BGH v. 18.6.2001 – II ZR 212/99, NJW 2001, 2973: Kennzeichnung des Gewinn-/Verlustanteils außenstehender Aktionäre in der Konzern-Gewinn- und Verlustrechnung.

BGH v. 26.3.1984 – II ZR 171/83, NJW 1984, 1893: Beherrschender Einfluss in Aktiengesellschaft.

BGH v. 20.6.1983 – II ZR 85/82, WM 1983, 910: Auskunftsrecht des Kommanditisten.

BGH v. 5.2.1979 – II ZR 210/76, NJW 1979, 2245: Beweislast für Pflichtverletzung des herrschenden Unternehmer-Gesellschafters.

BGH v. 8.7.1957 – II ZR 54/56, NJW 1957, 1555: Einsichtsrecht des Kommanditisten in Bücher und Papiere der betriebseigenen GmbH.

BAG v. 15.12.2011 – 7 ABR 56/10, NZA 2012, 633: Wahl von Arbeitnehmervertretern in den Aufsichtsrat einer Aktiengesellschaft – Konzernvermutung des § 18 Abs. 1 Satz 3 AktG.

OLG München v. 17.3.2011 – 31 Wx 68/11, GmbHR 2011, 487: Handelsregisterverfahren: Eintragungsfähigkeit eines Teilgewinnabführungsvertrages bei einer GmbH.

OLG Düsseldorf v. 27.2.2004 – 19 W 3/00 AktE, AG 2004, 324: Formwechselnde Umwandlung einer beherrschten Aktiengesellschaft in eine GmbH & Co. KG.

Weitere Stichwörter

→ *Beirat*; → *Informationsrechte*; → *Mitbestimmung*; → *Rechtsformwahl*; → *Unternehmensgegenstand*; → *Wettbewerbsverbot*

Minderjährige

Ausgewählte Literatur: *Damrau*, Kein Erfordernis der gerichtlichen Genehmigung bei Schenkungen von Gesellschaftsbeteiligungen an Minderjährige, ZEV 2000, 209; *Felten*, Minderjährige bei der Testamentsgestaltung, ErbStB 2014, 290; *Gebele*, Die Vertretung von Minderjährigen bei der Schenkung von Gesellschaftsanteilen, BB 2012, 728; *Ivo*, Die Übertragung von Kommanditanteilen an minderjährige Kinder, ZEV 2005, 193; *Menzel/Wolf*, Der minderjährige Kommanditist – bei Gründung, unentgeltlicher Anteilsübertragung und Erwerb von Todes wegen, MittBayNot 2010, 186; *Reimann*, Der Minderjährige in der Gesellschaft – Kautelarjuristische Überlegungen aus Anlaß des Minderjährigenhaftungsbeschränkungsgesetzes, DNotZ 1999, 179; *Rust*, Die Beteiligung von Minderjährigen im Gesellschaftsrecht, DStR 2005, 1942 (Teil I), 1992 (Teil II); *Thonemann*, Ergänzungspflegschaft und familien-/vormundschaftsgerichtliche Genehmigung bei vorweggenommener Erbfolge, ErbStB 2007, 390 (Teil I), ErbStB 2008, 29 (Teil II); *Werner*, Beteiligung Minderjähriger an gesellschaftsrechtlichen Transaktionen im Recht der GmbH und GmbH & Co. KG, GmbHR 2006, 737; *Wertenbruch*, Familiengerichtliche Genehmigungserfordernisse bei der GbR mit minderjährigen Gesellschaftern, FamRZ 2003, 1714.

1. Einleitung

Zivilrecht | Die Beteiligung Minderjähriger an einer GmbH & Co. KG erfolgt oftmals aus steuerlichen Gründen. Dabei stellen sich zivilrechtlich regelmäßig verschiedene Fragen, nämlich ob der Minderjährige selbst handeln kann oder vertreten werden muss durch seine(n) gesetzlichen Vertreter oder ggf. einen Ergänzungspfleger und ob das zugrunde liegende Rechtsgeschäft der familiengerichtlichen Genehmigung bedarf. M 1

Steuerrecht | Steuerlich stellt sich zum einen die Frage nach den Folgen eines zivilrechtlich unwirksamen Rechtsgeschäfts des Minderjährigen, z.B. wegen fehlender Mitwirkung des Ergänzungspflegers, fehlender familiengerichtlicher Genehmigung und den Folgen einer nachträglich erteilten Genehmigung. Zum anderen werden von Rechtsprechung und Finanzverwaltung besondere Voraussetzungen an die Mitunternehmerstellung des Minderjährigen gestellt. M 2

2. Vertretung des Minderjährigen

Hintergrund | Minderjährige, die das siebte Lebensjahr noch nicht vollendet haben, sind geschäftsunfähig (§ 104 BGB) und müssen durch ihre gesetzlichen Vertreter vertreten werden. Kinder, die das siebte Lebensjahr vollendet haben, bedürfen nach § 107 BGB zur Abgabe von Willenserklärungen, durch die sie nicht lediglich rechtliche Vorteile erlangen, der Einwilligung ihrer gesetzlichen Vertreter. Das sind im Regelfall die Eltern (§§ 1626 Abs. 1 Satz 1, 1629 Abs. 1 BGB), unter den Voraussetzungen des § 1773 BGB der Vormund. M 3

M4 **Ausschluss der Eltern** | Nach § 1629 Abs. 2 Satz 1 BGB können die Eltern ein Kind insoweit nicht vertreten, als nach § 1795 BGB ein Vormund von der Vertretung des Kindes ausgeschlossen ist. Dies ist grundsätzlich der Fall bei Rechtsgeschäften des minderjährigen Kindes mit einem Elternteil, dem Ehegatten oder Lebenspartner eines Elternteils oder Verwandten des Elternteils in gerader Linie (also u.a. mit Großeltern, aber auch mit Geschwistern des Minderjährigen, wenn die Geschwister Kinder des Elternteils sind), § 1795 Abs. 1 Nr. 1 BGB. Des Weiteren dürfen die Eltern auch kein sog. Insichgeschäft, also ein Rechtsgeschäft im Namen des Kindes mit sich im eigenen Namen oder als Vertreter eines Dritten vornehmen, § 1795 Abs. 2 i.V.m. § 181 BGB. Im Zusammenhang mit der Gesellschafterstellung eines Minderjährigen kann ein Insichgeschäft i.S.d. § 181 BGB insbesondere dann vorliegen, wenn auch die Eltern des Minderjährigen an der Gesellschaft beteiligt sind, sei es als Komplementäre oder weitere Kommanditisten. Dabei reicht die Vertragspartner-/Gesellschafterposition lediglich eines Elternteils aus, um beide Elternteile von der Stellvertretung auszuschließen (BGH v. 14.6.1972 – IV ZR 53/71, NJW 1972, 1708; OLG Frankfurt v. 2.4.2012 – 20 W 57/11, FamRZ 2012, 1952; *Götz* in Palandt, § 1629 BGB Rz. 14). Mit dem Ausschluss der Vertretungsmacht sollen die Interessen des minderjährigen Kinders vor abstrakten Gefährdungssituationen geschützt werden; eine Vertretung bei parallelen Willenserklärungen ist daher möglich (*Thonemann*, ErbStB 2007, 390). Die Vertretungsmacht ist nicht ausgeschlossen, wenn das Rechtsgeschäft ausschließlich in der Erfüllung einer Verbindlichkeit besteht (§ 181 Halbs. 2 BGB) oder wenn das Rechtsgeschäft dem Kind ausschließlich rechtliche Vorteile verschafft (BGH v. 27.9.1972 – IV ZR 225/69, NJW 1972, 2262; BGH v. 25.4.1985 – IX ZR 141/84, NJW 1985, 2407). Dies wird damit begründet, dass der Schutzzweck dieser Vorschriften eine Vertretungsbeschränkung nur dort erfordert, wo es nicht um eindeutige Fälle bloßer Kindesbegünstigung geht.

M5 **Ergänzungspflegschaft** | Greift dieser Vertretungsausschluss, ist gemäß § 1909 BGB ein Ergänzungspfleger zu bestellen (*Götz* in Palandt, § 1629 BGB Rz. 14; *Huber* in MünchKomm. BGB, 6. Aufl. 2012, § 1629 BGB Rz. 43). Der Ergänzungspfleger wird mit einem konkreten Wirkungskreis bestellt, z.B. Vertretung des Minderjährigen bei der Gründung der Gesellschaft. Danach erlischt seine Vertretungsbefugnis. Eine Dauerpflegschaft für eine Vertretung auch bei künftigen Rechtsgeschäften wird grundsätzlich nicht angeordnet. Bei der Auswahl des Pflegers können die Eltern dem Familiengericht zwar eine bestimmte Person vorschlagen, das Gericht ist aber nicht an den Vorschlag der Eltern gebunden (*Götz* in Palandt, § 1779 BGB Rz. 5). Gewählt werden soll eine Person, „die nach ihren persönlichen Verhältnissen und ihrer Vermögenslage sowie nach den sonstigen Umständen" geeignet ist, §§ 1779 Abs. 2 Satz 1, 1915 Abs. 1 BGB. Die Person darf nicht in einer wirtschaftlichen oder sonstigen Abhängigkeit zu den gesetzlichen Vertretern stehen. Verwandte werden nur ausgewählt, wenn nicht die Gefahr einer Interessenkollision besteht. Einige Familiengerichte lehnen Verwandte daher von vorneherein ab.

M6 **Mehrere Minderjährige** | Sind mehrere Kinder an einem rechtsgeschäftlichen Vorgang beteiligt, stellt sich die weitere Frage, ob für jedes Kind ein eigener Ergänzungspfleger bestellt werden muss. Dies ist dann der Fall, wenn ein Ergänzungspfleger an der Vertretung mehrerer Kinder durch § 181 BGB (i.V.m. §§ 1915 Abs. 1, 1795 Abs. 2 BGB) gehindert wird. Von den Beschränkungen des § 181 BGB kann der Ergänzungspfleger nicht befreit werden, auch nicht durch eine spätere familiengerichtliche Genehmigung (BayObLG v. 16.12.1958 – BReg 1 Z 69/58, BayObLGZ 1958, 373). Geht man wie hier davon aus, dass bei der Schenkung/Übertragung von Gesellschaftsanteilen die Kinder grundsätzlich nur mit dem Übertragenden, aber nicht untereinander Rechtsgeschäfte abschließen, ist ein Ergänzungspfleger nicht von der

Vertretung mehrerer Kinder ausgeschlossen. Verpflichten sich die Kinder in dem Schenkungsvertrag allerdings einer Poolvereinbarung beizutreten, kann nach der Gesamtbetrachtungslehre aufgrund des späteren Beitritts zum Pool auch schon für den Abschluss des Schenkungsvertrages für jedes Kind ein Ergänzungspfleger erforderlich sein.

3. Gerichtliche Genehmigung

Familiengericht | Unabhängig von der Frage der Vertretung des Minderjährigen kann die Wirksamkeit des Rechtsgeschäfts nach § 1822 BGB der Genehmigung des Familiengerichts bedürfen. Seit der Reform des Verfahrens in Familiensachen und in den Angelegenheiten der freiwilligen Gerichtsbarkeit (FGG-Reformgesetz v. 17.12.2008, BGBl. I 2008, 2586) ist das Familiengericht auch bei Handeln eines Ergänzungspflegers zuständig (früher: Vormundschaftsgericht). § 1822 BGB ist unmittelbar anwendbar, wenn ein Minderjähriger von einem Vormund gesetzlich vertreten wird; bei der Vertretung des Minderjährigen durch seine Eltern werden die § 1822 Nr. 1, 3, 5, 8–11 BGB durch § 1643 Abs. 1 BGB für anwendbar erklärt, bei der Vertretung durch einen Ergänzungspfleger gilt § 1822 BGB über § 1915 Abs. 1 BGB entsprechend. M 7

Abwägung | Das Familiengericht hat nach § 1697a BGB diejenige Entscheidung zu treffen, „die unter Berücksichtigung der tatsächlichen Gegebenheiten und Möglichkeiten sowie der berechtigten Interessen der Beteiligten dem Wohl des Kindes am besten entspricht". Im rechtlichen Ausgangspunkt hat das Familiengericht über die Genehmigungsanträge nach pflichtgemäßem Ermessen zu befinden; es ist aber insoweit gebunden, als es allein auf das Interesse des durch das Genehmigungserfordernis gesetzlich geschützte Minderjährigen und nicht darüber hinaus auch auf das Interesse sonstiger Dritter abstellen muss (OLG Celle v. 28.9.2011 – 17 UF 154/11 Rz. 8, NJW-RR 2012, 73; OLG Hamm v. 11.4.2000 – 2 UF 53/00, FamRZ 2001, 53; *Götz* in Palandt, § 1828 BGB Rz. 8; *Wagenitz*, in MünchKomm. BGB, § 1828 BGB Rz. 18). Erforderlich ist allerdings eine Gesamtabwägung, in deren Rahmen neben rein materiellen Interessen unter Umständen im Rahmen der Zweckmäßigkeit auch ideelle oder familiäre Interessen des Kindes zu berücksichtigen sein können (vgl. BayObLG v. 7.12.1988 – BReg 1a Z 8/88, FamRZ 1989, 540, 541). Jedoch bedarf es einer besonders genauen Abwägung, ob rein ideelle Interessen es rechtfertigen, einen wirtschaftlich nicht vorteilhaften Vertrag zu genehmigen (BGH v. 22.5.1986 – III ZR 237/84, NJW 1986, 2829, 2830). M 8

Verfahrensbeistand | Verfahrensrechtlich ist noch ungeklärt, ob zur Wahrung der Interessen des Kindes trotz Vorhandenseins eines Ergänzungspflegers ein Verfahrensbeistand nach § 158 Abs. 1 FamFG erforderlich ist und ob die Bekanntgabe der Genehmigung auch gegenüber dem Verfahrensbeistand erfolgen soll (Gutachten DNotI-Report 2009, 145). Während nach Auffassung von *Bolkart* (MittBay 2009, 268, 272, Rz. 42) eine Bekanntgabe an den gesetzlichen Vertreter ausscheidet, weil gerade dessen Handeln im Genehmigungsverfahren überprüft werden solle gemäß § 41 Abs. 3 FamFG, kann nach richtiger Ansicht der Verfahrensbeistand nicht als gesetzlicher Vertreter des Kindes fungieren (vgl. auch Gutachten, DNotI-Report 2009, 145, 148 m.w.N.). Die Entscheidung ist daher den gesetzlichen Vertretern, also den Eltern oder dem Ergänzungspfleger, bekannt zu geben. Die Einschaltung eines Verfahrensbeistandes zur Wahrung der Interessen des Minderjährigen ist jedenfalls bei der Gründung einer KG nicht zwingend erforderlich. M 9

Negativattest | Kommt das Familiengericht zu dem Ergebnis, dass das zugrunde liegende Rechtsgeschäft keiner Genehmigung bedarf, stellt es ein Negativattest aus. Dieses kann auch M 10 von dem gesetzlichen Vertreter der Minderjährigen beantragt werden, wenn davon ausgegangen wird, dass das Rechtsgeschäft nicht genehmigungsbedürftig ist. Allerdings entfaltet das Negativattest keine Bindungswirkung z.B. für das Handelsregister, so dass dieses eine Eintragung wegen fehlender Genehmigung verweigern kann (vgl. OLG Zweibrücken v. 14.1.1999 – 3 W 253/98, NJW-RR 1999, 1174). Im Zweifel sollte daher ein Antrag auf positive Genehmigung gestellt werden.

4. Zivilrechtliche Folgen fehlerhafter Vertretung und fehlender Genehmigung

M 11 **Wirksamkeit des Rechtsgeschäfts |** Wird kein Ergänzungspfleger bestellt, obwohl ein solcher hätte bestellt werden müssen, ist das jeweilige Rechtsgeschäft schwebend unwirksam, wobei die Möglichkeit der nachträglichen Genehmigung besteht (*Götz* in Palandt, § 1795 BGB Rz. 14). Gleiches gilt gemäß § 1829 i.V.m. § 1643 Abs. 3 BGB für die fehlende familiengerichtliche Genehmigung: ohne die Genehmigung des Familiengerichts ist das betreffende Rechtsgeschäft zunächst schwebend, bei Versagung der Genehmigung endgültig unwirksam. Das Familiengericht teilt seine Entscheidung über die Genehmigung dem gesetzlichen Vertreter des Minderjährigen mit. Erst wenn dieser die Entscheidung des Familiengerichts dem Vertragspartner mitteilt, wird die Genehmigung oder deren Verweigerung dem Vertragspartner gegenüber wirksam (§§ 1643, 1828, 1829 BGB). Der Vertragspartner kann den gesetzlichen Vertreter auch zur Mitteilung darüber auffordern, ob die Genehmigung erteilt wurde. In diesem Fall kann die Mitteilung der Genehmigung nur bis zum Ablauf von vier Wochen nach dem Empfang der Aufforderung erfolgen; erfolgt dies nicht, gilt die Genehmigung als verweigert.

M 12 **Nachträgliche Genehmigung |** Bei fehlender Mitwirkung eines Ergänzungspflegers kann die zur Wirksamkeit des Rechtsgeschäfts erforderliche Genehmigung entweder durch das volljährig gewordene, geschäftsfähige Kind (§ 108 Abs. 3 BGB) oder durch den Ergänzungspfleger erteilt werden. Die nachträgliche Genehmigung durch das Kind selbst ersetzt im Übrigen auch die Genehmigung des Familiengerichts. Zivilrechtlich wirkt die nachträglich erteilte Genehmigung auf den Zeitpunkt der Vornahme des Rechtsgeschäfts zurück (§ 184 Abs. 1 BGB), es sei denn, es ist vertraglich etwas anderes vereinbart. Zur steuerlichen Behandlung der nachträglichen Genehmigung s. Rz. M 38.

M 13 **Form |** Die Genehmigung muss grundsätzlich nicht dieselbe Form haben wie sie für das zugrunde liegende Rechtsgeschäft vorgeschrieben ist (§ 182 Abs. 2 BGB). Formerfordernisse können sich aber aus anderen Regelungen ergeben, hier insbesondere aus § 12 Abs. 1 Satz 1 HGB, wonach Anmeldungen zur Eintragung in das Handelsregister elektronisch in öffentlich beglaubigter Form einzureichen sind.

5. Gründung einer GmbH & Co. KG

M 14 **Vertretung des Minderjährigen |** die Beteiligung eines Minderjährigen an der Gründung einer Kommanditgesellschaft ist grundsätzlich, auch wenn diese nur als Kommanditist erfolgt, nicht lediglich rechtlich vorteilhaft. Denn hierbei übernimmt der Kommanditist eine Vielzahl von Pflichten, z.B. die Pflicht zur Leistung seiner Einlage. Etwas anderes gilt auch dann nicht, wenn dem Minderjährigen der von ihm zu leistende Einlagegegenstand von einem Dritten schenkweise überlassen wird. Denn im Außenverhältnis gegenüber der Gesellschaft verbleibt es bei der alleinigen Verpflichtung des minderjährigen Gesellschafters, so dass die Eltern in jedem Fall von der Vertretung ihres minderjährigen Kindes ausgeschlossen sind (*Ivo*, ZEV 2005, 193, 194). Des Weiteren droht dem Minderjährigen die persönliche Haftung nach § 176 Abs. 1 HGB, die man allerdings dadurch umgehen kann, dass man den Beitritt zur Gesellschaft unter der aufschiebenden Bedingung der Eintragung der Kommanditistenstellung im Handelsregister erklärt (vgl. *Menzel/Wolf*, MittBayNot 2010, 186). Schließlich kann der Gesellschaftsvertrag weitere Pflichten bzw. Einschränkungen vorsehen, etwa die Pflicht zur Übernahme bestimmter Tätigkeiten, Wettbewerbsverbote usw. Bei der Gründung einer Kommanditgesellschaft müssen Minderjährige daher grundsätzlich von ihrem gesetzlichen Vertreter vertreten werden. Ist dieser auch an der Gründung der Gesellschaft als (künftiger) Gesellschafter selbst beteiligt, ist § 181 BGB zu beachten und es bedarf der Bestellung eines Ergänzungspflegers, da der gesetzliche Vertreter mit Abschluss des Gesellschaftsvertrages im Namen des Minderjährigen mit sich in eigenem Namen ein Rechtsgeschäft vornehmen würde. Bei der GmbH & Co. KG gilt dies auch dann, wenn die Eltern oder ein Elternteil zwar nicht als Kommanditist beteiligt, aber Geschäftsführer der Komplementär-GmbH sind (*Rust*, DStR 2005, 1942, 1973; *Hohaus/Eickmann*, BB 2004, 1707, 1709).

Mehrere Minderjährige | Bei der Aufnahme mehrerer minderjähriger Kinder in die Gesellschaft ist zum Abschluss des Gesellschaftsvertrages für jedes Kind ein eigener Ergänzungspfleger zu bestellen, weil die Kinder nicht nur mit den Eltern, sondern auch untereinander die Förderung des gemeinsamen Zwecks der Gesellschaft vereinbaren (BayObLG v. 16.12.1958 – BReg 1 Z 69/58, BayObLGZ 1958, 373, 376; *Wagenitz* in MünchKomm. BGB, § 1795 BGB Rz. 37; *Wertenbruch* in E/B/J/S, § 105 HGB Rz. 61; *Reimann*, DNotZ 1999, 179, 183). Durch den Abschluss eines Gesellschaftsvertrages werden auch gesellschaftsvertragliche Regelungen zwischen den minderjährigen Gesellschaftern begründet. Ein Ergänzungspfleger müsste hierbei auf mehreren Seiten des Rechtsgeschäfts tätig werden, was § 181 BGB (i.V.m. §§ 1915 Abs. 1, 1795 Abs. 2 BGB) nicht zulässt. M 15

Gerichtliche Genehmigung | Bei der Gründung einer KG kann eine familiengerichtliche Genehmigung nach § 1822 Nr. 3 Alt. 2 BGB erforderlich sein, wenn nämlich der Gesellschaftsvertrag „zum Betrieb eines Erwerbsgeschäfts eingegangen wird". Dies gilt auch dann, wenn sich der Minderjährige nur als Kommanditist mit einer festgelegten Einlage an der Gesellschaft beteiligt, da er rechtlich Mitinhaber des Unternehmens ist und das Erwerbsgeschäft selbst mitbetreibt (vgl. § 176 HGB; BGH v. 30.4.1955 - II ZR 202/53, NJW 1955, 1067). M 16

Vermögensverwaltende Gesellschaft | Fraglich ist die Genehmigungspflicht bei Gesellschaften, die nicht gewerblich tätig sind, insbesondere bei reinen Vermögensverwaltungsgesellschaften. Unter einem Erwerbsgeschäft ist jede regelmäßig ausgeübte, auf selbständigen Erwerb gerichtete Tätigkeit zu verstehen, die mit dem Willen zur Gewinnerzielung ausgeübt wird und auf eine gewisse Dauer angelegt ist (OLG München v. 6.11.2008 - 31 Wx 76/08, ZEV 2008, 609 = GmbHR 2008, 1264 m. Anm. *Werner*). Kriterien bzw. Indizien für das Vorliegen eines Erwerbsgeschäfts sind eine geschäftsmäßige, beruflich bzw. regelmäßig ausgeübte und auf Gewinnerzielung gerichtete Tätigkeit und deren Notwendigkeit, die Übernahme unternehmerischen Risikos durch die Gesellschafter, eine lange Dauer der Gesellschaft, bedeutender Umfang und Wert des verwalteten Vermögens sowie das Ziel, weiteres zu verwaltendes Vermögen hinzu zu erwerben; ein Erwerbsgeschäft soll dagegen nicht vorliegen, wenn alleiniger Zweck der Gesellschaft die private Verwaltung und Erhaltung des Familienvermögens ist (*Wagenitz* in MünchKomm. BGB, 6. Aufl. 2012, § 1822 BGB Rz. 21). Nach einer Entschei- M 17 dung des BayObLG war bereits der Abschluss eines Vertrages zur Errichtung einer Gesellschaft bürgerlichen Rechts, deren Zweck die länger dauernde Verwaltung eines Wohnhauses mit Tiefgarage und drei Eigentumswohnungen ist, genehmigungsbedürftig nach § 1822 Nr. 3 Alt. 2 BGB (BayObLG v. 5.3.1997 – 1 Z BR 210/96, DNotZ 1998, 495). Andere Gerichte verneinten dagegen die Genehmigungsbedürftigkeit der Gründung einer Gesellschaft zur Verwaltung eines unbebauten Grundstücks (OLG Hamm v. 11.4.2000 – 2 UF 53/00, FamRZ 2001, 54) bzw. eines Mietshauses mit 16 Einheiten (LG Münster v. 18.7.1996 – 5 T 383/96, FamRZ 1997, 842). Dem Argument, die Vermögensverwaltung könne nachträglich zu einem Erwerbsgeschäft werden, kann jedenfalls entgegengehalten werden, dass die Änderung des Gesellschaftszwecks einer Änderung des Gesellschaftsvertrags bedarf, die ihrerseits aufgrund des § 1822 Nr. 3 BGB genehmigungsbedürftig ist (*Thonemann*, ErbStB 2007, 390, 393 m.w.N.).

6. Erwerb eines Kommanditanteils im Wege der Schenkung

M18 **Vertretung des Minderjährigen** | Der Abschluss eines Schenkungsvertrages für sich genommen könnte für den Minderjährigen lediglich rechtlich vorteilhaft sein, so dass nach Maßgabe des § 107 BGB ein nur beschränkt geschäftsfähiger Minderjähriger hier alleine handeln könnte. Nach der Rechtsprechung muss jedoch nach einer Gesamtbetrachtung des Verpflichtungs- und Verfügungsgeschäfts die Erfüllung lediglich rechtlich vorteilhaft für den Minderjährigen i.S. des § 107 BGB sein (BGH v. 9.7.1980 – V ZB 16/79, BGHZ 78, 29). Nach der überwiegenden Meinung liegt jedoch auch bei der Aufnahme eines Minderjährigen durch Schenkung eines voll eingezahlten Kommanditanteils kein lediglich rechtlicher Vorteil vor, da auch in diesem Fall mit dem Erwerb der Gesellschafterstellung in einer Personengesellschaft ein Bündel von Rechten und Pflichten für den Minderjährigen begründet wird (BGH v. 10.2.1977 – II ZR 120/75, BGHZ 68, 225, 231; *Ellenberger*, in Palandt, § 107 BGB Rz. 4). Hierzu gehören das Wiederaufleben der beschränkten Haftung gemäß § 172 Abs. 4 HGB in der Person des Veräußerers oder des Erwerbers oder an die aus der Gesellschafterstellung folgende gesellschaftsrechtliche Treuepflicht (*Weipert* in Münchener Hdb. Gesellschaftsrecht, Bd. 2, § 13). Nur vereinzelt wird – m.E. zu Unrecht – der Erwerb eines voll eingezahlten Kommanditanteils als lediglich rechtlich vorteilhaft angesehen (*Rust*, DStR 2005, 1942, 1946). Folglich muss der Minderjährige bei der Schenkung eines Kommanditanteils durch seine gesetzlichen Vertreter vertreten werden. Handelt es sich um eine Schenkung des gesetzlichen Vertreters an den Minderjährigen, muss wegen § 181 BGB ein Ergänzungspfleger bestellt werden. Es kann hierauf wegen eines vermeintlich lediglich rechtlichen Vorteils auch nicht verzichtet werden, insoweit gelten die vorherigen Ausführungen sinngemäß.

M19 **Erwerb von Geschäftsanteilen der Komplementär-GmbH** | Bei dem Erwerb von Geschäftsanteilen der Komplementär-GmbH beispielsweise werden die Möglichkeiten einer Ausfallhaftung nach § 24 GmbHG und einer Erstattungspflicht für verbotene Rückzahlungen gemäß §§ 30, 31 GmbHG als rechtliche Nachteile betrachtet (BGH v. 21.1.1980 – II ZR 153/79, MDR 1980, 737 = GmbHR 1980, 299).

M20 **Mehrere Minderjährige** | Erwerben mehrere Minderjährige gleichzeitig, ist nach Auffassung der Rechtsprechung (OLG Zweibrücken v. 14.1.1999 – 3 W 253/98, NJW-RR 1999, 1174) und einer Auffassung im Schrifttum (*Reimann*, DNotZ 1999, 179, 190) für jedes minderjährige Kind ein eigener Ergänzungspfleger zu bestellen. Dagegen spricht jedoch, dass – im Gegensatz zur Gründung einer Gesellschaft und zum Eintritt in eine solche – hier gerade kein gesellschaftsrechtliches Rechtsgeschäft des Altgesellschafters mit sämtlichen Mitgesellschaftern bzw. des Neugesellschafters mit den vorhandenen Gesellschaftern vorliegt (*Schmidt* in MünchKomm. HGB, 4. Aufl. 2016, § 105 HGB Rz. 214). Der Ergänzungspfleger steht also bei der Anteilsübertragung jeweils nur auf der Erwerberseite, während dieses das Rechtsverhältnis zwischen den Erwerbern nicht tangiert (*Ivo*, ZEV 2005, 193, 195).

Gerichtliche Genehmigung | Der unentgeltliche Erwerb eines Kommanditanteils unterfällt nicht dem Wortlaut des § 1822 Nr. 3 Alt. 1 BGB, da dieser Genehmigungstatbestand an einen entgeltlichen Erwerb anknüpft. Da hiermit auch nicht der Abschluss eines Gesellschaftsvertrages verbunden ist, ist § 1822 Nr. 3 Alt. 3 BGB ebenfalls nicht erfüllt. Eine Ansicht im Schrifttum geht aus Gründen des Minderjährigenschutzes gleichwohl von der Genehmigungsbedürftigkeit auch des unentgeltlichen derivativen Anteilserwerbs aus und wendet § 1822 Nr. 3 BGB analog an (*Reimann*, DNotZ 1999, 179, 190; *Ivo*, ZEV 2005, 193, 195 m.w.N.), wenn die Gesellschaft ein „Erwerbsgeschäft" betreibt. Angesichts des eindeutigen Wortlauts des § 1822 Nr. 3 BGB ist diese Auffassung m.E. jedoch unzutreffend (so auch *Damrau*, ZEV 2000, 209, 210). Ein Genehmigungserfordernis nach § 1822 Nr. 10 BGB kann nur in Ausnahmefällen erforderlich sein, z.B. bei der Übernahme negativer Kapitalkonten (*Thonemann*, ErbStB 2007, 390, 393). M 21

frei M 22

7. Erwerb eines Kommanditanteils von Todes wegen

In Abhängigkeit von den im Einzelfall im Gesellschaftsvertrag enthaltenen Nachfolgeklauseln (→ *Nachfolge von Todes wegen*) sind folgende Fallgestaltungen zu unterscheiden: M 23

Erbrechtliche Nachfolgeklauseln | Folgen nach dem Gesellschaftsvertrag alle Erben entsprechend ihrer Beteiligung am Nachlass (einfache Nachfolgeklausel) oder nur einzelne bestimmte Erben (qualifizierte Nachfolgeklausel) in die Gesellschaft nach, geht die Beteiligung mit allen Bestandteilen als Teil des Nachlasses gemäß § 1922 BGB auf die Erben über, ein Aufnahmevertrag wird nicht geschlossen. Wird ein Minderjähriger Erbe, sind eine Mitwirkung des gesetzlichen Vertreters/Ergänzungspflegers oder eine familiengerichtliche Genehmigung nicht erforderlich. Lediglich die Ausschlagung einer Erbschaft bedarf der Genehmigung des Familiengerichts, § 1643 Abs. 2 Satz 1 bzw. § 1822 Nr. 2 BGB. M 24

Erbrechtliche Eintrittsklausel | Ist einem oder allen Erben nur *gestattet*, in die Gesellschaft einzutreten, bedarf es einer einseitigen Erklärung des Erben zum Eintritt in die Gesellschaft; diese stellt die Annahme der bereits im Gesellschaftsvertrag enthaltenen bindenden Offerte dar und bewirkt für den Eintretenden den Vertragsabschluss (*Reimann*, DNotZ 1999, 179, 195). Für die Vertretung des Minderjährigen hierbei gelten die für die Gründung dargelegten Gesichtspunkte entsprechend, so dass die Vertretung durch die gesetzlichen Vertreter und ggf. durch einen Ergänzungspfleger erforderlich ist. In diesem Fall ist eine familiengerichtliche Genehmigung nach § 1822 Nr. 3 BGB erforderlich, weil erst durch die Eintrittserklärung die Zugehörigkeit zur Gesellschaft auflebt (*Reimann*, DNotZ 1999, 179, 195). M 25

Vermächtnis | Auch bei Vorliegen einer erbrechtlichen Nachfolgeklausel tritt der Vermächtnisnehmer nicht ohne Weiteres in die Gesellschafterstellung ein, sondern erlangt diese erst durch Erfüllung des Vermächtnisses und den damit verbundenen Vertrag mit den übrigen Gesellschaftern. Dieses Rechtsgeschäft ist analog zur Erbenstellung des Minderjährigen zu be- M 26 handeln; die Bestellung eines Ergänzungspflegers ist daher nur bei Vorliegen einer erbrechtlichen Eintrittsklausel in bestimmten Fällen erforderlich. Eine familiengerichtliche Genehmigung ist nach dem Wortlaut des § 1822 Nr. 3 BGB erforderlich; dieses Ergebnis wäre jedoch im Hinblick darauf, dass der Eintritt kraft Erbfolge genehmigungsfrei wäre, wenig plausibel und wird hier daher abgelehnt (vgl. *Reimann*, DNotZ 1999, 179, 195). Die Ausschlagung des Vermächtnisses bedarf dagegen der Genehmigung des Familiengerichts, § 1643 Abs. 2 Satz 1 BGB bzw. § 1822 Nr. 2 BGB.

8. Gesellschafterbeschlüsse

M 27 **Ausübung Stimmrecht |** Grundsätzlich wird der minderjährige Gesellschafter bei Gesellschafterversammlungen von seinem gesetzlichen Vertreter vertreten. Ist der gesetzliche Vertreter selbst Gesellschafter, könnte seine Vertretung des Minderjährigen nach § 181 BGB ausgeschlossen sein. Zweck diese Vorschrift ist, eine Schädigung der vertretenen Partei auf Grund einer Interessenkollision bei dem Vertreter zu verhindern (*Heinrichs* in Palandt, § 181 BGB Rz. 2 m.w.N.). Das Ziel gewöhnlicher Gesellschafterbeschlüsse ist jedoch die verbandsinterne Willensbildung, also die Verfolgung eines gemeinsamen Gesellschaftszwecks, und nicht, individuelle Interessengegensätze auszutragen (*Rust*, DStR 2005, 1992, 1993). Bei Beschlüssen über Maßnahmen der Geschäftsführung ist § 181 BGB daher nicht anwendbar, so dass der Minderjährige hierbei stets von seinem gesetzlichen Vertreter vertreten werden kann. Eine familiengerichtliche Genehmigung der Gesellschafterhandlungen nach § 1822 Nr. 3 BGB ist nicht erforderlich. Die für den Beitritt oder die Gründung erteilte Genehmigung des Familiengerichts deckt grundsätzlich die nachfolgenden Beschlüsse in der Gesellschaft ab, so dass eine erneute Genehmigung nicht mehr erforderlich ist (*Wertenbruch*, FamRZ 2003, 1714, 1716).

M 28 **Änderung Gesellschaftsvertrag |** Auch bei Gesellschafterbeschlüssen über Änderungen des Gesellschaftsvertrages muss der Minderjährige grundsätzlich von seinem gesetzlichen Vertreter vertreten werden. Ist dieser selbst Gesellschafter, ist § 181 BGB anwendbar, so dass die Vertretung durch einen Ergänzungspfleger erfolgen muss (*Schilken* in Staudinger, 2014, § 181 BGB Rz. 22, 26). Ob eine familiengerichtliche Genehmigung wegen § 1822 Nr. 3 Alt. 2 BGB erforderlich ist, ist umstritten. Der BGH (BGH v. 18.9.1975 – II ZR 6/74, DNotZ 1976, 107) und ein Teil des Schrifttums (*Veit* in Staudinger, 2014, § 1822 BGB Rz. 94) verneint die Notwendigkeit einer gerichtlichen Genehmigung generell. Zum Teil wird die Genehmigung nur für „wesentliche Änderungen" des Gesellschaftsvertrages gefordert (*Merkel*, BB 1963, 455, 456). Ein großer Teil des Schrifttums hält eine Genehmigung stets für erforderlich (*Wagenitz* in MünchKomm. BGB, 6. Aufl. 2012, § 1822 BGB Rz. 28; *Zimmermann* in Soergel, 13. Aufl. 2000, § 1822 BGB Rz. 26; *Brüggemann*, FamRZ 1990, 124, 127).

M 29 **Umwandlungsmaßnahmen |** Für die Vertretung des Minderjährigen im Zusammenhang mit Umwandlungsmaßnahmen ist sowohl bei Beschlüssen als auch bei Zustimmungserklärungen zu Umwandlungsmaßnahmen grundsätzlich der gesetzliche Vertreter zuständig. Handelt es sich um *Beschlüsse*, ist eine Interessenkollision i.S.v. § 181 BGB regelmäßig auch dann nicht anzunehmen, wenn der gesetzliche Vertreter zugleich Gesellschafter der Ausgangsgesellschaft ist (*Reimann*, DNotZ 1999, 179, 198). *Zustimmungserklärungen* resultieren dagegen oftmals im Abschluss eines neuen Gesellschaftsvertrages, so dass, wenn der gesetzliche Vertreter ebenfalls an der Gesellschaft beteiligt ist, wegen § 181 BGB ein Ergänzungspfleger zu bestellen ist (*Rust*, DStR 2005, 1992, 1994). Da Umwandlungsmaßnahmen grundsätzlich zur Folge haben, dass ein neuer Gesellschaftsvertrag geschlossen wird, wird im Hinblick auf die BGH-Rechtsprechung zur Veränderung des Gesellschaftsvertrags zum Teil ein Genehmigungsbedürfnis generell verneint (*Zimmermann* in Soergel, 13. Aufl. 2000, § 1822 BGB Rz. 26), zum Teil zumindest für formwechselnde und verschmelzende Umwandlungen. Die Verweisungen im Gesellschaftsrecht auf die jeweiligen Gründungsvorschriften sprechen dagegen eher für eine Genehmigungspflicht (*Rust*, DStR 2005, 1992, 1994). Aufgrund der relativ ungeklärten Rechtslage empfiehlt sich die Einholung einer familiengerichtlichen Genehmigung.

frei M 30

9. Verkauf eines Kommanditanteils

Vertretung des Minderjährigen | Der Verkauf eines Kommanditanteils ist nicht lediglich rechtlich vorteilhaft, da sich der Minderjährige zur Übertragung der Beteiligung verpflichtet bzw. diese dann abtritt. Bei diesen Rechtsgeschäften wird er daher grundsätzlich von seinen gesetzlichen Vertretern vertreten. Die Bestellung eines Ergänzungspflegers ist nicht erforderlich, es sei denn, der Verkauf erfolgt an den gesetzlichen Vertreter oder einen seiner Verwandten in gerader Linie (§§ 1629 Abs. 2 Satz 1, 1795 Abs. 1 Nr. 1 BGB). M 31

Gerichtliche Genehmigung | Die Veräußerung einer Kommanditbeteiligung bedarf der familiengerichtlichen Genehmigung nach § 1822 Nr. 3 Alt. 1 BGB, wenn sie auf die Veräußerung „eines Erwerbsgeschäfts" gerichtet ist. Tritt der Minderjährige nur einen Teil seiner Beteiligung an der Gesellschaft ab, soll keine Veräußerung des Erwerbsgeschäftes i.S.v. § 1822 Nr. 3 Alt. 1 BGB vorliegt, sondern lediglich eine nicht genehmigungspflichtige Vertragsänderung (BGH v. 4.4.1968 – II ZR 26/67, NJW 1968, 1471). M 32

10. Kündigung der Beteiligung

Vertretung des Minderjährigen | Kündigt ein minderjähriger Gesellschafter seine Beteiligung, scheidet er mit Wirksamwerden der Kündigung aus der Gesellschaft aus, §§ 131 Abs. 3 Satz 1 Nr. 3, 161 Abs. 2 HGB (→ *Ausscheiden eines Gesellschafters*). Für die Kündigungserklärung muss sich der Minderjährige durch seinen gesetzlichen Vertreter vertreten lassen, da sie die Beendigung der Gesellschafterstellung zur Folge hat und daher nicht lediglich rechtlich vorteilhaft i.S.v. § 107 BGB ist (*Rust*, DStR 2005, 1992, 1993 m.w.N.). Ist der gesetzliche Vertreter wegen einer Interessenkollision gemäß § 181 BGB an der Vertretung verhindert, ist nach § 1909 BGB ein Ergänzungspfleger zu bestellen. M 33

Gerichtliche Genehmigung | Eine familiengerichtliche Genehmigung ist nicht nach § 1822 BGB erforderlich, allerdings kann § 1823 BGB Anwendung finden, wenn mit der Kündigung der Beteiligung „ein bestehendes Erwerbsgeschäft" (Rz. M 16 ff.) aufgelöst wird. § 1823 BGB enthält eine Soll-Vorschrift nur für den Vormund und den Ergänzungspfleger (über § 1915 Abs. 1 Satz 1 BGB), nicht aber für die Eltern des Minderjährigen, da in § 1643 Abs. 1 BGB nicht auf § 1823 BGB verwiesen wird. § 1645 BGB bezieht sich dagegen nur auf „ein neues Erwerbsgeschäft", welches die Eltern nicht ohne Genehmigung des Familiengerichts im Namen des Kindes beginnen sollen. M 34

M35 **Außerordentliches Kündigungsrecht |** Ein spezielles außerordentliches Kündigungsrecht sieht § 723 Abs. 1 Satz 3 Nr. 2 BGB vor. Danach kann ein minderjähriger BGB-Gesellschafter die Gesellschaft mit Eintritt der Volljährigkeit aus wichtigem Grund innerhalb von drei Monaten ab Kenntniserlangung von seiner Gesellschafterstellung kündigen. Diese Regelung gilt zwar über §§ 105 Abs. 3, 161 Abs. 2 HGB auch für die Personenhandelsgesellschaften. Auf einen minderjährigen Kommanditisten ist sie jedoch nur anwendbar, wenn dieser seine Hafteinlage noch nicht vollständig geleistet hat (*Schlitt/Maier-Reinhardt* in Reichert, GmbH & Co. KG, § 30 Rz. 38 m.w.N.).

M36 frei

11. Steuerliche Besonderheiten

M37 **Unwirksamkeit eines Rechtsgeschäfts |** Für die Besteuerung ist es grundsätzlich unerheblich, wenn ein Rechtsgeschäft unwirksam ist, soweit und solange die Beteiligten das wirtschaftliche Ergebnis dieses Rechtsgeschäfts gleichwohl eintreten und bestehen lassen, § 41 Abs. 1 Satz 1 AO. Bei Verträgen zwischen Angehörigen und sonstigen einander nahe stehenden Personen nahen gelten jedoch Besonderheiten: während die frühere langjährige Rechtsprechung § 41 Abs. 1 AO auf Rechtsgeschäfte zwischen Familienangehörigen und sonst einander nahestehenden Personen grundsätzlich nicht angewandte (BFH v. 4.7.1968 – IV 136/63, BStBl. II 1968, 671; BFH v. 31.10.1989 – IX R 216/84, BStBl. II 1992, 506 = FR 1990, 462), gehen Rechtsprechung und Finanzverwaltung inzwischen davon aus, dass die zivilrechtliche Unwirksamkeit einer Vereinbarung zwischen Angehörigen *indiziell* gegen deren steuerrechtliche Anerkennung spricht (BFH v. 17.7.2013 – X R 31/12, BStBl. II 2013, 1015 = FR 2014, 123 m. Anm. *Kanzler*; BMF v. 23.12.2010, BStBl. I 2011, 37; *Drüen* in Tipke/Kruse, AO/FGO, § 41 AO Rz. 28f [Stand: August 2014]). Ist zivilrechtlich ein Ergänzungspfleger erforderlich, ist seine Mitwirkung nach Auffassung der Rechtsprechung auch Voraussetzung für die steuerliche Anerkennung des Rechtsgeschäfts (BFH v. 1.2.1973 – IV R 61/72, BStBl. II 1973, 309; BFH v. 19.12.1979 – I R 176/77, BStBl. II 1980, 242 = FR 1980, 269). Bei Gesellschaftsverträgen zwischen Eltern und minderjährigen Kindern verlangte der BFH bisher in ständiger Rechtsprechung schriftliche, vom Familiengericht genehmigte Verträge, sofern nach §§ 1643, 1822 Nr. 3 BGB gefordert (vgl. *Drüen* in Tipke/Kruse, AO/FGO, § 41 AO Rz. 36 m.w.N.)

M38 **Nachträgliche Genehmigung im Schenkungsteuerrecht |** Bislang ist nicht abschließend geklärt, ob die zivilrechtliche Rückwirkung (§ 184 Abs. 1 BGB) nachträglicher Genehmigungen uneingeschränkt auch für das Schenkungsteuerrecht beachtlich ist (vgl. *Gebel* in Troll/Gebel/Jülicher, § 9 ErbStG Rz. 44, 89, 99 m.w.N.). Im Erbschaftsteuerrecht befürwortet die Finanzverwaltung die steuerliche Rückwirkung behördlicher Genehmigungen, wenn die Beteiligten alles getan haben, um die Genehmigung herbeizuführen, insbesondere die erforderlichen Erklärungen in gehöriger Form abgegeben haben (vgl. R E 9.1 Abs. 3 Satz 4 ErbStR 2011). Einer privatrechtlichen Genehmigung (eines Ergänzungspflegers oder des volljährig gewordenen Kindes) soll dagegen grundsätzlich keine Rückwirkung zukommen, da die für eine Ausführung der Schenkung erforderliche Bindung aller Vertragsparteien zueinander erst im Zeitpunkt der Genehmigung eintrete, so dass dann erst der Tatbestand der Schenkung verwirklicht sein könne (R E 9.1 Abs. 3 Satz 5 ErbStR 2011).

M39 **Nachträgliche Genehmigung im Ertragsteuerrecht |** Ertragsteuerlich wird die zivilrechtliche Rückbeziehung einer nachträglichen Genehmigung eines genehmigungsbedürftigen schwebend unwirksamen Rechtsgeschäfts eines Minderjährigen durch das **Familiengericht** anerkannt, wenn die Genehmigung unverzüglich nach Abschluss des Rechtsgeschäfts beantragt und in angemessener Frist erteilt wird (BFH v. 8.11.1972 – I R 227/70, BStBl. II 1973, 287; BFH v. 1.2.1973 – IV R 49/68, BStBl. II 1973, 307; H 15.9 Abs. 2 [Familiengerichtliche Genehmigung] EStH 2013). Eine Anerkennung der zivilrechtlichen Rückbeziehung der nachträglichen Genehmigung durch das **volljährig gewordene Kind selbst** setzt voraus, dass es sich bei der Zeit bis zur Volljährigkeit nur um eine kurze Zeitspanne handelt und dass für den vorzeitigen Abschluss betriebliche Gründe vorliegen und mit der Rückbeziehung keine besonderen steuerlichen Vorteile erstrebt werden (BFH v. 5.3.1981 – IV R 150/76, BStBl. I 1981, 435 = FR 1981, 361).

Mitunternehmerstellung | Infolge des fehlenden Interessengegensatzes bei Familienangehörigen ist neben der Wirksamkeit der gesellschaftsrechtlichen Vereinbarung zur Anerkennung der Mitunternehmerstellung ein Mindestmaß an (Kommanditisten-)Rechten notwendig: schenkweise von ihren Eltern in eine KG aufgenommene Kinder können danach nur Mitunternehmer sein, wenn ihnen wenigstens annäherungsweise diejenigen Rechte eingeräumt sind, die einem Kommanditisten nach dem Regelstatut des HGB über die KG zukommen (BFH v. 7.11.2000 – VIII R 16/97, BStBl. II 2001, 186 m.w.N. = FR 2001, 193 m. Anm. *Kempermann* = GmbHR 2001, 152 m. Anm. *Bickenbach*; H 15.9 Abs. 2 [Allgemeines] EStH 2013). Die Kinder sind dagegen nicht Mitunternehmer, wenn ihre Rechtsstellung nach dem Gesamtbild zugunsten der Eltern in einer Weise beschränkt ist, wie dies in Gesellschaftsverträgen zwischen Fremden nicht üblich ist. Kinder sind auch dann keine Mitunternehmer, wenn sich die Eltern die Verwaltung der Kommanditbeteiligungen der Kinder vorbehalten (BFH v. 25.6.1981 – IV R 135/78, BStBl. II 1981, 779 = FR 1981, 596). Überlassen Eltern ihren minderjährigen Kindern Anteile am Betriebsvermögen einer von ihnen gebildeten Personengesellschaft unter der Auflage, dass die Kinder über die auf ihre Anteile entfallenden Gewinnanteile nur in dem von den Eltern gebilligten Umfang verfügen dürfen, so liegt eine zur Gewinnverteilung auch auf die Kinder führende Mitunternehmerschaft nicht vor (BFH v. 4.8.1971 – I R 209/69, BStBl. II 1972, 10). Der Anerkennung der Mitunternehmerschaft der Kinder steht jedoch nicht entgegen, dass in dem Gesellschaftsvertrag einer Familienpersonengesellschaft, durch den die minderjährigen Kinder des Hauptgesellschafters als Kommanditisten in die KG aufgenommen werden, bestimmt ist, dass Beschlüsse in der Gesellschafterversammlung – abweichend vom Einstimmigkeitsprinzip des § 119 Abs. 1 HGB – mit einfacher Mehrheit zu fassen sind; eine solche Klausel ist nach Ansicht des BFH dahin auszulegen, dass sie nur Beschlüsse über die laufenden Geschäfte der KG betrifft (BFH v. 7.11.2000 – VIII R 16/97, BStBl. II 2001, 186 = FR 2001, 193 m. Anm. *Kempermann* = GmbHR 2001, 152 m. Anm. *Bickenbach*). Sind die in eine Gesellschaft im Wege der Schenkung aufgenommenen Kinder nach den vorstehenden Grundsätzen nicht als Mitunternehmer anzusehen, können ihnen die vertraglichen Gewinnanteile nicht als eigene Einkünfte zugerechnet werden. In Höhe dieser Gewinnanteile liegt regelmäßig eine nach § 12 EStG unbeachtliche Einkommensverwendung der Eltern vor (BFH v. 22.1.1970 – IV R 178/68, BStBl. II 1970, 416). M 40

frei M 41–M 50

Vertiefende Recherche

Wichtige Urteile und Erlasse

BFH v. 7.11.2000 – VIII R 16/97, BStBl. II 2001, 186: Zur Mitunternehmerstellung schenkweise in eine KG aufgenommener Kinder.

BayObLG v. 16.1.1998 – 3Z BR 514/97, DNotZ 1998, 495: Zur Genehmigungsbedürftigkeit eines Gesellschaftsvertrages nach § 1822 Nr. 3 Alt. 2 BGB.

FG Nürnberg v. 24.6.2014 – 1 K 787/11, juris: Notwendigkeit der Einschaltung eines Ergänzungspflegers bei Gründung einer GbR für Kapitalanlagen.

Musterformulierungen

Thonemann, Ergänzungspflegschaft und familien-/vormundschaftsgerichtliche Genehmigung bei vorweggenommener Erbfolge, ErbStB 2008, 29

Weitere Stichwörter

→ *Erbschaft- und Schenkungsteuer*; → *Gewerbliche Prägung*; → *Gewinnermittlung (steuerliche)*

Mitbestimmung

Ausgewählte Literatur: *Binz/Mayer*, Die ausländische Kapitalgesellschaft & Co. KG im Aufwind?, GmbHR 2003, 249; *Brügel/Tillkorn*, Die konzernrechtliche Abhängigkeit der Kapitalgesellschaft & Co. KG im Mitbestimmungsrecht, GmbHR 2013, 459; *Bungert/Leyendecker-Langner*, Schwellenwertberechnung für die Arbeitnehmermitbestimmung im Aufsichtsrat eines internationalen Konzerns, DB 2014, 2031; *Götze/Winzer/Arnold*, Unternehmerische Mitbestimmung – Gestaltungsoptionen und Vermeidungsstrategien, ZIP 2009, 245; *Merkt*, Unternehmensmitbestimmung für ausländische Gesellschaften?, ZIP 2011, 1237; *Seibt*, Unternehmensmitbestimmungsrechtliche Konzernzurechnung bei Einschaltung von Stiftung & Co. KG und paritätischen Beteiligungsunternehmen, ZIP 2011, 249; *Sigle*, Zur Mitbestimmung bei der Kapitalgesellschaft & Co. KG – Altes und Neues, FS Peltzer, 2001, S. 539; *Sigle*, Zur Mitbestimmung bei der SE & Co. KG, FS Hommelhoff, 2012, S. 1123; *Stenzel*, Mehrheitsidentität in der Mitbestimmung nach § 4 Abs. 1 Satz 1 MitbestG, DB 2009, 439; *Streicher*, Zustimmungsvorbehalte in der mitbestimmten GmbH, GmbHR 2014, 1188; *Werner*, Die Ltd. & Co. KG – eine Alternative zur GmbH & Co. KG?, GmbHR 2005, 288; *Wiesner*, Aktuelle Probleme der Mitbestimmung in der GmbH & Co. KG, GmbHR 1981, 36; *Winter*, Corporate Codetermination and Its Avoidance, FS Piltz, 2015, S. 565; *Winter/Marx/De Decker*, Zählen und wählen Arbeitnehmer im Ausland nach deutschem Mitbestimmungsrecht?, NZA 2015, 111; *Winter/Marx/De Decker*, Mitbestimmungsrechtliche Aspekte der SE & Co. KG, NZA 2016, 334.

1. Unternehmerische Mitbestimmung

Mitbestimmung auf Betriebs- und Unternehmensebene | Das deutsche Recht ermöglicht Arbeitnehmern die Mitwirkung und Mitbestimmung sowohl auf betrieblicher Ebene als auch auf Unternehmensebene. Die betriebliche Mitbestimmung wird vor allem durch Betriebsräte ausgeübt, denen nach dem Betriebsverfassungsgesetz jeweils Mitbestimmungsrechte in sozialen, personellen und wirtschaftlichen Angelegenheiten zustehen. Die unternehmerische Mitbestimmung bezieht sich demgegenüber auf die Beteiligung der Arbeitnehmer an unternehmerischen Entscheidungen und wird durch Vertretung der Arbeitnehmer in den Aufsichtsräten der Gesellschaften sichergestellt. M 51

Mitbestimmungsgesetze | Die Verpflichtung, einen Aufsichtsrat einzurichten und teilweise mit Arbeitnehmervertretern zu besetzen, besteht nicht für jedes Unternehmen, sondern nur für mittlere und große Unternehmen, welche die in den Mitbestimmungsgesetzen jeweils genannten Voraussetzungen erfüllen. Diese Mitbestimmungsgesetze sind (i) das Mitbestimmungsgesetz von 1976, (ii) das Drittelbeteiligungsgesetz von 2004, (iii) das Montan-Mitbestimmungsgesetz von 1951, (iv) das Montan-Mitbestimmungsergänzungsgesetz von 1956, (v) das SE-Beteiligungsgesetz von 2004 (SEBG), (vi) das Beteiligungsgesetz für Europäische Genossen- M 52 schaften von 2006 (SCEBG) und (vii) das Gesetz über die Mitbestimmung der Arbeitnehmer bei einer grenzüberschreitenden Verschmelzung von 2006 (MgVG). Erhebliche praktische Bedeutung haben das Mitbestimmungsgesetz von 1976 und das Drittelbeteiligungsgesetz; dem ersten Gesetz unterliegen ca. 650 Unternehmen, dem zweiten ca. 1500 Unternehmen. Die übrigen Gesetze betreffen jeweils nur relativ wenige Unternehmen, die im Bereich Bergbau bzw. Eisen- und Stahlerzeugung tätig sind, die Rechtsform einer SE oder (nahezu inexistent:) SCE haben oder aus einer grenzüberschreitenden Verschmelzung hervorgegangen sind.

2. Mitbestimmungsgesetz von 1976

a) Erfasste Unternehmen

M53 **Deutsche Kapitalgesellschaften |** Nach dem Mitbestimmungsgesetz von 1976 ist in einem Unternehmen ein Aufsichtsrat zu bilden und zur Hälfte (= „paritätisch") mit Arbeitnehmervertretern zu besetzen, wenn das Unternehmen

- die Rechtsform einer (deutschen) AG, KGaA, GmbH oder Genossenschaft hat und
- in der Regel mehr als 2000 Arbeitnehmer (in Deutschland) beschäftigt (§ 1 Abs. 1 Nrn. 1 und 2 MitbestG).

Beide Voraussetzungen engen den Kreis der potentiell mitbestimmungspflichtigen Unternehmen erheblich ein. So ist die Aufzählung der mitbestimmungsfähigen Rechtsformen in § 1 Abs. 1 Nr. 1 MitbestG abschließend. Da Personengesellschaften dort nicht genannt sind, unterliegen sie nicht der Mitbestimmung. Gleiches gilt für ausländische Rechtsformen. Auch im Übrigen beschränkt sich das Mitbestimmungsgesetz auf das Inland: Arbeitnehmer, die dauerhaft im Ausland beschäftigt sind (sei es in einer ausländischen Betriebsstätte, sei es in einer ausländischen Tochtergesellschaft), werden nicht einbezogen; sie zählen bei der Ermittlung der Arbeitnehmerzahl nicht mit (*Oetker* in Erfurter Komm. zum ArbR, § 1 MitbestG Rz. 6 m.w.N.; *Henssler* in Ulmer/Habersack/Henssler, Mitbestimmungsrecht, § 3 MitbestG Rz. 40 ff.; *Winter/Marx/De Decker*, NZA 2015, 111; a.A. LG Frankfurt a.M. v. 16.2.2015 – 3-16 O 1/14, ZIP 2015, 634; EuGH-Vorlage durch KG Berlin v. 16.10.2015 – 14 W 89/15, AG 2015, 872 – „TUI"). Von der Mitbestimmung ausgenommen bleiben schließlich auch Tendenzunternehmen (z.B. Zeitungs- und Buchverlage) und Religionsgemeinschaften (§ 1 Abs. 4 MitbestG).

M54 **Kapitalgesellschaft & Co. KG |** Personengesellschaften unterliegen gemäß § 1 Abs. 1 Nr. 1 MitbestG nicht der Mitbestimmung. Die Gründe hierfür liegen in der den Gesellschaftern kraft Gesetzes zugewiesenen Geschäftsführerstellung (§§ 114, 164 HGB) und ihrer verschuldensunabhängigen persönlichen Haftung (jedenfalls des Komplementärs; *Ulmer/Habersack* in Ulmer/Habersack/Henssler, Mitbestimmungsrecht, § 1 MitbestG Rz. 32). Eine KG, bei der ausschließlich natürliche Personen die Stellung des persönlich haftenden Gesellschafters einnehmen, bleibt daher mitbestimmungsfrei. Bei der Kapitalgesellschaft & Co. KG ist die Organisations- und Haftungsstruktur dagegen soweit einer Kapitalgesellschaft angenähert, dass § 4 Abs. 1 Satz 1 MitbestG für sie eine spezielle Zurechnungsnorm enthält: Die Arbeitnehmer der KG gelten als Arbeitnehmer der Komplementärin, sofern

- die Komplementärin eine deutsche AG, KGaA, GmbH oder Genossenschaft ist,
- die Mehrheit der Kommanditisten (nach Anteilen oder Stimmen) auch die Mehrheit der Anteile oder Stimmen in der Komplementärin innehat und

– die Komplementärin keinen eigenen Geschäftsbetrieb mit in der Regel mehr als 500 Arbeitnehmern hat.

Zurechnung zur Komplementärin | Für das Verständnis ist wichtig, dass § 4 Abs. 1 MitbestG nicht etwa den Anwendungsbereich des Mitbestimmungsgesetzes auf die KG erweitert (was systemwidrig wäre), sondern der Komplementär-Kapitalgesellschaft die Arbeitnehmer der KG zurechnet und so eine Mitbestimmung bei dieser Komplementär-Kapitalgesellschaft ermöglicht. Diese Zurechnung setzt voraus, dass zum einen die Komplementärin eine mitbestimmungsfähige deutsche Kapitalgesellschaft ist und zum anderen eine hinreichende **Unternehmenseinheit zwischen Kapitalgesellschaft und KG** besteht; letztere drückt sich in einer Mehrheitsidentität der Gesellschafter und dem Fehlen eines größeren eigenen Geschäftsbetriebs aus. M 55

Beispiel:

A, B und C halten jeweils ein Drittel der Anteile an einer KG und an der zugehörigen Komplementär-GmbH (beteiligungsidentische GmbH & Co. KG). Die GmbH selbst hat keine Arbeitnehmer, jedoch beschäftigt die KG 2 500 Arbeitnehmer in Deutschland.

Die Komplementär-GmbH ist mitbestimmungspflichtig, weil ihr die 2 500 Arbeitnehmer der KG zugerechnet werden; denn sie ist eine deutsche Kapitalgesellschaft, deren Anteile mehrheitlich von der Mehrheit der Kommanditisten gehalten werden und die keinen eigenen Geschäftsbetrieb hat (§ 4 Abs. 1 Satz 1 MitbestG; vgl. *Stenzel*, DB 2009, 439, 440 f.). In der Folge ist bei der GmbH ein paritätisch mitbestimmter Aufsichtsrat mit je sechs Anteilseigner- und Arbeitnehmervertretern (§ 7 Abs. 1 Satz 1 MitbestG) zu bilden. Um den Einfluss dieses Aufsichtsrates auch auf die KG abzusichern, darf die GmbH nicht vertraglich von der Geschäftsführung der KG ausgeschlossen werden (§ 4 Abs. 2 MitbestG; näher hierzu *Binz/Sorg*, GmbH & Co. KG, § 14 Rz. 41 ff.).

Doppelstöckige KG | Entsprechendes gilt für die doppel- oder mehrstöckige KG, bei der nicht unmittelbar eine Kapitalgesellschaft Komplementärin ist, sondern ihrerseits eine Kapitalgesellschaft & Co. KG (§ 4 Abs. 1 Sätze 2 und 3 MitbestG). M 56

Mitbestimmung in der Konzernspitze | Mitbestimmung soll dort stattfinden, wo wesentliche unternehmerische Entscheidungen getroffen werden, im Konzern daher (auch) in der Konzernspitze. Dies soll auch dann gelten, wenn sich die Konzernspitze selbst z.B. auf Führungs- und Querschnittsaufgaben beschränkt und deshalb selbst ggf. deutlich weniger als 2 000 Arbeitnehmer in Deutschland beschäftigt. Gemäß § 5 Abs. 1 Satz 1 MitbestG gelten deshalb sämtliche in einem Unterordnungskonzern beschäftigten Arbeitnehmer (auch) als Arbeitnehmer der Konzernspitze, sofern diese die Rechtsform einer deutschen Kapitalgesellschaft hat. In der Folge kann in der Konzernspitze ein mitbestimmter Aufsichtsrat einzurichten sein, zu dem sämtliche deutschen Konzernarbeitnehmer aktiv und passiv wahlberechtigt sind. Für die **Kapitalgesellschaft & Co. KG** überträgt § 5 Abs. 2 MitbestG den Rechtsgedanken des § 4 Abs. 1 MitbestG (Rz. M 54 f.) auf Konzernsachverhalte: Stellt die Kapitalgesellschaft & Co. KG die Spitze eines Unterordnungskonzerns dar und sind die KG-Arbeitnehmer der Komplementärin nach § 4 Abs. 1 MitbestG zuzurechnen, so sind der Komplementärin zusätzlich auch die Arbeitnehmer der nachgeordneten Konzernunternehmen zuzurechnen. M 57

Beispiel:

Eine beteiligungsidentische GmbH & Co. KG beschäftigt in der GmbH selbst keine, in der KG 1 000 Arbeitnehmer. Die KG hat zwei deutsche Tochter-GmbHs, die weitere 1 200 bzw. 300 Arbeitnehmer beschäftigen.

Die Komplementär-GmbH ist mitbestimmungspflichtig, weil ihr sämtliche 2500 Konzernarbeitnehmer zuzurechnen sind: Die 1000 Arbeitnehmer in der KG werden der Komplementär-GmbH nach § 4 Abs. 1 MitbestG zugerechnet, die 1500 Arbeitnehmer der Tochtergesellschaften nach § 5 Abs. 2 MitbestG. In der Folge ist bei der Komplementär-GmbH ein paritätisch mitbestimmter Aufsichtsrat mit je sechs Anteilseigner- und Arbeitnehmervertretern (§ 7 Abs. 1 Satz 1 MitbestG) zu bilden. Zu diesem Aufsichtsrat sind sämtliche Konzernarbeitnehmer aktiv und passiv wahlberechtigt. Die Zurechnung zur Konzernspitze wirkt überdies für nachgeordnete Konzernunternehmen nicht befreiend. Bei der Tochter-GmbH mit 1200 Arbeitnehmern ist daher zusätzlich auch ein Aufsichtsrat nach dem Drittelbeteiligungsgesetz einzurichten (s. Rz. M 62).

b) Bildung eines mitbestimmten Aufsichtsrats

M 58 Bei dem mitbestimmungspflichtigen Unternehmen ist ein Aufsichtsrat zu bilden, soweit sich dies nicht ohnehin schon aus den rechtsformspezifischen Vorschriften ergibt (§ 6 Abs. 1 MitbestG; vgl. für die AG §§ 95ff. AktG, für die KGaA i.V.m. § 278 Abs. 3 AktG sowie für die Genossenschaft § 9 GenG). Der Aufsichtsrat setzt sich bei bis zu 10000 Arbeitnehmern aus je sechs Anteilseigner- und Arbeitnehmervertretern zusammen, bei bis zu 20000 Arbeitnehmern aus je acht Anteilseigner- und Arbeitnehmervertretern und bei mehr als 20000 Arbeitnehmern aus je zehn Anteilseigner- und Arbeitnehmervertretern (§ 7 Abs. 1 MitbestG). Unter den Arbeitnehmervertretern müssen sich auch zwei bzw. drei Vertreter von im Unternehmen vertretenen Gewerkschaften befinden (§ 7 Abs. 2 MitbestG). Die Anteilseignervertreter werden weiterhin durch die Gesellschafter- bzw. Hauptversammlung gewählt bzw. durch in der Satzung entsprechend berechtigte Gesellschafter entsandt (§ 8 MitbestG). Die Arbeitnehmervertreter werden dagegen unmittelbar durch die Arbeitnehmer oder durch von ihnen gewählte Delegierte gewählt (§§ 9ff. MitbestG). Das Wahlverfahren ist detailliert in drei Wahlordnungen (WO) geregelt, wobei die WO 1 für Unternehmen mit einem Betrieb gilt, die WO 2 für Unternehmen mit mehreren Betrieben und die WO 3 für Wahlen, an denen gemäß §§ 4, 5 MitbestG auch weitere Konzernarbeitnehmer teilnehmen.

c) Kompetenzen des mitbestimmten Aufsichtsrats

M 59 **Abweichungen zur nicht-mitbestimmten GmbH** | Das AktG und das MitbestG weisen dem Aufsichtsrat bestimmte Kompetenzen zu, die durch die Satzung nicht beschnitten werden können. Abweichungen ergeben sich hieraus namentlich für die Verfassung einer mitbestimmten GmbH, die in ihrer nicht-mitbestimmten Form keinen obligatorischen Aufsichtsrat kennt (zum fakultativen Aufsichtsrat vgl. § 52 GmbHG).

M 60 **Personalkompetenz** | In der mitbestimmten GmbH steht dem Aufsichtsrat die Personalkompetenz bezüglich der Geschäftsführung zu (§ 31 MitbestG). Dies umfasst das Recht zur Bestellung und Abberufung der Geschäftsführung sowie nach ganz h.M. als Annexkompetenz den Abschluss, die Änderung und die Aufhebung von Geschäftsführeranstellungsverträgen (*Nießen* in Gehrlein/Ekkenga/Simon, § 52 GmbHG Rz. 120). Die Geschäftsführung der mitbestimmten GmbH muss aus mindestens zwei Mitgliedern bestehen, da ein sog. **Arbeitsdirektor** als in jeder Hinsicht gleichberechtigtes Mitglied der Geschäftsführung zu bestellen ist (§ 33 MitbestG). Die Mindestzuständigkeit des Arbeitsdirektors liegt im Bereich der Personal- und Sozialangelegenheiten der Arbeitnehmer des Unternehmens.

M 61 **Überwachungskompetenz** | Eine weitere zentrale Aufgabe des Aufsichtsrats ist die Überwachung der Geschäftsführung. Als Instrumente gibt § 25 MitbestG dem Aufsichtsrat dazu insbesondere (i) das Einsichts- und Prüfungsrecht (§ 111 Abs. 2 Satz 1 AktG), (ii) das Recht zur Einberufung und Teilnahme an einer Gesellschafterversammlung (§§ 111 Abs. 3, 118 Abs. 3 AktG), (iii) das Recht und die Pflicht zur Verabschiedung eines Zustimmungskatalogs (§ 111 Abs. 4 Satz 2 AktG) sowie (iv) sonstige Informationsrechte (§ 90 AktG) an die Hand. Bei der GmbH tritt die Überwachungskompetenz des Aufsichtsrats allerdings hinter die der **Gesellschafterversammlung** zugewiesene Zuständigkeit für die Prüfung und Überwachung der Geschäftsführung (§ 46 Nr. 6 GmbHG) zurück, weil Zustimmungsvorbehalte des Aufsichtsrats von den Gesellschaftern überspielt werden können (BGH v. 6.3.1997 – II ZB 4/96, GmbHR 1997, 705 = GmbH-StB 1997, 132; *Streicher*, GmbHR 2014, 1188, 1190 ff.): Verweigert der Aufsichtsrat seine Zustimmung zu einer Geschäftsführungsmaßnahme, kann die Gesellschafterversammlung die Zustimmung ersetzen. Ohnehin werden Kompetenzkonflikte zwischen Gesellschafterversammlung und obligatorischem Aufsichtsrat eher selten sein, da der Mehrheitsgesellschafter regelmäßig die Anteilseignervertreter bestellen kann und dem – zu den Anteilseignervertretern zählenden – Aufsichtsratsvorsitzenden im Konfliktfall der Stichentscheid zufällt (§§ 29 Abs. 2, 27 Abs. 2 MitbestG). Das für die Struktur der GmbH charakteristische Weisungsrecht der Gesellschafter gegenüber den Geschäftsführern bleibt auch in der mitbestimmten GmbH bestehen.

3. Drittelbeteiligungsgesetz

a) Erfasste Unternehmen

Deutsche Kapitalgesellschaften | Nach dem Drittelbeteiligungsgesetz ist in einem Unterneh- M62
men ein Aufsichtsrat zu bilden und zu einem Drittel (= „drittelparitätisch") mit Arbeitnehmervertretern zu besetzen, wenn das Unternehmen

- die Rechtsform einer (deutschen) AG, KGaA, GmbH oder Genossenschaft hat (oder es sich um einen Versicherungsverein auf Gegenseitigkeit [VVaG] mit bestehendem Aufsichtsrat handelt) und
- es in der Regel mehr als 500 Arbeitnehmer (in Deutschland) beschäftigt (§ 1 Abs. 1 DrittelbG).

Ein Mitbestimmungsrecht kann darüber hinaus auch in einer vor dem 10.8.1994 eingetragenen AG bestehen, sofern sie keine „Familiengesellschaft" ist (mitbestimmungsrechtlicher Bestandsschutz für Altgesellschaften gemäß § 1 Abs. 1 Nr. 1 DrittelbG). Tendenzunternehmen (z.B. Zeitungs- und Buchverlage) und Religionsgemeinschaften bleiben auch von der Drittelmitbestimmung ausgenommen (§ 1 Abs. 2 Nr. 2 und Abs. 3 DrittelbG).

Kapitalgesellschaft & Co. KG | Personengesellschaften unterliegen nicht der Drittelmitbestim- M63
mung. Das DrittelbG kennt auch keine dem § 4 Abs. 1 MitbestG entsprechende Zurechnungsnorm, wonach die Arbeitnehmer der KG ggf. der Komplementär-Kapitalgesellschaft zuzurechnen wären (s. Rz. M 54 f.).

Beispiel:

Eine beteiligungsidentische GmbH & Co. KG beschäftigt in der GmbH selbst keine, in der KG 600 Arbeitnehmer. Die GmbH & Co. KG bleibt insgesamt mitbestimmungsfrei. Würde die KG dagegen, z.B. aus steuerlichen Gründen, in eine GmbH formgewechselt, würde die neue GmbH der Drittelmitbestimmung unterliegen.

M64 **Mitbestimmung in der Konzernspitze** | Im Konzern werden dem herrschenden Unternehmen gemäß § 2 Abs. 2 DrittelbG für die Frage, ob die Schwelle von 500 Arbeitnehmern überschritten ist, die Arbeitnehmer weiterer Konzernunternehmen nur dann zugerechnet, wenn mit diesen Konzernunternehmen ein Beherrschungsvertrag i.S.d. § 291 Abs. 1 Satz 1 Alt. 1 AktG besteht oder sie (heute selten:) in das herrschende Unternehmen gemäß §§ 319ff. AktG eingegliedert sind. Für eine Zurechnung genügt also anders als nach dem Mitbestimmungsgesetz von 1976 nicht schon das Bestehen eines faktischen Konzerns, erforderlich ist vielmehr ein Vertrags- oder Eingliederungskonzern.

Beispiel:
Eine beteiligungsidentische GmbH & Co. KG beschäftigt in der GmbH selbst keine, in der KG 200 Arbeitnehmer. In einer durch Beherrschungs- und Gewinnabführungsvertrag angebundenen Tochter-GmbH werden weitere 400 Arbeitnehmer beschäftigt. Es wird überlegt, die KG in eine GmbH formzuwechseln. Die aus dem Formwechsel hervorgehende GmbH würde (anders als bisher die KG) der Drittelmitbestimmung unterliegen, da ihr gemäß § 2 Abs. 2 DrittelbG die Arbeitnehmer der Tochter-Gesellschaft zuzurechnen sind und somit der Schwellenwert von 500 Arbeitnehmern überschritten wird. Diese Zurechnung lässt sich durch Beendigung (nur) der Beherrschungsabrede im Wege der Vertragsänderung (§ 295 AktG) vermeiden; ein isolierter Gewinnabführungsvertrag führt nicht zur Zurechnung von Konzernarbeitnehmern.

b) Bildung eines drittelmitbestimmten Aufsichtsrats

M65 Bei dem mitbestimmungspflichtigen Unternehmen ist ein Aufsichtsrat zu bilden (vgl. § 1 Abs. 1 Nr. 3 Satz 2 DrittelbG für die GmbH). Der Aufsichtsrat muss zu einem Drittel aus Arbeitnehmervertretern bestehen (§ 4 Abs. 1 DrittelbG). Hat der Aufsichtsrat nur drei oder sechs Mitglieder, so müssen die Arbeitnehmervertreter Arbeitnehmer des Unternehmens sein; in größere Aufsichtsräte können dagegen auch Gewerkschaftsvertreter entsandt werden (§ 4 Abs. 2 DrittelbG). Die Arbeitnehmervertreter werden stets durch Urwahl gewählt, nicht durch Delegierte (§ 5 Abs. 1 DrittelbG).

c) Kompetenzen des drittelmitbestimmten Aufsichtsrats

M66 Für die drittelmitbestimmte AG und KGaA kommen die aktienrechtlichen Vorschriften über die innere Ordnung, Beschlussfassung und Zuständigkeit des Aufsichtsrats zur Anwendung. In der drittelmitbestimmten **GmbH** hat der Aufsichtsrat – anders als nach dem MitbestG – dagegen **keine Personalkompetenz:** § 1 Abs. 1 Nr. 3 Satz 2 DrittelbG verweist nicht auf § 84 AktG mit der Folge, dass die Gesellschafterversammlung für die Bestellung und Abberufung der Geschäftsführer zuständig bleibt. Der Aufsichtsrat ist damit nur Kontroll- und Konsultationsorgan der Geschäftsführer *neben* den Gesellschaftern. In dieser Funktion hat der Aufsichtsrat insbesondere Informationsrechte (§ 90 AktG), Einsichts- und Prüfungsrechte (§§ 111 Abs. 2, 170f. AktG) sowie die Möglichkeit der Einberufung und Teilnahme an einer Gesellschafterversammlung (§§ 111 Abs. 3, 118 Abs. 2 AktG).

4. Mitbestimmungsfreie Gestaltungen

M67 **Streitobjekt paritätische Mitbestimmung** | Die GmbH & Co. KG ist als Personengesellschaft von Haus aus gut geeignet, um die auf Kapitalgesellschaften zielende unternehmerische Mitbestimmung zu vermeiden. Uneingeschränkt gilt dies allerdings nur für den Bereich der Drittelmitbestimmung (s. Rz. M 62ff.). Sobald der für die paritätische Mitbestimmung geltende Schwellenwert von 2000 deutschen Konzernarbeitnehmern überschritten wird, kann dagegen bei der Komplementär-Kapitalgesellschaft ein paritätisch mitbestimmter Aufsichtsrat einzurichten sein, sofern ihr nämlich gemäß §§ 4, 5 Abs. 2 MitbestG die Arbeitnehmer der KG und nachgeordneter Konzernunternehmen zuzurechnen sind (s. Rz. M 53ff.). Gerade die paritätische Mitbestimmung geht Familienunternehmen und ausländischen Investoren jedoch häufig zu weit: Kritikpunkte sind die schiere Größe des Aufsichtsrats mit zwölf bis zwanzig Mitgliedern, die vertrauliche Beratungen erschwert (§ 7 Abs. 1 MitbestG), die Präsenz externer Gewerkschaftsvertreter (§ 7 Abs. 2 MitbestG) und die – für die GmbH untypische – Personalkompetenz des Aufsichtsrats bezüglich der Geschäftsführung (§ 31 MitbestG).

Vermeidung einer paritätischen Mitbestimmung | Mitbestimmungsfreiheit lässt sich ggf. erreichen durch: M 68

- Wechsel von der GmbH & Co. KG zur reinen KG, bei der ausschließlich natürliche Personen die Stellung des persönlich haftenden Gesellschafters einnehmen (s. Rz. M 54);
- „Umhängen" der Komplementär-Kapitalgesellschaft, so dass es an der von § 4 Abs. 1 MitbestG vorausgesetzten Mehrheitsidentität fehlt (s. Rz. M 69ff.);
- Austausch der deutschen Komplementär-Kapitalgesellschaft gegen eine nicht dem MitbestG unterliegende Stiftung (s. Rz. M 74), SE (s. Rz. M 75ff.) oder Auslandsgesellschaft (s. Rz. M 78f.);
- Verlagerung von Wachstum ins Ausland (s. Rz. M 53) oder in Schwestergesellschaften (Konzernarbeitnehmer werden gemäß § 5 MitbestG nur im Unterordnungskonzern zugerechnet).

a) „Umhängen" der Komplementär-Kapitalgesellschaft

Mehrheitsidentität | Arbeitnehmer einer KG (und ihrer Tochtergesellschaften) sind der Komplementärin nur dann zuzurechnen, wenn beide Gesellschaften eine „**Unternehmenseinheit**" bilden und eine koordinierte Willensbildung stattfindet. Dazu muss nach dem Wortlaut des § 4 Abs. 1 MitbestG die Mehrheit der Kommanditisten (Anteils- oder Stimmenmehrheit) auch die Mehrheit der Anteile oder Stimmen in der Komplementärin innehaben (Mehrheitsidentität). Hierfür sind Anteile, die ein Kommanditist nur mittelbar über ein von ihm abhängiges Unternehmen hält, entsprechend § 16 Abs. 4 AktG mitzurechnen (*Ulmer/Habersack* in Ulmer/Habersack/Henssler, Mitbestimmungsrecht, § 4 MitbestG Rz. 14). Ebenso soll es für eine Zurechnung genügen, wenn die koordinierte Willensbildung in KG und Komplementärin statt durch eine Mehrheitsidentität z.B. durch ein Treuhandverhältnis oder Stimmbindungsvereinbarungen rechtlich abgesichert wird. Auch enge familiäre Bindungen der Gesellschafter sollen insoweit ggf. ein Indiz für eine (ungeschriebene) Treuhand darstellen (*Ulmer/Habersack* in Ulmer/Habersack/Henssler, Mitbestimmungsrecht, § 4 MitbestG Rz. 15, 18). M 69

Rechtsprechung | Die Diskussion ist bis heute durch zwei Gerichtsentscheidungen von 1979 und 1980 geprägt: M 70

OLG Celle v. 30.8.1979 (9 Wx 8/78, OLGZ 1980, 136): Alleinige Kommanditistin der KG war eine OHG. M.S. war – neben weiteren Erben – zu 13 % an dieser OHG beteiligt; zugleich hielt M.S. allein die Komplementär-GmbH.

Das Gericht hielt es für naheliegend, dass unter diesen Umständen M.S. bei der GmbH an die Zustimmung der OHG-Gesellschafter gebunden war oder M.S. die GmbH-Anteile lediglich treuhänderisch hielt; in diesem Fall wäre die GmbH mitbestimmungspflichtig.

OLG Bremen v. 30.4.1980 (1 W 3/80, GmbHR 1981, 41): Alleiniger Kommanditist war K. An der Komplementär-AG waren K zu 45 %, seine Eltern zu 45 % und ein Dritter zu 5 % beteiligt.

Das Gericht verneinte eine rechtlich abgesicherte Befugnis des K, über die Hauptversammlung der Komplementär-AG Einfluss auf deren Geschäftsführung nehmen zu können; die AG blieb daher mitbestimmungsfrei.

M 71 **„Umhängen" der Komplementärin |** Wenn die Komplementärin so „umgehangen" wird, dass die Gesellschaftsanteile künftig nicht mehr beteiligungsidentisch durch sämtliche Kommanditisten der KG, sondern z.B. durch eine Minderheitskommanditistin gehalten werden, beseitigt dies die bisherige Mehrheitsidentität und erschwert auch die Feststellung einer koordinierten Willensbildung (vgl. *Stenzel*, DB 2009, 439, 440 f.; *Binz/Sorg*, GmbH & Co. KG, § 14 Rz. 24 und 29). Mit Blick auf die Entscheidung des OLG Celle verbleibt jedoch ein gewisses Risiko, dass in solchen Konstellationen eine (ungeschriebene) Treuhandabsprache zwischen dem Minderheitskommanditisten und den übrigen Kommanditisten unterstellt und die Komplementär-GmbH in der Folge für mitbestimmungspflichtig gehalten werden könnte.

M 72 **Konkurrenzverhältnis der §§ 4, 5 MitbestG |** Sofern eine Mehrheitsidentität vermieden wird oder die Komplementär-Kapitalgesellschaft einen eigenen Geschäftsbetrieb mit mehr als 500 Arbeitnehmern hat (der zur Drittelmitbestimmung führt, s. Rz. M 62), die Voraussetzungen des § 4 Abs. 1 MitbestG also nicht erfüllt sind, erlangt das Konkurrenzverhältnis zwischen §§ 4, 5 MitbestG Bedeutung. Nach überwiegender Ansicht bleibt § 5 Abs. 1 MitbestG neben § 4 MitbestG anwendbar. Eine Mitbestimmung der Komplementär-Kapitalgesellschaft kann sich dann auch aus einer etwaigen Konzernabhängigkeit der KG von ihrer eigenen Komplementärin ergeben; die Voraussetzungen hierfür sind umstritten (*Ulmer/Habersack* in Ulmer/Habersack/Henssler, Mitbestimmungsrecht, § 5 MitbestG Rz. 9 m.w.N.; ablehnend OLG Celle v. 9.10.2014 – 9 W 116/14, ZIP 2015, 123 = GmbHR 2015, 317 (zur KGaA); *Binz/Sorg*, GmbH & Co. KG, § 14 Rz. 56 ff.).

M 73 **Einheitsgesellschaft |** Nicht zielführend ist es, die Komplementär-GmbH auf die KG selbst „umzuhängen" und also eine Einheitsgesellschaft zu schaffen. Die Einheits-GmbH & Co. KG fällt zwar nicht unmittelbar unter den Wortlaut des § 4 Abs. 1 MitbestG, weil die Kommanditisten jedenfalls unmittelbar überhaupt keine Anteile an bzw. Stimmen in dem Unternehmen des persönlich haftenden Gesellschafters innehaben. Da beide Gesellschaften in diesem Fall aber eine besonders ausgeprägte „Unternehmenseinheit" bilden, besteht heute zu Recht Einigkeit, dass § 4 Abs. 1 MitbestG auf diesen Fall jedenfalls analog anzuwenden ist (*Ulmer/Habersack* in Ulmer/Habersack/Henssler, Mitbestimmungsrecht, § 4 MitbestG Rz. 17).

b) Stiftung & Co. KG

M 74 Bei der Stiftung & Co. KG übernimmt eine rechtsfähige Stiftung i.S.v. §§ 80 ff. BGB die Komplementärstellung. Die Stiftung ist als solche anteilseignerfrei und nur am Stiftungszweck ausgerichtet; zulässige Zwecke für eine familiennützige Komplementär-Stiftung sind etwa die „Erhaltung des Unternehmens als Familienunternehmen" und die „Sicherstellung einer angemessenen Versorgung des Stifters und seiner Familie" (*Seibt*, ZIP 2011, 249, 252). Die Rechtsformkombination aus Stiftung und KG wird heute ganz überwiegend als zulässig angesehen (*Blaum* in Westermann/Wertenbruch, Hdb. Personengesellschaften, Rz. I 3430 ff.;

Gummert in Münchener Hdb. Gesellschaftsrecht, Bd. 5, § 82 Rz. 4 ff. m.w.N.). Bestätigt wird dies durch die Handelsregisterpraxis, wonach Stiftungen als Komplementäre einer KG ins Handelsregister eingetragen werden, und prominente Beispiele wie die Lidl Stiftung & Co. KG und die Kaufland Stiftung & Co. KG. Da die Stiftung ebenso wie die KG nicht zu den nach MitbestG oder DrittelbG mitbestimmungsfähigen Rechtsformen zählt, bleibt die Stiftung & Co. KG insgesamt mitbestimmungsfrei (vgl. *Ulmer/Habersack* in Ulmer/Habersack/Henssler, Mitbestimmungsrecht, § 4 MitbestG Rz. 7; *Seibt*, ZIP 2011, 249, 251 f.).

c) SE & Co. KG

SE-Beteiligungsgesetz | Auch die Europäische Aktiengesellschaft (Societas Europaea, SE) gehört nicht zu den nach dem MitbestG oder DrittelbG mitbestimmungsfähigen Rechtsträgern. Zwar findet auf die SE mit Sitz in Deutschland subsidiär das für eine deutsche AG geltende Recht Anwendung (Art. 9 Abs. 1 lit. c) ii) SE-VO). Die unternehmerische Mitbestimmung ist für die SE jedoch eigenständig und abschließend in dem SE-Beteiligungsgesetz (SEBG) geregelt (§ 47 Abs. 1 Nr. 1 SEBG), das zur Umsetzung der SE-Richtlinie (Richtlinie 2001/86/EG zur Ergänzung des Statuts der Europäischen Gesellschaft hinsichtlich der Beteiligung der Arbeitnehmer vom 8.10.2001, ABl. Nr. L 294, S. 22) ergangen ist. Namentlich die Zurechnungsnormen der §§ 4, 5 MitbestG gelten für die SE daher weder unmittelbar noch entsprechend. M 75

Arbeitnehmerbeteiligung | Die SE-Verordnung (SE-VO) sieht die SE als Rechtsform für international agierende Großunternehmen und geht deshalb davon aus, dass die künftige SE von Beginn an Arbeitnehmer beschäftigen wird. Sie macht die Entstehung der SE grundsätzlich davon abhängig, dass mit Vertretern der Arbeitnehmer zuvor über die Mitbestimmung in der künftigen SE verhandelt (**Beteiligungsverfahren**) und regelmäßig auch eine Vereinbarung über die Beteiligung der Arbeitnehmer in der SE (**Beteiligungsvereinbarung**) abgeschlossen wird. Heute ist anerkannt, dass das Fehlen von Arbeitnehmern der Gründung einer SE nicht entgegensteht und somit auch eine arbeitnehmerlose SE gegründet werden kann (Art. 12 Abs. 2 SE-VO ist teleologisch zu reduzieren, OLG Düsseldorf v. 30.3.2009 – I-3 Wx 248/08, DNotZ 2009, 699). Das zunächst unterbliebene Beteiligungsverfahren dürfte dann jedoch nachzuholen sein, wenn die arbeitnehmerlose SE später dadurch „aktiviert" wird, dass sie die Geschäfte aufnimmt und eine für die Durchführung des Beteiligungsverfahrens ausreichende Arbeitnehmerzahl erreicht (§ 18 Abs. 3 SEBG analog; gegen eine solche analoge Anwendung aber etwa *Hohenstatt/Müller-Bonanni* in Habersack/Drinhausen, § 3 SEBG Rz. 10 ff.). M 76

(Keine) Zurechnung von Arbeitnehmern der KG | Noch nicht abschließend geklärt ist, ob dies auch dann gilt, wenn die SE selbst dauerhaft arbeitnehmerlos bleibt, aber Komplementärin einer KG wird, die ihrerseits genügend Arbeitnehmer beschäftigt. *Sigle* (in FS Hommelhoff, 2012, S. 1123) kommt insoweit zu dem Ergebnis, dass eine arbeitnehmerlose, mitbestimmungsfreie SE auch dann mitbestimmungsfrei bleibt, wenn sie Komplementärin einer KG mit mehr als 2000 Arbeitnehmern wird. Denn im Rahmen des § 18 Abs. 3 SEBG sei allein auf Arbeitnehmer der SE abzustellen; das SEBG enthalte keinen Anhaltspunkt für eine Zurechnung der Arbeitnehmer der KG zur SE. U.E. kommt es für die Notwendigkeit eines Beteiligungsverfahrens entscheidend darauf an, ob die KG und deren Tochtergesellschaften gerade auch Tochtergesellschaften der Komplementär-SE i.S.v. § 2 Abs. 3 SEBG sind. Hierüber entscheidet die Ausgestaltung des Gesellschaftsvertrages der KG, d.h. die konkrete Kompetenzverteilung zwischen Komplementärin und Kommanditisten. Sofern die Komplementär-SE die KG nicht M 77 beherrscht, entfällt ein Beteiligungsverfahren und damit auch eine sonst im Einzelfall denkbare Mitbestimmung in der SE (näher *Winter/Marx/De Decker*, NZA 2016, 334).

d) Auslandsgesellschaft & Co. KG

M 78 **Ausländische Komplementärin |** Da das Mitbestimmungsgesetz die der Mitbestimmung unterliegenden, durchweg deutschen (Kapital-)Gesellschaftsformen abschließend aufzählt, unterliegen ausländische Gesellschaftsformen nicht der deutschen unternehmerischen Mitbestimmung. Dies gilt nach zutreffender ganz h.M. auch dann, wenn sie ihren tatsächlichen Verwaltungssitz in Deutschland haben (*Ulmer/Habersack* in Ulmer/Henssler/Habersack, Mitbestimmungsrecht, § 1 MitbestG Rz. 6a ff. m.w.N.). Eine ausländische Kapitalgesellschaft, die an die Stelle einer deutschen Komplementär-GmbH tritt, ist daher nicht mitbestimmungspflichtig.

M 79 **Politische Tendenzen |** Zwar haben in 2010 die Fraktion DIE LINKE und die SPD-Fraktion erfolglos eine Erstreckung der deutschen Mitbestimmungsregeln auf KGs mit ausländischen Komplementärgesellschaften beantragt (BT-Drucks. 17/1413 und 17/2122). Literaturstimmen halten eine solche Ausweitung im Fall von EU/EWR-Gesellschaften jedoch zu Recht für europarechtswidrig und jedenfalls auch regelungstechnisch problematisch (*Ulmer/Habersack* in Ulmer/Henssler/Habersack, Mitbestimmungsrecht, § 1 MitbestG Rz. 8a m.w.N.; *Merkt,* ZIP 2011, 1237).

Beispiel:

Für eine **liechtensteinische GmbH oder AG** ist höchstgerichtlich bestätigt, dass sie in Deutschland ungeachtet eines deutschen Verwaltungssitzes als Auslandsgesellschaft anzuerkennen ist (BGH v. 19.9.2005 – II ZR 372/03, GmbHR 2005, 1483 = GmbH-StB 2006, 7). Liechtenstein folgt heute der Gründungstheorie (OGH v. 19.7.2005 - 9 CG. 2000137, LES 2006, 250). Die liechtensteinische GmbH/AG hat gegenüber einer (gleichfalls anzuerkennenden und möglichen) niederländischen B.V. oder britischen Ltd. den Vorteil, dass sich am Außenauftritt der deutschen KG möglichst wenig ändert. So führt die liechtensteinische GmbH ebenfalls den Rechtsformzusatz „GmbH". Die deutsche KG darf daher ihre bisherige Firmierung als „GmbH & Co. KG" unverändert beibehalten.

M 80–M 90 frei

Vertiefende Recherche

Wichtige Urteile und Erlasse

BAG v. 15.12.2011 – 7 ABR 56/10, NZA 2012, 633: Bei GmbH & Co. KG genügt für die Annahme von Abhängigkeit i.S.v. § 17 AktG (für Zwecke des § 2 Abs. 1 DrittelbG) die mehrheitliche Beteiligung des herrschenden Unternehmens an der Komplementär-GmbH.

BGH v. 6.3.1997 – II ZB 4/96, GmbHR 1997, 705: Die Vorschriften des MitbestG verdrängen bei der GmbH die generelle Kompetenz der Gesellschafterversammlung nur hinsichtlich der Bestellung und der Abberufung der Geschäftsführer.

KG Berlin v. 16.10.2015 – 14 W 89/15, AG 2015, 872 – „TUI": EuGH-Vorlage zur Vereinbarkeit des auf in Deutschland beschäftigte Arbeitnehmer beschränkten aktiven und passiven Wahlrechts zum Aufsichtsrat mit Art. 18 AEUV (Diskriminierungsverbot) und Art. 45 AEUV (Freizügigkeit der Arbeitnehmer).

OLG Celle v. 9.10.2014 – 9 W 116/14, ZIP 2015, 123 (zur KGaA): Zwischen einer GmbH & Co. KG und ihrer Komplementärin besteht nicht ohne weiteres ein Konzernverhältnis i.S.d. § 5 MitbestG.

OLG Stuttgart v. 30.3.1995 – 8 W 355/93, ZIP 1995, 1004 = GmbHR 1995, 530 (Ls.): Deutsche Zwischenholding-GmbH ist bei ausländischer Konzernmutter gemäß § 5 Abs. 3 MitbestG mitbestimmungspflichtig, auch wenn sie nur Kommanditistin einer Auslandsgesellschaft & Co. KG ist.

OLG Bremen v. 30.4.1980 – 1 W 3/80, GmbHR 1981, 41: Komplementär-AG mitbestimmungsfrei, wenn Alleinkommanditist dort lediglich Minderheitsaktionär ist.

OLG Celle v. 30.8.1979 – 9 Wx 8/78, OLGZ 1980, 136: Mitbestimmungspflicht der Komplementär-GmbH denkbar, obwohl Alleingesellschafter der Komplementär-GmbH nicht mehrheitlich an KG beteiligt war.

LG Frankfurt a.M. v. 16.2.2015 – 3–16 O 1/14, ZIP 2015, 634: Arbeitnehmer ausländischer Konzerntöchter sind für den mitbestimmungsrechtlichen Schwellenwert mitzuzählen (so dass bei der Deutschen Börse AG mit 1600 Arbeitnehmern in Deutschland und weiteren 1700 Arbeitnehmern im EU-Ausland ein paritätisch mitbestimmter Aufsichtsrat einzurichten sei).

Musterformulierungen

Fuhrmann/Wälzholz, Formularbuch Gesellschaftsrecht, 2. Aufl. 2015, M 2.1 f. (Satzungen mitbestimmter AGs)

Meister/Klöcker in Münchener Vertragshandbuch, Band 1, 7. Aufl. 2011, IV.29 und IV.30 (Gesellschaftsvertrag einer GmbH mit Aufsichtsrat gemäß DrittelbG/MitbestG)

Weitere Stichwörter

→ *AG/SE & Co. KG*; → *Auslandsgesellschaft & Co. KG*; → *Konzernbaustein GmbH & Co. KG*; → *Stiftung & Co. KG*

Mitunternehmerinitiative und -risiko

Ausgewählte Literatur: *Bodden*, Einkünftequalifikation bei Mitunternehmern, 2001; *Bodden*, 4 Thesen zur Neuorientierung bei der Besteuerung von Personengesellschaften, FR 2002, 559; *Fischer*, Mitunternehmerschaft des „angestellten Komplementärs" – zugleich Besprechung des Urteils des Bundesfinanzhofs vom 11.6.1985, VIII R 252/80, BB 1985, 2094; *Frotscher*, § 15 EStG Rz. 316 ff. (Stand: Nov. 2012); *Haep* in Herrmann/Heuer/Raupach, EStG/KStG, § 15 EStG Rz. 300 ff. (Stand: März 2015); *Karl*, Die Mitunternehmerstellung der Komplementär-GmbH – Zugleich Besprechung des BMF-Schreibens vom 16.11.2007, BB 2010, 1311; *Schulze-Osterloh*, Der atypische stille Gesellschafter ist der typische stille Gesellschafter!, FS Kruse, 2001, S. 377; *Westerfelhaus*, KG und steuerliche Mitunternehmerschaft – ein ständiges Ringen auch weiterhin, DB 1990, 1531.

1. Mitunternehmereigenschaft

M 91 **Unternehmer |** Der Begriff des Gewerbebetriebs i.S.v. § 15 Abs. 2 EStG erfasst nicht nur die sachlichen Grundlagen des Betriebs, sondern i.V.m. § 15 Abs. 1 Satz 1 Nr. 1 und Nr. 2 EStG auch die Beziehung zu der Person/den Personen, auf dessen/deren Rechnung und Gefahr die gewerbliche Tätigkeit ausgeübt wird (Unternehmer/Mitunternehmer). Eine Personengesellschaft ist nicht i.S.d. Ertragsteuerrechts rechtsfähig und kann deshalb auch nicht Unternehmerin des Betriebs sein. Unternehmer sind vielmehr nur die Gesellschafter, die (mit-)unternehmerisches Risiko tragen und (mit-)unternehmerische Initiative entfalten können, § 15 Abs. 1 Satz 1 Nr. 2 EStG. Sie sind insoweit einem Einzelunternehmer gleichrangig, § 15 Abs. 1 Satz 1 Nr. 1 EStG. Der Mitunternehmer unterscheidet sich von diesem nur dadurch, dass er seine unternehmerische Tätigkeit nicht alleine, sondern zusammen mit anderen (Mit-)Unternehmern in gesellschaftsrechtlicher Verbundenheit ausübt (vgl. BFH v. 3.5.1993 – GrS 3/92, BStBl. II 1993, 616; BFH v. 3.2.2010 – IV R 26/07, BStBl. II 2010, 751, Rz. 24 = GmbHR 2010, 536 m. Anm. *Suchanek* = FR 2010, 628 m. Anm. *Keß* = GmbH-StB 2010, 158).

M 92 **Mitunternehmer |** Mitunternehmer ist, wer zivilrechtlich Gesellschafter einer Personengesellschaft ist oder in wirtschaftlich damit vergleichbaren Gemeinschaftsverhältnissen zusammen mit anderen Personen Mitunternehmerinitiative entfalten kann und Mitunternehmerrisiko trägt (vgl. BFH v. 3.5.1993 – GrS 3/92, BStBl. II 1993, 616; BFH v. 28.10.1999 – VIII R 66–70/97, BStBl. II 2000, 183 = FR 2000, 254 m. Anm. *Kempermann* = GmbHR 2000, 241 = GmbH-StB 2000, 91; *Wacker* in Schmidt, § 15 EStG Rz. 262). Für die Annahme der Mitunternehmerschaft genügt auch ein verdecktes Gesellschaftsverhältnis (vgl. z.B. BFH v. 13.7.1993 – VIII R 50/92, BStBl. II 1994, 282 = GmbHR 1994, 261 = FR 1994, 189 m. Anm. *Schmidt*; BFH v. 1.8.1996 – VIII R 12/94, BStBl. II 1997, 272 = GmbHR 1997, 267 = FR 1997, 179 = GmbH-StB 1997, 56).

M 93 **Verhältnis von Mitunternehmerinitiative und Mitunternehmerrisiko |** Die Merkmale des Mitunternehmerrisikos und der Mitunternehmerinitiative müssen beide (kumulativ) vorliegen, sie können aber im Einzelfall mehr oder weniger stark ausgeprägt sein (vgl. BFH v. 13.7.1993 – VIII R 50/92, BStBl. II 1994, 282 = GmbHR 1994, 261 = FR 1994, 189 m. Anm. *Schmidt*; BFH v. 28.10.1999 – VIII R 66–70/97, BStBl. II 2000, 183 = FR 2000, 254 m. Anm.

Kempermann = GmbHR 2000, 241 = GmbH-StB 2000, 91; BFH v. 25.4.2006 - VIII R 74/03, BStBl. II 2006, 595 = FR 2006, 823 m. Anm. *Kempermann*). Ein schwach ausgeprägtes Mitunternehmerrisiko ist im Einzelfall kompensierbar durch eine stark ausgebildete Mitunternehmerinitiative und umgekehrt (vgl. BFH v. 16.12.1997 - VIII R 32/90, BStBl. II 1998, 480 = FR 1998, 659 = GmbHR 1998, 710 = GmbH-StB 1998, 186; BFH v. 25.4.2006 - VIII R 74/03, BStBl. II 2006, 595 = FR 2006, 823 m. Anm. *Kempermann*; offener Typusbegriff). Beide Merkmale müssen auf dem Gesellschaftsvertrag beruhen (vgl. BFH v. 13.7.1993 - VIII R 50/92, BStBl. II 1994, 282 = GmbHR 1994, 261 = FR 1994, 189 m. Anm. *Schmidt*; strittig vgl. *Wacker* in Schmidt, § 15 EStG Rz. 262).

Minderjährige | Zu den Besonderheiten bei Minderjährigen → *Minderjährige.* M94

2. Mitunternehmerinitiative

Begriff | Mitunternehmerinitiative bedeutet Teilhabe an unternehmerischen Entscheidungen, M95
wie sie z.B. Gesellschaftern oder diesen vergleichbaren Personen als Geschäftsführern, Prokuristen oder anderen leitenden Angestellten obliegen (vgl. BFH v. 25.6.1984 - GrS 4/82, BStBl. II 1984, 751 = FR 1984, 619 = GmbHR 1984, 355; BFH v. 13.7.1993 - VIII R 50/92, BStBl. 1994, 282 = GmbHR 1994, 261 = FR 1994, 189 m. Anm. *Schmidt*; BFH v. 1.8.1996 - VIII R 12/94, BStBl. II 1997, 272 = GmbHR 1997, 267 = FR 1997, 179 = GmbH-StB 1997, 56; H 15.8 [1] „Mitunternehmerinitiative" EStH). Ausreichend ist indes schon die Möglichkeit zur Ausübung von Gesellschafterrechten, die wenigstens den Stimm-, Kontroll- und Widerspruchsrechten angenähert sind, die einem Kommanditisten nach dem HGB (§§ 164, 166 HGB) zustehen oder die den gesellschaftsrechtlichen Kontrollrechten nach § 716 Abs. 1 HGB entsprechen (vgl. BFH v. 25.6.1984 - GrS 4/82, BStBl. II 1984, 751 = FR 1984, 619 = GmbHR 1984, 355; BFH v. 13.7.1993 - VIII R 50/92, BStBl. II 1994, 282 = GmbHR 1994, 261 = FR 1994, 189 m. Anm. *Schmidt*; BFH v. 1.8.1996 - VIII R 12/94, BStBl. II 1997, 272 = GmbHR 1997, 267 = FR 1997, 179 = GmbH-StB 1997, 56; BFH v. 25.4.2006 - VIII R 74/03, BStBl. II 2006, 595; H 15.8 [1] „Mitunternehmerinitiative" EStH; tw. a.A. *Bodden*, FR 2002, 563). Eine tatsächliche Ausübung der Mitwirkungs- und Kontrollrechte ist nicht erforderlich (vgl. BFH v. 24.7.1984 - VIII R 65/84, BStBl. II 1985, 85; BFH v. 8.4.2008 - VIII R 73/05, BStBl. II 2008, 681 = GmbHR 2008, 948 = FR 2008, 1017 m. Anm. *Keß* = GmbH-StB 2008, 191).

Treuhänder, Generalvollmacht | Auch die gemeinsame Ausübung der Gesellschafterrechte M96
über einen Treuhänder kann die Annahme einer Mitunternehmerinitiative rechtfertigen (vgl. BFH v. 16.11.2011 - I R 31/10, BFH/NV 2012, 786). Ebenso kann, ungeachtet einer Weisungsgebundenheit im Innenverhältnis, selbst die einem Rechtsanwalt erteilte Generalvollmacht ggf. dessen Mitunternehmerinitiative begründen (vgl. BFH v. 21.7.2010 - IV R 63/07, BFH/NV 2011, 214, Rz. 29; *Haep* in Herrmann/Heuer/Raupach, EStG/KStG, § 15 EStG Rz. 309 [Stand: März 2015]).

Mitwirkungs- und Kontrollrechte des Kommanditisten | Die Mitwirkungs- und Kontroll- M97
rechte des Kommanditisten in der Form des

- gleichberechtigten Stimmrechts bei der Beschlussfassung der Gesellschaft (§ 161 Abs. 2 i.V.m. § 119 HGB),

- Rechts zum Widerspruch gegen Handlungen der persönlich haftenden Gesellschafter, die über den gewöhnlichen Betrieb des Handelsgewerbes der Gesellschaft hinausgehen (§ 164 HGB), und des
- Rechts auf Mitteilung des Jahresabschlusses und Einsichtnahme in die Bücher und Papiere (§ 166 HGB)

bilden den Maßstab für die Beurteilung einer ausreichenden Mitunternehmerinitiative. Denn die Kommanditisten sind zwar von der Geschäftsführung gemäß § 164 Satz 1 HGB ausgeschlossen, dennoch erzielen sämtliche Gesellschafter einer KG nach § 15 Abs. 1 Satz 1 Nr. 2 EStG Einkünfte aus Gewerbebetrieb (vgl. *Haep* in Herrmann/Heuer/Raupach, EStG/KStG, § 15 EStG Rz. 310 [Stand: März 2015]), so dass auch Kommanditisten grundsätzlich Mitunternehmerinitiative entfalten. Die Komplementär-GmbH (→ *Komplementär-GmbH*) verfügt aufgrund ihrer Geschäftsführungsbefugnis und Befugnis zur Vertretung der KG über Mitunternehmerinitiative (vgl. BFH v. 25.4.2006 – VIII R 74/03, BStBl. II 2006, 595 = FR 2006, 823 m. Anm. *Kempermann*). Selbst wenn sie von der Geschäftsführung ausgeschlossen ist, kann ihr die Befugnis zur Vertretung der KG gemäß § 170 HGB nicht entzogen werden, so dass sie Mitunternehmerinitiative entfaltet (vgl. BFH v. 9.2.1999 – VIII R 43/98, BFH/NV 1999, 1196 = FR 1999, 792; BFH v. 25.4.2006 – VIII R 74/03, BStBl. II 2006, 595 = FR 2006, 823 m. Anm. *Kempermann*; a.A. *Karl*, BB 2010, 1311). Auch wenn sich die Komplementär-GmbH im Innenverhältnis verpflichtet, von ihrer Vertretungsmacht keinen Gebrauch zu machen (sog. angestellter Komplementär), ist dies für die Entfaltung ihrer Mitunternehmerinitiative unschädlich (vgl. BFH v. 11.6.1985 – VIII R 252/80, BStBl. II 1987, 33 = FR 1985, 621 = GmbHR 1986, 68; BFH v. 14.8.1986 – IV R 131/84, BStBl. II 1987, 60 = FR 1987, 14 = GmbHR 1987, 118; kritisch *Kauffmann* in Frotscher, § 15 EStG Rz. 344 [Stand: Nov. 2012]).

M 98 **Stimmrecht gemäß § 161 Abs. 2 i.V.m. § 119 Abs. 1 HGB** | Nach dem Einstimmigkeitsprinzip des § 161 Abs. 2 i.V.m. § 119 Abs. 1 HGB müssen Beschlüsse der Gesellschafterversammlung (→ *Gesellschafterversammlung*) grundsätzlich einstimmig erfolgen (→ *Stimmrecht und Stimmbindung*). Die vom Regelstatut abweichende Vereinbarung einer allgemeinen Mehrheitsklausel schließt die Mitunternehmerinitiative für die Minderheitsgesellschafter jedoch nicht aus, zumindest solange diese lediglich die laufende Geschäftsführung der Gesellschaft betrifft und das Widerspruchsrecht nach § 164 HGB nicht ausgeschlossen ist (vgl. BFH v. 7.11.2000 – VIII R 16/97, BStBl. II 2001, 186 = FR 2001, 193 m. Anm. *Kempermann* = GmbHR 2001, 152 m. Anm. *Bickenbach*; vgl. *Haep* in Herrmann/Heuer/Raupach, EStG/KStG, § 15 EStG Rz. 311 [Stand: März 2015]).

M 99 **Beteiligung an Grundlagengeschäften** | Für die Begründung der Mitunternehmerinitiative ist die Möglichkeit zur Beteiligung an sog. Grundlagengeschäften ausreichend, also Geschäften, die die Rechtsbeziehungen der Gesellschafter untereinander verändern (z.B. Feststellung des Jahresabschlusses, Entscheidung über die Gewinnverwendung, vgl. BFH v. 16.12.2009 – II R 44/08, BFH/NV 2010, 690 = GmbHR 2010, 499; *Haep* in Herrmann/Heuer/Raupach, EStG/KStG, § 15 EStG Rz. 311 [Stand: März 2015]).

M 100 **Widerspruchsrecht gemäß § 164 HGB** | Nach § 164 HGB können Kommanditisten Handlungen der persönlich haftenden Gesellschafter widersprechen, wenn diese über den gewöhnlichen Betrieb des Handelsgewerbes hinausgehen. Ein gesellschaftsvertraglicher Ausschluss des Widerspruchsrechts nach § 164 HGB ist keine wesentliche Einschränkung der Möglichkeit zur Entfaltung von Mitunternehmerinitiative, weil ein Kommanditist seine Mitunternehmerinitiative im Wesentlichen durch die Ausübung der ihm zustehenden Kontrollrechte und die

Ausübung seiner Stimmrechte in der Gesellschafterversammlung ausübt (vgl. BFH v. 10.11. 1987 – VIII R 166/84, BStBl. II 1989, 758 = FR 1988, 248 = GmbHR 1988, 239; Nichtanwendungserlass hierzu BMF v. 5.10.1989 – IV B 2 - S 2241 - 48/89, BStBl. I 1989, 758; BFH v. 27.1. 1994 – IV R 114/91, BStBl. II 1994, 635 = FR 1994, 508; BFH v. 2.7.1998 – IV R 90/96, BFH/NV 1999, 754; gl.A. *Westerfelhaus*, DB 1990, 1534; *Haep* in Herrmann/Heuer/Raupach, EStG/KStG, § 15 EStG Rz. 312 [Stand: März 2015], die eine Beschlussfassung über außergewöhnliche Geschäfte durch die Gesellschafterversammlung als gleichwertig beurteilen; kritisch *Schulze-Osterloh* in FS Kruse, 2001, S. 391 f.; *Bodden*, FR 2002, 563). Bei Publikums-KGs (→ *Publikums-KG*) ist die Bildung einer Kommanditistenvertretung oder eines Beirats (→ *Beirat*) sinnvoll, auf den u.a. das Widerspruchsrecht nach § 164 HGB ohne schädliche Auswirkungen für die Mitunternehmerinitiative übertragen wird (vgl. BFH v. 10.12.1992 – XI R 45/88, BStBl. II 1993, 538 = FR 1993, 513; BFH v. 2.7.1998 – IV R 90/96, BFH/NV 1999, 754; *Haep* in Herrmann/Heuer/Raupach, EStG/KStG, § 15 EStG Rz. 312 [Stand: März 2015] m.w.N.).

Ausschluss des Widerspruchsrechts | Der Ausschluss des Widerspruchrechts führt nur in Verbindung mit der Einschränkung des Stimmrechts (§ 161 Abs. 2 i.V.m. § 119 HGB) im Gesellschaftsvertrag zum Verlust von Mitunternehmerinitiative. Während die Vereinbarung einer allgemeinen Mehrheitsklausel der Mitunternehmerinitiative der Minderheitsgesellschafter nicht entgegensteht (vgl. BFH v. 7.11.2000 – VIII R 16/97, BStBl. II 2001, 186 = FR 2001, 193 m. Anm. *Kempermann* = GmbHR 2001, 152 m. Anm. *Bickenbach*), schließt die Vereinbarung einer umfassenden Mehrheitsklausel und der Ausschluss des Widerspruchsrechts gemäß § 164 HGB deren Mitunternehmerinitiative aus (vgl. BFH v. 11.10.1988 – VIII R 328/83, BStBl. II 1989, 762 = FR 1989, 307 = GmbHR 1989, 264; BFH v. 11.7.1989 – VIII R 41/84, BFH/NV 1990, 92; *Haep* in Herrmann/Heuer/Raupach, EStG/KStG, § 15 EStG Rz. 311 [Stand: März 2015]). Dem Ausschluss des Stimmrechts steht gleich, wenn Kommanditisten in keinem Fall den Komplementär als Mehrheitsgesellschafter an einer Beschlussfassung hindern können, z.B. auch dann nicht, wenn es um die Änderung der Satzung oder die Auflösung der Gesellschaft geht (vgl. BFH v. 11.10.1988 – VIII R 328/83, BStBl. II 1989, 762 = FR 1989, 307 = GmbHR 1989, 264; H 15.8 (1) „Mitunternehmerinitiative“ EStH). M 101

Kontrollrecht gemäß § 166 HGB | Gemäß § 166 HGB kann der Kommanditist eine Abschrift des Jahresabschlusses verlangen und dessen Richtigkeit unter Einsicht der Bücher und Papiere prüfen. Darüber hinaus kann auf Antrag eines Kommanditisten das Gericht, wenn wichtige Gründe vorliegen, die Mitteilung einer Bilanz und eines Jahresabschlusses oder sonstiger Aufklärungen sowie die Vorlegung der Bücher und Papiere jederzeit anordnen. Über ein Informationsrecht über die laufende Geschäftsführung verfügen die Kommanditisten in der Regel nicht (vgl. *Kauffmann* in Frotscher, § 15 EStG Rz. 341 [Stand: Nov. 2012]). Das Kontrollrecht des § 166 HGB ist unter dem Gesichtspunkt der Beteiligung an den Unternehmensentscheidungen im Vergleich zu den Stimm- und Widerspruchsrechten von geringerem Gewicht und kann allein keine Mitunternehmerinitiative begründen (vgl. BFH v. 11.10.1988 – VIII R 328/83, BStBl. II 1989, 762 = FR 1989, 307 = GmbHR 1989, 264; tw. abweichend noch BFH v. 30.7.1975 – I R 174/73, BStBl. II 1975, 818; BFH v. 10.11.1987 – VIII R 166/84, BStBl. II 1989, 758 = FR 1988, 248 = GmbHR 1988, 239). M 102

Die handelsrechtlichen Regelungen für den Kommanditisten sind nicht zwingend, so dass ggf. auch die beiden folgenden Kontrollrechte für die Beurteilung der Mitunternehmerinitiative bedeutsam sein können. M 103

M 104 **Kontrollrecht gemäß § 716 BGB** | Nach § 716 Abs. 1 BGB können sich die von der Geschäftsführung ausgeschlossenen Gesellschafter einer GbR persönlich von den Angelegenheiten der Gesellschaft unterrichten, können die Geschäftsbücher und Papiere der Gesellschaft einsehen und sich aus ihnen eine Übersicht über den Stand des Gesellschaftsvermögens anfertigen. Das Kontrollrecht gemäß § 716 BGB beinhaltet kein Widerspruchsrecht gegen Handlungen der geschäftsführenden Gesellschafter, dafür aber einen Anspruch auf persönliche Unterrichtung über die Angelegenheiten der Gesellschaft (vgl. *Haep* in Herrmann/Heuer/Raupach, EStG/KStG, § 15 EStG Rz. 314 [Stand: März 2015]). Die Kontrollrechte des § 716 BGB reichen zur Begründung der Mitunternehmerinitiative aus (vgl. BFH v. 19.2.1981 – IV R 152/76, BStBl. II 1981, 602 = FR 1981, 415; BFH v. 25.6.1984 – GrS 4/82, BStBl. II 1984, 751 = FR 1984, 619 = GmbHR 1984, 355; BFH v. 8.4.2008, VIII R 73/05, BStBl. II 2008, 681 = GmbHR 2008, 948 = FR 2008, 1017 m. Anm. *Keß* = GmbH-StB 2008, 191).

M 105 **Kontrollrecht des stillen Gesellschafters gemäß § 233 HGB** | Bei einer atypisch stillen Gesellschaft ist eine Mitunternehmerinitiative gegeben, wenn der stille Gesellschafter annähernd die Rechte hat, die einem stillen Gesellschafter nach dem Regelstatut des HGB zustehen. Dabei handelt es sich im Wesentlichen um die Einsicht- und Kontrollrechte des § 233 HGB (vgl. BFH v. 11.12.1990 – VIII R 122/86, GmbHR 1991, 337 = FR 1991, 236; a.A. *Haep* in Herrmann/Heuer/Raupach, EStG/KStG, § 15 EStG Rz. 315 [Stand: März 2015]).

3. Mitunternehmerrisiko

M 106 **Begriff** | Mitunternehmerrisiko bedeutet gesellschaftsrechtliche Teilhabe am Erfolg oder Misserfolg eines Unternehmens. Dieses Risiko wird regelmäßig durch Beteiligung am Gewinn und Verlust sowie an den stillen Reserven des Gesellschaftsvermögens einschließlich des Geschäftswerts vermittelt (vgl. z.B. BFH v. 1.8.1996 – VIII R 12/94, BStBl. II 1997, 272 = GmbHR 1997, 267 = FR 1997, 179 = GmbH-StB 1997, 56; BFH v. 28.10.1999 – VIII R 66–70/97, BStBl. II 2000, 183 m.w.N. = FR 2000, 254 m. Anm. *Kempermann* = GmbHR 2000, 241 = GmbH-StB 2000, 91; H 15.8 [1] „Mitunternehmerrisiko“ EStH). Je nach den Umständen des Einzelfalls können jedoch auch andere Gesichtspunkte, z.B. eine besonders ausgeprägte unternehmerische Initiative, verbunden mit einem bedeutsamen Beitrag zur Kapitalausstattung des Unternehmens in den Vordergrund treten (vgl. BFH v. 27.2.1980 – I R 196/77, BStBl. II 1981, 210; H 15.8 [1] „Mitunternehmerrisiko“ EStH). Ein Kommanditist trägt ein solches Mitunternehmerrisiko, wenn er nach Maßgabe der handelsrechtlichen Vorschriften am laufenden Gewinn und Verlust und im Fall seines Ausscheidens oder der Liquidation der Gesellschaft auch an den stillen Reserven beteiligt ist (vgl. BFH v. 25.6.1984 – GrS 4/82, BStBl. II 1984, 751 = FR 1984, 619 = GmbHR 1984, 355). Für die Annahme eines ausreichenden Mitunternehmerrisikos eines Kommanditisten genügt es möglicherweise, wenn er im Fall der Auflösung der KG an den stillen Reserven und dem Geschäftswert beteiligt wird (vgl. BFH v. 10.11.1987 – VIII R 166/84, BStBl. II 1989, 758 = FR 1988, 248 = GmbHR 1988, 239; FG Münster v. 19.6.2008 – 3 K 1086/06 Erb, EFG 2008, 1733, rkr.; a.A. FG Köln v. 14.11.2006 – 9 K 2612/04, EFG 2007, 273, nachgehend BFH v. 30.11.2009 – II R 70/06, BFH/NV 2010, 900 = GmbHR 2010, 615; *Haep* in Herrmann/Heuer/Raupach, EStG/KStG, § 15 EStG Rz. 322 [Stand: März 2005]). Eine Umsatzbeteiligung genügt hierfür nicht, es sei denn, dass die Abrede wie eine Gewinnbeteiligung wirkt (vgl. BFH v. 18.4.2000 – VIII R 68/98, BStBl. II 2001, 359 = FR 2000, 1033 m. Anm. *Wendt*).

Erfordernis einer Gewinnbeteiligung | Ein Kommanditist, der nicht am laufenden oder am Gesamtgewinn der Gesellschaft beteiligt ist, ist nicht Mitunternehmer. Ein Kommanditist, der nach dem Gesellschaftsvertrag nur eine übliche Verzinsung seiner Kommanditeinlage erhält und auch an den stillen Reserven des Anlagevermögens einschließlich des Geschäftswerts nicht beteiligt ist, ist deshalb auch dann nicht Mitunternehmer, wenn seine gesellschaftsrechtlichen Mitwirkungsrechte denjenigen eines Kommanditisten entsprechen. Ein solcher Kommanditist bezieht keine Einkünfte aus Gewerbebetrieb, sondern als Darlehensgeber Einkünfte aus Kapitalvermögen (vgl. BFH v. 28.10.1999 – VIII R 66–70/97, BStBl. II 2000, 183 m.w.N. = FR 2000, 254 m. Anm. *Kempermann* = GmbHR 2000, 241 = GmbH-StB 2000, 91; H 15.8 [1] „Mitunternehmerrisiko" EStH). M 107

Kein Erfordernis einer Gewinnbeteiligung für den Komplementär | Eine Ausnahme gilt für den Komplementär, dessen Mitunternehmerstellung nicht dadurch ausgeschlossen wird, dass er weder am Gewinn und Verlust noch am Vermögen der KG teilhat. Die fehlende Beteiligung am Gewinn und Verlust des Unternehmens hat zwar zur Folge, dass das Mitunternehmerrisiko auf die unbeschränkte Haftung für die Schulden der KG begrenzt ist (→ *Haftung des Komplementärs*) und damit selbst unter Berücksichtigung des Anspruchs auf eine zumeist feste Haftungsvergütung (→ *Komplementär-GmbH Rz. K 31*) die Regelanforderungen an das Vorliegen eines mitunternehmerischen Risikos nicht erfüllt werden. Letzteres wird jedoch durch eine starke Ausprägung der Initiativrechte kompensiert, wenn dem Komplementär entweder das Vertretungsrecht nach § 170 HGB nicht entzogen werden kann oder ihm aufgrund seiner Geschäftsführungsbefugnis nach §§ 164, 161 Abs. 2 i.V.m. § 114 HGB das Recht zusteht, typische unternehmerische Entscheidungen zu treffen. Dies gilt auch im Fall einer im Innenverhältnis wirkenden Haftungsfreistellung des Komplementärs durch die Mitgesellschafter, weil auch der Freistellungsanspruch mit Bonitätsrisiken des Freistellungsverpflichteten verknüpft ist (vgl. BFH v. 25.4.2006 – VIII R 74/03, BStBl. II 2006, 595 = FR 2006, 823 m. Anm. *Kempermann*; BFH v. 4.4.2007 – IV B 143/05, BFH/NV 2007, 1848; BFH v. 10.5.2007 – IV R 2/05, BStBl. II 2007, 927; BFH v. 10.10.2012 – VIII R 42/10, BStBl. II 2013, 79 = FR 2013, 281 m. Anm. *Kempermann* = GmbHR 2013, 159 m. Anm. *Karl* = GmbH-StB 2013, 70 sowie bereits BFH v. 11.6.1985 – VIII R 252/80, BStBl. II 1987, 33 = FR 1985, 621 = GmbHR 1986, 68; H 15.8 [1] „Komplementär" EStH; *Fischer*, BB 1986, 783; a.A. *Kauffmann* in Frotscher, § 15 EStG Rz. 345 [Stand: Nov. 2012]). M 108

Folgen eines nicht nennenswerten Haftungsrisikos | Eine Haftung führt nur dann ausnahmsweise nicht zu Mitunternehmerrisiko, wenn das Unternehmen durch die persönliche Arbeitsleistung geprägt wird und einen nur geringen Kapitaleinsatz erfordert, so dass mit den Geschäftsabschlüssen kein nennenswertes wirtschaftliches Verlustrisiko und damit auch kein nennenswertes Haftungsrisiko verbunden ist (vgl. BFH v. 25.4.2006 – VIII R 74/03, BStBl. II 2006, 595 = FR 2006, 823 m. Anm. *Kempermann*, mit Verweis auf BFH v. 4.11. 2004 – III R 21/02, BStBl. II 2005, 168). M 109

Ausschluss oder Beschränkung einer Verlustbeteiligung | Eine fehlende Beteiligung am Verlust steht der Annahme eines Mitunternehmerrisikos grundsätzlich nicht entgegen, weil auch ein atypisch stiller Gesellschafter nicht notwendig am Verlust des Unternehmens teilhat, § 231 Abs. 2 HGB (vgl. BFH v. 16.12.1997 – VIII R 32/90, BStBl. II 1998, 480 = FR 1998, 659 = GmbHR 1998, 710 = GmbH-StB 1998, 186). Durch eine solche Abrede wird das Mitunternehmerrisiko wesentlich vermindert, so dass in Verbindung mit anderen Umständen die Annahme einer Mitunternehmerschaft zu verneinen sein könnte (vgl. BFH v. 25.6.1981 – IV R 61/78, BStBl. II 1982, 59 = FR 1982, 69). Eine Beschränkung der Verlustbeteiligung auf die M 110

Einlage ist unschädlich, denn auch ein Kommanditist nimmt nur bis zur Höhe seiner Einlage am Verlust der Gesellschaft teil (vgl. BFH v. 22.8.2002 – IV R 6/01, BFH/NV 2003, 36) (→ *Haftung des Kommanditisten*).

M 111 **Beteiligung an den stillen Reserven und am Geschäftswert** | Das Mitunternehmerrisiko setzt eine Beteiligung an den stillen Reserven und am Geschäftswert voraus. Die stillen Reserven können im Gesamthandsvermögen oder im Sonderbetriebsvermögen des betreffenden Mitunternehmers gebildet worden sein (vgl. BFH v. 6.5.1986 – VIII R 300/82, BStBl. II 1986, 891 = FR 1986, 572 = GmbHR 1987, 114). Die Zurechnung eines Geschäftswerts zu einem einzigen Gesellschafter ist denkbar (vgl. BFH v. 12.11.1985 – VIII R 364/83, BStBl. II 1986, 311 = FR 1986, 244 = GmbHR 1986, 363; *Haep* in Herrmann/Heuer/Raupach, EStG/KStG, § 15 EStG Rz. 324 [Stand: März 2015]). Eine (fehlende) Vereinbarung über die Beteiligung an den stillen Reserven ist unerheblich, wenn die stillen Reserven im Rahmen der Struktur des Unternehmens für den Gesellschafter belanglos sind (vgl. BFH v. 5.6.1986 – IV R 272/84, BStBl. II 1986, 802 = FR 1986, 536 = GmbHR 1987, 116). Ein Gesellschafter trägt nur dann Mitunternehmerrisiko, wenn der Gesellschaftsvertrag eine Beteiligung an den stillen Reserven vorsieht und mehr als eine rein theoretische, nur durch außergewöhnliche Glücksfälle realisierbare Möglichkeit besteht, dass stille Reserven entstehen können (vgl. BFH v. 22.1.1981 – IV B 41/80, BStBl. II 1981, 424 = FR 1981, 334; BFH v. 18.2.1993 – IV R 132/91, BFH/NV 1993, 647 = GmbHR 1993, 837). Allerdings ist diese Ausnahme eng auszulegen, da sie für den Fall einer Abschreibungsgesellschaft entwickelt wurde (vgl. *Haep* in Herrmann/Heuer/Raupach, EStG/KStG, § 15 EStG Rz. 324 [Stand: März 2015]).

M 112 **Buchwertklausel** | Eine Beteiligung an den stillen Reserven und am Geschäftswert ist grundsätzlich nur für den Fall erforderlich, dass der Gesellschafter nicht auf eigene Initiative aus der Gesellschaft ausscheidet oder die Gesellschaft aufgelöst wird (vgl. *Haep* in Herrmann/Heuer/Raupach, EStG/KStG, § 15 EStG Rz. 324 [Stand: März 2015]). So wird die Mitunternehmerstellung eines Kommanditisten nicht aberkannt, wenn dieser aufgrund einer eigenen Kündigung der Gesellschaft vorzeitig ausscheidet und sich sein Abfindungsanspruch nach dem Buchwert der Kapitalanteile ermittelt (sog. Buchwertklausel) (vgl. BFH v. 24.1.1980 – IV R 156–157/78, BStBl. II 1980, 271 = FR 1980, 272 = GmbHR 1980, 195; BFH v. 10.11.1987 – VIII R 166/84, BStBl. II 1989, 758 = FR 1988, 248 = GmbHR 1988, 239; BFH v. 16.12.1997 – VIII R 32/90, BStBl. II 1998, 480 = FR 1998, 659 = GmbHR 1998, 710 = GmbH-StB 1998, 186; BFH v. 7.11.2000 – VIII R 16/97, BStBl. II 2001, 186 = FR 2001, 193 m. Anm. *Kempermann* = GmbHR 2001, 152 m. Anm. *Bickenbach*; *Haep* in Herrmann/Heuer/Raupach, EStG/KStG, § 15 EStG Rz. 324 [Stand: März 2015]).

M 113 **Sonderfälle** | Ein Gesellschafter ist ausnahmsweise auch dann Mitunternehmer, wenn er nicht an den stillen Reserven beteiligt ist (vgl. *Haep* in Herrmann/Heuer/Raupach, EStG/KStG, § 15 EStG Rz. 324 [Stand: März 2015]):

- Bei einem persönlich haftenden Gesellschafter einer KG bejaht der BFH das Vorliegen von Mitunternehmerrisiko, wenn dieser zwar am laufenden Gewinn, aber weder am Verlust noch an den stillen Reserven beteiligt ist, da der Komplementär bereits aufgrund seiner unbeschränkten und unabdingbaren Außenhaftung gegenüber den Gläubigern der KG Mitunternehmerrisiko trage (vgl. BFH v. 14.8.1986 – IV R 131/84, BStBl. II 1987, 60 = FR 1987, 14 = GmbHR 1987, 118; BFH v. 11.12.1986 – IV R 222/84, BStBl. II 1987, 553 = FR 1987, 258 = GmbHR 1987, 489; BFH v. 11.12.1990 – VIII R 122/86, GmbHR 1991, 337 = FR 1991, 236; BFH v. 9.2.1999 – VIII R 43/98, BFH/NV 1999, 1196 = FR 1999, 792; BFH v. 4.11.2004 – III R 21/02, BStBl. II 2005, 168; H 15.8 [1] „Komplementär" EStH);

- bei hoher Beteiligung am laufenden Gewinn (vgl. BFH v. 18.4.2000 – VIII R 68/98, BStBl. II 2001, 359 = FR 2000, 1033 m. Anm. *Wendt*);
- bei besonders stark ausgeprägter Mitunternehmerinitiative (z.B. Geschäftsführung, Mitspracherechte; vgl. BFH v. 28.1.1982 – IV R 197/79, BStBl. II 1982, 389 = FR 1982, 332; BFH v. 11.12.1990 – VIII R 122/86, GmbHR 1991, 337 = FR 1991, 236; BFH v. 16.12. 1997 – VIII R 32/90, BStBl. II 1998, 480 = FR 1998, 659 = GmbHR 1998, 710 = GmbH-StB 1998, 186); bloße faktische Einflussmöglichkeiten sind nicht ausreichend (vgl. BFH v. 9.12.2002 – VIII R 20/01, BFH/NV 2003, 601);
- bei Beteiligung an einem Unternehmen, das über keine stillen Reserven und keinen Geschäftswert verfügt und auch zukünftig mit an Sicherheit grenzender Wahrscheinlichkeit nicht bilden wird (vgl. BFH v. 18.2.1993 – IV R 132/91, BFH/NV 1993, 647 = GmbHR 1993, 837; BFH v. 23.4.2009 – IV R 73/06, BStBl. II 2010, 40 = FR 2009, 1135 m. Anm. *Kanzler* = GmbH-StB 2009, 239);
- bei Untergang eines möglichen Geschäftswerts bei Beendigung der Gesellschaft (vgl. BFH v. 18.4.2000 – VIII R 68/98, BStBl. II 2001, 359 = FR 2000, 1033 m. Anm. *Wendt*).

Entnahmerechte bei Schenkungen | Ein Mitunternehmerrisiko des Beschenkten wird ausgeschlossen, wenn sich ein Schenker umfassende Entnahmerechte vorbehält, da so dem Beschenkten die stillen Reserven entzogen werden können (vgl. FG Rheinland-Pfalz v. 27.4. 2006 – 4 K 2163/03, EFG 2007, 1792; nachgehend BFH v. 10.12.2008 – II R 33/07, n.v., juris, Rz. 17; *Haep* in Herrmann/Heuer/Raupach, EStG/KStG, § 15 EStG Rz. 324 [Stand: März 2015]). M 114

Befristete Beteiligung | Rechtsprechung und Finanzverwaltung verneinen mit Blick auf Verlustzuweisungsgesellschaften das Mitunternehmerrisiko eines Kommanditisten, wenn wegen der zeitlichen Befristung der Beteiligung eine Teilhabe an der von der Gesellschaft beabsichtigten Betriebsvermögensmehrung in Form eines entnahmefähigen laufenden Gewinns oder eines die Einlage übersteigenden Abfindungsguthabens oder eines Gewinns aus der Veräußerung des Gesellschaftsanteils nicht zu erwarten ist (vgl. BFH v. 25.6.1984 – GrS 4/82, BStBl. II 1984, 751 = FR 1984, 619 = GmbHR 1984, 355; H 15.1 [1] „Mitunternehmerrisiko" EStH). Dies gilt insbesondere für eine von vornherein laut Gesellschaftsvertrag kurz befristete Gesellschafterstellung (vgl. BayObLG v. 9.11.1989 – BReg 3 Z 17/89, DB 1990, 168). Ob für das Merkmal Mitunternehmerrisiko neben der objektiven Möglichkeit zur Teilhabe an einer Betriebsvermögensmehrung als subjektives Element eine Gewinnerzielungsabsicht des Gesellschafters gefordert werden kann, beantwortet die Rechtsprechung unterschiedlich. Der GrS des BFH stellt allein auf das objektive Element ab (vgl. BFH v. 25.6.1984 – GrS 4/82, BStBl. II 1984, 751 = FR 1984, 619 = GmbHR 1984, 355; gl.A. BFH v. 1.7.2010 – IV R 100/06, BFH/NV 2010, 2056, Rz. 45 = GmbHR 2010, 1168 = GmbH-StB 2010, 316; a.A. BFH v. 23.4.1999 – IV B 149/98, BFH/NV 1999, 1336; BFH v. 24.1.2001 – VIII B 59/00, BFH/NV 2001, 895). Ist eine Gewinnerzielung objektiv etwa aufgrund einer Fehlinvestition nicht möglich, gefährdet auch eine befristete Beteiligung die Mitunternehmerstellung nicht (vgl. *Haep* in Herrmann/Heuer/Raupach, EStG/KStG, § 15 EStG Rz. 326 [Stand: März 2015]). M 115

Vertiefende Recherche

Wichtige Urteile und Erlasse

BFH v. 10.10.2012 – VIII R 42/10, BStBl. II 2013, 79: Mitunternehmerstellung der Komplementär-GmbH.

BFH v. 16.11.2011 – I R 31/10, BFH/NV 2012, 786: Mitunternehmerinitiative bei gemeinsamer Ausübung der Gesellschafterrechte über einen Treuhänder.

BFH v. 21.7.2010 – IV R 63/07, BFH/NV 2011, 214: Mitunternehmerinitiative bei Vollmachterteilung.

BFH v. 1.7.2010 – IV R 100/06, BFH/NV 2010, 2056: Fehlendes Mitunternehmerrisiko trotz vertraglicher Beteiligung an Wertsteigerungen des Betriebsvermögens.

BFH v. 3.2.2010 – IV R 26/07, BStBl. II 2010, 751: Treuhandmodell, Voraussetzungen der Mitunternehmereigenschaft gemäß § 15 Abs. 1 Satz 1 Nr. 2 EStG.

BFH v. 16.12.2009 – II R 44/08, BFH/NV 2010, 690: Begründung von Mitunternehmerinitiative bei Beteiligung an sog. Grundlagengeschäften.

BFH v. 30.11.2009 – II R 70/06, BFH/NV 2010, 900: Mitunternehmerrisiko eines Kommanditisten bei Beteiligung an den stillen Reserven und dem Geschäftswert im Fall der Auflösung der KG.

BFH v. 23.4.2009 – IV R 73/06, BStBl. II 2010, 40: Entbehrlichkeit der Beteiligung an den stillen Reserven bei Nichtvorhandensein stiller Reserven und eines Geschäftswerts.

BFH v. 10.12.2008 – II R 33/07, n.v., juris: Mitunternehmerinitiative des Beschenkten bei Schenkung einer Gesellschaftsbeteiligung unter Nießbrauchsvorbehalt i.V.m. Stimmrechtsvollmacht.

BFH v. 8.4.2008 – VIII R 73/05, BStBl. II 2008, 681: Kontrollrechte des § 716 BGB zur Begründung von Mitunternehmerinitiative, keine Erforderlichkeit einer tatsächlichen Ausübung der Mitwirkungs- und Kontrollrechte.

BFH v. 10.5.2007 – IV R 2/05, BStBl. II 2007, 927: Mitunternehmerrisiko des Komplementärs bei dessen Haftungsfreistellung durch die Mitgesellschafter, (Mit-)Unternehmereigenschaft des Betriebsinhabers bei stiller Beteiligung an seinem Unternehmen in Form einer BGB-Innengesellschaft.

BFH v. 4.4.2007 – IV B 143/05, BFH/NV 2007, 1848: Mitunternehmerrisiko des Komplementärs bei dessen Haftungsfreistellung durch die Mitgesellschafter.

BFH v. 25.4.2006 – VIII R 74/03, BStBl. II 2006, 595: Kein Ausschluss der Mitunternehmerstellung des Komplementärs durch Nichtbeteiligung am Gewinn und Verlust der KG und an deren Vermögen, Mitunternehmerinitiative der Komplementär-GmbH aufgrund ihrer Geschäftsführungsbefugnis und Befugnis zur Vertretung der KG, kein Mitunternehmerrisiko bei Geschäftsabschlüssen ohne nennenswertes wirtschaftliches Verlustrisiko und damit ohne nennenswertes Haftungsrisiko.

BFH v. 4.11.2004 – III R 21/02, BStBl. II 2005, 168: Mitunternehmerrisiko des Komplementärs aufgrund seiner unbeschränkten und unabdingbaren Außenhaftung, kein Mitunternehmerrisiko bei Geschäftsabschlüssen ohne nennenswertes wirtschaftliches Verlustrisiko und damit ohne nennenswertes Haftungsrisiko.

BFH v. 9.12.2002 – VIII R 20/01, BFH/NV 2003, 601: Mitunternehmerstellung eines stillen Gesellschafters.

BFH v. 22.8.2002 – IV R 6/01, BFH/NV 2003, 36: Mitunternehmerrisiko eines stillen Gesellschafters bei Beteiligung an stillen Reserven und Firmenwert.

BFH v. 24.1.2001 – VIII B 59/00, BFH/NV 2001, 895: Mitunternehmerstellung des stillen Gesellschafters, Mitunternehmerrisiko, objektive Möglichkeit zur Teilhabe an einer Betriebsvermögensmehrung und subjektives Element einer Gewinnerzielungsabsicht des Gesellschafters.

BFH v. 7.11.2000 – VIII R 16/97, BStBl. II 2001, 186: Mitunternehmerstellung schenkweise in eine KG aufgenommener Kinder, Auslegung von Vertragsklauseln über die Zulassung von Mehrheitsbeschlüssen.

BFH v. 18.4.2000 – VIII R 68/98, BStBl. II 2001, 359: Umsatzbeteiligung und Mitunternehmerrisiko, keine Erforderlichkeit einer Beteiligung an den stillen Reserven bei hoher Beteiligung am laufenden Gewinn oder bei Untergang eines möglichen Geschäftswerts bei Beendigung der Gesellschaft.

BFH v. 28.10.1999 – VIII R 66–70/97, BStBl. II 2000, 183: Keine Mitunternehmerschaft an einer KG, soweit ein Kommanditist weder am laufenden Gewinn noch am Gesamtgewinn der KG beteiligt ist, verdeckte Mitunternehmerschaft aufgrund eines Durchgriffs durch eine GmbH, die Mitunternehmer an einer Personengesellschaft ist.

BFH v. 23.4.1999 – IV B 149/98, BFH/NV 1999, 1336: Mitunternehmerrisiko, objektive Möglichkeit zur Teilhabe an einer Betriebsvermögensmehrung und subjektives Element einer Gewinnerzielungsabsicht des Gesellschafters.

BFH v. 9.2.1999 – VIII R 43/98, BFH/NV 1999, 1196: Mitunternehmerrisiko eines nicht am Verlust, an den stillen Reserven, am Firmenwert sowie am Liquidationserlös beteiligten Komplementärs, Tätigkeitsvergütung eines „angestellten Komplementärs“ als Sondervergütung.

BFH v. 2.7.1998 – IV R 90/96, BFH/NV 1999, 754: Anleger als Mitunternehmer, Gewinnerzielungsabsicht, Unternehmerinitiative, Unternehmerrisiko, Steuerersparnisabsicht als privates Motiv, Publikumsgesellschaft.

BFH v. 16.12.1997 – VIII R 32/90, BStBl. II 1998, 480: Kompensierung eines schwach ausgeprägten Mitunternehmerrisikos durch stark ausgebildete Mitunternehmerinitiative, Mitunternehmerstellung eines Kommanditisten, dessen Abfindungsanspruchs ohne Berücksichtigung der stillen Reserven ermittelt wird.

BFH v. 1.8.1996 – VIII R 12/94, BStBl. II 1997, 272: Geschäftsführer der Komplementär-GmbH als Mitunternehmer der KG, verdecktes Gesellschaftsverhältnis, faktische Mitunternehmerschaft, Mitunternehmerinitiative und Mitunternehmerrisiko, Maßgeblichkeit der Gesamtumstände des Einzelfalls, Indizien für Mitunternehmereigenschaft.

BFH v. 27.1.1994 – IV R 114/91, BStBl. II 1994, 635: Gesellschaftsvertraglicher Ausschluss des Widerspruchsrechts nach § 164 HGB und Entfaltung von Mitunternehmerinitiative; steuerrechtliche Anerkennung einer atypischen Unterbeteiligung des minderjährigen Kindes am Kommanditanteil des Vaters.

BFH v. 13.7.1993 – VIII R 50/92, BStBl. II 1994, 282: Voraussetzungen für Mitunternehmerinitiative und -risiko, Gesellschaftergeschäftsführer der Komplementär-GmbH als Mitunternehmer der KG.

BFH v. 3.5.1993 – GrS 3/92, BStBl. II 1993, 616: Gewerbeverlust nach § 10a GewStG beim Ausscheiden von Gesellschaftern, Mitunternehmereigenschaft gemäß § 15 Abs. 1 Nr. 2 EStG.

BFH v. 18.2.1993 – IV R 132/91, BFH/NV 1993, 647: Entbehrlichkeit der Beteiligung an den stillen Reserven bei Nichtvorhandensein stiller Reserven und eines Geschäftswerts.

BFH v. 10.12.1992 – XI R 45/88, BStBl. II 1993, 538: Publikums-KG, Bildung einer Kommanditistenvertretung oder eines Beirats, Übertragung des Widerspruchsrechts nach § 164 HGB und Mitunternehmerinitiative.

BFH v. 11.12.1990 – VIII R 122/86, GmbHR 1991, 337: Kontrollrechte des stillen Gesellschafters gemäß § 233 HGB und Entfaltung von Mitunternehmerinitiative, Mitunternehmerrisiko des Komplementärs aufgrund seiner unbeschränkten und unabdingbaren Außenhaftung.

BFH v. 11.7.1989 – VIII R 41/84, BFH/NV 1990, 92: Vereinbarung einer umfassenden Mehrheitsklausel und Ausschluss des Widerspruchsrechts gemäß § 164 HGB.

BFH v. 11.10.1988 – VIII R 328/83, BStBl. II 1989, 762: Ausschluss des Stimmrechts eines Kommanditisten, Ausschluss des Widerspruchsrechts nach § 164 HGB, Vereinbarung einer umfassenden Mehrheitsklausel.

BFH v. 10.11.1987 – VIII R 166/84, BStBl. II 1989, 758: Widerspruchsrecht gemäß § 164 HGB, Kontrollrecht des § 166 HGB und Entfaltung von Mitunternehmerinitiative, Mitunternehmerrisiko eines Kommanditisten bei Beteiligung an den stillen Reserven und dem Geschäftswert im Fall der Auflösung der KG.

BFH v. 11.12.1986 – IV R 222/84, BStBl. II 1987, 553: Mitunternehmerrisiko des Komplementärs bereits aufgrund seiner unbeschränkten und unabdingbaren Außenhaftung.

BFH v. 14.8.1986 – IV R 131/84, BStBl. II 1987, 60: Angestellter Komplementär, Mitunternehmerrisiko des Komplementärs bereits aufgrund seiner unbeschränkten und unabdingbaren Außenhaftung.

BFH v. 5.6.1986 – IV R 272/84, BStBl. II 1986, 802: Mitunternehmerrisiko und Belanglosigkeit stiller Reserven im Rahmen der Struktur des Unternehmens.

BFH v. 11.6.1985 – VIII R 252/80, BStBl. II 1987, 33: Angestellter Komplementär.

BFH v. 24.7.1984 – VIII R 65/84, BStBl. II 1985, 85: Tatsächliche Ausübung der Mitwirkungs- und Kontrollrechte und Begründung von Mitunternehmerinitiative.

BFH v. 25.6.1984 – GrS 4/82, BStBl. II 1984, 751: Voraussetzungen zur Begründung von Mitunternehmerinitiative und Existenz von Mitunternehmerrisiko, Verlustzuweisungsgesellschaften.

BFH v. 28.1.1982 – IV R 197/79, BStBl. II 1982, 389: Begründung einer Mitunternehmerstellung durch besonders stark ausgeprägte Mitunternehmerinitiative bei fehlender Beteiligung an den stillen Reserven.

BFH v. 25.6.1981 – IV R 61/78, BStBl. II 1982, 59: Ausschluss oder Beschränkung einer Verlustbeteiligung und Begründung von Mitunternehmerrisiko.

BFH v. 19.2.1981 - IV R 152/76, BStBl. II 1981, 602: Kontrollrechte des § 716 BGB und Begründung von Mitunternehmerinitiative.

BFH v. 22.1.1981 - IV B 41/80, BStBl. II 1981, 424: Mitunternehmerrisiko und nicht nur theoretische Möglichkeit einer Beteiligung an den stillen Reserven.

BFH v. 27.2.1980 - I R 196/77, BStBl. II 1981, 210: Mitunternehmerinitiative verbunden mit einem bedeutsamen Beitrag zur Kapitalausstattung des Unternehmens als alternative Indizien für die Existenz von Mitunternehmerrisiko.

BFH v. 24.1.1980 - IV R 156–157/78, BStBl. II 1980, 271: Mitunternehmerstellung eines Kommanditisten bei Ausscheiden aufgrund einer eigenen Kündigung und Buchwertklausel.

BFH v. 30.7.1975 - I R 174/73, BStBl. II 1975, 818: Kontrollrechte eines Kommanditisten gemäß § 166 HGB und Begründung von Mitunternehmerinitiative.

FG Münster v. 19.6.2008 - 3 K 1086/06 Erb, EFG 2008, 1733: Mitunternehmerrisiko eines Kommanditisten bei Beteiligung an den stillen Reserven und dem Geschäftswert im Fall der Auflösung der KG.

FG Köln v. 14.11.2006 - 9 K 2612/04, EFG 2007, 273: Mitunternehmerrisiko eines Kommanditisten bei Beteiligung an den stillen Reserven und dem Geschäftswert im Fall der Auflösung der KG.

BayObLG v. 9.11.1989 - BReg 3 Z 17/89, DB 1990, 168: Befristete Gesellschafterstellung.

BMF v. 5.10.1989 - IV B 2 - S 2241 - 48/89, BStBl. I 1989, 758: Schenkweise als Kommanditisten in eine Kommanditgesellschaft aufgenommene minderjährige Kinder als Mitunternehmer.

Weitere Stichwörter

→ *Beirat*; → *Gesellschafterversammlung*; → *Haftung des Kommanditisten*; → *Haftung des Komplementärs*; → *Komplementär-GmbH* (Besonderheiten); → *Komplementär-GmbH* (Vergütung); → *Minderjährige*; → *Publikums-KG*; → *Stimmrecht und Stimmbindung*

Nachfolge von Todes wegen

1. Einleitung

N 1 Menschen sterben – auch wenn sie Gesellschafter sind. Die beim Tod eines Gesellschafters einschlägigen gesetzlichen Bestimmungen des BGB und HGB (nachfolgend unter Rz. N 2 ff.) sind ganz überwiegend keine zwingenden Regelungen, sondern unterliegen der Disposition der Gesellschafter im Gesellschaftsvertrag (nachfolgend unter Rz. N 21 ff.). Die zivilrechtlichen Folgen beim Tod eines Gesellschafters wirken sich auch auf die erbschaftsteuerlichen und ertragsteuerlichen Rechtsfolgen aus (nachfolgend unter Rz. N 49 ff. und Rz. N 55 ff.).

2. Gesetzliches Regelungsmodell

N 2 Das HGB unterscheidet in Bezug auf die Nachfolge von Todes wegen den Kommanditisten vom Komplementär. Dabei gelten die Regeln zum Tod des Komplementärs nur für das Ableben natürlicher Personen, nicht aber für die Auflösung der Komplementär-GmbH.

a) Komplementär

N 3 **Fortsetzung durch verbleibende Gesellschafter |** Nach §§ 131 Abs. 3 Nr. 1, 161 Abs. 2 HGB scheidet der Komplementär, der natürliche Person ist, mit seinem Tod aus der Gesellschaft aus, die mit den verbleibenden Gesellschaftern fortgesetzt wird. Seine Erben werden nicht als Gesamtrechtsnachfolger Gesellschafter der Kommanditgesellschaft. Die Anwendung von § 139 HGB verlangt, dass im Gesellschaftsvertrag eine Fortsetzung mit den Erben vereinbart ist (sog. „Fortsetzungsklausel“, vgl. Rz. N 26 ff.). Verbleibt nach dem Tod die GmbH als einzige Komplementärin, kann dies in steuerlicher Hinsicht bedeutsam sein, weil damit die Voraussetzungen der gewerblichen Prägung (→ *Gewerbliche Prägung*) (§ 15 Abs. 3 Nr. 2 EStG) erfüllt sein können und es somit, soweit die Gesellschaft nicht bereits zuvor einen Gewerbebetrieb unterhielt (§ 15 Abs. 2 EStG), zu einer Betriebseröffnung kommt (§ 6 Abs. 1 Nr. 6 EStG). Das Ausscheiden des Komplementärs ist nach allgemeinen Regeln zur Eintragung in das Handelsregister anzumelden (§ 143 Abs. 2 i.V.m. § 161 Abs. 2 HGB). Unter den Voraussetzungen des § 143 Abs. 3 HGB kann die Eintragung auch ohne Mitwirkung der Erben erfolgen.

N 4 **Anwachsung |** Mit dem todesbedingten Ausscheiden des Komplementärs „wächst sein Anteil am Gesellschaftsvermögen den verbleibenden Gesellschaftern zu“ (§ 738 Abs. 1 Satz 1 BGB,

§ 105 Abs. 3, § 161 Abs. 2 HGB). Die Bedeutung dieser sog. Anwachsung hat sich im Zuge des Wandels der Gesamthandsdogmatik verändert. Solange das Gesamthandsvermögen als gemeinsames Sondervermögen der Gesellschafter betrachtet wurde (vgl. zur Historie *Ulmer/Schäfer* in MünchKomm. BGB, 6. Aufl. 2013, Vorb. vor § 705 BGB Rz. 9 ff.), bedeutete die Anwachsung einen dinglichen Rechtsübergang vom ausscheidenden Gesellschafter auf die verbleibenden Gesellschafter. In der modernen Gesamthandslehre, welche das Gesellschaftsvermögen der Gesellschaft selbst als verselbständigten Rechtsträger zuordnet, heißt Anwachsung lediglich eine Änderung des in Zahlen ausgedrückten Wertanteils jedes Gesellschafters am Gesellschaftsvermögen (vgl. *K. Schmidt*, Gesellschaftsrecht, 4. Aufl. 2002, S. 207 f., 1319 f.; *K. Schmidt* in MünchKomm. HGB, 4. Aufl. 2016, § 131 HGB Rz. 103, jew. m.w.N.). Eine Ausnahme gilt für den Fall, dass der vorletzte Gesellschafter stirbt. In dieser Situation ist auch nach der modernen Gesamthandslehre in der Anwachsung ein dinglicher Rechtsübergang (durch Gesamtrechtsnachfolge) der bisher der Gesellschaft zuzurechnenden Vermögensgegenstände zu erblicken (*K. Schmidt* in MünchKomm. HGB, 4. Aufl. 2016, § 131 HGB Rz. 105; *Piehler/Schulte* in Münchener Hdb. Gesellschaftsrecht, Bd. 1, § 10 Rz. 75; *Bork/Jacoby*, ZGR 2005, 611, 624 ff.).

Ansprüche des verstorbenen Gesellschafters | Kehrseite der Anwachsung sind die Ansprü- N 5
che des verstorbenen Gesellschafters aus § 738 Abs. 1 Satz 2 BGB (i.V.m. § 105 Abs. 3, § 161 Abs. 2 HGB), die in seinen Nachlass fallen. Diese richten sich (i) auf die Rückgabe von Gegenständen, welche der Gesellschafter der Gesellschaft zur Nutzung überlassen hat (Rz. N 6), (ii) auf die Befreiung von den Gesellschaftsverbindlichkeiten (Rz. N 7) sowie (iii) auf das sog. Auseinandersetzungsguthaben (Rz. N 8).

Rückgabeanspruch | Der gegen die Gesellschaft gerichtete Anspruch auf Rückgabe der ihr N 6
überlassenen Gegenstände betrifft nur solche, welche der verstorbene Komplementär der Gesellschaft zur Nutzung (quoad usum) überlassen hat (§ 738 Abs. 1 Satz 2 1. Mod. BGB) und die nicht zufällig verloren- oder untergegangen sind (§ 732 Satz 2 BGB). Demgegenüber erfasst der Anspruch nicht die zu Eigentum der Gesellschaft eingebrachten Gegenstände; deren Wert wird durch das Abfindungsguthaben abgegolten (Verweis des § 738 Abs. 1 Satz 2 3. Mod. BGB auf § 733 Abs. 2 Satz 2 BGB). Bei einer Einbringung quoad sortem ist die Rechtslage umstritten (BGH v. 25.3.1965 – II ZR 203/62, WM 1965, 744; BFH v. 20.1.1988 – I R 395/83, BStBl. II 1988, 453 = GmbHR 1988, 370; *Habermeier* in Staudinger, Neubearb. 2003, § 732 BGB Rz. 2; *Berninger*, Die Societas Quoad Sortem, 1994, S. 131 ff.).

Befreiung von Gesellschaftsverbindlichkeiten | Die Erben des verstorbenen Komplementärs N 7
übernehmen kraft Gesetz (§ 1967 BGB) dessen Haftung für die Verbindlichkeiten der Gesellschaft (§ 160 i.V.m. § 161 Abs. 2 HGB). Unabhängig von der Möglichkeit, nach erbrechtlichen Regeln die Haftung auf den Nachlass zu begrenzen (§§ 2057 ff. BGB, §§ 1967, 1975 BGB), können sie Befreiung von den Gesellschaftsverbindlichkeiten verlangen, wie dies jeder unter Lebenden ausscheidende Komplementär auch verlangen könnte. Der Anspruch richtet sich gegen die Gesellschaft (*Schäfer* in MünchKomm. BGB, 6. Aufl. 2013, § 738 BGB Rz. 77; *Lorz* in E/B/J/S, 3. Aufl. 2014, § 131 HGB Rz. 62; *Roth* in Baumbach/Hopt, 36. Aufl. 2014, § 131 HGB Rz. 42). Die in der Praxis übliche Freistellung des ausscheidenden Gesellschafters (bzw. der Erben) durch die Gesellschafter oder die Gesellschaft genügt auf gesetzlicher Grundlage allein indessen nicht; hierzu bedarf es der Zustimmung des Anspruchsinhabers bzw. einer gesellschaftsvertraglichen Regelung. Der Anspruch umfasst auch die Freigabe von Sicherheiten, welche der Komplementär für Verbindlichkeiten der Gesellschaft gestellt hat (BGH v. 14.2.1974 – II ZR 83/72, GmbHR 1974, 153).

N 8 **Abfindungsanspruch |** Entgegen dem Wortlaut des § 738 Abs. 1 Satz 2 3. Mod. BGB richtet sich auch der Abfindungsanspruch gegen die Gesellschaft selbst (BGH v. 15.5.1972 – II ZR 144/69, WM 1972, 1399). Allerdings haften die verbleibenden Gesellschafter für diese Verpflichtung der Gesellschaft gemäß §§ 128, 130 HGB bzw. §§ 171 f. HGB, weil es sich gegenüber einem ehemaligen Gesellschafter dabei nicht (mehr) um eine sog. Sozialverbindlichkeit handelt (BGH v. 11.10.1971 – II ZR 68/68, BB 1971, 1530; *K. Schmidt* in MünchKomm. HGB, 4. Aufl. 2016, § 131 HGB Rz. 128; a.A. *Habermeier* in Staudinger, Bearb. 2003, § 738 BGB Rz. 12; *Altmeppen*, NJW 2013, 1025, 1026 f.). Der ausscheidende Gesellschafter ist aus Gründen der Treuepflicht gehalten, die Befriedigung seines Anspruchs zunächst bei der Gesellschaft zu suchen, bevor er die Gesellschafter in Anspruch nimmt (OLG Köln v. 17.1.2001 – 13 U 82/00, NZG 2001, 467 [unter 1.d)] zur GbR; *Lorz* in E/B/J/S, 3. Aufl. 2014, § 131 HGB Rz. 65; *K. Schmidt* in MünchKomm. HGB, 4. Aufl. 2016, § 131 HGB Rz. 128). Die Höhe des Anspruchs bemisst sich – wiederum entgegen dem Wortlaut des § 738 Abs. 1 Satz 2 BGB – nicht nach dem Zerschlagungswert sondern nach dem Fortführungswert der Gesellschaft (st. Rspr. seit BGH v. 21.4.1955 – II ZR 227/53, BGHZ 17, 130).

b) Kommanditist

N 9 **Allgemeines |** Auch ein Kommanditist scheidet mit seinem Tod aus der Gesellschaft aus. Im Unterschied zum Tod des Komplementärs wird in diesem Fall jedoch die Gesellschaft nicht nur durch die übrigen Gesellschafter sondern durch diese *und die Erben* des verstorbenen Kommanditisten fortgesetzt (§ 177 HGB).

N 9a **Alleinerbe |** Wird der Erblasser von einem Alleinerben beerbt, folgt dieser dem Erblasser in dessen Rechtsstellung nach (vgl. *K. Schmidt* in MünchKomm. HGB, 3. Aufl. 2012, § 177 HGB Rz. 18, zur Mehrheit von Erben Rz. N 10). Ist der Erbe bereits Kommanditist, so erhöht sich die in seinem Kapitalkonto ausgedrückte vermögensmäßige Beteiligung an der Gesellschaft um den mit dem ererbten Kommanditanteil verbundenen Vermögensanteil. Ist er dagegen Komplementär, so bleibt er dies wegen des Grundsatzes der Einheitlichkeit der Beteiligung mit einem um den ererbten Kapitalanteil erhöhten Vermögensanteil (*Strohn* in E/B/J/S, 3. Aufl. 2014, § 177 HGB Rz. 9; *Wertenbruch* in E/B/J/S, 3. Aufl. 2014, § 105 HGB Rz. 47; *K. Schmidt* in MünchKomm. HGB, 3. Aufl. 2012, § 177 HGB Rz. 20; *Roth* in Baumbach/Hopt, 36. Aufl. 2014, § 177 HGB Rz. 4; a.A. *Grunewald* in MünchKomm. HGB, 3. Aufl. 2012, § 161 HGB Rz. 54; *Priester*, DB 1998, 55, 59). Eine Ausnahme von den vorstehend beschriebenen Wirkungen des Grundsatzes, dass jeder Gesellschafter einer Personengesellschaft nur eine einheitliche mitgliedschaftliche Rechtsposition innehaben kann, ergibt sich, wenn der Erbe beschwert ist, etwa durch die Einsetzung eines Nacherben (*K. Schmidt* in MünchKomm. HGB, 4. Aufl. 2016, § 105 HGB Rz. 78; *Lorz* in E/B/J/S, 3. Aufl. 2014, § 139 HGB Rz. 57; *Wertenbruch* in E/B/J/S, 3. Aufl. 2014, § 105 HGB Rz. 53 f., jew. m.w.Na.; im Ergebnis ebenso BGH v. 26.10.1983 – II ZR 44/83, GmbHR 1985, 20) oder die Anordnung einer Testamentsvollstreckung (BGH v. 14.5.1986 – IVa ZR 155/84, BGHZ 98, 48, 57; BGH v. 10.1.1996 – IV ZB 21/94, NJW 1996, 1284, 1286 = GmbHR 1996, 362; *Thiessen* in Großkomm. HGB, 5. Aufl. 2015, § 177 HGB Rz. 29; *K. Schmidt* in MünchKomm. HGB, 4. Aufl. 2016, § 105 HGB Rz. 78; *Wertenbruch* in E/B/J/S, 3. Aufl. 2014, § 105 HGB Rz. 48; offengelassen durch BGH v. 3.7. 1989 – II ZB 1/89, BGHZ 108, 187, 189). Dann bleibt es (zunächst) bei zwei unterschiedlichen Anteilen. Durch die Anordnung der Nachlassverwaltung und die Eröffnung des Nachlassinsolvenzverfahrens (OLG Hamm v. 2.3.1998 – 8 U 246/98, ZEV 1999, 234; *K. Schmidt* in MünchKomm. HGB, 4. Aufl. 2016, § 105 HGB Rz. 78) wird ein einheitlicher Anteil rückwirkend auf den Erbfall wieder separiert. Von besonderer Relevanz ist diese Frage, wenn der letzte Gesellschafter den vorletzten beerbt.

Mehrheit von Erben | Hat der Kommanditist mehrere Erben, entsteht eine Konfliktlage zwischen Erbrecht und Gesellschaftsrecht, da nach überkommener Auffassung eine Erbengemeinschaft nicht Gesellschafterin einer (werbenden) Personengesellschaft sein kann. Dieser Widerstreit wird dadurch aufgelöst, dass sich die Mitgliedschaft aufspaltet und jeder Erbe unmittelbar mit einem eigenständigen Kommanditanteil Gesellschafter wird (sog. Sondererbfolge, BGH v. 22.11.1956 – II ZR 222/55, BGHZ 22, 186; BGH v. 14.2.2012 – II ZB 15/11, GmbHR 2012, 510 = GmbH-StB 2012, 145; zur Dogmatik *K. Schmidt* in MünchKomm. HGB, 4. Aufl. 2016, § 139 HGB Rz. 13). Dabei bestimmt sich der Umfang des „Spaltanteils" jedes Erben nach seiner Erbquote, bezogen auf den Kommanditanteil des Erblassers. Diese Aufspaltung bewirkt eine Vermehrung der insgesamt in der Gesellschaft vorhandenen mitgliedschaftlichen Rechte (sinngemäß *K. Schmidt* in MünchKomm. HGB, 3. Aufl. 2012, § 177 HGB Rz. 17). Dies gilt jedenfalls in Bezug auf alle Mitgliedschaftsrechte, welche nicht durch den Umfang des Kapitalanteils des Gesellschafters bestimmt werden. So verfügt jeder Miterbe für sich über das Recht zur Teilnahme an der Gesellschafterversammlung sowie über die Kontrollrechte nach § 166 HGB. Bestimmt sich das Stimmrecht des Kommanditisten in der Gesellschafterversammlung, dem HGB folgend, nach Köpfen (§§ 119 Abs. 2, 161 Abs. 2 HGB), führt die Vermehrung der Gesellschafter auch zu einer Vermehrung der Gesamtzahl der im Gesellschafterkreis vorhandenen Stimmen. N 10

Nachlasszugehörigkeit der Kommanditanteile | Trotz der mit der Sondererbfolge notwendig verbundenen gedanklichen Trennung der Kommanditbeteiligung vom übrigen Nachlassvermögen gehören die Kommanditanteile dennoch zum Nachlass im Sinne des Erbrechts. So unterliegt der Kommanditanteil ebenso dem Haftungszugriff der Nachlassgläubiger (vgl. BGH v. 14.5.1986 – IVa ZR 155/84, BGHZ 96, 48 [unter IV.3.a)cc)], zur Beschränkbarkeit vgl. allerdings nachfolgend unter Rz. N 16) wie er bei der Bemessung des Pflichtteils zum „Bestand ... des Nachlasses" (§ 2311 Abs. 1 Satz 1 BGB) zählt (*Lange* in MünchKomm. BGB, 6. Aufl. 2013, § 2311 BGB Rz. 48, *Herzog* in Staudinger, 2015, § 2311 BGB Rz. 22; sinngemäß auch BGH v. 4.5.1983 – IVa ZR 229/81, GmbHR 1984, 35 [unter 3.]). Dass dennoch die auf eine todesbedingte Rechtsnachfolge in einen Kommanditanteil anwendbaren erbrechtlichen Regeln besondere Modifikationen erfahren, ist keine Wirkung der Sondererbfolge, sondern Folge der Rechtsnatur des Kommanditanteils als Mitgliedschaft in einem Personenverband. Nach dem Diktum des BGH „kann das Erbrecht die Rechte des Erblassers nur so auf dessen Rechtsnachfolger weiterleiten, wie es sie beim Erbfall vorfindet." (BGH v. 4.5.1983 – IVa ZR 229/81, GmbHR 1984, 35 [unter 3.]; BGH v. 14.5.1986 – IVa ZR 155/84, BGHZ 98, 48 [unter IV.3.]). Die mitgliedschaftlichen Rechte und Pflichten des Erblassers in der Kommanditgesellschaft werden dabei durch Fundamentalprinzipien des Personengesellschaftsrechts und durch den Gesellschaftsvertrag bestimmt. N 11

- Ein vom Erblasser verfügter Ausschluss der **Auseinandersetzung** (§ 2044 BGB) läuft bei einer Mehrheit von Erben leer, weil der Kommanditanteil den Erben unmittelbar in der Weise anfällt, als hätte sich die Erbengemeinschaft diesbezüglich bereits auseinandergesetzt (*K. Schmidt* in MünchKomm. HGB, 4. Aufl. 2016, § 177 HGB Rz. 16). Hat der Erblasser einem Miterben den Kommanditanteil per Teilungsanordnung (§ 2048 BGB) zugewiesen, ist dies als ein Vorausvermächtnis (§ 2150 BGB) unter Anrechnung auf den Erbteil auszulegen (vgl. BGH v. 4.5.1983 – IVa ZR 229/81, GmbHR 1984, 35; BFH v. 13.12.1990 – IV R 107/89, BStBl. II 1992, 510 = FR 1991, 241 m. Anm. *Söffing*). N 12

N 13 – Der Erfüllung eines **Vermächtnisanspruchs** über den Kommanditanteil (§ 2174 BGB) kann daran scheitern, dass der Kommanditanteil unter Lebenden nicht übertragbar ist (§§ 398, 413 BGB), also der Gesellschaftsvertrag dies nicht gestattet und die Gesellschafter die Zustimmung verweigern (→ *Übertragung von Gesellschaftsanteilen*). Dabei müssen die Gesellschafter bei der Entscheidung über Erteilung oder Verweigerung der Zustimmung ihrer Treuepflicht aus dem Gesellschaftsverhältnis gerecht werden (*K. Schmidt* in MünchKomm. HGB, 3. Aufl. 2012, § 177 HGB Rz. 21). So wird die Verweigerung der Zustimmung zur Erfüllung eines Vorausvermächtnisses an einen Miterben (§ 2150 BGB) regelmäßig als treuwidrig erscheinen (zur treuwidrigen Verweigerung der Zustimmung zu einer vorweggenommenen Erbfolge BGH v. 20.10.1986 – II ZR 86/85, NJW 1987, 952). Scheitert die Übertragung des Kommanditanteils als Ganzes, kann der Vermächtnisnehmer vom Erben zumindest die Abtretung derjenigen Ansprüche aus der Mitgliedschaft verlangen, die unter Beachtung des Abspaltungsverbotes übertragbar sind, namentlich den Anspruch auf den Gewinn und auf das Auseinandersetzungsguthaben (BGH v. 20.11.1975 – III ZR 112/73, WM 1976, 251).

N 14 – Die Berufung eines **Nacherben** (§§ 2100 ff. BGB) über einen Kommanditanteil ist möglich, wozu es auch keiner besonderen Zulassung im Gesellschaftsvertrag bedarf. Die Nacherbfolge kann allerdings scheitern, wenn der Gesellschaftsvertrag beim Eintritt des Nacherbfalls einen Übergang des Anteils auf den Nacherben ausschließt. Dies kann dadurch erfolgen, dass die bisherige Nachfolgeklausel des Gesellschaftsvertrags in eine Fortsetzungsklausel geändert wurde (BGH v. 6.10.1980 – II ZR 112/73, WM 1976, 251). Die Mitwirkung des Vorerben an dieser Änderung des Gesellschaftsvertrags muss dabei seine nur beschränkten Verfügungsbefugnisse (§§ 2113–2115 BGB) beachten, darf also insbesondere nicht unentgeltlich (§ 2113 Abs. 2 BGB) erfolgen. Soweit die Abfindung den Marktwert der Beteiligung widerspiegelt, kann ein unentgeltliches Geschäft ausgeschlossen werden. Aber auch die Zustimmung zu einer Abfindung unter Marktwert hat der BGH als entgeltlich akzeptiert, wenn die Abfindungsbeschränkung für alle Gesellschafter gleichermaßen gilt (BGH v. 6.10.1980 – II ZR 112/73, WM 1976, 251 [unter I.2. a.E.]).

N 15 – Die Verfügungsbefugnis eines vom Erblasser berufenen **Testamentsvollstreckers** erfasst prinzipiell auch einen Kommanditanteil im Nachlass (→ *Testamentsvollstreckung*).

N 16 – In hohem Maße umstritten ist die Wirkung der Sondererbfolge auf das System der **beschränkten Erbenhaftung** (§§ 2058 ff. BGB). Man ist sich weitgehend darin einig, dass den Erben die Möglichkeit zur Beschränkung der Haftung für Nachlassverbindlichkeiten auf das Nachlassvermögen (§ 2059 Abs. 1 Satz 1, § 2062 Halbs. 2 BGB) nicht allein deshalb versagt werden darf, weil durch die Sondererbfolge eine Teilung des Personengesellschaftsanteils bereits ipso iure und ohne Mitwirkung bzw. Abwehrmöglichkeit der Erben stattfindet (*Ann* in MünchKomm. BGB, 6. Aufl. 2013, § 2059 BGB Rz. 8; *Unger* in Rißmann, Die Erbengemeinschaft, 2. Aufl. 2013, § 16 Rz. 56). Über den richtigen Weg zu diesem Ergebnis streiten im Wesentlichen drei unterschiedliche Ansätze: Einerseits wird es abgelehnt, in der Sondererbfolge eine Teilung i.S.v. § 2059, § 2062 Halbs. 2 BGB zu sehen. Andererseits soll die Sondererbfolge zwar eine Teilung i.S.v. § 2059 BGB darstellen, jedoch durch teleologische Reduktion des § 2062 Halbs. 2 BGB ein Antrag auf Nachlassverwaltung eröffnet bleiben. Als drittes wird schließlich vertreten, §§ 2059 ff. BGB sei jedenfalls insoweit, als der Gesellschaftsanteil der einzige wesentliche Nachlassgegenstand bildet, überhaupt nicht anzuwenden und der Schutz jedes einzelnen Erben nach Maßgabe des §§ 1967 ff., 1975 BGB zu suchen (vgl. zum Streitstand und den unterschiedlichen Lösungsansätzen *Ulmer/Schäfer*, ZHR 160 [1996], 413, 422 ff.; *Dauner-Lieb*, Unternehmen in Sondervermögen, 1998, S. 430 ff.; *Marotzke* in Staudinger, 2010, Vorbem. vor §§ 2059 ff. BGB Rz. 8; § 2059 BGB Rz. 44 ff.).

- Wird **Nachlassverwaltung** angeordnet (§§ 1975, 1981 BGB) unterliegt auch der im Nachlass befindliche Kommanditanteil der Verwaltung durch den Nachlassverwalter. Dessen Befugnisse beschränken sich jedoch auf die sog. „Außenseite" der Beteiligung, also die mit der Mitgliedschaft verbundenen Vermögensrechte (BGH v. 30.3.1967 – II ZR 102/65, BGHZ 47, 293, 296). Hinsichtlich der Verwaltungsrechte ist die Rechtslage umstritten (vgl. *K. Schmidt* in MünchKomm. HGB, 4. Aufl. 2016, § 139 HGB Rz. 55; *K. Schmidt* in MünchKomm. HGB, 3. Aufl. 2012, § 177 HGB Rz. 43; *Ulmer/Schäfer* in MünchKomm. BGB, 6. Aufl. 2013, § 705 BGB Rz. 127). N 17

- Die Eröffnung des **Nachlassinsolvenzverfahrens** (§ 1975 BGB, §§ 315 ff. InsO) führt nach herrschender Ansicht nicht zu einem Ausscheiden des Kommanditisten (BGH v. 30.4.1984 – II ZR 293/83, BGHZ 91, 132; a.A. *K. Schmidt* in MünchKomm. HGB, 3. Aufl. 2012, § 177 HGB Rz. 44 m.w.N. zur Gegenmeinung). Für die Befugnisse des Nachlassinsolvenzverwalters gelten die Ausführungen zum Nachlassverwalter entsprechend. N 18

Ausländisches Erbstatut | Besonderheiten treten auf, wenn die Rechtsnachfolge des Gesellschafters einem ausländischen Erbstatut unterliegt. Für die deutschem Gesellschaftsstatut unterliegenden Kommanditgesellschaften eröffnet § 177 HGB die Rechtsnachfolge kraft Universalsukzession, die aber in manchen Erbrechtsordnungen unbekannt ist, bspw. in Rechten des anglo-amerikanischen Rechtskreises (vgl. *Kindler/Kränzle* in Groll, Erbrechtsberatung, 4. Aufl. 2015, Kap. E Rz. 225 zum englischen Recht). Dort wird der Nachlass ab dem Tod des Erblassers durch einen sog. legal personal representative bis zur Auskehrung des Vermögens an den Begünstigten verwaltet. Im Unterschied zu einem deutschen Testamentsvollstrecker ist der personal representative jedoch dinglicher Inhaber des Nachlasses, wenn auch in fremdem Interesse. Für die Anwendung des § 177 HGB stellt sich mithin die Frage, ob davon auch der Übergang der Gesellschafterstellung auf den legal personal representative erfasst ist oder nicht (vgl. dazu *von Oertzen*, IPrax 1994, 73, 76 f.). Verneint man dies, ist die Folgefrage zu beantworten, ob das deutsche Gesellschaftsstatut für einen unmittelbaren Anfall beim „Erben" sorgt, da ein inhaberloser Anteil kaum akzeptiert werden kann. Bejaht man die Ausgangsfrage dagegen, rückt das Problem in den Mittelpunkt, ob § 177 HGB auch noch den Rechtsübergang vom legal personal representative auf den „Erben" erfasst oder ob dies nach den gesetzlichen und gesellschaftsvertraglichen Bestimmungen zur Übertragung von Anteilen unter Lebenden erfolgt. N 19

Handelsregister-Eintragung | Der erbbedingte Kommanditistenwechsel ist von allen Gesellschaftern (§ 108 i.V.m. § 161 Abs. 2 HGB) zur Eintragung in das Handelsregister anzumelden. Die Eintragung (und folglich auch die Anmeldung) hat zur Vermeidung der Haftung einen Nachfolgevermerke zu enthalten (OLG Hamm v. 7.1.1993 – 15 W 103/92, NJW-RR 1993, 807, 808; KG Berlin v. 30.5.2000 – 1 W 931/99, NZG 2000, 1167, 1168; *Weipert* in E/B/J/S, 3. Aufl. 2014, § 162 HGB Rz. 33). § 176 Abs. 2 HGB findet keine Anwendung (BGH v. 4.3.1976 – II ZR 14/75, BGHZ 66, 98, 100). N 20

3. Gesellschaftsvertragliche Regelungsmodelle

Allgemeines | § 131 Abs. 3 Nr. 1 HGB und § 177 HGB sind dispositiv, so dass die Gesellschafter im Gesellschaftsvertrag die Folgen des todesbedingten Ausscheidens abweichend regeln können. Die Kautelarpraxis unterscheidet Auflösungsklausel (vgl. Rz. N 22 ff.), Fortsetzungsklausel (vgl. Rz. N 26 ff.), Eintrittsklausel (vgl. Rz. N 30 ff.) und Nachfolgeklausel (vgl. Rz. N 42 ff.), wobei bei letzterer noch die einfache (vgl. Rz. N 41) von der qualifizierten Nachfolgeklausel (vgl. N 21

Rz. N 43 ff.) unterschieden werden kann. Die jeweiligen Regelungskonzepte müssen nicht zwingend für alle Gesellschafter einer Gesellschaft gleichermaßen gelten. Denkbar und zulässig ist es ebenfalls, beim Tod bestimmter Gesellschafter die Gesellschaft aufzulösen, während beim Tod anderer die Gesellschaft von den verbleibenden Gesellschaftern fortgeführt wird.

a) Auflösungsklausel

N 22 **Inhalt und Funktionsweise** | Eine Auflösungsklausel im Gesellschaftsvertrag übernimmt das gesetzliche Regelungsmodell der Gesellschaft bürgerlichen Rechts für die GmbH & Co. KG. Die Bedeutung des verstorbenen Gesellschafters für die Verwirklichung des Gesellschaftszwecks wird für derart bedeutsam gehalten, dass mit seinem Tod die Gesellschaft aufgelöst wird (§ 727 Abs. 1 BGB) und in das Abwicklungsstadium eintritt.

N 23 **Abwicklungsgesellschaft** | Der Anteil an der Abwicklungsgesellschaft fällt in den Nachlass, wo er den allgemeinen erbrechtlichen Regeln unterliegt, insb. auch mit Blick auf spezielle erbrechtliche Institute wie Testamentsvollstreckung oder Nacherbfolge. Die mit dem Gesellschaftsanteil verbundenen Verwaltungs- und Vermögensrechte gehen auf den Erben über, namentlich das Recht, die Einlage erstattet und das Auseinandersetzungsguthaben ausgezahlt zu erhalten (§§ 733 Abs. 2, 734 BGB, BGH v. 22.3.2011 – II ZR 206/09, NZG 2011, 697, 698). Korrespondierend dazu bestimmt sich eine etwaige Haftung nach denjenigen Regeln, welche für die Haftung des Erblassers gelten würden, falls die Auflösung zu seinen Lebzeiten beschlossen worden wäre.

N 24 **Mehrheit von Erben** | Bei einer Mehrheit von Erben erwirbt die Erbengemeinschaft als Gesamthand den Anteil (BGH v. 20.5.1981 – V ZB 25/79, NJW 1982, 170, 171; BGH v. 14.5.1986 – IVa ZR 155/84, BGHZ 98, 48, 58; BGH v. 21.9.1995 – II ZR 273/93, NJW 1995, 3314, 3315); im Unterschied zur Rechtslage bei der werbenden Gesellschaft (Rz. N 10) tritt **keine Sondererbfolge** ein. Die Ausübung der mitgliedschaftlichen Rechte verlangt als Verwaltungsmaßnahme der Erbengemeinschaft eine entsprechende Beschlussfassung der Erben. Beschließt die Erbengemeinschaft mit den übrigen Gesellschaftern die Fortsetzung, findet notwendigerweise eine Teilung des Nachlassvermögen insoweit statt, als jeder Erbe einen seiner Erbquote entsprechenden Teilanteil an dem bis dahin im Gesamthandsvermögen der Erbengemeinschaft befindlichen Gesellschaftsanteil erwirbt (BGH v. 20.5.1981 – V ZB 25/79, NJW 1982, 170, 171; *Schäfer* in MünchKomm. BGB, 6. Aufl. 2013, § 727 BGB Rz. 14). Inwieweit dies als Teilung des Nachlasses gemäß §§ 2059 ff. BGB gilt (vgl. dazu Rz. N 16), ist ungeklärt. Die Erbengemeinschaft muss die Fortsetzung einstimmig beschließen (*Schäfer* in MünchKomm. BGB, 6. Aufl. 2013, § 727 BGB Rz. 20), wobei die Auflösungsklausel des Gesellschaftsvertrags eine geringere Mehrheit vorsehen kann (*Schäfer* in MünchKomm. BGB, 6. Aufl. 2013, Vor § 723 BGB Rz. 11; *Klein/Lindemeier* in Münchener Hdb. Gesellschaftsrecht, Bd. 2, 4. Aufl. 2014, § 41 Rz. 100).

N 25 **Form** | Die Auflösungsklausel bedarf keiner besonderen Form. Die Klausel sollte den Erben die Pflicht aus § 727 Abs. 2 Satz 1 BGB auferlegen, den Tod des Gesellschafters den anderen Gesellschaftern zur Kenntnis zu bringen. Auf die Verankerung einer Pflicht zur Notgeschäftsführung (vgl. § 727 Abs. 2 Satz 1 2. Mod. BGB) kann in der GmbH & Co. KG verzichtet werden, da der Kommanditist von der Geschäftsführung regelmäßig ausgeschlossen ist (§ 164 HGB) und die Handlungsfähigkeit der KG durch die Komplementär-GmbH gesichert erscheint.

b) Fortsetzungsklausel

Inhalt und Funktionsweise | Die Fortsetzungsklausel entspricht dem gesetzlichen Regelstatut für den Tod des Komplementärs (Rz. N 3 ff.): Die Mitwirkung des verstorbenen Gesellschafters wird nicht als derart unabdingbar für die Verwirklichung des Gesellschaftszwecks verstanden, dass ihn die verbleibenden Gesellschafter nicht mehr erreichen können und die Gesellschaft deshalb aufgelöst werden müsste. Umgekehrt schließt die persönliche Beziehung unter den Gesellschaftern es aus, dass eine andere Person dem verstorbenen Gesellschafter in die Gesellschaft nachfolgt. In den Nachlass des verstorbenen Gesellschafters fällt ein Abfindungsanspruch nach Maßgabe von Gesetz und Gesellschaftsvertrag; die Haftung der Erben für Verbindlichkeiten des Erblassers richtet sich dessen Haftungslage zur Zeit seines Todes (*Klein/Lindemeier* in Münchener Hdb. Gesellschaftsrecht, Bd. 2, 4. Aufl. 2014, § 41 Rz. 120). N 26

Kein Bedürfnis einer Rechtfertigung, kein Formerfordernis | Die Verankerung einer Fortsetzungsklausel im Gesellschaftsvertrag bedarf keiner besonderen Rechtfertigung (*K. Schmidt* in MünchKomm. HGB, 3. Aufl. 2011, § 177 HGB Rz. 6); die Rechtsprechungsgrundsätze zur Ausschließung ohne sachlichen Grund (BGH v. 20.1.1977 – II ZR 217/75, BGHZ 68, 212; BGH v. 13.7.1981 – II ZR 56/80, BGHZ 81, 263; BGH v. 5.6.1989 – II ZR 227/88, BGHZ 107, 351) finden keine Anwendung. Bei Publikumsgesellschaften kann jedoch anderes gelten (*K. Schmidt* in MünchKomm. HGB, 3. Aufl. 2011, § 177 HGB Rz. 6). Die Klausel bedarf auch keiner besonderen Form (*Klein/Lindemeier* in Münchener Hdb. Gesellschaftsrecht, Bd. 2, 4. Aufl. 2014, § 41 Rz. 6). N 27

Weitere Regelungen | In der Praxis werden mit der Fortsetzung der Gesellschaft zwischen den übrigen Gesellschaftern weitere Regelungen verbunden, und zwar sowohl mit Blick auf die Erben des verstorbenen Gesellschafters als auch die Fortsetzung durch die verbleibenden Gesellschafter: N 27a

- Verbreitet enthält eine gesellschaftsvertragliche Fortsetzungsklausel auch **Beschränkungen und Modifikationen des Abfindungsanspruchs**. Diese unterliegen im Grundsatz einer gerichtliche Angemessenheitskontrolle anhand der gesetzlichen Verbote, gegen die guten Sitten zu verstoßen (§ 138 BGB) und Kündigungen übermäßig zu erschweren (§ 723 BGB Abs. 3 BGB) (→ *Abfindung*). Die Rechtsprechung des Bundesgerichtshofs lässt es indessen zu, bei Ausscheiden des Gesellschafters durch Tod den Abfindungsanspruch der Erben auszuschließen (BGH v. 22.11.1956 – II ZR 222/55, BGHZ 22, 186, 194; BGH v. 14.5.1986 – IVa ZR 155/84, NJW 1986, 2431, 2433). Dem stimmt die herrschende gesellschaftsrechtliche Literatur zu, und hält weitergehend den Abfindungsausschluss auch dann für zulässig, wenn er nicht gleichmäßig für alle Gesellschafter gilt (vgl. *Schäfer* in MünchKomm. BGB, 6. Aufl. 2013, § 738 BGB Rz. 60 f.; *Roth* in Baumbach/Hopt, 36. Aufl. 2014, § 131 HGB Rz. 62; *K. Schmidt* in MünchKomm. HGB, 4. Aufl. 2016, § 131 HGB Rz. 161; *Lorz* in E/B/J/S, 3. Aufl. 2014, § 131 HGB Rz. 125; *Klein/Lindemeier* in Münchener Hdb. Gesellschaftsrecht, Bd. 2, 4. Aufl. 2014, § 41 Rz. 104). Nur noch vereinzelt werden Bedenken gegen einen selektiven Abfindungsausschluss geltend gemacht (*Engel*, NJW 1986, 345, 348; *Emmerich* in Heymann, 2. Aufl. 1996, § 138 HGB Rz. 44; *Geßler* in Schlegelberger, 4. Aufl. 1965, § 138 HGB Rz. 7). Grenzen für eine Abfindungsbeschränkung können sich jedoch aufgrund **erbrechtlicher Rechtspositionen** ergeben. Nach herrschender Meinung stellt der Ausschluss einer Abfindung keine Schenkung i.S.d. § 2325 Abs. 1 BGB dar, „sofern nur diese Regelung für alle Gesellschafter gilt" (BGH v. 22.11.1956 – II ZR 222/55, BGHZ 22, 187, 194). Für den Schutz des Vertragserben (§ 2287 BGB), auf den sich auch Begünstigte N 28 wechselbezüglicher Verfügungen (§ 2270 BGB) berufen können (BGH v. 23.9.1981 – IVa ZR 185/80, BGHZ 82, 274), dürfte kaum etwas anderes gelten (*K. Schmidt* in Münch-Komm. HGB, 4. Aufl. 2016, § 131 HGB Rz. 163). Dieses Erfordernis der gleichmäßigen Geltung ist nicht lediglich formal zu verstehen. Es dürfte auch dann nicht erfüllt sein, wenn der Abfindungsausschluss zwar für alle Gesellschafter gleichermaßen gilt, es sich bei einzelnen von ihnen aber nicht um natürliche Personen handelt. Auch eine abweichende Lebenserwartung der Gesellschafter wird beachtlich gehalten (BGH v. 26.3.1981 – IVa ZR 154/80, NJW 1981, 1956, 1057; *Lorz* in E/B/J/S, 3. Aufl. 2014, § 131 HGB Rz. 125; *Olshausen* in Staudinger, 2015, § 2325 BGB Rz. 32; *Roth* in Baumbach/Hopt, 36. Aufl. 2014, § 131 HGB Rz. 62). Das Problem besteht allerdings darin, dass einerseits nicht jeder Unterschied in der Lebenserwartung der Gesellschafter Relevanz erlangt. Andernfalls wäre der Ausschluss der Abfindung beim Tod des Mitgesellschafters von vornherein auf Fälle von Gesellschaften zwischen eineiigen Zwillingen begrenzt, und damit auf eine vernachlässigbare Zahl an Anwendungsfällen, was im offenkundigen Widerspruch zur Behandlung der Frage in Literatur und Rechtsprechung stünde. Andererseits fehlen bislang Maßstäbe, anhand derer sich ermessen ließe, wann abweichende Lebenserwartungen, seien sie statistischer Natur (aktuelles Lebensalter, Geschlecht), seien sie konkreter Art (z.B. Vorerkrankungen, Lebensweise etc.) Berücksichtigung finden.

Die vorstehend beschriebenen erbrechtlichen Grenzen für den Ausschluss der Abfindung haben keine Rückwirkung hinsichtlich der **notwendigen Form** der Fortsetzungsklausel. Auch wenn es sich um Schenkungen (i.S.v. § 2325 Abs. 1 BGB oder von § 2287 BGB) handelt (*Roth* in Baumbach/Hopt, 36. Aufl. 2014, § 131 HGB Rz. 62; *Lorz* in E/B/J/S, 3. Aufl. 2014, § 131 HGB Rz. 126; krit. zu dieser rechtsdogmatischen Konstruktion *K. Schmidt* in Münch-Komm. HGB, 4. Aufl. 2016, § 131 HGB Rz. 162), ist mit Abschluss der Vereinbarung die Leistung bewirkt (§ 518 Abs. 2 BGB) bzw. die Schenkung vollzogen (§ 2301 Abs. 2 BGB) (BGH v. 14.7.1971 – III ZR 91/70, WM 1971, 1338, juris Rz. 21 zu § 2301 BGB).

N 29 – Im Unterschied zum Anwachsungsprinzip selbst ist nach herrschender Meinung die **Anwachsungsfolge dispositiv**. Die Verteilung des Wertanteils des ausscheidenden Gesellschafters unter den verbleibenden Gesellschaftern ist einer Vereinbarung zugänglich (*K. Schmidt* in MünchKomm. HGB, 4. Aufl. 2016, § 131 HGB Rz. 104; *Lorz* in E/B/J/S, 3. Aufl. 2014, § 131 HGB Rz. 57; *Schäfer* in MünchKomm. BGB, 6. Aufl. 2013, § 738 BGB Rz. 13; *Wertenbruch* in Westermann/Wertenbruch, Hdb. Personengesellschaften, Rz. I 568 [Stand: Juli 2012]; *Früchtl*, NZG 2007, 368, 369 ff., a.A. OLG Hamm v. 6.3.1985 – 15 W 88/85, Rpfleger 1985, 289). So ist eine Regelung zulässig, wonach die Anwachsung nur bei denjenigen Gesellschaftern stattfindet, die zum gleichen Familienstamm wie der verstorbene Gesellschafter gehören. Eine solche **„disquotale Anwachsung“** von Wertanteilen dürfte Rückwirkung auf den Schuldner des Abfindungsanspruchs haben. Das gesetzliche Regelungsmodell, wonach die Gesellschaft (primär) die Abfindung schuldet, beruht implizit auch auf einer Anwachsung der Wertanteile nach Maßgabe der bestehenden Beteiligungen der Altgesellschafter. Die Interessen der verbleibenden Gesellschafter werden darauf gerichtet sein, dass der anwachsende Wertanteil dem abfließenden Abfindungsanspruch entspricht und somit jeder verbleibende Gesellschafter in dem Maße wirtschaftlich durch die Abfindung belastet ist, wie er durch die Anwachsung bereichert wird. Dem ist bei einer Fortsetzungsklausel mit „disquotaler“ Anwachsung dadurch Rechnung zu tragen, dass die Gesellschafter primäre Schuldner des Abfindungsanspruchs sind. Im Außenverhältnis sind sie Gesamtschuldner, im Innenverhältnis sind sie, abweichend von § 426 Abs. 1 Satz 1 BGB, nach Maßgabe ihrer tatsächlichen Anwachsungsquote verpflichtet. Fraglich ist, ob aus den Rechtsgrundsätzen zur Begrenzung von Abfindungsbeschränkungen folgt, dass dem ausscheidenden Gesellschafter ein ergänzender Anspruch gegenüber der Gesellschaft zusteht. Kautelarjuristisch wird es sich empfehlen, eine solche Bestimmung aufzunehmen.

c) Eintrittsklausel

Wesentlicher Inhalt | Ohne gesetzliches Vorbild ist die Eintrittsklausel. Sie verbindet die Fortsetzung der Gesellschaft zwischen den verbleibenden Gesellschaftern mit dem Eintritt einer anderen Person in die Gesellschaft anstelle des verstorbenen Gesellschafters. Sinn der Regelung ist vielfach, den Übergang eines Anteils auf einen an der gesellschaftsrechtlichen Vereinbarung unbeteiligten Dritten außerhalb des erbrechtlichen Instrumentariums zu ermöglichen (vgl. BGH v. 10.2.1977 – II ZR 120/75; BGHZ 68, 225, 230f.). Ein solcher Eintritt erfolgt durch originären Erwerb einer neuen Mitgliedschaft und ist somit von der von der erbrechtlichen Vermögensnachfolge des Erblassers entkoppelt. Im Ergebnis ist der neue Gesellschafter mehr Ersatzmann als Nachfolger des Erblassers. Dies hat besondere Bedeutung, wenn jener in seiner Testierfreiheit durch Erbvertrag oder wechselbezügliche Verfügung beschränkt ist. Ferner können die Auswahl des Eintretenden und die Modalitäten seines Eintritts von einer Mitwirkung der verbleibenden Gesellschafter oder sogar Dritter abhängig gemacht werden. Der Preis für diese Flexibilität ist eine nicht zu unterschätzende Komplexität der Gestaltungsaufgabe (vgl. *K. Schmidt* in MünchKomm. HGB, 4. Aufl. 2016, § 139 HGB Rz. 26). N 30

Fortsetzung durch den verbliebenen Gesellschafter | Bestandteil jeder Eintrittsklausel ist zunächst der Ausschluss der Rechtsfolge, welche das Gesetz an den Tod des Kommanditisten knüpft (§ 177 HGB). Stattdessen wird die Gesellschaft durch die verbliebenen Gesellschafter fortgesetzt (BFH v. 18.10.1998 – VIII R 172/85, BStBl. II 1989, 549 [unter I.6.e) obiter]). Insoweit unterscheidet sich eine Eintrittsklausel nicht von einer Fortsetzungsklausel. Dieser Regelungsgehalt kann ggf. auch durch Auslegung gewonnen werden (zum Abfindungsanspruch nachfolgend Rz. N 33). N 31

Bestimmung des zum Eintritt Berechtigten | Zweites konstitutives Element ist die Bestimmung des zum Eintritt Berechtigten. Dies betrifft zunächst die Anzahl der berechtigten Personen, ggf. darüber hinaus auch die Identität der Person. Verbreiteter ist es jedoch, die Identität des Berechtigten nicht in der Klausel selbst festzulegen, sondern die Bestimmung dem verstorbenen Gesellschafter, den verbleibenden Gesellschaftern oder auch Dritten (z.B. dem Testamentsvollstrecker des Gesellschafters) zuzuweisen. Dabei kann die Entscheidungsfreiheit des Bestimmungsberechtigten dadurch gelenkt werden, dass der Eintrittsberechtigte bestimmte persönliche Eigenschaften wie Mindest- oder Höchstalter oder Qualifikationen aufweisen muss. Der Gesellschafter kann sein Bestimmungsrecht durch lebzeitige Erklärung oder Verfügung von Todes ausüben, wenn die Klausel nicht einen dieser Wege versagt. Eine Sonderform der Bestimmung durch den Gesellschafter per letztwilliger Verfügung liegt darin, dass die Eintrittsklausel den oder die Erben des Gesellschafters als Eintrittsberechtigte definiert. Dadurch rückt sie in die Nähe einer (einfachen) Nachfolgeklausel (BGH v. 25.5.1987 – II ZR 195/86, NJW-RR 1987, 989; vgl. Rz. N 42). In dieser Ausgestaltung fallen die Vorteile der Eintrittsklausel (Rz. N 30) weg und ihre steuerlichen Risiken (Rz. N 57) deutlicher ins Gewicht. Die Rechtsprechung legt eine solche Vereinbarung im Zweifel als Nachfolgeklausel aus (BGH v. 10.2.1977 – II ZR 120/75, BGHZ 68, 225, 230f.; vgl. auch *K. Schmidt* in MünchKomm. HGB, 4. Aufl. 2016, § 139 HGB Rz. 26; *Klein/Lindemeier* in Münchener Hdb. Gesellschaftsrecht, Bd. 2, 4. Aufl. 2014, § 41 Rz. 85). Die Bestimmung des Eintrittsberechtigten durch einen Dritten stellt keinen Ver- N 32 stoß gegen gesellschaftsrechtliche Grundprinzipien dar. Ebenso wenig verletzt diese rein schuldrechtlichen Gestaltung § 2065 BGB. Generell empfiehlt es sich, die Ausübung des Bestimmungsrechts bestimmten prozeduralen Vorgaben (Form und Frist der Ausübung sowie Regelungen für ein Unterbleiben der Bestimmung) zu unterstellen.

N 33 **Schicksal des Kapitalanteils** | Den dritten wesentlichen Regelungsbereich, den eine Eintrittsklausel zu bewältigen hat, ist das Schicksal des Kapitalanteils des Erblassers. Diese vermögensbezogene Dimension seiner Mitgliedschaft kann dem Erben, dem Eintrittsberechtigten oder sogar den verbleibenden Gesellschaftern zufallen. In dieser Flexibilität unterscheidet sich die Eintrittsklausel von allen anderen Nachfolgeklauseln. Erreicht wird dies dadurch, dass die Regelung zur Abfindung mit der zur Einlageverpflichtung des Eintretenden entsprechend kombiniert wird.

N 34 – Am häufigsten dürfte der Fall auftreten, dass „dem **Berechtigten** gleichzeitig der Vermögenswert der Beteiligung des ausscheidenden Gesellschafters zur Verfügung steht." (BGH v. 29.9.1977 – II ZR 214/75, GmbHR 1978, 246 [unter B.II.2.b)]). Hierzu bestehen zwei alternative Gestaltungsmöglichkeiten. In der ersten Alternative ist der gesetzliche Abfindungsanspruch aus § 738 Abs. 1 Satz 2 BGB i.V.m. §§ 105, 161 Abs. 2 BGB ausgeschlossen, während der Eintrittsberechtigte ohne eigene Einlageleistung und gegen Umbuchung vom Kapitalkonto der verbleibenden Gesellschafter (zur Bedeutung der Umbuchung vom Kapitalkonto unter Haftungsgesichtspunkten Rz. N 37) in die Gesellschaft eintreten darf. Dadurch wächst der Kapitalanteil des Erblassers in einem ersten Schritt den verbleibenden Gesellschaftern an (Rz. N 4), die ihn aber im nächsten Schritt beim unentgeltlichen Eintritt des Berechtigten an diesen weitergeben. Die verbleibenden Gesellschafter werden hier verschiedentlich als Treuhänder betrachtet und die Gestaltung entsprechend als „**Treuhandmodell**" oder „**Treuhandlösung**" bezeichnet (*Levedag*, GmbHR 2010, 629; *Hannes* in Hesselmann/Tillmann/Mueller-Thuns, Hdb. GmbH & Co. KG, 21. Aufl. 2016, Rz. 8.200; *Gottschalk* in Troll/Gebel/Jülicher, § 3 ErbStG Rz. 148). Die Alternative liegt in gewisser Weise spiegelbildlich dazu, denn sie kombiniert den uneingeschränkten Abfindungsanspruch mit einer Einlageverpflichtung des Eintretenden, was die verbreitete Bezeichnung als „**Abfindungsmodell**" erklärt (*Levedag*, GmbHR 2010, 629). Der Abfindungsanspruch fällt grundsätzlich in den Nachlass (BGH v. 25.5.1987 – II ZR 195/86, NJW-RR 1987, 989), was dem Erblasser die Möglichkeit eröffnet, diesen im Wege des (Voraus-) Vermächtnis dem Eintrittsberechtigten zuzuwenden; dies ist ohne Verstoß gegen § 2065 BGB auch in der Weise möglich, dass er denjenigen zum Vermächtnisnehmer beruft, der nach dem Mechanismus der Eintrittsklausel zum Eintrittsberechtigten bestimmt wird (vgl. §§ 2151 ff. BGB). Der so bedachte Eintrittsberechtigte rechnet mit dem Abfindungsanspruch gegen die Einlageverbindlichkeit auf. Das Ergebnis kommt dem der Nachfolgeklausel (Rz. N 42) sehr nahe.

N 35 – Die Kombination von Abfindungsanspruch und Einlageverpflichtung („Abfindungslösung", Rz. N 34) hat den Vorteil, dass sie dem Erblasser die Möglichkeit belässt, den Gegenwert des Kapitalanteils statt dem Eintrittsberechtigten seinen **Erben** zuzuwenden. Dazu muss er es schlicht unterlassen, den Abfindungsanspruch dem Eintrittsberechtigten zu vermachen. Diese Handlungsoption des Erblassers ist insbesondere dann von Bedeutung, wenn der Berechtigte sich zum Eintritt nicht entschließen kann. In diesem Fall kann der Erblasser durch entsprechende bedingte Ausgestaltung des Vermächtnisses den Abfindungsanspruch den Erben belassen.

N 36 – Dass der Kapitalanteil den **verbleibenden Gesellschaftern** zuwachsen soll, dürfte den Ausnahmefall bilden. Aber auch für diesen Zweck ist die vorstehend beschriebene Kombination aus Abfindungsanspruch und Einlageverpflichtung des Eintrittsberechtigten geeignet.

Vermacht der Erblasser seinen Abfindungsanspruch der Gesellschaft selbst, erlischt diese bei Erfüllung des Vermächtnisses durch Konfusion; ein ähnliches Ergebnis können die verbleibenden Gesellschafter erzielen, wenn sie selbst (im Verhältnis ihrer Beteiligungsquote) Vermächtnisnehmer sind. Eine Bereicherung der verbleibenden Gesellschafter um den Kapitalanteil kann allerdings alternativ auch dadurch erzielt werden, dass die Abfindung gesellschaftsvertraglich ausgeschlossen wird und der Eintrittsberechtigte zu einer Einlageleistung verpflichtet wird.

- Für die Ausgestaltung der Eintrittsklausel mit Blick auf das Schicksal des Kapitalanteils sind die Maßgaben und Grenzen im Blick zu behalten, welche das Gesellschaftsrecht einerseits und das Erbrecht andererseits setzen. Zum einen ist das Risiko einer möglichen **Haftung des Eintretenden gemäß § 171 Abs. 1 HGB** zu beachten, falls er zu einer Einlage nicht verpflichtet ist. Zur Vermeidung einer solchen Haftung muss die Eintrittsklausel eine die Haftsumme deckende Umbuchung vom Kapitalkonto der verbleibenden Gesellschafter anordnen (OLG Düsseldorf v. 27.11.1958 – 6 U 156/57, GmbHR 1959, 114 [Leitsatz]; OLG Köln v. 22.3.1976 – 16 Wx 184/75, OLGZ 1976, 306; *Haas/Mock* in Röhricht/Graf von Westphalen/Haas, 4. Aufl. 2014, § 171 HGB Rz. 42; *K. Schmidt* in MünchKomm. HGB, 3. Aufl. 2012, §§ 171, 172 HGB Rz. 44 m.w.N.). Diese Minderung der Kapitalkonten der verbleibenden Gesellschafter darf allerdings nicht die Rechtsfolge des § 172 Abs. 4 HGB auslösen. Dies kann zu Problemen führen, wenn die Kapitalkonten der verbleibenden Gesellschafter aufgrund von Verlusten der GmbH & Co. KG und/oder der Abfindungsleistung an die Erben des verstorbenen Gesellschafters kein ausreichendes Guthaben aufweisen. N 37

  Unter der Perspektive des **Erbrechts** gelten mit Blick auf den gesellschaftsvertraglichen Ausschluss der Abfindung die Ausführungen zur Fortsetzungsklausel (Rz. N 28) entsprechend. Sodann ist zu beachten, dass der mit einem Vermächtnis (zugunsten des Eintrittsberechtigten, der verbleibenden Gesellschafter oder Dritter) beschwerter Erbe nach § 2306 BGB vorgehen kann. Ist der Erblasser durch § 2271 Abs. 1, 2 oder § 2289 Abs. 1 Satz 2 BGB an entsprechender Verfügung gehindert, ist das Vermächtnis sogar unwirksam.

Aufnahmevertrag | Der Eintritt des Berechtigten in die Gesellschaft selbst erfolgt durch einen auf Änderung der dinglichen Rechtslage gerichteten **Aufnahmevertrag** zwischen den verbleibenden Gesellschaftern und dem Eintrittsberechtigten (Verfügung; *Klein/Lindemeier* in Münchener Hdb. Gesellschaftsrecht, Bd. 2, 4. Aufl. 2014, § 41 Rz. 75). Dieser Vertrag kann allein durch eine Willenserklärung des Eintrittsberechtigten zustande kommen, wenn die Eintrittsklausel ein vollständiges **Angebot** der verbleibenden Gesellschafter **zum Abschluss eines Aufnahmevertrags** enthält. Vielfach wird die Eintrittsklausel dem Eintrittsberechtigten jedoch lediglich einen schuldrechtlichen **Anspruch auf Abschluss eines Aufnahmevertrags** verschaffen. In diesem zweitgenannten Fall wirkt die Eintrittsklausel als Vertrag zugunsten Dritter (§ 328 BGB): Der Gesellschafter (Versprechensempfänger) lässt sich von den übrigen Mitgesellschaftern (Versprechenden) versprechen, dass diese nach seinem Tod den „Nachfolger" in die Gesellschaft aufnehmen (BFH v. 18.10.1998 – VIII R 172/85, BStBl. II 1989, 549 [unter I.6.e) obiter]; FG Niedersachsen v. 23.2.2000 – 3 K 612/96, EFG 2000, 960 = juris Rz. 21). Diesen Anspruch erwirbt der Eintrittsberechtigte erst mit dem Tode des Gesellschafters (§ 331 BGB), so dass bis zu diesem Zeitpunkt eine Abänderung der Klausel im Konsens von Versprechensempfänger und versprechenden Mitgesellschaftern jederzeit möglich ist. Eine **Verpflichtung zum Eintritt** trifft den Berechtigten in keinem Fall. Er kann das Angebot auf Abschluss des Aufnahmevertrags bzw. sein Drittforderungsrecht ablehnen (§ 333 BGB). Soweit der verstorbene Gesellschafter ein Interersse am „Nachrücken" des Eintrittsberechtigten hat, muss er ggf. letztwillig für den notwendigen Anreiz sorgen. N 38

N 39 **Form, minderjährige Eintrittsberechtigte** | Der Aufnahmevertrag bedarf keiner Form. Auch eine Eintrittsklausel, welche bereits das Angebot zum Abschluss eines Aufnahmevertrags enthält, unterliegt nicht § 2301 BGB (*K. Schmidt* in MünchKomm. HGB, 4. Aufl. 2016, § 139 HGB Rz. 27; *Klein/Lindemeier* in Münchener Hdb. Gesellschaftsrecht, Bd. 2, 4. Aufl. 2014, § 41 Rz. 76). Ist ein Minderjähriger eintrittsberechtigt, können die Eltern von seiner Vertretung beim Abschluss des Aufnahmevertrags ausgeschlossen sein, wenn sie selbst Gesellschafter sind (§ 1629 Abs. 2 Satz 1, § 1795 Abs. 2 i.V.m. § 181 BGB). Vom Verbot des Insichgeschäfts ausgenommen sind Geschäfte, wodurch der Geschäftsherr lediglich einen rechtlichen Vorteil erlangt (st. Rspr. vgl. BGH v. 27.9.1972 – IV ZR 225/69, BGHZ 59, 236; BGH v. 25.4.1985 – IX ZR 141/84, BGHZ 94, 232). Dies wird verschiedentlich beim unentgeltlichen Erwerb eines volleingezahlten Kommanditanteils vertreten (OLG Bremen v. 16.6.2008 – 2 W 38/08, GmbHR 2008, 1263). Mithin bedarf es der Bestellung eines Ergänzungspflegers jedenfalls dann, wenn mindestens ein Elternteil des Minderjährigen Gesellschafter ist und entweder der Minderjährige eine Einlage leisten muss oder die Kommanditistenstellung mit dem Risiko der Haftung aus §§ 171, 176 HGB verbunden ist. Nach herrschender Auffassung bedarf die Zustimmung des gesetzlichen Vertreters zum Aufnahmevertrag der familiengerichtlichen Genehmigung (§ 1643 Abs. 1, § 1822 Nr. 3 BGB; OLG Bremen v. 24.2.1999 – 4 UF 16/99, NJW-RR 1999, 876; OLG Frankfurt a.M. v. 27.5.2008 – 20 W 123/08, GmbHR 2008, 1262). Eine Ausnahme davon gilt nach richtiger Auffassung, falls die GmbH & Co. KG kein Erwerbsgeschäft betreibt und die Hafteinlage erbracht ist (OLG Bremen v. 16.6.2008 – 2 W 38/08, GmbHR 2008, 1263; OLG Thüringen v. 22.3.2013 – 2 WF 26/13, ZEV 2013, 521).

N 40 **Nebenbedingungen der Aufnahme** | Die Eintrittsklausel sollte die Nebenbedingungen der Aufnahme weitgehend festlegen. Von großer praktischer Bedeutung ist hier die für den eintretenden Neukommanditisten in das Handelsregister einzutragenden **Haftsumme**. Zur Vermeidung seiner Haftung gemäß § 176 Abs. 2 HGB empfiehlt es sich, die Wirksamkeit der Aufnahme in die Gesellschaft durch die Eintragung des Eintrittsberechtigten in das Handelsregister zu bedingen. Auch wird es regelmäßig gewollt sein, dass der im Außenverhältnis erst mit Wirksamkeit des Aufnahmevertrags vollzogene Eintritt sich im Innenverhältnis zwischen den Gesellschaftern auf den Zeitpunkt des Todes des Erblassers zurückbezieht. Die Festlegung dieser Modalitäten der Aufnahme in der Eintrittsklausel verschafft dem Eintrittsberechtigten weitgehenden Schutz vor Obstruktion durch die verbleibenden Gesellschafter. Anders ist zu verfahren, wenn diesen ein echtes Mitspracherecht bei der Person des Eintrittsberechtigten vorbehalten werden soll, wobei allerdings dessen Reichweite und dessen Grenzen ebenfalls klar definiert sein sollten. Ist dem Eintrittsberechtigten der Kapitalanteil zugewiesen (Rz. N 34) sollte dem Eintretenden die Verpflichtung auferlegt werden, die Erben von einer in der Person des Erblassers begründeten Haftung freizustellen.

N 41 **Privatkonto des Erblassers** | Die Eintrittsklausel betrifft nur die Mitgliedschaft des Erblassers in dem durch die Gesellschaft gebildeten Personenverband. Verschiedentlich finden sich jedoch Formulierungen, welche das Guthaben auf Privatkonten des Erblassers mit umfassen (vgl. dazu den der Entscheidung des FG Niedersachsen v. 23.2.2000 – 3 K 612/96, EFG 2000, 960 zugrunde liegenden Sachverhalt). Solche Guthaben verkörpern Forderungen des Erblassers gegen die Gesellschaft, die mit seinem Tod in den Nachlass fallen. Solche Vermögensgegenstände des Erblassers kann der Eintrittsberechtigte – außerhalb einer Verfügung von Todes wegen – nur mittels Schenkungsversprechen von Todes wegen (§ 2301 BGB) erwerben. Die dafür geltenden Bedingungen (§ 2301 BGB, § 518 BGB) sind einzuhalten.

d) Einfache und qualifizierte Nachfolgeklausel

Inhalt, Abgrenzung von erbrechtlicher und rechtsgeschäftlicher Nachfolgeklausel | Unter der Bezeichnung „Nachfolgeklauseln" werden Regelungen im Gesellschaftsvertrag zusammengefasst, wonach beim Tode eines Gesellschafters eine andere Person in dessen Rechtsstellung als Gesellschafter eintritt. Eine solche Rechtsnachfolge kann in der Form der Universal- oder Singularsukzession stattfinden. Im zweitgenannten Fall tritt der Nachfolger durch Rechtsgeschäft unter Lebenden und damit außerhalb des Erbrechts („am Nachlass vorbei") in die Stellung des Erblassers ein (sog. **rechtsgeschäftliche Nachfolgeklausel**). Jedoch ist die praktische Bedeutung dieser Klauseln gering, seit die höchstrichterliche Rechtsprechung dingliche Verfügungen zugunsten Dritter die Anerkennung versagt (BGH v. 29.1.1964 – V ZR 209/61, BGHZ 41, 95; BGH v. 10.2.1977 – II ZR 120/75, BGHZ 68, 225, 230 f.). Denn dadurch bedürfte es zwingend der Mitwirkung des Nachfolgers an der Vereinbarung (*Klein/Lindemeier* in Münchener Hdb. Gesellschaftsrecht, Bd. 2, 4. Aufl. 2014, § 41 Rz. 28; *K. Schmidt* in MünchKomm. HGB, 4. Aufl. 2016, § 139 HGB Rz. 23 m.w.N.) und somit aus Sicht des (präsumtiven) Erblassers eine frühzeitige Festlegung auf die Person seines Nachfolgers, um den beabsichtigten unmittelbaren Übergang des Anteils auf den Nachfolger beim Tod des Gesellschafters zu erreichen. Nachfolgeklauseln im Gesellschaftsvertrag ist daher nur in besonderen Ausnahmefällen ein rechtsgeschäftlicher Inhalt beizulegen; regelmäßig – zur Not auch gegen den Wortlaut – ordnen sie lediglich an, dass der Gesellschaftsanteil vererblich ist (sog. **erbrechtliche Nachfolgeklausel**, BGH v. 10.2.1977 – II ZR 120/75; BGHZ 68, 225, 230 f.; BayObLG v. 27.6.1980 – BReg1 Z 47/80, DB 1980, 2028). N 42

Einfache Nachfolgeklausel | Die erbrechtlichen Nachfolgeklauseln lassen sich in zwei Gruppen unterteilen: Eine einfache Nachfolgeklausel entspricht der gesetzlichen Regelung für den Tod des Kommanditisten (§ 177 HGB): Die Gesellschaft wird mit dem oder den Erben an Stelle des Erblassers fortgesetzt. Die Ausführungen oben unter Rz. N 9 ff. gelten entsprechend. N 43

Qualifizierte Nachfolgeklausel | Wird die Nachfolge des Erben in die Rechtsstellung des Erblassers davon abhängig gemacht, dass dieser bestimmte Eigenschaften oder Merkmale erfüllt, spricht man von einer qualifizierten Nachfolgeklausel. Vielfach zitiertes Standardbeispiel ist die Begrenzung der Nachfolge auf den ältesten Sohn des Erblassers. In der Praxis verbreitet sind Regelungen, welche die Nachfolge auf Abkömmlinge („des Gesellschafters" oder „von Gesellschaftern" oder auch eines Vorfahren) beschränken. Verbreitet sind die Kriterien noch enger gefasst, etwa durch eine Beschränkung auf leibliche oder gar ehelich-leibliche Abkömmlinge. Sollen an Kindes Statt angenommene Abkömmlinge nicht gänzlich ausgeschlossen sein, muss das Verwandtschaftsverhältnis begründet worden sein, bevor der Adoptierte ein definiertes Höchstalter erreicht hatte. Umgekehrt greift die Erkenntnis Platz, dass in Zeiten zunehmender Instabilität von Elternbeziehungen (mit oder ohne Trauschein) eine leibliche Abstammung allein noch keine Gewähr dafür bietet, dass dem Betreffenden Familienwerte und -traditionen vermittelt wurden. Da bei Trennung der Eltern die Kinder noch immer zu 90 % bei ihren Müttern aufwachsen (vgl. Bundesministerium für Familie, Frauen, Senioren und Jugend, Alleinerziehende in Deutschland – Lebenssituationen und Lebenswirklichkeiten von Müttern und Kindern, 2012, abrufbar unter https://www.bmfsfj.de), wird gelegentlich die Nachfolgeberechtigung von Kindern männlicher Gesellschafter zusätzlich davon abhängig gemacht, dass diese mindestens bis zu einem bestimmten Lebensalter im Haushalt des Gesellschafters gelebt haben, zumindest aber ein (Mit-) Sorgerecht des Gesellschafters bestand. Insgesamt besteht hier eine lediglich durch §§ 134, 138 BGB begrenzte Gestaltungsfreiheit, so dass Beratungen im Gesellschafterkreis über die Änderung einer qualifizierten Nachfolgeklausel leicht in einen Konflikt unterschiedlicher Weltanschauungen münden. N 44

N 45 Die qualifizierte Nachfolgeklausel implementiert ein eigenartiges Zusammenspiel von Erbrecht und Gesellschaftsrecht. Das Erbrecht wirkt als Transmissionsriemen für den Übergang des Gesellschaftsanteils, während dem Gesellschaftsrecht die Rolle eines Filters zukommt, der den Anfall bei bestimmten Erben zulässt und bei anderen versperrt. Dies verlangt, die testamentarische Anordnung jedes Gesellschafters auf die gesellschaftsrechtlichen Vorgaben abzustimmen. Ein Berater haftet für die Folgen, falls er dies missachtet (BGH v. 13.6.1995 – IX ZR 121/94, NJW 1995, 2551; BGH v. 18.4.2002 – IX ZR 72/99, BGHZ 150, 319). Dieser Zwang zur Verzahnung wirkt sich auf mehreren Ebenen aus:

N 46 – Das offenkundigste Problem entsteht, wenn beim Tod des Gesellschafters **keiner der Erben** die in der qualifizierten Nachfolgeklausel geforderten **Voraussetzungen erfüllt**. In diesem Fall geht die Klausel ins Leere und die verbleibenden Gesellschafter setzen die Gesellschaft ohne den Erblasser fort. Sind gesetzliche Erben vorhanden, welche die Qualifikation erfüllen, aber testamentarisch von der Erbfolge ausgeschlossen sind, kommt eine Umdeutung in eine Eintrittsklausel in Betracht (BGH v. 29.9.1977 – II ZR 214/75, GmbHR 1978, 246; BGH v. 25.5.1987 – II ZR 195/86, DNotZ 1988, 46 [unter 3.]; OLG Frankfurt a.M. v. 2.7.1987 – 1 U 204/85, DB 1988, 104). In der weiteren Umsetzung können sich durch die Umdeutung in eine Eintrittskausel eine Vielzahl von Folgefragen stellen (Rz. N 39), die durch Auslegung kaum zu lösen sind.

N 47 – Als eine Sonderform des in vorstehender Randziffer geschilderten Problems stellt sich die Situation dar, dass zwar keiner der Erben, wohl aber der mit dem Anteil bedachte **Vermächtnisnehmer**, die von der Nachfolgeklausel geforderte Qualifikation aufweist. Nach herrschender Meinung geht die Klausel ins Leere (BFH v. 11.5.2005 – II R 40/02, BFH/NV 2005, 1568 [unter 2.b)]; tendenziell auch, jedoch unklar FG Münster v. 18.1.2007 – 3 K 4009/04 Erb, EFG 2007, 1259 = juris Rz. 31; *Schäfer* in MünchKomm. BGB, 6. Aufl. 2013, § 727 BGB Rz. 41 m.w.N.). Sie kann allenfalls in eine Eintrittsklausel umgedeutet werden (*Schäfer* in MünchKomm. BGB, 6. Aufl. 2013, § 727 BGB Rz. 41 m.w.N.; *K. Schmidt* in MünchKomm. HGB, 4. Aufl. 2016, § 139 HGB Rz. 17, 21). Eine erweiternde Ausdehnung der Klausel in der Weise, dass in solchen Fällen der Erbe „zwecks Erfüllung des Vermächtnisses“ qualifizierter Nachfolger sein soll, scheint nicht möglich zu sein. Möglich und empfehlenswert ist es aber, die qualifizierte Nachfolgeklausel in der Weise zu formulieren, dass ein nicht-qualifizierter Erbe „zwecks Übertragung an einen qualifizierten Vermächtnisnehmer“ seinerseits qualifiziert ist.

N 48 – Wenn **nur einer von mehreren Erben** die von der Nachfolgeklausel geforderten Qualifikationen erfüllt, erwirbt nur dieser den gesamten Gesellschaftsanteil („Vollnachfolge“, BGH v. 10.2.1977 – II ZR 120/75, BGHZ 68, 225, 230 f. Die frühere Lösung, der Anteil des Erblassers ginge nur in Höhe der Erbquote des qualifizierten Erben unmittelbar auf ihn über, während im Übrigen die Mitgesellschafter zu einer Übertragung unter Lebenden verpflichtet wären (so noch BGH v. 22.11.1956 – II ZR 222/55, BGHZ 22, 186), ist damit überwunden. Die Vermögenbeteiligung des qualifizierten Erben am Gesamtnachlass – unter Einschluss des Werts des Gesellschaftsanteils – richtet sich indessen nach seiner Erbquote. Dies gilt für das Verhältnis zu Nachlassgläubigern und Pflichtteilsberechtigten (*Gergen* in MünchKomm. BGB, 6. Aufl. 2013, § 2033 BGB Rz. 60), besonders aber im Verhältnis zu den übrigen Miterben (BFH v. 26.3.1981 – IV R 130/77, BStBl. II 1981, 614 = FR 1981, 461). Der qualifizierte Miterbe ist den übrigen Miterben zu einem Ausgleich verpflichtet, es sei denn, der Erblasser hat ihm den Mehrwert durch Vorausvermächtnis zugewiesen. Die Bedeutung einer entsprechenden eindeutigen Regelung im Testament des Erblasser-Gesellschafters kann gar nicht genug betont werden. Ein solcher Ausgleich erfolgt grundsätzlich durch Anrechnung des

Wertes des Gesellschaftsanteils im Rahmen der Erbauseinandersetzung (*Gergen* in MünchKomm. BGB, 6. Aufl. 2013, § 2032 BGB Rz. 60; *Schäfer* in MünchKomm. BGB, 6. Aufl. 2013, § 727 BGB Rz. 45; *K. Schmidt* in MünchKomm. HGB, 4. Aufl. 2016, § 139 HGB Rz. 20; *Klein/Lindemeier* in Münchener Hdb. Gesellschaftsrecht, Bd. 2, 4. Aufl. 2014, § 43 Rz. 38, jew. m.w.N.). Die dogmatische Begründung dieses Anspruchs ist nach wie vor umstritten (vgl. *Schäfer* in MünchKomm. BGB, 6. Aufl. 2013, § 727 BGB Rz. 45; *K. Schmidt* in MünchKomm. HGB, 4. Aufl. 2016, § 139 HGB Rz. 20; *Klein/Lindemeier* in Münchener Hdb. Gesellschaftsrecht, Bd. 2, 4. Aufl. 2014, § 43 Rz. 38, jew. m.w.N.). Weitgehend Einigkeit besteht jedoch darüber, dass der qualifizierte Erbe einen Mehrerwerb, der den Wert seines Erbteils übersteigt, aus eigenem Vermögen ausgleichen muss (BGH v. 22.11.1956 - II ZR 222/55, BGHZ 22, 186, 196; offengelassen allerdings BGH v. 10.2.1977 - II ZR 120/75, BGHZ 68, 225; wie hier h.M., z.B. *Schäfer* in MünchKomm. BGB, 6. Aufl. 2013, § 727 BGB Rz. 45; *K. Schmidt* in MünchKomm. BGB, 4. Aufl. 2016, § 139 BGB Rz. 20; *Westermann* in Erman, 14. Aufl. 2014, § 727 BGB Rz. 12; *Klein/Lindemeier* in Münchener Hdb. Gesellschaftsrecht, Bd. 2, 4. Aufl. 2014, § 43 Rz. 38). Ungeachtet der Ausgleichspflicht bleibt der qualifizierte Erbe in Höhe seiner Erbquote am (Rest-)Nachlass beteiligt, was sich insb. bei der Beschlussfassung über die Verwaltung des Nachlasses (§ 2038 Abs. 2 i.V.m. § 745 BGB) bemerkbar machen kann.

4. Erbschaftsteuer

→ *Erbschaft- und Schenkungsteuer*

Auflösungsklausel | Unter der Geltung einer Auflösungsklausel findet beim Tod eines Kommanditisten ein Erbanfall bei seinem Erben statt, welcher der Erbschaftsteuer unterliegt (§ 1 Abs. 1 Nr. 1, § 3 Abs. 1 Nr. 1 ErbStG). Gegenstand dieses Erwerbs ist ein Gesellschaftsanteil (Rz. N 23), d.h. gemäß § 13b Abs. 1 ErbStG begünstigungsfähigem Vermögen. Dem Ansatz eines Verschonungsabschlags steht nicht entgegen, dass gemäß § 13a Abs. 6 Nr. 1 Satz 1 Halbs. 2 ErbStG die Aufgabe des Gewerbebetriebs der Gesellschaft ein Verstoß gegen die Behaltefrist des Erben bedeutet. Die Auslegung des Begriffs „Aufgabe des Gewerbebetriebs“ erfolgt nach Maßgabe der ertragsteuerlichen Begriffsbildung (BFH v. 7.7.2004 - II B 32/04, BStBl. II 2004, 747 = FR 2004, 1180), die für eine Aufgabe mehr verlangt, als dass die werbende Tätigkeit eingestellt wird. Hinzutreten muss, dass alle wesentlichen Betriebsgrundlagen in einem einheitlichen Vorgang in das Privatvermögen überführt und/oder anderen betriebsfremden Zwecken zugeführt und/oder veräußert werden und dadurch die betriebliche Organisation aufhört zu bestehen (statt aller *Wacker* in Schmidt, § 16 EStG Rz. 173 m.w.N. aus der Rspr.). Mithin verwirklicht die durch den Tod bedingte Auflösung der Gesellschaft nicht bereits unmittelbar auch die Aufgabe ihres Betriebs in diesem Sinne. Richtig ist allerdings, dass die Tatbestandsmerkmale der Aufgabe im Rahmen der sich an die Auflösung anschließenden Liquidation verwirklicht werden. Regelmäßig wird dies auch innerhalb der Behaltefrist passieren. Je nach dem, welchen Zeitpunkt man hier für maßgebend hält (vgl. dazu *Söffing* in Willms/Jochum, ErbStG/BewG, § 13a ErbStG Rz. 140 [Stand: Aug. 2013] m.w.N.), wirkt sich dies wegen des nur zeitanteilig entfallenden Verschonungsabschlags (§ 13a Abs. 6 Satz 2 ErbStG) auf die Höhe der Erbschaftsteuer aus. Der Verschonungsabschlag bleibt ferner in vollem Umfang erhalten, falls die Gesellschafter rechtzeitig die Fortsetzung der Gesellschaft beschließen. N 49

Fortsetzungsklausel | Bei einer Fortsetzungsklausel fällt allein der Abfindungsanspruch in den Nachlass, so dass ihn der **Erbe** durch Erbanfall erwirbt (§ 3 Abs. 1 Nr. 1 ErbStG). Als Zahlungsanspruch handelt es sich nicht um begünstigungsfähiges Vermögen (§ 13b Abs. 1 N 50

ErbStG), so dass das Begünstigungsregime für Betriebsvermögen (§§ 13a, 13c, 28a ErbStG) sowie die Tarifbegrenzung gemäß § 19a ErbStG ausgeschlossen sind (R E 13b.1 Abs. 2 Satz 4 Halbs. 2 ErbStR). Bleibt die Abfindung auf Grund einer Abfindungsklausel im Gesellschaftsvertrag hinter dem steuerlichen Anteilswert zurück, oder entfällt sie ganz, ist der Differenzbetrag als fingierte Schenkung auf den Todesfall bei den **verbleibenden Gesellschaftern** steuerpflichtig (§ 3 Abs. 1 Nr. 2 Satz 2 ErbStG). Dieser Erwerb ist begünstigungsfähig (R E 13b.1 Abs. 2 Satz 4 Halbs. 1 ErbStR). Dies gilt erst recht, wenn eine Abfindung gesellschaftsvertraglich ausgeschlossen ist und den verbleibenden Gesellschaftern der Kommanditanteil anteilig unentgeltlich anwächst.

N 51 **Eintrittsklausel |** Die erbschaftsteuerlichen Wirkungen einer Eintrittsklausel hängen von deren konkreten Ausgestaltung ab und sind im Einzelnen auch umstritten. Teilweise wird danach differenziert, ob der Berechtigte von seinem Eintrittsrecht Gebrauch macht oder nicht (*Farle* in Münchener Hdb. Gesellschaftsrecht, Bd. 2, 4. Aufl. 2014, § 44 Rz. 42; sinngemäß *Meincke*, 16. Aufl. 2012, § 3 ErbStG Rz. 19 a.E.): Im ersten Fall soll es zu einer Besteuerung wie bei einer Nachfolgeklausel kommen (Rz. N 52), im zweiten Fall wie bei einer Fortsetzungsklausel (Rz. N 50). Analytisch ergibt sich dieses Ergebnis, wenn man die zivilrechtliche Wirkung der Klausel erbschaftsteuerrechtlich nachvollzieht, d.h., zunächst zwischen der Eintrittsberechtigung als solcher und dem Erwerb des Kapitalanteils des Erblassers differenziert.

N 51a **Erwerb der Eintrittsberechtigung von Todes wegen |** Die Eintrittsberechtigung stellt einen Vorteil dar, den der Berechtigte durch einen Vertrag zugunsten Dritter erwirbt (§ 3 Abs. 1 Nr. 4 ErbStG); dies gilt auch dann, wenn er zu dem Kreis der Erben des verstorbenen Gesellschafters gehört. Seine Situation ist der des Begünstigten eines Übernahmevermächtnis vergleichbar (so *Gottschalk* in Troll/Gebel/Jülicher, § 3 ErbStG Rz. 148 a.E. [Stand: Okt. 2014]). Dort entsteht eine Steuerlast nur insoweit, als die Einlageleistung, zu welcher er verpflichtet ist, hinter dem gemeinen Wert des Anteils zurück bleibt, den er erwirbt (vgl. BFH v. 13.8.2008 – II R 7/07, BStBl. II 2008, 982 = FR 2009, 192). Im Geltungsbereich einer Eintrittsklausel kann dies insbesondere beim sog. Treuhandmodell (Rz. N 34) der Fall sein, da der Eintrittsberechtigte ohne eigene Einlageleistung und gegen Umbuchung vom Kapitalkonto der verbleibenden Gesellschafter in die Gesellschaft eintreten kann (dazu noch Rz. N 51b). Beim Abfindungsmodell dürfte dies eher bei atypischen Gestaltungen auftreten, etwa dann, wenn der Eintrittsberechtigte eine Einlageleistung zu erbringen hat, aber nicht vom Abfindungsanspruch profitiert.

N 51b **Erwerb des Kapitalanteils |** Für die erbschaftsteuerlichen Wirkungen in Bezug auf den Kapitalanteil ist ebenfalls zwischen Abfindungsmodell und der Treuhandlösung zu differenzieren (vgl. Rz. N 34). Beim **Abfindungsmodell** führt der Abfindungsanspruch **bei den Erben** (oder Vermächtnisnehmern) des ausscheidenden Erblassers gemäß § 3 Abs. 1 Nr. 1 ErbStG zu einem steuerpflichtigen Erwerb (FG Niedersachsen v. 23.2.2000 – 3 K 612/96, EFG 2000, 960 [unter 2.]). Als Zahlungsanspruch im Privatvermögen kommt eine Begünstigung für betriebliches Vermögen (§§ 13a, 13c, 28a ErbStG) nicht in Betracht. Die Finanzverwaltung und die überwiegende Literatur lassen jedoch dann eine Ausnahme zu, wenn der Eintrittsberechtigte, dem der Abfindungsanspruch auf erbrechtlichem Wege (als Erbe oder Vermächtnisnehmer) anfällt, diesen mit seiner Einlageverpflichtung verrechnet (Rz. N 34). Ihrer Auffassung zufolge wandelt sich durch den Eintritt der Gegenstand des Erwerbs, sodass ein nach § 13b Abs. 1 Nr. 2 ErbStG begünstigungsfähiger Gesellschaftsanteil von Todes wegen erworben wird (R E 13b.1 Abs. 2 Satz 2, 3 ErbStR; ebenso *Weinmann* in Mönch, § 3 ErbStG Rz. 79; *Hübner/Maurer*, ZEV 2009, 361, 365). Nach der Gegenmeinung soll der Eintritt als dem Erbfall zeitlich nachfolgender Vorgang den angefallenen Gegenstand nicht verändern (*Gottschalk* in Troll/

Gebel/Jülicher, § 3 ErbStG Rz. 148 [Stand: Okt. 2014]). Rechtsprechung existiert zu diesem Aspekt – soweit ersichtlich – nicht. Bei der **Treuhandlösung** (Rz. N 34) erwerben demgegenüber die verbleibenden Gesellschafter den Anteil des Erblassers aufgrund einer Anwachsung auf den Todesfall (§ 3 Abs. 1 Nr. 2 ErbStG, BFH v. 11.5.2005 – II R 40/02, BFH/NV 2005, 1568 [unter 1.b)]; R E 13b.1 Abs. 2 Satz 3 ErbStR). Dieser Erwerb von nach § 13b Abs. 1 ErbStG begünstigungsfähigem Vermögen ist allerdings auflösend dadurch bedingt dass der Eintrittsberechtigte den Eintritt erklärt. Tritt diese Bedingung ein, entfällt die Steuer, weil die dann eintretende Belastung der verbleibenden Gesellschafter durch Umbuchung auf das Kapitalkonto des Eintretenden (§ 10 Abs. 5 ErbStG) gemäß § 6 Abs. 2 i.V.m. § 5 Abs. 2 BewG berücksichtigungsfähig wird und diese Belastung betragsmäßig – vorbehaltlich von Zinseffekten – der beim Tod des Erblassers eingetretenen Bereicherung der verbleibenden Gesellschafter entspricht. Spiegelbildlich dazu erwirbt der Eintrittsberechtigte, wie oben (Rz. N 51a) bereits ausgeführt, einen Vermögensvorteil nach § 3 Abs. 1 Nr. 4 ErbStG, der hier auch einen messbaren Wert hat, weil der Beitritt für den Berechtigten unentgeltlich erfolgt. Obwohl Gegenstand des Erwerbs nicht der Anteil selbst ist, sondern die (aufschiebend bedingte) Forderung auf Beitritt zur Gesellschaft, die auch grundsätzlich mit dem gemeinen Wert zu bewerten ist, findet § 13a ErbStG dennoch Anwendung (vgl. BFH v. 13.8.2008 – II R 7/07, BStBl. II 2008, 982 = FR 2009, 192 zum Übernahmevermächtnis).

Einfache Nachfolgeklausel | Im Rahmen einer einfachen Nachfolgeklausel erwirbt der Erbe einen Kommanditanteil, mehrere Erben untereinander im Verhältnis ihrer Erbquote (§ 3 Abs. 1 Nr. 1 ErbStG). Dieser Erwerb ist nach § 13a, § 13b, § 19a, § 28a ErbStG begünstigt, sofern die übrigen Voraussetzungen erfüllt sind. N 52

Qualifizierte Nachfolgeklausel | Eine qualifizierte Nachfolgeklausel wird als Sonderfall einer dinglich wirkenden Teilungsanordnung verstanden. Teilungsanordnungen sind aber für die Bemessung der Erbschaftsteuer unbeachtlich, weil sie die Bemessung der Erbanteile unberührt lassen (BFH v. 10.11.1982 – II R 85/78, II R 86/78, BStBl. II 1983, 329, 331; BFH v. 1.4.1992 – II R 21/89, BStBl. II 1992, 669, 670f.; R E 3.1 Abs. 1, 3 ErbStR). Mithin fließt der Wert des Kommanditanteils anteilig (in Höhe der Erbquote) in die Bewertung des Erbanfalls auch solcher Erben ein, welche Bedingungen der qualifizierten Nachfolgeklausel nicht erfüllen. Bedeutung hat die durch die qualifizierte Nachfolgeklausel angeordnete dingliche Zuordnung des Anteils jedoch beim Verschonungsabschlag (§ 13a, § 13c ErbStG), bei der Bedürfnisprüfung (§ 28a ErbStG) und beim Entlastungsbetrag (§ 19a ErbStG). Denn die Vergünstigung ist demjenigen versagt, der das begünstigungsfähige Vermögen „auf Grund einer letztwilligen Verfügung des Erblassers oder einer rechtsgeschäftlichen Verfügung des Erblassers … auf einen Dritten übertragen muss" (§ 13a Abs. 5 Satz 1, § 19a Abs. 2 Satz 2 ErbStG) oder „im Rahmen der Teilung des Nachlasses … auf einen Miterben überträgt" (§ 13a Abs. 5 Satz 2, § 19a Abs. 2 Satz 3 ErbStG). Dies betrifft auch und gerade den Fall der qualifizierten Nachfolgeklausel, so dass diese Vergünstigung dem nicht qualifizierten Erben versagt, dem qualifizierten Erben aber im Umfang des „erworbenen" Anteils eröffnet ist (§ 13a Abs. 5 Satz 3 ErbStG; *Gottschalk* in Troll/Gebel/Jülicher, § 3 ErbStG Rz. 145 [Stand: Okt. 2014]; *Geck* in Kapp/Ebeling, § 13a ErbStG Rz. 17, 61 [Stand: Juli 2016]; *Söffing* in Wilms/Jochum, ErbStG/BewG, § 13a ErbStG Rz. 89 [Stand: Aug. 2013]; *Wälzholz*, ZEV 2009, 113; *Levedag*, GmbHR 2010, 629, 632; *Koblenzer*, ErbStB 2011, 227, 234). N 53

Ausgleichsverpflichtung | Eine besondere Situation besteht, wenn der qualifizierte Erbe durch den Kommanditanteil mehr erhält, als es seiner Erbquote entspricht. Vorbehaltlich einer testamentarischen Anordnung (dazu sogleich) ist der qualifizierte Erbe zu einem Ausgleich zugunsten seiner Miterben verpflichtet (Rz. N 48). Diese Ausgleichszahlung vollzieht sich außer- N 54 halb der erbschaftsteuerbaren Sphäre, sie ist weder beim qualifizierten Erben abziehbar noch bei den übrigen Erben steuerpflichtig (vgl. *Gottschalk* in Troll/Gebel/Jülicher, § 3 ErbStG Rz. 117 [Stand: Okt. 2014]; *Gebel* in Troll/Gebel/Jülicher, § 10 ErbStG Rz. 215 [Stand: Apr. 2014]; *Meincke*, 16. Aufl. 2012, § 3 ErbStG Rz. 74). Allerdings gilt dieser Ausgleich als teilweises Entgelt für den überquotalen Erwerb, so dass insoweit der Verschonungsabschlag versagt wird (*Gottschalk* in Troll/Gebel/Jülicher, § 3 ErbStG Rz. 145 [Stand: Okt. 2014]; *Levedag*, GmbHR 2010, 629, 632). Der Anfall des Mehrwerts kann allerdings – je nach Inhalt des Testaments – auch auf einem Vorausvermächtnis (§ 2150 BGB) zugunsten des qualifizieren Erben beruhen, so dass dieser zu einem Ausgleich nicht verpflichtet ist. Folgerichtig dürfen alle Erben diese Belastung mindernd berücksichtigen (§ 10 Abs. 5 Nr. 2 ErbStG), während der begünstigte Erbe den Mehrwert versteuern muss (§ 3 Abs. 1 Nr. 1 2. Var. ErbStG; *Gottschalk* in Troll/Gebel/Jülicher, § 3 ErbStG Rz. 117 [Stand: Okt. 2014]). Für Verschonungsabschlag (§§ 13a, 13b ErbStG) und Entlastungsbetrag (§ 19 ErbStG) gelten keine Besonderheiten.

5. Einkommensteuer

N 55 **Auflösungsklausel** | Durch den Tod des Erblassers tritt die Erbengemeinschaft (keine Sondererbfolge!, Rz. N 24) als Mitunternehmerin in die Kommanditgesellschaft ein, es entsteht eine doppelstöckige Mitunternehmerschaft. Der in der Auflösung liegende Eintritt der Kommanditgesellschaft in das Abwicklungsstadium hat keine unmittelbaren einkommensteuerrechtlichen Wirkungen (vgl. BFH v. 1.3.1994 – VIII R 35/92, BStBl. II 1995, 241 = FR 1994, 789); die Buchwerte sind gemäß § 6 Abs. 3 EStG fortzuführen. Erst die Verwirklichung der Betriebsaufgabe (§ 16 Abs. 3 EStG) führt zu einem Aufgabegewinn (§ 16 Abs. 2 EStG) bei der Erbengemeinschaft (*Wacker* in Schmidt, 35. Aufl. 2016, § 16 EStG Rz. 680; ggf. a.A. BMF v. 14.3.2006, BStBl. I 2006, 253, Tz. 69 betr. Ertragsteuerliche Behandlung der Erbengemeinschaft und ihrer Auseinandersetzung). Die Steuerermäßigung nach § 35b EStG kommt in Betracht, wenn die zeitlichen Voraussetzungen eingehalten sind. Führen die Erben die Gesellschaft fort, bleibt es bei der Buchwertfortführung (BFH v. 1.3.1994 – VIII R 35/92, BStBl. II 1995, 241 = FR 1994, 789; *Wacker* in Schmidt, 35. Aufl. 2016, § 16 EStG Rz. 681).

N 56 **Fortsetzungsklausel** | Das Ausscheiden des Erblassers gegen Abfindung zu Gunsten der Erben ist ein Veräußerungsvorgang, der gemäß § 16 Abs. 1 Satz 1 Nr. 2 EStG zur Versteuerung der stillen Reserven im Mitunternehmeranteil führt. Der Veräußerungsgewinn entsteht noch im Moment des Ablebens in der Person des Erblassers (BFH v. 13.11.1997 – IV R 18/97, BStBl. II 1998, 290 = FR 1998, 318; BFH v. 19.8.1999 – IV R 67/98, BStBl. II 2000, 179 = FR 2000, 97 m. Anm. *Kanzler*; BMF v. 14.3.2006, BStBl. I 2006, 253, Tz. 69 betr. Ertragsteuerliche Behandlung der Erbengemeinschaft und ihrer Auseinandersetzung; *Wacker* in Schmidt, 35. Aufl. 2016, § 16 EStG Rz. 661; a.A. *Reiß* in Kirchhof/Söhn/Mellinghoff, 1992, § 16 EStG Rz. B 123) und ist dort unter den Voraussetzungen des § 34 EStG begünstigt (BMF v. 14.3. 2006, BStBl. I 2006, 253, Tz. 69 betr. Ertragsteuerliche Behandlung der Erbengemeinschaft und ihrer Auseinandersetzung). Wegen dieser Realisation noch in der Person des Erblassers ist § 35b EStG nicht anwendbar (BFH v. 15.4.1993 – IV R 66/92, BStBl. II 1994, S. 227 (zu § 35 EStG a.F.) = FR 1993, 717; *Kulosa* in Schmidt, 34. Aufl. 2015, § 35b EStG Rz. 6 m.w.N.). Die verbleibenden Gesellschafter haben Anschaffungskosten in Höhe der Abfindung; diese sind jeweils in einer Ergänzungsbilanz zu aktivieren.

N 57 **Eintrittsklausel** | Die einkommensteuerrechtlichen Folgen der Eintrittsklausel sind nicht abschließend geklärt, Rechtsprechung ist hierzu, soweit ersichtlich, noch nicht ergangen. Maßgeblich ist das Schicksal des Kapitalanteils des Erblassers. Folgt die Klausel dem Abfindungsmodell (Rz. N 34), entsprechen die einkommensteuerlichen Wirkungen denjenigen einer Fortsetzungsklausel, d.h. es kommt zu einer Gewinnrealisierung gemäß §§ 16, 34 EStG (vgl. BMF v. 14.3. 2006, BStBl. I 2006, 253, Tz. 70 betr. Ertragsteuerliche Behandlung der Erbengemeinschaft und ihrer Auseinandersetzung; *Wacker* in Schmidt, 35. Aufl. 2016, § 16 EStG Rz. 677; *Hannes* in Hesselmann/Tillmann/Mueller-Thuns, Hdb. GmbH & Co. KG, 21. Aufl. 2016, Rz. 8.200, jew. m.w.N.). Die Finanzverwaltung will – offenbar im Billigkeitswege – von der Aufdeckung der stillen Reserven jedoch absehen, wenn der Beitritt innerhalb von sechs Monaten gegen Verrechnung des Abfindungsguthabens erklärt wird. Dann soll der Betreffende so behandelt werden, als ob er aufgrund einer Nachfolgeklausel erworben hätte (BMF v. 14.3.2006, BStBl. I 2006, 253, Tz. 70 betr. Ertragsteuerliche Behandlung der Erbengemeinschaft und ihrer Auseinandersetzung). Beim **Treuhandmodell** (Rz. N 34) liegt, zumal unter dem Blickwinkel einer wirtschaftlichen Betrachtungsweise, die Einordnung der verbleibenden Gesellschafter als Treuhänder nahe. Es liegt ein unentgeltlicher Erwerb des Berechtigten vor, der gemäß § 6 Abs. 3 EStG zur Buchwertfortführung verpflichtet (vgl. BMF v. 14.3.2006, BStBl. I 2006, 253, Tz. 70 betr. Ertragsteuerliche Behandlung der Erbengemeinschaft und ihrer Auseinandersetzung; *Wacker* in Schmidt, 35. Aufl. 2016, § 16 EStG Rz. 677; *Hannes* in Hesselmann/Tillmann/Mueller-Thuns, Hdb. GmbH & Co. KG, 21. Aufl. 2016, Rz. 8.200, jew. m.w.N.). Offen bleibt dabei, wie Sonderbetriebsvermögen behandelt wird. Da nach richtiger Auffassung Gesellschaftsanteil und Wirtschaftsgüter des Sonderbetriebsvermögens auseinander fallen können, stellen sich die gleichen Fragen wie bei der qualifizierten Nachfolgeklausel (Rz. N 58). Die mit einer Eintrittsklausel verbundenen Probleme dürfen daher nicht unterschätzt werden.

Nachfolgeklausel | Ein Erwerb auf Basis einer **einfachen Nachfolgeklausel** ist regelmäßig N 58
einkommensteuerneutral. Die Erben führen die Buchwerte des Erblassers fort (§ 6 Abs. 3 Satz 1 EStG). Dabei ist es nach Auffassung der Finanzverwaltung möglich, die mit dem Tod auf die Erben übergegangenen Anteil in die Erbauseinandersetzung einzubeziehen und abweichend von der gesetzlichen Sondererbfolge (nach Quote) zu verteilen, etwa in der Weise, dass ein Erbe den gesamten Kommanditanteil des Erblassers an der Gesellschaft A und der Miterbe den gesamten Kommanditanteil des Erblasser an der Gesellschaft B erwirbt (BMF v. 14.3.2006, BStBl. I 2006, 253, Tz. 71 betr. Ertragsteuerliche Behandlung der Erbengemeinschaft und ihrer Auseinandersetzung). Falls hierbei ein Ausgleich von Wertdifferenzen mittels anderem Nachlassvermögen erfolgt, ist dieser Vorgang als Realteilung einkommensteuerneutral (BFH v. 29.10.1991 – VIII R 51/84, BStBl. II 1992, 512 [unter II. 2. a] = FR 1992, 297 m. Anm. *Schmidt*; *Carlé*, ErbStB 2009, 287, 289). Nur insoweit, als der Miterbe einen Ausgleich aus eigenem Vermögen leistet, handelt es sich um einen teilentgeltliches Geschäft, so dass beim Empfänger-Miterben ein Veräußerungsgewinn und beim leistenden Miterbe Anschaffungskosten entstehen (BFH v. 29.10.1991 – VIII R 51/84, BStBl. II 1992, 512 [unter II. 2. a] = FR 1992, 297 m. Anm. *Schmidt*; BMF v. 14.3.2006, BStBl. I 2006, 253, Tz. 71 betr. Ertragsteuerliche Behandlung der Erbengemeinschaft und ihrer Auseinandersetzung). Gleiches gilt bei einer **qualifizierten Nachfolgeklausel**, wobei dort eine abweichenden Verteilung von Anteilen im Rahmen der Erbauseinandersetzung kaum vorkommen dürfte, da der Gesellschaftsvertrag einen Eintritt der qualifizierten Erben ja gerade nicht zulässt. Regelmäßig wird allerdings der qualifizierte Erbe im Rahmen der Erbauseinandersetzung einen Ausgleich für die Nachfolge in den Kommanditanteil in der Form bringen müssen, dass er am übrigen Nachlassvermögen in einem gegenüber seiner Erbquote verminderten Umfang partizipiert. Dieser Ausgleich ist einkommensteuerlich ebenso neutral wie bei der einfachen Nachfolgeklausel. Im Unterschied zur einfachen Nachfolgeklausel führt aber nach der Rechtsprechung und der Fi-

nanzverwaltung auch ein Ausgleich, den ein qualifizierter Erbe an seine Miterben aus dem eigenen Vermögen leistet, weil der Wert des Kommanditanteils den Wert seines Erbteils übersteigt, weder zu einem Veräußerungsgewinn bei den übrigen Erben noch zu Anschaffungskosten (BFH v. 29.10.1991 – VIII R 51/84, BStBl. II 1992, 512 [unter II. 2. b] = FR 1992, 297 m. Anm. *Schmidt*; BMF v. 14.3.2006, BStBl. I 2006, 253, Tz. 72 betr. Ertragsteuerliche Behandlung der Erbengemeinschaft und ihrer Auseinandersetzung).

6. Beteiligung an der Komplementär-GmbH und sonstiges Sonderbetriebsvermögen

N 59 **Allgemeines** | Die gesetzlichen und gesellschaftsvertraglichen Regelungen zur Rechtsnachfolge eines verstorbenen Gesellschafters (Rz. N 2 ff., N 21 ff.) gelten nicht für seine Beteiligung an der Komplementär-GmbH. Deren Geschäftsanteile sind ohne Einschränkung vererblich (§ 15 Abs. 1 GmbHG). Der angestrebte Gleichlauf mit dem Kommanditanteil kann durch entsprechende testamentarische Regelung des Gesellschafters (bei einfacher Nachfolgeklausel) sowie durch eine Einziehungs- und Abtretungsklausel im Gesellschaftsvertrag der GmbH (bei Fortsetzungsklausel, Eintrittsklausel und qualifizierter Nachfolgeklausel) erreicht werden (vgl. zu den Gestaltungsmöglichkeiten im Gesellschaftsvertrag einer Kapitalgesellschaft *Stein* in Groll, Praxis-Handbuch Erbrechtsberatung, Kap. IX Rz. 390 ff., 395 ff.). Ist im Kommanditgesellschaftsvertrag eine Auflösungsklausel vereinbart, ist es nicht erforderlich und im Regelfall auch nicht ratsam, unmittelbar mit dem Tod des Gesellschafters auch die Komplementärin aufzulösen.

N 60 **Einkommensteuer** | Einkommensteuerrechtlich gehört die Beteiligung des Kommanditisten an der Komplementär-GmbH zu seinem **notwendigen Sonderbetriebsvermögen**, wenn sie die Beteiligung des Kommanditisten an der Kommanditgesellschaft stärkt (BFH v. 15.10. 1975 – I R 16/73, BStBl. II 1976, 188; BFH v. 13.5.1976 – IV R 4/75, BStBl. II 1976, 617; BFH v. 5.12.1979 – I R 184/76, BStBl. II 1980, 119 = FR 1980, 222 = GmbHR 1980, 92; BFH v. 12.11.1985 – VIII R 286/81, BStBl. II 1986, 55 = FR 1986, 239; stärker die Grenzen dieser Zuordnung betonend jüngst BFH v. 16.4.2015 – IV R 1/12, BStBl. II 2015, 705 = FR 2015, 846 m. Anm. *Wendt* = GmbHR 2015, 827). Ein Fehler in der Abstimmung der Nachfolge, der dazu führt, dass Kommanditanteil und Anteil der Komplementär-GmbH nicht der gleichen Person von Todes wegen zufallen, kann dazu führen, dass die Beteiligung aus dem Betriebsvermögen entnommen wird und die stillen Reserven realisiert werden (§ 6 Abs. 1 Nr. 4 EStG). In aller Regel wird dies nur dann problematisch sein, wenn die Komplementär-GmbH am Gewinn, Verlust und Vermögen der Kommanditgesellschaft beteiligt ist oder einen eigenen Gewerbebetrieb hat, da nur dann sich in ihren Anteilen nennenswerte stille Reserven bilden werden. Zu beachten ist allerdings, dass dieses Risiko bei allen der Gesellschaft zur Nutzung überlassenen sonstigen Wirtschaftsgütern des Gesellschafters besteht, wie bspw. Grundstücken und immateriellen Wirtschaftsgüter.

N 61 **Risiko der Entnahme des Geschäftsanteils aus dem Sonderbetriebsvermögen** | Das Risiko einer Entnahme ist je nach Art der Nachfolgeregelung im Kommanditanteil unterschiedlich stark ausgeprägt. Bei einer **Auflösungsklausel** oder einer **Fortsetzungsklausel** kann von einem Risiko im eigentlichen Sinne nicht gesprochen werden, da bei diesen der Tod des Gesellschafters ohnehin zu einer Aufdeckung der stillen Reserven führt (Rz. N 55, N 56, zur Fortsetzungsklausel *Levedag*, GmbHR 2010, 629, 634). Bei der **einfachen Nachfolgeklausel** ist das Risiko entschärft (*Levedag*, GmbHR 2010, 629, 634). Nur eine explizit divergierende testamentarische Verfügung über Kommanditanteil einerseits und Beteiligung an Komplementär-GmbH andererseits durch den Gesellschafter führt zu einer Entnahme. Ein hohes Risiko besteht bei der **Eintrittsklausel**. Bei der Treuhandlösung fallen Eintrittsberechtigter und Nachfolger in den Komplementär-GmbH-Anteil nahezu zwangsläufig auseinander. Doch auch bei der Abfindungslösung ist der Eintrittsberechtigte vor seinem Beitritt zur Gesellschaft nicht Mitunternehmer, so dass das Sonderbetriebsvermögen des Erblassers mit seinem Tod als entnommen zu betrachten ist. Selbst wenn somit das Sonderbetriebsvermögen auf erbrechtlichem Wege allein dem Eintrittsberechtigten zufiele, kann die Entnahme im Ergebnis nur dadurch vermieden werden, dass die Finanzverwaltung die Erklärung des Eintritts binnen sechs Monaten durch alle Erben wie eine Nachfolge mittels einfacher Nachfolgeklausel behandelt (BMF v. 14.3.2006, BStBl. I 2006, 253, Tz. 70 betr. Ertragsteuerliche Behandlung der Erbengemeinschaft und ihrer Auseinandersetzung; vgl. auch *Levedag*, GmbHR 2010, 629, 634). Bei der **qualifizierten Nachfolgeklausel** schließlich realisiert sich das Risiko stets in dem Umfang, wie nicht-qualifizierte Personen Erben werden (BMF v. 14.3.2006, BStBl. I 2006, 253, Tz. 73 betr. Ertragsteuerliche Behandlung der Erbengemeinschaft und ihrer Auseinandersetzung; *Levedag*, GmbHR 2010, 629, 634). Da sie keine Mitunternehmer werden, qualifiziert der ihnen nach § 39 Abs. 2 Nr. 2 AO zuzurechnende Bruchteil des Komplementär-Anteils nicht mehr als Betriebsvermögen (BFH v. 29.10.1991 – VIII R 51/84, BStBl. II 1992, 512 = FR 1992, 297 m. Anm. *Schmidt*; v. 27.7.1993 – VIII R 72/90, BStBl. II 1994, 625 = FR 1994, 353; BMF v. 14.3.2006, BStBl. I 2006, 253, Tz. 72 betr. Ertragsteuerliche Behandlung der Erbengemeinschaft und ihrer Auseinandersetzung). Ist weder eine Änderung der Nachfolgeklausel (einfache statt qualifizierte Nachfolgeklausel) noch der erbrechtlichen Verfügung (Alleinerbeneinsetzung des qualifizierten Nachfolgers) erreichbar, kommt zu Lebzeiten des Erblassers allein die Überführung des Sonderbetriebsvermögens auf eine gewerblich geprägte Schwester-Personengesellschaft in Betracht (vgl. die Aufzählung der Abhilfemöglichkeiten bei *Wacker* in Schmidt, 35. Aufl. 2016, § 16 EStG Rz. 675). Als nicht zielführend gilt die Verfügung einer Teilungsanordnung oder die Aussetzung eines Vorausvermächtnisses über das Sonderbetriebsvermögen zu Gunsten des qualifizierten Erben (BFH v. 28.1.1998 – VIII B 9/97, BFH/NV 1998, 959 = FR 1998, 791 m. Anm. *Pohl*), weil in diesen Konstellationen die Zuordnung des Sonderbetriebsvermögens zum qualifizierten Erben erst nach dem Erbfall eintritt, d.h. zu einem Zeitpunkt, zu dem die Entnahme schon erfolgte. Umstritten ist allerdings, ob eine Schenkung des Sonderbetriebsvermögens zugunsten des qualifizierten Nachfolgers auf den Todesfall die Entnahme verhindern kann (untauglich, da Rechtslage wie bei Vermächtnis *Wacker* in Schmidt, 29. Aufl. 2010, § 16 EStG Rz. 675; a.A. tauglich bei Vollzug des Schenkungsversprechens gemäß § 2301 Abs. 2 BGB *Rapp* in Littmann/Bitz/Pust, § 16 EStG Rz. 1076 [Stand: Mai 2009]; *Märkle*, FR 1997, 135, 142).

Risiko einer Aufgabe des gesamten Mitunternehmeranteils | Unter bestimmten Voraussetzungen kann die Beteiligung an der Komplementär-GmbH sogar eine **wesentliche Betriebsgrundlage des Mitunternehmeranteils** des Kommanditisten bilden (dazu ausführlich OFD NRW, Vfg. v. 17.6.2014, zuletzt geändert durch Verfügung v. 21.6.2016, abrufbar unter juris, betr. Anteile an einer Komplementär-GmbH als wesentliche Betriebsgrundlagen). Die Entnahme solcher Beteiligungen kann als Aufgabe des Mitunternehmeranteils (§ 16 Abs. 3 EStG) gewürdigt werden (*Levedag*, GmbHR 2010, 629, 634; *Storg*, DStR 2002, 1384, 1385; *Reimann*, ZEV 2002, 487, 491), wodurch auch die **stillen Reserven im Kommanditanteil** aufzudecken und der Besteuerung zu entwerfen wären (zu Recht ablehnend *Hannes* in Hesselmann/Tillmann/Mueller-Thuns, Hdb. GmbH & Co. KG, 21. Aufl. 2016, Rz. 8.194). N 62

N 63 **Erbschaftsteuer** | Die Erbschaftsteuer knüpft an die in Rz. N 60 und N 61 dargestellte ertragsteuerliche Wertungen an (§ 12 Abs. 5 ErbStG i.V.m. §§ 151 Abs. 1 Nr. 2, 95, 97 BewG). Bleiben Wirtschaftsgüter des Sonderbetriebsvermögens auch nach dem Tod des Gesellschafters Betriebsvermögen nach ertragsteuerlichen Grundsätzen, gilt dies auch für die Erbschaftsteuer. Werden sie zu ertragsteuerlichem Privatvermögen, müssen sie auch als solches gemäß § 12 ErbStG bewertet werden und können nicht mehr begünstigtes Vermögen (i.S.v. § 13b Abs. 2 ErbStG) sein (vgl. *Levedag*, GmbHR 2010, 629, 635).

N 64–N 100 frei

Vertiefende Recherche

Wichtige Urteile und Erlasse

BFH v. 11.5.2005 – II R 40/02, BFH/NV 2005, 1568

BFH v. 18.10.1998 – VIII R 172/85, BStBl. II 1989, 549

BFH v. 1.3.1994 – VIII R 35/92, BStBl. II 1995, 241

BFH v. 29.10.1991 – VIII R 51/84, BStBl. II 1992, 512

BGH v. 25.5.1987 – II ZR 195/86, NJW-RR 1987, 989

BGH v. 14.5.1986 – IVa ZR 155/84, BGHZ 98, 48

BGH v. 4.5.1983 – IVa ZR 229/81, GmbHR 1984, 35

BGH v. 29.9.1977 – II ZR 214/75, GmbHR 1978, 246

BGH v. 10.2.1977 – II ZR 120/75, BGHZ 68, 225

BGH v. 20.11.1975 – III ZR 112/73, WM 1976, 251

BGH v. 22.11.1956 – II ZR 222/55, BGHZ 22, 186

BayObLG v. 27.6.1980 – BReg 1 Z 47/80, DB 1980, 2028

OLG Frankfurt a.M. v. 2.7.1987 – 1 U 204/85, DB 1988, 104

FG Niedersachsen v. 23.2.2000 – 3 K 612/96, EFG 2000, 960

BMF-Schreiben v. 14.3.2006, BStBl. I 2006, 253: Ertragsteuerliche Behandlung der Erbengemeinschaft und ihrer Auseinandersetzung.

OFD NRW, Verfügung v. 17.6.2014, juris zuletzt geändert durch Verfügung v. 21.6.2016, juris: Anteile an einer Komplementär-GmbH als wesentliche Betriebsgrundlagen.

Weitere Stichwörter

→ *Erbschaft- und Schenkungsteuer*; → *Gewerbliche Prägung*; → *Haftung des Kommanditisten*

Nießbrauch

Ausgewählte Literatur: *Baßler*, Nießbrauchsbelastete Anteile in der Umstrukturierung von Familiengesellschaften, Ubg 2011, 863; *Brambring*, Surrogation beim Nießbrauch, DNotZ 2003, 565; *Brandi/Mühlmeier*, Übertragung von Gesellschaftsanteilen im Wege vorweggenommener Erbfolge und Vorbehaltsnießbrauch, GmbHR 1997, 734; *Fleischer*, Aktuelle Entwicklungen zum Stimmrecht des Nießbrauchers am Anteil einer Personengesellschaft im Zivil-, Ertrag- und Erbschaftsteuerrecht, ZEV 2012, 466; *Frank*, Der Nießbrauch an Gesellschaftsanteilen, MittBayNot 2010, 96; *Götz*, Praxisfragen zum Vorbehaltsnießbrauch bei Kommanditanteilen, ZEV 2015, 84; *Götz*, Zivilrechtliche und steuerliche Sonderzuordnung des Gesellschaftsanteils bei Bestellung eines Quotennießbrauchs am Anteil einer Personengesellschaft?, ZEV 2014, 241; *Götz*, Schenkungsteuerliche Risiken im Hinblick auf den Quotennießbrauch bei Mitunternehmeranteilen?, ZEV 2013, 430; *Korn/Carlé*, Renaissance des Vorbehaltsnießbrauchs – Zivil- und steuerrechtliche Probleme und Lösungen, KÖSDI 2009, 16514; *Krogoll*, Der Ertragsnießbrauch am Mitunternehmeranteil als Gestaltungsinstrument, ErbStB 2014, 314; *Kruse*, Nießbrauch an der Beteiligung an einer Personengesellschaft, RNotZ 2002, 69; *Mielke*, Steuerliche Folgen des Todes des Nießbrauchs-Mitunternehmers, DStR 2014, 18; *Milatz/Bockhoff*, Gestaltungen bei bestehendem Vorbehaltsnießbrauch, ErbStB 2013, 384; *von Oertzen/Stein*, Vorbehaltsnießbrauch an mitunternehmerischen Personengesellschaftsanteilen – Problemen in der laufenden steuerlichen Behandlung, Ubg 2012, 285; *Reich/Stein*, Ertragsteuerliche Folgen des Nießbrauchserlasses 2012: Verzicht auf einen mitunternehmerischen Nießbrauch, gleitende Vermögensübergabe und Entnahmetatbestände, DStR 2013, 1272; *Schön*, Der Nießbrauch am Gesellschaftsanteil, ZHR 158 (1994), 229; *Stalleiken/Hennig*, Der „weitergeleitete" Nießbrauch an den überlebenden Ehegatten in der vorweggenommenen Erbfolge, FR 2015, 389; *Wälzholz*, Aktuelle Gestaltungsprobleme des Nießbrauchs am Anteil an einer Personengesellschaft, DStR 2010, 1786; *Wälzholz*, Aktuelle steuerliche Gestaltungsprobleme des mitunternehmerischen Nießbrauchs am Anteil einer Personengesellschaft, DStR 2010, 1930.

1. Grundlagen

Inhalt des Nießbrauchs | An einem Gesellschaftsanteil kann gemäß §§ 1068 ff. BGB ein Nießbrauch bestellt werden mit der Folge, dass der Nießbrauchsbesteller zwar Gesellschafter bleibt, dem Nießbrauchsberechtigten jedoch die Nutzungen des Gesellschaftsanteils zustehen (§ 1030 BGB). Die Nutzungen sind die **Erträge des Gesellschaftsanteils** (§§ 100, 99 Abs. 2 BGB). Der Nießbrauch ermöglicht so die Trennung von Vermögenssubstanz (Gesellschafterstellung) und Vermögenserträgen (Gewinn) (*Schlitt/Bortfeldt* in Reichert, GmbH & Co. KG, § 39 Rz. 2). Er eignet sich damit insbesondere als Instrument i.R.d. (vorweggenommenen) Erbfolge. N 101

Arten des Nießbrauchs | Terminologisch wird zwischen Vorbehalts-, Zuwendungs- und Vermächtnisnießbrauch unterschieden, auch für Steuerzwecke (vgl. BMF v. 30.9.2013 – IV C 1 - S 2253/07/10004, BStBl. I 2013, 1184): N 102

– Beim **Vorbehaltsnießbrauch** überträgt der bisherige Gesellschafter seinen Gesellschaftsanteil (i.d.R. schenkweise) auf einen Dritten, wobei er sich jedoch die Erträge (und ggf. gewisse Mitspracherechte) vorbehält. Auf diese Weise kann bspw. ein Seniorgesellschafter die

Vermögenssubstanz und, falls gewünscht, auch die operative Verantwortung bereits auf die nächste Generation übertragen, über den Vorbehalt der Erträge aber zugleich seine Altersversorgung sichern.

- Beim **Zuwendungsnießbrauch** behält der bisherige Gesellschafter die Gesellschafterstellung, während er einem Dritten schenkweise die Erträge aus dem Gesellschaftsanteil zuwendet. Ein Zuwendungsnießbrauch wird häufig zugunsten eines Ehegatten bestellt, der bisher und künftig nicht Gesellschafter ist, dessen Versorgung aber mittels der Erträge aus der Gesellschaft sichergestellt werden soll. I.R.d. vorweggenommenen Erbfolge kann der bisherige Gesellschafter den Zuwendungsnießbrauch zugunsten des Ehegatten mit der unmittelbar nachfolgenden Schenkung des so belasteten Gesellschaftsanteils an die Kinder kombinieren, auch in derselben Urkunde (*Wertenbruch* in Westermann/Wertenbruch, Hdb. Personengesellschaften, Rz. I 676a).
- Beim **Vermächtnisnießbrauch** schließlich geht der Gesellschaftsanteil nicht unter Lebenden, sondern durch letztwillige Verfügung auf die Erben über, während der Nießbrauch einem Dritten (z.B. dem überlebenden Ehegatten) vermacht wird. Der Vermächtnisnießbrauch ist insoweit eine Alternative zur Vor- und Nacherbschaft von Ehegatte und Kindern und i.d.R. vorzugswürdig, u.a. weil die endgültig Begünstigten sogleich Gesellschafter werden.

N 103 **Nießbrauch an Kommanditanteilen** | Bei der GmbH & Co. KG werden regelmäßig nur Kommanditanteile Gegenstand eines Nießbrauchs. Zwar kann ein Nießbrauch auch an Geschäftsanteilen an der Komplementär-GmbH bestellt oder sogar an deren Anteil als persönlich haftender Gesellschafterin bestellt werden. Wenn die Komplementär-GmbH wie regelmäßig allerdings nur als Verwaltungsvehikel die Rolle des Vollhafters ausfüllen soll, ist all dies mangels nennenswerter Erträge auf Ebene der Komplementär-GmbH kaum sinnvoll. Wenn bspw. ein Seniorgesellschafter im Rahmen der vorweggenommenen Erbfolge die Kontrolle über die Komplementär-GmbH behalten möchte, kann er die betreffenden Geschäftsanteile bis auf weiteres zurückbehalten und nur den Kommanditanteil nießbrauchsbelastet auf die nächste Generation übertragen, sofern eine solche Trennung der Anteile nach dem Gesellschaftsvertrag generell zulässig ist oder jedenfalls im Einzelfall dem Seniorgesellschafter erlaubt wird (vgl. → *Beteiligungsidentische GmbH & Co. KG*).

2. Abgrenzung

N 104 **Abgrenzung zum Unternehmensnießbrauch** | Beim Unternehmensnießbrauch, wie er in § 22 Abs. 2 HGB erwähnt ist, ist Gegenstand des Nießbrauchs nicht der Gesellschaftsanteil, sondern das Unternehmen selbst. Nach heute h.M. muss der Nießbrauch zwar an den einzelnen zum Unternehmen gehörenden Sachen und Rechten durch Einzelakte eingeräumt werden; darüber hinaus entsteht dadurch aber auch ein einheitliches, dinglich wirkendes Recht am Unternehmen als Ganzen (*Frank* in Staudinger, Anh zu §§ 1068 f. BGB Rz. 25).

N 105 **Abgrenzung zur „Treuhandlösung"** | Ein Gesellschafter kann, über die gesetzliche Gestaltung des Nießbrauchs hinausgehend, mit Zustimmung der übrigen Gesellschafter für die Dauer des Nießbrauchs seine volle Gesellschafterstellung auf den Nießbraucher übertragen. Der Nießbraucher wird dadurch als Treuhänder zum **Gesellschafter auf Zeit** und z.B. auch selbst als Kommanditist im Handelsregister eingetragen; der Treugeber muss die ihm verbleibenden Rechte durch entsprechende schuldrechtliche Vereinbarung im Innenverhältnis mit dem Nießbraucher wahren (BGH v. 12.12.1974 – II ZR 166/72, MDR 1975, 385; *Frank* in Staudinger, Anh zu §§ 1068 f. BGB Rz. 54 ff.). Diese überschießende Form der Nießbrauchsbestellung war v.a. früher verbreitet und sollte einen sonst angenommenen Konflikt mit dem Abspaltungsverbot (durch Übertragung nur einzelner Teilbefugnisse auf den Nießbraucher) vermeiden (vgl. *Kössinger* in Nieder/Kössinger, Hdb. der Testamentsgestaltung, 4. Aufl. 2011, § 10 Rz. 178).

Abgrenzung zur Treuhand | Während beim (gesetzlich ausgestalteten) Nießbrauch der Besteller Gesellschafter bleibt, wird bei der Treuhand dem Treuhänder nach außen die Stellung eines Vollberechtigten eingeräumt. Im Innenverhältnis ist der Treuhänder dagegen gehalten, über das Treugut nur in bestimmter Weise zu verfügen. Denn der Treuhänder hält den Gesellschaftsanteil im eigenen Namen, jedoch für Rechnung des Treugebers. Gesellschafter ist daher zivilrechtlich der Treuhänder, wirtschaftlich und damit auch handelsbilanziell (§ 246 Abs. 1 Satz 2 Halbs. 2 HGB) und steuerlich (§ 39 Abs. 2 Nr. 1 Satz 2 AO) jedoch der Treugeber (näher → *Treuhand*). N 106

Abgrenzung zur Unterbeteiligung | Während beim Nießbrauch der Gesellschaftsanteil dinglich belastet wird, ist die Unterbeteiligung eine „**Beteiligung an der Beteiligung**" in Form einer Innengesellschaft: Ein Gesellschafter (der Hauptbeteiligte) geht mit einem oder mehreren Außenstehenden (den Unterbeteiligten) eine Innengesellschaft ein, um den oder die Unterbeteiligten an dem Gewinn, ggf. auch an der Substanz, seines Gesellschaftsanteils an der Hauptgesellschaft partizipieren zu lassen. Diese **Innengesellschaft** ist eine Gesellschaft bürgerlichen Rechts (§§ 705 ff. BGB sowie ggf. §§ 230 ff. HGB analog) und bezweckt wirtschaftlich das gemeinsame Halten und Nutzen des Gesellschaftsanteils. Dinglich wird der Gesellschaftsanteil nicht in die GbR eingebracht, sondern weiterhin allein durch den Hauptbeteiligten gehalten. Rechtsbeziehungen bestehen damit nur zwischen der GmbH & Co. KG und dem Hauptbeteiligten einerseits und zwischen den Haupt- und Unterbeteiligten andererseits. Im Rahmen der GbR ist der Unterbeteiligte an dem Gesellschaftsanteil quotal schuldrechtlich beteiligt, und zwar je nach Vereinbarung nur an dem darauf entfallenden Gewinnanteil (typische Unterbeteiligung) oder auch an Wertveränderungen des Gesellschaftsanteils (atypische Unterbeteiligung). Der Unterschied zwischen beiden Gestaltungen zeigt sich vor allem, wenn der Unterbeteiligte aus der GbR ausscheidet, weil er dann im ersten Fall regelmäßig nur eine von ihm ggf. erbrachte Einlage, im zweiten Fall dagegen auch einen Anteil an den offenen und stillen Reserven der GmbH & Co. KG erhält („als ob" er Gesellschafter der GmbH & Co. KG wäre). N 107

Abgrenzung zur Verpfändung | Die Verpfändung eines Gesellschaftsanteils nach §§ 1273 ff. BGB soll eine Forderung sichern, die gegen den Inhaber des Gesellschaftsanteils oder einen Dritten besteht (näher → *Verpfändung von Gesellschaftsanteilen*). Zwar kann auch der Nießbrauch als Sicherungsmittel dienen; ein solcher **Sicherungsnießbrauch** hat heute aber kaum noch praktische Bedeutung (näher *Frank* in Staudinger, § 1030 BGB Rz. 63 ff.). N 108

3. Zulässigkeit und Bestellung

Zulässigkeit | Gemäß § 1069 BGB erfolgt die Bestellung des Nießbrauchs an einem Recht nach den für die Übertragung des Rechts geltenden Vorschriften (Abs. 1), wobei für ein Recht, das nicht übertragbar ist, auch kein Nießbrauch bestellt werden kann (Abs. 2). Während Kapitalgesellschaftsanteile nach dem Gesetz grds. frei durch Abtretung übertragen und deshalb auch mit einem Nießbrauch belastet werden können, war für **Personengesellschaftsanteile** eine Übertragbarkeit durch Abtretung (§§ 398 ff., 413 BGB) wegen §§ 717, 719 Abs. 1 N 109

BGB lange streitig. Nachdem die heute einhellige Meinung jedoch eine Anteilsübertragung durch Abtretung zulässt, wenn die übrigen Gesellschafter zustimmen, steht § 1069 Abs. 2 BGB einem Nießbrauch am Kommanditanteil nicht mehr entgegen (*Frank* in Staudinger, Anh zu §§ 1068 f. BGB Rz. 57 ff.; *Schön* ZHR 158 [1994], 229, 238 f.). Gleiches gilt für das Abspaltungsverbot gemäß § 717 Satz 1 BGB, weil nicht Einzelbefugnisse abgespalten werden, sondern die Mitgliedschaft insgesamt zugunsten des Nießbrauchers belastet wird (*Wälzholz*, DStR 2010, 1786, 1787).

N 110 **Bestellung** | Die Bestellung eines Nießbrauchs am Kommanditanteil bedarf ebenso wie die Anteilsübertragung der **Zustimmung der übrigen Gesellschafter** (anders aber ggf. bei einem nur schuldrechtlich wirkenden Ertragsnießbrauch, Rz. N 119). Diese Zustimmung kann generell im Gesellschaftsvertrag oder für den konkreten Einzelfall erteilt werden. Ob eine im Gesellschaftsvertrag generell erteilte Zustimmung zur „Übertragung" eines Kommanditanteils (z.B. an Mitgesellschafter oder Abkömmlinge des jeweiligen Gesellschafters) auch eine Nießbrauchsbestellung deckt, wird unterschiedlich beurteilt (bejahend z.B. *Bassenge* in Palandt, § 1069 BGB Rz. 2; ablehnend *Wertenbruch* in Westermann/Wertenbruch, Hdb Personengesellschaften, Rz. I 678 f.). Im Regelfall ist dies zu bejahen: Wer nach dem Gesellschaftsvertrag „nachfolgeberechtigt" sein soll, soll nach den Vorstellungen der Gesellschafter regelmäßig auch Begünstigter eines Nießbrauchs sein können (ebenso *Wälzholz*, DStR 2010, 1786, 1788). Zwar kommt es hierdurch zu einer „Dopplung" von Gesellschafter und Nießbrauchsberechtigtem, die aus Sicht der anderen Gesellschafter eher unerwünscht sein mag; zu einer Dopplung kommt es aber auch bei der regelmäßig erlaubten Übertragung eines Teilkommanditanteils. Insbesondere kann auch ein Schenker, der zur eigenen Versorgung einen Teilkommanditanteil zurückbehält, ein gesteigertes Interesse an Ausschüttungen haben, nicht anders als im Fall eines Vorbehaltsnießbrauchs.

Beispiel:

Gesellschaftsvertraglich werden „Belastungen" oder „sonstige Verfügungen" über einen Kommanditanteil häufig ausdrücklich seiner Übertragung gleichgestellt und auch die jeweiligen Erwerberkreise gleich geregelt. Während eine freie Übertragung von Kommanditanteilen aber i.d.R. nur zugunsten von Abkömmlingen und ggf. Mitgesellschaftern erlaubt wird, kann es sinnvoll sein, den Kreis der potentiellen **Nießbrauchsbegünstigten** etwas weiter zu ziehen: Typischer Begünstigter eines Zuwendungs- oder Vermächtnisnießbrauchs ist auch der im Übrigen ggf. nicht nachfolgeberechtigte Ehegatte. Ist die gesellschaftsvertragliche Regelung eng gefasst (z.B. Übertragbarkeit nur auf Abkömmlinge), kann auch fraglich sein, ob sich der bisherige Gesellschafter bei der Übertragung des Gesellschaftsvertrages selbst einen Nießbrauch vorbehalten kann. Denn rechtstechnisch gesehen dürfte der Vorbehaltsnießbrauch erst vom Erwerber des Gesellschaftsanteils bestellt werden (differenzierend zur Möglichkeit eines Nießbrauchs an eigenen Sachen *Frank* in Staudinger, § 1030 BGB Rz. 30 ff.), also nicht etwa ein um den Nießbrauch geminderter Anteil übertragen werden. Das BayObLG hat beide Geschäfte – Übertragung und Belastung des Gegenstands mit einem Vorbehaltsnießbrauch – aber jedenfalls unter dem Aspekt des § 107 BGB bei Schenkung an einen **Minderjährigen** als einheitlichen, lediglich rechtlich vorteilhaften Vorgang betrachtet, bei dem der beschenkte Minderjährige weder etwas aus seinem Vermögen aufgebe noch eine neue Last übernehme (BayObLG v. 29.5.1998 – 2Z BR 85/98, NJW 1998, 3574, 3576).

N 111 **Quoten- vs. Bruchteilsnießbrauch** | Unstreitig kann an einem Kommanditanteil ein „Quotennießbrauch" in der Weise bestellt werden, dass der gesamte Kommanditanteil (100 %) belastet wird, der Nießbraucher die Nutzungen daraus aber nur zu einer Quote (z.B. 30 %) erhält (*Frank* in Staudinger, Anh zu §§ 1068 f. BGB Rz. 62). Beim „Bruchteilsnießbrauch" wird dagegen nur ein ideeller Anteil des Kommanditanteils belastet (z.B. 30 %), aus dem der Nießbraucher die gesamten Nutzungen erhält (100 %). Seine Zulässigkeit ist wegen des Grundsatzes der Einheitlichkeit der Personengesellschaftsbeteiligung nicht unbestritten, wird aber zutreffend etwa von Hessisches FG v. 25.10.2011 (1 K 1507/08, DStRE 2013, 212, 214) vorausgesetzt (vgl. außerdem BFH v. 1.9.2011 – II R 67/09, GmbHR 2011, 1331 mit amtlichem Leitsatz in GmbHR 2013, 278 = FR 2013, 871 = GmbH-StB 2013, 71; dazu *Götz*, ZEV 2014, 241).

Bedingung, Befristung | Der Nießbrauch kann auch bedingt oder befristet bestellt werden (vgl. BFH v. 1.9.2011 – II R 67/09, GmbHR 2011, 1331 mit amtlichem Leitsatz in GmbHR 2013, 278 = FR 2013, 871 = GmbH-StB 2013, 71 zu einer aufschiebenden Bedingung). Ein „Kündigungsrecht" ist zwar als solches nicht mit dem Wesen des Nießbrauchs als Dienstbarkeit vereinbar; es kann jedoch – zulässig – als auflösende Bedingung vereinbart werden (BayObLG v. 27.9.1989 – BReg. 2 Z 101/89, MittRhNotK 1989, 253, 254; *Frank* in Staudinger, § 1030 BGB Rz. 58). N 112

Eintragung im Handelsregister | Nach neuerer OLG-Rechtsprechung (OLG Oldenburg v. 9.3.2015 – 12 W 51/15, GmbHR 2015, 591; OLG Stuttgart v. 28.1.2013 – 8 W 25/13, MDR 2013, 608) kann der Nießbrauch an einem Kommanditanteil in das Handelsregister eingetragen werden: Das Informationsbedürfnis des Rechtsverkehrs beschränke sich nicht auf die Kenntnis der Haftungsverhältnisse, sondern bestehe auch im Hinblick auf die Einflussmöglichkeit des Nießbrauchers auf Grundsatzentscheidungen in der Gesellschaft. Hierfür genüge bereits, dass der Inhaber eines nießbrauchsbelasteten Anteils für seine Zustimmung zur Änderung des Gesellschaftsvertrages die Zustimmung des Nießbrauchers benötige (§ 1071 BGB; dazu Rz. N 123). N 113

Bestellung an GmbH-Geschäftsanteilen | Die Bestellung eines Nießbrauchs an GmbH-Geschäftsanteilen richtet sich nach den Vorschriften, die für die Übertragung von Geschäftsanteilen gelten (§ 1069 Abs. 1 BGB). Deshalb bedarf die dingliche Bestellung des Nießbrauchs der notariellen Beurkundung (§ 15 Abs. 3 GmbHG); auch eine Vinkulierungsklausel ist einzuhalten (§ 15 Abs. 5 GmbHG; OLG Koblenz v. 16.1.1992 – 6 U 963/91, GmbHR 1992, 464). Die lediglich schuldrechtliche Verpflichtung zur Nießbrauchsbestellung kann hingegen formfrei eingegangen werden, wobei im Fall der Schenkung ein Beurkundungserfordernis jedoch aus § 518 Abs. 1 BGB folgt. N 114

Gesellschafterliste | In der GmbH-Gesellschafterliste sind dingliche Belastungen eines Geschäftsanteils nicht anzugeben. Da ein gutgläubig lastenfreier Erwerb nicht möglich ist, sollte die Gesellschafterliste nicht (von Fall zu Fall uneinheitlich) mit gesetzlich nicht vorgesehenen Informationen überfrachtet werden (*Winter* in Gehrlein/Ekkenga/Simon, § 40 GmbHG Rz. 12 m.w.N.; für Eintragungsfähigkeit des Nießbrauchs dagegen LG Aachen v. 6.4.2009 – 44 T 1/09, GmbHR 2009, 1218 = GmbH-StB 2009, 301). N 115

4. Vermögensrechte des Nießbrauchers

Anspruch auf die Erträge | Der Nießbraucher eines Gesellschaftsanteils hat gemäß §§ 1068, 1030 i.V.m. §§ 99, 100 BGB Anspruch auf die Erträge und Vorteile, welche die Beteiligung bestimmungsgemäß gewährt. Die bestimmungsgemäßen Erträge der Beteiligung sind nicht identisch mit den (anteiligen) bilanziellen Gewinnen des Unternehmens. N 116

Bestimmungsgemäßer Ertrag | Bei der KG bestehen die Erträge in denjenigen Gewinnanteilen, die der Gesellschafter im Rahmen von Gesetz, Gesellschaftsvertrag und festgestelltem Jahresabschluss **zu entnehmen berechtigt** ist; der Nießbraucher kann insofern kein weitergehendes Recht als der Gesellschafter haben (BGH v. 20.4.1972 – II ZR 143/69, BGHZ 58, 316 = N 117

NJW 1972, 1755, 1756). „Als bestimmungsgemäßer, dem Nießbraucher zustehender Ertrag (§§ 1030, 100, 99 Abs. 2 BGB) ist demgemäß nur der von den Gesellschaftern nach Bildung etwaiger Rücklagen als ‚Überschuss' erklärte und damit zur Ausschüttung freigegebene Anteil am Gesellschaftsvermögen zu verstehen" (BGH v. 12.12.1974 – II ZR 166/72, MDR 1975, 385). Daher gilt zwar als entnahmefähiger Gewinn auch, was einem **Darlehenskonto** bei der Gesellschaft gutgeschrieben wird, einschließlich der Zinsen, die die Gesellschaft auf entsprechende Guthaben gewährt (BGH v. 20.5.1985 – II ZR 259/84, WM 1985, 1343). Beträge, die aufgrund einer im Gesellschafterverhältnis begründeten Verpflichtung auf sonstigen Konten (Kapitalkonto II, gesamthänderisch gebundenes Rücklagenkonto) zu buchen sind, bleiben dagegen in der Gesellschaft gebunden und stehen dem Nießbraucher nicht zu (*Frank* in Staudinger, Anh zu §§ 1068 f. BGB Rz. 79).

Beispiel:

Bei einer KG werden jeweils Teile des Gewinns ausgeschüttet, einem zur Verlustdeckung bestimmten Reservefonds und einem zum Ankauf frei gewordener Anteile bestimmten Ankaufsfonds zugewiesen. Über die Verwendung des restlichen Gewinns beschließt die Gesellschafterversammlung. Soweit er nicht für eine sog. Steuerbeihilfe oder weitere Ausschüttungen verwandt wird, ist er einem Kapitalkonto II gutzuschreiben.

Der BGH hat (auch) die Gutschriften auf dem Kapitalkonto II nicht dem Nießbraucher zugewiesen: „Über dieses Konto (im Gegensatz zum sog. Privatkonto) können die Gesellschafter nur zugleich mit ihrem Kapitalanteil in dem gesellschaftsvertraglich zugelassenen Rahmen verfügen. Im Übrigen sind Verfügungen hierüber nur im Wege eines Gesellschafterbeschlusses in der Weise möglich, dass alle Gesellschafter anteilig berücksichtigt werden. Nach dieser Regelung, die der Rechtslage bei einer Kapitalgesellschaft angenähert ist, bleibt der festgestellte Jahresgewinn weitgehend gesellschaftlich gebunden. Soweit und solange die Gesellschafter nicht seine Ausschüttung beschließen, ist er für einen Nießbraucher ebenso wenig wie für den Gesellschafter selbst verfügbar und deshalb nicht als bestimmungsgemäßer Ertrag des Gesellschaftsanteils anzusehen" (BGH v. 20.4.1972 – II ZR 143/69, BGHZ 58, 316 = NJW 1972, 1755).

N 118 **Außerordentliche Erträge |** Außerordentliche Erträge aus der Veräußerung von Anlagevermögen zählen ebenfalls nicht zum bestimmungsgemäßen Ertrag, der dem Nießbraucher gebührt. Denn das Gewinnbezugsrecht des Nießbrauchers erstreckt sich nicht auf die Substanz des Unternehmens oder der Beteiligung daran.

Beispiel:

Eine KG schreibt außerordentliche Erträge aus dem Verkauf von Anlagevermögen, insbesondere von Grundstücken, den Kapitalkonten II gut. Die Beträge dürfen sodann nicht entnommen werden, sondern sind als Rücklage für geplante Investitionen vorgesehen.

Der BGH erkennt solche Rücklagen, die aus der Veräußerung von Substanzwerten des Unternehmens herrühren und wieder zur Erhaltung oder Ergänzung der Unternehmenssubstanz verwendet werden, als wirtschaftlich vernünftig und sachgerecht an. Sie seien geeignet, die Ertragskraft des Unternehmens zu stärken und könnten daher später auch dem Nießbraucher zugutekommen. Deshalb werde der Nießbrauch durch die Verwendung außerordentlicher Erträge aus Substanzveräußerungen für die Bildung einer Investitionsrücklage nicht unrechtmäßig beeinträchtigt (BGH v. 12.12.1974 – II ZR 166/72, MDR 1975, 385).

N 119 **Ertragsnießbrauch |** Der Nießbrauch kann als reiner Ertragsnießbrauch bestellt werden, bei welchem dem Nießbraucher zwar die entnahmefähigen Gewinnanteile, aber keine Verwaltungsrechte wie insbesondere das Stimmrecht zustehen. Ein solcher stimmrechtsloser Ertragsnießbrauch kann zum einen als regulärer, **dinglicher Nießbrauch** am Kommanditanteil gestaltet werden, bei dem alle sonstigen Mitwirkungsrechte des Nießbrauchers ausgeschlossen werden (*Wälzholz*, DStR 2010, 1786, 1787). Zum anderen wird vertreten, dass das gewünschte Ergebnis alternativ auch über einen nur **schuldrechtlich wirkenden Nießbrauch** an den einzelnen Gewinnansprüchen und an dem Anspruch auf das Auseinandersetzungsguthaben erreicht werden kann (etwa *Kössinger* in Nieder/Kössinger, Hdb. der Testamentsgestaltung, § 10 Rz. 180). In der Tat hat BGH v. 12.12.1974 (II ZR 166/72, MDR 1975, 385) für einen gezielt auf den Gewinnbezug aus einem Kommanditanteil beschränkten Nießbrauch angenommen, dass dadurch die Mitgliedschaft selbst nicht belastet werde. Praktisch unterscheiden sich beide Varianten v. a. dadurch, dass die Bestellung eines dinglichen Nießbrauchs stets der Zustimmung der Mitgesellschafter bedarf, während die Ansprüche auf den Gewinnanteil und auf das Auseinandersetzungsguthaben gemäß § 717 Satz 2 BGB dagegen frei übertragbar und damit auch belastbar sind. Gegen den auf diese Ansprüche beschränkten Nießbrauch wird allerdings eingewendet, dass der Reingewinn in diesem Fall selbst der Gegenstand des Nießbrauchs und nicht dessen Nutzung sei; in der Folge stünden dem Nießbraucher dann nur die Zinsen der nach § 1079 BGB anzulegenden Gewinnbeträge zu (näher und im Ergebnis ablehnend zu diesem Argument *Kössinger* in Nieder/Kössinger, Hdb. der Testamentsgestaltung, § 10 Rz. 180). Um sicher das gewünschte Ergebnis zu erzielen, sollte der Ertragsnießbrauch daher nach Möglichkeit als dinglicher Nießbrauch unter Ausschluss der Verwaltungsrechte bestellt werden.

Kapitalerhöhungen | Bei Kapitalerhöhungen ist zu unterscheiden, ob der Inhaber des belasteten Gesellschaftsanteils eigene, wertadäquate Einlagen leistet oder die Kapitalerhöhung aus Gesellschaftsmitteln erfolgt. Im ersten Fall gebühren dem Gesellschafter die auf den neuen Teil-Kommanditanteil entfallenden Erträge (differenzierend für nicht-wertadäquate Einlagen *Schlitt/Bortfeldt* in Reichert, GmbH & Co. KG, § 39 Rz. 39). Im zweiten Fall (insbesondere Umbuchung vom Rücklagenkonto auf die Festkapitalkonten) erstreckt sich der Nießbrauch ohne weiteres auch auf die Erträge aus dem erhöhten Kapitalanteil. In keinem Fall hat der Nießbraucher ein Recht auf Voll-Erwerb des neuen Teil-Kommanditanteils (BGH v. 20.4. 1972 – II ZR 143/69, BGHZ 58, 316 = NJW 1972, 1755). N 120

GmbH | Bei der GmbH kann der Nießbraucher, sobald die Gewinnverwendung beschlossen ist, unmittelbar von der Gesellschaft den auf ihn entfallenden Gewinnanteil verlangen. Soweit Erträge und freie Rücklagen erst nach dem Nießbrauchsende ausgeschüttet werden, stehen sie dem Gesellschafter zu. Im Fall einer **Kapitalerhöhung** steht das Bezugsrecht aus dem Geschäftsanteil dem Gesellschafter zu; erfolgt die Kapitalerhöhung aus Gesellschaftsmitteln (§§ 57c, h GmbHG), erstreckt sich der Nießbrauch jedoch (automatisch kraft Surrogation oder aufgrund eines schuldrechtlichen Anspruchs) auch auf die neuen Anteile (vgl. *Brandi/Mühlmeier*, GmbHR 1997, 734, 735; *Fricke*, GmbHR 2008, 739, 741). N 121

5. Verwaltungsrechte des Nießbrauchers

Keine „Nutzung" | Verwaltungsrechte sind keine „Nutzungen" i.S.d. § 1030 BGB. Mit dieser Feststellung ist die Frage, inwieweit dem Nießbraucher aus dem belasteten Gesellschaftsanteil neben Vermögens- auch Verwaltungsrechte zustehen, allerdings nicht abschließend entschieden; denn jedenfalls dem Nießbraucher einer Sache weist § 1036 BGB auch ein umfassendes Besitz- und Nutzungsrecht im Rahmen einer ordnungsgemäßen Bewirtschaftung zu. Ob sich daraus Vorgaben auch für die Verwaltung nießbrauchsbelasteter Gesellschaftsanteile gewinnen lassen, wird unterschiedlich beurteilt (bejahend *Ulmer/Schäfer* in MünchKomm. BGB, § 705 BGB Rz. 99; ablehnend *Schön* ZHR 158 [1994], 229, 248ff.). N 122

N 123 **Stimmrecht |** Zum Stimmrecht enthält § 1071 BGB lediglich die Vorgabe, dass die Aufhebung des belasteten Rechts (Gesellschaftsanteils) und **Änderungen**, die zu einer Beeinträchtigung des Nießbrauchs führen, **nur mit Zustimmung des Nießbrauchers** zulässig sind. Offen ist, ob diese Zustimmung nur im Innenverhältnis zwischen Gesellschafter und Nießbraucher erforderlich ist (und ihr Fehlen dann ggf. Schadensersatzansprüche des Nießbrauchers gegen den Gesellschafter auslöst, OLG Düsseldorf v. 14.9.1998 – 3 Wx 209/98, DNotZ 1999, 440, 442 mit krit. Anm. *Kanzleiter; Wiedemann*, Gesellschaftsrecht, Bd. 2, 2004, S. 446 f.) oder ob die Maßnahme bei Fehlen der Zustimmung zumindest dann unwirksam ist, wenn der Nießbrauch der Gesellschaft bekannt ist (*Frank* in Staudinger, Anh. zu §§ 1068 f. BGB Rz. 76). Zu den zustimmungspflichtigen Geschäften zählen Änderungen des Gesellschaftsvertrages, die sich unmittelbar auf den Nießbrauch auswirken (z.B. Änderungen der Gewinnverteilung), und die ordentliche Kündigung durch den Gesellschafter. Die Kündigung aus wichtigem Grund bleibt dagegen allein Sache des Gesellschafters (*Frank* in Staudinger, Anh. zu §§ 1068 f. BGB Rz. 76 f.).

N 124 **Verteilung des Stimmrechts |** Die gesetzliche Verteilung des Stimmrechts zwischen Gesellschafter und Nießbraucher ist auch im Übrigen streitig:

- Nach h.M. steht das Stimmrecht stets dem **Gesellschafter** zu (*Frank* in Staudinger, Anh. zu §§ 1068 f. BGB Rz. 72; *Kruse*, RNotZ 2002, 69, 75; *Wiedemann*, Gesellschaftsrecht, Bd. 2, 2004, S. 444 ff.).
- Nach a.A. hat der Nießbrauch eine **Aufspaltung** des Stimmrechts zur Folge, je nachdem ob die Rechtsstellung des Nießbrauchers (insbesondere laufende Angelegenheiten und Gewinn) oder des Bestellers (Grundlagenbeschlüsse, Kernbereich der Mitgliedschaft) betroffen ist (*Ulmer/Schäfer* in MünchKomm. BGB, § 705 BGB Rz. 99 unter Verweis auf §§ 1036, 1066 BGB).

Zum Teil wird in einer teilweisen Zuweisung des Stimmrechts zum Nießbraucher ein Verstoß gegen das Abspaltungsverbot gesehen (*Wertenbruch* in Westermann/Wertenbruch, Hdb. Personengesellschaften, Rz. I 683), wobei jedoch fraglich ist, ob der immerhin dinglich am Gesellschaftsanteil mitberechtigte Nießbraucher Dritter im Sinne des Abspaltungsverbots ist (*Kruse*, RNotZ 2002, 69, 75). Der **BGH** hat die Verteilung bisher offen gelassen (u.a. BGH v. 12.12.1974 – II ZR 166/72, MDR 1975, 385). Immerhin hat er aber festgestellt, dass der Nießbrauch dem Gesellschafter jedenfalls nicht die Kompetenz nimmt, bei Beschlüssen, welche die Grundlagen der Gesellschaft betreffen, selbst abzustimmen; zu den Grundlagengeschäften zählte der BGH im konkreten Fall die Feststellung des Jahresabschlusses und weitere Maßnahmen, die nach dem Gesellschafsvertrag gemeinsam zu entscheiden waren (BGH v. 9.11. 1998 – II ZR 213/97, NJW 1999, 571 = MDR 1999, 240 – GbR). Die mit einer gesetzlichen Aufspaltung einhergehenden Abgrenzungsprobleme sprechen deutlich dafür, das Stimmrecht im Außenverhältnis insgesamt dem Gesellschafter zuzuweisen (*Schön* ZHR 158 [1994], 229 plädiert dagegen für eine Vergemeinschaftung, d.h. eine nur gemeinschaftlich mögliche Ausübung des Stimmrechts). Der Nießbraucher ist darauf zu verweisen, seine Interessen bspw. in Bezug auf das Gewinnausschüttungsverhalten der Gesellschaft im Innenverhältnis gegenüber dem Gesellschafter zur Geltung zu bringen. Hierzu kann intern eine Stimmbindung oder ein Katalog von Zustimmungsvorbehalten vereinbart oder dem Nießbraucher eine **Stimmrechtsvollmacht** erteilt werden, der allerdings keine verdrängende Wirkung zukommt. Sofern eine Mitunternehmerinitiative sowohl des Nießbrauchers als auch des Gesellschafters erreicht werden soll, ist im Innenverhältnis festzulegen, dass das Stimmrecht bei wesentlichen Entscheidungen nur einvernehmlich ausgeübt werden darf (*Wälzholz*, DStR 2010, 1786, 1790).

Übertragung des Stimmrechts | Eine vertragliche (Teil-)Übertragung des Stimmrechts auf den Nießbraucher ist zulässig, sofern die übrigen Gesellschafter dem im Gesellschaftsvertrag oder im Einzelfall zustimmen (*Frank* in Staudinger, Anh. zu §§ 1068 f. BGB Rz. 73). Nach a.A. soll auch dies gegen das Abspaltungsverbot verstoßen (*Wertenbruch* in Westermann/Wertenbruch, Hdb Personengesellschaften, Rz. I 683c). Die Zuweisung zum Nießbraucher sollte daher jedenfalls durch eine ergänzende Stimmrechtsvollmacht kautelarjuristisch abgesichert werden (*Kruse*, RNotZ 2002, 69, 76). Das Interesse des Nießbrauchers, auch das Stimmrecht ausüben zu können, kann in Abhängigkeit von dem mit dem Nießbrauch verfolgten Zweck recht unterschiedlich sein: Ein Seniorgesellschafter, der sich im Rahmen der vorweggenommenen Erbfolge den Nießbrauch vorbehält, wird regelmäßig auch gewisse Stimmrechte zurückbehalten wollen; die durch einen Vermächtnisnießbrauch abgesicherte Witwe wird das Stimmrecht dagegen ggf. eher von ihren Kindern ausüben lassen wollen (vgl. BGH v. 12.12.1974 – II ZR 166/72, MDR 1975, 385). N 125

Informationsrechte | Informationsrechte stehen neben dem Gesellschafter auch dem Nießbraucher zu (*Frank* in Staudinger, Anh. zu §§ 1068 f. BGB Rz. 74; *Wälzholz*, DStR 2010, 1786, 1790). Denn der Nießbraucher hat ebenso wie der Gesellschafter ein Interesse daran, sich über die wirtschaftliche Lage der Gesellschaft, von der er Ausschüttungen erwartet, informieren zu können. N 126

GmbH | Bei der GmbH wird die Verteilung der Stimmrechte auf Gesellschafter und Nießbraucher unter denselben Gesichtspunkten diskutiert wie bei der KG (Rz. N 123 ff.); auch hier sollte im Ergebnis das Stimmrecht im Außenverhältnis insgesamt dem Gesellschafter zugewiesen werden (*Reichert/Weller* in MünchKomm. GmbHG, § 15 GmbHG Rz. 336 f. m.w.N.). Das Teilnahmerecht an der Gesellschafterversammlung übt der Stimmberechtigte aus. Soweit es um den Ertrag der Beteiligung geht, steht dem Nießbraucher gemäß § 242 BGB (nicht § 51a GmbHG) ein Informationsrecht gegen die GmbH zu. N 127

6. Beendigung des Nießbrauchs

Beendigungsgründe | Der Nießbrauch erlischt mit dem Tod des Berechtigten (§ 1061 BGB), außerdem mit dem Eintritt einer auflösenden Bedingung oder eines Endtermins (Rz. N 112). Der Nießbrauch kann auch rechtsgeschäftlich aufgehoben werden; die Aufhebung ist auch im Fall von GmbH-Geschäftsanteilen formfrei möglich (§§ 1072, 1064 BGB). Der Nießbrauch ist **nicht übertragbar** (§ 1059 BGB); eine Übertragung des belasteten Gesellschaftsanteils lässt den Nießbrauch hingegen unberührt. N 128

Surrogation | Der Untergang des belasteten Gesellschaftsanteils bewirkt nicht zwingend das Ende des Nießbrauchs. Der Nießbrauch kann sich vielmehr an Surrogaten des Gesellschaftsanteils fortsetzen, wenn man eine automatische Surrogation kraft Gesetzes annimmt (§ 1075 BGB als zu verallgemeinernder Grundsatz, str.) oder dies jedenfalls vertraglich entsprechend regelt; dem Nießbraucher sollte daher mindestens vorsorglich ein Anspruch auf Bestellung des Nießbrauchs auch an Surrogaten eingeräumt werden (*Brambring*, DNotZ 2003, 565, 567). Bei Auflösung der Gesellschaft erstreckt sich der Nießbrauch dann auf das Auseinandersetzungsguthaben, bei Ausscheiden des Gesellschafters auf das Abfindungsguthaben (*Schlitt/Bortfeldt* in Reichert, GmbH & Co. KG, § 39 Rz. 35 f.) bzw. bei der GmbH auf das Einziehungsentgelt (§ 34 GmbHG). Dies bedeutet allerdings nicht, dass dem Nießbraucher nun das Guthaben bzw. die Abfindung als solches zustünde; sie gehören, auch wenn darin nicht N 129 entnommene Gewinne enthalten sind, nicht zum Ertrag der Beteiligung. Guthaben bzw. Abfindung sind vielmehr verzinslich anzulegen, dem Nießbraucher stehen entsprechend § 1079 BGB lediglich die **Zinsen** zu (*Frank* in Staudinger, Anh. zu §§ 1068 f. BGB Rz. 88). Wird die Gesellschaft umgewandelt, setzt sich der Nießbrauch an den Anteilen des übernehmenden bzw. neuen Rechtsträgers fort (vgl. §§ 20 Abs. 1 Nr. 3 Satz 2, 131 Abs. 1 Nr. 3 Satz 2, 202 Abs. 1 Nr. 2 Satz 2 UmwG).

7. Besteuerung der Bestellung des Nießbrauchs

a) Ertragsteuern

N 130 **Unterscheidung nach Art des Nießbrauchs** | Während beim Zuwendungs- und Vermächtnisnießbrauch an einem Kommanditanteil der Nießbrauch selbst Zuwendungsgegenstand ist, wird beim Vorbehaltsnießbrauch eine unentgeltliche Übertragung des Gesellschaftsanteils unter Nutzungsauflage angenommen (*Mai* in Reichert, GmbH & Co. KG, § 41 Rz. 88).

N 131 **Vorbehaltsnießbrauch** | Wird ein Gesellschaftsanteil unter Vorbehalt eines (Ertrags-) Nießbrauchs übertragen, ist die Bestellung des Nießbrauchs an der Beteiligung unabhängig davon, ob die Beteiligung veräußert oder unentgeltlich übertragen wird, keine Gegenleistung des Erwerbers (BFH v. 22.5.2013 – IX B 187/12, BFH/NV 2013, 1405; BFH v. 24.4.1991 – XI R 9/84, BStBl. II 1994, 927; BMF v. 30.9.2013, BStBl. I 2013, 1184, Rz. 40; *Brandis* in Blümich, § 7 EStG Rz. 177). Begründet wird dies damit, dass dem Übertragenden vor der Übertragung die gesamte Beteiligung zustand. Behält er sich ein Nießbrauchsrecht vor, vermindert er dadurch lediglich den Umfang des übertragenen Vermögens, d.h. er überträgt nur den mit einem Nießbrauchsrecht belasteten Gesellschaftsanteil (*Krogoll*, ErbStB 2014, 314, 317). Steuerlich liegt damit ein unentgeltliches Geschäft vor, auf welches bei Übertragung eines Mitunternehmeranteils (Rz. N 138 ff.) § 6 Abs. 3 Satz 1 EStG Anwendung findet. Wie bei der Schenkung eines Gesellschaftsanteils ohne Nießbrauchsvorbehalt erfordert die Anwendung von § 6 Abs. 3 EStG, dass sämtliche funktional wesentliche Betriebsgrundlagen einschließlich der funktional wesentlichen Betriebsgrundlagen des Sonderbetriebsvermögens auf den Nießbraucher übergehen (→ *Schenkung von Gesellschaftsanteilen Rz. S 16 ff.*). Wird der Erwerber des nießbrauchsbelasteten Kommanditanteils nicht Mitunternehmer, d.h. bleibt alleine der Nießbraucher Mitunternehmer, erfolgt die Übertragung eines Mitunternehmeranteils gemäß § 6 Abs. 3 EStG erst im Zeitpunkt der Beendigung des Nießbrauchs (*Mai* in Reichert, GmbH & Co. KG, § 41 Rz. 62 m.w.N.).

N 132 **Zuwendungsnießbrauch** | Beim Zuwendungsnießbrauch kann dagegen ein entgeltliches Geschäft vorliegen, wenn der Wert des Nießbrauchs und der Wert der Gegenleistung nach wirtschaftlichen Gesichtspunkten gegeneinander abgewogen sind, wobei dies bei nicht nahe stehenden Personen vermutet wird, wenn nicht ein krasses Missverhältnis zwischen den Leistungen besteht (BMF v. 30.9.2013, BStBl. I 2013, 1184, Rz. 10 ff.) Beträgt der Wert der Gegenleistung weniger als 10 % des Werts des Nießbrauchs, kann im Vergleich mit einer zwischen Fremden üblichen Gestaltung nicht mehr von einer Gegenleistung ausgegangen werden, so dass ein unentgeltlich erlangtes Recht vorliegt; in dem Zwischenbereich wird von einer teilweise entgeltlichen Bestellung gesprochen (*Brandis* in Blümich, § 7 EStG Rz. 176). Im Zusammenhang mit Beteiligungen an einer GmbH & Co. KG finden sich in der Praxis jedoch regelmäßig voll unentgeltliche Geschäfte. Dabei kommt es zur ertragsteuerneutralen Übertragung gemäß § 6 Abs. 3 EStG, wenn sowohl der beschenkte Nießbraucher als auch der Gesellschafter Mitunternehmer sind. Verliert der Zuwendende Gesellschafter mit der Zuwendung des Nießbrauchs seine Mitunternehmerstellung, gelten die Grundsätze über die Betriebsverpachtung sinngemäß (BFH v. 26.2.1987 – IV R 325/84, BStBl. II 1987, 773 = FR 1987, 535; *Wacker* in Schmidt, § 15 EStG Rz. 313). Der Gesellschafter hat somit die Wahl, nach § 16 Abs. 3b EStG die Betriebsaufgabe zu erklären.

b) Schenkungsteuer

Zuwendungsgegenstand | Schenkungsteuerlich spielt lediglich die unentgeltliche Bestellung/Zuwendung eines Nießbrauchsrecht eine Rolle, wobei zwischen dem Zuwendungs- bzw. Vermächtnis- und dem Vorbehaltsnießbrauch unterschieden werden muss. Während bei dem Zuwendungs- und Vermächtnisnießbrauch dem Nießbraucher ein Vermögensvorteil in Form des Nießbrauchsrechts zugewendet wird, besteht beim Vorbehaltsnießbrauch die Zuwendung in der unentgeltlichen Übertragung des Gesellschaftsanteils, belastet mit dem vorbehaltenen Nießbrauchsrecht. N 133

Vermächtnis-/Zuwendungsnießbrauch | Die Einräumung eines Vermächtnisnießbrauchs von Todes wegen ist erbschaftsteuerpflichtig gemäß § 3 Abs. 1 Nr. 1 ErbStG, der Zuwendungsnießbrauch als freigebige Zuwendung unter Lebenden fällt dagegen unter § 7 Abs. 1 Nr. 1 ErbStG. Als steuerpflichtiger Erwerb gilt jeweils die Bereicherung des Erwerbers, soweit sie nicht steuerfrei ist (§ 10 Abs. 1 Satz 1 ErbStG). Maßgeblich hierfür ist der gemeine Wert des Nießbrauchsrechts (Rz. N 135). N 134

Gemeiner Wert | Der gemeine Wert eines Nießbrauchsrechts ermittelt sich nach den §§ 13–16 BewG. Er entspricht dem kapitalisierten Barwert der künftigen Erträge, der sich aus der (voraussichtlichen) zeitlichen Dauer des Nießbrauchsrechts und seinem Jahreswert ergibt. Bei zeitlich beschränkter Dauer des Nießbrauchsrechts gibt § 13 BewG die Anwendung von Anlage 9a zum Bewertungsgesetz vor; bei Bestellung des Nießbrauchs auf Lebenszeit sind die jährlich anhand der aktuellen Sterbetafel des Statistischen Bundesamts ermittelten Vervielfältiger, die vom BMF im Bundessteuerblatt I veröffentlicht werden, anzuwenden (§ 14 BewG). Als Jahreswert des Nießbrauchsrecht ist der auf den nießbrauchsbelasteten Gesellschaftsanteil entfallende entnahmefähige Teil des Gewinns der Personengesellschaft anzusetzen, bei einem Quotennießbrauch lediglich in Höhe der entsprechenden Quote. Da dieser Betrag von der künftigen Ertragsentwicklung der Gesellschaft abhängt, kann nach § 15 Abs. 3 BewG der Betrag angesetzt werden, der im Durchschnitt der Jahre voraussichtlich erzielt wird. Dabei können ausnahmsweise auch Ereignisse berücksichtigt werden, die in nicht allzu langer Zeit nach dem Besteuerungszeitpunkt eingetreten sind (R B 13 ErbStR 2011). Nach § 16 BewG beträgt der Jahreswert aber höchstens den Wert, der sich ergibt, wenn der steuerliche Wert des nießbrauchsbelasteten Gesellschaftsanteils durch 18,6 geteilt wird. Bei vorzeitigem Tod des Nießbrauchers ist die Schenkungsteuer ggf. nach § 14 Abs. 2 BewG zu berichtigen. N 135

Vorbehaltsnießbrauch | Bei der Einräumung eines Vorbehaltsnießbrauchs besteht der schenkungsteuerbare Vorgang i.S.d. § 7 Abs. 1 Nr. 1 ErbStG in der unentgeltlichen Übertragung des Gesellschaftsanteils. Da das Nießbrauchsrecht nicht vererblich ist, wird in diesem Zusammenhang oftmals vereinbart, dass aufschiebend bedingt auf den Tod des (ersten) Nießbrauchers ein Nießbrauch zu Gunsten einer weiteren Person bestellt wird. In dem Fall liegt bei Tod des ersten Nießbrauchers ein Erwerb des Nießbrauchs von Todes wegen durch Vertrag zu Gunsten Dritter gemäß § 3 Abs. 1 Nr. 4 ErbStG durch die weitere Person von dem verstorbenen Nießbraucher vor (*Mai* in Reichert, GmbH & Co. KG, § 41 Rz. 86). Die schenkung- N 136 steuerliche Bereicherung des Bedachten wird ermittelt, indem von dem nach § 12 ErbStG zu ermittelnden Steuerwert des Kommanditanteils der gemeine Wert des vorbehaltenen Nießbrauchs abgezogen wird (R E 7.4 Abs. 1 ErbStR 2011). Der gemeine Wert eines Vorbehaltsnießbrauchs ermittelt sich dabei nach den gleichen Grundsätzen wie sie für den Zuwendungs-/Vermächtnisnießbrauch gelten (Rz. N 135). Nach dem bis Ende 2008 geltenden **§ 25 ErbStG a.F.** war der Steuerwert des Vorbehaltsnießbrauchs, der zugunsten des Schenkers oder dessen Ehegatten bestellt wurde, dagegen nicht abzugsfähig. Die auf den Kapitalwert der Nutzung entfallende Schenkungsteuer wurde bis zum Erlöschen der Belastung (Tod des Nießbrauchers, Verzicht auf Nießbrauch, Veräußerung des nießbrauchsbelasteten Vermögens) gestundet.

N 137 **§§ 13a, 13b ErbStG** | Die Begünstigungen der §§ 13a, 19a ErbStG sind unter den allgemeinen Voraussetzungen anwendbar, wenn der Erwerber begünstigtes Vermögen i.S.d. § 13b Abs. 1 Nr. 2 ErbStG erhält, also im Zeitpunkt der Zuwendung Mitunternehmer im ertragsteuerlichen Sinn wird (→ *Erbschaft- und Schenkungsteuer Rz. E 323ff.*; BFH v. 16.5.2013 – II R 5/12, BStBl. II 2013, 635 = FR 2013, 1012 = GmbHR 2013, 839 = GmbH-StB 2013, 302; BFH v. 1.9.2011 – II R 67/08, BStBl. II 2013, 210; FG Münster v. 11.12.2014 – 3 K 2011/12 Erb, juris, Rev. BFH II R 18/15). Dabei muss die Mitunternehmerstellung auch alleine durch den erworbenen Gesellschaftsanteil vermittelt werden (BFH v. 16.5.2013 – II R 5/12, BStBl. II 2013, 635 = FR 2013, 1012 = GmbHR 2013, 839 = GmbH-StB 2013, 302; BFH v. 23.2.2010 – II R 42/08, BStBl. II 2010, 555 = GmbHR 2010, 669 = FR 2010, 675 = GmbH-StB 2010, 162); nicht ausreichend ist, wenn dem Erwerber nur deshalb eine Mitunternehmerstellung inne hat, weil er bereits vor der Übertragung Mitunternehmer der Gesellschaft war. Die Frage, ob der Schenker weiterhin Mitunternehmer bleibt, ist aus schenkungsteuerrechtlicher Sicht unerheblich. Demnach kann sowohl der Zuwendungs- als auch der Vermächtnisnießbrauch in den Genuss der §§ 13a, 13b ErbStG kommen. Bei einem Quotennießbrauch, bei dem sich der Schenker bei der Übertragung einer Beteiligung an einer Personengesellschaft an einem Anteil hiervon („quotal") den Nießbrauch vorbehält, sind die §§ 13a, 13b ErbStG nur anwendbar, wenn der nießbrauchsbelastete Anteil für sich betrachtet dem Bedachten die Stellung als Mitunternehmer vermittelt; dass der Bedachte bezüglich des nicht mit dem Nießbrauch belasteten Teils der übertragenen Gesellschaftsbeteiligung Mitunternehmer ist, genügt nicht (BFH v. 16.5. 2013 – II R 5/12, BStBl. II 2013, 635 = ZErb 2013, 276 mit Anm. *Jülicher* = FR 2013, 1012 = GmbHR 2013, 839 = GmbH-StB 2013, 302; *Wachter*, DStR 2013, 1929). Der bloße Ertragsnießbrauch ist dagegen nicht begünstigt, da es hier beim Nießbraucher an der erforderlichen Mitunternehmerinitiative mangelt (*Viskorf/Haag*, ZEV 2012, 24; *Eisele*, NWB 2012, 4151).

8. Mitunternehmerstellung und laufende Besteuerung

N 138 **Mitunternehmerstellung** | Für die steuerliche Behandlung des Nießbrauchs an einem Kommanditanteil ist wesentlich, ob der Gesellschafter, der Nießbraucher oder beide als Mitunternehmer der Gesellschaft anzusehen sind. Unerheblich für die Beurteilung der Mitunternehmereigenschaft ist, in welcher Form der Nießbrauch begründet wird (Vorbehalts-, Zuwendungs- oder Vermächtnisnießbrauch), ob das Nießbrauchsrecht entgeltlich oder unentgeltlich bestellt wurde und ob das Rechtsverhältnis dinglicher oder schuldrechtlicher Natur ist (*Wacker* in Schmidt, § 15 EStG Rz. 306).

N 139 **Mitunternehmerstellung des Nießbrauchers** | Für die Mitunternehmerstellung des Nießbrauchers ist es daher weder erforderlich, dass der Nießbraucher zivilrechtlich Gesellschafter der Personengesellschaft ist, noch führt die Gesellschafterstellung zwingend zu dessen Qualifikation als Mitunternehmer (*Mai* in Reichert, GmbH & Co. KG, § 41 Rz. 31). Entscheidend ist, ob die Mitunternehmerstellung nach den allgemeinen Kriterien gegeben ist: **Mitunternehmerinitiative** bedeutet Teilhabe an unternehmerischen Entscheidungen zumindest in dem Umfang der Stimm-, Kontroll- und Widerspruchsrechte eines Kommanditisten nach den Regelungen des HGB oder der gesellschaftsrechtlichen Kontrollrechte nach § 716 Abs. 1 BGB; **Mitunternehmerrisiko** bedeutet gesellschaftsrechtliche oder eine dieser wirtschaftlich vergleichbare Teilhabe am Erfolg oder Misserfolg des Unternehmens; dieses Risiko wird regelmäßig durch die Beteiligung am Gewinn und Verlust sowie an den stillen Reserven des Anlagevermögens einschließlich des Geschäftswerts vermittelt (BFH v. 16.5.2013 – II R 5/12, BStBl. II 2013, 635 = FR 2013, 1012 = GmbHR 2013, 839 = GmbH-StB 2013, 302; → *Mitunternehmerinitiative und -risiko*). Da der Nießbraucher an den stillen Reserven und am Geschäftswert des Unternehmens regelmäßig nicht beteiligt ist (Rz. N 118), reicht es für das Mitunternehmerrisiko aus, dass dem Nießbraucher der entnahmefähige Teil des laufenden Gewinns zusteht und ihm ggf. ein Verlustanteil zugerechnet wird. Mitunternehmerinitiative wird bejaht, wenn der Nießbraucher zumindest einen Teil der mit der Mitgliedschaft verbundenen Verwaltungsrechte erhält, die er allein oder zusammen mit dem Gesellschafter ausübt (BFH v. 6.5.2010 – IV R 52/08, BStBl. II 2011, 261 = GmbHR 2010, 876 = FR 2010, 941 m. Anm. *Kempermann* = GmbH-StB 2010, 220) und das Stimmrecht unternehmerische Bedeutung hat. Demnach soll es ausreichen, wenn dem Nießbraucher das Widerspruchsrecht nach § 164 HGB zusteht (FG Köln v. 15.11.2002 – 5 K 4243/93, EFG 2003, 587), er stimmberechtigt ist (FG Baden-Württemberg v. 27.9.2005 – 4 K 469/99, EFG 2006, 793), sich sämtliche Verwaltungs- und Kontrollrechte vorbehält (FG Niedersachsen v. 22.12.2004 – 3 K 277/03, EFG 2005, 639) oder als (weiterer) Gesellschafter z.B. für Schulden der Gesellschaft mithaftet (*Wacker* in Schmidt, § 15 EStG Rz. 306). Wenden Eltern Teile ihrer Beteiligungen an einer gewerblich geprägten Personengesellschaft unentgeltlich ihren Kindern zu und behalten sie sich dabei den lebenslänglichen Nießbrauch vor, fehlt es den Kindern jedoch regelmäßig an der erforderlichen Mitunternehmerinitiative, wenn vereinbart ist, dass die Nießbraucher die Gesellschafterrechte der Kinder wahrnehmen und die Kinder den Eltern „vorsorglich" Stimmrechtsvollmacht erteilen (*Levedag* in Münchener Hdb. Gesellschaftsrecht, Bd. 2, § 59 Rz. 131). Da aus zivilrechtlicher Sicht nicht restlos geklärt ist, welche Rechte beim Nießbrauch an einem Personengesellschaftsanteil beim Gesellschafter verbleiben, sollte die Aufteilung der Verwaltungsrechte zwischen Nießbraucher und Gesellschafter ausdrücklich vertraglich geregelt werden. So sollte dem Nießbraucher zumindest in Angelegenheiten der laufenden Geschäftsführung das Stimmrecht zugewiesen werden oder aber der Gesellschafter für die Ausübung seines Stimmrechts den Weisungen des Nießbrauchers unterworfen sein (*Viskorf/Haag*, ZEV 2012, 24, 26).

Quotennießbrauch | Behält sich der Schenker an einem schenkweise übertragenen Kommanditanteil einen Quotennießbrauch (Rz. N 111) vor, ist nach Auffassung des BFH entscheidend, ob der Beschenkte insgesamt hinsichtlich des übertragenen Gesellschaftsanteils – und nicht nur im Verhältnis zu einer bestimmten Quote – Mitunternehmer wird (BFH v. 16.5. 2013 – II R 5/12, BStBl. II 2013, 635 = FR 2013, 1012 = GmbHR 2013, 839 = GmbH-StB 2013, 302). Damit folgt der BFH ausdrücklich nicht der Auffassung des FG Hessen, welches im Falle eines Quotennießbrauchs die Mitunternehmerstellung des Erwerbers insgesamt aufgrund der Unteilbarkeit der zivilrechtlichen Beteiligung und der steuerlichen Mitunternehmerstellung bejaht hatte (FG Hessen v. 25.11.2011 – 1 K 1507/08, EFG 2012, 721). N 140

Ertragsnießbrauch | Ein reiner Ertragsnießbrauch, bei dem der Nießbraucher zivilrechtlich N 141
auf den Gewinnanteil beschränkt wird und keine (Mit-)Verwaltungsrechte erlangt, begründet

keine Mitunternehmerstellung des Nießbrauchers (BFH v. 16.5.1995 – VIII R 18/93, BStBl. II 1995, 714 = FR 1995, 703 m. Anm. *Schmidt* = GmbHR 1995, 915). Dies bedeutet, dass nur der Gesellschafter als Mitunternehmer anzusehen ist und den auf seinen Kommanditanteil entfallenden Gewinn als gewerbliche Einkünfte i.S.v. § 15 Abs. 1 Satz 1 Nr. 2 EStG versteuern muss. Handelt es sich bei aus dem Ertragsnießbrauch an den Nießbraucher zu leistenden Zahlungen um Versorgungsleistungen i.S.d. § 10 Abs. 1a Nr. 2 Buchst. a EStG, sind die Zahlungen beim Gesellschafter als Sonderausgaben abziehbar und beim Nießbraucher sonstige Einkünfte gemäß § 22 Nr. 1 EStG. Wird der Nießbrauch ohne Vereinbarung einer Versorgungsleistung bestellt, handelt es sich um eine einkommensteuerrechtlich unbeachtliche Einkommensverwendung, die beim Gesellschafter gemäß § 12 Nr. 2 EStG nicht abziehbar und beim Nießbraucher grundsätzlich steuerfrei ist (BFH v. 6.5.2010 – IV R 52/08, BStBl. II 2011, 261 = GmbHR 2010, 876 = FR 2010, 941 m. Anm. *Kempermann* = GmbH-StB 2010, 220; BFH v. 9.4.1991 – IX R 78/88, BStBl. II 1991, 809 unter II. 4. = FR 1991, 499). Der Ertragsnießbraucher hat die Bezüge jedoch unabhängig von einem Sonder- oder Betriebsausgabenabzug des Gesellschafters nach § 22 Nr. 1 Satz 2 Halbs. 2 Buchst. a EStG zu versteuern, wenn es sich um wiederkehrende Zahlungen einer gemeinnützigen Körperschaft außerhalb der Erfüllung ihrer steuerbegünstigten Zwecke i.S.d. §§ 52 bis 54 AO handelt.

N 142 **Mitunternehmerstellung des Nießbrauchbestellers |** Der Nießbrauchbesteller bleibt Mitunternehmer, sofern ihm ein gewisses Unternehmerrisiko (z.B. durch Beteiligung an den stillen Reserven und am Geschäftswert im Falle der Liquidation) und Mitwirkungsrechte im Kernbereich der Verwaltungs- und Stimmrechte verbleiben (BFH v. 1.3.1994 – VIII R 35/92, BStBl. II 1995, 241 = FR 1994, 789). Er verliert dagegen seine Mitunternehmerstellung, wenn der Nießbraucher *sämtliche* Gesellschafterrechte wahrnimmt (BFH v. 16.5.2013 – II R 5/12, BStBl. II 2013, 635 = FR 2013, 1012 = GmbHR 2013, 839 = GmbH-StB 2013, 302). In dem Fall wird dem Nießbraucher der gesamte auf den nießbrauchsbelasteten Gesellschaftsanteil entfallende steuerliche Gewinn zugerechnet. Die Überlassung eines Teils des Gewinns an den Nießbrauchsbesteller kann für den Nießbraucher bei betrieblich veranlasster Nießbrauchseinräumung Sonderbetriebsaufwand sein; der Sonderausgabenabzug nach § 10 Abs. 1 Nr. 1a EStG kommt wegen § 12 Nr. 2 EStG nicht in Betracht (*Bode* in Blümich, § 15 EStG Rz. 369; *Haep* in Herrmann/Heuer/Raupach, § 15 EStG Rz. 445).

N 143 **Mitunternehmerstellung bei Gesellschafter und Nießbraucher |** Sind sowohl Gesellschafter als auch Nießbraucher als Mitunternehmer anzusehen, sind ihre Einkünfte im Rahmen der **einheitlichen und gesonderten Gewinnfeststellung** für die Gesellschaft festzustellen. Die Gewinnverteilung zwischen Nießbraucher und Gesellschafter richtet sich nach dem Gesellschaftsvertrag und der Nießbrauchsvereinbarung, wobei der Gewinnanteil des Nießbrauchers der entnahmefähige Teil des Anteils am festgestellten handelsbilanziellen Gewinn ist.

N 144 **Sonderbetriebsvermögen |** Ist das Nießbrauchsrecht so ausgestaltet, dass der Nießbraucher ertragsteuerrechtlich als Mitunternehmer der Personengesellschaft anzusehen ist, gehört das Nießbrauchsrecht als immaterielles Wirtschaftsgut ertragsteuerrechtlich und bewertungsrechtlich zum notwendigen Sonderbetriebsvermögen II, da es Voraussetzung für die Erzielung von Einkünften aus Gewerbebetrieb durch den Nießbraucher ist (BFH v. 1.9.2011 – II R 67/09, BStBl. II 2013, 210 = GmbHR 2011, 1331). Nach Auffassung der Finanzverwaltung soll dies unabhängig davon gelten, ob der Nießbraucher zivilrechtlich Gesellschafter der Personengesellschaft ist (Gleichlautender Ländererlass v. 2.11.2012, BStBl. I 2012, 1101). Eine Aktivierung des Nießbrauchsrechts kommt nur bei entgeltlichem Erwerb in Betracht, § 5 Abs. 2 EStG.

Verlustanteile | Über die Frage, ob Verlustanteile bei Fehlen einer Vereinbarung dem Nießbraucher oder dem Gesellschafter zuzurechnen sind, herrscht in Rechtsprechung und Schrifttum Uneinigkeit (vgl. *Götz*, ZEV 2015, 84). Nach Auffassung des BFH und der überwiegenden Ansicht im Schrifttum wird ein Verlust ausschließlich dem Besteller/Gesellschafter zugerechnet, wenn dem Nießbraucher an dem Kommanditanteil nur die entnahmefähigen Gewinnanteile zustehen und der Kommanditist als Mitunternehmer anzusehen ist (BFH v. 3.12.2015 – IV R 43/13, BFH/NV 2016, 742; BFH v. 1.3.1994 – VIII R 35/92, BStBl. II 1995, 241 = FR 1994, 789; so auch *Bode* in Blümich, § 15 ErbStG Rz. 368; *von Oertzen/Stein*, Ubg 2012, 285, 286). Das FG Köln hatte in seinem Urteil v. 26.9.2013 (10 K 3432/12, EFG 2014, 179, nachfolgend BFH v. 3.12.2015 – IV R 43/13, BFH/NV 2016, 742) noch vertreten, dass Verlustanteile dem Nießbraucher zuzurechnen sind, soweit sie die Einlage übersteigen, weil dieser künftige (entnahmefähige) Gewinnanteile verliere (vgl. *Wacker* in Schmidt, § 15 EStG Rz. 311). N 145

9. Besteuerung des Untergangs des Nießbrauchsrechts

Erlöschen des Nießbrauchs | Das Erlöschen des Nießbrauchs, z.B. durch Versterben des Berechtigten oder Erreichen eines bestimmten Alters, führt zu keiner gesonderten Bereicherung des Nießbrauchsverpflichteten (*Gottschalk/Gebel* in Troll/Gebel/Jülicher, § 3 ErbStG Rz. 4). Allerdings kann es bei einem lebenslänglich eingeräumten Nießbrauch und einem sehr frühzeitigen Wegfall zu einer Berichtigung der ursprünglichen Steuerfestsetzung kommen (§ 14 Abs. 2 BewG). N 146

Entgeltlicher Nießbrauchsverzicht | Wird der Nießbrauch gegen Zahlung eines fremdüblichen Entgelts abgelöst, beeinflusst dies die schenkungsteuerliche Beurteilung der Übertragung des Nießbrauchs nicht (BFH v. 19.12.2007 – II R 34/06, BStBl. II 2008, 260 = FR 2008, 684). Ertragsteuerlich handelt es sich entweder um eine Vermögensübergabe gegen Versorgungsleistungen i.S.d. § 10 Abs. 1a Nr. 2 EStG zur Vorwegnahme der Erbfolge oder um ein entgeltliches Veräußerungsgeschäft bzw. einen veräußerungsähnlichen Vorgang (BFH v. 16.6.2004 – X R 50/01, BStBl. II 2005, 130 = FR 2005, 377; BFH v. 14.2.1996 – X R 106/91, BStBl. II 1996, 687 = FR 1996, 413 m. Anm. *Weber-Grellet*). Dabei spielt es keine Rolle, ob das Entgelt in einem Einmalbetrag oder einer Veräußerungsrente besteht; bei dem Nießbraucher stellt es ein Veräußerungsentgelt, bei dem Gesellschafter als Nießbrauchsverpflichteten Anschaffungskosten dar. Zu der Gestaltung, dass das Nießbrauchsrecht durch eine Versorgungsleistung i.S.v. § 10 Abs. 1 Nr. 1a EStG ersetzt wird (sog. gleitende Vermögensübergabe), wird auf die Ausführungen von *Reich/Stein* (DStR 2013, 1272, 1274) verwiesen. N 147

Unentgeltlicher Nießbrauchsverzicht | Der unentgeltliche Verzicht auf den (mitunternehmerisch ausgestalteten) Nießbrauch führt **ertragsteuerlich** zum Übergang der mit dem Nießbrauch verbundenen Mitunternehmerstellung auf den Gesellschafter und ist nach § 6 Abs. 3 Satz 1 EStG ertragsteuerneutral möglich (*Reich/Stein*, DStR 2013, 1272, 1273; *Eisele*, NWB 2012, 4151, 4155). **Schenkungsteuerlich** hat der unentgeltliche Verzicht auf ein vorbehaltenes und werthaltiges Nießbrauchsrecht zwar keine Auswirkungen auf den Wert der ursprünglichen Schenkung, er stellt aber zum Zeitpunkt des Verzichts eine freigebige Zuwendung i.S.d. § 7 Abs. 1 Nr. 1 ErbStG des Nießbrauchers an den Gesellschafter dar (BFH v. 20.5.2014 – II R 7/13, BStBl. II 2014, 896 = FR 2015, 96 = GmbHR 2014, 1168 = GmbH-StB 2014, 312; v. 17.3. 2004 – II R 3/01, BStBl. II 2004, 429 = GmbHR 2004, 822 m. Anm. *Mildner/Mildner* = FR 2004, 603 m. Anm. *Viskorf*). Bei dem Verzicht auf ein mitunternehmerisch ausgestaltetes Nießbrauchsrecht kommen dem Grunde nach die Begünstigungen der §§ 13a, 13b ErbStG N 148 zur Anwendung, da begünstigtes Betriebsvermögen i.S.d. § 13b Abs. 1 Nr. 2 ErbStG (Übergang eines Mitunternehmeranteils) übertragen wird (Gleichlautender Erlass v. 2.11.2012, BStBl. I 2012, 1101; *Reich/Stein*, DStR 2013, 1272, 1273). In dem Verzicht auf das Nießbrauchsrecht liegt dagegen kein Verstoß gegen die erbschaftsteuerliche Behaltensfrist nach § 13a Abs. 5 ErbStG für die vorhergehende Einräumung des Nießbrauchs (hiervon geht wohl auch die Finanzverwaltung aus in dem gleichlautenden Erlass v. 2.11.2012, BStBl. I 2012, 1101, vor Ziff. 1). Soweit der Eigentümer ein rechtliches (und hierzu zählt auch ein steuerrechtliches) Interesse am Fortbestand des Nießbrauchsrechts hat, erlischt dieses beim Zusammentreffen mit dem Eigentum gerade nicht gemäß §§ 1072, 1063 Abs. 2 BGB. Es lässt sich daher vertreten, dass bei einem unentgeltlichen Verzicht auf das Nießbrauchsrecht das Nießbrauchsrecht nicht untergeht, sondern unentgeltlich auf den Gesellschafter übertragen wird (*Reich/Stein*, DStR 2013, 1272, 1274); eine Bilanzierung in seinem Sonderbetriebsvermögen kommt dagegen wohl mangels entgeltlichen Erwerbs gemäß § 5 Abs. 2 EStG nicht in Betracht.

Fand die Einräumung des Nießbrauchs vor dem 1.1.2009 unter Geltung des **§ 25 ErbStG a.F.** statt, wird eine steuerliche Doppelerfassung des Nießbrauchsrechts als Folge der Nichtberücksichtigung als Abzugsposten nach § 25 Abs. 1 Satz 1 ErbStG a.F. einerseits und beim späteren Verzicht des Berechtigten andererseits bei der Besteuerung des Verzichts vermieden, indem der bei der Übertragung des nießbrauchsbelasteten Gesellschaftsanteils unberücksichtigt gebliebene Steuerwert des Nießbrauchs vom Steuerwert des Nießbrauchs im Zeitpunkt des Verzichts abgezogen wird (BFH v. 17.3.2004 – II R 3/01, BStBl. II 2004, 429 = GmbHR 2004, 822 m. Anm. *Mildner/Mildner* = FR 2004, 603 m. Anm. *Viskorf*; H E 25 „Verzicht auf Nutzungsrechte in den Fällen des § 25 ErbStG a.F. bei Steuerentstehungszeitpunkten für die Vermögenszuwendung unter Nießbrauchsvorbehalt vor dem 1.1.2009“ ErbStH 2011). Diese Rechtsgrundsätze sind entsprechend anzuwenden, wenn das Nießbrauchsrecht bei der Besteuerung des Erwerbs des nutzungsrechtsbelasteten Gesellschaftsanteils aufgrund der Abzugsbeschränkung des § 10 Abs. 6 i.V.m. § 13a ErbStG (teilweise) tatsächlich unberücksichtigt geblieben ist: der Teil des Steuerwerts des Nießbrauchs, welcher bei der Besteuerung des nießbrauchsbelasteten Gesellschaftsanteils gemäß § 10 Abs. 6 ErbStG nicht zum Abzug zugelassen wurde, muss bei der Besteuerung des Verzichts auf das Nießbrauchsrecht vom Steuerwert des Nießbrauchs im Zeitpunkt des Verzichts abgezogen werden (BFH v. 20.5.2014 – II R 7/13, BStBl. II 2014, 896 = GmbHR 2014, 1168 = GmbH-StB 2014, 312; OFD NRW Kurzinformation Nr. 002/2015 Erbschaft- und Schenkungsteuer v. 4.3.2015, FR 2015, 386).

Vertiefende Recherche

Wichtige Urteile und Erlasse

BFH v. 3.12.2015 – IV R 43/13, BFH/NV 2016, 742: Stehen dem Nießbraucher eines Kommanditanteils nur die entnahmefähigen Gewinnanteile zu, sind die mit dem Kommanditanteil zusammenhängenden Verluste ausschließlich dem Kommanditisten zuzurechnen, soweit dieser als Mitunternehmer anzusehen ist.

BFH v. 20.5.2014 – II R 3/01, BStBl. II 2004, 429: Vorzeitiger unentgeltlicher Verzicht auf ein vorbehaltenes Nießbrauchsrecht.

BFH v. 16.5.2013 – II R 5/12, BStBl. II 2013, 635: Behält sich der Schenker bei der freigebigen Zuwendung einer Kommanditbeteiligung den Nießbrauch zu einer bestimmten Quote hiervon einschließlich der Stimm- und Mitverwaltungsrechte vor und vermittelt daher der mit dem Nießbrauch belastete Teil der Kommanditbeteiligung dem Erwerber für sich genommen keine Mitunternehmerstellung, können für diesen Teil die Steuervergünstigungen nach § 13a Abs. 1 und 2 ErbStG vor 2009 nicht beansprucht werden.

BFH v. 24.1.2012 – IX R 51/10, ZEV 2012, 284: Wem Gesellschaftsanteile im Rahmen einer vorweggenommenen Erbfolge unter dem Vorbehalt des Nießbrauchs übertragen werden, erwirbt sie nicht i.S.v. § 17 Abs. 2 Satz 5 EStG, wenn sie weiterhin dem Nießbraucher nach § 39 Abs. 2 Nr. 1 AO zuzurechnen sind, weil dieser nach dem Inhalt der getroffenen Abrede alle mit der Beteiligung verbundenen wesentlichen Rechte (Vermögens- und Verwaltungsrechte) ausüben und im Konfliktfall effektiv durchsetzen kann.

BFH v. 1.9.2011 – II R 67/09, DStRE 2012, 38: Aufschiebend bedingter Nießbrauch an einem Kommanditanteil. Für die Gewährung der Steuervergünstigung nach § 13a ErbStG a.F. ist der Übergang der Mitunternehmerstellung maßgeblich; nicht erforderlich ist der Übergang einer zivilrechtlichen Beteiligung an der Gesellschaft.

FG Hamburg v. 29.11.2004 – III 257/02, DStRE 2006, 275: Nießbrauch für überlebenden Ehegatten als Vertrag zugunsten Dritter unter aufschiebender Bedingung.

BMF v. 18.1.2013 – IV C 6 - S 2296-a/07/10001, DStR 2013, 199: Verteilung des Gewerbesteuermessbetrags gemäß § 35 EStG beim Nießbrauch an einem Mitunternehmeranteil.

Gleichlautender Ländererlass v. 2.11.2012, BStBl. I 2012, 1101: Einräumung eines Nießbrauchsrechts, Überlassung der Ausübung des Nießbrauchs oder Verzicht auf einen Nießbrauch an einem Anteil an einer Personengesellschaft i.S.d. § 15 Abs. 1 Satz 1 Nr. 2 und Abs. 3 oder § 18 Abs. 4 Satz 2 EStG.

BGH v. 9.11.1998 – II ZR 213/97, NJW 1999, 571 = MDR 1999, 240 (GbR): Der Nießbrauch an einem Gesellschaftsanteil nimmt dem Gesellschafter nicht die Kompetenz, bei Beschlüssen, welche die Grundlagen der Gesellschaft betreffen, selbst abzustimmen.

BGH v. 20.5.1985 – II ZR 259/84, WM 1985, 1343: Guthabenverzinsung von Gesellschafterkonten gehört zu den entnahmefähigen Gewinnen.

BGH v. 12.12.1974 – II ZR 166/72, MDR 1975, 385: Ein Nießbrauch, der sich auf den Gewinnbezug aus einem Kommanditanteil beschränkt, gibt kein Widerspruchsrecht gegen einen Gesellschafterbeschluss, außerordentliche Erträge aus der Veräußerung von Anlagevermögen nicht auszuschütten, sondern einer Investitionsrücklage zuzuführen.

BGH v. 20.4.1972 – II ZR 143/69, BGHZ 58, 316 = NJW 1972, 1755: Werden die Kapitalkonten I aus nicht ausgeschütteten Gewinnen erhöht, hat der Nießbraucher eines Kommanditanteils kein „Bezugsrecht" auf „junge Anteile", d.h. auf Erwerb eines der Erhöhung des Kapitalkontos I entsprechenden Teils des Kommanditanteils.

OLG Oldenburg v. 9.3.2015 – 12 W 51/15, GmbHR 2015, 591: Der Nießbrauch an einem Kommanditanteil kann in das Handelsregister eingetragen werden.

OLG Stuttgart v. 28.1.2013 – 8 W 25/13, MDR 2013, 608: Der Nießbrauch an einem Kommanditanteil kann in das Handelsregister eingetragen werden.

OLG Düsseldorf v. 14.9.1998 – 3 Wx 209/98, DNotZ 1999, 440 mit krit. Anm. *Kanzleiter:* Der Nießbrauch an einem GbR-Anteil erlischt durch Übertragung aller Anteile auf einen einzigen

Erwerber. Die fehlende Zustimmung des Nießbrauchers kann nur Schadensersatzansprüche gegen den Gesellschafter auslösen.

LG Hamburg v. 13.6.2005 – 312 T 30/04, NZG 2005, 926: Eine GbR erlischt nicht, wenn ein Gesellschaftsanteil mit einem Vorbehaltsnießbrauch belastet ist und sich alle Gesellschaftsanteile auf einen Gesellschafter vereinigen.

Musterformulierungen

Blaum/Scholz in Hoffmann-Becking Rawert, Beck'sches Formularbuch Bürgerliches, Handels- und Wirtschaftsrecht, 12. Aufl. 2016, VIII. D. 24. Schenkung einer Kommanditbeteiligung unter Nießbrauchsvorbehalt

Hannes/Onderka, Formularbuch Vermögens- und Unternehmensnachfolge, 2011, A 2.32 Schenkweise Übertragung einer mitunternehmerischen Kommanditbeteiligung mit Nießbrauchsvorbehalt

Johansson, Beck'sches Formularbuch Erbrecht, 3. Auflage 2014, G.VIII.1. Zuwendung eines Nießbrauchs an einer Kommanditbeteiligung

Küspert, Der Nießbrauch am Personengesellschaftsanteil, FR 2014, 397

Lohr, Aufhebung des Nießbrauchs an Geschäftsanteilen, GmbH-StB 2014, 329

Wälzholz, Der Nießbrauch am Gesellschaftsanteil einer GmbH & Co. KG, NWB 2013, 1334

Weitere Stichwörter

→ *Treuhand*; → *Verpfändung von Gesellschaftsanteilen*

Publikums-KG

Ausgewählte Literatur: *Casper*, Die Investmentkommanditgesellschaft: große Schwester der Publikums-KG oder Kuckuckskind?, ZHR 179 (2015), 44; *Freitag*, Die „Investmentkommanditgesellschaft" nach dem Regierungsentwurf für ein Kapitalanlagegesetzbuch, NZG 2013, 329; *Giedinghagen/Fahl*, Alles (noch) bestimmt genug?, DStR 2007, 1965; *Mock*, Nieder mit dem Treuhandkommanditisten – Es lebe der Vertragskommanditist (oder wenigstens der Unterbeteiligte)!, ZIP 2016, 497; *Schäfer*, Rechtliche Einordnung ausgeschütteter Liquiditätsüberschüsse in der Publikums-KG, NZG 2016, 543; *Wiedemann*, Alte und neue Kommanditgesellschaften, NZG 2013, 1041.

1. Begriff

Sonderform | Die Publikums-KG ist eine Sonderform der GmbH & Co. KG. Mit der Beschränkung steuerlicher Verlustabzugsmöglichkeiten für die Kapitalanleger (vgl. §§ 15a, 15b EStG) hat diese Form der Personenhandelsgesellschaft in der Vergangenheit aus steuerlicher Sicht an Bedeutung eingebüßt, auch wenn das Ergebnis der Kommanditgesellschaft ihren Gesellschaftern für steuerliche Zwecke weiterhin unmittelbar zugerechnet wird und daher jedenfalls in Teilen auch künftig noch Verluste genutzt werden können. Nicht zuletzt wegen der weitreichenden gesellschaftsrechtlichen Gestaltungsmöglichkeiten im Zusammenspiel zwischen Personen- und Kapitalgesellschaftsrecht ist sie heutzutage aber weiterhin diejenige Rechtsform, die maßgeblich für Fonds-Gesellschaften (Schiffsfonds, Immobilienfonds, Bürgerbeteiligungsfonds etc.) herangezogen wird (vgl. auch *Pathe* in Gummert, Münchener AnwaltsHdb. Personengesellschaftsrecht, § 2 Rz. 51 f.). P 1

Vielzahl von Kommanditisten | Die Publikums-KG ist auf die Mitgliedschaft einer Vielzahl von Kommanditisten angelegt, die sich nur kapitalistisch beteiligen. Die Beitretenden haben dabei keinen Einfluss auf die personelle Zusammensetzung der Gesellschaft. Weder untereinander noch zwischen ihnen und den Gründergesellschaftern bestehen persönliche oder sonstige Beziehungen (BGH v. 6.12.1982 – II ZR 70/82, NJW 1983, 1117). Insofern ist die Publikums-KG ebenso wenig wie eine (börsennotierte) Aktiengesellschaft personalistisch, sondern kapitalistisch geprägt. Ihre Beteiligungsmöglichkeiten werden dabei in der Regel über Anlagevermittler und Banken öffentlich beworben. P 2

„Sonderrecht" | Vor diesem Hintergrund hat die Rechtsprechung maßgeblich zum Schutze der Anleger, aber auch zur Sicherstellung der Funktionsfähigkeit einer derartigen „Massengesellschaft" im Laufe der Zeit ein richterliches „Sonderrecht" entwickelt, das dem Charakter dieser Publikumsgesellschaft gerecht werden soll. Aufgrund ihrer körperschaftlichen Ausprägung wird dieses „Sonderrecht" weitgehend von einer entsprechenden Anwendung kapitalgesellschaftsrechtlicher Regelungen geprägt. Flankiert wird es durch eine Reihe von spezialgesetzlichen Regelungen insbesondere aus dem Bereich des Aufsichts- und Investmentrechts, die maßgeblich die Phase der Anlegeranwerbung und deren Schutz vor voreiligen Beteiligungen an nicht transparenten Anlageformen sowie die laufende Überwachung der Beteiligungs- P 3 und Organisationsstruktur regeln sollen (zur Errichtung eines Investmentvermögens in der Gesellschaftsform der Investmentkommanditgesellschaft nach den Vorschriften des Kapitalanlagegesetzbuchs [KAGB] s. *Freitag*, NZG 2013, 329; *Horbach* in Münchener Hdb. Gesellschaftsrecht Bd. 3, § 69 Rz. 1 ff.; *Hoppe* in Hesselmann/Tillmann/Mueller-Thuns, Hdb. GmbH & Co. KG, Rz. 2.283 ff.; *Wiedemann*, NZG 2013, 1041).

Im Folgenden soll ausgewählten Besonderheiten der Publikums-KG im Vergleich zur klassischen GmbH & Co. KG nachgegangen werden:

2. Gesellschaftsvertrag

P4 **Form** | Der Gesellschaftsvertrag einer Publikums-KG bedarf – jedenfalls im Ergebnis – der Schriftform. Zwar gilt dies noch nicht für den Zeitpunkt ihrer Gründung, spätestens aber mit der üblichen Festlegung und Vereinbarung von Sondervorteilen zugunsten der Gründungsgesellschafter oder mit ihnen verbundener Unternehmen bzw. nahestehender Personen (z.B. Tätigkeitsvergütungen, Provisionen, Freistellungen) wird die Einhaltung der Schriftform erforderlich (vgl. BGH v. 7.11.1977 – II ZR 105/76, NJW 1978, 755; a.A. wohl *Hoppe* in Hesselmann/Tillmann/Mueller-Thuns, Hdb. GmbH & Co. KG, Rz. 2.290). Dies gilt für den Fall der mittelbaren Beteiligung über einen Treuhandkommanditisten entsprechend (BGH v. 7.11.1977 – II ZR 105/76, NJW 1978, 755). Andernfalls wäre es für die später beitretenden Kapitalanleger nahezu unmöglich, Kenntnis von derartigen Abreden zu erlangen. Ein diesen Vorgaben nicht genügender Gesellschaftsvertrag wäre ebenso nichtig wie etwaige Rechtshandlungen, die diesen Abreden zugrunde liegen (*Oetker* in Oetker, § 161 HGB Rz. 124). Schließlich ist die Schriftform aber auch deshalb erforderlich, weil nur so gewährleistet ist, dass die Aufnahme weiterer Kapitalanleger auf Basis derselben Vertragsfassung erfolgt und die Rechtsprechung die gesellschaftsvertraglichen Bestimmungen objektiv, das heißt aus dem Gesellschaftsvertrag heraus, auslegen kann (ebenso *Haas/Mock* in Röhricht/Graf von Westphalen/Haas, § 161 HGB Rz. 112; zur Formfrage bei Vereinbarung einer Schiedsabrede s. *Haas/Mock* in Röhricht/Graf von Westphalen/Haas, § 161 HGB Rz. 129).

P5 **Objektive Auslegung** | Des Weiteren gilt es zu beachten, dass der Gesellschaftsvertrag einer Publikums-KG ebenso wie die Satzung einer Kapitalgesellschaft nach seinem objektiven Befund, also nur aus sich heraus, auszulegen und somit für die Gerichte vollständig revisibel ist; ein darüber hinausgehender Vertragswille der Gründungsgesellschafter analog §§ 133, 157 BGB bleibt unbeachtlich (vgl. BGH v. 9.2.2009 – II ZR 231/07, NJW-RR 2009, 753, 754).

Etwas anderes dürfte lediglich dann gelten, wenn noch kein Dritter als Anleger an ihr beteiligt ist oder aber etwaige vertragliche Abreden zwischen den Gründern nachweislich allen Kapitalanlegern bereits aus anderen Gründen von vornherein bekannt sind (*Oetker* in Oetker § 161 HGB Rz. 126; a.A. wohl *Coing*, ZGR 1978, 659, 675 f.; nicht weiter differenzierend *Hoppe* in Hesselmann/Tillmann/Mueller-Thuns, Hdb. GmbH & Co. KG, Rz. 2.291). Das gilt ausnahmsweise auch dann, wenn es sich um eine Individualabrede zwischen einem Anleger und der Gesellschaft handelt (vgl. BGH v. 6.12.1982 – II ZR 70/82, WM 1983, 118, 120; *Haas/Mock* in Röhricht/Graf von Westphalen/Haas, § 161 HGB Rz. 114). In der Praxis dürfte es sich hierbei aber nur um wenige Einzelfälle handeln.

P6 **Allgemeine Inhaltskontrolle – Gesellschaftsvertrag** | Wie bereits zuvor ausgeführt, haben die Anleger in der Regel keinen Einfluss auf die inhaltliche Ausgestaltung des Gesellschaftsvertrages einer Publikums-KG. Da das Recht der Allgemeinen Geschäftsbedingungen gemäß § 310 Abs. 4 Satz 1 BGB im Gesellschaftsrecht keine Anwendung findet (offen gelassen von BGH v. 12.3.2013 – II ZR 73/11, DStR 2013, 1295, 1296), wurde von der Rechtsprechung – zusätzlich zum Gebot der objektiven Auslegung des Gesellschaftsvertrages (s. Rz. P 5) – eine am **Maßstab von Treu und Glauben gemäß § 242 BGB** ausgerichtete Möglichkeit der allgemeinen Inhaltskontrolle zugelassen (BGH v. 27.11.2000 – II ZR 218/00, DStR 2001, 266; BGH v. 14.4.1975 – II ZR 147/73, BGHZ 64, 238; OLG Karlsruhe v. 29.7.2014 – 4 U 24/14, NZG 2014, 1417). Kommen die Gerichte aufgrund der grundsätzlich vorrangigen Vertragsauslegung nicht zu einem ausreichenden Ergebnis, können sie – analog zu der Auslegung und Inhaltskontrolle von Allgemeinen Geschäftsbedingungen – einzelne Klauseln des Gesellschaftsvertrages auf ihre Vereinbarkeit mit übergeordneten Grundsätzen überprüfen und notfalls für nichtig erklären (vgl. BGH v. 12.3.2013 – II ZR 73/11, DStR 2013, 1295, 1296; BGH v. 23.4.2012 – II ZR 75/10, ZIP 2012, 2342, Rz. 32; zum Verhältnis von Vertragsauslegung und Inhaltskontrolle vgl. BGH v. 30.4.1979 – II ZR 57/78, WM 1979, 672 und zum Kontrollmaßstab im Rahmen der allgemeinen Inhaltskontrolle siehe *Haas/Mock* in Röhricht/Graf von Westphalen/Haas, § 161 HGB Rz. 115). In diesem Falle ist die Regelungslücke durch ergänzende Vertragsauslegung zu schließen (*Oetker* in Oetker, § 161 HGB Rz. 128).

Allgemeine Inhaltskontrolle – Treuhandabrede | Im Falle einer lediglich **mittelbaren Beteiligung** eines Anlegers über einen Treuhänder aufgrund eines Treuhandverhältnisses erstreckt sich die Möglichkeit zur Inhaltskontrolle nach h.M. zusätzlich auch auf die Treuhandabrede (BGH v. 21.3.1988 – II ZR 135/87, BB 1988, 1270; vgl. auch *Hoppe* in Hesselmann/Tillmann/Mueller-Thuns, Hdb. GmbH & Co. KG, Rz. 2.301, insbesondere auch mit Nachweisen zum Beitritt eines Verbrauchers). Zweifel bei der Auslegung gehen insoweit zu Lasten des Verwenders, mit der Folge, dass sich die mit dem Beitritt verbundenen, nicht unmittelbar aus dem Gesetz folgenden Rechte und Pflichten für den beitretenden Gesellschafter aus dem Gesellschaftsvertrag klar ergeben müssen (vgl. BGH v. 12.3.2013 – II ZR 73/11, DStR 2013, 1295, 1296; OLG Nürnberg v. 22.12.2014 – 14 U 2588/13, NZG 2015, 226, 227). P 7

3. Beitritt und Ausscheiden

Vertragsschluss der Beitretenden mit allen bisherigen Gesellschaftern | Grundsätzlich bedarf der Eintritt in eine Personenhandelsgesellschaft eines Vertragsschlusses des Beitretenden mit allen bisherigen Gesellschaftern, sofern der Gesellschaftsvertrag die Aufnahme neuer Gesellschafter nicht erleichtert (vgl. BGH v. 14.11.1977 – II ZR 95/76, NJW 1978, 1000; OLG Celle v. 4.5.2011 – 9 U 105/10, ZIP 2011, 2407; *Hoppe* in Hesselmann/Tillmann/Mueller-Thuns, Hdb. GmbH & Co. KG, Rz. 2.324). Im Fall der Publikums-KG wird von dieser Erleichterung grundsätzlich durch eine abweichende Regelung im Gesellschaftsvertrag Gebrauch gemacht, um den fortlaufenden Eintritt einer Vielzahl von untereinander nicht bekannten Anlegern zu gewährleisten. P 8

Im Wesentlichen stehen hierzu zwei Gestaltungsvarianten zur Verfügung:

Bevollmächtigung | Zum einen kann der Komplementär-GmbH oder einer anderen Rechtsperson (z.B. Treuhandkommanditist) durch entsprechende Regelung im Gesellschaftsvertrag der Publikums-KG die Befugnis gewährt werden, **im Namen aller übrigen Gesellschafter** einen Beitrittsvertrag mit dem neuen Kommanditisten zu schließen. In der Regel wird hierzu die persönlich haftende Gesellschafterin bevollmächtigt, nach ihrer Wahl mit weiteren Kom- P 9 manditisten deren Beitritt zur Gesellschaft zu vereinbaren. Dazu wird dann ein Beitrittsvertrag unmittelbar zwischen den bisherigen Gesellschaftern, vertreten durch die persönlich haftende Gesellschafterin, und dem Beitretenden geschlossen. Das erforderliche Einverständnis der bisherigen Gesellschafter mit dem Eintritt des neuen Kommanditisten ist dazu bereits im Voraus im Gesellschaftsvertrag erteilt worden (vgl. BGH v. 17.11.1975 – II ZR 120/74, WM 1976, 15; BGH v. 1.3.2011 – II ZR 16/10, NZG 2011, 551, 552). Das soll selbst dann gelten, wenn die persönlich haftende Gesellschafterin den Beitrittsvertrag „namens der Publikumskommanditgesellschaft" abschließt, sofern der objektive Erklärungswert ihres Handelns jedenfalls auch als ein Handeln im Namen der bisherigen Gesellschafter verstanden werden kann (vgl. BGH v. 1.3.2011 – II ZR 16/10, NZG 2011, 551, 552).

P 10 **Ermächtigung** | Zum anderen besteht die Möglichkeit, entweder die persönlich haftende Gesellschafterin oder die Gesellschaft selbst im Gesellschaftsvertrag zur **Aufnahme** neuer Kommanditisten **im eigenen Namen** zu ermächtigen (vgl. BGH v. 14.11.1977 – II ZR 95/76, NJW 1978, 1000; BGH v. 6.12.1982 – II ZR 70/82, NJW 1983, 1117). Nach der Rechtsprechung habe der Gesellschafter mit der im Rahmen des Gesellschaftsverhältnisses abgegebenen Einverständniserklärung zum Ausdruck gebracht, dass er seiner Gesellschaft (bzw. der persönlich haftenden Gesellschafterin) und ihrer Geschäftsführung das notwendige Vertrauen entgegenbringe und ihnen das Recht einräume, weitere Gesellschafter durch Abschluss entsprechender Verträge aufzunehmen. Insoweit bestehe kein grundsätzlicher Unterschied zu der Bevollmächtigung eines Mitgesellschafters. Der Beitrittsvertrag werde hier unmittelbar zwischen der Gesellschaft (bzw. der persönlich haftenden Gesellschafterin) und den neuen Kommanditisten geschlossen, da die Gesellschaft (bzw. die persönlich haftende Gesellschafterin) im eigenen Namen mit Wirkung für alle Gesellschafter handele. Im Übrigen hätten die Gesellschafter auch hier das erforderliche Einverständnis im Voraus erteilt (vgl. zum Ganzen BGH v. 14.11. 1977 – II ZR 95/76, NJW 1978, 1000; *Binz/Sorg*, Die GmbH & Co. KG, § 13 Rz. 20).

P 11 **Form des Beitrittsvertrages** | Die Form des Beitrittsvertrages richtet sich nach den allgemeinen Grundsätzen. In der Regel bedarf daher der Beitrittsvertrag – ebenso wie der Gesellschaftsvertrag – keiner besonderen Form (vgl. BGH v. 6.12.1982 – II ZR 70/82, NJW 1983, 1117, 1118; BGH v. 19.11.1984 – II ZR 47/84, NJW 1985, 1080). Selbst eine im Gesellschaftsvertrag enthaltene Schriftformklausel soll nicht unbedingt für die Beitrittsvereinbarung gelten (vgl. BGH v. 6.12.1982 – II ZR 70/82, NJW 1983, 1117, 1118; BGH v. 19.11.1984 – II ZR 47/84, NJW 1985, 1080). Etwas anderes kann sich aber dann ergeben, wenn die Notwendigkeit zur Einhaltung einer bestimmten Form aus nichtgesellschaftsrechtlichen Vorgaben, z.B. nach § 311b Abs. 1 Satz 1 BGB im Falle der Verpflichtung des Anlegers zur Einbringung von Grundbesitz, resultiert (vgl. BGH v. 10.4.1978 – II ZR 61/77, WM 1978, 752, 753; *Binz/Sorg*, Die GmbH & Co. KG, § 13 Rz. 20).

P 12 **Fehlerhafter Beitritt** | Im Falle eines fehlerhaften Beitritts kann der Beitritt unter Berücksichtigung der Grundsätze zur fehlerhaften Gesellschaft wegen eines Nichtigkeits- oder Anfechtungsgrundes nicht als von Anfang an, sondern lediglich mit Wirkung für die Zukunft geltend gemacht werden (vgl. auch *Hoppe* in Hesselmann/Tillmann/Mueller-Thuns, Hdb. GmbH & Co. KG, Rz. 2.341). Bis zur Geltendmachung ist der vollzogene Beitritt vollständig wirksam und die Rechte und Pflichten des Gesellschafters richten sich nach dem Gesellschaftsvertrag (vgl. BGH v. 2.7.2001 – II ZR 304/00, ZIP 2001, 1364, 1366; BGH v. 16.12.2002 – II ZR 109/01, NJW 2003, 1252, 1253: unwirksame Treuhandvollmacht aufgrund unwirksamen Treuhandvertrages). Abweichendes gilt dann, wenn der rechtlichen Anerkennung der fehlerhaften Gesellschaft oder dem fehlerhaften Beitritt gewichtige Interessen der Allgemeinheit oder bestimmter schutzwürdiger Personen entgegenstehen; in der Regel ist dies der Fall, wenn der Gesellschaftsvertrag wegen § 134 BGB nichtig (BGH v. 16.12.2002 – II ZR 109/01, NJW 2003, 1252) oder aber der Anleger geschäftsunfähig ist (vgl. BGH v. 16.11.1981 – II ZR 213/80, WM 1982, 40, 43).

Verbraucherschutzrecht | Oftmals finden auf den Beitritt von Verbrauchern zur Publikums-KG zudem die Vorschriften des Verbraucherschutzrechts Anwendung mit der Folge, dass dem Anleger im Falle eines Verstoßes hiergegen zwar kein Recht auf Rückabwicklung, dafür jedoch auf die jederzeitige, zukünftige Beendigung seiner Beteiligung zusteht (vgl. *Haas/Mock* in Röhricht/Graf von Westphalen/Haas, § 161 HGB Rz. 138). Die gleiche Rechtsfolge gilt im Falle einer arglistigen Täuschung des Anlegers gemäß §§ 123, 142 Abs. 1 BGB: Auch in diesem Fall ist der Anleger nur dazu berechtigt, seine Mitgliedschaft im Wege der außerordentlichen Kündigung mit sofortiger Wirkung für die Zukunft zu beenden (vgl. BGH v. 2.7.2001 – II ZR 304/00, NZG 2001, 936, 937). P 13

4. Beteiligungsstruktur

Die Beteiligungsstruktur einer Publikums-KG kann unterschiedlich ausgestaltet sein. Wie bereits zuvor ausgeführt, sind die Anleger grundsätzlich nicht an der Komplementär-GmbH beteiligt. Sowohl die Gründung als auch die spätere Steuerung der Komplementär-GmbH obliegt in der Regel nur den Initiatoren und dem von ihnen eingesetzten Management. P 14

Die Anleger wiederum können grundsätzlich **auf zwei verschiedenen Wegen** an der Publikums-KG beteiligt werden, und zwar entweder durch unmittelbare Beteiligung als Kommanditist oder durch mittelbare Beteiligung als Treugeber:

Unmittelbare Beteiligung als Kommanditist | Zunächst besteht wie bei der gesetzestypischen GmbH & Co. KG die Möglichkeit, die Anleger unmittelbar als Kommanditisten durch Leistung ihrer Hafteinlage gemäß § 172 Abs. 1 HGB an der Kommanditgesellschaft zu beteiligen. P 15

Mittelbare Beteiligung als Treugeber | Die mittelbare Beteiligung der Anleger über eine Treuhandgestaltung lässt sich noch einmal in zwei Untergruppen unterteilen (echte Treuhand und unechte Treuhand): P 16

Echte Treuhand | Beteiligt sich der Anleger über einen zwischengeschalteten Treuhänder an der Gesellschaft, ist in diesem Fall nicht der Anleger selbst, sondern nur der Treuhänder Kommanditist der Gesellschaft (**Treuhandkommanditist**). Insofern erscheint auch allein der Treuhandkommanditist als Kommanditist im Handelsregister und nimmt nach außen hin alle Informations- und Stimmrechte sowie Einlageverpflichtungen für den Anleger wahr (→ *Treuhand*). P 17

Das **Innenverhältnis** zwischen dem Anleger und dem Treuhandkommanditisten wird insoweit durch das Treuhandverhältnis bestimmt, das in der Regel als Geschäftsbesorgungsvertrag i.S.d. § 675 BGB ausgestaltet ist (ebenso *Hoppe* in Hesselmann/Tillmann/Mueller-Thuns, Hdb. GmbH & Co. KG, Rz. 2.334). Dadurch wird der mittelbar beteiligte Anleger im Verhältnis zur Gesellschaft und zu den anderen Gesellschaftern auf schuldrechtlicher Basis im Innenverhältnis einem Kommanditisten gleichgestellt (vgl. auch § 152 Abs. 1 Satz 3 KAGB für die Investmentkommanditgesellschaft). Der Treuhandkommanditist hält einen Teil der von ihm an der Gesellschaft gehaltenen Kommanditeinlage für Rechnung des jeweiligen Anlegers; er übernimmt insoweit eine „Mittlerfunktion“ (vgl. BGH v. 11.10.2011 – II ZR 242/09, NZG 2011, 1432, 1433; OLG Hamm v. 21.1.2013 – 8 U 281/11, juris Rz. 37). Damit unterscheidet sich die Rechtsstellung des Anlegers von der eines „echten“ Kommanditisten in der Regel dadurch, dass er die Rechte eines Kommanditisten nicht unmittelbar wahrnehmen kann und ihn die Pflichten nicht unmittelbar treffen, sondern der auf seine Rechnung handelnde Treuhandkommanditist dazwischengeschaltet ist (BGH v. 28.1.1980 – II ZR 250/78, NJW 1980, 1163, 1164). Anleger und Treuhandkommanditist wiederum bilden grundsätzlich eine sog. BGB-Innengesellschaft.

- **Qualifizierte Treuhand:** Werden dem lediglich mittelbar beteiligten Treugeber im Gesellschaftsvertrag unmittelbare Rechte und Ansprüche gegenüber der Gesellschaft zugebilligt (z.B. unmittelbares Teilnahmerecht an der Gesellschafterversammlung, unmittelbares Stimmrecht und unmittelbare Einsichts-, Informations- und Kontrollrechte), kann der Treugeber auf diese Art und Weise – über seine rein schuldrechtliche Beziehung zum Treuhänder hinaus – die Stellung eines sog. **„Quasi-Gesellschafters“** einnehmen (vgl. BGH v. 29.9.2015 – II ZR 403/13, DNotZ 2016, 143, 144; BGH v. 16.12.2014 – II ZR 277/13, DStR 2015, 528, 529 ff.; BGH v. 11.11.2008 – XI ZR 468/07, NZG 2009, 57, 58; OLG Koblenz v. 22.10.1987 – 6 U 777/86, OLGZ 1989, 223, 225). Nach der Rechtsprechung liegen die Voraussetzungen für eine solche „Quasi-Gesellschafterstellung“, die auch als **qualifizierte Treuhand** bezeichnet wird, regelmäßig vor, wenn die mittelbare Beteiligung erst noch zu werbender Kapitalanleger und damit eine Verzahnung von Gesellschaft und Treuhand im Gesellschaftsvertrag von vornherein vorgesehen ist und im Hinblick darauf bestimmte Rechte und Pflichten der Anleger schon im Gesellschaftsvertrag geregelt sind (vgl. BGH v. 16.12.2014 – II ZR 277/13, DStR 2015, 528, 529; BGH v. 11.10.2011 – II ZR 242/09, NZG 2011, 1432, 1433; OLG Hamm v. 21.1.2013 – I-8 U 281/11, 8 U 281/11, juris, Rz. 34; s. auch → *Treuhand*). Damit soll ausnahmsweise auch nicht gegen das sog. Abspaltungsverbot verstoßen werden, weil dem alle Gesellschafter im Gesellschaftsvertrag zugestimmt haben und davon auszugehen sei, dass die Gesellschafter damit schlüssig den Treuhandgesellschafter, mit dem sie unmittelbar abschließen, bevollmächtigt haben, sie wie Gesellschafter in das Gesellschaftsverhältnis (den Gesellschaftsverband) einzubeziehen, soweit ihre Rechtsstellung im Gesellschaftsvertrag angesprochen ist (BGH v. 16.12.2014 – II ZR 277/13, DStR 2015, 528, 529; BGH v. 30.3.1987 – II ZR 163/86, ZIP 1987, 912, 913; BGH v. 11.11.2008 – XI ZR 468/07, BGHZ 178, 271; BGH v. 11.10.2011 – II ZR 242/09, ZIP 2011, 2299, 2301). In diesem Fall ist der Treugeber entsprechend einem unmittelbaren Gesellschafter statutarisch in das Innenverhältnis der Gesellschaft einbezogen und wie ein Gesellschafter verpflichtet, den Gesellschaftszweck unter Anwendung der auch für ihn geltenden gesellschaftsrechtlichen Treuepflicht zu fördern (vgl. BGH v. 16.12.2014 – II ZR 277/13, DStR 2015, 528, 530). Der Quasi-Gesellschafter unterscheide sich von einem Kommanditisten bzw. Vollgesellschafter nur dadurch, dass beim Quasi-Gesellschafter die dingliche Berechtigung am Gesamthandsvermögen und die mit der formalen Gesellschafterstellung verbundene Außenhaftung fehle (vgl. BGH v. 16.12.2014 – II ZR 277/13, DStR 2015, 528, 530; BGH v. 5.2.2013 – II ZR 134/11, NJW 2013, 2190, 2191; BGH v. 21.3.2011 – II ZR 271/08, BGHZ 189, 45). Zu seinen Rechten kann u.a. auch das ungeschriebene Recht gehören, sich durch eine außerordentliche Kündigung von dem Vertrag zu lösen, wenn er durch eine nicht ordnungsgemäße Aufklärung über die für seine Anlageentscheidung erheblichen Umstände zum Beitritt bestimmt worden ist (vgl. BGH v. 20.1.2015 – II ZR 444/13, NZG 2015, 387, 388). Auch steht dem qualifizierten Treugeber das Recht zu, im Falle der Tilgung von Gesellschaftsverbindlichkeiten von der Kommanditgesellschaft gemäß § 110 HGB Aufwendungsersatz zu verlangen (vgl. BGH v. 29.9.2015 – II ZR 403/13,

DNotZ 2016, 143, 145). Außerdem kann ihm im Falle seines Ausscheidens aus dieser Rechtsposition heraus auch ein Anspruch gegen die Kommanditgesellschaft auf Vorlage einer Abfindungsbilanz und Zahlung einer Abfindung zustehen (vgl. BGH v. 20.1.2015 – II ZR 444/13, NZG 2015, 387, 388).

Vorteil der echten Treuhandlösung ist zum einen, dass etwaige Wechsel der Kommanditisten nicht fortlaufend zum Handelsregister anzumelden sind. Zum anderen ist aus Sicht der Gesellschaft dadurch eine kanalisierte und koordinierte Rechtsausübung gewährleistet. Die Gesellschaft hat mit dem Treuhandkommanditisten in der Regel zunächst nur einen Ansprechpartner. Zudem besteht die Möglichkeit für die Initiatoren, die Organe des Treuhandkommanditisten mit eigenen Personen zu besetzen und somit einen gewissen Einfluss auf die Ausübung der Gesellschafterrechte nehmen zu können (vgl. *Horbach* in Münchener Hdb. Gesellschaftsrecht, Bd. 2, § 61 Rz. 22).

Mit Bezug auf die Frage einer möglichen **Haftung der „Quasi-Gesellschafter"** ist jedenfalls geklärt, dass diese im Außenverhältnis einer unmittelbaren, persönlichen Haftung analog §§ 128, 130 HGB nicht unterliegen sollen (vgl. BGH v. 29.9.2015 – II ZR 403/13, DNotZ 2016, 143, 144 und 146; BGH v. 11.11.2008 – XI ZR 468/07, NZG 2009, 57, 58).

Unechte Treuhand | Schließlich besteht die Möglichkeit, den Anleger im Wege einer sog. unechten Treuhand zu beteiligen. Im Unterschied zur echten Treuhand wird der Anleger in diesem Fall **unmittelbar als Kommanditist** an der Gesellschaft beteiligt, jedoch mit dem Unterschied, dass die Ausübung seiner Gesellschafterrechte nicht von dem Anleger selbst, sondern von einem **Treuhänder** wahrgenommen wird (zu Vor- und Nachteilen vgl. *Jaletzke* in Münchener Hdb. Gesellschaftsrecht, Bd. 2, § 63 Rz. 3 f.). Der Vorteil aus Sicht der Gesellschaft besteht darin, dass auch hier die Ausübung der Gesellschafterrechte kanalisiert (und aus Sicht der Initiatoren möglichst zielgerichtet gesteuert) werden kann (→ *Treuhand*). P 18

5. Organe

Allgemeines | Ebenso wie die gesetzestypische GmbH & Co. KG setzt sich auch die Publikums-KG im Grundsatz aus einer GmbH als persönlich haftender Gesellschafterin und den Kommanditisten zusammen. Dabei obliegt der persönlich haftenden Gesellschafterin und ihren Geschäftsführern die Aufgabe der Geschäftsführung und Vertretung der Gesellschaft. Wie zuvor bereits ausgeführt, sind die Kommanditisten in der Regel dabei aber nur mit dem notwendigen Mindestmaß an Verwaltungsrechten ausgestattet. Vorbehaltlich einer abweichenden gesellschaftsvertraglichen Regelung, z.B. durch Verankerung eines Zustimmungskataloges im Gesellschaftsvertrag oder durch die Bestimmung eines zusätzlichen, geschäftsführenden Kommanditisten aus steuerlichen Gründen zur Vermeidung der gewerblichen Prägung der Gesellschaft nach § 15 Abs. 1 Satz 1 Nr. 2, Abs. 3 EStG, sind die Kommanditisten an der Geschäftsführung nicht beteiligt. Zur Sicherstellung der Funktionsfähigkeit der Gesellschaft wird – soweit zulässig – in der Regel auch ihr gesetzliches Widerspruchsrecht nach § 164 Satz 1 HGB ausgeschlossen (vgl. *Liebscher* in Reichert, GmbH & Co. KG, § 3 Rz. 30). P 19

Kontrollorgan | Die Kontrolle der Geschäftsführung erfolgt bei der Publikums-KG zumeist durch einen nach den näheren Bestimmungen im Gesellschaftsvertrag einzurichtenden Kommanditistenausschuss, Beirat oder Verwaltungsrat (vgl. BGH v. 22.10.1984 – II ZR 2/84, NJW 1985, 1900). Mit Ausnahme der gesetzlichen Verpflichtung zur Einrichtung eines Beirats bei einer sog. geschlossenen Publikumsinvestmentkommanditgesellschaft gemäß § 153 Abs. 3 P 20

Satz 1 KAGB (vgl. hierzu *Freitag*, NZG 2013, 329, 334; *Wiedemann*, NZG 2013, 1041, 1043), besteht aber keine gesetzliche Verpflichtung zur Einrichtung eines zusätzlichen Aufsichtsorgans bei einer Publikums-KG (vgl. BayObLG v. 4.7.1985 – BReg 3 Z 43/85, WM 1985, 1231, 1232 = GmbHR 1985, 335; OLG Düsseldorf v. 8.3.1984 – 6 U 75/83, WM 1984, 1080, 1084). Sieht der Gesellschaftsvertrag die Bildung eines entsprechenden Organs vor, kommt diesem – analog zum Aufsichtsrat in der Kapitalgesellschaft – oftmals eine Aufsichts- und Kontrollfunktion zu. Abhängig von den Bestimmungen im Gesellschaftsvertrag werden seine Mitglieder von der Gesellschafter- oder Kommanditistenversammlung bestellt und stehen danach in einem unmittelbaren Rechtsverhältnis zur Gesellschaft (zur Frage der Haftung der Beiratsmitglieder vgl. *Haas/Mock* in Röhricht/Graf von Westphalen/Haas, § 161 HGB Rz. 155 ff.). In seiner Funktion als Aufsichts- und Kontrollorgan soll ein Beirat in entsprechender Anwendung von § 46 Nr. 8 GmbHG und § 147 Abs. 2 Satz 1 AktG die Gesellschaft auch bei Klagen gegen ihre organschaftlichen Vertreter als besonderer Vertreter vertreten können (vgl. BGH v. 7.6. 2010 – II ZR 210/09, NZG 2010, 1381).

6. Einlagensplitting

P 21 Sieht der Gesellschaftsvertrag der Publikums-KG vor, dass sich die vom Kapitalanleger gegenüber der Gesellschaft zu erbringende Einlagenleistung einerseits aus einer Kommanditeinlage und andererseits aus einem Darlehen oder einer stillen Beteiligung zusammensetzt (sog. „gesplittete Einlage"), werden diese Beiträge nach der Rechtsprechung gesellschaftsrechtlich grundsätzlich als eine einheitliche Einlage angesehen (vgl. BGH v. 21.3.1988 – II ZR 238/87, NJW 1988, 1841, 1842 = GmbHR 1988, 301). In dieser Eigenschaft hätten sie insgesamt den Charakter haftenden Eigenkapitals und bildeten als solches zusammen mit einem etwaigen Beitrag und der unbeschränkten Haftung des persönlich haftenden Gesellschafters die Kredit- und Haftungsgrundlage der Gesellschaft. Zwar führe das einerseits dazu, dass der Kommanditist mit einem etwaigen Anspruch auf Rückzahlung des Darlehens in der Insolvenz der Gesellschaft nachrangig bzw. ausgeschlossen ist, andererseits aber auch dazu, dass seine Darlehenszahlungen ebenfalls als Einlageleistung i.S.v. § 171 Abs. 1 HGB anzusehen sind, mit der er von seiner Haftung für Gesellschaftsschulden frei wird (vgl. BGH v. 17.5.1982 – II ZR 16/81, NJW 1982, 2253, 2254; weiter hierzu BGH v. 9.2.1981 – II ZR 38/80, NJW 1981, 2251; BGH v. 28.11.1977 – II ZR 235/75, NJW 1978, 376, 377; vgl. hierzu auch *Lüke* in Hesselmann/Tillmann/Mueller-Thuns, Hdb. GmbH & Co. KG, Rz. 3.118).

7. Beschlussfassung

P 22 **Formelle Legitimation** | Ebenso wie bei der klassischen GmbH & Co. KG gilt auch für Beschlussfassungen in der Publikums-KG zunächst einmal der Grundsatz der Einstimmigkeit, also die Zustimmungspflicht aller Gesellschafter (kritisch *Oetker* in Oetker, § 161 HGB Rz. 133). Ungeachtet dessen unterliegen abweichende Regelungen zum Mehrheitserfordernis, und zwar unabhängig davon, ob sie sich auf gewöhnliche oder außergewöhnliche Maßnahmen der Geschäftsführung oder sogar auf Grundlagengeschäfte wie die Änderung des Gesellschaftsvertrages erstrecken, in einer Publikums-KG seit jeher weniger hohen Anforderungen als bei einer klassischen GmbH & Co. KG. Soweit der Gesellschaftsvertrag Geschäftsführungsmaßnahmen oder Grundlagengeschäfte mit einem Mehrheitserfordernis zulässt, ist dies möglich, ohne dass es hierzu einer konkreten Bezeichnung der einzelnen Beschlussgegenstände im Gesellschaftsvertrag bedarf (vgl. *Haas/Mock* in Röhricht/Graf von Westphalen/Haas, § 161 HGB Rz. 141). Der in der Vergangenheit von der Rechtsprechung entwickelte, die konkrete Nennung einzelner Beschlussgegenstände fordernde Bestimmtheitsgrundsatz, der mittlerweile auch für die klassische GmbH & Co. KG aufgegeben worden ist (vgl. BGH v. 21.10.2014 – II ZR 84/13, NZG 2014, 1296, 1297 = GmbHR 2014, 1303 m. Anm. *Ulrich/Schlichting* = GmbH-StB 2015, 7; *Liebscher* in Reichert, GmbH & Co. KG, § 3 Rz. 34), fand bereits von Beginn an keine Anwendung auf die Publikums-KG (vgl. BGH v. 16.10.2012 – II ZR 251/10, NZG 2013, 57, 62 = GmbHR 2013, 197; BGH v. 13.3.1978 – II ZR 63/77, NJW 1978, 1382; *Giedinghagen/Fahl*, DStR 2007, 1965, 1966 ff.). Seine Anwendung bei der Publikums-KG hätte ansonsten dazu geführt, dass eine Fortentwicklung des Gesellschaftsunternehmens unmöglich wäre und selbst an krisenhaften Zuständen nichts geändert werden könnte (BGH v. 19.11.1984 – II ZR 102/84, NJW 1985, 972, 973 = GmbHR 1985, 188). Mithin ist die formelle Legitimation einer auf eine Mehrheitsklausel gestützten Mehrheitsentscheidung – auch bei einer außergewöhnlichen Geschäftsführungsmaßnahme oder einem Grundlagengeschäft – gegeben, wenn sich durch (objektive) Auslegung des Gesellschaftsvertrags der Publikums-KG ergibt, dass der betreffende Beschlussgegenstand einer Mehrheitsentscheidung unterworfen sein soll (vgl. BGH v. 21.10.2014 – II ZR 84/13, NZG 2014, 1296, 1297 = GmbHR 2014, 1303 m. Anm. *Ulrich/Schlichting* = GmbH-StB 2015, 7).

Grenzen | Ungeachtet der grundsätzlichen Zulässigkeit eines Mehrheitserfordernisses sind diesem aber auch bei einer Publikums-KG auf zweiter Stufe bestimmte materielle Grenzen gesetzt: P 23

Materielle Legitimation | Maßgebliche Korrekturfunktion kommt auf zweiter Stufe der **materiellen Inhaltskontrolle** zu. Danach gilt es zu ermitteln, ob der Eingriff in die individuelle Rechtsstellung des Gesellschafters, d.h. in seine rechtliche und vermögensmäßige Position in der Gesellschaft, im Interesse der Gesellschaft geboten und dem betroffenen Gesellschafter unter Berücksichtigung seiner eigenen schutzwerten Belange zumutbar ist (vgl. BGH v. 21.10.2014 – II ZR 84/13, NZG 2014, 1296, 1300 = GmbHR 2014, 1303 m. Anm. *Ulrich/Schlichting* = GmbH-StB 2015, 7). Ob bzw. inwieweit von der Rechtsprechung insoweit auch künftig noch an der bisherigen begrifflichen Unterscheidung zwischen dem Eingriff in sog. relativ entziehbare und absolut nicht entziehbare Gesellschafterrechte (vgl. hierzu BGH v. 15.1.2007 – II ZR 245/05, NJW 2007, 1685, 1687 = GmbHR 2007, 437 = GmbH-StB 2007, 106; *Giedinghagen/Fahl*, DStR 2007, 1965, 1966) festgehalten wird (→ *Gesellschafterbeschlüsse*), ist derzeit offen (vgl. BGH v. 21.10.2014 – II ZR 84/13, NZG 2014, 1296, 1300 = GmbHR 2014, 1303 m. Anm. *Ulrich/Schlichting* = GmbH-StB 2015, 7). Unabhängig davon erfordert damit aber auch die bei der Publikums-KG auf der zweiten Stufe notwendige materielle Prüfung eine Abwägung zwischen den betroffenen Interessen auf Basis der gesellschaftsrechtlichen Treuepflicht. P 24

Handelt es sich bei der Beschlussfassung um eine Gesellschaftsvertragsänderung, die in den **Bereich der relativ entziehbaren Mitgliedschaftsrechte** eingreift, was etwa bei einer Beschlussfassung über eine nachträgliche Beitragserhöhung i.S.d. § 707 BGB der Fall sein kann, bedarf dieser Beschluss ungeachtet des Mehrheitserfordernisses auch bei der Publikums-KG der zusätzlichen, individuellen Zustimmung des hiervon jeweils betroffenen Gesellschafters. Zwar kann der betroffene Gesellschafter seine diesbezügliche Zustimmung bereits durch entsprechende Regelung im Gesellschaftsvertrag im Voraus erteilen (sog. antizipierte Zustimmung). Ihre Wirksamkeit hängt nach der Rechtsprechung dann aber wiederum davon ab, ob sie eindeutig ist und Ausmaß und Umfang der möglichen zusätzlichen Belastung erkennen lässt; bei Beitragserhöhungen erfordert dies die Angabe einer Obergrenze oder die Festlegung sonstiger Kriterien, die das Erhöhungsrisiko eingrenzen (BGH v. 5.11.2007 – II ZR 230/06, NZG 2008, 65; BGH v. 19.3.2007 – II ZR 73/06, NZG 2007, 382, 383; BGH v. 23.1.2006 – II ZR 126/04, NJW-RR 2006, 829, 830; ähnlich wohl auch *Wenzel* in Hesselmann/Tillmann/Mueller-Thuns, Hdb. GmbH & Co. KG, Rz. 4.162). Stimmt der betroffene Gesellschafter dieser Maßnahme nicht zu, ist der Beschluss im Übrigen aber nicht zu beanstanden, ist der Beschluss lediglich dem Gesellschafter gegenüber, der seine Zustimmung verweigert hat, relativ unwirksam, nicht aber auch gegenüber allen anderen Gesellschaftern (vgl. BGH v. 21.10.2014 – II ZR 84/13, NZG 2014, 1296, 1299 = GmbHR 2014, 1303 m. Anm. *Ulrich/Schlichting* = GmbH-StB 2015, 7). Absolut unentziehbare Rechte eines Kommanditisten wie das Recht zur außerordentlichen Kündigung seiner Gesellschafterstellung oder das Teilnahmerecht an Gesellschafterversammlungen können hingegen – auch in der Publikums-KG – nie entzogen werden (vgl. *Oetker* in Oetker, § 161 HGB Rz. 122 ff.).

P 25 **Sachlich nicht gerechtfertigte Ungleichbehandlung |** Eine weitere Grenze stellt die sachlich nicht gerechtfertigte Ungleichbehandlung verschiedener Gesellschafter dar (vgl. BGH v. 14.5. 1956 – II ZR 229/54, BGHZ 20, 363, 369), sofern diese nicht bereits im Rahmen der Abwägung bei der materiellen Inhaltskontrolle Berücksichtigung findet.

P 26 **Gesellschaftsvertragliches Einstimmigkeitserfordernis |** Schließlich stellt sich die Frage, ob das Mehrheitsprinzip auch für Beschlussfassungen gilt, für die im Gesellschaftsvertrag einer Publikums-KG ausdrücklich Einstimmigkeit vorgesehen ist. Dies erscheint nach hier vertretener Auffassung zweifelhaft. Auch wenn die Rechtsprechung bereits die Tendenz hat erkennen lassen, qualifizierte Mehrheitsbeschlüsse bei Publikumsgesellschaften analog § 179 Abs. 2 AktG jedenfalls bei Schweigen des Gesellschaftsvertrages zum Mehrheitserfordernis als Regelfall ansehen zu wollen (vgl. BGH v. 13.3.1978 – II ZR 63/77, NJW 1978, 1382), würde es zu weit gehen, wenn man sich auch im Falle der ausdrücklichen Anordnung eines Einstimmigkeitserfordernisses oder etwa eines Zustimmungserfordernisses für den persönlich haftenden Gesellschafter zur Aufrechterhaltung der Funktionsfähigkeit der Publikums-KG über den entsprechend verlautbarten Willen der Gesellschafter hinwegsetzen würde (ebenso OLG Celle v. 4.5.2011 – 9 U 105/10, ZIP 2011, 2407; a.A. *Oetker* in Oetker, § 161 HGB Rz. 144). Es würde dem Anlegerschutz widersprechen, wenn die Gesellschafter für bestimmte Beschlussfassungen Einstimmigkeit vereinbaren, letztendlich derartigen Klauseln aber damit begegnet wird, dass man sie aufgrund eines bislang gesetzlich nicht kodifizierten Mehrheitsprinzips für die Personengesellschaft zu einem späteren Zeitpunkt für unwirksam erklärt. Dem Interesse an der Funktionsfähigkeit der Gesellschaft kann in Extremfällen dadurch gedient werden, dass den Gesellschaftern aufgrund ihrer Treuepflicht ausnahmsweise eine Zustimmungspflicht abverlangt wird (vgl. BGH v. 23.1.2006 – II ZR 126/04, WM 2006, 774, 776; OLG Celle v. 21.12. 2005 – 9 U 96/05, NZG 2006, 225, 226). Im Einklang mit den gesetzlichen Bestimmung der §§ 161 Abs. 2, 119 Abs. 1 HGB darf die Annahme einer Zustimmung aufgrund Treuepflicht aber nur die Ausnahme und nicht die Regel sein (zur ausnahmsweisen Bejahung einer Zustimmungspflicht aufgrund Treuepflicht in der Krise einer Publikums-KG s. BGH v. 19.10. 2009 – II ZR 240/08, NJW 2010, 65, 67 = GmbHR 2010, 32 m. Anm. *Ulrich* = GmbH-StB 2010, 8; verneinend hingegen aufgrund eines überwiegenden Schutzinteresses des Gesellschafters BGH v. 25.1.2011 – II ZR 122/09, NZG 2011, 510, 513 = GmbHR 2011, 529 m. Anm. *Ulrich* = GmbH-StB 2011, 169).

P 27 **Außerordentliches Kündigungsrecht |** Schließlich kann einem mit einer wesentlichen Umgestaltung des Gesellschaftsverhältnisses nicht einverstandenen Gesellschafter ausnahmsweise auch das Recht zustehen, seine Mitgliedschaft aus wichtigem Grund aufzukündigen und so aus der Gesellschaft vorzeitig auszuscheiden (vgl. *Haas/Mock* in Röhricht/Graf von Westphalen/Haas, § 161 HGB Rz. 146).

Mehrheit der abgegebenen Stimmen | Weitgehende Übereinstimmung besteht letztendlich aber darin, dass sich im Falle eines Mehrheitsbeschlusses die Berechnung der Mehrheit bei einer Publikums-KG im Zweifel nicht nach der Zahl aller Gesellschafter, sondern nach der Zahl der abgegebenen Stimmen richtet (vgl. BGH v. 30.3.1998 – II ZR 20/97, NJW 1998, 1946, 1948; *Oetker* in Oetker § 161 HGB Rz. 133; a.A. wohl *Jaletzke* in Münchener Hdb. Gesellschaftsrecht, Bd. 2, § 66 Rz. 23), soweit der Gesellschaftsvertrag nichts Abweichendes regelt. Mithin sind im Falle einer gesellschaftsvertraglichen Regelung, die eine schriftliche Abstimmung unter „anwesenden Gesellschaftern" vorsieht, in der Regel auch nicht alle Gesellschafter, sondern lediglich die sich an der Abstimmung beteiligenden Gesellschafter zu verstehen (BGH v. 19.7.2011 – II ZR 153/09, DStR 2011, 1913, 1914). P 28

Sonderstimmrecht | Grundsätzlich besteht die Möglichkeit, einem oder mehreren Gesellschaftern einer GmbH & Co. KG auch Sonderstimmrechte einzuräumen, z.B. in Form von Mehrstimmrechten (vgl. BGH v. 14.5.1956 – II ZR 229/54, NJW 1956, 1198, 1199 bzgl. Stimmrechtsausschluss bzw. -entziehung; *Roth* in Baumbach/Hopt, § 119 HGB Rz. 14 und § 163 HGB Rz. 8). Es gibt keine gesetzliche Vorschrift, die die Einräumung von Mehrstimmrechten im Gesellschaftsvertrag einer Personengesellschaft einschränkt oder verbietet (OLG Karlsruhe v. 29.7.2014 – 4 U 24/14, NJW-RR 2015, 163, 164). P 29

Grenze ist die Begründung einer sittenwidrigen Abhängigkeit der übrigen Gesellschafter (vgl. BGH v. 14.5.1956 – II ZR 229/54, NJW 1956, 1198, 1199). Bei einer Publikums-KG unterliegt diese Einschränkung zusätzlich der **Inhaltskontrolle nach § 242 BGB,** mit der Folge, dass die Möglichkeit der Begründung eines Mehrstimmrechts zugunsten einzelner Gesellschafter nur besteht, wenn (i) es sachlich gerechtfertigt ist und (ii) das Sonderstimmrecht berechtigte Interessen der Anlagegesellschafter nicht unangemessen und unbillig beeinträchtigt (vgl. OLG Karlsruhe v. 29.7.2014 – 4 U 24/14, NJW-RR 2015, 163, 164; *Reichard*, GWR 2015, 12; *Roth* in Baumbach/Hopt, § 119 HGB Rz. 14). Einigkeit besteht darin, dass ein Mehrheits- oder Vetorecht, das einer von den Initiatoren implementierten, am Festkapital der Gesellschaft nicht beteiligten persönlich haftenden Gesellschafterin zugewiesen ist, dabei aber nicht so weit gehen darf, dass es einen mit qualifizierter Mehrheit zulässig gefassten Beschluss der Kommanditisten blockieren kann (vgl. BGH v. 10.10.1983 – II ZR 213/82, DB 1984, 179, 180 = GmbHR 1984, 201; *Jaletzke* in Münchener Hdb. Gesellschaftsrecht, Bd. 2, § 66 Rz. 24) oder aber berechtigte Interessen der Anlagegesellschafter unangemessen und unbillig beeinträchtigt (vgl. OLG Karlsruhe v. 29.7.2014 – 4 U 24/14, NJW-RR 2015, 163, 164).

Beispiel:

Einer nicht am Festkapital der Publikums-KG beteiligten, persönlich haftenden Gesellschafterin kann ein Mehrstimmrecht eingeräumt werden, wenn dieses Mehrstimmrecht zur Gewährleistung einer kontinuierlichen Unternehmensführung und als Instrument zum Hinwirken auf eine gemeinsame Interessenausrichtung aller Gesellschafter sachlich gerechtfertigt ist; zwar hat die persönlich haftende Gesellschafterin aufgrund der gewählten Gesellschaftsform ihr Risiko begrenzt, ist aufgrund ihrer unmittelbaren Haftung aber auch nicht ohne Risiko an der Publikums-KG beteiligt (OLG Karlsruhe v. 29.7.2014 – 4 U 24/14, NJW-RR 2015, 163, 164; OLG Celle v. 4.5.2011 – 9 U 105/10, ZIP 2011, 2407; a.A. wohl *Jaletzke* in Münchener Hdb. Gesellschaftsrecht, Bd. 2, § 66 Rz. 24).

P 30 **Passivlegitimation** | Ebenso wie bei der gesetzestypischen GmbH & Co. KG ist auch bei der Publikums-KG ein Streit über Fragen zum Gesellschaftsverhältnis im Grundsatz nicht mit der Publikums-KG als solcher, sondern mit den übrigen Gesellschaftern auszutragen (vgl. BGH v. 24.3.2003 – II ZR 4/01, NZG 2003, 525; OLG Rostock v. 30.7.2008 – 1 U 33/08, NZG 2009, 705 = GmbHR 2009, 321). Allerdings ist es auch hier zulässig und in der Praxis üblich, mittels gesellschaftsvertraglicher Regelung die Sachlegitimation der Gesellschaft zuzuweisen. Ist eine derartige Zuweisung im Gesellschaftsvertrag nicht ausdrücklich erfolgt, kann sie sich auch durch Auslegung einzelner Bestimmungen ergeben (vgl. BGH v. 24.3.2003 – II ZR 4/01, NZG 2003, 525).

P 31 **Beschlussmängelrecht** | Die Rechtsprechung hält eine entsprechende Anwendung der Vorschriften zum Beschlussmängelrecht der Kapitalgesellschaften, also insbesondere der §§ 243 ff. AktG, auf die Publikums-KG bislang nicht für erforderlich (BGH v. 7.6.1999 – II ZR 278/98, BB 1999, 1835). Etwas anders gilt nur dann, wenn der Gesellschaftsvertrag eine abweichende Regelung getroffen hat (vgl. BGH v. 11.10.2011 – II ZR 242/09, WM 2011, 2327, 2329). Der Gesellschaftsvertrag kann das kapitalgesellschaftsrechtliche Beschlussmängelrecht dabei vollständig oder auch nur auszugsweise übernehmen (vgl. BGH v. 19.10.2009 – II ZR 240/08, NJW 2010, 65, 66 = GmbHR 2010, 32 m. Anm. *Ulrich* = GmbH-StB 2010, 8; *Jaletzke* in Münchener Hdb. Gesellschaftsrecht, Bd. 3, § 66 Rz. 29; → *Beschlussmängelstreit*).

8. Informations- und Kontrollrechte der Kommanditisten

P 32 **Informations- und Kontrollrecht** | Den Kommanditisten einer Publikums-KG stehen nach h.M. keine umfassenden Informations- oder Kontrollrechte, wie etwa GmbH-Gesellschaftern nach § 51a GmbHG, zu (vgl. OLG München v. 5.9.2008 – 31 Wx 063/07, DNotZ 2009, 152, 153; *Binz/Sorg*, Die GmbH & Co. KG, § 7 Rz. 82). Vorbehaltlich einer abweichenden Regelung im Gesellschaftsvertrag verfügen mithin auch die Kommanditisten einer Publikums-KG lediglich über die Informations- und Kontrollrechte nach § 166 Abs. 1 und Abs. 3 HGB (OLG München v. 5.9.2008 – 31 Wx 063/07, DNotZ 2009, 152, 153; zum unterschiedlichen Regelungsgehalt der Informationsrechte nach § 166 Abs. 1 HGB und § 166 Abs. 3 HGB vgl. BGH v. 14.6.2016 – II ZB 10/15, DStR 2016, 2300 ff.). Besteht eine gesetzliche oder vertragliche Prüfungspflicht für die Kommanditgesellschaft, folgt daraus noch keine Pflicht, auch den Prüfungsbericht mit der Einladung zur Gesellschafterversammlung zu übersenden. Eine solche Pflicht besteht auch dann nicht, wenn nach dem Gesellschaftsvertrag allen Gesellschaftern mit der Einladung zu der Gesellschafterversammlung der Entwurf des Jahresabschlusses zu übersenden ist (vgl. BGH v. 3.2.2015 – II ZR 105/13, WM 2015, 763). Vorbehaltlich einer abweichenden gesellschaftsvertraglichen Regelung genügt es, wenn die Kommanditisten die Gelegenheit erhalten, im Rahmen der Gesellschafterversammlung Einsicht in den Prüfungsbericht zu nehmen.

P 33 **Beschränkung** | Eine darüber hinausgehende Beschränkung der Auskunfts- und Informationsrechte der Kommanditisten im Gesellschaftsvertrag ist nur eingeschränkt zulässig. Zulässig dürfte insoweit noch sein, aus Gründen der Praktikabilität die Ausübung des Einsichtsrechts kraft gesellschaftsvertraglicher Regelung einem von der Geschäftsführung unabhängigen und vom Vertrauen der Anlegerkommanditisten getragenen Beirat oder Vertreter zu übertragen (*Grunewald* in MünchKomm. HGB, § 166 HGB Rz. 50; vgl. auch BGH v. 16.1.1984 – II ZR 36/83, NJW 1984, 2470, 2471 = GmbHR 1985, 20). Das gilt jedenfalls dann, wenn die Kommanditisten durch entsprechende Einflussmöglichkeiten die Zusammensetzung des anderen Organs beeinflussen und dadurch wenigstens mittelbar ihre Kontrollrechte ausüben können (vgl. OLG Hamm v. 3.12.2012 – 8 U 20/12, ZIP 2013, 976, 980; LG Dortmund v. 13.12.2013 – 3 O 305/13, juris Rz. 26). Die Möglichkeit zur Übertragung oder gar zum Ausschluss des Informationsrechts eines Kommanditisten nach § 166 Abs. 3 HGB ist hingegen zu verneinen. Entsprechendes hat auch für den lediglich mittelbar über einen Treuhandkommanditisten beteiligten Treugeber zu gelten (so zu Recht OLG München v. 5.9.2008 – 31 Wx 063/07, DB 2008, 2132, 2133; → *Informationsrechte*).

Auskunftsrecht | Darüber hinaus steht auch dem Kommanditisten einer Publikums-KG ein ungeschriebenes Auskunftsrecht gegenüber der Geschäftsführung zu, soweit er dieses zur Ausübung seiner Mitgliedschaftsrechte benötigt (→ *Informationsrechte*). Insbesondere umfasst hiervon ist sein Recht, von der Geschäftsführung der Gesellschaft Auskunft über die Namen und Anschriften seiner Mitgesellschafter zu verlangen. Dieses Auskunftsrecht gehört zum unverzichtbaren Kernbereich der Gesellschafterrechte in der Personengesellschaft, dem Recht seine Vertragspartner zu kennen, und kann daher auch bei einer Publikums-KG nicht ausgeschlossen werden (vgl. BGH v. 16.12.2014 – II ZR 277/13, DStR 2015, 528, 531). Im Falle einer lediglich mittelbaren Beteiligung über einen Treuhänder gilt diese Auskunftspflicht für den Treuhänder entsprechend, wenn die Treugeber aufgrund der vertraglichen Vereinbarungen untereinander eine Innengesellschaft bürgerlichen Rechts bilden und der Treugeber im Gesellschaftsvertrag einem (unmittelbar) beteiligten Gesellschafter gleichgestellt ist (vgl. BGH v. 16.12.2014 – II ZR 277/13, DStR 2015, 528, 531; BGH v. 11.1.2011 – II ZR 187/09, NZG 2011, 276, 277). Grenzen werden insoweit lediglich durch das Verbot der unzulässigen Rechtsausübung gemäß § 242 BGB und durch das Schikaneverbot gemäß § 226 BGB aufgestellt (BGH v. 16.12.2014 – II ZR 277/13, DStR 2015, 528, 531; BGH v. 5.2.2013 – II ZR 134/11, MDR 2013, 537). Nach der h.M. richtet sich der Auskunftsanspruch des Gesellschafters bzw. Treuhänders – jedenfalls – gegen die Kommanditgesellschaft, kann sich bei sachlich berechtigten Gründen im Einzelfall aber auch unmittelbar gegen einen anderen Gesellschafter (z.B. Treuhänder) oder einen diesem im Innenverhältnis gleichgestellten Treugeber richten (vgl. BGH v. 16.12.2014 – II ZR 277/13, DStR 2015, 528, 531 f.). P 34

frei P 35–P 40

Vertiefende Recherche

Wichtige Urteile und Erlasse

BGH v. 14.6.2016 – II ZB 10/15, DStR 2016, 2300: Das in § 166 Abs. 3 HGB geregelte außerordentliche Informationsrecht des Kommanditisten ist nicht auf Auskünfte beschränkt, die der Prüfung des Jahresabschlusses dienen oder zum Verständnis des Jahresabschlusses erforderlich sind.

BGH v. 29.9.2015 – II ZR 403/13, DNotZ 2016, 143: Aufwendungsersatz von und Gesamtschuldnerausgleich unter Treugeberkommanditisten bei Tilgung von Gesellschaftsverbindlichkeiten.

BGH v. 16.12.2014 – II ZR 277/13, DStR 2015, 528: Auskunftsanspruch des Anlegers in Publikumskommanditgesellschaft hinsichtlich Namen und Anschriften der anderen Anleger auch gegen Mitgesellschafter.

BGH v. 21.10.2014 – II ZR 84/13, NZG 2014, 1296: Reichweite von Mehrheitsklauseln in Personenhandelsgesellschaftsverträgen.

BGH v. 5.2.2013 – II ZR 136/11, MDR 2013, 537: Anspruch des Anlegers auf Auskunft gegenüber den übrigen Anlegern einer Publikumsgesellschaft.

BGH v. 19.7.2011 – II ZR 153/09, DStR 2011, 1913: Auslegung von gesellschaftsvertraglichen Mehrheitsklauseln für Gesellschafterbeschlüsse.

BGH v. 1.3.2011 – II ZR 16/10, NZG 2011, 551: Annahme der Beitrittserklärung eines Kommanditisten zu einer Publikums-KG.

BGH v. 11.11.2008 – XI ZR 468/07, NZG 2009, 57: Keine persönliche Haftung des Treugebers für Gesellschaftsschulden.

BGH v. 16.12.2002 – II ZR 109/01, NJW 2003, 1252: Nichtigkeit eines Treuhandvertrags wegen Verstoßes gegen das Rechtsberatungsgesetz.

BGH v. 7.11.1977 – II ZR 105/76, NJW 1978, 755: Vereinbarung zwischen den Gründern einer Publikums-KG über Freistellung von der Kommanditeinlage.

Weitere Stichwörter

→ *Beschlussmängelstreit;* → *Gesellschafterbeschlüsse;* → *Informationsrechte;* → *Treuhand*

Publizität

Ausgewählte Literatur: *Buchheim*, Die Publizität der Kapitalgesellschaften & Co. nach dem EHUG, DB 2010, 1133; *DRS 19*, Pflicht zur Konzernrechnungslegung und Abgrenzung des Konsolidierungskreises; *Giedinghagen*, Rückwirkende Befreiung von den Offenlegungspflichten i.S. der §§ 264a, 325 ff. HGB?, NZG 2007, 933; *Hafner/Spitz*, Vermeidung von Prüfungs- und Offenlegungspflicht bei Personengesellschaften, DStR 2015, 2623; *IDW* Stellungnahme zur Rechnungslegung: Handelsrechtliche Rechnungslegung bei Personenhandelsgesellschaften (IDW RS HFA 7); *Graf von Kanitz*, Rückwirkende Befreiung von Personenhandelsgesellschaften i.S. des § 264a Abs. 1 HGB von den erweiterten Rechnungslegungspflichten bei Eintritt einer natürlichen Person als Vollhafter?, WPg 2008, 1059; *Kaufmann/Kurpat*, Offenlegungspflicht von Jahresabschlüssen – Das Ordnungsgeldverfahren nach § 335 HGB aus Sicht der Rechtsprechung, MDR 2014, 1; *Kaya/Kaya*, Die Vollhafterlösung bei einer GmbH & Co. KG, NWB 2010, 2214; *Marbler/Oser*, Zur Konzernrechnungslegungspflicht der GmbH & Co. KG, DStR 2014, 2474; *Marx/Dallmann*, Jahresabschlusspublizität mittelständischer Unternehmen, BB 2004, 928; *Petersen/Busch/Froschhammer*, Neuregelung des handelsrechtlichen Ordnungsgeldverfahrens, WPg 2013, 905; *Schellhorn*, Offenlegungsfragen des Konzernabschlusses der Personenhandelsgesellschaft nach dem Publizitätsgesetz, DB 2008, 1700; *Theile*, Publizität des Einzel- oder Konzernabschlusses bei der GmbH & Co. KG nach neuem Recht?, GmbHR 2000, 215; *Zwirner/Petersen*, Wie reformiert das BilRUG das Bilanzrecht?, WPg 2015, 811.

1. Publizität des Einzelabschlusses nach HGB

Zwei Jahresabschlüsse | Bei der GmbH & Co. KG sind zwei Jahresabschlüsse zu erstellen und ggf. zu publizieren, einer für die KG und einer für die Komplementär-GmbH. Beide Gesellschaften sind als Handelsgesellschaften Kaufleute und haben daher Bücher zu führen sowie einen Jahresabschluss aufzustellen (§§ 238, 242 HGB i.V.m. § 6 HGB bzw. § 13 Abs. 3 GmbHG; → *Jahresabschluss*). Zur Publizität auf Ebene der Komplementär-GmbH s. Rz. P 69. P 41

a) Pflicht zur Offenlegung

Einbeziehung der GmbH & Co. KG | Unter den Voraussetzungen des § 264a Abs. 1 HGB hat die (GmbH & Co.) KG zudem auch die ergänzenden Vorgaben zu beachten, welche die §§ 264 bis 330 HGB für die Rechnungslegung, Prüfung und Publizität von Kapitalgesellschaften und bestimmten Personenhandelsgesellschaften enthalten. Insbesondere verpflichten die §§ 325 ff. HGB diese Gesellschaften zur **Publizität („Offenlegung")**: Sie müssen ihren Jahresabschluss und diverse weitere Dokumente über den Bundesanzeiger der Öffentlichkeit, damit insbesondere ihren Geschäftspartnern und Gläubigern, zugänglich machen. Die Ausweitung P 42 der Rechnungslegungsvorschriften und die Publizität sollen einen **Ausgleich für die Haftungsbeschränkung** auf das Gesellschaftsvermögen schaffen, wie sie für Kapitalgesellschaften kennzeichnend, wirtschaftlich betrachtet aber auch bei Personenhandelsgesellschaften möglich ist.

P 43 **Voraussetzungen** | Eine KG ist deshalb publizitätspflichtig, wenn

- bei ihr keine natürliche Person unmittelbar oder mittelbar persönlich voll haftet (§ 264a HGB; s. Rz. P 44) und
- sie auch nicht in einen befreienden Konzernabschluss einbezogen ist (§ 264b HGB; s. Rz. P 59 ff.).

P 44 **KG ohne voll haftende natürliche Person** | Gemäß § 264a Abs. 1 Nr. 1 HGB gelten die ergänzenden Vorschriften zur Rechnungslegung, Prüfung und Publizität entsprechend auch für OHGs und KGs, „bei denen nicht wenigstens ein persönlich haftender Gesellschafter eine natürliche Person" ist. Die typische GmbH & Co. KG, bei der neben der GmbH gerade keine natürliche Person die Rolle eines (weiteren) Vollhafters innehat, ist damit in Bezug auf Rechnungslegung, Prüfung und Publizität grundsätzlich einer Kapitalgesellschaft gleichgestellt.

Beispiele:

Eine KG, bei der eine natürliche Person allein oder neben einer Kapitalgesellschaft Komplementär ist, ist nicht nach §§ 325 ff. HGB publizitätspflichtig. Gleiches gilt für eine Doppelstock-KG, bei der eine OHG, KG oder andere Personengesellschaft Komplementärin ist und zumindest auf Ebene dieser Obergesellschaft eine natürliche Person (mittelbar) persönlich haftet (§ 264a Abs. 1 Nr. 2 HGB; → *Doppelstöckige Personengesellschaft*).

Ohne eine voll haftende natürliche Person sind dagegen auch Sonderformen wie die **Stiftung & Co. KG** oder die **Auslandskapitalgesellschaft & Co. KG** mit deutschem Verwaltungssitz publizitätspflichtig (→ *Stiftung & Co. KG*; → *Auslandsgesellschaft & Co. KG*). Denn § 264a Abs. 1 HGB stellt nicht auf das Vorhandensein gerade einer deutschen Kapitalgesellschaft als Komplementärin, sondern auf das Fehlen einer voll haftenden natürlichen Person ab.

b) Umfang der Offenlegung

P 45 **Offenzulegende Unterlagen** | Eine GmbH & Co. KG, bei der keine natürliche Person voll haftet und die auch nicht in einen befreienden Konzernabschluss einbezogen ist, hat ihren **Jahresabschluss** (Bilanz, Gewinn- und Verlustrechnung sowie Anhang) und den Lagebericht offenzulegen (§ 325 Abs. 1 Satz 1 Nr. 1 HGB). Hat eine externe Prüfung des Jahresabschlusses stattgefunden, gilt Gleiches auch für den erteilten **Bestätigungs- oder Versagungsvermerk**, nicht jedoch für den Bericht des externen Prüfers. Der darüber hinaus erwähnte Bericht des Aufsichtsrates (§ 325 Abs. 1 Satz 1 Nr. 2 HGB) und Angaben zur Ergebnisverwendung (§ 325 Abs. 1b Satz 2 HGB) können bei der GmbH & Co. KG rechtsformspezifisch entfallen (*Grottel* in BeckBilKomm., § 325 HGB Rz. 12 f.). Gesellschaftsvertraglich lässt sich die Publizität nur verschärfen, wegen ihrer öffentlichen Zwecksetzung jedoch nicht einschränken (§ 325 Abs. 5 HGB).

P 46 **Größenabhängige Erleichterungen** | Für die Offenlegung können sich gemäß §§ 326 ff. HGB jedoch größenabhängige Erleichterungen ergeben. Ihrem systematischen Standort entsprechend entbinden die Vorschriften die betroffenen Gesellschaften jeweils nur von der Offenlegung, nicht auch von der Aufstellung eines den §§ 264 ff. HGB entsprechenden Jahresabschlusses:

- Bei einer i.S.d. § 267 Abs. 1 HGB **kleinen GmbH & Co. KG** genügt die Offenlegung von Bilanz und Anhang (§ 326 Abs. 1 HGB). Die Gewinn- und Verlustrechnung, ein freiwillig erstellter Lagebericht und ein freiwilliger Prüfungsvermerk brauchen nicht offengelegt zu werden. Der Anhang braucht die die Gewinn- und Verlustrechnung betreffenden Angaben nicht enthalten.
- Eine **„Kleinst-GmbH & Co. KG"** i.S.d. § 267a HGB kann ihrer Offenlegungspflicht bereits nachkommen, indem sie ihre Bilanz (ohne Anhang) in elektronischer Form beim Betreiber des Bundesanzeigers hinterlegt (§ 326 Abs. 2 HGB). In diesem Fall können interessierte Parteien die Bilanz lediglich auf Antrag in Kopie erhalten (§ 9 Abs. 6 Satz 3 HGB). Eine Holding-GmbH & Co. KG, die lediglich Beteiligungen hält und verwaltet, ohne unmittelbar in die Verwaltung ihrer Beteiligungsunternehmen einzugreifen, ist allerdings von § 267a HGB ausgeschlossen (§ 267a Abs. 3 Nr. 3 HGB).
- Eine i.S.d. § 267 Abs. 2 HGB **mittelgroße GmbH & Co. KG** muss alle in Rz. P 45 genannten Unterlagen offenlegen und darf lediglich deren Inhalt gemäß § 327 HGB verkürzen.

Zudem können bei der *Aufstellung* nicht in Anspruch genommene Erleichterungen für Offenlegungszwecke nachgeholt werden (§ 328 Abs. 1 Satz 1 HGB; *Grottel* in BeckBilKomm., § 325 HGB Rz. 34).

c) Durchführung der Offenlegung

Offenlegung durch Einreichung und Bekanntmachung | Die Offenlegung erfolgt durch Einreichung der vorgenannten Rechnungslegungsunterlagen beim Betreiber des Bundesanzeigers (Bundesanzeiger Verlag GmbH, Amsterdamer Straße 192, 50735 Köln) und ihre Bekanntmachung im Bundesanzeiger (§ 325 Abs. 1 und 2 HGB). Sowohl Einreichung als auch Bekanntmachung erfolgen nur noch elektronisch. Der Einreichung dient die Website www.pubikations-plattform.de. Über eine Suchfunktion auf www.bundesanzeiger.de sind die Bekanntmachungen ersichtlich. Daneben sind die Rechnungslegungsunterlagen auch über das elektronische Unternehmensregister (www.unternehmensregister.de) einsehbar (§ 8b Abs. 2 Nr. 4 HGB). Die Bekanntmachung der Unterlagen erfolgt genau in dem Umfang, in dem sie **eingereicht wurden**, und zwar **unmittelbar nach Einreichung**. P 47

Einreichung durch Geschäftsführer binnen Jahresfrist | Zur Einreichung sind die Geschäftsführer der Komplementär-GmbH verpflichtet. Eine Delegation auf einen einzelnen Geschäftsführer ist möglich, schließt jedoch nicht die Überwachungsverantwortung der übrigen Geschäftsführer aus. Die Einreichung hat binnen eines Jahres nach dem Abschlussstichtag zu erfolgen (§ 325 Abs. 1a HGB). § 325 Abs. 4 HGB verkürzt diese Frist für kapitalmarktorientierte Gesellschaften auf vier Monate. P 48

d) Durchsetzung der Offenlegung

Prüfung durch den Bundesanzeiger | Nach dem Inkrafttreten des Gesetzes über elektronische Handelsregister und Genossenschaftsregister sowie das Unternehmensregister (EHUG) zum 1.1.2007 ist die Offenlegungsquote bei GmbH & Co. KGs signifikant gestiegen. Zuvor hatte bspw. eine Durchsicht des Bundesanzeigers für das Geschäftsjahr 2002 insoweit nur eine Offenlegungsquote von etwa 3 % ergeben (*Marx/Dallmann*, BB 2004, 928, 932). § 329 Abs. 1 HGB verpflichtet den Betreiber des Bundesanzeigers heute routinemäßig zur Prüfung, P 49 ob eine Gesellschaft ihren Offenlegungspflichten fristgemäß und vollständig nachgekommen ist. Hierzu werden beim Bundesanzeiger automatisiert alle Personenhandelsgesellschaften ermittelt, die nicht offengelegt haben, und wird anschließend Einsicht in das betreffende Handelsregister genommen, um festzustellen, ob die Offenlegungspflicht wegen einer voll haftenden natürlichen Person entfällt (so *Buchheim*, DB 2010, 1133, 1136). Ist das nicht der Fall, unterrichtet der Bundesanzeiger hierüber das Bundesamt für Justiz (§ 329 Abs. 4 HGB).

P 50 **Ordnungsgeldverfahren |** Das Bundesamt für Justiz leitet sodann von Amts wegen ein Ordnungsgeldverfahren ein. In diesem wird ein Ordnungsgeld zwischen 2 500 und 25 000 Euro zunächst angedroht und, wenn die Rechnungslegungsunterlagen nicht innerhalb von sechs Wochen eingereicht werden, auch festgesetzt, ggf. auch wiederholt (§ 335 HGB). Es besteht daher keine Möglichkeit, sich von der Offenlegungspflicht durch Zahlung eines einmaligen Ordnungsgeldes „freizukaufen". Härten begegnet der Gesetzgeber durch § 335 Abs. 4 und 5 HGB, wonach das Bundesamt das Ordnungsgeld nachträglich herabsetzt, wenn die Beteiligten die Unterlagen nach Fristablauf doch noch einreichen (näher *Petersen/Busch/Froschhammer*, WPg 2013, 905; *Kaufmann/Kurpat*, MDR 2014, 1). Im Ergebnis wird die Offenlegungspflicht damit heute effektiv durchgesetzt; die Offenlegungsquote für die Gesamtheit der offenlegungspflichtigen Unternehmen (d.h. einschließlich der Kapitalgesellschaften) wird auf rund 90 % geschätzt (vgl. *Buchheim*, DB 2010, 1133, 1135).

2. Publizität des Konzernabschlusses nach HGB

P 51 Sofern eine typische GmbH & Co. KG (ohne voll haftende natürliche Person) als Mutterunternehmen auf mindestens ein Tochterunternehmen einen beherrschenden Einfluss ausüben kann, hat sie nach näherer Maßgabe der §§ 290 ff. HGB auch einen Konzernabschluss und einen Konzernlagebericht aufzustellen. Befreiungen können sich im mehrstufigen Konzern nach §§ 291 bzw. 292 HGB sowie größenabhängig nach § 293 HGB ergeben; § 296 Abs. 2 HGB erlaubt die Nichteinbeziehung von Tochterunternehmen von untergeordneter Bedeutung. Konzernabschluss und Konzernlagebericht sind in der gleichen Art wie Jahresabschluss und Lagebericht offenzulegen (§ 325 Abs. 3 HGB). §§ 326 f. HGB gelten hierfür nicht.

3. Vermeidung der Publizität nach HGB

P 52 **Möglichkeiten zur Vermeidung |** Aus den vorgenannten Voraussetzungen der Publizität ergeben sich zugleich die Möglichkeiten zu ihrer Vermeidung. Die Publizität nach HGB lässt sich gänzlich vermeiden:

- durch Aufnahme einer natürlichen Person als (weiteren) Vollhafter (s. Rz. P 55 ff.);
- durch Einbeziehung in einen befreienden Konzernabschluss (s. Rz. P 59 ff.).

P 53 **Möglichkeiten zur Beschränkung |** Ferner lässt sich die Publizität zwar nicht vermeiden, aber zumindest beschränken durch Maßnahmen, welche die betreffende Gesellschaft zu einer kleinen oder sogar „Kleinst-GmbH & Co. KG" werden lassen und es so ermöglichen, die größenabhängigen Erleichterungen bei der Aufstellung und bei der Offenlegung nach §§ 326 ff. HGB in Anspruch zu nehmen (s. Rz. P 46). Beispielsweise kommt eine Reduzierung der Bilanzsumme durch die Entnahme von Liquidität oder durch eine Umstrukturierung (z.B. die Übertragung von Vermögenswerten auf eine Schwestergesellschaft) in Betracht (vgl. *Hafner/Spitz*, DStR 2015, 2623).

Sonderformen | Sonderformen der GmbH & Co. KG wie bspw. die Stiftung & Co. KG oder die Auslandsgesellschaft & Co. KG bieten gegenüber der typischen GmbH & Co. KG keinen Publizitätsvorteil. Die KG erfüllt bei Fehlen einer voll haftenden natürlichen Person auch in diesen Fällen weiter die Voraussetzungen des § 264a HGB. P 54

a) Beitritt einer natürlichen Person als Vollhafter

Vollhafter auf Ebene der KG | Wenn der GmbH & Co. KG eine natürliche Person als (weiterer) persönlich haftender Gesellschafter (Vollhafter) beitritt, fällt die KG aus dem Anwendungsbereich des § 264a HGB und damit auch der Offenlegungsvorschriften heraus. In der Grundform der „Vollhafterlösung" tritt der Vollhafter unmittelbar der KG selbst bei. Die bisherige Komplementär-GmbH wird hierbei zumeist nicht ersetzt, sondern bleibt daneben erhalten, weil die Geschäftsführung und Vertretung der KG unverändert durch sie und ihre jeweiligen Geschäftsführer erfolgen sollen. Der weitere Vollhafter tritt der KG nur zur Publizitätsvermeidung, nicht zur Übernahme von Geschäftsleitungsaufgaben bei. Schon um die Haftungsbegrenzung aufrechtzuerhalten, wird regelmäßig nicht einer der (maßgeblich beteiligten) Kommanditisten in die Rolle eines Komplementärs wechseln, sondern diese Funktion entweder einem anderen Familienmitglied oder (gegen entsprechende Vergütung) auch einem Dritten angetragen. Der Vollhafter erbringt dann keine Einlage und ist auch an Vermögen und Gewinn der Gesellschaft nicht beteiligt. P 55

Beispiel:

Der Unternehmensgründer M ist bisher einziger Kommanditist der M-GmbH & Co. KG. Im Wege der vorweggenommenen Erbfolge überträgt er Teile seiner Kommanditbeteiligung bereits auf seine Kinder A und B. Zur Publizitätsvermeidung wird die Ehefrau F neben der GmbH weitere Komplementärin der KG. Zur Haftungsbegrenzung wird auch das Familienvermögen im Übrigen nicht bei F, sondern bei M und den gemeinsamen Kindern konzentriert.

Gesellschaftsvertragliche Ausgestaltung | Der Vollhafter wird aufgrund seiner begrenzten Funktion regelmäßig von der **Geschäftsführung und Vertretung der KG ausgeschlossen** (zulässig gemäß §§ 114 Abs. 2, 125 Abs. 1 HGB). P 56

Beispielsformulierung:

„Zur Geschäftsführung und Vertretung ist allein die persönlich haftende Gesellschafterin M-GmbH berechtigt und verpflichtet. Die persönlich haftende Gesellschafterin F ist von der Geschäftsführung und Vertretung ausgeschlossen."

Sofern nicht ein Mitglied der „Kernfamilie", sondern ein Dritter die Rolle des Vollhafters übernimmt, besteht zudem ein Bedürfnis, die Informationsrechte dieses Dritten einzuschränken. Gemäß § 118 Abs. 1 HGB kann sich ein persönlich haftender Gesellschafter auch dann, wenn er von der Geschäftsführung ausgeschlossen ist, von den Angelegenheiten der Gesellschaft persönlich unterrichten und die Bücher und Schriften der Gesellschaft einsehen (**Kontrollrecht**). Daneben steht den nicht geschäftsführungsberechtigten Gesellschaftern gemeinsam auch ein **Auskunftsrecht** gemäß §§ 713, 666 BGB zu. Dieses Recht richtet sich auf die Erläuterung bestimmter Sachverhalte durch die geschäftsführenden Gesellschafter. Das Kontrollrecht nach § 118 HGB kann, wie Abs. 2 der Vorschrift erkennen lässt, jedenfalls solange beschränkt oder auch ausgeschlossen werden, wie kein Grund zur Annahme unredlicher Geschäftsführung besteht. In der Literatur wird dies zum Teil bezweifelt, da das Kontrollrecht zum Kernbestand der mitgliedschaftlichen Rechte zählt (*Drescher* in E/B/J/S, § 118 HGB Rz. 33 unter Hinweis auch auf § 51a Abs. 3 GmbHG). Der BGH hat jedoch in einer Entscheidung von 1994 lediglich ausgesprochen, dass ein nach dem Gesellschaftsvertrag bestehendes Kontrollrecht nicht nachträglich durch Mehrheitsbeschluss entzogen werden kann. Er zählt das Kontrollrecht nicht etwa zu den unverzichtbaren und schon deshalb unentziehbaren Rechten, sondern lediglich zu den individuellen Rechten, in die nur aufgrund einer besonderen Rechtfertigung eingegriffen werden kann (BGH v. 10.10.1994 – II ZR 18/94, GmbHR 1995, 55; *Weipert* in Münchener Hdb. Gesellschaftsrecht, Bd. 1, § 8 Rz. 4). Eine solche Rechtfertigung liegt in den hier diskutierten Fällen nahe. Das Auskunftsrecht gemäß §§ 713, 666 BGB kann dagegen unstreitig nicht ausgeschlossen oder beschränkt werden (*Roth* in Baumbach/Hopt, § 118 HGB Rz. 19).

Beispielsformulierung:

„Das Kontrollrecht des Herrn X gemäß § 118 Abs. 1 HGB wird ausgeschlossen. Hiervon unberührt bleiben seine Rechte nach § 118 Abs. 2 HGB und §§ 713, 666 BGB."

In Betracht kommt auch, das Kontrollrecht nach § 118 Abs. 1 HGB zwar nicht auszuschließen, aber doch – abstrakt oder durch Nennung konkreter Beispiele – jedenfalls auf solche Fragen zu beschränken, die von direkter Haftungsrelevanz für den Vollhafter sind. Dies betrifft insbesondere die Vorlage des Jahresabschlusses, wie sie gemäß § 166 Abs. 1 HGB auch ein Kommanditist verlangen kann.

P 57 **Vollhafter auf Ebene einer Komplementär-Personengesellschaft** | Handelt es sich bei dem Vollhafter um einen familienfremden Dritten, ist es regelmäßig vorzugswürdig, ihn nicht unmittelbar der Familien-KG, sondern auf Ebene einer zusätzlich zu schaffenden Komplementär-OHG oder -KG beitreten zu lassen. Bei entsprechender Ausgestaltung kann der Vollhafter nicht abdingbare Informations- und Mitwirkungsrechte dann unmittelbar nur auf der Ebene dieser Komplementär-Personengesellschaft ausüben. Vorteile hat diese Lösung auch dann, wenn es später einmal zum Streit mit dem Vollhafter kommen und dieser wieder aus der Gesellschaft entfernt werden sollte: Ein freiwilliger Austritt der Komplementär-Personengesellschaft (mitsamt des Vollhafters) aus der Familien-KG lässt sich dann deutlich einfacher herbeiführen als ein zwangsweiser Ausschluss des Vollhafters unmittelbar aus der Familien-KG.

P 58 **Rückwirkung** | Der Vollhafter haftet auch für die bereits vor seinem Eintritt begründeten Verbindlichkeiten der KG (§ 130 HGB). Aus diesem Grund lässt sich durch den Eintritt eines Vollhafters **Publizität auch rückwirkend vermeiden**: Ist zum Zeitpunkt des Eintritts die Offenlegungspflicht noch nicht erfüllt, entfällt sie zwar nicht rückwirkend, aber doch ex nunc mit Wirkung auch für den früheren Abschluss; denn Gläubigerinteressen ist bereits durch die neu begründete persönliche Haftung einer natürlichen Person Rechnung getragen (LG Osnabrück v. 1.7.2005 – 15 T 6/05, GmbHR 2005, 1618 = GmbH-StB 2006, 35; LG Bonn v. 13.11.2009 – 30 T 1279/09, NZG 2010, 36; *IDW* RS HFA 7 Rz. 4; *Giedinghagen*, NZG 2007, 933).

b) Einbeziehung in befreienden Konzernabschluss

P 59 **Einzelabschluss** | Auch eine typische GmbH & Co. KG ist dann in Bezug auf den Jahresabschluss und Lagebericht von der Beachtung der ergänzenden Vorschriften zur Rechnungslegung, Prüfung und Publizität befreit, wenn sie gemäß § 264b HGB in einen befreienden Konzernabschluss einbezogen wird. Diese Befreiungsmöglichkeit entspricht grundsätzlich der Regelung für Kapitalgesellschaften in § 264 Abs. 3 HGB, wobei die Befreiungsvoraussetzungen jedoch weniger restriktiv sind:

- Die GmbH & Co. KG muss in den Konzernabschluss (i) ihres persönlich haftenden Gesellschafters oder (ii) eines Mutterunternehmens mit Sitz in der EU oder dem EWR einbezogen sein. Mit der ersten Alternative wird einer Komplementär-GmbH, auch wenn sie nicht Mutterunternehmen der KG ist, ein Wahlrecht zur Aufstellung eines befreienden Konzernabschlusses eingeräumt (*Winkeljohann/Deubert* in BeckBilKomm., § 264b HGB Rz. 24 ff.). In der zweiten Alternative ist die Einbeziehung sowohl dann gegeben, wenn die GmbH & Co. KG selbst das den Konzernabschluss aufstellende Mutterunternehmen ist („Selbstbefreiung") als auch dann, wenn die GmbH & Co. KG als Tochterunternehmen vollkonsolidiert wird (*Winkeljohann/Deubert* in BeckBilKomm., § 264b HGB Rz. 40; LG Bonn v. 30.9.2009 – 30 T 848/09, BB 2010, 1209; *IDW* RS HFA 7 Rz. 6); hierbei muss der Konzernabschluss mindestens drei einbezogene Unternehmen umfassen (*Winkeljohann/Deubert* in BeckBilKomm., § 264b HGB Rz. 42; *Zwirner/Petersen,* WPg 2015, 811, 813).
- Inhaltlich müssen der Konzernabschluss und Konzernlagebericht im Einklang mit dem nationalen Recht, welches für das den Konzernabschluss aufstellende Unternehmen maßgeblich ist, und mit dem zugrundeliegenden EU-Recht stehen. Außerdem müssen sie geprüft und offengelegt werden.
- Die Befreiung der GmbH & Co. KG muss im Anhang des Konzernabschlusses angegeben werden.
- Der befreiende Konzernabschluss tritt aus Sicht der Gläubiger an die Stelle des „entfallenden" Jahresabschlusses der GmbH & Co. KG. Konzernabschluss, Konzernlagebericht und Bestätigungsvermerk müssen daher durch Einreichung beim Betreiber des Bundesanzeigers *für die GmbH & Co. KG* offengelegt werden. Dies geschieht entweder durch die Geschäftsführer der Komplementär-GmbH oder (zur Vermeidung einer Mehrfachoffenlegung) durch die gesetzlichen Vertreter des Mutterunternehmens, dann jedoch unter Hinweis auch auf die GmbH & Co. KG, damit die Unterlagen auch bei einer Suche nach deren Firma angezeigt werden (*Winkeljohann/Deubert* in BeckBilKomm., § 264b HGB Rz. 73).

Informationsgehalt des Konzernabschlusses | Der Konzernabschluss „verrät" über die einzelne GmbH & Co. KG deutlich weniger Informationen als deren Einzelabschluss. Denn der Konzernabschluss stellt den Konzern als einheitliches Unternehmen dar, indem die Einzelabschlüsse zu einem Summenabschluss summiert werden und dieser anschließend durch Konsolidierungsmaßnahmen um die Verflechtungen und wirtschaftlichen Beziehungen zwischen den Konzernunternehmen bereinigt wird. Spezielle Rechnungslegungsinhalte der GmbH & Co. KG gehen hierbei weitgehend verloren. P 60

Beispiel:

Ein Mutterunternehmen hat im Anhang seines **Einzelabschlusses** für seine Tochterunternehmen u.a. das Eigenkapital und das Ergebnis des letzten Geschäftsjahres anzugeben (§ 285 Nr. 11 HGB). Letzteres ist der Jahresüberschuss oder -fehlbetrag bzw. bei Personengesellschaften, die nicht unter § 264a Abs. 1 HGB fallen, ein dem entsprechender Betrag (*Grottel* in BeckBilKomm., § 285 HGB Rz. 405). Diese Angaben können allerdings unterbleiben, soweit sie nach vernünftiger kaufmännischer Beurteilung geeignet sind, Mutter- oder Tochterunternehmen einen erheblichen Nachteil zuzufügen (§ 286 Abs. 3 Satz 1 Nr. 2 HGB).

Im Anhang des **Konzernabschlusses** sind für voll konsolidierte Tochterunternehmen von vornherein lediglich Name, Sitz und Kapitalbeteiligung anzugeben (§ 313 Abs. 2 Nr. 1 HGB). Angaben auch zum Eigenkapital und zum Ergebnis des letzten Geschäftsjahres verlangt erst die für Tochterunternehmen nicht einschlägige Nr. 4 (vgl. *Grottel* in BeckBilKomm., § 313 HGB Rz. 250).

P61 **Konzernabschluss |** Im mehrstufigen Konzern ist grundsätzlich auch auf jeder Stufe ein Konzernabschluss zu erstellen, sofern nicht ein Mutterunternehmen mit Sitz in der EU oder dem EWR (§ 291 HGB) bzw. in einem Drittstaat (§ 292 HGB) einen befreienden Konzernabschluss erstellt hat.

4. Publizität des Einzelabschlusses nach PublG

P62 **KG mit natürlicher Person als Vollhafter |** Das Publizitätsgesetz verpflichtet auch (Groß-) „Unternehmen in der Rechtsform einer Personenhandelsgesellschaft, für die kein Abschluss nach § 264a oder § 264b des Handelsgesetzbuchs aufgestellt wird" (§ 3 Abs. 1 Nr. 1 PublG), zur Rechnungslegung nach dem Publizitätsgesetz. Hierfür muss das Unternehmen in drei aufeinanderfolgenden Jahren mindestens zwei der drei in § 1 Abs. 1 PublG genannten Größenkriterien erfüllen:

- Bilanzsumme > 65 Mio. Euro;
- Umsatzerlöse > 130 Mio. Euro;
- Arbeitnehmerzahl > 5 000.

Sobald das Unternehmen für einen Abschlussstichtag (erstmalig oder wiederholt) die genannten Größenkriterien überschreitet, haben seine gesetzlichen Vertreter den Betreiber des Bundesanzeigers entsprechend zu informieren (§ 2 Abs. 2 PublG).

Beispiel:

Eine GmbH & Co. KG, bei der neben der GmbH auch eine natürliche Person als Komplementär voll haftet, erfüllt nicht die Voraussetzungen des § 264a HGB und ist daher nicht nach HGB publizitätspflichtig. Eine – eingeschränkte – Publizitätspflicht kann sich jedoch nach dem Publizitätsgesetz ergeben, wenn das Unternehmen dessen Größenkriterien (wiederholt) überschreitet.

P63 **Jahresabschluss ohne Anhang |** Der Jahresabschluss ist innerhalb von drei Monaten nach Geschäftsjahresende aufzustellen und entspricht nach Inhalt, Gliederung und Posten weitgehend dem Jahresabschluss einer Kapitalgesellschaft (§ 5 Abs. 1 PublG). Jedoch muss die KG, solange sie nicht kapitalmarktorientiert ist, weder einen Anhang noch einen Lagebericht erstellen (§ 5 Abs. 2 PublG).

P64 **Offenlegung nur der Bilanz |** Für die Offenlegung gilt § 325 Abs. 1 HGB entsprechend. Die Publizität kann bei der KG jedoch auf die Bilanz beschränkt werden: Sie braucht die Gewinn- und Verlustrechnung dann nicht offenzulegen, wenn in einer Anlage zur Bilanz

- die Umsatzerlöse i.S.d. § 277 Abs. 1 HGB;
- die Beteiligungserträge;
- die Löhne, Gehälter, sozialen Abgaben sowie Aufwendungen für Altersversorgung und Unterstützung;
- die Bewertungs- und Abschreibungsmethoden einschließlich wesentlicher Änderungen und
- die durchschnittliche Arbeitnehmerzahl

angegeben werden (§ 9 Abs. 2 i.V.m. § 5 Abs. 5 Satz 3 PublG).

Durchsetzung der Offenlegung | Unterbleibt die Offenlegung, hat das Bundesamt für Justiz gegen die gesetzlichen Vertreter ein Ordnungsgeld festzusetzen (§ 21 PublG). Die §§ 335 ff. HGB gelten entsprechend (s. Rz. P 50). Geht die Erklärung über die Erfüllung von zwei der drei Größenmerkmale (§ 2 Abs. 2 PublG) nicht oder nicht rechtzeitig beim Bundesanzeiger ein, kann das Bundesamt für Justiz ein Bußgeld bis zu 50 000 Euro verhängen (§ 20 Abs. 2 PublG). P 65

5. Publizität des Konzernabschlusses nach PublG

Aufstellung | Übt eine KG als Mutterunternehmen auf ein anderes Unternehmen einen beherrschenden Einfluss aus, muss sie ggf. nach dem Publizitätsgesetz auch einen Konzernabschluss aufstellen, prüfen lassen und offenlegen (§§ 11 ff. PublG). Dies setzt voraus, dass der *Konzern* in drei aufeinanderfolgenden Jahren mindestens zwei der drei in Rz. P 62 genannten Größenkriterien (Bilanzsumme > 65 Mio. Euro; Umsatzerlöse > 130 Mio. Euro; Arbeitnehmerzahl > 5 000) erfüllt (§ 11 Abs. 1 PublG). Außerdem darf die KG nicht schon als typische GmbH & Co. KG unter § 264a HGB fallen oder in einen befreienden Konzernabschluss einbezogen sein (§ 11 Abs. 5 Satz 1 PublG). Die Konzernabschlusspflicht entfällt schließlich für Personengesellschaften, „wenn sich ihr Gewerbebetrieb auf die Vermögensverwaltung beschränkt und sie nicht die Aufgaben der Konzernleitung wahrnehmen" (Satz 2). Die einer KG für den Einzelabschluss eingeräumte Befreiung, weder einen Anhang noch einen Lagebericht erstellen zu müssen (§ 5 Abs. 2 PublG), gilt nicht für den Konzernabschluss; vielmehr verweist § 13 Abs. 2 PublG insoweit auf die §§ 294 ff. HGB. Gleichwohl kann auf die Aufstellung einer Kapitalflussrechnung und eines Eigenkapitalspiegels sowie auf die organspezifischen Angaben insbesondere zur Vergütung nach § 314 Abs. 1 Nr. 6 HGB verzichtet werden (§ 13 Abs. 3 PublG). P 66

Offenlegung | Der Konzernabschluss ist entsprechend § 325 HGB offenzulegen (§ 15 Abs. 1 PublG). Hierbei kann auf die Offenlegung der Konzern-Gewinn- und Verlustrechnung verzichtet werden, wenn die in § 5 Abs. 5 Satz 3 PublG geforderten Angaben in einer Anlage zur Konzernbilanz gemacht werden (s. Rz. P 64; *Schellhorn*, DB 2008, 1700, 1701). Konzernanhang und Konzernlagebericht sind dagegen offenzulegen. Nach *Schellhorn* (DB 2008, 1700, 1701) brauchen jedoch Angaben in Konzernanhang und Konzernlagebericht, die einen Rückschluss auf Posten der Konzern-GuV erlauben, nicht veröffentlicht zu werden. P 67

6. Vermeidung der Publizität nach PublG

Das Publizitätsgesetz erstreckt sich auf nahezu alle Rechtsformen, die nicht ohnehin schon nach HGB publizitätspflichtig sind, so dass ihm Unternehmen im Grundsatz nur dadurch „entfliehen" können, dass sie auf Dauer maximal eines der in Rz. P 64 und P 66 genannten Größenkriterien überschreiten, etwa durch Umstrukturierungsmaßnahmen (vgl. Rz. P 53; zur Frage einer Konzernrechnungslegungspflicht natürlicher Personen *Petersen/Zwirner*, BB 2008, 1777). Zur Möglichkeit der Einbeziehung in einen befreienden Konzernabschluss vgl. § 5 Abs. 6 PublG. P 68

7. Publizität auf Ebene der Komplementär-GmbH

P 69 **Einzelabschluss |** Für die Komplementär-GmbH ist zwar ein Einzelabschluss unter Beachtung der ergänzenden Vorschriften für Kapitalgesellschaften (§§ 264 ff. HGB) aufzustellen. In aller Regel wird die Komplementär-GmbH jedoch Kleinstkapitalgesellschaft i.S.d. § 267a HGB sein (geringe Bilanzsumme, Umsätze und Arbeitnehmerzahl; unmittelbares Eingreifen in die Verwaltung i.S.v. § 267a Abs. 3 Nr. 3 HGB). Die Offenlegung beschränkt sich dann auf die Hinterlegung ihrer relativ uninteressanten Bilanz (vgl. Rz. P 46).

P 70 **Konzernabschluss |** Sofern die Komplementär-GmbH nicht Mutterunternehmen der KG ist, eröffnet ihr § 264b Nr. 1 lit. a HGB ein Wahlrecht zur Aufstellung eines befreienden Konzernabschlusses. Als Mutterunternehmen i.S.d. § 290 HGB wäre sie hingegen ggf. zur Aufstellung eines Konzernabschlusses verpflichtet. Nach § 290 Abs. 1 HGB knüpft das Mutter-Tochter-Verhältnis an die Möglichkeit an, **beherrschenden Einfluss** auf ein anderes Unternehmen ausüben zu können. Diese Möglichkeit ist gegeben, wenn das Mutterunternehmen seine Interessen bei den wesentlichen finanz- und geschäftspolitischen Entscheidungen auf Ebene des Tochterunternehmens durchsetzen kann. Dass die Komplementär-GmbH bei der KG die Tagesgeschäfte führt, reicht hierfür nicht aus; entscheidend sind die richtungsweisenden Entscheidungen. Vermeiden lässt sich eine solche Konzernabschlusspflicht auf Ebene der Komplementär-GmbH, indem den Kommanditisten im Gesellschaftsvertrag der KG entsprechende **Weisungsrechte** gegenüber der Komplementär-GmbH eingeräumt werden (*IDW* RS HFA 7 Rz. 62 ff.) oder alternativ durch die Schaffung einer **Einheitsgesellschaft** (→ *Einheitsgesellschaft*; *Marbler/Oser,* DStR 2014, 2474, 2479). Denn wenn die Anteile an der Komplementär-GmbH von der KG selbst gehalten werden, stehen die Beherrschungsrechte der GmbH der KG selbst zu (§ 290 Abs. 3 Satz 1 HGB). Gemäß § 290 Abs. 2 Nr. 2 HGB wird ein beherrschender Einfluss zudem unwiderleglich vermutet, wenn einem Unternehmen bei einem anderen Unternehmen das Recht zusteht, die Mehrheit der **Mitglieder des die Finanz- und Geschäftspolitik bestimmenden Leitungsorgans** zu bestellen, und es gleichzeitig Gesellschafter ist. Die Komplementär-GmbH ist selbst das Leitungsorgan der KG, was einen Erst-recht-Schluss gegenüber der bloßen Bestellungskompetenz nahelegt. Auch insoweit fehlt es jedoch an der weiter erforderlichen Bestimmung der Finanz- und Geschäftspolitik, wenn die Kommanditisten sich die grundlegenden Entscheidungen insoweit durch entsprechende Weisungsrechte vorbehalten haben (*IDW* RS HFA 7 Rz. 67). Ggf. kommt auch eine Anwendung des Einbeziehungswahlrechtes nach § 296 Abs. 1 Nr. 1 HGB wegen einer gesellschaftsvertraglichen Einschränkung der Leitungsbefugnisse des persönlich haftenden Gesellschafters in Betracht (DRS 19 Rz. 30).

P 71 **Konzernrechnungspflicht nur bei wirtschaftlichem Eigeninteresse? |** Offen ist, ob eine Qualifizierung der Komplementär-GmbH als Mutterunternehmen in allen Fällen zusätzlich ein wirtschaftliches Eigeninteresse der Komplementär-GmbH voraussetzt. *Winkeljohann/Deubert* (in BeckBilKomm., § 264b HGB Rz. 31 ff.) bejahen dies: Beherrschung sei kein Selbstzweck, sondern müsse dem Mutterunternehmen wirtschaftliche Vorteile bringen können. Das Interesse einer am Vermögen der KG nicht oder nur geringfügig beteiligten Komplementär-GmbH richte sich primär auf den Erhalt einer Geschäftsführungs-/Haftungsvergütung und begründe kein ausreichendes wirtschaftliches Eigeninteresse. Nach *Marbler/Oser* (DStR 2014, 2474) lässt sich eine Konzernrechnungspflicht der Komplementär-GmbH dagegen nur auf den in Rz. P 70 beschriebenen Wegen vermeiden, d.h. durch eine „Entmachtung" der Komplementär-GmbH im Innenverhältnis oder die Schaffung einer Einheitsgesellschaft.

Vertiefende Recherche

Wichtige Urteile und Erlasse

EuGH v. 23.9.2004 – Rs. C-435/02 und C-103/03, GmbHR 2004, 1463 „Springer": Die gesetzliche Pflicht zur Offenlegung der Jahresabschlüsse von kapitalistischen GmbH & Co. KGs verstößt nicht gegen die Bestimmungen des EG-Vertrages.

BGH v. 10.10.1994 – II ZR 18/94, GmbHR 1995, 55: Die Konkurrenztätigkeit eines Kommanditisten rechtfertigt nicht die völlige Entziehung des ihm gesellschaftsvertraglich zustehenden Informationsrechts durch eine mit Mehrheit beschlossene Änderung des Gesellschaftsvertrages.

LG Bonn v. 13.11.2009 – 30 T 1279/09, NZG 2010, 36: Anschluss an LG Osnabrück.

LG Bonn v. 30.9.2009 – 30 T 848/09, BB 2010, 1208: Ein Mutterunternehmen in der Rechtsform einer Personengesellschaft nach § 264a HGB kann sich von seiner nach § 325 HGB bestehenden Offenlegungspflicht durch Einbeziehung in den von ihm selbst aufgestellten Konzernabschluss nach § 264b HGB befreien.

LG Osnabrück v. 1.7.2005 – 15 T 6/05, GmbHR 2005, 1618 mit Anm. *Christian H. Schmidt:* Offenlegungspflicht kann bei GmbH & Co. KG durch Eintritt einer natürlichen Person als Vollhafter rückwirkend entfallen.

Weitere Stichwörter

→ *Doppelstöckige Personengesellschaft*; → *Informationsrechte*; → *Jahresabschluss*

Rechtsformwahl

Ausgewählte Literatur: *Centrale für GmbH Dr. Otto Schmidt (Hrsg.)*, GmbH-Handbuch, Loseblattwerk; *Derlien/Wittkowski*, Neuerungen bei der Gewerbesteuer – Auswirkungen in der Praxis, DB 2008, 835; *Dorenkamp*, Anwendung der Zinsschranke bei der gewerblichen Publikums GmbH & Co. KG, FR 2008, 1129; *Drüen*, Rechtsformneutralität der Unternehmensbesteuerung als verfassungsrechtlicher Imperativ?, GmbHR 2008, 393; *Flick/Wassermeyer/Baumhoff/Schönfeld*, Außensteuerrecht, Loseblatt; *Förster, G.*, Rechtsformwahl und Rechtsformoptimierung nach der Unternehmensteuerreform 2008, Ubg 2008, 185; *Förster, U.*, Anrechnung der Gewerbesteuer auf die Einkommensteuer nach der Unternehmensteuerreform 2008, DB 2007, 760; *Giedinghagen*, Rückwirkende Befreiung von den Offenlegungspflichten i.S.d. §§ 264, 325 ff. HGB?, NZG 2007, 933; *Haase* (Hrsg.), AStG, DBA, 2. Aufl. 2012; *Herzig*, Rechtsformneutralität, Rechtsformwahl und Rechtsformoptimierung nach der Unternehmensteuerreform 2008, in Wachter (Hrsg.), Vertragsgestaltung im Zivil- und Steuerrecht, Festschrift für Sebastian Spiegelberger zum 70. Geburtstag, 2009, S. 210; *Homburg*, Die Abgeltungsteuer als Instrument der Unternehmensfinanzierung, DStR 2007, 686; *Homburg/Houben/Maiterth*, Optimale Eigenfinanzierung der Personenunternehmen nach der Unternehmensteuerreform 2008/2009, zfbf 2008, 29; *Jacobs* (Hrsg.), Unternehmensbesteuerung und Rechtsform – Handbuch zur Besteuerung deutscher Unternehmen, 4. Aufl. 2009; *Kessler/Pfuhl/Grether*, Die Thesaurierungsbegünstigung nach § 34a EStG in der steuerlichen (Beratungs-)Praxis, DB 2011, 185; *Kleineidam/Liebchen*, Die Mär von der Steuerentlastung durch die Unternehmensteuerreform 2008 – die Gesamtsteuerbelastung von Personenunternehmen nach dem Entwurf eines Unternehmensteuerreformgesetzes vom 5.2.2007, DB 2007, 409; *Niehus/Wilke*, Besteuerung von Personengesellschaften, 6. Aufl. 2013; *Patek*, Auswirkungen der Unternehmensteuerreform 2008 auf ausgewählte Entscheidungsfelder der betrieblichen Steuerpolitik, BFuP 2007, 443; *Rödder*, Anmerkungen zu den Eckpunkten der Unternehmensteuerreform 2008 lt. Kabinettsbeschluss vom 12.7.2006, DB 2006, 2028; *Rödder*, Unternehmensteuerreformgesetz 2008, Beihefter zu DStR 40/2007, 2; *Rödder/Kuhr/Heimig*, § 50i EStG-Strukturen nach dem „Kroatiengesetz" – warum massive Kollateralschäden drohen, Ubg 2014, 477; *Rogall*, Thesaurierungsbegünstigung für Personenunternehmen, in Schaumburg/Rödder, Unternehmensteuerreform 2008, 2007, S. 409; *Rose/Glorius-Rose*, Unternehmen, Rechtsformen und Verbindungen, 3. Aufl. 2001; *Scheffler*, Besteuerung von Unternehmen, Bd. III: Steuerplanung, 2. Aufl. 2013; *Schiffers*, Steuerliche Rechtsformwahl – Umwandlungshindernisse als Problem im Hinblick auf eine rechtsformneutrale Besteuerung, in Kessler/Förster/Watrin (Hrsg.), Unternehmensbesteuerung, Festschrift für Norbert Herzig zum 65. Geburtstag, 2010, S. 823; *Schroer/Bücker*, Die GmbH & Co. KG: Eine Rechtsform zur Vermeidung der Mindestbesteuerung?, FR 2004, 753; *Siegel*, Rechtsformneutralität – ein klares und begründetes Ziel, in Winkeljohann/Bareis/Volk, Rechnungslegung, Eigenkapital und Besteuerung – Entwicklungstendenzen, Festschrift für Dieter Schneeloch zum 65. Geburtstag, 2007, S. 271; *Wagner*, Was bedeutet und wozu dient Rechtsformneutralität der Unternehmensbesteuerung?, StuW 2006, 101; *Westermann/Wertenbruch* (Hrsg.), Handbuch Personengesellschaften, Loseblattwerk; *Wiedemann*, Alte und neue Kommanditgesellschaften, NZG 2013, 1041.

1. Allgemeines

Die richtige Wahl der Rechtsform ist abhängig von verschiedenen Aspekten und damit eine **Frage des Einzelfalls**. Eine pauschale Rechtsformempfehlung anhand abstrakter Kriterien verbietet sich. Mit der unternehmerischen Tätigkeit soll ein bestimmter Zweck verfolgt werden, der je nach Gewichtung der einzelnen Rechtsformkriterien mit der einen oder anderen Rechtsform besser zu verwirklichen ist. Es besteht auch keine Notwendigkeit, sich für ein ganzes Wirtschaftsleben auf eine bestimmte Rechtsform festzulegen: R 1

- **Innerbetriebliche oder konzerninterne Entwicklungen** können eine Anpassung oder Änderung der Rechtsform zu einem späteren Zeitpunkt ebenso erfordern wie künftige **Gesetzesänderungen**.
- Möglicherweise zwingt auch ein späterer **Anteilseignerwechsel** zur Änderung der Rechtsform.

Insofern handelt es sich bei der Rechtsformwahl um eine zentrale Entscheidung zu Beginn der unternehmerischen Tätigkeit, bei der jedoch Modifikationen oder Veränderungen im weiteren Verlauf oftmals unvermeidbar sind. Die nachfolgenden Ausführungen befassen sich mit ausgewählten Kriterien, die es insbesondere bei der Entscheidung zwischen der GmbH & Co. KG als Kombination aus Personen- und Kapitalgesellschaft im Vergleich zur klassischen Personengesellschaft (OHG, KG) einerseits und Kapitalgesellschaft (AG, GmbH) andererseits zu berücksichtigen gilt.

2. Geschäftsführung

Fremdorganschaft | Die GmbH & Co. KG bietet ebenso wie die Kapitalgesellschaft die Möglichkeit, nicht nur Gesellschafter, sondern auch Dritte zu Geschäftsführern der Gesellschaft zu machen (sog. Fremdorganschaft; vgl. hierzu auch *Liebscher* in Reichert, GmbH & Co. KG, § 2 Rz. 74). Diese Möglichkeit der Fremdorganschaft steht in einem Spannungsverhältnis zu dem im deutschen Personengesellschaftsrecht verankerten Prinzip der Selbstorganschaft. Sie wird bei der GmbH & Co. KG dadurch eröffnet, dass Dritte zu Geschäftsführern der Komplementär-GmbH bestellt werden können und die GmbH wiederum als persönlich haftende Gesellschafterin zur Geschäftsführung und alleinigen Vertretung der Kommanditgesellschaft berechtigt und verpflichtet ist (vgl. *Blaum* in Westermann/Wertenbruch, Hdb. Personengesellschaften, Rz. I 3177). R 2

Trennung von Einfluss und Kapital | Darüber hinaus sind die Kommanditisten – mit Ausnahme eines Widerspruchsrechts bei außergewöhnlichen Rechtsgeschäften – in der Regel von der Geschäftsführung (§ 164 HGB) und zwingend von der organschaftlichen Vertretung der Kommanditgesellschaft (§ 170 HGB) ausgeschlossen. Die hiermit verbundene **Trennung von Einfluss und Kapital** ist insbesondere bei Publikumskommanditgesellschaften von wesentlicher Bedeutung (vgl. auch *Blaum* in Westermann/Wertenbruch, Hdb. Personengesellschaften, Rz. I 3181) (→ *Publikums-KG*). R 3

Drittanstellung | Schließlich gilt es zu berücksichtigen, dass der bei einer Komplementär-GmbH bestellte Geschäftsführer unabhängig davon nicht zwingend bei der Komplementär-GmbH, sondern auch unmittelbar bei der Kommanditgesellschaft angestellt werden kann. Or- R 4 ganschaftliche Stellung und dienstvertragliche Anstellung können bei einer GmbH & Co. KG auseinanderfallen (sog. Drittanstellung).

3. Gesellschaftszweck/Unternehmensgegenstand

R5 **Betrieb eines Handelsgewerbes |** Im Unterschied zu den Kapitalgesellschaften (AG, GmbH) unterliegt der Gesellschaftszweck einer GmbH & Co. KG – ebenso wie der einer sonstigen Personenhandelsgesellschaft – gesetzlichen Restriktionen. Gemäß §§ 161 Abs. 2, 105 HGB ist der Gesellschaftszweck einer Personenhandelsgesellschaft und damit auch der einer GmbH & Co. KG in der Regel auf den Betrieb eines Handelsgewerbes auszurichten. Aus diesem Grund steht die GmbH & Co. KG etwa nicht als Rechtform für eine freiberufliche Tätigkeit, wie zum Beispiel für eine rechtsanwaltliche Tätigkeit, zur Verfügung (→ *Unternehmensgegenstand*).

R6 **Vermögensverwaltung |** Die Möglichkeit der Einsetzung der GmbH & Co. KG als vermögensverwaltende Gesellschaft gemäß §§ 161 Abs. 2, 105 Abs. 2 HGB bleibt von dem grundsätzlichen Erfordernis eines Handelsgewerbes aber unberührt (→ *Vermögensverwaltende GmbH & Co. KG*).

4. Gestaltungsfreiheit

R7 Im Gegensatz zur AG oder GmbH zeichnet sich die GmbH & Co. KG durch ein Höchstmaß an Gestaltungsfreiheit aus (vgl. auch *Liebscher* in Reichert, GmbH & Co. KG, § 2 Rz. 76):

R8 **Kein Kapitalerhaltungsgrundsatz |** Zum einen obliegt die GmbH & Co. KG – soweit es die Kommanditgesellschaft betrifft – nicht den für die Kapitalgesellschaften geltenden strengen Vorschriften zur Kapitalaufbringung oder Kapitalerhaltung (vgl. §§ 5, 19 und 30 GmbHG bzw. §§ 27 und 57 AktG). Es gibt bei der Kommanditgesellschaft insbesondere keinen im Innenverhältnis geltenden Kapitalerhaltungsgrundsatz (vgl. BGH v. 12.3.2013 – II ZR 73/11, NZG 2013, 738, 739). Entnahmen oder Einlagenrückzahlungen sind bei einer GmbH & Co. KG damit grundsätzlich flexibler möglich als bei einer Kapitalgesellschaft, jedenfalls vorbehaltlich abweichender gesellschaftsvertraglicher Regelungen und eines Wiederauflebens der persönlichen Haftung des Kommanditisten gemäß § 172 Abs. 4 Satz 1 und 2 HGB gegenüber Gläubigern im Außenverhältnis. Die Gesellschafter können ihre Rechtsbeziehungen im Innenverhältnis insoweit untereinander und im Verhältnis zur Gesellschaft weitgehend frei gestalten (vgl. BGH v. 12.3.2013 – II ZR 73/11, NZG 2013, 738, 739). Denkbar bleibt allerdings auch eine mittelbare Verletzung des Kapitalerhaltungsgebotes bei der Komplementär-GmbH durch Auszahlungen der Kommanditgesellschaft an einen ihrer Kommanditisten, wenn es im Anschluss daran zur Vermögenslosigkeit der Kommanditgesellschaft kommt und die Komplementär-GmbH daher nicht mehr über einen aktivierbaren Ausgleichsanspruch ihr gegenüber verfügt (vgl. BGH v. 9.12.2014 – II ZR 360/13, NZG 2015, 225 = GmbHR 2015, 248).

R9 **Keine Satzungsstrenge |** Zum anderen sind die gesetzlich zwingenden Vorgaben zur Ausgestaltung des Gesellschaftsvertrages weitaus geringer als bei einer GmbH und erst recht geringer als bei einer AG (vgl. § 23 Abs. 5 AktG). Dies gilt jedenfalls dann, wenn es sich bei der GmbH & Co. KG um eine personalistisch strukturierte Gesellschaft und nicht um eine Publikumsgesellschaft mit einer Vielzahl von Kommanditisten als Kapitalanlegern handelt

(→ *Publikums-KG*). Dies geht sogar soweit, dass mit der GmbH & Co. KG ausnahmsweise eine „**Einpersonen-GmbH & Co. KG**" errichtet werden kann, an der letztendlich nur eine (natürliche) Person als wirtschaftlich Berechtigter und Inhaber mit beschränkter persönlicher Haftung beteiligt ist (vgl. *Pathe* in Gummert, Münchener AnwaltsHdb. Personengesellschaftsrecht, § 2 Rz. 46; s. hierzu auch → *Einpersonen-GmbH & Co. KG*).

Formerfordernisse | Schließlich sind sowohl der Abschluss als auch die spätere Änderung des Gesellschaftsvertrages der GmbH & Co. KG im Unterschied zu dem einer GmbH oder AG grundsätzlich formlos möglich. Gleichermaßen gilt dies damit auch für den Ein- und Austritt von Gesellschaftern, die Übertragung von Gesellschaftsanteilen, soweit sich nicht etwa zur Herstellung einer vertraglich begründeten Verpflichtung zur Beteiligungsidentität die Beurkundungspflicht gemäß § 15 Abs. 3 und Abs. 4 GmbHG ausnahmsweise auch hierauf erstreckt (vgl. *Blaum* in Westermann/Wertenbruch, Hdb. Personengesellschaften, Rz. I 3180). R 10

5. Haftung

Haftungsbeschränkung | Ebenso wie bei einer Kapitalgesellschaft besteht auch bei der GmbH & Co. KG die Möglichkeit, die Haftung für die Anteilseigner zu beschränken. Anders als bei der klassischen Personenhandelsgesellschaft in der Rechtsform der OHG oder der KG übernimmt eine begrenzt auf ihr Vermögen haftende Kapitalgesellschaft (z.B. eine GmbH oder UG [haftungsbeschränkt]) die Stellung der persönlich haftenden Gesellschafterin, ohne dass es dadurch zu einem Rechtsformwechsel kommt. Das Grundgerüst der Personengesellschaft sowie damit verbundene, gesellschaftsrechtliche und steuerrechtliche Vorzüge bleiben unverändert bestehen. Die sonstigen Anteilseigner beteiligen sich ausschließlich als Kommanditisten und übernehmen insoweit gemäß § 172 HGB lediglich eine auf einen bestimmten Betrag beschränkte Hafteinlage im Außenverhältnis. Oftmals beteiligen sie sich zugleich auch als Gesellschafter an der Komplementär-GmbH und sind insoweit ebenfalls nur zur Leistung einer Einlage auf den übernommenen Geschäftsanteil verpflichtet. Auch insoweit wird daher keine weitergehende Haftung gegenüber der Gesellschaft oder den Gläubigern übernommen (vgl. hierzu *Liebscher* in Reichert, GmbH & Co. KG, § 2 Rz. 69 und 81 ff.; vgl. aber auch BGH v. 9.12.2014 – II ZR 360/13, NZG 2015, 225 = GmbHR 2015, 248). R 11

6. Investmentgesellschaft

Die GmbH & Co. KG kann in Form der sog. Investmentkommanditgesellschaft zudem eine zulässige Organisationsform zur Verwaltung eines sog. Investmentvermögens i.S.d. § 1 Abs. 1 KAGB darstellen (vgl. auch *Hoppe* in Hesselmann/Tillmann/Mueller-Thuns, Hdb. GmbH & Co. KG, Rz. 2.283). Neben dem Sondervermögen und der Gesellschaftsform der offenen bzw. geschlossenen Investmentaktiengesellschaft darf ein Investmentvermögen ansonsten nur noch in der Gesellschaftsform der offenen bzw. geschlossenen Investmentkommanditgesellschaft organisiert sein (vgl. §§ 91, 139 KAGB). Soweit nicht spezielle Regelungen des Kapitalanlagegesetzbuches (KAGB) Vorrang genießen, finden auf die Investmentkommanditgesellschaft die Vorschriften des HGB entsprechende Anwendung (vgl. *Wiedemann*, NZG 2013, 1041; ausführlich hierzu s. *Hoppe* in Hesselmann/Tillmann/Mueller-Thuns, Hdb. GmbH & Co. KG, Rz. 2.283 ff.). R 12

7. Kontroll- und Informationsrechte

R 13 **Begrenzung für Kommanditisten |** Vorbehaltlich einer abweichenden gesellschaftsrechtlichen Regelung sind die Informations- und Kontrollrechte der grundsätzlich von der Geschäftsführung ausgeschlossenen Kommanditisten einer GmbH & Co. KG eingeschränkt. Gemäß § 166 Abs. 1 HGB haben sie grundsätzlich nur das Recht, Einsicht in die Bücher und Papiere der Kommanditgesellschaft zu nehmen und eine Abschrift des Jahresabschlusses zu verlangen, soweit die Richtigkeit des Jahresabschlusses bezweifelt wird. Ein weitergehendes Informations- und Kontrollrecht wie einem GmbH-Gesellschafter gemäß § 51a GmbHG steht ihnen damit grundsätzlich nicht zu (→ *Informationsrechte*).

R 14 **Abweichende Gestaltung |** Ungeachtet dessen besteht aber die Möglichkeit, gerade das Informations- und Kontrollrecht für die Kommanditisten einer GmbH & Co. KG zu erweitern. Soweit ihr Informations- und Kontrollrecht nicht durch gesellschaftsvertragliche Bezugnahme auf § 51a GmbHG erweitert wird, können sie über ihre oftmals personenidentische Beteiligung als Gesellschafter der Komplementär-GmbH weitergehende Informationen auch in Angelegenheiten der Kommanditgesellschaft erlangen.

8. Kündigungsmöglichkeit

R 15 Ein wesentlicher Unterschied zwischen der GmbH & Co. KG einerseits und den Kapitalgesellschaften andererseits besteht in der Möglichkeit für die Kommanditisten einer GmbH & Co. KG, ihre Beteiligung zu einem bestimmten Zeitpunkt vorzeitig ordentlich zu kündigen. Während die Beteiligung an einer Kapitalgesellschaft vorbehaltlich einer abweichenden Satzungsregelung nicht vorzeitig ordentlich gekündigt werden kann, besteht für den Gesellschafter einer Personengesellschaft und damit auch für den einer GmbH & Co. KG die Möglichkeit, seine Beteiligung nach Ablauf einer bestimmten Dauer durch ordentliche Kündigung gegenüber der Gesellschaft zu kündigen und damit ohne die Notwendigkeit eines Anteilsverkaufes gegen Abfindung aus dieser auszuscheiden (vgl. § 723 BGB und § 131 Abs. 3 Satz 1 Nr. 3 HGB). Dies kann bei der Auswahl der Rechtsform insbesondere dann von Bedeutung sein, wenn mit der angedachten Gesellschaft ein langfristiges Engagement z.B. in Form eines Joint-Venture beabsichtigt wird und das vorzeitige Ausscheiden eines der Gesellschafter zu einem bestimmten Zeitpunkt aus strategischen oder sonstigen unternehmenspolitischen Gründen vermieden werden soll.

9. Unternehmerische Mitbestimmung

R 16 **Mitbestimmung bei Komplementär-GmbH |** Wesentliche Unterschiede zwischen einer GmbH & Co. KG und einer Kapitalgesellschaft ergeben sich auch im Bereich der unternehmerischen Mitbestimmung (DrittelbG und MitbestG). Anders als Kapitalgesellschaften unterfällt die Kommanditgesellschaft als Personenhandelsgesellschaft selbst nicht dem Mitbestimmungsregime (vgl. *Blaum* in Westermann/Wertenbruch, Hdb. Personengesellschaften, Rz. I 3178). Je nach Arbeitnehmerzahl und Zurechnungsvoraussetzungen kann jedoch eine Mitbestimmung auf Ebene der Komplementär-GmbH erforderlich werden. Abgesehen von den (ungewöhnlichen) Fallkonstellationen, in denen die Komplementär-GmbH selbst über mehr als 500 bzw. 2000 Arbeitnehmer verfügt, gelten folgende Grundsätze:

Drittelparitätische Mitbestimmung | Beschäftigt eine GmbH & Co. KG selbst oder über inländische Konzerntochtergesellschaften in der Regel weniger als 2001 Arbeitnehmer in Deutschland, finden weder auf die Komplementär-GmbH noch auf die Kommanditgesellschaft die Regelungen zur unternehmerischen Mitbestimmung Anwendung. Die Arbeitnehmer der Kommanditgesellschaft werden der Komplementär-GmbH nicht zugerechnet. Das DrittelbG kennt für diese Konstellation keine Zurechnungsnorm. Eine Pflicht zur Einrichtung eines drittelparitätischen Aufsichtsrats, der sich mindestens zu einem Drittel aus Arbeitnehmervertretern zusammenzusetzen hat, besteht insoweit also weder bei der Kommanditgesellschaft noch bei ihrer Komplementär-GmbH. R 17

Paritätische Mitbestimmung | Beschäftigt eine GmbH & Co. KG selbst oder über (inländische) Konzerntochtergesellschaften in der Regel mehr als 2000 Arbeitnehmer in Deutschland und sind die in §§ 4 und 5 MitbestG angeordneten Zurechnungsvoraussetzungen erfüllt, besteht die Pflicht zur Errichtung eines aus Anteilseigner- und Arbeitnehmervertretern paritätisch zusammengesetzten Aufsichtsrats auf Ebene ihrer Komplementär-GmbH (→ *Mitbestimmung*). R 18

10. Publizität

Publizitätspflichten | Da die GmbH & Co. KG im Hinblick auf die Regeln zur Rechnungslegung und zur Prüfungs- und Offenlegungspflicht gemäß §§ 264a ff. HGB den Kapitalgesellschaften weitgehend gleichgestellt ist, stellt sie jedenfalls insoweit keine echte Alternative zu den Kapitalgesellschaften dar. Etwas anderes gilt gemäß § 264a Abs. 1 HGB lediglich dann, wenn sich an ihr zusätzlich auch noch eine natürliche Person als weiterer persönlich haftender Gesellschafter beteiligt (zur Möglichkeit der rückwirkenden Befreiung von der Offenlegungspflicht in diesem Fall vgl. LG Bonn v. 13.11.2009 – 30 T 1279/09, NZG 2010, 36; *Giedinghagen*, NZG 2007, 933). Dies wiederum steht aber im Gegensatz zum eigentlichen Zweck der Haftungsbeschränkung und relativiert sich auch dann, wenn die Kommanditgesellschaft die Schwellenwerte des Publizitätsgesetzes überschreitet (vgl. *Blaum* in Westermann/Wertenbruch, Hdb. Personengesellschaften, Rz. I 3176) (→ *Publizität*). R 19

Registerpublizität | Im Vergleich zu den Kapitalgesellschaften wird oftmals der Vorteil der GmbH & Co. KG hinsichtlich ihrer lediglich eingeschränkten Registerpublizität verkannt (vgl. *Blaum* in Westermann/Wertenbruch, Hdb. Personengesellschaften, Rz. I 3180). Der Gesellschaftsvertrag einer GmbH & Co. KG ist – anders als der ihrer Komplementär-GmbH (vgl. §§ 8 Abs. 1 Nr. 1, 9 Abs. 1 Satz 1 GmbHG) – in der Regel nicht zum Handelsregister einzureichen (s. hierzu auch → *Gründung* und → *Handelsregisteranmeldungen*). Deshalb können grundsätzlich auch vertrauliche Abreden unmittelbar im Gesellschaftsvertrag geregelt werden, ohne dass es hierzu gesonderter, ggf. sogar beurkundungspflichtiger Nebenabreden bedarf. Etwas anderes gilt ausnahmsweise dann, wenn die GmbH & Co. KG durch eine Umwandlungsmaßnahme nach dem UmwG entsteht – in diesem Fall ist der Gesellschaftsvertrag zum Handelsregister miteinzureichen (vgl. § 37 UmwG [i.V.m. § 125 Satz 1 UmwG], § 234 Nr. 3 UmwG). R 20

frei R 21–R 24

11. Rechtsformneutralität der Besteuerung

Neutralitätspostulat | Das Neutralitätspostulat einer rechtsformneutralen Besteuerung verlangt, Gewinne unabhängig davon zu besteuern, in welcher Rechtsform sie entstanden sind, R 25 und dient einzelwirtschaftlich der Vermeidung betriebswirtschaftlicher Planungskosten durch Ermittlung von Steuerwirkungen (vgl. *Wagner*, StuW 2006, 102; *Siegel* in FS Schneeloch, 2007, S. 271). Die Unternehmensbesteuerung in Deutschland ist jedoch tatsächlich rechtsformabhängig ausgestaltet, und es existieren nur Ansätze einer rechtsformneutralen Besteuerung.

R 26 **Unternehmensteuerreform 2008 |** Dies gilt auch für die Rechtslage nach der Unternehmensteuerreform 2008 (vgl. UntStRefG 2008 v. 14.8.2007, BGBl. I 2007, 1912). Zwar enthielt der Koalitionsvertrag der Großen Koalition vom 11.11.2005 für die Unternehmensteuerreform noch die Ziele einer Rechtsform- und Finanzierungsneutralität, der die Eckpunkte der Unternehmensteuerreform 2008 enthaltene Kabinettsbeschluss vom 12.7.2006 zielte jedoch nur noch auf eine Belastungsneutralität ab (vgl. *Rödder*, DB 2006, 2028 ff.; *Herzig* in FS Spiegelberger, 2009, S. 210; BMF, Pressemitteilung Nr. 88/2006 v. 12.7.2006, Entwurf eines Unternehmensteuerreformgesetzes 2008, BT-Drucks. 16/4841, S. 62). Der Dualismus der Unternehmensbesteuerung bleibt erhalten, nach dem Personengesellschaften nach dem Transparenzprinzip und Kapitalgesellschaften nach dem Trennungsprinzip besteuert werden. Die GmbH & Co. KG ist eine besondere Erscheinungsform der Kommanditgesellschaft, bei der die Komplementärstellung durch eine GmbH eingenommen wird. Für die steuerrechtliche Beurteilung ist die GmbH & Co. KG als Personengesellschaft anzusehen (vgl. BFH v. 15.11.1967 – IV R 139/67, BStBl. II 1968, 152). Sie unterliegt damit insbesondere dem Transparenzprinzip.

R 27 **Steuerliche Rechtsformwahl und -optimierung |** Der Gesetzgeber ist aufgrund des verfassungsrechtlichen Gleichheitssatzes nicht zur einer rechtsformneutralen Ausgestaltung der Besteuerungsvorschriften verpflichtet (vgl. BVerfG v. 21.6.2006 – 2 BvL 2/99, BVerfGE 116, 164; BFH v. 16.1.2014 – I R 21/12, BStBl. II 2014, 531 = GmbHR 2014, 660 = FR 2014, 695 m. Anm. *Nöcker* = GmbH-StB 2014, 160). Aus der fehlenden Rechtsformneutralität der Besteuerung ergibt sich die Notwendigkeit einer steuerlich optimalen Rechtsformwahl und Rechtsformoptimierung (vgl. *Herzig* in FS Spiegelberger, 2009, S. 210; *Schiffers* in FS Herzig, 2010, S. 824). Nachfolgend sind die wesentlichen steuerrechtlichen Kriterien dargestellt, die sich aus den Unterschieden zwischen Personen- und Kapitalgesellschaften ergeben und bei der Rechtsformwahl zu beachten sind. Neben der eigenständigen Steuerpflicht wirkt sich die Rechtsform eines Unternehmens insbesondere auf die Besteuerung der Vertragsbeziehungen zwischen dem Unternehmen und den beteiligten natürlichen und juristischen Personen aus (vgl. *Jacobs*, Unternehmensbesteuerung und Rechtsform, 4. Aufl. 2009, 91; *Scheffler*, Besteuerung von Unternehmen III, 2. Aufl. 2013, S. 20). Die Rechtsformwahl ist ein komplexes Entscheidungsproblem, in das neben steuerlichen Aspekten weitere Kriterien, insbesondere zivilrechtlicher Art (Leitung und Überwachung, Haftung, Finanzierung, Rechnungslegung, Publizität, Mitbestimmung, Sicherung der Unternehmensnachfolge) einfließen müssen (vgl. *Rose/Glorius-Rose*, Unternehmen, Rechtsformen und Verbindungen, S. 13–21) und das einer genauen Betrachtung des jeweiligen Einzelfalls bedarf (Rz. R 1–20).

12. Steuerbelastung laufender Erträge

R 28 **Gewerbesteuer |** Der steuerliche Gewinn einer GmbH & Co. KG unterliegt bei der KG selbst der Gewerbesteuer, §§ 2 Abs. 1, 5 Abs. 1 Satz 3 GewStG, wenn sie i.S.d. § 15 Abs. 1 Satz 1 Nr. 1, Abs. 2 EStG originär gewerblich tätig oder i.S.d. § 15 Abs. 3 Nr. 2 EStG gewerblich geprägt ist.

Einkommen-/Körperschaftsteuer (Transparenzprinzip) | Für Zwecke der Einkommensteuer werden die von der Personengesellschaft erzielten Einkünfte infolge ihrer fehlenden Steuersubjekteigenschaft den Gesellschaftern nach Maßgabe des im Gesellschaftsvertrag vereinbarten Gewinnverteilungsschlüssels anteilig als originäre eigene Einkünfte zugerechnet und bei diesen der Einkommen- oder Körperschaftsteuer unterworfen (Transparenzprinzip, vgl. z.B. BFH v. 3.5.1993 – GrS 3/92, BStBl. II 1993, 616). Die Personengesellschaft ist aber Subjekt der Einkünftequalifikation und -ermittlung. Bei natürlichen Personen als Kommanditisten unterliegt der anteilige steuerliche Gewinn der Einkommensteuer nach Maßgabe des persönlichen Einkommensteuersatzes. Ab einem zu versteuernden Einkommen i.H.v. 250 731 Euro (Ledige) bzw. 501 462 Euro (Verheiratete) (ab VZ 2014) beträgt der Einkommensteuersatz 45 % (Spitzensteuersatz), § 32a Abs. 1 EStG. Zusätzlich wird noch der Solidaritätszuschlag i.H.v. 5,5 % auf die Einkommensteuer erhoben, §§ 1, 3 Abs. 1 Nr. 1, 4 SolZG. R 29

Pauschalierte Anrechnung der Gewerbesteuer | Zwar ist die Gewerbesteuer nicht als Betriebsausgabe abzugsfähig, § 4 Abs. 5b EStG (die verfassungsrechtliche Zulässigkeit der Nichtabzugsfähigkeit ist mittlerweile geklärt, vgl. BFH v. 16.1.2014 – I R 21/12, BStBl. II 2014, 531 = GmbHR 2014, 660 = FR 2014, 695 m. Anm. *Nöcker* = GmbH-StB 2014, 160, aber Verfassungsbeschwerde eingelegt [Az. des BVerfG: 2 BvR 1559/14], die durch Beschluss vom 12.7. 2016 nicht zur Entscheidung angenommen wurde; BFH v. 10.9.2015 – IV R 8/13, BStBl. II 2015, 1046), sie ist aber auf die Einkommensteuer in pauschalierter Form anrechenbar, § 35 EStG. Bei Hebesätzen bis 401 % tritt aufgrund der Verringerung des SolZ eine geringfügige Überkompensation ein, obwohl eine Überkompensation grundsätzlich durch die Beschränkung der Gewerbesteueranrechnung auf die tatsächlich gezahlte Gewerbesteuer vermieden wird, § 35 Abs. 1 Satz 5 GewStG. Bei Hebesätzen über 401 % tritt eine Unterkompensation der Gewerbesteuerbelastung ein. Es besteht die Gefahr von Anrechnungsüberhängen, wenn nicht ausreichendes einkommensteuerliches Anrechnungspotential vorhanden ist (vgl. *Förster, U.*, DB 2007, 760). Durch die pauschalierte Anrechnung der Gewerbesteuer nimmt die Bedeutung der Gewerbesteuer bzw. des Gewerbesteuer-Hebesatzes für Personenunternehmen im Vergleich zu Kapitalgesellschaften deutlich ab, bei denen die Belastungswirkung der Gewerbesteuer bereits bei einem Hebesatz von 400 % mit 14 % nahezu gleichwertig neben der Belastungswirkung der Körperschaftsteuer i.H.v. 15 % steht (vgl. *Derlien/Wittkowski*, DB 2008, 839 f.). R 30

Körperschaft als Kommanditistin | Ist der Kommanditist eine Körperschaft, so unterliegt der Gewinn nach Maßgabe des Gewinnverteilungschlüssels der Körperschaftsteuer i.H.v. 15 %, § 23 Abs. 1 KStG. R 31

Komplementär-GmbH | Die Komplementär-GmbH ist regelmäßig weder am Vermögen noch am Gewinn und Verlust der KG beteiligt und erhält nur eine Haftungsvergütung. Sie ist dennoch Mitunternehmerin (vgl. BFH v. 10.5.2007 – IV R 2/05, BStBl. II 2007, 927). R 32

Sonstige GmbH & Co. KGs | Eine weder gewerblich tätige noch gemäß § 15 Abs. 3 Nr. 2 EStG gewerblich geprägte GmbH & Co. KG erzielt keine gewerblichen Einkünfte, so dass keine Gewerbesteuer anfällt. Einkommensteuerlich richtet sich die Besteuerung nach der verwirklichten Einkunftsart (z.B. Vermietung und Verpachtung; vgl. *Neumayer* in GmbH-Handbuch, Rz. III 36 [Stand: Jan. 2013]). R 33

Thesaurierungsbegünstigung, § 34a EStG | Mit § 34a EStG wurde durch das UntStRefG 2008 ein Sondersteuersatz für einbehaltene Gewinne eingeführt, dessen Ziel in der Herstellung einer Belastungsneutralität mit Kapitalgesellschaften besteht (vgl. Entwurf eines Unter- R 34 nehmensteuerreformgesetzes 2008, BT-Drucks. 16/4841, S. 31 f.). Seitdem hat die Gewinnverwendung auch für Personengesellschaften Bedeutung für die Höhe der Einkommensteuer. Nach der Thesaurierungsbegünstigung werden auf Antrag bilanziell ermittelte, nicht entnommene Gewinne aus Land- und Forstwirtschaft, Gewerbebetrieb und aus selbständiger Arbeit von Einzel- und Mitunternehmern mit einem proportionalen Thesaurierungssteuersatz von 28,25 % zzgl. 5,5 % Solidaritätszuschlag und ggf. Kirchensteuer besteuert (vgl. näher *Rödder*, Beihefter zu DStR 40/2007, 4; BMF v. 11.8.2008 – IV C 6 - S 2290-A/07/10001, BStBl. I 2008, 838). Der aus Thesaurierungssteuersatz und Solidaritätszuschlag kombinierte Steuersatz entspricht idealtypisch der Belastung von Kapitalgesellschaften, die bei einem GewSt-Hebesatz von 400 % bei 29,83 % liegt (vgl. nachfolgende Abb. 2).

R35 **Tatsächliche Thesaurierungsbelastung** | Die idealtypische Thesaurierungsbelastung wird jedoch nicht erreicht, weil nicht abzugsfähige Betriebsausgaben und damit auch die Gewerbesteuer (vgl. BMF v. 11.8.2008 – IV C 6 - S 2290-A/07/10001, BStBl. I 2008, 838, Tz. 16) und notwendige Entnahmen für Einkommensteuer- und Solidaritätszuschlagszahlungen den Begünstigungsbetrag reduzieren (vgl. BT-Drucks. 16/4841, S. 63; vgl. *Rödder*, Beihefter zu DStR 40/2007, 4; *Kleineidam/Liebchen*, DB 2007, 409 f.; *Homburg*, DStR 2007, 688). Der nicht thesaurierungsfähige Teilgewinn unterliegt der regulären tariflichen Einkommensteuer. Der maximale Begünstigungsbetrag entspricht beim Fehlen steuerfreier Erträge dem Vorsteuergewinn abzüglich der Gewerbesteuer unter Berücksichtigung der zu einer Minderentnahme führenden Gewerbesteueranrechnung auf die Einkommensteuer und der Entnahmen, die für die Begleichung der Einkommensteuer und des Solidaritätszuschlags benötigt werden. Damit liegt die Gesamtbelastung über 30 % (vgl. *Kleineidam/Liebchen*, DB 2007, 410 f.; *Förster*, Ubg 2008, 187). Bei Personenunternehmen ergibt sich ansonsten, ohne Thesaurierungsbegünstigung, eine Steuerbelastung von rd. 47,44 % (400 %-Hebesatz und ohne Kirchensteuer, vgl. nachfolgende Abb. 2).

R36 **Antragswahlrecht** | Ein Mitunternehmer kann den Antrag auf eine begünstigte Besteuerung thesaurierter Gewinne nur stellen, wenn sein Anteil am bilanziell ermittelten Gewinn mehr als 10 % beträgt oder 10 000 Euro übersteigt, § 34a Abs. 1 Satz 3 EStG. Bei einer Personengesellschaft kann jeder Gesellschafter unabhängig von der Antragsausübung der Mitgesellschafter einen Antrag auf begünstigte Besteuerung thesaurierter Gewinne stellen. Bei Beteiligung eines Gesellschafters an mehreren Personengesellschaften kann der Gesellschafter für jeden Mitunternehmeranteil wählen, ob und in welcher Höhe er für den jeweils nicht entnommenen Gewinn die Tarifbegünstigung nach § 34a EStG in Anspruch nimmt (vgl. BMF v. 11.8.2008 – IV C 6 - S 2290-A/07/10001, BStBl. I 2008, 838, Tz. 7, 9). Der Antrag kann ganz oder teilweise bis zur Unanfechtbarkeit des Einkommensteuerbescheids für den nächsten Veranlagungszeitraum zurückgenommen werden, § 34a Abs. 1 Satz 4 EStG. In jedem Veranlagungszeitraum kann das Antragswahlrecht erneut ausgeübt werden.

R37 **Nachversteuerung und Steuerbelastung** | Die Entnahme begünstigt besteuerter Gewinne in späteren Veranlagungszeiträumen führt zu einer Nachversteuerung mit einem proportionalen Steuersatz i.H.v. 25 % zzgl. SolZ. Mit der Nachsteuer verfügt die Thesaurierungsbegünstigung zwangsläufig über eine dynamische Komponente. Die Nachsteuer muss auf den Thesaurierungszeitpunkt mit dem Nettokalkulationszinssatz abgezinst werden (vgl. *Patek*, BFuP 2007, 458). Die Nachversteuerung weist Parallelen zur Besteuerung von Dividenden auf Ebene des Gesellschafters mit der 25 %-igen Abgeltungsteuer auf. Liegen die Entnahmen über den Einlagen und dem steuerfreien bzw. steuerpflichtigen Gewinn dieses Jahres, ist insoweit eine Nachversteuerung des festgestellten nachversteuerungspflichtigen Betrags durchzuführen,

§ 34a Abs. 4 EStG (vgl. BMF v. 11.8.2008 – IV C 6 - S 2290-A/07/10001, BStBl. I 2008, 838, Tz. 26–29). Die Nachversteuerung kann nicht nur durch Entnahmen, sondern auch bei Betriebsaufgaben, -veräußerungen, bei Umstrukturierungen, beim Wechsel der Gewinnermittlungsart und auf Antrag ausgelöst werden, § 34a Abs. 6 Satz 1 EStG. In den beiden erstgenannten Fällen besteht eine zinslose Stundungsmöglichkeit für einen Zeitraum von bis zu zehn Jahren, wenn die sofortige Einziehung eine erhebliche Härte darstellt, § 34a Abs. 6 Satz 2 EStG. Eine Nachversteuerung unterbleibt, soweit Entnahmen für die Erbschaft-/Schenkungsteuer anlässlich der Übertragung des Mitunternehmeranteils getätigt werden, § 34a Abs. 4 Satz 3 EStG. Nachfolgende Tabelle zeigt die Steuerbelastung der Personenunternehmung bei Thesaurierung und nachfolgender Vollentnahme unter der Annahme, dass die GewSt und Entnahmen für Einkommensteuer- und Solidaritätszuschlagszahlungen den Begünstigungsbetrag reduzieren und Zeiteffekte vernachlässigt werden (statische Betrachtung).

			Thesaurierung	**Nachversteuerung bei Vollentnahme**
Gewinn vor Steuern			100	
GewSt (400 %)			–14	
Begünstigungsbetrag (Gewinn nach GewSt, ESt/SolZ)	63,84			
Nachversteuerungsbetrag (Begünstigungsbetrag – hierauf entfallende ESt/SolZ = nachversteuerungspflichtiger Betrag)				44,81
nicht begünstiger/begünstigter Gewinn	36,16	63,84		
ESt (45 %, 28,25 %, 25 %)	16,27	18,03	–34,30	–11,20
GewSt-Anrechnung, § 35 EStG			13,30	
SolZ			–1,16	–0,62
Gewinn nach Steuern (Thesaurierung)			63,84	
Gesamtbelastung Thesaurierung			**36,16**	
Gewinn nach Steuern (Vollentnahme)				52,02
Gesamtbelastung Vollentnahme				**47,98**
Steuerbelastung (gesamt)				47,98 %

Abb. 1: Steuerbelastung eines Personenunternehmens (in Anlehnung an *Förster*, Ubg 2008, 187; *Herzig* in FS Spiegelberger, 2009, S. 219).

Die Ergebnisse der Tabelle zeigen, dass die Gesamtbelastung der Thesaurierungsbegünstigung vor Nachversteuerung 36,16 % beträgt. Unter Berücksichtigung der Nachsteuer ergibt sich unter Vernachlässigung von Zeiteffekten eine Gesamtbelastung der Thesaurierungsbegünstigung i.H.v. 47,98 % (vgl. *Herzig* in FS Spiegelberger, 2009, S. 219).

Vorteilhaftigkeit der Antragstellung | Die Vorteilhaftigkeit einer Antragstellung hängt von R38
der Höhe des persönlichen Einkommensteuersatzes, der Thesaurierungsdauer und dem Kalkulationszinssatz ab. Die Regelungen zur Gewerbesteuerbelastung und -entlastung finden unabhängig von der Thesaurierungsbegünstigung Anwendung (vgl. *Patek*, BFuP 2007, 457, 461). Bisherige Untersuchungen zeigen, dass eine Antragstellung bei einer einjährigen Thesaurierungsdauer und einem Kalkulationszinssatz von 5 % lediglich für Personenunternehmer vorteilhaft ist, die sich im Spitzensteuersatz von 45 % befinden (vgl. *Patek*, BFuP 2007, 459 f.;

Förster, Ubg 2008, 192; empirisch bestätigt durch *Kessler/Pfuhl/Grether*, DB 2011, 186). Bei anderen Annahmen ist eine zweijährige Thesaurierungsdauer erforderlich (vgl. *Homburg/Houben/Maiterth*, zfbf 2008, 43). Befindet sich der Personenunternehmer im Bereich der unteren Proportionalzone des Einkommensteuertarifs (42 %), ist bereits eine fünf- (vgl. *Patek*, BFuP 2007, 460; *Förster*, Ubg 2008, 192) bzw. elfjährige (vgl. *Homburg/Houben/Maiterth*, zfbf 2008, 43) Thesaurierungsdauer erforderlich (in Abhängigkeit von der Vorsteuerrendite). Mit zunehmender Thesaurierungsdauer geht die Belastung aus der Nachsteuer gegen Null. Zudem lässt sich die Auslösung einer Nachsteuer beispielsweise vermeiden, wenn steuerfreie Gewinne im jeweiligen Veranlagungszeitraum für Entnahmeüberschüsse zur Verfügung stehen. Auch kann eine Entnahme von Altrücklagen vor der erstmaligen Anwendung der Thesaurierungsbegünstigung zweckmäßig sein. Bei einer Entscheidungsfindung für den jeweiligen Einzelfall sind neben den Planungsaufwendungen auch die Kontrollaufwendungen zu bedenken (vgl. *Herzig* in FS Spiegelberger, 2009, S. 221).

R39 **Steuerbelastungen von Kapital- und Personengesellschaften** | Ein Vergleich der Steuerbelastungen von Kapital- und Personengesellschaften führt zu folgenden Ergebnissen:

	Kapitalgesellschaft		**Personenunternehmen**				
	Abgeltungsteuer	Teileinkünfte	kein § 34a EStG	Vollthesaurierung		Steuerentnahmen	
				Bmgl	Steuer	Bmgl	Steuer
Gewinn vor Steuern	100,00	100,00	100,00	100,00		100,00	
./. GewSt	–14,00	–14,00	–14,00	–14,00	–14,00	–14,00	–14,00
Begünstigungsbetrag	–	–	–	86,00	–24,30	63,84	–18,03
tarifl. ESt, KSt	–15,00	–15,00	–45,00	14,00	–6,30	36,16	–16,27
Anr. GewSt	–	–	13,30		13,30		13,30
SolZ	–0,83	–0,83	–1,74		–0,95		–1,16
Thesaurierungsbelastung	**–29,83**	**–29,83**			**–32,25**		**–36,16**
Ausschüttung	70,17	70,17					
nachversteuerungspfl. Betrag				60,37		44,81	
ESt/KSt, SolZ	–18,50	–19,99	–		–15,92		–11,82
Gesamtbelastung	**–48,33**	**–49,82**	**–47,44**		**–48,17**		**–47,98**

Abb. 2: Statischer Steuerbelastungsvergleich zwischen Kapitalgesellschaft und Personenunternehmen (Darstellung übernommen von *Förster*, Ubg 2008, 189).

Dem statischen Belastungsvergleich liegen als Annahmen der Spitzensteuersatz von 45 %, ein GewSt-Hebesatz von 400 %, die Vernachlässigung des gewerbesteuerlichen Freibetrags, der Ausgleich gewerbesteuerlicher Hinzurechnung und Kürzungen, das Fehlen von steuerfreien Erträgen und Anrechnungsüberhängen nach § 35 EStG und die Zugehörigkeit der Kapitalgesellschaftsanteile zum Privat- bzw. Betriebsvermögen zugrunde.

R40 Im Thesaurierungsfall weist die Kapitalgesellschaft aufgrund der Senkung des Körperschaftsteuersatzes auf 15 % einen deutlichen Belastungsvorteil auf, der bei sinkenden (Grenz-)Einkommensteuersätzen abnimmt und sich bei Grenzeinkommensteuersätzen ab 28,25 % in ein

Nachteil verkehrt. Im Ausschüttungs-/Entnahmefall wird dieser Belastungsvorteil aber überkompensiert wie der Vergleich der Gesamtsteuerbelastung zeigt. Der Vergleich der Gesamtsteuerbelastung zeigt zudem, dass nach der Unternehmensteuerreform 2008 weitestgehende Belastungsneutralität zwischen den Rechtsformen hergestellt wurde. Eine Verringerung des Gewerbesteuerhebesatzes unter 400 % wirkt zugunsten der Kapitalgesellschaft, während bei Personenunternehmen die Gesamtbelastung kaum verändert wird, weil die verringerte Gewerbesteuer zugleich das Anrechnungsvolumen nach § 35 EStG reduziert. Erhöhungen des Hebesatzes über 400 % belasten Kapital- und Personengesellschaften in gleicher Weise, weil die Anrechnung der GewSt nur bei Hebesätzen bis zu 400 % vollständig zu einer Entlastung führt (vgl. *Förster*, Ubg 2008, 189).

Im Bereich des Einkommensteuer-Spitzensatzes weist die Personengesellschaft im Ausschüttungs-/Entnahmefall einen geringfügigen Belastungsvorteil gegenüber der Kapitalgesellschaft auf. R41

Bei einem (Grenz-)Einkommensteuersatz von 42 % und einem Gewerbesteuerhebesatz von 400 % zeigt sich ein Belastungsvorteil des regelbesteuerten Personenunternehmens gegenüber einer Kapitalgesellschaft für entnommene bzw. ausgeschüttete Gewinne. Weiter sinkende (Grenz-)Einkommensteuersätze lassen den Vorteil ansteigen. Bei Personenunternehmen wirkt sich der niedrigere (Grenz-)Einkommensteuersatz wegen des proportionalen Thesaurierungs- und Nachsteuersatzes nur geringfügig auf den nicht begünstigten Teilgewinn aus. Bei der Kapitalgesellschaft ändert sich die Gesamtbelastung im Ausschüttungsfall kaum, weil der tarifliche Einkommensteuersatz im Anwendungsbereich der Abgeltungsteuer abgesehen von der Günstigerprüfung des § 32d Abs. 6 EStG keine Auswirkung zeigt und im Anwendungsbereich des Teileinkünfteverfahrens sich nur auf den zu 60 % steuerpflichtigen Teil der ausgeschütteten Gewinne auswirkt. Bei sinkenden Gewerbesteuerhebesätzen verbessert sich die Belastungssituation der Kapitalgesellschaft (vgl. *Förster*, Ubg 2008, 190). R42

Dagegen sind bereits bei einem Einkommensteuersatz von 42 % und einer Vorsteuerrendite von 10 % beachtliche Thesaurierungsdauern erforderlich, um eine Vorteilhaftigkeit der Kapitalgesellschaft zu begründen. Allerdings sinkt die Zeitspanne der notwendigen Thesaurierung deutlich, wenn die Vorsteuerrendite ansteigt (vgl. *Herzig* in FS Spiegelberger, 2009, S. 223).

Der Belastungsvorteil von Kapitalgesellschaften im Thesaurierungsfall kann im Bereich von Einkommensteuersätzen zwischen 42 % und 45 % und niedrigen Gewerbesteuerhebesätzen (deutlich unter 400 %) auch im Ausschüttungsfall erhalten bleiben (vgl. *Förster*, Ubg 2008, 191). Werden die deutlich unterhalb von 400 % angesiedelten kritischen GewSt-Hebesätze überschritten, kommt es für Kapitalgesellschaften allerdings im Ausschüttungsfall zu einer Überkompensation des Belastungsvorteils für thesaurierte Gewinne. Dieser Belastungsnachteil kann aber durch Mehrerträge ausgeglichen werden, die aus der Investition höherer thesaurierter Gewinne resultieren. Eine Kapitalgesellschaft kann hierdurch höhere Vermögensendwerte im Vergleich zu einer Personengesellschaft erzielen. In der nachfolgenden Tabelle sind die erforderlichen Mindestthesaurierungsdauern im Vergleich zu einem regelbesteuerten Personenunternehmen und einem Personenunternehmen, bei dem die für die Zahlung der persönlichen Steuern erforderlichen Beträge entnommen werden und für den Restgewinn ein Antrag nach § 34a EStG gestellt wird, in Abhängigkeit vom Grenzeinkommensteuersatz des Gesellschafters, des Gewerbesteuerhebesatzes und der Vorsteuerrendite des Unternehmens dargestellt. Bei diesen Mindestthesaurierungsdauern wird eine Gleichbelastung zwischen Kapitalgesellschaften und Personenunternehmen erreicht (vgl. *Förster*, Ubg 2008, 191). Die Ta- R43 belle zeigt, dass bei Einkommensteuersätzen von 45 % die Kapitalgesellschaft dem Personenunternehmen bei Gewerbesteuerhebesätzen von 400 % bis 450 % bereits dann überlegen ist, wenn der Gewinn lediglich ein Jahr oder geringfügig darüber hinaus thesauriert wird. Die Gesamtbelastung ausgeschütteter bzw. entnommener Gewinne bei einem (Grenz-)Einkommensteuersatz von 45 % unterscheidet sich kaum, so dass der Thesaurierungsvorteil der Kapitalgesellschaft bereits nach kurzer Zeit durchschlägt. Bei Grenzeinkommensteuersätzen von 42 % beläuft sich bei Gewerbesteuerhebesätzen zwischen 400 % und 450 % die erforderliche Mindestthesaurierungsdauer eines Gewinns der Kapitalgesellschaft je nach Vorsteuerrendite auf drei bis sechs Jahre (vgl. *Förster*, Ubg 2008, 192).

	Personenunternehmen, kein § 34a EStG				Personenunternehmen, § 34a EStG, Steuerentnahmen			
ESt	42 %		45 %		42 %		45 %	
GewSt-Hebesatz	400 %	450 %	400 %	450 %	400 %	450 %	400 %	450 %
i = 10 %	5,56	5,06	1,03	0,51	5,88	4,2	1,14	0
i = 15 %	3,81	3,47	0,71	0,35	4,05	2,89	0,79	0
i = 20 %	2,94	2,68	0,54	0,27	3,13	2,23	0,61	0

Abb. 3: Belastungsvergleich Kapitalgesellschaften versus Personenunternehmen unter Verwendung von Mindestthesaurierungsdauern in Jahren (vgl. *Förster*, Ubg 2008, 191).

R 44 Im Ergebnis ist eine Kapitalgesellschaft bei Grenzeinkommensteuersätzen von 42 % und 45 % dem Personenunternehmen bei geringen bis moderaten Gewerbesteuerhebesätzen stets überlegen, da sie nicht nur von der niedrigeren Thesaurierungsbelastung profitiert, sondern auch die Gesamtbelastung ausgeschütteter Gewinne niedriger ist als die Gesamtbelastung entnommener Gewinne bei Personenunternehmen. Bei mittleren bis hohen Gewerbesteuerhebesätzen bedarf es nur noch einer verhältnismäßig kurzzeitigen Thesaurierung von Gewinnen der Kapitalgesellschaft, damit diese dem Personenunternehmen überlegen ist. Wenn der Gesellschafter einem Grenzeinkommensteuersatz von 45 % unterliegt, beträgt die erforderliche Thesaurierungsdauer nur ca. ein Jahr (vgl. *Förster*, Ubg 2008, 192).

13. Veräußerung und Erwerb

R 45 **Veräußerung eines gesamten Mitunternehmeranteils** | Die Veräußerung eines gesamten Mitunternehmeranteils ist gänzlich steuerpflichtig, § 16 Abs. 1 Satz 1 Nr. 2 EStG, wird jedoch auf zweierlei Weise begünstigt. Zunächst wird auf Antrag einmalig ein Veräußerungsfreibetrag i.H.v. 45 000 Euro gewährt, wenn der Steuerpflichtige das 55. Lebensjahr vollendet hat oder im sozialversicherungsrechtlichen Sinne dauernd berufsunfähig ist. Der Veräußerungsfreibetrag schmilzt jedoch ab, soweit dieser 136 000 Euro übersteigt, so dass ab einem Veräußerungsgewinn i.H.v. 181 000 Euro kein Veräußerungsfreibetrag mehr gewährt wird, § 16 Abs. 4 EStG. Darüber hinaus unterliegt ein Veräußerungsgewinn den Tarifvergünstigungen des § 34 EStG in Form der sog. Fünftelungsregelung (§ 34 Abs. 1 EStG) bzw. des sog. 56 %-igen durchschnittlichen Steuersatzes (§ 34 Abs. 3 EStG). Letzterer wird nur auf Antrag und nur einmal im Leben für Veräußerungsgewinne bis zu 5 Mio. Euro gewährt, wenn der Steuerpflichtige das 55. Lebensjahr vollendet hat oder im sozialversicherungsrechtlichen Sinne dauernd berufsunfähig ist. Die Veräußerung eines Mitunternehmeranteils durch eine natürliche Person unterliegt nicht der Gewerbesteuer (vgl. R 7.1 [3] GewStR). Erfolgt die Veräußerung eines Mitunternehmeranteils jedoch durch eine Kapitalgesellschaft, zählt der Veräußerungsgewinn zum Gewerbeertrag, § 7 Satz 2 GewStG (→ *Verkauf und Vorkauf von Gesellschaftsanteilen Rz. V 31 ff.*).

Im Privatvermögen gehaltene Beteiligung | Hingegen unterliegt die Veräußerung einer im Privatvermögen gehaltenen Beteiligung an einer Kapitalgesellschaft i.H.v. unmittelbar oder mittelbar mindestens 1 % innerhalb der letzten fünf Jahre dem Teileinkünfteverfahren, §§ 17 Abs. 1, 3 Nr. 40 lit. c, 3c Abs. 2 EStG. Ein Veräußerungsgewinn ist durch einen Veräußerungsfreibetrag i.H.v. 9 060 Euro begünstigt, der dem veräußerten Anteil an der Kapitalgesellschaft entspricht, § 17 Abs. 3 EStG. Auch dieser Freibetrag schmilzt ab, soweit der Veräußerungsgewinn den Teil von 36 100 Euro übersteigt, der dem veräußerten Anteil an der Kapitalgesellschaft entspricht. Liegt die Beteiligungsquote einer im Privatvermögen gehaltenen Beteiligung an einer Kapitalgesellschaft unterhalb von 1 %, so gilt die Abgeltungssteuer, §§ 20 Abs. 2 Satz 1 Nr. 1, 32d EStG. R 46

Im Betriebsvermögen gehaltene Beteiligung | Wird die Beteiligung an einer Kapitalgesellschaft unabhängig von der Beteiligungsquote in einem Betriebsvermögen einer natürlichen Person gehalten, ist ebenso das Teileinkünfteverfahren auf Veräußerungsgewinne anwendbar, §§ 3 Nr. 40 lit. a, 3c Abs. 2 EStG. Dies gilt auch für eine durch eine natürliche Person in einem Betriebsvermögen gehaltene 100 %-Beteiligung an einer Kapitalgesellschaft (sog. fiktiver Teilbetrieb), §§ 16 Abs. 1 Satz 1 Nr. 1 Satz 2, 3 Nr. 40 lit. b, 3c Abs. 2 EStG. Gewerbesteuerlich erfolgt keine Hinzurechnung des steuerfreien Teils, § 8 Nr. 5 GewStG. R 47

Kapitalgesellschaft als Anteilseigner | Ist der veräußernde Gesellschafter einer Kapitalgesellschaft wiederum eine Kapitalgesellschaft, so ist ein Veräußerungsgewinn im Ergebnis zu 95 % steuerfrei, § 8b Abs. 2, 3 KStG. Auch gewerbesteuerlich erfolgt keine Hinzurechnung des steuerfreien Teils, § 8 Nr. 5 GewStG. Veräußerungsverluste bleiben unberücksichtigt, § 8b Abs. 3 Satz 3 KStG. R 48

Aufstockung der Buchwerte beim Erwerber | Der Erwerb eines Mitunternehmeranteils ist im Vergleich zum Erwerb eines Kapitalgesellschaftsanteils steuerlich günstiger, weil dieser zu einer Aufstockung der Buchwerte der erworbenen Wirtschaftsgüter in einer Ergänzungsbilanz des erwerbenden Mitunternehmers führt (sog. „asset deal"). Hieraus resultieren erhöhte Abschreibungen, soweit die Anschaffungskosten auf planmäßig abschreibungsfähige Wirtschaftsgüter entfallen (vgl. *Neumayer* in GmbH-Handbuch, Rz. III 71 [Stand: Jan. 2013]). R 49

14. Gesellschaftervergütungen

Besteuerung von Gesellschafterleistungen | Neben der eigenständigen Steuerpflicht wirkt sich die Rechtsform eines Unternehmens insbesondere auf die Besteuerung der Vertragsbeziehungen zwischen dem Unternehmen und den beteiligten natürlichen und juristischen Personen aus. Die Vergütungen für Gesellschafterleistungen (Dienstleistungen, Darlehensgewährung oder Überlassung von Wirtschaftsgütern) werden bei einer Personengesellschaft wie der GmbH & Co. KG steuerlich anders als bei einer Kapitalgesellschaft behandelt. R 50

Sondervergütungen | Vergütungen, die der Gesellschafter einer Personengesellschaften von der Gesellschaft für seine Tätigkeit im Dienst der Gesellschaft oder für die Hingabe von Darlehen oder für die Überlassung von Wirtschaftsgütern bezogen hat, zählen zu den gewerblichen Einkünften des Mitunternehmers aus dieser Mitunternehmerschaft (Sondervergütun- R 51 gen), § 15 Abs. 1 Satz 1 Nr. 2 Satz 1 Halbs. 2 EStG. Diese werden auf der zweiten Stufe der Gewinnermittlung erfasst und sind Teil des steuerlichen Gewinns der Mitunternehmerschaft, der die Ausgangsgröße zur Ermittlung des Gewerbeertrags bildet, § 7 GewStG (vgl. BFH v. 19.2.1981 – IV R 141/77, BStBl. II 1981, 433). Die Hauptfolge des Einbezugs der Sondervergütungen in die gewerblichen Einkünfte ist folglich deren Belastung mit Gewerbesteuer (vgl. *Niehus/Wilke*, Besteuerung der Personengesellschaften, 113 f.). Zudem sind Wirtschaftsgüter, die im Eigentum eines Mitunternehmers stehen und objektiv geeignet und subjektiv dazu bestimmt sind, dem Betrieb der Gesellschaft (Sonderbetriebsvermögen I) oder der Beteiligung des Mitunternehmers der Gesellschaft (Sonderbetriebsvermögen II) zu dienen oder diese(n) zu fördern, Teil des Betriebsvermögens der Gesellschaft. Als Besonderheit bei der GmbH & Co. KG gilt, dass die Anteile des Kommanditisten an der Komplementär-GmbH Sonderbetriebsvermögen II darstellen. Entsprechend führen Gewinnausschüttungen der Komplementär-GmbH an beteiligte Kommanditisten zu Sonderbetriebseinnahmen, die dem Teileinkünfteverfahren unterliegen, § 3 Nr. 40 lit. d) EStG.

R 52 **Vorabgewinne |** Voraussetzung für die Subsumtion dieser Vergütungen unter § 15 Abs. 1 Satz 1 Nr. 2 EStG ist das Bestehen eines Zusammenhangs zwischen der Tätigkeit des Gesellschafters und der Betätigung der Gesellschaft (vgl. BFH v. 11.12.1986 – IV R 222/84, BStBl. II 1987, 553 = FR 1987, 258 = GmbHR 1987, 489). Alternativ zur Vereinbarung von Gesellschafterleistungen auf schuldrechtlicher Basis (Sondervergütungen) können Gesellschafterleistungen auch im Gesellschaftsvertrag vereinbart werden (vgl. BFH v. 6.7.1999 – VIII R 46/94, BStBl. II 1999, 720 = FR 1999, 1052 m. Anm. *Kempermann* = GmbHR 1999, 1052 m. Anm. *Schiffers* = GmbH-StB 1999, 271). Verpflichten sich Mitunternehmer im Gesellschaftsvertrag zur Leistungen von Diensten, Hingabe von Darlehen oder Überlassung von Wirtschaftsgütern und erhalten die Mitunternehmer vorab Gewinnanteile stellen die Vergütungen hierfür Vorabgewinne dar, die Teil der ersten Stufe der Gewinnermittlung sind, § 15 Abs. 1 Satz 1 Nr. 2 Satz 1 Halbs. 1 EStG (keine aufwandswirksame Behandlung, Zahlung regelmäßig nur im Gewinnfall, vgl. BFH v. 23.1.2001 – VIII R 30/99, BStBl. II 2001, 621 = FR 2001, 580; BFH v. 5.6.2014 – IV R 43/11, BStBl. 2014, 695 = FR 2014, 893 m. Anm. *Wendt* = GmbHR 2014, 945 = GmbH-StB 2014, 252) und keine Sondervergütungen darstellen. Diese Unterscheidung ist insbesondere für die Gewerbesteueranrechnung, bei der Vorabgewinnanteile bei der Ermittlung des Anteils eines Mitunternehmers am Gewerbesteuermessbetrag gemäß § 35 Abs. 2 Satz 2 Hs. 2 EStG auszuscheiden sind (vgl. BFH v. 5.6.2014 – IV R 43/11, BStBl. 2014, 695 = FR 2014, 893 m. Anm. *Wendt* = GmbHR 2014, 945 = GmbH-StB 2014, 252), und den § 15a EStG von Bedeutung, wonach ein Gewinnvorab für die Verrechnung mit ausgleichsfähigen bzw. verrechenbaren Verlusten zur Verfügung steht.

R 53 **Abzugsfähige Betriebsausgaben, Einkünfte auf Gesellschafterebene |** Bei einer Kapitalgesellschaft sind Aufwendungen für Gesellschafterleistungen abzugsfähige Betriebsausgaben, die die Bemessungsgrundlage für die Körperschaft- und Gewerbesteuer mindern, vorbehaltlich etwaiger Sondervorschriften etwa zur Begrenzung des Abzugs von Zinsaufwendungen (z.B. Zinsschranke gemäß §§ 4h, 8a KStG, deren verfassungsrechtliche Zulässigkeit noch nicht abschließend geklärt ist, vgl. Vorlagebeschluss des BFH v. 14.10.2015 – I R 20/15, BFHE 252, 44 [Az. des BVerfG: 2 BvL 1/16], anteilige Hinzurechnung von Entgelten für Schulden gemäß § 8 Nr. 1a GewStG) und nur sofern die Leistungsvergütungen dem Grunde und der Höhe nach angemessen sind. Auf Ebene des Gesellschafters unterliegen die Vergütungen für Gesellschafterleistungen in Abhängigkeit von der Art der gewährten Leistung der Einkommensteuer (z.B. Geschäftsführungsleistungen als Einkünfte aus nichtselbständiger Arbeit gemäß § 19 EStG). Liegen die Voraussetzungen für eine Betriebsaufspaltung vor, unterliegen die Vergütungen bei der Besitzpersonengesellschaft als fingierte gewerbliche Einkünfte (z.B. Mieten) zudem der Gewerbesteuer (vgl. *Neumayer* in GmbH-Handbuch, Rz. III 42 [Stand: Jan. 2013]).

15. Risiko von verdeckten Gewinnausschüttungen und verdeckten Einlagen

Zu geringer Gewinnanteil der Komplementär-GmbH | Während bei einer Kapitalgesellschaft grundsätzlich das Risiko der Aufdeckung von verdeckten Gewinnausschüttungen besteht, ist dieses Risiko bei einer GmbH & Co. KG nur gegeben, wenn der vertraglich vorgesehene Gewinnanteil der Komplementär-GmbH zugunsten der Kommanditisten, die zugleich Gesellschafter der GmbH sind, zu gering bemessen ist. In diesem Fall liegt eine verdeckte Gewinnausschüttung an die Kommanditisten vor, denn die GmbH kann nur aus betrieblich nicht gerechtfertigten, in ihren Beziehungen zu ihren Gesellschaftern liegenden Gründen auf einen Teil des ihr zustehenden Gewinns verzichtet haben. Die verdeckte Gewinnausschüttung wird auf Ebene der Komplementär-GmbH gemäß § 8 Abs. 3 Satz 2 KStG einkommenserhöhend erfasst und führt bei den Kommanditisten zu Sonderbetriebseinnahmen, da die Beteiligung an der GmbH Sonderbetriebsvermögen II der Kommanditisten bildet, §§ 15 Abs. 1 Satz 1 Nr. 2 i.V.m. 20 Abs. 1 Nr. 1 Satz 2, Abs. 8 EStG (vgl. BFH v. 15.11.1967 - IV R 139/67, BStBl. II 1968, 152; BFH v. 23.8.1990 - IV R 71/89, BStBl. II 1991, 172 = FR 1991, 210 = GmbHR 1991, 177). Die als Sonderbetriebseinnahme zu erfassende verdeckte Gewinnausschüttung unterliegt dem Teileinkünfteverfahren, § 3 Nr. 40 lit. d EStG (→ *Verdeckte Gewinnausschüttung*). R 54

Überhöhter Gewinnanteil der Komplementär-GmbH | Wird umgekehrt der Komplementär-GmbH ein überhöhter Gewinnanteil eingeräumt, so bewirken die Kommanditisten, die zugleich Gesellschafter der Komplementär-GmbH sind, eine verdeckte Einlage (vgl. BFH v. 23.8.1990 - IV R 71/89, BStBl. II 1991, 172 = FR 1991, 210 = GmbHR 1991, 177). Die verdeckte Einlage beeinflusst den Gewinnanteil des Kommanditisten i.S.d. § 15 Abs. 1 Satz 1 Nr. 2 Halbs. 1 EStG jedoch nicht, so dass ihm ein entsprechender höherer Gewinnanteil und der Komplementär-GmbH ein entsprechend niedrigerer Gewinnanteil zuzurechnen ist. Die verdeckte Einlage wird als Sonderbetriebsausgabe bei der Komplementär-GmbH und als Sonderbetriebseinnahme bei den Kommanditisten erfasst. Auf Seiten des Kommanditisten führt die verdeckte Einlage zu nachträglichen Anschaffungskosten auf die Komplementär-GmbH-Anteile (vgl. BFH v. 23.8.1990 - IV R 71/89, BStBl. II 1991, 172 = FR 1991, 210 = GmbHR 1991, 177). Eine Leistung i.S.d. § 7 Abs. 8 Satz 1 ErbStG dürfte zumindest bei einer unter allen Kommanditisten getroffenen überhöhten Gewinnverteilungsabrede zugunsten der Komplementär-GmbH nicht vorliegen (vgl. auch Gleichlautende Ländererlasse v. 14.3.2012, BStBl. I 2012, 331, Tz. 3.3.3). R 55

Verfahrensrechtlich | Verfahrensrechtlich sind verdeckte Gewinnausschüttungen oder verdeckten Einlagen im Rahmen der gesonderten und einheitlichen Gewinnfeststellung der KG festzustellen und für das Körperschaftsteuerveranlagungsverfahren der GmbH bindend (vgl. BFH v. 15.11.1967 - IV R 139/67, BStBl. II 1968, 152; BFH v. 6.8.1985 - VIII R 280/81, BStBl. II 1986, 17 = FR 1986, 44 = GmbHR 1986, 134; BFH v. 24.3.1998 - I R 79/97, BStBl. II 1998, 578 = FR 1998, 844 = GmbHR 1998, 947). R 56

Vermeidung der Steuerbelastungen | Zur Vermeidung der mit einer verdeckten Gewinnausschüttung oder verdeckten Einlage verbundenen Steuerbelastungen leistet die Komplementär- R 57

GmbH häufig keine Vermögenseinlage und wird im Gesellschaftsvertrag weder am Gewinn und Verlust noch am Gesellschaftsvermögen einschließlich stiller Reserven und Geschäftswert für den Fall des Ausscheidens oder einer Liquidation der KG beteiligt. Beschränkt sich der Gesellschafterbeitrag neben der Übernahme der Geschäftsführung und der Vertretung der KG auf die Übernahme der Haftung für die Gesellschaftsschulden der KG, so ist eine Gewinnverteilungsabrede angemessen, wenn sie der Komplementär-GmbH auf Dauer Ersatz ihrer Auslagen und eine Haftungsvergütung zuspricht, für deren Höhe eine dem Risiko des Einzelfalls entsprechende, im Wirtschaftsleben für diesen Fall übliche Avalprovision einen Anhaltspunkt bietet kann (vgl. BFH v. 3.2.1977 – IV R 122/73, BStBl. II 1977, 346; BFH v. 24.7.1990 – VIII R 290/84, BFH/NV 1991, 191).

R 58 **Angemessene Gewinnverteilung |** Bei Leistung einer Vermögenseinlage ist eine Gewinnverteilungsabrede angemessen, wenn die Komplementär-GmbH auf Dauer Ersatz ihrer Auslagen und eine den Kapitaleinsatz und das etwa vorhandene Haftungsrisiko gebührend berücksichtigende Beteiligung am Gewinn erhält, mit der sich eine GmbH zufrieden gegeben hätte, die von gesellschaftsfremden Personen gehalten wird (vgl. BFH v. 15.11.1967 – IV R 139/67, BStBl. II 1968, 152). Weder im handelsrechtlichen Schrifttum noch in der Rechtsprechung des BFH werden allgemein verbindliche Zahlen oder Prozentsätze für die Angemessenheit der Verzinsung der Vermögenseinlage genannt (vgl. BFH v. 24.7.1990 – VIII R 290/84, BFH/NV 1991, 191). Grundsätzlich dürfte von einer angemessenen Gewinnverteilung auszugehen sein, wenn sich das von der Komplementär-GmbH eingesetzte Kapital mit 20 % verzinst und sie ihre Auslagen ersetzt erhält (vgl. *Eckl* in Hesselmann/Tillmann/Mueller-Thuns, Hdb. GmbH & Co. KG, Rz. 6.179).

R 59 frei

16. Verluste und § 15a EStG

R 60 **Grundsatz |** Von einer Kapitalgesellschaft erlittene Verluste sind aufgrund des Trennungsprinzips nicht mit Einkünften der Gesellschafter verrechenbar. Sie können nur in den Grenzen des §§ 15 Abs. 4 Satz 6, 15a Abs. 5 EStG über eine GmbH & atypisch still oder über eine Organschaft sowohl mit Wirkung für die Körperschaftsteuer als auch mit Wirkung für die Gewerbesteuer nutzbar gemacht werden, §§ 14 ff. KStG, 2 Abs. 2 Satz 2 GewStG. Hingegen sind von einer Personengesellschaft erzielte Verluste aufgrund des Transparenzprinzips grundsätzlich mit gleichen oder anderen Einkünften des Gesellschafters verrechenbar (→ *Verluste Rz. V 81 f.*). Für Zwecke der Gewerbesteuer ist eine Personengesellschaft selbst Gewerbesteuersubjekt, so dass gewerbesteuerliche Verluste unter den Voraussetzungen der Unternehmens- und Unternehmeridentität (R 10a. 1 Abs. 3 Satz 3 GewStR) nur bei ihr selbst und nicht bei anderen Beteiligungen des Gesellschafters oder in dessen Einzelunternehmen genutzt werden können. Sofern die Personengesellschaft Organträgerin ist, kann ihr Gewerbeverlust mit dem Gewerbeertrag der Organgesellschaft verrechnet werden (→ *Gewerbesteuer*).

R 61 **Verlustabzug |** Der einkommen- und körperschaftsteuerliche Verlustrücktrag beträgt nach § 10d Abs. 1 EStG (i.V.m. § 8 Abs. 1 KStG) 1 Mio. Euro bzw. bei zusammenveranlagten Ehegatten 2 Mio. Euro. Der einkommensteuerliche Verlustvortrag wird durch die sog. Mindestbesteuerung gemäß § 10d Abs. 2 EStG eingeschränkt. Danach ist ein Verlustvortrag bis zu einem Gesamtbetrag der Einkünfte von 1 Mio. Euro bzw. 2 Mio. Euro bei zusammenveranlagten Ehegatten unbeschränkt, darüber hinaus nur zu 60 % des Gesamtbetrags der Einkünfte abziehbar. Die sog. Mindestbesteuerung gilt über § 8 Abs. 1 KStG auch bei der Ermittlung des Einkommens von Kapitalgesellschaften. Weiterhin findet sich in § 10a Satz 1 f. GewStG eine gleichlautende Regelung für Gewerbesteuerzwecke, die aber keinen Verlustrücktrag zulässt § 10a GewStG.

Anteilseignerwechsel | Im Fall des Anteilseignerwechsels einer Kapitalgesellschaft sind körperschaftsteuerliche und gewerbesteuerliche Verlustvorträge nach Maßgabe der §§ 8c KStG, 10a Satz 10 GewStG vom (anteiligen) Untergang bedroht. Gewerbesteuerliche Verlustvorträge i.S.d. § 10a GewStG einer Personengesellschaft sind bei Gesellschafterwechseln auch vom (anteiligen) Untergang bedroht, weil deren Nutzung neben der Unternehmensidentität auch die Unternehmeridentität voraussetzt (R 10a. 1 Abs. 3 Satz 3 GewStR) (→ *Gewerbesteuer*). R 62

Vererbbarkeit | Während der Verlustvortrag nach § 10d EStG einer natürlichen Person nicht vererblich ist (vgl. BFH v. 17.12.2007 – GrS 2/04, BStBl. II 2008, 608 = FR 2008, 457 m. Anm. *Kanzler*), mit Ausnahmen für besondere Verlustverrechnungskreise wie insbesondere §§ 2a, 15 Abs. 4, 15a, 15b, 20 Abs. 1 Nr. 4, Abs. 6, 21 Abs. 1 Satz 2, 22 Nr. 3 Satz 3–5, 23 Abs. 3 Satz 8 f. EStG, geht der Verlustvortrag einer Kapitalgesellschaft bei Anteilsübertragung durch Erbfall oder Schenkung nicht unter (keine schädliche Anteilsübertragung i.S.d. § 8c KStG, vgl. BMF v. 4.7.2008 – IV C 7 - S 2745 - a/08/10001, BStBl. I 2008, 736, Rz. 4). Insoweit ist die Kapitalgesellschaft vorteilhafter. Mit Blick auf den besonderen Verlustverrechnungskreis des § 15a EStG ist zu berücksichtigen, dass beschränkt haftende Gesellschafter einer Personengesellschaft aufgrund der Vererbbarkeit verrechenbarer Verluste i.S.d. § 15a Abs. 2 EStG (betriebs- bzw. objektbezogene Verluste) (vgl. *Dötsch*, DStR 2008, 646; FinMin Schleswig-Holstein v. 23.3.2011 – VI 303 - S 2225 - 033, FMNR0f0550011, aufgehoben am 30.4.2013) gegenüber unbeschränkt haftenden Gesellschaftern einer GmbH & Co. KG aber auch gegenüber unbeschränkt haftenden Gesellschaftern einer oHG oder GbR begünstigt werden. Hinsichtlich der betriebs- bzw. objektbezogenen Verluste des § 15a EStG erweist sich die Rechtsform der GmbH & Co. KG daher als vorteilhaft (vgl. *Schroer/Bücker*, FR 2004, 753). R 63

Sinn und Zweck des § 15a EStG | Für den Kommanditisten ist die Verlustnutzung nach den Vorgaben des § 15a EStG beschränkt. Der Zweck des § 15a EStG besteht darin, dem Kommanditisten einen steuerlichen Verlustausgleich nur insoweit zu gewähren, als er wirtschaftlich durch die Verluste belastet wird (vgl. BFH v. 18.12.2003 – IV B 201/03, BStBl. II 2004, 231 = FR 2004, 401 = GmbHR 2004, 310 = GmbH-StB 2004, 71). Nach § 167 Abs. 3 HGB nimmt ein Kommanditist an einem Verlust nur bis zum Betrage seines Kapitalanteils und seiner noch rückständigen Einlage teil. Verlustzuweisungen eines Kommanditisten, die dessen geleistete Pflicht- bzw. Hafteinlage übersteigen, belasten diesen weder zivilrechtlich noch wirtschaftlich unmittelbar. Der negative Kapitalanteil führt nur zu einer Entnahmesperre, solange der Kapitalanteil durch Verluste unter die bedungene Einlage, d.h. die geleistete Pflichteinlage gesunken ist, § 169 Abs. 1 Satz 2 HGB. Insofern haftet ein Kommanditist nur mit zukünftigen Gewinnanteilen (→ *Haftung des Kommanditisten*). R 64

Nicht sofort ausgleichsfähige oder abzugsfähige Verluste | Daher darf nach § 15a Abs. 1 Satz 1 EStG der einem Kommanditisten zuzurechnende Anteil am Verlust der Kommanditgesellschaft weder mit anderen Einkünften aus Gewerbebetrieb noch mit Einkünften aus anderen Einkunftsarten ausgeglichen werden, soweit ein negatives Kapitalkonto des Kommanditisten entsteht oder sich erhöht. Ein Verlustabzug nach § 10d EStG ist insoweit ebenso ausgeschlossen. Haftet der Kommanditist am Bilanzstichtag den Gläubigern der Gesellschaft aufgrund des § 171 Abs. 1 HGB, so können unter den näher in § 15a Abs. 1 Satz 3 EStG niedergelegten Voraussetzungen Verluste des Kommanditisten bis zur Höhe des Betrags, um den R 65 die im Handelsregister eingetragene Einlage des Kommanditisten seine geleistete Einlage übersteigt (Hafteinlage), auch ausgeglichen oder abgezogen werden, soweit durch den Verlust ein negatives Kapitalkonto entsteht oder sich erhöht, § 15a Abs. 1 Satz 2 EStG. Die sog. erweiterte Außenhaftung ermöglicht eine sofortige Verlustverrechnung, weil der Kommanditist in Höhe der Haftsumme den Gläubigern gegenüber unmittelbar haftet, § 171 Abs. 1 HGB, und damit tatsächlich wirtschaftlich belastet ist.

R66 **Verrechenbare Verluste** | Nicht nach § 15a Abs. 1 EStG sofort ausgleichs- oder abzugsfähige Verluste mindern die Gewinne, die dem Kommanditisten in späteren Wirtschaftsjahren aus seiner Beteiligung an der KG zuzurechnen sind (sog. verrechenbare Verluste), § 15a Abs. 2 EStG. Diese werden jährlich gesondert festgestellt, § 15a Abs. 4 EStG.

Beispiel:

Der Kommanditist A hat seine Pflichteinlage i.H.v. 200 000 Euro bei der B-GmbH & Co. KG erbracht. Sein steuerliches Kapitalkonto beträgt vor Ergebniszuweisung für das Wirtschaftsjahr 01 zum 31.12. 2001 200 000 Euro. Für das Wirtschaftsjahr 01 erhält A eine Verlustzuweisung i.H.v. 250 000 Euro. Durch die Verlustzuweisung für 01 entsteht für A ein negatives Kapitalkonto i.H.v. ./. 50 000 Euro, so dass nach § 15a Abs. 1 Satz 1 EStG nur 200 000 Euro sofort ausgleichsfähig sind, während 50 000 Euro lediglich mit zukünftigen Gewinnen des A aus der B-GmbH & Co. KG verrechenbar sind, § 15a Abs. 2 Satz 1 EStG.

R67 **Kapitalkonto i.S.d. § 15a Abs. 1 EStG** | Das Kapitalkonto i.S.d. § 15a Abs. 1 EStG umfasst das Kapitalkonto des Gesellschafters in der Steuerbilanz der KG unter Berücksichtigung des Mehr-/oder Minderkapitals aus einer etwaigen Ergänzungsbilanz des Gesellschafters (erste Stufe der Gewinnermittlung) (vgl. BFH v. 14.5.1991 – VIII R 31/88, BStBl. II 1992, 167; BMF v. 30.5.1997 – IV B 2 S 2241a - 51/93 II, BStBl. I 1997, 627). Das Kapitalkonto in der Sonderbilanz ist nicht einzubeziehen, weil ein Kommanditist für die Verluste der KG nicht mit seinem positiven Sonderbetriebsvermögen haftet (vgl. BFH v. 14.5.1991 – VIII R 31/88, BStBl. II 1992, 166; BMF v. 15.12.1993 – IV B 2 - S 2241a - 57/93, BStBl. I 1993, 976). Verluste im Sonderbetriebsvermögen sind nach § 2 Abs. 3 EStG unbeschränkt ausgleichsfähig bzw. nach § 10d EStG abzugsfähig.

R68 **Kommanditeinlage** | Die Kommanditeinlage ist erst dann geleistet, wenn sie tatsächlich erbracht ist (vgl. BFH v. 16.10.2007 – VIII R 21/06, BStBl. II 2008, 126 = GmbHR 2008, 157 = FR 2008, 320 m. Anm. *Kempermann* = GmbH-StB 2008, 66), also durch Zuführung eines Vermögenswertes in das Gesellschaftsvermögen geleistet wurde (vgl. BFH v. 18.12.2003 – IV B 201/03, BStBl. II 2004, 231 = FR 2004, 401 = GmbHR 2004, 310 = GmbH-StB 2004, 71).

R69 **Erweiterte Außenhaftung** | Über die gesellschaftsvertraglich vereinbarte Pflichteinlage hinaus können Verluste als sofort ausgleichsfähig behandelt werden, wenn im Handelsregister eine über die geleistete Pflichteinlage hinausgehende Haftsumme eingetragen wird (sog. erweiterte Außenhaftung). In Höhe der Haftsumme besteht eine unmittelbare Haftung gegenüber Gläubigern, § 171 Abs. 1 HGB. Die Verluste eines Kommanditisten können bis zur Höhe des Betrags, um den die im Handelsregister eingetragene Einlage des Kommanditisten seine geleistete Einlage übersteigt, auch nach § 15 Abs. 1 Satz 2 EStG ausgeglichen oder abgezogen werden, soweit dadurch ein negatives Kapitalkonto entsteht oder sich erhöht. Wird die Einlage dann später geleistet, entsteht hierdurch kein zusätzliches Verlustausgleichspotential (vgl. BFH v. 10.6.1999 – IV B 126/98, BFH/NV 1999, 1461; BFH v. 19.4.2007 – IV R 70/04, BStBl. II 2007, 868 = FR 2008, 25 = GmbHR 2007, 1062 = GmbH-StB 2007, 301). Erforderlich ist die Eintragung in das Handelsregister vor dem Bilanzstichtag (vgl. R 15a Abs. 3 EStR). Der erweiterte Verlustausgleich mindert sich in dem Umfang, in dem eine atypisch stille Unterbeteiligung an dem Anteil besteht (vgl. BFH v. 19.4.2007 - IV R 70/04, BStBl. II 2007, 868 = FR 2008, 25 = GmbHR 2007, 1062 = GmbH-StB 2007, 301).

Beispiel:

Für den Kommanditist A im vorgenannten Beispiel ist im Handelsregister eine Haftsumme von 230 000 Euro eingetragen. Da A aufgrund der eingetragenen Haftsumme noch für Schulden der Gesellschaft i.H.v. 30 000 Euro haftet, sind insgesamt Verluste i.H.v. 230 000 Euro ausgleichs- oder abzugsfähig. Nur Verluste i.H.v. 20 000 Euro sind lediglich verrechenbar, § 15a Abs. 2 EStG.

Zeitkongruente Einlage | Einlagen, die im Jahr der Verlustentstehung geleistet werden (sog. zeitkongruente Einlage), ermöglichen einen Verlustausgleich. R 70

Nachträgliche Einlagen | Nachträgliche Einlagen führen nach § 15a Abs. 1a Satz 1 Alt. 1 EStG weder zu einer nachträglichen Ausgleichs- oder Abzugsfähigkeit eines vorhandenen verrechenbaren Verlusts. Diese Aussage ist lediglich deklaratorischer Natur und galt auch schon für Einlagen vor dem 24.12.2008. Nach § 15a Abs. 1a Satz 1 Alt. 2 EStG führen nachträgliche Einlagen nicht zur Ausgleichs- oder Abzugsfähigkeit des dem Kommanditisten zuzurechnenden Anteils am Verlust eines zukünftigen Wirtschaftsjahres, soweit durch den Verlust ein negatives Kapitalkonto des Kommanditisten entsteht oder sich erhöht. Somit ermöglichen auf ein negatives Kapitalkonto geleistete Einlagen eine sofortige Verlustnutzung nur in der Höhe, in der sie das Kapitalkonto positiv werden lassen. Nach § 15a Abs. 2 Satz 2 EStG ist ein verbleibender, nur verrechenbarer Verlust im Zeitpunkt der Aufgabe bzw. der Veräußerung des gesamten Mitunternehmeranteils bis zur Höhe der nachträglichen Einlagen ausgleichs- und abzugsfähig. R 71

Einlage- oder Haftungsminderung | Durch die Gewinnzurechnung bei einer Einlage- oder Haftungsminderung gemäß § 15a Abs. 3 EStG soll die Umgehung der Verlustabzugsbegrenzung nach § 15a Abs. 1 EStG mittels einer nur vorübergehenden Erhöhung der Einlage oder der Haftsumme im Jahr der Verlusterzielung und nach dem Bilanzstichtag erfolgender Entnahme der eingelegten Beträge oder Verringerung der Haftsumme vermieden werden (vgl. Gesetzesbegründung, BT-Drucks. 8/3648, 17; OFD Frankfurt a.M. v. 10.11.2008 - S 2241a A-8-St 213, juris). Diese Zielsetzung wird durch eine Nachversteuerung im Jahr der Einlage- oder Haftungsminderung erreicht. Der erhöhte Verlustausgleich im Jahr der Einlage bzw. Haftungserweiterung und die entsprechenden Steuer- und Feststellungsbescheide des Verlustentstehungsjahrs werden nicht korrigiert. Dementsprechend wird gemäß § 15a Abs. 3 Satz 1 EStG dem Kommanditisten der Betrag der Einlageminderung als Gewinn zugerechnet, soweit ein negatives Kapitalkonto des Kommanditisten durch Entnahmen entsteht oder sich erhöht und soweit nicht aufgrund der Entnahmen eine erweiterte Außenhaftung gemäß § 171 Abs. 1 HGB besteht oder entsteht. R 72

Höchstbetrag der Gewinnzurechnung | Der Höchstbetrag der Gewinnzurechnung ist nach § 15a Abs. 3 Satz 2 EStG auf den Betrag der Anteile am Verlust der KG begrenzt, der im Wirtschaftsjahr der Einlageminderung und in den zehn vorangegangenen Wirtschaftsjahren ausgleichs- und abzugsfähig gewesen ist (vgl. FG Berlin-Brandenburg v. 23.9.2009 - 12 K 109/06, EFG 2010, 54, rkr.). Die Begrenzung des Korrekturzeitraums auf elf Jahre ist Praktikabilitätserwägungen geschuldet (vgl. BT-Drucks. 8/3648, S. 17). R 73

Haftungsminderung | Im Fall einer Haftungsminderung wird gemäß § 15a Abs. 3 Satz 3 EStG dem Kommanditisten der Betrag der Haftungsminderung, vermindert um aufgrund der Haftung tatsächlich geleistete Beträge, als Gewinn zugerechnet, soweit die Haftsumme ge- R 74 mindert und den zehn vorangegangenen Wirtschaftsjahren Verluste nach der erweiterten Außenhaftung ausgleichs- oder abzugsfähig gewesen sind. Die für eine Einlageminderung geltende Höchstbetragsregelung der Gewinnzurechnung gilt im Fall der Haftungsminderung entsprechend, § 15a Abs. 3 Satz 3 Halbs. 2 EStG.

R75 **Fiktive Gewinnzurechnung** | In Höhe der fiktiven Gewinnzurechnung wird ein verrechenbarer Verlust festgestellt. Die dem Kommanditisten zuzurechnenden Beträge mindern die Gewinne, die diesem im Wirtschaftsjahr der Zurechnung oder in späteren Wirtschaftsjahren aus einer Beteiligung an der KG zuzurechnen sind, § 15a Abs. 3 Satz 4 EStG. Somit führt die Regelung des § 15a Abs. 3 EStG dazu, dass im Verlustentstehungsjahr ausgleichs- und abzugsfähige Verluste in verrechenbare Verluste transformiert werden und erreicht damit – von Zinseffekten abgesehen – ein Ergebnis, dass ohne Leistung einer zusätzlichen Einlage oder Haftungserweiterung im Verlustentstehungsjahr eingetreten wäre.

R76 frei

17. Finanzierung

R77 **Beteiligungserwerb an einer Kapitalgesellschaft durch eine Kapitalgesellschaft** | Bei Fremdfinanzierung des Beteiligungserwerbs an einer Kapitalgesellschaft durch eine Kapitalgesellschaft gelten 5 % der nach § 8b Abs. 1 KStG steuerfrei bezogenen Dividenden als Ausgaben, die nicht als Betriebsausgaben abgezogen werden dürfen, § 8b Abs. 5 Satz 1 KStG. Die tatsächlich angefallenen Finanzierungskosten sind jedoch grundsätzlich abzugsfähig, §§ 8b Abs. 5 Satz 2 KStG i.V.m. 3c Abs. 1 EStG. Bei einer Portfoliobeteiligung (< 10 % des Grund- oder Stammkapitals) sind Dividenden voll steuerpflichtig, so dass § 8b Abs. 5 KStG nicht anzuwenden ist, § 8b Abs. 4 Satz 1, 7 KStG. Die Finanzierungsaufwendungen sind vollständig als Betriebsausgabe abzugsfähig. Gewerbesteuerlich unterliegen 1/4 der Schuldzinsen der Hinzurechnung, soweit der Hinzurechnungsfreibetrag i.H.v. 100 000 Euro überschritten ist, § 8 Nr. 1a GewStG. Die Verfassungsmäßigkeit der gewerbesteuerlichen Hinzurechnung von Entgelten für Schulden ist noch nicht abschließend geklärt (keine ernstlichen Zweifel an der Verfassungsmäßigkeit: BFH v. 16.10.2012 – I B 128/12, BStBl. II 2013, 30 = GmbHR 2013, 49 = FR 2013, 185 m. Anm. *Keß* = GmbH-StB 2013, 6, nicht zur Entscheidung angenommen BVerfG v. 6.5.2013 – 1 BvR 821/13, HFR 2013, 639; zweifelnd FG Hamburg v. 29.2.2012 – 1 K 138/10, EFG 2012, 960, dessen Vorlagebeschluss durch das BVerfG mit Beschluss v. 15.2.2016 – 1 BvL 8/12, BStBl. II 2016, 557, als unzulässig mangels nicht hinreichender Begründung zur Verfassungswidrigkeit der vorgelegten Normen des § 8 Nr. 1 Buchst. a, d und e GewStG i.d.F. des UntStRefG 2008 und des JStG 2008 beurteilt wurde). Ergänzend ist zu beachten, dass Wertminderungen von Darlehen, die an eine Tochtergesellschaft ausgereicht wurden oder aus der Inanspruchnahme von Sicherheiten für ein Darlehen, steuerlich nicht berücksichtigt werden, wenn der Gesellschafter zu mindestens 25 % unmittelbar oder mittelbar am Grund- oder Stammkapital der darlehensempfangenden Gesellschaft beteiligt ist oder war, § 8b Abs. 3 Satz 4–8 KStG.

R78 **Beteiligungserwerb an einer Kapitalgesellschaft durch eine natürliche Person** | Bei Fremdfinanzierung des Beteiligungserwerbs an einer Kapitalgesellschaft durch eine natürliche Person sind Finanzierungskosten als Ergebnis des Teileinkünfteverfahrens zu 60 % als Betriebsausgaben abzugsfähig, wenn die Beteiligung dem Betriebsvermögen zugeordnet ist, § 3c Abs. 2 EStG, oder das Teileinkünfteverfahren auf Antrag angewandt wird, § 32d Abs. 2 Satz 1 Nr. 3, Satz 2 EStG. Gewerbesteuerlich unterliegen 1/4 der abzugsfähigen Schuldzinsen der

Hinzurechnung gemäß § 8 Nr. 1a GewStG, soweit der Hinzurechnungsfreibetrag i.H.v. 100 000 Euro überschritten ist. Bei Zugehörigkeit der Anteile zum Privatvermögen und Nicht-Ausübung der Option zugunsten der Anwendung des Teileinkünfteverfahrens findet die Abgeltungsteuer Anwendung, so dass die tatsächlich entstandenen Finanzierungsaufwendungen nicht abzugsfähig sind, § 20 Abs. 9 Satz 1 EStG. Berücksichtigt wird nur der Sparerpauschbetrag i.H.v. 801 Euro bzw. 1 602 Euro bei Zusammenveranlagung.

Beteiligungserwerb an einer GmbH & Co. KG | Bei Fremdfinanzierung der Beteiligung an einer GmbH & Co. KG sind Finanzierungsaufwendungen des Gesellschafters Sonderbetriebsausgaben gemäß § 4 Abs. 4 EStG, die einkommensteuerlich voll abzugsfähig sind. Gewerbesteuerlich unterliegen 1/4 der Schuldzinsen der Hinzurechnung, soweit der Hinzurechnungsfreibetrag i.H.v. 100 000 Euro überschritten ist, § 8 Nr. 1a GewStG. Daher ist die GmbH & Co. KG bei Fremdfinanzierung des Beteiligungserwerbs im Vergleich zum Beteiligungserwerb an einer Kapitalgesellschaft vorteilhaft. R 79

Zinsschranke, § 4h EStG, § 8a KStG. Grundlegende Wirkung der Zinsschranke | Seit der Einführung der sog. Zinsschranke im Rahmen der Unternehmensteuerreform 2008 gilt ein Betriebsausgabenabzugsverbot für betriebliche Zinsaufwendungen, § 4h EStG i.V.m. § 8a KStG. Die Zinsschranke führt dazu, dass Finanzierungsaufwendungen nur i.H.v. 30 % des steuerlichen EBITDA abzugsfähig sind, wenn der Zinssaldo 3 Mio. Euro übersteigt. Nicht abziehbare Zinsaufwendungen werden vorgetragen (Zinsvortrag) und können bei einem Anteilseignerwechsel entfallen, § 4h Abs. 5 Satz 3 EStG, § 8a Abs. 1 Satz 3 KStG. R 80

Grundsätzliche Rechtsformunabhängigkeit | Die Zinsschranke ist grundsätzlich rechtsformunabhängig und ist daher auf Personen- und Kapitalgesellschaften anzuwenden. Unter einem Betrieb i.S.d. § 4h Abs. 1 Satz 1 EStG ist eine gewerblich tätige oder gewerblich geprägte GmbH & Co. KG zu verstehen (vgl. BMF v. 4.7.2008 – IV C 7 - S 2742 - a/07/10001, BStBl. I 2008, 718, Rz. 2, 5). Für die Komplementär-GmbH ist ergänzend § 8a KStG zu beachten. R 81

Betrieb | Eine Mitunternehmerschaft hat nur einen Betrieb i.S.d. Zinsschranke. Zum Betrieb der Mitunternehmerschaft gehört neben dem Gesamthandsvermögen auch das Sonderbetriebsvermögen der Mitunternehmer i.S.d. § 15 Abs. 1 Satz 1 Nr. 2, Abs. 3 EStG (vgl. BMF v. 4.7.2009 – IV C 7 - S 2742 - a/07/10001, BStBl. I 2008, 718, Rz. 6). Sondervergütungen in der Form von Schuldzinsen sind weder Zinsaufwendungen der Mitunternehmerschaft noch Zinserträge des Mitunternehmers (vgl. BMF v. 4.7.2009 – IV C 7 - S 2742 - a/07/10001, BStBl. I 2008, 718, Rz. 19). Aufgrund der zweistufigen Gewinnermittlung bei einer Mitunternehmerschaft haben Sondervergütungen in der Form von Schuldzinsen keinen Einfluss auf den maßgeblichen Gewinn der Mitunternehmerschaft. Entsprechendes gilt für die Fremdfinanzierung der Komplementär-GmbH durch den Mitunternehmer, da die Beteiligung an der Komplementär-GmbH SBV II des Mitunternehmers darstellt (vgl. *Fischer* in Westermann/Wertenbruch, Hdb. Personengesellschaften, Rz. I 1249). R 82

Ausnahmeregelungen | Nach den Ausnahmeregelungen des § 4h Abs. 2 EStG ist die Zinsschranke nach § 4h Abs. 1 Satz 1 EStG nicht anzuwenden, wenn der Betrag der Zinsaufwendungen, soweit er den Betrag der Zinserträge übersteigt (Zinssaldo), weniger als 3 Mio. Euro beträgt, der Betrieb nicht oder nur anteilsmäßig zu einem Konzern gehört (fehlende Konzernzugehörigkeit) oder der Betrieb zu einem Konzern gehört und seine Eigenkapitalquote am Schluss des vorangegangenen Abschluss-Stichtags gleich hoch oder höher ist als die des Konzerns (Eigenkapitalvergleich). R 83

R84 **Konzernbegriff** | Den Konzernbegriff des § 4h Abs. 3 Satz 5 f. EStG müsste eine GmbH & Co. KG an sich erfüllen (vgl. *Zimmermann* in Hesselmann/Tillmann/Mueller-Thuns, Hdb. GmbH & Co. KG, Rz. 6.313–6.315), weil es danach ausreicht, wenn die Finanz- und Geschäftspolitik mit einem oder mehreren anderen Betrieben einheitlich bestimmt werden kann. Allerdings soll nach Ansicht der Finanzverwaltung eine typische GmbH & Co. KG, bei der sich die Funktion der Komplementär-GmbH neben ihrer Vertretungsbefugnis in der Geschäftsführung und Haftungsübernahme erschöpft, nicht als Konzern i.S.d. Zinsschranke anzusehen sein (vgl. BMF v. 4.7.2008 – IV C 7 - S 2742 - a/07/10001, BStBl. I 2008, 718, Rz. 66). Dies soll auch im Fall einer Einheitsgesellschaft gelten (vgl. *Dorenkamp*, FR 2008, 1129). Nur wenn die Komplementär-GmbH eine eigene Geschäftstätigkeit entfaltet, ist von einem Konzern auszugehen. Nach Ansicht der Finanzverwaltung soll dies bspw. bereits dann der Fall sein, wenn der Komplementär-GmbH eigene Zinsaufwendungen zuzuordnen sind (vgl. BMF v. 4.7.2008 – IV C 7 - S 2742 - a/07/10001, BStBl. I 2008, 718, Rz. 66).

R85 **Verfassungskonformität** | Im Beschluss v. 18.12.2013 hat der BFH ernstliche Zweifel an der Verfassungskonformität geäußert (vgl. BFH v. 18.12.2013 – I B 85/13, BStBl. II 2014, 947 = FR 2014, 560 m. Anm. *Hick* = GmbHR 2014, 542 m. Anm. *Wiese* = GmbH-StB 2014, 159). Dem ist die Finanzverwaltung mit einem Nichtanwendungserlass entgegengetreten (vgl. BMF v. 13.11.2014 – IV C 2 - S 2742 - a/07/10001:009, BStBl. I 2014, 1516). Die beiden Urteile des BFH v. 12.8.2015 – I R 2/13, BFH/NV 2016, 47, und BFH v. 11.11.2015 – I R 57/13, BFH/NV 2016, 688, haben nicht die erhoffte Klärung der Frage herbeigeführt, ob die Zinsschranke verfassungskonform ist, insbesondere ob ein Verstoß gegen das objektive Nettoprinzip vorliegt. Derzeit ist das BVerfG mit dieser Frage befasst (vgl. Vorlagebeschluss des BFH v. 14.10.2015 – I R 20/15, BFHE 252, 44 [Az. des BVerfG: 2 BvL 1/16]).

18. Pensionsrückstellungen

R86 **Steuer(un)wirksamkeit** | Im Gegensatz zu (angemessenen) Pensionsrückstellungen für geschäftsführende Gesellschafter einer GmbH mit den daraus erwachsenden Liquiditäts- und Zinsvorteilen sind Pensionsrückstellungen für geschäftsführende Gesellschafter einer Personengesellschaften als sog. Vorabvergütungen steuerlich im Ergebnis nicht abzugsfähig. Infolge der korrespondierenden Bilanzierung steht bei einer Pensionszusage unmittelbar durch die GmbH & Co. KG dem Passivposten in der Steuerbilanz der Gesamthand ein korrespondierender Aktivposten in der Sonderbilanz des begünstigten Gesellschafters gegenüber (vgl. BFH v. 14.2.2006 – VIII R 40/03, BStBl. II 2008, 182 = FR 2006, 541 m. Anm. *Kempermann* = GmbHR 2006, 605 = GmbH-StB 2006, 125; BFH v. 30.3.2006 – IV R 25/04, BStBl. II 2008, 171 = GmbHR 2006, 716 m. Anm. *Hoffmann* = FR 2006, 971 m. Anm. *Kempermann* = GmbH-StB 2006, 155; BMF v. 29.1.2008 – IV B 2 - S 2176/07/0001, BStBl. I 2008, 317). Nur für Geschäftsführer einer GmbH & Co. KG, die nicht zugleich Mitunternehmer sind, können Pensionsrückstellungen steuerwirksam gebildet werden (vgl. *Neumayer* in GmbH-Handbuch, Rz. III 45 f. [Stand: Jan. 2013]).

19. Gewerbesteuer

R87 **Grundsatz** | Grundsätzlich bestehen keine rechtsformspezifischen Unterschiede hinsichtlich der Gewerbesteuerbelastung von Kapital- und Personengesellschaften (vgl. *Neumayer* in GmbH-Handbuch, Rz. III 61 [Stand: Jan. 2013]).

Personengesellschaften | Bei Personengesellschaften wird jedoch der Gewerbeertrag um einen Freibetrag i.H.v. 24500 Euro gekürzt, § 11 Abs. 1 Satz 3 Nr. 1 GewStG. Darüber hinaus existieren Unterschiede hinsichtlich des Erhalts von Verlustvorträgen beim Gesellschafterwechsel, § 8c KStG, § 10a GewStG (→ *Gewerbesteuer*). R88

Kapitalgesellschaften | Gewinnausschüttungen einer Kapitalgesellschaft sind bei einem gewerbesteuerpflichtigen Gesellschafter nur unter den Voraussetzungen des gewerbesteuerlichen Schachtelprivilegs zu kürzen, § 9 Nr. 2a oder 7 GewStG (i.V.m. § 8 Nr. 5 GewStG). Hierzu zählt im Fall des nationalen gewerbesteuerlichen Schachtelprivilegs gemäß § 9 Nr. 2a GewStG insbesondere eine Beteiligung zu Beginn des Erhebungszeitraums i.H.v. mindestens 15 % des Grund- oder Stammkapitals. R89

Darlehensverhältnisse | Bei Kapitalgesellschaften können im Nicht-Organschaftsfall Darlehensverhältnisse aufgrund der Hinzurechnung von Schuldzinsen nach § 8 Nr. 1a GewStG beim gewerbesteuerpflichtigen Gesellschafter steuerlich nachteilig sein, wenn der Hinzurechnungsfreibetrag i.H.v. 100000 Euro überschritten ist (vgl. *Neumayer* in GmbH-Handbuch, Rz. III 63 [Stand: Jan. 2013]) (→ *Gewerbesteuer*). R90

20. Wegzugsbesteuerung

Beteiligung an einer Kapitalgesellschaft | Im Fall des Wohnsitzwechsels einer natürlichen Person in das Ausland, die i.S.d. § 17 Abs. 1 Satz 1 EStG an einer Kapitalgesellschaft beteiligt ist, sind die Bestimmungen des § 6 AStG zu beachten. Bei einem Wegzug in einen Mitgliedstaat der EU bzw. des EWR wird unter bestimmten Voraussetzungen eine zinslose Stundung des fiktiven Anteilsveräußerungsgewinns unter Verzicht auf Sicherheitsleistungen gewährt, § 6 Abs. 5, 7 AStG. Bei einem Wegzug in einen Drittstaat wird eine Schlussbesteuerung der in diesem Zeitpunkt vorhandenen stillen Reserven der Beteiligung i.S.d. § 17 EStG vorgenommen. Die geschuldete Einkommensteuer auf den fiktiven Anteilsveräußerungsgewinn kann auf Antrag und gegebener erheblicher Härte einer alsbaldigen Einziehung für den Steuerpflichtigen in fünf gleichen Jahresraten und unter Sicherheitsleistung entrichtet werden, § 6 Abs. 4 AStG (vgl. näher *Häck* in Haase, AStG, DBA, § 6 AStG Rz. 1 ff.). R91

Beteiligung an einer GmbH & Co. KG | Im Gegensatz dazu unterliegen laufende Gewinne aus der Beteiligung an einer originär gewerblich tätigen GmbH & Co. KG grundsätzlich auch nach Wegzug des Gesellschafters in das Ausland der inländischen Besteuerung, §§ 1 Abs. 4 EStG bzw. 2 Nr. 1 KStG i.V.m. § 49 Abs. 1 Nr. 2a EStG, wenn eine inländische Betriebsstätte i.S.d. § 12 AO besteht. Die beschränkte Steuerpflicht erstreckt sich auch auf Gewinne aus der Veräußerung oder Aufgabe des Anteils an einer Personengesellschaft, soweit er auf die inländische Betriebsstätte entfällt. Im DBA-Fall bleibt das Besteuerungsrecht Deutschlands aufgrund des Betriebsstättenprinzips regelmäßig gewahrt, Art. 7 Abs. 1 Satz 1 Halbs. 2, Satz 2 i.V.m. Art. 5 Abs. 1 OECD-MA (laufende Gewinne) und Art. 13 Abs. 1, 2 OECD-MA (Veräußerungsgewinne, Veräußerung eines Anteils an einer Personengesellschaft). R92

Besonderheiten in § 50i EStG-Fällen | Für vermögensverwaltend tätige, gewerblich geprägte Personengesellschaften gelten Besonderheiten (vgl. BMF v. 26.9.2014 – IV B 5 - S 1300/09/10003, BStBl. I 2014, 1258, Rz. 2.2.1, 2.3.2, 3.2). Im DBA-Fall erzielen sie keine Unternehmensgewinne i.S.d. Art. 7 OECD-MA. Für einen an einer solchen Personengesellschaft beteiligten Mitunternehmer, der in einem DBA-Staat ansässig ist, sind Einkünfte nach § 15 EStG R93 nur dann festzustellen, wenn sich ein deutsches Besteuerungsrecht aus anderen DBA-Regelungen als denen ergibt, die Art. 7 OECD-MA entsprechen (z.B. aus der Vermietung eines im Inland gelegenen Grundstücks) (vgl. BMF v. 26.9.2014 – IV B 5 - S 1300/09/10003, BStBl. I 2014, 1258, Rz. 2.3.2). Zudem sind die allgemeinen Entstrickungsvorschriften zu beachten (z.B. § 4 Abs. 1 Satz 3f. EStG, § 12 Abs. 1 KStG). Sind Wirtschaftsgüter des Betriebsvermögens oder Anteile an Kapitalgesellschaften i.S.d. § 17 EStG vor dem 29.6.2013 in das Betriebsvermögen einer gewerblich geprägten Personengesellschaft i.S.d. § 15 Abs. 3 Nr. 2 EStG übertragen oder überführt worden oder liegt ein Fall des § 50i Abs. 1 Satz 2 EStG vor und ist eine Besteuerung der stillen Reserven dieser Wirtschaftsgüter oder Anteile im Übertragungs-, Überführungs- oder Einbringungszeitpunkt unterblieben,

- unterliegt ein nach dem Stichtag erzielter Gewinn aus der Veräußerung oder Entnahme dieser Wirtschaftsgüter oder Anteile ungeachtet entgegenstehender Vorschriften eines DBA der deutschen Besteuerung (§ 50i Abs. 1 Satz 1, 2 EStG),
- unterliegen auch die laufenden Einkünfte aus den betreffenden Wirtschaftsgütern oder Anteilen, ungeachtet entgegenstehender Vorschriften eines DBA, der deutschen Besteuerung (§ 50i Abs. 1 Satz 3 EStG), so dass Entlastungsansprüche nach § 50d Abs. 1 Satz 1 und 2 EStG nicht geltend gemacht werden können (vgl. BMF v. 26.9.2014 – IV B 5 - S 1300/09/10003, BStBl. I 2014, 1258, Tz. 2.3.2; vgl. näher zur Regelung des § 50i EStG *Liekenbrock* in Flick/Wassermeyer/Baumhoff/Schönfeld, Außensteuerrecht, EStG, § 50i Rz. 1ff.; *Rödder/Kuhr/Heimig*, Ubg 2014, 477; BMF v. 29.6.2014 – IV B 5 - S 1300/09/10003, BStBl. I 2014, 1258, Rz. 2.3; BMF v. 21.12.2015 – IV B 5-S 1300/14/10007, FMNR576000015).

21. Grunderwerbsteuer

R94 Die Grunderwerbsteuer ist insgesamt nicht rechtsformneutral ausgestaltet (vgl. *Neumayer* in GmbH-Handbuch, Rz. III 67 [Stand: Jan. 2013]). Vgl. im Einzelnen (→ *Grunderwerbsteuer*).

22. Umstrukturierungen

R95 Hinsichtlich der Übertragung von Einzelwirtschaftsgütern verfügt eine GmbH & Co. KG über eine höhere steuerliche Flexibilität im Vergleich zu einer Kapitalgesellschaft, weil gemäß § 6 Abs. 5 Satz 3 EStG Einzelwirtschaftsgüter unter den dort genannten Voraussetzungen steuerneutral zwischen dem Gesamthandsvermögen und dem (Sonder-)Betriebsvermögen des Mitunternehmers übertragen werden können. Für eine Buchwertübertragung ist allerdings Voraussetzung, dass der Anteil der Komplementär-GmbH an dem übertragenen Wirtschaftsgut nicht unmittelbar oder mittelbar begründet wird oder sich erhöht, § 6 Abs. 5 Satz 5 EStG. Auch die Möglichkeit zur Realteilung gemäß § 16 Abs. 3 Satz 2ff. EStG verleiht der GmbH & Co. KG eine höhere steuerliche Flexibilität. Auf weitere Ausführungen zur Übertragung von Einzelwirtschaftsgütern und zur Übertragung von Sachgesamtheiten wird an dieser Stelle verwiesen (→ *Umwandlung, Steuerrecht*; → *Einbringung*).

23. Erbschaftsteuer/Schenkungsteuer

R96 **Gemeiner Wert |** Das zum 1.1.2009 in Kraft getretene Erbschaftsteuerreformgesetz hat als zentralen Bewertungsmaßstab den gemeinen Wert festgeschrieben. Die Ermittlung der gemeinen Werte von Anteilen an Personen- und Kapitalgesellschaften soll grundsätzlich rechtsformneutral erfolgen. Bei Kapitalgesellschaften wird nur noch nach der Börsennotierung differenziert.

Verschonungsregelungen | Rechtsformspezifische Unterschiede existieren insbesondere im Bereich der Verschonungskonzeption für Mitunternehmer- und Kapitalgesellschaftsanteile als Übertragungsgegenstände, §§ 13a, 13b ErbStG (Verschonungsabschlag i.H.v. 85 % (Regelverschonung) bzw. 100 % (Optionsverschonung), Abzugsbetrag). Zum begünstigten Vermögen gehört nach § 13b Abs. 1 Nr. 2 ErbStG u.a. inländisches Betriebsvermögen i.S.d. §§ 95 bis 97 BewG beim Erwerb eines Anteils an einer Gesellschaft i.S.d. § 15 Abs. 1 Nr. 2 und Abs. 3 ErbStG. Danach zählen auch Kommanditanteile an einer gewerblich geprägten Personengesellschaft zum begünstigungsfähigen Vermögen. Hingegen sind Anteile an Kapitalgesellschaften mit Sitz oder Geschäftsleitung in einem Mitgliedstaat der EU bzw. des EWR nur begünstigt, wenn der Erblasser oder Schenker am Nennkapital dieser Gesellschaft zu mehr als 25 % unmittelbar beteiligt war, § 13b Abs. 1 Nr. 3 ErbStG. Allerdings lässt sich die geforderte Mindestbeteiligung auch über Poolverträge erreichen, § 13b Abs. 1 Nr. 3 Satz 2 ErbStG. Dennoch ist insoweit die Beteiligung an einer GmbH & Co. KG vorteilhaft, weil keine Mindestbeteiligung für die erbschaftsteuerlichen Vergünstigungen erforderlich ist. Infolge des BVerfG-Urteils v. 17.12.2014 – 1 BvL 21/12, BStBl. II 2015, 50, sind die Privilegierungen für Betriebsvermögen und Anteilen an Kapitalgesellschaften gemäß §§ 13a, 13b ErbStG i.V.m. § 19 Abs. 1 ErbStG Gegenstand aktueller gesetzgeberischer Änderungen. Vgl. im Einzelnen → *Erbschaft- und Schenkungsteuer*; → *Schenkung von Gesellschaftsanteilen* sowie die aktuelle Information nach Abschluss des Gesetzgebungsverfahrens unter www.otto-schmidt.de/wgk. R 97

Vertiefende Recherche

Wichtige Urteile und Erlasse

BVerfG v. 15.2.2016 – 1 BvL 8/12, BStBl. II 2016, 557: Unzulässige Richtervorlage zur Vereinbarkeit der Gewerbebesteuerung unter Hinzurechnung von Schuld-, Miet- und Pachtzinsen gemäß § 8 Nr. 1 Buchst. a, d und e GewStG 2008 mit Art. 3 Abs. 1 GG.

BVerfG v. 17.12.2014 – 1 BvL 21/12, BStBl. II 2015, 50: Privilegierung des Betriebsvermögens im Erbschaftsteuerrecht, Unvereinbarkeit mit Art. 3 Abs. 1 GG.

BVerfG v. 6.5.2013 – 1 BvR 821/13, HFR 2013, 639: Verfassungskonformität gewerbesteuerlicher Hinzurechnungen.

BVerfG v. 21.6.2006 – 2 BvL 2/99, BVerfGE 116, 164: Rechtsformneutrale Besteuerung.

BGH v. 9.12.2014 – II ZR 360/13, NZG 2015, 225 = GmbHR 2015, 248: Geschäftsführerhaftung und Haftung des (auch) Gesellschafters der Komplementär-GmbH in der Krise der GmbH & Co. KG.

BFH v. 11.11.2015 – I R 57/13, BFH/NV 2016, 688: Verfassungsmäßigkeit der Zinsschranke.

BFH v. 14.10.2015 – I R 20/15, BFHE 252, 44: Verfassungsmäßigkeit der sog. Zinsschranke – Billigkeitsmaßnahme.

BFH v. 10.9.2015 – IV R 8/13, BStBl. II 2015, 1046: Verfassungsmäßigkeit des Abzugsverbots für Gewerbesteuer, Anrechnung der Gewerbesteuerschuld auf die Einkommensteuer.

BFH v. 12.8.2015 – I R 2/13, BFH/NV 2016, 47: Verfassungsmäßigkeit der Zinsschranke.

BFH v. 5.6.2014 – IV R 43/11, BStBl. 2014, 695: Begriff des Vorabgewinnanteils i.S.d. § 35 Abs. 3 Satz 2 Halbs. 2 EStG.

BFH v. 16.1.2014 – I R 21/12, BStBl. II 2014, 531: Verfassungsmäßigkeit des Abzugsverbots für Gewerbesteuer, Verfassungsmäßigkeit der Hinzurechnungen nach § 8 Nr. 1 GewStG.

BFH v. 18.12.2013 – I B 85/13, BStBl. II 2014, 947: Verfassungsmäßigkeit des § 4h EStG 2002 n.F. (sog. Zinsschranke).

BFH v. 16.10.2012 – I B 128/12, BStBl. II 2013, 30: Verfassungsmäßigkeit der Hinzurechnungen nach § 8 Nr. 1 GewStG.

BFH v. 17.12.2007 – GrS 2/04, BStBl. II 2008, 608: Vererbbarkeit eines Verlustabzug nach § 10d EStG.

BFH v. 16.10.2007 – VIII R 21/06, BStBl. II 2008, 126: Zeitpunkt der Verlustzurechnung bei einem stillen Gesellschafter, kein erweiterter Verlustausgleich aufgrund Schuldübernahme, Leistung einer Kommanditeinlage i.S.v. § 15a Abs. 1 Satz 2 EStG.

BFH v. 10.5.2007 – IV R 2/05, BStBl. II 2007, 927: (Mit-)Unternehmereigenschaft des Betriebsinhabers bei stiller Beteiligung an seinem Unternehmen in Form einer BGB-Innengesellschaft, Mitunternehmereigenschaft der Komplementär-GmbH.

BFH v. 19.4.2007 – IV R 70/04, BStBl. II 2007, 868: Minderung des erweiterten Verlustausgleichs des Kommanditisten bei Bestehen einer Unterbeteiligung, haftungsbeendende Einlage des Kommanditisten schafft kein zusätzliches Verlustausgleichspotential.

BFH v. 30.3.2006 – IV R 25/04, BStBl. II 2008, 171: Pensionsrückstellung zugunsten eines Kommanditisten und Geschäftsführers der Komplementär-GmbH einer GmbH & Co. KG.

BFH v. 14.2.2006 – VIII R 40/03, BStBl. II 2008, 182: Steuerliche Behandlung von Aufwendungen einer OHG für eine Pensionszusage an den Gesellschaftergeschäftsführer durch die GmbH.

BFH v. 18.12.2003 – IV B 201/03, BStBl. II 2004, 231: Sinn und Zweck des § 15a EStG, Einlage des Kommanditisten i.S.d. § 15a Abs. 1 Satz 1 EStG, bedungene Einlage i.S.d. §§ 167 Abs. 2, 169 Abs. 1 HGB, tatsächliche Zuführung eines Vermögenswerts.

BFH v. 23.1.2001 – VIII R 30/99, BStBl. II 2001, 621: Einheitliche und gesonderte Gewinnfeststellung, Umfang der Sonderbetriebseinnahmen, Bindungswirkung auch für den Feststellungsbescheid nach § 15a Abs. 4 EStG, Abgrenzung von Dienstleistungsentgelt und Gewinnvorab, Qualifizierung des Kapitalkontos II einer Kommanditgesellschaft.

BFH v. 6.7.1999 – VIII R 46/94, BStBl. II 1999, 720: Tätigkeitsvergütungen i.S.v. § 15 Abs. 1 Satz 1 Nr. 2 EStG bei Zwischenschaltung einer Schwester-Kapitalgesellschaft in den Leistungsaustausch, Allgemeines zur Vergütung einer Tätigkeit im Dienst einer Personengesellschaft, Entgelt des Kommanditisten einer GmbH & Co. KG für die Tätigkeit als Geschäftsführer der Komplementär-GmbH, Aufteilung der Tätigkeitsvergütung.

BFH v. 10.6.1999 – IV B 126/98, BFH/NV 1999, 1461: Erweiterter Verlustausgleich nach § 15a Abs. 1 Satz 2 und 3 EStG.

BFH v. 24.3.1998 – I R 79/97, BStBl. II 1998, 578: Verdeckte Gewinnausschüttung, verdeckte Einlage, gesonderte und einheitliche Gewinnfeststellung.

BFH v. 3.5.1993 – GrS 3/92, BStBl. II 1993, 616: Gewerbeverlust nach § 10a GewStG beim Ausscheiden von Gesellschaftern, Mitunternehmereigenschaft gemäß § 15 Abs. 1 Satz 1 Nr. 2 EStG.

BFH v. 14.5.1991 – VIII R 31/88, BStBl. II 1992, 167: Sinn und Zweck des § 15a EStG, negatives Kapitalkonto i.S.d. § 15a Abs. 1 EStG, Sonderbetriebsvermögen des Kommanditisten.

BFH v. 23.8.1990 – IV R 71/89, BStBl. II 1991, 172: Verdeckte Gewinnausschüttung, verdeckte Einlage, gesonderte und einheitliche Gewinnfeststellung.

BFH v. 24.7.1990 – VIII R 290/84, BFH/NV 1991, 191: Verdeckte Gewinnausschüttung, einheitliche und gesonderte Gewinnfeststellung, Komplementär-GmbH und Angemessenheit der Gewinnverteilungsabrede der KG.

BFH v. 11.12.1986 – IV R 222/84, BStBl. II 1987, 553: Sondervergütung, Voraussetzungen der Mitunternehmereigenschaft, Mitunternehmerrisiko der Komplementär-GmbH.

BFH v. 6.8.1985 – VIII R 280/81, BStBl. II 1986, 17: Verdeckte Gewinnausschüttung, verdeckte Einlage, gesonderte und einheitliche Gewinnfeststellung.

BFH v. 19.2.1981 – IV R 141/77, BStBl. II 1981, 433: Sondervergütungen, Ermittlung des Gewerbeertrags.

BFH v. 3.2.1977 – IV R 122/73, BStBl. II 1977, 346: Angemessenheit der Gewinnverteilungsabrede der KG.

BFH v. 15.11.1967 – IV R 139/67, BStBl. II 1968, 152: Steuerrechtliche Einordnung der GmbH & Co. KG, Anteile des Kommanditisten an der Komplementär-GmbH, Sonderbetriebsvermögen II, Gewinnverteilungsabrede der KG, verdeckte Gewinnausschüttung.

FG Hamburg v. 29.2.2012 – 1 K 138/10, EFG 2012, 960, Rev. (Az. des BVerfG: 1 BvL 8/12): Verfassungswidrigkeit der gewerbesteuerlichen Hinzurechnung von Zinsen und Mieten.

FG Berlin-Brandenburg v. 23.9.2009 – 12 K 109/06, EFG 2010, 54, rkr.: Höchstbetrag der Gewinnzurechnung nach § 15a Abs. 3 Satz 2 EStG, keine Minderung des Verlustausgleichsvolumens durch nicht gemäß § 15a Abs. 3 EStG hinzuzurechnende Entnahmen.

BMF v. 21.12.2015 – IV B 5-S 1300/14/10007, FMNR576000015: Anwendung des § 50i Abs. 2 EStG i.d.F. des Gesetzes zur Anpassung des nationalen Steuerrechts an den Beitritt Kroatiens zur EU und zur Änderung weiterer steuerlicher Vorschriften vom 25. Juli 2014 (BGBl. I 2014, 1266).

BMF v. 13.11.2014 – IV C 2 - S 2742-a/07/10001:009, BStBl. I 2014, 1516: Aussetzung der Vollziehung wegen ernstlicher Zweifel an der Verfassungsmäßigkeit der sog. Zinsschranke (§ 4h EStG, § 8a KStG).

BMF v. 26.9.2014 – IV B 5 - S 1300/09/10003, BStBl. I 2014, 1258: Anwendung der Doppelbesteuerungsabkommen (DBA) auf Personengesellschaften.

BMF v. 11.8.2008 – IV C 6 - S 2290-A/07/10001, BStBl. I 2008, 838: Anwendungsschreiben zur Begünstigung der nicht entnommenen Gewinne (§ 34a EStG).

BMF v. 4.7.2008 – IV C 7 - S 2742 - a/07/10001, BStBl. I 2008, 718: Zinsschranke, Änderungen im Bereich des Factorings und des Eigenkapitalvergleichs bei konzernzugehörigen Betrieben.

BMF v. 4.7.2008 – IV C 7 - S 2745 - a/08/10001, BStBl. I 2008, 736: Verlustabzugsbeschränkung für Körperschaften (§ 8c KStG).

BMF v. 29.1.2008 – IV B 2 - S 2176/07/0001, BStBl. I 2008, 317: Bilanzsteuerliche Behandlung von Pensionszusagen einer Personengesellschaft an einen Gesellschafter und dessen Hinterbliebene.

BMF v. 30.5.1997 – IV B 2 - S 2241a - 51/93 II, BStBl. I 1997, 627: § 15a EStG, Umfang des Kapitalkontos i.S.d. § 15a Abs. 1 Satz 1 EStG.

BMF v. 15.12.1993 – IV B 2 - S 2241a - 57/93, BStBl. I 1993, 976: Zweifelsfragen zu § 15a EStG, Saldierung von Gewinnen und Verlusten aus dem Gesellschaftsvermögen mit Gewinnen und Verlusten aus dem Sonderbetriebsvermögen.

Gleichlautende Ländererlasse v. 14.3.2012, BStBl. I 2012, 331, Rz. 3.3.3: Schenkungen unter Beteiligung von Kapitalgesellschaften oder Genossenschaften.

FinMin Schleswig-Holstein v. 23.3.2011 – VI 303 - S 2225 - 033, FMNR0f0550011, aufgehoben am 30.4.2013: Vererbbarkeit von Verlusten, Auswirkungen des Beschlusses des Großen Senats des Bundesfinanzhofs vom 17.12.2007 (GrS 2/04; BStBl. II 2008, 608) auf den Verlustausgleich, Übertragbarkeit des Beschlusses auf andere Verlustverrechnungskreise.

OFD Frankfurt a.M. v. 10.11.2008 – S 2241a A-8-St 213, juris: Gewinnzurechnung nach § 15a Abs. 3 EStG.

OFD München v. 7.5.2004 – S 2241 - 26 St 41/42, FR 2004, 731: Negatives Kapitalkonto eines Kommanditisten: Einkommensteuerliche Zurechnung von Verlustanteilen und Nachversteuerung negativer Kapitalkonten.

Weitere Stichwörter

→ Einheitsgesellschaft; → Einpersonen-GmbH & Co. KG; → Erbschaft- und Schenkungsteuer; → Gewerbesteuer; → Grunderwerbsteuer; → Gründung; → Handelsregisteranmeldungen; → Informationsrechte; → Mitbestimmung; → Publikums-KG; → Publizität; → Schenkung von Gesellschaftsanteilen; → Umwandlung; → Unternehmensgegenstand; → Verdeckte Gewinnausschüttung; → Verkauf und Vorkauf von Gesellschaftsanteilen; → Verluste; → Vermögensverwaltende GmbH & Co. KG

Schenkung von Gesellschaftsanteilen

Ausgewählte Literatur: *Bordewin*, Abzug des Gewerbeverlustes bei Personengesellschaften, Alte und neue Erkenntnisse nach dem Beschluß des Großen Senats des BFH vom 3.5.1993, GrS 3/92, DStR 1995, 313; *Götz/Immes*, Gemischte Schenkung versus Schenkung unter Auflage im ErbStG, Ubg 2015, 14; *von Oertzen/Blusz*, Kautelarjuristischer Ausweg aus der § 50i EStG-Unsicherheit bei der Unternehmensnachfolge?!, BB 2015, 283; *Paus*, Gewinnthesaurierung bei Übertragungen von WG und Betrieben, EStB 2008, 365; *Steger*, Grunderwerbsteuer und Vermögensnachfolge, ZEV 2008, 505.

1. Die Schenkung

Wesen | Im Falle der Schenkung eines Gesellschaftsanteils wird im Gegensatz zum Fall der Aufnahme eines neuen Gesellschafters in die bestehende Gesellschaft kein neuer Gesellschaftsanteil gebildet, sondern ein bestehender Gesellschaftsanteil vom Schenkenden auf den Beschenkten unmittelbar übertragen (BGH v. 29.6.1981 – II ZR 142/80, NJW 1981, 2748). Bei der unentgeltlichen Zuwendung eines Kommanditanteils wird die kapitalmäßige Beteiligung – wenn die Einlage erbracht ist – nicht durch die Mitgliedschaftspflichten kompensiert, so dass sich Rechtsprechung und Lehre über den Schenkungscharakter der Zuwendung der „Mitgliedschaft" einig sind (*Stenger* in Sudhoff, Unternehmensnachfolge, § 20 Rz. 16 m.w.N.). S 1

Zulässigkeit | Die Übertragung erfolgt gemäß den §§ 413, 398 BGB. Eine Anteilsübertragung ist zwar grundsätzlich zulässig, sofern die Gesellschafter keine andere Regelung im Gesellschaftsvertrag getroffen haben, setzt die Übertragung jedoch die Zustimmung sämtlicher Gesellschafter voraus (*Reichert/Ullrich* in Reichert, GmbH & Co. KG, § 29 Rz. 2 m.w.N.). S 2

Folgen | Der Erwerber rückt mit der Übertragung des Gesellschaftsanteils in die Gesellschafterstellung des Übertragenden mit allen mit ihr verbundenen Rechten und Pflichten ein. S 3

Form | Die Übertragung des Anteils an einer Personengesellschaft bedarf grundsätzlich keiner bestimmten Form, und zwar auch dann nicht, wenn zum Vermögen der Gesellschaft Gegenstände gehören, deren Übertragung selbst formbedürftig wäre, denn Übertragungsgegenstand ist nicht der Anteil an diesen Gegenständen, sondern die Mitgliedschaft (BGH v. 31.1.1983 – II ZR 288/81, NJW 1983, 1110). Der notariellen Form bedarf hingegen das Schenkungsversprechen gemäß § 518 Abs. 1 Satz 1 BGB. Der Formmangel wird allerdings durch die wirksame – formlose – Anteilsübertragung geheilt, § 518 Abs. 2 BGB. S 4

Beinhaltet der Schenkungsvertrag allerdings auch die Übertragung von Geschäftsanteilen der Komplementär-GmbH, bedarf er der notariellen Beurkundung gemäß § 15 Abs. 4 Satz 1 GmbHG. Der Mangel der Form gilt auch im Hinblick auf die Übertragung der Kommanditbeteiligung als geheilt, wenn die Abtretung der GmbH-Geschäftsanteile formgerecht, also durch notariell beurkundeten Abtretungsvertrag vollzogen wird, § 15 Abs. 4 Satz 2 GmbHG

(*Reichert/Weller* in MünchKomm. GmbHG, § 15 GmbHG Rz. 118). Eine notarielle Beurkundung ist ferner erforderlich, wenn der Schenkungsvertrag auch erbvertragliche Regelungen, wie einen Erb- oder Pflichtteilsverzicht (§ 2346 BGB), beinhaltet oder wenn die Anteilsübertragung nicht sofort vollzogen wird, z.B. weil eine erforderliche Zustimmung noch fehlt.

S5 **Handelsregisteranmeldung** | Zu der erforderlichen Handelsregisteranmeldung bei Übertragung eines Kommanditanteils → *Handelsregisteranmeldungen Rz. H 113.* Bei Übertragung eines Geschäftsanteils an der Komplementär-GmbH → *Handelsregisteranmeldungen Rz. H 127.*

S6 **Haftung** | Zur Haftung des übertragenden bzw. eintretenden Komplementärs → *Haftung des Komplementärs.* Zur Haftung des übertragenden bzw. eintretenden Kommanditisten → *Haftung des Kommanditisten.*

S7 **Schenkung an einen Minderjährigen** | Im Falle der Minderjährigkeit des Beschenkten sind die unter → *Minderjährige Rz. M 18ff.* dargestellten Besonderheiten zu beachten.

S8 **Verfügung über ganzes Vermögen** | Verpflichtet sich ein im gesetzlichen Güterstand der Zugewinngemeinschaft lebender Ehegatten mit der Schenkung des Gesellschaftsanteils, über sein Vermögen im Ganzen zu verfügen, ist die Zustimmung bzw. Einwilligung des anderen Ehegatten gemäß § 1365 Abs. 1 BGB erforderlich.

2. Gemischte Schenkung

S9 **Begriff** | Eine gemischte Schenkung liegt vor, wenn der Beschenkte für den Erhalt eines Gegenstandes eine Gegenleistung aus dem eigenen Vermögen erbringt, die Leistung des Zuwendenden und die Gegenleistung des Beschenkten jedoch nicht gleichwertig sind, wobei der Beschenkte durch einen Überschuss des Werts der Zuwendungen verglichen mit seinen Gegenleistungen objektiv bereichert wird. Die Vertragsparteien sind sich dieses Überschusses bewusst und subjektiv darüber einig, dass der Beschenkte den überschießenden Zuwendungsteil unentgeltlich erhalten soll.

Beispiel:

Mutter M überträgt auf ihre Tochter T eine Kommanditbeteiligung, welche einen Verkehrswert von 800 000 Euro hat. Dafür hat T der M einen „Kaufpreis" i.H.v. 200 000 Euro zu zahlen.

T erwirbt die Kommanditbeteiligung von M i.H.d. „Kaufpreises" von 200 000 Euro entgeltlich und i.H.v. 600 000 Euro unentgeltlich (Verkehrswert Kommanditanteil 800 000 Euro ./. „Kaufpreis" 200 000 Euro).

3. Schenkung unter Auflage

S10 **Begriff** | Bei der Schenkung unter Auflage (§ 525 BGB) ist der Zuwendung eine Bestimmung beigefügt, wonach der Beschenkte entweder zu einer Leistung oder einer Duldung verpflichtet wird. Die Auflage kann zugunsten des Bedachten, zugunsten eines Dritten oder zugunsten des Schenkers selbst (z.B. beim Vorbehaltsnießbrauch) erfolgen. Die Schenkung unter einer Auflage ist eine Vollschenkung. Herkömmlicherweise wird zwischen einer Leistungsauflage einerseits und einer Duldungs- und Nutzungsauflage andererseits differenziert:

S11 **Leistungsauflage** | Eine Leistungsauflage liegt vor, soweit dem Bedachten Aufwendungen auferlegt sind, er also zu Leistungen verpflichtet ist, die er unabhängig vom Innehaben des auf ihn übergegangenen Gegenstandes oder Rechts auch aus seinem persönlichen Vermögen erbringen kann oder soweit er den Zuwendenden von diesem obliegenden Leistungspflichten (zumindest im Innenverhältnis) zu befreien hat (BFH v. 12.4.1989 – II R 37/87, BStBl. II 1989, 524). Ist der Bedachte zu Geldzahlungen verpflichtet, ist regelmäßig von einer Leistungsauflage auszugehen. Eine Leistungsauflage liegt auch vor, wenn sich die Höhe der Zahlungsverpflichtung nach den Erträgnissen bestimmt, die mit dem vom Schenker hingegebenen Vermögensgegenstand erwirtschaftet werden.

Nutzungs- oder Duldungsauflage | Eine Nutzungs- oder Duldungsauflage ist gegeben, wenn der Schenkung eine Nebenabrede beigefügt wird, wonach der Bedachte zwar um das Eigentum am Zuwendungsgegenstand bzw. um das zugewendete Recht bereichert ist, ihm aber die Nutzungen (§ 100 BGB) der Sache oder des Rechts nicht sofort gebühren sollen. Das ist der Fall, wenn der Bedachte verpflichtet ist, dem Zuwendenden oder einem Dritten ein dingliches Nutzungsrecht (Nießbrauch, §§ 1030 ff. BGB) oder eine beschränkte persönliche Dienstbarkeit (§§ 1090 ff. BGB, insbesondere ein Wohnrecht) am Zuwendungsgegenstand zu bestellen, oder kraft schuldrechtlicher Abrede verpflichtet ist, den Gebrauch der Sache zu überlassen (obligatorisches Nutzungsrecht). In einem solchen Fall bewirkt die Nebenabrede nur ein Hinausschieben des mit dem Eigentumsübergang bzw. der Rechtsübertragung grundsätzlich verbundenen vollen Nutzungsrechts auf Zeit (BGH v. 12.4.1989 – II R 37/87, BStBl. II 1989, 524). S 12

4. Schenkung von Todes wegen

Begriff | Wird ein Schenkungsversprechen unter der Bedingung erteilt, dass der beschenkte Empfänger den Schenker/Erblasser überlebt, finden nach § 2301 Abs. 1 Satz 1 BGB die Vorschriften über Verfügungen von Todes wegen Anwendung. Die überwiegende Meinung geht davon aus, dass der Begriff des Schenkungsversprechens nicht nur die Offerte zum Abschluss eines Schenkungsvertrags i.S.v. § 518 Abs. 1 BGB bezeichnet, sondern zugleich auch die Annahme dieser Offerte durch den Versprechensempfänger umfasst, also im Sinne einer vertraglichen Vereinbarung verstanden werden muss (so OLG Hamm v. 25.11.1987 – 11 U 347/86, FamRZ 1989, 669, 673; *Kanzleiter* in Staudinger, 2014, § 2301 BGB Rz. 5; *Weidlich* in Palandt, § 2301 BGB Rz. 5; *Stenger* in Sudhoff, Unternehmensnachfolge, § 20 Rz. 26), so dass insbesondere die Vorschriften über den Erbvertrag Anwendung finden. Nach anderer Auffassung (*Musielak* in MünchKomm. BGB, 6. Aufl. 2013, § 2301 BGB Rz. 13; *Litzenburger* in Bamberger/Roth, § 2301 BGB Rz. 3; *Schmidt* in Erman, § 2301 BGB Rz. 3) ist unter dem Schenkungsversprechen des § 2301 Abs. 1 BGB nur das einseitige, empfangsbedürftige Angebot des Schenkers zum Abschluss eines Schenkungsvertrags zu verstehen. Für ein Schenkungsversprechen von Todes wegen reicht danach jede zulässige Form eines Testaments. S 13

Abgrenzung | Vollzieht der Schenker die Schenkung durch Hingabe des zugewendeten Gegenstandes, ebenfalls unter der Bedingung, dass der beschenkte Empfänger den Schenker/Erblasser überlebt, unterstellt § 2301 Abs. 2 BGB diesen Vorgang den Schenkungsvorschriften unter Lebenden. S 14

Beispiel:

Mutter M schenkt ihrer Tochter T eine Kommanditbeteiligung unter der aufschiebenden Bedingung, dass T die M überlebt. Solange die Schenkung nicht durch Abtretung der Beteiligung an die T vollzogen wird, ist die Schenkung gemäß § 2301 Abs. 1 BGB den erbrechtlichen Vorschriften unterworfen. – Erfolgt die

Schenkung unter der auflösenden Bedingung, dass die beschenkte T vor der M verstirbt und tritt M die Kommanditbeteiligung zu Lebzeiten an T ab, finden die Schenkungsregeln nach §§ 516ff. BGB Anwendung, § 2301 Abs. 2 BGB.

5. Ertragsteuerliche Rechtsfolgen der Schenkung von Gesellschaftsanteilen für den Übertragenden

S15 **Gesamter Mitunternehmeranteil** | In ertragsteuerlicher Hinsicht ist § 6 Abs. 3 EStG die maßgebliche Vorschrift. § 6 Abs. 3 Satz 1 EStG schreibt für die unentgeltliche Übertragung des gesamten Mitunternehmeranteils an einem Betrieb für die übertragenen Wirtschaftsgüter zwingend die Buchwertfortführung vor (§ 6 Abs. 3 Satz 1 Halbs. 1 EStG). Dies bedeutet, dass der Beschenkte die Wirtschaftsgüter mit den steuerlichen Werten zu übernehmen hat, mit denen sie bei dem Schenker zu Buche stehen; es kommt somit nicht zu einer Aufdeckung stiller Reserven, die bei dem Schenker zu einem steuerpflichtigen Gewinn führen würden (vgl. *Mutter/Gündisch* in Gummert, Münchener Anwaltshandbuch Personengesellschaftsrecht, 2. Aufl. 2015, § 19 Rz. 434). Die Buchwertfortführung nach § 6 Abs. 3 Satz 1 Halbs. 1 EStG gilt auch bei Aufspaltung des gesamten Mitunternehmeranteils auf mehrere Erwerber.

S16 **Funktional wesentliche Betriebsgrundlagen** | Der Anteil eines Mitunternehmers i.S.d. § 6 Abs. 3 EStG umfasst wie bei der entgeltlichen Übertragung nach § 16 Abs. 1 Satz 1 Nr. 2 EStG (→ *Verkauf und Vorkauf von Gesellschaftsanteilen*) den Anteil des Gesellschafters am Gesamthandsvermögen und sein Sonderbetriebsvermögen, wobei es im Rahmen des § 6 Abs. 3 EStG ausreicht, dass die *funktional* wesentlichen Betriebsgrundlagen beider Vermögensgruppen übertragen werden (*Kulosa* in Schmidt, 35. Aufl. 2016, § 6 EStG Rz. 648). Funktional wesentlich können nur solche Wirtschaftsgüter sein, die für die Funktion des Betriebs von Bedeutung sind; auf das Vorhandensein erheblicher stiller Reserven kommt es nicht an (BMF v. 3.3.2005, BStBl. I 2005, 458, Rz. 3f). Maßgebend für die Beurteilung, ob es sich um wesentliche Betriebsgrundlagen handelt, sind die Verhältnisse des Übergebers (*Kulosa* in Schmidt, § 6 EStG Rz. 648). Zu der Frage, ob Anteile an der Komplementär-GmbH eine wesentliche Betriebsgrundlage darstellen, s. Vfg. OFD Nordrhein-Westfalen v. 21.6.2016, DB 2016, 1907. Wirtschaftsgüter, die nicht zu den wesentlichen Betriebsgrundlagen gehören, können (gewinnrealisierend) veräußert oder entnommen oder nach § 6 Abs. 5 EStG zu Buchwerten übertragen werden.

Beispiel:

Ist der Kommanditist zu 50 % oder weniger an der GmbH & Co. KG beteiligt, ist seine Beteiligung an der Komplementär-GmbH, deren Tätigkeit sich auf die Geschäftsführung dieser KG beschränkt, nur dann eine wesentliche Betriebsgrundlage, wenn sie die Mehrheit der Stimmrechte an der Komplementär-GmbH vermittelt. Ist der Kommanditist mehrheitlich, aber weniger als 100 % an der GmbH & Co. KG beteiligt, stellt die Beteiligung an einer solchen Komplementär-GmbH keine funktional wesentliche Betriebsgrundlage dar. Anders ist dies bei einer 100-prozentigen Beteiligung des Kommanditisten an der GmbH & Co. KG (Zweipersonengesellschaft), weil der Kommanditist die Komplementär-GmbH in dem Fall benötigt, um überhaupt seine Kommanditistenstellung mit der entsprechenden Haftungsbegrenzung zu erhalten.

S17 frei

S18 **Übertragung nicht sämtlicher Betriebsgrundlagen** | Werden nicht sämtliche wesentlichen Betriebsgrundlagen übertragen, ist nach bisheriger Auffassung § 6 Abs. 3 EStG nicht anwendbar und es findet grundsätzlich eine gewinnrealisierende Betriebsaufgabe statt. Die Rechtsprechung (BFH v. 2.8.2012 - IV R 41/11, BFHE 238, 135 = FR 2012, 1113 m. Anm. *Kanzler* = GmbHR 2012, 1260 m. Anm. *Hoffmann*) lässt allerdings auch die **Kombination der Buchwertprivilegien der § 6 Abs. 3 EStG und § 6 Abs. 5 Satz 3 EStG** zu: Danach soll es der Anwendung des § 6 Abs. 3 EStG nicht entgegenstehen, wenn der Übertragende zeitgleich eine wesentliche Betriebsgrundlage des Sonderbetriebsvermögens gemäß § 6 Abs. 5 Satz 3 Nr. 2 EStG zum Buchwert in das Gesamthandsvermögen einer anderen Personengesellschaft überträgt, deren wirtschaftlicher Alleingesellschafter er ist, es sei denn, dies führt zu einer wirtschaftlichen Zerschlagung des Betriebs (vgl. *Kulosa* in Schmidt, § 6 EStG Rz. 650). Die Finanzverwaltung vertritt derzeit noch die Auffassung, eine gleichzeitige Inanspruchnahme der Steuervergünstigung nach § 6 Abs. 3 EStG einerseits und nach § 6 Abs. 5 EStG andererseits sei nicht möglich (BMF v. 12.9.2013, BStBl. I 2013, 1164 unter II. 2.; BMF v. 3.3.2005, BStBl. I 2005, 458, Rz. 7). Sie will die Entscheidung über das beim BFH anhängige Revisionsverfahren I R 80/12 (Vorlagebeschluss v. 10.4.2013 - I R 80/12, BStBl. II 2013, 1004 = GmbHR 2013, 1210 = FR 2013, 1084 = GmbH-StB 2013, 331; BVerfG 2 BvL 8/13) zur Anwendung der sog. „Gesamtplanrechtsprechung" abwarten.

Ausnahmen | In einigen wenigen Fällen können § 6 Abs. 3 EStG und § 6 Abs. 5 EStG auch nach Auffassung der Finanzverwaltung kombiniert werden (im Einzelnen siehe hierzu *Kulosa* in Schmidt, § 6 EStG Rz. 651). Hierzu gehört bspw. auch der Übergang eines Gesellschaftsanteils aufgrund einer qualifizierten Nachfolgeklausel (volles Einrücken in den zivilrechtlichen Gesellschaftsanteil, aber nur unterquotale Übernahme des Sonderbetriebsvermögens), bei der die Finanzverwaltung aus Billigkeitsgründen § 6 Abs. 3 EStG in Bezug auf den Mitunternehmeranteil anwendet, während hinsichtlich des Sonderbetriebsvermögens ein Entnahmegewinn realisiert wird (BMF v. 7.12.2006, BStBl. I 2006, 766, Rz. 23 Satz 2 i.V.m. BMF v. 14.3.2006, BStBl. I 2006, 253, Rz. 72–74). S 19

Vorweggenommene Erbfolge | Eine unentgeltliche Übertragung i.S.d. § 6 Abs. 3 Satz 1 EStG kann nicht nur dann vorliegen, wenn für den übertragenen Gesellschaftsanteil keine Gegenleistung geschuldet wird und der Übertragende den Empfänger i.S.d. § 516 BGB unentgeltlich bereichern möchte, sondern insbesondere bei Übertragungen in vorweggenommener Erbfolge auch dann, wenn ein geschuldetes Entgelt niedriger als der Buchwert des Kapitalkontos des Übergebers ist (sog. Einheitstheorie; BMF v. 13.1.1993, BStBl. I 1993, 80, 464, Rz. 38; → *Übertragung von Gesellschaftsanteilen Rz. U 34f.*). S 20

Teil eines Mitunternehmeranteils | Die unentgeltliche Übertragung eines *Teils* eines Mitunternehmeranteils ist dagegen nur dann zum Buchwert möglich, wenn die Übertragung auf eine natürliche Person erfolgt, § 6 Abs. 3 Satz 1 Halbs. 2 EStG. In diesem Fall ist die gleichzeitige Mitübertragung der wesentlichen Betriebsgrundlagen des Sonderbetriebsvermögens entbehrlich, dann darf der Übernehmer den Mitunternehmeranteil aber fünf Jahre lang nicht veräußern oder aufgeben (§ 6 Abs. 3 Satz 2 EStG). Veräußert der Rechtsnachfolger den übertragenen Mitunternehmer-Teilanteil vor Ablauf der fünfjährigen Behaltefrist oder gibt er ihn vorher auf, entfallen rückwirkend die Voraussetzungen für eine Übertragung des Mitunternehmeranteils zum Buchwert (*Ehmcke* in Blümich, EStG/KStG/GewStG, § 6 EStG Rz. 1247). Wird innerhalb der Behaltefrist auch nur ein Teil des übertragenen Mitunternehmer-Teilanteils oder nur wesentliche Betriebsgrundlagen des übernommenen Sonderbetriebsvermögens veräußert, entfällt das Buchwertprivileg nach Auffassung der Finanzverwaltung in vollem Umfang (BMF-Schreiben v. 3.3.2005, BStBl. I 2005, 458, Rz. 11). Unschädlich ist hingegen die unentgeltliche Weiterübertragung des erworbenen Mitunternehmer-Teilanteils; in S 21 diesem Fall geht die Behaltefrist auf den Rechtsnachfolger über (*Ehmcke* in Blümich, EStG/KStG/GewStG, § 6 EStG Rz. 1247).

S22 **Einschränkung nach § 50i EStG?** | Zur Absicherung der deutschen Entstrickungsregelungen wurde mit dem Gesetz zur Umsetzung der Amtshilferichtlinie sowie zur Änderung steuerlicher Vorschriften v. 26.6.2013 (BStBl. I 2013, 1809) § 50i EStG eingeführt. Danach ist ein Veräußerungs- oder Entnahmegewinn – auch entgegen der Regelung eines Doppelbesteuerungsabkommens – in Deutschland zu besteuern, wenn Wirtschaftsgüter des Betriebsvermögens oder Anteile i.S.d. § 17 EStG ohne Aufdeckung stiller Reserven vor dem 29.6.2013 in das Betriebsvermögen einer Personengesellschaft i.S.d. § 15 Abs. 3 EStG übertragen oder überführt wurden. Mit dem Gesetz zur Anpassung des nationalen Steuerrechts an den Beitritt Kroatiens zur EU und zur Änderung weiterer steuerlicher Vorschriften v. 25.7.2014 (BGBl. I 2014, 1266) wurde § 50i EStG neugefasst und deutlich erweitert und erfasst nach dem Wortlaut des § 50i Abs. 2 Satz 2 Nr. 2 i.V.m. Satz 1 EStG nunmehr auch die lebzeitige unentgeltliche Übertragung eines Mitunternehmeranteils nach § 6 Abs. 3 EStG mit der Folge, dass bei einer Schenkung von Mitunternehmeranteilen unter Umständen stille Reserven steuerpflichtig aufzudecken sind. Von dieser Problematik sind alle gewerblich geprägten, gewerblich infizierten oder wegen Betriebsaufspaltung gewerblich tätigen Personengesellschaften betroffen, in die vor dem 29.6.2013 Wirtschaftsgüter oder Anteile i.S.d. § 17 EStG ohne Aufdeckung stiller Reserven eingelegt wurden. Nach einhelliger Auffassung im Schrifttum werden reine Inlandsfälle von § 50i EStG nicht erfasst: ausweislich der Gesetzesbegründung sollten mit der Neuregelung einem Wegzug ins Ausland nachfolgende Umstrukturierungen erfasst werden, um Umgehung von deutschen Entstrickungsregelungen zu verhindern; da diese Gefahr bei einem reinen Inlandsfall nicht besteht, ist eine teleologische Reduktion des Gesetzeswortlauts geboten (vgl. *von Oertzen/Blusz*, BB 2015, 283, 284; *Liekenbrock* in Flick u.a., Außensteuerrecht, § 50i EStG Rz. 174 [Stand: Oktober 2014]; *Rödder/Kuhr/Heimig*, Ubg 2014, 477, 479; *Bron*, DStR 2014, 1849, 1853; *Patt*, EStB 2014, 377, 379; *Bodden*, DB 2014, 2371). Die Finanzverwaltung hat am 21.12.2015 ein BMF-Schreiben veröffentlicht (BStBl. I 2016, 7), wonach aus Gründen sachlicher Unbilligkeit auf Übertragungen nach § 6 Abs. 3 EStG auf übereinstimmenden Antrag des übertragenden und des übernehmenden Rechtsträgers § 50i Abs. 2 Satz 2 EStG nicht angewandt wird, soweit a) der Rechtsnachfolger eine natürliche Person ist und b) das deutsche Besteuerungsrecht hinsichtlich der laufenden Einkünfte sowie des Gewinns aus der Veräußerung oder Entnahme der Wirtschaftsgüter und Anteile i.S.d. § 50i Abs. 1 EStG nicht ausgeschlossen oder beschränkt wird (vgl. im Einzelnen *Benz/Böhmer*, DStR 2016, 145; *Köhler*, ISR 2016, 73; *Liekenbrock*, DB 2016, 436). Beabsichtigt ist jedoch auch eine gesetzliche Änderung, mit der die Anwendung des § 50i EStG auf diejenigen Fälle zurückgenommen werden soll, in denen der Ausschluss oder die Beschränkung des Besteuerungsrechts der BRD vor dem 1.1.2017 eingetreten ist. Für spätere Vorgänge sollen die allgemeinen Regelungen des § 4 Abs. 1 Satz 3 EStG gelten. § 6 Abs. 3 Satz 1 EStG soll im Gegenzug insoweit geändert werden, als dass eine Übertragung zu Buchwerten nur in Betracht kommt, wenn die Besteuerung der stillen Reserven beim Rechtsnachfolger steuerverstrickt bleiben.

S23 **Schuldzinsenabzug, § 4 Abs. 4a EStG** | Der unentgeltliche Übergang eines Mitunternehmeranteils führt beim bisherigen Betriebsinhaber (Mitunternehmer) nicht zu Entnahmen i.S.d. § 4 Abs. 4a EStG und beim Rechtsnachfolger nicht zu Einlagen i.S. dieser Vorschrift (vgl. BMF v. 17.11.2005, BStBl. I 2005, 1019, Rz. 10a). Die beim bisherigen Betriebsinhaber entstandenen Über- oder Unterentnahmen sowie die verbliebenen Verluste gehen auf den Rechtsnachfolger über (*Wied* in Blümich, EStG/KStG/GewStG, § 4 EStG Rz. 606 m.w.N.).

Thesaurierungsbegünstigung nach § 34a EStG | Die unentgeltliche Übertragung eines Mitunternehmeranteils ist kein Fall der Nachversteuerung, da weder eine Entnahme i.S.d. § 34a Abs. 4 EStG noch ein Fall des § 34a Abs. 6 EStG vorliegt. Durch § 34a Abs. 7 Satz 1 EStG wird die Nachversteuerung jedoch dadurch sichergestellt, dass bei der Übertragung eines ganzen Mitunternehmeranteils der nachversteuerungspflichtige Betrag auf den Rechtsnachfolger übergeht. Dem Übertragenden bleibt allerdings die Möglichkeit, vor der Übertragung die Nachversteuerung nach § 34a Abs. 6 Satz 1 Nr. 4 EStG zu beantragen. Beim unentgeltlichen Übergang nur eines Teils eines Mitunternehmeranteils verbleibt der nachversteuerungspflichtige Betrag dagegen in voller Höhe beim bisherigen Mitunternehmer (BMF v. 11.8.2008, BStBl. I 2008, 838, Rz. 47). S 24

6. Ertragsteuerliche Rechtsfolgen der Schenkung auf Ebene der Personengesellschaft

Betriebsausgabenabzug für Zinsaufwendungen (Zinsschranke), § 4h EStG | Nach § 4h Abs. 5 Satz 2 EStG gehen ein bestehender EBITDA-Vortrag und ein nicht verbrauchter Zinsvortrag anteilig mit der Quote unter, mit der der ausgeschiedene Gesellschafter an der Gesellschaft beteiligt war. Mangels Ausnahmeregelung gilt dies auch für unentgeltliche Übertragungsvorgänge, auch wenn sich diese im Rahmen der vorweggenommenen Erbfolge abspielen (vgl. *Seiler* in Kirchhof, 15. Aufl. 2016, § 4h EStG Rz. 23). Es gelten daher die für entgeltliche Übertragungsvorgänge bestehenden Grundsätze entsprechend (→ *Verkauf und Vorkauf von Gesellschaftsanteilen Rz. V 63*). S 25

Gewerbesteuerliche Verluste | Da der gewerbesteuerliche Verlustabzug nach § 10a GewStG neben der Unternehmensidentität die Unternehmeridentität voraussetzt (→ *Verluste Rz. V 86*), führt auch die unentgeltliche Übertragung eines Mitunternehmeranteils zum Untergang des auf diesen Mitunternehmers entfallenden Verlustes. Dies gilt unabhängig davon, ob diese auf Gesamtrechtsnachfolge (z.B. Erbfolge) oder auf Einzelrechtsnachfolge (z.B. vorweggenommene Erbfolge) beruht (BFH v. 3.5.1993 – GrS 3/92, BStBl. II 1993, 616; BFH v. 7.12.1993 – VIII R 160/86, BStBl. II 1994, 331 = FR 1994, 266; *Bordewin*, DStR 1995, 313; H 10a. 3 Abs. 1 „Unternehmerwechsel" GewStH 2009). S 26

7. Grunderwerbsteuer

Bei der unentgeltlichen Übertragung von Anteilen an einer grundbesitzhaltenden GmbH & Co. KG kann ein grunderwerbsteuerbarer Vorgang nach § 1 Abs. 2a GrEStG vorliegen → *Grunderwerbsteuer Rz. G 450ff.* Für Schenkungen unter Lebenden greift jedoch die Befreiungsvorschrift des § 3 Nr. 2 GrEStG (BFH v. 12.10.2006 – II R 79/05, BStBl. II 2007, 409 = GmbHR 2007, 557 m. Anm. *Sinewe*; *Meßbacher-Hönsch* in Boruttau, § 3 GrEStG Rz. 48). S 27

8. Schenkungsteuer

Hinsichtlich der schenkungsteuerlichen Folgen der Schenkung von Gesellschaftsanteilen wird auf die Ausführungen zur → *Erbschaft- und Schenkungsteuer* verwiesen. S 28

S 29–S 40 frei

Vertiefende Recherche

Wichtige Urteile und Erlasse

BFH v. 12.10.2006 – II R 79/05, BStBl. II 2007, 409: Zur Anwendbarkeit der grunderwerbsteuerlichen Befreiungsvorschrift des § 3 Nr. 2 Satz 1 GrEStG bei schenkweiser Übertragung der Anteile an einer grundbesitzenden Personengesellschaft gemäß § 1 Abs. 2a GrEStG.

BMF v. 12.9.2013, BStBl. I 2013, 1164: 1. Anwendung des § 6 Abs. 5 Satz 3 Nr. 2 EStG bei Übertragung eines einzelnen Wirtschaftsguts und bei Übernahme von Verbindlichkeiten innerhalb einer Mitunternehmerschaft; 2. Unentgeltliche Übertragung eines Mitunternehmeranteils nach § 6 Abs. 3 EStG bei gleichzeitiger Ausgliederung von Wirtschaftsgütern des Sonderbetriebsvermögens nach § 6 Abs. 5 EStG; Anwendung der BFH-Urteile v. 21.6.2012 – IV R 1/08, v. 19.9.2012 – IV R 11/12 und v. 2.8.2012 – IV R 41/11, BStBl. I 2012, 1164.

BMF v. 3.3.2005, BStBl. I 2005, 458: Zweifelsfragen zu § 6 Abs. 3 EStG i.d.F. des Unternehmenssteuerfortentwicklungsgesetzes v. 20.12.2001 (UntStFG, BGBl. I 2001, 3858) im Zusammenhang mit der unentgeltlichen Übertragung von Mitunternehmeranteilen mit Sonderbetriebsvermögen sowie Anteilen von Mitunternehmeranteilen mit Sonderbetriebsvermögen.

OFD Nordrhein-Westfalen v. 17.6.2014, DB 2014, 1646: Anteile an einer Komplementär-GmbH als funktional wesentliche Betriebsgrundlage.

Gleichlautender Erlass der Obersten Finanzbehörden der Länder v. 16.3.2012, BStBl. I 2012, 338: Behandlung von Erwerbsnebenkosten und Steuerberatungskosten sowie Rechtsberatungskosten im Zusammenhang mit einer Schenkung.

Gleichlautende Ländererlässe v. 11.10.2007, DStR 2007, 1913: Anwendbarkeit des BFH-Urteils v. 12.10.2006 – II R 79/05, BStBl. II 2007, 409 zur Anwendung des § 3 Nr. 2 Satz 1 GrEStG bei Vorgängen nach § 1 Abs. 2a GrEStG.

Musterformulierungen

Fuhrmann/Wälzholz/Lichtenwimmer, Formularbuch Gesellschaftsrecht, 2. Aufl. 2015, Muster M 26.6: Schenkungs- und Anteilsabtretungsvertrag mit Nießbrauchsvorbehalt

Hannes/Onderka, Formularbuch Vermögens- und Unternehmensnachfolge, 2011, A 2.31 Schenkweise Übertragung einer mitunternehmerischen Kommanditbeteiligung ohne Gegenleistung

Mutter, Beck'sches Formularbuch Erbrecht, 3. Aufl. 2014, Formular G.III.4. Schenkung von Gesellschaftsanteilen zu Lebzeiten

Weitere Stichwörter

→ *Grunderwerbsteuer*; → *Haftung des Kommanditisten*; → *Haftung des Komplementärs*; → *Handelsregisteranmeldungen*; → *Übertragung von Gesellschaftsanteilen*; → *Verkauf und Vorkauf von Gesellschaftsanteilen*; → *Verluste*

Schiedsvereinbarung

Ausgewählte Literatur: *Ebbing*, Schiedsvereinbarungen in Gesellschaftsverträgen, NZG 1998, 281; *Heskamp*, Schiedsvereinbarungen in Gesellschaftsverträgen, RNotZ 2012, 415; *K. Schmidt*, Schiedsklauseln in Gesellschaftsverträgen der GmbH & Co. KG, GmbHR 1990, 16.

1. Allgemeines

Möglichkeit eines schiedsrichterlichen Verfahrens | Die Gesellschafter können vorsehen, dass gesellschaftsrechtliche Streitigkeiten, also Streitigkeiten zwischen Gesellschaftern oder zwischen einem oder mehreren Gesellschaftern auf der einen Seite und der Gesellschaft auf der anderen Seite aus dem Gesellschaftsverhältnis, der Entscheidungsgewalt eines Schiedsgerichts unterworfen werden (§ 1029 Abs. 1 ZPO). S 41

Schiedsvereinbarung | Um gesellschaftsrechtliche Streitigkeiten der Entscheidungsgewalt eines Schiedsgerichts zu unterwerfen, bedarf es den Abschluss einer Schiedsvereinbarung zwischen den Gesellschaftern. Nach dem Gesetz kann eine Schiedsvereinbarung entweder in Form einer selbständigen Vereinbarung (**Schiedsabrede**) oder in Gestalt einer Klausel in einem Vertrag (**Schiedsklausel**) geschlossen werden (§ 1029 Abs. 2 ZPO). S 42

Derogation der staatlichen Gerichtsbarkeit | Folge einer wirksamen Schiedsvereinbarung ist, dass die Entscheidungsgewalt der staatlichen Gerichte ausgeschlossen („derogiert") ist. Wird dennoch Klage vor einem staatlichen Gericht erhoben, kann der Beklagte die Einrede der Schiedsvereinbarung erheben mit der Folge, dass die Klage durch Prozessurteil als unzulässig abgewiesen wird (§ 1032 ZPO). Die private Schiedsgerichtsbarkeit stellt somit eine echte Alternative zur Streitbeilegung vor den staatlichen Gerichten dar. Eine Ausnahme gilt für Maßnahmen des einstweiligen Rechtsschutzes (Arrest und einstweilige Verfügung). Diese können sowohl durch das Schiedsgericht als auch durch das staatliche Gericht erlassen werden; insoweit greift die Einrede der Schiedsvereinbarung nicht (§ 1041 ZPO). Der das schiedsrichterliche Verfahren abschließende Schiedsspruch hat die Wirkung eines rechtskräftigen gerichtlichen Urteils (§ 1055 ZPO). Um als Vollstreckungstitel dienen zu können, muss der Schiedsspruch jedoch durch ein staatliches Gericht für vollstreckbar erklärt werden (§ 1060 Abs. 1 ZPO). Zuständig hierfür ist das in der Schiedsvereinbarung bezeichnete Oberlandesgericht oder, wenn eine solche Bezeichnung fehlt, das Oberlandesgericht, in dessen Bezirk der Ort des schiedsrichterlichen Verfahrens liegt (§§ 1062 Abs. 1 Nr. 4, 1043 ZPO), wobei die landesgesetzlichen Konzentrationsverordnungen zu beachten sind (§ 1062 Abs. 5 ZPO). Dieses Oberlandesgericht entscheidet auch über eine etwaige Aufhebung des Schiedsspruchs gemäß § 1059 ZPO. S 43

Abgrenzung von Schiedsgutachtervereinbarung | Die Schiedsvereinbarung ist von der Vereinbarung eines Schiedsgutachtens zu unterscheiden. Das aufgrund einer Schiedsverein- S 44 barung berufene Schiedsgericht entscheidet den Rechtstreit an Stelle des staatlichen Gerichts. Demgegenüber hat der Schiedsgutachter lediglich Tatumstände oder rechtsgestaltende Ergänzungen von Vertragsinhalten festzustellen (*Geimer* in Zöller, § 1029 ZPO Rz. 4). Ein Beispiel dafür ist die Ermittlung des Abfindungsguthabens für einen ausscheidenden Gesellschafter durch einen qualifizierten Gutachter. Bei den von einem Schiedsgutachter getroffenen Feststellungen handelt es sich um eine Leistungsbestimmung durch einen Dritten. Sie sind gemäß §§ 317 ff. BGB für die Parteien verbindlich und in einem Verfahren vor einem staatlichen Gericht oder einem Schiedsgericht zu berücksichtigen, d.h. nur in den Grenzen des § 319 BGB überprüfbar.

2. Schiedsfähigkeit von gesellschaftsrechtlichen Streitigkeiten

S 45 Streitigkeiten aus dem Gesellschaftsverhältnis sind in vollem Umfang schiedsfähig, da sie ausschließlich vermögensrechtliche Ansprüche betreffen (§ 1030 Abs. 1 Satz 1 ZPO). Allerdings sind für Beschlussmängelstreitigkeiten einige Besonderheiten zu beachten (s. Rz. S 64 ff.). Demgegenüber ist die Schiedsfähigkeit der personengesellschaftsrechtlichen Gestaltungsklagen, etwa zur Entziehung der Vertretungsmacht (§§ 127, 161 Abs. 2 HGB), Auflösung der Gesellschaft (§§ 133, 161 Abs. 2 HGB) oder Ausschließung eines Gesellschafters (§§ 140, 161 Abs. 2 HGB) seit langem anerkannt (BGH v. 29.3.1996 – II ZR 124/95, GmbHR 1996, 437, 438 – „Schiedsfähigkeit I“; *Ebbing*, NZG 1998, 281, 285); streitig ist lediglich, ob die Gestaltungswirkung davon abhängt, dass der Schiedsspruch gemäß § 1060 Abs. 1 ZPO für vollstreckbar erklärt wird (*Haas* in Röhricht/Graf von Westphalen/Haas, § 117 HGB Rz. 18, § 133 HGB Rz. 21, § 140 HGB Rz. 19; weitere Nachweise bei *Butzer/Knof* in Münchener Hdb. Gesellschaftsrecht, Bd. 1, § 83 Rz. 41). Schiedsfähig ist auch die Auflösung einer GmbH durch gerichtliches Urteil gemäß § 61 GmbHG (*Geimer* in Zöller, § 1030 ZPO Rz. 5, § 1066 ZPO Rz. 6). Ebenso können die gesellschaftsrechtlichen Auskunfts- und Einsichtsrechte gemäß § 51a GmbHG und §§ 118, 166 HGB – soweit anwendbar – ohne Weiteres zum Gegenstand einer Schiedsvereinbarung gemacht werden (OLG Hamm v. 7.3.2000 – 15 W 355/99, GmbHR 2000, 676; *Ebbing*, NZG 1998, 281, 287). Gleiches gilt für einfache Feststellungsklagen gemäß § 256 ZPO zur Klärung von Streitigkeiten über die Auslegung des Gesellschaftsvertrags (BGH v. 16.4.2015 – I ZB 3/14, GmbHR 2015, 1148). Eine übliche gesellschaftsrechtliche Schiedsvereinbarung (s. Rz. S 60) bindet auch einen ausgeschiedenen Gesellschafter, sofern es sich um eine aus dem Gesellschaftsverhältnis entspringende Rechtsstreitigkeit handelt (BGH v. 1.8.2002 – III ZB 66/01, NZG 2002, 955; OLG Koblenz v. 6.3.2008 – 6 U 610/07, DB 2008, 1264; *Geimer* in Zöller, § 1029 ZPO Rz. 74), etwa bei einem Streit über die **Abfindung**.

3. Vor- und Nachteile des Schiedsverfahrens

S 46 Wesentlicher Vorteil des Schiedsgerichtsverfahrens ist, dass es unter **Ausschluss der Öffentlichkeit** stattfindet. Demgegenüber sind Verfahren vor den staatlichen Gerichten grundsätzlich öffentlich (§ 169 Satz 1 GVG). Insbesondere bei Familiengesellschaften besteht häufig ein gesteigertes Interesse daran, Konflikte innerhalb der Gesellschaft vertraulich und diskret zu lösen. Ein weiterer Vorteil des Schiedsgerichtsverfahrens besteht darin, dass die Parteien die **Zusammensetzung des Spruchkörpers** bestimmen können. Hierdurch kann gewährleistet werden, dass der Rechtsstreit durch besonders erfahrene und kompetente Personen entschieden wird (*Lachmann*, Handbuch für die Schiedsgerichtspraxis, Rz. 126 ff.). So können etwa bei einem Streit über die Abfindungshöhe Bilanzexperten zu Schiedsrichtern bestellt werden. Ein weiterer Aspekt ist die **Verfahrensdauer**. Hier wirkt es sich beim Schiedsgerichtsverfahren nachteilig aus, dass sich das Schiedsgericht zunächst konstituieren muss. Dies kann als Hürde empfunden werden, das Schiedsgerichtsverfahren überhaupt einzuleiten. Demgegenüber können die ordentlichen Gerichte sofort angerufen werden, so dass das Verfahren schneller in Gang gesetzt wird. Nimmt man die Gesamtdauer des Verfahrens in den Blick, kann der Rückstand im Schiedsverfahren ggf. wieder ausgeglichen werden, weil es keinen Instanzenzug gibt. Die Verfahrensdauer vor den staatlichen Gerichten hängt maßgeblich davon ab, über wie viele Instanzen der Rechtsstreit geführt wird. Gleiches gilt für die **Kosten**. Wird der Rechtsstreit vor den ordentlichen Gerichten nur über eine Instanz geführt, dürften die Kosten i.d.R. geringer ausfallen als bei einem Schiedsgerichtsverfahren. Wird der Rechtsstreit vor den staatlichen Gerichten über mehrere Instanzen geführt, können die Kosten diejenigen für ein Schiedsgerichtsverfahren schnell übersteigen. Welches der Verfahren günstiger ist, hängt nicht zuletzt auch vom Streitwert ab. Das Fehlen eines **Instanzenzugs** führt schließlich dazu, dass die Entscheidung des Schiedsgerichts grundsätzlich nicht anfechtbar ist, wohingegen gegen die Entscheidung eines ordentlichen Gerichts im ersten Rechtszug grundsätzlich ein Rechtsmittel offensteht. Schließlich ist zu vernehmen, die **Vergleichsrate** sei in Schiedsgerichtsverfahren deutlich höher als in den Verfahren vor den ordentlichen Gerichten. Hierfür wird angeführt, die Rahmenbedingungen für eine gütlicher Einigung seien in einem Schiedsgerichtsverfahren günstiger (*Lachmann*, Handbuch für die Schiedsgerichtspraxis, Rz. 165 ff.). Soweit es den Parteien um die **Klärung schwieriger Rechtsfragen** geht, dürfte ein ordentliches Gericht aufgrund seiner Autorität eher in der Lage sein, Rechtsfrieden herzustellen.

frei S 47–S 49

4. Zustandekommen der Schiedsvereinbarung

Sollen Streitigkeiten innerhalb der GmbH & Co. KG der Entscheidungsgewalt eines Schieds- S 50
gerichts unterstellt werden, ist eine Schiedsvereinbarung sowohl im Gesellschaftsvertrag der KG als auch in der Satzung der Komplementär-GmbH zu verankern. Anderenfalls kommt es zu einem wenig praktikablen Auseinanderfallen der gerichtlichen Zuständigkeiten, wenn ein Rechtsstreit sowohl auf Ebene der KG als auch auf Ebene der Komplementär-GmbH ausgetragen wird.

a) GmbH & Co. KG

Vertragliche Schiedsvereinbarung | Für die KG ist nach h.M. der Abschluss einer vertragli- S 51
chen Schiedsvereinbarung erforderlich, wobei die Formvorschrift des § 1031 ZPO beachtet werden muss. Dies gilt auch und gerade für Publikumsgesellschaften (BGH v. 11.10.1979 – III ZR 184/78, BB 1980, 75). Weitergehende Formerfordernisse sind nicht zu beachten (BGH v. 24.7.2014 – III ZB 83/13, GmbHR 2014, 1088, Rz. 14 und 17 f.).

Verbraucher | Ist an der KG ein Verbraucher (§ 13 BGB) beteiligt, muss die Schiedsverein- S 52
barung von den Gesellschaftern gesondert unterzeichnet sein, d.h., dass die Schiedsvereinbarung entweder in einer gesonderten Urkunde enthalten oder vom Gesellschaftsvertrag eindeutig abgesetzt und besonders unterschrieben sein muss, wobei die Schriftform für die

Schiedsvereinbarung durch die elektronische Form gemäß § 126a BGB ersetzt werden kann (§ 1031 Abs. 5 ZPO). Eine Unterzeichnung durch einen Bevollmächtigten ist aber möglich (*Geimer* in Zöller, § 1031 ZPO Rz. 36). Bei Beteiligung eines Verbrauchers ist eine Schiedsvereinbarung demnach nur in Form einer Schiedsabrede möglich, einer im Gesellschaftsvertrag enthaltenen Schiedsklausel kommt nur Hinweisfunktion zu. Eine Ausnahme gilt, wenn der Gesellschaftsvertrag notariell beurkundet wird (§ 1031 Abs. 5 Satz 2 Halbs. 2 ZPO). Bei einer natürlichen Person, die als Kommanditist beteiligt ist, wird die Verbrauchereigenschaft regelmäßig zu bejahen sein, da beim Halten einer Kommanditbeteiligung oder eines GmbH-Anteils die Kapitalanlage im Vordergrund steht und die private Vermögensverwaltung unabhängig von der Höhe des Vermögens keine gewerbliche Tätigkeit ist (BGH v. 24.7.2007 - XI ZR 208/06, GmbHR 2007, 1154 m.w.N. = GmbH-StB 2007, 305). Anders hingegen, wenn die Beteiligung der Existenzgründung und somit der gewerblichen oder selbständigen beruflichen Tätigkeit dient, z.B. Beteiligung an ärztlicher Gemeinschaftspraxis (BGH v. 24.2.2005 – III ZB 36/04, DB 2005, 1375), was jedoch bei einer Kommanditbeteiligung selten der Fall ist.

S 53 **Abtretung der KG-Beteiligung |** Wird die KG-Beteiligung an einen Dritten abgetreten wird, geht die Schiedsvereinbarung nach Ansicht des BGH gemäß § 401 BGB analog ohne Weiteres auf den Erwerber über, ohne dass dieser der Schiedsvereinbarung in der Form des § 1031 ZPO gesondert beitreten muss (BGH v. 1.8.2002 - III ZB 66/01, NZG 2002, 955; BGH v. 2.10.1997 – III ZR 2/96, ZIP 1997, 2082; BGH v. 2.3.1978 – III ZR 99/76, BB 1978, 927). Sie bindet aber auch noch den früheren Gesellschafter (s. Rz. S 45).

S 54 **Nachträglicher Abschluss |** Soll die Schiedsvereinbarung nachträglich getroffen werden, bedarf es nach h.M. der Zustimmung aller Gesellschafter. Ein aufgrund einer gesellschaftsvertraglichen Klausel gefasster Mehrheitsbeschluss sei nicht zulässig, da der Zugang zu den staatlichen Gerichten in gesellschaftsrechtlichen Streitigkeiten zum Kernbereich der Mitgliedschaft gehöre (*Geimer* in Zöller, § 1029 ZPO Rz. 74) bzw. ein sog. relativ unentziehbares Recht ist.

b) GmbH

S 55 **Statutarische Schiedsklausel |** Bei der Komplementär-GmbH kann die Schiedsvereinbarung als statutarische Schiedsklausel in die Satzung aufgenommen werden, da die GmbH als Körperschaft in den Anwendungsbereich des § 1066 ZPO fällt (*Geimer* in Zöller, § 1066 ZPO Rz. 4). In diesem Fall sind auch die GmbH und ihre Organe gebunden (*Bayer* in Lutter/Hommelhoff, § 3 GmbHG Rz. 81; *Geimer* in Zöller, § 1066 ZPO Rz. 4). Die Formvorschrift des § 1031 ZPO ist nicht anwendbar. Nach h.M. kann sich eine statutarische Schiedsklausel aber nur auf Streitigkeiten über Rechtsverhältnisse beziehen, die materieller Satzungsinhalt sind. Dagegen werden rein formelle (unechte) Satzungsbestandteile, also schuldrechtliche Nebenabreden, die zwar in die Satzung enthalten sind, aber genauso gut außerhalb hätten getroffen werden können (zur Abgrenzung *Bayer* in Lutter/Hommelhoff, § 3 GmbHG Rz. 1 f.), von § 1066 ZPO nicht erfasst (*Geimer* in Zöller, § 1066 ZPO Rz. 4). Sollen auch Streitigkeiten aus unechten Satzungsbestandteilen einem Schiedsgericht unterworfen werden, ist der Abschluss einer Schiedsvereinbarung gemäß § 1029 ZPO erforderlich, wobei die Form des § 1031 ZPO zu beachten ist. Da die Satzung gemäß § 2 Abs. 1 GmbHG notariell beurkundet und von allen Gesellschaftern unterzeichnet wird, ist die Form jedoch, auch bei Beteiligung eines Verbrauchers (s. Rz. S 52), gewahrt, so dass es ausreichend ist, die Schiedsvereinbarung in die Satzung aufzunehmen (*Ebbing*, NZG 1998, 281, 282). Für schuldrechtliche Nebenabreden außerhalb der Satzung, z.B. eine Gesellschaftervereinbarung, gelten die §§ 1029, 1031 ZPO. Soll die

Schiedsklausel durch Satzungsänderung nachträglich eingefügt werden, bedarf es analog § 53 Abs. 3 GmbHG der Zustimmung aller Gesellschafter (*Geimer* in Zöller, § 1066 ZPO Rz. 7). Bei einer Abtretung des Geschäftsanteils ist die Schiedsklausel als Satzungsbestandteil ohne weiteres auch für den Erwerber verbindlich (BGH v. 28.5.1979 – III ZR 18/77, GmbHR 1979, 202; *Geimer* in Zöller, § 1066 ZPO Rz. 9). Auch soweit materielle Satzungsbestandteile betroffen sind, können die Gesellschafter alternativ zur statutarischen Schiedsklausel eine Schiedsvereinbarung gemäß § 1029 ZPO schließen. Diese bedarf der Form des § 1031 ZPO und der Zustimmung aller Gesellschafter (BGH v. 6.4.2009 – II ZR 255/98, GmbHR 2009, 705, 707 f. = GmbH-StB 2009, 155 – „Schiedsfähigkeit II").

frei S 56–S 59

5. Inhalt der Schiedsvereinbarung

Mindestinhalt | Der notwendige Inhalt einer Schiedsvereinbarung besteht in der Regelung, dass die Entscheidung aller oder einzelner Streitigkeiten zwischen den Parteien in Bezug auf ein bestimmtes Rechtsverhältnis unter Ausschluss des ordentlichen Rechtswegs einem Schiedsgericht übertragen wird (*Geimer* in Zöller, § 1029 ZPO Rz. 28 f.). Demnach kann eine einfache gesellschaftsrechtliche Schiedsvereinbarung wie folgt gefasst werden. S 60

Beispiel:

Alle Streitigkeiten zwischen den Gesellschaftern oder zwischen der Gesellschaft und ihren Gesellschaftern aus dem Gesellschaftsverhältnis werden unter Ausschluss des ordentlichen Rechtswegs durch ein Schiedsgericht entschieden.

Eine derartige Schiedsvereinbarung bindet auch **ausgeschiedene Gesellschafter** (s. Rz. S 45).

Weitere Regelungen | Darüber hinaus können die Gesellschafter im Rahmen des dispositiven Rechts der §§ 1025 ff. ZPO weitere Regelungen zum Schiedsgerichtsverfahren treffen. Insbesondere können sie die Regelungen zur **Konstituierung des Schiedsgerichts**, also die Zahl und die Bestellung der Schiedsrichter (§§ 1034 Abs. 1 Satz 1, 1035 Abs. 1 ZPO) sowie zur **Durchführung des Verfahrens** (§ 1042 Abs. 3 ZPO) weitgehend selbst festlegen. Soweit die Gesellschafter keine eigenen Regelungen treffen, gelten die gesetzlichen Vorschriften. Man spricht in diesen Fällen von einem sog. **Ad-hoc-Schiedsgericht**. Das Ad-hoc-Verfahren ist der gesetzliche Regelfall. Eine Alternative dazu ist die Vereinbarung einer **institutionalisierten Schiedsgerichtsbarkeit**. In diesem Fall können die Gesellschafter auf die Dienstleistungen einer Schiedsorganisation (z.B. die Deutsche Institution für Schiedsgerichtsbarkeit e.V. – DIS) zurückgreifen, die bei der Verwaltung des Verfahrens, insbesondere der Bestellung der Schiedsrichter, mitwirkt. Außerdem haben die Schiedsorganisationen Regelwerke zur Durchführung des Schiedsverfahrens entwickelt (Schiedsordnungen), die von den Parteien durch Inbezugnahme (§ 1042 Abs. 3 ZPO) zur Grundlage des Verfahrens gemacht werden. Der Rechtsstreit wird jedoch nicht von der Schiedsinstitution, sondern wie bei der Ad-hoc-Schiedsgerichtsbarkeit von dem für den Streitfall gebildeten Schiedsgericht entschieden. Auch wenn Ad-hoc-Schiedsverfahren in der gesellschaftsrechtlichen Praxis weit verbreitet sind, haben institutionalisierte Schiedsverfahren den Vorteil, dass sie in der Durchführung meist deutlich einfacher sind, als Ad-hoc-Verfahren (vgl. zur Organisation eines Ad-hoc-Schiedsverfahrens *Lörcher/Lörcher*, SchiedsVZ 2005, 179). Außerdem können Beschlussmängelstreitigkeiten bei der Komplementär-GmbH rechtssicher der Entscheidungsgewalt des S 61

Schiedsgerichts unterstellt werden können (s. Rz. S 64 ff.). In jedem Fall sind die Schiedsvereinbarungen bei der KG und der Komplementär-GmbH **inhaltlich aufeinander abzustimmen**, um bei Streitigkeiten, die sowohl auf Ebene der KG als auch Ebene der Komplementär-GmbH ausgetragen werden, ein einheitliches Verfahren zu gewährleisten.

S 62–S 63 frei

6. Beschlussmängelstreitigkeiten

S 64 **Besonderheiten |** Besonderheiten sind zu beachten, wenn auch Beschlussmängelstreitigkeiten (→ *Beschlussmängelstreit*) Gegenstand eines Schiedsgerichtsverfahrens sein sollen.

S 65 **GmbH & Co. KG |** Im Personengesellschaftsrecht ist die Schiedsfähigkeit von Beschlussmängelstreitigkeiten seit langem anerkannt. Dies liegt daran, dass fehlerhafte Gesellschafterbeschlüsse einer Personengesellschaft ohne weiteres nichtig und damit unwirksam sind. Die Fehlerhaftigkeit ist durch Feststellungsklage gegen die Mitgesellschafter geltend zu machen. Das Feststellungurteil wirkt nur zwischen den verfahrensbeteiligten Gesellschaftern. Gegen die Schiedsfähigkeit von Beschlussmängelstreitigkeiten bestehen daher keine Bedenken (*Ebbing*, NZG 1998, 281, 284; BGH v. 28.5.1979 – III ZR 18/77, GmbHR 1979, 202). Dies gilt selbst dann, wenn im Gesellschaftsvertrag geregelt ist, das die Fehlerhaftigkeit von Gesellschafterbeschlüssen – wie im Kapitalgesellschaftsrecht – durch Klage gegen die Gesellschaft geltend zu machen ist (→ *Beschlussmängelstreit*). Denn auch in einem solchen Fall wird über die Frage der Wirksamkeit des Beschlusses nicht mit Rechtskraft gegenüber den Mitgesellschaftern entschieden, sondern ein zwischen dem klagenden Gesellschafter und der Gesellschaft ergangenes Urteil hat lediglich die Folge, dass die übrigen Gesellschafter schuldrechtlich verpflichtet sind, die Entscheidung gegen sich gelten zu lassen (BGH v. 11.12.1989 – II ZR 61/89, BB 1990, 370).

S 66 **GmbH |** Demgegenüber war die Schiedsfähigkeit von Beschlussmängelstreitigkeiten bei der GmbH lange fraglich. Hintergrund ist, dass die Fehlerhaftigkeit eines Gesellschafterbeschlusses in analoger Anwendung der aktienrechtlichen Vorschriften grundsätzlich durch Anfechtungs- oder Nichtigkeitsklage gegen die Gesellschaft geltend zu machen ist. Ein der Klage stattgebendes Urteil kommt daher die erweiterte Rechtskraft der §§ 248 Abs. 1 Satz 1, 249 Abs. 1 Satz 1 AktG analog zu. D.h., die Rechtskraft des Urteils erstreckt sich auch auf die nichtverfahrensbeteiligten Gesellschafter und Gesellschaftsorgane (→ *Beschlussmängelstreit*). Die erweiterte Rechtskraftwirkung ist eine Abweichung von dem Grundsatz, dass die materielle Rechtskraft gerichtlicher Entscheidungen nur zwischen den Parteien des Rechtsstreits (*inter partes*) wirkt (§ 325 Abs. 1 ZPO). Diese Ausnahme steht jedoch in Zusammenhang mit ergänzenden verfahrensrechtlichen Vorschriften, die sicherstellen, dass über die Rechtmäßigkeit eines Gesellschafterbeschlusses nur eine einheitliche Sachentscheidung ergehen kann (vgl. insb. § 246 Abs. 3 AktG analog). Entsprechende Regelungen fehlen im schiedsgerichtlichen Verfahren, weshalb der BGH es früher ablehnte, die §§ 248 Abs. 1 Satz 1, 249 Abs. 1 Satz 1 AktG auf ein Schiedsgerichtsverfahren analog anzuwenden (BGH v. 29.3.1996 – II ZR 124/95, GmbHR 1996, 437 – „Schiedsfähigkeit I"). Diese Rechtsprechung hat der BGH mittlerweile aufgegeben. Nach neuerer Rechtsprechung sind Beschlussmängelstreitigkeiten im Recht der GmbH **schiedsfähig, sofern und soweit das schiedsgerichtliche Verfahren in einer dem Rechtsschutz durch staatliche Gerichte gleichwertigen Weise ausgestaltet** ist. In diesem Fall, so der BGH, werden die Wirkungen der §§ 248 Abs. 1 Satz 1, 249 Abs. 1 Satz 1

AktG nicht gesetzlich angeordnet, sondern analog durch die Schiedsvereinbarung festgeschrieben. Das schiedsgerichtliche Verfahren ist in einer dem Rechtsschutz durch staatliche Gerichte gleichwertigen Weise ausgestaltet, wenn es folgende Mindestanforderungen erfüllt: (1.) Die Schiedsvereinbarung bedarf der Zustimmung sämtlicher Gesellschafter, (2.) jeder Gesellschafter muss – neben den Gesellschaftsorganen – über die Einleitung und den Verlauf des Schiedsverfahrens informiert werden, (3.) jedem Gesellschafter muss es möglich sein, dem Verfahren zumindest als Nebenintervenient beizutreten, (4.) sämtliche Gesellschafter müssen an der Auswahl und Bestellung der Schiedsrichter mitwirken können, sofern nicht die Auswahl durch eine neutrale Stelle erfolgt, und (5.) es muss gewährleistet sein, dass alle denselben Streitgegenstand betreffenden Beschlussmängelstreitigkeiten bei einem Schiedsgericht konzentriert werden (BGH v. 6.4.2009 – II ZR 255/98, GmbHR 2009, 705 = GmbH-StB 2009, 155 – „Schiedsfähigkeit II"; *Bayer* in Lutter/Hommelhoff, Anh. § 47 GmbHG Rz. 97 ff.). Für einfache Feststellungsklagen gemäß § 256 ZPO gelten diese Grundsätze nicht, da derartige Klagen nur *inter partes* wirken. Daher sind etwa Streitigkeiten über die Auslegung des Gesellschaftsvertrags, die mit einer einfachen Feststellungsklage geklärt werden können, schiedsfähig, ohne dass die Schiedsvereinbarung den besonderen Anforderungen aus der Entscheidung Schiedsfähigkeit II entsprechen muss (BGH v. 16.4.2015 – I ZB 3/14, GmbHR 2015, 1148).

Folgen für die Praxis | Bei der GmbH & Co. KG empfiehlt es sich, Zuständigkeit und Verfahren für Beschlussmängelstreitigkeiten soweit wie möglich zu **vereinheitlichen**. Denn Streitigkeiten zwischen den Gesellschaftern werden häufig, insbesondere bei der beteiligungsidentischen GmbH & Co. KG, sowohl auf Ebene der KG als auch auf Ebene der Komplementär-GmbH ausgetragen. Dazu sollte zum einen im Gesellschaftsvertrag der KG bestimmt werden, dass Beschlussmängel durch fristgebundene Klage gegen die Gesellschaft geltend zu machen sind (→ *Beschlussmängelstreit*). Zum anderen muss, wenn ein Schiedsgerichtsverfahren gewünscht ist, auf Ebene der Komplementär-GmbH die Schiedsfähigkeit von Beschlussmängelstreitigkeiten i.S.d. BGH-Rechtsprechung sichergestellt werden. Hierzu kann auf die Schiedsgerichtsordnung der DIS (DIS-SchO) sowie die ergänzenden Regelungen für gesellschaftsrechtliche Streitigkeiten (DIS-ERGeS) zurückgegriffen werden (abrufbar unter *www.dis-arb.de*), die den Anforderungen des BGH genügen. S 67

frei S 68–S 80

Vertiefende Recherche

Wichtige Urteile und Erlasse

BGH v. 16.4.2015 – I ZB 3/14, GmbHR 2015, 1148: Zur Wirksamkeit einer gesellschaftsvertraglichen Schiedsvereinbarung für einfache Feststellungsklagen unter Gesellschaftern.

BGH v. 6.4.2009 – II ZR 255/98, GmbHR 2009, 705 – „Schiedsfähigkeit II": Anforderungen an die Schiedsfähigkeit von Beschlussmängelstreitigkeiten.

BGH v. 29.3.1996 – II ZR 124/95, GmbHR 1996, 437 – „Schiedsfähigkeit I": Schiedsfähigkeit von Beschlussmängelstreitigkeiten in der GmbH.

Musterformulierungen

→ *Gesellschaftsverträge mit Erläuterungen Rz. G 203f.* (KG) und *Rz. G 252f.* (GmbH)

Fuhrmann/Wälzholz, Formularbuch Gesellschaftsrecht, 2. Aufl. 2015, M 12.2 (§ 18 Schiedsgericht) und M 25.9 (§ 14 Schiedsabrede)

Hesselmann/Tillmann/Mueller-Thuns, Handbuch GmbH & Co. KG, 21. Aufl. 2016, Anhang A (§ 19 Schiedsvereinbarung) und Anhang B (§ 29 Schiedsvereinbarung)

Walz, Das ADR-Formularbuch, 2. Aufl. 2017, Kap. 23 M 23.1 und M 23.2 (Schiedsvereinbarung)

Weitere Stichwörter

→ *Beirat*; → *Beschlussmängelstreit*; → *Konfliktlösung*

Sitz/Ort der Geschäftsleitung

Ausgewählte Literatur: *Forsthoff*, Die Bedeutung der Rechtsprechung des EuGH zur Mobilität von Gesellschaften über das Gesellschaftsrecht hinaus, EuZW 2015, 248; *Schnittker/Benecke*, Wegzug und Zuzug von Personengesellschaften, FR 2010, 565; *Schnittker/Pitzal* in Prinz, Umwandlungen im Internationalen Steuerrecht, 2013, Kapitel 10 Wegzug und Zuzug.

1. Funktionen des Sitzes

Gesellschaftsrechtlich ist der Sitz der GmbH & Co. KG aus verschiedenen Gründen bedeutsam: S 81

Zuständigkeit des Registergerichts | Gemäß §§ 161 Abs. 2, 106 Abs. 1, 13ff. HGB ist die GmbH & Co. KG als Kommanditgesellschaft bei dem Registergericht, in dessen Bezirk sie ihren Sitz hat, zur Eintragung in das Handelsregister anzumelden. Der Sitz ist gemäß §§ 161 Abs. 2, 106 Abs. 2 Nr. 2 HGB eine der wesentlichen Angaben, die die Handelsregisteranmeldung zur Neugründung explizit zu enthalten hat und die auch im Handelsregister eingetragen wird. S 82

Allgemeiner Gerichtsstand | Des Weiteren richtet sich der allgemeine Gerichtsstand der GmbH & Co. KG nach ihrem Sitz (§ 17 Abs. 1 Satz 1 ZPO). S 83

Industrie- und Handelskammer | Zudem ist eine GmbH & Co. KG der Industrie- und Handelskammer zugeordnet, in deren Bezirk sich ihr Sitz befindet (vgl. auch § 2 Abs. 1 IHKG und VG Aachen v. 19.3.2004 – 7 K 480/04, GewArch 2004, 305). S 84

Geschäftsbrief | Schließlich ist der Sitz der Kommanditgesellschaft – ebenso wie bei der Komplementär-GmbH (vgl. § 35a GmbHG) – wesentlicher Bestandteil der Pflichtangaben auf ihren Geschäftsbriefen (vgl. §§ 161 Abs. 2, 125a, 177a HGB). S 85

2. Einheitlichkeit von Sitz und Ort der Geschäftsleitung

Abweichend vom Kapitalgesellschaftsrecht ist die aktuelle Rechtsprechung im Personengesellschaftsrecht – maßgeblich geprägt durch jüngere oberlandesgerichtliche Entscheidungen – in Fortführung der bislang herrschenden Meinung (BGH v. 27.5.1957 – II ZR 317/55, WM 1957, 999, 1000) der Auffassung, dass der (Rechts-) **Sitz einer Kommanditgesellschaft** und damit auch der (Rechts-) Sitz einer GmbH & Co. KG i.S.d. §§ 161 Abs. 2, 106 Abs. 1 HGB dem Ort ihrer Hauptverwaltung, also dem **Ort ihrer tatsächlichen Geschäftsleitung**, zu entsprechen hat (KG Berlin v. 7.2.2012 – 25 W 4/12, RNotZ 2012, 395, 396 und KG Berlin v. 16.4. 2012 – 25 W 39/12, FGPrax 2012, 172, 173; BGH v. 27.10.2008 – II ZR 158/06, GmbHR 2009, 138 = GmbH-StB 2009, 10; vgl. auch OLG Schleswig v. 14.11. 2011 – 2 W 48/11 GmbHR S 86

2012, 800, 801 ff., das das Recht zur freien Wahl der inländischen Geschäftsanschrift für Personenhandelsgesellschaften ebenfalls ablehnt; kritisch diesbezüglich seit dem Inkrafttreten des Gesetzes zur Modernisierung des GmbH-Rechts und zur Bekämpfung von Missbräuchen [MoMiG] v. 23.10.2008 jedoch *Roth* in Baumbach/Hopt, § 106 HGB Rz. 8 m.w.N. zur Gegenauffassung). Bis zu einer Gesetzesänderung oder abweichenden höchstrichterlichen Entscheidung ist bei einer GmbH & Co. KG daher vorsorglich von der Einheitlichkeit von Sitz und Ort der Geschäftsleitung (Verwaltungssitz) im Inland auszugehen (ebenso *Friedel*, jurisPR-HaGesR 1/2013 Anm. 5).

3. Doppelsitz

S 87 Aufgrund der derzeit vorherrschenden Auffassung, dass der Sitz dem tatsächlichen Ort der Geschäftsleitung zu entsprechen hat, kann eine GmbH & Co. KG im Grundsatz auch nicht über einen Doppelsitz verfügen (vgl. *Langhein* in MünchKomm. HGB, § 106 HGB Rz. 27 und *Roth* in Baumbach/Hopt, § 106 HGB Rz. 9, jeweils auch mit Nachweisen zu wenigen Ausnahmen bei einer Personengesellschaft). Eine GmbH & Co. KG hat sich in der Regel zwischen **Haupt- und Zweigniederlassungen** i.S.d. §§ 13 ff. HGB zu entscheiden (*Langhein* in MünchKomm. HGB, § 106 HGB Rz. 27 m.w.N.; *Weitemeyer* in Oetker, § 106 HGB Rz. 22).

4. Inländische Geschäftsanschrift

S 88 **Keine Wahlfreiheit** | Die inländische Geschäftsanschrift einer GmbH & Co. KG ist aus dem vorgenannten Grund ebenfalls nicht frei wählbar. Insbesondere daran, dass es für juristische Personen Vorschriften zur Zustellungserleichterung wie die §§ 35 Abs. 2 Satz 3 GmbHG, § 78 Abs. 2 Satz 3 AktG und § 15a HGB im Recht der Personenhandelsgesellschaften nicht gibt, zeige sich, dass eine freie Wahl der inländischen Geschäftsanschrift bei Personenhandelsgesellschaften vom Gesetzgeber nicht gewollt und aus Gläubigerschutzgesichtspunkten auch nicht möglich sei. Die gesonderte Aufzählung von Sitz und inländischer Geschäftsanschrift in § 106 Abs. 2 Nr. 2 HGB könne auch nicht dahingehend ausgelegt werden. Die Konsequenzen aus der falschen Angabe der Geschäftsanschrift würden bei Personenhandelsgesellschaften nicht die Gesellschaft treffen, sondern die Gläubiger, die sich auf die Richtigkeit der veröffentlichten Anschrift verlassen (OLG Schleswig v. 14.11.2011 – 2 W 48/11, GmbHR 2012, 800, 801 f.). Die seit 2008 erforderliche Angabe der inländischen Geschäftsanschrift diene lediglich der Schaffung einer Zustellungserleichterung für die Gläubiger, die jedoch nicht erreicht würde, wenn der Sitz der Personenhandelsgesellschaft und deren Geschäftsanschrift auseinander fallen würden (KG Berlin v. 16.4.2012 – 25 W 39/12, FGPrax 2012, 172, 173). Dementsprechend decken sich bei der Personenhandelsgesellschaft immer auch die inländische Geschäftsanschrift und die Lage ihrer Geschäftsräume (KG Berlin v. 16.4.2012 – 25 W 39/12, FGPrax 2012, 172, 173).

S 89 **Anmeldung zum Handelsregister** | Die Änderung der inländischen Geschäftsanschrift einer GmbH & Co. KG i.S.d. §§ 161 Abs. 2, 106 Abs. 2 Nr. 2 HGB ist gemäß §§ 161 Abs. 2, 108 HGB durch sämtliche Gesellschafter zur Eintragung im Handelsregister anzumelden (OLG Schleswig v. 14.11. 2011 – 2 W 48/11, GmbHR 2012, 800, 802 f.; OLG Frankfurt v. 12.9.2011 – 20 W 13/11, NZG 2012, 585, 586).

5. Steuerrecht

Bestimmung des Ortes der Geschäftsleitung | Nach § 10 AO ist der Ort der Geschäftsleitung der Mittelpunkt der geschäftlichen Oberleitung. Der Ort der Geschäftsleitung ist nach der Rechtsprechung des BFH dort, wo der für die Geschäftsleitung maßgebliche Wille gebildet wird (vgl. BFH v. 23.1.1991 – I R 22/90, BStBl. II 1991, 554; BFH v. 7.12.1994 – I K 1/93, BStBl. II 1995, 175 = FR 1995, 193, 194; BFH v. 3.7.1997 – IV R 58/95, BStBl. II 1998, 86 = FR 1998, 212; BFH v. 16.12.1998 – I R 138/97, BStBl. II 1999, 437 = FR 1999, 756 m. Anm. *Kempermann* = GmbHR 1999, 788 = GmbH-StB 1999, 185). In der Regel entspricht dies dem Ort, an dem die zur Vertretung befugten Personen die ihnen obliegenden Geschäftsführertätigkeiten entfalten und ihre Entscheidungen treffen (vgl. BFH v. 23.1.1991 – I R 22/90, BStBl. II 1991, 554; BFH v. 3.7.1997 – IV R 58/95, BStBl. II 1998, 86 = FR 1998, 212; BFH v. 15.7.1998 – I B 134/97, BFH/NV 1999, 372 = GmbHR 1999, 94 = GmbH-StB 1999, 5; BFH v. 16.12.1998 – I R 138/97, BStBl. II 1999, 437 = FR 1999, 756 m. Anm. *Kempermann* = GmbHR 1999, 788 = GmbH-StB 1999, 185). Der steuerliche Ort der Geschäftsleitung stimmt im Regelfall mit dem gesellschaftsrechtlichen Verwaltungssitz überein (vgl. BFH v. 23.6.1992 – IX R 182/87, BStBl. II 1992, 972 = GmbHR 1993, 184; BayObLG v. 18.7.1985 – 3 Z 62/85, DB 1986, 2670). S 90

Geschäftsleitungsbetriebsstätte | Nach § 12 Satz 1 AO ist jede feste Geschäftseinrichtung oder Anlage, die der Tätigkeit eines Unternehmens dient, eine Betriebsstätte des Unternehmens. Als Betriebsstätte ist dabei nach § 12 Satz 2 Nr. 1 AO insbesondere der Ort der Geschäftsleitung anzusehen. Nach der Rechtsprechung des BFH stellt § 12 Satz 2 AO eine Erweiterung der allgemeinen Betriebsstättendefinition des § 12 Satz 1 AO dar (vgl. BFH v. 28.7. 1993 – I R 15/93, BStBl. II 1994, 148 = FR 1994, 58 m. Anm. *Kempermann*). Damit begründet der Ort der Geschäftsleitung auch dann eine Betriebsstätte, wenn die Voraussetzungen des § 12 Satz 1 AO nicht vorliegen. S 91

Bedeutung der Geschäftsleitungs-Betriebsstätte der GmbH & Co. KG | Die Qualifizierung des Ortes der Geschäftsleitung als Betriebsstätte hat insbesondere Bedeutung für die **Gewerbesteuer**. Denn nach § 2 Abs. 1 Satz 1 GewStG unterliegt der Gewerbebetrieb einer GmbH & Co. KG nur insoweit der Gewerbesteuer, als er im Inland betrieben wird. Dabei wird der Gewerbebetrieb nach § 2 Abs. 1 Satz 3 GewStG im Inland betrieben, soweit für ihn im Inland eine Betriebsstätte unterhalten wird. Damit unterliegt die GmbH & Co. KG der Gewerbesteuer, soweit der von der GmbH & Co. KG erwirtschaftete Gewerbeertrag der Geschäftsleitungsbetriebsstätte (oder anderen inländischen Betriebsstätten) zuzurechnen ist. Die Gewerbesteuerpflicht der GmbH & Co. KG mit Geschäftsleitung im Inland besteht somit auch dann, wenn keine originär gewerbliche Fabrikations- oder Handels-Betriebsstätte im Inland unterhalten wird. S 92

Beschränkt steuerpflichtige Mitunternehmer | Soweit an der GmbH & Co. KG nur beschränkt steuerpflichtige Mitunternehmer beteiligt sind, sind die Einkünfte, die der inländischen Geschäftsleitungsbetriebsstätte zuzurechnen sind, außerdem nach § 49 Abs. 1 Nr. 2 Buchst. a EStG im Rahmen der **beschränkten Einkommen- bzw. Körperschaftsteuersteuerpflicht** im Inland steuerpflichtig. S 93

Umfang | Für den Umfang der Gewerbesteuerpflicht und der beschränkten Steuerpflicht ist damit die Frage von Bedeutung, inwieweit Einkünfte und Gewerbeertrag einer Geschäftsleitungsbetriebsstätte zuzurechnen sind. Die **Zurechnung** erfolgt dabei **nach dem Veranlas-** S 94

sungsprinzip. Danach sind Gewerbeertrag und Einkünfte der Geschäftsleitungsbetriebsstätte zuzurechnen, soweit sie durch die Geschäftsleitung erwirtschaftet wurden (vgl. hierzu auch BFH v. 29.7.1992 – II R 39/89, BStBl. II 1993, 63 = GmbHR 1993, 61; BFH v. 28.10.2009 – I R 28/08, IStR 2010, 103; *Andresen* in Wassermeyer/Andresen/Ditz, Betriebsstättenhandbuch, 78 ff.).

6. Inländische Sitzverlegung

S 95 **Tatsächliche Verlegung des Ortes der Geschäftsleitung** | Aufgrund des bislang im Personengesellschaftsrecht geltenden Grundsatzes der Übereinstimmung von Sitz und Ort der Geschäftsleitung erfolgt eine (inländische) Sitzverlegung bei der GmbH & Co. KG nicht durch Änderung des Gesellschaftsvertrages oder Gesellschafterbeschluss, sondern allein durch die tatsächliche Verlegung des Ortes ihrer Geschäftsleitung (BGH v. 27.5.1957 – II ZR 317/55, WM 1957, 999, 1000; KG v. 22.10.1996 – 1 AR 30/96, NJW-RR 1997, 868 = GmbHR 1997, 314). Die (inländische) Sitzverlegung bei einer GmbH & Co. KG ist somit eine Maßnahme der Geschäftsführung und bedarf für ihre Wirksamkeit in der Regel keines Gesellschafterbeschlusses (*Krafka/Kühn*, Registerrecht, Rz. 338). Etwas anderes dürfte dann gelten, wenn mit der Verlegung des Ortes der Geschäftsleitung zugleich die Verlegung des wesentlichen operativen Geschäftsbetriebs verbunden ist; in diesem Fall dürfte die Maßnahme als Grundlagengeschäft zu qualifizieren sein und damit die Zustimmung der Gesellschafter erfordern.

S 96 **Handelsregisteranmeldung** | Die (inländische) Sitzverlegung einer GmbH & Co. KG ist gemäß §§ 161 Abs. 2, 107, 108, 13h HGB durch sämtliche Gesellschafter einschließlich der Kommanditisten zur Eintragung im Handelsregister anzumelden (KG Berlin v. 7.2.2012 – 25 W 4/12, RNotZ 2012, 395, 396). Mitanzumelden ist immer auch die Änderung der inländischen Geschäftsanschrift, da mit der Sitzverlegung zwangsläufig auch die inländische Geschäftsanschrift geändert wird. Anders als bei der GmbH hat die Eintragung der Sitzverlegung einer GmbH & Co. KG aus den o.g. Gründen zwar nur deklaratorischen Charakter (KG Berlin v. 22.10.1996 – 1 AR 30/96, NJW-RR 1997, 868 = GmbHR 1997, 314). Dennoch soll dem Registergericht das Recht zustehen, im Zusammenhang mit der Eintragung der Sitzverlegung i.S.d. §§ 161 Abs. 2, 106 Abs. 1 und 2 HGB das Vorliegen der materiellen Voraussetzungen zu prüfen, notfalls auch durch Anforderung weiterer Informationen (KG Berlin v. 7.2.2012 – 25 W 4/12, RNotZ 2012, 395, 397). Inwieweit ein entsprechender Nachweis von den Gesellschaftern erbracht werden kann, erscheint jedoch fraglich. Schließlich führt allein die tatsächliche Verlegung des Ortes der Geschäftsleitung zu einer Sitzverlegung, ohne dass es hierfür eines förmlichen Umsetzungsaktes (wie z.B. eines Gesellschafterbeschlusses) bedarf.

7. Grenzüberschreitende Sitzverlegung

S 97 **Nationales Recht** | Vor dem Hintergrund der Einheitlichkeit von Sitz und Ort der Geschäftsleitung bereits für das Inland geht die bislang herrschende Meinung davon aus, dass – trotz der Änderungen und Erleichterungen in § 4a GmbHG und § 5 AktG für die grenzüberschreitende Verlegung des Verwaltungssitzes bei Kapitalgesellschaften – Personenhandelsgesellschaften und damit auch eine GmbH & Co. KG den Ort ihrer **Geschäftsleitung (Verwaltungssitz)** unter Beibehaltung ihres inländischen Satzungssitzes und ihrer nationalen Rechtsform weiterhin nicht ins **Ausland** verlegen können, ohne dass dies zu ihrer Auflösung und

Liquidation führt (vgl. BGH v. 27.10.2008 – II ZR 158/06, GmbHR 2009, 138 = GmbH-StB 2009, 10; VG Aachen v. 19.3.2004 – 7 K 480/04, GewArch 2004, 305, 305 f.; *Langhein* in MünchKomm. HGB, § 106 HGB Rz. 30 m.w.N.; *Weitemeyer* in Oetker, § 106 HGB Rz. 22; *Liebscher* in Reichert, GmbH & Co. KG, § 15 Rz. 26; a.A. *Paefgen* in Westermann/Wertenbruch, Hdb. Personengesellschaften, Rz. I 4124 ff.). Ein entsprechender Wille des Gesetzgebers, die grenzüberschreitende Verlegung des Verwaltungssitzes unter Beibehaltung des inländischen Satzungssitzes auch bei Personenhandelsgesellschaften zuzulassen, sei nicht erkennbar (s. hierzu *Schnittker/Pitzal* in Prinz, Umwandlungen im Internationalen Steuerrecht, Rz. 10.8 ff., die vor dem Hintergrund der aktuellen europäischen Rechtsprechung die Möglichkeit zur grenzüberschreitenden Sitzverlegung bei der Personenhandelsgesellschaft im Ergebnis aber ebenso befürworten wie *Haas* in Röhricht/Graf von Westphalen/Haas, § 106 HGB Rz. 11 und *Roth* in Baumbach/Hopt, Einl. vor § 105 HGB Rz. 29 m.w.N.; zur Rechtsprechung des EuGH zur Mobilität von Gesellschaften s. *Forsthoff*, EuZW 2015, 248).

Europäisches Recht | Auch das europäische Recht steht dem grundsätzlich nicht entgegen: S 98
Vor dem Hintergrund der aktuellen Rechtsprechung des Europäischen Gerichtshofes ist davon auszugehen, dass der nationale Gesetzgeber zwar nicht den grenzüberschreitenden Zuzug, sehr wohl aber den grenzüberschreitenden, identitätswahrenden Wegzug einer (Personen-)Gesellschaft durch Verlegung ihres Verwaltungssitzes, jedoch unter Beibehaltung ihres inländischen Satzungssitzes und ihrer nationalen Rechtsform untersagen kann (vgl. EuGH v. 16.12.2008 – C-210/06 [Cartesio], NZG 2009, 61, 67 f. = GmbHR 2009, 86 m. Anm. *Meilicke;* EuGH v. 29.11.2011 – C-371/10 [National Grid Indus], NZG 2012, 114, 115 = ZIP 2012, 169; *Pathe* in Gummert, Münchener Anwaltshandbuch Personengesellschaftsrecht, § 28 Rz. 3; *Krebs*, GWR 2014, 144, 145; *Lüke* in Hesselmann/Tillmann/Mueller-Thuns, Hdb. GmbH & Co. KG, Rz. 3.13).

Etwas anderes dürfte aufgrund der europäischen Niederlassungsfreiheit aber jedenfalls dann gelten, wenn eine (Personen-)Gesellschaft nicht nur ihren Verwaltungssitz, sondern ihren Satzungs- und Verwaltungssitz ins Ausland verlegen und damit gleichzeitig ihre bisherige Rechtsform im Wege des Formwechsels in eine ausländische Rechtsform des Zuzugsstaats umwandeln möchte (vgl. EuGH v. 12.7.2012 – C-378/10 [Vale], NZG 2012, 871, 873 ff. = ZIP 2012, 1394; *Henssler* in Henssler/Strohn, Gesellschaftsrecht, § 105 HGB Rz. 198 f.; *Weitemeyer* in Oetker, § 105 HGB Rz. 108 m.w.N.).

Beratungshinweis | Vor diesem Hintergrund sollte bis zu einer entsprechenden Gesetzes- S 99
änderung oder höchstrichterlichen Klärung von einer Verlegung des Ortes der Geschäftsleitung (Verwaltungssitz) einer GmbH & Co. KG ins Ausland, was ggf. bereits durch die ansonsten zulässige, tatsächliche Verlegung des Verwaltungssitzes der Komplementär-GmbH ins Ausland erfolgen könnte, vorsorglich abgesehen werden (zur Frage der Bestimmung des Sitzes bei der Auslandsgesellschaft & Co. KG → *Auslandsgesellschaft & Co. KG*). In der Praxis gilt es bei einer klassischen GmbH & Co. KG mit einer einzigen Komplementär-GmbH daher darauf zu achten, dass es nicht zu einer Substanzverlagerung und damit tatsächlich zu einer „unbemerkten" Verlegung der operativen Geschäftsleitung (Verwaltungssitz) der einzigen Komplementär-GmbH ins Ausland und mithin zu einer „unbemerkten" Auflösung der Kommanditgesellschaft kommt.

frei S 100–S 110

Vertiefende Recherche

Wichtige Urteile und Erlasse

EuGH v. 12.7.2012 – C-378/10 (Vale), NZG 2012, 871 = ZIP 2012, 1394: Gleichbehandlung von grenzüberschreitendem Formwechsel mit nationalem Formwechsel.

EuGH v. 16.12.2008 – C-210/06 (Cartesio), NZG 2009, 61 = GmbHR 2009, 86: Verlegung des Gesellschaftssitzes in einen anderen Mitgliedstaat als den Gründungsmitgliedstaat.

BGH v. 27.5.1957 – II ZR 317/55, WM 1957, 999: Sitz einer Personenhandelsgesellschaft bestimmt sich allein danach, an welchem Ort die Verwaltung des Gesellschaftsunternehmens tatsächlich geführt wird. Gesellschafterbeschluss für Sitzverlegung nicht erforderlich.

KG Berlin v. 16.4.2012 – 25 W 39/12, FGPrax 2012, 172: Sitz und Geschäftsanschrift einer Kommanditgesellschaft müssen übereinstimmen.

KG Berlin v. 7.2.2012 – 25 W 4/12, RNotZ 2012, 395: Keine freie Wahl des Sitzes durch Festlegung im Gesellschaftsvertrag.

OLG Schleswig v. 14.11.2011 – 2 W 48/11, GmbHR 2012, 800: Keine freie Wählbarkeit der inländischen Geschäftsanschrift einer Personenhandelsgesellschaft.

OLG Frankfurt v. 12.9.2011 – 20 W 13/11, NZG 2012, 585: Anmeldung der Sitzverlegung einer Kommanditgesellschaft erfolgt durch sämtliche Gesellschafter einschließlich der Kommanditisten.

KG Berlin v. 22.10.1996 – 1 AR 30/96, NJW-RR 1997, 868: Eintragung der Sitzverlegung einer Kommanditgesellschaft im Handelsregister hat nur deklaratorische Bedeutung.

VG Aachen v. 19.3.2004 – 7 K 480/04, GewArch 2004, 305: Faktische Sitzverlegung führt zu Wegfall der IHK-Beitragspflicht.

Musterformulierungen

Krafka/Kühn, Registerrecht, 9. Aufl. 2013, Rz. 341 ff.

Wachter in Kersten/Bühling, Formularbuch und Praxis der Freiwilligen Gerichtsbarkeit, 24. Aufl. 2014, § 139 Rz. 61M (Handelsregisteranmeldung mit Angabe der Geschäftsanschrift und Geschäftsräume)

Weitere Stichwörter

→ *Auslandsgesellschaft & Co. KG*

Sonderbetriebsvermögen

Ausgewählte Literatur: *Felix*, „Sondermitunternehmer": Unmittelbare Leistung bei mittelbarer Beteiligung, § 15 Abs. 1 Nr. 2 S. 2 EStG, KÖSDI 1994, 9767, 9770; *Kahle*, Steuerliche Gewinnermittlung bei doppelstöckigen Personengesellschaften, DStZ 2014, 273; *Knobbe-Keuk*, Die Anteile der Kommanditisten einer GmbH & Co. KG an der Komplementär-GmbH, FS von Wallis, 1985, S. 373; *Prinz*, Neuakzentuierung der BFH-Rechtsprechung zur Sonderbetriebsvermögenseigenschaft von Kapitalgesellschaftsanteilen und Mitunternehmeranteilen, DB 2010, 972; *Prinz*, Ausgewählte mitunternehmerbezogene Finanzfragen bei mehrstöckigen Personengesellschaften, FR 2016, 589; *Rödder*, Steuerorientierte Gestaltung von Umstrukturierungen bei Personengesellschaften, StbJb. 1994/95, 295 (303 f. in Fn. 34); *Schön*, Zum Stande der Lehre vom Sonderbetriebsvermögen, DStR 1993, 185; *Schulze zur Wiesche*, Die doppelstöckige Personengesellschaft nach dem StÄndG 1992, StBp 1992, 248, 252; *Seer*, Die ertragsteuerliche Behandlung der doppelstöckigen Personengesellschaft unter besonderer Berücksichtigung des Steueränderungsgesetzes 1992, StuW 1992, 35, 44; *A. Söffing*, Fremdbestimmte Steuerwirkungen bei doppelstöckigen Personengesellschaften, DStZ 1993, 587, 589 f.; *G. Söffing*, Mittelbare Beteiligung bei Personengesellschaften, FR 1992, 185, 188; *Stegemann*, Bilanzierungskonkurrenzen bei doppelstöckigen Personengesellschaften in Sonderfällen, DB 2012, 372; *Walter/Stümper*, Steuerliche Qualifizierung der einbringungsgeborenen Anteile eines Kommanditisten an der Kommanditisten-GmbH, GmbHR 2006, 1187.

1. Grundlagen

Definition | Zum steuerlichen Betriebsvermögen einer Mitunternehmerschaft gehören neben den Wirtschaftsgütern des Gesamthandsvermögens nach der Definition der Rechtsprechung und der Finanzverwaltung als Sonderbetriebsvermögen auch diejenigen Wirtschaftsgüter, die zivilrechtlich und/oder wirtschaftlich (§ 39 Abs. 1 bzw. Abs. 2 Nr. 1 AO) im Eigentum des Mitunternehmers stehen und die entweder dazu geeignet und bestimmt sind, dem Betrieb der Personengesellschaft zu dienen – sog. SBV I – oder die unmittelbar zur Begründung oder Stärkung der Beteiligung des Mitunternehmers eingesetzt werden – sog. SBV II (BFH v. 3.5.1993 – GrS 3/92, BStBl. II 1993, 616; BFH v. 18.12.2001 – VIII R 27/00, BStBl. II 2002, 733 = GmbHR 2002, 331 m. Anm. *Hoffmann* = GmbH-StB 2002, 96 zum SBV II; R 4.2 Abs. 2 Satz 2 EStR 2012). Auch Verbindlichkeiten eines Gesellschafters können (negatives) SBV sein (*Wacker* in Schmidt, § 15 EStG Rz. 506). S 111

Rechtsgrundlagen | Dass auch Wirtschaftsgüter, die im Eigentum des Mitunternehmers stehen und die dem Betrieb der Personengesellschaft zu dienen bestimmt sind, als SBV zum steuerlichen Betriebsvermögen der Personengesellschaft (der steuerlichen Mitunternehmerschaft) gehören, ist inzwischen allgemein anerkannt. Die Begründung findet dies in einer Auslegung des steuerliche Betriebsvermögensbegriffs nach § 4 Abs. 1 EStG (BFH v. 3.5.1993 – GrS 3/92, BStBl. II 1993, 616; R 4.2 Abs. 2 Satz 1 EStR 2012; vgl. zur Verfassungsmäßigkeit BVerfG v. 22.12.1992 – 1 BvR 1333/89, DStR 1993, 603 = GmbHR 1993, 452). Eine gesetzliche Stütze des SBV findet sich zudem in § 15 Abs. 1 Satz 1 Nr. 2 Satz 1 Halbs. 2 EStG, wonach zu den Einkünften aus Gewerbebetrieb des Mitunternehmers auch die Vergütungen gehören, die der Mitunternehmer von der Gesellschaft für seine Tätigkeit im Dienst der Gesellschaft, für die Hingabe von Darlehen oder die Überlassung von Wirtschaftsgütern erhält. Der Begriff S 112 des Sonderbetriebsvermögens wird zudem in verschiedenen steuerlichen Vorschriften verwendet: Vgl. nur § 6 Abs. 5 Satz 3 EStG, § 4h Abs. 2 Buchst. c Satz 7 EStG. Anerkannt ist zudem, dass auch solche Wirtschaftsgüter im Eigentum des Mitunternehmers, die zwar nicht dem Betrieb der Personengesellschaft selbst, wohl aber der Beteiligung des Mitunternehmers an der Personengesellschaft dienen, dem Betriebsvermögen der Personengesellschaft als sog. SBV II zuzuordnen sind (vgl. u.a. BFH v. 16.4.2015 - IV R 1/12, BStBl. II 2015, 705 = GmbHR 2015, 827; BFH v. 15.10.1975 - I R 16/73, BStBl. II 1976, 188; BFH v. 6.2.1976 - III R 93/74, BStBl. II 1976, 412; BFH v. 12.11.1985 - VIII R 286/81, BStBl. II 1986, 55 = FR 1986, 239; BFH v. 6.7.1989 - IV R 62/86, BStBl. II 1989, 890 = GmbHR 1990, 48). Diese Auslegung bewegt sich innerhalb der Grenzen verfassungsrechtlich zulässiger richterlicher Rechtsfortbildung. Im Kern liegt dem sowohl für das SBV I als auch für das SBV II die Wertung zu Grunde, dass es im Mitunternehmerkonzept, in dem die Gewinne der Personengesellschaft auf Ebene des Gesellschafters/Mitunternehmers besteuert werden, keinen Unterschied für die Bestimmung des steuerlichen Betriebsvermögens der Mitunternehmerschaft macht, ob sich die Wirtschaftsgüter im steuerlichen Gesamthandsvermögen der Personengesellschaft oder im Eigentum eines Mitunternehmers befinden (vgl. hierzu auch *Klotz/Hoppe* in Hesselmann/Tillmann/Mueller-Thuns, Hdb. GmbH & Co. KG, Rz. 6.523).

2. Voraussetzungen

S 113 **Zuordnungsobjekt Wirtschaftsgut |** Dem SBV können alle Wirtschaftsgüter zuzuordnen sein, die auch im Übrigen steuerliches Betriebsvermögen eines Einzelunternehmers sein können. In Betracht kommen sowohl aktive als auch passive Wirtschaftsgüter. Hinsichtlich der aktiven Wirtschaftsgüter bestehen i.d.R. keine Besonderheiten. Entscheidend ist hier vielmehr die Frage, ob überhaupt ein Wirtschaftsgut vorliegt. So ist etwa umstritten, ob ein Mitunternehmeranteil dem SBV bei einer anderen Mitunternehmerschaft zugeordnet werden kann. Dies ist u.E. zu verneinen (zu Einzelheiten vgl. Rz. S 125). Passives SBV liegt insbesondere vor, wenn die Schuld eingegangen wurde, um Mittel für betriebliche Zwecke der Personengesellschaft im Bereich des SBV des Gesellschafters bereitzustellen und so dem Betrieb der Gesellschaft oder der Beteiligung des Gesellschafters dient. Es muss ein Veranlassungszusammenhang mit dem Betrieb oder der Beteiligung bestehen. Ein (nur) rechtlicher Zusammenhang mit Wirtschaftsgütern des aktiven SBV reicht nicht aus. (zu Einzelheiten vgl. Rz. S 130).

S 114 **Eigentum des Mitunternehmers |** Als SBV kommen nur solche Wirtschaftsgüter in Betracht, die steuerlich einem Mitunternehmer zuzurechnen sind (vgl. *Wacker* in Schmidt, § 15 EStG Rz. 511; BFH v. 13.3.2000 - VIII R 51/98, BStBl. II 2000, 316 = GmbHR 2000, 681 m. Anm. *Götz* = GmbH-StB 2000, 177; BFH v. 24.7.1990 - VIII R 226/84, BFH/NV 1991, 588), also in dessen zivilrechtlichem und/oder wirtschaftlichem Eigentum i.S.d. § 39 Abs. 1 bzw. Abs. 2 Nr. 1 AO stehen. Damit können Wirtschaftsgüter, die keinem Mitunternehmer gehören, auch nicht dem SBV bei der Personengesellschaft zugeordnet werden. Kein SBV sind deshalb insbesondere Wirtschaftsgüter, die einer Kapitalgesellschaft gehören, an der der Mitunternehmer beteiligt ist (möglicherweise stellen dann aber die Anteile an der GmbH SBV des Mitunternehmers dar). Darüber liegt auch kein SBV vor, wenn eine Person der Personengesellschaft ein Wirtschaftsgut überlässt, diese Person aber nicht selbst, sondern über eine GmbH an der nutzenden Personengesellschaft beteiligt ist (zur Beteiligung über eine Personengesellschaft vgl. Rz. S 119). Nicht entscheidend ist die Höhe der Beteiligung an der Personengesellschaft. So kann auch eine geringe Beteiligungsquote des Eigentümers eines Wirtschaftsgutes dessen Zuordnung zum SBV rechtfertigen. Nicht erforderlich ist zudem, dass der Mitunternehmer ausschließlicher Eigentümer des Wirtschaftsgutes ist: Steht ein Wirtschaftsgut im Miteigentum eines Mitunternehmers, so kann der Teil, der dem Mitunternehmer gehört, SBV dieses Mitunternehmers darstellen, sofern die weiteren Voraussetzungen hierfür vorliegen (*Wacker* in Schmidt, § 15 EStG Rz. 532; BFH v. 13.3.2000 – VIII R 51/98, BStBl. II 2000, 316 = GmbHR 2000, 681 m. Anm. *Götz* = GmbH-StB 2000, 177). Entsprechendes gilt für ein Wirtschaftsgut, das im Eigentum einer vermögensverwaltenden Personengesellschaft steht, in Höhe des Anteils, mit dem der Mitunternehmer an dieser Personengesellschaft beteiligt ist (BFH v. 11.7.2008 – IV B 121/07, BFH/NV 2008, 2002). Steht das überlassene Wirtschaftsgut dagegen im Gesamthandsvermögen einer weiteren gewerblich tätigen, gewerblich infizierten oder gewerblich geprägten Personengesellschaft (Mitunternehmerschaft – auch einer Besitzgesellschaft einer mitunternehmerischen Betriebsaufspaltung), so scheidet eine Zuordnung zum SBV der nutzenden Personengesellschaft dagegen aus (vgl. Rz. S 126).

Überlassung an die Gesellschaft (SBV I) | Sog. SBV I liegt vor, wenn das Wirtschaftsgut der Personengesellschaft von einem Mitunternehmer zur Nutzung überlassen wird und die Personengesellschaft dieses für ihre gewerbliche Tätigkeit nutzt (BFH v. 3.5.1993 – GrS 3/92, BStBl. II 1993, 616; BFH v. 18.12.2001 – VIII R 27/00, BStBl. II 2002, 733 = GmbHR 2002, 331 m. Anm. *Hoffmann* = GmbH-StB 2002, 96 zum SBV II; R 4.2 Abs. 2 Satz 2 EStR 2012). Die Rechtsgrundlage für die Überlassung (auf Grund des Gesellschaftsvertrages, eines schuldrechtlichen Überlassungsvertrages oder eines dinglichen Rechtsverhältnisses, z.B. Nießbrauch) ist dabei für die Einordnung des überlassenen Wirtschaftsgutes als SBV ebenso ohne Bedeutung, wie der Umstand, ob das Wirtschaftsgut entgeltlich oder unentgeltlich zur Nutzung überlassen wird (BFH v. 1.3.1994 – VIII R 35/92, BStBl. II 1995, 241 = FR 1994, 789; BFH v. 6.11.2008 – IV R 79/06, BFH/NV 2009, 730). S 115

Dienen der Beteiligung des Mitunternehmers (SBV II) | Sog. SBV II liegt vor, wenn das Wirtschaftsgut dazu geeignet ist und von dem Eigentümer und Mitunternehmer tatsächlich dazu genutzt wird, einen besonderen Einfluss auf die Personengesellschaft auszuüben und damit unmittelbar dessen Stellung in der Personengesellschaft zu stärken (BFH v. 30.3.1993 – VIII R 8/91, BStBl. II 1993, 864 = FR 1993, 781; BFH v. 1.10.1996 – VIII R 44/95, BStBl. II 1997, 530 m.w.N. = GmbHR 1997, 662 = GmbH-StB 1997, 158). Die Beteiligung des Gesellschafters an der Personengesellschaft kann sowohl dadurch gestärkt werden, dass der Besitz des Wirtschaftsguts für das Unternehmen der Personengesellschaft wirtschaftlich vorteilhaft ist, als auch dadurch, dass es der Mitunternehmerstellung des Gesellschafters dient (BFH v. 3.3.1998 – VIII R 66/96, BStBl. II 1998, 383 = GmbHR 1998, 604 = GmbH-StB 1998, 156). Zum SBV II gehören zudem die Wirtschaftsgüter, die der Gesellschafter für eine Tätigkeit benötigt, die er ausschließlich im Interesse der Gesellschaft ausübt, etwa ein Bürogebäude, von dem aus der Gesellschafter seine Beteiligung verwaltet oder Leistungen an die Gesellschaft erbringt (vgl. Rz. S 120). S 116

Gewillkürtes Sonderbetriebsvermögen | Auch im SBV können Wirtschaftsgüter, die weder notwendiges Betriebsvermögen noch notwendiges Privatvermögen sind, als gewillkürtes Betriebsvermögen berücksichtigt werden, wenn sie objektiv geeignet und vom Mitunternehmer erkennbar dazu bestimmt sind, dem Betrieb der Personengesellschaft oder seiner Beteiligung zu dienen, und der Mitunternehmer die Widmung dieses Wirtschaftsgutes für diesen Zweck klar und eindeutig zum Ausdruck gebracht hat (BFH v. 1.3.1994 – VIII R 35/92, BStBl. II 1995, 241 = FR 1994, 789; BFH v. 7.4.1992 – VIII R 86/87, BStBl. II 1993, 21 = GmbHR 1993, 120; BFH v. 25.11.1997 – VIII R 4/94, BStBl. II 1998, 461 = FR 1998, 493; R 4.2 Abs. 2 Satz 3 S 117

EStR 2012; vgl. auch *Wacker* in Schmidt, § 15 EStG Rz. 527 ff.). Da es sich um eine Zuordnungsentscheidung des Mitunternehmers handelt, ist für die Zuordnung zum SBV ein Willkürakt des Mitunternehmers und nicht etwa der Mitunternehmerschaft erforderlich. Ausreichend hierfür ist es dabei aber i.d.R., wenn das Wirtschaftsgut in der Buchführung und Bilanz des Sonderbetriebsvermögens oder auch in der steuerlichen Gesamtbilanz der Mitunternehmerschaft ausgewiesen wird (BFH v. 7.7.1992 – VIII R 2/87, BStBl. II 1993, 328 = GmbHR 1992, 822; BFH v. 25.1.2006 – IV R 14/04, BStBl. II 2006, 418. Für die E-Bilanz zu weitgehend: FG Köln v. 24.3.2015 – 1 K 2217/12, EFG 2015, 1510 Rev.: Az des BFH: IV R 25/15). Willkürfähig als SBV sind nur aktive Wirtschaftsgüter, und auch nur dann, wenn sie nicht nur noch Verluste bringen können (BFH v. 17.11.2011 – IV R 51/08, BFH/NV 2012, 723 = GmbHR 2012, 702). Schulden können dagegen nicht auf Grund eines Willkürungsaktes des Gesellschafters dem SBV zugeordnet werden. Sie sind aber dann (negatives) SBV, wenn sie in Zusammenhang mit aktiven Wirtschaftsgütern des gewillkürten SBV stehen, z.B. Darlehen zur Finanzierung der Anschaffung solcher Wirtschaftsgüter (*Wacker* in Schmidt, § 15 EStG Rz. 527).

3. Sonderbetriebsvermögen I (Einzelheiten)

S 118 **Forderungen** | Forderungen, insbesondere Darlehensforderungen eines Mitunternehmers gegen die Personengesellschaft, stellen in der Regel SBV I des Mitunternehmers dar (BFH v. 28.3.2000 – VIII R 28/98, BStBl. II 2000, 347 = GmbHR 2000, 570 = GmbH-StB 2000, 179). Forderungen des Gesellschafters gegenüber Dritten (etwa gegen einen Geschäftspartner der Gesellschaft) sind dagegen nur ausnahmsweise als SBV einzuordnen (BFH v. 10.2.1994 – IV R 37/92, BStBl. II 1994, 564 = FR 1994, 500 m. Anm. *Söffing*; FG München v. 25.10.2005 – 6 K 4031/04, juris zur Darlehensforderung eines Kommanditisten gegenüber dem Geschäftspartner der KG; vgl. auch BFH v. 25.11.2004 – IV R 7/03, BStBl. II 2005, 354 = GmbHR 2005, 492 = GmbH-StB 2005, 96 zum Darlehen der Besitzpersonengesellschaft an Geschäftspartner der Betriebsgesellschaft als notwendiges Betriebsvermögen). In der Regel handelt es sich dann um SBV II. Ist die Darlehensforderung dem SBV zuzurechnen, so sind die geschuldeten Zinsen oder anderen Vergütungen Sonderbetriebseinnahmen des Gesellschafters gemäß § 15 Abs. 1 Satz 1 Nr. 2 Satz 1 Halbs. 2 EStG. Die Personengesellschaft hat – sofern sie Schuldnerin des Darlehens ist – im Gesamthandsbereich einen entsprechenden Aufwand auszuweisen. Auf die Bezeichnung des Rechtsverhältnisses, das der Mittelüberlassung zu Grunde liegt, kommt es nicht an, so dass insbesondere auch die Forderung aus einem Gesellschafterkonto dem SBV I zuzuordnen sein kann, wenn diese Forderung nach der konkreten Ausgestaltung des Gesellschafterkontos bei der Personengesellschaft Fremdkapital darstellt (zur Abgrenzung vgl. etwa OFD Frankfurt a.M. v. 16.6.2016 – S 2241a A - 5 - St 213, DB 2016, 1664). Im Gesamthandsvermögen der Personengesellschaft ist dann eine Verbindlichkeit auszuweisen, und zwar auch dann, wenn das Darlehen eigenkapitalersetzend ist (BFH v. 28.3.2000 – VIII R 28/98, BStBl. II 2000, 347 = GmbHR 2000, 570 = GmbH-StB 2000, 179). Diese Abgrenzung ist z.B. für die Anwendung von § 15a EStG von Bedeutung (zum Finanzplankredit vgl. *Wacker* in Schmidt, § 15a EStG Rz. 91). Auf der zweiten Stufe der Gewinnermittlung, d.h. unter Berücksichtigung der Sonderbilanzen der Gesellschafter, sind die Gesellschafter-Darlehen dagegen steuerliches Eigenkapital der Mitunternehmerschaft. Das führt dazu, dass in der Gesamtbilanz (also der Gesamthandsbilanz unter Einschluss der Ergänzungsbilanzen und der Sonderbilanzen) die Gewährung eines Darlehens eine Einlage und die Rückzahlung eine Entnahme ist (zu § 4 Abs. 4a EStG: BMF v. 17.11.2005 – IV B 2 - S 2144 - 50/05 i.d.F. v. 18.2.

2013, BStBl. I 2013, 197, Rz. 32d). Da im Rahmen dieser zweistufigen Gewinnermittlung der Zinsaufwand im Gesamthandsbereich durch den entsprechenden Ertrag im Sonderbereich bei der Ermittlung des Gesamtgewinns neutralisiert wird, mindert der Zinsaufwand das steuerliche Ergebnis nicht. Als Folge sind etwa die im Gesamthandsbereich anfallenden Schuldzinsen bei der Ermittlung des Hinzurechnungsbetrages gemäß § 4 Abs. 4a EStG nicht zu berücksichtigen (BFH v. 12.2.2014 – IV R 22/10, BStBl. II 2014, 621 = GmbHR 2014, 835 = GmbH-StB 2014, 224; BMF v. 17.11.2005 – IV B 2 - S 2144 - 50/05 i.d.F. v. 18.2.2013, BStBl. I 2013, 197, Rz. 32). Aus dem gleichen Grund scheidet eine Hinzurechnung dieser Zinsen nach § 8 GewStG bei der Ermittlung des Gewerbeertrags aus (vgl. *Köster* in Lenski/Steinberg, § 8 Nr. 1 Buchst. a GewStG Rz. 2 [Stand: 3/2013]).

Doppelstöckige Personengesellschaften | Auch wenn der Gesellschafter der Obergesell- S 119
schaft einer doppelstöckigen Personengesellschaft im Grundsatz nicht selbst Mitunternehmer der Untergesellschaft ist (vgl. BFH v. 25.2.1991 – GrS 7/89, BStBl. II 1991, 691 = GmbHR 1991, 281 vor Einführung von § 15 Abs. 1 Satz 1 Nr. 2 Satz 2 EStG), so kann er dennoch als „Sonder-Mitunternehmer" SBV bei der Untergesellschaft bilden (vgl. *Kahle*, DStZ 2014, 273; *Stegemann*, DB 2012, 372). Voraussetzung ist neben der Erfüllung der allgemeinen Zuordnungskriterien hinaus, dass eine ununterbrochene Mitunternehmerkette zur nutzenden Personengesellschaft besteht. Typische Beispiele für SBV I des Gesellschafters der Obergesellschaft bei der Untergesellschaft sind Wirtschaftsgüter, die dieser der Untergesellschaft unmittelbar überlässt (etwa die Vermietung eines Grundstücks) oder ein Darlehen, welches der Gesellschafter der Obergesellschaft unmittelbar der Untergesellschaft gewährt (R 15.8 Abs. 2 EStR 2012; *Wacker* in Schmidt, § 15 EStG Rz. 616 bzw. 617). Überlässt der Obergesellschafter das Wirtschaftsgut dagegen unmittelbar (nur) der Obergesellschaft, die dieses wiederum der Untergesellschaft zur Nutzung überlässt, so ist das Wirtschaftsgut dem SBV des Gesellschafters bei der Obergesellschaft zuzuordnen. Die Obergesellschaft erzieht ihrerseits aus einer Weitervermietung an die Untergesellschaft ggf. Sonderbetriebseinnahmen i.S.v. § 15 Abs. 1 Satz 1 Nr. 2 EStG (*Rätke* in Herrmann/Heuer/Raupach, EStG/KStG, § 15 EStG Rz. 633 [Stand: 12/2015]). Entsprechendes gilt auch für die Überlassung von Fremdkapital durch den Gesellschafter: Gewährt dieser der Obergesellschaft ein Darlehen zur Finanzierung der Untergesellschaft, so ist diese Forderung unter Berücksichtigung der allgemeinen Grundsätze dem SBV I des Gesellschafters bei der Obergesellschaft zuzuordnen. Für die Obergesellschaft liegt – in Abhängigkeit davon, ob die Mittel als Eigen- oder Fremdkapital weitergegeben werden – eine Darlehensforderung im SBV bei der Untergesellschaft vor. Die Verbindlichkeit der Obergesellschaft gegenüber ihrem Gesellschafter ist dann passives SBV der Obergesellschaft bei der Untergesellschaft (*Kahle*, DStZ 2014, 273; *Stegemann*, DB 2012, 372). Im Übrigen greift für die Zuordnung von Schulden zum SBV das Veranlassungsprinzip (vgl. Rz. S 130). Hier kann es auch zu Konkurrenzen zwischen der Zuordnung zwischen den Sonderbetriebsvermögen bei der Ober- und der Untergesellschaft kommen, etwa bei Darlehen zum Erwerb der Beteiligung an der Obergesellschaft soweit der finanzierte Kaufpreis auf Vermögen der Untergesellschaft entfällt (*Kahle*, DStZ 2014, 273; vgl. zum Konkurrenzverhältnis auch: FG Düsseldorf v. 4.7.2012 – 9 K 3955/09 F, FR 2013, 657 mit Anm. *Prinz*, Rev. Az. BFH I R 92/12). Denkbar ist schließlich, dass der Gesellschafter der Obergesellschaft Wirtschaftsgüter als SBV II bei der Untergesellschaft auszuweisen hat. Dies wird für die Beteiligung des Gesellschafters an der Komplementärin der Untergesellschaft (GmbH &Co. KG) angenommen (*Rätke* in Herrmann/Heuer/Raupach, EStG/KStG, § 15 EStG Rz. 633 [Stand: 12/2015]; *Wacker* in Schmidt, § 15 EStG Rz. 617). In doppelstöckigen Personengesellschaftsstrukturen ist zudem denkbar, dass ein Gesellschafter (nur) an der Untergesellschaft beteiligt ist. Für diesen gelten dann im

Verhältnis zur Untergesellschaft die allgemeinen Grundsätze hinsichtlich der Annahme von SBV. Ist der (Nur-)Untergesellschafter z.B. auch an der Komplementärin der Obergesellschaft beteiligt, so können diese Anteile ebenfalls SBV II bei der Untergesellschaft sein. Die für die Annahme von SBV erforderliche Stärkung der Beteiligung an der Untergesellschaft setzt nach der Rechtsprechung aber voraus, dass der Untergesellschafter in der Obergesellschaft einen beherrschenden Einfluss ausüben kann, was eine beherrschende Stellung auch in der Komplementär-GmbH der Obergesellschaft voraussetzt (BFH v. 11.12.1990 – VIII R 14/87, BStBl. II 1991, 510 = GmbHR 1991, 437).

S 120 **Grundstücke** | Überlässt ein Gesellschafter seiner Personengesellschaft ein Grundstück, so stellt dieses Grundstück i.d.R. SBV I des Gesellschafters bei der nutzenden Personengesellschaft dar. Für die Zuordnung zum SBV ist es dabei nicht notwendig, dass die Personengesellschaft das Grundstück für eigenbetriebliche Zwecke verwendet. Ausreichend ist eine allgemeine betriebliche Verwendung, so reicht etwa die Untervermietung an einen Dritten aus, und zwar selbst dann, wenn die Untervermietung zu den identischen Konditionen wie die Anmietung erfolgt (BFH v. 23.5.1991 – IV R 94/90, BStBl. II 1991, 800 = FR 1991, 663). Auch eine unmittelbare Überlassung des Grundstücks an die Personengesellschaft ist für die Zuordnung zum SBV nicht erforderlich: Ein Grundstück, welches der Gesellschafter einem Dritten vermietet, der das Grundstück wiederum der Personengesellschaft überlässt, ist dem SBV – konkret SBV II – des Gesellschafters zu zuordnen (BFH v. 31.3.2008 – IV B 120/07, BFH/NV 2008, 1320; BFH v. 7.4.1994 – IV R 11/92, BStBl. II 1994, 796 = GmbHR 1994, 816). Gleiches gilt für Grundstücke, von denen aus der Gesellschafter Tätigkeiten für die Gesellschaft i.S.v. § 15 Abs. 1 Satz 1 Nr. 2 Halbs. 2 EStG ausübt oder seine Beteiligung verwaltet. Auch diese stellen notwendiges SBV II dar (BFH v. 14.4.1988 – IV R 271/84, BStBl. II 1988, 667 = GmbHR 1988, 407; BFH v. 1.10.1996 – VIII R 44/95, BStBl. II 1997, 530 = GmbHR 1997, 662 = GmbH-StB 1997, 158; BFH v. 13.10.1998 – VIII R 46/95, BStBl. II 1999, 357 = GmbHR 1999, 300 = GmbH-StB 1999, 59; BFH v. 15.10.2014 – VIII R 8/11, HFR 2015, 914).

S 121 **Weitere Wirtschaftsgüter** | Weitere Wirtschaftsgüter, die typischerweise dem SBV I zuzuordnen sein können, sind – nicht abschließend – Erbbaurechte, Maschinen, maschinelle Anlagen, Nutzungsrechte, Patente des Mitunternehmers, die von der Personengesellschaft genutzt werden.

4. Sonderbetriebsvermögen II (Einzelheiten)

S 122 **Anteile an Kapitalgesellschaften (allgemein)** | Die Beteiligung an einer Kapitalgesellschaft kann die Mitunternehmerstellung des Gesellschafters an der Personengesellschaft sowohl dadurch stärken, dass diese für das Unternehmen der Personengesellschaft wirtschaftlich vorteilhaft ist, sie kann aber auch der Mitunternehmerstellung selbst dienen, weil hierdurch der Einfluss des Gesellschafters in der Personengesellschaft gestärkt wird (BFH v. 16.4.2015 – IV R 1/12, BStBl. II 2015, 511 = GmbHR 2015, 827; BFH v. 23.2.2012 – IV R 13/08, BFH/NV 2012, 1112 = GmbHR 2012, 1019 = GmbH-StB 2012, 201; BFH v. 24.2.2005 – IV R 12/03, BStBl. II 2006, 361 = GmbHR 2005, 998 m. Anm. *Breuninger* = GmbH-StB 2005, 2279). Ein Vorteil der Beteiligung an einer Kapitalgesellschaft für das Unternehmen der Personengesellschaft wird von der Rechtsprechung insbesondere dann angenommen, wenn zwischen diesem und dem Unternehmen der Kapitalgesellschaft eine enge wirtschaftliche Verflechtung besteht, der Mitunternehmer der Personengesellschaft – ggf. zusammen mit anderen Mitunternehmern – die Kapitalgesellschaft beherrscht und die Kapitalgesellschaft neben ihren geschäftlichen Beziehungen zur Personengesellschaft keinen anderen eigenen Geschäftsbetrieb oder nur einen Geschäftsbetrieb von untergeordneter Bedeutung unterhält (BFH v. 16.4.2015 – IV R 1/12, BStBl. II 2015, 705 = GmbHR 2015, 827; BFH v. 23.2.2012 – IV R 13/08, BFH/NV 2012, 1112 = GmbHR 2012, 1019 = GmbH-StB 2012, 201; BFH v. 17.11.2011 – IV R 51/08, BFH/NV 2012, 723 = GmbHR 2012, 702; BFH v. 23.1.2001 – VIII R 12/99, BStBl. II 2001, 825 = GmbHR 2001, 444 = GmbH-StB 2001, 128 jeweils mit umfangreichen Rechtsprechungsnachweisen; H 4.2 Abs. 2 „Anteile an Kapitalgesellschaften" EStH 2015). Die wirtschaftliche Verflechtung muss so eng sein, dass die eine Gesellschaft eine wesentliche wirtschaftliche Funktion der anderen Gesellschaft erfüllt (BFH v. 23.2.2012 – IV R 13/08, BFH/NV 2012, 1112 = GmbHR 2012, 1019 = GmbH-StB 2012, 201; BFH v. 7.7.1992 – VIII R 2/87, BStBl. II 1993, 328 = GmbHR 1992, 822), wobei die Kapitalgesellschaft zudem durch den Mitunternehmer, ggf. zusammen mit anderen Mitunternehmern der Personengesellschaft, beherrscht sein muss (BFH v. 17.11.2011 – IV R 51/08, BFH/NV 2012, 723 = GmbHR 2012, 702; BFH v. 7.7.1992 – VIII R 2/87, BStBl. II 1993, 328 = GmbHR 1992, 822, vgl. aber auch H 4.2 Abs. 2 EStH 2015 „Anteile an Kapitalgesellschaften"). Das Unterhalten von Geschäftsbeziehungen, wie sie üblicherweise auch mit anderen Unternehmen bestehen, reicht dagegen auch dann nicht für eine Zuordnung zum notwendigen SBV aus, wenn sie besonders intensiv sind (BFH v. 7.7.1992 – VIII R 2/87, BStBl. II 1993, 328 = GmbHR 1992, 822). Tatsächlich betont insbesondere die neuere Rechtsprechung, dass für die Zuordnung zum SBV im Wesentlichen darauf abzustellen ist, ob der Mitunternehmer seine bei der Kapitalgesellschaft bestehende Machtstellung erkennbar in den Dienst des Unternehmens der Personengesellschaft stellt und der Gesichtspunkt der privaten Vermögensanlage daneben keine bedeutsame Rolle spielt (BFH v. 23.2.2012 – IV R 13/08, BFH/NV 2012, 1112 = GmbHR 2012, 1019 = GmbH-StB 2012, 201; BFH v. 13.2.2008 – I R 63/06, BStBl. II 2009, 414, m.w.N. = GmbHR 2008, 780 = GmbH-StB 2008, 166). Maßgeblich für die Zuordnung zum SBV ist daher vorrangig die Sichtweise des Gesellschafters und nicht etwa die Sichtweise der Personengesellschaft. Die Beteiligung an einer Kapitalgesellschaft ist somit nicht schon deswegen zwingend SBV II des Anteilseigners bei einer Personengesellschaft, weil die Beziehungen zur Kapitalgesellschaft für die Personengesellschaft von wesentlicher Bedeutung sind. Selbst wenn das der Fall ist, kann die Beteiligung an der Kapitalgesellschaft, z.B. auf Grund der Vermögensstruktur dieser Gesellschaft, für den Gesellschafter eine eigenständige Bedeutung haben und mit der Beteiligung an der Personengesellschaft gleichrangig nebeneinander stehen (BFH v. 23.2.2012 – IV R 13/08, BFH/NV 2012, 1112 = GmbHR 2012, 1019 = GmbH-StB 2012, 201; BFH v. 7.7.1992 – VIII R 2/87, BStBl. II 1993, 328 = GmbHR 1992, 822). Zur Einordung der Anteile an einer Kapitalgesellschaft als SBV II ist eine Vielzahl von Entscheidungen des BFH ergangen. SBV II hat die Rechtsprechung u.a. in folgenden Fällen angenommen: Die Personengesellschaft hat ihr Anlagevermögen an die GmbH vermietet (BFH v. 14.8.1975 – IV R 30/71, BStBl. II 1976, 88). Die Kapitalgesellschaft ist Vertriebsgesellschaft für die Personengesellschaft (BFH v. 6.7.1989 – IV R 62/86, BStBl. II 1989, 890 = GmbHR 1990, 48). Die GmbH ist Organgesellschaft mit der Personengesellschaft als Organträger (BFH v. 24.4.1991 – II B 99/90, BStBl. II 1991, 623 = GmbHR 1991, 594). Personengesellschaft und Kapitalgesellschaft werden nach einer einheitlichen wirtschaftlichen Gesamtkonzeption geführt und von allen Gesellschaftern beherrscht (vgl. BFH v. 7.7.1992 – VIII R 2/87, BStBl. II 1993, 328 = GmbHR 1992, 822). Die GmbH vermietet Werkswohnungen an Arbeitnehmer der Personengesellschaft (vgl. BFH v. 14.1.2010 – IV R 86/06, BFH/NV 2010, 1096 = GmbHR 2010, 607).

Anteile an Komplementär-GmbH | Anteile, die ein Kommanditist an der Komplementär- S 123
GmbH einer GmbH & Co. KG hält, stellen in der Regel SBV II dieses Gesellschafters bei der

Kommanditgesellschaft dar (BFH v. 16.4.2015 – IV R 1/12, BStBl. II 2015, 705 = GmbHR 2015, 827; BFH v. 25.11.2009 – I R 72/08, BStBl. II 2010, 471 = GmbHR 2010, 317 m. Anm. *Suchanek* = GmbH-StB 2010, 60 zu § 20 UmwStG; vgl. ausführlich: OFD Frankfurt a.M. v. 3.12.2015 – S 2134 A - 14 - St 213, DStR 2016, 676 auch zur Einordnung als wesentliche Betriebsgrundlage). Die Begründung hierfür ist darin zu sehen, dass der Mitunternehmer über die Beteiligung an der Komplementär-GmbH die Möglichkeiten seiner Einflussnahme auf die GmbH & Co. KG erweitert. Allerdings verbleibt es aber auch hier bei den allgemeinen Abgrenzungskriterien (vgl. Rz. S 122). Eine Zuordnung zum SBV II des Anteilseigners scheidet daher u.a. aus, wenn die Komplementär-GmbH neben ihrer Geschäftsführertätigkeit für die Kommanditgesellschaft noch einen eigenen Geschäftsbetrieb von nicht ganz untergeordneter Bedeutung unterhält (BFH v. 16.4.2015 – IV R 1/12, BStBl. II 2015, 705 = GmbHR 2015, 827). Darüber hinaus stellen die Anteile an der GmbH kein SBV II dar, wenn der Gesellschafter auf Grund der Höhe der Beteiligung nicht in der Lage ist, über diese Einfluss auf die Geschäftsführung der Kommanditgesellschaft zu nehmen (BFH v. 16.4.2015 – IV R 1/12, BStBl. II 2015, 705 = GmbHR 2015, 827). In der Regel ist das nach der Rechtsprechung jedenfalls für eine Beteiligung unter 10 % anzunehmen. Allerdings kann auch eine solche Minderheitsbeteiligung dem notwendigen SBV II des Anteilseigner zuzuordnen sein, wenn auf Grund des Gesellschaftsvertrags oder anderer Umstände eine Beschlussfassung bei der GmbH nur unter Mitwirkung des Minderheitsgesellschafters möglich ist (BFH v. 16.4.2015 – IV R 1/12, BStBl. II 2015, 705 m.w.N. = GmbHR 2015, 827). Von der Frage der Einordung als SBV II zu unterscheiden ist die Frage, ob die Beteiligung als wesentliche Betriebsgrundlage einzuordnen ist (vgl. BFH v. 25.11.2009 – I R 72/08, BStBl. II 2010, 471 = GmbHR 2010, 317 m. Anm. *Suchanek* = GmbH-StB 2010, 60 zu § 20 UmwStG; OFD Frankfurt a.M. v. 3.12.2015 – S 2134 A - 14 - St 213, DStR 2016, 676; *Dremel* in Hesselmann/Tillmann/Mueller-Thuns, Hdb. GmbH & Co. KG, Rz. 11.212 ff.). Die Zuordnung zum Sonderbetriebsvermögen bedeutet zudem nicht automatisch, dass im internationalen Kontext für die Anteile eines ausländischen Gesellschafters auch deutsches Besteuerungsrecht besteht. Hier ist – sofern ein DBA anzuwenden ist – i.d.R. vielmehr entscheidend, ob die jeweiligen Anteile funktional einer deutschen Betriebsstätte zuzuordnen sind (BFH v. 21.1.2016 – I R 49/14, GmbHR 2016, 723 = GmbH-StB 2016, 191).

S 124 **Anteile an Kommanditisten-GmbH |** Der Geschäftsanteil eines Kommanditisten an einer GmbH, die wiederum Kommanditistin derselben KG ist, gehört dann zu seinem SBV II bei der KG, wenn diese Kommanditisten-GmbH keiner eigenen Geschäftstätigkeit nachgeht und ihr alleiniger Zweck die Beteiligung an der KG in einem erheblichen Umfang ist (BFH v. 23.1. 2001 – VIII R 12/99, BStBl. II 2001, 825 = GmbHR 2001, 444 = GmbH-StB 2001, 128; H 4.2 „Anteile an Kapitalgesellschaften" EStH 2015 – zur Bedeutung der mittelbaren Beitragsleistung über eine Kapitalgesellschaft vgl. auch BFH v. 6.7.1999 – VIII R 46/94, BStBl. II 1999, 286; *Wacker* in Schmidt, § 15 EStG Rz. 517). Entscheidend für die Einordnung der Beteiligung an der Kommanditisten-GmbH zum SBV II ist, dass der Kommanditist/Anteilseigner seinen Beitrag zur Stärkung der Finanzkraft der Kommanditgesellschaft und damit zur Erreichung des Gesellschaftszwecks dieser Gesellschaft der Personengesellschaft hier nicht durch die Erhöhung der Kommanditeinlage, sondern mittelbar über eine Kapitalgesellschaft, an der er beteiligt ist, erbringt.

S 125 **Anteile an Personengesellschaften |** Ob auch Anteile an einer Personengesellschaft (einer steuerlichen Mitunternehmerschaft) SBV II des Gesellschafters bei einer anderen Mitunternehmerschaft sein können, ist umstritten. Zum Teil wird dies von der Finanzverwaltung und dem BFH angenommen (OFD Frankfurt a.M. v. 16.9.2014 – S 2241 A - 99 - St 213,

DStR 2014, 676; OFD Koblenz v. 28.2.2007 – S 2243 A - St 313, DStR 2007, 992; BFH v. 4.3. 2009 – I R 58/07, BFH/NV 2009, 1953; offen: BFH v. 20.6.1985 – IV R 36/83, BStBl. II 1985, 654 = FR 1985, 623; BFH v. 12.9.1996 – IV B 74/95, juris; gl.A. *Wacker* in Schmidt, § 15 EStG Rz. 507, unter Betonung der verfahrensrechtlichen und die „normspezifisch zu prüfende(n)" materiell-rechtlichen Selbständigkeit beider Mitunternehmeranteile). Letztlich ist dies abzulehnen (vgl. nur *Bode* in Blümich, § 15 EStG Rz. 461a [Stand: Oktober 2014]). Dagegen spricht neben den Unschärfen, die die Zuordnung von Anteilen an Personengesellschaft zum SBV anderer Mitunternehmerschaften, verbunden mit einer „normspezifischen Prüfung" mit sich bringen würde und den gravierenden Auswirkungen im Bereich der Personengesellschaftskonzerne (vgl. etwa *Prinz*, DB 2010, 972), insbesondere, dass dem Mitunternehmeranteil zumindest bislang nicht die Eigenschaft als eigenständiges Wirtschaftsgut zuerkannt wurde (BFH v. 6.5.2010 – IV R 52/08, BStBl. II 2011, 261 = GmbHR 2010, 876 = GmbH-StB 2010, 220). Zu Recht haben BFH und Finanzverwaltung daher für die mitunternehmerische Betriebsaufspaltung die Frage der Einordnung der Anteile an der Besitz-(Personen)Gesellschaft als SBV bei der Betriebs(Personen)Gesellschaft – oder umgekehrt) der Anteile an der Betriebs(Personen)Personengesellschaft bei der Besitz-(Personen)Gesellschaft – nicht einmal erwogen (BFH v. 23.4.1996 – VIII R 13/95, BStBl. II 1998, 325 = GmbHR 1996, 861; BMF v. 28.4.1998 – 1998 - 04 - 28 IV B 2 - S 2241 - 42/98, BStBl. I 1998, 583).

Betriebsaufspaltung | Eine Betriebsaufspaltung liegt nach der Definition der Rechtsprechung und der Finanzverwaltung vor, wenn ein Unternehmen (Besitzunternehmen) eine wesentliche Betriebsgrundlage an eine gewerblich tätige Personen- oder Kapitalgesellschaft (Betriebsunternehmen) überlässt (sachliche Verflechtung) und eine Person oder mehrere Personen zusammen (Personengruppe) sowohl das Besitzunternehmen als auch das Betriebsunternehmen in dem Sinne beherrschen, dass sie in der Lage sind, in beiden Unternehmen einen einheitlichen geschäftlichen Betätigungswillen durchzusetzen – personelle Verflechtung – (BFH v. 12.11.1985 – VIII R 240/81, BStBl. II 1986, 296 = GmbHR 1986, 173; H 15.7 Abs. 4 „Allgemeines" EStH 2015). Die für die Betriebsaufspaltung vorausgesetzte sachliche und personelle Verflechtung beider Unternehmen führt dazu, dass in diesen Konstellationen häufig auch die Voraussetzungen für die Annahme von SBV vorliegen werden. Insbesondere sind i.d.R. die Anteile des Gesellschafters der Besitzpersonengesellschaft an der Betriebskapitalgesellschaft dessen SBV II bei der Besitzgesellschaft zuzuordnen (OFD Frankfurt a.M. v. 10.5.2012 – S 2240 A 28 - St 219, FR 2012, 976 Tz. 3.3.3.1). Aber auch andere Wirtschaftsgüter, die den Gesellschaftern der (Besitz- oder Betriebs-) Personengesellschaft gehören, können SBV dieser Gesellschafter darstellen. Das sind insbesondere Wirtschaftsgüter, die von dem Gesellschafter an die Besitz-(Personen)Gesellschaft zur Weitervermietung an die Betriebsgesellschaft überlassen werden (BFH v. 27.8.1998 – IV R 77/97, BStBl. II 1999, 279 = GmbHR 1998, 1183 = GmbH-StB 1998, 335; OFD Frankfurt a.M. v. 10.5.2012 – S 2240 A 28 - St 219, FR 2012, 976 Tz. 3.3.2), oder die von dem Gesellschafter unmittelbar der Betriebs-Kapitalgesellschaft überlassen werden, und ihr Einsatz durch den Betrieb des Besitzunternehmens und nicht durch die anderweitige eigenbetriebliche oder private Tätigkeit des Gesellschafters veranlasst ist (BFH v. 17.12.2008 – IV R 65/07, BStBl. II 2009, 371 = GmbHR 2009, 382 m. Anm. *Bitz* = GmbH-StB 2009, 119). Auch Darlehen des Gesellschafters, die dieser der Betriebs-Kapitalgesellschaft gewährt, können SBV bei der Besitzgesellschaft sein, wenn die Darlehensvergabe gesellschaftsrechtlich verlasst ist. Anzeichen hierfür kann sein, dass die Überlassung zu Konditionen erfolgt, die nicht dem Fremdvergleich standhalten (OFD Frankfurt a.M. v. 10.5.2012 – S 2240 A 28 - St 219, FR 2012, 976 Tz. 3.3.3; BFH v. 5.11.2009 – IV R 99/06, BStBl. II 2010, 593; BFH v. 19.10.2000 – IV R 73/99, BStBl. II 2001, 335). S 126

S 127 **Bürgschaften** | Ist der Gesellschafter eine Bürgschaft eingegangen, die durch die Beteiligung an der Personengesellschaft veranlasst ist, so ist im Fall der voraussichtlichen Inanspruchnahme eine entsprechende Rückstellung im Sonderbereich des Bürgen (Mitunternehmers) zu bilden (BFH v. 18.12.2001 – VIII R 27/00, BStBl. II 2002, 733 Rz. 19 ff. = GmbHR 2002, 331 m. Anm. *Hoffmann* = GmbH-StB 2002, 96; OFD Frankfurt a.M. v. 10.5.2012 – S 2240 A 28 - St 219, FR 2012, 976 Tz. 3.3.3.2.). Zum negativen SBV II kann nicht nur eine Bürgschaft des Gesellschafters für Schulden der Gesellschaft selbst, sondern auch eine solche für Schulden eines Dritten gehören (BFH v. 27.6.2006 – VIII R 31/04, BStBl. II 2006, 874 = GmbHR 2006, 1217 m. Anm. *Bitz*; BFH v. 24.7.1990 – VIII R 226/84, BFH/NV 1991, 588). Korrespondierend zu der Rückstellung für die Inanspruchnahme aus der Bürgschaft ist im Sonderbereich des Bürgen ein Rückgriffsanspruch gegen die Personengesellschaft zu aktivieren. Ein Aufwand entsteht damit nur dann, wenn dieser Ersatzanspruch nicht oder nicht vollständig werthaltig sein sollte. Der Aufwand wird allerdings erst bei Beendigung der Personengesellschaft oder dem Ausscheiden des Gesellschafters wirksam (BFH v. 14.12.1995 – IV R 106/94, BStBl. II 1996, 226 = GmbHR 1996, 469; BFH v. 27.6.2006 – VIII R 31/04, BStBl. II 2006, 874 = GmbHR 2006, 1217 m. Anm. *Bitz*; OFD NRW v. 7.7.2014 – S 2241 - 2014/0015 - St 113, FR 2014, 823).

S 128 **Forderungen** | Forderungen des Gesellschafters gegen die Personengesellschaft stellen i.d.R. SBV I dar (vgl. Rz. S 118). Besteht eine Forderung gegen einen Dritten, so ist diese dagegen nur ausnahmsweise SBV des Gläubigers (Mitunternehmer). Das kann z.B. der Fall sein, wenn im Rahmen einer Betriebsaufspaltung der Gesellschafter einer Besitz-(Personen)Gesellschaft der Betriebsgesellschaft ein Darlehen zu nicht marktüblichen Konditionen gewährt (BFH v. 19.10.2000 – IV R 73/99, BStBl. II 2001, 335 = GmbHR 2001, 356 = GmbH-StB 2001, 101).

S 129 **Grundstücke und Gebäude** | Grundstücke und Gebäude, die ein Gesellschafter seiner Personengesellschaft für deren betriebliche Zwecke überlässt, sind i.d.R. dem SBV I des Gesellschafters zuzuordnen (vgl. Rz. S 120). Sie können aber auch SBV II darstellen. Das ist etwa der Fall, wenn die Grundstücke und Gebäude durch den Gesellschafter nicht der Personengesellschaft selbst vermietet werden, sondern einem Dritten, der sie wiederum der Personengesellschaft überlässt (BFH v. 15.1.1981 – IV R 76/77, BStBl. II 1981, 314 = FR 1981, 307; BFH v. 7.4.1994 – IV R 11/92, BStBl. II 1994, 796 = GmbHR 1994, 816; BFH v. 24.2.2005 – IV R 23/03, BStBl. II 2005, 578 = FR 2005, 887; BFH v. 31.3.2008 – IV B 120/07, BFH/NV 2008, 1320). Gleiches gilt, wenn die Grundstücke an Dritte vermietet sind und die Überlassung durch die Beteiligung an der Personengesellschaft veranlasst ist (z.B. die Überlassung von Werkswohnungen an Arbeitnehmer: BFH v. 1.12.1976 – R 73/74, BStBl. II 1977, 315 [Einzelunternehmen]; FG Baden-Württemberg v. 7.12.2000 – 14 K 187/96, juris). Denkbar ist darüber hinaus auch, dass der Gesellschafter Tätigkeiten für die Gesellschaft i.S.v. § 15 Abs. 1 Satz 1 Nr. 2 Halbs. 2 EStG in einem ihm gehörendem Gebäude oder Gebäudeteil ausübt oder von dort aus seine Beteiligung verwaltet. Das Gebäude bzw. der Gebäudeteil stellen dann notwendiges SBV II dar (BFH v. 1.10.1996 – VIII R 44/95, BStBl. II 1997, 530 = GmbHR 1997, 662 = GmbH-StB 1997, 158; BFH v. 15.10.2014 – VIII R 8/11, HFR 2015, 914).

S 130 **Verbindlichkeiten** | Neben den aktiven Wirtschaftsgütern kann auch notwendiges (negatives) SBV vorliegen, wenn der entsprechende Passivposten unmittelbar durch den Betrieb der Personengesellschaft (Mitunternehmerschaft) oder durch die Beteiligung des Mitunternehmers an der Personengesellschaft veranlasst ist. Ein bloßer rechtlicher Zusammenhang reicht nicht aus (BFH v. 24.7.1990 – VIII R 226/84, BFH/NV 1991, 588; BFH v. 27.6.2006 – VIII R 31/04,

BStBl. II 2006, 874 = GmbHR 2006, 1217 m. Anm. *Bitz*). Die Einordnung als notwendiges passives SBV kommt insbesondere bei Darlehen zur Finanzierung von (aktiven) Wirtschaftsgütern des SBV I oder II oder von betrieblichem Aufwand der Gesellschaft in Betracht (BFH v. 13.2.1996 – VIII R 18/92, BStBl. II 1996, 291 = GmbHR 1996, 544; BFH v. 8.11.1990 – IV R 127/86, BStBl. II 1991, 505 = FR 1991, 452). Zum SBV I gehören zudem Verbindlichkeiten, die zum Erwerb oder Verstärkung der Beteiligung an der Personengesellschaft, insbesondere zur Finanzierung von Einlagen, Kapitalerhöhungen oder auch dem Erwerb der Beteiligung, eingegangen wurden (BFH v. 27.11.1984 – VIII R 2/81, BStBl. II 1985, 323 = GmbHR 1985, 338; BFH v. 18.12.1991 – XI R 42/88, XI R 43/88, BStBl. II 1992, 585 = FR 1992, 514). Wer Darlehensgläubiger ist, ist i.d.R für die Zuordnung zum SBV nicht von Bedeutung. Insbesondere kann somit auch ein Darlehen, welches der Gesellschafter bei der Personengesellschaft aufgenommen hat, seinem SBV zuzuordnen sein. Hier ist allerdings vorrangig zu prüfen, ob eine Darlehensaufnahme oder eine Entnahme vorliegt (zur Abgrenzung: OFD Rheinland v. 4.12.2009 – 2009 - 12 - 04 S 2241a A - 1020 - St 113, juris).

5. Konkurrenzen

Wirtschaftsgüter im Betriebsvermögen des Gesellschafters | Werden Wirtschaftsgüter vom Gesellschafter der Personengesellschaft zur Nutzung überlassen und liegen deswegen die Voraussetzungen für die Einordnung eines Wirtschaftsgutes als SBV vor, so ist die Zuordnung zu dem SBV bei dieser Personengesellschaft grundsätzlich vorrangig, auch wenn die Wirtschaftsgüter ohne die Zuordnung zum SBV Betriebsvermögen eines Einzelunternehmens des Gesellschafters (Mitunternehmers) der Personengesellschaft darstellen würden. Der Ausweis als SBV setzt also nicht voraus, dass das Wirtschaftsgut ansonsten überhaupt nicht betrieblich verhaftet wäre (zur Ablehnung der sog. Subsidiaritätstheorie: BFH v. 10.7.1979 – I R 199/75, BStBl. II 1979, 750; BFH v. 24.3.1999 – I R 114/97, BStBl. II 2000, 399 = GmbHR 1999, 788; BFH v. 24.2.2005 – IV R 12/03, BStBl. II 2006, 361 = GmbHR 2005, 998 m. Anm. *Breuninger* = GmbH-StB 2005, 227 zum SBV II). Auf die Rechtsform des Gesellschafters (Einzelunternehmer, Personengesellschaft, Kapitalgesellschaft) kommt es für die Zuordnungsentscheidung nicht an (*Wacker* in Schmidt, § 15 EStG Rz. 534). Eine Zuordnung dieser Wirtschaftsgüter zum eigenen Betriebsvermögen des überlassenden Gesellschafters kann aber in Betracht kommen, wenn diese im Rahmen des laufenden Geschäftsverkehrs dieses Betriebes der Personengesellschaft überlassen werden (*Wacker* in Schmidt, § 15 EStG Rz. 535). S 131

Wirtschaftsgüter im Gesamthandsvermögen einer Schwester-Personengesellschaft | Überlässt eine gewerblich tätige oder im Sinne von § 15 Abs. 3 Nr. 2 EStG gewerblich geprägte Personengesellschaft Wirtschaftsgüter an eine ganz oder teilweise gesellschafteridentische Personengesellschaft (Schwestergesellschaft), so hat nach der Rechtsprechung die Zuordnung zum Betriebsvermögen der leistenden Gesellschaft Vorrang vor der Qualifikation des Vermögens als Sonderbetriebsvermögen bei der leistungsempfangenden Gesellschaft. Das gilt insbesondere in den Fällen der mitunternehmerischen Betriebsaufspaltung (BFH v. 16.6.1994 – IV R 48/93, BStBl. II 1996, 82 = GmbHR 1994, 813; BFH v. 22.11.1994 – VIII R 63/93, BStBl. II 1996, 93 = GmbHR 1995, 537; BFH v. 26.11.1998 – VIII R 42/94, BStBl. II 1998, 328; BFH v. 23.4.1996 – VIII R 13/95, BStBl. II 1998, 325 = GmbHR 1996, 861; BMF v. 28.4. 1998 – 1998 - 04 - 28 IV B 2 - S 2241 - 42/98, BStBl. I 1998, 583). S 132

Wirtschaftsgüter im Gesamthandsvermögen einer vermögensverwaltenden Personengesellschaft | Die Wirtschaftsgüter einer vermögensverwaltenden Personengesellschaft sind nach S 133

§ 39 Abs. 2 Nr. 2 AO ihren Gesellschaftern mit dem jeweiligen ideellen Anteil zuzurechnen. Überlässt diese Personengesellschaft ein in ihrem zivilrechtlichen Eigentum stehendes Wirtschaftsgut an eine Personengesellschaft (Mitunternehmerschaft) und sind an dieser wiederum Gesellschafter der überlassenden Gesellschaft beteiligt, so ist der ideelle Anteil dieses Gesellschafters SBV bei der nutzenden Personengesellschaft (BFH v. 18.5.1995 – IV R 125/92, BStBl. II 1996, 5 = FR 1995, 661 m. Anm. *Söffing*; BFH v. 16.12.1997 – VIII R 11/95, BStBl. II 1998, 379 = GmbHR 1998, 392 = GmbH-StB 1998, 96).

S 134 **Zuordnung zu verschiedenen Sonderbetriebsvermögen** | Überlässt der Gesellschafter einer Personengesellschaft (Mitunternehmerschaft) dieser ein ihm gehörendes Wirtschaftsgut, so stellt das überlassene Wirtschaftsgut auch dann SBV I des Gesellschafters bei dieser Gesellschaft dar, wenn im Übrigen die Voraussetzungen für eine Zuordnung zum SBV II einer anderen Mitunternehmerschaft vorliegen (etwa bei der Überlassung an eine Betriebsgesellschaft im Rahmen einer mitunternehmerischen Betriebsaufspaltung im Verhältnis zur Besitzgesellschaft). Diese Zuordnung geht der Zuordnung als Sonderbetriebsvermögen II vor (BFH v. 18.8.2005 – IV R 59/04, BStBl. II 2005, 830 = GmbHR 2005, 1512 = GmbH-StB 2005, 364; BFH v. 6.10.1987 – VIII R 137/84, BStBl. II 1988, 679 = GmbHR 1988, 279). Liegen die Voraussetzungen für eine Zuordnung zu verschiedenen SBV II vor, so wird i.d.R. die zuerst bestehende Zuordnung bestehen bleiben (OFD Frankfurt a.M. v. 3.12.2015 – S 2134 A - 14 - St 213, DStR 2016, 676, für den Fall, dass eine GmbH Komplementärin mehrerer Kommanditgesellschaften ist).

6. Rechtsfolgen

S 135 **Gewerbliche Einkünfte** | Wirtschaftsgüter, die dem SBV zuzuordnen sind, gehören zum steuerlichen Betriebsvermögen der Mitunternehmerschaft und sind Teil des Mitunternehmeranteils des Gesellschafters. Die hieraus erzielten Einkünfte gehören zu den gewerblichen Einkünften nach § 15 EStG bzw. den Einkünften aus selbständiger Tätigkeit nach § 18 EStG. Die Gewinnermittlung erfolgt hier zweistufig. In der ersten Stufe ist das Ergebnis der Gesamthand – modifiziert um Ergebnisse aus etwaigen Ergänzungsbilanzen der einzelnen Mitunternehmer – zu ermitteln. Das Ergebnis der Sonderbilanzen der Mitunternehmer wird in einer zweiten Stufe ermittelt. Die Ergebnisse beider Gewinnermittlungsstufen werden schließlich zum Gesamtgewinn der Mitunternehmerschaft zusammengeführt (BFH v. 13.10.1998 – VIII R 78/97, BStBl. II 1999, 163 = GmbHR 1999, 199 = GmbH-StB 1999, 32). Die Gewinne und Verluste aus den Wirtschaftsgütern des SBV gehen damit auch in den Gewerbeertrag ein. Die Zweistufigkeit der Gewinnermittlung bedeutet einmal, dass das Eigenkapital der Sonderbilanz nicht das Eigenkaptal i.S.d. § 15a EStG erhöht. In der Gesamtbilanz (also der Gesamthandsbilanz unter Einschluss der Ergänzungsbilanzen und der Sonderbilanzen) liegt dagegen Eigenkapital vor. So ist etwa für § 4 Abs. 4a EStG die Gewährung eines Darlehens durch den Gesellschafter eine Einlage und die Rückzahlung eine Entnahme (zu § 4 Abs. 4a EStG: BMF v. 17.11.2005 – IV B 2 - S 2144 - 50/05 i.d.F. v. 18.2.2013, BStBl. I 2013, 197, Rz. 32d). Weitere Folge der Zuordnung – insbesondere von Forderungen – zum SBV ist, dass sich Wertminderungen der Forderungen im SBV für den Gesellschafter während des Bestehens der Gesellschaft steuerlich nicht auswirken, sondern erst mit deren Vollbeendigung – Grundsatz der korrespondierenden Bilanzierung (vgl. dazu: BFH v. 9.12.2009 – IV B 129/08, BFH/NV 2010, 640; BFH v. 5.6.2003 – IV R 36/02, BStBl. II 2003, 871 = GmbHR 2003, 1294 m. Anm. *Hoffmann* = GmbH-StB 2003, 314; BFH v. 28.3.2000 – VIII R 13/99, BStBl. II 2000, 612 = GmbHR 2000, 893 = GmbH-StB 2000, 233).

Teil des Mitunternehmeranteils | Die Zuordnung als Teil des Mitunternehmeranteils des Gesellschafters hat immer dort Auswirkungen, wo das Steuergesetz die Übertragung des gesamten Mitunternehmeranteils mit allen wesentlichen Betriebsgrundlagen fordert, z.B. §§ 20, 24 UmwStG, § 16 EStG, § 6 Abs. 3 EStG. Die Zuordnung hat zudem Auswirkungen in Bezug auf § 6 Abs. 5 Satz 3 EStG. S 136

Buchführungspflicht/Verfahrensrecht | Für den Sonderbereich besteht eine originäre Buchführungspflicht gem. § 141 Abs. 1 AO (H 4.1 EStH 2015 „Aufzeichnungs- und Buchführungspflichten", BFH v. 23.10.1990 – VIII R 142/85, BStBl. II 1991, 401 = FR 1991, 11; vgl. auch *Wacker* in Schmidt, § 15 EStG Rz. 508 m.N. zur a.A.). Die Buchführungspflicht der Personengesellschaft ist allerdings schon deswegen problematisch, weil hiervon Vorgänge betroffen sind, die nicht dem Einflussbereich der Personengesellschaft zugehören, sondern dem der Gesellschafter. Häufig werden die Verantwortlichen in der Personengesellschaft nicht einmal wissen, dass überhaupt SBV bei den Gesellschaftern vorhanden ist. S 137

frei S 138–S 150

Vertiefende Recherche

Wichtige Urteile und Erlasse

BVerfG v. 22.12.1992 – 1 BvR 1333/89, DStR 1993, 603: Es liegt innerhalb der Grenzen verfassungsrechtlich zulässiger richterlicher Rechtsfortbildung im Steuerrecht, wenn der BFH Anteile, die die Kommanditisten einer Vertriebspersonengesellschaft an einer Produktionskapitalgesellschaft halten und die der Begründung oder Stärkung der Beteiligung an der KG dienen, zu deren Sonderbetriebsvermögen rechnet.

BFH v. 16.4.2015 – IV R 1/12, BStBl. II 2015, 705: Die Minderheitsbeteiligung des Kommanditisten an der geschäftsführungsbefugten Komplementär-GmbH von weniger als 10 % ist nicht dem Sonderbetriebsvermögen II zuzuordnen, wenn – ausgehend vom gesetzlich normierten Regelfall – in den Angelegenheiten der Gesellschaft die Abstimmung nach der Mehrheit der abgegebenen Stimmen erfolgt.

BFH v. 23.2.2012 – IV R 13/08, BFH/NV 2012, 1112: Zu den Voraussetzungen für die Behandlung der Beteiligung eines Mitunternehmers an einer Kapitalgesellschaft als notwendiges Sonderbetriebsvermögen II.

BFH v. 13.2.2008 – I R 63/06, BStBl. II 2009, 414: Eine Beteiligung an einer Kapitalgesellschaft gehört zum Sonderbetriebsvermögen des Gesellschafters einer Personengesellschaft, wenn sie in erster Linie im geschäftlichen Interesse der Personengesellschaft gehalten wird. Der hiernach maßgebliche Veranlassungszusammenhang ist nach den gesamten Umständen des Einzelfalls zu beurteilen.

BFH v. 3.5.1993 – GrS 3/92, BStBl. II 1993, 616: § 4 Abs.1 EStG gebietet es, in den steuerlichen Betriebsvermögensvergleich alle Wirtschaftsgüter einzubeziehen, die die Unternehmer (Mitunternehmer) des Betriebs diesem widmen.

OFD Frankfurt a.M. v. 16.6.2016 – S 2241a A - 5 - St 213, DB 2016, 1664

OFD Frankfurt a.M. v. 3.12.2015 – S 2134 A - 14 - St 213, DStR 2016, 676

OFD Frankfurt a.M. v. 16.9.2014 – S 2241 A - 99 - St 213, DStR 2014, 676

OFD Frankfurt a.M. v. 10.5.2012 – S 2240 A 28 - St 219, FR 2012, 976

OFD Koblenz v. 28.2.2007 – S 2243 A - St 313, DStR 2007, 992

Weitere Stichwörter

→ *Betriebsaufspaltung*; → *Erbschaft- und Schenkungsteuer*; → *Komplementär-GmbH* (Vergütung [Steuerrecht]); → *Schenkung von Gesellschaftsanteilen* (Steuerrecht); → *Übertragung von Gesellschaftsanteilen* (Steuerrecht); → *Umwandlung, Steuerrecht*; → *Verkauf und Vorkauf von Gesellschaftsanteilen* (Steuerrecht)

Sonderrechte

Ausgewählte Literatur: *van Venrooy*, Gesellschafter-Sonderrechte in der GmbH, GmbHR 2010, 841; *Waldenberger*, Sonderrechte der Gesellschafter einer GmbH – ihre Arten und ihre rechtliche Behandlung, GmbHR 1997, 49.

1. Begriff

Merkmale von Sonderrechten | Sonderrechte sind Rechtspositionen, die **individuell** einem Gesellschafter oder einer Gesellschaftergruppe durch den Gesellschaftsvertrag eingeräumt werden. Kennzeichen eines Sonderrechts ist, dass es eine über die allgemeinen Mitgliedschaftsrechte hinausgehende **Vorzugsstellung** verschafft. Ein Sonderrecht ist zudem regelmäßig als **unentziehbares** Recht ausgestaltet (BGH v. 16.10.2012 – II ZR 251/10, GmbHR 2013, 197, 201); BGH v. 10.10.1988 – II ZR 3/88, NJW-RR 1989, 542, 543). Ob ein Sonderrecht in diesem Sinne vorliegt, ist daher immer auch von der Rechtsfolgenseite her (Unentziehbarkeit, s. Rz. S 159) zu beurteilen. Die Rechtsfigur des Sonderrechts hat für den Verein in **§ 35 BGB** eine gesetzliche Grundlage erhalten. Sonderrechte i.S.d. § 35 BGB können aber grundsätzlich auch bei allen übrigen Gesellschaftsformen vorgesehen werden, so auch bei der GmbH & Co. KG. S 151

Inhaber | Sonderrechte beruhen auf der Gesellschafterstellung und beziehen sich auf das Gesellschaftsverhältnis. Inhaber, d.h. Begünstigter, eines Sonderrechts kann daher immer nur ein **Gesellschafter** oder eine **Gesellschaftergruppe** sein (*Haas* in Röhricht/Graf von Westphalen/Haas, § 105 HGB Rz. 69b; *Westermann* in Erman, § 35 BGB Rz. 2). S 152

Inhalt | Grundsätzlich können alle Gesellschafterrechte als Sonderrecht ausgestaltet werden (vgl. zur GmbH *Seibt* in Scholz, § 14 GmbHG Rz. 21 f.). Aus dem Bereich der **Vermögensrechte** ist etwa eine bevorzugte Gewinnbeteiligung, ein besonderes Entnahmerecht oder ein erhöhter Anteil am Liquidationserlös denkbar. Von den **Mitverwaltungsrechten** können z.B. Geschäftsführungsrechte (BGH v. 4.11.1968 – II ZR 63/67, BB 1968, 1399), Mehrstimm- oder Vetorechte (OLG Karlsruhe v. 29.7.2014 – 4 U 24/14, ZIP 2014, 1929; *Haas* in Röhricht/Graf von Westphalen/Haas, § 119 HGB Rz. 33), Vorschlagsrechte oder Organbestellungsrechte (BGH v. 10.10.1988 – II ZR 3/88, NJW-RR 1989, 542) als Sonderrechte gestaltet werden (*Westermann* in Erman, § 35 BGB Rz. 2). Das Sonderrecht eines Gesellschafters auf Geschäftsführung oder auf Bestellung von Geschäftsführern kann ein Wettbewerbsverbot rechtfertigen (BGH v. 3.5.1988 – KZR 17/87, GmbHR 1988, 334). Bei der GmbH & Co. KG ist zu beachten, dass ein Recht zur unmittelbaren Bestellung der Geschäftsführung der Komplementär-GmbH in der Satzung der Komplementär-GmbH verankert und der Inhaber dieses Rechts auch Gesellschafter der Komplementär-GmbH sein muss (s. Rz. S 155). S 153

Kein Sonderrecht | Ein Sonderrecht zeichnet sich dadurch aus, dass es eine über die allgemeine Mitgliedschaftsrechte hinausgehende individuelle Vorzugsposition verschafft. Der Kreis der „Begünstigten“ muss beschränkt sein (*Haas* in Röhricht/Graf von Westphalen/Haas, § 105 HGB Rz. 69c). Bei einer Rechtsstellung, die allgemein mit der Mitgliedschaft verbunden S 154 ist, ist für die Annahme eines Sonderrechts kein Raum (BGH v. 16.10.2012 – II ZR 251/10, GmbHR 2013, 197, 201; BGH v. 27.5.1982 – III ZR 157/80, DB 1982, 2025). Hierher gehören insbesondere **gesellschaftsvertragliche Einstimmigkeitserfordernisse** oder **Sperrminoritäten**. Diese gewähren kein individuelles Recht, sondern schützen die Minderheit allgemein (BGH v. 16.10.2012 – II ZR 251/10, GmbHR 2013, 197, 201; BGH v. 24.11.2008 – II ZR 116/08, GmbHR 2009, 306, 309). Ebenso wenig ist das **Recht auf geheime Abstimmung** (BGH v. 27.5.1982 – III ZR 157/80, DB 1982, 2025) als Sonderrecht anzusehen. Bei Eingriffen in derartige, allen Gesellschaftern zustehende Rechte ist jedoch der **Gleichbehandlungsgrundsatz** zu beachten (KG Berlin v. 12.3.1962 – 1 W 76/62, NJW 1962, 1917; *Westermann* in Erman, § 35 BGB Rz. 2).

2. Entstehung

S 155 **Gesellschaftsvertrag** | Sonderrechte i.S.d. § 35 BGB können nur durch den Gesellschaftsvertrag begründet werden (BGH v. 16.3.1970 – II ZR 58/68, DB 1970, 820; BGH v. 4.11.1968 – II ZR 63/67, BB 1968, 1399).

S 156 **KG/Komplementär-GmbH** | Bei der GmbH & Co. KG ist zu differenzieren, ob das Sonderrecht auf Ebene der KG oder der Komplementär-GmbH gewährt werden soll. Im ersten Fall muss es im Gesellschaftsvertrag der KG, im zweiten Fall in der Satzung der Komplementär-GmbH verankert werden (s. Rz. S 153).

S 157 **Zustimmungserfordernis** | Die Begründung eines Sonderrechts bedarf wegen des Gleichbehandlungsgrundsatzes stets der Zustimmung aller nicht begünstigten Gesellschafter. Denn die Schaffung einer Vorzugsposition hat notwendigerweise die Schlechterstellung der anderen Gesellschafter zur Folge. Dies gilt insbesondere für die nachträgliche Einräumung eines Sonderrechts, die eine **Änderung des Gesellschaftsvertrags** erfordert (*Westermann* in Erman, § 35 BGB Rz. 3; *Seibt* in Scholz, § 14 GmbHG Rz. 20).

S 158 **Sonstige Ansprüche** | Ansprüche des Gesellschafters aus vertraglichen Drittgeschäften mit der Gesellschaft sind keine Sonderrechte i.S.d. § 35 BGB, sondern normale **Gläubigerrechte** (*Haas* in Röhricht/Graf von Westphalen/Haas, § 105 HGB Rz. 69e; *Westermann* in Erman, § 35 BGB Rz. 2).

3. Entziehung

S 159 Wesentliches Merkmal eines Sonderrechts ist, dass es dem begünstigten Gesellschafter grundsätzlich nicht ohne dessen Zustimmung entzogen werden kann (BGH v. 27.6.1974 – III ZR 47/72, WM 1974, 975; BGH v. 16.3.1970 – II ZR 58/68, DB 1970, 820). Eine Ausnahme kann bei Vorliegen eines wichtigen Grundes gegeben sein (*Seibt* in Scholz, § 14 GmbHG Rz. 27). Ob das einem Gesellschafter gewährte Recht im Grundsatz unentziehbar sein soll, ist durch **Auslegung** des Gesellschaftsvertrags zu ermitteln (BGH v. 10.10.1988 – II ZR 3/88, NJW-RR 1989, 542, 543; OLG Hamm v. 30.8.2001 – 27 U 26/01, GmbHR 2001, 974 = GmbH-StB 2001, 309). Ein Gesellschafterbeschluss, der das Sonderrecht eines Gesellschafters ohne dessen Zustimmung beeinträchtigt, ist außer bei Vorliegen eines wichtigen Grundes **unwirksam**. Die fehlende Zustimmung stellt eine „dritte Kategorie" von Beschlussmängeln dar, die der betroffene Gesellschafter im Wege der allgemeinen, nicht fristgebundenen Feststellungsklage gemäß § 256 ZPO oder durch Einwendung im Prozess geltend machen kann (BGH v. 21.10.2014 – II ZR 84/13, GmbHR 2014, 1303, Rz. 17 = GmbH-StB 2015, 7; BGH v. 12.3. 2013 – II ZR 73/11, ZIP 2013, 1222, 1226; BGH v. 19.10.2009 – II ZR 240/08, GmbHR 2010, 32, 33 = GmbH-StB 2010, 8; zur GmbH *Seibt* in Scholz, § 14 GmbHG Rz. 28).

frei S 160–S 170

Vertiefende Recherche

Wichtige Urteile und Erlasse

BGH v. 16.10.2012 – II ZR 251/10, GmbHR 2013, 197: Begriff eines Sonderrechts.

BGH v. 10.10.1988 – II ZR 3/88, NJW-RR 1989, 542: Begriff eines Sonderrechts.

Musterformulierungen

→ *Gesellschaftsverträge mit Erläuterungen Rz. G 157* und *Rz. G 242* (Mehrstimmrechte)

Weitere Stichwörter

→ *Beschlussmängelstreit*; → *Geschäftsführung und Vertretung*; → *Gesellschafterbeschlüsse*

Steuerentnahmerechte

Ausgewählte Literatur: *Kruth*, Steuerentnahmerechte von Gesellschaftern bei werbender und insolventer Personengesellschaft, DStR 2013, 2224; *Levedag*, Anpassungsbedarf von Gesellschaftsverträgen bei Personen- und Kapitalgesellschaften nach der Unternehmensteuerreform 2008 anhand ausgewählter Problemfälle, GmbHR 2009, 13; *Priester*, Unternehmenssteuer-Reform und Gesellschaftsvertrag, DStR 2001, 795; *Ulmer*, Gewinnanspruch und Thesaurierung in OHG und KG, FS Lutter, 2000, S. 935; *Werner*, Bilanzierungsklauseln bei der GmbH & Co. KG, NWB 2012, 495; *Winter*, Personengesellschaftsverträge nach der Unternehmen- und Erbschaftsteuerreform, Ubg 2009, 822.

1. Ungeschriebenes Entnahmerecht für Ertragsteuern?

S 171 **Transparenzprinzip** | Gewinne einer Personengesellschaft werden gemäß § 15 EStG einkommensteuerlich ausschließlich auf Ebene der Gesellschafter besteuert. Steuersubjekt ist nicht die Personengesellschaft, sondern der Gesellschafter mit seinem individuellen Steuersatz (Transparenzprinzip). Somit benötigen die Gesellschafter Liquidität, um die auf ihren Gewinnanteil entfallende Einkommensteuer bezahlen zu können. Enthält der Gesellschaftsvertrag keine Regelung zu Steuerentnahmerechten, ist streitig, ob den Gesellschaftern generell oder im Einzelfall ein ungeschriebenes Recht zur Entnahme von Ertragsteuern (Einkommensteuer, Solidaritätszuschlag und ggf. Kirchensteuer) zuzubilligen ist.

S 172 **Literatur – generelles Entnahmerecht** | Die überwiegende Ansicht in der Literatur geht – wie auch schon das OLG München in einer Entscheidung v. 30.6.1993 (7 U 6765/92, DB 1994, 1465, 1466) – mit unterschiedlichen Begründungsansätzen von einer *generellen* Befugnis des Gesellschafters aus, auch ohne gesonderte Regelung zumindest die auf ihn entfallenden Ertragsteuern zu entnehmen:

- Dieses Recht wird erstens auf eine **treupflichtbedingte Auslegung** von Gesetz oder Gesellschaftsvertrag gestützt. Danach muss ein Gesellschafter die Möglichkeit haben, zumindest den Betrag aus dem Gesellschaftsvermögen entnehmen zu können, der notwendig ist, um die von ihm im Voraus auf die Gesellschaft zu zahlenden Steuern begleichen zu können. Ausnahmen könnten nur dann gemacht werden, wenn eine ganz außergewöhnliche, nur mittels einer Entnahmesperre zu überwindende Notlage der Gesellschaft vorliege (*C. Schäfer* in Großkomm. HGB, 5. Aufl. 2009, § 122 HGB Rz. 30; vgl. auch *Großfeld*, WPg 1987, 698, 707).

- Zweitens sollen Steuerzahlungen des Gesellschafters ohne entsprechende Erstattungsansprüche gegenüber der Gesellschaft **Zuschüsse** darstellen, zu denen der Gesellschafter jedoch nach § 707 BGB nicht verpflichtet ist (*Priester*, DStR 2001, 795, 800; *Ulmer* in FS Lutter, 2000, S. 935, 952). Dem wird entgegengehalten, dass es sich nicht um eine Gesellschaftsschuld, sondern um eine persönliche Steuerverpflichtung des Gesellschafters handelt (*Wertenbruch* in Westermann/Wertenbruch, Hdb. Personengesellschaften, Rz. I 637).

- Drittens wird ein **Aufwendungsersatzanspruch nach § 110 HGB** angenommen und darauf verwiesen, dass der Gewinn im Gesellschaftsvermögen und nicht im persönlichen Vermögen erzielt werde. Im Ergebnis müsse die Steuer jedoch dasjenige Vermögen treffen, das durch die Gewinne vermehrt werde (*Priester* in MünchKomm. HGB, § 122 HGB Rz. 61; *Priester*, DStR 2001, 795, 800). Der Gesellschafter zahle die Einkommensteuer gleichsam für Rechnung der Gesellschaft und mache deshalb Aufwendungen in Gesellschaftsangelegenheiten, die ihm nach § 110 HGB zu erstatten seien, ohne dass es einer Zuerkennung durch Gewinnverwendungsbeschluss bedürfe (*K. Schmidt* in FS 50 Jahre Arbeitsgemeinschaft der Fachanwälte für Steuerrecht, 1999, S. 193, 198; *Schön* in FS Beisse, 1997, S. 471, 487; *Ulmer* in FS Lutter, 2000, S. 935). Gegen diese Auffassung wird vorgebracht, dass der in § 110 HGB geregelte Ersatzanspruch sich nur auf Aufwendungen bezieht, deren kennzeichnendes Merkmal die Freiwilligkeit ist, woran es bei Steuerzahlungen fehlt. Ferner erfolge die Zahlung von Steuern ausschließlich im Pflichtenkreis des Gesellschafters, so dass sie keine Aufwendung i.S.v. § 110 HGB darstelle (*Ehricke* in E/B/J/S, § 122 HGB Rz. 56; *Wertenbruch* in Westermann/Wertenbruch, Hdb. Personengesellschaften, Rz. I 637).

BGH – Entnahmerecht nur im Einzelfall | Nach einem Grundsatzurteil des BGH v. 29.3.1996 (II ZR 263/94, BGHZ 132, 263 = GmbHR 1996, 456) existiert – bei Fehlen einer gesellschaftsvertraglichen Regelung – kein generelles Steuerentnahmerecht. Der BGH sieht im Steuerentnahmerecht lediglich einen Ausschnitt des allgemeinen und eben nicht schrankenlos gewährleisteten Gewinnentnahmerechts. Die Ausschüttungsinteressen der einzelnen Gesellschafter seien gegenüber den Bedürfnissen der Selbstfinanzierung und Zukunftssicherung der Gesellschaft abzuwägen. Daher sei der Annahme eines generellen Steuerentnahmerechts S 173

„… entgegenzuhalten, daß das Gesetz kein Steuerentnahmerecht neben dem Anspruch aus § 122 HGB kennt. Nach zutreffender Ansicht bedarf die Zubilligung eines solchen Anspruchs grundsätzlich einer besonderen Regelung im Gesellschaftsvertrag. Ob den Gesellschaftern auch ohne eine entsprechende Regelung im Gesellschaftsvertrag ein Anspruch in Höhe der aus thesaurierten Gewinnen anfallenden Steuern zuerkannt werden kann, muß somit der Entscheidung des Einzelfalles durch den Tatrichter vorbehalten bleiben." (BGH v. 29.3.1996 – II ZR 263/94, BGHZ 132, 263, 277 = GmbHR 1996, 456; *obiter* zitiert von OLG Karlsruhe v. 28.2.2003 – 4 U 8/02, NZG 2003, 429, 430 = GmbHR 2003, 1359 = GmbH-StB 2003, 319; vgl. zuvor schon BGH v. 26.3.1990 – II ZR 123/89, MittRhNotK 1990, 286, 287: Im Gesellschaftsvertrag müsse Vorsorge getroffen werden, dass die Gesellschafter ihren Steuerpflichten nachkommen können.)

Mangels gesellschaftsvertraglicher Vorgaben hat der Richter somit zu klären, ob **im Einzelfall** ein Entnahmerecht besteht – dies wohl insbesondere durch eine interessengerechte (und der tatsächlichen Übung in der Gesellschaft entsprechende) Auslegung des Gesellschaftsvertrages unter Berücksichtigung der gesellschaftsrechtlichen Treuepflicht (vgl. *Ehricke* in E/B/J/S, § 122 HGB Rz. 55). In der Literatur ist das Urteil des BGH von 1996 aus den oben (Rz. S 172) genannten Gründen überwiegend auf Kritik gestoßen.

Bestätigung in 2010 | Der BGH hat sein Urteil von 1996 (Rz. S 173) in einem Beschluss vom 26.4.2010 (II ZR 69/09, MDR 2010, 940) erneut zitiert. Danach habe das Berufungsgericht die Frage des Bestehens eines Steuerentnahmerechts nicht offen lassen dürfen. „Das Berufungsgericht hätte vielmehr prüfen müssen, ob der Beklagte auch ohne entsprechende Regelung im Gesellschaftsvertrag berechtigt war, Beträge in Höhe der von ihm zu zahlenden Ertragssteuern aus dem Gesellschaftsvermögen zu entnehmen (BGH v. 29.3.1996 – II ZR 263/94, BGHZ 132, 263, 277 = GmbHR 1996, 456)." *H.-F. Müller* vermisst in seiner Anmerkung „sachdienliche Hinweise", nach welchen Maßstäben das Berufungsgericht das Bestehen eines Entnahmerechts prüfen solle (*H.-F. Müller*, WuB II G. § 161 HGB 1.10). S 174

S 175 **Stellungnahme** | Die Begründung des BGH für das Fehlen eines generellen Steuerentnahmerechts ist wenig überzeugend: Zum einen erklärt § 122 HGB grundsätzlich den Gesamtgewinn, also unter Einschluss der zur Deckung der Steuerlast bestimmten Teile, für entnahmefähig und macht einen Vorbehalt nur im Hinblick auf die Gefahr eines der Gesellschaft drohenden „offenbaren Schadens". Das Argument des BGH, dass das Gesetz neben §§ 122, 169 HGB kein Steuerentnahmerecht kennt, hat daher wenig Aussagekraft. Zum anderen läuft ein Gesellschafter ohne ein entsprechendes Steuerentnahmerecht Gefahr, für Mehrungen des Gesellschaftsvermögens aus seinem Privatvermögen Steuern zahlen zu müssen; dies kann ihn finanziell nochmals deutlich stärker belasten als ein ohnehin schon problematisches „Aushungern" durch weitgehende Thesaurierung (so schon *Schön* in FS Beisse, 1997, S. 471, 487).

Diese Gegenargumente zwingen aber nicht dazu, ein *generelles* Steuerentnahmerecht anzunehmen, sie können vielmehr auch bei der Prüfung des konkreten *Einzelfalles* berücksichtigt werden, die der BGH 1996 zugelassen hat und die er auch dem Berufungsgericht in 2010 ausdrücklich aufgegeben hat. Zwar hat der BGH den Maßstab für diese Prüfung nicht konkretisiert; vermutlich hat der Tatrichter jedoch den **Gesellschaftsvertrag** unter Berücksichtigung der Treuepflicht sowie der bisherigen tatsächlichen Übung **(ergänzend) auszulegen** und „die Ausschüttungsinteressen der einzelnen Gesellschafter gegenüber den Bedürfnissen der Selbstfinanzierung und Zukunftssicherung der Gesellschaft abzuwägen" (so eingangs BGH v. 29.3.1996 – II ZR 263/94, BGHZ 132, 263, 276 = GmbHR 1996, 456). Orientieren kann man sich insoweit an Entscheidungen zu **gesellschaftsvertraglich positiv geregelten Entnahmerechten;** die Gerichte ziehen hier jeweils die Treuebindung der Gesellschafter heran, um in der Krise der Gesellschaft ggf. ungeschriebene Grenzen für derartige Entnahmerechte zu statuieren:

Beispiel 1:

Nach einer Entscheidung des OLG Karlsruhe von 2003 rechtfertigte es die geringe Höhe des angefallenen Betrags von 3 627 DM für zwei Steuerjahre, dem klagenden Gesellschafter in der Krise der Gesellschaft die Ausübung seines vertraglichen Entnahmerechts zu verwehren (OLG Karlsruhe v. 28.2.2003 – 4 U 8/02, GmbHR 2003, 1359 = GmbH-StB 2003, 319).

Beispiel 2:

Das LG Düsseldorf hielt es nach einer Interessenabwägung zwischen dem Überlebensinteresse der Gesellschaft und den Interessen des klagenden Gesellschafters für diesem nicht zumutbar, einen Betrag in sechsstelliger Höhe aus sonstigen Einkünften vorzufinanzieren, die er ausweislich des Steuerbescheides nicht in nennenswerter Höhe hatte (LG Düsseldorf v. 16.4.2010 – 39 O 200/09, juris = BeckRS 2010, 15094).

Im **Ergebnis** dürfte der wesentliche Unterschied zwischen BGH und überwiegender Literatur vor allem darin zu sehen sein, dass ein Steuerentnahmerecht nach der Literatur die Regel, nach dem BGH dagegen die (besonders zu begründende) Ausnahme ist.

S 176 **Kapitalertragsteuer** | Kapitalerträge von Personengesellschaften unterliegen in den in § 43 EStG genannten Fällen der Kapitalertragsteuer. Die Kapitalertragsteuer wird von den Kreditinstituten direkt an den Fiskus abgeführt, und zwar für die Gesellschafter der Personengesellschaft, die nach dem Transparenzprinzip die Steuerschuldner sind (s. Rz. S 171). Die abgeführte Kapitalertragsteuer stellt eine Vorauszahlung auf die Einkommensteuerschuld des jeweiligen Gesellschafters dar; sie führt entweder zur Minderung der Einkommensteuerschuld oder zu einer Steuererstattung. Nach der Rechtsprechung des BGH muss sich der Gesellschafter daher so behandeln lassen, als sei der Gesellschaft zunächst der gesamte Kapitalertrag zugeflossen und von ihr sodann im Umfang der Kapitalertragsteuer für eine Steuervorauszahlung zugunsten des Gesellschafters verwendet worden. Die Kapitalertragsteuer ist damit wie eine **Steuerentnahme** des Gesellschafters zu behandeln. Sofern dem Gesellschafter nach dem Gesellschaftsvertrag kein Entnahmerecht zusteht, ist die Entnahme unzulässig und der Gesellschaft (nach §§ 812 ff. BGB oder aufgrund gesellschafterlicher Treuepflicht) zu erstatten (BGH v. 5.4.2016 – II ZR 62/15, GmbHR 2016, 814 mit Anm. *Werner* für den Insolvenzfall; BGH v. 16.4.2013 – II ZR 118/11, GmbHR 2013, 703 mit Anm. *Werner* für die werbende Gesellschaft; *Kruth*, DStR 2013, 2224).

2. Gesellschaftsvertragliches Entnahmerecht für Ertragsteuern

Steuerentnahmeklausel | Die gesetzlichen Entnahmebefugnisse nach §§ 122, 169 HGB sind dispositiv (vgl. BGH v. 11.12.1989 – II ZR 78/89, BGHZ 109, 334, 339 = GmbHR 1990, 209). Sie können damit im Gesellschaftsvertrag sowohl eingeschränkt als auch erweitert werden, damit auch durch Festschreibung eines Steuerentnahmerechts zugunsten der Gesellschafter. Wegen der Ablehnung eines ungeschriebenen generellen Entnahmerechts durch den BGH (s. Rz. S 173 f.) sollten KG-Gesellschaftsverträge eine ausdrückliche Steuerentnahmeklausel enthalten, die es den Gesellschaftern ermöglicht, die auf ihren Gewinnanteil entfallende Einkommensteuer zu entnehmen. Steuerentnahmeklauseln können entweder eine **exakte Abrechnung oder** eine **Pauschalierung** der zulässigen Steuerentnahmen vorsehen. S 177

Exakte Abrechnung | In diesem Fall berechtigt die Steuerentnahmeklausel meist zur **Entnahme tatsächlich geschuldeter Steuern** (für Voraus-, Nach- und Abschlusszahlungen), soweit sie nach dem Durchschnittssteuersatz des Gesellschafters anteilig auf seine Beteiligung entfallen; zugleich wird der Gesellschafter verpflichtet, Erstattungen einzulegen und die erforderlichen Nachweise durch Bescheidvorlage zu erbringen. Der Vorteil einer solchen exakten Abrechnung liegt in der Einzelfallgerechtigkeit und im Schutz der Gesellschaft vor Liquiditätsabflüssen, die aufgrund großzügiger Pauschalierungen entstehen können. Sie ist gleichwohl nicht die Regel, weil die Gesellschafter die damit verbundene Offenlegung der jeweiligen Einkommensverhältnisse gegenüber den Mitgesellschaftern scheuen. Konsensfähig wird sie daher ggf. erst bei Zwischenschaltung einer „neutralen“ Stelle (z.B. einer Steuerberatungsgesellschaft), der die erforderlichen Berechnungen übertragen werden. S 178

Pauschalierung | Im Fall der pauschalierenden Steuerentnahmeklausel wird den Gesellschaftern meist die Entnahme der Steuern in Höhe des tariflichen **Spitzensteuersatzes** auf der Basis des Gewinnanteils des Vorjahres zugestanden. Gerade eine solche pauschalierende Steuerklausel sollte auch die Thesaurierungsbegünstigung nach § 34a EStG berücksichtigen; anderenfalls drohen zumindest Auslegungsprobleme, ob und wie der Sondertarif und eine spätere Nachversteuerung (dann ohne korrespondierenden Gewinnanteil) zu berücksichtigen sind. Hier besteht zunächst die Möglichkeit, Sondertarif und Nachversteuerung durch ergänzende Regelungen in die Steuerklausel zu integrieren. Dabei ist insbesondere zu berücksichtigen, dass die Thesaurierungsbegünstigung bei den vierteljährlichen Steuervorauszahlungen zunächst außer Ansatz bleibt (§ 37 Abs. 3 Satz 5 EStG), diese sich also weiterhin nach dem individuellen Steuersatz bemessen. Dies kann dadurch korrigiert werden, dass die Gesellschafter zur Erstattung der vorauszahlungsbedingt zu viel entnommenen Steuern verpflichtet werden. Im Ergebnis kann die Steuerklausel dann z.B. wie folgt lauten: S 179

Jeder Gesellschafter ist berechtigt, Beträge zu entnehmen, die er zur Zahlung der persönlichen Steuern einschließlich Vorauszahlungen auf die Beteiligung benötigt. Hierbei ist für jeden Gesellschafter bei der Einkommensteuer der deutsche Spitzensteuersatz – zuzüglich gesetzlicher Zuschläge wie z.B. Solidaritätszuschlag – und bei der Kirchensteuer der höchste für einen Gesellschafter geltende Steuersatz zugrunde zu legen. Soweit die Thesaurierungsbegünstigung gemäß § 34a EStG zur Anwendung kommt, sind – außer für Steuervorauszahlungen (§ 37 Abs. 3 Satz 5 EStG) – anstelle des Spitzensteuersatzes deren starre Steuersätze (derzeit 28,25 % bzw. 25 %) maßgebend. Jeder Gesellschafter ist verpflichtet, Steuererstattungen, die er wegen überhöhter Vorauszahlungen gesellschafterbezogener Steuern erhält, unverzüglich dem Rücklagenkonto gutzubringen.

S 180 **Volle Entnahme trotz Thesaurierungsbegünstigung** | Alternativ kann man es jedem Gesellschafter gestatten, auch bei Wahl der Thesaurierungsbegünstigung sofort den Steuerbetrag in Höhe der Regelbesteuerung zu entnehmen (vgl. *Levedag*, GmbHR 2009, 13, 20). Im Gegenzug entfällt ein weiteres Steuerentnahmerecht im Fall der späteren Nachversteuerung:

Jeder Gesellschafter ist berechtigt, Beträge zu entnehmen, die er zur Zahlung der persönlichen Steuern einschließlich Vorauszahlungen auf die Beteiligung benötigt. Hierbei ist für jeden Gesellschafter bei der Einkommensteuer stets der deutsche Spitzensteuersatz (zuzüglich gesetzlicher Zuschläge wie z.B. Solidaritätszuschlag) und bei der Kirchensteuer der höchste für einen Gesellschafter geltende Steuersatz zugrunde zu legen. Die Thesaurierungsbegünstigung nach § 34a EStG bleibt unberücksichtigt; jeder Gesellschafter darf daher auch bei Wahl der Thesaurierungsbegünstigung sogleich Beträge nach Maßgabe des Spitzensteuersatzes, später jedoch keine Steuern auf einen Nachversteuerungsbetrag entnehmen.

Die kumulierte Einkommensteuer aus Sondertarif und Nachversteuerung übersteigt zwar regelmäßig die Einkommensteuer im Fall der Regelbesteuerung; der Gesellschafter kann jedoch das im Fall der Thesaurierung zunächst zu viel entnommene Kapital im Privatvermögen einsetzen und so trotz der späteren Nachversteuerung einen Vorteil erzielen. Für die Gesellschaft selbst hat diese – aus Gesellschaftersicht faire – Variante allerdings den entscheidenden Nachteil, dass sie zu einem sofortigen Liquiditätsabfluss bei der Gesellschaft führt und der Vorteil aus einer langfristigen Thesaurierung allein dem Gesellschafter zugutekommt.

3. Ungeschriebenes Entnahmerecht für Erbschaftsteuer?

S 181 Erbschaft- und Schenkungsteuer gehören in den privaten Bereich der Gesellschafter und lassen sich – im Gegensatz zur Einkommensteuer (s. Rz. S 171) – auch wirtschaftlich nicht der Gesellschaftssphäre zuordnen. Ungeschriebene Entnahmebefugnisse auch für Erbschaft- und Schenkungsteuer werden daher nahezu allgemein abgelehnt. Dies gilt für die Literatur (*Priester* in MünchKomm. HGB, § 122 HGB Rz. 65; *Ehricke* in E/B/J/S, § 122 HGB Rz. 57; *v. Falkenhausen/Schneider* in Münchener Hdb. Gesellschaftsrecht, Bd. 2, § 24 Rz. 62; *Lüdtke-Handjery*, DB 1975, 433, 436 f.) ebenso wie für den BGH:

Dürften derartige steuerliche Belastungen des schenkweise oder von Todes wegen sich vollziehenden Übergangs von Gesellschaftsanteilen von deren Erwerbern der Gesellschaftskasse entnommen werden, so kann die Gefahr bestehen, dass die Gesellschaft mit der Zeit das zur Fortführung des Geschäftsbetriebs erforderliche Kapital verliert. Das wird regelmäßig nicht dem Willen der Gesellschafter entsprechen. Vereinbaren diese gleichwohl, dass Erbschafts- und Schenkungssteuern entnommen werden dürfen (…), so muss das im Gesellschaftsvertrage eindeutig zum Ausdruck kommen oder eine dahingehende Absprache in anderer Weise überzeugend nachgewiesen werden (BGH v. 26.3.1990 – II ZR 123/89, ZIP 1990, 1327, 1328).

4. Gesellschaftsvertragliches Entnahmerecht für Erbschaftsteuer

Zweckmäßigkeit | Wenn Gesellschaftsverträge für Erbschaft- und Schenkungsteuerschulden Entnahmemöglichkeiten vorsehen, beruht dies auf Zweckmäßigkeitserwägungen: Außerordentliche Steuerbelastungen der Gesellschafter-Nachfolger mit möglichen Vollstreckungsfolgen in den Anteil könnten sich auch für die Gesellschaft und die Mitgesellschafter als nachteilig erweisen. Mit Blick auf den heute möglichen 85%igen bzw. 100%igen Verschonungsabschlag (§ 13b Abs. 4 ggf. i.V.m. § 13a Abs. 8 ErbStG) sollte jedoch überprüft werden, ob etwaige Erbschaftsteuervorsorgekonten weiter in dem bisherigen Umfang dotiert werden müssen. Daneben könnte ein gesellschaftsvertragliches Recht zur Entnahme von Erbschaft- und Schenkungsteuer dahingehend eingeschränkt werden, dass Entnahmen stets nur auf Basis des 85%igen Verschonungsabschlags zulässig sind. S 182

Berücksichtigung des Verschonungsabschlags | Werden Entnahmen nur noch auf Basis des 85%igen Verschonungsabschlags zugelassen, steht der Gesellschafter allerdings vor dem Problem, dass er es nicht in jedem Fall selbst in der Hand hat, einen im Hinblick auf die Verschonung schädlichen Verstoß gegen die Lohnsummenregelung bzw. die Behaltensfristen zu vermeiden. Denn der Verstoß kann außer durch eigenes Verhalten (z.B. durch Veräußerung der Beteiligung, § 13a Abs. 5 Nr. 1 ErbStG) auch durch Geschäftsführungsmaßnahmen auf Ebene der Gesellschaft ausgelöst werden (z.B. durch die Veräußerung wesentlicher Betriebsgrundlagen), auf die zumindest ein Minderheitsgesellschafter keinen hinreichenden Einfluss hat. Auch für diesen Fall Vorsorge treffen zu wollen, indem man z.B. erbschaftsteuerbelasteten Gesellschaftern entsprechende Vetorechte einräumt (vgl. *Wenig*, BB 2009, 1780), dürfte an den wirtschaftlichen Notwendigkeiten auf Ebene der Gesellschaft vorbeigehen. S 183

frei S 184–S 190

Vertiefende Recherche

Wichtige Urteile und Erlasse

BGH v. 5.4.2016 – II ZR 62/15, GmbHR 2016, 814 mit Anm. *Werner*: Anspruch gegen den Gesellschafter einer insolventen Personengesellschaft auf Erstattung abgeführter Kapitalertragsteuer.

BGH v. 16.4.2013 – II ZR 118/11, GmbHR 2013, 703 mit Anm. *Werner*: Anspruch gegen den Gesellschafter einer werbenden Personengesellschaft auf Erstattung abgeführter Kapitalertragsteuer.

BGH v. 26.4.2010 – II ZR 69/09, MDR 2010, 940: Bestätigung des Urteils v. 29.3.1996.

BGH v. 29.3.1996 – II ZR 263/94, BGHZ 132, 263 = GmbHR 1996, 456: Ungeschriebenes Recht zur Entnahme von Ertragsteuern nicht generell, sondern nur im Einzelfall.

BGH v. 26.3.1990 – II ZR 123/89, ZIP 1990, 1327: Kein ungeschriebenes Recht zur Entnahme von Erbschaft- und Schenkungsteuer.

Musterformulierungen

Heckschen in Westermann/Wertenbruch, Handbuch Personengesellschaften, Stand Juni 2016, M 60, § 10 Abs. 5

Mueller-Thuns in Hesselmann/Tillmann/Mueller-Thuns, Handbuch GmbH & Co. KG, 21. Aufl. 2016, Anhang B § 17, S. 1236

Reichert/Ullrich in Reichert, GmbH & Co. KG, 7. Aufl. 2015, § 59 II, dort § 9 Abs. 2

Weitere Stichwörter

→ *Entnahmen und Ergebnisverwendung*; → *Gewinnermittlung (steuerliche)*; → *Treuepflicht*

Stiftung & Co. KG

Ausgewählte Literatur: *Blaum* in Westermann/Wertenbruch, Hdb. Personengesellschaften, § 57 (Stiftung & Co. KG); *Gummert* in Münchener Hdb. Gesellschaftsrecht, Bd. 5, 4. Aufl. 2016, § 82 (Stiftung & Co. KG); *Höfner-Byok*, Die Stiftung & Co. KG, Frankfurt am Main 1996; *Hoffmann-Becking*, Unternehmensverbundene Stiftung zur Sicherung des Unternehmens, ZHR 178 (2014), 491; *Ihle*, Stiftungen als Instrument der Unternehmens- und Vermögensnachfolge, RNotZ 2009, 557 und 621; *Muscheler*, Die Unternehmensstiftung, besser: Die unternehmensverbundene Stiftung, ErbR 2008, 134 und 174; *Nietzer/Stadie*, Die Familienstiftung & Co. KG – eine Alternative für die Nachfolgeregelung bei Familienunternehmen, NJW 2000, 3457; *Rawert*, Der Einsatz der Stiftung zu stiftungsfremden Zwecken, ZEV 1999, 294; *Reimann*, Die rechtsfähigen Stiftungen in der Kautelarpraxis, DNotZ 2012, 250; *Schiffer/Pruns*, Die unternehmensverbundene Stiftung – ein Überblick zur vielfältigen Praxis, BB 2013, 2755; *Schnitter*, Die Renaissance der Stiftung, EStB 2002, 323; *Seibt*, Unternehmensmitbestimmungsrechtliche Konzernzurechnung bei Einschaltung von Stiftung & Co. KG und paritätischen Beteiligungsunternehmen, ZIP 2011, 249; *Werner*, Stiftungen als Instrument der Unternehmens- und Vermögensnachfolge, ZEV 2006, 539.

1. Rechtsgrundlagen

Stiftung & Co. KG | Die Stiftung & Co. KG ist eine Kommanditgesellschaft, bei der eine rechtsfähige Stiftung des bürgerlichen Rechts die Rolle der (alleinigen) Komplementärin übernimmt. S 191

Rechtsfähige Stiftung des bürgerlichen Rechts | Die rechtsfähige Stiftung des bürgerlichen Rechts ist eine vom Stifter ins Leben gerufene rechtsfähige Organisation, die zur Aufgabe hat, einen vom Stifter bestimmten Zweck mit Hilfe eines dazu gewidmeten Vermögens dauerhaft zu verfolgen. Der Stiftungszweck kann gemein- oder privatnützig sein; zu den privatnützigen Stiftungen zählt insbesondere die **Familienstiftung**, die den Interessen einer oder mehrerer bestimmter Familien gewidmet ist. Die Familienmitglieder sind dann Destinatäre, d.h. Begünstigte, der Stiftung. Sie können im Vorstand oder in einem Beirat/Kuratorium der Stiftung vertreten sein. „Gesellschafter" oder Mitglieder der Stiftung können sie dagegen nicht werden; die Stiftungsorganisation ist „eigentümerlos". S 192

Entstehung einer rechtsfähigen Stiftung | Die **§§ 80 ff. BGB** enthalten heute eine abschließende Regelung der gesetzlichen Voraussetzungen, unter denen eine Stiftung bürgerlichen Rechts Rechtsfähigkeit erlangt. Die Entstehung einer rechtsfähigen Stiftung erfordert danach S 193

- ein Stiftungsgeschäft des Stifters (unter Lebenden oder durch Verfügung von Todes wegen) und
- die Anerkennung durch die zuständige Landesbehörde.

Die **Stiftungsgesetze der Länder** befassen sich demgegenüber mit öffentlich-rechtlichen Fragen; sie regeln die Zuständigkeiten in Bezug auf die Anerkennung der Stiftung und die Einzelheiten zur Stiftungsaufsicht.

S 194 **Abgrenzung** | Abzugrenzen ist die rechtsfähige Stiftung des bürgerlichen Rechts zunächst von der **unselbständigen Stiftung**. Sie hat ebenfalls ein Stiftungsvermögen, aber keine eigene Rechtspersönlichkeit; das Stiftungsvermögen wird deshalb durch einen Treuhänder gehalten. Mangels Rechtspersönlichkeit eignet sich die unselbständige Stiftung nicht zur Übernahme der Komplementärstellung in einer KG. Der Begriff „Stiftung" darf zudem auch Firmenbestandteil einer **GmbH oder AG** sein, wenn diese dauerhaft einen Stiftungszweck mit einer stiftungsähnlichen Organisation und ausreichendem Vermögen verfolgt. Die KG bliebe in diesem Fall jedoch eine klassische Kapitalgesellschaft & Co. KG. Schließlich existieren neben den privatrechtlichen Stiftungen seit jeher auch Stiftungen des öffentlichen Rechts, die vom Staat durch Gesetz oder Verwaltungsakt errichtet werden, und kirchliche Stiftungen, die in das kirchliche Verwaltungssystem eingegliedert sind; sie können hier ebenfalls außer Betracht bleiben.

S 195 **Zulässigkeit der Stiftung & Co. KG** | Die Typenverbindung von KG und Stiftung ist nach ganz h.M. zulässig (*Blaum* in Westermann/Wertenbruch, Hdb. Personengesellschaften, Rz. I 3430; *Pawlytta/Pfeiffer* in Feick, Stiftung als Nachfolgeinstrument, 2015, § 31 Rz. 22 ff.). Eine Stiftung darf ein Unternehmen sowohl unmittelbar selbst betreiben (**Unternehmensträgerstiftung**) als auch sich an Unternehmen in Form von Personen- oder Kapitalgesellschaften beteiligen (**Beteiligungsträgerstiftung**).

Beispiel:

Die Carl-Zeiss-Stiftung hat die Firmen Carl Zeiss und Schott Glaswerke lange Zeit einzelkaufmännisch betrieben. 2004 wurden diese Unternehmen jeweils aus der Stiftung ausgegliedert und in Aktiengesellschaften umgewandelt. Die Carl-Zeiss-Stiftung wurde so von einer Unternehmensträgerstiftung zu einer Beteiligungsträgerstiftung (*Godron* in Feick, Stiftung als Nachfolgeinstrument, 2015, § 29 Rz. 21).

S 196 **Gesellschaftsrecht** | Gesellschaftsrechtlich ist anerkannt, dass die Rolle des Komplementärs in einer KG nicht notwendig durch eine natürliche Person übernommen werden muss, hierfür vielmehr auch juristische Personen in Frage kommen (vgl. § 19 Abs. 2 HGB) – wobei im Fall der Einheitsgesellschaft diese juristische Person sogar der KG selbst gehört (vgl. § 172 Abs. 6 HGB). Auf dieser gesetzlichen Basis bestehen gesellschaftsrechtlich keine Bedenken, einer rechtsfähigen Stiftung die Rolle der (alleinigen) Komplementärin anzutragen.

S 197 **Stiftungsrecht** | Stiftungsrechtlich wird die Stiftung & Co. KG vereinzelt kritisch gesehen, weil die Übernahme der persönlichen Haftung durch die Stiftung das Stiftungsvermögen und damit die dauernde und nachhaltige Erfüllung des Stiftungszwecks gefährde; wegen der Unzulässigkeit der Selbstzweckstiftung dürfe die Stiftung zudem nicht auf eine bloße Hilfsfunktion im Interesse der Kommanditisten als der eigentlichen Unternehmenseigentümer reduziert werden (vgl. *Reuter* in MünchKomm. BGB, 6. Aufl. 2012, § 81 BGB Rz. 105). Nachdem die Stiftung jedoch ein Unternehmen sogar unmittelbar selbst betreiben dürfte (Rz. S 195), kann auch die Übernahme der Geschäftsführung und der persönlichen Haftung in einer KG nicht generell unzulässig sein. Dies ist selbstverständlich, wenn die Stiftung auch kapitalmäßig am Vermögen und am Gewinn und Verlust der KG beteiligt ist. Es gilt aber auch dann, wenn die Stiftung als „0 %-Komplementärin" für diese Leistungen lediglich eine (gemessen am Stiftungsvermögen und dem Risikoprofil der konkreten KG) angemessene Haftungsvergütung erhält, mittels der sie ihr Vermögen ebenfalls mehren kann. Erforderlichenfalls könnte die Vermögenserhaltung zudem auch dadurch sichergestellt werden, dass die Kommanditisten oder ein weiterer Komplementär (z.B. eine natürliche Person) die Stiftung im Innenverhältnis von der Haftung freistellen (vgl. *Wachter*, Stiftungen, S. 133). Eine bloße Selbstzweckstiftung lässt sich vermeiden, indem im Stiftungsgeschäft neben der Unternehmensführung noch weitere, darüber hinausreichende Stiftungszwecke festgeschrieben werden. Im Fall der Familienstiftung (Rz. S 192) wäre dies etwa die Förderung und Unterstützung der Familie des Stifters. Das Stiftungsvermögen ist so auskömmlich zu dotieren, dass diese Zwecke dauernd und nachhaltig verfolgt werden können.

2. Verbreitung und Motive

Verbreitung | Während sich die Zahl der privatrechtlichen Stiftungen in Deutschland seit 2001 von insgesamt rund 10 000 auf mehr als 20 000 erhöht haben soll, wird die Zahl der „Unternehmensstiftungen" mit nur etwa 300 bis 400 angenommen (*Hoffmann-Becking*, ZHR 178 [2014], 491 f.). Die Zahl der Stiftung & Co. KGs schließlich scheint unter 100 zu liegen (vgl. *Binz/Sorg*, GmbH & Co. KG, § 29 Rz. 2). S 198

Beispiele:

Prominente Beispiele sind die Lidl Stiftung & Co. KG und die Diehl Stiftung & Co. KG.

Erhalt und Fortführung des Unternehmens | Die Wahl einer Stiftung & Co. KG kann sich zunächst unter Nachfolgegesichtspunkten anbieten, wenn der Stifter den Erhalt und die Fortführung seines Unternehmens in seinem Sinne auch gegenüber der Nachfolgegeneration absichern möchte. Das Unternehmen kann über die Stiftung in unterschiedlichem Maße von der Familie des Stifters entkoppelt werden. Wird der Stiftung durch Stiftungsgeschäft und Gesellschaftsvertrag der KG eine starke Stellung in der KG zugewiesen, kann der Stifter seine Vorstellungen in gewisser Weise perpetuieren: Als Geschäftsführerin hat die Stiftung die operative Verantwortung; der Gesellschaftsvertrag der KG kann wesentliche Entscheidungen (z.B. auch künftige Vertragsänderungen) von der Zustimmung der Stiftung abhängig machen. Der Vorstand der Stiftung ist allein auf den vom Stifter festgelegten Stiftungszweck verpflichtet, nicht auf die Eigeninteressen der Kommanditisten. Im Sinne einer weitgehenden Entkopplung von Familie und Unternehmen kann der Vorstand, sofern gewünscht, dauerhaft mit externen Dritten statt mit Familienmitgliedern besetzt werden; ein gewisser Einfluss der Familie kann über eine Vertretung in einem Beirat bzw. Kuratorium der Stiftung gewahrt bleiben. In der Praxis wird eine solche Entkopplung von Unternehmens- und Eigentümerinteressen allerdings nur dann zum Erfolg führen können, wenn es gelingt, für den Vorstand der Stiftung entsprechend qualifiziertes (Fremd-)Personal zu finden (*Pawlytta/Pfeiffer* in Feick, Stiftung als Nachfolgeinstrument, 2015, § 31 Rz. 15 ff.). S 199

Alternative zur Doppelstiftung | Die Stiftung & Co. KG kann in diesem Kontext eine Alternative zur Doppelstiftung sein: Bei der Doppelstiftung beteiligen sich eine gemeinnützige Stiftung und eine Familienstiftung nebeneinander an einem Unternehmen, i.d.R. in Form einer Kapitalgesellschaft. Dabei werden der gemeinnützigen Stiftung eine hohe Kapitalbeteiligung, aber geringe Gewinnbezugs- und Stimmrechte eingeräumt, während die Familienstiftung umgekehrt eine niedrige Kapitalbeteiligung, dafür aber hohe Gewinnbezugs- und Stimmrechte erhält. Auf diese Weise lässt sich die Unternehmensnachfolge steuerlich optimieren, ohne dass die Versorgungsinteressen der Familie völlig zurücktreten müssten (näher *Ihle*, RNotZ 2009, 621, 634 ff.; *Godron* in Feick, Stiftung als Nachfolgeinstrument, 2015, § 30). Während die Familienmitglieder jedoch im Fall der Doppelstiftung konstruktionsbedingt weit vom Unternehmen entfernt sind, können sie im Fall der Stiftung & Co. KG als Kommanditisten unmittelbar am Unternehmen beteiligt bleiben. S 200

S 201 **Vermeidung unternehmerischer Mitbestimmung |** Bei Großunternehmen kann ein Motiv für die Wahl der Rechtsform „Stiftung & Co. KG" die Vermeidung der unternehmerischen Mitbestimmung sein:

- Für Unternehmen, die selbst bzw. im Konzern in der Regel mehr als 2000 Arbeitnehmer im Inland beschäftigen, gilt das Mitbestimmungsgesetz von 1976. Mitbestimmungsfähig sind danach zwar nur deutsche Kapitalgesellschaften und Genossenschaften (§ 1 Abs. 1 Nr. 1 MitbestG), nicht auch Personengesellschaften wie die KG. § 4 Abs. 1 MitbestG erlaubt es jedoch insbesondere bei der beteiligungsidentischen Kapitalgesellschaft & Co. KG, die Arbeitnehmer der KG (und nachgeordneter Konzernunternehmen) der Komplementär-Kapitalgesellschaft zuzurechnen. In der Folge kann zwar nicht bei der KG selbst, aber bei ihrer Komplementär-Kapitalgesellschaft ein paritätisch mitbestimmter Aufsichtsrat einzurichten sein. Auch diese Zurechnungsmöglichkeit entfällt, wenn als Komplementärin eine Stiftung gewählt wird; die Stiftung zählt ausweislich § 1 Abs. 1 Nr. 1 MitbestG nicht zu den mitbestimmungsfähigen Rechtsformen (auch nicht im Analogiewege, *Ulmer/Habersack* in Ulmer/Habersack/Henssler, § 1 MitbestG Rz. 31).

  Beispiel:

  Ein Stiftungsunternehmen ist nicht gehindert, freiwillig ein System der unternehmerischen Mitbestimmung einzuführen. So hatte in einem vom BGH 1982 entschiedenen Fall die Satzung einer bürgerlichrechtlichen Stiftung, die rechtlich unselbständige Wirtschaftsunternehmen betrieb, die Bildung von Unternehmensräten vorgesehen. Diese sollten den Stiftungskommissar bei der Wahrnehmung seiner Überwachungsaufgaben unterstützen; der Unternehmensrat bestand aus 12 Mitgliedern, die je zur Hälfte von der Stiftungsverwaltung bestellt bzw. von den Arbeitnehmern gewählt wurden (BGH v. 8.7.1982 – III ZR 103/80, BGHZ 84, 352 = MDR 1982, 912).

- Solange eine Kapitalgesellschaft & Co. KG (selbst und im Konzern) in der Regel weniger als 2000 Arbeitnehmer im Inland beschäftigt, stellt sich die Frage der unternehmerischen Mitbestimmung (noch) nicht: Das Drittelbeteiligungsgesetz, das deutsche Kapitalgesellschaften mit 500 bis 2000 Arbeitnehmern der Drittelmitbestimmung unterstellt, kennt keine dem § 4 Abs. 1 MitbestG entsprechende Zurechnungsvorschrift (näher zum Ganzen → *Mitbestimmung*).

S 202 **Publizitätspflichten |** In Bezug auf Publizitätspflichten bringt die Stiftung & Co. KG dagegen keine Vorteile. Zwar unterliegt die Stiftung selbst nicht den für Kapitalgesellschaften geltenden §§ 264 ff. HGB, sondern allenfalls der Publizitätspflicht nach § 3 Abs. 1 Nr. 4 PublG. Für die KG kommt es hingegen allein darauf an, ob bei ihr „wenigstens ein persönlich haftender Gesellschafter eine natürliche Person" ist (§ 264a Abs. 1 Nr. 1 HGB). Damit ist auch die Sonderform der Stiftung & Co. KG publizitätspflichtig – es sei denn, neben ihr haftet auch eine natürliche Person unbeschränkt persönlich (→ *Publizität*).

3. Gründung

S 203 Die Errichtung der Stiftung erfolgt unter Lebenden durch ein schriftliches **Stiftungsgeschäft** (§ 81 Abs. 1 BGB) und durch die **Anerkennung** durch die zuständige Behörde (§ 80 Abs. 1 BGB).

S 204 **Stiftungsgeschäft |** Das Stiftungsgeschäft ist ein einseitiges Rechtsgeschäft, das auch von einem Vertreter vorgenommen werden kann (BayObLG v. 27.11.1990 – BReg 1a Z 4/89, NJW-RR 1991, 523, 524). Es muss zunächst die verbindliche Erklärung des Stifters enthalten, ein Vermögen zur Erfüllung eines von ihm vorgegebenen Stiftungszwecks zu widmen (§ 81 Abs. 1 Satz 2 BGB).

Stiftungszweck | Der Stiftungszweck einer Komplementär-Stiftung sollte sich wegen der Unzulässigkeit der Selbstzweckstiftung nicht in der Übernahme der persönlichen Haftung und Geschäftsführung in der KG erschöpfen. Als weiteren Zweck kann die Stiftung einen gemeinnützigen Zweck i.S.d. Abgabenordnung oder einen privatnützigen Zweck, insbesondere in Form einer Familienstiftung, verfolgen. Gemeinnützig i.S.d. Abgabenordnung wird die Komplementärin einer gewerblich tätigen KG allenfalls dann sein können, wenn das Unternehmen der KG einen Zweckbetrieb i.S.d. §§ 65 ff. AO bildet (*Blaum* in Westermann/Wertenbruch, Hdb. Personengesellschaften, Rz. I 3425). Mögliche weitere Zwecke einer familiennützigen Stiftung sind etwa die „Fortführung des Unternehmens im Sinne des Stifters", die „Absicherung einer bestimmten Familientradition", die „Erhaltung des Unternehmens als Familienunternehmen" oder die „Sicherstellung einer angemessenen Versorgung des Stifters und seiner Familie" (*Seibt*, ZIP 2011, 249, 252). S 205

Stiftungsvermögen | Das Stiftungsvermögen muss so bemessen werden, dass der Stiftungszweck nachhaltig erfüllt werden kann. Zwar bestehen für die Stiftung keine Vorschriften zu einer Mindestkapitalausstattung. Die Behörden setzen für die Anerkennung der Stiftung aber regelmäßig ein Mindestkapital von etwa 50 000 Euro voraus (vgl. *Pawlytta/Pfeiffer* in Feick, Stiftung als Nachfolgeinstrument, 2015, § 31 Rz. 22 ff.; *Alvermann* in Formularbuch Recht und Steuern, A. 18.01 Rz. 38: 25 000 bis 150 000 Euro); die Komplementär-Stiftung eines größeren Unternehmens wird man besser bereits mit 100 000 Euro dotieren. Das zugesicherte Vermögen ist nicht vorab, etwa im Rahmen des Stiftungsgeschäfts, zu übertragen; einen entsprechenden Anspruch erwirbt die Stiftung erst mit Anerkennung ihrer Rechtsfähigkeit (§ 82 BGB). S 206

Stiftungssatzung | Mit dem Stiftungsgeschäft gibt der Stifter der Stiftung eine Satzung, die mindestens Regelungen über den Namen, den Sitz, den Zweck, das Vermögen und die Bildung des Vorstands der Stiftung enthalten muss (§ 81 Abs. 1 BGB). Hierbei ist der **Stiftungssitz** frei wählbar; er muss nicht mit dem vorgesehenen Ort des Tätigwerdens bzw. dem Sitz der KG übereinstimmen (*Pawlytta/Pfeiffer* in Feick, Stiftung als Nachfolgeinstrument, 2015, § 31 Rz. 32). Der Stiftungssitz entscheidet zugleich über das anzuwendende Landesstiftungsrecht. Zu den Stiftungsorganen s. Rz. S 210 ff. S 207

Behördliche Anerkennung | Für die Anerkennung der Stiftung ist bspw. in Nordrhein-Westfalen die Bezirksregierung, in deren Bezirk die Stiftung ihren Sitz haben soll, als Stiftungsbehörde zuständig (§ 15. Abs. 2 StiftG NRW). Die Stiftung erlangt ihre Rechtsfähigkeit erst mit dieser Anerkennung; es gibt keine der Vor-GmbH entsprechende **„Vorstiftung"** (BFH v. 11.2.2015 – X R 36/11, BFH/NV 2015, 738 = FR 2015, 719). Der BFH (a.a.O.) begründet das Fehlen einer Vorstiftung ausführlich damit, dass der Stifter das Stiftungsgeschäft bis zur behördlichen Anerkennung der Stiftung jederzeit widerrufen kann, das Stiftungsvermögen noch nicht verselbständigt ist und es – anders als bei Kapitalgesellschaften (§§ 7 Abs. 2 und 3 GmbHG, 36 Abs. 2, 36a Abs. 2 AktG) – auch nicht im Vorfeld, sondern erst nach Anerkennung geleistet werden muss. Die Gründung einer Stiftung & Co. KG bedarf deshalb eines gewissen zeitlichen Vorlaufs. Während bei der GmbH & Co. KG bereits die Vor-GmbH die Rolle der Komplementärin übernehmen kann, ist die Ad hoc-Gründung einer Stiftung & Co. KG „im gleichen Termin" nicht möglich. S 208

Stiftungsverzeichnisse | Es gibt kein dem Handelsregister vergleichbares bundesweites Stiftungsregister, sondern lediglich Stiftungsverzeichnisse auf Landesebene. In Nordrhein-West- S 209 falen werden Stiftungen bspw. in einem über das Internet abrufbaren Stiftungsverzeichnis erfasst, mit Angaben zu Name, Sitz, Zweck, Anschrift, vertretungsberechtigten Organen, Datum der Anerkennung und zuständiger Aufsichtsbehörde. Das Stiftungsverzeichnis genießt zwar keinen öffentlichen Glauben (§ 12 Abs. 3 StiftG NRW). Zur Kompensation stellen die Stiftungsbehörden jedoch **Vertretungsbescheinigungen** aus (Abs. 4), die im Rechtsverkehr und auch von Registergerichten und Grundbuchämtern allgemein akzeptiert werden (vgl. Pfälz. OLG Zweibrücken v. 30.11.2010 – 3 W 177/10, DNotZ 2011, 290).

4. Organe

S210 **Vorstand |** Das Gesetz sieht als zwingendes Stiftungsorgan nur den Vorstand vor (§ 86 Satz 1 BGB verweist insoweit auf das Vereinsrecht). Der Vorstand kann aus einer oder mehreren natürlichen oder auch juristischen Personen bestehen. Gemäß § 81 Abs. 1 Satz 3 Nr. 5 BGB muss die Satzung Regelungen zur Bildung des Vorstands, d.h. zu seiner Berufung und Abberufung enthalten. Im Regelfall wird der erste Vorstand im Stiftungsgeschäft durch den Stifter bestellt. Hierbei kann sich der Stifter auch selbst zum (ggf. alleinigen) Vorstand bestellen, und zwar auch auf Lebenszeit (*Fischer* in Feick, Stiftung als Nachfolgeinstrument, 2015, § 9 Rz. 24). Im weiteren Verlauf werden die Vorstandsmitglieder häufig durch ein weiteres, fakultatives Organ der Stiftung (Beirat, Kuratorium) bestellt. Möglich ist auch ein Verfahren der Selbstergänzung (Kooptation) oder die Bestellung durch stiftungsexterne Personen, z.B. weiterhin durch den Stifter oder im Fall der Stiftung & Co. KG durch deren jeweilige Kommanditisten.

S211 **Vertretung |** Sieht die Satzung kein weiteres Organ vor, ist der Vorstand grundsätzlich allzuständig. Er vertritt die Stiftung gerichtlich und außergerichtlich als ihr gesetzlicher Vertreter, wobei seine Vertretungsmacht auch im Verhältnis zu Dritten wirksam beschränkt werden kann (§§ 86, 26 Abs. 1 Satz 3 BGB). Werden Kommanditisten zu Vorstandsmitgliedern bestellt, ist in der Satzung auch deren Befreiung von den Beschränkungen des § 181 BGB zu regeln.

S212 **Haftung |** Der Vorstand haftet gegenüber der Stiftung, wenn er gegen den Grundsatz der Vermögenserhaltung verstößt oder die Stiftungserträge satzungswidrig verwendet. Im Fall der Stiftung & Co. KG ist er entsprechend dem Stiftungszweck verpflichtet, die Geschäfte der KG mit der Sorgfalt eines ordentlichen und gewissenhaften Kaufmanns zu führen. Hierfür soll er auch, entsprechend dem Geschäftsführer einer Komplementär-GmbH, unmittelbar gegenüber der KG haften (*Blaum* in Westermann/Wertenbruch, Hdb. Personengesellschaften, Rz. I 3441 f.).

S213 **Fakultative Organe |** Neben dem Vorstand kann die Satzung noch weitere Aufsichts-, aber auch Beratungs- oder Repräsentationsorgane (Beirat, Kuratorium, Stiftungsrat) vorsehen. Ein Aufsichtsorgan kann sich besonders für unternehmensverbundene Stiftungen und damit auch bei der Stiftung & Co. KG empfehlen. Die Kompetenzverteilung zwischen den Organen kann in der Satzung privatautonom geregelt werden. Die Mitglieder des Aufsichtsorgans können grundsätzlich auf dieselbe Weise wie Vorstandsmitglieder bestellt werden (Rz. S 220); im Fall der Stiftung & Co. KG wird es sich zumeist um Vertreter der Kommanditisten handeln. Dem Aufsichtsorgan kann sodann als Teil seiner Überwachungsaufgaben insbesondere die Berufung und Abberufung der Vorstandsmitglieder übertragen werden.

5. Stiftungsaufsicht

(Eingeschränkte) Rechtsaufsicht | Die staatliche Stiftungsaufsicht ist Rechtsaufsicht, d.h. sie überprüft das Handeln der Stiftungsorgane nur auf Rechtmäßigkeit, nicht auch auf Zweckmäßigkeit: „Aufgabe der Stiftungsaufsicht ist es zu überwachen und sicherzustellen, dass die Organe der Stiftung den in Stiftungsgeschäft und Stiftungssatzung zum Ausdruck kommenden Willen der Stifterin oder des Stifters beachten und die Tätigkeit der Stiftung im Einklang mit Recht und Gesetz steht." (§ 6 Abs. 2 StiftG NRW). **Privatnützige Stiftungen** unterliegen der Stiftungsaufsicht sogar nur insoweit, als ihre Betätigung nicht gesetzlich geschützten öffentlichen Interessen zuwiderläuft (Abs. 3). Diese nur sehr eingeschränkte Stiftungsaufsicht spricht daher u.E. nicht gegen die Wahl einer Stiftung & Co. KG. S 214

Satzungsänderungen | Spätere Satzungsänderungen können allerdings die Genehmigung der Stiftungsbehörde erfordern. § 5 StiftG NRW differenziert hier bspw. zwischen unwesentlichen und wesentlichen Änderungen: Soweit die Satzung nichts anderes bestimmt, können die zuständigen Stiftungsorgane eine Änderung der Satzung beschließen, wenn hierdurch der Stiftungszweck oder die Organisation der Stiftung „nicht wesentlich verändert" wird; in diesem Fall ist die Stiftungsbehörde lediglich nachlaufend zu unterrichten. Beschlüsse über „wesentliche Änderungen" des Stiftungszwecks oder der Organisation bedürfen dagegen der Genehmigung durch die Stiftungsbehörde. Bei der Stiftung & Co. KG wird eine Änderung der Stiftungssatzung allerdings nur ganz ausnahmsweise erforderlich werden, da neuen Gegebenheiten regelmäßig bereits auf **Ebene der KG**, d.h. durch Änderung des Kommanditgesellschaftsvertrages, einschließlich der Aufnahme neuer Kommanditisten oder ggf. sogar weiterer Komplementäre, oder durch Vorgaben für die Geschäftsführung durch die Stiftung Rechnung getragen werden kann. S 215

6. Exit-Möglichkeiten

Interessenlage | Sofern gewünscht, kann die Stiftung gegenüber den Kommanditisten als starker „Ankergesellschafter" fungieren, ohne dessen Mitwirkung bestimmte Entscheidungen, wie z.B. Unternehmensveräußerungen, Gesellschaftsvertragsänderungen etc., nicht möglich sein sollen (*Reimann*, DNotZ 2012, 250, 267; *Schiffer/Pruns*, BB 2013, 2755, 2761). Sofern die Stellung der Stiftung dagegen eher schwach ausgestaltet werden soll, die Kommanditisten also „die eigentlichen Geschäftsinhaber" bleiben möchten, stellt sich die Frage, inwieweit der Beitritt der Stiftung notfalls reversibel ist; denn immerhin handelt es sich bei der Stiftung um eine eigentümerlose und damit ggf. nicht unmittelbar der Kontrolle der Kommanditisten unterliegende Organisation. S 216

Ausschließung der Stiftung | Grundsätzlich ist die Ausschließung eines Gesellschafters aus der KG nur bei Vorliegen eines wichtigen Grundes möglich (§ 140 i.V.m. § 161 Abs. 2 HGB). Eine freie Hinauskündbarkeit aufgrund einer entsprechenden Regelung im Gesellschaftsvertrag der KG hält der BGH für unzulässig, wenn nicht außergewöhnliche Umstände vorliegen, die eine solche Ausschließungsklausel sachlich rechtfertigen (BGH v. 13.7.1981 - II ZR 56/80, BGHZ 81, 263 = MDR 1982, 208; *Binz/Sorg*, Die GmbH & Co. KG, § 6 Rz. 94 ff.). Sofern eine Komplementärin nicht am Vermögen und am Gewinn der Gesellschaft beteiligt ist, dürfte jedoch den Interessen der Kommanditisten der Vorrang einzuräumen sein, d.h. ein Ausschluss wäre dann nicht willkürlich im Sinne der zitierten BGH-Rechtsprechung (*Binz/Sorg*, Die GmbH & Co. KG, § 6 Rz. 136; *Huber*, ZGR 1980, 177; zurückhaltender *Gummert* in Münche- S 217 ner Hdb. Gesellschaftsrecht, Bd. 2, § 50 Rz. 77). Jedenfalls in diesem Fall wird man daher auch eine Komplementär-Stiftung durch Mehrheitsbeschluss aus der KG ausschließen können (*Schiffer/Pruns*, BB 2013, 2755, 2759).

S 218 **Ausschluss von der Geschäftsführung und Vertretung |** Als Alternative für den Fall, dass ein solcher Ausschluss nicht anzuerkennen wäre, kommt in Betracht, einen weiteren Komplementär aufzunehmen und die Stiftung von Geschäftsführung und Vertretung auszuschließen (*Binz/Sorg*, Die GmbH & Co. KG, § 6 Rz. 136).

7. Besteuerung der Errichtung

S 219 **Schenkungsteuer |** Die Errichtung einer Stiftung & Co. KG weist gegenüber der Errichtung einer GmbH & Co. KG die Besonderheit auf, dass der Übergang von Vermögen auf die Stiftung erbschaft- bzw. schenkungsteuerbar ist nach §§ 1 Abs. 1 Nr. 1, 3 Abs. 2 Nr. 1 ErbStG bei Errichtung von Todes wegen bzw. nach §§ 1 Abs. 1 Nr. 2, 7 Abs. 1 Nr. 8 ErbStG bei Errichtung der Stiftung unter Lebenden. Besteuerungsgrundlage ist der Reinerwerb der Stiftung, der durch die Bewertung des Rohvermögens der Stiftung unter Abzug der Nachlassverbindlichkeiten i.S.v. § 10 ErbStG ermittelt wird. Zu den abzugsfähigen Nachlassverbindlichkeiten zählen insbesondere Verbindlichkeiten aus Vermächtnissen, Auflagen, Pflichtteils- und Erbersatzansprüchen und die Kosten, die mit der Erlangung des Vermögens durch die Stiftung unmittelbar entstehen, wo die eigene Erbschaftsteuer nicht zum Abzug zugelassen ist gemäß § 10 Abs. 8 ErbStG. Die Bewertung des Vermögens richtet sich nach § 12 ErbStG.

S 220 **Gemeinnützige Stiftung |** Verfolgt die Stiftung nach ihrer Satzung und nach ihrer tatsächlichen Geschäftsführung ausschließlich und unmittelbar kirchliche, gemeinnützige oder mildtätige Zwecke i.S.d. §§ 52 ff. AO, ist die Vermögensübertragung steuerfrei gemäß § 13 Abs. 1 Nr. 16 Buchst. b) ErbStG. Die Befreiung fällt allerdings mit Wirkung für die Vergangenheit weg, wenn die Voraussetzungen für die Anerkennung der Stiftung als kirchliche, gemeinnützige oder mildtätige Institution innerhalb von zehn Jahren nach der Zuwendung entfallen und das Vermögen nicht begünstigten Zwecken zugeführt wird, § 13 Abs. 1 Nr. 16 Satz 2 ErbStG. Im Übrigen finden die allgemeinen Steuerbefreiungsvorschriften Anwendung; für die Zuwendung einer Komplementärbeteiligung kann insbesondere der Verschonungsabschlag nach den §§ 13a, 13b ErbStG in Betracht kommen, wenn es sich bei dieser um einen begünstigten Mitunternehmeranteil i.S.d. § 13b Abs. 1 Nr. 2 ErbStG handelt (→ *Erbschaft- und Schenkungsteuer Rz. E 324*).

S 221 **Familienstiftung |** Handelt es sich dagegen um eine Familienstiftung, also eine Stiftung, die wesentlich im Interesse einer Familie oder bestimmter Familien im Inland errichtet ist (näher hierzu R E 1.2 Abs. 2 ErbStR 2011), ist der Besteuerung das Verwandtschaftsverhältnis des nach der Stiftungsurkunde entferntest Berechtigten zu dem Stifter zugrunde zu legen, § 15 Abs. 2 Satz 1 ErbStG. Sieht die Stiftungssatzung nur die Unterstützung seiner Person, seiner Ehefrau und seiner Abkömmlinge vor, führt dies zur Anwendung der Steuerklasse I (§ 15 Abs. 1 Steuerklasse I Nr. 1, 2 und 3 ErbStG). Sind außer den vorgenannten Personen auch andere Personen bezugsberechtigt, so ist der Übergang des Vermögens in vollem Umfang nach deren Steuerklasse zum Stifter zu versteuern, z.B. nach Steuerklasse II, wenn auch die Schwiegerkinder bezugsberechtigt sind, oder nach Steuerklasse III, wenn auch die Ehegatten der weiteren Abkömmlinge bezugsberechtigt sind (*Meincke*, § 15 ErbStG Rz. 19). Nach Auffassung der Finanzverwaltung ist bei der Bestimmung der Steuerklasse auf den nach der Satzung möglichen entferntest Berechtigten abzustellen, auch wenn dieser im Zeitpunkt der Errichtung der Familienstiftung noch gar nicht lebt (R E 15.2 Abs. 1 ErbStR). Für den nach § 16 ErbStG abzuziehenden Freibetrag ist ebenfalls der entferntest Berechtigte maßgeblich; damit wird ein Freibetrag i.H. von 400 000 Euro gewährt, wenn (neben dem Stifter) nur die Kinder sowie Kinder vorverstorbener Kinder bezugsberechtigt sein sollen (§ 16 Abs. 1 Nr. 2 ErbStG, H E 15.2 „Freibetrag bei Errichtung einer Familienstiftung" ErbStH 2011). Sind Enkel des Stifters bereits zu Lebzeiten ihrer Eltern bezugsberechtigt, gilt dagegen nur ein Freibetrag i.H.v. 200 000 Euro (§ 16 Abs. 1 Nr. 3 ErbStG). Die Steuersätze richten sich nach dem Wert des steuerpflichtigen Erwerbs und der anzuwendenden Steuerklasse, vgl. § 19 ErbStG.

Sonstige Stiftungen | Bei einer Stiftung, die **keine Familienstiftung** i.S.d. Erbschaftsteuerrechts ist, wird die Steuer nach Steuerklasse III erhoben, weil die Stiftung als juristische Person in keinem Verwandtschaftsverhältnis zum Stifter stehen kann (vgl. *Meincke*, § 15 ErbStG Rz. 15). Steuerfrei bleibt lediglich ein Betrag i.H.v. 20 000 Euro gemäß § 16 Abs. 1 Nr. 7 ErbStG. Der Steuersatz beträgt 30 % bei einem steuerpflichtigen Erwerb bis einschließlich 6 Mio. Euro; beträgt der steuerpflichtige Erwerb mehr als 6 Mio. Euro, liegt der Steuersatz bei 50 % auf das gesamte Vermögen. S 222

Entstehen der Steuerschuld | Der Zeitpunkt des Entstehens der Steuerschuld ist davon abhängig, ob es sich um eine Stiftung von Todes wegen oder um eine Stiftung unter Lebenden handelt: bei ersterer entsteht die Erbschaftsteuer mit der Anerkennung der Stiftung als rechtsfähig gemäß § 9 Abs. 1 Nr. 1 Buchst. c) ErbStG. Maßgebend ist dabei der Zeitpunkt der Bekanntgabe der Anerkennung (BFH v. 23.4.1952 – II 241/51 U, BStBl. III 1952, 157). Bei einer Stiftungserrichtung unter Lebenden entsteht die Schenkungsteuer nach § 9 Abs. 1 Nr. 2 ErbStG mit dem Zeitpunkt der Ausführung der Zuwendung. Steuerschuldner ist bei dem Erwerb von Todes wegen die Stiftung, bei der Errichtung unter Lebenden sind der Stifter und die Stiftung Gesamtschuldner (§ 20 Abs. 1 Satz 1 ErbStG). S 223

8. Laufende Besteuerung

Gewerbliche Einkünfte | Wie die GmbH & Co. KG wird auch die Stiftung & Co. KG in ertragsteuerlicher Sicht als Personengesellschaft angesehen. Die ertragsteuerliche Erfassung der Einkünfte der Stiftung & Co. KG erfolgt damit nicht auf der Gesellschaftsebene, sondern auf der Gesellschafterebene (vgl. *Höfner-Byok*, Die Stiftung & Co. KG, S. 130). Im Unterschied zur GmbH & Co. KG bezieht die Stiftung & Co. KG aber nur dann gewerbliche Einkünfte, wenn die KG eine gewerbliche Tätigkeit i.S.v. § 15 Abs. 1 Nr. 2 EStG i.V.m. § 15 Abs. 2 EStG ausübt. Die Grundsätze zur gewerblichen Prägung gelten für die Stiftung & Co. KG nicht, da die Stiftung keine Kapitalgesellschaft im Sinne des § 15 Abs. 3 Nr. 2 EStG ist (*Reiß* in Kirchhof, § 15 EStG Rz. 138; *Wacker* in Schmidt, § 15 EStG Rz. 216). Eine ausschließlich eigenes Vermögen verwaltende Stiftung & Co. KG stellt daher keine Mitunternehmerschaft dar; in diesem Fall erzielen sämtliche Gesellschafter – auch die Komplementär-Stiftung – Einkünfte aus Vermögensverwaltung, also bspw. aus Kapitalvermögen (§ 20 EStG) oder aus Vermietung und Verpachtung (§ 21 EStG). Verfolgt die Stiftung & Co. KG allerdings neben ihrer vermögensverwaltenden Tätigkeit eine gewerbliche Tätigkeit, mag sie auch nur geringfügig sein, wird die Betätigung nach § 15 Abs. 3 Nr. 1 EStG in vollem Umfang als gewerblich angesehen (sog. Abfärbetheorie; vgl. hierzu *Wacker* in Schmidt, § 15 EStG Rz. 185 ff.). Lediglich bei einem „äußerst geringen Anteil" der originär gewerblichen Tätigkeit zu den Gesamtumsätzen (BFH v. 11.8.1999 – XI R 12/98, BStBl. II 2000, 229 = FR 1999, 1182: Umsatzanteil von S 224

1,25 %; *Wacker* in Schmidt, § 15 EStG Rz. 188: max. Umsatzanteil 2–3 % und absolute Einnahmen nicht höher als Freibetrag gemäß § 11 Abs. 1 Satz 3 Nr. 1 GewStG) greift die Umqualifizierung des § 15 Abs. 3 Nr. 1 EStG nicht.

S 225 **Gewerbesteuer** | Die Stiftung & Co. KG unterliegt nur dann der Gewerbesteuer, wenn sie tatsächlich einen Gewerbebetrieb unterhält, da die gesetzliche Fiktion des § 15 Abs. 3 Nr. 2 EStG für sie nicht gilt (Rz. S 224). Ist sie nur vermögensverwaltend tätig, unterliegt sie mangels Gewerbebetriebes nicht der Gewerbesteuer.

S 226 **Besteuerung der Stiftung** | Die rechtsfähige Stiftung ist nach § 1 Abs. 1 Nr. 4 KStG körperschaftsteuerpflichtig. Die Erträge einer gemeinnützigen Stiftung sind steuerfrei nach § 5 Abs. 1 Nr. 9 KStG mit Ausnahme der Erträge aus einem wirtschaftlichen Geschäftsbetrieb. Betreibt die Stiftung & Co. KG ein gewerbliches Unternehmen i.S.v. § 15 Abs. 1 Satz 1 Nr. 1 i.V.m. Abs. 2 EStG und ist die Komplementär-Stiftung **Mitunternehmerin** i.S.v. § 15 Abs. 1 Satz 1 Nr. 2 EStG, unterhält die Stiftung einen wirtschaftlichen Geschäftsbetrieb. Das zu versteuernde Einkommen der Stiftung unterliegt – nach Abzug eines Freibetrages von 5 000 Euro (§ 23 Abs. 1 KStG) – einem Steuersatz von 15 % (§ 23 Abs. 1 KStG).

S 227 Die Komplementär-Stiftung ist im Gegensatz zu der Komplementär-GmbH nicht kraft Rechtsform **gewerbesteuerpflichtig**, sondern gemäß § 2 Abs. 3 GewStG nur dann, wenn sie einen wirtschaftlichen Geschäftsbetrieb unterhält. Eine gemeinnützige Stiftung ist nach § 3 Nr. 6 GewStG von der Gewerbesteuer befreit, allerdings auch hier wieder nicht ein wirtschaftlicher Geschäftsbetrieb. Für einen der Stiftung zuzurechnenden Anteil am Gewinn der Stiftung & Co. KG gilt jedoch das gewerbesteuerliche Schachtelprivileg nach § 9 Nr. 2 GewStG.

S 228 **Zuwendungen an Destinatäre** | Zuwendungen, die die Destinatäre einer Familienstiftung von dieser erhalten, fallen diesen grundsätzlich unentgeltlich zu. Sofern es sich dabei – wie üblicherweise – um satzungsmäßige Zuwendungen handelt, leistet die Stiftung diese zur Erfüllung ihres Stiftungszwecks, so dass sie bei den Destinatären nicht der Schenkungsteuer unterliegen (*Richter* in Campenhausen/Richter, Stiftungsrechts-Handbuch, § 41 Rz. 81). Lediglich bei nicht von der Satzung gedeckten Zuwendungen der Stiftung liegt eine schenkungsteuerpflichtige freigebige Zuwendung unter Lebenden vor (§ 7 Abs. 1 Nr. 1 ErbStG).

S 229 Bei den Zuwendungen handelt es sich um Einkünfte aus Kapitalvermögen nach § 20 Abs. 1 Nr. 9 EStG, wenn sie den Gewinnausschüttungen von Gesellschaften wirtschaftlich vergleichbar sind. Nach der Rechtsprechung des BFH ist dies der Fall, wenn die Stellung der Destinatäre *wirtschaftlich* derjenigen eines Anteilseigners an einer Kapitalgesellschaft entspricht (BFH v. 3.11.2010 – I R 98/09, BStBl. II 2011, 417). Das soll dann der Fall sein, wenn den Destinatären der alleinige Nutzen, die Anfallsberechtigung und die Möglichkeit der Einflussnahme auf die Verwendung der Stiftungserträge zukommt (BFH v. 3.11.2010 – I R 98/09, BStBl. II 2011, 417; BMF-Schreiben v. 27.6.2006 betr. Anwendung des § 20 Abs. 1 Nr. 9 EStG auf Auskehrungen von Stiftungen, BStBl. I 2006, 417). Die notwendige Einflussnahme kann durch die Besetzung der Stiftungsorgane gegeben sein (*Feldner/Stoklassa*, ErbStB 2014, 227, 231). Eine Vermögensbeteiligung der Destinatäre an der Stiftung, wie sie bei einer Vergleichbarkeit mit Ausschüttungen einer Kapitalgesellschaft eigentlich erforderlich wäre, ist zwar nicht möglich, soll nach Ansicht des BFH aber auch nicht notwendig sein. Sofern es sich danach um Einkünfte aus Kapitalvermögen handelt, unterliegen die Zuwendungen der Abgeltungsteuer i.H.v. 25 % (§§ 43 Abs. 1 Nr. 7a, Abs. 5, 43a Abs. 1 Satz 1 Nr. 1, 20 Abs. 1 Nr. 9 EStG).

S 230 Haben die Destinatäre keine Einflussnahme auf die Ausschüttungen, weil ihnen z.B. durch die Stiftungssatzung eine Mitarbeit in den Stiftungsorganen verwehrt wird, wird vertreten, dass die Zuwendungen der Familienstiftung als sonstige Einkünfte i.S.d. § 22 Nr. 1 Satz 1 EStG zu versteuern sind, sofern es sich um wiederkehrende Leistungen handelt (*Nacke* in Blümich, § 22 EStG Rz. 80 [Stand: März 2014]; FG Schleswig-Holstein v. 7.5.2009 – 5 K 277/06, DStRE 2009, 1429). Aufgrund des Teileinkünfteverfahrens sind die Bezüge dann nur in Höhe von 60 % steuerpflichtig gemäß § 3 Nr. 40 Buchst. i) EStG. Regelmäßig wird für Ausschüttungen von Familienstiftungen aber § 20 Abs. 1 Nr. 9 EStG angewandt.

Da an einer Stiftung keine (Gesellschafts-)Anteile bestehen können, scheidet die Zugehörigkeit einer solchen Beteiligung zum Sonderbetriebsvermögen der Kommanditisten aus. Zuwendungen der Stiftung an Destinatäre, die zugleich Kommanditisten sind, können danach auch keine Sonderbetriebseinnahmen sein (vgl. *Bode* in Blümich, 124. Aufl. 2014, § 15 EStG Rz. 301 [Stand: Oktober 2014]). S 231

9. Erbersatzsteuer

Wird die Komplementär-Stiftung als Familienstiftung errichtet, unterliegt ihr Vermögen in Zeitabständen von jeweils 30 Jahren erneut der Erbschaftsteuer, nämlich der sog. Erbersatzsteuer gemäß § 1 Abs. 1 Nr. 4 ErbStG. Hiernach wird alle 30 Jahre nach der ersten Übertragung von Vermögen auf die Stiftung ein Erbfall fingiert und damit in typisierender Betrachtung auf eine durchschnittliche Generationenfolge abgestellt. Dabei gelten die allgemeinen Steuerbefreiungsvorschriften der §§ 13 ff. ErbStG. Die Besteuerung erfolgt so, als ginge das Vermögen auf zwei Personen der Steuerklasse I über, und zwar werden zwei Freibeträge der Steuerklasse I nach § 16 Abs. 1 Nr. 2 ErbStG eingeräumt und der Steuersatz ist nach dem Prozentsatz der Steuerklasse I zu berechnen, der für die Hälfte des steuerpflichtigen Vermögens gelten würde (§ 15 Abs. 2 Satz 3 ErbStG). Die Erbersatzsteuer kann vermieden werden, wenn die Familienstiftung vor dem erstmaligen Anfall der Erbersatzsteuer in eine „normale" Stiftung umgewandelt wird (vgl. R E 1.2 Abs. 1 ErbStR 2011), indem im Wege der Satzungsänderung die Begünstigung der Familie derart heruntergesetzt wird, dass ihre Errichtung im Interesse der Familie nicht mehr als „wesentlich" i.S.v. § 1 Abs. 1 Nr. 4 ErbStG anzusehen ist. Nach Auffassung der Finanzverwaltung gilt dies erbschaftsteuerrechtlich als Errichtung einer neuen Stiftung i.S.d. § 7 Abs. 1 Nr. 8 ErbStG (vgl. R E 1.2 Abs. 4 ErbStR 2011; a.A. *Gebel* in Troll/Gebel/Jülicher, § 7 ErbStG Rz. 338 [Stand: Okt. 2014]). Die Umwandlung der Familienstiftung in eine gemeinnützige Stiftung ist jedoch auch nach Ansicht der Finanzverwaltung steuerfrei nach § 13 Abs. 1 Nr. 16 Buchst. b) ErbStG (R E 1.2 Abs. 5 ErbStR 2011). S 232

frei S 233–S 240

Vertiefende Recherche

Wichtige Urteile und Erlasse

BGH v. 8.7.1982 – III ZR 103/80, BGHZ 84, 352 = MDR 1982, 912: Freiwillige unternehmerische Mitbestimmung in Stiftungsunternehmen.

BFH v. 11.2.2015 – X R 36/11, BFH/NV 2015, 738: Es gibt keine der Vor-GmbH entsprechende „Vorstiftung".

FG Hannover v. 10.10.2013 – 10 K 158/13, EFG 2014, 111: Die Beteiligung einer gemeinnützigen Stiftung an einer vermögensverwaltenden GmbH & Co. KG stellt keinen wirtschaftlichen Geschäftsbetrieb dar.

Musterformulierungen

Alvermann in Formularbuch Recht und Steuern, A.18 (insbes. Satzung einer rechtsfähigen Stiftung)

Müller in Hannes, Formularbuch Vermögens- und Unternehmensnachfolge, C.3 (u.a. C.3.20 Doppelstiftung)

Mutter in Beck'sches Formularbuch Erbrecht, H.III.4 (Stiftungssatzung und Gesellschaftsvertrag im Rahmen einer Stiftung & Co. KG)

Weitere Stichwörter

→ *Erbschaft- und Schenkungsteuer*; → *Gewerbesteuer*; → *Mitbestimmung*; → *Mitunternehmerinitiative und -risiko*

Stimmrecht und Stimmbindung

Ausgewählte Literatur: *Bahnsen*, Der Stimmrechtsausschluss der Komplementärin bei der GmbH & Co. KG, GmbHR 2001, 317; *Braunfels*, Gesetzliche Stimmverbote bei der GmbH, AG und Personengesellschaft, MittRhNotK 1994, 233; *K. Schmidt*, Stimmrechtsvollmachten bei der GmbH oder GmbH & Co.: ein Formproblem?, GmbHR 2013, 1177; *Simon/Rubner*, Stimmrechtspools, NJW-Spezial 2005, 27; *Steiner*, Stimmrechtsregelungen in der Familien-KG, ErbStB 2005, 279; *Weinhardt*, Stimmverbote bei der GmbH & Co KG, DB 1989, 2417.

1. Begriff des Stimmrechts

Rechtliche Einordnung | Das Stimmrecht gewährleistet die Teilhabe des Gesellschafters an der internen **Willensbildung** und stellt damit eines der zentralen Gesellschafterrechte dar. Die Stimmabgabe stellt eine rechtsgeschäftliche Willenserklärung dar, die nach allgemeinen zivilrechtlichen Regeln zu behandeln ist. S 241

Zugangserfordernis | Die Stimmabgabe muss deshalb den anderen Gesellschaftern zugehen (BGH v. 18.9.1975 – II ZB 6/74, BGHZ 65, 93 = NJW 1976, 49, 50). Zur Möglichkeit des Widerrufs → *Gesellschafterbeschlüsse Rz. G 65.* S 242

Unwirksame Stimmabgabe | Die Stimmabgabe kann anfechtbar oder aus sonstigen Gründen nichtig sein. Die wirksame Anfechtung der Stimmabgabe des Gesellschafters führt dazu, dass dessen Stimmabgabe unwirksam wird und seine Stimme als Enthaltung zu werten ist (*Weitemeyer* in Oetker, § 119 HGB Rz. 55). Zu den Folgen → *Gesellschafterbeschlüsse Rz. G 69.* S 243

2. Ausübung des Stimmrechts

Berechtigter | Das Stimmrecht steht jedem **Gesellschafter** für die Dauer seiner Mitgliedschaft zu. Minderjährige oder sonst beschränkt geschäftsfähige Gesellschafter sind an der Teilnahme an der Abstimmung gehindert; die Ausübung des Stimmrechts steht dem **gesetzlichen Vertreter** zu (BGH v. 21.6.1965 – II ZR 68/63, BGHZ 44, 98 = NJW 1965, 1961). Das Stimmrecht kann auch durch einen **Testamentsvollstrecker** ausgeübt werden, soweit keine persönliche Verpflichtung des Erben begründet wird (BGH v. 3.7.1989 – II ZB 1/89, BGHZ 108, 187 = NJW 1989, 3152 = GmbHR 1990, 28). Bei Treuhandkonstruktionen steht das Stimmrecht dem **Treuhänder** als zivilrechtlichem Anteilsinhaber zu. Ist der Gesellschaftsanteil mit einem **Nießbrauch** belastet (→ *Nießbrauch*), kann dem Gesellschafter jedenfalls die Kompetenz, bei Beschlüssen, welche die Grundlagen der Gesellschaft betreffen, selbst abzustimmen, grundsätzlich nicht genommen werden (BGH v. 9.11.1998 – II ZR 213/97, NZG 1999, 150). S 244

3. Übertragbarkeit des Stimmrechts

S 245 **Abspaltungsverbot** | Als eines der wichtigsten Gesellschafterrechte ist das Stimmrecht höchstpersönlich, vom Mitgliedschaftsrecht nicht abspaltbar und nicht übertragbar. Unzulässig sind auch Gestaltungen, die den Gesellschafter dauerhaft verdrängen; dies betrifft die isolierte **Abtretung** des Stimmrechts (für die AG: BGH v. 17.11.1986 – II ZR 96/86, NJW 1987, 780 = ZIP 1987, 165), eine **unwiderrufliche Stimmrechtsvollmacht** unter gleichzeitigem Stimmverzicht des Vollmachtgebers (BGH v. 10.11.1951 – II ZR 111/50, BGHZ 3, 354 = NJW 1952, 178, 179) oder eine schuldrechtliche Verpflichtung des Gesellschafters, gegen den Willen des Bevollmächtigten von seinem Stimmrecht keinen Gebrauch zu machen (BGH v. 15.12.1969 – II ZR 69/67, NJW 1970, 468).

S 246 **Vollmacht** | Davon unberührt bleibt die Zulässigkeit einer Stimmrechtsausübung durch Bevollmächtigte, wenn der Gesellschaftsvertrag diese Möglichkeit vorsieht oder die Mitgesellschafter ad hoc zustimmen. In Ausnahmefällen kann eine Pflicht zur Erteilung der Zustimmung jedenfalls dann bestehen, wenn einerseits ein Gesellschafter aus nicht abwendbaren Gründen gehindert ist, in der Gesellschafterversammlung zu erscheinen und für seine Belange zu sorgen und andererseits es bei objektiver Abwägung der widerstreitenden Interessen der übrigen Gesellschafter und der Gesellschaft zumutbar erscheint, dass ein vertrauenswürdiger Dritter an der Gesellschafterversammlung und den damit verbundenen Abstimmungen teilnimmt (BGH v. 1.12.1969 – II ZR 14/68, juris). Dies gilt insbesondere bei Erkrankung und dauernder Verhinderung (*Enzinger* in MünchKomm. HGB, § 119 HGB Rz. 19). Jedenfalls zulässig soll in diesem Zusammenhang nach im Schrifttum vereinzelt vertretener Auffassung die Ausübung der Rechte des Gesellschafters durch **qualifizierte** Dritte, die beruflichen Verschwiegenheitsverpflichtungen unterliegen, wie Anwälte, Steuerberater und Wirtschaftsprüfer, sein (*Enzinger* in MünchKomm. HGB, § 119 HGB Rz. 19).

4. Stimmgewicht

S 247 **Mehrheiten** | Die Stimmkraft der einzelnen Beteiligung wird regelmäßig im Gesellschaftsvertrag geregelt. Abweichend von den gesetzlichen Regelungen der **Einstimmigkeit** (§ 119 Abs. 1 HGB) bzw. der **Kopfmehrheit** (§ 119 Abs. 2 HGB) kann insbesondere eine Entscheidung nach **Kapitalmehrheit** vorgesehen werden. Häufig bemisst sich das Stimmrecht nach den Festkapitalanteilen der Kommanditisten.

S 248 **Ausschluss der Komplementär-GmbH vom Stimmrecht** | Da die Komplementär-GmbH in der Regel nicht am Kapital der Gesellschaft beteiligt ist, führt dies zu einem Ausschluss der Komplementär-GmbH vom Stimmrecht. Bei der **personengleichen** GmbH & Co. KG soll sogar ein Stimmrechtsausschluss für Eingriffe in den **Kernbereich** der Mitgliedschaft der Komplementär-GmbH zulässig sein (BGH v. 24.5.1993 – II ZR 73/92, GmbHR 1993, 591; *Gummert* in Münchener Hdb. Gesellschaftsrecht, Bd. 2, § 50 Rz. 24). In welchem Umfang der Stimmrechtsausschluss bei der **personenverschiedenen** GmbH & Co. KG zulässig ist, wurde soweit ersichtlich von der Rechtsprechung noch nicht geklärt. Insoweit muss im Umkehrschluss zu der Rechtsprechung des BGH wohl davon ausgegangen werden, dass bei der personenverschiedenen GmbH & Co. KG jedenfalls ein Eingriff in den **Kernbereich** der Gesellschafterstellung der Komplementär-GmbH nicht ohne ausdrückliche **Zustimmung** erfolgen kann (*Gummert* in Münchener Hdb. Gesellschaftsrecht, Bd. 2, § 50 Rz. 96). Vor diesem Hintergrund enthalten viele Gesellschaftsverträge eine flankierende Regelung, dass der mit 0 % beteiligten Komplementär-GmbH hilfsweise nur eine Stimme zusteht.

Unterschiedliches Stimmgewicht | Möglich sind Gestaltungen, die einem Gesellschafter durch Schaffung von **Mehrstimmanteilen** ein erhöhtes Stimmgewicht zuweisen, genauso wie umgekehrt die Schaffung von **stimmrechtslosen** Anteilen. Einzelnen Gesellschaftern kann man auch Sonderrechte wie ein **Vetorecht** einräumen und ihnen so besonderen Einfluss verschaffen (→ *Sonderrechte*). S 249

5. Stimmpflicht

Treuepflicht | Das Stimmrecht kann sich aufgrund der zwischen den Gesellschaftern bestehenden Pflichtbindungen zu einer Stimmpflicht verdichten. Von besonderer Bedeutung ist hierbei die Treuepflicht. Daraus kann sich die Pflicht ergeben, in einem bestimmten Sinne abzustimmen, falls nur eine bestimmte Entscheidung des Gesellschafters rechtmäßig ist (*Finckh* in Henssler/Strohn, § 119 HGB Rz. 25). So kann es die Treuepflicht gebieten, einer Anpassung des Gesellschaftsvertrages an veränderte Verhältnisse zuzustimmen, die mit Rücksicht auf das Gesellschaftsverhältnis **dringend geboten** und den Gesellschaftern unter Berücksichtigung ihrer eigenen schutzwerten Belange **zumutbar** ist (BGH v. 26.3.2007 – II ZR 22/06, NZG 2007, 582 = ZIP 2007, 1368; BGH v. 25.9.1986 – II ZR 262/85, BGHZ 98, 276, 279 = GmbHR 1986, 426). S 250

- Beispielsweise ist es anerkannt, dass das Interesse der Gesellschafter einer Kommanditgesellschaft an einer **Gewinnausschüttung** und das damit korrespondierende grundsätzlich bestehende Recht der Gesellschafter, eine Thesaurierung von Gewinnen abzulehnen, dann an eine Grenze stößt, wenn die Bildung von Rücklagen erforderlich ist, um das Unternehmen für die Zukunft lebens- und widerstandsfähig zu erhalten (OLG Nürnberg v. 30.11. 2013 – 12 U 726/11, juris = BeckRS 2013, 02392; BGH v. 29.3.1996 – II ZR 263/94, GmbHR 1996, 453).
- Entsprechendes gilt für den Verzicht auf die **Verzinsung** von Kapitaleinlagen (BGH v. 5.11.1984 – II ZR 111/84, GmbHR 1985, 152). Der pflichtwidrig abstimmende Gesellschafter ist so zu behandeln, als ob er entsprechend seiner gesellschaftlichen Verpflichtung seine Zustimmung gegeben hätte.

Bindung des zustimmungspflichtigen Gesellschafters | Für Gesellschafterbeschlüsse, die notwendig sind, um die Funktionsfähigkeit der Gesellschaft zu erhalten, und die für die Gesellschaft von existentieller Bedeutung sind, ist der aus gesellschaftlicher Treuepflicht zustimmungspflichtige Gesellschafter an den von den anderen Gesellschaftern ohne seine Zustimmung gefassten Beschluss grundsätzlich gebunden (BGH v. 29.9.1986 – II ZR 285/85, NJW-RR 1987, 285; BGH v. 17.12.1959 – II ZR 81/59, NJW 1960, 434; OLG München v. 26.4. 1991 – 23 U 5879/90, DStR 1992, 1102). S 251

frei S 252–S 265

6. Ausschluss des Stimmrechts

S 266 **Gesetzliche Stimmverbote |** Gesetzlich geregelte Fälle des Stimmverbots ergeben sich aus § 113 Abs. 2 HGB (Verletzung des Wettbewerbsverbots), § 117 HGB (Entziehung der Geschäftsführungsbefugnis), § 127 HGB (Entziehung der Vertretungsmacht) und § 140 HGB (Ausschließung eines Gesellschafters). In all diesen Fällen kommt der Grundgedanke des Stimmverbots zum Tragen, dass nämlich ein Gesellschafter **nicht Richter in eigener Sache** sein darf (BGH v. 20.1.1986 – II ZR 73/85, NJW 1986, 2051, 2052 = GmbHR 1986, 156). Dieser Aspekt ist verallgemeinerungsfähig. In analoger Anwendung der gesetzlichen Stimmverbote sind deshalb auch weitere Fälle des Stimmrechtsausschlusses anerkannt, wenn das Risiko besteht, dass der betreffende Gesellschafter sich bei dem Abstimmungsgegenstand von seinem Sonderinteresse leiten lässt (*Weitemeyer* in Oetker, § 119 HGB Rz. 17). Dies betrifft beispielsweise die Vertretung der Gesellschaft in einem Rechtsstreit gegen den Gesellschafter (BGH v. 16.12.1991 – II ZR 31/91, BGHZ 116, 353 = NJW 1992, 977 = GmbHR 1992, 102) oder die Geltendmachung von Ersatzansprüchen gegen den Gesellschafter (BGH v. 20.1.1986 – II ZR 73/85, BGHZ 97, 28 = NJW 1986, 2051 = GmbHR 1986, 156).

S 267 **Vertragliche Gestaltung |** Soweit der Kernbereich der Mitgliedschaft nicht berührt ist, d.h. wenn es sich nicht um Gesellschafterbeschlüsse handelt, die in die Rechtsstellung des Kommanditisten als solche eingreifen, kann das Stimmrecht des Kommanditisten durch den Gesellschaftsvertrag ausgeschlossen werden (BGH v. 14.5.1956 – II ZR 229/54, BGHZ 20, 363 = NJW 1956, 1198).

7. Stimmbindung

S 268 **Zulässigkeit |** Innerhalb der Gesellschaft ist der Abschluss von Stimmbindungsvereinbarungen in den Grenzen von § 138 BGB und der allgemeinen gesellschaftsrechtlichen Treuepflicht zulässig, solange der Kernbereich der Mitgliedschaft nicht ausgehöhlt wird (BGH v. 29.5.1967 – II ZR 105/66, BGHZ 48, 163 = NJW 1967, 1963; *Finckh* in Henssler/Strohn, § 119 HGB Rz. 21). **Unzulässig** ist bei Personengesellschaften eine Stimmbindung gegenüber gesellschaftsfremden Dritten. Damit wäre die Gefahr einer Fremdbestimmung verbunden, die mit der Rechtsform der GmbH & Co. KG und anderer Personengesellschaften nicht vereinbar ist (*Finckh* in Henssler/Strohn, § 119 HGB Rz. 22). **Ausnahmen** sind anerkannt bei der mit Zustimmung der Mitgesellschafter begründeten Treuhand und beim Nießbrauch (*Freitag* in E/B/J/S, § 119 HGB Rz. 32).

S 269 **Wirkung |** Die Stimmbindung verpflichtet den Gesellschafter, seine Stimme in einem bestimmten Sinn abzugeben; dies kann nach festen inhaltlichen Vorgaben erfolgen, nach Weisung eines anderen Gesellschafters, oder auch nach Maßgabe eines (Mehrheits-)Beschlusses eines Konsortiums (*Enzinger* in MünchKomm. HGB, § 119 HGB Rz. 35). Der Abschluss einer Stimmbindungsvereinbarung führt im letztgenannten Fall zur Errichtung eines Stimmrechtskonsortiums in Form einer **Innen-GbR**, innerhalb dessen für die Willensbildung entweder das Einstimmigkeits- oder das Mehrheitsprinzip gelten kann. Die erforderliche Mehrheit innerhalb des Stimmrechtskonsortiums kann von der für die Beschlussfassung in der GmbH & Co. KG abweichen; insbesondere kann mit einfacher Mehrheit beschlossen werden, wie in der GmbH & Co. KG bei Beschlüssen, die eine qualifizierte Mehrheit erfordern, abzustimmen ist (für die AG: BGH v. 24.11.2008 – II ZR 116/08, BGHZ 179, 13 = GmbHR 2009, 306). Eine pflichtwidrig abgegebene Stimme ist wirksam, begründet im Innenverhältnis jedoch gegebenenfalls eine Schadensersatzpflicht des Gesellschafters.

Durchsetzung | Die Stimmbindungsvereinbarung ist einer Durchsetzung mittels der Leistungsklage zugänglich und nach § 894 ZPO vollstreckbar. Regelmäßig enthalten Stimmbindungsvereinbarungen in der Praxis aber auch die Vereinbarung einer **Vertragsstrafe**, da die Durchsetzung nach § 894 ZPO meist allein schon wegen der zeitlichen Verspätung nicht effektiv ist. S 270

Vertiefende Recherche

Wichtige Urteile und Erlasse

BGH v. 26.3.2007 – II ZR 22/06, NZG 2007, 582 = ZIP 2007, 1368: Unwirksamkeit einer Nachschussverpflichtung.

BGH v. 24.5.1993 – II ZR 73/92, GmbHR 1993, 591: Ausschluss des Stimmrechts der Komplementär-GmbH in personenidentischer GmbH & Co. KG.

BGH v. 17.11.1986 – II ZR 96/86, NJW 1987, 780: Keine isolierte Übertragung des Stimmrechts.

BGH v. 25.9.1986 – II ZR 262/85, BGHZ 98, 276 = GmbHR 1986, 426: Zustimmungspflichten von Gesellschaftern.

BGH v. 5.11.1984 – II ZR 111/84, GmbHR 1985, 152: Bindung der KG-Gesellschafter an Mehrheitsbeschluss.

BGH v. 29.5.1967 – II ZR 105/66, BGHZ 48, 163 = NJW 1967, 1963: Zulässigkeit und Vollstreckbarkeit von Stimmrechtsbindungen.

Musterformulierungen

Blaum/Scholz in Hoffmann-Becking/Rawert, Beck'sches Formularbuch Bürgerliches, Handels- und Wirtschaftsrecht, VIII.A.3. (Stimmbindungsvereinbarung)

Weitere Stichwörter

→ *Gesellschafterbeschlüsse*; → *Nießbrauch*; → *Sonderrechte*

Testamentsvollstreckung

Ausgewählte Literatur: *Bengel/Reimann*, Handbuch der Testamentsvollstreckung, 5. Aufl. 2013; *Bisle*, Testamentsvollstreckung in Handels- und Gesellschaftsrecht, DStR 2013, 1037; *Blum/Schauer*, Haftung des Testamentsvollstreckers für Nachsteuer, ZEV 2012, 92; *Mayer/Bonefeld*, Testamentsvollstreckung, 4. Aufl. 2015; *Piltz*, Zur steuerlichen Haftung des Testamentsvollstreckers, ZEV 2001, 262; *Purrucker*, Zur Haftung des Testamentsvollstreckers für die sog. Nachsteuer, ZErb 2011, 265; *Reimann*, Die Testamentsvollstreckervergütung nach den Empfehlungen des Deutschen Notarvereins, DNotZ 2001, 344; *Reimann*, Unternehmensnachfolge und Testamentsvollstreckung, GmbHR 2011, 1297; *Schleifenbaum*, Wann sollte ich Testamentsvollstreckung anordnen, ErbR 2015, 170, 230; *Steiner* in Groll, Praxis-Handbuch Erbrechtsberatung, 4. Aufl. 2015, Kap. C IX – Testamentsvollstreckung; *Steiner*, Die Steuerhaftung des Testamentsvollstreckers, ErbStB 2011, 201; *Weidmann*, Vermächtniserfüllung durch Testamentsvollstrecker: steuerliche Haftungsgefahren und Vermeidungsstrategien, ZEV 2014, 404; *Wicke*, Testamentsvollstreckung an Gesellschaftsanteilen, ZGR 2015, 161.

1. Einleitung

T 1 Es gibt sehr unterschiedliche Motive, aufgrund derer ein Erblasser letztwillig Testamentsvollstreckung anordnet (ausführlich *Schleifenbaum*, ErbR 2015, 170, 172 ff.). Diese können in der Person des Erben liegen, der beispielsweise minderjährig, behindert, verschuldet oder wirtschaftlich unerfahren ist. Manchmal legen auch Größe oder Zusammensetzung des Nachlasses oder die absehbaren Schwierigkeiten seiner Abwicklung dem Erblasser nahe, Testamentsvollstreckung zu verfügen. Für einen Komplementär oder einen Kommanditisten können sowohl die Unerfahrenheit des präsumtiven Erben als auch der Wert des Anteils Anlass sein, eine Testamentsvollstreckung letztwillig zu verfügen. In dieser Begegnung von Erbrecht und Gesellschaftsrecht entsteht ein Spannungsfeld. Die durch das Erbrecht bestimmten Aufgaben und Befugnisse des Testamentsvollstreckers (vgl. dazu näher unter 2., Rz. T 2 ff.) sind stets auf den Nachlass beschränkt; das übrige Vermögen des Erben bleibt unberührt, so dass er ihn insoweit nicht verpflichten kann (§ 2206 Abs. 1 Satz 1, § 2207 Abs. 1 Satz 1 BGB: „Verbindlichkeiten für den Nachlass"). Verbindlichkeiten aus der Gesellschafterstellung des Erben treffen diesen jedoch notwendigerweise persönlich. Dieses Spannungsverhältnis bedarf der Auflösung (unter 3., Rz. T 17 ff.).

2. Testamentsvollstreckung im Überblick

T 2 **Anordnung und Zulässigkeit der Testamentsvollstreckung** | Der Erblasser muss die Testamentsvollstreckung in einer Verfügung von Todes wegen anordnen (§ 2197 Abs. 1 BGB). Die Entscheidung darüber, ob Testamentsvollstreckung bestehen soll oder nicht, kann er nicht anderen überlassen. Eine entsprechende testamentarische Klausel ist unwirksam. Der Erblasser muss aber den Testamentsvollstrecker nicht selbst benennen, sondern darf dies anderen überlassen (§ 2198 Abs. 1 Satz 1 BGB), auch dem Nachlassgericht (§ 2200 Abs. 1 BGB). Der Benennung durch andere kommt insbesondere bei einer Verwaltungsvollstreckung über einen längeren Zeitraum große Bedeutung zu, weil die Testamentsvollstreckung insgesamt endet, wenn alle vom Erblasser benannten Testamentsvollstrecker das Amt nicht ausüben wollen oder können (vgl. Rz. T 10). Alternativ kann der Erblasser den jeweiligen Testamentsvollstrecker dazu ermächtigen, einen Nachfolger zu benennen (§ 2199 Abs. 2 BGB). Die Anordnung der Testamentsvollstreckung kann auch in einem gemeinschaftlichen Testament oder Erbvertrag (§ 2299 BGB) getroffen werden, allerdings weder vertragsmäßig (§ 2270 Abs. 3, § 2278 Abs. 2 BGB) noch wechselbezüglich. Mithin kann der Verfügende eine solche Anordnung zu seinen Lebzeiten aufheben oder modifizieren. Wegen der in einer Testamentsvollstreckung liegenden Beschwerung kann ein vertragsmäßig oder wechselbezüglich berufener Erbe oder Vermächtnisnehmer allerdings nicht nachträglich noch damit belastet werden (§ 2289 Abs. 1 Satz 2 BGB).

Unzulässigkeit der Anordnung | Die Anordnung der Testamentsvollstreckung unterliegt keiner Beschränkung. Eine Ausnahme gilt, wenn der Erblasser einen Alleinerben beruft. Dieser kann nicht alleiniger Testamentsvollstrecker für sich selbst sein (BayObLG v. 8.6.2001 – 1 Z BR74/00, ZEV 2002, 24), sondern allenfalls Mitvollstrecker (§ 2199 Abs. 1 BGB) oder Vollstrecker für einen Vermächtnisnehmer. Der Erblasser muss bei der Anordnung der Testamentsvollstreckung bedenken, dass er dadurch den Erben in einer in § 2206 BGB genannten Weise beschwert. Ist der Erbe pflichtteilsberechtigt, kann er allein aufgrund dieser Beschwerung die Erbschaft ausschlagen und den Pflichtteil verlangen. T 3

Beginn der Testamentsvollstreckung und des Testamentsvollstreckeramtes | Die Testamentsvollstreckung beginnt mit dem Tod des Erblassers, es sei denn, der Erblasser hat sie unter einer Bedingung, Befristung oder Zeitbestimmung verfügt. Der Testamentsvollstrecker tritt sein Amt an mit der Erklärung seiner Annahme gegenüber dem Nachlassgericht (§ 2202 Abs. 1, 2 BGB). Die Annahme kann erst nach dem Tod des Erblassers erklärt werden; sie ist bedingungsfeindlich und darf auch nicht mit einer Zeitbestimmung versehen sein (§ 2202 Abs. 2 Satz 2 BGB). Auf Antrag erteilt das Nachlassgericht dem Testamentsvollstrecker zu seiner Legitimation gegenüber Dritten ein Zeugnis gemäß § 2368 BGB oder ein Europäisches Nachlasszeugnis gemäß Art. 63 Abs. 2 Buchst. c EUErbVO. Dieses genießt öffentlichen Glauben und schützt das Vertrauen des Rechtsverkehrs darin, dass der darin Genannte zum Testamentsvollstreckers ernannte wurde und dass nur die im Zeugnis genannten Erweiterungen oder Beschränkungen der Verfügungsbefugnis bestehen (§ 2368 Abs. 3 Halbs. 1 i.V.m. §§ 2365, 2366 BGB, Art. 69 Abs. 2 EUErbVO). Eine praktische Einschränkung des Gutglaubensschutzes besteht allerdings dadurch, dass das Testamentsvollstreckerzeugnis mit Beendigung des Amts automatisch kraftlos wird (§ 2368 Abs. 3 Halbs. 2 BGB). Eine vergleichbare Bestimmung enthält die EUErbVO nicht; dafür haben die zur Legitimation im Rechtsverkehr erteilten beglaubigten Abschriften des Europäische Nachlasszeugnisses nur zeitlich begrenzte Gültigkeit von regelmäßig sechs Monaten (Art. 70 Abs. 3 Satz 1 EUErbVO). T 4

Verwaltungs- und Verfügungsbefugnis | Alle Motive, welche den Erblasser zur Anordnung der Testamentsvollstreckung bewegen (vgl. Rz. T 1), beruhen zumindest auf einem der beiden wesentlichen Merkmale der Testamentsvollstreckung: der Ausschluss der Eigengläubiger des Erben vom Zugriff auf den der Testamentsvollstreckung unterliegenden Nachlassvermögen (§ 2214 BGB) einerseits, sowie die Verwaltungs- und Verfügungsbefugnis des Testamentsvollstreckers (§§ 2203 bis 2206 BGB) und die damit verbundene Verfügungsbeschränkung des Erben (§ 2211 BGB) andererseits. Das zuerst genannte Merkmal ist in seinen Rechtsfolgen zwingend, während der Erblasser die Verwaltungs- und Verfügungsbefugnis des Testamentsvollstreckers seinen Vorstellungen entsprechend enger oder weiter fassen kann. Das Gesetz T 5 kennt hierfür einige typisierte Beispiele, etwa die erweiterte Verpflichtungsbefugnis (§ 2207 Satz 1 BGB), die Nacherbenvollstreckung (§ 2222 BGB), die Vermächtnisvollstreckung (§ 2223 BGB) oder die beaufsichtigende Vollstreckung (§ 2208 Abs. 2 BGB). Aber auch darüber hinaus ist der Erblasser in der Lage bestimmte Aufgaben und Befugnisse dem Testamentsvollstrecker vorzuenthalten oder zu belassen (§§ 2208, 2209 BGB). In einer typisierenden Betrachtung unterscheidet man zwei Hauptformen der Testamentsvollstreckung: die **Abwicklungsvollstreckung** und die **Verwaltungsvollstreckung**. Im erstgenannten Fall hat der Testamentsvollstrecker die in §§ 2203 bis 2205 BGB genannten Aufgaben, d.h. den Nachlass in Besitz zu nehmen und zu verwalten, die letztwilligen Verfügungen des Erblassers zur Ausführung zu bringen und für eine Auseinandersetzung unter den Miterben zu sorgen. Bei der Verwaltungs- oder auch Dauertestamentsvollstreckung steht die Verwaltung des Nachlasses (oder eines Erbteils oder einzelner Vermögensgegenstände) über einen längeren Zeitraum im Mittelpunkt. Im praktischen Regelfall schließt sich eine solche Dauervollstreckung an die Nachlassabwicklung an (§ 2209 Satz 1 Halbs. 2 BGB). Die reine Dauervollstreckung, d.h. ohne Zuweisung weiterer Aufgaben der Nachlassabwicklung (§ 2209 Satz 1 Halbs. 1 BGB) ist in der Praxis eher selten anzutreffen (Beispiel in BayObLG v. 10.1.20197 – 1 ZB R 65/95, FamRZ 1997, 905). Eine absolute Grenze findet die Gestaltungsfreiheit des Erblassers in der Befugnis des Miterben, über seinen Erbteil insgesamt zu verfügen (§ 2033 Abs. 1 BGB); davon kann der Erbe auch gegen den Willen des Testamentsvollstreckers Gebrauch machen (statt aller *Zimmermann* in MünchKomm. BGB, 6. Aufl. 2013, § 2211 BGB Rz. 6). Ferner kann der Erblasser den Testamentsvollstrecker nicht dazu ermächtigen, den Erben jenseits des Nachlasses zu verpflichten. Hierzu bedarf es einer Vollmacht des Erben, auf deren Erteilung der Erblasser mittels Auflage in zulässiger Weise Einfluss nehmen kann (vgl. BGH v. 18.1.1954 – IV ZR 130/54, BGHZ 12, 100 zur Testamentsvollstreckung über ein im Nachlass befindliches Handelsgeschäft).

T6 **Verhältnis zum Erben |** Der Testamentsvollstrecker unterliegt – korrespondierend zu seinen Aufgaben und Befugnissen – bestimmten Verpflichtungen gegenüber dem Erben, von denen ihn nur der Erbe selbst, nicht aber der Erblasser befreien kann (§ 2220 BGB). Er hat im Rahmen der Konstituierung des Nachlasses ein Verzeichnis über die seiner Verwaltung unterliegenden Gegenstände und Schulden zu erstellen (§ 2215 BGB) und den Nachlass ordnungsgemäß zu verwalten (§ 2216 BGB). Dabei unterliegt er den Anordnungen des Erblassers, um deren Aufhebung er allerdings im Einzelfall beim Nachlassgericht nachsuchen kann, wenn die Befolgung den Nachlass erheblich gefährden würde (§ 2216 Abs. 2 BGB). Über den Verweis aus § 2218 BGB unterliegt er darüber hinaus den wesentlichen Pflichten eines Beauftragen: Er muss das Amt höchstpersönlich ausführen (§ 664 BGB) und nach Abschluss der Tätigkeit den Nachlass herausgeben, soweit er nicht zuvor bereits nach § 2217 BGB freigegeben wurde, und Rechenschaft ablegen (§§ 666, 667 BGB). Bei einer länger dauernden Vollstreckung ist auf Verlangen des Erben jährlich Rechnung zu legen (§ 2218 Abs. 2 BGB). Bei einer schuldhaften Verletzung vorgenannter Pflichten trifft den Testamentsvollstrecker eine persönliche Haftung (§ 2219 BGB).

T7 **Vergütungsanspruch |** Der Testamentsvollstrecker hat Anspruch auf eine angemessene Vergütung (§ 2221 BGB). Der Erblasser kann diesen Anspruch näher ausgestalten, aber auch ganz ausschließen. Letzteres ist allerdings nur in besonderen Fällen sinnvoll, etwa dann, wenn der Betreffende als ein am Nachlass beteiligte Person ein eigenes Interesse an der Testamentsvollstreckung hat. Andernfalls läuft der Erblasser das Risiko, dass sich niemand findet, der das Testamentsvollstreckeramt annimmt.

T8 **Bemessung der Vergütung |** Zur Bestimmung einer angemessenen Vergütung gibt es eine Reihe von Vorschlägen, deren älteste die sog. „Rheinische Tabelle“ vom „Verein für das Notariat in Rheinpreußen" aus dem Jahr 1925 ist (DNotZ 1935, 623, abgedruckt bei *Eckelskemper* in Bengel/Reimann, Hdb. der Testamentsvollstreckung, Kap. 10 Rz. 38). Verschiedene Senate des BGH haben in Entscheidungen aus den 1960er Jahren die nach dieser Tabelle berechnete Vergütung als „angemessen" bezeichnet (BGH v. 28.11.1962 – V ZR 225/60 und BGH v. 26.6.1967 – III ZR 95/64, NJW 1967, 2400, 2402, jew. abrufbar bei juris). Wegen des seit Publizierung der Tabelle eingetretenen Kaufkraftschwundes und der komplizierter werdenden Verhältnisse wurden von mehreren Autoren Anpassungen vorgeschlagen (vgl. dazu *Reimann* in Staudinger, Neubearb. 2012, § 2221 BGB Rz. 39 ff.; *Eckelskemper* in Bengel/Reimann, Hdb. der Testamentsvollstreckung, Kap. 10 Rz. 39 jew. m.w.N.). Daneben findet sich eine am RVG orientierte Tabelle (*Steiner* in Groll, Praxis-Handbuch Erbrechtsberatung, Kap. C IX Rz. 242). Die größte praktische Bedeutung dürfte derzeit wohl die sog. „Neue Rheinische Tabelle" des Deutschen Notarvereins haben (*DNotV*, ZEV 2000, 181), die in jüngerer Zeit Bestätigung in der obergerichtliche Rechtsprechung (OLG Schleswig v. 25.9.2009 - 3 U 46/08, ZEV 2009, 625, 629; OLG Köln v. 19.3.2007 - 2 U 126/06, ZEV 2006, 335) und Zustimmung in der Literatur (*Reimann*, DNotZ 2001, 344, 355) erfahren hat. Bei sehr großen Nachlässen kann es aber auch bei komplexen Verhältnissen billiger sein, den berufsmäßig handelnden Testamentsvollstrecker nach seinen üblichen Stundensätzen zu vergüten. Der Vergütungsanspruch ist im Regelfall erst mit Beendigung des Amts fällig (§ 614 BGB). Bei der Dauerverwaltung ist jedoch eine Vergütung nach Zeitabschnitten zu entrichten. Der verfügungsbefugte Verwalter kann die geschuldete Vergütung für sich selbst dem Nachlass entnehmen (§ 181 BGB, Erfüllung einer Verbindlichkeit).

Aufwendungsersatz | Neben dem Vergütungsanspruch hat der Testamentsvollstrecker einen Anspruch auf Ersatz seiner Aufwendungen und Auslagen (§ 2218 Abs. 1 i.V.m. § 670 BGB). Schuldner der Vergütung und des Erstattungsanspruchs ist der Erbe bzw. die Erbengemeinschaft. Besonderheiten gelten bei der Vermächtnisvollstreckung und der Nacherbenvollstreckung (vgl. *Steiner* in Groll, Praxis-Handbuch Erbrechtsberatung, Kap. C IX Rz. 252b–d). Der Anspruch auf Ersatz der Aufwendungen ist sofort fällig. T 9

Ende der Testamentsvollstreckung | Wie am Beginn einer Testamentsvollstreckung ist auch an deren Ende streng zwischen der Beendigung der Testamentsvollstreckung und dem Ende der Amtszeit eines konkreten Testamentsvollstreckers zu unterscheiden. Die Testamentsvollstreckung als solche endet und der Erbe erlangt die Verwaltungs- und Verfügungsbefugnis über den Nachlass, wenn T 10

- alle Aufgaben erfüllt sind, welche der Erblasser dem Testamentsvollstrecker übertragen hat, oder die Erfüllung der (einzigen/letzten) Aufgabe unmöglich geworden ist (z.B. Beschluss der Erben über den Ausschluss der Auseinandersetzung [OLG Nürnberg v. 8.3.2010 - 12 U 2235/09, WM 2010, 1286, juris Rz. 61] oder Erschöpfung des Nachlasses),
- das Ende der vom Erblasser bestimmten Frist erreicht ist oder ein von ihm definiertes Ereignis eintritt (z.B. Eintritt des Nacherbfalls, wenn für den Nacherben keine Testamentsvollstreckung angeordnet ist),
- das Ende der gesetzlichen Höchstfrist (§ 2210 BGB) erreicht ist (dazu instruktiv BGH v. 5.12.2007 – IV ZR 275/06, BGHZ 174, 346; KG Berlin v. 14.7.2008 – 12 U 221/04, ZEV 2008, 528),
- der Miterbe über seinen gesamten Erbteil verfügt (§ 2033 Abs. 1 BGB, zur Befugnis des Erben vgl. Rz. T 5), falls der Erblasser die Testamentsvollstreckung ausschließlich für die Person des Erben angeordnet hat und nicht etwa mit Blick auf das Vermögen (*Reimann* in

Bengel/Reimann, Hdb. der Testamentsvollstreckung, Kap. 7 Rz. 74; *J. Mayer* in Mayer/Bonefeld, Testamentsvollstreckung, § 13 Rz. 44).

T 11 **Ende des Testamentsvollstreckeramtes |** Tritt einer der vorstehend genannten Fälle ein, endet zu diesem Zeitpunkt automatisch auch das Amt des Testamentsvollstreckers. Daneben endet das Amt des Testamentsvollstreckers, ohne dass die Testamentsvollstreckung als solche erlischt,

- mit dem Tod des Testamentsvollstreckers (§ 2225 Alt. 1 BGB, vgl. noch Rz. T 14),
- mit Verlust der Geschäftsfähigkeit und der Bestellung eines Betreuers in Vermögensangelegenheiten (§ 2225 2. Alt. i.V.m. § 2201 BGB),
- mit der Kündigung durch den Testamentsvollstrecker (§ 2226 BGB, vgl. noch Rz. T 15), und
- mit der Entlassung des Testamentsvollstreckers durch das Nachlassgericht (§ 2227 BGB, vgl. Rz. T 16).

T 12 Schließlich führt das Ende des Testamentsvollstreckeramts zu einer Beendigung der Testamentsvollstreckung, falls für den weggefallenen Testamentsvollstrecker kein Ersatz vorhanden ist (OLG Zweibrücken v. 23.10.2012 – 3 W 120/12, FamRZ 2013, 1068, juris Rz. 10). Dazu kann es kommen, falls kein weiterer vom Erblasser benannter und zur Amtsführung fähiger und bereiter Testamentsvollstrecker vorhanden ist (§ 2197 Abs. 2 BGB) und der Erblasser gleichzeitig weder den scheidenden Testamentsvollstrecker (§ 2199 Abs. 2 BGB) oder einen Dritten (§ 2198 BGB) zu einer solchen Benennung ermächtigt noch das Nachlassgericht darum ersucht hat (§ 2200 BGB) (*Reimann* in Staudinger, Neubearb. 2012, § 2225 BGB Rz. 7; *Zimmermann* in MüchKomm. BGB, § 2225 BGB Rz. 6; *Holtz* in Frieser/Sarres/Stückemann/Tschichoflos, Hdb. des Fachanwalts Erbrecht, Kap. 12 Rz. 318). Dabei kann eine Ermächtigung bzw. ein Ersuchen auch im Wege ergänzender Auslegung unter Berücksichtigung des hypothetischen Erblasserwillens erkannt werden (BayObLG v. 15.9.2004 – 1 Z BR 61/04, FamRZ 2005, 935, juris Rz. 31; OLG Düsseldorf v. 27.1.2012 – 3 Wx 231/11, ErbR 2012, 224 = juris Rz. 20).

T 13 **Freigabe von Nachlassgegenständen |** Daneben endet die Testamentsvollstreckung partiell, nämlich hinsichtlich bestimmter Nachlassgegenstände, bei Freigabe (§ 2217 BGB), bei wirksamer Veräußerung sowie bei einem „partiellen Hinauswachsen" aus dem Nachlass (vgl. dazu *Reimann* in Bengel/Reimann, Hdb. der Testamentsvollstreckung, Kap. 7 Rz. 75 ff.; *J. Mayer* in Mayer/Bonefeld, Testamentsvollstreckung, § 13 Rz. 48).

T 14 **Tod des Testamentsvollstreckers |** Beim Tod des Testamentsvollstreckers gilt über den Verweis des § 2218 BGB in das Auftragsrecht auch § 673 Satz 2 BGB. Die Erben des Testamentsvollstreckers haben dem Erben (und sicherheitshalber auch dem Nachlassgericht) den Tod des Testamentsvollstreckers anzuzeigen und bei Gefahr im Verzug erforderliche Verwaltungsmaßnahmen vorzunehmen.

T 15 **Kündigung des Testamentsvollstreckers |** Die Kündigung durch den Testamentsvollstrecker ist jederzeit möglich und bedarf keines Grundes. Sie darf allerdings nicht zur Unzeit erfolgen (§ 2226 Satz 3 i.V.m. § 671 Abs. 2 BGB). Sie kann mit sofortiger Wirkung oder auch auf einen bestimmten Zeitpunkt erklärt werden und erfolgt formfrei gegenüber dem Nachlassgericht (§ 2226 Satz 2 BGB). Sie ist unwiderruflich (*Siebert* in Große-Wilde/Ouart, Dt. Erbrechtskommentar, § 2226 BGB Rz. 2). Die h.M. lässt Vereinbarungen zwischen dem Erblasser und dem (zukünftigen) Testamentsvollstrecker sowie zwischen den Erben und dem Testamentsvollstrecker in weitem Umfang zu (vgl. *Steiner* in Groll, Praxis-Handbuch Erbrechtsberatung, Kap. C IX Rz. 218).

Entlassung des Testamentsvollstreckers | Da der Erbe dem Testamentsvollstrecker nicht kündigen kann, ist seine Entlassung (§ 2227 BGB) für ihn der einzige Weg, einen missliebigen Testamentsvollstrecker loszuwerden. Zuständig dafür ist das Nachlassgericht; der Erblasser kann dies auch durch testamentarischer Einsetzung eines Schiedsgerichts nicht verhindern (OLG Karlsruhe v. 28.7.2009 - 11 Wx 4/07, ZEV 2009, 466) Antragsbefugt sind außer dem Erben (einschließlich Miterben und Nacherben) auch Mitvollstrecker, Vermächtnisnehmer und Auflagenbegünstigte, nach wohl herrschender Meinung auch der Pflichtteilsberechtigte (KG Berlin v. 9.10.2001 - 1 W 411/01, FamRZ 2002, 852; a.A. *Muscheler*, ZErb 2009, 54). Die Entlassung durch das Nachlassgericht bedarf eines wichtigen Grundes, wozu das Gesetz beispielhaft („insbesondere") eine grobe (und schuldhafte) Pflichtverletzung des Testamentsvollstreckers und seine Unfähigkeit zur ordnungsgemäßen Geschäftsführung zählt. Der praktisch häufigste Grund, der zu Verfahren nach § 2227 BGB führt, ist indessen Misstrauen, Zerwürfnisse oder gar offene Feindschaft zwischen Testamentsvollstrecker und Erbe. Emotionale Konflikte allein können indes eine Entlassung nicht begründen. Allerdings kann „ein nicht nur auf subjektiven Gefühlsmomenten, sondern auf Tatsachen beruhendes Misstrauen eines Beteiligten, zu dem der Testamentsvollstrecker Anlass gegeben hat, ... zur Entlassung des Testamentsvollstreckers führen." (KG Berlin v. 30.11.2010 - 1 W 434/10, ErbR 2011, 94 = juris Rz. 10). Gleiches gilt für einen „erheblichen Interessengegensatz" zwischen Testamentsvollstrecker und Erben (st. Rspr. der Obergerichte z.B. KG Berlin v. 30.11.2010 - 1 W 434/10, ErbR 2011, 94 = juris Rz. 10; OLG München v. 30.12.2008 - 31 Wx 99/08, ZEV 2009, 293, juris Rz. 20; OLG Köln v. 27.10.2004 - 2 Wx 29/04, 2 Wx 30/04, FamRZ 2005, 1204 = juris Rz. 5; BayObLG v. 28.7.2003 - 1 Z BR 140/02, FamRZ 2004, 740 = juris Rz. 37). Da das Testamentsvollstreckeramt gerade nicht vom Vertrauen des Erben getragen ist, legen die Gerichte hier zu Recht einen strengen Maßstab an. T 16

3. Testamentsvollstreckung über Kommanditanteile

Allgemeines | Die Anordnung einer Testamentsvollstreckung durch den Erblasser erfasst im Grundsatz auch einen Kommanditanteil im Nachlass. Das spezifische Spannungsverhältnis zwischen Erbrecht und Gesellschaftsrecht mit Blick auf die Reichweite der Verpflichtungsbefugnis (vgl. Rz. T 1) verlangt allerdings nach einer Differenzierung zwischen der Abwicklungsvollstreckung einerseits (nachfolgend Rz. T 18) und der Verwaltungsvollstreckung andererseits (nachfolgend Rz. T 19). T 17

Abwicklungsvollstreckung | Das in § 2217 Abs. 1 BGB normierte Prinzip gilt auch für die Abwicklungsvollstreckung über einen Kommanditanteil, sodass die Beteiligung der Testamentsvollstreckung nur insoweit unterliegt, als dies für die Erfüllung der dem Vollstrecker obliegenden Aufgaben notwendig ist. Daraus wird verschiedentlich gefolgert, die praktische Bedeutung der Abwicklungsvollstreckung über einen Kommanditanteile sei gering, weil sie nur verhältnismäßig kurze Zeit andauere und durch die Sondererbfolge (→ *Nachfolge von Todes wegen Rz. N 10*) derjenige Zustand bereits bestehe, auf dessen Herstellung die Abwicklungsvollstreckung gerichtet ist (*K. Schmidt* in MünchKomm. HGB, 3. Aufl. 2012, § 177 HGB Rz. 25; *Pauli* in Bengel/Reimann, Hdb. der Testamentsvollstreckung, Kap. 5 Rz. 158). Entsprechend begrenzt sei die Verwaltungsbefugnis des Testamentsvollstreckers (vgl. OLG Hamm v. 6.11.2001 - 27 U T 18

64/01, NJW-RR 2001, 729). Etwas anderes gelte nur, wenn der Testamentsvollstrecker den Anteil zur Erfüllung von ihm obliegenden anderen Aufgaben bedürfe, etwa zur Erfüllung eines darüber ausgesetzten Sachvermächtnisses (*K. Schmidt* in MünchKomm. HGB, 3. Aufl. 2012, § 177 HGB Rz. 25). Diese Aussagen schenken allerdings dem Umstand zu wenig Beachtung, dass zu den Aufgaben des Abwicklungsvollstrecker ebenfalls gehört, für die Bezahlung der Erbschaftsteuer zu sorgen (§ 32 Abs. 1 Satz 2 ErbStG). Dies wird es dem Abwicklungsvollstrecker vielfach erlauben, den Kommanditanteil bis zu diesem Zeitpunkt unter Verwaltung zu halten, um ihn zur Not verwerten zu können. Bis zur bestandskräftigen Veranlagung der Erben zur Erbschaftsteuer unterliegt der Kommanditanteil nach Maßgabe des § 2205 BGB der Verwaltungsbefugnis des Testamentsvollstreckers. Insoweit gelten die Ausführungen zur Verwaltungsvollstreckung entsprechend (nachfolgend Rz. T 19).

T 19 **Verwaltungsvollstreckung** | Bei einer Verwaltungsvollstreckung (§ 2209 BGB) über einen Kommanditanteil verlangt der Individualcharakter des Mitgliedschaftsverhältnisses eine weitere Differenzierung: Die Verwaltungsvollstreckung erfasst ohne weiteres die Befugnis zur Verfügung über den Anteil als Ganzes einschließlich der Vermögensrechte und das Recht zur Kündigung (sog. „**Außenseite**" der Beteiligung, vgl. BGH v. 14.5.1986 – IVa ZR 155/84, BGHZ 98, 48 [unter 4.]). Zur Verfügungsbefugnis gehört auch das Recht zur ordentlichen Kündigung (§§ 132, 162 Abs. 2 HGB, *K. Schmidt* in MünchKomm. HGB, 3. Aufl. 2012, § 177 HGB Rz. 30; *Pauli* in Bengel/Reimann, Hdb. der Testamentsvollstreckung, Kap. 5, Rz. 208; beachte aber zur möglichen Einschränkung durch Kernbereichslehre OLG Hamm v. 6.11.2001 – 27 U 64/01, NJW-RR 2001, 729 [unter C.1.]). Die mit einem Kommanditanteil verbundenen Verwaltungsrechte (sog. „**Innenseite**") betreffen jedoch das Verhältnis der Mitglieder untereinander. Im Hinblick auf den personenbezogenen Charakter des Gesellschaftsverhältnisses muss sich hier kein Gesellschafter jemanden aufdrängen lassen, mit dem er sich nicht auf die Gesellschaft eingelassen hat. Damit der Dauervollstrecker auch diese Verwaltungsrechte aus der Kommanditbeteiligung wahrnehmen kann, bedarf es daher der Zulassung im Gesellschaftsvertrag oder einer Zustimmung der Gesellschafter (BGH v. 3.7.1989 – II ZB 1/89, BGHZ 108, 187 [unter 3. u. 4.] = GmbHR 1990, 28). Die Zustimmung der Gesellschafter kann auch konkludent erteilt werden. Verschiedentlich wird eine solche konkludente Zustimmung bereits darin gesehen, dass der Anteil frei veräußerlich ist (*Ulmer*, NJW 1990, 73, 76; *Pauli* in Bengel/Reimann, Hdb. der Testamentsvollstreckung, Kap. 5 Rz. 202). Die Befugnis des Testamentsvollstreckers, auch die Verwaltungsrechte aus der Kommanditbeteiligung wahrzunehmen, ist durch die allgemeinen Regeln über die Verwaltungsbefugnisse des Testamentsvollstreckers begrenzt. Dies betrifft vor allem die Pflicht zur ordnungsgemäßen Verwaltung (§ 2216 Abs. 1 BGB) sowie die auf den Nachlass beschränkte Verpflichtungsbefugnis (§ 2206 Abs. 1 BGB). Dies konkretisiert sich bei einem Dauertestamentsvollstrecker vor allem dadurch, dass er die persönliche und nicht auf den Nachlass beschränkte Haftung des Erben nicht erweitern darf (BGH v. 14.2.2012 – II ZB 15/11, GmbHR 2012, 510 = GmbH-StB 2012, 145). Mithin ist die Annahme von Einlagenrückzahlungen (§ 172 Abs. 4 HGB) und eine Erhöhung der Haftsumme (§ 171 Abs. 1 HGB) unwirksam, weil insoweit eine Rechtsmacht des Testamentsvollstreckers zur Verpflichtung des Erben (§ 2206 Abs. 1 BGB) nicht besteht (BGH v. 3.7.1989 – II ZB 1/89, BGHZ 108, 187 [unter 4. b)bb)ccc)] = GmbHR 1990, 28). Wirksam und pflichtgemäß handelt der Testamentsvollstrecker indessen, wenn er den Erben zu einer Einlage verpflichtet, die im Nachlass vorhanden ist und einer wertäquivalenten Gegenleistung gegenübersteht (§ 2205 Satz 3 BGB). Inwieweit die sog. Kernbereichslehre die Befugnis des Testamentsvollstreckers darüber hinaus einschränkt, ist umstritten (zustimmend OLG Hamm v. 6.11.2001 – 27 U 64/01, NJW-RR 2001, 729 [unter C.1.];

Pauli in Bengel/Reimann, Hdb. der Testamentsvollstreckung, Kap. 5 Rz. 207; *Siebert* in Große-Wilde/Ouart, Dt. Erbrechtskommentar, § 2205 BGB Rz. 43; ablehnend LG Mannheim v. 10.11.1998 - 2 O 1998, ZEV 1999, 443; LG Berlin v. 1.10.2002 - 102 T 85/02, ZEV 2004, 29; *Reimann* in Staudinger, Neubearb. 2012, § 2205 BGB Rz. 129b; *Zimmermann* in MünchKomm. BGB, § 2205 BGB Rz. 45). Aus Publizitätsgründen ist eine Dauertestamentsvollstreckung im Handelsregister eintragungsfähig (BGH v. 14.2.2012 - II ZB 15/11, GmbHR 2012, 510 = GmbH-StB 2012, 145).

4. Steuerrecht

Allgemeines | Das erbrechtliche Institut der Testamentsvollstreckung ist dadurch gekennzeichnet, dass das Eigentum an Gegenständen und die Befugnis, diese zu verwalten und darüber zu verfügen, auseinanderfallen. Dies hat Auswirkungen auf die Zuweisung steuerrechtlicher Rechte und Pflichten im Verhältnis von Erbe und Testamentsvollstrecker. Das Gesetz hat sich dabei für eine – auch nach Steuerarten – differenzierende Lösung entschieden, die Rechte und Pflichten zwischen Erbe und Testamentsvollstreckern aufteilt. Als Grundsatz gilt dabei, dass das Steuerrecht den Testamentsvollstrecker nicht weiter in Anspruch nimmt, als seine zivilrechtlichen Befugnisse reichen. Die Erfüllung öffentlich-rechtlicher Verpflichtungen der Erben, gehört nicht zu seinen Aufgaben (BFH v. 7.10.1970 - I R 145/68, BStBl. II 1971, 119; BFH v. 29.8.1973 - I R 242/71, BStBl. II 1974, 100 = juris Rz. 8). Er ist nicht gesetzlicher Vertreter des Erben (§ 34 Abs. 1 AO), wohl aber Vermögensverwalter (§ 34 Abs. 3 AO). Folglich ist der Einfluss des Erblassers auf den Umfang der steuerrechtlichen Rechte und Pflichten des Testamentsvollstreckers gering. Die Zuweisung öffentlich-rechtlicher Pflichten im Außenverhältnis unterliegt nicht seiner Dispositionsgewalt. Er kann nur mittelbar dadurch einwirken, dass er die zivilrechtlichen Aufgaben und Befugnisse des Testamentsvollstreckers enger oder weiter fasst und dadurch steuerrechtliche Rechte und Pflichten des Testamentsvollstreckers erweitert oder beschränkt. T20

a) Einkommensteuerrecht

Steuerschuldner | Die bedeutsamste einkommensteuerrechtliche Frage bei der Testamentsvollstreckung über einen Kommanditanteil ist, wer im Verhältnis von Erbe zu Testamentsvollstrecker Steuerschuldner ist. Nach allgemeinen Grundsätzen ist dies derjenige, der den Tatbestand der Einkünfteerzielung verwirklicht (§ 2 Abs. 1 EStG). Bei einer gewerblichen GmbH & Co. KG (§ 15 Abs. 1 Satz 1 Nr. 1, Abs. 2, Abs. 3 EStG) sind dies die Mitunternehmer, also jene Gesellschafter, welche Mitunternehmerinitiative entfalten können und Mitunternehmerrisiko tragen (st. Rspr. BFH v. 25.6.1984 - GrS 4/82, BStBl. II 1984, 751 = juris Rz. 207 = FR 1984, 619 = GmbHR 1984, 355; BFH v. 3.5.1993 - GrS 3/92, BStBl. 1993, 616 = juris Rz. 61). Nach wohl allgemeiner Meinung ist dies der Erbe, nicht der Testamentsvollstrecker (BFH v. 16.5.1995 - VIII R 18/93, BStBl. II 1995, 714 = juris Rz. 25 ff. = FR 1995, 703 m. Anm. *Schmidt* = GmbHR 1995, 915 zum Treuhand-Testamentsvollstrecker; BFH v. 29.11.1995 - X B 328/94, BStBl. II 1996, 322 = juris Rz. 31; BFH v. 26.11.1996 - IV B 23/96, BFH/NV 1997, 393; BFH v. 5.6.2008 - IV R 76/05, BStBl. II 2008, 858 = juris Rz. 30; *Wacker* in Schmidt, § 15 EStG Rz. 301; *Bünning/Kaligin/Naujok* in Lademann, § 15 EStG Rz. 176 [Stand: Jan. 2015]). Die Begründung fällt bei näherer Betrachtung nicht so leicht, jedenfalls dann nicht, wenn die Testamentsvollstreckung durch Zustimmung der anderen Gesellschafter auch die Verwaltungsrechte erfasst. Denn in diesem Fall trägt zwar der Erbe als Inhaber des T21

Anteils das Mitunternehmerrisiko. Ein Entfalten von Mitunternehmerinitiative ist ihm aber verwehrt, jedenfalls dann, wenn man die üblicherweise von der Rechtsprechung hieran angelegten Maßstäbe (Kontroll- und Widerspruchsrechte entsprechend dem HGB-Regelstatut für Kommanditisten) verwendet. Die Rechtsprechung argumentiert mit einem Vergleich mit einem Treuhänder (BFH v. 5.6.2008 – IV R 76/05, BStBl. II 2008, 858 = juris Rz. 29 = GmbHR 2008, 1043 m. Anm. *Bitz* = FR 2009, 82 m. Anm. *Kanzler* = GmbH-StB 2008, 255). Dies verdeutlicht jedoch, dass die besondere Stellung des Testamentsvollstreckers als ein für fremde Rechnung, jedoch weisungsfrei Handelnder sich nicht bruchfrei in die Dogmatik des § 15 EStG einfügt. Denn bei rechtsgeschäftlichen Treuhandverhältnissen ist die Weisungsabhängigkeit des Treuhänders ein maßgebliches Kriterium für die Mitunternehmerstellung des Treugebers (BFH v. 25.6.1984 – GrS 4/82, BStBl. II 1984, 751 = juris Rz. 204 = FR 1984, 619 = GmbHR 1984, 355; BFH v. 21.4.1988 – IV R 47/85, BStBl. II 1989, 722 = juris Rz. 19, 21; BFH v. 15.7.1997 – VIII R 56/93, BStBl. II 1998, 152; BFH v. 20.1.1999 – I R 69/97, BStBl. II 1999, 514 [„Beherrschung" des Treuhandverhältnisses durch Treugeber erforderlich]; *Wacker* in Schmidt, § 15 EStG Rz. 296; *Haep* in Herrmann/Heuer/Raupach, EStG/KStG, § 15 EStG Rz. 423 [Stand: Mai 2015]; *Bode* in Blümich, EStG/KStG/GewStG, § 15 EStG Rz. 361 [Stand: Okt. 2014]). Dieses Merkmal trifft auf den Testamentsvollstrecker trotz seiner Pflichtenbindung (§ 2218 BGB, §§ 666, 667 BGB) nicht zu. Es liegt daher näher, das richtige Ergebnis der herrschenden Meinung in einem Vergleich mit einem „handlungsunfähigen" Unternehmer und dessen gesetzlichen Vertretern bzw. mit einem Amtswalter zu suchen (*Reiß* in Kirchhof, 15. Aufl. 2016, § 15 EStG Rz. 157).

T22 **Betriebsaufspaltung |** Die Anordnung der Testamentsvollstreckung verhält sich zur Betriebsaufspaltung neutral. Die Verwaltung der Mehrheit der Anteile an Besitz- und Betriebsunternehmen durch einen Testamentsvollstrecker begründet keine personelle Verflechtung, wenn diese bei den Inhabern der Beteiligung nicht besteht (BFH v. 13.12.1984 – VIII R 237/81, BStBl. II 1985, 657 = FR 1985, 303 = GmbHR 1985, 339). Auch entsteht nicht dadurch eine personelle Verflechtung, dass der Testamentsvollstrecker in eigener Person als Inhaber der Beteiligung und kraft Amtes einen einheitlichen Betätigungswillen in Besitz- und Betriebsunternehmen durchsetzen kann. Umgekehrt fällt eine Betriebsaufspaltung nicht deshalb mit dem Tod des Erblassers weg, weil die Verwaltungsbefugnis des Testamentsvollstreckers sich nur auf Anteile entweder am Besitz- oder am Betriebsunternehmen beschränkt (BFH v. 5.6.2008 – IV R 76/05, BStBl. II 2008, 858 = juris Rz. 36 = GmbHR 2008, 1043 m. Anm. *Bitz* = FR 2009, 82 m. Anm. *Kanzler* = GmbH-StB 2008, 255).

T23 **Verfahrensrecht |** Erklärungspflichtig sind allein die Erben (zum Sonderfall unbekannter Erben vgl. *Piltz/Holtz* in Bengel/Reimann, Hdb. der Testamentsvollstreckung, Kap. 8 Rz. 146). Steuerbescheide sind an die Erben zu richten (BFH v. 7.10.1970 – I R 145/68, BStBl. II 1971, 119; AEAO zu § 122, Tz. 2.13.1.2.) und sie allein sind rechtsbehelfsbefugt (BFH v. 29.8.1973 – I R 242/71, BStBl. II 1974, 100 = juris Rz. 8; BFH v. 29.11.1995 – X B 328/94, BStBl. II 1996, 322 = FR 1996, 288 zu AdV-Antrag). Sie haben für die Bezahlung der Steuer zu sorgen, und zwar selbst dann, wenn die der Steuer unterworfenen Einkünfte (und somit Zahlungsmittel) der Verwaltung des Testamentsvollstreckers unterliegen. Im Innenverhältnis zum Testamentsvollstrecker sind die Erben jedoch berechtigt, Freigabe entsprechender Zahlungsmittel zu verlangen oder aber den Testamentsvollstrecker zur Begleichung der Steuerschuld anzuweisen (*Zimmermann* MünchKomm. BGB, § 2209 BGB Rz. 10, 12; *M. Schmidt* in Erman, § 2209 BGB Rz. 3; *Piltz/Holtz* in Bengel/Reimann, Hdb. der Testamentsvollstreckung, Kap. 8 Rz. 167).

b) Erbschaftsteuerrecht

Steuerschuldner | Schuldner der Erbschaftsteuer ist der Erwerber (§ 20 Abs. 1 ErbStG). Das ist diejenige Person, welche durch den Erbanfall (§ 3 Abs. 1 Nr. 1 ErbStG) oder durch einen anderen der in § 3 ErbStG genannten Erwerbsvorgänge bereichert ist. Dies gilt unabhängig davon, ob der Erblasser Testamentsvollstreckung angeordnet hat oder nicht. Auch der Zeitpunkt, zu dem die Steuer entsteht, bleibt von einer etwaigen Testamentsvollstreckungsanordnung unberührt (§ 9 Abs. 1 Nr. 1 ErbStG). Der Testamentsvollstrecker hat allerdings für die Begleichung der Steuerschuld zu sorgen (§ 32 Abs. 1 Satz 2 ErbStG) und haftet persönlich dafür, wenn er diese Pflicht schuldhaft verletzt (§§ 69, 34 AO, vgl. dazu näher Rz. T 26). T 24

Anzeigepflicht | Die Pflicht, den Erbanfall anzuzeigen (§ 30 Abs. 1 ErbStG), trifft den Erwerber, nicht den Testamentsvollstrecker (BFH v. 11.5.2012 – II B 63/11, BFH/NV 2012, 1455, Rz. 4). Auch dessen Pflicht, eine Steuererklärung abzugeben (§ 31 Abs. 5 ErbStG), befreit den Erwerber nicht von seiner Anzeigepflicht (BFH v. 11.5.2012 – II B 63/11, BFH/NV 2012, 1455, Rz. 4). T 25

Steuererklärung | Zur Abgabe einer Erbschaftsteuererklärung ist jeder am Erbfall Beteiligte – nach Aufforderung durch das Finanzamt – verpflichtet (§ 31 Abs. 1 ErbStG). Ist Testamentsvollstreckung angeordnet, ist abweichend davon stets der Testamentsvollstrecker zur Abgabe verpflichtet (§ 31 Abs. 5 Satz 1 ErbStG), dessen Erklärungspflicht, soweit sie reicht (vgl. dazu nachfolgend) die der anderen Beteiligten verdrängt; das Finanzamt kann allerdings verlangen, dass zusätzlich ein oder mehrere Erben die Erklärung mitunterzeichnen (§ 31 Abs. 5 Satz 2 ErbStG). Die Rechtsprechung ging in diesem Zusammenhang jahrzehntelang davon aus, dass diese Erklärungspflicht des Testamentsvollstreckers – entgegen der Bestimmung in § 31 Abs. 1 ErbStG – ohne Aufforderung durch das Finanzamt besteht. In jüngerer Zeit ließ der II. Senat des BFH jedoch zunächst die Frage nach der Notwendigkeit einer Aufforderung offen (BFH v. 7.12.1999 – II B 79/99, BStBl. II 2000, 233 = juris Rz. 10 = FR 2000, 402 m. Anm. *Viskorf*) und hat sie zuletzt bejaht (BFH v. 11.6.2013 – II R 10/11, BStBl. II 2013, 924, Rz. 18 ff.; zustimmend die ganz herrschende Kommentarliteratur *Schuck* in Viskorf/Knobel/Schuck/Wälzholz, ErbStG/BewG, § 31 ErbStG Rz. 13; *Jochum* in Wilms/Jochum, § 31 ErbStG Rz. 35 [76. Lieferung]; *Meincke*, § 31 ErbStG Rz. 12; *Pahlke* in Fischer/Jüptner/Pahlke/Wachter, § 31 ErbStG Rz 41; *Kien-Hümbert* in Moench/Weinmann, § 31 ErbStG Rz 12; *Jülicher* in Troll/Gebel/Jülicher, § 31 ErbStG Rz. 28 [Stand: Okt. 2014]). DiePflicht des Testamentsvollstreckers zur Abgabe von Steuererklärungen reicht allerdings nicht weiter als sein zivilrechtlicher Aufgabenbereich (BFH v. 14.11.1990 – II R 255/85, BStBl. II 1991, 49; BFH v. 14.11. 1990 – II R 58/86, BStBl. II 1991, 52). Dadurch erstreckt sich die Erklärungspflicht des Testamentsvollstreckers von vornherein nicht auf Gegenstände, die ein Begünstigter durch Vertrag zugunsten Dritter erwirbt (§ 3 Abs. 1 Nr. 4 ErbStG) und die daher gar nicht in den Nachlass fallen (BFH v. 14.11.1990 – II R 255/85, BStBl. II 1991, 49 = juris Rz. 15). Aber auch für Erwerbe aufgrund schuldrechtlicher Ansprüche gegen den Nachlass (insb. aufgrund Vermächtnissen) trifft den Testamentsvollstrecker keine Erklärungspflicht, wenn seine Aufgabe über die Erfüllung dieser Ansprüche nicht hinausreicht, also insb. keine Vermächtnisvollstreckung (§ 2222 BGB) angeordnet ist (BFH v. 11.6.2013 – II R 10/11, BStBl. II 2013, 924, Rz. 17). Entsprechend kann der Miterbenvollstrecker keine Erklärung für alle Miterben abgeben, da seine Befugnis nur die Rechte des Miterben an und in der Erbengemeinschaft umfasst. Ähnliche Einschränkungen gelten, wenn der Erblasser die Testamentsvollstreckung nur bzgl. bestimmter Vermögensgruppen (z.B. Kommanditbeteiligung, Auslandsvermögen) angeordnet hat. Ob in diesen zuletzt genannten Fällen einzelne Erklärungen durch den Testamentsvollstrecker und den oder die Erben oder eine gemeinsame Erklärung statthaft ist, ist nicht abschließend T 26 geklärt (zu Recht für zweitgenannte Variante *Jülicher* in Troll/Gebel/Jülicher, § 31 ErbStG Rz. 27 [Stand: Okt. 2014]; *Piltz/Holtz* in Bengel/Reimann, Hdb. der Testamentsvollstreckung, Kap. 8 Rz. 60; unentschieden *Tolksdorf/Simon*, ErbStB 2008, 336, 338) und sollte in jedem Fall mit dem zuständigen Finanzamt geklärt werden. Als praktisches Problem erweist sich immer wieder, dass der Testamentsvollstrecker bestimmte erbschaftsteuerlich relevante Angaben nicht aus eigenem Wissen machen kann. Dies betrifft insb. die Vorschenkungen (§ 14 ErbStG). Ob der Testamentsvollstrecker gegenüber dem Erben hier einen Informationsanspruch hat, ist ungeklärt (bejahend *Zimmermann* in MünchKomm. BGB, § 2218 BGB Rz. 9). Verweigert der Erbe entsprechende Auskünfte und hat der Testamentsvollstrecker gar Zweifel am Wahrheitsgehalt der erhaltenen Auskünfte, empfiehlt es sich, dem Finanzamt informell zu empfehlen, den Erben zur Mitunterzeichnung nach § 31 Abs. 5 Satz 2 ErbStG aufzufordern. Dadurch werden unrichtige Auskünfte des Erben, die zu einer Verkürzung der Erbschaftsteuer führen für ihn strafrechtlich relevant (§ 370 Abs. 1 AO).

T 27 **Steuerbescheid |** Der Steuerbescheid über die Festsetzung der Erbschaftsteuer ist nach allgemeinen Grundsätzen demjenigen bekanntzugeben, der durch ihn betroffen ist (§ 122 Abs. 1, § 155 Abs. 1 Satz 2 AO). Dies ist der Steuerschuldner (Erbe, Vermächtnisnehmer, Pflichtteilsberechtigter etc., vgl. BFH v. 11.6.2013 – II R 10/11, BStBl. II 2013, 924, Tz. 10). Insoweit allerdings, als der Testamentsvollstrecker die Steuererklärung abgegeben hat (zur Reichweite vgl. insb. Rz. T 26), ist ihm der Bescheid mit Wirkung für und gegen den Steuerschuldner bekannt zu geben (§ 32 Abs. 1 Satz 1 ErbStG). Dabei ist bislang ungeklärt, wie bei einer nur eingeschränkten Verwaltungsbefugnis des Testamentsvollstreckers zu verfahren ist, die dazu geführt hat, dass Testamentsvollstreckerund Erbe eine gemeinschaftliche Erklärung abgegeben haben. Richtig dürfte eine doppelte Bekanntgabe des Erbschaftsteuerbescheids ggü. dem Testamentsvollstrecker und dem Erben sein (*Piltz/Holtz* in Bengel/Reimann, Hdb. der Testamentsvollstreckung, Kap. 8 Rz. 75 [Beispiel 4]; *Jülicher* in Troll/Gebel/Jülicher, § 32 ErbStG Rz. 27 [Stand: Juli 2009]).

T 28 **Steuerbescheid – Rechtsbehelfe |** Die Befugnis, Rechtsbehelfe gegen den dem Testamentsvollstrecker bekanntgegebenen Erbschaftsteuerbescheid einzulegen, steht allein dem durch den Bescheid betroffenen Erben zu (BFH v. 4.11.1981 – II R 144/78, BStBl. II 1982, 262; *Jülicher* in Troll/Gebel/Jülicher, § 32 ErbStG Rz. 22 [Stand: März 2012]). Dies gilt auch für die Befugnis, Aussetzung der Vollziehung zu beantragen (FG Hamburg v. 2.11.1981 – II 290/81, EFG 1982, 553).

T 29 **Wahlrechte |** Von der Erklärungspflicht des Testamentsvollstreckers gemäß § 31 Abs. 5 ErbStG (vgl. dazu Rz. T 26) streng zu unterscheiden ist die in diesem Rahmen vielfach geforderte Ausübung von Wahlrechten (z.B. Antrag zur unbeschränkten Steuerpflicht, § 2 Abs. 3 ErbStG; Steuerklassenwahl bei Nacherbschaft, § 6 Abs. 2 Satz 2 ErbStG; Option zur Vollverschonung, § 13a Abs. 8 ErbStG; Antrag zur Anrechnung ausländischer Steuer, § 21 Abs. 1 ErbStG; vgl. *Jülicher* in Troll/Gebel/Jülicher, § 31 ErbStG Rz. 34 [Stand: Okt. 2014], *Piltz/Holtz* in Bengel/Reimann, Hdb. der Testamentsvollstreckung, Kap. 8 Rz. 47). Die Ausübung dieser Rechte ist dem Erben vorbehalten (statt aller *Piltz/Holtz* in Bengel/Reimann, Hdb. der Testamentsvollstreckung, Kap. 8 Rz. 47). Ausnahmsweise soll der Testamentsvollstrecker zur Ausübung des Wahlrechts berechtigt und zur Vermeidung von Schadenersatzansprüchen auch verpflichtet sein, wenn die Ausübung des Wahlrechts für den Erben nur vorteilhaft ist (*Jülicher* in Troll/Gebel/Jülicher, § 31 ErbStG Rz. 34 [Stand: Okt. 2014]; *Eisele* in Kapp/Ebeling, § 31 ErbStG Rz. 18 [Stand: 04.2014]; *Volquardsen* in Daragan/Halaczinskiy/Riedel, § 31 ErbStG Rz. 12; *Tolksdorf/Simon*, ErbStB 2008, 336, 339). Umstritten ist dagegen, ob ein entgegen diesen Grundsätzen vom Testamentsvollstrecker ausgeübtes Wahlrecht zur Nichtigkeit des diesen Antrag beachtenden Steuerbescheides führt (*Thietz-Bartram*, DB 1989, 798; *Jülicher* in Troll/Gebel/Jülicher, § 31 ErbStG Rz. 34 [Stand: Okt. 2014]; *Eisele* in Kapp/Ebeling, § 31 ErbStG Rz. 18 [Stand: 04.2014]) oder nur zu dessen Anfechtbarkeit (*Kien-Hümbert* in Moench/Weinmann, § 31 ErbStG Rz. 12 [Stand: 04.2014]; *Pahlke* in Fischer/Jüptner/Pahlke/Wachter, § 31 ErbStG Rz. 44).

Haftung | § 32 Abs. 1 Satz 2 ErbStG legt dem Testamentsvollstrecker die Pflicht auf, „für die Bezahlung der Erbschaftsteuer zu sorgen". Jedem Testamentsvollstrecker ist daher zu raten, den Nachlass erst dann vollständig an den oder die Erben auszukehren, wenn die Erbschaftsteuerschuld beglichen ist. Dies widerspricht auch nicht der Pflicht des Abwicklungsvollstreckers aus § 2217 Abs. 1 BGB, Nachlassgegenstände freizugeben (*Zimmermann* in MünchKomm. BGB, § 2217 BGB Rz. 10). Der Erbe kann aber die Freigabe über § 2217 Abs. 2 BGB erzwingen, soweit der Erblasser den Testamentsvollstrecker von dieser Pflicht nicht befreit hat. Für die Verletzung der Pflicht haftet der Testamentsvollstrecker nach Maßgabe von § 34 Abs. 3, § 69 AO. § 69 Abs. 1 AO beschränkt den Haftungsmaßstab auf grobe Fahrlässigkeit, was die Entscheidung erfordert, welchen Grad an Schuldhaftigkeit die verfrühte Verteilung des Nachlasses erfüllt. Grundsätzlich handelt es sich dabei um grob fahrlässiges Verhalten (FG Hessen v. 23.2.1995 – 10 K 2509/90, EFG 1996, 666, aus formalen Gründen vom BFH [II R 4/96, BStBl. II 1998, 760] aufgehoben). Nur einfache Fahrlässigkeit liegt jedoch vor, wenn der Testamentsvollstrecker von dieser Pflicht nichts wusste, weil weder Nachlassgericht noch Finanzamt ihn darauf hingewiesen haben (FG München v. 25.10.1999 – 4 K 3189/96, DStRE 2000, 372). Hierauf können sich allerdings nur steuerliche Laien berufen, nicht aber Berufsträger (*Jülicher* in Troll/Gebel/Jülicher, § 32 ErbStG Rz. 33; *Piltz*, ZEV 2001, 262, 264) und wohl auch nicht Kreditinstitute. Die Pflicht des Testamentsvollstreckers aus § 32 Abs. 1 Satz 2 ErbStG endet dort, wo seine Aufgaben und zivilrechtlichen Befugnisse enden. Daher haftet ein Abwicklungsvollstrecker nicht für die Erbschaftsteuerschulden des Vermächtnisnehmers, ein Miterbenvollstrecker nicht für die Erbschaftsteuerschulden eines anderen Miterben. Die praktischen Probleme, die sich bereits bei der Steuererklärungspflicht mit Blick auf eine in gegenständlicher Hinsicht beschränkte Verwaltungsbefugnis gezeigt haben (vgl. Rz. T 26), kehren hier wieder. Hinzu kommen Grenzen in zeitlicher Hinsicht, wenn also die Erbschaftsteuerschulden sich zu einem Zeitpunkt erhöhen, zu denen der Abwicklungsvollstrecker seine Aufgaben bereits erledigt hat und die Testamentsvollstreckung insgesamt beendet ist. Dies kommt bei der Steuerfestsetzung unter dem Vorbehalt der Nachprüfung (§ 164 AO) in Betracht, die gerade bei Gesellschaftsbeteiligungen im Nachlass eher die Regel als die Ausnahme sein dürfte. Besonders virulent ist die zeitliche Begrenzung des Amtes und rückwirkende Veränderungen der Steuerschuld im Rahmen des Verschonungsabschlags für unternehmerisches Vermögen (§§ 13a, 13b ErbStG). Das Gesetz knüpft diesen Vorteil nämlich an ein Wohlverhalten des Steuerpflichtigen innerhalb einer Frist von fünf Jahren (§ 13a Abs. 5 ErbStG) bzw. sieben Jahren (bei Option zur Vollverschonung, § 13a Abs. 8 Nr. 2 ErbStG). In allen genannten Fällen darf es nicht dazu kommen, dass der Testamentsvollstrecker die Beendigung der Nachlassabwicklung aus Furcht vor einer Inanspruchnahme aus § 32 Abs. 1 Satz 2 ErbStG i.V.m. § 69 AO hinauszögert. Vielmehr endet die Verpflichtung des Testamentsvollstreckers, für die Entrichtung der Erbschaftsteuer zu sorgen, mit der Beendigung der Testamentsvollstreckung. Mithin ist der Dauervollstrecker in weiterem Umfang verpflichtet als der reine Abwicklungsvollstrecker (vgl. dazu *Holtz*, Gestaltung der Testamentsvollstreckung vor und nach dem Tod des Erblassers, 2010, S. 224ff.; *Steiner*, ErbStB 2011, 201; *Purrucker*, ZErb 2011, 265; *Blum/Schauer*, ZEV 2012, 92; *Weidmann*, ZEV 2014, 404, jew. m.w.N.). T30

frei T31–T40

Vertiefende Recherche

Wichtige Urteile und Erlasse

BGH v. 14.2.2012 – II ZB 15/11, GmbHR 2012, 510: Eintragungsfähigkeit eines Testamentsvollstreckervermerks in das Handelsregister.

BGH v. 5.12.2007 – IV ZR 275/06, BGHZ 174, 346 (Hohenzollern-Entscheidung): Berechnung der Höchstfrist nach § 2210 BGB.

BGH v. 3.7.1989 – II ZB 1/89, BGHZ 108, 187: Zulässigkeit und Reichweite der Verwaltungsvollstreckung über Personengesellschaftsanteil.

BGH v. 14.5.1986 – IVa 155/84, BGHZ 98, 48: Zulässigkeit und Reichweite der Verwaltungsvollstreckung über Personengesellschaftsanteil.

BFH v. 11.6.2013 – II R 10/11, BStBl. II 2013, 924: Erklärungspflicht des Testamentsvollstreckers gemäß § 31 Abs. 5 Satz 1 ErbStG nur auf Aufforderung des Finanzamts.

BFH v. 11.5.2012 – II B 63/11, BFH/NV 2012, 1455: Anzeigepflicht nach § 30 ErbStG trifft Erben, nicht Testamentsvollstrecker.

BFH v. 5.6.2008 – IV R 76/05, BStBl. II 2008, 858: Kein Wegfall einer Betriebsaufspaltung aufgrund Testamentsvollstreckung.

BFH v. 29.11.1995 – X B 328/94, BStBl. II 1996, 322: Antragsbefugnis bei AdV steht Erben zu.

BFH v. 16.5.1995 – VIII R 18/93, BStBl. II 1995, 714: Zur Mitunternehmerstellung des Testamentsvollstreckers.

BFH v. 14.11.1990 – II R 255/85, BStBl. II 1991, 49: Begrenzung der Erklärungspflicht des Testamentsvollstreckers nach § 31 Abs. 5 ErbStG durch Grenzen seiner zivilrechtlichen Befugnisse.

BFH v. 14.11.1990 – II R 58/86, BStBl. II 1991, 52: Begrenzung der Erklärungspflicht des Testamentsvollstreckers nach § 31 Abs. 5 ErbStG durch Grenzen seiner zivilrechtlichen Befugnisse.

BFH v. 13.12.1984 – VIII R 237/81, BStBl. II 1985, 657: Keine personelle Verflechtung im Rahmen einer angeblichen Betriebsaufspaltung durch Person des Testamentsvollstreckers.

BFH v. 4.11.1981 – II R 144/78, BStBl. II 1982, 262: Rechtsbehelfsbefugnis gegen Erbschaftsteuerbescheid steht allein Erben zu, auch wenn er gegenüber Testamentsvollstrecker ergangen ist.

BFH v. 7.10.1970 – I R 145/68, BStBl. II 1971, 119: Erfüllung öffentlich-rechtlicher Pflichten gehört nicht zu den Aufgaben des Testamentsvollstreckers.

BayObLG v. 15.9.2004 – 1 Z BR 61/04, FamRZ 2005, 935: Hypothetischer Erblasserwille bei Erschöpfung der benannten Testamentsvollstrecker.

BayObLG v. 28.7.2003 – 1 Z BR 140/02, FamRZ 2004, 740: Entlassung eines Testamentsvollstreckers.

OLG Zweibrücken v. 23.10.2012 – 3 W 120/12, FamRZ 2013, 1068: Ende der Testamentsvollstreckung bei fehlendem Testamentsvollstrecker.

OLG Düsseldorf v. 27.1.2012 – 3 Wx 231/11, ErbR 2012, 224: Hypothetischer Erblasserwille bei Erschöpfung der benannten Testamentsvollstrecker.

KG Berlin v. 30.11.2010 – 1 W 434/10, ErbR 2011, 94: Entlassung eines Testamentsvollstreckers.

OLG Köln v. 27.10.2004 – 2 Wx 29/04, FamRZ 2005, 1204: Entlassung eines Testamentsvollstreckers.

OLG Hamm v. 6.11.2001 – 27 U 64/01, NJW-RR 2001, 729: Befugnis des Abwicklungsvollstreckers über Personengesellschaftsanteil im Nachlass und deren Verhältnis zum Kern bereich der Mitgliedschaft.

LG Berlin v. 1.10.2002 – 102 T 85/02, ZEV 2004, 29: Verhältnis der Vollstreckerbefugnis zum Kernbereich der Mitgliedschaft.

LG Mannheim v. 10.11.1998 – 2 O 1998, ZEV 1999, 443: Verhältnis der Vollstreckerbefugnis zum Kernbereich der Mitgliedschaft.

Weitere Stichwörter

→ *Nachfolge von Todes wegen*

Tod eines Gesellschafters

→ *Erbschaft- und Schenkungsteuer*; → *Nachfolge von Todes wegen*; → *Testamentsvollstreckung*

Treuepflicht

Ausgewählte Literatur: *Hennrichs*, Gesellschafterbeschlüsse über Geschäftsführungsmaßnahmen und Treupflicht, NZG 2015, 41; *Keil*, Zum Minderheitenschutz bei Mehrheitsentscheidungen im Personengesellschaftsrecht, DZWIR 2015, 324; *Michalski*, Treuepflichten persönlich haftender Gesellschafter (OHG, KG), NZG 1998, 460; *Schöne*, „Sanieren oder Ausscheiden" und die sog. Trittbrettfahrer, ZIP 2015, 501; *Vorwerk/Wimmers*, Treubindung des Mehrheitsgesellschafters oder der Gesellschaftermehrheit bei Beschlußfassung in der GmbH-Gesellschafterversammlung, GmbHR 1998, 717; *Weisser*, Gesellschafterliche Treuepflicht bei Wahrnehmung von Geschäftschancen der Gesellschaft durch de facto geschäftsführenden Gesellschafter, DB 1989, 2010; *Westermann*, Vertraglich geregeltes oder treupflichtgemäßes Ausscheiden aus einer sanierungsbedürftigen Personengesellschaft, NZG 2016, 9.

1. Treuepflichten in der Personengesellschaft

T 41 **Verpflichtete** | Nach *Wiedemann* (Gesellschaftsrecht, Bd. II, 2004, S. 191 ff.) gibt es nicht nur eine einzige gesellschaftsrechtliche Treuepflicht. Vielmehr lassen sich, wenn man den jeweiligen Adressaten der Treuepflicht in den Blick nimmt, drei verschiedene Fragenkreise mit jeweils unterschiedlich ausgeprägten Treuepflichten identifizieren:

- Die **Treuepflicht der Organe** verpflichtet die geschäftsführenden Gesellschafter und die Mitglieder weiterer Gesellschaftsorgane (z.B. eines Beirats), die ihnen übertragenen Aufgaben nach besten Kräften zu erfüllen und ihre Tätigkeit ausschließlich am Gesellschaftszweck zu orientieren.
- Die **Treuepflicht der Mitglieder** verlangt von jedem Gesellschafter, den Gesellschaftszweck im versprochenen Umfang zu fördern und alles zu unterlassen, was der Gesellschaft und den Mitgliedern schaden könnte.
- Die **Treuepflicht des Mehrheitsgesellschafters** schließlich verpflichtet diesen noch einmal besonders, bei der Ausübung seines Einflusses auf die Gesellschaft, insbesondere seines Stimmrechts, auch die Interessen der anderen (Minderheits-)Gesellschafter angemessen zu berücksichtigen.

Wegen des Grundsatzes der Selbstorganschaft dürften die Organe einer Personengesellschaft regelmäßig zugleich auch Gesellschafter sein (vgl. → *Beirat Rz. B 28*). Die unterschiedlichen Ausprägungen der Treuepflicht werden daher ggf. nicht unterschiedliche Personen, sondern dieselben Personen in unterschiedlichen Funktionen treffen.

2. Treuepflicht der Organe

T 42 **Grundlagen** | Nach § 708 BGB hat ein Gesellschafter bei der Erfüllung der ihm obliegenden Verpflichtungen jedenfalls diejenige Sorgfalt anzuwenden und für sie einzustehen, die er auch in eigenen Angelegenheiten anzuwenden pflegt. Dies gilt auch und gerade in Fragen der Geschäftsführung, soweit der betreffende Gesellschafter hierzu berechtigt und verpflichtet ist (vgl. §§ 114ff., 164 HGB). Eine modernere und weiter ausgreifende Konkretisierung der Treuepflicht der Organmitglieder findet sich in Ziff. 4.3.3 des Deutschen Corporate Governance Kodex für Vorstandsmitglieder börsennotierter Aktiengesellschaften: „Die Vorstandsmitglieder sind dem Unternehmensinteresse verpflichtet. Kein Mitglied des Vorstands darf bei seinen Entscheidungen persönliche Interessen verfolgen und Geschäftschancen, die dem Unternehmen zustehen, für sich nutzen." Entsprechende Treuepflichten gelten auch für die Geschäftsführer einer GmbH: Die Organstellung verschafft ihnen einen Informationsvorsprung, weitreichende Befugnisse und faktische Einflussmöglichkeiten, die jeweils mit einer „intensiven" Treuepflicht korrelieren müssen. Als Ausfluss dieser Treuepflicht unterliegen GmbH-Geschäftsführer u.a. einer Verschwiegenheitspflicht, einem Wettbewerbsverbot und einer Geschäftschancenbindung (näher *Zöllner/Noack* in Baumbach/Hueck, § 35 GmbHG Rz. 38ff.).

Geschäftsführende Gesellschafter | Entsprechendes gilt für die geschäftsführenden Gesellschafter einer Personengesellschaft (vgl. *Michalski*, NZG 1998, 460): „Der geschäftsführende Gesellschafter muss in allen Angelegenheiten, die das Interesse der Gesellschaft berühren, deren Wohl und nicht seinen eigenen Nutzen oder den Vorteil anderer im Auge haben. Er darf **Erwerbschancen** nicht für sich, sondern nur für die Gesellschaft ausnutzen und hat ihr, wenn er hiergegen verstößt, einen dadurch entstandenen Schaden zu ersetzen. Bei der Übertragung der Geschäftsführungsbefugnis dürfen die übrigen Gesellschafter darauf vertrauen, dass der geschäftsführende Gesellschafter getreu seinem Versprechen seine Tätigkeit dem Gesellschaftszweck widmen und sich uneigennützig für das gemeinsame Ziel einsetzen werde; dieser muss sich deshalb bei der Geschäftsführung nur von dem Gesellschaftsinteresse leiten lassen und muss seine eigenen Interessen hintansetzen" (BGH v. 23.9.1985 – II ZR 257/84, NJW 1986, 584 = MDR 1986, 292). T 43

Beispiel:

In der zitierten Entscheidung hatte der geschäftsführende Gesellschafter einer OHG das der Gesellschaft verpachtete Geschäftsgrundstück durch seine Ehefrau statt durch die Gesellschaft selbst erwerben lassen. Hierin sah der BGH eine Verletzung seiner gesellschaftsrechtlichen Treuepflicht und zugleich seiner Pflicht zur ordnungsgemäßen Geschäftsführung. Der Gesellschafter hätte sich um einen Erwerb durch die Gesellschaft bemühen müssen; hierzu hätte er alle Maßnahmen ergreifen müssen, um den Erwerb zu erreichen, und alles unterlassen müssen, was den Erwerb gefährden konnte (zur Nutzung von Geschäftschancen auch *Weisser*, DB 1989, 2010).

Wahrnehmung fremder Vermögensinteressen | Die Treuepflicht der Organe gleicht derjenigen eines **Treuhänders** oder Geschäftsbesorgers, der fremde Vermögensinteressen wahrzunehmen hat: Den Organen sind das Gesellschaftsvermögen und die weiteren Interessen der Gesellschaft anvertraut, zu deren Sicherung sie durch die Treubindung in die Pflicht genommen werden. Leitbild sollte insoweit allerdings weniger ein erhaltender und bestandswahrender Treuhänder als vielmehr ein dynamischer und unternehmerischer Verwalter sein, der das Vermögen der Gesellschaft zur werbenden Geschäftstätigkeit einsetzt (*Fleischer* in Spindler/Stilz, § 93 AktG Rz. 115 für den Vorstand einer AG). T 44

Geschäftsführer der Komplementär-GmbH | Bei der typischen GmbH & Co. KG trifft die Treuepflicht der Organe zunächst die Komplementär-GmbH im Verhältnis zur KG. Die Geschäftsführer der Komplementär-GmbH sind dieser aufgrund ihrer Organstellung zur Treue verpflichtet (s. Rz. T 42). Darüber hinaus sind die Geschäftsführer aufgrund ihrer Organstellung aber auch unmittelbar der KG gegenüber verantwortlich. Die Schutzwirkung der Organhaftung in der Komplementär-GmbH nach § 43 Abs. 2 GmbHG wird heute auch auf die KG T 45 erstreckt. Nach dem BGH kann der Geschäftsführer einer Komplementär-GmbH für Schäden der KG bereits aufgrund der organschaftlichen Sonderrechtsbeziehung zur GmbH haften, wenn deren alleinige oder wesentliche Aufgabe darin besteht, die Geschäfte der KG zu führen. Denn in diesem Fall geht das wohlverstandene Interesse der GmbH dahin, dass ihr Geschäftsführer die Leitung der KG im Rahmen seiner Organpflichten ordnungsgemäß ausübt; die KG bzw. die Kommanditisten sind hierauf angewiesen, haben regelmäßig aber keine Befugnisse, um unmittelbar auf den Geschäftsführer einzuwirken. Das Interesse der Komplementär-GmbH und die Schutzbedürftigkeit der KG rechtfertigen es, die in der Organstellung begründete Verantwortlichkeit des Geschäftsführers und die hieran anknüpfende Haftung aus § 43 Abs. 2 GmbHG auch auf die KG zu erstrecken (BGH v. 18.6.2013 – II ZR 86/11, BGHZ 197, 304 = GmbHR 2013, 1044 = GmbH-StB 2013, 341).

3. Treuepflicht der Mitglieder

T 46 **Gesellschafterliche Treuepflicht |** Die Gesellschafter einer Personengesellschaft treffen neben Vermögenspflichten (Beitragspflichten) auch Verhaltenspflichten, etwa zur Mitwirkung bei der Geschäftsführung, vor allem aber die gesellschafterliche Treuepflicht. Diese Treuepflicht hat ihren Grund in der Dauerrechtsbeziehung zur Gesellschaft und den übrigen Gesellschaftern und den damit einhergehenden, mitgliedschaftlich vermittelten **Einwirkungsmöglichkeiten** jedes Gesellschafters auf die Interessen der anderen (grundlegend *Martin Winter*, Mitgliedschaftliche Treuebindungen im GmbH-Recht, 1988). Die Treuepflicht gilt sowohl im Verhältnis zur Gesellschaft als auch unmittelbar unter den Gesellschaftern. Weitergehend unterliegen auch ausgeschiedene Gesellschafter der (nachwirkenden) Treuepflicht sowie ausnahmsweise auch Nichtgesellschafter wie der Treugeber, nach dessen Weisung und auf dessen Rechnung der Treuhänder den Gesellschaftsanteil hält.

T 47 **Inhalt |** Die Treuepflicht beinhaltet vor allem das **Gebot zu redlichem und loyalem Verhalten**, wie es von einem Gesellschafter aufgrund seiner Teilhabe an dem auf einen vereinbarten Zweck ausgerichteten Gemeinschaftsverhältnis erwartet werden kann. Inhalt, Intensität und Tragweite der Treuepflicht hängen von den Umständen, insbesondere der Art und dem Gegenstand der ausgeübten Rechtsmacht, ab. Ebenso spielt eine Rolle, ob es im konkreten Fall um die Wahrnehmung eigen- oder fremdnütziger Mitgliedschaftsrechte geht (OLG Braunschweig v. 9.9.2009 – 3 U 41/09, GmbHR 2009, 1276 m. Anm. *Winter* zur Stimmrechtsausübung in der GmbH).

T 48 **Unterlassungspflichten |** Den **Gesellschafter** treffen gegenüber der Gesellschaft und den Mitgesellschaftern zunächst **Unterlassungspflichten**. So darf er die Gesellschaft Dritten gegenüber nicht diskreditieren und sich nicht in Geschäftschancen der Gesellschaft drängen (vgl. Rz. T 43). §§ 112 f. HGB statuieren und sanktionieren ausdrücklich ein **Wettbewerbsverbot** für die persönlich haftenden Gesellschafter einer OHG oder KG (jedoch nicht für die Kommanditisten, § 165 HGB; näher Rz. T 51 und → *Wettbewerbsverbot*).

T 49 **Aktive Förderpflicht |** Weitergehend kann die Treuepflicht für den Gesellschafter auch eine aktive Förderpflicht i.S.v. § 705 BGB begründen, d.h. eine Pflicht zur Mitwirkung an allen Maßnahmen, die zur Erhaltung des in der Gesellschaft Geschaffenen und zur Erreichung des Zwecks dringend geboten und den Gesellschaftern unter Berücksichtigung ihrer eigenen schutzwerten Belange zumutbar sind (BGH v. 28.4.1975 – II ZR 16/73, BGHZ 64, 253, 257). Dazu können gehören die Mitwirkung an Entscheidungen wie der Feststellung des Jahresabschlusses, die Änderung eines unzureichenden Gesellschaftsvertrages (näher *Schlitt/Maier-Reinhardt* in Reichert, GmbH & Co. KG, § 26 Rz. 38ff.), die Sanierung der Gesellschaft, die Liquidation bei unbehebbaren finanziellen Schwierigkeiten sowie die Ausübung des Stimmrechts in Angelegenheiten der Gesellschaft (*Bayer* in Lutter/Hommelhoff, § 14 GmbHG Rz. 22). Die Treuepflicht kann sich zur positiven Stimmpflicht verdichten und den zeitweisen Verzicht auf Vermögensrechte gebieten. Weitergehend nimmt der BGH im Rahmen seiner „**Sanieren oder Ausscheiden**"-Rechtsprechung an, dass Gesellschafter insbesondere von sanierungsbedürftigen Publikumspersonengesellschaften (geschlossenen Immobilienfonds) sogar zum Ausscheiden verpflichtet sind, wenn sie nicht an den Sanierungsbemühungen teilnehmen – d.h. trotz § 707 BGB weitere Mittel nachschießen – wollen (BGH v. 9.6.2015 – II ZR 420/13, MDR 2015, 1143 (zur GbR); BGH v. 25.1.2011 – II ZR 122/09, ZIP 2011, 768 (zur GbR); BGH v. 19.10.2009 – II ZR 240/08, BGHZ 183, 1 = GmbHR 2010, 32 (zur OHG); *Westermann*, NZG 2016, 9).

Beispiel 1:

Der persönlich haftende Gesellschafter einer KG gewährt einem Geschäftspartner der KG Kredite in unverantwortlicher Höhe und verheimlicht dies gegenüber den übrigen Gesellschaftern. Die Kommanditisten A und B verlangen daraufhin von dem dritten Kommanditisten C die Zustimmung zur Ausschließung des persönlich haftenden Gesellschafters.

Ein Gesellschafter ist zwar im Allgemeinen nicht verpflichtet, einer von den übrigen Gesellschaftern gewünschten Änderung der Grundlagen der Gesellschaft (Änderung des Gesellschaftsvertrages, Ausschließung eines Gesellschafters) zuzustimmen. Im Ausnahmefall, wie er bei dem skizzierten Sachverhalt durchaus denkbar ist, kann sich eine solche Verpflichtung jedoch aus der gesellschaftsrechtlichen Treuepflicht ergeben. Insoweit ist zugunsten des sich sperrenden Gesellschafters auch zu prüfen, ob ihm die Fortsetzung der Gesellschaft mit den verbleibenden Gesellschaftern zumutbar ist, wenn gerade der geschäftsführende Gesellschafter ausscheiden soll und damit nicht nur Abfindungsansprüche des Ausscheidenden in Betracht kommen, sondern die übrigen Gesellschafter auch eine andere Regelung über die Geschäftsführungsbefugnis treffen müssen (BGH v. 28.4.1975 – II ZR 16/73, BGHZ 64, 253).

Beispiel 2:

Beschließen die Gesellschafter einer Publikums-KG mit der für Vertragsänderungen gesellschaftsvertraglich vorgeschriebenen 3/4-Mehrheit, die Verpflichtung zur Verzinsung von Kapitalanlagen aufzuheben, so ist dieser Beschluss wirksam, wenn die nicht zustimmenden Gesellschafter aufgrund der gesellschaftlichen Treuepflicht zustimmen müssten (BGH v. 5.11.1984 – II ZR 111/84, GmbHR 1985, 152).

Rechtsfolgen/Durchsetzung | Die treuwidrige Ausübung von Gesellschafterrechten ist unbeachtlich. Wenn ein Gesellschafter treuwidrig nicht handelt, z.B. seine Zustimmung zu einer erforderlichen Vertragsänderung nicht erteilt, kann die gebotene Handlung durch Leistungsklage durchgesetzt werden (eine Willenserklärung wird gemäß § 894 ZPO ersetzt; näher *Schlitt/Maier-Reinhardt* in Reichert, GmbH & Co. KG, § 26 Rz. 46ff.). Von einem treuwidrig handelnden Gesellschafter kann die Gesellschaft Unterlassung oder den Ersatz des Schadens verlangen, welcher ihr durch eine schuldhafte Verletzung der gesellschaftsrechtlichen Treuepflicht entstanden ist. Auch jeder Gesellschafter kann den treuwidrig handelnden Mitgesellschafter im Wege der **actio pro socio** in Anspruch nehmen und im eigenen Namen den Ersatz des Schadens verlangen, wobei der Schadensausgleich ggf. im Gesellschaftsvermögen vorzunehmen ist (BGH v. 14.5.2013 – II ZR 176/10, GmbHR 2013, 931, 932 = GmbH-StB 2013, 305 zur GmbH; BGH v. 5.6.1975 – II ZR 23/74, BGHZ 65, 15 = MDR 1976, 645 – „ITT"; → *Actio pro socio*). T50

4. Treuepflicht des Mehrheitsgesellschafters

T51 **Rechtsausübungsschranke** | Die besondere Treuepflicht des Mehrheitsgesellschafters soll dessen überproportionalen Einfluss auf die Gesellschaft und ihre Organe sowie die Einflusslosigkeit der Minderheitsgesellschafter ausgleichen: „Die Mehrheit stellt, obwohl selbst nur Teil, das Ganze dar." (*Wiedemann*, Gesellschaftsrecht, Bd. II, 2004, S. 199). Die Treuepflicht des Mehrheitsgesellschafters begründet für diesen daher eine weitere Rechtsausübungsschranke: Mehrheitsbeschlüsse müssen die Grundsätze der Erforderlichkeit und Verhältnismäßigkeit wahren und dürfen nicht grundlos oder aus sachfremden Erwägungen schutzwürdige Minderheitsinteressen übergehen. Deshalb dürfen Mehrheitsgesellschafter, wenn sie bspw. nicht in gleicher Weise auf Gewinnausschüttungen angewiesen sind wie Minderheitsgesellschafter, diese gleichwohl nicht auf längere Zeit von Gewinnausschüttungen ausschließen, um sie so mittelfristig aus der Gesellschaft herausdrängen und deren Beteiligung übernehmen zu können (OLG Brandenburg v. 31.3.2009 – 6 U 4/08, GmbHR 2009, 825 [Ls.] = OLGR Brandenburg 2009, 821 zur GmbH).

Beispiel:

V hatte seinem Sohn S eine 5 %-Beteiligung an seiner GmbH & Co. KG geschenkt. S trat auch in die Unternehmensführung ein. V und S zerstreiten sich jedoch in der Folge. S gründet daraufhin eine eigene Gesellschaft, stellt in dieser die gleichen Produkte her und tritt so in Wettbewerb zu dem Unternehmen seines Vaters. V widerruft daraufhin die Schenkung der Gesellschaftsanteile wegen groben Undanks, den er auf geschäftsschädigendes Verhalten und die Gründung eines Konkurrenzunternehmens stützt.

Nach dem BGH unterlag S wegen seiner geringen Beteiligungshöhe jedoch keinem **Wettbewerbsverbot**. Denn das für Gesellschafter einer OHG in § 112 HGB angeordnete Wettbewerbsverbot gilt gemäß § 165 HGB grundsätzlich nicht für Kommanditisten. „Hiervon macht die Rechtsprechung dann eine Ausnahme, wenn der Kommanditist mit hoher Mehrheit sowohl an dem Kommanditkapital als auch am Kapital der Komplementär-GmbH beteiligt ist und auf Grund dieser mehrheitlichen Beteiligung die Gesellschaft beherrscht. Das Wettbewerbsverbot hat seine Grundlage in der Treuepflicht des Gesellschafters, die das vom gegenseitigen Vertrauen getragene Gesellschaftsverhältnis einer handelsrechtlichen Personengesellschaft in besonderem Maße beherrscht. Bei bestimmten Fallgestaltungen, insbesondere dann, wenn ein maßgeblicher Einfluss auf die Geschäftsführung besteht, kann die Treuepflicht deshalb auch auf den Kommanditisten, den atypischen stillen Gesellschafter und den Gesellschafter einer GmbH zu erstrecken sein. … Für die Gesellschaft entsteht nämlich eine besondere Gefährdungslage, wenn ein herrschender Gesellschafter außerhalb der Gesellschaft unternehmerisch tätig wird." (BGH v. 4.12.2001 – X ZR 167/99, NZG 2002, 323 = MDR 2002, 688).

T52–T60 frei

Vertiefende Recherche

Wichtige Urteile und Erlasse

BGH v. 9.6.2015 – II ZR 420/13, MDR 2015, 1143: Zustimmungspflicht des Gesellschafters einer Publikumspersonengesellschaft (GbR) zu seinem Ausscheiden – „Sanieren oder Ausscheiden".

BGH v. 18.6.2013 – II ZR 86/11, BGHZ 197, 304 = GmbHR 2013, 1044: Geschäftsführer der Komplementär-GmbH haften auch gegenüber der KG.

BGH v. 14.5.2013 – II ZR 176/10, GmbHR 2013, 931 = GmbH-StB 2013, 305: Schadensersatz wegen Minderung des Beteiligungswerts ist an die Gesellschaft zu leisten (GmbH).

BGH v. 25.1.2011 – II ZR 122/09, ZIP 2011, 768: Regelt der Gesellschaftsvertrag einer Publikums-GbR, dass nicht zustimmende Gesellschafter nur eine Verringerung ihres Beteiligungsverhältnisses hinzunehmen haben, sind die zahlungsunwilligen Gesellschafter nicht zum Ausscheiden verpflichtet.

BGH v. 19.10.2009 – II ZR 240/08, BGHZ 183, 1 = GmbHR 2010, 32: Sanieren oder Ausscheiden aus einer überschuldeten Publikumspersonengesellschaft (OHG).

BGH v. 4.12.2001 – X ZR 167/99, NZG 2002, 323 = MDR 2002, 688: Kein gesetzliches Wettbewerbsverbot für geringfügig beteiligte Kommanditisten.

BGH v. 23.9.1985 – II ZR 257/84, NJW 1986, 584 = MDR 1986, 292: Verletzung der Treuepflicht bei anderweitiger Nutzung von Geschäftschancen.

BGH v. 5.11.1984 – II ZR 111/84, GmbHR 1985, 152: Zustimmungspflicht bei Vertragsänderung aufgrund gesellschaftsrechtlicher Treuepflicht.

BGH v. 5.6.1975 – II ZR 23/74, BGHZ 65, 15 = MDR 1976, 645 „ITT": Schadensersatz wegen Veranlassung von Geschäftsführern zu nachteiligen Geschäften.

BGH v. 28.4.1975 – II ZR 16/73, BGHZ 64, 253: Zustimmungspflicht zum Ausschluss eines Gesellschafters aufgrund gesellschaftsrechtlicher Treuepflicht.

Weitere Stichwörter

→ *Actio pro socio*; → *Wettbewerbsverbot*

Treuhand

Ausgewählte Literatur: *Armbrüster*, Treuhänderische GmbH-Beteiligungen (I + II), GmbHR 2001, 941, 1021; *Bader*, Treuhand an Personen- und Kapitalgesellschaftsanteilen – Tipps zum Erkennen und Vermeiden der Grunderwerbsteuerfalle, EStB 2006, 111; *Carlé/Fuhrmann*, Unentgeltliche Begründung, Übertragung und Beendigung von Treuhandverhältnissen sowie von Anteilen an mitunternehmerischen Innengesellschaften, FR 2006, 749; *Fuhrmann*, Treuhandgestaltungen im Zivil- und Steuerrecht, KÖSDI 2006, 15293; *Geck*, Ausgewählte Fragen der mittelbaren Beteiligung an Personen- und Kapitalgesellschaften – Zivilrecht, Ertragsteuer und Erbschaftsteuer, KÖSDI 2012, 17774; *Heidner*, Umsatzsteuerrechtliche Behandlung der rechtsgeschäftlichen Verwaltungstreuhand, UR 1995, 122; *Klöhn*, Treuhandkonstruktionen bei Publikumsgesellschaften, in VGR (Hrsg.), Gesellschaftsrecht in der Diskussion 2012, 2013, S. 143; *Mock*, Nieder mit dem Treuhandkommanditisten – Es lebe der Vertragskommanditist (oder wenigstens der Unterbeteiligte)!, ZIP 2016, 497; *Noll*, Schenkungsteuerliche Fragen bei der Übertragung von Anteilen an Personengesellschaften im Lichte aktueller Entwicklungen, FS Schaumburg, 2009, S. 1025; *Rödder*, Persönliche Zurechnung und sachliche Qualifikation von Einkünften bei der Treuhandschaft, DB 1988, 195; *Stumpf*, Rechtsprobleme bei der Inanspruchnahme des (mittelbaren) Kommanditisten aus § 172 Abs. 4 HGB, BB 2012, 1429; *Tebben*, Die qualifizierte Treuhand im Personengesellschaftsrecht, ZGR 2001, 587; *Wertenbruch*, Gesamtschuldnerregress sanierender Treugeber und stiller Gesellschafter – „Sanierung ohne Ausscheiden", NZG 2016, 401; *Wertenbruch*, Status und Haftung bei der Personengesellschafts-Treuhand, NZG 2013, 285; *Wiedemann*, Treuhand an einer Mitgliedschaft – Gedanken zur Einzel- und Sammeltreuhand im Personengesellschaftsrecht, ZIP 2012, 1786.

1. Einleitung

T 61 In der Praxis der GmbH & Co. KG begegnet die Treuhand vor allem in Zusammenhang mit der Beteiligung von Anlegern an einer Publikumsgesellschaft, die Träger eines geschlossenen Fonds ist (→ *Publikums-KG*). Über die Zwischenschaltung eines Treuhänders wollen die Initiatoren eine frühzeitige Bündelung der Kommanditisteninteressen in einer Hand erreichen (*Hoppe* in Hesselmann/Tillmann/Mueller-Thuns, Hdb. GmbH & Co. KG, Rz. 2.331). Aber auch darüber hinaus werden Treuhandschaften in Zusammenhang mit einer GmbH & Co. KG in vielfältiger Weise und aus den unterschiedlichsten Gründen eingesetzt. Demenentsprechend breit ist ihr Anwendungsbereich.

2. Grundlagen

In der Praxis sind Treuhandverhältnisse sind dadurch gekennzeichnet, dass der Treugeber dem Treuhänder einen Vermögensgegenstand überträgt oder ihm eine Rechtsmacht einräumt, ihn aber in der Ausübung der sich daraus ergebenden Rechte gegenüber Dritten (Außenverhältnis) durch eine Treuhandvereinbarung (Innenverhältnis) schuldrechtlich bindet (*Bassenge* in Palandt, § 903 BGB Rz. 33). Der Treuhänder ist nach außen Vollrechtsinhaber und hat damit eine weitergehende Rechtsstellung inne, als es seinen internen Abreden mit dem Treugeber und den diesem gegenüber übernommenen Bindungen entspricht. Das rechtliche Können des Treuhänders geht weiter als das rechtliche Dürfen (*Ulmer/Schäfer* in MünchKomm. BGB, § 705 BGB Rz. 84). Bezieht sich das Treuhandverhältnis auf die Beteiligung an einem Unternehmensträger (Gesellschaft) und besteht es im Interesse des Treugebers, liegt eine Form der mittelbaren Teilhabe am Unternehmen im weitesten Sinne vor. Daher kann sich der Anwendungsbereich der Treuhand (Verwaltungstreuhand) mit demjenigen anderer Formen der mittelbaren Unternehmensbeteiligung, wie dem Nießbrauch (→ *Nießbrauch*), der Unterbeteiligung, der stillen Beteiligung oder partiarischen Rechtsgeschäften, decken. Die Abgrenzung kann mitunter schwierig sein. Die Treuhand an einer Beteiligung begründet ein Treuhandverhältnis zwischen dem Gesellschafter als Treugeber und einem Dritten als Treuhänder. T62

3. Erscheinungsformen

Eigennützige/Fremdnützige Treuhand | Aufgrund der Vertragsfreiheit können Treuhandverhältnisse in der Praxis vielfältig ausgestaltet werden. Es lassen sich jedoch Kategorien bilden. So wird nach dem **Interesse an der Treuhand** unterschieden zwischen einer eigennützigen Treuhand und einer fremdnützigen Treuhand. Bei der eigennützigen Treuhand (**Sicherungstreuhand**) besteht das Treuhandverhältnis im Interesse des Treuhänders an einer eigenen dinglichen Sicherung. Sie stellt eine Alternative zur Verpfändung der Beteiligung dar. Bei der fremdnützigen Treuhand (**Verwaltungstreuhand**) wird das Treuhandverhältnis aus Sicht des Treuhänders im Interesse des Treugebers etabliert. Hintergrund ist regelmäßig, dass der Treugeber seine Rechte nicht selbst ausüben kann oder will. Bezogen auf Kommanditbeteiligungen überwiegt in der Praxis die Verwaltungstreuhand (*Westermann* in Westermann/Wertenbruch, Hdb. Personengesellschaften, Rz. I 152). Sie bildet daher den Schwerpunkt dieser Darstellung. Treuhandverhältnisse an Beteiligungen lassen sich außerdem nach den folgenden Merkmalen klassifizieren. T63

Rechtsstellung des Treuhänders | Nach der Rechtsstellung des Treuhänders wird zwischen der echten und der unechten Treuhand unterschieden. T64

- **Echte Treuhand:** Von einer echten Treuhand ist die Rede, wenn der Treuhänder das Eigentum am Treugut zu vollem Recht erwirbt und gegenüber dem Treugeber schuldrechtlich gebunden ist, das Eigentum nur nach Maßgabe des Treuhandvertrags auszuüben (**fiduziarische Vollrechtstreuhand**). Im Fall der Treuhand an einer Kommanditbeteiligung wird der Treuhänder somit Gesellschafter und ist als solcher in das Handelsregister einzutragen. Die Person des Treuhänders – nicht dagegen das Vorliegen einer Treuhand – wird dadurch publik, ein Treuhandvermerk im Handelsregister ist nicht zulässig. Dem Treuhänder stehen die Ansprüche auf Gewinn und Abfindung in der Gesellschaft zu. Der Treuhänder ist nicht nur Träger der Rechte aus dem Gesellschaftsverhältnis, sondern ihn treffen im Verhältnis zu den Mitgesellschaftern auch sämtliche Pflichten wie die Treupflicht und insbesondere das Wettbewerbsverbot (*K. Schmidt* in MünchKomm. HGB, vor § 230 HGB Rz. 57). In der Ausübung der Gesellschafterrechte ist jedoch der Treuhänder gegenüber dem Treugeber schuldrechtlich beschränkt. Diese Form der Treuhand wird als Volltypus der Treuhand behandelt, weil nur bei ihr das charakteristische Auseinanderfallen von äußerer Rechtszuständigkeit und innerer Rechtsbindung vorliegt (*K. Schmidt* in MünchKomm. HGB, vor § 230 HGB Rz. 35).

- **Unechte Treuhand:** Demgegenüber wird von einem unechten Treuhandverhältnis gesprochen, wenn der Treuhänder Gesellschafterrechte ausübt, ohne Gesellschafter zu sein. Es findet also kein Wechsel in der Gesellschafterstellung statt, Gesellschafter bleibt der Treugeber. Bei der Ausübung der Gesellschafterrechte ist der Treuhänder an die Bestimmungen des Treuhandvertrags gebunden. Die unechte Treuhand kommt in zwei Ausprägungen vor. Bei der **Ermächtigungstreuhand** wird der Treuhänder vom Treugeber ermächtigt, dessen Rechte im eigenen Namen zu verwalten, sie geltend zu machen oder über sie zu verfügen (§ 185 BGB). Sie löst hinsichtlich der Treuhand an Gesellschaftsanteilen Probleme des Abspaltungsverbots aus (*K. Schmidt* in MünchKomm. HGB, vor § 230 HGB Rz. 35). Bei der **Vollmachtstreuhand** bevollmächtigt der Treugeber den Treuhänder zu Rechtsgeschäften im Namen des Treugebers. Es gelten die §§ 164 ff. BGB (*Bassenge* in Palandt, § 903 BGB Rz. 34).

T 65 **Publizität der Treuhand** | Es kann auch danach differenziert werden, ob das Treuhandverhältnis gegenüber den Mitgesellschaftern und Dritten offengelegt wird oder nicht.

- **Offene Treuhand:** Bei der offenen Treuhand ist das Treuhandverhältnis gegenüber den Mitgesellschaftern offengelegt und wird regelmäßig auch von ihnen gebilligt (*K. Schmidt* in MünchKomm. HGB, vor § 230 HGB Rz. 43). Eine besondere Ausprägung der offenen Treuhand ist die sog. qualifizierte Treuhand (s. Rz. T 78 ff.).
- **Verdeckte Treuhand:** Bei der verdeckten Treuhand fehlt es an der Offenlegung des Treuhandverhältnisses gegenüber den Mitgesellschaftern. Die Begründung einer verdeckten Treuhand kann gegenüber den Mitgesellschaftern eine Pflichtwidrigkeit darstellen. Der Treuhänder ist dann aufgrund seiner Treuepflicht gehalten, das Treuhandverhältnis und die Person des Treugebers offen zu legen (OLG Hamburg v. 30.4.1993 – 11 W 13/93, GmbHR 1993, 507) und ggf. aufzulösen. Kommt er dem nicht nach, kann er sich gegenüber seinen Mitgesellschaftern schadensersatzpflichtig machen (*Ulmer/Schäfer* in MünchKomm. BGB, § 705 BGB Rz. 88; *Schlitt/Bortfeldt* in Reichert, GmbH & Co. KG, § 40 Rz. 32).

T 66 **Mehrgliedrige Treuhand** | Treuhandverhältnisse können mehrgliedrig ausgestaltet sein. Das bedeutet, dass ein Gesellschaftsanteil für mehrere Beteiligte treuhänderisch gehalten wird. Diese Konstruktion ist regelmäßig bei Publikumsgesellschaften anzutreffen (*Westermann* in Westermann/Wertenbruch, Hdb. Personengesellschaften, Rz. I 152a). Wird ein Gesellschaftsanteil für eine Mehrheit von Treugebern gehalten, sind diese ihrerseits häufig durch eine Innen-GbR miteinander verbunden, um ihre Rechte gegenüber dem Treuhänder einheitlich wahrzunehmen (vgl. etwa BGH v. 11.1.2011 – II ZR 187/09, NZG 2011, 276 = ZIP 2011, 322).

4. Gründe für eine Treuhand

Die Gründe für eine Treuhand sind vielfältig und können sich überschneiden. Von den mit der Treuhand verfolgten Zielen hängt ihre konkrete Ausgestaltung ab. In der Praxis spielen folgende Motive eine Rolle. T67

Vereinfachung | Ein wichtiger Beweggrund für die Schaffung einer Treuhandkonstruktion ist es, die Wahrnehmung der Gesellschafterrechte zu vereinfachen. Dieser Aspekt spielt insbesondere bei Publikumsgesellschaften eine Rolle (→ *Publikums-KG*). Denn die unmittelbare Beteiligung einer Vielzahl von Anlegern führt zu einem erheblichen organisatorischem Aufwand, etwa bei Handelsregisteranmeldungen oder bei der Abhaltung von Gesellschafterversammlungen, und damit zu einer gewissen Schwerfälligkeit (*Jaletzke* in Münchener Hdb. Gesellschaftsrecht, Bd. 2, § 63 Rz. 1). Dem kann durch eine Bündelung der Gesellschafterrechte in der Person eines Treuhänders entgegengewirkt werden. Es handelt sich um einen klassischen Anwendungsfall der (fremdnützigen) Verwaltungstreuhand. T68

Anonymität | Ein weiteres Motiv für eine Treuhand kann sein, die Identität des wirtschaftlich Berechtigten geheim zu halten. Hierbei ist zu unterscheiden. Gegenüber der Gesellschaft und den Mitgesellschaftern (verdeckte Treuhand) kann die Anonymität des Treugebers nicht durchgehend gewahrt werden, wenn die Mitgesellschafter ein schützenswertes Interesse daran haben, auch den Treugeber zu kennen (s. Rz. T 65). Dies gilt insbesondere bei der sog. qualifizierten Treuhand (s. Rz. T 78). Gegenüber der Öffentlichkeit kann die Person des wirtschaftlich berechtigten dagegen geheim gehalten werden, da im Handelsregister nur der Treuhänder eingetragen ist. T69

Nachfolge | Treuhandverhältnisse können die Nachfolge in die Gesellschaftsbeteiligung vorbereiten. So können Erben lediglich wirtschaftlich beteiligt werden, indem ihnen die Stellung eines Treugebers eingeräumt wird. Umgekehrt kann der Erblasser den Nachfolgern bereits die Gesellschafterstellung übertragen und seine lebzeitige Versorgung sicherstellen, indem er selbst Treugeber wird (*Schlitt/Bortfeldt* in Reichert, GmbH & Co. KG, § 40 Rz. 34). T70

Kreditsicherung | Treuhandverhältnisse können schließlich auch zur Kreditsicherung verwendet werden. In diesem Fall kommt eine – aus Sicht des Treuhänders – eigennützige (Sicherungs-)Treuhand zustande. Dies setzt voraus, dass die Beteiligung auf den Treuhänder übertragen wird. Der Nachteil gegenüber der Verpfändung besteht in der damit verbundenen Handelsregisterpublizität. T71

5. Begründung der Treuhand

Voraussetzungen | Die Begründung einer Vollrechtstreuhand an einer Kommanditbeteiligung setzt voraus, dass die Parteien einen Treuhandvertrag schließen und dem Treuhänder das zivilrechtliche Eigentum an der Kommanditbeteiligung verschafft wird. T72

Eigentum am Kommanditanteil | Die dingliche Treuhandposition kann auf verschiedene Weise zustande kommen. T73

- **Übertragungstreuhand:** Der Treuhänder kann die Position des zivilrechtlichen Eigentümers erlangen, indem ihm der Treugeber die Kommanditbeteiligung überträgt. Hierbei sind, da es sich um einen formellen Gesellschafterwechsel handelt, die gleichen Voraussetzungen zu erfüllen wie bei jeder anderen Übertragung der Kommanditbeteiligung auch. Insbesondere ist die Zustimmung der Mitgesellschafter erforderlich, falls der Gesellschaftsvertrag diese nicht schon vorwegnimmt. Wird zusammen mit der Kommanditbeteiligung auch ein Geschäftsanteil an der Komplementär-GmbH übertragen, erstreckt sich das Erfordernis der notariellen Beurkundung des Kausalgeschäfts (§ 15 Abs. 4 Satz 1 GmbHG) auch auf die Verpflichtung zur Übertragung der Kommanditbeteiligung, da es sich regelmäßig um ein einheitliches Rechtsgeschäft handelt (§ 139 BGB).

- **Erwerbstreuhand:** Die dingliche Treuhänderposition kann aber auch dadurch begründet werden, dass der Treuhänder den Kommanditanteil bei der Gründung oder durch Beitritt zur Gesellschaft erwirbt. Hier fungiert der Treuhänder als Strohmann des Treugebers, mit dem er ausschließlich über eine schuldrechtliche Vereinbarung verbunden ist (*Schlitt/Bortfeldt* in Reichert, GmbH & Co. KG, § 40 Rz. 41).

- **Vereinbarungstreuhand:** Schließlich kann die Treuhand auch ohne einen Wechsel in der Gesellschafterstellung durch bloße Vereinbarung begründet werden. Hierbei verpflichtet sich der Treuhänder, die Kommanditbeteiligung künftig für den Treugeber zu halten. Bezieht sich die Vereinbarungstreuhand auch auf den Geschäftsanteil der Komplementär-GmbH, bedarf sie – wie die Übertragungstreuhand – regelmäßig der notariellen Form (*K. Schmidt* in MünchKomm. HGB, vor § 230 HGB Rz. 51). Umstritten ist, ob die Begründung einer Vereinbarungstreuhand der **Zustimmung der Mitgesellschafter** bedarf, wenn eine ausdrückliche Regelung dazu im Gesellschaftsvertrag fehlt (vgl. einerseits *K. Schmidt* in MünchKomm. HGB, vor § 230 HGB Rz. 54; andererseits *Ulmer/Schäfer* in MünchKomm. BGB, § 705 BGB Rz. 88 jeweils m.w.N.). Es ist zu differenzieren: Soweit der Gesellschaftsvertrag die zustimmungsfreie Vollrechtsübertragung der Kommanditbeteiligung gestattet, ist auch die Vereinbarung einer Treuhand ohne Zustimmung möglich. Bedarf die Übertragung des Vollrechts der Zustimmung der Mitgesellschafter, dürfte die bloß schuldrechtliche Begründung einer Treuhand davon nur erfasst sein, wenn eine Auslegung des Gesellschaftsvertrags unter Berücksichtigung der Umstände des Einzelfalls und Abwägung der Interessen ergibt, dass auch die Begründung einer mittelbaren Unternehmensbeteiligung nicht zustimmungsfrei möglich sein soll. Hierbei können z.B. Wettbewerbsverhältnisse eine Rolle spielen. Hat eine Gesellschaft nur wenige Gesellschafter, die untereinander persönlich verbunden sind, kann dies für eine Zustimmungspflicht sprechen. Ebenso der Charakter der Gesellschaft als Familiengesellschaft. Demgegenüber dürfte bei einer Publikums-KG, die Trägerin eines geschlossenen Fonds ist, kein überwiegendes Interesse der Gesellschafter vorliegen, die Einräumung von Treuhandschaften zu beschränken. Macht der Gesellschaftsvertrag die Begründung anderer Formen der mittelbaren Beteiligung, wie z.B. die stille Gesellschaft, von der Zustimmung der Mitgesellschafter abhängig, kann dies dafür sprechen, dass auch die Vereinbarungstreuhand zustimmungspflichtig ist. Ist nach diesen Grundsätzen die Zustimmung erforderlich, stellt die ohne Zustimmung begründete Treuhand einen Treuepflichtverstoß dar, der geeignet ist **Schadensersatzansprüche** der Mitgesellschafter gegen den Treuhänder zu begründen (*Ulmer/Schäfer* in MünchKomm. BGB, § 705 BGB Rz. 88).

T74 **Treuhandvertrag** | Bei dem Vertrag zwischen Treuhänder und Treugeber handelt es sich in der Regel um einen auf (entgeltliche) Geschäftsbesorgung gerichteten Dienstvertrag i.S.d. § 675 BGB; damit kommen weitgehend die Vorschriften des Auftragsrechts zur Geltung, also die §§ 663, 665 bis 670, 672 bis 674 BGB (*Jaletzke* in Münchener Hdb. Gesellschaftsrecht, Bd. 2, § 63 Rz. 6; zu den Rechten und Pflichten aus dem Treuhandvertrag s. Rz. T 77). Der

Treuhandvertrag an einem Personengesellschaftsanteil bedarf von Gesetzes wegen keiner besonderen **Form**. Formerfordernisse können aber entstehen, wenn sich das Treuhandverhältnis auch auf einen Geschäftsanteil der Komplementär-GmbH erstreckt (*K. Schmidt* in MünchKomm. HGB, vor § 230 HGB Rz. 51). Zu beachten ist schließlich, dass der Treuhandvertrag wegen eines **Verstoßes gegen §§ 2 Abs. 1, 3 RDG gemäß § 134 BGB nichtig** ist, wenn er die Erbringung einer Rechtsdienstleistung zum Gegenstand hat und der Treuhänder hierzu weder nach dem RDG noch nach anderen Gesetzen befugt ist. Nach der Rechtsprechung des BGH kann eine Rechtsdienstleistung vorliegen, wenn der Treuhänder im Treuhandvertrag mit umfassenden Vollmachten zum Abschluss von Verträgen für den Treugeber ausgestattet wird (BGH v. 22.3.2011 - II ZR 271/08, NZG 2011, 588, 589, Rz. 12 = ZIP 2011, 906; BGH v. 11.11.2008 - XI ZR 468/07, NZG 2009, 57, 59, Rz. 33 = ZIP 2008, 2354; *Hoppe* in Hesselmann/Tillmann/Mueller-Thuns, Hdb. GmbH & Co. KG, Rz. 2.337, jeweils m.w.N.).

6. Rechtliche Stellung von Treuhänder und Treugeber

Rechtsverhältnisse einer Treuhand am Kommanditanteil | Bei der (fremdnützigen) Voll- T 75
rechtstreuhand an einem Kommanditanteil sind zwei Rechtsverhältnisse zu unterscheiden, nämlich einerseits der Treuhandvertrag zwischen dem Anleger (Treugeber) und dem Treuhandkommanditisten und andererseits das Gesellschaftsverhältnis zwischen dem Treuhandkommanditisten und der Gesellschaft sowie den unmittelbaren Mitgesellschaftern, welches durch den Gesellschaftsvertrag und die §§ 161 ff. HGB bestimmt wird. Beide Rechtsverhältnisse sind im Grundsatz voneinander unabhängig. Deshalb ist es in der Praxis wichtig, beide Rechtsverhältnisse aufeinander abzustimmen. Die Vertragsfreiheit ermöglicht eine enge Verknüpfung der Rechte und Pflichten aus Gesellschaftsverhältnis und Treuhandverhältnis. Im Falle der sog. qualifizierten Treuhand werden beide Rechtsverhältnisse sogar derart überlagert, dass es zu unmittelbaren Rechtsbeziehungen zwischen Treugeber und Gesellschaft kommt (s. Rz. T 78 ff.). Bei der geschlossenen Publikumsinvestment-KG ist die Trennung der Rechtsbeziehungen durch die Sonderregelung des § 152 Abs. 1 Satz 2 und 3 KAGB im Innenverhältnis aufgehoben.

Gesellschaftsverhältnis | Kommanditist der GmbH & Co. KG ist allein der Treuhänder T 76
(*Haas/Mock* in Röhricht/Graf von Westphalen/Haas, § 161 HGB Rz. 215). Nur er ist in das Handelsregister einzutragen, die Eintragung eines Treuhandvermerks ist weder erforderlich noch möglich (*Schlitt/Bortfeldt* in Reichert, GmbH & Co. KG, § 40 Rz. 45). Als Kommanditist ist allein der Treuhänder Träger der Rechte und Pflichten aus dem Gesellschaftsverhältnis: Ihm stehen die gesellschaftsrechtlichen Verwaltungsrechte zu, also insbesondere das Stimmrecht (§§ 119, 161 Abs. 2 HGB) sowie die Informations- und Kontrollrechte (§ 166 HGB). Umgekehrt ist grundsätzlich nur er der Adressat der gesellschaftsrechtlichen Treuepflicht und eines etwaigen Wettbewerbsverbots. Der Treuhänder muss im Verhältnis zur Gesellschaft die vollständige Kommanditeinlage erbringen, und zwar ohne Rücksicht auf die mit dem Treugeber getroffene Vereinbarung. Im Falle einer offenen Treuhand kann jedoch im Gesellschaftsvertrag vereinbart werden, dass der Einlageanspruch der Gesellschaft dadurch bedingt ist, dass der Treugeber an den Treuhänder leistet (*Jaletzke* in Münchener Hdb. Gesellschaftsrecht, Bd. 2, § 63 Rz. 9, 13). Denkbar ist auch, dass der Treuhänder seinen Erstattungs- bzw. Freistellungsanspruch aus dem Treuhandvertrag an die Gesellschaft abtritt, so dass sich diese direkt an den Treugeber wenden kann. Die vermögensrechtlichen Ansprüche aus dem Gesellschaftsverhältnis, also insbesondere der Gewinnanspruch und das Auseinandersetzungs- bzw.

Abfindungsguthaben, stehen dem Treuhandkommanditisten zu. Sie können jedoch an den Treugeber abgetreten werden (§ 717 Satz 2 BGB, §§ 105 Abs. 3, 161 Abs. 2 HGB).

T 77 **Treuhandverhältnis** | Das Treuhandverhältnis wird durch den Treuhandvertrag bestimmt (s. Rz. T 74). Soweit dieser keine abweichenden Regelungen vorsieht, unterliegt der Treuhandkommanditist den Weisungen des Treugebers (§§ 665, 675 Abs. 1 BGB) und ist dem Treugeber zur Auskunft und zur Rechenschaft verpflichtet (§§ 666, 675 Abs. 1, 259 BGB). Der Treugeber ist jedoch in der Geltendmachung dieser Rechte durch die Pflichten des Treuhänders gegenüber der Gesellschaft begrenzt. Dies gilt insbesondere bei der verdeckten Treuhand, bei der aus Sicht der Gesellschaft der Treugeber nicht anders zu behandeln ist als ein fremder Dritter. Hier ist der Treuhänder nicht befugt, Informationen an den Treugeber weiterzugeben, wenn die Weitergabe geeignet ist, die Interessen der Gesellschaft zu verletzen (*K. Schmidt* in MünchKomm. HGB, vor 230 HGB Rz. 73 f.). Der Treuhänder hat gegen den Treugeber Anspruch auf Aufwendungsersatz und Vorschuss (§§ 669, 670, 675 Abs. 1 BGB). Hierzu gehört auch der Anspruch des Treuhänders auf Freistellung von der Haftung für Gesellschaftsverbindlichkeiten (*K. Schmidt* in MünchKomm. HGB, vor § 230 HGB Rz. 75). Um die Interessen der Anleger unbefangen wahrnehmen zu können, sollte nach der Rechtsprechung des BGH der Treuhandkommanditist von der Geschäftsführung der Gesellschaft **unabhängig** sein. Ist dieser Grundsatz nicht gewahrt, muss dies im Prospekt offengelegt werden (BGH v. 22.1.1979 – II ZR 178/77, NJW 1979, 1503, 1504; BGH v. 17.12.1979 – II ZR 240/78, NJW 1980, 1162, 1163; *Hoppe* in Hesselmann/Tillmann/Mueller-Thuns, Hdb. GmbH & Co. KG, Rz. 2.334; *Haas/Mock* in Röhricht/Graf von Westphalen/Haas, § 161 HGB Rz. 215, 217). Im Allgemeinen ist der Treuhänder verpflichtet, bei der Verwaltung der Beteiligung die Interessen des Anlegers uneigennützig und sachverständig wahrzunehmen und alles Erforderliche zu tun, um die Beteiligung und ihren wirtschaftlichen Wert zu erhalten und zu mehren (BGH v. 22.1.1979 – II ZR 178/77, NJW 1979, 1503, 1504; zu den weiteren Pflichten des Treuhänders gegenüber den Anlegern *Hoppe* in Hesselmann/Tillmann/Mueller-Thuns, Hdb. GmbH & Co. KG, Rz. 2.334 ff.).

7. Qualifizierte Treuhand

T 78 **Bedeutung** | Eine besondere Ausprägung der offenen Treuhand an einem Personengesellschaftsanteil ist die qualifizierte Treuhand. Diese tritt in der Praxis vor allem bei der Beteiligung von Anlegern an Publikumsgesellschaften in Erscheinung. Hierbei nimmt der Anleger die Position eines Treugebers ein, der sich mittelbar über einen Treuhänder (Treuhandgesellschafter) an einem geschlossenen Fonds beteiligt. Anders als bei der herkömmlichen Treuhand werden durch die qualifizierte Treuhand jedoch **unmittelbare Rechtsbeziehungen** zwischen dem Treugeber einerseits und der Gesellschaft sowie den Gesellschaftern andererseits begründet. Die Rechtsfigur der qualifizierten Treuhand, die der BGH schon frühzeitig anerkennt hat (BGH v. 13.5.1953 – II ZR 157/52, NJW 1953, 1548; BGH v. 30.3.1987 – II ZR 163/86, NJW 1987, 2677 = ZIP 1987, 912), ist in jüngerer Zeit durch eine Reihe von Entscheidungen weiter ausgeleuchtet worden. Für die geschlossene Publikumsinvestment-KG hat sie der Gesetzgeber mit der Sonderreglung in § 152 Abs. 1 Satz 3 KAGB zur einzig zulässigen Gestaltungsvariante erklärt (*Casper* in Staub, § 161 HGB Rz. 240; vgl. ausführlich zur Bedeutung des KAGB für das Recht der Publikums-KG *Casper* in Staub, § 161 HGB Rz. 126, 129, 257 ff.).

T 79 **Begriff** | Nach der Rechtsprechung des BGH ist eine qualifizierte Treuhand dadurch gekennzeichnet, dass – wie bei Publikumsgesellschaften häufig – die mittelbare Beteiligung erst noch zu werbender Anleger und damit eine **Verzahnung von Gesellschaft und Treuhand** von vornherein vorgesehen und im Hinblick darauf bestimmte Rechte und Pflichten der Anleger schon im Gesellschaftsvertrag geregelt sind (BGH v. 30.3.1987 – II ZR 163/86, NJW 1987, 2677 = ZIP 1987, 912; BGH v. 11.10.2011 – II ZR 242/09, NZG 2011, 1432 = ZIP 2011, 2299; BGH v. 5.2.2013 – II ZR 134/11, DB 2013, 625; BGH v. 5.2.2013 – II ZR 136/11, ZIP 2013, 619). Hierdurch wird der Anleger – über seine schuldrechtliche Beziehung zum Treuhänder hinaus – entsprechend einem unmittelbaren Gesellschafter in den Gesellschaftsverband einbezogen. Der Anleger muss die ihn betreffenden Regelungen des Gesellschaftsvertrags, auf den er bei seinem Beitritt Bezug nimmt, regelmäßig so verstehen, dass die Gesellschafter damit schlüssig den Treuhandgesellschafter, mit dem er unmittelbar abschließt, bevollmächtigt haben, ihn wie einen Gesellschafter in das Gesellschaftsverhältnis einzubeziehen, soweit seine Rechtsstellung im Gesellschaftsvertrag angesprochen ist (BGH v. 30.3.1987 – II ZR 163/86, NJW 1987, 2677 = ZIP 1987, 912; BGH v. 11.10.2011 – II ZR 242/09, NZG 2011, 1432 = ZIP 2011, 2299). Bei den Rechtsverhältnissen des Anlegers zu den anderen Treugebern, dem Treuhänder und den übrigen Gesellschaftern sowie zur Gesellschaft handelt es sich nicht um bloß schuldrechtliche Rechtsbeziehungen, sondern um von gesellschaftsrechtlichen Bindungen überlagerte Vertragsverhältnisse. Der Anleger erhält im Verhältnis zu diesen Beteiligten die Stellung eines unmittelbaren Gesellschafters. Er ist ein **Quasi-Gesellschafter**, dem im Gesellschaftsvertrag unmittelbar Rechte und Pflichten zugeordnet werden können (BGH v. 11.10.2011 – II ZR 242/09, NZG 2011, 1432 = ZIP 2011, 2299; BGH v. 5.2.2013 – II ZR 134/11, DB 2013, 625; BGH v. 5.2.2013 – II ZR 136/11, ZIP 2013, 619; BGH v. 20.1.2015 – II ZR 444/13, ZIP 2015, 630).

Zulässigkeit | Dass dem Treugeber im Innenverhältnis durch Verzahnung von Treuhand- T80
und Gesellschaftsvertrag die Stellung eines Quasi-Gesellschafters eingeräumt werden kann, beruht auf der Doppelnatur des Gesellschaftsvertrags der Personengesellschaft. Der Gesellschaftsvertrag i.S.d. § 705 BGB begründet zum einen die rechtsfähige Gesamthand (organisationsrechtliches Element) und zum anderen ein Schuldverhältnis zwischen den Gesellschaftern (schuldrechtliches Element). Für das schuldrechtliche Element, also das Innenverhältnis der Gesellschafter, gilt weitgehend der Grundsatz der Vertragsfreiheit (BGH v. 13.5.1953 – II ZR 157/52, NJW 1953, 1548; BGH v. 11.10.2011 – II ZR 242/09, NZG 2011, 1432 = ZIP 2011, 2299; *Wertenbruch*, EWiR 2012, 79, 80). Sollen im Einzelfall die Treugeber Rechte ausüben dürfen, die, wie z.B. das Stimmrecht, von der Mitgliedschaft des Treuhänders nicht abgespalten werden können, ist das ausnahmsweise zulässig, weil dem alle Gesellschafter im Gesellschaftsvertrag zugestimmt haben (BGH v. 30.3.1987 – II ZR 163/86, NJW 1987, 2677 = ZIP 1987, 912; BGH v. 11.10.2011 – II ZR 242/09, NZG 2011, 1432 = ZIP 2011, 2299; BGH v. 5.2.2013 – II ZR 134/11, DB 2013, 625; BGH v. 5.2.2013 – II ZR 136/11, ZIP 2013, 619; BGH v. 16.12.2014 – II ZR 277/13, NZG 2015, 269 = AG 2015, 237 = ZIP 2015, 319).

Folgen für das Gesellschaftsverhältnis | Die Einbeziehung des Treugebers in das Rechtsver- T81
hältnis der Gesellschafter führt dazu, dass sich die Gesellschafterstellung gesellschaftsintern zwischen Treuhänder und Treugeber aufteilt (*Ulmer/Schäfer* in MünchKomm. BGB, § 705 BGB Rz. 93). Es wird eine unmittelbare Rechtsbeziehung zwischen Treugeber, Gesellschaft und unmittelbaren Gesellschaftern begründet. Der Treugeber ist wie ein Gesellschafter verpflichtet, den Gesellschaftszweck zu fördern, ebenso trifft ihn die gesellschafterliche Treuepflicht (BGH v. 5.2.2013 – II ZR 134/11, DB 2013, 625; BGH v. 5.2.2013 – II ZR 136/11, ZIP 2013, 619; *Ulmer/Schäfer* in MünchKomm. BGB, § 705 BGB Rz. 93). Die Gesellschaft kann den Anspruch auf Leistung der **Einlage** aus eigenem Recht gegen den Treugeber geltend machen (BGH v. 18.9.2012 – II ZR 201/10, ZIP 2012, 2291). Ebenso den Anspruch auf Leistung des **Auseinandersetzungsfehlbetrags** gemäß § 735 BGB, wenn sich das Treuhandverhältnis

auf die Beteiligung als persönlich haftender Gesellschafter bezieht (BGH v. 11.10.2011 – II ZR 242/09, NZG 2011, 1432 = ZIP 2011, 2299). Umgekehrt kann der Treugeber – sofern der Gesellschaftsvertrag dies vorsieht – von der Gesellschaft die Erfüllung der **vermögensrechtlichen Ansprüche** der Gesellschafterstellung (Gewinnanteil, Abfindung bzw. Anteil am Liquidationsüberschuss) fordern (BGH v. 20.1.2015 – II ZR 444/13, ZIP 2015, 630). Der Treugeber kann von der Gesellschaft **Aufwendungsersatz** nach § 110 HGB verlangen, wenn er im Rahmen einer Sanierung Zahlungen zur Tilgung von Gesellschaftsverbindlichkeiten leistet (BGH v. 29.9.2015 – II ZR 403/13, ZIP 2015, 2268, Rz. 16). Erfüllt die Gesellschaft den Aufwendungsersatzanspruch des Treugebers nicht, kann er die unmittelbar beteiligten (Mit-)Gesellschafter und die mittelbar beteiligten Mit-Treugeber analog § 426 Abs. 1 BGB auf **anteiligen Ausgleich** in Anspruch nehmen, soweit diese für die getilgten Gesellschaftsverbindlichkeiten (mittelbar) hafteten und sich nicht durch Tilgungszahlungen an der Sanierung beteiligt haben (BGH v. 29.9.2015 – II ZR 403/13, ZIP 2015, 2268, Rz. 19ff.; dazu kritisch *Altmeppen*, NJW 2016, 1761; *Mock*, ZIP 2016, 497; *Wertenbruch*, NZG 2016, 401). Dem Treugeber können weitgehende **Mitverwaltungsrechte** eingeräumt werden. Neben dem Recht auf Teilnahme an den Gesellschafterversammlungen sowie Informations- und Kontrollrechten zählt dazu insbesondere das **Stimmrecht** (*Westermann* in Westermann/Wertenbruch, Hdb. Personengesellschaften, Rz. I 153b; *Tebben*, ZGR 2001, 586, 613; a.A. *Wertenbruch*, NZG 2013, 285, 285f.). Auch der BGH hat das Stimmrecht ausdrücklich miteingeschlossen, als er die Zulässigkeit der Abspaltung von Gesellschafterrechten bei der qualifizierten Treuhand begründet (s. Rz. T 80; BGH v. 16.12.2014 – II ZR 277/13, NZG 2015, 269, 270f., Rz. 14 und 19 = AG 2015, 237 = ZIP 2015, 319; BGH v. 11.11.2008 – XI ZR 468/07, NZG 2009, 57, 58, Rz. 20 = ZIP 2008, 2354). Ferner hat der mittelbar beteiligte Anleger einen aus § 716 Abs. 1 BGB folgenden – unentziehbaren – Anspruch gegen die Gesellschaft und die Mitgesellschafter, insbesondere den das Anlegerregister führenden Treuhandkommanditisten, auf **Mitteilung der Namen und Anschriften** der anderen mittelbar und unmittelbar beteiligten Anleger (BGH v. 16.12. 2014 – II ZR 277/13, NZG 2015, 269 = AG 2015, 237 = ZIP 2015, 319; BGH v. 5.2.2013 – II ZR 134/11, DB 2013, 625; BGH v. 11.1.2011 – II ZR 187/09, NZG 2011, 276 = ZIP 2011, 322), etwa zur Geltendmachung der oben beschriebenen anteiligen Ausgleichsansprüche. Gleichzeitig hat auch der unmittelbar beteiligte Anleger (Gesellschafter) Anspruch auf Mitteilung der Namen und Anschriften der mittelbar beteiligten Anleger (BGH v. 5.2.2013 – II ZR 136/11, ZIP 2013, 619; BGH v. 11.1.2011 – II ZR 187/09, NZG 2011, 276 = ZIP 2011, 322). Die Beteiligung über einen Treuhänder vermittelt dem Anleger also keine Anonymität. Eine Gleichstellung mit einem unmittelbar beteiligten Gesellschafter erfolgt auch in Bezug auf die Voraussetzungen für eine Beteiligung an der Gesellschaft: Ist der Treugeber minderjährig, bedarf es einer **familiengerichtlichen Genehmigung** gemäß § 1822 Nr. 3 BGB. Soweit für die Übertragung des Gesellschaftsanteils die Zustimmung der Mitgesellschafter erforderlich ist, gilt dies auch für die **Übertragung der Rechte des Treugebers** ist auf einen Dritten. Für den **Ausschluss eines Gesellschafters** aus wichtigem Grund nach § 737 BGB ist nicht allein auf die Verhältnisse beim Treuhänder abzustellen; ein Ausschließungsbeschluss gegenüber dem Treuhänder kann auch darauf gestützt werden, dass das Verhalten des Treugebers eine Fortsetzung der Gesellschaft mit ihm unmöglich macht. Umgekehrt kann sich der Treugeber bei Vorliegen eines wichtigen Grundes in der Person des Treuhänders durch **Kündigung** des Treuhandverhältnisses von seiner Beteiligung insgesamt lösen (*Ulmer/Schäfer* in MünchKomm. BGB, § 705 BGB Rz. 93 a.E.; BGH v. 20.1.2015 – II ZR 444/13, ZIP 2015, 630).

T 82 **Außenverhältnis** | Während das Innenverhältnis der Gesellschaft (schuldrechtliches Element des Gesellschaftsvertrags) vom Grundsatz der Vertragsfreiheit beherrscht wird, gilt für das

Außenverhältnis das Prinzip des Typenzwangs (*Wertenbruch*, NZG 2013, 285, 285). Das bedeutet, dass im Außenverhältnis weiterhin allein der Treuhänder Gesellschafter ist. Nur er ist in das **Handelsregister** einzutragen (*Tebben*, ZGR 2001, 586, 612). Nur der Treuhänder ist gesamthänderisch am **Gesellschaftsvermögen** beteiligt. Es besteht keine dingliche Berechtigung des Treugebers am Gesellschaftsvermögen. Trotz Finanzierung der Einlage hat der Treugeber keinen Anteil am Gesellschaftsvermögen i.S.d. §§ 719, 725 BGB, § 859 ZPO und daher auch keinen Kapitalanteil (*Wertenbruch*, NZG 2013, 285, 285).

Haftung | Insbesondere haftet der Treugeber mangels „formeller Gesellschafterstellung" nicht gegenüber den Gesellschaftsgläubigern. Die Außenhaftung gemäß §§ 128, 171, 172 HGB trifft allein den Treuhänder (BGH v. 29.9.2015 – II ZR 403/13, ZIP 2015, 2268, Rz. 20; BGH v. 24.7.2012 – II ZR 297/11, NZG 2012, 1024, 1025, Rz. 21 = ZIP 2012, 1706; BGH v. 22.3.2011 – II ZR 271/08, NZG 2011, 588 f., Rz. 10 = ZIP 2011, 906; BGH v. 11.11.2008 – XI ZR 468/07, NZG 2009, 57, 58, Rz. 21 = ZIP 2008, 2354). Der Treuhänder hat jedoch regelmäßig einen Freistellungsanspruch gegen den Treugeber. Der **Freistellungsanspruch** folgt, soweit nicht schon im Treuhandvertrag geregelt, aus §§ 675, 670, 257 BGB. Die Gesellschaftsgläubiger können den Freistellungsanspruch pfänden und sich überweisen lassen, wenn sie einen Vollstreckungstitel gegen den Treuhänder erlangt haben (BGH v. 11.10.2011 – II ZR 242/09, NZG 2011, 1432, 1435, Rz. 35 = ZIP 2011, 2299; BGH v. 11.11.2008 – II XI ZR 468/07, NZG 2009, 57, 58, Rz. 24 = ZIP 2008, 2354). Der Treuhänder kann aber auch, um eine Zwangsvollstreckung zu vermeiden, den Freistellungsanspruch an den Gesellschaftsgläubiger abtreten. Dem steht § 399 Alt. 1 BGB nicht entgegen. Zwar verändert der Freistellungsanspruch infolge der **Abtretung** seinen Inhalt, da er sich in einen Zahlungsanspruch umwandelt. Eine solche Veränderung des Leistungsinhalts hindert die Abtretung aber nicht, wenn der Freistellungsanspruch gerade an den Gläubiger der zu tilgenden Schuld abgetreten wird (BGH v. 11.10.2011 – II ZR 242/09, NZG 2011, 1432, 1435, Rz. 35 = ZIP 2011, 2299; BGH v. 22.3.2011 – II ZR 271/08, NZG 2011, 588, 589, Rz. 14 = ZIP 2011, 906; BGH v. 22.3.2011 – II ZR 224/08, BB 2011, 1807, 1808, Rz. 15). Gegen eine Inanspruchnahme durch den Gesellschaftsgläubiger kann der Treugeber die Einwendungen nach § 129 HGB erheben (BGH v. 11.10.2011 – II ZR 242/09, NZG 2011, 1432, 1435, Rz. 36 = ZIP 2011, 2299; BGH v. 18.10.2012 – III ZR 150/11, NZG 2013, 229, 233, Rz. 36 = ZIP 2012, 2250; *Wertenbruch*, NZG 2013, 286, 287; *Wertenbruch* in Westermann/Wertenbruch, Hdb. Personengesellschaften, Rz. I 894b). Gegen den – in einen Zahlungsanspruch umgewandelten – Freistellungsanspruch kann der Treugeber jedoch nicht mit Schadensersatzansprüchen aus Prospekthaftung, die ihm gegen den Treuhandgesellschafter zustehen, aufrechnen. Eine **Aufrechnung** wäre ohnehin nur möglich, wenn sich der Freistellungsanspruch und der Prospekthaftungsanspruch als gleichartige Forderungen gegenüberstehen (§ 387 BGB). Eine Aufrechnung gegenüber dem Gesellschaftsgläubiger würde daher voraussetzen, dass sich der Freistellungsanspruch schon vor seiner Abtretung an den Gesellschaftsgläubiger in einen Zahlungsanspruch gewandelt hätte, etwa durch eine endgültige Erfüllungsverweigerung (§§ 280, 281 BGB), da nur dann § 406 BGB dem Treugeber die Aufrechnungslage erhalten würde. Aber auch in diesem Fall schließt der BGH die Aufrechnung unter Hinweis auf das vom Treugeber übernommene Anlagerisiko aus: Bei einer qualifizierten Treuhand dürfe der Anleger nicht besser gestellt werden, als wenn er sich unmittelbar als Gesellschafter beteiligt hätte. Im Fall einer qualifizierten Treuhand an einer Kommanditbeteiligung erfasse die Einbindung der Anleger durch das Treuhandverhältnis auch die Haftung des Treuhandkommanditisten gegenüber Gesellschaftsgläubigern, soweit die Einlagen nicht erbracht oder wieder zurückbezahlt worden sind. Aus diesem Grund könne sich der Anleger der ihn mittelbar über die Inanspruchnahme durch den Treuhand- T83 kommanditisten treffenden Haftung gegenüber den Gesellschaftsgläubigern nach §§ 171, 172 HGB nicht durch Aufrechnung mit Ansprüchen gegen den Treuhandkommanditisten entziehen (BGH v. 22.3.2011 - II ZR 271/08, NZG 2011, 588, 591, Rz. 27 = ZIP 2011, 906; BGH v. 22.3.2011 - II ZR 224/08, BB 2011, 1807, 1809f., Rz. 15). Diese Grundsätze hat der BGH auf die qualifizierte Treuhand an der Beteiligung eines OHG-Gesellschafters übertragen (BGH v. 24.7.2012 - II ZR 297/11, NZG 2012, 1024 = ZIP 2012, 1706; BGH v. 18.10.2012 - III ZR 150/11, NZG 2013, 229 = ZIP 2012, 2250; kritisch zu dieser Rechtsprechung *Klöhn* in VGR [Hrsg.], Gesellschaftsrecht in der Diskussion 2012, S. 143).

T84–T90 frei

8. Zwangsvollstreckung und Insolvenz

T91 **Problemstellung** | Da bei der Vollrechtstreuhand das zivilrechtliche Eigentum und die wirtschaftliche Berechtigung auseinanderfallen, stellt sich die Frage, ob der Gesellschaftsanteil der Haftungsmasse des Treugebers oder derjenigen des Treuhänders zuzuschlagen ist.

T92 **Verwaltungstreuhand** | Bei der (fremdnützigen) Verwaltungstreuhand ist der Gesellschaftsanteil uneingeschränkt dem Vermögen des Treugebers zuzurechnen. Daher kann der Treugeber **Drittwiderspruchsklage** (§ 771 ZPO) erheben, wenn Privatgläubiger des Treuhänders in den Gesellschaftsanteil vollstrecken (BGH v. 19.11.1992 - IX ZR 45/92, ZIP 1993, 213, 214; OLG Hamm v. 23.5.1997 - 19 U 150/96, GmbHR 1997, 950, 951). Wird über das Vermögen des Treuhänders das Insolvenzverfahren eröffnet, steht dem Treugeber ein **Aussonderungsrecht** (§ 47 InsO) zu (*K. Schmidt* in MünchKomm. HGB, vor § 230 HGB Rz. 81). Führt die Eröffnung des Insolvenzverfahrens zum Ausscheiden des Treuhänders aus der Gesellschaft (§§ 161 Abs. 2, 131 Abs. 3 Satz 1 Nr. 2 HGB), bezieht sich das Aussonderungsrecht auf den Abfindungsanspruch. Nach überwiegender Auffassung gelten diese Grundsätze aber nur im Falle der sog. Übertragungstreuhand (s. Rz. T 73), also dann, wenn der Treugeber den Gesellschaftsanteil bei Begründung der Treuhand aus seinem Vermögen auf den Treuhänder übertragen hat (sog. Unmittelbarkeitsgrundsatz). Demgegenüber soll dem Treugeber bei der Erwerbstreuhand und bei Vereinbarungstreuhand das Recht zur Drittwiderspruchsklage bzw. zur Aussonderung nicht zustehen. Diese Einschränkung ist in den Fällen der offenen Treuhand wenig nachvollziehbar. Insbesondere bei der qualifizierten Treuhand am Gesellschaftsanteil (s. Rz. T 78ff.) ist nicht einzusehen, weshalb die Rechtsordnung den Treugebern (Anlegern) einen wirksamer Vermögensschutz verweigern sollte (*K. Schmidt* in MünchKomm. HGB, vor § 230 HGB Rz. 80). Bei einer **Zwangsvollstreckung gegen den Treugeber** können die Gläubiger in dessen Rechte aus dem Treuhandverhältnis vollstrecken, z.B. die Herausgabe- oder Rückübertragungsansprüche. In der Insolvenz des Treugebers fallen diese Rechte in die Masse.

T93 **Sicherungstreuhand** | Bei der (eigennützigen) Sicherungstreuhand dient der Gesellschaftsanteil der Sicherung einer Forderung des Treuhänders. Daher ist der Gesellschaftsanteil nur bis zur **Verwertungsreife** dem Vermögen des Treugebers zuzurechnen. Sobald der Treuhänder nach der Treuhand- bzw. Sicherungsabrede wegen seiner Forderung zur Verwertung des Gesellschaftsanteils berechtigt ist, fällt der Gesellschaftsanteil auch wirtschaftlich dem Treuhänder zu. Dementsprechend kann der Treugeber Zugriffe der Privatgläubiger in den Gesellschaftsanteil mit der Drittwiderspruchsklage nur solange abwehren, wie der Treuhänder den Gesellschaftsanteil noch nicht verwerten darf (*K. Schmidt* in MünchKomm. HGB, vor § 230

HGB Rz. 80). Ebenso besteht im Falle der Insolvenz des Treuhänders das Aussonderungsecht nach § 47 InsO nur bis zur Verwertungsreife (*K. Schmidt* in MünchKomm. HGB, vor § 230 HGB Rz. 81).

9. Parteiwechsel

Auswechselung des Treuhänders | Soll die Person des Treuhänders ausgetauscht werden, ist sowohl das Gesellschaftsverhältnis als auch das Treuhandverhältnis davon betroffen. Zum einen muss der Gesellschaftsanteil übertragen werden. Die Übertragung des Gesellschaftsanteils erfolgt nach den allgemeinen Regeln. Danach bestimmt sich auch, ob eine Zustimmung der Mitgesellschafter erforderlich ist. Zum anderen muss das Treuhandverhältnis auf den neuen Treuhänder übertragen werden (Vertragsübernahme). Hierfür bedarf es der Mitwirkung des Treugebers und des alten wie des neuen Treuhänders (*K. Schmidt* in MünchKomm. HGB, vor § 230 HGB Rz. 84). T94

Übertragung der Treugeberstellung | Ein Wechsel des Treugebers erfolgt durch Vertragsübernahme. Die Vertragsübernahme kann als „dreiseitiger" Vertrag zwischen Treuhänder sowie altem und neuem Treugeber abgeschlossen werden. Rechtstechnisch möglich ist aber auch ein Vertrag zwischen dem ausscheidenden und dem eintretenden Treugeber unter Zustimmung des Treuhänders. Umstritten ist, ob die Übertragung der Treugeberstellung von der Zustimmung der Mitgesellschafter abhängt (*K. Schmidt* in MünchKomm. HGB, vor § 230 HGB Rz. 85 m.w.N.). Dies ist anhand der gleichen Kriterien zu entscheiden wie die Frage, ob die Begründung einer Treuhand durch Vereinbarung der Zustimmung der Mitgesellschafter bedarf (s. Rz. T 73). Jedenfalls bei der qualifizierten Treuhand unterliegt die Übertragung der Treugeberstellung den gleichen Voraussetzungen wie die Übertragung des Gesellschaftsanteils (s. Rz. T 81). T95

10. Beendigung der Treuhand

Gründe | Die Beendigung des Treuhandverhältnisses richtet sich nach den Bestimmungen des Treuhandvertrags sowie nach den allgemeinen Regeln des Auftragsrechts (§§ 672, 673, 675 Abs. 1 BGB) und des Dienstvertragsrechts (§§ 621 ff. BGB). T96

Rückübertragung des Treuguts | Mit Beendigung des Treuhandverhältnisses ist der Treuhänder zur (Rück-)Übertragung des Gesellschaftsanteils an den Treugeber verpflichtet. Bedarf die Übertragung eines Gesellschaftsanteils die Zustimmung der Mitgesellschafter, gilt dies grundsätzlich auch für die Rückübertragung eines treuhänderisch gehaltenen Gesellschaftsanteils auf den Treugeber. Der Treugeber hat keinen Anspruch gegen die Mitgesellschafter auf Erteilung der Zustimmung. Allerdings ist in der Zustimmung der Mitgesellschafter zur Begründung des Treuhandverhältnisses regelmäßig eine antizipierte Zustimmung zur Rückübertragung des Gesellschaftsanteils zu sehen, die nur aus wichtigem Grund widerrufen werden darf (BGH v. 8.4.1965 – II ZR 77/63, NJW 1965, 1376; BGH v. 22.4.1985 – II ZR 151/84, WM 1985, 1143), etwa wenn der Treugeber zwischenzeitlich zum Konkurrenten der Gesellschaft geworden ist (*K. Schmidt* in MünchKomm. HGB, vor § 230 HGB Rz. 93). T97

Vollständige Lösung von der mittelbaren Beteiligung | Eine (Rück-)Übertragung des Gesellschaftsanteils auf den Treugeber ist nicht immer interessengerecht. Insbesondere bei Publi- T98 kumsgesellschaften besteht der Zweck der Treuhandgestaltung regelmäßig darin, die Gesellschafterrechte in der Hand des Treuhänders zu bündeln, um hierdurch die gesellschaftsinternen Abläufe zu vereinfachen. In diesem Fall ist durch eine Verknüpfung von Treuhand- und Gesellschaftsvertrag sicherzustellen, dass eine Beendigung der Treuhand stets auch eine Beendigung der Gesellschafterstellung des Treuhänders bzw. eine Herabsetzung seiner Einlage nach sich zieht. Dies führt dazu, dass sich der Treugeber insgesamt von seiner mittelbaren Beteiligung lösen kann (*Jaletzke* in Münchener Hdb. Gesellschaftsrecht, Bd. 2, § 63 Rz. 25, 30 f.; *Haas/Mock* in Röhricht/Graf von Westphalen/Haas, § 161 HGB Rz. 214). Gleiches gilt, wenn eine Publikumsgesellschaft so organisiert ist, dass sich die Anleger nur mittelbar über einen Treuhänder an ihr beteiligen können: In diesem Fall kann auch eine Pflichtverletzung des Treuhänders ein wichtiger Grund sein, der den Anleger berechtigt, sich von seiner Beteiligung insgesamt zu trennen (BGH v. 22.1.1979 – II ZR 178/77, NJW 1979, 1503).

T99–T109 frei

11. Mitunternehmerstellung des Treuhänders und Treugebers

T110 **Gesellschafterstellung des Treuhandkommanditisten |** Ist die Mitgliedschaft in einer Personengesellschaft Gegenstand eines Treuhandverhältnisses (z.B. Kommanditanteil), so schließt der Treuhänder, auch wenn es sich um ein offenes Treuhandverhältnis handelt, den Gesellschaftsvertrag im eigenen Namen ab; er wird allein Gesellschafter und Träger aller Rechte und Pflichten aus dem Gesellschaftsvertrag, während der Treugeber zivilrechtlich in keiner Beziehung Gesellschafter ist, unmittelbare Rechtsbeziehungen nicht zwischen ihm und der Gesellschaft bzw. den übrigen Gesellschaftern, sondern auf schuldrechtlicher Grundlage, nämlich dem regelmäßig als Geschäftsbesorgungsvertrag (§§ 675 ff. BGB) oder bei Unentgeltlichkeit als Auftrag (§ 662 BGB) anzusehenden Treuhandvertrag, lediglich mit dem Treuhänder bestehen (vgl. BFH v. 24.5.1977 – IV R 47/76, BStBl. II 1977, 737; BFH v. 21.4.1988 – IV R 47/85, BStBl. II 1989, 722; BFH v. 16.5.1995 – VIII R 18/93, BStBl. II 1995, 714; BFH v. 30.6.2005 – IV R 40/03, BFH/NV 2005, 1994).

T111 **Mitunternehmerstellung des Treugebers |** Mitunternehmer i.S.d. § 15 Abs. 1 Satz 1 Nr. 2 EStG ist bei einer fremdnützigen Treuhand, bei der der Treuhandkommanditist im Rahmen des Gesellschaftsverhältnisses zwar im eigenen Namen, aber ausschließlich auf Rechnung des Treugebers tätig wird, regelmäßig der Treugeber. Denn der Treuhandkommanditist übt die für die Mitunternehmerinitiative (→ *Mitunternehmerinitiative und -risiko*) erforderlichen Stimm-, Kontroll- und Widerspruchsrechte im Innenverhältnis pflichtgebunden für den Treugeber aus und dieser trägt im Innenverhältnis, ggf. über eine Freistellungsverpflichtung gegenüber dem Treuhandkommanditisten, auch das alleinige Mitunternehmerrisiko (→ *Mitunternehmerinitiative und -risiko*) (vgl. BFH v. 16.5.1995 – VIII R 18/93, BStBl. II 1995, 714 m.w.N.; BFH v. 30.6.2005 – IV R 40/03, BFH/NV 2005, 1994). Voraussetzung hierfür ist (vgl. *Wacker* in Schmidt, § 15 EStG Rz. 296; *Bitz* in Littmann/Bitz/Pust, § 15 EStG Rz. 30 [Stand: Aug. 2015]), dass

- der Treuhandkommanditist als Gesellschafter der Personengesellschaft in einem rechtlichen und tatsächlichen Verhältnis zur Personengesellschaft und ihren Gesellschaftern steht, das ihn selbst als Mitunternehmer erscheinen ließe, wenn er auf eigene Rechnung handelte (vgl. BFH v. 24.5.1977 – IV R 47/76, BStBl. II 1977, 737; *Rödder*, DB 1988, 198, 200),

- das Treuhandverhältnis steuerlich anzuerkennen ist. Hierzu zählt neben einem Nachweis über eine bestehende Treuhandvereinbarung gemäß § 159 AO die tatsächliche Vertragsdurchführung (vgl. BFH v. 16.7.2003 – I B 213/02, BFH/NV 2003, 1536). Zudem muss sich aus dem Treuhandvertrag eindeutig ergeben, dass die mit der rechtlichen Eigentümer- bzw. Inhaberstellung verbundene Verfügungsmacht im Innenverhältnis zugunsten des Treugebers in einem Maße eingeschränkt ist, dass das rechtliche Eigentum bzw. die rechtliche Inhaberschaft als „leere Hülle" erscheint. Wesentliches Kriterium für eine von der Zivilrechtslage abweichende Zurechnung eines Wirtschaftsguts ist daher u.a. die Weisungsbefugnis des Treugebers gegenüber dem Treuhänder und damit korrespondierend die Weisungsgebundenheit des Treuhänders gegenüber dem Treugeber und – im Grundsatz – dessen Verpflichtung zur jederzeitigen Rückgabe des Treuguts. Der Treugeber muss das Treuhandverhältnis beherrschen (vgl. BFH v. 20.1.1999 – I R 69/97, BStBl. II 1999, 514; weniger restriktiv hinsichtlich des Anspruchs auf jederzeitige Herausgabe des Treuguts BFH v. 10.12.1992 – XI R 45/88, BStBl. II 1993, 538; strenger aber BFH v. 15.7.1997 – VIII R 56/93, BStBl. II 1998, 152); und
- dem Treugeber aufgrund des Treuhandverhältnisses sowie sonstiger Abreden (z.B. Vollmacht) die Mitunternehmerstellung vermittelt wird (vgl. BFH v. 21.7.2010 – IV R 63/07, BFH/NV 2011, 214).

Kautelarjuristisch sollte die Beteiligung des Treugebers an Gesellschafterbeschlüssen berücksichtigt werden, was aufgrund regelmäßig erteilter Stimmrechtsvollmacht möglich ist, und durch Unterzeichnung der Protokolle dokumentiert werden (vgl. *Geck*, KÖSDI 2012, 17780).

Mitunternehmerstellung des Treuhänders | Ausnahmsweise ist der Treuhandkommanditist dann Mitunternehmer, wenn dieser selbst die Mitunternehmerkriterien erfüllt (vgl. *Bode* in Blümich, EStG, KStG, GewStG, § 15 EStG Rz. 362 [Stand: Okt. 2014]). T 112

Der Treuhänder-Komplementär wird regelmäßig allein wegen seiner unbeschränkten Haftung und seiner nicht entziehbaren Vertretungsmacht zum Mitunternehmer. Dies gilt auch dann, wenn er den Weisungen des Treugebers unterliegt und im Innenverhältnis von jeglicher Haftung freigestellt ist. Eine Ausnahme hiervon besteht nur dann, wenn das Unternehmen wesentlich durch die persönliche Arbeitsleistung geprägt wird, ein nur geringer Kapitaleinsatz erforderlich ist und die Geschäftsabschlüsse kein nennenswertes wirtschaftliches Risiko bergen (vgl. BFH v. 4.11.2004 – III R 21/02, BStBl. II 2005, 168; BFH v. 25.4.2006 – VIII R 74/03, BStBl. II 2006, 595; vgl. *Wacker* in Schmidt, § 15 EStG Rz. 298; a.A. BFH v. 21.4.1988 – IV R 47/85, BStBl. II 1989, 722). Die Stellung des Treuhänder-Komplementär als Mitunterunternehmer ist insbesondere für Sondervergütungen (z.B. Entgelt für die Treuhandschaft) und eventuell vorhandenes Sonderbetriebsvermögen bedeutsam (vgl. *Wacker* in Schmidt, § 15 EStG Rz. 298; *Bitz* in Littmann/Bitz/Pust, § 15 EStG Rz. 30 [Stand: Aug. 2015]). T 113

12. Einkünftequalifikation, Einkünftezurechnung sowie Zurechnung des Treuguts

Einkünftequalifikation und -zurechnung | Die GmbH & Co. KG als Subjekt der Gewinnerzielung und -ermittlung (vgl. BFH v. 25.6.1984 – GrS 4/82, BStBl. II 1984, 751; BFH v. 26.4.2012 – IV R 44/09, BStBl. II 2013, 142) erzielt Einkünfte aus Gewerbebetrieb aufgrund ihrer gewerblichen Prägung, § 15 Abs. 3 Nr. 2 EStG. Dementsprechend erzielt der Treugeber T 114

Einkünfte aus Gewerbebetrieb gemäß § 15 Abs. 1 Satz 1 Nr. 2 EStG aus der KG (vgl. z.B. BFH v. 25.2.1991 – GrS 7/89, BStBl. II 1991, 691; BFH v. 16.5.1995 – VIII R 18/93, BStBl. II 1995, 714) und eventuelle Sondervergütungen der KG an den Treugeber etwa in Form von Tätigkeitsvergütungen oder Entgelten für Nutzungsüberlassung von Wirtschaftsgütern zählen zu dessen Einkünften aus Gewerbebetrieb gemäß § 15 Abs. 1 Satz 1 Nr. 2 Halbs. 2 EStG (vgl. *Bitz* in Littmann/Bitz/Pust, § 15 EStG Rz. 30 [Stand: Aug. 2015]; *Wacker* in Schmidt, § 15 EStG Rz. 296).

T115 **Zurechnung des Treuguts |** Wirtschaftsgüter, die zu treuen Händen übereignet oder die durch einen Treuhänder zu treuen Händen für einen Treugeber erworben worden sind, werden bei der Besteuerung dem Treugeber zugerechnet, § 39 Abs. 2 Nr. 1 Satz 2 AO. Diese Zurechnung gemäß § 39 Abs. 2 Nr. 1 Satz 2 AO erfasst neben Einzelwirtschaftsgütern auch ganze Einkunftsquellen wie z.B. den Gesellschaftsanteil an einer Personengesellschaft und die daraus fließenden Einkünfte (vgl. BFH v. 24.5.1977 – IV R 47/76, BStBl. II 1977, 737).

T116 **Treuhandmodell |** Das sog. Treuhandmodell ist deutlich von den zuvor beschriebenen Fällen abzugrenzen, in denen ein Treuhandkommanditist seine Beteiligung für einen oder mehrere Treugeber hält (vgl. *Bitz* in Littmann/Bitz/Pust, § 15 EStG Rz. 30a [Stand: Okt. 2015]). Beim Treuhandmodell hält regelmäßig der Kommanditist den (geringfügigen) Kommanditanteil treuhänderisch für den (vermögensmäßig nahezu ausschließlich beteiligten) Komplementär (GmbH, AG, GmbH & Co. KG) als einzigem Mitgesellschafter. Der Kommanditanteil vermittelt dem Treuhänder keine Mitunternehmerstellung, so dass die Treuhand-KG mangels zweitem Mitunternehmer keine Mitunternehmerschaft ist. Ertragsteuerlich sind die aus dem Kommanditanteil erzielten Einkünfte dem Komplementär zuzurechnen, § 39 Abs. 2 Nr. 1 Satz 2 AO, der hinsichtlich des Gewinns der Treuhand-KG wie ein Einzelunternehmer zu behandeln ist. Die Treuhand-KG ist nicht gewerbesteuerpflichtig (vgl. BFH v. 3.2.2010 – IV R 26/07, BStBl. II 2010, 751; *Haep* in Herrmann/Heuer/Raupach, EStG, KStG, § 15 EStG Rz. 423 [Stand: März 2013]).

13. Begründung, Beendigung und Übertragung eines Treuhandverhältnisses

T117 Aus der unentgeltlichen Begründung sowie aus der unentgeltlichen Beendigung eines Treuhandverhältnisses ergeben sich keine ertragsteuerlichen Besonderheiten, wenn die wirtschaftliche Zuordnung des Treuguts (z.B. Kommanditanteil) unverändert bleibt.

T118 **Übertragungstreuhand |** Die unentgeltliche Begründung (und unentgeltliche Beendigung) eines Treuhandverhältnisses an einem Mitunternehmeranteil löst keine ertragsteuerlichen Folgen aus, wenn der Mitunternehmeranteil wie im Fall der Begründung einer Übertragungstreuhand zwar zivilrechtlich auf den Treuhänder übertragen wird, steuerrechtlich aber weiterhin dem Treugeber zuzurechnen ist, § 39 Abs. 2 Nr. 1 Satz 2 AO (vgl. *Carlé/Fuhrmann*, FR 2006, 751; *Fuhrmann*, KÖSDI 2006, 15295).

T119 Die Begründung der Übertragungstreuhand ist kein schenkungsteuerbarer Vorgang i.S.d. § 7 Abs. 1 Satz 1 Nr. 1 ErbStG, da der Treuhänder aufgrund seiner Rückübertragungsverpflichtung und der nur fremdnützigen Rechtsinhaberschaft nicht bereichert ist (vgl. *Noll* in FS Schaumburg, 2009, S. 1032).

Wird das Treuhandverhältnis durch Übertragung des treuhänderisch gehaltenen Anteils auf den Treugeber beendet, liegt darin kein schenkungsteuerbarer Vorgang, denn der Treuhänder leistet nicht freiwillig, sondern in Erfüllung seiner Herausgabepflicht des Treuguts gemäß § 667 BGB. T 120

Ein Verstoß gegen die Behaltensfrist des § 13a Abs. 5 Satz 1 Nr. 1 ErbStG wird durch die Begründung eines Treuhandverhältnisses regelmäßig nicht begründet, weil der Treugeber in der Regel Mitunternehmer bleibt. Strittig ist, ob dies auch bei späterer Veräußerungsabsicht und bei unwiderruflicher Treuhand gilt (vgl. *Jülicher* in Troll/Gebel/Jülicher, § 13a ErbStG Rz. 177 [Stand: April 2016]). T 121

Vereinbarungstreuhand | Bei der unentgeltlichen Begründung einer Vereinbarungstreuhand, bei der der bisherige Eigentümer die Beteiligung zukünftig nur noch als Treuhänder für einen Dritten hält, wird der Mitunternehmeranteil zivilrechtlich nicht übertragen, wirtschaftlich ist der Mitunternehmeranteil aber nunmehr dem Treugeber zuzurechnen, § 39 Abs. 2 Nr. 1 Satz 2 AO. Diese veränderte wirtschaftliche Zuordnung des Mitunternehmeranteils wird von § 6 Abs. 3 Satz 1 EStG erfasst, so dass die Vereinbarungstreuhand keine Gewinnrealisierung auslöst (vgl. *Carlé/Fuhrmann*, FR 2006, 752; *Fuhrmann*, KÖSDI 2006, 15295 f.; *Kulosa* in Schmidt, § 6 EStG Rz. 654; *Bitz* in Littmann/Bitz/Pust, § 15 EStG Rz. 30 [Stand: Aug. 2015]). T 122

Aus schenkungsteuerlicher Sicht ist die Begründung der Treugeberstellung durch Vereinbarungstreuhand nach §§ 13a, 13b, 19a ErbStG begünstigungsfähig (vgl. *Geck*, KÖSDI 2012, 17782; näher hierzu unter Rz. T 129 ff.). T 123

Unentgeltliche Übertragung des Treuguts durch Abtretung des Herausgabeanspruchs | Die Übertragung der Rechtsstellung des Treugebers als Mitunternehmer i.S.d. § 15 Abs. 1 Satz 1 Nr. 2 EStG auf einen Dritten wird zivilrechtlich als Abtretung des Anspruchs auf Rückübertragung des Treuguts gemäß § 667 BGB an den Beschenkten gewertet. Aufgrund der Zurechnung des Mitunternehmeranteils zum Treugeber gemäß § 39 Abs. 2 Nr. 1 Satz 2 AO wird durch die Abtretung des Anspruchs auf Rückübertragung des Treuguts gemäß § 667 BGB das wirtschaftliche Eigentum an dem Mitunternehmeranteil übertragen. Da der Begriff des Mitunternehmeranteils i.S.d. § 6 Abs. 3 Satz 1 EStG auch die treuhänderisch gehaltene Beteiligung in der Person des Treugebers erfasst, fällt die Abtretung des Anspruchs auf Rückübertragung des Mitunternehmeranteils unter § 6 Abs. 3 Satz 1 EStG (vgl. *Carlé/Fuhrmann*, FR 2006, 751; *Fuhrmann*, KÖSDI 2006, 15295; FG Nürnberg v. 13.9.2000 – V 479/98, EFG 2001, 566, rkr.). T 124

Aus schenkungsteuerlicher Sicht ist die Übertragung des Mitunternehmeranteils durch Abtretung des Herausgabeanspruchs durch den Treugeber auf den Bereicherten nach §§ 13a, 13b ErbStG begünstigungsfähig (vgl. *Geck*, KÖSDI 2012, 17782; kritisch *Noll* in FS Schaumburg, 2009, S. 1032-1034; näher hierzu unter Rz. T 129 ff.). T 125

14. § 15a EStG beim Treuhandkommanditisten

Erweiterter Verlustausgleich oder -abzug | Dem Treugeber zuzurechnende Verlustanteile unterliegen den Beschränkungen des § 15a EStG. Danach kann der Treugeber Verluste bis zur Höhe seiner Einlage mit anderen Einkünften ausgleichen. Jedoch steht dem Treugeber der erweiterte Verlustausgleich oder -abzug gemäß § 15a Abs. 1 Satz 2, 3 EStG im Jahr der Entstehung des Verlustes bei der KG nicht zu, weil der Treugeber nicht als Kommanditist im Handelsregister eingetragen ist und somit keine Haftung gegenüber den Gesellschaftsgläu- T 126 bigern über den Betrag seiner Pflichteinlage hinaus besteht (vgl. R 15a Abs. 3 Satz 4 EStR; *Geck*, KÖSDI 2012, 17780; *Watermeyer/Knobbe* in Prinz/Hoffmann (Hrsg.), Beck'sches Handbuch der Personengesellschaften, 4. Aufl. 2014, § 17 Rz. 129).

T 127 **Sachgerechtigkeit der Versagung des erweiterten Verlustausgleichs oder -abzugs |** Ob die Verwehrung des erweiterten Verlustausgleichs oder -abzugs in Fällen der Freistellung des Treuhänders von der erhöhten Außenhaftung durch den Treugeber bzw. der Erfüllung des Aufwendungsersatzanspruchs des Treuhänders gemäß § 670 BGB wirtschaftlich gerechtfertigt ist, ist fraglich (kritisch hierzu *Geck*, KÖSDI 2012, 17780).

T 128 **Gestaltungsempfehlung |** Aus vorgenannten Gründen ist die Begründung einer erweiterten Außenhaftung des Treuhänders für eine Verlustverwertung nicht zielführend. Aus steuerplanerischer Sicht ist es daher bei Treuhandverhältnissen empfehlenswert, vor Eintragung einer erweiterten Außenhaftung im Handelsregister das Treuhandverhältnis zu beenden (vgl. *Geck*, KÖSDI 2012, 17780).

15. Treuhänderisch gehaltener Kommanditanteil als erbschaftsteuerlich begünstigtes Vermögen

T 129 **Vorrang des Zivilrechts |** Die Erbschaftsteuer ist zivilrechtlich geprägt, so dass § 39 Abs. 2 Nr. 1 Satz 2 AO nicht anwendbar ist (vgl. BFH v. 15.10.1997 – II R 68/95, BStBl. II 1997, 820; BFH v. 25.1.2001 – II R 39/98, BFH/NV 2001, 908). Danach wäre der treuhänderisch gehaltene Kommanditanteil grundsätzlich nicht dem Treugeber, sondern dem Treunehmer zuzurechnen.

T 130 **Ertragsteuerliche Abgrenzung des Betriebsvermögens |** Allerdings zählt nach Auffassung des FG Niedersachsen v. 28.7.2010 – 3 K 215/09, EFG 2010, 1805, rkr., auch eine treuhänderisch gehaltene Kommanditbeteiligung zum erbschaftsteuerlich begünstigten Vermögen i.S.d. § 13a Abs. 4 Nr. 1 ErbStG a.F. (jetzt § 13b Abs. 1 Nr. 2 ErbStG). Der Begriff des Betriebsvermögens i.S.d. § 13a Abs. 1 Nr. 2 ErbStG ist nach dessen Ansicht ertragsteuerlich zu bestimmen. Aufgrund der ertragsteuerlichen Zurechnung der Mitunternehmerstellung zum Treugeber ist ein Kommanditanteil erbschaftsteuerlich begünstigtes Vermögen i.S.d. § 13b Abs. 1 Nr. 2 ErbStG.

T 131 **Bedeutung der Mitunternehmerqualifikation |** Deshalb ist es auch aus erbschaftsteuerlicher Sicht bedeutsam, dass der Treugeber ertragsteuerlich als Mitunternehmer einzustufen ist (vgl. *Geck* in Kapp/Ebeling, § 13b ErbStG Rz. 36 [Stand: März 2016]; *Geck*, KÖSDI 2012, 17782).

T 132 **Auffassung der Finanzverwaltung |** Die Finanzverwaltung vertritt, entgegen ihrer ursprünglichen Auffassung (vgl. z.B. Erlass des FinMin. Bay. v. 14.6.2005 – 34 - S 3811 - 035 - 25199/05, ZEV 2005, 341; FinMin. Bay. v. 11.1.2008 – 34 - S 3811 - 035 - 38956/07, DStR 2008, 508), dass Gegenstand der Zuwendung der Herausgabeanspruch des Treugebers nach § 667 BGB gegen den Treuhänder auf Rückübereignung des Treuguts sei. Bei dem Herausgabeanspruch handele es sich um einen einseitigen Sachleistungsanspruch. Die weitere steuerliche Beurteilung, insbesondere die Bewertung, soll sich daran orientieren, auf welchen Gegenstand sich der Herausgabeanspruch bezieht. Handelt es sich bei dem Treugut um nach § 13b ErbStG begünstigtes Vermögen, sind bei Vorliegen der übrigen Voraussetzungen demnach auch die

Steuerbefreiung nach § 13a ErbStG und der Entlastungsbetrag nach § 19a ErbStG zu gewähren (vgl. FinMin. Bay. v. 16.9.2010 – 34 - S 3811 - 035 - 38476/10, DStR 2010, 2084).

Ergänzend hat das Bayerische Landesamt für Steuern mit Verfügung v. 14.1.2013 – S 3811.1.1 - 9/St 34, DB 2013, 206 f., klargestellt, dass Zuwendungsgegenstand nicht der Herausgabeanspruch des Erwerbers gegen den Treuhänder gemäß § 667 BGB, sondern die Gesellschaftsbeteiligung unmittelbar ist, wenn das Treuhandverhältnis beim Tod des Treugebers bzw. bei Abtretung des Anspruchs aus dem Treuhandvertrag endet und der Erbe bzw. Beschenkte unmittelbar in die Gesellschafterstellung des ehemaligen Treuhänders eintritt. Außerdem gehört der auf eine Beteiligung an einer inländischen KG gerichtete Herausgabeanspruch des Erwerbers gegen den Treuhänder stets zum inländischen Vermögen, unabhängig davon, ob sich das Vermögen der KG im Inland oder Ausland befindet (vgl. auch *Geck* in Kapp/Ebeling, § 13b ErbStG Rz. 36 [Stand: März 2016]). T 133

Vereinbarungstreuhand | Diese Grundsätze gelten auch für die Vereinbarungstreuhand (vgl. FinMin Bay. Verfügung v. 14.1.2013 – S 3811.1.1 - 9/St 34, DB 2013, 206 f.; *Geck* in Kapp/Ebeling, § 13b ErbStG Rz. 36.1 [Stand: März 2016]). T 134

16. Grunderwerbsteuerliche Besonderheiten

Grunderwerbsteuerliche Bedeutung von Treuhandverhältnissen | Gehören zum Gesellschaftsvermögen einer GmbH & Co. KG inländische Grundstücke oder ist die GmbH & Co. KG an grundstücksbesitzenden Personen- oder Kapitalgesellschaften beteiligt, sind bei der Begründung, Beendigung und Übertragung eines Treuhandverhältnisses an Gesellschaftsanteilen grunderwerbsteuerliche Konsequenzen zu berücksichtigen. Aufgrund der grundsätzlich zivilrechtlichen Prägung der Grunderwerbsteuer können diese von den ertragsteuerlichen Konsequenzen abweichen, die durch § 39 Abs. 2 Nr. 1 Satz 2 AO geprägt sind (vgl. *Bader*, EStB 2006, 111; *Fuhrmann*, KÖSDI 2006, 15296). T 135

Relevante Erwerbsvorgänge | Die Begründung und Beendigung eines Treuhandverhältnisses an Gesellschaftsanteilen einer grundstücksbesitzenden oder einer unmittelbar oder mittelbar an grundstücksbesitzenden Personen- oder Kapitalgesellschaften beteiligten GmbH & Co. KG sowie der Wechsel des Treuhänders oder Treugebers können grunderwerbsteuerbar sein aufgrund T 136

- des Wechsels des Gesellschafterbestands einer Personengesellschaft gemäß § 1 Abs. 2a GrEStG,
- einer Anteilsvereinigung gemäß § 1 Abs. 3 Nr. 1 und 2 GrEStG,
- einer Anteilsübertragung gemäß § 1 Abs. 3 Nr. 3 und 4 GrEStG und
- einer wirtschaftlichen Anteilsvereinigung in einer Hand gemäß § 1 Abs. 3a GrEStG

(→ *Grunderwerbsteuer*).

a) Wechsel des Gesellschafterbestands einer Personengesellschaft gemäß § 1 Abs. 2a GrEStG

T137 **Unmittelbare Änderung des Gesellschafterbestands** | Eine unmittelbare Änderung des Gesellschafterbestands i.S.d. § 1 Abs. 2a Satz 1 GrEStG liegt vor, wenn mindestens 95 % der Anteile am Gesellschaftsvermögen von dem oder den bisherigen Gesellschafter(n) auf einen neuen Gesellschafter übertragen werden, der die Gesellschaftsanteile als Treuhänder für den oder die früheren Gesellschafter als Treugeber hält (**Übertragungstreuhand**) (vgl. BFH v. 17.3.2006 – II B 157/05, BFH/NV 2006, 1341; BFH v. 16.1.2013 – II R 66/11, BFH/NV 2013, 653; *Pahlke*, 5. Aufl. 2014, § 1 GrEStG Rz. 296, 305).

T138 Die Rückübertragung der Gesellschaftsanteile auf den bzw. die Treugeber fällt erneut unter § 1 Abs. 2a GrEStG, ist aber unter den Tatbestandsvoraussetzungen des § 3 Nr. 8 GrEStG analog steuerbefreit (vgl. BFH v. 17.3.2006 – II B 157/05, BFH/NV 2006, 1341; *Meßbacher-Hönsch* in Boruttau, 18. Aufl. 2016, § 3 GrEStG Nr. 465). Daneben kommt eine Aufhebung der Steuerfestsetzung nach § 16 Abs. 2 Nr. 1 GrEStG in Betracht.

T139 Überträgt ein Altgesellschafter seine Gesellschafterstellung unter der aufschiebenden Bedingung der Eintragung des Anteilserwerbers im Handelsregister und hält der Altgesellschafter die Beteiligung bis zur Eintragung treuhänderisch für den Erwerber, wird der Tatbestand des § 1 Abs. 2a GrEStG nur einmal verwirklicht. Denn nach Auffassung der Finanzverwaltung (vgl. Gleichlautende Ländererlasse v. 18.2.2014, BStBl. I 2014, 561, Tz. 2.2.) wird die Neugesellschaftereigenschaft des Treugebers erst nach Verwirklichung des Tatbestands des § 1 Abs. 2a GrEStG begründet (gl.A. *Pahlke*, 5. Aufl. 2014, § 1 GrEStG Rz. 306).

T140 **Mittelbare Änderung des Gesellschafterbestands** | Ein Treugeber kann über die vom Treuhänder unmittelbar gehaltene Beteiligung an der grundstücksbesitzenden Personengesellschaft mittelbar beteiligt sein (vgl. Gleichlautende Ländererlasse v. 18.2.2014, BStBl. I 2014, 561, Tz. 2.2.; BFH v. 25.11.2015 – II R 18/14, BFH/NV 2016, 490; *Pahlke*, 5. Aufl. 2014, § 1 GrEStG Rz. 306). Zur Begründung der mittelbaren Gesellschafterstellung reicht insoweit der schuldrechtliche Anspruch des Treugebers auf Anteilsübertragung gemäß § 667 BGB aus (vgl. BFH v. 25.11.2015 – II R 18/14, BFH/NV 2016, 490; *Pahlke*, 5. Aufl. 2014, § 1 GrEStG Rz. 306). Demgemäß kann ein mittelbarer Anteilsübergang durch **Vereinbarungstreuhand** bewirkt werden (vgl. BFH v. 25.11.2015 – II R 18/14, BFH/NV 2016, 490; *Pahlke*, 5. Aufl. 2014, § 1 GrEStG Rz. 306), der zu einem grunderwerbsteuerbaren Übergang von Anteilen am Gesellschaftsvermögen der grundstücksbesitzenden Personengesellschaft vom Treuhänder auf den oder die Treugeber führt, wenn die Treuhandvereinbarung(en) im maßgeblichen Fünfjahreszeitraum zur Konsequenz hat (haben), dass dem(n) Treugeber(n) mindestens 95% der Anteile am Gesellschaftsvermögen der Personengesellschaft als neuem(n) Gesellschafter (n) zuzurechnen sind (vgl. BFH v. 25.11.2015 – II R 18/14, BFH/NV 2016, 490).

T141 Eine mittelbare Änderung des Gesellschafterbestands liegt auch bei einem Treugeberwechsel vor. Gleiches gilt für die Anteilsrückübertragung auf den Treugeber; in diesem Fall ist jedoch § 3 Nr. 8 GrEStG analog anzuwenden, vorausgesetzt, das betreffende Grundstück gehörte bereits bei der Anteilsübertragung auf den Treuhänder i.S.d. § 1 Abs. 2a Satz 1 GrEStG zum Vermögen der Personengesellschaft und war in diesem verblieben (vgl. BFH v. 17.3.2006 – II B 157/05, BFH/NV 2006, 1341; Gleichlautende Ländererlasse v. 18.2.2014, BStBl. I 2014, 561, Tz. 2.2.; *Pahlke*, 5. Aufl. 2014, § 1 GrEStG Rz. 306).

T142 Ist eine Personen- oder Kapitalgesellschaft an einer grundstücksbesitzenden Personengesellschaft treuhänderisch beteiligt, tritt eine mittelbare Änderung des Gesellschafterbestands ein, wenn sich der Gesellschafterbestand der als Treuhänder beteiligten Personen- oder Kapitalgesellschaft unmittelbar oder mittelbar im wirtschaftlichen Ergebnis vollständig geändert hat (vgl. BFH v. 24.4.2013 - II R 17/10, BStBl. II 2013, 833; *Pahlke*, 5. Aufl. 2014, § 1 GrEStG Rz. 307). Diese mittelbare Änderung löst die Steuerfolge des § 1 Abs. 2a GrEStG aus, wenn von diesem Treuhänderwechsel mindestens 95 % der Anteile an der grundstücksbesitzenden Personengesellschaft betroffen sind (vgl. *Pahlke*, 5. Aufl. 2014, § 1 GrEStG Rz. 307).

b) Anteilsvereinigung und -übertragung im Treuhandverhältnis gemäß § 1 Abs. 3 GrEStG

Verhältnis von § 1 Abs. 2a GrEStG und § 1 Abs. 3 GrEStG | Zum Verhältnis von § 1 Abs. 2a GrEStG und § 1 Abs. 3 GrEStG vgl. → *Grunderwerbsteuer.* T143

Gleichlautende Ländererlasse zu Erwerbsvorgängen i.S.d. § 1 Abs. 3 GrEStG | Die Gleichlautenden Ländererlasse zu Erwerbsvorgängen im Sinne des § 1 Abs. 3 GrEStG im Zusammenhang mit Treuhandgeschäften v. 12.10.2007, BStBl. I 2007, 761, unterscheiden die folgenden drei Grundfälle bei Begründung, Übertragung oder Rückgängigmachung von Treuhandverhältnissen: T144

Fall 1: Ein Gesellschafter überträgt mindestens 95 % der Anteile an einer Gesellschaft auf einen Treuhänder T145

Die Übertragung von 95 % der Anteile an einer Gesellschaft von einem Gesellschafter auf den Treuhänder ist gemäß § 1 Abs. 3 Nr. 3 GrEStG steuerbar, wenn für den Treuhänder durch Rechtsgeschäft ein Anspruch auf Übertragung der Anteile begründet wird. Das ist regelmäßig bei der eigennützigen Treuhand (z.B. Sicherungstreuhand, eigennützige Verwaltungstreuhand im Interesse der Gläubiger des Treugebers) der Fall. Bei der uneigennützigen Treuhand (z.B. Liquidationstreuhand) fehlt das Recht, die Übertragung der Anteile zu verlangen, so dass sich die Steuerpflicht aus § 1 Abs. 3 Nr. 4 GrEStG ergibt (vgl. Gleichlautende Ländererlasse v. 12.10.2007, BStBl. I 2007, 761, Tz. 1.1.; *Pahlke*, 5. Aufl. 2014, § 1 GrEStG Rz. 374). Dem Treugeber erwächst bei einem uneigennützigen Treuhandverhältnis gleichzeitig mit der Übertragung der Anteile ein Rückübertragungsanspruch aus § 667 BGB, der keinen steuerbaren Erwerb des Treugebers vom Treuhänder gemäß § 1 Abs. 3 Nr. 3 GrEStG begründet, weil dieser Anspruch nicht rechtsgeschäftlich, sondern kraft Gesetzes entsteht (vgl. Gleichlautende Ländererlasse v. 12.10.2007, BStBl. I 2007, 761, Tz. 1.2.). Wird bei der eigennützigen Treuhand rechtsgeschäftlich eine aufschiebend bedingte Rückübertragungsverpflichtung begründet, soll nach Ansicht der Finanzverwaltung die Steuer aus § 1 Abs. 3 Nr. 3 GrEStG nach § 14 Nr. 1 GrEStG erst mit Bedingungseintritt entstehen (vgl. Gleichlautende Ländererlasse v. 12.10. 2007, BStBl. I 2007, 761, Tz. 1.2.).

Mehrere Gesellschafter übertragen ihre Gesellschaftsanteile auf einen Treuhänder | Die Gleichlautenden Ländererlasse v. 12.10.2007 behandeln diesen Fall erst am Ende des Erlasses und nicht direkt unter Fall 1. Übertragen mehrere Gesellschafter als Treugeber ihre Gesellschaftsanteile auf einen einzigen Treuhänder, so dass sich hierdurch in der Hand des Treuhänders unmittelbar oder mittelbar mindestens 95 % der Anteile an der Gesellschaft vereinigen, werden Erwerbsvorgänge nach § 1 Abs. 3 Nr. 1 und Nr. 2 GrEStG verwirklicht (vgl. Gleichlautende Ländererlasse v. 12.10.2007, BStBl. I 2007, 761, Tz. 4.2.; *Bader*, EStB 2006, 114). Die rechtliche Vereinigung ergibt sich aus dem Herausgabeanspruch (§ 667 BGB) des Treugebers (vgl. BFH v. 28.6.1972 - II 77/64, BStBl. II 1972, 719; BFH v. 26.2.1975 - II R T146

130/67, BStBl. II 1975, 456; BFH v. 31.7.1991 – II R 157/88, BFH/NV 1992, 57; BFH v. 2.8. 2006 – II R 23/05, BFH/NV 2006, 2306; *Pahlke*, 5. Aufl. 2014, § 1 GrEStG Rz. 371). Derartige Erwerbsvorgänge können beim Treugeber nur zu einer mittelbaren Anteilsvereinigung führen (vgl. *Pahlke*, 5. Aufl. 2014, § 1 GrEStG Rz. 371; BFH v. 8.8.2001 – II R 66/98, BStBl. II 2002, 156).

T 147 **Rückübertragung der Gesellschaftsanteile vom Treuhänder auf den Treugeber |** Die Rückübertragung von 95 % der Anteile auf den Treugeber ist bei der uneigennützigen Treuhand infolge des dem Treugeber zustehenden Herausgabeanspruchs (§ 667 BGB) gemäß § 1 Abs. 3 Nr. 4 GrEStG steuerbar. Die Rückübertragung aufgrund aufschiebend bedingter Verpflichtung ist nach § 1 Abs. 3 Nr. 3 GrEStG steuerbar (vgl. Gleichlautende Ländererlasse v. 12.10. 2007, BStBl. I 2007, 761, Tz. 1.3.1.). Beide Vorgänge sind unter den Tatbestandsvoraussetzungen des § 3 Nr. 8 GrEStG bzw. § 16 Abs. 2 GrEStG grunderwerbsteuerfrei, aber nur insoweit die Grundstücke bereits bei der Anteilsübertragung auf den Treuhänder zum Vermögen der Gesellschaft gehörten und in diesem verblieben (vgl. Gleichlautende Ländererlasse v. 12.10. 2007, BStBl. I 2007, 761, Tz. 1.3.1.).

T 148 **Rückübertragung der Gesellschaftsanteile vom Treuhänder auf mehrere Treugeber |** Eine Rückübertragung auf mehrere Treugeber führt weder zu einer Anteilsvereinigung noch zu einer Anteilsübertragung i.S.d. § 1 Abs. 3 GrEStG (vgl. *Bader*, EStB 2006, 114).

T 149 **Verzicht des Treugebers |** Der Verzicht des Treugebers auf seinen Herausgabeanspruch bzw. vor Bedingungseintritt auf den rechtsgeschäftlich begründeten Rückübertragungsanspruch verwirklicht keinen Tatbestand i.S.d. § 1 Abs. 3 GrEStG (vgl. Gleichlautende Ländererlasse v. 12.10.2007, BStBl. I 2007, 761, Tz. 1.3.2.).

T 150 **Wechsel von Treugeber und Treuhänder |** Ein Wechsel des Treugebers durch Übertragung seiner Rückübertragungsansprüche in Bezug auf die treuhänderisch gehaltenen mindestens 95 % der Anteile auf einen Dritten unterliegt der Steuer nach § 1 Abs. 1 Nr. 3 GrEStG (vgl. Gleichlautende Ländererlasse v. 12.10.2007, BStBl. I 2007, 761, Tz. 1.3.4.; BFH v. 18.5.1977 – II R 191/72, BStBl. II 1977, 678).

T 151 Überträgt der Treuhänder die von ihm gehaltenen mindestens 95 % der Anteile auf einen anderen Treuhänder, so unterliegt der Rechtsvorgang der Steuer nach § 1 Abs. 3 Nr. 3 bzw. Nr. 4 GrEStG (vgl. Gleichlautende Ländererlasse v. 12.10.2007, BStBl. I 2007, 761, Tz. 1.3.5.; *Pahlke*, 5. Aufl. 2014, § 1 GrEStG Rz. 380).

T 152 **Fall 2: Vereinbarung eines Treuhandverhältnisses mit Gesellschaftern durch Übertragungsanspruch gemäß § 667 BGB**

Räumt der Inhaber von mindestens 95 % der Gesellschaftsanteile einem Dritten die Rechtsstellung eines Treugebers an den Anteilen ein, unterliegt der Erwerb des Übertragungsanspruchs gemäß § 667 BGB durch den Treugeber der Steuer nach § 1 Abs. 3 Nr. 3 GrEStG (**Vereinbarungstreuhand**) (vgl. Gleichlautende Ländererlasse v. 12.10.2007, BStBl. I 2007, 761, Tz. 2.; *Pahlke*, 5. Aufl. 2014, § 1 GrEStG Rz. 381).

T 153 **Übertragung der Gesellschaftsanteile |** Überträgt der Treuhänder dem Treugeber nachfolgend auch die Anteile, unterliegt die Übertragung der Anteile keiner weiteren Steuer, weil bereits der Erwerb der Rechte als Treugeber hinsichtlich der bei Begründung des Treuhandverhältnisses zum Vermögen der Gesellschaft gehörenden Grundstücke der Steuer nach § 1 Abs. 3 Nr. 3 GrEStG unterlag. Eine Steuerpflicht tritt nach § 1 Abs. 3 Nr. 4 GrEStG jedoch insoweit ein, als durch die Gesellschaft seit Begründung des Treuhandverhältnisses Grundstücke hinzuerworben wurden. Insoweit ist ein Rechtsgeschäft i.S.d. § 1 Abs. 3 Nr. 3 GrEStG nicht vorausgegangen (vgl. Gleichlautende Ländererlasse v. 12.10.2007, BStBl. I 2007, 761, Tz. 2.2.2.).

Verzicht des Treugebers | Bei Verzicht des Treugebers auf seinen Herausgabeanspruch liegt mangels Übertragung von Gesellschaftsanteilen kein grunderwerbsteuerbarer Vorgang gemäß § 1 Abs. 3 GrEStG vor (vgl. Gleichlautende Ländererlasse v. 12.10.2007, BStBl. I 2007, 761, Tz. 2.2.1.). T 154

Wechsel des Treuhänders | Eine Übertragung der Gesellschaftsanteile vom Treuhänder auf einen Dritten im Einvernehmen mit dem Treugeber, wodurch das Treuhandverhältnis erlischt, ist nach § 1 Abs. 3 Nr. 3 oder Nr. 4 GrEStG steuerbar (vgl. Gleichlautende Ländererlasse v. 12.10.2007, BStBl. I 2007, 761, Tz. 2.2.3.) T 155

Übertragung von weniger als 95 % der Gesellschaftsanteile | Hält der Treuhänder weniger als 95 % der Gesellschaftsanteile, scheidet eine Besteuerung gemäß § 1 Abs. 3 Nr. 3 GrEStG aus. Möglicherweise ergibt sich eine Steuerbarkeit aus § 1 Abs. 3 Nr. 1 GrEStG (Anteilsvereinigung), wenn der Treugeber über eigene Gesellschaftsanteile verfügt oder infolge einer weiteren Vereinbarungstreuhand einen Anspruch auf Übertragung weiterer Gesellschaftsanteile innehat (vgl. *Bader*, EStB 2006, 114). Hinsichtlich einer anschließend erfolgenden tatsächlichen Übertragung der Anteile auf den Treugeber gilt das Zuvorgesagte entsprechend. T 156

Fall 3: Anteilsübertragung und -vereinigung bei der Erwerbstreuhand T 157

Erwirbt der Treuhänder mindestens 95 % der Anteile der Gesellschaft von einem Dritten, unterliegt der Erwerb der Anteile durch den Treuhänder der GrESt nach § 1 Abs. 3 Nr. 3 GrEStG (vgl. Gleichlautende Ländererlasse v. 12.10.2007, BStBl. I 2007, 761, Tz. 3.1.). Erwirbt der Treuhänder die Anteile (sukzessiv) von mehreren Dritten, unterliegt die Anteilsvereinigung in seiner Hand bei Erreichung des Quantums von mindestens 95 % der GrESt nach § 1 Abs. 3 Nr. 1 GrEStG (vgl. Gleichlautende Ländererlasse v. 12.10.2007, BStBl. I 2007, 761, Tz. 3.1.).

Der sich auf mindestens 95 % der Anteile der Gesellschaft beziehende Herausgabeanspruch des Treugebers gemäß § 667 BGB unterliegt der GrESt gemäß § 1 Abs. 3 Nr. 3 GrEStG (vgl. Gleichlautende Ländererlasse v. 12.10.2007, BStBl. I 2007, 761, Tz. 3.1.). Der persönliche Steuerbefreiungstatbestand des § 3 Nr. 8 ErbStG ist nicht anwendbar, weil es sich um einen erstmaligen Erwerb des Treugebers und nicht um einen Rückerwerb handelt (vgl. OFD Hannover v. 19.3.2008 – S 4505-25-StO 261, GrESt-Kartei ND 1983, § 3 GrEStG Karte 9). Es kommt folglich zu einer doppelten Grunderwerbsteuerbelastung, die nicht systemwidrig und verfassungsrechtlich nicht zu beanstanden ist (vgl. BFH v. 14.5.2003 – II B 70/02, BFH/NV 2003, 1448 m.w.N.; *Bader*, EStB 2006, 115). Der doppelte Anfall von GrESt bei der Erwerbstreuhand ist i.R.d. Steuerplanung zu beachten. T 158

Übertragung der Gesellschaftsanteile auf den Treugeber | Die anschließende Übertragung der Anteile durch den Treuhänder auf den Treugeber löst keine weitere Steuer aus, sofern seit Begründung des Auftragsverhältnisses durch die Gesellschaft keine Grundstücke hinzuerworben wurden (vgl. Gleichlautende Ländererlasse v. 12.10.2007, BStBl. I 2007, 761, Tz. 3.2.1.1.). T 159

17. Umsatzsteuerliche Besonderheiten

T160 **Übertragungstreuhand** | Die Begründung eines Treuhandverhältnisses an einem Kommanditanteil in der Form einer Übertragungstreuhand führt nicht zu einer Lieferung i.S.d. §§ 1 Abs. 1 Nr. 1 i.V.m. 3 Abs. 1 UStG, weil dem Treuhänder regelmäßig nicht der wirtschaftliche Wert der Sache zugewendet wird. Für die Annahme einer Lieferung vom Treugeber an den Treuhänder reicht es nicht aus, dass mit dem Eigentum die Verfügungsberechtigung auf den Treuhänder übergeht. Eine Lieferung setzt voraus, dass Substanz, Wert und Ertrag endgültig auf den Erwerber übergehen (vgl. z.B. BFH v. 9.9.2015 – XI R 21/13, BFH/NV 2016, 597), was bei entsprechender Beschränkung im Innenverhältnis nach der Treuhandvereinbarung regelmäßig nicht vorliegt (vgl. *Martin* in Sölch/Ringleb, § 3 UStG Rz. 130 [Stand: März 2016]; *Heidner*, UR 1995, 122f.).

T161 Wird das Treuhandverhältnis durch Rückübertragung des Kommanditanteils vom Treuhänder an den Treugeber beendet, so wird hierdurch wie bei der Begründung des Treuhandverhältnisses keine Verfügungsmacht an dem Gesellschaftsanteil i.S.d. § 3 Abs. 1 UStG verschafft (vgl. *Heidner*, UR 1995, 123).

T162 **Vereinbarungstreuhand** | Die Begründung einer Vereinbarungstreuhand, bei der der Treuhänder die Verfügungsmacht bereits innehat, führt zu einer umsatzsteuerbaren Lieferung des Treuhänders an den Treugeber gemäß §§ 1 Abs. 1 Nr. 1, 3 Abs. 1 UStG, wenn nach der Treuhandvereinbarung dem Treugeber die wirtschaftliche Substanz des Treuguts endgültig zugewendet wird (vgl. *Heidner*, UR 1995, 128; *Fuhrmann*, KÖSDI 2006, 15298). Die Treuhandvereinbarung wird diese Voraussetzung regelmäßig erfüllen (vgl. *Heidner*, UR 1995, 128). Die Lieferung des Kommanditanteils ist aber gemäß § 4 Nr. 8 lit. f UStG umsatzsteuerfrei (vgl. BFH v. 29.1.1988 – X R 7/81, BStBl. II 1988, 506; *Philipowski* in Rau/Dürrwächter, § 4 Nr. 8 UStG Rz. 444 [Stand: Feb. 2013]). Infolge der Umsatzsteuerfreiheit der Umsätze von Gesellschaftsanteilen sind in Rechnung gestellte Umsatzsteuern für Eingangsleistungen (z.B. Vermittlungsleistungen) gemäß § 15 Abs. 2 Satz 1 Nr. 1 UStG vom Vorsteuerabzug ausgeschlossen.

T163 Bei einer Publikums-KG *(→ Publikums-KG)* zeichnet jeder Anleger gegenüber dem Gründungskommanditisten einen bestimmten Teilbetrag der von diesem gehaltenen Beteiligung gegen Leistung eines bestimmten Betrags. Der Gründungskommanditist schließt mit jedem Anleger einen Treuhandvertrag, wonach er den Zeichnungsbetrag als Kommanditeinlage zu verwenden hat, die Beteiligung treuhänderisch für den Anleger zu halten und die KG zu informieren hat (vgl. *Philipowski* in Rau/Dürrwächter, § 4 Nr. 8 UStG Rz. 446 [Stand: Feb. 2013]). Nach Ansicht des BFH bewirkt die Publikums-KG steuerbare, aber gemäß § 4 Nr. 8 lit. f UStG steuerfrei Umsätze von Gesellschaftsanteilen (mit entsprechendem Ausschluss von Vorsteuerbeträgen für empfangene Eingangsleistungen (z.B. Vermittlungsleistungen) gemäß § 15 Abs. 2 UStG). Der Treuhänderkommanditist handele nur als Vermittler (vgl. BFH v. 29.1.1988 – X R 7/81, BStBl. II 1988, 506; kritisch *Philipowski* in Rau/Dürrwächter, § 4 Nr. 8 UStG Rz. 447f. [Stand: Feb. 2013]).

T164 **Erwerbstreuhand** | Bei der Erwerbstreuhand erhält der Treuhänder die Verfügungsmacht über das Treugut nicht vom Treugeber, sondern von einem Dritten. Tritt der Treuhänder im eigenen Namen auf, so ist er Leistungsempfänger und damit grundsätzlich auch vorsteuerabzugsberechtigt (vgl. FG Düsseldorf v. 24.11.1999 – 5 K 7297/95 U, DStRE 2000, 601, rkr.).

Veräußerung der Treugeberstellung | Überträgt der Treugeber seine Rechtsstellung entgeltlich auf einen Dritten, so ist dieser Vorgang ein steuerbarer, aber steuerfreier Umsatz eines Gesellschaftsanteils gemäß § 4 Nr. 8 lit. f UStG (vgl. *Philipowski* in Rau/Dürrwächter, § 4 Nr. 8 UStG Rz. 444 [Stand: Feb. 2013]; a.A. wohl BFH v. 15.3.1995 – I R 26/94, BFH/NV 1996, 20). T 165

Entgeltliche Geschäftsbesorgung | Der Treuhänder erbringt gegenüber dem Treugeber eine sonstige Leistung i.S.d. § 3 Abs. 9 UStG (Geschäftsbesorgungsleistung) (vgl. *Martin* in Sölch/Ringleb, § 3 UStG Rz. 133 [Stand: März 2016]). T 166

18. Verfahrensrechtliche Besonderheiten

Nachweispflichten | Auf Verlangen der Finanzbehörde muss der Treuhänder ein behauptetes Treuhandverhältnis nachweisen. Anderenfalls ist ihm das Treugut zuzurechnen, § 159 AO. Ist der Treugeber im Ausland ansässig, bestehen erhöhte Nachweispflichten, § 90 Abs. 2 AO (vgl. BFH v. 2.10.1989 – X B 20/89, BFH/NV 1990, 616). T 167

Zweistufiges Gewinnfeststellungsverfahren | Sind an einer Personengesellschaft ein oder mehrere Treugeber über einen Treuhänder beteiligt (→ *Publikums-KG*), so ist die gesonderte und einheitliche Feststellung der Einkünfte aus der Gesellschaft grundsätzlich in einem zweistufigen Verfahren durchzuführen. In der ersten Stufe des Verfahrens ist der Gewinn oder Verlust der Gesellschaft festzustellen und auf die Gesellschafter (einschließlich des/der Treuhandgesellschafter[s]) aufzuteilen, § 180 Abs. 1 Nr. 2a AO. In der zweiten Stufe muss in einem zweiten Feststellungsbescheid der Gewinnanteil des Treuhänders entsprechend auf den oder die Treugeber aufgeteilt werden, § 179 Abs. 2 Satz 3 AO (vgl. BFH v. 15.4.2003 – IV B 188/01, BFH/NV 2003, 1283 m.w.N.). Beide Feststellungen können im Fall eines offenen, d.h. für die anderen Gesellschafter erkennbaren Treuhandverhältnisses miteinander verbunden werden (einstufiges Gewinnfeststellungsverfahren) (vgl. BFH v. 11.10.1984 – IV R 179/82, BStBl. II 1985, 247; BFH v. 15.4.2003 – IV B 188/01, BFH/NV 2003, 1283). T 168

Der Gewinnfeststellungsbescheid der ersten Stufe für die KG ist Grundlagenbescheid für das Gewinnfeststellungsverfahren der Treugeber (vgl. BFH v. 13.3.1986 – IV R 204/84, BStBl. II 1986, 584 m.w.N.). Für den Einkommensteuerbescheid des Treuhänders ist dieser nicht bindend (vgl. BFH v. 10.4.2002 – XI B 125/01, BFH/NV 2002, 1278). T 169

Die Treugeber können gegen den Gewinnfeststellungsbescheid der ersten Stufe nicht selbst Rechtsbehelfe einlegen oder dagegen Klage erheben. Dies bleibt den Treuhandgesellschaftern vorbehalten (vgl. *Bitz* in Littmann/Bitz/Pust, § 15 EStG Rz. 30 [Stand: Okt. 2015]). Bei einem zusammengefassten Feststellungsbescheid (einstufiges Gewinnfeststellungsverfahren) können die Treugeber ebenso keine Rechtsbehelfe gegen die Gewinnfeststellung der Personengesellschaft einlegen und sind insoweit auch nicht klagebefugt (vgl. BFH v. 15.4.2003 – IV B 188/01, BFH/NV 2003, 1283 m.w.N.; *Haep* in Herrmann/Heuer/Raupach, EStG, KStG, § 15 EStG Rz. 425 [Stand: März 2013]). T 170

Sonderbetriebsausgaben (z.B. Finanzierungsaufwendungen) eines Treuhandkommanditisten sind im Gewinnfeststellungsverfahren der KG zu berücksichtigen (vgl. BFH v. 3.12.1991 – VIII R 64/87, BFH/NV 1992, 515), ebenso wie Sonderbetriebsausgaben eines Treugebers (vgl. BFH v. 21.4.1988 – V R 47/85, BStBl. II 1989, 722). T 171

Vertiefende Recherche

Wichtige Urteile und Erlasse

BGH v. 29.9.2015 – II ZR 403/13, ZIP 2015, 2268: Ausgleichsanspruch des Treugebers gegen Mit-Treugeber nach Tilgung von Gesellschaftsverbindlichkeiten im Rahmen eines Sanierungskonzepts.

BGH v. 16.12.2014 – II ZR 277/13, NZG 2015, 269 = AG 2015, 237 = ZIP 2015, 319: Anspruch des Treugebers auf Auskunft über die Namen und Anschriften der anderen Anleger.

BGH v. 11.10.2011 – II ZR 242/09, NZG 2011, 1432 = ZIP 2011, 2299: Stellung des Treugebers im Innenverhältnis bei qualifizierter Treuhand.

BGH v. 22.3.2011 – II ZR 271/08, NZG 2011, 588 = ZIP 2011, 906: Abtretung der Freistellungsansprüche des Treuhandkommanditisten gegen Treugeber an den Insolvenzverwalter der Gesellschaft; Aufrechnungsverbot.

BGH v. 11.11.2008 – XI ZR 468/07, NZG 2009, 57 = ZIP 2008, 2354: Keine persönliche Haftung des Treugebers für Gesellschaftsschulden gemäß §§ 128, 130 HGB.

BGH v. 30.3.1987 – II ZR 163/86, NJW 1987, 2677 = ZIP 1987, 912: Gleichstellung der mittelbar beteiligten Anleger im Innenverhältnis bei qualifizierter Treuhand.

BFH v. 25.11.2015 – II R 18/14, BFH/NV 2016, 490: Mittelbare Änderung des Gesellschafterbestands i.S.d. § 1 Abs. 2a GrEStG durch Abschluss von Treuhandverträgen.

BFH v. 9.9.2015 – XI R 21/13, BFH/NV 2016, 597: Zum Begriff „Lieferung" im umsatzsteuerrechtlichen Sinne.

BFH v. 24.4.2013 – II R 17/10, BStBl. II 2013, 833: Mittelbare Änderung des Gesellschafterbestandes einer grundstücksbesitzenden Personengesellschaft i.S.d. § 1 Abs. 2a GrEStG.

BFH v. 16.1.2013 – II R 66/11, BFH/NV 2013, 653: Unmittelbarer Gesellschafterwechsel bei Übertragung der Beteiligung an einer Personengesellschaft auf Treuhänder und Ehegatten – Änderung eines Bescheids während des Revisionsverfahrens – Anfechtungsbeschränkungen.

BFH v. 26.4.2012 – IV R 44/09, BStBl. II 2013, 142: Verkauf von Betriebsvermögen des Gesellschafters an Zebragesellschaften, keine Aufdeckung stiller Reserven entsprechend betrieblicher Beteiligung.

BFH v. 21.7.2010 – IV R 63/07, BFH/NV 2011, 214: Vollmacht eines Treuhandkommanditisten kann Mitunternehmerinitiative vermitteln, zweistufiges Feststellungsverfahren.

BFH v. 3.2.2010 – IV R 26/07, BStBl. II 2010, 751: Treuhandmodell, keine Gewerbesteuerpflicht sog. Ein-Unternehmer-Personengesellschaften, Verhältnis von Einzelunternehmer und Mitunternehmer im Einkommensteuerrecht, Zurechnung von Wirtschaftsgütern des Gesamthandsvermögens.

BFH v. 2.8.2006 – II R 23/05, BFH/NV 2006, 2306: Steuerschuldner bei Vereinigung aller Anteile einer Gesellschaft in einer Hand.

BFH v. 25.4.2006 – VIII R 74/03, BStBl. II 2006, 595: Mitunternehmerstellung des Gesellschafters einer GbR.

BFH v. 17.3.2006 – II B 157/05, BFH/NV 2006, 1341: Grunderwerbsteuer: Anteilsübertragung auf einen Treuhänder und Rückerwerb durch die Gesellschafter, Anzeigepflichten.

BFH v. 30.6.2005 – IV R 40/03, BFH/NV 2005, 1994: Keine Mitunternehmerschaft bei fehlendem Mitunternehmerrisiko einer Treuhandkommanditistin.

BFH v. 4.11.2004 – III R 21/02, BStBl. II 2005, 168: Unternehmereigenschaft bei Strohmannverhältnissen.

BFH v. 16.7.2003 – I B 213/02, BFH/NV 2003, 1536: Materieller Rechtsfehler kein Verfahrensmangel, Anerkennung eines Treuhandverhältnisses zwischen nahestehenden Personen.

BFH v. 14.5.2003 – II B 70/02, BFH/NV 2003, 1448: „Doppelte" Grunderwerbsteuerpflicht bei Auftragserwerb.

BFH v. 15.4.2003 – IV B 188/01, BFH/NV 2003, 1283: Treuhandbeteiligung an einer Personengesellschaft: zweistufiges Gewinnfeststellungsverfahren, Klagebefugnis des Treugeber-Gesellschafters, Beiladung des Treuhänder-Gesellschafters.

BFH v. 10.4.2002 – XI B 125/01, BFH/NV 2002, 1278: Gewinnfeststellungsbescheid erster Stufe für Veranlagungsfinanzamt nicht bindend, Aussetzung der Vollziehung eines Feststellungsänderungsbescheides.

BFH v. 8.8.2001 – II R 66/98, BStBl. II 2002, 156: Mittelbare Anteilsvereinigung bei Zwischenschaltung beherrschter und abhängiger Gesellschaften.

BFH v. 20.1.1999 – I R 69/97, BStBl. II 1999, 514: Treuhandverhältnis über Darlehensforderung, unmittelbare und mittelbare Sicherung an einem niederländischen Grundstück, rechtliche Stellung des Treugebers.

BFH v. 15.7.1997 – VIII R 56/93, BStBl. II 1998, 152: Steuerrechtliche Anerkennung einer Vereinbarungstreuhandschaft an einem GmbH-Anteil; fiduziarische Vollrechtstreuhandschaft.

BFH v. 16.5.1995 – VIII R 18/93, BStBl. II 1995, 714: Mitunternehmerschaft des Kommanditisten bei Verwaltungstestamentsvollstreckung und Untervermächtnis, Nießbrauch an einem Kommanditanteil, Rechtsfolgen des § 7 Abs. 1 EStDV bei Vermächtnis, Tod des Kommanditisten.

BFH v. 15.3.1995 – I R 26/94, BFH/NV 1996, 20: Börsenumsatzsteuer: Übertragung einer anteiligen Treugeberstellung an dem Kommanditanteil einer GmbH & Co. KG, Gesellschafter kann nur einen Anteil an einer Personengesellschaft halten, Bezugsrecht auf Erwerb eines Kommanditanteils.

BFH v. 10.12.1992 – XI R 45/88, BStBl. II 1993, 538: Mitunternehmerschaft von Treugeber-Kommanditisten, Aktivierung sog. Konzeptionskosten als immaterielles Wirtschaftsgut.

BFH v. 3.12.1991 – VIII R 64/87, BFH/NV 1992, 515: Finanzierungskosten für Erwerbe einer Beteiligung als Sonderbetriebsausgabe, Bindungswirkung des Feststellungsbescheids.

BFH v. 31.7.1991 – II R 157/88, BFH/NV 1992, 57: Grunderwerbsteuer bei Anteilsvereinigung, Anteilvereinigung mittels eines Treuhänders, Wirkung des § 42 AO 1977.

BFH v. 25.2.1991 – GrS 7/89, BStBl. II 1991, 691: Treugeber als Mitunternehmer, Sondervergütungen bei doppel-/mehrstöckigen Personengesellschaften, doppelstöckige Personengesellschaft.

BFH v. 2.10.1989 – X B 20/89, BFH/NV 1990, 616: Nachweispflichten bei einem Treuhandverhältnis mit einem im Ausland ansässigen Treugeber.

BFH v. 21.4.1988 – IV R 47/85, BStBl. II 1989, 722: Mitunternehmerschaft bei Treugebern einer Publikumsgesellschaft, Berücksichtigung von Sonderbetriebsausgaben der Treuhand-Kommanditisten.

BFH v. 29.1.1988 – X R 7/81, BStBl. II 1988, 506: Verschaffung der Treugeberstellung und steuerfreie Umsätze bei einer Publikums-KG, Ausschluss des Vorsteuerabzugs.

BFH v. 13.3.1986 – IV R 204/84, BStBl. II 1986, 584: zweistufiges Gewinnfeststellungsverfahren, Gewinnfeststellungsbescheid für die KG als Grundlagenbescheid für das Gewinnfeststellungsverfahren der Treugeber.

BFH v. 11.10.1984 – IV R 179/82, BStBl. II 1985, 247: Übertragung einer Mitunternehmerstellung durch sog. Vereinbarungstreuhand, einstufiges Gewinnfeststellungsverfahren.

BFH v. 25.6.1984 – GrS 4/82, BStBl. II 1984, 751: GmbH & Co. KG als Subjekt der Gewinnerzielung und -ermittlung, Verlustzuweisung-GmbH & Co. KG, doppelstöckige GmbH & Co. KG, Publikums-GmbH & Co. KG mit Treuhänder-Kommanditisten.

BFH v. 24.5.1977 – IV R 47/76, BStBl. II 1977, 737: Rechtscharakter von Treuhand- und stillen Unterbeteiligungsverhältnissen.

BFH v. 18.5.1977 – II R 191/72, BStBl. II 1977, 678: Übertragung der Rückübertragungsansprüche in Bezug auf die treuhänderisch gehaltenen mindestens 95 % der Anteile auf einen Dritten (Treugeberwechsel).

BFH v. 26.2.1975 – II R 130/67, BStBl. II 1975, 456: Anteilsvereinigung i.S.d. § 1 Abs. 3 Nr. 1 und Nr. 2 GrEStG mittels eines Treuhänders.

BFH v. 28.6.1972 – II 77/64, BStBl. II 1972, 719: Anteilsvereinigung i.S.d. § 1 Abs. 3 Nr. 1 und Nr. 2 GrEStG mittels eines Treuhänders, Zeitpunkt der Entstehung des Herausgabeanspruchs gemäß § 667 BGB.

FG Niedersachsen v. 28.7.2010 – 3 K 215/09, EFG 2010, 1805: Qualifizierung einer treuhänderisch gehaltenen Kommanditbeteiligung als inländisches erbschaftsteuerrechtliches Betriebsvermögen, Erben als Streitgenossen.

FG Nürnberg v. 13.9.2000 – V 479/98, EFG 2001, 566: Ausgabegewinn bei Beendigung der atypisch stillen Beteiligung an einer GmbH.

FG Düsseldorf v. 24.11.1999 – 5 K 7297/95 U, DStRE 2000, 601: Treuhänderisch gehaltenes Vermietungsobjekt: Übertragung eines Anteils an einem Erbbaurecht, Umfang des Vorsteuerabzugs – § 15 Abs. 1 bis 4 UStG als rechtliche Einheit.

FinMin. Bay. v. 16.9.2010 – 34 - S 3811 - 035 - 38476/10, DStR 2010, 2084.

FinMin. Bay. v. 11.1.2008 – 34 - S 3811 - 035 - 38956/07, DStR 2008, 508.

FinMin. Bay. v. 14.6.2005 – 34 - S 3811 - 035 - 25199/05, ZEV 2005, 341.

Bayerisches Landesamt für Steuern v. 14.1.2013 – S 3811.1.1 - 9/St 34, DB 2013, 206.

Gleichlautende Ländererlasse v. 18.2.2014, BStBl. I 2014, 561.

Gleichlautende Ländererlasse v. 12.10.2007, BStBl. I 2007, 761.

OFD Hannover v. 19.3.2008 – S 4505-25-StO 261, GrESt-Kartei ND 1983, § 3 GrEStG Karte 9.

Weitere Stichwörter

→ *Grunderwerbsteuer*; → *Mitunternehmerinitiative und -risiko*; → *Nießbrauch*; → *Publikums-KG*; → *Umsatzsteuer*

Übertragung von Gesellschaftsanteilen

Ausgewählte Literatur : *Binz/G. Mayer,* Anteilsvinkulierung bei Familienunternehmen, NZG 2012, 201; *Kempermann*, Die Formbedürftigkeit der Abtretung einer Beteiligung an einer GmbH & Co. KG, NJW 1991, 684; *Ulrich/von Holten*, GmbHR 2012, R190: Außenhaftung des Kommanditisten bei Anteilsübertragung.

1. Einführung/Abgrenzung

U 1 **Rechtsgeschäftliche Übertragung |** Übertragung von Anteilen meint die rechtsgeschäftliche Übertragung eines Gesellschaftsanteils oder Teiles davon auf einen anderen Bestandsgesellschafter oder einen hierdurch neu in die Gesellschaft eintretenden Gesellschafter. Die Anteilsübertragung ist insbesondere abzugrenzen von der „Ein- und Austrittslösung", bei der der „übertragende" Gesellschafter schlicht seinen Austritt erklärt und der „übernehmende" Gesellschafter an seiner Stelle beitritt; diese Konstruktion ist ebenfalls denkbar, aber aus Haftungsgründen ggf. nachteilig (vgl. noch Rz. U 27 f.) und daher inzwischen überholt (vgl. *Haas* in Röhricht/Graf von Westphalen/Haas, § 105 HGB Rz. 83, 85; *Hannes* in Hesselmann/Tillmann/Mueller-Thuns, Hdb. GmbH & Co. KG, Rz. 8.3).

U 2 **Unterschiedliche Übertragungsgegenstände |** Weiter ist zwischen der Übertragung von KG- und GmbH-Anteilen zu differenzieren, da diese nach grundlegend unterschiedlichen Regeln erfolgen. Auf Ebene der KG selbst ist wiederum – insbesondere im Hinblick auf Haftungsfragen – zwischen der Übertragung einer Kommandit- und derjenigen der Komplementärbeteiligung zu unterscheiden.

U 3 **Abgrenzung |** Dieses Kapitel behandelt die dingliche Vollrechtsübertragung. Für das zugrundeliegende schuldrechtliche Verpflichtungsgeschäft → *Verkauf und Vorkauf von Gesellschaftsanteilen* bzw. → *Schenkung von Gesellschaftsanteilen*; für Belastungen → *Verpfändung von Gesellschaftsanteilen*; für den Erwerb von Todes wegen → *Nachfolge von Todes wegen.*

2. Übertragungsakt

U 4 **Dogmatische Einordnung |** Die Übertragung eines KG-Anteils stellt eine Rechtsübertragung dar und erfolgt durch Abtretung gemäß §§ 413, 398 BGB (*Roth* in Baumbach/Hopt, § 105 HGB Rz. 70). Im Regelfall wird die Abtretungserklärung im Kauf- oder Schenkungsvertrag (= schuldrechtliches Verpflichtungsgeschäft) abgegeben (*Reichert/Ullrich* in Reichert, GmbH & Co. KG, § 29 Rz. 52). Sie kann aber auch separat, beispielsweise im Rahmen eines gesonderten closing erfolgen, was insbesondere bei größeren Transaktionen mit zwischengeschalteter due diligence üblich ist (s. auch → *Verkauf und Vorkauf von Gesellschaftsanteilen Rz. V 31*).

Teilübertragung | Verfügt der übertragende Gesellschafter über eine Beteiligung am Festkapital (beim Kommanditisten die Regel, bei der Komplementär-GmbH eher die Ausnahme), kann er die Übertragung auch auf einen Teil seines Anteils beschränken (zu Zulässigkeit und Voraussetzungen der Teilübertragung *Piehler/Schulte* in Münchener Hdb. Gesellschaftsrecht, Bd. 2, § 35 Rz. 3). U5

Bedingung/Befristung | Die Übertragung kann bedingt oder befristet erfolgen (*Hannes* in Hesselmann/Tillmann/Mueller-Thuns, Hdb. GmbH & Co. KG, Rz. 8.27). Üblich ist aus Haftungsgründen bei Übertragung eines Kommanditanteils auf einen hierdurch neu in die Gesellschaft eintretenden Kommanditisten insbesondere die aufschiebende Bedingung auf dessen Registereintragung (noch Rz. U 27; *Piehler/Schulte* in Münchener Hdb. Gesellschaftsrecht, Bd. 2, § 35 Rz. 35). U6

3. Form

Formfreiheit | Die Abtretung von Gesellschaftsanteilen an einer KG ist grundsätzlich formfrei möglich (*Piehler/Schulte* in Münchener Hdb. Gesellschaftsrecht, Bd. 2, § 35 Rz. 29), auch für Registerzwecke ist keine schriftliche Dokumentation erforderlich (→ *Handelsregisteranmeldungen Rz. H 114*). Dennoch sollte die Abtretung zwecks Beweisbarkeit mindestens schriftlich erfolgen. U7

Ausnahmen | Formerfordernisse können eingreifen, wenn sie gesellschaftsvertraglich vereinbart sind. Weiterhin kommt eine Beurkundungspflicht bei unentgeltlicher Übertagung der Anteile (§ 518 BGB) sowie bei der Verpflichtung zur Mit-Übertragung eines Grundstücks in Betracht (§ 311b Abs. 1 BGB; vgl. im Einzelnen entsprechend → *Eintritt eines neuen Gesellschafters Rz. E 194*). U8

Insb.: Mitübertragung eines GmbH-Anteils | Schließlich ist eine notarielle Beurkundung der Abtretung insbesondere erforderlich, wenn hiermit zugleich die Verpflichtung zur Übertragung eines GmbH-Anteils (v.a. an der Komplementär-GmbH bei Gleichlaufklauseln → *Beteiligungsidentische GmbH & Co. KG Rz. B 115ff.*) verbunden ist (*Reichert/Ullrich* in Reichert, GmbH & Co. KG, § 29 Rz. 59; *Winter* in Gehrlein/Ekkenga/Simon, § 15 GmbHG Rz. 85). Auch ohne entsprechende Verpflichtung wird aus § 15 Abs. 4 Satz 1 GmbHG ein Gesamtbeurkundungserfordernis dahingehend hergeleitet, dass sämtliche Abreden, die mit der Verpflichtung zur Abtretung eines GmbH-Anteils nach dem Parteiwillen stehen und fallen sollen, mit zu beurkunden sind. Werden bei der beteiligungsidentischen GmbH & Co. KG Anteile an KG und Komplementär-GmbH gleichzeitig übertragen, wird man von einem entsprechenden Zusammenhang im Zweifel ausgehen können und sollten daher grundsätzliche beide Verpflichtungsgeschäfte (nicht zwingend auch Verfügungsgeschäfte, vgl. *Wiesner*, NJW 1984, 95, 99) in einer notariellen Urkunde zusammengefasst werden. Lediglich wenn die Parteien die Übertragung der KG-Anteile nachweislich auch unabhängig von der Übertragung der Komplementärbeteiligung vornehmen wollten, besteht keine Gesamtbeurkundungspflicht und kann die Übertragung der KG-Anteile auch formlos erfolgen (BGH v. 14.4.1986 – II ZR 155/85, GmbHR 1986, 258 f.). Die Problematik der Gesamtbeurkundung wird allerdings dadurch „entschärft", dass eine Heilung des Formverstoßes durch formgerechten Vollzug der GmbH-Anteilsübertragung (§ 15 Abs. 4 Satz 2 GmbHG) nach h.M. zugleich eine Heilung des Formmangels in Bezug auf den KG-Anteil bewirken soll (BGH v. 29.1.1992 – VIII ZR 95/91, GmbHR 1993, 106; *Reichert/Weller* in MünchKomm. GmbHG, § 15 GmbHG Rz. 126; *Wies-* U9 *ner*, NJW 1984, 95, 99; a.A. *Kempermann*, NJW 1991, 684 f.; *Reichert/Ullrich* in Reichert, GmbH & Co. KG, § 29 Rz. 59).

4. Zustimmungserfordernis

U 10 **Gesetzliche Ausgangssituation |** Die Übertragung eines KG-Anteils bedarf grundsätzlich der Zustimmung sämtlicher Gesellschafter, bis zur Zustimmungserteilung ist sie schwebend unwirksam (BGH v. 28.4.1954 – II ZR 8/53, BGHZ 13, 179, 186; *Piehler/Schulte* in Münchener Hdb. Gesellschaftsrecht, Bd. 2, § 35 Rz. 5; *Binz/G. Mayer*, NZG 2012, 201 f.). Ob in Einzelfällen eine Zustimmungspflicht der Mitgesellschafter aus der Treuepflicht hergeleitet werden kann, wird differenziert beurteilt (kritisch beispielsweise *Hannes* in Hesselmann/Tillmann/Mueller-Thuns, Hdb. GmbH & Co. KG, Rz. 8.6).

U 11 **Gesellschaftsvertragliche Abweichungen |** In der Kautelarpraxis finden sich häufig Abweichungen von diesem Grundsatz. Die Regelungen reichen insofern von der Bindung der Anteilsübertragung an einen Mehrheitsbeschluss über die Zustimmung bestimmter (Haupt-)Gesellschafter und/oder der Komplementär-GmbH bis hin zur weitestgehend freien Übertragbarkeit. Bei Familiengesellschaften findet sich oft die Definition eines nachfolgeberechtigten Personenkreises (beispielsweise Abkömmlinge in gerader Linie und Ehegatten), innerhalb dessen freie Übertragbarkeit herrscht, kombiniert mit dem Erfordernis einer mehrheitlichen oder sogar einstimmigen Zustimmung im Übrigen. In der Publikums-KG werden die Anteile hingegen oft insgesamt frei übertragbar ausgestaltet, um eine hohe Fungibilität zu gewährleisten (zum Ganzen *Hannes* in Hesselmann/Tillmann/Mueller-Thuns, Hdb. GmbH & Co. KG, Rz. 8.9; *Reichert/Ullrich* in Reichert, GmbH & Co. KG, § 29 Rz. 22 f.).

U 12 **Besonderheiten bei Teilübertragung |** Eine (gesellschaftsvertragliche oder durch die Mitgesellschafter erteilte) Zustimmung zur Anteilsübertragung deckt nicht zwangsläufig auch die Teilübertragung mit ab, da es bei dieser – anders als bei der vollständigen Übertragung – zu einer Vergrößerung des Gesellschafterkreises kommt (*Roth* in Baumbach/Hopt, § 105 HGB Rz. 70; *Wertenbruch* in Westermann/Wertenbruch, Hdb. Personengesellschaften, Rz. I 648).

5. Rechtsfolge

U 13 **Vollständiger Rechtsübergang |** Als Folge der Übertragung (= Abtretung) geht der Anteil mit allen damit verbundenen Rechten und Pflichten auf den Erwerber über, weitere Wirksamkeitserfordernisse (Registereintragung o.Ä.) bestehen insofern nicht.

U 14 **Vereinigung mit bestehendem Anteil |** Ist der Erwerber bereits Gesellschafter der KG, wächst der hinzuerworbene Anteil wegen des Grundsatzes der Einheit der Beteiligung seinem bereits bestehenden Anteil an, dessen Umfang erhöht sich. Buchungstechnisch geschieht dies durch Addition der Salden auf den jeweiligen, die Beteiligung ausdrückenden Gesellschafterkonten.

U 15 **Neueintritt |** Ist der Erwerber bisher kein Gesellschafter, tritt er der KG durch den Anteilserwerb bei. Dies kann, muss aber nicht durch einen zusätzlichen Beitrittsvertrag zwischen Erwerber und Altgesellschaftern geregelt werden.

„Mischübertragung" | Erfolgt die Übertragung zwischen Komplementär und Kommanditist („Mischübertragung") gilt Folgendes (zum Ganzen *Strohn* in E/B/J/S, § 173 HGB Rz. 40 ff.): U 16

- Erwirbt ein Komplementär einen Kommanditanteil hinzu, erhöht sich sein Beteiligungsumfang, er bleibt jedoch einheitlich Komplementär. Haftungstechnische Fragen stellen sich wegen der ohnehin bestehenden unbeschränkten Haftung für den Erwerber nicht. Ob zum Schutz des Veräußerers vor einem Wiederaufleben der Haftung ein Sonderrechtsnachfolgevermerk (Rz. U 28 f.) eingetragen werden kann, ist umstritten (vgl. die Nachweise bei *Strohn* in E/B/J/S, § 173 HGB Rz. 41).
- Erwirbt ein Kommanditist einen Komplementäranteil, ist es Auslegungsfrage und unterliegt damit grundsätzlich der Parteiautonomie, ob er einheitlich Kommanditist mit erhöhtem Kapitalanteil bleibt oder seine Stellung insgesamt in die eines Komplementärs umgewandelt wird (vgl. BGH v. 1.6.1987 – II ZR 259/86, GmbHR 1987, 466, 468).

Kapitalmäßige Beteiligung | Am Gesellschaftsvermögen, ausgedrückt durch die Salden auf sämtlichen mit dem Anteil verbundenen (Eigen-)Kapitalkonten (→ *Kontensystem*), wird der Erwerber im Umfang des übertragenen Anteils beteiligt (*Wertenbruch* in Westermann/Wertenbruch, Hdb. Personengesellschaften, Rz. I 645a). Erfolgt eine Teilübertragung, kann der Veräußerer den zu übertragenden Umfang grundsätzlich frei bestimmen. Insofern spricht bei Vorhandensein mehrerer Kapitalkonten, die i.E. dennoch einen einheitlichen Kapitalanteil bilden (*Roth* in Baumbach/Hopt, § 120 HGB Rz. 19), nichts dagegen, diese Konten auch einzeln und/oder quotal jeweils in unterschiedlichem Umfang zu übertragen. U 17

Sozialansprüche | Der Verbleib sonstiger Vermögensansprüche (Sozialansprüche) des Gesellschafters gegen die Gesellschaft kann grundsätzlich frei durch die Beteiligten geregelt werden (*Wertenbruch* in E/B/J/S, § 105 HGB Rz. 223). Mangels ausdrücklicher Regelung sollen allerdings auch solche Ansprüche im Zweifel mit übergehen, wenn sie bereits im Rechenwerk der Gesellschaft (Bilanz, Kontenplan) erfasst sind (BGH v. 7.12.1972 – II ZR 98/70, GmbHR 1973, 162 f.; *Wertenbruch* in E/B/J/S, § 105 HGB Rz. 223). Das betrifft Konten mit echtem Forderungs- bzw. Fremdkapitalcharakter (regelmäßig insbesondere das Darlehenskonto), die schuldrechtliche Ansprüche des (übertagenden) Gesellschafters gegen die KG verkörpern. U 18

Drittforderungen | Rühren die Ansprüche allerdings insgesamt nicht aus dem Gesellschaftsverhältnis sondern aus Drittgeschäften zwischen Gesellschaft und Gesellschafter her (sog. „Drittforderungen", → *Einlagen und Haftsummen Rz. E 125*), sollen sie selbst bei Erfassung im Rechenwerk der Gesellschaft nicht übergehen, außer die Parteien vereinbaren dies ausdrücklich (*Piehler/Schulte* in Münchener Hdb. Gesellschaftsrecht, Bd. 2, § 35 Rz. 27). U 19

Verbindlichkeiten | Für Sozialverbindlichkeiten gegenüber der Gesellschaft haften der übertragende und der neu eintretende Gesellschafter grundsätzlich gesamtschuldnerisch, außer die übrigen Gesellschafter haben einer befreienden Schuldübernahme durch den neu Eintretenden – ggf. konkludent durch Zustimmung zum Übertragungsvorgang, der eine entsprechende Klausel zur alleinigen Haftung des Eintretenden enthält – zugestimmt (BGHZ 45, 221, 223; *Wertenbruch* in E/B/J/S, § 105 HGB Rz. 225). U 20

Mängel der Übertragung | Ist der Übertragungsakt aus allgemeinen Gründen unwirksam, wird er aber faktisch vollzogen, soll nach hergebrachter aber in letzter Zeit umstrittener Ansicht die Lehre der fehlerhaften Gesellschaft Anwendung finden (BGH v. 18.1.1988 – II ZR 140/87, GmbHR 1988, 177, 178 f.; *Wertenbruch* in Westermann/Wertenbruch, Hdb. Personengesellschaften, Rz. I 647; a.A. beispielsweise *K. Schmidt* in MünchKomm. HGB, § 105 U 21

HGB Rz. 223). Folge ist die Behandlung der Übertagung als wirksam für die Vergangenheit mit Lösungsmöglichkeit für die Zukunft.

6. Registereintragung

U 22 **Eintritt und Ausscheiden |** Die Anteilsübertragung ist als Austritt des alten und Eintritt des neuen Gesellschafters zur Eintragung in das Handelsregister anzumelden, §§ 107, 161 Abs. 2, 162 HGB. Ist im Gesellschaftsvertrag nichts Abweichendes geregelt, ist bei Eintritt eines Kommanditisten dessen Festkapitalanteil zugleich als Haftsumme in das Handelsregister einzutragen.

U 23 **Deklaratorische Wirkung |** Anmeldung und Eintragung sind nur deklaratorischer Natur, so dass die Anteilsübertragung grundsätzlich schon vorher wirksam wird (*Hannes* in Hesselmann/Tillmann/Mueller-Thuns, Hdb. GmbH & Co. KG, Rz. 8.24). Etwas Anderes gilt allerdings, sofern die Übertragung aus Haftungsgründen (Rz. U 31) ausdrücklich aufschiebend bedingt auf die Handelsregistereintragung vorgenommen wird.

U 24 **Übertragung zwischen Bestandsgesellschaftern |** Erwirbt ein Bestandsgesellschafter einen Anteil hinzu, ist kein Neueintritt anzumelden. Handelt es sich um einen Kommanditisten, ist allerdings bei Gleichlauf von Festkapital und Haftsumme die Erhöhung letzterer gemäß § 175 HGB anzumelden.

7. Haftung

U 25 **Veräußernder Komplementär |** Ein durch Anteilsübertragung aus der KG ausscheidender Komplementär unterliegt für die Fünfjahresfrist des § 160 HGB der Nachhaftung (→ *Haftung des Komplementärs Rz. H 76ff.*; *Reichert/Ullrich* in Reichert, GmbH & Co. KG, § 29 Rz. 68ff.).

U 26 **Erwerbender Komplementär |** Ein neu eintretender Komplementär haftet unbeschränkt für sämtliche Verbindlichkeiten der KG, auch wenn sie vor seinem Eintritt begründet wurden (*Reichert/Ullrich* in Reichert, GmbH & Co. KG, § 29 Rz. 71). Die teilweise Übertragung eines Anteils zwischen Bestandskomplementären lässt hingegen den Haftungsstatus beider Beteiligten unberührt, da sie ohnehin bereits der unbeschränkten persönlichen Haftung unterliegen.

U 27 **Erwerbender Kommanditist |** Der durch die Anteilsübertragung neu eintretende (oder seine bisherige Beteiligung erhöhende) Erwerber tritt in die Stellung des Veräußerers ein. Hat dieser seine (Haft-)Einlage erbracht und wurde sie nicht durch nachträgliche Verluste oder Rückzahlungen gemindert, so ist der Erwerber nach § 171 Abs. 1 Halbs. 2 HGB von der persönlichen Haftung frei (→ *Haftung des Kommanditisten Rz. H 11ff.*). War hingegen die Einlage des Veräußerers noch nicht voll erbracht (§ 171 Abs. 1 Halbs. 2 HGB) oder in haftungsschädlicher Weise zurückgewährt (§ 172 Abs. 4 HGB), so haftet der Erwerber gesamtschuldnerisch neben dem Veräußerer für den ausstehenden Betrag (*K. Schmidt* in MünchKomm. HGB, § 173 HGB Rz. 31; *Ulrich/von Holten*, GmbHR 2012, R191).

U 28 **Veräußernder Kommanditist |** Problematisch ist die Situation des Veräußerers. Wird im Handelsregister lediglich sein Austritt (oder die Reduzierung seiner Haftsumme bei Teilübertragung) eingetragen, ist für den Rechtsverkehr nicht ersichtlich, ob dies auf einem Übertragungsakt oder einer schlichten (Teil-)Kündigung des Gesellschaftsverhältnisses beruht. In letzterem Fall würde der Veräußerer bei Ausscheiden eine Abfindung erhalten, die zu einem Wiederaufleben seiner persönlichen Haftung maximal bis zur Höhe der Haftsumme nach § 172 Abs. 4 Satz 1 HGB führt (→ *Haftung des Kommanditisten Rz. H 36*). Hierauf könnten sich Gläubiger mangels anderweitiger Anhaltspunkte im Handelsregister berufen und somit den ausgeschiedenen Kommanditisten in Höhe seiner (ehemaligen) Haftsumme für Gesellschaftsschulden im Wege der Nachhaftung in Anspruch nehmen (BGH v. 29.6.1981 – II ZR 142/80, BGHZ 81, 82 = GmbHR 1981, 262, 264).

Beispiel:

A überträgt seinen Kommanditanteil auf B. Im Handelsregister werden das Ausscheiden von A und der Eintritt von B, jeweils mit der Haftsumme von 10 000,- Euro eingetragen.

Für den Rechtsverkehr entsteht der Eindruck, A sei – unabhängig vom Eintritt von B – aus der Gesellschaft ausgeschieden und habe (was den Regelfall darstellt) eine Abfindung erhalten, die als Einlagerückgewähr zum Wideraufleben seiner Außenhaftung für die Nachhaftungsperiode des § 160 HGB (5 Jahre) führt. Dementsprechend können Gläubiger den A bis zur Höhe seiner Haftsumme von 10 000,– Euro für Gesellschaftsschulden in Anspruch nehmen (unbenommen bleibt A natürlich der Binnenregress gegenüber der Gesellschaft oder B als Anteilserwerber, letzteres jedoch in Abhängigkeit von den Regelungen im Anteilskaufvertrag, beispielsweise Freistellungsanspruch o.Ä.).

B hingegen hätte im Fall des Neueintritts grundsätzlich selbst seine Einlage zu erbringen, um eine Enthaftung gemäß § 171 Abs. 1 Halbs. 2 HGB herbeizuführen. Er kann sich indessen darauf berufen, dass die ursprünglich von A erbrachte Einlage auf ihn übergegangen ist (Rz. U 27), was ebenfalls zu seiner Enthaftung führt.

Sonderrechtsnachfolgevermerk | Dieses Ergebnis lässt sich nach h.M. dadurch vermeiden, U 29
dass die Übertragung im Wege der Sonderrechtsnachfolge vorgenommen und ein sog. Sonderrechtsnachfolgevermerk im Handelsregister eingetragen wird. Dieser hat zum Inhalt, dass der ausscheidende (oder bei Teilübertragung der seinen Beteiligungsumfang reduzierende) Kommanditist seinen (Teil-)Anteil im Wege der Sonderrechtsnachfolge auf den hierdurch in die Gesellschaft eintretenden Erwerber übertragen hat. Dadurch wird dem Rechtsverkehr verdeutlicht, dass ein und derselbe Anteil übertragen wurde und es insofern nicht zu einer Haftungsverdoppelung (Veräußerer haftet neben Erwerber) kommt.

Anmeldung der Sonderrechtsnachfolge

Der Anmeldungstext kann im vorgenannten Beispielsfall lauten: *A hat seinen Kommanditanteil mit einer Haftsumme von 10 000 Euro im Wege der Sonderrechtsnachfolge auf den hierdurch neu in die Gesellschaft eingetretenen B übertragen; A ist dadurch aus der Gesellschaft ausgeschieden.* (weiteres Formulierungsbeispiel bei *Ulrich/von Holten*, GmbHR 2012, R190 f.)

Negative Abfindungsversicherung | Die Eintragung eines entsprechenden Sonderrechts- U 30
nachfolgevermerks setzt nach der Rechtsprechung zugleich die Abgabe einer (höchstpersönlichen) Versicherung zumindest des übertragenden Kommanditisten und der Komplementär-GmbH voraus, wonach dem übertragenden Kommanditisten keinerlei Abfindung aus dem Gesellschaftsvermögen gewährt oder versprochen wurde (sog. „negative Abfindungsversicherung", vgl. BGH v. 19.9.2005 – II ZB 11/04, MDR 2006, 342; *Ulrich/von Holten*, GmbHR 2012, R191).

Negative Abfindungsversicherung

Die Abfindungsversicherung kann im vorstehenden Beispielsfall lauten: *Die Komplementärin … [Firma] und A versichern hiermit, jeder für sich, dass dem A anlässlich seines Ausscheidens eine Abfindung aus dem Gesellschaftsvermögen weder gewährt noch versprochen worden ist.*

U 31 **Interimshaftung |** Weiterhin problematisch ist, dass nach umstrittener Ansicht § 176 Abs. 1, 2 HGB auch auf den derivativen Anteilserwerb Anwendung finden soll (vgl. BGH v. 21.3.1983 – II ZR 113/82, GmbHR 1983, 238; *Reichert/Ullrich* in Reichert, GmbH & Co. KG, § 29 Rz. 76; *Piehler/Schulte* in Münchener Hdb. Gesellschaftsrecht, Bd. 2, § 35 Rz. 43; a.A. [keine Anwendung von § 176 HGB auf Anteilsübertragung] beispielsweise *Roth* in Baumbach/Hopt, § 176 HGB Rz. 11; *Strohn* in E/B/J/S, § 176 HGB Rz. 25). In der Folge soll der durch Anteilserwerb neu in die KG eintretende Kommanditist für solche Verbindlichkeiten, die zwischen seinem Eintritt und seiner Registereintragung als Kommanditist begründet wurden, mangels Kenntnis des Gläubigers von der Kommanditistenstellung wie ein persönlich haftender Gesellschafter (d.h. insbesondere ohne Begrenzung auf seine Haftsumme) haften. Die Praxis behilft sich insofern (bei Bedarf) mit einer aufschiebend auf die Registereintragung bedingten Anteilsübertragung, die einen haftungsrelevanten „Interimszeitraum" zwischen Eintritt des Kommanditisten und Registereintragung entfallen lässt.

Beispiel:

Findet im vorstehenden Beispielsfall die Übertragung zwischen A und B mit sofortiger Wirkung statt und begründet die KG vor Eintragung des B ins Handelsregister neue Verbindlichkeiten, so würde B hierfür unbeschränkt und nicht nur begrenzt auf seine Haftsumme haften. Überträgt A seinen Kommanditanteil hingegen aufschiebend bedingt auf dessen Handelsregistereintragung, wird eine unbeschränkte Haftung des B vermieden.

U 32 **Einlagenrückgewähr nach Übertragung |** Schließlich ist zu beachten, dass eine haftungsbegründende Einlagenrückgewähr (§ 172 Abs. 4 HGB) gemäß umstrittener Ansicht auch dann, wenn sie erst nach Anteilsübertragung an den Erwerber erfolgt, dazu führen soll, dass die Außenhaftung des Veräußerers gesamtschuldnerisch wieder auflebt (BGH v. 20.10.1975 – II ZR 214/74, NJW 1976, 751 f.; *K. Schmidt* in MünchKomm. HGB, § 173 HGB Rz. 33; a.A. *Kindler* in Koller/Kindler/Roth/Morck, § 172 HGB Rz. 27). Insofern ist ggf. durch Freistellungsansprüche o.Ä. im Anteilskaufvertrag Vorsorge zu treffen.

Beispiel:

Hat A im vorstehenden Beispielsfall seine Hafteinlage (10 000,- Euro) komplett geleistet, findet jedoch nach Übertragung des Kommanditanteils auf B eine Einlagenrückgewähr von 3 000,- Euro statt, so haftet nach umstrittener Ansicht auch A i.R.d. Nachhaftung gemäß § 160 HGB in entsprechender Höhe gesamtschuldnerisch neben B gegenüber den Gesellschaftsgläubigern.

8. Steuerliche Behandlung der Übertragung von KG-Anteilen

U 33 **Unterscheidung zwischen entgeltlicher und unentgeltlicher Übertragung |** Die steuerliche Behandlung der Übertragung eines KG-Anteils, der steuerlich als Mitunternehmeranteil zu qualifizieren ist, hängt davon ab, ob der Vorgang als entgeltlich (= Veräußerung) oder unentgeltlich zu qualifizieren ist.

Veräußerung | Unter einer Veräußerung eines Mitunternehmeranteils an einer GmbH & Co. KG versteht man grundsätzlich die entgeltliche Übertragung des zivilrechtlichen oder wirtschaftlichen Eigentums an dem Mitunternehmeranteil. Eine Veräußerung kann jedoch auch vorliegen, wenn der Mitunternehmer seinen Anteil ohne Entgelt auf einen Dritten überträgt, sofern er dabei nicht in der Absicht handelt, den Dritten zu bereichern (*Patt* in Herrmann/Heuer/Raupach, EStG/KStG, § 16 EStG Rz. 288). Soll die Übertragung des Anteils nach dem Willen der Beteiligten nicht unentgeltlich erfolgen, liegt eine Veräußerung auch dann vor, wenn der Veräußerungspreis dem Buchwert entspricht oder geringer als der Buchwert ist (vgl. BFH v. 21.4.1994 – IV R 70/92, BStBl. II 1994, 745 = GmbHR 1994, 818 = FR 1994, 572; BFH v. 12.12.1996 – IV R 77/93, BStBl. II 1998, 180 = GmbHR 1998, 50 = FR 1998, 155 m. Anm. *Thiele* = GmbH-StB 1998, 5). Hinsichtlich der steuerlichen Folgen einer entgeltlichen Übertragung → *Verkauf und Vorkauf von Gesellschaftsanteilen.* U 34

Unentgeltliche Übertragung | Keine Veräußerung, sondern eine unentgeltliche Übertragung liegt hingegen vor, wenn das wirtschaftliche Eigentum an dem Mitunternehmeranteil im Wege einer reinen Schenkung i.S.v. § 516 BGB, also voll unentgeltlich in der Absicht übertragen wird, den Erwerber zu bereichern. Hinsichtlich der steuerlichen Folgen einer unentgeltlichen Übertragung → *Schenkung von Gesellschaftsanteilen.* U 35

Teilentgeltliche Übertragung | Entspricht das Entgelt für die Übertragung nicht dem Wert des übertragenen Anteils und gehen die Parteien auch nicht von einer Ausgeglichenheit aus, liegt ein teilentgeltlicher Vorgang vor. Dieser Vorgang ist, anders als bei teilentgeltlichen Übertragungen von Privatvermögen, nicht entsprechend der sog. Trennungstheorie in einen voll unentgeltlichen und einen voll entgeltlichen Vorgang aufzuteilen. Es liegt vielmehr ein einheitlicher Vorgang vor (sog. „Einheitstheorie"; vgl. *Geissler* in Herrmann/Heuer/Raupach, EStG/KStG, § 16 EStG Rz. 76). Liegt das Entgelt über dem steuerlichen Kapitalkonto, entsteht beim übertragenden Mitunternehmer in Höhe der Differenz zwischen dem Entgelt und dem steuerlichen Kapitalkonto ein Veräußerungsgewinn. Liegt das Entgelt unter dem steuerlichen Kapitalkonto, liegt ein unentgeltlicher Vorgang i.S.d. § 6 Abs. 3 EStG vor, es entsteht beim übertragenden Mitunternehmer weder ein Veräußerungsgewinn noch ein Veräußerungsverlust (vgl. *Wacker* in Schmidt, § 16 EStG Rz. 58). U 36

9. GmbH

Übertragung | Auch der GmbH-Anteil wird als Rechtsposition durch Abtretung gemäß §§ 413, 398 BGB übertragen, was in § 15 GmbHG vorausgesetzt, nicht aber konstitutiv geregelt ist. Die Abtretung wird ebenfalls regelmäßig Teil eines i.Ü. schuldrechtlichen Übertragungsvertrags (beispielsweise Kauf/Schenkung o.Ä.) sein, kann aber auch unabhängig hiervon als rein dingliches Geschäft vollzogen werden. U 37

Teilübertragung | Anders als beim KG-Anteil ist die Teilung von GmbH-Anteilen in § 46 Nr. 4, 1. Var GmbHG positivrechtlich geregelt (Gesellschafterbeschluss erforderlich). Insofern setzt eine Teilübertragung die vorangehende ordnungsgemäße Anteilsteilung voraus; beides kann jedoch in einer Urkunde zusammengefasst werden. U 38

Form | Gemäß § 15 Abs. 3 GmbHG bedarf die Abtretung von GmbH-Anteilen der notariellen Beurkundung. Gleiches gilt nach § 15 Abs. 4 Satz 1 GmbHG für die schuldrechtliche Verpflichtung zur Anteilsabtretung, wobei ein insofern bestehender Beurkundungsmangel durch die notariell vollzogene Abtretung geheilt wird. U 39

U 40 **Zustimmungserfordernis** | Da § 15 Abs. 1 GmbHG die freie Übertragbarkeit von GmbH-Anteilen vorsieht, ist eine Abtretung grundsätzlich auch ohne Zustimmung der Mitgesellschafter möglich.

U 41 **Vinkulierung** | Abweichungen können sich jedoch aus dem Gesellschaftsvertrag ergeben, der nach § 15 Abs. 4 GmbHG weitere Voraussetzungen, insbesondere Zustimmungserfordernisse für die Übertragung vorsehen kann. Sind entsprechende Erfordernisse im Gesellschaftsvertrag enthalten, wirken sie auf dinglicher und nicht lediglich schuldrechtlicher Ebene (*Winter* in Gehrlein/Ekkenga/Simon, § 15 GmbHG Rz. 53), sprich: Eine ohne ihre Beachtung vorgenommene Abtretung ist schwebend unwirksam und löst nicht lediglich schuldrechtliche (Rückabwicklungs-)Ansprüche aus (*Winter* in Gehrlein/Ekkenga/Simon, § 15 GmbHG Rz. 69). In der Praxis finden sich auf Basis von § 15 Abs. 4 GmbHG vor allem sog. Vinkulierungsklauseln (vgl. *Hannes* in Hesselmann/Tillmann/Mueller-Thuns, Hdb. GmbH & Co. KG, Rz. 8.13), die die Übertragung von der Zustimmung der Mitgesellschafter (als jeweilige Einzelerklärung oder als – ggf. qualifiziert mehrheitlicher – Gesellschafterbeschluss) oder der Gesellschaft selbst (zu erklären durch die Geschäftsführung) abhängig machen. Das kann v.a. dem Überfremdungsschutz dienen. Aufgrund seiner weiten Formulierung ermöglicht § 15 Abs. 4 GmbHG aber auch die Einführung diverser weiterer Übertragungsbeschränkungen mit dinglicher Wirkung (Rz. U 11 zur KG).

U 42 **Rechtsfolge** | Als Folge der Anteilsabtretung kommt es zum grundsätzlich unmittelbar wirksamen Übergang des GmbH-Anteils auf den Erwerber. Auch insofern ist allerdings eine aufschiebende Bedingung möglich, die insbesondere dann gewählt wird, wenn ein Gleichlauf mit der KG-Anteilsübertragung gewollt ist und diese aus Haftungsgesichtspunkten ihrerseits aufschiebend bedingt erfolgt (Rz. U 31).

U 43 **Gesellschafterliste** | Abweichungen ergeben sich allerdings in Bezug auf die Ausübung der Gesellschafterrechte aus dem übertragenen Anteil. Diese setzt nach § 16 Abs. 1 Satz 1 GmbHG grundsätzlich voraus, dass der Anteilserwerber in einer im Handelsregister aufgenommenen Gesellschafterliste ausgewiesen ist. Diese ist zwar nach notarieller Anteilsübertragung unverzüglich durch den Notar einzureichen (§ 40 Abs. 2 Satz 1 GmbHG). Im Fall ihrer ebenfalls unverzüglichen Aufnahme erklärt denn auch § 16 Abs. 1 Satz 2 GmbHG Rechtshandlungen des Erwerbers für von Anfang an wirksam. Um kautelarjuristisch Vorsorge für eventuelle Verzögerungen bei der Aufnahme der neuen Liste zu treffen, empfiehlt es sich dennoch, dass der Veräußerer dem Erwerber bis zur Aufnahme der neuen Liste Vollmacht zur Ausübung sämtlicher Gesellschafterrechte aus dem übertragenen Anteil erteilt.

Vollmacht hins. § 16 GmbHG

Überträgt A seinen GmbH-Anteil auf B, kann die Vollmacht beispielsweise lauten: *Im Hinblick auf § 16 Abs. 1 GmbHG bevollmächtigt hiermit A den B – unter Befreiung von den Beschränkungen des § 181 BGB – ihn bis zur Aufnahme der neuen Gesellschafterliste im Handelsregister bei der Ausübung sämtlicher Gesellschafterrechte aus den übertragenen Geschäftsanteilen gegenüber der Gesellschaft und Mitgesellschaftern in vollem Umfang zu vertreten, insbesondere das Stimmrecht in der Gesellschafterversammlung auszuüben, Beschlüsse zu fassen und Zustimmungs- und Verzichtserklärungen abzugeben und entgegenzunehmen. Die Erteilung von Untervollmachten ist zulässig.*

U 44–U 50 frei

Vertiefende Recherche

Wichtige Urteile und Erlasse

BGH v. 19.9.2005 – II ZB 11/04, MDR 2006, 342: Erfordernis einer sog. „negativen Abfindungsversicherung“ für Eintragung eines Sonderrechtsnachfolgevermerks.

BGH v. 29.1.1992 – VIII ZR 95/91, GmbHR 1993, 106: Notarieller Vollzug der Abtretung von GmbH-Anteilen führt zugleich zur Heilung von Formmängeln der nicht beurkundeten (aber wegen des Gesamtbeurkundungserfordernisses beurkundungspflichtigen) Verpflichtung zur Abtretung von KG-Anteilen.

BGH v. 18.1.1988 – II ZR 140/87, GmbHR 1988, 177: Anwendung der Lehre der fehlerhaften Gesellschaft auf fehlerhaften aber vollzogenen Beitritt zu einer KG.

BGH v. 14.4.1986 – II ZR 155/85, GmbHR 1986, 258: Beurkundungspflicht aus § 15 Abs. 4 Satz 1 GmbHG (Abtretung von GmbH-Anteilen) erstreckt sich nicht auf die Abtretung der Beteiligung an der KG, wenn letztere nach dem Parteiwillen auch ohne die GmbH-Anteilsabtretung vorgenommen worden wäre.

BGH v. 21.3.1983 – II ZR 113/82, GmbHR 1983, 238: Unbeschränkte Haftung gemäß § 176 Abs. 2 HGB für zwischen Beitritt als Kommanditist und Handelsregistereintragung begründete Verbindlichkeiten auch beim derivativen Anteilserwerb.

BGH v. 29.6.1981 – II ZR 142/80, BGHZ 81, 82 = GmbHR 1981, 262: Haftung (nur) des Rechtsvorgängers bei mangelnder Eintragung eines Sonderrechtsnachfolgevermerks.

BGH v. 20.10.1975 – II ZR 214/74, NJW 1976, 751 f.: Außenhaftung des seinen Anteil übertragenden Kommanditisten auch bei Einlagenrückgewähr an den Sonderrechtsnachfolger.

BGH v. 7.12.1972 – II ZR 98/70, GmbHR 1973, 162: Übergang sämtlicher im Rechenwerk (insb. Privatkonten) der Gesellschaft erfassten Zahlungsansprüche des übertragenden Gesellschafters auf den Erwerber beim Anteilserwerb, sofern nicht im Einzelfall etwas Abweichendes geregelt ist.

BGH v. 28.4.1954 – II ZR 8/53, BGHZ 13, 179: Anteilsübertragung bedarf mangels abweichender Regelungen der Zustimmung sämtlicher Gesellschafter, ist bis zu deren Erteilung schwebend unwirksam.

UG (haftungsbeschränkt) & Co. KG

Ausgewählte Literatur: *Bayer/Hoffmann*, Vier Jahre Unternehmergesellschaft, GmbHR 2012, R 322; *Berninger*, Die Unternehmergesellschaft (haftungsbeschränkt) – Sachkapitalerhöhungsverbot und Umwandlungsrecht, GmbHR 2010, 63; *Fleischhauer* in Eckhardt/Hermanns, Kölner Handbuch Gesellschaftsrecht, 2. Aufl. 2014, Rz. 752 (UG (haftungsbeschränkt)); *Heeg*, Die UG (haftungsbeschränkt) & Co. KG als (weiteres) hybrides Rechtsgebilde im deutschen Gesellschaftsrecht, DB 2009, 719; *Hennrichs*, Kapitalschutz bei GmbH, UG (haftungsbeschränkt) und SPE, NZG 2009, 921; *Hennrichs*, Die UG (haftungsbeschränkt) – Reichweite des Sacheinlageverbots und gesetzliche Rücklage – Sacheinlage, Sachkapitalerhöhung, Umwandlung, Zuzahlungen und Rücklagen bei der UG, NZG 2009, 1161; *Hirte*, Die Unternehmergesellschaft (UG) nach dem Gesetz zur Modernisierung des GmbH-Rechts und zur Bekämpfung von Missbräuchen (MoMiG), ZInsO 2008, 933; *Kornblum*, Bundesweite Rechtstatsachen zum Unternehmens- und Gesellschaftsrecht (Stand 1.1.2013), GmbHR 2013, 693; *Luxem* in Gosch/Schwedhelm/Spiegelberger, GmbH-Beratung, 37. Lieferung 2.2015, Unternehmergesellschaft (haftungsbeschränkt); *Stenzel*, Die Pflicht zur Bildung einer gesetzlichen Rücklage bei der UG (haftungsbeschränkt) und die Folgen für die Wirksamkeit des Gesellschaftsvertrags einer UG (haftungsbeschränkt) & Co. KG, NZG 2009, 168; *Veil*, Die Unternehmergesellschaft nach dem Regierungsentwurf des MoMiG, GmbHR 2007, 1080; *Wachter*, Auswirkungen der GmbH-Reform auf die GmbH & Co. KG, Stbg 2008, 554; *Wachter*, Firmierung der Unternehmergesellschaft (haftungsbeschränkt) & Co. KG, NZG 2009, 1263; *Wälzholz*, Die „Unternehmergesellschaft (haftungsbeschränkt)" als Alternative zur GmbH?, GmbH-StB 2007, 319.

1. Unternehmergesellschaft (UG)

U 51 **Unternehmergesellschaft** | Die Unternehmergesellschaft (haftungsbeschränkt) ist eine Unterform der Gesellschaft mit beschränkter Haftung („kleine GmbH"). Ihre Besonderheit besteht darin, dass sie im Gegensatz zur „regulären" GmbH mit einem geringeren Mindeststammkapital als 25 000 Euro gegründet wird. Diese Erscheinungsform wurde mit dem Gesetz zur Modernisierung des GmbH-Rechts zur Bekämpfung von Missbräuchen (MoMiG) im Jahr 2008 als Reaktion auf die bis dato vielfach eingesetzte englische Limited eingeführt (§ 5a GmbHG). Mit Ausnahme der in § 5a GmbHG geregelten Besonderheiten gelten für sie im Übrigen dieselben Regelungen wie für eine „reguläre" GmbH (vgl. auch *Luxem* in Gosch/Schwedhelm/Spiegelberger, GmbH-Beratung, Unternehmergesellschaft [haftungsbeschränkt]).

U 52 **Besonderheiten** | Die in § 5a GmbHG geregelten Vorgaben betreffen insbesondere folgende Besonderheiten:

- Eine Unternehmergesellschaft hat in der **Firma** zwingend die Bezeichnung „Unternehmergesellschaft (haftungsbeschränkt)" oder „UG (haftungsbeschränkt)" zu führen (§ 5a Abs. 1 GmbHG).
- Das **Stammkapital** einer Unternehmergesellschaft hat mindestens 1,– Euro und maximal 24 999,– Euro zu betragen. Es kann lediglich im Wege der **Bargründung** aufgebracht werden (§ 5a Abs. 2 Satz 2 GmbHG).
- In der Bilanz des nach §§ 242, 264 HGB aufzustellenden Jahresabschlusses ist eine **gesetzliche Rücklage** zu bilden, in die ein Viertel des um einen Verlustvortrag aus dem Vorjahr

geminderten Jahresüberschusses einzustellen ist (§ 5a Abs. 3 Satz 1 GmbHG). Die Rücklage darf nur für die in § 5a Abs. 3 Satz 2 GmbHG aufgeführten Zwecke verwandt werden.

- Abweichend von § 49 Abs. 3 GmbHG ist die Gesellschafterversammlung bei **drohender Zahlungsunfähigkeit** unverzüglich einzuberufen (§ 5a Abs. 4 GmbHG).

Erreicht oder übersteigt das Stammkapital der Unternehmergesellschaft das Mindeststammkapital einer „regulären" GmbH nach § 5 Abs. 1 GmbHG, findet § 5a GmbHG nicht länger Anwendung und die Unternehmergesellschaft wird zu einer „regulären" GmbH. Lediglich die Firma nach § 5a Abs. 1 GmbHG darf beibehalten werden (§ 5a Abs. 5 GmbHG).

2. Unternehmergesellschaft als Komplementär-GmbH

Komplementär-GmbH | Bei einer UG (haftungsbeschränkt) & Co. KG übernimmt die be- U 53
schränkt haftende Unternehmergesellschaft die Stellung als persönlich haftende Gesellschafterin der Kommanditgesellschaft. Anders als im Falle einer „regulären" GmbH als Komplementärin besteht insoweit die Möglichkeit, die persönlich haftende Gesellschafterin mit einem (noch) geringeren Stammkapital auszustatten als eine „reguläre" GmbH und dennoch von der beschränkten GmbH-Haftung auf das Gesellschaftsvermögen nach § 13 Abs. 2 GmbHG Gebrauch zu machen. Insoweit kann die Liquidität der Gesellschafter geschont werden, insbesondere dann, wenn die Kommanditgesellschaft aufgrund einer Tätigkeit im vermögensverwaltenden Bereich keine umfassende Liquidität benötigt. Die UG (haftungsbeschränkt) & Co. KG ist heute eine im Grundsatz anerkannte Sonderform der GmbH & Co. KG und erfreut sich steigender Beliebtheit, insbesondere in Abgrenzung zur Limited & Co. KG (Anwendbarkeit von deutschem Recht, vertraute Rechtsform der GmbH; vgl. → *Auslandsgesellschaft & Co. KG*). Zum 1.1.2013 waren in den deutschen Handelsregistern bereits 5877 UG (haftungsbeschränkt) & Co. KGs eingetragen (*Kornblum*, GmbHR 2013, 693, 695).

Pflicht zur Rücklagendotierung | Fraglich ist lediglich, ob bzw. inwieweit die Unternehmer- U 54
gesellschaft aufgrund ihrer Pflicht zur Rücklagendotierung nach § 5a Abs. 3 GmbHG als Komplementärin am Kapital der Kommanditgesellschaft beteiligt sein muss:

- Teilweise wird ihre Zulässigkeit als Komplementärin aufgrund der gesetzlichen Vorgabe zur „Ansparung" einer gesetzlichen Rücklage nach § 5a Abs. 3 GmbHG daran geknüpft, dass die Unternehmergesellschaft aufgrund gesellschaftsvertraglicher Vereinbarung auch am Kapital der Kommanditgesellschaft beteiligt wird oder zumindest eine feste Haftungsvergütung für die Übernahme der Haftung erhält. Andernfalls würde die gesetzliche Pflicht zur Rücklagendotierung nach § 5a Abs. 3 GmbHG leerlaufen (*Veil*, GmbHR 2007, 1080, 1084; *Wachter*, GmbHR, Sonderheft 2008, 87, 88 f.; differenzierend *Fastrich* in Baumbach/Hueck, § 5a GmbHG Rz. 36: Pflicht zur gleichmäßigen Dotierung einer Rücklage analog § 300 Nr. 1 AktG).
- Nach der weit überwiegenden Auffassung ist die Unternehmergesellschaft hingegen uneingeschränkt dazu berechtigt, die Rolle der Komplementärin einer Kommanditgesellschaft zu übernehmen, insbesondere auch dann, wenn der Gesellschaftsvertrag der Kommanditgesellschaft die Unternehmergesellschaft von einer Gewinnbeteiligung oder Haftungsvergütung ausschließt. Diese Ansicht wird zutreffend damit begründet, dass eine Pflicht zur Rücklagenbildung nach § 5a Abs. 3 GmbHG nur dann besteht, wenn von der Unternehmergesellschaft auch Erträge erzielt werden. Eine darüber hinausgehende Pflicht der Un-

ternehmergesellschaft zur Erzielung eines Jahresüberschusses ist damit jedoch nicht verbunden (*Hennrichs*, NZG 2009, 1161, 1166; *Stenzel*, NZG 2009, 168, 171).

U 55 **Unternehmensgegenstand der Unternehmergesellschaft** | Ebenso wie bei einer „regulären" GmbH hat auch der Unternehmensgegenstand einer Unternehmergesellschaft ihre Berechtigung zur Beteiligung sowie zur Übernahme der Geschäftsführung als persönlich haftende Gesellschafterin an einer oder mehreren Kommanditgesellschaften vorzusehen (→ *Unternehmensgegenstand*).

3. Firmierung einer UG (haftungsbeschränkt) & Co. KG

U 56 **Firmierung der Komplementärin als UG (haftungsbeschränkt)** | Eine Unternehmergesellschaft darf gemäß § 5a Abs. 1 GmbHG nur als „Unternehmergesellschaft (haftungsbeschränkt)" oder als „UG (haftungsbeschränkt)" firmieren. Folgerichtig hat auch die ausschließlich mit einer Unternehmergesellschaft als Komplementärin ausgestattete Kommanditgesellschaft als „Unternehmergesellschaft (haftungsbeschränkt) & Co. KG" oder „UG (haftungsbeschränkt) & Co. KG" zu firmieren. Die Bezeichnung der Kommanditgesellschaft als „GmbH & Co. KG" wäre in diesem Fall irreführend i.S.d. § 18 Abs. 1 Satz 2 HGB und würde gegen den Grundsatz der Firmenwahrheit nach § 19 Abs. 2 HGB verstoßen. Dies gilt auch dann, wenn sämtliche persönlich haftenden Gesellschafter einer zunächst unter „... GmbH & Co. ..." firmierenden Personenhandelsgesellschaft erst zu einem späteren Zeitpunkt durch Unternehmergesellschaften ersetzt werden. In diesem Fall ist der Rechtsformzusatz gemäß § 19 Abs. 2 HGB in „UG (haftungsbeschränkt) & Co. KG" abzuändern (KG Berlin v. 8.9. 2009 – 1 W 244/09, GmbHR 2009, 1281, 1282) (→ *Firma*).

U 57 **Firmierung der Komplementärin als GmbH** | Etwas anderes gilt lediglich dann, wenn die Unternehmergesellschaft ihr Stammkapital auf mindestens 25 000 Euro erhöht hat. In diesem Fall besteht die Möglichkeit, dass sie durch Änderung des Gesellschaftsvertrages künftig auch als „GmbH" firmiert (vgl. *Fleischhauer* in Eckhardt/Hermanns, Kölner Hdb. Gesellschaftsrecht, Rz. 755 m.w.N., jedoch mit der Einschränkung, dass die Komplementärin entgegen der hier vertretenen Auffassung zusätzlich auch noch am Gewinn der Kommanditgesellschaft beteiligt sein muss).

U 58–U 70 frei

Vertiefende Recherche

Wichtige Urteile und Erlasse

KG Berlin v. 8.9.2009 – 1 W 244/09, GmbHR 2009, 1281: Unzulässige Firmierung einer UG (haftungsbeschränkt) & Co. KG.

Weitere Stichwörter

→ *Auslandsgesellschaft & Co. KG*; → *Firma*; → *Unternehmensgegenstand*

Umsatzsteuer

Ausgewählte Literatur: *Behrens/Schmitt*, Umsatzsteuer bei Geschäftsführung einer Personengesellschaft gegen garantierten Ergebnisvorab, BB 2003, 177; *Brinkmann/Walter-Yadegardjam*, Die Einbeziehung von Personengesellschaften in die umsatzsteuerliche Organschaft, DStR 2016, 650; *Brinkmann/Walter-Yadegardjam*, Vorsteuerabzug bei Kapitalbeschaffungsmaßnahmen von Holdinggesellschaften, DStR 2016, 2190; *Bunjes*, Umsatzsteuergesetz, 15. Aufl. 2016; *Eggers/Korf*, Holding, Umsatzsteuer und Organschaft – eine unendliche Geschichte, MwStR 2015, 710; *Grube*, Umsatzsteuerrechtliche Organschaft – neuere Entwicklungen infolge der Rechtsprechung des EuGH und des BFH, MwStR 2015, 202; *Grünwald*, Durch gegenseitige Beziehungen eng miteinander verbunden – Konturen einer richtlinienkonformen umsatzsteuerlichen Gruppenbesteuerung, MwStR 2014, 226; *Grünwald*, Die jüngste Rechtsprechung des EuGH zur umsatzsteuerlichen Gruppenbesteuerung, MwStR 2013, 328; *Heidner*, Änderung der Rechtsprechung zur umsatzsteuerlichen Behandlung von Geschäftsführungsleistungen durch Gesellschafter-Geschäftsführer an die Gesellschaft, DStR 2002, 1890; *Heuermann*, Entnahme, Betriebsaufgabe und Geschäftsveräußerung, MwStR 2014, 597; *Irmer*, Geschäftsführungs- und Vertretungsleistungen von Gesellschaftern im Umsatzsteuerrecht, StB 2007, 371; *Ismer*, Personenübergreifender Vorsteuerabzug? Eine Bestandsaufnahme nach den Entscheidungen Faxworld, Polski Trawertyn und Malburg, MwStR 2015, 407; *Jorewitz*, Voller Vorsteuerabzug bei reinen Führungsholdings zu gewähren und Neuregelung der Organschaft erforderlich, IStR 2015, 721; *Kußmaul/Schwarz*, Rechtsform und Besteuerung – Personengesellschaften und Kapitalgesellschaften: Laufende Besteuerung, StB 2012, 385; *Nieskens*, Mythos Unionsrecht, BB 2015, 2074; *Pyszka*, Umsatzsteuer bei Umwandlungen, DStR 2011, 545; *Rau/Dürrwächter*, Umsatzsteuergesetz, 168. Erg. Lfg. September 2016; *Reiß*, Vorsteuerabzugsberechtigung bei Investitionsaufwendungen des Gesellschafters für zu besteuernde Umsätze der Gesellschaft, MwStR 2013, 500; *Robisch/Hiller*, Umsatzsteuerbarkeit von Geschäftsführungsleistungen an eine GmbH – Zugleich Anmerkung zum BFH-Urteil vom 10.3.2005, DStR 2005, 919; *Sölch/Ringleb*, Umsatzsteuergesetz, 77. Erg. Lfg. Juni 2016; *Sterzinger*, Umsatzsteuerpflichtige Leistungen der Gesellschafter einer Rechtsanwaltssozietät, NJW 2008, 3677; *Winter*, „Teleologische Extension" versus „unionsrechtskonforme Auslegung"?, MwStR 2016, 331; *Zugmaier/Küffner*, Geschäftsführerleistungen in der Umsatzsteuer – die Odyssee geht weiter –Anmerkungen zum Schreiben des BMF vom 31.5.2007, IV A 5 – S 7100/07/0031, DStR 2007, 1241.

1. Leistungsaustausch

Leistung gegen Entgelt | Der Umsatzsteuer unterliegen nach § 1 Abs. 1 Nr. 1 UStG Lieferungen und sonstige Leistungen (Dienstleistungen), die ein Unternehmer im Inland gegen Entgelt im Rahmen seines Unternehmens ausführt. Der Leistungsaustausch setzt voraus, dass eine Leistung um des Erhalts der Gegenleistung willen erbracht wird. Leistung und Gegenleistung müssen in einem wechselseitigen Abhängigkeitsverhältnis zueinander stehen. Wer Leistender und Leistungsempfänger ist, ergibt sich regelmäßig aus den der Leistung zugrundeliegenden zivilrechtlichen Rechtsbeziehungen (BFH v. 24.4.2013 – XI R 7/11, BStBl. II 2013, 648; EuGH v. 20.6.2013 – C–653/11 – Paul Newey, MwStR 2013, 373). U 71

Leistung | Leistung i.S.d. Umsatzsteuerrechts ist die willentliche Zuwendung eines wirtschaftlichen Vorteils an einen bestimmten Leistungsempfänger gegen Entgelt. Sie muss dem Leis- U 72 tungsempfänger einen individuellen Vorteil verschaffen, der zu einem Verbrauch im Sinne des Mehrwertsteuerrechts führt (*Robisch* in Bunjes, § 1 UStG Rz. 9).

U 73 **Unmittelbarer Zusammenhang** | Zwischen der Leistung und einem erhaltenen Gegenwert muss ein unmittelbarer Zusammenhang bestehen (EuGH v. 21.3.2002 – C-174/00, DStRE 2002, 642; BFH v. 19.2.2004 – V R 10/03, BStBl. II 2004, 675). Der unmittelbare Zusammenhang zwischen Leistung und Gegenleistung muss sich aus einem zwischen dem Leistenden und dem Leistungsempfänger bestehenden Rechtsverhältnis ergeben, in dessen Rahmen gegenseitige Leistungen ausgetauscht werden, wobei die Vergütung den Gegenwert für die Leistung bildet (EuGH v. 17.9.2002 – C-498/99, DStRE 2002, 1326).

U 74 **Grundsatz der Einzelbeurteilung** | Besteht eine Leistung aus mehreren Leistungskomponenten, ist zu prüfen, ob diese Komponenten jeweils einzeln zu beurteilende Leistungen darstellen oder ob sie als unselbständige Bestandteile einer einheitlichen Leistung anzusehen sind. Dabei gilt der Grundsatz, dass jede Leistung grundsätzlich einzeln zu beurteilen und umsatzsteuerlich zu behandeln ist (BFH v. 21.2.2013 – V R 10/12, BFH/NV 2013, 1635).

U 75 **Leistungsbündel/komplexe Leistungen** | Ausnahmen gelten jedoch, wenn mehrere Leistungen oder Leistungselemente wirtschaftlich eine **einheitliche Leistung** bilden. In diesem Zusammenhang spricht man von Leistungsbündeln bzw. von komplexen Leistungen. Nach der Rechtsprechung von EuGH und BFH ist in der Regel jeder Umsatz als selbständige Leistung zu betrachten; allerdings darf eine wirtschaftlich einheitliche Leistung nicht künstlich aufgespalten werden. Deshalb ist das Wesen des fraglichen Umsatzes zu ermitteln, um festzustellen, ob der Steuerpflichtige dem Verbraucher mehrere selbständige Leistungen oder eine einheitliche Leistung erbringt, wobei auf die Sicht eines **Durchschnittsverbrauchers** abzustellen ist (*Oelmaier* in Sölch/Ringleb, § 1 UStG Rz. 15; EuGH v. 25.2.1999 – C-349/96, UR 1999, 254; EuGH v. 21.6.2007 – C-453/05, DStR 2007, 1160; BFH v. 13.7.2006 – V R 24/02, BStBl. II 2006, 935; BFH v. 26.4.2010 – V B 3/10, BFH/NV 2010, 1664; Abschn. 3.10 Abs. 1 bis 4 UStAE).

U 76 **Nebenleistung** | Eine einheitliche Leistung liegt auch dann vor, wenn eine Leistungskomponente für den Leistungsempfänger keinen eigenen Zweck hat, sondern lediglich das Mittel darstellt, um die Hauptleistung des Leistungserbringers unter optimalen Bedingungen in Anspruch zu nehmen. In diesem Fall liegt eine unselbständige Nebenleistung vor, die die steuerliche Behandlung der Hauptleistung teilt (EuGH v. 10.3.2011 – C-497/09, C-499/09, C-501/09 und C-502/09, BStBl. II 2013, 256).

U 77 **Leistungsaustausch zwischen Gesellschafter und Gesellschaft** | Auch zwischen Gesellschafter und Gesellschaft ist ein Leistungsaustausch i.S.d. Umsatzsteuerrechts möglich. Für Leistungen der Gesellschaft gegenüber ihren Mitgliedern ist dies ausdrücklich in § 2 Abs. 1 Satz 3 UStG geregelt. Dies gilt jedoch auch für Leistungen des Gesellschafters an die Gesellschaft (BFH v. 5.12.2007 – V R 60/05, BStBl. II 2009, 486 = GmbHR 2008, 725; BFH v. 29.10.2008 – XI R 59/07, BFH/NV 2009, 324). Dabei ist es unerheblich, ob das dem Leistungsaustausch zugrunde liegende Rechtsverhältnis schuldrechtlicher oder gesellschaftsrechtlicher Natur ist (vgl. *Oelmaier* in Sölch/Ringleb, § 1 UStG Rz. 61).

U 78 **Abgrenzung Gesellschafterbeiträge** | Im Gesellschafter-Gesellschafts-Verhältnis ist zwischen den der Umsatzsteuer unterliegenden Leistungen im Rahmen eines Leistungsaustauschverhältnisses und nicht steuerbaren Gesellschafterbeiträgen zu unterscheiden. Die Frage, ob ein umsatzsteuerbarer Leistungsaustausch oder ein nicht steuerbarer Gesellschafterbeitrag vorliegt, entscheidet sich regelmäßig nach der Entgeltvereinbarung. Steht der Leistung ein bestimmtes/bestimmbares ggf. auch variables **Sonderentgelt** gegenüber, liegt ein Leistungsaustausch vor. Demgegenüber wird ein Gesellschafterbeitrag durch die Teilhabe an Gewinn und Verlust abgegolten (BFH v. 6.6.2002 – V R 43/01, BStBl. II 2003, 36; BFH v. 16.1.2003 – V R 92/01, BStBl. II 2003, 732). Der Gesellschafter einer Personengesellschaft kann grundsätzlich frei entscheiden, in welcher Eigenschaft er für die Gesellschaft tätig wird (Abschn. 1.6 Abs. 3 UStAE).

Leistungsaustausch bei Leistung gegen Sonderentgelt | Ein Leistungsaustausch zwischen Gesellschafter und Gesellschaft liegt vor, wenn der Gesellschafter für eine Dienstleistung an die Gesellschaft eine Vergütung erhält (auch wenn diese als Gewinnvorab bezeichnet wird), die im Rahmen der Ergebnisermittlung als **Aufwand** behandelt wird. Die Vergütung ist in diesem Fall Gegenleistung für die erbrachte Leistung (Abschn. 1.6. Abs. 4 Satz 4 und 5 UStAE). Ist die Vergütung für die Leistungen des Gesellschafters im Gesellschaftsvertrag als Teil der **Ergebnisverwendung** geregelt, liegt ein **Leistungsaustausch** vor, wenn sich aus den geschlossenen Vereinbarungen und deren tatsächlicher Durchführung ergibt, dass die Leistungen nicht lediglich durch eine Beteiligung am Gewinn und Verlust der Gesellschaft abgegolten, sondern gegen **Sonderentgelt** ausgeführt werden. Ein Leistungsaustausch zwischen Gesellschaft und Gesellschafter liegt demnach auch dann vor, wenn die Vergütung des Gesellschafters zwar nicht im Rahmen der **Ergebnisermittlung** als Aufwand behandelt wird, sich jedoch gleichwohl ergebnismindernd auswirkt oder es sich aus den Gesamtumständen des Einzelfalls ergibt, dass sie nach den Vorstellungen der Gesellschafter als umsatzsteuerrechtliches Sonderentgelt gewährt werden soll (Abschn. 1.6 Abs. 4 Satz 6 und 7 UStAE). U 79

Beispiel:

Den Gesellschaftern einer OHG obliegen die Führung der Geschäfte und die Vertretung der OHG. Diese Leistungen werden mit dem nach der Anzahl der beteiligten Gesellschafter und ihrem Kapitaleinsatz bemessenen Anteil am Ergebnis (Gewinn und Verlust) der OHG abgegolten. Die Ergebnisanteile sind kein Sonderentgelt; die Geschäftsführungs- und Vertretungsleistungen werden nicht im Rahmen eines Leistungsaustauschs ausgeführt, sondern als Gesellschafterbeitrag erbracht (Abschn. 1.6 Abs. 4 UStAE).

Abwandlung:

Der Gesellschafter einer OHG erhält für die Führung der Geschäfte und die Vertretung der OHG im Rahmen der Gewinnverteilung 25 % des Gewinns, mindestens jedoch 60 000 Euro vorab zugewiesen. Der Festbetrag von 60 000 Euro ist Sonderentgelt und wird im Rahmen eines Leistungsaustausches gezahlt; im Übrigen wird der Gesellschafter auf Grund eines gesellschaftsrechtlichen Beitragsverhältnisses tätig (Abschn. 1.6 Abs. 5 UStAE).

Geschäftsführungsleistungen/Vertretungsleistungen | Für die Frage, ob im Verhältnis zwischen Gesellschaft und Gesellschafter entgeltliche Leistungen vorliegen, gelten keine Besonderheiten, sodass es nur darauf ankommt, ob zwischen Leistenden und Leistungsempfänger ein Rechtsverhältnis besteht, das einen unmittelbaren Zusammenhang zwischen der Leistung und einem erhaltenen Gegenwert begründet (vgl. BFH v. 6.6.2002 – V R 43/01, BStBl. II 2003, 36 = GmbHR 2002, 1039; BFH v. 10.3.2005 – V R 29/03, BStBl. II 2005, 730 = GmbHR 2005, 794; BFH v. 5.12.2007 – V R 60/05, BStBl. II 2009, 486 = GmbHR 2008, 725). Entgeltliche Geschäftsführungs- und Vertretungsleistungen sind unabhängig von der Rechtsform des Leistungsempfängers auch dann steuerbar, wenn es sich beim Leistenden um ein Organ des Leistungsempfängers handelt (Abschn. 1.1 Abs. 12 UStAE). U 80

Haftungsvergütung | Eine Zahlung an den Komplementär für die Übernahme der Haftung einer KG stellt ein Entgelt für eine steuerpflichtige Leistung „Übernahme der Haftung" dar. U 81

(BFH v. 3.3.2011 – V R 24/10, BStBl. II 2011, 950 = GmbHR 2011, 610). Sowohl die Haftungsübernahme als auch die Geschäftsführung und Vertretung besitzen ihrer Art nach Leistungscharakter und können daher auch im Fall der isolierten Erbringung Gegenstand eines umsatzsteuerbaren Leistungsaustausches sein (Abschn. 1.6. Abs. 6 UStAE).

U 82 **Aufnahme eines Gesellschafters** | Eine Personengesellschaft erbringt bei der **Aufnahme eines Gesellschafters** gegen Zahlung einer Bareinlage an diesen keine Dienstleistung gegen Entgelt, weil der Erwerb solcher Beteiligungen und deren Veräußerung keine wirtschaftliche Tätigkeit i.S.d. Umsatzsteuerrechts darstellt (EuGH v. 26.6.2003 – C-442/01 – Kap Hag Renditefonds, IStR 2003, 601 = ZIP 2003, 1649; kritisch *Reiß*, UR 2003, 423). Umgekehrt liegt ein grundsätzlich steuerbarer Vorgang vor, wenn ein Unternehmer ein Wirtschaftsgut gegen Gewährung von Gesellschaftsrechten in eine Gesellschaft einbringt (BFH v. 8.11.1995 – XI R 63/94, BStBl. II 1996, 114; BFH v. 15.5.1997 – V R 67/94, BStBl. II 1997, 705). Als Entgelt für die Einbringung von Wirtschaftsgütern in eine Gesellschaft kommt neben der Verschaffung der Beteiligung an der Gesellschaft auch die Übernahme von Schulden des Gesellschafters durch die Gesellschaft in Betracht, wenn der einbringende Gesellschafter dadurch wirtschaftlich entlastet wird (BFH v. 15.5.1997 – V R 67/94, BStBl. II 1997, 705).

U 83 **Umwandlung von Gesellschaften** | Beim **Formwechsel** findet kein Leistungsaustausch statt. Es ändert sich lediglich die Rechtsform des Unternehmers. Seine Identität bleibt bestehen. Es findet daher keine Leistung „an einen anderen" statt.

Umwandlungsvorgänge stellen in aller Regel nicht steuerbare **Geschäftsveräußerungen** im Ganzen gemäß § 1 Abs. 1a UStG dar (vgl. Rz. U 86).

U 84 **Auflösung von Gesellschaften** | Mit der Auflösung einer Gesellschaft erbringt diese im Rahmen der Liquidation regelmäßig steuerbare Lieferungen und Dienstleistungen, die nach den allgemeinen Vorschriften der Umsatzsteuer unterliegen. Unter den Voraussetzungen einer Geschäftsveräußerung im Ganzen nach § 1 Abs. 1a UStG sind diese Umsätze nicht steuerbar (vgl. Rz. U 86).

U 85 **Unentgeltliche Wertabgaben** | Werden dem Unternehmen zugeordnete Gegenstände unentgeltlich entnommen bzw. für Zwecke, die außerhalb des Unternehmens liegen, verwendet, oder Dienstleistungen für Zwecke, die außerhalb des Unternehmens liegen, erbracht, so unterliegen diese Vorgänge als Lieferungen gegen Entgelt bzw. sonstigen Leistungen gegen Entgelt gleichgestellte Wertabgaben nach § 3 Abs. 1b bzw. Abs. 9a UStG der Umsatzsteuer.

Unentgeltliche Wertabgaben alleine begründen nicht die Unternehmereigenschaft. Fehlt es an der Bewirkung entgeltlicher Leistungen bzw. an der Absicht, entgeltliche Leistungen erbringen zu wollen, liegen die Voraussetzungen der Unternehmereigenschaft nicht vor. In diesem Falle findet mangels Unternehmens eine Wertabgabe aus dem Unternehmen nicht statt.

Der Empfänger einer unentgeltlichen Wertabgabe ich nicht zum Vorsteuerabzug berechtigt. Dies gilt auch dann, wenn er den Gegenstand oder die Dienstleistung für unternehmerische Zwecke verwendet.

U 86 **Geschäftsveräußerung im Ganzen** | Nach § 1 Abs. 1a UStG unterliegen Umsätze im Rahmen einer Geschäftsveräußerung an einen anderen Unternehmer für dessen Unternehmen nicht der Umsatzsteuer. Eine Geschäftsveräußerung liegt vor, wenn ein Unternehmen oder ein in der Gliederung eines Unternehmens gesondert geführter Betrieb im Ganzen entgeltlich oder unentgeltlich übereignet oder in eine Gesellschaft eingebracht wird. Der erwerbende Unternehmer tritt an die Stelle des Veräußerers. Die Vorschrift dient der Steuervereinfachung und nimmt eine Vielzahl von Einzelleistungen im Rahmen einer Unternehmensübertragung von einem abgebenden Unternehmer an einen übernehmenden Unternehmer von der Steuer aus. Dabei ist es unerheblich, ob der abgebende bzw. übernehmende Unternehmer ausschließlich steuerpflichtige zum Vorsteuerabzug berechtigende Umsätze, ausschließlich den Vorsteuerabzug ausschließende Umsätze oder sowohl zum Vorsteuerabzug berechtigende als auch ausschließende Umsätze bewirkt.

Eine Geschäftsveräußerung liegt nur vor, wenn die übertragenen Vermögensgegenstände ein hinreichendes Ganzes bilden, um dem Erwerber die Fortsetzung einer bisher durch den Veräußerer ausgeübten unternehmerischen Tätigkeit zu ermöglichen, und der Erwerber dies auch tatsächlich tut (BFH v. 18.9.2008 - V R 21/07, BStBl. II 2009, 254). Dabei sind im Rahmen einer **Gesamtwürdigung** die Art der übertragenen Vermögensgegenstände und der Grad der Übereinstimmung oder Ähnlichkeit zwischen den vor und nach der Übertragung ausgeübten Tätigkeiten zu berücksichtigen (BFH v. 23.8.2007 - V R 14/05, BStBl. II 2008, 165).

Eine nichtsteuerbare Geschäftsveräußerung kann auf mehreren zeitlich versetzten Kausalgeschäften beruhen, wenn diese in einem engen sachlichen und zeitlichen Zusammenhang stehen und die Übertragung des ganzen Vermögens auf einen Erwerber zur Beendigung der bisherigen gewerblichen Tätigkeit offensichtlich ist (BFH v. 1.8.2002 - V R 17/01, BStBl. II 2004, 626).

Anteilsübertragung als Geschäftsveräußerung im Ganzen | Die Übertragung eines Gesell- U 87
schaftsanteils kann - unabhängig von dessen Höhe - nur dann einer nicht steuerbaren Geschäftsveräußerung gleichgestellt werden, wenn der Gesellschaftsanteil Teil einer eigenständigen Einheit ist, die eine selbständige wirtschaftliche Betätigung ermöglicht und diese Tätigkeit vom Erwerber fortgeführt wird (Abschn. 1.5 Abs. 9 Satz 1 UStAE).

Eine bloße Veräußerung von Anteilen ohne gleichzeitige Übertragung von Vermögenswerten versetzt den Erwerber nicht in die Lage, eine selbständige wirtschaftliche Tätigkeit als Rechtsnachfolger des Veräußerers fortzuführen (vgl. EuGH v. 30.5.2013 - C-651/11, HFR 2013, 754.). Eine Geschäftsveräußerung im Ganzen setzt grundsätzlich einen Asset-Deal voraus.

Share-Deal | Bei einem Share-Deal werden regelmäßig die Voraussetzungen einer Geschäfts- U 88
veräußerung im Ganzen nicht vorliegen (vgl. *Robisch* in Bunjes, § 1 UStG Rz. 135). Im Nachgang zu der Entscheidung des EuGH in der Rechtssache SKF (EuGH v. 29.10.2009 - C-29/08, DStR 2009, 2311) wurde die Meinung vertreten, dass auch bei einem Share-Deal eine Geschäftsveräußerung im Ganzen vorliegen kann (*Wäger*, DStR 2011, 436; *Grünwald*, DStR 2012, 437). Auch der BFH hat die Auffassung vertreten, dass die Veräußerung einer unternehmerisch gehaltenen hundertprozentigen Beteiligung eine Geschäftsveräußerung im Ganzen darstellen könne (vgl. BFH v. 27.1.2011 - V R 38/09, UR 2011, 307 = GmbHR 2011, 435 = GmbH-StB 2011, 167).

Nach dem Urteil des EuGH in der Rechtssache X BV (EuGH v. 30.5.2013 - C-651/11, DStR 2013, 1166) wird dieser Standpunkt nicht mehr haltbar sein (vgl. *Robisch* in Bunjes, § 1 UStG Rz. 135).

2. Unternehmereigenschaft

U 89 **Unternehmerbegriff |** Unternehmer ist nach § 2 Abs. 2 Satz 1 UStG, wer eine gewerbliche oder berufliche Tätigkeit selbständig ausübt. Das Unternehmen umfasst die gesamte gewerbliche oder berufliche Tätigkeit des Unternehmers. Gewerblich oder beruflich ist jede nachhaltige Tätigkeit zur Erzielung von Einnahmen, auch wenn die Absicht Gewinne zu erzielen fehlt, oder eine Personenvereinigung nur gegenüber ihren Mitgliedern tätig wird.

U 90 **Rechtsformneutralität |** Die Unternehmereigenschaft beurteilt sich unabhängig von der Rechtsform oder der zivilrechtlichen Rechtsfähigkeit. Der Unternehmerbegriff des Umsatzsteuerrechts ist rechtsformneutral (BFH v. 29.4.1993 - V R 38/89, BStBl. II 1993, 734). Die Unternehmereigenschaft setzt eine Tätigkeit nach außen in Gestalt der Erbringung von Lieferungen oder Leistungen voraus. Tritt die Gesellschaft selbst als Handelnder in einer Weise auf, dass sie aus dem zugrundeliegenden Rechtsgeschäft selbst verpflichtet ist, so ist die Gesellschaft bei Vorliegen der weiteren Voraussetzungen des umsatzsteuerrechtlichen Unternehmerbegriffs als Unternehmerin zu qualifizieren.

U 91 **Personengesellschaft als Unternehmer |** Eine Personengesellschaft ist nur dann Unternehmer i.S.d. UStG, wenn sie selbst nachhaltig Umsätze gegen Entgelt bewirkt. Die Tatsache, dass eine Personengesellschaft ertragsteuerlich als Mitunternehmerschaft beurteilt wird bzw. als gewerblich geprägt gilt, begründet für sich genommen nicht die umsatzsteuerliche Unternehmereigenschaft (*Korn* in Bunjes, § 2 UStG Rz. 16). Hierbei handelt es sich um einen autonomen Rechtsbegriff des harmonisierten Mehrwertsteuerrechts zu dessen Auslegung Begriffe des nationalen Steuerrechts nicht herangezogen werden können.

Beispiel:

Die nach § 15 Abs. 3 Nr. 2 EStG gewerblich geprägte Y GmbH & Co. KG hält Anteile an einer Kapitalgesellschaft, an die sie keine entgeltlichen Leistungen erbringt. Das bloße Erwerben, Halten und Veräußern von gesellschaftsrechtlichen Beteiligungen ist keine unternehmerische Tätigkeit (vgl. Rz. U 94 Holding). Die Y GmbH & Co. KG erbringt somit keine selbständige, gewerbliche oder berufliche Tätigkeit und ist damit kein umsatzsteuerlicher Unternehmer.

Abwandlung:

Die Y GmbH & Co. KG vermietet außerdem eine Immobilie. Die Y GmbH & Co. KG ist damit aufgrund der selbständigen Ausübung einer gewerblichen oder beruflichen Tätigkeit ein Unternehmer nach § 2 Abs. 1 Satz 1 UStG. Die unternehmerische Tätigkeit beschränkt sich jedoch auf die Vermietungstätigkeit und erstreckt sich nicht auf das Halten der Beteiligung.

U 92 **Innengesellschaft |** Reine Innengesellschaften erfüllen nicht die Voraussetzungen des umsatzsteuerlichen Unternehmerbegriffs (vgl. *Korn* in Bunjes, § 2 UStG Rz. 11), da sie mangels Außenauftritts bzw. Teilnahme am Markt selbst keine Leistungen erbringen bzw. empfangen. **Stille Gesellschaften** sind weder in ihrer Ausprägung als typische noch als atypische stille Gesellschaften Unternehmer. Unternehmer i.S.d. UStG ist bei einer stillen Gesellschaft immer derjenige, an dessen Handelsgewerbe sich der stille Gesellschafter beteiligt. Die ertragsteuerliche Beurteilung als Mitunternehmerschaft ist für die Umsatzsteuer unbeachtlich (*Klenk* in Sölch/Ringleb, § 2 UStG Rz. 29; *Korn* in Bunjes, § 2 UStG Rz. 22).

U 93 **Gesellschafter als Unternehmer |** Jeder Gesellschafter einer (Personen-)Gesellschaft kann unabhängig von der Unternehmereigenschaft der Gesellschaft selbst Unternehmer sein. Voraussetzung hierfür ist jedoch, dass er in eigener Person die Tatbestandsvoraussetzungen des

§ 2 Abs. 1 UStG erfüllt. Weder seine Gesellschafterstellung noch seine einkommensteuerrechtliche Qualifikation als **Mitunternehmer** machen ihn umsatzsteuerlich zum Unternehmer i.S.d. § 2 UStG (vgl. BFH v. 6.12.2012 – V ER-S 2/2012, DStR 2013, 308). Der Begriff des Unternehmers i.S.d. § 2 UStG ist im Einklang mit Art. 9 MwStSystRL (Steuerpflichtiger, wirtschaftliche Tätigkeit) unionsrechtskonform auszulegen und ist trotz der Verwendung desselben Begriffs in § 15 Abs. 1 EStG nicht mit dem Unternehmer- bzw. Mitunternehmerbegriff des Ertragsteuerrechts identisch.

Beispiel:

Gesellschafter A der AB-OHG erwirbt einen Computer, den er für Tätigkeiten im Zusammenhang mit seiner Gesellschafterstellung verwendet. Er bewirkt selbst keine Umsätze. Ungeachtet seiner ertragsteuerlichen Stellung als Mitunternehmer ist er umsatzsteuerlich kein Unternehmer und daher nicht berechtigt, die ihm für den Erwerb des Computers in Rechnung gestellte Umsatzsteuer als Vorsteuer abzuziehen.

Abwandlung:

A vermietet an die Gesellschaft ein Bürogebäude steuerpflichtig und verwenden den Computer zur Hälfte für Tätigkeiten im Zusammenhang mit seiner Gesellschafterstellung und zur Hälfte im Zusammenhang mit dieser Vermietungstätigkeit. Als Vermieter ist er umsatzsteuerlicher Unternehmer und damit insoweit zum Vorsteuerabzug berechtigt, als er den Computer für seine unternehmerische Tätigkeit verwendet.

Holding | Auch bei einer Holdinggesellschaft hängt die Unternehmereigenschaft davon ab, ob sie in eigener Person die Tatbestandsvoraussetzungen des § 2 Abs. 1 UStG erfüllt. Die Tätigkeiten der Gesellschaften, an denen sie Beteiligungen hält, werden ihr nicht als eigene zugerechnet. Das bloße Erwerben, Halten und Veräußern von gesellschaftsrechtlichen Beteiligungen ist keine unternehmerische Tätigkeit (EuGH v. 29.4.2004 – C-77/01, DStRE 2004, 1095). Dividenden und andere Gewinnbeteiligungen aus Gesellschaftsverhältnissen sind nicht als umsatzsteuerrechtliches Entgelt im Rahmen eines Leistungsaustausches anzusehen (EuGH v. 21.10.2004 – C–8/03, DStRE 2005, 45). Es wird unterschieden zwischen der **Finanzholding**, der **Führungsholding/Funktionsholding** sowie der **gemischten Holding** (vgl. *Korn* in Bunjes, § 2 UStG Rz. 83, Abschn. 2.3 Abs. 3 UStAE). Eine Holdinggesellschaft ist Unternehmer i.S.d. Umsatzsteuerrechts, wenn die Beteiligung an den Tochtergesellschaften mit unmittelbaren oder mittelbaren Eingriffen in die Verwaltung dieser Gesellschaften einhergeht. Diese Eingriffe müssen die Ausübung von Tätigkeiten einschließen, die der Mehrwertsteuer unterliegen und als wirtschaftliche Tätigkeit i.S.d. Umsatzsteuerrechts anzusehen sein (EuGH v. 6.9.2012 – C-496/11, Portugal Telekom, DStR 2012, 1859). Das setzt Leistungen voraus, die gegen Entgelt ausgeführt werden (EuGH v. 27.9.2001 – C-16/00 – Cibo Participations, DStR 2001, 1795). U 94

Unternehmerische Holding | Das Erwerben, Halten und Veräußern einer gesellschaftsrechtlichen Beteiligung stellt nur dann eine unternehmerische Tätigkeit dar U 95

- soweit Beteiligungen im Sinne eines gewerblichen Wertpapierhandels gewerbsmäßig erworben und veräußert werden und dadurch eine nachhaltige, auf Einnahmeerzielungsabsicht gerichtete Tätigkeit entfaltet wird (EuGH v. 29.4.2004 – C-77/01, DStRE 2004, 1095) oder
- wenn die Beteiligung nicht um ihrer selbst willen (bloßer Wille, Dividenden zu erhalten) gehalten wird, sondern der Förderung einer bestehenden oder beabsichtigten unternehmerischen Tätigkeit (z.B. Sicherung günstiger Einkaufskonditionen, Verschaffung von Einfluss bei potentiellen Konkurrenten, Sicherung günstiger Absatzkonditionen) dient (EuGH v. 11.7.1996 – C-306/94, BB 1996, 2556), oder
- soweit die Beteiligung, abgesehen von der Ausübung der Rechte als Gesellschafter oder Aktionär, zum Zweck des unmittelbaren Eingreifens in die Verwaltung der Gesellschaften, an

denen die Beteiligung besteht, erfolgt (vgl. EuGH v. 20.6.1991 – C-60/90, UR 1993, 119). Die Eingriffe müssen dabei zwingend durch unternehmerische Leistungen i.S.d. § 1 Abs. 1 Nr. 1 und § 2 Abs. 1 UStG erfolgen, z.B. durch das entgeltliche Erbringen von administrativen, finanziellen, kaufmännischen und technischen Dienstleistungen an die jeweilige Beteiligungsgesellschaft (EuGH v. 27.9.2001 – C-16/00, DStR 2001, 1795; EuGH v. 12.7.2001 – C-102/00, DStRE 2001, 1180; Abschn. 2.3 Abs. 3 UStAE).

U 96 **Zusammenhang mit unternehmerischem Grundgeschäft** | Das Innehaben einer gesellschaftsrechtlichen Beteiligung stellt, abgesehen von den Fällen des gewerblichen Wertpapierhandels, nur dann eine unternehmerische Tätigkeit dar, wenn die gesellschaftsrechtliche Beteiligung im Zusammenhang mit einem unternehmerischen Grundgeschäft erworben, gehalten und veräußert wird, es sich hierbei also um Hilfsgeschäfte handelt. Dabei reicht nicht jeder beliebige Zusammenhang zwischen dem Erwerb und Halten der gesellschaftsrechtlichen Beteiligung und der unternehmerischen Haupttätigkeit aus. Vielmehr muss zwischen der gesellschaftsrechtlichen Beteiligung und der unternehmerischen Haupttätigkeit ein erkennbarer und objektiver wirtschaftlicher Zusammenhang bestehen. Das ist der Fall, wenn die Aufwendungen für die gesellschaftsrechtliche Beteiligung zu den Kostenelementen der Umsätze aus der Haupttätigkeit gehören (EuGH v. 26.5.2005 – C-465/03, DStR 2005, 965).

Beispiel:

Eine Aktiengesellschaft beschließt, das Grundkapital zu erhöhen. Die Kapitalerhöhung erfolgt durch Ausgabe neuer Aktien. Die Ausgabe neuer Aktien stellt keine Leistung, die Zahlung der zur Kapitalerhöhung erforderlichen Beträge keine Gegenleistung im Sinne des Umsatzsteuerrechts dar.

U 97 **Nichtunternehmerischer Bereich** | Ein Unternehmer kann neben seinem unternehmerischen Bereich eine **nichtunternehmerische Sphäre** haben. Die Tätigkeiten in diesem Bereich unterliegen nicht der Umsatzsteuer. Entnahmen aus dem unternehmerischen Bereich in die nichtunternehmerische Sphäre, sei es in Gestalt von Gegenständen, Nutzungsüberlassungen oder Dienstleistungen, unterliegen als unentgeltliche Wertabgaben der Umsatzsteuer. Leistungsbezüge für den nichtunternehmerischen Bereich berechtigen nicht zum Vorsteuerabzug (vgl. *Klenk* in Sölch/Ringleb, § 2 UStG Rz. 184 ff.; *Korn* in Bunjes, § 2 UStG Rz. 155).

U 98 **Zuordnungswahlrecht** | Grundsätzlich hat der Unternehmer bei Erwerb eines Wirtschaftsguts, das er sowohl unternehmerisch als auch nicht unternehmerisch nutzt, ein **Zuordnungswahlrecht** zum Unternehmen. Sofern er das Wirtschaftsgut zu mindestens 10 vom Hundert für Zwecke des Unternehmens nutzt, kann er entscheiden, ob er das Wirtschaftsgut ganz, nur teilweise oder überhaupt nicht dem Unternehmen zuordnet (*Oelmaier* in Sölch/Ringleb, § 15 UStG Rz. 246).

U 99 **Gemischte Nutzung** | Im Falle einer gemischten Nutzung ist allerdings zu beachten, dass es sich bei der privaten Nutzung eines dem Unternehmen zugeordneten Gegenstands um eine einer sonstigen Leistung gleichgestellten Leistung handelt, welche gemäß § 3 Abs. 9a Nr. 1 UStG als unentgeltliche Wertabgabe der Besteuerung unterliegt (EuGH v. 11.7.1991 – C-97/90 Lennartz, NJW 1992, 1030; EuGH v. 4.10.1995 – C-291/92 – Armbrecht, BStBl. II 1996, 392).

U 100 **Grundstücke** | Für Grundstücke gilt die Spezialnorm des § 15 Abs. 1b UStG wonach eine Zuordnung zum Unternehmen nur im Umfang der unternehmerischen Nutzung zulässig ist.

U 101 **Beginn der Unternehmereigenschaft** | Die Unternehmereigenschaft beginnt mit dem ersten nach außen erkennbaren, auf eine Unternehmertätigkeit gerichteten Tätigwerden, wenn die spätere Ausführung entgeltlicher Leistungen beabsichtigt ist und die Ernsthaftigkeit dieser Absicht durch objektive Merkmale nachgewiesen oder glaubhaft gemacht wird (EuGH v. 29.2.1996 – C-110/94, BStBl. II 1996, 655; EuGH v. 8.6.2000 – C-400/98, BStBl. II 2003, 452; BFH v. 22.2.2001 – V R 77/96, BStBl. II 2003, 426; BFH v. 8.3.2001 – V R 24/98, BStBl. II 2003, 430; Abschn. 2.6 Abs. 1 Satz 1 UStAE). **Vorbereitungshandlungen** begründen bereits die Unternehmereigenschaft (BFH v. 22.2.2001 – V R 77/96, BStBl. II 2003, 426; BFH v. 8.3. 2001 – V R 24/98, BStBl. II 2003, 430). Die **Vorgründungsgesellschaft** ist Unternehmerin i.S.d. UStG (EuGH v. 29.4.2004 – C-137/02 – Faxworld, UR 2004, 362 = GmbHR 2004, 818; BFH v. 15.7.2004 – V R 84/99, BStBl. II 2005, 155 = GmbHR 2004, 1481). Auch der im Ergebnis **erfolglose Unternehmer**, dessen Tätigkeit in Vorbereitungshandlungen stecken bleibt und der daher keine Umsätze bewirkt, ist bis zu Einstellung dieser (Vorbereitungs)Handlungen Unternehmer (vgl. *Klenk* in Sölch/Ringleb, § 2 UStG Rz. 204).

Umsatzsteuer auf Eingangsleistungen, die der Unternehmer in diesem frühen Stadium unternehmerischen Handelns für sein Unternehmen bezieht, kann er als Vorsteuer abziehen, wenn er diese Leistungen zur Ausführung von steuerbaren Umsätzen verwendet – bzw. im Falle des erfolglosen Unternehmers – zu verwenden beabsichtigt, die den Vorsteuerabzug nicht ausschließen.

Ende der Unternehmereigenschaft | Die Unternehmereigenschaft endet mit dem letzten Tätigwerden. Der Zeitpunkt der Einstellung oder Abmeldung eines Gewerbebetriebs ist unbeachtlich. Unternehmen und Unternehmereigenschaft erlöschen erst, wenn der Unternehmer alle Rechtsbeziehungen abgewickelt hat, die mit dem (aufgegebenen) Betrieb in Zusammenhang stehen (BFH v. 21.4.1993 – XI R 50/90, BStBl. II 1993, 696; BFH v. 19.11.2009 – V R 16/08, BStBl. II 2010, 319). Die spätere Veräußerung von Gegenständen des Betriebsvermögens oder die nachträgliche Vereinnahmung von Entgelten gehören noch zur Unternehmertätigkeit. Eine Einstellung der gewerblichen oder beruflichen Tätigkeit liegt nicht vor, wenn den Umständen zu entnehmen ist, dass der Unternehmer die Absicht hat, das Unternehmen weiterzuführen oder in absehbarer Zeit wiederaufleben zu lassen. Eine Gesellschaft besteht als Unternehmer so lange fort, bis alle Rechtsbeziehungen, zu denen auch das Rechtsverhältnis zwischen der Gesellschaft und dem Finanzamt gehört, abgewickelt sind (BFH v. 21.5.1971 – V R 117/67, BStBl. II 1971, 540; BFH v. 18.11.1999 – V R 22/99, BStBl. II 1999, 241). U 102

Solange die Unternehmereigenschaft in diesem Sinne fortdauert, besteht auch das Recht zum Vorsteuerabzug.

Organschaft | Nach § 2 Abs. 2 Nr. 2 UStG wird die gewerbliche oder berufliche Tätigkeit nicht selbständig ausgeübt, wenn eine juristische Person nach dem Gesamtbild der tatsächlichen Verhältnisse finanziell, wirtschaftlich und organisatorisch in das Unternehmen des Organträgers eingegliedert ist. Die umsatzsteuerliche Organschaft stellt kein Wahlrecht dar. Die Rechtsfolgen der Organschaft treten von Gesetzes wegen zu dem Zeitpunkt ein, zu dem die gesetzlichen Voraussetzungen erfüllt sind. Die umsatzsteuerliche Organschaft setzt nach deutschem Rechtsverständnis die Unternehmereigenschaft sowohl des Organträgers als auch sämtlicher Organgesellschaften voraus (s. Rz. U 109 Nichtunternehmer in der Organschaft). Zudem müssen die Voraussetzungen der finanziellen, wirtschaftlichen und organisatorischen Eingliederung vorliegen. Nach dem Wortlaut von § 2 Abs. 2 Nr. 2 UStG kommen nur juristische Personen als Organgesellschaften in Betracht (s. Rz. U 109 Personengesellschaft als Organgesellschaft). U 103

Finanzielle Eingliederung | Die finanzielle Eingliederung setzt den Besitz der Anteilsmehrheit voraus, die nach dem Gesetz oder der Satzung erforderlich ist, um die wesentlichen Entscheidungen in der Gesellschaft durchzusetzen (BFH v. 22.11.2001 – V R 50/00, BStBl. II U 104

2002, 167 = GmbHR 2002, 174; BFH v. 20.1.1999 – XI R 69/97, DStRE 1999, 346 = GmbHR 1999, 787). Sofern keine höhere qualifizierte Mehrheit vorgesehen ist, liegt die finanzielle Eingliederung bei einer Beteiligung von mehr als 50 vom Hundert vor (BFH v. 1.12.2010 – XI R 43/08, DStR 2011, 623 = GmbHR 2011, 494). Es ist ausreichend, wenn die finanzielle Eingliederung mittelbar über eine unternehmerisch oder nichtunternehmerisch tätige Tochtergesellschaft des Organträgers erfolgt (Abschn. 2.8 Abs. 5 Satz 4 UStAE). Schwestergesellschaften erfüllen für sich genommen nicht die Voraussetzungen der finanziellen Eingliederung (vgl. *Korn* in Bunjes, § 2 UStG Rz. 119 m.w.N.).

U 105 **Wirtschaftliche Eingliederung** | Die wirtschaftliche Eingliederung liegt vor, wenn Tochtergesellschaft und Organträger arbeitsteilig einen gemeinsamen wirtschaftlichen Zweck verfolgen. Die Tätigkeiten von Organträger und Organgesellschaft müssen sich fördern, ergänzen und aufeinander abgestimmt sein (BFH v. 3.4.2003 – V R 63/01, BStBl. II 2004, 434 = GmbHR 2003, 904 m. Anm. *Hering* = GmbH-StB 2003, 247). Beruht die wirtschaftliche Eingliederung auf Leistungen des Organträgers gegenüber der Organgesellschaft, müssen entgeltliche Leistungen vorliegen, denen für das Unternehmen der Organgesellschaft mehr als nur unwesentliche Bedeutung zukommen (vgl. BFH v. 18.6.2009 – V R 4/08, BStBl. II 2010, 310 = GmbHR 2009, 1285; BFH v. 6.5.2010 – V R 26/09, BStBl. II 2010, 1114 = GmbHR 2010, 1221).

U 106 **Organisatorische Eingliederung** | Die organisatorische Eingliederung setzt voraus, dass die mit der finanziellen Eingliederung verbundene Möglichkeit der Beherrschung der Tochtergesellschaft durch die Muttergesellschaft in der laufenden Geschäftsführung tatsächlich wahrgenommen wird (BFH v. 28.1.1999 – V R 32/98, BStBl. II 1999, 258 = GmbHR 1999, 496). Es kommt darauf an, dass der Organträger die Organgesellschaft durch die Art und Weise der Geschäftsführung beherrscht oder aber zumindest durch die Gestaltung der Beziehungen zwischen dem Organträger und der Organgesellschaft sichergestellt ist, dass eine vom Willen des Organträgers abweichende Willensbildung bei der Organtochter nicht stattfindet (BFH v. 5.12.2007 – V R 26/06, BStBl. II 2008, 451 = GmbHR 2008, 331 m. Anm. *Binnewies* = GmbH-StB 2008, 65; BFH v. 4.4.2008 – V R 76/05, BStBl. II 2008, 905). In der Regel erfolgt die organisatorische Eingliederung durch eine personelle Verflechtung der Geschäftsführungen des Organträgers und der Organgesellschaft (vgl. Abschn. 2.8 Abs. 7 bis 11 UStAE).

Beispiel:

Der Organträger OT ist zu 100 % an der Tochtergesellschaft T 1 beteiligt. Die Geschäftsführungen von O und T 1 sind personenidentisch. T 1 ist zu 100 % an der Enkelgesellschaft E beteiligt. Einziger Geschäftsführer der E ist ein bei der Tochtergesellschaft T 1 angestellter Mitarbeiter.

Die Tochtergesellschaft T 1 ist aufgrund der personenidentischen Geschäftsführungen organisatorisch in das Unternehmen des Organträgers O eingegliedert. Dies gilt auch für die Enkelgesellschaft E, da durch das Anstellungsverhältnis des Geschäftsführers bei T 1 sichergestellt ist, dass eine vom Willen des Organträgers abweichende Willensbildung bei E nicht stattfindet (vgl. Abschn. 2.8 UStAE).

U 107 **Personengesellschaft als Organgesellschaft** | Nach dem Wortlaut des § 2 Abs. 2 Nr. 2 UStG kann nur eine juristische Person Organgesellschaft sein. Diese Einschränkung gilt nicht für den Organträger. Es bestanden Zweifel, ob diese Einschränkung unionsrechtskonform ist (vgl. FG München v. 13.3.2013 – 3 K 235/10, DStR 2013, 1471; *Boor*, UR 2013, 792; *Grünwald*, MwStR 2013, 328; *Hummel*, MwStR 2013, 294; *Slapio*, UR 2013, 407; *Wäger*, UVR 2013, 205.).

Auf Vorlage des BFH hat der EuGH entschieden, dass sowohl der Ausschluss der Personengesellschaft als auch das Erfordernis der Über- und Unterordnung im Widerspruch zu Art. 11 MwStSystRL steht, „es sei denn, dass diese beiden Anforderungen Maßnahmen darstellen, die für die Erreichung der Ziele der Verhinderung missbräuchlicher Praktiken oder Verhaltensweisen und der Vermeidung von Steuerhinterziehung oder -umgehung erforderlich und geeignet sind", was nach Ansicht des EuGH das vorlegende Gericht, also der BFH, zu prüfen hat (EuGH v. 16.7.2015 – C-108/14 bzw. C-109/14, MwStR 2015, 583). Nach dieser Entscheidung gelangten beide Umsatzsteuersenate des BFH im Wege der Auslegung des deutschen Gesetzes zu der Erkenntnis, dass unter bestimmten Voraussetzungen die Eingliederung einer Personengesellschaft in das Unternehmen ihres Mehrheitsgesellschafters möglich ist. Nach Ansicht des V. Senats kann trotz des vom nationalen Gesetzgeber grundsätzlich vorgesehenen Ausschlusses der Personengesellschaft aus dem Kreis der eingliederungsfähigen Personen die Personengesellschaft ausnahmsweise auf der Grundlage einer teleologischen Erweiterung von § 2 Abs. 2 Nr. 2 UStG wie eine juristische Person als eingegliedert angesehen werden. Erforderlich ist hierfür jedoch, dass die finanzielle Eingliederung wie bei einer juristischen Person zu bejahen ist. Dies setzt voraus, dass Gesellschafter der Personengesellschaft neben dem Organträger nur Personen sind, die ihrerseits nach § 2 Abs. 2 Nr. 2 UStG in das Unternehmen des Organträgers finanziell eingegliedert sind, so dass die erforderliche Durchgriffsmöglichkeit selbst bei der stets möglichen Anwendung des Einstimmigkeitsprinzips gewährleistet ist (BFH v. 2.12.2015 – V R 25/13, MwStR 2016, 240). Nach Auffassung des XI. Senat umfasst der Begriff der juristischen Person im deutschen UStG auch eine Personengesellschaft in ihrer kapitalistischen Ausprägung als GmbH & Co. KG (BFH v. 19.1.2016 – XI R 38/12, MwStR 2016, 262 = GmbHR 2016, 426). Nach Auffassung der Finanzverwaltung kommen als Organgesellschaften regelmäßig nur juristische Personen des Zivil- und Handelsrechts in Betracht (vgl. Abschn. 2.8. Abs. 2 UStAE). Es steht allerdings zu erwarten, dass die Finanzverwaltung der Rechtsprechung des EuGH und des BFH folgen wird und ihre Rechtsauffassung entsprechend anpassen wird.

Einheitsgesellschaft | Eine GmbH, die an einer KG als persönlich haftende Gesellschafterin beteiligt ist, kann grundsätzlich nicht als Organgesellschaft in das Unternehmen dieser KG eingegliedert sein (BFH v. 14.12.1978 – V R 85/74, BStBl. II 1979, 288). Dies gilt auch in den Fällen, in denen die übrigen Kommanditisten der KG sämtliche Gesellschaftsanteile der GmbH halten (BFH v. 19.5.2005 – V R 31/03, BStBl. II 2005, 671 = GmbHR 2005, 1209). Bei der sog. Einheits-GmbH & Co. KG kann die GmbH jedoch als Organgesellschaft in die KG eingegliedert sein, da die KG auf Grund ihrer Gesellschafterstellung sicherstellen kann, dass ihr Wille auch in der GmbH durchgesetzt wird (Abschn. 2.8 Abs. 2 UStAE). U 108

Nichtunternehmer in der Organschaft | Nach der Rechtsprechung des EuGH bestehen Zweifel, ob der Ausschluss von Nichtunternehmern aus einer umsatzsteuerlichen Organschaft unionsrechtskonform ist (EuGH v. 9.4.2013 – C-85/11, Kommission gegen Irland, DStR 2013, 806; BFH v. 11.12.2013 – XI R 17/11, BStBl. II 2014, 417 = GmbHR 2014, 376 m. Anm. *Masuch*; EuGH v. 26.3.2015 – C-108/14, Schlussanträge des Generalanwalts MwStR 2015, 523). Es erscheint daher nicht ausgeschlossen, dass auch nach deutschem Recht Nichtunternehmer als Organträger bzw. Organgesellschaft anerkannt werden müssen. Allerdings hält der BFH für den Organträger daran fest, dass die Unternehmereigenschaft Voraussetzung für eine umsatzsteuerliche Organschaft ist. Für das sich aus dem nationalen Recht ergebende Erfordernis einer eigenen Unternehmereigenschaft des Organträgers besteht nach Ansicht des BGH eine hinreichende Grundlage im Unionsrecht. Zwar geht diese Bedingung über die in Art. 11 MwStSystRL ausdrücklich genannten Voraussetzungen hinaus. Das Erfordernis der Unternehmereigenschaft des Organträgers ist aber im nationalen Kontext zur Verhinderung missbräuchlicher Praktiken oder Verhaltensweisen erforderlich wie auch geeignet (BFH v. 2.12. 2015 – V R 67/14, MwStR 2015, 737). U 109

U 110 **Organschaft im Umbruch** | Das Recht der umsatzsteuerlichen Organschaft befindet sich im Umbruch. Es bestehen erhebliche Zweifel, ob das deutsche Organschaftsverständnis im Einklang mit Art. 11 MwStSystRL steht (vgl. EuGH v. 26.3.2015 – C-108/14, Schlussanträge des Generalanwalts MwStR 2015, 523; *Grünwald*, MwStR 2014, 226). Es steht zu erwarten, dass das deutsche Gesetz vor dem Hintergrund der Entscheidungen des EuGH (EuGH v. 16.7.2015 – C-108/14 bzw. C-109/14, MwStR 2015, 583) und des BFH (BFH v. 2.12.2015 – V R 25/13, MwStR 2016, 240; BFH v. 19.1.2016 – XI R 38/12, MwStR 2016, 262 = GmbHR 2016, 426) angepasst werden muss.

3. Ort der Lieferung/Dienstleistung

U 111 **Lieferung** | Der umsatzsteuerliche Ort der Leistung entscheidet darüber, ob eine Leistung im Inland steuerbar ist und damit dem deutschen Umsatzsteuergesetz unterliegt. Hinsichtlich des Orts der Leistung ist zwischen Lieferungen und Dienstleistungen zu unterscheiden. Bei Lieferungen kommt es auf den Sitz der handelnden Personen nicht an sondern darauf, wo sich der gelieferte Gegenstand zu Beginn und am Ende der Lieferung befindet. Zu unterscheiden ist danach, ob es sich um eine ruhende Lieferung oder um eine **bewegte Lieferung** handelt. Eine **ruhende Lieferung** unterliegt dort der Steuer, wo die Verschaffung der Verfügungsmacht an dem Gegenstand der Lieferung stattfindet. Wird der Gegenstand der Lieferung bewegt (befördert; versendet, abgeholt), so wird nach § 3 Abs. 6 Satz 1 UStG der Ort der Lieferung dort angenommen, wo die Beförderung beginnt.

U 112 **Dienstleistung** | Bei Dienstleistungen ist zur Bestimmung des umsatzsteuerrechtlich maßgeblichen Orts zu unterscheiden, ob diese gegenüber Nichtunternehmern (**B2C**) oder gegenüber Unternehmern (**B2B**) erbracht werden.

U 113 **Leistungen an Nichtunternehmer** | Leistungen an Nichtunternehmer (B2C) werden nach § 3a Abs. 1 UStG regelmäßig dort ausgeführt, wo der Leistende seinen Sitz hat. Wird die Leistung von einer Betriebsstätte aus bewirkt, so ist der Ort der Betriebsstätte für die Umsatzsteuer maßgeblich. Für sonstige Leistungen auf dem Gebiet der Telekommunikation, Fundfunk- und Fernsehdienstleistungen und auf elektronischem Weg erbrachte sonstige Leistungen gilt die Sonderregelung des § 3a Abs. 5 UStG wonach abweichend von § 3a Abs. 1 UStG der Sitzort des Leistungsempfängers maßgeblich ist.

U 114 **Leistungen an Unternehmer** | Leistungen an Unternehmer (B2B) werden regelmäßig nach § 3a Abs. 2 UStG dort erbracht, wo der Leistungsempfänger seinen Sitz hat. Wird die Leistung an eine Betriebsstätte des Leistungsempfängers erbracht, so ist wiederum der Ort der Betriebsstätte maßgeblich. Abweichend von diesen allgemeinen Regelungen enthalten die Vorschriften des § 3a Abs. 3 ff., § 3b und § 3c UStG Sondervorschriften für bestimmte Leistungen.

U 115 **Betriebsstätte** | Der Begriff der umsatzsteuerrechtlichen Betriebsstätte ergibt sich nicht aus § 12 AO, sondern muss gemeinschaftsrechtlich aus dem Begriff der **festen Niederlassung** in Art. 44 und 45 MwStSystRL abgeleitet werden. Betriebsstätte im Sinne des Umsatzsteuerrechts ist damit jede feste Geschäftseinrichtung oder Anlage, die der Tätigkeit des Unternehmers dient. Nach der Rechtsprechung des EuGH (EuGH v. 28.6.2007 – C-73/06 – Planzer, DStRE 2008, 827; EuGH v. 20.2.1997 – C-260/95 – DFDS, Slg. 1997, I-1005) und dem auf der Grundlage dieser Rechtsprechung formulierten Art. 11 Abs. 1 und 2 MwStVO, gilt als feste Niederlassung jede Niederlassung, die einen hinreichenden Grad an Beständigkeit sowie eine Struktur aufweist, die es von der personellen und technischen Ausstattung her erlaubt, Dienstleistungen zu erbringen bzw. zu empfangen und dort zu verwenden. Allein aufgrund der Tatsache, dass eine USt.-Id.-Nr. in einem Mitgliedstaat erteilt worden ist, kann gemäß Art. 11 Abs. 3 MwStVO nicht auf eine solche feste Niederlassung geschlossen werden (*Radeisen* in Hartmann/Metzenmacher, § 3a UStG Rz. 177).

Vermietetes Grundstück | Für vermietete im Inland gelegene Grundstücke vertritt die Finanzverwaltung die Rechtsauffassung, dass diese „wie Betriebsstätten" zu behandeln sind (Abschn. 2.9 Abs. 4 Satz 2 UStAE). U 116

Beispiel:

Die in Luxemburg ansässige Lux Sàrl. vermietet ein in Deutschland belegenes Grundstück an die österreichische A GmbH, die das Grundstück für unternehmerische Zwecke verwendet. Der Ort der Vermietungsleistung liegt in Deutschland.

4. Steuerbefreiungen

Regel-Ausnahmeverhältnis | Generell unterliegt jeder nach § 1 UStG steuerbare Umsatz der Umsatzsteuer. § 4 UStG enthält eine abschließende Aufzählung der von der Umsatzsteuer befreiten Leistungen. Die Steuerbefreiungsvorschriften sind Ausnahmevorschriften und als solche nach der Rechtsprechung des EuGH eng auszulegen (*Treiber* in Sölch/Ringleb, § 4 UStG Rz. 16). U 117

Umsätze und Vermittlung von Geschäftsanteilen | Nach § 4 Nr. 8 Buchst. f UStG unterliegen Umsätze sowie die Vermittlung der Umsätze von Anteilen an Gesellschaften und anderen Vereinigungen nicht der Umsatzsteuer. Die erstmalige Ausgabe von Aktien bzw. Anteilen an Gesellschaften ist nicht steuerbar (EuGH v. 26.6.2003 – C-442/01 – KapHag, UR 2003, 443 = ZIP 2003, 1649; EuGH v. 26.5.2005 – C-465/03 – Kretztechnik, UR 2005, 382; BFH v. 1.7.2004 – V R 32/00, BStBl. II 2004, 1022) und unterfällt daher nicht dem Regelungsbereich der Steuerbefreiungsvorschrift. U 118

Cost sharing associations | Nach Art. 132 Abs. 1 Buchst. f MwStSystRL befreien die Mitgliedstaaten Umsätze selbständiger Zusammenschlüsse von Personen, die eine Tätigkeit ausüben, die von der Steuer befreit ist oder für die sie nicht Steuerpflichtige sind, an ihre Mitglieder von der Mehrwertsteuer. Voraussetzung hierfür ist, dass die Leistungen für unmittelbare Zwecke der Ausübung dieser Tätigkeit erbracht werden, dass als Entgelt lediglich die genaue Erstattung des jeweiligen Anteils an den gemeinsamen Kosten gezahlt wird. Schließlich muss sichergestellt sein, dass diese Befreiung nicht zu einer Wettbewerbsverzerrung führt. U 119

Deutschland hat diese Bestimmung bislang nicht vollständig in nationales Recht umgesetzt. Die Kommission hat deswegen gegen die Bundesrepublik Deutschland ein Vertragsverletzungsverfahren vor dem EuGH eingeleitet (vgl. hierzu *Erdbrügger/Liegmann*, BB 2015, 989).

5. Bemessungsgrundlage

Entgelt | Der Umsatz wird bei Lieferungen und sonstigen Leistungen gemäß § 10 Abs. 1 UStG nach dem Entgelt bemessen. Entgelt ist alles, was der Leistungsempfänger aufwendet, um die Leistung zu erhalten, jedoch abzüglich der Umsatzsteuer. Regelmäßig wird das Entgelt in Form von Geld geleistet. Es kann jedoch auch in einer Lieferung oder einer Dienstleistung U 120 bestehen. In diesen Fällen spricht man von **Tausch** oder **tauschähnlichem Umsatz** (§ 3 Abs. 12 UStG). Beim Tausch, bei tauschähnlichen Umsätzen und bei Hingabe an Zahlungs statt gilt der Wert jedes Umsatzes als Entgelt für den anderen Umsatz (§ 10 Abs. 2 Satz 2 UStG). Die Umsatzsteuer gehört jedoch nicht zum Entgelt (§ 10 Abs. 2 Satz 3 UStG).

U 121 **Bemessungsrundlage bei unentgeltlichen Wertabgaben |** Bei der unentgeltlichen Gegenstandsentnahme bemisst sich der Umsatz gemäß § 10 Abs. 4 Satz 1 Nr. 1 UStG nach dem **Einkaufspreis** zzgl. der Nebenkosten für den Gegenstand oder für einen gleichartigen Gegenstand. Maßgeblich ist jedoch nicht der historische Einkaufspreis sondern der aus diesem abgeleitete Einkaufspreis zum Zeitpunkt der Entnahme (*Korn* in Bunjes, § 10 UStG Rz. 79). Dieser fiktive Einkaufspreis entspricht in der Regel dem – auf der Handelsstufe des Unternehmers ermittelbaren – **Wiederbeschaffungspreis** im Zeitpunkt der Entnahme (Abschn. 10.6 Abs. 1 Satz 2 UStAE). Die Umsatzsteuer gehört auch hier nach § 10 Abs. 4 Satz 2 UStG nicht zur Bemessungsgrundlage.

Kann ein Einkaufspreis nicht herangezogen werden, weil es sich bei dem entnommenen Gegenstand um eine Sonderanfertigung handelt, stellen die **Selbstkosten** die Bemessungsgrundlage dar. Ist ein Einkaufspreis ermittelbar, so ist dieser heranzuziehen. Die Selbstkosten sind nur ein Auffangwert, der lediglich subsidiär Anwendung findet (*Wagner* in Sölch/Ringleb, § 10 UStG Rz. 341).

U 122 **Mindestbemessungsgrundlage |** Bei Leistungen an nahestehende Personen sieht das Umsatzsteuergesetz in § 10 Abs. 5 UStG in Verbindung mit § 10 Abs. 4 UStG eine Mindestbemessungsgrundlage vor. Demnach ist der umsatzsteuerliche Wert von Leistungen an nahestehende Personen mindestens mit dem Einkaufspreis zzgl. der Nebenkosten für den Gegenstand oder für einen gleichartigen Gegenstand oder mangels eines Einkaufspreises nach den Selbstkosten, jeweils zum Zeitpunkt des Umsatzes zu bemessen. Hierbei handelt es sich um eine Sondermaßnahme i.S.d. Art. 394 MwStSystRL (BFH v. 24.1.2008 – V R 39/06, BStBl. II 2009, 786). Diese Sondermaßnahme dient der Vermeidung von Steuerhinterziehung bzw. Steuerumgehungen und kann daher nur Anwendung finden, wenn im konkreten Fall eine Gefährdung des Steueraufkommens durch die Entgeltvereinbarung möglich ist. Dies ist ausgeschlossen, sofern es sich bei dem verminderten Entgelt um ein marktübliches Entgelt handelt (EuGH v. 29.5.1997 – C-63/96 – Skripalle, BStBl. II 1997, 841; BFH v. 8.10.1997 – XI R 8/86, BStBl. II 1987, 814). Nach der Rechtsprechung des BFH setzt die Anwendung der Mindestbemessungsgrundlage voraus, dass die Gefahr von Steuerhinterziehungen oder Umgehungen besteht. Hieran fehlt es, wenn der Unternehmer von einer nahe stehenden Person zwar ein niedrigeres als das marktübliche Entgelt verlangt, seine Leistung aber in Höhe des marktüblichen Entgelts versteuert (BFH v. 7.10.2010 – V R 4/10, DStRE 2011, 823).

U 123 **Missbrauchverhinderungsvorschrift |** Die Heranziehung der Mindestbemessungsgrundlage ist grundsätzlich nur für Fälle vorgesehen, in denen dies zur Verhütung von Steuerhinterziehungen und Umgehungen erforderlich ist. Diese Gefahrenlage ist auch dann denkbar, wenn nahe stehende Personen rechtsgeschäftlich verbunden und dabei vollumfänglich zum Vorsteuerabzug berechtigt sind, der Gegenstand der Lieferung jedoch nach § 15a UStG der Berichtigung des Vorsteuerabzugs unterliegt. Nach der Rechtsprechung des BFH ist die Mindestbemessungsgrundlage jedoch dann nicht anwendbar, wenn der vom Leistungsempfänger in Anspruch genommene Vorsteuerabzug keiner Vorsteuerberichtigung im Sinne des § 15a UStG unterliegt (BFH v. 5.6.2014 – XI R 44/12, DStRE 2014, 1151).

Beispiel:

A vermietet an die A GmbH & Co. KG, deren Gesellschafter er ist, steuerpflichtig Büroräume zu einem unter dem Marktpreis liegenden Mietzins. Die Gesellschaft ist zum vollen Vorsteuerabzug berechtigt.

Die Mindestbemessungsgrundlage ist nicht anzuwenden da eine Minderung des Steueraufkommens durch die Besteuerung des Umsatzes auf der Grundlage des vereinbarten Entgelts ausgeschlossen ist.

Abwandlung:

A verkauft an die A GmbH & Co. KG, deren Gesellschafter er ist, steuerpflichtig eine Immobilie zu einem unter dem Marktpreis liegenden Kaufpreis. Die Gesellschaft verwendet die Immobilie im Jahr des Erwerbs für die Bewirkung steuerpflichtiger Umsätze. Im Jahr nach dem Erwerb verwendet sie die Immobilie (teilweise) zur Bewirkung steuerfreier, den Vorsteuerabzug ausschließender Umsätze (z.B. Finanzdienstleistungen i.S.v. § 4 Nr. 8 UStG).

Die Mindestbemessungsgrundlage ist anzuwenden, da der nach § 15a UStG zu berichtigende Vorsteuerbetrag durch die Vereinbarung des unter dem Marktpreis liegenden Kaufpreises geringer wäre als bei Anwendung des marktüblichen Preises.

6. Vorsteuerabzug

Unternehmerischer Leistungsbezug | Der Unternehmer ist berechtigt, die auf Eingangsleistungen lastende Umsatzsteuer als Vorsteuer abzuziehen, wenn die Leistung von einem anderen Unternehmer für sein Unternehmen bewirkt wurde. Die Ausübung des Vorsteuerabzugs setzt voraus, dass der Unternehmer im Besitz einer nach §§ 14 bzw. 14a UStG ausgestellten Rechnung ist. Auf Seiten des Leistungsempfängers muss daher zum einen die Unternehmereigenschaft gegeben sein. Darüber hinaus muss der Leistungsbezug für das Unternehmen, d.h. den unternehmerischen Bereich, erfolgt sein. U 124

Vorbereitungshandlungen | Die Unternehmereigenschaft, verbunden mit dem Recht zum Vorsteuerabzug, beginnt bereits mit der ersten Vorbereitungshandlung, die in der Absicht als Unternehmer Leistungen zu erbringen, vorgenommen wird (EuGH v. 29.2.1996 – C-110/94 – Inzo, DStR 1996, 419; EuGH v. 15.1.1998 – C-37/95 – Ghent Coal Terminal, DStRE 1998, 112; EuGH v. 8.6.2000 – C-400/98 – Breitsohl, IStR 2000, 466 und EuGH v. 8.6.2000 – C-396/98 – Schlossstraße, UR 2000, 336). U 125

Beispiel:

Unternehmer U beabsichtigt ernsthaft, eine wirtschaftliche Tätigkeit aufzunehmen. Zu diesem Zweck hat er Wirtschaftsgüter erworben und eine Rentabilitätsstudie in Auftrag gegeben, die zu dem Ergebnis gelangte, das Vorhaben von U sei nicht rentabel. Für die Eingangsleistungen wurde ihm Umsatzsteuer in Rechnung gestellt.

U ist zum Vorsteuerabzug berechtigt. Der Grundsatz der Neutralität der Mehrwertsteuer verlangt hinsichtlich der Abgabenbelastung des Unternehmens, dass schon die ersten Investitionsausgaben, die für die Zwecke eines Unternehmens oder zu dessen Verwirklichung getätigt werden, als wirtschaftliche Tätigkeiten angesehen werden. Insofern ist die Vergabe einer Rentabilitätsstudie als wirtschaftliche Tätigkeit i.S.d. Art. 9 MwStSystRL anzusehen, selbst wenn die Studie den Zweck hat zu prüfen, ob die Tätigkeit rentabel ist. Unternehmer U kann mithin die geleistete Mehrwertsteuer zu Recht als Vorsteuer abziehen. Dies gilt im Übrigen nicht im Falle von Betrug oder Missbrauch (EuGH v. 29.2.1996 – C-110/94, DStR 1996, 419).

Vorgründungsgesellschaft | Darüber hinaus hat der EuGH bereits einer Vorgründungsgesellschaft dem Grunde nach den Vorsteuerabzug zugesprochen. Ein Steuerpflichtiger, dessen einziger Gesellschaftszweck die Vorbereitung der wirtschaftlichen Tätigkeit eines anderen U 126

Steuerpflichtigen ist und der selbst keinen steuerbaren Umsatz bewirkt, ist gleichwohl als Steuerpflichtiger anzusehen, der in Anwendung des Grundsatzes der Neutralität der Mehrwertsteuer das Recht auf Vorsteuerabzug im Zusammenhang mit steuerbaren Umsätzen, die von der später gegründeten Gesellschaft bewirkt werden, geltend machen kann (EuGH v. 29.4.2004 – C-137/02 – Faxworld, UR 2004, 362 = GmbHR 2004, 818).

In der Rechtssache Polski Trawertyn (EuGH v. 1.3.2012 – C-280/10, DStRE 2012, 893) ging der EuGH noch darüber hinaus und hielt den **Vorsteuerabzug beim Gesellschafter** für ein Investitionsgut, das dieser für die später zu gründende Gesellschaft erwarb, für möglich. Es widerspreche dem Neutralitätsgrundsatz, wenn weder der Gesellschafter noch die Gesellschaft ein Recht auf Vorsteuerabzug für Investitionskosten geltend machen kann, die vor Gründung und Eintragung dieser Gesellschaft von den Gesellschaftern für Zwecke und im Hinblick auf die wirtschaftliche Tätigkeit der Gesellschaft getragen wurden.

Anders als in der Rechtssache Polski Trawertyn hatte der Gesellschafter in der Rechtssache Malburg zwar wiederum ein Investitionsgut erworben, das anschließend von der Gesellschaft, der er angehörte, unternehmerisch genutzt wurde. In Abgrenzung zum Sachverhalt in der Rechtssache Polski Trawertyn wurde der **Vermögensgegenstand** jedoch nicht übertragen, sondern lediglich **unentgeltlich zur Nutzung überlassen**. In diesem Fall versagte der EuGH den Vorsteuerabzug auf Ebene des Gesellschafters (EuGH v. 13.3.2014 – C-204/13 – Malburg, MwStR 2014, 270).

Beispiel 1:

A und B planen, eine GmbH zur Produktion und Verkauf von Wirtschaftsgütern gründen. A erwirbt mit privaten Mitteln mehrere Maschinen mit der Absicht, dass diese ausschließlich für die wirtschaftliche Tätigkeit der GmbH verwendet werden. A legt die Maschinen nach Gründung der Gesellschaft in diese ein.

Die gezahlte Mehrwertsteuer kann als Vorsteuer abgezogen werden. Nach der Rspr. des EuGH können wirtschaftliche Tätigkeiten mehrere aufeinanderfolgende Handlungen umfassen. Weiterhin können vorbereitenden Tätigkeiten, wie der Erwerb der für die Nutzung erforderlichen Mittel bereits der wirtschaftlichen Tätigkeit der später gegründeten Gesellschaft zugerechnet werden (angelehnt an EuGH v. 1.3.2012 – C-280/10 – Polski Trawertyn, DStRE 2012, 893).

Beispiel 2:

A erwirbt einen Kundenstamm entgeltlich und entrichtet hierfür zutreffend Mehrwertsteuer. Im Anschluss daran gründet A zusammen mit weiteren Personen eine GbR, an der er zu 95 % beteiligt ist. Dieser GbR überträgt er – wie beabsichtigt – den erworbenen Kundenstamm unentgeltlich zur Nutzung. Aufgrund der unentgeltlichen Übertragung ist das Tatbestandsmerkmal der Lieferung von Gegenständen gegen Entgelt bzw. das Erbringen von Dienstleistungen gegen Entgelt nicht erfüllt. Es besteht somit kein direkter und unmittelbarer Zusammenhang zwischen einem bestimmten Eingangsumsatz und einem oder mehreren Ausgangsumsätzen, die das Recht auf Vorsteuerabzug eröffnen. Nachdem dieser Sachverhalt nicht in den Anwendungsbereich des Mehrwertsteuerrechts fällt, kann sich A auch nicht auf den Grundsatz der Neutralität berufen. Folglich kann A keine Vorsteuer aus dem Erwerb des Kundenstammes abziehen (EuGH v. 13.3.2014 – C-204/13 – Malburg, MwStR 2014, 270).

7. Steuerberechnung

U 127 **Besteuerungszeitraum |** Besteuerungszeitraum ist das Kalenderjahr. Die Steuerberechnung erfolgt in der Regel nach vereinbarten Entgelten (**Soll-Besteuerung**). Auf Antrag kann das FA gestatten, dass ein Unternehmer die Steuer nicht nach vereinbarten Entgelten, sondern nach vereinnahmten Entgelten (**Ist-Besteuerung**) berechnet. Die Ist-Besteuerung kann bei einem Unternehmer genehmigt werden, dessen Gesamtumsatz im vorangegangenen Kalenderjahr nicht mehr als 500 000 Euro betragen hat, oder wenn der Unternehmer von der Pflicht, Bücher zu führen und auf Grund jährlicher Bestandsaufnahmen regelmäßig Abschlüsse zu machen, nach § 148 AO befreit ist, oder soweit er Umsätze aus einer Tätigkeit als Angehöriger eines freien Berufs ausführt.

8. Besteuerungsverfahren

Voranmeldung | Der Unternehmer hat nach § 18 Abs. 1 Satz 1 UStG bis zum 10. Tag nach U 128
Ablauf jedes Voranmeldungszeitraums eine Voranmeldung nach amtlich vorgeschriebenem Datensatz durch Datenfernübertragung nach Maßgabe der Steuerdaten-Übermittlungsverordnung zu übermitteln, in der er die Steuer für den Voranmeldungszeitraum (Vorauszahlung) selbst zu berechnen hat.

Voranmeldungszeitraum | Voranmeldungszeitraum ist das Kalendervierteljahr. Beträgt die U 129
Steuer für das vorangegangene Kalenderjahr mehr als 7 500 Euro, ist der Kalendermonat Voranmeldungszeitraum. Beträgt die Steuer für das vorangegangene Kalenderjahr nicht mehr als 1 000 Euro, kann das Finanzamt den Unternehmer von der Verpflichtung zur Abgabe der Voranmeldungen und Entrichtung der Vorauszahlungen befreien (§ 18 Abs. 2 UStG).

Nimmt der Unternehmer seine berufliche oder gewerbliche Tätigkeit auf, ist im laufenden und folgenden Kalenderjahr Voranmeldungszeitraum der Kalendermonat. Dies gilt nach § 18 Abs. 2 Satz 5 UStG auch für eine **Vorratsgesellschaft** (im Handelsregister eingetragene, noch nicht gewerblich oder beruflich tätig gewesene juristische Person oder Personengesellschaft, die objektiv belegbar die Absicht hat, eine gewerbliche oder berufliche Tätigkeit selbständig auszuüben), und zwar ab dem Zeitpunkt des Beginns der tatsächlichen Ausübung dieser Tätigkeit sowie für einen **Firmenmantel** (juristische Person oder Personengesellschaft, die bereits gewerblich oder beruflich tätig gewesen ist und zum Zeitpunkt der Übernahme ruht oder nur geringfügig gewerblich oder beruflich tätig ist) ab dem Zeitpunkt der Übernahme.

Jahressteuererklärung | Darüber hinaus hat der Unternehmer nach § 18 Abs. 3 Satz 1 UStG U 130
für das Kalenderjahr eine Jahressteuererklärung ebenfalls nach amtlich vorgeschriebenem Datensatz durch Datenfernübertragung nach Maßgabe der Steuerdaten-Übermittlungsverordnung zu übermitteln.

9. Kleinunternehmer

Von im Inland ansässigen Unternehmern wird die geschuldete Umsatzsteuer nicht erhoben, U 131
wenn der Umsatz zuzüglich der darauf entfallenden Steuer im vorangegangenen Kalenderjahr 17 500 Euro nicht überstiegen hat und im laufenden Kalenderjahr 50 000 Euro voraussichtlich nicht übersteigen wird. Der Unternehmer kann auf diese Regelung verzichten und zur Regelbesteuerung optieren.

10. Haftung

Haftung der Vertreter nach § 69 AO | Für Ansprüche aus dem Steuerschuldverhältnis haften U 132
insbesondere die gesetzlichen Vertreter juristischer Personen und die Geschäftsführer von

nicht rechtsfähigen Personenvereinigungen, soweit diese infolge vorsätzlicher oder grob fahrlässiger Verletzung der ihnen auferlegten Pflichten nicht oder nicht rechtzeitig festgesetzt oder erfüllt werden. Die Haftung umfasst alle Ansprüche aus dem Steuerschuldverhältnis i.S.d. § 37 AO einschließlich der Nebenleistungen i.S.d. § 3 Abs. 4 AO (*Loose* in Tipke/Kruse, AO/FGO, § 69 AO Rz. 44).

Beispiel:

Die X-GmbH zahlt die durch Steuerbescheid zutreffend festgesetzte und fällige Umsatzsteuer nicht, da der Geschäftsführer G die vorhandene Liquidität zur Erfüllung anderer Verbindlichkeiten verwenden will.

A hat vorsätzlich die steuerlichen Pflichten der X-GmbH verletzt und kann daher als Geschäftsführer der GmbH durch Haftungsbescheid nach § 191 AO in Anspruch genommen werden. Die GmbH und A haften als Gesamtschuldner i.S.d. § 44 Abs. 1 Satz 1 AO.

U 133 **Haftung bei Organschaft nach § 73 AO** | Eine Organgesellschaft haftet für solche Steuern des Organträgers, für welche die Organschaft zwischen ihnen steuerlich von Bedeutung ist. Die Haftung erstreckt sich grundsätzlich auf alle Steuern innerhalb des Organkreises ohne Rücksicht darauf, wo diese Steuern verursacht worden sind (vgl. *Loose* in Tipke/Kruse, § 73 AO Rz. 4). Die Haftung erstreckt sich nur auf Steuern, die während des Bestehens der Organschaft entstanden sind. Sie bleibt bestehen, auch wenn das Organschaftsverhältnis beendet wurde (*Loose* in Tipke/Kruse, AO/FGO, § 73 AO Rz. 3).

U 134 **Gesamtschuldnerschaft** | Steuerschuldner und Haftungsschuldner bzw. mehrere Haftungsschuldner haften gemäß § 44 Abs. 1 Satz 1 AO als Gesamtschuldner.

Beispiel:

Die M-GmbH und die T-GmbH bilden eine umsatzsteuerliche Organschaft i.S.d. § 2 Abs. 2 Nr. 2 UStG, wobei die M-GmbH als Organträgerin und die T-GmbH als Organgesellschaft fungieren. Die zutreffend festgesetzte Umsatzsteuer für den Veranlagungszeitraum 2014 der M-GmbH wird durch diese nicht entrichtet.

Das Finanzamt kann nun nach § 73 AO die Organgesellschaft im Wege der Haftung in Anspruch nehmen. Dies geschieht durch Erlass eines Haftungsbescheides gem. § 191 AO. Die Organträgerin und die Organgesellschaft sind Gesamtschuldner i.S.d. § 44 Abs. 1 Satz 1 AO.

Abwandlung:

Ausgangsfall wie oben, allerdings wurde die Organschaft mit Wirkung zum 1.1.2015 beendet. Trotz der nicht mehr bestehenden Organschaft kann die T-GmbH in 2015 für die Umsatzsteuer für 2014 per Haftungsbescheid in Anspruch genommen werden. Die Haftung der Organgesellschaft erstreckt sich über das beendete Organschaftsverhältnis hinaus.

U 135–U 140 frei

Vertiefende Recherche

Wichtige Urteile und Erlasse

EuGH v. 16.7.2015 – C-108/14, C-109/14, MwStR 2015, 583 = ZIP 2015, 1971; BFH v. 19.1. 2016 – XI R 38/12, MwStR 2016, 262 = GmbHR 2016, 426; BFH v. 1.6.2016 – XI R 17/11, MwStR 2016, 712 = ZIP 2016, 1577: Vorsteuerabzug einer Führungsholding – deutsche Organschaftsvoraussetzungen nicht unionsrechtskonform.

EuGH v. 26.6.2003 – C-442/01, IStR 2003, 601 = ZIP 2003, 1649; BFH v. 1.7.2004 – V R 32/00, BStBl. II 2004, 1022: Aufnahme eines Gesellschafters in eine Personengesellschaft keine umsatzsteuerbare Dienstleistung.

BFH v. 2.12.2015 – V R 25/13, DStR 2016, 219: Organschaft mit Tochterpersonengesellschaft.

BFH v. 21.5.2014 – V R 20/13, BStBl. II 2013, 844: Entnahme bei Betriebsaufgabe.

BFH v. 6.12.2012 – V ER-S 2/12, MwStR 2013, 97 = UR 2013, 436: Kein Vorsteuerabzug des Gesellschafters einer Personengesellschaft für den Erwerb der Gesellschaft unentgeltlich überlassener Wirtschaftsgüter.

BFH v. 3.3.2011 – V R 24/10, BStBl. II 2011, 951: Umsatzsteuer auf Festvergütung des Komplementärs für die Übernahme von Geschäftsführung, Vertretung und persönlicher Haftung.

BFH v. 1.12.2010 – XI R 43/08, BStBl. II 2011, 600: Keine finanzielle Eingliederung einer Organgesellschaft in eine Schwestergesellschaft durch Beherrschungsvertrag.

BFH v. 8.9.2010 – XI R 31/08, BStBl. II 2011, 197: Kein Vorsteuerabzug aus Rechnungen für Dienstleistungen zur Erfüllung einkommensteuerrechtlicher Pflichten der Gesellschafter.

BFH v. 22.4.2010 – V R 9/09, BStBl. II 2011, 597: Keine umsatzsteuerliche Organschaft zwischen den von einer Personengruppe beherrschten Schwestergesellschaften im Rahmen einer Betriebsaufspaltung.

BFH v. 5.12.2007 – V R 60/05, BStBl. II 2009, 486; BFH v. 6.6.2002 – V R 43/01, BStBl. II 2003, 36; BFH v. 16.1.2003 – V R 92/01, BStBl. II 2003, 732: Leistungsaustausch zwischen Gesellschaft und Gesellschafter.

BFH v. 15.7.2004 – V R 84/99, BStBl. II 2005, 155: Vorsteuerabzug einer Vorgründungsgesellschaft ohne eigene Ausgangsumsätze.

BFH v. 28.7.1993 – XI R 98/90, BFH/NV 1994, 204; BFH v. 16.3.1993 - XI R 44/90, BStBl. II 1993, 529; BFH v. 31.7.1996 - XI R 44/96, BFH/NV 1997, 313: Gesellschafterbeitrag – Leistungsaustausch.

FG Düsseldorf v. 2.10.2015 – 5 K 363/12 U, Juris = BeckRS 2016, 95201: Geschäftsveräußerung im Ganzen – Verpflichtung zur Einbringung in eine noch zu gründende Personengesellschaft.

Abschn. 1.6 UStAE: Leistungsaustausch bei Gesellschaftsverhältnissen.

Abschn. 2.1 Abs. 2 UStAE: Unternehmereigenschaft von Gesellschaften.

Abschn. 2.3 Abs. 2 bis 4 UStAE: Unternehmereigenschaft im Zusammenhang mit dem Halten von gesellschaftsrechtlichen Beteiligungen.

Abschn. 2.8 UStAE: Organschaft.

Weitere Stichwörter

→ *Einlagen und Haftsummen*; → *Geschäftsführung und Vertretung*; → *Konzernbaustein GmbH & Co. KG*; → *Mitunternehmerinitiative und -risiko*; → *Rechtsformwahl*

Umwandlung, Einführung

Ausgewählte Literatur: *Kallmeyer*, Die GmbH & Co. KG im Umwandlungsrecht, GmbHR 2000, 418; *Kallmeyer*, Gläubigerschutz bei Umwandlung beteiligungsidentischer GmbH & Co. KG, GmbHR 2000, 541; *Kallmeyer*, Der Ein- und Austritt der Komplementär-GmbH einer GmbH & Co. KG bei Verschmelzung, Spaltung und Formwechsel nach dem UmwG 1995, GmbHR 1996, 80; *Kort*, Reichweite und Bestandsschutz von Umwandlungen, AG 2010, 230; *Leitzen*, Die Änderungen des Umwandlungsgesetzes durch das Dritte Gesetz zur Änderung des Umwandlungsrechts, DNotZ 2011, 526; *Melchior*, Vollmachten bei Umwandlungsvorgängen, GmbHR 1999, 520; *Melchior*, Die Beteiligung von Betriebsräten an Umwandlungsvorgängen aus Sicht des Handelsregisters, GmbHR 1996, 833; *Schwetlik*, Umwandlung überschuldeter Unternehmen auf haftungsbeschränkte Gesellschaften, GmbHR 2011, 130; *Winter* in Rödder/Herlinghaus/van Lishaut, UmwStG, 2. Aufl. 2013, Anhang 1: Umwandlungsrecht.

1. Umwandlungsarten

U 141 **Umwandlungsgesetz |** Das Umwandlungsgesetz von 1994 (UmwG) bietet Unternehmen ein weitgehend geschlossenes System, um auf effiziente Weise ihre Rechtsform zu ändern, sich miteinander zu verbinden und sich zu teilen. § 1 UmwG stellt Rechtsträgern mit Sitz im Inland vier verschiedene Umwandlungsarten zur Verfügung:

- die Verschmelzung (→ *Umwandlung, Gesellschaftsrecht Rz. U 191 ff.*)
- die Spaltung (→ *Umwandlung, Gesellschaftsrecht Rz. U 251 ff.*)
- die Vermögensübertragung und
- den Formwechsel (→ *Umwandlung, Gesellschaftsrecht Rz. U 301 ff.*).

Diese Umwandlungsarten sind im Zweiten bis Fünften „Buch" des UmwG geregelt. Hierbei bedient sich das UmwG einer exzessiven Verweisungstechnik, bei der insbesondere die ausführlich geregelte Verschmelzung als „Allgemeiner Teil" und Referenz für die Spaltung dient (vgl. die Generalverweisung in § 125 UmwG).

U 142 **Verschmelzung |** Bei der (im Zweiten Buch = §§ 2 ff. UmwG geregelten) Verschmelzung übertragen ein bzw. mehrere Rechtsträger ihr Vermögen „als Ganzes" auf einen anderen Rechtsträger, der entweder bereits besteht oder durch die Verschmelzung neu gegründet wird. Kennzeichnend hierfür ist das Prinzip der **Gesamtrechtsnachfolge** auf rechtsgeschäftlicher Grundlage, nämlich auf Basis eines zwischen den beteiligten Rechtsträgern zu schließenden Verschmelzungsvertrages. Mit der nachfolgenden Eintragung der Verschmelzung im Register geht das Vermögen der übertragenden Rechtsträger einschließlich der Verbindlichkeiten auf den übernehmenden Rechtsträger über (§ 20 Abs. 1 Nr. 1 UmwG) – *uno actu* und ohne dass es noch einer Einzelübertragung oder der Zustimmung Dritter bedürfte. Zugleich erlischt der übertragende Rechtsträger ohne Abwicklung (§ 20 Abs. 1 Nr. 2 UmwG). Im Gegenzug werden die Anteilsinhaber des übertragenden Rechtsträgers regelmäßig Anteilsinhaber des übernehmenden Rechtsträgers (§ 20 Abs. 1 Nr. 3 UmwG).

Spaltung | Bei der (im Dritten Buch = §§ 123 ff. UmwG geregelten) Spaltung überträgt *ein* Rechtsträger im Spaltungsvertrag bzw. -plan definierte Teile seines Vermögens auf einen bzw. mehrere andere Rechtsträger, die entweder bereits bestehen oder durch die Spaltung neu gegründet werden. Auch hier gehen die Vermögensteile einschließlich der Verbindlichkeiten *uno actu*, nämlich durch die Eintragung im Register, „als Gesamtheit" auf die übernehmenden Rechtsträger über (§ 131 Abs. 1 Nr. 1 UmwG); da zwar nicht das Vermögen „als Ganzes", wohl aber Vermögensteile „als Gesamtheit" transferiert werden, spricht man treffend von **partieller Gesamtrechtsnachfolge** (vgl. BFH v. 7.8.2002 – I R 99/00, BStBl. II 2003, 835 = GmbHR 2003, 245 = GmbH-StB 2003, 37). Auch durch Spaltung können Vertragsverhältnisse und Verbindlichkeiten ohne Zustimmung des Vertragspartners bzw. Gläubigers übertragen werden. U 143

Aufspaltung, Abspaltung, Ausgliederung | „Spaltung" ist der Oberbegriff für Aufspaltung, Abspaltung und Ausgliederung: U 144

- Bei der **Aufspaltung** überträgt ein Rechtsträger zwar im Ergebnis sein *gesamtes* Vermögen, aber auf mindestens zwei andere, bestehende oder neu zu gründende Rechtsträger (§ 123 Abs. 1 UmwG). Mit der Eintragung im Register erlischt der aufgespaltene Rechtsträger ohne Abwicklung (§ 131 Abs. 1 Nr. 2 UmwG). Im Gegenzug werden die Anteilsinhaber des übertragenden Rechtsträgers regelmäßig Anteilsinhaber der übernehmenden Rechtsträger (§ 131 Abs. 1 Nr. 3 UmwG).
- Bei der **Abspaltung** überträgt ein Rechtsträger lediglich Teile seines Vermögens auf einen oder mehrere andere, bestehende oder neu zu gründende Rechtsträger (§ 123 Abs. 2 UmwG). Da beim abspaltenden Rechtsträger somit Vermögen verbleibt, wird er nicht aufgelöst. Als Gegenleistung erhalten seine Anteilsinhaber Anteile bzw. Mitgliedschaften an den übernehmenden Rechtsträgern.
- Die **Ausgliederung** unterscheidet sich von der Abspaltung dadurch, dass die Gegenleistung für den Vermögenstransfer in Form von Anteilen am übernehmenden Rechtsträger dem ausgliedernden Rechtsträger selbst, nicht dessen Anteilsinhabern gewährt wird (§ 123 Abs. 3 UmwG).

Vermögensübertragung | Die (im Vierten Buch = §§ 174 ff. UmwG geregelte) Vermögensübertragung erlaubt es, Vermögen ganz oder teilweise auch auf bestimmte bestehende Rechtsträger zu übertragen, bei denen die im Zuge einer Verschmelzung oder Spaltung vorgesehene Anteilsgewährung aus strukturellen Gründen ausscheidet; die Gegenleistung für eine solche Voll- oder Teilübertragung besteht daher nicht in Anteilen, sondern z.B. in Geld. Dieses „Ersatzrechtsinstitut" ermöglicht es bspw. Kapitalgesellschaften, ihr Vermögen ohne Anteilsgewährung auf die öffentliche Hand (Bund, Länder, Gebietskörperschaften) zu übertragen. Die GmbH & Co. KG kann sich an einer solchen Vermögensübertragung nicht beteiligen. U 145

Formwechsel | Durch den (im Fünften Buch = §§ 190 ff. UmwG geregelten) Formwechsel kann ein Rechtsträger eine andere Rechtsform annehmen. Das UmwG regelt hierzu insbesondere den Formwechsel einer Personen- in eine Kapitalgesellschaft, den einer Kapital- in eine Personengesellschaft und den einer Kapitalgesellschaft in eine Kapitalgesellschaft anderer Rechtsform (z.B. GmbH → AG). Nicht geregelt ist insoweit der Formwechsel einer Personen- U 146 gesellschaft in eine Personengesellschaft anderer Rechtsform (z.B. GbR → KG); dieser ist bereits nach den allgemeineren Regelungen des Zivilrechts bzw. des Handelsgesetzbuchs möglich. Anders als Verschmelzung, Spaltung und Vermögensübertragung geht der Formwechsel nicht mit einem Vermögenstransfer auf einen anderen Rechtsträger einher. Am Formwechsel ist gemäß § 190 Abs. 1 UmwG nur ein einziger Rechtsträger beteiligt. Dieser wechselt **identitätswahrend** lediglich das „Rechtskleid" – ohne Liquidation, Neugründung, Vermögensübertragung und Gesamtrechtsnachfolge. Mit der Eintragung im Register besteht der formwechselnde Rechtsträger in der neuen Rechtsform weiter (§ 202 Abs. 1 Nr. 1 UmwG); die bisherigen Anteilsinhaber bleiben auch am Rechtsträger neuer Rechtsform beteiligt (§ 202 Abs. 1 Nr. 2 UmwG).

2. Umwandlungsfähige Rechtsträger

U 147 **Rechtsträger |** § 1 Abs. 1 UmwG eröffnet die genannten Umwandlungsmöglichkeiten „Rechtsträgern mit Sitz im Inland". „Rechtsträger" ist ein Blankettbegriff für jede juristische Einheit (Gesellschaft, Verein, Anstalt, natürliche Person etc.), die sich an einer Umwandlung beteiligen kann. Diese Umwandlungsfähigkeit legt das Umwandlungsgesetz für jede Umwandlungsart gesondert und unterschiedlich fest. Zudem erklärt es manche Rechtsträger nur für aktiv, andere nur für passiv beteiligungsfähig, d.h. die betreffende Einheit darf an einer Umwandlung nur als Ausgangs- oder nur als Zielrechtsträger teilnehmen (***numerus clausus*** umwandlungsfähiger Rechtsträger). Im Grundsatz definiert § 3 UmwG die verschmelzungsfähigen Rechtsträger, § 124 UmwG die spaltungsfähigen Rechtsträger und § 191 UmwG die zulässigen Ausgangs- und Zielrechtsformen beim Formwechsel.

U 148 **Beteiligungsfähigkeit der GmbH & Co. KG |** Die GmbH & Co. KG kann uneingeschränkt mit anderen Personenhandelsgesellschaften sowie mit Kapitalgesellschaften, Partnerschaften und eingetragenen Genossenschaften verschmolzen werden (§ 3 UmwG). Ferner können rechtsfähige Vereine auf eine bzw. zu einer GmbH & Co. KG verschmolzen werden. Entsprechend kann sich die GmbH & Co. KG auch zusammen mit anderen Personenhandelsgesellschaften sowie mit Kapitalgesellschaften, Partnerschaften und e.G. an Spaltungen beteiligen (§ 124 UmwG). Rechtsfähige Vereine sind insoweit wiederum nur aktiv spaltungsfähig. Möglich ist ferner die Ausgliederung zur Aufnahme auf eine bestehende GmbH & Co. KG aus dem Vermögen eines Einzelkaufmanns (§ 152 UmwG), einer Stiftung (§ 161 UmwG) und einer Gebietskörperschaft (§ 168 UmwG). Formwechsel aus der GmbH & Co. KG in eine andere Personengesellschaftsform – und umgekehrt – sind nur nach dem HGB möglich. Nach dem UmwG kann eine GmbH & Co. KG die Rechtsform einer GmbH, AG, KGaA oder e.G. annehmen (§ 191 i.V.m. § 214 Abs. 1 UmwG); umgekehrt können GmbH, AG und KGaA in die Rechtsform einer GmbH & Co. KG wechseln (§ 191 i.V.m. § 226 UmwG).

3. Umwandlungsverfahren

U 149 Der Ablauf einer jeden Umwandlung folgt im Wesentlichen demselben Konzept. Dieses Konzept beinhaltet **fünf Hauptelemente**:

U 150 **Rechtsgeschäft der beteiligten Rechtsträger |** Dies ist bei der Verschmelzung der Verschmelzungsvertrag, bei der Spaltung zur Aufnahme der Spaltungs- und Übernahmevertrag.

Bei der Spaltung zur Neugründung fehlt der Vertragspartner, so dass dort an die Stelle des Vertrages ein sog. Spaltungsplan tritt (§ 136 UmwG). Der Vertrag wird durch die Vertretungsorgane der beteiligten Rechtsträger geschlossen, der Plan durch das Vertretungsorgan aufgestellt, und zwar jeweils in notariell beurkundeter Form (§ 6 UmwG ggf. i.V.m. § 125 Satz 1 UmwG) und mit einem gesetzlich vorgegebenen Mindestinhalt (§§ 5, 126 UmwG). Für den **Formwechsel,** an dem ebenfalls nur ein Rechtsträger beteiligt ist, verzichtet das Gesetz auf einen Vertrag oder Plan und begnügt sich mit dem Umwandlungsbeschluss der Anteilsinhaber des formwechselnden Rechtsträgers (§ 194 UmwG).

Berichte der Vertretungsorgane | Die Vertretungsorgane der beteiligten Rechtsträger haben im Vorfeld der Umwandlungsmaßnahme ausführlich schriftlich zu berichten, in Form eines Verschmelzungs-, Spaltungs- bzw. (beim Formwechsel) Umwandlungsberichts (§§ 8, 127, 192 UmwG). Die Berichterstattung dient der weiteren Information der Anteilsinhaber über die rechtlichen und wirtschaftlichen Aspekte der Umwandlung, insbesondere auch der Begründung vorgesehener Umtauschverhältnisse und ggf. anzubietender Barabfindungen. U 151

Prüfung durch Sachverständige | Bei der Verschmelzung sowie der Auf- und Abspaltung ist zusätzlich eine Prüfung und Berichterstattung durch sachverständige Prüfer vorgesehen (§§ 9 bis 12, 125 Satz 1 UmwG). Sie soll unangemessene Umtauschverhältnisse und Barabfindungen von vornherein verhindern und sicherstellen, dass die Anteilsinhaber in Kenntnis der Verkehrswerte und Wertrelationen der beteiligten Rechtsträger abstimmen. Beim Formwechsel ist zwar nur eine etwaiges Barabfindungsangebot zu prüfen (§ 208 UmwG); beim Formwechsel in eine AG oder KGaA wird aber zusätzlich eine Gründungsprüfung nach §§ 33 ff. AktG erforderlich (§ 197 Satz 1 UmwG). U 152

Beschlüsse der Anteilsinhaber | Der Verschmelzungs- oder Spaltungsvertrag bzw. -plan wird nur wirksam, wenn ihm die Anteilsinhaber der beteiligten Rechtsträger jeweils durch notariell beurkundeten Beschluss mit qualifizierter Mehrheit zustimmen (§ 13 UmwG). Beim Formwechsel muss mit qualifizierter Mehrheit oder sogar einstimmig ein notariell beurkundeter Umwandlungsbeschluss gefasst werden (§ 193 UmwG). U 153

Eintragung im zuständigen Register | Wirksam wird die Maßnahme erst nach registergerichtlicher Prüfung mit ihrer Eintragung im zuständigen Register (§§ 19 f., 130 f., 202 UmwG). U 154

4. Einzel- vs. Gesamtrechtsnachfolge

Einzelrechtsnachfolge | Außerhalb des UmwG gilt der Grundsatz der Einzelrechtsnachfolge. Bei ihr werden ein oder auch mehrere Gegenstände jeweils einzeln nach den für sie geltenden Übertragungsregeln übertragen: bewegliche Sachen durch Einigung und Übergabe (§ 929 BGB), Grundstücke durch Einigung und Eintragung im Grundbuch (§ 873 BGB), Forderungen durch Abtretung (§ 398 BGB) und Verbindlichkeiten durch – nur mit Einverständnis des Gläubigers mögliche – befreiende Schuldübernahme (§§ 414 f. BGB). Grundlage für die Einzelrechtsnachfolge ist ein schuldrechtlicher Vertrag, also etwa ein Kaufvertrag über Gesellschaftsanteile (**Share Deal**) oder alternativ über die der Gesellschaft gehörenden Einzelwirtschaftsgüter (**Asset Deal**); bei Einbringungen tritt an die Stelle des Kaufvertrages ein entsprechender Einbringungsvertrag und ggf. ein Sachgründungs- oder Sachkapitalerhöhungsbeschluss. U 155

Gesamtrechtsnachfolge | Die Maßnahmen nach dem UmwG sind demgegenüber durch das Prinzip der Gesamtrechtsnachfolge bzw. – im Fall des Formwechsels – durch das Prinzip der U 156

Identitätswahrung gekennzeichnet. Die Gesamtrechtsnachfolge ist nicht kraft freier Vereinbarung, sondern nur in den gesetzlich bestimmten Fällen möglich. Regelungsvorbild ist § 1922 BGB, wonach „mit dem Tode einer Person (Erbfall) … deren Vermögen (Erbschaft) als Ganzes auf eine oder mehrere andere Personen (Erben)" übergeht. Entsprechend geht bei Verschmelzung und Spaltung das Vermögen (bzw. ein Vermögensteil) als Gesamtheit auf den übernehmenden bzw. neuen Rechtsträger über (§§ 20 Abs. 1 Nr. 1, 131 Abs. 1 Nr. 1 UmwG). Falls zu diesem Vermögen ein Grundstück gehört, geht es bereits mit dem Wirksamwerden der Umwandlung (durch Registereintragung) über, unabhängig von der nachfolgenden Umschreibung im Grundbuch; letztere ist nur Berichtigung und wirkt deklaratorisch, nicht konstitutiv. Für die Praxis noch wichtiger ist, dass die Gesamtrechtsnachfolge auch die Überleitung von Verbindlichkeiten und ganzen Verträgen ermöglicht, und zwar ohne die Zustimmung des jeweiligen Gläubigers bzw. Vertragspartners. Beim Formwechsel schließlich entfällt wegen des Konzepts der **Identitätswahrung** bereits die Notwendigkeit einer Übertragung. Formwechselnder und formgewechselter Rechtsträger sind ein und derselbe, so dass bspw. im Grundbuch lediglich die Firma des Eigentümers zu berichtigen ist.

5. Arbeitsrecht

U 157 **Arbeitsrechtliche Aspekte von Umwandlungen** | Sie regelt das UmwG nur vereinzelt. Im Blick hat es dabei v. a. Informationspflichten zugunsten der Arbeitnehmer und ihrer Vertretungen (§§ 5 Abs. 1 Nr. 9, Abs. 3; 126 Abs. 1 Nr. 11, Abs. 3; 194 Abs. 1 Nr. 7, Abs. 2 UmwG), die Haftung für bestimmte Arbeitnehmeransprüche (§§ 133 Abs. 3 Satz 2, 134 UmwG) sowie – über § 324 UmwG – den Betriebsübergang gemäß § 613a BGB. Im Übrigen gilt allgemeines Arbeitsrecht. Insoweit bietet es sich an, zwischen übertragenden Umwandlungen (Verschmelzung, Spaltung) einerseits und dem identitätswahrenden Formwechsel andererseits zu differenzieren.

a) Übertragende Umwandlungen (Verschmelzung, Spaltung)

U 158 **Übergang der Arbeitsverhältnisse (§ 613a BGB)** | § 613a BGB gilt gemäß § 324 UmwG auch im Fall der Gesamtrechtsnachfolge durch Verschmelzung oder Spaltung. Sofern daher mit der Umwandlung ein Betriebs(teil)übergang verbunden ist, gehen zugleich auch die zugehörigen Arbeitsverhältnisse auf den übernehmenden Rechtsträger über, ohne dass eine individuelle Zustimmung der Arbeitnehmer erforderlich oder in Spaltungsfällen eine abweichende Zuordnung der Arbeitnehmer möglich wäre. Das Vorliegen eines Betriebs(teil)übergangs wird von EuGH und BAG in einer „Gesamtschau" anhand eines 7-Punkte-Kataloges geprüft (z.B. EuGH v. 11.3.1997 – Rs. C-13/95 – Ayse Süzen, NZA 1997, 433, 434, Rz. 14; BAG v. 27.1.2011 – 8 AZR 326/09, NZA 2011, 1162, 1164 f.). Als Folge eines Betriebs(teil)übergangs gehen die Arbeitsverhältnisse kraft Gesetzes mit allen Rechten und Pflichten auf den übernehmenden Rechtsträger über, einschließlich der Versorgungsanwartschaften der aktiven Arbeitnehmer. Eine Kündigung wegen des Betriebs(teil)übergangs wäre unwirksam (§ 613a Abs. 4 BGB). Die Arbeitnehmer sind vor dem Übergang ordnungsgemäß nach Abs. 5 zu unterrichten. Der jeweilige Arbeitnehmer kann dem Übergang des Arbeitsverhältnisses innerhalb eines Monats nach Zugang der Unterrichtung widersprechen (Abs. 6). Dieses Widerspruchsrecht entfällt allerdings bei Verschmelzung oder Aufspaltung – Abs. 6 ist bei Wegfall des übertragenden Rechtsträgers teleologisch zu reduzieren (vgl. BAG v. 21.2.2008 – 8 AZR 157/07, NZA 2008, 815 – Anwachsung).

Tarifverträge und Betriebsvereinbarungen | Ein Firmentarifvertrag geht durch Gesamtrechtsnachfolge auf den übernehmenden Rechtsträger über. Demgegenüber bindet ein Verbands- oder Flächentarifvertrag nur die Mitglieder der Tarifvertragsparteien (§ 3 Abs. 1 TVG). Da diese Mitgliedschaft durch Umwandlung nicht übergeht, gilt er nur kollektivrechtlich fort, wenn der übernehmende Rechtsträger ebenfalls Mitglied ist oder wird oder der Vertrag allgemeinverbindlich ist. Betriebsvereinbarungen (§ 77 BetrVG) gelten kollektivrechtlich fort, wenn der betreffende Betrieb seine Identität beibehält. Wo dies der Fall ist, wird der übernehmende Rechtsträger Partei der Betriebsvereinbarung und gilt diese auch für neu eintretende Arbeitnehmer. Soweit Tarifverträge und Betriebsvereinbarungen nicht kollektivrechtlich fortgelten, greift jeweils die Auffangregelung in § 613a Abs. 1 Sätze 2 bis 4 BGB. U 159

Betriebsräte | Der zuständige Betriebsrat hat umwandlungsrechtlich jeweils nur ein Recht auf Information durch rechtzeitige Zuleitung des Vertrags oder Vertragsentwurfs (§§ 5 Abs. 3, 126 Abs. 3 UmwG). Beteiligungsrechte können sich dagegen aus dem Betriebsverfassungsrecht ergeben: Sofern die Umwandlung mit einer **Betriebsänderung** i.S.d. § 111 BetrVG einhergeht, ist der Arbeitgeber verpflichtet, einen Interessenausgleich mit dem Betriebsrat zu versuchen bzw. einen Sozialplan zur Milderung von wirtschaftlichen Nachteilen zu vereinbaren, die den Arbeitnehmern durch die Betriebsänderung entstehen. Umwandlungen können sich auf die betriebsverfassungsrechtliche Struktur auswirken, etwa die Zuständigkeit bestehender Betriebsräte verändern oder die Bildung oder den Wegfall eines Gesamt- (§§ 47 ff. BetrVG) oder Konzernbetriebsrates (§§ 54 ff. BetrVG) zur Folge haben. Eine Informationspflicht kann auch gegenüber einem **Wirtschaftsausschuss** (§ 106 BetrVG) oder einem Sprecherausschuss bestehen. U 160

Aufsichtsrat | Unternehmen können insbesondere nach dem Drittelbeteiligungsgesetz (DrittelbG) oder dem Mitbestimmungsgesetz 1976 (MitbestG) verpflichtet sein, einen Aufsichtsrat einzurichten und drittelparitätisch bzw. paritätisch mit Arbeitnehmervertretern zu besetzen. Der drittelparitätischen Mitbestimmung unterliegen i.W. AGs, KGaAs, GmbHs, VVaGs und Genossenschaften mit mehr als 500 Arbeitnehmern – wobei auch Arbeitnehmer in beherrschungsvertraglich angebundenen oder eingegliederten Unternehmen mitgerechnet werden (§ 2 Abs. 2 DrittelbG). Die paritätische Mitbestimmung gilt für AGs, KGaAs, GmbHs und Genossenschaften mit mehr als 2000 Arbeitnehmern im Konzernverbund (nachgeordnete Gesellschaften werden hier unabhängig vom Bestehen eines Beherrschungsvertrages einbezogen, § 5 Abs. 1 MitbestG). Bei einer **GmbH & Co. KG** erfolgt im Rahmen des MitbestG ggf. eine Zurechnung zur Komplementär-GmbH, so dass der Aufsichtsrat bei dieser zu bilden ist (§§ 4, 5 Abs. 2 MitbestG; vgl. Rz. U 163). U 161

b) Formwechsel

Identitätswahrung | Auf den Formwechsel findet **§ 613a BGB** keine Anwendung, da die Identität des Arbeitgebers erhalten bleibt und es somit nicht zu einem Wechsel des Betriebsinhabers kommt. Irrelevant ist der Formwechsel auch für Tarifverträge und Betriebsvereinbarungen, da diese nicht an eine bestimmte Rechtsform des Arbeitgebers anknüpfen. Dem Betriebsrat ist der Entwurf des Umwandlungsbeschlusses vorab zuzuleiten (§ 194 Abs. 2 UmwG); auch ein Wirtschaftsausschuss kann zu informieren sein (§ 106 Abs. 3 Nr. 10 BetrVG). Der reine Formwechsel löst jedoch keine Beteiligungsrechte aus und wirkt sich auch sonst nicht auf diese – rechtsformneutralen – Gremien aus. U 162

Unternehmerische Mitbestimmung | Anders verhält es sich für die unternehmerische Mitbestimmung, da diese rechtsformspezifisch ausgestaltet ist. U 163

Beispiel:

Eine GmbH & Co. KG mit 600 Arbeitnehmern wird zur GmbH formgewechselt. Als Personengesellschaft war die KG nicht mitbestimmt, das Drittelbeteiligungsgesetz kennt auch keine Zurechnung der Arbeitnehmer zur Komplementär-GmbH (entsprechend § 4 Abs. 1 MitbestG). Bei der GmbH ist dagegen ein drittelparitätisch besetzter Aufsichtsrat zu bilden und zu diesem Zweck (nach Eintragung der GmbH) ein Statusverfahren entsprechend §§ 97 ff. AktG (i.V.m. § 27 EGAktG) durchzuführen.

Ein Formwechsel in umgekehrter Richtung (GmbH → GmbH & Co. KG) hätte im Beispiel einen Mitbestimmungsverlust zur Folge (für den Formwechsel existiert keine dem § 325 Abs. 1 UmwG entsprechende Regelung).

6. Steuerrecht

U 164 **Überblick** | Die steuerrechtlichen Folgen von Umwandlungen eines Unternehmens oder einer unternehmenstragenden Gesellschaft sind im UmwG nicht geregelt. Diese richten sich vielmehr nach den steuergesetzlichen Regelungen. Für die **Ertragsteuern ist dabei das UmwStG** zentral. Nur soweit dieses keine Anwendung findet, ist auf die allgemeinen Grundsätze, wie sie sich z.B. im EStG bzw. dem KStG finden, abzustellen. Die Folgen in Bezug auf andere Steuerarten sind im UmwStG nicht geregelt. Hier bleibt es bei der Anwendung der allgemeinen Grundsätze, etwa dem UStG bzw. dem GrEStG.

Ertragsteuerlich stellt sich bei jeder Umwandlung die Frage, ob diese für die beteiligten Gesellschaften und deren Gesellschafter steuerneutral ausgestaltet werden kann oder zu Steuerbelastungen führt. Hierfür unterscheidet das Umwandlungssteuerrecht in erster Linie nicht nach der zivilrechtlichen Ausgestaltung der jeweiligen Maßnahme (als Verschmelzung, Spaltung oder Formwechsel). Im Ausgangspunkt ist vielmehr entscheidend, ob mit der Umwandlung das **Besteuerungssystem der betroffenen Gesellschaften verändert** wird (Wechsel vom Körperschaftsteuersystem in das Mitunternehmerkonzept und umgekehrt). Für die hier interessierenden Umwandlungen unter der Beteiligung von Personengesellschaften, insbesondere der GmbH & Co. KG, sind folgende Fälle zu beachten:

- Umwandlung Kapitalgesellschaft in Personengesellschaft – §§ 3 ff. 9, 16 UmwStG (vgl. Rz. U 165 ff. sowie ausführlich: → *Umwandlung, Steuerrecht Rz. U 361 ff.*),
- Umwandlung Personengesellschaft in Kapitalgesellschaft – §§ 20 ff., 25 UmwStG (vgl. Rz. U 169 ff. sowie ausführlich: → *Umwandlung, Steuerrecht Rz. U 441 ff.*),
- Umwandlung Personengesellschaft in Personengesellschaft – § 24 UmwStG (vgl. Rz. U 172 ff. sowie ausführlich: → *Umwandlung, Steuerrecht Rz. U 511 ff.*).

Eine Besonderheit gilt für den – nicht im UmwG geregelten – **Formwechsel einer Personengesellschaft in eine andere Personengesellschaft**. Da mit einem solchen Formwechsel weder ein Vermögenstransfer von einem Rechtsträger zu einem anderen Rechtsträger verbunden ist, noch sich das Besteuerungssystem ändert, stellt dieser steuerrechtlich ein „Nullum" dar (BMF v. 11.11.2011 – IV C 2 - S 1978-b/08/10001, BStBl. I 2011, 1314, Rz. 01.47).

a) Umwandlung Kapitalgesellschaft in Personengesellschaft

U 165 **Anwendungsbereich der §§ 3 ff., 9, 16 UmwStG** | Die Umwandlung einer Kapitalgesellschaft in/auf eine Personengesellschaft bewirkt steuerrechtlich einen Systemwechsel. Während das Körperschaftsteuersystem stille Reserven auf zwei Ebenen kennt, nämlich der Ebene der Kapitalgesellschaft und der Ebene der Anteilseigner, sind im Mitunternehmerkonzept stille Reserven nur auf einer Ebene vorhanden. Ziel des Umwandlungssteuerrechts ist es, den Wegfall einer Besteuerungsebene und den damit verbundenen Übergang von Wirtschaftsgütern von einem Steuersubjekt auf ein anderes Steuersubjekt zu regeln. Dies ist in den §§ 3 ff. UmwStG – für den Formwechsel i.V.m. § 9 UmwStG und für die Abspaltung i.V.m. § 16 UmwStG – erfolgt. In den **sachlichen Anwendungsbereich** dieser Vorschriften fallen Verschmelzungen, Aufspaltungen und Abspaltungen i.S.d. deutschen Umwandlungsgesetzes (§ 1 Abs. 1 Nr. 1 UmwStG) sowie der Formwechsel einer Kapitalgesellschaft in eine Personengesellschaft i.S.d. § 190 Abs. 1 UmwG (§ 1 Abs. 1 Nr. 2 UmwStG) sowie vergleichbare ausländische Vorgänge. Der **persönliche Anwendungsbereich** der §§ 3 ff. UmwStG umfasst nach § 1 Abs. 2 UmwStG für den Formwechsel nur Gesellschaften i.S.d. Art. 54 AEUV oder des Art. 34 EWR-Abkommens, die nach den Rechtsvorschriften eines Mitgliedstaates der Europäischen Union oder eines EWR-Staates (Norwegen, Island, Liechtenstein) gegründet sind und die ihren Sitz und Ort der Geschäftsleitung in einem dieser Staaten haben. Handelt es sich um eine Verschmelzung oder Spaltung, so müssen sowohl der übertragende als auch der oder die übernehmenden Rechtsträger diese Anforderungen erfüllen. Besondere Anforderungen an die Anteilseigner der umzuwandelnden Kapitalgesellschaft und Gesellschafter der übernehmenden Personengesellschaft enthält das Gesetz dagegen nicht.

Übertragende Gesellschaft | In der Regelungssystematik setzen die §§ 3 ff. UmwStG bei der übertragenden Kapitalgesellschaft an. Diese hat in ihrer auf den Umwandlungsstichtag aufzustellenden Schlussbilanz die übergehenden Wirtschaftsgüter nach § 3 Abs. 1 Satz 1 UmwStG **im Grundsatz mit deren gemeinen Wert** anzusetzen. Betroffen hiervon sind sämtliche Wirtschaftsgüter der GmbH einschließlich nicht entgeltlich erworbener und immaterieller Wirtschaftsgüter. Auf Antrag können die Wirtschaftsgüter im Anwendungsbereich des § 3 UmwStG unter den dort genannten weiteren Voraussetzungen aber auch mit dem **Buchwert oder einem höheren (Zwischen-)Wert**, höchstens jedoch mit dem gemeinen Wert angesetzt werden (§ 3 Abs. 2 Satz 1 UmwStG). Dieses Wahlrecht hat zunächst einmal unmittelbare Auswirkung auf die Besteuerung der übertragenden Gesellschaft. Werden die Wirtschaftsgüter in der Schlussbilanz mit einem Wert über dem Buchwert angesetzt, entsteht in der Kapitalgesellschaft ein Übertragungsgewinn, der nach allgemeinen Grundsätzen der Besteuerung mit Körperschaft- und Gewerbesteuer unterliegt. U 166

Übernehmende Personengesellschaft | Die übernehmende Personengesellschaft (GmbH & Co. KG) hat die auf sie übergegangenen Wirtschaftsgüter nach § 4 Abs. 1 Satz 1 UmwStG mit den in der steuerlichen Schlussbilanz der übertragenden GmbH ausgewiesenen Werten zu übernehmen. Führt die Kapitalgesellschaft in ihrer Schlussbilanz die Buchwerte fort, so bewirkt die **Buchwertverknüpfung**, dass die stillen Reserven auf die Personengesellschaft übertragen werden und – soweit sie dann noch vorhanden sind – erst bei Veräußerung der Wirtschaftsgüter, Veräußerung der Mitunternehmeranteile oder Aufgabe des Gewerbebetriebs der Personengesellschaft aufgedeckt und versteuert werden müssen. U 167

Anteilseigner | Anders als die gesetzliche Reihenfolge vorgibt, ist für die Besteuerung des Anteilseigers zunächst § 7 UmwStG zu beachten. Danach sind die in der Kapitalgesellschaft **gebildeten offenen Rücklagen** den Anteilseignern **als Einkünfte aus Kapitalvermögen** i.S.d. § 20 Abs. 1 Nr. 1 EStG zuzurechnen, und zwar in dem Verhältnis, in dem die Anteilseigner am Nennkapital der GmbH beteiligt sind. Dies gilt unabhängig von der Beteiligungsquote der Anteilseigner und unabhängig davon, ob für die jeweiligen Anteilseigner ein Übernahmeergebnis nach § 4 UmwStG zu ermitteln ist. Die in der Kapitalgesellschaft gebildeten offenen U 168

Rücklagen stellen nach § 7 UmwStG Einkünfte aus Kapitalvermögen i.S.v. § 20 Abs. 1 Nr. 1 EStG dar. Allerdings sind sie wegen § 20 Abs. 8 EStG den gewerblichen Einkünften zuzuordnen, wenn die untergehenden Anteile an der übertragenden Gesellschaft Teil eines Betriebsvermögens waren. Neben der in § 7 UmwStG enthaltenen Fiktion der Ausschüttung der bei der Kapitalgesellschaft gebildeten offenen Rücklagen kann für die Anteilseigner zusätzlich noch ein **Übernahmegewinn gemäß § 4 UmwStG** zu ermitteln sein. Ob das der Fall ist, hängt von der steuerlichen Qualifikation der Anteile ab: Befinden sich die Anteile an der GmbH im Betriebsvermögen der übernehmenden GmbH & Co. KG, so steht der mit der Umwandlung in die Personengesellschaft verbundenen Betriebsvermögensmehrung durch die Übernahme der Wirtschaftsgüter der GmbH eine Betriebsvermögensminderung in der Höhe entgegen, in der die Anteile an dieser Gesellschaft – mit dem nach § 4 Abs. 1 Satz 2 UmwStG korrigierten Wert – untergehen. Damit entsteht bei der übernehmenden Gesellschaft unter Berücksichtigung der Kosten für den Vermögensübergang ein Übernahmegewinn oder ein Übernahmeverlust (vgl. § 4 Abs. 4 Satz 1 UmwStG). Der so ermittelte Übernahmegewinn ist nach § 4 Abs. 5 UmwStG ggf. um einen vorhandenen Sperrbetrag nach § 50c EStG a.F. zu erhöhen. Da die übernommenen Wirtschaftsgüter für die Ermittlung des Übernahmeergebnisses grundsätzlich mit dem Wert anzusetzen sind, mit dem sie in der Schlussbilanz der GmbH ausgewiesen waren, entscheidet der Ansatz durch die GmbH über die Realisierung der stillen Reserven sowohl der Wirtschaftsgüter auf Ebene der GmbH als auch der GmbH-Anteile auf Ebene der Personengesellschaft und deren Gesellschafter. Anteile des Gesellschafters im Sinne des § 17 EStG gelten für die Ermittlung des Übernahmegewinns als zum Übertragungsstichtag in die übernehmende Personengesellschaft eingelegt (§ 5 Abs. 2 UmwStG). Gleiches gilt für Anteile, die zu einem (anderen) Betriebsvermögen des Anteilseigners gehören (§ 5 Abs. 3 UmwStG).

b) Umwandlung Personengesellschaft in Kapitalgesellschaft

U 169 **Anwendungsbereich der §§ 20 ff., 25 UmwStG |** Die steuerlichen Folgen der Umwandlung einer Personengesellschaft in eine Kapitalgesellschaft sind in §§ 20 ff., 25 UmwStG geregelt. Hierunter fallen als Einbringungen sämtliche vorgenannten Umwandlungsarten, soweit der persönliche Anwendungsbereich der Vorschrift eröffnet ist (§ 1 Abs. 3 und 4 UmwStG) und sie gegen Gewährung von Gesellschaftsrechten erfolgen, und zwar unabhängig davon, ob die jeweilige Maßnahme nach den Regelungen des UmwG oder außerhalb dieses Gesetzes auf Grundlage allgemeiner zivilrechtlicher Grundsätze erfolgt. Die steuerlichen Vorschriften über die Einbringung gelten danach – soweit hier von Belang – nur

- für die Verschmelzung, Aufspaltung und Abspaltung von Personenhandelsgesellschaften und Partnerschaftsgesellschaften (§ 1 Abs. 3 Nr. 1 UmwStG);
- die Ausgliederung von Vermögensteilen (§ 1 Abs. 3 Nr. 2 UmwStG);
- den Formwechsel einer Personengesellschaft in eine Kapitalgesellschaft (§ 1 Abs. 3 Nr. 3 UmwStG);
- die Einbringung von Betriebsvermögen durch Einzelrechtsnachfolge in eine Kapitalgesellschaft (§ 1 Abs. 3 Nr. 4 UmwStG).

Diese Umstrukturierungen können somit unter den weiteren Voraussetzungen der §§ 20 ff., 25 UmwStG auf Antrag ohne Aufdeckung stiller Reserven und damit ohne (Ertrag-)Steuerbelastung erfolgen.

U 170 **Übernehmende Kapitalgesellschaft |** Voraussetzung für die Anwendung von § 20 UmwStG ist, dass qualifiziertes Vermögen (also ein Betrieb, Teilbetrieb oder Mitunternehmeranteil) in eine Kapitalgesellschaft eingebracht wird und der Einbringende hierfür neue Anteile an der Gesellschaft erhält (§ 20 Abs. 1 UmwStG). Die übernehmende Kapitalgesellschaft hat dann die übernommenen Wirtschaftsgüter grundsätzlich mit dem **gemeinen Wert** anzusetzen (§ 20 Abs. 2 Satz 1 UmwStG); sie hat aber nach § 20 Abs. 2 Satz 2 UmwStG die Wahl, auf Antrag die Wirtschaftsgüter auch mit deren **Buchwert** (unter Berücksichtigung der positiven und negativen Korrekturen in Ergänzungsbilanzen des Einbringenden) oder einem **Zwischenwert** anzusetzen. Neben der Einbringung qualifizierten Vermögens gegen Gewährung neuer Anteile und einem entsprechenden Antrag ist Voraussetzung für einen Ansatz unter dem gemeinen Wert, dass

- die Besteuerung bei der übernehmenden Körperschaft mit Körperschaftsteuer sichergestellt ist,
- die Passivposten des eingebrachten Betriebsvermögen die Aktivposten nicht übersteigen (ohne Berücksichtigung des Eigenkapitals) und
- das deutsche Besteuerungsrecht hinsichtlich eines Gewinns aus der Veräußerung des eingebrachten Betriebsvermögens bei der übernehmenden Gesellschaft nicht ausgeschlossen oder beschränkt wird.

Darüber hinaus darf bei Umwandlungen, für die der Umwandlungsbeschluss bzw. Einbringungsvertrag nach dem 31.12.2014 gefasst bzw. geschlossen wurde, der gemeine Wert der sonstigen Gegenleistung nicht mehr als 25 % des eingebrachten Betriebsvermögens oder 500 000 Euro betragen (§§ 20 Abs. 2 Satz 2 Nr. 4, 27 Abs. 14 UmwStG). Setzt die übernehmende Gesellschaft die Wirtschaftsgüter mit einem Wert unter dem gemeinen Wert an, so tritt sie steuerlich weitgehend in die **Rechtsstellung der übertragenden Gesellschaft** ein (§ 23 UmwStG i.V.m. § 4 Abs. 2 Satz 3 UmwStG und § 12 Abs. 3 Halbs. 1 UmwStG).

Einbringender Gesellschafter | Aus Sicht des Einbringenden stellt sich die Übertragung von U 171
Kommanditanteilen oder eines Betriebs bzw. Teilbetriebes auf eine GmbH gegen Gewährung von Gesellschaftsrechten als Veräußerung (i.S. eines tauschähnlichen Vorgangs) dar, die im Grundsatz unter § 16 Abs. 1 EStG fällt. Da nach § 20 Abs. 3 Satz 1 UmwStG der Wert, mit dem die Kapitalgesellschaft die übernommenen Wirtschaftsgüter ansetzt, für den Einbringenden – unter Berücksichtigung der Einbringungskosten – als **Veräußerungspreis und als Anschaffungskosten der erhaltenen Anteile** gilt (doppelte Buchwertverknüpfung), erzielt der Einbringende bei Ansatz des gemeinen Wertes oder eines Zwischenwertes einen Veräußerungsgewinn. Der Ansatz durch die übernehmende Gesellschaft wirkt sich somit unmittelbar auf die Besteuerung des Einbringenden aus. Ergänzend gelten nach § 17 Abs. 6 Nr. 1 EStG auch Anteile an einer Kapitalgesellschaft **als Anteile i.S.v. § 17 Abs. 1 Satz 1 EStG,** wenn zwar die dort genannte Beteiligungsquote nicht erfüllt ist, die Anteile aber aufgrund eines Einbringungsvorgangs i.S.d. UmwStG erworben wurden, der nicht zum gemeinen Wert erfolgte. Der Einbringende hat darüber hinaus die sieben-jährige **Sperrfrist nach § 22 Abs. 1 UmwStG** zu beachten.

c) Umwandlung Personengesellschaft in Personengesellschaft

Anwendungsbereich des § 24 UmwStG | Ertragsteuerlich fallen sowohl die Verschmelzung U 172
wie auch die Auf- und die Abspaltung nach dem UmwG (§ 1 Abs. 3 Nr. 1 UmwG) als auch die Einbringung von Betriebsvermögen durch Einzelrechtsnachfolge in den sachlichen Anwendungsbereich des § 24 UmwStG. Hierzu gehören nach bestrittener Auffassung auch Um-

strukturierungsvorgänge, die als Anwachsung ausgestaltet sind (BMF v. 11.11.2011 – IV C 2 - S 1978-b/08/10001, BStBl. I 2011, 1314, Rz. 01.47; kritisch *Patt* in Dötsch/Pung/Möhlenbrock, Die Körperschaftsteuer, § 24 UmwStG Rz. 14 [Stand: November 2011]). Der persönliche Anwendungsbereich des § 24 UmwStG ist denkbar weit: An die **Person des Einbringenden** stellt das UmwStG insoweit keine Anforderungen (§ 1 Abs. 4 Satz 2 UmwStG).

U 173 **Übernehmende Gesellschaft** | Nach § 24 UmwStG hat die aufnehmende Personengesellschaft das eingebrachte Betriebsvermögen grundsätzlich mit dem **gemeinen Wert** anzusetzen. Auf Antrag ist auch der Ansatz mit dem **Buchwert oder einem Zwischenwert** zulässig, wenn ein Betrieb, Teilbetrieb oder ein Mitunternehmeranteil Gegenstand der Einbringung ist und der Einbringende Mitunternehmer der aufnehmenden Gesellschaft wird (§ 24 Abs. 1, Abs. 2 Satz 1 bzw. Satz 2 UmwStG). Weitere Voraussetzung für einen Ansatz unter dem gemeinen Wert ist, dass das Besteuerungsrecht der Bundesrepublik Deutschland hinsichtlich der Besteuerung des eingebrachten Betriebsvermögens nicht ausgeschlossen ist (§ 24 Abs. 2 Satz 2 UmwStG). Eine solche Beschränkung des deutschen Besteuerungsrechts wird bei der Zusammenführung zweier Personengesellschaften (Mitunternehmerschaften) aber der Ausnahmefall sein. Setzt die übernehmende Gesellschaft die Wirtschaftsgüter mit einem Wert unter dem gemeinen Wert an, so tritt sie steuerlich weitgehend in die Rechtsstellung der übertragenden Gesellschaft ein (§ 24 Abs. 4 UmwStG i.V.m. § 23 Abs. 1, 3, 4 und 6 UmwStG i.V.m. § 4 Abs. 2 Satz 3 UmwStG und § 12 Abs. 3 Halbs. 1 UmwStG).

U 174 **Einbringender Gesellschafter** | Für den Einbringenden gilt der Wert, mit dem die übernehmende Gesellschaft das eingebrachte Betriebsvermögen ansetzt, gemäß § 24 Abs. 3 Satz 1 UmwStG **als Veräußerungspreis dieses Betriebsvermögens**. Der Freibetrag nach § 16 Abs. 4 EStG ist jedoch nur zu gewähren, wenn das Betriebsvermögen mit dem gemeinen Wert angesetzt wird und nicht lediglich ein Teil-Mitunternehmeranteil eingebracht wird (§ 24 Abs. 3 Satz 2 Halbs. 1 UmwStG). (Nur) in diesen Fällen ist grundsätzlich auch die Tarifvergünstigung des § 34 Abs. 1 und 3 EStG anzuwenden, soweit im eingebrachten Betriebsvermögen keine Anteile an Kapitalgesellschaften vorhanden sind, die unter das Teileinkünfteverfahren fallen (§ 24 Abs. 3 Satz 2 Halbs. 2 UmwStG). Der Veräußerungsgewinn unterliegt – soweit er auf eine natürliche Person entfällt und nicht lediglich ein Teil-Mitunternehmeranteil eingebracht wird – zudem grundsätzlich nicht der Gewerbesteuer (vgl. § 7 Satz 2 GewStG). Zu beachten ist aber, dass § 24 Abs. 3 Satz 3 UmwStG auf § 16 Abs. 2 Satz 3 EStG verweist. Danach gilt der erzielte Veräußerungsgewinn als laufender Gewinn, soweit der Einbringende an der übernehmenden Gesellschaft beteiligt ist (BMF v. 11.11.2011 – IV C 2 - S 1978-b/08/10001, BStBl. I 2011, 1314, Rz. 24.17).

U 175–U 190 frei

Vertiefende Recherche

Wichtige Urteile und Erlasse

EuGH v. 11.3.1997 – Rs. C-13/95 – Ayse Süzen, NZA 1997, 433: Prüfung des 7-Punkte-Kataloges zur Feststellung eines Betriebsübergangs.

BAG v. 27.1.2011 – 8 AZR 326/09, NZA 2011, 1162: Prüfung des 7-Punkte-Kataloges auch bei Betriebsteilübergang.

BAG v. 21.2.2008 – 8 AZR 157/07, NZA 2008, 815: Kein Widerspruchsrecht nach § 613a Abs. 6 BGB bei Erlöschen des bisherigen Rechtsträgers (Anwachsung).

BMF v. 11.11.2011 – IV C 2 - S 1978-b/08/10001, BStBl. I 2011, 1314: Umwandlungssteuer-Erlass.

Weitere Stichwörter

→ Anwachsung; → Einbringung; → Mitbestimmung; → Umwandlung, Gesellschaftsrecht; → Umwandlung, Steuerrecht

Umwandlung, Gesellschaftsrecht

1. Verschmelzung

Ausgewählte Literatur: *Heckschen*, Die Pflicht zur Anteilsgewährung im Umwandlungsrecht, DB 2008, 1363; *Hegemann*, Die Komplementär-GmbH bei der Verschmelzung von zwei GmbH & Co. KG, GmbHR 2009, 702; *Kallmeyer*, Der Ein- und Austritt der Komplementär-GmbH einer GmbH & Co. KG bei Verschmelzung, Spaltung und Formwechsel nach dem UmwG 1995, GmbHR 1996, 80; *Nelißen*, Augen auf bei konzerninternen Verschmelzungen!, NZG 2010, 1291; *Riegger*, Zum Schicksal von Beteiligungen an Drittgesellschaften bei Verschmelzungen, FS Bezzenberger, 2000, S. 379; *Tillmann*, Die Verschmelzung von Schwestergesellschaften unter Beteiligung von GmbH und GmbH & Co. KG, GmbHR 2003, 740; *Ulrich/Böhle*, Verschmelzung auf zum Verschmelzungsstichtag nicht existente Rechtsträger, GmbHR 2006, 644; *Wälzholz*, Das 2. UmwÄndG in der Gestaltungspraxis, GmbH-StB 2007, 148; *Winter* in Rödder/Herlinghaus/van Lishaut, UmwStG, 2. Aufl. 2013, Anhang 1: Umwandlungsrecht.

a) Verschmelzungsfähigkeit der GmbH & Co. KG

U 191 Bei der im Zweiten Buch des Umwandlungsgesetzes geregelten Verschmelzung übertragen ein oder mehrere Rechtsträger ihr Vermögen als Ganzes auf einen anderen Rechtsträger. Die GmbH & Co. KG kann sich als Personenhandelsgesellschaft sowohl als übertragender als auch als übernehmender oder neuer Rechtsträger an einer solchen Verschmelzung beteiligen (vgl. § 3 Abs. 1 Nr. 1 UmwG).

Übertragender Rechtsträger | Die GmbH & Co. KG kann durch Aufnahme auf eine bestehende OHG, andere KG, Partnerschaft, GmbH, AG, KGaA oder e.G. verschmolzen werden. U 192
Gemeinsam mit mindestens einer weiteren Ausgangsgesellschaft kann die GmbH & Co. KG die genannten Rechtsformen durch Verschmelzung auch neu gründen. Die Verschmelzung auf eine bestehende Unternehmergesellschaft (haftungsbeschränkt) sollte jedenfalls ohne Kapitalerhöhung bzw. bei Aufstockung auf das für eine reguläre GmbH erforderliche Stammkapital zulässig sein (vgl. BGH v. 19.4.2011 – II ZB 25/10, BGHZ 189, 254 = GmbHR 2011, 699 = GmbH-StB 2011, 199 – Sachkapitalerhöhung). Die Neugründung einer UG durch Verschmelzung ist dagegen nicht möglich (vgl. BGH v. 11.4.2011 – II ZB 9/10, GmbHR 2011, 701 = GmbH-StB 2011, 199 – Abspaltung).

Übernehmender oder neuer Rechtsträger | Die GmbH & Co. KG ist auch passiv verschmelzungsfähig in dem Sinne, dass OHG, KG, Partnerschaft, GmbH (einschließlich UG), AG, KGaA, e.G. und auch rechtsfähige Vereine auf sie bzw. zu ihr verschmolzen werden können. U 193

SE | Eine bestehende SE mit Sitz in Deutschland kann wie eine deutsche AG an Verschmelzungen nach dem UmwG teilnehmen. Die Neugründung einer SE richtet sich hingegen nach der SE-VO. Eine GmbH & Co. KG kann hiernach nicht an der Verschmelzungsgründung einer SE teilnehmen, jedoch gemeinsam mit anderen Gesellschaften eine gemeinsame Tochter-SE gründen (Art. 2 Abs. 3 SE-VO). U 194

b) Strukturmerkmale der Verschmelzung

Gesamtrechtsnachfolge gegen Anteilsgewährung | Bei der Verschmelzung übertragen ein bzw. mehrere Rechtsträger ihr Vermögen „als Ganzes" auf einen anderen Rechtsträger, der entweder bereits besteht oder durch die Verschmelzung neu gegründet wird (Verschmelzung durch Aufnahme oder durch Neugründung, § 2 UmwG). Kennzeichnend für diese Vermögensübertragung ist das Prinzip der Gesamtrechtsnachfolge auf Basis eines zwischen den beteiligten Rechtsträgern zu schließenden Verschmelzungsvertrages (Rz. U 204 ff.). Mit der nachfolgenden Eintragung der Verschmelzung im Register geht das Vermögen der übertragenden Rechtsträger einschließlich der Verbindlichkeiten auf den übernehmenden Rechtsträger über (§ 20 Abs. 1 Nr. 1 UmwG). Zugleich erlischt der übertragende Rechtsträger ohne Abwicklung (§ 20 Abs. 1 Nr. 2 UmwG). Im Gegenzug werden die Anteilsinhaber des übertragenden Rechtsträgers regelmäßig Anteilsinhaber des übernehmenden Rechtsträgers (§ 20 Abs. 1 Nr. 3 UmwG). U 195

Strukturmerkmale | Strukturmerkmale der Verschmelzung sind damit: U 196

- die Übertragung des Vermögens als Ganzes im Wege der Gesamtrechtsnachfolge
- unter Auflösung des übertragenden Rechtsträgers ohne Abwicklung
- (i.d.R.) gegen die Gewährung von Anteilen an dessen Anteilsinhaber (vgl. BMF v. 11.11. 2011, BStBl. I 2011, 1314, Rz. 01.30).

c) Verschmelzung durch Aufnahme oder Neugründung

U 197 **Verschmelzung durch Neugründung als Sonderfall |** Das Umwandlungsgesetz unterscheidet zwischen der Verschmelzung durch Aufnahme und der Verschmelzung durch Neugründung.

- Die **Verschmelzung durch Aufnahme** ist der gesetzliche Grundfall: Ein oder mehrere übertragende Rechtsträger werden auf einen anderen, bereits bestehenden Rechtsträger verschmolzen (§ 2 Nr. 1 i.V.m. §§ 4 ff. UmwG).
- Die **Verschmelzung durch Neugründung** ist der Sonderfall: Zwei oder mehr übertragende Rechtsträger werden zu einem neuen, von ihnen dadurch erst gegründeten Rechtsträger verschmolzen (§ 2 Nr. 2 i.V.m. §§ 36 ff. UmwG).

Diese Differenzierung liegt sowohl den allgemeinen Vorschriften des Verschmelzungsrechts als auch (mit Ausnahmen) seinen rechtsformspezifischen Teilen zugrunde. Wo sich dies anbot, hat der Gesetzgeber zunächst jeweils die Verschmelzung durch Aufnahme ausführlich geregelt und sich für die Verschmelzung durch Neugründung jeweils auf Verweisungen und wenige Sonderregelungen beschränkt (vgl. §§ 36 bis 38 UmwG). Gemäß § 36 Abs. 2 UmwG stellt sich die Neugründung einer Kapitalgesellschaft durch Verschmelzung letztlich als Sachgründung dar, mit der Folge eines entsprechend höheren Zeit- und Prüfungsaufwandes.

U 198 **Neugründung einer GmbH & Co. KG**

Beispiel:

Die A-GmbH und die B-GmbH sollen zu einer dadurch neu zu gründenden GmbH & Co. KG verschmolzen werden. Hierbei sollen die Gesellschafter der übertragenden A und B jeweils Kommanditisten werden, während die künftige Komplementär-GmbH keinen Kapitalanteil erhalten soll.

Die Neugründung einer GmbH & Co. KG durch Verschmelzung trifft auf das Problem, dass durch die Verschmelzung selbst nur die KG, nicht auch die künftige Komplementär-GmbH neu gegründet werden kann. Diese müsste daher (vorab oder im Rahmen derselben Notarsurkunde) zusätzlich gegründet oder erworben werden und im Rahmen der Verschmelzung der neuen KG beitreten, entsprechend der nur für die KGaA bestehenden Sonderregelung in § 221 UmwG. Die Zulässigkeit eines solchen Beitritts ist allerdings nach wie vor nicht ganz unstreitig (dafür z.B. *Kallmeyer*, GmbHR 1996, 80 und *Marsch-Barner* in Kallmeyer, § 36 UmwG Rz. 14 m.w.N.; abl. *Mayer* in Widmann/Mayer, § 36 UmwG Rz. 219). In der Praxis wird man daher die Vorabstimmung mit dem Registergericht suchen. Alternativ kann man die Komplementär-GmbH bereits vorab (treuhänderisch) an A oder B beteiligen, so dass sie regulär an der Verschmelzung teilnimmt, oder den Weg einer Verschmelzung durch Aufnahme (auf eine zu diesem Zweck zuvor neu gegründete oder als Vorratsgesellschaft erworbene GmbH & Co. KG) wählen.

d) Aufwärts-, Abwärts-, Seitwärtsverschmelzung

U 199 **Aufwärtsverschmelzung |** Bei der reinen Aufwärtsverschmelzung (*upstream merger*) wird eine 100 %-Tochter auf ihre Alleingesellschafterin verschmolzen.

Beispiel:

Die T-GmbH wird auf ihre Muttergesellschaft M-GmbH & Co. KG verschmolzen.

§ 20 Abs. 1 Nr. 3 Satz 1 Halbs. 2 UmwG untersagt für diesen Fall die Anteilsgewährung. Denn wenn man das Prinzip, den Anteilsinhabern des übertragenden Rechtsträgers (T) Anteile am übernehmenden Rechtsträger (M) zu gewähren, auch hier durchhalten wollte, müsste M Anteile an sich selbst erhalten. Bei einer aufnehmenden Personengesellschaft ist ein solcher Erwerb eigener Anteile aber schon nicht möglich; bei einer aufnehmenden Kapitalgesellschaft gefährdete er die Kapitalaufbringung. In der Folge entfallen im Verschmelzungsvertrag die Angaben zum Anteilstausch (§ 5 Abs. 2 UmwG), außerdem ein Verschmelzungsbericht und eine Verschmelzungsprüfung (auch ohne Verzichtserklärung, §§ 8 Abs. 3 Satz 1 Alt. 2, 9 Abs. 3 UmwG). Hält M **weniger als 100 %** der Anteile an T, unterbleibt eine Anteilsgewährung zwar in Bezug auf M selbst, nicht aber zugunsten der übrigen Anteilsinhaber der T; diese erhalten Anteile an M (partielle Aufwärtsverschmelzung). Die erwähnten Erleichterungen bei Verschmelzungsvertrag, -bericht und -prüfung greifen in diesem Fall nicht.

Abwärtsverschmelzung | Umgekehrt ist auch die Abwärtsverschmelzung einer Mutter- auf U 200
ihre Tochtergesellschaft zulässig (*downstream merger*).

Beispiel:

Die M-GmbH & Co. KG wird auf ihre Tochtergesellschaft T-GmbH verschmolzen.

Insoweit besteht keine Ausnahme von der Anteilsgewährung; die bisherigen Anteilsinhaber der M werden zu Anteilsinhabern der T (§ 20 Abs. 1 Nr. 3 UmwG). Die hierbei zu gewährenden Anteile müssen nicht erst über eine Kapitalerhöhung bei T beschafft werden, vielmehr können auch die bisher von M gehaltenen T-Anteile verwendet werden: Soweit M voll eingezahlte Anteile an T innehat, braucht T ihr Stammkapital nicht zu erhöhen (§ 54 Abs. 1 Satz 2 Nr. 2 UmwG). Denn alternativ können die bisher von M gehaltenen Anteile den Anteilsinhabern der M neu zugeordnet werden. Konstruktiv sind für diese Neuzuordnung zwei verschiedene Wege denkbar:

- Bei einem **Durchgangserwerb** gehen die Anteile zunächst im Wege der Gesamtrechtsnachfolge auf T über (§ 20 Abs. 1 Nr. 1 UmwG), werden dort für eine logische Sekunde zu eigenen Anteilen und erst danach an die bisherigen Anteilsinhaber der M weitergereicht (§ 20 Abs. 1 Nr. 3 UmwG).
- Bei einem **Direkterwerb** gehen die Anteile unmittelbar von M auf ihre Anteilsinhaber über.

Die Annahme eines Durchgangserwerbs mag besser der gedanklichen Abfolge in § 20 Abs. 1 UmwG entsprechen, stößt aber bei übernehmenden Personengesellschaften an Grenzen, weil diese keine eigenen Anteile kennen. Da das Umwandlungsgesetz zudem seit 1998 bei Spaltungen sogar eine Neuaufteilung der Anteile an allen beteiligten Rechtsträgern zulässt, ist ein Direkterwerb dem Gesetz keineswegs fremd und mit der ganz h.M. auch bei der Abwärtsverschmelzung anzunehmen (*Mayer* in Widmann/Mayer, § 5 UmwG Rz. 38).

Kapitalerhaltung | Die Abwärtsverschmelzung auf eine Kapitalgesellschaft wird ggf. durch U 201
die dort zu beachtende Kapitalbindung nach § 30 GmbHG bzw. § 57 AktG erschwert oder sogar unmöglich, wenn M bei Ausklammerung der Beteiligung an T ein zu Zeitwerten negatives Vermögen aufweist; typischerweise ist dies etwa bei Erwerbsgesellschaften (*special purpose vehicle, SPV*) der Fall, die den Beteiligungserwerb fremdfinanziert haben (vgl. IDW RS HFA 42, FN-IDW 2012, 701, Rz. 49).

U 202 **Fortbestand der übernehmenden KG**

Beispiel:

Eine Komplementär-GmbH soll auf ihre KG verschmolzen werden. Die KG hat nur einen Kommanditisten, der zugleich Alleingesellschafter der Komplementär-GmbH ist.

Im Beispiel würde die Abwärtsverschmelzung zur sofortigen Beendigung der KG bei gleichzeitiger Anwachsung des Vermögens (einschließlich des Vermögens der Komplementär-GmbH) auf den bisherigen Kommanditisten führen. Das OLG Hamm hält sie für unzulässig, weil das Umwandlungsgesetz demgegenüber von einem Fortbestand des übernehmenden Rechtsträgers ausgehe (OLG Hamm v. 24.6.2010 – 15 Wx 360/09, GmbHR 2010, 985; kritisch *Nelißen*, NZG 2010, 1291).

U 203 **Seitwärtsverschmelzung** | Für die Seitwärtsverschmelzung (*sidestep merger*) wurde früher eine Ausnahme von der Pflicht zur Anteilsgewährung zumindest für den Fall erwogen, dass an den zu verschmelzenden Schwestergesellschaften dieselben Anteilsinhaber bereits identisch beteiligt waren und die Ausgabe weiterer Anteile deshalb wirtschaftlich sinnlos erschien. Oberlandesgerichte haben Verschmelzungsverträge, die deshalb auf eine Anteilsgewährung verzichteten, jedoch wegen Verstoßes gegen § 5 Abs. 1 Nr. 2 UmwG für nichtig erklärt. Dieser Verstoß wog aus Sicht der Gerichte sogar so schwer, dass er auch durch eine etwaige Eintragung der Verschmelzung nicht geheilt worden wäre, weil *essentialia negotii* einer Verschmelzung fehlten (OLG Frankfurt a.M. v. 10.3.1998 – 20 W 60/98, GmbHR 1998, 542 = GmbH-StB 1998, 126; KG Berlin v. 22.9.1998 – 1 W 4387/97, GmbHR 1998, 1230 = GmbH-StB 1998, 345; vgl. sonst § 20 Abs. 2 UmwG). Seit 2007 erlauben es jedoch die §§ 54 Abs. 1 Satz 3, 68 Abs. 1 Satz 3 UmwG, im Zuge einer Verschmelzung auf eine GmbH bzw. AG von einer Anteilsgewährung abzusehen, wenn alle Anteilsinhaber eines übertragenden Rechtsträgers darauf verzichten. Nach ihrer systematischen Stellung sind diese §§ 54, 68 UmwG bei der Verschmelzung auf eine Personengesellschaft nicht anwendbar (*Stratz* in Schmitt/Hörtnagl/Stratz, § 54 UmwG Rz. 13; *Mayer* in Widmann/Mayer, § 5 UmwG Rz. 24.1 ff. und § 54 UmwG Rz. 10.2). Will man dieses gesetzgeberische Versäumnis nicht im Wege eines „Erst-recht"-Schlusses für Personengesellschaften korrigieren (dafür *Heckschen*, DB 2008, 1363, 1367, 1369; *Grunewald* in Lutter, § 20 UmwG Rz. 64), ist daher vorsorglich jedem Anteilsinhaber des übertragenden Rechtsträgers ein Anteil zu gewähren bzw., wenn er bereits zuvor an der übernehmenden Personengesellschaft beteiligt ist, seine Einlage zu erhöhen (bei Kommanditisten nicht notwendig auch die Haftsumme; LG Saarbrücken v. 17.3.1998 – 7 T 19/96 IV, DNotI-Report 1999, 163 [red. Wiedergabe]).

Beispiel:

Die A-GmbH & Co. KG soll auf die B-GmbH & Co. KG verschmolzen werden. Beide KGs haben jeweils dieselben Kommanditisten, mit der A-GmbH bzw. der B-GmbH jedoch unterschiedliche Komplementärinnen (jeweils ohne Beteiligung am Gewinn und Vermögen).

In der Folge sind die Kommanditeinlagen bei der B-GmbH & Co. KG verschmelzungsbedingt zu erhöhen (mit oder ohne Erhöhung der im Handelsregister eingetragenen Haftsummen). Der A-GmbH sollte bei der B-GmbH & Co. KG im Zuge der Verschmelzung vorsorglich die Stellung einer weiteren, nicht am Gewinn und Vermögen beteiligten Komplementärin eingeräumt werden (nach LG Saarbrücken v. 17.3. 1998 – 7 T 19/96 IV, DNotI-Report 1999, 163 ist dies nicht zwingend). Zur Bereinigung der Beteiligungsverhältnisse kann die A-GmbH sodann wieder (ohne Abfindung) aus der B-GmbH & Co. KG ausscheiden; dieser Austritt kann auch schon im Vorfeld, dann aufschiebend bedingt auf das Wirksamwerden der Verschmelzung durch Eintragung in das Handelsregister, erklärt und vereinbart werden.

Mayer (in Widmann/Mayer, § 5 UmwG Rz. 24.2) hält, soweit Gesellschafter an übertragender und aufnehmender KG beteiligt sind, auch eine Erhöhung von Festkapitalanteilen für entbehrlich: Die Gesellschafter könnten zwar nicht entsprechend §§ 54, 68 UmwG auf eine Anteilsgewähr verzichten; wegen des Verbots der Mehrfachbeteiligung an einer Personengesellschaften dürfe aber kein weiterer (Gesellschafts-)Anteil gewährt werden. „Infolge des Grundsatzes der Einheitlichkeit der Beteiligung an einer Personengesellschaft ist insbesondere keine Erhöhung des vorhandenen Anteils des Gesellschafters erforderlich, was schon daraus folgt, dass die Vereinbarung fester Kapitalanteile im Personengesellschaftsrecht zwar praxisüblich ist, eine gesetzliche Verpflichtung hierzu aber nicht besteht."

Sofern im Beispiel die A-GmbH nicht mehr benötigt wird, kann sie alternativ zusätzlich auf die B-GmbH verschmolzen und so das Entstehen einer Mantelgesellschaft vermieden werden (dafür *Kocher* in Kallmeyer, § 40 UmwG Rz. 6; zu weiteren Alternativen vgl. *Hegemann*, GmbHR 2009, 702).

e) Verschmelzungsvertrag (Abschluss, Mindestinhalt, Zuleitung)

Abschluss und Form | Der Verschmelzungsvertrag ist durch die Vertretungsorgane der beteiligten Rechtsträger abzuschließen (§ 4 Abs. 1 UmwG). Die GmbH & Co. KG wird hierbei durch ihre Komplementär-GmbH, diese wiederum durch ihre Geschäftsführer vertreten. Unechte Gesamtvertretung durch einen Geschäftsführer gemeinsam mit einem Prokuristen ist zulässig, ebenso ein Abschluss durch rechtsgeschäftlich Bevollmächtigte. Der Vertrag bedarf **notarieller Beurkundung** (§ 6 UmwG). Es ist möglich, vor einem formgerechten Abschluss zunächst die Voten der Versammlungen der Anteilsinhaber (§ 13 UmwG) abzuwarten und bis dahin mit einem privatschriftlichen **Vertragsentwurf** zu arbeiten (§ 4 Abs. 2 UmwG). U 204

Mindestinhalt | Der Vertrag muss mindestens enthalten (§ 5 Abs. 1 UmwG): U 205

- Den Namen bzw. die Firma und den Sitz der beteiligten Rechtsträger (Nr. 1),
- die Vereinbarung über die Übertragung des Vermögens als Ganzes gegen Gewährung von Anteilen (Nr. 2),
- das Umtauschverhältnis und die Höhe einer etwaigen baren Zuzahlung (Nr. 3),
- die Einzelheiten zur Anteilsübertragung (Nr. 4),
- den Zeitpunkt der Gewinnberechtigung (Nr. 5),
- den Verschmelzungsstichtag (Nr. 6),
- besondere Rechte und Maßnahmen für einzelne Anteilsinhaber und Inhaber besonderer Rechte (Nr. 7),
- besondere Vorteile für Gesellschaftsorgane, Abschluss- und Verschmelzungsprüfer (Nr. 8),
- die Folgen der Verschmelzung für die Arbeitnehmer und ihre Vertretungen sowie die insoweit vorgesehenen Maßnahmen (Nr. 9).

Die umtauschbezogenen Angaben nach Nrn. 2 bis 5 entfallen bei der reinen Aufwärtsverschmelzung (§ 5 Abs. 2 UmwG; Rz. U 199).

Barabfindungsangebot | § 29 UmwG verlangt in bestimmten Fällen zusätzlich die Aufnahme ein Barabfindungsangebotes in den Verschmelzungsvertrag, um Anteilsinhabern des übertragenden Rechtsträgers, die mit der Verschmelzung nicht einverstanden sind, den Austritt gegen angemessene Barabfindung zu ermöglichen. Dies betrifft die folgenden Fälle: U 206

- **Mischverschmelzung:** Der aufnehmende oder neue Rechtsträger hat eine andere Rechtsform als der übertragende (§ 29 Satz 1 Alt. 1 UmwG). Damit wird bspw. bei der Verschmelzung einer GmbH auf eine GmbH & Co. KG oder umgekehrt grundsätzlich ein Barabfindungsangebot erforderlich.
- **Kaltes Delisting:** Dem Rechtsformwechsel nach Alt. 1 ist der Fall gleichgestellt, dass eine börsennotierte AG auf eine nicht börsennotierte AG verschmolzen wird (§ 29 Satz 1 Alt. 2 UmwG).
- **Vinkulierung:** Die Anteile oder Mitgliedschaften an dem übernehmenden Rechtsträger sind Verfügungsbeschränkungen unterworfen (§ 29 Satz 2 UmwG). Gemeint sind sowohl gesellschaftsvertragliche Verfügungsbeschränkungen (z.B. gemäß § 15 Abs. 5 GmbHG) als auch gesetzliche (wie die bei einer GmbH & Co. KG grundsätzlich erforderliche Zustimmung aller anderen Gesellschafter zur Anteilsübertragung). Dass die bisherigen Anteile am übertragenden Rechtsträger ggf. gleichen oder jedenfalls vergleichbaren Verfügungsbeschränkungen unterlagen, ist nach dem Wortlaut der Norm irrelevant und soll nach h.M. (etwa *Marsch-Barner* in Kallmeyer, § 29 UmwG Rz. 9) auch keine einschränkende Auslegung rechtfertigen. Damit wird bei Verschmelzung auf eine GmbH & Co. KG i.d.R. auch nach dieser Variante ein Barabfindungsangebot erforderlich werden.

U 207 **Verschmelzung durch Neugründung** | Bei der Verschmelzung durch Neugründung muss der Verschmelzungsvertrag auch den Gesellschaftsvertrag des neuen Rechtsträgers enthalten (ggf. als Anlage; § 37 UmwG). Bei Neugründung einer GmbH & Co. KG ist der Kommanditgesellschaftsvertrag somit ausnahmsweise mit zu beurkunden. Außerdem sind die Vertretungsorgane und ggf. Aufsichtsratsmitglieder des neuen Rechtsträgers zu bestellen.

U 208 **Rechtsformspezifische Angaben** | Schließlich können zusätzlich rechtsformspezifische Angaben erforderlich werden. Insbesondere sind bei einer übernehmenden GmbH & Co. KG Angaben zur Stellung als persönlich haftender Gesellschafter oder Kommanditist und zur Einlage (§ 40 Abs. 1 UmwG) aufzunehmen, bei einer übernehmenden GmbH Angaben zu den Nennbeträgen und ggf. zur Ausgestaltung und Herkunft der Geschäftsanteile (§ 46 UmwG).

U 209 **Zuleitung an den Betriebsrat** | Der Vertrag oder sein Entwurf ist spätestens einen Monat vor dem jeweiligen Verschmelzungsbeschluss dem zuständigen Betriebsrat des betreffenden Rechtsträgers zuzuleiten (§ 5 Abs. 3 UmwG). Zugeleitet werden muss alles, was Gegenstand der Anmeldung zur Eintragung sein soll (OLG Naumburg v. 17.3.2003 – 7 Wx 6/02, GmbHR 2003, 1433 = GmbH-StB 2003, 345). Der Betriebsrat kann jeweils auf die Einhaltung der **Monatsfrist** *vor* Beschlussfassung (bspw. Versammlung am 15.8., Zuleitung bis 14.7.) verzichten, jedoch nicht auf die Zuleitung als solche (LG Stuttgart v. 11.4.2000 – 4 KfH T 17/99, 4 KfH T 18/99, GmbHR 2000, 622 = GmbH-StB 2000, 156). Bei zwischenzeitlichen, für die Belange der Arbeitnehmer wesentlichen Änderungen ist erneut zuzuleiten. Bei Fehlen eines Betriebsrates entfallen Zuleitung und Monatsfrist.

f) Verschmelzungsvertrag (Einzelheiten zu § 5 UmwG)

U 210 **Übertragung des Vermögens als Ganzes (§ 5 Abs. 1 Nr. 2 UmwG)** | Durch die Verschmelzung geht das Vermögen des übertragenden Rechtsträgers einschließlich der Verbindlichkeiten auf den übernehmenden Rechtsträger über (§ 20 Abs. 1 Nr. 1 UmwG). Insbesondere gilt:

- **Anteile an Kapitalgesellschaften**, die sich im Vermögen des übertragenden Rechtsträgers befinden, gehen unabhängig von einer etwaigen Vinkulierung (§ 15 Abs. 5 GmbHG, § 68 Abs. 2 AktG) über.

- Bei **Anteilen an Personengesellschaften** wird demgegenüber zumeist danach differenziert, ob diese nach dem Gesetz bzw. dem Gesellschaftsvertrag beim Tod des Anteilsinhabers auf dessen Erben übergehen oder nicht. Vorbehaltlich einer abweichenden gesellschaftsvertraglichen Regelung gehen danach Kommanditanteile und stille Beteiligungen über (§§ 177, 234 Abs. 2 HGB), nicht jedoch die Stellung als persönlich haftender Gesellschafter einer GbR, OHG oder KG (§ 727 Abs. 1 BGB; §§ 131 Abs. 3 Satz 1 Nr. 1, 161 Abs. 2 HGB) (vgl. *Grunewald* in Lutter, § 20 UmwG Rz. 18 ff.). Personengesellschaften, an denen verschmelzungsfähige Rechtsträger i.S.d. § 3 UmwG beteiligt sind, sind jedoch regelmäßig nicht derart personalistisch strukturiert, dass die Verschmelzung eines solchen Anteilsinhabers dem Tod einer natürlichen Person gleichzustellen wäre. Angemessener ist es daher, auch den Übergang von Personengesellschaftsanteilen grundsätzlich zuzulassen und den übrigen Gesellschaftern ggf. ein Recht zur Kündigung aus wichtigem Grund zuzugestehen (vgl. *Simon* in KölnKomm. UmwG, § 20 UmwG Rz. 21).

- **Forderungen** gehen unabhängig von einem etwaigen Abtretungsverbot (§ 399 BGB) über, **Verbindlichkeiten** ohne Zustimmung des Gläubigers (§§ 414 f. BGB). Auch **Vertragsverhältnisse** gehen ohne Zustimmung des jeweiligen Vertragspartners über, jedoch kann diesem – namentlich bei Dauerschuldverhältnissen – ausnahmsweise ein Recht zur Kündigung aus wichtigem Grund erwachsen.

- Ist der übertragende Rechtsträger eine Personengesellschaft, trifft deren persönlich haftende Gesellschafter für vor der Verschmelzung begründete Verbindlichkeiten ggf. eine **fünfjährige Nachhaftung** (§ 45 UmwG), bei der typischen GmbH & Co. KG also die Komplementär-GmbH.

Umtauschverhältnis (§ 5 Abs. 1 Nr. 3 UmwG) | Das Umtauschverhältnis der Anteile (§ 5 U211
Abs. 1 Nr. 3 UmwG) berührt aus Sicht der Anteilsinhaber den „wirtschaftlichen Kern" der Verschmelzung. Es ist daher im Verschmelzungsbericht rechtlich und wirtschaftlich besonders zu erläutern und zu begründen (§ 8 Abs. 1 Satz 1 UmwG); die Verschmelzungsprüfer haben ihren Bericht mit einer Erklärung darüber abzuschließen, ob das vorgeschlagene Umtauschverhältnis angemessen ist (§ 12 Abs. 2 UmwG). Im Verschmelzungsvertrag wird das Umtauschverhältnis jedenfalls bei Publikumsgesellschaften als Quote angegeben („Für jede Stammaktie der A werden drei Stammaktien der B gewährt"). Bei einer übernehmenden GmbH oder GmbH & Co. KG genügt es hingegen nach zutreffender h.M., gemäß §§ 40 Abs. 1, 46 UmwG die Gesellschafterstellungen und Einlagen bzw. die Geschäftsanteile namentlich zuzuweisen (vgl. *Mayer* in Widmann/Mayer, § 5 UmwG Rz. 94 und § 46 UmwG Rz. 8 ff.; zur Bezeichnung unbekannter Aktionäre im Fall einer Verschmelzung AG/KGaA → GmbH & Co. KG vgl. § 35 UmwG sowie *Wälzholz*, GmbH-StB 2007, 148, 150 f.).

Beispiel:

„Die aufnehmende B-GmbH & Co. KG gewährt allen Gesellschaftern der übertragenden A-GmbH als Gegenleistung für die Übertragung des Vermögens der A-GmbH jeweils die Stellung eines (weiteren) Kommanditisten. Herr X erhält für seine Geschäftsanteile im Gesamtnennbetrag von 20 000 Euro einen Kommanditanteil (Kapitalkonto I und zugleich in das Handelsregister einzutragende Haftsumme) i.H.v. 10 000 Euro, Frau Y für ihre Geschäftsanteile im Gesamtnennbetrag von 10 000 Euro einen Kommanditanteil (Kapitalkonto I und zugleich Haftsumme) i.H.v. 5 000 Euro. Das Kommanditkapital der B-GmbH & Co. KG wird entsprechend von bisher 30 000 Euro um 15 000 Euro auf 45 000 Euro erhöht."

Soweit X und Y bereits vor der Verschmelzung Kommanditisten der aufnehmenden GmbH & Co. KG sind, sind lediglich ihre bestehenden Kapitalanteile entsprechend zu erhöhen. Die für sie in das Handelsregister eingetragenen Haftsummen können hierbei ebenfalls angepasst werden, dürfen aber auch unverändert bleiben (näher Rz. U 203).

U 212 **Bare Zuzahlung** | Zur Herstellung praktikabler Umtauschverhältnisse kann ggf. zusätzlich eine bare Zuzahlung zum Ausgleich von Spitzenbeträgen vorgesehen werden („Zusätzlich wird eine bare Zuzahlung i.H.v. 0,10 Euro je Stammaktie der A gewährt.“). Bei einer aufnehmenden Personenhandelsgesellschaft ist dies jedoch unüblich, da hier die Kapitalkonten ohne Rücksicht auf Mindestnennbeträge und -stückelungen festgesetzt werden können.

U 213 **Angemessenheit des Umtauschverhältnisses** | Angemessen ist das Umtauschverhältnis, wenn durch die Verschmelzung kein Anteilsinhaber eine Vermögenseinbuße erleidet („Nullsummenspiel“). Die Bestimmung des Umtauschverhältnisses erfordert i.d.R. eine Bewertung aller beteiligten Rechtsträger; die Unternehmenswerte sind sodann auf die Anteile umzulegen und die Anteilswerte zueinander ins Verhältnis zu setzen. Einvernehmlich dürfen die Beteiligten auch bewusst ein ggf. unangemessenes Umtauschverhältnis wählen (arg. §§ 8 Abs. 3, 9 Abs. 3, 12 Abs. 3; §§ 54 Abs. 1 Satz 3, 68 Abs. 1 Satz 3 UmwG; vgl. *Mayer* in Widmann/Mayer, § 5 UmwG Rz. 94 a.E.).

U 214 **Zeitpunkt der Gewinnberechtigung (§ 5 Abs. 1 Nr. 5 UmwG)** | Für die neuen Anteile kann der Zeitpunkt der Gewinnberechtigung (§ 5 Abs. 1 Nr. 5 UmwG) frei festgelegt werden.

Beispiel:

Wenn alle beteiligten Rechtsträger ein kalenderjahrgleiches Geschäftsjahr haben und die Schlussbilanz des übertragenden Rechtsträgers (§ 17 Abs. 2 UmwG) auf den 31.12.2016 datiert, wird man den Beginn der Gewinnberechtigung auf den 1.1.2017 legen. Dies vermeidet beim übernehmenden Rechtsträger eine unterjährige Gewinnabgrenzung; für die Anteilsinhaber des übertragenden Rechtsträgers setzt sich die Gewinnberechtigung nahtlos fort.

Der Zeitpunkt der Gewinnberechtigung ist bei der Festlegung des Umtauschverhältnisses zu berücksichtigen. Möglich ist auch eine **variable Stichtagsregelung**, welche den Beginn der Gewinnberechtigung bei erheblichen Verzögerungen (z.B. aufgrund von Anfechtungsklagen) ggf. in das Folgejahr verschiebt.

U 215 **Verschmelzungsstichtag (§ 5 Abs. 1 Nr. 6 UmwG)** | Handelsrechtlicher Verschmelzungsstichtag ist gemäß § 5 Abs. 1 Nr. 6 UmwG der Zeitpunkt, von dem an die Handlungen des übertragenden Rechtsträgers als für Rechnung des übernehmenden Rechtsträgers vorgenommen gelten. Auch diesen Stichtag dürfen die Beteiligten frei wählen. Er muss nicht zwingend mit dem Beginn der Gewinnberechtigung (§ 5 Abs. 1 Nr. 5 UmwG) zusammenfallen und darf auch vor dem Entstehen des übernehmenden bzw. neuen Rechtsträgers liegen (vgl. *Ulrich/Böhle*, GmbHR 2006, 644). Nach h.M. muss der handelsrechtliche Verschmelzungsstichtag allerdings mit dem **Stichtag der Schlussbilanz** gemäß § 17 Abs. 2 UmwG in der Weise korrespondieren, dass der Stichtag der Schlussbilanz dem Verschmelzungsstichtag unmittelbar vorangeht (z.B.: Stichtag der Schlussbilanz 31.12.2016, 24:00 Uhr, Verschmelzungsstichtag 1.1. 2017, 0:00 Uhr). Der Stichtag der Schlussbilanz determiniert zugleich den steuerlichen Übertragungsstichtag i.S.d. §§ 2 Abs. 1 Satz 1, 20 Abs. 6 UmwStG: Steuerlicher Übertragungsstichtag ist der Tag, auf den der übertragende Rechtsträger die handelsrechtliche Schlussbilanz aufzustellen hat (so BMF v. 11.11.2011, BStBl. I 2011, 1314, Rz. 02.02). Begrenzt wird die handelsbilanzielle und steuerliche Rückwirkung durch § 17 Abs. 2 Satz 4 UmwG; danach darf die Schlussbilanz bei Anmeldung der Verschmelzung nicht älter als **acht Monate** sein.

Beispiel:

Die reguläre Jahresbilanz auf den 31.12.2016 kann zugleich als Schlussbilanz dienen, wenn die Verschmelzung bis spätestens 31.8.2017 zum Register angemeldet wird. Dass die Verschmelzung erst später, z.B. im September 2017, mit Eintragung in das Register des übernehmenden Rechtsträgers zivilrechtlich wirksam wird (§ 20 Abs. 1 UmwG), ist unerheblich.

Der Verschmelzungsstichtag darf aus Sicht der Vertragsschließenden und der Versammlungen der Anteilsinhaber auch in der Zukunft liegen. Im Beispiel oben dürfte der Verschmelzungsvertrag daher z.B. auch schon im November 2016 notariell abgeschlossen und von den Anteilsinhabern beschlossen werden. Auch die Vereinbarung eines variablen Verschmelzungsstichtages ist möglich.

Besondere Rechte und Vorteile (§ 5 Abs. 1 Nrn. 7 und 8 UmwG) | Im Interesse der übrigen U216
Anteilsinhaber sind die besonderen Rechte offenzulegen, die der übernehmende Rechtsträger einzelnen Anteilsinhabern sowie den Inhabern besonderer Rechte gewährt (§ 5 Abs. 1 Nr. 7 UmwG). Es ist nicht erforderlich, dass diese Rechte anlässlich der Verschmelzung „neu" gewährt werden; zu nennen sind auch besondere Rechte, die beim übernehmenden Rechtsträger lediglich fortbestehen. Besondere Vorteile insbesondere für Organmitglieder und Prüfer (§ 5 Abs. 1 Nr. 8 UmwG) sind anzugeben, weil sie ggf. deren Objektivität beeinträchtigen könnten. Die Angaben nach diesen Nrn. 7 und 8 können entfallen, wenn solche Rechte oder Vorteile nicht gewährt werden; es muss dann keine „Negativerklärung" diesbezüglich abgegeben werden (OLG Frankfurt a.M. v. 4.4.2011 – 20 W 466/10, GmbHR 2011, 1159 = GmbH-StB 2012, 16).

Folgen für die Arbeitnehmer und ihre Vertretungen (§ 5 Abs. 1 Nr. 9 UmwG) | Der Vertrag U217
muss die Folgen der Verschmelzung für die Arbeitnehmer und ihre Vertretungen und die insoweit vorgesehenen Maßnahmen beschreiben (§ 5 Abs. 1 Nr. 9 UmwG). Unstreitig müssen jedenfalls die unmittelbaren Folgen der Verschmelzung aufgezeigt werden: Dies betrifft den Übergang von Arbeitsverhältnissen nach § 613a BGB, § 324 UmwG, die Fortgeltung von Tarifverträgen und Betriebsvereinbarungen, Änderungen der betriebsverfassungsrechtlichen Struktur und des Mitbestimmungsstatuts sowie Auswirkungen auf den gesetzlichen Kündigungsschutz (→ Umwandlung, Einführung Rz. U 157 ff.). Nicht darzustellen sind dagegen mittelbare Folgen, solange sie nach dem unternehmerischen Konzept der Verschmelzung zwar mehr oder weniger wahrscheinlich, aber noch nicht konkret geplant sind.

g) Verschmelzungsbericht

Vorabinformation der Anteilsinhaber | Der Verschmelzungsbericht (§ 8 UmwG) dient der U218
Vorabinformation der Anteilsinhaber, die nach § 13 UmwG über die Verschmelzung beschließen sollen. Er ist durch die Vertretungsorgane der beteiligten Rechtsträger zu erstatten, bei der typischen GmbH & Co. KG also durch die Geschäftsführer der Komplementär-GmbH, und ist den Anteilsinhabern je nach Rechtsform i.d.R. vorab zu übersenden. Spätestens durch Beifügung zur Handelsregisteranmeldung (§ 17 Abs. 1 UmwG) wird der Bericht öffentlich.

Inhalt | § 8 Abs. 1 Satz 1 UmwG verlangt einen ausführlichen schriftlichen Bericht, in dem U219
die Verschmelzung, der Verschmelzungsvertrag und insbesondere das Umtauschverhältnis sowie eine etwaige Barabfindung rechtlich und wirtschaftlich erläutert und begründet werden. Dies erfordert für die Verschmelzung regelmäßig eine Darstellung der Ausgangssituation der

beteiligten Rechtsträger und ihrer verbundenen Unternehmen (§ 8 Abs. 1 Satz 3 UmwG), der strategischen Ziele und erwarteten Vorteile, der einzelnen Verfahrensschritte, der bilanziellen, finanzwirtschaftlichen, rechtlichen und steuerlichen Folgen der Verschmelzung sowie möglicher Gestaltungsalternativen. Die Bestimmungen des Verschmelzungsvertrages sind so zu erläutern, dass ein juristisch nicht vorgebildeter Laie diese in den Grundzügen nachvollziehen kann. Mit gleicher Zielsetzung sind das Umtauschverhältnis und eine etwaige Barabfindung zu erläutern und zu begründen. Der Bericht muss den Anteilsinhabern im Ergebnis eine **Plausibilitätskontrolle** ermöglichen. Die ins Einzelne gehende Prüfung des Verschmelzungsvorgangs auf seine inhaltliche Richtigkeit, rechtliche Korrektheit und die Angemessenheit des Umtauschverhältnisses ist hingegen dem Verschmelzungsprüfer zugewiesen (OLG Saarbrücken v. 7.12.2010 – 4 AktG 476/10, AG 2011, 343, 344).

U 220 **Entbehrlichkeit** | Nicht erforderlich ist der Verschmelzungsbericht,

- wenn alle Anteilsinhaber aller beteiligten Rechtsträger durch notariell beurkundete Erklärung auf seine Erstattung verzichten (§ 8 Abs. 3 Satz 1 Alt. 1 UmwG),
- bei der reinen Aufwärtsverschmelzung (§ 8 Abs. 3 Satz 1 Alt. 2 UmwG) sowie
- für eine Personengesellschaft, bei der alle Gesellschafter zur Geschäftsführung berechtigt sind (§ 41 UmwG). Letzteres ist bei der GmbH & Co. KG nicht der Fall, wenn – wie regelmäßig – die Kommanditisten nach der (dispositiven) Vorschrift des § 164 HGB von der Geschäftsführung ausgeschlossen sind; nach teilweiser Ansicht soll es jedoch genügen, dass alle Kommanditisten zugleich Geschäftsführer der Komplementär-GmbH sind (*Ihrig* in Semler/Stengel, § 41 UmwG Rz. 10).

h) Verschmelzungsprüfung

U 221 **Prüfung durch Sachverständige** | Neben den Verschmelzungsbericht tritt als weiteres präventives Informationsinstrument ggf. ein durch unabhängige Sachverständige zu erstattender schriftlicher Prüfungsbericht (§ 12 UmwG). Die Verschmelzungsprüfer werden auf Antrag (und oftmals Vorschlag) des Vertretungsorgans gerichtlich ausgewählt und bestellt (§ 10 UmwG). Öffentlich wird der Prüfungsbericht spätestens als Anlage zur Handelsregisteranmeldung (§ 17 Abs. 1 UmwG).

U 222 **Inhalt** | Zu prüfen ist der Verschmelzungsvertrag oder sein Entwurf (§ 9 Abs. 1 UmwG), und zwar auf Vollständigkeit hinsichtlich der vorgeschriebenen Mindestangaben, inhaltliche Richtigkeit und – vor allem – die Angemessenheit des Umtauschverhältnisses sowie einer etwaigen Barabfindung. Der Prüfungsbericht ist ein **Ergebnisbericht**. Als solcher muss er den Prüfungsvorgang und die geprüften Tatbestände nicht im Einzelnen darstellen, aber immerhin die Mindestangaben nach § 12 Abs. 2 UmwG enthalten und mit einer Erklärung darüber abschließen, ob das vorgeschlagene Umtauschverhältnis und ggf. die Höhe der baren Zuzahlung sowie einer etwaigen Barabfindung als Gegenwert angemessen ist.

U 223 **Erforderlichkeit** | Der Verschmelzungsvertrag oder sein Entwurf ist nur zu prüfen, soweit dies das Umwandlungsgesetz rechtsformspezifisch vorschreibt (§ 9 Abs. 1 UmwG). Vorgeschrieben ist die Verschmelzungsprüfung für Personenhandelsgesellschaften, damit auch für die GmbH & Co. KG, nur sofern der Gesellschaftsvertrag für den Verschmelzungsbeschluss eine Mehrheitsentscheidung zulässt und ein Gesellschafter die Prüfung verlangt (§§ 44, 43 Abs. 2 UmwG). Für die GmbH besteht eine Prüfungspflicht ebenfalls nur auf Verlangen eines Gesellschafters (§ 48 UmwG), für AG und KGaA dagegen stets (§§ 60, 78

UmwG). Auch in diesen Fällen entfällt die Verschmelzungsprüfung jedoch bei einem notariellen Verzicht aller Anteilseigner aller beteiligten Rechtsträger und bei der reinen Aufwärtsverschmelzung (§ 9 Abs. 2 bzw. Abs. 3 i.V.m. § 8 Abs. 3 UmwG). Ferner ist denkbar, dass die Anteilsinhaber zwar nicht auf die Prüfung, aber doch auf die Erstattung eines schriftlichen Prüfungsberichts verzichten (§ 12 Abs. 3 UmwG).

Barabfindung | Die Angemessenheit einer anzubietenden Barabfindung ist dagegen „stets" durch Verschmelzungsprüfer zu prüfen (§ 30 Abs. 2 Satz 1 UmwG) – also auch dann, wenn das Umtauschverhältnis nicht zu prüfen ist, weil z.B. ein erforderliches Prüfungsverlangen nicht gestellt wird. Jedoch können die Berechtigten auch insoweit durch notariell zu beurkundende Erklärung auf die Prüfung verzichten (§ 30 Abs. 2 Satz 3 UmwG). U 224

i) Verschmelzungsbeschlüsse

Wirksamkeitserfordernis | Der Verschmelzungsvertrag wird nur wirksam, wenn ihm die Anteilsinhaber der beteiligten Rechtsträger jeweils in einer Versammlung durch notariell beurkundeten Beschluss zustimmen (§ 13 UmwG). U 225

Vorbereitung der Versammlung | Für die Einberufung, Vorbereitung und Durchführung der Versammlung gelten die allgemeinen gesetzlichen und gesellschaftsvertraglichen Regelungen des jeweiligen Rechtsträgers. Zusätzlich bestimmt das Umwandlungsgesetz: U 226

- Bei Personenhandelsgesellschaften, damit auch bei der GmbH & Co. KG, sind der Verschmelzungsvertrag und der Verschmelzungsbericht den nicht geschäftsführungsbefugten Gesellschaftern (damit i.d.R. den Kommanditisten, § 164 HGB) mit der Einberufung zu übersenden (§ 42 UmwG).
- Bei einer GmbH ist die Verschmelzung in der Einberufung als Gegenstand der Beschlussfassung anzukündigen (§ 49 Abs. 1 UmwG). Verschmelzungsvertrag und Verschmelzungsbericht sind allen Gesellschaftern mit der Einberufung zu übersenden (§ 47 UmwG). Von der Einberufung an sind in den Geschäftsräumen die Jahresabschlüsse und Lageberichte der beteiligten Rechtsträger für die letzten drei Geschäftsjahre zur Einsichtnahme auszulegen (§ 49 Abs. 2 UmwG).
- Bei der AG/KGaA ist der Verschmelzungsvertrag vor Einberufung der Hauptversammlung sogar zum Register einzureichen; dieses veranlasst eine Hinweisbekanntmachung (§ 61 UmwG; zu den auch hier bestehenden Auslagepflichten s. §§ 63 f. UmwG).

Als „Verschmelzungsvertrag" genügt in diesem Stadium immer auch ein aufgestellter Entwurf (§ 4 Abs. 2 UmwG). In einer Vollversammlung können alle Anteilsinhaber auf die Einhaltung von Formen und Fristen verzichten und so etwaige Ladungsmängel heilen (vgl. § 51 Abs. 3 GmbHG, § 241 Nr. 1 AktG).

Verschmelzungsbeschluss | Der Verschmelzungsbeschluss ist notwendig in einer Versammlung, d.h. nicht im Umlaufverfahren, zu fassen (§ 13 Abs. 1 UmwG) und **notariell zu beurkunden**. Vertretung durch Bevollmächtigte ist zulässig. Der Verschmelzungsbeschluss ist mit **qualifizierter Mehrheit** zu fassen: U 227

- Bei Personenhandelsgesellschaften, damit auch bei der GmbH & Co. KG, bedarf es grundsätzlich der Stimmen aller erschienenen Gesellschafter – und zusätzlich der gesonderten Zustimmung auch der nicht erschienenen Gesellschafter. Der Gesellschaftsvertrag kann abweichend jedoch eine qualifizierte Mehrheit von mindestens 3/4 der abgegeben Stimmen genügen lassen (§ 43 UmwG).

- Bei der GmbH genügen ¾ der abgegebenen Stimmen (§ 50 Abs. 1 UmwG), bei AG und KGaA ¾ des bei der Beschlussfassung vertretenen Grundkapitals (§ 65 Abs. 1 UmwG). Der Gesellschaftsvertrag darf jedoch jeweils weitere Erfordernisse und höhere Mehrheiten vorsehen.

U228 **Besondere Zustimmungserfordernisse |** Neben dem qualifizierten Mehrheitserfordernis können weitere Zustimmungserfordernisse bestehen. Insbesondere müssen bei einer übertragenden Personengesellschaft bei Geltung des Einstimmigkeitsprinzips auch die nicht erschienenen Gesellschafter gesondert zustimmen. Diese Zustimmungserklärungen sind ebenfalls notariell zu beurkunden (§ 13 Abs. 3 Satz 1 UmwG). Auch soweit Mehrheitsentscheidungen zulässig sind, kann niemandem gegen seinen Willen die Stellung eines persönlich haftenden Gesellschafters in einer aufnehmenden oder neuen OHG oder KG aufgedrängt werden: Wer bereits persönlich haftender Gesellschafter ist, bleibt dies nur dann, wenn er der Verschmelzung nicht widerspricht (§ 43 Abs. 2 Satz 3 UmwG). Auch wer bisher (z.B. als Kommanditist oder GmbH-Gesellschafter) nicht unbeschränkt persönlich haftet, künftig jedoch unbeschränkt persönlich haften soll, muss dem Verschmelzungsbeschluss des übertragenden Rechtsträgers zustimmen (§ 40 Abs. 2 Satz 2 UmwG).

U229 **Dingliche Rechte |** Dingliche Rechte, die Dritten an Anteilen des übertragenden Rechtsträgers zustehen (Nießbrauch, Pfandrecht), begründen kein Zustimmungserfordernis im Außenverhältnis, sofern sie im Wege dinglicher Surrogation (§ 20 Abs. 1 Nr. 3 Satz 2 UmwG) an Anteilen des neuen bzw. übernehmenden Rechtsträgers fortbestehen. Anderenfalls dürfte nach §§ 1071, 1276 BGB ausnahmsweise auch die Zustimmung dieser Rechtsinhaber erforderlich sein.

U230 **Kapitalerhöhung und Satzungsänderung |** Sofern beim übernehmenden Rechtsträger eine verschmelzungsbedingte Kapitalerhöhung vorzunehmen ist, sind diese und die entsprechende **Satzungsanpassung** gesondert zu beschließen.

j) Registerverfahren

U231 **Anmeldung |** Die Verschmelzung ist durch das Vertretungsorgan jedes Rechtsträgers in vertretungsberechtigter Zahl zu seinem jeweiligen Register anzumelden (§ 16 Abs. 1 Satz 1 UmwG). Dies gilt (abweichend von § 108 HGB) auch bei Personengesellschaften. Ein Beitritt weiterer Gesellschafter oder eine Erhöhung von Haftsummen sind bei der übernehmenden Personengesellschaft als Folge der Verschmelzung bereits von Amts wegen einzutragen, also nicht notwendig gesondert anzumelden (vgl. *Ihrig* in Semler/Stengel, § 40 UmwG Rz. 28 f.). Damit genügt bei einer GmbH & Co. KG die Anmeldung durch die Komplementär-GmbH, vertreten durch ihre Geschäftsführer. Sofern bei einer übernehmenden Kapitalgesellschaft mit der Verschmelzung zugleich eine verschmelzungsbedingte Kapitalerhöhung angemeldet wird, müssen bei der GmbH alle Geschäftsführer anmelden (§ 78 GmbHG; vgl. § 55 UmwG), bei der AG auch der Vorsitzende des Aufsichtsrates (§ 188 Abs. 1 UmwG; vgl. § 69 UmwG).

U232 **Negativerklärung |** Bei der Anmeldung ist zu erklären, dass eine Klage gegen die Wirksamkeit eines Verschmelzungsbeschlusses nicht (fristgemäß) erhoben wurde oder jedenfalls rechtskräftig abgewiesen bzw. zurückgenommen wurde (sog. Negativerklärung, § 16 Abs. 2

Satz 1 UmwG). Ersatzweise sind ein gerichtlicher Freigabebeschluss (§ 16 Abs. 3 UmwG) oder die Klageverzichte aller Anteilsinhaber (§ 16 Abs. 2 Satz 2 UmwG) vorzulegen.

Anlagen | Der Anmeldung sind die in § 17 Abs. 1 UmwG genannten Anlagen beizufügen, beim übertragenden Rechtsträger auch dessen höchstens acht Monate alte Schlussbilanz (§ 17 Abs. 2 UmwG). Bei der Verschmelzung durch **Neugründung** sind für den neuen Rechtsträger weitere Angaben und Anlagen entsprechend dem jeweiligen Gründungsrecht erforderlich (vgl. § 8 GmbHG, § 37 AktG und §§ 106, 162 HGB). Die Vertretungsorgane aller übertragenden Rechtsträger haben den neuen Rechtsträger auch zu dessen künftigem Register anzumelden (§ 38 Abs. 2 UmwG). U 233

Eintragung und Wirksamwerden | Die Verschmelzung wird zunächst in das Register jedes übertragenden, erst danach in das Register des übernehmenden Rechtsträgers eingetragen (§ 19 UmwG). Wirksam wird die Verschmelzung mit der Eintragung in das Register des übernehmenden Rechtsträgers (§ 20 Abs. 1 UmwG). U 234

k) Rechtsschutz

Klagen | Gegen den Verschmelzungsbeschluss können die Anteilsinhaber nach den allgemeinen Bestimmungen gerichtlich vorgehen, bei AG, KGaA und GmbH also durch Anfechtungs- oder Nichtigkeitsklage (§§ 246, 249 AktG), bei Personenhandelsgesellschaften, damit auch bei der GmbH & Co. KG, durch Klage auf Feststellung der Nichtigkeit (§ 256 ZPO). Solche Klagen gegen die Wirksamkeit eines Verschmelzungsbeschlusses müssen binnen einer (für alle Rechtsformen geltenden) Ausschlussfrist von einem Monat nach Beschlussfassung erhoben werden (§ 14 Abs. 1 UmwG). Sie lösen eine **Registersperre** aus: Solange die Vertretungsorgane nicht die Erklärung abgeben (können), dass eine Klage gegen die Wirksamkeit nicht oder nicht fristgemäß erhoben oder jedenfalls rechtskräftig abgewiesen oder zurückgenommen wurde, darf das Register die Verschmelzung nicht eintragen (§ 16 Abs. 2 UmwG). U 235

Freigabeverfahren | Diese Registersperre lässt sich mittels eines speziellen Freigabeverfahrens überwinden (§ 16 Abs. 3 UmwG): Wurde Klage gegen die Wirksamkeit eines Verschmelzungsbeschlusses erhoben, kann der betroffene Rechtsträger bei dem OLG, in dessen Bezirk er seinen Sitz hat, in einem besonderen ZPO-Verfahren die Feststellung beantragen, dass die Erhebung der Klage der Eintragung nicht entgegensteht. U 236

Spruchverfahren | Ausgeschlossen sind – nur beim übertragenden Rechtsträger – Klagen gegen die Angemessenheit des Umtauschverhältnisses (§ 14 Abs. 2 UmwG) und gegen die Angemessenheit, die Ordnungsmäßigkeit oder gar das Fehlen eines Barabfindungsangebots (§ 32 UmwG). Anteilsinhaber des übertragenden Rechtsträgers werden mit ihren Bewertungsrügen stattdessen jeweils auf das Spruchverfahren verwiesen (§§ 15, 34 UmwG), damit auf ein besonderes, im Spruchverfahrensgesetz geregeltes Verfahren der freiwilligen Gerichtsbarkeit. Das Verfahren ist zeitlich nachgelagert und steht dem Wirksamwerden der Umwandlung nicht entgegen. U 237

frei U 238–U 250

2. Spaltung

Ausgewählte Literatur: *Bahns*, Down-stream-Abspaltung ohne Kapitalerhöhung bei Kapitalgesellschaften, Ubg 2010, 414; *Berner/Klett*, Die Aufteilung von Vertragsverhältnissen, NZG 2008, 601; *Blobel/Menz*, Die Auswirkungen von Schuldner- und Gläubigerwechsel auf die Spaltungshaftung nach § 133 UmwG, NZG 2009, 608; *Bungert/Lange*, Übertragung von Grundstücken und Rechten an Grundstücken im Wege der Spaltung nach dem UmwG, DB 2010, 547; *Hageböke*, Die Ausbringung eines Teilbetriebs aus einer Mitunternehmerschaft durch „Upstream"-Abspaltung, Ubg 2009, 105; *Heckschen*, Aktuelle Probleme des Spaltungsrechts, GmbHR 2015, 897; *Heinz/Wilke*, Abspaltung unter Verzicht auf die Ausgabe von Gesellschaftsrechten, GmbHR 2012, 889; *Rubel/Sandhaus*, Der Wegfall des § 132 UmwG, Der Konzern 2009, 327; *Harry Schmidt*, Totalausgliederung nach § 123 Abs. 3 UmwG, AG 2005, 26; *Schwedhelm/Streck/Mack*, Die Spaltung der GmbH nach neuem Umwandlungsrecht, GmbHR 1995, 7; *Weiler*, Die „Spaltung zu Null" als Mittel der Umstrukturierung von Unternehmen, NZG 2013, 1326; *Winter* in Rödder/Herlinghaus/van Lishaut, UmwStG, 2. Aufl. 2013, Anhang 1: Umwandlungsrecht.

a) Spaltungsfähigkeit der GmbH & Co. KG

U 251 Bei der im Dritten Buch des UmwG geregelten Spaltung überträgt ein Rechtsträger Teile seines Vermögens auf einen oder mehrere andere Rechtsträger. Die GmbH & Co. KG kann sich als Personenhandelsgesellschaft sowohl als übertragender als auch als übernehmender oder neuer Rechtsträger an einer solchen Spaltung beteiligen (§ 124 UmwG).

U 252 **Übertragender Rechtsträger** | Die GmbH & Co. KG kann auf eine oder mehrere bestehende OHG, KG, Partnerschaft, GmbH, AG, KGaA oder e.G. abspalten, ausgliedern bzw. sich entsprechend aufspalten. Sie kann die genannten Rechtsformen durch Spaltung auch neu gründen. Die Spaltung auf eine bestehende Unternehmergesellschaft (haftungsbeschränkt) sollte jedenfalls ohne Kapitalerhöhung bzw. bei Aufstockung auf das für eine reguläre GmbH erforderliche Stammkapital zulässig sein (vgl. BGH v. 19.4.2011 – II ZB 25/10, BGHZ 189, 254 = GmbHR 2011, 699 – Sachkapitalerhöhung = GmbH-StB 2011, 199). Die Neugründung einer UG durch Spaltung ist dagegen nicht möglich (vgl. BGH v. 11.4.2011 – II ZB 9/10, GmbHR 2011, 701= GmbH-StB 2011, 199).

U 253 **Übernehmender oder neuer Rechtsträger** | Die GmbH & Co. KG ist auch passiv spaltungsfähig in dem Sinne, dass OHG, KG, Partnerschaft, GmbH (einschließlich UG), AG, KGaA, e.G. und auch rechtsfähige Vereine auf sie bzw. zu ihr abspalten, ausgliedern bzw. sich entsprechend aufspalten können. Möglich ist ferner die Ausgliederung zur Aufnahme auf eine bestehende GmbH & Co. KG aus dem Vermögen eines Einzelkaufmanns (§ 152 UmwG), aus einer Stiftung (§ 161 UmwG) und aus einer Gebietskörperschaft (§ 168 UmwG).

U 254 **SE** | Eine bestehende SE mit Sitz in Deutschland kann wie eine deutsche AG an Spaltungen nach dem UmwG teilnehmen. Die Neugründung einer SE richtet sich hingegen nach der SE-VO. Danach ist es nicht möglich, eine SE durch Spaltung einer GmbH & Co. KG neu zu gründen.

b) Strukturmerkmale der Spaltung

U 255 **Partielle Gesamtrechtsnachfolge** | Bei der Spaltung überträgt ein Rechtsträger im Spaltungsvertrag bzw. -plan definierte Teile seines Vermögens auf einen bzw. mehrere andere Rechtsträger, die entweder bereits bestehen oder durch die Spaltung neu gegründet werden (§ 123 UmwG). Die Vermögensteile einschließlich der Verbindlichkeiten gehen *uno actu*, nämlich durch die Eintragung im Register, „als Gesamtheit" auf die übernehmenden Rechtsträger über (§ 131 Abs. 1 Nr. 1 UmwG). Da zwar nicht das Vermögen „als Ganzes", wohl aber Vermögensteile „als Gesamtheit" transferiert werden, spricht man auch von partieller Gesamtrechtsnachfolge (vgl. BFH v. 7.8.2002 – I R 99/00, BStBl. II 2003, 835 = GmbHR 2003, 245 = GmbH-StB 2003, 37).

Aufspaltung, Abspaltung und Ausgliederung | „Spaltung" ist der Oberbegriff für Aufspaltung, Abspaltung und Ausgliederung: U 256

- Bei der **Aufspaltung** überträgt ein Rechtsträger zwar im Ergebnis sein *gesamtes* Vermögen, aber auf mindestens zwei andere, bestehende oder neu zu gründende Rechtsträger (§ 123 Abs. 1 UmwG). Mit der Eintragung im Register erlischt der aufgespaltene Rechtsträger ohne Abwicklung (§ 131 Abs. 1 Nr. 2 UmwG). Im Gegenzug werden die Anteilsinhaber des übertragenden Rechtsträgers regelmäßig Anteilsinhaber der übernehmenden Rechtsträger (§ 131 Abs. 1 Nr. 3 UmwG).
- Bei der **Abspaltung** überträgt ein Rechtsträger lediglich Teile seines Vermögens auf einen oder mehrere andere, bestehende oder neu zu gründende Rechtsträger (§ 123 Abs. 2 UmwG). Da beim abspaltenden Rechtsträger somit Vermögen verbleibt, wird er nicht aufgelöst. Als Gegenleistung erhalten seine Anteilsinhaber Anteile an den übernehmenden Rechtsträgern.
- Die **Ausgliederung** unterscheidet sich von der Abspaltung dadurch, dass die Gegenleistung für den Vermögenstransfer in Form von Anteilen am übernehmenden Rechtsträger dem ausgliedernden Rechtsträger selbst, nicht dessen Anteilsinhabern gewährt wird (§ 123 Abs. 3 UmwG).

Strukturmerkmale | Strukturmerkmale der Spaltung sind damit: U 257

- die Übertragung von Vermögensteilen als Gesamtheit im Wege der partiellen Gesamtrechtsnachfolge,
- die nur bei der Aufspaltung die Auflösung des übertragenden Rechtsträgers ohne Abwicklung zur Folge hat,
- gegen die Gewährung von Anteilen entweder an die Anteilsinhaber des übertragenden Rechtsträgers (so bei der Aufspaltung und Abspaltung) oder an diesen selbst (so bei der Ausgliederung) (vgl. BMF v. 11.11.2011, BStBl. I 2011, 1314, Tz. 01.33 und 01.36).

Regelungstechnik | Das Dritte Buch des Umwandlungsgesetzes (= §§ 123 bis 173 UmwG) regelt die Spaltung in Form von Sonderregelungen, vor allem aber durch die **Generalverweisung in § 125 Satz 1 UmwG** auf das umfassend normierte Recht der Verschmelzung (§§ 4 bis 122 UmwG). U 258

Beispiel:
Die Spaltung unter Beteiligung von Personenhandelsgesellschaften wird im Dritten Buch nicht besonders erwähnt. Aus der Generalverweisung in § 125 Satz 1 UmwG auf das Verschmelzungsrecht ergibt sich jedoch u.a., dass die Spaltung einer GmbH & Co. KG einen Zustimmungsbeschluss ihrer Gesellschafter erfordert (§ 13 Abs. 1 UmwG) und diesem Beschluss auch die nicht erschienenen Gesellschafter zustimmen müssen (sofern der Gesellschaftsvertrag keine Mehrheitsentscheidung zulässt, § 43 UmwG).

c) Spaltung zur Aufnahme oder Neugründung

U 259 **Spaltung zur Neugründung als Sonderfall** | Jede der in § 123 UmwG genannten Spaltungsarten Aufspaltung, Abspaltung und Ausgliederung kann zur Aufnahme oder Neugründung erfolgen. Regelungstechnisch ist die Aufnahme der Grundfall (§§ 126 ff. UmwG), die Neugründung der Sonderfall (§§ 135 ff. UmwG). Auf die Neugründung sind im Grundsatz zusätzlich auch die für den neuen Rechtsträger geltenden Gründungsvorschriften anzuwenden (§ 135 Abs. 2 UmwG). Da an der Spaltung zur Neugründung nur ein einziger übertragender Rechtsträger beteiligt ist, tritt dort an die Stelle des Spaltungs- und Übernahmevertrages ein Spaltungsplan (§ 136 UmwG). Dieser ist durch das Vertretungsorgan aufzustellen und einseitige, nicht empfangsbedürftige Willenserklärung.

Beispiel:

Von der A-GmbH sollen Vermögensteile auf die hierdurch neu zu gründende B-GmbH & Co. KG abgespalten werden (§ 123 Abs. 2 Nr. 2 UmwG). Die Spaltung ermöglicht allerdings nur die Neugründung der KG selbst, nicht auch die Neugründung der davon zu trennenden zukünftigen Komplementärin C-GmbH. Diese ist daher bereits im Vorfeld der Abspaltung neu zu gründen bzw. zu erwerben und ebenfalls an der A-GmbH zu beteiligen; hierzu kann sie vorübergehend von einem der bisherigen Gesellschafter einen Zwerggeschäftsanteil übernehmen und für diesen treuhänderisch halten. Der von der A-GmbH aufzustellende Spaltungsplan sieht sodann vor, dass als Gegenleistung für die Vermögensübertragung bei der B-GmbH & Co. KG der C-GmbH die Stellung als Komplementärin eingeräumt wird sowie den anderen Gesellschaftern der A-GmbH jeweils eine Kommanditbeteiligung.

Alternativ genügt es nach teilweiser Ansicht, wenn die Komplementär-GmbH der neuen KG erst im Zuge der Spaltung beitritt (*Sickinger* in Kallmeyer, § 124 UmwG Rz. 9).

U 260 **Ein- oder zweistufige Neugründung** | In der Regel vereinfacht es die praktische Abwicklung, wenn eine Spaltung nicht zur Neugründung, sondern zweistufig durch Bargründung (oder Erwerb einer Vorratsgesellschaft) mit anschließender Spaltung zur Aufnahme durchgeführt wird. Der Ausgliederung zur Neugründung ist allerdings insbesondere dann der Vorzug zu geben, wenn mit dem neuen Rechtsträger (Kapitalgesellschaft) anschließend eine **Organschaft** begründet werden soll (denn die hierfür erforderliche finanzielle Eingliederung muss bereits zu Beginn seines Wirtschaftsjahres bestehen, § 14 Abs. 1 Satz 1 Nr. 1 KStG).

d) Aufwärts-, Abwärts- und Seitwärtsspaltung

U 261 **Aufwärts-Abspaltung** | Bei der reinen Aufwärts-Abspaltung spaltet eine 100 %-Tochter einen Teil ihres Vermögens „upstream" auf ihre Alleingesellschafterin ab (vgl. *Hageböke*, Ubg 2009, 105, 106 f.).

Beispiel:

Die T-GmbH spaltet einen Teil ihres Vermögens auf ihre Muttergesellschaft M-GmbH & Co. KG ab.

§ 131 Abs. 1 Nr. 3 Satz 1 Halbs. 2 UmwG untersagt für diesen Fall die Anteilsgewährung. Das Prinzip, den Anteilsinhabern des übertragenden Rechtsträgers (T) Anteile am übernehmenden Rechtsträger (M) zu gewähren, wird hier nicht durchgehalten, weil ein solcher Erwerb eigener Anteile bei Personengesellschaften schon nicht möglich ist und bei Kapitalgesellschaften jedenfalls unerwünscht wäre. In der Folge entfallen auch Spaltungsbericht (§§ 127 Satz 2, 8 Abs. 3 Satz 1 Alt. 2 UmwG) und Spaltungsprüfung (§§ 125 Satz 1, 9 Abs. 3 UmwG). Hält M **weniger als 100 %** der Anteile an T, unterbleibt die Anteilsgewährung zwar in Bezug auf M selbst, nicht aber zugunsten der übrigen Anteilsinhaber der T (partielle Aufwärts-Abspaltung).

Aufwärts-Ausgliederung | Bei einer Aufwärts-Ausgliederung gilt § 131 Abs. 1 Nr. 3 Satz 3 UmwG. Dieser sieht – anders als Satz 1 – keine Ausnahme von der Anteilsgewährung vor, weil bei der Aufwärts-Ausgliederung keine eigenen Anteile (der M) entstehen, vielmehr T Anteile an M erhält (vgl. *Mayer* in Widmann/Mayer, § 126 UmwG Rz. 95). Dadurch kommt es zu einer (i.d.R. unerwünschten) „wechselseitigen Beteiligung". U 262

Abwärts-Ausgliederung | Eine Abwärtsspaltung wird i.d.R. als Ausgliederung durchgeführt, d.h. gegen Gewährung von Anteilen an den übertragenden Rechtsträger selbst. Zusätzlich kann bei der Ausgliederung eine Wertdifferenz zwischen dem übertragenen Vermögen und dem Nennbetrag der gewährten Anteile auch als **Darlehensforderung** gutgeschrieben werden. U 263

Beispiel:

Die M-GmbH & Co. KG gliedert einen Teil ihres Vermögens auf ihre Tochtergesellschaft T-GmbH aus und erhält hierfür einen neuen Geschäftsanteil. Zusätzlich darf der Ausgliederungsvertrag eine Darlehensforderung kreieren: „Soweit der Wert des übertragenen Vermögens den Nennbetrag des Geschäftsanteils übersteigt, wird dieser Betrag der Gesellschaft als Darlehen zur Verfügung gestellt" (vgl. OLG München v. 15.11.2011 – 31 Wx 482/11, GmbHR 2012, 41 zu § 152 UmwG = GmbH-StB 2012, 14). Diese Einräumung einer Darlehensforderung ist eine weitere, andere Gegenleistung der übernehmenden T-GmbH für das übertragene Vermögen; sie kann als bare Zuzahlung qualifiziert werden.

Die Ausgliederung geht nach dem Gesetzeswortlaut zwingend mit einer Anteilsgewährung einher. Sofern der übernehmende Rechtsträger eine Kapitalgesellschaft ist, darf daher kein per saldo negatives Vermögen übertragen werden.

Abwärts-Abspaltung | Sofern keine Anteilsgewährung gewünscht ist, kommt als Alternative eine Abwärts-Abspaltung auf eine Kapitalgesellschaft in Betracht. Bei dieser können die Anteilsinhaber des übertragenden Rechtsträgers gemäß § 125 Satz 1 i.V.m. §§ 54 Abs. 4, 68 Abs. 3 UmwG auf eine Anteilsgewährung verzichten (vgl. *Bahns*, Ubg 2010, 414). U 264

Seitwärtsspaltung | Eine Seitwärtsspaltung zwischen Schwestergesellschaften wird zumeist als Abspaltung durchgeführt, d.h. gegen Gewährung von Anteilen an die gemeinsamen Anteilsinhaber. Alternativ ist auch eine Ausgliederung zwischen Schwestergesellschaften denkbar und zulässig; die daraus resultierende gesellschaftsrechtliche Querbeteiligung wird regelmäßig aber nicht gewollt sein. Bei der Abspaltung auf Kapitalgesellschaften ist gemäß § 125 Satz 1 i.V.m. §§ 54 Abs. 1 Satz 3, 68 Abs. 1 Satz 3 UmwG ein Verzicht auf eine Anteilsgewährung zulässig (*Heinz/Wilke*, GmbHR 2012, 889). Zudem erlaubt § 128 UmwG unabhängig von der Rechtsform nicht-verhältniswahrende Auf- und Abspaltungen, damit auch den Verzicht auf eine Anteilsgewährung jedenfalls an einzelne Anteilsinhaber („Spaltung zu Null"). U 265

e) Spaltungsvertrag bzw. -plan (Abschluss, Mindestinhalt, Zuleitung)

Abschluss und Form | Der Spaltungs- und Übernahmevertrag (bzw. der Spaltungsplan bei der Spaltung zur Neugründung) ist durch die Vertretungsorgane der beteiligten Rechtsträger abzuschließen und bedarf der notariellen Beurkundung (§ 125 Satz 1 i.V.m. §§ 4, 6 UmwG). U 266

Mindestinhalt bei Ausgliederung | Jeder Vertrag bzw. Plan muss mindestens enthalten (§ 126 Abs. 1 UmwG): U 267

- Den Namen bzw. die Firma und den Sitz der beteiligten Rechtsträger (Nr. 1),
- die Vereinbarung über die Übertragung von Teilen des Vermögens jeweils als Gesamtheit gegen Gewährung von Anteilen (Nr. 2),
- den Zeitpunkt der Gewinnberechtigung (Nr. 5),
- den Spaltungsstichtag (Nr. 6),
- besondere Rechte und Maßnahmen für einzelne Anteilsinhaber und Inhaber besonderer Rechte (Nr. 7),
- besondere Vorteile für Organe, Abschluss- und Spaltungsprüfer (Nr. 8),
- die genaue Bezeichnung und Aufteilung der Gegenstände des Aktiv- und Passivvermögens sowie der übergehenden Betriebe und Betriebsteile (Nr. 9 und Abs. 2),
- die Folgen der Spaltung für die Arbeitnehmer und ihre Vertretungen sowie die insoweit vorgesehenen Maßnahmen (Nr. 11).

U 268 **Zusätzliche Angaben bei Auf- und Abspaltung** | Bei Auf- und Abspaltung sind in den Vertrag bzw. Plan zusätzlich auch umtauschbezogene Angaben aufzunehmen:

- Das Umtauschverhältnis und die Höhe einer etwaigen baren Zuzahlung (Nr. 3),
- die Einzelheiten zur Anteilsübertragung (Nr. 4),
- die Aufteilung der Anteile an den beteiligten Rechtsträgern (Nr. 10).

Die meisten vorstehend genannten Angaben finden sich entsprechend auch in einem Verschmelzungsvertrag (§ 5 Abs. 1 UmwG; Rz. U 205). Spaltungsspezifisch sind allein die Angaben nach § 126 Abs. 1 Nrn. 9 und 10 UmwG.

U 269 **Barabfindung** | Eine Barabfindung (§§ 29 bis 34 UmwG) entfällt bei der Ausgliederung bereits mangels Anteilsgewährung an die Anteilsinhaber des übertragenden Rechtsträgers (§ 125 Satz 1 UmwG). Bei einer **Auf- oder Abspaltung** kann dagegen nach Maßgabe des § 29 UmwG zusätzlich ein Barabfindungsangebot erforderlich werden; dies betrifft insbesondere die Spaltung auf bzw. zu einem Rechtsträger anderer Rechtsform und bestehende Verfügungsbeschränkungen (bei der GmbH durch Vinkulierung gemäß § 15 Abs. 5 GmbHG, bei der GmbH & Co. KG bereits kraft Gesetzes). Im Fall der Abspaltung bezieht sich die Barabfindung nur auf die am übernehmenden bzw. neuen Rechtsträger zu gewährenden Anteile; die Beteiligung am übertragenden Rechtsträger bleibt von der Annahme der Barabfindung unberührt.

U 270 **Spaltung zur Neugründung** | Hier hat der Spaltungsplan (§ 136 UmwG) auch den Gesellschaftsvertrag des neuen Rechtsträgers (§§ 135 Abs. 1 Satz 1, 125 Satz 1 i.V.m. § 37 UmwG) zu enthalten. Der Gesellschaftsvertrag einer neu zu gründenden GmbH & Co. KG ist daher ausnahmsweise mitzubeurkunden. Zudem sind die Gesellschaftsorgane zu bestellen.

U 271 **Rechtsformspezifische Angaben** | Zusätzlich können rechtsformspezifische Angaben erforderlich werden. Namentlich sind bei einer übernehmenden GmbH & Co. KG Angaben zur Stellung als persönlich haftender Gesellschafter oder Kommanditist und zur Einlage aufzunehmen (§ 40 Abs. 1 UmwG). Bei einer übernehmenden GmbH sind Angaben zu den Nennbeträgen und ggf. zur Ausgestaltung und Herkunft der Geschäftsanteile erforderlich (§ 46 UmwG).

Zuleitung an den Betriebsrat | Der Vertrag oder sein Entwurf ist spätestens einen Monat vor dem jeweiligen Spaltungsbeschluss dem zuständigen Betriebsrat des betreffenden Rechtsträgers zuzuleiten (§ 126 Abs. 3 UmwG). Der Betriebsrat kann jeweils auf die Einhaltung der **Monatsfrist** (z.B. Versammlung am 15.8., Zuleitung bis 14.7.) verzichten, jedoch nicht auf die Zuleitung als solche (LG Stuttgart v. 11.4.2000 – 4 KfH T 17/99, 4 KfH T 18/99, GmbHR 2000, 622 = GmbH-StB 2000, 156). Bei zwischenzeitlichen, für die Belange der Arbeitnehmer wesentlichen Änderungen ist erneut zuzuleiten. Bei Fehlen eines Betriebsrates entfallen Zuleitung und Monatsfrist. U 272

f) Bezeichnung und Aufteilung des Vermögens (§ 126 Abs. 1 Nr. 9 UmwG)

Bezeichnung des Vermögens | Durch die Spaltung gehen Aktiva und Passiva des übertragenden Rechtsträgers entsprechend der im Spaltungs- und Übernahmevertrag vorgesehenen Aufteilung jeweils als Gesamtheit auf die übernehmenden Rechtsträger über (§ 131 Abs. 1 Nr. 1 UmwG). § 126 Abs. 1 Nr. 9 UmwG verlangt deshalb die genaue Bezeichnung und Aufteilung der Gegenstände des Aktiv- und Passivvermögens, die an jeden übernehmenden Rechtsträger übertragen werden. Für die Bezeichnung gilt der **sachenrechtliche Bestimmtheitsgrundsatz** (§ 126 Abs. 2 Satz 1 UmwG): U 273

- Insoweit kann auf **Bilanzen und Inventare** Bezug genommen werden, die eine Zuweisung des einzelnen Gegenstandes ermöglichen und dem Vertrag bzw. Plan als Anlage beigefügt werden (§ 126 Abs. 2 Satz 3 UmwG). Diese Listen sind notwendig nur eine Momentaufnahme auf den bei Vertragsschluss ggf. bereits länger zurückliegenden (nämlich frei wählbaren) Zeitpunkt der jeweiligen Listenerstellung; der Vertrag sollte daher in einer sog. Surrogationsklausel bestimmen, wie zwischenzeitliche Vermögensab- und -zugänge zu behandeln sind.
- Für die Bestimmtheit genügt **Bestimmbarkeit**. Auf die Beifügung von Listen kann daher verzichtet werden, soweit z.B. sämtliche Vertragsbeziehungen mit sowie Forderungen und Verbindlichkeiten gegenüber Kunden demselben Rechtsträger zugeordnet werden; dann genügt diese Angabe im Vertrag.
- Zusätzlich sollte der Vertrag bzw. Plan auch eine sog. **All-Klausel** enthalten, durch die nicht besonders genannte Aktiva und Passiva, die bei betriebswirtschaftlicher Betrachtung einem bestimmten Unternehmensteil zuzurechnen sind, diesem auch für Zwecke der Spaltung zugeordnet werden (vgl. BGH v. 8.10.2003 – XII ZR 50/02, NZG 2003, 1172, 1174 = AG 2004, 98). Dadurch lassen sich „vergessene Aktiva und Passiva" auffangen und durch Vertragsauslegung (§§ 133, 157 BGB), hilfsweise ein Bestimmungsrecht gemäß § 315 BGB, nachträglich sinnvoll zuordnen; dies ist unerlässlich bei der Aufspaltung, für die § 131 Abs. 3 UmwG sonst einen verhältnisweisen Übergang auf alle übernehmenden Rechtsträger anordnet.
- Weitergehend ist auch eine **Totalabspaltung** oder -ausgliederung möglich, bei der im Wesentlichen das wenige zurückzubehaltende Vermögen (zu denken ist etwa an die Firma, Unternehmensverträge, Beteiligungen) positiv beschrieben und „alles andere" abgespalten bzw. ausgegliedert wird (vgl. *Harry Schmidt*, AG 2005, 26). Da § 126 Abs. 1 Nr. 9 UmwG allerdings vor allem die „übertragenen" Aktiva und Passiva im Blick hat, sollten diese vorsorglich gleichwohl zumindest gattungsmäßig (aber eben ohne Beifügung umfänglicher Listen) umschrieben werden.

- Eine Ausnahme gilt für **Grundstücke** (§ 126 Abs. 2 Satz 2 UmwG): Sie sind gemäß § 28 GBO grundbuchmäßig zu bezeichnen. Denn mit dem Wirksamwerden der Spaltung wird das Grundbuch unrichtig; der Spaltungsvertrag bzw. -plan bildet die Grundlage für die erforderliche Berichtigung. Der BGH möchte deshalb bei im Vertrag versehentlich nicht aufgeführten Grundstücken auch keinen Übergang durch Auslegung zulassen (BGH v. 25.1. 2008 – V ZR 79/07, NZG 2008, 436 = AG 2008, 322).

U 274 **Aufteilung des Vermögens** | Für die Aufteilung der Gegenstände gilt der Grundsatz der **Spaltungsfreiheit**, d.h. die beteiligten Rechtsträger sind in der Zusammenstellung des zu übertragenden Vermögens grundsätzlich frei. Es können daher z.B. auch nur Schulden oder jedenfalls mehr Passiva als Aktiva übertragen werden – es sei denn, der übernehmende Rechtsträger ist eine Kapitalgesellschaft und soll als Gegenleistung für die Vermögensübertragung neue Anteile gewähren; dann muss wegen des Verbots der Unterpari-Emission per saldo positives Vermögen übertragen werden (*Priester* in Lutter, § 126 UmwG Rz. 71). Die Übertragung eines per saldo positiven Vermögens kann umgekehrt für eine übertragende Kapitalgesellschaft problematisch sein. Denn jedenfalls die Abspaltung bewirkt beim übertragenden Rechtsträger regelmäßig einen endgültigen Kapitalabfluss, weil die Gegenleistung in Form von Anteilen nicht ihm, sondern seinen Anteilsinhabern gewährt wird. Denkbar ist ein solcher **spaltungsbedingter Vermögensverlust** auch bei der Ausgliederung. Diese bewirkt beim übertragenden Rechtsträger zwar wirtschaftlich einen „Aktivtausch“, weil an die Stelle des übertragenen Vermögens die erhaltenen Anteile treten. Der Wert dieser Anteile muss dem Wert des übertragenen Vermögens jedoch nicht entsprechen; dann besteht ggf. Abschreibungsbedarf (vgl. *Sickinger* in Kallmeyer, § 139 UmwG Rz. 4). In solchen Fällen kann beim übertragenden Rechtsträger eine Zuzahlung der Gesellschafter in das Eigenkapital oder alternativ eine Kapitalherabsetzung erforderlich werden.

U 275 **Übertragung des Vermögens** | Nach Streichung des § 132 UmwG a.F. gilt für die Übertragung der Gegenstände heute Entsprechendes wie bei der Verschmelzung:

- **Anteile** an Kapitalgesellschaften gehen unabhängig von einer etwaigen Vinkulierung (§ 15 Abs. 5 GmbHG, § 68 Abs. 2 AktG) über. Nach zutreffender Ansicht gilt Gleiches auch für Personengesellschaftsanteile (*Simon* in KölnKomm. UmwG, § 131 UmwG Rz. 21 f.).
- **Forderungen** gehen unabhängig von einem etwaigen Abtretungsverbot (§ 399 BGB, mit Gegenausnahme in § 354a HGB) über und können, sofern sie (wie z.B. Geldforderungen) inhaltlich teilbar sind, auch je zum Teil verschiedenen Rechtsträgern zugewiesen werden. **Verbindlichkeiten** gehen ohne Zustimmung des Gläubigers über (abweichend von §§ 414 f. BGB). Dies gilt allerdings nicht für Steuerverbindlichkeiten, weil der BFH Abspaltung und Ausgliederung nicht als „Gesamtrechtsnachfolge“ i.S.v. § 45 AO anerkennt (BFH v. 5.11.2009 – IV R 29/08, GmbHR 2010, 163 = FR 2010, 440 = GmbH-StB 2010, 30). **Rückstellungen** sind als solche nicht übertragbar. Zu übertragen sind die (Eventual-)Verpflichtungen, für welche die Rückstellungen gebildet worden sind. Auch **Vertragsverhältnisse** gehen ohne Zustimmung des jeweiligen Vertragspartners über, jedoch kann diesem – namentlich bei Dauerschuldverhältnissen – ausnahmsweise ein Recht zur Kündigung aus wichtigem Grund erwachsen. **Arbeitsverhältnisse** können im Vertrag bzw. Plan nicht konstitutiv, d.h. nicht ohne Rücksicht auf § 613a BGB, zugeordnet werden (→ *Umwandlung, Einführung Rz. U 158*).

- **Prozessrechtsverhältnisse** sind durch Spaltung als solche nicht übertragbar (vgl. BFH v. 7.8.2002 – I R 99/00, BStBl. II 2003, 835 = GmbHR 2003, 245 = GmbH-StB 2003, 37; BGH v. 6.12.2000 – XII ZR 219/98, NJW 2001, 1217).
- Für die *vor* dem Wirksamwerden der Spaltung begründeten Verbindlichkeiten des übertragenden Rechtsträgers **haften** die beteiligten Rechtsträger als Gesamtschuldner (§ 133 Abs. 1 Satz 1 UmwG).

g) Aufteilung der Anteile an den beteiligten Rechtsträgern (§ 126 Abs. 1 Nr. 10 UmwG)

Nicht-verhältniswahrende Spaltung | Bei Auf- und Abspaltung muss der Vertrag bzw. Plan auch die Aufteilung der Anteile jedes der beteiligten Rechtsträger auf die Anteilsinhaber des übertragenden Rechtsträgers sowie den Maßstab für die Aufteilung enthalten (§ 126 Abs. 1 Nr. 10 UmwG). Dieser Maßstab muss kein einheitlicher sein, denn § 128 Satz 1 UmwG erlaubt jedenfalls mit Zustimmung aller Anteilsinhaber des übertragenden Rechtsträgers auch eine nicht-verhältniswahrende Spaltung. „Verhältniswahrend" ist eine Spaltung dann, wenn die Anteilsinhaber des übertragenden Rechtsträgers in Bezug auf den übertragenen Vermögensteil ihre bisherigen Beteiligungsquoten wahren (§ 128 Satz 2 UmwG). U 276

Beispiel:

An der X-GmbH sind die Gesellschafter A und B zu je 50 % beteiligt. X spaltet einen Teilbetrieb auf die Y-GmbH & Co. KG ab, an der die Komplementär-GmbH mit 0 % und B als einziger Kommanditist zu 100 % beteiligt ist. Die Spaltung ist verhältniswahrend, wenn das Kommanditkapital bei Y im Zuge der Spaltung z.B. von 50 000 Euro um 20 000 Euro erhöht wird und A und B jeweils die Hälfte dieses neuen Kommanditkapitals erhalten. Dass B infolge seiner „Vorbeteiligung" an der Y künftig zu 6/7 beteiligt ist, ist irrelevant. Ebenso wenig spielt es eine Rolle, ob das Umtauschverhältnis zutreffend gewählt wurde.

Trennung von Gesellschafterstämmen | § 126 Abs. 1 Nr. 10 UmwG spricht (seit 1998) bewusst von den „beteiligten" statt nur von den „übernehmenden" Rechtsträgern und gibt so zu erkennen, dass im Zuge einer Spaltung auch die Anteile am **übertragenden Rechtsträger** dinglich neu zugeordnet werden können. Dies ermöglicht u.a. die Trennung von Gesellschafterstämmen: U 277

Beispiel:

A und B sind die beiden Kommanditisten der X-GmbH & Co. KG. X spaltet einen Teilbetrieb auf die (neu zu gründende oder bereits dem B gehörende) Y-GmbH ab. Nach dem Spaltungsvertrag bzw. -plan erhält ausschließlich B die neuen Y-Anteile, im Gegenzug werden die bisherigen Kommanditanteile des B an der X unmittelbar dem A zugeordnet. Diese Spaltung ist damit nicht-verhältniswahrend i.S.d. § 128 UmwG.

Mit dem Wirksamwerden der Spaltung werden die Anteilsinhaber des übertragenden Rechtsträgers entsprechend der im Spaltungsvertrag bzw. -plan vorgesehenen Aufteilung Anteilsinhaber der **beteiligten** Rechtsträger (§ 131 Abs. 1 Nr. 3 Satz 1 Halbs. 1 UmwG). Im Beispiel gehen die Kommanditanteile des B daher mit Wirksamwerden der Spaltung bereits kraft Gesetzes, d.h. ohne weitere Einzelübertragung, auf A über.

Spaltung zu Null | Die nicht-verhältniswahrende Spaltung setzt nicht voraus, dass ein Anteilsinhaber, der am übernehmenden Rechtsträger nicht (verhältniswahrend) beteiligt wird, zum Ausgleich eine entsprechend höhere Beteiligung am übertragenden Rechtsträger erhält. Zulässig ist auch die sog. Spaltung zu Null, bei der einzelnen Anteilsinhabern überhaupt keine U 278

Anteile gewährt werden (OLG München v. 10.7.2013 – 3 Wx 131/13, GmbHR 2013, 874). Dies bedarf jedoch der Zustimmung aller oder jedenfalls der benachteiligten Anteilsinhaber.

h) Spaltungsbericht

U 279 **Vorabinformation der Anteilsinhaber** | Die Vertretungsorgane der beteiligten Rechtsträger haben einen ausführlichen Spaltungsbericht zu erstatten (§ 127 UmwG). Diese Berichtspflicht gilt für alle Spaltungsarten und grundsätzlich für alle Rechtsformen. Der Spaltungsbericht ist den Anteilsinhabern je nach Rechtsform i.d.R. vorab zu übersenden. Spätestens durch Beifügung zur Handelsregisteranmeldung (§§ 125 Satz 1, 17 Abs. 1 UmwG) wird der Bericht öffentlich.

U 280 **Inhalt** | Die inhaltlichen Anforderungen an den Spaltungsbericht entsprechen denen beim Verschmelzungsbericht (Rz. U 219), jedoch sind Angaben zum Umtauschverhältnis nur bei Aufspaltung und Abspaltung vorgeschrieben. Gleichwohl wird man sie auch bei einer Ausgliederung zur Aufnahme verlangen müssen, wenn am aufnehmenden Rechtsträger fremde Dritte beteiligt sind. Zusätzlich ist bei der Spaltung die Zuweisung wesentlicher Verbindlichkeiten zu einzelnen Rechtsträgern und die gesamtschuldnerische Haftung der übrigen Rechtsträger (§ 133 UmwG) zu erläutern.

U 281 **Erforderlichkeit** | Entbehrlich ist der Spaltungsbericht,

- wenn alle Anteilsinhaber aller beteiligten Rechtsträger durch notariell beurkundete Erklärung auf seine Erstattung verzichten (§§ 127 Satz 2, 8 Abs. 3 Satz 1 Alt. 1 UmwG),
- bei der Aufwärts-Abspaltung von/Ausgliederung aus einer 100 %-Tochter auf ihre Mutter (Alt. 2), bei spiegelbildlicher Anwendung dieser Alt. 2 auch bei einer entsprechenden Abwärts-Abspaltung oder -Ausgliederung auf eine 100 %-Tochter,
- für eine Personengesellschaft, bei der alle Gesellschafter zur Geschäftsführung berechtigt sind (§§ 125 Satz 1, 41 UmwG). Dies betrifft nicht die GmbH & Co. KG, wenn – wie regelmäßig – die Kommanditisten nach der (dispositiven) Vorschrift des § 164 HGB von der Geschäftsführung ausgeschlossen sind;
- ferner bei der verhältniswahrenden Spaltung einer AG zur Neugründung (§ 143 UmwG).

i) Spaltungsprüfung

U 282 Bei der Ausgliederung findet keine Prüfung statt (§ 125 Satz 2 UmwG). Für **Aufspaltung und Abspaltung** gelten demgegenüber die §§ 9 bis 12, 30 Abs. 2 UmwG und die rechtsformspezifischen Vorschriften, die bei der Verschmelzung generell oder auf Verlangen eine Prüfung anordnen, entsprechend (§ 125 Satz 1 UmwG). Hier ist daher ggf. eine Spaltungsprüfung durchzuführen und ein Prüfungsbericht zu erstatten; Gleiches gilt in Bezug auf eine anzubietende Barabfindung (Rz. U 269). Ausgenommen von der Generalverweisung ist lediglich § 9 Abs. 2 UmwG. Damit wäre eine Prüfung auch bei einer Aufwärts-Abspaltung von einer 100 %-Tochter auf ihre Mutter erforderlich, obwohl hier keine Anteilsgewährung erfolgt (§ 131 Abs. 1 Nr. 3 Satz 1 Halbs. 2 UmwG) und eine Prüfung somit sinnlos erscheint. Dem ist durch eine (hierauf begrenzte) entsprechende Anwendung der Parallelnorm § 9 Abs. 3 i.V.m. § 8 Abs. 3 Satz 1 Alt. 2 UmwG zu begegnen.

j) Spaltungsbeschlüsse

Spaltungsbeschluss | Der Spaltungsvertag bzw. -plan wird nur wirksam, wenn ihm die Anteilsinhaber der beteiligten Rechtsträger jeweils in einer Versammlung durch notariell beurkundeten Beschluss zustimmen (§§ 125 Satz 1, 13 UmwG; näher Rz. U 225 ff.). Spaltungsspezifisch ordnet § 128 Satz 1 UmwG an, dass auch eine nicht-verhältniswahrende Spaltung die Zustimmung „aller" Anteilsinhaber des übertragenden Rechtsträgers erfordert. U 283

Kapitalmaßnahmen | Sofern beim übernehmenden Rechtsträger zur Durchführung der Spaltung und Anteilsgewährung eine Kapitalerhöhung vorzunehmen ist, ist diese mit der entsprechenden Anpassung des Gesellschaftsvertrages gesondert zu beschließen. Besteht eine **übertragende Kapitalgesellschaft** (bei Abspaltung und Ausgliederung) fort, können im Falle eines spaltungsbedingten Vermögensverlustes auch bei ihr Kapitalmaßnahmen erforderlich werden. Das Umwandlungsgesetz adressiert diesen Aspekt in den §§ 139 f., 145 f. UmwG: Einerseits verpflichtet es die Geschäftsleiter einer übertragenden GmbH, AG oder KGaA zu der – gemäß § 313 Abs. 2 UmwG strafbewehrten – Erklärung, dass die durch Gesetz und Satzung vorgesehenen Gründungsvoraussetzungen auch unter Berücksichtigung der Spaltung im Zeitpunkt der Anmeldung (weiterhin) vorliegen (sog. **Soliditätserklärung**). Dies meint im Wesentlichen die bilanzielle Deckung des gesetzlichen Mindestkapitals sowie weitergehend auch eines ggf. in der Satzung bestimmten höheren Stamm- bzw. Grundkapitals (vgl. *Simon/Nießen* in KölnKomm. UmwG, § 140 UmwG Rz. 9 ff.). Andererseits erlauben es die §§ 139, 145 UmwG, zur Durchführung der Abspaltung oder Ausgliederung bei der übertragenden Kapitalgesellschaft erforderlichenfalls eine **vereinfachte Kapitalherabsetzung** vorzunehmen. Diese Bestimmungen sind nach richtiger Ansicht Rechtsfolgenverweisungen auf die GmbH- und AG-spezifischen Vorschriften zur vereinfachten Kapitalherabsetzung (§§ 58a ff. GmbHG, §§ 229 ff. AktG). Auszugleichen ist der zu erwartende spaltungsbedingte Vermögensverlust, soweit dieser eine Kapitalherabsetzung „erforderlich" macht (zu eng AG Charlottenburg v. 28.5.2008 – 99 AR 3278/08, GmbHR 2008, 993 mit i.E. zust. Anm. *Priester*). Vorrangig ist daher freies Eigenkapital (freie Kapital- und Gewinnrücklagen, ein Gewinnvortrag und Jahresüberschuss bzw. Bilanzgewinn) zu verwenden. U 284

k) Registerverfahren

Anmeldung | Die Spaltung ist durch das jeweilige Vertretungsorgan zum Register anzumelden. Für Anmeldung, Negativerklärung und Freigabeverfahren gilt § 16 UmwG entsprechend (§ 125 Satz 1 UmwG; näher Rz. U 231). § 129 UmwG ergänzt dies dahingehend, dass auch das Vertretungsorgan jedes übernehmenden Rechtsträgers die Anmeldung beim übertragenden durchführen darf. U 285

Weitere Angaben und Anlagen | Der Anmeldung sind namentlich die in § 17 Abs. 1 UmwG genannten Anlagen beizufügen. Beim übertragenden Rechtsträger ist auch dessen **Schlussbilanz** beizufügen (§ 17 Abs. 2 UmwG, ggf. in Form einer Teilbilanz, vgl. IDW RS HFA 43, FN-IDW 2012, 714 Rz. 8 f.). Bei der Anmeldung einer Abspaltung oder Ausgliederung aus einer übertragenden GmbH oder AG/KGaA wird von ihren sämtlichen Geschäftsführern, Vorstandsmitgliedern bzw. persönlich haftenden Gesellschaftern zusätzlich eine sog. **Soliditätserklärung** verlangt (§§ 140, 146 UmwG). Wird das Stamm- bzw. Grundkapital eines beteiligten Rechtsträgers erhöht (§§ 55, 69, 142 UmwG) oder herabgesetzt (§§ 139, 145 UmwG), ist auch diese **Kapitalveränderung** anzumelden. Bei der Spaltung zur **Neugründung** sind weitere U 286

Angaben und Anlagen entsprechend dem jeweiligen Gründungsrecht erforderlich (vgl. §§ 138, 144 UmwG; § 8 GmbHG, § 37 AktG, §§ 106, 162 HGB).

U 287 **Eintragung und Wirksamwerden** | Die Spaltung wird zunächst in das Register jedes übernehmenden, erst danach in das Register des übertragenden Rechtsträgers eingetragen (§ 130 UmwG). Wirksam wird die Spaltung mit der Eintragung in das Register des übertragenden Rechtsträgers (§ 131 Abs. 1 UmwG).

l) Rechtsschutz

U 288 Anteilsinhaber können gegen den Spaltungsbeschluss klagen und so eine Registersperre herbeiführen, die mittels eines Freigabeverfahrens überwunden werden kann. Bewertungsrügen sind beim übertragenden Rechtsträger in das Spruchverfahren verwiesen. Der Rechtsschutz bei der Spaltung entspricht damit demjenigen bei der Verschmelzung (Rz. U 235 ff.). Eine Abweichung ergibt sich lediglich für die **Ausgliederung:** Da die Anteile am übernehmenden Rechtsträger hier dem übertragenden Rechtsträger und nicht dessen Anteilsinhabern gewährt werden, erklärt § 125 Satz 1 UmwG die Vorschriften zu barer Zuzahlung und Barabfindung für nicht anwendbar; Gleiches gilt für die diesbezüglichen Klageausschlüsse (§§ 14 Abs. 2, 15, 29 bis 34 UmwG). Der Ausgliederungsbeschluss eines übertragenden Rechtsträgers kann deshalb auch mit der Begründung angefochten werden, dass die gewährten Anteile am übernehmenden Rechtsträger keine angemessene Gegenleistung darstellen (vgl. OLG Stuttgart v. 22.3.2002 – 20 W 32/01, DB 2003, 33 = AG 2003, 456).

U 289–U 300 frei

3. Formwechsel

Ausgewählte Literatur: *Bärwaldt/Schabacker*, Der Formwechsel als modifizierte Neugründung, ZIP 1998, 1295; *Baßler*, Gesellschafterwechsel bei Umwandlungen, GmbHR 2007, 1252; *Berninger*, Die Unternehmergesellschaft (haftungsbeschränkt) – Sachkapitalerhöhungsverbot und Umwandlungsrecht, GmbHR 2010, 63; *Busch*, Die Deckung des Grundkapitals bei Formwechsel einer GmbH in eine Aktiengesellschaft, AG 1995, 555; *Carlé/Bauschatz*, Vermeidbares Haftungsrisiko bei der Umwandlung einer GmbH in eine GmbH & Co. KG, ZIP 2002, 2072; *Habersack/Schürnbrand*, Das Schicksal gebundener Ansprüche beim Formwechsel, NZG 2007, 81; *Heckschen*, Identität der Anteilseigner beim Formwechsel, DB 2008, 2122; *Hoger*, Fortdauer und Beendigung der organschaftlichen Rechtsstellung von Geschäftsleitern beim Formwechsel nach dem UmwG, ZGR 2007, 868; *Priester*, Personengesellschaften im Umwandlungsrecht, DStR 2005, 788; *Priester*, Das neue Umwandlungsrecht aus notarieller Sicht, DNotZ 1995, 427; *K. Schmidt*, „Deklaratorische" und „konstitutive" Registereintragungen nach §§ 1 ff. HGB, ZHR 163 (1999), 87; *Sigel*, Von der GmbH in die GmbH & Co. KG, GmbHR 1998, 1208; *Veil*, Der nicht-verhältniswahrende Formwechsel von Kapitalgesellschaften, DB 1996, 2529; *Winter* in Rödder/Herlinghaus/van Lishaut, UmwStG, 2. Aufl. 2013, Anhang 1: Umwandlungsrecht; *Wulff/Buchner*, Sicherung der Amtskontinuität des mitbestimmten Aufsichtsrats bei Verschmelzung und Formwechsel, ZIP 2007, 314.

a) Rechtsformwechsel außerhalb des UmwG

U 301 **Rechtsformzwang des Personengesellschaftsrechts** | Der Wechsel zwischen Personengesellschaftsformen erfolgt seit jeher identitätswahrend auf Basis des BGB/HGB/PartGG, sobald die jeweiligen gesetzlichen Voraussetzungen für die bisherige Rechtsform nicht mehr bzw. für die neue Rechtsform vorliegen. Das Umwandlungsgesetz enthält hierzu keine Regelungen; es lässt solche nach anderen Gesetzen möglichen Änderungen der Rechtsform vielmehr unberührt (§ 190 Abs. 2 UmwG). Im Einzelnen:

GbR → GmbH & Co. KG | Eine GbR wird unter Wahrung ihrer Identität zur KG, wenn sie U 302

- unter gemeinschaftlicher Firma ein Handelsgewerbe i.S.d. § 1 Abs. 2 HGB aufnimmt (vgl. BGH v. 21.12.1966 – VIII ZR 195/64, NJW 1967, 821) oder
- bei Fehlen eines in kaufmännischer Weise eingerichteten Gewerbebetriebs freiwillig die Eintragung ins Register herbeiführt (§ 105 Abs. 2 i.V.m. § 2 Satz 2 HGB)

und jeweils

- zusätzlich bei mindestens einem Gesellschafter die Haftung auf den Betrag einer bestimmten Vermögenseinlage beschränkt wird (§ 161 Abs. 1 HGB).

Die KG ist „GmbH & Co. KG", wenn in ihr keine natürliche Person persönlich haftet und deshalb ihre Firma die Haftungsbeschränkung kenntlich machen muss (§ 19 Abs. 2 HGB). Im Fall des ersten Spiegelstrichs entsteht die (GmbH & Co.) KG unabhängig von der nur deklaratorischen Registereintragung; im Fall des zweiten Spiegelstrichs wirkt die Eintragung konstitutiv.

Beispiel:

A und B betreiben gemeinsam eine kleine EDV-Beratung, die weder Mitarbeiter beschäftigt noch eine kaufmännische Buchführung benötigt. Wachsen die Umsätze der EDV-Beratung und wird eine kaufmännische Buchführung unerlässlich, wird die bisherige GbR unabhängig von einer Registereintragung zur OHG. Zur GmbH & Co. KG wird sie, sobald A und B ihre Haftung beschränken und eine GmbH als Komplementärin aufnehmen.

GmbH & Co. KG → GbR | Umgekehrt wird eine GmbH & Co. KG zur GbR, wenn die Voraus- U 303
setzungen des Handelsgewerbes nicht mehr vorliegen und die Eintragung gelöscht wird (vgl. BGH v. 19.5.1960 – II ZR 72/59, BGHZ 32, 307, 310 ff.).

Beispiel:

Die im Handelsregister als solche eingetragene EDV-Beratungs-GmbH & Co. KG sinkt nachträglich wieder zu einem „Kleingewerbe" herab. Alternativ veräußert sie ihr gesamtes Geschäft durch Asset Deal und beschränkt sich fortan auf Vermögensverwaltung (Anlage des Kaufpreises).

Richtiger Ansicht nach bleibt die Gesellschaft in beiden Varianten bis zu einer etwaigen, nur auf Antrag vorzunehmenden Löschung GmbH & Co. KG (vgl. *Wertenbruch* in E/B/J/S, § 105 HGB Rz. 37; *K. Schmidt*, ZHR 163 [1999], 87, 94 f.). Die seinerzeitige Regierungsbegründung zum Handelsrechtsreformgesetz 1997 ging demgegenüber noch davon aus, dass in diesen Fällen an sich eine Amtslöschung angezeigt sei, der die Gesellschafter jedoch analog § 105 Abs. 2 HGB widersprechen könnten und dann nur aufgrund dieser „Beharrungserklärung" den Status als GmbH & Co. KG beibehalten (Begr. RegE zu § 105 HGB i.d.F. des HRefG, BT-Drucks. 13/8444, S. 64).

OHG → GmbH & Co. KG | Eine OHG wird zur (GmbH & Co.) KG, wenn U 304

- ihr ein neuer Gesellschafter lediglich als Kommanditist beitritt oder
- ein persönlich haftender Gesellschafter (durch Änderung des Gesellschaftsvertrages) seine Rechtsstellung in die eines Kommanditisten umwandelt (vgl. § 139 HGB für Erbfälle) (vgl. *Weipert* in E/B/J/S, § 162 HGB Rz. 26).

U 305 **GmbH & Co. KG → OHG** | Eine GmbH & Co. KG wird zur OHG, wenn sämtliche Kommanditisten

- ausscheiden (und mindestens zwei persönlich haftende Gesellschafter verbleiben) oder
- sämtliche Kommanditisten ihre Kommandit- in Komplementärbeteiligungen umwandeln.

b) Formwechselfähigkeit der GmbH & Co. KG nach UmwG

U 306 **GmbH & Co. KG als Ausgangs- und Zielrechtsform** | Die GmbH & Co. KG ist als Personenhandelsgesellschaft darüber hinaus auch zulässige Ausgangs- und Zielrechtsform für den Formwechsel nach dem Umwandlungsgesetz. § 191 UmwG umreißt die insoweit denkbaren Kombinationen. Ob eine Kombination jedoch auch tatsächlich zulässig ist, bestimmen erst die besonderen Vorschriften (§§ 214 ff. UmwG):

- Eine GmbH & Co. KG kann danach nur in die Rechtsform einer GmbH, AG, KGaA oder e.G. wechseln (§ 214 Abs. 1 UmwG).
- Umgekehrt können nur GmbH, AG und KGaA nach dem Umwandlungsgesetz in die Rechtsform einer GmbH & Co. KG wechseln (§ 226 UmwG). Der e.G. ist dieser Weg versperrt (§ 258 Abs. 1 UmwG).

U 307 **UG (haftungsbeschränkt)** | Die Unternehmergesellschaft (haftungsbeschränkt) ist als Rechtsformvariante der GmbH ebenfalls taugliche Ausgangsrechtsform, mit Rücksicht auf das „Höchstkapital" von 24 999 Euro und § 5a Abs. 2 Satz 2 GmbHG jedoch keine zulässige Zielrechtsform (*Berninger*, GmbHR 2010, 63, 67).

U 308 **SE** | Ein direkter Formwechsel GmbH & Co. KG → SE ist wegen der vorrangigen, insoweit auf die AG beschränkten Regelung in Art. 2 Abs. 4, 37 SE-VO nicht möglich. Inwieweit entsprechend auch die Regelung des Art. 66 SE-VO für den Rückformwechsel SE → AG abschließend ist oder daneben auch den Formwechsel in andere Rechtsformen zulässt, ist derzeit offen (vgl. OLG Frankfurt a.M. v. 2.12.2010 – 5 Sch 3/10, NZG 2012, 351 – SE → KGaA; *Drinhausen* in Habersack/Drinhausen, Art. 66 SE-VO Rz. 7). In der Praxis wird man die SE zunächst nach der SE-VO in eine AG formwechseln und diese sodann nach dem UmwG in eine GmbH & Co. KG.

c) Strukturmerkmale des Formwechsels nach UmwG

U 309 **Konzept der Identitätswahrung** | Der Formwechsel unterscheidet sich von den übrigen Umwandlungsarten insbesondere durch die Beteiligung nur eines Rechtsträgers und durch das damit zusammenhängende Konzept der Identitätswahrung: Anders als Verschmelzung und Spaltung geht der Formwechsel nicht mit einem Vermögenstransfer auf einen anderen Rechtsträger einher; die frühere Unterscheidung zwischen *formwechselnder* und *übertragender* Umwandlung ist entfallen. Am Formwechsel ist gemäß § 190 Abs. 1 UmwG nur ein einziger Rechtsträger beteiligt. Dieser wechselt identitätswahrend lediglich das „Rechtskleid" – ohne Liquidation, Neugründung, Vermögensübertragung und Gesamtrechtsnachfolge (vgl. BMF v. 11.11.2011, BStBl. I 2011, 1314, Rz. 01.39). Mit der Eintragung im Register besteht der formwechselnde Rechtsträger in der neuen Rechtsform weiter (§ 202 Abs. 1 Nr. 1 UmwG); die bisherigen Anteilsinhaber bleiben auch am Rechtsträger neuer Rechtsform beteiligt (§ 202 Abs. 1 Nr. 2 UmwG).

Eigenständige Regelung | Der Formwechsel hat deshalb im Fünften Buch des Umwandlungsgesetzes eine weitgehend eigenständige Regelung erfahren, die sich ihrerseits in allgemeine (§§ 190 bis 213 UmwG) und besondere Vorschriften (§§ 214 bis 304 UmwG) aufteilt. Die besonderen Vorschriften enthalten detaillierte zusätzliche Bestimmungen zunächst für die praxiswichtigen Formwechsel U310

- Personen- in Kapitalgesellschaft (§§ 214ff. UmwG),
- Kapital- in Personengesellschaft (§§ 228ff. UmwG) und
- Kapitalgesellschaft in Kapitalgesellschaft anderer Rechtsform (§§ 238ff. UmwG).

Der Formwechsel zwischen Personengesellschaften ist dagegen im Umwandlungsgesetz nicht geregelt, weil er bereits nach allgemeinen Bestimmungen möglich ist (BGB, HGB, PartGG); die Vorschriften des Umwandlungsgesetzes gelten hierfür weder direkt noch analog (§ 190 Abs. 2 UmwG). Die §§ 251 bis 304 UmwG bieten ferner noch besondere Vorschriften für (hier nicht interessierende) Formwechsel in und aus einer e.G. sowie von rechtsfähigen Vereinen, VVaG, Körperschaften und Anstalten des öffentlichen Rechts.

d) Entwurf des Umwandlungsbeschlusses (Mindestinhalt, Zuleitung)

Funktion | Zur Vorbereitung des Formwechsels hat die Verwaltung des formwechselnden Rechtsträgers rechtzeitig einen **Entwurf des Umwandlungsbeschlusses** zu erstellen, den die Anteilsinhaber später in einer Versammlung fassen sollen (vgl. §§ 193f. UmwG). Bereits dieser Entwurf tritt beim Formwechsel funktional an die Stelle des bei Verschmelzung und Spaltung jeweils vorgesehenen Vertrages bzw. Plans. In der Folge muss schon der Entwurf des Umwandlungsbeschlusses die vorgeschriebenen Angaben enthalten; der Entwurf ist (als zwingender Bestandteil des Umwandlungsberichts) den Anteilsinhabern zugänglich zu machen und auch dem zuständigen Betriebsrat vorab zuzuleiten. U311

Mindestinhalt | In dem Umwandlungsbeschluss müssen mindestens bestimmt werden (§ 194 Abs. 1 UmwG): U312

- Die neue Rechtsform (Nr. 1),
- der Name bzw. die Firma des Rechtsträgers neuer Rechtsform (Nr. 2),
- eine Beteiligung der bisherigen Anteilsinhaber in der neuen Rechtsform (Nr. 3),
- Zahl, Art und Umfang der künftigen Anteile bzw. Mitgliedschaften (Nr. 4),
- besondere Rechte und Maßnahmen für einzelne Anteilsinhaber und Inhaber besonderer Rechte (Nr. 5),
- ein Barabfindungsangebot, soweit erforderlich (Nr. 6),
- die Folgen des Formwechsels für die Arbeitnehmer und ihre Vertretungen sowie die insoweit vorgesehenen Maßnahmen (Nr. 7).

Der vorstehende Katalog unterscheidet sich deshalb deutlich von den Katalogen in § 5 Abs. 1 und § 126 Abs. 1 UmwG, weil beim Formwechsel kein Vermögensübergang auf einen anderen Rechtsträger stattfindet. In der Folge sind anlässlich des Formwechsels handelsrechtlich **keine Bilanzen** aufzustellen und ist handelsrechtlich auch **kein „Formwechselstichtag"** festzulegen. Handelsbilanziell kennt der Formwechsel keine Rückwirkung i.S.v. § 5 Abs. 1 Nr. 6 UmwG. Dies hindert es aber selbstverständlich nicht, in den Beschluss für Steuerzwecke einen steuerlichen Übertragungsstichtag aufzunehmen. Dieser darf höchstens acht Monate vor der Anmeldung zum Register liegen (§§ 9 Satz 3, 20 Abs. 6 Satz 3, 25 UmwStG).

U313 **Neuer Gesellschaftsvertrag** | Zusätzlich muss der Umwandlungsbeschluss den Gesellschaftsvertrag des Rechtsträgers neuer Rechtsform enthalten. Dies ergibt sich für den Formwechsel in eine GmbH & Co. KG aus § 234 Nr. 3 UmwG mit der Folge, dass der Gesellschaftsvertrag auch dort ausnahmsweise notariell (mit) beurkundet werden muss (§ 193 Abs. 3 Satz 1 UmwG) und der Publizität des Handelsregisters unterliegt. Soweit ein Geheimhaltungsbedürfnis der Gesellschafter besteht, kann der künftige Kommanditgesellschaftsvertrag im Umwandlungsbeschluss ggf. zunächst einfach gehalten und mit/nach Wirksamwerden des Formwechsels entsprechend ergänzt werden. Für den Formwechsel GmbH & Co. KG → Kapitalgesellschaft gilt § 218 Abs. 1 UmwG.

U314 **KG-spezifische Angaben** | Der Beschluss zum Formwechsel in eine GmbH & Co. KG muss ferner auch den Sitz der KG enthalten (§ 234 Nr. 1 UmwG; dies ist der Ort der Hauptverwaltung). Zusätzlich sind die Kommanditisten (nach Name, Geburtsdatum und Wohnort) sowie ihre jeweils in das Handelsregister einzutragenden Hafteinlagen anzugeben (§ 234 Nr. 2 UmwG).

U315 **Zuleitung an den Betriebsrat** | Nur der Entwurf des Umwandlungsbeschlusses, d.h. nicht auch der Umwandlungsbericht, ist spätestens einen Monat vor dem Umwandlungsbeschluss dem zuständigen Betriebsrat des formwechselnden Rechtsträgers zuzuleiten (§ 194 Abs. 2 UmwG). Der Betriebsrat kann auf die Einhaltung der **Monatsfrist** (beispielsweise Versammlung am 15.8., Zuleitung bis 14.7.) verzichten, jedoch nicht auf die Zuleitung als solche (LG Stuttgart v. 11.4.2000 – 4 KfH T 17/99, 4 KfH T 18/99, GmbHR 2000, 622 = GmbH-StB 2000, 156). Bei zwischenzeitlichen, für die Belange der Arbeitnehmer wesentlichen Änderungen ist erneut zuzuleiten. Bei Fehlen eines Betriebsrates entfallen Zuleitung und Monatsfrist.

e) Ausscheiden und Beitritt der Komplementär-GmbH

U316 **Kontinuität der Mitgliedschaft** | Für den Umwandlungsbeschluss verlangt § 194 Abs. 1 Nr. 3 UmwG Angaben zum „Ob“ der weiteren Beteiligung der bisherigen Anteilsinhaber, § 194 Abs. 1 Nr. 4 UmwG zum „Wie“. Dabei geht der Gesetzgeber davon aus, dass an dem Rechtsträger vor und nach dem Formwechsel grundsätzlich dieselben Anteilsinhaber beteiligt sind. Diese Kontinuität der Mitgliedschaft ist beim Formwechsel zwischen GmbH & Co. KG und Kapitalgesellschaft regelmäßig dann problematisch, wenn die (am Gewinn und Vermögen der KG nicht beteiligte) Komplementär-GmbH beim Formwechsel in die Kapitalgesellschaft ausscheiden bzw. beim Formwechsel in die KG neu hinzutreten soll.

U317 **Sonderregelung für die KGaA** | Zwar sehen § 194 Abs. 1 Nr. 3 und § 202 Abs. 1 Nr. 2 Satz 1 UmwG die Beteiligung der bisherigen Anteilsinhaber an dem Rechtsträger neuer Rechtsform nur vor, „soweit ihre Beteiligung nicht nach diesem Buch entfällt“. Eine solche Ausscheidensmöglichkeit eröffnet das Umwandlungsgesetz aber nur den Komplementären einer formwechselnden KGaA; diese können beim Formwechsel in eine Personengesellschaft ihr Ausscheiden erklären (§§ 233 Abs. 3 Satz 3, 236 UmwG), beim Formwechsel in eine AG oder GmbH scheiden sie sogar zwingend aus (§ 247 Abs. 2 UmwG). Umgekehrt sind nach § 194 Abs. 1 Nr. 4 UmwG auch diejenigen Anteile zu bestimmen, „die einem beitretenden persönlich haftenden Gesellschafter eingeräumt werden sollen“. Auch der Beitritt ist konkret aber nur für die künftigen Komplementäre einer KGaA geregelt (§ 221 UmwG, ggf. i.V.m. § 240 Abs. 2 Satz 2 UmwG).

Fehlen einer Regelung für die GmbH & Co. KG | Für den Formwechsel zwischen **GmbH & Co. KG** und Kapitalgesellschaft fehlen besondere Austritts- und Beitrittsregelungen. Der BGH hat es jedoch 2005 anlässlich eines Formwechsels AG → GmbH & Co. KG für zulässig erklärt, dass die Hauptversammlung „einen der bisherigen Aktionäre – oder sogar einen im Zuge des Formwechsels neu hinzutretenden Gesellschafter – mit dessen Zustimmung zum Komplementär der formgewechselten zukünftigen KG wählt und die Aktionäre im Übrigen Kommanditisten werden" (BGH v. 9.5.2005 – II ZR 29/03, AG 2005, 613 [re. Sp.] = GmbHR 2005, 1136 [Ls.]; vgl. zuvor schon BGH v. 17.5.1999 – II ZR 293/98, BGHZ 142, 1, 5 zu § 34 Abs. 1 Nr. 2 LwAnpG). Mit der (im konkreten Fall nicht entscheidungserheblichen) Parenthese hat der BGH die Möglichkeit des Beitritts anerkannt; der Austritt ist dann im Ergebnis nicht anders zu beurteilen (vgl. *Baßler*, GmbHR 2007, 1252; *Heckschen*, DB 2008, 2122). U318

Treuhandmodelle | Da einige Registergerichte dem BGH in dieser Frage bisher nur zögerlich folgen, spielen in der Praxis auch Treuhandmodelle weiterhin eine Rolle, um die Kontinuität der Mitgliedschaft im Zuge des Formwechsels sicherzustellen. U319

- So kann beim Formwechsel **GmbH & Co. KG → Kapitalgesellschaft** der an der KG vermögensmäßig nicht beteiligten Komplementär-GmbH ein Zwerganteil an der Ziel-Kapitalgesellschaft gewährt werden, den sie treuhänderisch für einen der bisherigen Kommanditisten übernimmt und sogleich wieder an diesen abtritt.

  Beispiel:

  Die C-GmbH ist 0 %-Komplementärin, A und B sind die Kommanditisten der A&B GmbH & Co. KG. Die KG soll in eine GmbH formgewechselt werden soll. Nach teilweiser Ansicht kann die C-GmbH im Zuge dieses Formwechsels nicht einfach ausscheiden; sie muss daher an der künftigen A&B GmbH mit mindestens 1 Euro beteiligt werden (vgl. *Vossius* in Widmann/Mayer, § 215 UmwG Rz. 33 ff.; § 5 Abs. 2 Satz 1 GmbHG). Dazu kann vereinbart werden, dass die C-GmbH den 1 Euro-Geschäftsanteil treuhänderisch für den (entsprechend geringer zu beteiligenden) A erhalten und aufschiebend bedingt auf das Wirksamwerden des Formwechsels (durch Eintragung der neuen Rechtsform) an A abtreten wird.

- Beim umgekehrten Formwechsel **Kapitalgesellschaft → GmbH & Co. KG** kann ein Gesellschafter der formwechselnden Kapitalgesellschaft einen Zwerganteil vorübergehend zu treuen Händen auf die künftige Komplementär-GmbH übertragen und ihr so die Teilnahme am Formwechsel ermöglichen (vgl. *Ihrig* in Semler/Stengel, § 228 UmwG Rz. 25 ff.).

  Beispiel:

  A und B sind die Gesellschafter der A&B GmbH. Sie gründen gemeinsam die C-GmbH als künftige Komplementärin. A tritt einen Zwerganteil von 1 Euro an der A&B GmbH an die C-GmbH ab. Hierbei trifft A mit der C-GmbH eine entsprechende Treuhandabrede. Bereits jetzt kann vereinbart werden, dass die C-GmbH aufschiebend bedingt auf die Eintragung der KG den ihr gewährten Kapitalanteil von 1 Euro auf A überträgt (oder die C-GmbH im Rahmen eines nicht-verhältniswahrenden Formwechsels nur mit 0 % an der KG beteiligt wird).

f) Kontinuität der Mitgliedschaft im Übrigen

Zahl, Art und Umfang der neuen Anteile | Der Umwandlungsbeschluss muss Zahl, Art und Umfang der künftigen Anteile bzw. Mitgliedschaften bestimmen (§ 194 Abs. 1 Nr. 4 UmwG). Dazu ist beim Formwechsel in eine KG festzulegen, ob ein Gesellschafter Komplementär oder Kommanditist wird. Die Kommanditisten sind nach Name, Geburtsdatum und Wohnort zu bezeichnen; zugleich ist für jeden Kommanditisten die in das Handelsregister einzutragende Hafteinlage festzusetzen (§ 234 Nr. 2 UmwG), zusätzlich auch die Verteilung der für das Innenverhältnis maßgebenden (Fest-)Kapitalkonten. Demgegenüber werden bspw. beim Form- U320 wechsel in eine AG Angaben zur Gewährung von Namens- oder Inhaberaktien, Nennwert- oder Stückaktien, Stamm- oder Vorzugsaktien erforderlich.

U 321 **Nicht-verhältniswahrender Formwechsel** | „Kontinuität der Mitgliedschaft" bedeutet nicht, dass die Anteilsinhaber nach dem Formwechsel zwingend im gleichen Umfang wie zuvor beteiligt bleiben müssen. Nach wohl allgemeiner Ansicht ist auch ein nicht-verhältniswahrender Formwechsel zulässig, bei dem sich die Beteiligungsquoten mehrerer oder aller Anteilsinhaber verschieben (vgl. *Decher/Hoger* in Lutter, § 202 UmwG Rz. 13 ff.; *Bärwaldt/Schabacker*, ZIP 1998, 1295, 1298). Anbieten kann sich eine solche Verschiebung bspw. zur Kompensation bisheriger gesellschaftsvertraglicher Vorzugsrechte, die in der neuen Rechtsform nicht fortgesetzt werden können oder sollen.

Beispiel:

Bisher in einer GmbH & Co. KG bestehende Mehrstimmrechte wären nach dem Formwechsel in eine AG unzulässig (§ 12 Abs. 2 AktG) und sind daher ggf. durch eine höhere Beteiligung abzugelten (vgl. auch § 194 Abs. 1 Nr. 5 UmwG).

Solche Quotenverschiebungen sind bei der Spaltung ausdrücklich erlaubt (§ 128 UmwG) und auch bei der Verschmelzung möglich, indem z.B. bewusst ein unangemessenes Umtauschverhältnis gewählt wird oder einzelne oder alle Anteilsinhaber auf die Gewährung von Anteilen verzichten (§§ 54 Abs. 1 Satz 3, 68 Abs. 1 Satz 3 UmwG). Beim Formwechsel fehlt eine ausdrückliche Regelung; zudem besteht ein gewisses Spannungsverhältnis zum Konzept der Identitätswahrung (Rz. U 309). Die §§ 241, 242 UmwG treffen aber immerhin Regelungen für den Spezialfall, dass beim Formwechsel GmbH → AG/KGaA oder umgekehrt eine abweichende Stückelung gewählt wird und sich deshalb nicht mehr jeder Gesellschafter mit seinem gesamten bisherigen Anteil beteiligen kann; dem muss jeder benachteiligte Gesellschafter zustimmen. Entsprechend ist auch für den nicht-verhältniswahrenden Formwechsel nicht die Zustimmung aller Anteilsinhaber zu fordern (so aber z.B. *Decher/Hoger* in Lutter, § 202 UmwG Rz. 15), sondern genügt die **Zustimmung der benachteiligten Anteilsinhaber** (so z.B. *Priester*, DNotZ 1995, 427, 451).

U 322 **Bare Zuzahlung** | § 196 UmwG gewährt Anteilsinhabern, deren Anteile am Rechtsträger neuer Rechtsform zu niedrig bemessen sind oder deren neue Mitgliedschaft keinen ausreichenden Gegenwert darstellt, einen Anspruch auf Ausgleich durch bare Zuzahlung. Voraussetzung hierfür ist eine individuelle Benachteiligung, z.B. der Verlust eines bisherigen Sonderrechts oder eine Verringerung der Beteiligungsquote beim nicht-verhältniswahrenden Formwechsel. Veränderungen, die – wie z.B. eine geringere Fungibilität der neuen Anteile – alle Anteilsinhaber gleichmäßig treffen, begründen dagegen keinen Ausgleichsanspruch (vgl. *Decher/Hoger* in Lutter, § 196 UmwG Rz. 11). Das Recht auf bare Zuzahlung setzt nach h.M. nicht voraus, dass der Anteilsinhaber Widerspruch erklärt oder auch nur gegen den Formwechsel gestimmt hat (*Meister/Klöcker* in Kallmeyer, § 196 UmwG Rz. 9; vgl. aber BGH v. 23.10.1998 – BLw 40/98, NZG 1999, 88 zu § 28 Abs. 2 LwAnpG – konkludenter Verzicht).

U 323 **Barabfindungsangebot** | Grundsätzlich ist in den Umwandlungsbeschluss auch ein Barabfindungsangebot zugunsten von widersprechenden Anteilsinhabern aufzunehmen (§§ 194 Abs. 1 Nr. 6, 207 ff. UmwG). Dieses Abfindungsangebot entfällt:

- wenn der Umwandlungsbeschluss zu seiner Wirksamkeit ohnehin der Zustimmung aller Anteilsinhaber bedarf oder an dem formwechselnden Rechtsträger nur ein Anteilsinhaber beteiligt ist (§ 194 Abs. 1 Nr. 6 UmwG)

- wenn alle Anteilsinhaber in notariell beurkundeter Form auf das Abfindungsangebot verzichten; diese ungeschriebene Ausnahme ist wegen des mit einer unnützen Bewertung verbundenen Aufwands allgemein anerkannt (z.B. *Decher/Hoger* in Lutter, § 194 UmwG Rz. 23).

Personengesellschafter hält der Gesetzgeber für so gut informiert, dass dort das (nur bei Zulässigkeit von Mehrheitsentscheidungen geforderte) Abfindungsangebot nur auf Verlangen eines Gesellschafters **zu prüfen** ist (§ 225 UmwG). Im Übrigen ist das Abfindungsangebot zu prüfen, sofern nicht alle Gesellschafter in notariell beurkundeter Form auf die Prüfung verzichten (§§ 208, 30 Abs. 2 UmwG). Das Angebot kann binnen zwei Monaten nach der Bekanntmachung der Eintragung der neuen Rechtsform sowie erneut nach dem Ende eines diesbezüglichen Spruchverfahrens angenommen werden (§ 209 UmwG).

Unbekannte Aktionäre | Unbekannte Aktionäre einer Publikums-AG oder -KGaA gehen durch den Formwechsel auch dann nicht „verloren", wenn für den Rechtsträger neuer Rechtsform – wie bei der KG (§ 234 Nr. 1 UmwG) – ihre Benennung gesetzlich vorgeschrieben ist. Sie können vielmehr gesammelt durch die Angabe der insgesamt auf sie vor und nach dem Formwechsel entfallenden Anteile bezeichnet werden (§§ 213, 35 UmwG). Werden die zunächst unbekannten Kommanditisten später bekannt, ist das Handelsregister von Amts wegen zu berichtigen und sind die Kommanditisten entsprechend einzutragen. U 324

g) Umwandlungsbericht

Erstellung und Inhalt | Das Vertretungsorgan des formwechselnden Rechtsträgers hat zur Vorabinformation der Anteilsinhaber einen ausführlichen schriftlichen Umwandlungsbericht zu erstatten (§ 192 Abs. 1 UmwG). Bei der GmbH & Co. KG ist somit deren Komplementär-GmbH, vertreten durch ihre Geschäftsführer, berichtspflichtig. Im Bericht sind der Formwechsel und insbesondere die künftige Beteiligung der Anteilsinhaber an dem Rechtsträger rechtlich und wirtschaftlich zu erläutern und zu begründen. Da der Umwandlungsbericht zudem einen Entwurf des Umwandlungsbeschlusses enthalten muss (§ 192 Abs. 1 Satz 3 UmwG), ist insbesondere auch ein darin ggf. aufzunehmendes Barabfindungsangebot darzustellen und zu erläutern. U 325

Erforderlichkeit | Der Umwandlungsbericht ist ausnahmsweise entbehrlich: U 326

- wenn an dem formwechselnden Rechtsträger nur ein Anteilsinhaber beteiligt ist,
- wenn alle Anteilsinhaber in notariell beurkundeter Form auf ihn verzichten (§ 192 Abs. 2 UmwG),
- bei formwechselnden Personengesellschaften, wenn alle Gesellschafter geschäftsführungsberechtigt sind (§ 215 UmwG) und sich somit selbst informieren können. Auf die GmbH & Co. KG trifft dies typischerweise nicht zu (vgl. § 164 HGB).

h) Keine „Formwechselprüfung"

Nachdem sich der Kreis der Anteilsinhaber durch den Formwechsel grundsätzlich nicht ändert, verzichtet das Gesetz auf eine präventive „Formwechselprüfung" entsprechend §§ 9 ff. UmwG; lediglich zum Schutz ausscheidender Anteilsinhaber ist ggf. eine anzubietende Barabfindung zu prüfen (§ 208 UmwG). Auch beim Formwechsel können sich jedoch besondere Berichts- und Prüfungserfordernisse aus Verweisungen auf das Gründungsrecht der neuen Rechtsform und aus Vorschriften zum Kapitalschutz beim Formwechsel in Kapitalgesellschaften ergeben. U 327

i) Anwendung von Gründungsrecht

U 328 **Formwechsel als „Sachgründung"** | Mit dem Formwechsel wechselt ein Rechtsträger die auf ihn anzuwendende Rechtsordnung, und zwar ohne Liquidation und ohne Neugründung. Gleichwohl bestimmt § 197 Satz 1 UmwG, dass auf den Formwechsel im Grundsatz auch die für die neue Rechtsform geltenden **Gründungsvorschriften anzuwenden** sind. Dies soll insbesondere sicherstellen, dass auch Kapitalgesellschaften, die durch Formwechsel entstehen, die für eine originäre Gründung geltenden Standards erfüllen: „Wenn für die Errichtung des formwechselnden Rechtsträgers mildere Gründungsvorschriften maßgeblich waren, sollen die für die neue Rechtsform geltenden strengeren Maßstäbe nicht unterlaufen werden können. ... Damit werden vor allem die für die Kapitalgesellschaften wichtigen Vorschriften über die Gründungsprüfung und über die Verantwortlichkeit der Gründer in das Umwandlungsrecht einbezogen" (Begr. RegE zu § 197 UmwG 1994, BR-Drucks. 75/94, S. 141). Der Formwechsel entspricht dann im Prinzip einer Sachgründung ohne Vermögenstransfer.

U 329 **GmbH & Co. KG → GmbH** | In der Folge sind beim Formwechsel GmbH & Co. KG → GmbH zusätzlich die Sachgründungsvorschriften des GmbH-Gesetzes zu beachten:

- In den Gesellschaftsvertrag ist vorsorglich ein Hinweis aufzunehmen, dass das Stammkapital „durch Formwechsel der X-GmbH & Co. KG mit Sitz in Y" erbracht wurde (§ 5 Abs. 4 Satz 1 GmbHG).
- Neben dem Umwandlungsbericht (§ 192 UmwG) ist ein Sachgründungsbericht zu erstatten (§ 5 Abs. 4 Satz 2 GmbHG), in dem die Gründer (§ 219 UmwG) auch den bisherigen Geschäftsverlauf und die Lage der formwechselnden Gesellschaft darlegen (§ 220 Abs. 2 UmwG).
- Die Gesellschafter, die für den Formwechsel gestimmt haben und deshalb als Gründer gelten (§ 219 UmwG), unterliegen potenziell auch der Gründerhaftung gemäß §§ 9a, b GmbHG. Alle Gesellschafter trifft ggf. die Differenzhaftung bei Überbewertung der Sacheinlage (§ 9 GmbHG).
- Die Einlagenversicherung bei Anmeldung (§ 8 Abs. 2 GmbHG) entfällt nach dem Gesetz nur beim Formwechsel aus einer Kapitalgesellschaft (§ 246 Abs. 3 UmwG). Beim Formwechsel aus einer Personengesellschaft sollte sie daher vorsorglich abgegeben werden. Zum Teil wird sie zwar auch hier für entbehrlich gehalten, weil es mangels Vermögensübergang zu keiner Einlageleistung komme (*Zimmermann* in Kallmeyer, § 198 UmwG Rz. 13). Das ist zwar richtig, hindert die Rechtsprechung aber z.B. auch im Fall der „wirtschaftlichen Neugründung" nicht, eine entsprechende Versicherung zu verlangen (vgl. BGH v. 12.7.2011 – II ZR 71/11, GmbHR 2011, 1032, 1033 m. Anm. *Bayer* = GmbH-StB 2011, 296).

U 330 **GmbH & Co. KG → AG/KGaA** | Beim Formwechsel in eine AG/KGaA ist zu beachten:

- In den Gesellschaftsvertrag ist auch hier vorsorglich ein Hinweis aufzunehmen, dass das Grundkapital „durch Formwechsel der X-GmbH & Co. KG mit Sitz in Y" erbracht wurde (§ 27 Abs. 1 AktG).
- Die Gründer (§ 219 UmwG) haben über den Hergang des Formwechsels einen Gründungsbericht (§ 32 AktG) mit den zusätzlichen Angaben nach § 220 Abs. 2 UmwG zu erstatten. Dieser Gründungsbericht tritt rechtlich neben den Umwandlungsbericht (§ 192 UmwG) und ist anders als dieser nicht verzichtbar.
- Die künftigen Vorstände (bei der KGaA die Komplementäre) und Mitglieder des Aufsichtsrates haben den Hergang des Formwechsels zu prüfen (interne Gründungsprüfung,

§ 33 Abs. 1 AktG). Daneben hat auch eine externe Gründungsprüfung (§ 33 Abs. 2 Nr. 4 AktG) stattzufinden (§ 220 Abs. 3 Satz 1 UmwG).

- Die die Gründer (§ 219 UmwG) unterliegen potenziell der Gründerhaftung gemäß § 46 AktG. Alle Gesellschafter trifft ggf. die Differenzhaftung bei Überbewertung der Sacheinlage (analog § 9 GmbHG).
- Vorsorglich ist bei Anmeldung auch eine Einlagenversicherung abzugeben (§ 37 Abs. 1 AktG).

j) Kapitalschutz beim Formwechsel GmbH & Co. KG → Kapitalgesellschaft

Deckung des Nennkapitals durch Reinvermögen | § 220 Abs. 1 UmwG gewährleistet beim Formwechsel GmbH & Co. KG → Kapitalgesellschaft einen der Neugründung vergleichbaren Kapitalschutz: Der künftige Nennbetrag des Stamm- bzw. Grundkapitals darf das Reinvermögen der GmbH & Co. KG nicht übersteigen. Nicht geregelt ist, ob zur Prüfung des Reinvermögens die Vermögensgegenstände und Schulden der GmbH & Co. KG mit dem handelsrechtlichen Buchwert oder mit dem Zeitwert zu bewerten sind. Da der Formwechsel mit einer Sachgründung vergleichbar ist, ist auf die **Zeitwerte** (im Zeitpunkt der Anmeldung) abzustellen (vgl. IDW RS HFA 41, FN-IDW 2012, 539, Rz. 16; *Busch*, AG 1995, 555, 557 ff.). In der Handelsbilanz sind dagegen die bisherigen Buchwerte der Vermögensgegenstände und Schulden fortzuführen. Dies kann zur Folge haben, dass das buchmäßige Reinvermögen der GmbH & Co. KG ggf. nicht ausreicht, um das (materiell vorhandene) Stamm- bzw. Grundkapital in der neuen Rechtsform auch bilanziell abzudecken. In diesem Fall darf in Höhe der buchmäßigen Unterbilanz ausnahmsweise ein Verlustvortrag oder ein gesonderter Abzugsposten ausgewiesen werden (IDW RS HFA 41, FN-IDW 2012, 539, Rz. 9). U 331

Freisetzung gebundenen Kapitals | § 220 Abs. 1 UmwG bestimmt für das künftige Nennkapital nur eine Obergrenze (= vorhandenes Reinvermögen), aber keine Untergrenze. Die künftige Kapitalziffer darf daher in dem durch den gesetzlichen Mindestnennbetrag (25 000 Euro für die GmbH, 50 000 Euro für die AG) einerseits und das vorhandene Reinvermögen andererseits abgesteckten Rahmen frei gewählt werden (vgl. zu den übrigen Eigenkapitalpositionen IDW RS HFA 41, FN-IDW 2012, 539, Rz. 7 ff.). Dadurch kann bisher gebundenes Kapital zur Auszahlung an Gesellschafter frei werden. U 332

Beispiel:

Bei einer GmbH & Co. KG hätte eine Rückzahlung der Hafteinlagen ein Wiederaufleben der Kommanditistenhaftung zur Folge (§§ 171 Abs. 1, 172 Abs. 4 HGB). Betragen die Hafteinlagen z.B. 100 000 Euro, kann die GmbH & Co. KG in eine GmbH mit dem Mindeststammkapital von 25 000 Euro formgewechselt werden. Der frei gewordene Betrag kann sodann an die Gesellschafter ausgezahlt werden (vgl. *Limmer*, Hdb. der Unternehmensumwandlung, Teil 4 Rz. 28 f.).

Sicherheitsleistung, Nachhaftung | Gläubiger können ggf. Sicherheitsleistung verlangen (§§ 204, 22 UmwG). Der Formwechsel GmbH & Co. KG → Kapitalgesellschaft bewirkt zudem keine sofortige Enthaftung der Komplementär-GmbH; diese trifft vielmehr eine fünfjährige Nachhaftung für vor dem Formwechsel begründete Verbindlichkeiten (§ 224 UmwG). U 333

k) Umwandlungsbeschluss

Vorbereitung der Versammlung | Der Umwandlungsbeschluss kann nur in einer Versammlung der Anteilsinhaber gefasst werden (§ 193 Abs. 1 UmwG). Für die Einberufung, Vorberei- U 334 tung und Durchführung der Versammlung gelten die allgemeinen gesetzlichen und gesellschaftsvertraglichen Regelungen des jeweiligen Rechtsträgers. Zusätzlich bestimmt das Umwandlungsgesetz:

- Das Vertretungsorgan einer **formwechselnden Personengesellschaft** hat allen von der Geschäftsführung ausgeschlossenen Gesellschaftern mit der Einberufung den Formwechsel als Gegenstand der Beschlussfassung anzukündigen und, soweit jeweils erforderlich, den Umwandlungsbericht sowie das Abfindungsangebot zu übersenden (§ 216 UmwG). Bei der GmbH & Co. KG hat somit die Komplementär-GmbH die Kommanditisten entsprechend zu informieren.
- Der **Formwechsel einer GmbH** ist in der Einberufung als Gegenstand der Beschlussfassung anzukündigen; außerdem ist, soweit jeweils erforderlich, der Umwandlungsbericht sowie das Abfindungsangebot zu übersenden (§§ 230 Abs. 1, 231 UmwG). Der Umwandlungsbericht ist auch in der Gesellschafterversammlung auszulegen (§ 232 Abs. 1 Satz 1 UmwG).
- Beim **Formwechsel einer AG/KGaA** ist ein erforderlicher Umwandlungsbericht von der Einberufung an in den Geschäftsräumen auszulegen und auf Verlangen jedem Aktionär zu übersenden; diese Verpflichtungen entfallen, wenn der Umwandlungsbericht über die Internetseite der Gesellschaft zugänglich ist (§ 230 Abs. 2 UmwG). Ein Abfindungsangebot ist ebenfalls jedem Aktionär zu übersenden, alternativ im Bundesanzeiger bekannt zu machen (§ 231 UmwG). In der Hauptversammlung ist der Umwandlungsbericht zugänglich zu machen und der Entwurf des Umwandlungsbeschlusses mündlich zu erläutern (§ 232 UmwG).

In einer Vollversammlung können alle Anteilsinhaber auf die Einhaltung von Formen und Fristen verzichten und so etwaige Ladungsmängel heilen (vgl. § 51 Abs. 3 GmbHG, § 241 Nr. 1 AktG).

U 335 **Umwandlungsbeschluss |** Der Umwandlungsbeschluss muss den oben Rz. U 312 ff. genannten Inhalt haben. Er ist notwendig in einer Versammlung zu fassen (§ 193 Abs. 1 UmwG) und notariell zu beurkunden (§ 193 Abs. 3 UmwG). Vertretung durch Bevollmächtigte ist zulässig. Der Beschluss bedarf einer **qualifizierten Mehrheit:**

- Bei der GmbH & Co. KG ist der Umwandlungsbeschluss grundsätzlich mit den Stimmen aller (erschienenen) Gesellschafter zu fassen; auch die nicht erschienenen Gesellschafter müssen gesondert zustimmen. Abweichend kann der Gesellschaftsvertrag jedoch eine qualifizierte Mehrheit von mindestens ¾ der abgegeben Stimmen genügen lassen (§ 217 Abs. 1 UmwG).
- Bei einer Kapitalgesellschaft genügen für den Formwechsel in eine GmbH & Co. KG ¾ der abgegebenen Stimmen bzw. des vertretenen Grundkapitals (sofern der Gesellschaftsvertrag nichts anderes bestimmt, § 233 Abs. 2 UmwG).

U 336 **Besondere Zustimmungserfordernisse |** Neben dem qualifizierten Mehrheitserfordernis können weitere Zustimmungserfordernisse bestehen. Insbesondere gilt:

- Sofern die Zustimmung aller Gesellschafter erforderlich ist, müssen auch die nicht erschienenen Gesellschafter gesondert zustimmen.
- Sind die Anteile am formwechselnden Rechtsträger in der Weise vinkuliert, dass ihre Abtretung nur mit Genehmigung einzelner (oder auch aller übrigen) Anteilsinhaber möglich ist, bedarf der Umwandlungsbeschluss ihrer Zustimmung (§ 193 Abs. 2 UmwG).

- Wer nach dem Formwechsel persönlich haften soll, muss zustimmen. Dies betrifft beim Formwechsel in eine typische GmbH & Co. KG die künftige Komplementär-GmbH (§ 233 Abs. 2 Satz 3 UmwG).
- Einem nicht-verhältniswahrenden Formwechsel müssen mindestens die benachteiligten, nach a.A. alle Anteilsinhaber zustimmen.

Diese Zustimmungserklärungen sind ebenfalls notariell zu beurkunden (§ 193 Abs. 3 Satz 1 UmwG).

Dingliche Rechte | Dingliche Rechte, die Dritten an Anteilen des formwechselnden Rechtsträgers zustehen (Nießbrauch, Pfandrecht), setzen sich im Wege dinglicher Surrogation (§ 202 Abs. 1 Nr. 2 Satz 2 UmwG) in der neuen Rechtsform fort und begründen daher kein Zustimmungserfordernis im Außenverhältnis. Etwas anderes kann beim nicht-verhältniswahrenden Formwechsel gelten, sofern das betreffende Recht hierdurch beeinträchtigt wird. U 337

Bestellung der neuen Organe | Mit dem Wirksamwerden des Formwechsels ändert sich das Organisationsgefüge so erheblich, dass die Organe neu zu bestellen sind. U 338

Beispiel:

Beim Formwechsel GmbH & Co. KG → GmbH werden die Geschäftsführer der bisherigen Komplementär-GmbH nicht automatisch Geschäftsführer (auch) der neuen GmbH. Ihre ersten Geschäftsführer sind daher im Gesellschaftsvertrag oder durch gesonderten Gesellschafterbeschluss zu bestellen (§ 6 Abs. 3 Satz 2 GmbHG).

Mitglieder eines **Aufsichtsrates** verlieren mit dem Formwechsel grundsätzlich ebenfalls ihr Amt (Diskontinuität der Aufsichtsratsmandate). Eine Ausnahme sieht § 203 UmwG lediglich für den Fall vor, dass in der neuen Rechtsform in gleicher Weise wie bisher ein Aufsichtsrat gebildet und zusammengesetzt wird; in diesem Fall bleiben die Mitglieder für den Rest ihrer Wahlzeit als Mitglieder des Aufsichtsrates des Rechtsträgers neuer Rechtsform im Amt. Dies soll auch beim Formwechsel einer mitbestimmten Kapitalgesellschaft & Co. KG → Kapitalgesellschaft (bzw. umgekehrt) gelten, obwohl der Aufsichtsrat hier zunächst bei der Komplementärin, anschließend beim formgewechselten Rechtsträger selbst besteht (bzw. umgekehrt) (vgl. *Wulff/Buchner*, ZIP 2007, 314, 317 f.). Im Übrigen sind beim Formwechsel GmbH & Co. KG → AG/KGaA die Aufsichtsratsmitglieder, bei mitbestimmten Gesellschaften zunächst nur die Anteilseignervertreter (§ 197 Satz 3 UmwG, § 31 AktG), im Umwandlungsbeschluss zu bestellen. Die Vorstandsmitglieder der AG werden durch den Aufsichtsrat bestellt (§ 30 Abs. 4 AktG). Die persönlich haftenden Gesellschafter einer KGaA sind in der Satzung zu bezeichnen (§ 281 Abs. 1 AktG). **Prokuren** und sonstige Vollmachten bestehen demgegenüber unverändert fort (vgl. OLG Köln v. 6.5.1996 – 2 Wx 9/96, GmbHR 1996, 773).

l) Registerverfahren

Anmeldung | Der Formwechsel ist zur Eintragung in das Register des formwechselnden Rechtsträgers anzumelden (§ 198 Abs. 1 UmwG). Beim Formwechsel zwischen GmbH & Co. KG und Kapitalgesellschaft ändert sich nur die Abteilung des Registers (HRA für Personenhandelsgesellschaften, HRB für Kapitalgesellschaften), nicht die Art des Registers. Damit genügt *eine* Anmeldung gemäß § 198 Abs. 1 UmwG (d.h. § 198 Abs. 2 Satz 2 Alt. 1 UmwG ist nicht einschlägig). U 339

U 340 **Anmeldepflicht** | Anmeldepflichtig sind:

- Beim Formwechsel **GmbH & Co. KG** → Kapitalgesellschaft jeweils „alle Mitglieder des künftigen Vertretungsorgans" sowie alle bereits vorhandenen Mitglieder eines künftigen obligatorischen Aufsichtsrates (§ 222 Abs. 1 Satz 1 UmwG). Beim Formwechsel in eine AG/KGaA müssen zusätzlich auch alle Gesellschafter mit anmelden, die der Umwandlung zugestimmt haben und deshalb als Gründer gelten (Abs. 2). Stellvertretung ist wegen der zivil- und vor allem auch strafrechtlichen Verantwortung der Anmeldenden (§ 82 Abs. 1 Nrn. 1, 2 und 5 GmbHG; § 399 Abs. 1 Nr. 1 AktG) jeweils ausgeschlossen.
- Beim Formwechsel **Kapitalgesellschaft** → GmbH & Co. KG jeweils „das Vertretungsorgan" der formwechselnden Gesellschaft (§ 235 Abs. 2 UmwG). Da die Vorschrift im Unterschied zu § 222 Abs. 1 Satz 1 UmwG nicht auf „alle Mitglieder" des Vertretungsorgans abstellt, genügt insoweit jeweils eine Anmeldung in vertretungsberechtigter Zahl, auch in unechter Gesamtvertretung.

U 341 **Negativerklärung** | Bei der Anmeldung ist zu erklären, dass eine Klage gegen die Wirksamkeit des Umwandlungsbeschlusses nicht (fristgemäß) erhoben wurde oder jedenfalls rechtskräftig abgewiesen bzw. zurückgenommen wurde (sog. Negativerklärung, §§ 198 Abs. 3, 16 Abs. 2 Satz 1 UmwG). Ersatzweise sind ein gerichtlicher Freigabebeschluss (§ 16 Abs. 3 UmwG) oder die Klageverzichte aller Anteilsinhaber (§ 16 Abs. 2 Satz 2 UmwG) vorzulegen.

U 342 **Anlagen** | Der Anmeldung sind die in § 199 UmwG vorgesehenen Anlagen beizufügen. Bei Kapitalgesellschaften sind nach deren Gründungsrecht noch weitere Unterlagen vorzulegen (vgl. § 197 UmwG). Bei der GmbH betrifft dies die Gesellschafterliste, die Bestellung der Geschäftsführer, ggf. einen Sachgründungsbericht und Werthaltigkeitsnachweise sowie ggf. die Bestellung von Aufsichtsratsmitgliedern. Bei der AG/KGaA sind beizufügen der Gründungsbericht und die Gründungsprüfungsberichte, eine Berechnung des Gründungsaufwands, die Bestellung der Aufsichtsratsmitglieder, des ersten Abschlussprüfers und des Vorstands, im Fall der KGaA außerdem Urkunden über den Beitritt von Komplementären. Bilanzen sind nicht einzureichen, außer ggf. als Werthaltigkeitsnachweis.

U 343 **Wirksamwerden** | Wirksam wird der Formwechsel mit der Eintragung in das Register (§ 202 UmwG). Hierzu wird das bisherige Registerblatt geschlossen und ein neues Registerblatt mit neuer HR-Nummer angelegt.

m) Rechtsschutz

U 344 **Klagen** | Gegen den Umwandlungsbeschluss können die Anteilsinhaber nach den allgemeinen Bestimmungen gerichtlich vorgehen, bei der AG, KGaA und GmbH also durch Anfechtungs- oder Nichtigkeitsklage (§§ 246, 249 AktG), bei Personenhandelsgesellschaften, damit auch bei der GmbH & Co. KG, durch Klage auf Feststellung der Nichtigkeit (§ 256 ZPO). Solche Klagen gegen die Wirksamkeit eines Umwandlungsbeschlusses müssen binnen einer (für alle Rechtsformen geltenden) Ausschlussfrist von einem Monat nach Beschlussfassung erhoben werden (§ 195 Abs. 1 UmwG). Sie lösen eine Registersperre aus, die sich jedoch mittels eines speziellen Freigabeverfahrens überwinden lässt (§§ 198 Abs. 3, 16 Abs. 2 und 3 UmwG).

U 345 **Spruchverfahren** | Ausgeschlossen sind Klagen, soweit sie darauf gestützt werden, dass die Anteile an dem Rechtsträger neuer Rechtsform zu niedrig bemessen sind oder keinen ausreichenden Gegenwert darstellen (§ 195 Abs. 2 UmwG) oder dass eine Barabfindung zu niedrig bemessen oder nicht bzw. nicht ordnungsgemäß angeboten wurde (§ 210 UmwG). Die Anteilsinhaber werden mit ihren Bewertungsrügen stattdessen jeweils auf das **Spruchverfahren** verwiesen (§§ 196, 212 UmwG). In diesem zeitlich nachgelagerten Verfahren kann ein Ausgleich durch bare Zuzahlung und/oder eine angemessene Barabfindung festgesetzt werden.

frei U 346–U 360

Vertiefende Recherche

Wichtige Urteile und Erlasse – Verschmelzung

BGH v. 19.4.2011 – II ZB 25/10, BGHZ 189, 254 = GmbHR 2011, 699 = GmbH-StB 2011, 199: Kein Sacheinlageverbot bei Kapitalerhöhung einer UG (haftungsbeschränkt), die die Mindestkapitalgrenze erreicht.

OLG Zweibrücken v. 25.8.2011 – 3 W 75/11, GmbHR 2012, 572: Zur Eintragung einer Verschmelzung ist nicht nachzuweisen, dass ihr auch die Kommanditisten der Alleingesellschafterin (GmbH & Co. KG) zugestimmt haben.

OLG Frankfurt a.M. v. 4.4.2011 – 20 W 466/10, GmbHR 2011, 1159: Keine „Negativerklärung" bezüglich Gewährung von Rechten oder Vorteilen im Verschmelzungsvertrag erforderlich.

OLG Saarbrücken v. 7.12.2010 – 4 AktG 476/10, AG 2011, 343: Anforderungen an die Anschaulichkeit und Transparenz des Verschmelzungsberichts.

OLG Hamm v. 24.6.2010 – 15 Wx 360/09, GmbHR 2010, 985: Keine Abwärtsverschmelzung der Komplementär-GmbH auf ihre KG, wenn diese nur einen Kommanditisten hat.

OLG Naumburg v. 17.3.2003 – 7 Wx 6/02, GmbHR 2003, 1433: Zuleitung von Verschmelzungsverträgen an die Betriebsräte muss alles enthalten, was Gegenstand der Anmeldung zur Eintragung sein soll.

KG Berlin v. 22.9.1998 – 1 W 4387/97, GmbHR 1998, 1230: Anteilsgewährung und Kapitalerhöhung bei Verschmelzung mit Schwester-GmbH.

OLG Frankfurt a.M. v. 10.3.1998 – 20 W 60/98, GmbHR 1998, 542: Notwendige Angaben im Verschmelzungsvertrag bei Schwesternverschmelzung.

LG Stuttgart v. 11.4.2000 – 4 KfH T 17 u. 18/99, GmbHR 2000, 622: Verzicht des Betriebsrates auf Einhaltung der Monatsfrist der Zuleitung.

LG Saarbrücken v. 17.3.1998 – 7 T 19/96 IV, DNotI-Report 1999, 163 (red. Wiedergabe): Bei der Verschmelzung einer GmbH & Co. KG auf eine andere GmbH & Co. KG muss die 0 %-Komplementärin der übertragenden KG nicht an der aufnehmenden KG beteiligt werden und kann auch die Haftsumme des an beiden KGs beteiligten Kommanditisten unverändert bleiben.

Wichtige Urteile und Erlasse – Spaltung

BGH v. 19.4.2011 – II ZB 25/10, BGHZ 189, 254 = GmbHR 2011, 699 = GmbH-StB 2011, 199: Kein Sacheinlageverbot bei Kapitalerhöhung einer UG (haftungsbeschränkt), die die Mindestkapitalgrenze erreicht.

BGH v. 11.4.2011 – II ZB 9/10, GmbHR 2011, 701 = GmbH-StB 2011, 199: Keine Neugründung einer UG (haftungsbeschränkt) durch Abspaltung.

BGH v. 25.1.2008 – V ZR 79/07, NZG 2008, 436 = AG 2008, 322: Übergang von Grundstücken bei Spaltung nur bei Bezeichnung nach § 28 Satz 1 GBO.

BGH v. 8.10.2003 – XII ZR 50/02, NZG 2003, 1172 = AG 2004, 98: Auslegung eines Ausgliederungsvertrags, der eine All-Klausel enthält.

BGH v. 6.12.2000 – XII ZR 219/98, NJW 2001, 1217 = ZIP 2001, 305: Übertragender Rechtsträger bleibt auch nach Ausgliederung Beteiligter eines anhängigen Passivprozesses.

BFH v. 5.11.2009 – IV R 29/08, BFHE 226, 492 = GmbHR 2010, 163: Keine Gesamtrechtsnachfolge bei Abspaltung.

BFH v. 7.8.2002 – I R 99/00, BStBl. II 2003, 835 = GmbHR 2003, 245: Keine Gesamtrechtsnachfolge bei Spaltung, sondern lediglich „partielle Gesamtrechtsnachfolge". Übertragender Rechtsträger bleibt Beteiligter eines anhängigen Aktivprozesses.

OLG München v. 10.7.2013 – 3 Wx 131/13, GmbHR 2013, 874: Zulässigkeit einer Spaltung zu Null.

OLG München v. 15.11.2011 – 31 Wx 482/11, GmbHR 2012, 41: Einräumung einer Darlehensforderung als andere Gegenleistung.

OLG Stuttgart v. 22.3.2002 – 20 W 32/01, DB 2003, 33: Anfechtung des Ausgliederungsbeschlusses wegen Unangemessenheit der Gegenleistung.

LG Stuttgart v. 11.4.2000 – 4 KfH T 17 u. 18/99, GmbHR 2000, 622: Verzicht des Betriebsrates auf Einhaltung der Monatsfrist bei Zuleitung.

AG Charlottenburg v. 28.5.2008 – 99 AR 3278/08, GmbHR 2008, 993: Erforderlichkeit einer vereinfachten Kapitalherabsetzung nach § 139 UmwG.

LG Essen v. 15.3.2002 – 42 T 1/02, ZIP 2002, 893: Zulässigkeit einer Spaltung zu Null.

LG Konstanz v. 13.2.1998 – 1 HTH 6/97, GmbHR 1998, 837: Zulässigkeit einer Spaltung zu Null.

Wichtige Urteile und Erlasse – Formwechsel

BGH v. 9.5.2005 – II ZR 29/03, AG 2005, 613 = GmbHR 2005, 1136 (Ls.): Komplementär-GmbH könnte im Rahmen eines Formwechsels AG → GmbH & Co. KG neu beitreten.

BGH v. 17.5.1999 – II ZR 293/98, BGHZ 142, 1: Anerkennung der Möglichkeit des Beitritts der Komplementär GmbH (zu § 34 Abs. 1 Nr. 2 LwAnpG).

BGH v. 23.10.1998 – BLw 40/98, NZG 1999, 88: Konkludenter Verzicht auf bare Zuzahlung bei Einverständnis in korrigierende Erhöhung des Geschäftsanteils (zu § 28 Abs. 2 LwAnpG).

BGH v. 21.12.1966 – VIII ZR 195/64, NJW 1967, 821: Rechtsformwechsel GbR → OHG.

BGH v. 19.5.1960 – II ZR 72/59, BGHZ 32, 307: Rechtsformwechsel OHG → GbR.

BayObLG v. 4.11.1999 – 3Z BR 333/99, GmbHR 2000, 89: Es genügt, wenn die vorgesehene Komplementär-GmbH beim Formwechsel GmbH → GmbH & Co. KG erst nach dem Umwandlungsbeschluss, aber vor dessen Eintragung hinzutritt (und der Übernahme der persönlichen Haftung zustimmt).

OLG Köln v. 6.5.1996 – 2 Wx 9/96, GmbHR 1996, 773: Fortbestehen der Prokura beim Formwechsel GmbH → GmbH & Co. KG.

LG Stuttgart v. 11.4.2000 – 4 KfH T 17 u. 18/99, GmbHR 2000, 622: Verzicht des Betriebsrates auf Einhaltung der Monatsfrist der Zuleitung.

Musterformulierungen – Verschmelzung

Verschmelzung durch Neugründung:

- *Limmer*, Handbuch der Unternehmensumwandlung, 5. Aufl. 2015, Teil 2 Rz. 864 ff. (Verschmelzung zweier OHG → OHG durch Neugründung)

Verschmelzung GmbH & Co. KG → GmbH & Co. KG:

- *Fuhrmann/Wälzholz*, Formularbuch Gesellschaftsrecht, 2. Aufl. 2015, M 33.24 ff.
- *Limmer*, Handbuch der Unternehmensumwandlung, 5. Aufl. 2015, Teil 2 Rz. 867 ff. (Verschmelzung KG → GmbH & Co. KG)
- *Westermann/Wertenbruch*, Handbuch Personengesellschaften, Teil V, M 101 ff. (Verschmelzung zweier Personengesellschaften)

Verschmelzung GmbH & Co. KG → GmbH:

- Formularbuch Recht und Steuern, 8. Aufl. 2014, A.15.80 (Verschmelzung auf Komplementär-GmbH)
- *Fuhrmann/Wälzholz*, Formularbuch Gesellschaftsrecht, 2. Aufl. 2015, M 33.28 ff.
- *Limmer*, Handbuch der Unternehmensumwandlung, 5. Aufl. 2015, Teil 2 Rz. 1034 ff.
- *Westermann/Wertenbruch*, Handbuch Personengesellschaften, Teil V, M 1111 ff. (Verschmelzung KG → GmbH)
- *Widmann/Mayer*, Umwandlungsrecht, Anhang 4, M 48 (Verschmelzung KG → GmbH)

Verschmelzung GmbH → GmbH & Co. KG:

- *Limmer*, Handbuch der Unternehmensumwandlung, 5. Aufl. 2015, Teil 2 Rz. 872 ff.
- *Widmann/Mayer*, Umwandlungsrecht, Anhang 4, M 23–M 28

Verschmelzung AG → GmbH & Co. KG:

- *Widmann/Mayer*, Umwandlungsrecht, Anhang 4, M 70–M 79

Musterformulierungen – Spaltung

Aufspaltung:

- *Fuhrmann/Wälzholz*, Formularbuch Gesellschaftsrecht, 2. Aufl. 2015, M 34.13 ff. (GmbH → GmbH und GmbH & Co. KG zur Aufnahme bzw. Neugründung)
- Münchener Vertragshandbuch, Band 1 Gesellschaftsrecht, 7. Aufl. 2011, XII.11 ff. (AG → AG und zwei GmbH & Co. KG zur Aufnahme bzw. Neugründung)

Abspaltung:

- Formularbuch Recht und Steuern, A.15.10 (GmbH → GmbH & Co. KG zur Neugründung)
- *Fuhrmann/Wälzholz*, Formularbuch Gesellschaftsrecht, 2. Aufl. 2015, M 34.19 ff. (GmbH & Co. KG → GmbH zur Aufnahme)
- *Limmer*, Handbuch der Unternehmensumwandlung, 5. Aufl. 2015, Teil 3 Rz. 441 ff. (KG → KG zur Aufnahme)
- *Limmer*, Handbuch der Unternehmensumwandlung, 5. Aufl. 2015, Teil 3 Rz. 529 ff. (GmbH → GmbH & Co. KG zur Neugründung)
- Münchener Vertragshandbuch, Bd. 1 Gesellschaftsrecht, XII.18 (GmbH → AG und GmbH & Co. KG zur Aufnahme sowie GmbH zur Neugründung)
- *Widmann/Mayer*, Umwandlungsrecht, Anhang 4, M 92–M 95 (Teilbetrieb einer GmbH & Co. KG → GmbH & Co. KG zur Neugründung)

Ausgliederung:

- *Fuhrmann/Wälzholz*, Formularbuch Gesellschaftsrecht, 2. Aufl. 2015, M 34.19 ff. (GmbH & Co. KG → GmbH)
- *Widmann/Mayer*, Umwandlungsrecht, Anhang 4, M 123.1–M 123.3 (Kommunaler Eigenbetrieb → GmbH & Co. KG)
- *Widmann/Mayer*, Umwandlungsrecht, Anhang 4, M 124–M 132 (Operativer Geschäftsbereich einer KG → AG zur Neugründung)

Musterformulierungen – Formwechsel

Formwechsel GmbH → GmbH & Co. KG:

- Formularbuch Recht und Steuern, 8. Aufl. 2014, A.15.50
- *Fröhlich*, Formwechsel einer GmbH in eine GmbH & Co. KG, GmbH-StB 2004, 186
- *Fuhrmann/Wälzholz*, Formularbuch Gesellschaftsrecht, 2. Aufl. 2015, M 35.9 f.
- *Limmer*, Handbuch der Unternehmensumwandlung, 5. Aufl. 2015, Teil 4 Rz. 669 f.
- Münchener Vertragshandbuch, Bd. 1 Gesellschaftsrecht, 7. Aufl. 2011, XIII.42 ff.
- *Schwedhelm*, Umwandlung einer GmbH in eine GmbH & Co. KG, GmbH-StB 2002, 77
- *Widmann/Mayer*, Umwandlungsrecht, Anhang 4, M 164–M 167

Formwechsel GmbH & Co. KG → GmbH:

- Formularbuch Recht und Steuern, 8. Aufl. 2014, A.15.40 (KG → GmbH)

- *Fuhrmann/Wälzholz*, Formularbuch Gesellschaftsrecht, 2. Aufl. 2015, M 35.15 f.
- *Limmer*, Handbuch der Unternehmensumwandlung, 5. Aufl. 2015, Teil 4 Rz. 469 f. (KG → GmbH)

Formwechsel AG → GmbH & Co. KG:

- *Fuhrmann/Wälzholz*, Formularbuch Gesellschaftsrecht, 2. Aufl. 2015, M 35.13 f.
- *Limmer*, Handbuch der Unternehmensumwandlung, 5. Aufl. 2015, Teil 4 Rz. 677 f.
- Münchener Vertragshandbuch, Bd. 1 Gesellschaftsrecht, 7. Aufl. 2011, XIII.72

Formwechsel GmbH & Co. KG → AG:

- *Fuhrmann/Wälzholz*, Formularbuch Gesellschaftsrecht, 2. Aufl. 2015, M 35.19 ff.
- *Limmer*, Handbuch der Unternehmensumwandlung, 5. Aufl. 2015, Teil 4 Rz. 471 f.
- *Widmann/Mayer*, Umwandlungsrecht, Anhang 4, M 176–M 181

Weitere Stichwörter

→ *Anwachsung*; → *Umwandlung, Einführung*; → *Umwandlung, Steuerrecht*

Umwandlung, Steuerrecht

I. Umwandlung Kapitalgesellschaft in Personengesellschaft

Ausgewählte Literatur: *Dremel* in Hesselmann/Tillmann/Mueller-Thuns, Handbuch GmbH & Co. KG, 21. Aufl. 2016, Rz. 11.1ff.

1. Überblick über die Umwandlungsmöglichkeiten

Umwandlungsmöglichkeiten nach UmwG | Zivilrechtlich stehen zur Umwandlung einer Kapitalgesellschaft in eine Personengesellschaft (einschließlich der Umwandlung in eine GmbH & Co. KG) zunächst die im Umwandlungsgesetz 1994 (UmwG) geregelten Umwandlungsarten zur Verfügung, d.h.: U 361

- die Verschmelzung nach §§ 2 ff. UmwG (→ *Umwandlung, Gesellschaftsrecht Rz. U 301 ff.*);
- die Spaltung nach §§ 123 ff. UmwG insbesondere die Aufspaltung und die Abspaltung (→ *Umwandlung, Gesellschaftsrecht Rz. U 251 ff.*) und
- der Formwechsel nach §§ 190 ff. UmwG (→ *Umwandlung, Gesellschaftsrecht Rz. U 191 ff.*)

Die Ausgliederung als Unterfall der Spaltung eröffnet ebenfalls den Weg in die Personengesellschaft. Da hier die Anteile der aufnehmenden Gesellschaft in der übertragenden Personengesellschaft entstehen, führt dieser Weg allerdings in eine doppelstöckige Struktur, so dass sich dieser Weg nur ausnahmsweise anbietet. Das UmwG lässt darüber hinaus auch die Vermögensübertragung nach §§ 174 ff. UmwG zu. Mittels dieser ist die Umwandlung einer Kapitalgesellschaft in eine GmbH Co. KG allerdings nicht möglich, da die Vermögensübertragung es (nur) erlaubt, Vermögen ganz oder teilweise auf bestimmte Rechtsträger zu übertragen, bei denen die im Zuge einer Verschmelzung oder Spaltung vorgesehene Anteilsgewährung aus strukturellen Gründen ausscheitet.

Umwandlungsmöglichkeit außerhalt des UmwG | Neben den Umwandlungen nach den Vorschriften des UmwG sind weiterhin gesellschaftsrechtliche Umgestaltungen außerhalb des UmwG möglich, z.B. durch Übertragung sämtlicher Aktiva und Passiva einer GmbH auf eine GmbH & Co. KG im Wege der Einzelrechtsnachfolge. Diese verstoßen insbesondere nicht gegen das Analogieverbot des § 1 Abs. 2 UmwG (*Decher/Hoger* in Lutter, § 190 UmwG Rz. 12; *Kallmeyer/Marsch-Barner* in Kallmeyer, § 1 UmwG Rz. 16 ff.; *Hörtnagl* in Schmitt/Hörtnagl/Stratz, UmwG/UmwStG, § 1 UmwG Rz. 66). In der Praxis werden Gestaltungen außerhalb des UmwG i.d.R. allerdings wegen der damit verbundenen steuerlichen Gewinnrealisierung nur selten gangbar sein. U 362

2. Überblick über die steuerlichen Grundlagen

Steuerlicher Systemwechsel durch Umwandlung | Die Umwandlung einer Kapitalgesellschaft in/auf eine Personengesellschaft bewirkt steuerrechtlich einen Systemwechsel. Während das Körperschaftsteuersystem stille Reserven auf zwei Ebenen kennt, nämlich der Ebene der Kapitalgesellschaft und der Ebene der Anteilseigner, sind im Mitunternehmerkonzept stille Reserven nur auf einer Ebene vorhanden. Ziel des Umwandlungssteuerrechts ist es, den Wegfall einer Besteuerungsebene und den damit verbundenen Übergang von Wirtschaftsgütern von einem Steuersubjekt auf ein anderes Steuersubjekt zu regeln. Dies ist in den §§ 3 ff. UmwStG erfolgt. U 363

Betroffene Regelungsebenen | In der Regelung der steuerlichen Folgen der Umwandlung einer Kapitalgesellschaft in/auf eine Personengesellschaft setzt das UmwStG auf drei Ebenen an: Der Ebene der übertragenen Kapitalgesellschaft, der Ebene deren Anteilseigner sowie der Ebene der übernehmenden Personengesellschaft. Kern der Regelung ist, dass die in der Kapitalgesellschaft gebildeten stillen Reserven unter **Durchbrechung des Subjektsteuerprinzips** auf die Personengesellschaft übertragen werden können. Die übertragende Gesellschaft hat die Wirtschaftsgüter in ihrer Schlussbilanz grundsätzlich mit dem gemeinen Wert anzusetzen U 364

(§ 3 Abs. 1 UmwStG). Auf Antrag ist jedoch auch der Ansatz mit dem Buchwert oder einem Zwischenwert zulässig, wenn die in § 3 Abs. 2 UmwStG genannten Voraussetzungen erfüllt sind. Die Personengesellschaft hat ihrerseits die Wirtschaftsgüter mit dem Wert zu übernehmen, mit dem diese in der Schlussbilanz der übertragenen Kapitalgesellschaft angesetzt wurden (**Grundsatz der Buchwertverknüpfung**). Soweit die Anteile an der übertragenden Kapitalgesellschaft im Betriebsvermögen der übernehmenden Personengesellschaft enthalten waren oder als in dieses Betriebsvermögen eingelegt gelten, errechnet sich zwanglos ein Umwandlungsgewinn oder -verlust in Höhe des Unterschiedsbetrages zwischen dem Wert, mit dem die Wirtschaftsgüter zu übernehmen sind, und dem Buchwert der wegfallenden Anteile (vgl. § 4 Abs. 4 UmwStG). Die in der Kapitalgesellschaft gebildeten offenen Rücklagen sind von deren Anteilseignern dagegen mit der Umwandlung als Einkünfte aus Kapitalvermögen zu versteuern (§ 7 UmwStG). Als Grundfall haben die gesetzlichen Regelungen die **Verschmelzung** einer Kapitalgesellschaft auf eine Personengesellschaft vor Augen. Nach § 9 UmwStG sind diese Regelungen aber auch entsprechend auf den **Formwechsel** anzuwenden. Die §§ 3 ff. UmwStG sind zudem auf die **Aufspaltung** und die **Abspaltung** einer Körperschaft auf eine Personengesellschaft anzuwenden (§ 16 UmwStG).

3. Anwendungsbereich der §§ 3 ff., 16 UmwStG

U 365 **Sachlicher Anwendungsbereich** | Der sachliche Anwendungsbereich des zweiten bis 5. Teils des UmwStG, zu dem auch die §§ 3 ff., 9 und 16 UmwStG gehören, ist in § 1 Abs. 1 UmwStG geregelt. Darunter fallen Verschmelzungen, Aufspaltungen und Abspaltungen i.S.d. deutschen Umwandlungsgesetzes (§ 1 Abs. 1 Nr. 1 UmwStG) sowie der Formwechsel einer Kapitalgesellschaft in eine Personengesellschaft i.S.d. § 190 Abs. 1 UmwG (§ 1 Abs. 1 Nr. 2 UmwStG). Den inländischen Umwandlungen sind vergleichbare ausländische Vorgänge gleichgestellt. Um den Anwendungsbereich der §§ 3 ff UmwStG zu eröffnen muss die Verschmelzung nach ausländischem Recht somit in ihren wesentlichen Strukturmerkmalen der Verschmelzung i.S.d. deutschen Rechts entsprechen (vgl. dazu BMF v. 11.11.2011 – IV C 2 - S 1978-b/08/10001, BStBl. I 2011, 1314, Rz. 01.20 ff.). Einbezogen in den Anwendungsbereich sind zudem Umwandlungen i.S.d. § 1 Abs. 2 UmwG, also Umwandlungen nach anderen Bundes- oder Landesgesetzen, soweit sie den o.g. Umwandlungen entsprechen (§ 1 Abs. 1 Nr. 3 UmwStG).

U 366 **Persönlicher Anwendungsbereich** | Der persönliche Anwendungsbereich der §§ 3 ff. UmwStG umfasst nach § 1 Abs. 2 UmwStG für den Formwechsel nur Gesellschaften i.S.d. Art. 54 AEUV oder des Art. 34 EWR-Abkommens, die nach den Rechtsvorschriften eines Mitgliedstaates der Europäischen Union oder eines EWR-Staates (Norwegen, Island, Liechtenstein) gegründet sind. Der Sitz und der Ort der Geschäftsleitung müssen sich ebenfalls in einem dieser Staaten – nicht zwingend jedoch in demselben Staat befinden (BMF v. 11.11. 2011 – IV C 2 - S 1978-b/08/10001, BStBl. I 2011, 1314, Rz. 01.49). Handelt es sich um eine Verschmelzung oder Spaltung, so müssen sowohl der übertragende als auch der oder die übernehmenden Rechtsträger diese Anforderungen erfüllen. Besondere Anforderungen an die Anteilseigner der umzuwandelnden Kapitalgesellschaft und Gesellschafter der übernehmenden Personengesellschaft enthält das Gesetz dagegen nicht.

U 367 **Erfasste Umwandlungsvorgänge** | Vom Anwendungsbereich der §§ 3 f. UmwStG sind damit erfasst:

- Verschmelzung, Aufspaltung und Abspaltung einer deutschen Kapitalgesellschaft auf eine deutsche Personengesellschaft;

- Verschmelzung, Aufspaltung und Abspaltung einer EU/EWR-Kapitalgesellschaft auf eine Personengesellschaft mit Sitz und Ort der Geschäftsleitung im selben oder einem anderen EU-/EWR-Staat;
- Verschmelzung, Aufspaltung und Abspaltung einer deutschen Kapitalgesellschaft auf eine EU/EWR-Personengesellschaft;
- Verschmelzung, Aufspaltung und Abspaltung einer EU/EWR-Kapitalgesellschaft auf eine deutsche Personengesellschaft;
- Formwechsel einer deutschen Kapitalgesellschaft in eine deutsche Personengesellschaft;
- Formwechsel einer EU/EWR-Kapitalgesellschaft in eine EU/EWR-Personengesellschaft.

4. Steuerliche Behandlung der GmbH

a) Bewertungswahlrecht

Grundsatz – Ansatz der übergehenden Wirtschaftsgüter mit dem gemeinen Wert | Die übertragende GmbH hat in ihrer Schlussbilanz die übergehenden Wirtschaftsgüter nach § 3 Abs. 1 Satz 1 UmwStG im Grundsatz mit deren gemeinen Wert anzusetzen. Betroffen hiervon sind sämtliche Wirtschaftsgüter der GmbH einschließlich nicht entgeltlich erworbener und immaterieller Wirtschaftsgüter (BMF v. 11.11.2011 – IV C 2 - S 1978-b/08/10001, BStBl. I 2011, 1314, Rz. 03.04). Auch ein **Geschäfts- und Firmenwert** ist mit dem gemeinen Wert anzusetzen (BFH v. 10.9.2015 – IV R 49/14, BFH/NV 2016, 521 zu § 3 UmwStG 1995). Die steuerlichen Ansatzverbote des § 5 EStG gelten nach bestrittener Auffassung der Finanzverwaltung nicht (BMF v. 11.11.2011 – IV C 2 - S 1978-b/08/10001, BStBl. I 2011, 1314, Rz. 03.06; *Möhlenbrock/Pung* in Dötsch/Pung/Möhlenbrock, Die Körperschaftsteuer, § 3 UmwStG Rz. 38 ff. [Stand: Dezember 2015]; a.A. z.B. *Birkemeier* in Rödder/Herlinghaus/van Lishaut, § 3 UmwStG Rz. 59). Eine Sonderregelung sieht § 3 Abs. 1 Satz 2 UmwStG jedoch für die Bewertung von **Pensionsrückstellungen** vor. Diese sind mit dem gemäß § 6a EStG zu ermittelnden Wert anzusetzen. Damit werden die durch die Pensionsverpflichtung gebildeten stillen Lasten mit der Umwandlung nicht unmittelbar aufgedeckt. Ggf. sind die insoweit nicht aufgedeckten stillen Reserven aber bei der Ermittlung des Firmenwertes zu berücksichtigen (vgl. *Möhlenbrock/Pung* in Dötsch/Pung/Möhlenbrock, Die Körperschaftsteuer, § 3 UmwStG Rz. 49 [Stand: Dezember 2015]). U 368

Wahlrecht – Ansatz mit Buch- oder Zwischenwerten | Die übertragende Kapitalgesellschaft kann die Wirtschaftsgüter in ihrer Schlussbilanz auch mit dem Buchwert oder einem höheren (Zwischen-)Wert, höchstens jedoch mit dem gemeinen Wert ansetzen (§ 3 Abs. 2 Satz 1 UmwStG). Wird ein Zwischenwert gewählt, so sind die in den einzelnen Wirtschaftsgütern ruhenden stillen Reserven und Lasten um einen einheitlichen Prozentsatz aufzulösen (BMF v. 11.11.2011 – IV C 2 - S 1978-b/08/10001, BStBl. I 2011, 1314, Rz. 03.25; vgl. *Birkemeier* in Rödder/Herlinghaus/van Lishaut, § 3 UmwStG Rz. 127). Voraussetzung für den Ansatz mit Buch- bzw. Zwischenwerten ist ein entsprechender Antrag. Weitere Voraussetzungen sind: U 369

- Die Wirtschaftsgüter werden Betriebsvermögen der übernehmenden Personengesellschaft, und es ist sichergestellt, dass sie später der Besteuerung mit Einkommensteuer oder Körperschaftsteuer unterliegen.

- Das Recht der Bundesrepublik Deutschland hinsichtlich der Besteuerung des Gewinns aus der Veräußerung der übertragenen Wirtschaftsgüter bei den Gesellschaftern der übernehmenden Personengesellschaft wird nicht ausgeschlossen oder beschränkt.
- Eine Gegenleistung wird nicht gewährt oder besteht in Gesellschaftsrechten.

U 370 **Eigenständiges steuerliches Wahlrecht |** Da der Ansatz mit dem gemeinen Wert den gesetzlichen Regelfall darstellt und nicht mehr antragsgebunden ist, stellt sich in Zukunft die Frage nicht mehr, ob das umwandlungssteuerrechtliche Wahlrecht durch den Grundsatz der Maßgeblichkeit der Handelsbilanz für die Steuerbilanz (§ 5 Abs. 1 EStG) eingeschränkt wird. Der steuerliche Ansatz der Wirtschaftsgüter in der Übertragungsbilanz mit einem Wert unter dem gemeinen Wert (Buchwert oder Zwischenwert) ist damit unabhängig von dem Ansatz in der Handelsbilanz (BMF v. 11.11.2011 – IV C 2 - S 1978-b/08/10001, BStBl. I 2011, 1314, Rz. 03.10 [Buchwertansatz] bzw. Rz. 03.25 [Zwischenwertansatz]). Die Entkoppelung der Ansätze in der Steuerbilanz von der Handelsbilanz gilt auch für die übernehmende Gesellschaft und zwar sowohl für die Übernahmebilanz als auch für die Folgebilanzen (BMF v. 11.11. 2011 – IV C 2 - S 1978-b/08/10001, BStBl. I 2011, 1314, Rz. 04.04; *van Lishaut* in Rödder/Herlinghaus/van Lishaut, § 4 UmwStG Rz. 13). Damit scheidet auch eine phasenverschobene Wertaufholung aus (*van Lishaut* in Rödder/Herlinghaus/van Lishaut, § 4 UmwStG Rz. 13).

U 371 **Wirtschaftsgüter werden Betriebsvermögen der übernehmenden Gesellschaft |** Der Buch- bzw. Zwischenwertansatz ist nur zulässig, wenn die übertragenen Wirtschaftsgüter Betriebsvermögen der übernehmenden Personengesellschaft werden (§ 3 Abs. 2 Satz 1 Nr. 1 UmwStG). Dies ist bei einer GmbH & Co. KG als aufnehmende Gesellschaft i.d.R. gewährleistet, selbst wenn der Unternehmensgegenstand der übertragenden GmbH lediglich vermögensverwaltender Natur ist (BMF v. 11.11.2011 – IV C 2 - S 1978-b/08/10001, BStBl. I 2011, 1314, Rz. 03.15). Allerdings muss die übernehmende GmbH & Co. KG im Zeitpunkt der Umwandlung, spätestens mit Übergang des wirtschaftlichen Eigentums an den Wirtschaftsgütern, gewerblich geprägt i.S.v. § 15 Abs. 3 Nr. 2 EStG sein, also die zukünftige Komplementär-GmbH mit Umwandlung alleinige unbeschränkt haftende Gesellschafterin und nur diese oder Personen, die nicht Gesellschafter sind, zur Geschäftsführung berufen werden. Der Übergang von einer vermögensverwaltenden GmbH auf eine vermögensverwaltende und auch nicht gewerblich geprägte Personengesellschaft soll nach Auffassung der Finanzverwaltung auch dann nicht zu Buch- oder Zwischenwerten erfolgen können, wenn die Anteile an der übernehmenden – nicht gewerblichen – Personengesellschaft in einem Betriebsvermögen gehalten werden, also eine sog. Zebra-Gesellschaft vorliegt (BMF v. 11.11.2011 – IV C 2 - S 1978-b/08/10001, BStBl. I 2011, 1314, Rz. 03.16 sowie Rz. 8.03. A.A. *Cordes/Dremel/Carstens* in FGS/BDI, UmwSt-Erlass 2011 [2012], S. 224 soweit die Wirtschaftsgüter nicht Privatvermögen werden).

U 372 **Wirtschaftsgüter unterliegen der Besteuerung mit Einkommen- oder Körperschaftsteuer |** Darüber hinaus müssen für den Buchwert- oder Zwischenwertansatz die Wirtschaftsgüter später der Besteuerung mit Einkommensteuer oder Körperschaftsteuer unterliegen. Hierbei unterscheidet das Gesetz nicht zwischen ausländischer und inländischer Steuer (BMF v. 11.11.2011 – IV C 2 - S 1978-b/08/10001, BStBl. I 2011, 1314, Rz. 03.17). § 3 Abs. 1 Satz 1 Nr. 1 UmwStG scheidet damit nur die Fälle von der Buch- bzw. Zwischenwertfortführung aus, in denen an der GmbH & Co. KG persönlich steuerbefreite Gesellschafter beteiligt sind.

U 373 **Keine Verminderung des deutschen Besteuerungsrechts |** Ein Ansatz mit Buch- oder Zwischenwerten ist darüber hinaus nur zulässig, wenn das deutsche Besteuerungsrecht hinsichtlich der Besteuerung des Gewinns aus der Veräußerung der übertragenen Wirtschaftsgüter nicht ausgeschlossen oder beschränkt wird (§ 3 Abs. 2 Satz 1 Nr. 2 UmwStG). Dazu muss vor der Umwandlung ein deutsches Besteuerungsrecht bestanden haben (BMF v. 11.11.2011 – IV C 2 - S 1978-b/08/10001, BStBl. I 2011, 1314, Rz. 03.19; *Birkemeier* in Rödder/Herlinghaus/van Lishaut, § 3 UmwStG Rz. 100). Ein Verlust des deutschen Besteuerungsrechts kommt insbesondere in Betracht, wenn an der übernehmenden Personengesellschaft Personen mit steuerlicher Ansässigkeit außerhalb Deutschlands beteiligt sind oder im Rahmen der Umwandlung beteiligt werden und

- die übertragende GmbH eine ausländische Betriebsstätte unterhalten hat, deren Gewinne vollständig oder hinsichtlich einzelner Wirtschaftsgüter nicht nach einem DBA in Deutschland von der Besteuerung freizustellen waren oder
- die übertragende GmbH eine inländische Betriebsstätte unterhalten hat und einzelne Wirtschaftsgüter nach der Umwandlung abkommensrechtlich nicht mehr dieser Betriebsstätte zuzurechnen sind. Eine tatsächliche Zuordnung zu einer Betriebsstätte ist gegeben, wenn die Beteiligungen in einem funktionalen Zusammenhang mit der Betriebsstättentätigkeit stehen (vgl. BFH v. 19.12.2007 – I R 66/06, BStBl. II 2008, 510 = GmbHR 2008, 447 = FR 2008, 724 m. Anm. *Lohmann/Rengier*; BFH v. 29.11.2000 – I R 84/99, IStR 2001, 185; BFH v. 30.8.1995 – I R 112/04, BStBl. II 1996, 563; BFH v. 26.2.1992 – I R 85/91, BStBl. I 1992, 937 = GmbHR 1993, 58 [jeweils zum DBA-Schweiz]. Zur Auffassung der Finanzverwaltung vgl. BMF v. 26.9.2014 – IV B 5 - S 1300/09/10003 2014/0599097, BStBl. I 2014, 1258, Rz. 2.2.4.1; BMF v. 24.12.1999 – IV B 4 - S 1300 - 111/99, BStBl. I 1999, 1076).

Ein Verlust des deutschen Besteuerungsrechts kann darüber hinaus – auch bei der Beteiligung in Deutschland ansässiger Personen an der übernehmenden GmbH – eintreten, wenn sich als Folge der Verschmelzung die rechtliche Einordnung in Bezug auf einzelne Wirtschaftsgüter ändert. So kann sich etwa die Einordnung der Stammhausfunktionen anders darstellen oder es tritt in Bezug auf eine ausländische Betriebsstätte ein Wechsel von der Anrechnungs- zur Freistellungsmethode ein, weil durch die Zusammenführung der Betriebsstätten der übertragenden und der übernehmenden Gesellschaft die ausländische Betriebsstätte aktiv wird. Darüber können auch tatsächliche (organisatorische) Gründe zu einem Verlust des deutschen Besteuerungsrechts führen, etwa weil mit der Umwandlung der Ort der Geschäftsleitung zur übernehmenden Gesellschaft hin verlegt wird.

Zeitpunkt des Verlustes des Besteuerungsrechts | Hinsichtlich des Zeitpunktes, zu dem das deutsche Besteuerungsrecht verloren geht, ist in diesen Fällen zu unterscheiden: Beruht der Verlust des deutschen Besteuerungsrechts darauf, dass einzelne Wirtschaftsgüter zukünftig den im Ausland ansässigen Anteilseignern zugerechnet werden, weil eine funktionale Zuordnung zu einer inländischen Betriebsstätte nach der Umwandlung nicht mehr besteht, tritt der Verlust des deutschen Besteuerungsrechts in dem Zeitpunkt ein, in dem das Vermögen der übernehmenden Personengesellschaft bzw. deren Gesellschaftern zuzurechnen ist (§ 2 UmwStG). Der Verlust bzw. die Beschränkung des Besteuerungsrechts ist unmittelbare Folge der Verschmelzung. Ein Buch- oder Zwischenwertansatz ist nicht möglich. Etwas anderes gilt, wenn im Wege der grenzüberschreitenden Verschmelzung die (Geschäftsleitungs-)Betriebsstätte der ehemaligen deutschen Kapitalgesellschaft ins Ausland verlegt wird und deshalb das Besteuerungsrecht an einzelnen Wirtschaftsgütern verloren geht. Hier tritt der Verlust des deutschen Besteuerungsrechts erst dann ein, wenn die Geschäftsleitung tatsächlich ins Ausland verlegt wird. Ein Ansatz der übernommenen Wirtschaftsgüter unter dem gemeinen Wert ist zulässig. Der Vorgang ist nach allgemeinen Entstrickungsregeln zu beurteilen *Möh-* U374 *lenbrock/Pung* in Dötsch/Pung/Möhlenbrock, Die Körperschaftsteuer, § 3 UmwStG Rz. 92, 108 [Stand: Dezember 2015].

U 375 **Anrechnung fiktiver ausländischer Steuern |** Unterhält die übertragende GmbH im Zeitpunkt der Umwandlung eine ausländische Betriebsstätte in der EU, für deren Gewinn Deutschland ausnahmsweise, etwa auf Grund des jeweiligen DBA oder des § 20 Abs. 2 AStG, das Besteuerungsrecht hat, und verliert Deutschland dieses Besteuerungsrecht mit der Umwandlung, so sind die dieser Betriebsstätte zuzuordnenden Wirtschaftsgüter zwingend mit dem gemeinen Wert anzusetzen (vgl. die Beispiele Rz. U 373). Im Anwendungsbereich des Art. 10 der FusionsRL kann in diesen Fällen auf die deutsche Körperschaftsteuer eine (fiktive) ausländische (EU-)Steuer angerechnet werden, und zwar in Höhe der Steuer, die nach dem Recht des Betriebsstättenstaates zu erheben gewesen wäre, wenn die übertragenden Wirtschaftsgüter zum gemeinen Wert veräußert worden wären (§ 3 Abs. 3 Satz 1 UmwStG). Besteuert der Betriebsstättenstaat die Umwandlung dagegen tatsächlich, etwa weil diese nach dem Recht dieses Staates zu einer Gewinnrealisierung führt, so sind die hierdurch ausgelösten ausländischen Steuern nach allgemeinen Grundsätzen in Deutschland zur Anrechnung zu bringen. Für die Anrechnung fiktiver Steuern bleibt dann kein Raum mehr.

U 376 **Kein deutsches Besteuerungsrecht vor Umwandlung |** Hat vor der Umwandlung an den Gewinnen der ausländischen Betriebsstätte kein deutsches Besteuerungsrecht bestanden, so können die Wirtschaftsgüter, die dieser Betriebsstätte zuzuordnen sind, in der Schlussbilanz der GmbH mit deren Buchwerten angesetzt werden. Zu berücksichtigen ist aber, dass für die Ermittlung des Übernahmegewinns nach § 4 Abs. 4 Satz 2 UmwStG insoweit der gemeine Wert anzusetzen ist. Hintergrund der Regelung ist, dass diese stillen Reserven bislang mittelbar in den Anteilen an der übertragenen GmbH in Deutschland verhaftet waren. Diese Besteuerungsebene geht aber mit der Umwandlung verloren.

U 377 **Ausschließlich Gesellschaftsechte als Gegenleistung |** Letzte Voraussetzung für einen Buch- oder Zwischenwertansatz ist, dass den Anteilseignern im Rahmen der Umwandlung keine Gegenleistung gewährt wird oder eine solche in Gesellschaftsrechten besteht. Hierbei wird auf die Abgrenzung zwischen steuerlichen Eigenkapitalkonten und Darlehenskonten abzustellen sein (*Birkemeier* in Rödder/Herlinghaus/van Lishaut, § 3 UmwStG Rz. 112; zu § 24 UmwStG vgl. BMF v. 11.11.2011 – IV C 2 - S 1978-b/08/10001, BStBl. I 2011, 1314, Rz. 24.07). Von einem Kapitalkonto ist i.d.R. auszugehen, wenn auf diesem Verlustanteile des Gesellschafters verbucht werden oder wenn das Konto im Fall des Ausscheidens des Gesellschafters oder der Liquidation der Gesellschaft in die Ermittlung des Abfindungsguthabens des Gesellschafters eingeht (vgl. BMF v. 11.7.2011 – IV C 6-S 2178/09/10001, BStBl. I 2011, 713; BMF v. 30.5. 1997 – IV B 2 - S 2241a - 51/93, BStBl. I 1997, 627 = GmbHR 1997, 718; BFH v. 19.3.2014 – X R 28/12, BStBl. II 2014, 629 = GmbHR 2014, 876 m. Anm. *Keller/Sundheimer* = FR 2014, 752 m. Anm. *Strahl* = GmbH-StB 2014, 251; BFH v. 16.10.2008 – IV R 98/06, BStBl. II 2009, 272 = GmbHR 2009, 274 m. Anm. *Müller/Marchand* = FR 2009, 578 m. Anm. *Kempermann* = GmbH-StB 2009, 37; BFH v. 15.5.2008 – IV R 46/05, BStBl. II 2008, 812 = GmbHR 2008, 998 m. Anm. *Bitz* = FR 2008, 1110 m. Anm. *Kempermann*; BFH v. 26.6.2007 – IV R 29/06, BStBl. II 2008, 103 = GmbHR 2008, 162 = FR 2008, 270 = GmbH-StB 2008, 34; *Ley*, KÖSDI 2014, 18891; *Ley*, KÖSDI 2014, 18843; *Wälzholz*, DStR 2011, 1815 [Teil 1] und 1861 [Teil 2]). Die auf die Einnahmen i.S.d. § 7 UmwStG abgeführte Kapitalertragsteuer stellt nach Verwaltungsauffassung keine Gegenleistung nach § 3 Abs. 2 Satz 1 Nr. 3 UmwStG dar (BMF v. 11.11. 2011 – IV C 2 - S 1978-b/08/10001, BStBl. I 2011, 1314, Rz. 03.21).

Entnahmen nach Umwandlung | Wie auch im Zusammenhang mit der Aufnahme eines Gesellschafters in eine Personengesellschaft gegen Bareinlage wird auch für die Umwandlung einer Kapitalgesellschaft in bzw. auf eine Personengesellschaft von der Finanzverwaltung diskutiert, ob eine Entnahme unmittelbar nach der Umwandlung als Umgehungstatbestand zu werten und insoweit eine schädliche Gegenleistung anzunehmen ist (BMF v. 11.11.2011 – IV C 2 - S 1978-b/08/10001, BStBl. I 2011, 1314, Rz. 03.21 i.V.m. Rz. 24.11). Dies ist zu verneinen. Während im Fall der Aufnahme eines Gesellschafters in eine Personengesellschaft gegen Bareinlage die anschließende Entnahme des eingelegten Betrages wirtschaftlich dazu führt, dass die Altgesellschafter die Bareinlage des eintretenden Gesellschafters in ihr Privatvermögen verlagern und damit wirtschaftlich eine Anteilsveräußerung vollzogen wird, werden durch die Umwandlung die Wirtschaftsgüter und offene Rücklagen unter Inkaufnahme einer Besteuerung in das transparente Konzept überführt. Insoweit fingiert das UmwStG eine Vollausschüttung der offenen Rücklagen. Für die Annahme eines Umgehungstatbestandes ist hier kein Raum, selbst wenn die – zuvor im Rahmen des § 7 UmwStG versteuerten – offenen Rücklagen im Anschluss an die Umwandlung entnommen werden. Mögliche Anwendungsfälle können sich damit allenfalls ergeben, wenn die Kapitalgesellschaft auf eine Personengesellschaft verschmolzen wird, an der (auch) dritte Gesellschafter beteiligt sind. U 378

Gesellschafterbezogene Prüfung, Antrag | Die vorgenannten Voraussetzungen sind gesellschafterbezogen zu prüfen (BMF v. 11.11.2011 – IV C 2 - S 1978-b/08/10001, BStBl. I 2011, 1314, Rz. 03.11). Soweit sie erfüllt sind, ist das Wahlrecht jedoch für alle Wirtschaftsgüter einheitlich auszuüben (BMF v. 11.11.2011 – IV C 2 - S 1978-b/08/10001, BStBl. I 2011, 1314, Rz. 03.13). Der Antrag ist von der übernehmenden Personengesellschaft als Rechtsnachfolgerin für die – in diesem Zeitpunkt bereits untergegangene – übertragende Kapitalgesellschaft bei dem für die Besteuerung dieser Gesellschaft zuständigen Finanzamt zu stellen (§ 3 Abs. 2 Satz 2 UmwStG), und zwar spätestens bis zur erstmaligen Abgabe der steuerlichen Schlussbilanz. Keine Schlussbilanz in diesem Sinne ist allerdings eine reguläre Bilanz der übertragenden Gesellschaft, die möglicherweise im Zeitpunkt des Umwandlungsbeschlusses bereits aufgestellt und dem Finanzamt eingereicht worden ist (BMF v. 11.11.2011 – IV C 2 - S 1978-b/08/10001, BStBl. I 2011, 1314, Rz. 03.01). Ein Buch- bzw. Zwischenwertansatz ist somit auch dann noch möglich, wenn der umzuwandelnde Rechtsträger seine Bilanz (z.B. auf den 31.12. 2016) mit der fristgerecht abgegebenen Steuererklärung zum 31.5.2014 eingereicht hat, und die Umwandlung erst danach (z.B. im August 2017) beschlossenen wird. Eine besondere Form für den Antrag sieht das Gesetz nicht vor. Nach allgemeiner Auffassung wird der Antrag mit Einreichung der Steuererklärung einschließlich der dazugehörenden Schlussbilanz ausgeübt (*Birkemeier* in Rödder/Herlinghaus/van Lishaut, § 3 UmwStG Rz. 136; *Möhlenbrock/Pung* in Dötsch/Pung/Möhlenbrock, Die Körperschaftsteuer, § 3 UmwStG Rz. 29 [Stand: Dezember 2015]: „Der Ansatz muss zweifelsfrei erkennbar sein". I.E. auch BMF v. 11.11.2011 – IV C 2 - S 1978-b/08/10001, BStBl. I 2011, 1314, Rz. 03.29). In der Praxis wird sich dennoch vielfach ein ausdrücklicher Antrag anbieten, um klarzustellen, dass der Buchwertansatz und nicht etwa ein Ansatz von Zwischenwerten gewollt ist. U 379

b) Besteuerung eines Übertragungsgewinns

Ebene der Kapitalgesellschaft | Ein Übertragungsgewinn der GmbH unterliegt bei dieser nach allgemeinen Grundsätzen der Besteuerung mit Körperschaft- und Gewerbesteuer. Dies bedeutet u.a., dass auf einen Gewinn aus dem Ansatz mit dem gemeinen Wert auch § 8b Abs. 2 KStG anzuwenden ist, soweit der Gewinn auf Anteile an anderen Kapitalgesellschaften U 380 im Vermögen der übertragenden Kapitalgesellschaft entfällt (*Birkemeier* in Rödder/Herlinghaus/van Lishaut, § 3 UmwStG Rz. 156; *Möhlenbrock/Pung* in Dötsch/Pung/Möhlenbrock, Die Körperschaftsteuer, § 3 UmwStG Rz. 141 [Stand: Dezember 2015]; vgl. auch: BMF v. 28.4.2003 – IV AZ - S 2750a - 7/03, BStBl. I 2003, 293 = GmbHR 2003, 603, Rz. 23 zu §§ 11 und 15 UmwStG a.F.).

U 381 **Ebene des Anteilseigners |** Ein Übertragungsgewinn auf Grund des Ansatzes der übergehenden Wirtschaftsgüter mit einem Wert über dem Buchwert in der Schlussbilanz der übertragenden Kapitalgesellschaft hat zunächst keine unmittelbaren steuerlichen Auswirkungen für den Anteilseigner. Allerdings erhöhen sich hierdurch bei der Kapitalgesellschaft die offenen Rücklagen zum Übertragungsstichtag. Für die Anteilseigner führt das dazu, dass i.d.R. wegen § 7 UmwStG auch ihre steuerliche Belastung im Rahmen der Umwandlung steigt (vgl. dazu sogleich unter Rz. U 390 sowie Rz. U 398). In der Praxis wird die freiwillige Aufdeckung stiller Reserven daher die Ausnahme bilden. Auswirkungen auf den zu versteuernden Übernahmegewinn ergeben sich dagegen i.d.R. nicht. Zwar erhöht sich der (Buch-)Wert der übernommenen Wirtschaftsgüter, dies wird aber dadurch kompensiert, dass auch die bei der Ermittlung des Übernahmeergebnisses abzuziehenden Bezüge nach § 7 UmwStG steigen. Ein Ansatz mit dem gemeinen Wert kann allerdings sinnvoll sein, um körperschaft- und gewerbesteuerliche Verlustvorträge oder auch nicht aufgebrauchte laufende Verluste des Umwandlungsjahres zu nutzen, die ansonsten durch die Umwandlung verloren gingen (§ 4 Abs. 2 Satz 2 UmwStG). Die Frage, ob die Regelungen über die Mindestbesteuerung nach § 10d Abs. 2 EStG, § 10a GewStG sowie § 2 Abs. 4 UmwStG verfassungsgemäß sind, hat der BHF nunmehr dem BVerfG vorgelegt (vgl. BFH v. 26.2.2014 – I R 59/12, BStBl. II 2014, 1016 = GmbHR 2014, 1099 = FR 2014, 1033 m. Anm. *Hallerbach* = GmbH-StB 2014, 313, Az. des BVerfG: 2 BvL 19/14).

c) Körperschaftsteuerguthaben und Altrücklagen

U 382 **Altes Recht – Körperschaftsteuerminderung oder -erhöhung |** Ein nicht zu vernachlässigender Aspekt des mit der Umwandlung in eine Personengesellschaft verbundenen Systemwechsels war bis zum Jahr 2006 die Frage, wie mit einem in der GmbH vorhandenen Körperschaftsteuerguthaben aus der Zeit des Anrechnungsverfahrens (§ 30 Abs. 1 Satz 3 KStG a.F. – sog. „EK 40" – i.V.m. § 37 KStG n.F.) und mit Altrücklagen aus dem Eigenkapital i.S.d. § 30 Abs. 2 Nr. 2 KStG a.F. – sog. „EK 02" – i.V.m. § 38 KStG n.F. zu verfahren war. Vor diesem Hintergrund konnte die Umwandlung einer Kapitalgesellschaft in/auf eine Personengesellschaft eine Körperschaftsteuerminderung oder -erhöhung auslösen.

U 383 **Behandlung des ehemaligen Körperschaftsteuerguthabens |** Hinsichtlich eines Körperschaftsteuerguthabens haben sich bereits mit dem SEStEG die körperschaftsteuerlichen Grundlagen geändert (vgl. § 37 Abs. 4 bis 7 KStG). Das Körperschaftsteuerguthaben war letztmalig spätestens auf den 31.12.2006 festzustellen und wandelte sich in einen Auszahlungsanspruch. Da dieser beginnend ab dem VZ 2008 in zehn gleichen Jahresbeträgen auszuzahlen ist, kann ein solche Anspruch auch bei aktuellen Umwandlungen noch bestehen. Ist das der Fall, geht der Anspruch mit der Umwandung auf die Personengesellschaft über. Eine Körperschaftsteuerminderung erfolgt nicht mehr (§ 10 UmwStG a.F.).

U 384 **Altbestände des EK 02 |** Hinsichtlich der ehemaligen Altbestände des EK 02 war der Endbetrag nach § 38 Abs. 1 KStG letztmalig auf den 31.12.2006 zu ermitteln und festzustellen (vgl. z.B. *Dötsch/Pung*, DB 2007, 2669, 2675 ff.; *Fuhrmann/Strahl*, DStZ 2008, 125, 128 ff.).

Der Körperschaftsteuererhöhungsbetrag ist beginnend ab 2008 in zehn gleichen Jahresbeträgen zu entrichten. Für Umwandlungen mit einem Umwandlungsstichtag nach dem 31.12. 2006 ist in der Schlussbilanz eine entsprechende Körperschaftsteuerverbindlichkeit auszuweisen. Zu einer Körperschaftsteuererhöhung kommt es nicht mehr. § 10 UmwStG ist dementsprechend aufgehoben worden.

5. Steuerliche Behandlung der GmbH & Co. KG

Grundsatz der Buchwertverknüpfung | Die übernehmende GmbH & Co. KG hat die auf sie übergegangenen Wirtschaftsgüter nach § 4 Abs. 1 Satz 1 UmwStG mit den in der steuerlichen Schlussbilanz der übertragenden GmbH ausgewiesenen Werten zu übernehmen. Hat die GmbH in ihrer Schlussbilanz die Buchwerte fortgeführt, so bewirkt die Buchwertverknüpfung, dass die stillen Reserven auf die Personengesellschaft übertragen werden und – soweit sie dann noch vorhanden sind – erst bei Veräußerung der Wirtschaftsgüter, Veräußerung der Mitunternehmeranteile oder Aufgabe des Gewerbebetriebs der Personengesellschaft aufgedeckt und versteuert werden müssen. U 385

Zuschreibung auf die Anteile an der übertragenden GmbH | Der Grundsatz der Buchwertverknüpfung ist aber nicht uneingeschränkt. Die Anteile an der übertragenden GmbH sind von der GmbH & Co. KG vielmehr nach § 4 Abs. 1 Satz 2 UmwStG um steuerwirksame Abschreibungen in den Vorjahren sowie um Abzüge nach § 6b EStG und ähnliche Abzüge zu erhöhen. Obergrenze ist der gemeine Wert. Sind in der Vergangenheit auf die Anteile an der übernehmenden Kapitalgesellschaft sowohl Teilwertabschreibungen vorgenommen wurden, die in voller Höhe steuerwirksam waren, als auch solche, für die § 8b Abs. 3 KStG bzw. § 3c Abs. 2 EStG Anwendung fand, und erreicht der mögliche Zuschreibungsbetrag nicht die Summe der insgesamt vorgenommenen Teilwertabschreibungen, vertritt die Finanzverwaltung die Auffassung, dass für § 4 Abs. 1 Satz 2 UmwStG die steuerlich anerkannten Teilwertabschreibungen vorrangig hinzuzurechnen sind (BMF v. 11.11.2011 – IV C 2 - S 1978-b/08/10001, BStBl. I 2011, 1314, Rz. 04.07; a.A.: *Kutt/Cartens* in FGS/BDI, UmwSt-Erlass 2011 [2012], S. 163). Letztlich wird diese Frage aber wegen des Anwendungsvorrangs von § 6 Abs. 1 Nr. 2 Satz 3 i.V.m. Nr. 1 Satz 4 EStG zumindest dann dahinstehen können, wenn der Umwandlungsstichtag dem regulären Bilanzstichtag entspricht, da hier inzwischen geklärt ist, dass zunächst die Wertaufholungen vorzunehmen sind, die im Zusammenhang mit den zuletzt vorgenommenen nicht steuerwirksamen Teilwertabschreibungen stehen (BFH v. 19.8. 2009 – III R 79/07, BStBl. II 2010, 760; OFD Frankfurt a.M. v. 25.8.2010 – S 2750a A - 8 - St 52, DStR 2011, 77; OFD Niedersachsen v. 9.8.2010 – S 2750a - 19 - St 242, DB 2010, 2533). Der Aufstockungsgewinn nach § 4 Abs. 1 Satz 2 UmwStG ist laufender Gewinn, nicht etwa Teil des Umwandlungsergebnisses. Die Steuerbefreiung des § 3 Nr. 40 EStG bzw. § 8b KStG finden hierauf keine Anwendung (vgl. § 4 Abs. 1 Satz 3 UmwStG). U 386

Eintritt in die Rechtsstellung der GmbH | Mit der Umwandlung tritt die übernehmende Personengesellschaft in die Rechtsstellung der übertragenden GmbH ein (§ 4 Abs. 2 UmwStG). Der Eintritt in die Rechtsstellung ist sehr weitgehend. So hat die GmbH & Co. KG z.B. auch das Wertaufholungsgebot nach § 6 Abs. 1 Nr. 1 Satz 4 und Nr. 2 Satz 3 EStG zu beachten, wenn die GmbH Teilwertabschreibungen vorgenommen hat (*van Lishaut* in Rödder/Herlinghaus/van Lishaut, § 4 UmwStG Rz. 50). Beim übernehmenden Rechtsträger werden daher Vorbesitzzeiten angerechnet und Behaltensfristen werden nicht unterbrochen (§ 4 Abs. 2 Satz 3 UmwStG). Ausdrücklich geregelt ist zudem, dass die GmbH & Co. KG die von der U 387

GmbH in Anspruch genommene Absetzung für Abnutzung (AfA) fortzuführen hat (§ 4 Abs. 2 Satz 1 UmwStG). Werden in der Schlussbilanz der GmbH die Wirtschaftsgüter mit dem gemeinen Wert oder einem Zwischenwert angesetzt, so sind für die Vornahme von Abschreibungen die folgenden Grundsätze zu beachten (§ 4 Abs. 3 UmwStG; vgl. BMF v. 11.11. 2011 – IV C 2 - S 1978-b/08/10001, BStBl. I 2011, 1314 Rz. 04.10.):

- Bei Gebäuden, die von der GmbH bisher typisiert nach § 7 Abs. 4 Satz 1 EStG oder § 7 Abs. 5 EStG abgeschrieben worden sind, ist die bisherige AfA-Bemessungsgrundlage – erhöht um den Unterschiedsbetrag zwischen Buchwert unmittelbar vor Aufstellung der steuerlichen Schlussbilanz der übertragenden Körperschaft und dem in der Schlussbilanz angesetzten Wert – zugrunde zu legen, wobei die nach diesen Vorschriften maßgeblichen AfA-Sätze fortgesetzt anzuwenden sind.
- Bei anderen Wirtschaftsgütern (Abschreibung nach § 7 Abs. 1, 2 EStG) ist als Bemessungsgrundlage der Wert maßgebend, den die GmbH in ihrer Schlussbilanz angesetzt hat (z.B. gemeiner Wert). Die Restnutzungsdauer ist nach den Verhältnissen am steuerlichen Übertragungsstichtag neu zu schätzen.
- Ein (derivativer) Geschäfts- und Firmenwert ist nach der bisherigen Bemessungsgrundlage ggf. vermehrt um einen Aufstockungsbetrag einheitlich mit 1/15 abzuschreiben.

U 388 **Anspruch auf Auszahlung des Körperschaftsteuerguthabens** | Hat die übertragende GmbH am Umwandlungsstichtag einen Anspruch auf Auszahlung des Körperschaftsteuerguthabens gemäß § 37 Abs. 4 bis 7 KStG, so geht dieser Anspruch auf die Personengesellschaft über und ist von dieser mit seinem Barwert auszuweisen. Der Differenzbetrag zwischen dem Auszahlungsbetrag und dem Barwert führt in der Folgezeit zu einer Betriebsvermögensmehrung auf Ebene der Personengesellschaft, die nach Auffassung der Finanzverwaltung steuerpflichtig ist, da § 37 Abs. 7 KStG nur für Körperschaften gelten soll, denen gegenüber der Anspruch nach § 37 Abs. 5 Satz 3 KStG festgesetzt wurde, sowie für einen Gesamtrechtsnachfolger, wenn dieser den Regelungen des Körperschaftsteuergesetzes unterliegt (BMF v. 14.1.2008 – IV B 7 - S 2861/07/0001 - DOK 2007/0580289, BStBl. I 2008, 280; *Pung/Werner* in Dötsch/Pung/Möhlenbrock, Die Körperschaftsteuer, § 4 UmwStG Rz. 18 [Stand: Dezember 2015]; a.A. *Förster/Felchner*, DStR 2007, 280, 283; *Förster/Felchner*, DStR 2006, 1725, 1729; *Lemaitre/Schönherr*, GmbHR 2007, 173, 181; *Ott*, INF 2007, 97, 98).

U 389 **Ausnahmen von der Rechtsnachfolge** | Nicht in die Rechtsstellung der übertragenden GmbH tritt die GmbH & Co. KG hinsichtlich bestehender Verlustvorträge – unabhängig von ihrer Art – ein (§ 4 Abs. 2 Satz 2 UmwStG). Das gilt auch für verrechenbare Verluste, verbleibende Verlustvorträge sowie vom übertragenden Rechtsträger nicht ausgeglichene negative Einkünfte. Damit können insbesondere die laufenden Verluste des Umwandlungsjahres nicht von der übernehmenden Gesellschaft genutzt werden. Die verrechenbaren Verluste, verbleibenden Verlustvorträge und nicht ausgeglichenen negativen Einkünfte gehen daher mit der Umwandlung unter. Darüber hinaus geht kraft ausdrücklicher gesetzlicher Regelung in § 4 Abs. 2 Satz 2 UmwStG weder ein Zinsvortrag nach § 4h Abs. 1 Satz 5 EStG noch ein EBITDA-Vortrag nach § 4h Abs. 1 Satz 3 EStG auf die Personengesellschaft über.

6. Besteuerung der Anteilseigner

a) Besteuerung offener Rücklagen

Fiktion der Auskehrung offener Rücklagen | Anders als die gesetzlich Reihenfolge vorgibt, ist für die Besteuerung des Anteilseigers zunächst § 7 UmwStG zu beachten. Danach sind die in der Kapitalgesellschaft gebildeten offenen Rücklagen den Anteilseignern als Einkünfte aus Kapitalvermögen i.S.d. § 20 Abs. 1 Nr. 1 EStG zuzurechnen, und zwar in dem Verhältnis, in dem die Anteilseigner am Nennkapital der GmbH beteiligt sind. Dies gilt unabhängig von der Beteiligungsquote der Anteilseigner und unabhängig davon, ob für die jeweiligen Anteilseigner ein Übernahmeergebnis nach § 4 UmwStG zu ermitteln ist. Die offenen Rücklagen definiert § 7 Satz 1 UmwStG als das in der Steuerbilanz ausgewiesene Eigenkapital abzüglich des Bestandes des steuerlichen Einlagekontos i.S.v. § 27 KStG. Das Einlagekonto ist wegen § 29 Abs. 1 KStG um das Nennkapital der GmbH zu erhöhen, so dass insoweit keine Einkünfte anzunehmen sind. U 390

Einordnung der Einkünfte | Die in der Kapitalgesellschaft gebildeten offenen Rücklagen stellen nach § 7 UmwStG Einkünfte aus Kapitalvermögen i.S.v. § 20 Abs. 1 Nr. 1 EStG dar. Allerdings sind sie wegen § 20 Abs. 8 EStG den gewerblichen Einkünften zuzuordnen, wenn die untergehenden Anteile an der übertragenden Gesellschaft Teil eines Betriebsvermögens waren. Soweit die Anteile an der übernehmenden Gesellschaft vor der Umwandlung in einem Betriebsvermögen gehalten wurden, ist die Rechtsfolge klar. Gleiches gilt – nicht ganz unumstritten – aber auch bei einer Beteiligung i.S.d. § 17 EStG, die im Privatvermögen gehalten wird, aufgrund der Einlagefiktion des § 5 Abs. 2 UmwStG. Nach innerstaatlichem Recht sind die Bezüge i.S.d. § 7 UmwStG daher auch in diesem Fall Teil der betrieblichen Einkünfte (§§ 13, 15, 18 EStG) als Mitunternehmer der übernehmenden Personengesellschaft (BMF v. 11.11.2011 – IV C 2 - S 1978-b/08/10001, BStBl. I 2011, 1314, Rz. 05.07, 07.07; *Birkemeier* in Rödder/Herlinghaus/van Lishaut, § 7 UmwStG Rz. 20, 32; *van Lishaut* in Rödder/Herlinghaus/van Lishaut, § 5 UmwStG Rz. 23). U 391

Ausländische Anteilseigner | Gehören die Anteile zu einem deutschen Betriebsvermögen des ausländischen Anteilseigners, so sind die Bezüge als Einkünfte im Rahmen der beschränkten Steuerpflicht nach §§ 1 Abs. 4, 49 Abs. 1 Nr. 2 Buchst. a EStG zu erfassen (*Pung/Werner* in Dötsch/Pung/Möhlenbrock, Die Körperschaftsteuer, § 4 UmwStG Rz. 5c [Stand: Dezember 2015]). Gleiches gilt auch für die Anteile i.S.d. § 17 EStG eines ausländischen Anteilseigners, die nach § 5 Abs. 2 UmwStG für die Ermittlung des Übernahmeergebnisses in das Betriebsvermögen der übernehmenden Gesellschaft eingelegt gelten (BMF v. 11.11.2011 – IV C 2 - S 1978-b/08/10001, BStBl. I 2011, 1314, Rz. 05.07). § 5 UmwStG unterscheidet für die Beurteilung nach innerstaatlichem Recht nicht zwischen beschränkt und unbeschränkt Steuerpflichtigen. Abkommensrechtlich wird das deutsche Besteuerungsrecht allerdings i.d.R. auf ein Quellensteuerrecht reduziert sein, es sei denn, dass die Anteile tatsächlich einer deutschen Betriebsstätte zuzurechnen sind (BMF v. 11.11.2011 – IV C 2 - S 1978-b/08/10001, BStBl. I 2011, 1314, Rz. 04.23). U 392

Besteuerung der Bezüge nach § 7 UmwStG | Die nach § 7 UmwStG zu ermittelnden Bezüge gelten als vom Anteilseigner mit Ablauf des Übertragungsstichtages (§ 2 Abs. 1 und 2 UmwStG) bezogen (BMF v. 11.11.2011 – IV C 2 - S 1978-b/08/10001, BStBl. I 2011, 1314, Rz. 07.07; BFH v. 10.2.2016 – VIII R 43/13, GmbHR 2016, 942 zu § 7 UmwStG 1995). Ist der Anteilseigner eine natürliche Person, so sind die Bezüge gemäß § 3 Abs. 40 Satz 1 Buchst. d EStG i.H.v. 40 % steuerfrei. Werden die Anteile an der umgewandelten GmbH von U 393 einer Kapitalgesellschaft gehalten, greift die Steuerbefreiung des § 8b Abs. 1 KStG. 5 % der Bezüge gelten dann als nicht abziehbare Betriebsausgaben (§ 8b Abs. 5 KStG). Voraussetzung für die Befreiung ist für Umwandlungen, bei denen die Anmeldung zum Handelsregister nach dem 28.2.2013 erfolgt ist, dass die Beteiligung der Kapitalgesellschaft an der GmbH zumindest 10 % des Stammkapitals betragen hat (§ 8b Abs. 4 KStG, § 27 Abs. 11 UmwStG).

U 394 **Kapitalertragssteuer** | Die Einkünfte unterliegen dem Kapitalertragsteuerabzug nach § 43 Abs. 1 Nr. 1 EStG. Die Kapitalertragsteuer entsteht mit Eintragung der Umwandlung in das öffentliche Register (BMF v. 11.11.2011 – IV C 2 - S 1978-b/08/10001, BStBl. I 2011, 1314, Rz. 07.08). Demgegenüber ist der Zeitpunkt des steuerlichen Zuflusses der Kapitalerträge (= Entstehenszeitpunkt für die Kapitalertragsteuer) der steuerliche Übertragungsstichtag (BMF v. 11.11.2011 – IV C 2 - S 1978-b/08/10001, BStBl. I 2011, 1314, Rz. 07.07). Problematisch ist insoweit, dass die Kapitalertragsteuer nach § 44 Abs. 1 Satz 5 Halbs. 2 EStG im Zuflusszeitpunkt anzumelden und abzuführen ist. Eine rechtzeitige Anmeldung ist bei rückwirkenden Umwandlungen damit technisch unmöglich. Das gilt selbst dann, wenn auf den Entstehenszeitpunkt, d.h. die Eintragung in das Handelsregister abgestellt wird (vgl. *Cordes/Dremel/Carstens*, FGS/BDI, UmwSt-Erlass 2011 [2012], S. 221). Ggf. kommt hier auch eine Billigkeitslösung in Betracht (*Birkemeier* in Rödder/Herlinghaus/van Lishaut, § 7 UmwStG Rz. 26). Die Abführung der Kapitalertragsteuer durch die übernehmende Personengesellschaft stellt keine weitere Gegenleistung an die Gesellschafter i.S.v. § 3 Abs. 2 Nr. 3 UmwStG dar (BMF v. 11.11. 2011 – IV C 2 - S 1978-b/08/10001, BStBl. I 2011, 1314, Rz. 03.21).

U 395 **Gewerbesteuer** | Die Bezüge nach § 7 UmwStG unterliegen im Betriebsvermögen grundsätzlich der Gewerbesteuer (vgl. § 18 Abs. 1 UmwStG). Die Vorschriften über Hinzurechnungen und Kürzungen des Gewerbeertrages sind anzuwenden. Nicht in den Gewerbeertrag einzubeziehen sind jedoch die Bezüge i.S.d. § 7 UmwStG aus den Anteilen, die vor der Umwandlung im Privatvermögen gehalten wurden. Soweit diese Anteile nicht die Grenze des § 17 EStG überschreiten, ergibt sich dies bereits daraus, dass für diese Anteile kein Übernahmeergebnis zu ermitteln ist (*Pung* in Dötsch/Pung/Möhlenbrock, Die Körperschaftsteuer, § 18 UmwStG Rz. 16 [Stand: April 2016]; *Schmitt* in Schmitt/Hörtnagl/Stratz, UmwG/UmwStG, § 18 UmwStG Rz. 18). Gelten die im Privatvermögen gehaltenen Anteile für die Ermittlung des Übernahmeergebnisses nach § 5 Abs. 2 UmwStG als in ein Betriebsvermögen eingelegt, sind die hieraus erzielten Bezüge i.S.d. § 7 UmwStG gemäß § 18 Abs. 2 Satz 2 UmwStG aus dem Gewerbeertrag auszuscheiden.

b) Übernahmegewinn

aa) Anteile befinden sich im Betriebsvermögen der übernehmenden Gesellschaft

U 396 **Grundsatz** | Befinden sich die Anteile an der GmbH im Betriebsvermögen der übernehmenden GmbH & Co. KG, so steht der mit der Umwandlung in die Personengesellschaft verbundenen Betriebsvermögensmehrung durch die Übernahme der Wirtschaftsgüter der GmbH eine Betriebsvermögensminderung in der Höhe entgegen, in der die Anteile an dieser Gesellschaft – mit dem nach § 4 Abs. 1 Satz 2 UmwStG korrigierten Wert – untergehen. Damit entsteht bei der übernehmenden Gesellschaft unter Berücksichtigung der Kosten für den Vermögensübergang ein Übernahmegewinn oder ein Übernahmeverlust (vgl. § 4 Abs. 4 Satz 1 UmwStG). Der so ermittelte Übernahmegewinn ist nach § 4 Abs. 5 UmwStG ggf. um einen vorhandenen Sperrbetrag nach § 50c EStG a.F. zu erhöhen. Da die übernommenen Wirtschaftsgüter für die Ermittlung des Übernahmeergebnisses grundsätzlich mit dem Wert anzusetzen sind, mit dem sie in der Schlussbilanz der GmbH ausgewiesen waren, entscheidet der Ansatz durch die GmbH über die Realisierung der stillen Reserven sowohl der Wirtschaftsgüter auf Ebene der GmbH als auch der GmbH-Anteile auf Ebene der Personengesellschaft und deren Gesellschafter.

Neutrales Vermögen | Eine Ausnahme von dem Grundsatz, dass der Ansatz bei der übertragendenden GmbH das Übernahmeergebnis bei der Personengesellschaft bestimmt, findet sich in § 4 Abs. 4 Satz 2 UmwStG. Danach sind die Wirtschaftsgüter, an denen vor der Umwandlung kein deutsches Besteuerungsrecht bestand (sog. „neutrales Vermögen"), für die Ermittlung des Übernahmeergebnisses mit dem gemeinen Wert anzusetzen. Dies betrifft insbesondere Wirtschaftsgüter, die einer ausländischen Betriebsstätte der übertragenden Körperschaft zuzuordnen sind, deren Gewinn in Deutschland aufgrund eines mit dem Betriebsstättenstaat geschlossenen DBA freizustellen ist. Hintergrund hierfür ist, dass der Wert dieser Wirtschaftsgüter in Deutschland bis zur Umwandlung über die GmbH-Anteile – mittelbar – steuerverhaftet ist. Da die Anteile mit der Umwandlung wegfallen, besteht mit der Umwandlung letztmalig für den deutschen Fiskus die Möglichkeit einer Besteuerung. U 397

Offene Rücklagen | Da die offenen Rücklagen der übertragenden Kapitalgesellschaft den Anteilseignern nach § 7 UmwStG als Einkünfte aus Kapitalvermögen zuzurechnen sind und als solche der Besteuerung unterliegen, sind diese bei der Ermittlung des Übernahmeergebnisses abzuziehen (§ 4 Abs. 5 Satz 2 UmwStG). U 398

Ermittlung des Übernahmeergebnis | Das Übernahmeergebnis berechnet sich somit wie folgt: U 399

Wert, mit dem die übergegangenen Wirtschaftsgüter nach § 4 Abs. 1 UmwStG zu übernehmen sind

+	stille Reserven des neutralen Vermögens
./.	Kosten für den Vermögensübergang
./.	(korrigierter) Buchwert der Anteile an der übertragenden Körperschaft
=	Übernahmegewinn/-verlust i.S.d. § 4 Abs. 4 Satz 1 UmwStG
+	Sperrbetrag nach § 50c EStG a.F.
./.	Bezüge nach § 7 UmwStG
=	Übernahmegewinn/-verlust i.S.d. § 4 Abs. 4 und 5 UmwStG

bb) Anteile befinden sich nicht im Betriebsvermögen der übernehmenden Gesellschaft

Grundsatz | Entsteht die übernehmende Personengesellschaft – wie beim Formwechsel – erst mit der Umwandlung oder befinden sich die Anteile an der übertragenden GmbH aus anderen Gründen nicht im Betriebsvermögen der übernehmenden Gesellschaft (z.B. Verschmelzung auf eine Schwester-Personengesellschaft), so sind die Wirtschaftsgüter von der GmbH & Co. KG zwar auch nach § 4 Abs. 1 UmwStG mit dem Wert zu übernehmen, mit dem sie in der steuerlichen Schlussbilanz der GmbH ausgewiesen waren, die entsprechende Betriebsvermögensminderung durch das Schwinden der Anteile bliebe aber ohne eine ergänzende gesetzliche Regelung aus und würde sich somit bei der Ermittlung des Übernahmeergebnisses nicht auswirken. Hier lassen sich verschiedene Fallgruppen unterscheiden. U 400

U 401 **Erwerb nach dem Umwandlungsstichtag** | Hat die übernehmende Gesellschaft die Anteile an der übertragenden Gesellschaft nach dem Umwandlungsstichtag erworben, so wird der Übernahmegewinn ermittelt, als seien die Anteile zu diesem Stichtag angeschafft worden (§ 5 Abs. 1 UmwStG). Das gilt auch für die Anteile der nach § 29 UmwG abgefundenen Anteilseigner. Der unentgeltliche Erwerb ist der Anschaffung gleichgestellt (BMF v. 11.11.2011 – IV C 2 - S 1978-b/08/10001, BStBl. I 2011, 1314, Rz. 07.09).

U 402 **Anteile i.S.v. § 17 EStG und einbringungsgeborene Anteile** | Anteile an der übertragenden Gesellschaft, die im Privatvermögen gehalten werden und eine Beteiligung i.S.v. § 17 EStG darstellen, sowie einbringungsgeborene Anteile i.S.v. § 21 UmwStG a.F. gelten für die Ermittlung des Umwandlungsergebnisses als zum steuerlichen Übertragungsstichtag mit den Anschaffungskosten eingelegt (§ 5 Abs. 2 Satz 1 UmwStG). Eine Differenzierung zwischen unbeschränkt und beschränkt steuerpflichtigen Anteilseignern sieht das Gesetz nicht vor, so dass ein Übernahmeergebnis grundsätzlich auch für beschränkt steuerpflichtige Anteilseigner zu ermitteln ist. Nach innerstaatlichem Recht ist der Gewinn im Rahmen der beschränkten Einkommen- bzw. Körperschaftsteuerpflicht der Gesellschafter zu erfassen, wobei umstritten ist, ob sich die Steuerpflicht aus § 49 Abs. 1 Nr. 2 Buchst. a EStG oder aus § 49 Abs. 1 Nr. 2 Buchst. e EStG ergibt (vgl. *Pung/Werner* in Dötsch/Pung/Möhlenbrock, Die Körperschaftsteuer, § 4 UmwStG Rz. 5c [Stand: Dezember 2015]; *Schmitt* in Schmitt/Hörtnagl/Stratz, UmwG/UmwStG, § 4 UmwStG Rz. 145; *Widmann* in Widmann/Mayer, Umwandlungsrecht, § 4 UmwStG Rz. 554, 564 [Stand: September 2008]). Unerheblich für die Anwendung des § 5 Abs. 2 UmwStG ist darüber hinaus, ob Deutschland an dem Umwandlungsgewinn auch abkommensrechtlich das Besteuerungsrecht hat (BMF v. 11.11.2011 – IV C 2 - S 1978-b/08/10001, BStBl. I 2011, 1314, Rz. 05.07). Allerdings wird Deutschland den Umwandlungsgewinn i.d.R. nicht der Besteuerung unterwerfen dürfen, wenn mit dem Sitzstaat des Anteilseigners ein DBA entsprechend dem OECD-Musterabkommen besteht. Die Einlagefiktion des § 5 Abs. 2 UmwStG reicht zur Begründung abkommensrechtlicher Betriebsstätteneinkünfte nicht aus (*Schmitt* in Schmitt/Hörtnagl/Stratz, UmwG/UmwStG, § 4 UmwG Rz. 145).

U 403 **Anteile befinden sich in einem anderen Betriebsvermögen** | Soweit die Anteile an der Kapitalgesellschaft zu einem anderen in- oder ausländischen Betriebsvermögen eines Gesellschafters der Personengesellschaft gehören, ist der Gewinn so zu ermitteln, als seien die Anteile an diesem Stichtag mit dem um steuerwirksame Abschreibungen aus den Vorjahren, Abzüge nach § 6b EStG und ähnliche Abzüge, erhöhten Buchwert (§ 5 Abs. 3 UmwStG) in das Betriebsvermögen eingelegt worden. Insoweit besteht eine Parallele zu den bereits im Betriebsvermögen der Personengesellschaft gehaltenen Anteilen (§ 4 Abs. 1 Satz 2 UmwStG). Auch für die Anwendung des § 5 Abs. 3 UmwStG ist – wie auch bei § 5 Abs. 2 UmwStG – unerheblich, ob hinsichtlich der Anteile ein deutsches Besteuerungsrecht besteht (BMF v. 11.11.2011 – IV C 2 - S 1978-b/08/10001, BStBl. I 2011, 1314, Rz. 05.09).

U 404 **Sonstige Anteile** | Hinsichtlich der sonstigen Anteile, in erster Linie also der Anteile an der übertragenden Gesellschaft, die im Privatvermögen gehalten werden und weder Anteile i.S.v. § 17 EStG, noch solche i.S.v. § 21 UmwStG a.F. sind, erfolgt die Besteuerung im Rahmen der Umwandlung ausschließlich gemäß § 7 UmwStG. Entsprechend bleibt der Wert der übergegangenen Wirtschaftsgüter bei der Ermittlung des Übernahmeergebnisses der übernehmenden Gesellschaft außer Ansatz, soweit er auf diese Anteile entfällt (BMF v. 11.11.2011 – IV C 2 - S 1978-b/08/10001, BStBl. I 2011, 1314, Rz. 04.25).

cc) Besteuerung des Übernahmegewinns

Anwendung des Teileinkünfteverfahrens | Ist der Übernahmegewinn einer Kapitalgesellschaft zuzurechnen, so ist hierauf § 8b KStG anzuwenden (§ 4 Abs. 7 Satz 1 UmwStG). Der Übernahmegewinn ist damit steuerfrei, wobei jedoch 5 % des Übernahmegewinns als nicht abzugsfähige Betriebsausgaben gelten und der Körperschaft- und Gewerbesteuer unterliegen. Soweit der Übernahmegewinn auf eine natürliche Person entfällt, sind gemäß § 4 Abs. 7 Satz 2 UmwStG die Regelungen des § 3 Nr. 40 Satz 1 und 2 sowie § 3c EStG anzuwenden (sog. Teileinkünfteverfahren). U 405

c) Übernahmeverlust

Kapitalgesellschaften als Anteilsinhaber | Ein Übernahmeverlust bleibt nach § 4 Abs. 6 Satz 1 UmwStG außer Ansatz, soweit dieser auf eine Körperschaft, Personenvereinigung oder Vermögensmasse als Mitunternehmerin der übernehmenden Personengesellschaft entfällt, und zwar auch soweit die Bezüge wegen § 8b Abs. 5 KStG zu nicht abzugsfähigen Betriebsausgaben führen. Nach dem Gesetzeswortlaut gilt das auch für Anteile, die unter die Streubesitzregelung des § 8b Abs. 4 KStG fallen (Beteiligung von unter 10 %), obwohl eventuelle Bezüge nach § 7 UmwStG hier nicht steuerbefreit sind. Eine Ausnahme besteht nur für die Anteile, die unter § 8b Abs. 7 oder Abs. 8 Satz 1 KStG fallen. Hier ist ein Übernahmeverlust bis zur Höhe der Bezüge gemäß § 7 UmwStG zu berücksichtigen (§ 4 Abs. 6 Satz 2 und 3 UmwStG). U 406

Natürliche Personen als Anteilsinhaber | Werden die Anteile von natürlichen Personen gehalten, ist ein Übernahmeverlust i.E. bis zu höchstens 60 % der zugerechneten Bezüge nach § 7 UmwStG zu berücksichtigen (§ 4 Abs. 6 Satz 4 Halbs. 1 UmwStG). Darüber hinaus bleibt der Übernahmeverlust außer Ansatz (§ 4 Abs. 6 Satz 2 Halbs. 2 UmwStG). Im Ergebnis sind damit Umwandlungsverluste nur steuerwirksam, soweit hierdurch steuerpflichtige Bezüge nach § 7 UmwStG ausgeglichen werden. Die „übersteigenden" Anschaffungskosten der GmbH-Anteile können auch nicht in einer Ergänzungsbilanz des Gesellschafters bei der übernehmenden Personengesellschaft fortgeführt werden (BFH v. 22.10.2015 – IV R 37/13, BFH/NV 2016, 667; BFH v. 12.7.2012 – IV R 39/09, BStBl. II 2012, 728 = FR 2013, 71 = GmbHR 2012, 1086 = GmbH-StB 2012, 327). Ggf. kommt hier aber eine sachliche Billigkeitsmaßnahme in Betracht (BFH v. 24.6.2014 – VIII R 35/10, DStR 2014, 1716 = FR 2014, 852 m. Anm. *Strahl* = GmbHR 2014, 1048 = GmbH-StB 2014, 307; vgl. auch BFH v. 22.10.2015 – IV R 37/13, BFH/NV 2016, 667). Ein Veräußerungsverlust bleibt zudem insgesamt außer Ansatz, soweit ein Veräußerungsverlust nach § 17 Abs. 2 Satz 5 EStG nicht zu berücksichtigen wäre oder die Anteile innerhalb der letzten 5 Jahre vor dem steuerlichen Übertragungsstichtag gekauft wurden (§ 4 Abs. 6 Satz 5 UmwStG). Mit dem Abzugsverbot soll verhindert werden, das der Anteilseigner i.E. die offenen Rücklagen erwirbt und durch die Umwandlung steuerfrei vereinnahmt. U 407

d) Gewerbesteuer

Grundsatz – Keine Gewerbesteuerpflicht des Umwandlungsergebnisses | Weder ein Übernahmegewinn noch ein Übernahmeverlust sind nach § 18 Abs. 2 UmwStG für Zwecke der Gewerbesteuer zu erfassen (Verfassungsgemäß: BFH v. 5.11.2015 – III R 12/13, BStBl. II 2016, 420). Die Bezüge nach § 7 UmwStG erhöhen dagegen den Gewerbeertrag, soweit für den Anteilseigner ein Umwandlungsergebnis ermittelt wird und die Voraussetzungen für eine Kür- U 408 zung nach § 9 Nr. 2a oder 7 GewStG nicht erfüllt sind (vgl. BMF v. 11.11.2011 – IV C 2 - S 1978-b/08/10001, BStBl. I 2011, 1314, Rz. 18.04). Eine Ausnahme begründet insoweit jedoch § 18 Abs. 2 Satz 2 UmwStG, soweit die Anteile an der übertragenden Gesellschaft im Privatvermögen gehalten wurden: Gelten die Anteile für die Ermittlung des Übernahmegewinns nach § 5 Abs. 2 UmwStG als in die übernehmende Personengesellschaft eingelegt, so ist ein Gewinn nach § 7 UmwStG für die Gewerbesteuer nicht zu erfassen.

U 409 **Gewerbesteuerliche Sperrfrist |** Durch die Umwandlung wird eine fünfjährige Sperrfrist ausgelöst, innerhalb der – unabhängig von den Voraussetzungen des § 7 Satz 2 GewStG – ein Gewinn aus der Veräußerung oder Aufgabe des Betriebes der GmbH & Co. KG oder der Gesellschaftsanteile an dieser Gesellschaft der Gewerbesteuer unterliegt (§ 18 Abs. 3 Satz 1 und 2 UmwStG). Hiervon ist der gesamte Gewinn umfasst, auch soweit die stillen Reserven erst nach der Umwandlung entstanden sind (vgl. BFH v. 28.4.2016 – IV R 6/13, GmbHR 2016, 834; BFH v. 26.6.2007 – IV R 58/06, BStBl. II 2008, 73 = FR 2008, 33 m. Anm. *Kempermann* = GmbHR 2007, 1060 = GmbH-StB 2007, 331; BFH v. 20.11.2006 – VIII R 47/05, BStBl. II 2008, 69 = FR 2007, 603 m. Anm. *Kempermann* = GmbHR 2007, 272 = GmbH-StB 2007, 69; BFH v. 11.12.2001 – VIII R 23/01, BStBl. II 2004, 474 = GmbHR 2002, 382 m. Anm. *Roser* = GmbH-StB 2002, 97). Davon sind gemäß § 18 Abs. 3 Satz 1 UmwStG auch die stillen Reserven betroffen, die in den Wirtschaftsgütern des aufnehmenden Rechtsträgers (also der GmbH & Co. KG) vorhanden waren (zur möglichen Verfassungswidrigkeit von § 18 Abs. 3 i.d.F. des JStG 2008 vgl. *Wernsmann/Desens*, DStR 2008, 221, zur Rechtslage vor dem 31.12. 2007 vgl. BMF v. 11.11.2011 – IV C 2 - S 1978-b/08/10001, BStBl. I 2011, 1314, Rz. 06.01, Rz. 18.09). Die Gewerbesteuer stellt hier auch eine tatsächliche Belastung dar, da die Anrechnung nach § 35 EStG ausdrücklich ausgeschlossen ist (§ 18 Abs. 3 Satz 3 UmwStG).

e) Übernahmefolgegewinn

U 410 **Entstehung |** Haben sowohl die übertragende GmbH als auch die übernehmende GmbH & Co. KG bereits vor der Umwandlung bestanden (Verschmelzung durch Aufnahme), können die Gesellschaften Rechtsbeziehungen begründet haben, die durch die Verschmelzung betroffen werden. Wenn Forderungen und Verbindlichkeiten zwischen den Gesellschaften bestanden haben, so erlöschen diese mit der Vereinigung in einer Person (sog. Konfusion). Ebenso kann der Grund für eine Rückstellung entfallen. Die entsprechenden Bilanzposten gehen zwar auf die GmbH & Co. KG über, erlöschen dann aber bzw. sind aufzulösen. Zu einem Gewinn kommt es hierbei, wenn entweder diese korrespondierenden Posten in der Bilanz der GmbH und der GmbH & Co. KG unterschiedliche Wertansätze aufweisen oder wie im Fall einer Rückstellung nur eine der Gesellschaften bilanzielle Folgen gezogen hat. Diesen Gewinn nennt man Übernahmefolgegewinn (§ 6 UmwStG).

U 411 **Steuerliche Behandlung |** Der Übernahmefolgegewinn entsteht steuerlich bei der übernehmenden GmbH & Co. KG eine juristische Sekunde nach Ablauf des steuerlichen Übertragungsstichtags, somit noch in dem Jahr, in das der Übertragungsstichtag fällt (BMF v. 11.11. 2011 – IV C 2 - S 1978-b/08/10001, BStBl. I 2011, 1314, Rz. 06.01 Satz 1: mit Ablauf des steuerlichen Übertragungsstichtags). Die Gesellschaft darf in dieser Höhe aber eine den steuerlichen Gewinn mindernde Rücklage bilden (§ 6 Abs. 1 Satz 1 UmwStG). Diese ist in den auf ihre Bildung folgenden drei Wirtschaftsjahren mit mindestens je ⅓ gewinnerhöhend aufzulösen (§ 6 Abs. 1 Satz 2 UmwStG). Die Auflösung der Rücklage führt zu einem laufenden steuerpflichtigen Gewinn, der dem vollen Tarif der Einkommen- und Gewerbesteuer unterliegt. Die Begünstigung entfällt rückwirkend, wenn die Personengesellschaft den Betrieb innerhalb von fünf Jahren nach dem steuerlichen Übertragungsstichtag in eine Kapitalgesellschaft einbringt oder ohne triftigen Grund veräußert oder aufgibt (§ 6 Abs. 3 UmwStG).

f) Umwandlungskosten

Kostenzuordnung | Die Zuordnung von umwandlungsbedingten Kosten zum übertragenden oder zum übernehmenden Rechtsträger richtet sich nach dem objektiven Veranlassungsprinzip; ein Zuordnungswahlrecht besteht nicht (BFH v. 22.4.1998 – I R 83/96, BStBl. II 1998, 698 = FR 1998, 903 = GmbHR 1998, 953 = GmbH-StB 1998, 279). Die Finanzverwaltung unterscheidet insoweit zwischen objektbezogenen (insbesondere der durch die Umwandlung ausgelösten Grunderwerbsteuer) und anderen Kosten (vgl. BMF v. 11.11.2011 – IV C 2 - S 1978-b/08/10001, BStBl. I 2011, 1314, Rz. 04.34). Nicht objektbezogene Kosten des übernehmenden Rechtsträger stellen unabhängig davon, wann sie entstanden sind, Kosten des Vermögensübergangs i.S.d. § 4 Abs. 4 Satz 1 UmwStG dar. U 412

Einzelne Kostenpositionen | Bei der übertragenden Kapitalgesellschaft sind daher zu berücksichtigen, die Kosten U 413

- des Verschmelzungsvertrages bzw. des Entwurfs und dessen Beurkundung jeweils zur Hälfte;
- des Verschmelzungs- bzw. des Umwandlungsberichts;
- der Verschmelzungsprüfung;
- des Verschmelzungs- bzw. Umwandlungsbeschlusses;
- der Anmeldung und Eintragung des Beschlusses;
- der Löschung;
- der Gesellschafterversammlung, in der dem Verschmelzungsvertrag zugestimmt wird;
- für Beratungsleistungen im Zusammenhang mit den vorgenannten Positionen.

In die Veranlassungssphäre der übernehmenden Gesellschaft fallen dagegen neben den hälftigen Kosten für den Entwurf und die Beurkundung des Verschmelzungsvertrages insbesondere die Notar- und Beurkundungskosten, die die Eintragung der übernehmenden Gesellschaft betreffen.

Formwechsel | Die durch einen Formwechsel entstehenden Kosten sind handelsrechtlich der formwechselnden Gesellschaft zuzuordnen, da diese lediglich „ihr Rechtskleid wechselt". Eine Zuordnung dieser Kosten zum übertragenden bzw. übernehmenden Rechtsträger ist nur für steuerliche Zwecke erforderlich und möglich. Es gelten die gleichen Grundsätze, wie bei der Verschmelzung, d.h. die Zuordnung der Kosten erfolgt nach dem objektiven Veranlassungsprinzip. Ein wesentlicher Kostenfaktor ist der Beschluss über den Formwechsel nach § 193 UmwG. Da der Formwechsel – anders als die Verschmelzung – einaktig konzipiert ist, tritt der Beschluss in seiner Funktion wenigstens zum Teil an die Stelle des Verschmelzungsvertrages und enthält somit auch Elemente, die die neue Rechtsform betreffen. U.E. sind die Kosten für den Beschluss über den Formwechsel daher für steuerliche Zwecke aufzuteilen. U 414

Rechtsfolgen | Soweit die Kosten der Kapitalgesellschaft zuzurechnen sind, mindern sie den laufenden Gewinn dieser Gesellschaft (*Birkemeier* in Rödder/Herlinghaus/van Lishaut, § 3 UmwStG Rz. 157). Da die Umwandlungskosten der übertragenden Gesellschaft über eine Rückstellung in der Übertragungsbilanz zu erfassen sind, mindern sie darüber hinaus das U 415

Übernahmeergebnis. Die Umwandlungskosten, die der übernehmenden Personengesellschaft zuzuordnen sind, sind dagegen in die Ermittlung des Übernahmeergebnisses einzubeziehen und mindern einen Übernahmegewinn bzw. erhöhen einen Übernahmeverlust (§ 4 Abs. 4 Satz 1 UmwStG). Die steuerlichen Folgen richten sich jeweils danach, ob ein Übernahmegewinn oder -verlust entsteht und ob dieser einer natürlichen Person oder einer Kapitalgesellschaft zugerechnet wird. Ist für einen Gesellschafter kein Übernahmeergebnis zu ermitteln, so sind die auf ihn entfallenden Kosten – entgegen der Auffassung der Finanzverwaltung – bei den Bezügen nach § 7 UmwStG abzusetzen (*Schmitt* in Schmitt/Hörtnagl/Stratz, UmwG/UmwStG, § 4 UmwStG Rz. 44 m.w.N. A.A. BMF v. 11.11.2011 – IV C 2 - S 1978-b/08/10001, BStBl. I 2011, 1314, Rz. 04.35).

U416 **Grunderwerbsteuer |** Entsteht mit der Umwandlung Grunderwerbsteuer, so gehört diese nach Verwaltungsauffassung im Grundsatz zu den Anschaffungsnebenkosten und ist entsprechend zu aktivieren (vgl. BMF v. 11.11.2011 - IV C 2 - S 1978-b/08/10001, BStBl. I 2011, 1314, Rz. 04.34 unter Hinweis auf BMF v. 18.1.2010 – IV C 2 - S1978-b/0, BStBl. I 2010, 70). Anders ist das, wenn mit der Umwandlung etwa bei einer Tochtergesellschaft § 1 Abs. 3 GrEStG erfüllt wird. Hier liegen keine nachträglichen Anschaffungskosten vor (BFH v. 20.4. 2011 – I R 20/10, BStBl. II 2011, 761; BMF v. 11.11.2011 – IV C 2 - S 1978-b/08/10001, BStBl. I 2011, 1314, Rz. 04.34).

7. Rückwirkung

U417 **Keine zivilrechtliche Rückwirkung |** Zivilrechtlich treten die Folgen der Umwandlung erst mit Eintragung derselben in das Handelsregister ein. Erfolgt ein Formwechsel, so bewirkt (erst) dessen Eintragung in das Handelsregister, dass der formwechselnde Rechtsträger seine neue Rechtsform erhält (§ 202 Abs. 1 Nr. 1 UmwG). Im Fall der Verschmelzung geht das Vermögen der übertragenden Gesellschaft nach § 20 Abs. 1 Nr. 1 UmwG in diesem Zeitpunkt auf die GmbH & Co. KG über. Der davon abweichende Verschmelzungsstichtag nach § 5 Abs. 1 Nr. 6 UmwG bestimmt lediglich den Zeitpunkt, von dem an die Handlungen des übertragenden Rechtsträgers als für Rechnung des übernehmenden Rechtsträgers vorgenommen gelten. Auf den Stichtag, der vor dem Verschmelzungsstichtag liegt, ist die handelsrechtliche Schlussbilanz i.S.d. § 17 Abs. 2 Satz 1 UmwG aufzustellen. Da diese wiederum nach § 17 Abs. 2 Satz 4 UmwG auf einen höchstens acht Monate vor der Anmeldung der Verschmelzung liegenden Zeitpunkt aufgestellt werden kann, sind die Beteiligten auch in der Wahl des handelsrechtlichen Verschmelzungsstichtages auf diesen Zeitraum beschränkt.

U418 **Steuerrechtliche Rückwirkung |** Abweichend von dem Zeitpunkt des zivilrechtlichen Vermögensübergangs stellt das Steuerrecht für die Verschmelzung in § 2 Abs. 1 Satz 1 UmwStG auf den Stichtag der Bilanz ab, die dem Vermögensübergang zu Grunde liegt. Dieser steuerliche Übertragungsstichtag ist der Tag, der dem handelsrechtlichen Verschmelzungsstichtag vorausgeht (BMF v. 11.11.2011 – IV C 2 - S 1978-b/08/10001, BStBl. I 2011, 1314, Rz. 02.02) und deckt sich also mit dem Stichtag, auf den die handelsrechtliche Schlussbilanz aufzustellen ist. Eines Antrages bedarf es hierzu nicht, so dass der steuerliche Rückwirkungszeitraum im Fall der Verschmelzung mit der Wahl des Verschmelzungsstichtags nach § 5 Abs. 1 Nr. 6 UmwG bestimmt wird. Ein eigenständiges steuerliches Wahlrecht besteht insoweit nicht. Alle ab diesem Stichtag anfallenden ertragsteuerlich relevanten Vorgänge, die sich bei der bis zur Handelsregistereintragung bestehenden übertragenden Gesellschaft ereignen, gelten steuerlich als bereits bei der GmbH & Co. KG eingetreten, selbst wenn diese zu diesem Stichtag noch nicht existierte (BMF v. 11.11.2011 - IV C 2 - S 1978-b/08/10001, BStBl. I 2011, 1314, Rz. 02.11). Ist die Übernehmerin eine Personengesellschaft, so gilt § 2 Abs. 1 Satz 2 UmwStG (auch) für das Einkommen und das Vermögen der Gesellschafter (vgl. § 2 Abs. 2 UmwStG).

Formwechsel | Eine entsprechende Regelung gilt auch für den Formwechsel. Wegen der Identität des Rechtsträgers gibt es zwar insoweit weder einen Umwandlungsstichtag noch eine handelsrechtliche Schlussbilanz. § 9 Satz 2 UmwStG ordnet daher an, dass die übertragende Kapitalgesellschaft für steuerliche Zwecke eine Übertragungsbilanz und die übernehmende Personengesellschaft eine Eröffnungsbilanz aufzustellen hat. Grundsätzlich sind diese Bilanzen auf den Zeitpunkt aufzustellen, in dem der Formwechsel wirksam wird. Auf Antrag können diese Bilanzen aber auch auf einen Stichtag zurückbezogen werden, der höchstens acht Monate vor der Anmeldung des Formwechsels zur Eintragung in das Handelsregister liegt (steuerlicher Übertragungsstichtag). Einer besonderen Regelung im Beschluss über den Formwechsel bedarf es hierfür nicht. U 419

Ausnahmen von der steuerlichen Rückwirkung | Eine Ausnahme von der Rückbeziehung und der damit verbundenen Umqualifizierung wird für die Gesellschafter gemacht, die vor der Umwandlung oder im Zuge derselben ausscheiden. Veräußert ein Gesellschafter im Rückwirkungszeitraum, d.h. vor der Eintragung der Verschmelzung oder des Formwechsels in das Handelsregister, Geschäftsanteile an der GmbH, so nimmt er an der Rückwirkung nicht teil. Diese Anteilseigner veräußern somit auch steuerrechtlich noch GmbH-Anteile; der Veräußerungsgewinn ist nach Teileinkünftegrundsätzen zu versteuern (BMF v. 11.11.2011 - IV C 2 - S 1978-b/08/10001, BStBl. I 2011, 1314, Rz. 02.18 und 02.20 ff.). Gleiches gilt für diejenigen Anteilseigner, die anlässlich der Umwandlung gegen Barabfindung gemäß §§ 29, 207 UmwG ausscheiden (BMF v. 11.11.2011 - IV C 2 - S 1978-b/08/10001, BStBl. I 2011, 1314, Rz. 02.19). Eine weitere Ausnahme von der Rückwirkung enthält § 2 Abs. 3 UmwStG. Danach kann eine Umwandlung steuerrechtlich nicht zurückbezogen werden, wenn die Einkünfte aufgrund abweichender Regelungen in einem anderen Staat dort der Besteuerung entzogen werden. § 2 Abs. 3 UmwStG gilt für den Formwechsel entsprechend (§ 9 Abs. 3 Halbs. 2 UmwStG). Durch diese Regelungen sollen unterschiedliche Einkünftezurechnungen im Rückwirkungszeitraum verhindert werden, die zu sog. „weißen Einkünften" führen. Bei rein nationalen Umwandlungen findet die Regelung damit keine Anwendung. Einschränkungen bestehen auch hier aber für die rückwirkende Verlustnutzung (§ 2 Abs. 4 UmwStG). U 420

Einzelfälle | Folgende Einzelfälle können unterschieden werden: U 421

Gewinnausschüttungen | Gewinnausschüttungen, die im Rückwirkungszeitraum nach dem steuerlichen Übertragungsstichtag beschlossen wurden oder ohne Ausschüttungsbeschluss nach dem Übertragungsstichtag abgeflossen sind (verdeckte Gewinnausschüttungen), sind als Entnahmen bei der übernehmenden Personengesellschaft zu behandeln, wenn die Anteile unter die Rückwirkungsfiktion fallen, der Anteilseigner also nicht vor Eintragung der Umwandlung in das Handelsregister aus der Gesellschaft ausgeschieden ist. Sie dürfen in der steuerlichen Übertragungsbilanz der GmbH nicht passiviert werden und mindern somit auch nicht den Übernahmegewinn bzw. die Bezüge i.S.v. § 7 UmwStG. Entsprechend ist der Zufluss im Rückwirkungszeitraum für den Gesellschafter steuerneutral (vgl. auch für die Gesellschafter, die nicht an der Rückwirkung teilnehmen: BMF v. 11.11.2011 - IV C 2 - S 1978-b/08/10001, BStBl. I 2011, 1314, Rz. 02.32). Ist die Ausschüttung nach dem steuerlichen Übertragungsstichtag abgeflossen, wurde der Ausschüttungsbeschluss aber davor gefasst, wird die U 422

Ausschüttung dagegen trotz der Umwandlung weiter nach Körperschaftsteuergrundsätzen behandelt. Die GmbH hat in ihrer Schlussbilanz eine Ausschüttungsverbindlichkeit auszuweisen (BMF v. 11.11.2011 – IV C 2 - S 1978-b/08/10001, BStBl. I 2011, 1314, Rz. 02.27).

U 423 **Geschäftsführervergütungen** | Werden an einen Gesellschafter-Geschäftsführer von der noch bestehenden GmbH Zahlungen für Zeiträume nach dem steuerlichen Übertragungsstichtag geleistet, handelt es sich hierbei um Vergütungen i.S.d. § 15 Abs. 1 Satz 1 Nr. 2 EStG, wenn der Geschäftsführer Mitunternehmer der übernehmenden GmbH & Co. KG wird (BMF v. 11.11.2011 – IV C 2 - S 1978-b/08/10001, BStBl. I 2011, 1314, Rz. 02.36). Zahlungen für Zeiträume, die **vor dem steuerlichen Übertragungsstichtag** liegen, sind als Betriebsausgabe der GmbH und als Einkünfte des Gesellschafters aus der betreffenden Einkunftsart (i.d.R. aus nichtselbständiger Arbeit nach § 19 EStG) zu behandeln. Der Anspruch des Gesellschafters auf die Vergütung gilt als zum steuerlichen Übertragungsstichtag befriedigt. In die Übertragungsbilanz der GmbH ist eine Verbindlichkeit aufzunehmen. Die spätere Zahlung löst keine steuerlichen Folgen bei der GmbH oder der GmbH & Co. KG mehr aus.

U 424 **Pensionsrückstellungen** | Pensionsrückstellungen zugunsten von Gesellschafter-Geschäftsführern sind bei der GmbH zu Lasten des steuerlichen Gewinns dem Grunde nach zulässig. Würde die GmbH bei Erreichen des vereinbarten Pensionsalters noch bestehen, so würden die Pensionszahlungen beim Gesellschafter-Geschäftsführer zu den Einkünften aus nichtselbständiger Arbeit i.S.d. § 19 EStG gehören. Zugunsten des Gesellschafter-Geschäftsführers einer Personengesellschaft kann dagegen keine Pensionsrückstellung mit steuerlicher Wirkung gebildet werden. Ein Ansatz in der Gesamthandsbilanz der Personengesellschaft ist zwar möglich. In Höhe der gebildeten Rückstellung ist jedoch in der Sonderbilanz des oder der Mitunternehmer gewinnerhöhend ein korrespondierender Aktivposten auszuweisen. Insoweit bestehen nach der Umwandlung in die GmbH & Co. KG zwei Steuerregime: Eine bereits vor dem Umwandlungsstichtag von der GmbH gebildete Pensionsrückstellung braucht von der GmbH & Co. KG weder aufgelöst zu werden (BMF v. 11.11.2011 – IV C 2 - S 1978-b/08/10001, BStBl. I 2011, 1314, Rz. 06.05), noch ist ein korrespondierender Anspruch in der Sonderbilanz des Gesellschafter-Geschäftsführers auszuweisen (FG Nürnberg v. 26.6.2002 – V 229/98, GmbHR 2002, 1255, rkr.). Für die steuerliche Behandlung des Gesellschafters sind daher seine Bezüge im Versorgungsfall in Einkünfte nach § 19 EStG und solche nach § 15 EStG, jeweils i.V.m. § 24 Nr. 2 EStG aufzuteilen (BMF v. 11.11.2011 – IV C 2 - S 1978-b/08/10001, BStBl. I 2011, 1314, Rz. 06.06). Die Neubildung oder Erhöhung folgt dagegen den Grundsätzen des Mitunternehmerkonzeptes. Nach nunmehr geänderter Auffassung der Finanzverwaltung ist die Pensionsrückstellung von der übernehmenden Personengesellschaft weiterhin mit dem Teilwert nach § 6a Abs. 3 Satz 2 Nr. 1 EStG und nicht mit dem Barwert nach § 6a Abs. 3 Satz 2 Nr. 2 EStG anzusetzen (BMF v. 11.11.2011 – IV C 2 - S 1978-b/08/10001, BStBl. I 2011, 1314, Rz. 06.02). Insoweit wird die zivilrechtliche Weiterführung des Dienstverhältnisses auch steuerlich anerkannt. Ein Übernahmefolgegewinn scheidet damit insoweit i.d.R. aus.

U 425 **Laufende Geschäfte** | Da die GmbH noch bis zur Eintragung der Verschmelzung zivilrechtlich existent ist, können im Falle der Verschmelzung zwischen dem steuerlichen Übertragungsstichtag und der Löschung der GmbH Liefergeschäfte oder sonstige Rechtsgeschäfte zwischen der GmbH und der Personengesellschaft getätigt werden. Hierbei handelt es sich im Rückwirkungszeitraum ertragsteuerlich um **innerbetriebliche Vorgänge,** die das steuerliche Einkommen nicht berühren. Bei einem Formwechsel sind solche Rechtsgeschäfte zwischen formwechselnder GmbH und der GmbH & Co. KG dagegen nicht denkbar, da die

Personengesellschaft erst nach Übertragung des Formwechsels in das Handelsregister entsteht.

Verlustnutzung im Rückwirkungszeitraum | Um zu verhindern, dass Verluste, die nach § 8c KStG untergegangen sind, durch eine rückwirkende Umwandlung genutzt werden können, sieht § 2 Abs. 4 UmwStG hierzu umfangreiche Beschränkungen vor. Der Regelungsgehalt dieser Vorschrift umfasst zudem den Zinsvortrag nach § 4h Abs. 1 Satz 5 EStG sowie den EBITDA-Vortrag nach § 4h Abs. 1 Satz 3 EStG. Im Grundfall versagt § 2 Abs. 4 UmwStG den Ausgleich und die Verrechnung eines Verlustes des übertragenden Rechtsträgers mit einem Umwandlungsgewinn oder einem laufenden Gewinn des übernehmenden Rechtsträgers im Rückwirkungszeitraum; allerdings nur, soweit die Verluste oder negative Einkünfte des übertragenden Rechtsträgers nach § 8c KStG ohne Berücksichtigung der Rückwirkung untergegangen wären (§ 2 Abs. 4 Sätze 1 und 2 UmwStG). Hauptanwendungsbereich dürfte der Erwerb der Beteiligung an der übernehmenden Kapitalgesellschaft im Rückwirkungszeitraum durch die übernehmende Gesellschaft oder deren Gesellschafter sein. Mit dem AmtshilfeRL-Umsetzungsgesetz wurde dieser Regelungsgedanke in § 2 Abs. 4 Sätze 3 bis 6 UmwStG auf die Verluste und negativen Einkünfte des übernehmenden Rechtsträgers – also etwa die Verschmelzung einer Gewinn- auf eine Verlustgesellschaft – ausgeweitet. U 426

Aufsichtsratsvergütungen | Aufsichtsratsvergütungen (bei der GmbH: Vergütungen für einen dem Aufsichtsrat vergleichbar ausgestalteten Beirat) für die Zeit zwischen dem steuerlichen Übertragungsstichtag und dem Erlöschen der GmbH sind bei der GmbH & Co. KG als Betriebsausgaben abzugsfähig, da die Beschränkungen des § 10 Nr. 4 KStG für diese nicht gelten (BMF v. 11.11.2011 – IV C 2 - S 1978-b/08/10001, BStBl. I 2011, 1314, Rz. 02.37). Werden Aufsichtsratsvergütungen an Gesellschafter der übernehmenden Personengesellschaft gezahlt, so stellen die Zahlungen Sonderbetriebseinnahmen i.S.d. § 15 Abs. 1 Satz 1 Nr. 2 EStG des betreffenden Gesellschafters dar. U 427

8. Sperrfristen

Grundsatz – Keine ertragsteuerlichen Sperrfrist | Anders als im Fall der Umwandlung einer Personengesellschaft in eine Kapitalgesellschaft (§§ 20 ff. UmwStG) werden mit der Umwandlung einer Kapitalgesellschaft in eine Personengesellschaft keine ertragsteuerlichen Sperrfristen in Gang gesetzt. Eine Ausnahme ist aber für die Gewerbesteuer zu beachten: Durch die Umwandlung wird gemäß § 18 Abs. 3 Satz 1 und 2 UmwStG eine fünfjährige Sperrfrist ausgelöst, innerhalb der – unabhängig von den Voraussetzungen des § 7 Satz 2 GewStG – ein Gewinn aus der Veräußerung oder Aufgabe des Betriebes der GmbH & Co. KG oder der Gesellschaftsanteile an dieser Gesellschaft der Gewerbesteuer unterliegt (vgl. Rz. U 409). U 428

9. Verkehrssteuern

a) Umsatzsteuer

Gesellschaftsveräußerung im Ganzen/nicht steuerbarer Vorgang | Der mit der Verschmelzung verbundene Vermögensübergang stellt umsatzsteuerlich eine Geschäftsveräußerung im Ganzen dar (§ 1 Abs. 1a UStG) und ist als solche nicht steuerbar (*Rasche* in Rödder/Herlinghaus/van Lishaut, Anh. 10 Rz. 11). Die übernehmende Gesellschaft tritt auch für umsatzsteuerliche Zwecke, insbesondere für die Anwendung von § 15a UStG, in die Rechtsstellung der GmbH ein. Beim Formwechsel i.S.v. §§ 190 ff. UmwG liegt dagegen keine Geschäftsveräuße- U 429 rung vor, da eine Vermögensübertragung nicht erfolgt, vielmehr die Identität des Rechtsträgers gewahrt bleibt und sich nur die Rechtsform ändert. Die Identität (Nämlichkeit) des Steuersubjekts bleibt erhalten, so dass ein umsatzsteuerbarer Leistungsaustausch nicht gegeben ist (*Rasche* in Rödder/Herlinghaus/van Lishaut, Anh. 10 Rz. 47). Dem steht nicht entgegen, dass das UmwStG eine Vermögensübertragung in §§ 9, 3 ff. UmwStG fingiert. Die gesetzliche Fiktion gilt nur für ertragsteuerliche und nicht für umsatzsteuerliche Zwecke.

b) Grunderwerbsteuer

U 430 **Formwechsel** | Nachdem die Finanzverwaltung zunächst den (heterogenen) Formwechsel als grunderwerbsteuerbar erkannt hatte, ist es im Anschluss an die Rechtsprechung des BFH nunmehr gesichert, dass aufgrund der identitätswahrenden Ausgestaltung des Formwechsels ein Grunderwerbsteuertatbestand nicht erfüllt ist (BFH v. 4.12.1996 – II B 116/96, BStBl. II 1997, 661 = GmbHR 1997, 136 = GmbH-StB 1997, 27; *Fischer* in Boruttau, § 1 GrEStG Rz. 542 ff.). Die Finanzverwaltung hat sich dem angeschlossen (FinMin Baden-Württemberg v. 19.12.1997 – S 4520/2, GmbHR 1997, 471). Uneingeschränkt gilt das allerdings nur für den quotenerhaltenden Formwechsel. Kommt es mit dem Formwechsel dagegen zu einer Änderung der Beteiligungsquoten, sind auch hier Konstellationen denkbar, in denen Grunderwerbsteuer, etwa nach § 1 Abs. 3a GrEStG, ausgelöst werden kann. Zu beachten ist aber, dass nach dem Formwechsel für Grundstücksübertragungen von der GmbH & Co. KG auf die Gesellschafter oder eine Schwesterpersonengesellschaft eine fünfjährige Sperrfrist zu beachten ist, innerhalb derer eine grunderwerbsteuerneutrale Übertragung von im Zeitpunkt des Formwechsels im Eigentum der Gesellschaft stehenden Grundstücken nicht möglich ist. Für Zwecke des § 6 Abs. 4 GrEStG ist auf die dingliche Mitberechtigung des Gesellschafters abzustellen, die für grunderwerbsteuerliche Zwecke erst mit Wirksamkeit des Formwechsels, also mit Eintragung des Formwechsels in das Handelsregister, gegeben ist (BFH v. 4.4.2001 – II R 57/98, BStBl. II 2001, 587 = GmbHR 2001, 636 = GmbH-StB 2001, 217). Diese Sperrfrist ist auch für die wirtschaftliche Anteilsvereinigung nach § 1 Abs. 3a GrEStG zu beachten, so dass der damit fingierte Grundstücksübergang in dieser Frist nicht nach § 6 Abs. 2 bzw. 3 GrEStG (anteilig) grunderwerbsteuerfrei ist. Zudem sind die Gesellschafter erst nach Ablauf dieser Frist „Altgesellschafter" i.S.d. § 1 Abs. 2a GrEStG.

U 431 **Verschmelzung** | Die Verschmelzung löst dagegen Grunderwerbsteuer aus, sofern im Vermögen der übertragenden Gesellschaft in Deutschland belegenes Grundvermögen enthalten ist. Diese ist sofort abzugsfähige Betriebsausgabe der GmbH & Co. KG und führt nicht zu Anschaffungskosten des übernommenen Grundvermögens. Als Bemessungsgrundlage für die entstehende Grunderwerbsteuer war in § 8 Abs. 2 Nr. 2 GrEStG der nach § 138 Abs. 2 bis 4 BewG zu ermittelnde Grundbesitzwert vorgesehen. Nachdem das BVerfG entschieden hat, dass diese Regelung mit Art. 3 Abs. 1 GG unvereinbar war (BVerfG v. 23.6.2015 – 1 BvL 13/11 und 1 BvL 14/11, BStBl. II 2015, 871), hat der Gesetzgeber dem durch das Steueränderungsgesetz 2015 Rechnung getragen. Rückwirkend für Erwerbsvorgänge, die nach dem 31.12.2008 verwirklicht wurden, ist danach als Bemessungsgrundlage der Grundbesitzwert nach § 151 Abs. 1 Satz 1 Nr. 1 i.V.m. § 157 Abs. 1 bis 3 BewG vorgesehen (Steueränderungsgesetz 2015 v. 2.11.2015, BGBl. I 2015, 1834. Vgl. zur Rückwirkung der Gesetzesänderung *Joisten*, Ubg 2015, 463.

U 432–U 440 frei

II. Umwandlung Personengesellschaft in Kapitalgesellschaft

Ausgewählte Literatur: *Brandenberg*, DStZ 2002, 511, 514 f.; *Centrale für GmbH*, Einbringung: Übertragung von Anteilen an einer GmbH & Co. KG auf Schwester-GmbH & Co. KG im Wege des Anwachsungsmodells, GmbHR 2004, 1525; *Dremel* in Hesselmann/Tillmann/Mueller-Thuns, Handbuch GmbH & Co. KG, 21. Aufl. 2016; *Ege/Klett*, Aktuelle gesellschaftsrechtliche und steuerliche Aspekte von Anwachsungsmodellen, DStR 2010, 2463; *Orth*, Umwandlung durch Anwachsung, DStR 1999, 1011 und 1053; *Ropohl/Freck*, Die Anwachsung als rechtliches und steuerliches Gestaltungsinstrument, GmbHR 2009, 1076; *Schmid/Dietl*, DStR 2008, 529, 530; *Werner*, Der Wechsel von der GmbH & Co. KG in die GmbH, NWB 2010, 2717.

1. Überblick über die Umwandlungsmöglichkeiten

Umwandlungsmöglichkeiten nach UmwG | Zivilrechtlich stehen zur Umwandlung einer Personengesellschaft (auch: GmbH & Co. KG) in eine Kapitalgesellschaft zunächst die im Umwandlungsgesetz 1994 (UmwG) geregelten Umwandlungsarten zur Verfügung, d.h.: U 441

- die Verschmelzung nach §§ 2 ff. UmwG (→ *Umwandlung, Gesellschaftsrecht Rz. U 301 ff.*);
- die Spaltung nach §§ 123 ff. UmwG insbesondere die Aufspaltung und die Abspaltung (→ *Umwandlung, Gesellschaftsrecht Rz. U 251 ff.*) und
- der Formwechsel nach § 190 ff. UmwG (→ *Umwandlung, Gesellschaftsrecht Rz. U 191 ff.*).

Die Ausgliederung als Unterfall der Spaltung eröffnet ebenfalls den Weg in die Kapitalgesellschaft. Da hier die Anteile der aufnehmenden Gesellschaft in der übertragenden Personengesellschaft entstehen, führt dieser Weg allerdings in eine doppelstöckige Struktur. Das UmwG lässt darüber hinaus auch die Vermögensübertragung nach §§ 174 ff. UmwG zu. Mittels dieser ist die Umwandlung einer GmbH Co. KG in eine Kapitalgesellschaft allerdings nicht möglich, da die Vermögensübertragung es (nur) erlaubt, Vermögen ganz oder teilweise auf bestimmte Rechtsträger zu übertragen, bei denen die im Zuge einer Verschmelzung oder Spaltung vorgesehene Anteilsgewährung aus strukturellen Gründen ausscheitet.

Umwandlungsmöglichkeit außerhalt des UmwG | Über die vorstehend darstellten Umwandlungsmöglichkeiten nach dem UmwG hinaus kann die Umwandlung einer Personengesellschaft in eine Kapitalgesellschaft auch auf Grundlage allgemeiner zivilrechtlicher Grundsätze außerhalb des UmwG erfolgen: So können sämtliche Gesellschaftsanteile an der GmbH & Co. KG auf die aufnehmende Kapitalgesellschaft entweder unentgeltlich oder gegen Gewährung von Gesellschaftsrechten übertragen werden („einfaches" bzw. „erweitertes" Anwachsungsmodell). Möglich ist auch, dass alle Gesellschafter der GmbH & Co. KG mit Ausnahme der übernehmenden Kapitalgesellschaft aus der Personengesellschaft austreten. In diesen Fällen erlischt die KG und das Gesellschaftsvermögen geht als Ganzes auf die übernehmende Kapitalgesellschaft über (→ *Anwachsung*). Der gleiche Effekt tritt ein, wenn alle Gesellschafter der Personengesellschaft nach §§ 2 ff. UmwG miteinander oder auf einen dritten Rechtsträger verschmolzen werden. Das Vermögen der GmbH & Co. KG wächst dann auf den übernehmenden Rechtträger an. Schließlich kann die Umwandlung der Personengesellschaft in eine Kapitalgesellschaft erreicht werden, indem die GmbH & Co. KG ihr gesamtes Vermögen mit allen Aktiva und Passiva durch Einzelrechtsnachfolge wiederum unentgeltlich oder gegen Gewährung von Gesellschaftsrechten auf die übernehmende Kapitalgesellschaft überträgt. U 442

2. Sachlicher und persönlicher Anwendungsbereich der §§ 20ff. UmwStG

U443 **Sachlicher Anwendungsbereich |** Steuerrechtlich unterfallen sämtliche vorgenannten Umwandlungsarten – soweit sie gegen Gewährung von Gesellschaftsrechten erfolgen – als Einbringungen dem sachlichen Anwendungsbereich der §§ 20ff., 25 UmwStG (vgl. § 1 Abs. 3 UmwStG). Die Vorschriften über die Einbringung gelten danach – soweit hier von Belang – nur

- für die Verschmelzung, Aufspaltung und Abspaltung von Personenhandelsgesellschaften und Partnerschaftsgesellschaften (§ 1 Abs. 3 Nr. 1 UmwStG);
- die Ausgliederung von Vermögensteilen (§ 1 Abs. 3 Nr. 2 UmwStG);
- den Formwechsel einer Personengesellschaft in eine Kapitalgesellschaft (§ 1 Abs. 3 Nr. 3 UmwStG);
- die Einbringung von Betriebsvermögen durch Einzelrechtnachfolge in eine Kapitalgesellschaft (§ 1 Abs. 3 Nr. 4 UmwStG).

Diese Umstrukturierungen können somit unter den weiteren Voraussetzungen der §§ 20ff. UmwStG auf Antrag ohne Aufdeckung stiller Reserven und damit ohne (Ertrag-)Steuerbelastung erfolgen.

U444 **Keine Beschränkung auf Umwandlungen nach dem UmwG |** Die in § 1 Abs. 3 Nr. 1 bis 3 UmwStG genannten Umwandlungen fallen nur in den sachlichen Anwendungsbereich der §§ 20ff. UmwStG, wenn diese nach deutschem Umwandlungsgesetz vollzogen werden oder als vergleichbare ausländische Vorgänge einzuordnen sind. Daraus folgt aber keine allgemeine Bindung der steuerlichen Regelungen über die Einbringung an das UmwG. So fällt auch die außerhalb des UmwG erfolgte Einbringung von Betriebsvermögen durch Einzelrechtnachfolge in den Anwendungsbereich der §§ 20ff. UmwStG.

U445 **Umwandlungsmöglichkeiten nach UmwG |** Die **Verschmelzung** einer Personengesellschaft auf eine GmbH unterfällt wie die Auf- und Abspaltung auf eine GmbH ohne Weiteres als Einbringung der Regelung des § 20 UmwStG (BMF v. 11.11.2011 – IV C 2 - S 1978-b/08/10001, BStBl. I 2011, 1314, Rz. 01.43 erster Spiegelstrich). Entsprechendes gilt für den **Formwechsel** einer Personengesellschaft in eine GmbH (BMF v. 11.11.2011 – IV C 2 - S 1978-b/08/10001, BStBl. I 2011, 1314, Rz. 01.43 dritter Spiegelstrich). Da der Formwechsel handelsrechtlich identitätswahrend ausgestaltet ist, bedarf es hierzu jedoch einer besonderen gesetzlichen Regelung, die den Anwendungsbereich des § 20 UmwStG eröffnet. Eine derartige Regelung ergibt sich aus § 25 UmwStG. Gleichzeitig wird hier auch die übertragende GmbH & Co. KG verpflichtet, für steuerliche Zwecke – anders als nach Handelsrecht – auf den Übertragungsstichtag eine steuerliche Übertragungsbilanz aufzustellen (§ 25 Satz 2 UmwStG).

U446 **Umwandlungsmöglichkeiten außerhalt des UmwG |** Umstrukturierungsvorgänge im Wege der Einzelrechtnachfolge unterfallen ebenfalls unproblematisch dem sachlichen Anwendungsbereich der §§ 20ff. UmwStG (§ 1 Abs. 3 Nr. 4 UmwStG). Das gleiche gilt zudem für Umstrukturierungsvorgänge, die zivilrechtlich als erweiterte Anwachsung konzipiert sind (BMF v. 11.11.2011 – IV C 2 - S 1978-b/08/10001, BStBl. I 2011, 1314, Rz. 01.44 sowie *Graw* in Rödder/Herlinghaus/van Lishaut, § 1 UmwStG Rz. 231a; *Herlinghaus* in Rödder/Herlinghaus/van Lishaut, § 20 UmwStG Rz. 39c; a.A. *Patt* in Dötsch/Pung/Möhlenbrock, Die Körperschaftsteuer, § 20 UmwStG Rz. 6, 160ff. [Stand: April 2012]). Die Übertragung der Gesellschaftsanteile vollzieht sich hierbei im Wege der Einzelrechtsnachfolge (§ 1 Abs. 3 Nr. 4 UmwStG), auch wenn der übernehmende Gesellschafter letztlich nicht in die Gesellschafterstellung der Einbringenden eintritt, weil die GmbH & Co. KG mit der Übertragung untergeht. Erst der Übergang der Vermögensgegenstände von der untergehenden Personengesellschaft auf die übernehmende GmbH erfolgt als Reflex aus der Übertragung der Kommanditanteile durch Gesamtrechtsnachfolge. Steuerrechtlich sind diese mit der Einbringung verbundenen Vorgänge als bloßer dinglicher Vollzug des dem Ausscheiden der übrigen Gesellschafter zugrunde liegenden Rechtsgeschäfts anzusehen und stellen selbst keine Realisationsakte, insbesondere nicht die Aufgabe eines Betriebes oder Mitunternehmeranteils, dar (BFH v. 10.3. 1998 – VIII R 76/96, BStBl. II 1999, 269, 271 = FR 1998, 887; vgl. auch OFD Berlin v. 19.7. 2002 – St 122 - S 2241 - 2/02, GmbHR 2002, 1091 mit Ergänzung v. 11.11.2002, GmbHR 2002, 1264; *Brandenberg*, DStZ 2002, 511, 514f.).

Bestimmung des persönlichen Anwendungsbereichs | Der persönliche Anwendungsbereich der §§ 20ff. UmwStG wird durch § 1 Abs. 3 und 4 UmwStG bestimmt. U 447

- **Übernehmender Rechtsträger** muss eine nach den Rechtsvorschriften eines Mitgliedstaats der Europäischen Union oder eines EWR-Staates (Norwegen, Island, Liechtenstein) gegründete Gesellschaft i.S.d. Art. 54 AEUV oder des Art. 34 EWR-Abkommen sein, deren Sitz und Ort der Geschäftsleitung sich in einem der vorgenannten Staat befindet (§ 1 Abs. 4 Satz 1 Nr. 2 i.V.m. § 1 Abs. 2 Satz 1 Nr. 1 UmwStG).
- **Einbringender** muss grundsätzlich entweder eine Gesellschaft im vorgenannten Sinne oder eine natürliche Person mit Wohnsitz oder gewöhnlichem Aufenthalt in der EU oder dem EWR sein (§ 1 Abs. 4 Satz 1 Nr. 2 Buchst. a) Doppelbuchst. aa) bzw. bb) UmwStG). Umfasst sind hiervon in- oder ausländische **Kapitalgesellschaften, natürliche Personen** mit abkommensrechtlicher Ansässigkeit in der EU oder dem EWR, aber auch **rechtsfähige Vereine** oder eine **rechtsfähige Stiftungen.** Bei Personengesellschaften ist für die Bestimmung des persönlichen Anwendungsbereiches nicht auf den Rechtsträger selbst, sondern auf dessen Gesellschafter abzustellen (§ 1 Abs. 4 Satz 1 Nr. 2 Buchst. a) Doppelbuchst. aa) UmwStG).
- Ausnahmsweise ist der persönliche Anwendungsbereich der §§ 20ff. UmwStG auch für andere als die vorgenannten einbringenden Rechtsträger eröffnet, wenn Deutschland das **uneingeschränkte Besteuerungsrecht an einem Gewinn aus der Veräußerung der aufgrund der Umwandlung erhaltenen Anteile** erhält (§ 1 Abs. 4 Satz 1 Nr. 2 Buchst. b) UmwStG).

3. Voraussetzungen und Rechtsfolgen der §§ 20ff. UmwStG

Überblick | Sachliche Voraussetzung für die Anwendung von § 20 UmwStG ist, dass qualifiziertes Vermögen (also ein Betrieb, Teilbetrieb oder Mitunternehmeranteil) in eine Kapitalgesellschaft eingebracht wird und der Einbringende hierfür neue Anteile an der Gesellschaft erhält (§ 20 Abs. 1 UmwStG). Die übernehmende Kapitalgesellschaft hat dann die übernommenen Wirtschaftsgüter grundsätzlich mit dem **gemeinen Wert** anzusetzen (§ 20 Abs. 2 Satz 1 UmwStG); sie hat aber nach § 20 Abs. 2 Satz 2 UmwStG die Wahl, auf Antrag die Wirtschaftsgüter auch mit deren **Buchwert** (unter Berücksichtigung der positiven und negativen Korrekturen in Ergänzungsbilanzen des Einbringenden) oder einem **Zwischenwert** ansetzen. Neben der Einbringung qualifizierten Vermögens gegen Gewährung neuer Anteile und einem entsprechenden Antrag ist Voraussetzung für einen Ansatz unter dem gemeinen Wert, dass U 448

- die Besteuerung bei der übernehmenden Körperschaft mit Körperschaftsteuer sichergestellt ist,
- die Passivposten des eingebrachten Betriebsvermögen die Aktivposten nicht übersteigen (ohne Berücksichtigung des Eigenkapitals) und
- das deutsche Besteuerungsrecht hinsichtlich eines Gewinns aus der Veräußerung des eingebrachten Betriebsvermögens bei der übernehmenden Gesellschaft nicht ausgeschlossen oder beschränkt wird.

Darüber hinaus darf bei Umwandlungen, für die der Umwandlungsbeschluss bzw. Einbringungsvertrag nach dem 31.12.2014 gefasst bzw. geschlossen wurde, der gemeine Wert der sonstigen Gegenleistung nicht mehr als 25 % des eingebrachten Betriebsvermögens oder 500000 Euro betragen (§§ 20 Abs. 2 Satz 2 Nr. 4, 27 Abs. 14 UmwStG).

U 449 **Besteuerung des Einbringenden** | Aus Sicht des Einbringenden stellt sich die Übertragung von Kommanditanteilen oder eines Betriebs bzw. Teilbetriebes auf eine GmbH gegen Gewährung von Gesellschaftsrechten als Veräußerung (i.S. eines tauschähnlichen Vorgangs) dar, die im Grundsatz unter § 16 Abs. 1 EStG fällt. Da nach § 20 Abs. 3 Satz 1 UmwStG der Wert, mit dem die Kapitalgesellschaft die übernommenen Wirtschaftsgüter ansetzt, für den Einbringenden – unter Berücksichtigung der Einbringungskosten – als **Veräußerungspreis und als Anschaffungskosten der erhaltenen Anteile** gilt (doppelte Buchwertverknüpfung), erzielt der Einbringende nur bei Ansatz des gemeinen Wertes oder eines Zwischenwertes einen Veräußerungsgewinn. Der Ansatz durch die übernehmende Gesellschaft wirkt sich somit unmittelbar auf die Besteuerung des Einbringenden aus. Ergänzend gelten nach § 17 Abs. 6 Nr. 1 EStG auch Anteile an einer Kapitalgesellschaft **als Anteile i.S.v. § 17 Abs. 1 Satz 1 EStG,** wenn zwar die dort genannte Beteiligungsquote nicht erfüllt ist, die Anteile aber aufgrund eines Einbringungsvorgangs i.S.d. UmwStG erworben wurden, der nicht zum gemeinen Wert erfolgte. Der Einbringende hat darüber hinaus die sieben-jährige **Sperrfrist nach § 22 Abs. 1 UmwStG** zu beachten (vgl. Rz. U 484 ff.).

U 450 **Andere Gegenleistung** | Werden dem Einbringenden neben den Gesellschaftsrechten noch zusätzlich andere Wirtschaftsgüter (insbesondere auch Barabfindungen und Darlehensforderungen, vgl. *Herlinghaus* in Rödder/Herlinghaus/van Lishaut, § 20 UmwStG Rz. 134) als Gegenleistung gewährt, so war für Umwandlungen mit einem Umwandlungsbeschluss bzw. Einbringungsvertrag vor dem 1.1.2015 der Buchwertansatz unabhängig von der Höhe der gewährten anderen Gegenleistung zulässig. Die übernehmende Gesellschaft hatte aber das eingebrachte Betriebsvermögen mindestens mit dem Wert der zusätzlich gewährten Wirtschaftsgüter anzusetzen (§ 20 Abs. 2 Satz 4 UmwStG). Der gemeine Wert der Zusatzleistungen minderte nach § 20 Abs. 4 Satz 2 UmwStG lediglich die Anschaffungskosten der erhaltenen neuen Geschäftsanteile. Für Einbringungen, für die der Umwandlungsbeschluss bzw. der Einbringungsvertrag nach dem 31.12.2014 erfolgt ist bzw. geschlossen wurde, ist dagegen die für die Buchwertfortführung steuerlich zulässige andere Gegenleistung auf 25 % des Buchwertes des eingebrachten Vermögens oder 500000 Euro, höchstens den Buchwert des eingebrachten Vermögens, beschränkt worden (§§ 20 Abs. 2 Satz 2 Nr. 4, 27 Abs. 14 UmwStG i.d.F. des Steueränderungsgesetzes 2015 vom 2.11.2015, BGBl. I 2015, 1834). Wird eine andere Gegenleistung oberhalb der 25 %-Grenze gewährt, so ist der Buchwertansatz auf den Anteil des eingebrachten Betriebsvermögens beschränkt, der dem Verhältnis entspricht, in dem der um die übersteigende Gegenleistung gekürzte Gesamtwert des eingebrachten Betriebsvermögens zu dessen ungekürztem Gesamtwert steht (vgl. BT-Drucks. 18/4902, S. 49 f.). Überschreitet der

Wert der anderen Gegenleistung den Netto-Buchwert des eingebrachten Betriebsvermögens, so ist das eingebrachte Betriebsvermögen mindestens mit dem Wert der Gegenleistung anzusetzen, so dass die vorhandenen stillen Reserven in Höhe des Unterschiedsbetrages zwingend aufzudecken sind.

Einschränkung des Bewertungswahlrechts durch § 50i Abs. 2 EStG | Eine Sonderregelung hinsichtlich des Wertansatzes durch die übernehmende Kapitalgesellschaft findet sich für bestimmte Fälle zudem in § 50i Abs. 2 EStG. Sind die weiteren Voraussetzungen dieser Vorschrift erfüllt, so ist bei der Einbringung von Mitunternehmeranteilen an einer i.S.v. § 15 Abs. 3 EStG gewerblich geprägten oder gewerblich infizierten Personengesellschaft **zwingend der gemeine Wert** anzusetzen. Gleiches gilt bei der Einbringung der Anteile einer Besitz-Personengesellschaft im Rahmen einer Betriebsaufspaltung. Wegen der erheblich überschießenden Innentendenz kann sich diese Vorschrift in einer Vielzahl von Fällen als Umwandlungshindernis erweisen (vgl. etwa *Liekenbrock* in Flick/Wassermeyer/Baumhoff/Schönfeld, Außensteuerrecht, § 50i EStG Rz. 140 ff. [Stand: Oktober 2014]; *Patt*, EStB 2014, 377; *Rödder/Kuhr/Heimig*, Ubg 2014, 477). Die Finanzverwaltung hat dies erkannt und zumindest für einen Teil der Fälle mit BMF-Schreiben v. 21.12.2015 (IV B 5 - S 1300/14/10007, BStBl. I 2016, 7) eine abweichende Steuerfestsetzung aus Billigkeitsgründen vorgesehen. Betroffen sind die Umwandlungen, bei denen das deutsche Besteuerungsrecht an den betroffenen Wirtschaftsgütern (bei Einbringungen nach § 20 UmwStG: auch der erhaltenen Anteile) weder verloren geht noch beschränkt wird. Auch wenn die Positionierung der Finanzverwaltung in dem o.g. BMF-Schreiben zu begrüßen ist, so ersetzt diese dennoch nicht das Handeln des Gesetzgebers. Auch dürfte der Weg der Finanzverwaltung, die überschießende Tendenz des Gesetzes über Billigkeitsmaßnahmen einzugrenzen, eher problematisch sein. Hier wäre somit eine gesetzliche Klarstellung weiterhin wünschenswert (vgl. dazu etwa: BT-Drucks. 18/9956 v. 12.10.2016). U 451

Ausübung des Bewertungswahlrechts | Das Wahlrecht, die übernommen Wirtschaftsgüter mit dem Buchwert oder einem Zwischenwert anzusetzen, steht der übernehmenden Gesellschaft zu und zwar auch bei der Einbringung eines Mitunternehmeranteils (BMF v. 11.11. 2011 – IV C 2 - S 1978-b/08/10001, BStBl. I 2011, 1314, Rz. 20.22). Unerheblich sind etwaige Vereinbarungen im Einbringungsvertrag. Verstößt die GmbH hiergegen, kann dies allenfalls Schadensersatzansprüche des Einbringenden auslösen. Unerheblich ist auch der Ansatz in der Handelsbilanz (**keine Maßgeblichkeit der Handelsbilanz**). U 452

Form und Frist des Antrags | Der Antrag auf Buchwertfortführung ist nach § 20 Abs. 2 Satz 3 UmwStG spätestens bis zur erstmaligen Abgabe der steuerlichen Schlussbilanz der übertragenden Gesellschaft zu stellen. Formvorschriften sind nicht vorgesehen, so dass auch eine konkludente Antragstellung ausreicht. Aus Dokumentationszwecken sollte der Antrag dennoch ausdrücklich und schriftlich gestellt werden. In zeitlicher Hinsicht reicht eine Antragstellung zusammen mit der Abgabe der steuerlichen Schlussbilanz aus (*Herlinghaus* in Rödder/Herlinghaus/van Lishaut, § 20 UmwStG Rz. 154a; *Patt* in Dötsch/Pung/Möhlenbrock, Die Körperschaftsteuer, § 20 UmwStG Rz. 211a [Stand: April 2015]). Aus Vorsichtsgründen kann es sich aber anbieten, den Antrag mit einem erkennbaren Abstand vor Abgabe der steuerlichen Schlussbilanz zu stellen (*Schmitt* in Schmitt/Hörtnagl/Stratz, UmwG/UmwStG, § 20 UmwStG Rz. 314). Entgegen der Auffassung zumindest von Teilen der Finanzverwaltung ist der Antrag u.E. auch dann noch zulässig, wenn die steuerliche Schlussbilanz bereits ohne einen entsprechenden Antrag dem Finanzamt im Rückwirkungszeitraum eingereicht worden, etwa weil die Entscheidung über die Einbringung erst danach getroffen wurde. Der insoweit engere Gesetzeswortlaut ist hier einschränkend auszulegen (i.E. auch *Hötzel/Kaeser* in FGS/ U 453

BDI, UmwSt-Erlass 2011, 1. Aufl. 2012, S. 347; a.A. LfSt Bayern v. 11.11.2014 – S 1978d.2.1-17/10 St32, DStR 2015, 429; vgl. zur Problematik: *Schmitt* in Schmitt/Hörtnagl/Stratz, UmwG/UmwStG, § 20 UmwStG Rz. 315). Vor diesem Hintergrund ist generell die Empfehlung auszusprechen, die Steuererklärung von Kapitalgesellschaften nicht vor dem 31.8. eines jeden Jahres dem Finanzamt einzureichen, um die Möglichkeit einer steuerneutralen Einbringung auf den 31.12. des Vorjahres offen zu halten.

U 454 **Folgewirkungen der Einbringung** | Neben einem der Einkommen- oder Körperschaftsteuer unterliegenden Einbringungsgewinn können – auch bei einer Buchwertfortführung durch die übernehmende Kapitalgesellschaft – weitere steuerliche Folgen für den Einbringenden ausgelöst werden. Zu nennen sind insbesondere (vgl. auch die Übersicht bei *Patt* in Dötsch/Pung/Möhlenbrock, Die Körperschaftsteuer, § 20 UmwStG Rz. 242 [Stand: Dezember 2013]):

- Vorherige Inanspruchnahme der Thesaurierungsbesteuerung nach § 34a EStG;
- Buchwertübertragung nach § 6 Abs. 5 Satz 3 EStG;
- Realteilung mit Übertragung von Einzelwirtschaftsgütern nach § 16 Abs. 3 Satz 3 EStG;
- Grundstücksübertragung nach § 5 Abs. 1 oder 2 GrEStG bzw. nach § 6 Abs. 3 Satz 1 GrEStG;
- nach §§ 13a, b ErbStG präferenzierte Übertragung von Betriebsvermögen.

4. Umwandlung durch Anwachsung

a) Überblick – Einfaches Anwachsungsmodell und erweitertes Anwachsungsmodell

U 455 **Einfache Anwachsung** | Soll die Anwachsung auf einen bereits an der Personengesellschaft beteiligten Gesellschafter, in der Regel also die Komplementär-GmbH der GmbH & Co. KG erfolgen, so kann dies zivilrechtlich in der Weise geschehen, dass alle weiteren Gesellschafter aus der GmbH & Co. KG ohne Abfindung ausscheiden (einfache Anwachsung). Wirtschaftlich macht das nur Sinn, wenn die Ausscheidenden auch quotenentsprechend an der übernehmenden Gesellschaft beteiligt sind. Steuerrechtlich wird dies – soweit die ausscheidenden Gesellschafter am Vermögen der GmbH & Co. KG beteiligt waren – als **verdeckte Einlage** in die übernehmende GmbH und für die ausscheidenden Gesellschafter als gewinnrealisierende Aufgabe und ggf. auch als eine Veräußerung des Mitunternehmeranteils gesehen (H 40 „Anwachsung“ KStH 2008; FG Baden-Württemberg v. 19.4.2011 – 11 K 4386/08, EFG 2011, 1933 rkr. = GmbHR 2011, 776 m. Anm. *Wachter*; a.A.: FG Münster v. 26.10.2005 – 1 K 2184/02 F, EFG 2006, 807 rkr. – verdeckte Einlage als Fall des § 7 Abs. 1 EStDV a.F. = § 6 Abs. 3 EStG). Die damit verbundene Gewinnrealisierung tritt hinsichtlich des gesamten Mitunternehmeranteils ein, einschließlich der in den zurückbehaltenen Wirtschaftsgütern des Sonderbetriebsvermögens gebildeten stillen Reserven.

U 456 **Anwachsung auf einen schon am Vermögen beteiligten Gesellschafter** | Auch bei dem einfachen Anwachsungsmodell kommt es mangels eines Anschaffungsvorgangs nicht zu einer Gewinnrealisierung, soweit der Vermögensübergang auf einen bereits am Vermögen der GmbH & Co. KG beteiligten Gesellschafter (z.B. den alleine am Vermögen beteiligten Kommanditisten) erfolgt (*Schmitt* in Schmitt/Hörtnagl/Stratz, UmwG/UmwStG, § 20 UmwStG Rz. 196; vgl. BFH v. 10.3.1998 – VIII R 76/96, BStBl. II 1999, 269, 271 = FR 1998, 887; SfF Bremen v. 25.10.2002 – S 2241 - 5788 - 110, FR 2003, 48; OFD Berlin v. 19.7.2002 – St 122 -

S 2241 - 2/02, GmbHR 2002, 1091 m. Ergänzung v. 11.11.2002, GmbHR 2002, 1264). Eine nicht am Vermögen beteiligte Komplementär-GmbH kann daher ohne Weiteres aus der GmbH & Co. KG ausscheiden, und zwar auch dann, wenn die einzige Kommanditistin eine Kapitalgesellschaft ist.

Erweiterte Anwachsung | Die mit der verdeckten Einlage des Kommanditanteils in die aufnehmende GmbH verbundene Gewinnrealisierung kann mit dem erweiterten Anwachsungsmodell vermieden werden, in welchem die Kommanditisten ihre Kommanditanteile zur Sachkapitalerhöhung oder als Agio im Rahmen einer Barkapitalerhöhung auf die Komplementärin übertragen. Hierin ist steuerlich die **Einbringung eines Mitunternehmeranteils** zu sehen, die unter den Voraussetzungen des § 20 UmwStG auf Antrag steuerneutral zu Buchwerten vollzogen werden kann. Auch im erweiterten Anwachsungsmodell werden jedoch keine neuen Gesellschaftsanteile ausgegeben, soweit die **übernehmende GmbH** bereits vor der Übertragung sämtlicher Kommanditanteile **am Vermögen der GmbH & Co. KG beteiligt** war. Für diese gelten die gleichen Grundsätze, wie bei dem schlichten Ausscheiden eines nicht am Vermögen der GmbH & Co. KG beteiligten Gesellschafters (einfache Anwachsung). D.h., für die schon am Vermögen der GmbH & Co. KG beteiligte übernehmende GmbH tritt in Höhe ihrer Vermögensbeteiligung schon nach allgemeinen Grundsätzen mit der Anwachsung keine Gewinnrealisierung ein. U 457

b) Gegenleistung – Gewährung neuer Anteile

Die Gewährung neuer Anteile als Voraussetzung für die Buchwertfortführung nach § 20 Abs. 2 UmwStG kann mittels einer Sachkapitalerhöhung oder –gründung bei der übernehmenden GmbH erfolgen. Ausreichend ist aber auch, wenn der Gesellschafter im Rahmen einer Barkapitalerhöhung oder -gründung zusätzlich zu der Bareinlage gleichzeitig die Verpflichtung übernimmt, als Agio einen Betrieb, Teilbetrieb oder Mitunternehmeranteil (hier die Kommanditbeteiligung) in die Kapitalgesellschaft einzubringen (BFH v. 7.4.2010 – I R 55/09, BStBl. II 2010, 1094 = GmbHR 2010, 1104 = FR 2010, 1090 = GmbH-StB 2010, 283; BMF v. 11.11.2011 - IV C 2 - S 1978-b/08/10001, BStBl. I 2011, 1314 Rz. 01.44 und E 20.09). Mit welchem Nennwert die neuen Anteile ausgestaltet sein müssen, ist nicht vorgeschrieben. Zulässig ist es daher, die nach Gesellschaftsrecht kleinstmögliche Kapitalerhöhung vorzunehmen (BFH v. 24.4.2007 – I R 35/05, BStBl. II 2008, 253 = GmbHR 2007, 943 = FR 2007, 1064 = GmbH-StB 2007, 265). Zur Gewährung weiterer Gegenleistungen vgl. Rz. U 450. U 458

c) Einbringungsgegenstand

Mitunternehmeranteil | Einbringungsgegenstand im erweiterten Anwachsungsmodell ist der jeweilige Mitunternehmeranteil des Gesellschafters. Dazu gehört auch das Sonderbetriebsvermögen, das ebenfalls zur Sicherung der Buchwertfortführung einzubringen ist, soweit es sich um wesentliche Betriebsgrundlagen handelt (vgl. nur BMF v. 11.11.2011 – IV C 2 - S 1978-b/08/10001, BStBl. I 2011, 1314, Rz. 20.06 Satz 4; *Herlinghaus* in Rödder/Herlinghaus/van Lishaut, § 20 UmwStG Rz. 110). Entscheidend für die Beurteilung, ob eine wesentliche Betriebsgrundlage vorliegt, ist nach Auffassung der Finanzverwaltung hierfür die Beurteilung am Einbringungsstichtag (BMF v. 11.11.2011 – IV C 2 - S 1978-b/08/10001, BStBl. I 2011, 1314, Rz. 20.06 unter Verweis auf Rz. 15.03. Zur a.A. vgl. nur *Herlinghaus* in Rödder/Herlinghaus/van Lishaut, § 20 UmwStG Rz. 42). U 459

Übertragung des (wirtschaftlichen) Eigentums | Erforderlich – aber auch ausreichend – ist, dass der übernehmenden Kapitalgesellschaft das wirtschaftliche Eigentum i.S.v. § 39 Abs. 2 U 460

AO an dem Einbringungsgegenstand verschafft wird (BMF v. 11.11.2011 - IV C 2 - S 1978-b/08/10001, BStBl. I 2011, 1314, Rz. 01.43 a.E.; *Herlinghaus* in Rödder/Herlinghaus/van Lishaut, § 20 UmwStG Rz. 39b; *Schmitt* in Schmitt/Hörtnagl/Stratz, UmwG/UmwStG, § 20 UmwStG Rz. 21. Offengelassen: BFH v. 7.4.2010 - I R 96/08, BStBl. II 2011, 467 = GmbHR 2010, 933 = FR 2010, 890 m. Anm. *Benecke/Staats* = GmbH-StB 2010, 254). Insbesondere ergibt sich aus § 1 Abs. 3 Nr. 4 UmwStG kein Grundsatz, dass lediglich Vorgänge durch das UmwStG begünstigt sein sollen, die eine zivilrechtlichen Rechtsträgerwechsel bewirken (a.A. *Patt* in Dötsch/Pung/Möhlenbrock, Die Körperschaftsteuer, § 20 UmwStG Rz. 7 [Stand: April 2012]). Wirtschaftlich führt der Zwang, die wesentlichen Betriebsgrundlagen auch des Sonderbetriebsvermögens im Rahmen des § 20 UmwStG in die GmbH einzubringen, dazu, dass die Beteiligungsquote des Gesellschafters, der über Sonderbetriebsvermögen verfügt, also z.B. bisher ein Grundstück seiner Gesellschaft vermietet hat, steigt. Dies kann vermieden werden, wenn diesem Gesellschafter neben den Gesellschaftsrechten – soweit zulässig (vgl. Rz. U 450) – eine weitere Gegenleistung gewährt wird oder die weiteren Gesellschafter eine zusätzliche Sach- oder Geldeinlage erbringen.

U 461 **Übertragung des Sonderbetriebsvermögens I** | Als sog. Sonderbetriebsvermögen I kommen insbesondere Grundstücke, Maschinen und Rechte in Betracht, die der GmbH & Co. KG überlassen werden (vgl. → *Sonderbetriebsvermögen*). Ob dieses Sonderbetriebsvermögen auch eine **wesentliche Betriebsgrundlage** darstellt, ist im Anwendungsbereich des § 20 UmwStG nach funktionalen Gesichtspunkten zu beurteilen (BMF v. 16.8.2000 – IV C 2 - S 1909 - 23/00, BStBl. I 2000, 1253 unter Hinweis auf BFH v. 2.10.1997 – IV R 84/96, BStBl. II 1998, 104 = GmbHR 1998, 202 = FR 1998, 319 = GmbH-StB 1998, 32). Wesentliche Betriebsgrundlage sind daher Wirtschaftsgüter, die für den Betrieb der Gesellschaft ein besonderes Gewicht besitzen. Hierbei kommen insbesondere Grundstücke, aber auch ein Maschinenpark, ein Patent oder ein anderes für den Betrieb wichtiges Recht in Betracht. Forderungen des Gesellschafters gegen seine Gesellschaft sind dagegen i.d.R. nicht als wesentliche Betriebsgrundlage einzuordnen (zu möglichen Ausnahmefällen: *Patt* in Dötsch/Pung/Möhlenbrock, Die Körperschaftsteuer, § 20 UmwStG Rz. 135 [Stand: April 2012]).

U 462 **Übertragung des Sonderbetriebsvermögens II** | Sonderbetriebsvermögen II sind die Wirtschaftsgüter, die im Eigentum des Mitunternehmers stehen und dessen Beteiligung an der Personengesellschaft dienen, also entweder für das Unternehmen der Personengesellschaft wirtschaftlich vorteilhaft sind oder der Beteiligung selbst dienen (vgl. → *Sonderbetriebsvermögen Rz. S 122ff.*). Darunter können auch **Geschäftsanteile** fallen, die ein Kommanditist der GmbH & Co. KG **an der Komplementär-GmbH** hält, jedoch nur dann wenn die Beteiligung dazu dient, Einfluss auf die Geschäftsführung der GmbH & Co. KG zu nehmen. Kein notwendiges Sonderbetriebsvermögen sind damit die Anteile an der Komplementärin, wenn diese über ihre Geschäftsführung und Haftungsübernahme bei der Kommanditgesellschaft hinaus eine anderweitige eigene Tätigkeit von nicht nur untergeordneter Bedeutung ausübt (BFH v. 15.10.1998 – IV R 18/98, BStBl. II 1999, 286, 288 = GmbHR 1999, 193 = FR 1999, 262 = GmbH-StB 1999, 31; BFH v. 26.2.1992 – I R 85/91, BStBl. II 1992, 937 = GmbHR 1993, 58). Auch eine Beteiligung von unter 10 % stellt regelmäßig kein notwendiges Sonderbetriebsvermögen dar (BFH v. 16.4.2015 – IV R 1/12, GmbHR 2015, 827 = FR 2015, 846 m. Anm. *Wendt*). Nach gleichen Grundsätzen kann auch die Beteiligung eines Mitunternehmers an einer Kapitalgesellschaft als Sonderbetriebsvermögen einzuordnen sein, wenn diese ihrerseits an der Mitunternehmerschaft beteiligt ist, sog. **Kommanditisten-GmbH** (BFH v. 23.1.2001 – VIII R 12/99, BStBl. II 2001, 825 = GmbHR 2001, 444 = FR 2001, 529 = GmbH-StB 2001, 128) oder zwischen dem Unternehmen der Personengesellschaft und dem der Kapitalgesellschaft eine enge wirtschaftliche Verflechtung besteht und die Kapitalgesellschaft nicht noch anderweitig tätig ist (H 4.2 Abs. 2 EStH 2015). Hierunter fallen u.a. **Produktions- und Vertriebsgesellschaften** (BFH v. 6.7.1989 – IV R 62/86, BStBl. II 1989, 890 = FR 1989, 688 = GmbHR 1990, 48; BFH v. 29.10.1986 – II R 226/82, BStBl. II 1987, 99; BFH v. 7.12.1984 – III R 35/79, BStBl. II 1985, 236 = GmbHR 1985, 276), **Besitzgesellschaften,** die ausschließlich dazu dienen, der Personengesellschaft ihr Anlagevermögen zu überlassen (BFH v. 14.8.1975 – IV R 30/71, BStBl. II 1976, 88) und **Betriebskapitalgesellschaften im Rahmen einer Betriebsaufspaltung** (BFH v. 4.7.2007 – X R 49/06, BStBl. II 2007, 772 = FR 2007, 1062 = GmbHR 2007, 1112 = GmbH-StB 2007, 300).

Sonderbetriebsvermögen II als wesentliche Betriebsgrundlage | Nach zu Recht bestrittener U 463
Auffassung der Finanzverwaltung können auch die Wirtschaftsgüter des Sonderbetriebsvermögens II eine funktional wesentliche Betriebsgrundlage des Betriebes einer Personengesellschaft bzw. des Mitunternehmeranteils sein (zu den Anteilen an der Komplementär-GmbH etwa: OFD NRW v. 17.6.2014 – S 2242 - 2014/0003 - St, DB 2014, 1646; OFD Frankfurt a.M. v. 13.2.2014 – S 2134 A 14 - St 213, DB 2014, 1227; zum Streitstand *Herlinghaus* in Rödder/Herlinghaus/van Lishaut, § 20 UmwStG Rz. 110). Für den wichtigsten Fall der Beteiligung an einer Komplementär-GmbH wird wie folgt differenziert (OFD NRW v. 17.6.2014 – S 2242 - 2014/0003 - St, DB 2014, 1646; OFD Frankfurt a.M. v. 13.2.2014 – S 2134 A 14 - St 213, DB 2014, 1227):

- Ist der Kommanditist selbst nicht mehrheitlich an der KG beteiligt (**Kommanditanteil von 50 % oder darunter**), so ergibt sich nach Verwaltungsauffassung die wirtschaftliche Bedeutung der Beteiligung aus der damit verbunden Möglichkeit der Einflussnahme auf die Geschäftsführung. Diese begründet aber nur dann eine funktionale Wesentlichkeit, wenn der Kommanditist die Mehrheit an der Komplementär-GmbH besitzt und hierüber in der Lage ist, seinen geschäftlichen Betätigungswillen in der GmbH & Co. KG über die GmbH durchzusetzen. Im „klassische Fall" der quotengleichen Beteiligung an der KG und der Komplementär GmbH stellen die Anteile an der Komplementärin also keine wesentliche Betriebsgrundlage dar.

- Ist der Kommanditist mehrheitlich an der KG beteiligt, jedoch nicht alleiniger Kommanditist (**Kommanditanteil von über 50 % aber unter 100 %**), so wird die Stellung des Gesellschafters bei der GmbH & Co. KG durch seine Beteiligung an der Komplementär-GmbH nicht wesentlich gestärkt, so dass die Anteile an der Komplementärin keine wesentliche Betriebsgrundlage darstellen.

- Ist der Kommanditist alleinig am Vermögen der KG beteiligt (**Kommanditanteil von 100 %**), so sollen die Anteile an der Komplementär GmbH in der Regel eine funktional wesentliche Betriebsgrundlage darstellen. Begründet wird dies damit, dass die Komplementär-GmbH aus Sicht des Kommanditisten benötigt wird, um überhaupt eine Personengesellschaft und damit eine Kommanditistenstellung mit der entsprechenden Haftungsbegrenzung zu begründen und zu erhalten (das ist allerdings bei dem Übergang auf eine GmbH nicht stringent, weil die Komplementär-GmbH mit der Umwandlung diese Bedeutung verliert; s. dazu auch Rz. U 462.

Ausnahmen | Für den **Formwechsel** einer KG in eine GmbH hat der BFH entschieden, dass U 464
die Übertragung der Anteile an der Komplementärin für die Buchwertfortführung nicht erforderlich ist, da die Beteiligung mit dem Formwechsel aus rechtlichen Gründen zwangsläufig gegenstandslos wird (BFH v. 16.12.2009 – I R 97/08, BStBl. II 2010, 808 = GmbHR 2010, 600

= FR 2010, 611 m. Anm. *Schell* = GmbH-StB 2010, 157. Dem folgend: OFD NRW v. 17.6.2014 – S 2242 - 2014/0003 - St, DB 2014, 1646 unter II.4.; OFD Frankfurt a.M. v. 13.2.2014 – S 2134 A 14 - St 213, DB 2014, 1227, Rz. 12). Diese Überlegung ist über den Fall des Formwechsels hinaus allgemeingültig und z.B. auch auf die **erweiterte Anwachsung** übertragbar, weil auch in dieser Konstellation die Anteile an der Komplementär-GmbH mit der Umwandlung der Kommanditgesellschaft in eine Kapitalgesellschaft unmittelbar ihre Funktion verlieren und somit kein besonderes Gewicht für die Betriebsführung besitzen. Für den typischen Fall der erweiterten Anwachsung auf die Komplementär-GmbH ist diese Frage, aber häufig nicht erheblich, weil die Finanzverwaltung eine Einbringung der Anteile an der übernehmenden Gesellschaft in dieselbe nicht fordert, wenn der Einbringende sich damit einverstanden erklärt, dass die zurückbehaltenen Anteile an der übernehmenden Gesellschaft künftig in vollem Umfang als Anteile zu behandeln sind, die durch eine Sacheinlage erworben wurden (BMF v. 11.11.2011 – IV C 2 - S 1978-b/08/10001, BStBl. I 2011, 1314, Rz. 20.08). Hiermit soll vermieden werden, dass zur Wahrung der Ertragsteuerneutralität von der aufnehmenden GmbH eigene Anteile erworben werden müssen.

d) Behandlung bei der übernehmenden Kapitalgesellschaft

U 465 **Ansatz mit dem gemeinen Wert vs. Buchwert- oder Zwischenwertansatz |** Die übernehmende Kapitalgesellschaft muss die übernommenen Wirtschaftsgüter grundsätzlich mit deren **gemeinen Wert** ansetzen (§ 20 Abs. 2 Satz 1 UmwStG). Die Gesellschaft hat aber nach § 20 Abs. 2 Satz 2 UmwStG – insbesondere bei gewerblich geprägten oder infizierten Gesellschaften vorbehaltlich einer Anwendung von § 50i Abs. 2 EStG (vgl. Rz. U 451) – das Wahlrecht, die Wirtschaftsgüter auch mit deren **Buchwert** (unter Berücksichtigung der positiven und negativen Korrekturen in Ergänzungsbilanzen des Einbringenden) oder einem **Zwischenwert** ansetzen. Voraussetzung hierfür ist zunächst ein Antrag (zu Einzelheiten vgl. Rz. U 453). Darüber hinaus ist Voraussetzung für einen Ansatz unter dem gemeinen Wert, dass

- die Besteuerung bei der übernehmenden Körperschaft mit Körperschaftsteuer sichergestellt ist,
- die Passivposten des eingebrachten Betriebsvermögen die Aktivposten nicht übersteigen (ohne Berücksichtigung des Eigenkapitals) und
- das deutsche Besteuerungsrecht hinsichtlich eines Gewinns aus der Veräußerung des eingebrachten Betriebsvermögens bei der übernehmenden Gesellschaft nicht ausgeschlossen oder beschränkt wird.
- Darüber hinaus darf bei Umwandlungen mit einem Umwandlungsbeschluss bzw. Einbringungsvertrag nach dem 31.12.2014 der gemeine Wert der sonstigen Gegenleistung nicht mehr als 25 % des eingebrachten Betriebsvermögens oder 500 000 Euro betragen (§§ 20 Abs. 2 Satz 2 Nr. 4, 27 Abs. 14 UmwStG).

Die Einbringung hat somit insbesondere dann **zwingend zum gemeinen Wert** zu erfolgen, wenn das eingebrachte Vermögen bei der übernehmenden Gesellschaft nicht der Körperschaftsteuer unterliegt (§ 20 Abs. 2 Satz 2 Nr. 1 UmwStG). Darüber hinaus dürfen nach § 20 Abs. 2 Satz 2 Nr. 2 UmwStG die Passivposten des eingebrachten Vermögens nicht höher sein als die Aktivposten.

U 466 **Eintritt die die Rechtsstellung der GmbH & Co. KG |** Setzt die übernehmende GmbH die Wirtschaftsgüter mit deren Buchwerten oder mit einem Zwischenwert an, so tritt sie in die steuerliche Rechtsstellung der GmbH & Co. KG ein, insbesondere hat sie die **Absetzungen für Abnutzung** des Rechtsvorgängers fortzuführen. Kommt es für steuerliche Zwecke auf die Zugehörigkeit eines Wirtschaftsgutes zum Betriebsvermögen an, so ist der Zeitraum, in dem das Wirtschaftsgut der GmbH & Co. KG zuzurechnen war, anzurechnen (§§ 23 Abs. 1, 12 Abs. 3 Halbs. 1, 4 Abs. 2 Satz 3 UmwStG). Die Rechtnachfolge ist aber nicht uneingeschränkt, sie tritt nicht ein für einen **verbleibenden Verlustvortrag gemäß § 10d EStG** (BMF v. 11.11.2011 - IV C 2 - S 1978-b/08/10001, BStBl. I 2011, 1314, Rz. 23.02; *Ritzer* in Rödder/Herlinghaus/van Lishaut, § 23 UmwStG Rz. 37), einen **nach § 15a EStG nur verrechenbaren Verlust** (*Ritzer* in Rödder/Herlinghaus/van Lishaut, § 23 UmwStG Rz. 38) sowie einen **Verlustvortrag nach § 10a GewStG** (§ 23 Abs. 5 UmwStG). Nach § 20 Abs. 9 UmwStG gehen zudem ein Zinsvortrag und ein EBITDA-Vortrag des eingebrachten Betriebs nicht über.

e) Besteuerung des Einbringenden

Einbringung als Veräußerung | Die Übertragung von Kommanditanteilen auf eine GmbH gegen Gewährung von Gesellschaftsrechten stellt aus Sicht des Einbringenden einen Veräußerungstatbestand (i.S. eines tauschähnlichen Vorgangs) dar, der im Grundsatz § 16 Abs. 1 EStG unterliegt. Da nach § 20 Abs. 3 Satz 1 UmwStG der Wert, mit dem die Kapitalgesellschaft die übernommenen Wirtschaftsgüter ansetzt, für den Einbringenden – unter Berücksichtigung der Einbringungskosten – als **Veräußerungspreis und als Anschaffungskosten der erhaltenen Anteile** gilt (doppelte Buchwertverknüpfung), erzielt dieser nur bei Ansatz des gemeinen Wertes oder eines Zwischenwertes einen Veräußerungsgewinn. Auf diesen Gewinn sind – soweit er auf eine natürliche Person entfällt und nicht lediglich Teile von Mitunternehmeranteilen eingebracht werden – **§§ 16 Abs. 4, 34 Abs. 1 bzw. 3 EStG** anwendbar. Das setzt aber die Aufdeckung sämtlicher stiller Reserven voraus, so dass die Begünstigung nach § 34 EStG bei einem Zwischenwertansatz ausscheidet sowie dann, wenn etwa für einen Teil des Veräußerungsgewinns § 6b EStG in Anspruch genommen wird. Gleiches gilt soweit sich im eingebrachten Betriebsvermögen Anteile an Kapitalgesellschaften befinden und auf den anteiligen Veräußerungsgewinn § 3 Nr. 40 EStG zur Anwendung kommt (§ 20 Abs. 4 Satz 1 bzw. Satz 2 UmwStG). U 467

Neutrales Vermögen | Die in § 20 Abs. 3 Satz 1 UmwStG enthaltene Verknüpfung des Ansatzes der übernommenen Wirtschaftsgüter durch die Kapitalgesellschaft mit der Bemessung der Anschaffungskosten des Einbringenden ist durchbrochen, wenn im Einbringungsgegenstand Vermögen enthalten ist, für das vor der Einbringung kein deutsches Besteuerungsrecht bestand und ein solches auch nicht begründet wird (neutrales Vermögen). Insbesondere handelt es sich hierbei um Wirtschaftsgüter, die einer ausländischen Betriebsstätte zuzuordnen sind, auf die nach dem jeweils anzuwendenden DBA die Freistellungsmethode Anwendung findet. Insoweit gilt für den Einbringenden unabhängig von dem Ansatz durch die aufnehmende Gesellschaft der gemeine Wert des Betriebsvermögens als Anschaffungskosten der Anteile (§ 20 Abs. 3 Satz 2 UmwStG). Der Veräußerungsgewinn des Einbringenden erhöht sich hierdurch nicht. I.E. wird durch diese Regelung verhindert, dass die in diesem Vermögen noch in der transparenten Personengesellschaftsstruktur gebildeten stillen Reserven durch die Einbringung mit den Anteilen an der übernehmenden Kapitalgesellschaft in Deutschland steuerverhaftet werden. U 468

f) Einbringungskosten

U 469 **Kostenzuordnung** | Die Zurechnung der im Zusammenhang mit der Einbringung anfallenden Kosten richtet sich nach dem **objektiven Veranlassungsprinzip** (*Herlinghaus* in Rödder/Herlinghaus/van Lishaut, § 20 UmwStG Rz. 204 ff.; *Ott*, DStR 2016, 777). Ein **Zuordnungswahlrecht** besteht nicht (BFH v. 22.4.1998 – I R 83/96, BStBl. II 1998, 698 = FR 1998, 903 = GmbHR 1998, 953 = GmbH-StB 1998, 279). Als Einbringungskosten, die dem Einbringenden zuzuordnen sind, kommen insbesondere in Betracht:

- Beratungskosten im Vorfeld der Einbringung, die im Zusammenhang mit der steuerlichen und rechtlichen Situation des Einbringenden anfallen;
- Kosten des Einbringungsvertrages und der Durchführung der Einbringung, soweit diese Kosten den übertragenden Rechtsträger betreffen. Dazu gehören auch die Aufwendungen für die Aufstellung einer Einbringungsbilanz.

Ggf. können die Kosten ganz oder teilweise auch der GmbH & Co. KG zuzuordnen sein (zur Abgrenzung vgl. BFH v.16.4.2015 – IV R 44/12, GmbHR 2015, 831 = GmbH-StB 2015, 248).

U 470 **Rechtsfolgen** | Die Kosten, die dem Einbringenden zuzuordnen sind, mindern dessen Einbringungsgewinn bzw. erhöhen den Einbringungsverlust (*Herlinghaus* in Rödder/Herlinghaus/van Lishaut, § 20 UmwStG Rz. 202). Dagegen stellen die der übernehmenden GmbH zuzurechnenden Kosten der Einbringung im Grundsatz sofort abziehbare Betriebsausgaben dieser Gesellschaft dar (*Patt* in Dötsch/Pung/Möhlenbrock, Die Körperschaftsteuer, § 20 UmwStG Rz. 234 [Stand: August 2014]). Hierunter fallen insbesondere die Kosten der Kapitalerhöhung einschließlich einer Gründungsprüfung und eines Sachgründungsberichts. Objektbezogene Kosten, die erst in der Person der übernehmenden GmbH entstehen, führen dagegen zu Anschaffungskosten, die als solche zu aktivieren sind. Dazu gehört insbesondere eine Grunderwerbsteuer, die durch den Einbringungsvorgang ausgelöst wird (BMF v. 11.11. 2011 – IV C 2 - S 1978-b/08/10001, BStBl. I 2011, 1314, Rz. 23.01; BFH v. 17.9.2003 – I R 97/02, BStBl. I 2004, 686 = GmbHR 2004, 58 für die Verschmelzung = FR 2004, 272 = GmbH-StB 2004, 5). Die Grundsätze zur Anteilsvereinigung nach § 1 Abs. 3 GrEStG sowie zum Anteilseignerwechsel nach § 1 Abs. 2a GrEStG (Grunderwerbsteuer als sofort abzugsfähige Betriebsausgabe) dürften hier nicht übertragbar sein, weil bei Umstrukturierungsvorgängen, die zivilrechtlich als Anwachsung ausgestaltet sind, ein tatsächlicher zivilrechtlicher Eigentumsübergang an den Grundstücken besteuert wird (zu der Behandlung der Anteilsvereinigung und des Anteilseignerwechsels: vgl. BFH v. 20.4.2011 – I R 2/10, BStBl. II 2011, 761 = GmbHR 2011, 832 m. Anm. *Adolf* = FR 2011, 904 = GmbH-StB 2011, 233; BFH v. 2.9.2014 – IX R 50/13, BStBl. II 2015, 260 = GmbHR 2015, 327 = FR 2015, 998 = GmbH-StB 2015, 127; OFD Niedersachsen v. 19.1.2012 [aktualisiert am 13.5.2015] – 2012-01-19 S 2171-65-St 221/St 222, Juris).

5. Umwandlung durch Einzelübertragung

U 471 **Übertragung im Wege der Einzelrechtsnachfolge** | Ein weiterer Weg in die GmbH ist es auch, die Wirtschaftsgüter und Verbindlichkeiten des Betriebes der GmbH & Co. KG im Wege der Einzelrechtsnachfolge auf eine zu diesem Zweck zu gründende oder bereits bestehende GmbH zu übertragen. Auch dies hat wiederum, um die Steuerneutralität zu gewährleisten, im Rahmen einer Sachgründung (§ 5 Abs. 4 GmbHG) oder Sachkapitalerhöhung (§§ 55 ff. GmbHG) bei der aufnehmenden GmbH zu erfolgen. Zivilrechtlich möglich und steuerrechtlich ausreichend ist auch hier die Übertragung als Aufgeld im Rahmen einer Bargründung oder Barkapitalerhöhung (vgl. Rz. U 458).

Übernehmer der neuen Geschäftsanteile | Übernehmer der neuen Geschäftsanteile können sowohl die GmbH & Co. KG selbst sein als auch deren Gesellschafter. Im ersten Fall wird die GmbH & Co. KG Anteilseignerin der GmbH. Es entsteht eine doppelstöckige Struktur. Soll diese aufgelöst werden, müssen die GmbH-Anteile in einem zweiten Schritt entweder aus dem Betriebsvermögen der GmbH & Co. KG entnommen werden oder die GmbH & Co. KG ist aufzulösen und die Anteile sind auszukehren. Übernehmen dagegen die Gesellschafter der GmbH & Co. KG die neuen Geschäftsanteile an der übernehmenden GmbH unmittelbar, bleibt zivilrechtlich nur der Weg, dass die GmbH & Co. KG die Sacheinlagen für Rechnung der Gesellschafter auf die GmbH überträgt. Anschließend kann die dann vermögenslose GmbH & Co. KG aufgelöst werden. U 472

Einzelrechtsnachfolge als Einbringung i.S.d. § 20 UmwStG | Steuerrechtlich ist auch die Einbringung des Betriebes einer Personengesellschaft in eine GmbH als Unterfall des § 20 UmwStG anzusehen. **Einbringende** sind entweder die Personengesellschaft selbst, wenn diese (steuerlich) infolge der Einbringung fortbesteht und die Anteile erhält, oder deren Gesellschafter, wenn die Personengesellschaft aufgelöst wird (*Schmitt* in Schmitt/Hörtnagl/Stratz, UmwG/UmwStG, § 20 UmwStG Rz. 181 und 182 m.w.N.; wohl auch BMF v. 11.11.2011 – IV C 2 - S 1978-b/08/10001, BStBl. I 2011, 1314, Rz. 20.03). Der Auflösung der Personengesellschaft steht es gleich, wenn diese mit der Einbringung zwar zivilrechtlich fortbesteht aber nur noch vermögensverwaltend tägig wird und weder i.S.v. § 15 Abs. 3 Nr. 1 bzw. Nr. 2 EStG gewerblich geprägt noch infiziert ist (*Patt* in Dötsch/Pung/Möhlenbrock, Die Körperschaftsteuer, § 20 UmwStG Rz. 169a [Stand: April 2012]). In diesem Fall sind die Anteile an der Kapitalgesellschaft steuerrechtlich den Gesellschafter der Personengesellschaft zuzuordnen (§ 39 Abs. 2 Nr. 2 AO). **Einbringungsgegenstand** ist jeweils der Betrieb der Personengesellschaft (*Patt* in Dötsch/Pung/Möhlenbrock, Die Körperschaftsteuer, § 20 UmwStG Rz. 39 [Stand: April 2012]). Auch hier dürfte Voraussetzung für die Buchwertfortführung aber sein, dass mit der Einbringung des Betriebs auch **wesentliches Sonderbetriebsvermögen** der Gesellschafter auf die Kapitalgesellschaft übertragen wird (vgl. BMF v. 11.11.2011 – IV C 2 - S 1978-b/08/10001, BStBl. I 2011, 1314, Rz. 20.06). U 473

6. Umwandlung nach UmwG (Verschmelzung, Spaltung, Formwechsel)

Umwandlung als Einbringung i.S.d. § 20 UmwStG | Die **Verschmelzung** einer Personengesellschaft auf eine GmbH unterfällt wie auch die **Auf- und die Abspaltung** aber auch die **Ausgliederung** ohne Weiteres als Einbringung dem § 20 UmwStG. Entsprechendes gilt für den **Formwechsel** einer Personengesellschaft in eine GmbH (s. Rz. U 443). Da dieser handelsrechtlich identitätswahrend ausgestaltet ist, bedarf es hierzu jedoch einer besonderen gesetzlichen Regelung, die den Anwendungsbereich des § 20 UmwStG eröffnet. Eine derartige Regelung ergibt sich aus § 25 UmwStG. Gleichzeitig wird hier auch die übertragende GmbH & Co. KG verpflichtet, für steuerliche Zwecke – anders als nach Handelsrecht – auf den Übertragungsstichtag eine steuerliche Übertragungsbilanz aufzustellen (§ 25 Satz 2 UmwStG). Im Übrigen entspricht die steuerliche Behandlung der **erweiterten Anwachsung** (s. dazu Rz. U 443 ff.). U 474

Einbringende | Einbringende sowohl im Rahmen eines Formwechsels als auch einer Verschmelzung sind die Mitunternehmer der GmbH & Co. KG, nicht etwa die Personengesell- U 475 schaft selbst. Da die GmbH & Co. KG mit der Eintragung der Verschmelzung in das Handelsregister gemäß § 20 Abs. 1 Nr. 1 UmwG erlischt, können ihr die gewährten Gesellschaftsrechte nicht – auch nicht für eine juristische Sekunde – zugerechnet werden, zumal auch § 20 Abs. 1 Nr. 3 UmwG ausdrücklich bestimmt, dass die Anteilsinhaber der übertragenden Gesellschaft Anteilsinhaber der übernehmenden Gesellschaft werden.

U 476 **Neue Gesellschaftsanteile** | Neue Gesellschaftsanteile werden im Rahmen der Verschmelzung und des Formwechsels i.d.R. gewährt. Lediglich dann, wenn die GmbH & Co. KG auf die Komplementär-GmbH oder auf eine Kommanditisten-GmbH verschmolzen wird, ist eine Anteilsgewährung gesellschaftsrechtlich insoweit nicht möglich, als die aufnehmende Gesellschaft am Vermögen der GmbH & Co. KG beteiligt ist. Es ist daher zu unterscheiden: Soweit die übernehmende GmbH am Vermögen der GmbH & Co. KG beteiligt ist, kann die Ertragsteuerneutralität der Verschmelzung mangels Gewährung von Gesellschaftsrechten nicht auf Regelungen des UmwStG gestützt werden. Der Übergang des Vermögens der Personengesellschaft auf die an ihr beteiligte GmbH im Rahmen der Verschmelzung ist insoweit mit der der erweiterten Anwachsung zu vergleichen; d.h. der Vermögensübergang ist auch insoweit – zumindest in entsprechender Anwendung von § 6 Abs. 3 EStG – steuerneutral, wie die übernehmende Gesellschaft am Vermögen der GmbH & Co. KG beteiligt ist (*Herlinghaus* in Rödder/Herlinghaus/van Lishaut, § 20 UmwStG Rz. 132h; *Patt* in Dötsch/Pung/Möhlenbrock, Die Körperschaftsteuer, § 20 UmwStG Rz. 177 [Stand: Dezember 2013]). In Bezug auf die am Vermögen der GmbH & Co. KG beteiligten weiteren Gesellschafter ist die Verschmelzung steuerlich als Einbringung gegen Gewährung von Gesellschaftsrechten zu sehen und unterfällt § 20 UmwStG.

U 477 **Einbringungsgegenstand** | Auch bei der Verschmelzung einer GmbH & Co. KG auf eine GmbH ist Gegenstand der Einbringung der Betrieb der Mitunternehmerschaft. Dennoch ist zu Sicherung der Ertragsteuerneutralität auch das **Sonderbetriebsvermögen** der Gesellschafter mit in die GmbH einzubringen, soweit dieses eine wesentliche Betriebsgrundlage darstellt (vgl. dazu Rz. U 461 ff.). Die Einbringung des Sonderbetriebsvermögens ist zur Sicherung der Steuerneutralität auch erforderlich, wenn die Umwandlung als Formwechsel erfolgt (*Patt* in Dötsch/Pung/Möhlenbrock, Die Körperschaftsteuer, § 25 UmwStG Rz. 17 [Stand: November 2011]; *Rabback* in Rödder/Herlinghaus/van Lishaut, § 25 UmwStG Rz. 2, 51 ff.). Da das Sonderbetriebsvermögen zivilrechtlich den Gesellschaftern zuzurechnen ist und damit von den umwandlungsrechtlichen Regelungen nicht erfasst wird, muss sowohl bei der Verschmelzung als auch bei einem Formwechsel insoweit die **Übertragung im Wege der Einzelrechtsnachfolge** vollzogen werden. Hier bietet es sich an, bereits im Umwandlungsbeschluss bzw. im Verschmelzungsvertrag vorzusehen, dass sämtliche wesentlichen Betriebsgrundlagen des Sonderbetriebsvermögens – auch soweit diese unerkannt sein sollten – auf die übernehmende Kapitalgesellschaft übertragen werden sollen.

7. Rückwirkung

U 478 **Keine zivilrechtliche Rückwirkung** | Zivilrechtlich geht das Eigentum der Wirtschaftsgüter der GmbH & Co. KG bei einer Umwandlung nach dem UmwG mit Eintragung der Verschmelzung bzw. der Spaltung im Handelsregister über. Allerdings kann die nach § 17 Abs. 2 UmwG der Handelsregisteranmeldung über die Umwandlung beizufügende Schlussbilanz auf einen höchsten acht Monate vor der Anmeldung liegenden Stichtag aufgestellt werden. Eine Besonderheit ist wiederum für den Formwechsel zu beachten, da dieser zivilrechtlich schon nicht zu einem Eigentumsübergang führt. Das bedeutet u.a., dass handelsrechtlich keine Schlussbilanz aufzustellen bzw. der Handelsregisteranmeldung beizufügen ist. Erfolgt die Umwandlung im Wege der Einzelrechtsnachfolge, so kommt es erst mit der dinglichen Übertragung der Einzelwirtschaftsgüter, im Anwachsungsmodell mit der Einbringung sämtlicher Gesellschaftsanteile auf die GmbH und der damit einhergehenden Auflösung der GmbH & Co. KG, zum zivilrechtlichen Eigentumsübergang. Den zivilrechtlichen Eigentumsübergang haben die Beteiligten damit insbesondere bei dem Umstrukturierungen nach dem UmwG nicht in der Hand, allenfalls kann ggf. vorab das wirtschaftliche Eigentum i.S.v. § 39 AO der übernehmenden Gesellschaft verschafft werden. Da setzt aber voraus, dass der übernehmende Rechtsträger schon existiert. Für die Verschmelzung und Spaltung zur Neugründung scheidet dies wie auch für den Formwechsel aus.

Steuerrechtliche Rückwirkung | Für ertragsteuerliche Zwecke kann die Einbringung abwei- U479
chend vom Zivilrecht im Fall der Verschmelzung und der Spaltung auf den Stichtag zurückbezogen werden, für den die Schlussbilanz der übertragenden Unternehmen i.S.v. § 17 Abs. 2 UmwStG aufgestellt ist (§ 20 Abs. 5, Abs. 6 Sätze 1 und 2 UmwStG). Dieser Stichtag darf höchstens acht Monate vor der Anmeldung der Umwandlung liegen (§ 20 Abs. 6 Satz 1 Halbs. 2 UmwStG). Eine Rückbeziehung von i.E. acht Monaten ist steuerrechtlich auch für den Formwechsel möglich (§ 25 Satz 2 i.V.m. § 9 Sätze 2 und 3 UmwStG). Schließlich können auch Einbringungen außerhalb des UmwG zurückbezogen werden, und zwar auf einem Tag der höchstens acht Monate vor dem Tag des Abschlusses des Einbringungsvertrages und zudem höchstens acht Monate vor dem Zeitpunkt liegt, an dem das eingebrachte Betriebsvermögen auf die Kapitalgesellschaft übergeht (§ 20 Abs. 5, Abs. 6 Satz 3 UmwStG).

Antrag durch die übernehmende GmbH | Erforderlich für die steuerliche Rückbeziehung der U480
Einbringung ist ein Antrag durch die übernehmende GmbH. Der Antrag bedarf keiner besonderen Form; i.d.R. wird dieser (konkludent) mit der Bilanz oder Steuererklärung für das Jahr, in dem die Einbringung steuerlich wirksam wird, verbunden werden.

Rechtsfolgen der Rückwirkung | Wird der Antrag auf Rückbeziehung der Einbringung ge- U481
stellt, so sind das Einkommen und das Vermögen des Einbringenden sowie der übernehmenden GmbH so zu ermitteln, als ob das eingebrachte Betriebsvermögen mit Ablauf des steuerlichen Übertragungsstichtages (Einbringungszeitpunkt) auf die übernehmenden GmbH übergegangen wäre. Damit wird insbesondere der Zeitpunkt bestimmt, zu dem

- das übernommene Vermögen der Kapitalgesellschaft zu bewerten ist (sowohl zur Ermittlung der Buch- als auch der gemeinen Werte);
- der Einbringende einen Veräußerungsgewinn verwirklicht;
- dem Einbringenden die für die Einbringung gewährten Anteile zuzurechnen sind.

Fiktion des Vermögensübergang auf die GmbH | Mit dem Einbringungszeitpunkt wird für U482
steuerliche Zwecke zudem ein Vermögensübergang auf die GmbH fingiert. Dies gilt im erweiterten Anwachsungsmodell auch für den Übergang der Wirtschaftsgüter von der Personengesellschaft auf die GmbH (*Herlinghaus* in Rödder/Herlinghaus/van Lishaut, § 20 UmwStG Rz. 235a) sowie für den Fall, dass an der GmbH & Co. KG ausschließlich Kapitalgesellschaften beteiligt sind und diese miteinander oder auf eine dritte Kapitalgesellschaft verschmolzen werden (*Schmid/Dietl*, DStR 2008, 529, 530). Die im Rückwirkungszeitraum verwirklichten Geschäftsvorfälle sind der GmbH zuzurechnen und unterliegen der Körperschaftsteuer. Die Rückwirkung ist allerdings beschränkt auf Steuern vom Einkommen und Vermögen. Sie gilt

insbesondere nicht für Zwecke der Umsatzsteuer und der Grunderwerbsteuer. Sie gilt darüber hinaus auch nicht für Zwecke der Erbschaftsteuer (BFH v. 4.7.1984 – II R 73/81, BStBl. II 1984, 772; BMF v. 11.11.2011 – IV C 2 - S 1978-b/08/10001, BStBl. I 2011, 1314, Rz. 01.01).

U 483 **Ausnahmen von der Rückwirkung** | Ausgenommen von der Rückwirkungsfiktion sind **Entnahmen und Einlagen** der Gesellschafter im Rückwirkungszeitraum, die nach allgemeinen Regeln des Körperschaftsteuerrechts zu verdeckten Gewinnausschüttungen nach § 8 Abs. 3 Satz 2 KStG bzw. zu verdecken Einlagen führen würden. Diese vermindern bzw. erhöhen vielmehr mit ihrem Buchwert die Anschaffungskosten der für die Einbringung erhaltenen Anteile (§ 20 Abs. 5 Satz 2 und 3 UmwStG). Ebenso ist nach § 20 Abs. 6 Satz 4 i.V.m. § 2 Abs. 3 UmwStG die Rückwirkung in den Fällen ausgeschlossen, in denen Einkünfte aufgrund **abweichender Regelungen in einem anderen Staat** der Besteuerung entzogen würden; auch gelten die Verlustabzugsbeschränkungen des § 2 Abs. 4 UmwStG entsprechend. Nicht unter die Rückwirkung fallen schließlich **im Rückwirkungszeitraum ausgeschiedene Mitunternehmer** (BMF v. 11.11.2011 – IV C 2 - S 1978-b/08/10001, BStBl. I 2011, 1314, Rz. 20.16). Dies hat zur Folge, dass dem ausgeschiedenen Gesellschafter der im Rückwirkungszeitraum bis zu seinem Ausscheiden verwirklichte Gewinnanteil weiter zuzurechnen und bei den Einkünften aus Gewerbebetrieb gemäß § 15 Abs. 1 Satz 1 Nr. 2 EStG zu erfassen ist.

8. Sperrfristen

U 484 **Sperrfristverhaftung bei Einbringung unter dem gemeinen Wert** | Erfolgt die Einbringung in die Kapitalgesellschaft zu Buchwerten oder zu Zwischenwerten, so unterliegen die aus der Einbringung erhaltenen Anteilen gewissen Besonderheiten. Zunächst gelten nach § 17 Abs. 6 Nr. 1 EStG die aus einer Einbringung unter dem gemeinen Wert erhaltenen Anteile unabhängig von der Beteiligungsquote zeitlich unbegrenzt als **Anteile i.S.v. § 17 Abs. 1 Satz 1 EStG.** Darüber hinaus wird mit der Einbringung nach § 22 Abs. 1 UmwStG eine Sperrfrist von sieben Jahren in Gang gesetzt, innerhalb derer eine Veräußerung der erhaltenen Anteile oder ein der Veräußerung gleichgestellter Vorgang dazu führt, dass die Einbringung als zum gemeinen Wert erfolgt gilt und der **Gewinn aus der Einbringung rückwirkend** im Jahr der Einbringung als Gewinn des Einbringenden i.S.v. § 16 EStG **zu versteuern** ist (**Einbringungsgewinn I**). Der Einbringungsgewinn I reduziert sich dabei für jedes Zeitjahr, welches seit dem Einbringungszeitpunkt vergangen ist, um ein Siebtel (§ 22 Abs. 1 Satz 3 UmwStG).

U 485 **Sperrfrist nach § 22 Abs. 2 UmwStG** | Sind im Betriebsvermögen der Personengesellschaft im Zeitpunkt der Einbringung Anteile an Kapitalgesellschaften enthalten, die auf die übernehmende GmbH übergegangen sind, und war der Einbringende kein Körperschaftsteuersubjekt, so ist zudem § 22 Abs. 2 UmwStG zu beachten. Danach entsteht der sog. **Einbringungsgewinn II,** wenn die übernehmende GmbH die mit dem Betrieb der Personengesellschaft auf sie übertragenden Kapitalgesellschaftsanteile innerhalb einer Frist von sieben Jahren veräußert. In diesem Fall bestehen also im Rahmen des § 22 UmwStG **Sperrfristen auf zwei Ebenen.**

U 486 **Umwandlungen als Sperrfristverletzung** | Nach Auffassung der Finanzverwaltung sind als schädliche Veräußerung auch **Umwandlungen** und **Einbringungen,** z.B. die Verschmelzung, Auf- und Abspaltung sowie der Formwechsel anzusehen, und zwar dem Grunde nach auch soweit diese steuerlich zu Buchwerten erfolgen (BMF v. 11.11.2011 – IV C 2 - S 1978-b/08/10001, BStBl. I 2011, 1314, Rz. 22.07 sowie Rz. 22.23). Eine Ausnahme soll aufgrund eines Rückschlusses aus § 22 Abs. 1 Nr. 2 und 4 UmwStG nur bestehen, wenn die erhaltenen Anteile nach § 20 Abs. 1 UmwStG oder nach § 21 UmwStG zum Buchwert in eine Kapitalgesellschaft eingebracht werden (BMF v. 11.11.2011 – IV C 2 - S 1978-b/08/10001, BStBl. I 2011, 1314, Rz. 22.23). Für einen eng gefassten Kreis weiterer Umwandlungsvorgänge soll aus Billigkeitsgründen von einer rückwirkenden Einbringungsgewinnbesteuerung abgesehen werden können (BMF v. 11.11.2011 – IV C 2 - S 1978-b/08/10001, BStBl. I 2011, 1314, Rz. 22.23). Diese undifferenzierte Sichtweise der Finanzverwaltung ist abzulehnen, vielmehr ist für jede einzelne Umwandlungsart zu entscheiden, ob eine schädliche Veräußerung im Sinne des § 22 UmwStG vorliegt oder nicht (ausführlich *Stangl* in Rödder/Herlinghaus/van Lishaut, § 22 UmwStG Rz. 53 ff.).

Steuerliche Behandlung des Einbringungsgewinns I | Den Einbringungsgewinn I hat der Einbringende für das Jahr der Einbringung nach allgemeinen Grundsätzen zu versteuern. § 16 Abs. 4 und § 34 EStG finden hierauf keine Anwendung (§ 22 Abs. 1 Satz 1 Halbs. 2 UmwStG). Gleichzeitig erhöhen sich nach § 22 Abs. 1 Satz 4 UmwStG die Anschaffungskosten der erhaltenen Anteile i.H.d. als Einbringungsgewinn I zu versteuernden Betrages. U 487

Auswirkungen auf den Ansatz der übergegangenen Wirtschaftsgüter | Korrespondierend kann die übernehmende Kapitalgesellschaft **auf Antrag** den Einbringungsgewinn I als **Erhöhungsbetrag auf die übernommenen Wirtschaftsgüter** ansetzen, und zwar ohne dass der Erhöhungsbetrag eine Auswirkung auf den Gewinn der Gesellschaft hat (§ 23 Abs. 2 Satz 1 UmwStG). Die Erhöhung ist im Jahr der Veräußerung vorzunehmen. Der Erhöhungsbetrag kann nur angesetzt werden, wenn der Einbringende die auf den Einbringungsgewinn entfallende Steuer entrichtet hat und dies durch eine Bescheinigung des für den Einbringenden zuständigen Finanzamtes nachgewiesen ist. Weitere Voraussetzung für die Erhöhung ist nach § 23 Abs. 2 Satz 2 UmwStG, dass das eingebrachte Betriebsvermögen **noch zum Betriebsvermögen der übernehmenden Gesellschaft gehört.** Ist das eingebrachte Betriebsvermögen aus diesem Betriebsvermögen bereits ausgeschieden, ist zu unterscheiden. Erfolgte der Abgang aus dem Betriebsvermögen zum gemeinen Wert, führt der Erhöhungsbetrag zu sofort abzugsfähigen Betriebsausgaben (BMF v. 11.11.2011 – IV C 2 - S 1978-b/08/10001, BStBl. I 2011, 1314, Rz. 23.09 Satz 3). In allen anderen Fällen geht der Erhöhungsbetrag unter, z.B. wenn die Wirtschaftsgüter von der übernehmenden Gesellschaft zu einem Wert unter dem gemeinen Wert nach § 6 Abs. 5 Satz 3 EStG oder 24 UmwStG auf eine Tochterpersonengesellschaft oder nach § 20 UmwStG gegen Gewährung von Gesellschaftsrechten auf eine Kapitalgesellschaft übertragen wurden (BMF v. 11.11.2011 – IV C 2 - S 1978-b/08/10001, BStBl. I 2011, 1314, Rz. 23.09 Satz 6. A.A.: *Ritzer* in Rödder/Herlinghaus/van Lishaut, § 23 UmwStG Rz. 122; *Schmitt* in Schmitt/Hörtnagl/Stratz, UmwG/UmwStG, § 23 UmwStG Rz. 54: „Der übernehmende Rechtsträger kann den Erhöhungsbetrag ansetzen“). U 488

Veräußerungsgleiche Sperrfristverletzungen | Der schädlichen Veräußerung der aus der Einbringung erhaltenen Anteile steht nach § 22 Abs. 1 Satz 6 Nr. 1 bis 6 UmwStG gleich: U 489

- die verdeckte Einlage in eine Kapitalgesellschaft oder Genossenschaft;
- die entgeltliche Übertragung der Anteile außerhalb einer Veräußerung, es sei denn, die Übertragung erfolgt nach § 20 Abs. 1 oder § 21 Abs. 1 UmwStG oder vergleichbaren ausländischen Vorgängen zu Buchwerten;
- die Auflösung und Abwicklung der übernehmenden Kapitalgesellschaft. Dem stehen eine Kapitalherabsetzung bei dieser Gesellschaft und die Ausschüttung oder Rückzahlung aus dem steuerlichen Einlagekonto bei dieser Gesellschaft gleich;

- die Einbringung der Anteile zu Buchwerten in eine andere Kapitalgesellschaft, wenn die übernehmende Gesellschaft die erhaltenen Anteile mittelbar oder unmittelbar veräußert oder zu einem Wert über dem Buchwert wiederum in eine andere Kapitalgesellschaft einbringt;
- die Einbringung der Anteile zu Buchwerten in eine andere Kapitalgesellschaft, wenn die Anteile an der übernehmenden Gesellschaft von dem Einbringenden anschließend mittelbar oder unmittelbar veräußert oder zu einem Wert über dem Buchwert wiederum in eine andere Kapitalgesellschaft eingebracht werden;
- der Einbringende oder die übernehmende Gesellschaft erfüllen die Voraussetzungen i.S.v. § 1 Abs. 4 UmwStG nicht mehr.

U 490 **Nachweisfrist** | Der Einbringende hat nach § 22 Abs. 3 Satz 1 UmwStG in den sieben Jahren, die dem Einbringungszeitpunkt folgen, spätestens bis zum 31. Mai den Nachweis zu erbringen, wem die aus der Einbringung erhaltenen Anteile mit Ablauf des Tages, der dem Einbringungszeitpunkt entspricht, zuzurechnen sind. Wird der Nachweis innerhalb dieser Nachweisfrist nicht erbracht, gelten die Anteile als zu Beginn des jeweiligen jährlichen Überwachungszeitraum als veräußert (§ 22 Abs. 3 Satz 2 UmwStG). Erfolgt der Nachweis verspätet, sind die Angaben allerdings noch zu berücksichtigen, wenn eine Änderung der betroffenen Bescheide verfahrensrechtlich möglich ist, längstens also bis zum Abschluss eines Klageverfahrens (BMF v. 11.11.2011 - IV C 2 - S 1978-b/08/10001, BStBl. I 2011, 1314, Rz. 22.33).

9. Verkehrssteuern

a) Umsatzsteuer

U 491 **Übertragende Gesellschaft** | Der mit der **Verschmelzung** aber auch der **Einzelübertragung aller Wirtschaftsgüter** der Personengesellschaft verbundene Vermögensübergang stellt für die übertragende Gesellschaft umsatzsteuerlich eine Geschäftsveräußerung im Ganzen dar (§ 1 Abs. 1a UStG) und ist als solcher nicht steuerbar (*Rasche* in Rödder/Herlinghaus/van Lishaut, UmwStG, Anh. 10 Rz. 11). Die übernehmende Gesellschaft tritt für umsatzsteuerliche Zwecke, insbesondere für die Anwendung des § 15a UStG, in die Rechtsstellung der GmbH & Co. KG ein. Entsprechendes gilt im Fall der **Spaltung,** wenn Gegenstand der Spaltung ein gesondert geführter Betrieb ist. Im **erweiterten Anwachsungsmodell** ist die Übertragung der Kommanditanteile auf die GmbH durch die Kommanditisten ist – soweit diese Übertragung ausnahmsweise überhaupt im Rahmen einer unternehmerischen Tätigkeit der Kommanditisten erfolgt – nach § 4 Nr. 8 Buchst. f UStG steuerfrei (A 4.8.10 Abs. 1 UStAE). Der mit der Übertragung sämtlicher Gesellschaftsanteile verbundene Übergang des Vermögens auf die GmbH erfolgt im Wege der Gesamtrechtsnachfolge und stellt damit ebenfalls keine steuerbare Leistung dar (BFH v. 12.3.1964 – V 249/61 U, BStBl. III 64, 290; *Oelmaier* in Sölch/Ringleb, § 1 UStG Rz. 93 [Stand: April 2014]). Beim **Formwechsel** bleibt die Identität (Nämlichkeit) des Unternehmers dagegen erhalten, so dass ein umsatzsteuerlicher Leistungsaustausch nicht gegeben ist, ohne dass es auf § 1 Abs. 1a UStG ankommt (OFD Düsseldorf v. 19.7.1999 – S - 7304 A - St 1412, UR 1999, 426; *Rasche* in Rödder/Herlinghaus/van Lishaut, Anh. 10 Rz. 47). Dem steht nicht entgegen, dass das UmwStG in § 25 UmwStG eine Vermögensübertragung fingiert. Diese Fiktion gilt nur für ertragsteuerliche, nicht aber für umsatzsteuerliche Zwecke.

U 492 **Übernehmende Gesellschaft** | Aus Sicht der GmbH ist die Ausgabe der neuen Geschäftsanteile mangels wirtschaftlicher Tätigkeit i.S.d. 6. EG-RL bereits keine steuerbare Leistung

(EuGH v. 26.6.2003 – Rs. C-442/01, DB 2003, 1611 – „KapHag Renditefonds“; BFH v. 1.7. 2004 – V R 32/00, BFH/NV 2004, 1355 zur Ausgabe von Gesellschaftsanteilen einer deutschen Personengesellschaft).

Übertragung des Sonderbetriebsvermögens | Ein Leistungsaustausch des Gesellschafters der umzuwandelnden Personengesellschaft kann vorliegen, soweit mit der Umwandlung der Personengesellschaft in eine GmbH auch etwaig vorhandenes Sonderbetriebsvermögen (mglw. an die KG vermietete wesentliche Betriebsgrundlagen) übertragen werden. Hier wird der Einbringende bislang in der Regel unternehmerisch tätig geworden sein. In diesem Fall wird von Ausnahmefällen abgesehen auch keine Geschäftsveräußerung im Ganzen nach § 1 Abs. 1a UStG anzunehmen sein, da die Personengesellschaft mit der Umwandlung untergeht und die bis dahin der GmbH & Co. KG vermieteten Wirtschaftsgüter von der übernehmenden GmbH ohne Fortführung des Vermietungsunternehmens des Gesellschafters zu eigenen wirtschaftlichen Zwecken genutzt werden (vgl. A 1.5 Abs. 2 Satz 3 UStAE; BFH v. 24.9.2009 – V R 6/08, BStBl. II 2010, 315). U 493

b) Grunderwerbsteuer

Verschmelzung, Spaltung, Einzelübertragung | Der mit der Verschmelzung, der Spaltung oder auch der Einzelübertragung der Wirtschaftsgüter (hier Grundstücke) verbundene Vermögensübergang auf die GmbH ist grunderwerbsteuerbar (§ 1 Abs. 1 Nr. 3 Satz 1 GrEStG). Soweit die GmbH seit zumindest fünf Jahren vor der Verschmelzung am Vermögen der GmbH & Co. KG beteiligt war, ist der Übergang steuerfrei (§ 6 Abs. 1 GrEStG). Weitere – mittelbare – grunderwerbsteuerliche Folgen können sich ergeben, wenn zum übertragenen Vermögen Anteile weiterer grundbesitzender Gesellschaften gehören. Hier kann die Umwandlung der Muttergesellschaft ggf. den Tatbestand des § 1 Abs. 2a GrEStG bzw. des § 1 Abs. 3, 3a GrEStG erfüllen. Als Bemessungsgrundlage für die entstehende Grunderwerbsteuer war in § 8 Abs. 2 Nr. 2 GrEStG der nach § 138 Abs. 2 bis 4 BewG zu ermittelnde Grundbesitzwert vorgesehen. Nachdem das BVerfG entschieden hat, dass diese Regelung mit Art. 3 Abs. 1 GG unvereinbar war (BVerfG v. 23.6.2015 – 1 BvL 13/11 und 1 BvL 14/11, BStBl. II 2015, 871), hat der Gesetzgeber dem durch das Steueränderungsgesetz 2015 Rechnung getragen. Rückwirkend für Erwerbsvorgänge, die nach dem 31.12.2008 verwirklicht wurden, ist danach als Bemessungsgrundlage der Grundbesitzwert nach § 151 Abs. 1 Satz 1 Nr. 1 .V.m. § 157 Abs. 1 bis 3 BewG vorgesehen (Steueränderungsgesetz 2015 v. 2.11.2015, BGBl. I 2015, 1834. Vgl. zur Rückwirkung der Gesetzesänderung *Joisten*, Ubg 2015, 463). U 494

Erweitertes Anwachsungsmodell | Die Einbringung sämtlicher Gesellschaftsanteile in die aufnehmende GmbH und der damit verbundene Übergang des gesamten Vermögens der GmbH & Co. KG auf die GmbH ist – soweit zum Vermögen der GmbH & Co. KG inländische Grundstücke oder grundstücksgleiche Rechte gehören – nach § 1 Abs. 1 Nr. 3 Satz 1 GrEStG grunderwerbsteuerbar. Eine (zusätzliche) Anteilsvereinigung i.S.v. § 1 Abs. 3 Nr. 1 oder 3 GrEStG findet nicht statt, da die Anteile an der GmbH & Co. KG mit der Übertragung auf die GmbH untergehen, also niemals in einer Hand vereinigt werden oder auch nur vereinigt werden können (BFH v. 5.11.2002 – II R 86/00, BFH/NV 2003, 344, 345 = GmbHR 2003, 488 = GmbH-StB 2002, 125; *Fischer* in Boruttau, § 1 GrEStG Rz. 559, 561). Aus diesem Grund ist auch § 1 Abs. 2a GrEStG nicht erfüllt (*Hofmann*, § 1 GrEStG Rz. 24). § 6 Abs. 2 GrEStG findet auch hier Anwendung. Bemessungsgrundlage ist der Grundbesitzwert nach § 151 Abs. 1 Satz 1 Nr. 1 i.V.m. § 157 Abs. 1 bis 3 BewG, vgl. dazu bereits Rz. U 494). U 495

U 496 **Formwechsel** | Die Umwandlung im Wege eines Formwechsels führt im Grundsatz nicht zur Belastung mit Grunderwerbsteuer, da zivilrechtlich kein Vermögensübergang stattfindet und das Grunderwerbsteuerrecht an die zivilrechtlichen Vorgaben anknüpft (BFH v. 4.4.2001 – II R 57/98, BStBl. II 2001, 587, 588 = GmbHR 2001, 636 = GmbH-StB 2001, 217; FinMin Baden-Württemberg v. 19.12.1997 – S 4520/2, DStR 1998, 82, i.d.F. v. 31.1.2000 – 3 - S 4520/2, DStR 2000, 284. Vgl. zu Sonderfällen: FG Münster v. 16.2.2006 – 8 K 1785/03 GrE, EFG 2006, 1034; *Patt* in Dötsch/Pung/Möhlenbrock, Die Körperschaftsteuer, § 25 UmwStG Rz. 60 [Stand: April 2013]).

U 497 **Verletzung von Sperr- und Haltefristen** | Zu beachten ist weiter, dass sich mit dem Formwechsel einer GmbH & Co. KG in eine GmbH der Anteil der vormaligen Gesellschafter der GmbH & Co. KG und nunmehrigen Anteilseigner der GmbH am Vermögen der GmbH & Co. KG vermindert. Haben die Gesellschafter oder eine beteiligungsidentische Personengesellschaft im Zeitraum von fünf Jahren vor dem Formwechsel Grundstücke auf die formwechselnde Gesellschaft übertragen, so wird die ursprünglich nach §§ 5 Abs. 1 und 2, 6 Abs. 3 GrEStG – ggf. z.T. – steuerfreie Übertragung rückwirkend nach §§ 5 Abs. 3, 6 Abs. 3 Satz 2 GrEStG grunderwerbsteuerpflichtig. Entsprechendes gilt im Ausgangspunkt auch für die anderen Umwandlungsarten, für die damit ebenfalls der Wortlaut des § 5 Abs. 3 GrEStG erfüllt ist. Diese Umwandlungen lösen allerdings selbst eine Grunderwerbsteuerpflicht nach § 1 Abs. 1 Nr. 3 GrEStG aus, so dass eine Missbrauchsgefahr, wie sie § 5 Abs. 3 GrEStG voraussetzt, nicht gegeben ist. § 5 Abs. 3 GrEStG ist daher einschränkend auszulegen und findet in den hier zu behandelnden Fällen keine Anwendung (*Hofmann*, § 5 GrEStG Rz. 23; *Viskorf* in Boruttau, § 5 GrEStG Rz. 112). Es bleibt (nur) bei der Grunderwerbsteuerpflicht der Umwandlung selbst.

U 498–U 510 frei

III. Umwandlung Personengesellschaft in Personengesellschaft

Ausgewählte Literatur: *Brandenberg*, Personengesellschaftsbesteuerung nach dem Unternehmenssteuerfortentwicklungsgesetz, DStZ 2002, 511, 514 f.; *Centrale für GmbH*, Einbringung: Übertragung von Anteilen an einer GmbH & Co. KG auf Schwester-GmbH & Co. KG im Wege des Anwachsungsmodells, GmbHR 2004, 1525; *Dremel* in Hesselmann/Tillmann/Mueller-Thuns, Handbuch GmbH & Co. KG, 21. Aufl. 2016; *Ege/Klett*, Aktuelle gesellschaftsrechtliche und steuerliche Aspekte von Anwachsungsmodellen, DStR 2010, 2463; *Orth*, Umwandlung durch Anwachsung, DStR 1999, 1011 und 1053; *Ropohl/Freck*, Die Anwachsung als rechtliches und steuerliches Gestaltungsinstrument, GmbHR 2009, 1076; *Schmid/Dietl*, Praxisfragen bei Anwachsung von Personengesellschaften mit faktischer Rückwirkung, DStR 2008, 529, 530.

1. Überblick über die Umwandlungsmöglichkeiten

U 511 **Umwandlungsmöglichkeiten nach UmwG** | Zivilrechtlich stehen zur Umwandlung einer Personengesellschaft in eine andere Personengesellschaft zunächst die im Umwandlungsgesetz 1994 (UmwG) geregelten Umwandlungsarten zur Verfügung, d.h.:

- die Verschmelzung nach §§ 2 ff. UmwG (→ *Umwandlung, Gesellschaftsrecht Rz. U 301 ff.*);
- die Spaltung nach §§ 123 ff. UmwG, insbesondere die Aufspaltung und die Abspaltung (→ *Umwandlung, Gesellschaftsrecht Rz. U 251 ff.*) – an einer Spaltung können gemäß § 124 Abs. 1 i.V.m. § 3 Abs. 1 UmwG Personenhandelsgesellschaften sowohl als übertragende als auch als aufnehmende Rechtsträger beteiligt sein – und
- der Formwechsel nach §§ 190 ff. UmwG (→ *Umwandlung, Gesellschaftsrecht Rz. U 191 ff.*)

Davon sind dem Grunde nach auch Umwandlungen unter Einbeziehung der GmbH & Co. KG als besondere Form der KG umfasst. Möglich ist auch die Ausgliederung von Vermögen einer Personengesellschaft auf eine andere Personengesellschaft. Hier entsteht allerdings in eine doppelstöckige Struktur. Der Formwechsel einer Personengesellschaft in eine andere Personengesellschaft (etwa einer OHG in eine GmbH & Co. KG) ist nicht nach § 190 UmwG zulässig. Dieser richtet sich nach §§ 705 ff. BGB bzw. §§ 105 ff. HGB.

Umwandlungsmöglichkeit außerhalt des UmwG | Über die Umwandlungsmöglichkeiten nach dem UmwG hinaus kann die Umwandlung einer Personengesellschaft in eine andere Personengesellschaft auch auf Grundlage allgemeiner zivilrechtlicher Grundsätze erfolgen: So kann eine GbR in eine GmbH & Co. KG umgewandelt werden, indem die zukünftige Komplementär-GmbH in die GbR aufgenommen wird und die bisherigen Gesellschafter in die Stellung von Kommanditisten zurücktreten. Die Umwandlung der GbR in die Kommanditgesellschaft erfolgt dann zivilrechtlich – außerhalb des UmwG – als Formwechsel identitätswahrend kraft Gesetzes (KG Berlin v. 1.10.2008 – 1 W 203 und 220/07 u.a., MDR 2009, 219; OLG Schleswig v. 15.9. 2005 – 9 W 167/05, OLGR Schleswig 2005, 702; BayObLG v. 7.5.2002 – 3Z BR 55/02, DB 2002, 1649; OLG Nürnberg v. 19.3.2012 – 10 W 1639/11, MDR 2012, 639). Möglich ist auch, dass sämtliche Gesellschaftsanteile an der übertragenden Personengesellschaft auf die aufnehmende Personengesellschaft übertragen werden, so dass die Personengesellschaft, deren Anteile übertragen werden, untergeht und deren Vermögen auf die übernehmende Gesellschaft übergeht (Anwachsungsmodell). Schließlich kann die Umwandlung von Personengesellschaften in andere Personengesellschaften erreicht werden, indem die übertragende Personengesellschaft ihr gesamtes Vermögen mit allen Aktiva und Passiva durch Einzelrechtsnachfolge unentgeltlich oder gegen Gewährung von Gesellschaftsrechten auf die übernehmende Personengesellschaft überträgt. Die mit der Spaltung einer Personengesellschaft vergleichbaren Folgen können zudem mittels einer sog. Realteilung erreicht werden, d.h. indem die übertragende Personengesellschaft aufgelöst und ihr Vermögen auf die Gesellschafter real verteilt wird. U 512

2. Rechtsformwechsel einer Personengesellschaft in eine Personengesellschaft anderer Rechtsform

Motive für einen Formwechsel | Die Motivlagen für die Umwandlung einer Personengesellschaft in eine Personengesellschaft können durchaus vielfältig sein. Insbesondere der Wechsel von der GbR in die GmbH & Co. KG kann sich in folgenden Fällen anbieten: U 513

- Vermeidung der Haftung der Gesellschafter für die Zukunft, etwa weil sich das Geschäftsmodell geändert hat.
- Vorbereitung einer Schenkung an (minderjährige) Kinder.
- Herstellung einer steuerlichen sog. gewerblichen Prägung i.S.v. § 15 Abs. 3 Nr. 2 EStG, etwa wenn der Wegfall der Voraussetzungen einer Betriebsaufspaltung droht.

Formwechsel einer gewerblichen Personengesellschaft | Steuerrechtlich ist der Rechtsformwechsel einer Mitunternehmerschaft, also einer gewerblichen oder gewerblich i.S.v. § 15 Abs. 3 Nr. 2 EStG gewerblich geprägten Personengesellschaft, in eine andere Mitunternehmerschaft ein „Nullum" und führt nicht zu einer Gewinnrealisierung (BMF v. 11.11.2011 – IV C 2 - S 1978-b/08/10001, BStBl. I 2011, 1314, Rz. 01.47; vgl. auch BFH v. 17.12.2008 – IV R 65/07, BStBl. II 2009, 371 = FR 2009, 770 = GmbHR 2009, 382 m. Anm. *Bitz* = GmbH-StB 2009, 119). Das betrifft insbesondere die Fälle der Umwandung einer gewerblichen GbR in U 514 eine GmbH & Co. KG. Ein solcher Formwechsel fällt insbesondere nicht unter § 24 UmwStG, und zwar auch dann nicht, wenn gleichzeitig eine Komplementärgesellschaft ohne Beteiligung am Vermögen aufgenommen wird (BMF v. 11.11.2011 – IV C 2 - S 1978-b/08/10001, BStBl. I 2011, 1314, Rz. 01.47; BFH v. 20.9.2007 – IV R 70/05, BStBl. II 2008, 265 = GmbHR 2008, 165 = FR 2008, 275 = GmbH-StB 2008, 3). Entsprechendes gilt auch für die Gewerbesteuer: Da die Unternehmeridentität erhalten bleibt, gehen gewerbesteuerliche Verlustvorträge nicht unter (R 10a.3 Abs. 3 Satz 9 Nr. 5 Satz 3 GewStR 2009).

U 515 **Formwechsel einer vermögensverwaltenden Personengesellschaft |** Die Umwandlung einer vermögensverwaltenden Personengesellschaft (d.h. in der Regel einer GbR) in eine i.S.v. § 15 Abs. 3 Nr. 2 EStG gewerblich geprägte GmbH & Co. KG führt wegen des damit verbundenen Übergangs aus dem Privat- in ein Betriebsvermögen steuerrechtlich zur Einlage der im Gesamthandsvermögen der GbR enthaltenen Wirtschaftsgüter. Die Wirtschaftsgüter sind nach § 6 Abs. 1 Nr. 6 i.V.m. Nr. 5 EStG mit dem Teilwert zu bewerten (BFH v. 11.4.2013 – IV R 11/10, BFH/NV 2013, 1569. Vgl. auch BMF v. 18.6.2000 – IV C 2 - S 2241–56/00, BStBl. I 2000, 1198).

3. Verschmelzung von Personengesellschaften

U 516 **Zivilrechtliche Umwandlungsmöglichkeiten |** Die Zusammenführung der Vermögen zweier Personengesellschaften (Verschmelzung) kann zunächst erreicht werden, indem zwei bestehenden Personengesellschaften nach §§ 2, 39 ff. UmwG aufeinander oder auf eine mit der Verschmelzung neu entstehende Personengesellschaft verschmolzen werden (Verschmelzung zur Aufnahme bzw. zur Neugründung). Die wirtschaftlichen Folgen einer Verschmelzung können aber auch erreicht werden, wenn sämtliche Gesellschafter ihre Gesellschaftsanteile an der übertragenden Gesellschaft auf die übernehmende Gesellschaft übertragen. Mit der Übertragung sämtlicher Gesellschaftsanteile auf die aufnehmende Gesellschaft bzw. dem gleichzeitigen Austritt der übrigen Gesellschafter geht die übertragende GmbH & Co. KG unter. Das Vermögen dieser Gesellschaft geht im Wege der Gesamtrechtsnachfolge auf die übernehmende GmbH & Co. KG über (Anwachsungsmodell).

U 517 **Einbringung nach § 24 UmwStG |** Ertragsteuerlich fallen sowohl die Verschmelzung nach dem UmwG (§ 1 Abs. 3 Nr. 1 UmwG) als auch das Anwachsungsmodell jeweils als Einbringung in den sachlichen Anwendungsbereich des § 24 UmwStG. Tatsächlich sind hier zumindest zwei Einbringungsvorgänge nach § 24 UmwStG zu unterscheiden: Auf der Hand liegt die Einbringung durch die Gesellschafter der übertragenden Gesellschaft. Darüber bringen aber auch die Gesellschafter der übernehmenden Personengesellschaft steuerrechtlich ihre Anteile in eine neue – vergrößerte – Personengesellschaft ein (in diesem Sinne auch *Patt* in Dötsch/Pung/Möhlenbrock, Die Körperschaftsteuer, § 24 UmwStG Rz. 25 [Stand: Dezember 2015]). Beide Einbringungsvorgänge unterfallen dem Grunde nach dem Anwendungsbereich des § 24 UmwStG. Für die Verschmelzung nach UmwG ist das eindeutig. Gleiches gilt aber auch für die Einbringung aller Gesellschaftsanteile in eine andere Personengesellschaft (BMF v. 11.11.2011 – IV C 2 - S 1978-b/08/10001, BStBl. I 2011, 1314, Rz. 01.47). In dieser Fallkonstellation werden Gesellschaftsanteile im Wege der Einzelrechtsnachfolge übertragen. Der damit verbundene Untergang der übertragenden Gesellschaft und die Übertragung des Vermögens im Wege der Gesamtrechtsnachfolge sind lediglich Reflexe dieser Übertragung (kritisch *Patt* in Dötsch/Pung/Möhlenbrock, Die Körperschaftsteuer, § 24 UmwStG Rz. 14 [Stand: November 2011]: Die Verwaltungsauffassung stellt eine gerechtfertigte Billigkeitsregelung dar).

Persönlicher Anwendungsbereich | Der persönliche Anwendungsbereich des § 24 UmwStG ist denkbar weit: An die Person des Einbringenden stellt das UmwStG insoweit keine Anforderungen (§ 1 Abs. 4 Satz 2 UmwStG). U 518

Steuerliche Rechtsfolge | Nach § 24 UmwStG hat die aufnehmende Personengesellschaft das eingebrachte Betriebsvermögen grundsätzlich mit dem gemeinen Wert anzusetzen. Auf Antrag ist auch der Ansatz mit dem Buchwert oder einem Zwischenwert zulässig, wenn ein Betrieb, Teilbetrieb oder ein Mitunternehmeranteil Gegenstand der Einbringung ist und der Einbringende Mitunternehmer der aufnehmenden Gesellschaft wird (§ 24 Abs. 1, Abs. 2 Satz 1 bzw. Satz 2 UmwStG). Weitere Voraussetzung für einen Ansatz unter dem gemeinen Wert ist, dass das Besteuerungsrecht der Bundesrepublik Deutschland hinsichtlich der Besteuerung des eingebrachten Betriebsvermögens nicht ausgeschlossen ist (§ 24 Abs. 2 Satz 2 UmwStG). Eine solche Beschränkung des deutschen Besteuerungsrechts wird bei der Zusammenführung zweier Personengesellschaften (Mitunternehmerschaften) aber der Ausnahmefall sein. Im Weiteren gilt: Der Wert, mit dem die übernehmende Gesellschaft das eingebrachte Betriebsvermögen ansetzt, gilt für den Einbringenden gemäß § 24 Abs. 3 Satz 1 UmwStG als Veräußerungspreis. Der Freibetrag nach § 16 Abs. 4 EStG ist jedoch nur zu gewähren, wenn das Betriebsvermögen mit dem gemeinen Wert angesetzt wird und nicht lediglich ein Teil-Mitunternehmeranteil eingebracht wird (§ 24 Abs. 3 Satz 2 Halbs. 1 UmwStG). (Nur) in diesen Fällen ist grundsätzlich auch die Tarifvergünstigung des § 34 Abs. 1 und 3 EStG anzuwenden, soweit im eingebrachten Betriebsvermögen keine Anteile an Kapitalgesellschaften vorhanden sind, die unter das Teileinkünfteverfahren fallen (§ 24 Abs. 3 Satz 2 Halbs. 2 UmwStG). Der Veräußerungsgewinn unterliegt – soweit er auf eine natürliche Person entfällt und nicht lediglich ein Teil-Mitunternehmeranteil eingebracht wird – zudem grundsätzlich nicht der Gewerbesteuer (vgl. § 7 Satz 2 GewStG). Zu beachten ist aber, dass § 24 Abs. 3 Satz 3 UmwStG auf § 16 Abs. 2 Satz 3 EStG für verweist. Danach gilt der erzielte Veräußerungsgewinn als laufender Gewinn, soweit der Einbringende an der übernehmenden Gesellschaft beteiligt ist (BMF v. 11.11.2011 – IV C 2 - S 1978-b/08/10001, BStBl. I 2011, 1314, Rz. 24.17 unter Hinweis auf BFH v. 15.6.2004 – VIII R 7/01, BStBl. II 2004, 734 = FR 2004, 997 = GmbHR 2004, 1096 = GmbH-StB 2004, 262). U 519

Person des Einbringenden | Einbringende im Fall der Verschmelzung zweier Personengesellschaften sind die Gesellschafter der beteiligten Personengesellschaften. Dass nicht die Personengesellschaften selbst die Einbringenden sind, folgt schon daraus, dass die neuen Anteile nicht diesen, sondern deren Gesellschaftern gewährt werden. Zudem erlöschen auch die übertragende GmbH & Co. KG mit der Verschmelzung bzw. der gleichzeitigen Einbringung sämtlicher Gesellschaftsanteile und wohl auch (i.S. einer steuerlichen Fiktion) die übernehmende Gesellschaft (vgl. BMF v. 11.11.2011 – IV C 2 - S 1978-b/08/10001, BStBl. I 2011, 1314, Rz. 01.47 mit dem Verweis auf Rz. 20.03). U 520

Einbringungsgegenstand | Einbringungsgegenstand ist bei der Einbringung aller Gesellschaftsanteile in eine andere Personengesellschaft jeweils der Mitunternehmeranteil. Dieser ist mit sämtlichen wesentlichen Betriebsgrundlagen auch des Sonderbetriebsvermögens in das steuerliche Betriebsvermögen der übernehmenden Gesellschaft zu überführen (zur Bestimmung der wesentlichen Betriebsgrundlagen vgl. Rz. U 459 ff.). Bei der Verschmelzung zweier Personengesellschaften soll Gegenstand der Einbringung der Betrieb der Personengesellschaft sein (BMF v. 11.11.2011 – IV C 2 - S 1978-b/08/10001, BStBl. I 2011, 1314, Rz. 20.05 i.V.m. Rz. 24.03); allerdings dürfte auch hier zumindest vorsorglich auch das Sonderbetriebsvermögen der Gesellschafter, soweit es sich um wesentliche Betriebsgrundlagen handelt, in den Einbringungsvorgang ein- U 521 zubeziehen sein. Ggf. sind hierbei die Wirtschaftsgüter parallel zur Verschmelzung durch Einzelrechtsnachfolge auf die aufnehmende Personengesellschaft zu übertragen. Die Einzelrechtsübertragung ist erforderlich, da das Sonderbetriebsvermögen zivilrechtlich nicht von der Verschmelzung erfasst ist. Um zu dokumentieren, dass die Übertragung des Sonderbetriebsvermögens steuerrechtlich Teil des einheitlichen Einbringungsvorgangs ist, sollte die Verpflichtung zur Übertragung dieses Vermögens schon im Verschmelzungsvertrag angelegt werden.

U 522 **Übertragung in das Sonderbetriebsvermögen** | Anders als bei der Einbringung in eine Kapitalgesellschaft reicht es im Anwendungsbereich des § 24 UmwStG für den Ansatz zu Buch- oder Zwischenwerten aus, wenn die Wirtschaftsgüter Sonderbetriebsvermögen des Gesellschafters bei dieser Gesellschaft werden (BMF v. 11.11.2011 – IV C 2 - S 1978-b/08/10001, BStBl. I 2011, 1314, Rz. 24.04; a.A. *Patt* in Dötsch/Pung/Möhlenbrock, Die Körperschaftsteuer, § 24 UmwStG Rz. 15 [Stand: November 2011]). Die Einbringung der Wirtschaftsgüter in das Gesamthandsvermögen ist also nicht zwingend. Allerdings muss zumindest ein Teil des Vermögens auf die Personengesellschaft zur Erhöhung des Kapitalkontos des Einbringenden übertragen werden (zur Gewährung der Mitunternehmerstellung, s. Rz. U 523).

U 523 **Zulässige Gegenleistung/Gewährung einer Mitunternehmerstellung** | Nach dem Gesetzeswortlaut muss der Einbringende Mitunternehmer der aufnehmenden Gesellschaft werden, um das Bewertungswahlrecht des § 24 Abs. 2 Satz 2 UmwStG zu eröffnen. Die Mitunternehmerstellung muss als Gegenleistung für die Einbringung des Mitunternehmeranteils gewährt werden, wobei es ausreicht wenn eine bestehende Mitunternehmerstellung verstärkt wird (BMF v. 11.11.2011 – IV C 2 - S 1978-b/08/10001, BStBl. I 2011, 1314, Rz. 24.07; BFH v. 17.7.2008 – I R 77/06, BStBl. II 2009, 464 = FR 2008, 1149 = GmbHR 2009, 48 m. Anm. *Meilicke* = GmbH-StB 2008, 322; BFH v. 25.4.2006 – VIII R 52/04, BStBl. II 2006, 847 m.w.N. zur Rspr.). Wird mit der Einbringung das Kapitalkonto des Einbringenden erhöht, so ist es für die Buchwertfortführung unschädlich, wenn ein übersteigender Betrag einem gesamthänderisch gebundenen Rücklagenkonto gutgeschrieben wird. Nach bisheriger Auffassung der Finanzverwaltung lag eine Einbringung gegen Stärkung der Mitunternehmerstellung auch schon dann vor, wenn dem Einbringenden ausschließlich eine Gutschrift auf einem variablen Kapitalkonto erteilt wurde und nach den gesellschaftsvertraglichen Vereinbarungen auf diesem Konto auch Verluste gebucht werden (i.d.R.: Kapitalkonto II). Gleiches galt, wenn neben der Gutschrift auf dem Kapitalkonto II auch die gesamthänderische Rücklage angesprochen wurde (BMF v. 11.11.2011 – IV C 2 - S 1978-b/08/10001, BStBl. I 2011, 1314, Rz. 24.07). Die Rspr. ist dieser Auffassung nunmehr entgegengetreten (BFH v. 29.7.2015 – IV R 15/14, BStBl. II 2016, 593; BFH v. 4.2.2016 – IV R 46/12, BStBl. II 2016, 607). Danach liegt eine Einbringung gegen Gewährung von Gesellschaftsrechten nur dann vor, wenn ein Kapitalkonto angesprochen wird, nach dem sich die maßgebenden Gesellschaftsrechte, insbesondere das Gewinnbezugsrecht, richten (i.d.R. Kapitalkonto I). Dem hat sich die Finanzverwaltung für alle offenen Fälle angeschlossen; auf gemeinsamen Antrag aller Beteiligten jedoch mit einer Übergangsregelung für Übertragungen und Einbringungen bis zum 31.12.2016 (BMF v. 26.7. 2016 – IV C 6 - S 2178/09/10001, BStBl. I 2016, 684).

U 524 **Weitere Gegenleistungen** | Erhält der Einbringende neben der Mitunternehmerstellung oder der Verstärkung derselben noch weitere Gegenleistungen, etwa eine Darlehensforderung gegen die Gesellschaft (Einbringung gegen Mischentgelt), so stand dies der Buchwertfortführung bislang nicht entgegen (BMF v. 11.11.2011 – IV C 2 - S 1978-b/08/10001, BStBl. I 2011, 1314, Rz. 24.07). Die weitere Gegenleistung war allerdings als Entgelt anzusehen, so dass die Einbringung insoweit als im Grundsatz gewinnrealisierende Veräußerung anzusehen war.

Auch hier war aber nach Auffassung des BFH die sog. Einheitstheorie anzuwenden. Ein Veräußerungsgewinn entstand daher nur dann, wenn die Summe aus dem Nominalbetrag der Gutschrift auf dem Kapitalkonto des Einbringenden bei der übernehmenden Gesellschaft und dem Wert der weiteren Gegenleistung (zzgl. entstandener Veräußerungskosten) den steuerlichen Buchwert des eingebrachten Vermögens überstieg (BFH v. 18.9.2013 – X R 42/10, BFH/NV 2013, 2006 gegen BMF v. 11.11.2011 – IV C 2 - S 1978-b/08/10001, BStBl. I 2011, 1314, Rz. 24.07 = FR 2014, 68 = GmbHR 2013, 1325 = GmbH-StB 2013, 364). Mit dem Steueränderungsgesetz 2015 ist für Einbringungen, für die der Umwandlungsbeschluss bzw. der Einbringungsvertrag nach dem 31.12.2014 erfolgt ist bzw. geschlossen wurde, dagegen die für die Buchwertfortführung steuerlich zulässige andere Gegenleistung auf 25 % des Buchwertes des eingebrachten Vermögens oder 500 000 Euro, höchstens den Buchwert des eingebrachten Vermögens, beschränkt worden (§§ 24 Abs. 2 Satz 2 Nr. 2, 27 Abs. 14 UmwStG i.d.F. des Steueränderungsgesetzes 2015 v. 2.11.2015 BGBl. I 2015, 1834).

Ausgleichzahlungen an weitere Gesellschafter | Von der Gewährung weiterer Gegenleistungen durch die übernehmende Gesellschaft sind Ausgleichszahlungen an die anderen Gesellschafter zu unterscheiden: So tritt eine (teilweise) Gewinnrealisierung ein, wenn der Einbringende von den Gesellschaftern der übernehmenden Gesellschaft eine Zuzahlung in sein Privatvermögen erhält Es handelt sich dann um die Veräußerung eines Teil-Mitunternehmeranteils (BMF v. 11.11.2011 – IV C 2 - S 1978-b/08/10001, BStBl. I 2011, 1314, Rz. 24.08.). Dementsprechend will die Finanzverwaltung auch abweichend von den vorstehend ausgeführten allgemeinen Grundsätzen § 24 UmwStG nicht anwenden, wenn sich der Vorgang bei wirtschaftlicher Betrachtung als Veräußerung gegen ein nicht in Gesellschaftsrechten bestehendes Entgelt darstellt, etwa bei einer der Einbringung folgenden Realteilung der Personengesellschaft (wobei der Einbringende im Wesentlichen liquide Mittel erhält) oder – unter Berücksichtigung der Umstände des Einzelfalls – dann, wenn ein Gesellschafter eine Barzuzahlung in die Gesellschaft leistet, die unmittelbar im Anschluss (von allen Gesellschaftern anteilig) entnommen wird (BMF v. 11.11.2011 – IV C 2 - S 1978-b/08/10001, BStBl. I 2011, 1314, Rz. 24.07 a.E. sowie Rz. 24.11). U 525

Umstrukturierungshindernis § 50i Abs. 2 EStG | Ein nicht zu unterschätzendes Umstrukturierungshindernis kann sich zudem aus § 50i Abs. 2 EStG ergeben. Danach sind im Rahmen von Umwandlungen und Einbringungen i.S.d. § 1 UmwStG bestimmte Gesamtheiten (gewerblich geprägte oder infizierte Personengesellschaften gemäß § 15 Abs. 3 Nr. 1 und 2 EStG; Besitzgesellschaften einer Betriebsaufspaltung), auf die ihrerseits Wirtschaftsgüter zu einem Wert unter dem Buchwert übertragen wurden, stets von der aufnehmenden Gesellschaft mit dem gemeinen Wert anzusetzen. Der Gesetzeswortlaut hat insoweit eine weit überschießende Innentendenz und bedarf der einschränkenden Auslegung. Die Finanzverwaltung hat dies erkannt und zumindest für einen Teil der Fälle mit BMF-Schreiben v. 21.12.2015 (IV B 5 – S 1300/14/10007, BStBl. I 2016, 7) eine abweichende Steuerfestsetzung aus Billigkeitsgründen vorgesehen. Betroffen sind die Umwandlungen, in denen das deutsche Besteuerungsrecht an den betroffenen Wirtschaftsgütern weder verloren geht noch beschränkt wird. Auch wenn die Positionierung der Finanzverwaltung in dem o.g. BMF-Schreiben zu begrüßen ist, so ersetzt diese dennoch nicht das Handeln des Gesetzgebers. Auch dürfte der Weg der Finanzverwaltung, die überschießende Tendenz des Gesetzes über Billigkeitsmaßnahmen einzugrenzen, eher problematisch sein. Hier wäre somit eine gesetzliche Klarstellung wünschenswert (vgl. dazu etwa: BT-Drucks. 18/9956 v. 12.10.2016). U 526

Rechtsfolgen bei der übernehmenden Gesellschaft | Für die übernehmende Gesellschaft ergeben sich folgende Auswirkungen: U 527

- Bei einem Ansatz der Wirtschaftsgüter mit dem Buchwert tritt die übernehmende Gesellschaft in die Rechtsstellung der übertragenden Gesellschaft ein (§ 24 Abs. 4 Halbs. 1 UmwStG i.V.m. §§ 23 Abs. 1, 4 Abs. 2 Satz 3, 12 Abs. 3 Halbs. 1 UmwStG).
- Verlustvorträge der Gesellschafter nach § 10d EStG werden nicht berührt.
- Verrechenbare Verluste nach § 15a Abs. 2 EStG, gehen u.E. auch für die Gesellschafter der übertragenden Gesellschaft nicht unter. Insbesondere bleibt die wirtschaftliche Identität des Kommanditanteils erhalten (vgl. nur *Wacker* in Schmidt, § 15a EStG Rz. 238 m.w.N.; a.A. *v. Beckerath* in Kirchhof, § 15a EStG Rz. 24).
- Zinsvorträge nach § 4h Abs. 1 Satz 5 EStG und ein EBITDA-Vorträge nach § 4h Abs. 1 Satz 3 EStG gehen verloren (§ 24 Abs. 6 UmwStG i.V.m. § 20 Abs. 9 UmwStG).
- Für gewerbesteuerliche Verlustvorträge i.S.v. § 10a GewStG gelten die allgemeinen Regelungen. § 24 Abs. 4 UmwStG verweist nicht auf § 23 Abs. 5 UmwStG verweist. Soweit die Einbringenden Mitunternehmer der übernehmenden Gesellschaft werden, bleibt der Verlustvortrag somit erhalten; insbesondere entsteht bei der gleichzeitigen Einbringung aller Gesellschaftsanteile auch nicht kurzzeitig eine doppelstöckige Personengesellschaft.

4. Spaltung von Personengesellschaften

U 528 **Einbringung nach § 24 UmwStG |** Auch Spaltungen von Personengesellschaften sind – wie § 1 Abs. 3 Nr. 1 UmwStG zeigt – als einheitlicher Vorgang vom Anwendungsbereich des § 24 UmwStG erfasst (*Motzka* in Semler/Stengel, UmwG, Anh. UmwStG Rz. 569d). Insbesondere kann die Spaltung damit nicht in die Übertragung des Vermögens der Personengesellschaft auf deren Gesellschafter (§ 16 Abs. 3 EStG bzw. § 6 Abs. 5 EStG) einerseits und den nachfolgenden Einbringungsvorgang nach § 24 UmwStG andererseits aufgeteilt werden (so aber: *Zimmermann u.a.*, Die Personengesellschaft im Steuerrecht, Rz. M 17 ff.). Im Übrigen bleibt für die Anwendung des § 16 Abs. 3 EStG Raum, wenn die Voraussetzungen des § 24 UmwStG nicht erfüllt sind, insbesondere keine Teilbetriebe übertragen werden (*Schmitt* in Schmitt/Hörtnagl/Stratz, UmwG/UmwStG, § 24 UmwStG Rz. 52; *Pupeter* in Widmann/Mayer, Umwandlungsrecht, Anh. 10 Rz. 1879 [Stand: Juli 2014]). Sind also die Voraussetzungen für eine Buchwertfortführung nach § 24 UmwStG nicht gegeben, so kann die Steuerneutralität der Umstrukturierungsmaßnahme ggf. auch auf Realteilungsgrundsätze gemäß § 16 Abs. 2 EStG gestützt werden, wenn die weiteren Voraussetzungen hierfür erfüllt sind.

U 529 **Steuerliche Voraussetzungen und Folgen der Einbringung |** Hinsichtlich der Folgen und Voraussetzungen der Spaltung von Personengesellschaften in bzw. auf andere Personengesellschaften gelten die Ausführungen zur Verschmelzung entsprechend. Wesentliche Voraussetzung für die Buchwertfortführung nach § 24 UmwStG ist, dass mit der Spaltung qualifiziertes Vermögen übertragen wird, also Betriebe, Teilbetriebe oder Mitunternehmeranteile. Unschädlich ist hierbei, dass die Gesellschaftsanteile an den aufnehmenden Gesellschaften den Gesellschaftern der übertragenden Gesellschaft gewährt werden, da diese als Einbringende, jedenfalls aber in ihrer gesamthänderischen Verbundenheit als „mittelbar Einbringende" anzusehen sind (BMF v. 11.11.2011 – IV C 2 - S 1978-b/08/10001, BStBl. I 2011, 1314, Rz. 20.03 i.V.m. Rz. 24.03). Da in Fällen des § 24 UmwStG der Mitunternehmeranteil als betriebliche Einheit übertragen wird, führt die anteilige Übernahme von betrieblichen Verbindlichkeiten des Gesamthands- oder Sonderbetriebsvermögens nicht zur (Teil-)Entgeltlichkeit.

Rechtsfolgen bei der übernehmenden Gesellschaft | Für die übernehmende Gesellschaft ergeben sich folgende Auswirkungen: Die Rechtsfolgen auf Ebene der übernehmenden Gesellschaft entsprechen weitgehend denen der Verschmelzung (vgl. Rz. U 516ff.). Ein Verlustvortrag der Gesellschafter der Personengesellschaft nach § 10d EStG bleibt durch die Spaltung unberührt. Gleiches gilt für verrechenbare Verluste der übertragenden Personengesellschaft i.S.v. § 15a Abs. 2 EStG (vgl. auch *Wacker* in Schmidt, § 15a EStG Rz. 239 zur Realteilung; differenzierend nach Abspaltung und Aufspaltung: *Lüdemann* in Herrmann/Heuer/Raupach, EStG/KStG, § 15a EStG Rz. 142, 143 [Stand: Dezember 2011]). Ein Zinsvortrag nach § 4h Abs. 1 Satz 5 EStG und ein EBITDA-Vortrag nach § 4h Abs. 1 Satz 3 EStG gehen bei der Aufspaltung unter (§ 24 Abs. 6 UmwStG i.V.m. § 20 Abs. 9 UmwStG). Gewerbesteuerliche Verlustvorträge der Personengesellschaft nach § 10a GewStG bleiben – die fortbestehende Unternehmensidentität vorausgesetzt – erhalten, soweit an der übernehmenden Personengesellschaft die gleichen Mitunternehmer beteiligt sind wie an der gespaltenen bzw. der übertragenden Personengesellschaft (zur ähnlich gelagerten Realteilung vgl. H 10a.2 GewStH 2009 [Unternehmensidentität] sowie R 10a.3 Abs. 3 Satz 9 Nr. 7 GewStR 2009). U 530

5. Weitere Umwandlungen

Überblick | Neben den Umwandlungen, die im Wesentlichen die Gesellschaften selbst betreffen, besteht in der Praxis auch ein erheblicher Bedarf für Umstrukturierungen auf Gesellschafterebene. Hervorzuheben sind hier: U 531

- Umwandlung einer atypischen Unterbeteiligung an einem Gesellschaftsanteil in eine Hauptbeteiligung;
- Umwandlung einer atypisch stillen Beteiligung an Geschäftsbetrieb hier Personengesellschaft in eine Hauptbeteiligung.

Umwandlung einer atypischen Unterbeteiligung in eine Hauptbeteiligung | Hat ein Gesellschafter einer Personengesellschaft, etwa ein Kommanditist der GmbH & Co. KG, einem anderen an seinem Gesellschaftsanteil eine atypische Unterbeteiligung eingeräumt, so kann diese Unterbeteiligung zivilrechtlich in eine unmittelbare Kommanditbeteiligung umgewandelt werden. Zu diesem Zweck überträgt der Hauptbeteiligte einen Teil seiner (Kommandit-) Beteiligung unter Auflösung der Unterbeteiligung auf den bisher atypisch Unterbeteiligten. Ertragsteuerlich ist die Umwandlung nach wohl allgemeiner Auffassung in der Literatur steuerneutral. Im Ergebnis wird die Umwandlung wie folgt eingeordnet: U 532

- Ertragsteuerlich irrelevanter Formwechsel einer Personengesellschaft in eine andere Personengesellschaft (*Rasche* in Rödder/Herlinghaus/van Lishaut, § 24 UmwStG Rz. 9 [Fn. 5]; *Patt* in Dötsch/Pung/Möhlenbrock, Die Körperschaftsteuer, § 24 UmwStG Rz. 73 [Stand: August 2014]; *Patt* in Herrmann/Heuer/Raupach, EStG/KStG, § 16 EStG Rz. 331 [Stand: März 2013] und Rz. 336 [Stand: März 2013]; *Fuhrmann* in Widmann/Mayer, Umwandlungsrecht, § 24 UmwStG Rz. 76 [Stand: Juni 2012]; i.E. auch *Wacker* in Schmidt, § 16 EStG Rz. 422). Diese Auffassung wird i.E. durch die Rechtsprechung des BFH gedeckt, nach der der bloße Wechsel der Rechtsform einer durchgängig bestehenden Mitunternehmerschaft nicht zu einer Betriebsveräußerung oder Betriebsaufgabe führt (BFH v. 28.11.1989 – VIII R 40/84, BStBl. II 1990, 561 zur Umwandlung einer GbR in eine atypisch stille Gesellschaft = FR 1990, 334).
- Einbringung der Anteile des Unterbeteiligten in die Hauptbeteiligungsgesellschaft mit der Folge, dass insoweit § 24 UmwStG Anwendung findet (*Schindhelm/Pickardt-Poremba/Hilling*, DStR 2003, 1469);

- Fall des § 6 Abs. 3 EStG (Centrale-Gutachtendienst, GmbHR 2004, 1149);
- Realteilung nach § 16 Abs. 3 EStG (*Kulosa* in Herrmann/Heuer/Raupach, EStG/KStG, § 16 EStG Rz. 545 [Stand: Februar 2013]; *Böwing-Schmalenbrock*, FR 2012, 121; *Stollenwerk/Scherff*, GmbH-StB 2005, 45, 50).

Im Ergebnis ist die Auffassung, nach der ein ertragsteuerneutraler Formwechsel vorliegt, vorzugswürdig. Zwar kann hiergegen eingewendet werden, dass bei einer atypischen Unterbeteiligung steuerlich eine doppelstöckige Personengesellschaft mit der Unterbeteiligungsgesellschaft als Obergesellschaft besteht und der Unterbeteiligte nicht selbst Mitunternehmer der Hauptgesellschaft, sondern wegen § 15 Abs. 1 Nr. 2 Satz 2 EStG ggf. nur Sonder-Mitunternehmer ist (BFH v. 2.10.1997– IV R 75/96, BStBl. II 1998, 137 = FR 1998, 314; vgl. z.B. BFH v. 7.12.2000 - III R 35/98, BStBl. II 2001, 316, 319 = FR 2001, 488 = GmbHR 2001, 358 = GmbH-StB 2001, 130; BFH v. 6.9.2000 - IV R 69/99, BStBl. II 2001, 731, 733 = FR 2001, 77 m. Anm. *Wendt* = GmbHR 2001, 77 = GmbH-StB 2001, 42; *Wacker* in Schmidt, § 15 EStG Rz. 253). Ob die Unterbeteiligung uneingeschränkt mit einer doppelstöckigen Personengesellschaft gleichzusetzen ist, muss aber bezweifelt werden. Insbesondere die verfahrensrechtliche Regelung des § 179 Abs. 2 Satz 3 AO, nach der für die Unterbeteiligungsgesellschaft eine besondere gesonderte Feststellung vorgenommen werden kann, aber nicht vorgenommen werden muss, zeigt, dass insoweit für die Unterbeteiligungsgesellschaft Besonderheiten gelten. Die abweichenden Sichtweisen betonen dagegen den Charakter als doppelstöckige Personengesellschaftsstrukur stärker. Von diesem Ausgangspunkt dürfte die steuerliche Einordnung als Einbringung nach § 24 UmwStG oder als Realteilung von der konkreten zivilrechtlichen Ausgestaltung des Umwandlungsvorgangs abhängen.

U 533 **Umwandlung einer atypisch stillen Beteiligung in eine Kommanditbeteiligung** | Gesellschaftsrechtlich wird die Umwandlung einer atypisch stillen Beteiligung in eine Kommanditbeteiligung i.d.R. in der Weise erfolgen, dass der am Geschäftsbetrieb der GmbH & Co. KG atypisch Beteiligte seine Einlage gegen Gewährung einer Kommanditbeteiligung in die Kommanditgesellschaft einbringt. **Zivilrechtlich** gelten hier die gleichen Grundsätze, die auch bei der Aufnahme eines neuen Gesellschafters in eine Personengesellschaft gelten (*Blaurock*, Stille Gesellschaft, Rz. 18.53). **Steuerrechtlich** wird die Umwandlung einer atypisch stillen Gesellschaft in eine Kommanditgesellschaft und umgekehrt als **ertragsteuerneutrale formwechselnde Umwandlung** angesehen (BFH v. 28.11.1989 - VIII R 40/84, BStBl. II 1990, 561, 459 = FR 1990, 334; *Wacker* in Schmidt, § 16 EStG Rz. 422; Centrale-Gutachtendienst, GmbHR 2003, 834). Dieser Auffassung ist zuzustimmen. Bei der atypisch stillen Gesellschaft an dem Handelsgewerbe der GmbH & Co. KG liegt allerdings steuerrechtlich eine doppelstöckige Personengesellschaft mit der atypisch stillen Gesellschaft als Untergesellschaft und der GmbH & Co. KG als Obergesellschaft vor (BFH v. 2.10.1997 - IV R 75/96, BStBl. II 1998, 137, 138 = FR 1998, 314 unter Hinweis auf BFH v. 26.11.1996 - VIII R 42/94, BStBl. II 1998, 328 = GmbHR 1997, 563 = FR 1997, 444 m. Anm. *Kempermann* = GmbH-StB 1997, 127). Eine einkommensteuerlich unbeachtliche formwechselnde Umwandlung ist genau betrachtet also nur anzunehmen, wenn die atypisch stille Gesellschaft selbst in eine Kommanditgesellschaft umgewandelt wird, deren Gesellschafter die bestehende GmbH & Co. KG sowie der bisher atypisch still Beteiligte sind und damit (steuerrechtlich) eine doppelstöckige Personengesellschaftsstruktur erhalten bleibt. Ist dies nicht gewollt, sondern soll der am Handelsgewerbe der GmbH & Co. KG atypisch still Beteiligte Kommanditist der bestehenden GmbH & Co. KG werden, ist u.E. der Vorgang steuerlich als Einbringung eines Mitunternehmeranteils (des Anteils als atypisch stiller Gesellschafter) in eine Mitunternehmerschaft zu werten. Dieser Fall unterfällt dem Anwendungsbereich des

§ 24 UmwStG. Durch die Einbringung geht die steuerrechtlich anzunehmende doppelstöckige Struktur ohne zivilrechtlichen Rechtsträgerwechsel unter.

6. Rückwirkung

Zivilrecht | Zivilrechtlich geht das Eigentum der Wirtschaftsgüter der Personengesellschaft bei einer Umwandlung nach dem UmwG, also der Verschmelzung oder der Spaltung, mit Eintragung der Verschmelzung bzw. der Spaltung im Handelsregister auf die übernehmende Personengesellschaft über. Allerdings kann die nach § 17 Abs. 2 UmwG der Handelsregisteranmeldung über die Umwandlung beizufügende Schlussbilanz auf einen höchsten acht Monate vor der Anmeldung liegenden Stichtag aufgestellt werden. Erfolgt die Umwandlung im Wege der Einzelrechtsnachfolge, so kommt es erst mit der dinglichen Übertragung der Einzelwirtschaftsgüter, im Anwachsungsmodell mit der Einbringung sämtlicher Gesellschaftsanteile auf die GmbH und der damit einhergehenden Auflösung der GmbH & Co. KG, zum zivilrechtlichen Eigentumsübergang. Eine Besonderheit ist wiederum für den – nicht im UmwG geregelten – Formwechsel einer Personengesellschaft in eine Personengesellschaft anderer Rechtsform zu beachten, da dieser zivilrechtlich schon nicht zu einem Eigentumsübergang führt. Das bedeutet u.a. auch, dass handelsrechtlich keine Schlussbilanz aufzustellen bzw. der Handelsregisteranmeldung beizufügen ist. Den zivilrechtlichen Eigentumsübergang haben die Beteiligten damit insbesondere bei dem Umstrukturierungen nach dem UmwG nicht in der Hand, allenfalls kann ggf. vorab das wirtschaftliche Eigentum i.S. von § 39 AO der übernehmenden Gesellschaft verschafft werden. Da setzt aber voraus, dass der übernehmende Rechtsträger schon existiert. U 534

Steuerrecht | Erfolgt die Einbringung im Weg der Gesamtrechtnachfolge, so kann diese für ertragsteuerliche Zwecke abweichend vom Zivilrecht auf den Stichtag zurückbezogen werden, für den die Schlussbilanz der übertragenden Unternehmen i.S.v. § 17 Abs. 2 UmwStG aufgestellt ist (§§ 24 Abs. 4, 20 Abs. 5, Abs. 6 Sätze 1 und 2 UmwStG). Dieser Stichtag darf höchstens acht Monate vor der Anmeldung der Umwandlung liegen (§§ 24 Abs. 4, 20 Abs. 6 Satz 1 Halbs. 2 UmwStG). Wird der Antrag auf Rückbeziehung der Einbringung gestellt, so sind das Einkommen und das Vermögen des Einbringenden sowie der übernehmenden GmbH so zu ermitteln, als ob das eingebrachte Betriebsvermögen mit Ablauf des steuerlichen Übertragungsstichtages (Einbringungszeitpunkt) auf die übernehmende GmbH übergegangen wäre. Damit wird insbesondere der Zeitpunkt bestimmt, zu dem

- das übernommene Vermögen der Kapitalgesellschaft zu bewerten ist (sowohl zur Ermittlung der Buch- als auch der gemeinen Werte);
- der Einbringende einen Veräußerungsgewinn verwirklicht;
- dem Einbringenden die für die Einbringung gewährten Anteile zuzurechnen sind.

Keine Rückwirkung bei Einzelrechtnachfolge | Eine steuerrechtlich rückwirkende Einbringung im Wege der Einzelrechtnachfolge ist nicht möglich, da § 24 Abs. 4 UmwStG nur für Einbringungen im Wege der Gesamtrechtsnachfolge die Regelungen in § 20 Abs. 5 und 6 UmwStG für entsprechend anwendbar erklärt. U 535

Beschränkung der Rückwirkung für ertragsteuerliche Zwecke | Die Rückwirkung – so sie nach § 24 Abs. 4 UmwG zulässig ist – ist allerdings beschränkt auf Steuern vom Einkommen und Vermögen. Sie gilt insbesondere nicht für Zwecke der Umsatzsteuer und der Grunderwerbsteuer. Sie gilt darüber hinaus auch nicht für Zwecke der Erbschaftsteuer (BFH v. 4.7. U 536

1984 – II R 73/81, BStBl. II 1984, 772; BMF v. 11.11.2011 – IV C 2 - S 1978-b/08/10001, BStBl. I 2011, 1314, Rz. 01.01).

7. Sperrfristen

U537 **Sperrfristverhaftung bei Einbringung unter dem gemeinen Wert |** Erfolgt die Einbringung in die Personengesellschaft zu Buchwerten oder zu Zwischenwerten, so ist für die folgenden sieben Jahre die Sperrfrist nach § 24 Abs. 5 UmwStG zu beachten innerhalb derer Veräußerungen und Veräußerungen gleichgestellte Vorgänge rückwirkend zu einem Einbringungsgewinn führen. Allerdings löst nicht jede Einbringung nach § 24 UmwStG eine relevante Sperrfrist aus. Voraussetzung ist vielmehr, dass im eingebrachten Betriebsvermögen Anteile an einer Körperschaft, Personenvereinigung oder Vermögensmasse enthalten waren und ein Gewinn aus der Veräußerung dieser Anteile zwar bei einem Gesellschafter der übernehmenden Gesellschaft nach § 8b Abs. 2 KStG steuerfrei ist, nicht aber beim Einbringenden. Mit dieser Regelung soll vermieden werden, dass eine Kapitalgesellschaftsbeteiligung als Teil eines Betriebes oder auch eines Mitunternehmeranteils von einer natürlichen Person in eine Personengesellschaft, an der ihrerseits eine Kapitalgesellschaft beteiligt ist, eingebracht und nach der Einbringung z.T. (i.H.d. Vermögensbeteiligung der beteiligten Kapitalgesellschaft) gemäß § 8b Abs. 2, 6 KStG steuerfrei veräußert wird.

U538 **Rechtsfolge einer Sperrfristverletzung |** § 24 Abs. 5 UmwStG verweist in der Rechtsfolge auf die entsprechende Anwendung von § 22 Abs. 2, 3 und 5 bis 7 UmwStG. Die Regelung ist aber doppelt beschränkt. Zum einem greift die Sperrfrist nur soweit im eingebrachten Betriebsvermögen Anteile am Körperschaften, Personenvereinigungen oder Vermögensmassen enthalten sind: Werden diese (mittelbar) innerhalb der Sperrfrist veräußert, so entsteht beim Einbringenden rückwirkend ein Einbringungsgewinn i.H.d. Differenz zwischen dem gemeinen Wert der Beteiligung und dem Wert mit dem diese ursprünglich im Rahmen der Einbringung angesetzt wurde. Hinsichtlich der weiteren Wirtschaftsgüter dagegen ist kein Einbringungsgewinn zu ermitteln. Der Einbringungsgewinn reduziert sich für jedes Jahr, das seit dem Einbringungsstichtag abgelaufen ist, um 1/7. Ein Einbringungsgewinn entsteht zudem nur soweit der Gewinn aus der Veräußerung der Beteiligung einer Person zugerechnet wird, bei der dieser Gewinn nach § 8b Abs. 2 KStG steuerfrei ist. Sind an der aufnehmenden Gesellschaft nach der Einbringung ausschließlich natürliche Personen beteiligt, so führt die Veräußerung des Mitunternehmeranteils oder des Vermögens der aufnehmenden Personengesellschaft nicht zu einer Sperrfristverletzung nach § 24 Abs. 5 UmwStG.

U539 **Der schädlichen Veräußerung gleichgestellte Vorgänge |** Der aus der Einbringung erhaltenen Anteile steht nach §§ 24 Abs. 5, 22 Abs. 1 Satz 6 Nr. 1 bis 5 UmwStG gleich:

- die verdeckte Einlage in eine Kapitalgesellschaft oder Genossenschaft;
- die entgeltliche Übertragung der Anteile außerhalb einer Veräußerung, es sei denn, die Übertragung erfolgt nach § 20 Abs. 1 oder § 21 Abs. 1 UmwStG oder vergleichbaren ausländischen Vorgängen zu Buchwerten;
- die Auflösung und Abwicklung der übernehmenden Kapitalgesellschaft. Dem stehen eine Kapitalherabsetzung bei dieser Gesellschaft und die Ausschüttung oder Rückzahlung aus dem steuerlichen Einlagekonto bei dieser Gesellschaft gleich;
- die Einbringung der Anteile zu Buchwerten in eine andere Kapitalgesellschaft, wenn die übernehmende Gesellschaft die erhaltenen Anteile mittelbar oder unmittelbar veräußert

oder zu einem Wert über dem Buchwert wiederum in eine andere Kapitalgesellschaft einbringt;

- die Einbringung der Anteile zu Buchwerten in eine andere Kapitalgesellschaft, wenn die Anteile an der übernehmenden Gesellschaft von dem Einbringenden anschließend mittelbar oder unmittelbar veräußert oder zu einem Wert über dem Buchwert wiederum in eine andere Kapitalgesellschaft eingebracht werden.

Nachweise | Zumindest nach Auffassung der Finanzverwaltung hat der Einbringende entsprechend § 22 Abs. 3 Satz 1 UmwStG in den sieben Jahren, die dem Einbringungszeitpunkt folgen, spätestens bis zum 31. Mai den Nachweis zu erbringen, wem die aus der Einbringung erhaltenen Anteile mit Ablauf des Tages, der dem Einbringungszeitpunkt entspricht, zuzurechnen sind (BMF v. 11.11.2011 - IV C 2 - S 1978-b/08/10001, BStBl. I 2011, 1314, Rz. 24.29. A.A. *Patt* in Dötsch/Pung/Möhlenbrock, Die Körperschaftsteuer, § 24 UmwStG Rz. 233 [Stand: August 2014]). Erfolgt der Nachweis verspätet, müsste die Finanzverwaltung die Angaben konsequenterweise allerdings noch berücksichtigen, wenn eine Änderung der betroffenen Bescheide verfahrensrechtlich möglich ist, längstens also bis zum Abschluss eines Klageverfahrens (BMF v. 11.11.2011 - IV C 2 - S 1978-b/08/10001, BStBl. I 2011, 1314 Rz. 22.33). U 540

8. Verkehrssteuern

a) Umsatzsteuer

Übertragende Gesellschaft | Der mit der Verschmelzung aber auch der Einzelübertragung aller Wirtschaftsgüter der Personengesellschaft verbundene Vermögensübergang stellt für die übertragende Gesellschaft umsatzsteuerlich eine Geschäftsveräußerung im Ganzen dar (§ 1 Abs. 1a UStG) und ist als solcher nicht steuerbar (*Rasche* in Rödder/Herlinghaus/van Lishaut, UmwStG, Anh. 10 Rz. 11). Die übernehmende Gesellschaft tritt für umsatzsteuerliche Zwecke, insbesondere für die Anwendung des § 15a UStG, in die Rechtsstellung der GmbH & Co. KG ein. Entsprechendes gilt im Fall der Spaltung, wenn Gegenstand der Spaltung ein gesondert geführter Betrieb ist. Im erweiterten Anwachsungsmodell ist die Übertragung der Kommanditanteile auf die GmbH durch die Kommanditisten – soweit diese Übertragung ausnahmsweise überhaupt im Rahmen einer unternehmerischen Tätigkeit der Kommanditisten erfolgt – nach § 4 Nr. 8 Buchst. f UStG steuerfrei. Der mit der Übertragung sämtlicher Gesellschaftsanteile verbundene Übergang des Vermögens erfolgt im Wege der Gesamtrechtsnachfolge und stellt damit ebenfalls keine steuerbare Leistung dar (BFH v. 12.3.1964 – V 249/61 U, BStBl. III 64, 290; *Oelmaier* in Sölch/Ringleb, § 1 UStG Rz. 93 [Stand: April 2014]). Beim Formwechsel bleibt die Identität (Nämlichkeit) des Unternehmers dagegen erhalten, so dass ein umsatzsteuerlicher Leistungsaustausch nicht gegeben ist, ohne dass es auf § 1 Abs. 1a UStG ankommt (OFD Düsseldorf v. 19.7.1999 – S - 7304 A - St 1412, UR 1999, 426; *Rasche* in Rödder/Herlinghaus/van Lishaut, Anh. 10 Rz. 47). U 541

Übernehmende Gesellschaft | Aus Sicht der GmbH ist die Ausgabe der neuen Geschäftsanteile mangels wirtschaftlicher Tätigkeit i.S.d. 6. EG-RL bereits keine steuerbare Leistung (EuGH v. 26.6.2003 – Rs. C-442/01, DB 2003, 1611 – „KapHag Renditefonds"; BFH v. 1.7. 2004 – V R 32/00, BFH/NV 2004, 1355 zur Ausgabe von Gesellschaftsanteilen einer deutschen Personengesellschaft). U 542

Übertragung des Sonderbetriebsvermögens | Ein Leistungsaustausch des Gesellschafters der umzuwandelnden Personengesellschaft kann vorliegen, soweit mit der Umwandlung der Per- U 543 sonengesellschaft auch etwaig vorhandenes Sonderbetriebsvermögen (möglicherweise an die KG vermietete wesentliche Betriebsgrundlagen) übertragen werden. Hier ist der Einbringende bislang in der Regel unternehmerisch tätig geworden. In diesem Fall wird von Ausnahmefällen abgesehen auch keine Geschäftsveräußerung im Ganzen nach § 1 Abs. 1a UStG anzunehmen sein, da die bis dahin der GmbH & Co. KG vermieteten Wirtschaftsgüter von der übernehmenden Gesellschaft ohne Fortführung des Vermietungsunternehmens des Gesellschafters zu eigenen wirtschaftlichen Zwecken genutzt werden (vgl. A 1.5 Abs. 2 Satz 3 UStAE, BFH v. 24.9.2009 – V R 6/08, BStBl. II 2010, 315). Behält der Gesellschafter dagegen im Rahmen der Umwandlung Sonderbetriebsvermögen zurück und vermietet dieses nunmehr an die übernehmende Gesellschaft, bleibt das umsatzsteuerliche (Vermietungs-)Unternehmen des Gesellschafters bestehen – es ändert sich nur der Mieter.

b) Grunderwerbsteuer

U 544 **Verschmelzung, Spaltung, Einzelübertragung** | Der mit der Verschmelzung, der Spaltung oder auch der Einzelübertragung der Wirtschaftsgüter (hier Grundstücke) verbundene Vermögensübergang auf die übernehmende Personengesellschaft ist grunderwerbsteuerbar (§ 1 Abs. 1 Nr. 3 Satz 1 GrEStG). Das gilt allerdings nur, soweit mit der Umstrukturierung ein zivilrechtlicher Eigentumswechsel verbunden ist. Die ertragsteuerliche Fiktion, nach der etwa bei der Verschmelzung auch die Altgesellschafter der übernehmenden Gesellschaft ihre Mitunternehmeranteile in eine neue erweiterte Personengesellschaft einbringen, ist nicht auf die Grunderwerbsteuer auszuweiten. Die Steuer wird nach Maßgabe des § 6 Abs. 3 Satz 1 GrEStG aber nicht erhoben, soweit Gesellschafteridentität besteht. Auch hier sind die Vorbesitzzeit des § 6 Abs. 4 GrEStG sowie die Behaltensfristen des § 5 Abs. 3 GrEStG und des § 6 Abs. 3 Satz 2 GrEStG zu beachten.

U 545 **Formwechsel** | Für Zwecke der Grunderwerbsteuer ist der Rechtsformwechsel einer Personengesellschaft in eine andere Personengesellschaft mangels eines Rechtsträgerwechsels nicht tatbestandsmäßig, und zwar unabhängig davon, ob die Gesellschaft vermögensverwaltend oder gewerblich tätig ist (vgl. grundsätzlich zum Formwechsel: BFH v. 4.4.2001 – II R 57/98, BStBl. II 2001, 587, 588 = GmbHR 2001, 636 = GmbH-StB 2001, 217; FinMin Baden-Württemberg v. 19.12.1997 – S 4520/2, DStR 1998, 82, i.d.F. v. 31.1.2000 – 3 - S 4520/2, DStR 2000, 284).

U 546 **Atypische Unterbeteiligung** | Für Zwecke der Grunderwerbsteuer ist zu beachten, dass der atypisch Unterbeteiligte nicht dinglich am Vermögen der Personengesellschaft beteiligt ist (*Fischer* in Boruttau, § 1 GrEStG Rz. 178 ff.; *Viskorf* in Boruttau, § 5 GrEStG Rz. 21). Die Umwandlung der Unterbeteiligung in eine Hauptbeteiligung führt – wenn die Grenzen überschritten sind – daher zu einem Anteilseignerwechsel i.S.d. § 1 Abs. 2a GrEStG bei der Hauptgesellschaft. § 6 Abs. 3 Satz 1 GrEStG findet insoweit keine Anwendung. Darüber hinaus kann durch die Umwandlung auch eine bestehende Sperrfrist nach § 5 Abs. 3 GrEStG oder nach § 6 Abs. 3 Satz 2 GrEStG verletzt werden.

U 547 **Atypisch stille Gesellschaft** | Grunderwerbsteuerlich wird die atypisch stille Gesellschaft negiert, so dass durch die Aufnahme des bisher atypisch stillen Gesellschafters als Kommanditist ein Anteilseignerwechsel i.S.d. § 1 Abs. 2a GrEStG bei der Kommanditgesellschaft anzunehmen ist. Dieser löst, wenn die Grenzen dieser Vorschrift überschritten sind, Grunderwerbsteuer aus. § 6 Abs. 3 Satz 1 GrEStG ist nicht anzuwenden, soweit der atypisch still Beteiligte Gesellschafter der Personengesellschaft wird. Darüber hinaus kann auch hier durch die Umwandlung eine bestehende Sperrfrist nach § 5 Abs. 3 GrEStG oder nach § 6 Abs. 3 Satz 2 GrEStG verletzt werden.

frei U 548–U 560

Vertiefende Recherche

Wichtige Urteile und Erlasse

BFH v. 4.2.2016 – IV R 46/12, BStBl. II 2016, 607: Absetzung für Substanzverringerung setzt Anschaffungskosten voraus.

BFH v. 10.9.2015 – IV R 49/14, BFH/NV 2016, 521 zu § 3 UmwStG 1995: § 3 UmwStG 1995 gewährt der übertragenden Körperschaft neben einem Bewertungswahlrecht auch das Recht, in ihrer Schlussbilanz selbst geschaffene immaterielle Wirtschaftsgüter anzusetzen (entgegen BMF v. 25.3.1998, BStBl. I 1998, 268, Tz. 03.03. und 03.07.).

BFH v. 29.7.2015 – IV R 15/14, BStBl. II 2016, 593: Keine Einbringung gegen Gewährung von Gesellschaftsrechten, wenn Gegenwert des übertragenen Wirtschaftsguts allein dem Kapitalkonto II gutgeschrieben wird.

BFH v. 22.4.2015 – X R 8/13, BFH/NV 2015, 1409: Einbringung von im wirtschaftlichen Eigentum des Unternehmens stehenden Wirtschaftsgütern zum Buchwert.

BFH v. 16.4.2015 – IV R 1/12, BStBl. II 2015, 705 = GmbHR 2015, 827 = FR 2015, 846: Minderheitsbeteiligung des Kommanditisten von weniger als 10 % an der Komplementär-GmbH regelmäßig kein notwendiges Sonderbetriebsvermögen II.

BFH v. 16.4.2015 – IV R 44/12, BFH/NV 2015, 1085 = GmbHR 2015, 831: Betriebliche Veranlassung der Kosten einer Anteilsübertragung.

BFH v. 17.9.2014 – IV R 33/11, BFH/NV 2015, 746: Aufnahme neuer Gesellschafter in eine Personengesellschaft gegen Zuzahlung an Altgesellschafter.

BFH v. 2.9.2014 – IX R 50/13, BStBl. II 2015, 260 = GmbHR 2015, 327: Durch Wechsel im Gesellschafterbestand ausgelöste Grunderwerbsteuern sind keine Anschaffungskosten.

BFH v. 24.6.2014 – VIII R 35/10, DStR 2014, 1716: Keine Einkünfteminderung durch Übernahmeverlust bei Formwechsel.

BFH v. 19.3.2014 – X R 28/12, BStBl. II 2014, 629: Teilentgeltliche Übertragung einzelner Wirtschaftsgüter – Zuordnung eines in einer Personengesellschaft für einen Gesellschafter geführten Kontos zu den Kapitalkonten.

BFH v. 26.2.2014 – I R 59/12, BStBl. II 2014, 1016: Az. des BVerfG 2 BvL 19/14: Verfassungsmäßigkeit der sog. Mindestbesteuerung bei Definitiveffekten – Objektives Nettoprinzip – Keine strukturelle „Gesetzeskorrektur" durch Billigkeitsmaßnahme.

BFH v. 18.9.2013 – X R 42/10, BFH/NV 2013, 2006: Einbringung eines Betriebs in eine Personengesellschaft gegen ein sog. Mischentgelt.

BFH v. 11.4.2013 – IV R 11/10, BFH/NV 2013, 1569: Rechtsfolgen des identitätswahrenden Formwechsels einer Personengesellschaft.

BFH v. 12.7.2012 – IV R 39/09, BStBl. II 2012, 728: Gewinn aus der Veräußerung des nach Formwechsel entstandenen Mitunternehmeranteils eines zuvor nicht wesentlich beteiligten Gesellschafters – Verfassungsrechtlich unbedenkliche Nichtberücksichtigung der ursprünglichen Anschaffungskosten – Ergänzungsbilanz bei Übernahmeverlust.

BFH v. 20.4.2011 – I R 2/10, BStBl. II 2011, 761: Durch Anteilsvereinigung ausgelöste Grunderwerbsteuern sind keine Anschaffungskosten.

BFH v. 7.4.2010 – I R 55/09, BStBl. II 2010, 1094: Sacheinlage durch Aufgeld bei Bargründung – Umwandlungssteuerrechtlicher Begriff der Sacheinlage.

BFH v. 16.12.2009 – I R 97/08, BStBl. II 2010, 808: Namensrecht/Zeichenrecht als wesentliche Betriebsgrundlage – Auswirkungen einer unzulässigen Wahlrechtsausübung nach § 20 UmwStG 1995 auf die Besteuerung des Einbringenden nach § 21 UmwStG 1995.BFH v. 16.10.2008 – IV R 98/06, BStBl. II 2009, 272: Verlustausgleichsbeschränkung nach § 15a EStG – Voraussetzungen für den Forderungscharakter eines aktivischen „Darlehenskontos" im sog. Vier-Konten-Modell – gesetzliche Regelungen und gesellschaftsvertragliche Praxis zu Kapitalkonten bei Personengesellschaften – entnahmefähiges Guthaben – fehlende Regelungen zu Rückzahlungsmodalitäten, Sicherheiten und Verzinsung.

BFH v. 17.7.2008 – I R 77/06, BStBl. II 2009, 464: Sacheinlage in KG als Veräußerungsgeschäft.

BFH v. 20.9.2007 – IV R 70/05, BStBl. II 2008, 265: Eintritt einer GmbH in eine Kommanditgesellschaft – Wertaufstockung gemäß § 24 UmwStG.

BFH v. 26.6.2007 – IV R 58/06, BStBl. II 2008, 73: Gewerbesteuerpflicht einer Veräußerung von Anteilen an einer Personengesellschaft innerhalb von fünf Jahren nach einer formwechselnden Umwandlung.

BFH v. 24.4.2007 – I R 35/05, BStBl. II 2008, 253: Bewertung einer Sacheinlage in eine GmbH bei Überpari-Emission.

BFH v. 20.11.2006 – VIII R 47/05, BStBl. II 2008, 69: Umfang der Gewerbesteuerpflicht bei Veräußerung von Mitunternehmeranteilen nach Umwandlung einer Kapitalgesellschaft in eine Personengesellschaft.

BFH v. 25.4.2006 – VIII R 52/04, BStBl. II 2006, 847: Anwendung des § 24 UmwStG 1977 auf einseitige Kapitalerhöhungen im Rahmen von Mitunternehmerschaften.

BFH v. 17.9.2003 – I R 97/02, BStBl. I 2004, 686: Verschmelzung nach § 20 UmwStG als Anschaffung.

BFH v. 5.11.2002 – II R 86/00, BFH/NV 2003, 344, 345: Keine Anteilsvereinigung bei Untergang der Anteile.

BFH v. 4.4.2001 – II R 57/98, BStBl. II 2001, 587: Grunderwerbsteuerbefreiung: Umwandlung einer GmbH in GbR und gleichzeitige Grundstücksübertragung auf andere Gesamthand.

BFH v. 23.1.2001 – VIII R 12/99, BStBl. II 2001, 825: Anteile eines Kommanditisten an der Kommanditisten-GmbH derselben KG als Sonderbetriebsvermögen II – GmbH-Anteil als Sonderbetriebsvermögen bei atypisch stiller Beteiligung.

BFH v. 6.9.2000 – IV R 69/99, BStBl. II 2001, 731, 733: Gewerbesteuerlicher Verlustvortrag bei Wechsel von unmittelbarer zu mittelbarer Beteiligung an einer Personengesellschaft.

BFH v. 22.4.1998 – I R 83/96, BStBl. II 1998, 698: Zuordnung und Abzugsfähigkeit von Verschmelzungskosten als Betriebsausgaben: Kosten des übertragenden Unternehmens, Kosten des übernehmenden Unternehmens, Notarkosten als Verschmelzungskosten, Rechtsauffassung der Finanzverwaltung, Abgrenzung zu Veräußerungskosten.

BFH v. 2.10.1997 – IV R 75/96, BStBl. II 1998, 137: Unterbeteiligte als mittelbare Mitunternehmer der „Hauptgesellschaft" – atypisch stille Unterbeteiligung als Mitunternehmer.

BFH v. 26.11.1996 – VIII R 42/94, BStBl. II 1998, 328: Der bloße Wechsel der Rechtsform einer durchgängig bestehenden Mitunternehmerschaft führt nicht zu einer Betriebsveräußerung oder Betriebsaufgabe oder Betriebsgründung.

BFH v. 28.11.1989 – VIII R 40/84, BStBl. II 1990, 561: Umwandlung einer GbR in eine atypisch stille Gesellschaft.

BMF v. 26.7.2016 – IV C 6 - S 2178/09/10001, BStBl. I 2016, 684.

BMF v. 21.12.2015 – IV B 5 - S 1300/14/10007, BStBl. I 2016, 7.

BMF v. 26.9.2014 – IV B 5 - S 1300/09/10003 2014/0599097, BStBl. I 2014, 1258.

BMF v. 11.11.2011 – IV C 2 - S 1978-b/08/10001, BStBl. I 2011, 1314.

BMF v. 11.7.2011 – IV C 6 - S 2178/09/10001, BStBl. I 2011, 713.

BMF v. 16.8.2000 – IV C 2 - S 1909 - 23/00, BStBl. I 2000, 1253.

BMF v. 24.12.1999 – IV B 4 - S 1300 - 111/99, BStBl. I 1999, 1076.

BMF v. 30.5.1997 – IV B 2 - S 2241a - 51/93, BStBl. I 1997, 627.

LfSt Bayern v. 11.11.2014 – S 1978d.2.1-17/10 St32, DStR 2015, 429.

OFD NRW v. 17.6.2014 – S 2242 - 2014/0003 - St, DB 2014, 1646.

OFD Frankfurt a.M. v. 13.2.2014 – S 2134 A 14 - St 213, DB 2014, 1227.

OFD Niedersachsen v. 19.1.2012 (aktualisiert am 13.5.2015) – 2012-01-19 S 2171-65-St 221/St 222, juris.

OFD Niedersachsen v. 9.8.2010 – S 2750a - 19 - St 242, DB 2010, 2533.

SfF Bremen v. 25.10.2002 – S 2241 - 5788 - 110, FR 2003, 48.

OFD Berlin v. 19.7.2002 – St 122 - S 2241 - 2/02, GmbHR 2002, 1091 mit Ergänzung v. 11.11. 2002, GmbHR 2002, 1264.

FinMin Baden-Württemberg v. 19.12.1997 – S 4520/2, DStR 1998, 82, i.d.F. v. 31.1.2000 – 3 - S 4520/2, DStR 2000, 284.

Weitere Stichwörter

→ *Umwandlung, Einführung;* → *Umwandlung, Gesellschaftsrecht*

Unternehmensgegenstand

Ausgewählte Literatur: *Mohr*, Gewerblich geprägte GmbH & Co. KG, GmbH-StB 2010, 333.

1. Unternehmensgegenstand vs. Gesellschaftszweck

U 561 Es gilt, den Gesellschaftszweck vom Unternehmensgegenstand zu unterscheiden. Der Gesellschaftszweck grenzt die GmbH & Co. KG als Personengesellschaft – nach näherer Maßgabe der §§ 161 Abs. 1, 105 Abs. 2 HGB aufgrund des Zusammenschlusses zu einem gemeinsamen Zweck i.S.d. § 705 BGB – insbesondere vom partiarischen Darlehen und von der Bruchteilsgemeinschaft ab. Der Unternehmensgegenstand legt den konkreten Gegenstand des Unternehmens der GmbH & Co. KG im Gesellschaftsvertrag fest. Der Gesellschaftszweck hat insoweit Begrenzungsfunktion für den Unternehmensgegenstand. Oftmals stimmen Gesellschaftszweck und Unternehmensgegenstand in der Praxis aber überein.

2. Gesellschaftszweck der GmbH & Co. KG

U 562 **Handelsgewerbe |** Gemäß § 161 Abs. 1 HGB ist der Zweck einer Kommanditgesellschaft – und damit auch der einer GmbH & Co. KG – grundsätzlich auf den Betrieb eines Handelsgewerbes unter gemeinschaftlicher Firma gerichtet, im Vergleich zur offenen Handelsgesellschaft jedoch mit dem Unterschied, dass bei einem oder einigen von den Gesellschaftern die Haftung gegenüber den Gesellschaftsgläubigern auf den Betrag einer bestimmten Vermögenseinlage beschränkt ist (Kommanditisten). Der Betrieb eines Handelsgewerbes wiederum ist gemäß § 1 Abs. 2 HGB jeder Gewerbebetrieb, es sei denn, dass das Unternehmen nach Art und Umfang einen in kaufmännischer Weise eingerichteten Geschäftsbetrieb nicht erfordert. Unter einem Gewerbebetrieb ist gemeinhin jede selbstständige und berufsmäßige – aber nicht künstlerische, wissenschaftliche oder freiberufliche – Tätigkeit zu verstehen, die von der Absicht dauernder Gewinnerzielung getragen ist, auf dem Markt erkennbar nach außen hervortritt und nicht gesetzes- oder sittenwidrig ist (vgl. *Kindler* in E/B/J/S, § 1 HGB Rz. 9).

Die **Ausübung freier Berufe** wie etwa der Beruf des Rechtsanwalts stellt kein Handelsgewerbe dar und fällt daher auch nicht unter § 161 Abs. 1 HGB i.V.m. § 1 Abs. 2 HGB (BGH v. 18.7. 2011 – AnwZ [Brfg] 18/10, GmbHR 2011, 1036, 1037 = GmbH-StB 2011, 297).

U 563 **Kleingewerbe |** Erfordert das Unternehmen einer Gesellschaft nach Art oder Umfang keinen in kaufmännischer Weise eingerichteten Geschäftsbetrieb, handelt es sich um ein sog. Kleingewerbe. Schließen sich mehrere Personen zum Betrieb eines Kleingewerbes zusammen, erfolgt dies in der Regel in der Rechtsform einer Gesellschaft bürgerlichen Rechts. Dennoch kann auch ein Kleingewerbe in der Rechtsform der GmbH & Co. KG betrieben werden, wenn die Gesellschaft mit entsprechender Firma gemäß § 161 Abs. 2 HGB i.V.m. § 105 Abs. 2

HGB in das Handelsregister eingetragen wird. Im Gegensatz zur handelsgewerblich tätigen GmbH & Co. KG wird die Rechtsform der GmbH & Co. KG hier also erst mit konstitutiver Handelsregistereintragung erlangt.

Vermögensverwaltung | Eine Gesellschaft bürgerlichen Rechts, deren Zweck sich in der Verwaltung eigenen Vermögens erschöpft, kann gemäß § 161 Abs. 2 HGB i.V.m. § 105 Abs. 2 HGB mit entsprechender Handelsregistereintragung ihrer Firma ebenfalls (konstitutiv) den Status einer GmbH & Co. KG erlangen. Damit soll auch reinen Vermögensverwaltungsgesellschaften wie z.B. Immobilienfonds, Objektgesellschaften, Besitzgesellschaften oder (Familien-) Holdings der Zugang zur Personenhandelsgesellschaft offen stehen, soweit die Verwaltung einem Gewerbe vergleichbar betrieben wird (BT-Drucks. 13/8444, S. 39). Von Bedeutung ist dies insbesondere für die sog. **gewerblich geprägte GmbH & Co. KG,** eine aus steuerlichen Gründen besonders ausgestaltete GmbH & Co. KG, die ebenfalls nur Vermögen verwaltet (s. hierzu → *Gewerbliche Prägung* und → *Vermögensverwaltende GmbH & Co. KG*). Auch sie ist zwingend in das Handelsregister einzutragen, um die Eigenschaft einer Kommanditgesellschaft zu erlangen (vgl. *Mohr*, GmbH-StB 2010, 333, 334). U 564

Freie Berufe | § 105 Abs. 2 Satz 1 HGB stellt jedoch keinen allgemeinen Auffangtatbestand für alle zu einem gesetzlich zulässigen Zweck gegründeten Gesellschaften dar. Dies sei weder mit dem Wortlaut noch mit der Entstehungsgeschichte und dem Normzweck vereinbar (vgl. BGH v. 18.7.2011 – AnwZ (Brfg) 18/10, GmbHR 2011, 1036, 1038 = GmbH-StB 2011, 297). Erforderlich ist stets ein Bezug zu einem Handelsgewerbe. Daher sind hiervon grundsätzlich keine Gesellschaften erfasst, in denen sich Angehörige eines freien Berufs zusammengeschlossen haben. Daher ist auch der Betrieb einer Rechtsanwaltskanzlei in der Rechtsform der GmbH & Co. KG nicht zulässig (vgl. → *Freiberufler-GmbH & Co. KG*). U 565

Ausnahme für Steuerberatungsgesellschaft/Wirtschaftsprüfungsgesellschaft:

Der BGH hat hingegen die Eintragungsfähigkeit einer Steuerberatungsgesellschaft mit dem folgenden Unternehmensgegenstand, der sich auch auf die Erbringung von Treuhanddienstleistungen erstreckt, bejaht: „Gegenstand des Unternehmens sind die geschäftsmäßige Hilfeleistung in Steuersachen sowie die damit vereinbarten Tätigkeiten gemäß § 33 i.V.m. § 57 Abs. 3 StBerG, einschließlich der Treuhandtätigkeit. Tätigkeiten, die mit dem Beruf des Steuerberaters nicht vereinbar sind, insbesondere gewerbliche Tätigkeiten i.S.d. § 57 Abs. 4 Nr. 1 StBerG, wie z.B. Handels- und Bankgeschäfte, sind ausgeschlossen.“ (vgl. BGH v. 15.7.2014 – II ZB 2/13, GmbHR 2014, 1194 = GmbH-StB 2014, 315). Dies gilt für Wirtschaftsprüfungsgesellschaften, die jedenfalls auch Treuhandtätigkeiten erbringen, entsprechend.

3. Unternehmensgegenstand der GmbH & Co. KG

Der Unternehmensgegenstand einer GmbH & Co. KG hat maßgeblich zwei Funktionen: U 566

Deskriptionsfunktion | Einerseits dient der Unternehmensgegenstand dazu, sowohl der Geschäftsführung als auch der Öffentlichkeit und dem Rechtsverkehr den Tätigkeitsbereich der GmbH & Co. KG zu beschreiben, letzteres jedoch mit Einschränkungen aufgrund begrenzter Publizität des Unternehmensgegenstands im Handelsregister (vgl. Rz. U 571). U 567

Begrenzungsfunktion – Geschäftsführungsbefugnis | Andererseits kommt dem Unternehmensgegenstand in zweifacher Hinsicht Begrenzungsfunktion zu: Zum einen ist der Unternehmensgegenstand äußerste Grenze für die Geschäftsführungsbefugnis der Geschäftsführung. Alle gewöhnlichen und außergewöhnlichen Geschäfte i.S.d. § 116 HGB haben sich hie- U 568 ran zu orientieren. Jegliche Geschäfte oder Maßnahmen, die über den Unternehmensgegenstand der GmbH & Co. KG hinausgehen, fallen nicht mehr in den Kompetenzbereich der Geschäftsführung. Vorbehaltlich einer abweichenden Regelung im Gesellschaftsvertrag gilt dies insbesondere für sog. Grundlagengeschäfte, die unmittelbar nur die Sphäre der Gesellschafter untereinander betreffen (z.B. Änderung des Gesellschaftsvertrages). Die Vornahme von Geschäften und Maßnahmen außerhalb des Unternehmensgegenstandes stellt mithin ein pflichtwidriges und damit haftungsrelevantes Verhalten für die Geschäftsführung der GmbH & Co. KG dar. Bei entsprechender Anwendbarkeit der sog. Grundsätze zum Missbrauch der Vertretungsmacht kann damit auch die (schwebende) Unwirksamkeit eines abgeschlossenen Rechtsgeschäfts verbunden sein (→ *Geschäftsführung und Vertretung*).

U 569 **Begrenzungsfunktion – Wettbewerbsverbot |** Zum anderen ist der Unternehmensgegenstand Maßstab für die Reichweite des gesetzlichen oder auch eines gesellschaftsvertraglich vereinbarten Wettbewerbsverbots. Entsprechend der gesetzlichen Grundkonzeption nach §§ 161 Abs. 2, 112 HGB ist es insbesondere der Komplementär-GmbH als persönlich haftender und damit zugleich geschäftsführender Gesellschafterin der GmbH & Co. KG untersagt, während der Dauer ihrer Zugehörigkeit zur Gesellschaft mit dieser in Wettbewerb zu treten (→ *Wettbewerbsverbot*).

U 570 **Gesellschaftsvertrag |** Der Unternehmensgegenstand wird im Gesellschaftsvertrag der GmbH & Co. KG festgelegt. Bei seiner Formulierung ist darauf zu achten, dass dieser einerseits nicht zu eng, andererseits aber auch nicht zu weit gefasst wird. Ersteres kann die Geschäftsführung in ihrem Tätigkeitsbereich zu sehr einschränken und ihr damit die notwendige Handlungsfreiheit nehmen. Letzteres kann zur Ablehnung der Handelsregistereintragung führen, wenn das Registergericht der Auffassung ist, dass der Unternehmensgegenstand nicht hinreichend bestimmt ist.

Schließlich gilt es je nach Tätigkeitsbereich der GmbH & Co. KG darauf zu achten, dass die Formulierung des Unternehmensgegenstands nicht dazu führt, dass die GmbH & Co. KG dadurch weitergehenden gesetzlichen Vorgaben und Restriktionen unterfällt (z.B. nach dem Kapitalanlagegesetzbuch oder dem Kreditwesengesetz).

Beispielsformulierung für vermögensverwaltende GmbH & Co. KG:

Gegenstand des Unternehmens ist die Verwaltung eigenen Vermögens, jedoch ohne den Betrieb von erlaubnispflichtigen Geschäften, z.B. nach KWG.

U 571 **Handelsregistereintragung |** Der Unternehmensgegenstand einer GmbH & Co. KG ist bei ihrer Handelsregisteranmeldung mitanzugeben (§ 24 Abs. 4 HRV) und vom Registergericht im Rahmen der elektronischen Bekanntmachung ihrer Eintragung zu veröffentlichen (§ 34 HRV). Eine Eintragung des Unternehmensgegenstandes im Handelsregister der GmbH & Co. KG erfolgt jedoch nicht; der Unternehmensgegenstand einer GmbH & Co. KG ist nicht eintragungsfähig (vgl. *Roth* in Baumbach/Hopt, § 106 HGB Rz. 2). Anders etwa als bei einer GmbH wird der Unternehmensgegenstand einer GmbH & Co. KG daher auch nicht im Handelsregisterauszug ausgewiesen und ist damit allein hieraus für Dritte auch nicht ersichtlich. Die Anmeldung des Unternehmensgegenstandes dient unter Berücksichtigung der notwendigen Anmeldung der Firma daher allenfalls der registerrechtlichen Prüfung seiner Vereinbarkeit mit dem Irreführungsverbot gemäß § 18 Abs. 2 HGB (vgl. *Krafka/Kühn*, Registerrecht, Rz. 712).

Änderung mit Auflösung | Mit der Auflösung der GmbH & Co. KG (→ *Auflösung und Liquidation*) entfällt ihr ursprünglicher Zweck des Betriebs eines Handelsgewerbes und die Gesellschafter schulden einander nunmehr die Abwicklung der Gesellschaft (Liquidationszweck; vgl. *Roth* in Baumbach/Hopt, § 145 HGB Rz. 4). Ab diesem Moment ändert sich damit auch der Unternehmensgegenstand, nunmehr gerichtet auf die Abwicklung und Liquidation der GmbH & Co. KG. U 572

4. Unternehmensgegenstand der Komplementär-GmbH

Beteiligung sowie Übernahme der Geschäftsführung an einer KG | Der Unternehmensgegenstand der Komplementär-GmbH hat ihre Berechtigung zur Beteiligung sowie zur Übernahme der Geschäftsführung als persönlich haftende Gesellschafterin an einer Kommanditgesellschaft vorzusehen. U 573

Keine weitergehende Konkretisierung | Eine weitergehende Konkretisierung durch Angabe der Firma und ggf. sogar des Unternehmensgegenstandes der betroffenen Kommanditgesellschaft(en) im Unternehmensgegenstand der Komplementär-GmbH ist nach hier vertretener Auffassung nicht erforderlich (so auch *Roth* in Baumbach/Hopt, Anh. § 177a HGB Rz. 13 m.w.N. auch zur Gegenansicht; *Wachter* in Kersten/Bühling, Formularbuch und Praxis der Freiwilligen Gerichtsbarkeit, § 139 Rz. 24M; abweichend noch BayObLG v. 22.6.1995 – 3Z BR 71/95, GmbHR 1995, 722, 723: Bezug auf eine *konkrete* GmbH & Co. KG). Weder die Gesellschafter der Komplementär-GmbH noch die Gläubiger bedürfen eines weitergehenden Schutzes. Firma und Handelsregisternummer der Komplementär-GmbH sind im Handelsregister der Kommanditgesellschaft ersichtlich. Zudem würde eine spätere Beschränkung oder Ausweitung der Komplementärtätigkeit auf andere Kommanditgesellschaften aufgrund der notwendigen Änderungen des Gesellschaftsvertrages der Komplementär-GmbH unnötigen Zeit- und Kostenmehraufwand erfordern. U 574

Beraterhinweis | Da der Umfang der notwendigen Angaben im Unternehmensgegenstand der Komplementär-GmbH bislang aber noch nicht höchstrichterlich geklärt ist, empfiehlt es sich, im Zweifel vorsorglich auch noch Firma und Sitz der betroffenen Kommanditgesellschaft mitanzugeben, andernfalls die Vorabstimmung mit dem zuständigen Registergericht zu suchen (zum Unternehmensgegenstand einer GmbH im Übrigen vgl. *Luxem* in Gosch/Schwedhelm/Spiegelberger, GmbH-Beratung, Unternehmensgegenstand). Andernfalls droht die Gefahr, dass das Registergericht die Eintragung der Kommanditgesellschaft zurückweist. U 575

Formulierungsbeispiel:

Der Unternehmensgegenstand einer Komplementär-GmbH, die maßgeblich die Tätigkeit als persönlich haftende Gesellschafterin einer oder mehrerer Kommanditgesellschaften übernimmt, könnte daher wie folgt lauten: *Unternehmensgegenstand der Gesellschaft ist die Übernahme der persönlichen Haftung sowie die Geschäftsführung und Vertretung als persönlich haftende Gesellschafterin bei Kommanditgesellschaften[, insbesondere bei der Muster-GmbH & Co. KG mit dem Sitz in Bonn].*

Vertiefende Recherche

Wichtige Urteile und Erlasse

BGH v. 18.7.2011 – AnwZ (Brfg) 18/10, GmbHR 2011, 1036: Versagung der Zulassung einer Rechtsanwalts-GmbH & Co. KG.

BayObLG v. 22.6.1995 – 3Z BR 71/95, GmbHR 1995, 722, 723: Zur hinreichenden Bestimmtheit des Unternehmensgegenstandes einer Komplementär-GmbH.

Musterformulierungen

Wachter in Kersten/Bühling, Formularbuch und Praxis der Freiwilligen Gerichtsbarkeit, § 139 Rz. 24M (Unternehmensgegenstand der Komplementär-GmbH)

Wachter in Wachter, Praxis des Handels- und Gesellschaftsrechts, 3. Aufl. 2014, Rz. 1181 (Unternehmensgegenstand einer Komplementär-GmbH) und Rz. 1180 (Unternehmensgegenstand einer Kommanditgesellschaft)

Weitere Stichwörter

→ *Auflösung und Liquidation*; → *Freiberufler-GmbH & Co. KG*; → *Geschäftsführung und Vertretung*; → *Gewerbliche Prägung*; → *Wettbewerbsverbot*

Veräußerung von Gesellschaftsanteilen

→ *Übertragung von Gesellschaftsanteilen*; → *Verkauf und Vorkauf von Gesellschaftsanteilen*

Verdeckte Gewinnausschüttung

Ausgewählte Literatur: *Briese*, Verdeckte Gewinnausschüttungen, Entnahme und Sondervergütung bei der GmbH & Co. KG, DStR 2015, 1945; *Neumann*, Verdeckte Gewinnausschüttungen bei einer GmbH & Co. KG, Fallkonstellationen und Beispiele typischer vGA-Fallen, GmbH-StB 2007, 17; *Schulze zur Wiesche*, Die GmbH & Co. KG und verdeckte Gewinnausschüttung, BB 2005, 1137; *Wassermeyer*, Verdeckte Gewinnausschüttungen bei einer GmbH & Co. KG, GmbHR 1999, 18.

1. Allgemeines zu verdeckten Gewinnausschüttungen bei Personengesellschaften

Definition | Gemäß § 8 Abs. 3 Satz 2 KStG mindern verdeckte Gewinnausschüttungen das Einkommen einer Körperschaft nicht. Eine Definition der verdeckten Gewinnausschüttung nimmt das Gesetz jedoch nicht vor. Nach der Rechtsprechung des BFH ist eine vGA eine Vermögensminderung oder verhinderte Vermögensmehrung, die durch das Gesellschaftsverhältnis veranlasst ist, sich auf die Höhe des Unterschiedsbetrags i.S.d. § 4 Abs. 1 Satz 1 EStG i.V.m. § 8 Abs. 1 KStG auswirkt, nicht im Zusammenhang mit einer offenen Gewinnausschüttung steht und geeignet ist, beim Gesellschafter einen sonstigen Bezug i.S.d. § 20 Abs. 1 Nr. 1 Satz 2 EStG auszulösen (vgl. z.B. BFH v. 7.8.2002 – I R 2/02, BStBl. II 2004, 131; vgl. auch R 36 KStR = FR 2003, 132 = GmbHR 2003, 118 m. Anm. *Rohde* = GmbH-StB 2003, 3). V 1

Fremdvergleich | Ob eine Vermögensminderung oder verhinderte Vermögensmehrung durch das Gesellschaftsverhältnis veranlasst ist, wird durch einen Fremdvergleich ermittelt. Der BFH nimmt in ständiger Rechtsprechung für den größten Teil der Fälle eine Veranlassung durch das Gesellschaftsverhältnis an, wenn die Kapitalgesellschaft ihrem Gesellschafter oder einer diesem nahestehenden Person einen Vermögensvorteil zuwendet, den sie bei Anwendung der Sorgfalt eines ordentlichen und gewissenhaften Geschäftsleiters einem Nichtgesellschafter nicht gewährt hätte (vgl. BFH v. 20.8.2008 – I R 19/07, BStBl. II 2011, 60 m.w.N. = FR 2009, 331 = GmbHR 2008, 1222 m. Anm. *Schröder* = GmbH-StB 2008, 321). V 2

Verdeckte Gewinnausschüttungen bei Personengesellschaften | Bei der GmbH & Co. KG selbst handelt es sich um eine Personengesellschaft, die nicht der Körperschaftsteuer unterliegt, eine verdeckte Gewinnausschüttung aus einer GmbH & Co. KG ist daher grundsätzlich nicht möglich. Es kommt jedoch eine verdeckte Gewinnausschüttung aus der Komplementär-GmbH oder aus anderen Kapitalgesellschaften, die Gesellschafter der GmbH & Co. KG sind, in Betracht. Eine verdeckte Gewinnausschüttung aus der Komplementär-GmbH liegt insbesondere dann vor, wenn die Komplementär-GmbH ihren Anteilseignern unmittelbar einen fremdunüblichen Vermögensvorteil, etwa ein unangemessen hohes Geschäftsführergehalt, zuwendet (vgl. Rz. V 4 ff.). Daneben kann eine verdeckte Gewinnausschüttung aus Leistungsbeziehungen zwischen der GmbH & Co. KG und ihren Gesellschaftern resultieren (vgl. nach- V 3 folgend Rz. V 10 f. und V 12 ff.). Schließlich kann eine unangemessene Gewinnverteilung eine verdeckte Gewinnausschüttung begründen (vgl. nachfolgend V 15 ff.). Die folgenden Ausführungen beziehen sich auf verdeckte Gewinnausschüttungen aus der Komplementär-GmbH. Unter den dargestellten Voraussetzungen ist aber auch eine verdeckte Gewinnausschüttung aus einem Kommanditisten in der Rechtsform einer Kapitalgesellschaft möglich. Liegt aus ertragsteuerlicher Sicht eine verdeckte Gewinnausschüttung vor, sind außerdem auch schenkungsteuerliche Implikationen zu prüfen.

2. Vergütungen an Gesellschafter der Komplementär-GmbH

V 4 **Geschäftsführung durch die Komplementärin** | Bei einer GmbH & Co. KG nimmt regelmäßig die GmbH als Komplementärin die Geschäftsführung wahr. Diese muss als Geschäftsführer eine natürliche Person haben (§ 6 Abs. 2 GmbHG). Dieser Geschäftsführer der Komplementär-GmbH übt regelmäßig auch die Geschäftsführung für die GmbH & Co. KG aus (sog. „mittelbare Dienstleistung"). Ist die von der Komplementär-GmbH für diese Tätigkeit an den Geschäftsführer gezahlte Vergütung nicht angemessen, hält sie also einem Fremdvergleich nicht stand, kann eine verdeckte Gewinnausschüttung aus der Komplementär-GmbH vorliegen. Die steuerlichen Folgen unterscheiden sich dabei je nach Fallgestaltung (vgl. hierzu und zu den nachfolgenden Rz.: *Klingebiel* in Dötsch/Pung/Möhlenbrock, Die Körperschaftsteuer, § 8 Abs. 3 KStG Teil D, Rz. 1232 ff.; *Klingebiel* in Dötsch/Geiger/Klingebiel/Lang/Rupp/Wochinger, Verdeckte Gewinnausschüttung/Verdeckte Einlage, Kapitel D, Rz. 1217 ff.):

V 5 **Geschäftsführer ist Anteilseigner der Komplementär-GmbH, jedoch kein Mitunternehmer der GmbH & Co. KG** | Ist der Geschäftsführer lediglich an der Komplementär-GmbH, nicht jedoch an der GmbH & Co. KG, beteiligt und erhält er ein unangemessen hohes Gehalt, liegt in Höhe des unangemessenen Teils eine verdeckte Gewinnausschüttung aus der Komplementär-GmbH an den Geschäftsführer vor. Diese ist im Rahmen der Körperschaftsteuerveranlagung der Komplementär-GmbH zu berücksichtigen und erhöht ihr zu versteuerndes Einkommen (vgl. *Klingebiel* in Dötsch/Pung/Möhlenbrock, Die Körperschaftsteuer, § 8 Abs. 3 KStG Teil D, Rz. 1233; vgl. auch nachfolgend Rz. V 21 ff.). Beim Geschäftsführer liegen i.H.d. unangemessenen Teils Einkünfte i.S.d. § 20 Abs. 1 Nr. 1 Satz 2 EStG vor.

V 6 **Geschäftsführer ist Anteilseigner der Komplementär-GmbH und zudem Mitunternehmer der GmbH & Co. KG** | Ist der Geschäftsführer nicht nur Anteilseigner der Komplementär-GmbH, sondern auch Mitunternehmer der GmbH & Co. KG und erhält er eine unangemessen hohe Vergütung, liegt auch hier eine verdeckte Gewinnausschüttung aus der Komplementär-GmbH vor (vgl. *Klingebiel* in Dötsch/Pung/Möhlenbrock, Die Körperschaftsteuer, § 8 Abs. 3 KStG Teil D, Rz. 1233, vgl. auch nachfolgend Rz. V 21 ff.). Diese ist im Rahmen der Körperschaftsteuerveranlagung der GmbH zu berücksichtigen. Im Unterschied zum vorgenannten Fall ist jedoch nun zu berücksichtigen, dass der Geschäftsführer in Höhe des unangemessenen Teils der Vergütung keine Einkünfte aus § 20 Abs. 1 Nr. 1 Satz 2 EStG, sondern aus § 15 Abs. 1 Satz 1 Nr. 2 EStG erzielt, wenn sich die Beteiligung an der Komplementär-GmbH in seinem Sonderbetriebsvermögen befindet (vgl. *Briese*, DStR 2015, 1948). Diese Sonderbetriebseinnahmen sind im Rahmen der gesonderten und einheitlichen Feststellung bei der GmbH & Co. KG zu berücksichtigen.

V 7 **Geschäftsführer ist kein Anteilseigner (oder diesen nahestehende Person) der Komplementär-GmbH, jedoch Mitunternehmer der GmbH & Co. KG** | Fälle, in denen ein Mitunternehmer der GmbH & Co. KG, der weder Anteilseigner der Komplementär-GmbH ist und diesen auch nicht nahesteht, ein unangemessenes Geschäftsführergehalt erhält, dürften in der Praxis kaum vorkommen. Die Vergütung stellt dann beim Geschäftsführer in voller Höhe eine Sondervergütung i.S.d. § 15 Abs. 1 Satz 1 Nr. 2 EStG dar, während es sich aus Sicht der Komplementär-GmbH um Sonderbetriebsausgaben handelt. Mangels gesellschaftsrechtlicher Veranlassung für die Vermögensminderung kommt die Annahme einer verdeckten Gewinnausschüttung bei der Komplementär-GmbH nicht in Betracht.

Geschäftsführer ist weder Anteilseigner (noch diesen nahestehende Person) der Komplementär-GmbH und auch kein Mitunternehmer | Ebenso selten dürften in der Praxis Fälle sein, in denen ein Dritter, der weder Anteilseigner der Komplementär-GmbH ist und diesen auch nicht nahesteht und zudem kein Mitunternehmer der GmbH & Co. KG ist, ein unangemessenes Geschäftsführergehalt erhält. Die Vergütung stellt beim Geschäftsführer in voller Höhe Einnahmen aus nichtselbstständiger Tätigkeit und bei der GmbH Sonderbetriebsausgaben dar. V8

Geschäftsführervergütung an beherrschenden Gesellschafter der Komplementär-GmbH | Ein Gesellschafter hat eine beherrschende Stellung, wenn er die Mehrheit der Stimmrechte der Komplementär-GmbH besitzt und deshalb bei Gesellschafterversammlungen entscheidenden Einfluss ausüben kann (vgl. H 36 „Beherrschender Gesellschafter" KStH 2008). Die Stellung dieses Gesellschafters in der KG ist dagegen unbeachtlich (vgl. *Schulze zur Wiesche*, BB 2005, 1137, 1138, auch zur Lage bei der Einheitsgesellschaft). Eine Vergütungsvereinbarung mit einem solchen beherrschenden Gesellschafter findet steuerlich nur Anerkennung, wenn sie zivilrechtlich wirksam und im Vorhinein klar und eindeutig getroffen ist und zudem auch tatsächlich entsprechend der Vereinbarung durchgeführt wird (vgl. *Harle/Kulemann* in Verdeckte Gewinnausschüttungen und verdeckte Einlagen, Fach 3, A., Rz. 23). Vergütungen, deren vertragliche Grundlagen diese Anforderungen nicht erfüllen, stellen unabhängig von der Angemessenheit der Höhe nach verdeckte Gewinnausschüttungen dar (vgl. auch *Klingebiel* in Dötsch/Pung/Möhlenbrock, Die Körperschaftsteuer, § 8 Abs. 3 KStG Teil D, Rz. 1237). V9

3. Leistungsaustausch zwischen der GmbH & Co. KG und der Komplementär-GmbH

Leistungsbeziehung | Es ist denkbar, dass die GmbH & Co. KG gegenüber der Komplementär-GmbH oder umgekehrt die Komplementär-GmbH gegenüber der GmbH & Co. KG Leistungen erbringt. Auch ein derartiger Leistungsaustausch zwischen der GmbH & Co. KG und der Komplementär-GmbH muss dem Fremdvergleich standhalten, wenn Gesellschafter der GmbH & Co. KG zugleich Gesellschafter der Komplementär-GmbH oder diesen nahestehende Personen sind (*Schulze zur Wiesche*, BB 2005, 1137). V10

Voraussetzungen | Eine verdeckte Gewinnausschüttung aufgrund einer Leistungsbeziehung zwischen der GmbH & Co. KG und der Komplementär-GmbH kann allerdings nur vorliegen, wenn die Mitunternehmer der GmbH & Co. KG auch Anteilseigner der Komplementär-GmbH oder diesen nahestehende Personen sind (vgl. *Klingebiel* in Dötsch/Pung/Möhlenbrock, Die Körperschaftsteuer, § 8 Abs. 3 KStG Teil D, Rz. 1209). Eine verdeckte Gewinnausschüttung kommt in diesen Fällen nur in Betracht, sofern es sich nicht um eine offene Einlage der Komplementär-GmbH in die KG handelt, denn insoweit fehlt es an einer Vermögensmin- V11 derung oder verminderten Vermögensmehrung (*Klingebiel* in Dötsch/Pung/Möhlenbrock, Die Körperschaftsteuer, § 8 Abs. 3 KStG Teil D, Rz. 1243).

4. Leistungsaustausch zwischen der GmbH & Co. KG und Kommanditisten

V 12 **Allgemeines** | Der Leistungsaustausch zwischen der GmbH & Co. KG und ihren Kommanditisten beeinflusst das Vermögen und das Einkommen der Komplementär-GmbH nur insoweit, als die Komplementär-GmbH vermögensmäßig an der GmbH & Co. KG beteiligt ist. Denn nur insoweit wirkt sich die Vergütung auf den Gewinnanteil der Komplementär-GmbH aus. Nur in diesen Fällen, in denen Vorgänge zwischen der GmbH & Co. KG und den Kommanditisten eine Auswirkung auf den Gewinnanteil der Komplementär-GmbH haben, kommt eine verdeckte Gewinnausschüttung in Betracht (vgl. *Schulze zur Wiesche*, BB 2005, 1137; *Wassermeyer*, GmbHR 1999, 18, 20 f.).

V 13 **Leistungen der GmbH & Co. KG gegenüber ihren Kommanditisten** | Erhält die GmbH & Co. KG für Leistungen, die sie gegenüber ihren Kommanditisten erbringt, ein zu geringes Entgelt und ist dieses zu geringe Entgelt durch das Gesellschaftsverhältnis veranlasst, liegt eine verdeckte Gewinnausschüttung vor, soweit durch diesen Vorgang der Gewinnanteil der am Vermögen der GmbH & Co. KG beteiligten Komplementär-GmbH gemindert wird. Dies führt bei dieser zu einer verhinderten Vermögensmehrung und Einkommensminderung. Denn unter fremden Dritten würde ein angemessenes Entgelt vereinbart und dadurch der Gewinn der GmbH & Co. KG sowie der Gewinnanteil der Komplementär-GmbH höher ausfallen. Soweit die Gewinnanteile der Kommanditisten gemindert werden, liegen Entnahmen vor (BFH v. 6.8.1985 – VIII R 280/81, BStBl. II 1986, 17 = GmbHR 1986, 134 = FR 1986, 44).

V 14 **Leistungen der Kommanditisten gegenüber der GmbH & Co. KG** | Erhalten die Gesellschafter für Leistungen gegenüber der GmbH & Co. KG ein zu hohes Entgelt, liegt bei einer Veranlassung durch das Gesellschaftsverhältnis ebenfalls eine verdeckte Gewinnausschüttung der Komplementär-GmbH an ihre Gesellschafter vor, soweit dadurch der Gewinnanteil der Komplementär-GmbH gemindert wird. Denn durch das zu hohe Entgelt wird das Vermögen der GmbH & Co. KG und damit auch der Vermögensanteil der Komplementär-GmbH gemindert.

5. Angemessene Gewinnverteilung

V 15 **Angemessene Gewinnverteilung** | Unter fremden Dritten würde eine GmbH nur als Komplementärin in eine KG eintreten, wenn ihr dafür eine angemessene Beteiligung am Gewinn eingeräumt wird. Daher liegt eine verdeckte Gewinnausschüttung vor, wenn die Vergütung der Komplementär-GmbH hinter dem zurückbleibt, was unter fremden Dritten vereinbart worden wäre (vgl. *Wacker* in Schmidt, § 15 EStG Rz. 724). Der zu vergütende Beitrag der GmbH setzt sich dabei regelmäßig aus der Führung der Geschäfte der KG und der Übernahme der Stellung eines vollhaftenden Komplementärs sowie möglicherweise der Leistung einer Kapitaleinlage zusammen (vgl. BFH v. 15.11.1967 – IV R 139/67, BStBl. II 1968, 152).

V 16 **Vergütung für die Übernahme der Geschäftsführung** | Die Vergütung für die Führung der Geschäfte der GmbH & Co. KG ist angemessen, wenn der Komplementär-GmbH alle im Zusammenhang mit dieser Tätigkeit entstehenden Kosten, insbesondere das Geschäftsführergehalt, erstattet werden (BFH v. 15.11.1967 – IV R 139/67, BStBl. II 1968, 152). Aufwendungen, die nicht im Zusammenhang mit der Übernahme der Führung der Geschäfte der Gesellschaft stehen, sondern in der bloßen Existenz der Komplementär-GmbH begründet sind, brauchen nicht erstattet zu werden (vgl. *Eckl* in Hesselmann/Tillmann/Mueller-Thuns, Hdb. GmbH & Co. KG, Rz. 6.176).

Haftungsvergütung | Übernimmt die Komplementär-GmbH neben der alleinigen Geschäftsführung und Vertretung der KG lediglich die unbeschränkte Haftung für die Gesellschaftsschulden der KG, erbringt sie also insbesondere keine Vermögenseinlage, so ist das der Komplementär-GmbH gewährte Entgelt angemessen, wenn dessen Höhe in etwa einer dem Risiko des Einzelfalls entsprechenden, im Wirtschaftsleben für einen derartigen Fall üblichen Avalprovision entspricht (vgl. BFH v. 3.2.1977 – IV R 122/73, BStBl. II 1977, 346 = GmbHR 1977, 186). Ist die Komplementär-GmbH zudem auch am Kapital der GmbH & Co. KG beteiligt, so ist eine Haftungsvergütung nur für den die Vermögenseinlage übersteigenden Teil des Gesamtvermögens der GmbH zu gewähren. Hat die GmbH ihr gesamtes, oder den größten Teil ihres Vermögens in die Gesellschaft eingebracht, ist eine Haftungsvergütung nicht zu gewähren (vgl. *Klingebiel* in Dötsch/Pung/Möhlenbrock, Die Körperschaftsteuer, § 8 Abs. 3 KStG Teil D, Rz. 1240). V 17

Kapitalverzinsung | Eine Kapitalverzinsung kommt nur in Betracht, wenn die Komplementär-GmbH auch tatsächlich vermögensmäßig an der GmbH & Co. KG beteiligt ist. Der Gewinnanteil ist dann angemessen, wenn eine den Kapitaleinsatz berücksichtigende Beteiligung am Gewinn eingeräumt wird, mit der sich eine aus fremden Dritten bestehende GmbH zufrieden gegeben hätte (BFH v. 15.11.1967 – IV R 139/67, BStBl. II 1968, 152). Die genaue Vorgabe, ab welchem Prozentsatz eine Verzinsung angemessen ist, ist nicht möglich (vgl. *Scheifele* in Verdeckte Gewinnausschüttungen und verdeckte Einlagen, Fach 4, „GmbH & Co. KG/Mitunternehmerschaft“, Rz. 47 ff.). Letztlich wird die Angemessenheit stets von den Umständen des Einzelfalles abhängen. V 18

Änderung der Gewinnverteilungsabrede | Auch eine Änderung der Gewinnverteilungsabrede zulasten der Komplementär-GmbH kann eine verdeckte Gewinnausschüttung darstellen. Ist der Gesellschaftsvertrag kündbar, ist eine Änderung der Gewinnverteilungsabrede für die Zukunft möglich (*Eckl* in Hesselmann/Tillmann/Mueller-Thuns, Hdb. GmbH & Co. KG, Rz. 6.250 f.) und stellt keine verdeckte Gewinnausschüttung dar, sofern die neue Gewinnabrede angemessen i.S.d. o.g. Voraussetzungen ist. Besteht keine Kündigungsmöglichkeit, setzt eine Änderung der bisherigen Abrede die Zustimmung der Komplementär-GmbH voraus. Eine verdeckte Gewinnausschüttung ist in diesen Fällen dann anzunehmen, wenn ein ordentlicher und gewissenhafter Geschäftsleiter der Änderung nicht zugestimmt hätte (BFH v. 25.11.1976 – IV R 38/73, BStBl. II 1977, 477 = GmbHR 1977, 67). V 19

Änderung der Beteiligungsverhältnisse | Erfolgt bei einer kapitaländernden Maßnahme eine Änderung der Beteiligungsverhältnisse zulasten der Komplementär-GmbH und damit auch eine Minderung ihres Anteils am Gewinn und/oder ihres Anteils an einem künftigen Abfindungs- oder Auseinandersetzungsguthaben, kann ebenfalls eine verdeckte Gewinnausschüttung vorliegen (BFH v. 25.11.1976 – IV R 38/73, BStBl. II 1977, 477 = GmbHR 1977, 67). Dies setzt jedoch voraus, dass ein Geschäftsführer der GmbH, der bei seiner Geschäftsführung die Sorgfalt eines ordentlichen und gewissenhaften Geschäftsleiters anwendet, der Vertragsänderung nicht zugestimmt hätte. Gegenstand der verdeckten Gewinnausschüttung ist dann ein Bruchteil des Gesellschaftsanteils (BFH v. 25.11.1976 – IV R 38/73, BStBl. II 1977, 477 = GmbHR 1977, 67). V 20

6. Rechtsfolgen der verdeckten Gewinnausschüttung

V21 **Verfahrensrechtliche Erfassung der verdeckten Gewinnausschüttung** | Über das Vorliegen einer verdeckten Gewinnausschüttung ist grundsätzlich im Rahmen der Körperschaftsteuerveranlagung der GmbH zu entscheiden. Davon abweichend ist über das Vorliegen einer verdeckten Gewinnausschüttung im Rahmen der Gewinnfeststellung der GmbH & Co. KG zu entscheiden, wenn die Frage nach der verdeckten Gewinnausschüttung bei der GmbH untrennbar mit der Höhe des Gewinnanteils der GmbH bei der GmbH & Co. KG verbunden ist (vgl. BFH v. 29.10.1991 – VIII R 2/86, BStBl. II 1992, 832 = GmbHR 1992, 476 = FR 1992, 488). Eine Gewinnkorrektur außerhalb der Gewinnfeststellung der GmbH & Co. KG ist in diesen Fällen nicht möglich (vgl. *Frotscher* in Frotscher/Maas, KStG/GewStG/UmwStG, Anhang zu § 8 KStG, „GmbH & Co. KG"). Hat die verdeckte Gewinnausschüttung ihren Grund in der Veräußerung des Anteils an der GmbH & Co. KG, erfolgt die Entscheidung über das Vorliegen einer verdeckten Gewinnausschüttung nach der Rechtsprechung des BFH im Rahmen der Körperschaftsteuerveranlagung der GmbH (BFH v. 29.11.2006 – I R 78-80/05, BFH/NV 2007, 1091 = GmbHR 2007, 608 = GmbH-StB 2007, 165).

V22 **Folgen auf Ebene der Komplementär-GmbH** | Nach § 8 Abs. 3 Satz 2 KStG mindert die verdeckte Gewinnausschüttung das Einkommen der Komplementär-GmbH nicht. Im Rahmen der Gewinnfeststellung wird ihr daher der Gewinn zugewiesen, den sie bei einer angemessenen Gewinnverteilung erzielt hätte.

V23 **Folgen auf Ebene der Gesellschafter** | Die Anteile an der Komplementär-GmbH gehören im Grundsatz zum Sonderbetriebsvermögen der Kommanditisten der GmbH & Co. KG. Aus diesem Grund stellen offene und verdeckte Gewinnausschüttungen der Komplementär-GmbH auf Ebene der Gesellschafter betriebliche Einkünfte in Form von Sonderbetriebseinnahmen dar. Sofern die Gesellschafter natürliche Personen sind, unterliegen die verdeckten Gewinnausschüttungen auf Ebene der Gesellschafter dem Teileinkünfteverfahren (§ 3 Nr. 40 EStG). Nach dem Teileinkünfteverfahren unterliegen 60 % der verdeckten Gewinnausschüttung der Besteuerung. Sind die Gesellschafter dagegen Körperschaften, sind die verdeckten Gewinnausschüttungen nach § 8b Abs. 1 KStG von der Besteuerung befreit, 5 % der verdeckten Gewinnausschüttung werden jedoch als fiktive nicht abzugsfähige Betriebsausgaben behandelt, die das Einkommen der Gesellschafter wieder erhöhen (§ 8b Abs. 5 KStG). Die Steuerbefreiung nach § 8b Abs. 1, 5 KStG setzt jedoch eine mindestens 10%ige Beteiligung am Grund- oder Stammkapital voraus (§ 8b Abs. 4 KStG).

V24–V30 frei

Vertiefende Recherche

Wichtige Urteile und Erlasse

BFH v. 29.11.2006 – I R 78-80/05, BFH/NV 2007, 1091 = GmbHR 2007, 608: Zur verdeckten Gewinnausschüttung einer GmbH bei Veräußerung einer KG-Beteiligung unter Wert an ihre Gesellschafter und zur Feststellung einer solchen verdeckten Gewinnausschüttung.

BFH v. 29.10.1991 – VIII R 2/86, BStBl. II 1992, 832 = GmbHR 1992, 476: Übertragung eines Kommanditanteils durch eine GmbH an ihren Gesellschafter zu einem unangemessen niedrigen Preis.

BFH v. 6.8.1985 – VIII R 280/81, BStBl. II 1986, 17 = GmbHR 1986, 134: Zu verdeckten Gewinnausschüttungen bei Lieferungen und Leistungen zwischen der GmbH & Co. KG und ihren Gesellschaftern.

BFH v. 3.2.1977 – IV R 122/73, BStBl. II 1977, 346 = GmbHR 1977, 186: Zur Angemessenheit der Haftungsvergütung.

BFH v. 25.11.1976 – IV R 38/73, BStBl. II 1977, 477 = GmbHR 1977, 67: Zur verdeckten Gewinnausschüttung bei Änderung von Gewinnverteilungsabreden.

BFH v. 15.11.1967 – IV R 139/67, BStBl. II 1968, 152: Zur Angemessenheit der Beteiligung der Komplementär-GmbH am Gewinn der GmbH & Co. KG.

Weitere Stichwörter

→ *Gewinnermittlung (steuerliche)*; → *Sonderbetriebsvermögen*

Verkauf und Vorkauf von Gesellschaftsanteilen

Ausgewählte Literatur: *Hölters*, Handbuch Unternehmenskauf, 8. Aufl. 2015; *Holzapfel/Pöllath*, Unternehmenskauf in Recht und Praxis, 14. Aufl. 2010; *Kutt/Möllmann*, Gewerbesteuerliche Auswirkungen des Verkaufs von Mitunternehmeranteilen durch Kapital- und Personengesellschaften, DB 2010, 1662; *Ley*, Die steuerliche Behandlung des Verkaufs von Anteilen an Personengesellschaften – ein steuerliches Update, Festschrift Schaumburg, 2010, S. 423.

1. Einführung

V 31 **Schuldrechtliches Verpflichtungsgeschäft** | Der → *Übertragung von Gesellschaftsanteilen* als dinglichem Verfügungsgeschäft liegt als schuldrechtliches Verpflichtungsgeschäft in aller Regel entweder eine → *Schenkung von Gesellschaftsanteilen* oder der unter vorliegendem Stichwort behandelte Verkauf von Gesellschaftsanteilen zugrunde. Hierbei können die – zumeist deutlich umfangreicheren – kaufvertraglichen Regelungen in einer Urkunde mit dem dinglichen Vollzug zusammenfallen. Ebenfalls üblich, insbesondere bei komplexeren Transaktionen, ist jedoch die inhaltliche und zeitliche Trennung zwischen schuldrechtlichem Kaufvertrag einerseits und der sich anschließenden dinglichen Übertragung in einem separaten „closing" andererseits (vgl. *Semler* in Hölters, Hdb. Unternehmenskauf, Rz. 7.98/7.101).

V 32 **Verkauf von KG und GmbH** | Der Verkauf folgt bei KG und GmbH – sofern an letzterer überhaupt Anteile übertragen werden sollen – abstrakt nach den gleichen Grundsätzen. Der Fokus der vertraglichen Regelungen wird in der Praxis jedoch klar auf dem Verkauf der Anteile an der unternehmenstragenden KG liegen und die Übertragung der GmbH-Anteile in aller Regel lediglich einen Annex hierzu bilden.

V 33 **Vorkauf** | Eine weitere Ausprägung des Verkaufs von Geschäftsanteilen ist das Vorkaufsrecht. Ein solches wird zumeist unmittelbar im Gesellschaftsvertrag geregelt und dort als Alternative oder ergänzend zu einer Vinkulierung vorgesehen. Denn durch ein im Verkaufsfalle eingreifendes Vorkaufsrecht zugunsten der Bestandsgesellschafter kann ebenso wie durch eine Vinkulierung ein Schutz der Gesellschaft gegen das Eindringen von außenstehenden Dritten bewirkt werden.

2. Verkauf von KG-Anteilen

V 34 **Rechtskauf** | Der Verkauf von KG-Anteilen ist Rechtskauf i.S.v. § 453 BGB, so dass die Regelungen zum Sachkauf (§§ 433 ff. BGB) entsprechende Anwendung finden (*Wertenbruch* in Westermann/Wertenbruch, Hdb. Personengesellschaften, Rz. I 646). Dennoch verlässt sich die Praxis nicht allein auf das – in Teilen unpassende – Kaufrecht des BGB, sondern greift zu umfassenden eigenen Regelungen, welche die gesetzlichen Vorschriften teils modifizieren, teils ersetzen. Die nachfolgenden Erläuterungen können nur einen ersten Überblick über die praxisrelevanten Regelungsbereiche geben. Für eine erschöpfende Darstellung muss auf die monografischen Werke zu dem Thema verwiesen werden, beispielsweise *Hölters*, Handbuch Unternehmenskauf, oder *Holzapfel/Pöllath*, Unternehmenskauf in Recht und Praxis.

a) Parteien

Käufer und Verkäufer, ggf. Mitgesellschafter | Parteien des Kaufvertrags sind grds. der Käufer und der Verkäufer. Ist mangels freier Veräußerbarkeit eine Zustimmung zur Anteilsübertragung erforderlich oder sollen zugleich die Modalitäten des Beitritts des Anteilserwerbers im Innenverhältnis zu KG und Mitgesellschaftern geregelt werden, können auch diese (formal) Partei des Kaufvertrags sein. Das wird jedoch nur bei konzerninternen Verkäufen zu Vereinfachungszwecken vorkommen. In aller Regel dürfte der Kaufvertrag hingegen isoliert zwischen Verkäufer und Käufer abgeschlossen sein (vgl. auch *Michalski*, NZG 1998, 95); sonstige Zustimmungen etc. können separat erfolgen und werden allenfalls als Anlage zum Kaufvertrag genommen. V 35

b) Form

Formfreiheit | Der Verkauf von KG-Anteilen als solcher ist formfrei möglich (*Hannes* in Hesselmann/Tillmann/Mueller-Thuns, Hdb. GmbH & Co. KG, Rz. 8.34; *Semler* in Hölters, Hdb. Unternehmenskauf, Rz. 7.107; *Michalski*, NZG 1998, 95, 97), sollte aus Gründen der Beweisbarkeit aber stets mindestens schriftlich vereinbart werden. V 36

Abweichungen | Abweichende Formerfordernisse können sich zunächst aus dem KG-Gesellschaftsvertrag ergeben. Das dürfte sich allerdings regelmäßig nur auf die Anteilsübertragung, nicht jedoch den Verkauf als schuldrechtliches Grundgeschäft beziehen. Für den Kaufvertrag sind entsprechende Regelungen daher nur beachtlich, wenn das dingliche Verfügungsgeschäft hierin ebenfalls enthalten und nicht in ein separates closing ausgelagert ist. Im Übrigen kann grds. auf die Ausführungen zur → *Übertragung von Gesellschaftsanteilen Rz. U 7ff.* verwiesen werden. Dabei kommt eine notariell zu beurkundende Schenkung auch beim Verkauf von KG-Anteilen jedenfalls dann in Betracht, wenn der Kaufpreis erheblich unter dem Verkehrswert des Anteils zurückbleibt (sog. „gemischte Schenkung", vgl. *Koch* in MünchKomm. BGB, § 516 BGB Rz. 34ff.). Wird zugleich die Pflicht zur Übertragung von Anteilen der Komplementär-GmbH begründet, ist gemäß § 15 Abs. 4 Satz 1 GmbHG bereits das Verpflichtungsgeschäft formbedürftig, so dass auch ein isolierter Kaufvertrag (mit separatem closing) grds. zu beurkunden ist. V 37

c) Wesentliche Regelungsbereiche

Allgemeines | Die Inhaltlichen Regelungen im Zusammenhang mit Unternehmenskäufen sind vielfältig und – insb. im Bereich der Garantien und der Kaufpreisgestaltung – stets auf den konkreten Einzelfall abzustimmen. Den nachfolgend erläuterten Bereichen gilt dabei regelmäßig ein besonderes praktisches Augenmerk. V 38

V39 **Konkretisierung des Kaufgegenstandes |** Ein wesentlicher, in der Praxis jedoch zuweilen vernachlässigter, Punkt ist die Konkretisierung des Kaufgegenstandes. Hier ist zunächst der betroffene Kommanditanteil hinreichend bestimmt zu bezeichnen, was durch Angabe des Inhabers (= Verkäufer) und des Umfangs (Kapitalanteil, ggf. abweichende Haftsumme) geschieht. Darüber hinaus sollte auch das Schicksal sämtlicher weiterer mit dem Anteil verbundener Gesellschafterkonten, die für den Verkäufer bei der KG geführt werden, und sonstiger (Sozial-)Ansprüche eindeutig geregelt werden (*Reichert/Ullrich* in Reichert, GmbH & Co. KG, § 29 Rz. 52). So wird die ansonsten durch Auslegung zu ermittelnde und zuweilen schwierige Abgrenzung vermieden, inwiefern auch diese Positionen mit übertragen sind (vgl. dazu auch → *Übertragung von Gesellschaftsanteilen Rz. U 17ff.*).

V40 **Gewinnabgrenzung |** Auch in Bezug auf den Gewinn des laufenden Geschäftsjahres sollte eine ausdrückliche Regelung getroffen werden (*Reichert/Ullrich* in Reichert, GmbH & Co. KG, § 29 Rz. 57). Je nach Kaufpreisberechnung und Zeitpunkt der Veräußerung ist hier ein vollständiger Verbleib beim Verkäufer, eine Zuteilung allein an den Käufer oder eine Quotelung denkbar. Mangels ausdrücklicher Regelung ist eine anteilige Gewinnberechtigung von Verkäufer und Käufer anzunehmen, abhängig vom Zeitpunkt der Anteilsübertragung (vgl. § 101 Nr. 2 Halbs. 2 BGB). Die Gewinnabgrenzung betriff dabei nur das Innenverhältnis von Käufer und Verkäufer. Im Außenverhältnis zur KG ist stets derjenige Gewinnbezugsberechtigt, den zum Zeitpunkt des Entstehens des Gewinnanspruchs Gesellschafter ist. Das ist bei unterjährigem Verkauf für das betreffende Geschäftsjahr der Käufer, so dass dem Verkäufer im Fall seiner anteiligen Gewinnberechtigung im Innenverhältnis ein Ausgleichsanspruch zusteht (*Reichert/Ullrich* in Reichert, GmbH & Co. KG, § 29 Rz. 57; *Piehler/Schulte* in Münchener Hdb. Gesellschaftsrecht, Bd. 2, § 35 Rz. 25).

V41 **Kaufpreis |** Die Kaufpreisgestaltung ist praktisch meist der relevanteste Punkt der Vertragsverhandlungen. Regelungstechnisch kann dieser Punkt hingegen im Fall eines unveränderlichen Festkaufpreises, beispielsweise beruhend auf einer vorab vorgenommenen Unternehmensbewertung, relativ einfach gehalten werden. Denkbar sind aber auch deutlich komplexere Varianten wie insb. die Berechnung des Kaufpreises auf Basis einer Stichtagsbilanz, in der die Buchwerte einzelner Wirtschaftsgüter (beispielsweise Grundstücke) bei abweichendem Verkehrswert zu modifizieren sind (*Holzapfel/Pöllath*, Unternehmenskauf, Rz. 873; *Semler* in Hölters, Hdb. Unternehmenskauf, Rz. 7.161ff.). Liegt zwischen Abschluss des Kaufvertrags und closing ein längerer Zeitraum, wird außerdem zu Kaufpreisanpassungsklauseln gegriffen, mittels derer ein bei Kaufvertragsschluss vorläufig bestimmter Kaufpreis an zwischenzeitliche Wertveränderungen angepasst werden kann (*Semler* in Hölters, Hdb. Unternehmenskauf, Rz. 7.157ff.). Schließlich sind auch sog. „Earn-out"-Klauseln möglich, bei denen Kaufpreisbestandteile erst künftig und in Abhängigkeit von der Erreichung bestimmter (bilanzieller) Ziele zu zahlen sind (*Holzapfel/Pöllath*, Unternehmenskauf, Rz. 867).

V42 **Gesetzliches Haftungsregime |** Die Haftung beim Anteilskauf folgt gemäß § 453 BGB kaufvertraglichen Grundsätzen. Das bedeutet zunächst allerdings nur, dass der Verkäufer für den Bestand des verkauften Anteils, seine Verfügungsbefugnis hierüber und die Freiheit von Rechten Dritter haftet (*Semler* in Hölters, Hdb. Unternehmenskauf, Rz. 7.193). Da der verkaufte Anteil nicht mit dem Unternehmen der KG identisch ist, wird für deutlich wertrelevantere „Mängel" dieses Unternehmens hingegen grundsätzlich nicht gehaftet (*Semler* in Hölters, Hdb. Unternehmenskauf, Rz. 7.194), was für den Käufer regelmäßig unbefriedigend ist. Liegt allerdings ein sog. Unternehmenskauf vor, sprich werden alle oder die ganz überwiegenden Anteile verkauft, soll jedenfalls bei Kapitalgesellschaften das allgemeine Sachmängelgewährleistungsrecht auch hinsichtlich des verkauften Unternehmens Anwendung finden (vgl. BGH v. 4.4.2001 – VIII ZR 32/00, GmbHR 2001, 516f. = GmbH-StB 2001, 162; *Reichert/Ullrich* in Reichert, GmbH & Co. KG, § 29 Rz. 53). Nach BGH v. 2.6.1980 (II ZR 64/79, NJW 1980, 2408f. = GmbHR 1980, 204) dürfte hierfür mindestens der Verkauf einer Beteiligung von 75 % erforderlich sein, teilweise werden aber auch deutlich höhere Grenzen von 90 % bzw. 95 % diskutiert (vgl. *Roth* in Baumbach/Hopt, § 105 HGB Rz. 73; *Semler* in Hölters, Hdb. Unternehmenskauf, Rz. 7.196). Die Anwendung des Sachmängelgewährleistungsrechts in entsprechenden Fällen ist überzeugend, da der Anteilsverkauf hier nur (formales) Mittel zum Zweck der (materiellen) Übertragung des Unternehmens als solchem ist; sie wird allerdings für Personengesellschaften wegen des dort im Grundsatz geltenden Einstimmigkeitsprinzips teils in Frage gestellt (*Wertenbruch* in Westermann/Wertenbruch, Hdb. Personengesellschaften, Rz. I 646; wie hier bejahend aber beispielsweise *Roth* in Baumbach/Hopt, § 105 HGB Rz. 73).

Vertragliche Haftungsmodifikationen | Auch im Fall seiner Anwendbarkeit führt das auf den V 43
Verkauf von Einzelwirtschaftsgütern zugeschnittene Sachmängelgewährleistungsrecht indessen zu nicht unerheblichen praktischen Problemen. So wird bereits schwer festzustellen sein, wann ein Unternehmen, welches regelmäßig aus einer Vielzahl materieller und immaterieller Ressourcen besteht, als solches Mangelhaft ist (vgl. im Einzelnen *Semler* in Hölters, Hdb. Unternehmenskauf, Rz. 7.198ff.). Und auch wenn ein Mangel vorliegt, sind die Rechtsfolgen des Gewährleistungsrechts, welche neben Schadenersatz insbesondere auch eine vollständige Rückabwicklung (Rücktritt) des Kaufs beinhalten, kaum angemessen. Deshalb ist die Kautelarpraxis bereits seit langem dazu übergegangen, das gesetzliche Gewährleistungsrecht (inkl. der culpa in contrahendo für den vorvertraglichen Bereich) vollumfänglich abzubedingen und stattdessen ein eigenes System vertraglicher Garantien vorzusehen sowie die Rechtsfolgen einer Garantieverletzung (insbesondere Kaufpreisanpassung oder Freistellung/Schadenersatz) ebenfalls autonom zu regeln (vgl. *Reichert/Ullrich* in Reichert, GmbH & Co. KG, § 29 Rz. 54; im Einzelnen *Semler* in Hölters, Hdb. Unternehmenskauf, Rz. 7.237ff.). Dieses System ist deutlich flexibler und kann – insbesondere durch Anpassung des Garantiekatalogs – auf die Erfordernisse des jeweiligen Einzelfalles passgenau zugeschnitten werden. Zu achten ist allerdings darauf, dass hierneben die gesetzliche Haftung ausdrücklich ausgeschlossen wird, da sie ansonsten kumulativ Anwendung fände und damit das austarierte vertragliche Haftungssystem wieder konterkarieren würde.

Ausschluss des gesetzlichen Gewährleistungsrechts

Über die vorstehenden §§ … hinaus enthält dieser Vertrag keine Beschaffenheitsangaben, Gewährleistungen oder Garantien von … [Verkäufer] hinsichtlich der verkauften Geschäftsanteile, der Gesellschaft oder ihres Unternehmens, insbesondere nicht hinsichtlich der Werthaltigkeit und Ertragsfähigkeit der Geschäftsanteile. Mit Ausnahme der durch diesen Vertrag begründeten Ansprüche bestehen keine sonstigen Ansprüche von … [Käufer] aus oder in Zusammenhang mit diesem Vertrag. Soweit gesetzlich zulässig, sind alle über die in diesem Vertrag geregelten Ansprüche und Rechte von … [Käufer] hinausgehenden Ansprüche und Rechte, unabhängig von ihrer Entstehung, ihrem Umfang und ihrer rechtlichen Grundlage, ausdrücklich ausgeschlossen. Dies gilt insbesondere für Ansprüche wegen vorvertraglicher Pflichtverletzung (§§ 311 Abs. 2 und 3, 241 Abs. 2 BGB; culpa in contrahendo), Verletzung einer Pflicht aus dem Schuldverhältnis (insbesondere gemäß §§ 280, 282, 241 BGB), Störung oder Wegfall der Geschäftsgrundlage (§ 313 BGB), aufgrund gesetzlicher Gewährleistungsvorschriften (insbesondere gemäß §§ 437 bis 441, 453 BGB) und Delikt sowie für alle sonstigen Ansprüche, die als Folge einen Rücktritt, eine Anfechtung oder Minderung oder aus anderen Gründen eine Beendigung, Unwirksamkeit oder Rückabwicklung dieses Vertrags, eine Änderung seines Inhalts, eine Pflicht zur Leistung von Schadenersatz oder eine Rückzahlung oder Reduzierung des Kaufpreises zur Folge haben können.

Ggf. bei Qualifizierung des Kaufvertrags als AGB zudem: *Ausgenommen von vorbezeichnetem Anspruchsausschluss sind Ansprüche aufgrund von Vorsatz oder grober Fahrlässigkeit.*

3. Verkauf von GmbH-Anteilen

V 44 **Grundsatz** | Im Wesentlichen gilt für den Verkauf von GmbH-Anteilen das vorstehend zur KG Gesagte entsprechend. In der Praxis dürfte aber, da die Komplementär-GmbH nicht selbst Unternehmensträgerin ist, ihr Verkauf – wenn überhaupt beabsichtigt/erforderlich – lediglich als unselbständiger Annex zum Verkauf der unternehmenstragenden KG erfolgen. Dementsprechend wird hier auch der Regelungsumfang deutlich geringer ausfallen, insb. dürften neben Bestand und Übertragbarkeit des GmbH-Anteils in typischen Gestaltungen keine wesentlichen weiteren Garantien erforderlich sein.

V 45 **Form** | Der Verkauf von GmbH-Anteilen ist gemäß § 15 Abs. 4 Satz 1 GmbHG stets notariell zu beurkunden. Ein Formmangel wir allerdings nach Satz 2 der Regelung durch dinglichen Vollzug der Übertragung geheilt (dazu im Einzelnen → *Übertragung von Gesellschaftsanteilen Rz. U 9* und U 39).

4. Vorkaufsrecht

V 46 **Überfremdungsschutz** | Ein Vorkaufsrecht (auch eine Andienungspflicht Rz. V 48) wird regelmäßig bereits im Gesellschaftsvertrag vereinbart. Es ermöglicht allen oder einzelnen Bestandsgesellschaftern, den Anteil eines verkaufswilligen Gesellschafters anstelle eines erwerbswilligen Dritten zu erwerben. Das Vorkaufsrecht bewirkt damit einen Schutz des Gesellschafterkreises vor dem Eindringen außenstehender Dritter (*Piehler/Schulte* in Münchener Hdb. Gesellschaftsrecht, Bd. 2, § 35 Rz. 13; *Michalski*, NZG 1998, 95) und kann insofern kumulativ oder (seltener) auch alternativ zu einem gesellschaftsvertraglichen Zustimmungserfordernis für die Anteilsübertragung (Vinkulierung) eingesetzt werden.

V 47 **Gesetzliche Regelung** | Das eigentliche Vorkaufsrecht ist in §§ 463 ff. BGB gesetzlich geregelt und ermöglicht es dem Vorkaufsberechtigten, in den mit einem Dritten abgeschlossenen Kaufvertrag an dessen Stelle einzutreten (*Reichert/Ullrich* in Reichert, GmbH & Co. KG, § 29 Rz. 38). Für den Vorkaufsberechtigten gelten dann (mit Abweichungen im Einzelfall, vgl. §§ 463 ff. BGB) die im Kaufvertrag mit dem Dritten vereinbarten Konditionen entsprechend, insbesondere grds. auch der dortige Kaufpreis.

V 48 **Andienungspflicht** | Ebenfalls häufig werden in der Praxis sog. Andienungspflichten (oder – wegen der begrifflichen Nähe zum Vorkaufsrecht eher irreführend – Vorerwerbsrechte) vereinbart. Hierunter ist eine Verpflichtung des verkaufswilligen Gesellschafters zu verstehen, seinen Anteil zunächst den Mitgesellschaftern zum Verkauf anzubieten, *bevor* er den Kaufvertrag mit dem Dritten abschließt (*Piehler/Schulte* in Münchener Hdb. Gesellschaftsrecht, Bd. 2, § 35 Rz. 13). In dieser Variante können und sollten zugleich die wesentlichen Konditionen des mit den Mitgesellschaftern abzuschließenden Kaufvertrags bereits im Vorhinein festgelegt werden.

Kaufpreis | In beiden Varianten (Vorkaufsrecht und Andienungspflicht) kann insb. der Kaufpreis im Vorhinein festgelegt werden (*Reichert/Ullrich* in Reichert, GmbH & Co. KG, § 29 Rz. 39). Das ist bei der Andienungspflicht selbsterklärend, da hier ansonsten mangels Abschluss des Drittvertrags kein Kaufpreis bestimmt werden kann. Beim regulären Vorkaufsrecht tritt hingegen der Vorkaufsberechtigte mangels abweichender Regelung in den durch den veräußerungswilligen Gesellschafter geschlossenen Kaufvertrag zu den dortigen Konditionen – insb. auch Kaufpreis – ein. Da bei Begründung des Vorkaufsrechts (bzw. der Andienungspflicht) kaum ein Festkaufpreis gefunden werden kann, der auch bei künftigen Wert veränderungen noch angemessen ist, wird zumeist lediglich ein Verfahren zur Kaufpreisberechnung festgelegt. Denkbar sind hier (ggf. modifizierte) Buchwertklauseln, Verkehrswertklauseln oder ähnliche Verfahren (im Einzelnen *Reichert/Ullrich* in Reichert, GmbH & Co. KG, § 29 Rz. 39ff.). Da eine Festlegung der Kaufpreisberechnung wirtschaftlich weitestgehend einer Abfindungsregelung entspricht, gelten für die Kaufpreisfindung allerdings im Grds. die für Abfindungen zu beachtenden Einschränkungen entsprechend (→ *Abfindung Rz. A 11ff.*). V49

Kreis der Berechtigten | Sowohl Vorkaufsrecht als auch Andienungspflicht können zugunsten bestimmter oder aller Mitgesellschafter vereinbart werden (zum Vorkaufsrecht vgl. § 472 BGB). Üblich ist es, die Rechte zur Vermeidung einer Verschiebung der Beteiligungsverhältnisse sämtlichen Mitgesellschaftern entsprechend ihren Beteiligungsquoten am Gesellschaftskapital zuzuweisen (*Piehler/Schulte* in Münchener Hdb. Gesellschaftsrecht, Bd. 2, § 35 Rz. 13). Übt ein Gesellschafter sein Recht nicht aus, wächst sein Anteil bei entsprechender Regelung den verbleibenden Mitgesellschaftern – wiederum quotenentsprechend – zu. V50

5. Steuerliche Folgen der Veräußerung eines Mitunternehmeranteils auf Ebene des Veräußerers

Regelung im EStG | Die Rechtsfolgen der Veräußerung eines ganzen Mitunternehmeranteils richten sich nach § 16 Abs. 1 Satz 1 Nr. 2 EStG. V51

Begriff des Mitunternehmeranteils | Der Mitunternehmeranteil i.S.d. § 16 Abs. 1 Satz 1 Nr. 2 EStG umfasst die Anteile des Gesellschafters am Gesamthandsvermögen der GmbH & Co. KG sowie das Sonderbetriebsvermögen des Gesellschafters (vgl. *Wacker* in Schmidt, § 16 EStG Rz. 407). Die Übertragung eines Mitunternehmeranteils stellt nicht die Übertragung eines immateriellen Wirtschaftsgutes dar, wie dies bei Kapitalgesellschaftsanteilen der Fall ist, vielmehr liegt eine Übertragung von Anteilen an den einzelnen zum Gesellschaftsvermögen gehörenden Wirtschaftsgütern und der Wirtschaftsgüter des Sonderbetriebsvermögens vor (vgl. entsprechend zum Erwerb BFH v. 6.7.1995 – IV R 30/93, BStBl. II 1995, 831 = FR 1996, 23). V52

Behandlung von Sonderbetriebsvermögen | Für eine Veräußerung des ganzen Mitunternehmeranteils i.S.d. § 16 Abs. 1 Satz 1 Nr. 2 EStG ist es nicht erforderlich, dass sämtliche Wirtschaftsgüter des Sonderbetriebsvermögens mitveräußert werden. Es reicht vielmehr aus, dass die wesentlichen Betriebsgrundlagen des Sonderbetriebsvermögens mitveräußert werden. Zu den wesentlichen Betriebsgrundlagen des Sonderbetriebsvermögens zählen Wirtschaftsgüter, die für den Betrieb der GmbH & Co. KG funktional wesentlich sind, sowie Wirtschaftsgüter mit erheblichen stillen Reserven (vgl. *Wacker* in Schmidt, § 16 EStG Rz. 414). Insoweit erfolgt also auch eine quantitative Betrachtung der Wirtschaftsgüter des Sonderbetriebsvermögens (anders bei Einbringungen nach § 24 UmwStG, vgl. → *Einbringung Rz. E 38*). V53

V54 **Maßgeblicher Zeitpunkt der Veräußerung** | Der Zeitpunkt der Anteilsübertragung ist sowohl für die Entstehung des Veräußerungsgewinns als auch für die Zurechnung der laufenden Einkünfte maßgebend. Maßgeblicher Zeitpunkt ist grundsätzlich die Übertragung des wirtschaftlichen Eigentums an dem Mitunternehmeranteil vom Veräußerer auf den Erwerber (vgl. *Patt* in Herrmann/Heuer/Raupach, EStG/KStG, § 16 EStG Rz. 300). Der Abschluss des schuldrechtlichen Verpflichtungsgeschäfts ist ohne Bedeutung. Entscheidend ist damit regelmäßig der von den Parteien im Verfügungsvertrag über den Mitunternehmeranteil vereinbarte Zeitpunkt (vgl. *Wacker* in Schmidt, § 16 EStG Rz. 441). Ist die Verfügung aufschiebend bedingt, ist der Eintritt der Bedingung maßgeblich, sofern ihr Eintritt nicht allein vom Willen und Verhalten des Erwerbers abhängt (vgl. BFH v. 25.6.2009 – IV R 3/07, BStBl. II 2010, 182 = GmbHR 2009, 1282 = FR 2010, 329 m. Anm. *Kanzler* = GmbH-StB 2009, 323). Liegt der Übergang des wirtschaftlichen Eigentums ausnahmsweise vor dem Übergang des zivilrechtlichen Eigentums, so ist dieser Zeitpunkt maßgeblich. Der Übergang des wirtschaftlichen Eigentums setzt voraus, dass der Erwerber aufgrund eines zivilrechtlichen Rechtsgeschäfts bereits eine rechtlich geschützte, auf den Erwerb des Rechts gerichtete Position erworben hat, die ihm gegen seinen Willen nicht mehr entzogen werden kann (vgl. BFH v. 25.6.2009 – IV R 3/07, BStBl. II 2010, 182 = GmbHR 2009, 1282 = FR 2010, 329 m. Anm. *Kanzler* = GmbH-StB 2009, 323). Die Einräumung eines Vorkaufsrechts führt damit regelmäßig noch nicht zum Übergang des wirtschaftlichen Eigentums auf den Vorkaufsberechtigten.

V55 **Zeitpunkt der Versteuerung des Veräußerungsgewinns** | Der Gewinn entsteht, auch wenn dem Veräußerer die Gegenleistung erst später zufließt, grundsätzlich im Zeitpunkt der Veräußerung (s. Rz. V 54). Wird die Gegenleistung später ganz oder teilweise uneinbringlich, wirkt dieses Ereignis auf den Veräußerungszeitpunkt zurück, so dass die Veranlagung für das Jahr der Veräußerung nach § 175 Abs. 1 Satz 1 Nr. 2 AO zu ändern ist (vgl. *Wacker* in Schmidt, § 16 EStG Rz. 454, 461). Erfolgt die Veräußerung nicht gegen eine einmalige Gegenleistung, sondern gegen wiederkehrende Bezüge, hat der Veräußerer hinsichtlich des Zeitpunkts der Gewinnversteuerung ein Wahlrecht. Er kann den Veräußerungsgewinn entweder sofort versteuern, wobei der Barwert der wiederkehrenden Bezüge als Veräußerungserlös angesetzt wird. Er kann die Zahlungen der Bezüge jedoch auch als nachträgliche Betriebseinnahmen i.S.d. § 15 i.V.m. § 24 Nr. 2 EStG behandeln (R 16 Abs. 11 EStR), ein dann entstehender Gewinn ist jedoch nicht begünstigt (vgl. Rz. V 58 ff.).

V56 **Veräußerungsgewinn** | Der Veräußerungsgewinn ermittelt sich nach dem erzielten Veräußerungserlös abzüglich den Veräußerungskosten und dem steuerlichen Buchwert des Anteils am Betriebsvermögen, d.h. dem steuerlichen Kapitalkonto des Mitunternehmers bei der GmbH & Co. KG (§ 16 Abs. 2 EStG). Der Veräußerungserlös kann etwa in einem Barbetrag, aber auch in der Übernahme von privaten Verbindlichkeiten, in einem Gegenstand im Rahmen eines Tausches oder in wiederkehrenden Bezügen bestehen. Besteht die Gegenleistung in der Hingabe einer Sache, ist deren gemeiner Wert anzusetzen, erhält der Veräußerer wiederkehrende Bezüge, ist deren Barwert maßgeblich (vgl. *Wacker* in Schmidt, § 16 EStG Rz. 277 ff.). Vom Veräußerungserlös sind die Veräußerungskosten abzuziehen. Aufwendungen sind als Veräußerungskosten anzusehen, wenn sie in einem Veranlassungszusammenhang zur Veräußerung stehen (vgl. BFH v. 25.1.2000 – VIII R 55/97, BStBl. II 2000, 458 = FR 2000, 711 m. Anm. *Kempermann*). Als Veräußerungskosten kommen insbesondere Vermittlungsprovisionen, Notar-, Inserate-, Reise-, Beratungs- und Gutachterkosten in Betracht (vgl. *Wacker* in Schmidt, § 16 EStG Rz. 301 m.w.Bsp.). Schließlich ist der Buchwert des Veräußerers in Abzug zu bringen. Maßgeblich ist der Buchwert des steuerlichen Kapitalkontos des Veräußerers aus der Gesamthandsbilanz zuzüglich etwaiger Sonder- und Ergänzungsbilanzen im Zeitpunkt der Veräußerung.

Veräußerung bei negativem Kapitalkonto | Übernimmt der Erwerber ein negatives Kapitalkonto des Veräußerers und leistet daneben eine Gegenleistung für den Erwerb des Mitunternehmeranteils, liegt ein voll entgeltliches Geschäft vor, und der negative Buchwert ist dem Veräußerungserlös hinzuzurechnen (vgl. *Kobor* in Herrmann/Heuer/Raupach, EStG/KStG, § 16 EStG Rz. 412). Dies gilt sowohl für die Veräußerung durch den Komplementär als auch für die Veräußerung durch einen Kommanditisten. Ist das negative Kapitalkonto beim veräußernden Kommanditisten durch ausleichs- und abzugsfähige Verluste entstanden (z.B. weil § 15a EStG für diese Verluste noch nicht galt), bleibt es bei der entsprechenden gewinnerhöhenden Berücksichtigung des negativen Kapitalkontos. Waren die Verluste, die zur Entstehung des negativen Kapitalkontos geführt haben, hingegen nur verrechenbar (→ *Einlagen und Haftsummen*), mindern die noch vorhandenen verrechenbaren Verluste nach § 15a Abs. 2 Satz 1 EStG den Veräußerungsgewinn (vgl. *Wacker* in Schmidt, § 15a EStG Rz. 224). V 57

Begünstigungen für die Veräußerung des „gesamten" Mitunternehmeranteils | Die Veräußerung eines gesamten Mitunternehmeranteils ist gemäß §§ 16 und 34 EStG begünstigt. Die Veräußerung lediglich eines Teils eines Mitunternehmeranteils führt hingegen zu einem nicht begünstigten laufenden Gewinn (§ 16 Abs. 1 Satz 2 EStG). Veräußert der Verkäufer lediglich seinen Anteil am Gesamthandsvermögen, entnimmt aber wesentliche Wirtschaftsgüter des Sonderbetriebsvermögens in sein Privatvermögen, so liegt zwar keine Veräußerung des gesamten Mitunternehmeranteils, jedoch eine begünstigte Aufgabe des Mitunternehmeranteils nach § 16 Abs. 3 Satz 1 EStG vor (BFH v. 31.8.1995 – VIII B 21/93, BStBl. II 1995, 890 = GmbHR 1996, 140 = FR 1995, 863). Die entnommenen Wirtschaftsgüter sind gemäß § 16 Abs. 3 Satz 7 EStG mit dem gemeinen Wert anzusetzen. Anders sind Fälle zu beurteilen, in denen in engem zeitlichem Zusammenhang mit der Veräußerung des Anteils wesentliche Betriebsgrundlagen des Sonderbetriebsvermögens zu Buchwerten in ein anderes Betriebsvermögen übertragen werden. Hier fehlt es im Gegensatz zur Veräußerung des gesamten Mitunternehmeranteils bzw. zu dessen Aufgabe an einer Aufdeckung sämtlicher stiller Reserven. Der Vorgang ist daher nicht begünstigt (vgl. BFH v. 6.9.2000 – IV R 18/99, BStBl. II 2001, 229 = GmbHR 2001, 35 = FR 2001, 75 = GmbH-StB 2001, 6; BFH v. 9.12.2014 – IV R 36/13, BStBl. II 2015, 529 = GmbHR 2015, 382 = FR 2015, 710). V 58

Begünstigung nach § 16 Abs. 4 EStG | Liegt eine nach § 16 EStG begünstigte Veräußerung eines gesamten Mitunternehmeranteils vor und hat der Veräußerer bereits das 55. Lebensjahr vollendet oder ist im sozialversicherungsrechtlichen Sinne dauerhaft berufsunfähig, ermäßigt sich der Veräußerungsgewinn auf Antrag einmalig um einen Freibetrag von 45 000 Euro (§ 16 Abs. 4 Satz 1 EStG). Dieser Freibetrag verringert sich um den Betrag, um den der Veräußerungsgewinn 136 000 Euro übersteigt. V 59

Beispiel:

A ist 60 Jahre alt und Kommanditist der A-B-GmbH & Co. KG. Er veräußert seinen Kommanditanteil einschließlich sämtlicher wesentlicher Betriebsgrundlagen des Sonderbetriebsvermögens und erzielt dabei einen Veräußerungsgewinn von 150 000 Euro. Der Veräußerungsgewinn übersteigt den Betrag von 136 000 Euro um 14 000 Euro. In dieser Höhe ist der Freibetrag zu mindern (§ 16 Abs. 4 Satz 3 EStG), so dass noch ein Freibetrag von 31 000 Euro berücksichtigt werden kann.

Begünstigung nach § 34 EStG | Liegt eine nach § 16 EStG begünstigte Veräußerung vor, ist auf diesen grundsätzlich die progressionsmildernde Fünftelungs-Regelung des § 34 Abs. 1 EStG anzuwenden. Hat der Veräußerer das 55. Lebensjahr vollendet oder ist er im sozialversicherungsrechtlichen Sinne dauernd berufsunfähig, ist auf Antrag eine Versteuerung des V 60

Veräußerungsgewinns mit einem ermäßigten Steuersatz nach § 34 Abs. 3 EStG möglich. Dieser ermäßigte Steuersatz beträgt 56 % des durchschnittlichen Steuersatzes, mindestens jedoch 14 %.

V61 **Rechtsfolgen einer nicht begünstigten Veräußerung |** Stellt die Veräußerung keine Veräußerung eines ganzen Mitunternehmeranteils i.S.d. § 16 Abs. 1 Satz 1 Nr. 2 EStG dar, z.B. weil nicht sämtliche wesentlichen Betriebsgrundlagen des Sonderbetriebsvermögens veräußert werden, liegt ein laufender Gewinn vor, der nicht nach §§ 16 oder 34 EStG begünstigt ist und der Gewerbesteuer unterliegt.

V62 **Umsatzsteuerliche Folgen der Anteilsveräußerung |** Die Anteilsveräußerung wird häufig mangels Unternehmereigenschaft des veräußernden Mitunternehmers nicht umsatzsteuerbar sein. Sollte der Mitunternehmer auch umsatzsteuerpflichtiger Unternehmer sein, wäre die Veräußerung nach § 4 Nr. 8 Buchst. f UStG umsatzsteuerfrei (vgl. *Hannes* in Hesselmann/ Tillmann/Mueller-Thuns, Hdb. GmbH & Co. KG, Rz. 8.74).

6. Steuerliche Folgen der Veräußerung eines Mitunternehmeranteils auf Ebene der Mitunternehmerschaft

V63 **Folgen für den Betriebsausgabenabzug für Zinsaufwendungen (Zinsschranke), § 4h EStG |** Die Anteilsveräußerung hat Auswirkungen auf die Zinsschrankenregelung nach § 4h EStG. Zunächst stellt der Veräußerungsgewinn einen Gewinn i.S.d. § 4h Abs. 3 Satz 1 EStG dar und wirkt sich somit positiv auf die Höhe des EBITDA aus (vgl. *Korn* in Korn, § 4h EStG Rz. 199). Des Weiteren ist § 4h Abs. 5 Satz 2 EStG zu beachten, wonach ein bestehender EBITDA- oder Zinsvortrag durch die Anteilsveräußerung anteilig mit der Quote untergeht, mit der der ausgeschiedene Gesellschafter an der Gesellschaft beteiligt war. Die Finanzverwaltung interpretiert § 4h EStG betriebsbezogen. Nicht abziehbare Zinsaufwendungen sind den Mitunternehmern daher nach dem allgemeinen Gewinnverteilungsschlüssel zuzurechnen, und zwar auch dann, wenn es sich um Zinsaufwendungen aus dem Sonderbetriebsvermögensbereich eines anderen Mitunternehmers handelt (vgl. BMF v. 4.7.2008, BStBl. I 2008, 718, Rz. 53). Aufgrund dieser betriebsbezogenen Interpretation geht auch ein Zinsvortrag unter, der durch Zinsen im Sonderbetriebsvermögen eines Mitunternehmers entstanden ist, der nicht aus der Gesellschaft ausscheidet (vgl. *Ley* in FS Schaumburg, S. 423, 438).

V64 **Auswirkungen auf Verluste |** → *Verluste*

V65 **Grunderwerbsteuerliche Folgen |** Die Veräußerung von Mitunternehmeranteilen kann grunderwerbsteuerliche Folgen haben, wenn zum Vermögen der GmbH & Co. KG ein Grundstück gehört und innerhalb von fünf Jahren mittelbar oder unmittelbar mindestens 95 % der Anteile am Vermögen der GmbH & Co. KG auf neue Gesellschafter übergehen (§ 1 Abs. 2a GrEStG), wenn sich unmittelbar oder mittelbar mindestens 95 % der Anteile an der Gesellschaft in einer Hand vereinigen (§ 1 Abs. 3 GrEStG) oder ein Rechtsträger unmittelbar oder mittelbar oder teils unmittelbar, teils mittelbar eine wirtschaftliche Beteiligung i.H.v. mindestens 95 % an der GmbH & Co. KG aufgrund eines Rechtsvorgangs erwirbt (§ 1 Abs. 3a GrEStG). → *Grunderwerbsteuer*

7. Gewerbesteuerliche Folgen

Veräußerer ist eine natürliche Person | Gewinne aus der Veräußerung des gesamten Mitunternehmeranteils durch eine natürliche Person unterliegen nicht der Gewerbesteuer (§ 7 Satz 2 GewStG). Die Veräußerung eines Teil eines Mitunternehmeranteils stellt hingegen laufenden Gewinn dar (§ 16 Abs. 1 Satz 2 EStG), der auch der Gewerbesteuer unterliegt. V66

Veräußerer ist keine natürliche Person | Nach § 7 Satz 2 Nr. 2 GewStG gehören Gewinne aus der Veräußerung eines Mitunternehmeranteils zum Gewerbeertrag, soweit er nicht auf eine unmittelbar an der Mitunternehmerschaft beteiligte natürliche Person entfällt. V67

frei V68–V80

Vertiefende Recherche

Wichtige Urteile und Erlasse

BFH v. 25.6.2009 – IV R 3/07, BStBl. II 2010, 182 = GmbHR 2009, 1282: Veräußerung eines Mitunternehmeranteils – Übergang des wirtschaftlichen Eigentums – Veräußerungsgewinn i.S.d. § 16 EStG – Klagebefugnis des Erwerbers eines Mitunternehmeranteils bei Streit um die Höhe des Veräußerungsgewinns des Veräußerers.

BFH v. 6.9.2000 – IV R 18/99, BStBl. II 2001, 229 = GmbHR 2001, 35: Keine tarifbegünstigte Anteilsveräußerung bei vorheriger Buchwertübertragung wesentlicher Betriebsgrundlagen.

BFH v. 25.1.2000 – VIII R 55/97, BStBl. II 2000, 458: Vorfälligkeitsentschädigung für die vorzeitige Ablösung eines betrieblichen Kredits im Rahmen der Betriebsveräußerung gehört zu den Veräußerungskosten – Abgrenzung laufender Gewinn vom Veräußerungsgewinn im Rahmen einer Betriebsveräußerung.

BFH v. 31.8.1995 – VIII B 21/93, BStBl. II 1995, 890 = GmbHR 1996, 140: Unentgeltliche Übertragung eines Mitunternehmeranteils: Einbeziehung von Sonderbetriebsvermögen, tarifbegünstigte Aufgabe – Klärungsbedürftigkeit einer bereits entschiedenen Rechtsfrage – Bezeichnung der Divergenz – Systemhalle als wesentliche Betriebsgrundlage eines Großhandelsbetriebs.

BFH v. 6.7.1995 – IV R 30/93, BStBl. II 1995, 831: Ableitung des Teilwerts von Wirtschaftsgütern aus dem Kaufpreis für einen Gesellschaftsanteil – entgeltlicher Erwerb eines Mitunternehmeranteils als Anschaffung von Anteilen an zum Gesellschaftsvermögen gehörenden Wirtschaftsgütern – Anwendung des § 6 Abs. 1 Nr. 7 EStG bei Erwerb eines Mitunternehmeranteils.

BGH v. 2.6.1980 – II ZR 64/79, NJW 1980, 2408: Es ist mindestens der Erwerb einer ¾-Mehrheit erforderlich, um einen Unternehmenskauf mit der Folge des Eingreifens der Sachmängelgewährleistung anzunehmen.

Weitere Stichwörter

→ *Einlagen und Haftsummen*; → *Eintritt eines neuen Gesellschafters*; → *Gewinnermittlung (steuerliche)*; → *Grunderwerbsteuer*; → *Schenkung von Gesellschaftsanteilen*; → *Übertragung von Gesellschaftsanteilen*; → *Verluste*

Verluste

Ausgewählte Literatur: *Ley*, Nutzung der Gewerbeverluste im Zusammenhang mit Personengesellschaften, KÖSDI 2013, 18366.

1. Verluste aus einkommen- und körperschaftsteuerlicher Sicht

V 81 **Berücksichtigung der Verluste bei den Gesellschaftern |** Aus ertragsteuerlicher Sicht ist die GmbH & Co. KG kein Steuersubjekt, die Verluste der Gesellschaft werden ebenso wie Gewinne unmittelbar den Gesellschaftern zugerechnet. Ein etwaiger Fehlbetrag wird bei der Gesellschaft ermittelt und gemäß § 180 Abs. 1 Nr. 2a i.V.m. § 179 Abs. 2 Satz 2 AO einheitlich und gesondert festgestellt. Die Verluste können die Gesellschafter grundsätzlich im Rahmen ihrer Einkünfteermittlung mit positiven Einkünften aus der gleichen Einkunftsart oder aus anderen Einkunftsarten verrechnen (vertikaler und horizontaler Verlustausgleich). Die Kommanditisten haben jedoch die Vorschrift des § 15a EStG zu beachten, die ggf. zu einer Einschränkung der Verlustausgleichsmöglichkeiten führt. → *Einlagen und Haftsummen*

2. Verluste aus gewerbesteuerlicher Sicht

V 82 **Gewerbesteuersubjekt |** Hinsichtlich der Gewerbesteuer ist die GmbH & Co. KG als Personengesellschaft selbst Steuersubjekt und Steuerschuldnerin (vgl. § 5 Abs. 1 Satz 3 GewStG). Erzielte Gewinne werden bei ihr der Gewerbesteuer unterworfen. Gleiches gilt für Gewerbeverluste, die bei GmbH & Co. KG selbst zu berücksichtigen sind. Ergibt sich bei der Ermittlung des maßgebenden Gewerbeertrages unter Berücksichtigung von Hinzurechnungen und Kürzungen ein Fehlbetrag, so ist dieser gemäß § 10a Satz 1 GewStG zeitlich grundsätzlich unbeschränkt vortragsfähig. Ein Verlustrücktrag ist hingegen nicht möglich. Berücksichtigt werden können grundsätzlich nur laufende Verluste (beachte aber § 7 Satz 2 GewStG), die nach dem Beginn und vor der Beendigung der sachlichen Steuerpflicht angefallen sind. → *Gewerbesteuer*

V 83 **Feststellungsverfahren für Verluste |** Erzielt die GmbH & Co. KG nach Berücksichtigung von Hinzurechnungen (§ 8 GewStG) und Kürzungen (§ 9 GewStG) einen Fehlbetrag, wird dieser gesondert festgestellt (§ 10a Satz 6 GewStG). Für diesen Verlustfeststellungsbescheid gelten nach § 181 AO die Vorschriften über Steuerbescheide. Seine Bekanntgabe erfolgt an den Steuerschuldner, also die GmbH & Co. KG. Der Verlustfeststellungsbescheid ist Grundlagenbescheid für den Gewerbesteuermessbescheid des Folgejahres. Für die GmbH & Co. KG erfolgt die Verlustfeststellung gesellschaftsbezogen, es erfolgt keine Aufteilung auf die einzelnen Mitunternehmer (vgl. *Drüen* in Blümich, EStG/GewStG/KStG, § 10a GewStG Rz. 119). Der in folgenden Erhebungszeiträumen erzielte Gewerbeertrag wird um einen festgestellten Verlust aus dem Vorjahr gemindert. Dieser sog. „**Verlustabzug**“ erfolgt von Amts wegen, es bedarf keines Antrags des Steuerpflichtigen, auch ein Wahlrecht hinsichtlich der Verlustberücksichtigung besteht nicht (vgl. *Kleinheisterkamp* in Lenski/Steinberg, § 10a GewStG Rz. 353).

Voraussetzungen für den Verlustabzug | Der Verlustabzug setzt Unternehmer- und Unternehmensidentität voraus (vgl. R 10a.1 Abs. 3 Satz 3 GewStR). § 10a Satz 10 GewStG schränkt die Verlustnutzung weiter ein. V 84

Unternehmensidentität | Unternehmensidentität bedeutet, dass der im Jahr der Verlustverrechnung bestehende Gewerbebetrieb identisch sein muss mit dem Gewerbebetrieb im Jahr der Verlustentstehung (R 10a.2 GewStR). Ob Unternehmensidentität vorliegt, ist nach dem Gesamtbild der Verhältnisse zu beurteilen. Wesentliche Kriterien sind dabei die Art der Betätigung, der Kunden- und Lieferantenkreis, die Arbeitnehmerschaft, die Geschäftsleitung, die Betriebsstätten sowie die Zusammensetzung des Aktivvermögens (BFH v. 16.4.2002 – VIII R 16/01, BFH/NV 2003, 81). Dabei ist zu berücksichtigen, dass eine GmbH & Co. KG auch bei mehreren sachlich an sich selbstständigen Tätigkeiten nur einen einzigen Gewerbebetrieb unterhält. Die GmbH & Co. KG wird also insgesamt als ein einziges Unternehmen angesehen (vgl. *Güroff* in Glanegger/Güroff, § 10a GewStG Rz. 20). Das führt dazu, dass die Unternehmensidentität auch dann erhalten bleibt, wenn die Gesellschaft eine dieser Tätigkeiten aufgibt (BFH v. 15.3.1994 – XI R 60/89, BFH/NV 1994, 899). Dagegen hat der BFH entschieden, dass bei Aufgabe oder Veräußerung eines Teilbetriebs die Unternehmensidentität insoweit endet (BFH v. 7.8.2008 – IV R 89/05, BStBl. II 2012, 145 = GmbHR 2008, 1283). In diesem Fall geht der dem Teilbetrieb zuzurechnende Verlustvortrag unter. V 85

Unternehmeridentität | Obwohl Steuerschuldner der Gewerbesteuer die GmbH & Co. KG ist, sind die Mitunternehmer die Träger des gewerbesteuerlichen Verlustabzugs (vgl. *Güroff* in Glanegger/Güroff, § 10a GewStG Rz. 93; s. auch § 10a Satz 4 und 5 GewStG). Daraus folgt, dass im Erhebungszeitraum der **Verlustentstehung** an der GmbH & Co. KG beteiligte Mitunternehmer auch noch im Erhebungszeitraum der **Verlustverrechnung** an der Gesellschaft beteiligt sein müssen. Andernfalls fehlt es insoweit an der Unternehmeridentität; eine Verlustnutzung ist dann insoweit nicht möglich (H 10a.3 Abs. 3 Satz 9 GewStH). Letztlich führt also insbesondere der Austritt eines Mitunternehmers zu einem Untergang der auf ihn entfallenden Verluste. Unternehmeridentität setzt jedoch keine Beteiligungsidentität voraus (BFH v. 17.1.2006 – VIII R 96/04, BFH/NV 2006, 885 = GmbHR 2006, 384 = FR 2006, 557 m. Anm. *Wendt* = GmbH-StB 2006, 94). Die im Verlustentstehungsjahr beteiligten Mitunternehmer müssen also im Abzugsjahr nicht in gleichem Umfang beteiligt sein. Überträgt der Gesellschafter nur einen Teil seines Anteils, bleibt der auf ihn entfallende Verlust damit erhalten, allerdings ist dann § 10a Satz 5 GewStG im Abzugsjahr zu berücksichtigen. Ist an der GmbH & Co. KG eine Personengesellschaft als Obergesellschaft beteiligt (doppelstöckige Personengesellschaft), ist Mitunternehmer der GmbH & Co. KG diese Obergesellschaft, nicht jedoch die Mitunternehmer der Obergesellschaft. Ein Wechsel der Mitunternehmer bei der Obergesellschaft hat daher keine Auswirkungen auf die Unternehmeridentität und den Verlustvortrag der GmbH & Co. KG. V 86

Untergang von Verlusten nach § 10a Satz 10 GewStG i.V.m. § 8c KStG | Werden innerhalb von fünf Jahren mittelbar oder unmittelbar mehr als 25 % des gezeichneten Kapitals, der Mitgliedschaftsrechte, Beteiligungsrechte oder der Stimmrechte an einer Körperschaft an einen Erwerber oder liegt ein vergleichbarer Sachverhalt vor, gehen insoweit die Verluste der Körperschaft nach § 8c Abs. 1 Satz 1 KStG unter. Bei einem Übergang von mehr als 50 % solcher Rechte gehen die Verluste der Körperschaft nach § 8c Abs. 1 Satz 2 KStG vollständig unter. Gleiches gilt bei Erwerben durch einander nahestehende Personen oder einer Gruppe von Er- V 87 werbern mit gleichgerichteten Interessen. Ausnahmen vom Verlustuntergang sehen die Konzernklausel (§ 8c Abs. 1 Satz 5 KStG) und die Stille-Reserven-Klausel (§ 8c Abs. 1 Satz 6 ff. KStG) vor. § 10a Satz 10 GewStG erstreckt den Verlustuntergang auf gewerbesteuerliche Verluste. Betroffen sind dabei nicht nur Verluste der Körperschaft, deren Anteile unmittelbar oder mittelbar übertragen wurden, sondern auch Verluste von dieser Körperschaft nachgeordneten Mitunternehmerschaften.

Beispiel 1:

An der AB-GmbH & Co. KG sind neben der vermögensmäßig nicht beteiligten Komplementär-GmbH die A-GmbH und der B jeweils zu 50 % beteiligt. Einziger Gesellschafter der A-GmbH ist A. Bei der AB-GmbH & Co. KG bestehen zum 31.12.2016 gewerbesteuerliche Verlustvorträge i.H.v. 200 000 Euro, die je zur Hälfte der A-GmbH und B zuzurechnen sind. Zum 1.1.2017 veräußert A 30 % der Anteile an der A-GmbH an C.

Die Veräußerung der Anteile stellt einen schädlichen Beteiligungserwerb i.S.d. § 8c Abs. 1 Satz 1 KStG dar. Gemäß § 8c Abs. 1 Satz 1 KStG führt der Erwerb von mehr als 25 % der Anteile durch einen Erwerber innerhalb von 5 Jahren zu einem anteiligen Verlustuntergang. Gemäß § 10a Abs. 10 Halbs. 2 GewStG ist § 8c KStG auch auf die der A-GmbH zuzurechnenden Fehlbeträge der AB-GmbH & Co. KG anzuwenden. Für die AB-GmbH & Co. KG bedeutet dies, dass 30 % der der A-GmbH zuzurechnenden vortragsfähigen Verluste, also 30 000 Euro untergehen. Es verbleiben vortragsfähige Verluste von insgesamt 170 000 Euro.

Abwandlung: A veräußert, bei ansonsten gleichem Sachverhalt, 60 % der Anteile an der A-GmbH an C.

Es liegt ein schädlicher Beteiligungserwerb nach § 8c Abs. 1 Satz 2 KStG vor. Dieser führt dazu, dass die der A-GmbH zuzurechnen Verluste der AB-GmbH & Co. KG gemäß § 10a Abs. 10 Halbs. 2 GewStG i.V.m. § 8c Abs. 1 Satz 2 KStG vollständig untergehen. Damit verbleiben der AB-GmbH & Co. KG noch vortragsfähige Verluste i.H.v. 100 000 Euro.

V 88 **Mindestbesteuerung |** Die Verlustverrechnung ist betragsmäßig beschränkt. Eine unbeschränkte Verrechnung ist nur bis zu einem Gewerbeertrag von 1 Mio. Euro möglich (§ 10a Satz 1 GewStG). Liegt der Gewerbeertrag darüber, werden lediglich 60 % des den Sockelbetrag von 1 Mio. Euro übersteigenden Gewerbeertrages mit Fehlbeträgen verrechnet (§ 10a Abs. 2 GewStG). Damit wird der den Sockelbetrag von 1 Mio. Euro übersteigende Gewerbeertrag zu mindestens 40 % versteuert.

Beispiel 2:

Der festgestellte vortragsfähige Verlust beträgt 3 Mio. Euro, der maßgebende Gewerbeertrag 2 Mio. Euro. In Höhe von 1 Mio. Euro erfolgt die Kürzung des Gewerbeertrages unbeschränkt. In Höhe des übersteigenden Betrages (1 Mio. Euro) erfolgt die Kürzung nur zu 60 %, also 600 000 Euro. Es verbleibt ein maßgebender Gewerbeertrag von 400 000 Euro, der nicht mit gewerbesteuerlichen Verlusten verrechnet werden kann und nach den allgemeinen Regeln versteuert wird; der verbleibende vortragsfähige Verlust beträgt 1,4 Mio. Euro.

V 89 **Verteilung der Verluste nach § 10a Sätze 4 und 5 GewStG |** Der sich bei der GmbH & Co. KG ergebende Fehlbetrag ist gemäß § 10a Satz 4 GewStG den Mitunternehmern nach dem allgemeinen Gewinnverteilungsschlüssel zuzurechnen. Ergebnisse aus Sonder- und Ergänzungsbilanzen beeinflussen das Ergebnis der Gesellschaft und damit auch die Höhe des Fehlbetrages. Bei der Verteilung des Fehlbetrages auf die Mitunternehmer sind sie jedoch nicht zu berücksichtigen. Gleiches gilt für Vorabgewinnanteile.

Beispiel 3:

An der AB-GmbH & Co. KG sind A und B zu je 50 % vermögensmäßig beteiligt. Im Jahr 01 erzielt die Gesellschaft im Gesamthandsbereich einen Verlust von 200 000 Euro. A hat 100 000 Euro Sonderbetriebseinnahmen und 50 000 Euro Sonderbetriebsausgaben erwirtschaftet. Die Gewinnverteilung erfolgt entsprechend der vermögensmäßigen Beteiligung, die Komplementär-GmbH erhält eine Haftungsvergütung von 3 000 Euro. Die Gewinnverteilung sieht daher wie folgt aus (Angaben in Euro):

	GmbH & Co. KG	Komplementärin	A	B
Ergebnis	– 20 000			
Vorabvergütung	3 000	3 000		
Verteilung	– 203 000		– 101 500	– 101 500
SBE	100 000		100 000	
SBA	– 50 000		– 50 000	
Gesamtergebnis	– 150 000	3 000	– 51 500	– 101 500

Dennoch ist der Fehlbetrag i.H.v. 150 000 Euro nach § 10a Satz 4 GewStG A und B zu je zu 75 000 Euro zuzurechnen.

Auswirkungen u.a. von Gesellschafterwechseln | Im Kürzungsjahr, also in dem Jahr, in dem der entstandene Fehlbetrag mit Gewerbeerträgen verrechnet wird, ist der entstandene Gewerbeertrag sowie der Höchstbetrag des § 10a Satz 1 GewStG i.H.v. 1 Mio. Euro ebenfalls entsprechend dem allgemeinen Gewinnverteilungsschlüssel ohne Berücksichtigung von Vorabgewinnanteilen aufzuteilen (§ 10a Satz 5 GewStG). Ein dem Mitunternehmer im Kürzungsjahr zugewiesener Gewinn kann lediglich durch Verluste ausgeglichen werden, die ihm zuvor zugewiesen wurden. Dies kann insbesondere in Fällen, in denen Gesellschafter wechseln oder hinzutreten, dazu führen, dass vorhandene Verlustvorträge nicht vollständig berücksichtigt werden. Ist der Gesellschafterbestand im Verlustentstehungs- und im Abzugsjahr gleich, kann eine gesellschafterbezogene Betrachtungsweise jedoch unterbleiben (R 10a.3 Abs. 3 Satz 6 GewStR). V 90

Fortführung von Beispiel 3:

Zum 1.1.2002 tritt C als Kommanditist in die AB-GmbH & Co. KG ein. A, B und C sind nun zu jeweils 1/3 am Gewinn und Verlust beteiligt. Im Jahr 02 erzielt die Gesellschaft einen Gewinn von 63 000 Euro. A erzielt Sonderbetriebseinnahmen von 30 000 Euro.

	GmbH & Co. KG	Komplementärin	A	B	C
Ergebnis	63 000				
Vorabvergütung	3 000	3 000			
Verteilung	60 000		20 000	20 000	20 000
SBE	60 000		60 000		
SBA	– 30 000		– 30 000		
Gesamtergebnis	93 000	3 000	50 000	20 000	20 000

Nach § 10a Satz 5 GewStG ist der maßgebende Gewerbeertrag von 93 000 Euro zu je 1/3 A, B und C zuzurechnen. Auf jeden von ihnen entfallen 31 000 Euro. Der A und B zuzurechnende Gewinn wird mit den ihnen zuzurechnenden vortragsfähigen Verlusten verrechnet. C sind keine Verlustvorträge aus Vorjahren zuzurechnen, so dass ein maßgebender Gewerbeertrag von 31 000 Euro verbleibt. Der vortragsfähige Verlust mindert sich um 62 000 Euro und ist auf 88 000 Euro festzustellen.

frei V 91–V 100

Vertiefende Recherche

Wichtige Urteile und Erlasse

BFH v. 22.1.2009 – IV R 90/05, BFH/NV 2009, 843 = GmbHR 2009, 496: Gewerbesteuerlicher Verlustvortrag bei Wechsel von unmittelbarer zu mittelbarer Beteiligung an einer atypisch stillen Gesellschaft – Wegfall der Unternehmeridentität – Keine verfassungsrechtlichen Bedenken gegen anteilige Kürzung des Verlustvortrags – Verlustabzug bei Ausscheiden während des Erhebungszeitraums.

BFH v. 7.8.2008 – IV R 89/05, BStBl. II 2012, 145 = GmbHR 2008, 1283: Verrechenbarkeit eines Gewerbeverlusts: nur teilweise Unternehmensidentität bei Teilbetriebsveräußerung – Verlustausgleich bei Unternehmeridentität trotz Verselbständigung des Teilbetriebs.

BFH v. 17.1.2006 – VIII R 96/04, BFH/NV 2006, 885 = GmbHR 2006, 384: Ermittlung des vortragsfähigen Gewerbeverlusts bei Gesellschafterwechsel in einer Personengesellschaft – Verlustfeststellungsbescheid als Grundlagenbescheid – Gewerbegewinn als unselbständige Besteuerungsgrundlage.

BFH v. 15.3.1994 – XI R 60/89, BFH/NV 1994, 899: Tätigkeit einer Kommanditgesellschaft als ein Gewerbebetrieb.

Weitere Stichwörter

→ *Gewerbesteuer;* → *Gewinnermittlung (steuerliche)*

Vermögensverwaltende GmbH & Co. KG

Ausgewählte Literatur: *Brinkmeier*, Die vermögensverwaltende Personenhandelsgesellschaft, GmbH-StB 1998, 236; *Engel*, Vermögensverwaltende Personengesellschaften im Ertragsteuerrecht, 2. Aufl. 2015; *Früchtl/Prokscha*, Vermögensverwaltende Personengesellschaften im Gesellschafts-, Handels- und Steuerrecht, DStZ 2010, 595; *Haase/Dorn*, Vermögensverwaltende Personengesellschaften, 2. Aufl. 2015; *Kröner/Bolik*, Die Anwendung der Zinsschranke bei vermögensverwaltenden und gewerblichen Personengesellschaften, DStR 2008, 1309; *von Oertzen/Hermann*, Vermögensverwaltende GbR vs. vermögensverwaltende KG: Überblick über die zivil- und steuerrechtlichen Gemeinsamkeiten bzw. Unterschiede, ZEV 2003, 400; *Paus*, Verkauf von Anteilen an vermögensverwaltenden Personengesellschaften, EStB 2014, 270; *Rüttenauer*, Die Bewertung von vermögensverwaltenden Gesellschaften, ErbStB 2014, 265; *Wichmann*, Das Ergebnisvorab bei vermögensverwaltenden Personengesellschaften, Stbg 2014, 1; *Wichmann*, Vermögensverwaltende Personengesellschaften und deren Rechnungslegung – ein Überblick, Stbg 2015, 5.

1. Begriff der vermögensverwaltenden GmbH & Co. KG

Wesen | Unter einer vermögensverwaltenden GmbH & Co. KG wird eine Gesellschaft in der Rechtsform einer GmbH & Co. KG verstanden, die lediglich eigenes Vermögen verwaltet und keiner gewerblichen Tätigkeit i.S.d. § 15 Abs. 1 Satz 1 Nr. 2, Abs. 2 EStG nachgeht. Nachdem ihre Zulässigkeit in Rechtsprechung und Schrifttum früher umstritten war (vgl. *Ihrig* in Reichert, GmbH & Co. KG, § 11 Rz. 5), ist sie nunmehr nach der Einfügung des § 105 Abs. 2 HGB unabhängig vom Vorliegen eines Gewerbebetriebes anerkannt (→ *Unternehmensgegenstand Rz. U 564*; → *Rechtsformwahl Rz. R 6*). Im Fall der vermögensverwaltenden GmbH & Co. KG wirkt die Handelsregistereintragung gemäß § 105 Abs. 2 Satz 1 HGB ausnahmsweise konstitutiv; zuvor kann deshalb allenfalls eine vermögensverwaltende GbR bestehen, die sich mit Eintragung der KG unter Wahrung ihrer Identität in eine GmbH & Co. KG umwandelt (→ *Gründung Rz. G 484*). Im Folgenden wird davon ausgegangen, dass bei der vermögensverwaltenden GmbH & Co. KG wenigstens ein persönlich haftender Gesellschafter eine natürliche Person ist, so dass auch **keine gewerbliche Prägung** i.S.d. § 15 Abs. 3 Nr. 2 EStG (→ *Gewerbliche Prägung*) vorliegt. V 101

Eignung | Die Rechtsform der GmbH & Co. KG für eine vermögensverwaltende Gesellschaft bietet sich z.B. für Familienvermögensgesellschaften an. Zu den Vor- und Nachteile der Rechtsform der GmbH & Co. KG s. → *Rechtsformwahl.* V 102

2. Handelsrechtliche Pflichten

Buchführungs- und Bilanzierungspflicht | Nach h.M. ist die vermögensverwaltende GmbH & Co. KG buchführungs- und bilanzierungspflichtig, da die Gesellschaft Kaufmann kraft Eintragung in das Handelsregister ist (*Böcking/Gros* in E/B/J/S, § 238 HGB Rz. 7; *Winkeljohann/Henckel* in Beck'scher Bilanz-Kommentar, § 238 HGB Rz. 22 m.w.N.). Bei Nichtbeachtung droht handelsrechtlich keine Sanktion, da § 335b HGB nur für eine KG gilt, die keine natürliche Person als Komplementär hat. Bei Insolvenz der Gesellschaft kann u.U. aber eine Straf- V 103 barkeit nach § 283b StGB vorliegen. Im Besteuerungsverfahren besteht zwar grundsätzlich die Möglichkeit, ein Zwangsgeld anzudrohen und festzusetzen, hierfür bedürfte es jedoch einer vorherigen vergeblichen Aufforderung zur Buchführung (*von Oertzen/Hermann*, ZEV 2003, 400, 401).

V 104 **Weitere Pflichten** | Aufgrund der Tatsache, dass bei der vermögensverwaltenden GmbH & Co. KG neben der Komplementär-GmbH wenigstens eine natürliche Person persönlich haftender Gesellschafter ist, trifft die vermögensverwaltende GmbH & Co. KG weder die Pflicht zur Erweiterung des Jahresabschlusses um einen Anhang und zur Aufstellung eines Lageberichts noch die Pflicht zur Prüfung des Jahresabschlusses durch einen Wirtschaftsprüfer (§ 264a Abs. 1 HGB). Ebenso wenig besteht für sie die Pflicht zur Einreichung des Jahresabschlusses beim Handelsregister.

3. Steuerrecht

V 105 **Einkünftequalifikation** | Im Rahmen der einheitlichen und gesonderten Gewinnfeststellung nach § 180 AO ist für jeden Gesellschafter gesondert die zutreffende Einkunftsart festzustellen (→ *Gewinnermittlung (steuerliche)*). Grundsätzlich kann die Gesellschaft Einkünfte aus Kapitalvermögen (§ 20 EStG), Einkünfte aus Vermietung und Verpachtung (§ 21 EStG), Einkünfte aus der Veräußerung von Anteilen an Kapitalgesellschaften (§ 17 EStG) und Sonstige Einkünfte aus privaten Veräußerungsgeschäften (§§ 22 Nr. 2, 23 EStG) erzielen. Hält ein Gesellschafter seine Beteiligung an der vermögensverwaltenden Personengesellschaft in seinem Betriebsvermögen oder erfüllt er bei Zusammenrechnung aller Aktivitäten die Voraussetzungen eines gewerblichen Grundstückshandels, so sind die auf diesen Gesellschafter entfallenden Einkünfte in gewerbliche umzuqualifizieren, da er nur solche Einkünfte erzielen kann. Man spricht in einem solchen Fall von einer sog. **Zebra-Gesellschaft,** die aber keine Mitunternehmerschaft darstellt und somit auch den betrieblich beteiligten Gesellschafter keinen Mitunternehmeranteil vermittelt (*Winter* in Lange/Bilitewski/Götz, Personengesellschaften im Steuerrecht, Rz. 4539). Verfahrensrechtlich ist zu beachten, dass die verbindliche Entscheidung über die Art und Höhe der Einkünfte eines betrieblich an einer vermögensverwaltenden Personengesellschaft beteiligten Gesellschafters durch das für die Besteuerung des Gesellschafters zuständige Finanzamt zu treffen ist (BFH v. 11.4.2005 – GrS-2/02, BStBl. II 2005, 679 = FR 2005, 1026 m. Anm. *Kempermann*).

V 106 **Einkünfteermittlung** | Ermittelt werden die Einkünfte durch Gegenüberstellung der Einnahmen und der Werbungskosten (§ 2 Abs. 2 Satz 1 Nr. 2 EStG). Steuerrechtlich besteht – im Unterschied zum Handelsrecht – keine Buchführungs- und Bilanzierungspflicht (*Kruse/Drüen* in Tipke/Kruse, AO/FGO, § 140 AO Rz. 17).

V 107 **Ideelle Bruchteilsbetrachtung** | Die zum Gesamthandsvermögen zugehörigen Wirtschaftsgüter werden den Gesellschaftern nach Maßgabe ihrer Beteiligungsquote an der vermögensverwaltenden Personengesellschaft gemäß § 39 Abs. 2 Nr. 2 AO anteilig zugerechnet. Somit wird steuerrechtlich eine Berechtigung der Mitglieder der Gesamthand nach Bruchteilen fingiert (*Kruse* in Tipke/Kruse, AO/FGO, § 39 AO Rz. 86). Dies hat zur Folge, dass

- Erwerbe und Veräußerungen zwischen der vermögensverwaltenden Gesellschaft und deren Gesellschaftern insoweit keine einkommensteuerliche Wirkung entfalten, als der Veräußerer oder Erwerber an der Gesellschaft vermögensmäßig beteiligt ist (BFH v. 6.10.2004 – IX

R 68/01, BStBl. II 2005, 324 = FR 2005, 194; BFH v. 2.4.2008 – IX R 18/06, BStBl. II 2008, 679 = FR 2008, 1167);

- im Fall der Veräußerung einzelner Wirtschaftsgüter ertragsteuerlich relevante Merkmale auf den jeweiligen Gesellschafter mit seinem ideellen Bruchteil zu beziehen sind, z.B. die Beteiligungsgrenze i.S.v. § 17 EStG (BFH v. 9.5.2000 – VIII R 41/99, BStBl. II 2000, 686 = FR 2000, 1081 m. Anm. *Weber-Grellet* = GmbHR 2000, 1059 = GmbH-StB 2000, 263; BFH v. 21.10.2014 – VIII R 22/11, BFH/NV 2015, 716 = FR 2015, 850 = GmbHR 2015, 539 = GmbH-StB 2015, 120; s. hierzu Rz. V 111);
- die Anschaffung oder Veräußerung einer Beteiligung an einer vermögensverwaltenden Gesellschaft als Anschaffung oder Veräußerung der anteiligen Wirtschaftsgüter gilt (hierzu Rz. V 111);
- Mietverträge zwischen einer vermögensverwaltenden Gesellschaft und einem Gesellschafter steuerrechtlich nicht anzuerkennen sind, wenn und soweit diesem das Grundstück nach § 39 Abs. 2 Nr. 2 AO anteilig zuzurechnen ist (BFH v. 18.5.2004 – IX R 83/00, BStBl. II 2004, 898 = FR 2004, 1075);
- Darlehensverträge zwischen einer vermögensverwaltenden Gesellschaft und einem Gesellschafter steuerrechtlich insoweit nicht anzuerkennen sind, als dass der Gesellschafter an der Personengesellschaft beteiligt ist (§ 39 Abs. 2 Nr. 2 AO; OFD NRW v. 7.1.2016, DStR 2016, 755).

Die Bruchteilsbetrachtung erstreckt sich dagegen nicht auf die Stellung als „Gesellschafter“ im Rahmen der Prüfung einer verdeckten Gewinnausschüttung (BFH v. 21.10.2014 – VIII R 22/11, BFH/NV 2015, 716 = FR 2015, 850 = GmbHR 2015, 539 = GmbH-StB 2015, 120). Eine Person, die an einer vermögensverwaltenden Personengesellschaft beteiligt ist, welche ihrerseits Gesellschafterin einer Kapitalgesellschaft ist, ist bei Prüfung einer verdeckten Gewinnausschüttung nicht als „Anteilseigner“ der zuwendenden Kapitalgesellschaft zu behandeln.

Vergütungen für Leistungen des Gesellschafters | Erhält der Gesellschafter von der ver- V 108
mögensverwaltenden Gesellschaft auf der Basis schuldrechtlicher Verträge Vergütungen für Dienstleistungen, sind diese beim Gesellschafter so zu versteuern, als würden die Leistungen Dritten gegenüber erbracht (*Niehus/Wilke*, Die Besteuerung der Personengesellschaften, 7. Aufl. 2015, S. 23). Für die Gesellschaft stellen sie Werbungskosten dar, beim empfangenden Gesellschafter sind sie bei der jeweiligen Einkunftsart (z.B. Einkünfte aus selbständiger oder nichtselbständiger Arbeit) zu berücksichtigen. Sind die Vergütungen hingegen als Ergebnisverteilung (sog. „Gewinnvorab“) zu qualifizieren, sind sie als Ergebnisbestandteil des betreffenden Gesellschafters aus der vermögensverwaltenden Gesellschaft zu erfassen (*Engel*, Vermögensverwaltende Personengesellschaften im Ertragsteuerrecht, Rz. 286 ff.).

Anwendbarkeit der Zinsschranke, § 4h EStG | Grundsätzlich ist die Zinsschranke bei ver- V 109
mögensverwaltenden Personengesellschaften nicht anwendbar, da die Gewinnermittlungsvorschriften der §§ 4–7k EStG, zu denen § 4h EStG gehört, auf die Ermittlung des Überschusses der Einnahmen über die Werbungskosten (§§ 2 Abs. 2 Nr. 2, 8–9a EStG) keine Anwendung finden. Hält ein Gesellschafter die Beteiligung in seinem Betriebsvermögen, kann die Zinsschranke aber auf Ebene des Beteiligten anwendbar sein (vgl. im Einzelnen *Kröner/Bolik*, DStR 2008, 1309). Das Bundesverfassungsgericht prüft derzeit allerdings, ob die Zinsschranke aufgrund eines Verstoßes gegen den allgemeinen Gleichheitssatz verfassungswidrig ist (BFH v. 14.10.2015 – I R 20/15, DStR 2016, 301, Tz. 58 ff.; Az. BVerfG 2 BvL 1/16). Der vorlegende

BFH sieht in der Abzugsbegrenzung einen Verstoß gegen das objektive Nettoprinzip, der nicht durch den Zins- und EBITDA-Vortrag kompensiert werden könne (vgl. *Heuermann* in Blümich, EStG/KStG/GewStG, § 4h EStG Rz. 25).

V110 **Verlustausgleichsbeschränkung gemäß § 15a EStG |** Nach der Vorschrift des § 21 Abs. 1 Satz 2 EStG ist § 15a EStG sinngemäß auch bei den Einkünften aus Vermietung und Verpachtung anzuwenden. Die Vorschrift des § 15a EStG bewirkt, dass die gesellschaftsrechtlich nur beschränkt haftenden Kommanditisten Verluste aus der Beteiligung an der GmbH & Co. KG nur insoweit steuerlich geltend machen können, als mit diesen Verlusten eine wirtschaftliche Belastung einhergeht (*Kemcke/Schäffer* in Haase/Dorn, Vermögensverwaltende Personengesellschaften, Rz. 174). Sind bei einer vermögensverwaltenden Kommanditgesellschaft Verluste aus Vermietung und Verpachtung unter sinngemäßer Anwendung des § 15a EStG nach § 21 Abs. 1 Satz 2 EStG als nur verrechenbar festgestellt worden, können diese mit positiven Einkünften der Gesellschaft aus anderen Einkunftsarten in Folgejahren verrechnet werden, z.B. mit positiven Einkünften aus privaten Veräußerungsgeschäften i.S.v. § 23 EStG (BFH v. 2.9.2014 – IX R 52/13, DStR 2015, 160 m.w.N. = FR 2015, 657 = GmbHR 2015, 213).

V111 **Veräußerung von Gesellschaftsanteilen |** Ganz überwiegend wird die Veräußerung eines Anteils an einer vermögensverwaltenden Personengesellschaft für ertragsteuerliche Zwecke in eine Veräußerung der anteiligen Beteiligung an den von der Gesellschaft gehaltenen Vermögenswerten umgedeutet (*Kemcke/Schäffer* in Haase/Dorn, Vermögensverwaltende Personengesellschaften, Rz. 104). Die ertragsteuerrechtliche Beurteilung der Veräußerung einer Beteiligung an einer vermögensverwaltenden Personengesellschaft hängt in erster Linie von den im Gesamthandseigentum der Personengesellschaft stehenden Wirtschaftsgütern ab, da sie als Veräußerung der anteiligen Wirtschaftsgüter gilt, die in Abhängigkeit von der Art der Wirtschaftsgüter und der jeweiligen Voraussetzungen des Veräußerungstatbestandes steuerpflichtig ist gemäß §§ 17, 20, 23 EStG (vgl. § 20 Abs. 2 Satz 3, § 23 Abs. 1 Satz 4 EStG).

– Die Veräußerung der Beteiligung an einer vermögensverwaltenden Personengesellschaft löst für den veräußernden Gesellschafter den Tatbestand des § 17 EStG aus, wenn der Gesellschafter anteilig über die vermögensverwaltende Gesamthand relevant, d.h. nach der derzeitigen Rechtslage mit **mindestens 1 %** an einer im Gesamthandsvermögen der vermögensverwaltenden Personengesellschaft gehaltenen **Kapitalgesellschaft** beteiligt ist (*Engel*, Vermögensverwaltende Personengesellschaften im Ertragsteuerrecht, Rz. 897 ff.).

  Beispiel:

  A ist mit 18 % und B ist mit 82 % an der vermögensverwaltenden und nicht gewerblich geprägten AB-GmbH & Co. KG beteiligt. Die AB-GmbH & Co. KG hält eine 5-prozentige Beteiligung an der C-GmbH. A und B veräußern ihre Anteile an der AB-GmbH & Co. KG.

  Nach § 39 Abs. 2 Nr. 2 AO sind A 0,9 % und B 4,1 % der Beteiligung an der C-GmbH zuzurechnen. Durch die Veräußerung der Beteiligung an der AB-GmbH & Co. KG greift der Besteuerungstatbestand des § 17 EStG somit für B, nicht aber für A.

  Veräußerungsgewinn ist die Differenz zwischen dem Veräußerungspreis nach Abzug der Veräußerungskosten und den Anschaffungskosten der Beteiligung (§ 17 Abs. 2 Satz 1 EStG). Bei Veräußerung des Anteils an der vermögensverwaltenden Gesellschaft kann der Veräußerungspreis nur mittelbar aus dem Gesamtveräußerungspreis für den Personengesellschaftsanteil abgeleitet werden, und zwar im Verhältnis der gemeinen Werte der im Gesamthandsvermögen befindlichen Wirtschaftsgüter (*Engel*, Vermögensverwaltende Personengesellschaften im Ertragsteuerrecht, Rz. 906 m.w.N.). Die Anschaffungskosten bestehen aus den (anteiligen) von der vermögensverwaltenden Personengesellschaft aufgewendeten sowie ggf. eigenen Anschaffungskosten des Gesellschafters für die Kapitalgesellschaftsbeteiligung.

- Befinden sich im Gesamthandsvermögen der vermögensverwaltenden GmbH & Co. KG **Wirtschaftsgüter i.S.d. § 20 Abs. 2 EStG,** gilt die Anschaffung oder Veräußerung der Beteiligung an der Gesellschaft als Anschaffung oder Veräußerung der anteiligen Wirtschaftsgüter, § 20 Abs. 2 Satz 3 EStG. Nach Auffassung der Finanzverwaltung sind von § 20 Abs. 2 Satz 3 EStG auch die sog. Mischfälle erfasst, d.h. Anschaffung des Wirtschaftsguts durch die Personengesellschaft und Veräußerung des Anteils an der vermögensverwaltenden GmbH & Co. KG durch den Gesellschafter und umgekehrt (*Schlotter* in Littmann/Bitz/Pust, § 20 EStG Rz. 1390f). Ein Kapitalertragsteuerabzug ist hinsichtlich dieses Veräußerungsvorgangs nicht durchzuführen; die Veräußerung ist im Rahmen der gesonderten und einheitlichen Feststellung sowie in der Einkommensteuererklärung des veräußernden Gesellschafters gemäß § 32d Abs. 3 EStG zu erklären (BMF v. 9.10.2012, BStBl. I 2012, 953 Rz. 73 ff.).
- Schließlich kann der veräußernde Gesellschafter den Tatbestand des §§ 22 Nr. 2, 23 EStG verwirklichen, wenn die im Gesamthandseigentum der Personengesellschaft stehenden Wirtschaftsgüter von § 23 Abs. 1 EStG erfasst und durch die Beteiligungsveräußerung anteilig innerhalb der Veräußerungsfrist angeschafft und veräußert worden sind (*Engel*, Vermögensverwaltende Personengesellschaften im Ertragsteuerrecht, Rz. 966). Darüber hinaus verwirklicht der Gesellschafter auch dann ein privates Veräußerungsgeschäft, wenn die Gesellschaft ein Wirtschaftsgut unschädlich nach Ablauf der maßgeblichen Haltefrist veräußert, der Beteiligte jedoch erst zu einem späteren Zeitpunkt eingetreten ist, so dass für ihn die Haltefrist noch nicht abgelaufen ist (vgl. OFD Frankfurt v. 7.8.2014, DStR 2014, 1832, Rz. 6).

Beispiel:

Die vermögensverwaltende und nicht gewerblich geprägte AB-GmbH & Co. KG verfügt über ein Grundstück, das sie vor 14 Jahren für 1,5 Mio. Euro angeschafft hat. A, der an der AB-GmbH & Co. KG zu 50 % beteiligt ist, hat seinen Anteil vor fünf Jahren für 1 Mio. Euro entgeltlich von B erworben. A veräußert seinen Anteil an der AB-GmbH & Co. KG für 2,5 Mio. Euro an C.

Da A seinen Anteil an der AB-GmbH & Co. KG innerhalb der Veräußerungsfrist von zehn Jahren veräußert, verwirklicht er den Tatbestand des § 22 Nr. 2 i.V.m. § 23 Abs. 1 Satz 1 Nr. 1, Satz 4 EStG. Der Veräußerungsgewinn des A besteht in dem Unterschied zwischen Veräußerungspreis und Anschaffungskosten der Beteiligung an der AB-GmbH & Co. KG und beträgt 1,5 Mio. Euro.

Unentgeltliche Übertragung von Gesellschaftsanteilen | Ertragsteuerrechtlich liegt ein unbeachtlicher Vorgang auf der Vermögensebene vor. Ggf. ist hinsichtlich des Anschaffungszeitpunktes und der Spekulationsfristen auf den Zuwendenden abzustellen, § 23 Abs. 1 Satz 3 EStG. Insofern tritt der unentgeltlich Begünstigte an die Stelle des vorherigen Rechtsinhabers (*Kemcke/Schäffer* in Haase/Dorn, Vermögensverwaltende Personengesellschaften, Rz. 107). V112

Gewerbesteuer | Mangels gewerblicher Tätigkeit bzw. gewerblicher Prägung unterliegt die vermögensverwaltende GmbH & Co. KG nicht der Gewerbesteuer nach § 2 Abs. 1 GewStG (*Drüen* in Blümich, EStG/KStG/GewStG, § 2 GewStG Rz. 110). V113

Erbschaft-/Schenkungsteuer | Erbschaft-/Schenkungsteuerrechtlich ist der unmittelbare oder mittelbare Erwerb einer Beteiligung an einer vermögensverwaltenden Personengesellschaft als Erwerb der anteiligen Wirtschaftsgüter anzusehen, § 10 Abs. 1 Satz 4 ErbStG. Anteile an einer vermögensverwaltender GmbH & Co. KG stellen demnach Privatvermögen dar und sind V114 nicht nach den §§ 13a Abs. 4 Nr. 1, 13b ErbStG begünstigt. Die Voraussetzungen des § 13a Abs. 4 Nr. 3 ErbStG hinsichtlich der im Vermögen einer vermögensverwaltenden GmbH & Co. KG befindlichen Anteile an einer Kapitalgesellschaft können mangels *unmittelbarer* Beteiligung des Erblassers/Schenkers am Nennkapital der Kapitalgesellschaft ebenfalls nicht vorliegen (BFH v. 18.9.2013 – II R 63/11, DStZ 2014, 142 = GmbHR 2014, 270 m. Anm. *Milatz* = GmbH-StB 2014, 103). Für die Inanspruchnahme der erbschaftsteuerlichen Privilegien für Betriebsvermögen nach §§ 13a, 13b, 19a ErbStG reicht nicht alleine die Eintragung der vermögensverwaltenden Gesellschaft in das Handelsregister.

V 115–V 120 frei

Vertiefende Recherche

Wichtige Urteile und Erlasse

BFH v. 2.9.2014 – IX R 52/13, DStR 2015, 160: Zur Anwendung des § 15a EStG bei vermögensverwaltenden Kommanditgesellschaften.

OFD Frankfurt v. 7.8.2014, DStR 2014, 1832: Veräußerungstatbestände bei vermögensverwaltenden Personengesellschaften/-gemeinschaften; Einheitliche und gesonderte Feststellung.

Weitere Stichwörter

→ *Gewerbliche Prägung*; → *Gewinnermittlung (steuerliche)*; → *Gründung*; → *Rechtsformwahl*; → *Unternehmensgegenstand*

Verpfändung von Gesellschaftsanteilen

Ausgewählte Literatur: *Roth*, Pfändung und Verpfändung von Gesellschaftsanteilen, ZGR 2000, 187; *Werner*, Zur Formbedürftigkeit der Verpfändung von Kommanditanteilen an einer GmbH & Co. KG, GmbHR 2008, 755.

1. Einführung/Abgrenzung

Praktischer Hintergrund | Die Verpfändung von Gesellschaftsanteilen spielt in der Praxis vor allem als Kreditsicherungsmittel eine erhebliche Rolle. Sie erfolgt zur Sicherung einer bestimmten Forderung, an deren Bestand das Pfandrecht „akzessorisch" geknüpft ist. Anders als bei der Vollrechtsübertragung (→ *Übertragung von Gesellschaftsanteilen*) wird der Pfandnehmer nicht Gesellschafter, so dass der Pfandgeber seine Gesellschafterrechte grundsätzlich ungehindert weiter ausüben kann. Das entspricht regelmäßig eher dem Interesse der Beteiligten, als bspw. die Sicherungsabtretung, bei der der gesellschaftsfremde Sicherungsnehmer vollumfänglich in die Gesellschafterstellung des Sicherungsgebers einrückt (vgl. *Escher/Haag* in Münchener Hdb. Gesellschaftsrecht, Bd. 2, § 27a Rz. 3). Weiteres, vorliegend nicht behandeltes Sicherungsmittel ist die Sicherungstreuhand (→ *Treuhand Rz. T 71*). V 121

Abgrenzung von KG und GmbH | Da die Verpfändung von KG- und GmbH-Anteilen teilweise unterschiedlichen Regeln folgt, ist zwischen den Maßnahmen zu differenzieren. In der Praxis dürfte allerdings regelmäßig die Verpfändung der KG-Anteile (relevant sind insofern v.a. die Kommanditanteile) die weitaus größere Rolle spielen, da die KG als Unternehmensträger üblicherweise auch alleiniger Inhaber des Haftungssubstrats ist, auf das es dem Pfandnehmer ankommt. Die Verpfändung der Anteile an der Komplementär-GmbH schafft demgegenüber allenfalls eine weitere Sicherheit insofern, als im Vollstreckungsfalle auf die dort angesiedelte Geschäftsführung unmittelbar Einfluss genommen werden kann. V 122

2. Zulässigkeit

Vertragliche Regelung oder Beschluss | Da Anteile an Personengesellschaften vom Grundsatz her nicht übertragbar sind (§§ 717, 719 BGB), muss eine Verpfändung ausdrücklich zugelassen sein. Das kann entweder durch eine entsprechende Regelung im Gesellschaftsvertrag der KG erfolgen; oder es kann eine ad hoc-Zustimmung erteilt werden, die mindestens einer vertragsändernden Mehrheit bedarf (Einstimmigkeit, sofern keine abweichenden Mehrheitserfordernisse vereinbart sind) (*Schlitt/Bortfeldt* in Reichert, GmbH & Co. KG, § 38 Rz. 3; *Escher/Haag* in Münchener Hdb. Gesellschaftsrecht, Bd. 2, § 27a Rz. 4). V 123

Freie Übertragbarkeit | Umstritten ist, ob eine Regelung im Gesellschaftsvertrag, die die freie Übertragbarkeit der Kommanditanteile vorsieht, zugleich die Zulässigkeit einer Verpfändung V 124 begründet. Dies wird von der wohl h.M. nicht pauschal bejaht, sondern von einer Auslegung des Gesellschaftsvertrags im Einzelfall abhängig gemacht (*Schlitt/Bortfeldt* in Reichert, GmbH & Co. KG, § 38 Rz. 4; *K. Schmidt* in MünchKomm. HGB, § 135 HGB Rz. 34; *Wertenbruch* in Westermann/Wertenbruch, Hdb. Personengesellschaften, Rz. I 668; a.A. [Verpfändung stets zulässig] *Damrau* in MünchKomm. BGB, § 1274 BGB Rz. 70). Da die Verpfändung als „Minus" zur Vollrechtsübertragung anzusehen ist, werden die Interessen der Mitgesellschafter durch sie jedenfalls nicht stärker beeinträchtigt, als durch eine Übertragung. Daher sprechen m.E. die besseren Gründe dafür, bei frei übertragbaren Kommanditanteilen zugleich eine Verpfändung zuzulassen. Aus gestalterischer Sicht empfiehlt sich dennoch, die Frage im Gesellschaftsvertrag (positiv wie negativ) ausdrücklich zu regeln.

3. Bestellung des Pfandrechts

V 125 **Gesetzliche Regelung |** Die Verpfändung von Kommanditanteilen stellt eine besondere Form des Rechtspfandes dar und folgt den Regelungen der §§ 1273 ff. BGB.

V 126 **Schuldrechtliche Grundlage |** Schuldrechtliche Grundlage ist zumeist eine Sicherungsvereinbarung, mittels derer das Pfandrecht zur Sicherung eines bestimmten Anspruchs des Pfandnehmers eingeräumt wird.

V 127 **Dinglicher Vollzug |** Zum dinglichen Vollzug ist eine Verpfändungsvereinbarung erforderlich, welche die Einigung zwischen Pfandnehmer und Pfandgeber über die Pfandrechtsbestellung beinhaltet und in der der verpfändete Kommanditanteil hinreichend individualisiert (oder zumindest individualisierbar) bezeichnet wird. Zudem muss aufgrund der Akzessorietät die durch das Pfandrecht gesicherte Forderung in mindestens bestimmbarer Weise in Bezug genommen werden. Eine Bedingung oder Befristung der Verpfändung ist zulässig. Die lediglich teilweise Verpfändung eines Kommanditanteils scheitert am im Personengesellschaftsrecht geltenden Grundsatz der Einheitlichkeit der Beteiligung (zum Ganzen *Schlitt/Bortfeldt* in Reichert, GmbH & Co. KG, § 38 Rz. 5).

4. Form

V 128 **Formfreiheit |** Die Verpfändung eines Kommanditanteils ist (wie auch die Übertragung) grundsätzlich formlos möglich (*Wertenbruch* in Westermann/Wertenbruch, Hdb. Personengesellschaften, Rz. I 669). Wird zugleich ein Anteil an der Komplementär-GmbH verpfändet, kann sich jedoch die hieraus folgende Pflicht zur notariellen Beurkundung (Rz. V 141) auch auf die Verpfändung des Kommanditanteils erstrecken (Gesamtbeurkundung), sofern zwischen beiden Geschäften eine Einheit dahingehend besteht, dass das eine Geschäft nicht ohne das andere vorgenommen werden soll (vgl. im Einzelnen entsprechend → *Übertragung von Gesellschaftsanteilen Rz. U 9*; a.A. aber *Werner*, GmbHR 2008, 755, 757 f.).

V 129 **(Keine) Anzeigepflicht |** Eine Anzeige der Verpfändung gegenüber der KG nach § 1280 BGB ist grundsätzlich nicht erforderlich, da es sich bei dem Kommanditanteil nicht um eine „Forderung" i.S.d. Norm handelt (*Schlitt/Bortfeldt* in Reichert, GmbH & Co. KG, § 38 Rz. 6 a.E.; anders aber, wenn auch Gewinnansprüche o.Ä. zur Sicherheit mit verpfändet werden).

5. Umfang des Pfandrechts

Kommanditanteil | Das Pfandrecht betrifft grundsätzlich nur den Kommanditanteil als solchen. Privatkonten mit Fremdkapitalcharakter sind von der Anteilsverpfändung nicht automatisch umfasst (*Wertenbruch* in Westermann/Wertenbruch, Hdb. Personengesellschaften, Rz. I 667, I 671c). Bei Untergang des Anteils setzt sich das Pfandrecht allerdings an Surrogaten wie dem Abfindungs- oder Auseinandersetzungsanspruch fort (*Wertenbruch* in Westermann/Wertenbruch, Hdb. Personengesellschaften, Rz. I 671b). V 130

Gesellschafterrechte | Die mit dem Kommanditanteil verbundenen Gesellschafterrechte verbleiben hingegen im Grundsatz beim Pfandgeber, dessen Gesellschafterstellung unberührt bleibt (*Escher/Haag* in Münchener Hdb. Gesellschaftsrecht, Bd. 2, § 27a Rz. 8). Im Einzelnen ist wie folgt zu differenzieren: V 131

Vermögensrechte | „Laufende" Vermögensrechte, wie bspw. das Recht auf Gewinnausschüttung oder auf Entnahmen, stehen jedenfalls bis zur Pfandreife regelmäßig weiter dem Pfandgeber zu (BGH v. 14.1.2010 – IX ZR 78/09, MDR 2007, 774 f.). Möglich ist allerdings die Vereinbarung eines Nutzungspfandrechts, bei dem sich die Verpfändung auch auf die laufenden Gewinne bezieht. Dies entspricht indessen üblicherweise nicht dem Interesse der Parteien, welche zumeist eine reine Forderungsabsicherung wünschen und im Übrigen die Rechtsstellung des Pfandgebers gegenüber der KG unberührt lassen wollen. V 132

Mitverwaltungsrechte | Mitverwaltungsrechte wie insbesondere das Stimmrecht stehen zwingend dem Pfandgeber zu, § 1258 BGB findet keine (entsprechende) Anwendung (*Wertenbruch* in Westermann/Wertenbruch, Hdb. Personengesellschaften, Rz. I 670a). Aufgrund des Abspaltungsverbots ist eine Übertragung auf den Pfandnehmer unzulässig. Auch eine sog. „Legitimationszession" des Pfandnehmers, d.h. die Einräumung des Rechts, Mitverwaltungsrechte im eigenen Namen auszuüben, soll nach h.M. nicht zulässig sein (*Schlitt/Bortfeldt* in Reichert, GmbH & Co. KG, § 38 Rz. 8; *Enzinger* in MünchKomm. HGB, § 119 HGB Rz. 18). Möglich ist hingegen die Einräumung einer (nicht verdrängenden) Vollmacht zur Ausübung der Mitverwaltungsrechte (*Escher/Haag* in Münchener Hdb. Gesellschaftsrecht, Bd. 2, § 27a Rz. 8). Teilweise (insbesondere im Hinblick auf das Stimmrecht) ist insofern allerdings eine grundsätzliche Zulassung im Gesellschaftsvertrag erforderlich. Ergänzende Vereinbarungen im Innenverhältnis zwischen Pfandnehmer und Pfandgeber sind möglich, bspw. schuldrechtliche Stimmbindungsvereinbarungen oder Zustimmungs-, Mitwirkungs- und Informationsrechte zugunsten des Pfandnehmers bei bestimmten Maßnahmen innerhalb der KG. V 133

Zustimmungserfordernis nach § 1276 BGB | Umstritten ist, inwiefern bei für den Pfandnehmer nachteiligen Maßnahmen ein auch im Außenverhältnis zu beachtendes Zustimmungserfordernis zu seinen Gunsten nach § 1276 BGB besteht (grundsätzlich ablehnend BGH v. 13.7.1992 – II ZR 251/91, GmbHR 1992, 656 f.; *Escher/Haag* in Münchener Hdb. Gesellschaftsrecht, Bd. 2, § 27a Rz. 9; a.A. *Roth*, ZGR 2000, 187, 210). Nach überzeugender Ansicht ist eine Zustimmung nur dann erforderlich, wenn die nachteilige Maßnahme (insbesondere Veränderung der Gewinnverteilung) nach den Regelungen des Gesellschaftsvertrags nicht ohnehin auch ohne die Stimme des Pfandgebers beschlossen werden könnte (so auch *Schlitt/Bortfeldt* in Reichert, GmbH & Co. KG, § 38 Rz. 10; *Escher/Haag* in Münchener Hdb. Gesellschaftsrecht, Bd. 2, § 27a Rz. 9). V 134

6. Übertragung

V 135 **Akzessorietät |** Das Pfandrecht ist übertragbar. Wegen seiner Akzessorietät erfolgt die Übertragung durch die (stets formlos mögliche) Abtretung der gesicherten Forderung (*Schlitt/Bortfeldt* in Reichert, GmbH & Co. KG, § 38 Rz. 14). Allerdings kann der Übergang im Abtretungsvertrag ausgeschlossen werden, was zu einem automatischen erlöschen des Pfandrechts mit Wirksamwerden der Abtretung führt. Kommt es zum gesetzlichen Forderungsübergang, geht das Pfandrecht ebenfalls mit über.

7. Verwertung

V 136 **Pfandreife |** Eine Verwertung des Pfandrechts setzt voraus, dass Pfandreife eingetreten ist. Das erfordert (vorbehaltlich abweichender Regelungen in der Verpfändungsvereinbarung) mindestens die Fälligkeit der gesicherten Forderung.

V 137 **Vollstreckungstitel |** Nach Eintritt der Pfandreife ist der Pfandgläubiger berechtigt, sich aus dem Kommanditanteil im Wege der Zwangsvollstreckung (§ 1277 BGB) zu befriedigen. Hierfür muss er zunächst einen Vollstreckungstitel erwirken (*Escher/Haag* in Münchener Hdb. Gesellschaftsrecht, Bd. 2, § 27a Rz. 10), was eine Klage auf Duldung der Zwangsvollstreckung voraussetzt. Um den mit diesem Verfahren verbundenen Aufwand zu vermeiden, erklärt der Pfandgläubiger in der Praxis häufig zugleich mit der Pfandrechtsbestellung eine notarielle Zwangsvollstreckungsunterwerfung, welche ebenfalls tauglicher Vollstreckungstitel ist (*Wertenbruch* in Westermann/Wertenbruch, Hdb. Personengesellschaften, Rz. I 668b, I 673).

V 138 **Verwertungsarten |** Die Verwertung kann (bei freier Veräußerbarkeit des Kommanditanteils) durch Versteigerung oder freihändigen Verkauf (§§ 944, 857 Abs. 5 ZPO) erfolgen (*Schlitt/Bortfeldt* in Reichert, GmbH & Co. KG, § 38 Rz. 16). Alternativ steht dem Pfandgläubiger die Möglichkeit zu, das Gesellschaftsverhältnis nach § 135 HGB zu kündigen (im Einzelnen → *Ausscheiden eines Gesellschafters Rz. A 313ff.*). In diesem Fall muss er den resultierenden Auseinandersetzungsanspruch seinerseits pfänden lassen (*Schlitt/Bortfeldt* in Reichert, GmbH & Co. KG, § 38 Rz. 17).

V 139 **Gewinnansprüche |** Umstritten ist, ob sich der Pfandnehmer darüber hinaus nach Pfandreife auch aus eventuellen Gewinnansprüchen befriedigen kann (vgl. zum Streitstand die Nachweise bei *Escher/Haag* in Münchener Hdb. Gesellschaftsrecht, Bd. 2, § 27a Rz. 15). Zur Vermeidung von Rechtsunsicherheiten empfiehlt es sich für die Praxis, entsprechende Ansprüche bei Bedarf ausdrücklich mit zu verpfänden, verbunden mit einer Berechtigung des Pfandgebers, laufende Gewinnausschüttungen vor Eintritt der Pfandreife noch selbst zu vereinnahmen. Rechtstechnisch ist das die Kombination von zwei unabhängigen Pfandrechten am Kommanditanteil und an den Vermögensrechten. Wird von dieser Gestaltungsvariante Gebrauch gemacht, findet parallel zur Anteilsverpfändung eine Forderungsverpfändung statt, die der KG als Wirksamkeitsvoraussetzung gemäß § 1280 BGB anzuzeigen ist (vgl. BGH v. 14.1.2010 – IX ZR 78/09, MDR 2007, 774f.). Die Verwertung des Gewinnanspruchs erfolgt regelmäßig im Wege der Überweisung zur Einziehung oder zum Nennwert an Zahlungs statt (§ 835 Abs. 1 ZPO).

8. GmbH

Gesetzliche Regelung | Auch die Verpfändung von GmbH-Anteilen stellt ein Rechtspfand i.S.v. §§ 1273 ff. BGB dar und richtet sich grundsätzlich nach den gleichen Regelungen wie bei der KG. Insofern werden nachfolgend nur die Abweichungen dargestellt. V 140

Pfandrechtsbestellung | Die dingliche Einigung zur Pfandrechtsbestellung bedarf – anders als das nach h.M. formlos mögliche schuldrechtliche Grundgeschäft – entsprechend § 15 Abs. 3 GmbHG der notariellen Beurkundung (*Winter* in Gehrlein/Ekkenga/Simon, § 15 GmbHG Rz. 108). Eine Verpfändung ist auch in Bezug auf Teilgeschäftsanteile möglich. V 141

Wegen der grundsätzlich freien Übertragbarkeit von GmbH-Anteilen bedarf auch die Verpfändung im Regelfall keiner Mitwirkung der übrigen Gesellschafter. Sieht die Satzung (allgemein oder speziell für Verpfändungen) eine Vinkulierung vor, ist diese jedoch zu beachten (*Schlitt/Bortfeldt* in Reichert, GmbH & Co. KG, § 38 Rz. 21).

Rechtsfolgen | Grundsätzlich ist auch hier allein der GmbH-Anteil Gegenstand des Pfandrechts und stehen die aus ihm folgenden Gesellschafterrechte weiterhin dem Pfandgeber zu (*Winter* in Gehrlein/Ekkenga/Simon, § 15 GmbHG Rz. 106). Ein im Außenverhältnis wirkendes Zustimmungsrecht nach § 1276 BGB soll dem Pfandnehmer nur bei Kündigung der Gesellschafterstellung sowie bei der Zustimmung zur Einziehung des GmbH-Anteils zustehen (*Schlitt/Bortfeldt* in Reichert, GmbH & Co. KG, § 38 Rz. 28). Im Übrigen sind auch hier abweichende Regelungen im Innenverhältnis zwischen Pfandgeber und Pfandnehmer möglich. Auch kann der Pfandgeber den Pfandnehmer – auch unwiderruflich – zur Stimmrechtsausübung in der GmbH bevollmächtigen (*Schlitt/Bortfeldt* in Reichert, GmbH & Co. KG, § 38 Rz. 27). Ob eine Legitimationszession ebenfalls zulässig ist, ist umstritten, wird von der h.M. aber auch hier abgelehnt (*Schlitt/Bortfeldt* in Reichert, GmbH & Co. KG, § 38 Rz. 27). V 142

Verwertung | Da eine Erstreckung der Verwertungsbefugnis auf den Gewinnanspruch überwiegend abgelehnt wird (*Winter* in Gehrlein/Ekkenga/Simon, § 15 GmbHG Rz. 106), empfiehlt es sich, diesen bei Bedarf ausdrücklich mit zu verpfänden. Ansonsten richtet sich die Verwertung auch hier nach den Vorschriften der Zwangsvollstreckung. V 143

Vertiefende Recherche

Wichtige Urteile und Erlasse

BGH v. 14.1.2010 – IX ZR 78/09, MDR 2007, 774: Pfandrecht am Gesellschaftsanteil erstreckt sich vor Vollstreckung nicht auf Gewinnbezugsrecht.

BGH v. 13.7.1992 – II ZR 251/91, GmbHR 1992, 656: Pfandrecht gewährt dem Pfandnehmer grundsätzlich kein Recht, Einfluss auf die Stimmrechtsausübung in der Gesellschaft durch den Pfandgeber zu nehmen (GmbH).

Wechsel zwischen Komplementär- und Kommanditistenstellung

Ausgewählte Literatur: *Wilke*, Vom Komplementär zum Kommanditisten und umgekehrt – Zweifelsfragen im Zusammenhang mit § 15a EStG, INF 2004, 69.

1. Einführung/Abgrenzung

W 1 **„Statuswechsel"** | Dieses Kapitel behandelt die Umwandlung einer Kommanditbeteiligung in eine solche als Komplementär bzw. in umgekehrter Richtung („Statuswechsel"). Der Fall ist, außer für die Rechtsnachfolge von Todes wegen (§ 139 Abs. 1 HGB), gesetzlich nicht geregelt. Seine Zulässigkeit ist jedoch allgemein anerkannt und beispielsweise in § 160 Abs. 3 HGB vorausgesetzt. Dasselbe Ergebnis ließe sich auch auf dem (komplizierteren) Weg des Austritts in der einen und des erneuten Beitritts in der anderen Gesellschafterstellung erreichen.

W 2 **Umwandlungsmöglichkeiten zwischen OHG und KG** | Der Wechsel eines Gesellschafters in die Kommanditistenstellung kann genutzt werden, um eine OHG außerhalb des UmwG in eine KG „umzuwandeln". Zudem kann der Wechsel sämtlicher Kommanditisten in die Stellung eines persönlich haftenden Gesellschafters die KG in eine OHG umwandeln (zum Ganzen *Weipert* in E/B/J/S, § 161 HGB Rz. 20 f.).

Beispiel:

Soll die aus A und B bestehende AB OHG in die Rechtsform einer KG umgewandelt werden, kann schlicht durch (privatschriftliche) Änderung des Gesellschaftsvertrags B in die Stellung eines Kommanditisten wechseln. Umgekehrt kann die dadurch entstandene AB KG wieder zur OHG werden, indem B die Stellung eines persönlich haftenden Gesellschafters übernimmt.

W 3 **Abgrenzung** | Abzugrenzen ist der Statuswechsel von der Übertragung einer (Teil-)Beteiligung zwischen Kommanditisten und Komplementären. Eine solche wird in der GmbH & Co. KG, bei der die Komplementär-GmbH regelmäßig nicht vermögensmäßig beteiligt ist, eher selten eine Rolle spielen. Findet sie dennoch statt, so gilt auch hier (wie bei der Anteilsübertragung zwischen Bestandskommanditisten) der Grundsatz der Einheit der Beteiligung, so dass keine Doppelbeteiligung als Komplementär und Kommanditist, sondern eine einheitliche Beteiligung mit ggf. erhöhtem Kapitalanteil die Folge ist. Bei einer Anteilsübertragung zwischen Kommanditisten und Komplementären ist daher auch zu bestimmen, welche Natur (Komplementär- oder Kommanditistenstellung) diese einheitliche Beteiligung besitzen soll (im Einzelnen → *Übertragung von Gesellschaftsanteilen Rz. U 16*).

2. Voraussetzungen

W 4 **Mitwirkung aller Gesellschafter** | Der Statuswechsel stellt eine Änderung des Gesellschaftsvertrags dar und bedarf insofern grundsätzlich der Mitwirkung aller Gesellschafter (*Reichert/*

Ullrich in Reichert, GmbH & Co. KG, § 29 Rz. 82). Im Gesellschaftsvertrag kann Abweichendes geregelt werden, beispielsweise freie Wandelbarkeit oder Wandelbarkeit durch Mehrheitsbeschluss.

Zustimmung des betroffenen Gesellschafters | Die Möglichkeit der sachgrundlosen „Herabstufung" eines persönlich haftenden Gesellschafters zum Kommanditisten durch Mehrheitsbeschluss gegen seinen Willen dürfte allerdings unzulässig sein (vgl. auch *Piehler/Schulte* in Münchener Hdb. Gesellschaftsrecht, Bd. 2, § 35 Rz. 65). Selbiges muss m.E. erst recht für den umgekehrten Fall der „Heraufstufung" eines Kommanditisten zum Komplementär gelten: Diese löst eine unbeschränkte Haftung des Gesellschafters für die Gesellschaftsverbindlichkeiten mit seinem gesamten Privatvermögen aus, was ihm gegen seinen Willen insbesondere vor dem Hintergrund der regelmäßig nicht bestehenden Nachschusspflicht (vgl. § 707 BGB) nicht durch die Gesellschaftermehrheit aufgebürdet werden kann. W 5

Vertragsänderung | Aufgrund der mit dem Statuswechsel verbundenen Veränderung der Haftungsstruktur der KG dürften häufig auch weitere Anpassungen des Gesellschaftsvertrags erforderlich werden. W 6

3. Rechtliche Folgen

Fortbestehen der Beteiligung | Infolge des Statuswechsels ist der Gesellschafter in seiner neuen Funktion an der KG beteiligt, seine Mitgliedschaft besteht ohne Unterbrechung in veränderter Form fort (BayObLG v. 21.5.1970 – 2 Z 24/70, NJW 1970, 1796; *Roth* in Baumbach/Hopt, § 161 HGB Rz. 6; *Grunewald* in MünchKomm. HGB, § 161 HGB Rz. 41). Sein Kapitalanteil bleibt grundsätzlich unverändert, selbiges gilt für die Salden auf den für ihn geführten Gesellschafterkonten. Differenziert der Gesellschaftsvertrag allerdings zwischen Komplementären und Kommanditisten bzgl. bestimmter Punkte (beispielsweise Stimmrechte, Gesellschafterkonten etc.), können sich Abweichungen ergeben und insbesondere Umbuchungen zwischen den Gesellschafterkonten o.Ä. erforderlich werden. W 7

Haftung für Neuverbindlichkeiten | Die Haftung des Gesellschafters für Neuverbindlichkeiten bestimmt sich nach seinem neuen Status (→ *Haftung des Komplementärs* bzw. → *Haftung des Kommanditisten*). W 8

Haftung des Komplementärs für Altverbindlichkeiten | Erfolgt ein Wechsel in die Komplementärstellung, tritt zugleich eine unbeschränkte Haftung für sämtliche Altverbindlichkeiten ein (*Piehler/Schulte* in Münchener Hdb. Gesellschaftsrecht, Bd. 2, § 35 Rz. 70; → *Haftung des Komplementärs Rz. H 75*). W 9

Haftung des Kommanditisten für Altverbindlichkeiten | Wechselt hingegen ein Komplementär in die Kommanditistenstellung, trifft ihn für Altverbindlichkeiten zunächst die auf fünf Jahre beschränkte Nachhaftung gemäß § 160 Abs. 3 HGB (*Piehler/Schulte* in Münchener Hdb. Gesellschaftsrecht, Bd. 2, § 35 Rz. 71; → *Haftung des Komplementärs Rz. H 76ff.*). Nach Ablauf der Nachhaftungsfrist haftet er für Alt- wie für Neuverbindlichkeiten nur noch beschränkt auf seine Haftsumme. Eine interimistische Vollhaftung für bis zur Handelsregistereintragung als Kommanditist begründete Neuverbindlichkeiten nach § 176 Abs. 2 HGB lehnt die h.M. beim reinen Statuswechsel ab (BGH v. 4.3.1976 – II ZR 145/75, BGHZ 66, 98, 101; *Haas/Mock* in Röhricht/Graf von Westphalen/Haas, § 176 HGB Rz. 41; *Strohn* in E/B/J/S, § 176 HGB Rz. 28). Dennoch kann sich eine Vollhaftung für diesen Zeitraum aus Rechts- W 10 scheingrundsätzen gemäß § 15 Abs. 1 HGB ergeben (*K. Schmidt* in MünchKomm. HGB, § 160 HGB Rz. 43), was i.E. zu keinen großen Unterschieden im Vergleich zu § 176 Abs. 2 HGB führt.

Beispiel:

Wechselt A in der ABC KG von der Komplementär- in die Kommanditistenstellung, ergeben sich folgende Haftungsfolgen:

- Für *nach Handelsregistereintragung und Bekanntmachung* (s.u.) des Wechsels begründete Verbindlichkeiten haftet A begrenzt auf seine Haftsumme als Kommanditist.
- Für *vor dem Wechsel* (= „interne" Vereinbarung unter den Gesellschaftern) begründete Verbindlichkeiten haftet A i.R.d. Nachhaftung für 5 Jahre vollumfänglich mit seinem Privatvermögen, danach ebenfalls nur noch begrenzt auf seine Haftsumme als Kommanditist.
- Für *zwischen dem Wechsel und seiner Handelsregistereintragung/Bekanntmachung* begründete Verbindlichkeiten haftet A grundsätzlich nur begrenzt auf seine Haftsumme als Kommanditist. Allerdings kann er dies gutgläubigen Gläubigern gemäß § 15 Abs. 1 HGB nicht entgegenhalten, so dass sich diesen gegenüber i.E. doch eine Vollhaftung ergibt. Auch insofern muss nachlaufend mit Registereintragung und Bekanntmachung des Wechsels aber die Nachhaftungsfrist von 5 Jahren zu laufen beginnen.

W 11 **Handelsregister** | Der Statuswechsel kann als solcher zum Handelsregister angemeldet werden. Alternativ ist (mit Blick auf den registerlichen Vollzug, siehe unten) auch eine Anmeldung als Aus- und anschließender Eintritt möglich, aber nicht zwingend (vgl. BayObLG v. 21.5.1970 – 2 Z 24/70, NJW 1970, 1796). Ein bei der Kommanditanteilsübertragung erforderlicher Sonderrechtsnachfolgevermerk o.Ä. (→ *Übertragung von Gesellschaftsanteilen Rz. U 29*) erübrigt sich, da dieser lediglich dem Schutz des übertragenden Kommanditisten vor einem Wiederaufleben seiner Haftung dient. Erfolgt der Wechsel in die Komplementärstellung, ist dies aber ohne Belang, da in der Folge ohnehin für sämtliche Verbindlichkeiten unbeschränkt gehaftet wird. Erfolgt der Wechsel in die Kommanditistenstellung, stellt sich demgegenüber in Bezug auf die bisher unbeschränkt haftende Komplementärstellung die Frage eines Wiederauflebens der Haftung nicht.

Registerlich wird der Statuswechsel trotz Beibehaltung der Gesellschafterstellung regelmäßig als Austritt (im alten Status) und Eintritt (im neuen Status) eingetragen (*Piehler/Schulte* in Münchener Hdb. Gesellschaftsrecht, Bd. 2, § 35 Rz. 64, 77).

4. Steuerliche Folgen

W 12 **Wechsel zum persönlich haftenden Gesellschafter** | Der Wechsel von der Stellung als Kommanditist in die des Komplementärs hat insbesondere Auswirkungen auf die Berücksichtigung von Verlusten nach § 15a EStG (→ *Einlagen und Haftsummen*). Mit dem Wechsel in die Stellung des unbeschränkt haftenden Gesellschafters ist § 15a EStG nicht mehr auf den Gesellschafter anzuwenden, denn dieser gilt lediglich für Kommanditisten und den Kommanditisten vergleichbare Gesellschafter i.S.d. § 15a Abs. 5 EStG. Zeitpunkt des Wechsels in die Rechtstellung des Komplementärs ist der Zeitpunkt des betreffenden Gesellschafterbeschlusses. Erfolgt der Statuswechsel unterjährig, sind nach der Rechtsprechung des BFH die Verhältnisse am Bilanzstichtag maßgebend (vgl. BFH v. 12.2.2004 – IV R 70/02, BStBl. II 2004, 423 = GmbHR 2004, 679 = FR 2004, 578). Wechselt der bisherige Kommanditist unterjährig in die Stellung des Komplementärs, ist § 15a EStG daher auf Verluste, die im Jahr des Statuswechsels entstanden sind, nicht anzuwenden. Eine Aufteilung der Verluste auf die Zeit vor und nach dem Gesellschafterwechsel erfolgt nicht (vgl. BFH v. 12.2.2004 – IV R 70/02, BStBl. II 2004, 423 = GmbHR 2004, 679 = FR 2004, 578). In Vorjahren festgestellte verrechenbare Verluste sind nicht lediglich aufgrund des Statuswechsels in ausgleichsfähige Verluste umzuqualifizieren. Es bleibt bei der Verrechenbarkeit dieser Verluste (vgl. BFH v. 14.10.2003 – VIII R 38/02, BStBl. II 2004, 115 = FR 2004, 153; vgl. hierzu auch *Wacker* in Schmidt, § 15a EStG Rz. 185).

Wechsel in die Kommanditistenstellung | Auch beim Wechsel in die Stellung des Kommanditisten ist auf die Verhältnisse am Bilanzstichtag abzustellen. Wechselt der Gesellschafter also unterjährig in die Stellung des Kommanditisten, ist § 15a EStG auf Verluste des gesamten Jahres anzuwenden; eine Aufteilung in Zeiten vor und nach dem Statuswechsel hat auch hier nicht zu erfolgen (vgl. BFH v. 14.10.2003 – VIII R 81/02, BStBl. II 2004, 118 = FR 2004, 156 m. Anm. *Kempermann*). W 13

frei W 14–W 20

Vertiefende Recherche

Wichtige Urteile

BFH v. 12.2.2004 – IV R 70/02, BStBl. II 2004, 423 = GmbHR 2004, 679: Statuswechsel vom Kommanditisten zum Komplementär im Zeitpunkt des Gesellschafterbeschlusses.

BFH v. 14.10.2003 – VIII R 81/02, BStBl. II 2004, 118: Verlustverwertung im Rahmen des § 15a EStG bei Rechtsstellungswechsel des Komplementärs zum Kommanditisten und umgekehrt.

BFH v. 14.10.2003 – VIII R 38/02, BStBl. II 2004, 115: Keine Umqualifizierung von lediglich verrechenbaren zu ausgleichsfähigen Verlusten beim Wechsel vom Kommanditisten zum Komplementär.

BGH v. 4.3.1976 – II ZR 145/75, BGHZ 66, 98: Keine Anwendung der Interimshaftung gemäß § 176 Abs. 2 BGB auf Statuswechsel.

BayObLG v. 21.5.1970 – 2 Z 24/70, NJW 1970, 1796: Mitgliedschaft wird durch Statuswechsel nicht unterbrochen, sondern in geänderter Form fortgesetzt.

Weitere Stichwörter

→ *Einlagen und Haftsummen*; → *Haftung des Kommanditisten*; → *Haftung des Komplementärs*; → *Übertragung von Gesellschaftsanteilen*

Wettbewerbsverbot

Ausgewählte Literatur: *Blaum* in Westermann/Wertenbruch, Handbuch Personengesellschaften, Bd. 2, § 55 Die GmbH & Co. KG; *Grigoleit*, Wettbewerbsverbot und Vorstandsdoppelmandat in der AG & Co. KG, ZGR 2010, 662; *Otte*, Vorstandsverantwortlichkeit in der AG & Co. KG, NZG 2011, 1013; *Rubner/Leuering*, Wettbewerbsverbote gegenüber Kommanditisten, NJW-Spezial 2011, 79; *Rudersdorf*, Wettbewerbsverbote in Gesellschafts- und Unternehmenskaufverträgen, RNotZ 2011, 509; *Werner*, Kommentar zu OLG Frankfurt v. 17.3.2009 – 11 U 61/08, GmbHR 2009, 886.

1. Allgemeines

W 21 **Treuepflicht** | Das Wettbewerbsverbot hat seine Grundlage in der → *Treuepflicht* des Gesellschafters, die das vom gegenseitigen Vertrauen getragene Gesellschaftsverhältnis einer handelsrechtlichen Personengesellschaft in besonderem Maße beherrscht. Da sich das Wettbewerbsverbot auf das Innenverhältnis der Gesellschafter bezieht, kommt es hierbei nicht entscheidend darauf an, welche Stellung der verpflichtete Gesellschafter nach außen einnimmt. Maßgeblich ist vielmehr seine innere Stellung. Bestimmt er im Innenverhältnis ausschlaggebend die Geschicke der Gesellschaft, so trifft ihn auch eine erhöhte Treuepflicht und demgemäß ein Wettbewerbsverbot (BGH v. 5.12.1983 – II ZR 242/82, MDR 1984, 380 = GmbHR 1984, 203).

W 22 **Personenhandelsgesellschaft** | Für die Begründung eines Wettbewerbsverbotes und die Rechtsfolgen bei einem Verstoß hiergegen gelten für die GmbH & Co. KG weitgehend dieselben Grundsätze wie für andere Personenhandelsgesellschaften (OHG, KG). Auf Ebene der Komplementär-GmbH gelten zudem dieselben Grundsätze wie bei einer reinen GmbH, insbesondere wenn es darum geht, ob und inwieweit der Geschäftsführer der Komplementär-GmbH einem Wettbewerbsverbot unterliegt. Die nachfolgende Darstellung beschränkt sich daher auf spezielle, für die Rechtsform der GmbH & Co. KG geltende Besonderheiten (zum Wettbewerbsverbot des Gesellschafters der Komplementär-GmbH vgl. *Wenzel* in Hesselmann/Tillmann/Mueller-Thuns, Hdb. GmbH & Co. KG, Rz. 4.323 ff.).

2. Komplementär-GmbH

W 23 **Wettbewerbsverbot gemäß § 112 Abs. 1 HGB** | Eine Komplementär-GmbH darf für die Dauer ihrer Tätigkeit ohne Zustimmung der anderen Gesellschafter (einschließlich der Kommanditisten) weder in dem Handelszweig der GmbH & Co. KG Geschäfte machen noch an einer anderen gleichartigen Handelsgesellschaft als persönlich haftende Gesellschafterin teilnehmen (§§ 161 Abs. 2, 112 Abs. 1 HGB; a.A. noch OLG Frankfurt v. 15.4.1982 – 6 U 104/81, BB 1982, 1383). Im Besonderen gründet das zu Lasten der Komplementär-GmbH gesetzlich angeordnete Wettbewerbsverbot darin, dass diese als persönlich haftende Gesellschafterin im Gegensatz zum Kommanditisten von Gesetzes wegen über die Geschäftsführungsbefugnis und weitreichende Informations- und Kontrollrechte verfügt (§§ 161 Abs. 2, 118 HGB). Insofern ist es für die Anwendbarkeit des gesetzlichen Wettbewerbsverbotes auf die Komplementär-GmbH auch unerheblich, ob die GmbH & Co. KG „kapitalistisch" ausgestaltet ist oder nicht (so zu Recht *Binz/Sorg*, Die GmbH & Co. KG, § 4 Rz. 41; a.A. OLG Frankfurt v. 15.4. 1982 - 6 U 104/81, BB 1982, 1383, 1383 f.). Das gesetzliche Wettbewerbsverbot i.S.d. § 112 Abs. 1 HGB gilt aber nur für die Dauer der Tätigkeit als persönlich haftende Gesellschafterin und genießt, soweit es die persönlich haftende Gesellschafterin betrifft, gegenüber § 1 GWB spezialgesetzlichen Vorrang (vgl. BGH v. 6.12.1962 - KZR 4/62, BGHZ 38, 306, 311 ff.). Ein nachvertragliches Wettbewerbsverbot wird dadurch nicht angeordnet (zur Möglichkeit der vertraglichen Begründung eines nachvertraglichen Wettbewerbsverbots s. *Haas/Mock* in Röhricht/Graf von Westphalen/Haas, § 165 HGB Rz. 3).

Gleicher Handelszweig | Mithin ist das gesetzliche Wettbewerbsverbot für die Komplementär-GmbH insbesondere dann einschlägig, wenn die Komplementär-GmbH zusätzlich entweder selbst noch im gleichen Handelszweig **eigenständig unternehmerisch** tätig ist oder aber als persönlich haftende Gesellschafterin oder geschäftsführende Kommanditistin **zusätzlich noch an anderen Gesellschaften beteiligt bzw. für diese tätig ist**. Dies gilt jedenfalls dann, wenn die Beteiligung als geschäftsführende, persönlich haftende Gesellschafterin an einer anderen Handelsgesellschaft mit gleichem oder ähnlichem Unternehmensgegenstand erfolgt (zur grundsätzlich weiten Auslegung des gesetzlichen Wettbewerbsverbots vgl. *Binz/Sorg*, GmbH & Co. KG, § 4 Rz. 42). W 24

Anderer Handelszweig | Richtigerweise sollte dies zwar auch dann gelten, wenn sie mit beherrschendem Einfluss oder als geschäftsführungsbefugte, persönlich haftende Gesellschafterin an einer anderen Handelsgesellschaft beteiligt ist, die nicht unbedingt demselben Handelszweig angehört. Andernfalls würde entsprechend dem Rechtsgedanken des § 88 AktG ebenfalls die Gefahr bestehen, dass die Geschäftsführung der Kommanditgesellschaft allein aufgrund der zusätzlichen, anderweitigen Geschäftstätigkeit negativ beeinträchtigt werden könnte. Der objektive Maßstab für die jeweils sachgerechte Maßnahme und damit die Frage einer Benachteiligung und deren Ausgleich würde fehlen (vgl. BGH v. 16.2.1981 - II ZR 168/79, MDR 1981, 563 zur GmbH = GmbHR 1981, 189). Vorbehaltlich einer abweichenden gesellschaftsvertraglichen Regelung steht einer solchen, weitergehenden Auslegung jedoch der Wortlaut des § 112 Abs. 1 Alt. 2 HGB entgegen, der darauf abstellt, dass sich die persönlich haftende Gesellschafterin an einer *gleichartigen* Handelsgesellschaft beteiligt (zur Gleichsetzung von Gleichartigkeit und relevantem Markt s. *Roth* in Baumbach/Hopt, § 112 HGB Rz. 7). W 25

Ausnahmen | Ausnahmsweise unterliegt die Komplementär-GmbH keinem Wettbewerbsverbot, wenn sie kraft vertraglicher Vereinbarung (i) hiervon befreit oder aber (ii) vollständig von der Geschäftsführung ausgeschlossen ist. W 26

- **Befreiung:** Kraft Gesetzes gilt die Zustimmung und damit die Befreiung vom gesetzlichen Wettbewerbsverbot als erteilt, wenn den übrigen Gesellschaftern (einschließlich Kommanditisten) bei Eingehung der Gesellschaft die zusätzliche Tätigkeit bzw. Beteiligung der Komplementär-GmbH bekannt ist und die Aufgabe dieser Tätigkeit bzw. Beteiligung gleichwohl nicht ausdrücklich bedungen wird (§ 112 Abs. 2 HGB). Sofern hiervon Kenntnis besteht, empfiehlt sich in der Praxis jedoch eine klarstellende Regelung im Gesellschaftsvertrag, die die bisherige Tätigkeit der Komplementär-GmbH und den sachlich-räumlichen Bereich möglichst konkret beschreibt. Dies gilt ebenfalls, wenn die Komplementär-GmbH zu einem späteren Zeitpunkt Beteiligungen an einer anderen Gesellschaft mit ähnlichem Tätigkeitsbereich oder gar einen eigenen Geschäftsbetrieb erwerben will (vgl. *Binz/Sorg*, GmbH & Co. KG, § 4 Rz. 47; *Blaum* in Westermann/Wertenbruch, Hdb. Personengesellschaften, Rz. I 3245). Darüber hinaus bedarf eine Befreiung vom Wettbewerbsverbot einer ausdrücklichen Regelung im Gesellschaftsvertrag der GmbH & Co. KG oder eines – vorbehaltlich einer abweichenden gesellschaftsvertraglichen Regelung – einstimmigen Zustimmungsbeschlusses aller Gesellschafter (einschließlich der Kommanditisten). Die betroffene Komplementär-GmbH ist dabei jedoch nicht stimmberechtigt.

– **Ausschluss von der Geschäftsführung:** Gleichermaßen besteht für die Komplementär-GmbH nach hier vertretener Auffassung kein gesetzliches Wettbewerbsverbot, wenn sie gesellschaftsvertraglich von der Geschäftsführung der GmbH & Co. KG ausgeschlossen ist und auch ansonsten keinen maßgeblichen Einfluss auf die Geschäftsführung hat. Insoweit steht sie im Innenverhältnis einem Kommanditisten gleich (§ 164 HGB). Unerheblich ist auch, inwieweit die Komplementär-GmbH dann ggf. noch über Informations- und Kontrollrechte verfügt. Allein das Vorhandensein umfassender Informations- und Kontrollrechte führt noch nicht zwingend zu einem weitergehenden Einfluss auf die Geschäftsführung (ebenso wohl *Blaum* in Westermann/Wertenbruch, Hdb. Personengesellschaften, Rz. I 3246). Andernfalls unterläge auch jeder GmbH-Gesellschafter, der gemäß § 51a GmbHG von vornherein von Gesetzes wegen mit einem sehr weitreichenden Informations- und Kontrollrecht gegenüber der Geschäftsführung ausgestattet ist, unabhängig von der Höhe seiner Beteiligung und seines Einflusses auf die Geschäftsführung einem gesetzlichen Wettbewerbsverbot. Dies ist aber gerade nicht der Fall. Mangels gleichgerichteter Schutzrichtung verbietet sich daher eine alleinige Gleichsetzung von Informationsrecht und Wettbewerbsverbot. Schließlich kann der Komplementär-GmbH – anders als im gesetzlichen Grundfall – durch die Geschäftsführung der Kommanditgesellschaft eine Auskunfts- oder Informationserteilung analog § 51a Abs. 2 GmbHG auch versagt werden, wenn die Besorgnis besteht, die Komplementär-GmbH bzw. ihre Organe könnten die erteilte Auskunft zum Schaden der Gesellschaft verwenden, z.B. für ein von ihr betriebenes Konkurrenzunternehmen (vgl. *Stöcker*, GWR 2015, 181, 182). Für eine Befreiung der Komplementär-GmbH vom gesetzlichen Wettbewerbsverbot kraft teleologischer Reduktion des § 112 Abs. 1 HGB genügt nach hier vertretener Auffassung damit ihr alleiniger Ausschluss vom Einfluss auf die Geschäftsführung im Innenverhältnis (ebenso *Ulmer* in Staub, § 112 HGB Rz. 7; a.A. BGH v. 5.12.1983 – II ZR 242/82, MDR 1984, 380 = GmbHR 1984, 203; *Roth* in Baumbach/Hopt, § 112 HGB Rz. 2; *Gummert* in Henssler/Strohn, GesR, § 165 HGB Rz. 2). In anderen Konstellationen (wie z.B. im Falle der geplanten Eigennutzung von Geschäftschancen der GmbH & Co. KG) hat eine Korrektur über die allgemeine gesellschaftsrechtliche Treuepflicht zu erfolgen (vgl. BGH v. 8.5.1989 – II ZR 229/88, BB 1989, 1430 = GmbHR 1989, 460; → *Treuepflicht*).

3. Gesetzliches Wettbewerbsverbot eines Kommanditisten

W 27 **Kein gesetzliches Wettbewerbsverbot** | Die Kommanditisten einer GmbH & Co. KG unterliegen grundsätzlich keinem gesetzlichen Wettbewerbsverbot (§ 165 HGB). Ungeachtet einer auch sie treffenden, allgemeinen gesellschaftsrechtlichen Treuepflicht (u.a. zur Wahrung der Geschäftschancen der GmbH & Co. KG, vgl. BGH v. 8.5.1989 – II ZR 229/88, BB 1989, 1430 = GmbHR 1989, 460) sind sie nach der gesetzlichen Grundkonzeption nicht mit der Geschäftsführung betraut (§ 164 HGB) und verfügen nur über eingeschränkte Informations- und Kontrollrechte (§ 166 HGB).

Ausnahmen | Etwas anderes gilt ausnahmsweise dann, wenn der Kommanditist die Geschäftsführung der GmbH & Co. KG maßgeblich beeinflussen kann. Dann besteht auch bei einem Kommanditisten die Gefahr einer inneren Aushöhlung des Unternehmens zugunsten der eigenen Konkurrenztätigkeit (vgl. BGH v. 5.12.1983 – II ZR 242/82, MDR 1984, 380 = GmbHR 1984, 203; OLG Frankfurt v. 17.3.2009 – 11 U 61/08, GmbHR 2009, 884, 885; KG Berlin v. 6.3.2014 – 2 W 1/14 Kart, NZKart 2014, 368, 369). Die Frage der Anwendbarkeit des gesetzlichen Wettbewerbsverbots auf den Kommanditisten richtet sich daher nach der konkreten Ausgestaltung des Gesellschaftsverhältnisses und der damit einhergehenden Befugnisse aller Gesellschafter: W 28

- **Doppelte Mehrheitsbeteiligung:** Höchstrichterlich bejaht worden ist ein gesetzliches Wettbewerbsverbot für einen Kommanditisten analog § 112 Abs. 1 HGB, der mehrheitlich sowohl am Stammkapital der Komplementär-GmbH als auch am Kommanditkapital der Kommanditgesellschaft beteiligt ist. Dieser habe grundsätzlich die Macht, die Einsetzung der ihm genehmen Geschäftsführer zu erreichen und aufgrund des ihm mehrheitlich zustehenden Weisungsrechts darüber hinaus auch unmittelbar seinen Willen in Bezug auf die Geschäftsführung durchzusetzen. Durch die zusätzliche Mehrheitsbeteiligung an der Kommanditgesellschaft als Unternehmensträgerin würden seine Befugnisse und Einflussmöglichkeiten noch verstärkt (vgl. BGH v. 5.12.1983 – II ZR 242/82, GmbHR 1984, 203; BGH v. 4.12.2011 – X ZR 167/99, MDR 2002, 688, 689; BGH v. 9.3.2009 – II ZR 170/07, GmbHR 2009, 881).

  Dies dürfte selbstverständlich aber nur dann gelten, wenn die Mehrheitsbeteiligungen dem Kommanditisten auch die Möglichkeit zur Ausübung eines entsprechenden Einflusses auf die Geschäftsführung ermöglichen. Sehen die gesellschaftsvertraglichen Bestimmungen bei der Komplementär-GmbH oder bei der Kommanditgesellschaft für wesentliche Entscheidungen ausnahmsweise jedoch derart hohe Mehrheitserfordernisse vor, die auch der betroffene Kommanditist trotz seiner Mehrheitsbeteiligung allein nicht herbeiführen kann, dürfte es wiederum am maßgeblichen Einfluss fehlen (vgl. OLG Koblenz v. 20.12.2007 – 6 U 1161/07, juris Rz. 32 ff.).

- **Geschäftsführender Kommanditist oder Mehrheitsbeteiligung an Komplementär-GmbH:** Ungeachtet seiner Beteiligungshöhe am Kommanditkapital dürfte den Kommanditisten ebenfalls ein gesetzliches Wettbewerbsverbot analog § 112 Abs. 1 HGB treffen, wenn (i) er zugleich selbst Geschäftsführer der Komplementär-GmbH, (ii) kraft gesellschaftsvertraglicher Regelung umfassend zur Geschäftsführung der GmbH & Co. KG berufen ist (sog. geschäftsführender Kommanditist) oder aber (iii) entweder kraft Mehrheitsbeteiligung an der Komplementär-GmbH oder aber aufgrund von gesellschaftsvertraglichen Sonderreglungen im GmbH-Gesellschaftsvertrag zur Ausübung von Einfluss auf die Geschäftsführung der Komplementär-GmbH (z.B. zur Bestellung der Geschäftsführer) befugt ist (vgl. BGH v. 3.5.1988 – KZR 17/87, GmbHR 1988, 334; OLG Köln v. 10.1.2008 – 18 U 1/07, BB 2008, 800 für Alleingeschäftsführung in Komplementär-GmbH = GmbH-StB 2008, 357; *Blaum* in Westermann/Wertenbruch, Hdb. Personengesellschaften, Rz. I 3246; *Oetker* in Oetker, § 165 HGB Rz. 12 m.w.N.; *Werner*, GmbHR 2009, 886).

- **Umfassende Informations- und Kontrollrechte:** Teilweise wird vertreten, dass auch ein nicht geschäftsführungsbefugter Kommanditist einem gesetzlichen Wettbewerbsverbot analog § 112 Abs. 1 HGB unterliege, wenn ihm – in Abweichung zu § 166 HGB – gesellschaftsvertraglich weitergehende Informations- und Kontrollrechte i.S.d. § 118 HGB eingeräumt würden (vgl. *Gummert* in Henssler/Strohn, GesR, § 165 HGB Rz. 5; *Werner*, GmbHR 2009, 886, 887; a.A. *Schlitt* in Sudhoff, § 26 Rz. 40). Allein der Zugang zu weitergehenden Informationen rechtfertige ein gesetzliches Wettbewerbsverbot zum Schutz der Gesellschaft. Dagegen spricht jedoch, dass allein mit der gesellschaftsvertraglichen Einräumung weitergehender Informations- und Kontrollrechte nicht zwingend auch ein weitergehender Einfluss auf die Geschäftsführung verbunden ist (s.Rz. W 26). Insofern verbietet sich konsequenterweise die alleinige Gleichsetzung von Informationsrecht und Wettbewerbsverbot (ähnlich auch *Blaum* in Westermann/Wertenbruch, Hdb. Personengesellschaften, Rz. I 3246). Ein Missbrauch des gesellschaftsrechtlichen Informationsrechts stellt vielmehr eine Verletzung der allgemeinen gesellschaftsrechtlichen Treuepflicht dar. Dieser Treuepflicht kann – wie bereits zuvor dargestellt – auch hier dadurch Rechnung getragen werden, dass man dem Kommanditisten in einer solchen Situation die begehrte Auskunfts- oder Informationserteilung analog § 51a Abs. 2 GmbHG versagt. Einer zusätzlichen Absicherung durch ein Wettbewerbsverbot bedarf es daher in der Regel nicht.

- **Alleinige kapitalistische Mehrheitsbeteiligung am Kommanditkapital:** Einem gesetzlichen Wettbewerbsverbot analog § 112 Abs. 1 HGB dürfte ein Kommanditist folgerichtig auch dann nicht unterliegen, wenn dieser lediglich mit Mehrheit am Kommanditkapital der GmbH & Co. KG beteiligt ist, ohne zugleich auch – sei es aufgrund einer Mehrheitsbeteiligung an der Komplementär-GmbH oder aus sonstigen Gründen, z.B. als geschäftsführender Kommanditist – über Einflussmöglichkeiten auf die Geschäftsführung zu verfügen (vgl. OLG Frankfurt v. 17.3.2009 – 11 U 61/08, GmbHR 2009, 884; ähnlich wohl auch *Binz/Sorg*, Die GmbH & Co. KG, § 5 Rz. 137; a.A. bei Minderheitsbeteiligung sowohl an Komplementär-GmbH als auch an Kommanditgesellschaft *Roth* in Baumbach/Hopt, Anh § 177a HGB Rz. 23 m.w.N.; *Werner*, GmbHR 2009, 886, 887 f.). Eine abweichende Beurteilung für die alleinige kapitalistische Mehrheitsbeteiligung würde dem gesetzlichen Grundgedanken widersprechen, wonach der Kommanditist – unabhängig von der Höhe seiner Beteiligung am Kommanditkapital – keinem gesetzlichen Wettbewerbsverbot unterliegen soll (§ 165 HGB). Unberührt hiervon bleibt die Möglichkeit, zu Lasten eines mit Mehrheit beteiligten Kommanditisten vertraglich ein Wettbewerbsverbot zu vereinbaren (vgl. nachfolgende Rz. W 31 ff.).

Etwas anderes gilt erst dann, wenn der Kommanditist maßgeblichen, bestimmenden Einfluss ausüben kann. Allein die Ausstattung mit Veto-Rechten, wie etwa mit dem gesetzlich vorgesehenen Widerspruchsrecht (§ 164 Satz 2 HGB) oder aber mit einem gesellschaftsvertraglich vereinbarten Zustimmungserfordernis bei außergewöhnlichen Geschäften der Geschäftsführung, dürfte dafür aber ebenso wenig genügen wie die alleinige, vertragliche Erweiterung seiner Informationsbefugnisse.

W 29 **Einflussmöglichkeit als maßgebliches Kriterium** | Mithin lässt sich festhalten, dass ein Kommanditist nach hier vertretener Auffassung in der Regel keinem gesetzlichen Wettbewerbsverbot analog § 112 Abs. 1 HGB unterliegt, wenn er – unabhängig von der Höhe seiner Kommanditbeteiligung – ggf. auch noch über eine Minderheitsbeteiligung an der Komplementär-GmbH verfügt, ihm ansonsten aber keine gesellschaftsvertraglichen Sonderrechte mit der Möglichkeit zur Einflussnahme auf die Geschäftsführung eingeräumt sind (z.B. Recht zur Bestellung der Geschäftsführer in der Komplementär-GmbH oder Einräumung der Stellung als geschäftsführender Kommanditist). Die Einräumung weitergehender Informationsrechte ohne die gleichzeitige Möglichkeit zur Ausübung von maßgeblichem, bestimmendem Einfluss insbesondere auf die Geschäftsführung dürfte ein gesetzliches Wettbewerbsverbot analog § 112 Abs. 1 HGB nicht rechtfertigen (ebenso *Rubner/Leuering*, NJW-Spezial 2011, 79, 80; a.A. *Roth* in Baumbach/Hopt, § 165 HGB Rz. 3; *Werner*, GmbHR 2009, 886, 887). Die sachliche Rechtfertigung eines gesetzlichen Wettbewerbsverbots gemäß § 112 Abs. 1 HGB richtet sich mithin allein nach dem Einfluss des Kommanditisten auf die Geschäftsführung der Kommanditgesellschaft.

frei W 30

4. Vertragliches Wettbewerbsverbot eines Kommanditisten

Gesellschaftsvertragliches Wettbewerbsverbot | Grundsätzlich steht es den Gesellschaftern W 31
einer GmbH & Co. KG frei, ein gesetzliches Wettbewerbsverbot aufgrund vertraglicher Vereinbarung einzuschränken oder ganz auszuschließen oder aber auch einem Kommanditisten kraft vertraglicher Vereinbarung erstmalig ein Wettbewerbsverbot aufzuerlegen (§ 163 HGB). Dabei gilt es einerseits die zivilrechtlichen Grenzen des § 138 BGB und andererseits die kartellrechtlichen Vorgaben nach Art. 101 Abs. 1 AEUV und § 1 GWB zu beachten. Gesellschaftsvertragliche Wettbewerbsverbote, die gegenständlich, räumlich oder zeitlich über das hinausgehen, was für den Bestand, das Funktionieren und die Wettbewerbsfähigkeit der Gesellschaft objektiv notwendig ist, stehen im Widerspruch zum Kartellverbot nach Art. 101 Abs. 1 AEUV und § 1 GWB (vgl. BGH v. 19.10.1993 – KZR 3/92, NJW 1994, 384, 386 = GmbHR 1994, 44; OLG Frankfurt v. 17.3.2009 – 11 U 61/08, GmbHR 2009, 884, 885; KG Berlin v. 6.3.2014 – 2 W 1/14 Kart, NZKart 2014, 368, 369). Im Unterschied zum gesetzlichen Wettbewerbsverbot i.S.d. § 112 Abs. 1 HGB genießt ein vertragliches Wettbewerbsverbot im Gesellschaftsrecht damit keinen unbedingten Vorrang gegenüber den Regelungen des Wettbewerbsrechts (ausführlich hierzu *Binz/Sorg*, Die GmbH & Co. KG, § 5 Rz. 139 ff.).

Grenzen | Beschränkende Bestimmungen in Gesellschaftsverträgen sind daher kartellrecht- W 32
lich nur zulässig, wenn und soweit sie notwendig sind, um das im Übrigen kartellrechtsneutrale Gesellschaftsunternehmen in seinem Bestand und seiner Funktionsfähigkeit zu erhalten (vgl. BGH v. 23.6.2009 – KZR 58/07, NJW-RR 2010, 615, 616). Das Wettbewerbsverbot darf – um kartellrechtlich unbedenklich zu sein – vielmehr nur Vorsorge für den Fall treffen, dass ein Gesellschafter das Unternehmen von innen her aushöhlt oder gar zerstört und damit einen leistungsfähigen Wettbewerber zu Gunsten seiner eigenen Konkurrenztätigkeit ausschaltet. Auch bei vertraglichen Wettbewerbsverboten gilt dies damit grundsätzlich nur für den, der die Geschäftsführung der Gesellschaft und damit die Geschicke der Gesellschaft im Innenverhältnis maßgeblich beeinflussen kann (OLG Frankfurt v. 17.3.2009 – 11 U 61/08, GmbHR 2009, 884, 885 f.; KG Berlin v. 6.3.2014 – 2 W 1/14 Kart, NZKart 2014, 368, 369; vgl. auch *Stöcker*, GWR 2015, 181 ff.).

Kartellrechtlich unzulässig und gemäß § 134 BGB wegen Verstoßes gegen § 1 GWB nichtig ist W 33
daher etwa ein gesellschaftsvertraglich vereinbartes Wettbewerbsverbot für einen Kommanditisten, der zu je 1/3 am Stammkapital der Komplementär-GmbH und am Kommanditkapital der Kommanditgesellschaft beteiligt ist, auch wenn er zusätzlich (widerruflich) noch zur Ausübung der Gesellschafterrechte eines weiteren, in gleicher Höhe beteiligten Kommanditisten bevollmächtigt ist und aufgrund der Vollmacht über mehrheitlichen Einfluss verfügt (vgl. OLG Frankfurt v. 17.3.2009 – 11 U 61/08, GmbHR 2009, 884, 885).

W 34 Für **grundsätzlich unbedenklich** gehalten wird ein *gesellschaftsvertragliches* Wettbewerbsverbot aus kartellrechtlicher Sicht aber dann, wenn der Kommanditist entweder eine **Mehrheitsbeteiligung** hält oder aber aufgrund **gesellschaftsvertraglicher Sonderrechte,** etwa bei der Bestellung von Geschäftsführern, maßgeblichen Einfluss auf die Geschäftsführung nehmen kann, wobei es auch dann immer noch auf eine Gesamtwürdigung aller für das konkrete Gesellschaftsverhältnis wirksamen Umstände ankommt (vgl. BGH v. 23.6.2009 – KZR 58/07, NJW-RR 2010, 615, 616; KG Berlin v. 6.3.2014 – 2 W 1/14 Kart, NZKart 2014, 368, 369).

Gesellschaftsvertragliches Wettbewerbsverbot

W 35 **§ ... Wettbewerbsverbot**

(1) Der persönlich haftenden Gesellschafterin sowie jedem geschäftsführungsbefugten Kommanditisten ist es untersagt, für die Dauer der Geschäftsführerstellung mit der Gesellschaft unmittelbar oder mittelbar auf ihrem Tätigkeitsgebiet in Wettbewerb zu treten.

(2) Die Gesellschafterversammlung kann durch Beschluss, der Art und Umfang im Einzelnen regelt, jeden Gesellschafter von einem etwaigen Wettbewerbsverbot befreien. Der zu befreiende Gesellschafter ist bei der Beschlussfassung nicht stimmberechtigt.

5. Geschäftsführer der Komplementär-GmbH

W 36 **(Keine) direkte Anwendung von § 112 Abs. 1 HGB |** Soweit der Geschäftsführer der Komplementär-GmbH nicht auch Kommanditist der GmbH & Co. KG ist, trifft diesen gegenüber der Kommanditgesellschaft nicht unmittelbar das gesetzliche Wettbewerbsverbot gemäß § 112 Abs. 1 HGB (vgl. für die AG & Co. KG BGH v. 9.3.2009 – II ZR 170/07, GmbHR 2009, 881).

W 37 **Analoge Anwendung von § 112 Abs. 1 HGB |** Fraglich ist jedoch, ob § 112 Abs. 1 HGB analoge Anwendung auf diese Konstellation findet: Der Geschäftsführer der Komplementär-GmbH ist, und zwar unabhängig von einer gleichzeitigen Beteiligung als Kommanditist, einerseits aufgrund seiner Organstellung i.S.d. § 43 GmbHG und andererseits aufgrund eines etwaigen, mit der Komplementär-GmbH oder (erst recht) aufgrund eines mit der Kommanditgesellschaft bestehenden Anstellungsvertrages dazu verpflichtet, während seiner Geschäftsführertätigkeit mit der Kommanditgesellschaft nicht in Wettbewerb zu treten (vgl. OLG Köln v. 10.1.2008 – 18 U 1/07, GmbH-StB 2008, 357 = GmbHR 2008, 1103; *Blaum* in Westermann/Wertenbruch, Hdb. Personengesellschaften, Rz. I 3247; *Luxem* in Gosch/Schwedhelm/Spiegelberger, GmbH-Beratung, Wettbewerbsverbot). Trotz der formalen Trennung entfaltet bereits allein die **organschaftliche Sonderrechtsbeziehung** zwischen dem Geschäftsführer und der Komplementär-GmbH in der Regel auch **drittschützende Wirkung** zugunsten der Kommanditgesellschaft (vgl. BGH v. 9.12.2014 – II ZR 360/13, GmbHR 2015, 248; BGH v. 18.6.2013 – II ZR 86/11, GmbHR 2013, 1044, 1045f. = GmbH-StB 2013, 341; BGH v. 9.3.2009 – II ZR 170/07, GmbHR 2009, 881; *Blaum* in Westermann/Wertenbruch, Hdb. Personengesellschaften, Rz. I 3247; *Rudersdorf*, RNotZ 2011, 509, 513). Des Weiteren gilt auch hier der Grundsatz, Leitungsmacht mit Verantwortlichkeit zu verbinden (vgl. *Otte*, NZG 2011, 1013, 1014). Das Wettbewerbsverbot ist eine Ausprägung der gesellschaftsrechtlichen Treuepflicht. Zweifelsfrei besteht eine solche **Treuepflicht** zwischen dem Geschäftsführer einer Komplementär-GmbH und der Komplementär-GmbH. Der Geschäftsführer der Komplementär-GmbH ist als organschaftlicher Vertreter der Komplementär-GmbH zunächst an die Interessen der Komplementär-GmbH, aufgrund ihrer hervorgehobenen Stellung als in der Regel alleinige geschäftsführende Gesellschafterin der Kommanditgesellschaft damit zugleich aber auch an die der Kommanditgesellschaft, im besonderen Maße gebunden. Ziel und **Zweck des § 112 Abs. 1 HGB** ist die Minimierung der Gefahr eines Missbrauchs von Insiderinformationen zu Lasten der übrigen Gesellschafter (vgl. *Otte*, NZG 2011, 1013, 1015). Der Geschäftsführer der Komplementär-GmbH verfügt mithin über Insiderinformationen der Komplementär-GmbH, aber auch der Kommanditgesellschaft und hat somit grundsätzlich die Möglichkeit, diese Informationen sowohl zum Nachteil der Komplementär-GmbH als auch zum Nachteil der Kommanditgesellschaft zum eigenen Vorteil einzusetzen (vgl. *Grigoleit*, ZGR 2010, 662, 665; OLG Köln v. 10.1.2008 – 18 U 1/07, NZG 2009, 306, 307 – GmbHR 2008, 1103 = GmbH-StB 2008, 357). Diese vergleichbare Interessenlage zur allgemein anerkannten Anwendung des § 112 Abs. 1 HGB auf den Kommanditisten, der zugleich Geschäftsführer der Komplementär-GmbH ist, spricht dafür, § 112 Abs. 1 HGB entsprechend auch auf den nicht an der Kommanditgesellschaft beteiligten Geschäftsführer der Komplementär-GmbH anzuwenden.

6. Rechtsfolgen bei Verstoß gegen ein Wettbewerbsverbot

Rechtsfolgen gemäß § 113 HGB | Vorbehaltlich einer abweichenden vertraglichen Regelung richten sich die Ansprüche bei einem Verstoß gegen ein gesetzliches oder vertragliches Wettbewerbsverbot bei der GmbH & Co. KG in der Regel nach den Vorschriften der §§ 161 Abs. 2, 113 HGB, sofern es sich bei dem Wettbewerbsverbot nicht um ein nachvertragliches Wettbewerbsverbot handelt. Der Kommanditgesellschaft steht nach §§ 161 Abs. 2, 113 Abs. 1 HGB grundsätzlich ein Wahlrecht zwischen einem Anspruch auf Schadensersatz und einem Eintrittsrecht gerichtet auf Abschöpfung sämtlicher durch das pflichtwidrige Verhalten erlangter Vorteile zu. Hinzu kommt nach h.M. ein Anspruch auf Unterlassung (vgl. hierzu ausführlich *Haas* in Röhricht/Graf von Westphalen/Haas, § 113 HGB Rz. 1 ff.). Das Wahlrecht wird gemäß §§ 161 Abs. 2, 113 Abs. 2 HGB durch Gesellschafterbeschluss ausgeübt. Darüber hinaus kommt im Falle eines Verstoßes gegen ein Wettbewerbsverbot auch ein Ausschluss des betroffenen Gesellschafters aus wichtigem Grund in Betracht (vgl. *Wenzel* in Hesselmann/Tillmann/Mueller-Thuns, Hdb. GmbH & Co. KG, Rz. 4.322). W 38

Rechtsfolgen bei GmbH-Geschäftsführer | Die vorgenannten Rechtsfolgen gelten nach hier vertretener Auffassung auch für den Geschäftsführer der Komplementär-GmbH, der nicht zugleich als Kommanditist an der GmbH & Co. KG beteiligt ist. Es ist kein Grund ersichtlich, weshalb § 113 Abs. 1 HGB bei gleichartiger Interessenlage auf die Komplementär-GmbH, nicht aber auch auf ihren mittelbar ebenfalls im Interesse der Kommanditgesellschaft handelnden Geschäftsführer Anwendung finden sollte (vgl. OLG Köln v. 10.1.2008 – 18 U 1/07, NZG 2009, 306, 307 = GmbHR 2008, 1103 = GmbH-StB 2008, 357; *Otte*, NZG 2011, 1013, 1015). Insofern steht der Kommanditgesellschaft bei einem Wettbewerbsverstoß durch den Geschäftsführer der Komplementär-GmbH diesem gegenüber das unmittelbare Recht zu, zwischen der Geltendmachung eines Schadensersatzanspruches nach § 113 Abs. 1 Halbs. 1 HGB und der Ausübung eines Eintrittsrechts mit der Geltendmachung eines Abschöpfungsanspruchs nach § 113 Abs. 1 Halbs. 2 HGB zu wählen, und zwar unabhängig davon, ob der Geschäftsführer daneben auch noch als Kommanditist an der Kommanditgesellschaft beteiligt ist oder ob zwischen ihm und der Kommanditgesellschaft ein Anstellungsvertrag besteht (vgl. *Blaum* in Westermann/Wertenbruch, Hdb. Personengesellschaften, Rz. I 3247). Entschließt sich die Kommanditgesellschaft zur Ausübung des Eintrittsrechts, kann sie vom Geschäftsführer verlangen, dass er die aus den abgeschlossenen Geschäften erzielten Gewinne und Ver- W 39 gütungen an die Kommanditgesellschaft abführt, einen etwaigen Vergütungsanspruch abtritt oder auch sonstige, daraus erlangte Vorteile und Informationen an die Kommanditgesellschaft herausgibt. Da in diesem Fall ein konkreter Schadensnachweis nicht erforderlich ist, kann diese Variante eine aussichtsreiche Alternative zum grundsätzlichen Schadensersatzanspruch darstellen (vgl. *Haas* in Röhricht/Graf von Westphalen/Haas, § 113 HGB Rz. 4).

W40 **Kurze Verjährung gemäß § 113 Abs. 3 HGB** | Mit der zuvor beschriebenen Wahlmöglichkeit zwischen der Geltendmachung von Schadenersatz und Abschöpfung geht nach §§ 161 Abs. 2, 113 Abs. 3 HGB grundsätzlich eine Verkürzung der Verjährungsfrist auf **drei Monate** einher. Beginn der dreimonatigen Verjährungsfrist ist der Zeitpunkt, an dem sämtliche Mitgesellschafter von der Verletzungshandlung des Verletzers positive Kenntnis haben (vgl. *Plückelmann* in Gummert, Münchener Anwaltshdb. Personengesellschaftsrecht, § 10 Rz. 32).

W41 **Einschränkende Anwendung von kurzer Verjährung gemäß § 113 Abs. 3 HGB auf GmbH-Geschäftsführer** | Soweit §§ 161 Abs. 2, 113 Abs. 3 HGB im Interesse einer schnellstmöglichen Konfliktlösung mit drei Monaten ab Kenntnis eine im Vergleich zur fünfjährigen Verjährungsfrist nach § 43 Abs. 4 GmbHG vergleichsweise kurze Verjährungsfrist vorsieht, ist diese kurze Verjährungsregelung auf Ansprüche gegen den Geschäftsführer der Komplementär-GmbH nur eingeschränkt anwendbar. Jedenfalls dann, wenn ein **Verstoß des GmbH-Geschäftsführers** gegen das Wettbewerbsverbot zugleich auch zur Verletzung weiterer wesentlicher Geschäftsführerpflichten führt, d.h. wenn die Pflichtverletzung über den Verstoß gegen das Wettbewerbsverbot bzw. gegen das Verbot der Verlagerung von Geschäftschancen (zum sachlichen Umfang vgl. OLG Köln v. 10.1.2008 – 18 U 1/07, NZG 2009, 306, 307 = GmbHR 2008, 1103 = GmbH-StB 2008, 357) hinausgeht, greift nicht länger die kurze Verjährung nach §§ 161 Abs. 2, 113 Abs. 3 HGB, sondern es gilt insgesamt für alle Ansprüche, also insbesondere auch für einen Anspruch aufgrund des Wettbewerbsverstoßes, die fünfjährige Verjährungsfrist gemäß § 43 Abs. 4 GmbHG. Andernfalls käme es zu einer ungerechtfertigten Privilegierung des sich pflichtwidrig verhaltenden GmbH-Geschäftsführers, allein weil die Abgrenzung zwischen einem Verstoß gegen ein Wettbewerbsverbot und einer sonstigen Pflichtverletzung nicht immer eindeutig sein dürfte (vgl. auch *Haas* in Röhricht/Graf von Westphalen/Haas, § 113 HGB Rz. 11 f.). Sollte der Nachweis über das Bestehen einer sonstigen Pflichtverletzung in diesem Zusammenhang mit Unsicherheiten behaftet sein, empfiehlt sich für die Praxis, im Zweifel bereits innerhalb der Dreimonatsfrist nach §§ 161 Abs. 2, 113 Abs. 3 HGB verjährungshemmende Maßnahmen einzuleiten.

Vertiefende Recherche

Wichtige Urteile und Erlasse

BGH v. 18.6.2013 – II ZR 86/11, GmbHR 2013, 1044: Haftung des Geschäftsführers der Komplementär-GmbH für sorgfaltswidrige Führung der Geschäfte der Kommanditgesellschaft.

BGH v. 9.3.2009 – II ZR 170/07, GmbHR 2009, 881: Wettbewerbsverbot für die Vorstandsmitglieder der als Aktiengesellschaft organisierten Mehrheitskommanditistin.

BGH v. 25.2.2002 – II ZR 236/00, NJW-RR 2002, 965: Erstreckung der Haftung des Geschäftsführers der Komplementär-GmbH auf die Kommanditgesellschaft.

BGH v. 8.5.1989 – II ZR 229/88, BB 1989, 1430: Treuepflichtverletzung des Kommanditisten.

BGH v. 5.12.1983 – II ZR 242/82, MDR 1984, 380: Wettbewerbsverbot des die KG beherrschenden Kommanditisten.

BGH v. 16.2.1981 – II ZR 168/79, MDR 1981, 563: Befreiung vom Wettbewerbsverbot durch Mehrheitsentscheidung der Gesellschafterversammlung.

BGH v. 6.12.1962 – KZR 4/62, BGHZ 38, 306: Gesellschaftsrechtliches Wettbewerbsverbot und Kartellrecht.

KG Berlin v. 6.3.2014 – 2 W 1/14 Kart, NZKart 2014, 368. Wirksamkeit eines gesellschaftsvertraglich vereinbarten Wettbewerbsverbots für einen Kommanditisten.

OLG Köln v. 10.1.2008 – 18 U 1/07, GmbH-StB 2008, 357: Wettbewerbsverbot und Verjährung bei GmbH & Co. KG.

Musterformulierungen

→ *Gesellschaftsverträge mit Erläuterungen Rz. G 180f.*

Borgmann in Meyer-Landrut, Formular-Kommentar GmbH-Recht, 2. Aufl. 2014, S. 374 ff.

Frie in Meyer-Landrut, Formular-Kommentar GmbH-Recht, 2. Aufl. 2014, S. 482 ff.

Lichtenwimmer/Kutt in Fuhrmann/Wälzholz, Formularbuch Gesellschaftsrecht, 2. Aufl. 2015, 4. Muster

Plückelmann in Gummert, Münchener Anwaltshandbuch Personengesellschaftsrecht, 2. Aufl. 2015, § 10 Rz. 49

Weitere Stichwörter

→ *Treuepflicht*

Zwangsvollstreckung

Ausgewählte Literatur: *Behr*, Die Vollstreckung in Personengesellschaften – Aktuelle Hinweise für den Praktiker, NJW 2000, 1137; *Wälzholz*, Rückforderungsrechte an Gesellschaftsanteilen für den Fall von Insolvenz und Zwangsvollstreckung – Eine Herausforderung der Gestaltungspraxis, GmbHR 2007, 1319.

1. Zwangsvollstreckung gegen die KG

Z 1 **Anwendbarkeit der allgemeinen Regeln |** Die Zwangsvollstreckung in das Vermögen der GmbH & Co. KG bestimmt sich nach den allgemeinen Regeln der §§ 704 ff. ZPO, wobei die nachfolgenden Besonderheiten zu beachten sind.

Z 2 **Titel gegen die Gesellschaft |** Zur Zwangsvollstreckung in das Vermögen der KG ist gemäß §§ 124 Abs. 2, 161 Abs. 2 HGB ein gegen diese gerichteter Vollstreckungstitel erforderlich. Hierin kommt die im Vergleich zur GbR weitergehende **Verselbständigung der Personenhandelsgesellschaft** zum Ausdruck. Denn zur Zwangsvollstreckung in das Vermögen einer GbR „genügt“ ein gegen alle Gesellschafter ergangener Vollstreckungstitel (§ 736 ZPO, BGH v. 29.1.2001 – II ZR 331/00, BGHZ 146, 341 = DB 2001, 423 = AG 2001, 307).

Z 3 **Titel gegen die Gesellschafter |** Demgegenüber berechtigt bei der KG auch ein aufgrund der persönlichen Haftung gegen alle Gesellschafter gerichteter Titel nicht zur Vollstreckung in das Gesellschaftsvermögen. Eine Ausnahme wird lediglich für den Fall diskutiert, dass der gegen alle Gesellschafter gerichtete Titel erlangt wurde, als die Gesellschaft noch GbR war (→ *Gründung*). Nimmt diese durch die Handelsregistereintragung die Rechtsform der KG an, soll eine Titelumschreibung analog § 727 ZPO zulässig sein (*Haas* in Röhricht/Graf von Westphalen/Haas, § 124 HGB Rz. 6b; *K. Schmidt* in MünchKomm. HGB, § 124 HGB Rz. 30; dagegen *Wertenbruch* in Westermann/Wertenbruch, Hdb. Personengesellschaften, Rz. I 775). In der Praxis empfiehlt es sich aber, auch bei einer GbR stets einen Titel gegen die Gesellschaft zu erwirken (vgl. hierzu BGH v. 29.1.2001 – II ZR 331/00, BGHZ 146, 341 = DB 2001, 423 = AG 2001, 307). Denn ein derartiger Titel kann auch noch verwendet werden, wenn sich die GbR später in eine KG umwandelt (s. Rz. Z 7). Wird aus einem gegen einen (z.B. die Komplementär-GmbH) oder alle Gesellschafter gerichteten Titel in das Gesellschaftsvermögen der KG vollstreckt, kann diese gemäß § 771 ZPO Drittwiderspruchsklage erheben (*Neubauer/Herchen* in Münchener Hdb. Gesellschaftsrecht, Bd. 2, § 33 Rz. 1; *K. Schmidt* in MünchKomm. HGB, § 124 HGB Rz. 30 m.w.N.).

Z 4 **Auflösung |** Die Auflösung der KG hat lediglich die Liquidation des Gesellschaftsvermögens zur Folge und hindert die Vollstreckung aus dem gegen die Gesellschaft gerichteten Titel nicht (*K. Schmidt* in MünchKomm. HGB, § 124 HGB Rz. 33).

Z 5 **Vollbeendigung |** Durch die Vollbeendigung der KG wird ein gegen sie gerichteter Titel gegenstandslos. Zwar haften die Gesellschafter als solche weiter (§§ 159, 161 Abs. 2 HGB), wobei eine Nachhaftung des Kommanditisten unter den Voraussetzungen der §§ 171, 172 ausgeschlossen ist. Die Gesellschafter sind aber keine Rechtsnachfolger der erloschenen KG i.S.d.

§ 727 ZPO. Auch eine analoge Anwendung des § 727 ZPO kommt nicht in Betracht, da anderenfalls dem Gesellschafter die persönlichen Einwendungen des § 129 Abs. 1 bis 3 HGB abgeschnitten wären. Eine Umschreibung des Titels gegen die Gesellschafter ist daher unzulässig (OLG Frankfurt a.M. v. 30.11.1981 - 20 W 836/81, BB 1982, 399; OLG Hamm v. 10.2.1978 - 20 W 39/77, NJW 1979, 51; *Stöber* in Zöller, § 727 ZPO Rz. 36; *K. Schmidt* in MünchKomm. HGB, § 124 HGB Rz. 33). Etwas anderes gilt nur, wenn die Vollbeendigung durch den Austritt des vorletzten Gesellschafters erfolgt (→ *Anwachsung*). Wegen der dann eintretenden Gesamtrechtsnachfolge kann der gegen die KG lautende Titel gemäß § 727 ZPO auf den übernehmenden Gesellschafter umgeschrieben werden (*Haas* in Röhricht/Graf von Westphalen/Haas, § 124 HGB Rz. 7; *Neubauer/Herchen* in Münchener Hdb. Gesellschaftsrecht, Bd. 2, § 33 Rz. 2).

Umwandlung | Auch in den Fällen einer Gesamtrechtsnachfolge durch Verschmelzung (§ 20 Z6
Abs. 1 Nr. 1 UmwG) und Spaltung (§ 131 Abs. 1 Nr. 1 UmwG) kann ein gegen die KG als übertragender Rechtsträger lautender Titel gemäß § 727 ZPO gegen den übernehmenden Rechtsträger umgeschrieben werden. Entsprechendes gilt, wenn die KG der übernehmende Rechtsträger ist (→ *Umwandlung*).

Formwechsel | Im Falle eines Formwechsels nach § 190 Abs. 1 UmwG liegt keine Rechts- Z7
nachfolge i.S.d. § 727 ZPO vor, da die Identität des Rechtsträgers erhalten bleibt (→ *Umwandlung*). In diesem Fall ist es ausreichend, die Änderung der Rechtsform durch einen Klauselvermerk („*Beischreibung*") kenntlich zu machen (BGH v. 21.7.2011 - I ZB 93/10, ZIP 2011, 2030; OLG Köln v. 5.8.2003 - 3 U 30/03, GmbHR 2003, 1489; *Stöber* in Zöller, § 727 ZPO Rz. 5). Gleiches gilt für die außerhalb des Umwandlungsgesetzes stattfindende Umwandlung einer GbR oder OHG in eine KG (*Wertenbruch* in Westermann/Wertenbruch, Hdb. Personengesellschaften, Rz. I 773).

frei Z8

2. Zwangsvollstreckung gegen einen Gesellschafter

Gesellschaftsverbindlichkeiten | Will ein Gesellschaftsgläubiger einen Gesellschafter wegen Z9
dessen persönlicher Haftung für Gesellschaftsverbindlichkeiten in Anspruch nehmen, bedarf er eines gegen den Gesellschafter gerichteten Vollstreckungstitels. Er muss also (auch) den Gesellschafter verklagen. Aus einem gegen die KG gerichteten Vollstreckungstitel findet die Zwangsvollstreckung gegen die Gesellschafter nicht statt (§§ 129 Abs. 4, 161 Abs. 2 HGB). Dies gilt sowohl für die Zwangsvollstreckung gegen die Komplementär-GmbH als auch die Zwangsvollstreckung gegen einen – unter den Voraussetzungen des §§ 171, 172, 176 HGB persönlich haftenden – Kommanditisten. Die Vorschrift des § 129 Abs. 4 HGB ist somit das Gegenstück zu § 124 Abs. 2 HGB; beide Vorschriften bringen die Verselbständigung der Gesellschaft und die damit zusammenhängende Trennung der Vermögensmassen zum Ausdruck. Durch das Erfordernis eines gegen den Gesellschafter gerichteten Titels wird sichergestellt, dass der Gesellschafter im Prozess seine persönlichen Einwendungen gemäß § 129 Abs. 1 bis 3 HGB geltend machen kann (→ *Haftung des Komplementärs*; → *Haftung des Kommanditisten*).

Titelumschreibung | Um dem Gesellschafter die Geltendmachung der persönlichen Einwen- Z10
dungen nach § 129 Abs. 1 bis 3 HGB nicht abzuschneiden, kann ein gegen die KG gerichteter

Titel grundsätzlich nicht gemäß § 727 ZPO gegen einen Gesellschafter umgeschrieben werden. Hiervon besteht eine Ausnahme, wenn der Gesellschafter nach dem Ausscheiden aller übrigen Gesellschafter das gesamte Gesellschaftsvermögen im Wege der Gesamtrechtsnachfolge übernommen hat (s. Rz. Z 5).

Z 11 **Rechtsschutz** | Wird aus einem gegen die KG gerichteten Titel in das Vermögen eines Gesellschafters vollstreckt, kann dieser hiergegen mit der Drittwiderspruchsklage gemäß § 771 ZPO vorgehen (*Neubauer/Herchen* in Münchener Hdb. Gesellschaftsrecht, Bd. 2, § 33 Rz. 8). Allerdings kann sich der Gesellschaftsgläubiger gegen die Klage nach h.M. mit dem Einwand verteidigen, der Gesellschafter hafte persönlich für den titulierten Anspruch gegen die Gesellschaft. Die Drittwiderspruchsklage ist dann nach § 242 BGB abzuweisen. Der klagende Gesellschafter muss dann aber seinerseits die Möglichkeit haben, dem Einwand der persönlichen Haftung mit den persönlichen Einwendungen nach § 129 Abs. 1 bis 3 HGB zu begegnen (BGH v. 1.6.1953 – IV ZR 169/52, LM § 771 ZPO Nr. 2; *K. Schmidt* in MünchKomm. HGB, § 129 HGB Rz. 28; *K. Schmidt* in MünchKomm. ZPO, § 771 ZPO Rz. 49 m.w.N.).

3. Zwangsvollstreckung in den Gesellschaftsanteil an der KG

Z 12 **Gesellschaftsanteil** | Bei einer Zwangsvollstreckung gegen einen Gesellschafter der GmbH & Co. KG stellt sich regelmäßig auch die Frage der Vollstreckung in den Gesellschaftsanteil der KG. Unter dem Begriff des Gesellschaftsanteils versteht man die Gesamtheit der Rechte und Pflichten eines Gesellschafters aus dem Gesellschaftsverhältnis. Der Gesellschaftsanteil stellt für den Gesellschafter einen Vermögenswert und somit für dessen Gläubiger einen Vollstreckungsgegenstand dar. Dies gilt für den Gesellschaftsanteil des Kommanditisten (Kommanditanteil oder Kommanditbeteiligung) genauso wie für den Gesellschaftsanteil der Komplementär-GmbH, sofern diese am Vermögen der KG beteiligt ist.

Z 13 **Pfändung** | Die Zwangsvollstreckung in den Gesellschaftsanteil der KG erfolgt durch Pfändung gemäß § 859 Abs. 1 ZPO. Zwar spricht § 859 Abs. 1 ZPO – im Einklang mit §§ 719 Abs. 1 und 725 Abs. 1 BGB – lediglich vom „Anteil am Gesellschaftsvermögen“. Dieser Begriff beschreibt nach heutigem Verständnis die gesamthänderische Beteiligung am Gesellschaftsvermögen, welche von der Gesellschafterstellung nicht abgespaltet werden kann (sog. vermögensrechtliche Seite der Mitgliedschaft). Gegenstand der Pfändung ist nach heute h.M. aber der Gesellschaftsanteil als solcher (*Haas* in Röhricht/Graf von Westphalen/Haas, § 135 HGB Rz. 4; *Schäfer* in MünchKomm. BGB, § 725 BGB Rz. 9f. jeweils m.w.N.). Dieser ist nach dem Gesetz grundsätzlich nicht bzw. nicht ohne die Zustimmung der Mitgesellschafter übertragbar (§ 717 Satz 1 BGB, §§ 105 Abs. 3, 161 Abs. 2 HGB). Nach der Regel des § 851 Abs. 1 ZPO wäre eine Pfändung daher ausgeschlossen. Hiervon macht die Vorschrift des § 859 Abs. 1 ZPO eine Ausnahme, um dem Gläubiger eines Gesellschafters den Zugriff auf den im Gesellschaftsanteil verkörperten Wert zu ermöglichen. Bei der Pfändung des Gesellschaftsanteils werden jedoch nur die aus dem Gesellschaftsanteil folgenden Vermögensrechte vom Pfandbeschlag erfasst (BGH v. 21.4.1986 – II ZR 198/85, BB 1986, 1176; *Haas* in Röhricht/Graf von Westphalen/Haas, § 135 HGB Rz. 4; *Schäfer* in MünchKomm. BGB, § 725 BGB Rz. 11). Hierzu zählen vor allem der Auseinandersetzungsanspruch, die künftigen Gewinnanteile (vgl. § 725 Abs. 2 BGB, §§ 105 Abs. 3, 161 Abs. 2 HGB) und die Aufwendungsersatzansprüche. Die zum Gesellschaftsanteil gehörenden Verwaltungsrechte, insbesondere also das Stimmrecht sowie die Auskunfts- und Kontrollrechte, bleiben von der Pfändung unberührt und sind weiterhin dem Gesellschafter vorbehalten (*Haas* in Röhricht/Graf von Westphalen/Haas, § 135 HGB Rz. 4). Dem Gläubiger stehen aber die vollstreckungsrechtlichen Informationsrechte nach §§ 836 Abs. 3, 840 ZPO zu. Drittschuldnerin i.S.d. §§ 828 ff. ZPO ist die KG, vertreten durch die Geschäftsführung der Komplementär-GmbH (vgl. BGH v. 21.4. 1986 – II ZR 198/85, BB 1986, 1176; *K. Schmidt* in MünchKomm. HGB, § 135 HGB Rz. 12).

Verwertung durch Kündigung | Durch die Pfändung entsteht am Gesellschaftsanteil ein Pfändungspfandrecht, das dem Gläubiger das Recht verschafft, den Gesellschaftsanteil zu verwerten. Solange die KG besteht, sind die Befriedigungsmöglichkeiten allerdings stark eingeschränkt. Denn bei den von der Pfändung erfassten Vermögensrechten handelt es sich überwiegend um künftige Ansprüche (Ausnahme: bestehende Guthaben auf dem Privatkonto, s. Rz. Z 19), auf deren Entstehung der Gläubiger keinen Einfluss hat: Das Recht auf Auszahlung des Gewinnanteils etwa setzt die Feststellung des Jahresabschlusses voraus (→ *Entnahmen und Ergebnisverwendung*). Der Gläubiger hat aber keine Möglichkeit, die Feststellung des Jahresabschlusses herbeizuführen, da die Verwaltungsrechte beim Gesellschafter liegen. Ist der Gewinnanspruch entstanden, sind außerdem die gesellschaftsvertraglichen Entnahmebeschränkungen zu beachten (§ 404 BGB; *Stöber* in Zöller, § 829 ZPO Rz. 6). Der Anspruch auf das Auseinandersetzungsguthaben entsteht erst, wenn der Gesellschafter aus der Gesellschaft ausscheidet oder diese aufgelöst wird. Vor diesem Hintergrund räumt das Gesetz dem Privatgläubiger eines Gesellschafters in § 135 HGB ein eigenes Kündigungsrecht ein, um diesem den Zugriff auf das Auseinandersetzungsguthaben (Abfindung) und damit auf den Wert des Gesellschaftsanteils zu verschaffen. Das Kündigungsrecht ist zwingend und kann durch den Gesellschaftsvertrag nicht ausgeschlossen werden (*Haas* in Röhricht/Graf von Westphalen/Haas, § 135 HGB Rz. 1). Abfindungsbeschränkungen, die zu einer einseitigen Benachteiligung der Gläubiger des ausscheidenden Gesellschafters führen, sind nach § 138 BGB wegen Sittenwidrigkeit unwirksam (*Haas* in Röhricht/Graf von Westphalen/Haas, § 131 HGB Rz. 65). Z 14

Voraussetzungen der Kündigung | Das Kündigungsrecht des § 135 HGB steht nur dem Privatgläubiger eines Gesellschafters zu. Ein Gesellschaftsgläubiger, der einen Gesellschafter aufgrund seiner persönlichen Haftung nach §§ 128, 161 Abs. 2, 171, 172 HGB in Anspruch nimmt, ist kein Privatgläubiger; er kann unmittelbar auf das Gesellschaftsvermögen zugreifen und muss nicht erst durch eine Kündigung auf das Gesellschaftsverhältnis einwirken (*Haas* in Röhricht/Graf von Westphalen/Haas, § 135 HGB Rz. 2). Der Privatgläubiger muss den Gesellschaftsanteil als solchen gepfändet haben (s. Rz. Z 13). Ob – entsprechend dem missverständlichen Wortlaut des § 135 HGB – eine isolierte Pfändung des Anspruchs auf das Auseinandersetzungsguthaben für den Erwerb des Kündigungsrechts ausreicht, ist umstritten (*Haas* in Röhricht/Graf von Westphalen/Haas, § 135 HGB Rz. 4). Die Pfändung muss aufgrund eines nicht nur vorläufig vollstreckbaren Schuldtitels geschehen sein. Ausreichend sind insbesondere ein rechtskräftiges Urteil, ein rechtskräftiger Vollstreckungsbescheid, ein gerichtlicher Vergleich, eine vollstreckbare Urkunde gemäß § 794 Abs. 1 Nr. 5 ZPO oder rechtskräftig für vollstreckbar erklärte Schiedssprüche (*Lorz* in E/B/J/S, § 135 HGB Rz. 8). Schließlich wird vorausgesetzt, dass innerhalb der letzten sechs Monate vor der Pfändung eine Zwangsvollstreckung in das bewegliche Vermögen des Gesellschafters ohne Erfolg versucht worden ist. Ein einziger Vollstreckungsversuch genügt. Gleichgültig ist, wer diesen Versuch unternommen hat, der kündigende Gläubiger oder ein anderer (*K. Schmidt* in MünchKomm. HGB, § 135 HGB Rz. 19). Z 15

Kündigungserklärung | Sind die Voraussetzungen des § 135 HGB erfüllt, so kann der Gläubiger die Gesellschaft sechs Monate vor dem Ende des Geschäftsjahres auf diesen Zeitpunkt Z 16 kündigen. Die Kündigung muss durch Erklärung gegenüber allen Gesellschaftern unter Einschluss des Schuldners erklärt werden. Anders als bei der Zustellung des Pfändungsbeschlusses ist eine Erklärung lediglich gegenüber dem Geschäftsführer der Komplementär-GmbH wegen des mit der Kündigung verbundenen Eingriffs in das Gesellschaftsgefüge nicht ausreichend (*Lorz* in E/B/J/S, § 135 HGB Rz. 18).

Z 17 **Rechtsfolgen der Kündigung |** Die Kündigung führt dazu, dass der Gesellschafter zum Kündigungszeitpunkt aus der Gesellschaft ausscheidet (§ 131 Abs. 3 Satz 1 Nr. 4 HGB). Das bislang am Gesellschaftsanteil bestehende Pfändungspfandrecht des Gläubigers setzt sich am Abfindungsanspruch, den der Gesellschafter aufgrund seines Ausscheidens aus der Gesellschaft erwirbt, fort. Der Gläubiger kann nunmehr von der Gesellschaft die Auszahlung der Abfindung an sich verlangen, muss aber etwaige gesellschaftsvertragliche Regelungen zur Fälligkeit und Ratenzahlung gegen sich geltend lassen (§ 404 BGB). Wegen der Höhe des Abfindungsanspruchs stehen ihm das vollstreckungsrechtliche Auskunftsrecht nach § 836 Abs. 3 ZPO sowie das bürgerlich-rechtliche Einsichtsrecht nach § 810 BGB zu (*Haas* in Röhricht/Graf von Westphalen/Haas, § 135 HGB Rz. 11). Handelt es sich bei der KG um eine beteiligungsidentische GmbH & Co. KG, so ist zur Wahrung der Beteiligungsidentität auf Ebene der Komplementär-GmbH der Geschäftsanteil des ausgeschiedenen Gesellschafters einzuziehen (→ *Beteiligungsidentische GmbH & Co. KG*).

Z 18 **Pfändung von Einzelansprüchen |** Von der Pfändung des Gesellschaftsanteils als solchem ist die Pfändung von selbstständig abtretbaren Einzelansprüchen aus dem Gesellschaftsverhältnis i.S.d. § 717 Satz 2 BGB zu unterscheiden. Hierzu zählen namentlich der Anspruch auf das Auseinandersetzungsguthaben, die künftigen Gewinnanteile und Aufwendungsersatzansprüche. Diese Ansprüche sind bereits nach der Regel der §§ 851 Abs. 1, 829 ZPO gesondert pfändbar, und zwar auch dann, wenn ihre Abtretung im Gesellschaftsvertrag ausgeschlossen ist (§ 851 Abs. 2 ZPO). Die Verwertung erfolgt durch Überweisung (§§ 835 f. ZPO). Zu beachten ist allerdings, dass die Pfändung von Einzelansprüchen von einer nachfolgenden Abtretung oder Pfändung des Gesellschaftsanteils überholt wird. Die nachträgliche Anteilspfändung hat also Vorrang vor der Pfändung eines aus dem Anteil folgenden Einzelanspruchs (*K. Schmidt* in MünchKomm. HGB, § 135 HGB Rz. 11, 16; zu den Konkurrenzen bei Abtretung vgl. *Haas* in Röhricht/Graf von Westphalen/Haas, § 135 HGB Rz. 5; *K. Schmidt* in MünchKomm. HGB, § 135 HGB Rz. 15 jeweils m.w.N.). Auch im Übrigen sind die Befriedigungsmöglichkeiten eingeschränkt, da es sich regelmäßig um künftige Ansprüche handelt, auf deren Entstehung der Gläubiger keinen Einfluss hat (s. Rz. Z 14).

Z 19 **Privatkonten |** Das für einen Gesellschafter geführte Privat- oder Darlehenskonto (Forderungskonto), also der Anspruch auf Auszahlung des darauf erfassten Guthabens, kann als Einzelanspruch i.S.d. § 717 Satz 2 BGB unabhängig vom Gesellschaftsanteil abgetreten werden (→ *Kontensystem*). Daraus folgt, dass das Guthaben auch einzeln gepfändet werden kann (§ 859 Abs. 1 ZPO); die Verwertung erfolgt durch Überweisung (§§ 835 f. ZPO). Eine gesonderte Pfändung ist auch dann möglich, wenn der Gesellschaftsvertrag die Abtretung der Guthaben ausschließt (§ 859 Abs. 2 ZPO). Bei der Verwertung sind jedoch die gesellschaftsvertraglichen Entnahmebeschränkungen zu beachten (§ 404 BGB, *Stöber* in Zöller, § 829 ZPO Rz. 6). Eine andere Frage ist, ob die Pfändung des Gesellschaftsanteils auch ein Guthaben auf dem Privatkonto erfasst. Dies wird teils abgelehnt (*Stöber* in Zöller, § 859 ZPO Rz. 9; *Stöber*, Forderungspfändung, Rz. 1594), teils bejaht (*K. Schmidt* in MünchKomm. HGB, § 135 HGB Rz. 13). Zur Beantwortung dieser Frage bietet es sich an, die von der Rechtsprechung für die Abtretung eines Gesellschaftsanteils entwickelten Grundsätze heranzuziehen: Danach gehen die aus der Vergangenheit herrührenden Geldansprüche im Zweifel dann auf den Erwerber über, wenn sie im Zeitpunkt des Vertragsschlusses bereits im Rechenwerk der Gesellschaft ihren Niederschlag gefunden haben, insbesondere wenn sie aus dem Privatkonto des Veräußerers ersichtlich sind (BGH v. 5.5.1986 – II ZR 163/85, NJW-RR 1987, 286 m.w.N. zur Rechtsprechung). Somit werden durch eine Pfändung des Gesellschaftsanteils regelmäßig auch die bereits gebuchten Guthaben auf dem Privatkonto verstrickt. Das bedeutet aber auch, dass eine Pfändung des Gesellschaftsanteils den Pfandbeschlag einer vorhergehenden Einzelpfändung entfallen lässt (s. Rz. Z 18). Um Rechtsunsicherheiten zu vermeiden, sollte in der Praxis der Antrag stets so formuliert werden, dass die Pfändung ausdrücklich auch das Privatkonto des Gesellschafters einschließt.

Formulierungsbeispiel:

Gepfändet wird der angebliche Anteil des Schuldners als Kommanditist der XY GmbH & Co. KG mit Sitz in …, eingetragen im Handelsregister des Amtsgerichts … unter HRA …,

– Drittschuldnerin –

vertreten durch die XY Verwaltungs-GmbH mit Sitz in …, eingetragen im Handelsregister des Amtsgerichts … unter HRB …, Geschäftsanschrift: …, diese vertreten durch Herrn/Frau Z,

unter Einschluss des fortlaufenden Gewinnanteils, des Anspruchs auf Auszahlung des Auseinandersetzungsguthabens und des Anspruchs auf Auszahlung der vom Schuldner der Gesellschaft darlehensweise oder aufgrund anderer Vereinbarung gegebenen oder belassenen Beträge, auch soweit diese auf einem Privatkonto (Forderungskonto) gutgeschrieben sind.

(nach Stöber, Forderungspfändung, Rz. 1580)

Vertiefende Recherche

Wichtige Urteile und Erlasse

BGH v. 21.4.1986 – II ZR 198/85, BB 1986, 1176: Zur Pfändung des Gesellschaftsanteils einer Personengesellschaft.

OLG Frankfurt a.M. v. 30.11.1981 – 20 W 836/81, BB 1982, 399: Keine Umschreibung des gegen eine aufgelöste KG gerichteten Titels gegen den Komplementär.

Weitere Stichwörter

→ *Abfindung*; → *Verpfändung von Gesellschaftsanteilen*